Maximilian Fuchs, Ulrich Preis, Wiebke Brose, Gülay Celik, Stefan Greiner, Stephan Seiwerth,
Felipe Temming, Daniel Ulber

Sozialversicherungsrecht und SGB II

De Gruyter Studium

Maximilian Fuchs, Ulrich Preis, Wiebke Brose,
Gülay Celik, Stefan Greiner, Stephan Seiwerth,
Felipe Temming, Daniel Ulber

Sozialversicherungsrecht und SGB II

Lehrbuch für Studium und Praxis

4., überarbeitete Auflage

DE GRUYTER

Dr. **Maximilian Fuchs**, ehemaliger Professor an der Katholischen Universität Eichstätt-Ingolstadt (a.D.)
Dr. Dr. h.c. **Ulrich Preis**, ehemaliger Professor an der Universität zu Köln
Dr. **Wiebke Brose**, LL.M. (Köln/Paris I), Professorin an der Friedrich-Schiller-Universität Jena
Gülay Celik, Richterin in der Sozialgerichtsbarkeit Nordrhein-Westfalen
Dr. **Stefan Greiner**, Professor und Direktor des Instituts für Arbeitsrecht und Soziale Sicherheit der Rheinischen Friedrich-Wilhelms-Universität Bonn
Dr. **Stephan Seiwerth**, LL.M. (Leuven), Akademischer Rat a.Z. am Institut für Deutsches und Europäisches Arbeits- und Sozialrecht, Universität zu Köln
Dr. **Felipe Temming**, LL.M. (LSE), Professor an der Leibniz Universität Hannover
Dr. **Daniel Ulber**, Professor an der Universität Trier und Direktor des Instituts für Arbeitsrecht und Arbeitsbeziehungen in der Europäischen Union

ISBN 978-3-11-133710-4
e-ISBN (PDF) 978-3-11-133788-3
e-ISBN (EPUB) 978-3-11-133812-5

Library of Congress Control Number: 2025931774

Bibliografische Information der Deutschen Nationalbibliothek
Die Deutsche Nationalbibliothek verzeichnet diese Publikation in der Deutschen Nationalbibliografie; detaillierte bibliografische Daten sind im Internet über http://dnb.dnb.de abrufbar.

Einbandabbildung: JanPietruszka / iStock / Getty Images Plus
Satz: jürgen ullrich typosatz, Nördlingen

www.degruyter.com
Fragen zur allgemeinen Produktsicherheit:
productsafety@degruyterbrill.com

Vorwort

Seit der letzten Auflage sind fünf Jahre vergangen und aus sozialrechtlicher Sicht ist seither nur eines unverändert geblieben: die Regelungsfreude des Gesetzgebers. In einem Großlehrbuch wie diesem, das sämtliche Sozialversicherungszweige ebenso umfasst wie die Grundlagen des Sozial(versicherungs)rechts, das SGB II und das Internationale Sozialrecht ist es schlicht unmöglich, den idealen Zeitpunkt für eine Neuauflage abzupassen, denn irgendwo lauert immer schon die nächste Reform. Vor dem Hintergrund kann den Neuwahlen zumindest insoweit etwas Positives abgewonnen werden, als dass sie uns eine kleine Atempause zwischen den sozialrechtlichen Reformen verschafft hat, die die Neuerscheinung des Werkes wenigstens in dieser Hinsicht erleichtert.

Wenn auch das Sozialrecht sehr wechselhaft ist, bleiben Struktur und Autorenschaft des Buches hingegen erfreulich konstant. Die Konzeption des Buches wurde beibehalten, auch bei den Autorinnen und Autoren gab es seit der letzten Auflage keinen Wechsel. Neu ist aber, dass es sich seit dieser Auflage nicht mehr um ein Herausgeber- sondern um ein Autorenwerk handelt. Zudem hat sich zum Teil die Aufteilung der bearbeiteten Kapitel innerhalb der Autorenschaft geändert. Prof. Dr. *Wiebke Brose*, Universität Jena, hat die einführende Darstellung der Entwicklung der Sozialversicherung, die Darstellung des allgemeinen Teils zum Sozialversicherungsrecht (SGB IV) sowie der sozialen Pflegeversicherung (SGB XI) übernommen. Darüber hinaus hat sie zusammen mit Prof. Dr. Dr. h.c. *Ulrich Preis*, Universität zu Köln, die Grundlagenfragen des Sozialrechts sowie des Sozialverwaltungsverfahrens (SGB I, X) bearbeitet. *Gülay Celik*, Richterin in der Sozialgerichtsbarkeit des Landes Nordrhein-Westfalen, hat das Kapitel zum SGB II erneut gänzlich überarbeitet. Wie auch schon zuvor hat Prof. Dr. *Stefan Greiner*, Universität Bonn, das Recht der gesetzlichen Krankenversicherung (SGB V) bearbeitet, Priv.-Doz. Dr. *Stephan Seiwerth*, Universität Köln, hat in dieser Auflage das Recht der gesetzlichen Unfallversicherung (SGB VII) in alleiniger Verantwortung übernommen. Mit Prof. Dr. *Felipe Temming*, Universität Hannover, ist das Recht der gesetzlichen Rentenversicherung (SGB VI) in denselben Händen verblieben und Prof. Dr. *Daniel Ulber*, Universität Trier, hat erneut das Recht der Arbeitslosenversicherung (SGB III) übernommen. Darüber hinaus hat er zusammen mit Prof. Dr. *Maximilian Fuchs*, das Internationale Sozialversicherungsrecht behandelt. Die Bearbeitung wurde im Jahr 2024 abgeschlossen und berücksichtigt den Rechtsstand bis Ende 2024, in einzelnen Fällen darüber hinaus.

Wie auch zuvor, sind die Autorinnen und Autoren weiterhin für Kritik und Anregungen aufgeschlossen und dankbar.

Maximilian Fuchs
Ulrich Preis
Wiebke Brose
Gülay Celik
Stefan Greiner
Stephan Seiwerth
Felipe Temming
Daniel Ulber

https://doi.org/10.1515/9783111337883-202

Inhaltsübersicht

Inhaltsverzeichnis

Abkürzungsverzeichnis

a. A.	anderer Ansicht
a. a. O.	am angegebenen Ort
a. E.	am Ende
a. F.	alte Fassung
a. M.	anderer Meinung
AAG	Aufwendungsausgleichsgesetz
abgedr.	abgedruckt
Abk.	Abkommen
abl.	ablehnend
ABl.	Amtsblatt
ABl. EG	Amtsblatt der Europäischen Gemeinschaften; vor 1958: Amtsblatt der EGKS
ABl. EU	Amtsblatt der Europäischen Union
Abs.	Absatz
Abschn.	Abschnitt
abw.	abweichend
AcP	Archiv für die civilistische Praxis, Zeitschrift
ADAC	Allgemeiner Deutscher Automobil-Club e.v.
AEUV	Vertrag über die Arbeitsweise der Europäischen Union
AFG	Arbeitsförderungsgesetz
AFRG	Arbeitsförderungsreformgesetz
AG	Aktiengesellschaft
AGB	Allgemeine Geschäftsbedingungen
AiB	Arbeitsrecht im Betrieb
AktG	Recht der Aktiengesellschaften und der Kommanditgesellschaften auf Aktien (Aktiengesetz)
ALG	Gesetz über die Alterssicherung der Landwirte
allg.	allgemein
ALR	Allgemeines Landrecht für die Preußischen Staaten
Alt.	Alternative
AltEinkG	Alterseinkünftegesetz
AltGG	Altersgeldgesetz
AltTZG	Altersteilzeitgesetz
AltZertG	Gesetz über die Zertifizierung von Altersvorsorgeverträgen
AMG	Arzneimittelgesetz
AMNOG	Gesetz zur Neuordnung des Arzneimittelmarktes in der gesetzlichen Krankenversicherung
amtl.	amtlich
amtl. Begr.	Amtliche Begründung
AmtlMittLVA Rheinpr	Amtliche Mitteilungen der Landesversicherungsanstalt Rheinprovinz
AMVSG	Gesetz zur Stärkung der Arzneimittelversorgung in der GKV
AN	Amtliche Nachrichten des Reichsversicherungsamts; ab 1928: Amtliche Nachrichten für Reichsversicherung (Teil IV)
ÄndG	Gesetz zur Änderung
Anh.	Anhang
Anm.	Anmerkung
AnwBl.	Anwaltsblatt
AOK	Allgemeine Ortskrankenkasse
AöR	Archiv des öffentlichen Rechts, Zeitschr
AP	Nachschlagewerk des Bundesarbeitsgerichts (seit 1954, vorher: Arbeitsrechtliche Praxis)
AR	aktuelle Rentenwert
ARB	Assoziationsratsbeschluss
ArbMedVV	Verordnung zur arbeitsmedizinischen Vorsorge
ArbSchG	Arbeitsschutzgesetz
ArbuR	Arbeit und Recht, Zeitschrift
ArchSozArb	Archiv für Wissenschaft und Praxis der sozialen Arbeit
ARGE	Arbeitsgemeinschaft Sozialgesetzbuch II
Art.	Artikel

https://doi.org/10.1515/9783111337883-205

aRW	aktueller Rentenwert
Ärzte-ZV	Zulassungsverordnung für Vertragsärzte
ASiG	Gesetz über Betriebsärzte, Sicherheitsingenieure und andere Fachkräfte für Arbeitssicherheit (Arbeitssicherheitsgesetz)
ASR	Anwalt/Anwältin im Sozialrecht, Zeitschrift
ASUMed	Zeitschrift für medizinische Prävention
AsylbLG	Asylbewerberleistungsgesetz
AT	Allgemeiner Teil
AufenthG	Aufenthaltsgesetz
Aufl.	Auflage
AÜG	Gesetz zur Regelung der Arbeitnehmerüberlassung (Arbeitnehmerüberlassungsgesetz)
AuR	Arbeit und Recht, Zeitschrift
AU-R	Arbeitsunfähigkeits-Richtlinie
ausf.	ausführlich
AVAVG	Gesetz über Arbeitsvermittlung und Arbeitslosenversicherung
AVG	Angestelltenversicherungsgesetz
AVmEG	Altersvermögensergänzungsgesetz
AVmG	Altersvermögensgesetz
BA	Bundesagentur für Arbeit (vormals Bundesanstalt für Arbeit)
BAföG	Bundesausbildungsförderungsgesetz
BAG	Bundesarbeitsgericht
BAGE	Sammlung der Entscheidungen des Bundesarbeitsgerichts
BAK	Blutalkoholkonzentration
BAnz.	Bundesanzeiger
BArbBl.	Bundesarbeitsblatt
BayPsychKHG	Bayerisches Psychisch-Kranken-Hilfe-Gesetz
BB	Betriebs-Berater, Zeitschrift
BBesG	Bundesbesoldungsgesetz
BBiG	Berufsbildungsgesetz
Bd.	Band
BeamtVG	Gesetz über die Versorgung der Beamten und Richter des Bundes (Beamtenversorgungsgesetz)
BeckOK-GG	Beck'scher Online-Kommentar Grundgesetz
BeckOK-SozR	Beck'scher Online-Kommentar Sozialrecht
BeckRS	beck-online.RECHTSPRECHUNG
BEEG	Bundeselterngeld- und Elternzeitgesetz
Begr.	Begründung
Beil.	Beilage
BeitrEntlG	Gesetz zur Entlastung der Beiträge in der gesetzlichen Krankenversicherung
bes.	besonders
Beschl.	Beschluss
betr.	betreffend
BetrAV	Betriebliche Altersversorgung, Zeitschrift
BetrAVG	Gesetz zur Verbesserung der betrieblichen Altersversorgung
BetrVG	Betriebsverfassungsgesetz
BfA	Bundesversicherungsanstalt für Angestellte
BfArM	Bundesinstitut für Arzneimittel und Medizinprodukte
BG	Die Berufsgenossenschaft, Zeitschrift
BGB	Bürgerliches Gesetzbuch
BGBl.	Bundesgesetzblatt
BGH	Bundesgerichtshof
BGHZ	Sammlung der Entscheidungen des Bundesgerichtshofs in Zivilsachen
BHO	Bundeshaushaltsordnung
BK	Berufskrankheit
BKK	Betriebskrankenkasse, auch Die Betriebskrankenkasse, Zeitschrift
BKGG	Bundeskindergeldgesetz

BKR	Zeitschrift für Bank- und Kapitalmarktrecht
BKV	Berufskrankheitenverordnung
BlStSozArbR	Blätter für Steuerrecht, Sozialversicherung und Arbeitsrecht, Zeitschrift
BMA	Bundesminister(ium) für Arbeit und Sozialordnung (bis Okt. 2002)
BMAS	Bundesministerium für Arbeit und Soziales (aktuell)
BMF	Bundesministerium für Finanzen
BMG	Bundesministerium für Gesundheit (aktuell)
BMGS	Bundesministerium für Gesundheit und Soziales (bis Okt. 2002)
BMV	Bundesmantelvertrag
BMVG	Betriebliches Mitarbeitervorsorgegesetz
BMWA	Bundesminister(ium) für Wirtschaft und Arbeit (von Okt. 2002 bis 2005)
BPflV	Bundespflegesatzverordnung
BPUVZ	Zeitschrift für betriebliche Prävention und Unfallversicherung
BRAO	Bundesrechtsanwaltsordnung
BRD	Bundesrepublik Deutschland
BR-Drs.	Drucksache des Deutschen Bundesrates
Breith.	Breithaupt, Entscheidungssammlung
BRRG	Beamtenrechtsrahmengesetz
BSG	Bundessozialgericht
BSGE	Sammlung der Entscheidungen des BSG
BSHG	Bundessozialhilfegesetz
Bsp.	Beispiel
bspw.	beispielsweise
BSV	Beitragssatzverordnung
BT	Deutscher Bundestag; Besonderer Teil
BT-Drs.	Drucksache des Deutschen Bundestages
BTHG	Bundesteilhabegesetz
BT-Prot.	Stenographische Berichte des Deutschen Bundestages (zit. nach Legislaturperiode und Seite)
Buchst.	Buchstabe
BVerfG	Bundesverfassungsgericht
BVerfGE	Sammlung der Entscheidungen des BVerfG
BVerfGG	Bundesverfassungsgerichtsgesetz
BVerwG	Bundesverwaltungsgericht
BVerwGE	Sammlung der Entscheidungen des BVerwG
BVG	Bundesversorgungsgesetz
CMLRev	Common Market Law Review
d.h.	das heißt
DÄ	Deutsches Ärzteblatt
DAngVers	Die Angestelltenversicherung, Zeitschrift
DB	Der Betrieb, Zeitschrift
DBlR	Dienstblatt der Bundesanstalt für Arbeit, Rechtsprechung
DDR	Deutsche Demokratische Republik
DGUV	Deutsche Gesetzliche Unfallversicherung e.V.
Diss.	Dissertation
DJT	Deutscher Juristentag
DJZ	Deutsche Juristen-Zeitung
DM	Deutsche Mark
DMP	Disease Management-Programme
DOK	Die Ortskrankenkasse, Zeitschrift
DÖV	Die Öffentliche Verwaltung, Zeitschrift
DRdA	Das Recht der Arbeit, Zeitschrift (Österreich)
DRG	Diagnosis Related Groups
DRK	Deutsches Rotes Kreuz
DRV	Deutsche Rentenversicherung, Zeitschrift
DRV-Schriften	Sonderausgaben der Zeitschrift Deutsche Rentenversicherung

DSGVO	Datenschutz-Grundverordnung
dt.	deutsch
DVBl.	Deutsches Verwaltungsblatt, Zeitschrift
DVG	Digitale-Versorgung-Gesetz
DVO	Durchführungsverordnung
E	Entwurf; Entscheidung (in der amtlichen Sammlung)
e.V.	eingetragener Verein
EAO	Erreichbarkeitsanordnung
EAS	Europäisches Arbeits- und Sozialrecht, Rechtsvorschriften, Systematische Darstellungen und Entscheidungssammlung
EBM	Einheitlicher Bewertungsmaßstab
EFTA	European Free Trade Association (Europäische Freihandelsassoziation)
EFZG	Entgeltfortzahlungsgesetz
EG	Europäische Gemeinschaften; Vertrag zur Gründung der Europäischen Gemeinschaft (1999)
EGBGB	Einführungsgesetz zum Bürgerlichen Gesetzbuch
EGKS	Europäische Gemeinschaft für Kohle und Stahl
EGKSV	Vertrag über die Gründung der Europäischen Gemeinschaft für Kohle und Stahl
EGMR	Europäischer Gerichtshof für Menschenrechte
EGV	Vertrag zur Gründung der Europäischen Gemeinschaft (alte Fassung)
EheRG	Gesetz zur Ehe- und Familienrechtsreform
EhfG	Entwicklungshelfer-Gesetz
Einl.	Einleitung
EK	Ersatzkasse
EMRK	Europäische Menschenrechtskonvention
endg.	endgültig
entspr.	entsprechend
Entw.	Entwurf
EntwicklungshelferG	Entwicklungshelfergesetz
EP	Entgeltpunkt(e)
ErgotherapeutenG	Ergotherapeutengesetz
ErsK	Die Ersatzkasse, Zeitschrift
ESC	Europäische Sozialcharta
ESGV	Einstiegsgeld-Verordnung
EStG	Einkommensteuergesetz
etc.	et cetera
EU	Europäische Union
EuGH	Gerichtshof der Europäischen Gemeinschaften
EuGHE	Sammlung der Entscheidungen des Gerichtshofs der Europäischen Gemeinschaften
EuM	Entscheidungen und Mitteilungen, hrsg. von Mitgliedern des RVA
EuR	Europarecht, Zeitschrift
EUV	Vertrag über die Europäische Union
EuZW	Europäische Zeitschrift für Wirtschaftsrecht
EV	Vertrag zwischen der BRD und der DDR über die Herstellung der Einheit Deutschlands vom 31.8.1990 (BGBl. II S. 889)
EVS	Einkommens- und Verbrauchsstichprobe
EWG	Europäische Wirtschaftsgemeinschaft
EWGV	Vertrag zur Gründung einer Europäischen Wirtschaftsgemeinschaft
EWR	Europäischer Wirtschaftsraum
EzA	Entscheidungen zum Arbeitsrecht, hrsg. von Stahlhacke
EzBAT	Entscheidungssammlung zum BAT
EzS	Entscheidungssammlung zum Sozialversicherungsrecht
f., ff.	folgend(e); für
FA	Fachanwalt Arbeitsrecht, Zeitschrift
FamilienpflegeZG	Familienpflegezeitgesetz
FamRZ	Zeitschrift für das gesamte Familienrecht, Zeitschrift

FAZ	Frankfurter Allgemeine Zeitung
FEVS	Fürsorgerechtliche Entscheidungen der Verwaltungs- und Sozialgerichte
FG	Festgabe
FlexiG	Gesetz zur Verbesserung der Rahmenbedingungen für die Absicherung flexibler Arbeitszeitregelungen
FPflegeZG	Familienpflegezeitgesetz
FreizüG/EU	Gesetz über die allgemeine Freizügigkeit von Unionsbürgern
FRG	Fremdrentengesetz
FS	Festschrift
GBA	Gemeinsamer Bundesausschuss
GBl.	Gesetzblatt
GbR	Gesellschaft bürgerlichen Rechts
GefStoffVO	Gefahrstoffverordnung
gem.	gemäß
GemSOGB	Gemeinsamer Senat der obersten Gerichtshöfe des Bundes
GerSiG	Gesetz über technische Arbeitsmittel (Gerätesicherheitsgesetz)
GesR	GesundheitsRecht, Zeitschrift
GG	Grundgesetz
ggf.	gegebenenfalls
GKAR	Gesetz über das Kassenarztrecht
GKV	Gesetzliche Krankenversicherung
GKV-FinG	Gesetz zur nachhaltigen und sozial ausgewogenen Finanzierung der Gesetzlichen Krankenversicherung
GKV-FQWG	Gesetz zur Weiterentwicklung der Finanzstruktur und der Qualität in der gesetzlichen Krankenversicherung
GKV-NOG	Neuordnungsgesetz zum Recht der gesetzlichen Krankenversicherung
GKV-OrgWG	Gesetz zur Weiterentwicklung der Organisationsstrukturen in der gesetzlichen Krankenversicherung
GKV-SolG	GKV-Solidaritätsstärkungsgesetz
GKV-VEG	Gesetz zur Beitragsentlastung der Versicherten in der Gesetzlichen Krankenversicherung
GKV-VSG	GKV-Versorgungsstärkungsgesetz
GKV-WSG	Gesetz zur Stärkung des Wettbewerbs in der gesetzlichen Krankenversicherung
GmbH	Gesellschaft mit beschränkter Haftung
GmbH-GF	GmbH-Geschäftsführer
GMG	GKV-Modernisierungsgesetz
GOÄ	Gebührenordnung für Ärzte
GRCh	Charta der Grundrechte der Europäischen Union
grdl.	grundlegend
grds.	grundsätzlich
GRG	Gesundheitsreformgesetz
GS	Großer Senat
GSG	Gesundheitsstrukturgesetz
GSiG	Gesetz über eine bedarfsorientierte Grundsicherung im Alter und bei Erwerbsminderung
GSP	Gesundheits- und Sozialpolitik, Zeitschrift
GUV	Gewinn- und Verlust-Rechnung
GVBl.	Gesetz- und Verordnungsblatt
h. A.	herrschende Ansicht
h. L.	herrschende Lehre
h. M.	herrschende Meinung
HandwO	Handwerksordnung
HDR	Handbuch der Gesetzlichen Rentenversicherung
HebGV	Hebammen-Gebührenverordnung
HEGA	Handlungs- und Geschäftsempfehlungen
HEZG	Hinterbliebenenrenten- und Erziehungszeitengesetz
HGB	Handelsgesetzbuch

HRG	Hochschulrahmengesetz
Hrsg.	Herausgeber
hrsg.	herausgegeben
Hs.	Halbsatz
HVBG-Info	Aktueller Informationsdienst für die berufsgenossenschaftliche Sachbearbeitung
HV-Info	Aktueller Informationsdienst für die berufsgenossenschaftliche Sachbearbeitung
i.d.F.	in der Fassung
i.d.R.	in der Regel
i.e.S.	im engeren Sinne
i.R.d.	im Rahmen des/der
i.R.v.	im Rahmen von
i.S.d.	im Sinne der/des
i.Ü.	im Übrigen
i.V.m.	in Verbindung mit
IAB	Institut für Arbeitsmarkt- und Berufsforschung
IAO	Internationale Arbeitsorganisation
IAVG	Invaliden- und Altersversicherungsgesetz
IfSG	Infektionsschutzgesetz
IKK	Innungskrankenkasse
ILO	International Labour Organization (Internationale Arbeitsorganisation)
info also	Informationen zum Arbeitslosenrecht und Sozialhilferecht, Zeitschrift
insb.	insbesondere
InsO	Insolvenzordnung
int.	international
IPR	Internationales Privatrecht
IQTIG	Institut für Qualitätssicherung und Transparenz im Gesundheitswesen
IQWiG	Institut für Qualität und Wirtschaftlichkeit im Gesundheitswesen
JAG	Jahresarbeitsentgeltgrenze
JArbSchG	Gesetz zum Schutz der arbeitenden Jugend (Jugendarbeitsschutzgesetz)
JAV	Jahresarbeitsverdienst
JbSozR	Jahrbuch des Sozialrechts
jM	juris, Die Monatszeitschrift
juris	Juristisches Informationssystem für die Bundesrepublik Deutschland
jurisPK	juris Praxiskommentar
jurisPR-SozR	juris PraxisReport Sozialrecht
JuS	Juristische Schulung, Zeitschrift
JZ	Juristenzeitung, Zeitschrift
Kap.	Kapitel
KHEntgG	Krankenhausentgeltgesetz
KHG	Krankenhausfinanzierungsgesetz
KiBG	Kinder-Berücksichtigungsgesetz
KRW	Knickrehm/Roßbach/Waltermann (Hrsg.), Kommentar zum Sozialrecht, siehe Literaturverzeichnis
KM	Kalendermonat(e)
KOM	Kommissionsdokument(e)
Komm.	Kommentar
krit.	kritisch
KrV	Die Krankenversicherung, Zeitschrift
KSchG	Kündigungsschutzgesetz
KSVG	Künstlersozialversicherungsgesetz
KugV	Kurzarbeitergeld-VO
KVdR	Krankenversicherung der Rentner
KVG	Gesetz betreffend die Krankenversicherung der Arbeiter
KVKG	Krankenversicherungs-Kostendämpfungsgesetz

KVLG	Gesetz über die Krankenversicherung der Landwirte
KZBV	Kassenzahnärztliche Bundesvereinigung
LAG	Landesarbeitsgericht
Lfg.	Lieferung
LFZG	Lohnfortzahlungsgesetz
LG	Landgericht
lit.	litera (Buchstabe)
LKK	Landwirtschaftliche Krankenkasse
LM	Nachschlagewerk des Bundesgerichtshofs, hrsg. von Lindenmaier, Möhring u.a.
LogopädenG	Gesetz über den Beruf des Logopäden
LPartG	Lebenspartnerschaftsgesetz
LPK	Lehr- und Praxiskommentar
Ls.	Leitsatz
LSG	Landessozialgericht
LVA	Landesversicherungsanstalt
LVAMitt.	Mitteilungen der bayerischen Landesversicherungsanstalten
m.w.N.	mit weiteren Nachweisen
Masseur- und PhysiotherapeutenG	Masseur- und Physiotherapeutengesetz
MD	Medizinischer Dienst
MdE	Minderung der Erwerbsfähigkeit
MDK	Medizinischer Dienst der Krankenkassen
MedR	Medizinrecht, Zeitschrift
MinöStG	Mineralölsteuergesetz
MittLVA Oberfr	Mitteilungen der Landesversicherungsanstalt Oberfranken und Mittelfranken
MPhG	Masseur- und Physiotherapeutengesetz
Mrd.	Milliarden
MuSchG	Gesetz zum Schutz von Müttern bei der Arbeit, in der Ausbildung und im Studium (Mutterschutzgesetz)
n.F.	neue Fassung
n.rkr.	nicht rechtskräftig
n.v.	nicht veröffentlicht
NDV	Nachrichtendienst des Deutschen Vereins
NJOZ	Neue Juristische Online-Zeitschrift
NJW	Neue Juristische Wochenschrift, Zeitschrift
NJW-RR	NJW-Rechtsprechungs-Report Zivilrecht, Zeitschrift
Nr.	Nummer
NRW	Nordrhein-Westfalen
NVwZ	Neue Zeitschrift für Verwaltungsrecht, Zeitschrift
NVwZ-RR	Neue Zeitschrift für Verwaltungsrecht. Rechtsprechungsreport, Zeitschrift
NwVBl.	Nordrhein-Westfälische Verwaltungsblätter, Zeitschrift
NZA	Neue Zeitschrift für Arbeitsrecht
NZA-RR	Rechtsprechungs-Report Arbeitsrecht
NZI	Neue Zeitschrift für Insolvenz- und Sanierungsrecht
NZS	Neue Zeitschrift für Sozialrecht
NZV	Neue Zeitschrift für Verkehrsrecht
o.Ä.	oder Ähnliche(s)
o.g.	oben genannt
OECD	Organisation for Economic Co-operation and Development
OEG	Gesetz über die Entschädigung für Opfer von Gewalttaten
OLG	Oberlandesgericht
OVG	Oberverwaltungsgericht
OWiG	Gesetz über Ordnungswidrigkeiten

pEP	persönliche Entgeltpunkte des Versicherten
PersR	Der Personalrat, Zeitschrift
PFB	Praxis Freiberufler-Beratung, Zeitschrift
PflegeZG	Pflegezeitgesetz
PflVG	Pflegeversicherungsgesetz
PfWG	Gesetz zur strukturellen Weiterentwicklung der Pflegeversicherung
PID	Präimplantationsdiagnostik
PKR	Pflege- & Krankenhausrecht, Zeitschrift
PKV	Private Krankenversicherung
PNG	Pflege-Neuausrichtungs-Gesetz
PodG	Podologengesetz
PodologenG	Podologengesetz
PpSG	Pflegepersonal-Stärkungsgesetz
PQsG	Pflege-Qualitätssicherungsgesetz
PrävG	Gesetz zur Stärkung der Gesundheitsförderung und der Prävention – Präventionsgesetz
PSG	Pflegestärkungsgesetz
PsychKG	Psychisch-Kranken-Gesetz
PsychThG	Psychotherapeutengesetz
PVS	Politische Vierteljahresschrift
r + s	Recht und Schaden, Zeitschrift
RaF	Rentenartfaktor
RAG	Reichsarbeitsgericht
RAGE	Amtl. Sammlung der Entscheidungen des RAG
RAV	Rentenanpassungsverordnung
RBEG	Regelbedarfsermittlungsgesetz
RdA	Recht der Arbeit, Zeitschrift
RdErl.	Runderlass
RDG	Rechtsdepesche für das Gesundheitswesen
RdSchr.	Rundschreiben
RefE	Referentenentwurf
RegE	Regierungsentwurf
RG	Reichsgericht
RGBl.	Reichsgesetzblatt
RGZ	Sammlung der Entscheidungen des Reichsgerichts in Zivilsachen
RhPf.	Rheinland-Pfalz
RKG	Reichsknappschaftsgesetz
rkr.	rechtskräftig
RL	Richtlinie
RM	Reichsmark
Rn.	Randnummer
RRG	Rentenreformgesetz 1992
Rs.	Rechtssache
RSA	Risikostrukturausgleich
RSAV	Risikostrukturausgleichsverordnung
RsDE	Beiträge zum Recht der sozialen Dienste und Einrichtungen
Rspr.	Rechtsprechung
RT-Drs.	Reichstags-Drucksache
RÜG	Renten-Überleitungsgesetz
RV	Rentenversicherung; Die Rentenversicherung, Zeitschrift
RVA	Reichsversicherungsamt
RVAktuell	Fachzeitschrift und amtliche Mitteilungen der Deutschen Rentenversicherung
RV-Altersgrenzen-anpassungsgesetz	Rentenversicherungsaltersgrenzenanpassungsgesetz
RVBund/KnErG-ÄndG	Gesetz zur Änderung des Gesetzes zur Errichtung der Deutschen Rentenversicherung Bund und der Deutschen Rentenversicherung Knappschaft-Bahn-See
RVO	Reichsversicherungsordnung

RVOrgG	Gesetz zur Organisationsreform in der gesetzlichen Rentenversicherung
RWBestV	Rentenwertbestimmungsverordnung
s.	siehe
SAE	Sammlung arbeitsrechtlicher Entscheidungen
SchwbG	Schwerbehindertengesetz
SchwbWO	Wahlordnung zum Schwerbehindertengesetz
SDSRV	Schriftenreihe des Deutschen Sozialrechtsverbandes e. V.
SG	Sozialgericht
SGb	Die Sozialgerichtsbarkeit, Zeitschrift
SGB	Sozialgesetzbuch
SGB I	Sozialgesetzbuch – Allgemeiner Teil
SGB II	Sozialgesetzbuch – Grundsicherung für Arbeitsuchende
SGB III	Sozialgesetzbuch – Arbeitsförderung
SGB IV	Sozialgesetzbuch – Gemeinsame Vorschriften für die Sozialversicherung
SGB IX	Sozialgesetzbuch – Rehabilitation und Teilhabe von Menschen mit Behinderungen
SGB V	Sozialgesetzbuch – Gesetzliche Krankenversicherung
SGB VI	Sozialgesetzbuch – Gesetzliche Rentenversicherung
SGB VII	Sozialgesetzbuch – Gesetzliche Unfallversicherung
SGB VIII	Sozialgesetzbuch – Kinder- und Jugendhilfe
SGB X	Sozialgesetzbuch – Sozialverwaltungsverfahren und Sozialdatenschutz
SGB XI	Sozialgesetzbuch – Soziale Pflegeversicherung
SGB XII	Sozialgesetzbuch – Sozialhilfe
SGG	Sozialgerichtsgesetz
SGB XIV	Sozialgesetzbuch – Soziale Entschädigung
Slg.	Sammlung von Entscheidungen, Gesetzen etc.
sog.	so genannt(e)
SozR	Sozialrecht, Entscheidungssammlung, 1. Folge (1955–1973), 2. Folge (1974–1989), 3. Folge (1990–2002), 4. Folge (ab 2003
SozSich	Soziale Sicherheit, Zeitschrift
SozVers	Die Sozialversicherung, Zeitschrift
SR	Soziales Recht, Zeitschrift
SRa	Sozialrecht aktuell, Zeitschrift
SRH	Sozialrechtshandbuch
st.	ständig
StaFamG	Starke-Familien-Gesetz
SteuerStud	Steuer und Studium, Zeitschrift
StPO	Strafprozessordnung
str.	streitig
StromStG	Stromsteuergesetz
SuP	Sozialrecht + Praxis, Zeitschrift
SURE	Support mitigating Unemployment Risks in Emergency
SvEV	Sozialversicherungsentgeltverordnung
SVG	Soldatenversorgungsgesetz
TSVG	Terminservice- und Versorgungsgesetz
TVG	Tarifvertragsgesetz
TzBfG	Teilzeit- und Befristungsgesetz
u. a.	unter anderem; und andere
u. s. w.	und so weiter
u. U.	unter Umständen
umstr.	umstritten
UN-BRK	UN-Behindertenrechtskonvention (Übereinkommen der Vereinten Nationen über die Rechte von Menschen mit Behinderungen)
unstr.	unstreitig
Unterabs.	Unterabsatz

Urt.	Urteil
USG	Unterhaltssicherungsgesetz
USK	Urteilssammlung für die gesetzliche Krankenversicherung
UVEG	Unfallversicherungs-Einordnungsgesetz
UVG	Unfallversicherungsgesetz
UVMG	Gesetz zur Modernisierung der gesetzlichen Unfallversicherung
UVNG	Unfallversicherungs-Neuregelungsgesetz
UV-Recht Aktuell	UV-Recht & Reha Aktuell, Online-Dienst der Hochschule der Deutschen Gesetzlichen Unfallversicherung (bis 2006 HVBG-Info bzw. HV-Info)
UVV(en)	Unfallverhütungsvorschriften
v.	vom; von
VA(e)	Verwaltungsakt(e)
VAG	Versicherungsaufsichtsgesetz
VAHRG	Gesetz zur Regelung von Härten im Versorgungsausgleich
VBL	Versorgungsanstalt des Bundes und der Länder
VdAK	Verband der Angestellten-Krankenkassen
VDR	Verband Deutscher Rentenversicherungsträger
Verf.	Verfassung
Verh.	Verhandlungen
Veröff.	Veröffentlichungen
VersR	Versicherungsrecht, Zeitschrift
VG	Verwaltungsgericht
VGB I	Unfallverhütungsvorschriften, Allgemeine Vorschriften
vgl.	vergleiche
VGR	Volkswirtschaftliche Gesamtrechnung
VIA	Verbraucherinsolvenz aktuell, Zeitschrift
VKR	Vergabekoordinationsrichtlinie
VO	Verordnung
Vorb.	Vorbemerkung
VSSAR	Vierteljahresschrift für Sozial- und Arbeitsrecht
VSSR	Vierteljahresschrift für Sozialrecht
VVaG	Versicherungsvereine auf Gegenseitigkeit
VVG	Versicherungsvertragsgesetz
WarnRspr	Rechtsprechung des Reichsgerichts
WFG	Wachstums- und Beschäftigungsförderungsgesetz
WGSVG	Gesetz zur Regelung der Wiedergutmachung nationalsozialistischen Unrechts in der Sozialversicherung
WHO	World Health Organization
WoBauG	Zweites Wohnungsbaugesetz
WoFG	Wohnraumförderungsgesetz
WoGG	Wohngeldgesetz
WRV	Verfassung des Deutschen Reichs v. 11.8.1919 (Weimarer Reichsverfassung)
WzS	Wege zur Sozialversicherung, Zeitschrift
z.B.	zum Beispiel
zahlr.	zahlreich
ZESAR	Zeitschrift für europäisches Sozial- und Arbeitsrecht
ZfA	Zeitschrift für Arbeitsrecht
ZfF	Zeitschrift für das Fürsorgewesen
ZfS	Zeitschrift für Schadensrecht
ZfSH/SGB	Zeitschrift für die sozialrechtliche Praxis
ZfV	Zeitschrift für Versicherungswesen
ZIAS	Zeitschrift für ausländisches und internationales Arbeits- und Sozialrecht
Ziff.	Ziffer
ZInsO	Zeitschrift für das gesamte Insolvenz- und Sanierungsrecht

zit.	zitiert
ZMV	Die Mitarbeitervertretung, Zeitschrift
ZPO	Zivilprozessordnung
ZSR	Zeitschrift für Sozialreform
ZTR	Zeitschrift für Tarif-, Arbeits- und Sozialrecht des öffentlichen Dienstes
zust.	zuständig; zustimmend

Literaturverzeichnis

Übergreifende oder abgekürzt zitierte Literatur; Schrifttum zu Einzelfragen befindet sich jeweils zu Beginn eines Abschnitts.

BECKER/KINGREEN/BEARBEITER
BECKER/KINGREEN, SGB V, Gesetzliche Krankenversicherung, Kommentar, 8. Aufl. 2022
BECKOK-GG/BEARBEITER
EPPING/HILLGRUBER, BeckOK Grundgesetz
BECKOK-SOZR/BEARBEITER
Rolfs/Giesen/Meßling/Udsching, BeckOK Sozialrecht
BECKOK-STGB/BEARBEITER
v. Heintschel-Heinegg, BeckOK StGB
BERGMANN/DIENELT/BEARBEITER
BERGMANN/DIENELT (Hrsg.), Ausländerrecht, Kommentar, 13. Aufl. 2020
BLEY/KREIKEBOHM/MARSCHNER
Bley/Kreikebohm/Marschner, Sozialrecht, 9. Aufl. 2007
BRAND/BEARBEITER
BRAND (Hrsg.), SGB III, Sozialgesetzbuch, Arbeitsförderung, Kommentar, 8. Aufl. 2018
DETTERBECK
DETTERBECK, Allgemeines Verwaltungsrecht, 21. Aufl. 2023
EAS
siehe Oetker/Preis/BEARBEITER
EICHENHOFER, SOZIALRECHT DER EU
EICHENHOFER, Sozialrecht der Europäischen Union, 8. Aufl. 2022
EICHENHOFER, SOZIALRECHT
Eichenhofer, Sozialrecht, 13. Aufl. 2024
V. KOPPENFELS-SPIES/WENNER/BEARBEITER
V. KOPPENFELS-SPIES/WENNER (Hrsg.), SGB VII, Sozialgesetzbuch VII, Gesetzliche Unfallversicherung, Kommentar, 3. Aufl. 2022
LUIK/HARICH/BEARBEITER
LUIK/HARICH, SGB II Grundsicherung für Arbeitsuchende, Kommentar, 6. Aufl. 2024
EICHER/SCHLEGEL/BEARBEITER
EICHER/SCHLEGEL, SGB III Arbeitsförderung, Kommentar, Loseblatt
GUCKELBERGER, Allgemeines Verwaltungsrecht
GUCKELBERGER, Allgemeines Verwaltungsrecht, 11. Aufl. 2023
ERFK/BEARBEITER
MÜLLER-GLÖGE/PREIS/GALLNER/SCHMIDT (Hrsg.), Erfurter Kommentar zum Arbeitsrecht, 14. Aufl. 2020
FUCHS, ZIVILRECHT UND SOZIALRECHT
FUCHS, Zivilrecht und Sozialrecht, 1992
FUCHS/JANDA/BEARBEITER
FUCHS/JANDA (Hrsg.), Europäisches Sozialrecht, 8. Aufl. 2022
GAGEL/BEARBEITER
KNICKREHM/DEINERT (Hrsg.), Gagel (Begr.), SGB II/SGB III, Grundsicherung und Arbeitsförderung, Kommentar, Loseblatt
GITTER/SCHMITT
GITTER/SCHMITT, Sozialrecht, 5. Aufl. 2001
GK-SGB VI/BEARBEITER
RULAND/DÜNN (Hrsg.), Gemeinschaftskommentar zum Sozialgesetzbuch – Gesetzliche Rentenversicherung, Loseblatt
GROEBEN/SCHWARZE/HATJE/BEARBEITER
GROEBEN/SCHWARZE/HATJE, Europäisches Unionsrecht, Vertrag über die Europäische Union, Vertrag über die Arbeitsweise der Europäischen Union, Charta der Grundrechte der Europäischen Union, 7. Aufl. 2015
HAUCK/BEARBEITER
HAUCK (Begr.)/NOFTZ/OPPERMANN/BECKER, SGB I, Allgemeiner Teil, Kommentar, Loseblatt
HAUCK/BEARBEITER
HAUCK (Begr.)/NOFTZ/OPPERMANN/VOELZKE, SGB II, Grundsicherung für Arbeitsuchende, Kommentar, Loseblatt
HAUCK/BEARBEITER
HAUCK (Begr.)/NOFTZ/OPPERMANN/VOELZKE, SGB III, Arbeitsförderung, Kommentar, Loseblatt

https://doi.org/10.1515/9783111337883-206

HAUCK/BEARBEITER
HAUCK (Begr.)/NOFTZ/OPPERMANN/UDSCHING, SGB IV, Gemeinsame Vorschriften für die Sozialversicherung, Kommentar, Loseblatt
HAUCK/BEARBEITER
HAUCK (Begr.)/NOFTZ/OPPERMANN/RADEMACHER, SGB V, Gesetzliche Krankenversicherung, Kommentar, Loseblatt
HAUCK/BEARBEITER
HAUCK (Begr.)/NOFTZ/OPPERMANN/FICHTE, SGB VI, Gesetzliche Rentenversicherung, Kommentar, Loseblatt
HAUCK/BEARBEITER
HAUCK (Begr.)/NOFTZ/OPPERMANN/KELLER, SGB VII, Gesetzliche Unfallversicherung, Kommentar, Loseblatt
HAUCK/BEARBEITER
HAUCK (Begr.)/NOFTZ/OPPERMANN/STÄHR, SGB VIII, Kinder- und Jugendhilfe, Kommentar, Loseblatt
HAUCK/BEARBEITER
HAUCK (Begr.)/NOFTZ/OPPERMANN/OPPERMANN, SGB IX, Rehabilitation und Teilhabe behinderter Menschen, Kommentar, Loseblatt
HAUCK/BEARBEITER
HAUCK (Begr.)/NOFTZ/OPPERMANN/BECKER, SGB X, Verwaltungsverfahren, Schutz der Sozialdaten, Zusammenarbeit der Leistungsträger und ihre Beziehungen zu Dritten, Kommentar, Loseblatt
Hauck/BEARBEITER
HAUCK (Begr.)/NOFTZ/OPPERMANN/REIMER, SGB XI, Soziale Pflegeversicherung, Kommentar, Loseblatt
HAUCK/BEARBEITER
HAUCK (Begr.)/NOFTZ/OPPERMANN/LUTHE, SGB XII, Sozialhilfe, Kommentar, Loseblatt
HAUCK/BEARBEITER
HAUCK (Begr.)/NOFTZ/OPPERMANN/REINHARD, EU-Sozialrecht, Kommentar, Loseblatt
HAVERKATE/HUSTER
HAVERKATE/HUSTER, Europäisches Sozialrecht, 1999
HDR/BEARBEITER
RISCHE/EICHENHOFER/SCHMÄHL (Hrsg.), Handbuch der gesetzlichen Rentenversicherung, 2. Aufl. 2012
HDSTR/BEARBEITER BD. I
ISENSEE/KIRCHHOF (Hrsg.), Handbuch des Staatsrechts der Bundesrepublik Deutschland, Bd. I, 3. Aufl. 2003
HDSTR/BEARBEITER BD. IV
ISENSEE/KIRCHHOF (Hrsg.), Handbuch des Staatsrechts der Bundesrepublik Deutschland, Bd. IV, 3. Aufl. 2006
HDSTR/BEARBEITER BD. V
ISENSEE/KIRCHHOF (Hrsg.), Handbuch des Staatsrechts der Bundesrepublik Deutschland, Bd. V, 3. Aufl. 2007
HEIN
HEIN, Die Verbände der Sozialversicherungsträger in der Bundesrepublik Deutschland, 1990
HERDEGEN
HERDEGEN, Europarecht, 24. Aufl. 2023
HS-KV/BEARBEITER
SCHULIN (Hrsg.), Handbuch des Sozialversicherungsrechts, Band 1, Krankenversicherung, 1994
HS-PV/BEARBEITER
SCHULIN (Hrsg.), Handbuch des Sozialversicherungsrechts, Band 4, Pflegeversicherung, 1997
HS-RV/BEARBEITER
SCHULIN (Hrsg.), Handbuch des Sozialversicherungsrechts, Band 3, Rentenversicherung, 1999
IGL/WELTI, Sozialrecht
IGL/WELTI, Sozialrecht, 8. Aufl. 2007
IGL/WELTI, Gesundheitsrecht
IGL/WELTI, Gesundheitsrecht, 4. Aufl. 2022
IPSEN, Allgemeines Verwaltungsrecht
IPSEN, Allgemeines Verwaltungsrecht, 11. Aufl. 2019
JANDA/JANDA
Pflegerecht, 3. Aufl. 2023
jurisPK-SGB II/BEARBEITER
SCHLEGEL/VOELZKE (Hrsg.), juris Praxiskommentar SGB II, 5. Aufl. 2020
jurisPK-SGB III/BEARBEITER
SCHLEGEL/VOELZKE (Hrsg.), juris Praxiskommentar SGB III, 2. Aufl. 2019
jurisPK-SGB IV/BEARBEITER
SCHLEGEL/VOELZKE (Hrsg.), juris Praxiskommentar SGB IV, 4. Aufl. 2021

jurisPK-SGB V/Bearbeiter
Schlegel/Voelzke (Hrsg.), juris Praxiskommentar SGB V, 4. Aufl. 2020
jurisPK-SGB XI/Bearbeiter
Schlegel/Voelzke (Hrsg.), juris Praxiskommentar SGB XI, 3. Aufl. 2021
KassHdb/Bearbeiter
Spellbrink/Eicher (Hrsg.), Kasseler Handbuch des Arbeitsförderungsrechts, 2003
BeckOGK-SGB/Bearbeiter
Deinert/Jox/Knickrehm/Körner/Krasney/Mutschler/Rolfs/Schmidt, beck-online.Grosskommentar zum SGB: SGB I, SGB II, SGB III, SGB IV, SGB V, SGB VI, SGB VII, SGB VIII, SGB X, SGB XI, SGB XII, SGB XIV
Knickrehm/Roßbach/Waltermann/Bearbeiter
Knickrehm/Roßbach/Waltermann (Hrsg.), Kommentar zum Sozialrecht, 8. Aufl. 2023
Kokemoor
Kokemoor, Sozialrecht, 9. Aufl. 2020
Koppenfels-Spies
v. Koppenfels-Spies, Sozialrecht, 2. Aufl. 2024
Küttner/Bearbeiter
Küttner (Begr.)/Röller (Hrsg.), Personalbuch 2020, 31. Aufl. 2024
Krauskopf/Bearbeiter
Krauskopf (Hrsg.), Soziale Krankenversicherung Pflegeversicherung, Kommentar, Loseblatt
Kreikebohm/Dünn/Bearbeiter
Kreikebohm/Dünn (Hrsg.), SGB IV, Sozialgesetzbuch, Gemeinsame Vorschriften für die Sozialversicherung, Kommentar, 4. Aufl. 2022
Kreikebohm/Bearbeiter
Kreikebohm/Dünn (Hrsg.), SGB VI, Sozialgesetzbuch, Gesetzliche Rentenversicherung, Kommentar, 6. Aufl. 2021
Lauterbach/Bearbeiter
Lauterbach/Watermann/Breuer, Unfallversicherung, Sozialgesetzbuch VII, Loseblatt
Leisner
Leisner, Sozialversicherung und Privatversicherung, 1974
Lilge/Gutzler/Bearbeiter
Lilge/Gutzler (Hrsg.), SGB I – Sozialgesetzbuch Allgemeiner Teil, Kommentar, 5. Aufl. 2019
Löns/Herold-Tews/Bearbeiter
Löns/Herold-Tews (Hrsg.), SGB II, Grundsicherung für Arbeitsuchende, Kommentar, 3. Aufl. 2011
LPK-SGB II/Bearbeiter
Münder/Geier/Lenze (Hrsg.), Sozialgesetzbuch II, Grundsicherung für Arbeitsuchende, Lehr- und Praxiskommentar, 8. Aufl. 2024
LPK-SGB IV/Bearbeiter
Winkler (Hrsg.), Sozialgesetzbuch IV, Gemeinsame Vorschriften für die Sozialversicherung, Lehr- und Praxiskommentar, 3. Aufl. 2021
LPK-SGB V/Bearbeiter
Hänlein/Schuler (Hrsg.), Sozialgesetzbuch V, Gesetzliche Krankenversicherung, Lehr- und Praxiskommentar, 5. Aufl 2016
LPK-SGB X/Bearbeiter
Diering/Timme/Stähler (Hrsg.), Sozialgesetzbuch X, Sozialverwaltungsverfahren und Sozialdatenschutz, Lehr- und Praxiskommentar, 6. Aufl. 2022
LPK-SGB XI/Bearbeiter
Krahmer/Plantholz/Kuhn-Zuber (Hrsg.), Sozialgesetzbuch XI, Soziale Pflegeversicherung, Lehr- und Praxiskommentar, 6. Aufl. 2024
Manes
Manes, Versicherungslexikon, 3. Aufl. 1930
Huber/Vosskuhle/Bearbeiter
Huber/Vosskuhle, Grundgesetz, Kommentar, 8. Aufl. 2024
Maunz/Dürig/Bearbeiter
Maunz/Dürig (Begr.), Herzog/Scholz/Herdegen/Klein (Hrsg.), Grundgesetz, Kommentar, Loseblatt
Maurer/Waldhoff
Maurer/Waldhoff, Allgemeines Verwaltungsrecht, 21. Aufl. 2024
Medicus/Petersen
Medicus/Petersen, Allgemeiner Teil des BGB, 12. Aufl. 2024

MROZYNSKI
MROZYNSKI, SGB I, Sozialgesetzbuch, Allgemeiner Teil, Kommentar, 7. Aufl. 2024
MUCKEL/OGOREK/RIXEN
MUCKEL/OGOREK/RIXEN, Sozialrecht, 5. Aufl. 2019
MüKoBGB/BEARBEITER
SÄCKER/RIXECKER/OETKER/LIMPERG (Hrsg.), Münchener Kommentar zum Bürgerlichen Gesetzbuch, 9. Aufl. 2023
Münch/Kunig/BEARBEITER
v. MÜNCH/KUNIG (Hrsg.), Grundgesetz Kommentar, Bd. I, Präambel, Art. 1–69, 7. Aufl. 2021
MünchArbR/BEARBEITER
KIEL/LUNK/OETKER, Münchener Handbuch zum Arbeitsrecht, 6. Aufl. 2024
NEUMANN/PAHLEN/GREINER/WINKLER/WESTPHAL/KROHNE/BEARBEITER
NEUMANN/PAHLEN/GREINER/WINKLER/WESTPHAL/KROHNE, Sozialgesetzbuch IX, Kommentar, 15. Aufl. 2024
NK-GesR/BEARBEITER
Berchtold/Huster/Rehborn (Hrsg.), Gesundheitsrecht, SGB V, SGB XI, NomosKommentar, 2. Aufl. 2018
OESTREICHER/DECKER/BEARBEITER
OESTREICHER/DECKER, SGB II/SGB XII, Grundsicherung für Arbeitsuchende und Sozialhilfe, Kommentar, Loseblatt
OETKER/PREIS/BEARBEITER
OETKER/PREIS (Hrsg.), Europäisches Arbeits- und Sozialrecht (EAS)-Rechtsvorschriften, Systematische Darstellungen und Entscheidungssammlung, Loseblatt
GRÜNEBERG/BEARBEITER
GRÜNEBERG (Begr.), Bürgerliches Gesetzbuch, 83. Aufl. 2024
PENNINGS
PENNINGS, European Social Law, 7th ed. 2022
PRÖLSS/DREHER/BEARBEITER
PRÖLSS/DREHER, Versicherungsaufsichtsgesetz, mit Nebengesetzen, 14. Aufl. 2024
ROLFS
ROLFS, Das Versicherungsprinzip im Sozialversicherungsrecht, 2000
RULAND/RÜRUP
RULAND/RÜRUP (Hrsg.), Alterssicherung und Besteuerung, 2008
RÜTHERS/FISCHER/BIRK
RÜTHERS/FISCHER/BIRK, Rechtstheorie und juristische Methodenlehre, 12. Aufl. 2021
SACHS/BEARBEITER
SACHS, Grundgesetz Kommentar, 9. Aufl. 2021
SCHAUB/BEARBEITER
SCHAUB, Arbeitsrechts-Handbuch, Systematische Darstellung und Nachschlagewerk für die Praxis, 18. Aufl. 2019
SCHLACHTER/HEINIG
SCHLACHTER/HEINIG, Europäisches Arbeits- und Sozialrecht, 2. Aufl. 2021
SIEG
SIEG, Allgemeines Versicherungsvertragsrecht, 3. Aufl. 1994
SRH/BEARBEITER
RULAND/BECKER/AXER (Hrsg.), Sozialrechtshandbuch (SRH), 7. Aufl. 2022
STAHLBERG
STAHLBERG, Europäisches Sozialrecht, 1997
STEINMEYER
STEINMEYER, Die Einstrahlung im internationalen Sozialversicherungsrecht, 1981
UDSCHING/SCHÜTZE/BEARBEITER
UDSCHING/SCHÜTZE (Hrsg.), SGB XI, Soziale Pflegeversicherung, Kommentar, 6. Aufl. 2024
UMBACH/CLEMENS/BEARBEITER
UMBACH/CLEMENS, Grundgesetz, Mitarbeiterkommentar, 2002
WALTERMANN/SCHMIDT/CHANDNA-HOPPE
WALTERMANN/SCHMIDT/CHANDNA-HOPPE, Sozialrecht, 15. Aufl. 2022
WANNAGAT
WANNAGAT, Lehrbuch des Sozialversicherungsrechts, Bd. 1, 1965

A. Entstehung, Entwicklung und Grundlagen der Sozialversicherung

Literatur: BORN/HENNIG/TENNSTEDT (Hrsg.), Quellensammlung zur Geschichte der deutschen Sozialpolitik 1867 bis 1914, I. Abt., Bd. 1, Grundfragen staatlicher Sozialpolitik, 2003; Bd. 2, Von der Haftpflichtgesetzgebung zur ersten Unfallversicherungsvorlage, 1993; BORN/HENNIG/TENNSTEDT (Hrsg.), II. Abt., Bd. 1, Grundfragen der Sozialpolitik, 2003; BRUNNER, Neue Wege der Sozialgeschichte, 1956; CARONI, in: Handwörterbuch zur deutschen Rechtsgeschichte, Bd. 2, 1978; EICHENHOFER, 100 Jahre Weimarer Republik und das Arbeits- und Sozialrecht, SGb 2018, 664ff.; FRERICH/FREY, Handbuch der Geschichte der Sozialpolitik in Deutschland, 2. Aufl. 1996; FUCHS, Die Reichsversicherungsordnung als erste sozialrechtliche Kodifikation, in: Helmholz/Mikat/Müller u.a. (Hrsg.), Grundlagen des Rechts, Festschrift für Peter Landau, 2000, S. 883ff.; DERS., Ein sozialrechtlicher Quantensprung. Die Entstehung der gesetzlichen Unfallversicherung, AuR 2017, G13ff.; FISCH/HÄRENDEL (Hg.), Geschichte und Gegenwart der Rentenversicherung in Deutschland, 2000; HÄNLEIN, Geschichte des Sozialrechts, in: Ruland/Becker/Axer (Hg.), Sozialrechtshandbuch SRH, 7. Aufl. 2022, § 2; KÖHLER, Entstehung von Sozialversicherung – Ein Zwischenbericht, in: Zacher (Hrsg.), Bedingungen für die Entstehung und Entwicklung von Sozialversicherung, 1979, S. 19ff.; KÖHLER/ZACHER (Hrsg.), Beiträge zu Geschichte und aktueller Situation der Sozialversicherung, 1983; LABAND, Das Staatsrecht des Deutschen Reiches, Bd. 2, 2. Aufl. 1891; MACHTAN (Hrsg.), Bismarcks Sozialstaat, 1994; MASUCH/SPELLBRINK/BECKER/LEIBFRIED (Hrsg.), Grundlagen und Herausforderungen des Sozialstaats – Denkschrift 60 Jahre Bundessozialgericht, Bd. 1, 2014; MIKESIC, Sozialrecht als wissenschaftliche Disziplin, 2002; OGOREK, Untersuchungen zur Entwicklung der Gefährdungshaftung im 19. Jahrhundert, 1975; PETERS, Die Geschichte der sozialen Versicherung, 3. Aufl. 1978; PLANCK, Die soziale Tendenz des Bürgerlichen Gesetzbuchs, DJZ 1899, 181; REHM, Der Rechtsbegriff der Arbeiterversicherung, AöR 1890, 529ff.; REIDEGELD, Staatliche Sozialpolitik in Deutschland. Historische Entwicklung und theoretische Analyse von den Ursprüngen bis 1918, 1996; RITTER, Soziale Frage und Sozialpolitik in Deutschland seit Beginn des 19. Jahrhunderts, 1998; ROSIN, Das Recht der Arbeiterversicherung, Bd. 1 (1893), Bd. 2 (1905); SCHERNER, Sozialrechtsgeschichte der Neuzeit. Stand der Forschung und offenen Fragen, Zeitschrift für Neuere Rechtsgeschichte 1996, 102ff.; SCHLEGEL, 30 Jahre geeinter Rechtsstaat – 30 Jahre geeinter Sozialstaat?, SGb 2020, 645ff.; SCHULTE-NÖLKE, Die schwere Geburt des Bürgerlichen Gesetzbuchs, NJW 1996, 1705ff.; STEINER, Werden und Wandel des Sozialrechts im Sozialstaat, NZS 2019, 1ff.; STOLLEIS, Geschichte des Sozialrechts in Deutschland, 2003; STOLLEIS, Quellen zur Geschichte des Sozialrechts, 1976; TENNSTEDT, Sozialgeschichte der Sozialpolitik in Deutschland. Vom 18. Jahrhundert bis zum Ersten Weltkrieg, 1981; TENNSTEDT/WINTER, Der Staat hat wenig Liebe – aktiv wie passiv, ZSR 1993, 362ff.; VOGEL, Bismarcks Arbeiterversicherung: Ihre Entstehung im Kräftespiel der Zeit, 1951; WEYL, Lehrbuch des Reichsversicherungsrechts, 1894; WIEACKER, Privatrechtsgeschichte der Neuzeit, 2. Aufl. 1967; ZACHER, Die Kodifikation des Sozialrechts im Ausland, in: Lerche/Zacher/Badura (Hrsg.), Festschrift für Theodor Maunz, 1981, S. 429ff.; ZÖLLNER, Landesbericht Deutschland, in: Köhler/Zacher (Hg.), Ein Jahrhundert Sozialversicherung in der Bundesrepublik Deutschland, Frankreich, Großbritannien, Österreich und der Schweiz, 1981, S. 45ff.

§ 1 Die Vorläufer der Sozialversicherung

I. Begriffsklärung

1 Staatliche, gemeindliche, kirchliche oder private Bemühungen zur Linderung der Not der Armen lassen sich als im weitesten Sinne sozial verstehen. Sie werden deshalb und wegen gewisser in der Rückprojektion ausgemachter funktionaler Ähnlichkeiten bisweilen als „Vorläufer" der Sozialversicherung bezeichnet. Dies ist freilich ebenso unhistorisch wie die Gegenposition, die wegen der Neuartigkeit der damit gesetzgeberisch aufgegriffenen Materie überhaupt keine legislatorischen Vorbilder erkennen will.

2 Die deutsche Sozialversicherung entsteht im 19. Jahrhundert als eine der Reaktionen des Gesetzgebers auf die **„soziale Frage"**. Dieser Begriff kommt als Übernahme aus dem Französischen (question sociale) erst um 1840 in den deutschen Sprachgebrauch. Die modernen Wörter „Sozialpolitik", „Sozialversicherung", „Sozialrecht" und „soziale Sicherheit" bürgern sich noch später ein. In allen Verbindungen verweist das vieldeutige Wort „sozial" primär auf das Verhältnis des Individuums zu Staat und Gesellschaft, in seinem konkreten historischen Zusammenhang reflektierte es die grundstürzenden gesellschaftlichen Veränderungen der industriellen Revolution. Schon begrifflich erweist es sich daher als schwierig, „Vorläufer" der ersten Sozialversicherungsgesetze auszumachen. Wie unser heutiges System der sozialen Sicherheit sind auch dessen Anfänge nur als in ihrer Zeit stehende kulturelle, politische und rechtliche Arrangements zu verstehen. Das heißt, die deutsche Sozi-

https://doi.org/10.1515/9783111337883-001

alversicherungsgesetzgebung der achtziger Jahre des 19. Jahrhunderts war ohne Zweifel etwas Neues und europaweit ein vielbeachteter origineller Ansatz. Zugleich war sie jedoch kein radikaler Bruch mit der Vergangenheit, sondern Teil einer Entwicklung mit fließenden Übergängen zwischen tradierten Sicherungsformen und avantgardistischen Versuchen, auf die neuen Probleme eines historischen Umbruchs mit modernen Rechtsinstrumenten zu reagieren.

3 Allerdings: Die seit alters her auf der menschlichen Erfahrung beruhenden Versuche, für die typischen Risiken des Lebens vorzusorgen oder durch kollektive Institutionen bei deren Eintreffen im Nachhinein quasi „nachsorgend" die Folgen abzumildern, erfährt durch die Sozialversicherung eine neue Qualität, die mit dem Entstehen der so bis dahin unbekannten **„sozialen Risiken"** korrespondiert. Diese Risiken werden nun nicht mehr als ausschließlich persönlich und schicksalhaft wahrgenommen. Rechtlich wird der Ansatz individueller, durch Verschulden begründeter Gefahrtragung durch den Verzicht auf den Tatbestand des Verschuldens und durch die generelle Übernahme der Absicherung von als „professionell" erkannten Risiken durch den Staat abgelöst. Die Sozialversicherung stellt einen rationalen Weg dar, auf die Veränderung der Auffassung privaten Unglücks als individuellem Schicksalsschlag zu einem errechenbaren, mathematischen Wahrscheinlichkeiten folgenden Massenphänomen zu reagieren. Die „unvermeidlich" und damit „rational vorhersehbar" gewordenen Gefahren industrieller Produktionsweisen machen überindividuelle Absicherung erforderlich und erlauben zugleich erst den versicherungsmathematischen Zugriff, der eine notwendige Voraussetzung auch der Sozialversicherung ist. Die neuen Risiken überfordern die überkommenen kleinen Solidarverbände, ihre Absicherung wird durch öffentlich-rechtliche Pflichtversicherung auf die größtmögliche Solidargemeinschaft, und das ist der Staat, übertragen. Ähnliches gilt für den mit der Industrialisierung einsetzenden Prozess, der Lohnarbeit und Lohnabhängigkeit für den bald größten Teil der Bevölkerung zum Normalfall des Lebens werden lässt: Lohnausfall durch Krankheit, Invalidität oder Alter wird zu einem allgemeinen, zu einem „sozialen" Risiko, dem abgeholfen werden muss, dem aber gerade durch Geldleistungen auf der Basis einer reichsweiten obligatorischen Sozialversicherung auch abgeholfen werden kann.

II. Der Wandel der überkommenen Sicherungsformen

1. Von der Armenpflege zur „Armenpolicey"

4 Armen- und Krankenpflege waren lange Zeit Aufgabe der Kirchen und besonders der Klöster. In der Frühneuzeit entwickelten sich aus dieser primär kirchlichen Zuständigkeit in den Städten erste öffentliche Wohlfahrtseinrichtungen. Städtische Hospitäler und private Stiftungen, wie etwa die Fuggerei in Augsburg, nahmen nicht zuletzt deshalb an Zahl und Umfang zu, weil sie der Macht und dem Einfluss der Stifter eine christlich-philanthropisch begründete Legitimation verliehen. Die mittelalterlichen Hospitalstiftungen gewannen öffentliche Bedeutung, weil sie eine Quelle von Ansehen, Prestige und Autorität waren. Der Aufbau einer legitimen Herrschaftsordnung in christlicher Zeit nahm seinen Anfang mit philanthropischen Stiftungen für Arme und Kranke, in denen die Sorge um andere sich zu einem berufsmäßigen Dienst am Menschen entwickelte. Die Verwaltung und Verteilung der wohltätigen Stiftungen und der Almosen mussten synchron mit deren wachsender Bedeutung zunehmend durch Verordnungen reglementiert werden. In den zu Beginn des 16. Jahrhunderts vielerorts erlassenen Armenordnungen wurden erstmals konkrete Kriterien für die Leistungsgewährung festgesetzt, für die nunmehr erforderlichen Bedürftigkeitsprüfungen mussten eigene Behörden geschaffen werden. Weil meist weniger zu verteilen war, als notwendig gewesen wäre, brachte diese **„Kommunalisierung" der Armenfürsorge** auch mit sich, dass die Städte ihre Armenfürsorge gegenüber dem ländlichen Umland und gegenüber anderen Städten abzugrenzen begannen. Die Opfer für die Armenfürsorge sollten tunlichst von der Heimatgemeinde des Bedürftigen gebracht werden. Diese administrativen Maßnahmen der Städte beruhten bald nicht mehr primär auf religiöser Mildtätigkeit, sondern sie stellten den Beginn öffentlichen Handelns aufgrund der rationalen Verbindung sozial- und ordnungspolitischer Ziele dar. Kommunale Bettelverbote wurden deshalb erstmals durch die Verpflichtung arbeitsfähiger Armer zur Arbeit ergänzt. Die Armenpflege wandelte sich zur „Ar-

menpolicey". Der dreißigjährige Krieg (1618 bis 1648) zerstörte aber diese ersten Ansätze rationaler Wohlfahrtspflege in Deutschland nachhaltig.

In der Vielzahl der darauf in Deutschland entstehenden Territorialstaaten konnte das Elend und die Armut lange Zeit nicht beseitigt werden. Im frühen 19. Jahrhundert begegnete dann das Phänomen des **„Pauperismus"**, eine die Zeitgenossen beängstigende Form der sich rapide vermehrenden Massenarmut. Deren Kennzeichen war eine für die Betroffenen schon mit der Geburt in Armut feststehende Aussichtslosigkeit, sich jemals selbst durch Arbeit aus der Not befreien zu können. Dadurch unterschied sie sich von der „natürlichen" Armut, die durch schicksalhafte Einbrüche (bspw. Krankheit oder Unfall) in sonst sichere Lebensläufe entsteht. Der Versuch der Disziplinierung der bedrohlichen Armen und der umherziehenden Bettler durch (Zwangs-)Arbeit und der Abwehr der Zuwanderung fremder Armer an den Grenzen waren nur wenig wirksame Mittel. Die verbliebenen kirchlichen und klösterlichen Einrichtungen der Armenpflege gerieten unter staatliche Kontrolle, die „Policey" wurde zum wichtigsten Instrument sozialer Gestaltung. Im Geiste des Merkantilismus gehörte es sich, dass arbeitsfähige Arme in den Manufakturen der Landesherrn Disziplin lernen sollten, um so die staatliche Produktivität zu steigern. 5

Die reine Zweckrationalität eines säkularisierten Staatsverständnisses erfuhr in der Phase des aufgeklärten Absolutismus eine Relativierung durch das Aufkommen der Idee, dass der Staat eine generelle Fürsorgepflicht für alle Bürger hat. Der alte Zusammenhang der Legitimierung von Herrschaft durch Fürsorge fand sich im Allgemeinen Landrecht der preußischen Staaten von 1794 wieder. Erstmals wurde darin die **Armenfürsorge als Staatsaufgabe** anerkannt, woraus Rechte und Pflichten für den Staat abgeleitet wurden: „Dem Staat kommt es zu, für die Ernährung und Verpflegung derjenigen Bürger zu sorgen, die sich ihren Unterhalt nicht selbst verschaffen, und denselben auch von anderen Privatpersonen, welche nach besonderen Gesetzen dazu verpflichtet sind, nicht erhalten können".[1] Auch die Armutsvorsorge wird in freilich engen Grenzen zur Aufgabe des Staates, er hat „Anstalten zu treffen, wodurch der Nahrlosigkeit seiner Bürger vorgebeugt und der übertriebenen Verschwendung gesteuert werde".[2] Für den einzelnen Bedürftigen wurde damit aber kein Rechtsanspruch auf staatliche Unterstützung begründet, sondern nur ein Rechtsreflex, abgeleitet aus der Verpflichtung der Gemeinden gegenüber dem Staat, für ihre eigenen Armen zu sorgen. Zur Durchführung dieser Pflichten wurden neben den kommunalen Armenverbänden deshalb regionale Landarmenverbände eingerichtet, die dann zuständig waren, wenn eine Gemeinde mit der Armenfürsorge überfordert war. Die Errichtung von Arbeitshäusern und Krankenhäusern war ebenfalls Aufgabe des größeren Verbandes. 6

Diese einander weitgehend ähnliche Armengesetzgebung der deutschen Einzelstaaten veränderte sich nach 1848 wenig. Der gesellschaftliche Wandel hin zur bürgerlichen Gesellschaft wurde aber erkennbar in der Anerkennung der Gewerbefreiheit, der Bodenfreiheit und der allgemeinen Freizügigkeit. Die faktisch von der einsetzenden Industrialisierung erzwungene Mobilität nicht nur der Arbeiter, sondern auch der auf Arbeit angewiesenen Armen, ließ das Heimatprinzip der Armenpflege obsolet werden. In Preußen wurde seit 1842 folglich auf den „Unterstützungswohnsitz" abgestellt, d.h., nicht mehr die Heimatgemeinde war für die Armenfürsorge zuständig, sondern die Gemeinde, in der der Bedürftige eine vom Gesetz bestimmte (Mindest-)Zeit gelebt hatte. Bis 1870 hatte sich in allen Ländern des Norddeutschen Bundes das Prinzip des Unterstützungswohnsitzes durchgesetzt. Auch mit diesem Prinzip wurde wiederum nur eine objektive Handlungspflicht für den Staat bzw. die Gemeinden statuiert, kein subjektives Recht des Bedürftigen auf Unterstützung. 7

Trotz des mit der **Bevölkerungsexplosion** – die Bevölkerung Deutschlands wuchs binnen weniger Jahrzehnte von 23 Millionen Menschen auf 56 Millionen, wobei die größeren Orte mit über 30.000 Einwohnern bis um das Fünffache wuchsen – verbundenen „Pauperismus", der anfänglich extremen Industriearmut und der wachsenden Binnenwanderung kam es im 19. Jahrhundert im Bereich des Armenwesens zu keiner grundlegenden Reform. 8

1 Vgl. ALR, II, 19, § 1.
2 Vgl. ALR, II, 19, § 6.

2. Der Bedeutungsverlust traditioneller Sicherungsformen

9 Die älteste solidarische Sicherungsform ist der Familienverband i.S.d. „ganzen Hauses“,[3] das auch Ort der (gemeinsamen) Arbeit war. Mit dem Gesinde, mit Knechten und Mägden oder mit Lehrlingen und Gesellen bezog es weit mehr Menschen ein, als der nur durch die unmittelbare verwandtschaftliche Beziehung geschaffene Verbund. Mit der **Verlagerung der Arbeit in die Fabrik** verlor diese soziale Gruppe aber ihre Funktion als maßgebliche Grundform der Arbeitsorganisation und der sozialen Sicherung für diejenigen ihrer Mitglieder, die nicht (mehr) arbeiten konnten. Die (Klein-) Familie als Eltern-Kinder-Verbund war ohnehin nie in der Lage, dies zu leisten.

10 In allen Regionen Europas, die Bergbau kannten, entstanden seit dem Mittelalter mit den **„Knappschaftskassen“** Einrichtungen zur Absicherung der Bergleute, insbesondere im Falle der Krankheit und der Invalidität. Als einer der für den absolutistischen Staat wichtigsten Produktionsbereiche geriet der Bergbau bald unter staatliche Regulierung. Beispielhaft seien die Berggesetze Friedrich des Großen genannt, mit denen u.a. die Errichtung der Kassen, Zuschusspflichten für die Betreiber der Zechen sowie bestimmte Mindestleistungen festgelegt wurden. Für die Bergleute bedeutete diese Gesetzgebung zwar das Ende der knappschaftlichen Selbstverwaltung, zugleich aber eine Stabilisierung der Finanzen und auch eine Festschreibung ihrer gegenüber den Arbeitern in anderen Produktionsbereichen privilegierten Stellung. Das Preußische Knappschaftsgesetz von 1854 wurde als die erste öffentlich-rechtliche Arbeiterversicherung bezeichnet, weil es für die Bergleute Versicherungspflicht und Beitragszwang einführte. Dies verstellt den Blick darauf, dass sich auf diese Weise letztlich sehr alte, regional unterschiedliche und weitgehend ständische Traditionen lange erhielten und erst mit der Hochindustrialisierung (und da nur zum Teil) verloren gingen. Eine Bewertung der überkommenen Knappschaftskassen als Vorläufer der Sozialversicherung erscheint deshalb historisch nicht überzeugend.[4]

11 Dem Beispiel der alten Hilfskassen für Handwerker und Gesellen folgend, kam es schon früh zur Einrichtung von Fabrikkassen mit der Funktion, im Krankheitsfall den Lohnausfall zu mildern und die Arztkosten abzusichern oder für den Fall der Invalidität eine Mindestsicherung zu bieten. Nachdem die Zünfte mit der Einführung der Gewerbeordnung beseitigt waren, gestattete die Allgemeine Gewerbeordnung von 1845 in Preußen erstmals ausdrücklich auch für Fabrikarbeiter die Neubildung von Unterstützungskassen zur Abhilfe für „die Notlage der Arbeiter bei den Wechselfällen des Lebens“. Der Beitritt war freiwillig, doch wurden die Gemeinden ermächtigt, durch statuarische Anordnung alle im Ort beschäftigten Gesellen und Gehilfen zum Beitritt zu verpflichten. Während die Gründung freiwilliger Fabrikkassen einen Aufschwung nahm, kam es nur vereinzelt zur Errichtung von Kassen kraft Ortsstatut. Daneben entstanden zahlreiche **„freie Hilfskassen“**, darunter auch gemischte Kassen für Handwerker und Fabrikarbeiter. Um 1876 bestanden im Reich bereits 754 eingeschriebene Hilfskassen, darunter 400 freie Hilfskassen, eine Zahl, die bis 1.881 auf 1.302 (davon 669 freie Hilfskassen) anstieg. Die Mitgliedschaft schwankte von mehreren hundert bis unter hundert Versicherten. Bei den „eingeschriebenen“ Hilfskassen handelte es sich um Kassen, die nach den Vorgaben des Hilfskassengesetzes von 1876 bestimmte Voraussetzungen erfüllten, um durch eine höhere Verwaltungsbehörde als juristische Person mit Haftungsbeschränkung auf das Kassenvermögen zugelassen zu werden.[5] Mit dieser Anerkennung erlangten sie einen herausgehobenen Status. Allerdings konnten alle Hilfskassen zusammen am Ende bei weitem nicht die Mehrheit der Arbeiter erfassen. Angesichts dessen, dass das Krankenversicherungsgesetz von 1883 einen Großteil dieser Kassen in das neue System integrierte, lässt sich sowohl sagen, dass diese Kassen „Vorläufer“ der Sozialversicherung waren, als auch die Meinung vertreten, dass durch die gesetzliche Krankenversicherung im Rahmen der Sozialversicherung das obsolet gewordene Nebeneinander von hinsichtlich ihrer Größe und ihrer Sicherungsziele höchst unterschiedlichen Kassen endlich überwunden werden konnte. Mit der Berufung auf die soziale Verantwortlichkeit des Staates (Interven-

3 Brunner, S. 42.
4 HDR/Rückert 1 Rn. 76.
5 Frerich/Frey S. 57.

tionismus) bedeutete die Einführung der gesetzlichen Krankenversicherung auch den (Zwangs-) Anschluss der allzu vielfältigen genossenschaftlichen Organisationsformen an die gesamtgesellschaftliche Bürokratisierung, was als ein Faktor der Weichenstellung für eine autonome Entwicklung des Wohlfahrtssystems verstanden werden kann.

3. Neue Sicherungsformen

Die neue industrielle Produktionsweise schuf auch Raum für ein bis dahin unbekanntes gesellschaftliches Phänomen, nämlich den Unternehmer. Unter diesen gab es gerade in den Anfangsjahren der Industrialisierung Persönlichkeiten, die für die von ihnen beschäftigten Arbeiter eigene Vorsorgeeinrichtungen begründeten. Besonders bedeutsam wurden die Wohlfahrtseinrichtungen von ALFRED KRUPP: Sie umfassten eine Betriebskrankenkasse, der beizutreten 1855 für alle „Kruppianer" Pflicht wurde, wobei die Firma allerdings die Hälfte der Beiträge übernahm. Dazu kam 1858 eine Pensions- und Hinterbliebenenkasse für Arbeiter ab einer Betriebszugehörigkeit von 20 Jahren und ein Bauprogramm für Werkswohnungen, in dessen Rahmen bis 1874 immerhin 3277 Einheiten für etwa 16.700 Menschen errichtet wurden.[6] Eine vom Unternehmen subventionierte Konsumanstalt sorgte für eine Senkung der Lebenshaltungskosten der Krupp-Arbeiter. Die Arbeiter selbst wurden bei der Frage nach dem Ob und Wie der **betrieblichen Sozialeinrichtungen** nicht beteiligt. Dies hätte nach dem Verständnis der damaligen Unternehmer gewissermaßen die Hausordnung gestört und womöglich eine unliebsame Berufsorganisation nach sich ziehen können. Das Ziel derartiger betrieblicher Sozialpolitik meist großer Unternehmen (wie eben KRUPP, BORSIG, STUMM, SIEMENS oder ZEISS) war neben dem patriarchalischen Pflichtgefühl der Gründerväter, für das Wohlergehen ihrer Arbeiter zu sorgen, auch das Bestreben, die Arbeiter an die Firma zu binden. Damit sollte später nicht nur der Fluktuation der (bald für die Produktion sehr wichtigen) Facharbeiter entgegengewirkt werden, sondern von der durch die betrieblichen Sozialleistungen motivierten Betriebstreue erhoffte man sich auch ein Gegengewicht gegen die Agitationsversuche der jungen Arbeiterbewegung. 12

Aber auch der frühmoderne Staat selbst war darauf angewiesen, die Funktionsträger seiner Administration materiell enger an sich zu binden. Instrument dafür war die Begründung eines Beamtenrechts mit der Installierung des **Berufsbeamtentums mit Pensionsanspruch** und **Hinterbliebenensicherung**, die sich im Laufe des 19. Jahrhunderts in allen deutschen Ländern durchsetzte. Die Kodifikation auf Reichsebene wurde mit dem Gesetz über die Reichsbeamten 1873 abgeschlossen. Im Vordergrund stand die Unkündbarkeit der Staatsdiener, verbunden mit einer lebenslangen Versorgung durch den Staat. Es war darin aber auch schon eine Urlaubsregelung vorgesehen. Unter Vorwegnahme der späteren Invaliditätsversicherung der Arbeiter konnten Beamte, die das 65. Lebensjahr vollendet hatten, auch dann die Versetzung in den Ruhestand beantragen, wenn keine Dienstunfähigkeit vorlag. Die Höhe der Pension bemaß sich nach den zurückgelegten Dienstjahren und den letzten Bezügen. Die Beamten – und in ähnlicher Weise auch die Berufssoldaten – waren also sehr viel früher sehr viel besser gestellt als die Arbeiter und Angestellten.[7] 13

Dampfkraft und **Eisenbahn** sind geradezu Symbole der Industriellen Revolution. Innerhalb weniger Jahrzehnte wurde um die Mitte des 19. Jahrhunderts im Grunde bereits die Struktur des Eisenbahnnetzes geschaffen, die bis heute Bestand hat. Diese Leistung bedeutete einen im Rückblick gar nicht zu überschätzenden Modernisierungsschub für die Industrie insgesamt. Mit dem Zusammenschluss zahlloser privatrechtlicher Eisenbahnaktiengesellschaften zur Reichsbahn im Jahr 1875 hatte das Deutsche Reich ein effizientes, länderübergreifendes und international konkurrenzfähiges Kommunikations- und Logistiksystem. Vor diesem Hintergrund verwundert es nicht, dass die Eisenbahner von Anfang an zur „Arbeiterelite" gehörten und mit dem entsprechenden Selbstbewusstsein Sonderregelungen für sich durchsetzen konnten: Die Eisenbahnpensionskassen der Länder enthielten bereits separate Versicherungen der Invalidität und des Alters, die Mitgliedschaft war obliga- 14

6 FRERICH/FREY S. 61f.
7 HDR/KÖHLER 2 Rn. 47.

torisch, die Leistungen waren beitragsbezogen und die Finanzierung erfolgte paritätisch aus Arbeiter- und Arbeitgeberbeiträgen. Weil diese moderne Sonderform der Alterssicherung der Mitarbeiter eines zu seiner Zeit höchst modernen Unternehmens 1889 in die gesetzliche Rentenversicherung integriert wurde, die selbst im Grundsatz auf weitgehend ähnlichen rechtlichen Voraussetzungen beruhte, können die Eisenbahnerpensionskassen als „Vorläufer" der Sozialversicherung verstanden werden.

III. Die ersten „Industriegesetze"

1. Arbeitsschutzgesetze

15 Erst als die Anfangsphase der Industrialisierung bereits überwunden war, begannen langsam Bestrebungen an Gewicht zu gewinnen, die Arbeiter vor den spezifischen Gefahren der neuen Produktionsweise zu schützen.[8] Das Wort „Arbeitsschutz" gelangte so erst in den Jahren ab 1870 in die deutsche Sprache. Gemeint war damit der **Schutz von Frauen, Jugendlichen und Kindern** vor schwerer Arbeit, Schutz der Arbeiter vor den besonderen Gefahren am (Maschinen-)Arbeitsplatz, aber auch Arbeitszeitverkürzung und Einschränkung bzw. Verbot der Nachtarbeit. Das preußische Regulativ von 1839, ausgelöst durch die Klagen der Militärbehörden über den schlechten Gesundheitszustand der Rekruten, verbot die Beschäftigung von Kindern unter neun Jahren in den Fabriken. Ein Gesetz von 1853 erhöhte dieses Schutzalter auf zwölf Jahre. Diese Gesetzgebung stand aber noch weitgehend in der Tradition der Armen- und Gesundheitspolizei. Eine der neuen Herausforderung entsprechende wirksame Arbeitsschutzgesetzgebung kam über lange Zeit nicht voran. Die Gewerbeordnung für den Norddeutschen Bund von 1869 enthielt außer dem Truckverbot, also dem Verbot der Entlohnung mit Waren aus der eigenen Produktion, keinerlei Schutzvorschriften für Erwachsene. Das Verbot der Fabrikarbeit für Kinder unter zwölf Jahren wurde nur mangelhaft kontrolliert und vielerorts nicht durchgesetzt: in Preußen waren nur zwei (!) Beamte mit der Kontrolle betraut! Ähnliches gilt für die mit dem Gesetz ausgeweitete Einschränkung der Fabrikarbeit für Kinder zwischen 12 und 14 Jahren auf sechs Stunden und für Jugendliche zwischen 14 und 16 Jahren auf zehn Stunden. In der weit verbreiteten Heimarbeit und in der Landwirtschaft war Kinderarbeit darüber hinaus noch über Jahrzehnte üblich.

16 Eine Reihe politischer Vorstöße, im Arbeitsschutz wenigstens mit den Standards des Auslands gleichzuziehen, scheiterten durchweg am Widerstand BISMARCKS. Im Jahr 1878 kam es schließlich zu einer Novellierung der Gewerbeordnung. Für die Arbeitgeber wurde dabei eine sehr allgemeine Fürsorgepflicht für die „Betriebssicherheit" statuiert, die nach englischem Vorbild unter die Aufsicht einer reichsweit eingerichteten und mit polizeilichen Befugnissen ausgestatteten Gewerbeaufsicht gestellt wurde. Für Fabrikarbeiterinnen wurde ein auf drei Wochen begrenzter **Mutterschutz** eingeführt, allerdings ohne Kündigungsschutz und ohne Lohnfortzahlung.

2. Das Reichshaftpflichtgesetz

17 Nach der Begründung, mit der das Reichshaftpflichtgesetz am 28.3.1871 dem Reichstag vorgelegt wurde, könnte man meinen, dass dabei tatsächlich ein „Industriegesetz" auf den Weg gebracht worden ist. Es hieß damals:

> „Angesichts der Ausdehnung, welche die Dampfkraft im industriellen Betriebe erlangt hat, wird man nicht einwenden können, daß es in der Hand des Arbeiters liege, in mindergefährlichen Unternehmungen Beschäftigung zu suchen, noch auch wird sich im allgemeinen behaupten lassen, daß schon der Arbeitslohn eine Prämie für die Übernahme der Gefahren enthalte."

8 FUCHS, Zivilrecht und Sozialrecht, S. 25; PREIS § 3.

Doch zog man daraus nicht die Konsequenz, den Tatbestand einer Gefährdungshaftung einzuführen.[9] Dieser Schritt war nur für die Eisenbahn über die Umkehr der Beweislast zu Lasten des Unternehmens vollzogen worden. Ansonsten blieb es bei einer Verschuldenshaftung der Unternehmer, für deren Vorliegen der geschädigte Arbeiter nach den üblichen zivilprozessualen Regeln den Beweis zu erbringen hatte. Diese zivilrechtliche Haftungsregelung führte nicht zu erhöhter Arbeitssicherheit, sondern alles in allem nur dazu, dass die Unternehmer begannen, sich gegen die Haftung für Unfälle zu versichern. Die Versicherungsgesellschaften scheuten aber den Rechtsweg nicht, wenn Aussicht bestand, die Entschädigungen zu drücken. Alternativ versuchten sie, die geschädigten Arbeiter mit dem Hinweis auf die Unsicherheit des Ausgangs eines Schadensersatzprozesses dahin zu bewegen, sich auf billige Abfindungen einzulassen. War ein Verschulden aber – wie es meistens der Fall war – erst gar nicht zu beweisen, so blieb der Verunglückte ganz ohne Anspruch und in der Folge auf die Armenhilfe verwiesen. Damit stellte sich das **Reichshaftpflichtgesetz** sehr bald als völlig unzureichend heraus.[10] 18

Gegen einen weitergehenden Arbeitsschutz wurde u.a. das „Warenkonkurrenzargument" angeführt, also das Argument, dass derartige Maßnahmen, die einseitig von einem Land getroffen werden, die Lohnkosten erhöhen und damit die Konkurrenzfähigkeit der Industrie beeinträchtigen. Auf diese Weise und wegen der auch mit persönlichen Aversionen gegen jede „Aufsichtsbürokratie" verbundenen Haltung BISMARCKS fiel Deutschland für lange Zeit hinter die insbesondere in der Schweiz, aber auch in England erreichten Sicherheitsstandards zurück. Die Politik BISMARCKS ist deshalb mit guten Gründen mit dem Satz „Sozialversicherung statt Arbeitsschutz" kritisiert worden.

§ 2 Die Vorgeschichte der Bismarckschen Sozialversicherung

I. Die Sozialversicherung als Ergebnis mehrerer Gesetzgebungsverfahren

Theoretischen Überlegungen, die von der Annahme ausgehen, dass Sozialpolitik und Sozialrecht als deren Ergebnis konzeptionell-programmatisch fundiert seien, wird von der Vorgeschichte der Bismarckschen Sozialgesetzgebung schnell der Boden entzogen. So wenig die Sozialversicherung ohne das Engagement BISMARCKS denkbar ist, so war BISMARCKS Sozialpolitik doch primär taktisch bestimmt, nicht durchgehend grundsätzlich geprägt. Stellt man allerdings nur auf die Faktoren einer an die Erwerbstätigkeit anknüpfenden öffentlich-rechtlichen Pflichtversicherung ab, so trägt das deutsche Modell der Sozialversicherung zu Recht bis heute in der internationalen Diskussion BISMARCKS Namen. Dennoch war sie nicht allein das Kind des „Eisernen Kanzlers". Selbst die verbreitete Konnotation von Sozialistengesetz und Sozialversicherung (Repression und Prävention bzw. „Zuckerbrot und Peitsche") lässt sich, so plausibel sie im Rückblick erscheinen mag, aus den inzwischen reichlich aufgearbeiteten Quellen nicht bestätigen. Vielmehr spricht vieles dafür, dass dies eine der Interpretationen ist, die von BISMARCK erst im Nachhinein ventiliert worden ist.[11] Hinzu kommt, dass die Sozialversicherung nicht in Form eines einheitlich kodifizierten Gesetzbuches geschaffen worden ist: Es sollte von der „Kaiserlichen Botschaft" vom 17.11.1881 noch einmal 30 Jahre dauern, bis im Jahr 1911 mit der Reichsversicherungsordnung (RVO) eine Kodifikation der drei Erstgesetze erreicht werden konnte. Diese drei Gesetze, das Krankenversicherungsgesetz vom 15.6.1883 (KVG, in Kraft: 1.12.1884), das Unfallversicherungsgesetz vom 6.7.1884 (UVG, in Kraft: 1.10.1885) und das Invaliden- und Altersversicherungsgesetz vom 22.6.1889 (IAVG, in Kraft: 1.1.1891) hatten alle ihre eigene Vorgeschichte. Unterschiedliche Einflüsse und Interessen prägten ihre jeweils letztgültige inhaltliche Ausgestaltung ebenso wie die jeweils für das Gesetzgebungsverfahren erforderliche Zeitdauer. In der hier gebotenen Verkürzung höchst komplexer Sachzusammenhänge kann die Vorgeschichte der Bis- 1

9 Ausführlich zur Entstehungsgeschichte OGOREK S. 98ff.

10 Vgl. FUCHS, Zivilrecht und Sozialrecht, S. 34f.

11 BORN/HENNIG/TENNSTEDT II. Abt. Bd. 1 S. XXI.

marckschen Sozialversicherung nur durch das Herausstellen der wichtigsten Motive, Ideen und Akteure knapp skizziert werden.

1. Die Auseinandersetzungen um die Unfallversicherung

2 Als nach der Jahrhundertmitte die Arbeitsunfälle nicht nur in den Fabriken, sondern durch die anhaltende Hochkonjunktur auch in den Zechen und auf dem Bau derart zunahmen, dass sie eine massenhafte Dimension annahmen, wurde der Handlungsdruck auf die Regierung immer größer. Es kam zu einer anhaltenden rechts- und sozialpolitischen Diskussion darüber, wie den technischen Gefahren und den sozialen Schäden der doch an sich erwünschten industriellen Produktionsweise zu begegnen sei.[12] Das Reichshaftpflichtgesetz griff offensichtlich zu kurz; es stellte nur eine Etappe eines über zehn Jahre zwischen Großindustrie, Verwaltung, Wissenschaft („Verein für Socialpolitik" mit Gelehrten wie GUSTAV SCHMOLLER, LUJO BRENTANO, ADOLPH WAGNER u.a.), ja sogar innerhalb der Regierung und BISMARCK laufenden Konflikts dar. Lange Zeit schienen die Vertreter einer vom Staat unabhängigen, am Haftungsprinzip ansetzenden Versicherungslösung ein Übergewicht zu haben. So liefen die Vorarbeiten des zuständigen Referenten in der Regierung, THEODOR LOHMANN, nur auf eine Verschärfung der Haftung hinaus und selbst noch die berühmte Denkschrift, die der Industrielle LOUIS BAARE 1880 BISMARCK überreichte, griff auf das überkommene Konzept einer Schadensersatzregelung auf privatrechtlicher Basis zurück. BISMARCK entschloss sich nach langen Gesprächen mit BAARE aber anders: Er verwarf den privatrechtlichen Ansatz und entschied sich für eine **öffentlich-rechtliche Zwangsversicherung**, die für die Arbeiter beitragsfrei sein sollte und die das Unfallrisiko durch ihre reichsweit einheitliche Einführung möglichst breit und auf diese Weise „sozial" streuen sollte. Bismarcks Direktiven lauteten[13]:

- keine Revision der Haftpflicht, sondern Versicherung
- Begrenzung der Höhe der Entschädigung, aber Vermehrung der Zahl der Fälle, in denen Unterstützung gewährt wird
- Errichtung einer Reichs- oder Staatsversicherung.

3 Dieser Weg einer „Reichs- oder Staatsversicherung", der historische Schritt vom Privatrecht zum subjektiv-öffentlichen Recht war BISMARCKS genuine, für die Zukunft entscheidende Innovation. Insofern ist es zutreffend, wenn dieses Datum als der eigentliche **Beginn der deutschen Sozialversicherung** genannt wird.[14]

4 Noch war der Weg für ein Gesetz aber nicht frei. Viele Gegner sahen für den Fall des Misslingens größere Nachteile, als dies mit dem alten Rechtszustand verbunden war. Strittig waren insbesondere die Beitragsverteilung und der von BISMARCK geforderte **„Reichszuschuß"**, der aus einem für das Reich einzurichtenden „Tabakmonopol" gespeist werden sollte, sowie die Organisation der Versicherung und die Funktion der Berufsgenossenschaften. Schon für den ersten Entwurf eines Gesetzes waren vier Fassungen erforderlich, bis BISMARCK sein Plazet gab. Ursprünglich 1881 zusammen mit dem Krankenversicherungsgesetz in den Reichstag eingebracht, sollte es aufgrund massiver Kritik aus den Reihen der Liberalen, des Zentrums und auch der Sozialdemokratie bis 1884 dauern, bis schließlich der dritte Entwurf des Unfallversicherungsgesetzes vom Reichstag angenommen wurde. Auf der Strecke blieben dabei zum einen BISMARCKS Idee einer „Reichsversicherungsanstalt zu Berlin" – an deren Stelle sollten als Konzession an die Länder anfangs die „Landesversicherungsanstalten" treten, später blieb es bei Berufsgenossenschaften. Zum anderen scheiterten der Reichszuschuss und die Einführung des Tabakmonopols als neue unmittelbar an das Reich (also außerhalb des Budgetrechts des Reichstags) fließende Steuerquelle. Die Finanzierung erfolgte im Umlageverfahren allein durch Beiträge der Arbeitgeber. Die ursprünglich antiparlamentarische Strategie BISMARCKS,

12 Vgl. dazu Fuchs, AuR 2017, G 31ff.
13 Vogel, Bismarcks Arbeiterversicherung, S. 33ff.
14 STOLLEIS, Geschichte des Sozialrechts in Deutschland, S. 52.

„korporative Genossenschaften" als Gegenmacht zu dem von den politischen Parteien besetzten Reichstag zu institutionalisieren, lief auf die Errichtung der „Berufsgenossenschaften" hinaus, denen freilich ausschließlich versicherungstechnische (Aufsichts-)Funktionen zugewiesen wurden.

2. Die Krankenversicherung als eigenständiger Versicherungszweig

Der Hauptmangel der vielen Hilfskassen war nicht allein die nur sehr lückenhafte Erfassung der Arbeiter, sondern auch ihre geringe Leistungsfähigkeit, die nicht zuletzt auch auf dem Fehlen eines Risikoausgleichs unter den Kassen beruhte. Zugleich betraf Krankheit nicht nur wegen der ungesunden Zustände in den Fabriken und in der proletarischen Lebenswelt allgemein immer häufiger immer mehr Arbeiter, sie stellte mit dem damit verbundenen Lohnausfall für diese auch eine unvermeidliche Existenzgefährdung dar.[15] Angesichts dessen und vor allem, weil die unfall- und krankheitsbedingten Notlagen der Arbeiter den sich zunehmend radikalisierenden Arbeiterorganisationen zu einer ständig wachsenden Mitgliedschaft verhalfen, war Abhilfe dringend geboten. Schnell wurde klar, dass ebenso wie die zaghaften Ansätze des Reichshaftpflichtgesetzes auch das Hilfskassengesetz von 1876 zur Ordnung der Krankenversicherungskassen völlig unzulänglich war. Die Dominanz der Unfallversicherung in der sozialpolitischen Diskussion ließ aber eine „große" Lösung für das Krankenversicherungsproblem vorerst in den Hintergrund treten. Ursprünglich war (als Entlastung der Industrie) vorgesehen, dass die Unfallentschädigung während der ersten 13 Wochen von der Krankenversicherung aufgebracht werden sollte und nur bei längerer Erwerbsunfähigkeit und beim Tod von der Unfallversicherung zu leisten war. Erst nach dem Scheitern des ersten Unfallversicherungsgesetzentwurfs wandte man sich 1882 der Krankenversicherung intensiv und eigenständig zu. Dies geschah aus der Hoffnung, auf dem bereits vorhandenen gewerblichen Krankenkassenwesen aufbauen zu können und deshalb schneller zu einem Ergebnis zu kommen. Auch bei der **Krankenversicherung**, die damit eher zufällig als **erstes Gesetz im Rahmen der „Arbeiterversicherung"** vom Reichstag beschlossen werden – dagegen stimmten insbesondere die Sozialdemokraten – und in Kraft treten konnte, war der entscheidende Fortschritt das Obligatorium, also die Einführung der öffentlich-rechtlichen Versicherungspflicht von Gesetzes wegen für (fast) alle lohnabhängigen Arbeiter und Angestellten. Träger der Versicherung waren die schon bestehenden oder erst zu errichtenden Krankenkassen. Durch diese **„Allgemeinen Ortskrankenkassen"** wurde das Krankenkassennetz reichsweit komplettiert. Die Finanzierung erfolgte durch Arbeiter- und Arbeitgeberbeiträge im Verhältnis von zwei Drittel zu einem Drittel. 5

3. Die Invaliditäts- und Altersversicherung

Die Einführung einer vom Staat garantierten Alterssicherung der Arbeiter als ein „Pekulium, [...] über das niemand außer ihm verfügen kann, das ihm auch nicht entfremdet werden kann", lag BISMARCKS ursprünglicher Idee einer Arbeiterversicherung zugrunde. Er wollte „an Stelle des Armengesetzes ein Staatsgesetz haben, das dem Arbeiter für sein Alter statt der Armenversorgung eine Pension sichern sollte, die ihm bis zum Tode ein unabhängiges Dasein ermöglicht". Im Laufe des mühsamen Wegs zur Unfall- und Krankenversicherung verlor der Kanzler aber zunehmend sein Interesse an der Sozialversicherung. Zu oft fehlte den schließlich Gesetz gewordenen Lösungen der Aspekt, den er für entscheidend gehalten hatte. 6

So begann die eigentliche gesetzgeberische Arbeit an der Invaliden- und Alterssicherung, dem Schlusspunkt der ersten Sozialversicherungsgesetzgebung, erst 1887 mit der Veröffentlichung einer Denkschrift durch das Reichsamt des Inneren.[16] Dort hatte man unter der maßgebenden Leitung des Staatsministers VON BOETTICHER seit 1881 Informationen für eine Invaliditäts- und Altersversicherung für solche Erwerbsunfähige gesammelt, die nicht Opfer eines Arbeitsunfalls waren. Die Denk- 7

15 FUCHS, Zivilrecht und Sozialrecht, S. 24.
16 Annalen des Deutschen Reichs 1888, 33.

schrift sah vor, diesen neuen Versicherungszweig ebenfalls im organisatorischen Rahmen der Unfallversicherung von den Berufsgenossenschaften durchführen zu lassen. Dies hätte den inzwischen zum Verband Deutscher Berufsgenossenschaften zusammengeschlossenen Berufsgenossenschaften in der Arbeiterversicherung einen erheblichen Einflusszuwachs gebracht, eine Perspektive, gegen die sich der Centralverband der Deutschen Industrie mit aller Kraft wehrte. Mit Erfolg: Im weiteren Verfahren wurde der Gedanke berufsgenossenschaftlicher Trägerschaft fallen gelassen zugunsten der Errichtung separater Versicherungsanstalten als territorial definierte Träger auf der Ebene weiterer Kommunalverbände und der Landesversicherungsanstalten auf der Ebene der Länder. Schließlich wurde nun nicht mehr von „Alter und Invalidität" gesprochen, sondern mit der Bezeichnung **„Invaliditäts- und Altersversicherung"** sollte deutlich gemacht werden, dass die Invalidität der Hauptzweck des Gesetzes war. Alter sollte nur als „fingierte" Invalidität bei Erreichen der (damals bei der Arbeiterschaft äußerst ungewöhnlichen) Altersgrenze von 70 Jahren einen Anspruch auf Rentenleistungen geben. Auch die Invaliditäts- und Altersversicherung wurde als Pflichtversicherung für alle Lohnarbeiter ausgestaltet, finanziert durch hälftige Beiträge von versicherten Arbeitern und Arbeitgebern, nachgewiesen durch die in die Quittungskarte einzuklebenden Rentenbeitragsmarken. Ursprünglich war vorgesehen, die Marken in ein Versicherungsbuch einzukleben, doch kam durch über 2.000 Petitionen mit mehr als 200.000 Unterschriften die Befürchtung zum Ausdruck, dass derartige, das Arbeitsleben begleitende Bücher zur Kontrolle der Arbeiter missbraucht werden könnten. Beschlossen wurde sodann ein Reichszuschuss zur (Mit-)Finanzierung der ersten auszuzahlenden Renten und zur Versicherung der Militärdienstzeiten. Der Reichstag nahm das „Gesetz betr. die Invaliditäts- und Altersversicherung" 1889 mit 185 gegen 165 Stimmen an, 40 Abgeordnete stimmten nicht mit.

8 Das IAVG war ein bis zuletzt heftig umstrittener **Kompromiss zwischen Selbsthilfe und Staatshilfe**, zwischen Liberalismus und Sozialismus. Das für notwendig gehaltene Zwangskollektiv der Versicherungspflichtigen wurde mit der individuellen Beitragsbezogenheit der Leistungen verbunden, die als subjektiver Rechtsanspruch ausgestaltet waren. BISMARCK war enttäuscht. Er zeigte sich

> „ermüdet in dem parlamentarischen Sande, in den Bestrebungen, die ich hatte, auch selbst in der Richtung der Gesetzgebung, die ich mit einem Worte, mit dem Worte ‚Klebegesetz' bezeichnen will. (...) ich hatte nicht den Gedanken, daß der siebzehnjährige Arbeiter bezahlen sollte, einzahlen sollte für Ergebnisse, die er mit siebzig Jahren etwa erwarten konnte. Dieser psychologische Irrtum ist mir nicht passiert."[17]

II. Die Kaiserliche Botschaft

9 Die **„Kaiserliche Botschaft" vom 17.11.1881** stand, anders als es meistens dargestellt wird, also nicht am Anfang der Arbeiterversicherungspolitik des Reiches bzw. BISMARCKS im Sinne eines auslösenden Moments. Sie war der konkrete sozialpolitische Schachzug BISMARCKS nach dessen doppeltem Scheitern bei der Arbeiterunfallversicherung und bei dem Plan, über eine Grundversorgung der Arbeiter im Alter seine Idee eines „Staatssozialismus" durchzusetzen.[18] Gleichwohl ist das Dokument von historischer Bedeutung, denn in ihm sind die über den Tag hinausgreifenden sozialpolitischen Ziele BISMARCKS zusammengefasst. Darüber hinaus reflektiert es in den akribisch ausgearbeiteten Details der Wortwahl die politischen Probleme, die es nach den Erfahrungen mit der Unfallversicherung zu überwinden galt.[19]

10 Dabei ist schon erhellend, welche Änderungen der Text seit seinem vom Abteilungsdirektor im Reichsamt des Inneren, ROBERT BOSSE, erstellten **Erstentwurf** vom 7.11.1881 erfahren hat. Dieser setzt nämlich noch darauf, den Sozialdemokraten – die ja außerhalb ihrer Reichstagsmandate noch

17 BORN/HENNIG/TENNSTEDT II. Abt. Bd. 1 Dok. Nr. 56.
18 STOLLEIS, Geschichte des Sozialrechts in Deutschland, S. 58.
19 BORN/HENNIG/TENNSTEDT II. Abt. Bd. 1 Dok. Nr. 6.

immer unter der Ausnahmegesetzgebung des „Sozialistengesetzes" standen! – entgegenzukommen. Deshalb hieß es:

> „Durch bloß repressive Maßregeln sind die feindlichen Mächte, welche von innen heraus unser nationales Leben zu zerstören drohen, nicht zu besiegen. Es bedarf eines aus der lebendigen Erkenntnis des Schadens und aus dem tiefsten Pflichtbewußtsein hervorgehenden, gemeinsamen Handelns aller guten Kräfte der Nation, um durch positive, auf einem einheitlichen und durchgehenden Plan beruhende Einrichtungen die bedrohten nationalen Güter zu schirmen, den schwächeren Elementen der Gesellschaft die ersehnte Hilfe zu gewähren (...) und durch eine weise, maßvolle und energische Reformpolitik den auf den Umsturz der bestehenden Verhältnisse in Unserem Vaterland abzielenden Bestrebungen den Boden zu entziehen."[20]

Hier klingt die Politik von „Zuckerbrot und Peitsche" an, aber auch der Aspekt, dass nämlich ohne den Druck der Arbeiterbewegung die Sozialversicherung so nicht oder jedenfalls nicht so früh auf den Weg gebracht worden wäre. In BISMARCKS Worten aus dem Jahr 1884:

> „Wenn es keine Sozialdemokratie gäbe und wenn nicht eine Menge Leute sich vor ihr fürchteten, würden die mäßigen Fortschritte, die wir überhaupt in der Sozialreform bisher gemacht haben, auch noch nicht existieren."[21]

Allerdings: **Kaiser Wilhelm I.** wandte sich in seinem Schreiben an BISMARCK vom 9.11.1881 gegen diese Passage des Entwurfs:

> „Es ist (...) die Ansicht aufgestellt worden, daß wir nun einige dieser Gesetze, die für das Wohl der Arbeiterklasse von größtem Einfluß sind, damit diese dem demokratischen Einfluß entwunden werden sollen, als Lockspeise in Aussicht stellen wollen, die Oktobergesetze von 1878 aufzuheben! Ich habe mich komplett erschreckt (...). Es hieße, das einzige Mittel, welches wir in Händen haben, aufgeben, um ein mehr wie zweifelhaftes Resultat für das Durchgehen der Gesetze einzutauschen!"[22]

BISMARCK **redigierte** daraufhin eigenhändig **die Vorlage**. Laut eines Briefs seines Sohnes HERBERT vom 10.11.1881 an seinen Bruder WILHELM saß BISMARCK stundenlang darüber „fürchterlich schimpfend [über] das lederne Phrasengeklingel, den vollständigen Mangel an Logik und die Weglassung der Hauptpunkte". In der schließlich vom Kanzler – der Kaiser war erkrankt – vor dem Reichstag verlesenen Botschaft wurde dann nichts mehr weggelassen.

Zwar war nicht mehr von einem Gegengeschäft für die Aufhebung der Sozialistengesetze die Rede, 11
aber der Grundgedanke, die Idee eines „sozialen Königtums" mit der des **„Staatssozialismus"** zu verbinden, blieb in der Feststellung erhalten, „dass die Heilung der sozialen Schäden nicht ausschließlich im Wege der Repression sozialdemokratischer Ausschreitungen, sondern gleichmäßig auf dem der positiven Förderung des Wohles der Arbeiter zu suchen sein werde ...". Das gesetzgeberische Programm wurde darauf festgelegt, dass das „Gesetz über die Versicherung der Arbeiter gegen Betriebsunfälle mit Rücksicht auf die im Reichstag stattgehabten Verhandlungen" umgearbeitet und zur erneuten Beratung vorbereitet werden sollte. „Ergänzend wird ihm eine Vorlage zur Seite treten, welche sich eine gleichmäßige Organisation des gewerblichen Krankenkassenwesens zur Aufgabe stellt." Im nächsten Satz wurde für die Durchführung der Alters- und Invalidenversicherung jede politische Option offen gelassen: „Aber auch diejenigen, welche durch Alter oder Invalidität erwerbsunfähig werden, haben der Gesamtheit gegenüber einen begründeten Anspruch auf ein höheres Maß staatlicher Fürsorge, als ihnen bisher hat zuteil werden können." Der folgende Verweis auf die „sittlichen Fundamente des christlichen Volkslebens" zusammen mit der Zielprojektion, die „realen Kräfte" des Volkes „in der Form korporativer Genossenschaften unter staatlichem Schutz und staatlicher Förderung" zusammenzufassen, entsprach nicht nur BISMARCKS Vision eines ständischen, außerparlamentarischen Korporativismus, sondern sollte auch die Kräfte beruhigen, denen BIS-

20 BORN/HENNIG/TENNSTEDT II. Abt. Bd. 1 Dok. Nr. 1.
21 BORN/HENNIG/TENNSTEDT II. Abt. Bd. 1, Einl. S. XXIII Anm. 52.
22 BORN/HENNIG/TENNSTEDT II. Abt. Bd. 1 Dok. Nr. 3.

MARCKS Vorstellungen von einem „mäßigen, vernünftigen Staatssozialismus“ zu weit gingen. Schließlich fand auch noch die hartnäckig verfolgte Idee der „Einführung des Tabakmonopols“ Erwähnung, mit der die bestehenden Staats- und Gemeindelasten in „weniger drückende indirekte Reichssteuern“ umgewandelt werden sollten und für die ausdrücklich gesagt wurde, sie sei „von reaktionären Hintergedanken frei“.

12 Entgegen dieser Beteuerung konnte man den Appell, das Wohl der Arbeiter zu fördern auch als Versuch interpretieren, die Arbeiterbewegung zu spalten – tatsächlich war das die Reaktion der Sozialdemokraten, die folglich im Reichstag gegen alle drei Gesetze stimmten. Allerdings war im gleichen Zusammenhang vom begründeten Anspruch der Arbeiter gegen die Gesamtheit, also gegen den Staat die Rede, womit von höchster Stelle die Verpflichtung des Staates, durch die entsprechende Gesetzgebung diesem Anspruch zur Durchsetzung zu verhelfen, anerkannt worden ist. Doch bezog sich die weitgehende Ablehnung der „Kaiserlichen Botschaft“, die eben nicht nur bei den Sozialdemokraten bestand, weniger auf die angekündigten sozialen Reformgesetze, sondern auf die tagespolitische Brisanz. Seit Sommer war Wahlkampf und das Tabakmonopol stand trotz der Verknüpfung mit den Sozialgesetzen im Mittelpunkt der Kritik. Von linksliberaler Seite wurde kritisiert, dass das Monopol dazu dienen solle, die Reichsregierung finanziell unabhängig zu machen, also gegen das Budgetrecht des Reichstags gerichtet sei, was KARL LIEBKNECHT auf die Formel brachte, der „‚arme Mann‘ dem damit geholfen werden soll, ist demnach Fürst BISMARCK“. Die Ankündigung „korporativer Genossenschaften unter staatlichem Schutz“ wurde von der Opposition als weiterer Versuch angegriffen, über Institutionen neben dem Reichstag diesem politisch das Wasser abzugraben.

13 Die eigentliche **Fernwirkung der „Kaiserlichen Botschaft“** wurde auf diese Weise tagespolitisch verkannt. Sie bestand darin, dass sie die Unfall-, Kranken- und Invaliden- und Altersversicherung unter eine gemeinsame sozialpolitische Zielsetzung stellte und so die Zusammenfassung der drei „Erstgesetze“ zu einer systematisch geschlossenen Sozialversicherung dokumentierte. Damit wurde die Grundlage für ein geschlossenes soziales Sicherungssystem geschaffen, das zwei Weltkriege, Inflation, Hitlerdiktatur, Spaltung und Wiedervereinigung Deutschlands überdauern sollte.

§ 3 Die Arbeiterversicherungsgesetze (1883 bis 1889)

Im Folgenden wird das materielle Recht der drei „Erstgesetze“ in der Reihenfolge ihres Inkrafttretens inhaltlich skizziert, um daran anschließend die Struktur der Arbeiterversicherung am Beginn der Sozialversicherung mit Selbstverwaltung, Rechtsschutz und Rechtsaufsicht zu zeichnen.

I. Das Gesetz betreffend die Krankenversicherung der Arbeiter

1. Kreis der Versicherten

1 Die eigentliche Reform bestand in der Einführung der Versicherungspflicht für alle Arbeiter insbesondere in Bergwerken, Fabriken, Hüttenwerken, bei Eisenbahnen, im Handwerk und in sonstigen stehenden Gewerbebetrieben bis zu einem Jahreseinkommen von 2.000 RM. „Betriebsbeamte“, also nach heutigem Sprachgebrauch Angestellte, deren Tagesverdienst 6 ²/₃ RM nicht überstieg, waren ebenfalls pflichtversichert. Der **Kreis der Versicherten** konnte durch die Gemeinden aufgrund Statuts auf weitere Personengruppen ausgedehnt werden. Ausgenommen waren die Beamten des Reichs, der Länder und der Kommunalverbände. Lag eine Absicherung durch (betriebliche) Arbeitgeberleistungen im Krankheitsfall für mindestens 13 Wochen vor, bestand die Möglichkeit, sich auf Antrag von der Versicherungspflicht befreien zu lassen. Überstieg das Jahreseinkommen nicht die Grenze von 3.000 RM, war es umgekehrt möglich, der Krankenversicherung freiwillig beizutreten (Versicherungsberechtigung).

2. Leistungen

Der Anspruch auf Leistungen aus der Krankenversicherung entstand unabhängig von der tatsächlichen Beitragszahlung allein durch die Aufnahme einer Beschäftigung in einer versicherungspflichtigen Tätigkeit. Der **Leistungskatalog für Krankheit,** die im Gesetz nicht definiert wurde, umfasste für den Zeitraum von 13 Wochen freie ärztliche Behandlung und freie Arzneimittelversorgung. Es galt das **Sachleistungsprinzip**, d. h., die Kassen stellten die ärztliche Versorgung dadurch sicher, dass sie mit einzelnen Ärzten entsprechende Verträge abschlossen. Der krankheitsbedingte Erwerbsausfall wurde durch Zahlung eines Krankengeldes ab dem vierten Tag nach Eintritt der Erkrankung in Höhe von mindestens 50 Prozent des Arbeitslohns bis zur Beitragsbemessungsgrenze aufgefangen. Die Krankenkasse übernahm auch die Kosten stationärer Krankenhausbehandlung. Aus eigenem Recht versicherte Wöchnerinnen erhielten für mindestens vier Wochen nach der Geburt Wöchnerinnenunterstützung. Ein Sterbegeld in Höhe des zwanzigfachen Tagelohns gehörte ebenfalls zu den Mindestleistungen. Durch Satzungsbeschluss konnten die Kassen auch Familienmitglieder der Versicherten in den Versicherungsschutz mit einbeziehen, sei es durch Umlage der Kosten auf alle Kassenmitglieder oder durch Erhebung eines Zusatzbeitrags beim einzelnen Versicherten. 2

3. Organisation und Finanzierung

Organisatorisch baute das Gesetz auf den vorhandenen Kassen auf, die nach bestimmten Regeln weiter bestehen blieben. Zusätzlich sah das Gesetz die Gründung von Ortskrankenkassen vor, sofern die Zahl der zu Versichernden wenigstens 100 betrug. Dabei handelte es sich um von der Gemeinde **unabhängige Selbstverwaltungskörperschaften** mit einem eigenen Kassenstatut. Als Organe waren der Vorstand und die Generalversammlung (ab 500 Mitgliedern wurden Delegierte gewählt) vorgesehen. Entsprechend der Beitragsgestaltung setzten sie sich zu zwei Dritteln aus Vertretern der Versicherten, also der Arbeiter und zu einem Drittel aus Arbeitgebern zusammen. Für Unternehmen mit mehr als 50 versicherungspflichtigen Beschäftigten bestand die Berechtigung, Betriebs- oder Fabrikkrankenkassen zu errichten. Auch deren Organe entsprachen den Vorgaben des Gesetzes für die Ortskrankenkassen. Anders war dies bei den für das Handwerk zuständigen Innungskrankenkassen, wenn deren Satzung eine hälftige Beitragszahlung vorsah: Dann waren auch die Organe paritätisch zu besetzen. 3

Die Finanzierung erfolgte durch **Beiträge**, die zu zwei Drittel vom Versicherten, zu einem Drittel vom Arbeitgeber aufzubringen waren. Ihre Höhe belief sich je nach Kasse auf anderthalb bis sechs Prozent des Arbeitslohns.

II. Das Unfallversicherungsgesetz

1. Kreis der Versicherten

Der Kreis der Versicherten waren die in versicherungspflichtigen Bergwerken, Brüchen, Fabriken, Werften, Baustellen und im Schornsteinfegergewerbe beschäftigten Arbeiter und Betriebsbeamte mit einem Jahresverdienst bis zu 2.000 RM. Versicherungsfrei waren wiederum die Beamten, aber auch die Arbeiter in der Land- und Forstwirtschaft. 4

2. Leistungen

Entschädigt wurden aufgrund des Prinzips der **Gefährdungshaftung** nur Unfälle, die durch Gefahren verursacht waren, die dem Betrieb „eigentümlich" waren. Die Leistungen setzten erst ab der 14. Woche nach dem Unfall ein, also nach Ablauf des Krankenversicherungsschutzes. Dann waren folgende Leistungen vorgesehen: die Übernahme der Kosten des Heilverfahrens, im Todesfall ein Festbetrag in Höhe des zwanzigfachen Tagessatzes und Hinterbliebenenrenten. Deren Höhe stand in Relation zu der Verletztenrente, auf die der Versicherte Anspruch gehabt hätte. Diese Verletztenrenten betrugen bei voller Erwerbsunfähigkeit zwei Drittel des Jahresarbeitsverdienstes, ansonsten abgestuft weniger je nach Grad der Erwerbsminderung. Die Witwen und Waisenrenten 5 betrugen daraus jeweils 20 Prozent, waren zusammen aber auf 60 Prozent des Arbeitsverdienstes des Versicherten begrenzt.

3. Organisation und Finanzierung

6 Träger der Versicherung waren die **Berufsgenossenschaften**, denen die Unternehmer versicherungspflichtiger Betriebe kraft Gesetz angehörten. Sie wurden für bestimmte Bezirke für bestimmte Industriezweige errichtet. Sie erbrachten die Leistungen an die Versicherten aufgrund von Prämien, die von den Unternehmern allein im Umlageverfahren gezahlt wurden. Für deren Höhe war die Einstufung der Betriebe in Gefahrenklassen maßgebend. Diese wurden von den Berufsgenossenschaften getroffen, die auch das Recht hatten, Unfallverhütungsvorschriften zu erlassen und deren Einhaltung zu überwachen. In diesem Sachzusammenhang waren sie auch berechtigt, Geldstrafen zu verhängen oder die Betriebe in eine höhere Gefahrenklasse einzustufen. Organ der Berufsgenossenschaften, die ebenfalls nach dem Grundsatz der Selbstverwaltung aufgebaut waren, war der von der Genossenschaftsversammlung gewählte Vorstand. Der alleinigen Beitragspflicht der Unternehmer folgend waren Vertreter der Arbeiterschaft in der Leitung der Berufsgenossenschaften nicht vorgesehen.

III. Das Gesetz betreffend die Invaliditäts- und Altersversicherung

1. Kreis der Versicherten

7 In die Versicherungspflicht kraft Gesetz einbezogen waren alle Arbeiter, Gehilfen, Gesellen, Lehrlinge oder als Dienstboten beschäftigte Personen, unabhängig von ihrem Einkommen bis zu einem Jahresverdienst von 2.000 RM vom vollendeten 16. Lebensjahr an. Das IAVG war also schon kein „Industriearbeiterversicherungsgesetz“ mehr, denn es umfasste alle Arbeiter, auch die in der Land- und Forstwirtschaft beschäftigten. Ausgenommen waren wieder nur die Beamten. Das Gesetz präzisierte ein für die weitere Entwicklung der Sozialversicherung wichtiges Merkmal, nämlich den **Ansatz am Arbeitslohn**: Einerseits sollten Naturalleistungen aus einem Arbeitsverhältnis wie Lohn behandelt werden, andererseits galt eine Beschäftigung, deren Entgelt ausschließlich aus freiem Unterhalt bestand, nicht als eine die Versicherungspflicht begründende Tätigkeit. Für nicht versicherungspflichtige und nicht dauernd erwerbsunfähige Personen unter 40 Jahren bestand die Möglichkeit, sich freiwillig selbst zu versichern.

2. Leistungen

> „Gegenstand“ der Versicherung war „der Anspruch auf Gewährung einer Invaliden- beziehungsweise Altersrente“.

8 Die **Invalidenrente** setzte dauernde Erwerbsunfähigkeit voraus und war gegenüber einer Rente aus der Unfallversicherung nachrangig. Als erwerbsunfähig galt ein Versicherter, der „in Folge seines körperlichen oder geistigen Zustands nicht mehr imstande ist, durch eine seinen Kräften entsprechende Lohnarbeit mindestens einen Betrag zu verdienen“, der (vereinfacht) einem Drittel des bisherigen Lohns entsprach. Wegen dieser niedrigen Grenze setzte das IAVG praktisch volle Erwerbsunfähigkeit voraus, graduell abgestufte Invaliditätsleistungen waren nicht vorgesehen. „Dauernd“ war die Erwerbsunfähigkeit dann, wenn ihre Beseitigung in absehbarer Zeit nach menschlicher Voraussicht nicht möglich war, von Gesetzes wegen jedenfalls aber nach einem Jahr ununterbrochener Erwerbsunfähigkeit. Ließ eine Erkrankung eine längere Erwerbsunfähigkeit befürchten, so waren die Versicherungsanstalten befugt, das Heilverfahren selbst durchzuführen, wobei der Versicherte mitwirken musste, um den Anspruch auf eine Invalidenrente nicht zu verlieren.

9 Die **Altersrenten** wurden ab Vollendung des 70. Lebensjahrs gewährt, „ohne dass es des Nachweises der Erwerbsunfähigkeit“ bedurfte. Für dieses Alter wurde demnach nicht der Beginn des Ruhestands festgesetzt, sondern Invalidität qua gesetzlicher Fiktion als gegeben angenommen.

Beide Rentenarten setzten das Zurücklegen der Wartezeit und die Leistung von Beiträgen voraus. Für die Invalidenrenten betrug die Wartezeit fünf Beitragsjahre, für die Altersrente 30 Beitragsjahre. Zeiten der Erwerbslosigkeit aufgrund Krankheit von mehr als sieben zusammenhängenden Tagen wurde wie die Zeiten „behufs Erfüllung der Wehrpflicht" als **Beitragszeiten** in Anrechnung gebracht. Die Krankheitszeiten wurden jedoch nur für höchstens ein Jahr angerechnet und nur dann, wenn sie nicht Folge strafbarer Handlungen waren oder „durch Trunkfälligkeit oder durch geschlechtliche Ausschweifungen" oder sonst vorsätzlich herbeigeführt worden waren. 10

Für Beiträge und die darauf beruhenden Leistungen wurden vier Lohnklassen gebildet, die von 350 bis 850 RM reichten. Die Invalidenrente bestand aus einem Grundbetrag von 60 RM, der mit jeder vollendeten Beitragswoche gestaffelt nach den vier Lohnklassen um zwei, sechs, neun oder 13 Pfennig aufgestockt wurde. Die Altersrente kannte keinen Grundbetrag. Sie errechnete sich in Relation zu den vier Lohnklassen aus vier, sechs, acht und zehn Pfennig pro Beitragswoche, wobei höchstens 1410 Beitragswochen (was 30 Jahren mit je 47 Beitragswochen entspricht) in Anrechnung kamen. Der **Reichszuschuss** betrug für jede Rente 50 RM. Die Rentenzahlungen setzten auf Antrag mit Eintritt der Invalidität bzw. mit dem ersten Tag des 71. Lebensjahres ein und waren monatlich im Voraus zu zahlen. 11

Man hat errechnet, dass eine Invalidenrente für die Lohnklasse zwei nach fünf Beitragsjahren die Höhe von 124 RM erreichte, nach 30 Jahren 203,60 RM, eine Altersrente für die gleiche Lohnklasse nach 1410 Beitragswochen eine Höhe von 134 RM. Angesichts dessen, dass diese Renten in Korrelation zu den an sich schon niedrigen Arbeiterlöhnen standen, ist leicht zu erkennen, dass zu Beginn der Sozialversicherung Leistungen aus dem IAVG für niemanden alleinige Lebensgrundlage sein konnten. 12

3. Organisation und Finanzierung

Organisatorisch schuf man für diesen Zweig der Arbeiterversicherung mit den **Versicherungsanstalten** neue selbständige Körperschaften. Sie hatten eine eigene Rechtspersönlichkeit und wurden von den Landesregierungen mit Genehmigung des Bundesrats für örtlich abgegrenzte Gebiete zur Versicherung der Personen errichtet, deren Beschäftigungsort im jeweiligen Bezirk der Anstalt lag. Die ursprünglich 31 Versicherungsanstalten hatten mit dem Vorstand, dem Ausschuss und den Vertrauensmännern eigene Organe, eigenes Satzungsrecht und eigenständige Vermögensverwaltung. Für den Vorstand wurden Beamte der Länder bestellt, für die Ausschüsse galt **Selbstverwaltung**: Sie hatten aus mindestens fünf Vertretern der Arbeitgeber und der Versicherten zu bestehen, wobei nur Männer wählbar waren. 13

Mit der Aufteilung der Finanzierung auf Arbeitgeber, Arbeiter und Staat erfüllte das IAVG ein Postulat der „Kaiserlichen Botschaft". Das Reich leistete zu den jährlich „thatsächlich zu zahlenden Renten" den genannten Zuschuss, Arbeitgeber und Versicherte leisteten Beiträge „zu gleichen Theilen". Die Beitragshöhe korrelierte mit den vier Lohnklassen. Sie war von den Versicherungsanstalten so zu bemessen, dass die Beiträge jeder Lohnklasse die Belastungen deckten, „welche der Versicherungsanstalt durch die aufgrund dieser Beiträge entstehenden Ansprüche voraussichtlich erwächst". Die Kosten für die **„Ersatzzeiten"** (Krankheit und Wehrdienst), Verwaltungskosten und Rücklagen zur Bildung von Reservefonds (zwanzig Prozent des Kapitalwerts der „voraussichtlich zu bewilligenden Renten") waren bei der Errechnung der Beitragshöhe zu berücksichtigen. Für die erste Beitragsperiode wurden für die vier Lohnklassen 14, 20, 24 und 30 Pfennig als wöchentlicher Beitrag festgesetzt. 14

IV. Die Selbstverwaltung

Die Einrichtung der Selbstverwaltung bei den Trägern der Sozialversicherung sollte nach der Tradition der Reformen des frühen 19. Jahrhunderts ein zwischen Staat und Gesellschaft vermittelndes Institut sein. Für das Gesamtvorhaben der Sozialreform signalisierte sie den christlich-sozialen Strö- 15 mungen Entgegenkommen und den liberalen Kräften ein Gegengewicht gegen den staatlichen Zwang der Versicherungspflicht.[23] Die Idee, die Beteiligten zusammen außerhalb obrigkeitsstaatlicher Verwaltung an der Regelung ihrer eigenen Interessen gleichberechtigt zu beteiligen, wurde freilich schon bei den Berufsgenossenschaften der Unfallversicherung verwässert, in denen eben nur die Arbeitgeber vertreten waren. Doch nahmen die Arbeiter selbst die Idee nicht so an, wie dies BISMARCK vielleicht erhofft hatte. Wenngleich die Zwei-Drittel-Vertretung der Arbeiter in der Selbstverwaltung der Krankenkassen der Sozialdemokratischen Partei trotz der anhaltenden Repression durch das Sozialistengesetz die Chance zum Überleben gab, so kam es doch nicht zur „Integration" der Arbeiterschaft in das Kaiserreich.

V. Aufsicht und Rechtsschutz

16 Der Rechtsschutz war für die Anfänge der Sozialversicherung auch nicht annähernd so ausgestaltet, wie dies nach heutigem Verständnis selbstverständlich wäre. Es gab **keinen eigenen „Rechtsweg für Sozialversicherungssachen"**. Bei der Krankenversicherung entschied bei Streitigkeiten über das Versicherungsverhältnis oder über Leistungen die Aufsichtsbehörde, gegen deren Entscheidung der ordentliche Rechtsweg offen stand. Aufgrund Landesgesetz konnte dieser Rechtsweg durch das Verwaltungsstreitverfahren ersetzt werden. Weder für das Reich noch innerhalb eines Bundesstaates gab es eine einheitliche Endinstanz. Das IAVG kannte ebenfalls keinen eigenen Rechtsweg. Bei Streitigkeiten über Selbstverwaltungssachen entschied die Behörde, welche die Wahlordnung erlassen hatte. Für rentenversicherungsrechtliche Streitigkeiten wurde in jedem Bezirk mindestens ein Schiedsgericht eingerichtet, dessen Vorsitzender nach Landesbeamtenrecht ernannt wurde, während die Beisitzer vom Ausschuss der Versicherungsanstalt in getrennten Wahlgängen von den Arbeitgebern und den Versicherten gewählt wurden.

17 Im Zuge der Gesetzgebung zur Unfallversicherung wurde mit dem **Reichsversicherungsamt** (RVA) eine Reichsinstanz der Sozialversicherung geschaffen. Es war die oberste Spruchinstanz und zugleich oberste Aufsichtsbehörde. Es unterstand ursprünglich dem Reichskanzler, nach dem Ersten Weltkrieg dem Reichsarbeitsministerium. Seine Kompetenzen, zunächst nur im Bereich Unfallversicherung, wurden stufenweise ausgebaut und betrafen die Invaliden- und Altersversicherung schon ab dem IAVG von 1889, die Krankenversicherung ab 1913 und später auch die Angestellten-, Knappschafts- und Arbeitslosenversicherung. Das RVA war für den gesamten Bereich der Sozialversicherung zuständig, durch das Nebeneinander von Aufsichts-, Verwaltungs- und Rechtsprechungsaufgaben war das Prinzip der Gewaltenteilung durchbrochen. Rein tatsächlich entwickelte sich das RVA, bei dessen Rechtsprechungsfunktion Arbeitgeber und Arbeitnehmer zugezogen wurden, zu einem „Reichsgericht der Sozialversicherung".

§ 4 Weiterentwicklung der Sozialversicherung

I. Die Reichsversicherungsordnung (RVO) von 1911

1 Die Arbeiterversicherungsgesetze sind 1911 in der RVO aufgegangen, die am 19.7.1911 verkündet wurde.[24] Der Name RVO wurde gewählt, weil – wie es in der amtlichen Begründung hieß – „es sich um eine allseitige, umfassende Ordnung der sozialen Versicherung handelt, auch nach der Seite der Verwaltung hin; die bisherigen Gesetze nebst der neuen Hinterbliebenenversicherung sind in einem einheitlichen Gesetz zusammengefasst".

23 STOLLEIS, Geschichte des Sozialrechts in Deutschland, S. 71.
24 RGBl. S. 509.

Die RVO war in **sechs Bücher** aufgeteilt:
1. Buch: Gemeinsame Vorschriften für alle Zweige der Reichsversicherung
2. Buch: Krankenversicherung
3. Buch: Unfallversicherung
4. Buch: Invaliden- und Hinterbliebenenversicherung
5. Buch: Rechtliche Beziehungen der Versicherungsträger zueinander und zu anderen Verpflichteten
6. Buch: Verfahren.

Die RVO bildet den Abschluss einer Phase von Kodifikationen des Wilhelminischen Kaiserreichs, die mit der Gewerbeordnung von 1869 begann und das Strafgesetzbuch (1871), die Reichsjustizgesetze (1877), das BGB (1896) und das HGB (1897) umfasste.[25] Für das Verständnis der RVO und insbesondere die Funktion, die mit diesem Gesetzeswerk verbunden war, ist die zeitliche Nähe zur Verabschiedung des BGB von besonderer Relevanz. Die Tatsache, dass nicht nur der Abschluss der **Kodifikationen** zeitlich beieinander liegt, sondern auch die parlamentarische Behandlung der ersten Sozialversicherungsgesetze (es handelt sich um den Zeitraum von 1881 bis 1889) mit der Beratung des BGB (mit der Ausarbeitung eines Entwurfs des BGB wurde die sog. Erste Kommission 1881 beauftragt, die 1878 den sog. Ersten Entwurf mit fünf Bänden Motiven vorlegte) zusammenfällt, verdient Beachtung.[26] Die zeitliche Konkordanz ist alles andere als ein Zufall. 2

Mit dem BGB waren die Wünsche des in Handel und in Industrie zur führenden Gesellschaftsschicht aufgestiegenen Bürgertums in Erfüllung gegangen. Auf die drängenden Probleme der sich in der zweiten Hälfte des 19. Jahrhunderts konstituierenden Industriegesellschaft konnte das BGB deshalb nur eine Teilantwort geben.[27] Das Privatrecht des 19. Jahrhunderts ließ keinen entscheidenden Beitrag zur Lösung dessen erkennen, was gemeinhin als soziale Frage etikettiert wurde. Die entstehungsgeschichtliche Wurzel der Arbeiterversicherung in den achtziger Jahren des 19. Jahrhunderts ist demnach in diesem Nichtkönnen und/oder Nichtwollen des Privatrechts zu sehen, auf drängende Probleme der Industrialisierung und ihrer Folgen einzugehen. WIEACKER hat geäußert, dass Gesetzgebung, Rechtsprechung und Wissenschaft, ja die Wirtschaftssubjekte selbst, den Vorgang der fortschreitenden industriellen Revolution in ihr gesellschaftliches Bewusstsein noch gar nicht aufgenommen hatten.[28] Von daher verwundert es auch nicht, dass die Mehrheit in den Gesetzgebungsgremien die Vorstellung ablehnte, das BGB hätte eine soziale Aufgabe zu erfüllen.[29] GOTTLIEB PLANCK, „der geistige Vater des BGB",[30] hat daraus eine klare Aufgabenteilung zwischen Privatrecht und Sozialrecht abgeleitet: 3

> „Unsere Gesetzgebung hat sich dieser Aufgabe [d.h. der Lösung sozialer Probleme] in einer Reihe von Spezialgesetzen – ich erinnere nur an die Gesetze über Unfall-, Kranken-, Invaliden- und Altersversicherung – mit großem Erfolg gewidmet und sie wird auf diesem Wege auch ferner fortschreiten müssen. Auf dem Gebiete des Bürgerlichen Rechts kann es sich im wesentlichen nur darum handeln, die subjektiven Rechte der einzelnen so zu bemessen und zu gestalten, daß sie, ohne ihre Bedeutung als Rechte zu verlieren, doch die Interessen anderer tunlichst wenig schädigen."[31]

Darin kommt eine unmissverständliche rechtspolitische Position und damit gleichzeitig dezidierte Auffassung von Kodifikation zum Ausdruck. Im Gegensatz zur Bismarckschen Sozialversicherungsgesetzgebung, die von einer bewussten Intervention des Staates in die Gesellschaft ausgeht, war ein solches Gesetzgebungsverständnis dem ursprünglichen Kodifikationsprogramm auf dem Gebiete des 4

25 Ausführlich dazu FUCHS, in: FS Landau, S. 883ff.
26 Darauf weist mit Recht WANNAGAT S. 75 hin.
27 Vgl. HDR/FUCHS 12 Rn. 1ff.
28 WIEACKER S. 479.
29 Vgl. zu diesem Streit um die soziale Aufgabe des BGB eingehend FUCHS, Zivilrecht und Sozialrecht, S. 55ff.
30 WIEACKER S. 469.
31 PLANCK, DJZ 1899, 181.

Privatrechts fremd.[32] Als Teil der Kodifikationsidee fügt sich die RVO in die vorherrschende Gesetzgebungstechnik ein. Materiell entfernt sie sich aber deutlich von den die Kodifikation des Privatrechts leitenden Gedanken. In materieller Hinsicht fügt das Sozialrecht der Bismarckschen Arbeiterversicherung der auf den Instituten des bürgerlichen Rechts fußenden Privatrechtsgesellschaft eine – wie wir heute formulieren würden – **sozialstaatliche Komponente** hinzu. Aber in der Art und Weise, wie sich das neue Recht präsentieren soll, bleibt auch das Sozialversicherungsrecht dem Kodifikationsgedanken verbunden. Sehr treffend hat ZACHER hierzu geschrieben:

> „War es die Eigenart der Sozialversicherung gewesen, dem Bürger eine – damals noch nicht so genannte – soziale Sicherung zu geben, die dem bürgerlichen Rechtsstaat des 19. Jahrhunderts homogen war, so fand dies nun seinen letzten äußeren Ausdruck auch darin, daß jenen ‚Grundgesetzen' des bürgerlichen Rechtsstaats, welche die Kodifikationen von der Gewerbeordnung von 1869 bis zum Bürgerlichen Gesetzbuch von 1896 darstellten, ein gleiches ‚Grundgesetz' der Sozialversicherung zur Seite gestellt wurde."[33]

5 Wenn man unter Kodifikation eine „ein ganzes Rechtsgebiet umfassende, daher möglichst vollständige gedanklich und technisch einheitliche Regelung, die in einem Gesetzbuch (Kodex) enthalten ist"[34] versteht, ist die RVO von 1911 Kodifikation wie jede andere in der betreffenden zeitlichen Epoche. Die „technische Nähe zum BGB" ist im Übrigen unverkennbar, wenn man an die abstrakte Gesetzgebungstechnik der RVO denkt und die Einteilung in sechs Bücher. Wenn STOLLEIS[35] die RVO als die modernste der Kodifikationen des 19. Jahrhunderts bezeichnet, so wird dadurch zum Ausdruck gebracht, dass mit diesem Gesetzeswerk nicht nur eine Kodifikation im formalen Sinne zum Abschluss gebracht, sondern auch ein neues Rechtsgebiet konstituiert wurde.

II. Von der Weimarer Republik bis heute: Ein Überblick

6 Auch aus sozialversicherungsrechtlicher Sicht stellt der 1. Weltkrieg (1914–1918) eine Zäsur dar. Nicht nur die Kriegsopferversorgung wurde zu einer sozialen Frage in bislang nicht gekanntem Ausmaß, hinzu kam eine nach dem 1. Weltkrieg einsetzende Massenarbeitslosigkeit.[36] Beides spiegelte sich in der **Weimarer Reichsverfassung** wider. Exemplarisch hierzu und mit besonderer Bedeutung für die Sozialversicherung Art. 161 WRV: *„Zur Erhaltung der Gesundheit und Arbeitsfähigkeit, zum Schutz der Mutterschaft und zur Vorsorge gegen die wirtschaftlichen Folgen von Alter, Schwäche und Wechselfällen des Lebens schafft das Reich ein umfassendes Versicherungswesen unter maßgebender Mitwirkung der Versicherten."* Ergänzt wurde Art. 161 WRV ua. durch Art. 163 WRV: *„Jeder Deutsche hat unbeschadet seiner persönlichen Freiheit die sittliche Pflicht, seine geistigen und körperlichen Kräfte so zu betätigen, wie es das Wohl der Gesamtheit erfordert. Jedem Deutschen soll die Möglichkeit gegeben werden, durch wirtschaftliche Arbeit seinen Unterhalt zu erwerben. Soweit ihm angemessene Arbeitsgelegenheit nicht nachgewiesen werden kann, wird für seinen notwendigen Unterhalt gesorgt. Das Nähere wird durch besondere Reichsgesetze bestimmt."* Hierin kann eine Grundlage für die **Arbeitslosenversicherung** gesehen werden.[37] Sie wurde, nachdem zunächst eine Erwerbslosenfürsorge auf der Ebene der Gemeinden geschaffen wurde, als neuer Zweig der Sozialversicherung im Jahr 1927 eingeführt.[38] Bereits damals umfasste sie die beiden auch heute noch ihr obliegenden Aufgaben Arbeitsvermittlung und Arbeitslosenversicherung.[39]

---

32 Darauf weist treffend SCHULTE-NÖLKE, NJW 1996, 1705f. hin.

33 ZACHER, in: FS Maunz, S. 429, 431.

34 So CARONI, Stichwort: „Kodifikation", Sp. 907.

35 Quellen zur Geschichte des Sozialrechts, 1976, S. 36.

36 Vertiefend zum Sozialrecht in der Weimarer Republik EICHENHOFER, SGb 2018, 664ff.

37 Zur Frage, ob es sich bei Art. 161ff. WRV lediglich um Programmsätze handelt s. EICHENHOFER, SGb 2018, 664, 668.

38 S. hierzu vertiefend HAERENDEL in: Denkschrift 60 Jahre Bundessozialgericht, S. 116f.

39 EICHENHOFER, Sozialrecht, S. 28 Rn. 46f.

Mit der Machtergreifung der **Nationalsozialisten** (1933–1945) wurde die Sozialversicherung zwar weitergeführt, aber mit einschneidenden Veränderungen.[40] So wurden Juden im Zug der Nürnberger Gesetze von 1935 aus der Sozialversicherung ausgeschlossen und die Selbstverwaltung, die bis dahin das grundlegende Organisationsprinzip der Sozialversicherung darstellte, wurde abgeschafft und durch das Führerprinzip ersetzt.[41] 7

Nach Ende des 2. Weltkriegs (1939–1945) haben sich die sozialen Sicherungssysteme in der DDR und der BRD unterschiedlich weiterentwickelt. In der **DDR** war die Idee bestimmend, dass die soziale Sicherheit einen **Teil der Wirtschaftspolitik** darstellen soll.[42] Exemplarisch[43] kann hierfür auf den Umgang mit Arbeitslosigkeit verwiesen werden. Da auch Arbeit Aufgabe der Wirtschaft war, wurde die Arbeitslosenversicherung nicht aufrechterhalten, es blieb (nur) noch eine gemeindliche Erwerbslosenfürsorge. Stattdessen wurden, vereinfacht dargestellt, die verstaatlichen Betriebe in der Nachkriegszeit verpflichtet, Arbeitslose einzustellen, wenn nötig, auch mit nur sehr einfacher Arbeit. Das Recht auf Arbeit wurde geschaffen, zugleich gab es die Möglichkeit „Asoziale", zu denen auch Arbeitslose gehören konnten, zu sanktionieren.[44] 8

In der **BRD** wurde hingegen an die bereits bestehenden Strukturen der Sozialversicherung angeknüpft, wenngleich dies in der unmittelbaren Nachkriegszeit nicht unumstritten war.[45] Seither wurden die zu dem Zeitpunkt vier bestehenden **Sozialversicherungszweige fortentwickelt** und die Leistungen ebenso wie der Versichertenkreis stetig ausgeweitet.[46] Dabei dürfte dieser Ausbau mit Hilfe von Sozialversicherungsbeiträgen nicht zuletzt eng verknüpft gewesen sein mit dem wirtschaftlichen Aufschwung in der Bundesrepublik.[47] Verfassungsrechtlicher Ausgangspunkt war hier das Sozialstaatsprinzip,[48] wenngleich es weder inhaltlich strenge Vorgaben macht noch ein allgemeines Verschlechterungsverbot vorsieht.[49] Als fünfte Säule der Sozialversicherung kam die soziale Pflegeversicherung erst im Jahr 1995 hinzu. Darüber hinaus wurde das Sozialrecht insgesamt, und damit auch das Sozialversicherungsrecht, durch die stufenweise **Einführung des Sozialgesetzbuchs** im Jahr 1976 weitgehend neu sortiert und strukturiert. Ziel war es, das bis dahin in zahlreichen Einzelgesetzen geregelte Sozialrecht zu vereinfachen, um das Rechtsverständnis des Bürgers und damit auch sein Vertrauen in den sozialen Rechtsstaat zu fördern, die Rechtsanwendung zu erleichtern und die Rechtssicherheit zu gewährleisten. Eine Reform der Sozialleistungssysteme sollte damit hingegen nicht verbunden sein.[50] 9

Mit der **Wiedervereinigung** wurden beide Teile Deutschlands auch sozialrechtlich vor eine immense Herausforderung gestellt. Die Sozialunion war bereits Gegenstand des ersten Staatsvertrags vom 18.5.1990 (4. Kapitel).[51] Danach sollte die DDR ua. die westdeutschen Institutionen und Verfahren in der Sozialversicherung und in der Sozialhilfe übernehmen. Mit dem Einigungsvertrag vom 3.10.1990 trat im Gebiet der DDR das Grundgesetz sowie eine weitgehende Rechtsangleichung in Kraft. Die Umwälzungen in den damals neuen Bundesländern waren in allen Bereichen des Sozial- 10

40 S. hierzu vertiefend von MIQUEL in: Denkschrift 60 Jahre Bundessozialgericht, S. 119ff.

41 EICHENHOFER, Sozialrecht, S. 28 Rn. 47; WALTERMANN/SCHMIDT/CHANDNA-HOPPE, S. 29 Rn. 66.

42 EICHENHOFER, Sozialrecht, S. 30 Rn. 50; s. hierzu vertiefend HOCKERTS in: Festschrift für Zacher, 1998, S. 267ff.

43 Zu weiteren Aspekten s. bspw. KULLER/SÜß in: Denkschrift 60 Jahre Bundessozialgericht, S. 172.

44 EICHENHOFER, Sozialrecht, S. 30 Rn. 50.

45 Zu den verschiedenen Strömungen in der unmittelbaren Nachkriegszeit HOCKERTS in: Denkschrift 60 Jahre Bundessozialgericht, S. 139ff., 147ff.

46 WALTERMANN/SCHMIDT/CHANDNA-HOPPE, S. 30 Rn. 67; KULLER/SÜß in: Denkschrift 60 Jahre Bundessozialgericht, S. 164ff. insbesondere zu den Jahren 1966–1974 („zweite Gründerzeit bundesdeutscher Sozialpolitik").

47 S. auch KULLER/SÜß in: Denkschrift 60 Jahre Bundessozialgericht, S. 166ff. („in mancher Hinsicht ein Schönwetter-Sozialstaat").

48 HOCKERTS in: Denkschrift 60 Jahre Bundessozialgericht, S. 141ff.

49 STEINER, NZS 2019, 1, 3.

50 BT-Drs. 7/868 S. 1, 20.

51 Zu den möglichen Auslösern für den recht schnellen Abschluss des ersten Staatsvertrags und den Rahmenbedingungen SCHLEGEL, SGb 2020, 645ff.

versicherungsrechts enorm. Beispielhaft genannt werden können hier der Bereich der Arbeitslosenversicherung, der wegen einer sprunghaft ansteigenden Arbeitslosigkeit besonders gefordert wurde sowie die Rentenversicherung. Für die Überleitung der Rente sahen bereits der 1. Staatsvertrag wie auch der Einigungsvertrag eigene Regelungen vor, im Anschluss wurde zudem das Rentenüberleitungsgesetz geschaffen.[52] Die Finanzierung der erheblichen Mehrbelastungen erfolgte größtenteils durch Sozialversicherungsbeiträge, was in der Literatur durchaus Kritik erfahren hat.[53]

11 **Nach der Wiedervereinigung** können die Einführung der sozialen **Pflegeversicherung** zum 1.1.1995 mit dem SGB XI sowie des **Arbeitslosengeldes II** durch das SGB II im Jahr 2005 als zwei weitere Meilensteine bezeichnet werden. Die Pflegeversicherung geht auf einen Prozess zurück, der bereits vor der Wiedervereinigung angestoßen wurde und das Ziel verfolgte, die Kommunen vor immer weiter steigenden Kosten zu schützen, die auf sie zukamen, weil immer mehr Pflegebedürftige die Pflegekosten nicht mehr selbst tragen konnten und daher auf Sozialhilfe angewiesen waren (s. hierzu näher § 25 Rn. 22, 35). Das neu geschaffene SGB II war hingegen Teil der sog. Agenda 2010 und den Hartz-Gesetzen,[54] es entstand in einer Zeit vergleichsweise hoher Arbeitslosigkeit und wird heute auch als Beispiel für die Entwicklung zu einem „aktivierenden Sozialstaat" gesehen.[55]

12 Damit ist die Entwicklung freilich nicht abgeschlossen und ob oder inwieweit die Sozialversicherung zukunftsfest ist, wird sich zeigen. **Künftige Herausforderungen**[56] stellen so unterschiedliche Aspekte dar wie bspw. die Digitalisierung inklusive der damit einhergehenden Änderungen am Arbeitsmarkt, der demographische Wandel ebenso wie die künftige Entwicklung der Wirtschaft – Sozialrecht muss man sich nicht nur leisten wollen, sondern auch können. Die Kosten dürften angesichts der stetig alternden Gesellschaft und dem gleichzeitigen medizinischen Fortschritt stetig ansteigen. Dem Gesetzgeber wird vom Grundgesetz ein sehr weiter Spielraum eröffnet,[57] wie er genutzt wird, bleibt abzuwarten.[58]

§ 5 Die wissenschaftliche Behandlung der Sozialversicherung

1 Das Sozialversicherungsrecht war ein Novum. Wie es in das damalige Rechtssystem einzuordnen war, war keineswegs ausgemacht. Die Pandektenwissenschaft prägte auch die am Zustandekommen der RVO beteiligten Juristen, und sie hat in dem Gesetzgebungswerk ihre Spuren hinterlassen.[59] War das Sozialversicherungsrecht damit nur eine außerhalb des Privatrechts im engeren Sinne angesiedelte privatrechtliche Materie? Die Kontroversen zu dieser Frage ließen nicht lange auf sich warten. Im Gegenteil, sie wurde mit besonderer Verbissenheit geführt, was folgende Äußerung eines Vertreters des Verwaltungsrechts in beredter Weise dokumentiert:

> „Allein nicht mühelos soll das Verwaltungsrecht dies neue Feld gewinnen. Auch der Gegner ist schon auf dem Plane, die Privatrechtswissenschaft. Auch sie will diesen noch dunklen Teil der Gesetzeswelt sich zu eigen machen. Der Kampf beginnt und fast scheint es, als wäre es nicht das Verwaltungs-, sondern das Privatrecht, welches in einen gerechten Krieg gezogen. Hier Accession, dort Occupation. Bisher gehörte das Versicherungsrecht fast ausschließlich zum Herrschaftsbereich des Privatrechts, die Arbeiterversicherung ist ihm nur ein Zuwachs. Das Verwaltungsrecht dagegen muß von einem ihm fast völlig fremden Gebiete erst Besitz ergreifen. Das bringt den Feind von vornherein in eine günstigere Lage. Seine Truppen manövrieren in einem ihnen schon bekannten Terrain. Darum hält

52 Zur Rentenüberleitung im Überblick SCHLEGEL, SGb 2020, 645, 647f.

53 Für eine Finanzierung durch Steuermittel SCHLEGEL, SGb 2020, 649.

54 Zu den sozialpolitischen Hintergründen NULLMEIER in: Denkschrift 60 Jahre Bundessozialgericht, S. 185ff.

55 S. zu dieser Entwicklung Hauck/BROSE/STEINBACH § 1 SGB I Rn. 6.

56 Zu den Herausforderungen und zur Zukunft des Sozialrechts s. auch die Einschätzung von EICHENHOFER, Sozialrecht, 13. Aufl., S. 40 Rn. 69ff.

57 BVerfG 5.11.2019, NJW 2019, 3703, 3706.

58 S. auch SCHLEGEL, SGb 2020, 645, 649f. mit „Wünschen für die Zukunft".

59 Vgl. dazu STOLLEIS, Geschichte des Sozialrechts in Deutschland, S. 104f.

sich der Gegner, einem echten Strategen gleich, auch in der Defensive, in starker Defensive, denn bisher haben sich mehr Stimmen zugunsten des Privatrechts hören lassen. An uns ist es, ihn aufzusuchen in seiner festen Position und diese lautet: Die Arbeiterversicherung die gleiche Rechtsfigur wie die privatrechtliche Versicherung."[60]

Von daher verwundert es nicht, dass die wissenschaftliche Auseinandersetzung mit dem neu geschaffenen Rechtsgebiet sowohl die Privatrechtswissenschaft wie die Vertreter des öffentlichen Rechts beschäftigte. Und in der Tat sind in dieser Zeit einige der bedeutsamsten Darstellungen des Sozialversicherungsrechts entstanden, die z.T. von Vertretern des öffentlichen Rechts, z.T. des Privatrechts verfasst wurden. Für die erste Gruppe wären namentlich HEINRICH ROSIN und der bedeutende Staatsrechtler GEORG LABAND zu nennen. Bedeutende Autoren des Privatrechts waren JOSEF KOHLER und RICHARD WEYL. Aus der Weimarer Zeit ist die wissenschaftliche Befassung mit dem Sozialversicherungsrecht in den Reihen der Öffentlichrechtler vor allem mit dem Namen STIER-SOMLO und LUTZ RICHTER verbunden. LUTZ RICHTER war Schüler des vor allem auch den heutigen Arbeitsrechtlern wohlbekannten Leipziger Professors ERWIN JACOBI.[61] JACOBI war Professor für öffentliches Recht, Arbeitsrecht und Kirchenrecht und Direktor des 1921 neu gegründeten Instituts für Arbeitsrecht. Von ihm stammt der bekannte Satz: 2

„Das **Sozialversicherungsrecht** gehört ins **Arbeitsrecht**, und zwar nicht an den Schluß, sondern (...) mitten hinein."

Damit war eine bedeutsame rechtssystematische Verortung des Sozialversicherungsrechts vorgenommen worden. Wenn man so will, hat diese Idee in der Person des Berliner Arbeitsrechtlers WALTER KASKEL sichtbaren Ausdruck gefunden. Er vertrat das Arbeits- und Sozialversicherungsrecht in gleicher Weise. Wenn man im Rahmen dieser kursorischen Betrachtung wenigstens einen Namen aus der Zunft des Privatrechts nennen wollte, der untrennbar mit der wissenschaftlichen Durchdringung des Sozialversicherungsrechts verbunden ist, dann ist es ohne Zweifel die herausragende Gestalt des Privatversicherungsrechtlers ALFRED MANES. Er hat wie kein anderer auch die wissenschaftlich-systematische Verbindung von **Privatversicherungsrecht und Sozialversicherungsrecht** betont, eine Denkrichtung, die noch in einigen herausragenden Vertretern des Privatversicherungsrechts der Bundesrepublik Deutschland, wie etwa HANS MÖLLER, Nachhall gehabt hat.[62] 3

Wissenschaftspolitisch gesprochen könnte man sagen, dass die akademische Ansiedlung des Sozialversicherungsrechts nach dem Zweiten Weltkrieg den gleichen Gesetzmäßigkeiten folgt, die wir in aller Kürze für die Zeit nach der Verabschiedung der Arbeiterversicherungsgesetze im 19. Jahrhundert und besonders in der Weimarer Zeit vermerkt haben. Das Sozialversicherungsrecht ist, meist natürlich in dem größeren Kleid des Sozialrechts, im öffentlichen Recht beheimatet. Eine sicherlich ebenso große Anzahl von Lehrstühlen des Privatrechts, genauer gesagt des Arbeitsrechts, widmet sich dem Sozialversicherungsrecht. Diese unterschiedliche Zuordnung ist sicherlich auch eine Fortwirkung von Tradition. Ganz sicherlich hat es aber doch mit Wesen und Substanz des Sozialversicherungsrechts zu tun. Dieses Rechtsgebiet ist nicht nur in vielen Bereichen normativ wie systematisch an das Arbeitsrecht angebunden. Seit eh und je trägt es aber auch die Züge und Elemente staatlicher Intervention. Das macht es sowohl für den Arbeitsrechtler wie den Öffentlichrechtler interessant und bedeutsam. 4

Erstaunlicherweise ist es nach dem Zweiten Weltkrieg trotz der zunehmenden Flut wissenschaftlicher Publikationen kaum zu Gesamtdarstellungen des Sozialversicherungsrechts auf wissenschaftlicher Grundlage gekommen. Eine Ausnahme bildet das Werk des späteren Präsidenten des Bundessozialgerichts, GEORG WANNAGAT. Sein Lehrbuch des Sozialversicherungsrechts, I. Band von 1965, hat einen anspruchsvollen wissenschaftlichen Ansatz der Darstellung der Sozialversicherung 5

60 REHM, AöR 1890, 529 f.
61 Zu seiner Person MIKESIC, S. 51 ff.
62 Vgl. zu dieser Strömung FUCHS, Zivilrecht und Sozialrecht, S. 117 ff.

gewählt, das die Sozialversicherung nicht nur im Rahmen des Rechtssystems einzupassen sucht, sondern auch interdisziplinäre Ansätze verfolgt. Und für die damalige Zeit ungewöhnlich modern war es, auch dem internationalen Sozialversicherungsrecht ein Kapitel zu widmen. Leider ist das Werk ein Torso geblieben. Der erste Band beschäftigt sich nur mit den allgemeinen Lehren des Sozialversicherungsrechts. Die umfassendste Darstellung monografischer Art hat das Sozialversicherungsrecht in dem vierbändigen, von WOLFRAM SCHULIN herausgegebenen Werk, Handbuch des Sozialversicherungsrechts, gefunden. Die in den jeweiligen Bänden des Kranken-, Pflege-, Unfall- und Rentenversicherungsrechts vorgenommene Behandlung folgt diesem wissenschaftlichen Ansatz der rechtssystematischen Verortung des Sozialversicherungsrechts einerseits und seiner interdisziplinären Ausrichtung andererseits.

§ 6 Recht und Technik der Sozialversicherung

Literatur: ALBER, Vom Armenhaus zum Wohlfahrtsstaat, 1982; DERNBURG, Lehrbuch des preußischen Privatrechts und der Privatrechtsnormen des Reichs, Bd. 2, 5. Aufl. 1897; DREHER, Die Versicherung als Rechtsprodukt, 1991; EWALD, Der Vorsorgestaat, 1993; FUCHS, Empfiehlt es sich, die rechtliche Ordnung finanzieller Solidarität zwischen Verwandten im Unterhalts-, Pflichtteils-, Sozialhilfe- und Sozialversicherungsrecht neu zu gestalten?, JZ 2002, 785ff.; HASE, Versicherungsprinzip und sozialer Ausgleich, 2000; KÖHNE, Zeitschrift für Handelsrecht, 1890, 86ff.; LABAND, Das Staatsrecht des Deutschen Reiches, Bd. 2, 2. Aufl. 1891; LEISNER, Sozialversicherung und Privatversicherung, 1974; MANES, Versicherungslexikon, 1909; MENZEL, Archiv für Bürgerliches Recht, 1889, 338ff.; MÜLHEIMS, Sozialversicherungs-Wissenschaft-Betrachtungen über eine neue Wissenschaft, VSSR 2007, 135ff.; ROSIN, Das Recht der Arbeiterversicherung, Bd. 1, 1893; RÜCKERT, Geschichte der gesetzlichen Rentenversicherung. Entstehung und Vorläufer der gesetzlichen Rentenversicherung, in: Handbuch der gesetzlichen Rentenversicherung, 1990; RULAND, Der Sozialversicherungsbeitrag zwischen Versicherungsprinzip und sozialem Ausgleich, SGb 1987, 135ff.; SCHÄFER, Die Rolle der Fürsorge im System sozialer Sicherung, 1966; SIEG, Allgemeines Versicherungsvertragsrecht, 3. Aufl. 1994; WEYL, Lehrbuch des Reichsversicherungsrechts, 1894; ZACHER, Zur Anatomie des Sozialrechts, SGb 1982, 329ff.; ZACHER, Sozialversicherung, soziale Sicherheit, in: Farny u.a. (Hrsg.), Handwörterbuch der Versicherung, 1988, S. 796ff.; ZACHER, Die Sozialversicherung als Teil des öffentlichen Rechts, in: Peters (Hrsg.), Festschrift für Kurt Jantz, 1968, S. 29ff.; ZÖLLNER, Landesbericht Deutschland, in: Köhler/Zacher (Hrsg.), Ein Jahrhundert Sozialversicherung, 1981.

I. Strukturelemente der Sozialversicherung

1. Der Kreis der Sozialversicherten

1 Die Arbeiterversicherungsgesetze der achtziger Jahre des 19. Jahrhunderts haben sich primär an die **Arbeiter als Schutzbedürftige** gewandt, Angestellte (in der damaligen Diktion als Betriebsbeamte bezeichnet) wurden nur bei geringem Einkommen erfasst. Das zeigt die genetische Abhängigkeit der Sozialversicherung von den ökonomischen Umwälzungen der zweiten Hälfte des 19. Jahrhunderts, konkret der Verallgemeinerung der Lohnarbeit. In der Folgezeit erfuhr der Kreis der Sozialversicherten eine erhebliche Ausweitung durch die Ausdehnung der Versicherungspflicht innerhalb der Arbeitnehmer, eine Entwicklung, die einen vorläufigen Abschluss durch die Schaffung einer eigenständigen Alterssicherung für Angestellte durch das Angestelltenversicherungsgesetz des Jahres 1911 erfuhr.[63]

2 Diese Arbeitnehmerzentrierung der Sozialversicherung bleibt das charakteristische Merkmal bis zur Gegenwart. Allerdings darf nicht übersehen werden, dass sich die Sozialversicherung auch den Selbständigen immer mehr öffnete. Teils wurden Selbständige obligatorisch einbezogen (s. z.B. § 2 SGB VI), teils wurde ihnen der Zugang auf freiwilliger Basis eröffnet (s. z.B. § 28a SGB III). Historisch gesehen liegt der Hintergrund dieser Öffnung der Sozialversicherung in der Tatsache begründet, dass viele Gruppen von Selbständigen unter dem Aspekt der Schutzbedürftigkeit den Arbeitnehmern nicht

63 Vgl. zur Entwicklung der Sozialversicherung in diesem Zeitraum ZÖLLNER S. 96ff.

fern standen.[64] Handwerker, Landwirte und zuletzt selbständige Künstler wurden unter bestimmten Voraussetzungen, die für die einzelnen Zweige auch unterschiedlich waren, in die Sozialversicherung eingebunden.[65] Dabei hat der Gesetzgeber immer darauf geachtet, **Kriterien der Schutzbedürftigkeit** als maßgeblich anzusehen. Er hat Lösungen gewählt, die in signifikanter Weise Überlegungen der Schutzbedürftigkeit und Respektierung privatautonomer Entscheidungsbefugnis der Betroffenen in Einklang bringen wollten. Das hervorstechendste Beispiel ist die im Jahre 1972 geschaffene Pflichtversicherung auf Antrag für Selbständige in der gesetzlichen Rentenversicherung (§ 1227 Abs. 1 Ziff. 9 RVO a. F.; jetzt § 4 Abs. 2 SGB VI). Es bleibt dem einzelnen Selbständigen überlassen zu entscheiden, ob er schutzbedürftig ist und deshalb seinen Schutz in der Sozialversicherung suchen soll oder nicht. Bejaht er dies allerdings und wird er Mitglied der gesetzlichen Rentenversicherung, so endet damit seine privatautonome Entscheidungsbefugnis. Im Gegensatz zur privaten Versicherung ist dann eine Beendigung des Versicherungsverhältnisses grundsätzlich nicht mehr möglich.

Diese Entwicklungen haben zu einer **Ausdehnung der Sozialversicherung** geführt, so dass in 3
den einzelnen Zweigen der Sozialversicherung jeweils zwischen 80 und 90 Prozent der gesamten Bevölkerung versichert sind. Gelegentlich wurde daher von der Sozialversicherung als Volksversicherung gesprochen.[66] Damit ist aber nicht eine echte Volksversicherung im Sinne einer verbindlichen Einbeziehung aller Bürger gemeint, sondern lediglich eine Tendenzbeschreibung, die zum Ausdruck bringen will, dass die Sozialversicherung immer weitere Kreise der Bevölkerung erfasst hat. Für den Bereich der Pflegeversicherung hat allerdings auch das Bundesverfassungsgericht den Begriff der Volksversicherung benutzt.[67]

2. Leistungsgrund: Soziale Risiken

Vom Sozialrecht wird ein spezifischer Beitrag zur Verwirklichung sozialer Gerechtigkeit und sozialer 4
Sicherheit erwartet. Folgerichtig bestimmt § 1 SGB I, dass das Recht des Sozialgesetzbuchs zur Verwirklichung sozialer Gerechtigkeit und sozialer Sicherheit Sozialleistungen einschließlich sozialer und erzieherischer Hilfen gestalten soll. Dies ist ein sehr umfassender Auftrag, der letztlich auf die Sozialstaatsidee zurückzuführen ist. Aus diesem großen Auftrag und Programm des Sozialrechts nimmt das Sozialversicherungsrecht nur einen Ausschnitt an Aufgaben wahr. Sozialversicherungsrecht konzentriert sich auf die Bewältigung so genannter sozialer Risiken.[68] Hinter dem Begriff des sozialen Risikos steht die Vorstellung, dass es ein Gefahrenpotenzial gibt, das in spezifischer Weise die Erwerbsbevölkerung trifft. Die Geschichte der Sozialversicherung kann in dieser Weise auch als die Geschichte des Aufgreifens und der Bewältigung sozialer Risiken begriffen werden.[69] In der historischen Entwicklung der Lohnarbeit haben sich ganz bestimmte Gefährdungspotenziale gezeigt, die immer wiederkehrend eine Vielzahl von Arbeitnehmern treffen können und aufgrund dieses häufigen Auftretens eine soziale Bedrohung darstellen. Die **Verrechtlichung sozialer Risiken im Sozialversicherungsrecht** ist ein langer historischer Entwicklungsprozess gewesen, der in den einzelnen Industriestaaten unterschiedlich verlaufen ist. Die internationale Entwicklung zeigt aber, dass sich jenseits unterschiedlicher Denkweisen ein Konsens hinsichtlich der Relevanz bestimmter sozialer Risiken und der Notwendigkeit ihrer Bewältigung finden ließ. Sichtbaren Ausdruck hat diese Übereinstimmung im Katalog der ILO-Konvention Nr. 102 über die Mindestnormen der sozialen Sicherheit vom 28.6.1952 gefunden.[70]

---

64 Eingehend dazu und zur Entwicklung des Sozialversicherungsrechts der Selbständigen WANNAGAT S. 360ff.

65 Vgl. dazu FUCHS, Zivilrecht und Sozialrecht, S. 114ff.

66 Vgl. für die Krankenversicherung HS/KV-BLOCH § 15 Rn. 7; für die Rentenversicherung IGL/WELTI § 30 Rn. 1.

67 BVerfG 3.4.2001, NJW 2001, 1709, 1711.

68 Zu einer historischen Grundlegung des Begriffs des sozialen Risikos s. EWALD S. 414ff.

69 Vgl. EWALD S. 209ff.

70 BGBl. 1957 II S. 1321; ebenso abzurufen unter www.ilo.org

Die klassischen Risiken der Sozialversicherung waren zunächst Krankheit, Arbeitsunfall, Erwerbsunfähigkeit, Alter und Tod. Später hinzugekommen ist das Risiko der Arbeitslosigkeit und der jüngste Zweig der Sozialversicherung ist dem Risiko der Pflegebedürftigkeit gewidmet.

3. Leistungen

5 Aus der Festlegung der sozialen Risiken, die dem Sozialversicherungsrecht zur Bewältigung überantwortet sind, erwächst auch die Struktur des Leistungssystems. Heinrich Rosin, der als einer der ersten eine dogmatische Darstellung der Arbeiterversicherungsgesetze geliefert hatte, hat treffend formuliert, die Funktion der Arbeiterversicherung sei wesentlich ökonomischer Art, indem sie die „Wirkungen, welche (Krankheit usw.) auf das Budget einer menschlichen Wirtschaft ausüben", ausgleichen solle.[71] Damit ist eine **schadensrechtliche Ausrichtung der Sozialversicherung** nahe liegend. Die Folgen des eingetretenen Risikos sollen nach Möglichkeit rückgängig gemacht und damit der Status quo ante wieder erreicht werden. Es müssen die finanziellen Mittel aufgebracht werden, um den Versicherten wieder gesund zu machen und seine Erwerbsfähigkeit wiederherzustellen. Und in dem Zeitraum, in dem diese Fähigkeit zum Erwerb beeinträchtigt ist, muss der Einkommensausfall kompensiert werden. Wir können deshalb im Leistungssystem der Sozialversicherung im Hinblick auf die Funktion des Schadensausgleichs **Restitutions- und Kompensationsleistungen** unterscheiden.[72] Restitutionsleistungen sollen die körperliche Integrität, Erwerbsfähigkeit usw. wiederherstellen, Kompensationsleistungen die wirtschaftlichen Folgen ausgleichen oder mildern. Hinzu treten **Präventionsleistungen**, die darauf zielen, nach Möglichkeit den Eintritt des sozialen Risikos zu verhindern.

4. Typisierung

6 Zacher hat Typisierung und Abstrahierung als ein wesentliches Kennzeichen der Sozialversicherung beschrieben.[73] Im Gegensatz zu individualisierenden Systemen der sozialen Sicherung wie etwa der Sozialhilfe zeichnet sich die Sozialversicherung durch weitgehende **Typisierung des Personenkreises, des Leistungsgrundes und der Leistungen** aus.

7 Hinsichtlich des Personenkreises erfolgt eine Typisierung durch **Gruppenbildung**. Die wichtigste und zahlenmäßig überragende Gruppe stellen Arbeitnehmer (Beschäftigte) dar (s. hierzu aber auch die kritischen Ausführungen unter § 14 Rn. 4ff.) sowie bestimmte Gruppen von Selbständigen. Aber auch bei fast allen anderen Gruppen spielt der Erwerbsaspekt eine zentrale Rolle. Diese Typisierung setzt sich in der Auswahl der vom Schutz der Sozialversicherung erfassten Risiken fort. Die Sozialversicherung soll nur dort in Aktion treten, wo die Fähigkeit zur Verwertung der Arbeitskraft dauerhaft oder teilweise aufgehoben ist. Deshalb ist die Fixierung sozialer Risiken (Notlagen) so gestaltet, dass es sich um objektive Hindernisse handeln muss, die den Einzelnen hindern, Einkommen zu erzielen.

8 Wenn wir von **Typisierung der Leistungen** schließlich sprechen, ist damit gemeint, dass die Leistung rechtlich genau festgelegt ist, nicht erst – wie etwa bei der Sozialhilfe – im Wege einer Verwaltungsentscheidung konkretisiert werden muss. Möglich wird dies dadurch, dass die Sozialversicherung nicht dem Kriterium der Bedürftigkeit folgt. Die Bedürftigkeitsprüfung, die für die Sozialhilfe kennzeichnend ist, wird bei der Sozialversicherung gleichsam typisierend im Voraus und generell vorgenommen.[74] Typisierende Leistungsfestlegung bedeutet die Normierung des „generell Richtigen" im Voraus.[75] Typisierung der Leistungen bedeutet gleichzeitig eine Wende hin zur Lebens-

71 Rosin S. 270.
72 So Bley/Kreikebohm/Marschner Rn. 115.
73 Zacher in: Farny, Handwörterbuch der Versicherung, S. 800.
74 So Schäfer S. 71.
75 Zacher, SGb 1982, 333.

standard- bzw. Statussicherung. Das Prinzip der Bedarfsgerechtigkeit, das die Sozialhilfe auszeichnet, tritt zugunsten von Markt- oder Leistungsgerechtigkeit zurück.[76] Deshalb sind die Geldleistungen des Sozialversicherungsrechts der Höhe nach von dem individuell verdienten Arbeitslohn abhängig. Durch den Verzicht auf die Bedürftigkeitsprüfung wird der Status quo ante (vor der Krankheit, dem Unfall, der Invalidität usw.) annähernd aufrechterhalten.

5. Rechtsanspruch

Die vorangegangenen Ausführungen haben bereits indirekt auf ein weiteres Charakteristikum verwiesen, das für die Sozialversicherung kennzeichnend ist: Auf Leistungen der Sozialversicherung besteht – grundsätzlich – ein Rechtsanspruch. Die Bedeutung des Rechtsanspruchs wurde bei Einführung der Sozialversicherung in der zeitgenössischen Literatur besonders herausgestrichen.[77] Berühmt geworden ist die Äußerung Bismarcks im Zusammenhang mit der Diskussion der Einführung der Unfallversicherung, wonach es darauf ankomme, 9

> „das Gefühl menschlicher Würde, welches auch der ärmste Deutsche meinem Willen nach behalten soll, wach zu halten, daß er nicht rechtlos als reiner Almosenempfänger dasteht, sondern daß er ein Pekulium an sich trägt, über das niemand außer ihm verfügen kann und das ihm auch nicht entfremdet werden kann."[78]

Damit war der Weg bereitet für die Anerkennung eines subjektiv-öffentlichen Rechts.[79] Im Ergebnis bedeutete dies, auch das Bereitstellen sozialer Leistungen als echten Anspruch parallel zu Ansprüchen des bürgerlichen Rechts (§ 194 Abs. 1 BGB) zu begreifen. Diese Sichtweise hatte es lange Zeit schwer sich durchzusetzen. Es überwogen Auffassungen, die in der Verankerung von Rechtsansprüchen auf die Dauer eine Aushöhlung des Sozialstaates befürchteten.[80] Inzwischen besteht jedoch im Hinblick auf die Einordnung als Anspruch kein Zweifel mehr. Das Sozialgesetzbuch bestimmt über den Bereich der Sozialversicherung hinaus generell in § 38 SGB I, dass Ansprüche auf Sozialleistungen grundsätzlich Rechtsansprüche sind. 10

II. Der Versicherungscharakter der Sozialversicherung

1. Der Theorienstreit zu den Arbeiterversicherungsgesetzen

Die Frage, ob es sich bei der Sozialversicherung um eine echte Versicherung handelt, war schon bei ihrer Einführung in den achtziger Jahren des 19. Jahrhunderts äußerst umstritten.[81] Die Privatrechtswissenschaft bejahte ausnahmslos den Versicherungscharakter.[82] Dabei wurde von einem **Begriff der Versicherung** ausgegangen, der als wesentlich 11

- das Vorhandensein von Versicherungsnehmer und Versicherer,
- die Gefahr ungünstiger Einwirkung auf das Vermögen des Versicherten
- und das Zusammensein einer Anzahl in ähnlicher Weise Bedrohter zu gemeinsamer Tragung der Gefahr ansah.[83]

---

76 Vgl. in diesem Sinne Alber S. 31f.
77 Vgl. etwa Weyl S. 9.
78 Zitiert nach Schäfer S. 71.
79 In diesem Sinne auch Rückert Rn. 54.
80 Vgl. zu solchen Auffassungen Fuchs, Zivilrecht und Sozialrecht, S. 91f.
81 Ausführlich zu diesem Meinungsstreit Fuchs, Zivilrecht und Sozialrecht, S. 46ff.
82 Vgl. etwa Menzel S. 338f.; Dernburg S. 734f.
83 Vgl. in diesem Sinne Köhne, Zeitschrift für Handelsrecht, 1890, 86ff.

12 Auch im öffentlich-rechtlichen Schrifttum fanden sich zahlreiche Äußerungen, die den Versicherungscharakter der Arbeiterversicherung bejahten.[84] Aber einige namhafte Vertreter des öffentlichen Rechts vertraten mit großem Nachdruck die gegenteilige Position. An dieser Stelle sei besonders der Beitrag des berühmten Staatsrechtslehrers LABAND hervorgehoben, der der Arbeiterversicherung in seinem Lehrbuch des Staatsrechts breiten Raum gab.[85] Für LABAND trägt die Pflicht zur Beitragszahlung und der Anspruch auf Leistungen nur den äußerlichen Schein einer Versicherung:

> „In Wirklichkeit handelt es sich hier nicht um Leistung und Gegenleistung wie bei den Obligationen des Privatrechts, sondern um ein publicistisches Verhältnis. Der Staat hat die Fürsorge für die Arbeiter zu seiner Aufgabe gemacht; Krankenkassen, Berufsgenossenschaften, Versicherungsanstalten erfüllen eine ihnen vom Staat auferlegte Pflicht, indem sie die Unterstützungen gewähren; der Versorgungsanspruch des Arbeiters ist nicht ein privatrechtlich erworbener, sondern ein ihm vom Staat verliehener; die socialistische Staatsidee, nach welcher der Staat seinen Angehörigen nicht nur Rechtsschutz, sondern auch den Lebensunterhalt zu gewähren habe, hat in den Arbeiterversicherungsgesetzen eine teilweise Verwirklichung gefunden. Demgemäß ist der Anspruch der Krankenkassen, Berufsgenossenschaften usw. auf die Beiträge ein vom Staat verliehenes einseitiges Recht, wie die korrespondierende Pflicht zur Zahlung der Unterstützungen eine einseitige aus dem Gesetz hervorgehende ist."[86]

2. Der Meinungsstand

13 Der Streit um den Versicherungscharakter der Sozialversicherung ist bis heute nicht ausgetragen. Diese Äußerung ZACHERS vor etlichen Jahren[87] besitzt auch heute noch Geltung. Das moderne privatversicherungsrechtliche Schrifttum ist sich in der Zuordnung der Sozialversicherung zur Versicherung weitgehend einig.[88] Dies hängt wesentlich damit zusammen, dass die Vertreter des Privatversicherungsrechts bei der Definition des Versicherungsbegriffs im Anschluss an den berühmten Versicherungsrechtler MANES der Gefahrengemeinschaftstheorie den Vorzug gegeben haben. MANES versteht unter Versicherung

> „auf Gegenseitigkeit beruhende wirtschaftliche Veranstaltungen zwecks Deckung zufälligen schätzbaren Vermögensbedarfs."[89]

14 LEISNER bemerkt zu Recht, dass MANES seine klassische Definition für die Sozialversicherung nur noch um die Worte „Vermögensbedarf notleidender Bevölkerungsschichten" erweitern musste.[90] Für das Vorliegen von Versicherungen werden demnach folgende Elemente als konstitutiv angesehen:[91]

- Gemeinschaft,
- Gefahr (ungewisses Ereignis),
- Bedarfsdeckung,
- Selbständigkeit der Bedarfsdeckung,
- Wechselseitigkeit (Entgeltlichkeit) und
- Rechtsanspruch.

84 Vgl. zu den Nachweisen FUCHS, Zivilrecht und Sozialrecht, S. 48, Fn. 99.
85 LABAND S. 263ff.
86 LABAND S. 241ff.
87 ZACHER in: FS Jantz, S. 36.
88 Vgl. Nachweise bei LEISNER S. 71 in Fn. 267.
89 MANES S. 1422.
90 LEISNER S. 71, Fn. 265.
91 Ausführlich zu den einzelnen Merkmalen SIEG S. 21ff.; DREHER S. 32ff.

Die sozialrechtliche Lehrbuchliteratur geht durchweg vom Versicherungscharakter der Sozialversicherung aus.[92] Auch die Rechtsprechung des BSG und des BVerfG folgt der Auffassung vom Versicherungscharakter des Sozialversicherungsrechts. Beide Gerichte verweisen (im Anschluss an die Arbeiten von MANES und BOGS) auf die Definition der Versicherung als gemeinsame Deckung eines möglichen, in seiner Gesamtheit schätzbaren Bedarfs durch Verteilung auf eine organisierte Vielheit.[93] 15

Eine dezidierte kritische Auseinandersetzung mit der ganz h.M. hat zuletzt HASE vorgenommen.[94] HASE sieht in der h.M. eine unzulässige 16

> „Infiltration des Rechts durch Konzepte, die der Wirtschaftswissenschaft entstammen (...). An die Stelle des auf die Vertragsform fixierten juristischen Versicherungsbegriffs ist ein funktionales Verständnis der Einrichtung ‚Versicherung' getreten, das wiederum im Kern durch ökonomische Kategorien strukturiert wird."[95]

Mit dieser begrifflichen Orientierung gelinge es aber nicht herauszufinden, was die Aufgabenstellung der Sozialversicherung in ihrer Spezifik bestimmt, was dieser vor allem auch in der rechtlichen Perspektive das Gepräge gibt.[96] HASE lehnt sogar die Geltung des Äquivalenzprinzips für die Sozialversicherung ab. Dass es eine Individualäquivalenz im Sozialversicherungsrecht nicht gibt und nicht geben kann, ist unbestritten. HASE lehnt aber auch die Existenz von Globaläquivalenz ab:

> „Die wirtschaftlichen Zwänge, die der Begriff bezeichnet, gibt es in der Sozialversicherung nicht: In ihrem Bereich werden durch die Kapazitäten des öffentlichen Rechts immer neue Möglichkeiten eröffnet, das gestörte Gleichgewicht der Einnahmen und Ausgaben durch eine Vermehrung der Mittel wiederherzustellen."[97]

Stattdessen sei der grundlegende Regelungsmechanismus der Sozialversicherung mit dem Begriff sozialer Ausgleich zu kennzeichnen:

> „Das Recht ist so ausgelegt, dass alle Beiträge und alle Leistungen des jeweiligen Trägers bzw. des jeweiligen Systems in einem übergreifenden Ausgleichszusammenhang verschlungen sind, jeder Versicherte ist jederzeit entweder in die Rolle des Ausgleichsbegünstigten oder in die des Ausgleichsbelasteten verwiesen."[98]

Die Auffassung von HASE ist abzulehnen. Dabei geht es nicht darum, das Element des sozialen Ausgleichs als ein tragendes Gestaltungsprinzip der Sozialversicherung zu negieren. Unzutreffend ist die von HASE vorgenommene Verdrängung des Versicherungselements und die Unversöhnlichkeit, mit der der Gedanke des sozialen Ausgleichs dem Versicherungsprinzip entgegengesetzt wird. Zunächst einmal ist der Vorstellung entgegenzutreten, dass es sich bei der h.M. um die bloße Übernahme ökonomischer Konzepte handle, nicht aber um rechtlich abgeleitete. Vielmehr ist zu sehen, dass sich aus den Bestimmungen über die einzelnen Zweige des Sozialversicherungsrechts sehr wohl eine versicherungsrechtliche Struktur ableiten lässt. 17

Wesentlich für diese ist ein **Synallagma von Leistung und Gegenleistung**. Der Versicherte erbringt Beiträge und im Gegenzug verpflichtet sich die Versicherung bei Eintritt des Versicherungsfalls die rechtlich fixierten Leistungen zu erbringen. Diesen versicherungsrechtlichen Grundmecha- 18

---

92 BLEY/KREIKEBOHM/MARSCHNER Rn. 286ff.; IGL/WELTI § 9 Rn. 1ff.; GITTER/SCHMITT Rn. 2ff.; WALTERMANN/SCHMIDT/CHANDNA-HOPPE, Sozialrecht, Rn. 114ff.

93 Vgl. etwa BSG 19.12.1957 BSGE 6, 213, 227f.; BVerfG 10.5.1960 BVerfGE 11, 105, 112; BVerfG 12.1.1983 BVerfGE 63, 1, 35.

94 HASE S. 19ff.; s. aber auch vertiefend zu dieser Thematik die Monographien von ROLFS, Das Versicherungsprinzip im Sozialversicherungsrecht, 2000 und WALLRABENSTEIN, Versicherung im Sozialstaat, 2009.

95 HASE S. 40.

96 HASE S. 44.

97 HASE S. 398.

98 HASE S. 400.

nismus finden wir sowohl in der Privatversicherung wie in der Sozialversicherung.[99] Allerdings sind die einzelnen versicherungsrechtlichen Elemente sehr unterschiedlich gestaltet. Die Sozialversicherung verzichtet abgesehen von der gesetzlichen Unfallversicherung auf Individualäquivalenz; sie arbeitet stattdessen nach dem Prinzip der Gesamt- oder Gruppenäquivalenz.[100] Im Übrigen ist zu sehen, dass es auch im Bereich der Privatversicherung Durchbrechungen des individualen Äquivalenzprinzips gibt. Zu erinnern ist an die private Pflegeversicherung, die ebenfalls vom individuellen Risiko absieht (vgl. § 110 Abs. 1 SGB XI).

19 Auch die Tatsache, dass die Sozialversicherung lediglich ein Synallagma von Leistung und Beitragspflicht, nicht aber von tatsächlicher Beitragsentrichtung kennt, zerschneidet das versicherungsrechtliche Band zwischen Versicherung und Versichertem nicht. Die Sozialversicherung will in dem auf die Beitragspflicht beschränkten Synallagma sicherstellen, dass im Hinblick auf die Schutzbedürftigkeit des Betroffenen, die sich bereits im Bestehen eines Versicherungszwangs ausgedrückt hat, die Leistungen dem Betroffenen auch tatsächlich zufließen.

20 Die Negation des Versicherungscharakters führt im Übrigen dazu, dass die Frage der **Effizienz eines Systems**, die gerade in Zeiten leerer Haushaltskassen besonders betont werden muss, auf der Strecke bleibt. Die vorhin zitierte Äußerung von Hase, wonach durch die Kapazitäten des öffentlichen Rechts immer neue Möglichkeiten eröffnet würden, das gestörte Gleichgewicht der Einnahmen und Ausgaben durch eine Vermehrung der Mittel wiederherzustellen, ist rechtspolitisch mehr als bedenklich. Anstatt sich um effiziente Strukturen zu bemühen und eine wie auch immer im Einzelnen gestaltete Äquivalenz von Beiträgen und Leistungen zu gewährleisten, wird auf eine unklare Vorstellung von Mittelvermehrung verwiesen. In diesem Zusammenhang spielt auch die Diskussion um so genannte **versicherungsfremde Leistungen** der Sozialversicherung eine Rolle. Das Versicherungsprinzip ist der einzige Garant dafür, dass der Gesetzgeber stets zu prüfen hat, ob bestimmte Leistungen dem in dem jeweiligen Zweig der Sozialversicherung versicherten Risiko adäquat sind. Damit ist einer ungehinderten Zuführung von Lasten an die Sozialversicherung ein Riegel vorgeschoben (ob diesem Aspekt durch den Gesetzgeber freilich immer Rechnung getragen wird, ist eine andere Frage). Aber die Diskussionen der Vergangenheit haben gezeigt, dass die Sensibilität für diese Problematik gewachsen ist. Und die Sozialversicherungsträger, insbesondere die Rentenversicherungsträger, haben mit Erfolg die Erhöhung von Bundeszuschüssen eingefordert, um der ständigen Neubelastung der Rentenversicherung mit Aufgaben, die nicht genuin mit den versicherten Risiken zu tun haben, entgegenzuwirken.

21 Damit wird auch die rationale Hinterfragung bestehender Regelungen des sozialen Ausgleichs möglich. Nicht alles, was im Laufe der Zeit unter dem Gesichtspunkt des sozialen Ausgleichs in die Sozialversicherung gelangt ist, verdient diesen Namen und muss unbesehen von der Versichertengemeinschaft getragen werden. Das gilt beispielsweise auch für die Form der (beitragsfreien) Familienversicherung in der gesetzlichen Krankenversicherung, § 10 SGB V. Diese ist nur so weit mit dem Versicherungsprinzip vereinbar, als tatsächlich den Begünstigten der Versichertengemeinschaft Leistungen zufließen. Diese Voraussetzung ist im Fall der Kindererziehung erfüllt, nicht aber im Fall von Kinderlosigkeit.[101]

---

99 Vgl. die Gegenüberstellung bei Bley/Kreikebohm/Marschner Rn. 284.

100 Vgl. etwa zur Rentenversicherung Ruland, SGb 1987, 135f.

101 Vgl. zu dieser Kritik an der Familienversicherung der Krankenversicherten statt vieler Fuchs, JZ 2002, 785, 794.

B. Das rechtliche System der Sozialversicherung

§ 7 Die Stellung des Sozialversicherungsrechts im Sozialrecht

Literatur: THIEME, Das halbgescheiterte Sozialgesetzbuch, in: Gitter/Schulin/Zacher (Hrsg.), Festschrift für Otto Ernst Krasney zum 65. Geburtstag, 1997, S. 1101ff.

I. Der Sozialrechtsbegriff

Das Sozialrecht regelt eine Vielzahl ganz unterschiedlicher Lebenssachverhalte, wie z.B. die Sozial- 1
hilfe, Kinder- und Jugendhilfe, Pflege, Rente oder BAföG. Dementsprechend ist es ein ausgesprochen weites Rechtsgebiet, das zudem viele **Berührungspunkte** mit anderen Rechtsgebieten aufweist, so etwa mit dem Arbeitsrecht, Familienrecht, Steuerrecht und Privatversicherungsrecht.

Beispiele: 2

Die Höhe des Arbeitsentgeltes, Zeitpunkt und Art der Beendigung des **Arbeitsverhältnisses** haben Auswirkungen auf die Leistungen der Arbeitslosenversicherung (s. z.B. § 159 SGB III). Bestimmte Sozialleistungen sind an die **Ehe** und das eheliche Zusammenleben geknüpft (Witwenrente, Leistungen der Kranken- und der Pflegeversicherung an Ehegatten über das Konstrukt der Familienversicherung, s. § 10 SGB V).

Kommt ein Leistungsberechtigter seinen **gesetzlichen Unterhaltsverpflichtungen** nicht nach, so können laufende Sozialleistungen wie z.B. Krankengeld, Verletztengeld oder Rentenzahlungen von dem Sozialversicherer zugunsten der Unterhaltsberechtigten abgezweigt werden (§ 48 Abs. 1 S. 1 SGB I, s. hierzu § 7 Rn. 71).

Die Wahl der **Steuerklasse** kann Auswirkungen auf die Höhe von Sozialleistungen haben.

Die **privaten Krankenversicherungsunternehmen** sind gem. §§ 23, 110 SGB XI verpflichtet, für ihre Versicherten auch die Pflegeversicherung durchzuführen, die in weitem Umfang der sozialen Pflegeversicherung nachgebildet ist. Folgerichtig ist auch in Angelegenheiten der privaten Pflegeversicherung der Rechtsweg zu den Sozialgerichten eröffnet (§ 51 Abs. 2 S. 3 SGG).

Darüber hinaus **beeinflusst** das Sozialrecht unmittelbar **zivilrechtliche Verhältnisse**. Die im Unfall- 3
versicherungsrecht festgelegten Haftungsprivilegien greifen z.B. direkt in das zivilrechtliche Haftungsregime ein (siehe unter § 42 Rn. 1ff.).

Mit der Entwicklung des Sozialrechts zu einem eigenständigen Rechtsgebiet und seiner stetigen 4
Ausweitung entstand das Bedürfnis nach einer Abgrenzung von anderen Rechtsgebieten, zumal von Rechtsmaterien, die ebenfalls in besonderer Weise soziale Elemente in sich vereinen, wie das Arbeitsrecht (siehe unter § 3 Rn. 24).

Eine gesetzliche Definition des Sozialrechtsbegriffs gibt es dennoch bis heute nicht. Pragmatisch 5
und für die praktische juristische Arbeit von Bedeutung ist der **formelle Sozialrechtsbegriff**. Danach gehören alle Rechtsbereiche zum Sozialrecht, die in das Sozialgesetzbuch aufgenommen worden sind. Neben den einzelnen Büchern des Sozialgesetzbuches (SGB I bis SGB XIV)[1] sind dies auch die Bereiche, die über § 68 SGB I als besondere Teile in das Sozialgesetzbuch inkorporiert werden. Vorteil des formellen Verständnisses ist, dass der Sozialrechtsbegriff damit klar eingegrenzt wird. Kritisiert wird jedoch, dass damit Regelungen, die die Gewährung von Sozialleistungen vorsehen, wie bspw. im AsylbLG, nicht einbezogen werden.[2]

Die **materiell-rechtlichen Definitionsansätze** dienen eher dem inhaltlichen Verständnis des 6
Sozialrechts. Sie stellen im Wesentlichen die in § 1 SGB I genannten Ziele der Verwirklichung **sozialer Gerechtigkeit** und **sozialer Sicherheit** in den Vordergrund, die durch die Erbringung

---

1 Zum SGB XIV s. Gesetz zur Regelung des Sozialen Entschädigungsrechts vom 12.12.2019, BGBl. I S. 2652, stufenweises Inkrafttreten ab 1.1.2024.

2 MROZYNSKI § 1 SGB I Rn. 26.

https://doi.org/10.1515/9783111337883-002

öffentlich-rechtlich ausgestalteter **Sozialleistungen** erreicht werden. Durch diese Definitionsansätze werden privatrechtliche Maßnahmen und Leistungen zur Verwirklichung sozialer Zwecke aus dem Sozialrecht ausgeschlossen. Vorteil des materiellen Sozialrechtsbegriffs ist seine Offenheit für neue Regelungen, die ggf. (noch) nicht im SGB enthalten sind oder in § 68 SGB I aufgeführt werden. Im Gegensatz zum formellen Begriffsverständnis ist eine trennscharfe Abgrenzung jedoch nicht möglich.[3]

7 Auch die Bestimmungen zur Entgeltfortzahlung im Krankheitsfall (EFZG) sowie der besondere Kündigungsschutz für Schwangere nach dem Mutterschutzgesetz (MuSchG) dienen der Durchsetzung sozialer Sicherheit und Gerechtigkeit. Die Erbringung dieser Leistungen ist jedoch nicht öffentlich-rechtlich organisiert. Verpflichteter der gesetzlichen Regelungen ist vielmehr der Arbeitgeber als Privatperson.

II. Binnenstrukturierung des Sozialrechts

1. Versuche der Systematisierung

8 Die gängigen Modelle der systematischen Einteilung des Sozialrechts nehmen eine **Dreiteilung** vor. Klassischerweise wird unterschieden zwischen den Materien der Sozialversicherung, der sozialen Versorgung (dazu zählt insbesondere der Bereich der Entschädigung) und der sozialen Fürsorge. Die grundgesetzlichen Regeln zur Verteilung der Gesetzgebungskompetenz spiegeln diese Einteilung noch heute wider (Art. 74 Abs. 1 Nr. 7, 9, 12 GG).

Die neuere Systematisierung nach ZACHER in die Bereiche

- Vorsorge,
- Entschädigung und
- Systeme der sozialen Hilfe und Förderung[4]

hat im Vergleich zur klassischen Dreiteilung den Vorteil, dass sie auch die Einordnung einer Reihe neuerer Gesetze (bspw. Ausbildungsförderung, Wohngeldrecht) ermöglicht.

2. Vorsorge, Entschädigung, Hilfe und Förderung

9 Der Bereich der **Vorsorge** wird in Deutschland durch die **Sozialversicherung** ausgefüllt. Sie dient der Absicherung vor Lebensrisiken (Verlust oder Minderung des Arbeitseinkommens durch Krankheit, Unfall, Alter oder Arbeitslosigkeit; Pflegebedürftigkeit), die für den Einzelnen nur schwer kalkulierbar sind und daher durch eine **Versichertengemeinschaft** getragen werden. Die Sozialversicherung basiert auf der Leistungsfähigkeit ihrer Beitragszahler. Im Gegensatz zur Privatversicherung dominieren in der Sozialversicherung Elemente des sozialen Ausgleichs. Die Sozialversicherung teilt sich auf in die Zweige Arbeitslosenversicherung, Krankenversicherung, Rentenversicherung, Unfallversicherung und Pflegeversicherung.

10 Der Begriff der **sozialen Entschädigung** bezeichnet Leistungen, mit denen Folgen gesundheitlicher Schädigungen ausgeglichen werden sollen, für die eine **besondere Verantwortung des Gemeinwesens** anerkannt ist. Leistungen der sozialen Entschädigung werden steuerfinanziert. Zum Teil ist die Verantwortung des Staates durch den Gedanken der Aufopferung (Sonderopfer) begründet. Erleiden Bürger bei einem Einsatz, der ihnen vom Staat abverlangt wird, gesundheitliche Schäden, so kommt die Allgemeinheit für die Folgen der Schädigung für den Betroffenen und seine Angehörigen auf, so etwa bei der Versorgung von Bundeswehrsoldaten oder bei Impfschäden. Auch Opfer von Gewalttaten werden erfasst. Entschädigungsleistungen sind in besonderer Weise an das aus-

3 S. hierzu auch v. KOPPENFELS-SPIES, Sozialrecht, Rn. 4.

4 ZACHER, Einführung in das Sozialrecht der Bundesrepublik Deutschland, 1985, S. 21; ZACHER, in: FS Maihofer, 1988, S. 669, 676 ff.

lösende Ereignis geknüpft (Kausalprinzip). Das Soziale Entschädigungsrecht, das zuvor auf mehrere Einzelgesetze verteilt war, ist seit dem 1.1.2024 gebündelt im SGB XIV geregelt.[5]

Leistungen der **sozialen Hilfe** sichern das Existenzminimum des Bürgers, wenn alle anderen 11
privaten oder öffentlichen Unterstützungsmöglichkeiten weggefallen sind (Prinzip der Subsidiarität). Sie dienen primär der Bekämpfung von Notlagen und setzen daher **Bedürftigkeit** voraus (SGB II, SGB XII). Die Sozialhilfe stellt das Basissystem der sozialen Sicherung dar. Sie wird unabhängig von der Ursache der Hilfebedürftigkeit geleistet (Prinzip der Finalität).

Die **soziale Förderung** (z.B. Kinder- und Jugendhilfe, Ausbildungsförderung, Elterngeld) hat die 12
Verwirklichung von Chancengleichheit und insbesondere die gleichberechtigte Teilhabe des Einzelnen am Leben in der Gemeinschaft zum Ziel. Gerade die Kinder- und Jugendhilfe ist in besonderem Maße dazu in der Lage, durch die Gewährung individueller Entfaltungshilfen auf sehr unterschiedliche Bedarfslagen des Einzelnen zu reagieren. Die Finanzierung der Systeme der sozialen Hilfe und der sozialen Förderung erfolgt aus **Steuermitteln**.

Die **Unterschiede** des Bereiches der sozialen Vorsorge zu den anderen Bereichen des Sozial- 13
rechts sind in erster Linie in der versicherungsrechtlichen Ausgestaltung begründet.

Beispiele:
Die Leistungen, die die Versicherten erhalten, korrespondieren mit den von ihnen gezahlten **Beiträgen**. Dies hat zur Folge, dass sozialversicherungsrechtliche Positionen dem Schutz des Art. 14 GG unterstehen (siehe unter § 8 Rn. 44ff.).

Die Organisation der Sozialversicherung in **Selbstverwaltungskörperschaften** hat rechtliche Konsequenzen sowohl für Mitglieder als auch für Dritte, die von Entscheidungen der Selbstverwaltungsgremien betroffen sind. Das macht sich insbesondere im Krankenversicherungsrecht mit seiner besonderen Struktur der „gemeinsamen Selbstverwaltung" der Krankenkassen und der Leistungserbringer bemerkbar (siehe unter § 19 Rn. 7f.).

Die weitgehende Verknüpfung zwischen **Erwerbstätigkeit und Sozialversicherungspflicht** führt zu vielfältigen Formen der Kooperation im weiteren Sinne zwischen Arbeitgebern und Sozialversicherern. Das betrifft u.a. den Einzug der Sozialversicherungsbeiträge, das System von Entgeltfortzahlung und Krankengeld oder Betriebsprüfungen zur Feststellung der Anzahl versicherungspflichtiger Mitarbeiter.

III. Das Sozialversicherungsrecht im Sozialgesetzbuch

Das Sozialrecht ist heute in großen Teilen im **Sozialgesetzbuch** geregelt. Das Sozialgesetzbuch 14
umfasst derzeit das SGB I bis XIV , die Zahl XIII ist jedoch nicht belegt, sie sollte wegen ihrer negativen Signalwirkung ausgespart bleiben. Die Zusammenfassung des Sozialrechts in einem Gesetzbuch geht auf die Regierungserklärung von Bundeskanzler Willi Brandt vom 28.10.1969 zurück. Zuvor ähnelte die Situation dem Arbeitsrecht: Das Sozialrecht war zersplittert und in zahlreichen Einzelgesetzen geregelt. Das war unübersichtlich und führte bisweilen zu unnötigen Doppelungen und Widersprüchen. Ziel war es, durch eine Bündelung im Sozialgesetzbuch mehr Bürgernähe zu schaffen. Das Sozialrecht sollte übersichtlicher und verständlicher werden.[6]

Das **erste Buch** (SGB I) des Sozialgesetzbuches wurde den anderen Büchern als Allgemeiner Teil 15
vorweggestellt (Klammerfunktion). Der Gesetzgeber bemühte sich durch die Schaffung **gemeinsamer Vorschriften für alle Bereiche** eine gewisse Vereinheitlichung zu erreichen (Einweisungsvorschriften, gemeinsame Vorschriften für die Leistungserbringung).[7] Das Sozialrecht zeichnet sich jedoch nicht durch Homogenität aus. Die einzelnen Bereiche, die zum Sozialrecht gezählt werden, sind historisch gewachsen. Aufgrund der Verschiedenartigkeit der gewachsenen Rechtsmaterien

---

5 BGBl. I S. 2652, Gesetz zur Regelung des Sozialen Entschädigungsrechts vom 12. Dezember 2019; s. hierzu auch den Regierungsentwurf BT-Drs. 19/13842 sowie zur Reform im Überblick Reinhard, ZRP 2019, 221ff.
6 BT-Drs. 7/868 S. 1, 19.
7 BT-Drs. 7/868 S. 1.

sind grundlegende Charakteristika nach wie vor nicht im SGB I, sondern in den einzelnen Büchern bzw. gesetzlichen Regelungen zu finden.[8]

16 Das **zehnte Buch** (SGB X) regelt für alle Behörden, die ihre Verwaltungstätigkeit nach dem Sozialgesetzbuch ausüben, das Verwaltungsverfahren, den Sozialdatenschutz und die Zusammenarbeit der Leistungsträger und ihre Beziehungen zu Dritten. Ursprünglich war das Sozialgesetzbuch nur auf zehn Bücher angelegt und sollte mit den Regelungen zum Sozialverwaltungsverfahren abschließen. Mit dem Hinzutreten des elften, zwölften und vierzehnten Buches wird die systematische Stellung des zehnten Buches aus seiner Bezeichnung nicht mehr deutlich.

17 Das **vierte Buch** (SGB IV) enthält allgemeine Regelungen für alle Sozialversicherungszweige. Diese „innere Klammer" verdeutlicht noch einmal die Bedeutung der Sozialversicherung innerhalb des Sozialrechts. Alle **Zweige der Sozialversicherung** haben nach und nach Aufnahme in das SGB gefunden:[9]

- 1989 das Krankenversicherungsrecht als **SGB V**,
- 1992 das Rentenversicherungsrecht als **SGB VI**,
- 1995 das Pflegeversicherungsrecht als **SGB XI**,
- 1997 das Unfallversicherungsrecht als **SGB VII** und
- 1998 das Arbeitsförderungsrecht als **SGB III.**

Im zweiten Buch ist seit dem 1.1.2005 die Grundsicherung für Arbeitsuchende verankert, im achten Buch ist die Kinder- und Jugendhilfe geregelt, im neunten Buch die Rehabilitation und Teilhabe behinderter Menschen, im zwölften Buch ist seit dem 1.1.2005 die Sozialhilfe aufgenommen und in SGB XIV seit dem 1.1.2024 das Soziale Entschädigungsrecht. Einige Einzelgesetze stehen noch außerhalb des SGB (bspw. BAföG, WohnGG) und werden über § 68 SGB I formal als besondere Teile in das Sozialgesetzbuch integriert.

IV. Das wirtschaftliche Gewicht der Sozialversicherung im Sozialrecht

18 Die große wirtschaftliche Bedeutung des Sozialrechts lässt sich auch an dem Anteil der Sozialversicherung am Sozialbudget ablesen.

Tabelle II

		Leistungen nach Institutionen				
	Sozialbudget 2023	**2010**	**2020**	**2021**	**2022p**	**2023s**
		Millionen Euro				
	Sozialbudget Insgesamt	**770 033**	**1 117 498**	**1 154 585**	**1 186 698**	**1 248 970**
1	**Sozialversicherungssysteme**	**471 165**	**683 743**	**706 502**	**717 057**	**750 985**
11	Rentenversicherung	253 680	343 501	351 655	364 762	385 121
12	Krankenversicherung	173 879	260 451	275 094	286 589	301 654
13	Pflegeversicherung	21 483	47 663	52 243	58 377	59 139
14	Unfallversicherung	12 060	15 018	14 566	14 753	14 899
15	Arbeitslosenversicherung	36 171	56 480	53 091	32 909	33 832

8 BT-Drs. 7/868 S. 19.

9 Zur Künstlersozialversicherung nach dem KSVG als Teil der Sozialversicherung s. § 6 Rn. 4.

		Leistungen nach Institutionen				
	Sozialbudget 2023	**2010**	**2020**	**2021**	**2022p**	**2023s**
		Millionen Euro				
2	**Sondersysteme**	**27 846**	**39 818**	**41 994**	**44655**	**46 380**
21	Alterssicherung der Landwirte	2 945	2 857	2 817	2 789	2 682
22	Versorgungswerke	4 323	7 705	7 916	8 992	9 349
23	Private Altersvorsorge	120	1 000	1 400	1 900	2 400
24	Private Krankenversicherung	19 654	26 236	27 388	28 190	29 130
25	Private Pflegeversicherung	804	2 020	2 472	2 783	2 819
3	**System des öffentlichen Dienstes**	**60 010**	**87 196**	**89 405**	**93 184**	**98 144**
31	Pensionen	43 871	65 296	66 915	69 444	72 516
32	Familienzuschläge	3 254	4 198	4 288	4 426	4 521
33	Beihilfen	12 886	17 702	18 202	19 315	21 106
4	**Arbeitgebersysteme**	**66 641**	**101 425**	**103 323**	**110 913**	**115 653**
41	Entgeltfortzahlung	32 794	57 231	57 722	63 789	67 950
42	Betriebliche Altersvorsorge	21 938	28 318	29 319	30 144	30 501
43	Zusatzversorgung	10 691	14 071	14 392	15 003	15 132
44	Sonstige Entschädigungen	1 218	1 805	1 889	1 978	2 070
5	**Entschädigungssysteme**	**3 227**	**2 937**	**2 936**	**2 758**	**2 925**
51	Soziale Entschädigung	1 968	739	675	617	583
52	Lastenausgleich	31	6	5	4	4
53	Wiedergutmachung	898	1 586	1 659	1 546	1 771
54	Sonstige Entschädigungen	330	606	597	591	568
6	**Förder- und Fürsorgesysteme**	**149 007**	**209 786**	**218 000**	**225 604**	**243 090**
61	Familienleistungsausgleich	41 955	53 388	54 000	53 796	59 003
62	Elterngeld und Betreuungsgeld	4 778	8 021	8 270	8 459	8 266
63	Bürgergeld	46 375	45 589	47 119	47 973	53 776
64	Sonstige Arbeitsförderungen	552	1 172	1 298	1 362	1 279
65	Ausbildungs- und Aufstiegsförderung	2 186	2 487	2 810	2 980	3 394
66	Sozialhilfe und Eingliederungshilfe	25 606	43 404	45 734	48 646	49 408
67	Kinder- und Jugendhilfe	25 648	54 305	57 248	60 433	63 323
68	Wohngeld	1 908	1 420	1 523	1 955	4 642
	nachrichtlich: *Steuerliche Leistungen ohne Familienleistungsausgleich*	*30 141*	*32 045*	*31 770*	*33 800*	*36 265*

Institutionen ohne Verrechnungen.
Sozialbudget insgesamt und Sozialversicherungssysteme konsolidiert um Beiträge des Staates.
Datenstand Mai 2024
p: vorläufig, s: geschätzt

Quelle: Bundesministerium für Arbeit und Soziales (Hrsg.), Sozialbudget 2023, 2024, Tabelle II.

§ 8 Die verfassungsrechtlichen Grundlagen der Sozialversicherung

Literatur: AXER, Normsetzung der Exekutive in der Sozialversicherung, 2000, S. 118ff.; BECKER, Abschied vom generativen Beitrag, NJW 2022, 2153ff.; CLEMENS/UMBACH, Sozialrecht und Verfassungsrecht, VSSR 1992, 265ff.; EICHENHOFER, Reform der sozialen Sicherheit und das Recht, JZ 2000, 1029ff.; GREINER, Generationengerechtigkeit und (Un)Gleichbehandlung im Pflegeversicherungsrecht, NZS 2024, 361ff.; HERZOG, Verfassungsrechtliche Aspekte des Sozialrechts, NZA 1989, 3ff.; JAEGER, Die Reformen in der gesetzlichen Sozialversicherung im Spiegel der Rechtsprechung des Bundesverfassungsgerichts, NZS 2003, 225ff.; JUNG, Die demokratische Legitimation der Selbstverwaltung und der Sozialwahlen in einer sich verändernden Sozialversicherungslandschaft, SGb 2007, 65ff.; KIRCHHOF, Die Durchsetzung von Einzelfallgerechtigkeit und Allgemeinwohlinteresse in der deutschen Rechtsordnung, insbesondere im Sozialrecht, NZS 2019, 641ff.; MEYER, Demokratie in der Sozialversicherung, SozSich 2001, 18ff.; MUCKEL, Die Selbstverwaltung auf dem Prüfstand des Demokratieprinzips, NZS 2002, 118ff.; ROLFS, Versicherungsfremde Leistungen der Sozialversicherung, NZS 1998, 551ff.; SCHOCH, Die Eigentumsgarantie des Art. 14 GG, JURA 1989, 113ff.; STEINER, Sozialstaat in der Rechtsprechung des Bundesverfassungsgerichts, SRa 2019, 218ff.; STEINER, Werden und Wandel des Sozialrechts im Sozialstaat, NZS 2019, 1ff.; VOẞKUHLE/WISCHMEYER, Grundwissen – Öffentliches Recht: Das Sozialstaatsprinzip, JuS 2015, 693ff.; ZACHER, Was können wir über das Sozialstaatsprinzip wissen?, in: Stödter/Thieme (Hrsg.), Beiträge zum deutschen und europäischen Verfassungs-, Verwaltungs- und Wirtschaftsrecht, Festschrift für Hans Peter Ipsen zum 70. Geburtstag, 1977, S. 216ff.

I. Sozialversicherungsbegriff, Gesetzgebungszuständigkeit und Verwaltungskompetenz

1. Begriff der Sozialversicherung

1 Der Begriff der Sozialversicherung wird im GG nicht definiert, die Existenz einer Sozialversicherung wird nur punktuell vorausgesetzt, s. Art. 87 Abs. 2 GG, Art. 74 Abs. 1 Nr. 12 GG oder Art. 120 GG. Dem System der Sozialversicherung wird zudem keine Verfassungsgarantie zugebilligt.[10] Die Sozialversicherung könnte also auch durch ein anderes, z.B. ausschließlich steuerfinanziertes, System der sozialen Sicherung ersetzt werden.

2 Das BVerfG musste sich mit dem Begriff der Sozialversicherung vor allem im Zusammenhang mit der Frage der Gesetzgebungskompetenz des Bundes nach Art. 74 Abs. 1 Nr. 12 GG auseinandersetzen. Es versteht den Begriff der Sozialversicherung als **Gattungsbegriff.**[11] Das BVerfG hat seine bisherige Rechtsprechung zusammengefasst und die Sozialversicherung wie folgt umschrieben:

> „Die Sozialversicherung umfasst dabei alles, was sich der Sache nach als Sozialversicherung darstellt. Andererseits genügt es nicht, dass eine Regelung in irgendeiner Weise allgemein der „sozialen Sicherheit" zugeordnet werden kann; vielmehr muss geprüft werden, ob dieses Ziel gerade auf dem spezifischen Wege der Sozialversicherung erreicht werden soll. Kennzeichnend sind insbesondere die gemeinsame Deckung eines möglichen, in seiner Gesamtheit schätzbaren Bedarfs durch Verteilung auf eine organisierte Vielheit, die organisatorische Durchführung durch selbständige Anstalten oder Körperschaften des öffentlichen Rechts (Art. 87 Abs. 2 GG), die abzudeckenden Risiken und die Mittelaufbringung durch Beiträge der Beteiligten. Das Prinzip des versicherungsrechtlichen Risikoausgleichs kann sozial modifiziert und mit Elementen der öffentlichen Fürsorge verbunden werden. Dabei wird der Bereich der Sozialversicherung nicht überschritten, wenn das Fürsorgeprinzip auf Kosten des Versicherungsprinzips modifiziert wird. Zudem gehört die Beschränkung auf Arbeitnehmerinnen und Arbeitnehmer und auf eine individuelle Notlage nicht notwendig zum Wesen der Sozialversicherung."[12]

3 Im Anschluss an die Rechtsprechung des BVerfG werden nach herkömmlicher Auffassung folgende Kennzeichen der Sozialversicherung festgehalten:
- das soziale Bedürfnis nach Ausgleich besonderer Lasten,
- die Aufbringung der erforderlichen Mittel durch Beiträge der Beteiligten
- und die organisatorische Durchführung durch selbständige Anstalten oder Körperschaften des öffentlichen Rechts.

---

10 BVerfG 9.4.1975, BVerfGE 39, 302, 314ff.; SRH/PAPIER/SHIRVANI § 3 Rn. 25.

11 BVerfG 10.5.1960, BVerfGE 11, 105, 111ff.; BVerfG 12.1.1983, BVerfGE 63, 1, 35f.

12 BVerfG 22.5.2018, NVwZ 2018, 1630, 1631.

Allerdings können diese Kennzeichen doch wohl eher nur als Anhaltspunkte eingeordnet werden, denn das BVerfG relativiert sie in großem Maße, wenn es ausführt, dass das Prinzip des versicherungsrechtlichen Risikoausgleichs sozial modifiziert und mit Elementen der öffentlichen Fürsorge verbunden werden kann. Damit kann die Einführung eines erheblichen sog. Familienlastenausgleichs wie bspw. die beitragsfreie Familienversicherung nach § 10 SGB V in der gesetzlichen Krankenversicherung gerechtfertigt werden, ohne dass damit die Einordnung als Sozialversicherung gefährdet ist. Besonders weit ist der Gesetzgeber gegangen, als er die sog. unechte Unfallversicherung, also u.a. die Einbeziehung von Schülern und Studierenden in die gesetzliche Unfallversicherung, als Teil der Sozialversicherung eingeführt hat (s. hierzu § 20 Rn. 26ff.), obwohl diese Versicherten keine Beiträge leisten und keiner Erwerbstätigkeit nachgehen. Die Schwierigkeit, die Sozialversicherung und ihre Merkmale klar zu umreißen, spiegelt der letztlich inhaltsleere Einleitungssatz des BVerfG „Die Sozialversicherung umfasst dabei alles, was sich der Sache nach als Sozialversicherung darstellt" anschaulich wider. Dies dürfte zum Teil seinen Ursprung darin haben, dass die Sozialversicherung wohl auch von Bismarck nicht als großes zusammenhängendes System mit klar benannten Strukturmerkmalen gedacht war, sondern schlichtweg aus Gesetzen bestand, die ganz unterschiedliche Lebenssachverhalte regelten und nach und nach in Kraft traten (s. § 3 Rn. 1ff.). Zudem waren auch in den ersten Gesetzen bereits zumindest im Ansatz „Systembrüche" angelegt, wie bspw. staatliche Zuschüsse zur Finanzierung (§ 2 Rn. 7, 11). Damit bleibt die Frage, ab wann ein soziales Sicherungssystem nicht mehr der Sozialversicherung zuzurechnen ist, unbeantwortet.[13]

Doch die vage Begriffsbestimmung bietet auch Vorteile. So werden von Art. 74 Abs. 1 Nr. 12 GG **4**
nicht nur die fünf „klassischen" Versicherungszweige erfasst. Die Einordnung der Sozialversicherung als Gattungsbegriff ermöglicht es vielmehr, neue Gegenstände einzubeziehen und neue Versicherungszweige unter dem Kompetenztitel des Art. 74 Abs. 1 Nr. 12 GG zu schaffen, wenn die „wesentlichen **Strukturmerkmale**" der klassischen Sozialversicherung gewahrt bleiben (zu den Strukturmerkmalen § 4 Rn. 1).[14] Prominentestes Beispiel ist hierfür die erst späte Einführung der sozialen Pflegeversicherung.

Beispiel 1:[15]
Durch Gesetz vom 26.5.1994[16] wurde die **Pflegeversicherung** eingeführt. Dem Bundesgesetzgeber steht nach Ansicht des BVerfG die Gesetzgebungskompetenz für die Pflegeversicherung gem. Art. 74 Abs. 1 Nr. 12 GG zu, da es sich hierbei um die Absicherung eines allgemeinen, typischen und vorsorgefähigen Lebensrisikos in den klassischen Formen der tradierten Sozialversicherung handelt. Soweit allerdings das SGB XI eine Verpflichtung zum Abschluss einer **privaten** Pflegeversicherung begründet, fällt dieser Bereich nicht mehr unter den Begriff der Sozialversicherung. Die Gesetzgebungskompetenz des Bundes ergibt sich hier vielmehr aus der Kompetenz des Bundes für die Materie des „privatrechtlichen Versicherungswesens" als Teil des „Rechts der Wirtschaft".

Beispiel 2:[17]
Das BVerfG hat entschieden, dass die soziale Sicherung von **Selbständigen,** wie sie der Gesetzgeber 1981 für selbständige Künstler und Publizisten durch das Künstlersozialversicherungsgesetz (KSVG) in Form der Pflichtversicherung in der gesetzlichen Kranken- und Rentenversicherung eingeführt hat, zur Sozialversicherung i.S.v. Art. 74 Abs. 1 Nr. 12 GG gehört.

13 So z.B. Bittner, NZS 2019, 161, 162 mit der Frage, wieviel Steuerfinanzierung das System verträgt mit Verweis auf die Alterssicherung der Landwirte nach dem ALG, welches bereits zu 80 % steuerfinanziert ist.

14 BVerfG 7.7.1992, BVerfGE 87, 1, 34.

15 BVerfG 3.4.2001, BVerfGE 103, 197.

16 BGBl. I S. 1014.

17 BVerfG 8.4.1987, BVerfGE 75, 108, 148ff.

Beispiel 3:[18]
Nicht nur die Belastung der Versicherten, auch die **Belastung Dritter**, die keine Leistungsansprüche im Gegenzug erlangen wie die Versicherten – also bspw. der Arbeitgeber oder der professionellen Vermarkter von Kunst und Publizistik – mit den zur Finanzierung der Sozialversicherung notwendigen Beiträgen, ist von der Gesetzgebungskompetenz des Art. 74 Abs. 1 Nr. 12 GG gedeckt. Soweit sich gesetzliche Vorschriften ihrem Gegenstand nach im Bereich der Sozialversicherung halten, kann der Gesetzgeber auch die Aufbringung der dafür erforderlichen Mittel regeln. Voraussetzung ist jedoch, dass ein **„sachorientierter Anknüpfungspunkt“** in den Beziehungen zwischen Versichertem und beitragspflichtigem Dritten besteht, der „diese Heranziehung nicht außerhalb der Vorstellungen liegend erscheinen lässt, von denen die Sozialversicherung in ihrem sachlichen Gehalt bestimmt wird“. Dazu gehört z.B. das Arbeitsverhältnis. Das BVerfG zählt dazu aber auch andere „Solidaritäts- und Verantwortlichkeitsbeziehungen“, wie sie z.B. zwischen selbständigen Künstlern und den professionellen Vermarktern der Kunstwerke bestehen sollen (Künstlersozialversicherungsgesetz).

Beispiel 4:[19]
Ebenfalls von Art. 74 Abs. 1 Nr. 12 GG gedeckt ist nach der Rechtsprechung des BVerfG die finanzielle Belastung der Allgemeinheit durch die Anerkennung von **Kindererziehungszeiten** in der Rentenversicherung durch den Bund. Diese Leistung gehört deshalb zur Sozialversicherung, weil für sie die wesentlichen Strukturelemente hinsichtlich organisatorischer Durchführung und abzudeckender Risiken vorliegen.

2. Gesetzgebungszuständigkeit

5 Eine umfassende Gesetzgebungskompetenz des Bundes für den Bereich des Sozialrechts findet man im Grundgesetz nicht. Der Grundgesetzgeber hat dem Bund jedoch die **konkurrierende** Gesetzgebung für klassische Gebiete des Sozialrechts übertragen (Art. 74 Abs. 1 Nr. 7, 9, 10, 12, 13, 19a GG). Die Gesetzgebungskompetenz des Bundes für die **Sozialversicherungszweige** einschließlich der Arbeitslosenversicherung wird aus Art. 74 Abs. 1 Nr. 12 GG abgeleitet.

6 Da der Bundesgesetzgeber von seiner Befugnis im Rahmen der konkurrierenden Gesetzgebung umfassenden Gebrauch gemacht hat, ist das Sozialrecht ganz überwiegend **Bundesrecht**. **Landesgesetzlich** geregelt ist bspw. die Blindenhilfe. In einigen Fällen hat der Bundesgesetzgeber den Ländern ausdrücklich die Gesetzgebung überlassen, so in § 9 SGB XI für die pflegerische Versorgungsstruktur, d.h. für die Planung und Förderung von Pflegeeinrichtungen.

3. Verwaltungskompetenz

a) Sonderregelungen im Sozialversicherungsrecht

7 Grundsätzlich führen die Länder die vom Bundesgesetzgeber erlassenen Gesetze auf dem Gebiet des Sozialrechts gem. Art. 83, 84 GG als **eigene** Angelegenheit aus. Das gilt nicht in den Fällen der vom GG vorgeschriebenen Bundesauftragsverwaltung durch die Länder gem. Art. 85 GG und der bundeseigenen Verwaltung gem. Art. 87 GG.

8 Für **Sozialversicherungsträger** enthält Art. 87 Abs. 2 GG eine Sonderregel: Erstreckt sich die Zuständigkeit eines Sozialversicherungsträgers über das Gebiet eines Bundeslandes hinaus, wird er als **bundesunmittelbare Körperschaft** geführt und ist Teil der mittelbaren staatlichen Verwaltung des Bundes (z.B. Bundesagentur für Arbeit).[20] Diese verfassungsrechtliche Vorgabe schließt zugleich aus, dass der Bund **landesübergreifende Sozialversicherungsträger** der unmittelbaren Verwaltung durch Bundesbehörden unterstellen und damit selbst die Aufgaben eines Sozialversicherungs-

18 BVerfG 8.4.1987, BVerfGE 75, 108 146f.
19 BVerfG 7.7.1992, BVerfGE 87, 1, 33f.
20 Zu den Begriffen der mittelbaren und unmittelbaren Staatsverwaltung vgl. BVerfG 12.1.1983, BVerfGE 63, 1, 36.

trägers übernehmen könnte.[21] Art. 87 Abs. 2 GG verlangt vielmehr ein **rechtlich selbständiges** Gebilde, das dem Bund zugerechnet werden kann.[22]

Nach Art. 87 Abs. 2 S. 2 GG bleibt die **Verwaltungskompetenz der Länder** hingegen bestehen, 9
wenn sich der Zuständigkeitsbereich eines Sozialversicherungsträgers zwar über das Gebiet eines Landes, nicht aber über mehr als drei Länder hinaus erstreckt (z.B. Allgemeine Ortskrankenkassen und Landesversicherungsanstalten) und das aufsichtführende Land durch die beteiligten Länder bestimmt wird, was eine **Einigung** der betroffenen Länder voraussetzt. Diese Regelung wurde in das GG eingeführt, weil es sich als nicht sinnvoll erwiesen hat, dass jeder Sozialversicherungsträger zu einer bundesunmittelbaren Körperschaft wird, sobald er die Landesgrenze überschreitet.[23]

Um **bundeseigene Verwaltung** handelt es sich auch, wenn der Bund von seiner Befugnis 10
Gebrauch macht, für Angelegenheiten, für die ihm die Gesetzgebungszuständigkeit übertragen ist, **selbständige Bundesoberbehörden** oder **neue bundesunmittelbare Körperschaften** oder Anstalten des öffentlichen Rechts durch Bundesgesetz zu errichten, vgl. Art. 87 Abs. 3 S. 1 GG. Von dieser Befugnis hat der Gesetzgeber bisher im Wesentlichen durch die Errichtung der ehemaligen Bundesversicherungsanstalt für Angestellte[24] und der Bundesknappschaft[25] Gebrauch gemacht.

Eine besondere Regelung wurde für den Bereich des **SGB II** erforderlich. Das SGB II ist zwar 11
nicht Teil des Sozialversicherungsrechts, es ist aber aufgrund zahlreicher Verweise aufs engste mit dem SGB III verknüpft. Im Anschluss an die Entscheidung des BVerfG vom 20.12.2007[26] ist der Gesetzgeber für diesen Bereich tätig geworden und hat mit Art. 91e GG eine eigene Regelung für die Ausführung von Bundesgesetzen auf dem Gebiet der Grundsicherung für Arbeitsuchende durch gemeinsame Einrichtungen geschaffen.[27]

b) Keine verfassungsrechtliche Garantie für die Sozialversicherung und ihre Organisationsprinzipien

Ebenso wenig wie das Bestehen einer Sozialversicherung (s.o. Rn. 1) ist auch das **bestehende Ver-** 12
waltungssystem der Sozialversicherung im GG nicht verbürgt. Das gilt selbst für seine tragenden Organisationsprinzipien, wie z.B. das Prinzip der Selbstverwaltung (vgl. § 29 SGB IV). Die sich ständig wandelnden Verhältnisse auf diesem Gebiet erfordern es vielmehr, im Interesse der sozialen Sicherung dem einfachen Gesetzgeber möglichst viele Freiheiten für neue Lösungen zu belassen.[28]

II. Sozialversicherung als Ausdruck des Sozialstaatsprinzips

1. Staatszielbestimmung

Das Sozialstaatsprinzip ist als Wertentscheidung und Strukturprinzip in Art. 20, 28 GG verankert.[29] 13
Auch wenn zum Zeitpunkt des Inkrafttretens des Grundgesetzes bereits wesentliche, auf die Bismarck-Zeit zurückgehende sozialrechtliche Strukturen wie die Sozialversicherungszweige und die soziale Fürsorge existierten, so ist doch das **Bekenntnis zum Sozialstaat** in der deutschen Verfassungsgeschichte neu. Das Sozialstaatsprinzip erfährt im GG – im Gegensatz zu anderen Strukturprinzipien (Republik, Bundesstaat, Demokratie, Rechtsstaat) – keine weitere Konkretisierung. Mangels

---

21 BVerfG 12.1.1983, BVerfGE 63, 1, 36; Sachs/SACHS Art. 87 GG Rn. 53.
22 Maunz/Dürig/IBLER Art. 87 GG Rn. 160.
23 Zur weiteren Föderalisierung der Sozialversicherung vgl. ISENSEE, NZS 1993, 281.
24 Gesetz vom 7.8.1953, BGBl. I S. 857.
25 Gesetz vom 28.7.1969, BGBl. I S. 974.
26 BVerfG 20.12.2007, NVwZ 2008, 183ff.
27 Zur Entstehungsgeschichte zu Art. 91e GG im Überblick s. BeckOK-GG/MEHDE, 58. Ed. Art. 91e Rn. 7ff.
28 BVerfG 5.3.1974, BVerfGE 36, 383, 393.
29 BVerfG 29.4.1954, BVerfGE 3, 377, 381.

verfassungsdogmatischer Tradition kann auch auf kein überkommenes Verständnis bei der Interpretation zurückgegriffen werden. Mit dem Bekenntnis zum Sozialstaat enthält das Grundgesetz somit primär nur einen offenen Gestaltungsauftrag. Das BVerfG hat das Sozialstaatsprinzip als ein der konkreten Ausgestaltung in hohem Maße fähiges und bedürftiges Prinzip[30] bezeichnet, das sich **in erster Linie an den Gesetzgeber** richtet, wobei ihm ein weiter – wenngleich nicht grenzenloser[31] – **Spielraum der Gestaltung und Abwägung** zusteht. Eine inhaltliche Konkretisierung erfolgte in erheblichem Maße durch die Rechtsprechung, namentlich durch die Rechtsprechung des BVerfG, und des Weiteren durch die Literatur.[32]

14 Bei Entscheidungen, die das Sozialversicherungsrecht betreffen, hat das BVerfG nicht allein das Sozialstaatsprinzip zum Prüfungsmaßstab gemacht. Auch Art. 14 Abs. 1 GG (Eigentumsgarantie für Rentenanwartschaften), das Vertrauensschutzprinzip, Art. 12 Abs. 1 GG (Berufsfreiheit), Art. 6 Abs. 1 GG (Familienleistungsausgleich), der Gleichheitssatz gem. Art. 3 GG und Art. 2 Abs. 1 GG (allgemeine Handlungsfreiheit) wurden zur Überprüfung sozialversicherungsrechtlicher Sachverhalte herangezogen. Auf diese Weise hat das BVerfG das Sozialversicherungsrecht verfassungsrechtlich eingebettet, obwohl die soziale Sicherung auf den ersten Blick kaum Niederschlag im geschriebenen Verfassungsrecht gefunden hat.

2. Materieller Gehalt des Sozialstaatsprinzips

a) Zielsetzung

15 Im 19. und frühen 20. Jahrhundert war die Vorstellung vorherrschend, der Staat müsse seine Macht durch das Rechtsstaatsprinzip begrenzen und dem Einzelnen eine Entfaltung möglichst frei von staatlicher Einmischung gewähren; es herrschte eine liberale Grundeinstellung. Mit Eintritt in das industrielle Zeitalter und dem Aufkommen der sozialen Frage (siehe unter § 1 Rn. 2; § 3 Rn. 20) setzte sich die Erkenntnis durch, dass das „freie Spiel der gesellschaftlichen Kräfte“ durch staatliche Maßnahmen ergänzt werden muss, um **soziale Gerechtigkeit** und **soziale Sicherheit** in der Gesellschaft zu garantieren (vgl. auch § 1 SGB I). Daher umfasst das Sozialstaatsprinzip vor allem den **Ausgleich der sozialen Gegensätze und die Schaffung einer gerechten Sozialordnung** i. S. v. sozialer Sicherheit und sozialer Gerechtigkeit durch den Staat.[33]

16 Das Sozialstaatsprinzip umfasst **zwei Kernelemente**. Ein wesentliches Element ist die **Fürsorge für sozial Schwache**. Das Sozialstaatsprinzip verlangt staatliche Vor- und Fürsorge für Personen der Gesellschaft, die aufgrund persönlicher Lebensumstände oder gesellschaftlicher Benachteiligung in ihrer persönlichen und sozialen Entfaltung behindert sind.[34] Aus dem Sozialstaatsprinzip erwächst kein konkretes Gebot für den Umfang der zu gewährenden sozialen Leistungen. Zwingend ist lediglich, dass der Staat die Mindestvoraussetzungen für ein menschenwürdiges Dasein seiner Bürger schafft.[35] Über die Fürsorge für besonders Hilfsbedürftige hinaus enthält das Sozialstaatsprinzip den Auftrag, die Bevölkerung in weitem Umfang **gegen Wechselfälle des Lebens** durch die Schaffung sozialer Sicherungssysteme **abzusichern**.[36] Dieses Gebot wird vor allem durch die verschiedenen Zweige der Sozialversicherung umgesetzt.

---

30 BVerfG 25.2.1960, BVerfGE 10, 354, 370; zur Verankerung des Sozialstaatsprinzips im GG vgl. HdStR/Zacher Bd. IV, S. 1045 ff.

31 BVerfG 5.11.2019, NJW 2019, 3703, 3705 zur Verpflichtung, jedem Menschen ein menschenwürdiges Existenzminimum zu sichern.

32 S. hierzu im Überblick Schnapp, JuS 1998, 874 ff.; Kellermann/Preis, SGb 1999, 329 ff.; Louven, SGb 2009, 578; Voßkuhle/Wischmeyer, JuS 2015, 693 ff.; Steiner, NZS 2019, 1 ff.; BVerfG 5.11.2019, NJW 2019, 3703 ff.

33 BVerfG 18.7.1967, BVerfGE 22, 180, 204.

34 BVerfG 22.6.1977, BVerfGE 45, 376, 387.

35 BVerfG 29.5.1990 SozR 3-5870 § 10 Nr. 1; BVerfG 5.11.2019, NJW 2019, 3703 ff.

36 BVerfG 2.5.1967, BVerfGE 21, 362, 375; BVerfG 31.10.1984, BVerfGE 68, 193, 209.

b) Keine verfassungsrechtliche Vorgabe einer bestimmten Sozialordnung

Das Bekenntnis zum Sozialstaat enthält keine Entscheidung für eine bestimmte Sozialordnung. Auch die soziale Marktwirtschaft als Wirtschaftsordnung ist nicht durch das Sozialstaatsprinzip vorgegeben. 17

> „Die gegenwärtige Wirtschafts- und Sozialordnung ist zwar eine nach dem Grundgesetz mögliche Ordnung, keineswegs aber die allein mögliche. Sie beruht auf einer vom Willen des Gesetzgebers getragenen wirtschafts- und sozialpolitischen Entscheidung, die durch eine andere Entscheidung ersetzt oder durchbrochen werden kann. Daher ist es verfassungsrechtlich ohne Bedeutung, ob das (...) Gesetz im Einklang mit der bisherigen Wirtschafts- und Sozialordnung steht und ob das zur Wirtschaftslenkung verwandte Mittel marktkonform ist.“[37]

3. Sozialstaatsprinzip als unmittelbare Anspruchsgrundlage

Das Sozialstaatsprinzip ist eine objektivrechtliche Bestimmung. Es richtet sich in erster Linie an den Gesetzgeber.[38] Unmittelbare Leistungsansprüche des Bürgers gegen den Staat können aus ihm regelmäßig nicht hergeleitet werden.[39] Nur ausnahmsweise und in Verbindung mit Grundrechten kann das Sozialstaatsprinzip bei Fehlen einer gesetzlichen Regelung unmittelbare Grundlage für Ansprüche auf staatliche Leistungen sein. Anerkannt ist dies für den Anspruch auf Gewährung eines ein menschenwürdiges Dasein sichernden Existenzminimums. Er wird aus dem Sozialstaatsprinzip i.V.m. Art. 1 Abs. 1 (Art. 2 Abs. 2 GG) abgeleitet.[40] 18

4. Sozialstaatsprinzip als Eingriffslegitimation

Das BVerfG hat bisher nur vereinzelt Gesetze wegen eines Verstoßes gegen das Sozialstaatsprinzip beanstandet.[41] Das Sozialstaatsprinzip diente in der Rechtsprechung des BVerfG lange Zeit vielmehr der **Rechtfertigung staatlicher Maßnahmen**, deren Ziel die Gewährung sozialer Mindeststandards durch Umverteilung und Mitbestimmung, die Begrenzung wirtschaftlicher Machtstellungen und die Absicherung sozialer Risiken ist, so z.B. bei der Belastung von Arbeitgebern mit Beitragspflichten in der Sozialversicherung.[42] 19

5. Auslegungsregel

Daneben stellt die Sozialstaatsklausel für alle Staatsgewalten eine verbindliche **Auslegungsregel** dar.[43] 20

---

37 BVerfG 20.7.1954, BVerfGE 4, 7, 18.

38 BVerfG 29.5.1990, BVerfGE 82, 60, 80; KOKEMOOR, Sozialrecht, Rn. 25.

39 S. hierzu auch BAER, NZS 2014, 1, 3.

40 Vgl. BVerwG 24.6.1954, BVerwGE 1, 159; BVerfG 9.2.2010, NJW 2010, 505f.; zuletzt BVerfG 5.11.2019, NJW 2019, 3703; BVerfG 19.10.2022, NJW 2023, 37ff.

41 Vgl. BVerfG 22.6.1977, BVerfGE 45, 376, 386ff.; ZACHER, in: FS Ipsen, S. 216, 221; s. auch STEINER, NZS 2019, 1, 2f. mit dem Hinweis, dass der Grund wohl in der ohnehin bereits umfangreichen Tätigkeit des Gesetzgebers im Sozialrecht liegen dürfte.

42 BVerfG 8.4.1987, BVerfGE 75, 108, 158f.

43 BVerfG 19.12.1951, BVerfGE 1, 97, 105.

III. Sozialversicherung und Demokratieprinzip

21 Sozialversicherungsrechtliche Strukturen weisen im Einzelnen durchaus Reibungen mit dem Demokratieprinzip auf. Das betrifft insbesondere Fragen der demokratischen Legitimation und der Normsetzungsbefugnis von Organen der Sozialversicherung.

22 Das Demokratieprinzip fordert, dass die Ausübung von Staatsgewalt durch staatliche Organe und Amtswalter im Wege einer **ununterbrochenen Legitimationskette** auf den Volkswillen zurückgeführt werden kann.[44] Demokratische Legitimation erwächst zum einen aus der **personellen Legitimation** (jeder einzelne Amtswalter muss sein Amt im Wege einer Wahl durch Volk oder Parlament oder dadurch erhalten, dass er durch einen seinerseits legitimierten Amtsträger bestellt worden ist) und zum anderen aus der **sachlich-inhaltlichen** Legitimation (inhaltliche Rückführbarkeit der Ausübung von Staatsgewalt auf das Volk durch Gesetzesbindung, Weisungsabhängigkeit und demokratische Verantwortlichkeit).[45]

23 Das Handeln und insbesondere die Normsetzung von **Selbstverwaltungskörperschaften** kann nicht auf eine personelle Legitimation durch Volks- oder Parlamentswillen zurückgeführt werden, wohl aber auf den Willen der Mitglieder der Körperschaft, sofern die Entscheidungsträger der Selbstverwaltungskörperschaft durch Mitgliedswahlen legitimiert werden (**Sozialversicherungswahlen**, § 45 SGB IV). Auch die sachlich-inhaltliche Legitimation ist in diesem Zusammenhang zu modifizieren. Sie ergibt sich in erster Linie aus der gesetzlichen Aufgabenzuweisung bzw. aus der gesetzlichen Ermächtigung zur Normsetzung, der Verleihung von Satzungsautonomie sowie der Ermächtigung zum Richtlinienerlass.[46]

24 Unter dem Gesichtspunkt der demokratischen Legitimation werden Institutionen der sozialversicherungsrechtlichen Selbstverwaltung immer wieder kritisch betrachtet, wenn sie Normen erlassen, die nicht nur Wirkung für die Mitglieder der Selbstverwaltungskörperschaften, sondern auch für Dritte entfalten.[47] Dies betrifft unter anderem den **Gemeinsamen Bundesausschuss** (§ 91 SGB V), der eine Reihe von Richtlinien erlässt, die nicht nur Normwirkung für Ärzte, Versicherte und Krankenkassen besitzen,[48] sondern auch in die Rechte der nichtärztlichen Leistungserbringer im Gesundheitswesen (Heil- und Hilfsmittelerbringer, Medikamentenhersteller u.a.) eingreifen (siehe ausführlich unter § 19 Rn. 8ff.).

25 Mit Hinweis auf die Dichte der normativen Vorgaben für den Richtlinienerlass und die Kontrollmöglichkeiten des Bundesministeriums für Gesundheit (§ 94 Abs. 1 SGB V) hat das BSG den Richtlinienerlass durch den Gemeinsamen Bundesausschuss allerdings für vereinbar mit dem Demokratieprinzip gehalten (s. hierzu ausführlich § 17 Rn. 13ff.).[49] Etwas vorsichtiger ist hingegen das BVerfG. Es hat zwar die Verfassungsbeschwerde, mit der die fehlende demokratische Legitimation des Gemeinsamen Bundesausschusses gerügt wurde wegen nicht hinreichender Substantiierung für unzulässig erklärt. Das BVerfG weist dennoch ausdrücklich darauf hin, dass die demokratische Legitimation durchaus zweifelhaft sein kann:

> „Mit dem Vorbringen -durchaus gewichtiger- genereller und allgemeiner Zweifel an der demokratischen Legitimation des Gemeinsamen Bundesausschusses als Institution kann das nicht gelingen. Vielmehr bedarf es konkreter Ausführungen nicht nur zum Einzelfall, sondern auch zur Ausgestaltung der in Rede stehenden Befugnis, zum Gehalt der Richtlinie und zur Reichweite der Regelung auf an ihrer Entstehung Beteiligte oder auch unbeteiligte Dritte. Denn es ist nicht ausgeschlossen, dass der Gemeinsame Bundesausschuss für eine Richtlinie hinreichende Legitimation besitzt, wenn sie zum Beispiel nur an der Regelsetzung Beteiligte mit geringer Intensität trifft, während sie für eine andere seiner Normen fehlen kann, wenn sie zum Beispiel mit hoher Intensität Angelegenheiten

44 BVerfG 31.10.1990, BVerfGE 83, 60, 71; BVerfG 12.10.1993, BVerfGE 89, 155, 182; BVerfG 24.5.1995, BVerfGE 93, 37, 66f.
45 S. grundlegend zum Demokratieprinzip Pieroth, JuS 2010, 473ff.; Schröder, JA 2017, 809ff.
46 Muckel, NZS 2002, 118, 124.
47 Butzer, MedR 2001, 333, 337; Ossenbühl, NZS 1997, 497; Gassner, NZS 2016, 121ff.; Sodan/Hadank, NZS 2018, 804.
48 Vgl. BSG 16.9.1997 SozR 3-2500 § 92 Nr. 7; BSG 20.3.1996 SozR 3-2500 § 92 Nr. 6; BVerfG 20.11.2015, NZS 2016, 20.
49 BSG 20.3.1996, BSGE 78, 70, 83ff.

> Dritter regelt, die an deren Entstehung nicht mitwirken konnten. Maßgeblich ist hierfür insbesondere, inwieweit der Ausschuss für seine zu treffenden Entscheidungen gesetzlich angeleitet ist."[50]

Nicht unproblematisch im Hinblick auf das Demokratieprinzip sind auch die sog. **„Friedenswahlen"**. 26
Regulär werden bei Sozialversicherungswahlen Arbeitgebervertreter und Versichertenvertreter aufgrund von Vorschlagslisten gewählt. Stehen jedoch nicht mehr Bewerber zur Wahl, als Mitglieder zu wählen sind, so wird die Wahl dieser Bewerber gem. § 46 Abs. 2 SGB IV **fingiert**. Eine Wahl und damit eine echte Willensäußerung der Mitglieder der Selbstverwaltungskörperschaft findet nicht statt, was die demokratische Legitimation der Entscheidungsträger erheblich schwächt. Dennoch wird diese Regelung aufgrund der „besonderen Strukturen der Sozialversicherung" und aus Kosten- und Praktikabilitätsgründen überwiegend als verfassungsrechtlich unbedenklich eingestuft.[51]

IV. Gesetzmäßigkeit der Verwaltung

Auch für die Sozialversicherung gilt uneingeschränkt der Grundsatz des **Vorbehalts des Gesetzes** 27
(Art. 20 Abs. 3 GG). Der Sozialversicherungsträger muss sich in den Grenzen der geltenden Gesetze bewegen. Die Reichweite und der Inhalt des Gesetzesvorbehalts sind verfassungsrechtlich seit jeher umstritten.[52] Er gilt ausnahmslos und unumstritten für die Eingriffsverwaltung. Die Materie der Sozialversicherung ist hingegen weitgehend der **Leistungsverwaltung** zuzuordnen, die dem Grundsatz nach auch ohne gesetzliche Ermächtigung handeln kann. Mit dem Argument, dass staatliche Leistungen an den Bürger für eine Existenz in Freiheit oft nicht weniger bedeutungsvoll sind als das Unterbleiben eines Eingriffs, wird jedoch auch im Bereich der Leistungsverwaltung zum Teil und in unterschiedlicher Ausprägung für einen Vorbehalt des Gesetzes plädiert.[53]

Aufgrund der rechtlichen Durchformung des Sozialversicherungsrechts – laut BVerfG besteht 28
die Hauptaufgabe der Sozialversicherungsträger in dem Vollzug einer detaillierten Sozialgesetzgebung[54] – ergibt sich der Vorbehalt des Gesetzes in der Sozialversicherung aber bereits aus dem Grundsatz des Vorrangs des Gesetzes, da aufgrund der Durchnormierung jede gesetzlose Leistung zugleich eine gesetzeswidrige Leistung wäre.[55] Mit der **einfachgesetzlichen Festschreibung vom Vorbehalt des Gesetzes** für Sozialleistungen in § 31 SGB I wird der verfassungsdogmatische Streit hierüber in der sozialrechtlichen Leistungsverwaltung zudem entschärft.[56]

V. Sozialrechtliche Dimension der Grundrechte

Die Einzelgrundrechte weisen überwiegend keinen spezifisch sozialrechtlichen Gehalt auf. Dennoch 29
haben sie in der Rechtsprechung des BVerfG für die Sozialrechtsentwicklung erheblich größere Bedeutung erlangt als das allgemeine Sozialstaatsprinzip. Obwohl es sich beim Sozialversicherungsrecht in erster Linie um Leistungsrecht handelt, haben die Grundrechte ihre Bedeutung als **Abwehrrechte** und weniger als Teilhaberechte erlangt.

---

50 BVerfG 20.11.2015, NZS 2016, 20, 22; s. hierzu auch GASSNER, NZS 2016, 121ff.; SODAN/HADANK, NZS 2018, 804.

51 MUCKEL, NZS 2002, 118, 125 mit Blick auf Art. 87 Abs. 2 GG; BSG 15.11.1973, BSGE 36, 242, 244; s. auch JUNG, SGb 2007, 65f.; sehr kritisch hingegen WIMMER, NJW 2004, 3369, welcher die Friedenswahlen als verfassungswidrig ansieht.

52 BeckOK-GG/HUSTER/RUX Art. 20 Rn. 174ff.; MROZYNSKI § 31 SGB I Rn. 2.

53 Dies auch mit Blick auf die Wesentlichkeitstheorie des BVerfG, vgl. BVerfG 28.10.1975, BVerfGE 40, 237, 249; Maunz/Dürig/GRZESZICK Art. 20 GG Rn. 117ff.; MROZYNSKI § 31 SGB I Rn. 3.

54 BVerfG 9.4.1975, BVerfGE 39, 302, 313.

55 SRH/PAPIER/SHIRVANI § 3 Rn. 135.

56 Z.B. zweifelnd, ob der Gesetzesvorbehalt hinsichtlich der Kosten der Unterkunft i.R.v. § 22 SGB II eingehalten wird MROZYNSKI § 31 SGB I Rn. 15a.

1. Art. 3 Abs. 1 GG

a) Schutzinhalt

30 Das in Art. 3 Abs. 1 GG enthaltene Gleichbehandlungsgebot verlangt zum einen die **Rechtsanwendungsgleichheit** (Gleichheit vor dem Gesetz) und zum anderen die **Rechtsetzungsgleichheit** (Gleichheit des Gesetzes) in Bezug auf Sachverhalte und Normadressaten.[57]

b) Beeinträchtigung

31 Damit ist dem Gesetzgeber allerdings nicht jede Differenzierung verwehrt. Der Schutzbereich des Art. 3 Abs. 1 GG ist dann betroffen, wenn wesentlich Gleiches ungleich bzw. völlig verschiedenartige Sachverhalte gleich behandelt werden und dies zu einer diskriminierenden Belastung des Betroffenen führt.[58] Die Prüfung des Art. 3 Abs. 1 GG setzt immer den **Vergleich zweier Sachverhalte** voraus.

32 Für nicht vergleichbar hielt das BVerfG die Gruppe behinderter Waisen eines Sozialversicherten mit der Gruppe behinderter Waisen eines Beamten und im Krieg Gefallenen, da sie „anderen rechtlichen Ordnungsbereichen angehören und in anderen systematischen und sozialgeschichtlichen Zusammenhängen stehen". Die unterschiedliche Behandlung von behinderten Waisen eines Sozialversicherten, die im Gegensatz zu behinderten Kindern eines verstorbenen Beamten oder Soldaten eine Waisenrente nur bis zum 25. Lebensjahr und nicht darüber hinaus erhielten (§ 44 S. 2 des Angestelltenversicherungsgesetzes i.d.F. des Art. 1 des Angestelltenversicherungs-Neuregelungsgesetzes vom 23.2.1957, des § 7 Nr. 4 des Gesetzes zur Förderung eines freiwilligen sozialen Jahres vom 17.8.1964 und des Art. 3 des Gesetzes zur Änderung sozial- und beamtenrechtlicher Vorschriften über Leistungen für verheiratete Kinder vom 25.1.1971), stellte damit bereits keinen Eingriff in den Schutzbereich des Art. 3 Abs. 1 GG dar.

c) Rechtfertigung

33 Liegen vergleichbare Sachverhalte vor, so stellt sich die Frage nach der Rechtfertigung der Ungleichbehandlung. Eine Ungleichbehandlung ist nach der **älteren Rechtsprechung** des BVerfG verfassungsrechtlich gerechtfertigt, wenn sie **nicht willkürlich** erfolgt. Um der Einstufung als „willkürlich" zu entgehen, ist ein „**sachlicher Grund**" erforderlich.[59] Dies gilt selbstverständlich auch für den Bereich des Sozialversicherungsrechts, denn auch das Sozialstaatsprinzip ermächtigt nicht zu beliebiger Sozialgestaltung.[60]

34 Das BVerfG gesteht dem Gesetzgeber jedoch einen weiten Ermessensspielraum bei einer Ungleichbehandlung zu.[61] Der Spielraum des Gesetzgebers endet nach der Rechtsprechung des BVerfG erst dort, wo die ungleiche Behandlung der geregelten Sachverhalte nicht mehr mit einer am Gerechtigkeitsgedanken orientierten Betrachtungsweise vereinbar ist. Nur die Einhaltung dieser äußersten Grenzen der gesetzgeberischen Freiheit ist vom BVerfG nachzuprüfen.[62] Der Differenzierungsgrund muss sachbezogen und vertretbar erscheinen.[63] Insbesondere stellen auch andere Verfassungsnormen einen zulässigen Differenzierungsgesichtspunkt dar: So rechtfertigt das Sozialstaatsprinzip die Besserbehandlung sozial Schwacher.[64]

---

57 Wollenschläger GG Art. 3 Rn. 216, 217.
58 BVerfG 23.10.1951, BVerfGE 1, 14, 52.
59 BVerfG 15.10.1985, BVerfGE 71, 39, 53.
60 BVerfG 17.5.1961, BVerfGE 12, 354, 367.
61 BVerfG 16.6.1959, BVerfGE 9, 334, 337.
62 BVerfG 16.6.1959, BVerfGE 9, 334, 337.
63 BVerfG 15.10.1985, BVerfGE 71, 39, 58.
64 BVerfG 17.6.1953, BVerfGE 2, 336, 340.

Die **jüngere Rechtsprechung** des BVerfG bemüht sich, mit der sog. **„neuen Formel"** deutlichere Kriterien für die Frage zu gewinnen, wann eine Ungleichbehandlung hinzunehmen ist und wann nicht.[65] Danach ist Art. 3 Abs. 1 GG bereits dann verletzt, wenn eine 35

> „Gruppe von Normadressaten im Vergleich zu anderen Normadressaten anders behandelt wird, obwohl zwischen beiden Gruppen keine Unterschiede von solcher Art und solchem Gewicht bestehen, dass sie die Ungleichbehandlung rechtfertigen könnten."[66]

Auf dieses „verdichtete" Prüfungsprinzip kann jedoch u.a. nur zurückgegriffen werden, wenn eine Verschiedenbehandlung von Personen oder Personengruppen vorliegt. Es ist nicht anwendbar, wenn dieselbe Person in unterschiedlichen Regelungszusammenhängen verschieden behandelt wird. Hier verbleibt es beim Maßstab des allgemeinen Willkürverbots.[67]

Beispiel 1:[68]
In der unterschiedlichen Behandlung von freiwillig Versicherten und Pflichtversicherten muss kein Verstoß gegen Art. 3 Abs. 1 GG liegen. Das BVerfG verneinte einen derartigen Verstoß bei Regelungen, nach denen Selbständige mit ihren freiwilligen Beiträgen zur gesetzlichen Rentenversicherung im Gegensatz zu Pflichtversicherten keinen Anspruch auf vorgezogenes Altersruhegeld und auf Anrechnung von Ausfallzeiten (jetzt Anrechnungszeiten) erwerben können. Sowohl die Konzeption, diese Vergünstigungen nur den als sozial schutzbedürftig eingestuften Pflichtversicherten zukommen zu lassen, als auch die Tatsache, dass die Pflichtversicherten nach Beitragszeit, Beitragsdichte und Beitragshöhe in wesentlich stärkerem Maße zur Versichertengemeinschaft beitragen und dieser Verpflichtung im Gegensatz zu den freiwillig Versicherten nicht ausweichen können, stellt nach Ansicht des BVerfG eine Rechtfertigung für diese Ungleichbehandlung dar.

Beispiel 2:[69]
Eine gesetzliche Konzeption, die nicht erwerbstätigen Personen, die Haushalt oder Familie versorgen, nur die freiwillige Entrichtung von Beiträgen zur Sozialversicherung gestattet, ihre Tätigkeit aber nicht als versicherungspflichtige Beschäftigung in der Sozialversicherung normiert, verstößt nach Auffassung des BVerfG nicht gegen Art. 3 Abs. 1 GG, „da die gesetzliche Rentenversicherung ihrem Ursprung und auch ihrer heutigen Aufgabe nach zuvörderst auf die Sicherung von Arbeitnehmern und arbeitnehmerähnlichen Personen (...) zugeschnitten ist".

Beispiel 3:[70]
Im Bereich der Pflegeversicherung urteilte das BVerfG, dass es mit Art. 3 Abs. 1 GG unvereinbar sei, wenn schutzbedürftige Personen ohne Krankenversicherungsschutz vom Zugang zur gesetzlichen Pflegeversicherung ausgeschlossen würden. Prinzipiell sei die gesetzliche Konzeption, die das Bestehen eines Krankenversicherungsschutzes – sei er gesetzlich oder privat – zur Voraussetzung der Versicherungspflicht in der Pflegeversicherung macht, zwar verfassungsgemäß. Dennoch gebiete es Art. 3 Abs. 1 GG, dass Personen, die diese Voraussetzung nicht erfüllen, zumindest ein Beitrittsrecht zur gesetzlichen Pflegeversicherung zugestanden wird.

65 Ausführlich dazu Sachs/Nußberger Art. 3 GG Rn. 13.
66 BVerfG 7.10.1980, BVerfGE 55, 72, 88.
67 BVerfG a.a.O. 89f.
68 BVerfG 17.10.1973, BVerfGE 36, 102, 113ff.
69 BVerfG 5.5.1986 SozR 5750 Art. 2 § 51a Nr. 64.
70 BVerfG 3.4.2001, BVerfGE 103, 225.

Beispiel 4:[71]
Die Pflegeversicherung war auch Gegenstand einer Verfassungsbeschwerde im Hinblick auf die Beitragslast. Hierbei ging es um die Frage, ob §§ 54ff. SGB XI aF. mit Art. 3 Abs. 1 i.V.m. Art. 6 Abs. 1 GG insofern in Einklang stehen, als Eltern von mehreren Kindern in gleicher Weise zu Beiträgen herangezogen werden, also genauso hohe Beiträge zahlen müssen wie Versicherte mit nur einem Kind. Das BVerfG entschied, dass die von der Kinderzahl unabhängige gleiche Beitragsbelastung von Eltern in der sozialen Pflegeversicherung zu einer verfassungsrechtlich nicht gerechtfertigten Gleichbehandlung von wesentlich Ungleichem führt. Anders entschied es hingegen im Hinblick auf die Beitragslast von Eltern in der gesetzlichen Kranken- und Rentenversicherung, s. hierzu auch § 34 Rn. 4.

2. Spezielle Ausformungen von Art. 3 GG

36 Von den speziellen Ausformungen des Gleichheitssatzes hat insbesondere Art. 3 Abs. 2 GG im Sozialrecht praktische Bedeutung erlangt. Obwohl seine historische Wurzel der Abbau der Benachteiligung der Frau ist, schützt er sowohl Männer als auch Frauen vor einer Benachteiligung wegen des Geschlechts.[72]

a) Art. 3 Abs. 2 und 3 S. 1 GG

aa) Schutzbereich und Beeinträchtigung

37 Der Schutzbereich von Art. 3 Abs. 2 GG ist eröffnet, wenn eine Ungleichbehandlung an das Geschlecht der Betroffenen anknüpft.

38 Eine Grundrechtsbeeinträchtigung liegt dann vor, wenn die an die Geschlechtszugehörigkeit anknüpfende Ungleichbehandlung zu einer Benachteiligung des Grundrechtsinhabers führt. Art. 3 Abs. 2 GG verbietet nicht nur die **offene Ungleichbehandlung** durch eine direkt an das Geschlecht anknüpfende Ungleichbehandlung. Die Vorschrift richtet sich auch gegen die **verdeckte Ungleichbehandlung**. Eine verdeckte Ungleichbehandlung liegt vor, wenn eine staatliche Maßnahme nicht unmittelbar an die Geschlechtszugehörigkeit, sondern an einen Differenzierungspunkt anknüpft, der sich de facto typischerweise zu Lasten eines Geschlechts auswirkt.[73]

bb) Rechtfertigung

39 Im Rahmen des Art. 3 Abs. 1 GG ist eine differenzierende Regelung zulässig, wenn sie durch sachlich einleuchtende Gründe gerechtfertigt ist. Art. 3 Abs. 2 GG spricht verbindlich aus, dass die Geschlechtszugehörigkeit gerade nicht zur Rechtfertigung einer Ungleichbehandlung herangezogen werden darf, also kein zulässiges Differenzierungskriterium darstellt. Art. 3 Abs. 2 GG enthält damit ein **absolutes Differenzierungsverbot**.

40 Eine Differenzierung durch eine an das Geschlecht anknüpfende Ungleichbehandlung ist nur zulässig, „soweit sie zur Lösung von Problemen, die **ihrer Natur nach** nur bei Männern oder Frauen auftreten können, zwingend erforderlich ist".[74] Das betrifft z.B. Sachverhalte wie Schwangerschaft und Geburt. Diese Formel unterwirft die Differenzierung nach biologischen Unterschieden einer strengen Verhältnismäßigkeitsprüfung der Rechtsfolgen, unter Berücksichtigung auch „mittelbarer Auswirkungen" für die Betroffenen.[75]

41 Seine Grundsätze über die Anforderungen an die Ausnahme von dem Differenzierungsverbot hat das BVerfG dahin gehend ergänzt, dass

71 BVerfG 7.4.2022, BVerfGE 161, 163.
72 S. zur Entstehungsgeschichte von Art. 3 Abs. 2 GG Maunz/Dürig/Langenfeld Art. 3 Abs. 2 GG Rn. 1ff.
73 Vgl. BAG 26.5.1993 AP Nr. 42 zu Art. 119 EWG-Vertrag; BVerfG 17.1.1957, BVerfGE 6, 55, 80ff.
74 BVerfG 28.1.1992, BVerfGE 85, 191, 207; BVerfG 24.1.1995, BVerfGE 92, 91, 109.
75 BVerfG 28.1.1992, BVerfGE 85, 191, 209f.; Sachs/Osterloh Art. 3 GG Rn. 269.

> „der Gesetzgeber zu einer Ungleichbehandlung auch dann befugt ist, wenn er einen sozialstaatlich motivierten typisierenden Ausgleich von Nachteilen anordnet, die ihrerseits auch auf biologische Unterschiede zurückgehen. Darin liegt keine Ungleichbehandlung ‚wegen des Geschlechts' (...), sondern eine Maßnahme, die auf eine Kompensation erlittener Nachteile zielt. Bei der Prüfung, ob solche Nachteile entstanden sind, wie lange sie fortwirken und welche Maßnahmen als Ausgleich in Betracht kommen, ist grundsätzlich von der Einschätzung des Gesetzgebers auszugehen."[76]

Auf dieser Grundlage hat das BVerfG es mit Art. 3 Abs. 2 GG für vereinbar erachtet, dass nach alter Rechtslage weibliche Versicherte das Altersruhegeld aus der gesetzlichen Rentenversicherung bereits ab Vollendung des 60. Lebensjahres, männliche Versicherte hingegen in der Regel erst nach Vollendung des 65. Lebensjahres beziehen können. Für Frauen bestünden wegen ihrer erwarteten Stellung als Mutter Nachteile, die auf biologische Umstände zurückzuführen seien. Dazu gehören Ausbildungsdefizite, welche die berufliche Stellung und damit das Arbeitsentgelt sowie ihre Rentenerwartung maßgeblich beeinträchtigen. Weitere Nachteile ergeben sich aus der vielfachen Beschäftigung in unteren Lohngruppen und geringeren Aufstiegschancen im Beruf.[77] Inzwischen gilt das Renteneintrittsalter einheitlich, unabhängig vom Geschlecht. 42

b) Art. 3 Abs. 3 S. 2 GG

Das Benachteiligungsverbot wegen einer Behinderung aus Art. 3 Abs. 3 S. 2 GG findet im Sozialrecht an zahlreichen Stellen seinen Ausdruck und wird insbesondere durch das SGB IX in Form eines Teilhabeanspruchs fortgeführt. Aber auch in den einzelnen Zweigen des Sozialrechts finden sich Regelungen, in denen Menschen mit Behinderung besonders berücksichtigt werden, wie bspw. durch § 90 SGB III. 43

3. Art. 14 GG

a) Schutzbereich

Art. 14 GG gewährleistet das Eigentum. Die Eigentumsfreiheit sichert dem Träger des Grundrechts einen Freiheitsraum im vermögensrechtlichen Bereich.[78] Anerkannt ist, dass der Eigentumsbegriff des Art. 14 GG alle vermögenswerten Rechte des Privatrechts umfasst.[79] Für das Sozialversicherungsrecht interessant ist die Frage, ob auch vermögenswerte **subjektiv-öffentliche** Rechte, wie z.B. Ansprüche oder Anwartschaften auf Sozialversicherungsleistungen unter die Eigentumsgarantie fallen. Praktische Relevanz erhält die Fragestellung für den verfassungsrechtlichen Spielraum des Gesetzgebers, derartige Positionen **durch Sparmaßnahmen zu schmälern oder zu entziehen**. Es war lange Zeit umstritten, ob eine solche Beschränkung an Art. 14 GG oder lediglich an Art. 2 Abs. 1 GG zu messen ist. 44

Das BVerfG vertrat noch bis 1980 die Auffassung, der Schutzbereich des Art. 14 GG sei für die Beschränkung von Sozialleistungen nicht eröffnet, da das Rechtsinstitut des Eigentums nur privatrechtlich ausgeformte Rechtspositionen schütze. Rechtspositionen, die erst durch staatliche Gewährung entstünden, könnten daher nicht von Art. 14 GG erfasst sein.[80] Mit der Entscheidung über die Verfassungsmäßigkeit der Vorschriften über den Versorgungsausgleich, die im Falle der Scheidung eine Aufteilung der während der Ehe erworbenen Rentenanwartschaften vorsehen, änderte sich die Rechtsprechung des BVerfG. Es erkannte erstmals an, dass sich der Eigentumsschutz auch auf öffent- 45

76 BVerfG 28.1.1987, BVerfGE 74, 163, 180.

77 BVerfG 28.1.1987, BVerfGE 74, 163, 181; anders hingegen bei Systemen der betrieblichen Altersvorsorge, s. hierzu EuGH 17.5.1990, Rs. C-262/88 (Barber), NJW 1991, 2204.

78 BVerfG 31.10.1984, BVerfGE 68, 193, 222.

79 Münch/Kunig/Bryde/Wallrabenstein Art. 14 GG Rn. 23.

80 Vgl. BVerfG 7.1.1953, BVerfGE 2, 380.

lich-rechtliche Berechtigungen erstreckt. Dies wurde mit dem Vordringen der staatlichen Daseinsvorsorge in vielen Lebensbereichen begründet. Herkömmliche Eigentumspositionen wie das Sacheigentum seien in ihrer Funktion als Mittel der Existenzsicherung weitgehend durch öffentlich-rechtliche Positionen ersetzt worden, so dass eine Differenzierung zwischen öffentlichen und privaten Rechtspositionen in Bezug auf den Eigentumsschutz durch die gesellschaftliche Entwicklung überholt sei.[81] Das BVerfG bekräftigte seine Auffassung durch die Entscheidungen zu den gesetzlichen Regelungen über die Begrenzung der Bewertung der Ausbildungs-Ausfallzeiten[82] und der Anpassung der Renten.[83]

46 **Voraussetzung** für einen **Eigentumsschutz sozialrechtlicher Positionen** ist demnach eine vermögensrechtliche Position, die nach Art eines Ausschließlichkeitsrechts dem Rechtsträger privatnützig zugeordnet ist, auf **„nicht unerheblichen Eigenleistungen"** – in der Regel Beiträgen – des Versicherten beruht und schließlich nach der objektiven Zielsetzung der Sozialleistung der **Existenzsicherung dienen** muss.[84] Zu den sog. Eigenleistungen gehört auch der Arbeitgeberbeitrag zur Sozialversicherung, da er als Lohnbestandteil des Arbeitnehmers eingeordnet wird.[85] Eine überwiegende oder gar ausschließliche Eigenfinanzierung wird nicht (mehr) gefordert. Der Umfang der Eigenleistung bleibt aber für die weitere Frage wesentlich, inwieweit der Gesetzgeber Inhalt und Schranken dieses Eigentums bestimmen kann. Ansprüche auf Sozialleistungen, die **ausschließlich** auf einseitiger staatlicher Gewährung beruhen und als Ausdruck staatlicher Fürsorge eingeräumt sind – z. B. Grundsicherungsleistungen nach dem SGB XII oder dem SGB II – genießen mangels Eigenleistung nicht den Schutz des Art. 14 GG.[86] Fraglich bleibt, ab wann es sich nicht mehr um „nicht unerhebliche Eigenleistungen" handelt, z. B. in dem System der Künstlersozialversicherung, die in nicht unerheblichem Maße auch von Zuschüssen getragen wird, aber auch insgesamt vor dem Hintergrund steigender Bundeszuschüsse in den Sozialversicherungszweigen.

Beispiel:[87]
Das BVerfG verneinte eine Einbeziehung der Hinterbliebenenrente der gesetzlichen Rentenversicherung in den Schutzbereich von Art. 14 GG. Zum einen sei die Hinterbliebenenversorgung dem Versicherten nicht als Rechtsposition zugeordnet, da sie auch nach Ablauf der Wartezeit und Eintritt des Versicherungsfalles unter der weiteren Voraussetzung stehe, dass der Versicherte zu diesem Zeitpunkt in gültiger Ehe lebe. Er habe also lediglich die Aussicht auf Leistung, die mit der Auflösung der Ehe entfalle. Zum anderen beruhe die Hinterbliebenenversorgung auch nicht auf einer dem Versicherten oder dem Rentenempfänger zurechenbaren Eigenleistung. Die Hinterbliebenenrente werde zwar aus Beiträgen der Versicherten und der Arbeitgeber finanziert, es fehle jedoch ein hinreichender personaler Bezug zwischen der Beitragsleistung des Versicherten und der später an den Hinterbliebenen geleisteten Rente. Vielmehr trügen alle Versicherten gleichermaßen zur Versorgung aller Hinterbliebenen bei.

47 Das BVerfG bejaht seit seiner grundlegenden Entscheidung vom 28.2.1980[88] in ständiger Rechtsprechung den **Eigentumsschutz** für **Ansprüche und Anwartschaften aus der Sozialversicherung**.[89] Ob sich aus der Tatsache, dass Versichertenrenten und Anwartschaften der gesetzlichen Rentenver-

81 BVerfG 28.2.1980, BVerfGE 53, 257.
82 BVerfG 1.7.1981, BVerfGE 58, 81, 109.
83 BVerfG 10.5.1983, BVerfGE 64, 87, 97.
84 BVerfG 16.7.1985, BVerfGE 69, 272, 300.
85 SRH/Papier/Shirvani § 3 Rn. 63.
86 Dementsprechend wurde bei der Prüfung der Verfassungsmäßigkeit der Sanktionen zur Durchsetzung von Mitwirkungspflichten bei AlG II in BVerfG 5.11.2019, NJW 2019, 3703 eine Beeinträchtigung von Art. 14 GG nicht geprüft.
87 BVerfG 18.2.1998, BVerfGE 97, 271.
88 BVerfGE 53, 257.
89 BVerfG 8.4.1987, BVerfGE 75, 78 zu Anwartschaften auf Berufs- und Erwerbsunfähigkeitsrenten; s. dann auch weitergehend BVerfG 12.2.1986, BVerfGE 72, 9 bzgl. der Verdoppelung der Anwartschaftszeiten in der Arbeitslosenversicherung; BVerfG 10.2.1987, BVerfGE 74, 203, 213; BVerfG 15.7.1987, BVerfGE 76, 220 zum Übergangsgeld.

sicherung den Schutz der Eigentumsgarantie genießen, ergibt, dass auch die **Anpassung der Renten** von diesem Schutz erfasst wird, hat das BVerfG bislang offen gelassen.[90]

b) Eingriffe

Eingriffe in den Schutzbereich können als Inhalts- oder Schrankenbestimmung (Art. 14 Abs. 1 S. 2 GG) 48 oder als (Administrativ- bzw. Legal-) Enteignung (Art. 14 Abs. 3 GG) zu qualifizieren sein. **Inhalts- und Schrankenbestimmungen** sind generell-abstrakte Festlegungen von Rechten und Pflichten durch den Gesetzgeber hinsichtlich solcher Rechtsgüter, die Eigentum i.S.d. Grundgesetzes sind.[91] Eine **Enteignung** liegt vor, wenn eine konkrete subjektive Eigentumsposition i.S.d. Art. 14 GG durch einen gezielten hoheitlichen Rechtsakt vollständig oder teilweise zur Erfüllung bestimmter öffentlicher Aufgaben entzogen wird.[92] Verkürzungen sozialrechtlicher Positionen durch den Gesetzgeber sind bis jetzt vom BVerfG regelmäßig als **Inhalts- und Schrankenbestimmungen** qualifiziert worden.

c) Rechtfertigung

aa) Allgemeine Anforderungen

Jede Inhalts- und Schrankenbestimmung, die in bestehende Eigentumspositionen eingreift, muss 49 durch **Gründe des öffentlichen Interesses** legitimiert sein. Sie muss den Gleichheitssatz und den Grundsatz der Verhältnismäßigkeit wahren. Insbesondere darf sie den Betroffenen nicht übermäßig und unzumutbar belasten.[93] Nach Auffassung des BVerfG hat der Gesetzgeber bei der Festlegung von Inhalts- und Schrankenbestimmungen rentenversicherungsrechtlicher Positionen und im Bereich der Arbeitslosenversicherung grundsätzlich weite Gestaltungsmöglichkeiten.[94] In der Rechtsprechung des BVerfG hat sich bis jetzt fast immer das gewichtigere öffentliche Interesse an der Funktions- und Leistungsfähigkeit der sozialen Sicherungssysteme gegenüber der Geltendmachung eines Eingriffs in die Eigentumsfreiheit der Versicherten durchgesetzt. Lediglich die Verdoppelung der Anwartschaftszeiten für den Bezug von Arbeitslosengeld von zuvor 180 auf 360 Kalendertage – auch für Versicherte, die die bisherige Anwartschaftszeit bereits erfüllt hatten – erklärte das BVerfG für unverhältnismäßig.[95] Ebenfalls für unvereinbar mit dem Verhältnismäßigkeitsgrundsatz hielt das BVerfG die Regelung, wonach ein Arbeitsloser seinen Anspruch auf Arbeitslosengeld bei pflichtwidrigen Meldeversäumnissen unabhängig vom Verschuldensgrad und eingetretenem Schaden ausnahmslos verlor.[96]

bb) Besondere Anforderungen

Darüber hinaus hat das BVerfG eine **besondere Rechtfertigungsanforderung** für Eingriffe in sozi- 50 alrechtliche Positionen entwickelt. Danach ist der **Umfang der Eigenleistung** des Versicherten an der Sozialleistung bei der Frage der Rechtfertigungsanforderungen an Inhalts- und Schrankenbestimmungen zu berücksichtigen. Dies führt im Ergebnis zu einem **abgestuften Eigentumsschutz**. Besonders stark geschützt ist der durch Leistungsäquivalenz geprägte Kernbereich der Rentenposition. Aufgrund des starken personalen Bezugs des eigenen Leistungsanteils verlangt das BVerfG in

---

90 Bspw. BVerfG 10.5.1983, BVerfGE 64, 87 mit Anm. Papier, SGb 1984, 407; BVerfG 26.7.2007, JuS 2008, 833 mit Anm. Ruland; s. auch BSG 20.12.2007, BeckRS 2009, 50899.

91 BVerfG 14.7.1981, BVerfGE 58, 137, 144 ff.

92 BVerfG 19.6.1985, BVerfGE 70, 191, 199 f.; Schoch, JURA 1989, 113 ff.

93 BVerfG 19.6.1985, BVerfGE 70, 191, 200; BVerfG 15.7.1987, BVerfGE 76, 220, 238.

94 BVerfG 28.2.1980, BVerfGE 53, 257, 293; BVerfG 10.2.1987, BVerfGE 74, 203, 124.

95 BVerfG 12.2.1986, BVerfGE 72, 9.

96 BVerfG 10.2.1987, BVerfGE 74, 203.

diesen Fällen eine besondere verfassungsrechtliche Rechtfertigung. Als legitimierender Eingriffsgrund kommt demnach nicht jeder Gemeinwohlbelang in Betracht. Die besondere verfassungsrechtliche Rechtfertigung ist aber dann gegeben, wenn die eingreifende Regelung dazu dient, die Funktions- und Leistungsfähigkeit des Systems der gesetzlichen Rentenversicherung im Interesse aller zu erhalten, zu verbessern oder veränderten wirtschaftlichen Bedingungen anzupassen.[97]

d) Vertrauensschutz

51 Der aus dem Rechtsstaatsprinzip abgeleitete **Vertrauensschutz** des Bürgers in die Beständigkeit gesetzgeberischer Aussagen ist bei rückwirkenden Eingriffen in Rechtspositionen, die dem Schutzbereich des Art. 14 GG unterfallen, nicht als Schranke heranzuziehen. Nach der Rechtsprechung des BVerfG hat der Vertrauensschutz für den Bestand vermögensrechtlicher Güter in Art. 14 GG eine eigene verfassungsrechtliche Ausprägung gefunden. Die Eigentumsgarantie erfüllt danach für die durch sie geschützten Rechtspositionen die Funktion des Vertrauensschutzes gegenüber Eingriffsakten.[98]

e) Praktische Konsequenz der Einbeziehung in den Eigentumsschutz

52 Bei näherem Hinsehen zeigt sich, dass aus der stetigen Ausweitung der Einbeziehung sozialversicherungsrechtlicher Positionen in Art. 14 GG durch das BVerfG keine nennenswerten Änderungen in der sachlichen Beurteilung von Eingriffen gegenüber der früheren Rechtsprechung folgen. Jenseits des nach dem BVerfG durch eigene Beitragsleistungen besonders geschützten Kernbestands des Eigentums, wird dem Gesetzgeber ein Eingriffs- und Regelungsspielraum zuerkannt, der den auch ohne den speziellen Schutz des Art. 14 GG geltenden rechtsstaatlichen Grenzen entspricht: Es muss ein Ziel verfolgt werden, das durch Gründe des öffentlichen Interesses gerechtfertigt ist; ferner ist der Verhältnismäßigkeitsgrundsatz zu beachten. Da die Anwendung des Eigentumsschutzes auf Sozialversicherungsleistungen nicht zu deren Unabänderlichkeit führen darf – denn letztlich steht sie unter dem Vorbehalt des finanziell Möglichen – ist dies auch gar nicht anders denkbar. Das BVerfG hat in seiner Rechtsprechung der Tatsache Rechnung getragen, dass die Gesetzgebung in der Lage sein muss, das System der Sozialversicherung veränderten sozialen und wirtschaftlichen Verhältnissen anzupassen, um ihre Leistungsfähigkeit sicherstellen zu können. Die Eigentumsgarantie zielt also nicht auf die Zementierung des Bestehenden, sie sichert keine konkreten Beträge.

53 Der Gesetzgeber bleibt damit grundsätzlich für Strukturreformen frei. Als Ergebnis der Rechtsprechung des BVerfG kann deshalb nur festgehalten werden, dass der Gesetzgeber das Verhältnis von Leistung und Gegenleistung besonders im Auge behalten muss; vom Staat finanzierte Leistungen in der Rentenversicherung – wie z.B. Kindererziehungszeiten – gehören damit zur besonderen Manövriermasse des Sozialrechts. Die verfassungsrechtliche Grenze ist dann erreicht, wenn die Rente ihre Funktion als Freiheits- und Existenzsicherung verliert. Die Erstreckung der Eigentumsgarantie auf sozialrechtliche Positionen besitzt daher mehr Symbolcharakter.

4. Art. 12 Abs. 1 GG

54 Im Sozialrecht hat das Grundrecht der Berufsausübungs- und -wahlfreiheit aus Art. 12 Abs. 1 GG besondere Bedeutung für den Zugang einzelner Berufsgruppen zu den Sozialleistungssystemen erlangt, so bspw. im Vertragsarztrecht. Die Gewährleistungen des Art. 12 Abs. 1 GG spielen also eine große Rolle im **Leistungserbringungsrecht**.

97 BVerfG 1.7.1981, BVerfGE 58, 81, 112 f.; kritisch hierzu Jarass, NZS 1997, 545.
98 BVerfG 15.7.1987, BVerfGE 76, 220, 244.

a) Schutzbereich

Art. 12 Abs. 1 GG schützt als einheitliches Grundrecht die Freiheit des Einzelnen, seine berufliche Tätigkeit frei von staatlicher Reglementierung durchzuführen. Dabei bezieht sich die Freiheit sowohl auf die Wahl als auch auf die Ausübung des Berufes. Das BVerfG verneint die Eröffnung des Schutzbereichs, wenn der Gesetzgeber lediglich formal an eine bestimmte berufliche Tätigkeit belastende sozialrechtliche Folgen anknüpft und die Regelung weder geeignet noch dazu bestimmt ist, auf die Berufswahl oder Berufsausübung Einfluss zu nehmen. 55

Beispiel:[99]
Nach Auffassung des BVerfG berührt die Verpflichtung zur Zahlung der Künstlersozialabgabe nicht das Grundrecht der Vermarkter aus Art. 12 Abs. 1 GG. Die Abgabe steht weder infolge ihrer Gestaltung in einem engen Zusammenhang mit der Ausübung eines Berufs, noch lässt sie eine objektiv berufsregelnde Tendenz erkennen. Der Gesetzgeber beabsichtigt nicht, den Entschluss zur Wahl oder zur Art der Ausübung eines Berufs im Bereich der Vermarktung von Werken der Kunst oder Publizistik durch die Abgabe zu steuern. Nach Ansicht des Gerichts hat sie schon wegen ihrer geringen Höhe objektiv keine berufspolitische Wirkung.[100] Die Künstlersozialabgabe knüpfe lediglich formal an berufliche Tätigkeiten der Vermarktung von Kunst oder Publizistik an, um die ihr zugedachte Funktion der Mitfinanzierung der Sozialversicherung der selbständigen Künstler und Publizisten erfüllen zu können.

b) Eingriffe

Eingriffe kommen im Wesentlichen in Form von **Berufsausübungsregelungen** (z.B. Pflicht der Vertragsärzte zur Verschlüsselung von Krankheitsdiagnosen)[101] oder in Form von **subjektiven oder objektiven Berufswahlregelungen** in Betracht (Altersbegrenzungen, Zulassungsbeschränkungen in der vertragsärztlichen Versorgung, s.u.). Die Qualifizierung des Eingriffs ist von entscheidender Bedeutung für die speziellen Rechtfertigungsanforderungen, denen die jeweilige Regelung genügen muss.[102] Wird in die Art und Weise der Tätigkeit eingegriffen, sind die Anforderungen geringer als wenn das „Ob" der beruflichen Betätigung, also die Berufswahl betroffen ist. Bei der Qualifizierung des Eingriffs ist nicht nur eine formale Einordnung vorzunehmen, es ist auch die materielle Eingriffstiefe der Regelung zu berücksichtigen. Dies veranschaulichen z.B. die Kassenarzt-Entscheidungen des BVerfG, die im Sozialrecht zu Art. 12 GG ergangen sind: 56

Beispiel 1:[103]
Die gesetzliche Krankenversicherung beruht grundsätzlich auf dem Sachleistungsprinzip, d.h. auf der Gewährung freier ärztlicher Behandlung und kostenloser Arzneimittel (siehe unter § 17 Rn. 22). Das bedeutet, dass die Krankenkassen ihren Mitgliedern die erforderliche Zahl von sog. „Kassenärzten" (nunmehr „Vertragsärzten", §§ 72ff. SGB V) zur Verfügung stellen müssen. Seinerzeit haben die Krankenkassen die Zulassung zur Kassenarztpraxis von einer Verhältniszahl abhängig gemacht: Die Zahl der zuzulassenden Kassenärzte wurde in Abhängigkeit zu der Zahl der Mitglieder der Krankenkassen gebracht.

Diese Regelung ordnete das BVerfG grundsätzlich als **Berufsausübungsregelung** i.S.v. Art. 12 Abs. 1 GG ein: Die Kassenarztzulassung sei nicht die Zulassung zu dem besonderen Beruf „Kassenarzt", sondern stelle eine Ausübungsregelung innerhalb des Berufs „frei praktizierender Arzt" dar. Da aber ein frei praktizierender Arzt in aller Regel seinen Beruf ohne Kassenzulassung wirtschaftlich gesehen nicht erfolgreich ausüben kann, weil der Großteil der Bevölkerung in der gesetzlichen Krankenversicherung versichert ist, stufte das BVerfG die Regelung **wegen ihrer tatsächlichen Auswirkungen** als „objektive Zulassungsvoraussetzung" ein. Genauso entschied das BVerfG in seinem Facharztbeschluss.[104]

---

99 BVerfG 8.4.1987, BVerfGE 75, 108; s. zu Art. 12 Abs. 1 GG auch das sog. Festbetragsurteil BVerfG 17.12.2002 SozR 3-5200 § 35 Nr. 2.
100 Vgl. auch BVerfG 5.3.1974, BVerfGE 37, 1, 17f.
101 BVerfG 10.4.2000 SozR 3-2500 § 295 Nr. 2.
102 Sog. Dreistufentheorie; dazu Sachs/Mann Art. 12 GG Rn. 125.
103 BVerfG 23.3.1960, BVerfGE 11, 30.
104 BVerfG 9.5.1972, BVerfGE 33, 125, 161.

Beispiel 2:[105]
Anders beurteilte das BVerfG den **Ausschluss der Heilpraktiker** von der Kassenzulassung. Zwar würde die Kassenzulassung den Heilpraktikern zusätzliche berufliche Möglichkeiten eröffnen. Diese Möglichkeiten hätten aber wegen der Tradition und des Selbstverständnisses dieses Berufsstandes bei weitem nicht dieselbe Bedeutung wie bei den Ärzten. Gerade weil die Heilpraktiker herkömmlicherweise und im Bewusstsein ihrer Patienten außerhalb der kassenärztlichen Versorgung tätig werden, seien sie nicht in gleichem Maße wie die Ärzte auf eine Kassenzulassung angewiesen. Es liege eine Beschränkung der Berufsfreiheit auf der Stufe der Berufsausübung vor. Sie wurde vom BVerfG als verhältnismäßig angesehen, da die Ausbildung zum Heilpraktiker keine ausreichende Gewähr für Heilerfolge biete, wie sie ein öffentlicher Leistungsträger erwarten müsse.

c) Rechtfertigung

57 Zur Beurteilung der Frage, ob ein Eingriff in Art. 12 Abs. 1 GG als gerechtfertigt anzusehen ist, hat das BVerfG die sog. **Dreistufentheorie** entwickelt. Danach ist eine Berufsausübungsregelung zulässig, sofern vernünftige Erwägungen des Gemeinwohls diese als zweckmäßig erscheinen lassen.[106] Subjektive Berufswahlregelungen – also solche, die eine Berufsaufnahme an das Vorliegen persönlicher Eigenschaften, Fähigkeiten oder Leistungsnachweise knüpfen – sind gerechtfertigt, wenn sie zum Schutze besonders wichtiger Gemeinschaftsgüter, die der Freiheit des Einzelnen vorgehen, geboten sind.[107] An die Rechtfertigung objektiver Zulassungsregelungen sind besondere Anforderungen zu stellen. Sie sind nur durch die Abwehr nachweisbarer oder höchstwahrscheinlicher Gefahren für ein überragend wichtiges Gemeinschaftsgut zu rechtfertigen.[108]

Beispiel:[109]
Die als **objektive Zulassungsbeschränkung** eingestufte Regelung, die die Zulassung der Ärzte zur Kasse von einer Verhältniszahl abhängig machte, wurde vom BVerfG als unzulässig eingestuft. Der Gesetzgeber hatte vorgetragen, bei unbeschränkter Zulassung würden sich die Ärzte in größeren Städten zusammendrängen und insbesondere die ärztliche Versorgung der Landbevölkerung sei dann nicht mehr gewährleistet. Ferner käme es insgesamt zu einem unkontrollierbaren Überangebot von ärztlichen Leistungen mit der zwangsläufigen Folge eines scharfen wirtschaftlichen Konkurrenzkampfes. Dies würde zu einer wirtschaftlichen Notlage der Kassenärzte führen, die nur durch die Anhebung ihrer Vergütung beseitigt werden könne. Dadurch entstünde eine den Bestand der gesetzlichen Krankenversicherung gefährdende, unkontrollierbare Mehrbelastung. Im Jahre 1960 konnte sich das BVerfG jedoch nicht davon überzeugen, dass diese Gefahren in dem befürchteten Umfang bestehen.

Am 1.1.1999 hat der Gesetzgeber erneut die Zulassung nach Verhältniszahlen eingeführt. Er erachtete die Annahme des BVerfG für empirisch widerlegt, dass eine steigende Zahl von Ärzten keinen Einfluss auf die Ausgabenhöhe der gesetzlichen Krankenversicherung haben werde. Anders als zur Zeit des Kassenarzt-Urteils vom 23.3.1960 bestehe mittlerweile eine Gefahr für die Beitragsstabilität, die Finanzierbarkeit und damit auch für den Erhalt der Krankenkassen (sog. anbieterinduzierte Nachfrage),[110] die nur durch eine Bedarfszulassungsregelung abgewendet werden könne.[111]

58 Mehrfach musste sich das BSG auch mit den in der vertragsärztlichen Versorgung geltenden **Altersgrenzen** auseinandersetzen (z.B. Höchstaltersgrenze für die Ausübung der vertragsärztlichen Tätigkeit von 68 Jahren nach § 95 Abs. 7 S. 3 SGB V a.F.).[112] Das Gericht hat die Altersbegrenzung im Hinblick auf den Schutz der Patienten vor Gesundheitsgefahren durch nicht mehr leistungsfähige Ärzte

105 BVerfG 10.5.1988, BVerfGE 78, 155, 161.
106 BVerfG 11.2.1992, BVerfGE 85, 248, 259; BVerfG 12.5.1995, BVerfGE 93, 362, 369.
107 BVerfG 25.2.1969, BVerfGE 25, 236, 247; BVerfG 10.5.1988, BVerfGE 78, 179, 192.
108 BVerfG 24.4.1991, BVerfGE 84, 133, 151.
109 BVerfG 23.3.1960, BVerfGE 11, 30, 45 und BVerfG 8.2.1961, BVerfGE 12, 144,148.
110 Vgl. BSG 24.11.1993 SozR 3-5520 § 25 Nr. 1.
111 BT-Drs. 12/3608 S. 96 ff.; Zipperer, NZS 1993, 53, 65.
112 BSG 25.11.1998 SozR 3-2500 § 95 Nr. 18; kritisch wegen unionsrechtlicher Vorgaben z.B. Boecken, NZS 2005, 393; zusammenfassend zu den Altersgrenzen Becker/Kingreen/Joussen § 95 SGB V Rn. 27 f.

und insbesondere im Hinblick auf die Sicherung der Finanzierbarkeit der gesetzlichen Krankenversicherung mit Art. 12 GG vereinbar erklärt. Dabei betonte das BSG die Gestaltungsfreiheit und den **Einschätzungs- und Prognosevorrang** des Gesetzgebers bei der Bewertung von Gefahren für die Allgemeinheit und bei der Bewertung der Geeignetheit und Erforderlichkeit der Mittel, um diese Gefahren abzuwenden.[113] In einem gewissen Kontrast zu dieser Begründung steht der Umstand, dass der Gesetzgeber wegen bestehender Versorgungsengpässe vor allem in ländlichen Regionen mit Wirkung vom 1.10.2008[114] die Altersgrenze für Vertragsärzte (§ 95 Abs. 7 S. 3 SGB V a.F.) hat entfallen lassen. Sogar Ärzte, die ihre Praxis bereits an einen Nachfolger übergeben haben, können bei dem Zulassungsausschuss einen Antrag auf erneute Zulassung stellen.

5. Art. 6 GG

Mehrfach musste sich das BVerfG mit der Vereinbarkeit sozialrechtlicher Bestimmungen mit Art. 6 GG befassen. In den meisten Fällen wurde Art. 6 GG nicht deshalb als verletzt angesehen, weil keine Leistungen vorgesehen waren, sondern weil in der Verteilung ein zugleich Art. 6 GG verletzender Gleichheitsverstoß lag. In der Regel misst das BVerfG derartige Regelungen an Art. 3 i.V.m. Art. 6 GG, manchmal wurde aber auch nur Art. 6 GG herangezogen. Art. 6 GG enthält **mehrere selbständige Grundrechte**: Art. 6 Abs. 1 GG (Ehe und Familie), Art. 6 Abs. 2 und 3 GG (Elternrecht), Art. 6 Abs. 4 GG (Mutterschutz), Art. 6 Abs. 5 GG (Gleichheitsrecht der nichtehelichen Kinder). 59

a) Art. 6 Abs. 1 GG

aa) Verfassungsrechtliche Gewährleistung

Die verfassungsrechtliche Gewährleistung von Ehe und Familie durch Art. 6 Abs. 1 GG umfasst drei Elemente. Neben einer **Institutsgarantie** für Ehe und Familie enthält Art. 6 Abs. 1 GG ein Grundrecht zum Schutz vor staatlichen Eingriffen (**Abwehrrecht**) sowie darüber hinaus eine für das gesamte Ehe- und Familienrecht **wertentscheidende Grundsatznorm**.[115] Aus der Funktion des Art. 6 Abs. 1 GG als wertentscheidender Grundsatznorm folgt, dass sämtliche gesetzlichen Regelungen, die Ehe und Familie betreffen, in besonders hohem Maße der Grundentscheidung der Verfassung zugunsten von Ehe und Familie Rechnung tragen müssen. Dem Staat fällt daher auch die Aufgabe zu, Ehe und Familie vor Beeinträchtigungen Dritter zu schützen und durch eigene Maßnahmen u.a. wirtschaftlich zu fördern.[116] Der Staat ist allerdings nicht gehalten, jegliche die Familie treffende Belastung auszugleichen. Demgemäß lässt sich aus der Wertentscheidung des Art. 6 Abs. 1 GG zwar die allgemeine Pflicht des Staates zu einem **Familienlastenausgleich** entnehmen. Über den Umfang und die Art und Weise enthält er aber keine Entscheidung. Insoweit besteht grundsätzlich Gestaltungsfreiheit des Gesetzgebers.[117] 60

Die Frage, ob ein Familienlastenausgleich einzuführen ist, kann sich sowohl auf der Leistungsseite als auch auf der Beitragsseite stellen. Ein Familienlastenausgleich auf der **Leistungsseite** ist bspw. die Berücksichtigung von Kindererziehungszeiten in der Gesetzlichen Rentenversicherung (s. § 49 Rn. 277ff.).[118] 61

Für die Berücksichtigung auf der **Beitragsseite** hat das BVerfG in seinen Entscheidungen zur **Beitragsbemessung** in der **sozialen Pflegeversicherung** vom 3.4.2001 und 7.4.2022 neue Maßstäbe 62

---

113 BSG 24.11.1993 SozR 3-5520 § 25 Nr. 1 zur früheren Altersgrenze von 55 Jahren für eine Erstzulassung; s. aber auch BVerfG 20.3.2001, NJW 2001, 1779.

114 GKV-OrgWG vom 15.12.2008 BGBl. I S. 2426, 2427.

115 BVerfG 4.5.1971, BVerfGE 31, 58, 67.

116 BVerfG 17.1.1957, BVerfGE 6, 55, 75.

117 BVerfG 7.7.1992, BVerfGE 87, 1, 36; s. hierzu auch BSG 30.9.2015, NZS 2016, 391, 392.

118 S. hierzu grundlegend BVerfG 7.7.1992, BVerfGE 87, 1ff.

gesetzt.[119] Das Gericht stellte in seiner ersten Entscheidung fest, dass eine dem Schutz der Familie widersprechende Ungleichbehandlung darin liegt, dass Mitglieder der sozialen Pflegeversicherung, die Kinder betreuen und erziehen und damit neben dem Geldbeitrag einen generativen Beitrag zur Funktionsfähigkeit eines umlagefinanzierten Sozialversicherungssystems leisten, mit einem gleich hohen Pflegeversicherungsbeitrag wie Mitglieder ohne Kinder belastet werden. Das BVerfG verlangte in dem Pflegeversicherungsurteil vom Gesetzgeber ausdrücklich Veränderungen zugunsten kindererziehender Mitglieder auf der Beitragsseite. Dem kam der Gesetzgeber nach und differenzierte bei der Beitragslast zwischen Versicherten mit Kindern (unabhängig von der Anzahl der Kinder) und kinderlosen Versicherten. In der zweiten Entscheidung aus dem Jahr 2022 ging es dann um die (Folge)Frage, ob diese Regelungen, die für alle Versicherten mit Kindern dieselbe Beitragshöhe vorsahen und nicht anhand der Anzahl der Kinder differenzierten, gegen Art. 3 Abs. 1 i.V.m. Art. 6 Abs. 1 GG verstoßen. Das BVerfG kam zu dem Ergebnis, dass die von der Kinderzahl unabhängige gleiche Beitragsbelastung von Eltern zu einer verfassungsrechtlich nicht gerechtfertigten Gleichbehandlung von wesentlich Ungleichem führt. Hierbei wird ua. auf den wirtschaftlichen Aufwand der Kindererziehung (Realaufwand) und die erziehungsbedingt entgangenen Erwerbs- und Versorgungschancen (Opportunitätskosten) verwiesen. Auf das Argument des generativen Beitrags, das in der Entscheidung vom 3.4.2001 maßgeblich war, wurde in dieser Entscheidung interessanterweise nicht mehr zurückgegriffen.[120]

63 Für die gesetzliche Renten- und Krankenversicherung fordert das BVerfG in seiner Entscheidung vom 7.4.2022 hingegen keine Differenzierung bei der Beitragslast zwischen Versicherten mit und ohne Kinder bzw. nach Anzahl der Kinder. In diesen Versicherungszweigen erkennt das Gericht bereits genügend Mechanismen (Familienlastenausgleiche), die der Mehrbelastung durch Kinder Rechnung tragen.[121]

bb) Schutzbereich

64 Dem Begriff der **Ehe** i. S. d. Art. 6 Abs. 1 GG entspricht eine grundsätzlich auf lebenslange Verbindung abzielende Lebensgemeinschaft. Bislang setzen das BVerfG und die wohl überwiegende verfassungsrechtliche Literatur voraus, dass eine Ehe i. S. v. Art. 6 GG zwischen Mann und Frau begründet wird.[122] Ob bzw. wie die Öffnung der Ehe auf einfachgesetzlicher Ebene auch für Personen gleichen Geschlechts seit 2017[123] im Rahmen von Art. 6 GG, also auf verfassungsrechtlicher Ebene, Bedeutung erlangt, bleibt abzuwarten.[124] Nach dem BVerfG unterliegen auch Ehen, die nach deutschem Recht unwirksam geschlossen sind, aber den Anforderungen ausländischer Rechtsordnung gerecht werden (sog. „hinkende Ehe"), dem Schutz des Art. 6 Abs. 1 GG. Der Schutzbereich erfasst hingegen nicht Formen des Zusammenlebens unverheirateter Personen.[125] Die **Familie** i. S. d. Art. 6 GG ist die Gemeinschaft der Eltern mit ihren Kindern.[126]

119 BVerfG 3.4.2001 SozR 3-3300 § 54 Nr. 2; BVerfG 7.4.2022, BVerfGE 161, 163.

120 S. auch die insgesamt kritische Anmerkung von Becker, NJW 2022, 2153 f.; Greiner, NZS 2024, 361 ff.

121 BVerfG 7.4.2022, BVerfGE 161, 163, 284 ff.; in dem Sinne bereits zuvor BSG 30.9.2015, NZS 2016, 391 ff.

122 BVerfG 24.3.1981, BVerfGE 56, 363, 386; BVerfG 7.5.2013, NJW 2013, 2257; s. im Einzelnen BeckOK-GG/Uhle Art. 6 GG Rn. 4 m.w.N.

123 Eingeführt durch das Gesetz zur Einführung des Rechts auf Eheschließung für Personen gleichen Geschlechts vom 20.7.2017, BGBl. I S. 2787.

124 S. hierzu z.B. Blome, NVwZ 2017, 1658 ff.; Schmidt, NJW 2017, 2225 ff.

125 Maunz/Dürig/Badura Art. 6 GG Rn. 42 ff.

126 BVerfG 29.7.1959, BVerfGE 10, 59, 61; BVerfG 31.5.1978, BVerfGE 48, 327, 339.

cc) Verfassungsmäßigkeit von Eingriffen

Art. 6 Abs. 1 GG setzt der Freiheit des Gesetzgebers, welche Sachverhalte er gleich und welche er ungleich behandelt, Grenzen.[127] Art. 6 Abs. 1 GG verbietet eine Diskriminierung der Ehe gegenüber anderen Lebensgemeinschaften,[128] insbesondere ist es dem Gesetzgeber untersagt, Verheiratete gegenüber Nichtverheirateten bei der Gewährung rechtlicher Vorteile zu benachteiligen. Eine punktuelle Benachteiligung ist allerdings hinzunehmen, wenn die gesetzliche Regelung im Ganzen betrachtet keine Schlechterstellung von Eheleuten bewirkt. 65

Beispiel:[129]
§ 10 SGB V regelt die Familienversicherung. Absatz 3 dieser Regelung benachteiligt verheiratete Paare insofern, als er Kinder verheirateter Eltern aus der beitragsfreien Familienversicherung ausschließt, wenn ein Elternteil nicht Mitglied einer gesetzlichen Krankenkasse ist und sein Verdienst eine gewisse Höhe überschreitet. In einer nichtehelichen Lebensgemeinschaft steht es der beitragsfreien Mitversicherung des Kindes indes nicht entgegen, wenn das Gesamteinkommen desjenigen Elternteils, der nicht Mitglied der gesetzlichen Krankenversicherung ist, die Einkommensgrenze des § 10 Abs. 3 SGB V überschreitet. Das BVerfG sieht in der Regelung dennoch keinen Verstoß gegen Art. 6 GG i. V. m. Art. 3 GG, da verheiratete Paare zum einen insgesamt gesehen durch die Möglichkeit der beitragsfreien Mitversicherung des Ehegatten von der Regelung des § 10 SGB V profitieren. Zum anderen ist für den Krankenversicherungsschutz eines Kindes außerhalb der Familienversicherung in einer Ehe aufgrund der damit begründeten wechselseitigen Verpflichtungen wirksamer, als in einer nichtehelichen Lebensgemeinschaft vorgesorgt.

b) Art. 6 Abs. 4 GG

Art. 6 Abs. 4 GG gewährleistet den Müttern **ein echtes Grundrecht** mit sozialem Gehalt. Daneben ist er Ausdruck einer verfassungsrechtlichen Wertentscheidung. Das Schutzgebot zielt in erster Linie darauf ab, wirtschaftliche Belastungen auszugleichen, die durch die Schwangerschaft und Mutterschaft entstehen. Der Gesetzgeber ist allerdings nicht gehalten, jede mit der Mutterschaft zusammenhängende wirtschaftliche Belastung auszugleichen. Das BVerfG hielt es deshalb noch mit Art. 6 Abs. 4 GG vereinbar, dass der Gesetzgeber bei der generellen Verlängerung der Rahmenfrist die früher geltende Berücksichtigung der Mutterschutzzeit bei der Berechnung der Anwartschaftszeit für den Bezug von Arbeitslosengeld fortfallen ließ (vgl. § 124 SGB III a. F.).[130] 66

6. Art. 2 Abs. 2 GG

a) Schutzbereich

Art. 2 Abs. 2 GG schützt das Leben sowie die körperliche Unversehrtheit und berührt damit notwendigerweise den Versicherungszweig der gesetzlichen Krankenversicherung. Dieses soziale Sicherungssystem gegen das Krankheitsrisiko ist Folge des staatlichen Schutzauftrages vor sämtlichen gesundheitlichen Beeinträchtigungen. Eine zentrale Frage ist, ob sich aus dem originär klassischen Abwehrrecht des Art. 2 Abs. 2 GG im Hinblick auf bestimmte Leistungen der Krankenversicherung auch Teilhaberechte ableiten lassen. Bezogen auf die stetig voranschreitenden medizinischen Heilungsmöglichkeiten und verbunden mit der Anspruchshaltung der Versicherten sind Konflikte mit dem Wirtschaftlichkeitsgebot des § 12 SGB V vorprogrammiert. 67

---

127 Vgl. BVerfG 3.4.2001 SozR 3-3300 § 54 Nr. 2.

128 Vgl. BVerfG 12.3.1985, BVerfGE 69, 188, 205 f.; BVerfG 16.6.1987, BVerfGE 75, 382, 393.

129 BVerfG 12.2. 2003 SozR 4-2500 § 10 Nr. 1.

130 BVerfG 10.2.1982, BVerfGE 60, 68.

b) Art. 2 Abs. 2 GG als Teilhaberecht

68 Zwar folgt regelmäßig aus keinem Grundrecht ein verfassungsrechtlicher Anspruch gegen die Krankenkassen auf Bereitstellung bestimmter und insbesondere spezieller Gesundheitsleistungen.[131] Die Gestaltung des Leistungsrechts der gesetzlichen Krankenversicherung hat sich jedoch an der objektiv-rechtlichen Pflicht des Staates zu orientieren und sich schützend und fördernd vor die Rechtsgüter des Art. 2 Abs. 2 S. 1 GG zu stellen.[132] Insofern können diese Grundrechte in besonders gelagerten Fällen die Gerichte zu einer grundrechtsorientierten Auslegung der Vorschriften des Krankenversicherungsrechts verpflichten.

69 In einem solchen besonderen Fall beschloss das BVerfG im sog. „Nikolausbeschluss" am 6.12.2005,[133] dass sich der Leistungsanspruch gesetzlicher Versicherter in Ausnahmefällen auch auf Behandlungen erstreckt, die vom Gemeinsamen Bundesausschuss nicht als Katalogleistungen nach § 11 SGB V vorgesehen sind. Hierfür hat das BVerfG indessen enge Voraussetzungen aufgestellt, die den Ausnahmecharakter derartiger Leistungsfälle verdeutlichen. Einmal muss es sich um eine lebensbedrohliche, regelmäßig tödliche Erkrankung handeln, für deren Behandlung augenblicklich keine wissenschaftlich-medizinisch etablierte Lösung gefunden worden ist. Ferner muss für die begehrte Leistung nach gewissenhafter ärztlicher Einschätzung Aussicht auf einen nicht ganz entfernt liegenden Heilungserfolg oder auch nur auf eine spürbare positive Einwirkung auf den Krankheitsverlauf im konkreten Einzelfall bestehen. Zum Einfluss des Art. 2 Abs. 2 GG auf die Leistungsgewährung nach dem SGB V führt das BVerfG aus, dass die **grundrechtsorientierte Auslegung**

> „insbesondere in Fällen der Behandlung einer lebensbedrohlichen oder regelmäßig tödlichen Erkrankung gilt. Denn das Leben stellt einen Höchstwert innerhalb der grundgesetzlichen Ordnung dar. Behördliche und gerichtliche Verfahren müssen dieser Bedeutung und der im Grundrecht auf Leben enthaltenen grundlegenden objektiven Wertentscheidung gerecht werden und sie bei der Auslegung und Anwendung der maßgeblichen Vorschriften des Krankenversicherungsrechts berücksichtigen. [...] Die angegriffene Auslegung der leistungsrechtlichen Vorschriften des SGB V durch das Bundessozialgericht ist in der extremen Situation einer krankheitsbedingten Lebensgefahr auch nicht mit der Schutzpflicht des Staates für das Leben aus Art. 2 Abs. 2 Satz 1 GG zu vereinbaren. Übernimmt der Staat mit dem System der gesetzlichen Krankenversicherung Verantwortung für Leben und körperliche Unversehrtheit der Versicherten, so gehört die Vorsorge in Fällen einer lebensbedrohlichen oder regelmäßig tödlichen Erkrankung unter den genannten Voraussetzungen zum Kernbereich der Leistungspflicht und der von Art. 2 Abs. 2 S. 1 GG geforderten Mindestversorgung."[134]

70 Der Gesetzgeber hat inzwischen reagiert und mit dem GKV-Versorgungsstrukturgesetz § 2 Abs. 1a SGB V eingefügt.[135] Das BVerfG hat seinerseits seine Rechtsprechung v.a. im Bereich des sog. „Off Label Use" seither weiter konkretisiert.[136]

7. Art. 2 Abs. 1 GG

a) Schutzbereich

71 Art. 2 Abs. 1 GG schützt die menschliche Handlungsfreiheit in einem umfassenden Sinn. Nach der in der Elfes-Entscheidung begründeten ständigen Rspr. des BVerfG kann jedes **belastende Gesetz** einen Eingriff in die allgemeine Handlungsfreiheit darstellen. Art. 2 Abs. 1 GG ist subsidiär und kommt damit nur dann zur Anwendung, wenn staatliche Maßnahmen kein spezielleres Freiheitsrecht wie etwa Art. 14 oder Art. 12 GG berühren.[137] Sozialversicherungsrechtlich bedeutsam wird Art. 2 Abs. 1

131 Vgl. BVerfG 5.3.1997 NJW 1997, 3085.
132 Vgl. BVerfG 17.12.2002 NJW 2003, 1236, 1237.
133 BVerfGE 115, 25, 45.
134 BVerfGE 115, 25.
135 BGBl. I S. 2983.
136 S. BVerfG 10.11.2015, NJW 2016, 1505; BVerfG 11.4.2017, NJW 2017, 2096; Bockholdt, NZS 2017, 569.
137 BVerfG 16.1.1957, BVerfGE 6, 32, 37.

GG für den Schutz gegen **Zwangsmitgliedschaften** und für den Schutz vor der Belastung mit **öffentlich-rechtlichen Beitragspflichten**.

72 Der Schutzbereich von Art. 2 Abs. 1 GG ist eröffnet, wenn durch ein Gesetz die Zwangsmitgliedschaft in einer öffentlich-rechtlichen Körperschaft begründet wird. Die „negative Vereinigungsfreiheit", also die Freiheit sich einer Vereinigung zu verweigern, wird zwar auch von Art. 9 Abs. 1 GG geschützt. Art. 9 Abs. 1 GG bezieht sich nach h.M. jedoch nur auf privatrechtliche Vereinigungen.[138] Art. 2 Abs. 1 GG und nicht Art. 14 GG ist berührt, wenn dem Bürger durch Gesetz öffentlich-rechtliche Geldleistungspflichten – insbesondere **Beitragspflichten zur Sozialversicherung** – auferlegt werden.

b) Rechtfertigung eines Eingriffs

73 Das Grundrecht der allgemeinen Handlungsfreiheit steht unter dem Vorbehalt der „verfassungsmäßigen Ordnung". Ein Eingriff in Art. 2 Abs. 1 GG ist deshalb gerechtfertigt, wenn die belastende Maßnahme **formell und materiell verfassungsgemäß** ist, wenn sie also insbesondere dem Verhältnismäßigkeitsgrundsatz genügt.[139]

74 Für die **Rechtfertigung einer Zwangsmitgliedschaft** fordert das BVerfG generell, dass der öffentlich-rechtliche Zwangsverband **legitime öffentliche Aufgaben** erfüllt.[140] Eine Ausdehnung der Pflichtversicherung auf weitere Personenkreise hat das Gericht im Hinblick auf Art. 2 Abs. 1 GG nicht beanstandet:
- Ausdehnung der Arbeitslosenversicherungspflicht von Seeleuten,[141]
- Aufhebung der Jahresarbeitsverdienstgrenze in der Rentenversicherung,[142]
- Einbeziehung von Taxiunternehmern in die gesetzliche Unfallversicherung,[143]
- Schaffung einer privaten Pflege-Pflichtversicherung,[144]
- Einbeziehung selbständiger Lehrer (§ 2 Abs. 1 S. 1 SGB VI) in die Rentenversicherungspflicht.[145]

Soweit es um die Belastung mit öffentlich-rechtlichen Zahlungsverpflichtungen geht, hat das BVerfG eine Rechtfertigung regelmäßig bejaht, wenn dem Betroffenen bei verhältnismäßiger Abgabenbelastung ein angemessener Spielraum verbleibt, sich wirtschaftlich frei zu entfalten.[146]

c) Das Problem der sogenannten „versicherungsfremden Leistungen"

75 In der Diskussion um die **Finanzierung der Sozialversicherungssysteme** und hier insbesondere in der Rentenversicherung taucht immer wieder die Forderung auf, **„versicherungsfremde" Leistungen** aus der Sozialversicherung auszugliedern bzw. auf den Prüfstand zu stellen. Das BSG definiert versicherungsfremde Leistungen als

> „Leistungen und Teile davon, denen keine entsprechenden Beiträge gegenüberstehen, ferner Leistungen, die vorzeitig bewilligt oder günstig berechnet werden."[147] Als **Beispiele** werden die Höherbewertung von Ausbildungszeiten, die Kriegsfolge- und Wiedergutmachungslasten, Renten, soweit sie auf Zeiten ohne Beitragsentrichtung wie Anrechnungszeiten oder Kindererziehungszeiten beruhen, Kindererziehungsleistungen oder auch Leistungen, die

138 BVerfG 29.7.1959, BVerfGE 10, 89, 102; BVerfG 7.12.2001 NVwZ 2002, 335 mit Anm. Sachs, JuS 2002, 495f.
139 St.Rspr. BVerfG 16.1.1957, BVerfGE 6, 32.
140 BVerfG 29.7.1959, BVerfGE 10, 89, 102.
141 BVerfG 27.5.1964, BVerfGE 18, 38, 45.
142 BVerfG 14.10.1970, BVerfGE 29, 221.
143 BVerfG 30.7.1985 SozR 2200 § 543 Nr. 6.
144 BVerfG 3.4.2001 SozR 3-1100 Art 74 Nr. 4.
145 BVerfG 26.6.2007 SGb 2008, 476 mit Anm. Temming.
146 BVerfG 8.4.1987 SozR 5425 § 1 Nr. 1.
147 BSG 29.1.1998, NZS 1998, 482f.

im Zusammenhang mit der deutschen Einheit stehen (z.B. Leistungen nach dem Übergangsrecht für Renten nach den Vorschriften des Beitrittsgebietes), genannt.

76 Eine weite Definition der versicherungsfremden Leistungen ist insofern nicht unproblematisch, als mit ihr auch Elemente des sozialen Ausgleichs als versicherungsfremd eingeordnet werden, obwohl die soziale Umverteilung gerade Charakteristikum der Sozialversicherung ist.[148] Der **Begriff** ist dementsprechend seit jeher **umstritten.**[149] In **verfassungsrechtlicher Hinsicht** haben die versicherungsfremden Leistungen Zweifel aufgeworfen, weil die Beitragszahler durch die Einbeziehung dieser Leistungen in die Sozialversicherungssysteme augenscheinlich mit Kosten belastet werden, die eigentlich in die gesamtgesellschaftliche Verantwortung fallen und daher mangels spezifischer Verantwortung nicht von der Versichertengemeinschaft zu tragen wären, sondern von der Gesamtheit aller Steuerzahler.

77 Das **BSG** wählt als Prüfungsmaßstab Art. 2 Abs. 1 GG. Die Belastung der Beitragszahler mit höheren Beiträgen aufgrund versicherungsfremder Leistungen ist demnach gerechtfertigt, wenn sie durch ein formell und materiell verfassungsgemäßes Gesetz erfolgt. Das BSG führt dazu aus:

> „(...) wenn der Gesetzgeber die Kompetenz hat, die Sozialversicherung zu regeln und Beiträge zu erheben, (...) [ist] er damit auch befugt, die Beitragszahler in der Sozialversicherung anders als die Mitglieder der Gesamtgesellschaft zu behandeln. Für einen weitergehenden Vergleich der Belastung dieser beiden Gruppen ist Art. 3 Abs. 1 GG kein Maßstab."[150]

Das BSG sieht die **Rechtfertigung** für die erhöhte Abgabenlast der Versicherten im Vergleich mit der Gesamtbevölkerung in dem Kompetenztitel des Art. 74 Abs. 1 Nr. 12 GG. Mit der Übertragung der Kompetenz für die Aufgaben der Sozialversicherung sei der Gesetzgeber auch befugt, die Finanzierung dieser Aufgaben, also die Beitragserhebung, zu regeln (zum weit gefassten verfassungsrechtlichen Gattungsbegriff der Sozialversicherung siehe unter § 8 Rn. 2). Art. 74 Abs. 1 Nr. 12 GG setze lediglich formale Schranken, grenze aber nicht etwa danach ab, ob bestimmte Leistungen versicherungstypisch oder versicherungsfremd im Sinne von „gesamtgesellschaftlich" seien. Diese Abgrenzung sei nicht verfassungsrechtlich vorgegeben und obliege damit dem sozialpolitischen Willen des Gesetzgebers.

78 Die **Argumentation des BSG** hat **Schwächen**: Mit dem Hinweis auf eine Kompetenznorm, die allein dazu dient, die Regelungskompetenzen zwischen Bund und Ländern zu verteilen, lässt sich nicht die Art und Weise der Finanzierung der Sozialversicherung rechtfertigen. Dass eine Regelung kompetenzgemäß zustande gekommen ist, bedeutet nicht, dass sie auch im Übrigen mit der Verfassung vereinbar ist. Das BSG entzieht die Beitragserhebung in ihren Auswirkungen auf die Beitragszahler damit einer Überprüfung auf ihre Vereinbarkeit mit Art. 3 Abs. 1 GG.

79 In anderen Fällen, in denen Bürger mit Abgaben belastet werden, die über die Steuerlast der Allgemeinheit hinausgehen, wie im Fall der nichtsteuerlichen Sonderabgaben[151] oder des Beitrags zur Künstlersozialversicherung,[152] ist diese Belastung stets am Grundsatz der Belastungsgleichheit gemessen worden. Als rechtfertigender sachlicher Grund diente die gruppennützige Verwendung der Beiträge für eine homogene Gruppe, die die Beiträge aufbringt bzw. eine besondere Solidaritäts- und Verantwortungsbeziehung des belasteten Bürgers für die Belange des Leistungsempfängers. Für die versicherungsfremden Leistungen verzichtet das BSG auf eine entsprechende Rechtfertigung, die begründen könnte, aus welchem besonderen sachlichen Grund die Gemeinschaft der Versicherten diese Lasten tragen sollte, die jenseits ihrer Gruppeninteressen liegen und zu denen sie in keiner Ver-

---

148 Vgl. BSG 29.1.1998 NZS 1998, 482, 485.

149 Vgl. Rolfs, NZS 1998, 551, 554; Bergner, SozVers 1997, 225, 233.

150 BSG 29.1.1998, BSGE 81, 276, 286f.

151 BVerfG 31.5.1990, BVerfGE 82, 156, 179.

152 BVerfG 8.4.1987, BVerfGE 75, 108, 158.

antwortung steht, die über die Verantwortung der Gesamtheit aller Steuerzahler hinausgeht. In dem der zitierten Entscheidung des BSG vom 29.1.1998 zugrunde liegenden Fall hat das BVerfG die Verfassungsbeschwerde als unzulässig und im Übrigen unbegründet gar nicht erst zur Entscheidung angenommen.[153]

Das Problem relativiert sich, wenn man berücksichtigt, dass der Bund erhebliche Summen zur Finanzierung der gesetzlichen Rentenversicherung zuschießt (lt. Angaben der Deutschen Rentenversicherung Bund (2019), Rentenversicherung in Zeitreihen, für 2018 insgesamt 94,573 Milliarden Euro – ca. 27 Prozent aller Ausgaben des Bundeshaushalts). Durch die Bundeszuschüsse werden wesentliche Teile der versicherungsfremden Leistungen als nicht beitragsgedeckte Leistungen vom Bund erstattet oder bezuschusst.

8. Art. 1 Abs. 1 i.V.m. Art. 20 Abs. 1 GG

Das Ziel der **Sozialversicherung** ist nicht, dem Versicherten ein Existenzminimum zu gewähren, der 80
Leistungsumfang orientiert sich vielmehr an dem bisherigen Lebensstandard.[154] Dies kann zu besonders hohen, aber auch zu besonders niedrigen Leistungen führen. Am einfachsten lässt sich dies mit der Berechnung des Arbeitslosengeldes I zeigen: Hier wird die Höhe mit 60 % bzw. 67 % des vorherigen Nettoentgelts festgelegt, § 149 SGB III. Einen bestimmten Mindestbetrag als Untergrenze sieht das SGB III nicht vor. Ein Arbeitsloser, der zuvor ein Einkommen von 1.000 Euro erzielte, wird daher mit dem so ermittelten AlG I kaum das Existenzminimum abdecken können. Dennoch wird nicht mehr AlG I gewährt. Auf vergleichbare Weise ist bspw. bei der Berechnung von Krankengeld oder Rente die Höhe des vorherigen Einkommens entscheidend. Reichen nun die Versicherungsleistungen nicht aus, erfolgt eine Aufstockung mit Grundsicherungsleistungen, damit wird der Bereich der Sozialversicherung verlassen.

Es verwundert daher nicht, dass das BVerfG erst im Zusammenhang mit den **Grundsicherungs-** 81
leistungen nach dem SGB II ein **Grundrecht auf Gewährleistung eines menschenwürdigen Existenzminimums** aus Art. 1 Abs. 1 GG i.V.m. dem Sozialstaatsprinzip des Art. 20 Abs. 1 GG als tragende Begründung heranzieht.[155] In den Leitsätzen führt das BVerfG aus:

> „Das Grundrecht auf Gewährleistung eines menschenwürdigen Existenzminimums aus Art. 1 Abs. 1 GG in Verbindung mit dem Sozialstaatsprinzip des Art. 20 Abs. 1 GG sichert jedem Hilfebedürftigen diejenigen materiellen Voraussetzungen zu, die für seine physische Existenz und für ein Mindestmaß an Teilhabe am gesellschaftlichen, kulturellen und politischen Leben unerlässlich sind. Dieses Grundrecht aus Art. 1 Abs. 1 GG hat als Gewährleistungsrecht in seiner Verbindung mit Art. 20 Abs. 1 GG neben dem absolut wirkenden Anspruch aus Art. 1 Abs. 1 GG auf Achtung der Würde jedes Einzelnen eigenständige Bedeutung. Es ist dem Grunde nach unverfügbar und muss eingelöst werden, bedarf aber der Konkretisierung und stetigen Aktualisierung durch den Gesetzgeber, der die zu erbringenden Leistungen an dem jeweiligen Entwicklungsstand des Gemeinwesens und den bestehenden Lebensbedingungen auszurichten hat. Dabei steht ihm ein Gestaltungsspielraum zu.“[156]

Bestätigt hat das BVerfG seine Ausführungen nochmals im Zusammenhang mit der Überprüfung der 82
Verfassungswidrigkeit der Sanktionsregelungen des SGB II sowie in Bezug auf die Höhe der Leistungen nach dem AsylbLG.[157]

---

153 BVerfG 29.12.1999 SozR 3-2600 § 158 Nr. 2.

154 Vgl. auch Waltermann/Schmidt/Chandna-Hoppe, Sozialrecht, Rn. 108.

155 BVerfG 9.2.2010, NJW 2010, 505.

156 BVerfG 9.2.2010, NJW 2010, 505.

157 BVerfG 5.11.2019, NJW 2019, 3703 zu den Sanktionen nach dem SGB II; BVerfG 18.7.2012, NVwZ 2012, 1024 zur Höhe der Leistungen nach dem AsylbLG sowie BVerfG 19.10.2022, NJW 2023, 37 ff. zur Kürzung von Asylbewerberleistungen.

§ 9 Der Anspruch auf Sozialversicherungsleistungen

Literatur: BIEBACK, Grundlagen und Schranken des sozialrechtlichen Herstellungsanspruchs, SGb 1990, 517ff.; ELLING, Abtretung von Sozialleistungen, NZS 2000, 281ff.; GÜNTHER, Zur Rechtsnatur der Abzweigungsberechtigung nach § 48 SGB I, SGb 1994, 638ff.; ROLFS, Die Verjährung von Sozialleistungsansprüchen (§ 45 SGB I) nach der Reform des Verjährungsrechts, NZS 2002, 169ff.; RÜFNER, Die Mitwirkungspflichten des Leistungsberechtigten in der Solidargemeinschaft nach §§ 60ff. SGB-AT, VSSR 1977, 347ff.; SCHNITZER, Der sozialrechtliche Herstellungsanspruch – Die Lösung für jedes Problem?, NZS 2023, 54ff.; ZACHER, Zur Anatomie des Sozialrechts, SGb 1982, 329ff.

I. Die Sozialleistung

1. Sozialleistungen als subjektives Recht

1 Die in §§ 3ff. SGB I genannten sozialen Rechte sind nicht als Anspruch ausgestaltet. Das soziale Recht ist lediglich ein abstrakter umfassender Begriff, aus dem sich keine individuelle Rechtsposition ergibt. Ansprüche werden erst in den besonderen Teilen des SGB geregelt, vgl. § 2 Abs. 1 S. 2 SGB I. § 38 SGB I verdeutlicht diesen **Anspruchscharakter** sozialrechtlicher Leistungen, ohne selbst Anspruchsgrundlage zu sein. Die Vorschrift lehnt sich an den privatrechtlichen Anspruch i.S.d. § 194 BGB an: Sie begründet das subjektiv-öffentliche Recht des Bürgers, von einem Leistungsträger eine Sozialleistung zu verlangen.

2 In der weitgehend synallagmatisch ausgestalteten Sozialversicherung war der Anspruchscharakter sozialversicherungsrechtlicher Leistungen von Anfang an unbestritten.[158] Für die übrigen Bereiche des Sozialrechts dokumentiert § 38 SGB I hingegen den grundlegenden Wandel der Vorstellungen in der Sozialgesetzgebung: Der Einzelne wird nicht mehr, wie noch im früheren Recht der „Armenpflege", als bloßes Objekt staatlichen Handelns und Empfänger staatlicher Wohltaten, die sich für ihn nur als Rechtsreflexe auswirken, betrachtet, sondern als **Inhaber eines subjektiven** und gegebenenfalls auch **einklagbaren Rechts** (siehe unter § 1 Rn. 7ff.).

2. Der Sozialleistungsbegriff

3 Inhalt des Anspruchs ist die Sozialleistung. Die Sozialleistung ist der zentrale Begriff des Allgemeinen Teils des Sozialgesetzbuchs. Er ist in **§ 11 SGB I** als Dienst-, Sach- und Geldleistung **legaldefiniert**. Er bezeichnet alle Vorteile, die dem Einzelnen zur Verwirklichung seiner sozialen Rechte (§§ 2 bis 10 SGB I) in Form der im SGB I genannten Leistungen zugute kommen.[159] Dem Sozialgesetzbuch wird damit ein einheitlicher Begriff der Sozialleistung zugrunde gelegt, der vom allgemeinen Sprachgebrauch abweicht. Die begriffliche Einordnung als Sozialleistung entscheidet darüber, ob die Vorschriften des Sozialgesetzbuchs, also insbesondere die Grundsätze des Leistungsrechts der §§ 30ff. SGB I, Anwendung finden und hat daher auch praktische Relevanz.

Beispiel:[160]
Eine Krankenkasse macht gegen eine Berufsgenossenschaft einen Erstattungsanspruch geltend, weil sie Leistungen erbracht hat, obwohl diese Leistungen vom Unfallversicherer hätten erbracht werden müssen. Anspruchsgrundlage der Krankenkasse gegen den Unfallversicherer ist § 105 SGB X. Die Krankenkasse möchte, dass der Anspruch gem. § 44 Abs. 1 SGB I verzinst wird. Eine Verzinsungspflicht ist jedoch abzulehnen, da es sich bei diesem Erstattungsanspruch nicht um einen Anspruch auf Sozialleistungen handelt.

158 BeckOK-SozR/GUTZLER § 38 SGB I Rn. 1.

159 BT-Drs. 7/868 S. 24; daher sind bspw. Erstattungsansprüche nach § 104 SGB X keine Sozialleistungen, BSG 29.2.2024, NZS 2024, 677 mAnm. JENAK.

160 Nach BSG 18.12.1979, BSGE 49, 227.

3. Leistungsarten

Das SGB I unterscheidet nach Art der Leistungserbringung **Sach-, Dienst- und Geldleistungen**. Diese Unterscheidung wird vor allem auf der Rechtsfolgenseite bedeutsam. Eine Pflicht zur Verzinsung besteht z.B. nur bei Ansprüchen auf Geldleistungen (§ 44 SGB I). Während Geldleistungen übertragen, verpfändet und vererbt werden können, ist dies bei Dienst- und Sachleistungen aufgrund ihres höchstpersönlichen Charakters nicht der Fall (vgl. § 53 Abs. 1 SGB I). 4

- **Geldleistungen**
  Geldleistungen sind Leistungen, die die einmalige oder dauernde Zahlung von Geld an den Leistungsberechtigten selbst oder an einen Dritten beinhalten, wie z.B. Krankengeld, Rentenzahlungen oder Pflegegeld.[161]
- **Sachleistungen**
  Unter Sachleistungen ist die Hingabe oder Bereitstellung von Sachen durch Eigentumsübertragung (Arzneimittel, Verbandsmaterial), leihweise Überlassung (Pflegebett, Gehhilfen) oder Einräumung eines Nutzungsrechts zu verstehen.[162] Sachleistungen wurden vor Inkrafttreten des SGB in der Sozialversicherung zusammen mit den Dienstleistungen unter dem Begriff der Naturalleistungen zusammengefasst, weil sie „in Natur" zu gewähren sind.[163] Problematisch kann die Abgrenzung zwischen Sach- und Dienstleistungen dann sein, wenn die Leistungserbringung wie in der Krankenhauspflege mit Heilmittelversorgung und Pflegeaufwand beides umfasst. Hier wird in der Regel eine Dienstleistung vorliegen, weil sie der Leistungshandlung ihr Gepräge gibt und der gleichzeitigen Bereitstellung von Sachmitteln eine untergeordnete Bedeutung zukommt.[164]
- **Dienstleistungen**
  Der Begriff der Dienstleistung wird meist negativ bestimmt als Leistung, die eine Tätigkeit zum Inhalt hat, ohne dass es sich dabei um eine Geld- oder Sachleistung handelt. Nach der Gesetzesbegründung gehören dazu alle Formen persönlicher Beratung und Hilfe, wie etwa Arbeitsvermittlung oder Haushaltshilfe.[165] Nach richtiger Auffassung ist auch in der persönlichen Tätigkeit von Ärzten, Zahnärzten und anderen Leistungserbringern eine Dienstleistung zu sehen.[166] § 11 S. 2 SGB I ordnet persönliche und erzieherische Hilfe ausdrücklich den Dienstleistungen zu.

4. Die sozialpolitische Problematik der Leistungsgestaltung

Insgesamt zeichnet sich ein Übergewicht der Geldleistungen gegenüber Sach- und Dienstleistungen ab. Es wird deshalb von einer **monetären Schlagseite** der Sozialpolitik und des Sozialrechts gesprochen.[167] 5

Geldleistungen haben den Vorzug, dass der Empfänger über die Art und Weise der Bedarfsbefriedigung frei entscheiden kann. Er kann eine Auswahl aus dem Marktangebot treffen.[168] Besonders stark ausgeprägt ist dieser Ansatz z.B. beim sog. Persönlichen Budget nach § 29 SGB IX. Schwierigkeiten ergeben sich, wenn ein ausreichendes Marktangebot nicht verfügbar ist (z.B. denkbar bei Familienhilfen) oder wenn der Leistungsberechtigte aufgrund seiner physisch-psychischen Situation nicht in der Lage ist, sich wie ein „rationaler" Marktteilnehmer zu verhalten. 6

Die Diskussion um das Für und Wider bzw. den richtigen „Mix" von Geldleistungen einerseits und Sach- und Dienstleistungen andererseits ist im Bereich der Sozialversicherung zuletzt im Zuge 7

161 BeckOGK/Spellbrink § 11 SGB I Rn. 32.
162 BeckOGK/Spellbrink § 11 SGB I Rn. 30.
163 Vgl. dazu Bley/Kreikebohm/Marschner Rn. 113.
164 Vgl. Lilge/Gutzler/Gutzler § 11 SGB I Rn. 21.
165 BT-Drs. 7/868 S. 24f.
166 BeckOGK/Spellbrink § 11 SGB I Rn. 27.
167 Vgl. Zacher, SGb 1982, 329, 335.
168 Bley/Kreikebohm/Marschner Rn. 113.

der Einführung der Pflegeversicherung geführt worden. Der Gesetzgeber hat die Pflegeleistungen grundsätzlich als Sachleistungen konzipiert, vgl. § 36 SGB XI. Er hat aber ihre Ersetzung in den §§ 37f. SGB XI durch eine Geldleistung bzw. eine Kombination von Geldleistung und Sachleistung ermöglicht. Diese gesetzgeberische Entscheidung wurde in einen internationalen Trend zur Aufwertung von Geldleistungen eingeordnet.[169] Dieser Trend wird von vielen als positiv bewertet, weil die Betroffenen die Möglichkeit erhalten, sich selbst Assistenz und ein maßgeschneidertes Paket an Hilfeleistungen zusammenstellen zu können. Der Sozialleistungsempfänger werde so vom Klienten zum Konsumenten.[170] Andere Autoren halten es für einen gefährlichen Irrtum, zu glauben, über das Geldleistungsprinzip ließen sich Wahlfreiheit und Konsumentensouveränität auch in der Pflege garantieren. Das Bild des „homo oeconomicus" passe nicht für den Pflegesektor, wenn man an die vielen schwerstpflegebedürftigen Menschen denke.[171]

II. Die sozialrechtliche Handlungsfähigkeit (§ 36 SGB I)

8 § 36 SGB I erweitert die Handlungsfähigkeit im Sozialrecht auf beschränkt Geschäftsfähige.[172] Bereits ab Vollendung des 15. Lebensjahres können Anträge auf Sozialleistungen gestellt, verfolgt und Sozialleistungen entgegengenommen werden. Die Vorschrift ermöglicht eine Teilnahme am „Sozialrechtsverkehr" vor Erreichen der Volljährigkeit i.S.v. § 2 BGB. Dies hat insbesondere Bedeutung für Minderjährige, die in einem Beschäftigungsverhältnis stehen. Ziel der Handlungsfähigkeit iSv § 36 SGB I ist es nämlich, Minderjährigen, die in das Arbeitsleben eingetreten sind, zu ermöglichen, die sich aus dem Arbeitsverhältnis ergebenden Rechte selbstständig wahrnehmen zu können.[173] Der Gesetzgeber dürfte bei der Wahl des 15. Lebensjahres berücksichtigt haben, dass die Schulpflicht in manchen Bundesländern nur bis zur 9. Klasse besteht.

9 Der Begriff der Handlungsfähigkeit wird im Zivilrecht in Geschäftsfähigkeit i.S.d. §§ 104ff. BGB und Verschuldensfähigkeit (Deliktsfähigkeit i.S.v. §§ 827, 828 BGB) unterteilt. Die Geschäftsfähigkeit ist die Fähigkeit, wirksam Rechtsgeschäfte zu tätigen. § 36 SGB I modifiziert insofern die zivilrechtlichen Bestimmungen zur bürgerlich-rechtlichen Geschäftsfähigkeit im Hinblick auf das Stellen und Verfolgen von Anträgen sowie das Entgegennehmen von Sozialleistungen. Diese „Handlungsfähigkeit im sozialrechtlichen Sinn" kann vom gesetzlichen Vertreter des Berechtigten nach Maßgabe des § 36 Abs. 2 SGB I eingeschränkt werden. Der Zustimmung des gesetzlichen Vertreters bedürfen der Verzicht auf Sozialleistungen, die Entgegennahme von Darlehen und die Rücknahme von Anträgen. Dahinter zeigt sich die aus dem Zivilrecht bekannte Erwägung, dass der Minderjährige bei Geschäften, die nicht lediglich rechtlich vorteilhaft sind, zu schützen ist.

III. Das Entstehen des Sozialversicherungsanspruchs

1. Bedeutung

10 Mit Anspruchsentstehung wird ein **öffentlich-rechtliches Schuldverhältnis** begründet. Der Zeitpunkt der **Anspruchsentstehung** ist u.a. relevant für die Bestimmung der Fälligkeit (§ 41 SGB I), für Vorschusszahlungen (§ 42 SGB I), vorläufige Leistungen (§ 43 SGB I) sowie für die Verzinsung und die Verjährung von Sozialleistungen (§§ 44f. SGB I). Besondere Bedeutung erhält der Zeitpunkt der Anspruchsentstehung außerdem i.R.d. Anspruchsübergangs nach § 116 SGB X. Hierfür ist entschei-

169 Evers, Sozialer Fortschritt 1995, 24ff.

170 Evers, Sozialer Fortschritt 1995, 24ff.

171 Naegele, ZSR 1992, 605, 619f.

172 Zum Verhältnis zwischen § 36 SGB I und § 11 SGB X Krauskopf/Waschull § 36 SGB I Rn. 3; Mrozynski § 36 SGB I Rn. 6ff.

173 BT-Drs. 7/868 S. 28, dort wurde die Grenze sogar noch bei 14 Jahren gezogen.

dend, ob durch das zum Ersatz verpflichtende Ereignis ein Sozialleistungsanspruch **begründet wurde**, nicht etwa, ob die Leistung bereits bewilligt oder erbracht wurde.

2. Gebundener Anspruch

Der **gebundene Anspruch** (Pflichtanspruch) auf eine Sozialleistung entsteht mit Vorliegen der gesetzlichen Voraussetzungen im Einzelfall (§ 40 Abs. 1 SGB I). § 40 SGB I stellt klar, dass Ansprüche auf Sozialleistungen nicht erst mit der sie feststellenden Verwaltungsentscheidung, sondern schon mit **Vorliegen aller Anspruchsvoraussetzungen** entstehen. Damit geht das Gesetz im Grundsatz davon aus, dass ein Anspruch unabhängig von einer Antragstellung entsteht. Dem Antrag gem. § 16 SGB I kommt zunächst lediglich eine verfahrenseinleitende Funktion zu.[174] In den besonderen Teilen des Sozialgesetzbuchs wird ein Sozialleistungsanspruch jedoch teilweise von einer Antragstellung abhängig gemacht, indem ein Antragserfordernis zur **materiellrechtlichen Voraussetzung** erhoben wird. Ob dies der Fall ist, muss im Einzelfall durch Auslegung ermittelt werden. 11

Beispiel:
Nach § 33 Abs. 1 S. 1 SGB XI wird die Gewährung der Leistungen der sozialen Pflegeversicherung von der Antragstellung abhängig gemacht. Leistungen werden frühestens von dem Zeitpunkt an gewährt, in dem die Pflegebedürftigkeit vorliegt. Wird der Antrag jedoch später als einen Monat nach Eintritt der Pflegebedürftigkeit gestellt, entsteht der Einzelleistungsanspruch erst vom Beginn des Monats der Antragstellung an, § 33 Abs. 1 S. 3 SGB XI.[175]

Im Gegensatz dazu entsteht der Anspruch auf Krankenbehandlung gem. § 27 SGB V oder der Anspruch auf Krankenhausbehandlung gem. § 39 SGB V, ohne dass eine vorherige Antragstellung zur Voraussetzung gemacht wird. § 19 SGB IV hat hier insofern nur verfahrensrechtliche Bedeutung.

Zu unterscheiden ist in diesem Zusammenhang zudem zwischen dem **Stammrecht** und den **Einzelansprüchen**. So entsteht das Rentenstammrecht unabhängig von der Stellung eines Antrags, während die einzelne Rentenleistung nach wie vor nur auf Antrag gewährt wird, vgl. § 99 SGB VI. 12

3. Ermessensleistung

Anders verhält es sich mit **Ermessensleistungen**. Bevor dem Berechtigten eine Leistung zuerkannt wird, muss der Leistungsträger sein Ermessen ausüben. Nach § 40 Abs. 2 SGB I entsteht der Anspruch im Zeitpunkt der Bekanntgabe der Entscheidung über die Leistung. Auch der Zeitpunkt der Bekanntgabe muss nach pflichtgemäßem Ermessen gewählt werden. 13

IV. Rechtsnatur des Sozialversicherungsanspruchs/Pflicht- und Ermessensleistungen

1. Rechtsanspruch

§ 38 SGB I bestimmt, dass ein **Anspruch** auf Sozialleistungen besteht, soweit nicht nach den besonderen Teilen dieses Gesetzbuches die Leistungsträger ermächtigt sind, bei der Entscheidung über die Leistung nach ihrem Ermessen zu handeln, s. z.B. § 81 Abs. 1 SGB III. Die Rechtsposition des Berechtigten ist bei Ermessensentscheidungen schwächer ausgestaltet. Er hat nur einen **Anspruch auf ermessensfehlerfreie Entscheidung** über die Leistungsgewährung, vgl. § 39 Abs. 1 S. 2 SGB I. § 38 SGB I hat in erster Linie Bedeutung als Auslegungsvorschrift: **Bei Zweifeln über die Rechtsnatur** 14

---

174 BeckOGK/Spellbrink SGB I § 40 Rn. 7.
175 Hauck/Rolfs § 40 SGB I Rn. 10.

einer Vorschrift ist von einer **Pflichtleistung** und somit von einem Rechtsanspruch auf Leistungserbringung auszugehen.[176]

2. Ermessensanspruch

a) Einordnung

15 Ob der Verwaltung Ermessen eingeräumt wird, ist durch Auslegung der entsprechenden Norm zu ermitteln und kommt in der Regel durch eine bestimmte Wortwahl zum Ausdruck. Regelmäßig geschieht dies durch die Verwendung von Wörtern wie „kann“, „darf“, „ist berechtigt“, „ist befugt“. Spricht der Gesetzgeber von „soll“, so besteht für den Regelfall eine Verpflichtung des Leistungsträgers und nur bei Vorliegen atypischer Umstände im Einzelfall trifft er eine Ermessensentscheidung (sog. „intendiertes Ermessen“).[177] Ist die Gewährung einer Sozialleistung in das Ermessen der Behörde gestellt, so hat sie ihr Ermessen pflichtgemäß auszuüben, § 39 Abs. 1 S. 1 SGB I. Das Ermessen ist auf der **Rechtsfolgenseite** angesiedelt.

Beispiel für eine Ermessensnorm:
§ 88 SGB III: Arbeitgeber **können** zur Eingliederung von Arbeitnehmern mit Vermittlungshemmnissen Zuschüsse zu den Arbeitsentgelten erhalten, wenn deren Vermittlung wegen in ihrer Person liegender Umstände erschwert ist.

Sind alle Tatbestandsmerkmale erfüllt (Einstellung von Personen mit Vermittlungshemmnissen, die in ihrer Person liegen), muss die Bundesagentur für Arbeit hinsichtlich der Rechtsfolge (Zahlung eines Eingliederungszuschusses) ihr Ermessen ausüben.

16 Ermessen kann für die Entscheidung über das **„Ob“** der Leistungsgewährung (**Entschließungsermessen**, vgl. das o.g. Beispiel) oder auch für das **„Wie“** der Leistungsgewährung (**Auswahlermessen**, bspw. Umfang der Leistung wie in § 40 Abs. 3 SGB V) eingeräumt werden. Es kann dem Leistungsträger bezüglich einer von ihm zu treffenden allgemeinen Regelung durch Satzung oder auch zur Entscheidung im Einzelfall eingeräumt sein.

b) Ermessensfehler

17 Für den **Ermessensfehlgebrauch** gelten die gleichen Grundsätze wie im allgemeinen Verwaltungsrecht.[178] Bei der Ermessensbetätigung werden üblicherweise drei Typen von Ermessensfehlern unterschieden, die auch gerichtlich überprüfbar sind:

- **Ermessensüberschreitung**: Der Sozialleistungsträger ordnet eine im Gesetz nicht vorgesehene Rechtsfolge an (auch gegeben, wenn die Ermessensausübung den Verhältnismäßigkeitsgrundsatz nicht wahrt oder gegen Grundrechte verstößt, insbesondere gegen Art. 3 GG).
- **Ermessensunterschreitung**: Der Sozialleistungsträger stellt keine Ermessenserwägungen an (weil er sich bspw. irrtümlich für gebunden hält).
- **Ermessensfehlgebrauch**: Der Sozialleistungsträger lässt sich von sachfremden, d.h. nicht mit dem Zweck der Ermessensnorm in Einklang stehenden Überlegungen leiten.

176 BT-Drs. 7/868 S. 29; BeckOGK/Spellbrink § 38 SGB I Rn. 11.
177 S. hierzu insgesamt Ipsen, Allgemeines Verwaltungsrecht, Rn. 528.
178 Maurer/Waldhoff § 7 Rn. 22.

c) Begründungspflicht

Beispiel:[179] 18

Der arbeitslos gewordene Kläger beantragte im September 1997 beim Arbeitsamt (jetzt Arbeitsagentur) Überbrückungsgeld für eine selbständige Tätigkeit, früher § 55a AFG, jetzt Gründungszuschuss nach § 93 SGB III, die er am 1.11.1997 aufnahm. Das Arbeitsamt lehnte den Antrag ab, weil keine Haushaltsmittel für Überbrückungsgeld zur Verfügung stünden.

Hier liegt ein Ermessensfehlgebrauch vor. Das BSG betonte, dass für die Entscheidung durchaus die Haushaltslage mitherangezogen werden könne. Die Haushaltslage dürfe aber nicht zum alleinigen Maßstab gemacht und damit das sachliche Recht des § 55a AFG verdrängt werden.

Zu beachten ist, dass zu einer pflichtgemäßen Ausübung des Ermessens aus verfahrensrechtlichen Gründen auch die **Begründung** der Entscheidung gehört, § 35 Abs. 1 SGB X.[180] Lässt die Entscheidung Gesichtspunkte für die Ausübung des Ermessens nicht erkennen, ist sie rechtswidrig. Insoweit besteht ein erheblicher Unterschied zwischen Sozialverwaltungsverfahren und allgemeinem Verwaltungsverfahrensrecht. Anders als § 39 Abs. 1 S. 3 VwVfG ist § 35 Abs. 1 S. 3 SGB X als Mussvorschrift ausgestaltet.[181]

d) Leitlinien für Ermessensausübung

Bei der Ausübung von Ermessen sind zunächst drei allgemeine Leitlinien zu berücksichtigen: Nach 19
§ 2 Abs. 2 SGB I ist bei der Auslegung von Vorschriften des Sozialgesetzbuchs und bei der Ausübung von Ermessen sicherzustellen, dass **die sozialen Rechte möglichst weitgehend verwirklicht werden**. Die Regelung wird als gesetzlich verbindliche Auslegungs- und Ermessensrichtlinie verstanden und hat in der sozialgerichtlichen Rechtsprechung durchaus Bedeutung erlangt.[182] Als weitere Leitlinie für die Ermessensausübung greift § 33 SGB I. Danach soll die Sozialverwaltung den **Umständen des Einzelfalls** Rechnung tragen, wenn sie Handlungsspielraum hat.[183] Praktische Bedeutung kommt § 33 SGB I vor allem bei der Ausübung von Auswahlermessen zu.[184] Schließlich gilt generell, dass das Ermessen in enger Bindung an die **Ziele desjenigen Gesetzes** betätigt werden muss, welches die Verwaltung vollzieht.[185]

Beispiel:

Aufgrund einer riskanten Fahrweise und der Überschätzung der eigenen Fähigkeiten erleidet P beim Inline-Skaten einen schweren Unfall. Er zieht sich Knochenbrüche und weil er keinen Helm trug ein schweres Schädeltrauma zu. Die Krankenkasse gewährt P statt der beantragten dreimonatigen Anschlussheilbehandlung in einer Rehabilitationsklinik nur eine einmonatige Anschlussheilbehandlung mit dem Argument, er habe seinen Krankheitszustand selbst verschuldet. Ist die teilweise Ablehnung durch die Krankenkasse rechtmäßig?

Auch wenn § 40 Abs. 3 SGB V Ermessen vorsieht, ist eine gänzliche Leistungsverweigerung der Krankenkasse bei Vorliegen aller Leistungsvoraussetzungen (u.a. Geeignetheit, Erforderlichkeit der Maßnahme) nicht gerechtfertigt. Das Ermessen der Krankenkasse bezieht sich nicht auf das „Ob“ der Leistungsgewährung, § 40 Abs. 3 SGB V sieht vielmehr ein Auswahlermessen vor. Es besteht hinsicht-

179 Nach BSG 25.10.1990, BSGE 67, 279.
180 Vgl. BSG 23.10.1985, BSGE 59, 30.
181 BSG 23.10.1985, BSGE 59, 30, 39.
182 BSG 22.9.1988 SozR 2200 § 545 RVO Nr. 8; BSG 29.11.1985 SozR 1300 § 103 Nr. 5; BSG 11.5.2017, NZS 2018, 19, 22.
183 BT-Drs. 7/868 S. 27.
184 Mrozynski § 33 SGB I Rn. 7.
185 BVerfG 16.2.1965, BVerfGE 18, 353, 363.

lich Art, Dauer, Umfang, Beginn und Durchführung der Leistungen. Die Leistungsgewährung, die nur für eine besonders kurze Dauer erfolgt, ebenso wie die Ablehnung einer bestimmten Art von Rehabilitationsmaßnahmen mit der Begründung, die Krankheit sei selbst verschuldet, ist schon deshalb ermessensfehlerhaft, weil in der gesetzlichen Krankenversicherung das **Finalprinzip** gilt.[186] Das bedeutet, dass Gesundheitsleistungen in der gesetzlichen Krankenversicherung **unabhängig von der Ursache** der gesundheitlichen Beeinträchtigung gewährt werden. Die Entscheidung der Krankenkasse war demnach ermessensfehlerhaft, weil das Ermessen nicht nach § 39 SGB I dem Zweck der Vorschrift entsprechend ausgeübt wurde.[187]

20 Neben den allgemeinen sozialrechtlichen Leitlinien zur Ermessensausübung finden sich in manchen besonderen Teilen des SGB zu Beginn des Gesetzes weitere Leitlinien, die für die jeweilige Regelungsmaterie gelten sollen. So sehen bspw. § 12 SGB V, § 7 S. 2 SGB III ein **Wirtschaftlichkeitsgebot** vor und im Bereich der Pflege sowie der Teilhabe und Rehabilitation hat der Gesetzgeber das **Wunsch- und Wahlrecht** in § 8 SGB IX oder § 2 Abs. 2 SGB XI festgelegt. Jedoch können auch diese Regelungen nur als Begründungshilfe hinzugezogen werden, es bleibt nach wie vor der Einzelfall entscheidend.[188]

3. Unbestimmter Rechtsbegriff und Beurteilungsspielraum

a) Definition

21 Ebenso wie im allgemeinen Verwaltungsrecht stellt sich auch im Sozialrecht die Frage, ob der Verwaltung bei **unbestimmten Rechtsbegriffen** ein Beurteilungsspielraum eingeräumt ist.[189] Ein Beurteilungsspielraum ist ein Bereich eigener Wertung und Entscheidung, auch Beurteilungsermächtigung oder Einschätzungsprärogative genannt, dessen gerichtliche Überprüfung stark zurückgenommen ist. Anders als das Ermessen ist der Beurteilungsspielraum nicht auf der Rechtsfolgenseite, sondern auf der Tatbestandsseite angesiedelt.[190] Das BSG hat der Sozialverwaltung verschiedentlich einen Beurteilungsspielraum zuerkannt.

Beispiel:[191]
Die Kläger – nichteheliche Kinder des Leistungsempfängers – verlangten von der beklagten Bundesagentur für Arbeit, dass ein Teil des an den Leistungsempfänger erbrachten Arbeitslosengeldes gem. § 48 SGB I an sie ausgezahlt wird zur Abzweigung nach § 48 SGB I s. unter § 9 Rn. 71.

---

22 § 48 Abs. 1 S. 1 SGB I sieht eine Auszahlung **in angemessener Höhe** vor. Bei dem Begriff „angemessene Höhe“ handelt es sich um einen unbestimmten Rechtsbegriff, d.h. einen Rechtsbegriff, der nach Inhalt und Umfang weitgehend ungewiss ist und der Ausfüllung im Einzelfall bedarf. Der Verwaltung ist nach Ansicht des BSG insoweit ein **Beurteilungsspielraum** eingeräumt. Dies hindert jedoch nicht die gerichtliche Überprüfung, ob die Verwaltung den ihr zustehenden Spielraum bei der **Begrenzung** und **Auslegung** des Begriffs eingehalten hat.

23 Wann ein solcher Beurteilungsspielraum bei einzelnen unbestimmten Rechtsbegriffen besteht, ist noch nicht im Einzelnen geklärt. Die Tendenz geht eher dahin, einen Beurteilungsspielraum nur

---

186 Zum Ermessen bei Beteiligung an Behandlungskosten aufgrund nicht indizierter ästhetischer Operation s. BSG 27.8.2019, NZS 2020, 58.

187 Vgl. zur Problematik der Einteilung in finale und kausale Leistungen Igl/Welti, Sozialrecht, § 2 Rn. 4.

188 Zum Verhältnis zwischen Wirtschaftlichkeitsgebot und Wunsch- und Wahlrecht s. bspw. Beck-OGK/Zieglmeier, § 40 SGB V Rn. 31.

189 S. hierzu Mrozynski § 39 SGB I Rn. 10ff.

190 Zum allgemeinen Verwaltungsrecht und dem Grundkonflikt ausführlich Maurer/Waldhoff § 7 III Rn. 26ff.; zum Sozialrecht Mrozynski § 39 SGB I Rn. 14.

191 Nach BSG 18.8.1983 SozR 1200 § 48 Nr. 7.

in ganz wenigen Einzelfällen einzuräumen und im Zweifel eher die **volle** Überprüfbarkeit durch die Gerichte anzunehmen.[192]

b) Sonderfall Prognoseentscheidungen

Im Rahmen leistungsrechtlicher Tatbestände sind bisweilen **Prognoseentscheidungen** zu treffen. 24
Sie stellen einen Sonderfall dar und sind unterschiedlich zu behandeln, je nachdem, ob es sich um die Bewertung allgemeiner Zustände handelt oder um eine Einzelbeurteilung.

Beispiel:[193]
Der Kläger beantragte bei der Bundesagentur für Arbeit die Umschulung vom Kfz-Mechaniker zum Fahrlehrer. Die BA lehnte den Antrag ab, weil die Maßnahme unter Berücksichtigung von Lage und Entwicklung des Arbeitsmarktes (§ 36 Nr. 3 AFG a.F., vgl. nun z.B. § 81 Abs. 1a SGB III) nicht zweckmäßig sei.

Das BSG hat der Verwaltung bei der prognostischen Einschätzung der „arbeitsmarktpolitischen 25
Zweckmäßigkeit" (unbestimmter Rechtsbegriff) einen Beurteilungsspielraum zuerkannt. Das Gericht überprüft demnach nur, ob die Verwaltung die ihr greifbaren Werte, Daten und Zahlen **zutreffend ermittelt** hat und sich zudem **anerkannter Bewertungsmethoden** bedient hat. Sofern dies geschehen ist, erfolgt durch das Gericht keine Kontrolle mehr in der Sache.

Anders ist es, wenn die Verwaltung prognostische Einzelbeurteilungen vorzunehmen hat. 26

Beispiel:[194]
Der klagende Arbeitgeber beantragte bei der beklagten BA für eine behinderte Auszubildende einen Ausbildungszuschuss (§ 60 Abs. 1 AFG a.F.). Die im Ermessen der BA stehende Leistung setzte u.a. voraus, dass die Auszubildende „voraussichtlich mit Erfolg an der Maßnahme teilnehmen wird" (§ 36 Nr. 2 AFG a.F.).

Nach Auffassung des BSG handelt es sich bei der Beurteilung, ob die Auszubildende „mit Erfolg an der Maßnahme teilnehmen wird" – anders als bei der Beurteilung der arbeitsmarktpolitischen Zweckmäßigkeit oder des besonderen arbeitsmarktpolitischen Interesses an einer Maßnahme – um eine **prognostische Einzelbeurteilung**. Diese sei tatsächlichen Feststellungen im gerichtlichen Verfahren mit gleicher Sicherheit zugänglich wie im Verwaltungsverfahren. Daher lehnte das BSG das Bestehen eines Beurteilungsspielraums der Verwaltung ab.

c) Koppelungsvorschriften

Zu beachten sind schließlich die besonderen Grundsätze bei der Auslegung und Anwendung einer 27
sog. **Koppelungsvorschrift**. Koppelungsvorschriften sind Vorschriften, bei denen zwischen dem im Tatbestand angesiedelten unbestimmten Rechtsbegriff und dem Ermessen ein untrennbarer Zusammenhang besteht.[195] In diesen Fällen sollen einheitlich die Grundsätze für die gerichtliche Überprüfung von Ermessensentscheidungen gelten.

---

192 Vgl. etwa BSG 30.9.1993 SozR 3-2500 § 53 Nr. 4 zum Begriff der Schwerpflegebedürftigkeit mit Anm. Schulin, SGb 1994, 585ff.

193 Nach BSG 26.9.1990, BSGE 67, 228.

194 Nach BSG 29.7.1993 SozR 3-4100 § 60 Nr. 1.

195 BSG 20.3.2018, BeckRS 2018, 8319; BSG 8.2.2007, BSGE 98, 108; BeckOGK/Spellbrink § 39 SGB I Rn. 24f.

Beispiel:[196]
Die Klägerin hat von der Beklagten verlangt, ihr laufende Witwenbeihilfe, eine Ermessensleistung, gem. § 602 RVO a.F. (jetzt § 71 Abs. 4 SGB VII) zu gewähren. Die Vorschrift verlangte auf der Tatbestandsseite einen Härtefall; hierbei handelt es sich um einen unbestimmten Rechtsbegriff.

28 Das BSG führte zum Verhältnis zwischen Ermessen und unbestimmtem Rechtsbegriff Folgendes aus:

> „Es ist daher davon auszugehen, dass in § 602 RVO zwischen dem Begriff ‚Härtefall' und dem das Ermessen ausdrückenden ‚Können' eine unlösbare Verbindung besteht. Der Gesetzgeber hat eine Kann-Leistung vorgesehen, um die Möglichkeit zu eröffnen, in Härtefällen eine Leistung zu gewähren. (…) Es muss auch hier – entsprechend der Entscheidung des GmS – angenommen werden, dass der Begriff ‚Härtefall' in den Ermessensbereich hineinragt und damit zugleich Inhalt und Grenzen der pflichtgemäßen Ermessensausübung bestimmt."[197]

29 Folge ist, dass sowohl die Auslegung des unbestimmten Rechtsbegriffs durch die Verwaltung als auch das durch die Verwaltung ausgeübte Ermessen vom Gericht einheitlich nach den Grundsätzen für die gerichtliche Überprüfung von Ermessensentscheidungen kontrolliert werden.

30 Der Fall einer Koppelung dürfte nur in Ausnahmefällen gegeben sein. Jedenfalls ist stets sehr sorgfältig zu prüfen, ob ein solcher innerer Zusammenhang zwischen unbestimmtem Rechtsbegriff auf Tatbestandsebene und der Einräumung von Ermessen auf der Rechtsfolgenseite besteht.

V. „Nebenpflichten" im Sozialrecht

1. Entwicklung

31 Die Nebenpflichten der Sozialversicherungsträger wurden ursprünglich von der Rechtsprechung im Zusammenhang mit einem bereits bestehenden Sozialleistungsverhältnis entwickelt. Das Sozialleistungsverhältnis ist ein öffentlich-rechtliches Schuldverhältnis.[198] Als solches erschöpft es sich nicht in der Erfüllung der Leistungspflicht. Sozialleistungsträger und Leistungsempfänger müssen vielmehr eine Reihe von Nebenpflichten erfüllen, die die Durchführung der Leistungsbeziehung sichern. Zum Teil hat der Gesetzgeber Nebenpflichten ausdrücklich normiert, z.B. §§ 13ff. SGB I oder auch im besonderen Teil des SGB wie z.B. in § 2 SGB III. Zum anderen ist anerkannt, dass durch Richterrecht weitere Nebenpflichten innerhalb eines Sozialleistungsverhältnisses entwickelt werden können.[199] So hat das BSG bspw. die Pflicht des Leistungsträgers zur verständnisvollen Förderung der Belange der Versicherten geschaffen.[200] Das Verhältnis dieser teilweise noch vor Einführung des SGB durch Richterrecht entwickelten Nebenpflichten zu den im SGB geregelten Pflichten aus §§ 13ff. SGB I ist bis heute nicht ganz klar; häufig werden beide Bereiche miteinander vermischt (insbesondere mit § 14 SGB I), in weiten Teilen wird das Richterrecht nun auch durch die §§ 13ff. SGB I überlagert.[201] Ein wesentlicher Unterschied zwischen den richterrechtlich entwickelten Nebenpflichten und den Aufklärungs-, Beratungs- und Auskunftspflichten nach §§ 13ff. SGB I besteht darin, dass i.R.d. §§ 13ff. SGB I gerade kein bereits bestehendes Sozialleistungsverhältnis vorausgesetzt wird, auch kein

196 Nach BSG 26.9.1972, BSGE 34, 269.
197 BSG 26.9.1972, BSGE 34, 269f.
198 BeckOGK/Seewald, Vorb. §§ 13–15 SGB I Rn. 2.
199 BSG 18.12.1975 SozR 7610 § 242 Nr. 5; BSG 9.5.1979 SozR 3100 § 44 Nr. 11; zur dogmatischen Herleitung ungeschriebener Pflichten s. Meyer, SGb 1985, 57ff.
200 BSG 22.2.1980, BSGE 50, 16, 18; BSG 18.12.1975 SozR 1200 § 14 Nr. 9.
201 S. hierzu m.E. zu Recht kritisch BeckOK-SozR/Hase § 13 SGB I Rn. 1.

„vorvertragliches“ wie es aus dem Zivilrecht bekannt ist.[202] Eine falsche Beratung kann bspw. auch dazu führen, dass ein Sozialleistungsverhältnis begründet wird, das bei fehlerfreier Beratung nicht begründet worden wäre. Insoweit kann durchaus darüber nachgedacht werden, ob die weithin gebräuchliche Einordnung der §§ 13ff. SGB I als Nebenpflichten überhaupt zutreffend ist. Jedenfalls kann aber festgehalten werden, dass die sog. Nebenpflichten nicht mehr nur in einem bereits bestehenden Sozialleistungsverhältnis greifen, sondern auch schon im Vorfeld.

2. Pflichten der Sozialleistungsträger (§§ 13 bis 16 SGB I)

Eine „weitgehende Verwirklichung sozialer Rechte“ (§ 2 SGB I) kann nur dann erreicht werden, wenn der Leistungsberechtigte seine Rechte kennt. Die Komplexität des Sozialrechts macht eine umfassende Information des Bürgers über seine Rechte und Pflichten unentbehrlich. Der Gesetzgeber hat daher in den §§ 13 bis 16 SGB I entsprechende Aufklärungs-, Beratungs- und Auskunftspflichten der Sozialleistungsträger normiert.[203] Das SGB I sieht jedoch keine Rechtsfolgen vor, wenn ein Leistungsträger gegen diese Pflichten verstößt. In der Gesetzesbegründung wurde für eine Haftung bei Verletzung dieser Pflichten auf die „allgemeinen Grundsätze“ verwiesen.[204] In Betracht kommen im Wesentlichen die Amtshaftung,[205] vor allem aber auch der sozialrechtliche Herstellungsanspruch (s. hierzu unten Rn. 62ff.). 32

§§ 13 bis 16 SGB I gelten für alle Bereiche des SGB. Sie werden jedoch vielfach durch Regelungen in den besonderen Teilen ergänzt. So sieht bspw. § 1 Abs. 3 Nr. 1 SGB II die Beratung für Arbeitsuchende als Teil der Leistungen der Grundsicherung vor. § 1 S. 4 SGB V ist die erste von einer Vielzahl von Informationspflichten im Recht der Krankenversicherung und die in § 2 Abs. 4 SGB XI noch eher allgemeine Pflicht zu Hinweisen auf die Rechte der Pflegebedürftigen verdichtet sich in § 7a SGB XI zu einem Anspruch auf ausführliche Pflegeberatung mit zahlreichen inhaltlichen Vorgaben. 33

a) Aufklärungspflichten (§ 13 SGB I)

Die in § 13 SGB I geregelte Aufklärungspflicht ist nicht als Anspruch des einzelnen Leistungsberechtigten formuliert. Sie stellt vielmehr eine **objektive Pflicht** des Sozialleistungsträgers **gegenüber der Allgemeinheit** dar, über Rechte und Pflichten aus dem Sozialleistungsverhältnis zu informieren. Als mögliche Formen der Aufklärung werden in der Gesetzesbegründung Merkblätter, Broschüren und Veranstaltungen genannt.[206] Aufgrund des objektiv-rechtlichen Charakters der Vorschrift verneint das BSG einen Amtshaftungsanspruch bei ungenügender Aufklärung. Der Einzelne könne nicht geltend machen, ein Leistungsträger habe zu wenig Öffentlichkeitsarbeit geleistet. Ebenso scheide ein sozialrechtlicher Herstellungsanspruch in diesen Fällen aus (zum sozialrechtlichen Herstellungsanspruch siehe unter Rn. 62ff.).[207] 34

Hat jedoch eine Behörde unrichtige oder missverständliche Mitteilungen an die Öffentlichkeit herausgegeben, kommt durchaus ein Amtshaftungsanspruch aus § 839 BGB i.V.m. Art. 34 GG oder ein sozialrechtlicher Herstellungsanspruch in Betracht. 35

202 In die Richtung aber wohl BSG 26.4.2005, BeckRS 2005, 42585 mit dem Hinweis, dass die Pflichten nach §§ 13ff. SGB I Ausdruck einer allgemeinen Pflicht seien, die auch in einem Sozialrechtsverhältnis bestehen, das ggf. erst durch ein Beratungsersuchen begründet wird.

203 BT-Drs. 7/868 S. 25.

204 BT-Drs. 7/868 S. 25.

205 S. z.B. BGH 11.3.2021, NVwZ-RR 2021, 671: Amtshaftung wegen fehlerhafter Rentenberatung.

206 BT-Drs. 7/868 S. 25.

207 BSG 21.6.1990 SozR 3-1200 § 13 Nr. 1.

Beispiel für eine Verletzung der Aufklärungspflicht:[208]
Das BVerfG entschied, die Berücksichtigung des Weihnachtsgeldes bei der Bemessung des Sozialversicherungsbeitrags sei verfassungswidrig, wenn diese Einmalzahlung wiederum keine Berücksichtigung bei der Bemessung des Krankengeldes finde. Das Gericht überließ es dem Gesetzgeber, eine Lösung der Problematik entweder auf der Beitragsseite (Nichteinbeziehung des Weihnachtsgeldes) oder auf der Leistungsseite (entsprechend höhere Krankengeldzahlung) zu suchen.

Vor dieser Entscheidung des BVerfG hatten Vertreter von Krankenkassen versucht, massenhaft auftretende Widerspruchsverfahren der Versicherten dadurch zu vermeiden, dass sie öffentlich zusicherten, die Verfassungswidrigkeit werde auch in allen Fällen, in denen kein Rechtsbehelf eingelegt wurde, bereinigt werden, wenn das BVerfG die Verfassungswidrigkeit bemängeln würde. Dies bezog sich allerdings ausdrücklich nur auf die Beitragsseite, nicht auf die Leistungsseite. Diese Differenzierung war für den Laien nicht erkennbar und nicht verständlich. Der Gesetzgeber entschloss sich letztlich für eine Lösung auf der Leistungsseite. Damit hatten jene einen Schaden erlitten, die sich durch die öffentlich verbreiteten Erklärungen der Krankenkassenvertreter davon abhalten ließen, Rechtsbehelfe oder Rechtsmittel gegen die Festsetzung der Höhe des Krankengeldes einzulegen. Es gehört zu den Amtspflichten einer Krankenkasse, ihre Versicherten nicht durch missverständliche Äußerungen von der Einlegung erfolgversprechender Rechtsbehelfe abzuhalten.[209]

b) Beratungspflichten (§ 14 SGB I)

36 Im Gegensatz zur Aufklärung ist die Beratung eine **persönliche**, auf den Einzelfall bezogene **Information des Bürgers**, die es ihm ermöglichen soll, seine Rechte wahrzunehmen. Anders als § 13 SGB I handelt es sich hier nicht nur um eine objektive Pflicht des Leistungsträgers, sondern um einen Anspruch des Bürgers. Auch deshalb ist die Beratungspflicht nach § 14 SGB I in der Praxis häufig zusammen mit dem sozialrechtlichen Herstellungsanspruch verknüpft. Nach dem Gesetzeswortlaut hat „jeder" einen Anspruch auf Beratung über seine Rechte und Pflichten aus dem SGB I. Dies gilt unabhängig davon, ob bereits ein Sozialleistungsverhältnis zu dem jeweiligen Leistungsträger besteht. Um die Beratungspflicht des Leistungsträgers nicht ausufern zu lassen, wird allerdings von Rechtsprechung und Literatur zumindest ein konkreter Anlass gefordert,[210] zudem wird in der Gesetzesbegründung ein berechtigtes Interesse an der Beratung verlangt.[211] Außerdem grenzt § 14 Abs. 1 S. 2 SGB I im Ergebnis die Beratungspflicht auf die in der Sache jeweils zuständigen Leistungsträger ein.[212]

37 Insgesamt wird der Umfang der Beratung dennoch weit verstanden. Sie soll sich auf alle sozialrechtlichen Fragen erstrecken, die „für den Bürger zur Beurteilung seiner Rechte und Pflichten von Bedeutung sind oder in Zukunft von Bedeutung sein können".[213] Nach der Rechtsprechung besteht in manchen Fallkonstellationen sogar ein Anspruch auf sog. **Spontanberatung**, also eine Beratung, die der Leistungsträger erteilen muss, ohne konkret danach gefragt worden zu sein. Der Sozialleistungsträger ist dann verpflichtet, auch über die ausdrücklich gestellten Fragen hinaus zu informieren, wenn sich die Information als offensichtlich zweckmäßig aufdrängt und von dem Sozialleistungsempfänger hätte genutzt werden können.[214]

208 BVerfG 24.5.2000 SozR 3-2400 § 23 Nr. 1.
209 Ausführlich hierzu Borchert, NZS 2002, 176; vgl. BSG 25.3.2003 SozR 4-4300 § 434c Nr. 1.
210 BSG 18.12.1975 SozR 1200 § 14 Nr. 9; Igl/Welti, Sozialrecht, § 76 Rn. 8.
211 BT-Drs. 7/868 S. 25.
212 BSG 26.4.2005 – B 5 RJ 6/04 R, BeckRS 2005, 42585, s. dort auch mit Hinweis auf die Besonderheiten bei Krankenkassen.
213 BT-Drs. 7/868 S. 25.
214 BSG 7.11.1991 SozR 3-1200 § 14 Nr. 5; BSG 24.7.2003, NZS 2004, 110, 112, mit dem Hinweis auf die Grenzen, die im Bereich der Massenverwaltung gesetzt werden.

Beispiel:[215]
Der Rentenversicherungsträger hatte im Rahmen eines von der Klägerin erfolglos geführten Rechtsstreits um eine Berufsunfähigkeits-/Erwerbsunfähigkeitsrente im Hinblick auf § 43 Abs. 1 Nr. 2 SGB VI (bzw. § 44 Abs. 1 Nr. 2 SGB VI a.F.) versäumt, die Klägerin auf die Nachentrichtung von Beiträgen hinzuweisen, um einen Rentenanspruch zu sichern.

Das BSG sah es als einen Verstoß der Beklagten gegen ihre Beratungspflicht aus § 14 SGB I an, dass sie die Klägerin nicht auf diese Möglichkeit hingewiesen hat. Auch die Tatsache, dass die Klägerin durch einen Rechtsanwalt vertreten gewesen sei, habe an der Beratungspflicht nichts geändert. Der Versicherungsträger sei auch in einem solchen Fall verpflichtet, auf naheliegende Gestaltungsmöglichkeiten hinzuweisen, wenn dem Versicherten wie hier der besonders schwere Nachteil des Verlustes des Invaliditätsschutzes drohe (zur Hinweispflicht aus § 115 Abs. 6 SGB VI).

c) Auskunftspflichten (§ 15 SGB I)

Die Auskunft hat primär **Wegweiserfunktion**, indem dem Auskunftsuchenden der zuständige Leistungsträger benannt wird (Verweisungsauskunft). Daneben besteht auch die Verpflichtung der Auskunftsstelle zur Information über Sach- und Rechtsfragen (Inhaltsauskunft). Der Unterschied zur Beratung ist, dass es sich bei der Auskunft eher um einzelne Fragestellungen und nicht um umfassende Informationen zur Lage des Einzelnen handelt. Die Beratung geht also insofern weiter als die Auskunftserteilung. Umgekehrt hat die Auskunftsstelle, soweit sie hinreichend sachkundig ist, über alle Sozialleistungsbereiche zu informieren, die Beratung nach § 14 SGB I ist hingegen auf den jeweiligen Zuständigkeitsbereich des Leistungsträgers beschränkt.[216] Zumindest umfasst die Auskunftspflicht aber die Benennung der zuständigen Leistungsträger.[217] 38

Auskunftspflichtig sind gem. § 15 Abs. 1 SGB I die Träger der gesetzlichen **Krankenversicherung** und die bei diesen errichteten Pflegekassen, vgl. § 1 Abs. 3 SGB XI. Hintergrund ist, dass die Krankenversicherung auch die Aufgabe der Einzugsstelle für die Sozialversicherungsbeiträge der anderen Sozialversicherungszweige übernimmt und die Mitarbeiter der Krankenkasse wegen ihrer Aufgabe und Ausbildung auch Kenntnisse in anderen Sozialleistungsbereichen haben.[218] Im Hinblick auf die Nähe zum Auskunftsuchenden sollen ferner durch Landesrecht weitere Auskunftsstellen benannt werden (für Nordrhein-Westfalen sind dies bspw. die Gemeinden, vgl. VO 19.6.1979, GV NW S. 474). 39

Bei **unrichtiger Auskunftserteilung** kommt ebenso wie bei fehlerhafter Beratung ein Amtshaftungsanspruch gem. § 839 BGB i.V.m. Art. 34 GG sowie ein sozialrechtlicher Herstellungsanspruch in Betracht (siehe unter Rn. 59ff.). 40

d) Weiterleitungs- und Hinwirkungspflicht (§ 16 SGB I)

§ 16 SGB I enthält drei verschiedene Pflichten, die an die Sozialleistungsträger gerichtet sind. Zunächst ist dort eine Pflicht zur **Entgegennahme von Anträgen** geregelt, die auch dann greift, wenn der Leistungsträger im konkreten Fall unzuständig ist, Abs. 1. Daran anknüpfend regelt Abs. 2 eine Pflicht zur **Weiterleitung** an den zuständigen Leistungsträger.[219] In Abs. 3 ist schließlich die Pflicht enthalten, darauf hinzuwirken, dass unverzüglich klare, sachdienliche und vollständige Anträge gestellt werden. Den „Nebenpflichten" nach §§ 13 bis 15 SGB I kann wohl nur die **Hinwirkungspflicht** aus § 16 Abs. 3 SGB I zugeordnet werden.[220] Die Pflichten aus § 16 Abs. 1 und 2 SGB I tragen hingegen dem Umstand Rechnung, dass es für die Antragsteller bisweilen kaum nachvoll- 41

---

215 Nach BSG 25.8.1993 SozR 3-1200 § 14 Nr. 10.
216 BT-Drs. 7/868 S. 25
217 BT-Drs. 7/868 S. 25.
218 BT-Drs. 7/868 S. 25.
219 Zum problematischen Verhältnis zwischen Pflicht zur Weiterleitung und Datenschutz BSG 29.2.2024, NZS 2024, 678 mAnm. Fischer.
220 S. auch Mrozynski, § 16 SGB I, Rn. 38; Krauskopf/Volkmann, § 16 SGB I Rn. 30.

ziehbar ist, welcher Sozialleistungsträger für den jeweiligen Antrag zuständig ist; der Gesetzgeber wollte verhindern, dass der Einzelne mit seinem Antrag an Zuständigkeitsabgrenzungen scheitert.[221] Da Anträgen auch eine materiell-rechtliche Wirkung zukommen kann, wird mit § 16 Abs. 2 S. 2 SGB I über eine gesetzliche Fiktion sichergestellt, dass sie ihre Wirkung bereits mit Zugang beim unzuständigen Leistungsträger entfalten.

42 Die **Hinwirkungspflicht** des § 16 Abs. 3 SGB I wird auch als Konkretisierung von § 14 SGB I angesehen.[222] Jedenfalls dürfte in der Praxis die Hinwirkungspflicht nach § 16 Abs. 3 SGB vielfach Überschneidungen mit § 14 SGB I, auch in der Form der sog. Spontanberatung, aufweisen. Erfüllt ein Leistungsträger seine Hinwirkungspflicht nicht, ist es vor diesem Hintergrund konsequent, auch hier die Möglichkeit eines sozialrechtlichen Herstellungsanspruchs zuzulassen.[223]

3. Mitwirkungspflichten des Sozialleistungsberechtigten (§§ 60 bis 67 SGB I)

a) Bedeutung und Einordnung

aa) Interessenlagen und Adressaten

43 Die Informations- und Betreuungspflichten der Sozialleistungsträger finden ihre Entsprechung in den Mitwirkungspflichten der Sozialleistungsberechtigten. Der Normzweck sozialrechtlicher Vorschriften kann nur dann erfolgreich realisiert werden, wenn Leistungsberechtigter und Leistungsträger kooperieren. Die Mitwirkungspflichten des Berechtigten dienen daher gleichermaßen der Verwirklichung seiner sozialen Rechte, wie auch der Abwendung von Schaden für die Allgemeinheit, indem bspw. eine missbräuchliche Inanspruchnahme von Leistungen verhindert wird.[224] Bei der Anwendung der §§ 60ff. SGB I sind daher einerseits die Interessen der Sozialverwaltung, des Antragstellers bzw. Leistungsberechtigten und der Allgemeinheit an der Aufklärung des Sachverhalts zu berücksichtigen. Andererseits kann aber bspw. auch das Persönlichkeitsrecht, das Recht auf informationelle Selbstbestimmung oder auf körperliche Unversehrtheit (Art. 2 Abs. 1 und 2 GG) des Leistungsberechtigten durch die Mitwirkungspflicht verletzt werden, z.B. wenn § 63 SGB I die Durchführung einer Heilbehandlung fordert. Dieser grundrechtlichen Dimension trägt § 65 SGB I mit der Festlegung von Grenzen der Mitwirkung zum Teil Rechnung. Bei der Prüfung eines Verstoßes gegen die Mitwirkungspflichten sind daher nicht nur die Anforderungen der §§ 60 bis 64 SGB I zu prüfen. Es ist auch immer im Anschluss zu untersuchen, ob ggf. die Grenzen des § 65 SGB I überschritten wurden, was wiederum das Bestehen einer Mitwirkungspflicht ausschließt.

44 Adressaten der Mitwirkungspflichten der §§ 60ff. SGB I sind nur die Sozialleistungsberechtigten selbst. Für Dritte gelten die Vorschriften der §§ 97ff. SGB X. Probleme wirft die Anwendung der §§ 60ff. SGB I bei Minderjährigen auf. Die wohl überwiegende Auffassung wendet bei Minderjährigen § 36 Abs. 2 S. 2 SGB I entsprechend an.[225]

bb) Einordnung als Obliegenheit und Folgen bei Nichtbeachtung

45 Auch wenn sowohl in der Gesetzesbegründung[226] als auch in § 66 SGB I der Begriff Mitwirkungspflicht verwendet wird, handelt es sich bei den §§ 60ff. SGB I rechtlich gesehen um Obliegenheiten. Unter Obliegenheiten werden Anforderungen gefasst, zu deren Erfüllung der Betroffene nicht verpflichtet ist und deren Nichteinhaltung ausschließlich für ihn mit einem Rechtsverlust einhergeht.

221 BT-Drs. 7/868 S. 25f.

222 BSG 15.5.1984, BSGE 56, 266; ebenso der Bericht des Ausschusses für Arbeit und Sozialordnung zum erst während des Gesetzgebungsverfahrens zum Entwurf eines Sozialgesetzbuchs Allgemeiner Teil eingeführten § 16 Abs. 3 SGB I, BT-Drs. 7/3786 S. 6.

223 Krauskopf/Volkmann § 16 SGB I Rn. 36; im Ergebnis wohl ebenso BeckOGK/Spellbrink § 16 SGB I Rn. 66.

224 Vgl. BSG 23.3.1972, BSGE 34, 124, 127.

225 S. hierzu ausführlicher Mrozynski § 60 SGB I Rn. 15ff.; BeckOGK/Spellbrink § 60 SGB I Rn. 4f.

226 BT-Drs. 7/868 S. 34.

Der Sozialleistungsberechtigte kann demnach nicht gezwungen werden, sich den §§ 60ff. SGB I entsprechend zu verhalten. Dennoch bleibt ein Verstoß gegen die Mitwirkungspflichten nicht automatisch folgenlos. Dem Leistungsberechtigten droht bei fehlender Mitwirkung die völlige oder teilweise Versagung oder Entziehung der Sozialleistung, sofern er gem. § 66 SGB I auf die Folgen unterlassener Mitwirkung ausdrücklich und schriftlich hingewiesen wurde. Da dieser Fall nicht selten eintritt, haben die §§ 60ff. SGB I eine sehr hohe Praxisrelevanz. Darüber hinaus kann die fehlende Mitwirkung auch für die Bestandskraft eines Verwaltungsaktes bedeutsam sein, was sich vor allem bei Verwaltungsakten mit Dauerwirkung (z.B. Renten) zeigt. Ein Verwaltungsakt mit Dauerwirkung kann gem. § 48 Abs. 1 S. 2 Nr. 2 SGB X bei einer wesentlichen Änderung der Verhältnisse aufgehoben werden. Um eine wesentliche Änderung handelt es sich, wenn der Betroffene für ihn nachteilige Änderungen der Verhältnisse entgegen seiner Mitwirkungspflicht vorsätzlich oder grob fahrlässig nicht mitgeteilt hat.[227] Außerdem kann sich ein Leistungsempfänger, der iRv. § 60 SGB I falsche oder unvollständige Angaben macht, gem. § 263 StGB wegen Betrugs strafbar machen.[228] 46

cc) Spezialregelungen

Die §§ 60ff. SGB I können als Mindestmitwirkungshandlungen angesehen werden, die von einem Leistungsberechtigten erwartet werden. Hinzukommen zahlreiche Spezialregelungen im besonderen Teil des SGB. Hierher gehören etwa die Regelungen über Sperrzeiten beim Arbeitslosengeld, wenn der Arbeitslose durch vertragswidriges Verhalten Anlass zur Lösung des Beschäftigungsverhältnisses gegeben hat (§ 159 SGB III), oder die Regelung in § 29 Abs. 3 S. 2 SGB V, der zufolge die Krankenkasse die anteilige Kostenerstattung bei kieferorthopädischer Behandlung nur trägt, wenn die Behandlung abgeschlossen worden ist.[229] 47

b) Inhalt der Mitwirkungshandlungen

aa) Die Pflicht zur Angabe von Tatsachen (§ 60 SGB I)

Die Pflicht des Berechtigten zur Angabe von Tatsachen gem. § 60 SGB I bezieht sich auf Sachverhalte, die für die Leistungsgewährung relevant sind.[230] Diese Kooperationspflicht des Berechtigten gegenüber dem Leistungsträger stellt eine sinnvolle Ergänzung und so gesehen auch eine Begrenzung des in § 20 SGB X normierten Amtsermittlungsgrundsatzes dar. Mit § 60 SGB I soll der Leistungsträger Kenntnis von Tatsachen erhalten, die für seine Entscheidung über die Sozialleistung die Grundlage bilden.[231] Nach ganz herrschender Meinung trifft den nach § 60 Abs. 1 SGB I Verpflichteten aber keine Nachforschungspflicht.[232] 48

bb) Persönliches Erscheinen des Sozialleistungsberechtigten (§ 61 SGB I)

Das persönliche Erscheinen kann dazu dienen, auf eine sachdienliche Stellung des Antrags bzw. auf den Erhalt von Informationen hinzuwirken, die sich im schriftlichen Verfahren nicht gewinnen lassen. Auch kann sich das persönliche Erscheinen im Hinblick auf die Anhörungsverpflichtung aus § 24 SGB X empfehlen. Neben der **mündlichen Erörterung** ist das Verlangen des persönlichen Erscheinens gem. § 61 SGB I auch zur Vornahme „**anderer** für die Entscheidung über die Leistung **notwendiger Maßnahmen**" möglich. Als Beispiel für derartige Maßnahmen nennt die Gesetzesbegründung 49

227 BeckOK-SozR/Hase § 60 SGB I Rn. 4; s. auch ausführlich Mrozynski § 60 SGB I Rn. 2ff.; BSG 28.3.2013, NZS 2013, 757.

228 S. hierzu ausführlich Bringewat, NStZ 2011, 131ff.; OLG München 31.10.2007, NStZ 2009, 156 mwN.

229 Mrozynski § 60 SGB I Rn. 4 mit weiteren Beispielen.

230 Zur Frage, ob Leistungsempfänger nach dem SGB II zu Einkommen und Vermögen des Partners nach § 60 Abs. 1 S. 1 Nr. 1 SGB I Auskünfte erteilen müssen BSG 13.12.2023, BeckRS 2023, 38118.

231 BSG 28.3.2013, NZS 2013, 757ff.

232 BSG 10.3.1993, BSGE 72, 118; Mrozynski § 60 SGB I Rn. 28.

den Augenschein und die Beobachtung des Gesundheitszustands.[233] Auch wenn der Gesetzestext es nicht ausdrücklich verlangt, muss nach wohl allgemeiner Auffassung das persönliche Erscheinen für die Entscheidung des Leistungsträgers zudem erforderlich sein.[234] So kann bspw. der Verdacht, dass eine Sozialleistung dem Berechtigten tatsächlich nicht zufließt, das persönliche Erscheinen erforderlich machen.

Beispiel:[235]
Der Rentenversicherungsträger verlangte das persönliche Erscheinen der zusammen mit ihrem Ehemann auf dem Gelände der „Socieda Benefactora y Educacional Dignidad" (der sog. Colonia Dignidad) in Chile wohnenden Rentenbezieherin, deren Rente auf das Konto des Ehemannes in Deutschland gezahlt wurde, nachdem der Verdacht bestand, dass sie aufgrund des starken Einflusses ihres Mannes keine Verfügungsmöglichkeit über die Geldleistung besitzt.

cc) Untersuchungen (§ 62 SGB I)

50 Die Gewährung von Sozialleistungen knüpft häufig an Tatsachen an, die nur unter Einschaltung von Ärzten und Psychologen nachgewiesen werden können. Hier fordert der Gesetzestext ausdrücklich, dass die Untersuchung erforderlich ist. Nach der Gesetzesbegründung soll sie nur verlangt werden dürfen, wenn die entscheidungserheblichen Tatsachen nicht in anderer Weise, wie z.B. ärztliche Atteste, geklärt werden können.[236] Allerdings ist hierbei zu berücksichtigen, dass häufig ein Attest des Hausarztes nicht ausreichen wird, sondern eine Untersuchung durch spezialisierte, ggf. auch in sozialmedizinischen Fragen geschulte Ärzte und Psychologen erforderlich sein wird.[237]

Beispiel:
Die Gewährung von Rehabilitationsmaßnahmen der Rentenversicherung setzt gem. § 10 Nr. 1 SGB VI in persönlicher Hinsicht voraus, dass die Erwerbsfähigkeit des Versicherten wegen Krankheit oder körperlicher, geistiger oder seelischer Behinderung erheblich gefährdet oder gemindert ist. Die Feststellung dieser medizinischen Sachverhalte muss durch ärztliche Untersuchung vorgenommen werden.

51 Die Rechtsprechung verlangt, dass der Leistungsträger den Zweck der beabsichtigten Untersuchung darlegt, damit der Sozialleistungsberechtigte die Erforderlichkeit beurteilen kann.[238]

dd) Durchführung von Heilbehandlungen und berufsfördernden Maßnahmen (§§ 63f. SGB I)

52 Nach den Vorschriften der §§ 63f. SGB I soll sich der Berechtigte Heilbehandlungen bzw. berufsfördernden Maßnahmen unterziehen, wenn dadurch eine Besserung des Gesundheitszustandes erreicht bzw. die Erwerbs- oder Vermittlungsfähigkeit auf Dauer gefördert oder erhalten werden kann. Anders als in den §§ 60 bis 62 SGB I ist es hier also nicht das Ziel, entscheidungserhebliche Tatsachen zu erlangen. In §§ 63, 64 SGB I spiegeln sich Grundentscheidungen wider, die der Gesetzgeber auch an anderer Stelle getroffen hat. So zeichnet sich das Sozialleistungsrecht durch das Prinzip aus, dass Rehabilitationsmaßnahmen grundsätzlich Vorrang vor der Gewährung von Geldleistungen haben sollen („Rehabilitation vor Rente", vgl. dazu § 9 SGB VI, § 5 SGB XI). Zudem findet sich in §§ 63f. SGB I der **Gedanke einer Schadensminderungspflicht** wieder, wie er in § 254 Abs. 2 BGB

233 BT-Drs. 7/868 S. 33.
234 BeckOK-SozR/Hase § 61 SGB I Rn. 1.
235 Nach BSG 22.2.1995 SozR 3-1200 § 61 Nr. 1.
236 BT-Drs. 7/868 S. 33.
237 S. z.B. LSG Bayern 12.6.2019, BeckRS 2019, 14788.
238 BSG 29.9.1987 SozR 4100 § 132 Nr. 4.

verankert ist.[239] Hinter den §§ 63f. SGB I steht die Frage, inwieweit die Pflicht zur Vornahme/Duldung bestimmter Handlungen, die z. B. in die Rechte aus Art. 2 Abs. 2 GG eingreifen, durch Interessen des Leistungsträgers gerechtfertigt werden kann. Grundsätzlich handelt es sich bei den in §§ 63f. SGB I genannten Handlungen um solche, über die ein Bürger selbstbestimmt entscheiden darf, inklusive eines „Rechts zur Unvernunft."[240] Ein möglicher Rechtfertigungsansatz wird über die Grundannahme geführt, dass Leistungsträger von einem Leistungsberechtigten ein sozialrechtlich konsistentes Verhalten verlangen dürfen.[241] Gemildert werden die potentiellen Eingriffe in das Selbstbestimmungsrecht zudem durch die eng gefassten Vorgaben des § 66 Abs. 2 SGB I sowie die Grenzen, die § 65 Abs. 2 SGB I für die Mitwirkungshandlungen nach § 63 SGB I zusätzlich aufstellt.

c) Grenzen der Mitwirkung (§ 65 SGB I)

Die Mitwirkungsvorschriften sind Ausdruck des verfassungsrechtlich verankerten **Verhältnismäßigkeitsprinzips**.[242] Die geforderte Mitwirkung soll nicht außer Verhältnis zu der zu gewährenden Sozialleistung stehen. Dementsprechend sind auch die Grenzen der Mitwirkungspflichten zu ziehen. Mit § 65 Abs. 1 SGB I wird eine allgemeine Zumutbarkeitsgrenze für alle Mitwirkungshandlungen vorgegeben, mit dem Ziel, die Persönlichkeitssphäre und die körperliche Integrität des Einzelnen zu wahren.[243] Bei § 65 Abs. 2 und 3 SGB I handelt es sich dann um Konkretisierungen von Abs. 1 für Behandlungen und Tatsachenangaben.[244] Diese Konkretisierungen verdrängen jedoch nicht die Vorgaben des Abs. 1, sie sind vielmehr eine Ergänzung.[245] Im Unterschied zu den allgemeinen Grenzen nach Abs. 1 müssen die besonderen Grenzen der Abs. 2 und 3 vom Leistungsberechtigten geltend gemacht werden („können abgelehnt werden", „können verweigert werden"). 53

Eine besondere Bedeutung nimmt **§ 65 Abs. 2 SGB I** ein. Die Pflicht, sich Behandlungen und Untersuchungen zu unterziehen, betrifft in **besonderem Maße grundrechtssensible Bereiche**: die Würde des Menschen, seine Persönlichkeitssphäre und seine körperliche Unversehrtheit. 54

Beispiel:[246]

Der Kläger erhielt wegen einer Verletzung am linken Mittelfinger, verursacht durch einen Arbeitsunfall, nach zwei operativen Eingriffen eine Verletztenrente. Die Minderung der Erwerbsfähigkeit betrug 20 Prozent (vgl. § 56 SGB VII). Eine spätere ärztliche Untersuchung ergab, dass durch eine Teilamputation des Mittelfingers der linken Hand eine Besserung der Greiffähigkeit und damit eine Minderung der Erwerbsfähigkeit um zehn Prozent herbeigeführt werden könnte. Die beklagte Berufsgenossenschaft hat deshalb den Kläger aufgefordert, diesen operativen Eingriff vornehmen zu lassen, da andernfalls die Verletztenrente entzogen werden müsste.

Das BSG hat hier bereits das Vorliegen der Voraussetzungen des § 63 SGB I verneint, weil eine Besserung des Gesundheitszustandes nicht herbeigeführt werden könnte. Zur Begründung seiner Auffassung weist das BSG darauf hin, dass nur die berufliche Situation, nicht aber der Gesundheitszustand des Klägers insgesamt sich verbessern lasse. Vor allem aber fehle es an den Voraussetzungen der Besserung eines Gesundheitszustands, weil der Kläger die Fingeramputation als eine Art Selbstverstümmelung betrachte, die ihn mehr belaste, als die durch die Fingerlähmung hervorgerufene Greifschwäche.

---

239 Mrozynski § 65 SGB I Rn. 16 im Zusammenhang mit den Grenzen der Duldung von Operationen.
240 S. zu den gegenläufigen Interessen z. B. BeckOK-SozR/Hase § 63 SGB I Rn. 2ff.
241 BeckOK-SozR/Hase § 63 SGB I Rn. 4.
242 Ausführlicher Rüfner, VSSR 1977, 357.
243 BT-Drs. 7/868 S. 33.
244 BT-Drs. 7/868 S. 33f.
245 BeckOGK/Spellbrink § 65 SGB I Rn. 26.
246 Nach BSG 20.3.1981 SozR 1200 § 63 Nr. 1.

d) Sanktionen bei Verstoß gegen Mitwirkungspflichten (§ 66 SGB I)

aa) Versagung oder Entziehung der Sozialleistung

55 Die Mitwirkungshandlungen nach §§ 60 bis 64 SGB I können nicht durch Zwang durchgesetzt werden.[247] Mögliche Sanktion eines Verstoßes gegen die Mitwirkungspflichten ist die völlige oder teilweise Versagung bzw. Entziehung der Sozialleistung nach § 66 SGB I. Die Anordnung einer Sanktion kommt allerdings erst dann in Betracht, wenn der Leistungsberechtigte auf diese Rechtsfolge schriftlich hingewiesen worden ist[248] und seiner Mitwirkungspflicht nicht innerhalb einer angemessenen Frist nachgekommen ist, vgl. § 66 Abs. 3 SGB I. Die Entscheidung über Entziehung oder Versagung liegt im Ermessen des Sozialleistungsträgers. Voraussetzung ist gem. § 66 Abs. 1 SGB I, dass aufgrund der fehlenden Mitwirkung die Sachverhaltsaufklärung erheblich erschwert ist. Dies kann bspw. der Fall sein, wenn ein Antragsteller sich weigert, Sachverständige des ärztlichen Dienstes von der Schweigepflicht zu entbinden und so die Beiziehung und Auswertung von ärztlichen Gutachten verhindert.[249]

56 Auch wenn die Maßnahmen nach § 66 SGB I als Sanktionen bezeichnet werden,[250] haben sie **keinen Strafcharakter**. Die Leistungen sind zu gewähren, sobald die Mitwirkungshandlung **nachgeholt** wurde. Darüber hinaus sieht § 66 SGB I auch keine rückwirkende Entziehung von Leistungen vor.[251]

Beispiel:[252]
Die 1914 geborene Klägerin lebte seit 1962 in Chile in der „Colonia Dignidad" und bezog ein Altersruhegeld der beklagten BfA (jetzt DRV). Aufgrund der kritischen Berichterstattung über die „Colonia Dignidad" mussten bei der Beklagten Zweifel bestehen, ob die Klägerin überhaupt noch am Leben war, bzw. ob ihr die Rente auch tatsächlich zufließt. Um diese Verdachtsmomente in einem persönlichen Gespräch zu klären, forderte die BfA die Klägerin zu einem persönlichen Erscheinen an einem Ort in Chile auf. Dabei wurde sie darauf hingewiesen, dass die Rente entzogen werden könnte, wenn sie der Aufforderung bis zu einem bestimmten Datum nicht Folge leisten würde. Da die Klägerin nicht erschien, wurde die Rentenzahlung eingestellt. Gegen den Bescheid erhob die Klägerin Anfechtungsklage gem. § 54 Abs. 1 S. 1 SGG.

---

57 In diesem Fallbeispiel ist zu berücksichtigen, dass der Rentenversicherung als zuständiger Leistungsträger gem. §§ 2 Abs. 2 und 17 Abs. 1 Nr. 1 SGB I die Obhutspflicht auferlegt war, dafür zu sorgen, dass die Berechtigte die ihr vom Gesetz zugedachte Sozialleistung auch wirklich erhält. Die Berechtigte hatte ihre Mitwirkungspflichten gem. § 61 SGB I verletzt, Ausschlusstatbestände nach § 65 Abs. 1 SGB I lagen nicht vor. Der Entzug der Leistung wurde auch i.S.v. § 66 Abs. 3 SGB I angedroht. Daneben bedurfte es keiner weiteren Anhörung im Hinblick auf § 24 SGB X. Nach Auffassung des BSG wird die Anhörungspflicht aus § 24 SGB X durch die Hinweispflicht des § 66 Abs. 3 SGB I verdrängt.[253] Angesichts der ungewissen Umstände und der nicht möglichen anderweitigen Klärung der Angelegenheit war es nicht ermessensfehlerhaft, wenn sich die Beklagte für den völligen Entzug der Leistung entschied. Zu den weiteren möglichen Folgen eines Verstoßes gegen die Mitwirkungspflichten s. o. Rn. 46.

---

247 Mrozynski § 66 SGB I Rn. 2.
248 Zum schriftlichen Hinweis BSG 12.10.2018, NZS 2020 mAnm. Türpe.
249 BSG 26.11.2020, BSGE 131, 116.
250 So z.B. auch in der Gesetzesbegründung BT-Drs. 7/868 S. 34.
251 S. hierzu BSG 21.3.2001, NJOZ 2001, 1536.
252 Nach BSG 22.2.1995 SozR 3-1200 § 66 Nr. 3.
253 BSG 22.2.1995 SozR 3-1200 § 66 Nr. 3; ebenso BeckOK-SozR/Hase § 66 Rn. 13; a.A. Mrozynski § 66 Rn. 31.

bb) Besonderheiten bei Verwaltungsakten mit Dauerwirkung

Handelt es sich um wiederkehrende Leistungen, so ist die Entscheidung ein gestaltender Verwaltungsakt mit Dauerwirkung. Der Leistungsanspruch ist bis zur Erfüllung der Mitwirkungsobliegenheit vernichtet. Mit Nachholung der Mitwirkung wird der Versagungsbescheid rechtswidrig. Er bleibt aber bis zur Aufhebung wirksam. Es besteht in diesem Fall ein Anspruch auf Aufhebung des Entziehungsbescheides gem. § 48 Abs. 1 S. 1 und S. 2 Nr. 1 SGB X (s. hierzu § 10 Rn. 50ff.).[254] Ob die bis dahin nicht gewährten oder entzogenen Leistungen **nachträglich** ganz oder teilweise **erbracht** werden können, liegt gem. § 67 SGB I im Ermessen des Leistungsträgers.[255] 58

VI. Störungen der Leistungserbringung

Die §§ 13ff. SGB I bilden eine Gesamtregelung, die die Durchsetzung der sozialen Rechte des Einzelnen sichert. Das SGB I sieht allerdings keine Regelungen für den Fall vor, dass die Leistungsträger ihre Pflichten aus §§ 13ff. SGB I nicht erfüllen. Störungen im Sozialrechtsverhältnis werden vielmehr mit den öffentlich-rechtlichen Ausgleichsansprüchen des **Amtshaftungsanspruchs** gem. § 839 BGB i.V.m. Art. 34 GG und des größtenteils durch Richterrecht entwickelten **Folgenbeseitigungsanspruchs** gelöst. Daneben hat die Rechtsprechung speziell für das Sozialrecht das Haftungsinstitut des **sozialrechtlichen Herstellungsanspruchs** geschaffen. 59

1. Amtshaftungsanspruch

§ 839 BGB i.V.m. Art. 34 GG setzt die **schuldhafte Verletzung** einer Amtspflicht voraus. Zudem muss der Sozialleistungsberechtigte geltend machen können, einen **Schaden** erlitten zu haben. Der Anspruch muss gem. Art. 34 S. 3 GG vor den **ordentlichen Gerichten** geltend gemacht werden.[256] 60

2. Folgenbeseitigungsanspruch

Der Folgenbeseitigungsanspruch zielt auf die Wiederherstellung des ursprünglichen Zustands nach einem **rechtswidrigen** und noch **fortdauernden Eingriff** der Verwaltung.[257] Der Sozialleistungsberechtigte sieht sich meist jedoch nicht einem rechtswidrigen Eingriff der Sozialverwaltung ausgesetzt. Sein Problem besteht vielmehr oft darin, dass ein Sozialleistungsträger es pflichtwidrig unterlassen hat, ihn über seine Rechte zu informieren und er sie deshalb nicht geltend gemacht hat. In diesen Fällen hilft dem Betroffenen die Herstellung des status quo ante nicht weiter. 61

3. Sozialrechtlicher Herstellungsanspruch

a) Hintergrund

Für Fälle, in denen ein Amtshaftungsanspruch mangels Verschulden ausscheidet und ein Folgenbeseitigungsanspruch keine Abhilfe schaffen kann, sah das BSG eine ausfüllungsbedürftige Regelungslücke im Haftungssystem.[258] Es entwickelte im Wege der richterlichen Rechtsfortbildung den **sozialrechtlichen Herstellungsanspruch**.[259] Der Anspruch ist auf die Herstellung der Rechtsposition gerichtet, die der Betroffene innegehabt hätte, wenn sich die Behörde von Anfang an rechtmäßig 62

254 Igl/Welti, Sozialrecht, § 76 Rn. 14.
255 S. hierzu BSG 22.2.1995 SozR 3-1200 § 66 Nr. 3.
256 S. zum Amtshaftungsanspruch vertiefend Guckelberger, Allgemeines Verwaltungsrecht, § 37 Rn. 1ff.; als Anwendungsbeispiel bei einer Verletzung der Beratungspflicht s. auch BGH 11.3.2021, NVwZ-RR 2021, 671ff.
257 Guckelberger, Allgemeines Verwaltungsrecht, § 41 Rn. 1ff.
258 BSG 12.10.1979 SozR 2-2200 § 1418 Nr. 6.
259 S. zur Entwicklung im Überblick Kreßel, NZS 1994, 395.

verhalten hätte.[260] Anwendungsfälle für den sozialrechtlichen Herstellungsanspruch sind z.B. eine nicht erfolgte bzw. verspätete Antragstellung auf eine Sozialleistung oder eine verspätete Beitragsentrichtung wegen mangelnder oder fehlerhafter Beratung durch einen Sozialleistungsträger. Auch ein versäumter freiwilliger Versicherungsbeitritt oder aber die versäumte Befreiung von einer Versicherungspflicht sowie die nicht erfolgte Nachentrichtung von Beiträgen zur Rentenversicherung können erfasst werden.[261]

b) Voraussetzungen

63 Die von der Rechtsprechung herausgearbeiteten **Voraussetzungen** des verschuldensunabhängigen Herstellungsanspruchs sind

- das Fehlen einer anderen Rechtsgrundlage für einen gerechten Ausgleich, also eine Regelungslücke;
- das **pflichtwidrige** Verhalten eines Sozialleistungsträgers oder eines Dritten wegen Verletzung einer Pflicht aus §§ 13ff. SGB I, welches dem Leistungsträger zuzurechnen ist;
- das Vorliegen eines **Nachteils** oder **Schadens** beim Sozialleistungsberechtigten (Verkürzung oder Nichtgewährung von Sozialleistungen, Auslösung negativer Folgen für Anwartschaften, Auferlegung zusätzlicher Versicherungspflichten;[262]
- ein **Schutzzweckzusammenhang** zwischen der verletzten Pflicht und dem entstandenen Nachteil;
- Kausalität des Verhaltens für den Eintritt des Schadens in dem Sinne, dass die Pflichtverletzung des Leistungsträgers **wesentliche Bedingung** für den Eintritt des Schadens ist;
- der Nachteil muss durch eine **rechtmäßige Amtshandlung** des Leistungsträgers ausgeglichen werden können.[263]

Insbesondere an der letztgenannten Voraussetzung kann ein sozialrechtlicher Herstellungsanspruch scheitern. Hinter dieser Voraussetzung steht das Anliegen, dass der sozialrechtliche Herstellungsanspruch nicht neue Rechte schaffen, sondern nur bestehende Rechte im Sinne des jeweiligen Gesetzeszwecks verwirklichen soll.[264]

Beispiel:[265]
Arbeitgeber A ging aufgrund eines Vermerks des Betriebsprüfers im Rahmen einer von der AOK durchgeführten Betriebsprüfung davon aus, dass sein Arbeitnehmer S als Werkstudent versicherungs- und beitragsfrei sei. Er entrichtete für ihn keine Beiträge und behielt daher auch keinen Arbeitnehmeranteil für Beitragszahlungen vom Lohn ein. Bei einer späteren Betriebsprüfung kam die Krankenkasse zu dem Ergebnis, dass S trotz seines Studiums versicherungspflichtig war und erließ einen Nachforderungsbescheid. Der Arbeitgeber zahlte die Gesamtsozialversicherungsbeiträge nach und versuchte wiederum, den inzwischen ausgeschiedenen S auf Zahlung der Arbeitnehmeranteile in Anspruch zu nehmen. Die gegen S erhobene Klage wies das Arbeitsgericht ab, weil die Arbeitnehmeranteile nach § 28g S. 2 u. 3 SGB IV nur durch Abzug vom Lohn hätten geltend gemacht werden können. Der Arbeitgeber verlangte daher von der AOK die Erstattung der von ihm gezahlten Arbeitnehmeranteile, da er der Ansicht war, der eingetretene Schaden hätte vermieden werden können, wenn er bei der ersten Betriebsprüfung auf die Beitragspflicht hingewiesen worden wäre. Er sei deswegen so zu stellen, als hätte er die Beiträge damals gezahlt und den Arbeitnehmeranteil einbehalten. Das BSG verneinte die Voraussetzungen eines sozialrechtlichen Herstellungsanspruchs u.a. deshalb, weil das SGB an keiner Stelle vorsieht, dass der Arbeitnehmeranteil am Gesamtsozialversicherungsbei-

---

260 BSG 24.3.1988 SozR 1200 § 14 Nr. 28.
261 Kreßel, NZS 1994, 395, 398.
262 BSG 22.2.1972 SozR Nr. 12 zu § 242 BGB.
263 BSG 27.1.2000 SozR 3-2400 § 28h Nr. 11; zu Voraussetzungen und Anwendung des sozialrechtlichen Herstellungsanspruchs s. auch Schnitzer, NZS 2023, 54ff.
264 Kreßel, NZS 1994, 395, 396.
265 Nach BSG 27.1.2000 SozR 3-2400 § 28h Nr. 11; weitere Beispiele bei Schnitzer, NZS 2023, 54, 58f.

trag von der Prüfstelle getragen wird. Eine Rechtsfolge, die sozialrechtlich nicht vorgesehen ist, kann mit dem sozialrechtlichen Herstellungsanspruch jedoch nicht verfolgt werden.

Ein sozialrechtlicher Herstellungsanspruch kann auch aufgrund einer gegen Art. 3 GG verstoßenden Ungleichbehandlung beratungsbedürftiger Personen durch einen Leistungsträger begründet sein. 64

Beispiel:[266]
In dem vom BSG zu entscheidenden Fall ergab sich weder aus den Vorschriften der besonderen Teile des Sozialgesetzbuchs noch aus §§ 14, 15 SGB I eine Beratungspflicht des Sozialleistungsträgers. Er hatte zwar die Pflicht, Aufklärungsarbeit i. S. d. § 13 SGB I über eine im SGB VI eingetretene Rechtsänderung zu leisten. Die Verletzung dieser objektiven Pflicht vermag jedoch grundsätzlich keinen Herstellungsanspruch zu begründen. Der Sozialversicherungsträger hatte allerdings einige Versicherte im Wege eines Serienschreibens über die für sie im Hinblick auf eine zu beantragende Hinterbliebenenrente bedeutsame Rechtsänderung informiert. Ein anderer Teil der betroffenen Versicherten hatte diese Information gleichheitswidrig und ohne rechtfertigenden Grund wegen einer Besonderheit der Datenerfassung nicht erhalten. Damit konnte die Klägerin, die von dem Sozialversicherungsträger nicht informiert worden war, einen sozialrechtlichen Herstellungsanspruch auf die sich aus Art. 3 Abs. 1 GG ergebende Pflichtverletzung stützen. Sie war damit so zu stellen, als wäre sie ordnungsgemäß informiert worden und als hätte sie den Rentenantrag im Hinblick auf die zu ihren Gunsten eingetretene gesetzliche Änderung bereits zu einem früheren Zeitpunkt als tatsächlich geschehen gestellt.

c) Ursachenzusammenhang

Ein sozialrechtlicher Herstellungsanspruch scheidet allerdings aus, wenn der Beratungsfehler der Behörde nicht ursächlich für den sozialrechtlichen Schaden des Betroffenen geworden ist. 65

Beispiel:[267]
A hatte sich zunächst arbeitslos gemeldet, sich in der Folgezeit jedoch nicht einmal alle drei Monate bei der Arbeitsagentur um Vermittlung bemüht. Die DRV lehnte es ab, die in Frage stehende Zeit als rentenrechtliche Zeit (Anrechnungszeit) zu berücksichtigen, weil Nachweise für die Meldung bei der Arbeitsagentur nicht vorlägen, vgl. § 141 SGB III. Selbst bei einer unterstellten Pflicht der Arbeitsagentur, über die rentenrechtlichen Konsequenzen einer fehlenden Arbeitslosmeldung zu unterrichten, verneinte das BSG das Vorliegen eines sozialrechtlichen Herstellungsanspruchs. Das Gericht legte die Feststellungen des LSG zugrunde, nach denen die Belehrung über die rentenrechtlichen Konsequenzen hinzugedacht werden kann, ohne dass das Meldeverhalten des Klägers gegenüber der Arbeitsagentur sich im streitigen Zeitraum verändert hätte. Der sozialrechtliche Herstellungsanspruch scheiterte damit an der erforderlichen Kausalität der Pflichtverletzung für den erlittenen Nachteil.

d) Sonderfall: Zurechnung von Nebenpflichtverletzung eines unzuständigen Leistungsträgers

Besonderheiten sind zu beachten, wenn der zuständige Leistungsträger und derjenige Leistungsträger, der eine Nebenpflicht verletzt hat, nicht identisch sind. 66

Beispiel:[268]
Der Kläger hatte sich bei der Agentur für Arbeit arbeitsuchend gemeldet, ohne einen Antrag auf Arbeitslosengeld zu stellen. Als der beklagte Rentenversicherer später die Rente für den Kläger bewilligte, berücksichtigte er bei der Rentenberechnung die Zeit der Arbeitslosigkeit nicht. Hintergrund ist, dass eine Anrechnungszeit im Rahmen der Rentenberechnung nach § 58 Abs. 1

266 Nach BSG 14.2.2001 SozR 3-1200 § 14 Nr. 31.
267 Nach BSG 15.12.1994 SozR 3-2600 § 58 Nr. 2.
268 Nach BSG 24.3.1988 SozR 1200 § 14 Nr. 28.

Nr. 3 SGB VI nur in Betracht kommt, wenn der Arbeitslose sich arbeitsuchend gemeldet und wegen Arbeitslosigkeit eine öffentlich-rechtliche Leistung bezogen hat.[269]

In diesem Fall hat die Agentur für Arbeit es **pflichtwidrig unterlassen**, den Kläger darauf hinzuweisen, dass der **Bezug von Arbeitslosengeld** für die Anerkennung der Arbeitslosigkeit als Anrechnungszeit in der Rentenversicherung bedeutsam ist. Das BSG sieht die Agentur für Arbeit in Fällen, in denen sich aus dem konkreten Verwaltungskontakt mit dem Bürger ein rentenversicherungsrechtlicher Beratungsbedarf zwingend ergibt, als verpflichtet an, einen Hinweis auf den Zusammenhang mit Leistungen der Rentenversicherung zu geben.[270]

67 Voraussetzung eines sozialrechtlichen Herstellungsanspruchs gegen den Rentenversicherungsträger ist somit, dass die unterbliebene Auskunft dem Rentenversicherungsträger **zugerechnet** werden kann. Eine Zurechnung kommt in Betracht, wenn die andere, fehlerhaft handelnde Behörde vom Gesetzgeber **„arbeitsteilig"** in das Verfahren eingeschaltet ist; hierbei stellte das BSG zunächst darauf ab, dass eine „Funktionseinheit" erforderlich ist.[271] Da in dem Beispielsfall bei der Arbeitsagentur die Voraussetzungen für die Anrechnungszeit der Arbeitslosigkeit entstehen, bejahte das BSG die Arbeitsteiligkeit im konkreten Fall. Damit ist der Versicherte bei der Beurteilung der Arbeitslosigkeit als Anrechnungszeit so zu stellen, als ob er Arbeitslosengeld beantragt und bezogen hätte.

68 Wegen der Abgrenzungsschwierigkeiten bei der Zurechenbarkeit von Beratungsfehlern steht die Rechtsprechung zum sozialrechtlichen Herstellungsanspruch in der Literatur in der Kritik.[272] Das BSG scheint jedoch seine großzügige Linie eher noch auszuweiten. So hat es kürzlich im Falle einer fehlenden Beratung über mögliche Leistungen der Pflegekasse im Rahmen des Entlassmanagements eines Krankenhauses ebenfalls eine Zurechnung (hier die Zurechnung der fehlenden Beratung durch das Krankenhaus zur Pflegekasse) bejaht. Die Krankenhäuser würden durch das Versorgungs- und Entlassmanagement arbeitsteilig in die Aufgabenerfüllung der Pflegekasse eingebunden. Eine „Funktionseinheit" wird hier zwar nicht gesehen, aber eine Strukturverantwortung. Als maßgeblich wird hierbei der Schutzzweck der jeweiligen Koordinationsnorm gesehen.[273]

e) Zeitliche Begrenzung

69 Der sozialrechtliche Herstellungsanspruch unterliegt **nicht der Verjährungsfrist nach § 45 SGB I**, sondern lediglich der Frist von 30 Jahren als Schranke rückwirkender Rechtsausübung. Allerdings wird § 44 Abs. 4 SGB X entsprechend angewendet, so dass Sozialleistungen, die aufgrund eines sozialrechtlichen Herstellungsanspruchs zu erbringen sind, auf einen Zeitraum von vier Jahren begrenzt werden.[274]

VII. Das Erlöschen des Anspruchs auf Sozialversicherungsleistungen

1. Erfüllung

70 Der Sozialversicherungsanspruch kann (und das ist der Normalfall) schlicht durch Erfüllung untergehen. Eine gesetzliche Regelung entsprechend § 362 BGB sieht das SGB I zwar nicht vor. Es regelt

---

269 Vgl. BSG 11.3.2004, SGb 2005, 49 ff. mit Anm. von Koch, SGb 2005, 53 ff.

270 BSG 15.12.1994 SozR 3-2600 § 58 Nr. 2; zu den Grenzen der Beratungspflicht BSG 6.8.1992, Kompaß 1992, 43 = HV-INFO 1993, 276.

271 BSG 26.4.2005, BeckRS 2005, 42585.

272 BeckOK-SozR/Hase § 14 SGB I Rn. 12; Mrozynski § 14 SGB I Rn. 31 ff.

273 BSG 17.6.2021, BSGE 132, 216 ff.; s. hierzu auch Spellbrink, jurisPR-SozR 25/2021 Anm. 4.

274 BSG 28.1.1999 SozR 3-1300 § 44 Nr. 25; BSG 24.4.2014, BeckRS 2014, 71478, dort auch mit ausführlicher Begründung in Abgrenzung zur teils abweichenden Rechtsprechung des 4. Senats des BSG.

jedoch verschiedene Erfüllungsmodalitäten, so z.B. die Pflicht aus § 44 SGB I zur Verzinsung von Geldleistungen nach Eintritt der Fälligkeit oder die Form der Auszahlung der Geldleistung an den Berechtigten durch kostenfreie Überweisung auf sein Konto oder Übermittlung an seinen Wohnsitz, vgl. § 47 SGB I.

2. Abzweigung

Einen besonderen Fall der Erfüllung durch Leistung an Dritte regelt **§ 48 SGB I**. Kommt der Sozial- 71
leistungsberechtigte seinen gesetzlichen Unterhaltspflichten[275] gegenüber Ehepartner, Lebenspartnern oder Kindern nicht nach, kann der Sozialleistungsträger mit Erfüllungswirkung gegenüber dem Sozialleistungsberechtigten an Ehegatten, Lebenspartner oder Kinder leisten, sog. **Abzweigung**.[276] Dem liegt die Annahme zugrunde, dass laufende Geldleistungen, die der Sicherung des Lebensunterhalts dienen, wie z.B. Arbeitslosengeld oder Renten, nicht nur dem Leistungsberechtigten, sondern auch seinen unterhaltsberechtigten Familienangehörigen zugute kommen sollen.[277] Die privatrechtliche Unterhaltsforderung erlischt bei einer Abzweigung in Höhe der an die Unterhaltsberechtigten erbrachten Sozialleistung. Die Auszahlung kann auch an andere Personen oder Stellen erfolgen, die dem Ehegatten, Lebenspartner oder den Kindern an Stelle des Verpflichteten Unterhalt gewähren, § 48 Abs. 1 S. 4 SGB I. Abzweigungsberechtigt ist, wer dem Unterhaltsberechtigten statt des Leistungsberechtigten Unterhalt gewährt.[278] § 48 SGB I bewertet die Sicherstellung des Unterhalts höher als die formale Anspruchsberechtigung und erlaubt deshalb die unmittelbare Auszahlung des Sozialleistungsbetrages an die Unterhaltsberechtigten, auch ohne Zustimmung des Gläubigers.

Beispiel für einen Fall nach § 48 SGB I:
Der verheiratete A hat zwei Kinder, lebt getrennt von seiner Ehefrau und bezieht eine Rente wegen Erwerbsminderung gem. § 43 SGB VI. A ist Alkoholiker und verbraucht fast die gesamte Rente für seine Bedürfnisse, ohne den Unterhaltspflichten gegenüber seiner Familie nachzukommen.

3. Aufrechnung

Wie das BGB kennt auch das SGB I **Erfüllungssurrogate**. Die Aufrechnung ist in § 51 SGB I und in der 72
besonderen Form der Verrechnung in § 52 SGB I geregelt.[279] Sie entspricht im Wesentlichen dem zivilrechtlichen Institut der Aufrechnung, mit einigen auf das Sozialrecht zugeschnittenen Abweichungen.[280] Daher ist die wesentliche Voraussetzung für eine Aufrechnung nach § 51 SGB I entsprechend § 387 BGB das Vorliegen einer Aufrechnungslage, es müssen sich also gleichartige und gegenseitige Forderungen gegenüberstehen, von denen die eine entstanden und erfüllbar und die andere (die Gegenforderung des Sozialleistungsträgers) entstanden und fällig sein muss.[281] Die weiteren besonderen Voraussetzungen des § 51 Abs. 1 und 2 SGB I gelten nur bei Aufrechnung durch den Sozialleistungsträger. Auch der Leistungsberechtigte kann gegenüber dem Leistungsträger die Aufrech-

275 Ausreichend ist für den Sozialleistungsträger ein Unterhaltstitel, eine materiell-rechtliche Prüfung muss dann nicht mehr hinsichtlich der gesetzlichen Unterhaltspflicht durchgeführt werden, BSG 17.3.2009, NJOZ 2009, 3938.

276 S. hierzu auch von Einem SGb 1994, 261ff.; Günther, SGb 1994, 638ff.

277 BT-Drs. 7/868 S. 31.

278 BSG 31.3.1982 SozR 1200 § 48 Nr. 5.

279 Zu den Besonderheiten von Auf- und Verrechnung im Insolvenzverfahren s. Lackmann, VIA 2019, 41ff.; LSG Bayern 21.3.2018, NZI 2018, 495.

280 BT-Drs. 7/868 S. 32.

281 BSG 14.3.2014, NZS 2013, 665.

nung erklären.[282] Mangels Spezialregelungen im SGB I kommen dann aber allein die §§ 387ff. BGB zur Anwendung.[283]

73 Nach wohl überwiegender Auffassung handelt es sich bei der Aufrechnung durch den Leistungsträger um einen VA,[284] dessen Erlass im pflichtgemäßen **Ermessen** des Sozialleistungsträgers steht. Nach der Gesetzesbegründung soll bei der Ausübung des Ermessens hinsichtlich des „ob" und des Umfangs der Aufrechnung auch der Zweck der einzelnen Sozialleistung berücksichtigt werden.[285]

74 § 51 Abs. 1 SGB I beschränkt die Aufrechnung auf Geldansprüche und begrenzt die Aufrechnungsbefugnis dem Umfang nach auf das **pfändbare Vermögen** i.S.v. § 54 SGB I. Demgegenüber schafft § 51 Abs. 2 SGB I eine erleichterte Möglichkeit der Aufrechnung bei **Beitrags- und Erstattungsansprüchen** (vgl. zu den Voraussetzungen der Erstattung zu Unrecht erbrachter Leistungen (§ 50 SGB X). Sie tritt neben die Aufrechnung nach § 51 Abs. 1 SGB I, so dass der Leistungsträger in einigen Fällen ein **Wahlrecht** hat, nach welcher Vorschrift er vorgehen möchte. In jedem Fall verbleibt dem Schuldner ein Betrag in Höhe der Grundsicherungsleistungen.

4. Verrechnung

75 Die **Verrechnung** nach § 52 SGB I ist nur zwischen zwei Sozialleistungsträgern möglich und stellt eine **Ausnahme vom Gegenseitigkeitsprinzip** dar. Im Unterschied zur Aufrechnung tritt bei der Verrechnung die wechselseitige Tilgung der Forderungen trotz fehlender Gegenseitigkeit ein. Der zu einer Geldleistung verpflichtete Sozialleistungsträger rechnet mit der Forderung eines anderen Leistungsträgers, die dieser gegen den Berechtigten hat, auf. Er bedarf dazu der Ermächtigung des anderen Leistungsträgers. Ohne diese Möglichkeit der Verrechnung würde eine Aufrechnung aufgrund der gegliederten Form des Sozialsystems häufig an dem Merkmal der Gegenseitigkeit scheitern. Die Verrechnung trotz fehlender Gegenseitigkeit wurde vor dem Hintergrund eingeführt, dass alle Sozialleistungen dieselbe oder eine ähnliche Zielsetzung verfolgen, sämtliche Leistungsträger zur engen Zusammenarbeit verpflichtet sind und Verwaltungsvereinfachung angestrebt wird.[286]

VIII. Die Verfügung über sozialrechtliche Ansprüche

Beispiel:
A ist erwerbsgemindert und erhält von der Rentenversicherung eine Rente wegen voller Erwerbsminderung. Er schließt mit D einen Vertrag, in dem die Sicherungszession des pfändbaren Teils seiner monatlichen Rentenzahlungsansprüche gegen die Rentenversicherung festgehalten ist. Abredegemäß soll der Sicherungsfall dann eintreten, wenn A mit drei Ratenzahlungen auf das von D erhaltene Darlehen in Verzug ist. Als A mit den Zahlungen in Verzug gerät, meldet D seine Ansprüche aus abgetretenem Recht bei der Rentenversicherung an. Diese setzt daraufhin in einem Bescheid an A die monatlich an ihn auszuzahlende Rentenzahlung in Höhe des pfändungsfreien Betrages fest. Den pfändbaren Teil zahlt sie an den Zessionar D aus.

---

282 BSG 9.6.1988 SozR 1300 § 48 Nr. 47.
283 BT-Drs. 7/868 S. 32.
284 S. aber ausführlich zum Meinungsstand und den unterschiedlichen Auffassungen zwischen dem 4. und 13. Senat des BSG im Überblick Mrozynski § 51 SGB I Rn. 22ff.
285 BT-Drs. 7/868 S. 32.
286 BT-Drs. 7/868 S. 32; zur Verrechnung laufender Geldleistungen auf unpfändbare Ansprüche BSG 10.11.2022, NZI 2023, 516ff.

1. Hintergrund

Seit Einführung des SGB I können auch sozialrechtliche Ansprüche auf Geldleistungen übertragen und verpfändet werden, §§ 53 Abs. 2, 54 SGB I,[287] wobei die Verpfändung in der Praxis fast keine Rolle spielt.[288] Mit §§ 53 Abs. 2ff. SGB I wird der Sozialrechtsanspruch an den zivilrechtlichen Anspruch angenähert, dessen Übertragbarkeit als Teil des Vermögens einer Person schon seit langem anerkannt ist. Das Interesse daran, Sozialleistungsansprüche abzutreten (§ 53 SGB I spricht von Übertragung), zu verpfänden und zu pfänden, rührt nicht zuletzt daher, dass Sozialleistungen oftmals die einzige Grundlage für den Lebensunterhalt einer Person bilden und damit auch die einzige zur Verfügung stehende Vermögensmasse sind. Im Hinblick auf die eigentliche Funktion von Sozialleistungen, so wie sie § 1 SGB I beschreibt, werden die §§ 53ff. SGB I aber auch durchaus kritisch bewertet. Es ist zu bedenken, dass über diese Regelungen solidarisch finanzierte Leistungen immer auch zur Befriedigung von Gläubigern dienen.[289] Diesem Aspekt wird zumindest teilweise durch Abtretungsverbote Rechnung getragen (s. gleich Rn. 81ff.) 76

2. Besonderheiten der Verfügung über sozialrechtliche Ansprüche

In ihren Grundzügen entspricht die Funktionsweise der Abtretung nach § 53ff. SGB I der zivilrechtlichen Abtretung; daher werden häufig auch die **§§ 398ff. BGB entsprechend** herangezogen, um Lücken, die das SGB I lässt, zu füllen.[290] Es bleiben aber auch Besonderheiten bei der Verfügung über sozialrechtliche Ansprüche zu berücksichtigen. 77

So ist die Abtretung von Sozialleistungen ein **öffentlich-rechtlicher Vertrag**. Es ist jedoch umstritten, ob sie damit auch in entsprechender Anwendung des § 56 SGB X der **Schriftform** bedarf. Das BSG lehnt inzwischen unter Verweis auf die Gesetzgebungsgeschichte ein Schriftformerfordernis ab.[291] 78

Die Abtretung bewirkt materiell-rechtlich eine Änderung der Rechtszuständigkeit mit der Folge, dass der sich aus dem Stammrecht ergebende monatliche Einzelanspruch des Zedenten nunmehr (ganz oder zum Teil) dem Zessionar zusteht. Der Sozialleistungsträger ist in diesem Fall zur Aufhebung und Neufestsetzung des Wertes der monatlichen Einzelansprüche gegenüber dem Versicherten durch VA verpflichtet.[292] Abtretbar sind auch Ansprüche auf künftige Sozialleistungen.[293] 79

Die einer Sicherungsabtretung zugrunde liegende **Sicherungsabrede** (causa) erfüllt nur dann die Anforderung der **hinreichenden Bestimmtheit**, wenn sie eine oder mehrere Sozialleistungen ausdrücklich nennt. Ist in der Sicherungsabrede formularmäßig die pauschale Abtretung von Sozialleistungsansprüchen vorgesehen, so ist die entsprechende Klausel mangels Bestimmtheit unwirksam.[294] 80

3. Grenzen der Verfügung über sozialrechtliche Ansprüche

a) Abtretungsverbote

Ein **allgemeingültiges Abtretungsverbot** regelt § 53 Abs. 1 S. 1 SGB I, welcher Sach- und Dienstleistungen von einer Übertragung oder Verpfändung ausnimmt. Diese Leistungen sind auf den Ein- 81

287 S. BT-Drs. 7/868 S. 32, wonach die vorherige Rechtslage, nach der Übertragung und Verpfändung teils gar nicht, teils nur unter engen Voraussetzungen gestattet war, von den Beteiligten und den Gerichten im Ergebnis häufig als unbillig empfunden wurde.

288 Mrozynski § 53 SGB I Rn. 3.

289 Kritisch z.B. Mrozynski § 53 SGB I Rn. 2f.

290 Krauskopf/Baier § 53 SGB I Rn. 5; vgl. auch BeckOGK/Siefert § 53 SGB I Rn. 15ff.

291 BSG 15.6.2010, SGb 2011, 477 mit Anm. Pflüger; sehr kritisch zu dieser Rechtsprechung BeckOGK/Siefert § 53 SGB I Rn. 12; Krauskopf/Baier § 53 SGB I Rn. 7b.

292 BSG 23.10.2003 SozR 4-1200 § 53 Nr. 1; BSG 24.10.2013, SGb 2015, 45.

293 BeckOK-SozR/Gutzler § 53 SGB I Rn. 10; BSG 24.10.2013, SGb 2015, 45.

294 LSG Bayern 15.2.2016, NZS 2016, 638 mit Anm. Stange; BeckOK-SozR/Gutzler § 53 SGB I Rn. 10.

zelnen zugeschnitten, so dass eine Übertragung ohne eine inhaltliche Änderung des Anspruchs nicht denkbar ist.[295] Damit verstieße ihre Abtretung auch gegen den Rechtsgedanken des § 399 BGB.

82 Hinzu kommen **besondere Abtretungsverbote** in den einzelnen Büchern des SGB, wie bspw. der Ausschluss der Abtretung von Sozialhilfeleistungen gem. § 17 Abs. 1 S. 2 SGB XII. Sie sind gem. § 37 S. 1 SGB I vorrangig. Teilweise sehen die besonderen Teile des SGB auch nur zusätzliche Voraussetzungen für eine Abtretung oder Verpfändung vor, wie bspw. § 108 Abs. 3 S. 2 SGB III.

b) Voraussetzungen für Verfügungen nach § 53 SGB I

83 Beim Umfang der Übertragbarkeit unterscheidet § 53 SGB I nach der Art der Geldleistung. Handelt es sich um **laufende Geldleistungen zur Sicherung des Lebensunterhalts** (z. B. Renten, Arbeitslosengeld), ist § 53 Abs. 3 SGB I maßgeblich. Für die **anderen Geldleistungen** bestimmt sich die Übertragbarkeit nach § 53 Abs. 2 SGB I.

84 § 53 SGB I ist Ausdruck eines Interessenausgleichs. Neben den Bedürfnissen des Berechtigten und des Gläubigers ist auch das Interesse der Allgemeinheit zu beachten. Sie soll davor geschützt werden, dass der Sozialleistungsberechtigte sozialhilfebedürftig wird und damit Leistungsansprüche gegen die Allgemeinheit auslöst.[296]

aa) Laufende Geldleistungen zur Sicherung des Lebensunterhalts

85 Demnach sind gem. § 53 Abs. 3 SGB I die laufenden Geldleistungen zur Sicherung des Lebensunterhalts übertragbar, soweit sie den unpfändbaren Teil des Arbeitseinkommens übersteigen. Ist die Abtretung einer laufenden Geldleistung über § 53 Abs. 3 SGB I möglich, müssen die Voraussetzungen des § 53 Abs. 2 SGB I nicht mehr geprüft werden.

bb) Andere Geldleistungen

86 Andere Geldleistungen, also laufende Geldleistungen, die nicht der Sicherung des Lebensunterhalts dienen oder aber einmalige Geldleistungen, sind nur unter den besonderen Voraussetzungen des § 53 Abs. 2 Nr. 1 oder Nr. 2 SGB I übertragbar:[297]

Durch § 53 Abs. 2 Nr. 1 SGB I soll es Dritten, wie z. B. einem Wohlfahrtsverband, ermöglicht werden, private Hilfestellungen **zu einer angemessenen Lebensführung** zu leisten und sich dafür zur Sicherheit von dem Empfänger dieser Zuwendungen einen Anspruch auf Sozialleistungen abtreten zu lassen.

§ 53 Abs. 2 Nr. 2 SGB I macht die Abtretbarkeit einer Geldleistung davon abhängig, dass der zuständige Leistungsträger die Feststellung trifft, dass sie im **„wohlverstandenen Interesse"** des Berechtigten liegt.

Beispiel:[298]

Der Obdachlose O erhielt monatlich Arbeitslosengeld in Höhe von 168,– Euro. Im Winter des Jahres 2017/2018 wurde er in einem Obdachlosenheim der Stadt S untergebracht. Die dafür zu entrichtende Nutzungsentschädigung zahlte er nur schleppend. Für die in Zukunft anfallenden monatlichen Nutzungsentschädigungen ließ sich die Stadt schließlich von O eine vorgedruckte Erklärung über die Abtretung seines Anspruchs auf Arbeitslosengeld zugunsten der Stadt unterzeichnen. Durch die Abtretung seines Anspruchs erhielt O einen gleichwertigen wirtschaftlichen Vorteil (Unterbringung), der zudem sinnvoll im

---

295 BT-Drs. 7/868 S. 32.

296 Igl/Welti, Sozialrecht, § 76 Rn. 22; s. auch BT-Drs. 7/868 S. 32 mit Hinweis auf den notwendigen sozialen Schutz des Leistungsberechtigten und dem Anliegen, den Rechtsverkehr nicht über Gebühr zu beschränken.

297 S. auch BSG 20.2.2020, NZS 2020, 809 ff.: Aufrechnungsverbot bei Kostenerstattung.

298 In Anlehnung an BSG 6.4.2000, JuS 2001, 618.

Sinne der Hilfe zur Selbsthilfe ist. Die Bundesagentur für Arbeit konnte somit feststellen, dass die Abtretung im wohlverstandenen Interesse des O lag. Bis zum Zeitpunkt dieser Feststellung war die Abtretung schwebend unwirksam.

cc) Anwendung der Vorschriften zum Pfändungsschutz

Gerade im Hinblick darauf stellt sich die Frage, in welchem Umfang die Vorschriften der ZPO zum Pfändungsschutz auf abgetretene sozialrechtliche Geldforderungen entsprechend anzuwenden sind. 87

Beispiel:
A wehrt sich dagegen, dass die Rentenversicherung seinen monatlichen Anspruch auf Rentenauszahlung um den pfändbaren Anteil gekürzt und diesen Anteil dem Zessionar G ausgezahlt hat. Er macht geltend, dadurch nunmehr auf Sozialhilfe angewiesen zu sein.

Bei der Abtretung von Ansprüchen auf **laufende, der Sicherung des Lebensunterhaltes dienende Geldleistungen** sind durch den Verweis in § 53 Abs. 3 SGB I auf „den unpfändbaren Teil des Arbeitseinkommens" jedenfalls die Pfändungsfreigrenzen gem. § 850c ZPO und die Privilegierung nach § 850d ZPO zu beachten.[299] Die Pfändungsfreigrenzen garantieren jedoch nicht (mehr), dass dem Zedenten nach Abzug des pfändbaren Teils des Sozialleistungsanspruchs ein Betrag verbleibt, der den Grundsicherungsbedarf deckt. Mieten und Lebenshaltungskosten steigen, während die Pfändungsfreigrenzen dieser Entwicklung hinterherhinken. Es liegt daher nahe, auch § 850f ZPO (Anhebung der Pfändungsfreigrenze auf Antrag des Schuldners beim Vollstreckungsgericht) analog heranzuziehen, um zu verhindern, dass die durch die Einführung von § 53 SGB I verbesserte Verkehrsfähigkeit von Sozialleistungsansprüchen zu Lasten des Sozialhilfeträgers geht. In entsprechender Anwendung von § 850f ZPO kann der Zedent bei dem Sozialleistungsträger einen **Antrag auf Anhebung der Pfändungsfreigrenze** stellen, wenn er nachweist, dass sein Grundsicherungsbedarf andernfalls nicht gedeckt ist. Die analoge Anwendung des § 850f ZPO ist jedoch nicht unumstritten.[300] 88

Eine abweichende Grundentscheidung hat der Gesetzgeber für die **anderen Geldleistungen** i. S. v. § 53 Abs. 2 SGB I getroffen. Hier sieht § 53 Abs. 2 SGB I weder eine Untergrenze in Höhe der Pfändungsfreibeträge, noch die Untergrenze des notwendigen Lebensunterhaltes i. S. d. § 27 SGB XII vor.[301] Dies ist aufgrund der Zweckbindung solcher Abtretungen im Sinne der Zielsetzung des § 1 SGB I weitgehend unbedenklich. Zudem entscheidet der Sozialleistungsträger in jedem Einzelfall darüber, ob die Voraussetzungen der Abtretbarkeit eines Anspruchs nach § 53 Abs. 2 SGB I gegeben sind. 89

Beispiel:
Arbeitnehmer A ist bei einem Unternehmen beschäftigt, welches unter einer anhaltend schlechten Auftragslage leidet. Schließlich kommt es zur Eröffnung des Insolvenzverfahrens. Das Unternehmen war in den letzten drei Monaten nicht mehr in der Lage, die Gehälter auszuzahlen. Daher beantragt A bei der Bundesagentur für Arbeit die Zahlung von Insolvenzgeld gem. § 165 SGB III. Um seinen Lebensbedarf zu decken, hat A bei seinem Schwager ein Darlehen aufgenommen. Zur Sicherung der Darlehensrückzahlung tritt er ihm seinen Anspruch auf Insolvenzgeld gem. § 53 Abs. 2 Nr. 1 SGB I ab (beachte § 169 SGB III).

Da A für die Abtretung seines Anspruchs einen gleichwertigen wirtschaftlichen Gegenwert erhalten hat, der ihm die Mittel für eine **angemessene Lebensführung** i. S. d. § 53 Abs. 2 Nr. 1 SGB I verschafft, bestehen gegen die Auszahlung des Insolvenzgeldes an den Schwager ohne Berücksichtigung von Pfändungsfreigrenzen keine Bedenken.

---

299 Diese Regelungen werden auch in der Gesetzesbegründung ausdrücklich genannt, BT-Drs. 7/868 S. 32; zur Frage, ob auch § 850e ZPO entsprechend zur Anwendung kommen soll s. Krauskopf/Baier § 53 SGB I Rn. 22.

300 Vgl. BSG 23.5.1995, NZS 1996, 142; a. A. Elling, NZS 2000, 281, 287, der die Anwendung der vollstreckungsrechtlichen Vorschrift des § 850f ZPO auf Abtretungen für systemwidrig hält und keinen Raum für eine Analogie sieht; zum Meinungsstand vgl. auch Fuchs, SGb 2004, 483, 484.

301 Krauskopf/Baier § 53 SGB I Rn. 14.

IX. Die Verjährung von Sozialleistungsansprüchen (§ 45 SGB I)

1. Zweck und Wirkung

90 Mit der Verjährung von Ansprüchen nach § 45 SGB I verfolgt der Gesetzgeber **drei Ziele**: Wie auch im Zivilrecht soll durch die Verjährung im Sozialrecht zunächst der **Rechtsfrieden** gewahrt werden. Zudem soll durch das Geltendmachen von Sozialleistungen innerhalb einer bestimmten Frist die **Überschaubarkeit der öffentlichen Haushalte** gewährleistet werden und schließlich wird in der Gesetzesbegründung angeführt, dass der mit den Leistungen verfolgte **sozialpolitische Zweck** später in der Regel nicht mehr erreicht wird.[302] Die Sinnhaftigkeit der sozialpolitischen Zwecksetzung wird in der Literatur wegen der unterschiedlichen Funktionen von Sozialleistungen sowie der immerhin vierjährigen Verjährungsfrist angezweifelt.[303]

91 Ansprüche auf Sozialleistungen verjähren gem. § 45 SGB I **vier Jahre nach Ablauf des Kalenderjahres, in dem sie entstanden sind.** § 45 SGB I verweist hinsichtlich der Wirkung der Verjährung, der Hemmung, der Ablaufhemmung und des Neubeginns der Verjährung auf das BGB. Entsprechend § 214 Abs. 1 BGB ist der Sozialleistungsträger nach Vollendung der Verjährung berechtigt, **die Leistung zu verweigern**. Bei wiederkehrenden Ansprüchen, wie z.B. Rentenansprüchen, ist zu beachten, dass **das Stammrecht nicht verjähren kann**. Der Verjährung unterliegen lediglich die aus dem Stammrecht erwachsenden Einzelansprüche.[304] Die Entscheidung über die Leistungsverweigerung hat der Leistungsträger gem. § 39 SGB I nach pflichtgemäßem **Ermessen** zu treffen und zu begründen, § 35 Abs. 1 SGB X. Der Leistungsträger kann also auch nach Ablauf der Verjährungsfrist die Leistung noch erbringen.[305] Denkbar wäre dies z.B., wenn der Leistungsberechtigte glaubhaft macht, dass er keine Kenntnis vom Vorliegen der Anspruchsvoraussetzungen hatte[306] oder aber bei einem vorangegangenen Fehlverhalten des Leistungsträgers.[307]

2. Erfasste Ansprüche

92 § 45 SGB I bezieht sich nur auf **Leistungsansprüche**, denn nur sie sind Sozialleistungen i.S.v. § 11 SGB I. Andere Ansprüche, wie z.B. Beitragsansprüche der Sozialversicherung, Ansprüche auf Erstattung zu Unrecht entrichteter Beiträge oder die Erstattung zu Unrecht erbrachter Leistungen verjähren nach eigenen Vorschriften (vgl. § 113 SGB X; §§ 25, 27 Abs. 2 SGB IV; § 50 Abs. 4 SGB X).

93 Umstritten ist, ob auch **rechtskräftig festgestellte Ansprüche** der Verjährungsfrist des § 45 SGB I unterliegen oder ob § 197 Abs. 1 Nr. 3 BGB entsprechende Anwendung findet, welcher eine dreißigjährige Verjährungsfrist für rechtskräftig festgestellte Ansprüche vorsieht. Gegen eine entsprechende Anwendung des § 197 Abs. 1 Nr. 3 BGB spricht, dass § 45 Abs. 2 SGB I nur hinsichtlich der Hemmung, Ablaufhemmung, des Neubeginns und der Wirkung, nicht aber der Dauer der Verjährung auf das BGB verweist.[308] Entschärft wird der Streit dadurch, dass § 197 Abs. 1 Nr. 3 BGB die in der Praxis häufig eingeklagten, regelmäßig wiederkehrenden Leistungen, die erst künftig fällig werden, nicht erfasst.[309]

94 Soweit die Verjährung eines Anspruchs aus dem Sozialgesetzbuch nicht ausdrücklich geregelt ist, kommt eine **analoge Anwendung** der Vierjahresfrist des § 45 Abs. 1 SGB I in Betracht, die das BSG als ein allgemeines Rechtsprinzip des Sozialrechts betrachtet.[310] So soll bspw. der Anspruch des

302 BT-Drs. 7/868 S. 30.
303 Mrozynski § 45 SGB I Rn. 1; Rolfs, NZS 2002, 169.
304 BeckOK-SozR/Gutzler § 45 SGB I, Rn. 2.
305 S. zum Ermessen bei Verjährung nach § 45 SGB I Spiolek, BB 1998, 533.
306 BT-Drs. 7/868 S. 30.
307 BeckOK-SozR/Gutzler § 45 SGB I Rn. 20; vgl. hierzu auch BSG 16.5.1995, NJW 1995, 3141.
308 BSG 22.6.1994 SozR 3-1200 § 45 Nr. 4; a.A. Mrozynski § 45 SGB I Rn. 14.
309 S. auch zur nur geringen praktischen Bedeutung des Meinungsstreits Mrozynski § 45 SGB I Rn. 14.
310 BSG 29.11.2017, BeckRS 2017, 137538 mwN.

Arbeitnehmers gegen seinen Arbeitgeber auf Beitragszuschuss (§§ 257 SGB V, 61 SGB XI) gem. § 45 Abs. 1 SGB I analog verjähren.[311] Die entsprechende Anwendung der Vierjahresfrist wurde auch bei allgemeinen öffentlich-rechtlichen Erstattungsansprüchen angenommen.[312]

3. Beginn, Ende und Hemmung der Verjährung

Die Verjährung **beginnt** nach den im BGB allgemein anerkannten Grundsätzen frühestens mit dem Zeitpunkt der Fälligkeit des entstandenen Anspruchs i. S. d. § 41 SGB I und entsprechend der überwiegend vertretenen Ansicht am 1.1. des **auf die Entstehung des Anspruchs folgenden Kalenderjahres.**[313] Maßgeblich für die Entstehung des Anspruchs ist § 40 SGB I. 95

Beispiel für den Beginn der Verjährung:
Ein Anspruch auf Verletztengeld entsteht am 1.7.2016. Die Verjährungsfrist beginnt nach h.M. am 1.1.2017. Nach anderer Ansicht beginnt die Verjährung bereits am 1.7.2016, was im Normalfall keine Konsequenzen hat; der Anspruch auf Zahlung des Verletztengeldes verjährt nach dem Wortlaut des § 45 Abs. 1 SGB I mit Schluss des vierten Jahres, in dem er entstanden ist (31.12.2020). Konsequenzen haben die unterschiedlichen Auffassungen aber im Falle der zwischenzeitlichen Hemmung oder des Neubeginns der Verjährung.[314]

Eine **Hemmung** der Verjährung kann zunächst aus den in §§ 203ff. BGB genannten Gründen eintreten, § 45 Abs. 2 SGB I. Ferner sieht § 45 Abs. 3 SGB I eine Hemmung der Verjährung durch einen **schriftlichen Antrag auf Sozialleistungen** oder durch **Einlegung eines Widerspruchs** vor. Die Hemmung bewirkt, dass der Zeitraum, während dessen die Verjährung gehemmt ist, nicht in die Verjährungsfrist eingerechnet wird. Die Hemmung endet mit Bekanntgabe der Entscheidung über den Antrag oder den Widerspruch, § 45 Abs. 3 SGB I. Es gelten aber auch die übrigen im BGB angegebenen Beendigungsgründe. In den in § 212 BGB genannten Fällen tritt ein **Neubeginn der Verjährung** ein. Das bedeutet, dass der Lauf der Verjährung ab dem Zeitpunkt des maßgeblichen Ereignisses komplett neu beginnt (beachte allerdings § 187 Abs. 1 BGB). 96

X. Rechtsnachfolge in sozialrechtliche Ansprüche

1. Hintergrund

Lange Zeit war umstritten, ob es überhaupt eine Rechtsnachfolge in öffentlich-rechtliche Ansprüche geben kann. Auch im Sozialrecht hat sich die Vorstellung, dass sozialrechtliche Ansprüche vererblich sein sollen, nur mühsam durchsetzen können.[315] Der Gesetzgeber hat sich schließlich für eine positivrechtliche Regelung der Rechtsnachfolge in den §§ 56ff. SGB I entschieden. Mit der Möglichkeit einer Sonderrechtsnachfolge nach § 56 SGB I wollte der Gesetzgeber dem Umstand Rechnung tragen, dass Ansprüche auf laufende Geldleistungen, die nicht rechtzeitig erfüllt werden, in der Regel nicht nur die Lebensführung des Leistungsberechtigten beeinträchtigen, sondern sich auf die Lebensführung aller seiner Familienangehörigen auswirken, die mit ihm in einem gemeinsamen Haushalt leben.[316] 97

311 Hauck/Rolfs § 45 SGB I Rn. 10; s. auch BeckOK-SozR/Gutzler § 45 SGB I Rn. 3 mit zahlreichen weiteren Beispielen.
312 BSG 29.11.2017, BeckRS 2017, 137538 mwN.
313 Mrozynski § 45 SGB I Rn. 11; BeckOK-SozR/Gutzler § 45 SGB I Rn. 7.
314 Vgl. Rolfs, NZS 2002, 169, 171; BeckOK-SozR/Gutzler § 45 SGB I Rn. 7.
315 Zur geschichtlichen Entwicklung Fuchs, Zivilrecht und Sozialrecht, S. 333.
316 BT-Drs. 7/868 S. 33.

2. Voraussetzungen

98 Im Hinblick auf die Hinterbliebenen ist zu **unterscheiden** zwischen Sozialleistungsansprüchen, die in der Person des Verstorbenen entstanden sind und im Wege der Rechtsnachfolge auf die Angehörigen übergehen einerseits und Leistungen der Hinterbliebenenversorgung, wie etwa Witwen- und Waisenrenten gem. §§ 63ff. SGB VII oder §§ 46ff. SGB VI andererseits.

Beispiel:
Der Maurer M stürzte während der Arbeit von einem Baugerüst. Er wurde in eine Klinik eingeliefert, in der er drei Wochen später starb. W, die Witwe des M, verlangt von der Berufsgenossenschaft Witwenrente und Verletztengeld für drei Wochen.

---

99 Der Anspruch auf Verletztengeld gem. § 45 SGB VII ist in der Person des M zu seinen Lebzeiten entstanden. Bei Verletztengeld handelt es sich um eine Geldleistung. Sie kann im Gegensatz zu Sach- und Dienstleistungen, die regelmäßig höchstpersönlicher Natur sind,[317] Gegenstand der Rechtsnachfolge sein. Dienst- und Sachleistungen hingegen erlöschen mit dem Tod des Berechtigten, vgl. § 59 S. 1 SGB I.

100 Voraussetzung eines Übergangs des Verletztengeldanspruchs auf die Witwe des M ist gem. § 59 S. 2 SGB I, dass der Anspruch im Todeszeitpunkt schon **festgestellt ist** oder zur Feststellung anstand, weil ein **Verwaltungsverfahren über ihn anhängig war**. Ein Verwaltungsverfahren ist anhängig, wenn der Berechtigte die Leistung zu Lebzeiten beantragt oder der Leistungsträger das Verfahren von Amts wegen in Gang gesetzt hat. Nicht ausreichend ist jedoch, dass der Leistungsträger es hätte in Gang setzen müssen.[318] Ein Verwaltungsverfahren ist erst beendet und damit nicht mehr anhängig, wenn die Leistung durch Bescheid versagt worden und dieser VA bestandskräftig geworden ist.

101 Dem Sachverhalt nach ist der Anspruch des M weder festgestellt worden noch ist ein Verwaltungsverfahren anhängig geworden. Demnach ist die Geldforderung gem. § 59 S. 2 SGB I mit dem Tod des Berechtigten M erloschen, so dass W keinen Anspruch auf Verletztengeld besitzt. Bei dem Anspruch auf Witwenrente handelt es sich hingegen nicht um ein Problem der Rechtsnachfolge in sozialrechtliche Ansprüche, da die Witwenrente zum System der Hinterbliebenenleistungen gehört. Dieser Anspruch entsteht originär in der Person der Hinterbliebenen, hier also der Witwe des M.

Beispiel (Abwandlung):
M hat noch zwei Jahre gelebt. Er hat einen Antrag auf Verletztengeld, später Verletztenrente gestellt, da er nicht mehr arbeiten konnte. Die Berufsgenossenschaft (BG) hat seine Anträge abgelehnt, weil er alkoholisiert gewesen sei und deshalb die Voraussetzungen eines Arbeitsunfalls nicht vorgelegen hätten. Kann die Witwe nach dem Tod des M, falls die ablehnenden Bescheide noch nicht bestandskräftig geworden sind, Klage auf Zahlung von Verletztengeld bzw. Verletztenrente erfolgreich erheben, wenn die Rechtsauffassung der BG unzutreffend ist?

In der Abwandlung ist ein Verwaltungsverfahren anhängig, so dass die Ansprüche des M nach § 59 S. 2 SGB I nicht erloschen sind. Vielmehr ist § 56 Abs. 1 Nr. 1 SGB I einschlägig, wonach W die **fälligen** Ansprüche auf Verletztengeld bzw. Verletztenrente geltend machen kann, wenn sie mit M zur Zeit seines Todes in einem gemeinsamen Haushalt gelebt hat oder von ihm wesentlich unterhalten worden ist.

3. Verhältnis zur bürgerlich-rechtlichen Erbfolge

102 Fällige Ansprüche auf laufende Geldleistungen, die nicht mit dem Tod des Sozialleistungsberechtigten untergegangen sind, gehen nicht generell im Wege der bürgerlich-rechtlichen Erbfolge gem.

---

317 S. BT-Drs. 7/868 S. 33.
318 BeckOGK/Siefert § 59 SGB I Rn. 11.

§ 1922 BGB auf den Erben über. Ihr Rechtsübergang richtet sich nach der in § 56 SGB I geregelten **Sonderrechtsnachfolge.** Nur wenn ein Sonderrechtsnachfolger auf die Leistung gem. § 57 SGB I verzichtet hat oder gar nicht vorhanden ist, kommt bei laufenden Geldleistungen subsidiär die Erbfolge nach den Vorschriften des BGB zum Tragen, vgl. § 58 SGB I.

§ 10 Der Verwaltungsakt im Sozialrecht und Sozialverwaltungsverfahren

Literatur: DÖRR/FRANCKE, Sozialverwaltungsrecht, 3. Aufl. 2012, S. 161ff.; SCHUR, Die Beteiligungsrechte im sozialrechtlichen Verwaltungsverfahren, 1999; SCHNITZLER, Die Besonderheiten des Sozialverfahrensrechts, NJW 2019, 9ff.; STEINER, Verwaltungsverfahren und Grundrechte, NZS 2002, 114ff.

I. Das sozialrechtliche Verwaltungsverfahren

Das sozialrechtliche Verwaltungsverfahren ist in § 8 SGB X legaldefiniert[319] und im SGB X **einheitlich geregelt**. Das zehnte Buch findet gem. § 37 SGB I vorbehaltlich abweichender Regelungen in den besonderen Teilen des SGB auf alle Sozialleistungsbereiche des SGB Anwendung. Der Bund hat für das Verwaltungsverfahren nur eine eingeschränkte Gesetzgebungskompetenz. Bei neu hinzutretenden besonderen Teilen des SGB hängt die Anwendbarkeit des SGB X auf die Verwaltungstätigkeit von Behörden der Länder, Gemeinden, Gemeindeverbänden sowie sonstigen der Aufsicht eines Landes unterstehenden juristischen Personen des öffentlichen Rechts davon ab, dass die Vorschriften des SGB X über das Verwaltungsverfahren mit Zustimmung des Bundesrates für anwendbar erklärt werden, s. z.B. die ausdrückliche Anordnung der Geltung von Teilen des SGB X für das Elterngeld in § 26 Abs. 1 BEEG. 1

Die Regelungen des SGB X über das Verwaltungsverfahren entsprechen weitgehend denen des allgemeinen Verwaltungsrechts der Verwaltungsverfahrensgesetze des Bundes und der Länder (VwVfG). Das sozialrechtliche Verwaltungsverfahren weist jedoch einige Besonderheiten auf, die sich aus dem Einfluss des Sozialstaatsprinzips ergeben. Teils erhebliche Abweichungen zum VwVfG finden sich daher vor allem bei den Regelungen zur Bestandskraft des VA, insbesondere zu Rücknahme und Widerruf nach §§ 44ff. SGB X.[320] Sozialstaatlich motivierte Elemente enthalten darüber hinaus bspw. §§ 20 Abs. 2, 25 Abs. 5, 28 und 64 SGB X. Im Folgenden wird besonderes Gewicht auf die für die Sozialversicherung wesentlichen Gesichtspunkte gelegt. 2

II. Bedeutung und Funktion des Verwaltungsaktes im sozialrechtlichen Verwaltungsverfahren

Der VA i.S.v. § 31 SGB X steht als wichtigstes Handlungsinstrument der Leistungsträger im Mittelpunkt sozialrechtlichen Verwaltungshandelns. Er hat als **Handlungsform** eine höhere Bedeutung als der öffentlich-rechtliche Vertrag. Ursache ist u.a., dass der öffentlich-rechtliche Vertrag gem. § 53 Abs. 2 SGB X grundsätzlich auf – die zahlenmäßig selteneren – Ermessensleistungen beschränkt ist. 3

Die Funktion des VA besteht vor allem in der **Konkretisierung und Individualisierung der Rechtslage** und in der Herstellung von Bindungskraft, mit Hilfe derer diese Rechtslage gesichert wird.[321] Insbesondere im Beitragsrecht und bei der Erstattung zu Unrecht erbrachter Leistungen 4

---

319 Zum Begriff des Sozialverwaltungsverfahrens s. auch BSG 23.6.2020, NZS 2021, 391ff.; einen Überblick zum Sozialverwaltungsverfahren gibt SCHNITZLER, NJW 2019, 9ff.

320 BT-Drs. 8/2034 S. 29.

321 SRH/BUTZER/HOLLO § 12 Rn. 143ff.

kommt die **Titelfunktion** eines vollstreckungsfähigen VA zum Tragen, vgl. § 66 Abs. 1 SGB X i.V.m. §§ 3, 6 VwVG.

5 Die **Legaldefinition** des VA im Sozialverwaltungsverfahren nach § 31 SGB X entspricht der Definition des § 35 VwVfG und weist insofern keine Besonderheiten auf.

III. Arten des Verwaltungsaktes

6 Wegen der Vielzahl der zu regelnden Sachverhalte existiert eine Reihe unterschiedlicher Arten von VA, die bereits aus dem allgemeinen Verwaltungsrecht bekannt sein dürften.[322] **Inhaltlich** können ge- und verbietende VA (z.B. Beitragsbescheid), feststellende VA (z.B. Feststellung der Versicherungspflicht, Feststellung des Grades der Minderung der Erwerbsfähigkeit [sog. MdE]) und gestaltende VA (z.B. Zulassung zur vertragsärztlichen Versorgung) voneinander abgegrenzt werden.

1. Unterscheidung nach der Wirkung

7 Für die Aufhebung von VA (siehe unter Rn. 22ff.), aber auch mit Blick auf eine notwendige Anhörung der Beteiligten vor Erlass des VA (siehe unter Rn. 12ff.), ist die Unterscheidung nach der **Wirkung** des VA für den Betroffenen wesentlich. Danach sind begünstigende und belastende VA sowie VA mit Doppelwirkung voneinander abzugrenzen. Ein VA ist **begünstigend**, wenn er gem. der Legaldefinition des § 45 Abs. 1 SGB X einen rechtlichen Vorteil begründet oder bestätigt (z.B. Leistungsbewilligungen oder Zulassungen). Ein **belastender** VA liegt nicht nur dann vor, wenn in eine Rechtsstellung oder eine geschützte Vermögensposition eines Betroffenen eingegriffen wird. Ein VA ist vielmehr auch dann belastend, wenn er sich gemessen an den Interessen des Betroffenen belastend auswirkt (z.B. Ablehnung eines Antrags auf Einstufung in die nächsthöhere Pflegestufe, Aufhebung eines Arbeitslosengeldbescheides).

8 Häufig wirken sich VA sowohl begünstigend als auch belastend aus. Es handelt sich dann um **VA mit Doppelwirkung**. Tritt diese Doppelwirkung bei ein und derselben Person ein, spricht man von VA mit **Mischwirkung**; trifft sie verschiedene Personen (spiegelverkehrt), liegt ein VA mit **Drittwirkung** vor.

Beispiel:
A beantragt Arbeitslosengeld unter Zugrundelegung eines Bemessungsentgelts von 230,– Euro pro Woche. Die Agentur für Arbeit bewilligt Arbeitslosengeld (positive Wirkung), berücksichtigt aber nur ein niedrigeres Bemessungsentgelt (negative Wirkung). Dieser VA ist daher ein VA mit Mischwirkung.

Die Abzweigung einer laufenden Geldleistung an einen Unterhaltsberechtigten des Betroffenen nach § 48 SGB I belastet den originären Leistungsempfänger und begünstigt den unterhaltsberechtigten Empfänger der Auszahlung (Doppelwirkung im Sinne einer Drittwirkung).

Wirkt ein VA für dieselbe Person untrennbar begünstigend und auch belastend, ist er, wenn der Versicherte die Rücknahme beantragt, nach § 44 SGB X zu prüfen. Eine getrennte Korrektur der Verfügungsteile kommt nur in Betracht, wenn sich begünstigende und belastende Anteile materiell trennen lassen. Dies wird u.a. bei § 44 SGB X (nicht begünstigende VA) und § 45 SGB X (begünstigende VA) deutlich, die eine Aufhebung ermöglichen, **soweit** die tatbestandlichen Voraussetzungen erfüllt sind.

9 Nach der **Dauer** des geregelten Rechtsverhältnisses lassen sich VA ohne Dauerwirkung und VA mit Dauerwirkung unterscheiden. Letztere sind dadurch gekennzeichnet, dass sie sich nicht in einem

322 Allgemein zu Verwaltungsakten s. Bickenbach, JA 2015, 481ff.; zum Verwaltungsakt im Sozialrecht mit ausführlicher Unterteilung Schütze/Engelmann § 31 SGB X Rn. 75ff.

einmaligen Ge- bzw. Verbot oder in einer einmaligen Gestaltung der Rechtslage erschöpfen (z. B. die Bewilligung einer Heilbehandlungsmaßnahme), sondern über den Zeitpunkt ihrer Bekanntgabe hinaus rechtliche Wirkungen entfalten (z. B. ein Rentenbewilligungsbescheid).

2. Im Sozialrecht gebräuchliche Bezeichnungen

Folgende **Differenzierungen** ergeben sich ferner nach der **im Sozialrecht** üblichen Terminologie:[323] 10

- mit dem **Erstfeststellungsbescheid** wird erstmalig, mit dem **Neufeststellungsbescheid** erneut über das Bestehen sozialrechtlicher Rechte und Pflichten (insbesondere über das Bestehen eines Sozialleistungsanspruchs) entschieden;
- durch einen **Bewilligungsbescheid** wird eine Leistung zuerkannt, mit einem **Ablehnungsbescheid** wird sie abgelehnt;
- ein **Berichtigungs- oder Rücknahmebescheid** i. S. d. §§ 44, 45 SGB X korrigiert einen fehlerhaften VA bzw. hebt ihn auf;
- mit einem **Widerrufsbescheid** wird ein **fehlerfreier** VA aufgehoben, vgl. §§ 46, 47 SGB X;
- ein **Berichtigungsbescheid**, der gegenüber dem Erstbescheid eine für den Betroffenen günstigere Regelung enthält, heißt **Zugunstenbescheid**; einen Bescheid, der den Adressaten im Vergleich zum ersten Bescheid schlechter stellt, nennt man **Zuungunstenbescheid**;
- **ein Änderungsbescheid** ist ein VA, mit dem eine Neufeststellung nach einem VA mit Dauerwirkung wegen Änderung der Verhältnisse getroffen wird, vgl. § 48 SGB X.

IV. Verfahrensrechte der Beteiligten

Bei Erlass und Aufhebung eines VA im sozialrechtlichen Verwaltungsverfahren sind die **Verfahrensrechte** der Beteiligten zu beachten. Wer Beteiligter im Sozialverwaltungsverfahren sein kann, regelt § 12 SGB X. Dabei ist es möglich, dass sich ein Beteiligter nach Maßgabe von § 13 SGB X durch einen Bevollmächtigten vertreten lässt[324] oder mit einem Beistand erscheint. Das sozialrechtliche Verfahren ist in der Regel **nicht förmlich**. Es ist gem. § 9 SGB X von der Sozialverwaltung **einfach und zweckmäßig** durchzuführen. Entsprechend der Regelung des § 24 VwVfG gilt auch im sozialrechtlichen Verwaltungsverfahren der **Untersuchungsgrundsatz**, § 20 SGB X.[325] 11

1. Anhörung

a) Hintergrund

Der Anspruch auf **rechtliches Gehör** nach Art. 103 Abs. 1 GG ist ein grundrechtsgleiches Recht, welches aber nur vor Gericht gewährleistet wird. Für das Verwaltungsverfahren greift Art. 103 Abs. 1 GG hingegen nicht. Das Anliegen dieser Regelung, den Einzelnen „nicht zum bloßen Objekt staatlicher Entscheidung werden zu lassen“, hat den Gesetzgeber aber veranlasst, mit § 28 VwVfG eine entsprechende Vorschrift für das allgemeine Verwaltungsverfahren einzuführen.[326] Diese Wertung kann auf den später für das Sozialverwaltungsverfahren geschaffenen § 24 SGB X übertragen werden.[327] Letztlich soll der Bürger vor Überraschungsentscheidungen geschützt und das Vertrauensverhältnis zwi- 12

---

323 S. auch die Verwendung der Begrifflichkeiten i.R.d. bei Schütze/ENGELMANN § 31 SGB X Rn. 75 ff.; BeckOGK/MUTSCHLER § 31 SGB X Rn. 10 ff.

324 Zur Möglichkeit einer Zurechnung über eine Duldungs-/Anscheinsvollmacht BSG 8.12.2020, BSGE 131, 128 ff.

325 BT-Drs. 8/2034, mit dem Hinweis, dass sich die Aufklärungspflicht der Behörde nur auf die Behebung eigener Zweifel beschränkt und sie keine eigenen Ermittlungen vornehmen muss, wenn sich aus der Gesamtlage keine Bedenken ergeben und die jeweiligen Umstände nicht bestritten werden.

326 BT-Drs. 7/910 S. 51, im Gesetzentwurf noch in § 24 VwVfG verortet.

327 Zur Geltung der Erwägungen zum VwVfG auch für die Regelungen des SGB X s. BT-Drs. 8/2034 S. 29.

schen Bürger und Verwaltung nicht belastet werden.[328] Die Anwendung des § 24 SGB X setzt voraus, dass **in bestehende Rechte eingegriffen wird**.[329]

b) Umfang

13 Eine Anhörung muss nicht tatsächlich erfolgen. Den Beteiligten ist gem. § 24 SGB X lediglich innerhalb einer angemessenen Frist **Gelegenheit zur Äußerung** zu geben. Die Gelegenheit zur Äußerung muss sich auf die für die Entscheidung erheblichen Tatsachen beziehen.[330]

Beispiel für eine Verletzung des Rechts auf Anhörung:
K bezieht wegen eines Arbeitsunfalls eine vorläufige Rente nach einer Minderung der Erwerbsfähigkeit (MdE) in Höhe von 20 Prozent. Die Berufsgenossenschaft (BG) teilt K schriftlich mit: „Da eine MdE nach dem Ergebnis der ärztlichen Feststellungen nicht mehr vorliegt, beabsichtige ich, die Rente nicht mehr zu gewähren. Wenn Sie sich noch äußern wollen, schreiben Sie uns bitte innerhalb von zwei Wochen." Der Bitte des K, ihm den ärztlichen Untersuchungsbefund zur sachlichen Überprüfung zuzuleiten, kommt die BG mit dem Hinweis auf eine mögliche Klage nicht nach und entzieht die Rente.

Da die Untersuchungsbefunde zu den für die Entscheidung wesentlichen Tatsachen gehören, war die BG verpflichtet, K die Befunde auf seine Bitte zur Verfügung zu stellen. Eine im Einzelfall trotz Aufforderung unterbliebene Mitteilung über entscheidungserhebliche Tatsachen steht im Ergebnis der unterlassenen Anhörung gleich.[331]

---

14 § 24 Abs. 2 SGB X enthält Fälle, in denen von der Anhörung abgesehen werden kann (z.B. bei Gefahr im Verzug oder bei Bestehen eines öffentlichen Interesses gem. Nr. 1 oder im Falle der Anpassung einkommensabhängiger Leistungen an die geänderten Verhältnisse gem. Nr. 5 der Vorschrift). Diese Aufzählung ist im Unterschied zu § 28 VwVfG abschließend. Das Vorliegen der Ausnahmen ist gerichtlich voll überprüfbar. Der Verwaltung wird insoweit kein Beurteilungsspielraum eingeräumt.

c) Sanktion bei fehlender Anhörung

15 Anders als im Verfahren nach dem VwVfG führt eine Verletzung des Anhörungsrechtes im Verfahren nach dem SGB X zum Anspruch auf **Aufhebung** des Bescheides und zwar auch dann, wenn die Entscheidung in der Sache selbst nicht anders hätte ergehen können (vgl. § 42 S. 2 SGB X). Die Verletzung des Anhörungsrechtes macht den VA nicht nichtig, aber rechtswidrig und anfechtbar. Sie ist bei der Entscheidung eines Gerichts auch dann zu berücksichtigen, wenn der Betroffene sich nicht darauf beruft.[332] Die Anhörung kann jedoch zum einen noch während des Vorverfahrens wirksam nachgeholt werden.[333] Zum anderen kann sie seit dem 1.1.2001 mit der Neufassung des § 41 Abs. 2 SGB X sogar noch bis zur letzten Tatsacheninstanz nachgeholt werden.[334] Durch die Heilungsmöglichkeiten hat § 24 SGB X in der Praxis erheblich an Bedeutung eingebüßt.[335]

---

328 Schütze/Siefert § 24 SGB X Rn. 2; BSG v 21.10.2002 SozR 3-1300 § 24 Nr. 22; s. auch BT-Drs. 7/868 S. 28 zu dem fast inhaltsgleichen § 34 SGB I in seiner bis zum 31.12.1980 geltenden Fassung.

329 BSG 1.3.1979 SozR 1200 § 34 Nr. 8; s. hierzu auch die Beispiele bei BeckOGK/Mutschler § 24 SGB X Rn. 13ff.

330 Maßgeblich ist für die Entscheidungserheblichkeit nach Auffassung des BSG die Sicht der Behörde, BSG 10.8.2010 – B 13 R 140/10 B; BeckOGK/Mutschler § 24 SGB X Rn. 22.

331 Vgl. BSG 4.11.1981 SozR 1300 § 24 Nr. 2.

332 BSG 19.2.1992 SozR 3-1300 § 24 SGB X Nr. 6.

333 BSG 26.9.1991, SGb 1992, 259; BeckOGK/Mutschler § 24 Rn. 50.

334 S. hierzu BSG 26.7.2016, NZS 2017, 198 mit Anm. Schmidt.

335 Kritisch zur Möglichkeit der Nachholung und Heilung Bienert, info also 2011, 118, 120.

2. Recht auf Akteneinsicht

Das Recht auf Akteneinsicht gem. § 25 Abs. 1 SGB X (vgl. § 29 Abs. 1 VwVfG) ergänzt das Anhörungsrecht.[336] Nur wenn der Beteiligte die der Entscheidungsfindung zugrunde liegenden Vorgänge kennt, kann er wirksam von seinem Anhörungsrecht Gebrauch machen. Das Recht auf Akteneinsicht ist nach dem **Prinzip der „beschränkten Aktenöffentlichkeit"** gestaltet: Die Akteneinsicht muss zur Geltendmachung oder Verteidigung der rechtlichen Interessen erforderlich sein. 16

Eine spezifisch für das sozialrechtliche Verwaltungsverfahren geschaffene Beschränkung besteht für den Fall, dass die Akten Angaben über die Gesundheit oder andere sensible Rechtsverhältnisse des Beteiligten enthalten (s. a. § 25 Abs. 2 und 3 SGB X).[337] Die Akteneinsicht erfolgt gem. § 25 Abs. 4 SGB X grundsätzlich bei der Behörde, die die Akten führt. 17

3. Recht auf Wiedereinsetzung in den vorigen Stand

Für die **Berechnung von Fristen** und die Bestimmung von Terminen verweist § 26 Abs. 1 SGB X (s. a. § 31 VwVfG) vorbehaltlich seiner Absätze 2 bis 7 auf die §§ 187 bis 193 BGB. § 26 SGB X geht von einer Unterscheidung in gesetzliche Fristen und behördlich festgesetzte Fristen aus. Die von einer Behörde gesetzte Frist kann, unter Umständen auch noch nach ihrem Ablauf, verlängert werden. Die Verlängerung einer behördlichen Frist stellt keinen Fall der Wiedereinsetzung dar. 18

Versäumt jemand **ohne Verschulden**[338] eine **gesetzliche Frist**, kann er unter den Voraussetzungen des § 27 SGB X Wiedereinsetzung in den vorigen Stand beantragen (vgl. § 32 VwVfG). Das bedeutet, dass eine versäumte oder verspätete Handlung als fristgerecht angesehen und das Verfahren in den Stand vor dem Fristablauf zurückversetzt wird.[339] 19

Beispiel:
R hat die Antragsfrist versäumt, die bei der Befreiung von der Versicherungspflicht der Rentner nach dem Gesundheitsreformgesetz zu beachten war. Er beantragt die Wiedereinsetzung in den vorigen Stand mit der Begründung, er habe die Befreiungsregel nicht gekannt. Wiedereinsetzung kann ihm nicht gewährt werden, weil er die Frist nicht „ohne Verschulden" versäumt hat. Für verkündete Gesetze gilt der Grundsatz der formellen Publizität, nach dem davon auszugehen ist, dass diese Gesetze jedermann bekannt sind.[340]

Eine Wiedereinsetzung in den vorigen Stand kommt nur dann in Betracht, wenn sie das materielle Recht nicht versagt. Ergibt die Auslegung einer gesetzlichen Regelung, dass ein verspäteter Antrag materiell-rechtlich endgültig zum Anspruchsverlust führen soll (**materielle Ausschlussfrist**), so scheidet eine Wiedereinsetzung in den vorigen Stand generell aus. 20

Ist ein Jahr seit dem Ende der versäumten Antragsfrist verstrichen, darf Wiedereinsetzung nur dann gewährt werden, wenn das Versäumnis auf höherer Gewalt beruht (§ 27 Abs. 3 SGB X). Von einem Fall höherer Gewalt ist für den Betroffenen nach verfassungsrechtlichen Grundsätzen u. a. bereits dann auszugehen, wenn die Versäumung einer Antragsfrist durch einen unabwendbaren Zufall verursacht worden ist. Als solcher gilt auch ein durch eine unrichtige rechtswidrige Belehrung der Behörde oder durch ein sonstiges rechts- oder treuwidriges Verhalten der Behörde verursachtes Fristversäumnis.[341] 21

---

336 S. vertiefend zu Recht auf Akteneinsicht Roller, NZS 2013, 761 ff.

337 S. z. B. BSG 8.2.2022, BeckRS 2022, 5356 zum Ausschluss des Anspruchs auf Akteneinsicht eines Gewalttäters in die Verwaltungsakten über die Entschädigung des Opfers.

338 Zum Verschulden i. S. v. § 27 SGB X BSG 2.2.2006, NZS 2006, 551, 552, s. dort auch zum Verhältnis zwischen § 27 SGB X und dem sozialrechtlichen Herstellungsanspruch.

339 BeckOK-SozR/Heße § 27 SGB X Rn. 4.

340 Vgl. BSG 9.2.1993 SozR 3-1300 Nr. 3.

341 BVerfG 18.12.1985, BVerfGE 71, 305, 348.

V. Die Aufhebung von Verwaltungsakten

1. Überblick

22 Mit der Bekanntgabe des VA ist der Sozialversicherungsträger an seinen Inhalt gebunden. Während der Adressat des VA dessen Bestandskraft nur durch fristgerechte Einlegung eines Rechtsbehelfs hinauszögern, unter Umständen auch verhindern kann, vermag die Behörde sich nur durch die gesetzlich vorgesehenen Möglichkeiten der **Aufhebung** von dem VA zu lösen. Die Aufhebung umfasst als Oberbegriff sowohl die Rücknahme als auch den Widerruf eines VA. Im Zusammenhang mit der Aufhebung von VA zeigen sich einige der **wichtigsten Besonderheiten** des sozialrechtlichen Verwaltungsverfahrens im Vergleich zum allgemeinen Verwaltungsverfahren.[342] Diese Besonderheiten erklären sich vor allem daraus, dass es sich bei VA im Sozialrecht häufig um solche mit Dauerwirkung handelt, die überdies für die Lebensverhältnisse des Betroffenen existentielle Bedeutung haben.

23 Die Berechtigung oder Verpflichtung des Sozialversicherungsträgers zur Aufhebung eines VA ist in den §§ 44 bis 49 SGB X geregelt. Mit der Aufhebung wird die Bestandskraft des jeweiligen VA (§ 77 SGG) durchbrochen.[343] Die Wirksamkeit eines VA kann innerhalb und außerhalb des Rechtsbehelfsverfahrens durch Aufhebung beseitigt werden. Die §§ 44 bis 49 SGB X schaffen einen Ausgleich zwischen dem Prinzip der Gesetzmäßigkeit der Verwaltung und der durch einen bindenden VA eingetretenen Rechtssicherheit sowie dem Vertrauensschutz des Betroffenen und der materiellen Einzelfallgerechtigkeit.[344] Die Aufhebungsregelungen werden flankiert von § 50 SGB X. Erst über diese Regelung wird gewährleistet, dass bereits erbrachte Leistungen zu erstatten sind (s. hierzu Rn. 65ff.).

24 Die Ausgestaltung richtet sich im Einzelnen danach, ob der aufzuhebende VA rechtswidrig oder rechtmäßig, begünstigend oder belastend ist:[345]

- rechtswidriger VA: **Rücknahme**
  - → nicht begünstigender VA, § 44 SGB X
  - → begünstigender VA, § 45 SGB X
- rechtmäßiger VA: **Widerruf**
  - → nicht begünstigender VA, § 46 SGB X
  - → begünstigender VA, § 47 SGB X
- Sonderfall: **VA mit Dauerwirkung**, § 48 SGB X

2. Die Rücknahme eines rechtswidrigen nicht begünstigenden Verwaltungsaktes nach § 44 SGB X

25 Die Rücknahme eines rechtswidrigen nicht begünstigenden VA kann nach § 44 SGB X auf zwei Weisen erfolgen. Nach Abs. 1 ist sie unter strengeren Voraussetzungen für die Vergangenheit möglich. Abs. 2 sieht eine Rücknahme für die Zukunft vor und hat wegen der weniger einschneidenden Wirkung einen größeren Anwendungsbereich; insoweit kann Abs. 2 auch als Auffangtatbestand bezeichnet werden.

---

342 BT-Drs. 8/2034 S. 29: „aus sozialrechtlichen Gründen wesentlich modifiziert".

343 Kainz, NZS 2015, 767, 772.

344 Zu den teils gegenläufigen Interessen Schütze/Schütze Vorbemerkung zu §§ 44–49 SGB X, Rn. 3.

345 S. hierzu auch die Übersicht bei Kainz, NZS 2015, 767, 772 und bei Schütze/Schütze Vorbemerkung zu §§ 44–49 SGB X Rn 2.

a) Voraussetzungen

Voraussetzung der Rücknahme sowohl nach § 44 Abs. 1 als auch nach Abs. 2 SGB X ist das Vorliegen eines **nicht begünstigenden,**[346] also belastenden oder neutralen VA,[347] bei dessen **Erlass** das Recht unrichtig angewandt[348] oder von einem Sachverhalt ausgegangen worden ist, der sich als unrichtig erwiesen hat. Die **Rechtswidrigkeit** muss **kausal** für die Belastung geworden sein („und soweit deshalb"). Besteht die Rechtswidrigkeit nicht **im Zeitpunkt des Erlasses**, sondern zu einem späteren Zeitpunkt, so ist § 44 SGB X nicht einschlägig. In diesem Fall sind die Voraussetzungen des § 48 SGB X zu prüfen.[349] 26

§ 44 SGB X gilt grundsätzlich für alle Sozialleistungsbereiche. Es existieren jedoch **Sondervorschriften** (z.B. § 330 Abs. 1 SGB III), die der allgemeinen Regelung vorgehen.[350]

b) Pflicht zur Rücknahme, § 44 Abs. 1 SGB X

aa) Wirkung

Wurden aufgrund eines rechtswidrigen VA zu Unrecht Sozialleistungen versagt oder Beiträge erhoben, so ist der VA nach § 44 Abs. 1 S. 1 SGB X mit Wirkung für die Vergangenheit (implizit auch für die Zukunft) zurückzunehmen. § 44 Abs. 1 SGB X wirkt also ex tunc. Das gilt auch dann, wenn der VA unanfechtbar geworden ist. 27

Anders als im allgemeinen Verwaltungsrecht gem. § 48 Abs. 1 S. 1 VwVfG steht im sozialrechtlichen Verfahren die Rücknahme des VA nicht im Ermessen der Behörde, sondern es besteht grundsätzlich eine Verpflichtung zur Aufhebung des rechtswidrigen VA. Auch existiert im SGB X keine § 51 VwVfG entsprechende Vorschrift, nach der die Verwaltungsbehörde nur in bestimmten Fällen auf Antrag des Betroffenen nach ihrem Ermessen über die Aufhebung oder Änderung eines unanfechtbaren VA durch Wiederaufgreifen des Verfahrens zu entscheiden hat.[351] Die Behörde muss vielmehr jeden Antrag eines Betroffenen auf erneute Sachprüfung und Abänderung des VA nach Maßgabe des materiellen Rechts neu bescheiden, sofern nicht nur tatsächliche Umstände nachgeschoben werden, die einer Nachprüfung nicht standhalten oder der Antrag rechtsmissbräuchlich ist.[352] Eine Pflicht der Behörde zur generellen Überprüfung bereits abgeschlossener Fälle ist allerdings durch die Formulierung „im Einzelfall" ausgeschlossen. 28

Die Bestandskraft des VA kann also insgesamt unter den Voraussetzungen des § 44 Abs. 1 SGB X sehr leicht durchbrochen werden. § 44 SGB X gibt grundsätzlich der materiellen Einzelfallgerechtigkeit gegenüber der Rechtssicherheit den Vorzug.[353] 29

bb) Sonderfall: Bösgläubigkeit

Eine Sonderregelung sieht § 44 Abs. 1 S. 2 SGB X für den Fall vor, dass der Adressat des VA bösgläubig war. Beruht der VA auf in wesentlicher Beziehung vorsätzlich unrichtigen oder unvollständigen Angaben des Betroffenen (§ 44 Abs. 1 S. 2 SGB X), so entfällt die Verpflichtung der Behörde zur Rücknahme des VA zwar nicht. Es ändert sich jedoch die zeitliche Wirkung, indem es nunmehr in das Ermessen der Behörde gestellt ist, ob die Rücknahme mit Wirkung ex nunc oder sogar ex tunc erfolgt. 30

---

346 S. hierzu auch die Legaldefinition in § 45 SGB X zum belastenden VA, hierzu kann ein entsprechender Umkehrschluss gebildet werden.

347 Neutral können z.B. bestimmte feststellende VA sein, wie die Feststellung bei welcher Krankenkasse bei gleichen Versicherungsbedingungen eine Mitgliedschaft besteht, Schütze/SCHÜTZE § 44 SGB X Rn. 23.

348 Z.B. auch bei fehlender Ermessensausübung BSG 30.10.2019, BeckRS 2019, 28340.

349 Zur Abgrenzung von § 44 und § 48 SGB X s. z.B. BSG 15.6.2010, BeckRS 2010, 73620.

350 Vgl. BSG 31.1.2002 SozR 3-1300 § 44 Nr. 34.

351 Beachte jedoch die Einschränkungen in EuGH 13.1.2004, Rs. C-453/00 (Kühne & Heitz), EuZW 2004, 215ff.

352 Vgl. BSG 3.2.1988, BSGE 63, 33, 35f.

353 S. als Beispiel hierzu BSG 16.5.2001 SozR 3-2600 § 243 Nr. 8.

Die Anwendung des § 44 Abs. 1 S. 2 SGB X setzt positives Tun oder ein Unterlassen voraus, das nach seinem sozialen Sinngehalt dem positiven Tun gleichzustellen ist. Bloßes Schweigen reicht daher in der Regel nicht aus, wohl aber, wie ausdrücklich im Gesetz genannt, die vorsätzlich unvollständige Angabe. Der Vorsatz braucht sich gem. § 44 Abs. 1 S. 2 SGB X nur auf die Unrichtigkeit und Unvollständigkeit der Angaben, nicht aber auf die daraus folgende Rechtswidrigkeit des VA zu erstrecken.

Beispiel:[354]
Der Kläger war bei der beklagten Ersatzkasse freiwillig versichert und zahlte von 1982 an Beiträge nach einem Einkommen in Höhe der Beitragsbemessungsgrenze. Bei der Festsetzung der Beiträge im Dezember 1987 machte der Kläger geltend, auch in der Vergangenheit ein wesentlich niedrigeres Einkommen gehabt zu haben. Die Krankenkasse setzte daraufhin die Beiträge von diesem Zeitpunkt an herab, verweigerte aber eine Erstattung bereits gezahlter Beiträge. Das BSG entschied, das Schweigen des Klägers zu den überhöhten Beitragsforderungen schließe die Pflicht der Krankenkasse zur teilweisen Rücknahme der Bescheide für die Vergangenheit nicht aus. Die Beklagte sei vor Erlass der früheren Bescheide ihrer Amtsermittlungspflicht nicht nachgekommen, indem sie es unterlassen habe, den Versicherten nach seinen aktuellen Einkünften zu befragen. Anders als die vorsätzliche unrichtige oder unvollständige Angabe von Tatsachen hindere das bloße Schweigen des Versicherten seinen Anspruch auf Rücknahme der Beitragsbescheide nach § 44 Abs. 1 SGB X nicht.

cc) Finanzielle Abwicklung und Verhältnis zu anderen Rechtsinstituten

31 Es ist stets zu trennen zwischen der Aufhebung der VA und dem Vollzug der Aufhebung in finanzieller Hinsicht. Sind dem Berechtigten Sozialleistungen zu Unrecht verweigert worden, kann er nach § 44 Abs. 4 SGB X einen sogenannten Zugunstenbescheid und die nachträgliche Gewährung der Leistungen für einen Zeitraum von maximal vier Jahren verlangen. Sind, wie im o.g. Beispiel, aufgrund des VA zu Unrecht Beiträge erhoben worden, ist die Grundlage des Erstattungsanspruchs der zu viel gezahlten Beiträge § 26 Abs. 2 SGB IV. Zu beachten ist, dass der Erstattungsanspruch gem. § 27 Abs. 2 SGB IV in vier Jahren nach Ablauf des Kalenderjahres, in dem die Beiträge entrichtet worden sind, verjährt.

32 Sofern neben den Voraussetzungen des § 44 SGB X auch die Voraussetzungen eines sozialrechtlichen Herstellungsanspruches vorliegen, geht § 44 SGB X als Sonderregelung vor.[355] Als richterrechtlich entwickeltes Institut setzt der sozialrechtliche Herstellungsanspruch eine Lücke voraus, die, wenn § 44 SGB X greift, nicht existiert.[356]

c) Pflicht zur Rücknahme für die Zukunft, Ermessensentscheidung für die Vergangenheit, § 44 Abs. 2 SGB X

33 In allen anderen als den in § 44 Abs. 1 S. 1 SGB X genannten Fällen besteht nach § 44 Abs. 2 SGB X ein **Anspruch** auf Rücknahme des VA **nur für die Zukunft**; die Rücknahme für die Vergangenheit steht lediglich im **pflichtgemäßen Ermessen** der Behörde. Erfasst werden z.B.
- die Fälle des § 44 Abs. 1 S. 2 SGB X (falsche unvollständige Angaben);
- die Anerkennung von Beitrags- oder Berücksichtigungszeiten nach dem SGB VI (siehe unter § 51 Rn. 110ff.);
- die Befreiung von der Rentenversicherungspflicht (siehe unter § 48 Rn. 77ff.).[357]

354 Nach BSG 25.4.1991 SozR 3-1300 § 44 Nr. 2.
355 BSG 23.7.1986, BSGE 60, 158, 167; BSG 27.3.2007, SGb 2007, 675, 678.
356 S. auch BeckOK-SozR/Heße § 44 SGB X Rn. 6.
357 BSG 11.4.1984 SozR 5755 Art. 2 § 1 Nr. 5.

Beispiel:[358]
Dem Kläger, einem an der vertragsärztlichen Versorgung teilnehmenden Internisten, waren die Honorarforderungen aufgrund des Honorarverteilungsmaßstabes der beklagten Kassenärztlichen Vereinigung (KV) bindend gekürzt worden. Nachdem das BSG den Honorarverteilungsmaßstab in einem anderen Verfahren für rechtswidrig befunden hatte, begehrte der Kläger von der KV die Rücknahme der Honorarkürzung. Die KV lehnte dies mit der Begründung ab, sie habe für derartige Rückforderungen keine Rücklagen bilden können, so dass die Rücknahme in der Vergangenheit erfolgter Honorarkürzungen im Falle des klagenden Arztes sowie in zahlreichen weiteren zu erwartenden Anträgen zulasten der aktuellen Honorarverteilung mit entsprechend sinkenden Punktwerten und damit auch zulasten neu zugelassener Ärzte ginge. Das BSG folgte dieser Argumentation. Der Kläger habe keinen Anspruch auf eine Rücknahme der Honorarkürzung gem. § 44 Abs. 1 SGB X, da es sich bei dem vertragsärztlichen Honorar nicht um eine Sozialleistung i. S. v. § 11 SGB I handele. Die Rücknahme richte sich daher nach § 44 Abs. 2 SGB X, der auch nicht durch Sondervorschriften ausgeschlossen werde. Der Kläger habe demnach einen Anspruch auf Aufhebung der Honorarkürzung für die Zukunft, die Aufhebung der Honorarkürzungen für die Vergangenheit liege jedoch im Ermessen der KV. Diese habe mit ihrer Entscheidung die Grenzen ihres Ermessens gewahrt, so dass die Klage des Arztes keinen Erfolg hatte.

d) Zeitliche Beschränkung der Leistungspflichten bei der Rücknahme für die Vergangenheit

Sind nach der Rücknahme des VA für die Vergangenheit **Sozialleistungen** zu erbringen, so beschränkt § 44 Abs. 4 SGB X den Anspruch materiell-rechtlich auf einen **Zeitraum von bis zu vier Jahren**. Die Wirkungen der Frist in § 44 Abs. 4 SGB X gehen über diejenigen der in § 45 SGB I enthaltenen Verjährung, welche nur auf Einrede zu berücksichtigen ist, hinaus.[359] Die praktische Bedeutung von § 44 Abs. 4 SGB X wächst dadurch, dass sie analog auch auf sozialrechtliche Herstellungsansprüche angewendet wird (s. hierzu § 9 Rn. 62 ff.). 34

Das **BSG** hat zur Verjährung nach § 44 Abs. 4 SGB X Folgendes ausgeführt: 35

> „In der Entstehungsgeschichte des § 44 Abs. 4 SGB X ist (...) klar zum Ausdruck gekommen, dass der Gesetzgeber das Institut der Verjährung für die erstrebte Leistungsbegrenzung nicht für ausreichend gehalten hat und gerade im Hinblick hierauf in § 44 Abs. 4 Satz 1 SGB X eine materiell-rechtliche Einschränkung für nachträglich bewilligte Sozialleistungen für die Vergangenheit schaffen wollte, deren Wirkung über die der Verjährung nach § 45 SGB I hinausgeht und der einer Ausschlussfrist entspricht (...). Damit sollte sichergestellt werden, dass keinesfalls für länger als 4 Jahre in die Vergangenheit zurückgegangen werden darf. (...) In der Übereinstimmung mit dem zeitlichen Rahmen der Verjährungsregelung einerseits, aber auch der Verstärkung gegenüber der nur auf Einrede hin zu beachtenden Verjährung in eine von Amts wegen zu beachtende materiell-rechtliche Leistungseinschränkung andererseits, kommt ein allgemeiner Rechtsgedanke zum Ausdruck, dass rückwirkende Leistungen prinzipiell nicht über 4 Jahre hinaus zu gewähren sind. Sachliche rechtfertigende Gründe hierfür sind darin zu sehen, dass Sozialleistungen im Wesentlichen dem laufenden Unterhalt des Berechtigten dienen sollen und dass die Leistungsträger ein schutzwürdiges Interesse an einer Überschaubarkeit ihrer Leistungsverpflichtungen haben."[360]

3. Die Rücknahme eines rechtswidrigen begünstigenden Verwaltungsaktes nach § 45 SGB X

Bei der Rücknahme rechtswidriger **begünstigender** VA im Sozialversicherungsrecht stehen sich das Vertrauen des Versicherten auf den Bestand eines VA und das öffentliche Interesse an der Aufhebung eines VA gegenüber, der die Versichertengemeinschaft zu Unrecht belastet. § 45 SGB X schafft **engere Voraussetzungen** für die Rücknahme eines VA als § 44 SGB X und trägt damit insbesondere dem Bedürfnis des Bürgers nach **Rechtssicherheit** und **Vertrauensschutz** Rechnung. Im Gegensatz zu § 44 SGB X wird bei Anwendung des § 45 SGB X dem Bürger schließlich ein begünstigender VA verwehrt, so dass die Wirkung des § 45 SGB X für den Bürger nachteiliger ist. 36

358 Nach BSG 18.3.1998 SozR 3-1300 § 44 Nr. 23.
359 BSG 26.6.2007 – B 4 R 19/07 R.
360 BSG 21.1.1987 SozR 1300 § 44 SGB X Nr. 25.

a) Ermessensentscheidung

37 Anders als bei § 44 SGB X handelt es sich bei der Entscheidung der Behörde, einen rechtswidrigen, begünstigenden VA zurückzunehmen, um eine Ermessensentscheidung. Im Rahmen der Ermessenserwägungen zu berücksichtigen sind z. B.:
- **aus der Sphäre des Begünstigten:** sein Alter, seine finanziellen Verhältnisse und persönlichen Umstände und die Folgen, die sich aus der Rücknahme für den Betroffenen ergeben;[361]
- **aus der Sphäre der Verwaltung:** das Gewicht der Verursachung der Rechtswidrigkeit durch die Verwaltung, die voraussichtliche Dauer der Bestandskraft des VA in der Zukunft.[362]

b) Voraussetzungen und Ermessensausübung nach § 45 Abs. 1 und 2 SGB X

38 Bevor das Ermessen auszuüben ist, sind jedoch die Voraussetzungen des § 45 SGB X zu prüfen. Nach § 45 SGB X kann nur ein **von Anfang** an rechtswidriger[363] begünstigender VA zurückgenommen werden.[364] Nach der Legaldefinition in § 45 Abs. 1 S. 1 SGB X ist ein VA begünstigend, wenn er ein Recht oder einen rechtlich erheblichen Vorteil begründet oder bestätigt hat. Des Weiteren gibt Abs. 1 vor, dass eine Rücknahme nicht nach den Abs. 2 bis 4 ausgeschlossen sein darf.

39 Zentral ist hierbei die Grundannahme, dass das **Vertrauen** des Betroffenen in den Bestand des VA, insbesondere unter Beachtung der Regelbeispiele in § 45 Abs. 2 SGB X, schutzwürdig ist. Die Ermittlung der Schutzwürdigkeit ist das Ergebnis einer Abwägung zwischen dem individuellen Bestandsinteresse des Begünstigten und dem öffentlichen Rücknahmeinteresse. Die Prüfung des Vertrauensschutzes geht der Ermessensentscheidung zeitlich und sachlich vor.[365] Nicht selten werden jedoch bereits bei der Vertrauensschutzprüfung alle relevanten Gesichtspunkte berücksichtigt worden sein, so dass für weitere Ermessenerwägungen wenig Raum bleibt.

40 Für das Vorliegen von Vertrauen spricht eine **Vermutung**.[366] Schutzwürdig ist das Vertrauen in der Regel, wenn der Begünstigte eine Vermögensdisposition getroffen hat, die er nicht oder nur unter unzumutbaren Umständen rückgängig machen kann.

Beispiel:
K nimmt einen Kredit im Vertrauen darauf auf, das Geld mit Hilfe der Sozialleistungen zurückzahlen zu können.

Das Vertrauen ist nicht schutzwürdig, wenn die Vermögensdispositionen grob unangemessen und unvernünftig waren, vgl. § 45 Abs. 2 S. 2 SGB X; es ist außerdem nicht schutzwürdig in den in § 45 Abs. 2 S. 3 SGB X abschließend genannten Fällen.[367]

Beispiel:[368]
Der Kläger wendet sich gegen die Aufhebung der Bewilligung von Pflegegeld wegen erheblicher Pflegebedürftigkeit. Er leidet an dem in Schüben auftretenden familiären Mittelmeerfieber. Ein Schub dauert ca. drei Tage und geht mit starken Schmerzen und hohem Fieber einher. Nach einem Gutachten des Medizinischen Dienstes wies der Kläger pro Woche einen durchschnittlichen täglichen Grundpflegebedarf von rund einer Stunde auf. Die Pflegekasse bewilligte daraufhin Pflegegeld nach der Pflegestufe I (heute Pflegegrad 1). Ein im Rahmen eines Überprüfungsverfahrens nach § 18 Abs. 2 S. 5 SGB XI eingeholtes weiteres

361 BVerwG 11.7.2013, NVwZ-RR 2013, 967, 970.
362 S. mit weiteren Beispielen Schütze/Schütze § 45 SGB X Rn. 104.
363 Die Rechtswidrigkeit muss feststehen, bloße Zweifel reichen nicht aus, BSG 2.4.2009, BeckRS 2009, 69209.
364 Zur Abgrenzung von § 48 SGB X BSG 24.6.2020 SozR 4-1300 § 45 SGB X Nr. 23; BSG 14.12.2021, NJW 2022, 2573 ff.
365 BSG 4.2.1988 SozR 1300 § 45 Nr. 34; BSG 5.11.1997, SGb 1998, 488; BeckOK-SozR/Heße § 45 SGB X Rn. 16; anders BSG 25.6.1986 SozR 1300 § 45 Nr. 24.
366 BeckOK-SozR/Heße § 45 SGB X Rn. 20.
367 Als Beispiel für eine fehlende Schutzwürdigkeit nach § 45 Abs. 2 S. 3 Nr. 2 s. BVerwG 30.6.2010, NVwZ-RR 2010, 926 ff.
368 Nach BSG 11.4.2002, ZfS 2002, 329 f.

Gutachten des Medizinischen Dienstes im Dezember 1996 verneinte hingegen das Vorliegen der Voraussetzungen der Pflegestufe I, woraufhin die beklagte Pflegekasse den Bescheid aufhob. Nach Ansicht der Gutachter, die sich das Gericht zu eigen machte, bestand der geringe Pflegebedarf von Anfang an und hatte sich nicht etwa mit der Zeit, z.B. durch den Umzug des Versicherten in eine behindertengerechte Wohnung, vermindert. Der Pflegegeldbescheid war daher von Anfang an rechtswidrig, so dass sich seine Aufhebung nach § 45 SGB X richtete.

Zu den Rücknahmevoraussetzungen nach § 45 Abs. 2 SGB X führte das Gericht aus, auch ein gewichtiges öffentliches Interesse an der Aufhebung eines rechtswidrigen, die Solidargemeinschaft zu Unrecht besonders belastenden Dauerverwaltungsaktes schließe nicht generell aus, das Individualinteresse des rechtswidrig Begünstigten als bedeutsamer anzusehen. Der Vorrang des Individualinteresses setze zunächst das Vertrauen des Betroffenen in den Bestand der Leistungsbewilligung voraus. Für das Vorliegen von Vertrauen spreche eine Vermutung. Weiter führte das Gericht aus:

„Dem Kläger ist die Berufung auf den Vertrauensschutz auch nicht verwehrt. Er hat (...) die Leistungsbewilligung nicht durch arglistige Täuschung, Drohung oder Bestechung erwirkt. Die Bewilligungsentscheidung der Beklagten beruht auf wahrheitsgemäßen Angaben des Klägers und seiner ihn während der Krankheitsschübe pflegenden Ehefrau. Er kannte weder die Rechtswidrigkeit der Leistungsbewilligung, noch hat er diese in grob fahrlässiger Weise verkannt. Als rechtlicher Laie konnte und musste er nicht wissen, dass bei einem nicht täglich anfallenden Hilfebedarf eine Anerkennung als Pflegebedürftiger trotz umfangreichen Pflegebedarfs während der Krankheitsphasen von vornherein ausschied, und er konnte und musste auch nicht erkennen, dass das der Leistungsbewilligung zu Grunde liegende erste MDK-Gutachten zwischen relevantem Pflegebedarf (§ 14 Abs. 3 und 4 SGB XI a.F.) und nicht relevantem Bedarf an nicht verrichtungsbezogener Hilfe (medizinische Behandlungspflege, allgemeiner Aufsichtsbedarf, allgemeine Ruf- und Einsatzbereitschaft) nicht hinreichend differenziert hat."

Für das Vorliegen schutzwürdigen Vertrauens könnte auch die in tatsächlicher Hinsicht nicht überprüfte Behauptung des Klägers sprechen, er habe im Vertrauen auf die regelmäßige Zahlung des Pflegegeldes eine teurere behindertengerechte Wohnung angemietet.

Die Frage, ob nach einer Abwägung des Individualinteresses mit dem öffentlichen Interesse noch Gesichtspunkte für die Ausübung des Ermessens nach § 45 SGB I verblieben wären, ließ das Gericht offen, da die Beklagte insofern zu Unrecht von einer Ermessensreduzierung auf Null ausgegangen (deren Vorliegen nach Auffassung des Gerichts nur einen seltenen Ausnahmefall darstellt) und der Bescheid schon daher rechtswidrig war.

---

c) Fristen für die Rücknahme und zeitliche Wirkung der Rücknahme gem. § 45 Abs. 3 und 4 SGB X

Aus einem Umkehrschluss zu § 45 Abs. 4 SGB X, der die Voraussetzungen für eine rückwirkende Aufhebung regelt, ergibt sich, dass ein VA nach § 45 SGB X **in der Regel nur für die Zukunft** zurückgenommen werden kann. 41

Anders als VA, die einmalige Leistungen zum Gegenstand haben und zeitlich unbegrenzt zurückgenommen werden können, unterliegen **VA mit Dauerwirkung** gem. § 45 Abs. 3 SGB X einer zweijährigen **Ausschlussfrist**. Diese zeitliche Schranke bewirkt einen zusätzlichen Bestandsschutz. Ausnahmen von der Zweijahresfrist bestehen in den Fällen, in denen Wiederaufnahmegründe i.S.d. § 580 ZPO einschlägig sind (dann ist eine unbefristete Rücknahme möglich), wenn der VA auf grob schuldhaft fehlerhaften Angaben beruht, bezüglich seiner Rechtswidrigkeit Bösgläubigkeit des Adressaten vorliegt oder wenn er mit einem zulässigen Widerrufsvorbehalt versehen ist (Rücknahme bis zum Ablauf von zehn Jahren). 42

Eine Rücknahme **mit Wirkung für die Vergangenheit** ist bei VA mit und ohne Dauerwirkung nur in den in § 45 Abs. 4 SGB X genannten Ausnahmen möglich. Abs. 4 dieser Vorschrift stellt keine eigenständige Regelung dar, sondern ergänzt lediglich die anderen Bestimmungen des § 45 SGB X. Die Rücknahme muss **innerhalb eines Jahres ab Kenntnis der sie rechtfertigenden Tatsachen** erfolgen.[369] 43

---

369 BSG 28.3.2007, GesR 2007, 461, 464.

Beispiel:[370]
Die damalige Bundesanstalt für Arbeit, jetzt Bundesagentur für Arbeit, bewilligte dem Bereichsleiter einer Gebäudereinigungsfirma, der seit dem 1.7.1993 arbeitslos gemeldet war, Arbeitslosengeld auf der Grundlage eines versehentlich falsch veranschlagten, überhöhten Bemessungsentgeltes. Nachdem die Bundesanstalt ihren Fehler im Oktober 1994 bemerkt hatte, nahm sie die Bewilligung über Arbeitslosengeld im Juli 1995 nach Anhörung des Betroffenen zurück und forderte Erstattung von über 13.000,00 DM (6.646,79 Euro). Das BSG entschied, dass die Voraussetzungen des § 45 Abs. 2 Nr. 3 SGB X vorliegen, wonach sich der Betroffene nicht auf Vertrauen berufen kann, soweit er die Rechtswidrigkeit des VA kannte oder grob fahrlässig nicht kannte. Das Gericht hielt es dabei nicht für maßgeblich, dass der Begünstigte allein aufgrund der evident überhöhten Leistung die Unrichtigkeit der Bewilligung hätte erkennen können. Ausreichend für den Verlust des Vertrauensschutzes war vielmehr, dass der Begünstigte **hinsichtlich eines bestimmten Teils des VA**, nämlich des mitgeteilten überhöhten Bemessungsentgeltes, bösgläubig war.

Das Gericht erkannte weiter, die Jahresfrist des § 45 Abs. 4 S. 2 SGB X beginne erst **ab dem Zeitpunkt der Anhörung** des Begünstigten an zu laufen, da die Bundesanstalt sich erst ab diesem Zeitpunkt anhand von zu berücksichtigenden objektiven und subjektiven Kriterien ein Bild von der Bösgläubigkeit des Klägers machen konnte. Damit hatte sie erst ab diesem Zeitpunkt die Kenntnis derjenigen Tatsachen, die die Rücknahme des rechtswidrigen begünstigenden VA rechtfertigten.

4. Der Widerruf eines nicht begünstigenden Verwaltungsaktes nach § 46 SGB X

44 Im Gegensatz zu §§ 44, 45 SGB X regelt § 46 die Aufhebung eines **rechtmäßigen VA**. Sie kommt mit Blick auf die Bindung der Verwaltung an Recht und Gesetz gem. Art. 20 Abs. 3 GG jedoch nur in Betracht, wenn die Behörde einen VA mit anderem Inhalt erlassen könnte, der ebenfalls rechtmäßig ist. Das ist dann nicht denkbar, wenn der erlassene VA die einzig mögliche rechtmäßige Maßnahme war. Daher schließt § 46 Abs. 1 SGB X die Möglichkeit des Widerrufs aus, wenn ein VA gleichen Inhalts erlassen werden müsste oder aus anderen Gründen ein Widerruf ausgeschlossen ist, z. B. weil die Aufhebung gegen den Grundsatz der Gleichbehandlung verstieße.

45 Widerrufen werden kann der VA **nur für die Zukunft**. Der Widerruf steht im **Ermessen** der Behörde; der Bürger hat also keinen Anspruch auf den Widerruf, sondern nur auf eine ermessensfehlerfreie Entscheidung.

46 Der **Anwendungsbereich** des § 46 SGB X und seine praktische Relevanz sind nicht groß.[371] Bedeutung erhält er **bei Ermessensentscheidungen**, bei denen die Aufhebung eines VA aus Zweckmäßigkeitsgründen geboten sein kann. Ein anderer praktischer Anwendungsfall ist etwa gegeben, wenn ein Bescheid über die Bewilligung von medizinischen Rehabilitationsmaßnahmen den Betroffenen durch die Bestimmung von Ort und Zeit der Maßnahme belastet.

5. Der Widerruf eines begünstigenden Verwaltungsaktes nach § 47 SGB X

47 Ist der **rechtmäßige VA begünstigend**, ist dem **Bestandsschutz** im Interesse des Betroffenen hohe Bedeutung beizumessen. Ein überwiegendes öffentliches Interesse an der Aufhebung kann nur in den in § 47 SGB X ausdrücklich geregelten Fällen vorliegen.[372] Dem Widerruf muss auch i. R. v. § 47 SGB X eine Ermessenausübung vorangehen.

48 Der **Widerruf für die Zukunft** ist nach § 47 Abs. 1 Nr. 1 und 2 SGB X (vgl. § 49 Abs. 2 Nr. 1 und 2 VwVfG) nur möglich, wenn
- der Widerruf durch Rechtsvorschrift zugelassen oder im VA vorbehalten ist oder
- der Begünstigte eine mit dem VA verbundene Auflage nicht erfüllt.

Die Zulässigkeit solcher Nebenbestimmungen ist im Sozialrecht selten; Widerrufsvorbehalte haben allerdings ihre praktische Bedeutung im Vertragsarztrecht.

370 Nach BSG 27.7.2000 SozR 3-1300 § 45 Nr. 42.
371 BeckOGK/Sandbiller § 46 SGB X Rn. 1.
372 Schütze/Schütze § 47 SGB X Rn. 2.

Ein **Widerruf auch für die Vergangenheit** ist nach § 47 Abs. 2 SGB X nur bei VA möglich, die eine Geld- oder Sachleistung mit der Erfüllung eines bestimmten Zweckes verbinden (sog. **zweckgebundene Leistungen**). Wird die Leistung nicht für diesen Zweck verwendet (§ 47 Abs. 2 S. 1 Nr. 1 SGB X) oder eine mit dem VA verbundene Auflage nicht erfüllt (§ 47 Abs. 2 S. 1 Nr. 2 SGB X), so ist der Widerruf an die weitere Voraussetzung gebunden, dass kein schutzwürdiges Vertrauen des Betroffenen nach § 47 Abs. 2 S. 2 SGB X gegeben ist. Zweckgebundene Leistungen finden sich vor allem im Arbeitsförderungsrecht bei Leistungen an den Arbeitgeber.[373] Die praktische Bedeutung von § 47 SGB X ist insgesamt ebenfalls nicht groß. 49

6. Die Aufhebung eines Verwaltungsaktes mit Dauerwirkung bei Änderung der Verhältnisse nach § 48 SGB X

a) Bedeutung

VA mit Dauerwirkung unterliegen rechtlichen und tatsächlichen Änderungen der Verhältnisse. Es besteht daher ein **Bedürfnis**, sie **neuen Umständen anzupassen.** § 48 SGB X enthält eine Sonderregelung für die Aufhebung von VA mit Dauerwirkung bei einer wesentlichen Änderung dieser tatsächlichen oder rechtlichen Verhältnisse. Der Unterschied zu den §§ 44, 45 SGB X besteht darin, dass der VA nicht von Anfang an rechtswidrig war, sondern die Rechtswidrigkeit erst aufgrund der veränderten Umstände eingetreten ist.[374] Da viele Sozialleistungen auf Dauer gewährt werden, wie z. B. Altersrenten, Erwerbsminderungsrenten, Krankengeld oder Arbeitslosengeld, hat die Vorschrift erhebliche praktische Bedeutung. 50

b) Voraussetzungen der Aufhebung

Die Aufhebung eines VA nach § 48 SGB X kommt nur in Betracht, wenn es sich um einen **Dauerverwaltungsakt** handelt und die Änderung der auf ihn wirkenden tatsächlichen oder rechtlichen Verhältnisse wesentlich ist. Ein VA hat Dauerwirkung, wenn er nicht nur einmalig die Sach- oder Rechtslage gestaltet oder ein nur einmaliges Ge- oder Verbot ausspricht. Es ist hingegen unschädlich, wenn ein Rechtsverhältnis nur für eine begrenzte Dauer, also befristet geregelt wird.[375] Erfasst werden somit bspw. Altersrenten, Witwer-/Witwenrenten, (befristete) Erwerbsminderungsrenten oder Arbeitslosengeld, aber auch der VA zur Feststellung eines bestimmten Grades der Behinderung oder einer Versicherungsfreiheit.[376] 51

Die **Änderung** muss wesentlich sein.[377] Sie muss sich daher auf den Regelungscharakter des VA in der Art und Weise auswirken, dass sie zu einer anderen Entscheidung der Behörde geführt hätte, wenn sie bereits bei Erteilung des ersten Bescheids vorgelegen hätte. Änderungen **tatsächlicher** Art sind bspw. Veränderungen des Gesundheitszustandes oder der Wegfall der Mitwirkungsbereitschaft eines Begünstigten.[378] 52

---

373 S. LSG Sachsen 7.12.2006, BeckRS 2009, 57035.

374 BSG 7.7.2005 BSG 95, 57 ff.; BeckOK-SozR/Heße § 48 SGB X Rn. 5.

375 BeckOK-SozR/Heße § 48 SGB X Rn. 8.

376 BeckOK-SozR/Heße § 48 SGB X Rn. 8; BSG 23.4.2015, SGb 2016, 407 mit Anm. Schneider-Danwitz; BSG 2.11.2015, NZS 2016, 350 zu einer Witwerrente.

377 Zur Wesentlichkeit bei Änderung des MdE s. BSG 20.12.2016, SGb 2017, 716 mit Anm. Hebeler.

378 BSG 20.3.2007 SozR 4-1300 § 48 Nr. 11.

Beispiel:
Arbeitnehmer A erhält eine Erwerbsminderungsrente gem. § 56 Abs. 1 S. 1 SGB VII. Der durch einen Arbeitsunfall bedingte Grad der Minderung der Erwerbsfähigkeit (MdE) des A i. H. v. 20 Prozent senkt sich nach einem operativen Eingriff an der Hand durch die wiedergewonnene Beweglichkeit um mehr als fünf Prozent. Die Berufsgenossenschaft hebt den Rentenbewilligungsbescheid daraufhin gem. § 48 Abs. 1 S. 1 SGB X auf.

53 Dem **rechtlichen** Bereich zuzuordnen sind bspw. die Neufassung von Rechtsvorschriften, also von Gesetzen, Verordnungen oder Satzungen.[379] Problematisch ist hingegen die Einordnung von Änderungen medizinischer Bewertungsgrundsätze, die bei medizinischen Begutachtungen herangezogen werden und in zahlreichen Gebieten des Sozialrechts von großer praktischer Bedeutung sind. Die Rechtsprechung der einzelnen Senate des BSG ist hierzu nicht einheitlich.[380] Teilweise wurde eine Änderung dem rechtlichen Bereich zugeordnet,[381] teilweise aber auch nur unter der Voraussetzung, dass es sich bei den Richtlinien um ein geschlossenes Beurteilungsgefüge handelt, welches vom Gericht wie eine untergesetzliche Norm nur eingeschränkt überprüft werden kann.[382]

54 Gem. § 48 Abs. 2 SGB X werden darüber hinaus Änderungen der **ständigen höchstrichterlichen Rechtsprechung** erfasst, sofern sie sich zugunsten des Berechtigten auswirken.

55 § 48 SGB X dient hingegen nicht dazu, Entscheidungen zu korrigieren, die lediglich auf einer Änderung der Bewertung des Sachverhaltes beruhen, ohne dass eine tatsächliche oder rechtliche Änderung vorausging. Dies betrifft z. B. Fälle einer fehlerhaften ärztlichen Diagnose oder Kausalitätsbeurteilung, auf denen der VA der Behörde beruht.

c) Zeitliche Wirkung der Aufhebung

56 Die zeitliche Wirkung der Aufhebung des VA hängt davon ab, aus welchem Grund die Änderung eingetreten ist und/oder wie sie sich auswirkt. Den Grundfall bildet § 48 Abs. 1 SGB X, danach ist der VA mit Wirkung für die Zukunft aufzuheben. Die Möglichkeit einer Aufhebung sogar für die Vergangenheit, die einen weitaus stärkeren Eingriff darstellt, sieht § 48 Abs. 2 SGB X für die dort abschließend aufgezählten Fälle vor. Zu berücksichtigen ist schließlich, ob es ggf. vorrangige Spezialregelungen zu § 48 SGB X in den besonderen Teilen des SGB gibt.

aa) Aufhebung für die Zukunft

57 Bei einer wesentlichen Änderung der Umstände ist der VA nach § 48 Abs. 1 S. 1 SGB X **mit Wirkung für die Zukunft** aufzuheben. Die Behörde ist zur Aufhebung verpflichtet; ein **Ermessen steht ihr nicht zu**. Wird ein Antrag auf Aufhebung gestellt, „beginnt“ die Zukunft mit dem Eingang des Antrags, anderenfalls mit Zustellung des Aufhebungsbescheides.[383]

bb) Aufhebung für die Vergangenheit

58 **Mit Wirkung für die Vergangenheit** soll der VA in folgenden Fällen vom Zeitpunkt der Änderung der Verhältnisse an aufgehoben werden, vgl. § 48 Abs. 1 S. 2 SGB X:
- bei einer Änderung der Verhältnisse **zugunsten** des Betroffenen (**Nr. 1**);

379 Schütze/Schütze § 48 SGB X Rn. 13; zur Einordnung von Verwaltungsvorschriften BSG 1.7.2010, NZA-RR 2011, 383.
380 S. hierzu im Überblick Schütze/Schütze § 48 SGB X Rn. 14.
381 So für den Bereich des sozialen Entschädigungsrechts und des Schwerbehindertenrechts BSG 29.8.1990, SGb 1991, 227 mit Anm. Wolf; BSG 23.6.1993, NZS 1993, 512; BVerfG 6.3.1995, NVwZ 1996, 60.
382 So der Senat für das Unfallversicherungsrecht BSG 30.6.1998, SGb 1999, 258; BSG 19.12.2000, BeckRS 2001, 40479.
383 Schütze/Schütze § 48 SGB X Rn. 23.

– bei einer Änderung der Verhältnisse **zum Nachteil** des Betroffenen, wenn dieser grob schuldhaft seine Mitteilungspflichten verletzt hat (**Nr. 2**),[384] wenn nach der Antragstellung Einkommen erzielt worden ist, das zum Wegfall oder zur Minderung des Anspruchs geführt hat (**Nr. 3**), wenn er wusste oder grob fahrlässig nicht wusste, dass der im VA festgestellte Anspruch zum Ruhen gekommen oder weggefallen ist (**Nr. 4**).

In diesen Fällen „soll" der VA aufgehoben werden; d.h., die Aufhebung ist der Regelfall („intendiertes Ermessen"). Eine **Pflicht zur Aufhebung** besteht, wenn ein **„Normalfall"** der Tatbestände der Nr. 1 bis 4 vorliegt. In **„atypischen" Fällen** hingegen steht die Aufhebung im pflichtgemäßen **Ermessen** der Behörde, d.h., sie kann auch von der rückwirkenden Aufhebung absehen.[385]

Ein **atypischer Fall** ist anzunehmen, wenn die Umstände des Einzelfalles im Hinblick auf die mit der rückwirkenden Aufhebung verbundenen Nachteile von den Normalfällen der Tatbestände der Nr. 1 bis 4 so signifikant abweichen, dass der Leistungsempfänger bspw. in besondere Bedrängnis gerät.[386] Atypische Fälle können auch vorliegen, wenn der Betroffene durch die rückwirkende Aufhebung vermehrt sozialhilfebedürftig würde oder die überzahlte Leistung gutgläubig verbraucht hat und ihm für die Rückzahlung nur die laufenden Bezüge zur Verfügung stehen.[387] Auch wenn die Überzahlung auf einem groben Verschulden der Verwaltung beruht, kann nach herrschender Meinung Atypizität gegeben sein. 59

Beispiel:[388]
K bezog seit November 1982 Arbeitslosengeld von der Bundesanstalt für Arbeit, jetzt Bundesagentur für Arbeit. Am 23.3.1983 nahm er wieder eine Beschäftigung auf, so dass die Anspruchsvoraussetzungen für die Zahlung von Arbeitslosengeld entfielen. Er teilte diesen Umstand dem zuständigen Arbeitsamt (jetzt Agentur für Arbeit) mit. Seine Änderungsanzeige wurde jedoch in den Unterlagen eines anderen Versicherten abgelegt, so dass das Arbeitsamt die Versicherungsleistung weiter erbrachte. Nachdem der Fehler seitens des Arbeitsamtes erkannt wurde, nahm es den Bewilligungsbescheid unter Hinweis auf § 48 Abs. 1 S. 2 Nr. 4 SGB X für die Zeit nach dem 23.3.1983 zurück und forderte Rückzahlung des geleisteten Arbeitslosengeldes. K verweigerte die Rückzahlung und berief sich u.a. darauf, dass er die Leistungen des Arbeitsamtes für Nachzahlungen gehalten habe.

Mit der Wiederaufnahme einer Arbeit trat für K eine wesentliche Änderung der tatsächlichen Verhältnisse ein, die die Einstellung der Arbeitslosengeldzahlungen **für die Zukunft** rechtfertigte. Nach Auffassung des Gerichts konnte die Behörde die Bewilligung jedoch nicht ohne Weiteres gem. § 48 Abs. 1 S. 2 Nr. 4 SGB X auch **für die Vergangenheit** aufheben. Es handelte sich nicht um einfaches behördliches Fehlverhalten, wie es typischerweise in Fällen einer Überzahlung von Leistungen auftritt. Das Gericht stellte vielmehr einen schweren behördlichen Fehler fest, der den Fall des K zu einem atypischen Fall machte, so dass die Behörde nach pflichtgemäßem Ermessen hätte entscheiden müssen. Das Arbeitsamt hatte seinen Ermessensspielraum hingegen überhaupt nicht erkannt und entsprechende Ermessenserwägungen daher nicht angestellt. Der Bescheid des Arbeitsamtes war demnach schon deshalb rechtswidrig.

cc) Spezialregelungen im besonderen Teil

In den einzelnen Sozialversicherungsbereichen existieren verschiedentlich Vorschriften, die § 48 SGB X als leges speciales vorgehen. Eine wichtige Sonderregelung enthält für den Bereich des Arbeitsförderungsrechts § 330 Abs. 3 S. 1 SGB III. Danach besteht unter den Voraussetzungen des Abs. 1 S. 2 stets eine Pflicht zur Aufhebung des VA mit Wirkung vom Zeitpunkt der Änderung der Verhältnisse an. Weitere Sondervorschriften, die ggü. § 48 SGB X Vorrang haben, sind u.a. § 53 BAföG,[389] 60

---

384 Diese Regelung steht in engem Zusammenhang mit den Mitwirkungspflichten nach §§ 60ff. SGB I.
385 BSG 6.11.1985, BSGE 59, 116.
386 BSG 6.11.1985, BSGE 59, 116.
387 Schütze/Schütze § 48 SGB X Rn. 26.
388 Nach BSG 26.6.1986 SozR 1300 § 48 Nr. 25.
389 Hierzu bereits ausdrücklich BT-Drs. 8/2034 S. 36.

§ 65 SGB VI für Rentenanpassungen und § 300 Abs. 3 SGB VI, welcher bei der Aufhebung und Neufeststellung von Rentenbescheiden zu beachten ist.

d) Abschmelzen rechtswidriger Begünstigungen gem. § 48 Abs. 3 SGB X

61 Kann ein rechtswidriger begünstigender VA mit Dauerwirkung nicht nach § 45 SGB X zurückgenommen werden und ist eine Änderung zugunsten des Betroffenen eingetreten, so darf nach § 48 Abs. 3 SGB X die neu festzustellende Leistung nicht über den Betrag hinausgehen, wie er sich der Höhe nach ohne Berücksichtigung der Bestandskraft ergibt.

62 Dieser Absatz ist wegen seiner umständlichen Formulierung nur schwer verständlich. Nach der **Gesetzesbegründung** soll § 48 Abs. 3 SGB X festlegen, dass bei einer Veränderung der Verhältnisse zugunsten des Betroffenen nicht von der durch Bestandskraft gedeckten Höhe der Leistung auszugehen ist. Vielmehr hat die Erhöhung darauf aufzubauen, was sich bei richtiger Anwendung des Rechts ergeben würde.[390]

> „Die Aussparungsregelung des § 48 Abs. 3 SGB X findet auch bei solchen Fehlern des Ursprungsbescheides entsprechende Anwendung, welche den Grund einer Leistung – etwa eine zu Unrecht als Folge einer Berufskrankheit anerkannte Gesundheitsstörung – erfassen.“[391]

63 Eine Erhöhung der Leistung ist nur vorzunehmen, wenn diese aus den veränderten Verhältnissen bei Anwendung des geltenden Rechts folgt. Allerdings verbleibt dem Betroffenen im Rahmen des Bestandsschutzes die Leistung in der bisherigen Höhe.[392] § 48 Abs. 3 SGB X **korrigiert** für VA mit Dauerwirkung demnach den großzügigen **Bestandsschutz** des § 45 SGB X.

Beispiel:
Festgesetzt wurde eine Rente nach einer Minderung der Erwerbsfähigkeit (MdE) von 50 Prozent, obwohl tatsächlich nur eine MdE von 30 Prozent vorlag. Eine Änderung des Bescheids nach § 45 SGB X war aus Gründen des Vertrauensschutzes ausgeschlossen.

Verschlechtert sich der Zustand nun um zehn Prozent, so gilt nach § 48 Abs. 3 SGB X Folgendes: Die Verschlimmerung von zehn Prozent ist nicht dem unter Bestandsschutz stehenden Grad der MdE von 50 Prozent, sondern dem „wirklichen“ Grad von 30 Prozent hinzuzurechnen. Da die Rente nach einer MdE von 50 Prozent unter Bestandsschutz steht, wird die Rente in dieser Höhe so lange weitergewährt, bis die Verschlimmerung zu einer MdE von mehr als 50 Prozent führt.

e) Zeitliche Beschränkung der Aufhebung nach § 48 Abs. 4 SGB X

64 § 48 Abs. 4 SGB X schränkt die Aufhebungsmöglichkeiten für die Vergangenheit, die sich **zu Lasten des Betroffenen** auswirken, durch die Verweisung auf § 45 Abs. 3 S. 3 bis 5 SGB X (sog. „Zehnjahresfrist“) und § 45 Abs. 4 S. 2 SGB X („Jahresfrist“) zeitlich ein. Hierbei handelt es sich um eine Rechtsgrundverweisung.[393] Nach Überschreiten dieser Fristen bleibt eine Aufhebung mit Wirkung für die Zukunft noch möglich. Die Zehnjahresfrist beginnt mit dem Zeitpunkt der wesentlichen Änderung der Verhältnisse zu laufen.[394] Bei einer Aufhebung **zugunsten des Betroffenen** ist eine Anpassung zeitlich unbegrenzt möglich. Durch den Verweis auf § 44 Abs. 4 SGB X gilt die vierjährige Ausschlussfrist hinsichtlich der nachträglichen Erbringung von Sozialleistungen auch für Aufhebungen nach § 48 SGB X.

---

390 BT-Drs. 8/2034 S. 36, noch zu der im Gesetzentwurf in § 46 Abs. 2 SGB X verorteten Regelung.
391 BSG 20.3.2007, NZS 2008, 96.
392 BT-Drs. 8/2034 S. 36.
393 BSG 2.11.2015, NZS 2016, 350, 351; BSG 1.7.2010 SozR 4-1300 § 48 Nr. 18.
394 Zur Anwendung der 10-Jahresfrist bei einer Witwerrente s. z. B. BSG 2.11.2015, NZS 2016, 350.

7. Die Erstattung zu Unrecht erbrachter Leistungen

a) Einordnung und Anwendungsbereich

§ 50 SGB X bildet die Anspruchsgrundlage für die Rückforderung **zu Unrecht gezahlter Leistungen** 65
gegenüber dem ehemals vermeintlich Leistungsberechtigten.[395] Die Vorschrift gilt nur für Ansprüche der Verwaltung gegen den Bürger, nicht hingegen für Rückforderungen des Bürgers gegenüber der Verwaltung oder für Erstattungsansprüche der Leistungsträger untereinander (s. hierzu §§ 102 bis 114 SGB X).[396] In den verschiedenen Sozialleistungsbereichen existieren vereinzelt Sonderregelungen, die nach § 37 SGB I vorgehen, bspw. § 42 Abs. 2 SGB I oder § 118 Abs. 3 S. 2 SGB VI.

Es handelt sich bei § 50 SGB X um einen **eigenständigen öffentlich-rechtlichen Erstattungs-** 66
anspruch und nicht etwa um eine bereicherungsrechtliche Vorschrift in Analogie zu § 812 BGB, so dass eine **Berufung auf den Wegfall der Bereicherung ausgeschlossen ist**.[397] Mit der Einführung des § 50 SGB X und insbesondere wegen § 50 Abs. 2 SGB X, der gerade kein durch VA begründetes öffentlich-rechtliches Leistungsverhältnis voraussetzt, dürfte grundsätzlich kein Raum mehr für ein Nebeneinander von öffentlich-rechtlichem Erstattungsanspruch und bürgerlich-rechtlichem Bereicherungsrecht verbleiben. Dies gilt jedenfalls im Verhältnis zwischen Leistungsberechtigtem und Leistungsträger.[398]

Die Rückforderung nach § 50 SGB X richtet sich auch dann gegen den ehemals Leistungsberech- 67
tigten, wenn die Leistung an einen Dritten ausgezahlt wurde und der Berechtigte sich diese Zahlung **zurechnen lassen muss**.

Beispiel:
A erhält von der Bundesagentur für Arbeit Arbeitslosengeld. Ein Teil des Arbeitslosengeldes wird gem. § 48 SGB I zugunsten seiner unterhaltsberechtigten Kinder abgezweigt. A nimmt wieder eine Beschäftigung auf. Davon erfährt die Bundesagentur für Arbeit jedoch erst zu einem späteren Zeitpunkt, so dass das Arbeitslosengeld einschließlich der abgezweigten Beträge zunächst weitergezahlt wird. Nach rückwirkender Aufhebung der Arbeitslosengeldbewilligung für drei Tage verlangt die Bundesagentur von A Erstattung der für diese Zeit erbrachten Leistungen. Der Erstattungsanspruch gegen A gem. § 50 Abs. 1 S. 1 SGB X umfasst nicht nur den Betrag, der A tatsächlich zugeflossen ist, sondern auch eine Rückforderung in Höhe der abgezweigten Beträge.[399]

---

b) Voraussetzungen des Erstattungsanspruchs

aa) Erstattungsanspruch bei Leistungen aufgrund eines Verwaltungsakts

Die Anwendung des § 50 Abs. 1 SGB X setzt voraus, dass Leistungen aufgrund eines VA erbracht 68
worden sind und dieser VA rückwirkend aufgehoben worden ist. Die Aufhebung wird zumeist auf §§ 45, 48 SGB X beruhen, kann sich aber auch auf andere sozialrechtliche Normen stützen. Maßgeblich ist, dass mit der Aufhebung des VA nachträglich der Rechtsgrund für die Leistung weggefallen ist. Da die Gesichtspunkte zum Schutze des Leistungsempfängers (vor allem unter dem Blickwinkel des Vertrauensschutzes) bereits in die Prüfung der Aufhebung des VA einfließen, erübrigen sich solche Erwägungen im Rahmen des Erstattungsanspruchs nach § 50 Abs. 1 SGB X. Ist der zugrunde

---

395 Zum Minderjährigenschutz bei Erstattungsansprüchen s. BSG 28.11.2018, NJW 2019, 1701 mit Anm. KELLNER.

396 So ausdrücklich BT-Drs. 8/2034 S. 36.

397 BeckOK-SozR/HEẞE § 50 SGB X Rn. 10; BVerwG 12.3.1985, NJW 1985, 2436.

398 Schütze/SCHÜTZE § 50 SGB X Rn. 4; Hauck/MERTEN § 50 SGB X Rn. 7; zur Ansicht, die die sog. Kehrseitentheorie vertritt, wenn die Leistung an einen Dritten gelangt, der außerhalb des Leistungsverhältnisses steht s. BSG 29.10.1986 SozR 1300 § 50 Nr. 13; BeckOK-SozR/HEẞE § 50 SGB X Rn. 10 und 21 dort mit einer Unterscheidung, je nachdem inwieweit der Dritte mittelbar an dem Leistungsverhältnis beteiligt ist.

399 Vgl. zur Abzweigung BSG 17.1.1991 SozR 3-1300 § 50 Nr. 7; zur Zahlung an einen Empfangsbevollmächtigten BSG 28.6.1991 SozR 3-1300 § 50 Nr. 10.

liegende VA aufgehoben worden, so ist der Erstattungsanspruch geltend zu machen. Der Verwaltung steht insofern kein Ermessen zu.

bb) Erstattungsanspruch bei Leistungen ohne Verwaltungsakt

69 § 50 Abs. 2 SGB X erfasst die zu Unrecht gewährten Leistungen, denen kein VA zugrunde gelegen hat. Der Vorschrift kommt damit gegenüber Abs. 1 eine Auffangwirkung zu.[400] Sie ist anwendbar, wenn Versichertenrenten wegen verminderter Erwerbsfähigkeit auf Zeit irrtümlich über den Wegfallzeitpunkt hinaus gezahlt worden sind oder der ursprüngliche, höhere Betrag nach einer Herabsetzung der Leistung versehentlich weitergewährt worden ist. Auch die sog. „Urteilsleistungen" können über § 50 Abs. 2 SGB X erstattet werden.[401]

Beispiel für die Erstattung von Urteilsleistungen:
R erhebt gegen den Bescheid der Rentenversicherung, mit dem die begehrte Rente wegen Erwerbsunfähigkeit abgelehnt worden ist, Klage. Das Sozialgericht verurteilt die beklagte Rentenversicherung zur Leistung. Gegen dieses Urteil legt sie fristgerecht Berufung ein. Gleichzeitig führt sie das Urteil des SG pflichtgemäß aus (vgl. § 154 SGG) und gewährt die Rente ab dem Verkündungsdatum.

Hebt das LSG das erstinstanzliche Urteil auf und weist die Klage ab, ist der VA im Sinne des § 39 Abs. 2 SGB X „auf andere Weise" erledigt und die Rente rechtsgrundlos gewährt worden.[402]

---

70 § 50 Abs. 2 S. 2 SGB X verweist zum **Schutze des Erstattungsschuldners** auf §§ 45, 48 SGB X. Da in diesem Fall der Festsetzung der Forderung nicht die Aufhebung eines VA vorangegangen ist, sind das Bestands- und Erstattungsinteresse unter Rückgriff auf die in §§ 45, 48 SGB X enthaltenen Gesichtspunkte gegeneinander abzuwägen. Für die Rückforderung gilt entsprechend § 45 Abs. 4 S. 2 SGB X eine Frist von einem Jahr ab Kenntnis der die Forderung begründenden Tatsachen.[403]

71 Im Gegensatz zu § 50 Abs. 1 SGB X steht die Erstattung nach Abs. 2 **im Ermessen** der Behörde, wenn auch nach der entsprechenden Anwendung der §§ 45, 48 SGB X Ermessen auszuüben wäre.[404]

c) Umfang des Erstattungsanspruchs

72 Der Leistungsempfänger hat **das Erlangte** an den Träger herauszugeben, der die Leistung erbracht hat. Auch wenn es sich bei der erbrachten Leistung um Sach- und Dienstleistungen handelt, sind diese in Geld zu erstatten. Verzinst wird der Erstattungsanspruch – abgesehen von den in § 50 Abs. 2a SGB X ausdrücklich geregelten Fallkonstellationen – hingegen grundsätzlich nicht.[405]

d) Geltendmachung des Erstattungsanspruchs

73 Die zu erstattende Leistung ist **durch einen VA festzusetzen**. In Abweichung zu § 33 Abs. 2 SGB X **muss** dieser VA **schriftlich** erlassen werden. Sofern die Leistung aufgrund eines VA erbracht worden ist, soll der Erstattungsbescheid nach § 50 Abs. 3 S. 2 SGB X mit dem Aufhebungsbescheid verbunden werden. Zweck dieses Gesamtbescheids ist die möglichst schnelle und einheitliche Klärung aller Rechtsfragen. Nur in begründeten Ausnahmefällen darf hiervon abgewichen werden.

---

400 BSG 7.9.2006, BSGE 97, 94, 109.
401 BT-Drs. 8/2034 S. 36.
402 BSG 31.10.1991 SozR 3-1300 § 45 Nr. 10.
403 Schütze/Schütze § 50 SGB X Rn. 26.
404 Vgl. BSG 18.8.1983 SozR 1300 § 50 SGB X Nr. 3; LSG Berlin-Brandenburg 7.4.2006, BeckRS 2006, 42129; zum Ausschluss von Ermessen BSG 22.8.2012, NJOZ 2013, 750.
405 Hierzu ausführlich Schütze/Schütze § 50 SGB X Rn. 30 ff.

e) Verjährung

Wie auch in §§ 45 SGB I, 113 SGB X beträgt die Verjährungsfrist **vier Jahre**, sie beginnt allerdings nach § 50 Abs. 4 SGB X erst mit der Unanfechtbarkeit des Erstattungsbescheides. Setzt die Behörde den Erstattungsanspruch nicht in angemessener Zeit fest, kommt eine Verwirkung des Anspruchs in Betracht. 74

§ 11 Zusammenarbeit der Leistungsträger und ihre Beziehungen zu Dritten

Literatur: Dahm, Der Regress des Sozialversicherungsträgers gem. § 116 SGB X, SozVers 1999, 319 ff.; Eichenhofer, Rückgriff von Sozialleistungsträgern gegen haftpflicht- oder arbeitsrechtliche Schuldner, Soziales Recht 2019, 203 ff.; Felix, Verwaltungsakte im Erstattungsverfahren der Leistungsträger untereinander, SGb 2021, 325 ff.; Kornes, Der Regress des Sozialversicherungsträgers, der zivilrechtliche Schaden und das Schmerzensgeld, r + s 2002, 309 ff.; Marburger, Schadensersatzansprüche nach § 116 SGB X – Zweifelsfragen zur Verjährung nach neuem Recht, VersR 2003, 1232 ff.; Marburger, Schadensersatzansprüche des Sozialversicherungsträgers trotz Leistungsverweigerung des Haftpflichtversicherers, ZfS 2000, 33 ff.; Olshausen, Die Aufteilung des Schadensersatzanspruchs zwischen Geschädigtem und SVT beim Zusammentreffen von Haftungshöchstsummen und Mitverantwortung des Geschädigten (§ 116 Abs. 3 S 2 SGB X), VersR 2001, 387 ff. (Teil 1), VersR 2001, 936 ff. (Teil 2); v. Koppenfels-Spies, Die cessio legis, 2006.

I. Ausgleich und Zusammenarbeit zwischen den Leistungsträgern gem. §§ 102 bis 114 SGB X

1. Ausgangslage

Das Recht der sozialen Sicherheit ist stark gegliedert. Es gibt zahlreiche Leistungsträger, die teils sehr ähnliche Leistungen erbringen. So werden Renten nicht nur von der Rentenversicherung, sondern z.B. auch von der Unfallversicherung gewährt. In der Folge ergeben sich Abgrenzungsprobleme hinsichtlich der Zuständigkeiten der einzelnen Leistungsträger. Die Aufspaltung der Kompetenzen birgt die Gefahr, dass der Bürger seinen Sozialleistungsanspruch gar nicht, nicht vollständig, nicht rechtzeitig oder nicht von dem letztlich zur Leistung verpflichteten (Sozialversicherungs-)Träger erhält. Zum Schutz des Leistungsberechtigten besteht nach § 43 SGB I die Möglichkeit einer vorläufigen Leistungserbringung. Damit ist aber noch nicht geklärt, wie der Regress zwischen dem unzuständigen Leistungsträger, der geleistet hat und dem zuständigen Leistungsträger durchgeführt wird. 1

Die Paragraphen **des zweiten Abschnitts des SGB X** sorgen dafür, dass ein Sozialleistungsträger, der eine gesetzliche Leistung gegenüber einem Bürger erbringt, damit rechnen kann, seine Aufwendungen ersetzt zu bekommen, wenn nach materiellem Recht tatsächlich ein anderer Leistungsträger dazu bestimmt ist, die Lasten der Leistungserbringung zu tragen. Erreicht wird dies durch eine Reihe differenzierter **Erstattungsansprüche** zwischen den Leistungsträgern, durch Vorschriften über die vorläufige Leistungserbringung und ergänzend durch die Erfüllungsfiktion des § 107 SGB X gegenüber dem Bürger. 2

Die §§ 102 bis 114 SGB X betreffen mit Ausnahme des § 107 SGB X das **Innenverhältnis** der Leistungsträger. Sie regeln die Erstattungsansprüche zwischen den Sozialleistungsträgern **abschließend**, so dass ein Rückgriff auf die Rechtsfigur des allgemeinen öffentlich-rechtlichen Erstattungsanspruchs nicht mehr in Betracht kommt.[406] Zu berücksichtigen sind hier, wie auch sonst, vorrangige Spezialregelungen. Besonders große praktische Bedeutung nimmt in diesem Zusammenhang z.B. § 16 SGB IX ein. 3

Innerhalb des zweiten Abschnitts des SGB X bilden die §§ 102 bis 105 SGB X die **Grundtatbestände** des Vermögensausgleichs zwischen den Sozialleistungsträgern.[407] Sie stellen **eigenständige** Erstattungsansprüche dar, sind also nicht durch den Eintritt des Leistungsträgers in die Anspruchsposition des sozialleistungsberechtigten Bürgers gekennzeichnet. Welche Anspruchsgrundlage 4

406 BeckOGK/Kater § 102 SGB X Rn. 9.
407 S. hierzu auch näher Felix, SGb 2021, 325 ff.

jeweils einschlägig ist, hängt davon ab, warum der Leistungsträger, der geleistet hat, nicht zur Leistung verpflichtet war. § 102 SGB X ebenso wie § 105 SGB X erfassen den Fall, dass ein unzuständiger Leistungsträger geleistet hat, wobei § 105 SGB X die Rolle eines Auffangtatbestands zukommt. § 103 SGB X greift, wenn die Leistungspflicht nachträglich entfallen ist und § 104 SGB X, wenn ein nachrangig verpflichteter Leistungsträger geleistet hat.[408] Ist ein Leistungsträger gegenüber mehreren Leistungsträgern erstattungspflichtig, regelt § 106 SGB X die Reihenfolge.[409]

5 Von den §§ 102ff. SGB X werden sowohl Sozialleistungen, auf die der Berechtigte einen Anspruch hat, als auch Leistungen, die nach **Ermessen** gewährt werden, erfasst (s. § 39 SGB I).[410] Die §§ 102ff. SGB X unterscheiden insoweit nicht. Zu den Besonderheiten im Rahmen möglicher Einwendungen s. Rn. 40.

2. Der Erstattungsanspruch des vorläufig leistenden Leistungsträgers gem. § 102 SGB X

a) Bedeutung

6 Der Gesetzgeber hat verschiedentlich die **vorläufige Leistungserbringung** an den Bürger durch einen Sozialleistungsträger im Gesetz angeordnet. Mit der Erbringung einer vorläufigen Leistung an den Sozialleistungsberechtigten wird in der Regel ein gewisser Zeitraum überbrückt, bspw. bis zum Abschluss der Klärung von Kompetenzfragen (vgl. § 43 SGB I, aber auch §§ 23 SGB III, 139 SGB VII, 32 SGB XI). Der in Vorleistung getretene Träger hat in diesen Fällen einen Erstattungsanspruch gem. § 102 SGB X gegen den endgültig leistungspflichtigen Träger. Sinn dieser Regelung ist es, dass die Ansprüche des Sozialleistungsberechtigten effizient erfüllt werden und der in Vorleistung getretene Träger die Gewissheit hat, dass die durch die Aufwendungen entstandene Belastung nicht bei ihm verbleibt.[411]

Beispiel:[412]
Arbeitnehmerin A erkrankte an einer Hautkrankheit, die es ihr unmöglich machte, in ihrem alten Beruf weiterzuarbeiten. Sie beantragte daher eine Fortbildung, die ihr den Einstieg in eine andere Tätigkeit ermöglichen sollte. Die Berufsgenossenschaft (BG) bat die Bundesagentur für Arbeit (BA) um Überprüfung ihrer Pflicht zur vorläufigen Leistung anhand der bis zum 30.6.2001 gültigen Vorschrift des § 6 Abs. 2 RehaAnglG im Hinblick darauf, dass die BG noch weiteren Bedarf zur Prüfung der Leistungsvoraussetzungen sah, insbesondere dem Vorliegen einer Berufskrankheit. Die BA kam ihrer Pflicht zur vorläufigen Leistung nach und erließ gegenüber der Versicherten einen Bewilligungsbescheid unter Hinweis darauf, dass es sich um eine vorläufige Leistungserbringung handelt. Nach mehreren Wochen stellte die BG fest, dass bei der Versicherten eine Berufskrankheit nach der Berufskrankheitenverordnung (BKV) vorlag und die Fortbildung als Maßnahme der beruflichen Rehabilitation geeignet ist. Demnach lag ein Leistungsfall der BG vor, so dass die Bundesagentur gegen die BG einen originären Anspruch auf Erstattung der von ihr erbrachten Leistungen gem. § 102 SGB X i. V. m. § 6 Abs. 2 RehaAnglG hatte.

b) Voraussetzungen des Erstattungsanspruchs nach § 102 SGB X

aa) Vorläufige Leistungserbringung durch unzuständigen Leistungsträger

7 Ein Erstattungsanspruch nach § 102 SGB X setzt voraus, dass der angegangene Leistungsträger zunächst nach gesetzlichen Vorschriften[413] zur Erbringung von Sozialleistungen (s. § 11 SGB I) verpflichtet ist, dabei aber entweder in Kenntnis der Zuständigkeit eines anderen Leistungsträgers leistet oder sich noch erkennbar im Ungewissen darüber befindet, welcher andere Leistungsträger

408 S. auch die tabellarische Übersicht bei BeckOK-SozR/Weber § 105 SGB X Rn. 3.1.
409 S. zu § 106 SGB X BSG 31.10.2012, NJOZ 2014, 917ff.
410 BeckOGK/Kater § 102 SGB X Rn. 15.
411 BeckOK-SozR/Kater § 102 SGB X Rn. 3.
412 Nach BSG 28.9.1999 SozR 3-5670 § 3 BKV.
413 Erforderlich ist, dass die Grundlage für die vorläufige Leistung eine gesetzliche Vorschrift ist, problematisch stellt sich dies z. B. bei sog. Verwaltungsvereinbarungen von Sozialleistungsträgern dar, s. BeckOGK/Kater § 102 Rn. 28.

zuständig ist.[414] Der Wille, entweder für einen anderen oder im Hinblick auf die ungeklärte Zuständigkeit leisten zu wollen, muss nach außen erkennbar sein. Anspruchsvoraussetzungen des § 102 SGB X sind damit implizit auch den gesetzlichen Vorschriften über die vorläufige Leistungserbringung zu entnehmen.

Beispiel:
So setzt der Erstattungsanspruch nach § 102 SGB X, der auf eine vorläufige Leistungserbringung nach § 43 SGB I gestützt wird, voraus, dass der Leistungsträger „als erster angegangen worden ist". Er muss also als erster Träger mit dem Leistungsbegehren befasst gewesen sein.[415] Weigert sich ein zuerst angegangener Träger, so kann nicht ein anderer Träger vorleisten und Erstattung seiner Aufwendungen verlangen.

Die von dem vorläufig leistenden Träger erbrachte Leistung muss zu seinem **Leistungsspektrum** 8
gehören. So zählt z. B. eine Erwerbsminderungsrente sowohl zum Leistungsspektrum der Rentenversicherung (§ 33 SGB VI) als auch der Gesetzlichen Unfallversicherung (§ 56 SGB VII in Form der Verletztenrente). Erbringt ein Träger eine Leistung, die seinem Leistungskatalog nicht angehört, so ist er für diese Leistung offensichtlich nicht zuständig. Ein Erstattungsanspruch nach § 102 SGB X scheidet dann von vornherein aus.

Beispiel:
Ein Patient befindet sich in einer Akut-Klinik und erhält dort Leistungen der Krankenversicherung. An die Akut-Klinik angegliedert ist eine Einrichtung der Heimpflege. Es bestehen Zweifel, ob der Patient noch der Akutversorgung bedarf oder ob sich sein Zustand nicht mehr wesentlich verbessern wird und er bereits als Pflegefall einzustufen ist. Nach Verlegung des Patienten auf die Pflegestation kann die Krankenkasse die Kosten für die Unterbringung nicht mehr tragen, und zwar auch nicht als „zuerst angegangener Leistungsträger" i. S. d. § 43 SGB I als vorläufige Leistungserbringung, da die Heimpflege nicht in den Leistungskatalog der gesetzlichen Krankenversicherung gehört.

bb) Zweckidentität und zeitliche Kongruenz

Der Erstattungsanspruch greift nur bei zweckidentischen und gleichzeitigen Leistungen (Zweckiden- 9
tität und Gleichzeitigkeit zwischen der vorläufig erbrachten Leistung und der Leistungspflicht des endgültig zuständigen Trägers, auch als Kongruenz der Leistungen bezeichnet).[416] Zweckidentität bedeutet, dass die jeweiligen Sozialleistungen der „Befriedigung derselben Bedarfssituation" dienen.[417] Maßgeblich ist also die jeweilige Funktion der Sozialleistung.[418] So besteht der Zweck der Leistung in dem o. g. Beispiel einer Berufskrankheit sowohl für die Bundesagentur für Arbeit als auch für die Berufsgenossenschaft in der beruflichen Rehabilitation der Berechtigten. Zudem bezieht sich dort die Leistungspflicht auf den gleichen Zeitraum (Dauer der Maßnahme).

cc) Gleichrangig verpflichtete Leistungsträger

Ein Erstattungsanspruch nach § 102 SGB X kann nur zwischen grundsätzlich gleichrangig verpflich- 10
teten Leistungsträgern bestehen.[419] Ein nachrangiger Leistungsträger handelt aufgrund eigener

414 BSG 28.3.1984 SozR 1300 § 102 Nr. 1; BSG 22.5.1985 SozR 1300 § 104 Nr. 7.
415 BeckOK-SozR/Weber § 102 SGB X Rn. 36.1.
416 Schütze/Roos § 102 SGB X Rn. 14; zurückhaltender hinsichtlich der Zweckidentität hingegen BeckOGK/Kater § 102 SGB X Rn. 30.
417 LPK-SGB X/Böttiger § 103 Rn. 24.
418 BeckOK-SozR/Weber § 103 Rn. 14.
419 BSG 14.9.1994 SozR 3-2500 § 33 Nr. 11.

Zuständigkeit und nicht aufgrund besonderer gesetzlicher Vorschriften, die ihn zur vorläufigen Leistung verpflichten. So besteht in der Regel wegen des in § 2 SGB XII bestimmten Nachrangs der Sozialhilfe kein Anspruch des Sozialhilfeträgers auf Erstattung seiner Aufwendungen zumindest aus § 102 SGB X.

c) Rechtsfolgen des Erstattungsanspruchs nach § 102 SGB X

aa) Vollständige Erstattung der erbrachten Leistungen

11 Die Vorschrift des § 102 SGB X entspricht dem zivilrechtlichen Aufwendungsersatzanspruch gem. §§ 670, 683 BGB. Nach § 102 Abs. 2 SGB X kommt es hinsichtlich der Höhe des Erstattungsanspruchs auf das für den vorleistenden Leistungsträger maßgebliche Recht an. Hat also bspw. die gesetzliche Krankenversicherung vorläufig geleistet, obwohl die gesetzliche Unfallversicherung zuständig war, sind für die Höhe des Erstattungsanspruchs die Vorschriften des SGB V, die für die vorläufige Leistungserbringung zugrunde gelegt wurden, entscheidend und nicht die Regelungen des SGB VII, die eigentlich hätten zur Anwendung kommen müssen, hätte die (zuständige) Unfallversicherung unmittelbar geleistet. Im Gegensatz zu den Erstattungsansprüchen nach den §§ 103 bis 105 SGB X erhält der leistende Träger somit vom Erstattungspflichtigen seine erbrachten Leistungen vollständig zurück.[420] Dies kann dazu führen, dass ein erstattungspflichtiger Leistungsträger mehr zahlen muss, als er hätte zahlen müssen, wenn er selbst dem Leistungsberechtigten unmittelbar die Leistung erbracht hätte.[421] Abgemildert werden kann diese Wirkung für den Erstattungspflichtigen, wenn die vorläufige Leistung aufgrund von § 43 SGB I erbracht wurde. In diesem Fall muss der Leistungsempfänger die Leistungen, welche die endgültigen Leistungen übersteigen, gem. § 43 Abs. 2 S. 2 SGB I an den endgültig verpflichteten Träger erstatten.[422]

bb) Erfüllungsfiktion nach § 107 SGB X

12 Mit der Entstehung des Erstattungsanspruchs tritt die Erfüllungsfiktion des § 107 SGB X ein. Der Sozialleistungsanspruch des Sozialleistungsberechtigten gegen den eigentlich zur Leistung verpflichteten Sozialversicherungsträger gilt gem. § 107 Abs. 1 SGB X als erfüllt, soweit ein Erstattungsanspruch nach den §§ 102ff. SGB X besteht. Der Sozialleistungsanspruch ist damit auch nicht mehr pfändbar, abtretbar, aufrechenbar oder verrechenbar.

13 § 107 SGB X stellt die notwendige Verknüpfung zwischen dem unabhängigen, eigenständigen Erstattungsanspruch der Sozialleistungsträger und dem Sozialleistungsanspruch des Berechtigten her. Der Sozialleistungsberechtigte muss die erhaltene Sozialleistung nicht mehr herausgeben. Die vorläufig erbrachte Leistung des einen Trägers gilt als endgültig erbrachte Leistung des anderen Trägers. Die Abwicklung erfolgt ausschließlich intern zwischen den Leistungsträgern.

3. Der Erstattungsanspruch bei nachträglichem Entfallen der Leistungspflicht, § 103 SGB X

a) Bedeutung

14 § 103 SGB X regelt diejenigen Fälle, in denen ein Leistungsträger aufgrund gesetzlicher Regelungen Leistungen erbringt, seine Leistungsverpflichtung **nachträglich jedoch wieder entfällt**, weil ein anderer Leistungsträger einstandspflichtig ist. § 103 SGB X setzt also voraus, dass zwei Sozialleistungsträger für die Leistungserbringung zuständig sind. Normzweck der Regelung ist neben der Kos-

420 BT-Drs. 9/95 S. 24.

421 S. hierzu auch Schütze/Roos § 102 SGB X Rn. 16 mit dem Beispiel, dass ein vorleistender Reha-Träger nach seinen Vorschriften für die Berechnung des Übergangsgeldes einen höheren Regellohn zugrunde legen muss als der erstattungspflichtige Träger, oder dass nach dem Krankenversicherungsrecht Zuzahlungen geleistet werden müssen wie z. B. bei Reisekosten.

422 Schütze/Roos § 102 SGB X Rn. 26; BeckOGK/Kater § 102 SGB X Rn. 50.

tentragung des letztlich Verpflichteten auch die **Vermeidung zweckidentischer gleichzeitiger Doppelleistungen**. Die Gliederung des Sozialsystems bedingt die Existenz zweckidentischer Leistungen verschiedener Träger. Zur Verhinderung unerwünschter Doppelleistungen sind die sozialrechtlichen Vorschriften so aufeinander abgestimmt, dass eine Leistung auf die andere angerechnet wird oder eine Leistung beim Aufeinandertreffen auf die andere Leistung entfällt. § 103 SGB X bezieht sich damit auf Regelungen, die im Sinne einer zügigen Leistungsgewährung zunächst von der originären, gleichrangigen Zuständigkeit zweier Sozialleistungsträger ausgehen und erst im Zeitpunkt der Leistungserbringung des letztverpflichteten Trägers die Leistungsverpflichtung des Vorleistenden zurücktreten lassen.[423]

Beispiel:
Die Krankenkasse zahlt ihrem Versicherten wegen seiner erkrankungsbedingten Arbeitsunfähigkeit seit dem 1.5.2017 Krankengeld gem. § 44 SGB V. Am 1.5.2018 stellt der Rentenversicherungsträger fest, dass seit dem 15.8.2017 bei dem Versicherten die Voraussetzungen für eine volle Erwerbsminderungsrente vorgelegen haben. § 50 Abs. 1 S. 1 Nr. 1 SGB V bestimmt, dass der Anspruch auf Krankengeld bei Beginn der Leistung einer Rente wegen voller Erwerbsminderung entfällt. Dementsprechend kann die Krankenkasse von dem Rentenversicherer gem. § 103 SGB X den Ersatz ihrer seit dem 15.8.2017 erbrachten Aufwendungen verlangen.

---

b) Voraussetzungen des Erstattungsanspruchs nach § 103 SGB X

§ 103 SGB X ist nur dann einschlägig, wenn die Leistung des Sozialträgers an den berechtigten Bürger zum Zeitpunkt der Gewährung **rechtmäßig**[424] erbracht worden ist (also auch kompetenzgemäß, in Abgrenzung zu § 105 SGB X). Die Verpflichtung des Sozialleistungsträgers zur Leistung muss sich **aus einer Rechtsvorschrift** ergeben. Zudem muss sachliche Kongruenz zwischen den Leistungen (**Zweckidentität**) vorliegen, so dass die vorrangige Sozialleistung an die Stelle der zuvor erbrachten Leistung tritt, denn Zweck der Regelung ist es, Doppelleistungen zu verhindern (zur Zweckidentität s. o. Rn. 9).[425] 15

Voraussetzung für den Erstattungsanspruch des Leistungsträgers ist des Weiteren, dass der Sozialleistungsanspruch **nachträglich ganz oder teilweise entfällt**.[426] Der Anspruch muss durch die Leistungsverpflichtung eines anderen Trägers abgelöst werden. Dies kann auch in der Form geschehen, dass der Anspruch aufgrund der Leistungsverpflichtung eines anderen Leistungsträgers zum Ruhen gebracht wird.[427] 16

Beispiel:[428]
Die Krankenkasse zahlte in der Zeit vom 1.2.1998 bis zum 2.4.1998 an den Versicherten B Krankengeld gem. § 44 SGB V. In der Zeit vom 3.4.1998 bis zum 8.5.1998 nahm der Versicherte an einer Maßnahme zur medizinischen Rehabilitation teil, deren Träger die BfA (nun Deutsche Rentenversicherung Bund) war. Dementsprechend zahlte die Rentenversicherung an B für diesen Zeitraum Übergangsgeld gem. § 20 SGB VI. Währenddessen ruhte der Krankengeldanspruch des Versicherten gem. § 49 Abs. 1 Nr. 3 SGB V aufgrund des Zusammentreffens mit dem Anspruch auf Zahlung von Übergangsgeld. Ab dem 9.5.1998 bis zum 31.5.1998 gewährte die Krankenkasse dem Versicherten erneut Krankengeld. Die Rentenversicherung hatte jedoch verkannt, dass auch in der Zeit vom 9.5.1998 bis zum 22.5.1998 die Voraussetzungen für die Zahlung von Übergangsgeld vor-

---

423 Vgl. BeckOGK/Kater § 103 SGB X Rn. 3.

424 BeckOK-SozR/Weber § 103 SGB X Rn. 10: Bei rechtswidrigem VA bestand kein Anspruch auf die Leistung, er kann daher auch nicht nachträglich entfallen. Bei rechtswidrigem VA sind die §§ 44, 50 SGB X zu prüfen.

425 BeckOK-SozR/Weber § 103 SGB X Rn. 2.

426 Zum Erstattungsanspruch des Jobcenters ggü. der Rentenversicherung BSG 31.10.2012, NJOZ 2014, 917; BSG 31.10.2012, BeckRS 2013, 67375.

427 S. hierzu ausführlich LPK-SGB X/Böttiger § 103 SGB X Rn. 16.

428 Nach BSG 13.9.1984 SozR 1300 § 103 Nr. 2.

lagen. Für die Zeit vom 9.5.1998 bis zum 22.5.1998 hatte die Krankenkasse daher einen Anspruch auf Ersatz des von ihr gezahlten Krankengeldes gegen die Rentenversicherung gem. § 103 SGB X.

17 Der **ursprünglich leistende Träger** muss bis zur Feststellung der anderweitigen Leistungsverpflichtung zur Leistung **verpflichtet** sein. Erst wenn nachträglich und rückwirkend festgestellt wird, dass ein anderer Träger letztverpflichtet ist, stellt der erste Leistungsträger seine Leistung ein und verlangt Erstattung vom Letztverpflichteten.

18 Zusätzliche Voraussetzungen, wie z.B. ein die nachträgliche Leistungsverpflichtung feststellender VA, ergeben sich aus den materiell-rechtlichen Regelungen für das Zusammentreffen von Leistungen (bspw. § 50 Abs. 1 Nr. 1 SGB V, §§ 45, 46 SGB VII).

19 In Abgrenzung zu § 104 SGB X muss es sich zudem bei dem zunächst leistenden Träger, dessen Pflicht nachträglich entfällt, und dem letztverpflichteten Träger um **institutionell gleichrangige** Sozialleistungsträger handeln.[429] Das bedeutet, dass § 103 SGB X dann nicht eingreift, wenn die eine Leistungsverpflichtung hinter der anderen aufgrund eines gesetzlich geregelten Vorrang-Nachrang-Verhältnisses zwischen den Leistungsträgern zurücktritt (s. für diesen Fall Rn. 23ff.)

20 Der Erstattungsanspruch nach § 103 SGB X ist ausgeschlossen, wenn der zuständige Leistungsträger bereits selbst geleistet hat, bevor er von der Leistung des anderen Leistungsträgers Kenntnis erlangt hat, § 103 Abs. 1 SGB X. Dieser Regelung liegt der Rechtsgedanke der §§ 412, 407 Abs. 1 BGB zugrunde.

c) Rechtsfolgen des Erstattungsanspruchs nach § 103 SGB X

21 Die **Höhe** einer nach § 103 SGB X zu leistenden Erstattung bestimmt sich nach den für den erstattungspflichtigen Träger (im Leistungsverhältnis) geltenden Vorschriften, § 103 Abs. 2 SGB X.

22 Auch für § 103 SGB X gilt, dass bereits mit seiner Entstehung die **Erfüllungsfiktion des § 107 SGB X** gegenüber dem Sozialleistungsberechtigten eintritt. Dies geschieht also unabhängig davon, ob der Erstattungsanspruch von dem Leistungsträger geltend gemacht worden ist oder wegen der bestehenden Bagatellgrenze überhaupt geltend gemacht werden kann. Ein Wahlrecht des erstattungsberechtigten Sozialleistungsträgers zwischen dem Erstattungsanspruch nach den §§ 102ff. SGB X und einem Rückzahlungsanspruch nach den §§ 45, 50 SGB X gegen den Versicherten besteht daher nicht.

> „Mit der Erfüllungsfiktion in § 107 SGB X hat der Gesetzgeber sich aus Gründen der Rechtsklarheit und der Verwaltungsökonomie für eine unkomplizierte und im Rahmen des Sozialleistungsrechts einheitliche Form des Ausgleichs von Leistungsbewilligungen entschieden, die eine Rückabwicklung im Verhältnis zwischen vorleistendem Träger und Leistungsberechtigtem sowie ein Nachholen der Leistung im Verhältnis zwischen leistungspflichtigem Träger und Leistungsberechtigten ausschließen soll. (...) Es besteht demnach kein Wahlrecht des erstattungsberechtigten Trägers auf einen Erstattungsanspruch nach den §§ 102ff. SGB X und damit auf die Erfüllungsfiktion zu verzichten und sich stattdessen nach den §§ 45, 48, 50 SGB X an den Versicherten zu halten."[430]

4. Der Erstattungsanspruch des nachrangig verpflichteten Leistungsträgers gem. § 104 SGB X

a) Bedeutung

23 § 104 SGB X regelt den **finanziellen Ausgleich** zwischen **vor- und nachrangigen Sozialleistungsträgern**. Im Ergebnis leistet hier der nachrangig verpflichtete Leistungsträger als „Ausfallbürge", weil der tatsächlich zuständige Leistungsträger nicht rechtzeitig tätig geworden ist.[431]

429 Vgl. BSG 18.12.1986 SozR 3-1300 § 104 Nr. 12.
430 BSG 29.4.1997 SozR 1300 § 107 Nr. 10.
431 BeckOK-SozR/Weber § 105 SGB X Rn. 2 hinsichtlich der Abgrenzung zwischen § 104 und § 105 SGB X.

Beispiel:[432]
Die Stadt S zahlt als zuständiger Sozialhilfeträger i.S.d. SGB XII die Kosten für eine vertragsärztliche Behandlung des Sozialhilfeempfängers A. Nach Abschluss der Behandlung bewilligt die Bundesagentur für Arbeit dem A rückwirkend Leistungen aus dem SGB III. Folge ist u.a., dass A auch rückwirkend versicherungspflichtiges Mitglied der Krankenkasse K wird. Damit hat die Stadt als grundsätzlich nachrangig verpflichtete Leistungsträgerin Sozialleistungen erbracht, die sie nicht hätte erbringen müssen, wenn ein anderer Leistungsträger (hier die Krankenkasse) seine Leistungsverpflichtungen rechtzeitig erfüllt hätte.

b) Voraussetzungen des Erstattungsanspruchs nach § 104 SGB X

Der Erstattungsanspruch nach § 104 SGB X setzt voraus, dass zwei Sozialleistungsträger zuständig 24
sind, jedoch einer der beiden Träger aufgrund rechtlicher Regelungen gegenüber dem anderen Träger nur **nachrangig** verpflichtet ist. Die Nachrangigkeit der Leistungsverpflichtung kann sich ausdrücklich aus dem Gesetz oder durch Auslegung einschlägiger materiell-rechtlicher Vorschriften ergeben.

Mit dem in § 104 SGB X geforderten **Vorrang-Nachrang-Verhältnis** ist nicht nur die generelle 25
Nachrangigkeit eines Trägers gemeint, wie sie für die Sozialhilfe in § 2 SGB XII geregelt ist (**Systemsubsidiarität**), sondern das für jeden Einzelfall gesondert zu ermittelnde Vorrang-Nachrang-Verhältnis von Leistungsverpflichtungen gegenüber dem Berechtigten (**Einzelanspruchssubsidiarität**). Gem. § 104 Abs. 1 S. 2 SGB X ist ein Nachrang dann gegeben, wenn der Leistungsträger bei rechtzeitiger Erfüllung der Leistungsverpflichtung eines anderen Leistungsträgers nicht zur Leistung verpflichtet gewesen wäre. In dieser konkreten, fallbezogenen Betrachtungsweise wird die eigenständige Bedeutung der Vorschrift gesehen.[433]

Beispiel:[434]
Der verstorbene Ehemann der Witwe W litt an einer als Berufskrankheit anerkannten Lungenerkrankung, deshalb bezog er eine Unfallvollrente. Seine Bergmannsaltersrente war wegen des Bezugs der höheren Unfallvollrente auf 50 Prozent gekürzt worden. Seine Witwe erhielt ab dem 1.1.1992 eine sog. große Witwenrente aus der gesetzlichen Rentenversicherung. Mit Bescheid vom 3.9.1992 gewährte ihr die Berufsgenossenschaft (BG) eine Unfallhinterbliebenenrente bereits ab dem 1.1.1992. Der Rentenversicherungsträger stellte zu einem späteren Zeitpunkt fest, dass er gem. § 93 SGB VI eine Anrechnung der Unfallhinterbliebenenrente auf die Witwenrente hätte vornehmen müssen und berechnete die Rentenzahlungen an die Witwe W neu. Seit dem 1.1.1992 war es damit zu einer Überzahlung in Höhe von rund 7.000 DM (3.579,04 Euro) gekommen. In Kenntnis der Überzahlung hatte die Unfallversicherung für den Fall, dass der Rentenversicherungsträger Erstattungsansprüche gegen sie geltend machen sollte, den Nachzahlungsbetrag von 4.600 DM (2.351,94 Euro) für Januar bis September 1992 nicht an die Witwe ausgezahlt, sondern einbehalten.

Das BSG verneinte einen vom Rentenversicherungsträger gem. §§ 45, 50 SGB X gegen die Witwe W geltend gemachten Rückzahlungsanspruch. Nach seiner Ansicht stand die Erfüllungsfiktion des § 107 SGB X einer Aufhebung der Rentenbewilligung entgegen. Mit der Überzahlung durch den Rentenversicherungsträger müssten Ansprüche der Witwe gegen die BG gem. § 107 SGB X als erfüllt gelten. Es bestehe daher seitens des Rentenversicherungsträgers lediglich ein Anspruch gegen die BG auf Erstattung der überzahlten Aufwendungen. Dieser Anspruch war nicht auf § 103 SGB X zu stützen, da der Witwe W von vornherein nur ein Anspruch auf Auszahlung der großen Witwenrente unter Anrechnung des Anspruchs auf Hinterbliebenenrente aus der gesetzlichen Unfallversicherung zustand und nicht etwa ein ursprünglich unbeschränkter Anspruch, der erst nachträglich durch die Bewilligung der Witwenrente entfallen war. Ein Erstattungsanspruch ließ sich nach Auffassung des BSG jedoch im Wege der **Einzelfallsubsidiarität** auf § 104 SGB X stützen, da die Verpflichtung des Rentenversicherungsträgers schon im Zeitpunkt der Leistungsgewährung von Anfang an der Höhe nach von der Leistungsverpflichtung der vorrangig verpflichteten BG abhängig war (originäre Subsidiarität).

432 Nach BSG 24.11.1998 SozR 3-1300 § 104 Nr. 14.
433 BSG 25.1.1994 SozR 3-1300 § 104 Nr. 8.
434 Nach BSG 29.4.1997 SozR 1300 § 107 Nr. 10.

26 Wie auch §§ 102, 103 SGB X setzt § 104 SGB X die **Rechtmäßigkeit** der durch den nachrangigen Träger erbrachten Leistung voraus. Ausgehend vom Normzweck des § 104 SGB X wird zudem die **Gleichartigkeit der von den Trägern erbrachten Sozialleistungen** als ungeschriebenes Tatbestandsmerkmal anerkannt.[435] Ebenso ist eine **zeitliche Kongruenz** zwischen den Leistungen des nachrangig und des vorrangig verpflichteten Trägers erforderlich.

27 § 104 Abs. 2 SGB X bestimmt, dass darüber hinaus auch dann ein Erstattungsanspruch des nachrangigen Leistungsträgers gegen den vorrangig verpflichteten Träger besteht, wenn der nachrangig verpflichtete Träger Sozialleistungen **an den Angehörigen** eines Sozialleistungsberechtigten erbracht hat und dem Berechtigten ein Anspruch gegen den vorrangigen Träger im Hinblick auf diesen Angehörigen zusteht.

28 Der Erstattungsanspruch des nachrangig verpflichteten Leistungsträgers ist **ausgeschlossen**, wenn der vorrangig leistungspflichtige Träger in Unkenntnis der Leistung des anderen Trägers mit befreiender Wirkung an den Berechtigten leisten konnte.

c) Rechtsfolgen des Erstattungsanspruchs nach § 104 SGB X

29 Im Unterschied zu § 103 SGB X bewirkt die rückwirkende Leistungsgewährung des vorrangig (letzt-) verpflichteten Sozialleistungsträgers nicht den rückwirkenden Fortfall der Leistungspflicht des nachrangigen Trägers. Der Rechtsgrund der Leistung des nachrangigen Trägers bleibt vielmehr bestehen.[436]

30 Mit Entstehung des Erstattungsanspruchs tritt wie auch bei §§ 102, 103 SGB X die Erfüllungsfiktion des § 107 SGB X ein.

Beispiel:[437]
Die Versicherte K verklagte die Bundesagentur für Arbeit (BA) auf Zahlung von Arbeitslosengeld. Die BA hatte dieses Geld jedoch zur Erfüllung eines Erstattungsanspruchs an den Sozialhilfeträger abgeführt. Dieser hatte der Klägerin zwischenzeitlich Leistungen als Darlehen gewährt, weil die BA das Arbeitslosengeld zunächst wegen mangelnder Mitwirkung versagt hatte. Das BSG entschied, dass ausgehend vom Zweck des Erstattungsanspruchs und der Erfüllungsfiktion, nämlich Doppelleistungen zu vermeiden, auch bei Sozialhilfeleistungen, die nur in Darlehensform erbracht werden, ein Erstattungsanspruch des Sozialhilfeträgers nach § 104 SGB X bestehe. Damit war der Anspruch der Klägerin auf Zahlung von Arbeitslosengeld in Höhe der Klägerforderung wegen der Erfüllungsfiktion des § 107 SGB X erloschen.

Der Umfang des Erstattungsanspruchs richtet sich nach den für den vorrangig verpflichteten Leistungsträger geltenden Rechtsvorschriften.

5. Der Erstattungsanspruch des unzuständigen Leistungsträgers gem. § 105 SGB X

a) Einordnung und Abgrenzung zu § 102 SGB X

31 § 105 SGB X regelt schließlich die Erstattungspflichten zwischen Sozialleistungsträgern bei anfänglicher Unzuständigkeit des Trägers, der die Leistung an den Berechtigten erbracht hat. Für den Fall, dass ein unzuständiger Träger leistet, findet sich zwar bereits in § 102 SGB X eine Grundlage für einen Erstattungsanspruch. Wesentlicher **Unterschied zu § 102 SGB X** ist aber, dass § 105 SGB X nicht die Erbringung einer vorläufigen Leistung „aufgrund gesetzlicher Vorschriften“ voraussetzt.[438] Auch die Rechtsfolgenseite ist unterschiedlich ausgestaltet. Während § 102 Abs. 2 SGB X für den Umfang des Erstattungsanspruchs auf die Regelungen abstellt, die für den in Vorleistung getretenen Erstattungsberechtigten gelten, bestimmt sich der Umfang des Erstattungsanspruchs aus § 105 SGB X

435 BeckOK-SozR/Weber § 104 SGB X Rn. 18; BeckOGK/Kater § 104 SGB X Rn. 36; BSG 14.11.1984, BSGE 57, 218, 219.
436 BeckOGK/Kater § 104 SGB X Rn. 6.
437 Nach BSG 29.6.1995 SozR 3-1300 § 104 Nr. 9.
438 BeckOGK/Kater § 102 Rn. 27.

nach den für den erstattungspflichtigen Leistungsträger anwendbaren Vorschriften. Somit ist § 102 SGB X günstiger für den unzuständigen Leistungserbringer. Das ist vor dem Hintergrund nachvollziehbar, dass der unzuständige Leistungserbringer im Rahmen von § 102 SGB X die Leistung auf der Grundlage einer gesetzlichen Vorschrift erbringt.

Beispiel:
L war als Landwirt bis zum 31.8.2018 in der Landwirtschaftlichen Krankenkasse (LKK) versichert. Ab dem 1.9.2018 wurde er Mitglied einer anderen Krankenkasse. Bei L wurde eine Versorgung mit Zahnersatz erforderlich. Deshalb erstellte der behandelnde Zahnarzt am 25.8.2018 einen Heil- und Kostenplan. Die eigentliche Behandlung fand am 4.10.2018 statt. Die LKK zahlte die Kosten der Behandlung, da sie sich aufgrund des während der Zeit der Mitgliedschaft des Versicherten bei ihr erstellten Heil- und Kostenplanes dazu verpflichtet gesehen hatte. Zuständig wäre hingegen nicht die LKK, sondern die neue Krankenkasse des L gewesen. Nach der Rechtsprechung des BSG hängt die Leistungspflicht einer Krankenkasse für eine konkrete Behandlungsmaßnahme nicht von der Mitgliedschaft im Zeitpunkt des Versicherungsfalles, sondern von der Mitgliedschaft im Zeitpunkt der tatsächlichen Leistungserbringung ab. Dies gilt unabhängig davon, ob sich der krankheitsbedingte Behandlungsbedarf bereits gezeigt hatte oder ärztlich festgestellt war.[439]

Im vorliegenden Fall war die LKK daher nicht einmal mehr subsidiär zuständig. Unter den Voraussetzungen des § 19 Abs. 2 SGB V haben ehemals Versicherungspflichtige für längstens einen Monat nach dem Ende der Mitgliedschaft einen nachgehenden Anspruch auf Leistungen gegen die frühere Krankenkasse. Dieser nachgehende Anspruch ist subsidiär und wird durch eine neue Mitgliedschaft bei einer anderen Krankenkasse verdrängt. Die Monatsfrist war jedoch für L bereits verstrichen.

Die unzuständige Landwirtschaftliche Krankenkasse hat damit gem. § 105 SGB X einen Erstattungsanspruch wegen anfänglicher Unzuständigkeit gegen die Krankenkasse, deren Mitglied L im Zeitpunkt der Behandlungsmaßnahme war.

b) Voraussetzungen des Erstattungsanspruchs nach § 105 SGB X

§ 105 SGB X greift, wenn ein Sozialleistungsträger **in Folge seiner Unzuständigkeit** eine Sozial- 32
leistung **ohne rechtlichen Grund** erbracht hat. Die mangelnde Leistungskompetenz kann sowohl auf der sachlichen als auch auf der örtlichen Unzuständigkeit beruhen.[440] § 105 SGB X unterscheidet nicht nach Art der Unzuständigkeit. Voraussetzung eines Erstattungsanspruchs nach § 105 SGB X ist, dass der unzuständige Leistungsträger nach den für ihn geltenden materiell-rechtlichen Vorschriften geleistet hat.[441] Abgesehen von seiner Unzuständigkeit muss seine **Leistung** also **rechtmäßig** gewesen sein. Wenn der Leistungsträger hingegen eine von vornherein rechtswidrige Leistung erbracht hat, also eine Leistung, die bereits abstrakt generell (ihrer Art nach) nicht in seinen Zuständigkeitsbereich fällt, kann er diese Leistung allenfalls vom Leistungsempfänger (und nicht von einem anderen Leistungsträger) zurückfordern. Diese Rückforderung ist dann nach §§ 44ff. SGB X zu beurteilen.[442]

§ 105 SGB X findet Anwendung, wenn der Sozialleistungsträger **in Unkenntnis seiner feh-** 33
lenden Kompetenz geleistet hat. Er hat also zunächst die wahre Rechtslage nicht erkannt oder sie etwa aufgrund missverständlicher Angaben des Leistungsberechtigten nicht erkennen können und deshalb irrtümlich geleistet.[443]

§ 105 SGB X kommt auch in Betracht, wenn die Leistung in Kenntnis einer **unklaren Rechtslage** 34
mit dem Ziel erbracht wird, Benachteiligungen des Berechtigten in dieser Situation zu vermeiden. Nur wenn für diesen Fall gesetzliche Vorschriften die vorläufige Leistungserbringung regeln, schließt

439 BSG 20.11.2001 SozR 2500 § 19 Nr. 3.

440 Zur sachlichen und örtlichen Unzuständigkeit BeckOK-SozR/Weber § 105 SGB X Rn. 11; Schütze/Roos § 105 SGB X Rn. 8; a. A. von Einem, SGb 1989, 184, 188.

441 BSG 8.3.2016, NJOZ 2016, 1296, 1299; BeckOGK/Kater § 105 SGB X Rn. 22; BeckOK-SozR/Weber § 105 SGB X Rn. 12.

442 BSG 8.3.2016, NJOZ 2016, 1296, 1299.

443 Unerheblich ist, ob den unzuständigen Träger für die Leistungserbringung Verschulden trifft, Schütze/Roos § 105 SGB X Rn. 3.

§ 102 SGB X (der eigentlich auch ein Fall der Leistungserbringung eines unzuständigen Trägers ist) die Anwendung des § 105 SGB X aus, vgl. § 105 Abs. 1 S. 1 SGB X.[444]

35 Schließlich fordert § 105 SGB X, dass die von dem unzuständigen Leistungsträger erbrachten und die von dem eigentlich zuständigen Leistungsträger zu erbringenden Leistungen **gleichartig** sind. Entscheidende Frage ist dabei, ob durch die Leistung eine **vorhandene Bedarfssituation vergleichbar befriedigt** wurde. Die erbrachten Sozialleistungen müssen zudem zeitlich kongruent sein.[445]

c) Schranken der Erstattungspflicht nach § 105 SGB X

36 Gem. § 105 Abs. 1 S. 1 SGB X besteht die Erstattungspflicht des zuständigen Leistungsträgers nur, soweit dieser nicht selbst geleistet hat, **bevor** er von der Leistung des anderen Leistungsträgers Kenntnis erlangt hat. Bis zu diesem Zeitpunkt kann der zuständige Leistungsträger **mit befreiender Wirkung an den Berechtigten** leisten und der unzuständige Träger ist auf § 50 SGB X zu verweisen (siehe unter § 8 Rn. 65ff.). Das gilt, solange der zuständige Sozialleistungsträger keine **positive** Kenntnis von der Leistungserbringung des unzuständigen Trägers hat. Fahrlässige oder auch grob fahrlässige Unkenntnis reicht nicht aus.[446]

37 Eine Grenze der Erstattungspflicht wird auch dort gesehen, wo sich der unzuständige Leistungsträger bewusst über gesetzliche Regelungen hinwegsetzt und sein Verhalten als **rechtsmissbräuchlich** zu werten ist, etwa weil es die Pflichten der Leistungsträger im Verhältnis zueinander verletzt (insbesondere jene Pflichten, die ihn gegenüber dem zuständigen Leistungsträger treffen).[447]

38 § 105 Abs. 3 SGB X kommt eine klarstellende Funktion zu, wenn dort geregelt wird, dass ein Erstattungsanspruch gegen die Träger der Sozialhilfe, der Kriegsopferfürsorge und der Jugendhilfe nur von dem Zeitpunkt an besteht, an dem ihnen das Vorliegen der Voraussetzungen für ihre Leistungspflicht bekannt war. Dementsprechend entstehen in der Praxis kaum Erstattungsansprüche gegen diese Träger.

d) Rechtsfolgen des § 105 SGB X

39 Der dem unzuständigen Leistungsträger zustehende Erstattungsanspruch richtet sich nach den für den zuständigen Leistungsträger geltenden Rechtsvorschriften. Das bedeutet, dass der unzuständige Träger nicht mehr erhält, als er verausgabt hat und auch nicht mehr erhält, als der zuständige Träger hätte leisten müssen. Soweit ein Erstattungsanspruch nach § 105 SGB X besteht, löst er die Erfüllungsfiktion des § 107 SGB X aus.

6. Einwendungen gegen den Erstattungsanspruch bei Ermessensausübung

40 Der erstattungspflichtige Leistungsträger kann Einwendungen und Einreden gegen den Erstattungsanspruch geltend machen. Hat der in Vorleistung getretene Leistungsträger jedoch eine Ermessensleistung erbracht, können Einwendungen, die sich auf **Ermessenserwägungen** beziehen, nur eingeschränkt geltend gemacht werden. Erstattungsansprüche aufgrund erbrachter Ermessensleistungen sind insbesondere bei § 105 SGB X problematisch, weil in diesen Fällen ein unzuständiger Leistungsträger das Ermessen für den an sich zuständigen Träger ausübt. Das Ermessen kann nur einmal ausgeübt werden, wobei für die Rechtmäßigkeit der Ermessensausübung nur Umstände maßgebend sein können, die im Zeitpunkt der Leistungsgewährung feststehen. Der erstattungspflichtige Leis-

444 Siehe auch BSG 20.11.2001 SozR 2500 § 19 Nr. 3.

445 Schütze/Roos § 105 SGB X Rn. 12.

446 BSG 25.1.1994 SozR 3-1300 § 104 Nr. 8.

447 Vertiefend zur Frage, ob die Leistungserbringung bei bewusster Kenntnis der Unzuständigkeit treuwidrig i. S. v. § 242 BGB ist BeckOK-SozR/Weber § 105 SGB X Rn. 11; Schütze/Roos § 105 SGB X Rn. 11.

tungsträger kann daher nicht im Nachhinein eigene Ermessenserwägungen anstellen. Dementsprechend hat das BSG entschieden, dass der erstattungspflichtige Träger mit Einwendungen, die sich auf Ermessenserwägungen beziehen, nur dann gehört wird, wenn **evidente Gründe** vorliegen, wegen derer eine Ermessensleistung hätte abgelehnt werden können.[448] Des Weiteren kann der erstattungspflichtige Leistungsträger die Erstattung verweigern, wenn ihm selbst eine **rechtmäßige Leistungserbringung** nicht möglich gewesen wäre, weil sein Ermessen gebunden gewesen wäre (bspw. aufgrund von Richtlinien).

7. Ausschlussfrist und Verjährung

§ 111 SGB X bestimmt für die §§ 102ff. SGB X eine **zwölfmonatige Ausschlussfrist**, innerhalb derer der erstattungsberechtigte Träger seinen Anspruch geltend machen muss. Die Frist beginnt frühestens mit dem Zeitpunkt der Kenntnis des erstattungsberechtigten Leistungsträgers von der Entscheidung des erstattungspflichtigen Leistungsträgers über seine Leistungspflicht. 41

Gem. § 113 SGB X beträgt die **Verjährungsfrist** für Erstattungsansprüche nach den §§ 102ff. SGB X **vier Jahre**. Sie beginnt nach Ablauf des Kalenderjahres, in dem der erstattungsberechtigte Leistungsträger von der Entscheidung des erstattungspflichtigen Leistungsträgers über seine Leistungspflicht Kenntnis erlangt hat. 42

II. Erstattungs- und Ersatzansprüche der Leistungsträger gegenüber Dritten gem. §§ 115 bis 119 SGB X

Die Vorschriften der §§ 115 bis 119 SGB X sind Bindeglieder zwischen den öffentlichen Systemen der sozialen Sicherung und den zivilrechtlichen Haftungs- und Anspruchssystemen. Im Zusammenspiel mit anderen sozialrechtlichen und zivilrechtlichen Normen haben sie die effektive soziale Absicherung des Einzelnen unter schonender Nutzung der vorhandenen Ressourcen zum Ziel. 43

1. Der Regress gem. § 116 SGB X

a) Regelungsgegenstand und Bedeutung

§ 116 SGB X ist eine Regressvorschrift.[449] Sie trifft eine Regelung für Fälle, in denen eine Person aufgrund eines Schadensereignisses Ersatzansprüche gegen einen Dritten hat und zugleich ein Versicherungsträger oder Träger der Eingliederungshilfe oder der Sozialhilfe dem Geschädigten wegen der Schädigung Sozialleistungen erbringen muss. 44

Beispiel:
Der gesetzlich krankenversicherte Fußgänger F wird beim Überqueren der Straße an einer Fußgängerampel von dem Autofahrer A angefahren. F trägt als Folge des Unfalls ein Schädelhirntrauma davon und ist für zwölf Wochen arbeitsunfähig krank geschrieben.

In dieser Situation ist eine **Kumulation** der Ansprüche des Geschädigten denkbar. F erhielte im Schadensfall zum einen Sozialleistungen (z.B. Sachleistungen in Form von Krankenbehandlung, § 27 SGB V, Geldleistungen in Form von Krankengeld, § 44 SGB V) und könnte gleichzeitig Ersatz (Geltendmachung der Kosten der Krankenbehandlung, Verdienstausfall) von dem Schädiger bzw. von demjenigen, der nach zivilrechtlichen Haftungskriterien ihm gegenüber schadensersatzpflichtig ist, also z.B. dem Halter des Fahrzeugs (§§ 7, 11 StVG), verlangen. In Betracht kommt auch, dass sich der 45

---

448 BSG 14.5.1985 SozR 1300 § 104 Nr. 6.

449 Zur Entwicklung der Regelung BeckOK-SozR/von Koppenfels-Spies § 116 SGB X Rn. 1f.

Geschädigte die erhaltenen Sozialleistungen als Vorteil anrechnen lassen muss und der Schädiger insoweit entlastet wird (**Vorteilsanrechnung**). Der Gesetzgeber hat mit § 116 SGB X jedoch einen anderen Weg gewählt: In dem Umfang, in dem der Sozialversicherungsträger für den entstandenen Schaden des Versicherten durch die Gewährung von Sozialleistungen aufzukommen hat, kann er bei dem nach zivilrechtlichen Haftungsgrundsätzen Schadensersatzpflichtigen **Regress** nehmen.

46 In o.g. Beispiel gehen also die Ansprüche des F gegen A auf Zahlung der Kosten der Behandlungen und Ersatz des Verdienstausfalls **im Moment ihrer** Entstehung im Wege der **Legalzession**, also kraft Gesetzes,[450] auf die Krankenversicherung des F über.

47 **§ 116 SGB X** ist **keine eigene Anspruchsgrundlage**. Der Sozialversicherungsträger erhält vielmehr einen abgeleiteten Anspruch. Dementsprechend muss er den übergegangenen zivilrechtlichen Anspruch vor den Zivilgerichten geltend machen. Der Sozialversicherungsträger ist für diesen Anspruch aktivlegitimiert.[451]

48 **Zweck der Regelung** ist es, eine Kumulation auf Seiten des Geschädigten (Doppelleistungen) ebenso zu vermeiden wie eine – in der Regel als unbillig empfundene – Entlastung des Schädigers zum Nachteil der Solidargemeinschaft.[452] Der Sozialleistungsträger hat den Aufwand der erbrachten Leistungen nur insoweit endgültig zu tragen, als nicht andere Verpflichtete vorrangig herangezogen werden können. Diese Konstruktion hat zudem den Vorteil, dass der Geschädigte zunächst zuverlässig, schnell und effektiv Leistungen des Sozialversicherers erhält. Er ist damit nicht den **Schwächen des zivilrechtlichen Haftungssystems** ausgesetzt, welches grundsätzlich ebenfalls die Aufgabe der Absicherung und Versorgung des Geschädigten hat. Die Schwächen der zivilrechtlichen Haftung sind zahlreich. Sie können etwa in der Unterversorgung durch Haftungshöchstsummen, in anspruchsminderndem Mitverschulden des Geschädigten, mangelnder Leistungsfähigkeit des Schädigers, Nicht-Ermittelbarkeit des Schädigers, dem Zeitverlust bei der Durchsetzung des Anspruchs oder dem Risiko der Rechtsverfolgung bestehen.

b) Entstehungsvoraussetzungen des Forderungsübergangs gem. § 116 SGB X

49 § 116 SGB X findet Anwendung auf Sozialversicherungsträger, die ihnen gleichgestellte Bundesagentur für Arbeit (§ 116 Abs. 10 SGB X) sowie die Sozialhilfeträger und Träger der Eingliederungshilfe.

50 Ein Regress nach § 116 SGB X setzt voraus, dass in der Person des Geschädigten ein **übergangsfähiger Schadensersatzanspruch** entstanden ist. Es darf sich dabei nicht um einen Anspruch aus dem SGB handeln, denn § 116 Abs. 1 S. 1 SGB X stellt auf einen „auf anderen gesetzlichen Vorschriften beruhenden Anspruch" ab.[453] Der Forderungsübergang erfasst neben Ersatzansprüchen aus unerlaubter Handlung oder Gefährdungshaftung auch vertragliche Schadensersatzansprüche,[454] nicht jedoch Aufwendungsersatzansprüche.[455] Auch Ansprüche aus privaten Versicherungsverträgen des Geschädigten gehen nicht auf den Sozialleistungsträger über. Typische von § 116 SGB X erfasste Ansprüche sind daher solche aus §§ 823ff., 844 BGB, dem HaftpflichtG oder dem StVG.[456]

---

450 BT-Drs. 9/95 S. 27.

451 BGH 6.7.2004, NJW 2004, 3324, 3325; für die Frage, auf wen der Anspruch übergeht, ist entscheidend, wer im Außenverhältnis zur Erbringung der Sozialleistung verpflichtet ist, nicht hingegen, ob Ausgleichsansprüche im Innenverhältnis bestehen, BSG 17.9.2019, r+s 2020, 116, 118.

452 BGH 30.3.1953, BGHZ 9, 179, 187; BGH 17.3.1983, NJW 1983, 2191; Schütze/Bieresborn § 116 SGB X Rn. 2; BeckOK-SozR/von Koppenfels-Spies § 116 SGB X Rn. 4.

453 Schütze/Bieresborn § 116 SGB X Rn. 25; BeckOK-SozR/von Koppenfels-Spies § 116 SGB X Rn. 6; BT-Drs. 9/95 S. 27.

454 OLG Celle 21.3.2002, NJW-RR 2002, 1637, 1638; einschränkend bei vertraglichen Ansprüchen Eichenhofer, SR 2019, 203, 207.

455 OLG Karlsruhe 2.3.1988, NJW 1988, 2676; Waltermann, NJW 1996, 1644; BeckOK-SozR/von Koppenfels-Spies § 116 SGB X Rn. 7.

456 BT-Drs. 9/95 S. 27.

Als **Anspruchsgegner** kommen diejenigen Personen in Betracht, die nach zivilrechtlichen Normen ersatzpflichtig sind. Das sind insbesondere der Schädiger, aber auch derjenige, der nach den Grundsätzen der Gefährdungshaftung für den Schaden einzustehen hat und in den Fällen der Pflichtversicherung der Haftpflichtversicherer, vgl. § 3 PflVG. 51

Die Ansprüche des Geschädigten gehen nur in der Höhe und in dem Umfang auf den Sozialversicherungsträger über, in der er Sozialleistungen an den Versicherten zu erbringen hat. Die von dem Sozialleistungsträger zu erbringende Sozialleistung muss demselben Zweck dienen, wie die Schadensersatzpflicht des Schädigers und durch dasselbe Schadensereignis ausgelöst worden sein. Zwischen den Sozialleistungen und dem Schadensersatzanspruch muss insofern eine **zeitliche und sachliche Gleichartigkeit** bestehen (**Kongruenz**).[457] 52

Es haben sich im Laufe der Zeit und bereits unter der Geltung der Vorgängerregelung § 1542 RVO Schadensgruppen herausgebildet, nach denen in der Regel die Zuordnung kongruenter Leistungen erfolgt.[458] 53

Beispiele:
Sachliche Kongruenz besteht zwischen den Kosten der Heilbehandlung (ärztliche Behandlung oder Heilmitteleinsatz, wie z. B. Ergotherapie oder Physiotherapie, Pflege) und den Ersatzansprüchen aus §§ 823 BGB, 11 StVG, 5 Abs. 1 HaftPflG, 36 LuftVG.

Ersatzansprüche wegen vermehrter Bedürfnisse i. S. d. § 843 BGB sind der Haus- und Heimpflege gem. §§ 27 Abs. 1 S. 2 Nr. 4 SGB V, 44 SGB VII, den Pflegeleistungen gem. §§ 36, 41 SGB XI und auch den zugunsten der Pflegeperson gezahlten Beiträgen zur Rentenversicherung gem. § 44 SGB XI, §§ 3 Nr. 1a, 166 Abs. 2 SGB VI gleichartig.

Zeitliche Kongruenz liegt vor, wenn die Sozialleistung den Schaden für denselben Zeitraum abdeckt, für den der Verletzte Ansprüche auf Ersatz eines sachlich kongruenten Schadens hat. 54

Beispiel:
Im Falle der Zahlung einer Rente wegen verminderter Erwerbsfähigkeit, einer Verletztenrente der Unfallversicherung sowie vorgezogener Altersruhegelder besteht eine zeitliche Kongruenz dieser Sozialleistungen mit den Ansprüchen des Geschädigten gegen den Schädiger nur bis zu demjenigen Zeitpunkt, bis zu dem der Geschädigte aller Voraussicht nach noch arbeitsfähig gewesen wäre.

c) Zeitpunkt des Forderungsübergangs

Der Forderungsübergang auf den Sozialversicherungsträger[459] vollzieht sich nach st.Rspr. bereits **im Zeitpunkt des Schadensereignisses.**[460] Er tritt also nicht erst dann ein, wenn die Höhe der durch den Sozialversicherer zu erbringenden Leistung feststeht, sondern bereits früher.[461] Entstehung und Übergang des Anspruchs erfolgen in demselben Augenblick. Damit wird dem Betroffenen die Verfügungsbefugnis über seinen zivilrechtlichen Anspruch sofort entzogen.[462] Einschränkend hat der 55

457 BT-Drs. 9/95 S. 27; BSG 17.9.2019, r+s 2020, 116, 117; näher hierzu mit Beispielen BeckOK-SozR/von Koppenfels-Spies § 116 SGB X Rn. 10ff.; Schütze/Bieresborn § 116 SGB X Rn. 13ff. zur sachlichen Kongruenz und Rn. 29f. zur zeitlichen Kongruenz.

458 Vgl. Knickrehm/Roßbach/Waltermann/Waltermann § 116 SGB X Rn. 13; Hauck/Schlaeger/Bruno SGB X K § 116 Rn. 133ff.

459 Für den Zeitpunkt des Forderungsübergangs auf einen Sozialhilfeträger s. BGH 12.12.1995, NJW 1996, 726; BeckOK-SozR/von Koppenfels-Spies § 116 SGB X Rn. 35.

460 Vgl. nur BGH 10.7.1967, BGHZ 48, 181, 186; BGH 28.9.2010, BeckRS 2011, 68539; BGH 12.4.2011, VersR 2011, 775; BT-Drs. 9/95 S. 27.

461 Schütze/Bieresborn § 116 SGB X Rn. 3.

462 Hinsichtlich der Konsequenzen für ein Wahlrecht zwischen zivilrechtlicher und sozialrechtlicher Schadensabwicklung siehe Fuchs, Zivilrecht und Sozialrecht, S. 184ff.

BGH nur angeführt, dass es nicht völlig unwahrscheinlich sein darf, dass der Sozialversicherungsträger einmal Leistungen erbringen wird. Er sieht den Übergang aller Schadensersatzansprüche zudem als **auflösend bedingt** an. Die auflösende Bedingung soll dann eintreten, wenn feststeht, dass der Versicherungsträger nicht mehr zu leisten hat.[463]

56 Nach **§ 118 SGB X** ist ein Gericht, das über einen nach § 116 SGB X übergegangenen Anspruch zu erkennen hat, an eine unanfechtbare Entscheidung gebunden, die feststellt, ob überhaupt und in welchem Umfang der Leistungsträger zur Leistung verpflichtet ist. Damit werden einander widersprechende Entscheidungen über Bestand und Umfang der Sozialleistungspflicht aus einem Schadensereignis zwischen den Zivilgerichten einerseits und den Sozialleistungsträgern andererseits vermieden.

d) Übergangsfähiger Schaden

57 Der **Schadensbegriff** des § 116 Abs. 1 SGB X umfasst alle konkreten Nachteile, die der Geschädigte, oder im Falle seines Todes seine Hinterbliebenen, infolge des Schadensereignisses erleiden. Ansprüche auf Zahlung von **Schmerzensgeld** sind nicht übergangsfähig, da es an einer gleichartigen Entsprechung bei den Sozialleistungen fehlt.[464] Auch **Sachschäden** können in der Regel mangels eines kongruenten Äquivalents durch den Geschädigten selbst geltend gemacht werden, es sei denn, es handelt sich bei den beschädigten Gegenständen um Hilfsmittel. Ausgenommen sind zudem Ansprüche auf Aufwendungsersatz nach §§ 677, 683 BGB, da sie keine Schadensersatzansprüche sind.[465]

e) Regresseinschränkung zugunsten des Verletzten

aa) Quotenvorrecht bei gesetzlichen Haftungshöchstsummen

58 § 116 Abs. 2 SGB X räumt dem Geschädigten ein **Quotenvorrecht** ein. Danach gehen die Ansprüche auf den Sozialversicherungsträger nur insoweit über, als sie nicht zum Ausgleich des Schadens des Verletzten oder seiner Hinterbliebenen erforderlich sind, wenn eine gesetzliche Vorschrift eine Haftungshöchstgrenze des Pflichtigen vorsieht, wie z.B. in §§ 12 StVG, 9 HaftPflG (**Differenztheorie**). Der Geschädigte, der einen Anspruch auf Sozialleistungen hat, kann den Schadensersatz vor dem Sozialleistungsträger verlangen.[466] Der Sozialversicherungsträger erhält hingegen ggf. nur die noch übrig bleibende Restforderung.[467]

59 Das **Quotenvorrecht** bezieht sich auf den **gesamten Schaden** des Verletzten, so dass er seine Ersatzansprüche bei höhenmäßiger Begrenzung der Haftung vorab befriedigen kann, ohne Rücksicht darauf, ob sie den jeweiligen Leistungen des Sozialversicherungsträgers kongruent sind.[468] Das bedeutet, dass auch die zu keiner Sozialleistung kongruenten Ansprüche des Verletzten auf Schmerzensgeld oder auf Ersatz von Sachschäden den Ansprüchen des Sozialleistungsträgers vorgehen.[469]

60 Das **absolute Quotenvorrecht** des Verletzten rechtfertigt sich dadurch, dass der Verletzte wegen der gesetzlichen Haftungsbeschränkung eine Schwächung seiner Position hinnehmen muss, ohne dass ihm hinsichtlich der Schadensverursachung Verschulden vorgeworfen werden kann. Der

---

463 BeckOGK/Kater § 116 SGB X Rn. 143; Knickrehm/Roßbach/Waltermann/Waltermann § 116 SGB X Rn. 54; BGH 17.6.2008, VersR 2008, 1350, 1351; BGH 2.12.2008, NJW-RR 2009, 455 mit weiteren Nachweisen.

464 BeckOK-SozR/von Koppenfels-Spies § 116 SGB X Rn. 12; Schütze/Bieresborn § 116 SGB X Rn. 24; Hauck/Schlaeger/Bruno SGB X K § 116 Rn. 151.

465 BeckOGK/Kater § 116 SGB X Rn. 40; OLG Karlsruhe 2.3.1988, NJW 1988, 2676.

466 BeckOK-SozR/von Koppenfels-Spies § 116 SGB X Rn. 15.

467 Schütze/Bieresborn § 116 SGB X Rn. 31.

468 BGH 8.4.1997, BGHZ 135, 170, 173ff.; Eichenhofer, SR 2019, 203, 210.

469 BGH 8.4.1997, BGHZ 135, 170 mit kritischer Anm. Greger/Ott, NZV 1997, 292; a.A. Schütze/Bieresborn § 116 SGB X Rn. 32.

Versicherte hat den Anspruch auf Sozialleistungen (jedenfalls im Rahmen der Sozialversicherung) durch seine Beitragszahlungen erworben. Das Interesse des Sozialleistungsträgers, seine Kosten, die durch die Gewährung der Sozialleistungen entstanden sind, zu decken, tritt daher zurück hinter dem Interesse des Geschädigten an einer umfassenden Realisierung seiner Ansprüche.

bb) Quotenverteilung bei Mitverschulden

Wird der Schadensersatzanspruch nicht von Gesetzes wegen, sondern durch **Mitverschulden** des Verletzten (§ 254 BGB) oder aber wegen Zurechnung einer Betriebsgefahr im Rahmen der Gefährdungshaftung verkürzt, erfolgt eine **Quotenverteilung** nach § 116 Abs. 3 SGB X. Auf den Sozialversicherungsträger geht bei einer Quotenverteilung derjenige Teil des Haftungsanspruchs über, welcher der Haftungsquote des Schädigers entspricht (relative Theorie). Dem Geschädigten wird im Rahmen von § 116 Abs. 3 SGB X kein Quotenvorrecht eingeräumt.[470] Hintergrund ist die Annahme, dass derjenige, den ein Mitverschulden am Eintritt des Schadens trifft, als **weniger schützenswert** angesehen wird, als der Geschädigte, dem eine Realisierung seiner Ansprüche nur aufgrund einer gesetzlich vorgesehenen Haftungsbegrenzung verwehrt ist.[471] 61

Beispiel:
Der Gesamtschaden beträgt 1000 Euro. Den Geschädigten trifft ein Mitverschuldensanteil in Höhe von zehn Prozent. Der Sozialversicherungsträger hat Leistungen in Höhe von 400 Euro erbracht. Auf den Sozialversicherungsträger geht daher der Anspruch in Höhe von 360 Euro über.

Liegen sowohl eine Schadensbegrenzung der Höhe nach als auch ein Mitverschulden oder eine Mitverantwortlichkeit des Geschädigten vor, greift § 116 Abs. 3 S. 2 SGB X. Auch in einem solchen Konkurrenzverhältnis zwischen Abs. 2 und Abs. 3 kommt dem Geschädigten das Quotenvorrecht nicht zugute.[472] Gem. § 116 Abs. 3 S. 2 SGB X ist dann vielmehr zunächst ohne Berücksichtigung der Haftungshöchstgrenze eine **Quotenverteilung** nach Abs. 3 S. 1 vorzunehmen. 62

Beispiel:
Dem Verletzten V ist ein Gesamtschaden von 1.450.000 Euro entstanden. Sein Mitverschuldensanteil an der Entstehung des Schadens beläuft sich auf 50 Prozent. Damit beträgt sein Anspruch gegen den Schädiger 725.000 Euro. Der Sozialversicherungsträger hat Sozialleistungen in Höhe von 600.000 Euro erbracht. Auf ihn geht im Wege der Quotenverteilung derjenige Betrag über, der der Haftungsquote des Schädigers entspricht. Demnach gehen auf den Sozialleistungsträger 300.000 Euro über. Der durch Leistungen des Sozialversicherers nicht gedeckte Restschaden (Direktschaden) beträgt 850.000 Euro.

Überschreitet der um den Mitverschuldensanteil des Geschädigten gekürzte Gesamtanspruch (im o.g. Beispiel 725.000 Euro) die gesetzliche Haftungshöchstsumme, so entsteht eine **Unterdeckung**. Diese ist zwischen dem Sozialleistungsträger und dem Geschädigten proportional aufzuteilen. 63

Beispiel:
Nach Abzug der auf den Sozialversicherungsträger übergegangenen Haftungsquote verbleibt dem Geschädigten ein Anspruch in Höhe von 425.000 Euro. Macht der Geschädigte diesen Anspruch gegen den Schädiger geltend, und fordert der Sozialversicherungsträger den auf ihn übergegangenen Betrag in Höhe von 300.000 Euro ein, so entsteht bei einer Haftungshöchstgrenze von 600.000 Euro ein Fehlbetrag (sog. Unterdeckung) in Höhe von 125.000 Euro. Diese Unterdeckung ist nun entsprechend der jeweiligen Anspruchshöhe des Sozialversicherungsträgers und des Geschädigten proportional zwischen ihnen

---

470 OLG Frankfurt a.M. 4.12.2018, BeckRS 2018, 33072; BeckOK-SozR/von Koppenfels-Spies § 116 SGB X Rn. 16.
471 BGH 14.2.1989, BGHZ 106, 381, 385 zur sogenannten relativen Theorie.
472 BT-Drs. 9/95 S. 28.

aufzuteilen. Der Anspruch des Geschädigten (425.000 Euro) steht zum Anspruch des Sozialversicherers (300.000 Euro) im Verhältnis 1,42 : 1. Dementsprechend muss der Geschädigte auf einen Betrag von 73.275,86 Euro und der Sozialversicherungsträger auf einen Betrag von 51.724,14 Euro verzichten, so dass dem Geschädigten schließlich 351.724,14 Euro und dem Sozialversicherungsträger 248.275,86 Euro zustehen.

---

64 Die Berechnung der Ansprüche erfolgt also zunächst auf der Grundlage der in § 116 Abs. 2 SGB X verankerten **relativen Theorie**. Da bei wörtlicher Anwendung dieser Theorie jedoch der Geschädigte umso mehr privilegiert würde, je höher sein Mitverschuldensanteil ist, wird diese Theorie **durch die proportionale Aufteilung der Unterdeckung modifiziert**.[473]

65 § 116 Abs. 3 S. 3 SGB X sieht allerdings eine **Härteklausel** vor. Danach ist der Anspruchsübergang auf den Sozialleistungsträger ausgeschlossen, soweit der Geschädigte dadurch **sozialhilfebedürftig** wird. Die Bedürftigkeit muss nicht schon im Unfallzeitpunkt vorhanden sein. Erforderlich ist allein ein Kausalzusammenhang zwischen dem Übergang der Forderung auf den Sozialleistungsträger und der in diesem Falle eintretenden Bedürftigkeit.[474]

cc) Befriedigungsvorrecht nach § 116 Abs. 4 SGB X

66 § 116 Abs. 4 SGB X gewährt dem Geschädigten ein **Befriedigungsvorrecht**. Das bedeutet, dass der Geschädigte im Rahmen des zivilrechtlichen Vollstreckungsverfahrens (nach der ZPO, der InsO oder dem ZVG), seine Ansprüche gegen den Pflichtigen im Verhältnis zum Sozialleistungsträger vorrangig geltend machen kann. Im Unterschied zum Quotenvorrecht geht es nicht um die rechtliche Feststellung der Anspruchsinhaberschaft. Diese ist vorab zu klären. Das Befriedigungsvorrecht betrifft allein den Fall, dass der Geschädigte aufgrund rein tatsächlicher Hindernisse Probleme hat, seine Forderung gegen den Schädiger durchzusetzen. Hinter diesem Befriedigungsvorrecht steht die Annahme, dass der Forderungsübergang sich nicht nachteilig für den Altgläubiger auswirken darf.[475]

67 **Hindernisse tatsächlicher Art** können etwa darin bestehen, dass der Schädiger nicht haftpflichtversichert und finanziell nicht in der Lage ist, die Entschädigungsforderungen zu erfüllen, oder die Deckungssumme des Haftpflichtversicherers nicht ausreicht. Das Vollstreckungsvorrecht des Geschädigten besteht nur im Verhältnis zwischen dem sozialversicherten Geschädigten und dem leistungspflichtigen Sozialversicherungsträger. Letzterer muss bei der Geltendmachung eines nach § 116 Abs. 1 SGB X übergegangenen Anspruchs die Tatsachen berücksichtigen, aus denen sich ein Vollstreckungsvorrecht des Geschädigten ergeben könnte.

dd) Absolutes Quotenvorrecht nach § 116 Abs. 5 SGB X

68 Es gibt Konstellationen, in denen der Sozialversicherer trotz eines schädigenden Ereignisses **keine finanzielle Mehrbelastung** zu tragen hat. So etwa in den Fällen, in denen der Sozialversicherungsträger bereits Rentenzahlungen an einen Versicherungsnehmer zahlt und dieser dann durch ein von einem Dritten verursachtes Ereignis zu Tode kommt. Der Tod des Rentenempfängers hat zur Folge, dass der Sozialversicherer Rentenleistungen an die Hinterbliebenen zu leisten hat; eine finanzielle Mehrbelastung erwächst ihm dadurch jedoch nicht.

Für den Fall der fehlenden finanziellen Mehrbelastung bestimmt **§ 116 Abs. 5 SGB X** als **Ausnahme** zu § 116 Abs. 3 SGB X, dass dem Geschädigten, der den eingetretenen Schaden mitverschuldet hat oder den eine Mitverantwortung trifft, ein absolutes Quotenvorrecht einzuräumen ist, d.h. dem

---

473 BGH 21.11.2000, NJW 2001, 1214, 1216; BeckOK-SozR/von Koppenfels-Spies § 116 SGB X Rn. 19.

474 Zur Kausalität s. Schütze/Bieresborn § 116 SGB X Rn. 44; BT-Drs. 9/1753 S. 44.

475 BGH 8.7.2003, VersR 2003, 1295; BeckOK-SozR/von Koppenfels-Spies § 116 SGB X Rn. 36.

Geschädigten wird ein vorrangiger Ersatz seines Differenzschadens (= Gesamtschaden abzüglich Sozialleistung) gewährt.[476]

f) Regresseinschränkungen zugunsten des Schädigers

aa) Familienprivileg gem. § 116 Abs. 6 SGB X

Der Anspruchsübergang auf den Sozialversicherungsträger ist ausgeschlossen, wenn es sich bei dem Regresspflichtigen um ein **Familienmitglied** des Geschädigten handelt, welches mit ihm **in häuslicher Gemeinschaft** lebt und **ohne Vorsatz** gehandelt hat. Der Verzicht auf den Regress dient zunächst der Erhaltung des Familienfriedens.[477] Es sollen damit Auseinandersetzungen über die Folgen des schädigenden Ereignisses vermieden werden. Ferner wird aber auch der Schutz der wirtschaftlichen Grundlage der häuslichen Gemeinschaft bezweckt.[478] Ein Regress birgt in einem Familienverband die Gefahr, dass der Geschädigte den Ersatzanspruch des Sozialversicherers mitfinanziert und auf diese Weise finanzielle Nachteile erleidet. 69

Der Begriff des **Familienangehörigen** ist gesetzlich nicht definiert. Die Rechtsprechung zählt Verlobte nicht zu den Familienangehörigen, ebenso wenig rechtskräftig geschiedene Eheleute. Auch nichteheliche Lebensgemeinschaften werden nicht unter den Begriff der Familienangehörigen gefasst.[479] Allerdings wendet der BGH – nach ausdrücklicher Änderung seiner vorherigen Rechtsprechung – das Privileg für Familienangehörige nach § 116 Abs. 6 SGB X inzwischen analog auf nichteheliche Lebensgemeinschaften an. Im Wesentlichen begründet der Gerichtshof diese Rechtsprechungsänderung mit dem fortgeschrittenen gesellschaftlichen Wandel.[480] 70

Das Gesetz zur Beendigung der Diskriminierung gleichgeschlechtlicher Lebensgemeinschaften[481] bezieht sich nicht auf § 116 SGB X und lässt die Frage der Einbeziehung gleichgeschlechtlicher Partner in das Familienprivileg damit unbeantwortet. Hier kann aber ebenso zumindest eine analoge Anwendung in Betracht gezogen werden. Die Problematik dürfte auf praktischer Ebene insoweit ein wenig entschärft worden sein, als seit dem 1.10.2017 gem. § 1353 Abs. 1 BGB eine Ehe auch zwischen zwei Personen gleichen Geschlechts geschlossen werden kann.[482] 71

bb) Arbeitsunfall

Im Falle eines Arbeitsunfalls des Geschädigten sind mögliche Haftungsprivilegien des Schädigers nach §§ 104ff. SGB VII zu berücksichtigen (siehe unter § 40 Rn. 1ff.). Ist der Schädiger nach diesen Vorschriften haftungsprivilegiert, kommt ein Regress des Sozialversicherers nur nach Maßgabe des **§ 110 SGB VII** (bei vorsätzlicher oder grob fahrlässiger Schädigung) in Betracht. Dabei handelt es sich anders als bei dem Regress nach § 116 SGB X um einen **originären Rückgriffsanspruch** des Sozialversicherers. Der Regressanspruch nach § 116 SGB X (aber auch der Beitragsregress nach § 119 SGB X, s.u.) entfällt auch dann, wenn der Geschädigte als Unternehmer nicht unter dem Versicherungsschutz des SGB VII steht, der Schädiger aber ein Betriebsangehöriger war. In diesem Fall greift der Quasiversicherungsschutz nach § 105 Abs. 2 SGB VII. 72

---

476 BeckOK-SozR/von Koppenfels-Spies § 116 SGB X Rn. 22.

477 BT-Drs. 9/95 S. 28.

478 BT-Drs. 9/95 S. 28; daraus wird z.T. gefolgert, dass auch bei Bedarfsgemeinschaften kein Forderungsübergang stattfinden darf, BeckOK-SozR/von Koppenfels-Spies § 116 SGB X Rn. 27; Eichenhofer, SR 2019, 203, 210.

479 BGH 1.12.1987, NJW 1988, 1091; Schütze/Bieresborn § 116 SGB X Rn. 52.

480 BGH 5.2.2013, NZV 2013, 334, 336; ebenso OLG Köln 9.5.2012, VersR 2013, 378.

481 LPartG vom 16.2.2001 BGBl. I S. 266ff. i.d.F. des Gesetzes zur Überarbeitung des Lebenspartnerschaftsrechts v. 15.12.2004 BGBl. I S. 3396ff.

482 S. Gesetz zur Einführung des Rechts auf Eheschließung für Personen gleichen Geschlechts vom 20.7.2017, BGBl. I S. 2787.

cc) Haftungsverzicht

73 Der Regressanspruch entfällt, wenn ein ausdrücklicher oder stillschweigender Haftungsausschluss vereinbart wurde. Das gilt unter der Voraussetzung, dass der Verzicht nicht missbräuchlich erklärt wurde, um Regressansprüchen auszuweichen.

g) Teilungsabkommen

74 § 116 Abs. 9 SGB X legt fest, dass eine **Pauschalierung von Ersatzansprüchen** zulässig ist. In der Praxis handelt es sich dabei um einmalige Abfindungsvergleiche,[483] vor allem aber auch um sogenannte Teilungsabkommen.[484] Damit wird der Tatsache Rechnung getragen, dass sich in der Realität praktisch kaum noch Einzelpersonen gegenüberstehen, sondern Gemeinschaften von Versicherten.

75 **Teilungsabkommen** sind Vergleiche, die zwischen Sozialleistungsträgern und Haftpflichtversicherern im Vorhinein geschlossen werden. Sie legen für die Zukunft fest, wie der Ausgleich der Ansprüche zwischen Sozialversicherer und Haftpflichtversicherer in Fällen abgewickelt wird, in denen eine Person geschädigt wurde, die mit dem Sozialversicherer in einem Sozialversicherungsverhältnis steht, und in denen der Schädiger bei dem privaten Versicherer haftpflichtversichert ist (**Festlegung einer Haftungsquote**). Die Schadensabwicklung findet dann direkt und ohne Beteiligung des Schädigers zwischen Sozialversicherer und Haftpflichtversicherer statt. Die Schadensfälle werden demnach nicht mehr individuell (also ohne Prüfung der Sach- und Rechtslage im Einzelfall),[485] sondern **pauschal abgewickelt**, unter Aufteilung der bestehenden Risiken.[486] So besteht bspw. das Risiko für den Sozialversicherer regelmäßig darin, seine Ansprüche nicht in jedem Fall durchsetzen zu können. Die Zahlungsverpflichtungen des Haftpflichtversicherers reduzieren sich dementsprechend. Die Teilungsabkommen sollen für die beteiligten (Sozial-)Versicherer den Verwaltungsaufwand und damit die Kosten, die mit der Durchführung eines Regresses verbunden sind (Aufklärung des Schadensfalles, Prozessrisiko) verringern. Letztlich geht es also um die Teilung des Schadensrisikos.[487]

76 Ihrer **Rechtsnatur** nach handelt es sich bei den Teilungsabkommen um privatrechtliche Verträge zwischen Sozialleistungserbringern und Privatversicherern.[488] Diese Verträge beinhalten in der Regel gleichzeitig ein Stillhalteabkommen zugunsten des Schädigers (**pactum de non petendo**); also die Verpflichtung des Sozialleistungsträgers, den Schädiger nicht in Anspruch zu nehmen, sofern eine pauschale Abmachung mit seinem Haftpflichtversicherer besteht.

h) Gesamtgläubigerschaft mehrerer Sozialleistungsträger

77 Haben mehrere Sozialleistungsträger in einem Schadensfall Leistungen erbracht und besteht eine Begrenzung der Anspruchshöhe gem. § 116 Abs. 2 oder Abs. 3 SGB X, so bestimmt § 117 SGB X, dass die Träger Gesamtgläubiger sind. Der Schädiger kann demnach den ganzen Ersatz an einen Träger mit Erfüllungswirkung für alle anderen Träger leisten.

---

483 S. hierzu z. B. BGH 20.9.1994, NJW 1994, 3097; BGH 8.7.2003, NJW 2003, 3193.
484 Bereits in BT-Drs. 9/95 S. 28 ausdrücklich als Beispiel genannt.
485 S. hierzu OLG Koblenz 21.8.2017, BeckRS 2017, 146253.
486 Dies ist hinsichtlich des im Haftungsrecht geltenden Trennungsprinzips nicht unproblematisch, s. hierzu BGH 1.10.2008, NJW-RR 2009, 36 f.
487 BeckOGK/Kater § 116 SGB X Rn. 271.
488 BeckOGK/Kater § 116 SGB X Rn. 271, eingehender zur Rechtsnatur Rn. 273 ff.

2. Der Beitragsregress gem. § 119 SGB X

a) Inhalt und Bedeutung

§ 119 SGB X regelt den Übergang eines Schadensersatzanspruchs des Geschädigten, der auch den Beitrag zur Rentenversicherung erfasst, auf den Versicherungsträger. Die Regelung dient der Verbesserung der sozialen Absicherung des Versicherten nach dem Eintritt eines Schadens.[489] Sie trägt dem Umstand Rechnung, dass zum zivilrechtlichen Schadensersatz auch der Ersatz von Beiträgen zur Rentenversicherung zählt, wenn dadurch unfallbedingte Nachteile für den Geschädigten kompensiert werden.[490] Nachteile beim Aufbau einer sozialen Lebensvorsorge in Form von Beitragsausfällen oder der Zahlung niedrigerer Beiträge können dem Geschädigten dadurch entstehen, dass er nach dem schädigenden Ereignis arbeitsunfähig, erwerbsunfähig oder arbeitslos wird, oder dass er nur noch vermindert erwerbsfähig ist und damit weniger Geld verdient. Mit § 119 SGB X soll sichergestellt werden, dass der Sozialversicherte später Sozialleistungen erhält, die auch die Zeit der Verletzung umfassen.[491] Beitragslücken sollen vermieden werden, zumal ein schuldrechtlicher Anspruch auf eine Altersversorgung bei Erreichen des Rentenalters nicht als wirtschaftlich gleichwertig mit einer Rentenanwartschaft in der Sozialversicherung angesehen wird.[492] 78

Beispiel:
Durch einen ärztlichen Kunstfehler bei der Operation seines Schultergelenks trägt der Bauarbeiter V bleibende erhebliche Einschränkungen der Beweglichkeit des Schultergelenks davon, die es ihm unmöglich machen, in seinem alten Beruf weiterzuarbeiten. V ist nach diesem Ereignis nur noch vermindert erwerbsfähig. Ansprüche gegen den behandelnden Arzt ergeben sich aus §§ 280 Abs. 1, 823 Abs. 1, 843, 253 BGB und gem. § 842 BGB auch auf Ersatz der Rentenversicherungsbeiträge, die er aufgrund der körperlichen Schädigung nun nicht mehr durch seine Arbeitskraft erwirtschaften kann.

Kann der Geschädigte die durch den unfallbedingten Ausfall von Versicherungsbeiträgen niedrigere Rentenanwartschaft durch die Zahlung freiwilliger Beiträge kompensieren, so hat er gegen den Schädiger Anspruch auf den Ersatz der zusätzlich zu entrichtenden Beiträge. 79

Erhält der Geschädigte nach dem Schadensereignis eine Sozialleistung, wie z.B. Verletztengeld, die unter dem Niveau seines Gehaltes liegt, und verschlechtern sich dadurch seine Aussichten in der gesetzlichen Rentenversicherung, so umfasst sein Erwerbs- und Fortkommensschaden auch die Zahlung der Beitragsdifferenz (Differenz zwischen dem Beitrag auf der Bemessungsgrundlage Erwerbseinkommen und dem Beitrag auf der Bemessungsgrundlage Sozialleistung). 80

b) Voraussetzungen

§ 119 SGB X setzt voraus, dass der Schadensersatzanspruch auch Beiträge zur Rentenversicherung erfasst. Ansprüche des Geschädigten auf Ersatz der benötigten Beiträge zur freiwilligen Weiterversicherung oder auf Erstattung der Beitragsdifferenz gehen gem. § 119 SGB X im Wege der cessio legis auf den Sozialversicherer über. Dies gilt allerdings nur dann, **wenn die Rentenversicherungsbeiträge**, wie etwa im Falle des Verletztengeldes, **auch von dem Geschädigten zu tragen sind** (Versichertenanteil an den Beiträgen). Zahlt der Leistungsträger die Beiträge hingegen allein (Trägerbeiträge), wie etwa beim Bezug von Arbeitslosengeld, so geht der Ersatzanspruch des Geschädigten gegen den Schädiger nach § 116 SGB X auf den Leistungsträger über (echter Beitragsregress). Gleiches gilt, wenn die Beiträge hälftig von dem Versicherten und von dem Sozialversicherer aufzubringen sind, für die Beitragsanteile des Sozialversicherungsträgers. Insoweit liegt in Form der Zahlung der 81

489 BGH 15.4.1986, BGHZ 97, 330.
490 Prinzip der Naturalrestitution, vgl. BGH 17.1.1967, BGHZ 46, 322.
491 BT-Drs. 9/95 S. 29; sehr kritisch zu § 119 SGB X wegen möglicher Auswirkungen zu Lasten des Versicherten Meyer, NZS 2014, 849ff.
492 BGH 16.6.2015, NZV 2016, 29, 30.

Rentenversicherungsbeiträge (Sozialleistung) eine kongruente Leistung des Trägers an den Versicherten vor, die Voraussetzung eines Überganges nach § 116 SGB X ist. In § 119 Abs. 1 Nr. 2 SGB X wird ausdrücklich der Vorrang des § 116 SGB X klargestellt.[493] **In den Fällen des** § 119 SGB X **erbringt der Sozialversicherungsträger keine Gegenleistung**, sondern er realisiert lediglich den Anspruch des Geschädigten. Damit hat der Sozialversicherungsträger nicht die Position eines Regressgläubigers, sondern eher die eines Treuhänders inne, der durch Überleitung des Schadensersatzanspruchs des Versicherten dafür sorgt, dass sich die Beitragslücke des Versicherten schließt.

82 Voraussetzung des Überganges nach § 119 SGB X ist des Weiteren, dass der Geschädigte zum Zeitpunkt des Schadensereignisses **pflichtversichert** war oder danach Versicherungspflicht in der Rentenversicherung eintritt. Bei einer freiwilligen Versicherung entsteht kein Anspruchsübergang.[494]

83 Schließlich darf **kein Ausschlussgrund** nach § 119 Abs. 1 S. 1 Hs. 1, S. 2 SGB X vorliegen; auch die dort geregelten Einschränkungen sind zu beachten.

3. Der Arbeitgeberregress gem. § 115 SGB X

84 Während sich die §§ 116 und 119 SGB X mit dem Übergang von Schadensersatzansprüchen beschäftigen, bestimmt § 115 SGB X den Übergang von **Entgeltansprüchen**. Dabei berücksichtigt § 115 SGB X insbesondere arbeitsrechtliche Besonderheiten wie z. B. den Pfändungsschutz gem. §§ 850 ff. ZPO.

a) Übergang von Entgeltansprüchen auf den Sozialleistungsträger

85 Kommt der **Arbeitgeber einer Pflicht zur Zahlung von Arbeitsentgelt** gegenüber seinem Arbeitnehmer **zu Unrecht nicht nach,** und tritt ein Sozialleistungsträger daraufhin mit Zahlungen an die Stelle des Arbeitgebers, so kann der Sozialleistungsträger gem. § 115 SGB X einen Erstattungsanspruch gegenüber dem Arbeitgeber geltend machen. Der Arbeitnehmer wird durch das schnelle Eintreten des Sozialleistungsträgers finanziell abgesichert. § 115 SGB X sorgt dafür, dass der Arbeitgeber dadurch aber letztlich nicht seiner Pflichten enthoben wird.

Beispiel:
Arbeitnehmer A wird von seinem Arbeitgeber G zum 30.6.2018 gekündigt. G stellt die Gehaltszahlungen mit diesem Zeitpunkt ein. A erhält von der BA seitdem Arbeitslosengeld. In dem nachfolgenden arbeitsgerichtlichen Prozess wird festgestellt, dass die Kündigung sozial nicht gerechtfertigt und damit unwirksam war. Das Arbeitsverhältnis zwischen A und G ist damit nicht durch die Kündigung zum 30.6.2018 beendet worden und A hatte weiterhin Anspruch auf Zahlung seines Arbeitsentgeltes. Damit lagen die Voraussetzungen für Leistungen der BA gem. § 157 Abs. 1 SGB III nicht vor. Der Anspruch auf Arbeitslosengeld ruhte. Die BA hat jedoch nach § 157 Abs. 3 SGB III im Wege der „**Gleichwohlgewährung**" geleistet, da der Arbeitgeber seiner Verpflichtung zur Entgeltzahlung nicht nachgekommen ist. Der Anspruch des A auf Zahlung von Arbeitsentgelt ist damit gem. § 115 SGB X auf die BA übergegangen. Es besteht die für § 115 SGB X erforderliche **Ausgleichslage.**

---

86 Der Sozialleistungsträger erhält ebenso wenig wie in den Fällen des Regresses nach § 116 SGB X einen originären Anspruch gegen den Arbeitgeber, sondern einen im Wege der Legalzession auf ihn übergehenden **abgeleiteten Anspruch**.

87 Die Leistung von Arbeitslosengeld im Wege der Gleichwohlgewährung nach § 157 Abs. 3 SGB III führt grundsätzlich zur Minderung der Anspruchsdauer. Zu einer Minderung kommt es hingegen nicht, wenn und soweit die Bundesagentur für Arbeit Ersatz für das Arbeitslosengeld erlangt hat.[495]

---

493 BeckOGK/Kater § 119 SGB X Rn. 10.
494 BT-Drs. 9/95 S. 29; Schütze/Bieresborn § 119 SGB X Rn. 4; z. B. Ende des Anspruchsübergangs bei Eintritt in das Beamtenverhältnis OLG Stuttgart 7.9.2006, r+s 2007, 127.
495 BSG 24.7.1986 SozR 4100 § 117 Nr. 16.

b) Erfordernis zeitlicher und sachlicher Kongruenz

Es besteht wie auch bei § 116 SGB X das Erfordernis **sachlicher und zeitlicher Kongruenz** zwischen der Sozialleistung und der Art der Zahlungspflicht des Arbeitgebers. Neben Arbeitslosengeld gem. § 136 SGB III sind bspw. auch Verletztengeld i.S.d. § 45 SGB VII, Übergangsgeld gem. § 20 SGB VI oder § 49 SGB VII und Mutterschaftsgeld gem. § 19 MuSchG Sozialleistungen mit Entgeltersatzcharakter und insofern kongruent mit Zahlungspflichten des Arbeitgebers. 88

Eine **Sonderleistung des Arbeitgebers** (Einmalzahlung), wie z.B. Urlaubsgeld oder Weihnachtsgratifikation, ist einer Sozialleistung insoweit kongruent, als sie i.S.v. Arbeitsentgelt den Zeiträumen zugeordnet werden kann, für die die Sozialleistung gewährt wurde.[496] 89

c) Fälligkeit und ursächlicher Zusammenhang

Der Anspruch auf Arbeitsentgelt muss **entstanden und fällig** sein. Es ist des Weiteren eine **Kausalbeziehung** zwischen der Nichtleistung des Arbeitsentgeltes und der Gewährung der Sozialleistung erforderlich. Die rechtswidrige Vorenthaltung des Arbeitsentgeltes durch den Arbeitgeber muss wesentliche Bedingung der Leistungsgewährung durch den Sozialversicherer sein. 90

d) Einwendungen des Arbeitgebers gegen den Entgeltanspruch

Gem. § 412 BGB sind die bürgerlich-rechtlichen Vorschriften zur Übertragung von Forderungen auf den gesetzlichen Forderungsübergang anwendbar. Zu beachten ist also, dass der Sozialleistungsträger eine nach dem Übergang gem. § 115 SGB X erfolgte Zahlung des Arbeitgebers an den Arbeitnehmer gegen sich gelten lassen muss, wenn der Arbeitgeber den Übergang bei Leistung oder Vornahme des Rechtsgeschäfts nicht kannte. Von Kenntnis gem. § 407 BGB ist bereits dann auszugehen, wenn der Arbeitgeber die Tatsachen kannte, aus denen sich der Anspruchsübergang ergibt.[497] Zu den Einwendungen gem. §§ 412, 404 BGB gehören auch arbeits-/tarifvertragliche Ausschlussfristen für die Geltendmachung des Arbeitsentgeltanspruchs.[498] 91

e) Zeitpunkt des Übergangs

Aus dem Wortlaut des § 115 SGB X ergibt sich im Unterschied zu § 116 SGB X, dass der Anspruch des Arbeitnehmers gegen seinen Arbeitgeber erst in dem **Zeitpunkt** auf den Sozialleistungsträger übergeht, in dem die kongruente Sozialleistung auch tatsächlich an den Arbeitnehmer ausgezahlt worden ist.[499] 92

f) Befriedigungsvorrecht

Dem Arbeitnehmer steht im Verhältnis zum Sozialleistungsträger ein Befriedigungsvorrecht zu, wenn beide Ansprüche wegen Lohnzahlungen gegen den Arbeitgeber geltend machen können. 93

---

496 BAG 14.3.2006, NZA 2006, 1232ff.; BAG 26.5.1992 AP Nr. 4 zu § 115 SGB X; zur Einordnung von Entlassungsentschädigungen s. BeckOGK/Kater § 115 SGB X Rn. 17, 63ff.

497 BSG 29.8.1991 SozR 3-4100 § 117 Nr. 6.

498 S. zur Bedeutung der §§ 401ff. BGB auch BeckOK-SozR/von Koppenfels-Spies § 115 SGB X Rn. 23f.; zu den Ausschlussfristen s. BAG 19.2.2003 EzA § 4 TVG Ausschlussfristen Nr. 164.

499 BeckOK-SozR/von Koppenfels-Spies § 115 SGB X Rn. 22 mit dem Hinweis, dass der Leistungsträger nur noch gegen den Leistungsempfänger vorgehen kann, wenn der Arbeitgeber den Entgeltanspruch noch vor der Leistungserbringung erfüllt.

g) Weitere Ausgleichsregelungen

94 Aus den besonderen Teilen des Sozialgesetzbuchs können sich weitere Ausgleichsregelungen ergeben, die § 115 SGB X vorgehen oder ihn ergänzen (vgl. § 37 SGB I), so z. B. § 169 SGB III.[500]

---

500 S. auch BeckOGK/Kater § 115 SGB X Rn. 8 mit weiteren Beispielen.

C. Gemeinsame Vorschriften über die Sozialversicherung – SGB IV

§ 12 Die Funktion des SGB IV

Literatur: Fuchs, Die Reichsversicherungsordnung als erste sozialrechtliche Kodifikation, in: Helmholz/Mikat/Müller u.a. (Hrsg.), Grundlagen des Rechts, Festschrift für Peter Landau, 2000, S. 883ff.; Kolakowski/Kreikebohm, 40 Jahre nach Inkrafttreten des SGB IV – ein Überblick, SGb 2017, 557ff.; Zacher, Das Vorhaben einer Kodifikation des Sozialrechts in der Bundesrepublik Deutschland, Schweizer Zeitschrift für Sozialversicherung 1971, 209ff.

I. Die Parallelität zum Allgemeinen Teil des SGB und des BGB

1. Regelungsanliegen

In der Einleitung des Entwurfs eines SGB IV führt der Gesetzgeber aus: 1

> „Der Entwurf enthält nach dem Allgemeinen Teil die zweite Stufe zur Verwirklichung des Sozialgesetzbuchs, dessen Ziel es ist, das bisher in zahlreichen Einzelgesetzen unübersichtlich geregelte Sozialrecht mit den Mitteln der Kodifikation zu vereinfachen, um das Rechtsverständnis des Bürgers und damit sein Vertrauen in den sozialen Rechtsstaat zu fördern, die Rechtsanwendung durch Verwaltung und Rechtsprechung zu erleichtern und die Rechtssicherheit zu gewährleisten. Die mit dem Sozialgesetzbuch angestrebte Vereinfachung des gesamten Sozialrechts erfordert nach dem Allgemeinen Teil vor allem eine Zusammenfassung und Harmonisierung des kaum noch überschaubaren Rechts der Sozialversicherung.“[1]

Das SGB IV ist somit ein weiterer Beitrag zur **Kodifikation des Sozialrechts**, hier des Sozialversicherungsrechts. Die erste große Kodifikation des Sozialversicherungsrechts erfolgte bereits 1911 durch die Verabschiedung der RVO.[2] Die zahlreichen Änderungen der RVO und die häufig parallele Regelung von Problemen in den einzelnen Zweigen der Sozialversicherung waren jedoch unübersichtlich und damit auch undurchschaubar sowohl für die Versicherten als auch für die Rechtsanwender. Deshalb war es ein Hauptanliegen des SGB IV, diejenigen Vorschriften des Sozialversicherungsrechts, die aus Gründen der Vereinfachung und Transparenz für alle oder zumindest mehrere Versicherungszweige allgemeine Geltung beanspruchen können, einheitlich und vor die Klammer gezogen im SGB IV zu regeln.[3] 2

Die **Arbeitslosenversicherung**, die seinerzeit im Arbeitsförderungsgesetz (AFG) geregelt war, klammerte der Gesetzgeber aus dem SGB IV zunächst aus. Die Hinweisvorschrift des § 1 Abs. 2 SGB IV a.F. machte deutlich, dass die Zugehörigkeit der Arbeitslosenversicherung zur Sozialversicherung gesehen wurde, jedoch aus Gründen des Sachzusammenhangs in den Vorschriften über die Arbeitsförderung eingeordnet blieb.[4] Diese Isolierung der Arbeitslosenversicherung ist jedoch im Laufe der Zeit aufgegeben worden. Seit dem Inkrafttreten des SGB III ist nicht nur die Arbeitslosenversicherung, sondern die gesamte Arbeitsförderung in den Anwendungsbereich des SGB IV gelangt, ausgenommen die in § 1 Abs. 1 S. 2 SGB IV ausdrücklich erwähnten Vorschriftenkomplexe. 3

2. Regelungstechnik

Das SGB IV als eine Art Allgemeiner Teil der Sozialversicherung ist vergleichbar mit der **Regelungstechnik**, wie sie ursprünglich im BGB gewählt wurde. Der Allgemeine Teil des BGB erfüllt eine **Rationalisierungsfunktion**.[5] Um nicht in den folgenden vier Büchern – Schuldrecht, Sachenrecht, Famili- 4

1 BT-Drs. 7/4122 S. 28.
2 Ausführlich zu dieser Kodifikation Fuchs, in: FS Landau, S. 883ff.
3 BT-Drs. 7/4122 S. 29.
4 BT-Drs. 7/4122 S. 30.
5 Medicus/Petersen Rn. 31

https://doi.org/10.1515/9783111337883-003

enrecht, Erbrecht – gleichgelagerte Fragen erneut regeln zu müssen, wird ein Allgemeiner Teil vor die Klammer gezogen. Von dieser kodifikatorischen Technik hat sich auch der Gesetzgeber des SGB I leiten lassen und die gleiche Idee hat für die Schaffung und Gestaltung des SGB IV Pate gestanden.[6]

II. Die gemeinsamen Vorschriften der Sozialversicherung

5 Die in der ersten Fassung des SGB IV enthaltenen fünf Abschnitte wurden im Laufe der Jahre ausgebaut zu nun insgesamt elf Abschnitten.[7] Nicht alle können Gegenstand dieses Lehrbuchs sein; aus thematischer Sicht werden im Folgenden im Wesentlichen drei Regelungsbereiche behandelt: Grundlagen des Versicherungsverhältnisses (§§ 2 bis 18g SGB IV), Leistungen und Beiträge (§§ 19 bis 28r SGB IV) und Organisation der Sozialversicherung (§§ 29 bis 94 SGB IV).

1. Grundlagen des Versicherungsverhältnisses (§§ 2 bis 18g SGB IV)

6 In diesem Abschnitt werden Regelungen über den **Kreis der versicherten Personen** getroffen, einschließlich solcher des internationalen Sozialrechts (§§ 3 bis 6 SGB IV). Grundlegend ist der Begriff der Beschäftigung (§§ 7ff. SGB IV), da das Beschäftigungsverhältnis in allen Zweigen der Sozialversicherung die zentrale Kategorie für die Anknüpfung des Versicherungsverhältnisses darstellt. Ähnlich bedeutend ist die Definition des Einkommensbegriffs i. S. d. sozialversicherungsrechtlichen Vorschriften nach §§ 14ff. SGB IV, da sowohl die Vorschriften über die Versicherungspflicht als auch zahlreiche Vorschriften über Leistungen und Beiträge an den Grundbegriff des **Arbeitsentgelts** (§ 14 SGB IV) bzw. **Arbeitseinkommens** (§ 15 SGB IV) anknüpfen.[8]

2. Leistungen und Beiträge (§§ 19 bis 28r SGB IV)

7 Da die Vorschriften über die Leistungen der Sozialversicherung verbindlich in den einzelnen Zweigen der Sozialversicherung geregelt sind, enthält der zweite Abschnitt mit § 19 SGB IV nur eine einzige Bestimmung hierzu, wobei es im Wesentlichen um die Frage der Antragsabhängigkeit von Leistungen geht. Der Schwerpunkt dieses Abschnitts liegt auf den Vorschriften über das Beitragswesen, welches für die korrekte Abwicklung der Sozialversicherung von zentraler Bedeutung ist.

3. Organisation der Sozialversicherung (§§ 29 bis 94 SGB IV)

8 Der rechtliche Status und die Organisation der Sozialversicherungsträger sind im Vergleich zu den ersten beiden Regelungsbereichen des SGB IV ausführlich geregelt. Im Einzelnen wird auf die **Verfassung** der Träger, die **Wahlen** ihrer Organe sowie die **Aufsicht** über die Sozialversicherungsträger eingegangen. Der dritte und der vierte Titel sind dem **Haushalts- und Vermögensrecht** der Sozialversicherungsträger gewidmet.

§ 13 Der Kreis der Versicherten

1 Im Sozialversicherungsrecht sind im Zusammenhang mit dem Kreis der Versicherten die Begriffe Versicherungspflicht, Versicherungsfreiheit, Versicherungsberechtigung und Versicherungsbefreiung klar voneinander abzugrenzen. Zudem ist zu unterscheiden zwischen der Mitgliedschaft und der Versicherteneigenschaft.

---

6 Kreikebohm/Dünn/Kreikebohm/Dünn SGB IV, Einleitung.

7 Kolakowski/Kreikebohm SGb 2017, 557, 558.

8 BT-Drs. 7/4122 S. 32.

I. Unterteilung

§ 2 SGB IV grenzt den Personenkreis der Sozialversicherung ein. Ein erster Blick auf die Überschrift und den Inhalt der Vorschrift lässt mehr erwarten, als die Vorschrift halten kann. Sie ist weitgehend unverbindlich und bietet auch kein vollständiges und durchstrukturiertes Raster für den Kreis der Versicherten. 2

1. Versicherungspflicht und Versicherungsberechtigung

Mit den Begriffen der **Versicherungspflicht** und **-berechtigung** werden die beiden Zugangsmöglichkeiten zu den einzelnen Zweigen der Sozialversicherung bezeichnet. Eine **Versicherungspflicht** wird gem. § 2 Abs. 1 SGB IV durch Gesetz oder Satzung begründet. In § 2 Abs. 2 SGB IV werden sodann für den Bereich der Pflichtversicherung die – aus historischer Perspektive betrachtet – wichtigsten Personengruppen aufgelistet. Wenn Nr. 2 und Nr. 3 bestimmte (vergleichsweise kleine) Gruppen von Menschen mit Behinderung bzw. die Landwirte als eine Gruppe von Selbständigen erfasst, wird damit die Beliebigkeit der Aufzählung sichtbar. Zwar bilden die in Nr. 1 genannten Beschäftigten den Kernversichertenbestand der Sozialversicherung. Abschließend ist diese Aufzählung jedoch nicht.[9] Ergänzend wird dementsprechend in § 2 Abs. 4 SGB IV auf die Versicherung weiterer Personengruppen in den einzelnen Versicherungszweigen hingewiesen. Der Regelungsinhalt des § 2 SGB IV ist daher für die Bestimmung des Begriffs der Versicherungspflicht nicht sehr hilfreich. Festgehalten werden kann: Versicherungspflichtig ist derjenige, für den das SGB oder eine Satzung eine Versicherungspflicht festlegt, so z.B. § 24 SGB III, § 5 SGB V, §§ 1, 2 SGB VI, §§ 2, 3 SGB VII (in § 3 SGB VII mit Verweis auf Satzungen), § 1 Abs. 2 SGB XI. Die Versicherungspflicht kann je nach Gesetzeslage in allen Sozialversicherungszweigen oder aber auch nur in einzelnen Versicherungszweigen gelten, s. hierzu jeweils die Ausführungen zum versicherten Personenkreis in den Kapiteln zu den einzelnen Sozialversicherungszweigen. 3

Eine **Versicherungsberechtigung** wird gem. § 2 Abs. 1 SGB IV aufgrund freiwilligen Beitritts oder freiwilliger Fortsetzung der Versicherung begründet. Diese Formulierung erweckt den Eindruck, jeder könne jederzeit versicherungsberechtigt sein. Obwohl § 2 Abs. 1 SGB IV bei der Versicherungsberechtigung anders als bei der Versicherungspflicht nicht ausdrücklich auf Gesetz und Satzung hinweist, ist aber auch die Versicherungsberechtigung davon abhängig, dass sie dort jeweils für den betreffenden Versicherungszweig geregelt ist.[10] Diese Regelungen knüpfen die Versicherungsberechtigung wiederum an jeweils unterschiedliche Voraussetzungen; eine freiwillige Versicherung, die ausschließlich auf der Entscheidung des potentiell Versicherten beruht, gibt es somit nicht. Regelungen, die eine Versicherungsberechtigung (freiwillige Versicherung) vorsehen, finden sich bspw. in § 9 SGB V, § 7 SGB VI, § 26 SGB XI (Einzelheiten i.R.d. Darstellungen der einzelnen Sozialversicherungszweige). 4

2. Versicherungsfreiheit und Versicherungsbefreiung

Die Unterscheidung in § 2 Abs. 1 SGB IV zwischen Versicherungspflicht und Versicherungsberechtigung ist jedoch nicht vollständig. Diese Unterteilung ist unter Berücksichtigung der Vorschriften in den einzelnen Zweigen der Sozialversicherung um die Kategorien der Versicherungsfreiheit und der Versicherungsbefreiung zu ergänzen. **Versicherungsfreiheit** ist bspw. in § 27 SGB III, §§ 6 SGB V, § 5 SGB VI und § 4 SGB VII geregelt. Der wohl am weitesten verbreitete Tatbestand der Versicherungsfreiheit dürfte auf der Einordnung der Tätigkeit als geringfügige Beschäftigung beruhen.[11] Beispiele für die Möglichkeit einer **Versicherungsbefreiung** finden sich hingegen z.B. in § 8 SGB V, § 6 SGB VI, § 5 SGB VII, § 22 SGB XI. 5

---

9 BT-Drs. 7/4122 S. 30.

10 Krauskopf/Stäbler § 2 SGB IV Rn. 6; BeckOGK/Zieglmeier § 2 SGB IV Rn. 9.

11 Zu den Voraussetzungen einer geringfügigen Beschäftigung s. §§ 8, 8a SGB IV, dazu näher unter § 14 Rn. 124ff.; die Versicherungsfreiheit selbst wird jedoch jeweils in den Gesetzen zu den Sozialversicherungszweigen geregelt, bspw. § 7 SGB V.

6 Der **wesentliche Unterschied** zwischen Versicherungsfreiheit und Versicherungsbefreiung besteht darin, dass die Versicherungsfreiheit **kraft Gesetz** besteht, also von vornherein. Für eine Versicherungsbefreiung ist hingegen ein **Antrag** erforderlich. Die betroffene Person ist also zunächst eigentlich versichert, kann sich aber von dieser Versicherteneigenschaft durch Antrag befreien. So erfolgt bspw. gem. § 6 SGB V die Versicherungsfreiheit in der gesetzlichen Krankenversicherung kraft Gesetz, die Befreiung von der Versicherungspflicht gem. § 8 SGB V hingegen erst auf Antrag.

3. Prüfungsreihenfolge für Versicherteneigenschaft

7 Mit Hilfe dieser vier Kategorien ist auch eine systematische Prüfung der Versicherteneigenschaft möglich. Wenn eine Person einen Pflichtversicherungstatbestand in einem Zweig der gesetzlichen Sozialversicherung erfüllt, so muss anschließend geprüft werden, ob nicht gleichzeitig ein Tatbestand der Versicherungsfreiheit oder der Versicherungsbefreiung gegeben ist; die Einzelheiten zu diesen Tatbeständen werden jeweils in den einzelnen Abschnitten der Sozialversicherungszweige besprochen. Das (Prüfungs)Schema für die Versicherteneigenschaft kann deshalb wie folgt aussehen:[12]

- Versicherungspflicht
- Versicherungsfreiheit
- Versicherungsbefreiung
- Versicherungsberechtigung

Erst wenn alle Möglichkeiten des Zugangs zu bzw. Austritts aus der Sozialversicherung geprüft wurden, kann abschließend festgestellt werden, ob ein Versicherungstatbestand erfüllt ist.

4. Mitglieder in der Sozialversicherung und Versicherte

8 Die Begriffe **Mitglied** und **Versicherte** sind **nicht gleichbedeutend**. Im SGB IV findet sich keine ausdrückliche Regelung zum Begriff der Mitgliedschaft. Wann eine Person Mitglied in einem Sozialversicherungszweig ist, bestimmt sich nach den besonderen Vorschriften des jeweils einschlägigen besonderen Teils des SGB für die jeweilige Sozialversicherung, s. z.B. §§ 186ff. SGB V. Der Begriff der Mitgliedschaft wird verwendet, weil es sich bei den Sozialversicherungen um Körperschaften öffentlichen Rechts mit Selbstverwaltung handelt, § 29 Abs. 1 SGB IV.

9 Wenngleich häufig Mitgliedschaft und Versicherteneigenschaft zusammenfallen können, gilt dies nicht immer. Hierbei ist auch zwischen den einzelnen **Sozialversicherungszweigen** zu **unterscheiden**. So ist z.B. in der gesetzlichen Unfallversicherung der Unternehmer das Mitglied, Versicherter ist hingegen der Beschäftigte, § 2 Abs. 1 Nr. 1 SGB VII. Anders verhält es sich hingegen in der Krankenversicherung. Hier ist ein Mitglied zugleich auch ein Versicherter. Es besteht also ein Sozialversicherungsverhältnis zwischen dem Mitglied und der Krankenkasse. Umgekehrt gilt dies jedoch nicht immer: Ein Versicherter ist nicht auch automatisch Mitglied in der Sozialversicherung. So ist z.B. ein mitversicherter Familienangehöriger nach § 10 SGB V zwar Versicherter, es besteht also ein Sozialversicherungsverhältnis zur jeweiligen Krankenkasse mit entsprechenden Leistungsansprüchen. Allerdings ist der Familienversicherte kein Mitglied bei der Krankenkasse, das ist nur der sog. „Stammversicherte" (s. hierzu § 20 Rn. 40ff.). Dies kann sich z.B. bei den Sozialversicherungswahlen i.S.v. § 45 SGB IV auswirken; so dürfen bei den Krankenkassen nur deren Mitglieder wählen, § 47 Abs. 1 Nr. 1 SGB IV.[13] Zusammenfassend kann festgehalten werden: Ein Mitglied zahlt Beiträge, ist meist, aber nicht immer (s. gesetzliche Unfallversicherung) zugleich Versicherter. Ein Versicherter steht in einem Versicherungsverhältnis zur jeweiligen Sozialversicherung und hat ihr ggü. Leistungs-

12 S. zu diesem Schema auch Eichenhofer, Sozialrecht, Rn. 270.
13 S. hierzu auch Waltermann/Schmidt/Chandna-Hoppe, Sozialrecht, Rn. 125.

ansprüche, er ist häufig, aber nicht immer, zugleich Mitglied, das auch Beiträge zahlt (s. § 2 Abs. 1 Nr. 1 SGB VII, § 10 SGB V).

II. Das Recht auf Zugang zur Sozialversicherung

Gem. § 4 Abs. 1 SGB I hat jeder im Rahmen des SGB ein **Recht auf Zugang zur Sozialversicherung**.[14] 10
Allerdings ist die Reichweite dieser Vorschrift umstritten.[15] Sicherlich kann aus der Bestimmung kein individuelles Recht abgeleitet werden, wonach jeder Einzelne, soweit er nicht ohnehin bereits pflichtversichert ist, kraft eigenen Beitrittsaktes Mitglied der Versicherungsgemeinschaft werden kann. Eine solche Auslegung ist schon nach dem Wortlaut des § 4 Abs. 1 SGB I ausgeschlossen, der den Zugang nur „im Rahmen dieses Gesetzbuchs" eröffnet. Der Einzelne muss deshalb die Abgrenzung des Personenkreises in der Pflichtversicherung sowie die Zugangsvoraussetzungen in der freiwilligen Versicherung hinnehmen.

Allerdings kann sich unter ganz **engen Voraussetzungen** aus verfassungsrechtlichen Gründen 11
ein Zugangsrecht ergeben.[16] So hat das BVerfG im Bereich der Pflegeversicherung entschieden, dass ein Verstoß gegen den allgemeinen Gleichheitssatz gem. **Art. 3 Abs. 1 GG** vorliege, wenn der Gesetzgeber gleichermaßen schutzbedürftige Personen ohne Krankenversicherungsschutz vom Zugang zur sozialen Pflegeversicherung, die als Volksversicherung angelegt ist, ausschließt. Diesen Personen sei zumindest ein Beitrittsrecht einzuräumen.[17]

Des Weiteren wird § 4 SGB I nach wohl inzwischen überwiegender Auffassung bei der **Aus-** 12
legung der einzelnen Vorschriften des SGB (also im Wesentlichen der einzelnen Versicherungszweige) insoweit eine Bedeutung beigemessen, als sie im Zweifel zugunsten des jeweils Betroffenen („versichertenfreundlich") wirken sollen.[18]

§ 14 Das Beschäftigungsverhältnis

Literatur: Alberding, Die unbemerkte (und verfehlte?) Reform des Statusfeststellungsverfahrens, BB 2021, 2100 ff.; Brose, Das Statusfeststellungsverfahren nach § 7a SGB IV: Eine Reform und viele Fragen, Teil I und II, SGb 2022, 133 ff., 208 ff.; Brose, "Regulatorische Rahmenbedingungen" als Einbahnstraße in eine abstrakte Einordnung von Tätigkeiten als abhängige Beschäftigung?, NZS 2022, 921 ff.; Büchel/Grintsch/Neidert, Die Umsetzung der Vorschläge der Hartz-Kommission im Versicherungs-, Beitrags- und Melderecht der Sozialversicherung, DRV 2003, 105 ff.; Grahn/Schmidt, Änderungen im Sozialrecht durch die „Hartz-Gesetze", SGb 2003, 207 ff.; Greiner, Grenzen des Fremdpersonaleinsatzes im Krankenhaus – Die „Honorararzt"-Entscheidungen des BSG, NZS 2019, 761 ff.; Knospe, Die Attraktivität der geringfügigen Beschäftigung im zeitlichen Wandel politisch motivierter Reformen, SGb 2007, 8; Langenbrinck/Schaarwächter, Beschäftigung von Honorarkräften – Auswirkungen des Urteils des Bundessozialgerichts vom 28. Juni 2022 („Herrenberg-Urteil"), ZTR 2024, 555 ff.; Merten, Die Ausweitung der Sozialversicherungspflicht und die Grenzen der Verfassung, NZS 1998, 545 ff.; Pappai/Gleitze, Verwaltungsvorschriften, BArbBl. 1977, 173 ff.; Reiserer/Freckmann, Scheinselbständigkeit – heute noch ein schillernder Rechtsbegriff, NJW 2003, 180 ff.; Rolfs, Scheinselbständigkeit, geringfügige Beschäftigung und „Gleitzone" nach dem zweiten Hartz-Gesetz, NZA 2003, 65 ff.; Schlegel, Beschäftigte versus Selbständige – Deutsches Sozialrecht, NZA-Beilage 2016, 13 ff.; Schlegel/Geiger, Sozialversicherungsrechtliche Statusfeststellung, NJW 2020, 16 ff.; Schnapp, Methodenprobleme des § 7 Abs. 1 SGB IV – Unmöglichkeit der Rechtssicherheit?, NZS 2014, 41 ff.; Zieglmeier, Das neue (Erwerbs-)Statusfeststellungsverfahren, NZA 2021, 977 ff.

---

14 In dem Entwurf zum SGB I war Abs. 1 noch nicht enthalten, die Regelung bestand zunächst nur aus dem heutigen Abs. 2 des § 4, s. BT-Drs. 7/868 S. 4; bei Verkündung des SGB I im Jahr 1975 war Abs. 1 allerdings bereits eingefügt, BGBl. I S. 3015.

15 Mrozynski § 4 SGB I Rn. 20 f.

16 Ausführlich zu § 4 SGB I i.V.m. Art. 3 GG in der verfassungsrechtlichen Rechtsprechung z.B. Rüfner, NZS 1992, 81, 83; Mrozynski § 4 SGB I Rn. 21.

17 BVerfG 3.4.2001 SozR 3-3300 § 20 Nr. 6.

18 BeckOK-SozR/Niedermeyer § 4 SGB I, Rn. 1; Krauskopf/Angermaier § 4 SGB I Rn. 4.

I. Normzweck und Bedeutung des § 7 Abs. 1 SGB IV

1 Beschäftigte i.S.v. § 7 Abs. 1 SGB IV stellen nach wie vor die größte Gruppe der Sozialversicherungspflichtigen. Sie sind in allen Zweigen der Sozialversicherung pflichtversichert. Die Sozialversicherungspflicht folgt jedoch noch nicht bereits aus § 7 Abs. 1 SGB IV, dort wird nur geregelt, unter welchen Voraussetzungen es sich um eine Beschäftigung i.S.d. Sozialversicherungsrechts handelt.[19] Die Versicherungstatbestände der einzelnen Sozialversicherungszweige knüpfen dann an den Begriff der **Beschäftigung** i.S.v. § 7 SGB IV an (s. § 5 Abs. 1 Nr. 1 SGB V, § 1 Abs. 1 S. 1 Nr. 1 SGB VI, § 2 Abs. 1 Nr. 1 SGB VII, § 20 Abs. 1 S. 2 Nr. 1 SGB XI, § 25 Abs. 1 S. 1 SGB III), sehen aber teilweise noch weitere Voraussetzungen vor.[20] Indem der Beschäftigungsbegriff einheitlich in § 7 Abs. 1 SGB IV festgelegt wird, erlangt die Vorschrift zentrale Bedeutung für die Sozialversicherung.[21] Der Gesetzgeber wollte mit dieser Bestimmung die notwendige und bislang fehlende Abgrenzung eines der Grundbegriffe des Sozialversicherungsrechts vornehmen.[22]

2 Der (grundsätzlich versicherten) abhängigen Beschäftigung steht die (grundsätzlich nicht versicherte) selbständige Tätigkeit gegenüber. Das Sozialversicherungsrecht ist bis heute zumindest grundsätzlich geprägt von einer Art „Zweipoligkeit“, bei der die Zugehörigkeit zu einer der beiden Seiten darüber entscheidet, ob eine Person ganz oder gar nicht sozialversichert ist.[23] Dies wird in der Literatur auch als Dualismus „Kapital – Arbeit“ bezeichnet, eine Grundannahme, die noch auf die Ursprünge zu Zeiten Bismarcks zurückzuführen ist.[24] Wenngleich dieses „Alles-oder-Nichts-Prinzip“ im Laufe der Zeit an den verschiedensten Stellen durchaus aufgeweicht wurde (s. z.B. § 2 SGB VI), gilt es bis heute als Grundsatz fort.

3 Der abhängig Beschäftigte, wie er nun in § 7 SGB IV geregelt ist, galt von Beginn an als die wichtigste Kategorie von Personen, die als **sozial schutzbedürftig** anzusehen waren und daher in die Sozialversicherung einbezogen wurden (s. hierzu bereits § 6 Rn. 1f.). Die spätere Regelung im allgemeinen Teil des Sozialversicherungsrechts unterstreicht ihre zentrale Rolle. Allerdings kamen im Laufe der Zeit stetig weitere Personengruppen hinzu, die gerade nicht unter § 7 SGB IV subsumiert werden konnten, aber ebenso als schutzbedürftig angesehen wurden. Die **rechtspolitische Diskussion** wird seit vielen Jahren insbesondere im Hinblick auf die sog. kleinen Selbständigen geführt.[25] Das wohl prominenteste Beispiel, das Einzug in das SGB gefunden hat, sind momentan die Solo-Selbständigen, die nach § 2 S. 1 Nr. 9 SGB VI in die Rentenversicherungspflicht einbezogen werden – wobei gerade hier zu berücksichtigen ist, dass derzeit Reformbestrebungen zu einer allgemeinen Rentenversicherungspflicht bestehen, die gerade auch für alle Selbständige greifen soll und welche diese Sonderregelung ggf. überholen werden.[26] Hintergrund der Diskussionen zur Einbeziehung weiterer Personengruppen ist u.a. die Sorge der **Erosion der sozialversicherungspflichtigen Beschäftigung** wegen der Abkehr vom „Normalarbeitsverhältnis“ und die Zunahme der kleinen Selbständigkeit, sowie die ansteigende Alterung der Bevölkerung und insgesamt damit einhergehend die Frage der ausreichenden Finanzierung der Sozialversicherung.[27] Des Weiteren erlangt das Argument des Schutzes der Allgemeinheit (die ggf. über das Steueraufkommen Grundsicherungsleistungen finanziert) vor mangelnder Risikovorsorge Einzelner in der Diskussion mehr Bedeutung. Auch die Entste-

---

19 Dies folgt zwar bereits aus dem Normtext, wird aber nochmals in der Gesetzesbegründung hervorgehoben, BT-Drs. 7/4122 S. 31.

20 So z.B. das Arbeitsentgelt, s. BT-Drs. 7/4122 S. 31, welches zwar in den meisten, aber gerade nicht in allen Versicherungszweigen erforderlich ist, s. § 2 Abs. 1 Nr. 1 SGB VII.

21 BT-Drs. 7/4122 S. 31: „Hier handelt es sich um einen der Grundbegriffe des Sozialversicherungsrechts“.

22 BR-Drs. 300/75 S. 31; BT-Drs. 7/4122 S. 31.

23 S. z.B. Schlegel, NZS 2000, 421; Brose, NZS 2017, 7.

24 Schlegel, NZA-Beilage 2016, 13.

25 S. hierzu z.B. das Gutachten zum 68. DJT von Waltermann.

26 S. Koalitionsvertrag zwischen CDU, CSU und SPD, 19. Legislaturperiode, S. 93.

27 S. auch Waltermann, NZA 2010, 860, 864 (Kurzfassung des DJT-Gutachtens); Preis, NZA 2008, 933, 923 hinsichtlich der steigenden Bevölkerungsalterung.

hung **neuer Beschäftigungsformen**, insbesondere in der digitalen Arbeitswelt, stellt Gesetzgebung und Rechtsprechung vor neue Herausforderungen.[28] Nichtsdestotrotz bleibt bislang das gesetzgeberische Konzept, welches § 7 SGB IV als zentrale Kategorie vorgibt, seit über vierzig Jahren aufrechterhalten. Nicht absehbar ist derzeit der Einfluss der noch im Abstimmungsprozess befindlichen Plattformrichtlinie der EU auf die nationale Gesetzgebung. Je nach Umsetzung könnte es durchaus zu erheblichen Verschiebungen für den Sektor Plattformarbeit auf nationaler Ebene im Bereich der Sozialversicherung kommen, zwingend ist dies aber nicht.

II. Der Beschäftigungsbegriff

1. Einordnung und Prüfung

a) Die Unbestimmtheit des Beschäftigungsbegriffs

§ 7 Abs. 1 SGB IV bildet den Rahmen für die Abgrenzung der abhängigen Beschäftigung. Als Gegen- 4
stück zur abhängigen Beschäftigung wird regelmäßig die selbständige Tätigkeit genannt. § 7 Abs. 1 SGB IV bietet jedoch keine ausführliche und gut subsumierbare Legaldefinition; die Regelung stellt lediglich auf die „nichtselbständige Arbeit" ab, welche aber nicht weiter definiert wird. Als Hilfestellung bei der Einordnung eines Sachverhalts dienen zum einen die in § 7 Abs. 1 S. 2 SGB IV genannten „Anhaltspunkte", also die Tätigkeit nach Weisungen und die Eingliederung in die Arbeitsorganisation des Weisungsgebers. Aber auch diese **Anhaltspunkte** bieten viel Spielraum und sind stark konkretisierungsbedürftig. Zum anderen gibt § 7 Abs. 1 SGB IV vor, dass **insbesondere ein Arbeitsverhältnis** zugleich auch ein Beschäftigungsverhältnis i. S. d. Sozialversicherungsrechts darstellt. Der Verweis auf das Arbeitsverhältnis, mit dem der weitaus größte Teil der abhängig Beschäftigten i. S. v. § 7 Abs. 1 SGB IV erfasst wird, bringt allerdings nur zum Teil Sicherheit, da auch der Arbeitsvertrag nach § 611a BGB keine klar konturierte Kategorie ist und bisweilen erhebliche Abgrenzungsschwierigkeiten birgt. Zudem bedeutet die Formulierung „insbesondere", dass es auch außerhalb des Arbeitsverhältnisses Formen der Erwerbstätigkeit gibt, die ein Beschäftigungsverhältnis darstellen können. In der Gesetzesbegründung wird hierzu auf „arbeitnehmerähnliche Tätigkeiten" hingewiesen.[29]

Insgesamt handelt es sich bei dem Beschäftigungsbegriff also um eine schwer greifbare Katego- 5
rie, die Raum für eine **große Grauzone** lässt. Dies war vermutlich auch dem Gesetzgeber bewusst, in der Gesetzesbegründung wird nur formuliert, dass es sich um eine „Begriffsabgrenzung" handelt.[30] Wie im Folgenden noch erläutert wird und auch aus dem Arbeitsrecht bekannt ist, wird hierbei nach Prüfung und Abwägung einer Vielzahl von Kriterien in einer Gesamtschau entschieden, ob es sich im konkreten Fall um eine Beschäftigung i. S. v. § 7 Abs. 1 SGB IV handelt (s. Rn. 11, 22 ff.). In diesem Zusammenhang wird der Beschäftigungsbegriff teilweise, nicht zuletzt vom BVerfG, als Typusbegriff bezeichnet.[31] Aus methodischer Sicht kann diese Einordnung bzw. bereits die Kategorie des Typus selbst angezweifelt werden.[32] Letztlich handelt es sich schlicht um einen sehr schwer subsumierbaren Begriff, bei dem das Ergebnis des Einzelfalls häufig kaum kalkulierbar ist. Dies führte sogar dazu, dass der Gesetzgeber, nachdem das BSG in seiner Herrenberg-Entscheidung eine (vermeintliche) Rechtsprechungsänderung im Hinblick auf die Einordnung von Musikschullehrern als abhängig Beschäftigte vorgenommen hat, mit § 127 SGB IV eine Übergangsregelung einführte.[33] Dadurch soll

---

28 S. hierzu Ruland, NZS 2019, 681 ff.; Mecke, SGb 2016, 481 ff.; Brose, NZS 2017, 7 ff.

29 BT-Drs. 7/4122 S. 31.

30 BT-Drs. 7/4122 S. 31.

31 BVerfG 20.5.1996, NJW 1996, 2644; BSG 16.8.2017, NZS 2018, 572, 575; BSG 4.6.2019, NZS 2019, 223, 225.

32 S. hierzu Rüthers/Fischer/Birk, Rechtstheorie und Juristische Methodenlehre, Rn. 184, 930 ff.; kritisch zu dieser Kategorie auch ErfK/Preis § 611a BGB Rn. 16 f., 55; Ausführungen zum Typusbegriff im Zusammenhang mit § 7 SGB IV finden sich zudem bei Schnapp, NZS 2014, 41 ff.

33 BSG 28.6.2022, NZS 2022, 860 ff. mAnm. Zieglmeier; s. hierzu auch Langenbrinck/Schaarwächter, ZTR 2024, 555 ff.

vor allem den nunmehr ggfs. beitragspflichtigen Arbeitgebern, in der Regel Kommunen mit schwieriger Haushaltslage, Zeit verschafft werden, sich auf die neue Rechtsprechung einzustellen.

6 Diese große Unbestimmtheit hat im Hinblick auf die Rechtssicherheit **Kritik** ausgelöst.[34] Mit dem Statusfeststellungsverfahren nach § 7a SGB IV (s. hierzu Rn. 106ff.) hat der Gesetzgeber zwar eine Möglichkeit geschaffen, vorläufige Klarheit zu erlangen. Doch ist dies keine Letztentscheidung und der Umfang der Grauzone wird damit auch nicht geschmälert. Dennoch hat das BVerfG die Auffassung, nach der der Begriff der Beschäftigung unbestimmt und deshalb verfassungsrechtlich bedenklich sei, zurückgewiesen.[35] Dabei hat es vor allem die Flexibilität des Begriffs als Vorteil im Hinblick auf die Veränderungen am Arbeitsmarkt herausgestellt:

> „... ist es zu verdanken, dass die Vorschriften über die Versicherungspflicht und die Beitragspflicht trotz ihres Festhaltens an Begriffen wie Angestellte, Arbeiter, Arbeitsverhältnis oder Beschäftigungsverhältnis in Verbindung mit ihrer Konkretisierung durch Rechtsprechung und Literatur über Jahrzehnte hinweg auch bei geänderten sozialen Strukturen ihren Regelungszweck erfüllen und insbesondere die Umgehung der Versicherungs- und Beitragspflicht zum Nachteil abhängig beschäftigter Personen, z.B. durch der Realität nicht entsprechende, einseitig bestimmte Vertragsgestaltungen, verhindern konnten.“[36]

b) Die tatsächliche Durchführung des Vertragsverhältnisses als entscheidender Maßstab

7 Wenn es eine Vereinbarung gibt und dort die Tätigkeit als eine selbständige eingeordnet wird (z.B. durch die Bezeichnung als freie Mitarbeit oder Honorarkraft), ist dies zunächst der Ausgangspunkt. Allerdings reicht die Einordnung im Vertrag allein bei weitem nicht aus. Sie findet zwar Berücksichtigung, allerdings letztlich nur als (schwaches) Indiz. Wenn diese „Etikettierung“ im Vertragsverhältnis nicht mit der tatsächlichen Durchführung übereinstimmt und bei der tatsächlichen Durchführung die Indizien für eine abhängige Beschäftigung überwiegen, ist dies auch entscheidend.[37] Es gibt nach der Rechtsprechung des BSG auch keine Tätigkeit, die abstrakt als selbständig oder abhängig eingeordnet werden kann; auch Verkehrsanschauungen spielen insoweit keine Rolle. Jede Tätigkeit kann sowohl selbständig als auch abhängig durchgeführt werden. Entscheidend ist die Bewertung der Durchführung im Einzelfall.[38] Daraus folgt zugleich mittelbar, dass das BSG einen Vertrauensschutz in die Rechtsprechung zur Einordnung einer Tätigkeit als abhängige Beschäftigung oder Selbständigkeit ablehnt.[39]

c) Prüfungsmöglichkeit

8 Die Unschärfe des Beschäftigtenbegriffs erschwert eine gut **strukturierte Prüfung**. Dies entbindet jedoch nicht davon, zumindest den Versuch zu unternehmen. Ein sinnvoller Prüfungsablauf wird zumindest teilweise von § 7 Abs. 1 SGB IV vorgegeben, ergänzt werden kann er mit Leitlinien, die sich in der Rechtsprechung des BSG finden. Im Folgenden soll ein möglicher Prüfungsaufbau gegeben werden, der Inhalt der Prüfungspunkte wird im Anschluss näher dargelegt.

---

34 S. hierzu ausführlich z.B. Schnapp, NZS 2014, 41ff.; im Zusammenhang mit dem Arbeitnehmerbegriff s. auch ErfK/Preis § 611a BGB, Rn. 13.

35 BVerfG 20.5.1996, NJW 1996, 2644.

36 BVerfG 20.5.1996, NJW 1996, 2644.

37 BSG 13.7.1978 SozR 2200 § 1227 Nr. 17; BSG 14.3.2018, NJW 2018, 2662; BSG 4.6.2019, NJW 2019, 3020, 3021; BSG 4.6.2019, NZS 2020, 223, 226 unter Hinweis darauf, dass die Sozialversicherung nicht nur dem Einzelnen, sondern auch dem Schutz der Mitglieder der Pflichtversicherungssysteme dient und daher auch der privatautonomen Entscheidung der Vertragsparteien weniger Bedeutung beigemessen wird; zur fortschreitenden „Emanzipierung“ des Beschäftigtenbegriffs vom Arbeitsverhältnis Greiner, NZS 2019, 761, 763.

38 BSG 4.6.2019, NZS 2020, 223, 225; das BSG lehnt es auch ausdrücklich ab, für bestimmte Tätigkeiten zumindest ein „Regel-Ausnahme-Verhältnis“ vorzugeben, BSG 27.4.2021 AP SGB IV § 7 Nr. 6.

39 BSG 5.11.2024 – B 12 BA 3/23 R, noch nicht veröffentlicht).

Zunächst sollte geprüft werden, ob es sich um ein Arbeitsverhältnis handelt, denn in diesem Fall liegt auch automatisch ein Beschäftigungsverhältnis vor (§ 7 Abs. 1 SGB IV „insbesondere") und die Prüfung ist bereits beendet. Ist hingegen nicht sicher, ob ein Arbeitsverhältnis besteht, ist weiter zu prüfen. Erforderlich ist eine „nichtselbständige Arbeit". Es ist also zunächst zu klären, ob es sich bei der Tätigkeit auch um „Arbeit" i.S.v. § 7 Abs. 1 SGB IV handelt (s. auch Rn. 13). Ob diese „nichtselbständig" ist, sollte im Anschluss mit Hilfe der Anhaltspunkte aus Abs. 1 S. 2 geprüft werden. Es ist also zu prüfen, ob die jeweilige Tätigkeit zum einen nach Weisungen durchgeführt wird und ob die betreffende Person zum anderen in die Arbeitsorganisation des Weisungsgebers eingegliedert ist. An dieser Stelle werden, vergleichbar wie im Arbeitsrecht, Indizien gesammelt, die für oder gegen diese beiden Kriterien vorgebracht werden können und abschließend wird in einer Gesamtschau bewertet, ob das Gesamtbild für eine nichtselbständige Arbeit, also eine Beschäftigung i.S.v. § 7 SGB IV spricht. 9

Diese Herangehensweise kann in Kombination mit den Leitlinien, die das BSG zur Prüfung der abhängigen Beschäftigung entwickelt hat, zu folgender Prüfungsreihenfolge führen:

- Liegt ein Arbeitsverhältnis vor?
  Falls ja, kann sogleich auch eine Beschäftigung i.S.v. § 7 Abs. 1 SGB bejaht werden. Falls nein, weiter prüfen:
- Arbeit
- nichtselbständig
  Vorprüfung: Bezeichnung in Vertrag als Indiz, aber tatsächliche Durchführung entscheidend
- Tätigkeit nach Weisungen
  Hier Hinweise des jeweiligen Sachverhalts auswerten, die dafür und dagegen sprechen
- Eingliederung in die Betriebsorganisation des Weisungsgebers
  Ebenfalls Hinweise des jeweiligen Sachverhalts, die dafür und dagegen sprechen, auswerten
- Gesamtbewertung

2. Arbeitsverhältnis als Grundfall des Beschäftigungsverhältnisses

Indem § 7 Abs. 1 SGB IV „insbesondere" auf das Arbeitsverhältnis abstellt, wird deutlich, dass es sich hierbei um den Grundfall eines Beschäftigungsverhältnisses handeln soll.[40] Mit jedem Arbeitsverhältnis wird also gleichzeitig ein Sozialversicherungsverhältnis begründet. Umgekehrt gilt dies nicht. Liegt kein Arbeitsverhältnis vor, kann trotzdem noch ein Beschäftigungsverhältnis bejaht werden. Das BSG hat in seiner jüngeren Rechtsprechung insoweit nochmals ausdrücklich die Unabhängigkeit des Beschäftigtenbegriffs vom Arbeitnehmerbegriff betont, und zwar auch, wenn die Arbeitsgerichtsbarkeit ein Arbeitsverhältnis abgelehnt hat.[41] 10

Der Begriff des Arbeitsverhältnisses wird weit verstanden. So ist auch das **faktische Arbeitsverhältnis**[42] ein Beschäftigungsverhältnis i.S.v. § 7 SGB IV, darauf wird bereits in der Gesetzesbegründung hingewiesen.[43] Zur Begründung der Versicherungspflicht genügt also auch die **tatsächliche Erbringung** nichtselbständiger Arbeit für einen anderen; der Wirksamkeit des dieser Leistung zugrunde liegenden Vertrages kommt keine Bedeutung zu, auch ein unwirksamer Arbeitsvertrag reicht daher aus.[44] 11

Ein Beschäftigungsverhältnis liegt auch dann vor, wenn das bereits **beendete Arbeitsverhältnis** aufgrund arbeitsrechtlicher Bestimmungen noch **fortgesetzt** wird; zu denken ist insbesondere an die Weiterbeschäftigung des Arbeitnehmers während des Kündigungsschutzprozesses.[45] 12

40 Waltermann/Schmidt/Chandna-Hoppe, Sozialrecht, Rn. 128; zur Bedeutung dieses Gleichklangs Fuchs, Zivilrecht und Sozialrecht, S. 149f.

41 BSG 4.6.2019, NZS 2020, 223, 226.

42 Zum Begriff ErfK/Preis § 611a BGB Rn. 15ff.

43 BT-Drs. 7/4122 S. 31; s. auch z.B. BSG 16.8.2017, NZS 2018, 572, 575.

44 BSG 10.8.2000 SozR 3-2400 § 7 Nr. 15.

45 Vgl. zu diesen Fällen Waltermann/Schmidt/Chandna-Hoppe, Sozialrecht, Rn. 129.

3. Arbeit als Grundvoraussetzung

13 Die Voraussetzung der Arbeit wird in der Rechtsprechung kaum ausdrücklich geprüft, was nicht überrascht, da sie nur selten zweifelhaft ist. Als Arbeit wird jede planmäßige Betätigung der körperlichen und geistigen Kräfte bezeichnet,[46] die auch im Wirtschaftsleben als solche wahrgenommen wird.[47] Ausgenommen sind z. B. spielerische oder sportliche Betätigungen, die nur „zum Spaß" ausgeübt werden.[48] Ebenso wenig erfasst werden bspw. Strafgefangene, da sie keiner frei gewählten Tätigkeit nachgehen. Anders wäre es hingegen zu beurteilen, wenn sie als Freigänger außerhalb der Justizvollzugsanstalt ein Beschäftigungsverhältnis mit einem Arbeitgeber durchführen.[49]

4. Die Anhaltspunkte i. S. v. § 7 Abs. 1 S. 2 SGB IV zur Bestimmung einer persönlichen Abhängigkeit

a) Einordnung und Entwicklung

14 In ständiger Rechtsprechung prüft das BSG, ob die jeweilige Person persönlich abhängig ist.[50] Nicht ausreichend ist hingegen eine wirtschaftliche Abhängigkeit;[51] wirtschaftliche Erwägungen finden in § 7 SGB IV keinerlei Erwähnung. Für Fälle, in denen der Gesetzgeber wirtschaftlich Abhängige als besonders schutzbedürftig angesehen hat, wurden Sondertatbestände in das SGB eingeführt, die ihre Einbeziehung in die Sozialversicherung anordnen (s. z. B. § 12 SGB IV, § 2 SGB VI).

15 Die wesentlichen Aspekte der persönlichen Abhängigkeit sind in einer richtungweisenden Entscheidung des BSG zur Frage der Beschäftigteneigenschaft einer Propagandistin wie folgt zusammengefasst worden:

> „Nach der ständigen Rechtsprechung des BSG setzt eine versicherungspflichtige Beschäftigung voraus, daß der Arbeitnehmer persönlich abhängig ist (...). Dazu gehört aber nicht zugleich eine wirtschaftliche Abhängigkeit. Eine persönliche Abhängigkeit ist vielmehr bei einer Beschäftigung in einem fremden Betrieb gegeben, wenn der Beschäftigte in den Betrieb eingegliedert ist, und dabei einem Zeit, Dauer und Ort der Ausführung umfassenden Weisungsrecht des Arbeitgebers unterliegt (...). Allerdings kann dies – vornehmlich bei Diensten höherer Art – eingeschränkt und zur funktionsgerecht dienenden Teilhabe am Arbeitsprozess verfeinert sein. Andererseits kennzeichnen eine selbständige Tätigkeit das eigene Unternehmerrisiko, die Verfügungsmöglichkeit über die eigene Arbeitskraft und die im wesentlichen frei gestaltete Tätigkeit und Arbeitszeit (...). Ob eine Tätigkeit abhängig oder selbständig verrichtet wird, entscheidet sich letztlich danach, welche Merkmale überwiegen. Alle Umstände des Falles sind zu berücksichtigen."[52]

Diesen Text hat das BSG in seiner viel beachteten und umfangreichen Reihe von Urteilen zu Honorarärzten und Pflegekräften aus dem Jahr 2019 fast wortgleich wiederholt.[53]

16 Mit den Anhaltspunkten in § 7 Abs. 1 S. 2 SGB IV werden Kriterien zusammengefasst, die eine persönliche Abhängigkeit ausmachen. Die Merkmale Weisungsabhängigkeit und Eingliederung in eine fremde Organisation wurden durch das Gesetz zur Förderung der Selbständigkeit vom 20.12.1999[54] in § 7 Abs. 1 S. 2 SGB IV aufgenommen. Bevor diese Kriterien ihren Platz im Gesetz gefunden haben, wurden sie bereits in ständiger Rechtsprechung durch das BSG entwickelt.[55] Mit der Einführung der Anhaltspunkte in das SGB IV sollte die Abgrenzung zwischen abhängiger Beschäftigung und selbstän-

---

46 ErfK/Rolfs § 7 SGB IV Rn. 5.
47 JurisPK-SGB IV/Segebrecht § 7 Abs. 1 SGB IV Rn. 45.
48 JurisPK-SGB IV/Segebrecht § 7 Abs. 1 SGB IV Rn. 45.
49 BSG 16.10.1990, NZA 1991, 282; BSG 4.9.2018, BeckRS 2018, 33324; ErfK/Rolfs § 7 SGB IV Rn. 6; Krauskopf/Stäbler § 7 SGB IV Rn. 23.
50 BSG 16.8.2017, NZS 2018, 572, 573; BSG 24.10.1978 SozR 2200 § 1227 RVO Nr. 19.
51 BSG 4.6.2019, NJW 2019, 3020, 3023 mit zustimmender Anm. Keller.
52 BSG 24.10.1978 SozR 2200 § 1227 RVO Nr. 19.
53 S. BSG 4.6.2019, NZS 2020, 223, 225 als Leitentscheidung zu Honorarärzten; eine Übersicht zu den Entscheidungen findet sich bei Greiner, NZS 2019, 761; kritisch zu dieser Rechtsprechung Brose, NZS 2022, 921 ff.
54 BGBl. I 2000 S. 2 ff.
55 BSG 24.10.1978 SozR 2200 § 1227 RVO Nr. 19.

diger Tätigkeit erleichtert werden. In der Gesetzesbegründung wird ausdrücklich darauf hingewiesen, dass damit typische Merkmale einer Beschäftigung genannt werden, bei denen es sich jedoch nicht um abschließende Bewertungskriterien handelt.[56]

b) Weisungsgebundenheit

Mit der „Tätigkeit nach Weisungen“ wird das Weisungsrecht umschrieben. Es bezieht sich auf **Zeit, Dauer, Ort und Art** der Ausführung der Beschäftigung.[57] Das BSG unterscheidet je nach Art der Tätigkeit. So ist nach seiner Ansicht bei sog. **Diensten höherer Art** die Weisungsgebundenheit eingeschränkt und „verfeinert“ sich zu einer „funktionsgerecht dienenden Teilhabe am Arbeitsprozess“.[58] Eine Definition von Diensten höherer Art hat das BSG nicht entwickelt, in der Sache handelt es sich in der Regel um Leitungspositionen, bei denen kein unmittelbarer Vorgesetzter Direktiven gibt, sondern die gerade selbst ein Weisungsrecht ausüben und/oder um besondere Fachkräfte, denen in der Organisation bereits mangels entsprechender Fachkompetenz niemand Weisungen, zumindest inhaltlicher Art, geben kann. Das typische Beispiel aus dem Arbeitsrecht, das auch im Sozialversicherungsrecht greift, ist der Chefarzt in einem Krankenhaus.[59] Erfasst werden können zudem bspw. die sog. Honorarärzte in Krankenhäusern oder hoch spezialisierte IT-Entwickler. 17

In der Rechtsprechung des BSG zeichnet sich inzwischen auch ansonsten ein weites Verständnis des Weisungsrechts ab. Eine herausragende Bedeutung nimmt dabei das in der Rechtsprechung zu den Honorarärzten entwickelte Kriterium der regulatorischen Rahmenbedingungen ein, welches in der Folge auch auf Honorarpflegefachkräfte und Notärzte angewendet wurde.[60] Die Bindung an **regulatorische Rahmenbedingungen** führte in allen Fallkonstellationen im Ergebnis zu einer Weisungsgebundenheit und Eingliederung und damit letztlich zu einer abhängigen Beschäftigung.[61] Eine Definition der regulatorischen Rahmenbedingungen gibt das BSG nicht, es handelte sich hierbei bspw. bei den Notärzten um Regelungen aus dem jeweiligen Landes-Rettungsgesetz und bei den Pflegefachkräften folgten sie aus §§ 71 Abs. 3, 72, 73 SGB XI. Auch an anderer Stelle legt das BSG den Begriff Weisungen iSv. § 7 Abs. 1 SGB IV weit aus. So ließ es auch berufsrechtliche Weisungen (in dem konkreten Fall steuerberatungsrechtliche nach §§ 3, 4 StBerG) ausreichen.[62] 18

Das BSG verneint hingegen grundsätzlich eine Weisungsgebundenheit von **ehrenamtlich Tätigen,** bei denen die Aufgaben und Tätigkeiten aus der organschaftlichen Stellung folgen (s. ausführlicher zu den Besonderheiten beim Ehrenamt Rn. 43ff.).[63] 19

c) Eingliederung in die Arbeitsorganisation des Weisungsgebers

Die **Unabhängigkeit** des sozialversicherungsrechtlichen Beschäftigtenbegriffs von der **arbeitsrechtlichen Beurteilung** zeigt sich auch hier. Während nun in dem neu gefassten § 611a BGB die Eingliederung nicht mehr explizit als Merkmal für einen Arbeitsvertrag genannt wird (wobei eine Aufrechterhaltung des Merkmals durchaus umstr. ist),[64] findet es sich weiterhin in § 7 Abs. 1 SGB IV. Die **Eingliederung** erfasst zahlreiche Aspekte. So fällt hierunter die Verwendung der Betriebsmittel des Vertragspartners (z.B. Maschinen, Lkw, Schutzkleidung) ebenso wie die Einbeziehung in die Arbeitsabläufe, wie z.B. bei einer arbeitsteiligen Behandlung in einem Krankenhaus. Auch das Einhalten 20

56 BT-Drs. 14/1855 S. 6.
57 BSG 16.8.2017, NZS 2018, 572, 573; BSG 4.6.2019, NZS 2020, 223, 225.
58 BSG 4.6.2019, NJW 2020, 3020; BSG 29.3.1962 BSGE 16, 289, 294.
59 Zum Chefarzt im Arbeitsrecht s. BAG 27.7.1961, NJW 1961, 2085; BAG 22.11.2016, NZA 2017, 581.
60 S. hierzu Brose, NZS 2022, 921ff.
61 Exemplarisch BSG 4.6.2019, NZS 2020, 223; BSG 19.10.2021, BeckRS 2021, 39898; BSG 7.6.2019, DStR 2019, 2494.
62 BSG 27.4.2021, DStR 2022, 765ff.
63 BSG 16.8.2017, NZS 2018, 572, 573, 575.
64 Greiner, NZS 2019, 761, 763; BSG 4.6.2019, NZS 2020, 223, 227 m.w.N.

bestimmter Urlaubsregelungen oder die Einteilung in einen Dienstplan sprechen für eine Eingliederung, wobei gerade bzgl. des Dienstplans Überschneidungen mit dem Weisungsrecht hinsichtlich der Zeit entstehen dürften.

21 Die Prüfung einer Eingliederung in eine Betriebsorganisation steht mit der Entwicklung fortschreitender **Digitalisierung,** Tätigkeit im **Home Office** und **flexibler Arbeitszeitmodelle** vor neuen Herausforderungen. Ein Arbeitnehmer, der im Schichtdienst mit einer Stechuhr in einer Fabrik arbeitet, ist in die Betriebsorganisation eingegliedert. Bei der Arbeit vom heimischen Schreibtisch innerhalb größer gefasster Zeitfenster ist dies weniger klar. Hier könnte perspektivisch die Eingliederung in Netzwerke des jeweiligen Betriebs größere Bedeutung erlangen. Die (rechtspolitische) Diskussion steht hier wohl noch an den Anfängen.[65]

d) Gewichtung und Gesamtwürdigung

22 Mit der anschließenden Gesamtwürdigung aller zuvor gesammelten Indizien dürfte der wohl am wenigsten vorhersehbare Prüfungsteil folgen. Letztlich wird der Einzelfall entscheiden und gerade innerhalb der Grauzonen nicht nur eine Lösung vertretbar sein. Entscheidend wird sein, wie sorgfältig die einzelnen Indizien, die der Sachverhalt liefert, bewertet und gegeneinander abgewogen werden. In der Rechtsprechung findet sich eine umfangreiche und kaum noch überschaubare Kasuistik, die auch allenfalls als vage Leitlinie dienen kann.[66]

23 In der Gesamtwürdigung wird zum einen die **Gewichtung** der Merkmale, der Weisungen und der Eingliederung im konkreten Einzelfall bestimmt. Zum anderen werden den zuvor zugunsten einer abhängigen Beschäftigung sprechenden Hinweisen diejenigen gegenübergestellt, in denen sich die Übernahme eines Unternehmerrisikos widerspiegelt und die damit für eine selbständige Tätigkeit sprechen.

aa) Verhältnis zwischen Weisungsrecht und Eingliederung

24 Weisungsrecht und Eingliederung werden in § 7 Abs. 1 SGB IV nicht in ein bestimmtes Rangverhältnis gesetzt. Das BSG geht davon aus, dass Weisungsrecht und Einbindung in den Betrieb je nach Art der Beschäftigung unterschiedliches Gewicht haben können. Es wird auch nicht gefordert, dass beide zwingend kumulativ vorliegen müssen.[67]

25 Je weniger das Direktionsrecht des Arbeitgebers in Form von ausdrücklichen Weisungen in Erscheinung tritt oder treten kann (wie etwa bei Diensten höherer Art, s. o. Rn. 17) und je mehr der Arbeitnehmer bei der Gestaltung seiner Arbeit auf sich selbst gestellt ist, umso größeres Gewicht soll dann das Merkmal der Eingliederung in eine übergeordnete Organisation für die Abgrenzung zwischen abhängiger und selbständiger Tätigkeit bekommen.[68] Fehlende Merkmale können also immer auch kompensiert werden, wenngleich dies natürlich nicht grenzenlos gilt.

bb) Unternehmerrisiko als Gegenstück

26 Da in den Fällen, in denen Weisungen eher die Ausnahme sind, auch die Schwelle zur selbständigen Tätigkeit möglicherweise erreicht ist, bedient sich das BSG auch des **Kriteriums des Unternehmerrisikos.** Es betont einen engen Zusammenhang zwischen Unternehmerrisiko und Freiheit zur Gestaltung der eigenen Tätigkeit.[69] Das Unternehmerrisiko liegt aber nur dann beim Dienstverpflichteten,

65 S. zu digitalen Arbeitsformen und Sozialversicherungspflicht z. B. Mecke, SGb 2016, 481 ff., Brose, NZS 2017, 7 ff.
66 BeckOK-SozR/Rittweger § 7 SGB IV Rn. 10 ff.
67 Dies nochmal betonend z. B. BSG 4.6.2019, NZS 2020, 223, 227.
68 So bereits BSG 29.3.1962 BSGE 16, 289, 294.
69 BSG 29.1.1981 BSGE 51, 164, 170.

wenn er sowohl größere Gestaltungsfreiheiten als auch Verdienstmöglichkeiten hat,[70] wobei die Höhe des Verdienstes allein noch kein ausreichendes Indiz für eine selbständige Tätigkeit ist.[71] Wenn der Dienstverpflichtete im Wesentlichen die geschäftlichen Risiken zu tragen hat, ihm aber unternehmerische Chancen beschnitten sind, spricht das für eine abhängige Beschäftigung.[72] Das Fehlen des Unternehmerrisikos hat in der Rspr. häufig zur Annahme von Beschäftigungsverhältnissen von Sportlehrern oder Trainern geführt, die für Vereine oder Clubs tätig werden.[73]

5. Besondere Fallgruppen

Auch wenn immer der Einzelfall entscheidend ist, haben sich in der Rechtsprechung für einige besondere Konstellationen zumindest Fallgruppen herausgebildet, die als grobe Leitlinie dienen können. 27

a) Mitglieder von Gesellschaftsorganen

Bei Mitgliedern von Gesellschaftsorganen ist je nach Gesellschaftsform zu unterscheiden. 28

aa) Vorstandsmitglieder einer AG

Für Vorstandsmitglieder einer AG bestehen bereits teilweise Sondervorschriften, die diesen Personenkreis aus der Sozialversicherungspflicht in einzelnen Zweigen der Sozialversicherung ausnehmen. So sind sie gem. § 1 S. 3 SGB VI nicht rentenversicherungspflichtig und es besteht gem. § 27 Abs. 1 Nr. 5 SGB III auch keine Versicherungspflicht in der Arbeitslosenversicherung. 29

Hieraus könnte im Umkehrschluss gefolgert werden, dass sie grundsätzlich als abhängig beschäftigt i.S.v. § 7 Abs. 1 SGB IV eingeordnet werden, da andernfalls diese Sonderregelungen nicht nötig wären. In Rechtsprechung und Literatur werden § 1 S. 3 SGB VI und § 27 Abs. 1 Nr. 5 SGB III jedoch nur als klarstellende Regelungen angesehen.[74] Eine **abhängige Beschäftigung** wird **grundsätzlich verneint**.[75] Das BSG leitet diese Auffassung aus dem Aktienrecht ab, das die Tätigkeit der Vorstandsmitglieder im Wesentlichen als nicht abhängig geregelt hat. Danach hat der Vorstand gem. § 76 Abs. 1 AktG die Gesellschaft unter eigener Verantwortung zu leiten, ihm obliegt gem. § 77 Abs. 1 AktG die Geschäftsführung und gem. § 78 AktG die Vertretungsbefugnis nach außen, die wegen § 82 Abs. 1 AktG nicht beschränkt werden kann. Der Aufsichtsrat hat keine Weisungsbefugnis, vielmehr übt er gem. § 111 Abs. 1 AktG nur eine Überwachungsfunktion aus.[76] 30

Allerdings weist das Gericht auch darauf hin, dass Fälle denkbar sind, in denen **ausnahmsweise** Vorstandsmitglieder die Voraussetzungen des § 7 Abs. 1 SGB IV erfüllen. Dass das Vorliegen eines Beschäftigungsverhältnisses rechtlich nicht ausgeschlossen ist, ergebe sich daraus, dass das Aktienrecht zwischen der Organstellung des Vorstandsmitglieds und seiner Stellung als Vertragspartei unterscheide und im Anstellungsvertrag die Vereinbarung besonderer, im AktG nicht geregelter Bestimmungen möglich sei, vgl. § 84 Abs. 1 S. 5, Abs. 3 S. 5 und § 87 Abs. 2 S. 2, Abs. 3 AktG.[77] 31

---

70 BSG 12.12.1990, NZA 1991, 907 f.

71 BSG 4.6.2019, NZS 2020, 223, 228.

72 BSG 29.1.1981 BSGE 51, 164, 170.

73 LSG Schleswig-Holstein 29.6.2005 L 5 KR 114/04; 26.4.2006 L 5 KR 22/05; LSG Rheinland-Pfalz 27.4.2006 L 1 KR 31/04; LSG NRW 14.2.2007, DB 2007, 2324.

74 S. hierzu Krauskopf/Stäbler § 7 SGB IV Rn. 14.

75 S. bereits BSG 4.9.1979 BSGE 49, 22; BSG 14.12.1999, SGb 2000, 495.

76 S. auch BSG 15.12.2020, NZS 2021, 930, wonach die Kriterien, die für GmbH-Geschäftsführer entwickelt wurden, nicht auf Vorstandsmitglieder übertragbar sind.

77 BSG 4.9.1979, BSGE 49, 22; BSG 14.12.1999, SGb 2000, 495.

bb) Geschäftsführer einer GmbH

32 Im Sozialversicherungsrecht bedeutet nach Auffassung des BSG, anders als im Arbeitsrecht, allein die Organstellung des GmbH-Geschäftsführers noch nicht, dass der Geschäftsführer stets als Selbständiger anzusehen ist.[78] Für die Prüfung einer persönlichen Abhängigkeit stellt das BSG inzwischen[79] maßgeblich auf die **gesellschaftsrechtliche Ausgestaltung** ab. Schuldrechtliche Vereinbarungen, die vom Gesellschaftsvertrag abweichen (auch notarielle Treuhandverträge)[80] und abweichende tatsächliche Durchführungen werden in der jüngeren Rechtsprechung (zumindest des 12. Senats des BSG) hingegen nicht mehr in die Prüfung einbezogen.[81]

33 Ausgangspunkt sind damit zunächst § 37 Abs. 1 GmbHG, wonach der Geschäftsführer an Weisungen der Gesellschafter gebunden ist und § 46 Nr. 6 GmbHG, welcher den Geschäftsführer der Prüfung und Überwachung durch die Gesellschafter unterstellt. Beides spricht für eine abhängige Beschäftigung nach § 7 Abs. 1 SGB IV.[82] Allerdings ist darüber hinaus zu **unterscheiden** zwischen Fremdgeschäftsführern (Geschäftsführer, die nicht am Gesellschaftskapital beteiligt sind) und Gesellschafter-Geschäftsführern (Geschäftsführer mit einer Kapitalbeteiligung). Abzugrenzen ist diese Rechtsprechung im Übrigen von dem Fall, dass es sich um einen Gesellschafter handelt, der in der GmbH nur mitarbeitet, ohne Geschäftsführer zu sein.[83]

34 Bei **Gesellschafter-Geschäftsführern** ist entscheidend, ob/inwieweit sie Einfluss auf die Gesellschafterversammlung nehmen können. Zentrales Kriterium ist die **kapitalmäßige Beteiligung**. Verfügt der Geschäftsführer über die Hälfte oder mehr der Anteile, fehlt es an der persönlichen Abhängigkeit.[84] Dies soll auch dann gelten, wenn er von der ihm zustehenden Rechtsmacht tatsächlich keinen Gebrauch macht und die Entscheidung (z. B. mangels Sachkunde) anderen überlässt.[85] Entscheidend ist, dass der Betroffene aufgrund seiner Beteiligung „rechtlich über die Möglichkeit verfügt, ihm nicht genehme Weisungen hinsichtlich seiner Tätigkeit abzuwehren".[86]

35 Aber auch ein Kapitalanteil von weniger als 50 % kann ausreichen, um von einer selbständigen Tätigkeit auszugehen, wenn der Geschäftsführer über eine **Sperrminorität** verfügt, die sich u. a. darauf erstreckt, ihm nicht genehme Weisungen gerade hinsichtlich Zeit, Dauer, Umfang und Ort der Tätigkeit zu verhindern.[87] Hierbei muss es sich allerdings um eine sog. „echte/qualifizierte" Sperrminorität handeln, die sich nicht nur auf bestimmte Angelegenheiten der Gesellschaft beschränkt, sondern die gesamte Unternehmenstätigkeit umfasst. Darüber hinaus muss sie beständig sein, der Geschäftsführer muss sich gegen ihre Entziehung wehren können.[88]

36 Anders erfolgt die Einordnung von **Fremdgeschäftsführern**. Hier wird von vornherein von einer abhängigen Beschäftigung ausgegangen.[89] Insbesondere die sog. **„Kopf und Seele"-Rechtspre-**

78 BSG 13.12.1960 BSGE 13, 196; mit einem Überblick der Rechtsprechung zum GmbH-Geschäftsführer Lau, NZS 2019, 452 ff.

79 Zur früheren Rechtsprechung, die auch den Anstellungsvertrag und die tatsächliche Durchführung einbezog, s. BSG 13.12.1960 BSGE 13, 196, 201 f.; zustimmend Straub, DB 1992, 1087; Plagemann, WiB 1994, 223; Brand, NZS 1997, 552; s. auch Lau, NZS 2019, 452.

80 BSG 10.12.2019 – B 12 KR 9/18 R; s. hierzu Lau, DStR 2020, 347 ff.

81 BSG 29.7.2015, BeckRS 2015, 73497; BSG 11.11.2015, BeckRS 2016, 67680; BSG 14.3.2018, NJW 2018, 2662; Lau, NZS 2019, 452; s. auch Krauskopf/Stäbler § 7 SGB IV Rn. 17a.

82 Lau, NZS 2019, 452.

83 Hierzu BSG 12.5.2020, NJW 2021, 1980 ff.; BSG 20.2.2024 RFamU 2024, 378 mAnm. Ante.

84 BSG 25.5.1965 BSGE 23, 83, 84; BSG 30.4.1976 BSGE 42, 1 f.; nach BSG 20.2.2024, DStR 2024, 1826 gilt dies auch bei der Einordnung eines Gesellschafter-Geschäftsführers der Muttergesellschaft für seine Geschäftsführertätigkeit in einer Tochtergesellschaft.

85 BSG 18.4.1991 BSG SozR 3-4100 § 168 Nr. 5; BSG 24.9.1992 BSG SozR 3-4100 § 168 Nr. 8; BSG 9.11.1989 BSGE 66, 69, 71.

86 BSG 29.7.2015 BSGE 119, 216 (Rn. 26); BSG 30.4.2013 SozR 4-2400 § 7 Nr. 26; s. auch LSG Sachsen 2.12.2019, NZS 2020, 237 mit Anm. Barkow von Creytz.

87 BSG 6.2.1992 BSG SozR 3-4100 § 104 Nr. 8; BSG 24.9.1992 SozR 3-4100 § 168 Nr. 8.

88 Lau, NZS 2019, 452, 453.

89 BSG 14.3.2018, NJW 2018, 2662, 2663; BSG 18.12.2001, NJW-RR 2002, 758.

chung hat zumindest der 12. Senat des BSG nun ausdrücklich verworfen.[90] Ob sich dem auch die anderen Senate anschließen werden, bleibt momentan abzuwarten.[91] Nach der „Kopf und Seele"-Rechtsprechung wurde ein Fremdgeschäftsführer einer Familiengesellschaft und sogar ein Angestellter unterhalb der Geschäftsführerebene, der familiär mit den Gesellschaftern verbunden war, trotz seiner gesellschaftsrechtlich schwachen Stellung ausnahmsweise als selbständig angesehen, wenn er die Geschäfte faktisch wie ein Alleininhaber geführt hat, ohne dass er von den Gesellschaftern daran gehindert wurde.[92] Nach der neuen Rechtsprechung des 12. Senats handelt es sich hierbei trotz ggf. anders erscheinender tatsächlicher Verhältnisse um einen abhängig Beschäftigten i.S.v. § 7 Abs. 1 SGB IV. Zur Begründung führt er an, dass dieses rechtlich nicht gebundene und jederzeit änderbare Verhalten der Beteiligten mit dem Erfordernis der Vorhersehbarkeit sozialversicherungs- und beitragsrechtlicher Tatbestände nicht in Einklang zu bringen sei. Zudem sollen auf diese Weise „Manipulationsmöglichkeiten bzgl. Generierung oder Negierung von Sozialversicherungspflicht" verringert werden. Ansonsten läge es gerade bei Familienunternehmen im Belieben der Beteiligten, je nach Angaben zur tatsächlichen Stellung des Betroffenen eine Sozialversicherungspflicht zu begründen oder eben auszuschließen.[93] Diese Argumente sind nachvollziehbar, es ist allerdings zumindest festzustellen, dass damit ein Bruch mit den Kriterien, die ansonsten bei der Prüfung einer Beschäftigung nach § 7 Abs. 1 SGB IV angelegt werden (Anknüpfung an die tatsächlichen Verhältnisse), einhergeht.

b) Beschäftigungsverhältnisse zwischen Familienangehörigen

aa) Mögliche Kategorien

Verkauft ein Mann in der Bäckerei seiner Ehefrau Brötchen, pflegt der Neffe täglich seine Tante oder 37
macht die Tochter in der Firma ihres Vaters die Buchhaltung, kann ein Beschäftigungsverhältnis i.S.v. § 7 SGB IV entstehen – oder aber auch nicht.[94] Werden Familienangehörige im Rahmen eines Betriebs tätig, so sind drei Möglichkeiten denkbar: Es kann sich um **familiäre Mitarbeit** handeln, die aufgrund von familienrechtlichen Vorschriften geschuldet ist (für Ehegatten § 1353 BGB, für Kinder § 1619 BGB) oder um eine familienhafte Mithilfe, die die Grenze der Gefälligkeit nicht überschreitet; beides stellt keine abhängige Beschäftigung i.S.v. § 7 Abs. 1 SGB IV dar.[95] Denkbar ist des Weiteren eine **Innengesellschaft**, bei der es sich um eine selbständige Tätigkeit handelt, § 7 Abs. 1 SGB IV ist also auch hier nicht einschlägig.[96] Es kann sich aber auch um ein **echtes Beschäftigungsverhältnis** handeln. Ein abhängiges Beschäftigungsverhältnis ist auch im familiären Bereich nicht von vornherein ausgeschlossen, es ist wie immer der Einzelfall zu prüfen.[97]

bb) Besonderheiten bei der Abgrenzung

Bei der Prüfung einer Beschäftigung nach § 7 SGB IV sind hier jedoch anders als bei anderen Tätig- 38
keiten die ggf. sehr engen **familiären Bindungen** zu berücksichtigen.[98]

Abgrenzungsschwierigkeiten dürften wegen der besonders engen persönlichen Bindung bei der 39
Prüfung der **Weisungsgebundenheit** entstehen; dieses Merkmal ist dennoch auch zwischen Familienangehörigen zu prüfen. Die Rechtsprechung legt hier einen etwas großzügigeren Maßstab an und

90 BSG 14.3.2018, NJW 2018, 2662, 2663; BSG 29.7.2015 BSGE 119, 216 (Rn. 26).

91 S. auch Lau, NZS 2019, 452, 456; ablehnend im Hinblick auf die Unfallversicherung z.B. LSG Bayern 12.6.2018, BeckRS 2018, 17661.

92 S. hierzu die Darstellung der früheren Rechtsprechung bei BSG 29.7.2015 BSGE 119, 216 (Rn. 28ff.); BSG 23.9.1982 BSG SozR 2100 § 7 Nr. 7; BSG 8.8.1990 SozR 3-2400 § 7 Nr. 4; BSG 30.6.1999, NZS 2000, 147, 149.

93 BSG 29.7.2015 BSGE 119, 216 (Rn. 30).

94 Zur Pflege unter nahen Angehörigen s. z.B. Krauskopf/Stäbler § 7 SGB IV Rn. 22.

95 S. zum Einfluss der Änderungen im Eherecht die Ausführungen bei BSG 23.6.1994, NZS 1995, 31, 32.

96 BSG 24.10.1974 BSGE 38, 179f.

97 S. auch BSG 19.2.1987, NJW 1988, 843; BSG 30.4.2013, BeckRS 2013, 73365.

98 BSG 30.4.2013, BeckRS 2013, 73365; grundlegend zur Abgrenzung familiärer Mithilfe BSG 5.4.1956 BSGE 3, 30, 40.

lässt bei Familienangehörigen, insbesondere bei Ehegatten, auch ein weniger stark ausgeprägtes Weisungsrecht ausreichen – entfallen darf es jedoch nicht.[99]

40 Obwohl die **Entgeltlichkeit** nicht in § 7 Abs. 1 SGB IV als Merkmal aufgeführt ist und z. B. für die Versicherungspflicht in der gesetzlichen Unfallversicherung auch gerade nicht gefordert wird (s. § 2 Abs. 1 Nr. 1 SGB VII), wird das Entgelt bei der Abgrenzung zur nicht versicherungspflichtigen familiären Mitarbeit in der Rechtsprechung als Indiz für eine abhängige Beschäftigung gewertet. Hinsichtlich der Höhe weist das BSG darauf hin, dass es jedenfalls mehr als nur eine Anerkennung für eine Gefälligkeit oder ein Taschengeld darstellen sollte.[100] **Weitere Indizien**, die nach Ansicht des BSG für eine abhängige Beschäftigung sprechen, können z. B. das Vorliegen einer schriftlichen Vereinbarung, das Abführen einer Lohnsteuer oder das Verbuchen des gezahlten Entgelts als Betriebsausgabe sein. Berücksichtigt wird auch, ob das Familienmitglied eine fremde Arbeitskraft ersetzt.[101] Zu beachten ist aber auch hier: Entscheidend wird die **Gesamtschau** des Einzelfalls sein. Ein besonders niedriges Entgelt allein kann bspw. noch nicht die Ablehnung einer abhängigen Beschäftigung begründen.[102]

cc) Eingetragene Lebenspartnerschaften und nichteheliche Lebensgemeinschaften

41 Die gleichen Grundsätze gelten auch für Beschäftigungen zwischen Partnern einer **nichtehelichen Lebensgemeinschaft**. Auch hier ist ein versicherungspflichtiges Beschäftigungsverhältnis möglich, sofern eine deutliche Abgrenzung dahingehend vorgenommen wurde, ob aufgrund bestimmter Absprachen der nichteheliche Lebenspartner auch tatsächlich entgeltliche Arbeit – wie auf dem allgemeinen Arbeitsmarkt üblich – oder nur eine Mithilfe aufgrund der Lebensgemeinschaft ohne echte Betriebseingliederung und Entgeltzahlung geleistet werden sollte.[103]

42 Erst recht gelten die oben ausgeführten Grundsätze zwischen den Partnern einer **eingetragenen Lebenspartnerschaft** nach dem LPartG. Nach § 2 LPartG sind die Lebenspartner einander zu Fürsorge und Unterstützung verpflichtet und tragen füreinander Verantwortung. Dies ist bei der Prüfung eines Beschäftigungsverhältnisses nach § 7 Abs. 1 SGB IV zu berücksichtigen.

c) Ehrenamt

43 Auch bei der Ausübung eines Ehrenamtes ist grundsätzlich das oben (Rn. 9) dargelegte Prüfungsschema anzuwenden. Allerdings gelangt es ähnlich wie bei den Familienangehörigen auch hier an seine Grenzen. **Problematisch** wird zum einen die Prüfung der **Weisungsgebundenheit** sein, zum anderen nimmt hier wie auch bei den Familienangehörigen die Entgeltlichkeit eine wichtige Rolle ein, wenngleich sie nicht zwingender Bestandteil des Beschäftigtenbegriffs ist. Schließlich wird in der Rechtsprechung den Besonderheiten des „Typus" des Ehrenamts gesondert Rechnung getragen; dabei nimmt der ideelle Zweck einer Tätigkeit eine zentrale Rolle ein.

44 Die **praktische Bedeutung** ist durchaus hoch, die Formen der ehrenamtlichen Beschäftigung sind sehr vielfältig. Sie ist nicht nur in Sportvereinen, sondern bspw. auch in Gemeinden, in Wirtschafts- und Berufskammern sowie bei den Sozialversicherungsträgern (s. §§ 29 ff. SGB IV) zu finden.[104] Wegen der großen Bedeutung und auch des Anliegens, das Ehrenamt zu stärken, wurde schon häufig eine gesetzliche Regelung zur Herausnahme des Ehrenamtes aus der Sozialversicherungspflicht gefordert; diese Forderung blieb jedoch bislang erfolglos.[105]

---

99 BSG 21.4.1993, NJW 1994, 341; Krauskopf/Stäbler § 7 SGB IV Rn. 20.

100 BSG 23.6.1994, NZS 1995, 31, 33.

101 BSG 23.6.1994, NZS 1995, 31, 33, s. im Übrigen auch BSG 19.2.1987 SozR 2200 § 165 Nr. 90; BSG 21.4.1993 SozR 3-4100 § 168 AFG Nr. 11; BSG 10.3.1994 SozR 3-2500 § 5 SGB V Nr. 16.

102 BSG 12.9.1996, BeckRS 1996, 31038316.

103 BSG 21.4.1993 SozR 3-4100 § 168 Nr. 11.

104 S. zur Bedeutung Kluth, NZS 2018, 553.

105 S. hierzu Kluth, NZS 2018, 553, 558; BSG 16.8.2017, NZS 2018, 572, 576.

Bei der Prüfung der **Weisungsgebundenheit** wird in der Rechtsprechung u. a. berücksichtigt, ob die Person ohne Weiteres abberufbar ist, so wie ein Arbeitnehmer regelmäßig kündbar ist.[106] Bei reinen Repräsentationsaufgaben wird jedenfalls nicht von einer Weisungsgebundenheit ausgegangen. 45

Etwas stärker begründungsbedürftig wird die Ablehnung einer abhängigen Beschäftigung i. S. v. § 7 Abs. 1 SGB IV hingegen, wenn eine Person nicht nur Repräsentationsaufgaben, sondern auch Verwaltungsaufgaben wahrnimmt. Nach der **früheren Rechtsprechung** wurde bei ehrenamtlichen Tätigkeiten in organschaftlicher Stellung unterschieden, ob neben Repräsentationsaufgaben (bei anderen Ehrenämtern Tätigkeiten aufgrund mitgliedschaftlicher Verpflichtung) auch allgemein zugängliche Verwaltungsaufgaben übernommen wurden. Allein die Repräsentationsaufgaben bzw. Tätigkeiten wegen mitgliedschaftlicher Verpflichtung wurden aufgrund der Besonderheiten des ehrenamtlichen Engagements als weisungsfrei angesehen.[107] Wurde beides ausgeübt und kam noch eine Aufwandsentschädigung hinzu, die über den tatsächlichen Aufwand hinaus ging, nahm das BSG in der Gesamtschau eine abhängige Beschäftigung an.[108] Diese **Rechtsprechung** hat das BSG **„fortentwickelt"** und führt nun aus: 46

> „Aufgaben und Tätigkeiten, die Ausfluss der organschaftlichen Stellung einer in Ehrenamt ausübenden Person und auch nicht für jedermann zugänglich sind, führen regelmäßig nicht zu der in § 7 Abs. 1 SGB IV umschriebenen persönlichen Abhängigkeit. Zudem ist ehrenamtliche Tätigkeit nicht auf Repräsentationsaufgaben beschränkt, sondern erhält ihr Gepräge durch ihre ideellen Zwecke und Unentgeltlichkeit."[109]

Entscheidend scheinen also nunmehr für das BSG bei ehrenamtlichen Tätigkeiten die **ideellen Zwecke** sowie die **Unentgeltlichkeit** zu sein.[110] Es sieht die Unentgeltlichkeit als Ausdruck dafür, dass bei der zu ideellen Zwecken durchgeführten Tätigkeit keine Erwerbsabsicht im Vordergrund steht. Die Zahlung eines Aufwendungsersatzes (konkret ebenso wie pauschal berechnet), der einen Aufwand infolge der Tätigkeit abdecken soll, schadet dabei nicht, solange er keine verdeckte Entlohnung einer Erwerbstätigkeit darstellt.[111] Der Berücksichtigung der Entgeltlichkeit legt das BSG folgende Annahme zugrunde: 47

> „Das Versicherungsverhältnis ist als Gegenleistungsverhältnis des Beschäftigten auf der einen Seite und der Solidargemeinschaft aller Versicherten eines Zweiges der Sozialversicherung auf der anderen Seite angelegt und erfordert, dass aus der Beschäftigung Erwerbseinkommen erzielt wird, aus dem sozial angemessene Beiträge zur Finanzierung des jeweiligen Systems geleistet werden können."[112]

d) „Freie Mitarbeiter", insbesondere im Medienbereich

Wie im Arbeitsrecht so bereitet auch im Sozialversicherungsrecht die Abgrenzung von selbständiger Tätigkeit und Beschäftigungsverhältnis bei sogenannten freien Mitarbeitern große Mühe. Da die begriffliche Bezeichnung einer Dienstleistung für ihre rechtliche Einstufung nicht entscheidend ist, muss jeweils anhand der konkreten Dienstleistung ermittelt werden, ob ein Beschäftigungsverhältnis 48

---

106 BSG 16.8.2017, NZS 2018, 572, 574.

107 BSG 27.1980, SozR 2200 § 165 Nr. 44; BSG 25.1.2006, BeckRS 2006, 41117.

108 BSG 25.1.2006, BeckRS 2006, 41117; im Überblick zur alten Rechtsprechung BSG 16.8.2017, NZS 2018, 572, 574.

109 BSG 16.8.2017, NZS 2018, 572, 575; zur Anwendung der Grundsätze auf einen Ortsvorsteher BSG 27.4.2021, NJW 2021, 3212 mAnm. Keller und auf einen ehrenamtlichen Bürgermeister BSG 27.4.2021, NZS 2022, 463 ff.

110 S. auch BSG 23.2.2021, NZS 2022, 346 mAnm. Kania zum ehrenamtlichen Vorstandsmitglied einer gemeinnützigen Stiftung, welcher eine Vergütung auf Basis eines Stundensatzes erhielt und im Ergebnis als abhängig Beschäftigter eingeordnet wurde.

111 BSG 16.8.2017, NZS 2018, 572, 574; zu einer (analogen) Heranziehung von § 85 VwVfG für die Beurteilung einer Aufwandsentschädigung s. Kluth, NZS 2018, 553, 558; ders. kritisch zum Kriterium der verdeckten Erwerbsabsicht NZS 2022, 441.

112 BSG 16.8.2017, NZS 2018, 572, 575.

oder eine echte freie Mitarbeit und damit eine selbständige Tätigkeit vorliegt. Einen wichtigen Bereich bilden freie Mitarbeiter bei Film, Funk und Fernsehen sowie z.T. im künstlerischen Bereich;[113] hinzugekommen sind Tätigkeiten im Bereich „Social Media“.[114]

49 Auch für diese Personengruppen ist das ausschlaggebende Abgrenzungskriterium die persönliche Abhängigkeit.[115] Die schwierigsten Abgrenzungsprobleme bestehen bei sog. programmgestaltenden Mitarbeitern. Das BSG betont, dass die persönliche Abhängigkeit von programmgestaltenden Mitarbeitern nicht schon aus ihrer Abhängigkeit vom technischen Apparat der Organisation und der Produktionsteams abzuleiten ist, für die sie tätig sind.[116] Vielmehr ist ein Beschäftigungsverhältnis nur anzunehmen, wenn die dienstberechtigte Institution innerhalb eines bestimmten zeitlichen Rahmens über die Arbeitsleistung verfügen kann. Davon wird ausgegangen, wenn ständige Dienstbereitschaft erwartet wird oder der Mitarbeiter in nicht unerheblichem Umfang ohne Abschluss entsprechender Vereinbarungen zur Arbeit herangezogen werden kann (wichtiges Indiz: Dienstpläne). Allein die Tatsache, dass die betreffende Person ihre Dienstleistung an einem vereinbarten Ort und zu einer vereinbarten Zeit erbringen muss, ist hingegen noch kein ausreichendes Indiz für Weisungsgebundenheit. Denn diese Festlegungen ergeben sich aus vertraglichen Vereinbarungen und sind gerade nicht Folge eines einseitigen Direktionsrechts.

50 Wird eine abhängige Beschäftigung verneint, bedeutet dies gerade im Medienbereich noch nicht, dass damit die Einbeziehung in die Sozialversicherung ausgeschlossen ist. Hier kann ggf. die Künstlersozialversicherung greifen.

6. Rechtsfolgen bei falscher Einordnung des Rechtsverhältnisses

51 Es kommt in der Praxis häufig vor, dass die Parteien von einer selbständigen Tätigkeit ausgehen, obwohl in Wirklichkeit ein Beschäftigungsverhältnis vorliegt. Die unrichtige Bewertung kann u.U. erst nach Jahren festgestellt werden (z.B. nach einer sozialversicherungsrechtlichen Betriebsprüfung, siehe unter § 14 Rn. 91).

52 **Strafrechtliche Folgen** nach § 266a StGB greifen nur, wenn der Arbeitgeber mit (bedingtem) Vorsatz gehandelt hat.[117] Aber auch der nicht vorsätzlich handelnde Arbeitgeber hat mit Folgen zu rechnen. So muss er im Rahmen der Verjährung (§ 25 SGB IV) **nachträglich Beiträge abführen**. Dabei kann er von dem Beschäftigten dessen Beitragsanteile nur innerhalb der Grenzen des § 28g S. 3 SGB IV (siehe unter Rn. 185f.) fordern. Vor diesem Hintergrund erlangt das Statusfeststellungsverfahren nach § 7a SGB IV (siehe unter § 14 Rn. 106ff.) erhebliche Bedeutung.

III. Die Entgeltlichkeit der Beschäftigung

1. Bedeutung des Arbeitsentgelts in der Sozialversicherung

53 In § 7 **Abs. 1 SGB IV** wird die **Entgeltlichkeit** der Tätigkeit **nicht als** Voraussetzung für eine Beschäftigung genannt. Auch die Gesetzesbegründung spricht dagegen, die Zahlung eines Entgelts als grundsätzlich erforderlich anzusehen. Dort wird ausdrücklich darauf hingewiesen, dass § 7 SGB IV nicht selbst die Versicherungspflicht regelt, sondern nur eine Begriffsabgrenzung vornehmen soll. Die Versicherungspflicht in den einzelnen Versicherungszweigen setzt vielmehr noch weitere Tatbestandsmerkmale voraus.[118]

---

113 S. zur Einordnung im Medienbereich auch Boss, NZS 2010, 483ff.

114 S. hierzu z.B. LSG NRW 20.6.2018, BeckRS 2018, 33714.

115 BSG 22.11.1973 BSGE 36, 262.

116 BSG 28.1.1999 BSGE 83, 246, 252f.; LSG Rheinland-Pfalz 31.82016, BeckRS 2016, 718992.

117 S. BeckOK-StGB/Wittig § 266a StGB Rn. 31: Schädigungs- und Bereicherungsabsicht sind hingegen nicht erforderlich; zu § 266a StGB s. auch BGH 1.9.2020, NStZ 2020, 159ff. mAnm. Lanzinner.

118 BT-Drs. 7/4122 S. 31.

Dennoch nimmt das Arbeitsentgelt in der Sozialversicherung eine **zentrale Rolle** ein. Mit Ausnahme der Unfallversicherung wird die Entgeltlichkeit in allen anderen Versicherungszweigen durchaus als Voraussetzung für die **Versicherungspflicht** aufgestellt (s. z.B. § 25 SGB III, § 5 Abs. 1 Nr. 1 SGB V, § 1 S. 1 Nr. 1 SGB VI, § 20 Abs. 1 Nr. 1 SGB XI, für die Gesetzliche Unfallversicherung s. § 2 Abs. 1 Nr. 1 SGB VII wo hingegen nicht auf die Entgeltlichkeit hingewiesen wird). Darüber hinaus zieht das BSG zumindest im Zusammenhang mit ehrenamtlichen Tätigkeiten ebenso wie bei der Mitarbeit von Familienmitgliedern die Entgeltlichkeit als wichtiges Indiz für das Vorliegen einer Beschäftigung i.S.v. § 7 SGB IV hinzu (hierzu näher Rn. 36ff.).[119] 54

Zudem wird anhand des Arbeitsentgelts die Höhe von **Beiträgen** ermittelt, das Arbeitsentgelt dient hierbei als Bemessungsgrundlage. Auch manche **Leistungen,** wie z.B. das Krankengeld oder das AlG I (§ 47 SGB V, §§ 149, 151 SGB III), werden in Anlehnung an das zuvor in einem bestimmten Bemessungszeitraum erzielte Arbeitsentgelt (Bemessungsgrundlage) bestimmt. Aufgrund dieser vielseitigen Bedeutung des Begriffs des Arbeitsentgelts sah es der Gesetzgeber als notwendig an, diesen „Grundbegriff der Sozialversicherung" einheitlich zu definieren.[120] 55

2. Arbeitsentgelt i.S.d. § 14 SGB IV

a) Überblick und Prüfungsmöglichkeit

Mit § 14 Abs. 1 SGB IV gibt der Gesetzgeber eine einheitliche Definition des Arbeitsentgelts für das gesamte Sozialversicherungsrecht: 56

> „Arbeitsentgelt sind alle laufenden oder einmaligen Einnahmen aus einer Beschäftigung, gleichgültig, ob ein Rechtsanspruch auf die Einnahmen besteht, unter welcher Bezeichnung oder in welcher Form sie geleistet werden und ob sie unmittelbar aus der Beschäftigung oder im Zusammenhang mit ihr erzielt werden."

Bei der **Prüfung**, ob es sich um Arbeitsentgelt i.S.v. § 14 Abs. 1 S. 1 SGB IV handelt, sind folgende Aspekte zu prüfen, wobei die Reihenfolge nur eine **Leitlinie** darstellt, die ggf. an den konkreten Einzelfall anzupassen ist: 57

Zunächst muss es sich um ein Entgelt handeln, das „unmittelbar aus der Beschäftigung oder im Zusammenhang mit ihr erzielt" wurde. Erste Voraussetzung ist somit eine Beschäftigung i.S.v. § 7 Abs. 1 SGB IV (bzw. eine sog. einheitliche Beschäftigung, s. hierzu Rn. 60),[121] zudem muss dieses Beschäftigungsverhältnis ursächlich für die Einnahmen sein. Im Anschluss erst ist zu prüfen, ob es sich bei den Einnahmen um ein Entgelt handelt. Hierbei ist es sinnvoll, nach laufenden und einmaligen Einnahmen zu unterscheiden, da ggf. unterschiedliche Anforderungen bzw. Ausnahmen gelten können (hierzu Rn. 69ff., s. insbesondere auch zur Berücksichtigung der Regelungen der SvEV, Rn. 57f.). Darüber hinaus muss ggf. auch der Zeitpunkt bestimmt werden, ab dem das Entgelt auch als Arbeitsentgelt i.S.v. § 14 SGB IV anzusehen ist (s. zum Entstehungs- und Zuflussprinzip Rn. 75ff.). Schließlich ist die Höhe des Arbeitsentgelts zu bestimmen, für die grundsätzlich das Bruttoarbeitsentgelt maßgeblich ist, im Ausnahmefall aber auch das Nettoentgelt (s. Rn. 81ff.). Dementsprechend könnten folgende Prüfungspunkte relevant werden:

- Beschäftigung i.S.v. § 7 Abs. 1 SGB IV
  - Ggf. auch sog. einheitliche Beschäftigung
- Ursächlichkeit Vergütung – Beschäftigung
- Arbeitsentgelt
  - Laufende Einnahmen
  - Einmalige Einnahmen
  - Ggf. Ausnahmen (insbesondere nach SvEV)?
- Höhe
  - Grundsatz: Bruttoarbeitsentgelt
  - Sonderfälle: z.B. Sachbezüge (s. auch hierzu SvEV)

---

119 BSG 16.8.2017, NZS 2018, 572ff.

120 BT-Drs. 7/4122 S. 32.

121 S. auch BeckOGK/Zieglmeier § 14 SGB IV Rn. 11.

b) Bedeutung der Sozialversicherungsentgeltverordnung (SvEV)

58 Für die Bestimmung des Arbeitsentgelts ist der Blick allein in § 14 SGB IV nicht immer ausreichend. § 17 Abs. 1 Nr. 1 SGB IV enthält eine Ermächtigungsgrundlage zum Erlass einer Rechtsverordnung, in der bestimmt werden kann, dass einmalige Einnahmen oder laufende Zulagen, Zuschläge, Zuschüsse oder ähnliche Einnahmen, die zusätzlich zu Löhnen oder Gehältern gewährt werden, und steuerfreie Einnahmen ganz oder teilweise nicht als Arbeitsentgelt gelten. Auf dieser Grundlage wurden ursprünglich die Arbeitsentgeltverordnung (ArEV) und die SachbezugsVO erlassen. Beide VOen wurden zum 1.1.2007 durch die Sozialversicherungsentgelt-VO (SvEV) vom 21.12.2006 zusammengeführt.[122]

59 § 1 SvEV bestimmt, welche Zuwendungen dem Arbeitsentgelt nicht zuzuordnen sind, dabei wird stets auch Bezug auf das Steuerrecht genommen. Besonders große praktische Bedeutung kommt z. B. § 1 Abs. 1 Nr. 1 SvEV zu, wonach einmalige Einnahmen, laufende Zulagen, Zuschüsse und ähnliche Einnahmen, die zusätzlich zu Löhnen oder Gehältern gewährt werden, nicht dem Arbeitsentgelt zuzurechnen sind, soweit sie lohnsteuerfrei sind (wobei hier wiederum für Sonn-, Feiertags- und Nachtarbeitszuschläge ab einem Mindestbetrag Rückausnahmen gelten). Auf diesem Umweg erlangt das Steuerrecht einen großen Einfluss auf die Beitragspflichtigkeit von Arbeitsentgelt. Hintergrund ist, dass das Abzugsverfahren hinsichtlich Lohn- und Kirchensteuer sowie Gesamtsozialversicherungsbeitrag aus betriebswirtschaftlichen Gründen erleichtert werden soll.[123] Bevor jedoch auf eine Leistung die SvEV angewendet wird, ist stets zu prüfen, ob es sich überhaupt um Arbeitsentgelt i. S. d. § 14 SGB IV handelt. Kommt die SvEV zur Anwendung, ist also die Zitierweise entsprechend anzupassen (z. B. §§ 14 Abs. 1, 17 Abs. 1 S. 1 SGB IV i. V. m. § 1 SvEV). In der Praxis erlangt in diesem Zusammenhang auch das Rundschreiben der Spitzenorganisationen der Sozialversicherung vom 22.6.2006, Beitragsrechtliche Behandlung von Sonntags-, Feiertags- und Nachtarbeitszuschlägen, große Bedeutung. Aus rechtlicher Sicht sind die Rundschreiben freilich für Außenstehende nicht verbindlich.

c) Ursächlicher Zusammenhang mit einer Beschäftigung

60 Zum Arbeitsentgelt gehören nur Einnahmen, die in einem ursächlichen Zusammenhang mit der Beschäftigung stehen. Es muss also ein **Beschäftigungsverhältnis i. S. v. § 7 SGB IV** vorliegen. Hierbei geht das BSG großzügig vor und lässt auch ein sog. **einheitliches Beschäftigungsverhältnis** ausreichen.[124]

61 Ein **einheitliches Beschäftigungsverhältnis** wird von der Rechtsprechung angenommen, wenn eine selbständige Tätigkeit mit einer abhängigen Beschäftigung derart verbunden ist, dass sie nur aufgrund der abhängigen Beschäftigung ausgeübt werden kann und insgesamt wie ein Teil der abhängigen Beschäftigung erscheint.[125] Denkbar ist z. B., dass „Aufwandsentschädigungen" in das Arbeitsentgelt einbezogen werden, die eine Krankenkasse für jedes geworbene neue Mitglied ihren Innendienstmitarbeitern zahlt, die andere dienstliche Aufgaben als die Mitgliederwerbung haben und arbeitsvertraglich dazu nicht verpflichtet sind. Das BSG führt hierzu aus:

> „Die Art der Verbindung, die zwischen selbständiger Tätigkeit und abhängiger Beschäftigung bestehen muss, um eine einheitliche Beschäftigung annehmen zu können, lässt sich nicht abstrakt für alle selbständigen Tätigkeiten umschreiben. Sie wird vielmehr von der Eigenart der jeweiligen selbständigen Tätigkeit bestimmt. Diese muss nicht notwendig weitergehend mit der abhängigen Beschäftigung verbunden sein, etwa in der Art, dass sie in diese zeitlich, örtlich, organisatorisch und inhaltlich eingebunden ist, um eine einheitliche Beschäftigung anzunehmen. Abhängig von der Art der Tätigkeit kann eine einheitliche Beschäftigung auch bereits dann bejaht werden, wenn

122 BGBl. I S. 3385, zur Begründung der SvEV s. BR-Drs. 819/06.

123 S. auch BeckOK-SozR/Wagner § 14 Rn. 15.

124 BSG 3.12.2002 SGb 2003, 583, 585; s. hierzu auch Barth, DStR 2016, 2907 ff.

125 BSG 26.3.1998 SozR 3-2400 § 14 Nr. 15 – Prämie für Verbesserungsvorschlag von Dritten; s. a. BSG 3.2.1994 SozR 3-2400 § 14 Nr. 8 – Notariatsangestellter als Auflassungsbevollmächtigter.

aus der Beschäftigung gewonnene Kenntnisse und Erfahrungen für die Tätigkeit genutzt werden müssen und die Tätigkeit dem Arbeitgeber nützlich ist."[126]

Diese Ausführungen lassen jedenfalls sehr viel Raum. Mangels hinreichender Sachverhaltsaufklärung hat das BSG den konkreten Fall der Aufwandsentschädigung für Mitgliederwerbung nicht entschieden.

Der Ursachenzusammenhang zur Beschäftigung kann auch bestehen, wenn die **Zuwendungen von einem Dritten** erbracht werden; sie werden dann auch zum Arbeitsentgelt gerechnet.[127] Erforderlich ist, dass die geldwerten Vorteile Dritter an Arbeitsleistungen des Beschäftigten anknüpfen, die der Beschäftigte im Rahmen seines Beschäftigungsverhältnisses auch im Interesse des zuwendenden Dritten erbringt. Zugleich muss mit der Zuwendung des Dritten gerade bei dem Beschäftigten eine Vermögensmehrung bezweckt werden.[128] 62

Das BSG hat eine entgeltliche Beschäftigung von Gepäckträgern bejaht, die ohne Zahlungen des Arbeitgebers allein auf die Gebühren der Reisenden angewiesen waren.[129] Gleiches gilt für angestellte Golflehrer eines Golfclubs, die ihr Honorar allein von den Golfschülern erhalten[130] und für von Dritten gezahlte Prämien für einen Verbesserungsvorschlag.[131] Auch eine zusätzliche Vergütung an Stationsrechtsreferendare hat das BSG als Zuwendung durch Dritte, die als Arbeitsentgelt einzuordnen ist, angesehen.[132] In diese Kategorie fallen grundsätzlich auch Trinkgelder, die jedoch nach § 3 Nr. 51 EStG steuerfrei und daher nach § 1 SvEV wiederum doch nicht sozialversicherungspflichtig sind.[133] Verneint hat das BSG hingegen ein Arbeitsentgelt i. S. v. § 14 Abs. 1 S. 1 SGB IV bei dem Verzicht auf Abschlussgebühren durch eine Bausparkasse bei Personen, die nicht ihre Beschäftigten, sondern Beschäftigte einer neben der Bausparkasse bestehenden rechtlich verselbständigten Bank waren.[134] 63

d) Erfasste Zuwendungen des Arbeitgebers

Zuwendungen sind nur dann Arbeitsentgelt i. S. d. § 14 SGB IV, wenn sie eine **Vergütung für die geleistete Arbeit** darstellen sollen. Bei **Aufwandsentschädigungen** handelt es sich daher erst dann um Arbeitsentgelt, wenn und soweit sie den tatsächlichen Aufwand übersteigen.[135] Aufgrund des Verwaltungsvereinfachungsgesetzes vom 29.3.2005[136] zählen die in § 23c SGB IV genannten Zuschüsse des Arbeitgebers zu Einkommensersatzleistungen, wie z. B. dem Krankengeld oder Pflegeunterstützungsgeld, unter den dort genannten Voraussetzungen nicht zu den beitragspflichtigen Einnahmen.[137] 64

Keinen Entgeltcharakter haben **Abfindungen**, die für Zeiten nach dem Ende der Beschäftigung gezahlt werden und damit einen Ausgleich für den Verlust des Arbeitsplatzes darstellen.[138] Arbeitsentgelt liegt aber insoweit vor, als sich eine Abfindung zeitlich der Beschäftigung zuordnen lässt, d. h. z. B. **rückständiges Arbeitsentgelt**, eine Urlaubsabfindung oder eine Vergütung für Zeiten der Freistellung von der Arbeitspflicht enthält oder bei einem befristeten Arbeitsverhältnis von vornherein als Bestandteil des Arbeitsentgelts vereinbart war.[139] 65

---

126 BSG 31.10.2012, NZS 2013, 349, 350.
127 BSG 3.12.2002, SGb 2003, 583, 585; s. hierzu auch Barth, DStR 2016, 2907 ff.
128 BSG 18.1.2018, BeckRS 2018, 13803.
129 BSG 4.12.1958 BSGE 8, 278, 283.
130 BSG 29.8.1963 BSGE 20, 6, 8 f.
131 BSG 26.3.1998 SozR 3-2400 § 14 Nr. 15.
132 BSG 31.3.2015 SozR 4-2400 § 14 SGG IV Nr. 19; BSG 18.1.2018, DStR 2018, 1627 ff.
133 Vgl. hierzu LSG Baden-Württemberg 18.5.2001, NZS 2002, 96.
134 BSG 18.1.2018, DStR 2018, 1627 ff.
135 BSG 30.11.1978 BSGE 47, 201, 207; BSG 22.2.1996 BSGE 78, 34, 39; LSG Schleswig-Holstein 20.11.2001, NZS 2002, 650, 652.
136 BGBl. I S. 819.
137 Zur Begründung s. BT-Drs. 15/4228 S. 22.
138 BSG 21.2.1990 BSGE 66, 219.
139 BSG 3.12.2002, SGb 2003, 583; Krauskopf/Stäbler § 14 SGB IV Rn. 10.

66 Für Entgeltbestandteile, die in **betriebliche Altersvorsorge** umgewandelt werden und nicht höher sind als 4 % der jährlichen Beitragsbemessungsgrenze der allgemeinen Rentenversicherung, ordnet § 14 Abs. 1 S. 2 SGB IV hingegen ausdrücklich die Einordnung als Arbeitsentgelt an.[140]

e) Form des Entgelts

aa) Geld- und Sachleistungen

67 Es ist unerheblich, in welcher Form das Arbeitsentgelt erbracht wird. Entgelt i. S. d. § 14 SGB IV sind nicht nur **Geldleistungen**, sondern auch Sachleistungen, wie z. B. die Überlassung von Werkswohnungen, die gestattete Privatnutzung von Kfz oder Belegschaftsrabatte, ggf. auch Tankgutscheine.[141] Wie sich der **Wert** dieser **Sachleistungen** bemisst, ist in **§§ 2, 3 SvEV** geregelt. Die SvEV unterscheidet die freie oder verbilligte Verpflegung, Unterkunft oder Wohnung (deren Werte unmittelbar in § 2 SvEV festgelegt werden) und sonstige Sachbezüge. Der Wert sonstiger Sachbezüge, die unentgeltlich (oder verbilligt) zur Verfügung gestellt werden, sind nach § 3 Abs. 1 und 2 SvEV mit dem (Differenzbetrag zum) üblichen Endpreis am Abgabeort anzusetzen. Soweit diese Leistungen von den Regelungen des Steuerrechts erfasst werden (§ 8 EStG), sind die dortigen Regelungen maßgeblich.

bb) Mitarbeiterrabatte

68 Bei sog. Mitarbeiterrabatten können Regelungen des SGB IV, der SvEV sowie des EStG ineinandergreifen. Zu den Mitarbeiterrabatten gehören die verbilligte Abgabe der vom Arbeitgeber produzierten Waren (Jahreswagenregelungen der Automobilkonzerne) ebenso wie der (teilweise) Verzicht auf ein übliches Entgelt für die vom Arbeitgeber angebotenen Dienstleistungen (kostenlose Kontoführung für Bankmitarbeiter).[142]

69 Nach § 3 Abs. 3 SvEV können Waren und Dienstleistungen, die vom Arbeitgeber nicht überwiegend für den Bedarf der Arbeitnehmer hergestellt, vertrieben oder erbracht werden und die nach § 40 Abs. 1 S. 1 Nr. 1 EStG pauschal versteuert werden, mit dem Durchschnittsbetrag der pauschal versteuerten Ware oder Dienstleistung angesetzt werden. Diese Regelung betrifft die sogenannten **Mitarbeiterrabatte**. Zu unterscheiden sind allerdings einmalig gezahlte Rabatte und solche, die regelmäßig in Anspruch genommen werden. Nach § 1 Abs. 1 Nr. 2 SvEV sind sonstige Bezüge nach § 40 Abs. 1 S. 1 Nr. 1 EStG dem Arbeitsentgelt dann nicht zuzurechnen, wenn sie nicht einmalig gezahltes Arbeitsentgelt i. S. d. § 23a SGB IV sind. Nach § 23a Abs. 1 S. 2 Nr. 3 SGB IV gelten derartige Waren und Dienstleistungen, die monatlich in Anspruch genommen werden können, nicht als einmalig gezahltes Arbeitsentgelt. Im Ergebnis bleiben damit Rabatte, die von den Mitarbeitern regelmäßig in Anspruch genommen werden können und pauschal versteuert werden, sozialversicherungsfrei.[143]

f) Laufendes und einmalig gezahltes Arbeitsentgelt

70 Es ist zu unterscheiden zwischen laufenden und einmaligen Einnahmen aus einer Beschäftigung, da sich an diese Einordnung unterschiedliche Rechtsfolgen knüpfen (vgl. § 1 SvEV).

---

140 S. hierzu auch BT-Drs. 16/6539 S. 7; s. im Einzelnen hierzu Krauskopf/Stäbler § 14 SGB IV Rn. 13 ff.

141 Zu Tankgutscheinen BSG 23.2.2021, NZS 2022, 26 mAnm. Holzwarth.

142 Vgl. BSG 7.2.2002, SGb 2003, 345; Freiflüge für Mitarbeiter einer Fluggesellschaft, BSG 7.2.2002, NZS 2002, 537; BSG 18.1.2018, DStR 2018, 1627, 1628.

143 Vgl. hierzu BSG 7.2.2002, SGb 2003, 345 mit Anm. Seewald, SGb 2003, 349 ff. auch zur Rechtslage ab 2003; Kazmierczak, NZS 2003, 186 f.

aa) Laufendes Arbeitsentgelt

Zum laufenden Arbeitsentgelt gehören die Einnahmen, die sich einer Arbeitsleistung in einem **konkreten Entgeltabrechnungszeitraum zurechnen** lassen. Unerheblich ist, zu welchem Zeitpunkt das Entgelt gezahlt wird. Zum laufenden Arbeitsentgelt zählt damit nicht nur der monatliche Grundlohn. Es werden auch Lohnnachzahlungen oder einmalige Zahlungen erfasst, die eine besondere Vergütung für konkrete Arbeitsprojekte enthalten. Diese sind dem Abrechnungszeitraum oder den Abrechnungszeiträumen zuzuordnen, in dem die zugrunde liegende Arbeitsleistung erbracht wurde.[144] Bedeutung hat dies vor allem dann, wenn durch die Verteilung auf mehrere Entgeltabrechnungszeiträume weniger Arbeitsentgelt die Beitragsbemessungsgrenze übersteigt als dies bei der Berücksichtigung nur in einem Abrechnungszeitraum der Fall wäre. 71

bb) Einmaliges Arbeitsentgelt

Bei der Einordnung von einmaligem Arbeitsentgelt sind zum einen § 23a SGB IV und zum anderen § 1 Abs. 1 SvEV zu berücksichtigen. § 23a SGB IV gibt die Merkmale eines einmaligen Arbeitsentgelts vor und § 1 Abs. 1 S. 1 Nr. 1 SvEV legt fest, dass wiederum diejenigen einmaligen Einnahmen, die lohnsteuerfrei sind, (ausnahmsweise) nicht dem Arbeitsentgelt zuzurechnen sind. 72

Nach der Definition des § 23a Abs. 1 S. 1 SGB IV handelt es sich bei einmalig gezahltem Arbeitsentgelt um Zuwendungen, die dem Arbeitsentgelt zuzurechnen sind und **nicht für die Arbeit in einem einzelnen Entgeltabrechnungszeitraum** gezahlt werden. Typische Anwendungsfälle sind Weihnachts- und Urlaubsgeld, Jubiläumszuwendungen und Gewinnbeteiligungen, das sog. 13. Monatsgehalt, nicht aber Prämien, die sich auf ein ganz konkretes Projekt beziehen.[145] 73

Abweichend von der Grundregel des § 23a Abs. 1 S. 1 SGB IV gelten nach § 23a Abs. 1 S. 2 SGB IV bestimmte Zuwendungen nicht als Arbeitsentgelt. Für diese Zuwendungen sind dann also u. a. keine Beiträge in der Sozialversicherung zu leisten. Dies sind Zuwendungen, die üblicherweise zur Abgeltung bestimmter Aufwendungen des Beschäftigten, die auch im Zusammenhang mit der Beschäftigung stehen, vom Arbeitgeber erbracht werden (**Nr. 1**), Waren oder Dienstleistungen, die vom Arbeitgeber nicht überwiegend für den Bedarf seiner Beschäftigten hergestellt, vertrieben oder erbracht werden und monatlich in Anspruch genommen werden können (**Nr. 2**) und Zuwendungen, die als sonstige Sachbezüge (**Nr. 3**) oder als vermögenswirksame Leistungen (**Nr. 4**) vom Arbeitgeber erbracht werden. 74

Einmalig gezahltes Arbeitsentgelt nach § 23a Abs. 1 S. 3 SGB IV ist grundsätzlich dem Entgeltabrechnungszeitraum zuzurechnen, in dem es gezahlt wird (hier gilt insoweit ausnahmsweise das sog. **Zuflussprinzip**, vgl. auch § 22 Abs. 1 S. 2 SGB IV, Rn. 75, 80). Da auf diese Weise das einmalig gezahlte Arbeitsentgelt zusammen mit dem laufenden Arbeitsentgelt häufig die Beitragsbemessungsgrenze überschreiten kann und damit ein Teil des Entgelts beitragsfrei bliebe, sieht § 23a SGB IV in den Absätzen 2 bis 4 Sonderregelungen vor, die diesen Effekt vermindern. Dabei wird das einmalig gezahlte Arbeitsentgelt abhängig vom Zeitpunkt der Zahlung und dem Bestand des Beschäftigungsverhältnisses rechnerisch auf bestimmte frühere Abrechnungszeiträume verteilt. 75

g) Entstehungs- und Zuflussprinzip

aa) Bedeutung

Wichtig ist auch der Zeitpunkt, ab dem Arbeitsentgelt als Arbeitsentgelt gilt. Erst dann wird es z. B. bei der Berechnung von Sozialversicherungsbeiträgen berücksichtigt. Nach dem **Entstehungsprinzip** entsteht die Beitragspflicht bereits mit der Entstehung des Entgeltanspruchs, unabhängig davon, ob dieser erfüllt wird. Nach dem **Zuflussprinzip** ist die Beitragspflicht davon abhängig, dass das Arbeitsentgelt auch tatsächlich gezahlt wird. Während vor dem Inkrafttreten des SGB IV am 76

---

144 Vgl. hierzu BSG 27.10.1989 BSGE 66, 34, 42.

145 BeckOK-SozR/Wagner § 14 SGB IV Rn. 14.

1.7.1977 für das Beitragsrecht in der Sozialversicherung noch das steuerrechtliche Zuflussprinzip galt, wird nun nach ganz überwiegender Ansicht hinsichtlich des laufenden Arbeitsentgelts auf die Entstehung des Entgeltanspruchs abgestellt (zum einmaligen Arbeitsentgelt s. o. Rn. 74).[146]

bb) Grundsatz Entstehungsprinzip

77 Für das **Entstehungsprinzip** lassen sich mehrere **Gründe** anführen:[147] Nach § 22 Abs. 1 S. 1 SGB IV entstehen die Beitragsansprüche der Versicherungsträger, sobald ihre im Gesetz oder aufgrund eines Gesetzes bestimmten Voraussetzungen vorliegen. Die Versicherungs- und Beitragspflicht hängt nach dieser Regelung nicht von der tatsächlichen Zahlung des Entgelts ab. Die Fälligkeit der laufenden Beiträge knüpft nach § 23 Abs. 1 SGB IV an die Ausübung der Tätigkeit, mit der das Einkommen erzielt wird an, nicht aber an den Zeitpunkt der Auszahlung.[148] Der Anspruch der Sozialversicherungsträger auf Beiträge (und umgekehrt die Höhe des Anspruchs der Versicherten auf kurzzeitige Lohnersatzleistungen) darf nicht vom Abrechnungs- und Zahlungsverhalten des Arbeitgebers abhängen. Die Beitragsansprüche entstehen auch, wenn der Arbeitgeber das geschuldete Arbeitsentgelt nicht oder nicht vollständig gezahlt hat oder erst rückwirkend zahlt.[149]

78 Bei **untertariflicher Bezahlung** geht die Rechtsprechung von dem tarifvertraglich geschuldeten Entgelt, nicht von dem tatsächlich gezahlten Entgelt aus. Auf den Zufluss kommt es nur an, soweit dem Beschäftigten über das geschuldete Arbeitsentgelt hinaus überobligatorische Zahlungen zugewendet oder geleistet werden.[150] Durch die Anwendung des Entstehungsprinzips wird der Arbeitgeber, der untertariflich zahlt, erst nachträglich zur Zahlung von Sozialversicherungsbeiträgen herangezogen. Diese Folge wird vom BVerfG aus verfassungsrechtlicher Sicht nicht beanstandet.[151] Ebenso wie die tariflichen Vorgaben sind hier auch die Untergrenzen, die das MiLoG in Form des **Mindestlohns** zieht, zu berücksichtigen.[152]

79 Das beitragspflichtige Beschäftigungsverhältnis besteht auch nach der **Freistellung** der Arbeitnehmer von der Arbeit, nach der Eröffnung des Insolvenzverfahrens oder der Kündigung fort.[153] Stand die Arbeitsentgeltzahlung unter einer auflösenden Bedingung und tritt diese ein, so verliert die Vergütung nachträglich die Eigenschaft als Arbeitsentgelt.[154]

cc) Sonderfall: Verzicht auf Arbeitsentgelt

80 Ein **arbeitsrechtlich wirksamer Verzicht** auf künftig fällig werdende Arbeitsentgeltbestandteile ist auch beitragsrechtlich zu berücksichtigen. Entscheidend ist auch hier das Entstehungsprinzip. Daher berührt ein rückwirkender Verzicht einen bereits entstandenen Beitragsanspruch nicht. Ein Verzicht auf künftiges Arbeitsentgelt ist insbesondere dann von Bedeutung, wenn dadurch die Entgeltgeringfügigkeitsgrenze des § 8 Abs. 1 Nr. 1 SGB IV unterschritten wird und damit Sozialversicherungsfreiheit eintritt.[155]

81 Bei einem **Verzicht auf eine Einmalzahlung** bleibt diese ungeachtet ihrer arbeitsrechtlichen Zulässigkeit bei der Ermittlung des regelmäßigen Arbeitsentgelts unberücksichtigt, da für einmalig gezahltes Arbeitsentgelt aufgrund des zum 1.1.2003 angefügten § 22 Abs. 1 S. 2 SGB IV die Beitrags-

146 S. hierzu ausführlich BeckOGK/Zieglmeier § 14 SGB IV Rn. 72 ff.
147 Eine ausführliche Begründung findet sich auch in BSG 14.7.2004, JuS 2006, 284 ff. mAnm. Ruland.
148 BSG 30.8.1994 BSGE 75, 61, 65 f.
149 BSG 26.10.1982 BSGE 54, 136, 139 f.; BSG 28.6.1995 BSGE 76, 162, 168.
150 BSG 14.7.2004 BSGE 93,119 = JuS 2006, 284 ff. mAnm. Ruland; ebenso LSG NRW 28.6.2007 L 16 R 2/07.
151 BVerfG 11.9.2008, NJW 2008, 3698.
152 S. BeckOGK/Zieglmeier § 14 SGB IV Rn. 75.
153 BSG 26.11.1985 BSGE 59, 183.
154 BSG 28.2.1967 SozR Nr. 20 zu § 160 RVO; BSG 28.2.1967 BB 2002, 1209.
155 Vgl. hierzu Kazmierczak, NZS 2003, 186 f.; Laurich/Geisler, DAngVers 2003, 241 f.

ansprüche entstehen, sobald dieses gezahlt wurde. Hier gilt also das strenge Zuflussprinzip.[156] Dasselbe gilt, wenn eine Einmalzahlung rechtswidrig unterlassen wurde.

h) Höhe: Bruttoarbeitsentgelt, Nettoarbeitsentgelt, Haushaltsscheckverfahren

Arbeitsentgelt i.S.d. § 14 SGB IV ist das **Bruttoarbeitsentgelt**, d.h. dazu gehören das Nettoentgelt, die darauf entfallende Lohn- und Kirchensteuer und der Arbeitnehmeranteil zur Sozialversicherung.[157] 82

Haben Arbeitgeber und Beschäftigter ein sog. **Nettoarbeitsentgelt** vereinbart, so gelten nach § 14 Abs. 2 S. 1 SGB IV als Arbeitsentgelt die Einnahmen des Beschäftigten einschließlich der darauf entfallenden Steuern und der seinem gesetzlichen Anteil entsprechenden Beiträge zur Sozialversicherung und zur Arbeitsförderung. Bei der Hochrechnung des Nettoentgelts auf das Bruttoentgelt ist zu beachten, dass sich die Steuer- und Beitragslast nicht nach dem Netto-, sondern nach dem Bruttoentgelt bemessen und damit auch Beiträge auf den Steuer- und den Beitragsanteil entfallen. Eine Möglichkeit, das Bruttoentgelt zu ermitteln, ist es, sich ihm durch das sog. **Abtastverfahren** anhand der Lohnsteuer- und Beitragstabellen schrittweise anzunähern.[158] 83

Mit § 14 Abs. 2 S. 2 SGB IV wird auch für die illegalen Beschäftigungsverhältnisse, bei denen keine Steuern und Sozialversicherungsbeiträge gezahlt wurden (**Schwarzarbeit**) vorgegeben, dass ein Nettoarbeitsentgelt als vereinbart gilt. Diese Fiktion greift nach der Rechtsprechung des BSG jedoch nur, wenn der Arbeitgeber hinsichtlich der Schwarzarbeit zumindest mit bedingtem Vorsatz gehandelt hat.[159] 84

Eine Sonderregelung enthält § 14 Abs. 3 SGB IV für das **Haushaltsscheckverfahren**. Dieses (erleichterte) Verfahren betrifft geringfügige Beschäftigungsverhältnisse in privaten Haushalten (§ 8a SGB IV, § 28a SGB IV), typischerweise handelt es sich hierbei z.B. um Reinigungskräfte in Privathaushalten. Nach § 14 Abs. 3 SGB IV gilt bei der Verwendung eines Haushaltsschecks i.S.v. § 28a Abs. 7 SGB IV der ausgezahlte Betrag zuzüglich der durch Abzug vom Arbeitslohn einbehaltenen Steuern als Arbeitsentgelt. 85

3. Zeiten der Beschäftigung ohne Vergütung

a) Überblick

In der Krankenversicherung (§ 5 Abs. 1 Nr. 1 SGB V), Pflegeversicherung (§ 20 Abs. 1 Nr. 1 SGB XI), Rentenversicherung (§ 1 S. 1 Nr. 1 SGB VI) und Arbeitslosenversicherung (§ 25 SGB III) besteht eine Versicherungspflicht immer nur dann, wenn die Beschäftigung gegen Entgelt ausgeübt wird. Handelt es sich um ein Arbeitsverhältnis, wirft diese Voraussetzung in der Regel keine Probleme auf, da ein Arbeitsverhältnis gerade durch das Verhältnis von Dienstleistung und Vergütung (§ 611a Abs. 2 BGB) bestimmt ist. 86

Doch gibt es auch im Rahmen eines Arbeitsverhältnisses immer wieder Situationen, in denen das Arbeitsverhältnis (trotz Unterbrechung) rechtlich fortbesteht, aber keine Vergütung bezahlt wird. Ein typisches Beispiel sind Zeiten unbezahlten Urlaubs. Mit § 7 Abs. 3 SGB IV hat der Gesetzgeber eine einheitliche Regelung für alle vorgenannten Zweige der Sozialversicherung geschaffen und damit die vorherigen Einzelregelungen und die zuvor ergangene Rechtsprechung vereinheitlicht.[160] Erweitert wurden die Möglichkeiten versicherter Beschäftigungen, trotz Freistellung durch § 7 Abs. 1a SGB IV, für den Bereich der Arbeitszeitflexibilisierungen. Eine Sonderregelung besteht im 87

---

156 Rolfs, NZA 2003, 65, 67; Wiegelmann, SozVers 2003, 85; Wissing, SGb 2003, 554, 557.

157 S. auch Küttner/Schlegel, Arbeitsentgelt Rn. 110.

158 BSG 22.9.1988 BSGE 64, 110, 112; BeckOGK/Ziegelmeier § 14 SGB IV Rn. 170; zum sog. unmöglichen Nettoarbeitsentgelt s. BSG 19.12.1995 BSGE 77, 181.

159 BSG 9.11.2011, NZA 2012, 662.

160 S. BSG 15.12.1971 BSGE 33, 254, 258; BeckOGK/Zieglmeier § 7 SGB IV Rn. 339.

Krankenversicherungsrecht für den Fall, dass das Arbeitsverhältnis bei rechtmäßigem Streik fortbesteht (§ 192 Abs. 1 Nr. 1 SGB V).

b) Fiktion des Fortbestehens des Beschäftigungsverhältnisses (§ 7 Abs. 3 SGB IV)

88 § 7 Abs. 3 S. 1 SGB IV erklärt ein Beschäftigungsverhältnis als fortbestehend, solange es ohne Anspruch auf Arbeitsentgelt fortdauert. Diese Bestimmung enthält eine Fiktion, die nicht widerlegt werden kann. Sie wirkt für maximal **einen Monat**. Die wichtigsten Anwendungsfälle in der Praxis sind unbezahlter Urlaub sowie Arbeitskampfmaßnahmen, die nicht zu einer Beendigung des Arbeitsverhältnisses, sondern nur zu einer Suspendierung der Hauptleistungspflichten führen.[161] Die Fiktion greift auch, wenn die Dauer der Unterbrechung nicht zu Beginn absehbar war; auch wenn zu Beginn schon klar war, dass die Unterbrechung länger als einen Monat dauern wird, kommt § 7 Abs. 3 S. 1 SGB IV zur Anwendung.[162] Mit § 7 Abs. 3 SGB IV werden verwaltungsaufwendige An- und Abmeldungen vermieden.[163]

89 Zu beachten ist, dass nach § 7 Abs. 3 S. 3 SGB IV die Fiktion nicht greift, wenn die in dieser Vorschrift bezeichneten Entgeltersatzleistungen (wie z.B. Krankengeld) bezogen werden oder Elternzeit in Anspruch genommen bzw. Wehr- oder Zivildienst geleistet wird. Daraus folgt jedoch nicht, dass das Fortwirken der Mitgliedschaft voraussetzt, dass sich der Beschäftigungszeitraum ohne Arbeitsentgeltanspruch unmittelbar an eine versicherungspflichtige Beschäftigung anschließt. Vielmehr kann auf diese Bestimmung auch zurückgegriffen werden, wenn mehrere Erhaltenstatbestände aufeinander folgen.[164]

c) Beschäftigungsverhältnis bei Arbeitszeitflexibilisierung (§ 7 Abs. 1a SGB IV)

90 Die Flexibilisierung der Arbeitszeit spielt seit geraumer Zeit eine bedeutsame Rolle bei der Gestaltung der Arbeitsbeziehungen.[165] Neben den kurzfristigen Ausgleichsmöglichkeiten wie Gleitzeit- oder Kurzzeitkonten haben sich insbesondere auch auf tariflicher Basis vielfältige Modelle und Regelungen entwickelt, geleistete Arbeitszeit in einem besonderen Wertguthaben anzusammeln und zu einem späteren Zeitpunkt zur kurz- oder längerfristigen Freistellung von der Arbeit einzusetzen. Die Vereinbarung solcher Modelle ist zunächst einmal Gegenstand individualvertraglicher, vor allem aber tarifvertraglicher Gestaltung. Sie betrifft aber notgedrungen auch das Sozialversicherungsrecht.

aa) Bedeutung für das Sozialrecht

91 Nach § 7 Abs. 1 SGB IV ist die Beschäftigung eine nichtselbständige Arbeit. Es genügt also nicht, wenn ein Entgelt gezahlt wird, es muss vielmehr auch eine **Arbeitsleistung** erbracht werden.[166] Modelle der flexiblen Arbeitszeit führen also dann zu Problemen, wenn bei Aufrechterhaltung des Arbeitsvertrages die Arbeitszeit so aufgeteilt wird, dass über längere Zeit (praktisch für mindestens einen kompletten Abrechnungszeitraum) keine Arbeitsleistung erfolgt (**Freistellungsphase**). Um zu verhindern, dass das Arbeitsverhältnis in der Freistellungsphase nicht mehr von der Sozialversicherung erfasst wird, wurde § 7 Abs. 1a SGB IV durch das Gesetz zur sozialrechtlichen Absicherung flexibler

---

161 Vgl. zu weiteren Einzelheiten Figge, DB 1998, 2519; zur Klarstellung in § 7 Abs. 3 S. 2 SGB IV hinsichtlich der Geltung der Fiktion für Wertguthaben der DRV s. BT-Drs. 16/10289 S. 14.

162 ErfK/Rolfs § 7 SGB IV Rn. 29; zu Verträgen, die für jeden Arbeitseinsatz neu abgeschlossen werden, wie z.B. in der Regel bei Synchronsprechern s. BSG 31.3.2017, NZS 2017, 784.

163 Kreikebohm/Dünn/Zipperer § 7 SGB IV Rn. 25.

164 BSG 17.2.2004, NZS 2005, 147.

165 Vgl. dazu Preis, Innovative Arbeitsformen, 2005, Teil II.

166 Knospe/Ewert/Marx, NZS 2001, 459, 461.

Arbeitszeitregelungen vom 6.4.1998[167] eingeführt. Danach besteht trotz fehlender Arbeitsleistung ein Beschäftigungsverhältnis auch in der Freistellungsphase, wenn bestimmte Voraussetzungen erfüllt sind. Besonderer Regelungsbedarf zeigte sich im Laufe der Zeit für den Insolvenzfall des Arbeitgebers (Insolvenzschutz) sowie hinsichtlich der Frage der Übertragbarkeit von Arbeitszeitkonten bei Beendigung des Arbeitsverhältnisses. Hier hat der Gesetzgeber mit dem **Gesetz zur Verbesserung der Rahmenbedingungen für die Absicherung flexibler Arbeitszeitregelungen** und zur Änderung anderer Gesetze vom 21.12.2008 Abhilfe geschaffen.[168]

bb) Voraussetzungen

Nach § 7 Abs. 1a S. 1 SGB IV besteht ein Beschäftigungsverhältnis auch für Zeiten der **Freistellung von der Arbeitsleistung** von weniger als einem Monat, wenn während der Freistellung Arbeitsentgelt aus einem Wertguthaben i.S.v. § 7b SGB IV fällig ist und das monatlich fällige Arbeitsentgelt in der Zeit der Freistellung nicht unangemessen von dem für die vorausgegangenen zwölf Kalendermonate abweicht, in denen Arbeitsentgelt bezogen wurde. Der frühere, in § 7 Abs. 1a S. 1 Nr. 2 SGB IV a.F. enthaltene Ausschluss geringfügig Beschäftigter wurde vom Gesetzgeber als nicht mehr gerechtfertigt angesehen und deshalb aufgegeben.[169] 92

Die in der Vergangenheit vielfach aufgetretenen Schwierigkeiten hinsichtlich der Frage, wann **Wertguthaben** im Sinne des Gesetzes vorlagen, hat der Gesetzgeber mit der Definition in § 7b SGB IV beseitigen wollen. Insbesondere ging es dem Gesetzgeber darum, diejenigen Formen der Flexibilisierung der Arbeitszeit vom Anwendungsbereich auszuschließen, bei denen es letztlich nur um die Flexibilisierung von Beginn und Ende der vertraglich geschuldeten werktäglichen oder wöchentlichen Arbeitszeit geht, wobei meist von der angesparten Arbeitszeit eine begrenzte Anzahl von Arbeitstagen als Freizeitausgleich genutzt werden kann.[170] 93

Vor diesem Hintergrund versteht sich die Neuregelung in § 7b SGB IV. Danach liegt eine Wertguthabenvereinbarung nur dann vor, wenn sie der Vereinbarung der **Schriftform** genügt und nicht das Ziel der flexiblen Gestaltung der werktäglichen und der wöchentlichen Arbeitszeit unter den Ausgleich betrieblicher Produktions- und Arbeitszeitzyklen verfolgt. Weiterhin erfordert § 7b Nr. 2, dass das Arbeitsentgelt in das Wertguthaben eingebracht wird, um es für Zeiten der Freistellung von der Arbeitsleistung oder der Verringerung der vertraglich vereinbarten Arbeitszeit zu entnehmen. Ebenso ist es notwendig, dass das aus dem Wertguthaben fällige Arbeitsentgelt mit einer vor oder nach der Freistellung von der Arbeitsleistung oder der Verringerung der vertraglich vereinbarten Arbeitszeit erbrachten Arbeitsleistung erzielt wird. § 7b Nr. 5 SGB IV verlangt ferner, dass das fällige Arbeitsentgelt insgesamt monatlich die Geringfügigkeitsgrenze übersteigen muss, es sei denn, die Beschäftigung wurde vor der Freistellung als **geringfügige Beschäftigung** ausgeübt. Damit können im Prinzip auch geringfügig Beschäftigte Wertguthaben aufbauen. Mit der Einziehung der Geringfügigkeitsgrenze in der Freistellungsphase soll nur verhindert werden, dass von dem Grunde nach sozialversicherungspflichtig Beschäftigten durch Verringerung des in der Freistellung gewährten Entgelts auf einen Wert unterhalb der Geringfügigkeitsgrenze Sozialversicherungsfreiheit herbeigeführt werden kann.[171] 94

§ 7d Abs. 1 SGB IV bestimmt, dass Wertguthaben nur noch als **Arbeitsentgeltguthaben** einschließlich des darauf entfallenden Arbeitgeberanteils am Gesamtsozialversicherungsbeitrag zu führen sind. Arbeitszeitguthaben sind in Arbeitsentgelt umzurechnen. Die Führung des Wertguthabens in Arbeitszeit ist also nicht möglich. Nach Abs. 2 muss der Arbeitgeber den Beschäftigten mindestens einmal jährlich in Textform über die Höhe des im Wertguthaben enthaltenen Arbeitsentgelt- 95

167 BGBl. I S. 688.
168 BGBl. I S. 2940 eingeführt; s. hierzu auch BT-Drs. 16/10289; Hanau/Veit, NJW 2009, 182ff.
169 BT-Drs. 16/10289 S. 13f.
170 BT-Drs. 16/10289 S. 14.
171 BT-Drs. 16/10289 S. 13f.

guthabens unterrichten. § 7d Abs. 3 SGB IV enthält nähere Vorschriften zur Anlage von Wertguthaben. Freistellungen können gesetzlich geregelt oder vertraglich vereinbart sein. Als gesetzlich geregelte Freistellungen von der Arbeitsleistung erwähnt § 7c Abs. 1 Nr. 1 SGB IV (nicht abschließend) etwa die Inanspruchnahme der Möglichkeiten des Pflegezeitgesetzes, Zeiten der Betreuung und Erziehung eines Kindes nach Maßgabe des Bundeselterngeld- und Elternzeitgesetzes sowie die Herabsetzung der vertraglich vereinbarten Arbeitszeit nach § 8 TzBfG. Hinsichtlich der vertraglich vereinbarten Freistellungen von der Arbeitsleistung hebt § 7c Abs. 1 Nr. 2 SGB IV insbesondere Zeiten hervor, die unmittelbar vor dem Zeitpunkt liegen, zu dem der Beschäftigte eine Rente wegen Alters nach dem SGB VI bezieht oder beziehen könnte sowie Zeiten der Teilnahme an beruflichen Qualifizierungsmaßnahmen.

cc) Insolvenzschutz (§ 7e SGB IV)

96 Mit § 7e Abs. 1 SGB IV werden verbindlich **Insolvenzschutzvorkehrungen** als Teil der Vereinbarung nach § 7b SGB IV vorgeschrieben, soweit kein Anspruch auf Insolvenzgeld (§§ 165 ff. SGB III) besteht und wenn das Wertguthaben des Beschäftigten einschließlich des darin enthaltenen Gesamtsozialversicherungsbeitrags einen Betrag in Höhe der monatlichen Bezugsgröße (§ 18 SGB IV) übersteigt. In einem Tarifvertrag oder aufgrund eines Tarifvertrags in einer Betriebsvereinbarung kann ein abweichender Betrag vereinbart werden.

97 Besonders bedeutsam ist § 7e Abs. 2 SGB IV, wonach eine **Trennung des Wertguthabens** vom übrigen Betriebs- und Anlagevermögen vorzunehmen ist. Das Wertguthaben ist durch einen Dritten zu führen, der im Fall der Insolvenz des Arbeitgebers für die Erfüllung der Ansprüche aus dem Wertguthaben für den Arbeitgeber einsteht. Das Gesetz nennt als Möglichkeiten die Begründung eines Treuhandverhältnisses. Es sind aber auch andere, gleichwertige Sicherungsmittel zulässig, insbesondere ein Versicherungsmodell oder ein schuldrechtliches Verpfändungs- oder Bürgschaftsmodell mit ausreichender Sicherung gegen Kündigung (zu Ausnahmen s. Abs. 3).

98 § 7e SGB IV statuiert eine **Informationspflicht** des Arbeitgebers gegenüber den Beschäftigten über die Vorkehrungen zum Insolvenzschutz. Die Abs. 5 bis 7 sehen **Sanktionsmechanismen** für den Fall vor, dass der Arbeitgeber seinen Verpflichtungen nicht nachkommt. Abs. 5 gibt den **Beschäftigten** das Recht, die Vereinbarung nach § 7b SGB IV mit sofortiger Wirkung zu **kündigen**, falls der Arbeitgeber nach schriftlicher Aufforderung des Beschäftigten, seinen Verpflichtungen nachzukommen, die Erfüllung des Anspruchs dem Beschäftigten nicht innerhalb von zwei Monaten nach der Aufforderung nachweist. Das Wertguthaben ist dann nach Maßgabe von § 23b Abs. 2 SGB IV aufzulösen. Ein ähnliches Recht gibt Abs. 6 dem **Träger der Rentenversicherung** im Rahmen einer sozialversicherungsrechtlichen Betriebsprüfung nach § 28p SGB IV. Darüber hinaus **haftet der Arbeitgeber** nach Abs. 7, wenn es wegen eines nicht geeigneten oder nicht ausreichenden Insolvenzschutzes zu einer Verringerung oder einem Verlust des Wertguthabens kommt, dem Arbeitnehmer gegenüber auf Schadensersatz. Handelt es sich beim Arbeitgeber um eine juristische Person oder eine Gesellschaft ohne Rechtspersönlichkeit, haften auch die organschaftlichen Vertreter gesamtschuldnerisch für den Schaden. Nur wenn der Schaden vom Arbeitgeber nicht zu vertreten ist, scheidet eine Haftung aus. Eine nachträgliche Beseitigung des Insolvenzschutzes schließt § 7e SGB IV aus.

dd) Übertragung von Wertguthaben (§ 7f SGB IV)

99 Die Regelung des § 7f SGB IV über die Portabilität (Übertragung) von Wertguthaben schafft die Möglichkeit, bei Beendigung einer Beschäftigung ein im vorangehenden Beschäftigungsverhältnis aufgebautes Wertguthaben zu erhalten und nicht auflösen zu müssen. Der Gesetzgeber hatte dabei zwei Fallgestaltungen im Blick.[172] Bei entsprechender Bereitschaft des neuen Arbeitgebers kann das Wertguthaben an ihn übertragen werden, § 7f Abs. 1 Nr. 1 SGB IV. Fehlt diese Bereitschaft, wird eine selb-

172 Vgl. BT-Drs. 16/10289 S. 18.

ständige Tätigkeit aufgenommen oder folgt eine Phase der Nichtbeschäftigung, soll der Beschäftigte in freier Entscheidung sein Wertguthaben an die Deutsche Rentenversicherung Bund übertragen können, § 7f Abs. 1 Nr. 2 SGB IV. Die Übertragung auf die Deutsche Rentenversicherung Bund setzt voraus, dass das Wertguthaben einschließlich des Gesamtsozialversicherungsbeitrags einen Betrag in Höhe des Sechsfachen der monatlichen Bezugsgröße (§ 18 SGB IV) übersteigt. Die Rückübertragung ist ausgeschlossen. § 7f Abs. 2 SGB IV regelt die Entnahme von dem auf die Deutsche Rentenversicherung Bund übertragenen Konto durch den Beschäftigten.

Die Freistellung wegen übertragener Wertguthaben begründet bei dem **Dritten keine Beitragspflicht**, sondern verbleibt bei dem Übertragenden.[173] § 23b Abs. 4 SGB IV stellt klar, dass nur aufgrund eigener Arbeitsleistung angesparte Wertguthaben sozialversicherungsrechtlich schutzbedürftig sind.[174] 100

ee) Beitragspflichtige Einnahmen bei flexibler Arbeitszeit (§ 23b SGB IV)

Nach der Grundregel des § 23 Abs. 1 S. 2 SGB IV werden die Beiträge, die nach dem Arbeitsentgelt zu bemessen sind, spätestens am drittletzten Bankarbeitstag des Monats **fällig**, der dem Monat folgt, in dem die Beschäftigung, mit der das Arbeitsentgelt erzielt wird, ausgeübt worden ist oder als ausgeübt gilt. Da bei Formen der flexiblen Arbeitszeit die Arbeitstätigkeit nicht kontinuierlich erfolgt, wären nach dieser Regel für die Zeiten, in denen das Wertguthaben erarbeitet wird, hohe Beiträge fällig, während in der Freistellungsphase keine Beiträge anfielen. **§ 23b SGB IV** enthält daher eine **Sonderregelung**, um die Beitragszahlungen der i.d.R. gleichmäßigen Entgeltzahlung anzupassen. Nach § 23b Abs. 1 S. 1 SGB IV ist das fällige Arbeitsentgelt maßgeblich für die Fälligkeit des Beitrags, unabhängig davon, ob es in einer Zeit der Arbeitsleistung oder der Inanspruchnahme des Wertguthabens nach § 7c SGB IV anfällt. Im Regelfall wird dadurch das Wertguthaben in der Freistellungsphase verbraucht und zu diesem Zeitpunkt nach § 23b Abs. 1 S. 1 SGB IV auch bei der Beitragsermittlung berücksichtigt.[175] 101

§ 23b Abs. 2 SGB IV enthält Einzelheiten zur Ermittlung des Arbeitsentgelts i.S.d. § 23 Abs. 1 SGB IV bei Verwendung des Wertguthabens abweichend von § 7c SGB IV. Erfasst werden hiervon z.B. Fälle wie die **Auflösung** der an die Deutsche Rentenversicherung Bund übertragenen Wertguthaben. Aufzulösen ist dieses Wertguthaben, wenn eine Rente wegen verminderter Erwerbsfähigkeit oder eine Rente wegen Alters in Anspruch genommen wird, sowie wegen Todes des Beschäftigten. Bei Inanspruchnahme einer Rente ist die Auflösung des Wertguthabens für die Versicherten in der Regel vorteilhaft, weil sich deren Betrag durch die Ermittlung von zusätzlichen Entgeltpunkten entsprechend erhöht. Im Fall der Inanspruchnahme einer Rente wegen verminderter Erwerbsfähigkeit wird das Wertguthaben allerdings nicht aufgelöst, wenn der Versicherte dem widerspricht.[176] 102

§ 23b Abs. 3 SGB IV **verschiebt die Fälligkeit** nachzuentrichtender Beiträge aus Wertguthaben, wenn dieses wegen Beendigung der Beschäftigung nicht mehr entsprechend der Vereinbarung verwandt werden kann und der Versicherte unmittelbar daran anschließend im Sinne des SGB III arbeitslos wird. Dem Arbeitslosen soll bis zu einer Dauer von sechs Monaten die Möglichkeit gegeben werden, mit einem späteren Arbeitgeber eine Vereinbarung zu treffen, mittels derer die bislang erarbeiteten Wertguthaben zu Freistellungszwecken übernommen werden können.[177] 103

---

173 LPK-SGB IV/Lüdtke § 23b Rn. 23; BeckOGK/Zieglmeier § 23b SGB IV Rn. 43.

174 Hauck/Knospe § 23b SGB IV Rn. 111.

175 Zum sog. Summenfeldermodell nach § 23b Abs. 2a S. 1 SGB IV bei Störungen bei der Verwendung des Wertguthabens wie z.B. Erwerbsminderung oder Insolvenz des Arbeitgebers s. z.B. BeckOGK/Zieglmeier § 23b SGB IV Rn. 3; BR-Drs. 531/00 S. 107; Knospe/Ewert/Marx, NZS 2001, 459, 464.

176 Vgl. dazu BT-Drs. 16/10289 S. 19.

177 Zum Sinn dieser Regelung BT-Drs. 15/1199 S. 20.

IV. Betriebliche Berufsbildung als Beschäftigung (§ 7 Abs. 2 SGB IV)

104 § 7 Abs. 2 SGB IV knüpft an die Konzeption der **Berufsbildung i.S.d. BBiG** an.[178] Gem. § 1 BBiG versteht man unter Berufsbildung die Berufsausbildungsvorbereitung, die Berufsausbildung, die berufliche Fortbildung und die berufliche Umschulung. Entscheidend ist immer, dass berufliche Bildungsmaßnahmen innerhalb eines Betriebs durchgeführt werden.

105 Unmittelbare materiell-rechtliche Folgen ergeben sich aus § 7 Abs. 2 SGB IV nicht. § 7 Abs. 2 SGB IV steckt nur den Rahmen ab, innerhalb dessen berufliche **Bildung als Beschäftigung** zu behandeln ist. Die Versicherungspflicht ist wiederum in den einzelnen Gesetzen der Sozialversicherungszweige geregelt, s. § 25 Abs. 1 SGB III, § 5 Abs. 1 Nr. 1 SGB V, § 1 S. 1 Nr. 1 SGB VI, § 2 Abs. 1 Nr. 1 SGB VII, § 20 Abs. 1 Nr. 1 SGB XI.[179]

V. Statusfeststellungsverfahren

1. Funktion des Statusfeststellungsverfahrens

106 Die Einordnung eines Erwerbstätigen als Beschäftigten i.S.v. § 7 SGB IV oder aber Selbständigen ist schon wegen der erheblichen Grauzone, die nicht zuletzt auch mit der veränderten Arbeitswelt gewachsen sein dürfte, keineswegs immer leicht (s. hierzu oben Rn. 5). Es ist nicht selten, dass Arbeitgeber Anmeldungen zur Sozialversicherung von Mitarbeitern an die Einzugsstellen nicht tätigen, weil sie fälschlich von einer selbständigen Tätigkeit eines Mitarbeiters ausgehen. Nicht nur das Interesse des Beschäftigten an einer zutreffenden Einordnung ist groß, auch das **Risiko** für den Arbeitgeber bei einer **falschen Einordnung**,[180] die durchaus im Rahmen einer Betriebsprüfung durch die Rentenversicherungsträger aufgedeckt werden kann, ist schwerwiegend.

107 Dem Arbeitgeber, der einen Mitarbeiter fälschlich als Selbständigen einordnet und damit auch seiner Meldepflicht nach § 28a SGB IV sowie der Pflicht nach § 28e SGB IV zur Berechnung und Zahlung der Gesamtsozialversicherungspflicht nicht nachkommt, macht sich schlimmstenfalls nach **§ 266a StGB strafbar**.[181] Selbst wenn das Erfordernis des (bedingten) Vorsatzes nicht erfüllt ist, bleibt das **Risiko erheblicher finanzieller Belastungen**. So besteht nicht nur für die Zukunft, sondern auch für die Vergangenheit eine Beitragszahlungspflicht des Arbeitgebers. Dabei dürfen die Arbeitnehmeranteile, die nachzuzahlen sind, nur aus der laufenden Entgeltzahlung entnommen werden und darüber hinaus höchstens für drei Monate nachgeholt werden, vorausgesetzt das Beschäftigungsverhältnis besteht noch, § 28g SGB IV. Im Übrigen hat der Arbeitgeber die Arbeitnehmeranteile zu tragen. Hinzu kommen noch Säumniszuschläge, die nur entfallen, wenn der Arbeitgeber die Zahlungspflicht unverschuldet nicht kannte, § 24 Abs. 2 SGB IV, wobei das BSG hierfür nicht auf § 276 BGB zurückgreift, sondern einen eigenen Maßstab anlegt und wenigstens bedingten Vorsatz voraussetzt.[182] Ein Bedürfnis sowohl des Arbeitgebers als auch des Beschäftigten an einer schnellen Klärung liegt damit auf der Hand.

108 Erschwerend kommt hinzu, dass es hinsichtlich der Einordnung als Beschäftigungsverhältnis zu **divergierenden Entscheidungen** von der Krankenkasse und den Trägern der Rentenversicherung kommen kann. Meldet ein Arbeitgeber bei der Krankenkasse als zuständige Einzugsstelle einen Beschäftigten, obliegt ihr die Feststellung über eine Versicherungspflicht in der Sozialversicherung (§ 28h Abs. 2 SGB IV). Aber auch die Träger der Rentenversicherung treffen eine Entscheidung hinsichtlich der Versicherungspflicht, nämlich im Rahmen der sozialversicherungsrechtlichen Betriebsprüfung (§ 28p Abs. 1 S. 6 SGB IV).

---

178 Vgl. Pappai/Gleitze, BArbBl. 1977, 173.
179 BeckOK-SozR/Rittweger § 7 SGB IV Rn. 16.
180 S. hierzu z.B. Schlegel/Geiger, NJW 2020, 16f.; Reiserer/Freckmann, NJW 2003, 180, 183; Brose, SGb 2020, 133, 134.
181 S. hierzu BGH 1.9.2020, NJW 2020, 3469ff. mAnm. Klötzer-Assion.
182 BSG 12.12.2018, DStR 2019, 1165.

Um dem etwas entgegenzusetzen, hat der Gesetzgeber mit Wirkung zum 1.1.1999[183] das Statusfeststellungsverfahren gem. § 7a SGB IV eingeführt.[184] Damit wollte er eine **schnelle und unkomplizierte** Möglichkeit zur **Klärung** der Statusfrage eröffnen, divergierende Entscheidungen der Träger verhindern[185] und den Beteiligten **Rechtssicherheit** darüber verschaffen, ob eine selbständige Tätigkeit oder ein abhängiges Beschäftigungsverhältnis vorliegt.[186] Zudem soll die Position des gutgläubigen Arbeitgebers gestärkt werden.[187] 109

Nachdem das Verfahren nach § 7a SGB IV langjähriger Kritik ausgesetzt und praktisch nur selten zur Anwendung kam,[188] wurde es mit Wirkung zum 1.4.2022 grundlegend reformiert.[189] Die ursprüngliche Zielsetzung wurde aufrechterhalten, das Verfahren sollte aber einfacher und schneller als bisher und zeitgemäß weiterentwickelt werden.[190] Gem. § 7a Abs. 7 S. 1 SGB IV gelten die Neuregelungen jedoch in weiten Teilen zunächst nur befristet bis zum 30.6.2027, bis dahin sollen sie evaluiert und ihre Praxistauglichkeit untersucht werden.[191] 110

2. Durchführung des Statusfeststellungsverfahrens

a) Beteiligte und Zuständigkeit

Beteiligte des **(freiwilligen) Statusfeststellungsverfahrens** i.S.v. § 7a SGB IV sind laut Gesetzesbegründung „die Partner der Beziehung, in deren Rahmen die zu beurteilende Tätigkeit ausgeübt wird, also nicht andere Versicherungsträger."[192] Gemeint sind damit der potentielle Arbeitgeber und der potentielle Beschäftigte. Der Wortlaut der Regelung zeigt bereits, dass gerade nicht die Versicherungsträger, die durchaus ebenfalls ein Interesse an der Feststellung haben könnten, antragsberechtigt sind; die Gesetzesbegründung unterstreicht dies nochmals. § 7a SGB IV nimmt als Ausgangspunkt das „Auftragsverhältnis", welches aber nach der Gesetzesbegründung nicht im zivilrechtlichen Sinne verstanden werden soll, sondern vielmehr dem allgemeinen Sprachgebrauch entnommen wurde. Durch die Anknüpfung an das Auftragsverhältnis soll klargestellt werden, dass sich die Feststellung des Erwerbsstatus nur auf ein konkretes Rechtsverhältnis bezieht und keine allgemeine Feststellung einer selbständigen Tätigkeit ohne Bezug auf ein konkretes Auftragsverhältnis möglich sein soll.[193] Bei der Statusfeststellung in Dreiecksverhältnissen kann ggf. noch der Dritte i.S.v. § 7a Abs. 2 S. 3 SGB IV hinzukommen. 111

Die Verfahren werden auf **Antrag** (schriftlich oder elektronisch) eingeleitet. Der Antrag muss bei der gem. § 7a Abs. 1 S. 1 SGB IV für die Entscheidung zuständigen **Deutschen Rentenversicherung Bund** eingereicht werden. Zuständig ist dort die sog. Clearingstelle.

b) Gegenstand und Varianten der Statusfeststellung

Es ist zunächst zu **unterscheiden** zwischen dem (freiwilligen) Statusfeststellungsverfahren nach § 7a Abs. 1 S. 1 SGB IV, wonach den Vertragsparteien die Möglichkeit gegeben wird, das Verfahren einzuleiten und dem obligatorischen Statusfeststellungsverfahren nach § 7a Abs. 1 S. 2 SGB IV, das ggf. von der Einzugsstelle, also der Krankenkasse, eingeleitet werden muss. Innerhalb des freiwilligen Statusfeststellungsverfahrens sind darüber hinaus vier Konstellationen zu unterscheiden: In § 7a 112

183 Durch das Korrekturgesetz zur Förderung der Selbständigkeit, BGBl. I 2000 S. 2.
184 S. zur Neueinführung Kunz/Kunz, DB 2000, 518; Schmidt, DAngVers 2000, 313; Bieback, DB 2000, 873.
185 BT-Drs. 14/1855 S. 6.
186 BT-Drs. 14/1855 S. 7.
187 BT-Drs. 14/1855 S. 6.
188 BT-Drs. 19/29893 S. 27.
189 BGBl. I S. 2970.
190 BT-Drs. 19/29893 S. 27.
191 BT-Drs. 19/29893 S. 34.
192 BT-Drs. 14/1855 S. 7.
193 BT-Drs. 19/29893 S. 28.

Abs. 1 S. 1 SGB IV ist zunächst der Grundfall geregelt, in dem ein Beteiligter eines Zweipersonenverhältnisses freiwillig die Klärung des Erwerbsstatus beantragt, wenn das Vertragsverhältnis bereits durchgeführt wird. Zu diesem Grundfall kommen drei weitere Möglichkeiten der Statusfeststellung hinzu. So kann nach § 7a Abs. 2 S. 2 SGB IV auch in Dreiecksverhältnissen (i. d. R. Arbeitnehmerüberlassung) auch im Verhältnis zum Dritten eine Statusfeststellung erfolgen. § 7a Abs. 4a SGB IV bietet die Möglichkeit, bereits vor der Aufnahme der Tätigkeit den Erwerbsstatus durch die DRV feststellen zu lassen. Schließlich ist nach § 7a Abs. 4b SGB IV eine sog. Gruppenfeststellung zulässig.

113 In sämtlichen Formen der Statusfeststellung erfolgt lediglich eine sog. **Elementenfeststellung**. Nach § 7a Abs. 2 S. 1 SGB IV entscheidet die Deutsche Rentenversicherung – anders als vor der Reform – nur noch über die Frage, ob es sich um eine (abhängige) Beschäftigung oder eine selbstständige Tätigkeit handelt. Es wird also nur über ein Element einer etwaigen Sozialversicherungspflicht entschieden, Aussagen über die Versicherungspflicht werden hingegen nicht getroffen.[194]

aa) Obligatorische Statusfeststellung

114 Das **obligatorische Statusfeststellungsverfahren** nach § 7a Abs. 1 S. 2 SGB IV kommt zur Anwendung, wenn sich aus der Meldung des Arbeitgebers ergibt, dass es sich um einen geschäftsführenden Gesellschafter einer GmbH oder um mitarbeitende Ehegatten bzw. Lebenspartner nach dem Lebenspartnerschaftsgesetz handelt. In diesen Konstellationen ist die Einzugsstelle, also die Krankenkasse, verpflichtet, einen Antrag auf Statusfeststellung zu stellen.[195]

bb) Freiwillige Statusfeststellung: Der Grundfall

115 Als **Grundfall** kann das in § 7a Abs. 1 S. 1 SGB IV geregelte und in Abs. 2 S. 1 und S. 4 sowie Abs. 3 näher ausgestaltete Verfahren bezeichnet werden. Hier geht es um den Fall, dass ein Auftragsverhältnis zwischen zwei Personen besteht und bereits durchgeführt wird und eine der beiden Personen bei der DRV die Feststellung des Erwerbsstatus beantragt. Die **Beurteilungsgrundlage** bildet nach § 7a Abs. 2 S. 1 SGB IV eine Gesamtwürdigung aller Umstände des Einzelfalles. Dabei teilt die DRV den Beteiligten nach Abs. 3 mit, welche Angaben und Unterlagen sie für ihre Entscheidung benötigt. Entscheidend ist dabei das „gelebte Vertragsverhältnis“, wenn es von den vertraglichen Vereinbarungen abweicht.[196] Die Entscheidung der DRV entfaltet gem. § 7a Abs. 2 S. 4 SGB IV ggü. den anderen Versicherungsträgern **Bindungswirkung**, wenn sie über die Versicherungspflicht des Auftragsverhältnisses entscheiden müssen. Es handelt sich hierbei um einen Verwaltungsakt, wie auch die Möglichkeit des Widerspruchs nach Abs. 6 verdeutlicht.[197]

cc) Statusfeststellung in Dreiecksverhältnissen

116 Eine besondere Form der Statusfeststellung besteht nach § 7a Abs. 2 S. 2 SGB IV, wenn die vereinbarte Tätigkeit für einen Dritten erbracht wird. Gemeint ist hiermit der Einsatz von Fremdpersonal in Dreiecksverhältnissen, in der Regel in Form der **Arbeitnehmerüberlassung**.[198] Vor der Reform mussten in solchen Fällen jeweils zwei separate Statusfeststellungsverfahren durchgeführt werden. Nunmehr kann die DRV, wenn Anhaltspunkte vorliegen, dass der Auftragnehmer in die Arbeitsorganisation des Dritten eingegliedert ist und seinen Weisungen unterliegt, auch ohne Antrag und ohne dass der Dritte sich damit einverstanden erklären muss, unmittelbar prüfen, ob das Beschäftigungs-

---

194 Zur Begründung der Beschränkung auf den Erwerbsstatus näher BT-Drs. 19/29893 S. 28; kritisch hierzu Kössel, DB 2021, 2021, 2216, 2217; Zieglmeier, NZA 2021, 977, 978.

195 Zu Hintergrund und Zielsetzung s. BT-Drs. 15/1749 S. 9; Schlegel/Geiger, NJW 2020, 16, 17.

196 BT-Drs. 19/29893 S. 30.

197 Teilweise a. A. Alberding, BB 2021, 2100, 2103.

198 BT-Drs. 19/29893 S. 29

verhältnis zum Dritten besteht. Zudem hat nach Abs. 2 S. 3 auch der Dritte bei entsprechenden Anhaltspunkten die Möglichkeit, eine Statusfeststellung zu beantragen. Zentral und zugleich vage ist die Vorgabe, dass Anhaltspunkte für eine Eingliederung und Weisungsgebundenheit vorliegen müssen. Jedenfalls geben aber weder das Gesetz noch die Gesetzesbegründung eine „Mindestwahrscheinlichkeit" vor.[199] Ebenso wie im Grundfall entfaltet auch hier die Entscheidung der DRV eine Bindungswirkung ggü. anderen Versicherungsträgern bei ihrer Beurteilung der Versicherungspflicht, § 7a Abs. 2 S. 4 SGB IV.

dd) Statusfeststellung vor Tätigkeitsaufnahme

Mit § 7a Abs. 4a SGB IV wird die Möglichkeit eröffnet, bereits vor der Aufnahme der Tätigkeit den Erwerbsstatus durch die DRV feststellen zu lassen, sog. **Prognoseentscheidung**. Damit soll dem nachvollziehbaren Interesse Rechnung getragen werden, möglichst früh Rechtssicherheit über den Erwerbsstatus zu erlangen.[200] Zugleich geht damit aber auch ein Systembruch einher. Die Annahme, auf die die Rechtsprechung durchgängig zurückgreift und die auch in der Gesetzesbegründung wiederholt wird, wonach die tatsächliche Durchführung des Vertragsverhältnisses entscheidend ist, kann bei einer Prognoseentscheidung gerade nicht zur Anwendung kommen.[201] Beurteilungsgrundlage sind nach Abs. 4a S. 2 vielmehr die schriftlichen Vereinbarungen und die beabsichtigten Umstände der Vertragsdurchführung. Dass die Deutsche Rentenversicherung Bund in ihrer Stellungnahme zum Gesetzentwurf ein Missbrauchspotential angemahnt hat,[202] ist nicht überraschend, zumal es durchaus Konstellationen gibt, in denen beide Parteien eine Einordnung als selbständige Tätigkeit wünschen.[203] 117

Mit Abs. 4a S. 3 wird den Beteiligten eine **Mitteilungspflicht** auferlegt, wenn sich innerhalb des ersten Monats nach der Aufnahme der Tätigkeit die schriftlichen Vereinbarungen oder Umstände der Vertragsdurchführungen ändern;[204] sind diese Änderungen wesentlich, kommt es gem. Abs. 4a S. 4 zu einer Aufhebung der Entscheidung zum Erwerbsstatus. Eine Aufhebung ist deshalb erforderlich, weil die Entscheidung über den Erwerbsstatus auch im Falle einer Prognoseentscheidung **Bindungswirkung** entfaltet; Abs. 4a verweist auf den gesamten Abs. 2 und somit auch auf Abs. 2 S. 4. 118

ee) Gruppenfeststellung

Eine besondere Stellung nimmt im Statusfeststellungsverfahren die sog. Gruppenfeststellung nach Abs. 4b ein. Im Grundfall nach Abs. 1, bei der Statusfeststellung in Dreiecksverhältnissen und auch bei der Prognoseentscheidung wird der Erwerbsstatus im Hinblick auf ein konkretes Vertragsverhältnis festgestellt. Anders verhält es sich bei der Gruppenfeststellung nach Abs. 4b. Hier hat der Gesetzgeber im Rahmen der letzten Reform die Forderung aus der Praxis nach einem „Musterverfahren" aufgegriffen.[205] Mit der Einführung der Gruppenfeststellung soll Bürokratie abgebaut und möglichst frühzeitig und umfassend Gewissheit über den Erwerbsstatus verschafft werden.[206] Abs. 4b gibt daher nun die Möglichkeit zu beantragen, dass die DRV, wenn sie in einem Einzelfall über den Erwerbsstatus entschieden hat, darüber hinaus auch eine **gutachterliche Äußerung** über den **Erwerbsstatus von Auftragnehmer in gleichen Auftragsverhältnissen** abgibt. Hierbei kann es 119

---

199 S. hierzu auch Brose, SGb 2022, 208, 209.
200 BT-Drs. 19/29893 S. 30.
201 S. hierzu auch BT-Drs. 19/29893 S. 30; kritisch hierzu Diepenbrock/Plambeck, NZS 2021, 865, 868; Brose, SGb 2022, 208, 212 f. sowie die Stellungnahme der Deutschen Rentenversicherung Bund Ausschussdrs. 19(11)1126, 4.
202 Ausschussdrs. 19(11)1126, 4.
203 S. hierzu bspw. die Sachverhalte zu den Honorararztentscheidungen, exemplarisch BSG 4.6.2019, NZS 2020, 223.
204 Zum Umfang der Mitteilungspflicht näher Brose, SGb 2022, 208, 211.
205 Zieglmeier, NZA 2021, 977, 983.
206 BT-Drs. 19/29893 S. 31.

sich angesichts des weiten Wortlauts sowohl um bereits bestehende als auch um zukünftige Auftragsverhältnisse handeln, solange die zweijährige Grenze von Abs. 4c S. 3 gewahrt bleibt. Wann ein Auftragsverhältnis gleich ist, bleibt unklar, die Gesetzesbegründung führt hierzu aber aus, dass geringfügige Abweichungen z.B. bzgl. Tätigkeit, Höhe der Vergütung oder Modalitäten grundsätzlich unschädlich sind.[207]

120 Der Inhalt der gutachterlichen Äußerung ist in Abs. 4b S. 3 näher vorgegeben. Die **Rechtsnatur** der gutachterlichen Äußerung ist nicht ganz klar, jedenfalls handelt es sich aber hier – anders als bei den anderen Formen der Statusfeststellung – nicht um einen Verwaltungsakt mit Bindungswirkung.[208] Daher ist es möglich, dass ein Auftragsverhältnis, das über eine Gruppenfeststellung als selbstständige Tätigkeit eingeordnet wurde, entweder in einem eigenständigen Verfahren nach Abs. 1 oder aber durch einen anderen Versicherungsträger als abhängige Beschäftigung eingeordnet wird und diese Einordnung dann auch Bindungswirkung entfaltet. Dementsprechend wird in der Literatur auch der praktische Mehrwert der Gruppenfeststellung in Frage gestellt.[209] In der Tat dürfte wegen der fehlenden Bindungswirkung die Bedeutung der Gruppenfeststellung insoweit geringer sein als bei den anderen Formen der Statusfeststellung, aber zumindest kann ein Arbeitgeber auf diesem Weg strafrechtliche Folgen und Säumniszuschläge bei einer Fehleinschätzung vermeiden; zudem sieht Abs. 4c eine Verschiebung des Zeitpunkts der Versicherungspflicht vor.

3. Rechtswirkungen der Statusentscheidung und Rechtsmittel

121 Wie bereits dargestellt, **bindet** die Entscheidung der DRV gem. § 7a Abs. 2 S. 4 SGB IV die anderen Versicherungsträger bei der Beurteilung der Versicherungspflicht. Somit sind sie an die Feststellung, dass es sich um eine abhängige Beschäftigung oder selbstständige Tätigkeit handelt, gebunden, was als Ausgangspunkt für die Beurteilung der Versicherungspflicht dient. Über die Versicherungspflicht selbst ist damit noch nicht entschieden. So kann eine abhängige Beschäftigung bspw. nicht krankenversicherungspflichtig sein, weil sie geringfügig ist (§ 7 SGB V) oder umgekehrt eine selbständige Tätigkeit in der Rentenversicherung versicherungspflichtig sein, weil es sich um Solo-Selbstständigkeit handelt (§ 2 Abs. 1 Nr. 9 SGB VI). Wird eine abhängige Beschäftigung festgestellt, aus der eine Versicherungspflicht folgt, regelt § 7a Abs. 5 SGB IV den **Zeitpunkt**, ab dem der Beginn der abhängigen Beschäftigung besteht, was Bedeutung für die Fälligkeit des Sozialversicherungsbeitrags hat.

122 Diese Bindungswirkung entfaltet nicht nur die Statusfeststellung im „Grundfall" nach § 7a Abs. 1 SGB IV, sondern auch die Feststellung in Dreiecksfällen nach Abs. 2 S. 2 sowie die Prognoseentscheidung nach Abs. 4a.[210] Die Bindungswirkung ist in Abs. 2 S. 4 geregelt und bezieht sich auf die vorangehenden Regelungen. In Abs. 4a wird wiederum auf den gesamten Abs. 2 verwiesen. Eine **Ausnahme** bildet hierbei die **Gruppenfeststellung**, die lediglich in Form einer gutachterlichen Äußerung erfolgt (s. hierzu Rn. 119 f.).

123 Die **Rechtsmittel** sind in § 7a Abs. 6 SGB IV ausdrücklich geregelt, klarstellend wird hier auf die aufschiebende Wirkung der Rechtsmittel hingewiesen.[211] Zugleich wird in Abs. 6 eine **mündliche Anhörung** im Widerspruchsverfahren eingeführt, die allerdings erst nach der Begründung des Widerspruchs beantragt werden kann. Der Gesetzgeber verfolgt mit der mündlichen Anhörung im Widerspruchsverfahren das Ziel, die Akzeptanz im Hinblick auf die Entscheidung bei den Beteiligten zu steigern.[212] In der Literatur wird teilweise kritisiert, dass die Anhörung erst für das Widerspruchsverfahren und damit zu einem späten Zeitpunkt vorgesehen ist.[213] Begründet werden dieser späte

---

207 BT-Drs. 19/29893 S. 32.
208 BT-Drs. 19/29893 S. 31 f.
209 Kritisch zur fehlenden Bindungswirkung Alberding, BB 2021, 2100, 2104; Zieglmeier, NZA 2021, 977, 983.
210 Zweifelnd im Hinblick auf eine weite Bindungswirkung hingegen Alberding, BB 2021, 2100, 2103.
211 BT-Drs. 19/29893 S. 34.
212 BT-Drs. 19/29893 S. 34.
213 Alberding, BB 2021, 2100, 2102 f.; Bissels/Falter/Joch, ArbRAktuell 2021, 485, 488.

Zeitpunkt und die Begrenzung auf die Fälle eines zuvor begründeten Widerspruchs mit dem Ziel, eine Überbeanspruchung der DRV zu vermeiden und sicherzustellen, dass die DRV sich angemessen auf die Anhörung vorbereiten kann.[214]

VI. Geringfügige Beschäftigung

1. Bedeutung

Nicht alle Beschäftigten i.S.v. § 7 Abs. 1 SGB IV sind in allen Sozialversicherungszweigen versicherungspflichtig. Der Gesetzgeber nimmt die Gruppe der geringfügig Beschäftigten heraus und ordnet für sie **Versicherungsfreiheit** in der gesetzlichen Krankenversicherung, Pflegeversicherung und Arbeitslosenversicherung an (§ 7 SGB V; § 20 Abs. 1 S. 1 SGB XI; § 27 Abs. 2 SGB III). In der gesetzlichen Rentenversicherung sind nur die sog. zeitgeringfügigen Beschäftigungen i.S.v. § 8 Abs. 1 Nr. 2 SGB IV versicherungsfrei. Für die entgeltgeringfügigen Beschäftigungen nach § 8 Abs. 1 Nr. 1 SGB IV besteht hingegen eine Versicherungspflicht in der gesetzlichen Rentenversicherung, von der sich der Beschäftigte allerdings gem. § 6 Abs. 1b SGB VI befreien lassen kann. In der gesetzlichen Unfallversicherung bleiben wiederum alle geringfügig Beschäftigten versicherungspflichtig, da in diesem Versicherungszweig der Schadensersatzcharakter vorherrscht, so dass es auf die Höhe des Einkommens nicht ankommen kann. Zu berücksichtigen ist insgesamt, dass die Versicherungsfreiheit nicht gleichzusetzen ist mit dem Entfallen der Beitragspflicht. Der Arbeitgeber ist auch weiterhin verpflichtet, Pauschalbeträge in die Sozialversicherung einzuzahlen, s. hierzu Rn. 165ff. 124

Wann es sich um eine geringfügige Beschäftigung handelt, regelt § 8 SGB IV für alle Versicherungszweige gleichermaßen.[215] Hierbei wird zwischen den sog. entgeltgeringfügigen Beschäftigungen nach § 8 Abs. 1 Nr. 1 SGB IV und den zeitgeringfügigen Beschäftigungen nach § 8 Abs. 1 Nr. 2 SGB IV differenziert. Diese Unterteilung ist durchaus bedeutsam, da die Formen der geringfügigen Beschäftigung teils unterschiedlich behandelt werden (s. z.B. § 6 Abs. 1b) SGB VI). 125

2. Hintergrund, Entwicklung und verfassungs- und unionsrechtliche Grundlagen

Der Gedanke, dass geringfügige Beschäftigungen in der Kranken- und Rentenversicherung unberücksichtigt bleiben können, reicht weit zurück in die Anfänge der Sozialversicherung. Schon im Jahre 1913 erging eine Bekanntmachung betreffend die Befreiung vorübergehender Dienstleistungen von der Krankenversicherungspflicht.[216] **Hintergrund** für die (teilweise) Herausnahme geringfügig Beschäftigter aus der Sozialversicherungspflicht war die Annahme, dass die Einbeziehung dieser Beschäftigtengruppe in die Sozialversicherung nicht notwendig war, weil sie aus dieser Beschäftigung nicht ihren Lebensunterhalt bestreiten, sondern auf andere Weise.[217] Der Gesetzgeber hat insoweit keine soziale Schutzbedürftigkeit gesehen.[218] 126

Die Regelungen zur geringfügigen Beschäftigung wurden mehrfach geändert. Dabei handelt es sich nicht um eine „lineare" Entwicklung, es gab durchaus rechtspolitische Wendungen. Spätestens seit Mitte der achtziger Jahre des 20. Jahrhunderts hat eine Entwicklung eingesetzt, die von einer ständigen **Zunahme geringfügiger Beschäftigungsverhältnisse** gekennzeichnet ist. Inzwischen sind sie zu einem Massenphänomen geworden. Dies hat Befürworter wie Kritiker des Instituts gleichermaßen auf den Plan gerufen. Es ist ebenso **arbeitsmarktpolitisch wie sozialpolitisch umstritten**. Während die einen das Instrument arbeitsmarktpolitisch begrüßen, weil es zusätzliche Beschäf- 127

---

214 BT-Drs. 19/29893, 34.

215 S. auch BT-Drs. 7/4122 S. 31.

216 Vgl. zur Geschichte des Rechtsinstituts geringfügiger Beschäftigungen Knospe, SGb 2007, 8, 9ff.

217 Kreikebohm/Dünn/Zipperer § 8 SGB IV Rn. 1.

218 ErfK/Rolfs § 8 SGB IV Rn. 1; Rolfs, Versicherungsprinzip, S. 252ff., dort auch kritisch im Hinblick auf die Herausnahme aus der Renten- und Arbeitslosenversicherung.

tigung schafft, kritisieren die Gegner die wachsende Zurückdrängung von normalen Beschäftigungsverhältnissen. Sozialpolitisch vertreten die einen die Auffassung, dass aufgrund der geringen Höhe der Einkünfte ohnehin eine nennenswerte Rentenbiographie nicht entstehen könne, die anderen kritisieren, dass gerade durch die Förderung dieses Rechtsinstituts ein beträchtlicher Teil von Personen erhebliche Ausfälle sozialer Sicherung in Kauf zu nehmen hat.[219]

128 Eine **verfassungs- und unionsrechtliche Dimension** erlangt die Diskussion dadurch, dass die Ausübung geringfügiger Beschäftigungsverhältnisse weit überwiegend durch Frauen erfolgt. Da trotz des Gleichheitsgrundsatzes (insbesondere Art. 3 Abs. 1 GG) und der Diskriminierungsvorschriften im Arbeitsrecht (vgl. insbesondere § 1 AGG) die Einkommen von Frauen gegenüber Männern niedriger sind, verschlechtert sich die rentenrechtliche Position von Frauen noch zusätzlich durch die (vor allem im Zusammenhang mit der Betreuung von Kindern) verstärkte Ausübung geringfügiger Beschäftigung.

129 Vor diesem Hintergrund sind Zweifel geäußert worden, ob die deutsche Regelung nicht im Widerspruch zu Art. 141 EG (nun Art. 157 AEUV) und zu Art. 4 Abs. 1 der RL 79/7/EWG zur schrittweisen Verwirklichung des Grundsatzes der Gleichbehandlung von Männern und Frauen im Bereich der sozialen Sicherheit steht. Aufgrund von Vorlagen deutscher Sozialgerichte hat der **EuGH** jedoch diese Frage verneint.[220] Nach Auffassung des EuGH konnte der deutsche Gesetzgeber davon ausgehen, dass die Vorschriften über die geringfügige Beschäftigung erforderlich waren, um ein legitimes **sozial- und beschäftigungspolitisches Ziel** zu erreichen, das mit der Diskriminierung aufgrund des Geschlechts nichts gemein hat. Die deutsche Regierung hatte nämlich in dem Verfahren vorgetragen, dass bei Abschaffung der Versicherungsfreiheit die Arbeitsplätze nicht durch versicherungspflichtige Teilzeit- oder Vollzeitarbeitsplätze ersetzt würden, sondern vielmehr mit einer Vermehrung illegaler Beschäftigungsformen, wie z.B. Schwarzarbeit, zu rechnen sei. Ob der EuGH bei erneuter Befassung mit der Angelegenheit anders entscheiden würde, wird nicht ausgeschlossen.[221]

130 Auch nach den Urteilen des EuGH hielt die Kritik an der Behandlung der geringfügigen Beschäftigung an, zumal die Zahl geringfügiger Beschäftigungsverhältnisse kontinuierlich und stark anstieg. 1999 befanden sich ca. 5,85 Millionen Beschäftigte in geringfügigen Beschäftigungsverhältnissen, das entsprach ca. 16 Prozent der Gesamtzahl der Erwerbstätigen.[222] Mit dem Gesetz zur Neuregelung der geringfügigen Beschäftigungsverhältnisse vom 24.3.1999,[223] in Kraft getreten am 1.4.1999, hat der Gesetzgeber auf die Kritik zum Teil reagiert. Zwar hat er das Rechtsinstitut im Grundsatz beibehalten. Durch Abgaben des Arbeitgebers an die Krankenkassen bzw. Rentenversicherungsträger sollte aber die Begründung solcher Beschäftigungsverhältnisse für Arbeitgeber weniger attraktiv gemacht werden.[224]

131 Damit war die Rechtsentwicklung aber noch nicht zum Abschluss gekommen. Vielmehr folgte eine **partielle rechtspolitische Wende** mit einer erneuten Aufwertung geringfügiger Beschäftigungsverhältnisse. Im Zuge der Diskussion der Vorschläge der sog. Hartz-Kommission setzten sich gegenläufige Empfehlungen aus arbeitsmarktpolitischen Gründen durch, die eine gesetzliche Regelung im Sinne einer stärkeren Attraktivität sog. Minijobs verlangten.[225] Gefordert wurde in einem ersten Schritt die Anhebung der Geringfügigkeitsgrenze für Beschäftigungen in privaten Haushalten auf 500 Euro, die Vereinfachung des Beitragseinzugs und die steuerliche Förderung von Dienstleistungen in privaten Haushalten. Bei positiven Arbeitsmarktwirkungen sollten diese Grundsätze auf

219 Vgl. zu unterschiedlichen Positionen und Sichtweisen Bank/Kreikebohm, ZSR 1989, 509; Plagemann, NZS 1992, 15; Merten, NZS 1998, 545; Griese/Preis/Kruchen, NZS 2013, 113; Waltermann, NJW 2013, 118.

220 EuGH 14.12.1995, Rs. C-444/93 (Megner und Scheffel), Slg. I-1995, 4741 = NZS 1996, 117; EuGH 14.12.1995, Rs. C-317/93 (Nolte), Slg. I-1995, 4625 = NZA 1996, 129.

221 Vgl. Knospe, SGb 2007, 8, 15f.; Knospe, ZESAR 2008, 323.

222 Koch/Bäcker, Sozialer Fortschritt, 2003, 94f.

223 BGBl. I S. 388.

224 Zur Verfassungsmäßigkeit dieser Regelungen vgl. Knospe, SGb 2007, 8ff. m.w.N.; ErfK/Rolfs § 8 SGB IV Rn. 7.

225 Vgl. Hartz u.a., Moderne Dienstleistungen am Arbeitsmarkt, 2002, S. 169ff.

weitere Tätigkeitsgruppen ausgedehnt werden. Der Gesetzgeber ist diesen Vorstellungen in Teilen gefolgt.[226]

Weitere grundlegende Änderungen wurden mit Wirkung zum 1.1.2013 eingeführt.[227] Zum einen wurde die Geringfügigkeitsgrenze des § 8 Abs. 1 Nr. 1 von 400 Euro auf 450 Euro angehoben und damit der Minijob wieder attraktiver ausgestaltet. Zum anderen wurde zugleich eine Versicherungspflicht in der gesetzlichen Rentenversicherung eingeführt, von der sich der Beschäftigte allerdings durch Antrag auch wieder befreien lassen kann (§ 6 Abs. 1b SGB VI), was in der Praxis in den weit überwiegenden Fällen auch geschieht.[228] 132

Die vorerst letzte Änderung erfolgte durch das Gesetz zur Erhöhung des Schutzes durch den gesetzlichen Mindestlohn und zu Änderungen im Bereich der geringfügigen Beschäftigung vom 28.6.2022.[229] Im Wesentlichen wurde damit die Geringfügigkeitsgrenze von 450 Euro monatlich ersetzt durch eine dynamisierte Entgeltgrenze, welche eine geringfügige Beschäftigung bei einer Wochenarbeitszeit von bis zu zehn Stunden zu Mindestlohnkonditionen ermöglicht, unabhängig davon, ob der Mindestlohn erhöht wird.[230] 133

3. Formen der geringfügigen Beschäftigung

Eine Beschäftigung kann entweder als geringfügig eingeordnet werden, weil das Entgelt besonders niedrig ist (Entgeltgeringfügigkeit, § 8 Abs. 1 Nr. 1 SGB IV) oder weil der Beschäftigte nur wenig Zeit auf sie verwendet (Zeitgeringfügigkeit, § 8 Abs. 1 Nr. 1 SGB IV). Darüber hinaus sieht § 8a SGB IV eine Sonderregelung für geringfügige Beschäftigung in Privathaushalten vor (s. hierzu später Rn. 151ff.). 134

In der Praxis erlangt die sog. **Geringfügigkeits-Richtlinie**[231] erhebliche Bedeutung für die Beurteilung von geringfügigen Beschäftigungsverhältnissen. Sie wird vom GKV-Spitzenverband, von der Deutschen Rentenversicherung Bund, der Deutschen Rentenversicherung Knappschaft-Bahn-See und der Bundesagentur für Arbeit gemeinsam vereinbart. Allerdings ist zu beachten, dass sie als Verwaltungsvorschrift keine verbindliche Außenwirkung entfaltet.[232] 135

a) Entgelt-Geringfügigkeit, § 8 Abs. 1 Nr. 1 SGB IV

aa) Geringfügiges Arbeitsentgelt

Wann das Arbeitsentgelt die **Geringfügigkeitsgrenze** i.S.v. § 8 Abs. 1 Nr. 1 SGB IV nicht übersteigt, regelt § 8 Abs. 1a SGB IV näher. Danach ist die Geringfügigkeitsgrenze das monatliche Arbeitsentgelt, das bei einer Arbeitszeit von zehn Wochenstunden zum Mindestlohn nach § 1 Abs. 2 S. 1 MiLoG i.V.m. der auf der Grundlage des § 11 Abs. 1 S. 1 MiLoG jeweils erlassenen Verordnung erzielt wird. Steigt der Mindestlohn, steigt auch die in Euro ausgedrückte Geringfügigkeitsgrenze. So belief sich die Geringfügigkeitsgrenze im Jahr 2023 auf 520,– Euro, im Jahr 2025 liegt sie bei 556,- Euro monatlich. Durch die dynamisierte Entgeltgrenze sollen die geringfügig entlohnten Beschäftigten von einer Erhöhung des gesetzlichen Mindestlohns profitieren; zuvor musste bei einer Mindestlohnerhöhung die Arbeitszeit verkürzt werden.[233] Berechnet wird die Grenze mit der Formel: Mindestlohn × 130 ÷ 3. Es ist aber keineswegs nötig, die Geringfügigkeitsgrenze bei jeder Änderung der Mindestlohnhöhe auszurechnen. Gem. § 8 Abs. 1a S. 3 SGB IV wird sie jeweils vom Bundesministerium für Arbeit und Soziales im Bundesanzeiger bekannt gegeben. Wird die **Geringfügigkeitsgrenze unvorhersehbar** 136

226 S. zu den Neuregelungen Rolfs, NZA 2003, 65.
227 Gesetz zu Änderungen im Bereich der geringfügigen Beschäftigung vom 5. Dezember 2012, BGBl. I S. 2474.
228 Griese/Preis/Kruchen, NZA 2013, 113ff.; Winkel, AiB 2016, 30.
229 BGBl. I Nr. 22 S. 969.
230 S. hierzu auch BT-Drs. 20/1408 S. 30.
231 Richtlinien für die versicherungsrechtliche Beurteilung von geringfügigen Beschäftigungen v. 14.12.2023.
232 BeckOGK/Zieglmeier § 8 SGB IV Rn. 4; BSG 5.12.2017, NZS 2018, 625.
233 BT-Drs. 20/1408 S. 30.

überschritten, bleibt dies nach § 8 Abs. 1b SGB IV unbeachtlich, wenn die Geringfügigkeitsgrenze innerhalb des für den jeweiligen Entgeltabrechnungszeitraum zu bildenden Zeitjahres in nicht mehr als zwei Kalendermonaten um jeweils einen Betrag bis zur Höhe der Geringfügigkeitsgrenze überschritten wird.

137 Auch Einmalzahlungen (z. B. Weihnachtsgeld) sind bei der Ermittlung des regelmäßigen Arbeitsentgelts zu berücksichtigen. Sie werden nach der Rechtsprechung allerdings nicht nur in dem Monat angerechnet, in dem sie gezahlt werden. Die **Einmalzahlungen** werden vielmehr auf den gesamten Zeitraum umgelegt, für den sie gewährt werden, vorausgesetzt, sie sind bei vorausschauender Betrachtung innerhalb eines Zeitraums von einem Jahr zu erwarten.[234] Auszunehmen sind jedoch Einmalzahlungen, die dem Grunde und der Höhe nach vom Geschäftsergebnis oder einer individuellen Arbeitsleistung des Vorjahres abhängen. Nach der Gesetzesbegründung sind diese Einmalzahlungen als unvorhersehbares Überschreiten nach § 8 Abs. 1b SGB IV einzuordnen.[235]

bb) Regelmäßigkeit

138 § 8 Abs. 1 Nr. 1 SGB IV setzt eine **regelmäßige Beschäftigung** voraus.[236] Damit wird eine Abgrenzung zur zeitgeringfügigen Beschäftigung nach § 8 Abs. 1 Nr. 2 SGB IV vorgenommen. Würden von § 8 Abs. 1 Nr. 1 SGB IV auch gelegentliche Beschäftigungen erfasst, so träte bei Überschreitung der Geringfügigkeitsgrenze Versicherungspflicht ein, obwohl nach § 8 Abs. 1 Nr. 2 SGB IV diese Beschäftigungen gerade unabhängig von der Entgelthöhe versicherungsfrei sein sollen. Das Beschäftigungsverhältnis ist regelmäßig, wenn es von vornherein auf ständige Wiederholung gerichtet ist und über mehrere Jahre hinweg ausgeübt werden soll.[237]

139 Dabei spielt es keine Rolle, ob die Beschäftigung aufgrund eines einheitlichen (Rahmen-)Arbeitsvertrages oder, wie z. B. bei jeweils auf ein Semester begrenzten Lehraufträgen, aufgrund von Einzelverträgen ausgeübt wird.[238] Ein unbefristetes Arbeitsverhältnis ist keine Voraussetzung, auch eine befristete Beschäftigung (auch von weniger als einem Jahr) kann regelmäßig sein; bereits die Bereitschaft der Parteien zu einer regelmäßigen Zusammenarbeit beim ersten Arbeitseinsatz ist ausreichend.[239]

b) Zeit-Geringfügigkeit, § 8 Abs. 1 Nr. 2 SGB IV

140 Mit § 8 Abs. 1 Nr. 2 SGB IV werden die sog. zeitgeringfügige Beschäftigung sowie die Saisonbeschäftigung geregelt. Danach liegt eine geringfügige Beschäftigung vor, wenn die Beschäftigung innerhalb eines Kalenderjahres (also vom 1.1. bis 31.12. eines Jahres)[240] auf höchstens drei Monate oder 70 Arbeitstage begrenzt ist. Dies gilt unabhängig von der Höhe des gezahlten Entgelts. Eine Ausnahme, also keine geringfügige Beschäftigung („es sei denn") liegt hingegen vor, wenn die Beschäftigung berufsmäßig ausgeübt wird und das Entgelt über der monatlichen Geringfügigkeitsgrenze nach § 8 Abs. 1a SGB IV liegt.

234 BSG 28.2.1984 SozR 2100 § 8 Nr. 4; ErfK/Rolfs § 8 SGB IV Rn. 12.

235 BT-Drs. 20/1408 S. 30.

236 BSG 5.12.2017, NZS 2018, 591; BSG 23.5.1995, NZS 1995, 516; BSG 11.5.1993, NZS 1993, 550; BeckOGK/Zieglmeier § 8 SGB IV Rn. 29.

237 BSG 11.5.1993, NZS 1993, 550; BSG 24.10.2023, BeckRS 2023, 41359.

238 Wissing, SGb 2003, 554, 556.

239 BSG 5.12.2017, NZS 2018, 591; BeckOGK/Zieglmeier § 8 SGB IV Rn. 29.

240 Zur vorherigen Rechtslage und zum Wechsel hinsichtlich des Bezugszeitraums s. Rolfs, NZA 2003, 65, 67.

aa) Drei Monate oder 70 Arbeitstage als Höchstgrenze

§ 8 Abs. 1 Nr. 2 SGB IV gibt vor, dass die Beschäftigung auf längstens drei Monate oder 70 Arbeitstage im Kalenderjahr begrenzt sein muss, damit sie als geringfügig eingeordnet werden kann. Aus der Regelung wird jedoch in keiner Weise ersichtlich, in welchen Fällen die Höchstgrenze von drei Monaten und in welchen Fällen die Höchstgrenze von 70 Arbeitstagen greifen soll. Lange Zeit wurde danach unterschieden, ob der Beschäftigte an mindestens fünf Tagen wöchentlich oder weniger arbeitet.[241] Die **Dreimonatsgrenze** kam zur Anwendung, wenn er an mindestens fünf Tagen wöchentlich arbeitet. Die Höchstgrenze von **70 Arbeitstagen** griff hingegen, wenn an weniger als fünf Arbeitstagen wöchentlich gearbeitet wurde. Dem hat das BSG inzwischen ausdrücklich widersprochen. Nach seiner Auffassung stehen die beiden Alternativen gleichwertig nebeneinander, die Verteilung der Arbeitstage in der Woche bzw. im Kalenderjahr ist unerheblich, da es keine Hinweise für eine derartige Unterscheidung im Gesetz oder den Gesetzesmaterialien gibt. Demnach liegt Zeitgeringfügigkeit immer dann vor, wenn eine der beiden Alternativen erfüllt ist.[242] 141

bb) Vertraglich festgelegter Höchstzeitraum oder Begrenzung aufgrund der Eigenart der Tätigkeit

Des Weiteren bestimmt § 8 Abs. 1 Nr. 2 SGB IV, dass die Beschäftigung entweder im Voraus vertraglich oder aufgrund ihrer Eigenart auf diesen Höchstzeitraum begrenzt sein muss. Eine **vertragliche Begrenzung** kann, wenn die konkreten Einsatzzeiten noch nicht feststehen, auch in einem Rahmenvertrag vorgesehen werden, der jedoch längstens auf ein Jahr befristet sein darf.[243] Die vertragliche Befristung muss wirksam sein, insbesondere ist das Schriftformerfordernis des § 14 Abs. 4 TzBfG zu beachten. Bei Verstoß gegen das Schriftformerfordernis kann von vornherein auch keine zeitgeringfügige Beschäftigung vorliegen.[244] Umgekehrt bedeutet allerdings allein die wirksame Befristung eines Arbeitsvertrages noch nicht, dass es sich auch um eine zeitgeringfügige Beschäftigung i.S.v. § 8 Abs. 1 Nr. 2 SGB IV handelt. Zum einen ist es nicht ausreichend, wenn bei Aufnahme der Beschäftigung nicht sicher feststeht, dass die Beschäftigung innerhalb dieses Zeitraums auch beendet werden wird.[245] Und zum anderen schließt § 8 Abs. 1 Nr. 2 SGB IV eine geringfügige Beschäftigung aus, wenn sie berufsmäßig ausgeübt wird (s. Rn. 145ff.). 142

Eine **Begrenzung nach der Eigenart** besteht, wenn die Dauer von vornherein absehbar ist. So sind z.B. Saisonarbeiten wie bei der Erntehilfe oder auch krankheitsbedingte Vertretungen, die nicht einen dauerhaften Vertretungsbedarf decken sollen, der Eigenart nach begrenzt.[246] 143

cc) Nur gelegentliche Ausübung

Zusätzlich zu den in § 8 Abs. 1 Nr. 2 SGB IV genannten Voraussetzungen verlangt die Rechtsprechung eine nur **unregelmäßige/gelegentliche Ausübung**, um eine zeitgeringfügige Beschäftigung bejahen zu können. Damit nimmt sie eine Abgrenzung zur Beschäftigung nach § 8 Abs. 1 Nr. 1 SGB IV vor, für die eine regelmäßige Beschäftigung erforderlich ist. Nur die entgeltgeringfügige Beschäftigung nach Nr. 1 soll der Maßstab für regelmäßige Beschäftigungen sein.[247] S. hierzu und zur Bestimmung einer regelmäßigen bzw. unregelmäßigen Beschäftigung Rn. 138f. 144

---

241 BSG 27.1.1971 BSGE 32, 182; diese Rechtsprechung hatte auch die damalige Geringfügigkeits-Richtlinie 2.3.1. übernommen; ErfK/Rolfs, 19. Aufl. 2019, § 8 SGB IV Rn. 14.

242 BSG 24.11.2020, NZS 2021, 976ff. mAnm. Geiger.

243 Laurich/Geisler, DAngVers 2003, 241, 243.

244 BeckOGK/Zieglmeier § 8 SGB IV Rn. 63; Rolfs, NZA 2003, 65, 68 unter Hinweis auf ein Urteil des LSG Bremen 14.2.1975, SozVers 1975, 304, 305, das einen Verstoß gegen ein tarifliches Schriftformerfordernis betraf.

245 ErfK/Rolfs § 8 SGB IV Rn. 15 unter Verweis auf LSG Niedersachsen-Bremen 15.2.2005, NZS 2005, 483.

246 BeckOGK/Zieglmeier § 8 SGB IV Rn. 65; s. aber auch LSG Niedersachsen-Bremen 17.10.2011 – L 1KR 273/11.

247 S. hierzu ErfK/Rolfs § 8 SGB IV Rn. 16.

dd) Keine berufsmäßige Ausübung und nicht oberhalb der Geringfügigkeitsgrenze

145 Eine zeitgeringfügige Beschäftigung ist zudem ausgeschlossen, wenn sie **berufsmäßig** ausgeübt wird und das Entgelt nicht über der Entgeltgeringfügigkeitsgrenze von § 8 Abs. 1a SGB IV liegt; die Voraussetzungen müssen also **kumulativ** vorliegen. Der Begriff der Berufsmäßigkeit bereitet Schwierigkeiten. Eine alle Fälle erfassende Definition lässt sich schwerlich, auch nicht anhand der Rechtsprechung des BSG, finden.[248]

146 Die Kernaussagen der Rechtsprechung des BSG gehen dahin, dass **Berufsmäßigkeit** gegeben ist, wenn der Beschäftigte davon seinen Lebensunterhalt zumindest in einem solchen Umfang bestreitet, dass seine wirtschaftliche Stellung zu einem erheblichen Teil auf der Beschäftigung beruht.[249] Die Beschäftigung darf für den Betreffenden zumindest nicht von nur untergeordneter **wirtschaftlicher Bedeutung** sein.[250] Leitend sind hierbei der **Sinn und Zweck** des Tatbestandmerkmals Berufsmäßigkeit. Der Gesetzgeber hat die grundsätzliche Versicherungspflicht bei Beschäftigungsverhältnissen an die Vorstellung geknüpft, dass diese typischerweise die wirtschaftliche Lebensgrundlage des Arbeitnehmers darstellen und deshalb daran auch die soziale Sicherung geknüpft sein soll.[251] Als typische Personengruppen, die nicht berufsmäßig beschäftig sind, werden in der Literatur diejenigen genannt, die nach ihrer Lebensstellung im Regelfall keine versicherungspflichtige Beschäftigung ausüben wie Schüler oder Studierende während der Semesterferien.[252]

147 Probleme bereitet immer wieder eine Beschäftigung im **Übergang** von einer abgeschlossenen **Berufsausbildung zu einem Studium**; vgl. dazu folgendes

---

Beispiel:[253]

Der Kläger durchlief nach dem Abitur bei der Firma F eine dreijährige Berufsausbildung als Werkzeugmacher. Vor Ende der Ausbildung am 6.7. hatte er sich um die Zulassung zum Maschinenbaustudium beworben. Mit dem Erfolg der Bewerbung zum 1.10. war zu rechnen. Am 9.7. schloss er mit der Firma F einen „Aushilfs-Arbeitsvertrag" für die Zeit vom 9.7. bis 7.9. Der Kläger wurde vollzeitbeschäftigt und erhielt ein Stundenentgelt, das dem eines Facharbeiters entsprach. Zur Begründung der Berufsmäßigkeit hat das BSG ausgeführt: „Durch seine Ausbildung hatte der Kläger die Eigenschaft eines berufsmäßigen Arbeitnehmers. Diese hat er durch die – nach Abschluss der Ausbildung höher bezahlte – Tätigkeit in dem erlernten Beruf nicht verloren. Zwar folgte dieser weder eine weitere Erwerbstätigkeit, noch war wegen des Studiums eine solche innerhalb absehbarer Zeit zu erwarten, aber die vorangegangene versicherungspflichtige Ausbildung prägte auch die anschließende kurzfristige Erwerbstätigkeit. Seine Zugehörigkeit zum „Kreis der Erwerbstätigen" und die „Eigenschaft eines berufsmäßigen Arbeitnehmers" hat der Kläger erst mit der Aufnahme seines Studiums verloren. Übt ein ausgebildeter Facharbeiter im Anschluss an die abgeschlossene Ausbildung einen erlernten Beruf aus, und zwar bei voller Arbeitszeit und vollem Lohn, so arbeitet er berufsmäßig, unabhängig davon, ob er voraussichtlich danach ein Studium beginnt."[254]

---

148 Anders ist demgegenüber zu entscheiden, wenn ein Absolvent nach dem Abitur und vor der Aufnahme des Studiums sechs Wochen vollzeitig arbeitet. Hier verneint das BSG die Berufsmäßigkeit, weil bei der Aufnahme der Tätigkeit keine Anhaltspunkte dafür vorhanden waren, dass ihr innerhalb absehbarer Zeit eine weitere Beschäftigung folgen werde, so dass die erste Beschäftigung eine vereinzelte Ausnahme blieb. Als Schüler habe der Kläger bislang nicht zum Kreis der berufsmäßigen Arbeitnehmer gehört.[255] Arbeiten von Studierenden in der vorlesungsfreien Zeit werden deshalb

---

248 Rolfs, NZA 2003, 65, 68.

249 BSG 30.11.1978 SozR 2200 § 168 Nr. 3; BSG 11.1.1980 SozR 2200 § 168 Nr. 5; BSG 25.4.1991 – 12 RK 14/89 – SozR 3-2400 § 8 Nr. 1 m.w.N.

250 BSG 14.3.2018, BeckRS 2018, 7839.

251 S. dazu Fuchs, Sozialrecht und Zivilrecht, S. 149 f.; BeckOGK/Zieglmeier § 8 SGB IV Rn. 67.

252 BeckOGK/Zieglmeier § 8 SGB IV Rn. 68.

253 Nach BSG 25.4.1991, NZA 1992, 232.

254 BSG 25.4.1991, NZA 1992, 232, 233.

255 BSG 11.6.1980 SozR 2200 § 168 Nr. 5.

auch grundsätzlich nicht berufsmäßig ausgeübt, es sei denn, diese Tätigkeit steht in einem unmittelbaren Zusammenhang mit einer bereits vor dem Studium ausgeübten Beschäftigung.[256]

Das LSG Rheinland-Pfalz hat die bisher in der Rechtsprechung entwickelten Grundsätze der Berufsmäßigkeit wie folgt zusammengefasst: „Berufsmäßig ist eine kurzfristige Beschäftigung dann, wenn ihr eine versicherungspflichtige Beschäftigung unmittelbar vorangegangen ist oder folgt. Der kurzfristig Beschäftigte ist dann nicht wie die Personen beschäftigt, die, ohne zum Kreis der Erwerbstätigen zu gehören, nur gelegentlich eine vorübergehende Beschäftigung ausüben. Er kann dann nicht anders beurteilt werden als ein Arbeitnehmer, der die Lücke zwischen zwei Beschäftigungsverhältnissen durch eine kurzfristige entgeltliche Beschäftigung überbrückt. Auch dieser verliert hierdurch nicht die Eigenschaft eines berufsmäßigen Arbeitnehmers (BSG 30.11.1978 SozR 2200 § 168 Nr. 3). Auch aus dem vorherigen Bezug von Leistungen der Arbeitslosenversicherung kann im Rahmen der Berücksichtigung aller Umstände des Einzelfalls in der Regel auf eine vorherige beitragspflichtige Beschäftigung und damit auf die – generelle – Zugehörigkeit zum Kreis der abhängig Erwerbstätigen geschlossen werden (BSG 11.5.1993 SozR 3-2400 § 8 Nr. 3). Dasselbe gilt im Fall einer im Anschluss an eine versicherungspflichtige Ausbildung verrichtete befristete voll entlohnte vollschichtige Beschäftigung (BSG 25.4.1991 SozR 3-2400 § 8 Nr. 1). Als Personengruppen, die nicht berufsmäßig tätig werden, kommen nur solche in Betracht, die nach ihrer Lebensstellung in der Regel keine versicherungspflichtige Tätigkeit auszuüben pflegen, wie zum Beispiel Schüler, Studenten während der Semesterferien oder für die Zeit bis zur Aufnahme des Studiums, Rentner und Hausfrauen."[257] Vor diesem Hintergrund wurde die Berufsmäßigkeit polnischer Saisonarbeiter bejaht, die während ihres Jahresurlaubs in Polen in einem landwirtschaftlichen Betrieb in Deutschland tätig waren. 149

4. Zusammenrechnung (§ 8 Abs. 2 SGB IV)

a) Ausgangslage

§ 8 Abs. 2 S. 1 SGB IV regelt, welche Beschäftigungsverhältnisse zusammenzurechnen sind, wenn ein Beschäftigter mehrere ausübt. Die Vorschrift ist sprachlich missglückt und verwirrend. Als Ausgangspunkt kann zumindest der Grundsatz festgehalten werden, dass **mehrere geringfügige Beschäftigungsverhältnisse** zusammenzurechnen sind. Andernfalls könnte durch das Eingehen mehrerer geringfügiger Beschäftigungsverhältnisse die Sozialversicherungspflicht umgangen werden. Bereits bei Einführung der Bestimmungen über die Geringfügigkeit lag aber auch die Annahme zugrunde, dass neben einer sozialversicherungspflichtigen Beschäftigung eine geringfügige Beschäftigung sozialversicherungsfrei bleiben soll. 150

Bei der Prüfung einer Zusammenrechnung ist somit jedenfalls danach zu **unterscheiden**, ob bereits ein versicherungspflichtiges Beschäftigungsverhältnis besteht und ob ein oder mehrere geringfügige Beschäftigungsverhältnisse hinzukommen. Darüber hinaus ist danach zu differenzieren, welche Form der geringfügigen Beschäftigung – eine entgeltgeringfügige oder aber eine zeitgeringfügige – ausgeübt wird. Die wichtigste Leitlinie lautet hierbei: Gleichartige geringfügige Beschäftigungen können zusammengerechnet werden, ungleichartige hingegen nicht.[258] 151

b) Zusammenrechnung mehrerer geringfügiger Beschäftigungen

Übt der Beschäftigte ausschließlich geringfügige Beschäftigungen aus, sind nur **jeweils gleichartige** geringfügige Beschäftigungen zusammenzurechnen, was nicht sehr deutlich aus der Verwendung des Begriffs „oder" in § 8 Abs. 2 S. 1 SGB IV hervorgeht. Es werden also zum einen jeweils nur 152

256 BSG 21.5.1996 BSGE 78, 229.

257 LSG Rheinland-Pfalz 26.4.2007 Breith 2007, 650, 653.

258 S. auch ErfK/Rolfs § 8 SGB IV Rn. 18.

mehrere entgeltgeringfügige Beschäftigungen i.S.v. § 8 Abs. 1 Nr. 1 SGB IV zusammengerechnet. Die Zusammenrechnung erfolgt über eine Entgeltaddition. Zum anderen werden jeweils mehrere zeitgeringfügige Beschäftigungen i.S.v. § 8 Abs. 1 Nr. 2 SGB IV zusammengerechnet. Hier müssen die Zeiten addiert werden.[259]

153 Übt der Beschäftigte mehrere geringfügige Beschäftigungen aus, die **nicht gleichartig** sind, so werden sie nicht zusammengerechnet. Eine entgeltgeringfügige Beschäftigung nach § 8 Abs. 1 Nr. 1 SGB IV und eine zeitgeringfügige Beschäftigung nach § 8 Abs. 1 Nr. 2 SGB IV können also nicht zusammengerechnet werden.

c) Zusammenrechnung geringfügige Beschäftigung mit versicherungspflichtiger Beschäftigung

154 Übt der Beschäftigte bereits eine sozialversicherungspflichtige (Haupt)Beschäftigung aus, ist zu unterscheiden, ob er daneben einer oder mehreren entgeltgeringfügigen Beschäftigungen nachgeht. Jedenfalls kann neben einer sozialversicherungspflichtigen Beschäftigung **eine** geringfügig entlohnte Beschäftigung ausgeübt werden, **ohne** dass eine Zusammenrechnung erfolgt.

155 Wie viele Beschäftigungsverhältnisse zusammenzurechnen sind, wenn zu der versicherungspflichtigen Beschäftigung mehrere entgeltgeringfügige Beschäftigungen hinzukommen, wird hingegen nicht klar in § 8 Abs. 2 S. 1 SGB IV geregelt. Die Sozialversicherungsträger und ihnen folgend die überwiegende Literaturmeinung gehen davon aus, dass die zeitlich zuerst aufgenommene geringfügige Beschäftigung von der Anrechnung befreit bleibt.[260]

d) Beginn der Versicherungspflicht bei Zusammenrechnung

156 Ergibt sich bei der Zusammenrechnung, dass eine Versicherungspflicht besteht, weil die Geringfügigkeitsgrenzen insgesamt überschritten werden, tritt gem. § 8 Abs. 2 S. 3 SGB IV die Versicherungspflicht erst mit dem Tag der Bekanntgabe der Feststellung durch die Einzugsstelle oder einen Träger der Rentenversicherung ein. Voraussetzung ist nach § 8 Abs. 2 S. 4 SGB IV aber, dass der Arbeitgeber es nicht vorsätzlich oder grob fahrlässig versäumt hat, den Sachverhalt für die versicherungsrechtliche Beurteilung der Beschäftigung aufzuklären.

5. Geringfügige Beschäftigungen in Privathaushalten (§ 8a SGB IV)

157 Mit § 8a SGB IV hat der Gesetzgeber den Forderungen der Hartz-Kommission Rechnung tragen wollen.[261] § 8a S. 2 SGB IV enthält eine **Legaldefinition** der geringfügigen Beschäftigung in Privathaushalten. Es handelt sich in der Regel um einfache Dienstleistungen, die keine besonderen Fachkenntnisse erfordern, wie z.B. Putzarbeiten, Essenszubereitung, Kinderbetreuung, Altenpflege und Gartenarbeit.[262] Der Arbeitgeber muss ein Mitglied des privaten Haushalts sein.[263] Beschäftigungen, die durch Dienstleistungsagenturen oder andere Unternehmen begründet werden, fallen nicht unter die Regelung.[264]

158 § 8a S. 1 SGB IV sieht vor, dass für geringfügige Beschäftigungen ausschließlich in Privathaushalten § 8 SGB IV Anwendung findet. Die eigentlichen Unterschiede gegenüber den in § 8 SGB IV

259 Zu Einzelfragen, insbesondere wenn die kurzzeitige Beschäftigung in das neue Kalenderjahr hineinreicht, vgl. Geringfügigkeits-Richtlinien B 2.2.2.

260 S. Geringfügigkeits-Richtlinien B 2.1.2.2; Kazmierczak, NZS 2003, 186, 188; Rombach, SGb 2003, 196, 198; ErfK/Rolfs § 8 SGB IV Rn. 18; a.A. Grahn/Schmidt, SGb 2003, 207, 209; s. auch BeckOGK/Zieglmeier § 8 SGB IV Rn. 92 mit einer Darstellung der unterschiedlichen Lösungswege.

261 S. BT-Drs. 15/26 S. 24.

262 Wissing, SGb 2003, 554, 560.

263 Rolfs, NZA 2003, 65, 69.

264 BT-Drs. 15/26 S. 24.

geregelten geringfügigen Beschäftigungen ergeben sich erst aus den Abgabepflichten der Arbeitgeber.

6. Abgabenpflicht bei geringfügiger Beschäftigung

Die geringfügige Beschäftigung wird sowohl in der Sozialversicherung als auch im Steuerrecht insoweit privilegiert, als in beiden Bereichen Pauschalen eingeführt wurden, die die Abwicklung für den Arbeitgeber erleichtern. 159

a) Beitragspflicht in der Sozialversicherung

aa) Überblick

Die Frage der Beitragspflicht in der Sozialversicherung kann nicht für alle geringfügigen Beschäftigungen und auch **nicht** für alle Sozialversicherungszweige **einheitlich** beantwortet werden. Jedenfalls bleiben Versicherungs- und Beitragspflicht in der **gesetzlichen Unfallversicherung** auch bei geringfügiger Beschäftigung bestehen.[265] In der **Arbeitslosen- und Pflegeversicherung** entfällt hingegen für entgeltgeringfügige Beschäftigungsverhältnisse die Beitragspflicht.[266] 160

Pauschalbeiträge sind für entgeltgeringfügige Beschäftigungsverhältnisse in der gesetzlichen **Kranken- und Rentenversicherung** zu leisten. Die Zahlungsverpflichtungen des Arbeitgebers bestehen allerdings nur für die entgeltgeringfügige Beschäftigung i.S.d. § 8 Abs. 1 Nr. 1 SGB IV. Für kurzzeitige Beschäftigungen i.S.v. § 8 Abs. 1 Nr. 2 SGB IV sind hingegen keine Pauschalbeiträge vom Arbeitgeber zu leisten.[267] 161

bb) Pauschalbeiträge in der gesetzlichen Krankenversicherung

Geringfügige Beschäftigung führt in der gesetzlichen Krankenversicherung gem. § 7 SGB V zur **Versicherungsfreiheit** für den Beschäftigten. Damit greift auch nicht § 249 Abs. 1 SGB V, wonach die Beitragszahlungen hälftig von Arbeitgeber und Arbeitnehmer zu tragen sind. Um aber die geringfügige Beschäftigung nicht besonders attraktiv für Arbeitgeber zu gestalten und außerdem einen gewissen Ausgleich für den Beitragsausfall durch geringfügige Beschäftigungen bei den Krankenkassen zu schaffen, hat der Gesetzgeber den Arbeitgebern **Pauschalzahlungen** auferlegt. Gem. § 249b S. 1 SGB V ist in der Krankenversicherung ein Beitrag in Höhe von **dreizehn Prozent** des Arbeitsentgelts vom gewerblichen Arbeitgeber zu tragen. Der Beschäftigte zahlt hingegen keine Beiträge. 162

Zu beachten ist, dass die vom Arbeitgeber zu tätigenden Zahlungen **keine echten Beiträge** i.S.d. Sozialversicherungsrechts sind, durch die der geringfügig Beschäftigte einen eigenen Leistungsanspruch gegen seinen Sozialversicherungsträger erwirbt. Sie begründen also kein Sozialversicherungsverhältnis zwischen geringfügig Beschäftigten und Krankenkassen. 163

cc) Pauschalbeiträge und Befreiung von der Versicherungspflicht in der gesetzlichen Rentenversicherung

Während zeitgeringfügig Beschäftigte versicherungsfrei sind (§ 5 Abs. 2 S. 1 Nr. 1 SGB VI), bleiben entgeltgeringfügig Beschäftigte i.S.v. § 8 Abs. 1 Nr. 1 SGB IV weiterhin in der Rentenversicherung **versicherungspflichtig**. Allerdings besteht für sie nach § 6 Abs. 1b) SGB VI die Möglichkeit, sich auf 164

---

265 S. auch § 2 Abs. 1 Nr. 1 SGB VII, der bereits keine Entgeltlichkeit fordert; Hanau, ZIP 1999, 726, 727.

266 Sind geringfügig Beschäftigte jedoch freiwillig gesetzlich kranken- und damit auch pflegeversichert, müssen sie nach den allgemeinen Regeln Beiträge zur Pflegeversicherung leisten, s. ErfK/Rolfs § 8 SGB IV Rn. 30; BSG 29.11.2006 SozR 4-3300 § 57 Nr. 3.

267 ErfK/Rolfs § 8 SGB IV Rn. 26; zur Versicherungsfreiheit von zeitgeringfügig Beschäftigten in der Rentenversicherung nach § 5 Abs. 2 S. 1 Nr. 1, 2 SGB VI; Waltermann/Schmidt/Chandna-Hoppe, Sozialrecht, Rn. 383.

Antrag von der Versicherungspflicht **befreien** zu lassen. Diese sog. Opt-out-Regelung wurde im Jahr 2012 eingeführt,[268] damit die Versicherungspflicht für die (entgelt)geringfügig Beschäftigten zum Normalfall erhoben wird, um so ihre soziale Absicherung zu erhöhen.[269]

165 Wird der Antrag auf Befreiung nicht gestellt, sind von dem **Arbeitgeber** gem. § 168 Abs. 1 Nr. 1b SGB VI Beiträge in Höhe von **15 Prozent** des Arbeitsentgelts zu tragen, der geringfügig **Beschäftigte** muss lediglich die restlichen **3,6 Prozent** aufwenden. Trotz der Vorteile einer Versicherungspflicht für den Beschäftigten wie die vollumfängliche Berücksichtigung bei den Entgeltpunkten sowie bei den Wartezeiten (auch im Hinblick auf Erwerbsminderungsrenten)[270] sowie die damit aufrechterhaltenen Ansprüche auf Rehabilitationsleistungen bei einer für den Beschäftigten mit 3,6 Prozent nur sehr niedrigen Beitragslast, wird in der Praxis überwiegend ein Antrag auf Befreiung von der Versicherungspflicht gestellt.[271]

dd) Sonderfall geringfügig Beschäftigte in Privathaushalten

166 Sonderregeln gelten für **geringfügig Beschäftigte in Privathaushalten**. Für diesen Personenkreis müssen Arbeitgeber gem. § 249b S. 2 SGB V an die Krankenkassen einen Pauschalbeitrag in Höhe von **fünf Prozent** des Arbeitsentgelts zahlen. In gleicher Höhe sind gem. § 172 Abs. 3a SGB VI vom Arbeitgeber Beiträge an den Rentenversicherungsträger zu leisten.

ee) Zuständige Einzugsstelle

167 Bei geringfügigen Beschäftigungen ist nicht wie sonst die Krankenkasse für den Einzug der Sozialversicherungsbeiträge zuständig. Gem. § 28i S. 4 SGB IV ist vielmehr die **Deutsche Rentenversicherung Knappschaft – Bahn – See** („Minijob-Zentrale“) die zuständige Einzugsstelle. Handelt es sich um eine geringfügige Beschäftigung in einem Privathaushalt (§ 8a SGB IV), gilt für die Meldung und den Einzug der Beiträge zur Sozialversicherung ein vereinfachtes Verfahren, das sog. **Haushaltsscheckverfahren** (§ 28a Abs. 7 bis 9 SGB IV).

b) Steuerrechtliche Erleichterungen

168 Der Gesetzgeber hat zur Förderung der **Minijobs** im **Steuerrecht** erhebliche Erleichterungen vorgesehen. Gem. § 40a Abs. 2 und 3 EStG sind für alle geringfügig Beschäftigten vom Arbeitgeber unter Verzicht auf Vorlage einer Lohnsteuerkarte **pauschal zwei Prozent Lohnsteuer** zu erheben, die auch den Solidaritätszuschlag und die Kirchensteuer einschließt. Für die Erhebung und den Einzug dieser Pauschalsteuer ist die Deutsche Rentenversicherung Knappschaft – Bahn – See zuständig, § 40 Abs. 6 EStG.

---

268 Gesetz zur Änderung der geringfügigen Beschäftigung vom 5.12.2012, BGBl. I 2012 S. 2474.

269 BT-Drs. 17/10773 S. 1, 9.

270 S. zu den Vorteilen BT-Drs. 17/10773 S. 9; Ausschussdrucksache 17(11)984, S. 30; GK-SGB VI/Ruland § 6 Rn. 195a.

271 S. hierzu Winkel, AiB 2016, 30; bereits kritisch bei Einführung der Opt-out-Möglichkeit Griese/Preis/Kruchen, NZA 2013, 113, 114.

VII. Die Beitragsabführung im Rahmen von Beschäftigungsverhältnissen

1. Grundkonzeption und Beitragshöhe

a) Modalitäten der Beitragsabführung im Überblick

Die Vorschriften der §§ 28a bis 28r SGB IV regeln die Modalitäten der Beitragsabführung im Rahmen von Beschäftigungsverhältnissen.[272] Die Vorschriften sind erst durch Gesetz vom 20.12.1988[273] in das SGB IV eingefügt worden. Damit wurden die zuvor für jeden Zweig der Sozialversicherung bestehenden Einzelregelungen über die Beitragsabführung abgelöst und durch eine einheitliche Regelung ersetzt. 169

Die §§ 28a ff. SGB IV sollen sicherstellen, dass die Beiträge in die einzelnen Zweige der Sozialversicherung gelangen. Hierzu hat der Gesetzgeber zum einen Meldepflichten für den Arbeitgeber und andere Meldepflichtige festgelegt (§§ 28a bis 28c SGB IV). Zum anderen hat er den Modus der Beitragszahlung detailliert geregelt (§§ 28d bis 28n SGB IV). Die institutionelle Zuständigkeit für beide Bereiche liegt bei den so genannten **Einzugsstellen**, d.h. den zuständigen Krankenkassen (§ 28h Abs. 1 S. 1 SGB IV, es sei denn, es handelt sich um einen Minijob, s. oben Rn. 159ff.). Schließlich sind Kontroll- und Überwachungsmechanismen vorgesehen (§§ 28o bis 28r SGB IV). 170

b) Beitragshöhe und Verteilung der Beitragslast

Die Beitragshöhe und die Verteilung der Beitragslast sind weder für alle Sozialversicherungszweige noch für alle Formen der abhängigen Beschäftigung einheitlich geregelt. Zur Bestimmung können zunächst drei Kategorien gebildet werden: Das „normale" Beschäftigungsverhältnis, die entgeltgeringfügige Beschäftigung (Minijobs) und die sog. Midijobs. Zu den Grundlagen der Finanzierung und zur Rechtfertigung der Beitragslasten s. später unter § 15 Rn. 1ff., 14ff. 171

aa) Beitragshöhe und -last im sozialversicherungsrechtlichen Grundfall

Im sozialversicherungspflichtigen Beschäftigungsverhältnis, das weder geringfügig ist noch sich in dem sog. Übergangsbereich (zuvor Gleitzone) des § 20 SGB IV befindet (s. hierzu Rn. 178), ist je nach Sozialversicherungszweig zu unterscheiden; die einschlägigen Regelungen finden sich daher auch nicht im SGB IV, sondern in den einzelnen Leistungsgesetzen. 172

Die **Beitragslast** wird in der Pflege-, Renten- und Arbeitslosenversicherung hälftig auf die Arbeitgeber und die Beschäftigten verteilt (§ 58 Abs. 1 S. 1 SGB XI, § 168 Abs. 1 Nr. 1 SGB VI, § 346 Abs. 1 S. 1 SGB III). Im Ergebnis ist der Gesetzgeber bei der gesetzlichen Krankenversicherung, nachdem er zwischenzeitlich von der paritätischen Beitragstragung u.a. im Zusammenhang mit Zusatzbeiträgen der Beschäftigten abgewichen ist, seit 2019[274] ebenfalls zu einer hälftigen Beitragstragung zurückgekehrt, § 249 Abs. 1 S. 1 SGB V, die nun auch die Zusatzbeiträge umfasst.[275] In der gesetzlichen Unfallversicherung hingegen trägt der Unternehmer gem. § 150 SGB VII die Beiträge allein. Die alleinige Beitragslast ist auch dadurch begründet, dass in diesem Versicherungszweig die privatrechtliche Haftung des Unternehmers durch den sozialrechtlichen Versicherungsschutz ersetzt werden soll.[276] 173

Die **Höhe der Beiträge** wird in der Renten-, Arbeitslosen-, Kranken- und Pflegeversicherung anhand des Bruttogehalts bestimmt. Maßgeblich ist jeweils ein festgelegter Prozentsatz der beitragspflichtigen Einnahmen des Versicherten, der sog. Beitragssatz. Allerdings wird die Beitragshöhe in 174

---

272 In Abgrenzung zur Beitragsabführung bei selbständiger Beschäftigung, die versicherungspflichtig oder freiwillig versichert ist.

273 BGBl. I S. 2330.

274 GKV-VEG v. 11.12.2018, BGBl. I S. 2387.

275 S. zur Entwicklung BeckOGK/Beck § 249 SGB V Rn. 16; BT-Drs. 19/4454 S. 1, 3.

276 S. auch Waltermann/Schmidt/Chandna-Hoppe, Sozialrecht, Rn. 146.

diesen Sozialversicherungszweigen gedeckelt durch die sog. **Beitragsbemessungsgrenzen**. Bei der Ermittlung des jeweiligen Beitrags sind in der Renten-, Arbeitslosen-, Kranken- und Pflegeversicherung nur bis zu einer gewissen Obergrenze beitragspflichtige Einnahmen zu berücksichtigen (s. § 341 Abs. 3 SGB III, § 223 Abs. 3 SGB V, § 159 SGB VI, § 55 Abs. 2 SGB XI). Einnahmen, die oberhalb dieser Grenze liegen, werden bei der jeweiligen Beitragsbemessung nicht berücksichtigt.[277]

175 In der **gesetzlichen Krankenversicherung** liegt der allgemeine Beitragssatz derzeit bei 14,6 Prozent der beitragspflichtigen Einnahmen, § 241 SGB V. Hinzu kommt ein Zusatzbeitrag, den die jeweilige Krankenkasse selbst festlegen kann, § 242f. SGB V. Der Beitragssatz in der **sozialen Pflegeversicherung** beträgt gem. § 55 Abs. 1 SGB XI 3,4 Prozent der beitragspflichtigen Einnahmen. Nach § 55 Abs. 3 SGB XI wird allerdings noch ergänzend danach unterschieden, ob und ggf. wieviel Kinder ein Mitglied hat (s. zur hierzu vorangegangenen Rechtsprechung des BVerfG § 34 Rn. 4). In der **gesetzlichen Rentenversicherung** wird der Beitragssatz jährlich durch Rechtsverordnung festgelegt, §§ 160 Nr. 1, 158 SGB VI, derzeit liegt er bei 18,6 Prozent. Für die **Arbeitslosenversicherung** beträgt der Beitragssatz momentan 2,6 Prozent, § 341 Abs. 2 SGB III. Insgesamt gibt es durchaus viel Bewegung bei den Beitragssätzen, so dass hier besonders auf die Aktualität der jeweiligen Vorschriften zu achten ist.

176 In der **gesetzlichen Unfallversicherung** wird die Höhe der Beiträge hingegen grundsätzlich nach der Unfallgefahr sowie dem Entgelt des Versicherten bestimmt, § 153 SGB VII.

bb) Beiträge bei geringfügiger Beschäftigung (Minijobs)

177 Übt der Beschäftigte eine geringfügige Beschäftigung i.S.v. §§ 8, 8a SGB IV aus, sieht das Gesetz im Wesentlichen **Beitragspauschalen** vor, die der Arbeitgeber allein trägt (es sei denn, der Beschäftigte lässt sich nicht von der Rentenversicherungspflicht befreien). S. hierzu bereits Rn. 159f.

cc) Beiträge im Übergangsbereich (Midijobs)

178 Mit § 20 Abs. 2 SGB IV wird ein sog. **Übergangsbereich** (zuvor Gleitzone) festgelegt, innerhalb dessen zwar wie auch sonst die Versicherungspflicht besteht, wobei die Beitragslast aber nur allmählich auf eine hälftige Beitragsverteilung zwischen Arbeitgeber und Arbeitnehmer ansteigt. Der Beitragsanteil des Arbeitnehmers beträgt also nicht sobald die Geringfügigkeitsgrenze des § 8 Abs. 1a SGB IV überschritten wird die Hälfte, sondern er steigt progressiv an.[278] § 20 Abs. 2 SGB IV ist zusammenzulesen mit den Regelungen der einzelnen Versicherungszweige. § 20 Abs. 2 SGB IV legt den beitragsrechtlichen Übergangsbereich auf das Einkommen zwischen der Entgeltgeringfügigkeitsgrenze des § 8 Abs. 1a SGB IV (im Jahr 2024: 538 Euro) und 2000 Euro monatlich fest. Für die Rentenversicherung ist dann in § 163 Abs. 10 SGB VI bspw. eine Formel festgelegt, nach welcher der gestaffelte Anstieg des Verhältnisses zwischen Arbeitgeber- und Arbeitnehmeranteil zu berechnen ist.

179 Mit diesem Übergangsbereich verfolgt der Gesetzgeber den **Zweck**, die sog. Niedriglohnschwelle zu beseitigen, die andernfalls zu einem plötzlichen Anstieg auf den vollen Sozialversicherungsbeitrag führen würde, sobald die Geringfügigkeitsgrenze des § 8 SGB IV überschritten wird.[279]

2. Meldepflichten der Arbeitgeber

180 Die Meldepflicht nach § 28a SGB IV bezieht sich auf jeden Beschäftigten, für den eine Pflichtversicherung in irgendeinem Zweig der Sozialversicherung besteht, mit Ausnahme der Unfallversicherung, für die sich aus § 192 SGB VII eine Mitteilungspflicht ergibt. Die Mitteilung hat an die Einzugsstelle zu

277 S. hierzu Voigt, NZS 2018, 93.

278 BeckOK-SozR/Wagner § 20 SGB IV Rn. 6a; s. hierzu im Einzelnen auch das Gemeinsame Rundschreiben der Spitzenverbände der Sozialversicherung v. 21.3.2019.

279 BeckOGK/Zieglmeier § 20 SGB IV Rn. 28.

erfolgen. Der Inhalt der Meldung muss angesichts der Bedeutung der Beiträge sowohl für die Versicherten als auch die Träger der Sozialversicherung sehr detailliert sein. Die technischen Einzelheiten ergeben sich aus § 28a SGB IV und der Datenerfassungs- und Datenübermittlungsverordnung (DEÜV, Ermächtigungsnorm § 28c SGB IV). Die Meldungen bilden die Grundlage für die Ermittlung der Beitragsverpflichtungen.

3. Der Gesamtsozialversicherungsbeitrag

§ 28d SGB IV sieht die Zahlung eines sog. Gesamtsozialversicherungsbeitrags vor. Der Arbeitgeber zahlt für den Versicherten eine **einheitliche Beitragssumme** für die Kranken-, Renten-, Arbeitslosen- und Pflegeversicherung an die Einzugsstelle. Beitragsgläubiger sind demnach die Einzugsstellen. Ihnen obliegt es, die anteiligen Beiträge an die jeweiligen Sozialversicherungsträger weiterzuleiten (§ 28k SGB IV). Eine Sonderstellung nimmt auch hier die gesetzliche Unfallversicherung ein, s. hierzu §§ 150ff. SGB VII. **181**

Begrifflich ist zu unterscheiden zwischen der Beitragslast, die Arbeitgeber und Arbeitnehmer in weiten Teilen hälftig tragen, und dem Beitragsschuldner, also demjenigen, der die Beiträge abführen muss. **Beitragsschuldner** des Gesamtsozialversicherungsbeitrags ist gem. § 28e Abs. 1 S. 1 SGB IV der Arbeitgeber. Im Wege des Lohnabzugsverfahrens (s. dazu Rn. 185ff.) muss der Arbeitgeber sowohl seinen Anteil der Sozialbeiträge als auch den Anteil des Beschäftigten an die Einzugsstelle zusammen abführen. Die Zahlung des vom Beschäftigten zu tragenden Teils des Gesamtsozialversicherungsbeitrages gilt als aus dem Vermögen des Beschäftigten erbracht (§ 28e Abs. 1 S. 2 SGB IV); diese klarstellende Regelung ist vor allem in Insolvenzverfahren bedeutsam.[280] **182**

Eine **Sonderregelung** trifft § 28e Abs. 2 S. 1 SGB IV für die **Arbeitnehmerüberlassung**. Bei der zulässigen Arbeitnehmerüberlassung i. S. d. AÜG haftet der Entleiher für die ordnungsgemäße Abführung des Gesamtsozialversicherungsbeitrags wie ein selbstschuldnerischer Bürge. In Fällen unzulässiger Arbeitnehmerüberlassung und damit Nichtigkeit des Vertrages nach § 9 Nr. 1 AÜG wird der Entleiher sogar zum eigentlichen Beitragsschuldner (§ 28e Abs. 2 S. 3 SGB IV). Allerdings haften der Entleiher und der Verleiher nach § 28e Abs. 2 S. 4 SGB IV als Gesamtschuldner. Jeder von ihnen ist also verpflichtet, den gesamten Sozialversicherungsbeitrag zu zahlen. **183**

Mit dem Gesetz zur Erleichterung der Bekämpfung illegaler Beschäftigung und Schwarzarbeit vom 23.7.2002[281] hat der Gesetzgeber auf Missstände illegaler Beschäftigung im Baubereich reagiert.[282] Mit den Absätzen § 28e Abs. 3a bis Abs. 3f SGB IV wurde eine **Generalunternehmerhaftung** bei **Bauvorhaben** einer gewissen Größenordnung (§ 28e Abs. 3d SGB IV) verankert, wenn ein Unternehmer des Baugewerbes einen anderen Unternehmer mit der Erbringung von Bauleistungen beauftragt.[283] In Anlehnung an die Regelung bei der Arbeitnehmerüberlassung soll der Unternehmer für Subunternehmer wie ein selbstschuldnerischer Bürge haften. § 28e Abs. 3b SGB IV sieht aber Möglichkeiten der Exkulpation vor.[284] **184**

4. Beitragsabzug im Lohnabzugsverfahren

Da im Verhältnis zu den Einzugsstellen der Arbeitgeber Beitragsschuldner ist, die Beitragslast aber zwischen Arbeitgeber und Beschäftigtem im Regelfall hälftig aufgeteilt ist, muss diese materielle Beteiligung des Beschäftigten bei der Beitragsabführung Berücksichtigung finden. Sie erfolgt über das sog. Lohnabzugsverfahren. Der Arbeitgeber hat gegen den Beschäftigten einen Anspruch auf den von diesem zu tragenden Anteil am Gesamtsozialversicherungsbeitrag (§ 28g S. 1 SGB IV). Diesen **185**

280 BeckOK-SozR/Wagner § 28e SGB IV Rn. 8a.
281 BGBl. I S. 2787.
282 BT-Drs. 14/8221 S. 11ff.
283 S. dazu Rixen, SGb 2002, 536.
284 S. hierzu auch BT-Drs. 14/8221 S. 15; BT-Drs. 16/12596 S. 10.

Anteil kann er aber nur durch Abzug vom Arbeitsentgelt geltend machen (§ 28g S. 2 SGB IV). Grundsätzlich ist der Abzug für den jeweiligen Lohnzahlungszeitraum vorzunehmen. § 28g S. 3 SGB IV lässt aber eine Nachholung im Rahmen der **drei nächsten Lohn- oder Gehaltszahlungen** zu. Da ein Abzug immer nur vom Lohn möglich ist, wird dem Arbeitgeber eine Nachholung versagt, wenn der Arbeitnehmer bereits ausgeschieden ist.[285]

186 Über den Zeitraum von drei Zahlungsperioden hinaus ist ein Abzug nur noch möglich, wenn dieser ohne Verschulden des Arbeitgebers unterblieben ist (§ 28g S. 3 SGB IV). Nicht jeder Rechtsirrtum des Arbeitgebers macht sein Verhalten schuldlos. Er ist verpflichtet, die nötigen Auskünfte über die tatsächliche Rechtslage einzuholen. Gem. S. 4 gelten S. 2 und 3 nicht, wenn der Beschäftigte seinen Auskunfts- und Vorlagepflichten nach § 28o SGB IV nicht nachkommt oder er den Gesamtsozialversicherungsbeitrag allein trägt.

Beispiel:[286]
Bei einer Betriebsprüfung wurde festgestellt, dass der bei der Klägerin beschäftigte Student R trotz des Studiums versicherungspflichtig ist und die Klägerin daher zur Nachzahlung von Gesamtsozialversicherungsbeiträgen für die Dauer der Beschäftigung des R verpflichtet ist. Die Nachforderung wurde mit Bescheid der beklagten AOK (Einzugsstelle) auf über 11.000 DM (5.624,21 Euro) festgesetzt. Die Klägerin legte keinen Widerspruch ein, beglich die Forderung und erhob gegen den inzwischen bei ihr ausgeschiedenen R vor dem Arbeitsgericht Klage auf Zahlung der Arbeitnehmeranteile. Das ArbG wies die Klage ab, weil die Arbeitnehmeranteile nach § 28g S. 2 und 3 SGB IV nur durch Abzug vom Lohn hätten geltend gemacht werden können und R nicht nach § 28g S. 4 SGB IV auf Zahlung in Anspruch genommen werden könne, weil er nicht gegen seine Pflichten verstoßen habe.

187 Mit dem Abzug und der Abführung von Lohnbestandteilen erfüllt der Arbeitgeber seine Zahlungspflicht gegenüber dem Arbeitnehmer. Die Abführung begründet einen besonderen Erfüllungseinwand. Es bedarf keiner Aufrechnung.[287] Die Gerichte für Arbeitssachen sind nicht befugt, die Berechtigung der Abzüge für Steuer- und Sozialversicherungsbeiträge zu überprüfen. Der Arbeitnehmer kann deshalb die nach seiner Auffassung unberechtigt einbehaltenen und abgeführten Beträge nicht erfolgreich mit einer Vergütungsklage geltend machen. Er ist vielmehr auf die steuer- und sozialrechtlichen Rechtsbehelfe beschränkt, es sei denn, für den Arbeitgeber wäre aufgrund der für ihn zum Zeitpunkt des Abzugs bekannten Umstände eindeutig erkennbar gewesen, dass eine Verpflichtung zum Abzug nicht bestand. Andernfalls tritt die Erfüllungswirkung ein.[288] Der Arbeitgeber haftet gem. § 280 Abs. 1 BGB dem Arbeitnehmer auf Schadensersatz, wenn er bei der Einbehaltung und Abführung der Lohnsteuern und Sozialversicherungsbeiträge schuldhaft Nebenpflichten verletzt.

5. Besonderheiten bei geringfügiger Beschäftigung (Minijobs)

188 Bei geringfügigen Beschäftigungsverhältnissen i.S.d. § 8 SGB IV ist die zuständige Einzugsstelle die Deutsche Rentenversicherung Knappschaft – Bahn – See als Träger der Rentenversicherung (§ 28i S. 5 SGB IV). Im Übrigen entspricht aber das Meldeverfahren nach § 28a SGB IV demjenigen bei normalen Beschäftigungsverhältnissen. Eine Ausnahme gilt für geringfügige Beschäftigungen in privaten Haushalten (§ 8a SGB IV). Für diese sieht § 28a Abs. 7 und 8 SGB IV zwingend das Haushaltsscheckverfahren vor.

285 BT-Drs. 11/2221 S. 24; BAG 14.1.1988, NZA 1988, 803.
286 Nach BSG 27.1.2000, NZS 2000, 610.
287 BAG GS 7.3.2001 BAGE 97, 150, 158 ff.; ebenso BAG 30.4.2008, NJW 2008, 3805 f.
288 BAG 30.4.2008, NZA 2008, 884.

6. Entscheidungen über die Beitragspflicht und -freiheit

§ 28h Abs. 2 S. 1 SGB IV überträgt die Zuständigkeit für Entscheidungen über die Versicherungspflicht und Beitragshöhe in den einzelnen Zweigen der Sozialversicherung einschließlich der Entscheidungen über die tatbestandlichen Voraussetzungen der geringfügigen Beschäftigung den Einzugsstellen. Der Gesetzgeber hat damit diesen Bereich zentralisiert. So sollen divergierende Entscheidungen der verschiedenen Sozialversicherungsträger vermieden werden. 189

Beispiel (Fortsetzung):
Der Klägerin ist ein Schaden dadurch entstanden, dass sie die auf R entfallenden Arbeitnehmeranteile von ihm nicht mehr erhalten kann (§ 28g SGB IV und das rechtskräftige Urteil des ArbG). Sie macht nunmehr einen Schadensersatzanspruch gegenüber der Einzugsstelle geltend. Grundlage des Klagebegehrens ist das Versäumnis der Einzugsstelle, die Versicherungs- und Beitragspflicht von R schon anlässlich einer früheren Betriebsprüfung festzustellen. Sie sei daher so zu stellen, als hätte sie die Beiträge damals gezahlt und die Arbeitnehmeranteile einbehalten.

Als Rechtsgrundlage des auf dem Sozialrechtsweg zu verfolgenden Schadensersatzanspruchs zieht das BSG einerseits einen sozialrechtlichen Herstellungsanspruch und andererseits Schadensersatz nach § 280 Abs. 1 BGB in Betracht. Beide Anspruchsgrundlagen lehnt das BSG jedoch ab. Der Schadensausgleich, den die Klägerin verfolgt, ist „auf eine vom Gesetz nicht vorgesehene Amtshandlung der Einzugsstelle oder Prüfstelle gerichtet, die nicht Ziel und Gegenstand des sozialrechtlichen Herstellungsanspruchs sein kann." Der Schadensersatz auf der Grundlage des § 280 Abs. 1 BGB scheitert daran, dass im Verhältnis zwischen Einzugsstelle und Arbeitgeber keine „vertragsähnliche Sonderbeziehung" besteht, soweit es um den Einzug von Gesamtsozialversicherungsbeiträgen geht. In Betracht komme allenfalls der auf dem Zivilrechtsweg zu verfolgende Amtshaftungsanspruch gem. § 839 BGB i.V.m. Art. 34 GG.

7. Die Überprüfung der Erfüllung von Melde- und Beitragspflichten

Korrekte Meldungen und korrekte Abführung von Beiträgen sind eine wesentliche Grundvoraussetzung für das Funktionieren der Sozialversicherung. Deshalb hat der Gesetzgeber seit jeher ein besonderes Überprüfungsverfahren vorgesehen. Seine Durchführung lag ursprünglich in den Händen der Einzugsstellen (also i.d.R. der Krankenkassen). Mit dem GSG vom 21.12.1992[289] ist ab 1.1.1996 ein Wahlrecht für die Versicherten eingeführt worden, das es ihnen erlaubt, die Zugehörigkeit zu einer bestimmten Krankenkasse selbst festzulegen. Mit dieser Kassenwahlfreiheit sollte ein verstärkter Wettbewerb um Mitglieder zwischen den Kassen stimuliert werden. Da ein wichtiges Feld für diese Werbung die Betriebe sind, hat der Gesetzgeber die Konkurrenzsituation zwischen Krankenkassen als nicht mehr vereinbar mit der **Notwendigkeit einer neutralen Prüfung** der Arbeitgeber angesehen.[290] 190

Deshalb ist durch das 3. Gesetz zur Änderung des SGB vom 30.6.1995[291] in § 28p Abs. 1 SGB IV die Zuständigkeit der Rentenversicherungsträger für die Prüfung der Richtigkeit der Melde- und Beitragspflichten verankert worden. In Anlehnung an die steuerliche Betriebsprüfung wird in diesem Zusammenhang auch von der **sozialversicherungsrechtlichen Betriebsprüfung** gesprochen.[292] Technische Einzelheiten der Prüfung, die gem. § 28p Abs. 1 S. 1 2. Hs. SGB IV mindestens alle vier Jahre durchzuführen ist, sind in der Verordnung über die Berechnung, Zahlung, Weiterleitung, Abrechnung und Prüfung des Gesamtsozialversicherungsbeitrages (Beitragsverfahrensverordnung – BVV) vom 3.5.2006 geregelt (Ermächtigungsgrundlage § 28p Abs. 9 Nr. 2 SGB IV). Im Rahmen ihrer Überprüfung erlassen die Rentenversicherungsträger gem. § 28p Abs. 1 S. 5 SGB IV Verwaltungsakte zur Versicherungspflicht und Beitragshöhe für alle am Verfahren über den Gesamtsozialversicherungsbeitrag beteiligten Zweige der Sozialversicherung, einschließlich der Widerspruchsbescheide. 191

289 BGBl. I S. 2266 ff.
290 BT-Drs. 13/1205 S. 6.
291 BGBl. I S. 890.
292 S. hierzu auch PUCHNER/EIBL, Die sozialversicherungsrechtliche Betriebsprüfung, 2001.

§ 15 Die Finanzierung der Sozialversicherung

Literatur: Fürstenwerth/Weiss, Versicherungsalphabet, 11. Aufl. 2019; Gössl, Die Finanzverfassung der Sozialversicherung, 1992; Herdegen/Schön, Ökologische Steuerreform, Verfassungsrecht und Verkehrsgewerbe, 2000; Isensee, Umverteilung durch Sozialversicherungsbeiträge, 1973; F. Kirchhof, Sozialversicherungsbeitrag und Finanzverfassung, NZS 1999, 161ff.; F. Kirchhof, Finanzierung der Sozialversicherung, in: Isensee/Kirchhof (Hrsg.), Handbuch des Staatsrechts der Bundesrepublik Deutschland, 3. Aufl. 2007, § 125; Kranz, Die Bundeszuschüsse der Sozialversicherung, 1998; Mackenroth, Die Reformen der Sozialpolitik durch einen deutschen Sozialplan, 1952; Möller, Gemeinsame Grundbegriffe der Sozial- und Privatversicherung, in: Klingmüller (Hrsg.), Aktuelle Fragen der Individual- und der Sozialversicherung, Festgabe für Erich Roehrbein, 1962, S. 135ff.; Schmidt, Versicherungsalphabet, 8. Aufl. 1991; Zacher (Hrsg.), Die Rolle des Beitrags in der Sozialen Sicherung, 1980.

I. Methoden der Versicherungsfinanzierung

1 Die Frage, auf welchem Wege die Mittel für eine Versicherung aufgebracht werden, ist die Frage nach den **Methoden der Versicherungsfinanzierung**. Üblicherweise werden zwei methodische Ansätze unterschieden: das sogenannte Umlageverfahren und die kapitalfundierten Formen der Finanzierung.

1. Umlageverfahren

2 Beim Umlageverfahren werden die für eine Versicherungsperiode anfallenden Ausgaben des Versicherers ermittelt und nach einem bestimmten Schlüssel auf die Versicherungsnehmer verteilt. Dabei unterscheidet man **Umlageverfahren des tatsächlichen Bedarfs**, bei dem die Ausgaben am Ende der Periode auf die Versicherungsnehmer umgelegt werden, von **Umlageverfahren des vorausbemessenen Bedarfs**, bei denen die im Laufe der Periode wahrscheinlich entstehenden Versicherungsaufwendungen geschätzt und dieser Bedarf auf die Versicherungsnehmer umgelegt wird.[293] Es findet also ein Ausgleich von Einnahmen und Ausgaben innerhalb eines eng begrenzten Zeitraums statt.[294]

2. Kapitalfundierte Finanzierung

3 Bei der kapitalfundierten Finanzierung wird ein Kapitalstock gebildet. Dabei werden zwei Varianten unterschieden. Beim **Anwartschaftsdeckungsverfahren** wird Vermögen angesammelt (Prämien und Zinsen), mit dem alle künftig zu erwartenden Ausgaben gedeckt werden sollen. Beim sog. **Kapitaldeckungsverfahren** wird der Kapitalwert errechnet, der zusammen mit den Zinsen ausreicht, um alle Versicherungsansprüche aus bereits eingetretenen Versicherungsfällen dauernd zu befriedigen. Die noch nicht eingetretenen Versicherungsfälle bleiben unberücksichtigt.[295] Das Kapitaldeckungsverfahren nimmt also eine Mittelstellung zwischen Anwartschaftsdeckungsverfahren und Umlageverfahren ein.[296]

3. Das Umlageverfahren in der Sozialversicherung

4 Oft wird angenommen, dass kapitalfundierte Verfahren ausschließlich der Privatversicherung vorbehalten sind, während das Umlageverfahren die Finanzierungsmethode der Sozialversicherung ist. Diese Auffassung ist historisch nicht zutreffend. Die gesetzliche Rentenversicherung wurde seit ihrer Einführung mit unterschiedlichen Methoden der Kapitalfundierung (Zeitabschnittsdeckungsverfah-

293 Schmidt, Versicherungsalphabet, S. 351f.
294 SRH/Schmähl § 4 Rn. 50.
295 Schmidt, Versicherungsalphabet, S. 178f.
296 SRH/Schmähl § 4 Rn. 50.

ren, Abschnittsdeckungsverfahren) finanziert.[297] Erst 1969 wurde die Rentenversicherung nach einer zehnjährigen Übergangsperiode endgültig auf das Umlageverfahren umgestellt. Umgekehrt kennt auch die Privatversicherung einzelne Bereiche der Finanzierung im Wege des Umlageverfahrens.[298]

Für die Gegenwart gilt freilich, dass die Sozialversicherung in allen Zweigen über das Umlage- 5
verfahren finanziert wird. Dies wird im Bereich der Sozialversicherung häufig mit dem sogenannten **„Mackenrothschen Gesetz"** in Verbindung gebracht.[299] Berühmt geworden ist die Formulierung von Mackenroth aus dem Jahre 1952:

> „Nun gilt der einfache und klare Satz, dass aller Sozialaufwand immer aus dem Volkseinkommen der laufenden Periode gedeckt werden muss. Es gibt keine andere Quelle und hat nie eine andere Quelle gegeben, aus der Sozialaufwand fließen könnte, es gibt keine Ansammlung von Fonds, keine Übertragung von Einkommensteilen von Periode zu Periode, kein ‚Sparen' im privatwirtschaftlichen Sinne – es gibt einfach gar nichts anderes als das laufende Volkseinkommen als Quelle für den Sozialaufwand."[300]

Ob das Mackenrothsche Theorem tatsächlich zugrunde gelegt wurde, kann hier dahingestellt blei- 6
ben. Jedenfalls folgt die Sozialversicherung heute dieser Finanzierungsmethode. Dabei ist sowohl die Variante der vorausgehenden (z.B. § 220 SGB V) wie der nachgehenden Umlage (s. z.B. § 152 SGB VII) anzutreffen. Über Vor- und Nachteile des Umlageverfahrens wird – vor dem Hintergrund der aktuellen demographischen Entwicklung – seit geraumer Zeit eine intensive Diskussion geführt, die schwerpunktmäßig das Rentenversicherungsrecht betrifft.[301]

II. Finanzierungsquellen

1. Steuerfinanzierung/Beitragsfinanzierung

Von der Methode der Finanzierung einer Versicherung ist die Frage nach den **Finanzierungsquellen** 7
abzugrenzen. Im Wesentlichen lassen sich in der Sozialversicherung zwei Quellen unterscheiden: Die für die Sozialversicherung benötigten Mittel können über **Steuern** oder über **Beiträge** finanziert werden. Auch im internationalen Vergleich werden deshalb steuerfinanzierte und beitragsfinanzierte Systeme der Sozialversicherung unterschieden. Für die erste Gruppe stehen exemplarisch die skandinavischen Länder sowie Großbritannien (insbesondere auf der Grundlage des sog. Beveridge-Modells).[302] Für eine beitragsfinanzierte Sozialversicherung stehen z.B. Deutschland und Österreich.

Allerdings gibt es immer weniger Länder, die ausschließlich dem einen oder dem anderen 8
Finanzierungsmodell folgen. Auch in Deutschland ist die Sozialversicherung nicht ausschließlich beitragsfinanziert, staatliche Zuschüsse sind inzwischen ebenfalls ein wichtiges Finanzierungsmittel. Das zeigt bereits § 20 Abs. 1 SGB IV:

> „Die Mittel der Sozialversicherung einschließlich der Arbeitsförderung werden nach Maßgabe der besonderen Vorschriften für die einzelnen Versicherungszweige durch Beiträge der Versicherten, der Arbeitgeber und Dritter, durch staatliche Zuschüsse und durch sonstige Einnahmen aufgebracht."

Genannt werden also ausdrücklich und gleichberechtigt nebeneinander Beiträge, staatliche 9
Zuschüsse und sonstige Einnahmen. Bei Letzteren handelt es sich z.B. um Vermögenserträge, Säumniszuschläge i.S.v. § 24 SGB IV, Geldbußen und Ersatz- und Erstattungsansprüche; die sonstigen Ein-

297 Vgl. dazu HDR/RULAND 19 Rn. 71ff.
298 Prölss/Dreher/WEIGEL § 24 VAG Rn. 12.
299 So etwa EICHENHOFER, Sozialrecht, Rn. 61.
300 MACKENROTH, S. 43.
301 Ausführlich SRH/SCHMÄHL § 4 Rn. 86ff.
302 KÖHLER, ZVersWiss 1998, 654; RULAND, NZS 1998, 209, 216.

nahmen sind von keiner großen praktischen Bedeutung.[303] Der Schwerpunkt liegt sicherlich auf den Beiträgen, die in der Praxis auch quantitativ den größten Finanzierungsanteil ausmachen. Doch wären einige Zweige der Sozialversicherung kaum finanzierbar, wenn nicht der Staat durch Transferzahlungen aushelfen würde. Für den Bereich der Rentenversicherung gibt es seit langem eine intensiv geführte Diskussion darüber, ob das bisherige System gänzlich durch ein steuerfinanziertes Grundrentenmodell abgelöst werden soll.[304] Eine gänzliche Ablösung ist nicht erfolgt, zum 1.1.2021 wurde aber eine Grundrente eingeführt (s. hierzu § 44 Rn. 29 f.)

2. Rechtsnatur des Sozialversicherungsbeitrags

10 Die §§ 20 ff. SGB IV regeln das Beitragswesen der Sozialversicherung. Der Begriff des Beitrags wird dort jedoch nicht definiert. Die Rechtsnatur des Sozialversicherungsbeitrags ist auch deshalb seit langem umstritten.[305] In einer grundlegenden Studie hat ISENSEE das Problemfeld wie folgt umrissen:

> „Der Sozialversicherungsbeitrag unterscheidet sich von der Privatversicherungsprämie dem Inhalt nach durch seine Abweichung vom versicherungstechnischen Äquivalenzprinzip, der Form nach durch seine öffentlich-rechtliche Rechtsnatur. Er ist eine einseitig hoheitlich auferlegte Geldleistung, mithin eine öffentliche Abgabe. Es bereitet allerdings Schwierigkeiten, den Sozialversicherungsbeitrag ohne Gewaltsamkeit einem Abgabentypus der herkömmlichen Typenreihe ‚Gebühr – Beitrag – Steuer' zuzuordnen."[306]

11 Die Dreiteilung öffentlicher Abgaben in **Gebühren, Beiträge und Steuern** entstammt dem öffentlichen Recht. Während Steuern ohne jeglichen Bezug zu einer bestimmten Gegenleistung entrichtet werden müssen (§ 3 Abs. 1 AO), sind Gebühren und Beiträge auf eine Gegenleistung bezogen. Gebühren unterscheiden sich von Beiträgen durch die Unmittelbarkeit der Verknüpfung zwischen Leistung und Gegenleistung. Gebühren werden bei einer Inanspruchnahme der Verwaltung, Beiträge schon für die Möglichkeit einer Inanspruchnahme öffentlicher Einrichtungen bzw. Anlagen erhoben.[307]

12 Es ist naheliegend, den Beitrag als **Versicherungsprämie** zu begreifen, bereits oben wurde ausgeführt, dass auch die Sozialversicherung als Versicherung verstanden werden kann. Daher wird teilweise auch der Sozialversicherungsbeitrag als echte Versicherungsprämie zum Kauf des Versicherungsschutzes wie in der Privatversicherung aufgefasst. Allerdings wird diese Zuordnung in der Regel nur auf die Fälle beschränkt, in denen sich der Kreis der Beitragspflichten mit dem der Empfänger der Versicherungsleistungen deckt.[308] In der Privatversicherung ist die Prämie definiert als das vereinbarte Entgelt des Versicherungsnehmers für die Gefahrtragung und die Geld- und Naturalleistung des Versicherers im Versicherungsfall.[309] Die Tatsache, dass in der Sozialversicherung Versicherungsnehmer und Beitragszahler nicht immer identisch sind (z. B. bei hälftiger oder völliger Beitragszahlung durch den Arbeitgeber), muss nicht gegen den Prämiencharakter sprechen. Denkbar wäre es z. B., eine Parallele zur Versicherung für fremde Rechnung zu ziehen.[310]

13 Dennoch wird der Sozialversicherungsbeitrag von BSG und BVerfG als eine Sonderform der öffentlich-rechtlichen Abgabe eingeordnet.[311] Die Einordnung als Sonderabgabe hängt damit zusam-

---

303 BeckOK-SozR/WAGNER § 20 SGB IV Rn. 5.
304 S. hierzu bereits umfassend MIEGEL/WAHL, Solidarische Grundsicherung, 1999.
305 Dazu umfassend und in rechtsvergleichender Perspektive ZACHER (Hrsg.).
306 ISENSEE, Umverteilung durch Sozialversicherungsbeiträge, S. 31.
307 Maunz/Dürig/SEILER Art. 105 GG Rn. 87 f.
308 HdStR/KIRCHHOF Bd. V § 125 Rn. 23.
309 S. etwa von FÜRSTENWERTH/WEISS, S. 489.
310 S. ROLFS S. 243 f.; KIRCHHOF, NZS 1999, 161, 165.
311 BSG 17.12.1985, SGb 1987, 169, 171; BVerfG 16.10.1962 BVerfGE 14, 312, 317 f.; vgl. auch BVerfG 18.7.2005, NVwZ 2006, 559.

men, dass über den Prämiencharakter hinaus die Eigenheiten der Sozialversicherung zum Ausdruck gebracht werden sollen. So formuliert etwa F. KIRCHHOF:

> „Der Sozialversicherungsbeitrag stellt vielmehr eine besondere Abgabenart dar. Er dient zur Eigenfinanzierung durch die Solidargemeinschaft, wird nach Art einer Versicherungsprämie entrichtet, aber nach dem generellen Risiko der Versichertengemeinschaft unter Berücksichtigung der sozialen Elemente des Ausgleichs, der Fürsorge und der Verantwortung berechnet. Er fließt überdies nicht in den allgemeinen Staatshaushalt, sondern stets zweckgebunden in den Sonderhaushalt eines Versicherungsträgers.“[312]

3. (Verfassungsrechtliche) Begründung der Beitragslast

Als Eingriff in die Rechtssphäre des Einzelnen unterliegt auch die Erhebung von Sozialversicherungsbeiträgen dem Grundsatz des Vorbehalts des Gesetzes. Dieser ist für das Sozialrecht nochmals in § 31 SGB I verankert. Hierbei handelt es sich aber nur um eine notwendige und noch nicht alleine ausreichende Voraussetzung für die Wirksamkeit der Anordnung einer Beitragspflicht. 14

a) Rechtfertigung der Beitragslast des Arbeitgebers

Da Adressaten der Beitragspflicht nicht alle Bürger, sondern immer nur einzelne Bürger oder Gruppen sind, steht immer auch die Frage der **Ungleichbehandlung** im Raum. Im Hinblick auf Art. 3 Abs. 1 GG bedarf jede Ungleichbehandlung einer sachlichen Rechtfertigung. Es wird deshalb von der systemprägenden Kraft des Gleichheitsgrundsatzes im Abgabenrecht gesprochen.[313] Prüfungsmaßstab für die Erhebung von Sozialversicherungsbeiträgen ist damit stets Art. 3 Abs. 1 GG. Das häufig auftretende Problem in diesem Zusammenhang war die Beteiligung der Arbeitgeber am Beitragsaufkommen der Sozialversicherung.[314] Die Legitimation der Beitragslast der Arbeitgeber war schon bei der Einführung der Sozialversicherung in den achtziger Jahren des 19. Jahrhunderts umstritten.[315] Sie konnte noch recht einfach im Bereich der gesetzlichen Unfallversicherung beantwortet werden. Denn hier war der Zusammenhang zwischen Tätigkeit für den Arbeitgeber und Schadenseintritt zum Bestandteil des Versicherungsfalls erklärt worden. Schwieriger war es schon, eine Haftungs- oder wie auch immer geartete **Verantwortlichkeit des Arbeitgebers** für Invalidität und Alter gegenüber dem Arbeiter zu finden. Der damalige Gesetzgeber sah diesen Zusammenhang freilich als gegeben an. In der Begründung des Gesetzes über die Invaliditäts- und Altersversicherung der Arbeiter hieß es zur Beitragslast der Arbeitgeber (s. Annalen des Deutschen Reichs 1889, 461f.): 15

> „Die Last muss vielmehr auch von denen anteilig mitgetragen werden, welche an der humanen Sicherstellung des Loses der Arbeiter ein Interesse haben. Dass hierzu die Arbeitgeber in erster Linie berufen sind, leuchtet ein. Wirtschaftlich angesehen bedeutet die Alters- und Invalidenrente in der Regel einen Ersatz für die durch Arbeit selbst bedingte Minderung der Arbeitskraft, dieser Ersatz wird folgerichtig in der Hauptsache aus dem Arbeitsertrag zu entnehmen, gewissermaßen zu reservieren sein. Wie aber das Arbeitsverhältnis selbst eine gewisse Solidarität zwischen Arbeitgeber und Arbeitnehmer begründet, insofern beide an dem Arbeitsertrage teilhaben, so ergibt sich, dass auch der Arbeitgeber sich der Verpflichtung, zum Ersatz der geminderten Arbeitskraft des Arbeiters beizutragen, nicht entziehen darf.“

Ob eine solche Sichtweise auch unter Geltung des Art. 3 Abs. 1 GG noch Bestand haben konnte, war nicht von vornherein ausgemacht. Dennoch ist dieser Aspekt auch in der Rechtsprechung des BVerfG 16

---

312 KIRCHHOF, NZS 1999, 161, 164.

313 KIRCHHOF, NZS 1999, 161, 163.

314 Zur Verfassungskonformität der vollen Beitragslasttragung durch Rentner s. BVerfG 7.10.2008, BeckRS 2008, 40231; BVerfG 9.7.2018, NZS 2018, 782 mit Anm. BURKICZAK.

315 Dazu FUCHS, Sozialrecht und Zivilrecht, S. 36ff.

zu einem wesentlichen Rechtfertigungsgrund geworden. So heißt es in der richtungsweisenden Entscheidung des BVerfG aus dem Jahre 1962:

> „In der Sozialversicherung leisten Arbeitgeber und Arbeitnehmer Beiträge, um die Aufwendungen der Sozialversicherungsträger ganz oder teilweise zu decken. Bei dieser Beitragserhebung stehen im Sozialversicherungsrecht der Risikoausgleich unter den versicherten Arbeitnehmern und die allgemeine Fürsorge der Arbeitgeber für die Arbeitnehmer im Vordergrund. Die Sozialversicherung soll einen sozialen Ausgleich innerhalb des Kreises der Versicherten, aber auch zwischen Arbeitnehmern und Arbeitgebern herbeiführen."[316]

17 Damit blieb das BVerfG der traditionellen Sichtweise verbunden. Das Problem, dass Abgaben grundsätzlich nur von demjenigen verlangt werden können, der aus der Abgabe auch einen besonderen wirtschaftlichen Nutzen trägt, war damit noch nicht ausgeräumt. In ständiger Rechtsprechung betont das BVerfG aber, dass der abgabenrechtliche Grundsatz, wonach zu Beiträgen nur herangezogen werden darf, wer von einem bestimmten öffentlichen Unternehmen einen wirtschaftlichen Vorteil zu erwarten habe, für die Sozialversicherung nicht gelte.[317] Die in der Literatur immer wieder erhobene Forderung nach sozialer Gruppenhomogenität als Voraussetzung gesetzlicher Gruppensolidarität[318] ist vom BVerfG abgelehnt worden:

> „Es kann dahinstehen, wieweit dieser Forderung für die Einbeziehung neuer Gruppen als Versicherter in die Sozialversicherung Bedeutung zukommen mag, jedenfalls erscheint sie nicht geeignet, um die Heranziehung Dritter zu den Beitragslasten zulässig Versicherter zu begrenzen. Denn insoweit ist für die Sozialversicherung gerade eine Umverteilung und die Geltendmachung einer sozialen Verantwortlichkeit jenseits vorgegebener Gruppenhomogenität typisch; sie führt eben deswegen zu Fremdlasten, die gerade nicht eigen- oder gruppennützlich sind."[319]

18 In der gleichen Entscheidung hat das BVerfG aber auch betont, dass für die Heranziehung zu Beiträgen stets eine **besondere Rechtfertigung** nötig sei, wozu allgemeine Erwägungen zur Leistungsfähigkeit der Betroffenen nicht ausreichten. Dafür hat das BVerfG die Schwelle aber nicht besonders hoch angesetzt:

> „Eine solche Rechtfertigung kann sich indes aus spezifischen Solidaritäts- oder Verantwortlichkeitsbeziehungen zwischen Zahlungsverpflichteten und Versicherten ergeben, die in den Lebensverhältnissen, wie sie sich geschichtlich entwickelt haben und weiterentwickeln, angelegt sind. Solche Beziehungen, die von einer besonderen Verantwortlichkeit geprägt sind, können z.B. aus auf Dauer ausgerichteten, integrierten Arbeitszusammenhängen oder aus einem kulturgeschichtlich gewachsenen besonderen Verhältnis gleichsam symbiotischer Art entstehen."[320]

19 Mit dieser Begründung hat das BVerfG die Heranziehung von Vermarktern zur Finanzierung eines Teils der Kosten der Künstlersozialversicherung als gerechtfertigt angesehen. Vor diesem Hintergrund konnte auch eine Verfassungsbeschwerde eines Arbeitgebers, mit der Begründung, dass er für das Pflegefallrisiko, das in der sozialen Pflegeversicherung abgesichert wird, keine Verantwortung trage und deshalb nicht zu Beiträgen herangezogen werden dürfe, keinen Erfolg haben.[321]

b) Ungleichbehandlung im Verhältnis Beitrag und Sozialversicherungsleistung

20 **Art. 3 Abs. 1 GG** spielt nicht nur für die Frage eine Rolle, ob jemand zur Zahlung von Beiträgen verpflichtet ist. Vielmehr müssen sachlich nicht gerechtfertigte **Ungleichbehandlungen** auch im Verhältnis zwischen Beitrag und Sozialversicherungsleistung vermieden werden. So hat es das BVerfG als einen Verstoß gegen Art. 3 Abs. 1 GG angesehen, dass einmalig gezahltes Arbeitsentgelt (Weih-

---

316 BVerfG 16.10.1962 BVerfGE 14, 312, 317.
317 BVerfG 10.5.1960 BVerfGE 11, 105, 117; BVerfG 16.10.1962 BVerfGE 14, 312, 318.
318 S. etwa Leisner, S. 96.
319 BVerfG 8.4.1987 BVerfGE 75, 108, 158.
320 BVerfG 8.4.1987 BVerfGE 75, 108, 158.
321 BVerfG 18.9.1995, NJW 1995, 3378; s. hierzu auch BSG 27.1.2000, NZS 2000, 402.

nachtsgeld, Urlaubsgeld usw.) bei der Bemessung von Sozialversicherungsbeiträgen herangezogen wird, ohne dass es bei der Berechnung von kurzfristigen Lohnersatzleistungen (beispielsweise Arbeitslosengeld, Krankengeld etc.) berücksichtigt wird. Hierin sah das BVerfG eine Ungleichbehandlung gegenüber Arbeitnehmern mit laufenden Arbeitseinkünften.[322]

c) Rechtfertigung versicherungsfremder Leistungen

Eine seit langer Zeit diskutierte Frage betrifft die Zulässigkeit sog. **„versicherungsfremder Leistungen"**.[323] Hierbei bürdet der Gesetzgeber einzelnen Zweigen der Sozialversicherung Leistungen auf, die nicht der Bewältigung des versicherten Risikos dienen. 21

So wurde z. B. versucht, die Tragung der Kosten für Schwangerschaftsabbrüche in der gesetzlichen Krankenversicherung als versicherungsfremde Leistung als unzulässig anzusehen. Sowohl das BVerfG als auch das BSG haben Klagen dieser Art bereits wegen mangelnder Klagebefugnis abgewiesen.[324] Auch die Klage eines Rentenversicherten, der sich gegen die Erhöhung des Beitragssatzes in der gesetzlichen Rentenversicherung zum 1.1.1994 von 17,5 Prozent auf 19,2 Prozent wehrte, hat das BSG abgewiesen. Der Kläger wies vor allem auf die Tatsache hin, dass die Erhöhung dieses Beitrags auf versicherungsfremde Leistungen in Form der Finanzierung der Herstellung der deutschen Einheit zurückzuführen seien. In einer sehr sorgfältig begründeten Entscheidung hat das BSG diese Auffassung abgelehnt.[325] Es hat insbesondere auch einen Verstoß gegen den Gleichheitssatz des Art. 3 Abs. 1 GG verneint, der vom Kläger damit begründet worden war, dass andere Personengruppen, wie die versicherungsfreien Selbständigen und Beamten sowie die Bezieher anderer Einkommen, sich nicht an den Altersversorgungskosten im Zusammenhang mit der Wiederherstellung der deutschen Einheit beteiligen müssten.[326] 22

III. Bundeszuschüsse

1. Entwicklung

Entgegen den Vorstellungen BISMARCKS sahen die Arbeiterversicherungsgesetze durchweg eine Finanzierung durch Beiträge vor. Ein Rest an staatlicher Beteiligung verblieb aber in Form eines Reichszuschusses von 50 Reichsmark pro Rente, die auf der Basis des Gesetzes betreffend die Invaliditäts- und Altersversicherung vom 22.6.1889 gezahlt wurde (siehe unter § 2 Rn. 7). Der Reichszuschuss war ein Kompromiss zwischen den weitergehenden Vorstellungen BISMARCKS, die Kosten der Invaliditäts- und Alterssicherung der Allgemeinheit aufzubürden, und andererseits den Vorstellungen sowohl des Liberalismus wie des Sozialismus, die sich in der Ablehnung staatlicher Maßnahmen zur Lösung der sozialen Frage auf einer Linie bewegten.[327] Der Reichszuschuss und später der Bundeszuschuss zur Rentenversicherung hat eine wechselvolle Geschichte durchgemacht.[328] Die Notwendigkeit von Bundeszuschüssen als ein Element der Finanzierung der Sozialversicherung ist heute dem Grunde nach anerkannt. In § 20 Abs. 1 SGB IV werden sie nun ausdrücklich als gleichwertige Finanzierungsquelle aufgeführt. 23

---

322 BVerfG 11.1.1995 BVerfGE 92, 53; BVerfG 24.5.2000, NJW 2000, 2264 ff.

323 S. grundlegend zur versicherungsimmanenten und versicherungsfremden Leistungen ROLFS, S. 193 ff.; BIEBACK, in: FS 50 Jahre BSG, 2004, S. 117 ff.

324 BSG 24.9.1986 SozR 1500 § 54 Nr. 67; BVerfG 15.6.1998 BVerfGE 78, 320.

325 BSG 29.1.1998 BSGE 81, 276 ff.

326 BSG 29.1.1998 BSGE 81, 276, 286 f.

327 S. dazu KRANZ, Die Bundeszuschüsse, S. 49 ff.

328 GÖSSL, Die Finanzverfassung der Sozialversicherung, S. 93 ff.

2. Beispiel Rentenversicherung

24 Der **Bundeszuschuss zur Rentenversicherung** ist in § 213 SGB VI geregelt. Nach § 213 Abs. 2 SGB VI hängt die Fortschreibung des Bundeszuschusses von der Entwicklung der durchschnittlichen Bruttoarbeitsentgelte im vorvergangenen Kalenderjahr und der Veränderung des Beitragssatzes vom Vorjahr zum laufenden Jahr ab. Dadurch soll gewährleistet werden, dass der Bund bei einer Be- oder Entlastung der Versicherten aufgrund einer notwendigen Beitragssatzveränderung vergleichbar beteiligt wird.[329] Zweck der Einführung von Bundeszuschüssen war eine langfristige Stabilisierung der Rentenversicherung.[330]

25 Durch das Gesetz zum Einstieg in die **ökologische Steuerreform** vom 24.3.1999[331] wurde der Bundeszuschuss um bestimmte Einnahmen aus der „Öko-Steuer" erweitert (§ 213 Abs. 4 SGB VI). Mit dem Argument, dass das Steueraufkommen nur zur Finanzierung von Gemeinlasten verwendet werden darf und eine finanzielle Zweckbindung zugunsten der Rentenversicherung daher unzulässig ist, wurde die Verfassungswidrigkeit der Regelung geltend gemacht.[332] Das BVerfG ist dem jedoch nicht gefolgt:

> „Die Verknüpfung von Steueraufkommen und Senkung der Rentenversicherungsbeiträge steht der Einordnung der Strom- und der Mineralölsteuer als Steuer nicht entgegen. Die Verwendungsbindung der Einnahmen, die in den Erläuterungen zum Entwurf des Gesetzes zum Einstieg in die ökologische Steuerreform zum Ausdruck kommt (vgl. BT-Drs. 14/40, S. 2; vgl. auch BT-Drs. 14/1524, S. 1 und BT-Drs. 14/1668, S. 1) und sich in § 213 Abs. 4 SGB VI wieder findet, begegnet keinen verfassungsrechtlichen Bedenken. Zwar stellt das Gesetz zum Einstieg in die ökologische Steuerreform einen Zusammenhang zwischen Steuervergünstigungen (§ 10 Abs. 2 StromStG, § 25a Abs. 3 und 4 MinöStG) und einer Entlastung der strom- und mineralölsteuerbegünstigten Unternehmen durch die Senkung der Rentenversicherungsbeiträge her. Diese Zweckbindung von Einnahmen ist jedoch verfassungsrechtlich unbedenklich. Allgemein wird davon ausgegangen, dass dem Grundsatz der Gesamtdeckung des Haushalts Verfassungsrang nicht zukommt. Es kann dahinstehen, ob diese Auffassung uneingeschränkt zutrifft. Eine – möglicherweise verfassungswidrige – Einengung der Dispositionsfreiheit des Haushaltsgesetzgebers könnte allenfalls angenommen werden, wenn Zweckbindungen in unvertretbarem Ausmaß stattfänden (vgl. BVerfGE 93, 319 [348]). Dafür ist vorliegend nichts ersichtlich."[333]

3. Weitere Bundeszuschüsse

26 Der Bund trägt weiterhin einen erheblichen Anteil an der landwirtschaftlichen Sozialversicherung[334] sowie einen Zuschuss zur Künstlersozialversicherung, § 34 KSVG. Seit dem 1.1.2004 ist mit § 221 Abs. 1 SGB V auch in der **Krankenversicherung** ein **Bundeszuschuss** eingeführt worden, um versicherungsfremde Leistungen zu erfassen.

§ 16 Die Organisation der Sozialversicherung

Literatur: Axer, Gemeinsame Selbstverwaltung, in: von Wulffen/Krasney (Hrsg.), Festschrift 50 Jahre BSG, 2004, S. 339 ff.; Becker, Die Verteilung der Kompetenzen zwischen Vorstand und Geschäftsführer bei Sozialversicherungsträgern, SGb 2005, 673 ff.; Bley, Die Gemeinsamen Vorschriften für die Sozialversicherung, NJW 1977, 363 ff.; Bogs, Die Sozialversicherung im Staat der Gegenwart, 1973; Cirsovius, Sozialversicherung und Bürokratieabbau, NZS 2015, 841 ff.; Glombik, Die Sozialversicherungswahlen, NZS 2017, 296 ff.; Krause, Die Rechtsprechung des Bundessozialgerichts zum materiellen Recht seines Zuständigkeitsbereiches, in: Deutscher Sozialgerichtsverband e.V. (Hrsg.), Sozialrechtsprechung Verantwortung für den sozialen Rechtsstaat, Festschrift zum 25jährigen Bestehen des Bundessozialgerichts, 1979, Bd. 1, S. 185 ff.; Schnapp, Probleme der Selbstverwaltung,

329 SRH/Ruland § 18 Rn. 189 f.
330 BeckOGK/Matlok § 213 SGB VI Rn. 2.
331 BGBl. I S. 378.
332 Eingehend dazu Herdegen/Schön, S. 44 ff.
333 BVerfG 20.4.2004, DVBl 2004, 705.
334 SRH/Sehnert § 20 Rn. 11 f.

NZS 1996, 621 ff.; WERTENBRUCH, Zur Selbstverwaltung im Sozialrecht, in: Zacher (Hrsg.), Soziale Sicherung durch Soziales Recht, Festschrift für Horst Peters, 1975, S. 203 ff.

I. Gliederung der Sozialversicherung

Versicherungszweige sind nach der Legaldefinition des § 1 Abs. 1 S. 1 SGB IV nur die gesetzliche Kranken-, Unfall- und Rentenversicherung einschließlich der Alterssicherung für Landwirte sowie die soziale Pflegeversicherung (s.a. § 4 Abs. 2 SGB I). Wegen der Einbettung der Arbeitslosenversicherung in das Arbeitsförderungsrecht des SGB III wird sie in § 1 Abs. 1 S. 1 SGB IV nicht als eigener Versicherungszweig aufgeführt.[335] Der Sache nach gehört die Arbeitslosenversicherung jedoch ebenfalls zur Sozialversicherung.[336] Daher gelten die Vorschriften des SGB IV gem. § 1 Abs. 1 S. 2 und 3 SGB IV weitgehend auch für die Arbeitsförderung nach dem SGB III. 1

Die Einteilung der Versicherungszweige orientiert sich an den verschiedenen Risiken, die im Rahmen der Sozialversicherung abgesichert werden:[337] 2

Versicherungszweig	Versicherte Risiken
Gesetzliche Krankenversicherung (SGB V)	– Krankheit – krankheitsbedingte Arbeitsunfähigkeit – Schwangerschaft – Mutterschaft
Gesetzliche Unfallversicherung (SGB VII)	– Arbeitsunfall – Berufskrankheit
Gesetzliche Rentenversicherung (SGB VI)	– Gefährdung oder Verminderung der Erwerbsfähigkeit – Alter – Tod
Arbeitslosenversicherung (SGB III)	– Arbeitslosigkeit
Soziale Pflegeversicherung (SGB XI)	– Pflegebedürftigkeit

Die Gliederung der Sozialversicherung hat eine **Vielfalt der Versicherungsträger** zur Folge, denn die Sozialversicherung wird in jedem der fünf Versicherungszweige durch voneinander unabhängige Versicherungsträger durchgeführt. Zudem sind mit Ausnahme der Arbeitslosenversicherung innerhalb der einzelnen Versicherungszweige jeweils mehrere Versicherungsträger vorhanden (§ 29 Abs. 1 SGB IV; §§ 12, 18 ff. SGB I). 3

Die Gliederung der Versicherungsträger innerhalb der Versicherungszweige beruht auf regionalen, beruflichen oder berufsständischen Kriterien.[338] 4

335 Kreikebohm/Dünn/ZIPPERER § 1 SGB IV Rn. 6.
336 Kreikebohm/Dünn/ZIPPERER § 1 SGB IV Rn. 6; s.a. Art. 74 Abs. 1 Nr. 12 GG.
337 SRH/DÜNN § 14 Rn. 1.
338 LPK-SGB IV/WINKLER § 29 Rn. 4.

Versicherungszweig	Versicherungsträger
Gesetzliche Krankenversicherung	**Krankenkassen** Krankenkassenarten sind gem. § 4 Abs. 2 SGB V: – Allgemeine Ortskrankenkassen (AOK) – Betriebskrankenkassen (BKK) – Innungskrankenkassen (IKK) – Landwirtschaftliche Krankenkassen (LKK) – Ersatzkassen (EK) – Deutsche Rentenversicherung Knappschaft – Bahn – See als Träger der Krankenversicherung.
Gesetzliche Unfallversicherung	**Unfallversicherungsträger** Unfallversicherungsträger sind gem. § 114 SGB VII: – Gewerbliche Berufsgenossenschaften (näher konkretisiert in der Anlage 1 zum SGB VII) – Landwirtschaftliche Berufsgenossenschaften – Unfallkasse des Bund und der Länder – Unfallkasse Bund und Bahn – Unfallkassen der Länder – Feuerwehr-Unfallkassen – Gemeinsame Unfallkassen für den Landes- und den kommunalen Bereich.
Gesetzliche Rentenversicherung	**Rentenversicherungsträger** – Deutsche Rentenversicherung (mit Zusatz Bund oder Ausdruck für ihre jeweilige regionale Tätigkeit, §§ 125 Abs. 1, 126 SGB VI) – Deutsche Rentenversicherung Knappschaft – Bahn – See (§§ 125 Abs. 2, 126 SGB VI).
Arbeitslosenversicherung	**Bundesagentur für Arbeit (§ 367 SGB III)**
Soziale Pflegeversicherung	**Pflegekassen (§ 46 SGB XI)** – Die Organisationsstruktur der Pflegekassen entspricht der Struktur der Krankenkassen (§ 4 Abs. 2 SGB V).

II. Versicherungsträger

1. Überblick

5 Die nach § 12 SGB I für Sozialleistungen zuständigen Leistungsträger werden im Bereich der Sozialversicherung als Versicherungsträger bezeichnet (§ 29 Abs. 1 SGB IV). Die für die Durchführung der Sozialversicherung zuständigen Versicherungsträger sind in den §§ 18ff. SGB I und in den besonderen Teilen des SGB aufgeführt (z.B. § 4 Abs. 2 SGB V; § 125 SGB VI; § 114 SGB VII). Versicherungsträger i.S.d. § 29 Abs. 1 SGB IV sind nur die Träger der Sozialversicherung. Damit scheiden Versicherungsunternehmen, die eine private Pflegeversicherung gem. §§ 110ff. SGB XI anbieten, aus dem Kreis der Versicherungsträger aus.

6 Die Versicherungsträger sind nach § 29 Abs. 1 SGB IV **rechtsfähige Körperschaften des öffentlichen Rechts mit Selbstverwaltung**. Unter einer Körperschaft wird eine mitgliedschaftlich verfasste, unabhängig vom Mitgliederwechsel bestehende Verwaltungsorganisation verstanden.[339] Ob alle Versicherungsträger die Wesensmerkmale einer Körperschaft im Sinne dieser Definition erfüllen, ist frag-

339 Maurer/Waldhoff § 23 Rn. 38ff.; SRH/Dünn § 14 Rn. 10.

lich.[340] Zweifel werden insbesondere in Bezug auf die Bundesagentur für Arbeit geäußert.[341] Der Gesetzgeber hat in § 367 Abs. 1 SGB III dennoch ausdrücklich an der Einordnung als Körperschaft öffentlichen Rechts mit Selbstverwaltung festgehalten.

An die organisationsrechtliche Einordnung der Sozialversicherungsträger sind jedoch keine wesentlichen Rechtsfolgen geknüpft.[342] Auch das Grundgesetz verwendet in Art. 87 Abs. 2 S. 1 GG einen unspezifischen Körperschaftsbegriff, dem nur zu entnehmen ist, dass es sich um einen Verwaltungsträger handeln muss, in dem eine Mitwirkung der Betroffenen vorgesehen ist.[343] 7

Zentrale Bedeutung im Organisationsrecht der Sozialversicherung kommt den **Verbänden und Zusammenschlüssen** der Sozialversicherungsträger zu.[344] Im Bereich der gesetzlichen Krankenversicherung bilden beispielsweise die AOK, BKK und IKK auf Landesebene jeweils Landesverbände (§§ 207ff. SGB V). Sie sind Körperschaften des öffentlichen Rechts (§ 207 Abs. 1 S. 2 SGB V). Bis zum 31.12.2008 bestanden Bundesverbände, die zum 1.1.2009 in Gesellschaften des bürgerlichen Rechts umgewandelt wurden (§ 212 Abs. 1 SGB V). Ihre frühere Funktion hat der Spitzenverband Bund der Krankenkassen übernommen (§ 217a SGB V). 8

Die Vielfalt der Versicherungsträger führt zu einem Bedürfnis nach **Koordination und Kooperation.**[345] Den Verbänden der Sozialversicherungsträger werden durch das SGB ausdrücklich Aufgaben zugewiesen. Hierzu gehören einerseits allgemein die Aufklärung gem. § 13 SGB I (siehe unter § 7 V 1) und der Schutz der Sozialdaten gem. § 25 SGB I, andererseits Vertragsabschlüsse (z.B. §§ 83, 87 SGB V; § 75 SGB XI) sowie die Besetzung von Gremien (z.B. § 156 SGB VI Sozialbeirat; § 92 SGB V Gemeinsamer Bundesausschuss[346]). 9

2. Das Prinzip der Selbstverwaltung (§ 29 Abs. 1 SGB IV)

Nach § 29 Abs. 1 SGB IV sind Versicherungsträger rechtsfähige Körperschaften des öffentlichen Rechts mit Selbstverwaltung. Das in dieser Vorschrift verankerte Selbstverwaltungsprinzip ist ein **tragender Organisationsgrundsatz des Sozialversicherungsrechts.**[347] Die Aufgaben der Sozialversicherung sollten nicht allein durch staatliche Tätigkeit, sondern nur unter Mitwirkung der Beteiligten, insbesondere der Versicherten, erfolgen. 10

Unter Selbstverwaltung wird die **öffentliche Verwaltung durch einen unterstaatlichen Träger** verstanden, der selbständig, nicht weisungsgebunden und im eigenen Namen ihm zugewiesene öffentliche Aufgaben wahrnimmt. Sie steht im Gegensatz zur unmittelbaren staatlichen Verwaltung.[348] In Verbindung mit der Verleihung der Rechtsfähigkeit ist mit dem Recht zur Selbstverwaltung ein subjektives öffentliches Recht gegenüber der Staatsverwaltung auf Wahrung der gesetzlich eingeräumten Kompetenzen verbunden.[349] 11

In einem **weitergefassten, politischen Sinn** bedeutet Selbstverwaltung die ehrenamtliche Beteiligung der Mitglieder an der Aufgabenerfüllung bzw. an den Entscheidungsprozessen der Organisation, s. hierzu auch §§ 31, 33 SGB IV.[350] Allgemein soll die politische Selbstverwaltung das persön- 12

340 BVerfG 9.4.1975 BVerfGE 39, 302, 314 zu den AOK; BVerfG 2.5.1967 BVerfGE 21, 362, 367 zu den Rentenversicherungsträgern; SRH/Dünn § 14 Rn. 10ff.; Bley, NJW 1977, 363, 365.

341 S. SRH/Dünn § 14 Rn. 31 m.w.N.; BeckOK-SozR/Braun, § 367 SGB III Rn. 1.

342 Dazu schon Bogs, Die Sozialversicherung im Staat der Gegenwart, S. 177ff.

343 Maunz/Dürig/Ibler Art. 87 GG Rn. 186; zur Grundrechtsfähigkeit der Sozialversicherungsträger s. BVerfG 9.4.1975 BVerfGE 39, 302, 314; BVerfG 2.5.1967 BVerfGE 21, 362, 367; BVerfG 1.9.2000 SozR 3-2700 § 147 Nr. 1 zu gewerblichen Berufsgenossenschaften.

344 Hein, Die Verbände der Sozialversicherungsträger in der Bundesrepublik Deutschland, 1990.

345 SRH/Dünn § 14 Rn. 34.

346 S. zur Kritik der demokratischen Legitimation des Gemeinsamen Bundesausschusses z.B. Gassner, NZS 2016, 121ff.

347 BSG 17.7.1985 BSGE 58, 247, 251; BT-Drs. 11/2237 S. 146.

348 Detterbeck § 5 Rn. 177.

349 BSG 17.7.1985 BSGE 58, 247, 249.

350 BT-Drs. 11/6380 S. 165.

liche Gestaltungsinteresse, die Sachnähe und den Fachverstand der Organisationsmitglieder für die öffentliche Verwaltung nutzbar machen. Im Bereich der Sozialversicherung kommt diesen verschiedenen Funktionen der Selbstverwaltung – mit Ausnahme der Partizipation der Versicherten (s. § 43ff. SGB IV) – dagegen keine besondere Bedeutung zu.[351]

13 Ein grundlegender Aspekt der Selbstverwaltung ist in § 29 Abs. 3 SGB IV normiert. Danach erfüllen die Versicherungsträger „im Rahmen des Gesetzes und des sonstigen für sie maßgeblichen Rechts ihre Aufgaben in eigener Verantwortung." Die Bindung der Versicherungsträger an Recht und Gesetz ergibt sich schon aus Art. 20 Abs. 3 GG. Ein konkreter Bestand an Selbstverwaltungsaufgaben ist verfassungsrechtlich allerdings nicht vorgegeben.[352] Für die Selbstverwaltung der Versicherungsträger ist deshalb maßgeblich, in welchem Umfang ihnen das Sozialversicherungsrecht Aufgaben überträgt, die sie eigenverantwortlich durchführen können (vgl. auch § 30 Abs. 1 SGB IV).

14 Eine **eigenverantwortliche Aufgabenerfüllung** i.S.d. § 29 Abs. 3 SGB IV ist in den Bereichen möglich, in denen Versicherungsträger Satzungen und sonstiges autonomes Recht i.S.d. § 33 Abs. 1 SGB IV erlassen (ein sachbezogener Entscheidungsspielraum besteht bei Ermessensvorschriften).[353] Neben der allen eigenständigen Rechtsträgern zur Verfügung stehenden Möglichkeit zur Selbstorganisation sind **Selbstverwaltungsspielräume** im heutigen Sozialversicherungsrecht jedoch nur **sehr beschränkt** vorhanden.[354] Bspw. dürfen die Satzungen der Krankenkassen nach § 194 Abs. 2 SGB V Zusatzleistungen nur in den gesetzlich zugelassenen Fällen vorsehen (etwa §§ 37 Abs. 2 S. 4, 38 Abs. 2 SGB V). Der **Schwerpunkt der Selbstverwaltung** liegt somit heute im **administrativen Bereich**. Hierbei handelt es sich z.B. um Entscheidungen über den Haushalt und die Abnahme der Jahresrechnung.

15 Zum Inhalt und Umfang der Selbstverwaltung in der Sozialversicherung stellte das BSG, das über staatliche Mitwirkungsrechte in Angelegenheiten der bei einem Rentenversicherungsträger beschäftigten Landesbeamten zu erkennen hatte, fest:

> „Es mag zutreffen, dass dort, wo mehr statusrechtliche Fragen der Beamten – und nicht die Ausübung der Beamtentätigkeit im Einzelnen – geregelt werden, die Einflussmöglichkeiten des Dienstherrn größer sind. Etwas anderes kann jedoch gelten, wenn durch administrative Mitwirkungsvorbehalte der organisatorische und finanzielle Eigenverantwortungsbereich des Sozialversicherungsträgers eingeschränkt wird. Liegt nach allgemeiner Auffassung der **eigentliche funktionelle Schwerpunkt der Selbstverwaltung in der Sozialversicherung heute im Wesentlichen (nur noch) im Bereich der Organisation der innerbetrieblichen Verwaltungsabläufe und im Finanzwesen**, könnten Mitwirkungsvorbehalte der Exekutive, die diesen Restbereich weiter einschränken, ohne gesetzliche Grundlage bzw. Verordnungsermächtigung unwirksam sein."[355]

16 Auch das BVerfG geht von einem eingeschränkten Selbstverwaltungsbereich der Versicherungsträger aus. Im Rahmen einer Entscheidung über die Verfassungsbeschwerde verschiedener Allgemeiner Ortskrankenkassen gegen ihre Auflösung und Vereinigung mit benachbarten Ortskrankenkassen führte das BVerfG zur Selbstverwaltung der Krankenkassen/Sozialversicherungsträger aus:

> „In Wahrheit sind heute die AOK dem Staat eingegliederte Körperschaften des öffentlichen Rechts, die Aufgaben in mittelbarer Staatsverwaltung wahrnehmen. Mit jeder Ausgliederung eines Verwaltungsträgers als juristische Person ist zwar eine gewisse Verselbständigung verbunden, mit der sich die Beibehaltung einer direkten Staatsleitung im allgemeinen nicht verträgt. Jedoch kann der Grad der Ausgliederung und der Verselbständigung verschieden sein. Die Hauptaufgabe der Sozialversicherungsträger besteht in dem Vollzug einer detaillierten Sozialgesetzgebung, gleichsam nach Art einer übertragenen Staatsaufgabe. In diesem Bereich lässt sich der Sache nach nur bedingt von Selbstverwaltung sprechen. Als ‚Selbstverwaltung' kann nur die von Gesetz eingeräumte und im Rahmen des Gesetzes bestehende organisatorische Selbständigkeit und die Erledigung dessen verstanden werden,

351 SRH/Dünn § 14 Rn. 77ff.; kritisch Wertenbruch, SGb 1975, 261.
352 Schnapp, NZS 1996, 621ff.
353 S. SRH/Dünn § 14 Rn. 66f.
354 BT-Drs. 11/6380 S. 167; Weber, Die Organisation der gesetzlichen Krankenversicherung, 1995, S. 35ff.
355 BSG 17.7.1985 BSGE 58, 247, 253.

was die Kassen als Maßnahmen vorbeugender, heilender und rehabilitierender Fürsorge für ihre Versicherten – nach den gesetzlichen Vorschriften zwar weisungsfrei, aber nicht frei von Rechtsaufsicht – ins Werk setzen..."[356]

3. Organe der Versicherungsträger (§§ 29ff. SGB IV)

a) Grundsätze

Die Selbstverwaltung in der Sozialversicherung wird nach § 29 Abs. 2 SGB IV durch die **Versicherten** und die **Arbeitgeber** ausgeübt. Die Selbstverwaltungsorgane der Versicherungsträger setzen sich grundsätzlich aus Vertretern dieser beiden Gruppen zusammen (§ 44 Abs. 1 Nr. 1 SGB IV). Ausnahmen dieses Grundsatzes sind in § 44 Abs. 1 Nr. 2 und 3 SGB IV geregelt. So gehören etwa dem Verwaltungsrat einer Ersatzkasse allein Vertreter der Versicherten an (§ 44 Abs. 1 Nr. 3 SGB IV). 17

Bei den Versicherungsträgern werden als Selbstverwaltungsorgane eine **Vertreterversammlung** und ein **Vorstand** gebildet (§ 31 Abs. 1 S. 1 SGB IV). Die Mitglieder der Vertreterversammlung werden von den Versicherten und Arbeitgebern i.R.d. sogenannten Sozialwahlen gewählt (§§ 45ff. SGB IV).[357] Ihre Aufgaben ergeben sich aus § 33 Abs. 1 und 2 SGB IV. Die Vertreterversammlung beschließt die Satzung (§ 34 SGB IV) und sonstiges autonomes Recht des Versicherungsträgers. Zu dem sonstigen autonomen Recht gehören die Vorschriften, die Versicherungsträger mit Wirkung für Dritte erlassen (z.B. Unfallverhütungsvorschriften gem. § 15 SGB VII). Die Vertreterversammlung hat im Gegensatz zum Vorstand keine universelle, sondern nur eine enumerativ bestimmte Kompetenz, die sich auf alle grundlegenden Gegenstände der Selbstverwaltung des Versicherungsträgers erstreckt. Hierzu gehören neben der Normsetzung etwa die Feststellung des Haushaltsplanes (§ 70 Abs. 1 S. 2 SGB IV) und die Wahl des Vorstandes (§ 52 SGB IV). 18

Der **Vorstand** wird nach § 52 SGB IV von der Vertreterversammlung gewählt. Die Aufgaben des Vorstandes sind in § 35 SGB IV festgelegt. Der Vorstand verwaltet den Versicherungsträger, vertritt ihn gerichtlich und außergerichtlich und erlässt Richtlinien für die Führung der Verwaltungsgeschäfte durch den Geschäftsführer. 19

Der **Geschäftsführer** ist kein Selbstverwaltungsorgan. Er führt hauptamtlich die laufenden Verwaltungsgeschäfte (§ 36 SGB IV).[358] Der Geschäftsführer und sein Stellvertreter werden auf Vorschlag des Vorstandes von der Vertreterversammlung gewählt (§ 36 Abs. 2 SGB IV). 20

b) Besonderheiten bei den Krankenkassen

Die in § 31 Abs. 1 S. 1 SGB IV normierte Organstruktur galt bis 1996 auch für die Krankenkassen. Mit dem Ziel einer höheren Effizienz der Verwaltung hat der Gesetzgeber des GSG vom 21.12.1992[359] hier jedoch grundlegende Änderungen vorgenommen. Nach § 31 Abs. 3a SGB IV wird bei den in § 35a SGB IV genannten Krankenkassenarten nur ein Selbstverwaltungsorgan – **Verwaltungsrat** – und ein **hauptamtlicher Vorstand** gebildet, der für eine Amtszeit von sechs Jahren gewählt wird (§ 35a Abs. 3 SGB IV; die Organe der Krankenkassen sind gem. § 46 Abs. 2 S. 2 SGB XI auch die Organe der Pflegekassen). Der Gesetzgeber begründete die neuen Organisationsstrukturen aus dem Gesamtkontext des GSG, mit dem die gesetzliche Krankenversicherung stärker wettbewerbsorientiert ausgerichtet werden sollte: 21

„Auch die bestehenden Unterschiede in der Struktur der Selbstverwaltung bei den verschiedenen Kassenarten sind nur noch historisch begründbar. Selbstverwaltung und Geschäftsführung der Krankenkassen müssen zukünftig auch den durch Wahlfreiheit und Wettbewerb gestiegenen Anforderungen an Entscheidungsfähigkeit, Kompetenz

---

356 BVerfG 9.4.1975 BVerfGE 39, 302, 313f.

357 Kritisch zu den sog. Friedenswahlen Wimmer, NJW 2004, 3369ff.; zur Möglichkeit von Sozialwahlen über das Internet s. Kahlert, NZS 2014, 56ff.

358 Zum Inhalt des aus dem Kommunalrecht stammenden Begriffs „laufende Verwaltungsgeschäfte" vgl. BSG 28.2.1967 BSGE 26, 129f.

359 BGBl. I S. 2266.

und Flexibilität gerecht werden (...). Vorstand und Vertreterversammlung werden zu einem Gremium – dem Verwaltungsrat – zusammengefasst (eingleisiges Organisationssystem). Der Verwaltungsrat bestellt einen hauptamtlichen Vorstand, der auf Zeit gewählt wird. Der hauptamtliche Vorstand besteht je nach Kassengröße aus bis zu drei Personen (Dezernentensystem); eine Wiederwahl ist möglich. Die Zusammensetzung des Verwaltungsrates, der mindestens zur Hälfte aus Vertretern der Versicherten bestehen muss, wird der jeweiligen Kassenart freigestellt."[360]

22 Die **Aufgaben des Verwaltungsrats** entsprechen nach § 33 Abs. 3 SGB IV den Aufgaben der Vertreterversammlung (§ 33 Abs. 3 SGB IV). Im Gegensatz zur Vertreterversammlung, die bis zu 60 Mitglieder haben kann, beträgt die in der Satzung festzulegende Zahl der Mitglieder des Verwaltungsrats höchstens 30 (§§ 194 Abs. 1 Nr. 5 SGB V, 43 Abs. 1 S. 2 SGB IV). Durch die Reduzierung der Mitgliederzahl versprach sich der Gesetzgeber des GSG eine zügigere und flexiblere Entscheidungsfindung.[361] Im Zusammenhang mit der Überwachungsfunktion des Verwaltungsrates über den Vorstand (§ 197 Abs. 1 Nr. 1a SGB V) soll sich der Verwaltungsrat durch die Spezialisierung seiner Mitglieder auf bestimmte Fachgebiete Fachkompetenz aneignen, um die Kontrolle wirksamer durchführen zu können.[362]

23 Der **hauptamtliche Vorstand** übernimmt die Funktionen, die bisher auf Vorstand und Geschäftsführer verteilt waren. Er verwaltet die Krankenkasse und vertritt sie nach außen (§ 35a Abs. 1 S. 1 SGB IV). Hiermit sind die Kompetenzen der hauptamtlichen Verwaltung, die sich gem. § 36 Abs. 1 SGB IV bei dem Geschäftsführer nur auf die laufende Verwaltung bezieht, deutlich gestärkt. Dem stehen allerdings auch verstärkte Aufsichts- und Kontrollmöglichkeiten des Verwaltungsrates gegenüber (§ 197 Abs. 1 Nr. 1a, Abs. 2 SGB V).

c) Besonderheiten bei der Bundesagentur für Arbeit

24 Die Vorschriften des SGB IV zu Verfassung, Zusammensetzung, Wahl und Verfahren der Selbstverwaltungsorgane (§§ 29 bis 66 SGB IV) gelten nach § 1 Abs. 1 S. 2 SGB IV nicht für das Recht der Arbeitsförderung. Die Organisation der Bundesagentur für Arbeit ist in den §§ 367ff. SGB III geregelt. Sie wurde durch das Dritte Gesetz für moderne Dienstleistungen am Arbeitsmarkt vom 23.12.2003[363] grundlegend umgestaltet („Einführung einer neuen Führungs- und Managementphilosophie").[364]

25 Die Bundesagentur gliedert sich in eine Zentrale auf der oberen Verwaltungsebene, Regionaldirektionen auf der mittleren Verwaltungsebene und Agenturen für Arbeit auf der örtlichen Verwaltungsebene (§ 367 Abs. 2 SGB III). Selbstverwaltungsorgane der Bundesagentur für Arbeit sind nach § 371 Abs. 1 SGB III der **Verwaltungsrat** (§ 373 SGB III) und die **Verwaltungsausschüsse** bei den Agenturen für Arbeit (§ 374 SGB III). Sie setzen sich zu gleichen Teilen aus ehrenamtlichen Vertretern der Arbeitnehmer, der Arbeitgeber und der öffentlichen Körperschaften zusammen (§ 371 Abs. 5 SGB III). Zu den Aufgaben des aus 21 Mitgliedern bestehenden Verwaltungsrats gehört der Beschluss der Satzung (§ 372 Abs. 1 SGB III), der Erlass von Anordnungen nach dem SGB III (§ 352a SGB III) und die Überwachung des Vorstandes und der Verwaltung (§ 373 SGB III).

4. Aufsicht über die Versicherungsträger (§§ 87ff. SGB IV)

26 Die Versicherungsträger unterliegen nach § 87 Abs. 1 S. 1 SGB IV staatlicher Aufsicht. Diese erstreckt sich grundsätzlich nur auf die Beachtung von Gesetz und sonstigem Recht (§ 87 Abs. 1 S. 2 SGB IV). Die staatliche Aufsicht über die Versicherungsträger ist demnach auf eine **Rechtsaufsicht** beschränkt.

360 BT-Drs. 12/3608 S. 75.
361 BT-Drs. 12/3608 S. 128.
362 BT-Drs. 12/3608 S. 114.
363 BGBl. I S. 2848.
364 BT-Drs. 15/1515 S. 72.

Etwas anderes gilt nach § 87 Abs. 2 SGB IV nur für die Prävention in der gesetzlichen Unfallversicherung. In diesem Bereich überprüfen die Aufsichtsbehörden neben der Einhaltung von Recht und Gesetz auch den Umfang und die Zweckmäßigkeit der Maßnahmen (**Fachaufsicht**).

Hinsichtlich der Satzungen der Versicherungsträger (§ 34 Abs. 1 S. 1 SGB IV) wird die Aufsicht 27
präventiv, vor Inkrafttreten der Satzungsregelungen ausgeübt. Die Satzungen bedürfen gem. § 34 Abs. 1 S. 2 SGB IV der **Genehmigung der zuständigen Behörde** (s. auch § 195 SGB V; § 47 Abs. 2 SGB XI).

Umstritten ist der Umfang der Kontrolle der Aufsichtsbehörde im Rahmen des Genehmigungs- 28
verfahrens.[365] Nach Ansicht des BSG ist der Genehmigungsvorbehalt als **Mitwirkungsrecht des Staates** an der autonomen Rechtssetzung der Sozialversicherungsträger zu verstehen, um auf diesem Weg die Belange der Versichertengemeinschaft sicherzustellen.[366] Die Aufsichtsbehörde soll die staatliche Sozialversicherung als Ganzes im Blick haben und eine sach- und funktionsgerechte Aufgabenerfüllung der Sozialversicherungsträger ermöglichen.[367] Es gibt jedoch aufsichtsbehördliche Genehmigungsverfahren, in denen die Aufsichtsbehörden auf eine bloße Rechtskontrolle beschränkt sind, eine Zweckmäßigkeitsprüfung wird hingegen nicht durchgeführt. Ein solcher Fall liegt etwa bei der Genehmigung der Satzung oder Satzungsänderung der Krankenkassen nach § 195 Abs. 1 SGB V vor.[368]

---

365 Zum Meinungsstreit BOGS, Die Sozialversicherung im Staat der Gegenwart, S. 182ff.; KRAUSE in: Deutscher Sozialgerichtsverband (Hrsg.), FS zum 25jährigen Bestehen des BSG, S. 185ff.; SCHNAPP, in: Festgabe zum 70. Geburtstag von Georg Christoph von Unruh, 1983, S. 881, 897.

366 BSG 28.5.1974 BSGE 37, 272, 276; BSG 27.10.1976 BSGE 43, 1, 7.

367 BSG 9.12.1997 BSG SozR 3-2400 § 41 Nr. 1 m.w.N.

368 BT-Drs. 11/2237 S. 218; BSG 26.2.1992 SozR 3-2500 § 240 Nr. 8; BeckOGK/PETERS § 195 SGB V Rn. 4.

D. Das Recht der gesetzlichen Krankenversicherung – SGB V

§ 17 Einführung in die gesetzliche Krankenversicherung

Literatur: Bieback, Prävention als Prinzip und Anspruch im Sozialrecht, insbesondere in der gesetzlichen Krankenversicherung, ZSR 2003, 403ff.; Bundesministerium für Arbeit und Sozialordnung, Übersicht über das Sozialrecht, 2008; Felix, Krankenversicherung für alle – Idee und Wirklichkeit, SGb 2019, 709; Fuchs, Wettbewerb zwischen privaten und öffentlichen Krankenversicherungen, in: Igl (Hrsg.), Das Gesundheitswesen in der Wettbewerbsordnung, 2000, S. 317ff.; Hausen, Entwicklung der finanziellen Grundlagen der gesetzlichen Krankenversicherung aus der Sicht der Leistungserbringer, VSSR 2003, 235ff.; Hax, Die Entwicklungsmöglichkeiten dewr Individualversicherung in einem pluralistischen System der sozialen Sicherung, 1968; Hess/Venter, Das Gesetz über das Kassenarztrecht, 1955; Hiddemann/Muckel, Das Gesetz zur Modernisierung der gesetzlichen Krankenversicherung, NJW 2004, 7ff.; Krause, Das Kassenarztrecht, SGb 1981, 404ff.; Kretschmer, Der versicherte Personenkreis in der gesetzlichen Krankenversicherung – Problematische Fragen, in: Boecken (Hrsg.), Öffentliche und private Sicherung gegen soziale Risiken, 2000, S. 13ff.; Merten, Krankenversicherung zwischen Eigenverantwortung und Staatsversorgung, NZS 1996, 593ff.; Mühlenbruch, Gesundheitsförderung im Recht der gesetzlichen Krankenversicherung, 2002; Müller De Cornejo/Van Lente, Hand in Hand mit den Patienten, G+G 2003, 32ff.; Noftz, Leistungsrecht und Leistungserbringungsrecht nach dem Inkrafttreten des 2. GKV-Neuordnungsgesetzes, VSSR 1997, 393ff.; Orlowski/Wasem, Gesundheitsreform 2007 (GKV-WSG), 2007; Peters, Grundlegende Entwicklungen und Tendenzen im Krankenversicherungsrecht im letzten Jahrhundert, SGb 1981, 378ff.; Peters, 100 Jahre Krankenversicherung, ZSR 1983, 257ff.; Pitschas, Die Gesundheitsreform 2007, GesR 2008, 64ff.; Plagemann, SGB V – Gesetzliche Krankenversicherung, in: Plagemann (Hrsg.), Münchener Anwaltshandbuch Sozialrecht, 5. Aufl. 2018; Rehborn, Arzt – Patient – Krankenhaus, 3. Aufl. 2000; Sauerborn, Kassenärzterecht in der Entwicklung, BArbBl. 1953, 205ff.; Ricken, Neue Verjährungsregelungen bei Krankenhausentgelten, NZS 2019, 241ff.; Rosenbrock, Prävention und Gesundheitsförderung als Komponenten der Gesundheitssicherung, ZSR 2003, 342ff.; Schirmer, Die private Krankenversicherung und das Gesundheits-Reformgesetz, VersR 1991, 510ff.; Schulin, Vergütungen für zahntechnische Leistungen in der gesetzlichen Krankenversicherung, 1991; Sodan, Das GKV-Wettbewerbsstärkungsgesetz, NJW 2007, 1313ff.; Stackelberg, Die Regierungsentwürfe verändern die GKV grundlegend, DOK 1997, 12ff.; Steinmeyer, Die Halbherzigkeiten des GKV-OrgWG – Insolvenz und Haftung von Krankenkassen, BKK 2008, 442ff.; Töns, Hundert Jahre Krankenversicherung, DOK 1984, 925ff.; Voit (Hrsg.), Gesundheitsreform 2007, 2008; Wasem/Greß, Anreize für die Versicherten der gesetzlichen Krankenversicherung, in: Aktivierung und Prävention – Chancen für Effizienzsteigerung in den Sozialleistungsbereichen, Schriftenreihe des Deutschen Sozialrechtsverbandes, Bd. 52, 2004, S. 115ff.; Wille/Koch, Gesundheitsreform 2007, 2007; Wöllenstein, Patientenvertreter – Spielfeld statt Tribüne, G+G 2004, 24ff.; Zacher, Krankenkassen oder nationaler Gesundheitsdienst, 1980; Zöllner, Landesbericht Deutschland, in: Köhler/Zacher (Hrsg.), Ein Jahrhundert Sozialversicherung, 1981, S. 45ff.

I. Entwicklung der gesetzlichen Krankenversicherung

1 Wie die Ausführungen zur Entstehungsgeschichte der Sozialversicherung verdeutlicht haben, wurde die gesetzliche Krankenversicherung 1883/84 mit dem Ziel eingeführt, die im Krankheitsfall auftretenden finanziellen Belastungen der Arbeiter und ihrer Familienangehörigen durch Versicherungsleistungen aufzufangen (siehe unter § 2). Die Absicherung des Krankheitsrisikos ist bis heute das zentrale Anliegen der gesetzlichen Krankenversicherung. Gesellschaftliche, ökonomische und politische Entwicklungen, die Fortschritte der Medizin und die steigenden Anforderungen an eine effektive Gesundheitsversorgung haben im Laufe der Zeit jedoch zu einer weitreichenden Umgestaltung des Krankenversicherungsrechts geführt. Hiervon waren insbesondere der

- Versichertenkreis (siehe unter § 18),
- das Leistungsspektrum (siehe unter § 20)
- und das System der Leistungserbringung (siehe unter § 21) betroffen.

https://doi.org/10.1515/9783111337883-004

1. Versichertenkreis

Der Versichertenkreis der gesetzlichen Krankenversicherung setzte sich schon im Gesetz betreffend die Krankenversicherung der Arbeiter[1] aus Pflichtversicherten (§§ 1, 2 KVG) und freiwillig Versicherten (§ 4 S. 2 KVG) zusammen. Einschränkungen der Versicherungspflicht enthielt § 3 KVG. Nach § 3 S. 1 KVG waren die Bestimmungen der §§ 1, 2 KVG auf fest angestellte Beamte der Betriebsverwaltungen des Reichs, eines Bundesstaates oder eines Kommunalverbandes nicht anzuwenden. Angehörige dieser Berufsgruppen waren versicherungsfrei. Für Personen, die „im Krankheitsfalle mindestens für 13 Wochen auf Verpflegung in der Familie des Arbeitgebers oder auf Fortzahlung des Gehaltes oder des Lohnes Anspruch" hatten, bestand die Möglichkeit einer Befreiung von der Versicherungspflicht (§ 3 S. 2 KVG). 2

Die im KVG konzipierten **Grundstrukturen des Versichertenkreises** finden sich noch im geltenden Krankenversicherungsrecht:

- Versicherungspflicht (§ 5 SGB V)
- Freiwillige Versicherung (§ 9 SGB V)
- Versicherungsfreiheit (§ 6 SGB V)
- Befreiung von der Versicherungspflicht (§ 8 SGB V)

a) Pflichtversicherung

Das KVG ordnete die **Versicherungspflicht** für einen großen Teil der Versicherten unmittelbar an (§§ 1, 2 KVG). Maßgeblich hierfür war die Überzeugung des Gesetzgebers, den Schutz bestimmter Personengruppen nur dann wirksam sicherstellen zu können, wenn die Mitgliedschaft in den gesetzlichen Krankenkassen ipso iure eintreten würde und nicht zur freien Disposition des Einzelnen stünde.[2] 3

Der Gedanke der Schutzbedürftigkeit kam jedoch nicht ausschließlich bei der Entscheidung für eine obligatorische Krankenversicherung zum Tragen, sondern war auch ausschlaggebend bei der Festlegung des Versichertenkreises. Hier orientierte sich der Gesetzgeber jedoch nicht an der Schutzbedürftigkeit des einzelnen Versicherten, die nur mit hohem Verwaltungsaufwand feststellbar ist, sondern ordnete die Versicherungspflicht für alle Personengruppen an, bei denen **typischerweise Schutzbedürftigkeit** angenommen werden konnte. Vor diesem Hintergrund unterschied man zunächst zwischen selbständig und unselbständig Erwerbstätigen. Während Selbständige nicht in die gesetzliche Krankenversicherung einbezogen wurden, weil man eine Schutzbedürftigkeit aufgrund ihres allgemein besseren Lebensstandards generell verneinte, ließ die uneinheitliche wirtschaftliche Situation der unselbständig Erwerbstätigen keine einheitliche Beurteilung zu. Innerhalb dieser Gruppe wurde deshalb in einem weiteren Schritt zwischen Arbeitern und Angestellten differenziert, deren soziale Lage zur damaligen Zeit erhebliche Unterschiede aufwies. 4

Bei den **Arbeitern** hielt der Gesetzgeber des KVG die zwangsweise Einbeziehung in die gesetzliche Krankenversicherung weitgehend für erforderlich. § 1 S. 1 KVG erhielt dementsprechend folgende Fassung: 5

> „Personen, welche gegen Gehalt oder Lohn" in einem der in § 1 Nr. 1–3 KVG genannten Betriebe oder Betriebszweige beschäftigt werden, „sind nach Maßgabe der Vorschriften dieses Gesetzes gegen Krankheit zu versichern."

Mit der Regelung des § 1 Abs. 1 KVG wurden insbesondere die Fabrikarbeiter und damit eine der größten und (sozial-)politisch wichtigsten Gruppen in die gesetzliche Krankenversicherung einbezogen. Sie stellten einen wesentlichen Teil der bis dahin nicht oder nur unzureichend gegen das Risiko der Krankheit abgesicherten Beschäftigten dar. Im Gefolge der im 19. Jahrhundert schnell voranschreitenden Industrialisierung stieg ihre Anzahl um ein Vielfaches, ohne dass sich gleichzeitig 6

1 KVG vom 15.6.1883, RGBl. S. 73 ff.

2 Zur Einführung der Pflichtversicherung Peters, SGb 1981, 378 ff.

Formen genossenschaftlicher Selbsthilfe entwickeln konnten, wie sie etwa im Bergbau oder Handwerk traditionell vorhanden waren.[3]

7 Die Einbeziehung von **Angestellten** in die gesetzliche Krankenversicherung wurde grundsätzlich als nicht notwendig angesehen. Allerdings gab es durchaus auch Angestellte (in der Terminologie des KVG „Betriebsbeamte"), die nur über ein relativ niedriges Arbeitseinkommen verfügten. Nach § 1 S. 2 KVG unterlagen deshalb auch Angestellte der Versicherungspflicht, wenn ihr täglicher Arbeitsverdienst 6 Reichsmark nicht überstieg. Höher verdienende Angestellte waren nicht versicherungspflichtig. Diese Regelung stellt damit den Vorläufer der heute in § 6 Abs. 1 Nr. 1 SGB V geregelten einkommensabhängigen Versicherungsfreiheit dar.

b) Entwicklung des Versichertenkreises

aa) Erweiterung der Versicherungspflicht

8 Die reichsgesetzliche Regelung der Versicherungspflicht löste die dem KVG vorangehende Gesetzgebung der Länder und des Hilfskassengesetzes von 1876 ab, die einen Beitrittszwang nur auf gemeindlicher Ebene kannte.[4] Vor dem Hintergrund dieser traditionellen Versicherungssysteme erklärt es sich, dass die gesetzliche Krankenversicherung zunächst noch eine Regelungsbefugnis der Gemeinden im Bereich der Versicherungspflicht vorsah. Nach § 2 KVG konnte der durch § 1 KVG festgelegte Kreis der Pflichtversicherten durch statuarische Bestimmung einer Gemeinde oder eines Kommunalverbandes erweitert werden. Die hierfür in Betracht kommenden Personengruppen legte der Gesetzgeber des KVG allerdings selbst in § 2 Nr. 1 bis 6 KVG fest.

9 Zahlreiche Novellierungen der Vorschriften über die Versicherungspflicht führten schon in den ersten Jahren der gesetzlichen Krankenversicherung zu einem sprunghaften **Anstieg der Versichertenzahlen**. Umfasste die gesetzliche Krankenversicherung im Jahr 1885 noch etwa 4,67 Millionen Versicherte, erhöhte sich die Versichertenzahl über 7,01 Millionen (1890) und 10,15 Millionen (1900) bis zum Inkrafttreten der RVO im Jahr 1914 auf 14,6 Millionen gesetzlich Krankenversicherte.[5]

bb) Von der Arbeiterversicherung zur Volksversicherung

10 Die Entwicklung des Versichertenkreises war jedoch nicht nur durch die ständige Ausweitung der Versicherungspflicht von Arbeitnehmern gekennzeichnet. Der Gesetzgeber erstreckte die gesetzliche Krankenversicherung auch auf zahlreiche andere Personengruppen, deren Beziehung zu einem abhängigen Beschäftigungsverhältnis nur noch mittelbar oder überhaupt nicht mehr vorhanden war. Die ursprünglich als **Arbeiterversicherung** konzipierte gesetzliche Krankenversicherung entwickelte sich im Laufe der Zeit tendenziell zu einer **Volksversicherung**.[6] So gehörten arbeitnehmerähnliche **Selbständige** wie Hausgewerbetreibende, selbständige Lehrer, Erzieher und Musiker, die in ihrem Betrieb keine Angestellten beschäftigten, schon früh zum Kreis der pflichtversicherten Personen. Seit den 1970er und 80er Jahren sind zwei bedeutende Berufsgruppen der Selbständigen, die **Landwirte**[7] und die **Künstler und Publizisten,**[8] versicherungspflichtig. Darüber hinaus räumte die Krankenversicherung Selbständigen das Recht zur freiwilligen Versicherung ein.

---

3 Wannagat S. 51ff.

4 HS-KV/Schlenker § 1 Rn. 23.

5 Zur Entwicklung der Versichertenzahlen in den ersten Jahren der gesetzlichen Krankenversicherung vgl. Atlas und Statistik der Arbeiterversicherung, Beiheft zum Reichs-Arbeitsblatt 1907, S. 12.

6 Vgl. zu dieser Neuorientierung der Sozialpolitik Wannagat S. 167ff.

7 Gesetz über die Krankenversicherung der Landwirte – KVLG – vom 10.8.1972, BGBl. I S. 1433ff., modifiziert durch das KVLG 1989 vom 20.12.1988, BGBl. I S. 2477, 2557.

8 Künstlersozialversicherungsgesetz – KSVG – vom 27.6.1981, BGBl. I S. 705ff.

cc) Begrenzung des Kreises der Versicherten

Die Tendenz einer ständigen Erweiterung des Mitgliederkreises der gesetzlichen Krankenversicherung ist seit geraumer Zeit abgeflaut. Vor dem Hintergrund der Kostenkonsolidierung und der Missbrauchsabwehr zielen die gesetzgeberischen Neuregelungen in jüngerer Zeit vielmehr in die entgegengesetzte Richtung. Durch das am 1.1.1989 in Kraft getretene Gesundheitsreformgesetz – GRG[9] – wurde etwa die Pflichtversicherung für Selbständige abgeschafft (§ 5 Abs. 5 SGB V) und wurden die Möglichkeiten eines freiwilligen Beitritts zur gesetzlichen Krankenversicherung (§ 9 SGB V) beschränkt. 11

c) Verhältnis der gesetzlichen zur privaten Krankenversicherung

Als die gesetzliche Krankenversicherung in den Jahren 1883/84 eingeführt wurde, gab es nahezu keine privaten Krankenversicherungsunternehmen. Erst in den 20er Jahren des vorigen Jahrhunderts wurden private Versicherungsverträge gegen Krankheitsrisiken erfolgreicher auf dem Markt angeboten.[10] Seit dieser Zeit existieren in Deutschland **zwei unterschiedliche Versicherungssysteme**, die ihren Mitgliedern im Krankheitsfall Schutz vor Krankheitsrisiken bieten und für sie ein vergleichbares Leistungsspektrum bereithalten.[11] Im Hinblick auf den Kreis der Versicherten stellt sich damit die Frage, anhand welcher Kriterien über eine Mitgliedschaft in der gesetzlichen oder der privaten Krankenversicherung zu entscheiden ist. 12

Die Anordnung einer Pflichtversicherung und die Ausgestaltung der Möglichkeiten der freiwilligen Versicherung (§ 9 SGB V) bestimmen **nicht allein** den Mitgliederkreis der gesetzlichen, sondern **mittelbar** auch den Mitgliederkreis der privaten Krankenversicherung.[12] Nachdem diese Instrumentarien lange Zeit zu einer Ausweitung des Versichertenkreises der gesetzlichen Krankenversicherung genutzt wurden, leitete das am 1.1.1989 in Kraft getretene GRG eine gegenläufige Entwicklung ein. Diese Neuorientierung des Gesetzgebers kam dem Sektor der privaten Krankenversicherungen zugute, der seit Mitte der 60er Jahre einen kontinuierlichen Rückgang der Versichertenzahlen zu verzeichnen hatte.[13] 13

Bei der Normierung der Versicherungspflicht orientiert sich der Gesetzgeber an der **Schutzbedürftigkeit** der verschiedenen Personengruppen. Dieses Kriterium erweist sich jedoch als problematisch, wenn die Schutzbedürftigkeit nicht nur an dem Bestehen einer anderweitigen Absicherung gegen Krankheitsrisiken (§ 6 Abs. 1 Nr. 2 SGB V), sondern auch an der **Einkommenssituation des Einzelnen** bemessen wird (§ 6 Abs. 1 Nr. 1 SGB V). Dieser Ansatz ist aus sozialpolitischen Gesichtspunkten nachvollziehbar. Es ist die genuine Aufgabe der gesetzlichen Krankenversicherung, gerade solchen Personen Versicherungsschutz zu gewähren, die aufgrund ihrer finanziellen Situation nicht imstande sind, sich anderweitig gegen Krankheitsrisiken abzusichern. Um diese Aufgabe aber überhaupt erfüllen zu können, müssen die finanziellen Grundlagen der gesetzlichen Krankenversicherung gesichert sein. Das kann bei einer im Wesentlichen über die Beiträge ihrer Mitglieder finanzierten Krankenversicherung (§§ 220ff. SGB V) nur bedeuten, dass die Krankenkassen auch eine ausreichende Anzahl von Mitgliedern haben müssen, aus deren Beiträgen die Leistungen für Versicherte mitfinanziert werden können, die geringe oder gar keine Beiträge (bei der beitragsfreien Familienversicherung) zahlen. Damit muss der Gesetzgeber bei der Festlegung des Versichertenkreises auch die Einbeziehung sog. **„guter Risiken“** in die gesetzliche Krankenversicherung sicherstellen. Hierbei handelt es sich um Personengruppen, die über ihre Beiträge tendenziell mehr Geld in die gesetzliche Krankenversicherung einbringen als über die eigene Inanspruchnahme von Leis- 14

9 BGBl. I S. 2477ff.

10 Fuchs, Wettbewerb zwischen privaten und öffentlichen Krankenversicherungen, S. 317; Hax S. 82.

11 Zur Absicherung durch das beamtenrechtliche Beihilferecht Eichenhofer Rn. 357.

12 Fuchs, Wettbewerb zwischen privaten und öffentlichen Krankenversicherungen, S. 317f.

13 Zu den Versichertenzahlen der PKV Schirmer, VersR 1991, 510.

tungen wieder abfließt. „Dem Gesetzgeber, der als Gemeinwohlaufgabe die finanzielle Stabilität der gesetzlichen Krankenversicherung gewährleisten muss, steht insoweit ein **weiter sozialpolitischer Gestaltungsspielraum** zu.[14] Er hat für die finanzielle Leistungsfähigkeit des Systems zu sorgen und kann daraus Folgerungen für die Zusammensetzung des von der gesetzlichen Krankenversicherung erfassten Personenkreises ableiten".[15] Aus diesem Grund ist die Höhe der Pflichtversicherungsgrenze (§ 6 Abs. 1 Nr. 1 SGB V) immer wieder Gegenstand der politischen Diskussion. Da jede Erhöhung der Pflichtversicherungsgrenze den potentiellen Kundenkreis der privaten Krankenversicherung beschränkt, stellt die Versicherungspflichtgrenze eine umkämpfte „Friedensgrenze" zwischen privater und gesetzlicher Krankenversicherung dar.[16] Mit dem 2007 in Kraft getretenen GKV-Wettbewerbsstärkungsgesetz reagierte der Gesetzgeber auf den sozialpolitisch misslichen Umstand, dass eine immer größere Personenzahl ohne Absicherung gegen Krankheitsrisiken zu verzeichnen war und führte in § 178a VVG eine Versicherungspflicht in der PKV ein, die all jene Personen erfasst, bei denen es an einer Absicherung des Krankheitsrisikos in der GKV fehlt. Zugleich wurde durch § 152 VAG in der PKV ein „Basistarif" eingeführt, um eine Absicherung privat Versicherter umfassend zu gewährleisten: Im Zusammenspiel von § 5 SGB V und den Vorgaben des VVG soll flächendeckend jeder gegen das Krankheitsrisiko versichert sein.[17]

2. Leistungsspektrum

15 Das KVG stellte den Versicherten nach heutigen Maßstäben ein **sehr begrenztes Leistungsspektrum** zur Verfügung. Die in § 6 S. 1 KVG aufgeführten Anspruchsleistungen umfassten als Krankenunterstützung „vom Beginn der Krankheit ab freie ärztliche Behandlung, Arznei, sowie Brillen, Bruchbänder und ähnliche Heilmittel". An Stelle dieser Leistungen konnte fakultativ, nach dem Ermessen der jeweiligen Krankenkasse, „freie Kur und Verpflegung in einem Krankenhaus" erbracht werden (§ 7 KVG). Vergleicht man diese Regelungen mit dem modernen Leistungsspektrum des SGB V, wird deutlich, dass der **ursprüngliche Leistungskatalog** im Laufe der Jahre **erheblich erweitert** wurde. Unter anderem ist der Anspruch auf Krankenhausbehandlung heute ein Rechtsanspruch (§§ 27 Abs. 1 S. 2 Nr. 5, 39 SGB V, allerdings erst seit dem 1.1.1974).

16 Neben der Erweiterung des Leistungsspektrums durch den Gesetzgeber spielt der **medizinische und medizintechnische Fortschritt** eine ebenso wichtige Rolle. Trotz gleich lautender Formulierung in § 6 S. 1 KVG und § 27 Abs. 1 S. 2 Nr. 1 SGB V bieten die Versicherungsleistungen im Rahmen der „ärztliche(n) Behandlung" den heutigen Versicherten selbstverständlich ungleich bessere Heilungs- und Behandlungsmöglichkeiten als den Versicherten der Anfangszeit der gesetzlichen Krankenversicherung. Eine Ursache hierfür ist der Einfluss des medizinischen Fortschritts des letzten Jahrhunderts auf die Ausgestaltung der gesetzlichen Krankenversicherung. Die Zahnmedizin und die Zahntechnik befanden sich Ende des 19. Jahrhunderts, zur Zeit der Einführung der gesetzlichen Krankenversicherung, noch in ihrer Entstehung. Die meisten Leistungen des heutigen Heil- und Hilfsmittelsektors existierten nur ansatzweise und hochspezialisierte ärztliche Eingriffe, wie etwa die erste Herztransplantation (1967) oder die extrakorporale Fertilisierung – „Retortenbaby" – (1978) gehen auf medizinische Entwicklungen der neueren Zeit zurück.[18] Mit der Entwicklung einer besseren Diagnostik und wirksamerer Therapien hat sie den Schwerpunkt ihrer Leistungen immer mehr von dem Ausgleich der finanziellen Folgen von Krankheiten auf die Behandlung dieser Krank-

14 Vgl. hierzu BVerfG 31.10.1984 BVerfGE 68, 193, 218; BVerfG 8.4.1987 BVerfGE 75, 108, 146; BVerfG 23.1.1990 BVerfGE 81, 156, 185.

15 Kretschmer S. 22f.

16 Zur Konkurrenz der beiden Versicherungssysteme und der Einführung privatversicherungsrechtlicher Instrumente in der gesetzlichen Krankenversicherung Noftz, VSSR 1997, 393, 437.

17 Insbesondere zur Situation bei Beitragsrückständen Felix, SGb 2019, 709.

18 Vgl. zur Entwicklung der Zahnmedizin und der Zahntechnik Braun, in: FS Jantz, 1968, S. 125; Schulin, Vergütungen für zahntechnische Leistungen, S. 6; Hess/Venter S. 50.

heiten verlagert und zu einer **Verschiebung der Ausgabenstruktur** der gesetzlichen Krankenversicherung geführt. Wasem stellt diesbezüglich fest:

> „Über die Versicherung von Krankheitskosten und Einkommensausfall hinaus ist die GKV heute eine Einrichtung mit breit gefächerten Aufgaben der Daseins-Vorsorge. Die Kalkulation der Beiträge nach dem Arbeitseinkommen führt in der heutigen Situation, in der 94 Prozent der Leistungen Sachleistungen sind, zu völlig anderen Umverteilungswirkungen als bei Gründung der GKV, als knapp 60 Prozent der Leistungen arbeitseinkommensabhängige Barleistungen (Krankengeld) waren.“[19]

Mit der demographisch bedingten Zunahme degenerativer Leiden, dem Auftreten chronischer 17
Erkrankungen und schwer bekämpfbarer Infektionskrankheiten wie der Immunschwächekrankheit HIV/AIDS entstanden **neue Problemfelder**, auf die sich die gesetzliche Krankenversicherung einstellen musste. Leistungsschwerpunkte der kommenden Jahre zeichnen sich durch die **Verschiebung der Altersstruktur** der Versicherten ab.[20] Zur Behandlung chronischer Krankheiten sind mit den Disease Management-Programmen – DMP – neue Behandlungskonzepte entwickelt worden.[21]

3. Insbesondere: Prävention

Der **Gedanke der Gesundheitsförderung** hat in den letzten Jahrzehnten zunehmend an Bedeutung 18
gewonnen.[22] Maßnahmen zur **Prävention** und Untersuchungen zur **Früherkennung** von Krankheiten bieten die Chance zur Verbesserung der Qualität der gesundheitlichen Versorgung und können langfristig zur Verminderung der Kosten beitragen. Bereits seit Beginn der 70er Jahre bieten Krankenkassen daher auch präventive Maßnahmen sowie Aufklärung über Gesundheitsgefahren und Krankheitsverhütung an.[23]

Die Einführung von **Präventionsleistungen** und **Leistungen zur Früherkennung** von Krank- 19
heiten war ein zentrales Anliegen des GRG.[24] Das GKV-Gesundheitsreformgesetz 2000 vom 22.12.1999[25] hat einen weiteren bedeutsamen Anstoß zu Verbesserungen im Bereich der Gesundheitsförderung, Prävention und Selbsthilfe gegeben.[26]

Zum 25.7.2015 ist schließlich das **Gesetz zur Stärkung der Gesundheitsförderung und der Prä- 20
vention – Präventionsgesetz – PrävG** vom 17.7.2015[27] in Kraft getreten. Gesetzgeberisches Anliegen ist die effektive Zusammenarbeit der Akteure, namentlich die Einbeziehung aller Sozialversicherungsträger sowie der privaten Krankenversicherung und der privaten Pflege-Pflichtversicherung.[28] Die §§ 20ff. SGB V wurden durch das PrävG neu strukturiert. In § 20 Abs. 1 S. 1 SGB V werden nunmehr die **primäre Prävention** und die **Gesundheitsförderung** legaldefiniert und die Krankenkassen dazu verpflichtet, entsprechende Leistungen vorzusehen (siehe unter § 21 Rn. 1ff.). Neu eingeführt wurden zudem die nationale Präventionsstrategie (§§ 20d–20g SGB V) und zu dessen Entwicklung und Fortschreibung die nationale Präventionskonferenz (§ 20e SGB V).

---

19 HS-KV/Wasem § 3 Rn. 168.

20 Schlussbericht der Enquête-Kommision „Demographischer Wandel – Herausforderungen unserer älter werdenden Gesellschaft an den Einzelnen und die Politik“, BT-Drs. 14/8800 S. 179ff.

21 Müller de Cornejo/van Lente, G+G 2003, 33 m.w.N.; im Einzelnen unter § 20 Rn. 130ff.

22 Vgl. Empfehlungen der WHO in der Ottawa-Charta, DOK 1988, 117ff.; LPK-SGB V/Wiercimok § 20 Rn. 5ff.; ausführlich Mühlenbruch S. 8ff.

23 Krauskopf/Luik SGB V Vor § 20 Rn. 4; siehe §§ 13 bis 15 SGB I.

24 BT-Drs. 11/2237 S. 143ff.

25 BGBl. I S. 2626ff.

26 Vgl. BT-Drs. 14/1977 S. 2.

27 BGBl. I S. 1368.

28 BT-Drs. 18/4282 S. 1.

4. System der Leistungserbringung

21 Die gesetzliche Krankenversicherung verfolgt das **Ziel**, die Versicherten vor den spezifischen Risiken zu schützen, die mit dem Auftreten von Krankheiten verbunden sind (§ 1 S. 1 SGB V). Sie muss deshalb gewährleisten, dass die Versicherten die notwendige medizinische Behandlung in Anspruch nehmen können. Auf welche Art und Weise die Krankenkassen diese Aufgabe erfüllen, d. h. wie die Leistungen und die Leistungsgewährung im Einzelnen ausgestaltet sind, ist eine Frage des Leistungssystems der Krankenversicherung.

22 Die Leistungen der gesetzlichen Krankenversicherung werden seit jeher nach dem **Sachleistungsprinzip** erbracht (im Einzelnen hierzu unter § 16 III). Es wurde für das KVG konzipiert, um die Versicherten bei der Inanspruchnahme der Krankenbehandlung von Beschaffungs- und Kostenrisiken zu entlasten.[29] § 6 S. 1 KVG enthielt für die Krankenkassen folgende Verpflichtung:

> „Als Krankenunterstützung ist zu gewähren:
> 1. vom Beginn der Krankheit ab freie ärztliche Behandlung, Arznei, sowie Brillen, Bruchbänder und ähnliche Heilmittel (...).“

23 Um den Versicherten die in § 6 S. 1 KVG vorgesehene Krankenunterstützung zur Verfügung stellen zu können, schlossen Krankenkassen mit Ärzten, Apothekern und Krankenhäusern Verträge über die Behandlung der Versicherten. Das Gesetz traf zunächst keine Bestimmungen über die nähere Ausgestaltung dieser Rechtsbeziehungen. Als einzige Regelung zum Leistungserbringungsrecht sah § 46 KVG vor, dass anstelle der Krankenkassen auch Krankenkassenverbände Verträge mit bestimmten Leistungserbringern abschließen konnten.

24 Insbesondere das **Verhältnis zwischen Krankenkassen und Ärzten**, das sich durch abwechselnd starke Verhandlungspositionen der Beteiligten als besonders schwierig erwies, war sehr wechselvoll. Die gegenläufigen Interessen beider Seiten traten hier besonders deutlich hervor. Unmittelbar nach Inkrafttreten des KVG begannen die Krankenkassen zunächst eine begrenzte Anzahl von Ärzten als Bezirksärzte unter Vertrag zu nehmen.[30] Zunächst interessierte sich nur ein kleiner Teil der Ärzteschaft für die kassenärztliche Tätigkeit. Aufgrund der zunehmenden Bedeutung der gesetzlichen Krankenversicherung, der damit entstehenden Konkurrenzsituation der Ärzte und der den Krankenkassen durch das KVG eingeräumten Machtstellung waren die zwischen Krankenkassen und Ärzten ausgehandelten Vergütungen für ärztliche Leistungen bald kaum noch angemessen.[31] Um ihre Interessen mit stärkerem Gewicht vertreten zu können, schlossen sie sich im Jahr 1900 zum **„Verband der Ärzte Deutschlands zur Wahrung ihrer wirtschaftlichen Interessen“** zusammen (Der umgangssprachlich schon früher als „Hartmannbund“ bezeichnete Verband wurde 1924, nach dem Tode seines Initiators und Gründungsmitglieds, dem Leipziger Arzt Hermann Hartmann, satzungsmäßig in **„Hartmannbund“** umbenannt.). Sie forderten den unbeschränkten Zugang zur Kassenpraxis, die Ablösung des Einzelvertrages durch Kollektivverträge sowie die Abschaffung der Pauschalhonorierung zugunsten der Vergütung nach Einzelleistungen. Nach zum Teil sehr heftigen Auseinandersetzungen, die in der Vorbereitung eines Generalstreiks der Ärzte kulminierten, kam es im Jahre 1913 zum Abschluss des sog. **Berliner Abkommens**, das bis Ende 1923 befristet war. Mit diesem Abkommen wurde der Grundstein für das bis heute geltende **Modell der gemeinsamen Selbstverwaltung der Ärzte und Krankenkassen** gelegt. Entscheidend hierfür war, dass der Hartmannbund seine Anerkennung als Vertragspartner der Krankenkassen erhielt. Nach Auslaufen des Berliner Abkommens im Jahre 1923 kam es wieder zu heftigen Auseinandersetzungen und zu Ärztestreiks.

25 Erst 1931/32 konnten die Schwierigkeiten einer Lösung zugeführt werden. Der fünfte Teil der Verordnung des Reichspräsidenten zur Sicherung von Wirtschaft und Finanzen und zum Schutze des

---

29 Sauerborn, BArbBl. 1953, 205.
30 Krause, SGb 1981, 404.
31 Sauerborn, BArbBl. 1953, 205.

inneren Friedens vom 8.12.1931[32] und die Verordnung über die kassenärztliche Versorgung vom 14.1.1932[33] schufen die Grundlagen für die heutige Form der ärztlichen Leistungserbringung. Die zivilrechtliche Vereinsmitgliedschaft der Kassenärzte im Hartmannbund ging in eine öffentlich-rechtliche Mitgliedschaft in den Kassenärztlichen Vereinigungen, Körperschaften des öffentlichen Rechts, die ebenso wie die gesetzlichen Krankenkassen durch das Krankenversicherungsrecht geschaffen und strukturiert wurden, über. Schon 1933 wurden die Kassenärztlichen Vereinigungen im Rahmen der nationalsozialistischen Gleichschaltung wieder entmachtet und ihre Aufgaben mit der Verordnung über die kassenärztliche Versorgung vom 2.8.1933[34] im Wesentlichen auf die Kassenärztliche Vereinigung Deutschlands übertragen. An ihre Stelle traten nach dem Krieg wieder die **Kassenärztlichen Vereinigungen**. Sie gingen aus den Landesstellen der Kassenärztlichen Vereinigung Deutschlands hervor, die nun wieder als selbständige Körperschaften des öffentlichen Rechts anerkannt wurden. Nach der Auflösung der Kassenärztlichen Vereinigung Deutschlands hatte sich die Steuerung der kassenärztlichen Versorgung durch die Kassenärztlichen Vereinigungen etabliert und als funktionsfähig erwiesen. Hieran konnte der Gesetzgeber bei der Neuregelung des Kassenarztrechts im „Gesetz über das Kassenarztrecht – GKAR“ vom 17.8.1955[35] anknüpfen. Die mit dem GKAR neugefassten §§ 368k ff. RVO entsprechen in weiten Teilen dem heutigen Vertragsarztrecht. Die Regelungen finden sich heute in §§ 72 ff. SGB V.

II. Kostendämpfung im Gesundheitswesen und Reformen zur Leistungsverbesserung

Die Leistungsausgaben der gesetzlichen Krankenversicherung sind von etwa 9 Mrd. DM im Jahr 1960 auf rund **274 Mrd. Euro im Jahr 2022**[36] gestiegen. Langfristige Folge dieser **Kostenentwicklung** war ein ständiges Anwachsen des allgemeinen Beitragssatzes in der gesetzlichen Krankenversicherung. Im Jahre 1960 betrug er durchschnittlich 8,43 Prozent; seit dem 1.1.2015 ist er gem. § 241 SGB V auf 14,6 Prozent festgesetzt. 26

Seit 1977 hat der Gesetzgeber durch eine Vielzahl von **Kostendämpfungsmaßnahmen** versucht, die Ausgabenentwicklung in den Griff zu bekommen.[37] Eine grundlegende Reform der Krankenversicherung wurde mit dem GRG vom 20.12.1988[38] angestrebt – **erste Stufe der Gesundheitsreform**. Zum Verständnis der einzelnen kostendämpfenden Maßnahmen wird empfohlen, die aufschlussreiche Gesetzesbegründung zu lesen.[39] 27

In den Jahren 1991/92 zeigte sich aber, dass die durch das GRG getroffenen Maßnahmen gegen den Ausgabenanstieg in der gesetzlichen Krankenversicherung nur für kurze Zeit wirksam gewesen waren. Die Ausgaben der Krankenkassen überstiegen in dramatischer Weise die Einnahmen. Es entstand dringender Handlungsbedarf, der zur Verabschiedung des „Gesetz(es) zur Sicherung und Strukturverbesserung der gesetzlichen Krankenversicherung (Gesundheitsstrukturgesetz – GSG)“ vom 21.12.1992[40] als **zweite Stufe der Gesundheitsreform** führte.[41] Von den zahlreichen Änderungen sind insbesondere hervorzuheben: 28
- Budgetierung in nahezu allen Leistungsbereichen,
- Begrenzung der Zahl der zugelassenen Ärzte und Zahnärzte,

32 RGBl. I. S. 699.
33 RGBl. I S. 19.
34 RGBl. I S. 567.
35 BGBl. I S. 513 ff.
36 KF20 Bund, Stand: Juni 2023, https://www.bundesgesundheitsministerium.de/fileadmin /Dateien/3_Downloads/Statistiken/GKV/Finanzergebnisse/KJ1_2022_Internet.pdf.
37 HS-KV/Schlenker § 1 Rn. 118 ff.; Schulin/Igl Rn. 159.
38 BGBl. I S. 2477 ff.
39 BT-Drs. 11/2237 S. 132 ff.
40 BGBl. I S. 2266 ff.
41 Ausführlich Merten, NZS 1996, 593 ff.

- Einführung eines kassenartenübergreifenden Risikostrukturausgleichs zum Abbau extrem hoher Unterschiede in den Beitragssätzen,
- Einführung des freien Kassenwahlrechts.

29 Trotz dieser Maßnahmen konnte die **fortschreitende Kostenexplosion** im Gesundheitswesen nicht gestoppt werden. So versteht sich die Reaktion des Gesetzgebers durch das „Gesetz zur Entlastung der Beiträge in der gesetzlichen Krankenversicherung“ (BeitrEntlG) vom 1.11.1996.[42] Hier wurden Abstriche in der Gesundheitsförderung und Krankheitsverhütung, in der Dauer und den Wiederholungsintervallen von Rehabilitations- und Vorsorgekuren, bei den Zuzahlungen zum Zahnersatz, der Versorgung mit Sehhilfen und beim Krankengeld gemacht. Intention des Gesetzes war – wie schon die Gesetzesbezeichnung zum Ausdruck bringt – eine Reduzierung bzw. Stabilisierung der Beiträge zur gesetzlichen Krankenversicherung und damit auch eine Entlastung der Arbeitgeber bei den Lohnnebenkosten.

30 Mit den beiden Neuordnungsgesetzen zum Recht der gesetzlichen Krankenversicherung vom 23.6.1997 trat die **dritte Stufe der Gesundheitsreform** in Kraft.[43] Sie führte vor allem im Leistungsrecht zu weiteren Einschnitten.[44] Mit dem 1. GKV-NOG sollten zudem „hohe Hürden für die Krankenkassen zur Beitragssatzanhebung errichtet“ werden.[45] Beitragssatzerhöhungen der Krankenkassen wurden nach § 221 SGB V a. F. mit einer automatischen Erhöhung der Zuzahlungen verbunden, die Versicherte bei Inanspruchnahme der Leistungen der gesetzlichen Krankenversicherung entrichten müssen. Die Vorschrift erlangte jedoch keine praktische Relevanz.

31 Nach dem Regierungswechsel 1998 wurden diese Gesetze mit dem **„Gesetz zur Stärkung der Solidarität in der gesetzlichen Krankenversicherung“**[46] vom 19.12.1998 weitgehend wieder aufgehoben. Das GKV-SolG brachte Änderungen bei der Leistung des Zahnersatzes, der wieder zu einer Sachleistung der Krankenkassen wurde, die Arzneimittelzuzahlungen wurden abgesenkt und Budgets für zahlreiche Leistungsbereiche eingeführt.

32 Neben Änderungen im Bereich der Vergütung der Vertragsärzte machte ab dem Jahr 2000 das **„Gesetz zur Reform der gesetzlichen Krankenversicherung“**, GKV-Gesundheitsreformgesetz[47] vom 22.12.1999, die Gesundheitsprävention und -förderung wieder zu Leistungen der gesetzlichen Krankenversicherung. Kosteneinsparungen sollten mit den Vorschriften über die integrierte Versorgung (§§ 140a–140h SGB V a. F.) erzielt werden (siehe unter § 22 Rn. 139).[48] Zugleich wurde in § 17b KHG, orientiert am Vorbild Australiens, ein pauschalierendes Entgeltsystem für die Leistungsvergütung der Krankenhäuser (sog. DRG- oder **Fallpauschalen-System**) eingeführt (siehe näher dazu unter § 23 Rn. 46), das wesentliche Anreize zur Effizienzsteigerung und Kostendämpfung im Bereich der Krankenhäuser setzen sollte. Teilweise wird dies heute, etwa im Hinblick auf Einsparungen bei den Pflegepersonalkosten, als problematisch wahrgenommen und löst legislative Korrektureingriffe aus, insbesondere in Gestalt des 2018 verabschiedeten **Pflegepersonal-Stärkungsgesetz** (PpSG, dazu sogleich). Dennoch soll es auch nach der gegenwärtig (2024) diskutierten **Krankenhausreform** durch das Krankenhausversorgungsverbesserungsgesetz[49] im Kern beim DRG-System bleiben; daneben soll allerdings zur Abmilderung der beschriebenen Probleme eine sog. Vorhaltepauschale treten.

---

42 BGBl. I S. 1631 ff.
43 1. GKV-NOG, BGBl. I S. 1518 ff.; 2. GKV-NOG, BGBl. I S. 1520 ff.
44 Kritisch Stackelberg, DOK 1997, 12 ff.
45 BT-Drs. 13/5724 S. 5 ff.
46 GKV-Solidaritätsstärkungsgesetz – GKV-SolG, BGBl. I S. 3853 ff.
47 BGBl. I S. 2626 ff.
48 BT-Drs. 14/1245 S. 91 ff.
49 BT-Drs. 20/11854.

Die umfassenden Kostendämpfungsmaßnahmen der jüngeren Zeit gehen auf das **„Gesetz zur Modernisierung der gesetzlichen Krankenversicherung – GMG“** vom 14.11.2003[50] zurück. Mit dem Gesetz wurden vor allem in den Leistungsbereichen Arznei- und Hilfsmittelversorgung (§§ 33 Abs. 1, 34 SGB V) und Zahnersatz (§§ 55, 56 SGB V) Leistungskürzungen vorgenommen. Die bereits nach früherem Recht bestehenden Zuzahlungspflichten wurden erhöht und auf weitere Leistungsbereiche ausgedehnt.[51] Durch geänderte Vertragsstrukturen soll im Leistungserbringungsrecht eine Verbesserung der Qualität und der Wirtschaftlichkeit der Versorgung erreicht werden.[52] Zur Förderung der Transparenz und der Eigenverantwortung wurde das Beitragsrecht geändert (§ 241a SGB V a. F., jetzt: § 249 Abs. 1 SGB V – zusätzlicher Beitragssatz) und Beteiligungsrechte der Versicherten wurden eingeführt (§ 140f SGB V – Interessenvertretung der Patienten).[53] 33

Nach dem Motto „Nach der Reform ist vor der Reform“ gingen die Reformbemühungen weiter. Nächste Schritte waren das „Gesetz zur Verbesserung der Wirtschaftlichkeit in der Arzneimittelversorgung“ vom 26.4.2006[54] und das „Gesetz zur Änderung des Vertragsarztrechts und anderer Gesetze“ vom 22.12.2006.[55] Das freilich umfassendste Reformprojekt, das verwirklicht wurde, ist in dem **GKV-Wettbewerbsstärkungsgesetz (GKV-WSG)** vom 26.3.2007[56] zu sehen.[57] Der Gesetzesbegründung zufolge verfolgte der Gesetzgeber mit dem GKV-WSG sieben grundlegende Ziele:[58] 34

- Herstellung eines Versicherungsschutzes für alle Einwohner ohne Absicherung im Krankheitsfall
- Zugang der Versicherten zu allen medizinisch notwendigen Leistungen unabhängig von der Höhe der jeweils eingezahlten Beiträge
- Weichenstellung für eine künftige Beteiligung aller an der Finanzierung des Gesundheitssystems nach ihrer Leistungsfähigkeit durch Fortführung und Ausbau eines steuerfinanzierten Anteils
- Qualitäts- und Effizienzsteigerung durch Intensivierung des Wettbewerbs auf Kassen- und auf Leistungserbringerseite sowie Straffung der Institutionen
- Entbürokratisierung und Vergrößerung der Transparenz auf allen Ebenen
- Einstieg in die Sicherung der Nachhaltigkeit der Finanzierung der GKV sowie künftige Lockerung der Abhängigkeit vom Faktor Arbeit
- Ausweitung der Wahl- und Wechselmöglichkeiten der Versicherten in der privaten Krankenversicherung

Durch das GKV-WSG wurde zum 1.1.2009 der **Gesundheitsfonds** als neuer Finanzierungsweg der gesetzlichen Krankenversicherung geschaffen (§ 271 SGB V). Anliegen des Gesetzgebers war es, durch höhere Effizienz und Transparenz die Steuer- und Beitragsmittel wirtschaftlicher zu verwenden.[59] Die Beiträge und sonstigen Einnahmen gehen in den Gesundheitsfonds ein. Zur Deckung ihrer Leistungsausgaben erhalten die Krankenkassen gem. § 266 Abs. 1 SGB V als Zuweisungen aus dem Gesundheitsfonds zum einen eine Grundpauschale, zum anderen adjustierte Zu- und Abschläge. 35

---

50 BGBl. I S. 2190 ff.

51 Z. B. durch die Einführung der sog. Praxisgebühr §§ 28 Abs. 4 a. F., 61 SGB V, welche seit dem 1.1.2013 wieder entfallen ist, BGBl. I S. 2789.

52 Im Einzelnen Hiddemann/Muckel, NJW 2004, 7 ff.

53 Zum Ganzen BT-Drs. 15/1525 S. 1 ff.; Übersicht zu den Beteiligungsformen der Versicherten bei Wöllenstein, G+G 2004, 24.

54 BGBl. I S. 984.

55 BGBl. I S. 3439.

56 BGBl. I S. 378.

57 Zu einer kompakten Kurzdarstellung des Gesetzes siehe Sodan, NJW 2007, 1313 ff.

58 Vgl. BT-Drs. 16/3100 S. 85 ff.

59 BT-Drs. 16/3100 S. 91.

36 Am 1.1.2009 trat das **„Gesetz zur Weiterentwicklung der Organisationsstrukturen in der gesetzlichen Krankenversicherung“** (GKV-OrgWG) in Kraft.[60] Der Schwerpunkt dieses Gesetzes lag auf der Einführung der Insolvenzfähigkeit aller Krankenkassen zum 1.1.2010.[61]

37 Ebenfalls auf Kostendämpfung sowie auf Einnahmenstabilisierung im Gesundheitswesen zielten das „Gesetz zur Neuordnung des Arzneimittelmarktes in der gesetzlichen Krankenversicherung – AMNOG“[62] und das „Gesetz zur nachhaltigen und sozial ausgewogenen Finanzierung der Gesetzlichen Krankenversicherung – GKV-FinG“.[63] Durch letzteres wurde ab 2011 gem. § 242 Abs. 1 S. 1 SGB V a.F. zunächst ein **einkommensunabhängiger Zusatzbeitrag** für Mitglieder etabliert, soweit der Finanzbedarf einer Krankenkasse durch die Zuweisungen aus dem Fonds nicht gedeckt war. Infolge des „Gesetzes zur Weiterentwicklung der Finanzstruktur und der Qualität in der gesetzlichen Krankenversicherung – GKV-FQWG“[64] war dieser Zusatzbeitrag seit dem 1.1.2015 einkommensabhängig zu erheben. Seit 2018 und dem **„Gesetz zur Beitragsentlastung der Versicherten in der Gesetzlichen Krankenversicherung“ (GKV-VEG)**[65] wird die gesetzliche Krankenversicherung – einschließlich etwaiger Zusatzbeiträge – wieder paritätisch durch Arbeitgeber und Beschäftigte finanziert. Auch Selbständige mit geringem Einkommen wurden durch das Gesetz entlastet, indem die Mindestbemessungsgrundlage 2019 für freiwillig Versicherte und Selbständige bei 1.038,33 Euro vereinheitlicht und die Situation der Selbständigen damit derjenigen der anderen freiwillig Versicherten angeglichen wurde.

38 In den letzten Jahren rückt stärker die **Leistungsseite** in den Blick des Gesetzgebers. Kostendämpfung soll nicht mehr allein durch Einsparungen und Änderungen der Finanzierungsstruktur erreicht werden, sondern auch durch gezielte Leistungs- und Qualitätsverbesserungen, vor allem im Bereich der Krankheitsprävention – ein überzeugender Regelungsansatz, der Kostendämpfung und gezielte Leistungsverbesserungen nicht als Gegensätze begreift, sondern „systemisch“ denkt. So baute das **„Gesetz zur Stärkung der Gesundheitsförderung und der Prävention“ (PrävG)** vom 17.7.2015[66] den Präventionsaspekt maßgeblich aus und führte eine nationale Präventionsstrategie (§ 20d SGB V) ein. Der Gesetzgeber erhofft sich durch die Etablierung gezielter Präventionsmaßnahmen mittel- bis langfristig erhebliche Einsparungen durch die Vermeidung von Krankheits- und Krankheitsfolgekosten.[67]

39 Eine Weiterentwicklung des Preisregulierungsrechts für die Arzneimittelversorgung wurde durch das **„Gesetz zur Stärkung der Arzneimittelversorgung in der GKV – AMVSG“** vom 4.5.2017 vorgenommen.[68] Neben der Stärkung der Versorgung von gesetzlich Krankenversicherten mit Arzneimitteln soll auch dieses Gesetz zur finanziellen Stabilität der gesetzlichen Krankenversicherung beitragen, unter anderem durch die Begrenzung von Preissteigerungen.[69]

40 2018 wurde schließlich das **Pflegepersonal-Stärkungsgesetz (PpSG** v. 11.12.2018)[70] verabschiedet, mit dem die Politik auf den zunehmenden Fachkräftemangel in der Kranken- und Altenpflege reagierte. Der Kern der Neuregelung betrifft die Finanzierungsseite: Neu geschaffene Pflegestellen unter anderem in Kliniken werden vollständig von den Krankenversicherungen refinanziert, das im Jahre 2000 beschlossene DRG-System insofern gewissermaßen relativiert. Der Fehlanreiz, Einsparungen beim Pflegepersonal vorzunehmen, soll dadurch beseitigt werden. Für große Unruhe sorgte

60 BGBl. I S. 2426.
61 Kritisch dazu Steinmeyer, BKK 2008, 442 ff.
62 BGBl. I S. 2262.
63 BGBl. I S. 2309.
64 BGBl. I S. 1133.
65 BGBl. I S. 2387.
66 BGBl. I S. 1368.
67 BT-Drs. 18/4282 S. 3.
68 BGBl. I S. 1050.
69 BT-Drs. 18/10208 S. 2, 19 ff.
70 BGBl. I S. 2394.

die en passant im Gesetz verankerte rückwirkende Halbierung (von vier auf zwei Jahre) der Verjährungsfristen für Erstattungsansprüche der Krankenkassen wegen überhöhter Vergütungen infolge unrichtiger Krankenhausabrechnungen (vgl. §§ 109 Abs. 5, 325 SGB V).[71]

Ebenfalls 2019 wurde mit dem **Terminservice- und Versorgungsgesetz (TSVG** v. 6.5.2019)[72] versucht, die Rahmenbedingungen für eine beschleunigte Terminvergabe für gesetzlich Versicherte durchgreifend zu verbessern und die medizinische Versorgung in ländlich geprägten Regionen zu verstärken, insbesondere durch die – von den Kassenärztlichen Vereinigungen überwachte – Verpflichtung der Kassenärzte, mehr Sprechstunden (25 statt zuvor 20 Stunden pro Woche) für Kassenpatienten anzubieten (§ 19a Abs. 1 Zulassungsverordnung für Vertragsärzte, Ärzte-ZV). Bestimmte Fachärzte werden demnach verpflichtet, mindestens fünf Stunden als offene Sprechstunde anzubieten, für deren Besuch es keiner Terminvereinbarung bedarf. Honoriert werden diese und weitere Leistungsverbesserungen – z.B. Hausbesuche auf dem Land – durch eine teils angehobene und teils außerhalb der Regelleistungsvolumina (vgl. § 21 II 1) konzipierte Vergütung. Das Gesetz verschiebt zudem punktuell die **Machtbalance** zwischen Selbstverwaltungsgremien und Politik zugunsten letzterer: So hält das Bundesgesundheitsministerium nun die Mehrheit (51 Prozent) der – bislang von den Spitzenverbänden der Krankenkassen sowie der Leistungserbringer gehaltenen – Gesellschafteranteile bei der im Zuge der Digitalisierung zunehmend bedeutsamen „Gesellschaft für die Telematikanwendungen der Gesundheitskarte“ (vgl. § 291a Abs. 2 Nr. 1 SGB V). Auch wird die Rolle der Bundesländer im Gemeinsamen Bundesausschuss (G-BA) aufgewertet. 41

Ferner wurde 2020 das im Jahr 2000 eingeführte DRG-System der Krankenhausfinanzierung im Zeichen der Corona-/Covid-19-Krise erneut situationsbezogen relativiert: Mit dem „Gesetz zum Ausgleich Covid-19-bedingter finanzieller Belastungen der Krankenhäuser und weiterer Gesundheitseinrichtungen **(Covid-19-Krankenhausentlastungsgesetz)**[73] normierte der Gesetzgeber eine Pauschalvergütung für die Vorhaltung zusätzlicher Intensivbetten und einen ebenfalls pauschalierten Ausgleich für die Verschiebung planbarer, nicht lebensnotwendiger Behandlungen. 42

Die Covid-19-Pandemie ging mit einem deutlichen Zuwachs der Ausgaben der Krankenversicherungen einher.[74] Auch ist zu erwarten, dass der Fachkräftemangel, der demografische Wandel und technologischer Fortschritt auch in Zukunft zu einer steigenden Ausgabenlast für die Krankenversicherung führen werden.[75] Um zu verhindern, dass hierdurch die Belastung für die Beitragszahler zu stark ansteigt,[76] erließ der Bundesgesetzgeber 2022 das **Gesetz zur finanziellen Stabilisierung der gesetzlichen Krankenversicherung (GKV-Finanzstabilisierungsgesetz)**[77]. Sein Ziel versucht der Gesetzgeber durch eine vorübergehende Begrenzung des Anstiegs von Verwaltungskosten in den Krankenversicherungen,[78] ein verlängertes Preismoratorium für Arzneimittel,[79] eine Beschränkung der im Rahmen des DRG-Systems zu berücksichtigenden Pflegekosten[80] und einen Zuschuss zum Gesundheitsfond in Höhe von 2 Mrd. Euro[81] zu erreichen.

Mit dem **Arzneimittel-Lieferengpassbekämpfungs- und Versorgungsverbesserungsgesetz (ALBVVG)** vom 26.7.2023[82] reagierte der Bund auf Lieferengpässe bei Arzneimittel (insbesondere Antibiotika) während der Covid-19-Krise und auf die zunehmende Abwanderung der Arzneimittel-

71 Dazu Ricken, NZS 2019, 241.
72 BGBl. I S. 646.
73 BGBl. I S. 580.
74 BT-Drs. 20/3448 S. 1.
75 BT-Drs. 20/3448 S. 1.
76 BT-Drs. 20/3448 S. 2 ff.
77 BGBl. I S. 1990.
78 BT-Drs. 20/3448 S. 2.
79 BT-Drs. 20/3448 S. 3.
80 BT-Drs. 20/3448 S. 3.
81 BT-Drs. 20/3448 S. 2.
82 BGBl. 2023 I Nr. 197.

produktion in Drittstaaten.[83] Zum einen wurden Vorhaltepflichten für bestimmte Arzneimittel eingeführt und zum anderen finanzielle Anreize zur Entwicklung von Antibiotika geschaffen.[84]

III. Ökonomische Bedeutung der gesetzlichen Krankenversicherung

43 Die Anzahl der Versicherten und das Leistungsspektrum der gesetzlichen Krankenversicherung sind wichtige Indikatoren ihrer gesellschaftlichen und wirtschaftlichen Bedeutung. Vor diesem Hintergrund lassen folgende statistische Daten auf die zentrale Stellung der gesetzlichen Krankenversicherung im bundesdeutschen Gesundheitswesen schließen.

44 Gegenwärtig sind rund 74 Millionen Menschen, mithin etwa **88 Prozent**[85] der Bevölkerung der Bundesrepublik Deutschland in den Schutz der gesetzlichen Krankenversicherung einbezogen. Etwa **zehn Prozent** der Gesamtbevölkerung sind bei einem privaten Krankenversicherungsunternehmen versichert.[86]

45 Gemessen an der Gesamtzahl der Mitglieder der gesetzlichen Krankenversicherung hatten die **Ersatzkassen** im April 2024 die größte Mitgliederstärke von **ca. 39 Prozent**, gefolgt von den **Ortskrankenkassen** mit etwa **36 Prozent**. Von den insgesamt etwa 58 Millionen Mitgliedern der gesetzlichen Krankenversicherung sind **ca. 89 Prozent pflichtversichert.**[87] Über die **Familienversicherung** sind etwa 15 Millionen Personen gesetzlich krankenversichert.[88]

46 Die Leistungen der gesetzlichen Krankenversicherung beliefen sich im Jahr 2021 bundesweit auf **ca. 263 Mrd. Euro.**[89] Den mit etwa 72 Mrd. Euro größten Ausgabenposten stellte die Behandlung in Krankenhäusern dar.[90] Zum 31.12.2022 nahmen an der vertragsärztlichen ambulanten Versorgung bundesweit 152.697 Vertragsärzte[91] und im ersten Halbjahr 2018 45.245 Vertragszahnärzte[92] teil.

47 Angesichts des Leistungsvolumens der gesetzlichen Krankenversicherung wird nachvollziehbar, dass die Strukturen, das Angebot und die Leistungsfähigkeit des deutschen Gesundheitsmarktes entscheidend durch den **Leistungskatalog des SGB V** mitbestimmt werden. Im Gegenzug wird der Leistungskatalog wiederum durch den medizinischen und medizintechnischen Fortschritt geprägt.

§ 18 Strukturprinzipien der gesetzlichen Krankenversicherung

Literatur: Behrends, Grenzen des Privatrechts in der gesetzlichen Krankenversicherung, 1986; Fischer, Das Sachleistungsprinzip der GKV, in: Blanke (Hrsg.), Die Reform des Sozialstaats zwischen Freiheitlichkeit und Solidarität, 2007, S. 139ff.; Felix, Die Kehrtwende der höchstrichterlichen Rechtsprechung zu § 13 Abs. 3a SGB V, SGb 2020, 517ff.; Fries/Trenk-Hinterberger, Kostenerstattung für Versicherungsberechtigte im System der gesetzlichen Krankenversicherung, SGb 1983, 95ff.; Maydell, Leistungsbeschaffung (insbesondere von Heil- und Hilfsmitteln) durch die gesetzlichen Krankenkassen zwischen öffentlichem und privatem Recht, DB 1985, 276ff.; Muckel, Das Sachleistungsprinzip in der Gesetzlichen Krankenversicherung nach dem

83 BT-Drs. 20/6871 S. 19.

84 BT-Drs. 20/6871 S. 19.

85 Berechnung nach „Gesetzliche Krankenversicherung – Mitglieder, mitversicherte Angehörige und Krankenstand, Monatswerte Januar–April 2024“, S. 30, Stand: 2.5.2024, www.bmg.de; „Bevölkerungsstand am 30.9.2023“, www.destatis.de.

86 Berechnung nach „PKV in Zahlen 2022, S. 4“, Stand 31.12.2022, www.pkv.de.

87 Berechnung nach „Gesetzliche Krankenversicherung – Mitglieder, mitversicherte Angehörige und Krankenstand, Monatswerte Januar-April 2024“, S. 23ff., www.bmg.de.

88 „Gesetzliche Krankenversicherung – Mitglieder, mitversicherte Angehörige und Krankenstand, Monatswerte Januar-April 2024“, S. 27.

89 KF23 Bund, Stand: Juni 2022, https://www.bundesgesundheitsministerium.de/fileadmin/Dateien/3_Downloads/Statistiken/GKV/Kennzahlen_Daten/KF2022Bund_Juni_2022.pdf.

90 KZBV Jahrbuch 2023, S. 28.

91 Siehe http://www.kbv.de, „Statistische Informationen aus dem Bundesarztregister“, S. 3.

92 KZBV Jahrbuch 2023, S. 176.

2. GKV-Neuordnungsgesetz, SGb 1998, 385ff.; Roos, Kostenerstattung und Sachleistung in der gesetzlichen Krankenversicherung, NZS 1997, 464ff.

I. Allgemeines

Der **soziale Schutzzweck** bestimmt den **Anwendungsbereich** der gesetzlichen Krankenversicherung in personeller und sachlicher Hinsicht. Regelungen zum versicherten Personenkreis müssen gewährleisten, dass alle Personen in die gesetzliche Krankenversicherung einbezogen werden, die nach sozialstaatlichen Gesichtspunkten schutzbedürftig sind, und gleichzeitig all jene ausgeschlossen werden, für die ein solcher Schutz nicht erforderlich ist. Diesem Ziel dienen die Vorschriften zur Versicherungspflicht und Versicherungsfreiheit (§§ 5ff. SGB V). In **sachlich-gegenständlicher** Hinsicht muss dafür gesorgt sein, dass dem so abgesteckten Personenkreis Versicherungsleistungen bei Eintritt des versicherten Risikos (vor allem bei Krankheit) zur Verfügung stehen, die eine effektive Befriedigung des Bedarfs ermöglichen. Dieses Niveau liegt nicht ein für allemal fest. Und in Zeiten angespannter Kassenlage ist die Bestimmung des Leistungsniveaus besonderen Schwierigkeiten ausgesetzt. 1

Eine in erster Linie an ihrem sozialen Schutzzweck ausgerichtete gesetzliche Krankenversicherung bedingt ein **komplexes und umfangreiches Regelwerk**. Zur Förderung der Verständlichkeit des Rechts für die Beteiligten und als Orientierungs- und Auslegungshilfe für den Rechtsanwender hat der Gesetzgeber einleitend **Grundprinzipien** formuliert.

II. Solidarität und Eigenverantwortung (§ 1 SGB V)

In der Gesetzesbegründung zu § 1 SGB V wird ausgeführt, dass eine **neue Balance** zwischen den Prinzipien der **Solidarität und Eigenverantwortlichkeit** erforderlich ist. Ohne Solidarität wäre Eigenverantwortung egoistisch, ohne Eigenverantwortung wäre Solidarität anonym und missbrauchbar.[93] Dementsprechend wird in § 1 S. 1 SGB V der gesetzlichen Krankenversicherung als **Solidargemeinschaft** die Aufgabe zugewiesen, für den Erhalt, die Wiederherstellung und Besserung des Gesundheitszustandes der Versicherten Sorge zu tragen. Gleichzeitig wird aber im dritten Satz der Vorschrift die **individuelle Verantwortung** des Einzelnen für seine Gesundheit betont, ohne allerdings eine Pflicht zur Gesunderhaltung zu normieren. Durch das Präventionsgesetz wurde zum 25.7.2015 im zweiten Satz die Förderung der gesundheitlichen Eigenkompetenz und Eigenverantwortung als Bestandteil der Kernaufgaben der Krankenversicherung normiert.[94] 2

Das **Solidaritätsprinzip** unterscheidet die gesetzliche von der privaten Krankenversicherung. 3
In der Privatversicherung gilt im Gegensatz zum Solidaritätsprinzip der gesetzlichen Krankenversicherung das **Äquivalenzprinzip**, d.h., jedes einzelne Versicherungsverhältnis muss in der Höhe der zu leistenden Prämien oder Beiträge dem individuell versicherten Risiko entsprechen. Das bedeutet, dass sich in der privaten Krankenversicherung Vorerkrankungen oder sonstige negative Einwirkungen auf den Gesundheitszustand auf die Prämienhöhe auswirken müssen. Die gesetzliche Krankenversicherung vernachlässigt dagegen im Hinblick auf den sozialen Charakter des Versicherungszweckes diese individuellen Merkmale. Sie haben auf die Höhe der Beiträge zur gesetzlichen Krankenversicherung keinen Einfluss. Ein weiterer gewichtiger Unterschied zur privaten Krankenversicherung ist die beitragsfreie Familienversicherung (§ 10 SGB V). Das Gesetz schränkt in diesem Fall übliche Versicherungsmechanismen zugunsten sozialer Aspekte ein.

93 Vgl. BT-Drs. 11/2237 S. 157.
94 Vgl. BT-Drs. 18/4282 S. 32.

4 Anders als das Solidarprinzip war die **Eigenverantwortung** des Versicherten lange Zeit im Wesentlichen als gesetzgeberischer Appell zu werten. Es kam deshalb im SGB V auch nur sehr vereinzelt zum Ausdruck. Beispiele sind finanzielle Anreize durch die **Bonusregelung** bei Zahnersatzleistungen (§ 55 Abs. 1 S. 3f. SGB V) und die **Malusregelung** bei der kieferorthopädischen Behandlung (§ 29 Abs. 3 S. 2 SGB V). Mit dem GKV-Modernisierungsgesetz – GMG vom 14.11.2003[95] – und dem Präventionsgesetz – PrävG vom 17.7.2015[96] – wurde die Eigenverantwortung der Versicherten noch deutlicher in den Vordergrund gerückt. Die Satzung der Krankenkasse kann seit Inkrafttreten des GMG gem. § 65a SGB V Boni und Ermäßigungen von Zuzahlungen für **gesundheitsbewusstes Verhalten der Versicherten** vorsehen; durch das PrävG wurde diese Möglichkeit als Soll-Vorschrift für die Krankenkassen ausgestaltet. Im Einzelnen werden folgende Verhaltensweisen honoriert:
– Regelmäßige Inanspruchnahme von Leistungen zur Erfassung von gesundheitlichen Risiken und Früherkennung von Krankheiten (§§ 25, 26 SGB V), von Leistungen für Schutzimpfungen (§ 20i SGB V), von Leistungen zur verhaltensbezogenen Prävention (§ 20 Abs. 5 SGB V) sowie Teilnahme an sonstigen qualitätsgesicherten Präventivangeboten (§ 65a Abs. 1 Nr. 3 SGB V). Das PrävG weitete den Anspruch auf Gesundheitsuntersuchungen nach §§ 25, 26 SGB V aus; insbesondere entfiel die untere Altersgrenze von 35 Jahren und die Aufzählung von Zielkrankheiten.
– Teilnahme an Maßnahmen der betrieblichen Gesundheitsförderung. Hier kann neben den teilnehmenden Versicherten auch der Arbeitgeber einen Bonus erhalten (§ 65a Abs. 2 SGB V).

5 Durch das GKV-WSG wurden die **Wahlfreiheiten** der Versicherten (§ 53 SGB V) ausgeweitet, was ebenfalls als Stärkung der Eigenverantwortung bewertet werden kann. Gem. Abs. 1 kann die Krankenkassensatzung etwa für alle Mitglieder einen Selbstbehalt mit Prämienzahlungen vorsehen. Abs. 2 ermöglicht Prämienzahlungen für die Nichtinanspruchnahme von Leistungen. Die eigenverantwortliche Wahl der bestmöglichen Krankenhäuser soll durch das mit dem Krankenhaustransparenzgesetz[97] in § 135d SGB V eingeführte Transparenzverzeichnis ermöglicht werden.[98] Des Weiteren bestehen **Obliegenheiten** der Versicherten, an gesundheitlichen Vorsorgemaßnahmen sowie Maßnahmen der Krankenbehandlung mitzuwirken (vgl. etwa § 51 Abs. 3 S. 1 SGB V). Eine **Leistungseinschränkung** ist in den Fällen des § 52 SGB V vorgesehen, etwa bei vorsätzlicher Herbeiführung einer Krankheit.

III. Sachleistungsprinzip und Kostenerstattung

1. Abgrenzung der Leistungsmodelle

6 Seit Einführung der gesetzlichen Krankenversicherung stellen die Krankenkassen den Versicherten die Gesundheitsleistungen nach dem **Sachleistungsprinzip** zur Verfügung (§ 6 S. 1 KVG). Es bestand für die Kassen jedoch auch die Möglichkeit, **Kostenerstattung** vorzusehen.[99] Zur Zeit der RVO wurde es aus § 182 RVO hergeleitet und ist heute ausdrücklich in § 2 Abs. 1 S. 1, Abs. 2 S. 1 SGB V normiert. Am besten versteht man dieses Prinzip, wenn man sich die Frage stellt, auf welche Art und Weise eine Versicherung überhaupt Schutz vor Krankheitsrisiken gewähren kann.

7 Im Bereich der privaten Krankenversicherung gilt das **Kostenerstattungsprinzip**. Der Versicherte tritt als Nachfrager der Gesundheitsleistungen/-produkte auf und schließt diesbezügliche Verträge mit Leistungs-/Produktanbietern (**Marktmodell**). Der Versicherte ist Schuldner des Leis-

95 BGBl. I S. 2190ff.
96 BGBl. I S. 1368ff.
97 BGBl. 2024 I Nr. 105.
98 BT-Drs. 20/8408 S. 18.
99 Vgl. dazu Fischer, Das Sachleistungsprinzip der GKV, in: Blanke (Hrsg.), Die Reform des Sozialstaats zwischen Freiheitlichkeit und Solidarität, 2007, S. 139, 142ff.

tungserbringers. Die von ihm geschuldeten und bezahlten Honorare/Preise werden ihm von seiner privaten Krankenversicherung ersetzt.

8 Die Krankenversicherung kann den Versicherten aber auch einen Anspruch auf medizinische Leistungen an sich einräumen. Da sie in diesem Fall die **Leistungen in natura** zur Verfügung stellt, könnte man von einem Naturalleistungsprinzip sprechen. Etwas ungenauer, denn es werden auch Dienstleistungen in natura gewährt (§ 2 Abs. 2 S. 1 SGB V), aber mit einem Begriff, der sich durchgesetzt hat, heißt dieses Leistungsmodell **Sachleistungsprinzip**. Das Sachleistungsprinzip bedeutet die **Unmittelbarkeit der Bedarfsbefriedigung**.[100] Während im Rahmen der privaten Krankenversicherung der Versicherte selbst dafür verantwortlich ist, sich die medizinische Leistung zu verschaffen, und die Versicherung nur im Nachhinein die entstandenen Aufwendungen ersetzt, verlangt die Geltung des Sachleistungsprinzips, dass die Krankenkassen die Leistung ihren Versicherten zur Verfügung stellen.[101] Da die Versicherten bei diesem System der Leistungserbringung einen direkten Anspruch auf Gewährung der Versicherungsleistungen haben, müssen die Krankenkassen sicherstellen, dass diese Leistungen auch tatsächlich erbracht werden können. Mit der Vergütung der Leistung hat der Versicherte unmittelbar nichts zu tun. Er kann allerdings Auskunft über die Kosten der ihm erbrachten Leistungen verlangen (§ 305 Abs. 2 S. 1 SGB V – „Patientenquittung“).

9 Das **Sachleistungsprinzip** erfüllt einen **doppelten Zweck**. Aus **gesundheitspolitischen Gründen** soll sichergestellt werden, dass der Versicherte die medizinischen Sach- und Dienstleistungen auch tatsächlich erhält. Seine **sozialpolitische Zielrichtung** ist darauf gerichtet, die wirtschaftliche Existenzgrundlage des Versicherten zu erhalten, indem ihm eine auch nur vorläufige Tragung der Kosten abgenommen wird.[102] Allerdings ist das Sachleistungsprinzip heute nicht mehr in Reinform verwirklicht. Unter dem Druck der Kostenreduzierung im Gesundheitswesen wurde bei allen medizinischen Sachleistungen ambulanter wie stationärer Natur das Institut der **Zuzahlung** eingeführt (siehe im Einzelnen bei den verschiedenen Leistungen). Die Zuzahlungen sind gem. § 43c SGB V einzuziehen.

a) Durchführung des Sachleistungsprinzips

10 § 2 Abs. 1 S. 1 SGB V verpflichtet die Krankenkassen, ihren Versicherten die Leistungen zur Verfügung zu stellen. Dieses **„Zur-Verfügung-Stellen“** kann jedoch auf verschiedene Art und Weise erfolgen. Die Krankenkassen könnten entweder Angehörige der im Gesundheitswesen tätigen Berufsgruppen anstellen und ihre Leistungen auf diesem Weg unmittelbar durch eigene Angestellte erbringen oder aber auch selbständige Leistungserbringer verpflichten, die Leistungen nach Maßgabe der Vorschriften der gesetzlichen Krankenversicherung zu erbringen. Denkbar ist ebenso eine Kombination beider Alternativen.

11 In der Vergangenheit war umstritten, inwieweit eine Leistungserbringung durch **Angestellte** der Krankenkassen oder in **krankenkasseneigenen Einrichtungen** mit den Grundsätzen des Sachleistungsprinzips zu vereinbaren ist.[103] 1989 hat sich der Gesetzgeber mit dem GRG ausdrücklich dafür entschieden, dass Krankenkassen den Versicherten die Sach- und Dienstleistungen der gesetzlichen Krankenversicherung in der Regel nicht selbst, sondern durch **selbständige Dritte** zur Verfügung zu stellen haben. Das ergibt sich aus dem in § 2 Abs. 2 S. 3 SGB V normierten Grundsatz, dass über die Erbringung von Sach- und Dienstleistungen zwischen Krankenkassen und (selbständigen) Leistungserbringern Verträge zu schließen sind. Zudem knüpft § 140 Abs. 2 SGB V die Errichtung von Eigeneinrichtungen durch Krankenkassen an restriktive Voraussetzungen.

100 BSG 28.6.1983 BSGE 55, 188, 193.

101 BSG 20.7.1976 BSGE 42, 117, 119; BSG 16.12.1993 BSGE 73, 271, 273.

102 Behrends S. 17 ff.; zum Ganzen Fuchs, Zivilrecht und Sozialrecht, S. 246 ff.

103 BSG 18.5.1988 BSGE 63, 173, 176.

2. Kostenerstattung in der gesetzlichen Krankenversicherung

12 Mit dem **GRG 1988** hat ein langsamer, aber kontinuierlich fortschreitender Prozess der Etablierung des **Kostenerstattungsprinzips** neben dem **Sachleistungsprinzip** begonnen. Hat dieses Gesetz auf der einen Seite erstmals das Sachleistungsprinzip als grundsätzliches Prinzip der Leistungserbringung verankert, so hat es gleichzeitig bedeutsame Pfade der Kostenerstattung entwickelt (Kostenerstattung wurde eingeführt bei kieferorthopädischer Behandlung und Zahnersatz, vgl. §§ 29, 30 SGB V a.F.). Aufschlussreich ist die Ankündigung in der Gesetzesbegründung, dass das Sachleistungsprinzip mit der Strukturreform weiterentwickelt werden müsse, insbesondere um die Intransparenz von Preisen und Kosten zu beseitigen und Anreize zu einer sparsamen Inanspruchnahme von Gesundheitsleistungen zu geben.[104] Die Gesetzgeber der Folgejahre konnten aber keine klare Linie in Sachen Kostenerstattungsprinzip entwickeln. Die gesetzgeberischen Schritte hat deshalb ein Autor nicht ganz zu Unrecht mit der Echternacher Springprozession verglichen. Mit dem **GSG von 1993** wurde wahlweise die Kostenerstattung für freiwillige Mitglieder eingeführt. Das **Zweite GKV-Neuordnungsgesetz von 1997** dehnte die Wahlmöglichkeit auf alle Versicherten aus. Aber schon ein Jahr später machte das **GKV-Solidaritätsstärkungsgesetz** eine Kehrtwende und kehrte zum früheren Recht zurück, d.h. Kostenerstattung blieb nur für freiwillige Mitglieder und ihre familienversicherten Angehörigen vorgesehen. Mit dem **GKV-Modernisierungsgesetz von 2003** wird die fakultative Kostenerstattung wieder auf alle Versicherten ausgedehnt. Alle Versicherten haben danach ein Wahlrecht zugunsten des Modells der Kostenerstattung (§ 13 Abs. 2 S. 1 SGB V). Für das Kostenerstattungsprinzip werden üblicherweise folgende Zwecke reklamiert: Das Kostenerstattungsprinzip – so wird gesagt – verwirkliche den Gedanken der **Eigenverantwortung** durch Schaffung von **Transparenz**. Dieser Zweck erwächst gerade aus dem als Manko empfundenen Befund, dass im Rahmen des Sachleistungsprinzips der Versicherte aus dem wirtschaftlichen Vorgang in der Bereitstellung der an ihn zu erbringenden Leistungen ausgespart wird. In die Leistungsabrechnung erhält er keinen Einblick. Von der Möglichkeit, Auskünfte über die in Anspruch genommenen Leistungen und Kosten zu erhalten (§ 305 SGB V) machen die Versicherten so gut wie keinen Gebrauch. Kostenerstattung – so kann man es in der Begründung zum Zweiten GKV-Neuordnungsgesetz lesen[105] – stärke das Prinzip der Eigenverantwortung und das **Kostenbewusstsein** der Versicherten. Frei die Versorgungsform wählen zu können, entspreche der Vorstellung vom mündigen Bürger, der selbst entscheidet, was für ihn zweckmäßig ist.[106] Was die Kassen betrifft, ist die Möglichkeit der Kostenerstattung ein wichtiges **Wettbewerbsargument**. Im Wettbewerb mit der privaten Krankenversicherung legen Kassen darauf Wert, insbesondere im Hinblick auf die etwas besser verdienende Klientel in Konkurrenz mit der privaten Krankenversicherung treten zu können. Ein letztes Argument, das den Gesetzgeber im GKV-Modernisierungsgesetz von 2003 bewegt hat, war die Rechtsprechung des EuGH betreffend die **passive Dienstleistungsfreiheit** bei der Inanspruchnahme von Krankenversicherungsleistungen im europäischen Ausland (vgl. dazu ausführlich § 73).

a) Höhe der Kostenerstattung

13 Versicherte erhalten Kostenerstattung **höchstens** in Höhe der Vergütung, welche die Krankenkasse bei Erbringung der Sachleistung zu tragen hätte (§ 13 Abs. 2 S. 8 SGB V). Deshalb müssen Leistungserbringer die Versicherten vor Inanspruchnahme der Leistung darüber informieren, dass Kosten, die nicht von der Krankenkasse übernommen werden, vom Versicherten zu tragen sind (Abs. 2 S. 3). Haben sie sich für die Kostenerstattung entschieden, sind sie gem. § 13 Abs. 2 S. 12 SGB V mindestens ein Kalendervierteljahr an ihre Entscheidung gebunden. Die Versicherten dürfen grundsätzlich nur zugelassene Leistungserbringer in Anspruch nehmen (Abs. 2 S. 5, 6). Die Inanspruchnahme von Ver-

104 BT-Drs. 11/2237 S. 146.
105 BT-Drs. 13/6087 S. 20.
106 BT-Drs. 13/6087 S. 20.

tragsärzten, die ihre Zulassung kollektiv zurückgegeben haben, ist ausgeschlossen (Abs. 2 S. 7). Die Kosten werden den Versicherten **nicht in voller Höhe** erstattet. In ihrer Satzung, die das Kostenerstattungsverfahren zu regeln hat (Abs. 2 S. 9), kann die Krankenkasse Abschläge vom Erstattungsbetrag für **Verwaltungskosten** vorsehen, höchstens jedoch in Höhe von 5 Prozent (Abs. 2 S. 10). Vom Kostenerstattungsmodell wird so gut wie kein Gebrauch gemacht. Im zweiten Halbjahr 2008 wählten laut Bericht des GKV-Spitzenverbands **0,19 Prozent** der Versicherten Kostenerstattung.[107] Der Grund für die geringe Quote dürfte in den mangelnden Vorteilen für die Versicherten liegen.[108]

b) Kostenerstattung nach § 13 Abs. 3 und 3a SGB V

Unter eng begrenzten Voraussetzungen sehen **§ 13 Abs. 3 und 3a SGB V** insbesondere in Fällen sog. **„Systemversagens"** eine Kostenerstattung vor (siehe näher dazu – im Kontext der jenseits des Leistungskatalogs der GKV zu erbringenden Leistungen – noch unten § 22 Rn. 6ff.). Im Ausgangspunkt sind drei Fälle zu unterscheiden: das Unvermögen der Krankenkasse, eine unaufschiebbare Leistung rechtzeitig zu erbringen (Abs. 3 S. 1 Alt. 1), die rechtswidrige Ablehnung einer Leistung (Abs. 3 S. 1 Alt. 2) und – eingefügt zum 26.2.2013 durch das Gesetz zur Verbesserung der Rechte von Patientinnen und Patienten[109] – die nicht rechtzeitige Entscheidung über einen Leistungsantrag (Abs. 3a). Das BSG hat die **Zielrichtung** dieser Bestimmung wie folgt gekennzeichnet: 14

> „Mit der Durchbrechung des Sachleistungsgrundsatzes (§ 2 Abs. 2 SGB V) trägt § 13 Abs. 3 SGB V dem Umstand Rechnung, dass die gesetzlichen Krankenkassen eine umfassende medizinische Versorgung ihrer Mitglieder sicherstellen müssen (vgl. § 1 Abs. 1 S. 1, § 27 Abs. 1 S. 1, § 70 Abs. 1 S. 1 SGB V) und infolgedessen für ein Versagen des Beschaffungssystems – sei es im medizinischen Notfall (vgl. § 76 Abs. 1 S. 2 SGB V) oder infolge eines anderen unvorhergesehenen Mangels – einzustehen haben. Wortlaut und Zweck der Vorschrift lassen die Abweichung vom Sachleistungsprinzip nur in dem Umfang zu, in dem sie durch das Systemversagen verursacht ist (...)."[110]

Der Anspruch auf Kostenerstattung tritt an die Stelle des ursprünglichen Sachleistungsanspruchs. Seit langem anerkannt ist deshalb in den Fällen des Abs. 3, dass alle Tatbestandsvoraussetzungen für die in Anspruch genommene Leistung gegeben sein müssen. Gesundheitsleistungen außerhalb des Leistungskatalogs der gesetzlichen Krankenversicherung dürfen Krankenkassen nicht erbringen. Die Ablehnung solcher Leistungen erfolgt im Rahmen des Abs. 3 nicht zu Unrecht: 15

> „Der in Betracht kommende Kostenerstattungsanspruch reicht dabei nicht weiter als ein entsprechender Sachleistungsanspruch; er setzt daher voraus, dass die selbstbeschaffte Behandlung zu den Leistungen gehört, welche die Krankenkassen allgemein in Natur als Sach- oder Dienstleistung zu erbringen haben (...)."[111]

Im Fall des Abs. 3a S. 6 – also bei **Genehmigungsfiktion** wegen verzögerter Entscheidung durch die Krankenkasse über einen Leistungsantrag – war zunächst umstritten, ob die beantragte Leistung tatsächlich zum Leistungskatalog gehören müsse[112] oder ob die Genehmigungsfiktion auch diesbezügliche Einwendungen ausschließe.[113] Das BSG legte § 13 Abs. 3a SGB V in einem Urteil vom 8.3.2016[114] schließlich dahingehend aus, dass „Leistungsberechtigter" im Sinne der Norm derjenige sei, der grundsätzlich berechtigt ist, Leistungen nach dem SGB V zu beanspruchen (Rn. 22 der Entscheidung) 16

---

107 Vgl. BT-Drs. 17/3696 S. 38.

108 Waltermann/Schmidt/Chandna-Hoppe, Sozialrecht, 15. Aufl. 2022, § 8 Rn. 191.

109 BGBl. I S. 277.

110 BSG 16.9.1997 BSGE 81, 54.

111 BSG 19.10.2004 BSGE 93, 236.

112 Hierfür mit Bezug auf die „erforderliche Leistung" LSG NRW 26.5.2014 L 16 KR 154/14 B ER Rn. 29f.

113 Hierfür LSG Saarland 17.6.2015 L 2 KR 180/14 Rn. 23f.; zum Streitstand Becker/Kingreen/Kingreen, 8. Aufl. 2022, SGB V § 13 Rn. 30ff.

114 BSG 8.3.2016 BSGE 121, 40.

und ein fiktionsfähiger Antrag hinreichend bestimmt sein (Rn. 23) sowie eine Leistung betreffen müsse, die der Berechtigte für erforderlich halten durfte und die nicht offensichtlich außerhalb des Leistungskatalogs der gesetzlichen Krankenversicherung liegen dürfe (Rn. 25f.). Diese **„subjektive Erforderlichkeit“** führt dazu, dass der Kostenerstattungsanspruch im Einzelfall weiter reichen kann als der Sachleistungsanspruch. Dies begründet das BSG mit der angestrebten Erleichterung einer Leistungsbeschaffung durch den Berechtigten sowie dem Sanktionscharakter der Norm (Rn. 25f.). In einem weiteren Urteil vom 11.7.2017[115] bestätigte das BSG zunächst seine Auslegung und ergänzte, weder das Qualitäts- noch das Wirtschaftlichkeitsgebot stünden ihr entgegen (Rn. 21f.) (siehe zu Leistungen außerhalb des Leistungskatalogs noch unter § 20 Rn. 2ff.). Mit Urteil vom 26.5.2020 gab das BSG diese Rechtsprechung dann jedoch ausdrücklich in Teilen wieder auf.[116] Geschützt sei nur der Kostenerstattungsanspruch derjenigen Versicherten, die nach Fristablauf, gutgläubig hinsichtlich des Leistungsanspruchs, eine Leistung selbst beschafft haben (Rn. 22). Eine klare Absage erteilt das BSG insbesondere der Ansicht, dass ein Versicherter aus § 13 Abs. 3a S. 6 SGB V einen Naturalleistungsanspruch herleiten könne (Rn. 10). Das bedeutet, dass der Standard der „subjektiven Erforderlichkeit“ zwar nicht grundsätzlich aufgegeben wurde, er gilt im Rahmen des § 13 Abs. 3a S. 6 SGB V nunmehr jedoch nur zugunsten derjenigen, die nach Fristablauf, aber vor tatsächlicher Bescheidung des Antrags die beantragte Leistung selbst beschaffen.[117]

17 Im Fall des **§ 13 Abs. 3 S. 1 2. Alt. SGB V** – also bei zu **Unrecht erfolgter Ablehnung** einer Leistung – ist die Selbstbeschaffung der Leistung ohne oder vor der Entscheidung der Krankenkasse über ihre Leistungspflicht grundsätzlich ausgeschlossen.[118] Eine rechtswidrige Ablehnung, die kausal für die selbst beschaffte Behandlung geworden sein könnte, kann ohne eine Entscheidung der Krankenkasse nicht vorliegen. Etwas anderes gilt auch dann nicht, wenn die Antragsstellung offensichtlich aussichtslos ist:

> „Nach der Rechtsprechung des Senats muss zwischen der rechtswidrigen Ablehnung und der Kostenlast des Versicherten ein Ursachenzusammenhang bestehen, an dem es fehlt, wenn die Krankenkasse vor Inanspruchnahme der Behandlung mit dem Leistungsbegehren gar nicht befasst wurde, obwohl dies möglich gewesen wäre. Eine vorherige Entscheidung der Krankenkasse ist selbst dann nicht entbehrlich, wenn die Ablehnung des Leistungsbegehrens – etwa aufgrund von Erfahrungen aus anderen Fällen – von vornherein feststeht (...).“[119]

18 Bei **§ 13 Abs. 3 S. 1 1. Alt. SGB V** – also in Fällen der **Unmöglichkeit** einer rechtzeitigen Leistungserbringung bei **unaufschiebbaren Leistungen** – ist die Erforderlichkeit einer vorherigen Einschaltung der Krankenkasse differenziert zu beurteilen. Zu berücksichtigen ist zunächst, dass die „Unaufschiebbarkeit“ i.S.d. § 13 Abs. 3 S. 1 1. Alt. SGB V nicht mit Notfallbehandlungen i.S.d. § 76 Abs. 1 S. 2 SGB V gleichzusetzen ist. Bei letzteren ist ein unvermittelt auftretender Behandlungsbedarf zu befriedigen und es bleibt keine Zeit für die Auswahl eines zugelassenen Arztes.[120] Ein derartiger Notfall unterfällt dem Sachleistungsprinzip und schließt eine Kostenerstattung nach § 13 Abs. 3 S. 1 1. Alt. SGB V aus.[121] Im Rahmen des § 13 Abs. 3 S. 1 1. Alt. SGB V hingegen bezieht sich die Unaufschiebbarkeit auf das Abwarten der Entscheidung der Krankenkasse.[122] Im Regelfall ist es dem Versicherten zumutbar, die Krankenkasse zunächst einzuschalten. Unaufschiebbarkeit ist dementsprechend regelmäßig zu verneinen, wenn die Krankenkasse nicht mit dem Leistungsbegehren konfrontiert wurde. Nur wenn es dem Betroffenen nicht möglich oder zuzumuten war, sich vor der Leistungs-

115 BSG 11.7.2017 BSGE 123, 293.
116 BSG 26.5.2020 NJW 2020, 3267.
117 Felix, SGb 2020, 517 (519); BeckOGK/Schifferdecker, 15.2.2024, SGB V § 13 Rn. 162.
118 BSG 20.5.2003 SozR 4-2500 § 13 Nr. 1.
119 BSG 21.2.2008 B 1 KR 123/07 B, juris, Rn. 5.
120 Becker/Kingreen/Kingreen, 8. Aufl. 2022, SGB V § 13 Rn. 24.
121 BSG 8.9.2015 B 1 KR 14/14 R, juris, Rn. 14.
122 BSG 8.9.2015 B 1 KR 14/14 R, juris, Rn. 15.

beschaffung mit der Krankenkasse in Verbindung zu setzen, ist Unaufschiebbarkeit auch ohne vorherige Kontaktierung der Krankenkasse gegeben.[123]

Im Rahmen der Kostenerstattung im Fall des **§ 13 Abs. 3a SGB V** ist der Antrag naturgemäß Tatbestandsvoraussetzung; seine Genehmigung wird nach Abs. 3a S. 6 fingiert. 19

Nach der ständigen Rechtsprechung des BSG setzt der Anspruch aus § 13 Abs. 3 SGB voraus, dass dem behandelnden Leistungserbringer gegen den Versicherten ein **rechtswirksamer Vergütungsanspruch** aus der Behandlung erwachsen ist.[124] Dieser muss noch nicht erfüllt sein; vor Begleichung durch den Versicherten handelt es sich um einen **Freistellungsanspruch** gegen die Krankenkasse.[125] Bei Ärzten muss außerdem eine ordnungsgemäße Abrechnung nach der GOÄ erfolgen.[126] 20

Eine weitere Form der Kostenerstattung sieht das Gesetz in § 13 Abs. 4 und 5 SGB V in Fällen der **Auslandsbehandlung** vor (im Einzelnen unter §§ 22 Rn. 26 ff., 75 Rn. 117 ff.).

§ 19 Träger der gesetzlichen Krankenversicherung

Literatur: Bloch, Kündigungshilfe im Mitgliederwettbewerb unter den Krankenkassen, SGb 2006, 456 ff.; Bogs/Achinger/Meinhold/Neundörfer/Schreiber, Soziale Sicherung in der Bundesrepublik Deutschland – Bericht der Sozial-Enquête-Kommission (Sozialenquête), 1966; Cramer, Der Medizinische Dienst der Krankenversicherung, 1998; Engelmann, Untergesetzliche Normsetzung im Recht der gesetzlichen Krankenversicherung durch Verträge und Richtlinien, NZS 2000, 1 ff. (Teil 1), NZS 2000, 76 ff. (Teil 2); Finkenbusch, Die Träger der Krankenversicherung – Verfassung und Organisation, 4. Aufl. 1995; Galas/Schöffski, Der Wettbewerb innerhalb der gesetzlichen Krankenversicherung unter besonderer Berücksichtigung des Risikostrukturausgleichs, VSSR 1996, 289 ff.; Gesellschaft für Versicherungswissenschaft und -gestaltung e.V., Zur Bedeutung der Selbstverwaltung in der deutschen Sozialen Sicherung, Formen, Aufgaben, Entwicklungsperspektiven, 2007; Gitter/Köhler-Fleischmann, Rechtsnatur des Medizinischen Dienstes und die Stellung seiner Organe, Geschäftsführer und Verwaltungsrat sowie über die Möglichkeiten einer Amtsenthebung des Geschäftsführers, SGb 1999, 157 ff. (Teil 1), SGb 1999, 220 ff. (Teil 2); Hänlein, Rechtsquellen im Sozialversicherungsrecht, 2001; Hanau, Zweifel an der Arbeitsunfähigkeit, DB 1995, 94 ff.; Madaus, Der Medizinische Dienst der Krankenversicherung (MDK) – Entwicklung, Aufgaben und Perspektiven, ASUMed 1999, 404 ff.; Mehrtens/Rohwer-Kahlmann, Rechtliche und rechtssoziologische Stellungnahme zu Neuordnungsplänen für den Vertrauensärztlichen Dienst, ZSR 1975, 449 ff.; Ossenbühl, Richtlinien im Vertragsarztrecht, NZS 1997, 497 ff.; Sodan, Die institutionelle und funktionelle Legitimation des Bundesausschusses der Ärzte und Krankenkassen, NZS 2000, 581 ff.; Spitzenverband Bund der Krankenkassen, Richtlinien über die Zusammenarbeit der Krankenkassen mit den MDK, DOK 1990, 639 ff.; Weber, Die Organisation der gesetzlichen Krankenversicherung, 1995; Wertenbruch, Gibt es noch Selbstverwaltung im Sozialrecht?, SGb 1975, 261 ff.; Wille/Koch, Gesundheitsreform 2007, 297 ff.; von Wolff, Zur Zulässigkeit von Mindestmengen am Beispiel der Versorgung von Frühgeborenen – zugleich ein Beitrag zur demokratischen Legitimation des G-BA nach seiner Umstrukturierung, NZS 2009, 184 ff.

I. Das System der gegliederten Krankenversicherung

Die Organisation der Versicherungsträger der gesetzlichen Krankenversicherung ergibt sich aus den §§ 21 Abs. 2 SGB I, 4 Abs. 2, 143 ff. SGB V. Die gesetzliche Krankenversicherung wird danach von Krankenkassen durchgeführt, die nach regionalen, berufsständischen oder branchenspezifischen Kriterien gebildet werden. § 4 Abs. 2 SGB V nennt sechs verschiedene **Krankenkassenarten**: 1

- Allgemeine Ortskrankenkassen (AOK),
- Betriebskrankenkassen (BKK),
- Innungskrankenkassen (IKK),
- die Sozialversicherung für Landwirtschaft, Forsten und Gartenbau als landwirtschaftliche Krankenkasse,

---

123 BSG 26.9.2006 SozR 4-2500 § 27 Nr. 10 Rn. 11.
124 BSG 16.12.2008 SozR 4-2500 § 13 Nr. 20 R. 31; BSG 13.7.2004 BSGE 93, 94, 102.
125 Vgl. BSG 7.5.2013 NZS 2013, 861 Rn. 10 f.
126 BSG 11.9.2012 BSGE 111, 289 Rn. 38.

- Ersatzkassen (EK),
- die Deutsche Rentenversicherung Knappschaft-Bahn-See.

2 Bereits in der Sozial-Enquête wurde festgestellt, dass die organisatorische Vielfalt der Krankenkassen kaum rational zu begründen ist.[127] Sie stellt sich schlicht als das Ergebnis **historisch gewachsener Strukturen** dar. So hat sich auch der Gesetzgeber des GRG dafür entschieden, die vorhandenen Strukturen grundsätzlich beizubehalten. Die Gliederung der Krankenversicherung stelle eine Garantie für Versichertennähe dar.[128] Dennoch hat der Gesetzgeber auf die Probleme im Zusammenhang mit einer gegliederten Krankenversicherung hingewiesen, wie sie etwa in den erheblichen Unterschieden der Beitragssätze zum Ausdruck kommen. Zum Ausgleich dieser Nachteile gelte es durch eine **Strukturreform** eine Lösung zu finden.[129] Das **Gesundheits-Strukturgesetz (GSG)** vom 21.12.1992 hat an der überkommenen Gliederung zwar im Grundsatz nicht gerüttelt (§§ 143ff. SGB V). Die **Anzahl der Krankenkassen** hat sich in den letzten Jahren dennoch deutlich reduziert. Organisatorische Änderungen haben zu Konzentrationsprozessen in den Krankenkassenarten mit vielen Einzelkassen geführt. Als Ergebnis dieser Entwicklung hat sich die Zahl der Krankenkassen von 1111 im Jahre 1993 auf 95 zum 1.2.2024 verringert.[130]

3 Der Gesetzgeber des GSG wollte den **Wettbewerb unter den Kassen** fördern.[131] Ein Element des marktwirtschaftlichen Wettbewerbs ist die Freiheit des Kunden, unter mehreren Anbietern zu wählen und sich nach Maßgabe eigener Präferenzen für einen bestimmten Anbieter zu entscheiden. Vor diesem Hintergrund wird den Versicherten seit dem 1.1.1996 weitgehend die Möglichkeit eingeräumt, ihre Krankenkasse selbst zu wählen.[132]

4 Gem. § 173 Abs. 1 SGB V sind Versicherte Mitglieder der von ihnen gewählten Krankenkasse. Berufsbezogene Zuweisungen bestehen nur noch für bestimmte Mitgliedergruppen (§ 173 Abs. 1 SGB V). Die wählbaren Krankenkassen ergeben sich aus § 173 Abs. 2 S. 1 Nr. 1–6, Abs. 3–5 SGB V i. V. m. den jeweiligen Krankenkassensatzungen. Die Ausübung des Wahlrechts ist in § 175 SGB V geregelt. Die Vorschrift wurde zwischenzeitlich mehrfach geändert. Neben verfahrensrechtlichen Neuregelungen wurde die Bindung der Versicherten an die von ihnen gewählte Krankenkasse durch das Gesetz zur Neuregelung der Krankenkassenwahlrechte vom 27.7.2001[133] auf 18 Monate erhöht und später durch das MDK-Reformgesetz v. 14.12.2019 (BGBl. I S. 2789ff.) mit Wirkung zum 1.1.2021 wieder auf 12 Monate abgesenkt (§ 175 Abs. 4 SGB V). Außerhalb der Bindungsfrist können die Versicherten zum Ablauf des übernächsten Monats kündigen. Die Bindung an die 18-monatige Frist besteht dagegen nicht, wenn die Krankenkasse erstmals einen **Zusatzbeitrag** (§ 242 SGB V) erhebt oder ihren Zusatzbeitrag erhöht. Dann kann die Mitgliedschaft bis zur erstmaligen Fälligkeit der Beitragserhebung oder der Beitragserhöhung gekündigt werden (§ 175 Abs. 4 S. 5 SGB V). Als Beitragssatzerhöhung ist es auch anzusehen, wenn nach einer Fusion mehrerer Krankenkassen der höhere Beitragssatz der neu gegründeten Krankenkasse erstmals festgesetzt wird.[134]

II. Die Selbstverwaltung

5 Die Krankenkassen sind nach §§ 4 Abs. 1 SGB V, 29 Abs. 1 SGB IV **rechtsfähige Körperschaften des öffentlichen Rechts** mit **Selbstverwaltung** (hierzu die Darstellung zum SGB IV unter § 16 Rn. 5ff.).

---

127 Bogs u. a., Sozialenquête, 1966.
128 Vgl. BT-Drs. 11/2237 S. 146.
129 Zur Verfassungsmäßigkeit der Beitragsunterschiede BSG 22.5.1985 BSGE 58, 134 und BVerfG 8.2.1994 BVerfGE 89, 365.
130 BMAS, Übersicht über das Sozialrecht, 2024, S. 10, www.bmg.bund.de.
131 Vgl. dazu BT-Drs. 12/3608 S. 66ff., Galas/Schöffski, VSSR 1996, 289.
132 BT-Drs. 12/3608 S. 74.
133 BGBl. I S. 1946ff.
134 BSG 9.11.2011 B 12 KR 3/10 R, juris, Rn. 14.

Die Selbstverwaltung wird nach § 29 Abs. 2 SGB IV durch die Versicherten und die Arbeitgeber ausgeübt. Wie in §§ 29 Abs. 3, 30 SGB IV zum Ausdruck kommt, soll eine detaillierte Sozialgesetzgebung im Rahmen der Gesetze und der den Versicherungsträgern gesetzlich vorgeschriebenen Aufgaben nach Art einer übertragenen Staatsaufgabe ermöglicht werden.[135]

Das **Prinzip der Selbstverwaltung** ist seit Einführung der gesetzlichen Krankenversicherung ein zentrales Gestaltungselement des Krankenversicherungsrechts.[136] Die Aufgaben der Sozialversicherung sollten nicht allein durch staatliche Tätigkeit, sondern nur unter Mitwirkung der Beteiligten, insbesondere der Versicherten, erfolgen.[137] Selbstverwaltung in der gesetzlichen Krankenversicherung bedeutete lange Zeit auch im Leistungsbereich die Möglichkeit **autonomer Rechtssetzung**. Neben den gesetzlich vorgeschriebenen Regelleistungen konnten Krankenkassen in ihren Satzungen Mehrleistungen vorsehen. Im Zuge der Erweiterung des gesetzlich vorgegebenen Leistungsspektrums verblieben den Krankenkassen im Leistungsrecht jedoch kaum Spielräume.[138] Nach § 194 Abs. 2 SGB V dürfen die Satzungen der Krankenkassen Zusatzleistungen nur in den gesetzlich zugelassenen Fällen vorsehen (Bsp. §§ 37 Abs. 2 S. 4, 38 Abs. 2 SGB V; zur Vermittlung privater Zusatzversicherungsverträge § 194 Abs. 1a SGB V). 6

III. Die gemeinsame Selbstverwaltung

Unter **gemeinsamer Selbstverwaltung** wird das **Zusammenwirken** der Krankenkassen, Leistungserbringer und ihrer jeweiligen Verbände zur Sicherstellung der Versorgung der Versicherten verstanden.[139] Die Sicherstellung der Versorgung erfolgt zum einen durch den Abschluss der Verträge im Bereich des Leistungserbringungsrechts (z.B. der Gesamtverträge gem. § 83 SGB V und des Bundesmantelvertrags gem. § 87 SGB V), zum anderen durch gemeinsame Gremien, die aus Vertretern der Krankenkassen und Leistungserbringer bestehen (zum Leistungserbringungsrecht siehe unter § 21). 7

1. Richtlinien des Gemeinsamen Bundesausschusses

Insbesondere wird nach § 91 SGB V ein **Gemeinsamer Bundesausschuss** gebildet, der durch das GMG zum 1.1.2004 eingeführt wurde und sich aus Mitgliedern der Kassenärztlichen Bundesvereinigungen, der Deutschen Krankenhausgesellschaft und dem Spitzenverband Bund der Krankenkassen zusammensetzt (§ 91 Abs. 1 SGB V). Er ist an die Stelle der Bundesausschüsse der Ärzte und Krankenkassen (§ 91 SGB V a.F.), des Ausschusses Krankenhaus (§ 137c Abs. 2 SGB V a.F.) und des Koordinierungsausschusses (§ 137e SGB V a.F.) getreten. 8

Der Gemeinsame Bundesausschuss beschließt die zur Sicherung der ärztlichen Versorgung erforderlichen **Richtlinien über die Gewähr für eine ausreichende, zweckmäßige und wirtschaftliche Versorgung der Versicherten** (§ 92 Abs. 1 S. 1 1. Hs. SGB V). Er soll insbesondere für die in § 92 Abs. 1 S. 2 Nr. 1–15 SGB V genannten Leistungsbereiche Richtlinien erlassen. Durch das GKV-WSG sind jetzt 15 Leistungsbereiche erfasst. Daneben enthalten zahlreiche Vorschriften des SGB V Einzelermächtigungen zum Richtlinienerlass (§§ 34 Abs. 1 S. 2, 56 Abs. 1, 136 Abs. 1 S. 1, 136a ff. SGB V). 9

Die Richtlinien des Gemeinsamen Bundesausschusses **konkretisieren das Leistungs- und Leistungserbringungsrecht** des SGB V.[140] Der Gemeinsame Bundesausschuss kann die Erbringung und Verordnung von Leistungen oder Maßnahmen einschränken oder ausschließen, wenn nach dem all- 10

135 BVerfG 9.4.1975 BVerfGE 39, 302.
136 BT-Drs. 11/2237 S. 146; Weber S. 2ff.
137 Im Einzelnen Finkenbusch S. 54ff.; Weber S. 27ff.
138 Wertenbruch, SGb 1975, 261.
139 HS-KV/Schulin § 6 Rn. 97ff.
140 BSG 20.3.1996 BSGE 78, 70; BSG 16.9.1997 BSGE 81, 54; BSG 5.5.1988 BSGE 63, 163, 165.

gemeinen Stand der medizinischen Erkenntnisse der diagnostische oder therapeutische Nutzen, die medizinische Notwendigkeit oder die Wirtschaftlichkeit nicht nachgewiesen sind (§ 92 Abs. 1 S. 1 3. Hs. SGB V).

2. Verfahren zum Richtlinienerlass

11 Vorgaben für den **Inhalt der Richtlinien** des Gemeinsamen Bundesausschusses und das bei Richtlinienbeschlüssen **einzuhaltende Verfahren**, insbesondere zur Beteiligung von Berufsorganisationen der Leistungserbringer, sind in § 92 Abs. 1a–7f SGB V geregelt. Die Feststellung, um welche Berufsverbände es sich hierbei handelt, trifft er auf der Grundlage der **„Verfahrensordnung des Gemeinsamen Bundesausschusses“**.[141] Die Verfahrensordnung bezweckt transparente und rechtssichere Entscheidungen, die dem allgemein anerkannten Stand der medizinischen Erkenntnisse entsprechen und u.a. die Interessen der Betroffenen sowie das Wirtschaftlichkeitsgebot angemessen berücksichtigen (§ 1 Abs. 1). Der Gemeinsame Bundesausschuss beschließt sie nach sektorenübergreifender Betrachtung auf der Basis der ihm zugewiesenen gesetzlichen Zuständigkeiten (§ 1 Abs. 2). Soweit der Kreis der stellungnahmeberechtigten Organisationen gesetzlich nicht eindeutig festgelegt ist, sind die für die Stellungnahmeberechtigung maßgeblichen Voraussetzungen im Bundesanzeiger und im Internet bekanntzugeben und die betroffenen Organisationen zur Meldung aufzufordern (§ 9 Abs. 1). Die Richtlinien sind gem. § 94 Abs. 2 SGB V im Bundesanzeiger bekannt zu machen.

12 Die Richtlinien unterliegen nach § 94 Abs. 1 SGB V der **Kontrolle** des Bundesministeriums für Gesundheit, das sie innerhalb von zwei Monaten beanstanden kann (§ 94 Abs. 1 S. 2 SGB V). Kommt eine für die ärztliche Versorgung erforderliche Richtlinie nicht oder nicht innerhalb einer vom Bundesministerium für Gesundheit gesetzten Frist zustande oder werden dessen Beanstandungen nicht behoben, erlässt das Bundesministerium die Richtlinie (§ 94 Abs. 1 S. 5 SGB V).

3. Verbindlichkeit der Richtlinien

13 Gem. § 91 Abs. 6 SGB V sind die Beschlüsse des Gemeinsamen Bundesausschusses, in erster Linie also die Richtlinien, für die Kassenärztlichen Bundesvereinigungen, die Deutsche Krankenhausgesellschaft, den Spitzenverband Bund der Krankenkassen einschließlich deren Mitglieder und Mitgliedskassen sowie für die Versicherten und die Leistungserbringer **verbindlich**. Eine Ausnahme stellen lediglich Beschlüsse hinsichtlich der Qualitätssicherung nach § 136d SGB V dar. Der Gesetzgeber hat durch diese Normierung die zuvor vom BSG bereits befürwortete Auffassung verankern wollen. Mit dem GMG wurde der Gemeinsame Bundesausschuss als **„neue sektorenübergreifende Rechtssetzungseinrichtung“** installiert, die „die bisherigen Normsetzungsgremien der gemeinsamen Selbstverwaltung“ ersetzt.[142]

14 Für **Vertragsärzte** ergibt sich die Verbindlichkeit kumulativ aus mehreren Regelungen. Zunächst aus §§ 92 Abs. 8, 82 Abs. 1 S. 2, 95 Abs. 3 S. 3 SGB V: Nach § 92 Abs. 8 SGB V sind Richtlinien Bestandteil der Bundesmantelverträge, die wiederum Bestandteil der Gesamtverträge sind (§ 82 Abs. 1 S. 2 SGB V). Die Gesamtverträge gehören zu den „vertraglichen Bestimmungen über die vertragsärztliche Versorgung“, an die Vertragsärzte nach § 95 Abs. 3 S. 3 SGB V mit ihrer Zulassung unmittelbar gebunden sind. Ferner ergibt sich die Verbindlichkeit aus den Satzungen der Kassenärztlichen Vereinigungen (vgl. § 81 Abs. 3 Nr. 2 SGB V) sowie deklaratorisch aus § 91 Abs. 6 SGB V.

15 Für **Krankenkassen** ergibt sich die Verbindlichkeit ebenso bereits aus §§ 92 Abs. 8, 82 Abs. 1 S. 2 SGB V, da die Gesamtverträge gem. § 83 Abs. 1 S. 1 SGB V von den Landesverbänden der Krankenkassen „mit Wirkung für die Krankenkassen der jeweiligen Kassenart“ geschlossen werden (vgl. auch § 210 Abs. 2 SGB V).

141 In der Fassung vom 18.12.2008, BAnz. Nr. 84a (Beilage) vom 10.6.2009, zuletzt geändert am 19.10.2023 BAnz. AT 19.2.2024 B6.

142 S.a. BT-Drs. 15/1525 S. 106 ff.

Für die **Versicherten** war vor dem Hintergrund der Anforderungen des Art. 80 GG sowie des Demokratie- und Rechtsstaatsprinzips vor allem die normative Wirkung der Richtlinien umstritten. Die Mitglieder der Bundesausschüsse sind nur gegenüber den Krankenkassen und Vertragsärzten, die jeweils Vertreter in den Bundesausschuss entsenden (§ 91 Abs. 2 SGB V), nicht jedoch gegenüber den Versicherten demokratisch legitimiert. Die verfassungsrechtliche Legitimation zur Normsetzung gegenüber den Versicherten wird daher vielfach angezweifelt.[143] Nach dem BVerfG ist das Demokratiegebot „offen für Formen der Organisation und Ausübung von Staatsgewalt, die vom Erfordernis lückenloser personeller demokratischer Legitimation aller Entscheidungsbefugten abweichen." Allerdings ist „verbindliches Handeln mit Entscheidungscharakter (...) den Organen von Trägern funktionaler Selbstverwaltung aus verfassungsrechtlicher Sicht nur gestattet, weil und soweit das Volk auch insoweit sein Selbstbestimmungsrecht wahrt".[144] Ob diese Partizipationsanforderungen beim Richtlinienerlass gewahrt sind, ist streitig.[145] Im sogenannten Nikolaus-Beschluss hat das BVerfG die Frage nach der demokratischen Legitimation des Gemeinsamen Bundesausschusses ausdrücklich offen gelassen.[146] In einem weiteren Beschluss zeigt das BVerfG eine **differenzierende Sichtweise** und führt aus, es sei „nicht ausgeschlossen, dass der Gemeinsame Bundesausschuss für eine Richtlinie hinreichende Legitimation besitzt, wenn sie zum Beispiel nur an der Regelsetzung Beteiligte mit geringer Intensität trifft, während sie für eine andere seiner Normen fehlen kann, wenn sie zum Beispiel mit hoher Intensität Angelegenheiten Dritter regelt, die an deren Entstehung nicht mitwirken konnten".[147] 16

Das **BSG** hat die Verbindlichkeit der Richtlinien für Versicherte bereits vor Inkrafttreten des GMG aufgrund einer **leistungsrechtlichen Kompetenzzuweisung** an die Bundesausschüsse bejaht[148] und geht seitdem in ständiger Rechtsprechung von der Verbindlichkeit der Richtlinien aus.[149] Die Ermächtigung der Bundesausschüsse, das Nähere über Art und Umfang einer Leistung in Richtlinien zu regeln (etwa §§ 22 Abs. 5, 25 Abs. 4, 5 SGB V), setze notwendig voraus, dass die entsprechenden Richtlinien für die Versicherten verbindlich sind. Soweit die Bundesausschüsse in den Richtlinien gem. § 92 SGB V die Wirtschaftlichkeit der Leistungserbringung beurteilen, ergibt sich die Verbindlichkeit der Richtlinien für die Versicherten aus der **Deckungsgleichheit des Leistungs- und Leistungserbringungsrechts**. Die Wirtschaftlichkeit einer Leistung kann im Leistungsrecht (§ 12 SGB V) nicht anders beurteilt werden als im Leistungserbringungsrecht (§ 70 SGB V).[150] 17

Das BSG **beschränkte die gerichtliche Kontrolle der Richtlinien** zwischenzeitlich auf das ordnungsgemäße Erlassverfahren und ein mögliches Systemversagen; der 1. Senat öffnete die **materiellrechtliche Prüfung** anschließend jedoch wieder moderat.[151] In einem Urteil vom 15.12.2015 **differenzierte** das BSG exemplarisch dahingehend, dass dem Gemeinsamen Bundesausschuss **kein Gestaltungsspielraum** hinsichtlich der Rechtsbegriffe „nicht verschreibungspflichtige Arzneimittel, die bei der Behandlung schwerwiegender Erkrankungen als Therapiestandard gelten" und „der therapeutischen Vielfalt Rechnung tragen" verbleibe. Über die weitere Konkretisierung des Gesetzes hingegen entscheide der Gemeinsame Bundesausschuss **„als Normgeber"**. Insoweit darf die sozialgerichtliche Kontrolle ihre eigenen Wertungen nicht an die Stelle der vom GBA getroffenen Wertungen setzen. Vielmehr beschränkt sich die gerichtliche Prüfung in diesen Segmenten darauf, ob die Zuständigkeits- und Verfahrensbestimmungen sowie die gesetzlichen Vorgaben nachvollziehbar und widerspruchsfrei Beachtung gefunden haben, um den Gestaltungsspielraum auszufüllen".[152] Der GBA 18

---

143 Eine gute Zusammenstellung der Argumente mit zahlreichen Literaturnachweisen findet sich bei Becker/Kingreen/Hollo, 8. Aufl. 2022, SGB V § 92 Rn. 9ff.
144 BVerfG 5.12.2002 BVerfGE 107, 59.
145 Dagegen etwa v. Wolff, NZS 2009, 184, 187.
146 BVerfG 6.12.2005 BVerfGE 115, 25 Rn. 60.
147 BVerfG 10.11.2015 BVerfGE 140, 229 Rn. 22.
148 BSG 20.3.1996 BSGE 78, 70, 76.
149 Vgl. BSG 16.12.2008 SozR 4-2500 § 13 Nr. 20 Rn. 20.
150 BSG 20.3.1996 BSGE 78, 70, 76; BSG 5.5.1988 BSGE 63, 163, 165.
151 Becker/Kingreen/Hollo, 8. Aufl. 2022, SGB V § 92 Rn. 7 m.w.N.
152 BSG 15.12.2015 BSGE 120, 170 Rn. 24f.

bürge nach der Konzeption des Gesetzgebers durch seine Zusammensetzung für die erforderliche Verbindung von Sachkunde und Interessenausgleich.[153]

IV. Die Verbände der Krankenkassen

19 Durch das Verbandswesen der gesetzlichen Krankenversicherung existiert eine den einzelnen Versicherungen **übergeordnete Organisationsebene**. Bestimmte Aufgaben der einzelnen Krankenversicherungen werden auf diese Ebene übertragen. Die Bildung und Vereinigung von Landesverbänden ist in § 207 SGB V geregelt. Maßgeblich für die Verbandsgliederung ist die **Systematik der Kassenarten**: Abs. 1 S. 1 bestimmt, dass in jedem Bundesland jeweils ein Landesverband der Orts-, der Betriebs- sowie der Innungskrankenkassen gebildet wird. Bei den anderen Kassenarten bestehen keine Landesverbände; sie können gem. Abs. 1 S. 4 den Landesverbänden beitreten. Auf Bundesebene bilden die Krankenkassen gem. § 217a SGB V den **Spitzenverband Bund der Krankenkassen**.

20 Das GKV-WSG vom 26.3.2007 hat die Verbandsstruktur grundlegend neu gestaltet.[154] Nach dem bis zum 1.1.2009 geltenden Recht (vgl. §§ 207–219 SGB V a.F.) waren die Krankenkassen bestimmter Krankenkassenarten auf Landes- und Bundesebene zu Verbänden mit eigenen gesetzlich vorgegebenen Aufgabengebieten zusammengeschlossen. Die Landesverbände ihrerseits bildeten einen Bundesverband. Eine wichtige Funktion erfüllten daneben die Spitzenverbände Bund der Krankenkassen (§ 213 SGB V a.F.), denen insbesondere die Festbetragsfestsetzung (§ 36 SGB V) oblag. Durch das GKV-WSG blieb die Verbändestruktur auf Landesebene und damit die Bildung und Vereinigung von Landesverbänden (§ 207 SGB V) unangetastet. Sie erfüllen weiterhin auch die bisherigen Aufgaben, vor allem den Abschluss und die Änderung von Verträgen, insbesondere mit anderen Trägern der Sozialversicherung (§ 211 SGB V). Beseitigt wurden mit Wirkung zum 1.1.2009 die Bundesverbände der Krankenkassen. Die bis zum 31.12.2008 bestehenden Bundesverbände wurden kraft Gesetzes zum 1.1.2009 in Gesellschaften bürgerlichen Rechts umgewandelt (§ 212 Abs. 1 S. 1 SGB V). Gesellschafter dieser Gesellschaften sind die am 31.12.2008 vorhandenen Mitglieder des jeweiligen Bundesverbandes (§ 212 Abs. 1 S. 2 SGB V). Seit dem 31.12.2012 können die Gesellschafter frei über den Fortbestand der Gesellschaft und die Gestaltung der Gesellschaftsverhältnisse entscheiden (§ 212 Abs. 1 S. 5 SGB V). Zur Straffung der Entscheidungswege und zur Vermeidung von Handlungsblockaden[155] bilden die Krankenkassen auf Bundesebene den Spitzenverband Bund der Krankenkassen (oft als GKV-Spitzenverband bezeichnet) mit der Rechtsform einer Körperschaft des öffentlichen Rechts (§ 217a SGB V). Dieser übernimmt seit dem 1.7.2008 die bislang den Spitzenverbänden der Krankenkassen (§ 213 SGB V a.F.) anvertrauten Aufgaben. Die Aufgaben sind in § 217f SGB V normiert. Dieser abschließende Katalog enthält gesetzlich zugewiesene Aufgaben (Abs. 1), Unterstützungsaufgaben (Abs. 2) sowie Kompetenzen für Grundsatzentscheidungen (Abs. 3, 4 und 6).[156]

V. Der Medizinische Dienst

1. Sinn und Zweck

21 Krankenkassen müssen gem. §§ 2 Abs. 1, 12 Abs. 1, 70 SGB V gewährleisten, dass die Leistungen der gesetzlichen Krankenversicherung ausreichend, zweckmäßig und wirtschaftlich erbracht werden und das Maß des medizinisch Notwendigen nicht überschreiten. Was im krankenversicherungsrechtlichen Sinn als „notwendig" anzusehen ist, wird durch den medizinischen Zweck der Leistung bestimmt, den der Vertragsarzt auf der Grundlage seiner Diagnose mit der Behandlung ver-

153 BSG 19.10.2023 B 1 KR 16/22 R – juris Rn. 25.
154 Wille/Koch, Gesundheitsreform 2007, S. 297ff.
155 So die Formulierung in BT-Drs. 16/3100 S. 90.
156 Becker/Kingreen/Mühlhausen, 8. Aufl. 2022, SGB V § 217f Rn. 1.

folgt.[157] Die Krankenkassen sollen aber nicht nur Geldgeber für Leistungen sein, auf deren Inhalt und Umfang sie keinen Einfluss nehmen können, sondern sich um eine **rationale Gestaltung der medizinischen Versorgung** bemühen und aktiv die Struktur des Angebots und der Leistungen mitbestimmen. Dadurch entsteht ein Bedarf an **anbieterunabhängiger medizinischer Fachkompetenz**.[158] Um diesen decken zu können, wurde durch das GRG zunächst der organisatorisch bei den Krankenkassen verankerte **Medizinische Dienst der Krankenversicherung (MDK)** geschaffen. Er war der **sozialmedizinische Beratungs- und Begutachtungsdienst** der Krankenversicherung. Ziel seiner Einführung war „die Versorgung der Versicherten zu verbessern und Leistungsmissbrauch vorzubeugen".[159] Hinter seiner Etablierung stehen also die Ziele der Qualitätssicherung und Wirtschaftlichkeit.[160]

Der Medizinische Dienst der Krankenversicherung löste den **früheren Vertrauensärztlichen** 22
Dienst ab (Art. 73 GRG).[161] Der bei den Landesversicherungsanstalten eingerichtete Vertrauensärztliche Dienst wurde auf der Ebene des Leistungsprozesses eingesetzt und befasste sich fast ausschließlich mit Problemen einzelner Leistungsfälle. Aufgaben im Rahmen der Versorgungsstruktur (Rahmenverträge, Richtlinien) oder der Leistungsstruktur (Verträge, Honorarstruktur, Qualitätssicherung) wurden ihm nicht übertragen.[162]

Mit dem zum 1.1.2020 in Kraft getretenen MDK-Reformgesetz (BGBl. I 2019, 2789, dazu BT-Drs. 19/ 23
13397) wurde der MDK organisatorisch aus der Trägerschaft der Krankenkassen gelöst, um ihn künftig stärker als eine **neutrale, objektive Institution** zu etablieren, welche die Interessen der Versicherten und Leistungserbringer ebenso im Blick hat wie diejenigen der Krankenkassen. Diese neue Rolle spiegelt sich auch in seiner neuen Bezeichnung als „Medizinischer Dienst" (MD) wider. Der MD ist heute eine auf Ebene der Bundesländer eingerichtete eigenständige **Körperschaft des öffentlichen Rechts** (§ 278 Abs. 1 SGB V) und nicht mehr, wie es zuvor jedenfalls dem gesetzlichen Leitbild entsprach (ausf. dazu Voraufl. § 17 V 2), eine bloße Arbeitsgemeinschaft der Krankenkassen. Entsprechend seiner neu definierten Rolle sind in den Verwaltungsräten – als den zentralen Entscheidungsgremien des MD – heute unter anderem auch Repräsentanten von Patienten und Leistungserbringern vertreten (vgl. § 279 Abs. 4, 5 SGB V). Vergleichbare Strukturen gelten auch für den auf Bundesebene angesiedelten **„Medizinischen Dienst Bund"** (MD Bund, §§ 281ff. SGB V), dem eine koordinierende, unterstützende Funktion hinsichtlich der auf Landesebene gebildeten MD zukommt. Ihm obliegt es, die Zusammenarbeit der einzelnen MD in medizinischen und organisatorischen Fragen zu fördern und eine einheitliche Aufgabenwahrnehmung zu gewährleisten. Zentrales Steuerungsinstrument ist dabei der Erlass von Richtlinien (§ 283 Abs. 2 SGB V).

2. Verwaltung

Die **Verwaltung** des MD erfolgt durch einen **Vorstand** und einen **Verwaltungsrat** (§ 279 Abs. 1 24
SGB V). Der Verwaltungsrat hat gem. § 279 Abs. 3 S. 1 SGB V 23 Mitglieder. Entsprechendes gilt nach § 282 SGB V auch für den MD Bund. Der MD untersteht der **Rechtsaufsicht** der für die Sozialversicherung zuständigen obersten Verwaltungsbehörde des Landes, in dem er seinen Sitz hat (§ 280 Abs. 4 SGB V), der MD Bund der Rechtsaufsicht des Bundesgesundheitsministeriums (§ 281 Abs. 3 SGB V). Für die dem MD übertragenen Fachaufgaben werden Ärzte und Angehörige anderer Heilberufe eingesetzt (§ 278 Abs. 2 SGB V).

---

157 BSG 24.11.1983 SozR 2200 § 182 Nr. 93, S. 195.
158 BT-Drs. 11/2237 S. 230; HS-KV/Rebscher § 46 Rn. 2ff.; Cramer S. 7.
159 BT-Drs. 11/3320 S. IV.
160 HS-KV/Rebscher § 46 Rn. 1–4.
161 Zu Problemen beim Übergang der Aufgaben des Vertrauensärztlichen Dienstes auf den MDK BSG 4.5.1994 SozR 3-5405 Art. 73 Nr. 1.
162 Zur Entwicklung des Vertrauensärztlichen Dienstes BT-Drs. 11/2237 S. 230ff.; Mehrtens/Rohwer-Kahlmann, ZSR 1975, 449ff.

25 Für die Krankenkassenart der Deutschen Rentenversicherung Knappschaft-Bahn-See enthält § 283a SGB V eine **Ausnahmeregelung**. Für die Bereiche dieser Krankenkasse werden die Aufgaben des MD durch deren entsprechenden ärztlichen Dienst (Sozialmedizinischer Dienst der Deutschen Rentenversicherung Knappschaft-Bahn-See) wahrgenommen.

26 Finanziert wird der MD auf Landesebene grundsätzlich durch die Krankenkassen im Wege einer Umlage (§ 280 Abs. 1 SGB V). Da der MD neben der gesetzlichen Krankenversicherung auch für die soziale Pflegeversicherung tätig wird (§ 18 SGB XI), wird die Umlage jeweils zur Hälfte von den Kranken- und Pflegekassen getragen (§ 280 Abs. 1 S. 4 SGB V). Daneben sind die Leistungen des MD im Rahmen der ihm nach § 275 Abs. 4 SGB V von den Krankenkassen übertragenen Aufgaben (insbesondere Gutachtertätigkeiten) von dem jeweiligen Auftraggeber durch aufwandsorientierte Nutzerentgelte zu vergüten (§ 280 Abs. 2 S. 1 SGB V).

3. Aufgaben

27 Die Aufgaben des MD sind in den §§ 275–277 SGB V beschrieben. Sie lassen sich in folgende Hauptgruppen unterteilen:
- Beratung und Begutachtung in Grundsatz- und Vertragsfragen
- Beratung und Begutachtung von Einzelfällen

a) Beratung und Begutachtung in Grundsatz- und Vertragsfragen

28 Dieses planende und gestaltende Aufgabenfeld des MD ergibt sich aus § 275 Abs. 4 SGB V und gewinnt zunehmend an Bedeutung. Um eine koordinierte, bundesweit an einheitlichen Vorgaben orientierte Tätigkeit der verschiedenen MDK sicherzustellen, bildete zunächst der **Spitzenverband Bund der Krankenkassen** zum 1.7.2008 einen Medizinischen Dienst auf Bundesebene (MDS). Dieser hatte die Rechtsform eines eingetragenen Vereins. Zum 1.1.2020 ist der MD Bund als öffentlich-rechtliche Körperschaft an seine Stelle getreten, deren Aufgaben in § 283 SGB V geregelt sind.

b) Beratung und Begutachtung in Einzelfällen

29 Die Krankenkassen sind in den Fällen des § 275 Abs. 1, 1b und 2 SGB V **verpflichtet**, eine gutachterliche Stellungnahme des MD einzuholen. Dieser Verpflichtung steht allerdings **kein Anspruch** des Versicherten auf Einholung eines Gutachtens des MD gegenüber. Gem. § 20 Abs. 1 SGB X bestimmen die Krankenkassen Art und Umfang der Ermittlungen. Sie sind an das Vorbringen des Versicherten nicht gebunden.[163] Da die Beratung der Versicherten jedoch ebenfalls zum Aufgabenkreis des MD gehört (§ 275 Abs. 4 SGB V), **können** die Krankenkassen im Rahmen ihrer Beratungspflichten den MD einschalten (§ 14 S. 1 SGB I). Durch das GKV-WSG ist § 275 Abs. 1c SGB V eingefügt worden. Die Regelung war notwendig geworden, weil einzelne Krankenkassen bei der Überprüfung von Krankenhausbehandlungen eine unnötige Bürokratie aufgebaut hatten.[164]

30 Die in der Praxis weitaus häufigste Fallgruppe sind **Gutachten zu Fragen der Arbeitsunfähigkeit** (§ 275 Abs. 1 Nr. 3 SGB V). Das SGB V enthält diesbezüglich in § 275 Abs. 1a SGB V verschiedene Fallalternativen, in denen Zweifel an dem Bestehen der Arbeitsunfähigkeit des Versicherten angezeigt sind. Diese sollen durch die Begutachtung des MD ausgeräumt werden. Mit dieser Regelung greift der Gesetzgeber des SGB V die arbeitsgerichtliche Rechtsprechung auf, wonach eine Arbeitsunfähigkeitsbescheinigung zunächst die Vermutung der Richtigkeit für sich hat und der Arbeitgeber diese Vermutung anhand der von der höchstrichterlichen Rechtsprechung entwickelten Indizien entkräften muss.[165] Wie sich schon aus der Formulierung des § 275 Abs. 1a SGB V ergibt („insbeson-

---

163 BSG 25.5.1993 1 BK 50/92.

164 Zu Einzelheiten siehe BT-Drs. 16/3100 S. 171.

165 Hierzu Hanau, DB 1995, 94ff.; Cramer S. 25.

dere"), sind die dort genannten Kriterien nicht abschließend. Zweifel an dem tatsächlichen Bestehen der vertragsärztlich bescheinigten Arbeitsunfähigkeit können somit auch aufgrund anderer Umstände bestehen.

Dem Vorliegen einer der Alternativen des § 275 Abs. 1a SGB V kommt **keine materielle Wirkung** zu. Sie ist lediglich Anlass für das Tätigwerden des MD. Über das Bestehen der Arbeitsunfähigkeit kann erst anhand der Begutachtung des MD entschieden werden. Das Gutachten des MD ist dann im Verhältnis zwischen behandelndem Vertragsarzt und MD grundsätzlich verbindlich (§ 92 Abs. 1 S. 2 Nr. 7 SGB V i. V. m. § 6 Abs. 2 der Arbeitsunfähigkeits-Richtlinie des Gemeinsamen Bundesausschusses vom 14.11.2013). Über diese Beziehung hinaus entfaltet das Gutachten zur Arbeitsunfähigkeit jedoch keine Bindungswirkung. Im Fall eines Rechtsstreites über die Frage der Arbeitsunfähigkeit können die Gerichte aufgrund des Grundsatzes der freien Beweiswürdigung (§ 128 Abs. 1 S. 1 SGG) das Vorliegen der Arbeitsunfähigkeit deshalb auch anders beurteilen als der MD.[166] 31

Gem. § 275 Abs. 1b SGB V hat der MD im Wege der **Zufälligkeitsprüfung** nach § 106a Abs. 1 SGB V stichprobenartig und zeitnah Feststellungen der Arbeitsunfähigkeit zu überprüfen. 32

Durch das GKV-VSG wurde zum 23.7.2015 Abs. 4a eingefügt, nach welchem der MD auch die **Dienstunfähigkeit von Bundesbeamten** untersuchen kann. Zuvor hatten die Bundesbehörden zum einen Schwierigkeiten, zeitnah Gutachter für die Dienstfähigkeit von Bundesbeamten zu finden, zum anderen nahm die Dauer der Gutachterverfahren deutlich zu. Die beauftragende Behörde hat dem MD die Kosten der Untersuchung und Begutachtung zu erstatten.[167] 33

In den Fällen des § 275 Abs. 3 SGB V besteht für die Krankenkassen **keine Verpflichtung**, sondern nur die Möglichkeit, eine Begutachtung durch den MD zu veranlassen. Es handelt sich hierbei um die **Überprüfung verschiedener Behandlungsformen**. Neben dem Vorliegen einer der Fallalternativen des § 275 Abs. 3 SGB V setzt die Vorschrift voraus, dass es sich um einen „geeigneten Fall" handelt. Anlass für die Begutachtung in den Fällen des § 275 Abs. 3 SGB V besteht deshalb nur dann, wenn 34

> „bei der Art der Erkrankung (Diagnose) und dem bisherigen Krankheitsverlauf Zweifel darüber bestehen, ob die verordnete Leistung den Grundsätzen einer ausreichenden, zweckmäßigen und wirtschaftlichen Leistungserbringung (§§ 2 Abs. 1, 12 SGB V) entspricht (...)."[168]

Durch das zum 1.1.2020 in Kraft getretene **MDK-Reformgesetz** wurden umfangreiche Detailregelungen zur Prüfung bei Krankenhausbehandlung (§ 275c SGB V) und hinsichtlich der Strukturmerkmale von Krankenhäusern (§ 275d SGB V) angefügt. 35

Die **Sachverantwortung** für die Einschaltung des MD liegt insoweit bei der Krankenkasse als auftragsgebende Stelle. Wie in allen Fällen der Begutachtung und Beratung besteht für den MD nicht die Möglichkeit, einen von der Krankenkasse erteilten Auftrag abzulehnen.[169] 36

Die Ärzte des MD sind bei der Wahrnehmung ihrer medizinischen Aufgaben **keinen Weisungen** unterworfen (§ 275 Abs. 5 S. 1 SGB V). Sie selbst dürfen dem behandelnden Vertragsarzt wiederum **auch keine Weisungen** erteilen. Ihre Tätigkeit beschränkt die **Beratung und Begutachtung** (§ 275 Abs. 5 S. 2 SGB V). Darüber hinaus dürfen sie nicht in die ärztliche Behandlung eingreifen. 37

Beispiel:
Zur Behandlung der Versicherten A wurden nach ärztlicher Verordnung über mehrere Monate krankengymnastische Maßnahmen (§§ 15 Abs. 1, 27 Abs. 1 S. 2 Nr. 3, 32 SGB V) eingesetzt. Das zwischenzeitlich von der Krankenkasse der A eingeholte Gutachten des MD kam jedoch zu dem Ergebnis, dass mit dieser Behandlung das therapeutische Ziel nicht erreicht würde. Ein Arzt des MD nahm deshalb die medizinisch notwendigen Änderungen der Therapie vor.

---

166 LSG Niedersachsen 21.10.1999 NZS 2000, 212.
167 BT-Drs. 18/4095 S. 131f.
168 HS-KV/Rebscher § 46 Rn. 101.
169 LSG Baden-Württemberg 18.10.1995 MedR 1997, 359.

Die Krankenkassen sind nach § 275 Abs. 1 Nr. 1 SGB V verpflichtet, eine gutachterliche Stellungnahme des MD, insbesondere zur Prüfung von Voraussetzungen, Art und Umfang von Leistungen der Krankenkasse, einzuholen, wenn die Begutachtung unter anderem wegen der Dauer der Erkrankung erforderlich ist. Diese Voraussetzungen sind im Fall der langwierigen Erkrankung der A gegeben. Wie in allen anderen Alternativen des § 275 Abs. 1–3 SGB V ist die Tätigkeit des MD aber ausschließlich auf die Begutachtung und Beratung gerichtet. Unabhängig von der medizinischen Indikation war der Arzt des MD deshalb nicht berechtigt, selbst Änderungen der Therapie vorzunehmen und damit in die ärztliche Behandlung einzugreifen (§ 275 Abs. 5 S. 2 SGB V).

§ 20 Der versicherte Personenkreis

Literatur: Becker, Verfassungsrechtliche Vorgaben für die Krankenversicherung der Rentner – zur Bedeutung des Gleichheitssatzes bei der Bemessung von Sozialversicherungsbeiträgen, NZS 2001, 281 ff.; Becker, Urteilsanmerkung zu BVerfG 15.3.2000, JZ 2001, 141 ff.; Felix, Studenten und gesetzliche Krankenversicherung, NZS 2000, 477 ff.; Felix, Die Familienversicherung auf dem Prüfstand – verfassungsrechtliche Überlegungen zu § 10 Abs. 3 SGB V, NZS 2003, 624 ff.; Felix, Das Werkstudentenprivileg in der Sozialversicherung, SozVers 2002, 116 ff.; Felix, Kindererziehungszeiten im SGB V – zur Reform der Krankenversicherung der Rentner, NZS 2018, 241 ff.; Felix, Plädoyer für die Abschaffung von § 6 Abs. 1 Nr. 3 SGB V, GesR 2021, 149 ff.: Fuchs, Wettbewerb zwischen privaten und öffentlichen Krankenversicherungen, in: Igl (Hrsg.), Das Gesundheitswesen in der Wettbewerbsordnung, 2000, S. 317 ff.; Fuchs, Empfiehlt es sich, die rechtliche Ordnung finanzieller Solidarität zwischen Verwandten im Unterhalts-, Pflichtteils-, Sozialhilfe- und Sozialversicherungsrecht neu zu gestalten?, JZ 2002, 785 ff.; Fuchs, Anmerkung zu BSG 10.9.1987, SGb 1989, 85 ff.; Hedermann, Die GKV in Deutschland – Noch immer eine Arbeiterversicherung?, VSSR 2015, 1; Kammler, Die außerordentliche Kündigung eines privaten Krankenversicherungsvertrages wegen Eintritts der Versicherungspflicht, VersR 1993, 785 ff.; Klose, Ausschluss der Familienversicherung wegen Überschreitens der Jahresarbeitsentgeltgrenze, NZS 2005, 576 ff.; Merkens/von Birgelen, Gesetzliche oder private Krankenversicherung?, 1998; Minn, Neuregelung in der KVdR, ErsK 2002, 139 ff.; Pionteck, Die Stellung des Promotionsstudenten in der gesetzlichen Krankenversicherung, NZS 2018, 914; Rolfs, Neuregelungsbedarf in der Krankenversicherung der Rentner, SGb 2000, 449 ff.; Rolfs, Versicherungsfreiheit in der GKV wegen Überschreitens der Jahresarbeitsentgeltgrenze, NZS 2019, 841; Rolfs/de Groot, Anm. zu BSG 11.11.2003, SGb 2004, 443 ff.; Roller, Studenten, Studierende, Hochschulen, Fachschulen – zum Verständnis der Begriffe im Sozialversicherungsrecht nach der höchstrichterlichen Rechtsprechung, SGb 2000, 349 ff.; Rust, Familienlastenausgleich in der gesetzlichen Kranken-, Unfall- und Rentenversicherung, 1990; Schaller, Die studentische Krankenversicherung nach der „Gesundheitsreform“, ZfS 1990, 33 ff.; Straub, Versicherung der Familienangehörigen – Familienversicherung, FamRZ 1992, 1267 ff.; Thiemann, Neuregelung der Krankenversicherung der Rentner ab 1.4.2002, KrV 2002, 63 ff.; Wagner, Die Einbeziehung der Empfänger von Sozial- und Jugendhilfe und die Gesetzliche Krankenversicherung, 2008; Wirges, Einzelprobleme der Reichweite der Befreiung von der Versicherungspflicht gem. § 8 SGB V, SGb 2005, 14 ff.; Wirges, Versicherungsbefreiung wegen Elternzeit oder Teilzeitbeschäftigung – Zum Verhältnis von § 8 Abs. 1 Ziff. 2 und § 8 Abs. 1 Ziff. 3 SGB V, SGb 2006, 595 ff.; Wollenschläger/Krogull, Zur Verfassungsmäßigkeit der Erhöhung der Versicherungspflichtgrenze in der gesetzlichen Krankenversicherung durch das Beitragssatzsicherungsgesetz, NZS 2005, 237 ff.

I. Struktur des Versichertenkreises

1 Nach § 2 Abs. 1 S. 1 SGB V stellen die Krankenkassen den Versicherten die im Dritten Kapitel des SGB V (§§ 11–68 SGB V) aufgeführten Leistungen zur Verfügung. Die Rechtsbeziehung zwischen Krankenkassen und Versicherten, aus der diese Leistungsansprüche gegen die gesetzliche Krankenversicherung resultieren, ist das **Versicherungsverhältnis**.[170] Ohne das Vorhandensein eines solchen Versicherungsverhältnisses fehlt dem Betroffenen die Versicherteneigenschaft. Leistungsansprüche auf der Grundlage des SGB V sind in diesem Fall grundsätzlich ausgeschlossen. Hiervon werden in § 19 Abs. 2 und 3 SGB V in zeitlich begrenztem Umfang Ausnahmen zugelassen (siehe unter § 20 Rn. 100 f.).

170 Vgl. Bley/Kreikebohm/Marschner Rn. 330 ff.

Die **Grundstruktur** des Versichertenkreises des SGB V folgt den Vorgaben des SGB IV. § 2 SGB IV liegt die Unterscheidung zwischen Versicherungspflicht und Versicherungsberechtigung zugrunde. Für die überwiegende Mehrheit der gesetzlich Krankenversicherten besteht **Versicherungspflicht** (§ 5 SGB V). Pflichtversicherte sind unmittelbar mit dem Vorliegen der in § 5 Abs. 1 SGB V normierten tatbestandlichen Voraussetzungen versichert. Das Versicherungsverhältnis entsteht unabhängig von der Kenntnis und dem Willen der Betroffenen kraft Gesetzes. Die Erfüllung der Beitragspflichten ist keine Voraussetzung des Versichertenstatus. Neben der Pflichtversicherung kann die Mitgliedschaft in einer Krankenkasse über eine **Versicherungsberechtigung** zustande kommen (§ 9 SGB V). Wer versicherungsberechtigt ist, kann der gesetzlichen Krankenversicherung freiwillig beitreten. Hier ist also eine Willensentscheidung des Betroffenen erforderlich. 2

II. Pflichtversicherung (§ 5 SGB V)

§ 5 Abs. 1 SGB V ist eine umfassende Vorschrift, mit der eine äußere Grenze um den pflichtversicherten Personenkreis der gesetzlichen Krankenversicherung gezogen wird. Charakteristische Gemeinsamkeit nahezu aller Personengruppen, die aufgrund dieser Vorschrift in die gesetzliche Krankenversicherung einbezogen werden, ist die Nähe ihrer persönlichen Lebensverhältnisse zu einem **abhängigen Beschäftigungsverhältnis**. 3

1. Arbeitnehmer und Auszubildende (Nr. 1)

§ 5 Abs. 1 Nr. 1 SGB V normiert die Versicherungspflicht der **Arbeitnehmer** und der zu ihrer **Berufsausbildung Beschäftigten**.[171] Entscheidend für die Beurteilung der Versicherungspflicht ist allein, ob der Betroffene in einem **entgeltlichen Beschäftigungsverhältnis** steht (im Einzelnen zum sozialversicherungsrechtlichen Beschäftigungsverhältnis unter § 12). Maßgeblich sind insofern alternativ die tatsächliche Aufnahme einer Beschäftigung oder der Erwerb eines Anspruchs auf Arbeitsentgelt aus dem Beschäftigungsverhältnis.[172] Eine Unterscheidung zwischen Arbeits- und Angestelltenverhältnis muss diesbezüglich nicht mehr getroffen werden. Die Berufsgruppen der Arbeiter und Angestellten werden im SGB V gleichbehandelt. 4

Die Legaldefinition des § 7 Abs. 1 SGB IV beschreibt die Beschäftigung als nichtselbständige Arbeit, insbesondere in einem Arbeitsverhältnis. Hierfür ist nicht mehr erforderlich, dass der Beschäftigte auch gesundheitlich in der Lage ist, die Arbeit über eine nicht ganz unerhebliche Zeit zu verrichten. Nach Inkrafttreten der §§ 5 Abs. 1 Nr. 1, 186 Abs. 1 SGB V wurde die **Rechtsfigur des missglückten Arbeitsversuchs aufgegeben**, die in diesem Fall das Zustandekommen eines Beschäftigungsverhältnisses verneint hatte.[173] 5

Bezieher von Vorruhestandsgeld und **Heimarbeiter** gelten unter den Voraussetzungen der §§ 5 Abs. 3, 4 SGB V bzw. § 12 Abs. 2 SGB IV als gegen Arbeitsentgelt Beschäftigte. Sie sind dementsprechend nach § 5 Abs. 1 Nr. 1 SGB V versicherungspflichtig. 6

Im Zusammenhang mit der Versicherungspflicht nach § 5 Abs. 1 Nr. 1 SGB V ist stets ein besonderes Augenmerk auf die **Höhe des Entgelts** zu richten, das der Beschäftigte für seine Tätigkeit erhält. Über- oder unterschreitet das Entgelt eine bestimmte Höhe, besteht Versicherungsfreiheit in der gesetzlichen Krankenversicherung (§§ 6, 7 SGB V, § 8 SGB IV). 7

171 Die gesetzliche Krankenversicherung ist demnach im Ausgangspunkt – immer noch – „Arbeiterversicherung", was im Zeitalter der Digitalisierung und neuer Arbeitsformen an Trennschärfe und Überzeugungskraft verliert, instruktiv hierzu HEDERMANN, VSSR 2015, 1.

172 BSG 4.3.2014 BSGE 115, 158.

173 BSG 4.12.1997 SozR 3-2500 § 5 Nr. 37; BeckOGK/BECK, 15.5.2023, SGB V § 186 Rn. 10, 14; zur älteren Rechtsprechung BSG 11.5.1993 BSGE 72, 221.

8 Neben den Arbeitnehmern bezieht § 5 Abs. 1 Nr. 1 SGB V auch **Auszubildende** in die gesetzliche Krankenversicherung ein, soweit sie gegen Arbeitsentgelt beschäftigt sind (§§ 10ff. BBiG). Für Auszubildende, die ohne Arbeitsentgelt beschäftigt sind, ergibt sich die Versicherungspflicht aus § 5 Abs. 1 Nr. 10 SGB V (in diesem Kontext ist § 5 Abs. 4a SGB V zu beachten).

2. Leistungsempfänger nach dem SGB III (Nr. 2)

9 § 5 Abs. 1 Nr. 2 SGB V ordnet die Versicherungspflicht für Empfänger von **Arbeitslosengeld** (§ 136 SGB III) an. Sie sind in der Zeit versicherungspflichtig, für die sie Arbeitslosengeld beziehen oder nur deshalb nicht beziehen, weil der Anspruch wegen einer **Sperrzeit** (§ 159 SGB III) oder wegen einer Urlaubsabgeltung (§ 157 Abs. 2 SGB III) ruht. Neben dem tatsächlichen Bezug reicht schon das **Bestehen eines Leistungsanspruchs** zur Begründung der Versicherungspflicht aus. Der Gesetzeswortlaut („beziehen“) ist insoweit zu eng gefasst.[174] Seit dem 1.8.2017 beginnt die Versicherungspflicht ab dem ersten Tag der Sperrzeit oder der Urlaubsabgeltung und nicht mehr erst ab dem jeweils zweiten Monat.

10 Ob der Leistungsbezieher zuvor Mitglied der gesetzlichen oder privaten Krankenversicherung war, ist für die Versicherungspflicht nach § 5 Abs. 1 Nr. 2 SGB V unerheblich (zur Verfassungsmäßigkeit im Hinblick auf Art. 3 Abs. 1 GG BSG 17.7.1997 SozR 3-4100 § 155 Nr. 5). Unter den Voraussetzungen des § 8 Abs. 1 Nr. 1a SGB V besteht für **privat Krankenversicherte** die Möglichkeit, sich von der Versicherungspflicht befreien zu lassen.

Kurzarbeitergeld (§ 95 SGB III) wird von § 5 Abs. 1 Nr. 2 SGB V nicht erfasst, da die Mitgliedschaft der Versicherten beim Bezug dieser Leistung gem. § 192 Abs. 1 Nr. 4 SGB V fortbesteht.

3. Leistungsempfänger nach dem SGB II (Nr. 2a)

11 Versicherungspflicht besteht für Personen, die **Bürgergeld** nach dem SGB II beziehen, soweit sie nicht das Bürgergeld nur darlehensweise erhalten. Leistungen nach § 24 Abs. 3 S. 1 SGB II (Erstausstattung der Wohnung, Bekleidung etc.) begründen keine Versicherungspflicht. Im Gegensatz zur früheren Arbeitslosenhilfe (§ 190 SGB III a.F.) führt der Bezug von Bürgergeld – einer **bedürftigkeitsorientierten, subsidiären staatlichen Sozialleistung** – zu einer nachrangigen Versicherungspflicht in der gesetzlichen Krankenversicherung.[175] Aufgrund der Neuregelung durch das GKV-WSG ist gem. § 5 Abs. 5a SGB V nicht versicherungspflichtig, wer zuletzt vor dem Bezug von Bürgergeld privat krankenversichert war oder weder gesetzlich noch privat krankenversichert war und zu den in Abs. 5 oder § 6 Abs. 1 oder 2 SGB V genannten Personen gehört oder bei Ausübung seiner beruflichen Tätigkeit im Inland gehört hätte. Dem Gesetzgeber schien die Einbeziehung der Bürgergeld-Bezieher unter den genannten Voraussetzungen nicht mehr notwendig, weil die privaten Krankenversicherungen einen bezahlbaren Basistarif im Umfang des Leistungsangebots der gesetzlichen Krankenversicherung für Personen anbieten müssen, die privat krankenversichert sind oder es sein können.[176] Das Wort „zuletzt“ ersetzt seit dem 1.1.2015 das Wort „unmittelbar“. Hierdurch hat der Gesetzgeber der Entscheidung des BSG vom 3.7.2013[177] Rechnung getragen, nach welcher Unmittelbarkeit zumindest dann fehlte, wenn dazwischen ein Monat lag. Die zum 1.1.2016 eingefügten S. 3 und 4 des Abs. 5a dienen der Verwirklichung des mit dem GKV-Finanzstruktur- und Qualitäts-Weiterentwicklungsgesetzes (GKV-FQWG)[178] verfolgten Ziels, den Vorrang der Familienversicherung vor der Versicherungspflicht aufgrund des Bezuges von Bürgergeld abzuschaffen.[179]

174 BSG 23.11.1983 SozR 4100 § 159 AFG Nr. 5; LPK-SGB V/Moritz-Ritter § 5 Rn. 16.
175 BT-Drs. 15/1516 S. 72.
176 BT-Drs. 16/3100 S. 94f.
177 SozR 4- 2500 § 5 Nr. 19.
178 BGBl. I S. 1133.
179 Knickrehm/Roßbach/Waltermann/Berchtold, 8. Aufl. 2023, SGB V § 5 Rn. 18.

4. Landwirte und ihre Familienangehörigen (Nr. 3)

Die versicherungsrechtlichen Voraussetzungen ergeben sich aus §§ 2ff. des Zweiten Gesetzes über die Krankenversicherung der Landwirte – **KVLG 1989.**[180] § 5 Abs. 1 Nr. 3 SGB V hat deshalb nur **deklaratorischen Charakter.**[181] 12

5. Künstler und Publizisten (Nr. 4)

Die Versicherungspflicht der Künstler und Publizisten ergibt sich aus § 1 des Gesetzes über die Sozialversicherung der selbständigen Künstler und Publizisten – **KSVG** vom 27.7.1981.[182] § 5 Abs. 1 Nr. 4 SGB V enthält einen deklaratorischen Hinweis auf die im KSVG geregelte Versicherungspflicht.[183] Künstler und Publizisten sind neben dem von der Versicherungspflicht nach §§ 2ff. KVLG 1989 erfassten Personenkreis die einzigen Gruppen der Selbständigen, für die eine Versicherungspflicht in der gesetzlichen Krankenversicherung besteht. 13

6. Personen in Einrichtungen der Jugendhilfe (Nr. 5)

Nach § 5 Abs. 1 Nr. 5 SGB V sind Personen versicherungspflichtig, die in **Einrichtungen der Jugendhilfe** für eine Erwerbstätigkeit befähigt werden sollen (§ 13 SGB VIII). Ob die Tätigkeit in dieser Einrichtung gegen Entgelt erfolgt, ist für die Versicherungspflicht nicht ausschlaggebend. Die Versicherungspflicht nach § 5 Abs. 1 Nr. 5 SGB V ist gegenüber der Versicherungspflicht nach § 5 Abs. 1 Nr. 1 SGB V **nachrangig** (§ 5 Abs. 6 S. 1 SGB V). 14

7. Rehabilitanden (Nr. 6)

Die Vorschrift ordnet die Versicherungspflicht für Teilnehmer an **Leistungen zur Teilhabe am Arbeitsleben** (§§ 5 Nr. 2, 49ff. SGB IX) sowie an der Abklärung der beruflichen Eignung oder der Arbeitserprobung (§ 49 Abs. 4 S. 2 SGB IX) an, soweit diese nicht nach den Vorschriften des SGB XIV (§ 151 SGB XIV) erbracht werden. Die Leistungen sollen die Erwerbsfähigkeit behinderter oder von einer Behinderung bedrohter Menschen entsprechend ihrer Leistungsfähigkeit erhalten, verbessern, (wieder-)herstellen oder ihre Teilhabe am Arbeitsleben möglichst dauerhaft sichern (§ 4 Abs. 1, Abs. 2 SGB IX).[184] Die möglichen Träger der Leistungen zur Teilhabe sind in § 6 SGB IX genannt. Das Konkurrenzverhältnis dieser Versicherungspflicht bestimmt § 5 Abs. 6 SGB V. 15

8. Behinderte Menschen (Nr. 7, 8)

Behinderte Menschen i. S. v. § 2 Abs. 1 SGB IX sind gem. § 5 Abs. 1 Nr. 7 SGB V versicherungspflichtig, wenn sie in anerkannten Werkstätten für behinderte Menschen (§ 219 SGB IX) oder in anerkannten Blindenwerkstätten nach § 226 SGB IX tätig sind. Es kann sich auch um eine Tätigkeit für die Werkstatt in **Heimarbeit** handeln. Die Entscheidung über die Anerkennung einer Werkstatt trifft auf Antrag die Bundesagentur für Arbeit im Einvernehmen mit dem Träger der Eingliederungshilfe (§ 225 S. 2 SGB IX). Die Tätigkeit muss als ein Mindestmaß an wirtschaftlich verwertbarer Arbeitsleistung einzustufen sein.[185] Die Versicherungspflicht nach § 5 Abs. 1 Nr. 8 SGB V setzt voraus, dass ein behinderter Mensch in einer Einrichtung i. S. v. § 5 Abs. 1 Nr. 8 SGB V in gewisser Regelmäßigkeit Leis- 16

180 BGBl. I S. 2477, 2557.

181 LPK-SGB V/MORITZ-RITTER § 5 Rn. 11; im Einzelnen zur Versicherungspflicht nach §§ 2ff. KVLG 1989 HS-KV/BLOCH § 16 Rn. 77ff.

182 BGBl. I S. 705ff.

183 Krauskopf/VOSSEN SGB V § 5 Rn. 28.

184 Krauskopf/VOSSEN SGB V § 5 Rn. 31.

185 Becker/Kingreen/JUST, 8. Aufl. 2022, SGB V § 5 Rn. 33.

tungen erbringt, die (zumindest) einem Fünftel der Leistung eines voll erwerbsfähigen Beschäftigten in einer gleichartigen Beschäftigung entspricht. Entgeltlichkeit wird weder in Nr. 7 noch in Nr. 8 vorausgesetzt.[186]

9. Studenten (Nr. 9)

17 Die studentische Krankenversicherung setzt die **Einschreibung** an einer **staatlichen oder staatlich anerkannten Hochschule** voraus (§ 5 Abs. 1 Nr. 9 SGB V). Zur näheren Bestimmung der in dieser Vorschrift genannten staatlichen und staatlich anerkannten Hochschulen kann auf das Hochschulrecht des Bundes und der Länder zurückgegriffen werden. So erstreckt sich die Versicherungspflicht parallel zum Anwendungsbereich des Hochschulrechts auf die in § 1 HRG beschriebenen Bildungseinrichtungen. Im Gegensatz zum Hochschulrecht sind Studenten i.S.d. SGB V jedoch nur diejenigen, die an der Hochschule für einen Studiengang immatrikuliert sind und in diesem noch keine Abschlussprüfung abgelegt haben. So führt etwa die Teilnahme an Hochschulveranstaltungen zur Vorbereitung des Studiums auch dann nicht zu einer Versicherungspflicht nach § 5 Abs. 1 Nr. 9 SGB V, wenn sie mit einer Einschreibung verbunden ist.[187] **Promotionsstudenten** sind keine Studenten i.S.d. § 5 Abs. 1 Nr. 9 SGB V; eine verfassungswidrige Ungleichbehandlung liegt darin aus Sicht des BSG nicht.[188] Auch dual Studierende fallen nicht unter § 5 Abs. 1 Nr. 9 SGB V. Sie stehen nach § 5 Abs. 4a S. 1 Nr. 2 SGB V den zu ihrer Berufsausbildung Beschäftigten (§ 5 Abs. 1 Nr. 1 SGB V) gleich.

18 Unerheblich ist, ob Studenten ihren **Wohnsitz** oder **gewöhnlichen Aufenthalt** im **In- oder Ausland** haben. Hierin liegt eine Abweichung von den Regeln zum persönlichen und sachlichen Geltungsbereich der Vorschriften über die Versicherungspflicht gem. § 3 Nr. 2 SGB IV. Sie unterliegen nur dann nicht der Versicherungspflicht nach § 5 Abs. 1 Nr. 9 SGB V, wenn sie aufgrund über- oder zwischenstaatlichen Rechts auch im Ausland Anspruch auf Sachleistungen haben.

19 Die Versicherungspflicht der Studenten besteht höchstens bis zur **Vollendung des 14. Fachsemesters oder des 30. Lebensjahres**. Die zeitliche Begrenzung soll Missbräuchen der beitragsgünstigen studentischen Krankenversicherung vorbeugen;[189] sie steht mit höherrangigem Recht im Einklang.[190]

20 Eine Überschreitung der Höchstgrenzen kommt unter den in § 5 Abs. 1 Nr. 9 2. Hs. SGB V genannten Voraussetzungen in Betracht. Es handelt sich hierbei um eine **eng auszulegende Ausnahmeregelung**. Die in Betracht kommenden familiären und persönlichen Gründe müssen einen Studienabschluss im Rahmen der Höchstfristen unmöglich oder unzumutbar gemacht haben und objektiv nachvollziehbar sein.[191] Sie sind nur zu berücksichtigen, wenn sie kausal für die Überschreitung der Höchstgrenzen geworden sind; ferner müssen Hinderungsgründe vor Erreichen der normierten zeitlichen Grenzen (insbes. also vor Vollendung des 30. Lebensjahrs) vorgelegen haben.[192] Die Gesetzesbegründung[193] nennt beispielhaft:
- Erkrankung,
- Behinderung,
- Schwangerschaft,
- Nichtzulassung zur gewählten Ausbildung im Auswahlverfahren,

186 NK-GesR/Simon, 2. Aufl. 2018, SGB V § 5 Rn. 48.
187 BSG 29.9.1992 SozR 3-2500 § 5 Nr. 2 und Nr. 3.
188 BSG 7.6.2018 BSGE 126, 52; vgl. Pionteck, NZS 2018, 914.
189 BT-Drs. 11/2237 S. 159ff.
190 BVerfG 5.10.2017 – 1 BvR 480/16, n.v.; BSG 15.10.2014 BSGE 117, 117.
191 BSG 30.9.1992 SozR 3-2500 § 5 Nr. 4 und Nr. 5.
192 BSG 15.10.2014 BSGE 117, 117.
193 BT-Drs. 11/2237 S. 159ff.

- eine insgesamt mindestens achtjährige Dienstverpflichtung als Soldat oder Polizeivollzugsbeamter im Bundesgrenzschutz auf Zeit bei einem Dienstbeginn vor Vollendung des 22. Lebensjahres,
- Betreuung von behinderten oder aus anderen Gründen auf Hilfe angewiesenen Kindern.

Auch in derartigen Fällen ist die Vollendung des 37. Lebensjahrs eine absolute Höchstgrenze.[194] Dass die Verzögerung der Aufnahme des Studiums (z.B. wegen vorheriger Berufsausbildung)[195] oder seines Abschlusses nach objektiven Maßstäben sinnvoll und zweckmäßig ist, reicht für die Fortsetzung der Versicherungspflicht über das 14. Fachsemester bzw. das 30. Lebensjahr hinaus nicht aus.

10. Praktikanten und Auszubildende ohne Arbeitsentgelt (Nr. 10)

Nach § 5 Abs. 1 Nr. 1 SGB V sind Auszubildende, die gegen Arbeitsentgelt beschäftigt sind, in die 21
gesetzliche Krankenversicherung einbezogen. Die Versicherungspflicht gem. § 5 Abs. 1 Nr. 10 SGB V besteht für Auszubildende und Praktikanten, die **ohne Arbeitsentgelt** beschäftigt sind sowie für Auszubildende des **Zweiten Bildungswegs.**[196] Wird das Praktikum gegen Entgelt verrichtet, ist ein Praktikant nach § 5 Abs. 1 Nr. 1 SGB V als entgeltlich beschäftigter Arbeitnehmer versicherungspflichtig. Der Anwendungsbereich der Vorschrift wurde durch das GKV-Gesundheitsreformgesetz 2000 vom 22.12.1999[197] ausdrücklich auf unentgeltliche berufspraktische Tätigkeiten beschränkt.[198]

11. Rentner (Nr. 11, 11a, 11b, 12)

Die **Krankenversicherung der Rentner (KVdR)** hat eine bewegte Geschichte hinter sich.[199] Die **Pro-** 22
blematik ist vor folgendem Hintergrund zu sehen:

Den Beiträgen der gesetzlichen Krankenversicherung liegt das Einkommen der Versicherten 23
zugrunde (§§ 226ff. SGB V). Das individuelle Risiko des Versicherten, aufgrund einer Krankheit Leistungen der gesetzlichen Krankenversicherung in Anspruch nehmen zu müssen, ist für die Beitragshöhe unerheblich. Im Verlauf einer langfristigen Mitgliedschaft in der gesetzlichen Krankenversicherung unterliegt das Verhältnis von Beitragshöhe zur Nachfrage von Leistungen deshalb altersbedingt einer natürlichen Veränderung: Während die Zeit des Erwerbslebens regelmäßig durch ein verhältnismäßig hohes Einkommen und kürzere Krankheitsphasen gekennzeichnet ist, kehrt sich dieses Verhältnis im Rentenalter oft ins Gegenteil. Der zunächst finanziell relativ ungünstige Versicherungsschutz in der gesetzlichen Krankenversicherung wird nunmehr vorteilhaft, denn der steigenden Inanspruchnahme von Leistungen stehen nur noch geringere Beitragszahlungen gegenüber.

Die finanzielle Stabilität der gesetzlichen Krankenversicherung kann deshalb nur durch einen 24
Solidarausgleich zwischen den Versicherten hergestellt werden. Bestünde für Versicherte die Möglichkeit, sich in der Lebensphase der Erwerbstätigkeit dem finanziell ungünstigen Versicherungsschutz der gesetzlichen Krankenversicherung zu entziehen und erst als Rentner den Versicherungsschutz der gesetzlichen Krankenversicherung in Anspruch zu nehmen, käme ein solcher Solidarausgleich nicht zustande. Die gesetzliche Krankenversicherung wäre in ihrer heutigen Form nicht finanzierbar.

Für die KVdR stellte sich deshalb die Frage nach **Vorversicherungszeiten**, d.h. danach, ob und 25
gegebenenfalls wie lange ein versicherungspflichtiger Rentner in der gesetzlichen Krankenversicherung schon (vor-)versichert gewesen sein muss. Der Gesetzgeber hat sich für die **stringente Rege-**

---

194 BSG 15.10.2014 BSGE 117, 117.
195 BSG 30.9.1992 SozR 3-2500 § 5 Nr. 4.
196 Im Einzelnen LPK-SGB V/Moritz-Ritter § 5 Rn. 45ff.
197 BGBl. I S. 2626ff.
198 BT-Drs. 14/1245 S. 59; zur früheren Rechtslage BSG 3.2.1994 SozR 3-2500 § 5 Nr. 15.
199 Vgl. BeckOGK/Beck, 15.5.2023, SGB V § 5 Rn. 125ff.; Becker, NZS 2001, 281, 282.

lung des § 5 Abs. 1 Nr. 11 SGB V entschieden. Sie geht im Wesentlichen auf das GRG zurück, mit dem die Anforderungen an die Vorversicherung im Vergleich zum früheren Recht deutlich verschärft wurden. Der mit dem KVKG vom 27.6.1977 (Krankenversicherungs-Kostendämpfungsgesetz)[200] eingeführte Grundsatz der Halbbelegung, der die Versicherungspflicht für Rentner von der Voraussetzung abhängig machte, dass eine Mitgliedschaft für mindestens die Hälfte der Zeit von der erstmaligen Aufnahme der Erwerbstätigkeit bis zur Stellung des Rentenantrags bestanden hatte, wurde durch das Erfordernis einer **Neun-Zehntel-Belegung** ersetzt, die **während der zweiten Hälfte des Erwerbslebens** erfüllt sein muss.

26 Die Vorversicherungszeit kann nicht durch Zeiten der Nachversicherung erfüllt werden.[201] Dagegen sollen Zeiten, in denen der Leistungsanspruch ruht (§ 16 SGB V), ausreichen.[202] Gem. § 5 Abs. 2 S. 3 SGB V werden seit dem 1.8.2017 **pauschal drei Jahre für jedes Kind, Stiefkind oder Pflegekind** auf die Vorversicherungszeit angerechnet. Der Gesetzgeber wollte Müttern und Vätern, die ihre Beschäftigung für die Kindererziehung unterbrechen und keine Möglichkeit der Familienversicherung haben, den Zugang zur KVdR erleichtern.[203]

27 In Bezug auf die erforderliche Vorversicherungszeit führte der Gesetzgeber mit dem GSG zwischenzeitlich eine weitere Begrenzung ein. Mit Inkrafttreten der Neuregelung am 1.1.1993 waren nur noch Zeiten einer Pflichtversicherung auf die Vorversicherungszeit gem. § 5 Abs. 1 Nr. 11 SGB V anzurechnen. Zeiten einer freiwilligen Versicherung reichten zur Erfüllung der Vorversicherungszeit nicht mehr aus. Darüber hinaus wurden freiwillig Versicherte gegenüber Pflichtversicherten beitragsrechtlich unterschiedlich behandelt. Das BVerfG hat diese Regelung in seinem Beschluss vom 15.3.2000 **teilweise für unvereinbar mit Art. 3 Abs. 1 GG** erklärt.[204] Nachdem der Gesetzgeber die vom BVerfG gesetzte Frist zu einer verfassungskonformen Neuregelung verstreichen ließ, bestimmte sich der Zugang zur KVdR seit 1.4.2002 wieder nach § 5 Abs. 1 Nr. 11 SGB V i. d. F. des GRG.[205] Mit dem GKV-WSG wurde der Gesetzeswortlaut dieser materiell-rechtlichen Rechtslage angepasst. Zeiten der **freiwilligen Versicherung reichen** daher wieder **aus**.

Tatbestandliche Voraussetzungen für die Versicherungspflicht nach § 5 Abs. 1 Nr. 11 SGB V i. d. F. des GRG:

- Anspruch auf Rente aus der gesetzlichen Rentenversicherung (§§ 33ff. SGB VI)
- Rentenantragstellung
- Vorversicherungszeit: Krankenversicherung (§§ 5, 10 SGB V) für mindestens 9/10 der zweiten Hälfte des Erwerbslebens, zu beachten ist § 5 Abs. 2 SGB V.

28 Versicherungspflichtig sind auch die in § 5 Abs. 1 Nr. 11a, Nr. 11b und Nr. 12 SGB V genannten **Rentenantragsteller**. Im Gegensatz zu § 5 Abs. 1 Nr. 10 SGB V ist für die Rentenantragsteller, die zu den in §§ 1, 17a des Fremdrentengesetzes vom 25.2.1965[206] oder den in § 20 des Gesetzes zur Regelung der Wiedergutmachung nationalsozialistischen Unrechts in der Sozialversicherung vom 22.12.1970[207] genannten Personen gehören, gem. § 5 Abs. 1 Nr. 12 SGB V **keine Vorversicherungszeit** erforderlich. Sie müssen jedoch ihren Wohnsitz (§ 30 Abs. 1 SGB I) innerhalb der letzten zehn Jahre vor der Rentenantragstellung in die Bundesrepublik Deutschland verlegt haben.

---

200 BGBl. I S. 1069ff.

201 BSG 5.7.2006 SozR 4-2500 § 5 Nr. 4.

202 LSG Rheinland-Pfalz 17.11.2011 – L 5 KR 149/10, juris.

203 BT-Drs. 18/11205 S. 60; krit. Felix NZS 2018, 241.

204 BVerfG 15.3.2000 BVerfGE 102, 68.

205 Zur Verfassungsmäßigkeit dieser Regelung vgl. LSG Hessen 21.10.2004 SGb 2005, 105f.

206 BGBl. I S. 93ff.

207 BGBl. I S. 1846ff.

12. Personen ohne Absicherung im Krankheitsfall (Nr. 13)

Zu den grundlegenden Zielen der mit dem GKV-WSG vollzogenen Gesundheitsreform gehörte ein **Versicherungsschutz für alle Einwohner** ohne Absicherung im Krankheitsfall in der gesetzlichen oder privaten Krankenversicherung.[208] Diesem Ziel wollte der Gesetzgeber mit der Einfügung des § 5 Abs. 1 Nr. 13 SGB V entsprechen. In der Gesetzesbegründung wurde darauf hingewiesen,[209] dass Deutschland im Gegensatz zu den meisten anderen europäischen Ländern keine Einwohnerversicherung habe. Vielmehr werde der Schutz im Krankheitsfall in einem pluralistisch gegliederten System gewährt, dessen wesentliche Träger die gesetzliche und die private Krankenversicherung sind. Aufgrund des Fehlens einer umfassenden Versicherungspflicht für alle Einwohner sei nicht auszuschließen, dass Personen weder die Zugangsvoraussetzungen zur gesetzlichen Krankenversicherung erfüllen, noch die Möglichkeit haben, eine private Krankenversicherung abzuschließen. Die Neuregelung begründet deshalb eine Versicherungspflicht für Personen, die keinen Anspruch auf eine anderweitige Absicherung im Krankheitsfall haben und die zuletzt gesetzlich krankenversichert gewesen sind (Nr. 13 lit. a)). Des Weiteren wird eine Versicherungspflicht für Personen ohne Absicherung im Krankheitsfall begründet, die bisher nicht in Deutschland gesetzlich oder privat krankenversichert waren und dem Grunde nach der gesetzlichen Krankenversicherung zuzuordnen sind (Nr. 13 lit. b)). 29

Die erste von Nr. 13 lit. a) erfasste Personengruppe ist dadurch gekennzeichnet, dass sie keinen anderweitigen Anspruch auf Absicherung im Krankheitsfall hat und zuletzt gesetzlich krankenversichert war. Die Gesetzesbegründung zählt eine Vielzahl von Möglichkeiten anderweitigen Schutzes im Krankheitsfall auf.[210] Entscheidend ist, dass jede anderweitige Absicherung im Krankheitsfall, sei es in der gesetzlichen oder privaten Krankenversicherung, sei es aufgrund besonderer gesetzlicher Vorschriften, zum Ausschluss des Tatbestandes der Nr. 13 lit. a) führt. 30

„Zuletzt gesetzlich krankenversichert" bedeutet, dass an die letzte vor der Nichtabsicherung bestehende Krankenversicherung angeknüpft wird. Wie lange diese zurückliegt, ist unerheblich. Eine zwischenzeitliche private Vollversicherung schließt den Tatbestand aus. Eine zwischenzeitliche private Teilversicherung steht der Versicherungspflicht nach Nr. 13 lit. a) nur dann entgegen, wenn sie wesentliche Teile der Vollversicherung umfasst und eine solche Qualität hat, dass der Versicherte dem „Lager" der Privatversicherten zuzurechnen ist.[211] Nach der Rechtsprechung des BSG ist Nr. 13 lit. a) auch dann erfüllt, wenn zwischenzeitlich eine anderweitige Absicherung gegen Krankheit außerhalb der privaten Krankenversicherung erfolgte. Eine solche anderweitige Absicherung stellt etwa die „Krankenversicherung der Bundesbahnbeamten" dar.[212] Typischerweise waren die meisten heute Nichtversicherten einmal versichert, konnten aber die Prämien nicht aufbringen.[213] 31

Die zweite von Nr. 13 lit. b) erfasste Personengruppe verfügt ebenfalls über keinen anderweitigen Anspruch auf Absicherung im Krankheitsfall. Im Gegensatz zu lit. a) waren diese Personen aber bisher nicht gesetzlich oder privat krankenversichert. Mit dieser Bestimmung soll erreicht werden, dass im Prinzip eine nahezu vollständige Absicherung der Bevölkerung für den Krankheitsfall erreicht wird. Allerdings nimmt lit. b) solche Personen aus, die aufgrund anderer Vorschriften grundsätzlich nicht in die gesetzliche Krankenversicherung einbezogen sein sollen. Dies trifft einmal auf die hauptberuflich Selbständigen zu, die gem. § 5 Abs. 5 SGB V von der Pflichtversicherung ausgenommen sind. Das gleiche gilt für den Kreis der versicherungsfreien Personen i. S. d. § 6 Abs. 1 oder 2 SGB V. 32

Für **Ausländer** ist die spezielle Regelung in § 5 Abs. 11 SGB V zu beachten. Nach dieser Vorschrift sind drei Gruppen von Ausländern zu unterscheiden. Satz 1 betrifft Ausländer, die nicht Angehörige eines Mitgliedstaats der EU oder des EWR bzw. der Schweiz sind. Sie werden von der Versicherungs- 33

---

208 BT-Drs. 16/3100 S. 1.
209 BT-Drs. 16/3100 S. 94.
210 BT-Drs. 16/3100 S. 94.
211 LSG Hessen 19.7.2011 – L 1 KR 180/11 B ER, juris.
212 BSG 12.1.2011 BSGE 107, 177.
213 Becker/Kingreen/Just, 8. Aufl. 2022, SGB V § 5 Rn. 67.

pflicht nach Abs. 1 Nr. 13 nur erfasst, wenn sie eine Niederlassungserlaubnis oder eine Aufenthaltserlaubnis mit einer Befristung auf mehr als zwölf Monate nach dem Aufenthaltsgesetz besitzen und für die Erteilung dieser Aufenthaltstitel keine Verpflichtung zur Sicherung des Lebensunterhalts i.S.d. § 5 Abs. 1 Nr. 1 des Aufenthaltsgesetzes besteht. Nach Abs. 11 S. 2 gilt für Angehörige eines Mitgliedstaats der EU oder des EWR sowie der Schweiz, dass sie von Abs. 1 Nr. 13 nicht erfasst sind, wenn die Voraussetzung für die Wohnortnahme in Deutschland die Existenz eines Krankenversicherungsschutzes nach § 4 des Freizügigkeitsgesetzes/EU ist. Schließlich scheidet nach Abs. 11 S. 3 die Anwendung von Nr. 13 bei Leistungsberechtigten nach dem Asylbewerberleistungsgesetz aus, wenn sie Anspruch auf Leistungen bei Krankheit, Schwangerschaft und Geburt nach § 4 des Asylbewerberleistungsgesetzes dem Grunde nach haben.

34 Zu § 5 Abs. 1 Nr. 13 SGB V gibt es eine spezielle Regelung in § 5 Abs. 8a SGB V, die laut BSG keine Konkurrenzregel, sondern eine **Konkretisierung der anderweitigen Absicherung i.S.d. Nr. 13** darstellt.[214] Satz 1 dieser Vorschrift drückt etwas Selbstverständliches aus, dass nämlich nach Nr. 13 nicht versicherungspflichtig ist, wer nach Abs. 1 Nr. 1–12 versicherungspflichtig, freiwilliges Mitglied oder nach § 10 SGB V familienversichert ist. Abs. 8a S. 2 dehnt diese Ausschlussregelung auf Empfänger laufender Leistungen nach dem Dritten, Vierten, Sechsten und Siebten Kapitel SGB XII sowie für Empfänger laufender Leistungen nach § 2 des Asylbewerberleistungsgesetzes aus. Für **Sozialhilfeempfänger** bleibt es somit weiterhin bei den Regelungen des § 264 Abs. 2–7 SGB V, in denen eine Übernahme der Krankenbehandlung durch die Krankenkassen gegen Kostenerstattung vorgesehen ist. Der alleinige Empfang von Hilfe bei Krankheit nach § 48 SGB XII schließt die Versicherungspflicht nach Nr. 13 nicht aus. Das BSG hat wiederholt entschieden, dass der Empfang von Hilfen zur Gesundheit nach dem Fünften Kapitel des SGB XII bzw. eine Übernahme der Krankenbehandlung nach § 264 Abs. 2 SGB V für sich genommen – ohne den gleichzeitigen Empfang laufender Leistungen – nach der inhaltlichen Änderung des Entwurfs des § 5 Abs. 8a S. 2 SGB V im Gesetzgebungsverfahren keinen eigenständigen Ausschlusstatbestand für die Versicherungspflicht nach Nr. 13 (mehr) darstellt.[215]

13. Hauptberuflich Selbständige

35 Die Versicherungspflicht nach § 5 Abs. 1 Nr. 1, 5–12 SGB V besteht nur dann, wenn der Betroffene **nicht hauptberuflich selbständig** tätig ist. Durch § 5 Abs. 5 SGB V soll sichergestellt werden, dass Versicherungsschutz zu niedrigen Beiträgen nicht durch die Aufnahme einer versicherungspflichtigen Nebenbeschäftigung erreicht wird, während die nicht versicherungspflichtige selbständige Tätigkeit als die Haupteinnahmequelle unberücksichtigt bleibt. Eine hauptberufliche selbständige Erwerbstätigkeit liegt vor, wenn ihre wirtschaftliche Bedeutung und ihr zeitlicher Aufwand die der übrigen Erwerbstätigkeiten zusammen deutlich übersteigt und sie den Mittelpunkt der Erwerbstätigkeit des Betroffenen darstellt.[216]

36 Durch das GKV-Versorgungsstärkungsgesetz v. 16.7.2015[217] wurde Abs. 5 um Satz 2 erweitert. Es wird nunmehr vermutet, dass Personen, die im Zusammenhang mit ihrer selbständigen Erwerbstätigkeit regelmäßig mindestens einen Arbeitnehmer mehr als geringfügig beschäftigen, hauptberuflich selbständig erwerbstätig sind. Der Gesetzgeber hat hierdurch die BSG-Rechtsprechung korrigiert, nach welcher die Beschäftigung eines oder mehrerer Arbeitnehmer lediglich als Indiz für den Umfang einer selbständigen Tätigkeit gelten, jedoch keinen Rückschluss auf die Hauptberuflichkeit einer selbständigen Erwerbstätigkeit zulassen sollte.[218] Die Vermutung kann widerlegt werden, indem der Selbständige nachweist, dass trotz der Arbeitgeberstellung die selbständige Tätigkeit

214 BSG 6.10.2010 SozR 4-2500 § 5 Nr. 12 Rn. 13.

215 BSG 21.12.2011 SozR 4-2500 § 5 Nr. 15 Rn. 13f.; 6.10.2010 SozR 4-2500 § 5 Nr. 12 Rn. 28; 20.3.2013 SozR 4-2500 § 5 Nr. 17 Rn. 17.

216 BSG 16.11.1995 SozR 3-5420 § 3 Nr. 1; BT-Drs. 11/2237 S. 159.

217 BGBl. I S. 1211.

218 BSG 29.2.2012 SozR 4-2500 § 10 Nr. 10.

seiner Lebensführung von ihrer wirtschaftlichen Bedeutung und ihrem zeitlichen Aufwand her nicht das Gepräge gibt.[219]

14. Konkurrenzen

Erfüllt eine Person gleichzeitig mehrere Tatbestände der Versicherungspflicht, ist anhand der zum 1.1.2017 erweiterten[220] **§ 5 Abs. 6–8a SGB V** zu entscheiden, welcher der einschlägigen Pflichtversicherungstatbestände **vorrangig** ist. Diese Entscheidung kann nicht offen bleiben, denn das in §§ 220ff. SGB V geregelte Beitragsrecht knüpft an die Tatbestände der Versicherungspflicht an und sieht für die verschiedenen Versichertengruppen **unterschiedlich hohe Beitragsbelastungen** vor. Vor diesem Hintergrund wird das Konkurrenzproblem in § 5 Abs. 6–8a SGB V vor allem unter **beitragsrechtlichen Gesichtspunkten** gelöst. Vorrangig ist grundsätzlich der Pflichtversicherungstatbestand, aus dem die höhere Beitragsbelastung für den Versicherten folgt (ausdrücklich § 5 Abs. 6 S. 2 SGB V). Die Versicherungspflicht nach § 5 Abs. 1 Nr. 1 SGB V geht den anderen Tatbeständen der Versicherungspflicht deshalb vor. Zu berücksichtigen ist allerdings, dass trotz der Regelung der Konkurrenzen in § 5 Abs. 6–8a SGB V Mehrfachversicherungen in der gesetzlichen Krankenversicherung zustande kommen können (arg. ex § 335 Abs. 1 S. 2 SGB III). 37

Eine Konkurrenzsituation besteht nicht nur dann, wenn mehrere Tatbestände der Versicherungspflicht gleichzeitig vorliegen. Auch ein **Nebeneinander von privater und gesetzlicher Krankenversicherung** ist denkbar.[221] Tritt bei Privatversicherten Versicherungspflicht in der gesetzlichen Krankenversicherung ein, haben sie ein Interesse, ihre private Krankenversicherung zu beenden, um nicht doppelte Beiträge zahlen zu müssen. Wer privatversichert ist und kraft Gesetzes kranken- oder pflegeversicherungspflichtig wird, kann gem. § 205 Abs. 2 VVG binnen drei Monaten nach Eintritt der Versicherungspflicht die Krankenversicherung rückwirkend zum Eintritt der Versicherungspflicht kündigen. 38

Andererseits gehen privat Krankenversicherte das Risiko ein, nur für eine kurze Zeit versicherungspflichtig zu werden und danach – soweit nicht die Möglichkeit einer freiwilligen Weiterversicherung in der gesetzlichen Krankenversicherung (§ 9 SGB V) besteht – nur zu **ungünstigeren Konditionen** wieder in die **private Krankenversicherung zurückkehren** zu können. Da der Gesetzgeber die Beitrittsmöglichkeiten zur gesetzlichen Krankenversicherung kontinuierlich eingeschränkt und insbesondere in § 6 Abs. 3a SGB V die Versicherungsfreiheit für Personen angeordnet hat, die eine private Krankenversicherung aufgrund ihres Alters allenfalls zu sehr hohen Prämien abschließen können, wurde mit § 5 Abs. 9 SGB V ein Recht auf Neuabschluss eines Versicherungsvertrages zu den gleichen Tarifbedingungen geschaffen, die vor Eintritt der Versicherungspflicht und Kündigung des Versicherungsvertrages vereinbart waren.[222] Voraussetzung hierfür ist, dass der private Krankenversicherungsvertrag für mindestens fünf Jahre vor seiner Kündigung ununterbrochen bestanden hat und die gesetzliche Krankenversicherung nach §§ 5, 9, 10 SGB V nicht zustande kam oder vor Erfüllung der Vorversicherungszeit nach § 9 SGB V wieder geendet hat. 39

III. Familienversicherung (§ 10 SGB V)

Der Versicherungsschutz der gesetzlichen Krankenversicherung erstreckt sich unter den Voraussetzungen des § 10 SGB V auf den Ehegatten/Lebenspartner und die Kinder des Mitglieds sowie auf deren Kinder. Für die **Familienangehörigen** wird gem. § 3 S. 3 SGB V **kein Beitrag** erhoben. Im 40

219 BT-Drs. 18/5095 S. 71.
220 Vgl. BT-Drs. 18/6905 S. 76.
221 Vgl. zum Problem der Doppelversicherung BSG 10.8.2000 SozR 3-4300 § 335 Nr. 1; BeckOGK/Beck, 15.5.2023,§ 5 SGB V Rn. 233ff.; Kammler, VersR 1993, 785.
222 BT-Drs. 14/1245 S. 59, BeckOGK/Beck, 15.5.2023, § 5 SGB V Rn. 238ff.

Rahmen der Beitragsberechnung des Mitglieds bleibt unberücksichtigt, ob oder wie vielen seiner Familienangehörigen Versicherungsschutz vermittelt wird. Die dadurch entstehenden Lasten werden solidarisch aus dem Beitragsaufkommen aller Mitglieder der gesetzlichen Krankenversicherung getragen. Hierin liegt eine der wichtigsten Abweichungen der gesetzlichen Krankenversicherung vom Versicherungsprinzip. § 10 SGB V stellt einen **wichtigen Teil des Familienlastenausgleichs** dar.[223] Ob mit der Familienversicherung in ihrer heutigen Form allerdings eine rationale und gerechte Ausgestaltung finanzieller Solidarität getroffen wurde, ist zweifelhaft. Neben Familien mit Kindern, die für den Bestand der gesetzlichen Krankenversicherung und der Sozialversicherungssysteme insgesamt sowohl einen finanziellen als auch einen generativen Beitrag leisten, sind nach § 10 SGB V auch kinderlose Ehegatten und Lebenspartner beitragsfrei versichert.[224]

41 Familienversicherte sind selbst **nicht Mitglied einer Krankenkasse**. Sie sind deshalb nicht Inhaber eigener Mitgliedschaftsrechte. Die Mitgliedschaft des Ehegatten, Lebenspartners, Eltern- oder Großelternteils vermittelt dem Familienversicherten jedoch ein **eigenes Versicherungsverhältnis**. Diesem stehen **selbständig durchsetzbare Leistungsansprüche** gegen die Krankenkasse des Mitglieds zu, die im Hinblick auf ihren Inhalt und Umfang weitestgehend dem Versicherungsschutz der Mitglieder entsprechen. Eine Ausnahme bildet das **Krankengeld**. Gem. § 44 Abs. 2 S. 1 Nr. 1 SGB V ist der Anspruch auf Krankengeld für Familienversicherte ausgeschlossen. Diese Einschränkung des Leistungskatalogs folgt notwendig aus der Konzeption der Familienversicherung, die nur für Personen mit geringem Gesamteinkommen in Betracht kommt (§ 10 Abs. 1 S. 1 Nr. 5 SGB V). Es wird deshalb unterstellt, dass Familienversicherte ihren Lebensunterhalt nicht ausschließlich von ihrem Arbeitseinkommen bestreiten, sondern ihnen andere Einnahmequellen bzw. Unterhaltsansprüche zur Verfügung stehen, auf die sie bei Eintritt der Arbeitsunfähigkeit zurückgreifen können. Das Krankengeld als Entgeltersatzleistung soll jedoch den Wegfall von Arbeitsentgelt kompensieren, das dem Versicherten als Lebensgrundlage dient.

1. Familienversicherung des Ehegatten und Lebenspartners des Mitglieds

42 **Ehegatten** und **Lebenspartner** eines gesetzlich oder freiwillig versicherten Mitglieds sind familienversichert, wenn die Voraussetzungen des § 10 Abs. 1 SGB V gegeben sind. Für Ehegatten gilt, dass eine **rechtsgültige Ehe** vorliegen muss. Zu beachten ist, dass im Falle der Scheidung das Ehegattenverhältnis erst mit der Rechtskraft des Scheidungsurteils endet. Ob die Ehegatten zusammen oder getrennt leben, ist im Rahmen der Familienversicherung unbeachtlich.[225] Eine analoge Anwendung auf den Partner einer eheähnlichen Gemeinschaft wird von der Rechtsprechung abgelehnt.[226]

43 Seit Inkrafttreten des Lebenspartnerschaftsgesetzes (LPartG) vom 16.2.2001[227] können auch **gleichgeschlechtliche Lebenspartner** von Krankenkassenmitgliedern über § 10 SGB V familienversichert sein (§ 33b SGB I). Ehegatten und Lebenspartner i.S.d. § 1 LPartG werden im Rahmen der Familienversicherung gleichbehandelt. Gem. § 10 Abs. 4 S. 3 SGB V gelten auch die Kinder des Lebenspartners als (Stief-) Kinder des Mitglieds (§ 10 Abs. 4 S. 1 SGB V).

44 Die Ausdehnung der Familienversicherung auf Lebenspartner i.S.d. § 1 LPartG erfolgte deshalb, weil im Rahmen der Lebenspartnerschaften **Unterhaltspflichten** begründet werden (§§ 5, 12, 16 LPartG i.V.m. §§ 1360a, 1360b, 1609 BGB). Der Gesetzgeber führte in der Gesetzesbegründung zur Neufassung des § 10 SGB V durch das LPartG diesbezüglich aus:

> „Maßgebender Gesichtspunkt für die Abgrenzung des in die Familienversicherung einbezogenen Personenkreises ist das Bestehen einer gesetzlichen Unterhaltspflicht. Zum Unterhalt gehört auch die Sicherung eines angemessenen

223 Im Einzelnen Rust S. 317ff.

224 Vgl. zu dieser Problematik Fuchs, JZ 2002, 785, 794.

225 BSG 25.1.2001 SozR 3-2500 § 10 Nr. 22.

226 BSG 10.5.1990 BSGE 67, 46.

227 BGBl. I S. 266ff.

Schutzes im Krankheitsfall. Durch den Einbezug in die beitragsfreie Familienversicherung wird dem Unterhaltsverpflichteten die Erfüllung seiner gesetzlichen Unterhaltspflicht insofern erleichtert, als er für den Krankenversicherungsschutz seiner unterhaltsberechtigten Angehörigen keine erhöhten Beiträge aufbringen muss (...).“[228]

Nach **§ 10 Abs. 1 S. 1 SGB V** ist zudem erforderlich, dass Familienangehörige:
- ihren Wohnsitz oder gewöhnlichen Aufenthalt (§ 30 Abs. 3 SGB I) im Inland haben (§ 10 Abs. 1 S. 1 Nr. 1 SGB V) und
- nicht nach §§ 5 Abs. 1 Nr. 1, 2, 2a, 3–8, 11–12 SGB V oder gem. § 9 SGB V Mitglied der gesetzlichen Krankenversicherung sind (§ 10 Abs. 1 S. 1 Nr. 2 SGB V). Hierbei ist zu beachten, dass insbesondere die studentische Pflichtversicherung nach § 5 Abs. 1 Nr. 9 SGB V der Familienversicherung nicht entgegensteht.

Der bis zu einem Monat andauernde **nachwirkende Versicherungsschutz** gem. § 19 Abs. 2 S. 1 **45**
SGB V ist gegenüber der Familienversicherung subsidiär (§ 19 Abs. 2 S. 2 SGB V). Die Vorschrift ist durch das GMG eingefügt worden. Das BSG hatte zuvor die Auffassung vertreten, dass eine Schutzbedürftigkeit des ehemaligen Mitglieds aufgrund des nachgehenden Versicherungsschutzes gem. § 19 Abs. 2 S. 1 SGB V nicht bestehe und die Familienversicherung in diesem Zeitraum deshalb nicht zustande käme.[229] Dass sich die Familienversicherung nach heutiger Rechtslage unmittelbar an die Mitgliedschaft anschließt, hat zur Folge, dass ein Anspruch auf Krankengeld gem. § 44 Abs. 2 S. 1 Nr. 1 SGB V innerhalb der Monatsfrist des § 19 Abs. 2 S. 1 SGB V nicht mehr entstehen kann. Für Krankengeldansprüche, die bereits zur Zeit der Mitgliedschaft entstanden sind, hat § 19 Abs. 2 S. 2 SGB V dagegen keine Bedeutung. Der Krankengeldanspruch verhindert die Beendigung der Mitgliedschaft (§ 192 Abs. 1 Nr. 2 SGB V). § 19 Abs. 2 SGB V ist in diesem Fall nicht einschlägig.
- Die Familienversicherung ist bei Personen ausgeschlossen, die nach § 6 SGB V versicherungsfrei oder gem. § 8 SGB V von der Versicherung befreit sind. Eine Versicherungsbefreiung bei geringfügiger Beschäftigung (§ 7 SGB V) bleibt insoweit außer Betracht (§ 10 Abs. 1 S. 1 Nr. 3 SGB V).
- Keine Familienversicherung besteht für Personen, die hauptberuflich einer selbständigen Tätigkeit nachgehen oder über ein Gesamteinkommen (§ 16 SGB IV) verfügen, das ein Siebtel der monatlichen Bezugsgröße i.S.d. § 18 SGB IV übersteigt (§ 10 Abs. 1 S. 1 Nr. 4, 5 SGB V).

Die **Bezugsgröße** gem. § 18 SGB IV beträgt im Jahr 2024 für die alten Bundesländer jährlich **46**
42.420 Euro und monatlich 3.535 Euro (§ 18 Abs. 1 SGB IV i.V.m. § 2 Abs. 1 SV-RechengrößenVO 2024) [230], für die neuen Bundesländer jährlich 41.580 Euro und monatlich 3.465 Euro (§ 18 Abs. 2 SGV IV i.V.m. § 2 Abs. 2 SV-RechengrößenVO 2024).[231] Ab dem 1.1.2025 entfällt die gesonderte Bezugsgröße für die neuen Bundesländer (§ 18 Abs. 2 S. 2 SGB IV). Die Einkommensgrenze in der Familienversicherung liegt im Jahr 2024 bundesweit bei 505 Euro. Für geringfügig Beschäftigte nach §§ 8 Abs. 1 Nr. 1, 8a SGB IV beträgt das zulässige Gesamteinkommen im Jahr 2024 538 Euro und ab 2025 556 Euro (§ 8 Abs. 1a S. 2 SGB IV i.V.m. § 1 Nr. 2 MiLoV4[232]).[233]

2. Familienversicherung der Kinder des Mitglieds

Die Familienversicherung erstreckt sich **nicht nur** auf **Kinder i.S.d. Familienrechts**. § 10 Abs. 4 **47**
SGB V bezieht darüber hinaus **Pflegekinder** i.S.d. § 56 Abs. 2 Nr. 2 SGB I ein. Gleiches gilt für die

228 BT-Drs. 14/3751 S. 69.

229 BSG 7.5.2002 BSGE 89, 254.

230 Vom 24.11.2023 BGBl. I Nr. 322.

231 Vom 24.11.2023 BGBl. I Nr. 322.

232 Vierte Mindestlohnanpassungsverordnung vom 24.11.2023 BGBl. I Nr. 321.

233 Im Einzelnen, einschließlich der Problematik der heranzuziehenden Einnahmen, BeckOGK/Beck, 15.2.2023, § 10 SGB V Rn. 20ff.

Stiefkinder und Enkel des Mitglieds, wenn sie überwiegend von diesem unterhalten werden. Stiefkinder sind auch die Kinder des Lebenspartners (§ 10 Abs. 4 S. 3 SGB V). Das Erfordernis des „überwiegenden Unterhalts" bei Enkeln und Stiefkindern lässt sich nicht dadurch umgehen, dass diese als Pflegekinder angesehen werden.[234] Eine Sonderregelung enthält § 10 Abs. 4 S. 2 SGB V für Adoptionspflegekinder, also Kinder, die mit dem Ziel der Annahme als Kind bereits in die Obhut des Annehmenden aufgenommen sind (§ 1744 BGB). Sie gelten abweichend von § 1754 BGB als Kinder des Annehmenden und nicht als Kinder der leiblichen Eltern.

48 Neben den Voraussetzungen des § 10 Abs. 1 SGB V sind bei den Kindern des Mitglieds die **Altersgrenzen** gem. **§ 10 Abs. 2 SGB V** zu beachten. Grundsätzlich endet die Familienversicherung von Kindern mit Vollendung des 18. Lebensjahres (§ 10 Abs. 2 Nr. 1 SGB V). Das Höchstalter verschiebt sich auf die Vollendung des 23. Lebensjahres, wenn die Kinder nicht erwerbstätig sind (§ 10 Abs. 2 Nr. 2 SGB V) und aus den in § 10 Abs. 2 Nr. 3 SGB V genannten Gründen (Schul- oder Berufsausbildung etc.) auf die Vollendung des 25. Lebensjahres. Für behinderte Menschen gilt unter den Voraussetzungen des § 10 Abs. 2 Nr. 4 SGB V keine Altersgrenze.

49 Liegt ein Fall des **§ 10 Abs. 3 SGB V** vor, ist die Familienversicherung **ausgeschlossen**. Danach besteht keine Familienversicherung des Kindes,
- wenn der mit dem Kind verwandte Ehegatte oder Lebenspartner des Mitglieds selbst nicht Mitglied einer Krankenkasse ist,
- sein Gesamteinkommen regelmäßig im Monat 1/12 der Jahresarbeitsentgeltgrenze (§ 6 Abs. 1 Nr. 1 SGB V) übersteigt und
- regelmäßig höher als das Gesamteinkommen (§ 16 SGB IV) des Mitglieds ist.

Mit dieser Regelung soll verhindert werden, dass Kinder aufgrund der Mitgliedschaft des weniger verdienenden Elternteils und damit einer geringen Beitragsleistung familienversichert sind, während der besser verdienende Elternteil keiner gesetzlichen Krankenkasse angehört und nicht zur Finanzierung der gesetzlichen Krankenversicherung beiträgt. Die Vorschrift greift unabhängig davon ein, wie viele Kinder des Mitglieds durch den Ausschluss aus der Familienversicherung betroffen sind.[235]

Beispiel:
Der Vater (V) des 16-jährigen K ist Beamter und der Besoldungsgruppe A 16 zugeordnet. Seine Mutter (M) arbeitet halbtags als angestellte Rechtsanwältin für ein Bruttogehalt von 1500 Euro. Die Eltern des K sind verheiratet. Ist die Familienversicherung des K nach § 10 SGB V aufgrund des § 10 Abs. 3 SGB V ausgeschlossen?

Die M ist in der gesetzlichen Krankenversicherung pflichtversichert (§ 5 Abs. 1 Nr. 1 SGB V). Der mit K verwandte V ist versicherungsfrei (§ 6 Abs. 1 Nr. 2 SGB V). Er verdient nach dem BBesG in der Besoldungsgruppe A 16 monatlich mehr als ein Zwölftel der Jahresarbeitsentgeltgrenze (im Jahr 2024: 5.775 Euro gem. § 4 Abs. 1 SV-RechengrößenVO 2024)[236] und sein Gesamteinkommen ist regelmäßig höher als das der M. Somit sind die Voraussetzungen des § 10 Abs. 3 SGB V gegeben. K ist nicht familienversichert.

IV. Versicherungsfreiheit und Befreiung von der Versicherungspflicht (§§ 6 bis 8 SGB V)

1. Die Versicherungsfreiheit (§§ 6, 7 SGB V)

50 Mit der Anordnung der Versicherungsfreiheit wird die Versicherungspflicht für einzelne Personengruppen kraft Gesetzes wieder aufgehoben. Die Vorschriften zur Versicherungsfreiheit können sich

234 BSG 30.8.1994 SozR 3-2500 § 10 Nr. 6.

235 Zur Verfassungsmäßigkeit des § 10 Abs. 3 SGB V BSG 25.1.2001 SozR 3-2500 § 10 Nr. 20; BVerfG 12.2.2003 NJW 2003, 1381; ablehnend Felix, NZS 2003, 624 ff.

236 BGBl. 2023 I Nr. 322.

gesetzessystematisch deshalb nur auf Personen beziehen, die eigentlich nach § 5 Abs. 1 SGB V versicherungspflichtig wären. Die Versicherungsfreiheit hat den Ausschluss aus dem Versichertenkreis der gesetzlichen Krankenversicherung zur Folge, soweit nicht unter Umständen eine Versicherungsberechtigung (§ 9 SGB V) besteht.

a) Überschreitung der Jahresarbeitsentgeltgrenze, § 6 Abs. 1 Nr. 1 SGB V

§ 6 Abs. 1 Nr. 1 SGB V sieht Versicherungsfreiheit für Arbeitnehmer vor, deren **regelmäßiges Jahresarbeitsentgelt** die nach den Absätzen sechs bis acht der Vorschrift zu ermittelnde Jahresarbeitsentgeltgrenze übersteigt. In der vom 2.2.2007 bis zum 30.12.2010 geltenden Fassung waren Arbeitnehmer erst dann versicherungsfrei, wenn das regelmäßige Jahresarbeitsentgelt die Jahresarbeitsentgeltgrenze in drei aufeinander folgenden Kalenderjahren überstiegen hat. Dies sollte einen Wechsel von der gesetzlichen in die private Krankenversicherung erschweren und hierdurch die leistungsfähige Solidargemeinschaft in der gesetzlichen Krankenversicherung stärken.[237] Zum 31.12.2010 hat der Gesetzgeber den Zustand vor Inkrafttreten des GKV-WSG wiederhergestellt, um den Wettbewerb zwischen gesetzlicher und privater Krankenversicherung zu stärken.[238] 51

Der Vorschrift des § 6 Abs. 1 Nr. 1 SGB V liegt die gesetzgeberische Vermutung zugrunde, dass ab einer bestimmten Einkommenshöhe eine **ausreichende Eigenvorsorge** möglich ist. Grundlage der Versicherungsfreiheit ist hier also nicht die tatsächliche, sondern eine Absicherung in einem anderen Krankenversorgungssystem oder als freiwilliges Mitglied der gesetzlichen Krankenversicherung (§ 9 Abs. 1 Nr. 1, 3 SGB V).[239] Nach § 193 Abs. 3 S. 1 VVG kann jedoch nicht völlig auf eine Absicherung verzichtet werden.[240] Wer nicht in der gesetzlichen KV versichert ist, muss sich und von ihm abhängige Personen in der PKV versichern. Nachdem die auf das Arbeitsentgelt bezogene Versicherungsfreiheit zunächst auf Angestellte beschränkt war (§ 165 Abs. 1 Nr. 2 RVO), erstreckt sie sich seit der Neufassung des Krankenversicherungsrechts durch das GRG aus Gründen der Gleichbehandlung auch auf Arbeiter.[241] 52

Rechtsgrundlage für die Berechnung der **Jahresarbeitsentgeltgrenze** ist § 6 Abs. 6–8 SGB V. Sie betrug im Jahr 2003 45.900 Euro (§ 6 Abs. 6 S. 1 SGB V). In den folgenden Jahren wurde sie durch Rechtsverordnung der Bundesregierung mit Zustimmung des Bundesrats festgesetzt (§ 6 Abs. 6 S. 2–4, Abs. 8 SGB V, § 160 SGB VI).[242] Für das Jahr **2024** beträgt die Jahresarbeitsentgeltgrenze **69.300 Euro**. Eine Sonderregelung gilt für Privatversicherte, die bereits am 31.12.2002 wegen Überschreitens der Jahresarbeitsentgeltgrenze versicherungsfrei und bei einem privaten Krankenversicherungsunternehmen in einer substitutiven Krankenversicherung versichert waren. Für diese Personen gilt gem. § 6 Abs. 7 SGB V eine niedrigere Jahresarbeitsentgeltgrenze; für das Jahr 2024 beträgt sie 62.100 Euro.[243] 53

Besteht zunächst eine Versicherungspflicht nach § 5 Abs. 1 Nr. 1 SGB V und tritt sodann die Überschreitung der Jahresarbeitsentgeltgrenze ein, etwa weil der Versicherte eine Gehaltserhöhung erhalten hat, **endet die Versicherungspflicht mit Ablauf des Kalenderjahres, in dem sie überschritten wird** (§ 6 Abs. 4 S. 1 SGB V). Zusätzliche Voraussetzung ist, dass das Entgelt auch die vom Beginn des nächsten Kalenderjahres an geltende Jahresarbeitsentgeltgrenze übersteigt (§ 6 Abs. 4 S. 2 SGB V). Maßgebend ist gem. § 6 Abs. 1 Nr. 1 SGB V das „regelmäßige“[244] Jahresarbeitsentgelt und 54

237 BT-Drs. 16/3100 S. 95.

238 BT-Drs. 17/3040 S. 21.

239 Zur Frage, unter welchen Voraussetzungen die Anhebung der Versicherungspflichtgrenze verfassungsgemäß ist, siehe BVerfG 4.2.2004 SozR 4-2500 § 5 Nr. 1.

240 Vgl. BT-Drs. 16/4247 S. 58.

241 Vgl. BT-Drs. 11/2237 S. 160.

242 Vgl. VO über maßgebende Rechengrößen der Sozialversicherung für 2024 vom 24.11.2023, BGBl. I Nr. 322.

243 Zu den Gründen der deutlichen Anhebung der Jahresarbeitsentgeltgrenze durch das Beitragssatzsicherungsgesetz vom 23.12.2002 (BGBl. I S. 4637ff.) siehe BT-Drs. 15/28 S. 14.

244 Zur umstrittenen Frage des Entgeltbegriffs, insbesondere der Berücksichtigung von variablen Entgeltbestandteilen (Sonderzahlungen), instruktiv und zutreffend Rolfs, NZS 2019, 841.

somit eine vorausschauende Betrachtungsweise. Für die anzustellende Prognose ist in der Regel das vereinbarte Arbeitsentgelt auf ein zu erwartendes Jahresarbeitsentgelt für das nächste Kalenderjahr hochzurechnen.[245] Rückwirkende Erhöhungen des Entgelts werden gem. § 6 Abs. 4 S. 3 SGB V dem Kalenderjahr zugerechnet, in dem der Anspruch auf das erhöhte Entgelt entstanden ist. Erklärt der Versicherte nach entsprechendem Hinweis seiner Krankenkasse fristgerecht seinen Austritt und weist er das Bestehen eines anderweitigen Anspruchs auf Absicherung im Krankheitsfall nach, ist er ab diesem Zeitpunkt nicht mehr Mitglied der gesetzlichen Krankenversicherung; andernfalls setzt sich seine Mitgliedschaft unter den Voraussetzungen des § 9 Abs. 1 Nr. 1 SGB V als freiwillige Mitgliedschaft fort (§ 188 Abs. 4 S. 1, 2 SGB V).

b) Andere Absicherung im Krankheitsfall, § 6 Abs. 1 Nr. 2, 4, 5, 6, 8 SGB V

55 Die Versicherungsfreiheit basiert darauf, dass ein Schutz durch die gesetzliche Krankenversicherung entbehrlich ist. Grund hierfür ist bei nahezu allen Alternativen des § 6 Abs. 1 SGB V, dass zumindest teilweise eine **anderweitige Absicherung im Krankheitsfall** besteht. Das gilt etwa für Personen, die nach beamtenrechtlichen Vorschriften oder Grundsätzen bei Krankheit entweder Anspruch auf Fortzahlung der Bezüge und Beihilfe oder auf Heilfürsorge haben:

- Beamte, Richter, Soldaten auf Zeit, Berufssoldaten und sonstige Beschäftigte der in § 6 Abs. 1 Nr. 2 SGB V genannten öffentlich-rechtlichen Körperschaften oder in öffentlich-rechtlich oder privatrechtlich organisierten Spitzenverbänden[246],
- Geistliche der als öffentlich-rechtliche Körperschaften anerkannten Religionsgemeinschaften (§ 6 Abs. 1 Nr. 4 SGB V),
- hauptamtlich an privaten genehmigten Ersatzschulen beschäftigte Lehrer (§ 6 Abs. 1 Nr. 5 SGB V),
- die in § 6 Abs. 1 Nr. 2, 4 und 5 SGB V genannten Personen, wenn ihnen ein Anspruch auf Ruhegehalt oder ähnliche Bezüge zuerkannt ist (§ 6 Abs. 1 Nr. 6 SGB V),
- Personen, deren Krankenfürsorge durch die EU abgesichert ist (§ 6 Abs. 1 Nr. 8 SGB V).

c) Werkstudentenprivileg, § 6 Abs. 1 Nr. 3 SGB V

56 Nehmen pflichtversicherte Studenten eine versicherungspflichtige Beschäftigung gegen Arbeitsentgelt auf, wird die beitragsgünstige Versicherungspflicht nach § 5 Abs. 1 Nr. 9 SGB V von der Versicherungspflicht nach § 5 Abs. 1 Nr. 1 SGB V verdrängt (§ 5 Abs. 7 S. 1 SGB V). Um Studenten, die sich ihr Studium ganz oder teilweise durch eine entgeltliche Beschäftigung finanzieren müssen, den Versicherungsschutz in der studentischen Krankenversicherung zu erhalten, besteht unter den Voraussetzungen des § 6 Abs. 1 Nr. 3 SGB V Versicherungsfreiheit in dieser Beschäftigung (sog. **Werkstudentenprivileg**, zur Versicherungsfreiheit in anderen Sozialversicherungszweigen § 1 Abs. 2 S. 1 SGB XI, § 27 Abs. 4 S. 1 Nr. 2 SGB III). Zu beachten ist, dass die Vorschrift im Verhältnis zu § 5 Abs. 1 Nr. 9 SGB V einen wesentlich größeren Kreis von Studenten erfasst, da sie weder eine Einschränkung auf die Studenten an staatlichen oder staatlich anerkannten Hochschulen enthält, noch auf ein bestimmtes Alter oder eine Höchstgrenze an Semestern begrenzt ist. Das Werkstudentenprivileg erfasst nicht nur das Erststudium; auch Zweit- oder Erweiterungsstudiengänge erfüllen grundsätzlich den Tatbestand.[247] Wurde das erste juristische Staatsexamen im Freiversuch bestanden und wird bei fortbestehender Immatrikulation ein Verbesserungsversuch betrieben, greift das Privileg ebenfalls.[248] Promotionsstudenten fallen nicht unter § 6 Abs. 1 Nr. 3 SGB V.[249]

---

245 BSG 7.6.2018 NZS 2019, 18 Rn. 14.
246 BT-Drs. 11/2237 S. 160.
247 BSG 29.9.1992 BSGE 71, 144.
248 BSG 11.11.2003 SozR 4-2500 § 6 Nr. 4.
249 Vgl. Bayerisches LSG 29.9.2009 L 5 R 715/08, juris.

Dem Wortlaut nach sind von § 6 Abs. 1 Nr. 3 SGB V „ordentliche Studierende einer Hochschule oder einer der fachlichen Ausbildung dienenden Schule" betroffen, die während der Dauer ihres Studiums gegen Arbeitsentgelt beschäftigt sind. **Allein die Immatrikulation genügt für eine Versicherungsfreiheit der Beschäftigung jedoch nicht.**[250] Andernfalls könnten alle nach § 5 Abs. 1 Nr. 1 SGB V pflichtversicherten Beschäftigten, soweit sie über die Voraussetzungen für die Aufnahme des Studiums verfügen, sich durch die Immatrikulation zu den niedrigeren Beiträgen in der studentischen Krankenversicherung versichern. Die Versicherungsfreiheit nach § 6 Abs. 1 Nr. 3 SGB V erfordert deshalb neben der Studenteneigenschaft: 57

> „(...), dass das Studium Zeit und Arbeitskraft des Studenten überwiegend in Anspruch nimmt und er damit trotz Ausübung einer entgeltlichen Beschäftigung seinem Erscheinungsbild nach Student bleibt. Gesetzliches Leitbild des Werkstudentenprivilegs sind demnach Studierende, die neben ihrem Studium eine entgeltliche Beschäftigung ausüben, um sich durch Arbeit die zur Durchführung des Studiums und zur Bestreitung ihres Lebensunterhalts erforderlichen Mittel zu verdienen. Die Beschäftigung ist demgemäß nur versicherungsfrei, wenn und solange sie ‚neben' dem Studium ausgeübt wird, ihm nach Zweck und Dauer untergeordnet ist, mithin das Studium die Hauptsache, die Beschäftigung die Nebensache ist (...)."[251]

Für die Beurteilung des Verhältnisses der Beschäftigung zum Studium sind stets die Umstände des Einzelfalls zugrunde zu legen. Selbiges gilt bei einem Fernstudium.[252] In der Rechtsprechung des BSG, das wiederholt mit Fragen der Versicherungsfreiheit nach § 6 Abs. 1 Nr. 3 SGB V beschäftigt war, haben sich jedoch zwei Fallgruppen herausgebildet.[253] Zu unterscheiden ist danach zwischen Studenten, die 58
- während des Studiums erstmals eine Beschäftigung aufnehmen und solchen,
- die eine schon vor dem Studium ausgeübte Beschäftigung fortsetzen.

Nimmt ein Student **erstmals** während seines Studiums eine Beschäftigung auf, ist er in dieser Beschäftigung nach § 6 Abs. 1 Nr. 3 SGB V grundsätzlich versicherungsfrei, wenn der zeitliche Umfang der Beschäftigung eine **wöchentliche Arbeitszeit von 20 Stunden** nicht überschreitet. In besonders gelagerten Fällen kann die zeitliche Obergrenze auch überschritten werden. Das gilt etwa für vorlesungsfreie Zeiten, in denen keine besonderen Studienanforderungen bestehen.[254] 59

Handelt es sich um die **Fortsetzung** einer vor der Immatrikulation ausgeübten Tätigkeit bei demselben Arbeitgeber – regelmäßig mit geringerer Stundenzahl im Semester und in Vollzeit während der vorlesungsfreien Zeit –, ist nicht allein auf den zeitlichen Umfang der Beschäftigung abzustellen. Hier kann ein **innerer Zusammenhang** zwischen Berufstätigkeit und Studium bestehen, dem eine größere Bedeutung bei der Feststellung des Erscheinungsbildes als Student oder Beschäftigter zuzumessen ist als dem zeitlichen Umfang der Beschäftigung.[255] 60

d) Geringfügige Beschäftigung, § 7 SGB V

Einen weiteren Tatbestand der Versicherungsfreiheit enthält § 7 SGB V in Fällen geringfügiger Beschäftigung (im Einzelnen oben unter § 14 Rn. 119 ff.). Danach sind Beschäftigte in einer geringfügigen Beschäftigung i.S.d. §§ 8, 8a SGB IV versicherungsfrei, soweit es sich nicht um Beschäftigungsverhältnisse 61
- im Rahmen der betrieblichen Berufsausbildung,

---

250 BSG 19.2.1987 SozR 2200 § 172 Nr. 19; BSG 22.2.1980 SozR 2200 § 172 Nr. 14.

251 BSG 11.11.2003 SozR 4-2500 § 6 Nr. 3.

252 BayLSG 8.6.2016 BeckRS 2016, 70780.

253 BSG 11.11.2003 SozR 4-2500 § 6 Nr. 3 mit Anm. Rolfs/de Groot SGb 2004, 443 ff.

254 BSG 22.2.1980 SozR 2200 § 172 Nr. 14; BSG 21.5.1996 SozR 3-2500 § 6 Nr. 11; BSG 19.2.1987 SozR 2200 § 172 Nr. 19; BeckOGK/Peters, 1.9.2019, § 6 Rn. 41.

255 BSG 11.11.2003 SozR 4-2500 § 6 Nr. 3; BSG 10.12.1998 SozR 3-2500 § 6 Nr. 16 m.w.N.

- nach dem Jugendfreiwilligendienstgesetz vom 16.5.2008 (BGBl. I S. 842ff.) oder
- nach dem Bundesfreiwilligendienstgesetz vom 28.4.2011 (BGBl. I S. 687ff.) handelt (§ 7 Abs. 1 S. 1 SGB V).

e) Abgrenzung zwischen PKV und GKV, § 6 Abs. 3a SGB V

62 Die Anordnung von Versicherungsfreiheit in § 6 Abs. 3a SGB V dient dem **Schutz der Solidargemeinschaft** und der **Abgrenzung zwischen privater und gesetzlicher Krankenversicherung** (vgl. §§ 5 Abs. 1 Nr. 11, 9 Abs. 1 Nr. 1 SGB V). Die Norm wurde mit Wirkung vom 1.7.2000 durch das GKV-GRG 2000 vom 22.12.1999[256] in das SGB V eingefügt. In der Gesetzesbegründung führte der Gesetzgeber aus, dass „Personen, die sich frühzeitig für eine Absicherung in der privaten Krankenversicherung entschieden haben, auch im Alter dort versichert sein sollen".[257] Die Versicherungsfreiheit nach § 6 Abs. 3a SGB V steht in engem Zusammenhang mit der Entwicklung des Arbeitsmarktes in den 1990er Jahren. So hat unter anderem die Zunahme der nach § 5 Abs. 1 Nr. 2 SGB V pflichtversicherten Bezieher von Entgeltersatzleistungen des SGB III dazu geführt, dass die Zahl der Pflichtversicherten im Zeitraum von 1992–1997 um nahezu eine Million anstieg.[258]

63 Personen fortgeschrittenen Alters sind versicherungsfrei, wenn sie nach Vollendung des **55. Lebensjahres** versicherungspflichtig werden und in den letzten fünf Jahren vor Eintritt der Versicherungspflicht nicht gesetzlich krankenversichert waren (§ 6 Abs. 3a S. 1 SGB V). Versicherungsfreiheit besteht jedoch nur dann, wenn die Betroffenen selbst oder ihre Ehegatten/Lebenspartner mindestens die Hälfte der letzten fünf Jahre vor Eintritt der Versicherungspflicht versicherungsfrei, von der Versicherungspflicht befreit oder aufgrund § 5 Abs. 5 SGB V nicht versicherungspflichtig waren (§ 6 Abs. 3a S. 2, 3 SGB V). Gem. § 6 Abs. 3a S. 4 gilt die Anordnung von Versicherungsfreiheit nach S. 1 nicht für Personen, die nach § 5 Abs. 1 Nr. 13 versicherungspflichtig sind. Diese Regelung, die auf das GKV-WSG zurückgeht, war erforderlich, weil andernfalls das Ziel, denjenigen, die ihren Krankenversicherungsschutz verloren haben, wieder eine Absicherung im Krankheitsfall zu gewähren, für diesen Personenkreis nicht erreicht würde.[259] Für Bezieher von Bürgergeld greift § 5 Abs. 5a SGB V.

2. Die Befreiung von der Versicherungspflicht (§ 8 SGB V)

64 Im Gegensatz zu den Vorschriften über die Versicherungspflicht und -freiheit, die den Versichertenkreis gesetzlich festlegen, ermöglicht § 8 SGB V einzelnen versicherungspflichtigen Personengruppen, die Entscheidung für oder gegen eine Mitgliedschaft in der gesetzlichen Krankenversicherung selbst zu treffen. Hintergrund aller Befreiungstatbestände des § 8 Abs. 1 SGB V ist ein vom Gesetzgeber anerkanntes Interesse der Versicherten, ihren vor Eintritt der Versicherungspflicht bestehenden **privaten Versicherungsstatus** aufrechtzuerhalten, d.h. auch weiterhin privatversichert zu bleiben. Daraus folgt, dass eine Befreiung von der Versicherungspflicht nur für Personen in Betracht kommen kann, die zuvor **nicht pflichtversichert** waren. Ändert sich lediglich der Tatbestand, aus dem sich die Versicherungspflicht ergibt, besteht nach dem Sinn und Zweck des § 8 SGB V keine Befreiungsmöglichkeit. Zu den zentralen Voraussetzungen der Befreiung von der Versicherungspflicht gehört deshalb nach § 8 Abs. 1 SGB V, dass es sich um eine Person handelt, die „versicherungspflichtig wird".

256 BGBl. I S. 2626ff.
257 BT-Drs. 14/1245 S. 59.
258 BT-Drs. 14/1245 S. 59f.
259 BT-Drs. 16/3100 S. 96.

a) Die Befreiungstatbestände des § 8 Abs. 1 SGB V

Arbeiter und Angestellte mit einem regelmäßigen Jahresarbeitsentgelt oberhalb der **Jahresarbeitsentgeltgrenze** sind unter den Voraussetzungen des § 6 Abs. 1 Nr. 1, Abs. 4 SGB V versicherungsfrei. Steigt das Arbeitsentgelt des nach § 6 Abs. 1 Nr. 1 SGB V versicherungsfreien Arbeitnehmers in der Folgezeit aber nur unterdurchschnittlich, können die nach § 6 Abs. 6–8 SGB V vorzunehmenden Anpassungen der Jahresarbeitsentgeltgrenze seine Einkommenshöhe erreichen und überschreiten. In diesem Fall tritt die Versicherungspflicht nach § 5 Abs. 1 Nr. 1 SGB V ein. **§ 8 Abs. 1 Nr. 1 SGB V** ermöglicht den Betroffenen, sich von der Versicherungspflicht befreien zu lassen und ihren bis dahin bestehenden Versicherungsschutz aufrechtzuerhalten. 65

Die vom Gesetzgeber für das Jahr 2003 unabhängig von der Entwicklung der Bruttolöhne und -gehälter vorgenommene deutliche Erhöhung der Jahresarbeitsentgeltgrenze in § 6 Abs. 6 S. 1 SGB V berechtigt jedoch nicht zu einer Befreiung von der Versicherungspflicht (§ 8 Abs. 1 Nr. 1 SGB V verweist nur auf § 6 Abs. 6 S. 2 und Abs. 7 SGB V). Hiervon sind jedoch nur die nach § 6 Abs. 1 Nr. 1 SGB V versicherungsfreien Arbeitnehmer betroffen, die am 31.12.2002 nicht privat krankenversichert waren. Für zu diesem Zeitpunkt privatversicherte Arbeitnehmer gilt die niedrigere Jahresarbeitsentgeltgrenze des § 6 Abs. 7 SGB V. 66

§ 8 Abs. 1 Nr. 1a SGB V ist im Zusammenhang mit der Versicherungspflicht nach § 5 Abs. 1 Nr. 2 SGB V zu sehen. Die in dieser Vorschrift genannten Bezieher von **Geldleistungen nach dem SGB III** sind unabhängig von der Art ihrer Vorversicherung versicherungspflichtig. Bislang Privatversicherte können gem. § 8 Abs. 1 Nr. 1a SGB V ihre Versicherung beibehalten. Voraussetzung ist jedoch, dass sie über eine längere Zeit (fünf Jahre) nicht versicherungspflichtig waren und die Leistungen ihres Versicherungsunternehmens den Leistungen der gesetzlichen Krankenversicherung nach Art und Umfang entsprechen. Für Empfänger von Bürgergeld greift § 5 Abs. 5a SGB V. 67

Nach § 15 Abs. 4 S. 1 BEEG ist während der **Elternzeit** eine Erwerbstätigkeit zulässig, wenn die vereinbarte wöchentliche Arbeitszeit für den Elternteil, der eine Elternzeit nimmt, 30 Stunden nicht übersteigt. Soweit ein solches Beschäftigungsverhältnis nicht als geringfügige Beschäftigung gem. §§ 8 SGB IV, 7 SGB V versicherungsfrei ist, ermöglicht **§ 8 Abs. 1 Nr. 2 SGB V** eine auf die Dauer der Elternzeit begrenzte Befreiung von der Versicherungspflicht. Die Vorschrift betrifft allerdings nur Personen, die durch die Aufnahme einer Erwerbstätigkeit während der Elternzeit versicherungspflichtig werden. Sie ist nicht auf Personen anwendbar, die unmittelbar vor Beginn der Elternzeit schon versicherungspflichtig waren. In diesem Fall bleibt die Mitgliedschaft in der gesetzlichen Krankenversicherung während der Elternzeit nach § 192 Abs. 1 Nr. 2 SGB V erhalten. 68

Auch während einer **Pflegezeit** (§§ 3 PflegeZG, 2 FamilienpflegeZG) in Teilzeit Beschäftigte haben die Möglichkeit, sich für die Dauer dieser Pflegezeit von der Versicherungspflicht befreien zu lassen. Stellt der Beschäftigte seine Tätigkeit während der Pflegezeit hingegen gänzlich ein, erlischt die Versicherungspflicht unmittelbar ohne den Fortbestand einer beitragsfreien Versicherungspflicht gem. § 7 Abs. 3 SGB IV. Der Begriff der Nachpflegephase ist durch die veränderte Förderstruktur bei der Familienpflegezeit im Zuge des Gesetzes zur besseren Vereinbarkeit von Familie, Pflege und Beruf mit Wirkung vom 1.1.2015[260] entfallen[261]; § 8 Abs. 3 SGB V enthält daher eine Übergangsregelung für Personen in der Nachpflegephase. 69

Mit **§ 8 Abs. 1 Nr. 3 SGB V** soll ein Beitrag zur Förderung der **Teilzeitarbeit** geleistet werden. Bei nicht versicherungspflichtigen Arbeitnehmern (§ 6 Abs. 1 Nr. 1 SGB V), die auf Teilzeitarbeit übergehen, unterschreitet die neue Einkommenshöhe häufig die Jahresarbeitsentgeltgrenze.[262] Damit wären sie in der gesetzlichen Krankenversicherung pflichtversichert (§ 5 Abs. 1 Nr. 1 SGB V). Für privat Krankenversicherte ist der Eintritt der Versicherungspflicht häufig nicht interessengerecht, wenn ihr privater Krankenversicherungsschutz schon über längere Zeit besteht. Die Gesetzesbegründung zu § 173 RVO, der Vorgängervorschrift des § 8 Abs. 1 Nr. 3 SGB V, führt diesbezüglich aus: 70

---

260 BGBl. I S. 2462.
261 BT-Drs. 18/3124 S. 43.
262 Zur Bestimmung des Vergleichsmaßstabs „regelmäßige Wochenarbeitszeit", Krauskopf/Vossen SGB V § 8 Rn. 17.

„Wenn nicht versicherungspflichtige Angestellte auf Teilzeitarbeit übergehen und dadurch ihr Gehalt die Versicherungspflichtgrenze unterschreitet, werden sie in der gesetzlichen Krankenversicherung pflichtversichert. Für langjährig Privatversicherte ist dieses Ergebnis häufig unbefriedigend; es kann ihre Entscheidung, auf Teilzeitarbeit überzugehen, ungünstig beeinflussen. Dieses Hindernis soll im Interesse der Förderung der Teilzeitarbeit beseitigt werden. Den Angestellten, die von Vollzeit- auf Teilzeit übergehen und die mindestens seit 5 Jahren als Angestellte nicht versicherungspflichtig und bei einem privaten Krankenversicherungsunternehmen versichert waren, wird es ermöglicht, sich von der Versicherungspflicht befreien zu lassen (...).“[263]

71 Voraussetzung des § 8 Abs. 1 Nr. 3 SGB V ist der unmittelbare Übergang von einer versicherungsfreien Beschäftigung zu einer versicherungspflichtigen Teilzeitbeschäftigung. Erforderlich ist eine Kausalbeziehung zwischen der Herabsetzung der Arbeitszeit und dem Eintritt der Versicherungspflicht. Privat Krankenversicherte, die in keinem Beschäftigungsverhältnis stehen, können sich nicht von der Versicherungspflicht gem. § 8 Abs. 1 Nr. 3 SGB V befreien lassen, wenn sie eine versicherungspflichtige Teilzeitbeschäftigung aufnehmen. Das BSG hat eine entsprechende Klage unter anderem mit folgender Begründung abgewiesen:

„Der Kl. war bei Aufnahme der Teilzeitbeschäftigung und Beginn der Versicherungspflicht am 1.1.1997 nicht wegen der Höhe seines Entgelts in einer Beschäftigung seit mindestens fünf Jahren versicherungsfrei. Hierzu reicht es nicht aus, dass ein Versicherter wie der Kl. vor Eintritt der Versicherungspflicht irgendwann insgesamt fünf Jahre wegen Überschreitens der Jahresarbeitsentgeltgrenze versicherungsfrei gewesen ist. Die fünf Jahre Versicherungsfreiheit wegen Überschreitens der Jahresarbeitsentgeltgrenze müssen vielmehr unmittelbar vor dem Beginn der Versicherungspflicht durch Herabsetzung der Arbeitszeit bestanden haben. Dies ergibt sich schon aus dem Wortlaut. In Halbsatz 3 wird gefordert, dass der Beschäftigte seit mindestens fünf Jahren, also in dem der Versicherungspflicht vorausgehenden Zeitraum, aus dem genannten Grunde versicherungsfrei gewesen sein muss (...).“[264]

72 Durch das GKV-FinG wurden mit Wirkung zum 1.1.2011 auch Beschäftigte, die im Anschluss an die Zeiten des Bezugs von Elterngeld oder der Inanspruchnahme von Elternzeit oder Pflegezeit eine entsprechende Teilzeitbeschäftigung aufnehmen, die bei Vollbeschäftigung zur Versicherungsfreiheit nach § 6 Abs. 1 Nr. 1 SGB V führen würde, in die Befreiungsmöglichkeit des § 8 Abs. 1 Nr. 3 SGB V eingeschlossen.

Weitere Befreiungstatbestände sind in § 8 Abs. 1 Nr. 4–7 SGB V geregelt. Von der Versicherungspflicht wird danach befreit, wer aufgrund:

- Rentenantragstellung, Rentenbezug, Teilnahme an einer Leistung zur Teilhabe am Arbeitsleben (§ 5 Abs. 1 Nr. 6, 11–12 SGB V),
- Immatrikulation, berufspraktischer Tätigkeit (§ 5 Abs. 1 Nr. 9, 10 SGB V; siehe zur Reichweite der Befreiung bei der Einschreibung als Student BSG 23.6.1994 BSGE 74, 271),
- Beschäftigung als Arzt im Praktikum oder
- Tätigkeit in einer Einrichtung für behinderte Menschen (§ 5 Abs. 1 Nr. 7, 8 SGB V)

versicherungspflichtig wird.

b) Antrag und Antragsfrist, § 8 Abs. 1, 2 SGB V

73 Bei allen Befreiungstatbeständen des § 8 Abs. 1 SGB V setzt die Befreiung von der Versicherungspflicht einen formlosen **Antrag des Versicherungspflichtigen** voraus, in dessen Person die Voraussetzungen eines Befreiungstatbestandes vorliegen. Der Antrag muss den allgemeinen Anforderungen empfangsbedürftiger Willenserklärungen genügen. Der Antrag ist gem. § 8 Abs. 2 S. 1 SGB V innerhalb von **drei Monaten nach Beginn der Versicherungspflicht** bei der gewählten Krankenkasse

263 BT-Drs. 10/4761 S. 26.
264 BSG 27.1.2000 NZS 2000, 551f.

des Antragstellers bzw. bei einer der wählbaren Krankenkassen (§ 173 Abs. 2 SGB V) zu stellen.[265] Wann die Versicherungspflicht beginnt, ergibt sich aus den §§ 186, 189 SGB V. So ist etwa in den Fällen des § 8 Abs. 1 Nr. 1 und 3 SGB V der Zeitpunkt ausschlaggebend, in dem die Jahresarbeitsentgeltgrenze nicht mehr überschritten wird.

Für die **Fristberechnung** gilt § 26 Abs. 1 SGB X i.V.m. §§ 187 Abs. 2, 188 Abs. 2 BGB. Fraglich ist, ob bei Fristversäumnis eine Wiedereinsetzung in den vorigen Stand möglich ist. 74

Beispiel:
A ist wegen Erhöhung der Jahresarbeitsentgeltgrenze zum 1.1.2007 versicherungspflichtig geworden (§ 5 Abs. 1 Nr. 1 SGB V). Am 1.3.2007 wurde er Opfer eines Verkehrsunfalls. Aufgrund eines schweren Schädelhirntraumas lag er in der Folgezeit einige Wochen im Krankenhaus und konnte erst nach langwieriger Rehabilitation am 1.7.2007 aus der Klinik entlassen werden. Am 2.7.2007 stellte er den Antrag auf Befreiung von der Versicherungspflicht.

A wurde zum 1.1.2007 versicherungspflichtig. Gem. § 8 Abs. 2 S. 1 SGB V, § 26 Abs. 1 SGB X, §§ 187 Abs. 2, 188 Abs. 2, 193 BGB hätte er den Antrag auf Befreiung von der Versicherungspflicht grundsätzlich bis spätestens 1.4.2007 stellen müssen.

Der Krankenhausaufenthalt des A könnte zu einer **Hemmung** der Frist des § 8 Abs. 2 S. 1 SGB V führen (§§ 45 Abs. 2 SGB I, 113 Abs. 2 SGB X i.V.m. § 210 BGB).[266] Ist A aufgrund seines schweren Schädelhirntraumas geschäftsunfähig i.S.d. § 104 Nr. 2 BGB gewesen, würde nach § 210 BGB eine Hemmung des Fristablaufs eintreten.[267]

A könnte auch **Wiedereinsetzung in den vorigen Stand** nach § 27 Abs. 1 S. 1 SGB X beantragen. Die Wiedereinsetzung in den vorigen Stand gilt nicht nur bei Verfahrensfristen, sondern seit Inkrafttreten des SGB X auch bei materiell-rechtlichen Fristen des Sozialrechts.[268] Eine Wiedereinsetzung ist gem. § 27 Abs. 5 SGB X unzulässig, wenn sich aus einer Rechtsvorschrift ergibt, dass diese ausgeschlossen ist. Dies kann entweder ausdrücklich bestimmt sein oder sich aus Sinn und Zweck der Vorschrift ergeben. Maßgeblich ist hierbei, wie der Gesetzgeber das öffentliche Interesse an der Einhaltung der Frist einerseits und das Interesse des Einzelnen an ihrer nachträglichen Wiedereröffnung andererseits bewertet.[269] Ausgeschlossen ist die Wiedereinsetzung, wenn nach Sinn und Zweck der Rechtsvorschrift die gesetzliche Regelung „mit der Frist steht oder fällt".[270] Das BSG hat im Falle der Versäumnis einer Frist für den Eintritt zur gesetzlichen Krankenversicherung nach Erlöschen einer Familienbeihilfe (§ 176b Abs. 2 S. 2 RVO) eine Wiedereinsetzung bejaht.[271] Die Koordinierung mit der ebenfalls dreimonatigen Beitrittsfrist des § 8 Abs. 2 SGB V[272] spricht dafür, die Rechtsprechung des BSG auch auf die Befreiungstatbestände des § 8 Abs. 1 SGB V anzuwenden.[273] Denn sowohl bei § 8 SGB V als auch bei § 9 SGB V handelt es sich um keine statusändernde Neubegründung eines Versicherungspflichtverhältnisses.

---

c) Befreiung durch Verwaltungsakt

Die Befreiung erfolgt durch **Verwaltungsakt** der Krankenkasse. Soweit der Versicherte zwischenzeitlich keine Leistungen in Anspruch genommen hat, wird sie **rückwirkend vom Beginn der Versicherungspflicht** erteilt (§ 8 Abs. 2 S. 2 SGB V). Die Krankenkasse kann die Befreiung gem. § 8 Abs. 2 S. 3 SGB V nicht widerrufen (§§ 46, 47 SGB X). Hiermit wird das Vertrauen des Betroffenen auf die Befreiung geschützt. Unerheblich für die Wirksamkeit der Befreiung sind ferner deren Bestandskraft oder ein Irrtum über nicht erkannte und nicht gewollte Nebenfolgen.[274] Die Befreiung von der Ver- 75

---

265 BSG 27.1.2000 NZS 2000, 551.
266 S. zur Hemmung BSG 19.6.1963 BSGE 19, 173; LSG Baden-Württemberg 10.5.2000 – L 5 Ka 1050/99, n.v.
267 Hierzu OLG München 8.11.1988 NJW-RR 1989, 255.
268 BSG 5.2.2004 NZS 2005, 38 Rn. 3.
269 BSG 25.10.1988 SozR1300 § 27 Nr. 4.
270 BSG 16.12.1993 BeckRS 1993, 30747302.
271 BSG 11.5.1993 SozR 3-2200 § 176b Nr. 1; bestätigend BSG 14.5.2002 SozR 3-2500 zu § 9 Nr. 4 SGB V im Falle des vorherigen Ausscheidens aus der Familienversicherung; BSG 28.5.2008 SozR 4-2500 § 9 Nr. 2 Rn. 14 grundsätzlich im Falle der Versäumung der Frist für den Beitritt zur freiwilligen Versicherung.
272 Vgl. BeckOGK/Herbst, 15.2.2024, § 8 SGB V Rn. 66.
273 LSG Sachsen 29.1.2002 BeckRS 2002, 30933953 insoweit bejahend, als die Wiedereinsetzung erst nach Ablauf der Jahresfrist (§ 27 Abs. 3 SGB X) ausgeschlossen wurde.
274 LSG Berlin-Brandenburg 7.1.2014 BeckRS 2018, 18149.

sicherungspflicht sollte wegen ihrer weitgehenden Wirkung stets gut durchdacht sein (§§ 6 Abs. 3, 10 Abs. 1 S. 1 Nr. 3 SGB V, § 20 Abs. 1 S. 1 SGB XI[275]). Die Befreiung erstreckt sich gem. § 6 Abs. 3 S. 1 SGB V auch auf hinzutretende Tatbestände der Versicherungspflicht. Fällt das der Befreiung zugrunde liegende Rechtsverhältnis jedoch weg, endet die Versicherungsfreiheit. Der befreiende Verwaltungsakt wird in diesem Fall durch Erledigung gegenstandslos, ohne dass es eines Widerrufs oder einer Aufhebung bedarf (§ 39 Abs. 2 SGB X).[276] Die Befreiung ist dann nicht auf andere, sich später ergebende Versicherungspflichttatbestände übertragbar. Ein Wechsel des Versicherungspflichttatbestands führt zu einer Wirkungslosigkeit einer Befreiungsentscheidung.[277]

Beispiel:
A bezieht eine Rente der gesetzlichen Rentenversicherung. Er hat sich gem. § 8 Abs. 1 Nr. 4 SGB V von der Versicherungspflicht nach § 5 Abs. 1 Nr. 11 SGB V befreien lassen. Aufgrund der Befreiung bleibt er auch dann versicherungsfrei, wenn er einen weiteren Tatbestand der Versicherungspflicht nach § 5 Abs. 1 Nr. 1 oder 5–13 SGB V erfüllt (§ 6 Abs. 3 S. 1 SGB V). Seine Versicherungsfreiheit endet erst in dem Zeitpunkt, in dem die Versicherungspflicht nach § 5 Abs. 1 Nr. 11 SGB V entfällt, von der A befreit worden ist.

Für die nach § 5 Abs. 1 Nr. 3, 4 SGB V versicherten Personengruppen gelten Sonderregelungen (§§ 6ff. KSVG, §§ 4f. KVLG 1989).

V. Versicherungsberechtigung (§ 9 SGB V)

1. Funktion der freiwilligen Versicherung

76 Das **Mitgliedschaftsverhältnis** in der gesetzlichen Krankenversicherung beruht bei der überwiegenden Mehrheit der Versicherten auf einem Tatbestand der Versicherungspflicht (§ 5 Abs. 1 SGB V). Im März 2019 belief sich der Anteil versicherungspflichtiger Krankenkassenmitglieder bundesweit auf 91,5 Prozent. Vervollständigt wird der Mitgliederkreis durch freiwillige Mitglieder, deren Anteil im März 2019 8,5 Prozent betrug.[278] Diese Mitgliederverteilung ist die Folge eines in § 5 Abs. 1 SGB V sehr weit gezogenen Kreises versicherungspflichtiger Personen.

77 Mit der Einführung des **§ 188 Abs. 4 SGB V** zum 1.8.2013[279] ist der **Anwendungsbereich** des § 9 SGB V **stark eingeschränkt** worden. Gem. § 188 Abs. 4 SGB V setzt sich die Versicherung nach dem Ausscheiden aus der Versicherungspflicht oder der Familienversicherung grundsätzlich qua Gesetz als freiwillige Mitgliedschaft fort, sofern das Mitglied nicht fristgerecht seinen Austritt erklärt. Hierdurch soll der Grundsatz des Vorrangs der freiwilligen Versicherung vor der nachrangigen Versicherungspflicht gestärkt sowie vermieden werden, dass die betroffenen Personen durch eine verspätete Rückkehr zu ihrer letzten Krankenkasse hohe Beitragsschulden aufgebaut haben.[280] Vor der Einführung der Vorschrift bestand nur in den Fallgruppen des § 9 Abs. 1 SGB V die Möglichkeit einer freiwilligen Versicherung.[281] Aus Gründen der Rechtsklarheit sollten § 9 SGB V und § 188 Abs. 4 SGB V zusammengeführt werden.[282]

275 LSG Nordrhein-Westfalen 30.3.2023, L 9 AL 93/22, juris: Die Befreiung von der Krankenversicherungspflichtig schlägt auf die Pflegeversicherungspflicht durch.
276 BSG 10.11.2022, NZS 2023, 623ff., Rn. 13ff.
277 BSG 23.7.2018 NZS 2018, 747 Rn. 10; BSG 25.5.2011 SozR 4-2500 § 8 Nr. 3.
278 GKV-Statistik KM1, BMG, Stand: 1.4.2019.
279 BGBl. I S. 2423.
280 BT-Drs. 17/13947 S. 27.
281 Numerus clausus der Beitrittsrechte, BeckOGK/Peters, 1.8.2019, § 9 SGB V Rn. 10.
282 Vgl. BeckOK SozR/Ulmer, 72. Edition (01.03.2024), § 9 SGB V Einleitung.

Die Versicherungsberechtigung gem. § 9 SGB V ist so gestaltet, dass sie nur einen begrenzten Zugang zur Krankenversicherung eröffnet. Vergleichbar mit der Festlegung des pflichtversicherten Personenkreises in § 5 Abs. 1 SGB V ist die Bestimmung des Kreises der Versicherungsberechtigten in der Regel an der **Schutzbedürftigkeit des Betroffenen** orientiert.[283] In erster Linie ergibt sich die Schutzbedürftigkeit aus dem Wegfall einer über längere Zeit bestehenden Pflichtversicherung (sog. Weiterversicherung, § 9 Abs. 1 Nr. 1, 2, 4, 5 SGB V). In diesen Fällen kann sich die ehemalige Pflichtversicherung für die Betroffenen deshalb nachteilig auswirken, weil sie aufgrund ihres höheren Eintrittsalters, unter Umständen auch wegen einer (altersbedingten) Verschlechterung ihres Gesundheitszustandes, eine private Krankenversicherungspolice nur noch zu ungünstigeren Konditionen abschließen können. 78

Im Hinblick auf den Personenkreis, für den entweder eine freiwillige Versicherung nach § 9 SGB V oder eine private Krankenversicherung in Betracht kommt, liegt eine **formale Wettbewerbssituation zwischen GKV und PKV** vor.[284] Einer Vielzahl von Nachfragern der Krankenversicherung steht eine Vielzahl von Anbietern auf Seiten der Versicherer gegenüber. Im Verhältnis zwischen GKV und PKV fehlen jedoch wesentliche Elemente einer echten Wettbewerbsbeziehung. Die Krankenkassen haben nur eine eingeschränkte Gestaltungsfreiheit im Hinblick auf den Preis und den Inhalt des von ihnen angebotenen „Versicherungsprodukts“ (§ 194 Abs. 2 S. 2 SGB V). Zudem unterscheiden sich die rechtlichen Rahmenbedingungen zwischen gesetzlicher und privater Krankenversicherung erheblich. Während die privaten Krankenversicherungsunternehmen die Krankenversicherung zu risikogerechten Versicherungsprämien anbieten,[285] werden die Beiträge der freiwillig Versicherten anhand ihrer wirtschaftlichen Leistungsfähigkeit und nicht anhand des individuellen Risikos ermittelt (§ 240 Abs. 1 S. 2 SGB V). Mit Inkrafttreten des GRG sind sämtliche risikobezogenen Beitragselemente in der freiwilligen Versicherung beseitigt worden.[286] 79

Die Tatbestände der Versicherungsberechtigung sind in den Jahren nach dem GRG immer **restriktiver** gefasst worden. Durch die **Begrenzung** des versicherungsberechtigten Personenkreises sollten das **Solidaritätsprinzip** der gesetzlichen Krankenversicherung gestärkt und unzumutbare Belastungen für die Versichertengemeinschaft vermieden werden.[287] Diese Intention des Gesetzgebers ist angesichts der Interessenlage der Personen, für die eine freiwillige Versicherung in Betracht kommt, nachvollziehbar. Berücksichtigt man ausschließlich wirtschaftliche Motive, werden sich die Betroffenen nur dann für den Beitritt zur gesetzlichen Krankenversicherung entscheiden, wenn sie dort zu günstigeren Konditionen versichert sind als bei privaten Krankenversicherungsunternehmen. Die Vorzüge der gesetzlichen Krankenversicherung liegen vor allem in der nicht am individuellen Risiko, sondern dem Einkommen der Versicherten orientierten Beitragshöhe (§§ 226 ff. SGB V) und in der beitragsfreien Familienversicherung nach § 10 SGB V. Es ist somit davon auszugehen, dass ein Beitritt unter Berücksichtigung der genannten gesetzlichen Rahmenbedingungen umso eher in Betracht kommt, je höher das individuelle Risiko und je geringer das Einkommen des Versicherungsberechtigten ist bzw. ob und wie viele seiner Angehörigen über § 10 SGB V beitragsfrei versichert sein werden. Die aus der Sicht des Versicherungsberechtigten wirtschaftlich sinnvolle Entscheidung für oder gegen den Beitritt nach § 9 Abs. 2 SGB V steht dem Interesse der gesetzlichen Krankenversicherung an der Sicherung ihrer finanziellen Leistungsfähigkeit deshalb tendenziell immer entgegen. 80

---

283 BeckOGK/Peters, 1.8.2019, § 9 SGB V Rn. 2.

284 Zum Ganzen Fuchs, Wettbewerb zwischen PKV und GKV, S. 317.

285 Zum Äquivalenzprinzip siehe Merkens/von Birgelen S. 24.

286 Zur Berücksichtigung individueller Risiken freiwillig Versicherter in der RVO Fuchs, Wettbewerb zwischen PKV und GKV, S. 317.

287 BT-Drs. 11/2237 S. 160 f. und BT-Drs. 12/3608 S. 76 für das GRG und GSG.

2. Die Beitrittstatbestände im Einzelnen

81 Um der gesetzlichen Krankenversicherung nach **§ 9 Abs. 1 S. 1 Nr. 1 SGB V** freiwillig beitreten zu können, müssen Versicherte eine bestimmte Vorversicherungszeit zurückgelegt haben. Ein Beitritt nach § 9 Abs. 1 S. 1 Nr. 1 SGB V kommt für Personen in Betracht, die:
- in den letzten fünf Jahren vor ihrem Ausscheiden aus der Pflichtversicherung insgesamt mindestens 24 Monate (1. Alt.) oder
- in den letzten zwölf Monaten unmittelbar vor ihrem Ausscheiden ununterbrochen versichert waren (2. Alt.).

82 Seit dem 1.8.2013 ist § 188 Abs. 4 SGB V[288] vorrangig zu prüfen; eine Vorversicherungszeit ist hiernach nicht erforderlich.[289] Die **Berechnung der Vorversicherungszeit** für den verbleibenden Anwendungsbereich nach § 9 Abs. 1 S. 1 Nr. 1 SGB V erfolgt nach § 26 Abs. 1 SGB X i. V. m. §§ 187 Abs. 2, 188 Abs. 2 BGB.[290] Sie beträgt demnach 365 oder 366 Tage. Die Sonderregel des § 9 Abs. 1 S. 2 SGB V beruht darauf, dass vor deren Einführung für **Bezieher von Arbeitslosengeld** keine Möglichkeit der Weiterversicherung gem. § 9 Abs. 1 SGB V bestand, wenn sie diese Leistung nicht länger als zwölf Monate erhalten (Anspruchsdauer, §§ 147 Abs. 2 n. F., 339 SGB III; zwölf Monate = 360 Tage)[291] und neben der Versicherung nach § 5 Abs. 1 Nr. 2 SGB V keine weiteren Versicherungszeiten absolviert hatten.[292]

83 Als **berücksichtigungsfähige Zeiten** kommen nach dem Gesetzeswortlaut des § 9 Abs. 1 Nr. 1 SGB V nur **Zeiten der Pflichtversicherung** in Betracht („aus der Versicherungspflicht ausgeschieden sind ..."). Es ist jedoch davon auszugehen, dass über den Gesetzeswortlaut hinaus auch Zeiten der freiwilligen Versicherung in die Vorversicherungszeit einzubeziehen sind.[293] Sachliche Gründe für eine Unterscheidung zwischen Vorversicherungszeiten aufgrund einer Pflichtversicherung und solchen aufgrund einer freiwilligen Versicherung sind nicht erkennbar (zur Behandlung der Vorversicherungszeiten im Rahmen der KVdR siehe unter § 20 Rn. 22 ff.).

84 **§ 9 Abs. 1 S. 1 Nr. 2 SGB V** eröffnet eine Beitrittsmöglichkeit für **Familienangehörige**, deren Versicherung nach § 10 SGB V erlischt oder nur deswegen nicht besteht, weil die Voraussetzungen des § 10 Abs. 3 SGB V vorliegen. Im ersten Fall liegt eine Weiterversicherung im engeren Sinne vor; hier ist vorrangig § 188 Abs. 4 SGB V zu prüfen. Im zweiten Fall besteht keine Konkurrenz zu § 188 Abs. 4 SGB V. Neben eigenen Vorversicherungszeiten können auch die Vorversicherungszeiten des Elternteils, der die Familienversicherung vermittelt hat, für die Versicherungsberechtigung herangezogen werden. De lege lata kann auch ein zuvor privat krankenversicherter Rentner, der vorübergehend durch Wahl einer Teilrente in die Familienversicherung seines Ehepartners aufgenommen wird, nach Rückkehr zur Vollrente nach § 188 Abs. 4 SGB V freiwillig weiterversichert sein.[294] Das führt dazu, dass die besonderen Voraussetzungen für die Aufnahme in die KVdR (§§ 5 Abs. 1 Nr. 11, 6 Abs. 3a SGB V) unterlaufen werden können (siehe § 10 Rn. 25).

85 Das Beitrittsrecht bei **erstmaliger Aufnahme einer Beschäftigung im Inland** unter **Überschreiten der Jahresarbeitsentgeltgrenze** wurde zum 1.1.2011 durch das GKV-FinG[295] in **§ 9 Abs. 1 S. 1 Nr. 3 SGB V** wiedereingeführt.[296] Erfasst sind zum einen inländische Berufsanfänger, die in ihrer ersten Beschäftigung sogleich über der Jahresarbeitsentgeltgrenze liegen. Zum anderen sind Personen erfasst, die bereits im Ausland einer Beschäftigung nachgegangen sind und in ihrer ersten

---

288 BGBl. I S. 2423.
289 Zum Verhältnis des § 188 Abs. 4 SGB zu § 9 Abs. 1 S. 1 Nr. 1 SGB siehe BeckOGK/Peters, 1.8.2019, § 9 SGB V Rn. 23.
290 BSG 19.6.2001 SozR 3-2500 § 9 Nr. 3.
291 S. hierzu BSG 19.6.2001 SozR 3-2500 § 9 Nr. 3.
292 Vgl. auch BT-Drs. 15/1515 S. 118.
293 HS-KV/Bloch § 17 Rn. 47 m. w. N.
294 LSG Baden-Württemberg 24.1.2024 BeckRS 2024, 4866.
295 BGBl. I S. 2309.
296 Hierzu BeckOGK/Peters, 1.8.2019, § 9 SGB V Rn. 28 ff.

Inlandsbeschäftigung die Jahresarbeitsentgeltgrenze überschreiten. Der Gesetzgeber begründete diese klarstellende Ergänzung mit der zunehmenden Internationalisierung des Arbeitsmarkts.[297]

Mit der Bestimmung in **§ 9 Abs. 1 Nr. 4 SGB V** soll **schwerbehinderten Menschen** i. S. d. § 2 SGB IX die Möglichkeit zum Beitritt zur gesetzlichen Krankenversicherung eröffnet werden.[298] Allerdings ist hier eine verlängerte Vorversicherungszeit von mindestens drei Jahren innerhalb der letzten fünf Jahre vor dem Beitritt zurückzulegen. Sie gilt jedoch nicht, soweit die Behinderung der Erfüllung dieser Voraussetzung entgegenstand. Zudem kann die Vorversicherungszeit auch durch die jeweils von einem Elternteil, dem Ehegatten oder Lebenspartner des schwerbehinderten Menschen zurückgelegten Versicherungszeiten erfüllt werden. Nach der Rechtsprechung des BSG besteht kein Beitrittsrecht, wenn die notwendige Vorversicherungszeit verfehlt wird, weil ein möglicher anderweitiger Beitritt zur gesetzlichen Krankenversicherung nicht genutzt wurde.[299] Je nach Fallgestaltung kann vorrangig § 188 Abs. 4 SGB V greifen. 86

Nach **§ 9 Abs. 1 S. 1 Nr. 5 SGB V** können Arbeitnehmer der gesetzlichen Krankenversicherung freiwillig beitreten, deren Mitgliedschaft durch eine **Beschäftigung im Ausland oder bei einer internationalen Organisation** mit Sitz im Inland beendet wurde und die innerhalb von zwei Monaten nach ihrer Rückkehr nach Deutschland bzw. nach Beendigung der Beschäftigung bei besagter Organisation eine versicherungsfreie Beschäftigung aufnehmen. Die frühere Mitgliedschaft in der gesetzlichen Krankenversicherung muss gerade aufgrund der Beschäftigung geendet haben; anderweitige längere Auslandsaufenthalte erfüllen den Tatbestand nicht. 87

Die Zugehörigkeit eines Rentners zum versicherungspflichtigen Personenkreis bedeutet in der Regel eine erhebliche Beitragsentlastung. Nachdem das BVerfG die Begrenzung des § 5 Abs. 1 Nr. 11 SGB V auf Zeiten der Pflichtversicherung zum Teil für unvereinbar mit Art. 3 Abs. 1 GG erklärt hatte,[300] sind seit 1.4.2002 viele **Rentner** wieder in die Pflichtversicherung einbezogen. Es gibt jedoch Fallgestaltungen, in denen sich die Anordnung der Versicherungspflicht nachteilig auswirkt.[301] Unter den Voraussetzungen des **§ 9 Abs. 1 S. 1 Nr. 6 SGB V a. F.** wurde freiwillig versicherten Rentnern deshalb eine Versicherungsberechtigung eingeräumt. Im Gegensatz zu den anderen Alternativen des § 9 SGB V geht es hier also nicht um den Beitritt zur gesetzlichen Krankenversicherung, sondern um den atypischen Fall eines Wechsels des **Versichertenstatus** – von der Pflicht- zur freiwilligen Versicherung. Die Vorschrift hatte daher durch Zeitablauf kaum einen praktischen Anwendungsbereich und wurde daher 2019 mit dem TSVG[302] aufgehoben.[303] 88

Durch das Gesetz zur Weiterentwicklung der Fachkräfteeinwanderung von 2023[304] erhielt **§ 9 Abs. 1 Nr. 6 SGB V** seine heutige Fassung. Er ermöglicht es Personen, die **eine Aufenthaltserlaubnis zu Forschungszwecken** nach § 18d Abs. 1 AufenthG haben, sich freiwillig in der gesetzlichen KV zu versichern, selbst wenn sie keiner versicherungspflichtigen Tätigkeit nachgehen. Diese Personen konnten sich früher nur privat versichern.[305] Durch die Schaffung der Wahlmöglichkeit zwischen privater und gesetzlicher Krankenversicherung soll die Fachkräftezuwanderung im Bereich der Wissenschaft gefördert werden. Der Antrag auf Aufnahme in die gesetzliche Krankenversicherung muss innerhalb von drei Monaten gestellt werden.

§ 9 Abs. 1 S. 1 Nr. 7, Abs. 3 SGB V ermöglicht **Spätaussiedlern**, ihren Ehegatten und Abkömmlingen unter den in der Vorschrift genannten Voraussetzungen den Beitritt zur gesetzlichen Kran- 89

---

297 BT-Drs. 17/3040 S. 22.

298 Zum Begriff der Behinderung Neumann/Pahlen/Greiner/Winkler/Westphal/Krohne/Jabben/Krohne, 15. Aufl. 2024, SGB IX § 2 Rn. 2ff.

299 BSG 25.5.2008 SozR 4-2500 § 9 Nr. 2.

300 BVerfG 15.3.2000 BVerfGE 102, 68.

301 S. hierzu die Gesetzesbegründung zum 10. SGB V-Änderungsgesetz vom 23.3.2002 BGBl. I S. 1169ff., BT-Drs. 14/8099.

302 Artikel 1 Nummer 5 Terminservice- und Versorgungsgesetz, BGBl. I. S. 646.

303 BT-Drs. 19/6337 S. 84.

304 Artikel 9 Gesetz zur Weiterentwicklung der Fachkräfteeinwanderung, BGBl. I. Nr. 217.

305 BT-Drs. 20/6500 S. 100.

kenversicherung. Abs. 3 regelt den Fall, dass zum Beitrittszeitpunkt eine Statusbescheinigung noch nicht vorgelegt werden kann. Durch die Einführung der Auffang-Versicherungspflicht gem. § 5 Abs. 1 Nr. 13 SGB V zum 1.4.2007 hat die Relevanz dieses Beitrittsrechts abgenommen.

90 Mit Wirkung vom 1.1.2019 wurde durch das GKV-Versichertenentlastungsgesetz[306] eine Beitrittsmöglichkeit für **ehemalige Soldaten auf Zeit** in **§ 9 Abs. 1 S. 1 Nr. 8 SGB V** eingeführt. Bis zum 1.4.2020 galt eine Übergangsregelung in § 324 SGB V für Soldaten, die bereits seit dem 15.3.2012 aus dem Dienst ausgeschieden sind.

3. Beitrittserklärung

91 Vorrangig zu prüfen ist eine freiwillige Mitgliedschaft qua Gesetz gem. § 188 Abs. 4 SGB V. Ansonsten wird der Beitritt vom Versicherungsberechtigten gegenüber der Krankenkasse erklärt, für die er sich entschieden hat. Es handelt sich hierbei um eine **empfangsbedürftige Willenserklärung**. Im Gegensatz zur Befreiung von der Versicherungspflicht, über die gem. § 8 Abs. 2 SGB V auf Antrag des Betroffenen durch Verwaltungsakt der Krankenkasse entschieden wird, ist nach §§ 9 Abs. 2, 188 Abs. 3 SGB V eine **schriftliche Beitrittserklärung** ausreichend. Sie wird mit dem Zugang bei der Krankenkasse wirksam.

92 Der Beitritt muss innerhalb der in § 9 Abs. 2 SGB V normierten **Dreimonatsfrist** erfolgen. Ihr Beginn ist abhängig vom jeweiligen Beitrittstatbestand (§ 9 Abs. 2 Nr. 1–6 SGB V). Für den Beitrittstatbestand des § 9 Abs. 1 S. 1 Nr. 7 SGB V beträgt die Frist sechs Monate. Die Beitrittsfrist soll einer missbräuchlichen Ausübung des Beitrittsrechts entgegenwirken und verhindern, dass der Beitritt erst dann erklärt wird, wenn größere Krankheitskosten zu erwarten oder bereits entstanden sind. Im Fall der Fristversäumung ist eine Wiedereinsetzung in den vorigen Stand gem. § 27 SGB X möglich.[307]

VI. Beginn und Ende der Mitgliedschaft

1. Beginn der Mitgliedschaft

93 Versicherte haben mit **Beginn der Mitgliedschaft** in der gesetzlichen Krankenversicherung Leistungsansprüche gegen ihre Krankenkasse (§§ 40 Abs. 1 SGB I, 186ff. SGB V). Zu welchem Zeitpunkt die Mitgliedschaft **Versicherungspflichtiger** beginnt, ist in **§ 186 SGB V** geregelt. Für versicherungspflichtig Beschäftigte beginnt die Mitgliedschaft danach mit dem Tag des Eintritts in das Beschäftigungsverhältnis (§ 186 Abs. 1 SGB V). Die Vorschrift wurde durch das Gesetz zur sozialrechtlichen Absicherung flexibler Arbeitszeitregelungen vom 6.4.1998[308] neu gefasst. Bis dahin begann die Mitgliedschaft mit dem „Eintritt in die Beschäftigung“.

Beispiel:

A soll seine versicherungspflichtige Tätigkeit am 1.4.2019 zu Beginn der Nachtschicht um 17:30 Uhr aufnehmen. Obwohl A am Morgen dieses Tages erkrankte und ärztlich behandelt werden musste, erschien er pünktlich zum Arbeitsbeginn und nahm seine Tätigkeit auf. Die von A gewählte Krankenkasse lehnt ihre Leistungspflicht jedoch ab. Die ärztliche Behandlung sei vor dem Arbeitsantritt des A durchgeführt worden. Zu Recht?

Die Versicherungspflicht nach § 5 Abs. 1 Nr. 1 SGB V und damit die Mitgliedschaft in der gesetzlichen Krankenversicherung basiert auf dem Beschäftigungsverhältnis des A. Das Beschäftigungsverhältnis begann entweder mit dem Tag (1.4.2019 um 0:00 Uhr) oder erst dem tatsächlichen Zeitpunkt der Arbeitsaufnahme (1.4.2019 um 17:30 Uhr). Nach § 186 Abs. 1 SGB V ist für den Beginn der Mitgliedschaft der Tag des Eintritts in das Beschäftigungsverhältnis maßgeblich. Die Krankenkasse des A ist damit zur Leistung verpflichtet.

306 BGBl. I S. 2387ff.
307 BSG 28.5.2008 SozR 4-2500 § 9 Nr. 2 Rn. 14.
308 BGBl. I S. 688ff.

Der **Eintritt in das Beschäftigungsverhältnis** umfasst nach neuerer Rechtsprechung des BSG zum einen die **tatsächliche Aufnahme einer Beschäftigung** gegen Arbeitsentgelt, zum anderen den **Erwerb eines Anspruchs auf Arbeitsentgelt aus dem Beschäftigungsverhältnis** ohne tatsächliche Aufnahme einer Beschäftigung.[309] 94

Demnach ist beispielsweise im Fall der Arbeitsunfähigkeit des Betroffenen mit Anspruch auf Entgeltfortzahlung nach § 3 EFZG oder im Fall der Freistellung eines Arbeitnehmers bei flexibler Arbeitszeitregelung (§ 7 Abs. 1a SGB IV) und Bezug von Arbeitsentgelt der Tatbestand des **§ 186 Abs. 1 SGB V** erfüllt.[310] 95

Nach Rechtsprechung des BSG lässt es der Wortlaut, der seit dem 1.1.1998 auf den Eintritt in das „Beschäftigungsverhältnis" und nicht mehr auf den Eintritt in die „Beschäftigung" abstellt, zu, auch den Bezug von Arbeitsentgelt während einer Freistellung einzubeziehen.[311] Die Entstehungsgeschichte der Norm belege, dass nach dem Willen des Gesetzgebers für den „Eintritt in das Beschäftigungsverhältnis" anstelle tatsächlicher Aufnahme entgeltlicher Tätigkeit auch der Erwerb von Ansprüchen auf Arbeitsentgelt ohne Tätigkeitsaufnahme genüge (Rn. 13 der Entscheidung). Zudem entspreche es dem Schutzzweck der Beschäftigtenversicherung, die Invollzugsetzung des Beschäftigungsverhältnisses schon dann zu bejahen, wenn eine Arbeitsunfähigkeit die tatsächliche Arbeitsaufnahme des Arbeitnehmers verhindere, er aber bereits Anspruch auf Arbeitsentgelt gegen den Arbeitgeber habe (Rn. 19). Der bloße Abschluss eines Arbeitsvertrags ohne die Entstehung eines Anspruchs auf Arbeitsentgelt genügte hingegen nicht (Rn. 11). 96

Voraussetzung ist weiterhin der Eintritt in ein **versicherungspflichtiges Beschäftigungsverhältnis**; es darf sich nicht um unverbindliche familiäre Mithilfe, selbständige Tätigkeit oder Scheingeschäfte (§ 117 BGB) handeln.[312]

Die **freiwillige Mitgliedschaft** beginnt grundsätzlich mit dem Tag des Beitritts (**§ 188 Abs. 1 SGB V**). § 188 Abs. 2 SGB V legt den Beginn der Mitgliedschaft hinsichtlich der jeweiligen in § 9 SGB V genannten Alternativen fest. Hiermit soll im Rahmen der sog. **Weiterversicherung**, dem Wechsel von der Pflichtmitgliedschaft zur freiwilligen Mitgliedschaft, ein lückenloser Versicherungsschutz sichergestellt werden. Zu welchem Zeitpunkt innerhalb der Drei-Monats-Frist die an einer Weiterversicherung interessierten Personen den Beitritt anzeigen, ist für den Versicherungsschutz und die Beitragspflicht in dem Drei-Monats-Zeitraum unerheblich (§§ 250 Abs. 2, 252 Abs. 1 S. 1 SGB V). Durch ein Hinauszögern des Beitritts bis zum Ende der Beitrittsfrist werden deshalb keine Beiträge gespart, vielmehr führt die Nachzahlungspflicht zunächst zu einer erheblichen Beitragsbelastung. Durch § 188 IV SGB V wird die Einhaltung der Fristen teilweise obsolet, da sich hiernach die Versicherung mit dem Tag nach dem Ausscheiden aus der Versicherungspflicht oder mit dem Tag nach dem Ende der Familienversicherung automatisch als freiwillige Mitgliedschaft fortsetzt, sofern das Mitglied nicht seinen Austritt erklärt. 97

2. Ende der Mitgliedschaft

Die in § 5 Abs. 1 SGB V normierten Versicherungspflichttatbestände knüpfen in ihrer Mehrheit an Lebensumstände des Versicherten an, die sich im Laufe der Zeit verändern und die Versicherungspflicht wieder entfallen lassen. Mit dem Wegfall der Versicherungspflicht endet die Pflichtmitgliedschaft des Versicherten in einer Krankenkasse. Einzelheiten zur **Beendigung der Mitgliedschaft Versicherungspflichtiger** sind in **§ 190 SGB V** geregelt. § 192 SGB V enthält bedeutsame Ausnahmeregelungen. In einigen Fällen wird die Mitgliedschaft Versicherungspflichtiger fortgesetzt, nachdem die Voraussetzungen der Versicherungspflicht entfallen sind. 98

---

309 BSG 4.3.2014 BSGE 115, 158.

310 Vgl. BT-Drs. 13/9741 S. 12.

311 BSG 4.3.2014 BSGE 115, 158 Rn. 12.

312 BSG 29.9.1998 SozR 3-2500 § 5 Nr. 40.

Beispiel:
Die Mitgliedschaft eines versicherungspflichtig Beschäftigten endet mit dem Ablauf des Tages, an dem das Beschäftigungsverhältnis endet (§ 190 Abs. 2 SGB V). Bezieht der Versicherte zu diesem Zeitpunkt Krankengeld (§§ 44ff. SGB V), wird die Mitgliedschaft gem. § 192 Abs. 1 Nr. 2 SGB V fortgesetzt. Erst wenn kein Anspruch auf Krankengeld mehr besteht – gegebenenfalls erst nach 78 Wochen (§ 48 Abs. 1 SGB V) – endet die Mitgliedschaft. Spätestens einen Monat nach dem Ende der Mitgliedschaft entfallen dann alle Ansprüche auf Versicherungsleistungen (§ 19 Abs. 2 SGB V).

Grundsätzlich wurden die Auswirkungen der Beendigung der Pflichtmitgliedschaft durch die Fortsetzung der Mitgliedschaft als freiwillige Versicherung gem. § 188 Abs. 4 SGB V verringert.

99 Das **Ende der Mitgliedschaft freiwillig Versicherter** ist in **§ 191 SGB V** normiert. Die Mitgliedschaft endet entweder mit dem Tod des Versicherten, mit Beginn einer Pflichtmitgliedschaft oder dem Wirksamwerden der Kündigung gem. § 175 Abs. 4 SGB V. Mit Wirkung vom 15.12.2018[313] wurde mit § 191 Nr. 4 SGB V ein weiterer Beendigungstatbestand eingeführt, nach dem die freiwillige Mitgliedschaft rückwirkend endet, wenn über sechs Monate lang keine Beiträge gezahlt und keine Leistungen in Anspruch genommen wurden und weder ein Wohnsitz noch ein gewöhnlicher Aufenthalt des Mitglieds im Geltungsbereich des Sozialgesetzbuches ermittelt werden konnte. Kommt es qua Gesetz zur Beendigung der Mitgliedschaft – etwa weil ein anderer Versicherungspflichttatbestand wie Arbeitslosigkeit anschließt –, greift das Wahlrecht des Versicherten zwischen den in Betracht kommenden Krankenkassen (§§ 173, 174 SGB V), mit der Folge, dass zur Vermeidung von Versicherungslücken bei Fehlen einer Wahlentscheidung die sog. Auffangversicherung nach § 174 Abs. 5 SGB V eintritt.[314]

3. Leistungsansprüche nach dem Ende der Mitgliedschaft

100 Die Gewährung von Ansprüchen auf Versicherungsleistungen nach dem Ende des Versicherungsverhältnisses in § 19 Abs. 2, 3 SGB V ist das **Ergebnis einer Rechtsentwicklung**, die durch die Rechtsprechung des BSG zum Grundsatz der **Einheit des Versicherungsfalls** geprägt ist.[315] Nach dem Grundsatz der Einheit des Versicherungsfalles war es für alle sich aus dem Versicherungsfall ergebenden Ansprüche genügend, aber auch erforderlich, dass der Versicherungsfall während eines Versicherungsverhältnisses mit entsprechender Anspruchsberechtigung eintrat. Der Gesetzgeber des GRG war bemüht, einerseits das in dieser Rechtsprechung anerkannte Schutzbedürfnis des Versicherten aufrechtzuerhalten, andererseits die Ansprüche nach dem Ende der Mitgliedschaft auf ein vertretbares Maß zurückzuführen. Zum Ausgleich der gegenläufigen Interessen der Mitglieder, deren Versicherungsverhältnis während einer Krankheitsphase endet, und der Versichertengemeinschaft wurde mit § 19 SGB V folgender **Kompromiss** gefunden:

101 Der Anspruch auf Leistungen der gesetzlichen Krankenversicherung erlischt grundsätzlich mit dem Ende der Mitgliedschaft **(§ 19 Abs. 1 SGB V)**. Nach **§ 19 Abs. 2 SGB V** können Leistungen in vollem Umfang aber noch **einen Monat** nach dem Ende der Mitgliedschaft in Anspruch genommen werden, wenn keine Erwerbstätigkeit ausgeübt wird und keine Familienversicherung nach § 10 SGB V besteht. Der **nachwirkende Versicherungsschutz** wird grundsätzlich nur für versicherungspflichtige Mitglieder der Krankenversicherung gewährt. Familienversicherte erhalten nur dann Leistungen nach dem Ende der Versicherung gem. § 10 SGB V, wenn die Voraussetzungen der Familienversicherung aufgrund des Todes des Mitglieds entfallen sind **(§ 19 Abs. 3 SGB V** i.V.m. §§ 190 Abs. 1, 191 Nr. 1 SGB V). Damit bestehen Ansprüche, die während der Mitgliedschaft entstanden waren, im Gegensatz zur früheren Rechtsprechung nicht mehr für die gesamte Dauer der Erkrankung, sondern höchstens noch einen Monat nach dem Ende der Mitgliedschaft. Innerhalb dieses

313 BGBl. I S. 2387.
314 BSG 11.9.2018 BSGE 126, 286.
315 BSG 25.5.1966 BSGE 25, 37, 38; HS-KV/Kummer § 20 Rn. 13ff.; BeckOGK/Ziegelmeier, 15.2.2024, § 19 SGB V Rn. 5.

Monats können jedoch auch Leistungen für Erkrankungen in Anspruch genommen werden, die erst nach dem Ende der Mitgliedschaft aufgetreten sind (vgl. auch oben unter § 20 Rn. 42 ff.). Mit Wirkung vom 1.5.2011 wurde Abs. 1a eingefügt[316]; hiernach gelten die von einer geschlossenen oder insolventen Krankenkasse getroffenen Leistungsentscheidungen mit Wirkung für die aufnehmende Krankenkasse fort.

§ 21 Die Versicherungsfälle der gesetzlichen Krankenversicherung

Literatur: Bieback, Gesundheitsförderung – Gestaltungsmöglichkeiten durch eigene Aktivitäten und Kooperation, DOK 1990, 77 ff.; Bürk, Der juristische und medizinische Krankheitsbegriff, Die Leistungen 1970, 230 ff.; Gitter, Krankheit und Pflegebedürftigkeit, KrV 1986, 191 ff.; Hauck, Erkrankungsrisiko als Krankheit im Sinne der gesetzlichen Krankenversicherung?, NJW 2016, 2695 ff.; Herzog in: LdR/SozR, S. 201 ff.; Krasney, Zum Krankheitsbegriff im Sinne der gesetzlichen Krankenversicherung, SozSich 1969, 43 ff. (Teil 1), SozSich 1969, 75 ff. (Teil 2); Marburger, Schönheitsoperationen als Leistung der gesetzlichen Krankenversicherung?, SGb 1995, 432 ff.; Mühlenbruch, Gesundheitsförderung im Recht der gesetzlichen Krankenversicherung, 2001; Schmeilzl, Künstliche Befruchtung: Wer trägt die Kosten?, NZS 2006, 630 ff.; Wiese, Krankheitskontinuum als Herausforderung für das Krankenversicherungsrecht, WzS 2024, 71 ff.; Wiese, Das behandlungsbedürftige Krankheitsrisiko: Warum wir im Sozialrecht über Angelina Jolie sprechen sollten, NZS 2024, 605 ff.

I. Prävention

Das BSG hat für das gesamte Sozialversicherungsrecht als beherrschenden Grundsatz formuliert, dass der Versicherungsfall das Ereignis im Leben des Versicherten ist, das bei seinem Eintritt spezifische Gefährdungen und Nachteile für den Versicherten mit sich bringt, gegen die die Versicherung Schutz gewähren soll. Der Versicherungsfall ist somit das Ereignis, dessen Eintritt die Leistungspflicht versicherungstechnisch begründet.[317] Die eigentlichen, leistungsauslösenden Versicherungsfälle der gesetzlichen Krankenversicherung sind Krankheit, Schwangerschaft und Mutterschaft. 1

Zusehends ist jedoch die Einsicht gewachsen, dass sich die Leistungen der Krankenversicherung nicht auf Restitution und Kompensation bei Eintritt dieser Versicherungsfälle beschränken dürfen. Vielmehr hat sich die Überzeugung breit gemacht, dass es notwendig ist, präventiv und damit krankheitsvorbeugend aktiv zu werden. Ausschlaggebend hierfür waren zweierlei Überlegungen. Das Krankheitsgeschehen hat sich gegenüber früher entscheidend geändert. An die Stelle von Infektionskrankheiten sind die oft langdauernden und lange Therapiezeiten beanspruchenden Herz-Kreislauf-Erkrankungen, Erkrankungen des Geh- und Stützapparates sowie Krebserkrankungen getreten.[318] Gleichzeitig hat der medizinische Fortschritt in so rasanter Weise zugenommen, dass die Grenze der Finanzierbarkeit der medizinischen Versorgung erreicht ist. Dies hat zur wachsenden Einsicht geführt, dass die gesetzliche Krankenversicherung einen substanziellen Beitrag zur Gesundheitsförderung und Krankheitsverhütung leisten muss.[319] 2

Der Gesetzgeber des GRG hat die grundlegenden Weichen hierfür gestellt.[320] Das GKV-Gesundheitsreformgesetz 2000 hat einen weiteren bedeutsamen Anstoß zu Verbesserungen im Bereich der Gesundheitsförderung, Prävention und Selbsthilfe gegeben.[321] Die bisherige, sehr knappe Regelung 3

---

316 BGBl. I S. 2983.

317 BSG 29.4.1971 BSGE 32, 270, 272 f.; ausführlicher zu Begriff und Funktion des Versicherungsfalls Bley/Kreikebohm/Marschner Rn. 488 ff.

318 BT-Drs. 11/2237 S. 307.

319 HS-KV/Schneider § 21 Rn. 1 ff.

320 Vgl. dazu Bieback, DOK 1990, 77 ff.

321 Vgl. BT-Drs. 14/1977 S. 2.

über die Grundsätze und Ziele von Prävention und Selbsthilfe in § 20 SGB V a.F. wurde durch das GKV-WSG durch die Schaffung zusätzlicher Vorschriften auf eine neue Grundlage gestellt.

4 Das gesetzgeberische Anliegen, alle Sozialversicherungsträger sowie die private Krankenversicherung und die private Pflege-Pflichtversicherung in die Prävention einzubeziehen, wurde schließlich im **Gesetz zur Stärkung der Gesundheitsförderung und der Prävention – Präventionsgesetz – PrävG** vom 17.7.2015[322] umgesetzt. Die §§ 20ff. SGB V wurden hierdurch neu strukturiert und fortentwickelt. In § 20 Abs. 1 S. 1 SGB V werden nunmehr die **primäre Prävention** und die **Gesundheitsförderung** legaldefiniert und die Krankenkassen dazu verpflichtet, entsprechende Leistungen vorzusehen. Neu eingeführt wurden zudem die nationale Präventionsstrategie (§§ 20d–20g SGB V) und zu deren Entwicklung und Fortschreibung die nationale Präventionskonferenz (§ 20e SGB V).

5 Die konkrete Realisierung präventiver Medizin drückt sich heute durch ein breites Spektrum von Leistungen aus. Zu nennen ist die **Förderung der Selbsthilfe** gem. § 20h SGB V, welche bereits durch das GKV-WSG eine grundlegende Stärkung erfahren hat. Schutzimpfungen (§ 20i SGB V) sind seit dem GKV-WSG Pflichtleistungen;[323] Versicherte haben hierauf einen Anspruch. §§ 20b, c SGB V sehen Leistungen zur betrieblichen Gesundheitsförderung sowie zur Verhütung arbeitsbedingter Gesundheitsgefahren vor. §§ 21–22a SGB V regeln die Verhütung von Zahnerkrankungen. Einen Anspruch auf medizinische Vorsorgeleistungen normiert § 23 SGB V; für Mütter und Väter enthält § 24 SGB V besondere Vorsorgeleistungsansprüche.

6 § 20 Abs. 6 SGB V enthält für die Krankenkassen eine **Ausgabenvorgabe** für die Wahrnehmung präventiver Aufgaben. Es handelt sich um einen Richtwert, der überschritten werden darf.[324] Im Jahr 2019 sollten die Krankenkassen für jeden Versicherten 7,52 Euro für die Aufgabenwahrnehmung gem. §§ 20–20c SGB V ausgeben. Vgl. zu den Präventionsleistungen noch ausführlicher unter § 22 Rn. 121ff.

II. Krankheit

1. Problemstellung

7 Gem. § 27 Abs. 1 S. 1 SGB V haben Versicherte einen Anspruch auf **Krankenbehandlung, wenn sie notwendig ist, um eine Krankheit zu erkennen, zu heilen, ihre Verschlimmerung zu verhüten oder Krankheitsbeschwerden zu lindern**. In dieser Vorschrift kommen das zentrale Anliegen und die Ratio der gesetzlichen Krankenversicherung zum Ausdruck. Die Gesundheit ist für die menschliche Existenz eines der bedeutendsten Rechtsgüter. Ihr Schutz steht im Mittelpunkt des Krankenversicherungsrechts.

8 Krankheiten können für den Menschen sehr unterschiedliche Auswirkungen haben. Im Hinblick auf die verschiedenen Folgen von Krankheit kann auch der Versicherungsschutz **unterschiedliche Zwecke** verfolgen. Hier muss die Krankenversicherung nicht das alleinige Instrument sein, um für den Fall der Krankheit vorzusorgen. Auch die **Rentenversicherung** sieht Leistungen bei Krankheit vor. Allerdings sind der **Leistungsanlass** und der **Leistungszweck** der Rentenversicherung ganz spezifisch. Der Rentenversicherung geht es um die Abwendung drohender Beeinträchtigungen der Erwerbsfähigkeit oder die Wiederherstellung der Erwerbsfähigkeit der Versicherten (§ 9 Abs. 1 S. 1 SGB VI). Demgegenüber ist das Anliegen der Krankenversicherung umfassender. Zwar ist sie historisch als erster Zweig der Arbeiterversicherung entstanden und mit ihr sollte ganz wesentlich den Arbeitnehmern Schutz vor den Risiken der Krankheit zuteilwerden. Aber das heutige Leistungsrecht

322 BGBl. I S. 1368.

323 Vgl. BT-Drs. 16/3100 S. 100.

324 BT-Drs. 18/4282 S. 34; das BSG hat jedoch bisher offengelassen, ob es sich bei Impfungen um einen Teil der vertragsärztlichen Versorgung handelt, siehe BSG 25.1.2014, BeckRS 2017, 112567 Rn. 14.

der Krankenversicherung ist in einer vom Arbeitsleben unabhängigen Weise der Herstellung physisch-psychischer Integrität verpflichtet.

2. Der Begriff der Krankheit

In den Sozialwissenschaften, der Medizin und der Rechtswissenschaft werden verschiedene Krank- 9
heitsbegriffe vertreten. Die Weltgesundheitsorganisation (WHO) definiert in ihrer Verfassung Gesundheit als „Zustand des vollständigen körperlichen, geistigen und sozialen Wohlergehens und nicht nur [als] das Fehlen von Krankheit oder Gebrechen". Aus medizinischer Sicht sind Krankheiten alle subjektiv empfundenen und/oder objektiv feststellbaren Gesundheitsstörungen.[325]

Das Verständnis des Begriffs Krankheit im Krankenversicherungsrecht ist **enger**. Für ein Ver- 10
sicherungssystem ist ein solch umfassender **Krankheitsbegriff** ungeeignet. Die Feststellung des Versicherungsfalls würde erhebliche Schwierigkeiten mit sich bringen. Und sicherlich wäre das System nicht finanzierbar. Der Gesetzgeber hat von einer Definition des Begriffs bewusst abgesehen, um einem Wandel in den Auffassungen von Krankheit Rechnung tragen zu können.[326] Nach ständiger Rechtsprechung ist **Krankheit i.S.d.** § 27 Abs. 1 S. 1 SGB V ein regelwidriger Körper- oder Geisteszustand, der ärztlicher Behandlung bedarf und/oder Arbeitsunfähigkeit zur Folge hat.[327] Dem Krankenversicherungsrecht liegt somit ein zweigliedriger Krankheitsbegriff zugrunde. Krankheit als Versicherungsfall des SGB V setzt nicht nur eine bestimmte körperliche oder geistige Konstitution des Versicherten voraus, sondern bezieht auch das Leistungsspektrum und die Behandlungsziele des Krankenversicherungsrechts in die Begriffsdefinition mit ein.[328]

Regelwidrig ist ein Zustand, wenn körperliche oder geistige Funktionen ausgefallen oder beein- 11
trächtigt sind, die dem Betroffenen in seiner Lebenssituation normalerweise zur Verfügung stehen. Welche Funktionen in dieser Beziehung als normal anzusehen sind, orientiert sich am Leitbild des gesunden Menschen.[329] Dabei geht es aber nicht um einen Abgleich mit festgelegten medizinischen oder biologischen Durchschnittswerten. Die Regelwidrigkeit ist ein normativer Begriff, der Wertungen nicht ausschließt. Erforderlich ist stets eine **erhebliche Abweichung** der natürlichen Körper- oder Geistesfunktionen. Der Betroffene muss in seinen Körperfunktionen beeinträchtigt sein oder an einer Abweichung vom Regelfall leiden, die entstellend wirkt.[330] Um eine **Entstellung** annehmen zu können, genügt nicht jede körperliche Abnormität. Vielmehr muss es sich objektiv um eine erhebliche Auffälligkeit handeln, die naheliegende Reaktionen der Mitmenschen wie Neugier oder Betroffenheit und damit zugleich erwarten lässt, dass Betroffene ständig viele Blicke auf sich ziehen, zum Objekt besonderer Beachtung anderer werden und sich deshalb aus dem Leben in der Gemeinschaft zurückzuziehen und zu vereinsamen drohen, sodass deren Teilhabe am Leben in der Gesellschaft gefährdet ist.[331] Die damit verbundene Unsicherheit sollte jedoch nicht den Blick dafür verstellen, dass die Feststellung der Krankheit i.S.d. § 27 Abs. 1 S. 1 SGB V in der ganz überwiegenden Zahl der Fälle letztlich unproblematisch ist.[332]

Behandlungsbedürftigkeit liegt vor, wenn die körperlichen und geistigen Funktionen des Ver- 12
sicherten so beträchtlich eingeschränkt sind, dass ihre Wiederherstellung der ärztlichen Behandlung bedarf.[333] Es genügt eine nicht zu entfernte Möglichkeit, die Behandlungsziele des § 27 Abs. 1 S. 1 SGB V durch die ärztlichen Maßnahmen zu erreichen. Besteht aber für den Versicherten die Möglich-

325 HS-KV/Kummer § 20 Rn. 27.
326 BR-Drs. 200/88 S. 170 ff.
327 BSG 20.10.1972 BSGE 35, 10, 12; BSG 12.11.1985 BSGE 59, 119; BSG 19.10.2004 BSGE 93, 252.
328 BeckOGK/Nolte, 1.3.2021 § 27 SGB V Rn. 9 ff.
329 BSG 19.10.2004 BSGE 93, 252; BSG 12.11.1985 BSGE 59, 119; BSG 28.4.1967 BSGE 26, 240, 242.
330 Ständige Rechtsprechung, BSG 28.2.2008 BSGE 100, 119 Rn. 11.
331 BSG 8.3.2016 SGb 2016, 660 Rn. 13.
332 Ausführlich zur Regelwidrigkeit BeckOGK/Nolte, 1.3.2021, § 27 SGB V Rn. 12 ff.
333 BSG 10.7.1979 BSGE 48, 258.

keit, die Funktionseinschränkungen etwa durch Verhaltensänderungen ohne Weiteres zu beheben[334] oder reguliert sich die Beeinträchtigung mit hoher Wahrscheinlichkeit bald selbst, liegt keine Behandlungsbedürftigkeit vor. Der regelwidrige Körper- oder Geisteszustand des Versicherten muss als wesentliche Bedingung beim Eintritt der Behandlungsbedürftigkeit und/oder der Arbeitsunfähigkeit mitgewirkt haben.[335]

3. Rechtsprechung zum Krankheitsbegriff

13 Die Definition der Krankheit und das Verständnis dieser Definition soll anhand der folgenden **Beispiele aus der Rechtsprechung** des BSG näher erläutert werden.

Kieferorthopädie:[336]

14 Eine **Kiefer- oder Zahnstellungsanomalie** ist ein regelwidriger Körperzustand, wenn eine oder mehrere der Körperfunktionen des Beißens, Kauens oder Artikulierens der Sprache hierdurch in nicht unerheblichem Maße beeinträchtigt werden. Eine solche Anomalie bedarf kieferorthopädischer Behandlung, wenn eine Selbstregulierung der Fehlstellung der Zähne nicht hinreichend wahrscheinlich ist und die Behandlung voraussichtlich zur vollständigen oder teilweisen Behebung der Funktionsstörung führt. Diese Rechtsprechung hat der Gesetzgeber mittlerweile in der tatbestandlichen Formulierung des § 29 Abs. 1 SGB V aufgenommen.

Abhängigkeit von Suchtstoffen:[337]

15 Im Gegensatz zur früheren Auffassung des Reichsversicherungsamtes bejaht das BSG die Regelwidrigkeit der **Sucht.**[338] Sie bestehe in der körperlichen wie auch psychischen Abhängigkeit vom Alkohol, welche es dem süchtigen Trinker in den meisten Fällen nicht mehr erlaube, mit eigener Willensanstrengung vom Alkohol loszukommen. Der Verlust der Selbstkontrolle ist das Merkmal der körperlich-seelischen Komplexerkrankung und erfordert auch eine ärztliche Behandlung.

Zeugungsunfähigkeit:[339]

16 Das BSG hat schon früh die Zeugungsunfähigkeit nur dann als Krankheit anerkannt, wenn sie der ärztlichen Behandlung zugänglich ist.[340] **§ 27 Abs. 1 S. 5 SGB V** stellt klar, dass zur Krankenbehandlung auch Leistungen zur Herstellung der **Zeugungs- oder Empfängnisfähigkeit** gehören, wenn diese Fähigkeit nicht vorhanden war oder durch Krankheit oder wegen einer durch Krankheit erforderlichen Sterilisation verlorengegangen war. Dementsprechend erkennt das BSG sowohl den **krankheitsbedingten Eintritt der Empfängnisunfähigkeit** als auch die **wegen der Therapie einer Krankheit konkret drohende Empfängnisunfähigkeit** als Krankheit an.[341] Hingegen erfüllt eine durch freiwillige Sterilisation herbeigeführte Unfruchtbarkeit den Krankheitsbegriff nicht.[342] Es ist ferner zu differenzieren zwischen dem Versicherungsfall der Krankheit i. S. d. § 27 SGB V – hier soll die Behandlung dazu dienen, auf natürlichem Weg Kinder zu zeugen – und dem Versicherungsfall der Herbeiführung einer Schwangerschaft i. S. d. § 27a SGB V – dort soll eine Schwangerschaft künstlich herbeigeführt werden, wenn ein Ehepaar zur natürlichen Zeugung unfähig ist. Zum Anspruch auf Maßnahmen künstlicher Befruchtung siehe unten § 22 Rn. 44.

334 BSG 28.2.1980 BSGE 50, 47, 49.
335 BSG 23.11.1971 BSGE 33, 202; zur Arbeitsunfähigkeit siehe unter § 20 V 1a.
336 BSG 20.10.1972 BSGE 35, 10.
337 BSG 18.6.1968 BSGE 28, 114.
338 BSG 15.2.1978 BSGE 46, 41.
339 BSG 28.4.1967 BSGE 26, 240.
340 BSG 28.4.1967 BSGE 26, 240.
341 BSG 17.2.2010 NZS 2011, 20.
342 BSG 12.11.1985 BSGE 59, 119.

Transsexualität:[343]

Transsexualität beschreibt Fälle, in denen Menschen mit somatisch eindeutig männlichem bzw. weiblichem Geschlecht in dem irreversiblen und dauerhaften Bewusstsein leben, einem anderen als dem rein biologischen und im Geburtenregister eingetragenen Geschlecht anzugehören. 17

2017 stellte das BVerfG aus verfassungsrechtlicher Perspektive klar, dass Transsexualität heute nicht (mehr) als Krankheit angesehen werde.[344] Aus medizinischer Sicht artikulierte auch die Bundesärztekammer, eine Gleichsetzung mit Krankheit sei nicht angemessen.[345] 18

Das BSG hatte zuvor in neuerer Rechtsprechung Transsexualismus als psychische Krankheit i. S. d. § 27 SGB V anerkannt.[346] Für die Diagnose entscheidend sei die Stabilität des transsexuellen Wunsches, der vollständigen psychischen Identifikation mit dem anderen, dem eigenen Körper widersprechenden Geschlecht.[347] § 116b Abs. 1 S. 2 Nr. 2 lit. i) SGB V nennt Transsexualismus als seltene Krankheit, die der ambulanten spezialfachärztlichen Versorgung unterfällt. Das BSG hatte bereits in der Entscheidung vom 6.8.1987[348] einen Leidensdruck gefordert, durch den sich die Regelwidrigkeit erst zur eigentlichen Krankheit i. S. d. Gesetzes qualifiziert. Dieses zusätzliche Erfordernis ergebe sich daraus, dass es Erscheinungsformen der Transsexualität gibt, die für sich genommen noch keinen Krankheitswert erreichen. In dem vom BSG entschiedenen Fall sei diese Schwelle dadurch erreicht worden, dass die Klägerin unter einem schweren Leidensdruck und vor extrem hoher Selbstmordgefahr gestanden habe. 19

In einem erkennbaren Widerspruch zur heute vorherrschenden Sichtweise auf die geschlechtliche Identität, mit der das traditionelle Denken in zwei Geschlechtern überwunden werden soll, steht die Annahme, krankenversicherungsrechtlich sei dem psychischen Druck, der aus dem Umstand, im „falschen Körper zu leben", weiterhin Krankheitswert i. S. d. § 27 SGB V zuzumessen; der Anspruch auf eine geschlechtsangleichende Operation könne somit weiterhin auf dieser Grundlage ausgelöst werden.[349] Verneint man den Krankheitswert einer transsexuellen Identität, schiene es konsequenter, einen gerade an den Krankheitsbegriff anknüpfenden Leistungsanspruch gegen die Krankenkasse zu verneinen und ggf. die rechtspolitische Debatte über die Schaffung eines hiervon getrennten, nicht krankheitsbasierten Leistungsfalls der geschlechtsangleichenden Operationen zu führen. Die gegenwärtige Rechtslage scheint durch den Widerspruch geprägt, zwar die – zu Recht als diskriminierend empfundene – Stigmatisierung von Transsexualität als Krankheit zu vermeiden, andererseits aber dort den Krankheitsbegriff zu fingieren, wo es zur Ermöglichung von Leistungen bei Transsexualität mangels passgenauer Sonderregelungen erforderlich ist. 20

Geschlechtsdysphorie bei non-binärer Geschlechtsidentität:[350]

In seiner älteren Rechtsprechung sah das BSG die Möglichkeit einer Geschlechtsangleichung nur dort als möglich an, wo diese mit dem Ziel der Annäherung des Erscheinungsbildes „des anderen Geschlechts" erfolgte.[351] Ein Zustand, der gerade von diesen Erscheinungsbildern abweichen soll, sei selbst regelwidrig, ein Anspruch auf Herbeiführung eines solchen regelwidrigen Zustandes könne sich aus § 27 SGB V nicht ergeben.[352] Dabei rekurrierte es auch auf § 8 Abs. 1 Nr. 4 Transsexuellengesetz (TSG), der ebenfalls nur die Angleichung „an das Erscheinungsbild des anderen Geschlechts" anerkannte.[353] Daher war für Personen, die sich weder als männlich noch als weiblich identifizieren,

343 BSG 6.8.1987 BSGE 62, 83.
344 BVerfG 17.10.2017 NJW 2018, 222 Rn. 7.
345 Deutsches Ärzteblatt vom 30.1.2015, S. 1, 2, vgl. BVerfG 10.10.2017 BVerfGE 147, 1 Rn. 9.
346 BSG 11.9.2012 BeckRS 2012, 75767 Rn. 10 f.; BSG 4.3.2014 NZS 2014, 457 Rn. 14.
347 BSG 11.9.2012 BeckRS 2012, 75767; vgl. BVerfG 11.1.2011 BVerfGE 128, 109 Rn. 34.
348 BSGE 62, 83.
349 Vgl. Becker/Kingreen/Lang, 8. Aufl. 2022, SGB V § 27 Rn. 26.
350 BSG 19.10.2023 NZS 2024, 782 ff.
351 BSG 28.9.2010 NJW 2011, 1899 (1900) Rn. 15
352 BSG 28.9.2010 NJW 2011, 1899 (1901) Rn. 20.
353 BSG 28.9.2010 NJW 2011, 1899 (1900 f.) Rn. 15

ein Anspruch auf geschlechtsangleichende Maßnahmen ausgeschlossen. Unter Bezugnahme auf die Rechtsprechung des BVerfG, wonach das allgemeine Persönlichkeitsrecht auch die non-binäre geschlechtliche Identität schützt,[354] sowie aktuelle wissenschaftliche Erkenntnisse hat das BSG diese Rechtsprechung ausdrücklich aufgegeben.[355] Maßgeblich sei hier, wie auch bei Geschlechtsangleichung im Falle der Transsexualität, das Bestehen eines klinisch relevanten Leidensdrucks.[356] Als neue Untersuchungs- und Behandlungsmethode falle die Geschlechtsangleichung in diesen Fällen jedoch ggf. unter den Erlaubnisvorbehalt des Gemeinsamen Bundesausschusses nach § 135 Abs. 1 S. 1 SGB V.[357]

Aufgrund des Gesetzes vom 19.6.2024 trat das TSG zum 1.11.2024 außer Kraft und wurde vom Gesetz über die Selbstbestimmung in Bezug auf den Geschlechtseintrag (SBGG) ersetzt.[358] Die neue Regelung, die in § 2 Abs. 1 SBGG i.V.m § 22 Abs. 3 PStG nun auch die non-binäre Geschlechtsidentität gesetzlich anerkennt,[359] bedeutet, dass sich das BSG jedenfalls nicht gegen grundsätzliche gesetzliche Wertungen stellt. Anzumerken bleibt, dass der oben beschriebene Wertungswiderspruch, der eine vom Erscheinungsbild abweichende Geschlechtsidentität einerseits – zu Recht – nicht als Krankheit wertet, andererseits aber zwecks Behandlung eine Krankheit fingiert, auch hinsichtlich non-binärer Personen besteht. Konsequent wäre es daher, auch für diese Fälle eine klare gesetzliche Regelung zu schaffen und damit politisch zu entscheiden, ob und in welchen Grenzen auch eine auf ein non-binäres Erscheinungsbild ausgerichtete Geschlechtsangleichung vom Leistungsspektrum der GKV umfasst sein soll.

Körpergröße,[360] kosmetische Besonderheiten:

21 Wann man bei einer bestimmten Körpergröße von Erwachsenen von einer Regelwidrigkeit sprechen kann, ist eine Frage des Vergleichsmaßstabs. Im Fall des BSG litt der Versicherte sehr stark unter seiner als zu gering empfundenen Körpergröße von 164 cm, es bestand sogar Suizidgefahr. Das BSG hat einen Leistungsanspruch auf die operative Verlängerung der Körpergröße abgelehnt, weil es zu einer übermäßigen Ausweitung der Leistungspflicht der gesetzlichen Krankenkassen führen würde, wenn sie operative Eingriffe finanzieren müssten, nur weil der Versicherte auf die gewünschten Änderungen fixiert ist. Bei entsprechender Fixierung hätten Krankenkassen sonst auch kostspielige Schönheitsoperationen zu gewähren, wenn die Versicherten mit ihrem – vom Durchschnitt nicht abweichenden – Aussehen unzufrieden sind. Diese Rechtsauffassung hat das BSG in weiteren Entscheidungen bestätigt. Versicherte können Krankenbehandlung wegen Entstellung nur beanspruchen, wenn sie objektiv an einer körperlichen Auffälligkeit von so beachtlicher Erheblichkeit leiden, dass sie die Teilhabe am Leben in der Gemeinschaft gefährdet.[361]

Adipositas:[362]

22 Bei einer hochgradig übergewichtigen Versicherten sollte durch einen chirurgischen Eingriff der Magen verkleinert werden, da die **extreme Adipositas** bereits zu degenerativen Schäden des gesamten Bewegungsapparates geführt hatte und herkömmliche Therapieformen wie Ernährungsberatung etc. keinen Erfolg gebracht hatten. Die Krankenkasse verweigerte die Übernahme der

354 BVerfG 10.10.2017 BVerfGE 147, 1 (20) Rn. 40.
355 BSG 19.10.2023 NZS 2024, 782 ff. Rn. 18.
356 BSG 19.10.2023 NZS 2024, 782 ff. Rn. 18.
357 BSG 19.10.2023 NZS 2024, 782 ff. Rn. 19 ff.
358 Gesetz über die Selbstbestimmung in Bezug auf den Geschlechtseintrag und zur Änderung weiterer Vorschriften BGBl. I Nr. 206.
359 BT-Drs. 20/9049 S. 34 f.
360 BSG 10.2.1993 BSGE 72, 96.
361 BSG 28.2.2008 BSGE 100, 119: Krankheit verneint bei Asymmetrie der Brust; BSG 8.3.2016 SGb 2016, 660: Krankheit verneint bei fehlender Brustanlage.
362 BSG 19.2.2003 BSGE 90, 289.

Kosten für den operativen Eingriff, unter anderem mit der Begründung, dass damit in ein funktionell intaktes Organ eingegriffen und dieses regelwidrig verändert werde.

Das BSG hat in Anlehnung an den Kenntnisstand in der Medizin der Adipositas Krankheitswert jedenfalls dann zuerkannt, wenn ein so starkes Übergewicht vorhanden ist, dass eine Behandlung mit dem Ziel der Gewichtsreduktion erforderlich ist, weil andernfalls ein erhöhtes Risiko für das Auftreten von Begleit- und Folgeerkrankungen besteht. Das in der Vorinstanz zur Ablehnung der Leistungsverpflichtung vorgetragene Argument, für das Übergewicht sei das krankhafte Essverhalten der Patientin und nicht eine Funktionsstörung des Magens verantwortlich, hat das BSG nicht gelten lassen. Denn eine solche mittelbare Therapie werde vom Leistungsanspruch grundsätzlich mit umfasst, wenn sie die in § 2 Abs. 1 S. 3 und § 12 Abs. 1 SGB V aufgestellten Anforderungen erfüllt, also ausreichend, zweckmäßig und wirtschaftlich ist sowie dem allgemein anerkannten Stand der wissenschaftlichen Erkenntnis entspreche. Die in den Entscheidungen BSG 10.2.1993 BSGE 72, 96; BSG 9.6.1998 BSGE 82, 158 und BSG 6.10.1999 BSGE 85, 56 aufgestellten Einschränkungen für solche mittelbaren Behandlungen träfen im vorliegenden Falle nicht zu. Denn die behandlungsbedürftige Adipositas habe zwar möglicherweise seelische Ursachen, sei aber selbst keine psychische Krankheit. 23

Ferner hob das BSG hervor, dass ein chirurgischer Eingriff in gesunde Organe zur Behandlung einer Adipositas nur als „ultima ratio" zulässig sei und insbesondere konservative Behandlungsmöglichkeiten erschöpft sein müssten. 24

Keinen Fall von Krankheit stellt die sogenannte **reine Pflegebedürftigkeit** dar. Zwar ist jeder Fall von Pflegebedürftigkeit auch durch eine (sogar besonders intensive) Regelwidrigkeit gekennzeichnet. Und selbstverständlich können auch Pflegebedürftige krank sein und deshalb Krankenbehandlung benötigen. Soweit es aber um den spezifischen Leistungsbedarf zur Überwindung des durch die Pflegebedürftigkeit bedingten Zustandes der Hilflosigkeit geht, kommen nur die Leistungen des SGB XI in Betracht (siehe unter § 27). 25

Erkrankungsrisiko:[363]
Dass die Grenzen zwischen Gesundheit und Krankheit nicht trennscharf sind,[364] zeigt sich unter anderem in den Fällen eines erheblich gesteigerten Erkrankungsrisikos durch entsprechende, idR genetische Prädisposition. Bei bestimmten genetischen Veranlagungen besteht ein hohes Erkrankungsrisiko für mitunter schwere Erkrankungen (daneben ist ebenso denkbar, dass vergangene Infektionen oder andere Risikofaktoren das Risiko bestimmter schwerer Folgeerkrankungen begründen). So hatte das BVerwG im Jahr 2017 zu entscheiden, ob die vorsorgliche Brustdrüsenentfernung bei einer Frau mit BRCA2-Genmutation eine Krankenbehandlung ist.[365] Trägerinnen dieser Mutation werden mit etwa 80-prozentiger Wahrscheinlichkeit in ihrem Leben an Brustkrebs erkranken, im Gegensatz zum allgemeinen Brustkrebsrisiko von 12,5 % bei Frauen,[366] bzw. von etwa 10% bei der Bevölkerung insgesamt.[367]

Fraglich ist nun, ob dieses Krankheitsrisiko eine Erkrankung und der ihretwegen vorgenommene Eingriff – eine vorsorglichen Entfernung des Brutdrüsengewebes – somit eine Behandlung dieser Erkrankung ist. Problematisch hieran ist, dass die genetische Veranlagung für sich genommen keine körperliche Regelwidrigkeit begründet. Das BVerwG erkannte im Ergebnis ein **krankheitswertiges Erkrankungsrisiko** als Krankheit an,[368] da die Genmutation in Verbindung mit einem signifi-

363 BVerwG 28.9.2017 NVwZ 2018, 173; BSG 24.1.2023, NJW 2023, 2964.

364 Anschaulich Wiese, NZS 2024, 605 (610); „Der Weg von Gesundheit zu Krankheit ist regelmäßig ein Kontinuum bestehend aus verschiedenen Phasen mit fließenden Übergängen, die im SGB V nicht abgebildet sind."

365 Zwar hatte das BVerwG eine beihilferechtliche Frage zu entscheiden, mangels eigener Regelungen in der einschlägigen HessBeihVO griff es jedoch auf die Rechtsprechung des BSG zur § 27 Abs. 1 Satz 1 SGB V zurück.

366 Zentrum für Krebsregisterdaten des Robert Koch Instituts: https://www.krebsdaten.de/Krebs/DE/Content/Krebsarten/Brustkrebs/brustkrebs_node.html

367 Hauck, NJW 2016, 2695.

368 Vgl. Wiese, WzS 2024, 71 (73f.).

kant erhöhten Risiko ausnahmsweise das Maß eines regelwidrigen Körperzustandes erreichen könne.[369]

Ein solches krankheitswertes Erkrankungsrisiko liege vor,

> „wenn die auf Tatsachen gestützte konkrete Gefahr einer schwerwiegenden Gesundheitsschädigung besteht und die schädigenden Folgen, die im Falle des Ausbruchs der Krankheit einträten, so schwer sind, dass die Behandlungsbedürftigkeit bereits vor Realisierung der Gefahr zu bejahen ist, weil **der betreffenden Person bei wertender Gesamtbetrachtung nicht zuzumuten ist, dem Geschehen seinen Lauf zu lassen** und sich auf die Inanspruchnahme von Früherkennungsmaßnahmen zu beschränken."[370]

Dieser Rechtsprechung hat sich das BSG im Jahre 2023 angeschlossen.[371]

Der Begriff des krankheitswerten Erkrankungsrisikos schafft eine praktikable und interessengerechte Lösung für den Umgang mit den Fällen des Erkrankungsrisikos. Eine dogmatisch saubere Lösung ist damit nicht geschaffen, denn warum Mutation plus Risiko nun einen regelwidrigen Körperzustand darstellen soll, ist nicht klar. Um einen rechtssicheren Anspruch solcher Mutationsträger sicherzustellen, wäre eine ausdrückliche gesetzliche Festschreibung des Anspruchs und seiner Grenzen wünschenswert.[372]

III. Schwangerschaft und Mutterschaft

26 Im Rahmen des Krankenversicherungsrechts wurden von Beginn an auch Leistungen bei Schwangerschaft und Mutterschaft gewährt. Es handelt sich hierbei um eigene Versicherungsfälle, die nicht unter den Krankheitsbegriff des § 27 Abs. 1 S. 1 SGB V fallen. Der Zustand der Schwangerschaft ist keine Krankheit; bei einer vorliegenden oder drohenden Schwangerschaftspsychose kann indes eine Krankheit vorliegen, wenn ärztliche Behandlung angezeigt ist.[373] Leistungen bei Schwangerschaft und Mutterschaft sind in §§ 24c bis 24i SGB V normiert. Die von der GKV bei Schwangerschaftsabbruch und Sterilisation zu gewährenden Leistungen sind in § 24b SGB V geregelt.

§ 22 Das Leistungssystem der gesetzlichen Krankenversicherung

Literatur: Arnold, Das Gesundheitswesen im Spannungsfeld von wissenschaftlichem Fortschritt und Finanzierbarkeit, DOK 1991, 263ff.; Arnold, Die medizinische Versorgung im Widerspruch unterschiedlicher Rationalitäten, DOK 1994, 166ff.; Arnold, Strategien zum Umgang mit Knappheit im Gesundheitswesen, NZS 1996, 193ff.; Becker/Kingreen, SGB V, 8. Auflage 2022; Beckhove, Die Kostenübernahme für künstliche Befruchtungen – Fallgruppen, NJOZ 2009, 1465ff.; Benedix, Die besonderen Therapierichtungen und der Neutralitäts- und Objektivitätsanspruch des Staates, 2018; Bockholdt, Die „Nikolaus-Rechtsprechung" des BVerfG – Eine Bestandsaufnahme, NZS 2017, 569; Braun, Die Förderung der Entwicklung digitaler Innovationen durch Krankenkassen nach dem Digitale-Versorgung-Gesetz, NZS 2019, 894; Brunzema, Entgeltersatzleistungen bei einer Corona-Infektion und gleichzeitig angeordneter Quarantäne, RdA 2024, 148; Busch, Der neue Anspruch auf Krankengeld für Personen, die Menschen mit Behinderungen (§ 2 SGB IX) bei einer stationären Krankenhausbehandlung begleiten, § 44b SGB V DVfR Fachbeitrag As-2023; Clemens, Zulässigkeit von Arzneimittelverordnungen und Kostenregresse gegen Ärzte – Off-Label-Use und Unlicensed Use, GesR 2011, 397; Didong, Der wiederaufgelebte Krankengeldanspruch gem. § 48 Abs. 2 SGB V unter Berücksichtigung der Rechtsprechung des Bundessozialgerichts, SGb 1992, 181ff.; Engelmann, Die ambulante Palliativversorgung im Recht der gesetzlichen Krankenversicherung, WzS 2015, 67; Eicher, Die In-vitro-Fertilisation als Leistung der gesetzlichen Krankenkassen im Rahmen der Sterilitätsbehandlung der Frau, MedR 1986, 265ff.; Fastabend/Schneider, Das Leistungs-

---

369 BVerwG 28.9.2017 NVwZ 2018, 173 (175) Rn. 15.

370 BVerwG 28.9.2017 NVwZ 2018, 173 (175) Rn. 14.

371 BSG 24.1.2023, NJW 2023, 2964 (2966) Rn. 26

372 Ähnlich: Wiese, WzS 2024, 71 (74).

373 BSG 13.2.1975 SozR 2200 § 182 Nr. 9.

recht der gesetzlichen Krankenversicherung, 2004; FAUDE, Selbstverantwortung und Solidarverantwortung im Sozialrecht, 1983; FELIX, Die Kehrtwende der höchstrichterlichen Rechtsprechung zu § 13 Abs. 3a SGB V, SGb 2020, 517ff.; FUCHS, Das neue Recht der Auslandskrankenbehandlung, NZS 2003, 225ff.; FUCHS, Anm. zu EuGH 16.3.2004, JZ 2005, 87ff.; GASSNER, Götterdämmerung des Gemeinsamen Bundesausschusses?, NZS 2016, 121; GÖTZENBERGER, Krankengeld – Lohnersatzleistung der gesetzlichen Krankenkassen, SozVers 1993, 207ff.; GREINER, Familienfreundliches Arbeitsrecht? – Die Erkrankung des Kindes als Gegenstand widersprüchlicher Regelungen, NZA 2007, 490; GREINER, Krankengeld und Entgeltfortzahlung bei Organ- oder Gewebespende, NZS 2013, 241; GREINER/BENEDIX, Struktur und Systematik des Wirtschaftlichkeitsgebotes im SGB V, SGb 2013, 1; HAUCK, Gestaltung des Leistungsrechts der gesetzlichen Krankenversicherung durch das Grundgesetz?, NJW 2007, 1320; HAUCK, Krankenversicherungsrechtliche Ansprüche bei Fortpflanzungsunfähigkeit, SGb 2009, 321; HECKELMANN/SCHÖDEL, App auf Rezept – Software als Hilfs- und Pflegehilfsmittel, NZS 2018, 926; HIDDEMANN/MUCKEL, Das Gesetz zur Modernisierung der gesetzlichen Krankenversicherung, NJW 2004, 7ff.; HUSTER, Mischpreis und Nutzenmonetarisierung – Die neuere Rechtsprechung zum AMNOG-Verfahren, NZS 2017, 681; HUSTER/SCHÜTZ, Die Neuordnung der selektivvertraglichen Versorgung durch das GKV–Versorgungsstärkungsgesetz, NZS 2016, 645; HUSTER/WIESE, Wahrscheinlichkeiten und Prinzipien – zur verfassungsrechtlichen Notwendigkeit konkreter Abwägungen im Leistungsrecht der GKV, VSSAR 2023, 273ff.; JÄGER/MÜNTER, Ist die moderne Wundversorgung noch zu retten? – Heil- und Hilfsmittelstärkungsgesetz, RDG 2017, 12; KATZENMEIER/JANSEN, Neuregelung der GKV-Unterstützung bei Behandlungsfehlerverdacht, NZS 2017, 761; JANßEN, Die Neuregelungen zur Assistenz im Krankenhaus DVfR 2021, Fachbeitrag A41-2021; KIEßLING, Schwanger oder krank? Abgrenzungsfragen der Leistungen der GKV bei Schwangerschaft und Mutterschaft, NZS 2017, 373; KINGREEN, Die Entwicklung des Gesundheitsrechts 2007/2008, NJW 2008, 3393; KNISPEL, Zur ärztlichen Feststellung des Fortbestehens von Arbeitsunfähigkeit bei abschnittsweiser Krankengeldgewährung, NZS 2014, 561; KNISPEL, Der Anspruch auf Einholung einer Zweitmeinung nach § 27 b SGB V, NZS 2016, 174; KRAUSE, Strukturprinzipien der gesetzlichen Krankenversicherung – Finanzierungs-, Leistungs- und Gliederungsprobleme in: Verhandlungen des Deutschen Sozialrechtsverbandes, Bundestagung Wiesbaden am 1. und 2. Oktober 1987, 1988, S. 32ff.; KRÜGER, § 13 Absatz 3a SGB V vor den Schranken der Sozialgerichtsbarkeit, NZS 2016, 521; KRÜGER, Exoskelette im System der gesetzlichen Krankenversicherung, NZS 2019, 441; KRUSE/HÄNLEIN, Das neue Krankenversicherungsrecht, 2004; LANGHALS, Umfang des Behandlungsanspruchs bei lebensbedrohlichen oder regelmäßig tödlich verlaufenden Erkrankungen, NZS 2007, 76ff.; MAY, Die krankheitsbedingte Arbeitsunfähigkeit, SGb 1988, 477ff.; MAYDELL/SCHULTE, Gesundheitsmarkt ohne Grenzen in Europa, KrV 2001, 207ff.; MÜLLER, Die Rechtsproblematik des Off-Label-Use, 2009; MÜLLER DE CORNEJO/VAN LENTE, Disease-Management-Programme, Hand in Hand mit dem Patienten, G+G 2003, 33ff.; MÜNKLER, Kosten-Nutzen-Bewertungen in der gesetzlichen Krankenversicherung, 2014; NEUMANN/PAHLEN/GREINER/WINKLER/WESTPHAL/KROHNE, SGB IX, 15. Auflage 2024; NEUMANN in: Neumann (Hrsg.), Rehabilitation und Teilhabe behinderter Menschen – Handbuch SGB IX, 2004; NEUMANN, Prioritätensetzung und Rationierung in der gesetzlichen Krankenversicherung, NZS 2005, 617ff.; Nomos Kommentar Gesundheitsrecht (NK-GesR), SGB V und SGB XI, 2. Auflage 2018; PADÈ, Anspruch auf Leistungen der gesetzlichen Krankenversicherung bei Lebensgefahr und tödlich verlaufenden Krankheiten – Umsetzung des „Nikolaus"-Beschlusses des Bundesverfassungsgerichts durch die Rechtsprechung des Bundessozialgerichts, NZS 2007, 352ff.; PLUTE, Der Begriff der (medizinischen) Rehabilitation im Recht der gesetzlichen Krankenversicherung, VSSR 2003, 97ff.; RICHTER-REICHHELM, Die Rolle der Kassenärztlichen Bundesvereinigung und der Kassenärztlichen Vereinigungen bei der Umsetzung von Disease-Management-Programmen, KrV 2002, 11ff.; RIXEN, Die Überprüfung von Hilfsmitteln durch den Gemeinsamen Bundesausschuss – Am Beispiel der Überprüfung von CPM-Schienen, SGb 2018, 253; ROMPF, Selbstverschulden im Krankenversicherungsrecht, NZS 1997, 16ff.; SCHAKS, Das reformierte Mutterschutzgesetz und der Begriff „Entbindung" – eine rechtsmethodische Betrachtung, SGb 2017, 675; SCHLENKER, Das Entscheidungsmonopol des Bundesausschusses für neue medizinische Verfahren und Außenseitermethoden, NZS 1998, 411ff.; SCHMEILZL/KRÜGER, Künstliche Befruchtung – Wer trägt die Kosten? – Eine Übersicht nach Fallgruppen, NZS 2006, 633; SCHNEIDER, Das Gesetz zur Stärkung der Gesundheitsförderung und der Prävention, SGb 2015, 599; SCHÜTZE, Versorgung der gesetzlich Krankenversicherten mit Hilfsmitteln – Kann der Gesetzgeber diesen Bereich starker Interessengegensätze tatsächlich „regeln", indem er Leistungserbringer und Krankenkassen auf den Abschluss von Verträgen verweist?, NZS 2003, 467ff.; SODAN/HADANK, Unzureichende Betroffenenpartizipation als Legitimationsdefizit des Gemeinsamen Bundesausschusses, NZS 2018, 804; STEINWEDEL, „Verweisung" bei Arbeitsunfähigkeit, SozVers 1988, 151ff.; UDSCHING, Probleme bei der Verzahnung von ambulanter und stationärer Krankenbehandlung, NZS 2003, 411ff.; VOLLMÖLLER, Rechtsfragen bei der Umsetzung von Disease Management-Programmen, NZS 2004, 63ff.; WERNER, Die Genehmigungsfiktion des § 13 Abs. 3a S. 6 SGB V am Beispiel stationärer Krankenhausbehandlung, SGb 2015, 323; WIEGAND, Prüfungsmaßstab beim Verordnungsausschluss homöopathischer Arzneimittel, NZS 2017, 230; ZWEIFEL, Ein ökonomisches Modell des Arztverhaltens, 1982.

I. Prinzipien des Leistungsrechts

1 Nach § 40 Abs. 1 SGB I besteht ein Anspruch auf eine Sozialleistung, wenn die gesetzlichen oder die aufgrund des Gesetzes festgelegten Voraussetzungen für diese Leistung vorliegen. Zu diesen Tatbestandsvoraussetzungen gehören die Versicherteneigenschaft und der Eintritt eines Versicherungsfalls. Darüber hinaus enthält das SGB V **allgemeine Leistungsvoraussetzungen**. Danach muss jede Versicherungsleistung wirtschaftlich erbracht werden (§ 12 SGB V) und dem Stand der medizinischen Erkenntnisse entsprechen (§ 2 Abs. 1 S. 3 SGB V).

1. Wirtschaftlichkeitsgebot (§ 12 SGB V)

2 Die Konkretisierung des im SGB V normierten Leistungskatalogs der gesetzlichen Krankenversicherung gehört zu den schwierigsten Herausforderungen für das Krankenversicherungsrecht. Sie bewegt sich im **Spannungsfeld** zwischen den Interessen der Versicherten und Leistungserbringer an einer möglichst umfassenden Gesundheitsversorgung, beruflich-wirtschaftlichen Interessen und Zwängen der Leistungserbringer und der Leistungsfähigkeit der Krankenkassen, deren finanzielle Ressourcen zu begrenzt sind, um das Behandlungsspektrum auch nur annähernd finanzieren zu können, das der modernen Medizin heute zur Verfügung steht.[374] Hinzu kommen **versicherungstypische Effekte**, wie die Veränderung des Nachfrage- und Angebotsverhaltens.[375] Bei einer Versicherung gegen Krankheitsrisiken entsteht zudem die Problematik der angebotsinduzierten Nachfrage.[376]

3 Mit **§ 12 SGB V** hat der Gesetzgeber eine **Grundsatznorm des Leistungsrechts** geschaffen, an der sich die Lösung dieses Konflikts im einzelnen Behandlungsfall zu orientieren hat.[377] Die Leistungen der Krankenkassen müssen ausreichend und zweckmäßig sein und dürfen das Maß des Notwendigen nicht überschreiten (§ 12 Abs. 1 S. 1 SGB V). Eine nähere Beschreibung der Voraussetzungen, die eine Versicherungsleistung erfüllen muss, um im konkreten Fall als ausreichend, zweckmäßig und notwendig eingestuft werden zu können, enthält das SGB V nicht.[378] Das Wirtschaftlichkeitsgebot ist damit im Wesentlichen als Ausfluss des Verhältnismäßigkeitsgrundsatzes zu verstehen.[379]

4 Schwierigkeiten bei der Anwendung des Wirtschaftlichkeitsgebots haben sich vor allem in Bezug auf die **Zweckmäßigkeit** der Leistung ergeben. Sie ist zu bejahen, wenn eine **günstige Zweck-Mittel-Relation** zwischen der medizinischen Leistung und dem zu erwartenden Behandlungserfolg besteht. Bezogen auf den angestrebten Heilerfolg, der im Einklang mit einem in § 27 Abs. 1 S. 1 SGB V genannten Behandlungsziel stehen muss, können deshalb nur solche Behandlungsmethoden zweckmäßig sein, mit denen eine Krankheit wirksam behandelt werden kann. Denn wie die Gesetzesbegründung zu § 2 Abs. 1 SGB V zeigt, besteht bei ungesicherter Wirksamkeit der Behandlungsmethode grundsätzlich – vorbehaltlich der „grundrechtsorientierten" Leistungen nach § 2 Abs. 1a SGB V – keine Leistungspflicht der Krankenkassen:

> „Der ‚allgemein anerkannte Stand der medizinischen Kenntnisse' schließt Leistungen aus, die mit wissenschaftlich nicht anerkannten Methoden erbracht werden. Neue Verfahren, die nicht ausreichend erprobt sind, oder Außenseitermethoden (paramedizinische Verfahren), die zwar bekannt sind, aber sich nicht bewährt haben, lösen keine Leistungspflicht der Krankenkasse aus. Es ist nicht Aufgabe der Krankenkassen, die medizinische Forschung zu finanzieren. Dies gilt auch dann, wenn neue Methoden im Einzelfall zu einer Heilung der Krankheit oder Linderung der Krankheitsbeschwerden führen (...)."[380]

374 Zum Ganzen BeckOGK/Roters, 1.12.2018, § 12 SGB V Rn. 2.
375 Krause, SGb 1981, 404ff.
376 Hierzu Zweifel S. 1ff.
377 BSG 11.5.2023 B1 KR 10/22 R Rn. 14, juris.
378 Zu den einzelnen Aspekten BeckOGK/Roters, 1.12.2018, § 12 SGB V Rn. 23ff.; NK-GesR/Greiner § 12 Rn. 1ff.; Greiner/Benedix, SGb 2013, 1.
379 Münkler, Kosten-Nutzen-Bewertungen in der gesetzlichen Krankenversicherung, S. 181ff.
380 BT-Drs. 11/2237 S. 157.

Nicht selten bereitet jedoch der wissenschaftlich überzeugende Nachweis der **medizinischen Wirksamkeit** besondere Schwierigkeiten. Im Mittelpunkt der höchstrichterlichen Rechtsprechung stand deshalb wiederholt die Frage nach den **Anforderungen an den Wirksamkeitsnachweis** für eine bestimmte Behandlungsmethode.[381] 5

a) Prüfungskompetenz; „grundrechtsorientierte Leistungen"; „Systemversagen"

Im Zusammenhang mit dem Wirtschaftlichkeitsgebot ist aber auch zu klären, wem die Aufgabe übertragen ist, verbindlich über die Wirtschaftlichkeit einer Behandlung zu entscheiden. Nach früherem Recht oblag es grundsätzlich den Krankenkassen, ihre Leistungspflicht im jeweiligen Einzelfall anhand der Wirtschaftlichkeitskriterien festzustellen, ein Verfahren zur allgemeinen Überprüfung der Wirtschaftlichkeit existierte nicht. Gegenteilige Entscheidungen der innerhalb des Leistungserbringungsrechts gebildeten, ebenfalls mit der Wirtschaftlichkeit der Versicherungsleistungen befassten Institutionen, waren unbeachtlich. Es galt der Vorrang des Leistungsrechts vor dem Leistungserbringungsrecht.[382] Die neuere Rechtsprechung hält an diesem Grundsatz jedoch nicht mehr fest. Seit einer Entscheidung des BSG aus dem Jahr 1997[383] geht die Rechtsprechung davon aus, dass „Versicherte ihre **Ansprüche nur innerhalb der Vorgaben des Leistungserbringungsrechts** verwirklichen können. Erst durch die Festlegung und Konkretisierung des Arztes verdichte sich das ausfüllungsbedürftige Rahmenrecht der Versicherten zum durchsetzbaren Einzelanspruch ...".[384] 6

Innerhalb des Anwendungsbereichs des § 135 SGB V – also bei Bewertung von Untersuchungs- und Behandlungsmethoden durch den **Gemeinsamen Bundesausschuss** – ist der Leistungsanspruch des Versicherten deshalb nicht mehr von den Krankenkassen am Maßstab des § 12 SGB V zu überprüfen. Die Entscheidung über die Wirtschaftlichkeit **neuer Untersuchungs-** und **Behandlungsmethoden** gehört zu den Aufgaben des Gemeinsamen Bundesausschusses.[385] Ausnahmen von diesem Grundsatz werden nur in den Fällen des „Systemversagens" oder jedenfalls eines Systemmangels – in diesem Fall bedingt durch die pflichtwidrige Untätigkeit des Gemeinsamen Bundesausschusses – zugelassen.[386] 7

Diese Grundsätze sollen an folgendem Beispiel erläutert werden:[387] Der Kläger begehrte die Kostentragung der gesetzlichen Krankenversicherung für eine sogenannte „Colon-Hydro-Therapie" zur Darmreinigung und Entschlackung. Da es sich dabei um eine neue Behandlungsmethode i. S. d. § 135 Abs. 1 SGB V handelte, war für die Frage, ob die (vertragsärztliche) Behandlung dem geforderten Versorgungsstandard der gesetzlichen Krankenversicherung entspricht, nicht die Krankenkasse, sondern der Bundesausschuss der Ärzte- und Krankenkassen (jetzt: Gemeinsamer Bundesausschuss) zuständig. Denn danach dürfen solche Untersuchungs- und Behandlungsmethoden zu Lasten der Krankenkasse nur erbracht werden, wenn der Bundesausschuss in Richtlinien nach § 92 Abs. 1 S. 2 Nr. 5 SGB V Empfehlungen über die Anerkennung des diagnostischen und therapeutischen Nutzens der neuen Methode abgegeben hat. Erst dadurch wird der Umfang der den Versicherten von den Krankenkassen geschuldeten ambulanten Leistungen verbindlich festgelegt. Da im vorliegenden Falle eine solche Empfehlung nicht abgegeben worden war, kam eine Leistungsverpflichtung der Krankenversicherung nur noch in Betracht, wenn ein Systemmangel mit der rechtswidrigen Untätigkeit des Bundesausschusses begründbar gewesen wäre. Ein Systemmangel liegt nach der Rechtsprechung des BSG dann vor, wenn die Entscheidung des Bundesausschusses trotz Erfüllung der für die Überprüfung einer neuen Behandlungsmethode notwendigen formalen und inhaltlichen 8

381 BSG 22.7.1981 BSGE 52, 70; BSG 9.2.1989 BSGE 64, 255; BSG 21.11.1991 BSGE 70, 24, 26.
382 Hierzu BeckOGK/Roters, 1.12.2018, § 12 SGB V Rn. 6ff., insbesondere Rn. 12; BSG 22.7.1981 BSGE 52, 70.
383 BSG 16.9.1997 BSGE 81, 54.
384 BeckOGK/Roters, 1.12.2018, § 12 SGB V Rn. 13.
385 Zum Begriff „neue Untersuchungs- und Behandlungsmethode" BSG 28.3.2000 BSGE 86, 54; Schlenker, NZS 1998, 411ff.
386 Vgl. BSG 16.9.1997 BSGE 81, 54.
387 BSG 19.2.2002 SozR 3-2500 § 92 Nr. 12.

Voraussetzungen willkürlich oder aus sachfremden Erwägungen unterblieben oder verzögert worden wäre.

9 Eine bedeutende Abweichung von den vorgenannten Grundsätzen des § 135 Abs. 1 SGB V ist aufgrund des sog. **„Nikolausbeschlusses"** des BVerfG[388] veranlasst, die seit 2011[389] in **§ 2 Abs. 1a SGB V** Niederschlag findet:[390] Demnach besteht speziell bei lebensbedrohlichen oder regelmäßig tödlichen Erkrankungen bzw. bei „wertungsmäßig vergleichbaren" Erkrankungen,[391] für die eine allgemein anerkannte, dem medizinischen Standard entsprechende Leistung nicht zur Verfügung steht, auch Anspruch auf eine von § 2 Abs. 1 S. 3 SGB V abweichende Leistung, wenn hierdurch eine nicht ganz entfernt liegende Aussicht auf Heilung oder auf eine spürbare positive Einwirkung auf den Krankheitsverlauf besteht.

10 Gegenstand des **„Nikolausbeschlusses"** war in tatsächlicher Hinsicht die Versagung einer alternativen Therapie zur Bekämpfung von BMB, einer progressiven Muskeldystrophie, die zu einer fortschreitenden Lähmung bis zur Rollstuhlbedürftigkeit und später zu einem Atemstillstand führt. Nach Einschätzung des BVerfG steht die fachgerichtliche Rechtsprechung, dass die Übernahme von Kosten durch die gesetzlichen Krankenkassen auch in Fällen einer **lebensbedrohlichen** oder vorhersehbar **tödlich verlaufenden Krankheit** ausgeschlossen ist, wenn eine dem allgemein anerkannten medizinischen Standard entsprechende Behandlungsmethode nicht existiert, nicht im Einklang mit dem Grundgesetz, wenn der behandelnde Arzt eine Methode zur Anwendung bringt, die nach seiner Einschätzung im Einzelfall den Krankheitsverlauf positiv zugunsten des Versicherten beeinflusst. Allerdings muss die vom Versicherten gewählte andere Behandlungsmethode eine auf Indizien gestützte, nicht ganz fern liegende Aussicht auf Heilung oder wenigstens eine spürbar positive Einwirkung auf den Krankheitsverlauf versprechen. Das BVerfG leitet diese Grundsätze aus der staatlichen Schutzpflicht für das Leben aus Art. 2 Abs. 2 S. 1 GG her. Die Sozialgerichte haben deshalb zu prüfen, ob es für die vom Arzt nach gewissenhafter fachlicher Einschätzung vorgenommene oder von ihm beabsichtigte Behandlung ernsthafte Hinweise auf einen nicht ganz entfernt liegenden Erfolg der Heilung oder auch nur auf eine spürbare positive Einwirkung auf den Krankheitsverlauf im konkreten Einzelfall gibt. Das BSG folgt seither dieser Rechtsprechung des BVerfG[392] und leitet aus der Rechtsprechung des BVerfG drei kumulative Voraussetzungen ab:

- Es liegt eine lebensbedrohliche oder regelmäßig tödlich verlaufende Erkrankung vor;
- bezüglich der Krankheit steht eine allgemein anerkannte, medizinischem Standard entsprechende Behandlung nicht zur Verfügung;
- bezüglich der beim Versicherten ärztlich angewandten neuen (d.h. nicht allgemein anerkannten) Behandlungsmethode besteht eine auf Indizien gestützte, nicht ganz fern liegende Aussicht auf Heilung oder wenigstens auf eine spürbar positive Einwirkung auf den Krankheitsverlauf.[393]

11 Das Vorliegen dieser Voraussetzungen – bzw. die Voraussetzungen der heute anerkannten gleichgestellten Fälle (dazu sogleich) – kann durch **Prüfanfrage** beim MD nach § 275 Abs. 1 S. 1 Nr. 1 Var. 1 SGB V vor Leistungserbringung gutachterlich geprüft werden. Nicht jede unbehandelt zum Tode führende Krankheit kann als in diesem Sinne tödlich Krankheit eingeordnet werden, andernfalls wäre beinahe jede schwere Erkrankung erfasst. Maßgeblich ist vielmehr, dass der Tod mit großer Wahrscheinlichkeit in überschaubarer Zukunft selbst bei regulär vorgesehener Therapie eintreten würde.

388 BVerfG 6.12.2005 NZS 2006, 84; bestätigt in BVerfG 29.11.2007 NZS 2008, 365.

389 Eingefügt durch das GKV-Versorgungsstrukturgesetz v. 22.12.2011, BGBl. I S. 2983.

390 Insgesamt zur Umsetzung in Gesetzgebung und Rechtsprechung Bockholdt, NZS 2017, 569.

391 Diese Gleichstellung ist verfassungsrechtlich nicht geboten, BVerfG 10.11.2015 BVerfGE 140, 229, sondern „Zugabe" des einfachen Gesetzesrechts, vgl. zu den Maßstäben etwa BSG 17.12.2019 – B 1 KR 18/19 R, BSGE (vorgesehen), Rn. 14; BSG 13.12.2016 BSGE 122, 170.

392 Vgl. zur Umsetzung dieser Rechtsprechung durch das BSG Langhals, NZS 2007, 76; Padè, NZS 2007, 352; Hauck, NJW 2007, 1320.

393 BSG 7.11.2006 NZS 2007, 534, 537.

In zeitlicher Hinsicht kann auch der weiter in der Zukunft liegender Tod berücksichtigt werden, insbesondere wenn dieser bei einem weiteren Zuwarten nicht mehr verhindert werden könnte.[394] Die heute in **§ 2 Abs. 1a SGB V** enthaltene **Erstreckung auf andere Erkrankungen**, bei denen es an dem Merkmal „lebensbedrohlich" fehlt, ist nicht bereits aus verfassungsrechtlichen Gründen geboten;[395] allerdings erkannte das BSG die Möglichkeit eines „Systemversagens" – mit der Konsequenz eines Kostenerstattungsanspruchs nach § 13 Abs. 3 SGB V nach Selbstbeschaffung – auch bei nicht lebensbedrohlichen Erkrankungen an, wenn eine medizinisch „alternativlose" Behandlung keine Aufnahme in den Leistungskatalog gefunden hat[396] oder die Aufnahme „objektiv willkürlich" unterblieben ist.[397]

12 Im Ergebnis sind heute – in Durchbrechung des § 135 Abs. 1 SGB V – **drei Fallgruppen einer Leistungsgewährung trotz Fehlens einer positiven Entscheidung des Gemeinsamen Bundesausschusses** anzuerkennen:[398]

- Fälle des „Systemversagens": Eine Positiventscheidung des Gemeinsamen Bundesausschusses zur Aufnahme in den Leistungskatalog hätte getroffen werden müssen, ist aber pflichtwidrig unterblieben.
- „Grundrechtsorientierte" Leistungen: Eine Leistung wurde (bislang) trotz pflichtgemäßen Handelns des Gemeinsamen Bundesausschusses nicht in den Leistungskatalog aufgenommen, es liegen aber die Voraussetzungen einer Leistungspflicht aus „grundrechtsorientierten" Gründen vor – sei es, weil die Voraussetzungen des „Nikolausbeschlusses" gegeben sind, sei es, weil es sich um eine durch § 2 Abs. 1a SGB V einfachrechtlich gleichgestellte Erkrankung handelt.
- „Seltenheitsfälle": Eine Erkrankung ist so selten, dass sie trotz pflichtgemäßen Handelns des Gemeinsamen Bundesausschusses keine Berücksichtigung im Leistungskatalog erfahren hat, aber dennoch im individuellen Fall (im Regelfall nach individueller Prüfung durch den MD) einen Leistungsanspruch auslösen soll.

13 Die **Folgen einer unterbliebenen oder verzögerten Bescheidung** nicht nur in diesen Fällen, sondern bei jedem Leistungsantrag, regelt heute (seit 2013) **§ 13 Abs. 3a SGB V**. Die Krankenkasse hat demnach über einen – hinreichend bestimmten[399] – Antrag auf Leistungen zügig, im Grundsatz[400] spätestens bis zum Ablauf von drei Wochen nach Antragseingang zu entscheiden. Die Begutachtung durch den MD verlängert die Frist. Versäumt die Krankenkasse die Bescheidungsfrist und erfolgt auch keine Mitteilung eines hinreichenden Grundes für die Verzögerung, gilt die Leistung gem. § 13 Abs. 3a S. 6 SGB V nach Ablauf der Frist als genehmigt, und der Versicherte hat einen Kostenerstattungsanspruch für die – nach Fristablauf[401] – zunächst auf eigene Kosten beschaffte Leistung.[402] Nach alter Rechtsprechung des BSG konnte er alternativ auch weiterhin als Sachleistung von der Krankenkasse verlangen.[403] Rücknahme oder Widerruf einer fingierten Leistungsgenehmigung kamen nur in Betracht, wenn die Voraussetzungen der Genehmigungsfiktion von Anfang an nicht vorlagen oder später entfallen sind.[404] Mit Urteil vom 26.5.2020 gab das BSG diese Rechtsprechung dann jedoch ausdrücklich wieder auf.[405] Das BSG wandte sich insbesondere von der Annahme ab,

---

394 BSG 20.3.2024 – B 1 KR 36/22 R – juris Rn. 27ff.

395 Vgl. BVerfG 10.11.2015 BVerfGE 140, 229; BSG 11.7.2017 BSGE 124, 1, in casu: kein Anspruch auf zahnärztliche Zahnreinigung zur Entfernung weicher Zahnbeläge.

396 Vgl. BSG 2.9.2014 BSGE 117, 1 zur zahnmedizinischen Versorgung mit Einlagefüllungen.

397 BSG 7.5.2013 BSGE 113, 241.

398 Zusammenfassend zuletzt BSG 17.12.2019 NZS 2020, 300.

399 Dazu BSG 11.7.2017 BSGE 123, 293: Behandlungsziel muss klar sein.

400 Instruktiv zu den Ausnahmen Krüger, NZS 2016, 521.

401 Vgl. BSG 11.5.2017 BSGE 123, 144.

402 Näher Werner, SGb 2015, 323.

403 BSG 8.3.2016 BSGE 121, 40.

404 BSG 8.3.2016 BSGE 121, 40.

405 BSG 26.5.2020 NJW 2020, 3267.

dass § 13 Abs. 3a S. 6 SGB V einen Verwaltungsakt fingiere. Vielmehr werde dem Versicherten eine Rechtsposition sui generes eingeräumt (Rn. 10 der Entscheidung). Eine klare Absage erteilt das BSG auch der Ansicht, dass ein Versicherter aus § 13 Abs. 3a S. 6 SGB V einen Naturalleistungsanspruch herleiten könne (Rn. 10). Effektiv beschränkt das BSG die Fiktionswirkung auf eine Vertrauenstatbestand. Geschützt sei nur der Kostenerstattungsanspruch von Versicherten, die nach Fristablauf gutgläubig hinsichtlich des Leistungsanspruchs eine Leistung selbst beschafft haben (Rn. 22). Die Vorschrift greift nur zugunsten derjenigen, die nach Fristablauf, aber vor tatsächlicher Bescheidung des Antrags, die beantragte Leistung selbst beschaffen.[406]

14 Das BSG hat auf dieser Grundlage einen **Kostenerstattungsanspruch** bei einer Hautstraffungsoperation an Bauch und Brust bejaht, wenn die Krankenkasse eine durch Genehmigungsfiktion nach § 13 Abs. 3a S. 7 SGB V bewilligte Krankenbehandlung später rechtswidrig ablehnt. Es gewährte dem Versicherten einen Anspruch auf Erstattung der Kosten, die ihm aufgrund privater Selbstbeschaffung im Ausland entstanden waren.[407] Die Vorschrift wird durch das BSG extensiv ausgelegt und erfasst auch z. B. den Fall eines nicht beschiedenen Antrags auf Gewährung eines Arzneimittels ohne Begrenzung auf den Festbetrag[408] oder die Konstellation, dass zwar fristgerecht abschlägig über den Leistungsantrag des Versicherten entschieden wurde, die Bearbeitung seines dagegen gerichteten Widerspruchs jedoch ohne hinreichende Begründung nicht fristgerecht erfolgte.[409] Die Genehmigungsfiktion kommt sogar dann zum Tragen, wenn eine Leistung begehrt wird, die nicht objektiv medizinisch notwendig ist, der Versicherte aber subjektiv von ihrer medizinischen Erforderlichkeit ausgehen durfte, weil die Leistung nicht offensichtlich außerhalb des Leistungskatalogs der gesetzlichen Krankenversicherung lag.[410] Nicht erfasst ist dagegen der – nach der Systematik des SGB IX zu lösende – Fall der Beschaffung einer Prothese.[411]

15 Durch Genehmigungsfiktion nach § 13 Abs. 3a SGB V entsteht ein **regulärer (Sach-)Leistungsanspruch**,[412] der dem Leistungskatalog der gesetzlichen Krankenversicherung zuzurechnen[413] und vollstreckbar[414] ist. Für ihn gelten im Arzt-Patienten-Verhältnis dieselben Sorgfalts-, Informations- und Schadensersatzpflichten wie bei jeder anderen ärztlichen Behandlung.[415]

16 Eine **Grenze** des einzelfallbezogenen Verfahrens ist erreicht, wenn der Gemeinsame Bundesausschuss bereits im Rahmen seiner Überlegungen zu § 135 Abs. 1 SGB V zu dem Ergebnis gelangt ist, dass nach dem maßgeblichen Stand der wissenschaftlichen Erkenntnisse medizinische Notwendigkeit, Nutzen oder Wirtschaftlichkeit der Untersuchung oder Behandlung nicht hinreichend gesichert sind und er daher eine **negative Bewertungsentscheidung** getroffen hat. Dann ist es nach Einschätzung des BSG auch verfassungsrechtlich nicht mehr geboten, die alternative Behandlungsmethode leistungsrechtlich anzuerkennen. Zuletzt wurde dies für die Arzneimittelversorgung bestätigt: Auch bei einer lebensbedrohlichen oder regelmäßig tödlichen Erkrankung haben Versicherte keinen Anspruch auf Versorgung mit einem im Ausland für diese Indikation zugelassenen Arzneimittel, wenn die Europäische Arzneimittel-Agentur im zentralisierten Zulassungsverfahren die Zulassung des Arzneimittels zur Behandlung dieser Erkrankung bereits abgelehnt hat.[416] Gleiches gilt – sofern es sich nicht um den Fall einer lebensbedrohlichen oder gleichgestellten Erkrankung i. S. d. § 2 Abs. 1a SGB V handelt –, solange der Gemeinsame Bundesausschuss die rechtskonform durchgeführte **Über-**

406 Felix, SGb 2020, 517 (519); BeckOGK/Schifferdecker, 15.2.2024, SGB V § 13 Rn. 162.
407 BSG 11.9.2018 BSGE 126, 258.
408 BSG 26.2.2019 SozR 4-2500 § 13 Nr. 46.
409 BSG 24.4.2018 BSGE 125, 283.
410 BSG 11.5.2017 BSGE 123, 144, in casu: Behandlung einer Schädelasymmetrie im Säuglingsalter; BSG 8.3.2016 BSGE 121, 40.
411 BSG 15.3.2018 BSGE 125, 189, siehe unten § 20 III 13a.
412 BSG 11.7.2017 BSGE 123, 293.
413 BSG 7.11.2017 BSGE 124, 251.
414 BSG 11.7.2017 BSGE 123, 293.
415 BSG 7.11.2017 BSGE 124, 251.
416 BSG 13.12.2016 BSGE 122, 181.

prüfung nicht abgeschlossen hat, ohne dass ein Systemversagen vorliegt: Bis zum Abschluss der Prüfung durch den Gemeinsamen Bundesausschuss besteht dann kein Anspruch auf Gewährung des neuen Heilmittels.[417] Auch bei lebensbedrohlichen Erkrankungen besteht kein Anspruch auf eine kurative Behandlung mit experimentellem Charakter,[418] wenn eine palliative Behandlung – auch unter Berücksichtigung der konkret-individuellen Verhältnisse des Patienten – prognostisch einen zeitlich größeren Überlebensvorteil eröffnet.[419]

Das **BVerfG** hat die fachgerichtliche Umsetzung seiner Rechtsprechung bestätigt.[420] Es hat dabei auf seine schon im „Nikolausbeschluss" enthaltenen Ausführungen verwiesen: Aus den Grundrechten folge regelmäßig kein verfassungsrechtlicher Anspruch auf eine Bereitstellung bestimmter, spezieller Gesundheitsleistungen. Die Durchbrechung des allgemeinen Bewertungsverfahrens durch den Gemeinsamen Bundesausschuss bedarf demnach der **einzelfallbezogenen Rechtfertigung**, die vor allem bei lebensbedrohlichen Krankheiten anzuerkennen ist. Im Übrigen sind die gesetzlichen Krankenkassen aber nicht gehalten, alles zu leisten, was an Mitteln zur Erhaltung oder Wiederherstellung der Gesundheit verfügbar ist. Dem Gesetzgeber sei es auch nicht verwehrt, ein Verfahren zur Nutzen- und Wirtschaftlichkeitsbewertung neuer Untersuchungs- und Behandlungsmethoden zu normieren, wie es in § 135 SGB V geregelt ist. Der Gesetzgeber strebt damit in legitimer Weise Qualitätssicherung, Gleichbehandlung der Versicherten und Wirtschaftlichkeit im Leistungssystem des SGB V an. 17

Eine weitere – bereits in der Fallgruppenübersicht skizzierte – Ausnahme von dem Erlaubnisvorbehalt des § 135 Abs. 1 SGB V hat das BSG bei Maßnahmen zur Behandlung von Krankheiten anerkannt, die so **selten auftreten**, dass ihre systematische Erforschung praktisch ausscheidet.[421] Das BSG sieht es hier schon als von vornherein ausgeschlossen an, dass der Gemeinsame Bundesausschuss gem. § 135 Abs. 1 SGB V eine Empfehlung abgibt. Daraus resultiert eine vom BSG auch so bezeichnete **notstandsähnliche Situation**, die es rechtfertige, den Einsatz einer derartigen Therapie außerhalb des vom SGB V vorgegebenen Leistungsrahmens zu verordnen, wenn eine schwerwiegende Erkrankung behandelt werden soll, für die keine andere Behandlungsmöglichkeit zur Verfügung steht. 18

Das BSG erkennt ferner die Möglichkeit eines Anspruchs aus § 2 Abs. 1a SGB V bei Infektionsgefahr an (in diesem Fall ging es um die Gefahr der Infektion des ungeborenen Kindes bei Infektion der Mutter), wenn im Falle ihrer Verwirklichung die Gefahr schwerwiegender Gesundheitsbeeinträchtigungen besteht.[422] Erforderlich sei jedoch eine hohe Wahrscheinlichkeit des tatsächlichen Krankheitseintritts.[423] Einer starren Wahrscheinlichkeitsschwelle dürfte jedoch Art. 2 Abs. 2 S. 1 GG entgegenstehen. Vielmehr müssen im konkreten Einzelfall im Wege einer Verhältnismäßigkleitsprüfung Gefahr und Schwere der möglichen Schädigungen gegen Wirksamkeit der Leistung und Belastung der Solidargemeinschaft abgewogen werden.[424]

Für die **Krankenhausbehandlung** ist die Vorschrift des **§ 137c SGB V** zu beachten. Danach überprüft der Gemeinsame Bundesausschuss nach § 91 SGB V auf Antrag der bezeichneten Institutionen neue Untersuchungs- und Behandlungsmethoden, die zu Lasten der gesetzlichen Krankenkassen im Rahmen einer Krankenhausbehandlung angewandt werden oder angewandt werden sollen, daraufhin, ob sie für eine ausreichende, zweckmäßige und wirtschaftliche Versorgung der Versicherten unter Berücksichtigung des allgemein anerkannten Standes der medizinischen Erkenntnisse erfor- 19

417 BSG 17.12.2019 – B 1 KR 18/19 R, BSGE (vorgesehen), Rn. 29.

418 Obwohl grundsätzlich trotz des Wirtschaftlichkeitsgebots der Grundsatz „kurativ vor palliativ" gilt, so BSG 8.10.2019 – B 1 KR 3/19 R, BSGE (vorgesehen), Rn. 21.

419 BSG 8.10.2019 – B 1 KR 3/19 R, BSGE (vorgesehen).

420 BVerfG 10.11.2015 BVerfGE 140, 229; BVerfG (K) 30.6.2008 NJW 2008, 3556.

421 Vgl. BSG 19.10.2004 BSGE 93, 236; BSG 17.12.2013 BSGE 115, 95.

422 Vgl. BSG 24.1.2023 NJW 2023, 2964 (2966) Rn. 27.

423 BSG 24.1.2023 NJW 2023, 2964 (2968) Rn. 41.

424 Huster/Wiese, VSSAR 2023, 273 (279) (281).

derlich sind. Ergibt die Überprüfung, dass die Methode nicht den Kriterien nach § 137c Abs. 1 S. 1 SGB V entspricht, erlässt der Gemeinsame Bundesausschuss eine entsprechende Richtlinie. Nach § 137c Abs. 2 S. 2 SGB V darf ab dem Tag des Inkrafttretens einer Richtlinie die ausgeschlossene Methode im Rahmen einer Krankenhausbehandlung nicht mehr zu Lasten der Krankenkassen erbracht werden. Damit ergibt sich ein grundlegender Unterschied zur vertragsärztlichen Versorgung, den das BSG in seiner Entscheidung vom 19.2.2003 wie folgt gekennzeichnet hat:

> „Im Unterschied zur Rechtslage in der ambulanten vertragsärztlichen Versorgung verzichtet das Gesetz bei Krankenhausleistungen allerdings auf einen Erlaubnisvorbehalt für neue Untersuchungs- und Behandlungsmethoden mit der Konsequenz, dass im klinischen Bereich neuartige Verfahren vor einem Einsatz in der Krankenversicherung nicht automatisch einer Überprüfung und Bewertung im Hinblick auf die Erfüllung der geforderten Versorgungsstandards unterzogen werden. Das ändert aber nichts daran, dass nach dem gesetzgeberischen Konzept die Frage des medizinischen Nutzens und der wissenschaftlichen Akzeptanz von Untersuchungs- und Behandlungsmethoden auch im Krankenhausbereich durch einen sachverständigen Ausschuss (jetzt Gemeinsamer Bundesausschuss) abschließend und verbindlich geklärt und nicht von Fall zu Fall einer Entscheidung durch die Krankenkasse oder das Gericht überlassen werden soll. Die Regelung in § 137c SGB V orientiert sich am Vorbild des § 135 Abs. 1 SGB V. Nach der Begründung (...) sollte das aus der ambulanten Versorgung bekannte Verfahren der Überprüfung und Bewertung von Untersuchungs- und Behandlungsmethoden in abgewandelter Form auf den stationären Bereich übertragen werden, um so auch die Qualität der Leistungserbringung im Krankenhaus zu sichern (...). Das Fehlen eines Erlaubnisvorbehalts in § 137c SGB V hat (jedoch) zur Folge, dass im Krankenhaus grundsätzlich auch neuartige Verfahren keiner vorherigen Zulassung bedürfen, sondern zu Lasten der Krankenversicherung angewendet werden können, solange der Ausschuss Krankenhaus (Gemeinsamer Bundesausschuss) sie nicht ausgeschlossen hat.“[425] Klinische Studien zur Erprobung von nichtzugelassenen Arzneimitteln sind als Krankenhausbehandlung von den Krankenkassen in der Regel nicht zu vergüten.[426]

Wichtig ist jedoch bei ambulanten Behandlungen, im konkreten Einzelfall genau zu prüfen, ob eine Krankenhausbehandlung oder eine Behandlung im Rahmen der vertragsärztlichen Versorgung vorlag. Allein der Umstand, dass die Behandlung in einem zugelassenen Krankenhaus stattfindet, bedeutet nicht, dass eine ambulante Krankenhausbehandlung anzunehmen ist. Sind die Voraussetzungen einer ambulanten Krankenhausbehandlung nicht erfüllt (siehe dazu Rn. 82ff), findet die Privilegierung des § 137c SGB V keine Anwendung, so dass das Verbot mit Erlaubnisvorbehalt des § 135 SGB V greift.[427]

Für die Frage, welche Erfolgsaussichten die alternative Behandlungsmethode haben muss, gilt folgendes: Beeinträchtigt eine Erkrankung die Lebensqualität schwerwiegend und ist keine Standardbehandlung verfügbar,[428] kann bis zum Erlass einer Richtlinie nach § 137c Abs. 1 Satz 2 SGB V eine Behandlung auf Kosten der Krankenkassen durchgeführt werden, wenn die sie das Potential einer erforderlichen Behandlungsalternative hat (**Potentialmaßstab**).[429] Dies folgt aus dem Wortlaut des § 137c Abs. 3 SGB V.[430] Anders als nach alter Rechtsprechung ist ein Konsenses der großen Mehrheit der einschlägigen Fachleute nicht mehr erforderlich.[431]

20 Heute ergänzt und relativiert **§ 137e SGB V** dieses Verfahren. Er regelt den Fall, dass der Gemeinsame Bundesausschuss bei der Prüfung von Untersuchungs- und Behandlungsmethoden nach § 135 SGB V oder § 137c SGB V zu der Feststellung gelangt, dass eine Methode das Potenzial einer erforderlichen Behandlungsalternative bietet, ihr Nutzen aber noch nicht hinreichend belegt ist. Er muss dann unter Aussetzung seines Bewertungsverfahrens gleichzeitig eine sog. **Erprobungsrichtlinie**

425 BSG 19.2.2003 BSGE 90, 289.
426 BSG 22.7.2004 BSGE 93, 137.
427 LSG Baden-Württemberg 24.10.2023 BeckRS 2023, 41622 Rn. 30, 34ff.
428 BSG 13.12.2022 – B 1 KR 33/21 R juris Rn. 21.
429 BSG 25.3.2021 NZS 2022, 103 (105) Rn. 25f.
430 BSG 25.3.2021 NZS 2022, 103 (105) Rn. 25f.; BSG 13.12.2022 – B 1 KR 33/21 R juris Rn. 2 o m.w.N.
431 BSG 25.3.2021 NZS 2022, 103 (105) Rn. 23 mit Hinweis auf die aufgegebene Rechtsprechung.

beschließen, um die notwendigen Erkenntnisse für die Bewertung des Nutzens der Methode zu gewinnen. Aufgrund der Richtlinie wird die Untersuchungs- oder Behandlungsmethode in einem befristeten Zeitraum im Rahmen der Krankenbehandlung oder der Früherkennung zulasten der Krankenkassen erbracht. Bei der Prüfung eines Antrags auf Erlass einer derartigen Erprobungsrichtlinie muss der Gemeinsame Bundesausschuss seine medizinischen Ermittlungen aus Sicht des BSG nicht selbst ermitteln, sondern darf sich auf die Prüfung der von dem Antragsteller eingereichten Unterlagen unter Einbeziehung ihm präsenter Erkenntnisse beschränken.[432] Erfolgte die Aufnahme einer Behandlungsmethode in eine Erprobungsrichtlinie, haben Versicherte gegen ihre Krankenkasse **Anspruch auf Krankenhausbehandlung** mit Methoden, die Gegenstand der Erprobungsrichtlinie sind und somit lediglich das Potential einer erforderlichen Behandlungsalternative bieten.[433] Übersteigt insofern die Nachfrage das im Rahmen der Erprobungsrichtlinie vorgehaltene Leistungsangebot, haben Versicherte zudem Anspruch auf eine dem allgemeinen Gleichheitssatz (Art. 3 Abs. 1 GG) genügende, d.h. insbesondere willkürfreie Entscheidung über die Einbeziehung in die zu erprobenden Leistungen.[434]

Für seine durchaus weitreichende Entscheidungstätigkeit ist der Gemeinsame Bundesausschuss 21 nach zutreffender Einschätzung der Rechtsprechung – entgegen kritischen Stimmen im Schrifttum – hinreichend **demokratisch legitimiert**.[435]

b) Kontrolle

Mit dem GKV-VSG vom 16.7.2015[436] ist mit Wirkung zum 1.1.2017 ein **strukturiertes Verfahren zur** 22 **Kontrolle der wirtschaftlichen Leistungserbringung** durch die Vertragsärzte eingeführt worden: In den beschriebenen materiell-rechtlichen Grenzen des Wirtschaftlichkeitsgebots überwachen die Krankenkassen und die Kassenärztlichen Vereinigungen die Wirtschaftlichkeit der vertragsärztlichen Versorgung durch Beratungen und Prüfungen nach Maßgabe der §§ 106ff. SGB V. Hierzu werden durch die Landesverbände der Krankenkassen, die Ersatzkassen und die Kassenärztlichen Vereinigungen eine gemeinsame Prüfungsstelle und ein gemeinsamer Beschwerdeausschuss gebildet (§ 106c SGB V), denen die Durchführung arzt- und leistungsbezogener Wirtschaftlichkeitsprüfungen obliegt (§§ 107a, 107b SGB V). Das Verfahren gilt nach § 106 Abs. 5 SGB V auch für die Prüfung der Wirtschaftlichkeit der im Krankenhaus erbrachten ambulanten ärztlichen und belegärztlichen Leistungen, im Umkehrschluss aber nicht für stationäre Leistungen; für diese regelt § 113 SGB V ein gesondertes Verfahren zur Prüfung der Qualität und Wirtschaftlichkeit. Soweit die Krankenkassen ihre Leistungspflicht anhand von § 12 SGB V überprüfen, ist ihnen bezüglich der unbestimmten Rechtsbegriffe kein Beurteilungsspielraum eingeräumt. Ihre Entscheidungen unterliegen einer uneingeschränkten gerichtlichen Kontrolle.[437] Gleiches gilt für die Wirtschaftlichkeitsprüfung durch die gemeinsame Prüfungsstelle.

2. Stand der medizinischen Erkenntnisse (§ 2 Abs. 1 S. 3 SGB V)

Die Leistungen der gesetzlichen Krankenversicherung müssen dem allgemein anerkannten Stand 23 der medizinischen Erkenntnisse entsprechen (§ 2 Abs. 1 S. 3 SGB V). Ausschließlich solche Untersuchungs- und Behandlungsmethoden, die diese Voraussetzung erfüllen, dürfen in den Leistungskatalog der gesetzlichen Krankenversicherung aufgenommen werden (§ 135 Abs. 1 S. 1 SGB V) oder

---

432 BSG 18.12.2018 SozR 4-2500 § 137e Nr. 2.

433 BSG 24.4.2018 BSGE 125, 262.

434 BSG 24.4.2018 BSGE 125, 262.

435 BSG 18.12.2018 SozR 4-2500 § 137e Nr. 2; BSG 24.4.2018 BSGE 125, 262; zu den Voraussetzungen BVerfG 10.11.2015 BVerfGE 140, 229; instruktiv Sodan/Hadank, NZS 2018, 804; kritisch Gassner, NZS 2016, 121.

436 BGBl. I S. 1211.

437 Bereits BSG 29.5.1962 BSGE 17, 79, 84.

weiterhin von den Krankenkassen erbracht werden (§ 135 Abs. 1 S. 3 SGB V). Die Behandlung nach dem allgemein anerkannten Stand der medizinischen Erkenntnisse ist aber nicht synonym zu der sog. schulmedizinischen Behandlung. Die Leistungen der besonderen Therapieeinrichtungen sind ebenso wie Leistungen der Schulmedizin daraufhin zu überprüfen, ob sie dem allgemeinen Stand der medizinischen Erkenntnisse entsprechen.[438]

3. Ausschluss und Beschränkung von Leistungen

24 Für die Leistungspflicht der Krankenkassen ist grundsätzlich unerheblich, **wodurch** eine Krankheit entstanden ist. **Ausnahmen** dieses Grundsatzes sind in §§ 11 Abs. 5, 52 Abs. 1 SGB V normiert. Nach § 11 Abs. 5 SGB V sind Leistungsansprüche des Krankenversicherungsrechts ausgeschlossen, wenn sie auf einem **Arbeitsunfall** oder einer **Berufskrankheit** beruhen. In diesen Fällen ist der jeweilige **Unfallversicherungsträger** zur Leistung verpflichtet (siehe unter § 36 Rn. 20). Eine weitere Grenze für die Einstandspflicht der Krankenkasse legt die Bestimmung des § 52 Abs. 1 SGB V für den Fall eines sog. Selbstverschuldens fest. Diese Vorschrift erfasst allerdings nur die **vorsätzliche Selbstschädigung**. Leistungsansprüche bestehen somit auch für Krankheiten, die auf ein fahrlässiges Handeln des Versicherten zurückzuführen sind. Eine besonders risikoreiche oder gesundheitsschädliche Lebensführung schadet einem Versicherten aus krankenversicherungsrechtlicher Sicht nicht.[439]

25 Das Leistungsrecht der gesetzlichen Krankenversicherung gewährt grundsätzlich nur Behandlungen im **Geltungsbereich des Sozialgesetzbuches.**[440] Nach § 16 Abs. 1 Nr. 1 SGB V ruht der Anspruch auf Leistungen der gesetzlichen Krankenversicherung, solange sich ein Versicherter im Ausland aufhält. Von diesem Grundsatz gibt es jedoch **zahlreiche Ausnahmen**. Hierzu gehören die Regelungen des über- und zwischenstaatlichen Rechts (§ 6 SGB IV), auf deren Grundlage Versicherungsschutz auch bei dem Aufenthalt in einem der vertragsschließenden Länder gewährt wird. Besondere Regelungen enthält das SGB V für den Fall der Beschäftigung und der Behandlung außerhalb des Geltungsbereichs des EU-Vertrags und des Abkommens über den Europäischen Wirtschaftsraum (§§ 17, 18 SGB V). Das BSG verlangt für eine Auslandsbehandlung nach § 18 Abs. 1 SGB V, dass der Versicherte die Behandlung vorher beantragt und die Entscheidung der Kasse abwartet.[441] Welche Kriterien bei der Auslegung des Tatbestandes des § 18 Abs. 1 SGB V zugrunde zu legen sind, hat das BSG in einer sehr ausführlich begründeten Entscheidung dargetan.[442] Bei Organtransplantationen im Ausland darf das nach dem Transplantationsgesetz maßgebliche Vergabesystem nicht umgangen werden.[443]

4. Behandlung im EU-/EWR-Ausland (§ 13 Abs. 4, 5 SGB V)

26 Für Behandlungen im EU-/EWR-Ausland ist zunächst eine grundlegende Ausdifferenzierung nach Sachverhaltskonstellationen zu beachten; ferner ist zu bedenken, dass die Rechtslage durch die unmittelbar anwendbare Grundverordnung 883/2004 und die Durchführungsverordnung 987/2009 umfassend unionsrechtlich geregelt sind (ausf. § 75 Rn. 23ff.):

- **Hält sich der Versicherte im Ausland auf und erkrankt dort**, gilt nach den unmittelbar anwendbaren Regeln der VO 883/2004 das Sachleistungsprinzip: **Art. 19 Abs. 1 VO 883/2004** be-

438 BSG 28.9.2016 SozR 4-2500 § 92 Nr. 19; hierzu Wiegand, NZS 2017, 230.

439 BSG 20.3.1959 BSGE 9, 232.

440 BSG 24.9.1996 BSGE 79, 125.

441 BSG 3.9.2003 SozR 4-2500 § 18 Nr. 1. In diesem Urteil wird in Abgrenzung zu BSG 16.6.1999 BSGE 84, 90, 96 entschieden, dass der Erlaubnisvorbehalt des § 138 SGB V unabhängig davon gilt, ob die konkrete Behandlung im Inland oder im Ausland durchgeführt wird, wenn das im Ausland entwickelte Heilmittel auch in Deutschland angeboten wird.

442 BSG 13.12.2005 SGb 2006, 689 m. Anm. Legde.

443 Vgl. dazu mit eingehender Begründung BSG 17.2.2004 SGb 2004, 704 mit Anm. Wolf SGb 2004, 708ff.

stimmt, dass ein Versicherter und seine Familienangehörigen, die sich in einem anderen als dem für sie originär zuständigen Mitgliedstaat aufhalten, grundsätzlich (vorbehaltlich Art. 19 Abs. 1 VO 883/2004) Anspruch auf die Sachleistungen haben, die sich während ihres Aufenthalts als medizinisch notwendig erweisen, wobei die Art der Leistungen und die voraussichtliche Dauer des Aufenthalts zu berücksichtigen sind. Diese Leistungen werden vom Träger des Aufenthaltsorts nach den für ihn geltenden Rechtsvorschriften, jedoch für Rechnung des zuständigen Trägers erbracht, als ob die betreffenden Personen nach den Rechtsvorschriften des Aufenthaltsstaats versichert wären. Genauere Modalitäten der Krankenbehandlung, insbesondere die Notwendigkeit der Vorlage eines Krankenversicherungsausweises oder einer anderen Bescheinigung, regelt darauf aufbauend Art. 25 Abs. 1–3 VO 987/2009. Kommt es abweichend vom Sachleistungsprinzip zunächst zu einer Kostenbelastung des Versicherten, regeln Art. 25 Abs. 4–9 VO 987/2009 recht komplex und detailverliebt ein Erstattungsverfahren, das zunächst den zuständigen Träger des Aufenthaltsstaats, subsidiär die heimische Krankenkasse, zur Kostenerstattung verpflichtet. Ist zunächst eine private (Reise-)Krankenversicherung eingetreten, erwirbt diese aus Sicht des BSG ihrerseits aber keinen Erstattungsanspruch gegen die Krankenkasse.[444]

- **Reist der Versicherte dagegen ins EU-/EWR-Ausland, um dort eine Krankenbehandlung zu erlangen**, gelten Art. 20 VO 883/2004 sowie Art. 26 VO 987/2009: In diesen Fällen bedarf er – letztlich **zurückgehend** auf die durch den EuGH in der Rechtssache Smits/Peerbooms[445] entwickelte Systematik – der (vorherigen) **Genehmigung** seiner Krankenkasse; liegt diese vor, erhält er gem. Art. 20 Abs. 2 S. 1 VO 883/2004 Sachleistungen wie im Fall der im Ausland eingetretenen Erkrankung. Die Genehmigung „wird“ gem. Art. 20 Abs. 2 S. 2 VO 883/2004 erteilt (ohne dass Ermessen der Krankenkasse bestünde), wenn die betreffende Behandlung Teil der Leistungen ist, die nach den Rechtsvorschriften des Wohnmitgliedstaats der betreffenden Person vorgesehen sind, und ihr diese Behandlung nicht innerhalb eines in Anbetracht ihres derzeitigen Gesundheitszustands und des voraussichtlichen Verlaufs ihrer Krankheit medizinisch vertretbaren Zeitraums im Inland gewährt werden kann. Für das auch hier nur ausnahmsweise eingreifende Erstattungsverfahren verweist Art. 26 Abs. 6 VO 987/2009 auf Art. 25 Abs. 4–9 VO 987/2009. Art. 26 Abs. 7 VO 987/2009 sieht für diesen Fall einen zusätzlichen Kostenerstattungsanspruch des Versicherten vor, wenn dieser einen Eigenanteil an Behandlungskosten tragen musste, die heimische Krankenkasse aber dadurch eine Einsparung erzielt hat, dass die Behandlungskosten im Ausland die hypothetischen Behandlungskosten im Inland unterschreiten.

Der **Regelungsspielraum des mitgliedstaatlichen Rechts** ist bereits angesichts dieser umfassenden 27
Normierung auf europäischer Ebene **sehr begrenzt**. Ihm verblieb zunächst die Möglichkeit, zugunsten der Versicherten die Option einer generellen **Kostenerstattung** auch bei Krankenbehandlungen im Ausland zu regeln. Auch diese Rechtsfragen wurden mittlerweile allerdings unionsrechtlich durch Art. 7–9 Patientenrechte-Richtlinie[446] geregelt, verbunden mit einem richtlinientypisch verbleibenden Umsetzungsspielraum der Mitgliedstaaten. Diese Richtlinie kodifiziert die zuvor durch den EuGH entwickelten Grundsätze für die Kostenerstattung bei Inanspruchnahme von Leistungserbringern in anderen Mitgliedsstaaten. Weil diese Rechtsprechung bereits 2004 in § 13 Abs. 4–6 SGB V umgesetzt wurde, konnten die genannten Vorschriften bei Inkrafttreten der RL 2011/24 unverändert bleiben; sie fungieren heute als ihre Umsetzungsvorschriften im deutschen Recht. Hieraus resultiert in Detailfragen die Notwendigkeit einer richtlinienkonformen Auslegung.[447] Der deutsche Gesetzgeber hatte 2004 in Reaktion auf die Rechtsprechung des EuGH als Standort der demnach erforderlichen Neuregelung § 13 SGB V gewählt. Schon zuvor waren in § 13 SGB V andere Ausnahmen vom

444 BSG 11.9.2018 BSGE 126, 277.

445 EuGH 12.7.2001 Slg. 2001, I-5383 = NJW 2001, 3391.

446 RL 2011/24 vom 9.3.2011, ABl. L 88, 45.

447 NK-GesR/Heinig, SGB V § 13 Rn. 7 a.E. und 37.

Sachleistungsprinzip und die zentralen Tatbestände der Kostenerstattung geregelt. Die Neuregelung der Kostenerstattung bei Krankenbehandlung im EU/EWR-Ausland in § 13 Abs. 4 SGB V enthält folgende Elemente:[448]

28 Um dem Sachleistungsprinzip auch grenzüberschreitend gerecht werden zu können, sieht § 140e SGB V vor, dass Krankenkassen zur Versorgung ihrer Versicherten Verträge mit Leistungserbringern nach § 13 Abs. 4 S. 2 SGB V in anderen Mitgliedstaaten der EU/des EWR oder in der Schweiz abschließen können; wurde dieser Weg beschritten, bleibt es bei den „normalen" Leistungsbeziehungen in der vertragsärztlichen Versorgung. Andernfalls haben Versicherte einen **Anspruch auf Kostenerstattung** für die Behandlung durch Leistungserbringer in einem anderen Mitgliedstaat der Europäischen Union, einem anderen Vertragsstaat des Abkommens über den Europäischen Wirtschaftsraum oder der Schweiz (§ 13 Abs. 4 S. 1 SGB V). Die Formulierung „anstelle der Sach- oder Dienstleistung" weist darauf hin, dass dem Versicherten ein Anspruch auf Krankenbehandlung nach den Vorschriften des SGB V zustehen muss. Der Kostenerstattungsanspruch im Ausland deckt sich folglich mit dem Sachleistungsanspruch im Inland. Wenn für den betreffenden Personenkreis Behandlungen auf der Grundlage eines Pauschalbetrages erfolgen (vgl. Art. 63 VO 987/2009) oder für die Behandlungen eine Erstattung wegen eines vereinbarten Erstattungsverzichts überhaupt nicht vorgesehen ist, entfällt der Kostenerstattungsanspruch des Versicherten.

29 Versicherte dürfen **nur solche Leistungserbringer** in Anspruch nehmen, bei denen die Bedingungen des Zugangs und der Ausübung des Berufs Gegenstand einer Richtlinie der EG sind oder die im jeweiligen nationalen System der Krankenversicherung des Aufenthaltsstaates zur Versorgung der Versicherten berechtigt sind (**§ 13 Abs. 4 S. 2 SGB V**). Wie im Hinblick auf die Rechtsprechung des EuGH immer wieder angemerkt worden ist, kann hiermit aber nur die **Strukturqualität**, nicht auch die **Prozess- oder Ergebnisqualität** gesichert werden.[449] Vor diesem Hintergrund eröffnet § 140e SGB V Krankenkassen die Möglichkeit, Leistungserbringer **individualvertraglich** zur Versorgung ihrer Versicherten zu verpflichten und auf diesem Weg das Versorgungsangebot im EU- bzw. EWR-Ausland „nach den maßgeblichen Versorgungskriterien selbst zu gestalten und dann für die Versicherten vorzuhalten".[450] Die Einbindung der ausländischen Leistungserbringer in das Sachleistungssystem der gesetzlichen Krankenversicherung erfolgt nach Maßgabe des im Dritten Kapitel des SGB V geregelten Leistungsrechts und stellt damit sicher, dass Versicherten im Ausland nur Leistungen gewährt werden, auf die sie auch im Inland Anspruch hätten. Die Krankenkassen haben die Versicherten darüber zu informieren, an welchen Orten und mit welchen Leistungserbringern Verträge geschlossen worden sind.

30 Nach **§ 13 Abs. 4 S. 4 SGB V** haben die Krankenkassen in ihrer Satzung das **Verfahren der Kostenerstattung** zu regeln. Dies ist eine durchaus anspruchsvolle Gestaltungsaufgabe: Im Hinblick auf das in der Bundesrepublik geltende System der Gesamtvergütung lässt sich der individuelle Betrag nicht immer präzise ermitteln. Deshalb wird z.T. auch gefordert, ein eigenes Tarifsystem für Kostenerstattungsfälle zu schaffen.[451] Jedenfalls verpflichtet **§ 13 Abs. 4 S. 5 SGB V** die Krankenkassen, ausreichende Abschläge vom Erstattungsbetrag für Verwaltungskosten und fehlende Wirtschaftlichkeitsprüfungen in ihren Satzungen vorzusehen sowie vorgesehene Zuzahlungen in Abzug zu bringen. Um den Verwaltungskostenaufwand gering zu halten, praktizierten viele Krankenkassen eine Kostenerstattung in der Gestalt, dass Rechnungen bei Auslandsbehandlungen bis zu einem Betrag von ca. 100 Euro den Versicherten erstattet wurden. Eine solche Praxis war nach Einschätzung des EuGH mit dem damals geltenden Art. 34 VO 574/72 (heute außer Kraft) vereinbar;[452] für die heutige

448 Vgl. Fuchs, NZS 2004, 225ff.; ausführlich zu der Dualität der Ansprüche bei grenzüberschreitender Inanspruchnahme von Gesundheitsleistungen Becker/Kingreen/Kingreen, 8. Aufl. 2022, SGB V § 13 Rn. 37ff.; sehr instruktiv die umfassende Übersicht bei Udsching, MedR 2014, 719ff.

449 Kötter, ZESAR 2003, 301, 307.

450 BT-Drs. 15/1525 S. 132.

451 Kötter, ZESAR 2003, 301, 310.

452 EuGH 14.10.2004 Slg. 2004 I-9911.

Rechtslage nach Inkrafttreten der Art. 7–9 RL 2011/24 kommt aber jedenfalls eine pauschale Erstattungsgrenze nicht mehr in Betracht.

Wenn eine dem allgemein anerkannten Stand der medizinischen Erkenntnisse entsprechende Behandlung einer Krankheit **nur im EU-/EWR-Ausland** möglich ist, kann die Krankenkasse die Kosten der erforderlichen Behandlung auch ganz übernehmen (§ 13 Abs. 4 S. 6 SGB V). Damit wird der gem. § 18 Abs. 1 SGB V für Länder außerhalb der EU geltende Grundsatz sachgerecht auch für das EU-/EWR-Ausland normiert. 31

II. Sachleistungen und Dienstleistungen

Im Zuge des medizinisch-technischen Fortschritts des letzten Jahrhunderts und der hiermit verbundenen Entstehung und Entwicklung moderner ärztlicher und nichtärztlicher Berufsgruppen, Diagnose- und Behandlungsmethoden **verschob** sich der **Schwerpunkt** der Versicherungsleistungen der Krankenkassen von den **Geldleistungen** zunehmend auf **medizinische Sach- und Dienstleistungen** (auch: Naturalleistungen).[453] Gleichzeitig führten und führen Rechtsänderungen zu Leistungseinschränkungen bei den Geldleistungen der gesetzlichen Krankenversicherung. Im Ergebnis dieser Entwicklung werden von den Krankenkassen gegenwärtig über 90 Prozent der Leistungsausgaben der gesetzlichen Krankenversicherung für medizinische Sach- und Dienstleistungen aufgewendet.[454] 32

Eine **Sachleistung** liegt vor, wenn einem Versicherten ein fabrikatorisch-seriell oder ein individuell hergestellter Gegenstand von seiner Krankenkasse zur Verfügung gestellt wird.[455] Hierzu gehört etwa die Leistung von Hilfsmitteln (§§ 27 Abs. 1 S. 2 Nr. 3, 33 SGB V), von Arzneimitteln oder Verbandmitteln (§§ 27 Abs. 1 S. 2 Nr. 3, 31 SGB V). Medizinische **Dienstleistungen** sind dagegen die auf eine Behandlung des Versicherten gerichteten Tätigkeiten eines ärztlichen oder nichtärztlichen Leistungserbringers, soweit sie sich nicht im schlichten Zurverfügungstellen einer Sache erschöpfen. Zu den Dienstleistungen gehören insbesondere alle Formen der persönlichen Betreuung und Hilfe.[456] Als Beispiele sind die ambulante ärztliche und zahnärztliche Behandlung (§§ 27 Abs. 1 S. 2 Nr. 1, 28 SGB V), Haushaltshilfe (§§ 27 Abs. 1 S. 2 Nr. 4, 38 SGB V) und Hebammenhilfe (§ 24d SGB V) zu nennen. 33

III. Anspruch auf Krankenbehandlung (§ 27 Abs. 1 SGB V)

Versicherte haben Anspruch auf Krankenbehandlung, wenn sie notwendig ist, um ein in § 27 Abs. 1 S. 1 SGB V genanntes Behandlungsziel zu erreichen. Ziel der Krankenbehandlung kann es sein, eine Krankheit zu erkennen, zu heilen, ihre Verschlimmerung zu verhüten oder Krankheitsbeschwerden zu lindern. Einen ersten **Überblick** über den Inhalt dieses umfassenden Anspruchs ermöglicht § 27 Abs. 1 S. 2–5 SGB V. Die Aufzählung ist abschließend. Neue Leistungen können nur durch eine entsprechende Gesetzesänderung eingeführt werden.[457] Welche einzelnen Behandlungsleistungen unter die in § 27 Abs. 1 S. 2 SGB V verwendeten Oberbegriffe zu fassen sind und welchen Inhalt der Anspruch des Versicherten im Einzelfall hat, wird aus normativer Sicht festgelegt durch: 34

- die gesetzlichen Anspruchsgrundlagen (§§ 28–51 SGB V),
- Rechtsverordnungen (§§ 31 Abs. 4, 34 Abs. 3, 35a SGB V),
- Satzungen der Krankenkassen (§§ 37 Abs. 2, 38 Abs. 2, 55ff. SGB V)
- und Richtlinien des Gemeinsamen Bundesausschusses (§§ 91ff. SGB V).

---

453 Vgl. BeckOGK/Spellbrink, 1.3.2021, § 11 SGB I Rn. 37ff.

454 https://www.gkv-spitzenverband.de/gkv_spitzenverband/presse/zahlen_und_grafiken/gkv_kennzahlen/gkv_kennzahlen.jsp.

455 Vgl. BSG 4.12.1997 AuR 1998, 260; BeckOGK/Spellbrink, 1.3.2021, § 11 SGB I Rn. 30.

456 BT-Drs. 7/868 S. 24.

457 BSG 12.11.1985 BSGE 59, 119; BVerfG 10.5.1988 BVerfGE 78, 155.

35 Innerhalb des normativ vorgegebenen Leistungsspektrums **konkretisiert der behandelnde Vertragsarzt** durch seine Diagnose- und Therapieentscheidungen aus medizinisch-fachlicher Sicht den **Behandlungsanspruch** des Versicherten.[458]

36 Nach § 27 Abs. 1 S. 1 SGB V setzt der Anspruch auf Krankenbehandlung stets voraus, dass die Behandlung **notwendig** ist. Dieses Erfordernis ist Ausdruck des in § 12 Abs. 1 SGB V normierten Wirtschaftlichkeitsgebotes. Die Notwendigkeit ist in Bezug auf die Behandlungsziele des § 27 Abs. 1 SGB V zu beurteilen. Wird mit der Behandlung ein anderer Zweck verfolgt, besteht kein Anspruch nach § 27 Abs. 1 S. 1 SGB V. Die Notwendigkeit ist zu bejahen, wenn die Behandlungsziele ohne ärztliche Behandlung wahrscheinlich nicht oder jedenfalls mit geringerer Erfolgsaussicht zu erreichen gewesen wären.[459]

1. Ärztliche Behandlung (§ 28 Abs. 1 SGB V)

37 Zentraler Bestandteil des Krankenbehandlungsanspruchs ist die **vertragsärztliche Behandlung** (§ 27 Abs. 1 S. 2 Nr. 1 SGB V). Sie **umfasst** die gesamte Tätigkeit des Arztes, die zur Verhütung, Früherkennung und Behandlung von Krankheiten geboten ist (§ 28 Abs. 1 S. 1 SGB V). Die Behandlung ist nach den Regeln der ärztlichen Kunst und unter Beachtung des Wirtschaftlichkeitsgebots (§ 12 SGB V) durchzuführen. Zwar konkretisieren die Diagnose- und Therapieentscheidungen des Vertragsarztes den Behandlungsanspruch des Versicherten aus medizinischer Sicht, die verbindliche Entscheidung über den Leistungsanspruch liegt aber in der Verantwortung der Krankenkassen. Sie bleibt für die Prüfung der gesetzlichen Anspruchsvoraussetzungen verantwortlich.[460]

38 Die Versicherten können den behandelnden Arzt nach Maßgabe des **§ 76 Abs. 1 SGB V frei wählen**. In Betracht kommt die Behandlung durch

– zugelassene, ermächtigte oder nach § 72a Abs. 3 SGB V vertraglich zur ärztlichen Behandlung verpflichtete Ärzte und Zahnärzte,
– medizinische Versorgungszentren (§ 95 Abs. 1 S. 2 SGB V),
– ermächtigte oder nach § 116b SGB V an der ambulanten Versorgung teilnehmende ärztlich geleitete Einrichtungen,
– Zahnkliniken und Eigeneinrichtungen der Krankenkassen nach § 140 Abs. 2 S. 2 SGB V, sowie zum ambulanten Operieren zugelassene Krankenhäuser.

39 Andere Ärzte dürfen nur in Notfällen in Anspruch genommen werden. Die Wahlfreiheit wird bei einer Teilnahme an der hausarztzentrierten Versorgung nach § 73b SGB V eingeschränkt (siehe unten § 22 Rn. 134). Letztlich ebenfalls Konsequenz der Wahlfreiheit ist der 2015 durch das GKV-VSG[461] eingefügte § 27b SGB V, der den Versicherten unter den dort normierten Voraussetzungen und Modalitäten Anspruch auf Einholung einer ärztlichen **Zweitmeinung** bei planbaren Eingriffen einräumt.[462] Dies trägt zugleich dem Wirtschaftlichkeitsgebot Rechnung: Die Einholung einer Zweitmeinung verursacht zwar Kosten, vermeidet aber möglicherweise nicht erforderliche oder ungeeignete Eingriffe.

40 Vor der Inanspruchnahme der vertragsärztlichen Behandlung muss sich der Versicherte durch Vorlage einer **elektronischen Gesundheitskarte** legitimieren (§§ 15 Abs. 2, 291 Abs. 2 S. 1 SGB V, §§ 13 Abs. 1, 18 Abs. 1 BMV) Diese ersetzte zum 1.1.2015 die am 1.1.1995 eingeführte Krankenversichertenkarte. Hierbei handelt es sich um eine Ausnahme von dem allgemeinen Antragsgrundsatz des § 19 S. 1 SGB IV. Sie ist aus Gründen der Zeitersparnis und der Praktikabilität geboten. Auch bei unberechtigter oder missbräuchlicher Benutzung einer elektronischen Gesundheitskarte wird ein Vertrags-

458 BSG 23.4.1996 SozR 3-2500 § 39 Nr. 3; BSG 9.6.1998 BSGE 82, 158.
459 Vgl. BeckOGK/Nolte, 1.3.2021, § 27 SGB V Rn. 21.
460 BSG 18.5.1989 BSGE 65, 94.
461 BGBl. I S. 1211.
462 Hierzu Knispel, NZS 2016, 174.

arzt in der Weise geschützt, dass er seinen Honoraranspruch behält. Vom Vertragsarzt wird lediglich verlangt, dass er sich über die Identität des Karteninhabers durch einen Unterschriftenvergleich vergewissert. Ein solcher Vertrauensschutz kommt aber einem behandelnden Krankenhaus nicht zu. Zwar ist es einem Krankenhaus nicht verboten, sich die elektronische Gesundheitskarte vorlegen zu lassen. Ein Anspruch besteht darauf aber nicht, weil § 15 Abs. 2 SGB V nur für die ambulante Behandlung und nur im Rahmen der vertragsärztlichen Versorgung gilt.[463] Die gesetzlichen Regelungen der Ausgestaltung und Verwendung der elektronischen Gesundheitskarte verletzen nicht das Grundrecht Versicherter auf informationelle Selbstbestimmung.[464]

Gem. **§ 15 Abs. 1 S. 1 SGB V** darf die ärztliche Behandlung nur von staatlich approbierten Ärzten erbracht werden. Für das Krankenversicherungsrecht wird damit das **Arztmonopol** festgeschrieben. Angehörige anderer Berufsgruppen[465] dürfen keine Krankenbehandlung gem. § 27 Abs. 1 SGB V durchführen, auch wenn sie nach § 1 Abs. 1 Heilpraktikergesetz zur Ausübung der Heilkunde berechtigt sind. Die Tätigkeit nichtärztlicher Personen ist aber Teil der vertragsärztlichen Behandlung, wenn es sich um Hilfeleistungen handelt, die vom Arzt angeordnet und von ihm verantwortet werden (§§ 15 Abs. 1 S. 2, 28 Abs. 1 S. 2 SGB V). Eine Ausnahme vom Arztmonopol gilt nur für **Psychotherapeuten** (§§ 27 Abs. 1 S. 2 Nr. 1, 28 Abs. 3 SGB V i.V.m. dem Psychotherapeutengesetz vom 16.6.1998, BGBl. I S. 1311ff.). 41

Zu den ärztlichen Aufgaben gehört neben der durch ihn selbst durchgeführten Behandlung auch die **Verordnungstätigkeit** (§ 73 Abs. 2 Nr. 5, 7, 8 SGB V), bei der das Wirtschaftlichkeitsgebot (§ 12 SGB V) in gleicher Weise berücksichtigt werden muss (speziell für den Arzneimittelbereich, § 73 Abs. 5 SGB V). Eine weitere Aufgabe besteht nach § 73 Abs. 2 Nr. 9 SGB V in der **Ausfertigung von Bescheinigungen** und dem **Abfassen von Berichten.** Praktische Relevanz hat in diesem Zusammenhang insbesondere die **Bescheinigung der Arbeitsunfähigkeit**, die Versicherte nach **§ 5 Abs. 1 S. 2 EFZG** ihrem Arbeitgeber vorlegen müssen, wenn sie einen Anspruch auf Entgeltfortzahlung geltend machen wollen. 42

2. Zahnärztliche Behandlung (§§ 28 Abs. 2, 29 SGB V)

Für die ärztliche und zahnärztliche Behandlung gelten die gleichen Grundsätze (Wahlfreiheit, Arztvorbehalt, etc.) Ihr Inhalt wird in § 28 Abs. 2 SGB V näher beschrieben. Bei der kieferorthopädischen Behandlung sind die Leistungsvoraussetzungen des § 29 SGB V zu beachten. Die Krankenbehandlung umfasst gem. § 27 Abs. 1 S. 2 Nr. 2a SGB V die Versorgung mit Zahnersatz einschließlich Zahnkronen und Suprakonstruktionen. Es werden befundbezogene Festzuschüsse geleistet. Diese stellen nicht auf die medizinisch notwendige Versorgung im Einzelfall, sondern auf prothetische Regelversorgungen bei bestimmten Befunden ab.[466] Die Höhe dieser Festzuschüsse ergibt sich aus § 55 Abs. 1 S. 2–7 SGB V. Je nach Einkommenslage können Versicherte gem. § 55 Abs. 3 SGB V einen weiteren Zuschuss erhalten. 43

3. Künstliche Befruchtung

a) Abgrenzung zur Krankenbehandlung

Der Anspruch auf Maßnahmen künstlicher Befruchtung ist bereits durch das KOV-Anpassungsgesetz 1990 in **§ 27a SGB V** verankert worden.[467] Wesentliches Anliegen des Gesetzgebers war es, die Streitfrage, ob solche Maßnahmen bereits de lege lata Gegenstand der Krankenbehandlung sein konnten, zu beenden. Aber auch nach der Einführung des § 27a SGB V bleibt es dabei, dass Maßnahmen zur 44

463 BSG 12.11.2003 SozR 4-2500 § 112 Nr. 2.

464 BVerfG 8.6.2016 – 1 BvR 864/15, n.v.; BSG 18.11.2014 BSGE 117, 224.

465 Heilpraktiker, BVerfG 10.5.1988 BVerfGE 78, 155; Chiropraktiker BSG 22.11.1968 BSGE 29, 27.

466 Vgl. dazu die Gesetzesbegründung in BT-Drs. 15/1525 S. 91f.

467 Zum Hintergrund der Regelung siehe BT-Drs. 11/6760 S. 10f.

Herbeiführung einer Schwangerschaft als **Krankenbehandlung nach § 27 SGB V** anzusehen sein können (z.B. chirurgische Eingriffe, Verabreichung von Medikamenten, psychotherapeutische Behandlung). In diesem Fall findet § 27a SGB V keine Anwendung.[468] Vor diesem Hintergrund ist es konsequent, dass im Gegensatz zur früheren (vor Einführung des § 27a SGB V ergangenen) Rechtsprechung des BSG (siehe dazu oben § 21 Rn. 13ff.) die neuere Rechtsprechung des BSG die Maßnahmen der künstlichen Befruchtung nicht als Krankenbehandlung im eigentlichen Sinne betrachtet. Das Gesetz – so das BSG – knüpft für die Leistungspflicht der Krankenkasse nicht an einen regelwidrigen Körper- oder Geisteszustand ihres Mitglieds, sondern an die ungewollte Kinderlosigkeit des Ehepaares und die daraus resultierende Notwendigkeit einer künstlichen Befruchtung an.[469] Auf der anderen Seite bestehen Ansprüche nach § 27a SGB V erst dann, wenn die Unfruchtbarkeit durch Maßnahmen nach § 27 SGB V (z.B. psychotherapeutische Behandlung, chirurgische Eingriffe) nicht, nicht zumutbar oder nur ohne hinreichende Erfolgsaussichten behandelt werden kann. Nach der Systematik des Gesetzes, so das BSG, ist die künstliche Befruchtung die Ultima Ratio und gegenüber einer Behandlung zur Herstellung der (natürlichen) Zeugungs- und Empfängnisfähigkeit subsidiär.[470] Abzustellen ist jedoch stets auf den konkreten Grund der Behandlung. So ist etwa bei Verwendung des Samens eines fremden Spenders bei gleichgeschlechtlichen Ehen zwischen zwei Frauen kein Leistungsanspruch gegeben, unabhängig davon, ob bei einer der Frauen auch eine Störung der Empfängnisfähigkeit besteht.[471] Während die Behandlung zur Herstellung der Empfängnisfähigkeit grundsätzlich unter § 27 SGB V fällt, haben die zusätzlichen Kosten der künstlichen Befruchtung in der genannten Konstellation nicht primär den Zweck der Beseitigung dieser Regelwidrigkeit. Die Kostenübernahme nach § 27a SGB V scheitert de lege lata daran, dass entgegen § 27a Abs. 1 Nr. 4 SGB V nicht ausschließlich Ei- und Samenzellen der Ehegatten verwendet werden.[472]

b) Voraussetzungen und Inhalt des Anspruchs

45 Der Anspruch auf Maßnahmen zur Herbeiführung einer Schwangerschaft setzt nach Abs. 1 voraus, dass diese nach ärztlicher Feststellung erforderlich und Erfolg versprechend sind, die Personen miteinander verheiratet sind und ausschließlich Ei- und Samenzellen der Ehegatten verwendet werden (homologe Befruchtung). Vorausgehen muss eine Unterrichtung der Ehegatten durch einen nichtbehandelnden Arzt über die medizinischen und psychosozialen Gesichtspunkte und eine Überweisung durch diesen an einen Arzt oder eine andere Einrichtung, denen eine Genehmigung nach § 121a SGB V erteilt worden ist. Ungeschriebenes Tatbestandsmerkmal des § 27a Abs. 1 SGB V ist ferner, dass die Kinderlosigkeit ungewollt ist, insofern gilt auch hier § 27 Abs. 1 S. 4 SGB V.[473] Leistungen nach § 27a SGB V kommen demnach regelmäßig dann nicht in Betracht, wenn die Unfruchtbarkeit auf einer geplanten und gewollten Sterilisation beruht.[474] Die Regelung des § 27a Abs. 1 Nr. 3 SGB V, wonach medizinische Maßnahmen zur Herbeiführung einer Schwangerschaft auf verheiratete Personen beschränkt sind, stellt keinen Verstoß gegen Art. 3 GG oder sonstige Grundrechte dar.[475] Auch durch eine Satzungsregelung nach § 11 Abs. 6 SGB V können Krankenkassen den Anspruch nicht auf unverheiratete Paare ausweiten.[476] Weitere Einzelheiten des Anspruchs aus Abs. 1 werden durch Richtlinien des Gemeinsamen Bundesausschusses nach § 92 SGB V geregelt (Abs. 4). In Abs. 3 sind

468 Vgl. BT-Drs. 11/6760 S. 14.

469 BSG 3.4.2001 BSGE 88, 51, 55; ebenso BSG 3.4.2001 BSGE 88, 62.

470 BSG 22.3.2005 NJW 2005, 2476, 2478.

471 BSG 10.11.2021 B 1 KR 7/21 R Rn. 15.

472 Nach Auffassung des BSG ist dies verfassungsgemäß, BSG 10.11.2021 B 1 KR 7/21 R Rn. 20ff.

473 Vgl. Becker/Kingreen/Lang, 8. Aufl. 2022, SGB V § 27a Rn. 3.

474 BSG 22.3.2005 SozR 4-2500 § 27a Nr. 1; 21.6.2005 SozR 4-2500 § 27a Nr. 2. Vgl. dazu auch Schmeilzl/Krüger, NZS 2006, 633.

475 BVerfG 28.2.2007 NZS 2007, 588; BSG 18.11.2014 – B 1 A 1/14 R –, BSGE 117, 236.

476 BSG 14.11.2014 NJW 2015, 1903, vgl. hierzu von der Tan, NJW 2015, 1850ff.

weitere Voraussetzungen des Anspruchs normiert, insbesondere im Hinblick auf das Lebensalter der Ehegatten.[477] Nach Abs. 3 S. 2 ist vor Beginn der Behandlung eine Genehmigung des Behandlungsplans durch die Krankenkasse einzuholen. Die Krankenkasse übernimmt nach S. 3 nur 50 Prozent der genehmigten Kosten der Maßnahmen.[478] Nicht zum Leistungsumfang der gesetzlichen Krankenversicherung zählen Leistungen der Präimplantationsdiagnostik (PID);[479] 2019 strebte allerdings das Bundesgesundheitsministerium – rechtspolitisch höchst umstritten – im Kontext der Verabschiedung des Terminservice- und Versorgungsgesetzes (TSVG) eine partielle Aufnahme in den Leistungskatalog an.

c) Mehrfachversicherung

Strittig ist, welcher der Ehegatten für welche Maßnahme von welchem Versicherungsträger die Erfüllung des Anspruchs verlangen kann.[480] Seit langem ist anerkannt, dass der Anspruch eines Versicherten zunächst alle Maßnahmen umfasst, die „bei ihm" d. h. an oder in seinem Körper erforderlich sind.[481] Darüber hinaus besteht aber auch ein Anspruch auf extrakorporale Behandlungsmaßnahmen. Die Krankenkasse darf ihrem Versicherten nicht entgegenhalten, dass die Kosten dieser extrakorporalen Maßnahmen von der Versicherung des anderen Ehegatten zu tragen sind.[482] Keine Leistungspflicht der Krankenkasse gegenüber ihren Versicherten besteht hingegen für Maßnahmen, die unmittelbar oder ausschließlich am Körper des anderen Ehegatten ausgeführt werden.[483] Der Anspruch des krankenversicherten Ehegatten ist nicht dadurch ausgeschlossen, dass der andere Ehegatte aus privater Krankenversicherung Anspruch auf Erstattung der gesamten ärztlichen Maßnahmen hat.[484] Die Übernahme von 50 Prozent der Kosten durch die private Krankenversicherung des Partners des Versicherten schließt den Anspruch des gesetzlich Versicherten nicht aus. Der Anspruch gegen die gesetzliche Krankenversicherung erlischt nur, wenn und soweit die private Krankenversicherung mehr als 50 Prozent der Kosten erstattet, es also zu einer Überkompensation käme.[485] Das gleiche hat der BGH in umgekehrter Richtung judiziert. Ein Privatversicherer kann dem Anspruch seines Versicherungsnehmers nicht entgegenhalten, dass seine Ehefrau einen entsprechenden Anspruch gegen ihre Krankenkasse aus § 27a SGB V hat.[486] 46

4. Arzneimittel und Verbandmittel (§ 31 SGB V)

Arzneimittel sind – mit der ärztlichen Behandlung – der zweitgrößte Ausgabenblock der GKV. Im Jahr 2018 wurden 38,67 Mrd. Euro für Arzneimittel ausgegeben, was 17,09 Prozent der Gesamtausgaben entspricht.[487] Gesundheitsreformen haben deshalb stets auch den Arzneimittelsektor im Visier. Die Arzneimittelversorgung setzt eine Verordnung des behandelnden Vertragsarztes voraus (§§ 15 Abs. 1 S. 1, 73 Abs. 2 Nr. 7 SGB V). Die Abgabe des Arzneimittels erfolgt durch Apotheken. Die Arzneimittelabgabe richtet sich im Einzelnen nach den §§ 31, 129 SGB V. 47

---

477 Nach Auffassung des LSG Bayern verfassungsgemäß, LSG Bayern 16.3.2023, BeckRS 2023, 7018 Rn. 38 ff.

478 Nach Auffassung des BSG verfassungsgemäß, BSG 19.2.2007 SGb 2008, 356 m. Anm. Beck.

479 BSG 18.11.2014 BSGE 117, 212.

480 Mit dem Bemühen um Fallgruppenbildung Beckhove, NJOZ 2009, 1465 ff. und Hauck, SGb 2009 321 ff.

481 BSG 3.4.2001 BSGE 88, 51, 54.

482 BSG 3.4.2001 BSGE 88, 51, 57.

483 BSG 3.4.2001 BSGE 88, 51, 54 f.

484 BSG 17.6.2008 SGb 2008, 469.

485 BSG 29.8.2023, BeckRS 2023, 33958 Rn. 29 ff.

486 BGH 3.3.2004 BGHZ 158, 166.

487 https://www.gkv-spitzenverband.de/gkv_spitzenverband/presse/zahlen_und_grafiken/gkv_kennzahlen/gkv_kennzahlen.jsp.

48 Seit 1.1.2004 ist auch der **Versandhandel** für apothekenpflichtige Arzneimittel gesetzlich geregelt (§§ 11a, 11b Apothekengesetz, §§ 43 Abs. 1 S. 1, 73 Abs. 1 AMG).[488] Ein Verbot des Versandhandels mit nicht verschreibungspflichtigen Arzneimitteln ist mit dem freien Warenverkehr in der Europäischen Union (Art. 34, 36 AEUV, früher Art. 28, 30 EGV) nicht vereinbar.[489]

a) Begriffsdefinition

49 **Ein Arzneimittel entfaltet seine Wirkung im Wesentlichen von innen auf den Organismus**. Die Wirkstoffe, mit denen eine Krankheit geheilt, Schmerzen gelindert oder der Gesundheitszustand allgemein gebessert werden soll, können in verschiedener Form verabreicht werden.[490] Keine Arzneimittel sind **Lebensmittel**. Das sind gem. § 1 Abs. 1 LMBG Stoffe, die dazu bestimmt sind, in unverändertem, zubereitetem oder verarbeitetem Zustand von Menschen verzehrt zu werden, ausgenommen solche Stoffe, die überwiegend zu anderen Zwecken als zur Ernährung oder zum Genuss verzehrt werden. Lebensmittel unterfallen nicht dem Leistungsbereich der GKV.[491] Ausnahmen bestimmt § 31 Abs. 1 S. 2 SGB V. Durch das GKV-OrgWG vom 15.12.2008[492] wurde in § 31 Abs. 5 SGB V ein Anspruch auf bilanzierte Diäten zur enteralen Ernährung eingeführt.

50 Es obliegt gem. § 35a SGB V dem Gemeinsamen Bundesausschuss, den **Nutzen** von erstattungsfähigen Arzneimitteln mit neuen Wirkstoffen **zu bewerten**. Hierzu gehört nach dieser Vorschrift insbesondere die Bewertung des Zusatznutzens gegenüber der zweckmäßigen Vergleichstherapie, des Ausmaßes des Zusatznutzens und seiner therapeutischen Bedeutung. Ergibt die Bewertung, dass keine therapeutische Verbesserung und damit kein Zusatznutzen feststellbar ist, ist das neue Arzneimittel in die Festbetragsgruppe nach § 35 Abs. 1 SGB V einzuordnen, der pharmakologisch-therapeutisch vergleichbare Arzneimittel angehören (§ 35a Abs. 4 SGB V). Ist dagegen ein Zusatznutzen erkennbar, ist dieser der Preisbildung zugrunde zu legen. Die Zulässigkeit einer sog. **Mischpreisbildung** für den Fall, dass ein neuer Wirkstoff für bestimmte Patientengruppen keinen Zusatznutzen bewirkt, für andere dagegen schon, hat das BSG kürzlich anerkannt.[493] Keine Veranlassung besteht, alternativmedizinische Wirkstoffe (z.B. solche der Naturheilkunde oder der anthroposophischen Medizin: „Globuli“) hinsichtlich der Nutzenbewertung zu privilegieren; gleiches gilt im Übrigen auch für Verfahren im Bereich dieser besonderen Therapierichtungen.[494]

51 Auch **Heilmittel** werden wie Arzneimittel mit dem therapeutischen Ziel eingesetzt, Krankheitszustände zu bessern. Soweit es sich um sächliche Heilmittel handelte, stellte die Rechtsprechung zur Abgrenzung beider Leistungsarten auf die unterschiedliche Wirkungsweise von Arznei- und Heilmitteln ab. Danach handelte es sich bei einer Substanz um ein Arzneimittel, wenn sie überwiegend von innen auf den erkrankten Organismus wirken sollte und um ein Heilmittel, wenn sie überwiegend zur äußeren Anwendung bestimmt war.[495] Infolge der geänderten Rechtsprechung zum Heilmittelbegriff (siehe unter § 22 Rn. 65ff.) werden heute nur noch medizinische Dienstleistungen zu den Heilmittelleistungen gerechnet. Die Problematik der Abgrenzung sächlicher Heilmittel von den Arzneimitteln stellt sich deshalb heute nicht mehr.

---

488 BT-Drs. 15/1525 S. 165.

489 EuGH 11.12.2003 NZS 2004, 85.

490 BSG 16.7.1968 BSGE 28, 158.

491 BSG 4.4.2006 SGb 2007, 165 m. Anm. Hänlein; BSG 28.2.2008 SozR 4-2500 § 31 Nr. 9; Gutzler, SGb 2008, 341ff.

492 BGBl. I S. 2426.

493 BSG 4.7.2018 – B 3 KR 20/17 R, BSGE 126, 149; hierzu instruktiv Huster, NZS 2017, 681.

494 Umfassend zum kontroversen Meinungsstand: Benedix, Die besonderen Therapierichtungen und der Neutralitäts- und Objektivitätsanspruch des Staates, 2018.

495 BSG 16.7.1968 BSGE 28, 158 (Sauerstoff); BSG 27.9.1994 USK 94110 (Heilwasser); BSG 9.12.1997 BSGE 81, 240 (Diätnahrungsmittel).

b) Konkretisierung des Anspruchs

Der Anspruch der Versicherten umfasst nicht jedes Arzneimittel, das die Voraussetzungen der obigen Begriffsdefinition erfüllt. Die §§ 31, 34 SGB V schränken die Leistungspflicht der gesetzlichen Krankenversicherung erheblich ein: 52

Arzneimittel müssen nach § 25 AMG zugelassen sein. Nach der ständigen Rechtsprechung des BSG[496] ist die **arzneimittelrechtliche Zulassung** der Mindeststandard, der an die Verordnungsfähigkeit eines zulassungspflichtigen Arzneimittels nach dem SGB V zu stellen ist.[497] Ein in Deutschland nicht zugelassenes Arzneimittel darf trotz seiner Zulassung in einem anderen Mitgliedstaat der EU nicht zu Lasten der GKV verordnet werden, wenn es weder das zentrale noch das dezentrale europarechtliche Anerkennungsverfahren durchlaufen hat.[498] Von den vorgenannten Grundsätzen lässt die Rechtsprechung zwei Ausnahmen zu.[499] Die erste Ausnahme ist unter der Bezeichnung **„off-label-use“** bekannt.[500] 53

Beispiel nach BSG 26.9.2006 NZS 2007, 489:
Die Versicherte litt an einer sekundären pulmonalen Hypertonie (Bluthochdruck) des höchsten Schweregrades als Folge eines Crest-Syndroms. Sie wollte sich mit dem seinerzeit in Deutschland nur für die Buerger-Krankheit zugelassenen Iloprost/Ilomedin inhalativ behandeln lassen.

Die Versicherte hätte hier nur einen Anspruch nach den Grundsätzen der Rechtsprechung über den sog. off-label-use geltend machen können.[501] Ein solcher Anspruch kommt in Betracht wenn es a) um die Behandlung einer schwerwiegenden (lebensbedrohlichen oder die Lebensqualität auf Dauer nachhaltig beeinträchtigenden) Erkrankung geht, wenn b) keine andere Therapie verfügbar ist und wenn c) aufgrund der Datenlage die begründete Aussicht besteht, dass mit dem betreffenden Präparat ein Behandlungserfolg (kurativ oder palliativ) erzielt werden kann.[502] Für eine solche hinreichende Datenlage ist erforderlich, dass Erkenntnisse aus einer kontrollierten klinischen Prüfung vorliegen, die die Wirkung des Arzneimittels im Vergleich zu einem Placebo prüft. Dabei muss ein klinisch relevanter Nutzen bei vertretbaren Risiken erkennbar geworden sein.[503] Der Gesetzgeber hat für diese Problematik nunmehr in § 35c Abs. 1 SGB V eine Expertengruppe beim Bundesinstitut für Arzneimittel und Medizinprodukte vorgesehen. Die zweite Ausnahme geht zurück auf den „Nikolausbeschluss“ des BVerfG v. 6.12.2005 (siehe dazu § 22 Rn. 9 ff.), betreffend lebensbedrohende, tödlich verlaufende Erkrankungen. Das BSG wendet die dort im Rahmen des § 135 Abs. 1 SGB V entwickelten Grundsätze sinngemäß auch für die Versorgung mit Arzneimitteln an,[504] und zwar gleichmäßig im Krankenhaus wie in der vertragsärztlichen Versorgung.[505] Das BSG lässt dann den Einsatz eines aus dem Ausland importierten, in Deutschland **nicht zugelassenen Arzneimittels** unter folgenden Voraussetzungen zu: Es darf kein Verstoß gegen das Arzneimittelrecht vorliegen. Ferner muss die vor der Behandlung erforderliche konkrete Abwägung von Chancen und Risiken ergeben, dass der voraussichtliche Nutzen sowohl abstrakt als auch speziell auf den Versicherten bezogen überwiegt. Dabei sind Erkenntnisse aus einem etwaigen Zulassungsverfahren zu berücksichtigen, insbesondere wissenschaftliche Gutachten zur Wirksamkeit, auch wenn eine Entscheidung 54

---

496 BSG 23.7.1998 BSGE 82, 233; BSG 19.3.2002 BSGE 89, 184; BSG 4.4.2006 SGb 2007, 165, 168.
497 Wille/Koch, Gesundheitsreform 2007, S. 80.
498 BSG 18.5.2004 NZS 2005, 308.
499 Vgl. dazu Wille/Koch, Gesundheitsreform 2007, S. 82 ff.
500 Vgl. dazu Becker/Kingreen/Axer, 8. Aufl. 2022, SGB V § 31 Rn. 34 ff.; BeckOGK/Hess, 1.5.2014, SGB V § 35c Rn. 3; Clemens, GesR 2011, 397 399 ff.; Müller, Die Rechtsproblematik des Off-Label-Use, 2009.
501 BSG 19.3.2002 BSGE 89, 184, 191 f.
502 Weitergehend Goecke, NZS 2006, 291 ff.
503 Zuletzt: BSG 29.6.2023 BeckRS 2023, 15420 Rn. 14 m. w. N.
504 BSG 4.4.2006 NZS 2007, 144.
505 Vgl. BSG 13.12.2016 BSGE 122, 170.

über die Zulassung im Ergebnis nicht erfolgt ist.[506] Schließlich muss die in erster Linie fachärztliche Behandlung auch im Übrigen den Regeln der ärztlichen Kunst entsprechend durchgeführt und ausreichend dokumentiert werden.[507]

55 Nach § 31 Abs. 1 S. 1 SGB V gewähren die Krankenkassen ausschließlich **apothekenpflichtige Arzneimittel**. Apothekenpflichtig sind gem. § 43 Abs. 1 S. 1 AMG grundsätzlich alle Arzneimittel i. S. d. Legaldefinition des § 2 Abs. 1, Abs. 2 Nr. 1 AMG. Ausnahmen von der Apothekenpflicht enthalten die §§ 44, 45 Abs. 1 AMG i. V. m. der nach § 45 Abs. 1 AMG zu erlassenden Rechtsverordnung. Die apothekenpflichtigen Arzneimittel dürfen nicht gem. § 34 SGB V ausgeschlossen sein (§ 31 Abs. 1 S. 1 SGB V). Ein Ausschluss aus dem Leistungsspektrum der gesetzlichen Krankenversicherung liegt in folgenden Fällen vor:

- Grundsätzlich haben Versicherte nur Anspruch auf die Versorgung mit verschreibungspflichtigen Arzneimitteln (§ 34 Abs. 1 S. 1 SGB V, § 48 AMG i. V. m. der Verordnung über verschreibungspflichtige Arzneimittel vom 30.8.1990).[508] Ausnahmen legt § 34 Abs. 1 S. 2f. SGB V fest.
- Die Verordnungsfähigkeit nicht verschreibungspflichtiger Arzneimittel wird in den Richtlinien gem. § 92 Abs. 1 S. 2 Nr. 6 SGB V besonders festgestellt, wenn es sich um Standardtherapien schwerwiegender Erkrankungen handelt; zum Erlass dieser Richtlinien ist der Gemeinsame Bundesausschuss hinreichend demokratisch legitimiert.[509] Der Vertragsarzt muss die Verordnung besonders begründen (§ 34 Abs. 1 S. 2 SGB V). Kinder bis zum vollendeten 12. Lebensjahr und Jugendliche bis zum vollendeten 18. Lebensjahr mit Entwicklungsstörungen haben Anspruch auf die Versorgung mit nicht verschreibungspflichtigen Arzneimitteln (§ 34 Abs. 1 S. 5 SGB V). Andere nicht verschreibungspflichtige Arzneimittel gehören nicht zum Leistungskatalog der GKV (§ 34 Abs. 1 S. 1 SGB V); dieser Grundsatz begegnet aus Sicht des BSG keinen verfassungsrechtlichen Bedenken im Hinblick auf den allgemeinen Gleichheitssatz, die Grundrechte aus Art. 2 GG und das Sozialstaatsprinzip.[510]
- Die in § 34 Abs. 1 S. 6 SGB V genannten, apothekenpflichtigen und verschreibungspflichtigen Arzneimittel sind ausgeschlossen. Gleiches gilt für Arzneimittel, die in erster Linie mit dem Ziel eingesetzt werden, eine Erhöhung der Lebensqualität zu erreichen (§ 34 Abs. 1 S. 7 und 8 SGB V, mit Beispielen). Sie werden in den Richtlinien des Gemeinsamen Bundesausschusses gem. § 92 Abs. 1 S. 2 Nr. 6 SGB V näher bestimmt (§ 34 Abs. 1 S. 9 SGB V).
- Ausgeschlossen sind auch Arzneimittel, die in den Rechtsverordnungen gem. § 34 Abs. 3 SGB V aufgeführt sind, weil die Verordnung dieser Arzneimittel als unwirtschaftlich eingeschätzt wird (vgl. Verordnung über unwirtschaftliche Arzneimittel in der GKV von 21.2.1990).[511]
- Arzneimittel können zudem im Wege der Richtlinien des Gemeinsamen Bundesausschusses gem. § 92 Abs. 1 S. 2 Nr. 6 SGB V ausgeschlossen werden, wenn der diagnostische und therapeutische Nutzen der Arzneimittel, ihre medizinische Notwendigkeit oder Wirtschaftlichkeit nicht nachgewiesen ist (§ 31 Abs. 1 S. 1 SGB V). Die Bewertung des Nutzens von Arzneimitteln durch das Institut für Qualität und Wirtschaftlichkeit im Gesundheitswesen ist den Richtlinien zugrunde zu legen (§§ 35b Abs. 3, 139a ff. SGB V). In begründeten Einzelfällen besteht trotz des Ausschlusses die Möglichkeit einer vertragsärztlichen Verordnung (§ 31 Abs. 1 S. 4 SGB V).

56 Zur Abgabe des Arzneimittels sind nur solche Apotheken berechtigt, die gem. § 129 SGB V vertraglich in die Leistungserbringung eingebunden sind (§ 31 Abs. 1 S. 5 SGB V). Die Arzneimittelabgabe durch Apotheken erfolgt gem. § 129 Abs. 1 SGB V unter folgenden Voraussetzungen:

---

506 BSG 29.6.2023 BeckRS 2023, 15420 Rn. 15, 19.
507 BSG 4.4.2006 NZS 2007, 144, 147.
508 BGBl. I S. 1866 ff.
509 BSG 15.12.2015 BSGE 120, 170.
510 BSG 15.12.2015 BSGE 120, 170.
511 BGBl. I S. 301 ff.

- Abgabe eines preisgünstigen Arzneimittels, soweit der Arzt das Arzneimittel nur unter seiner Wirkstoffbezeichnung verordnet oder die Ersetzung durch ein wirkstoffgleiches Arzneimittel nicht ausgeschlossen hat (aut-idem), Nr. 1;
- Abgabe preisgünstiger Importarzneimittel, deren für die Versicherten maßgeblicher Abgabepreis mindestens 15 Prozent oder mindestens 15 Euro niedriger ist als der Preis des Bezugsarzneimittels, Nr. 2;
- Abgabe wirtschaftlicher Einzelmengen (vgl. auch § 31 Abs. 4 S. 2 SGB V), Nr. 3;
- Angabe des Apothekenabgabepreises auf der Arzneimittelpackung, Nr. 4.

Zu den Rabatten für Krankenkassen siehe §§ 130, 130a SGB V.

Im Interesse der Patientensicherheit sieht § 31a SGB V seit 2016 flankierend einen Leistungsanspruch auf Erstellung eines in „Papierform" gehaltenen **Medikationsplans** vor, wenn ein Versicherter gleichzeitig mindestens drei verordnete Arzneimittel anwendet. Es handelt sich dabei um eine vertragsärztliche Leistung. Gleichfalls der sicheren und effizienten Arzneimittelversorgung dient die seit 2019 infolge des „Digitale-Versorgung-Gesetzes" (DVG)[512] in §§ 31b und 31c SGB V vorgesehene **Errichtung einer elektronischen Referenzdatenbank für Fertigarzneimittel**, die insbesondere von Ärzten, Apotheken und Krankenhäusern genutzt werden können, um einen schnellen, verlässlichen und herstellerunabhängigen Überblick über Wirkstoffbezeichnung, Darreichungsform und Wirkstärke eines Arzneimittels zu erhalten. 57

Wie im Krankenversicherungsrecht insgesamt ist auch bei der Leistung von Arzneimitteln das **Wirtschaftlichkeitsgebot** des § 12 Abs. 1 SGB V zu beachten. Die Gewährung des verordnungsfähigen Arzneimittels muss ausreichend, zweckmäßig und wirtschaftlich sein. Grundsätzlich sind Arzneimittel ausgeschlossen, die nicht nach dem AMG zugelassen worden sind[513] oder deren Inverkehrbringen behördlich untersagt ist.[514] 58

Neben Arzneimitteln haben Versicherte nach § 27 Abs. 1 S. 2 Nr. 3 Var. 2, 31 Abs. 1 S. 1 SGB V Anspruch auf Verbandmittel, Harn- und Blutteststreifen. **Verbandmittel** sind nach § 31 Abs. 1a S. 2 SGB V Gegenstände einschließlich Fixiermaterial, deren Hauptwirkung darin besteht, oberflächengeschädigte Körperteile zu bedecken, Körperflüssigkeiten von oberflächengeschädigten Körperteilen aufzusaugen oder beides zu erfüllen. Nach S. 2 entfällt die Eigenschaft als Verbandmittel insbesondere dann nicht, wenn ein Gegenstand ergänzend eine Wunde feucht hält. Nach S. 3 sind auch Gegenstände erfasst, die zur individuellen Erstellung von einmaligen Verbänden an Körperteilen, die nicht oberflächengeschädigt sind, gegebenenfalls mehrfach verwendet werden, um Körperteile zu stabilisieren, zu immobilisieren oder zu komprimieren.[515] 59

c) Kostenbeteiligung

Die Versicherten werden nach den Vorschriften der §§ 31 Abs. 3, 61 S. 1 SGB V an den Kosten der Arznei- und Verbandmittel beteiligt, wenn sie über 18 Jahre alt sind. Die Höhe der **Zuzahlung** für ein Arzneimittel beträgt grundsätzlich zehn Prozent des für den Versicherten geltenden Abgabepreises, höchstens jedoch 10 Euro. Wenn das Arzneimittel teurer als 5 Euro ist, beträgt die Zuzahlung mindestens 5 Euro. Kostet es dagegen weniger als 5 Euro, ist dieser Betrag vom Versicherten zu tragen. 60

Bei Arznei- und Verbandmitteln, für die nach Maßgabe des § 35 SGB V (bzw. § 35a SGB V) ein **Festbetrag** bestimmt wurde, tragen die Krankenkassen die Kosten des Mittels entweder bis zu diesem Festbetrag oder in Höhe der tatsächlichen Kosten, falls diese den Festbetrag unterschreiten (§ 31 Abs. 2 SGB V). Bei der Verordnung eines Arzneimittels, dessen Preis den gem. § 35 SGB V be- 61

512 BGBl. I S. 2562.

513 BSG 8.3.1995 SozR 3-2500 § 31 Nr. 3; BVerfG 5.3.1997 NJW 1997, 3085.

514 BSG 23.5.2000 SozR 3-2500 § 31 Nr. 7; zur Problematik der Außenseitermethoden vgl. BSG 5.7.1995 BSGE 76, 194; BSG 21.11.1991 BSGE 70, 24; BSG 4.4.2006 SGb 2006, 345; Schulin, ZSR 1994, 546.

515 Zur umstrittenen Einfügung des Abs. 1a vgl. Jäger/Münter, RDG 2017, 12ff.

stimmten Festbetrag überschreitet, hat der Vertragsarzt den Versicherten darauf hinzuweisen, dass er zur Übernahme der Mehrkosten verpflichtet ist (§ 73 Abs. 5 S. 3 SGB V).

62 Die an den Wirkstoffen und der Wirkungsweise orientierte Gruppeneinteilung der Arzneimittel als Voraussetzung der Festbetragsfestsetzung wird durch den Gemeinsamen Bundesausschuss (§ 35 Abs. 1 SGB V) bestimmt. Die Höhe der Festbeträge setzt der Spitzenverband Bund der Krankenkassen in Form einer Allgemeinverfügung fest (§ 35 Abs. 3 SGB V). Die Ermächtigung an die Krankenkassenverbände ist verfassungsgemäß[516] und verstößt nicht gegen europäisches Wettbewerbsrecht.[517]

5. Heil- und Hilfsmittel, digitale Gesundheitsanwendungen

63 Nach § 27 Abs. 1 S. 2 Nr. 3 SGB V haben Versicherte im Rahmen der Krankenbehandlung Anspruch auf die Versorgung mit Heil- und Hilfsmitteln, soweit diese nicht im Wege einer Rechtsverordnung nach § 34 Abs. 4 SGB V oder durch die Richtlinien des Gemeinsamen Bundesausschusses gem. § 92 Abs. 1 S. 2 Nr. 6 SGB V ausgeschlossen sind. Nähere Voraussetzungen für die Gewährung von Heil- und Hilfsmitteln finden sich in §§ 32, 33 SGB V. Die Vorschriften enthalten auch Hinweise für eine Begriffsbestimmung und die gegenseitige Abgrenzung der Heilmittel zu den Hilfsmitteln. Diese Abgrenzung ist von praktischer Bedeutung, weil die Zuzahlung des Versicherten in beiden Leistungsbereichen unterschiedlich geregelt ist (§§ 32 Abs. 2, 61 S. 3 SGB V für Heilmittel; §§ 33 Abs. 8, 61 S. 1 SGB V für Hilfsmittel). Zudem ist der Anspruch auf Heilmittelleistungen von einer vertragsärztlichen Verordnung abhängig.[518] Der Anspruch auf Hilfsmittelleistungen kann nach der Rechtsprechung des BSG dagegen auch unabhängig von einer solchen Verordnung gegeben sein, wenn die Voraussetzungen des § 33 Abs. 1 SGB V vorliegen.[519] Auch für bestimmte Hilfsmittel kann nach § 36 SGB V lediglich die Leistung eines Festbetrags vorgesehen werden; die Vorschrift beinhaltet keine Ermächtigung zur Bestimmung von Abgabepreisen oder technisch-handwerklichen Festlegungen hinsichtlich der Herstellung von Hilfsmitteln.[520] Wird lediglich ein Festbetrag gewährt, obliegt der Krankenkasse u. U. die Prüfung, ob ein anderer Rehabilitationsträger die Mehrkosten zu übernehmen hat.[521]

64 **Heil- und Hilfsmittel** sind nach der **konkreten Zweckbestimmung** voneinander **abzugrenzen**: Grundsätzlich sind Heilmittel persönliche Dienstleistungen, wohingegen Hilfsmittel sächliche Mittel sind. Dabei muss beachtet werden, dass diese Grenzziehung nicht absolut trennscharf ist, da auch die von § 32 SGB V erfassten Heilmittel oft einen sächlich-technischen Anteil haben können.[522] Die Judikatur des BSG lässt es deshalb für eine Qualifikation als Heilmittel genügen, dass der Charakter einer Dienstleistung lediglich überwiegt.[523]

a) Heilmittel (§ 32 SGB V)

65 Zu den **Heilmitteln** gehören alle ärztlich verordneten Dienstleistungen, die einem Heilzweck dienen oder einen Heilerfolg sichern und nur von entsprechend ausgebildeten Personen erbracht werden dürfen. Diese Personen sind in der Regel nichtärztliche Leistungserbringer (Ausnahme: § 32 Abs. 2 S. 2 und 3 SGB V), die nach § 124 SGB V zugelassen worden sind.[524] Zu den Heilmitteln gehören insbesondere Leistungen der Physikalischen Therapie, sowie der Sprach- und Ergotherapie.

---

516 BVerfG 17.12.2002 BVerfGE 106, 275; BSG 1.3.2011 BSGE 107, 287ff.
517 EuGH 16.3.2004 ZESAR 2004, 187 mit Anm. Fuchs, JZ 2005, 87ff.; Koenig/Engelmann, EuZW 2004, 682ff.
518 BSG 19.11.1996 BSGE 79, 257.
519 BSG 16.9.1999 BSGE 84, 266.
520 BSG 22.11.2012 BSGE 112, 201.
521 BSG 24.1.2013 BSGE 113, 40.
522 Becker/Kingreen/Axer, 8. Aufl. 2022, SGB V § 35 Rn. 15.
523 BSG 19.3.2002 SozR 3 – 2500 § 138 Nr. 2; näher mit Nachweisen BeckOGK/Nolte, 1.5.2020, SGB V § 32 Rn. 7.
524 BSG 30.1.2001 NZS 2001 532, 533.

Das Spektrum der Heilmittelleistungen ist sehr vielfältig und entwickelt sich wie der Gesundheitsmarkt allgemein mit dem medizinischen Fortschritt weiter. Beispiele hierfür sind die Einführung der Ergotherapie (§§ 32, 124 SGB V) und der Soziotherapie gem. § 37a SGB V (zur Verordnung neuer Heilmittel siehe §§ 138, 139 SGB V). Hinweise darauf, welche einzelnen ärztlich verordneten Dienstleistungen zum Leistungskatalog der gesetzlichen Krankenversicherung gehören, sind der **Heilmittel-Richtlinie** des Gemeinsamen Bundesausschusses zu entnehmen.[525] Neue Heilmittel dürfen die an der vertragsärztlichen Versorgung teilnehmenden Ärzte nach § 138 SGB V nur verordnen, wenn der Gemeinsame Bundesausschuss zuvor ihren therapeutischen Nutzen anerkannt und in den Richtlinien nach § 92 Abs. 1 S. 2 Nr. 6 SGB V Empfehlungen für die Sicherung der Qualität bei der Leistungserbringung abgegeben hat. § 138 SGB V dehnt den gem. § 135 Abs. 1 SGB V für neue Untersuchungs- und Behandlungsmethoden geltenden Erlaubnisvorbehalt auf neue Heilmittel aus. Auch diese können von den Versicherten grundsätzlich nicht beansprucht werden, solange die geforderte Entscheidung des Gemeinsamen Bundesausschusses nicht ergangen ist.[526] 66

b) Hilfsmittel (§ 33 SGB V)

Hilfsmittel sind ärztlich verordnete Sachen, die den Erfolg der Heilbehandlung sichern, einer drohenden Behinderung vorbeugen oder eine Behinderung ausgleichen sollen.[527] Hierzu gehören insbesondere die in § 33 Abs. 1 S. 1 SGB V genannten Hilfsmittel: Hörhilfen, Körperersatzstücke, orthopädische Hilfsmittel.[528] Der Anspruch auf Sehhilfen besteht unter den Voraussetzungen des § 33 Abs. 2 S. 1 SGB V nur für Versicherte vor Vollendung ihres 18. Lebensjahres, wenn im Übrigen die Voraussetzungen des Abs. 1 vorliegen. Ältere Versicherte haben ausschließlich unter den engeren Voraussetzungen des § 33 Abs. 2 S. 2 SGB V Anspruch auf die Versorgung mit Sehhilfen. Erforderlich hierfür ist eine schwere Sehbeeinträchtigung, die auf der Grundlage der von der WHO empfohlenen Klassifikation des Schweregrades der Sehbeeinträchtigung festzustellen ist.[529] Für therapeutische Sehhilfen gilt § 33 Abs. 2 S. 2, 2. HS SGB V.[530] 67

Nach § 139 Abs. 1 SGB V erstellt der Spitzenverband Bund der Krankenkassen ein systematisch strukturiertes **Hilfsmittelverzeichnis**, in dem die von der Leistungspflicht umfassten Hilfsmittel aufzuführen sind. Das Hilfsmittelverzeichnis wird im Bundesanzeiger veröffentlicht. Falls erforderlich sind nach § 139 Abs. 2 SGB V dabei auch besondere Qualitätsanforderungen für Hilfsmittel festzulegen. Dabei ist zu berücksichtigen, dass die Entscheidung über die Berücksichtigung eines Hilfsmittels für seinen Hersteller eine objektiv berufsregelnde Tendenz aufweist und daher an Art. 12 Abs. 1 GG zu messen ist; dies schließt eine willkürhafte, nicht aber eine sachlich hinreichend begründete Ablehnung der Aufnahme eines Hilfsmittels aus.[531] Nach Rechtsprechung des BSG dürfen dabei neue Qualitätsstandards im Hilfsmittelverzeichnis festgelegt werden, wenn nach dem allgemein anerkannten Stand der medizinischen Erkenntnisse zumindest wahrscheinlich ist, dass diese zur Verbesserung von Qualität und Wirtschaftlichkeit der betroffenen Hilfsmittel beitragen. Entscheidungen über die Streichung von Produkten aus dem Hilfsmittelverzeichnis sind in diesem Rahmen ausschließlich an der objektiven Rechtslage zu orientieren; ein abstrakter Vertrauensschutz in die Listung wird nicht gewährt.[532] 68

---

525 Aktuell in der Fassung vom 19.5.2011 (BAnz. Nr. 96, S. 2247), zuletzt geändert am 19.1.2023 (BAnz AT 11.04.2023 B1).

526 BSG 3.9.2003 SozR 4-2500 § 18 Nr. 1.

527 Vgl. auch § 2 S. 1 der Hilfsmittel-Richtlinie des Gemeinsamen Bundesausschusses.

528 Zu sog. Exoskeletten Krüger, NZS 2019, 441; instruktiv zu Spannweite und Reformbedarf des Hilfsmittelrechts Uyanik, SGb 2019, 8.

529 WHO, Technical Report Series No. 518.

530 Hierzu die in der Gesetzesbegründung zum GMG genannten Beispiele, BT-Drs. 15/1525 S. 234.

531 Vgl. BSG 8.7.2015 BSGE 119, 180.

532 BSG 23.6.2016 BSGE 121, 230; vgl. auch BSG 24.1.2013 BSGE 113, 33; Rixen, SGb 2018, 253.

69 Der Hilfsmittelbegriff ist durch das **Behandlungsziel** geprägt, das mit der Verordnung des Mittels verfolgt wird (§ 33 Abs. 1 S. 1 SGB V). Als Zweck der Verordnung kamen bislang die Sicherung des Behandlungserfolges und der Ausgleich einer Behinderung in Betracht. Nach § 33 Abs. 1. S. 1 SGB V kommen als Zweck der Verordnung des Mittels die Sicherung des Behandlungserfolgs, die Prävention einer drohenden Behinderung oder der Ausgleich einer Behinderung in Betracht. Das Merkmal der Sicherung des Behandlungserfolgs ist auch dann erfüllt, wenn das Hilfsmittel die häusliche Behandlung durch eine Hilfsperson ermöglicht oder erheblich erleichtert.[533] Zur Abgrenzung von Verbandmitteln:[534]

aa) Behinderung

70 Das Tatbestandsmerkmal **Behinderung** gem. § 33 Abs. 1 S. 1 SGB V i.V.m. § 2 Abs. 1 S. 1 SGB IX setzt – wie der Krankheitsbegriff gem. § 27 Abs. 1 S. 1 SGB V – einen regelwidrigen körperlichen, seelischen oder geistigen Zustand des Betroffenen voraus. Die Regelwidrigkeit muss zu einer Funktionsstörung führen, die mit hoher Wahrscheinlichkeit länger als sechs Monate andauern wird und für den Versicherten daher die Teilhabe am Leben in der Gesellschaft beeinträchtigt.[535] Die Beeinträchtigung darf allerdings nicht nur zu unwesentlichen Einschränkungen führen.

Beispiel (nach BSG 18.2.1981 SozR 2200 § 182b Nr. 18):

Der Kläger ist als Pförtner beschäftigt. Die behandelnde Fachärztin diagnostizierte bei ihm eine neurotische Depression. Da die Krankheit des Klägers im Zusammenhang mit seinem Haarausfall auftrat, war nach der Ansicht seiner Ärztin das Tragen eines Toupets notwendig.

Das BSG hat im vorliegenden Fall eine Behinderung angenommen, soweit mit dem Haarausfall die Schutzfunktion des Haares gegen Witterungseinflüsse betroffen werde. Die optische Benachteiligung sei, jedenfalls bei Männern und im Beruf des Klägers, unwesentlich und stelle damit keine Behinderung dar.[536]

71 Gegenstand des **Ausgleichs der Behinderung** sind in erster Linie solche Hilfsmittel, die auf den Ausgleich der Behinderung selbst gerichtet sind, also zum unmittelbaren Ersatz der ausgefallenen Funktionen dienen.[537] Der Zweck des Behinderungsausgleichs umfasst jedoch auch solche Hilfsmittel, die die direkten und indirekten Folgen einer Behinderung ausgleichen. Ein Hilfsmittel ist deshalb immer dann zu gewähren, wenn es die Auswirkungen der Behinderung im täglichen Leben beseitigt oder mildert und damit ein Grundbedürfnis betrifft. Zu den Grundbedürfnissen des täglichen Lebens gehören das Gehen, Stehen, Greifen, Sehen, Hören, die Nahrungsaufnahme, das Ausscheiden, die elementare Körperpflege, das selbständige Wohnen[538] sowie das Erschließen eines körperlichen Freiraums im Nahbereich der Wohnung und das Bedürfnis, bei Krankheit oder Behinderung Ärzte und Therapeuten aufzusuchen.[539] Zum Grundbedürfnis der Erschließung eines geistigen Freiraums gehört unter anderem die Aufnahme von Informationen, die Kommunikation mit anderen Menschen sowie das Erlernen eines lebensnotwendigen Grundwissens bzw. eines Schulwissens.[540] Bei den Elementen, die das Grundbedürfnis der Bewegungsfreiheit betreffen, richtet sich die Notwendigkeit

533 BSG 15.3.2012 NJOZ 2012, 1851, 1853 Rn. 17; BSG 3.8.2006 NZS 2007, 370.
534 BSG 28.9.2006 NZS 2007, 495 (siehe auch § 20 Rn. 59).
535 BeckOGK/Nolte, 1.3.2021, SGB V § 33 Rn. 8.
536 S. auch BSG 23.7.2002 SozR 3-2500 § 33 Nr. 45; im Kontext des § 2 Abs. 1 SGB IX, Neumann/Neumann § 5 Rn. 2. Das BSG sah die Kahlköpfigkeit einer Frau als Behinderung an und die Benutzung einer Perücke als erforderliches Hilfsmittel.
537 BSG 22.2.1974 BSGE 37, 138, 141.
538 Einschließend z.B. auch den Anspruch auf Versorgung mit speziellen Rauchwarnmeldern für Gehörlose, vgl. BSG 18.6.2014 BSGE 116, 120.
539 BSG 16.9.2004 BSGE 93, 176; BSG 24.5.2006 NZS 2007, 92, 93.
540 BSG 17.1.1996 SozR 3-2500 § 33 Nr. 17, 18, 29, 46.

eines Hilfsmittels in erster Linie danach, ob dadurch der Bewegungsradius in einem Umfang erweitert wird, den ein Gesunder üblicherweise noch zu Fuß erreicht.[541] Rollstuhl-Bike als spezielle Art der Fortbewegung wird vom BSG nicht als Grundbedürfnis anerkannt, wenn der Versicherte schon mit einem zur Bewegung im Nahbereich der Wohnung und zum Erreichen von Ärzten und Therapeuten ausreichenden Hilfsmittel versorgt ist.[542] Ist das aber nicht der Fall, besteht ein Anspruch auf ein Hilfsmittel, das eine dem Radfahren vergleichbare Art der Mobilität ermöglicht, wenn damit zugleich auf andere Weise ein Grundbedürfnis erfüllt wird.[543] Der Anspruch erstreckt sich aber nicht auf die Bereitstellung des Liegedreirads selbst, sondern nur auf die Übernahme der Kosten für die behinderungsgerechte Zusatzausrüstung. Stets ist also notwendig, dass bei einem Anspruch auf ein Hilfsmittel geprüft werden muss, ob ein Versicherter dieses Hilfsmittel trotz des Vorhandenseins bereits zur Verfügung gestellter Leistungen zur Befriedigung seines körperlichen Freiraums tatsächlich benötigt. Dies gilt auch für den behinderungsgerechten Umbau eines PKW. Ein solcher wird deshalb als Leistung der gesetzlichen Krankenversicherung nur selten in Betracht kommen, nämlich eben nur dann, wenn der Umbau notwendig ist, um die Erschließung des Nahbereichs zu ermöglichen.[544] § 33 SGB V ermöglicht darüber hinausgehend nicht, den behinderungsgerechten Umbaus eines PKW zu ermöglichen, um den persönlichen Aktionsradius darüber hinaus zu erweitern.[545] Auch soll kein Anspruch auf solche Hilfsmittel bestehen, die ein dauerhaft behinderter Versicherter allein wegen der Besonderheiten seiner individuellen Wohnverhältnisse benötigt, die in einer anderen Wohnung also entbehrlich wären (in casu: Treppensteighilfe für einen Rollstuhl).[546]

bb) Erforderlichkeit

Das verordnete Hilfsmittel muss im Einzelfall erforderlich sein (§ 33 Abs. 1 S. 1 SGB V). Für die Beur- 72
teilung der Erforderlichkeit sind die individuellen Verhältnisse des jeweiligen Versicherten ausschlaggebend. Orientiert an den individuellen Bedürfnissen des Versicherten ist zu prüfen, ob die Verordnung des Hilfsmittels ausreichend, zweckmäßig und wirtschaftlich ist.

Beispiel (nach BSG 17.9.1986 SozR 2200 § 182b Nr. 33):
Der gehörlose Kläger begehrte von seiner Krankenkasse die Erstattung der Kosten für die Anschaffung eines Türklingel-Signalaufnehmers mit Zusatzblitzlampe.

Die vom Kläger begehrte Türklingel sendet neben akustischen auch optische Signale aus. Sie erleichtert es dem Kläger in sozialen Kontakt zu treten, der zu den lebensnotwendigen Grundbedürfnissen gehört. Die Türklingel ist zudem zweckmäßig und notwendig. Sie gleicht die Gehörlosigkeit in einer wesentlichen Beziehung aus, indem sie einen besonderen Aufwand bei angemeldetem Besuch vermeidet und unangemeldeten Besuch regelmäßig erst ermöglicht.

Nach ständiger Rechtsprechung ist die Leistungspflicht der Krankenkassen nicht davon abhängig, 73
dass das Hilfsmittel in das nach § 139 Abs. 1 SGB V zu führende Hilfsmittelverzeichnis aufgenommen ist. Denn dieses stellt keine Beschränkung i. S. einer Positivliste dar.[547]

Im Zusammenhang mit der Erforderlichkeit des Hilfsmittels taucht das Problem auf, ob Versicherte auf die Hilfe anderer Personen verwiesen werden können.[548]

---

541 BSG 24.5.2006 NZS 2007, 92, 93; BSG 24.5.2006 NZS 2007, 201, 202.
542 BSG 16.9.1999 SozR 3-2500 § 33 Nr. 31.
543 BSG 24.5.2006 NZS 2007, 92, 93 betreffend ein behinderungsgerecht ausgestattetes Liegedreirad.
544 Vgl. den besonderen Fall von Wachkomapatienten BSG 16.9.2004 BSGE 93, 176.
545 BSG 19.4.2007 NZS 2008, 209, 211.
546 BSG 7.10.2010 BSGE 107, 44.
547 BSG 23.8.1995 SozR 3-2500 § 33 Nr. 16; BSG 24.5.2006 NZS 2007, 92, 93.
548 BeckOGK/Nolte, 1.3.2021, SGB V § 33 Rn. 18b.

Beispiel (nach BSG 23.8.1995 SozR 3-2500 § 33 Nr. 16):
Der blinde Kläger begehrt von seiner Krankenkasse die Gewährung eines Lese-Sprech-Gerätes, um Tageszeitungen, behördliche Schreiben etc. lesen zu können. Die Krankenkasse verweist ihn darauf, dass seine Familienangehörigen, die mit dem Kläger zusammen in einem Haushalt wohnen, ihm vorlesen könnten. Seine Ehefrau ist ganztags berufstätig. Die über den Kläger familienversicherte Tochter ist schulpflichtig.

Anders als im Sozialhilferecht gilt im SGB V kein genereller Vorrang der Selbsthilfe. Die Vorrangigkeit familiärer Hilfe im Rahmen der häuslichen Krankenpflege (§ 37 Abs. 3 SGB V) und Haushaltshilfe (§ 38 Abs. 3 SGB V) bilden insoweit Ausnahmen. Die Rechtsprechung hat diesen Rechtsgedanken jedoch auch auf den Heil- und Hilfsmittelbereich ausgeweitet.[549] Der Umfang der Eigenverantwortung des Versicherten (§ 1 S. 2 SGB V) und die im familiären Zusammenleben zumutbaren Hilfeleistungen sind jedoch im Einzelfall nur schwer zu bestimmen. Als Kriterien sind in erster Linie der Umfang der Hilfeleistung, die Verfügbarkeit des Familienangehörigen, gegebenenfalls das Bestehen einer beitragsfreien Familienversicherung[550] heranzuziehen.

Die Situation des vorliegenden Falls war jedoch eindeutig. Der Kläger konnte nicht auf die Hilfe seiner Familienangehörigen verwiesen werden, weil der mit einer Vorlesetätigkeit dauerhaft verbundene Zeitaufwand das zumutbare Maß deutlich überschritt.

74 In § 33 Abs. 1 S. 3 SGB V ist bestimmt, dass der Anspruch auf Versorgung mit Hilfsmitteln zum Behinderungsausgleich bei stationärer Pflege nicht davon abhängt, in welchem Umfang eine Teilhabe am Leben der Gemeinschaft noch möglich ist. Die Pflicht der stationären Pflegeeinrichtungen zur Vorhaltung von Hilfsmitteln und Pflegehilfsmitteln, die für den üblichen Pflegebetrieb jeweils notwendig sind, bleibt hiervon aber unberührt.[551]

cc) Kein allgemeiner Gebrauchsgegenstand des täglichen Lebens

75 Schließlich scheidet ein Hilfsmittel als ersatzfähig aus, wenn es als **allgemeiner Gebrauchsgegenstand des täglichen Lebens** anzusehen ist. Dieses (negative) Tatbestandsmerkmal ergibt sich unmittelbar aus dem Gesetz (§ 33 Abs. 1 S. 1 SGB V). Der Anspruch auf Hilfsmittel ist somit auf Gegenstände begrenzt, die zur gezielten Bekämpfung von Krankheiten oder zum Ausgleich von Behinderungen konzipiert sind. Andere Hilfen werden der Eigenverantwortung des Versicherten zugeordnet, unabhängig davon, dass sie für den Betroffenen ebenso erforderlich sind.[552]

76 Ob ein Gegenstand zu den Gebrauchsgegenständen des täglichen Lebens gehört, ist anhand seiner **Zweckbestimmung** zu ermitteln.[553] Maßgeblich ist die Sicht des Hilfsmittelherstellers und der Benutzer des Hilfsmittels. Ergibt sich daraus, dass der Gegenstand für die speziellen Bedürfnisse kranker oder behinderter Menschen hergestellt wurde und wird er auch ganz überwiegend von diesem Personenkreis benutzt, handelt es sich nicht um einen Gebrauchsgegenstand des täglichen Lebens.[554] Aus diesem Grund gehören zu den allgemeinen Gebrauchsgegenständen des täglichen Lebens:

- normale Autokindersitze;[555]
- Angorawäsche,[556]
- PCs und Notebooks,[557] sofern sie nicht der Erfüllung der Schulpflicht dienen,[558]
- Power-Plate-Vibrationsgerät.[559]

---

549 BSG 14.7.1977 BSGE 44, 139; BSG 10.11.1977 BSGE 45, 130.
550 Vgl. hierzu HS-KV/Schulin § 6 Rn. 60 ff.
551 Vgl. hierzu HS-KV/Schulin § 6 Rn. 60 ff.
552 BeckOGK/Nolte, 1.3.2021, SGB V § 33 Rn. 21; BSG 16.9.1999 BSGE 84, 266 zu einem Luftreinigungsgerät; BSG 28.9.1976 BSGE 42, 229 zu orthopädischen Schuhen.
553 BeckOGK/Nolte, 1.3.2021, SGB V § 33 Rn. 22a.
554 BSG 29.4.2010 NJOZ 2010, 2337, 2339 Rn. 16.
555 BSG 21.3.1978 SozR 2200 § 182b Nr. 6.
556 BSG 12.12.1979 SozR 2200 § 182 Nr. 60.
557 BSG 30.1.2001 SozR 3-2500 § 33 Nr. 40; BSG 6.2.1997 SozR 3-2500 § 33 Nr. 22; BSG 23.8.1995 SozR 3-2500 § 33 Nr. 16.
558 BSG 22.7.2004 SozR 4-2500 § 33 Nr. 6.
559 LSG Nordrhein-Westfalen 18.6.2009 BeckRS 2009, 68288.

dd) Ausschluss durch Rechtsverordnung, §§ 33, 34 SGB V

Neben den allgemeinen Gebrauchsgegenständen des täglichen Lebens sind auch die in der VO über Hilfsmittel von geringem therapeutischen Nutzen oder geringem Abgabepreis in der gesetzlichen Krankenversicherung vom 13.12.1989[560] aufgeführten Hilfsmittel ausgeschlossen (§§ 33 Abs. 1 S. 1, 34 Abs. 4 SGB V).[561] 77

ee) Zusatzleistungen

Inhalt des Anspruchs aus § 33 Abs. 1 SGB V ist nicht nur das Hilfsmittel und seine wesentlichen Bestandteile.[562] Gem. § 33 Abs. 1 S. 5 SGB V umfasst der Anspruch vielmehr auch die notwendige **Änderung, Instandsetzung, Ersatzbeschaffung von Hilfsmitteln** und die Ausbildung in ihrem Gebrauch, sowie zum Schutz der Versicherten vor unvertretbaren gesundheitlichen Risiken, die nach dem Stand der Technik zur Erhaltung der Funktionsfähigkeit und der technischen Sicherheit notwendigen Wartungen und technischen Kontrollen. Des Weiteren ist das Zubehör eingeschlossen, das den bestimmungsgemäßen Gebrauch des Hilfsmittels ermöglicht. Das können körperliche Gegenstände,[563] aber auch andere Leistungen sein: Unterhaltungskosten für einen Blindenführhund,[564] eine gesetzlich vorgeschriebene Haftpflichtversicherung[565] oder Stromkosten.[566] 78

Entsprechend dem **neuen Vertragssystem** in den §§ 126, 127 SGB V (siehe dazu § 23 Rn. 64ff.) ist auch die Gestaltung des Anspruchs des Versicherten und der Kostentragung in § 33 SGB V geregelt worden. Dem Wettbewerbsgedanken im Leistungserbringungsrecht entspricht die Bestimmung des § 33 Abs. 6 S. 1 SGB V, wonach die Versicherten alle Leistungserbringer in Anspruch nehmen können, die Vertragspartner ihrer Krankenkasse sind (zu Ausnahmen siehe S. 2 und 3). Die Höhe der Leistungsverpflichtung der Krankenkassen wird dem Vertragsmodell angepasst: Gem. § 33 Abs. 7 übernimmt die Krankenkasse die jeweils vertraglich vereinbarten Preise. 79

ff) Zuzahlungsregelung

Versicherte, die das 18. Lebensjahr vollendet haben, leisten zu jedem zu Lasten der gesetzlichen Krankenversicherung verordneten Hilfsmittel den sich aus § 61 S. 1 SGB V ergebenden Betrag an den Leistungserbringer, solange die in § 62 SGB V geregelte Belastungsgrenze nicht überschritten ist (§ 33 Abs. 8 S. 1 SGB V). Ist das Hilfsmittel zum Verbrauch bestimmt, fällt, eine Zuzahlung in Höhe von 10 Prozent des Betrages, höchstens jedoch von 10 Euro für den Monatsbedarf an (§ 33 Abs. 8 S. 3 SGB V). 80

c) Digitale Gesundheitsanwendungen

Seit 2019 haben Versicherte mit Inkrafttreten des „Digitale-Versorgung-Gesetzes“ (DVG)[567] gem. § 33a SGB V zudem Anspruch auf Versorgung mit **Digitalen Gesundheitsanwendungen.**[568] Dabei handelt es sich nach der gesetzlichen Definition um Medizinprodukte niedriger Risikoklasse, deren Hauptfunktion wesentlich auf digitalen Technologien beruht und die dazu bestimmt sind, bei den Ver- 81

---

560 BGBl. I S. 2237ff.

561 Details bei BeckOGK/NOLTE, 1.3.2021, SGB V § 33 Rn. 48ff.; Becker/Kingreen/LUNGSTRAS, 8. Aufl. 2022, SGB V § 33 Rn. 36ff.; BeckOK SozR/KNISPEL, 72. Edition (1.3.2024), SGB V § 33 Rn. 29ff.

562 Becker/Kingreen/LUNGSTRAS, 8. Aufl. 2022, SGB V § 33 Rn. 40ff.

563 Batterien, Akkuzellen mit Ladegerät für ein Hörgerät BSG 18.5.1978 BSGE 46, 183; BSG 24.4.1979 SozR 2200 § 182b Nr. 11.

564 BSG 25.2.1981 BSGE 51, 206.

565 BSG 14.9.1994 SozR 3-2500 § 33 Nr. 11.

566 BSG 6.2.1997 BSGE 80, 93.

567 BGBl. I S. 2562.

568 Näher zur Gesetzessystematik HECKELMANN/SCHÖDEL, NZS 2018, 926.

sicherten oder in der Versorgung durch Leistungserbringer die Erkennung, Überwachung, Behandlung oder Linderung von Krankheiten oder die Erkennung, Behandlung, Linderung oder Kompensierung von Verletzungen oder Behinderungen zu unterstützen (digitale Gesundheitsanwendungen). Der Anspruch bezieht sich auf digitale Gesundheitsanwendungen, die künftig (abstrakt-generell) vom Bundesinstitut für Arzneimittel und Medizinprodukte (BfArM) in das Verzeichnis für digitale Gesundheitsanwendungen nach § 139e SGB V (sog. DiGA-Verzeichnis) aufgenommen wurden und (konkret-individuell) entweder nach Verordnung des behandelnden Arztes oder des behandelnden Psychotherapeuten oder mit Genehmigung der Krankenkasse angewendet werden; hierfür ist das Vorliegen der medizinischen Indikation nachzuweisen. Denkbare Beispiele für solche – auch unter dem Schlagwort „App auf Rezept" geläufigen – Gesundheitsanwendungen sind interaktive, digitale Anwendungen zur Selbstdiagnose (z.B. Anwendungen, die das Krebsrisiko von fotografisch erfassten Muttermalen analysieren) oder digitale Medikationspläne (vgl. § 31a SGB V).

6. Krankenhausbehandlung (§ 39 Abs. 1 SGB V)

a) Rechtsentwicklung

82 Im kostenintensiven Bereich der Krankenhausbehandlung kommt dem Wirtschaftlichkeitsgebot und dem Aspekt der Kostendämpfung besondere Bedeutung zu. Bereits mit dem Gesundheitsreformgesetz (GRG) vom 20.12.1988 wollte der Gesetzgeber daher erste wesentliche Schritte einleiten, um der zuvor ausufernden Kostensteigerung in diesem Bereich zu begegnen (vgl. dazu BT-Drs. 11/2237 S. 140). Bei der Fassung des § 39 Abs. 1 SGB V kam es deshalb darauf an, den Vorrang der preisgünstigeren ambulanten Behandlung auch durch den Hinweis auf die häusliche Krankenpflege zu verdeutlichen (BT-Drs. 11/2237 S. 177). Deshalb erhielt § 39 Abs. 1 S. 1 SGB V i.d.F. des GRG folgenden Wortlaut, der sich mit Änderungen und Ausdifferenzierungen auch in der heutigen Normfassung noch wiederfinden lässt:

> „Versicherte haben Anspruch auf Behandlung in einem zugelassenen Krankenhaus (§ 108), wenn die Aufnahme erforderlich ist, weil das Behandlungsziel nicht durch ambulante Behandlung einschließlich häuslicher Krankenpflege erreicht werden kann. Die Krankenhausbehandlung wird voll- oder teilstationär erbracht."

83 Der Gesetzgeber des GSG vom 21.12.1992 beschrieb einige Jahre später die Hauptursachen für Kostenentwicklungen im Krankenhausbereich wie folgt:

> „Der grundlegende Strukturfehler im Krankenhaus ist das Selbstkostendeckungsprinzip i.V.m. dem tagesgleichen Pflegesatz. Solange das belegte Bett und nicht die Leistung, die der Patient benötigt, der Maßstab für die Einnahmen, für die Personalausstattung und für die Investitionsförderung ist, sind Fehlsteuerungen und eine zu hohe Verweildauer die ökonomisch logische Konsequenz falscher Rahmenbedingungen. Zudem leisten ein globales Überangebot an Akutbetten und medizinisch nicht erforderliche Krankenhauseinweisungen der Fehlbelegung Vorschub. Zu den strukturell bedingten Fehlentwicklungen und Unwirtschaftlichkeit trägt auch die unzureichende Verzahnung zwischen ambulanter und stationärer Versorgung bei."[569]

84 Neben der Erweiterung des Leistungsspektrums um die vor- und nachstationäre Behandlung (§ 115a SGB V) sowie die Möglichkeit des ambulanten Operierens (§ 115b SGB V) besteht seitdem eine ausdrückliche **Prüfungspflicht des Krankenhauses**, die unter Berücksichtigung der preisgünstigeren Behandlungsformen durchzuführen ist (§ 39 Abs. 1 S. 2 SGB V). Einzelheiten, auf denen diese Prüfungspflicht basieren sollen, sind in Vereinbarungen gem. § 112 Abs. 1, Abs. 2 S. 1 Nr. 2 SGB V festzulegen. Zudem besteht aus Gründen der Wirtschaftlichkeit heute nur noch eine **eingeschränkte Wahlfreiheit** des Versicherten unter den zugelassenen Krankenhäusern (§§ 39 Abs. 2, 73 Abs. 4 S. 3 SGB V).

---

569 BT-Drs. 12 /3608 S. 67.

Schließlich erfolgte 2000 mit Einführung des § 17b KHG durch das GKV-Gesundheitsreformgesetz[570] eine ganz wesentliche Strukturveränderung durch Einführung eines pauschalierenden Entgeltsystems für die Leistungsvergütung der Krankenhäuser (sog. **DRG- oder Fallpauschalen-System**, siehe ausf. unter § 23 Rn. 6), das wesentliche Anreize zur Effizienzsteigerung und Kostendämpfung im Bereich der Krankenhäuser setzen sollte. 85

b) Formen der Krankenhausbehandlung (§ 39 Abs. 1 S. 1 SGB V)

Die Regelung des § 39 SGB V bestimmt, wo, wie und in welchem Umfang die Krankenhausbehandlung erbracht wird. Sie wird **vollstationär, stationsäquivalent** (als neue Kategorie zum 1.1.2017 eingeführt), **teilstationär** oder **ambulant** durchgeführt (§ 39 Abs. 1 S. 1 SGB V). Im Rahmen der ambulanten Krankenhausbehandlung ist zwischen **vor- und nachstationärer** Behandlung (§ 115a SGB V) und dem **ambulanten Operieren** im Krankenhaus (§ 115b SGB V) zu unterscheiden. Mit der vorstationären Behandlung soll die Erforderlichkeit der vollstationären Behandlung geklärt oder die vollstationäre Krankenhausbehandlung vorbereitet werden (§ 115a Abs. 1 Nr. 1 SGB V). Die nachstationäre Behandlung wird im Anschluss an eine vollstationäre Krankenhausbehandlung gewährt, um den Behandlungserfolg zu sichern oder zu festigen (§ 115a Abs. 1 Nr. 2 SGB V). Das ambulante Operieren im Krankenhaus ist im Rahmen des Katalogs ambulant durchführbarer Operationen und sonstiger stationsersetzender Eingriffe gem. § 115b Abs. 1 S. 1 Nr. 1 SGB V zulässig. Bei vor- und nachstationären Behandlungen ist mit Blick auf das Wirtschaftlichkeitsgebot (§ 12 SGB V) zu beachten, dass ein Vorrang der ambulanten (vertragsärztlichen) Versorgung besteht, wenn diese medizinisch gleichwertig ist.[571] 86

Die verschiedenen Formen der Krankenhausbehandlung werden **nicht alternativ**, sondern nach dem in § 39 Abs. 1 S. 2 SGB V festgelegten **abgestuften System** gewährt. Die jeweils aufwändigere Leistungsform kann nur dann in Anspruch genommen werden, wenn sie erforderlich ist, um das Behandlungsziel zu erreichen. Daraus ergibt sich die Nachrangigkeit der vollstationären Krankenhausbehandlung gegenüber allen anderen Arten der Krankenhausbehandlung (§ 39 Abs. 1 S. 2 SGB V). Dies folgt letztlich schon aus der durch das Wirtschaftlichkeitsgebot (§ 12 SGB V) postulierten „Erforderlichkeit" einer (kostenintensiveren) Behandlungsvariante. Die teilstationäre Behandlung ist gegenüber den ambulanten Formen der Krankenhausbehandlung nachrangig. Die „Erforderlichkeit" einer stationären Behandlung bemisst sich dabei nach medizinischen Kriterien, die allerdings „normativ" durch rechtliche Vorgaben ergänzt und ausgeformt werden können, wenn z.B. Strahlenschutzgesetze im Rahmen einer Strahlentherapie die stationäre Behandlung vorschreiben.[572] 87

Seitdem Krankenhäuser zunehmend ambulante Leistungen erbringen, steht, vor allem im Zusammenhang mit der Vergütung der erbrachten Leistungen, häufig in Frage, ob es sich um eine ambulante oder stationäre Behandlung handelt, wenn der Versicherte nicht über Nacht im Krankenhaus verbleibt. Das BSG hat dazu klargestellt, dass es für eine vollstationäre Behandlung nicht ausreicht, wenn der Versicherte ein Bett auf der Station in Anspruch genommen hat. Vielmehr ist grundsätzlich davon auszugehen, dass eine vollstationäre Behandlung dann gegeben ist, wenn sich der Versicherte nach dem Behandlungsplan des Krankenhausarztes in der Vorausschau zeitlich über mindestens einen Tag und eine Nacht erstrecken soll.[573] Allerdings kann im Einzelfall hiervon abgesehen werden, wenn aufgrund unvorhergesehener Umstände von einem ursprünglich geplanten Behandlungsplan abgewichen wird.[574] Das LSG Hamburg präzisiert, dass für einen Verbleib im Krankenhaus „über Nacht" eine Behandlungsdauer von 24 Stunden nicht zwingend erforderlich sei.[575] In 88

570 BGBl. I S. 2626 ff.

571 Vgl. BSG 17.9.2013 BSGE 114, 209; BSG 17.9.2013 BSGE 114, 199.

572 BSG 17.11.2015 BSGE 120, 78.

573 BSG 4.3.2004 NZS 2005, 93 ff.

574 BSG 17.3.2005 NZS 2006, 88.

575 LSG Hamburg 1.11.2012 BeckRS 2013, 73518.

einer weiteren – sehr lesenswerten – Entscheidung hat der 3. Senat des BSG die Abgrenzung von ambulanter, teilstationärer und vollstationärer Krankenhausbehandlung in sehr trefflicher Weise präzisiert.[576] Das BSG sieht den Aufenthalt in der Intensivstation stets als vollstationäre Behandlung an. Bei einer zeitlich nicht beschränkten Behandlung ist im Zweifel von einer vollstationären Behandlung auszugehen.[577]

c) Voraussetzungen des Anspruchs auf Krankenhausbehandlung (§ 39 Abs. 1 SGB V)

89 Der Anspruch auf Krankenhausbehandlung nach § 39 Abs. 1 S. 2 SGB V steht nur **Versicherten** der gesetzlichen Krankenversicherung zu. Im Zusammenhang mit der Krankenhausbehandlung eines Versicherten kann jedoch die Aufnahme einer nicht gesetzlich krankenversicherten Person erforderlich sein.[578] Zudem umfasst die Leistungspflicht der Krankenkassen bei stationärer Behandlung auch die Mitaufnahme einer Begleitperson, wenn deren Anwesenheit aus medizinischen Gründen notwendig ist (§ 11 Abs. 3 SGB V, z.B. die Mitaufnahme eines Elternteils bei der Behandlung von Kleinkindern). Durch das Pflegepersonal-Stärkungsgesetz[579] wurde 2019 in § 11 Abs. 3 S. 2–3 SGB V die Regelung aufgenommen, dass eine Unterbringung von Begleitpersonen im Einzelfall auch außerhalb des Krankenhauses auf Kosten der Krankenkasse erfolgen kann.

90 Die Krankenhausbehandlung setzt voraus, dass bei dem Versicherten eine **Krankheit i.S.d. § 27 Abs. 1 S. 1 SGB V** vorliegt. Hierunter versteht man einen regelwidrigen Körper- oder Geisteszustand, der behandlungsbedürftig ist oder Arbeitsunfähigkeit bedingt.[580] Andere Versicherungsfälle des SGB V können keinen Anspruch auf Krankenhausbehandlung begründen (zum Anspruch auf die ambulante oder stationäre Entbindung § 24f SGB V).

91 Der Anspruch gem. § 39 Abs. 1 S. 2 SGB V richtet sich auf die **Behandlung in einem zugelassenen Krankenhaus**. Welche Voraussetzungen eine Einrichtung erfüllen muss, um ein Krankenhaus i.S.d. Krankenversicherungsrechts zu sein, beurteilt sich anhand der Legaldefinition des § 107 Abs. 1 SGB V.[581] Die Zulassung eines Krankenhauses erfolgt nach Maßgabe der §§ 108, 109 SGB V (siehe unter § 23 Rn. 37).

92 Mit der Krankenhausbehandlung sind gem. § 39 Abs. 1 S. 2 SGB V i.V.m. § 107 Abs. 1 Nr. 3 SGB V die gesetzlich vorgegebenen **medizinischen Behandlungsziele** zu verfolgen. Ziel der Krankenhausbehandlung kann es gem. § 107 Abs. 1 Nr. 3 SGB V sein, die Krankheiten der Patienten zu erkennen, zu heilen, ihre Verschlimmerung zu verhüten, Krankheitsbeschwerden zu lindern oder Geburtshilfe zu leisten. Die im Krankenhaus angestrebten Behandlungsziele entsprechen damit im Wesentlichen den in § 27 Abs. 1 S. 1 SGB V festgelegten Behandlungszielen der Krankenbehandlung. Andere Gründe für eine stationäre Versorgung (pflegerische, soziale oder pädagogische Motive) können einen Leistungsanspruch nach § 39 Abs. 1 S. 2 SGB V nicht auslösen.

Beispiel (nach BSG 12.12.1979 BSGE 49, 216):
K wurde in ein Landeskrankenhaus eingewiesen, da sie wegen eines altersbedingten hirnorganischen Abbauprozesses desorientiert wirkte und die Gefahr der Verwahrlosung bestand. Nach ca. drei Monaten stellte der Stationsarzt des Landeskrankenhauses in seinem Bericht fest, dass K zwar ihren Haushalt nicht mehr versorgen könne, sie pflege sich jedoch unter Anleitung selbst und könne in ein Altersheim verlegt werden. Es seien bereits Bemühungen eingeleitet worden, für sie einen geeigneten Heimplatz zu finden. Die Entlassung aus dem Krankenhaus verzögerte sich aber, weil ein geeigneter Pflegeplatz nicht verfügbar war. Die Krankenkasse weigerte sich, die Kosten von dem Zeitpunkt ab zu tragen, in dem ein Verbleib in der Klinik ärztlicherseits nicht mehr angezeigt war.

576 BSG 28.2.2007 SGb 2007, 687 m. Anm. Meyerhoff.
577 BSG 28.2.2007 BeckRS 2007, 44002 Rn. 21.
578 Z.B. bei einer Organtransplantation, BeckOGK/Roters, 1.3.2019, SGB V § 11 Rn. 9.
579 BGBl. I S. 2394.
580 BSG 11.5.2017 NZS 2018, 772, 774 Rn. 22.
581 Näher BeckOGK/Gamperl, 1.9.2017, SGB V § 39 Rn. 4ff.

Das BSG hat einen Anspruch aus § 39 Abs. 1 SGB V verneint. Nach ständiger Rechtsprechung des BSG ist die Behandlung in einem Krankenhaus nur dann erforderlich, wenn die medizinische Versorgung mit den besonderen Mitteln eines Krankenhauses durchgeführt werden muss, weil eine ambulante ärztliche Versorgung nicht ausreicht. Diese Voraussetzung war im Fall der K nicht gegeben, denn die ärztliche Behandlung hätte ohne weiteres durch einen Vertragsarzt ambulant erfolgen können. Hier haben soziale Umstände, das Nichtvorhandensein eines Pflegeplatzes, zum weiteren Verbleib in der Klinik geführt.

Wenn Personen nach **landesrechtlichen Unterbringungsgesetzen** in einer geschlossenen psychiatrischen Abteilung untergebracht werden müssen, geschieht das zum Schutz der öffentlichen Sicherheit und Ordnung, insbesondere zur Beseitigung von Gefahren für das Leben oder die Gesundheit der Betroffenen selbst (z.B. § 10 PsychKG NRW, Art. 5ff. BayPsychKHG). Auch hier ist eine (psychische) Krankheit kausal für die Betreuung in einer Einrichtung. Bei der Unterbringung stehen jedoch Gefährdungsaspekte im Vordergrund. Zwar kann der Betroffene durchaus auch einen Anspruch auf Krankenhausbehandlung haben. Diese Frage ist jedoch unabhängig von seiner Unterbringung allein nach § 39 Abs. 1 SGB V zu beurteilen. Hierfür reicht es aber nicht aus, dass eine ärztliche Behandlung neben pflegerischen und pädagogischen Maßnahmen nur begleitend erbracht wird.[582] 93

Nach § 39 Abs. 1 S. 2 SGB V muss die Krankenhausbehandlung **„erforderlich"** sein. Sie ist erforderlich, wenn das Behandlungsziel nur mit den **besonderen Mitteln des Krankenhauses** erreicht werden kann.[583] Die stationäre Behandlung muss sich als die allein in Betracht kommende Behandlungsalternative darstellen (zu den verschiedenen Formen der Krankenhausbehandlung siehe oben). Die Prüfung der Erforderlichkeit erfolgt im Wege einer wertenden Gesamtbetrachtung unter Berücksichtigung der besonderen Umstände des Einzelfalls.[584] Merkmale, die regelmäßig einen Anspruch nach § 39 Abs. 1 S. 2 SGB V begründen, sind die Notwendigkeit medizinischer Apparate, die nur in Krankenhäusern verfügbar sind und die intensive Behandlung durch jederzeit rufbereite Ärzte. Auch kann die zur Behandlung der Krankheit erforderliche Kombination von ärztlichem Einsatz, therapeutischen Hilfskräften, Pflegepersonal und Art der Medikation eine stationäre Behandlung erforderlich machen, wenn ambulante Behandlungsalternativen die kontinuierliche medizinische Versorgung des Versicherten nicht gewährleisten können.[585] Eine Krankenhausbehandlung kann auch dann erforderlich sein und das Krankenhaus zu einer Aufnahme berechtigen, wenn sie zwar sehr kurzzeitig ist, aber eine hohe Intensität aufweist. Das verdeutlicht folgender Fall: 94

BSG 29.8.2023, NZS 2024, 540:
Ein Versicherter wurde um 16:44 Uhr vom Rettungsdienst notfallmäßig mit dem Verdacht auf Schlaganfall ins Krankenhaus mit entsprechend zertifizierter Schlaganfallstation (Stroke Unit) eingeliefert. Um 16:45 Uhr wurde mit der Diagnostik begonnen und um 17:07 Uhr eine sog. Lysetherapie eingeleitet. Bereits um 17:45 Uhr wurde der Versicherte unter Fortsetzung der Therapie zur weiteren Behandlung in ein anderes Krankenhaus verlegt.

Das BSG sah in diesem Fall die Voraussetzungen einer stationären Aufnahme als gegeben an. Diese sei trotz der kurzen Zeit auch konkludent erfolgt. Eine noch im Jahre 2021 begründete Rechtsprechung, wonach die Untersuchungen im Schockraum nur der Abklärung der Erforderlichkeit der stationären Aufnahme diene (sog. Schockraum-Urteil)[586] und somit grundsätzlich keine stationäre Aufnahme darstellen könnte, gab es wieder auf. Es führte aus:

„Die konkludente stationäre Aufnahme eines Versicherten liegt bei seiner kurzzeitigen Notfallbehandlung im erstangegangenen Krankenhaus und nachfolgender zeitnaher Verlegung in ein anderes Krankenhaus dann vor,

582 BSG 12.11.1985 SozR 2200 § 184 Nr. 28.
583 Ständige Rechtsprechung BSG 17.5.2000 BSGE 86, 166; BSG 28.1.1999 BSGE 83, 254.
584 BeckOGK/Gamperl, 1.9.2017, SGB V § 39 Rn. 48.
585 BSG 16.2.2005 SozR 4-2500 § 112 Nr. 4.
586 BSG 18.5.2021 NZS 2022, 259.

> wenn der Einsatz der **krankenhausspezifischen personellen und sächlichen Ressourcen im erstangegangenen Krankenhaus eine hohe Intensität aufweist**. (…) Eine stationäre Notfallbehandlung … liegt schon dann vor, wenn die diagnostischen und therapeutischen Maßnahmen den intensiven Einsatz von sächlichen und personellen Ressourcen erfordern. Die hohe Intensität kann sich auch aus dem Einsatz verschiedener und in ihrem engen zeitlichen und örtlichen Verbund nur stationär verfügbarer diagnostischer Maßnahmen ergeben. Dies setzt personelle und sächliche Ressourcen voraus, die ambulant nicht in gleicher Weise regelhaft verfügbar sind, wie sie insbesondere bei der Behandlung in einem Schockraum zum Einsatz kommen können."[587]

Die Notwendigkeit einer Betreuung durch geschultes Pflegepersonal macht die Krankenhausbehandlung dagegen nicht in jedem Fall erforderlich.[588] Zudem reicht es nicht aus, dass bei einer ambulanten Behandlung in größeren Zeitabschnitten mit Komplikationen zu rechnen ist, die nur mit den besonderen Mitteln des Krankenhauses beherrscht werden können. Versicherte mit einem schweren psychiatrischen Leiden haben Anspruch auf stationäre Krankenhausbehandlung, wenn nur auf diese Weise ein erforderlicher komplexer Behandlungsansatz durch das Zusammenwirken eines multiprofessionellen Teams Erfolg versprechend verwirklicht werden kann.[589]

95 Bejaht ein Betreuungsgericht die Erforderlichkeit einer Unterbringung in einem Krankenhaus auf der Grundlage des § 1831 Abs. 2 S. 1 BGB, so entfaltet diese Entscheidung keine Bindungswirkung im Verhältnis zwischen Krankenhausträger und Krankenkasse dahingehend, dass damit auch die Erforderlichkeit i. S. d. § 39 Abs. 1 SGB V zu bejahen wäre.[590]

96 Über die Frage, nach welchen **Kriterien die Erforderlichkeit der Krankenhausbehandlung** zu entscheiden ist, hatte es zwar in der Vergangenheit divergierende Auffassungen zwischen dem 1. und 3. Senat des BSG gegeben.

97 Seit einer Entscheidung des Großen Senats gilt jedoch: Ob einem Versicherten vollstationäre Krankenhausbehandlung zu gewähren ist, richtet sich allein nach den medizinischen Erfordernissen. Ermöglicht es der Gesundheitszustand des Patienten das Behandlungsziel durch andere Maßnahmen, insbesondere durch ambulante Behandlung einschließlich häuslicher Krankenpflege, zu erreichen, so besteht kein Anspruch auf stationäre Behandlung.[591] Damit ist der Maßstab der in § 39 Abs. 1 S. 2 SGB V angelegten Subsidiarität „weitgehend geklärt".[592]

d) Inhalt des Anspruchs auf Krankenhausbehandlung

98 Die Krankenkassen gewähren die Krankenhausbehandlung als Sachleistung. Trotz des grundsätzlich geltenden Antragsprinzips (§ 19 S. 1 SGB IV) ist der Anspruch aus § 39 SGB V dennoch gegeben, wenn die tatbestandlichen Voraussetzungen des § 39 SGB V gegeben sind. Die Krankenhausbehandlung umfasst gem. § 39 Abs. 1 S. 3 SGB V im Rahmen des Versorgungsauftrags des Krankenhauses alle Leistungen, die im Einzelfall nach Art und Schwere der Krankheit für die medizinische Versorgung der Versicherten im Krankenhaus notwendig sind. Hierzu gehören insbesondere die ärztliche Behandlung, Krankenpflege, Versorgung mit Arznei-, Heil- und Hilfsmitteln, Unterkunft und Verpflegung sowie im Rahmen der akutstationären Behandlung die im Einzelfall erforderlichen Maßnahmen zur Frührehabilitation.

99 Welche Behandlungsmaßnahmen im Einzelnen für die medizinische Versorgung des Versicherten notwendig sind, wird im Krankenhaus durch den **behandelnden Krankenhausarzt** festgelegt. Das wird durch den Wortlaut des **§ 39 Abs. 1 S. 2 SGB V** deutlich, wonach der Versicherte Anspruch auf Behandlung hat, wenn die Aufnahme oder Behandlung „nach Prüfung durch das Kran-

587 BSG 29.8.2023, NZS 2024, 540.
588 BSG 12.11.1985 SozR 2200 § 184 Nr. 28.
589 BSG 16.2.2005 BSGE 94, 161 – grundlegende Entscheidung zur psychiatrischen Krankenhausbehandlung!
590 BSG 13.5.2004 BSGE 92, 300, 304.
591 BSG GS 25.9.2007 NZS 2008, 419, 421.
592 Becker/Kingreen/Becker, 8. Aufl. 2022, SGB V § 39 Rn. 23.

kenhaus erforderlich ist". Damit soll aber weder eine materielle Entscheidungskompetenz des Krankenhauses über den Anspruch des Versicherten noch ein Beurteilungsspielraum des Krankenhauses mit verminderter Kontrolldichte begründet werden:[593] Nach dem Großen Senat des BSG obliegt die Entscheidung darüber, ob dem Versicherten ein Anspruch auf Gewährung (im konkreten Fall: vollstationärer) Krankenhausbehandlung als Sachleistung zusteht und darin eingeschlossen die Entscheidung, ob eine stationäre Behandlung aus medizinischen Gründen notwendig ist, nicht dem Krankenhaus, sondern der Krankenkasse, gegen die sich der Anspruch richtet.[594] Für eine Einschränkung der Kontrollbefugnisse der Krankenkasse und des Gerichts in der Weise, dass von der Notwendigkeit der Krankenhausbehandlung auszugehen sei, wenn der Krankenhausarzt sie bejaht und seine Einschätzung fachlich vertretbar ist, biete das Gesetz keine Grundlage.[595] Die Judikatur des 3. Senats, die dem behandelnden Krankenhausarzt eine Einschätzungsprärogative einräumte und die zur Anrufung des Großen Senats durch den 1. Senat führte, ist mit der Entscheidung des Großen Senats obsolet geworden.[596]

Soweit kein Fall des Leistungsmissbrauchs vorliegt, kann die Krankenkasse nachträgliche Einwendungen gegen bestimmte Einzelleistungen gegenüber dem Versicherten nicht mehr geltend machen. Die Versicherten genießen insoweit **Vertrauensschutz**.[597] Bei Fehlen von Vertrauensschutz besteht hingegen ein Erstattungsanspruch der Krankenkasse gegen den Versicherten gem. § 50 Abs. 1 SGB X in Höhe der von ihr für die Behandlung aufgewendeten Kosten.[598] 100

e) Zuzahlungspflicht, § 39 Abs. 4 SGB V

Seit langem werden Versicherte an den Kosten ihrer Krankenhausbehandlung beteiligt. Die Pflicht zur Entrichtung einer Zuzahlung ergibt sich aus § 39 Abs. 4 SGB V. Versicherte, die das 18. Lebensjahr vollendet haben, müssen den sich aus § 61 S. 2 SGB V ergebenden Betrag (10 Euro) mit Beginn der vollstationären Krankenhausbehandlung zahlen (Belastungsgrenze: § 62 SGB V). Die Zuzahlungspflicht besteht für längstens 28 Tage innerhalb eines Kalenderjahres. Die innerhalb eines Kalenderjahres bereits an einen Träger der gesetzlichen Rentenversicherung (§ 32 Abs. 1 S. 2 SGB VI) sowie an die Krankenkasse (§ 40 Abs. 6 S. 1 SGB V) geleistete Zahlungen sind nach § 39 Abs. 4 S. 2 SGB V auf die Zahlung nach Satz 1 anzurechnen. Beide Zahlungen betreffen Reha-Maßnahmen, die sich an eine Krankenhausbehandlung anschließen, sog. Anschlussrehabilitation. Durch die Anrechnungsregelung soll eine finanzielle Überlastung der Versicherten vermieden werden.[599] 101

7. Leistungen bei Schwangerschaft und Mutterschaft (§§ 24c bis 24i SGB V)

§ 24c SGB V enthält – ähnlich dem außer Kraft getretenen § 195 RVO – einen **Leistungskatalog** bei Schwangerschaft und Mutterschaft. Der Gesetzgeber will mit diesen Vorschriften sowohl die medizinische Betreuung als auch die wirtschaftliche Versorgung von versicherten Frauen bei Schwangerschaft und Mutterschaft sicherstellen.[600] § 24c SGB V ist dabei eine bloße Einweisungsvorschrift – sie enthält also keine eigenständige Rechtsgrundlage.[601] Die Anspruchsgrundlagen für die einzelnen Leistungen finden sich in den §§ 24d ff. SGB V. Für diese Leistungen gelten die allgemeinen Leistungs- 102

593 BeckOGK/Gamperl, 1.9.2017, SGB V § 39 Rn. 73.
594 BSG GS 25.9.2007 NZS 2008 419, 423 Rn. 23.
595 BSG GS 25.9.2007 NZS 2008 419, 423 Rn. 24.
596 Becker/Kingreen/Becker, 8. Aufl. 2022, SGB V § 39 Rn. 23ff.; BeckOGK/Gamperl, 1.9.2017, SGB V § 39 Rn. 73.
597 BSG 9.6.1998 BSGE 82, 158; LSG Rheinland-Pfalz 6.2.2003 NZS 2004, 43; Becker/Kingreen/Becker, 8. Aufl. 2022, SGB V, § 39 Rn. 35; BeckOGK/Gamperl, 1.9.2017, SGB V § 39 Rn. 76.
598 BSG 21.8.1996 SozR 3-2500 § 39 Nr. 4.
599 BeckOGK/Gamperl, 1.9.2017, SGB V § 39 Rn. 158.
600 BeckOGK/Nolte, 1.3.2013, SGB V § 24c Rn. 2.
601 BT-Drs. 17/10170 S. 23.

voraussetzungen des SGB V. Der Anspruch der versicherten Frauen kann sich auf die Versorgung mit Arznei-, Verband-, Heil- und Hilfsmitteln (§ 24d SGB V), die Entbindung (§ 24e SGB V), häusliche Pflege (§ 24g SGB V) und Haushaltshilfe (§ 24h SGB V) beziehen. Auch kommt ein Anspruch auf Mutterschaftsgeld (§ 24i SGB V) in Betracht. Die Leistungen haben dabei als Vorsorgeleistungen eine eigenständige Regelung erfahren, weil es sich bei der Schwangerschaft um keinen regelwidrigen Zustand und damit nicht um eine Krankheit i.S.d. § 27 Abs. 1. S. 1 SGB V handelt.[602]

103 § 24a SGB V umfasst alle Leistungen, die sich mit der Frage der Empfängnisverhütung, Beratung und Untersuchung im Vorfeld einer möglichen Schwangerschaft beschäftigen. Die Regelung ist systematisch stimmig in den Bereich der Vorsorgeleistungen eingeordnet.[603] § 24a Abs. 2 SGB V bestimmt, dass Versicherte bis zum vollendeten 20. Lebensjahr einen Anspruch auf Versorgung mit empfängnisverhütenden Mitteln haben. Zu beachten ist, dass Leistungen zur künstlichen Befruchtung (z.B. die Kosten für die In-vitro-Fertilisation) konsequenterweise bei den Leistungen über die Krankenbehandlung angesiedelt sind (§ 27a SGB V), da die Unfruchtbarkeit – im Gegensatz zur Schwangerschaft – als regelwidriger Körperzustand und damit als Krankheit anzusehen ist.[604] Weil die „Pille danach" aus der Verschreibungspflicht entlassen wurde, wurde im Jahr 2015 § 24a Abs. 2 SGB V neu gefasst, um die Leistungspflicht der Krankenkassen unverändert aufrechtzuerhalten.[605] Rechtsethisch höchst kontrovers diskutiert wird gegenwärtig die 2019 durch den Gemeinsamen Bundesausschuss beschlossene Aufnahme nicht-invasiver pränataler Tests auf Vorliegen von Trisomien („Down-Syndrom") in den Katalog der Kassenleistungen.

8. Häusliche Krankenpflege (§ 37 SGB V)

104 Unter den Voraussetzungen des § 37 SGB V haben Versicherte Anspruch auf **häusliche Krankenpflege**. Die häusliche Krankenpflege wird als **Krankenhausvermeidungspflege** (§ 37 Abs. 1 SGB V) oder als **Behandlungssicherungspflege** (§ 37 Abs. 2 SGB V) erbracht.

105 Häusliche Krankenpflege wird neben der ärztlichen Behandlung gewährt, wenn Krankenhausbehandlung geboten, aber nicht ausführbar ist, oder wenn sie durch die häusliche Krankenpflege vermieden oder verkürzt wird (§ 37 Abs. 1 S. 1 SGB V). Die häusliche Krankenpflege umfasst die im Einzelfall erforderliche **Grund**- und **Behandlungspflege** sowie **hauswirtschaftliche Versorgung**, im Regelfall bis zu vier Wochen im Krankheitsfall (§ 37 Abs. 1 S. 3 und 4 SGB V). Der Ort, an dem die häusliche Krankenpflege erbracht werden kann, ist neben dem Haushalt oder der Familie des Versicherten jeder geeignete Ort, wobei das Gesetz beispielhaft betreute Wohnformen, Schulen und Kindergärten sowie bei besonders hohem Pflegebedarf auch Werkstätten für behinderte Menschen aufzählt. Die früher vorgenommene Beschränkung auf Haushalt und Familie des Versicherten hatte sich im Hinblick auf das Ziel, vorschnelle stationäre Einweisungen zu vermeiden, als kontraproduktiv erwiesen.[606] Durch eine vorsichtige Erweiterung des Haushaltsbegriffes sollten verbesserte Angebote für ambulant Pflegebedürftige geschaffen werden. Welche Orte in diesem Sinne geeignet sind, soll nach § 37 Abs. 6 S. 1 SGB V durch den Gemeinsamen Bundesausschuss näher konkretisiert werden. Der Ort der Familie muss weit verstanden werden im Sinn von familienhaften Bindungen, die auch durch Lebenspartnerschaft i.S.d. Lebenspartnerschaftsgesetzes oder nichteheliche Lebensgemeinschaften entstehen können.[607] § 37 Abs. 1a SGB V erweitert den Anspruch auf Grundpflege und hauswirtschaftliche Versorgung bei fehlender Pflegebedürftigkeit mit Pflegegrad 2, 3, 4 oder 5. Das gilt insbesondere nach einem Krankenhausaufenthalt oder nach einer ambulanten Krankenhausbehandlung.

602 Vgl. auch Kießling, NZS 2017, 373ff.
603 Becker/Kingreen/Welti, 8. Aufl. 2022, SGB V § 24a Rn. 1.
604 Vgl. Eicher, MedR 1986, 265, 266.
605 BT-Drs. 18/4114 S. 30f.
606 Vgl. BT-Drs. 16/3100 S. 104.
607 Becker/Kingreen/Rixen, 8. Aufl. 2022, SGB V § 37 Rn. 2.

§ 37 Abs. 2 SGB V regelt die sogenannte **Behandlungssicherungspflege**. Es geht also um Behandlungspflege, die zur Sicherung des Ziels der ärztlichen Behandlung erforderlich ist. Bei der Behandlungspflege handelt es sich um Hilfeleistungen, die durch bestimmte Erkrankungen erforderlich werden (krankheitsspezifische Pflegemaßnahmen) und typischerweise nicht von einem Arzt, sondern von Vertretern medizinischer Hilfsberufe oder auch von Laien erbracht werden.[608] Der Zielrichtung nach müssen die Maßnahmen der Behandlung einer Erkrankung dienen, dazu reicht es aber bereits aus, wenn eine Verschlimmerung verhütet wird oder Beschwerden gelindert werden. Nicht dazu gehören Maßnahmen, die dem Eintritt einer Erkrankung vorbeugen sollen, und ebenso nicht Hilfen, die als Aufgabe der Pflegekassen dazu dienen, den Pflegebedürftigen i.S.v. § 14 SGB XI zu helfen.[609] Deshalb sind gezielte Bewegungsübungen, die den Folgen bestimmter Erkrankungen und nicht nur den Folgen der Bettlägerigkeit entgegenwirken sollen, als Maßnahmen der Behandlungspflege im Rahmen der häuslichen Krankenpflege von den Krankenkassen zu gewähren. Dass diese Maßnahmen von den Richtlinien über die häusliche Krankenpflege des Gemeinsamen Bundesausschusses nicht erfasst sind, steht dieser Auffassung nicht im Wege. In gleicher Weise hat das BSG für Dauermessungen des Blutzuckerwertes bei Diabetespatienten entschieden.[610] Denn die Richtlinien nach § 92 Abs. 1 S. 1 SGB V stellen keinen abschließenden Leistungskatalog über die zu erbringenden Leistungen im Rahmen der häuslichen Krankenpflege dar. Auch behinderte Menschen **in Einrichtungen** nach § 43a SGB XI können Ansprüche auf Sicherungspflege nach § 37 Abs. 1 S. 2 SGB V haben. Entscheidend ist, ob ein **eigener Haushalt** in der Einrichtung für behinderte Menschen zur Verfügung steht. Entscheidend hierfür ist, ob der Betreffende die Kosten der Lebens- und Wirtschaftsführung im Wesentlichen selbst trägt.[611] Kann der Pflegebedarf eines stationär aufgenommenen Versicherten nicht durch das Krankenhaus erfüllt werden, kann auch das Krankenhaus geeigneter Ort für die Erbringung häuslicher Pflege sein.[612] 106

Bis zum 31.2.2016 umfasste der Anspruch auf häusliche Krankenpflege nach § 37 Abs. 1. S. 1 Hs. 2 SGB V auch „verrichtungsbezogene krankheitsspezifische Pflegemaßnahmen“, was Abgrenzungsfragen zum SGB XI und dort insbesondere zu der in § 14 Abs. 4 SGB XI a.F. verankerten Grundpflege aufwarf. Dieser Verweis wurde zum 1.1.2017 mit dem Ziel gestrichen, das ungeordnete Nebeneinander von SGB V und SGB XI zu beenden.[613] Allerdings wurde zeitgleich § 39c SGB V geschaffen, der unter den dort normierten Voraussetzungen einen Anspruch auf Kurzzeitpflege bei fehlender Pflegebedürftigkeit eröffnet und hierfür – im Wege der Rechtsfolgenverweisung – die Vorschriften der Kurzzeitpflege nach § 42 SGB XI in Bezug nimmt: Die Krankenkassen bleiben insofern die zuständigen Träger und erbringen die Kurzzeitpflegeleistungen für eine Übergangszeit, sofern keine Pflegebedürftigkeit mit Pflegegrad 2, 3, 4 oder 5 i.S.d. SGB XI festgestellt ist – unabhängig davon, ob lediglich die Feststellung bislang nicht getroffen ist oder ein entsprechender Pflegegrad verneint wurde. Sobald ein Pflegegrad 2, 3, 4 oder 5 i.S.d. SGB XI festgestellt ist, treten die Leistungsansprüche nach dem SGB XI an die Stelle des Kurzzeitpflegeanspruchs nach § 39c SGB V. 107

Häusliche Krankenpflege wird unter der Voraussetzung gewährt, dass der Versicherte nicht durch eine im Haushalt lebende Person im erforderlichen Umfang gepflegt und versorgt werden kann (§ 37 Abs. 3 SGB V). Der **Haushaltsangehörige** muss allerdings nicht nur in der Lage sein, die Krankenpflege durchzuführen, sondern im Einverständnis mit dem Versicherten auch dazu bereit sein.[614] 108

Die häusliche Krankenpflege wird nach § 37 Abs. 1 S. 1 SGB V von **„geeigneten Pflegekräften“** erbracht. Wie § 37 Abs. 3, 4 SGB V zu entnehmen ist („im Haushalt lebende Person“ bzw. „selbst- 109

608 Vgl. BSG 30.3.2000 SozR 3-2500 § 37 Nr. 2.

609 BSG 17.3.2005 NZS 2006, 32, 34.

610 BSG 26.1.2006 NZS 2006, 534.

611 BSG 1.9.2005 SGb 2006, 423, 425 mit weiteren Einzelheiten und Anm. Trenk/Hinterberger.

612 BSG 10.11.2022 NZS 2023, 415 (417) Rn. 19ff.

613 Vgl. hierzu BeckOGK/Nolte, 1.3.2021, SGB V § 37 Rn. 23l; Becker/Kingreen/Rixen, 8. Aufl. 2022, SGB V § 37 Rn. 11.

614 BSG 30.3.2000 SozR 3-2500 § 37 Nr. 2.

beschaffte Kraft"), kommen neben **professionellen Pflegekräften** auch **ungelernte Pflegepersonen** in Betracht.[615] Die selbstbeschaffte Pflegekraft muss geeignet sein. Diese Eignung hängt von der Art und Schwere der Erkrankung der zu pflegenden Person ab und ist damit eine Frage des Einzelfalls. Eine besondere Ausbildung oder fachliche Qualifikation wird aber nicht gefordert.[616]

Ist eine hinreichende Pflege anders nicht sicherzustellen, können Versicherte die Pflegekräfte auch als Arbeitnehmer einstellen. Dieses sogenannte Arbeitgebermodell steht Krankenversicherten offen, auch wenn dies im SGB V anders als in § 76 Abs. 1 S. 1 SGB XIV und § 63b Abs. 4 S. 1 SGB XII nicht ausdrücklich geregelt ist.[617] Die hierfür entstehenden Kosten hat die Krankenkasse auch dann zu tragen, wenn der Versicherte, zwischenzeitlich vollstationär im Krankenhaus aufgenommen wird.[618]

110 Nach § 37 Abs. 5 SGB V müssen Versicherte für häusliche Krankenpflege eine **Zuzahlung** gem. § 61 S. 3 SGB V (zehn Prozent der Kosten und 10 Euro pro Verordnung) leisten, die auf die ersten 28 Kalendertage je Kalenderjahr begrenzt ist, soweit die Belastungsgrenze nicht schon zuvor überschritten wurde (§ 62 SGB V).

9. Soziotherapie (§ 37a SGB V)

111 Nach § 37a Abs. 1 S. 1 SGB V erhalten Versicherte Soziotherapie, die wegen schwerer psychischer Erkrankungen nicht in der Lage sind, ärztliche oder ärztlich verordnete Leistungen selbständig in Anspruch zu nehmen. Die Soziotherapie ist in ihren Zielen mit der häuslichen Krankenpflege gem. § 37 Abs. 1 SGB V vergleichbar. Sie soll ebenfalls eine Krankenhausbehandlung vermeiden, verkürzen oder ersetzen, wenn diese nicht durchführbar ist.[619] Gegenstand der Soziotherapie ist sowohl die Koordinierung der verordneten Leistungen als auch die Anleitung und Motivation zu deren Inanspruchnahme (§ 37a Abs. 1 S. 2 SGB V). Nähere Bestimmungen trifft der Gemeinsame Bundesausschuss im Rahmen der nach § 92 Abs. 1 S. 2 Nr. 6 SGB V zu erlassenden Richtlinie (§ 37a Abs. 2 SGB V). Die Leistung ist auf 120 Stunden innerhalb eines Drei-Jahres-Zeitraums beschränkt (§ 37 Abs. 1 S. 3 SGB V) und wird für Versicherte, die das 18. Lebensjahr vollendet haben, gegen eine Zuzahlung nach §§ 61 S. 1, 62 SGB V geleistet (§ 37a Abs. 3 SGB V).

10. Spezialisierte ambulante Palliativversorgung (§ 37b SGB V)

112 Die ambulante Palliativversorgung hat das Ziel, den Versicherten zu ermöglichen, bis zum Tode in der vertrauten häuslichen Umgebung betreut zu werden.[620] Gem. § 37b Abs. 1 SGB V besteht der Anspruch auf Versorgung primär im ambulanten häuslichen Bereich, wenn die Leistung von einem Vertragsarzt oder Krankenhausarzt verordnet wird. Der Inhalt der Leistung ergibt sich aus § 37b Abs. 1 S. 3 und 4 SGB V, wobei Näheres durch den Gemeinsamen Bundesausschuss zu regeln ist (§ 37b Abs. 3 SGB V).[621] Dieser Regelungskompetenz ist der Gemeinsame Bundesausschuss durch die spezialisierte Ambulante **Palliativversorgungsrichtlinie** vom 20.12.2007[622] nachgekommen. Versicherte in stationären Pflegeeinrichtungen i. S. v. § 72 Abs. 1 SGB XI haben aber in entsprechender Anwendung des Abs. 1 ebenfalls einen Anspruch auf spezialisierte Palliativversorgung.

615 Zur Einschränkung des zulassungsberechtigten Personenkreises gem. § 132a Abs. 2 SGB V BSG 21.11.2002 BSGE 90, 150.
616 BeckOGK/Nolte, 1.3.2021, SGB V § 37 Rn. 27.
617 BSG 10.11.2022 NZS 2023, 415 (416) Rn. 15.
618 BSG 10.11.2022 NZS 2023, 415 (416) Rn. 16 f.
619 Becker/Kingreen/Rixen, 8. Aufl. 2022, SGB V § 37a Rn. 1: „Enthospitalisierung".
620 Zur ausführlichen Gesetzesbegründung siehe BT-Drs. 16/3100 S. 105.
621 Näher Engelmann, WzS 2015, 67.
622 BAnz 2008, 39, S. 911.

11. Außerklinische Intensivpflege (§ 37c SGB V)

Zwecks besseren Ressourcenmanagements und einer Verbesserung der patientenzentrierten Therapie[623] wurde mit dem Intensivpflege- und Rehabilitationsstärkungsgesetz vom 23.10.2020[624] ein Anspruch gegen die Krankenkassen auf außerklinische Intensivpflege geschaffen. Nach Abs. 1 S. 1 besteht der Anspruch für Versicherte mit besonders hohem medizinischen Behandlungsbedarf. Dieser ist nach S. 2 dann gegeben, wenn die ständige Anwesenheit einer Pflegefachkraft zur individuellen Kontrolle und Einsatzbereitschaft oder ein vergleichbar intensiver Einsatz einer Pflegefachkraft erforderlich ist. Gemäß S. 3 umfasst der Anspruch die Behandlungspflege, die zur Sicherung des nach S. 4 vom verordnenden Arzt mit dem Versicherten festgelegten Ziels der ärztlichen Behandlung erforderlich ist. Bei beatmeten Patienten ist insbesondere die Entwöhnung von der Beatmung zu beurteilen und zu dokumentieren. Weitere Details hat der Gemeinsame Bundesausschuss auf Grundlage von S. 8 in der Außerklinische Intensivpflege-Richtlinie[625] festgelegt. Nach Abs. 2 S. 1 kann die Pflege in Pflegeeinrichtungen, Wohneinheiten sowie in Haushalt, Schule, Kindergärten und Werkstätten für Menschen mit Behinderungen erfolgen. Gemäß Abs. 2 S. 2 sind berechtige Wünsche der Versicherten zu berücksichtigen. Um eine geeignete Versorgung sicherzustellen und Fehlverhalten zu verhindern, ist die pflegerische Versorgung durch die Krankenkassen (durch Beauftragung des MD) vor Ort zu prüfen und ggf. nachzubessern (Abs. 2 S. 3–5, 8) bzw. ein Eingreifen der Aufsichtsbehörden herbeizuführen.[626] Die Pflege in vollstationären Pflegeeinrichtungen nach § 43 SGB XI wird teilweise durch die Pflegekasse übernommen. Soll in diesen Pflegeeinrichtungen auch eine außerklinische Intensivbehandlungspflege stattfinden, regelt Abs. 3, dass die Krankenkasse die übrigen Kosten, d.h. die nicht von der Pflegekasse zu übernehmenden Kosten, zu tragen hat. Durch die finanzielle Entlastung der Versicherten soll ihnen die bestmögliche Versorgung unter gleichzeitiger Entlastung der Pflegefachkräfte der Krankenhäuser ermöglicht werden.[627] Kann die Krankenkasse eine hinreichende außerklinische Intensivpflege durch qualifizierte Fachkräfte nicht sicherstellen, können Versicherte nach Abs. 4 Pflegefachkräfte selbst beschaffen und ihre Kosten erstattet bekommen. Abs. 5 regelt die Zuzahlungspflicht der Versicherten. Schließlich sieht Abs. 6 für das Jahr 2026 eine Berichtspflicht des Bundesministeriums für Gesundheit vor.

12. Haushaltshilfe (§ 38 SGB V)

Haushaltshilfe ist keine Gesundheitsleistung, sondern wird ergänzend zu einer Krankenbehandlung 113
des Versicherten erbracht. Sie sichert die Weiterführung des Haushalts von Versicherten, die eine der in § 38 Abs. 1 S. 1 SGB V genannten Leistungen in Anspruch nehmen. Die Krankenkassen können in ihrer Satzung weitere Leistungen bestimmen, die einen Anspruch auf Haushaltshilfe begründen (§ 38 Abs. 2 S. 1 SGB V). Hinsichtlich der Voraussetzungen, des Umfangs und der Dauer der satzungsmäßigen Haushaltshilfe steht ihnen Gestaltungsfreiheit zu (§ 38 Abs. 2 S. 2 SGB V). Haushaltshilfe nach § 38 Abs. 1, 3 SGB V wird unter der Voraussetzung gewährt, dass im Haushalt des Versicherten ein Kind lebt, das bei Beginn der Haushaltshilfe das zwölfte Lebensjahr noch nicht vollendet hat oder das behindert und auf Hilfe angewiesen ist (§ 38 Abs. 1 S. 2 SGB V). Darüber hinaus erhalten Versicherte, soweit keine Pflegestufe 2,3,4 oder 5 im Sinne des SGB XI vorliegt, auch dann Haushaltshilfe, wenn ihnen die Weiterführung des Haushalts wegen schwerer Krankheit oder wegen akuter Verschlimmerung einer Krankheit, insbesondere nach einem Krankenhausaufenthalt, nach einer ambulanten Operation oder nach einer ambulanten Krankenhausbehandlung nicht möglich ist (Satz 3). Dieser zusätzliche Anspruch ist auf die Dauer von vier Wochen beschränkt. Die Dauer der Leistung verlängert sich auf längstens 26 Wochen, wenn in dem Haushalt ein Kind lebt, das bei Beginn der

623 BT-Drs. 19/19368, S. 27, 30.
624 BGBl. I. S. 2220.
625 BAnz AT 17.3.2022 B2.
626 BT-Drs. 19/19368, S. 29 f.
627 BT-Drs. 19/19368, S. 30.

Haushaltshilfe das zwölfte Lebensjahr noch nicht vollendet hat oder das behindert und auf Hilfe angewiesen ist (Satz 4). Die Sätze 3 und 4 hat der Gesetzgeber durch das KHSG v. 10.12.2015 angefügt – sie müssen im Zusammenhang des ebenfalls neu eingefügten § 37 Abs. 1a SGB V gesehen werden.[628] Im Haushalt des Versicherten darf zudem keine Person leben, die den Haushalt weiterführen kann. Bei Inanspruchnahme der Haushaltshilfe entsteht je Kalendertag eine Zuzahlungspflicht in Höhe des sich aus §§ 61 S. 1, 62 SGB V ergebenden Betrages (§ 38 Abs. 5 SGB V).

13. Hospizleistungen (§ 39a SGB V)

114 Mit § 39a SGB V wurden erstmalig Leistungen zur Versorgung unheilbar kranker Versicherter in stationären Hospizen eingeführt („Sterbehospize"). Es handelt sich nicht um eine Sachleistung der gesetzlichen Krankenversicherung. Gem. § 39a Abs. 1 S. 1 SGB V leisten die Krankenkassen Kostenzuschüsse zur stationären oder teilstationären Versorgung in den Hospizen, in denen **palliativmedizinische Behandlung** erbracht wird.[629] In Satz 2 und 3 werden die Grenzen des Zuschusses näher bestimmt, wobei nach Satz 4 der Spitzenverband Bund der Krankenkassen mit der für die Wahrnehmung der Interessen der stationären Hospize maßgeblichen Spitzenorganisationen das Nähere über Art und Umfang der Versorgung vereinbart. Nach § 39a Abs. 2 SGB V werden zudem ambulante Hospizdienste gefördert. Eine solche institutionelle Förderung anstelle eines den Versicherten gewährten Individualanspruchs ist eine Besonderheit im Rahmen der gesetzlichen Krankenversicherung. Durch das GKV-WSG ist § 39a Abs. 1 S. 5 SGB V aufgenommen worden. Die Regelung über Kinderhospize soll die Versorgung schwerstkranker und sterbender Kinder, Jugendlicher und junger Erwachsener, die auf dem psychomotorischen Entwicklungsstand eines Kindes sind, verbessern.[630] § 39b SGB V gewährt flankierend seit 2015 einen Anspruch auf Hospiz- und Palliativberatung durch die Krankenkassen, um den Zugang zu derartigen Angeboten zu erleichtern.

14. Förderung der Koordination in Hospiz- und Palliativnetzwerken durch einen Netzwerkkoordinator (§ 39d SGB V)

Die Organisation der Hospiz- und Palliativpflege und -behandlung wird durch die GKV, Kommunen, ehrenamtlich Tätige und Kirchen übernommen. Um ein effizientes Zusammenspiel zu fördern, wurde durch das Gesundheitsversorgungsweiterentwicklungsgesetz von 11.7.2021[631] § 39d SGB V eingeführt. In Abs. 1 sieht dieser die Teilförderung einer Koordination der verschiedenen Organisatoren durch die GKV vor.[632] Abs. 2 umreißt die Aufgaben eines solchen Netzwerkkoordinators. Die Einzelheiten der Förderung sind gemäß Abs. 3 durch eine Förderrichtlinie des GKV-Spitzenverbandes zu regeln.

15. Übergangspflege im Krankenhaus (§ 39e SGB V)

Mit dem Gesundheitsversorgungsweiterentwicklungsgesetz vom 19.7.2021 hat der Gesetzgeber einen Anspruch auf Übergangspflege für Versicherte eingeführt, wenn erforderliche Leistungen der häuslichen Krankenpflege, der Kurzzeitpflege, Leistungen zur medizinischen Rehabilitation oder Pflegeleistungen nach dem SGB XI nicht oder nur unter erheblichem Aufwand erbracht werden können. Sie soll die in Aussicht genommene ambulante oder stationäre Anschlussversorgung vorbereiten, unterstützen und fördern.[633] Die Übergangspflege kann nur unmittelbar im Anschluss und nur im

628 BeckOGK/Nolte, 1.3.2017, SGB V § 38 Rn. 7a.
629 Zur Begriffsdefinition Krauskopf/Föllmer SGB V § 39a Rn. 8.
630 Zur Gesetzesbegründung BT-Drs. 16/3100 S. 106; BT-Drs. 19/26822 S. 68.
631 BGBl. I. S. 2754.
632 BT-Drs. 19/26822, S. 68 f.
633 BT-Drs. 19/30560, S. 27.

selben Krankenhaus wie die eigentliche Behandlung erfolgen. Auch für die Übergangspflege ist eine Zuzahlung der Versicherten vorgesehen (Abs. 2).

16. Leistungen zur Rehabilitation (§§ 40–43 SGB V)

Nach §§ 11 Abs. 2, 27 Abs. 1 S. 2 Nr. 6 SGB V gehören zu den von der gesetzlichen Krankenversicherung zu gewährenden Behandlungen auch medizinische und ergänzende Leistungen der Rehabilitation. Sie sollen die in § 11 Abs. 2 SGB V genannten Behandlungsziele erreichen. Die Umsetzung dieser Aufgabenzuweisung erfolgt vor allem durch die Bestimmungen der §§ 40–43 SGB V.[634] Die Ansprüche auf medizinische Rehabilitationsmaßnahmen (§ 40 Abs. 1, 2 SGB V), Müttergenesungskuren (§ 41 SGB V), Belastungserprobung (§ 42 SGB V), ergänzende Leistungen zur Rehabilitation (§ 43 SGB V) und nichtärztliche sozialpädiatrische Leistungen sind **Pflichtleistungen**. 115

§ 40 SGB V kennt **zwei Arten von medizinischer Rehabilitation**, die **ambulante** (Abs. 1) und die **stationäre** Rehabilitation (Abs. 2). Ambulante Rehabilitationsleistungen werden in Rehabilitationseinrichtungen i.S.d. § 111 SGB V erbracht oder durch wohnortnahe Einrichtungen. Nach S. 2 können die ambulanten Rehabilitationsleistungen auch in stationären Pflegeeinrichtungen nach § 72 Abs. 1 SGB XI erbracht werden. 116

a) Stationäre Rehabilitation

Wenn eine ambulante Rehabilitation nach § 40 Abs. 1 SGB V nicht ausreicht, kann die Krankenkasse eine **stationäre Behandlung** erbringen (§ 40 Abs. 2 SGB V).[635] Strittig ist, welche Maßnahmen Gegenstand der medizinischen Rehabilitation nach Abs. 2 sein können. Das BSG steht auf dem Standpunkt, dass sich Voraussetzungen und Inhalt des Rehabilitationsanspruchs allein nach dem SGB V richten. Das SGB IX habe zu keiner Änderung des Leistungsrechts geführt. Deshalb seien auch Voraussetzungen und Inhalt der medizinischen Rehabilitation nach dem Recht der gesetzlichen Rentenversicherung und der gesetzlichen Krankenversicherung nicht deckungsgleich. Wie sich aus der die §§ 40ff., § 11 Abs. 2 SGB V ergänzenden Legaldefinition der Vorsorge- und Rehabilitationseinrichtungen in § 107 Abs. 2 SGB V ergebe, setze medizinische Rehabilitation im Sinne des Rechts der gesetzlichen Krankenversicherung ihrem Hauptzweck nach eine stationäre Behandlung des Patienten mit den in dieser Vorschrift genannten Zielen voraus. Neben dieser Zielsetzung muss die Maßnahme erfordern, dass die Einrichtung in organisatorischer, institutioneller Hinsicht „fachlich-medizinisch unter ständiger ärztlicher Verantwortung“ stehe.[636] Im Anwendungsbereich der Vorschriften des SGB V und deshalb in der Trägerschaft der Krankenkassen liegen demnach Maßnahmen der medizinischen Rehabilitation, die auf die Wiederherstellung der Gesundheit und die Sicherung des Behandlungserfolges abzielen. Eine darüber hinausgehende berufliche oder soziale Rehabilitation fällt in den Anwendungsbereich anderer Sozialleistungssysteme (insbesondere SGB VI, SGB IX). Die Krankenkasse gewährt die Rehabilitation grundsätzlich in einer nach § 37 Abs. 3 SGB IX zertifizierten Rehabilitationseinrichtung, mit der ein Vertrag nach § 111 SGB V besteht. Seit dem 23.7.2015 können Versicherte auch eine andere zertifizierte und medizinisch geeignete Einrichtung wählen, und zwar auch ohne bestehenden Versorgungsvertrag nach § 111 SGB V. Bei der Wahl einer Einrichtung ohne Vertrag müssen die Versicherten die mit der Wahl verbundenen Mehrkosten dem Grundsatz nach selbst tragen.[637] Das Ermessen der Krankenkasse hinsichtlich der Dauer der Leistung ist durch die Regeldauer in § 40 Abs. 3 S. 4 SGB V gebunden: Leistungen nach Abs. 1 sollen für längstens 20 Behandlungstage, Leistungen nach Abs. 2 für längstens 3 Wochen erbracht werden, es sei denn, dass 117

634 Zur Konzeption der medizinischen Rehabilitation Becker/Kingreen/Welti, 8. Aufl. 2022, SGB V § 40 Rn. 1f.

635 Vgl. BSG 7.5.2013 BSGE 113, 231 – auch zum Auswahlermessen der Krankenkasse hinsichtlich des Rehabilitationsträgers; LSG Baden-Württemberg 15.10.2015 NZS 2015, 914.

636 BSG 26.6.2007 Breithaupt 2008, 688ff.

637 BeckOGK/Zieglmeier, 15.11.2023, SGB V § 40 Rn. 47ff.

eine Verlängerung der Leistung aus medizinischen Gründen dringend erforderlich ist. Die Eigenbeteiligung liegt nach §§ 40 Abs. 5 S. 1, 62 S. 2 SGB V bei 10 Euro.

118 Nach Abs. 3a S. 1 hat eine Pflegeperson iSd § 19 SGB XI bei stationärer Versorgung Anspruch darauf, dass die pflegebedürftige Person in derselben Einrichtung aufgenommen wird. Ein entsprechender Antrag der Pflegeperson gilt gleichzeitig als Antrag der pflegebedürftigen Person (§ 42a Abs. 4 S. 1 SGB XI). Der Antrag ist der Pflegeversicherung des Pflegebedürftigen – zwecks Verfahrensvereinfachung – durch die Krankenversicherung der Pflegeperson zuzuleiten (Abs. 3a S. 3). Bei einer Unterbringung der pflegebedürftigen Person in einer anderen Einrichtung, sind die Krankenkasse der Pflegeperson und die Pflegekasse der pflegebedürftigen Person verpflichtet die Versorgung der zu pflegende Person auf Wunsch der Pflegeperson zu koordinieren.[638]

Dass derartige Leistungen gleichwohl auch rechtlich im Grenzbereich zwischen SGB V und SGB IX angesiedelt sind, wird unter anderem daran deutlich, dass die Genehmigungsfiktion des § 13 Abs. 3a SGB V (siehe oben § 22 Rn. 13ff.) keine Anwendung auf medizinische Rehabilitationsleistungen finden soll, sofern diese zwar von der gesetzlichen Krankenversicherung geleistet werden, aber der Vorbeugung vor einer Behinderung oder deren Ausgleich dienen (im konkreten Fall ging es um eine Unterschenkel- und Fußprothese). Vielmehr ist insofern die Fristen- und Rechtsfolgensystematik des SGB IX anwendbar.[639]

b) Nachrangigkeit

119 Schwierigkeiten im Zusammenhang mit der Erbringung stationärer Rehabilitation ergeben sich aufgrund des in § 40 Abs. 4 SGB V geregelten **Nachrangprinzips**. Danach dürfen Krankenkassen stationäre Rehabilitationsleistungen nach § 40 Abs. 2 SGB V nur erbringen, wenn diese Leistungen nicht durch andere Sozialversicherungsträger erbracht werden können. Da sich der Leistungsausschluss bei Ansprüchen gegen Unfallversicherungsträger bereits aus § 11 Abs. 5 SGB V ergibt, kommt als anderer Sozialversicherungsträger i. S. v. § 40 Abs. 4 SGB V nur ein Träger der gesetzlichen Rentenversicherung in Betracht.[640] Eine Abgrenzung ist jedoch oft problematisch.[641] Auf diese Schwierigkeit reagiert die Regelung in § 13 Abs. 2 Nr. 1 SGB VI. Danach erbringen die Träger der gesetzlichen Rentenversicherung in der Phase akuter Behandlungsbedürftigkeit einer Krankheit grundsätzlich keine medizinischen Leistungen zur Rehabilitation. Eine Ausnahme gilt in dem Fall, dass die Behandlungsbedürftigkeit bei der Ausführung der Rehabilitationsleistungen durch den Rentenversicherungsträger eintritt. Um die Abgrenzung im Übrigen zu erleichtern, sieht § 13 Abs. 4 SGB VI Vereinbarungen zwischen dem Spitzenverband Bund der Krankenkassen und den Trägern der Rentenversicherung vor. Für die Rehabilitation Alkohol-, Medikamenten- und Drogenabhängiger ist zwischen dem Spitzenverband Bund der Krankenkassen und dem Verband Deutscher Rentenversicherungsträger bzw. dem Gesamtverband der landwirtschaftlichen Alterskassen am 4.5.2001 die „Vereinbarung Abhängigkeitserkrankungen“ getroffen worden. Diese sieht für Entzugsbehandlungen (§ 4 der Vereinbarung) die Zuständigkeit der Krankenversicherung und für Entwöhnungsbehandlung (§ 3 der Vereinbarung) die Zuständigkeit der Rentenversicherung vor.

17. Krankentransport (§ 60 Abs. 1 S. 1 SGB V)

120 Im Zusammenhang mit einer Krankenbehandlung gem. § 27 Abs. 1 S. 2 SGB V kann ein Anspruch auf Krankentransportleistungen bestehen (§ 60 Abs. 1, Abs. 2 S. 1 Nr. 3 SGB V). Der Krankentransport

---

638 BeckOK SozR/Schnitzler, 73. Ed. 1.6.2024, SGB V § 40 Rn. 36a.

639 BSG 15.3.2018 BSGE 125, 189.

640 BeckOGK/Zieglmeier, 15.11.2023, SGB V § 40 Rn. 62.

641 BSG 15.2.1978 BSGE 46, 41.

muss gem. § 60 Abs. 1 S. 1 SGB V „aus zwingenden medizinischen Gründen notwendig" sein.[642] Er setzt eine vertragsärztliche Verordnung voraus (§ 73 Abs. 2 Nr. 7 SGB V), soweit es sich nicht um einen Notfall handelt. Maßnahmen zur Gefahrenabwehr bei Unglücksfällen bleiben kostenfrei.[643] Die Sicherstellung des Rettungsdienstes obliegt als Gefahrenabwehr und Daseinsvorsorge gemäß Art. 70 GG den Ländern.[644] Die Nichtinanspruchnahme des herbeigerufenen Transportmittels (Rettungswagen) schließt den Anspruch aus § 60 SGB V aus.[645] Die Einzelheiten zur Kostentragungspflicht der Krankenkassen sind in § 60 Abs. 2ff. SGB V geregelt.

IV. Weiterentwicklung der Versorgung in der gesetzlichen Krankenversicherung

1. Prävention (§§ 20–24 SGB V)

Zunehmendes Augenmerk richtet der Gesetzgeber des SGB V auf den Präventionsgedanken. Bereits durch das GKV-Wettbewerbsstärkungsgesetz (GKV-WSG)[646] wurden 2007 die §§ 20ff. SGB V ausgebaut. Durch das „Gesetz zur Stärkung der Gesundheitsförderung und der Prävention" (**Präventionsgesetz** – PrävG –) vom 17.7.2015[647] wurde dieser Weg weiter beschritten und wurden die genannten Vorschriften neu strukturiert. Die **steigende Bedeutung** der Prävention zeigt sich auch daran, dass der in § 20 Abs. 6 SGB V gesetzgeberisch vorgegebene Sollbetrag für Präventionsleistungen in mehreren Schritten angehoben wurde, zuletzt 2019 durch das Pflegekräftestärkungsgesetz (siehe oben § 21 Rn. 1ff.). 121

Der Präventionsbegriff wird in § 20 Abs. 1 SGB V untergliedert in Verhinderung und Verminderung von Krankheitsrisiken (**primäre Prävention**) sowie die Förderung des selbstbestimmten gesundheitsorientierten Handelns der Versicherten (**Gesundheitsförderung**). Spezifische Themenfelder der Präventionsbestrebungen (sog. **Gesundheitsziele**) werden in § 20 Abs. 3 SGB V benannt: Unter anderem finden sich hier die Risikoverringerung der Erkrankung an Diabetes mellitus Typ 2, Brustkrebs und Depressionen sowie die Verringerung von Tabak- und Alkoholkonsum. Ferner werden die Lebensphasen der Kindheit und des Alters verstärkt in den Blick der Präventionsleistungen genommen. 122

Auf dieser Grundlage und im Rahmen der gesetzlichen Vorgaben ist die jeweilige Krankenkasse nach § 20 Abs. 1 SGB V frei in der **Ausgestaltung präventiver Gesundheitsleistungen**. Gesteuert und koordiniert wird dieser Prozess zum einen durch den Spitzenverband Bund der Krankenkassen, dem es nach § 20 Abs. 2 obliegt, einheitliche Handlungsfelder und Kriterien für die Leistungen sachkundig zu definieren, zum anderen durch die sog. **„nationale Präventionsstrategie"**, deren Inhalt und Struktur in § 20d SGB V umrissen ist. Deren Inhalt ist die Formulierung bundeseinheitlicher, trägerübergreifender Rahmenempfehlungen zur Gesundheitsförderung und Prävention, ferner die Evaluation der Präventionsmaßnahmen und die Formulierung darauf bezogener, im 4-Jahres-Rhythmus zu veröffentlichender Berichte. Zum Zweck gezielter Evaluation können auch Modellvorhaben (§ 20g SGB V) durchgeführt werden. Träger der „nationalen Präventionsstrategie" ist die „nationale Präventionskonferenz", die nach § 20e SGB V als Arbeitsgemeinschaft der gesetzlichen Spitzenorganisationen der Leistungsträger konstituiert wird. 123

§ 20 Abs. 4 SGB V gibt allerdings bereits gesetzlich eine **Grobstruktur der zu erbringenden Leistungen** vor. Diese werden erbracht als 124

– Leistungen zur **verhaltensbezogenen Prävention** nach § 20 Abs. 5 SGB V,

642 Hierzu die Richtlinien des Gemeinsamen Bundesausschusses gem. § 92 Abs. 1 S. 2 Nr. 12 SGB vom 22.1.2004 (BAnz. Nr. 18 S. 1342), letzte Änderung am 19.12.2019 (BAnz AT 4.3.2020 B2).

643 Becker/Kingreen/Kingreen, 8. Aufl. 2022, SGB V § 60 Rn. 1.

644 BT-Drs. 19/3180, S. 561.

645 BSG 2.11.2007 SGB 2008, 21.

646 BGBl. I S. 378.

647 BGBl. I S. 1368; dazu Schneider, SGb 2015, 599.

- Leistungen zur **Gesundheitsförderung und Prävention in Lebenswelten** nach § 20a SGB V. „Lebenswelten" werden dort definiert als „für die Gesundheit bedeutsame, abgrenzbare soziale Systeme insbesondere des Wohnens, des Lernens, des Studierens, der medizinischen und pflegerischen Versorgung sowie der Freizeitgestaltung einschließlich des Sports". Erfasst werden also z.B. Präventionsleistungen in Schulen oder spezifische Präventionsleistungen für Arbeitslose, die in Zusammenarbeit mit der Bundesagentur für Arbeit implementiert werden können.
- Leistungen zur **Gesundheitsförderung in Betrieben** (betriebliche Gesundheitsförderung) nach § 20b SGB V. In Kooperation mit den Verantwortlichen für den Betrieb, dem zuständigen Unfallversicherungsträger, den für die Arbeitssicherheit zuständigen Behörden sowie den Betriebsärzten und Fachkräften für Arbeitssicherheit sollen die Krankenkassen demnach Maßnahmen zur Analyse und Verbesserung der gesundheitlichen Situation der Beschäftigten in den Betrieben vorsehen. Flankiert wird dies durch § 20c SGB V, der spezifisch der Prävention arbeitsbedingter Gesundheitsgefahren im Zusammenspiel mit der gesetzlichen Unfallversicherung gewidmet ist, während § 20b SGB V ganz allgemein und in einem umfassenden Sinne auf die gesundheitliche Situation der Beschäftigten abzielt.

125 Neben diesen inhaltlich offen beschriebenen, durch die Krankenkassen in weitem Umfang gestaltbaren Präventionsleistungen sind im Abschnitt über die Prävention auch stärker **gesetzlich ausgeformte Präventionsleistungen** geregelt: Zu nennen sind die **Schutzimpfungen** (§ 20i SGB V i.V.m. § 2 Nr. 9 Infektionsschutzgesetz), die Förderung von **Selbsthilfegruppen** und Selbsthilfeorganisationen, die sich die gesundheitliche Prävention oder die Rehabilitation von Versicherten widmen (§ 20h SGB V), die Förderung des selbstbestimmten gesundheitsorientierten Einsatzes **digitaler oder telemedizinischer Anwendungen** und Verfahren („digitale Gesundheitskompetenz", § 20k SGB V) sowie die **spezifische Prophylaxe gegen bestimmte Erkrankungen** (Zahnerkrankungen, §§ 21, 22, 22a SGB V; HIV, § 20j SGB V) geregelt.

126 Zu konkreten, versichertenindividuellen **Sachleistungsansprüchen** verdichten sich die Präventionsleistungen nach **§ 23 Abs. 1 SGB V**, sobald Leistungen notwendig werden, um
- eine Schwächung der Gesundheit, die in absehbarer Zeit voraussichtlich zu einer Krankheit führen würde, zu beseitigen (Nr. 1),
- einer Gefährdung der gesundheitlichen Entwicklung eines Kindes entgegenzuwirken (Nr. 2),
- Krankheiten zu verhüten oder deren Verschlimmerung zu vermeiden (Nr. 3) oder
- Pflegebedürftigkeit zu vermeiden (Nr. 4).

127 Nach § 23 Abs. 1 SGB V haben Versicherte unter diesen Voraussetzungen bereits Anspruch auf ärztliche Behandlung und Versorgung mit Arznei-, Verband-, Heil- und Hilfsmitteln, sodass letztlich das **volle ambulante Sachleistungsspektrum** bereits bei einer hinreichend konkreten Gefährdung der Gesundheit zur Verfügung steht. § 23 Abs. 2 SGB V erweitert dies auf ambulante Vorsorgeleistungen **(Kuren)** in anerkannten Kurorten, § 24 SGB V auf spezifische medizinische Vorsorgeangebote für Mütter und Väter in Einrichtungen des Müttergenesungswerks.

128 Gleichfalls einen konkreten Leistungsanspruch räumt § 25 SGB V im Hinblick auf **Vorsorgeuntersuchungen** ein: Unabhängig von bereits eingetretenen Gesundheitsstörungen haben Versicherte ab Vollendung des 18. Lebensjahrs Anspruch auf alters-, geschlechter- und zielgruppengerechte ärztliche Gesundheitsuntersuchungen zur Erfassung und Bewertung gesundheitlicher Risiken und Belastungen, zur Früherkennung von bevölkerungsmedizinisch bedeutsamen Krankheiten und eine darauf abgestimmte präventionsorientierte Beratung, einschließlich einer Überprüfung des Impfstatus. Im Rahmen derartiger Gesundheitsuntersuchungen angebotene Leistungen müssen nach § 25 Abs. 3 SGB V geeignet sein, Symptome im Vor- und Frühstadium einer wirksam behandelbaren oder durch Präventionsmaßnahmen abwendbaren Krankheit durch diagnostische Maßnahmen hinreichend eindeutig zu erfassen. Über das Vorliegen der Voraussetzungen befindet der Gemeinsame Bundesausschuss. Besonders hervorgehoben wird dabei die **Früherkennung von Krebserkrankungen** (§ 20 Abs. 2 SGB V), für die nach § 25a SGB V zudem sog. „organisierte Früherkennungsprogramme" aufgelegt werden können, in deren Rahmen die betroffenen Personengruppen gezielt und regelmäßig wiederholt zu Früherkennungsuntersuchungen eingeladen werden. § 26 SGB V dehnt die Vorsorgeuntersuchungen mit altersspezifischen Modifikationen auf Kinder und Jugendliche aus.

Beitragsrechtlich sollen die Krankenkassen in ihren Satzungen die Teilnahme an Präventions- 129
maßnahmen prämieren, indem sie einen **Bonus für gesundheitsbewusstes Verhalten** ausloben (§ 65a Abs. 1 SGB V). Voraussetzung ist, dass Versicherte regelmäßig Leistungen zur Erfassung von gesundheitlichen Risiken und Früherkennung von Krankheiten (§§ 25, 26 SGB V), Schutzimpfungen (§ 20i SGB V) oder Leistungen der Krankenkassen zur verhaltensbezogenen Prävention (§ 20 Abs. 5 SGB V) in Anspruch nehmen oder an vergleichbaren, qualitätsgesicherten Angeboten zur Förderung eines gesundheitsbewussten Verhaltens teilnehmen. Boni sollen nach § 65a Abs. 2 SGB V auch für die Teilnahme an **Maßnahmen zur betrieblichen Gesundheitsförderung** vorgesehen werden.

2. Disease Management-Programme (§§ 137f, 137g SGB V)

Disease Management-Programme (DMP, auch: Chronikerprogramme) sind verbindliche und aufein- 130
ander abgestimmte Behandlungs- und Betreuungsprozesse, die über Krankheitsverläufe und institutionelle Grenzen hinausreichen und auf der Grundlage medizinischer Evidenz festgelegt werden.[648] Sie werden im SGB V als **strukturierte Behandlungsprogramme** bezeichnet. Die Teilnahme an einem Disease Management-Programme ist für die Versicherten freiwillig, vgl. § 137f Abs. 3 S. 1 SGB V.

Rechtsgrundlage der Disease Management-Programme sind die §§ 137f, 137g SGB V. Die Vor- 131
schriften wurden durch das Gesetz zur Reform des Risikostrukturausgleichs in der gesetzlichen Krankenversicherung vom 10.12.2001[649] in das SGB V eingefügt. **Hintergrund der Neuregelung** war die Feststellung, dass **Morbiditätsunterschiede** der Versicherten nicht ausreichend berücksichtigt wurden und für die Krankenkassen damit Anreize zur **Risikoselektion** anstelle von Anreizen zur **Verbesserung der Versorgung** chronisch kranker Versicherter gesetzt wurden.[650] Der mit dem GSG begründete Wettbewerb unter den Krankenkassen sollte von dem Werben um sog. **„gute Risiken"**, d.h. gesunde Versicherte mit hohen Beitragsleistungen, auf die Versorgung chronisch kranker Versicherter umgesteuert werden.[651] Zur Deckung der standardisierten Aufwendungen, die aufgrund der Entwicklung und Durchführung von Programmen nach § 137g SGB V entstehen und die in der VO nach § 266 Abs. 7 SGB V näher zu bestimmen sind, erhalten die Krankenkassen Zuweisungen aus den Gesundheitsfonds (§ 270 Abs. 1 lit. b SGB V).

Die einzelnen Krankenkassen entwickeln anhand dieser Vorgaben Disease Management-Pro- 132
gramme für ihre Versicherten. Die Programme werden gem. § 137g Abs. 1 S. 1 SGB V vom Bundesversicherungsamt zugelassen,[652] wenn die Programme und die zu ihrer Durchführung geschlossenen Verträge die in den Richtlinien des Gemeinsamen Bundesausschusses nach § 137f SGB V und in der Rechtsverordnung nach § 266 Abs. 7 SGB V genannten Anforderungen erfüllen. Für die **vertraglichen Vereinbarungen** stehen sämtliche im Vierten Kapitel geregelten Vertragstypen zur Verfügung, einschließlich der Vorschriften über die integrierte Versorgung, §§ 140a ff. SGB V.[653] Für die Krankenkassen kommt insbesondere die Vereinbarung von Modellvorhaben nach §§ 63, 64 SGB V in Betracht. Aufgrund der wesentlich stärkeren Verhandlungsposition der Krankenkassen wird ein Interessenausgleich durch Verträge jedoch vielfach für unrealistisch gehalten. Man spricht insoweit von einem „Einstieg in das Einkaufsmodell", in dem Leistungserbringer die von den Krankenkassen einseitig vorgegebenen Vertragsbedingungen nur akzeptieren, nicht aber aushandeln können.[654]

---

648 BT-Drs. 14/6432 S. 11; vgl. auch die Arbeitsdefinition der KBV, Richter-Reichhelm, KrV 2002, 11ff.

649 BGBl. I S. 3465ff.

650 BT-Drs. 14/6432 S. 1.

651 Vollmöller, NZS 2004, 63ff.; Jacobs/Häusler, G+G 2002, 24ff.

652 Näher hierzu Nolte, NZS 2018, 168.

653 BT-Drs. 14/6432 S. 10.

654 Zu dieser Problematik Udsching, NZS 2003, 411, 417: „Auswahl nach Gutsherrenart"; Vollmöller, NZS 2004, 63, 65 m.w.N. „Einstieg in ein Einkaufsmodell".

133 Für Versicherte, die an einem Disease Management-Programm teilnehmen, hat die Krankenkasse in ihrer Satzung **Wahltarife** anzubieten (§ 53 Abs. 3 S. 1 SGB V). Die Krankenkasse kann **Prämienzahlungen** oder **Zuzahlungsermäßigungen** mit dem Tarif verbinden (§ 53 Abs. 3 S. 2 SGB V).[655]

3. Hausarztzentrierte Versorgung (§ 73b SGB V)

134 **Ziel** der hausarztzentrierten Versorgung ist es, einerseits die **Qualität** der hausärztlichen Versorgung zu verbessern, gleichzeitig durch die aber auch freiwillig eingegangene Bindung der Versicherten an einen bestimmten Hausarzt **Kosteneinsparungen** zu erreichen. Auch wird hiermit eine bessere Verzahnung der jeweiligen Versorgungssektoren erreicht, weil der Hausarzt gewissermaßen eine „Lotsenfunktion" übernimmt.[656]

135 Die **Teilnahme** der Versicherten an der hausarztzentrierten Versorgung ist **freiwillig** (§ 73b Abs. 3 S. 1 SGB V). Kern der Teilnahme ist nach § 73b Abs. 3 S. 2 SGB V eine schriftliche Verpflichtungserklärung der Teilnehmer gegenüber ihrer Krankenkasse, nur einen von ihnen aus dem Kreis der Hausärzte gewählten Hausarzt in Anspruch zu nehmen sowie ambulante fachärztliche Behandlung mit Ausnahme der Leistungen der Augenärzte und Frauenärzte nur auf dessen Überweisung. Die direkte Inanspruchnahme eines Kinderarztes bleibt hiervon aber unberührt (S. 2 Hs. 2). Wenn der Versicherte von seinem in Satz 3 statuierten Widerrufsrecht keinen Gebrauch gemacht hat, ist er an seine Teilnahmeerklärung und die Wahl seines Hausarztes mindestens ein Jahr gebunden und darf diesen nur bei Vorliegen eines wichtigen Grundes wechseln (§ 73b Abs. 3 S. 6 SGB V). Als wichtige Gründe kommen Umzug des Versicherten, Praxisaufgabe oder schwerwiegende Probleme im Arzt-Patientenverhältnis in Betracht.[657] Einzelheiten der Durchführung der Teilnahme der Versicherten, insbesondere auch Folgen bei Pflichtverstößen der Versicherten regeln die Krankenkassen in den Teilnahmeerklärungen (§ 73b Abs. 3 S. 7 SGB V). Die Krankenkasse hat in ihrer Satzung den Versicherten, die an der hausarztzentrierten Versorgung teilnehmen, Wahltarife anzubieten, die mit einer Prämienzahlung oder Zuzahlungsermäßigungen kombiniert werden können (§ 53 Abs. 3 SGB V).

136 Um ein flächendeckendes Angebot hausarztzentrierter Versorgung sicherzustellen, sind die Krankenkassen nach § 73b Abs. 4 S. 1 SGB V verpflichtet, allein oder in Kooperation mit anderen Krankenkassen Verträge mit Gemeinschaften der Leistungserbringer abzuschließen, die mindestens die Hälfte der Hausärzte eines Bezirks der Kassenärztlichen Vereinigung vertreten. Dabei handelt es sich – neben den Modellvorhaben nach §§ 63ff. SGB V und der besonderen Versorgung nach § 140a SGB V – leistungserbringungsrechtlich um eine Spielart der sog. **Selektivverträge**,[658] die neben das „normale" leistungserbringungsrechtliche Vertragssystem unter Einbeziehung der Kassenärztlichen Vereinigungen (siehe dazu unter § 23 Rn. 19ff.) treten. Wenn sich die Vertragsparteien nicht auf Vertragsbedingungen einigen, kann die Gemeinschaft die Einleitung eines Schiedsverfahrens nach § 74b Abs. 4a SGB V beantragen. In § 74b Abs. 4 S. 3 und 4 SGB V sind sog. „nachrangige" Vertragspartner geregelt: Mit diesen dürfen die Krankenkassen nur dann Verträge schließen, wenn entweder bereits ein Vertrag nach Abs. 4 S. 1 geschlossen worden ist, es um einen Vertrag zu Versorgung von Kindern und Jugendlichen geht oder die Krankenkassen keinen Vertragspartner nach Abs. 4. S. 1 gefunden haben.[659]

655 Allgemein zu den Grenzen von Wahltarifen, die insbesondere keine „der Art nach" neuen, zusätzlichen Leistungsansprüche jenseits des GKV-Leistungskatalogs begründen können, BSG 30.7.2019 – B 1 KR 34/18 R –, BSGE (vorgesehen), Rn. 22.

656 Becker/Kingreen/Huster, 8. Aufl. 2022, SGB V § 73b Rn. 1.

657 Becker/Kingreen/Huster, 8. Aufl. 2022, SGB V § 73b Rn. 7; BeckOGK/Rademacker, 1.9.2019, SGB V § 73b Rn. 16.

658 Instruktiv dazu Huster/Schütz, NZS 2016, 645.

659 Einzelheiten bei Krauskopf/Sproll SGB V § 73b Rn. 32ff.

4. Modellvorhaben (§§ 63–65 SGB V)

Im Rahmen von Modellvorhaben können nicht nur neue Verfahrens-, Organisations-, Finanzierungs- und Vergütungsformen (§ 63 Abs. 1 SGB V), sondern auch **neue Leistungen** zur Verhütung und Früherkennung von Krankheiten, zur Krankenbehandlung sowie bei Schwangerschaft und Mutterschaft von den Krankenkassen durchgeführt oder nach § 64 SGB V vereinbart werden (§ 63 Abs. 2 SGB V). Mit Hilfe der Modellvorhaben sollen Erkenntnisse gewonnen werden, die für die Weiterentwicklung der Leistungen der gesetzlichen Krankenversicherung verwertbar sind. An die Validität der wissenschaftlichen Auswertungen der Modellvorhaben sind damit hohe Anforderungen zu stellen.[660] Eine besondere gesetzliche Ausformung haben mittlerweile die Modellvorhaben zur Arzneimittelversorgung (§ 64a SGB V), zur Versorgung psychisch kranker Menschen (§ 64b SGB V), zum Screening auf bestimmte multiresistente Keime (§ 64c SGB V) sowie zur Behandlung von Patienten mit pädophilen Sexualstörungen (§ 65d SGB V) erfahren. 137

Die Konzeption eines Modellvorhabens unterliegt insbesondere den in **§ 63 Abs. 4 SGB V normierten Beschränkungen**. Als Gegenstand eines Modellvorhabens scheiden Leistungen aus, über deren Eignung der Gemeinsame Bundesausschuss im Rahmen der Beschlüsse nach § 92 Abs. 1 S. 2 Nr. 5 SGB V oder § 137c Abs. 1 SGB V eine ablehnende Entscheidung getroffen hat. § 65 SGB V regelt die Evaluation von Modellvorhaben, die letztlich die Basis insbesondere für die Entscheidung über die Aufnahme neuer Leistungen in den Regelleistungskatalog bildet. 138

5. Besondere Versorgung (§§ 140a SGB V)

§ 140a SGB V regelt die besondere Versorgung. Die Norm wurde durch das Gesetz zur Stärkung der Versorgung in der gesetzlichen Krankenversicherung (GKV-VSG) vom 16.7.2015 grundlegend umgestaltet. Sie vereint zuvor an unterschiedlichen Stellen im SGB vorzufindende Regelungsgehalte (§§ 140a – 140d SGB V a.F. und §§ 73a, c SGB V a.F.). Nach § 140a Abs. 1 S. 1 SGB V können die Krankenkassen mit den in Abs. 3 genannten Leistungserbringern Verträge über eine besondere Versorgung der Versicherten abschließen. Diese Verträge ermöglichen nach § 140a Abs. 1 S. 2 SGB V eine verschiedene Leistungssektoren übergreifende oder interdisziplinär fachübergreifende Versorgung (**integrierte Versorgung**) sowie unter Beteiligung vertragsärztlicher Leistungserbringer oder deren Gemeinschaften **besondere ambulante ärztliche Versorgungsaufträge**. § 140a SGB V bildet damit eine **allgemeine Rechtsgrundlage für Selektivverträge**.[661] Ein Beispiel sind interdisziplinäre Zentren für Onkologie, die unterschiedliche Fachdisziplinen und unterschiedliche stationäre und ambulante Behandlungsangebote miteinander vereinen. Während Abs. 1 grundlegende Begriffe der besonderen Versorgung bestimmt, regelt Abs. 2 Einzelheiten zu den jeweiligen Vertragsinhalten. Abs. 3 bestimmt die Partner, mit denen die Krankenkassen die Selektivverträge abschließen können. Die Abs. 4 und 5 haben die Teilnahme der Versicherten und den Umgang mit den von ihnen erhobenen Daten zum Gegenstand. Die Einzelheiten zur Bereinigung der Gesamtvergütung sind in Abs. 6 enthalten. 139

Für alle Beteiligten an einem Versorgungsvertrag nach § 140a Abs. 1 SGB V ist die Teilnahme **freiwillig**. Das ergibt sich für die Versicherten aus Abs. 4 S. 1 ausdrücklich, aber auch für die Leistungserbringer besteht keine Verpflichtung zur Teilnahme. Abs. 4 S. 2 räumt den Versicherten das Recht ein, ihre Teilnahmeerklärung innerhalb von zwei Wochen nach deren Abgabe in Textform oder zur Niederschrift bei der Krankenkasse ohne Angabe von Gründen zu widerrufen. Nach Abs. 5 können die Leistungserbringer auf die Behandlungsdaten und Befunde des Versicherten zugreifen, soweit dies für die Durchführung der Verträge nach Abs. 1 **erforderlich** ist, sprich: soweit dies der konkrete Behandlungsfall erfordert. Neben dieser Erforderlichkeit ist weitere Voraussetzung für die Erhebung, Verarbeitung und Nutzung der personenbezogenen Daten die nach vorheriger Information erteilte **Einwilligung** des Versicherten i.S.d. Art. 7 DSGVO. 140

---

660 Hierzu im Einzelnen die Gesetzesbegründung zum 2. GKV-NOG vom 12.11.1996, BT-Drs. 13/6087 S. 27ff.
661 Becker/Kingreen/Huster, 8. Aufl. 2022, SGB V § 140a Rn. 5.

141 Ebenso wie bei der Teilnahme an einem Disease Management-Programm oder der hausarztzentrierten Versorgung haben die Krankenkassen für Versicherte, die an einer besonderen Versorgung teilnehmen, **Wahltarife** in ihren Satzungen vorzusehen, die mit **Prämienzahlungen** oder **Zuzahlungsermäßigungen** kombiniert werden können (§ 53 Abs. 3 SGB V).

6. Weitere Handlungsfelder zur Verbesserung der Versorgung in der Gesetzlichen Krankenversicherung

142 Nur im Überblick können hier die weiteren in letzter Zeit geschaffenen Ansätze zur Verbesserung der Versorgung in der Gesetzlichen Krankenversicherung vorgestellt werden. Diese knüpfen entweder an Themenfelder an, die in der Breite – d.h. einzelfallübergreifend – besonderer **medizinischer Koordination und Forschung** bedürfen, oder nehmen strukturelle Fragen der **Versorgungsverbesserung** (etwa durch Schließung von Beratungslücken oder durch Hebung der Potentiale durch die Digitalisierung des Gesundheitswesens) besonders in den Blick. In die erstgenannte Kategorie fallen:

- die Schaffung klinischer **Krebsregister** auf Landesebene, mit welcher eine Qualitätsverbesserung im Bereich der onkologischen Versorgung angestrebt wird (§ 65c SGB V),
- die Einrichtung ambulanter **Krebsberatungsstellen**, die an Krebs erkrankten Personen und ihren Angehörigen psychoonkologische Beratung und Unterstützung anbieten (§ 65e SGB V).

Der zweiten Kategorie zuzurechnen sind:

- die Unterstützung der Versicherten bei **Behandlungsfehlern** insbesondere durch Prüfung der von den Versicherten vorgelegten Unterlagen, die Anforderung weiterer Unterlagen bei den Leistungserbringern, sowie durch Veranlassung einer sozialmedizinischen Begutachtung durch den Medizinischen Dienst nach § 275 Abs. 3 Nr. 4 SGB V (§ 66 SGB V),[662]
- der Ausbau der **elektronischen Kommunikation** von Leistungserbringern, zwischen den Krankenkassen und Leistungserbringern sowie im Verhältnis von Krankenkassen und Leistungserbringern zu den Versicherten durch vernetzte digitale Anwendungen und Dienste (§ 67 SGB V),
- die **Förderung digitaler Innovation** durch Krankenkassen auch in Zusammenarbeit mit Medizinprodukteherstellern, Technologieunternehmen, Forschungseinrichtungen und Leistungserbringern (§ 68a SGB V); § 68c SGB V erlaubt auch den Kassenärztlichen Vereinigungen und der Kassenärztlichen Bundesvereinigung die Förderung digitaler Innovation nach § 68a SGB V,
- die durch § 68b SGB V ermöglichte Förderung der Entwicklung von Versorgungsinnovationen durch die Krankenkassen.

V. Geldleistungen

1. Krankengeld (§ 44 SGB V)

143 Die nach § 5 Abs. 1 Nr. 1, 3, 4 SGB V pflichtversicherten Personengruppen sind abhängig Beschäftigte und Selbständige, die regelmäßig darauf angewiesen sind, ihren Lebensunterhalt von dem Arbeitsentgelt bzw. dem Arbeitseinkommen zu bestreiten, dass sie mit ihrer Beschäftigung bzw. Tätigkeit erzielen. Entfällt diese Einnahmequelle vorübergehend oder auch dauerhaft, weil der Versicherte krankheitsbedingt nicht mehr in der Lage ist, seine Beschäftigung auszuüben (Arbeitsunfähigkeit), übernimmt das Krankengeld die Aufgabe, für eine Übergangszeit die wirtschaftliche Lebensgrundlage des Versicherten zu sichern. Das Krankengeld hat deshalb **Lohnersatz- bzw. Entgeltersatzfunktion.**[663] Diese ergibt sich auch unmittelbar aus dem Gesetz: Gem. § 47 Abs. 3 SGB V dürfen abwei-

662 Hierzu Katzenmeier/Jansen, NZS 2017, 761.
663 BSG 16.12.2014 BSGE 118, 52 Rn. 15; BSG 21.8.1957 BSGE 5, 283, 287; BSG 30.1.1963 BSGE 18, 236, 238.

chende Bestimmungen der Krankenkassensatzungen über die Zahlung und Berechnung des Krankengeldes die „Entgeltersatzfunktion" des Krankengeldes nicht beeinträchtigen. Zwar orientiert sich die Berechnung des Krankengeldes nicht an dem tatsächlichen Einnahmeausfall des Versicherten (Lohnausfallprinzip), sondern an dem vor Eintritt der Arbeitsunfähigkeit erzielten Entgelt (Referenzmethode, § 47 SGB V). An dem Entgeltersatzcharakter des Krankengeldes ändert das jedoch nichts.[664]

Aus der Aufgabe und Funktion des Krankengeldes ergibt sich, dass Personen, die ihren Lebensunterhalt im Wesentlichen nicht durch ihr Arbeitseinkommen, sondern aus **anderen Quellen** finanzieren, keinen Anspruch auf Krankengeld haben. Nach § 44 Abs. 2 SGB V haben **keinen Anspruch auf Krankengeld**: 144

- Wegen der bei ihnen nicht in Betracht kommenden Entgeltersatzfunktion die nach § 5 Abs. 1 Nr. 2a, 5, 6, 9, 10 oder 13 SGB V Versicherten sowie **Familienversicherte**. Für die nach § 5 Abs. 1 Nr. 6 SGB V Versicherten gilt dies jedoch nicht, wenn sie einen Anspruch auf Übergangsgeld haben. Ebenso besteht für nach § 5 Abs. 1 Nr. 13 SGB V Versicherte ein Krankengeldanspruch, wenn sie abhängig beschäftigt sind und ihre Beschäftigung keine geringfügige Beschäftigung i. S. d. §§ 8, 8a SGB IV ist.
- **Hauptberuflich selbständig Erwerbstätige**, es sei denn, das Mitglied erklärt gegenüber der Krankenkasse, dass die Mitgliedschaft den Anspruch auf Krankengeld umfassen soll (Wahlerklärung). Auch können sie nach § 53 Abs. 6 SGB V einen Wahltarif mit Krankengeldanspruch vereinbaren.
- Versicherte nach § 5 Abs. 1 Nr. 1 SGB V – also Beschäftigte –, die bei Arbeitsunfähigkeit nicht für mindestens sechs Wochen Anspruch auf Fortzahlung des Arbeitsentgelts oder auf Zahlung einer die Versicherungspflicht begründenden Sozialleistung haben, mit Ausnahme der Heimarbeiter i. S. d. § 10 EFZG. Hintergrund ist, dass die Entlastung der Arbeitgeber von der Entgeltfortzahlung nicht zulasten der Solidargemeinschaft wirken soll.[665] Von dieser Regelung sind insbesondere **unständig Beschäftigte** (§ 27 Abs. 3 Nr. 1 SGB III) und Personen erfasst, deren Beschäftigungsverhältnis im Voraus auf weniger als zehn Wochen befristet ist (diese haben nach § 3 Abs. 3 EFZG keinen Anspruch auf sechswöchige Lohnfortzahlung). Für diesen Personenkreis gilt der ermäßigte Beitragssatz nach § 243 SGB V. Einen Krankengeldanspruch können sie über einen Wahltarif nach § 53 Abs. 6 SGB V erlangen.
- Versicherte, die eine **Rente aus einer öffentlich-rechtlichen Versorgungseinrichtung** beziehen. Wenn diese Rente mit den in § 50 SGB V genannten Leistungen vergleichbar ist, haben sie keinen Anspruch auf Krankengeld. Hierdurch wird eine Ungleichbehandlung gegenüber Beziehern von Renten aus der gesetzlichen Rentenversicherung vermieden.[666]

Aus dem **systematischen Aufbau** der gesetzlichen Regelungen ergibt sich die Reihenfolge für die Feststellung eines Krankengeldanspruchs: 145

- Voraussetzungen des Krankengeldes (§ 44 Abs. 1 SGB V);
- Beginn des Krankengeldes (§ 46 SGB V);
- Ruhen (§ 49 SGB V) und Wegfall des Krankengeldes (§§ 50, 51 SGB V);
- Höhe des Krankengeldes (§ 47 SGB V);
- Dauer des Krankengeldbezuges (§ 48 SGB V).

Im Zusammenhang mit dem Anspruch auf Krankengeld sind stets die § 192 Abs. 1 Nr. 2 SGB V und § 19 Abs. 2 SGB V zu beachten. Außerdem kann sich ein Krankengeldanspruch auch aus § 24b Abs. 2 S. 2 SGB V (Schwangerschaftsabbruch und Sterilisation), aus § 45 SGB V (Krankengeld bei Pflege erkrankter Kinder, dazu sogleich), ferner – seit 2012 – aus § 44a SGB V (Spende von Organen, Geweben 146

---

664 BSG 7.5.2002 BSGE 89, 254; zu den Berechnungsmethoden Becker/Kingreen/Joussen, 8. Aufl. 2022, SGB V § 47 Rn. 2ff.
665 Siehe NK-GesR/Greiner § 44 Rn. 43.
666 Vgl. BT-Drs. 16/3100 S. 108.

oder Blut zur Separation von Blutstammzellen oder anderen Blutbestandteilen)[667] sowie für eine bei stationärer Behandlung mitaufgenommene Begleitperson ergeben.[668]

a) Voraussetzungen

147 § 44 Abs. 1 S. 1 SGB V enthält zwei anspruchsauslösende Alternativen. Die erste besteht in einer krankheitsbedingten **Arbeitsunfähigkeit** des Versicherten. Die zweite setzt eine stationäre, auf Kosten der Krankenkasse durchgeführte Behandlung in einem Krankenhaus bzw. einer Vorsorge- oder Rehabilitationseinrichtung (§§ 23 Abs. 4, 24, 40 Abs. 2, 41 SGB V) voraus.

aa) Versicherteneigenschaft

148 Der Betroffene muss mit Anspruch auf Krankengeld krankenversichert sein, wenn die krankheitsbedingte Arbeitsunfähigkeit eintritt (ausdrücklich §§ 48 Abs. 2, 50 Abs. 1 S. 4 SGB V).[669] Zu welchem Zeitpunkt die Krankheit auftrat, ist dagegen unerheblich.[670] Der Anspruch auf Krankengeld scheitert deshalb nicht daran, dass der Versicherte schon vor Beginn des Versicherungsverhältnisses erkrankte. Andererseits hilft es ihm nicht, dass die Krankheit schon während seiner Mitgliedschaft bestand, wenn sie erst danach zur Arbeitsunfähigkeit führt. Ein Krankengeldanspruch kommt nach dem Ende der Mitgliedschaft nur in dem durch § 19 Abs. 2 SGB V vorgegebenen zeitlichen Rahmen in Betracht, soweit sich nicht eine Familienversicherung anschließt (§ 19 Abs. 2 S. 2 SGB V). Tritt die Arbeitsunfähigkeit dagegen schon während der Mitgliedschaft ein, bleibt die Mitgliedschaft auch nach Beendigung des Beschäftigungsverhältnisses erhalten (§ 192 Abs. 1 Nr. 2 SGB V). Die Mitgliedschaft nach § 192 Abs. 1 Nr. 2 SGB V bleibt auch dann erhalten, wenn die krankheitsbedingte Arbeitsunfähigkeit aufgrund einer anderen Krankheit anschließt.

bb) Krankheitsbedingte Arbeitsunfähigkeit

149 Bei Einführung der gesetzlichen Krankenversicherung im Jahr 1883 hatten die Versicherten „im Falle der Erwerbsunfähigkeit" Anspruch auf Krankengeld (§ 6 S. 1 Nr. 2 KVG). Mit Inkrafttreten der RVO trat an die Stelle der Erwerbsunfähigkeit der inhaltsgleiche Begriff „Arbeitsunfähigkeit" (§ 182 Abs. 1 Nr. 2 RVO). Was unter dem Begriff der Arbeitsunfähigkeit im Einzelnen zu verstehen ist, wurde und wird im Krankenversicherungsrecht nicht definiert. Es handelt sich um einen unbestimmten Rechtsbegriff, der zunächst durch Entscheidungen des RVA und später durch die Rechtsprechung des BSG konkretisiert wurde. **Arbeitsunfähigkeit** liegt vor, wenn ein Versicherter seiner Erwerbstätigkeit gar nicht mehr oder nur auf die Gefahr hin nachgehen kann, seinen Gesundheitszustand zu verschlimmern.[671] Die zur Arbeitsunfähigkeit führende Krankheit muss nicht behandlungsbedürftig sein.[672] Die Arbeitsunfähigkeit kann mit Hilfe der Arbeitsunfähigkeitsrichtlinie[673] bestimmt werden, die auch das Verfahren der (ärztlichen) Feststellung und der Ausstellung einer Arbeitsunfähigkeitsbescheinigung regelt. Diese wurde nach § 92 Abs. 1 S. 2 Nr. 7 SGB V durch den Gemeinsamen Bundesausschuss erlassen. In der Regel endet die Arbeitsunfähigkeit mit der Wiederaufnahme der bisherigen Tätigkeit.[674]

---

667 Hierzu ausführlich GREINER, NZS 2013, 241ff.

668 Hierzu ausführlich: BUSCH, DVfR Fachbeitrag As-2023; JANẞEN, DVfR 2021, Fachbeitrag A41-2021;

669 Vgl. auch BSG 16.12.2014 BeckRS 2015, 66822 Rn. 8.

670 BSG 5.10.1977 BSGE 45, 11, 15.

671 BSG 30.5.1967 BSGE 26, 288, 290; BSG 9.12.1986 SozR 2200 § 182 Nr. 104; BSG 8.2.2000 SozR 3-2500 § 49 Nr. 4; vgl. auch REIFELSBERGER/HENNING BB 2015, 1589, 1591; näher NK-GesR/GREINER § 44 Rn. 12ff.

672 BSG 23.11.1971 BSGE 33, 202.

673 AU-R, in der Fassung vom 14.11.2013 BAnz AT 27.1.2014 B4, zuletzt geändert am 20.3.2020 BAnz AT 23.3.2020 B6.

674 Becker/Kingreen/JOUSSEN, 8. Aufl. 2022, SGB V § 44 Rn. 12.

Die Arbeitsunfähigkeit bezieht sich zunächst auf die **Tätigkeit, die der Versicherte zuletzt ausgeübt hat**. Da der behandelnde Arzt nach §§ 2, 4 AU-R die Feststellung in ihm realistisch möglicher Weise treffen muss, kann dafür nicht eine Detailermittlung der durch Weisungsrecht zuletzt zugewiesenen Aufgabe maßgeblich sein, sondern die typischen Anforderungen des Berufsbildes. Bezieht sich die Arbeitsunfähigkeit nur auf einen Teil der in das Spektrum des Berufsbildes fallenden Aufgaben, muss der Arzt vor Bescheinigung der Arbeitsunfähigkeit ggf. genauer nachfragen, welchen Aufgaben der Versicherte nachgeht. Dass der Versicherte noch andere Tätigkeiten ausüben könnte, hat keinen Einfluss auf das Vorliegen der Arbeitsunfähigkeit. Andererseits beeinflusst die festgestellte Arbeitsunfähigkeit nicht das Weisungsrecht des Arbeitgebers, der berechtigt bleibt und sogar verpflichtet sein kann,[675] dem Arbeitnehmer eine „leidensgerechte" Tätigkeit zuzuweisen und dadurch im besten Fall die Arbeitsunfähigkeit zu beenden. Infolge der bloß theoretischen Möglichkeit, dass der Versicherte seinen Lebensunterhalt durch den Übergang zu einer anderen Erwerbstätigkeit sichern kann, auch wenn „eine solche Tätigkeit den Kräften und Fähigkeiten des Versicherten entspricht und ihm unter billiger Berücksichtigung seiner Ausbildung und des Berufs, den er seither ausgeübt hat, zugemutet werden kann ...",[676] wird die Arbeitsunfähigkeit zwar nicht ausgeschlossen. Sie endet aber mit Zuweisung eines leidensgerechten Arbeitsplatzes oder einem durch den Beschäftigten aus eigenem Antrieb vollzogenen Wechsel auf eine Stelle, bei der die Erkrankung der Leistungserbringung nicht entgegensteht.[677] Der behandelnde Arzt muss diesen Umstand bei einer Folgebescheinigung berücksichtigen; Gleiches gilt für die Beurteilung durch den MD nach § 275 Abs. 1 S. 1 Nr. 1 SGB V. Den Versicherten trifft jeweils die Obliegenheit, auf die geänderten Tätigkeitsanforderungen hinzuweisen. Andernfalls setzt er sich den Folgen einer „erschlichenen" Arbeitsunfähigkeitsbescheinigung aus.[678] 150

Nach Beendigung des Beschäftigungsverhältnisses gilt für den Krankengeldanspruch Arbeitsloser eine zwischen **zwei Fallkonstellationen** differenzierende Sichtweise: 151

(1) Solange der im Beschäftigungsverhältnis begonnene Krankengeldbezug die Mitgliedschaft in der Krankenversicherung (als Beschäftigter) über § 192 Abs. 1 Nr. 2 SGB V aufrechterhält[679] – praktisch relevant insbesondere nach einer krankheitsbedingten Kündigung des Beschäftigungsverhältnisses durch den Arbeitgeber –, bleibt die Verbindung zur bisherigen Tätigkeit so eng, dass ausschließlich diese als Beurteilungsmaßstab der Arbeitsunfähigkeit heranzuziehen ist.[680] In dieser Konstellation bleibt der bisherige Versicherungsschutz nach § 5 Abs. 1 Nr. 1 SGB V erhalten, es entsteht keine Krankenversicherung für Arbeitslose i. S. d. § 5 Abs. 1 Nr. 2 SGB V. Solange der Krankengeldbezug andauert, ruht das Arbeitslosengeld nach § 156 Abs. 1 S. 1 Nr. 2 SGB III. Allerdings sind nicht mehr die konkreten Verhältnisse am letzten Arbeitsplatz (insbesondere die letzte Weisungsrechtsausübung) maßgeblich, da eine Rückkehr zu diesem ohnehin nicht mehr in Betracht kommt. Maßgeblich ist vielmehr **abstrakt** die Art der zuletzt ausgeübten Beschäftigung.[681]

(2) Tritt die Arbeitsunfähigkeit dagegen erst während des **Bezugs von Arbeitslosengeld** ein, gilt Folgendes: Zunächst wird das Arbeitslosengeld für sechs Wochen fortgezahlt (§ 146 Abs. 1 S. 1 SGB III). Ein Krankengeldanspruch im durch die Arbeitslosigkeit begründeten Pflichtversicherungsverhältnis (§ 5 Abs. 1 Nr. 2 SGB V) entsteht bereits mit Eintritt von Arbeitsunfähigkeit, ruht aber zunächst gem. § 49 Abs. 1 Nr. 3a SGB V für die sechswöchige Dauer der Leistungsfortzahlung nach § 146 Abs. 1 S. 1 SGB III. Maßstab für das Vorliegen von Arbeitsunfähigkeit ist in dieser Konstellation nicht mehr der letzte ausgeübte Beruf, sondern das in § 140 SGB III umrissene **„Direktionsrecht" der Arbeitsagentur**, also das Spektrum der Tätigkeiten, die für eine Vermittlung in Betracht kommen.[682] Arbeitsunfähigkeit ist demnach nur dann zu bejahen, wenn das Restleistungsvermögen für 15 Stunden einer leichten Tätigkeit wöchentlich nicht genügt (vgl. § 138 Abs. 3 S. 1 SGB III), Leistungsfähigkeit nur für eine Teilzeit-

675 BAG 24.2.2011, 2 AZR 636/09, NZA 2011, 1087.
676 BSG 7.8.1991 BSGE 69, 180, 183.
677 BeckOGK/Schifferdecker, 15.5.2024, SGB V § 44 Rn. 106; BSG 22.3.2005, BeckRS 2005, 42335 Rn. 31.
678 S. MünchArbR/Greiner § 82 Rn. 36.
679 Zu den Voraussetzungen BSG 10.5.2012 – B 1 KR 19/11 R –, BSGE 111, 9.
680 Vgl. BSG 8.2.2000 SozR 3-2500 § 49 Nr. 4.
681 Zutr. Hauck/Noftz/Gerlach, SGB V § 44 Rn. 72.
682 BSG 22.3.2005 BSGE 94, 247; BSG 4.4.2006 SozR 4-2500 § 44 Nr. 9; **ausf.** NK-GesR/Greiner § 44 Rz. 16ff.

beschäftigung besteht, der Arbeitslose sich aber für eine vollschichtige Arbeit zur Verfügung gestellt hat[683] oder eine Vermittlung nur in eine nach § 140 (insbesondere auch Abs. 3) SGB III unzumutbare Tätigkeit in Betracht käme.[684]

152 Ausgangspunkt für die Bestimmung der **Arbeitsunfähigkeit des Arbeitslosen** ist dabei die zutreffende Annahme, dass der Maßstab für die Arbeitsunfähigkeit sich aus dem Umfang des Versicherungsschutzes im jeweils konkret bestehenden Versicherungsverhältnisses abzuleiten ist. Bei Arbeitslosengeldbezug ist das Versicherungsverhältnis die Krankenversicherung der Arbeitslosen i.S.d. § 5 Abs. 1 Nr. 2 SGB V. Ein nach dieser Vorschrift versicherter Arbeitsloser ist arbeitsunfähig i.S.v. § 44 Abs. 1 S. 1 SGB V, wenn er aufgrund gesundheitlicher Einschränkungen nicht in der Lage ist, Arbeiten zu verrichten, für die er sich der Arbeitsverwaltung zwecks Vermittlung zur Verfügung gestellt hat.[685] Das Krankengeld stellt sich in der Krankenversicherung der Arbeitslosen nicht als Ersatz für Ausfall des früher aufgrund Beschäftigung bezogenen Arbeitsentgelts, sondern als Ersatz für eine entgehende Leistung wegen Arbeitslosigkeit dar. Entscheidend für die Beurteilung der Arbeitsunfähigkeit Arbeitsloser sind im Grundsatz alle Arbeiten, die dem versicherten Arbeitslosen versicherungsrechtlich zumutbar sind. Die Zumutbarkeit ist demnach auch krankenversicherungsrechtlich an § 140 SGB III zu messen.

153 Krankheitsbedingt ist die Arbeitsunfähigkeit, wenn sie **kausal** auf eine Krankheit zurückzuführen ist. Die Krankheit muss nicht die einzige oder unmittelbare, aber nach den Grundsätzen der sozialrechtlichen Relevanztheorie die **wesentliche Bedingung** für den Eintritt der Arbeitsunfähigkeit sein.[686]

Beispiel (nach BSG 23.11.1971 BSGE 33, 202):
Der gesetzlich krankenversicherte Kläger litt unter einer Verkürzung des rechten Beines. Die Ausübung seiner Beschäftigung war ihm möglich, weil er die fehlende Beinlänge durch das Tragen einer Beinprothese kompensieren konnte (Hilfsmittel zum Ausgleich einer Behinderung gem. § 33 Abs. 1 SGB V).

Steht ihm die Beinprothese nicht zur Verfügung, etwa weil sie repariert werden muss, führt das zur Arbeitsunfähigkeit des Klägers. Unmittelbare Ursache für den Eintritt der Arbeitsunfähigkeit ist zwar die Reparatur der Beinprothese. Trotzdem handelt es sich um eine krankheitsbedingte Arbeitsunfähigkeit, da die Krankheit des Klägers die aus sozialrechtlicher Sicht wesentliche Ursache für die Arbeitsunfähigkeit darstellt.

Die mit dem Rechtsbegriff Arbeitsunfähigkeit verbundenen Fragen beschäftigen auch die arbeitsgerichtliche Rechtsprechung. § 3 Abs. 1 S. 1 EFZG knüpft die Entgeltfortzahlung ebenfalls an eine krankheitsbedingte Arbeitsunfähigkeit. Das Begriffsverständnis entspricht sich in beiden Rechtsgebieten weitestgehend.[687] Aufgrund der verschiedenen Funktionen der Leistungen des SGB V und des EFZG ergeben sich jedoch auch Unterschiede.

Beispiel (nach BAG 9.1.1985 NZA 1985, 562):
Der gesetzlich krankenversicherte Kläger musste sich jede zweite Woche einer einstündigen Bestrahlungstherapie unterziehen. Diese Behandlung konnte nur in einer mehrere Stunden vom Arbeitsort des Klägers entfernten Spezialklinik durchgeführt werden. An den Behandlungstagen war es ihm deshalb nicht möglich, zur Arbeit zu erscheinen. Der behandelnde Vertragsarzt stellte ihm für diese Tage eine Arbeitsunfähigkeitsbescheinigung aus (siehe §§ 46 S. 1 Nr. 2, 73 Abs. 2 S. 1 Nr. 9 SGB V).

---

683 BSG 7.12.2004 SozR 4-2500 § 44 Nr. 3 Rn. 30.

684 Str.; zu den Konsequenzen der diesen Tatbestand ausschließenden Gegenauffassung: NK-GesR/Greiner § 44 Rz.17.

685 BSG 4.4.2006 NZS 2007, 150, 152 Rn. 16.

686 BeckOGK/Schifferdecker, 15.2.2024, SGB V § 44 Rn. 97; NK-GesR/Greiner § 44 Rn. 21ff.

687 Vgl. ErfK/Reinhard, 24. Aufl. 2024, EFZG § 3 Rn. 9ff.; ErfK/Rolfs, 24. Aufl. 2024, SGB V § 44 Rn. 8; Brunzema RdA 2024, 148, 150.

Im Krankenversicherungsrecht genügt auch die **mittelbare Verursachung** der Arbeitsunfähigkeit durch eine ambulante Behandlung der Krankheit, solange sich die Krankheit als wesentliche Ursache der Arbeitsunfähigkeit darstellt.[688] § 3 EFZG verlangt dagegen, dass die krankheitsbedingte Arbeitsunfähigkeit alleinige Ursache der Arbeitsverhinderung ist.[689] Das BAG hat den Anspruch des Klägers gem. § 3 EFZG aus diesem Grund verneint. Nicht die Krankheit des Klägers, sondern die Wahl des Behandlungszeitpunkts und -ortes habe dazu geführt, dass die geschuldete Arbeitsleistung nicht erbracht werden konnte. 154

b) Entstehen des Krankengeldanspruchs (§ 46 SGB V)

§ 46 Abs. 1 SGB V soll das **Verwaltungsverfahren** der Krankenkassen, in dem über die Gewährung des Krankengeldes entschieden wird, **praktikabel gestalten.**[690] Eine u. U. schwierige Ermittlung des Zeitpunkts, in dem die Krankheit zur Arbeitsunfähigkeit des Versicherten geführt hat, ist nicht erforderlich. Ausschlaggebend ist der Zeitpunkt, in dem die Arbeitsunfähigkeit ärztlich festgestellt wurde (§ 46 S. 1 Nr. 2 SGB V). Da die Vorschrift eine rückwirkende Feststellung der Arbeitsunfähigkeit grundsätzlich ausschließt,[691] wirkt sie zudem der unberechtigten Inanspruchnahme von Krankengeld entgegen.[692] Damit gehen Zweifel daran, ob krankheitsbedingte Arbeitsunfähigkeit vorliegt, regelmäßig zu Lasten des Versicherten.[693] Etwas anderes kann nur dann gelten, wenn der Versicherte offensichtlich nicht in der Lage war, sich um die ärztliche Feststellung der Arbeitsunfähigkeit zu bemühen[694] oder die Nichtfeststellung auf der juristischen Fehleinschätzung des Arztes beruhte, auch eine rückwirkende Feststellung komme in Betracht.[695] Vertragsärzte sind nach § 295 Abs. 1 S. 1 Nr. 1 SGB V verpflichtet die Feststellung der Arbeitsunfähigkeit an die Krankenversicherung zu übermitteln. Der Versicherte darf sich daher grundsätzlich darauf verlassen, dass ein Vertragsarzt die Bescheinigung an die Krankenversicherung weiterleitet.[696] Die strengen Mitwirkungs- und Feststellungsobliegenheiten des Versicherten, von deren Erfüllung der Krankengeldanspruch im Grundsatz materiell-rechtlich abhängt, dienen letztlich vor allem der Missbrauchsprävention und Beweissicherung. 155

Der Anspruch auf Krankengeld entsteht bei **ambulanter Behandlung grundsätzlich** an dem Tag der **ärztlichen** – nicht unbedingt vertragsärztlichen[697] – **Feststellung der Arbeitsunfähigkeit** (§ 46 S. 1 Nr. 2 SGB V).[698] Nach bis zum 23.7.2015 geltenden Recht entstand der Anspruch auf Krankengeld erst am Tag *nach* der ärztlichen Feststellung (sog. Karenztag), was aber zu Lücken im Krankgengeldbezug und im schlimmsten Fall im Kontext des § 192 Abs. 1 Nr. 2 SGB V auch zu einem vollständigen Verlust des Krankengeldanspruchs führen konnte.[699] Deshalb wurde der Karenztag mit dem GKV-VSG abgeschafft und darüber hinaus § 46 Abs. 1 S. 2 SGB V eingefügt, wonach der Anspruch auf Krankengeld jeweils bis zu dem Tag bestehen bleibt, an dem die weitere Arbeitsunfähigkeit wegen derselben Krankheit ärztlich festgestellt wird, wenn diese ärztliche Feststellung spätestens am 156

---

688 BeckOGK/Schifferdecker, 15.2.2024, SGB V § 44 Rn. 97.

689 ErfK/Reinhard, 24. Aufl. 2024, EFZG § 3 Rn. 14.

690 BeckOGK/Schifferdecker, 15.2.2024, SGB V § 46 Rn. 3.

691 Trotz § 5 Abs. 3 S. 2 AU-R, der die Rückdatierung der Arbeitsunfähigkeitsbescheinigung „nach gewissenhafter Prüfung" durch den Arzt für die Dauer von i. d. R. maximal drei Tagen zulässt; hierzu NK-GesR/Greiner § 46 Rn. 7.

692 BSG 26.6.2007 SozR 4-2500 § 46 Nr. 2, Rn. 15; BSG 18.3.1966 BSGE 24, 278; BSG 23.2.1967 BSGE 26, 111.

693 BSG 8.11.2005 SGb 2006, 38.

694 BSG 22.6.1966 BSGE 25, 76: bei einem Geschäftsunfähigen ohne gesetzlichen Pfleger.

695 BSG 11.5.2017 BSGE 123, 134.

696 Vgl. BSG 30.11.2023 BeckRS 2023, 39243; Rn. 14 ff.

697 BSG 14.8.2018 BeckRS 2018, 20848 Rn. 9; LSG Baden-Württemberg 15.9.2017 BeckRS 2017, 129148 Rn. 39.

698 Zu den Obliegenheiten des Versicherten im Rahmen der Feststellung der Arbeitsunfähigkeit LSG Berlin 26.11.1997 NZS 1998, 238.

699 BeckOGK/Schifferdecker, 15.2.2024, SGB V § 46 Rn. 9; Knispel, NZS 2014, 561.

nächsten Werktag nach dem zuletzt bescheinigten Ende der Arbeitsunfähigkeit erfolgt, wobei Samstage nicht als Werktage gelten.[700]

157 **Bei stationärer Behandlung** steht der Beginn der Behandlung dagegen ohne jegliche tatsächliche Unsicherheit fest, sodass Missbrauchsprävention oder Beweissicherung nicht relevant werden. Der Anspruch auf Krankengeld entsteht deshalb – abweichend von den dargestellten Grundsätzen für ambulante Behandlungen – nicht an dem Tag der ärztlichen Feststellung, sondern bei Behandlung in einem Krankenhaus, einer Vorsorge- oder Rehabilitationseinrichtung vom **Beginn der Behandlung** an (§ 46 S. 1 Nr. 1 SGB V). Eine weitere Sonderregelung trifft § 46 S. 3, 4 SGB V für die nach dem Künstlersozialversicherungsgesetz Versicherten sowie für Versicherte, die eine Wahlerklärung nach § 44 Abs. 2 S. 1 Nr. 1 SGB V abgegeben haben. Bei ihnen entsteht der Krankengeldanspruch im Grundsatz erst mit Beginn der siebten Woche der Arbeitsunfähigkeit, zu einem früheren Zeitpunkt für Versicherte nach dem Künstlersozialversicherungsgesetz, wenn die Satzung der Künstlersozialkasse das vorsieht oder spätestens mit Beginn der dritten Woche der Arbeitsunfähigkeit, wenn der Versicherte bei seiner Krankenkasse einen Tarif nach § 53 Abs. 6 SGB V gewählt hat. Hintergrund ist, dass die betroffenen Selbständigen keinen Anspruch auf sechswöchige Entgeltfortzahlung im Krankheitsfall haben, sodass sie mangels Eingreifens der Ruhensvorschrift des § 49 Abs. 1 Nr. 1 SGB V ansonsten sofort Anspruch auf Krankengeld hätten – eine Besserstellung gegenüber Beschäftigten, die der Gesetzgeber zu Recht nicht für angemessen hielt. Eine weitere Sonderregelung besteht für die Bezieher der in § 47b SGB V genannten Sozialleistungen (Arbeitslosengeld, Unterhaltsgeld oder Kurzarbeitergeld). Diese erhalten Krankengeld vom ersten Tag der Arbeitsunfähigkeit an (§ 47b Abs. 1 S. 2 SGB V), sofern nicht ein Ruhenstatbestand eingreift (etwa infolge Leistungsfortzahlung nach § 146 SGB III).

158 Die ärztliche Feststellung der Arbeitsunfähigkeit erfolgt durch einen approbierten Arzt, der nicht notwendigerweise an der kassenärztlichen Versorgung teilnehmen muss. Sie hat die Funktion einer **ärztlichen Stellungnahme**, die durch den MD unter den Voraussetzungen des § 275 Abs. 1 Nr. 3 SGB V zu überprüfen ist. § 46 SGB V knüpft das Entstehen des Krankengeldanspruchs zwar an die ärztliche Diagnose der Arbeitsunfähigkeit, die **Entscheidung über den Krankengeldanspruch** trifft jedoch erst die **Krankenkasse** des Versicherten.[701] Das Feststellungserfordernis besteht erneut in gleicher Weise, wenn der Zeitraum der ursprünglichen ärztlichen Feststellung von Arbeitsunfähigkeit endet und verlängert werden soll: Die Arbeitsunfähigkeit muss vor Ablauf jedes Krankengeldbewilligungsabschnitts erneut ärztlich festgestellt werden, auch um die Aufrechterhaltung der Mitgliedschaft wegen Krankengeldbezugs (§ 192 Abs. 1 Nr. 2 SGB V) zu gewährleisten.[702] Krankengeldanspruch und ggf. nach § 192 Abs. 1 Nr. 2 SGB V auch die Mitgliedschaft mit Krankengeldanspruch bleiben im Ausgangspunkt nur erhalten, wenn die ärztlich festgestellten Arbeitsunfähigkeits-Zeiträume **nahtlos aneinander anschließen**. Die erneute ärztliche Feststellung musste daher zwingend vor Ablauf des zunächst bescheinigten Arbeitsunfähigkeitszeitraums erfolgen.[703] Das galt zunächst selbst dann, wenn das bescheinigte Ende der Arbeitsunfähigkeit auf das Wochenende fiel; praktisch musste die Fortsetzungs-Arbeitsunfähigkeitsbescheinigung dann spätestens am Freitag ausgestellt werden.[704] In der Praxis führte diese, Versicherten häufig nicht bekannte Rechtslage, zu Härten. Der durch das GKV-VSG 2015 eingefügte § 46 S. 2 SGB V entschärft die Obliegenheit und ermöglicht die ärztliche Feststellung der wegen derselben Krankheit fortbestehenden Arbeitsunfähigkeit noch am nächsten Werktag nach dem in der vorangegangenen Arbeitsunfähigkeitsbescheinigung angegebenen Ende der Arbeitsunfähigkeit. Da eine ärztliche Feststellung an Samstagen häufig nicht möglich ist, wird zugleich

700 Vgl. hierzu Nakielski, AiB 2015, 27; NK-GesR/Greiner § 46 Rz. 6 ff., insbesondere zur Rückdatierung der ärztlichen Feststellung.

701 BSG 26.2.1992 SozR 3-2200 § 182 Nr. 12; BSG 17.8.1982 SozR 2200 § 182 Nr. 84; ausführlich zur ärztlichen Feststellung BeckOK SozR/Tischler, 72. Edition (1.3.2024), SGB V § 46 Rn. 13 ff.; NK-GesR/Greiner § 46 Rn. 6 ff.

702 BSG 16.12.2014 BSGE 118, 52.

703 Zuletzt BSG 16.12.2014 NZA 2015, 1246.

704 Zuletzt BSG 16.12.2014 NZA 2015, 1246.

klargestellt, dass Samstage nicht als Werktage gelten.[705] Für die Bewahrung des Krankengeldanspruchs reicht es aus, wenn der Versicherte alles Erforderliche für eine unmittelbar anschließende Feststellung des Fortbestands der Arbeitsunfähigkeit getan hat. Dafür genügt es, wenn er rechtzeitig mit seinem Arzt einen Termin vereinbart und zu diesem in der Praxis erscheint.[706]

c) Ruhen des Krankengeldanspruchs (§ 49 SGB V)

Im Rahmen der Tatbestandsvoraussetzungen des Krankengeldanspruchs bleibt außer Betracht, ob Versicherte Arbeitsentgelt aus ihrem Beschäftigungsverhältnis, Entgeltersatzleistungen ihres Arbeitgebers oder Geldleistungen anderer Sozialversicherungsträger erhalten. In diesen Fällen ordnet aber § 49 SGB V das Ruhen des Krankengeldanspruchs an und verhindert dadurch ganz oder teilweise, dass Versicherte gleichzeitig verschiedene Entgeltersatzleistungen beziehen. Es soll eine **„Übersicherung" vermieden** werden.[707] Die Vorschrift ergänzt die in § 16 SGB V geregelten Ruhenstatbestände, die für alle Leistungen der gesetzlichen Krankenversicherung gelten (siehe die Sonderregelung für Krankengeldansprüche in § 16 Abs. 4 SGB V). 159

Bei Vorliegen eines Tatbestandes gem. § 49 SGB V ruht der Anspruch auf Krankengeld kraft Gesetzes. Das **Ruhen des Krankengeldanspruchs bedeutet**, dass der Grundanspruch auf Krankengeld, das sog. **Stammrecht**, zwar fortbesteht, die jeweils fälligen Einzelleistungen aber nicht verlangt werden können.[708] Das Fortbestehen des Stammrechts hat zur Folge, dass die Zeiten, in denen die Krankenkasse an den Versicherten kein Krankengeld zahlt, weil dessen Anspruch auf Krankengeld ruht, den Zeiten des Krankengeldbezugs gleichstehen.[709] Auf die Leistungsdauer des Krankengeldes werden deshalb auch Zeiten angerechnet, in denen der Krankengeldanspruch ruht (§ 48 Abs. 3 S. 1 SGB V). Kein Ruhenstatbestand, sondern bereits ein Ausschluss des Anspruchs dem Grunde nach wird in § 11 Abs. 5 SGB V für Fälle angeordnet, in denen Anspruch auf Leistungen der gesetzlichen Unfallversicherung – insbesondere **Verletztengeld** (§ 45 Abs. 2 SGB VII) bei Arbeitsunfähigkeit infolge eines Arbeitsunfalls – besteht.[710] 160

In den Tatbestandsalternativen des § 49 Abs. 1 Nr. 1, 3, 3a, 3b, 4, 6 SGB V wird das Ruhen des Krankengeldanspruchs angeordnet, um **Doppelleistungen zu vermeiden**. Ist der Lebensunterhalt des arbeitsunfähig erkrankten Versicherten durch die Fortzahlung seines Arbeitsentgelts oder seiner Entgeltersatzleistungen anderer Träger der Sozialversicherung gesichert, kann das Krankengeld seine Entgeltersatzfunktion nicht erfüllen. Die in der Praxis am häufigsten verwirklichte Tatbestandsalternative ist das Ruhen des Krankengeldanspruchs aufgrund der Weiterzahlung des beitragspflichtigen Arbeitsentgelts oder -einkommens (§ 49 Abs. 1 Nr. 1 SGB V). Der Anspruch auf Fortzahlung des Arbeitsentgelts im Krankheitsfall reicht für das Ruhen des Anspruchs auf Krankengeld nicht aus. § 49 Abs. 1 Nr. 1 SGB V setzt voraus, dass Versicherte Leistungen ihres Arbeitgebers **tatsächlich erhalten**.[711] Muss die Krankenkasse des Versicherten Krankengeld zahlen, weil der Arbeitgeber des Versicherten seiner Verpflichtung zur Entgeltfortzahlung nach § 3 EFZG nicht nachkommt, kann sie gegen ihn einen Erstattungsanspruch nach § 115 Abs. 1 SGB X geltend machen. 161

Der Krankengeldanspruch ruht nur bei Zahlung des laufenden Arbeitsentgelts. Einmalig gezahltes Arbeitsentgelt sowie Zuschüsse, die der Arbeitgeber zum Krankengeld zahlt, führen nicht zum Ruhen des Krankengeldanspruchs, solange sie zusammen mit dem Krankengeld das Nettoarbeitsentgelt nicht übersteigen (§ 49 Abs. 1 Nr. 1 2. Hs. SGB V). 162

---

705 Hierzu und zu weiteren Ausnahmen bei Härtefällen und pflichtwidrigem Verhalten von Krankenkasse oder Vertragsarzt NK-GesR/Greiner § 46 Rn. 8ff.

706 BSG 21.9.2023, BeckRS 2023, 26038.

707 BeckOGK/Schifferdecker, 15.2.2024, SGB V § 49 Rn. 3ff.; Krauskopf/Rieke SGB V § 49 Rn. 2.

708 BSG 19.6.1963 BSGE 19, 179; BSG 8.11.2005 SGb 2006, 37f.; BeckOK SozR/Tischler, 72. Edition (1.3.2024), SGB V § 49 Rn. 2.

709 Töns, SGb 1989, 322.

710 Instruktiv zur Auslegung dieser Vorschrift BSG 25.11.2015 BSGE 120, 113.

711 BeckOGK/Schifferdecker, 15.2.2024, SGB V § 49 Rn. 21f.

163 **§ 49 Abs. 1 Nr. 2 SGB V** resultiert aus dem Grundsatz, Krankengeld nur solchen Versicherten zu gewähren, die ihren Lebensunterhalt mit Hilfe von Arbeitsentgelt bestreiten, das infolge einer krankheitsbedingten Arbeitsunfähigkeit entfallen ist. Bei Versicherten, die während der **Elternzeit** (§ 15 BEEG) kein Arbeitsentgelt aus ihrer vor Beginn der Elternzeit ausgeübten Erwerbstätigkeit mehr erhalten, tritt mit der Arbeitsunfähigkeit kein Einnahmeverlust ein. Etwas anderes gilt allerdings für Krankengeldansprüche, wenn die Arbeitsunfähigkeit vor Beginn der Elternzeit eingetreten ist oder das Krankengeld aus einer versicherungspflichtigen Beschäftigung während der Elternzeit resultiert (§ 49 Abs. 1 Nr. 2 a.E. SGB V, § 15 Abs. 4 BEEG).

164 Der Ruhenstatbestand des § 49 Abs. 1 Nr. 2 SGB V erfasst keine Krankengeldansprüche aus § 45 SGB V, die wegen einer Erkrankung des Kindes bereits vor Beginn der Elternzeit entstanden sind und bezogen wurden. Das BSG sieht es lediglich als Redaktionsversehen des Gesetzgebers, dass er die Fortzahlung laufender Krankengeldansprüche für das Kinderkrankengeld nicht im Wortlaut des § 49 Abs. 1 Nr. 2 SGB V verankert hat.[712]

Eltern, die wegen der Erkrankung ihres Kindes bereits nach **§ 47 Abs. 10 SGB XIV Krankengeld der sozialen Entschädigung** erhalten, erhalten gemäß § 49 Abs. 1 Nr. 3a SGB V nicht zusätzlich Kinderkrankengeld nach § 45 SGB V (§ 49 Abs. 1 Nr. 3a SGB V).[713] Gleiches gilt, wenn die Eltern wegen der Erkrankung ihres Kindes Versorgungskrankengeld erhalten. Diese Alternative dürfte sich jedoch im Wesentlichen auf einige Altfälle beziehen. Das Versorgungskrankengeld nach dem BVG wurde mit Einführung des SGB XIV durch das Krankengeld der sozialen Entschädigung ersetzt.[714] Soweit das Recht noch Versorgungskrankengeld vorsieht (z.B. § 83 Soldatenversorgungsgesetz) bezieht sich dieses nicht auf Kinder und ist insofern an dieser Stelle unerheblich.

165 § 49 Abs. 1 Nr. 3b SGB V erklärt den Bezug von **Arbeitslosengeld** inkompatibel mit dem Bezug von Krankengeld. Grundsätzlich schließt schon die Ruhensregelung des § 150 Abs. 1 S. 1 Nr. 2 SGB III das Nebeneinander der Ansprüche aus. Nr. 3a bezieht sich deshalb auf die Fortzahlung des Arbeitslosengeldes im Krankheitsfall nach § 146 Abs. 1 S. 1 SGB III. Nr. 3a betrifft nicht die Zahlung des Arbeitslosengeldes nach der sog. Nahtlosregelung des § 145 Abs. 1 SGB III.[715] Der Anspruch auf Krankengeld ruht nach Nr. 3b auch für die Dauer einer Sperrzeit nach § 159 SGB III: Hierdurch soll verhindert werden, dass Arbeitslose, die während der Sperrzeit erkranken, gegenüber anderen Arbeitslosen begünstigt werden und damit der Sinn und Zweck der Sperrzeit unterlaufen wird.[716]

166 **§ 49 Abs. 1 Nr. 5 SGB V** dient der **Sanktionierung von Meldeversäumnissen**. Die Krankenkasse soll möglichst rasch von der Arbeitsunfähigkeit Kenntnis erlangen, nicht nur um Zweifel beseitigen zu können, sondern auch um rechtzeitig Maßnahmen zur Wiederherstellung der Arbeitsfähigkeit einleiten zu können.[717] Bei der **Meldung der Arbeitsunfähigkeit** handelt es sich grundsätzlich um eine Obliegenheit des Versicherten, sodass die Folgen einer unterbliebenen oder nicht rechtzeitigen Meldung grundsätzlich von ihm zu tragen sind. Nach § 295 Abs. 1 S. 1 Nr. 1 SGB V sind Vertragsärzte jedoch verpflichtet, der Krankenversicherung die festgestellte Arbeitsunfähigkeit nach § 295 Abs. 1 S. 10 SGB V zu übermitteln. Verzögerungen in diesem Verfahren gehen nach § 49 Abs. 1 Nr. 5 Hs. 2 SGB V zu Lasten der Krankenversicherung.[718] Erfolgt die Feststellung der Arbeitsunfähigkeit (zulässigerweise) durch einen nicht an der vertragsärztlichen Versorgung teilnehmenden Arzt, bleibt es bei der Obliegenheit des Versicherten.[719]

---

712 BSG 18.2.2016 NZS 2016, 544 Rn. 13.

713 BeckOGK/Schifferdecker, 15.5.2024, SGB V § 49 Rn. 34; BT-Drs. 19/13824 S. 257.

714 Vgl. Krauskopf/Rieke, 121. EL Februar 2024, SGB V § 49 Rn. 24; BT-Drs. 19/13824 S. 257; ErfK/Rolfs, 24. Aufl. 2024, SGB V § 49 Rn. 11a.

715 BSG 3.6.2004 SGb 2005, 183.

716 Krauskopf/Rieke SGB V § 49 Rn. 28.

717 BSG 19.10.1983 BSGE 56, 13.

718 BSG 30.11.2023 BeckRS 2023, 39243 Rn. 16ff.

719 BSG 30.11.2023 BeckRS 2023, 39243 Rn. 28.

§ 49 Abs. 1 Nr. 6 SGB V ordnet das Ruhen des Krankengeldanspruchs bei **Freistellungen** gem. § 7 Abs. 1a SGB IV an. Bei einer Freistellung von der Arbeitsleistung aufgrund einer Vereinbarung über flexible Alterszeit i.S.d. § 7 Abs. 1a SGB IV ist davon auszugehen, dass die Arbeitsfreistellung durch vorangehende oder nachfolgende Arbeit vergütet wird, sodass bei Erkrankung im Zeitpunkt der Arbeitsfreistellung kein Lohnausfall eintritt.[720] 167

Die Sanktion des **§ 52 Abs. 2 SGB V („Leistungsbeschränkung bei Selbstverschulden“)** ist vor dem Hintergrund zu sehen, dass durch medizinisch nicht notwendige **Schönheitsoperationen**, Piercing und Tätowierungen oft gravierende Gesundheitsstörungen entstehen, deren Behandlung bislang allein durch die Krankenkassen zu finanzieren war. Angesichts der Tatsache, dass derartige Maßnahmen auf eigenem Entschluss der Versicherten, sich gesundheitlichen Risiken auszusetzen, beruhen, hielt der Gesetzgeber es für nicht länger sachgerecht, diese Risiken durch die Versichertengemeinschaft abzudecken.[721] Deshalb muss die Krankenkasse jetzt die Versicherten in angemessener Höhe an den Kosten beteiligen und das Krankengeld für die Dauer dieser Behandlung ganz oder teilweise versagen oder zurückfordern. § 52 Abs. 2 SGB V stellt damit eine Ausnahme von dem Grundsatz dar, dass es für eine Leistungsverpflichtung der gesetzlichen Krankenversicherung nicht auf die Ursache der Krankheit ankommt.[722] Mit höherrangigem Recht – insbesondere auch Art. 3 Abs. 1 GG – steht die Vorschrift in Einklang.[723] 168

Durch das GKV-WSG wurde § 52a SGB V aufgenommen. Die Versicherungspflicht nach § 5 Abs. 1 Nr. 13 SGB V könnte zu einer **missbräuchlichen Inanspruchnahme** von Leistungen von Personen führen, die einen Wohnsitz oder gewöhnlichen Aufenthalt in Deutschland lediglich deshalb begründen, um Leistungen der gesetzlichen Krankenversicherung in Anspruch nehmen zu können. Gedacht ist dabei insbesondere an aufwendige, hochtechnisierte Operationen wie Organtransplantationen und Ähnliches.[724] § 52a SGB V normiert in diesen Fällen einen Leistungsausschluss. Davon sollen allerdings Behandlungen akuter Erkrankungen und Schmerzzustände, die eine ärztliche oder zahnärztliche Behandlung erforderlich machen, ausgenommen sein. Einzelheiten sollten die Krankenkassen in ihren Satzungen regeln. 169

d) Wegfall und Kürzung des Krankengeldes (§§ 50, 51 SGB V)

Auch bei **§ 50 Abs. 1 SGB V** geht es um die **Vermeidung von Doppelleistungen**. Im Gegensatz zu § 49 SGB V kommt es hier jedoch zum Wegfall des Anspruchs auf Krankengeld i.S.d. Stammrechts. Die in § 50 Abs. 1 SGB V genannten Leistungen haben Vorrang vor dem Anspruch auf Krankengeld. 170

Der Vorrang anderer Leistungen gilt auch in den Fällen des **§ 50 Abs. 2 SGB V**. Weil die in § 50 Abs. 2 SGB V aufgeführten Rentenleistungen aber nur eine **Teilsicherungsfunktion** haben, sieht § 50 Abs. 2 SGB V nur eine Kürzung des Krankengeldes vor. 171

§ 51 Abs. 1 SGB V gibt der Krankenkasse die Möglichkeit, zur Wahrung der Interessen der Solidargemeinschaft darauf hinzuwirken, dass Versicherte mit einem Anspruch auf Krankengeld, deren Erwerbsfähigkeit nach ärztlichem Gutachten erheblich gefährdet oder gemindert ist, Leistungen zur medizinischen Rehabilitation oder zur Teilhabe am Arbeitsleben beantragen. Gleiches gilt nach **§ 51 Abs. 2 SGB V** für Krankengeldbezieher, welche die Voraussetzungen für den Bezug der Altersrente erfüllen.[725] Kommen Versicherte dieser Aufforderung ihrer Krankenkasse nicht nach, hat das den Verlust des Anspruchs auf Krankengeld zur Folge. Sobald der Aufforderung Folge geleistet und der Antrag später doch gestellt wird, lebt der Anspruch auf Krankengeld mit der Antragstellung wieder 172

720 BSG 25.8.2004 SozR 4-2005 § 243 Nr. 1.
721 BT-Drs. 16/3100 S. 108.
722 Krauskopf/Knittel SGB V § 52 Rn. 2.
723 BSG 27.8.2019 NZS 2020, 58 m.w.N.
724 BT-Drs. 16/3100 S. 108.
725 Zur Frage der Umdeutung eines Reha-Antrags in einen Rentenantrag gem. § 116 Abs. 2 SGB VI siehe BSG 7.12.2004 NZS 2005, 645.

auf (§ 50 Abs. 3 SGB V). Die Aufforderung unter Fristsetzung, einen Reha-Antrag zu stellen, dient in erster Linie dazu, bei dem Versicherten mittels Leistungen der medizinischen Reha und Teilhabe die Gefährdung oder Minderung der Erwerbsfähigkeit zu beseitigen.[726]

e) Höhe des Krankengeldes (§ 47 SGB V)

173 Die Berechnung des Krankengeldes wird auf der Grundlage des § 47 SGB V vorgenommen. Maßgebliches Kriterium für die Berechnung des Krankengeldes ist danach das **regelmäßige Arbeitsentgelt**, das der Versicherte vor Eintritt der Arbeitsunfähigkeit verdient hat (**Entgeltersatzfunktion des Krankengeldes**). Nach § 47 SGB V besteht die unwiderlegliche Vermutung, dass der Versicherte weiterhin ein Arbeitsentgelt in dieser Höhe erhalten hätte, wenn er nicht krankheitsbedingt arbeitsunfähig geworden wäre.[727] Dagegen haben weder Familienstand des Versicherten noch die Anzahl der unterhaltsberechtigten Angehörigen Einfluss auf die Höhe des Krankengeldes.[728]

174 Die Höhe des Krankengeldes soll im Wesentlichen dem **Nettoeinkommen** des Versicherten entsprechen, das er vor Eintritt der Arbeitsunfähigkeit erhalten hat. Das schließt aber nicht aus, dass durch den Gesetzgeber eine sachgerechte **Abstufung zwischen Arbeitsentgelt und Entgeltersatzleistung** vorgenommen werden kann.[729] Soweit sich das Gesamteinkommen des Versicherten nicht nach Maßgabe des § 47 Abs. 2 S. 6 SGB V durch die Hinzurechnung von einmalig gezahltem Arbeitsentgelt erhöht, ist das Krankengeld deshalb in seiner Höhe auf 90 Prozent des Nettoarbeitsentgelts begrenzt (§ 47 Abs. 1 S. 2 SGB V). Nur wenn Versicherte einmalig gezahltes Arbeitsentgelt erhalten haben, das nach § 23a SGB IV der Beitragsberechnung zugrunde liegt, erhöht sich die Obergrenze des kalendertäglichen Krankengeldes auf das Niveau des kalendertäglichen Nettoarbeitsentgelts (§ 47 Abs. 1 S. 4 SGB V). In diesem Fall entspricht das Krankengeld dem Nettoarbeitsentgelt des Versicherten, es ist jedoch um einmalig gezahltes Arbeitsentgelt verringert (§ 47 Abs. 2 S. 1, 3 SGB V). Allerdings ist § 47 Abs. 1 S. 3 SGB V, der die pauschale Erhöhung des Höchstkrankengeldes von 90 auf 100 Prozent beim Bezug von Einmalzahlungen vorsieht, nach Auffassung des BSG verfassungskonform dahingehend auszulegen, dass diese Pauschalierung dann nicht gilt, wenn sich die Einmalzahlungen ganz überwiegend (zu $^2/_3$ oder mehr) aus Vergütungsbestandteilen zusammensetzen, die der Arbeitgeber im Falle krankheitsbedingter Fehltage kürzen oder gänzlich verweigern darf. Denn in diesem Fall verbleibt dem Versicherten kein nennenswerter Betrag aus der Einmalzahlung neben dem Krankengeld, sodass es im Falle einer Pauschalierung des Höchstkrankengeldes an der tatsächlichen Relation des Krankengeldes zum laufend gezahlten Arbeitsentgelt fehlt und so die Entgeltersatzfunktion des Krankengeldes in nicht ausreichendem Maße Berücksichtigung findet.[730]

175 Die Krankenkasse berechnet das Krankengeld anhand folgender Daten:

- Das **Regelentgelt** (§ 47 Abs. 1 S. 1 und 5, Abs. 2, 4, 6 SGB V) ist das vom Versicherten innerhalb des maßgeblichen Berechnungszeitraums (§ 47 Abs. 2 SGB V) regelmäßig erzielte Arbeitsentgelt (§ 14 SGB IV, § 17 SGB IV i.V.m. der SvEV) oder das Arbeitseinkommen (§ 15 SGB IV), soweit es für die Beitragsberechnung herangezogen worden ist (§ 223 SGB V). Ist im Bemessungszeitraum das Arbeitsentgelt noch nicht für mindestens vier Wochen erzielt und abgerechnet worden, so ist es zu schätzen.[731]
- Das **Nettoarbeitsentgelt** (§ 47 Abs. 1 S. 2–4 SGB V) ergibt sich aus dem um die gesetzlichen Lohnabzüge (Steuern, Sozialversicherungsbeiträge) verringerten Bruttoarbeitsentgelt.

---

726 BSG 16.12.2014 BeckRS 2015, 66099 Rn. 21.
727 BSG 16.9.1981 BSGE 52, 102.
728 BVerfG 17.2.1997 SozR 3-2500 § 47 Nr. 8.
729 BT-Drs. 13/4615 S. 10 zur Senkung des Krankengeldes von 80 Prozent auf 70 Prozent des Regelentgelts gem. § 47 Abs. 1 S. 1 SGB V.
730 BSG 21.2.2006 NZS 2006, 538.
731 BSG 30.5.2006 SGb 2006, 417.

– **Einmalig gezahltes Arbeitsentgelt** (§ 47 Abs. 2 S. 6 SGB V, § 23a SGB IV) sind die in der Sozialversicherung beitragspflichtigen Zuwendungen des Arbeitgebers an den Arbeitnehmer, die dem Arbeitsentgelt zuzurechnen sind, die aber nicht regelmäßig monatlich anfallen und weder einen zeitlichen noch einen sachlichen Bezug zu dem Entgelt eines Entgeltabrechnungszeitraums haben.[732] Hierzu gehören das Urlaubs- und Weihnachtsgeld, Gratifikationen und ein zusätzliches Monatsgehalt, nicht jedoch die Urlaubsabgeltung.[733] Die Berücksichtigung des einmalig erzielten Arbeitsentgeltes ist auf eine Entscheidung des BVerfG zurückzuführen, wonach es mit Art. 3 Abs. 1 GG unvereinbar ist, einmalig gezahltes Arbeitsentgelt zu Sozialversicherungsbeiträgen heranzuziehen, ohne dass dieses bei der Berechnung kurzfristiger Lohnersatzleistungen – wie beispielsweise dem Krankengeld –berücksichtigt wird.[734]

Bei dem Krankengeldbezug über einen längeren Zeitraum stellt sich die Frage der **Anpassung** der Höhe des Krankengeldes an die sich ändernden wirtschaftlichen Verhältnisse. Heute erfolgt die Anpassung des Krankengeldes und anderer Entgeltersatzleistungen einheitlich nach § 70 SGB IX. Bis auf kleinere redaktionelle Änderungen entspricht der seit dem 1.1.2018 geltende § 70 SGB IX dem § 50 SGB IX a.F.[735] **176**

Die Berechnung des Krankengeldes für **Bezieher von Leistungen** nach dem **SGB III** erfolgt nach **§ 47b SGB V**. Das Krankengeld für Versicherte nach § 5 Abs. 1 Nr. 2 SGB V wird in Höhe des zuletzt bezogenen Arbeitslosengeldes bezahlt (Abs. 1). Die Vorschrift trägt dem Umstand Rechnung, dass das Krankengeld für Arbeitslose nicht das Arbeitsentgelt, sondern den Wegfall des Arbeitslosengeldes ersetzen will.[736] § 47b SGB V regelt allerdings nicht die Voraussetzungen eines Anspruchs auf Krankengeld dem Grunde nach – hierfür müssen die allgemeinen Vorschriften der §§ 44, 44a und 45 SGB V erfüllt sein.[737] 177

f) Dauer des Krankengeldbezugs (§ 48 SGB V)

Die Vorschrift des § 48 SGB V begrenzt die Dauer des Krankengeldbezuges auf **78 Wochen innerhalb eines Zeitraums von je drei Jahren**. Durch die Beschränkung der Dauer des Krankengeldbezugs soll sichergestellt werden, dass das Krankengeld einen **vorübergehenden Einkommensausfall** des Versicherten kompensiert. Führt eine langwierige Krankheit dagegen dauerhaft zur Arbeitsunfähigkeit des Versicherten, wird die Absicherung dieses Risikos nach der Systematik des Sozialversicherungsrechts nicht von der gesetzlichen Krankenversicherung wahrgenommen, sondern fällt in die Zuständigkeit der gesetzlichen Rentenversicherung.[738] Mit der Vorschrift des § 48 SGB V verfolgt der Gesetzgeber somit die Verteilung des Risikos der krankheitsbedingten Arbeitsunfähigkeit zwischen der gesetzlichen Krankenversicherung und der gesetzlichen Rentenversicherung. Dieses Anliegen wird durch die widersprüchlich gefasste Bestimmung des § 48 SGB V allerdings nicht deutlich, sondern eher verdeckt. 178

Der Anspruch auf Krankengeld besteht nach dem Grundsatz des § 48 Abs. 1 S. 1 1. Hs. SGB V **ohne zeitliche Begrenzung**. Das gilt jedoch nur im Hinblick auf die Gesamtdauer des Krankengeldbezuges, denn ohne zeitliche Begrenzung heißt nicht, dass Krankengeld ununterbrochen geleistet wird. § 48 Abs. 1 S. 1 2. Hs., Abs. 2 SGB V begrenzt den Krankengeldanspruch des Versicherten auf **78 Wochen innerhalb eines Drei-Jahres-Zeitraums**, wenn die Arbeitsunfähigkeit auf derselben Krank- 179

732 Vgl. die Legaldefinition in § 23a Abs. 1 S. 1 SGB IV und Krauskopf/Rieke SGB V § 47 Rn. 22f.
733 BSG 30.5.2005 SGb 2006, 417.
734 BVerfG 11.1.1995 NZS 1995, 312ff.
735 Vgl. ausführlicher Neumann/Pahlen/Greiner/Winkler/Westphal/Krohne/Jabben/Westphal, 15. Aufl. 2024, SGB IX § 70 Rn. 1ff.
736 In diesem Sinne BSG 4.4.2006 SGb 2007, 51, 52.
737 LSG Mecklenburg-Vorpommern 9.3.2017 – L 6 KR 90/15, Juris, Rn. 30.
738 BSG 16.12.2014 BSGE 118, 40 Rn. 22; BSG 13.2.1975 SozR 2200 § 183 Nr. 5.

heit beruht. Hat ein Versicherter innerhalb dieses Zeitraums für 78 Wochen Krankengeld bezogen, ist ein neuer Krankengeldanspruch im nächsten Drei-Jahres-Zeitraum unter den Voraussetzungen des § 48 Abs. 2 SGB V gegeben.

180 Zentrales Tatbestandsmerkmal des § 48 SGB V ist der Begriff **„derselben Krankheit“**. Dieselbe Krankheit liegt vor, wenn es sich **im ursächlichen Sinne um ein einheitliches Krankheitsgeschehen** handelt. Entscheidend ist die Identität von Krankheitsursache und Krankheitsablauf.[739] Sie ist nicht nur dann gegeben, wenn eine bestimmte Krankheit den Versicherten über die Gesamtzeit von 78 Wochen durchgehend arbeitsunfähig macht.[740] Um ein einheitliches Krankheitsgeschehen handelt es sich auch dann, wenn der Versicherte latent unter einem regelwidrigen Körper- oder Geisteszustand leidet und Krankheitsschübe nur phasenweise zur Arbeitsunfähigkeit führen. Obwohl es sich hier um verschiedene Leistungsfälle handelt, weil nach dem periodischen Auftreten der Arbeitsunfähigkeit die Voraussetzungen des Krankengeldanspruchs entfallen, wenn der Versicherte wieder arbeitsfähig ist, liegt seiner Arbeitsunfähigkeit „dieselbe Krankheit“ i.S.d. § 48 SGB V zugrunde.[741]

181 Tritt während der krankheitsbedingten Arbeitsunfähigkeit eine **weitere Krankheit** hinzu, wird die Leistungsdauer nicht verlängert (§ 48 Abs. 1 S. 2 SGB V). Solange der Versicherte arbeitsunfähig erkrankt ist, kann eine andere Krankheit keinen Krankengeldanspruch begründen. Diese Bestimmung stellt eine Ausnahme von dem Grundsatz dar, dass jede neue Krankheit einen neuen Drei-Jahres-Zeitraum in Gang setzt. Die schon bestehende und die hinzutretende Krankheit werden im Ergebnis als einheitliche Krankheit behandelt.[742] Die Unterscheidung zwischen verschiedenen Krankheiten behält aber im Rahmen des § 48 Abs. 2 SGB V Bedeutung.[743]

182 Ein **neuer Anspruch** auf Krankengeld bei Arbeitsunfähigkeit aufgrund **derselben Krankheit** wird in **§ 48 Abs. 2 SGB V** an folgende Voraussetzungen geknüpft:

- 78-wöchiger Bezug von Krankengeld im letzten Drei-Jahres-Zeitraum wegen derselben Krankheit. Hat der Versicherte für eine kürzere Zeit Krankengeld bezogen, ist nicht § 48 Abs. 2 SGB V, sondern § 48 Abs. 1 SGB V anwendbar. Gem. § 48 Abs. 3 SGB V werden Zeiten des Ruhens des Krankengeldes (§ 49 SGB V) oder der Versagung des Krankengeldes (§ 52 SGB V) bei der Feststellung der Leistungsdauer des Krankengeldes wie Zeiten des Bezugs von Krankengeld berücksichtigt. Als „letzter“ Drei-Jahres-Zeitraum gilt hierbei der Zeitraum, in dem Versicherte Krankengeld bezogen haben.[744]
- Bei Eintritt der erneuten Arbeitsunfähigkeit muss die Krankenversicherung mit Anspruch auf Krankengeld bestehen. Der Gesetzgeber wollte damit ausschließen, dass Bezieher der in § 49 SGB V genannten Leistungen und freiwillig Versicherte, deren Anspruch auf Krankengeld durch die Satzung ausgeschlossen ist, bei Wiedererkrankung Anspruch auf Krankengeld nach § 48 SGB V haben.[745]
- Für mindestens sechs Monate keine Arbeitsunfähigkeit wegen dieser Krankheit und Erwerbstätigkeit oder Verfügbarkeit des Versicherten für die Arbeitsvermittlung. Als Erwerbstätigkeit gilt auch die Teilnahme an einer Maßnahme der beruflichen Rehabilitation.[746]

---

739 Zum Begriff vgl. BeckOGK/Schifferdecker, 15.2.2024, SGB V § 48 Rn. 13ff.; Krauskopf/Rieke SGB V § 48 Rn. 5.

740 BSG 11.7.2000 – B 1 KR 43/99, Juris; BSG 24.6.1969 SozR 2200 § 183 RVO Nr. 40; BSG 12.10.1988 NZA 1989, 287.

741 Z.B. bei degenerativen Wirbelsäulenveränderungen, die in zeitlichen Abständen unterschiedliche behandlungsbedürftige Beschwerden auslösen, BSG 12.10.1988 NZA 1989, 287; BSG 7.12.2004 SGb 2005, 333f.; LSG Thüringen 28.2.2012, juris Rn. 20.

742 BeckOGK/Schifferdecker, 15.2.2024, SGB V § 48 Rn. 16; BSG 8.11.2005 SGb 2006, 39.

743 BSG 8.12.1992 NZS 1993 165ff.

744 BSG 29.9.1998 BSGE 83, 7.

745 BT-Drs. 11/2237 S. 181.

746 BSG 3.11.1993 SozR 3-2500 § 48 Nr. 5.

Beispiel (nach BSG 8.12.1992 BSGE 71, 290):
Die sozialversicherungspflichtige Klägerin erkrankte am 1.1.1999 an einer Gastroduodenitis. Die Krankheit hatte eine sechsmonatige Arbeitsunfähigkeit der Klägerin zur Folge. Während dieses Zeitraums erlitt sie ein HWS-Syndrom. Diese weitere Erkrankung führte zunächst neben, später allein zur Arbeitsunfähigkeit der Klägerin und hielt bis in das Jahr 2002 an. In den ersten sechs Wochen erhielt die Klägerin von ihrem Arbeitgeber Entgeltfortzahlung im Krankheitsfall nach § 3 EFZG. Anschließend wurde ihr 72 Wochen lang Krankengeld gewährt. Aufgrund des Beginns der neuen Drei-Jahres-Frist am 1.1.2002 beantragte sie bei ihrer Krankenkasse Krankengeld. Diese verneinte einen Krankengeldanspruch der Klägerin jedoch unter Hinweis auf das Nichtvorliegen der Tatbestandsvoraussetzungen des § 48 Abs. 2 SGB V.

Aufgrund der Gastroduodenitis und ihres HWS-Syndroms hat die Klägerin insgesamt für 78 Wochen Krankengeld erhalten (§ 48 Abs. 1 SGB V). Die Zeiten der Entgeltfortzahlung zählen als Bezug von Krankengeld, § 48 Abs. 3 SGB V. Da die Klägerin auch noch in dem am 1.1.2002 beginnenden neuen Drei-Jahres-Zeitraum am HWS-Syndrom leidet, beruht die Arbeitsunfähigkeit auf derselben Krankheit i.S.d. § 48 Abs. 2 SGB V. Sie war nach dem Auftreten des HWS-Syndroms aber zu keinem Zeitpunkt mehr arbeitsfähig und erfüllt deshalb nicht die Tatbestandsvoraussetzungen des § 48 Abs. 2 SGB V. Ein Krankengeldanspruch steht ihr deshalb nur dann zu, wenn in ihrem Fall nicht § 48 Abs. 2 SGB V, sondern § 48 Abs. 1 SGB V anwendbar wäre.

Das BSG verneinte die Anwendbarkeit des § 48 Abs. 2 SGB V, weil die Klägerin in der vergangenen Drei-Jahres-Frist weniger als 78 Wochen infolge derselben Krankheit – des HWS-Syndroms – Krankengeld bezogen hatte. Zwar werden verschiedene Krankheiten in § 48 Abs. 1 SGB V, nicht aber in § 48 Abs. 2 SGB V als einheitliches Krankheitsgeschehen gewertet (§ 48 Abs. 1 S. 2 SGB V). In Bezug auf § 48 Abs. 2 SGB V sind die Krankheiten individuell zu betrachten.

2. Kinderpflegekrankengeld (§ 45 SGB V)

Neben den Versicherungsfällen Krankheit, Schwangerschaft und Mutterschaft sowie der krankheitsbedingten Arbeitsunfähigkeit gibt es in der gesetzlichen Krankenversicherung einen sog. **familienbezogenen Versicherungsfall.**[747] Das Kinderpflegekrankengeld nach § 45 SGB V trägt dem Umstand Rechnung, dass berufstätige Versicherte gelegentlich wegen Erkrankung ihres Kindes ihrer Arbeit fernbleiben müssen. Wie bei der Arbeitsunfähigkeit des Versicherten kann es auch in diesem Fall zu einem (krankheitsbedingten) Einnahmeausfall kommen. Das Kinderpflegekrankengeld sichert deshalb ebenso wie das Krankengeld nach § 44 SGB V ein mit dem Versicherungsfall verbundenes Risiko ab. Auch das Kinderpflegekrankengeld hat **Lohnersatzfunktion.**[748] Die Höhe des Kinderkrankengeldes berechnete sich bis zum 31.12.2014 grundsätzlich nach § 47 SGB V. Seit dem 1.1.2015 ergibt sich der Betrag aus den neu eigefügten S. 3 und 4 in Abs. 2. Lediglich ergänzend wird in Abs. 2 S. 5 auf Teile von § 47 SGB V verwiesen (§ 47 Abs. 1 S. 6–8 und Abs. 4 S. 3–5 SGB V). 183

a) Tatbestandsvoraussetzungen

- Fernbleiben des Versicherten von der Arbeit infolge Erkrankung seines ebenfalls gesetzlich krankenversicherten Kindes. Eine Einschränkung des anspruchsberechtigten Personenkreises enthält § 45 Abs. 1 S. 2 SGB V. Versicherte ohne Krankengeldanspruch (§ 44 Abs. 2 SGB V) haben auch keinen Anspruch auf Kinderpflegekrankengeld.
- Die Beaufsichtigungs-, Betreuungs- oder Pflegebedürftigkeit des Kindes, das sein zwölftes Lebensjahr noch nicht vollendet haben darf oder das behindert und auf Hilfe angewiesen ist, muss ärztlich bescheinigt werden (§ 45 Abs. 1 SGB V, hierzu auch § 73 Abs. 2 S. 1 Nr. 9 SGB V).
- Das Fehlen einer sonstigen Person im Haushalt des Versicherten, welche die Betreuung des erkrankten Kindes übernehmen könnte.
- Die für Krankengeldansprüche allgemein geltenden Vorschriften sind zu beachten. Zahlt der Arbeitgeber weiterhin den Lohn des Versicherten (§ 616 BGB), ruht auch der Anspruch auf Kinderpflegekrankengeld (§ 49 Abs. 1 Nr. 1 SGB V).

747 BSG 31.1.1995 BSGE 76, 1, 5.
748 BeckOGK/Schifferdecker, 15.2.2024, SGB V § 45 Rn. 3.

– Wird ein Elternteil nach § 11 Abs. 3 SGB V mit dem Kind, welches unter 12 Jahren alt ist, aus medizinischen Gründen als Begleitperson stationär mitaufgenommen, kommt auch ihm nach **§ 45 Abs. 1a SGB V** ein Krankengeldanspruch zu.

b) Anspruchsdauer und Freistellungsanspruch

184 Die Dauer des Anspruchs ergibt sich aus § 45 Abs. 2 SGB V. Grundsätzlich wird Kinderpflegekrankengeld längstens für zehn **Arbeitstage pro Kalenderjahr** gewährt. Bei alleinerziehenden Versicherten verdoppelt sich die Anspruchsdauer (Abs. 2 S. 1). Zur Auslegung des Tatbestandsmerkmals „alleinerziehend“ kann auf § 21 Abs. 3 SGB II zurückgegriffen werden. Im Kontext dieser Vorschrift hat das BSG entschieden, dass eine Alleinerziehung auch zu bejahen ist, wenn sich geschiedene oder getrennt wohnende Eltern mit der Pflege/Erziehung des gemeinsamen Kindes in größeren, mindestens eine Woche umfassenden Intervallen abwechseln und sich die anfallenden Kosten ungefähr hälftig teilen.[749] Maximal können Versicherte 25 bzw. 50 Arbeitstage in Anspruch nehmen (Abs. 2 S. 2).[750] Für die Jahre 2024 und 2025 wurde die Anspruchsdauer zunächst vorübergehend auf 35 bzw. 70 Arbeitstage erhöht (Abs. 2a).[751] Zeitlich unbeschränkt besteht der Anspruch, wenn das betreuungsbedürftige Kind an einer weit fortgeschrittenen, tödlich verlaufenden Erkrankung leidet und der Versicherte der Arbeit fernbleibt, um sich der Pflege dieses Kindes zu widmen (§ 45 Abs. 4 SGB V). Damit Arbeitnehmer auch tatsächlich und berechtigterweise der Arbeit fernbleiben können, normieren § 45 Abs. 3 und 4 SGB V einen Anspruch auf unbezahlte Freistellung von der Arbeitsleistung gegen den Arbeitgeber, soweit nicht aus dem gleichen Grund ohnehin Anspruch auf bezahlte Freistellung besteht (§ 616 BGB).[752] Dieser Anspruch besteht unabhängig von einer Krankengeldberechtigung des Arbeitnehmers (§ 45 Abs. 5 SGB V). Hierbei handelt es sich um eine Regelung, die nach § 45 Abs. 3 S. 3 SGB V nicht arbeitsvertraglich ausgeschlossen oder beschränkt werden kann. Ferner besteht ein zeitlich unbegrenzter Anspruch, wenn ein Elternteil, nach **Abs. 1a** stationär mitaufgenommen wurde.[753]

3. Mutterschaftsgeld (§ 24i SGB V)

185 § 24i SGB V wurde im Jahr 2012 in das SGB V eingefügt und entspricht grosso modo der Vorgängerregelung des § 200 RVO. Die Norm konkretisiert die in der Einweisungsvorschrift des § 24c SGB V („Leistungen bei Schwangerschaft und Mutterschaft“) enthaltene Nr. 6.

186 Der Anspruch auf Mutterschaftsgeld (siehe unter § 22 Rn. 102 ff.) ist an den Beginn und die Dauer der **Schutzfristen nach §§ 3, 6 MuSchG** und an die Ausgestaltung des Versicherungsschutzes der (werdenden) Mutter in der gesetzlichen Krankenversicherung geknüpft. Erforderlich ist die Mitgliedschaft in der gesetzlichen Krankenversicherung mit Anspruch auf Krankengeld nach § 44 Abs. 1 SGB V oder ohne Anspruch auf Krankengeld, wenn aufgrund der in §§ 3, 6 MuSchG geregelten Schutzfristen kein Arbeitsentgelt gezahlt wird. Die zweite Alternative liegt etwa bei Studentinnen vor, die Mitglieder der gesetzlichen Krankenversicherung ohne Anspruch auf Krankengeld sind (§§ 5 Abs. 1 Nr. 9, 44 Abs. 2 S. 1 Nr. 1 SGB V) und neben ihrem Studium in einem versicherungsfreien Arbeitsverhältnis stehen (§ 6 Abs. 1 Nr. 3 SGB V).

187 Das Mutterschaftsgeld wird nach Abs. 3 S. 1 grundsätzlich für die **letzten sechs Wochen** vor dem voraussichtlichen Tag der Entbindung, den Entbindungstag und die **ersten acht Wochen** nach der Entbindung gezahlt.[754] Nach Abs. 3 S. 2 verlängert sich der Zeitraum der Zahlung des Mutter-

---

749 BSG 11.2.2015 NZS 2015, 512 Rn. 12; BSG 23.8.2012 NZS 2010, 106 Rn. 16.

750 Kritisch Greiner, NZA 2007, 490.

751 BT-Drs. 20/8901, S. 165.

752 S. hierzu ErfK/Preis/Greiner, 24. Aufl. 2024, BGB § 616 Rn. 8 f.

753 BT-Drs. 20/8901, S. 164; BeckOK SozR/Tischler, 73. Ed. 1.6.2024, SGB V § 45 Rn. 24l.

754 Zur Entbindung vgl. Schaks, SGb 2017, 675.

schaftsgeldes auf die ersten zwölf Wochen nach der Entbindung, wenn eine Früh- oder Mehrlingsgeburt vorliegt (Alternative 1) oder in den Fällen, in denen vor Ablauf von acht Wochen nach der Entbindung beim Kind eine Behinderung i.S.v. § 2 Abs. 1 S. 1 SGB IX festgestellt sowie ein Antrag nach § 3 Abs. 2 S. 4 MuSchG gestellt wird (Alternative 2). Grund für die Verlängerung des Zahlungszeitraums ist bei Alternative 1 die erhöhte Schutzbedürftigkeit von Mutter und Kind[755] und bei Alternative 2 die mit der Geburt verbundenen besonderen körperlichen und psychischen Herausforderungen und Belastungen.[756] Abs. 3 S. 3 verlängert den Bezugszeitraum bei Frühgeburten und sonstigen vorzeitigen Entbindungen flexibel um den Zeitraum, der *vor* der Entbindung nicht in Anspruch genommen werden konnte. Von einer Frühgeburt spricht man, wenn das Kind – bei Mehrlingsgeburten das schwerste der Kinder – ein Geburtsgewicht von maximal 2500g hat.[757]

Die **Höhe des Mutterschaftsgeldes** bestimmt sich nach § 24i Abs. 2 SGB V. Die Vorschrift differenziert grundsätzlich zwischen zwei Gruppen Anspruchsberechtigter: Einerseits Mitglieder, die bei Beginn der sechswöchigen Schutzfrist vor der Entbindung in einem Arbeitsverhältnis stehen, in Heimarbeit beschäftigt sind oder deren Arbeitsverhältnis nach Maßgabe des § 17 Abs. 2 gekündigt worden ist (S. 1–4) und andererseits „Frauen nach Absatz 1 Satz 2" und „andere Mitglieder" (S. 5). Für die erste Gruppe wird das um die gesetzlichen Abzüge verminderte durchschnittliche kalendertägliche Arbeitsentgelt der letzten drei abgerechneten Kalendermonate vor Beginn der Schutzfrist nach § 3 Abs. 1 MuSchG als Mutterschaftsgeld gezahlt. Näheres regeln die Sätze 2–4. Für die zweite Gruppe wird das Mutterschaftsgeld in Höhe des Krankengeldes nach § 47 SGB V gezahlt.[758] 188

4. Ausgleich von Arbeitgeberaufwendungen

Ein besonderer Leistungskomplex der gesetzlichen Krankenversicherung ist der Ausgleich von Arbeitgeberaufwendungen für **Entgeltfortzahlung** nach dem EFZG und **Leistungen bei Mutterschaft** nach dem MuSchG. Die Erstattung erfolgt nach den Vorschriften des **Gesetzes über den Ausgleich der Arbeitgeberaufwendungen für Entgeltfortzahlung (Aufwendungsausgleichsgesetz – AAG)**. Das Ausgleichsverfahren nach dem LFZG war am 1.1.1970 eingeführt worden, um für Kleinbetriebe die nach diesem Gesetz bestehenden Belastungen zu mildern.[759] Das Bundesverfassungsgericht hat die Beschränkung des Ausgleichsverfahrens für den Arbeitgeberzuschuss zum Mutterschaftsgeld auf Kleinbetriebe für verfassungswidrig erklärt, da sich der Umstand, dass sich mittlere und große Betriebe nicht am Ausgleichsverfahren beteiligen könnten, für Frauen bei der Einstellung in diese Betriebe nachteilig auswirken könne.[760] Mit dem neuen Gesetz sollten die Umlageverfahren „den aktuellen Strukturen in der Sozialversicherung angeglichen und weiterentwickelt werden", um insgesamt eine „gerechtere Verteilung der Belastungen" zu erreichen.[761] 189

Nach § 1 Abs. 1 AAG sind im Ausgleichsverfahren bei Entgeltfortzahlung (nach § 1 Abs. 3 AAG sog. **U1-Verfahren**) nur Arbeitgeber mit in der Regel (ausschließlich der zu ihrer Berufsausbildung Beschäftigten) nicht mehr als 30 Arbeitnehmern anspruchsberechtigt, wohingegen es nach Abs. 2 der Vorschrift im Ausgleichsverfahren bei Mutterschaft (nach § 1 Abs. 3 AAG sog. **U2-Verfahren**) alle Arbeitgeber sind. Am Ausgleich nach beiden Absätzen nehmen auch Arbeitgeber teil, die nur Auszubildende beschäftigen (Abs. 3). § 11 AAG regelt **Ausnahmen** vom U1-Verfahren, insbesondere für öffentlich-rechtlich organisierte Arbeitgeber.[762] Für Betriebe eines Wirtschaftszweiges können Arbeitgeber nach § 12 Abs. 1 AAG mit Genehmigung des Bundesministeriums für Gesundheit Einrich- 190

755 Kasskomm/NOLTE § 24i SGB V Rn. 44.
756 BT-Drs. 18/8963 S. 40 und 56.
757 Ausführlicher Krauskopf/WAGNER SGB V § 24i Rn. 39.
758 Ausführlicher zur Berechnung BeckOK SozR/KIEßLING, 72. Edition (1.3.2024), SGB V § 24i Rn. 13ff.
759 LINCK in Schaub, Arbeitsrechts-Handbuch, 18. Aufl. 2019, § 100 Rn. 1.
760 BVerfG 18.11.2003 BVerfGE 109, 64.
761 BT-Drs. 16/39 S. 1.
762 RUPPELT in Küttner, Personalbuch, 26. Auflage 2019, Kleinbetrieb Rn. 18.

tungen zum Ausgleich der Arbeitgeberaufwendungen errichten, an denen auch Arbeitgeber teilnehmen, die die Voraussetzungen des § 1 AAG nicht erfüllen **(freiwilliges Ausgleichsverfahren)**. Nach dem AAG sind, anders als unter der Geltung des LFZG, alle Krankenkassen mit Ausnahme der landwirtschaftlichen Krankenkasse, bei der die Arbeitnehmer, Auszubildenden oder nach dem MuSchG anspruchsberechtigten Frauen versichert sind, Anspruchsgegner.

191 Dem Arbeitgeber werden auf Antrag (§ 2 Abs. 2 S. 1 AAG) **80 Prozent** des für den in § 3 Abs. 1 und 2 und § 9 Abs. 1 EFZG bezeichneten Zeitraums (unverschuldete Arbeitsunfähigkeit infolge Krankheit und Arbeitsverhinderung infolge einer Maßnahme der medizinischen Vorsorge oder Rehabilitation) an Arbeitnehmer fortgezahlten Arbeitsentgelts erstattet. **In vollem Umfang** erstatten die Krankenkassen den Arbeitgebern den nach § 20 Abs. 1 MuSchG gezahlten Zuschuss zum Mutterschaftsgeld und das nach § 18 MuSchG bei Beschäftigungsverboten gezahlte Arbeitsentgelt. In beiden Verfahren werden auch die auf das Arbeitsentgelt entfallenden Arbeitgeberbeiträge zur Bundesagentur für Arbeit sowie die Arbeitgeberanteile an Beiträgen zur gesetzlichen Kranken- und Rentenversicherung, zur sozialen Pflegeversicherung und nach § 172a SGB VI sowie die Beitragszuschüsse nach § 257 SGB V und § 61 SGB XI berücksichtigt. Durch **Satzung** der Krankenkasse kann die Höhe der Erstattung im U1-Verfahren beschränkt werden (§ 9 Abs. 2 Nr. 1 AAG).

192 Die Mittel zur Durchführung der U1- und U2-Verfahren werden von den am Ausgleich beteiligten Arbeitgebern durch gesonderte **Umlagen** aufgebracht, die in einem Prozentsatz des Entgelts festzusetzen sind, nach dem die Beiträge zur gesetzlichen Rentenversicherung für die im Betrieb beschäftigten Arbeitnehmer und Auszubildenden bemessen werden oder bei Versicherungspflicht in der gesetzlichen Rentenversicherung zu bemessen wären (§ 7 Abs. 1, Abs. 2 S. 1 AAG).

§ 23 Das Leistungserbringungsrecht

Literatur: Axer, Beitragssatzstabilität und vertragszahnärztliche Gesamtvergütung, GesR 2013, 135; Baltzer, Das Sozialrecht als Wettbewerbsordnung, Teil I und II, SGb 2007, 573 ff.; 638 ff.; Bien, Die Einflüsse des europäischen Kartellrechts auf das nationale Gesundheitswesen, 2004; Bleil, Zulassungs- und Vertragsrecht der Heil- und Hilfsmittellieferanten im Kranken- und Pflegeversicherungsrecht, 2005; Block/Pruns, Ausschreibungspflichten bei der Leistungserbringung in der GKV, SGb 2007, 645 ff.; Bockholdt, Rechtsschutzprobleme hinsichtlich der Mindestmengenprognose nach § 136b Abs. 4 SGB V, NZS 2019, 814; Boecken, Vertragsärztliche Bedarfsplanung aus rechtlicher Sicht, NZS 1999, 417 ff.; Boerner, Neue Grundsatznorm für das Vertragsrecht der gesetzlichen Krankenversicherung, NJW 2000, 2718 ff.; Burkiczak, Streikverbot für Vertragsärzte, NZS 2017, 536; Cassel/Ebsen/Greß/Jacobs/Schulze/Wasem, Weiterentwicklung des Vertragswettbewerbs in der gesetzlichen Krankenversicherung – Vorschläge für kurzfristig umsetzbare Reformschritte, 2006; Clemens, Normenstrukturen im Sozialrecht – Unfallversicherungs-, Arbeitsförderungs- und Kassenarztrecht, NZS 1994, 337 ff.; Degener-Hencke, Integration von ambulanter und stationärer Versorgung – Öffnung der Krankenhäuser für die ambulante Versorgung, NZS 2003, 629 ff.; Felix, Der Vergütungsanspruch des Krankenhauses gegen die Krankenkassen aufgrund Krankenhausbehandlung, SGb 2017, 181 (Teil 1), 259 (Teil 2); Flüchter, Kollektivverträge und Konfliktlösung im SGB V, 2000; Gassner, Kartellrechtliche Re-Regulierung des GKV-Leistungsmarkts, NZS 2007, 281 ff.; Geisler/Temming, Der Anspruch auf angemessene Vergütung von Rettungs- und Krankentransportleistungen im Rahmen des § 133 SGB V, NZS 2005, 125 ff.; Greiner, Grenzen des Fremdpersonaleinsatzes im Krankenhaus: Die „Honorararzt"-Entscheidungen des BSG, NZS 2019, 761; Hedermann, Der Vergütungsanspruch der Krankenhäuser für ambulante Notfallbehandlungen von Kassenpatienten, SGb 2015, 378; Hufen, Grundrechtsschutz der Leistungserbringer und privaten Versicherer in Zeiten der Gesundheitsreform, NJW 2004, 14 ff.; Jansen, Ambulantes Operieren im Krankenhaus, MedR 1993, 252 ff.; Kremer/Wittmann, Vertragsärztliche Zulassungsverfahren, 2012; Klöck, Die Anwendung des Vergaberechts auf Beschaffungen durch die gesetzlichen Krankenkassen, NZS 2008, 178 ff.; Knispel, Auswirkungen der Neuregelung der Rechtsbeziehungen der Krankenkassen und ihrer Verbände zu den Leistungserbringern durch das GKV-Gesundheitsreformgesetz 2000, NZS 2001, 466 ff.; Laufs/Uhlenbruck, Handbuch des Arztrechts, 4. Aufl. 2010; von Maydell/Pietzcker, Begrenzung der Kassenarztzulassung: Verfassungs- und sozialrechtliche Aspekte, 1993; Mühlhausen, Der Mitgliederwettbewerb innerhalb der gesetzlichen Krankenversicherung, 2001; Orlowski/Wasem, Gesundheitsreform 2007 (GKV-WSG), 2007; Pfeiffer, Die erweiterte Vertragskompetenz der Krankenkassen aus der Sicht der Krankenkassen, VSSR 2004, 149 ff.; Prütting, Qualitätssicherung als Ziel regionaler Versorgungsplanung aus Sicht der Gesundheitsbehörde, VSSR 2013, 357; Quaas, Zu den Aufgaben und der Diskussion um die Rechtsform der Landeskrankenhausgesellschaften (LKG), NZS 1995, 482 ff.; Quaas, Vertragsgestaltungen zur integrierten Versorgung aus der Sicht der Krankenhäuser, VSSR 2004, 175 ff.; Rehborn, Erweiterte Vertragskompetenz der Krankenkassen unter besonderer Berücksichtigung der Verträge zur hausarztzentrierten und integrierten Versorgung, VSSR

2004, 157ff.; SCHLINK, Korporatismus im Krankenhauswesen, RsDE Nr. 11, 1ff.; SCHMIDT-DE CALUWE, Das Behandlungsverhältnis zwischen Vertragsarzt und sozialversichertem Patienten, VSSR 1998, 207ff.; SCHMITT, Leistungserbringung durch Dritte im Sozialrecht, 1990; SCHNAPP/WIGGE (Hrsg.), Handbuch des Vertragsarztrechts, 2002; SEITZ, Die Erbringung ambulanter Leistungen durch Krankenhäuser, 2012; SODAN, Handbuch des Krankenversicherungsrechts, 3. Aufl. 2018; SODAN/ADAM, Zur Geltung des Kartellrechts im Rahmen der Leistungserbringung für die gesetzliche Krankenversicherung – § 69 S. 1 SGB V als Bereichsausnahme für das Gesundheitswesen?, NZS 2006, 113ff.; SODAN/SCHAKS, Streikrecht für Vertragsärzte? – Eine Studie zur Zulässigkeit kollektiver Maßnahmen von Vertragsärzten, VSSR 2014, 89; STEINER, Der neue § 127 SGB V oder: Das Gesetz zur Stärkung des Wettbewerbsrechts?, GesR 2008, 245ff.; STEINMEYER, Wettbewerbsrecht im Gesundheitswesen, 2000; STOLLMANN, Qualitätsvorgaben in der Krankenhausplanung – Änderungen durch das Krankenhausstrukturgesetz, NZS 2016, 201; WALLERATH, Preisdirigismen in der Gesetzlichen Krankenversicherung, SGb 2006, 505ff.; WENNER, Vertragsarztrecht nach der Gesundheitsreform, 2008; WIGGE, Medizinische Versorgungszentren nach dem GMG, MedR 2004, 123ff.;WILLE/KOCH, Gesundheitsreform, 2007; WOLLENSCHLÄGER, Eine Einheitliche Gebührenordnung für ambulante ärztliche Leistungen – Herausforderungen und Grenzen einer Harmonisierung angesichts im GKV- und privatärztlichen Sektor fundamental divergierender Leistungs- und Vergütungssysteme NZS 2018, 385 (Teil 1), 445 (Teil 2); WOLLENSCHLÄGER/SCHMIDL, Qualitätssicherung als Ziel der Krankenhausplanung – Regelungskompetenzen der Länder und verfassungsrechtliche Grenzen für Maßnahmen der Qualitätssicherung, VSSR 2014, 117.

I. Gegenstand des Leistungserbringungsrechts

Das Leistungserbringungsrecht der gesetzlichen Krankenversicherung enthält Regelungen zu folgenden zentralen Fragen: 1

1. Unter welchen Voraussetzungen können Angehörige der verschiedenen Heilberufsgruppen an der Versorgung der Versicherten teilnehmen und auf welche Art und Weise werden sie zur Behandlung der Versicherten berechtigt und verpflichtet?
2. Welche Leistungen dürfen sie zu Lasten der Krankenkassen erbringen, welche Qualitätsstandards müssen erfüllt sein und wie werden die Leistungen honoriert?

Die Notwendigkeit eines Leistungserbringungsrechts ergibt sich aus dem **Sachleistungsprinzip** der 2 gesetzlichen Krankenversicherung, das seine allgemeine Grundlage in § 11 S. 1 SGB I findet. Im Besonderen normiert § 2 Abs. 2 S. 1 SGB V das Sachleistungsprinzip als Leistungsmaxime der gesetzlichen Krankenversicherung.[763] Danach erhalten die Versicherten Leistungen der Krankenkassen im Grundsatz als **Sach- und Dienstleistungen**, soweit das SGB V oder das SGB IX nicht ausnahmsweise etwas Abweichendes regeln (§ 13 Abs. 1 SGB V). Die an das Vorliegen eines Versicherungsfalls anknüpfenden Sach- und Dienstleistungsansprüche der Versicherten richten sich unmittelbar auf die Durchführung medizinischer Maßnahmen zur Verhütung, Früherkennung und Behandlung von Krankheiten, die im Einzelnen nach Maßgabe des in §§ 11ff. SGB V normierten Leistungsrechts erfolgt. Die Krankenkassen sind nach § 2 Abs. 1 S. 1 SGB V verpflichtet, Versicherten diese Leistungen „zur Verfügung" zu stellen. Diese Verpflichtung bezieht sich in erster Linie auf den Inhalt und Umfang der Versichertenansprüche, jedoch auch auf die Ausgestaltung der Leistungsansprüche als Sach- und Dienstleistungsansprüche. Nur in den gesetzlich normierten Ausnahmefällen können Versicherten, die grundsätzlich Sachleistungen von ihrer Krankenkasse erhalten, Behandlungskosten erstattet werden, die bei einer von dem Versicherten selbst beschafften medizinischen Leistung angefallen sind (vgl. etwa § 13 Abs. 3 SGB V). Sind die Krankenkassen aber zu Sach- und Dienstleistungen verpflichtet, müssen sie selbst oder ihre Verbände in Rechtsbeziehungen zu Angehörigen der verschiedenen Berufsgruppen treten, die medizinische Leistungen auf dem Gesundheitsmarkt anbieten. Der Rückgriff auf den **Gesundheitsmarkt** ist deshalb erforderlich, weil die Krankenkassen ihren Versicherten die von ihnen geschuldeten Sach- und Dienstleistungen grundsätzlich nicht durch eigenes medizinisches Personal zur Verfügung stellen dürfen. Sie sind im geltenden Krankenver-

763 Vgl. BT-Dr. 11/2237, S. 157.

sicherungsrecht darauf verwiesen, ihre Leistungspflichten durch die vertragliche Einbindung krankenkassenexterner Anbieter von Gesundheitsleistungen zu erfüllen (§ 2 Abs. 2 S. 2 SGB V i.V.m. §§ 69–140h SGB V). Eine Leistungserbringung in **Eigeneinrichtungen** der Krankenkassen kommt heute nur noch unter den restriktiven Bedingungen des § 140 Abs. 2 SGB V in Betracht. Der Gesetzgeber des GRG hat mit dieser Regelung, nicht zuletzt vor dem Hintergrund der aus wettbewerbsrechtlicher Sicht umstrittenen Rechtmäßigkeit der Selbstabgabe von Gesundheitsleistungen durch die Krankenkassen,[764] Eigeneinrichtungen nur noch beschränkt zugelassen.

3 Die mit den Leistungserbringern nach § 2 Abs. 2 S. 3 SGB V zu schließende Verträge müssen allgemein gewährleisten, dass sich die Leistungserbringer für eine Behandlung nach den Vorgaben des Krankenversicherungsrechts und zu den vertraglich vereinbarten Konditionen bereithalten. Inhalt und Umfang der Leistungen der gesetzlichen Krankenversicherung werden auf diesem Weg Gegenstand einer weiteren Rechtsbeziehung, des **Abrechnungsverhältnisses**. Die Angehörigen der verschiedenen Heilberufe sind bei der Leistungserbringung nach dem Sachleistungsprinzip folglich nicht mehr allein gegenüber den Versicherten, sondern in erster Linie gegenüber den Krankenkassen berechtigt und verpflichtet. Die Leistungsbeziehungen im Rahmen der gesetzlichen Krankenversicherung stellen sich deshalb grundsätzlich als **Dreiecksbeziehung** zwischen Versicherten, Krankenkassen und Leistungserbringern dar.[765]

4 Eine Leistungsgewährung im Rahmen dieser **Dreiecksbeziehung** zwischen Versichertem, Krankenkasse und Leistungserbringer setzt voraus, dass alle Modalitäten der Leistungserbringung innerhalb des Abrechnungsverhältnisses zwischen der Krankenkasse und dem jeweiligen Leistungserbringer vereinbart werden. § 2 Abs. 2 S. 3 SGB V verpflichtet die Krankenkassen, über die Erbringung der Sach- und Dienstleistungen Verträge mit den Leistungserbringern zu schließen. Dies geschah in der Vergangenheit nicht durch den Abschluss von Einzel-/Selektivverträgen, sondern über ein Kollektivvertragssystem.[766] Die Reformgesetze der letzten Jahrzehnte, beginnend mit dem GRG v. 20.12.1988 und nachfolgend dem GKV-WSG, haben das Prinzip eines Vertrags- und Preiswettbewerbs forciert und damit den Krankenkassen die Befugnis zum Abschluss von Einzelverträgen mit Leistungserbringern verschafft.[767] Darauf wird bei der Darstellung der einzelnen Leistungserbringungsverhältnisse zurückzukommen sein. § 69 Abs. 2 SGB V regelt heute jedenfalls differenziert die Anwendung wettbewerbsrechtlicher Vorschriften des GWB im Verhältnis von Krankenkassen und Leistungserbringern.[768]

5 Auch im Leistungserbringungsrecht gilt das **Wirtschaftlichkeitsgebot** (§ 12 SGB V) uneingeschränkt,[769] sodass es Sache des jeweiligen Leistungserbringers (z.B. eines Krankenhauses) ist, bei seinen medizinischen Entscheidungen neben der Leistungsqualität auch die Wirtschaftlichkeit im Blick zu behalten: Ob einem Versicherten Krankenhausbehandlung zu gewähren ist (und ob dies stationär oder ambulant zu erfolgen hat), richtet sich zwar allein nach den medizinischen Erfordernissen, es ist aber unternehmerische Aufgabe des Krankenhauses, sich kostengünstig die Mittel für eine erforderliche und wirtschaftliche Krankenhausbehandlung zu verschaffen.[770] Insofern trägt es im Rahmen des **DRG-Fallpauschalensystems** ein gesetzgeberisch gewolltes ökonomisches Risiko.

6 Besonderes gesetzgeberisches Augenmerk gilt der **Qualitätssicherung**, für die § 135a Abs. 1 SGB V heute die übergreifende Vorgabe macht, dass alle Leistungserbringer zur Sicherung und Wei-

---

764 BGH 18.12.1981 BGHZ 82, 375.

765 Vgl. dazu Schmitt S. 12ff.

766 Vgl. HS-KV/Schmidt § 28 Rn. 18ff.

767 Vgl. dazu den Abschnitt „Mehr Wettbewerb der Leistungserbringer durch größere Vertragsfreiheit für Krankenkassen“ in der Gesetzesbegründung des GKV-WSG, BT-Drs. 16/3100 S. 87f.

768 Näher zur Problematik Steinmeyer, Wettbewerbsrecht im Gesundheitswesen, 2000; Sodan, NZS 2006, 113; näher zum Hintergrund Voraufl. S. 356.

769 BSG 10.3.2015 BSGE 118, 155.

770 BSG 10.3.2015 BSGE 118, 155.

terentwicklung der Qualität der von ihnen erbrachten Leistungen verpflichtet. Die Leistungen müssen dem jeweiligen Stand der wissenschaftlichen Erkenntnisse entsprechen und in der fachlich gebotenen Qualität erbracht werden. Besonders herausgehobene Anforderungen an die Qualitätssicherung normiert § 135a Abs. 2 SGB V für die Leistungserbringung unter anderem durch Vertragsärzte, medizinische Versorgungszentren, zugelassene Krankenhäuser, Erbringer von Vorsorgeleistungen oder Rehabilitationsmaßnahmen.

Das komplexe **Zusammenwirken der unterschiedlichen Akteure** auf dem Feld der Qualitäts- 7
sicherung behandelt das Gesetz in den §§ 135bff. SGB V, wo unter anderem die spezifische Verantwortung der Kassenärztlichen Vereinigungen (§ 135b SGB V), der Deutschen Krankenhausgesellschaft (§ 135c SGB V) sowie insbesondere die unterschiedlichen Aufgaben des **Gemeinsamen Bundesausschusses** als Zentralorgan der Qualitätssicherung ausgestaltet werden: Letzterer kann unter anderem Richtlinien zur Qualitätssicherung erlassen (§§ 136, 136a SGB V)[771] und Beschlüsse zur Qualitätssicherung in Krankenhäusern und bei der Krankenhausplanung fassen (§§ 136b, 136c SGB V). Er bewertet Untersuchungs- und Behandlungsmethoden im Krankenhaus (§ 137c SGB V), kann die Erprobung von neuartigen Untersuchungs- und Behandlungsmethoden veranlassen und diese bewerten (§§ 137e, 137h, 139d SGB V) und Richtlinien für geeignete chronische Krankheiten festlegen, für die strukturierte Behandlungsprogramme (Disease Management-Programme, siehe unter § 22 Rn. 130ff.) entwickelt werden sollen (§ 137f SGB V). Dem Gemeinsamen Bundesausschuss obliegt auch die Evaluation und Weiterentwicklung der Qualitätssicherung (§ 136d SGB V) sowie die Durchsetzung und Kontrolle der Qualitätsanforderungen mithilfe eines Sanktionssystems (§ 137 SGB V).

Eine einzelfallbezogen wirksame **Sanktion** liegt darin, dass ein Krankenhaus bei Anwendung 8
einer Methode, die dem Qualitätsgebot nicht entspricht, für die insofern mangelhafte Behandlung selbst dann keinen Vergütungsanspruch gegen die Krankenkasse erwirbt, wenn eine geltende Neue Untersuchungs- und Behandlungsmethoden-Vereinbarung (sog. NUB-Vereinbarung) hierfür eigentlich eine Zusatzhonorierung vorsieht.[772]

Institutionell ist der Gemeinsame Bundesausschuss seit 2014[773] durch § 137a SGB V dazu angehal- 9
ten, ein **Institut für Qualitätssicherung und Transparenz im Gesundheitswesen**, das sog. IQTIG, zu gründen. Ihm obliegt unter anderem die Erarbeitung von Instrumenten der Qualitätssicherung, Darstellung der Versorgungsqualität im Gesundheitswesen und die Mitwirkung an deren Umsetzung.[774] Noch konkreter auf einzelne medizinische Instrumente und Methoden ist das IQWiG (**Institut für Qualität und Wirtschaftlichkeit im Gesundheitswesen**), das auf Grundlage von § 139a SGB V durch den Gemeinsamen Bundesausschuss zu gründen ist. Ihm obliegt unter anderem die Erstellung fachlich unabhängiger, evidenzbasierter (d.h. beleggestützte) medizinischer Gutachten z.B. zu Arzneimitteln, nichtmedikamentösen Behandlungsmethoden (etwa Operationsmethoden), Verfahren der Diagnose und Früherkennung (Screening), Behandlungsleitlinien und Disease Management-Programmen.[775]

II. Vertragsärztliche Versorgung

Im Hinblick auf die Erfüllung ihrer gegenüber den Versicherten bestehenden Pflichten greifen die 10
Krankenkassen vorrangig auf das System der vertragsärztlichen Versorgung zurück. Hierzu schließen sie mit den Vertragsärzten nach Maßgabe der §§ 72ff. SGB V entsprechende Verträge. Auf der anderen Seite beauftragt § 75 Abs. 1 S. 1 SGB V die kassenärztlichen Vereinigungen zur Sicherstellung der vertragsärztlichen Versorgung und zur Übernahme der Gewähr, dass die vertragsärztliche

771 Vgl. auch bereits BSG 1.7.2014 BSGE 116, 153.

772 BSG 19.12.2017 BSGE 125, 76.

773 BGBl. I S. 1133.

774 Näher: https://iqtig.org/das-iqtig/ (zuletzt abgerufen am 27.3.2020).

775 Https://www.iqwig.de/de/ueber-uns/aufgaben-und-ziele.2946.html (zuletzt abgerufen am 27.3.2020).

Versorgung den gesetzlichen und vertraglichen Erfordernissen entspricht.[776] Zu diesem Zweck organisieren die kassenärztlichen Vereinigungen – zusammen mit den Krankenkassen – die Zulassung von Vertragsärzten (vgl. § 96 SGB V).

1. Vertragsärzte

11 Vertragsärzte sind die zur ärztlichen Versorgung der Versicherten **zugelassenen Ärzte** (§ 95 Abs. 1 SGB V).[777] Als unterparlamentsgesetzliche Norm regelt die Zulassungsverordnung für Vertragsärzte (Ärzte-ZV) die Zulassungsvoraussetzungen ausführlich. Eine Voraussetzung der Zulassung ist die **Eintragung in das Arztregister** (§ 95 Abs. 2 S. 1 SGB V), das von den Kassenärztlichen Vereinigungen für jeden Zulassungsbezirk geführt wird (§ 95 Abs. 2 S. 2 SGB V). Die Eintragung erfolgt nach Erfüllung der Voraussetzungen des § 95a SGB V (§ 95 Abs. 2 S. 3 SGB V). Hierzu gehören die Approbation als Arzt (Nr. 1) und der erfolgreiche Abschluss entweder einer allgemeinmedizinischen Weiterbildung oder einer Weiterbildung in einem anderen Fachgebiet mit der Befugnis zum Führen einer entsprechenden Gebietsbezeichnung bzw. der Nachweis einer Qualifikation, die gem. § 95a Abs. 4, 5 anerkannt ist (Nr. 2); letztere Regelung erfasst als gleichwertig anerkannte Qualifikationen aus anderen Staaten, insbesondere EU- und EWR-Staaten. Innerhalb der Ärzteschaft sind Hausärzte und Fachärzte zu unterscheiden (§ 73 SGB V), wobei ein Trennungsgebot zu beachten ist: Ärzte dürfen im Rahmen desselben Anstellungsverhältnisses oder derselben Zulassung nicht gleichzeitig an der hausärztlichen und an der fachärztlichen Versorgung teilnehmen.[778] Ferner setzt die Tätigkeit in freier Praxis voraus, dass berufliche und persönliche Selbständigkeit umfassend gesichert sind. Erhebliche Möglichkeiten Dritter zur Einflussnahme auf den Arzt müssen ausgeschlossen sein. Eine anderweitige Vollzeitbeschäftigung oder sonstige nicht ehrenamtliche Tätigkeit steht daher der Erteilung einer Zulassung zur vertragsärztlichen Versorgung entgegen; auch darf nicht in Wahrheit ein verstecktes Angestelltenverhältnis vorliegen. Zur erforderlichen eigenverantwortlichen Gestaltung der ärztlichen Tätigkeit gehört insgesamt, dass der Arzt einerseits ein wirtschaftliches Risiko trägt und andererseits am wirtschaftlichen Erfolg der Praxis beteiligt ist.[779] Dies soll auch die vertragsärztliche Tätigkeit in der Rechtsform einer juristischen Person generell ausschließen.[780] Diese Beschränkungen der Vertragsarztzulassung sind aus Sicht des BSG verfassungskonforme Beschränkungen von Art. 12 Abs. 1 GG.[781] Ein zugelassener Vertragsarzt ist nach § 95 Abs. 9 SGB V jedoch berechtigt, in das Arztregister eingetragene Ärzte seiner eigenen Fachgruppe anzustellen, sofern keine Zulassungsbeschränkungen bestehen bzw. wenn er hierfür eine Genehmigung erhält. Zudem können sie nach § 95 Abs. 9a SGB V in der Wissenschaft tätige Ärzte, sofern sie in das Arztregister eingetragen sind, in Teilzeit anstellen. Der Status als angestellter Arzt schließt den Status als Vertragsarzt aus und umgekehrt.[782]

12 Durch das GKV-Organisationsstruktur-Weiterentwicklungsgesetz (GKG-OrgWG) sind seit 2009 die zuvor in § 95 Abs. 7 S. 3–9 SGB V a. F. enthaltenen **Altersgrenzen** für Ärzte, Zahnärzte und Psychotherapeuten, die auf die Vollendung des 68. Lebensjahres abstellten, aufgehoben worden. Die bisherigen Erfahrungen mit den Leistungserbringern in diesem Alterssegment rechtfertigen es nach Auffassung des Gesetzgebers, die Altersgrenze ganz entfallen zu lassen.[783] Über die Zulassung der in das Arztregister eingetragenen Ärzte entscheiden die Zulassungsausschüsse (§ 96 SGB V). Sie bestehen aus Vertretern der Krankenkassen und Ärzte in gleicher Zahl (§ 96 Abs. 2 S. 1 SGB V). Das Zulassungsver-

776 Siehe zum Gewährleistungsauftrag umfassend Ziermann, in Sodan, Handbuch des Krankenversicherungsrechts, § 20 Rn. 47ff.

777 Ausführlich Bristle, in Sodan, Handbuch des Krankenversicherungsrechts, § 17 Rn. 4ff.

778 BSG 13.2.2019 SozR 4-2500 § 73 Nr. 6.

779 Zu allem BSG 16.12.2015 BSGE 120, 197.

780 BSG 15.8.2012 BSGE 111, 240.

781 BSG 16.12.2015 BSGE 120, 197.

782 BSG 26.1.2022 NZS 2023, 22 (23) Rn, 16.

783 Vgl. zur Gesetzesbegründung BT-Drs. 16/10609, S. 69.

fahren wird durch den Antrag eines in das Arztregister eingetragenen Arztes eingeleitet. Rechtsgrundlage des Verfahrens sind die §§ 95ff. SGB V und die Zulassungsverordnung für Vertragsärzte (§ 98 SGB V). Mit der Zulassung ist der Vertragsarzt unmittelbar ordentliches Mitglied der für seinen Kassenarztsitz zuständigen Kassenärztlichen Vereinigung (§ 95 Abs. 3 S. 1 SGB V). Auf diesem Mitgliedschaftsverhältnis beruht seine Berechtigung und Verpflichtung zur Teilnahme an der vertragsärztlichen Versorgung (§ 95 Abs. 3 S. 1 SGB V). Inhalt und Umfang der vertragsärztlichen Pflichten ergeben sich aus den gesetzlichen Vorschriften, den Richtlinien des Gemeinsamen Bundesausschusses (§§ 91, 92 SGB V), kollektivvertraglichen Vereinbarungen (§§ 82ff. SGB V) und der Satzung der Kassenärztlichen Vereinigung (§ 81 SGB V).

a) Bedarfsplanung

13 Die Zulassung der Ärzte zur vertragsärztlichen Versorgung unterliegt den in §§ 99ff. SGB V geregelten gesetzlichen Beschränkungen.[784] In der Bundesrepublik hat sich eine ungünstige Entwicklung dadurch ergeben, dass einige Gebiete ärztlich überversorgt, andere dagegen unterversorgt sind, letzteres betrifft insbesondere die ostdeutschen Bundesländer und die ländlichen Regionen der westdeutschen Bundesländer.[785] Dabei sind allerdings stets qualifikationsbezogene Sonderbedarfe zu berücksichtigen.[786] Die gesetzlichen **Zulassungsbeschränkungen** dienen dazu, **Unter- bzw. Überversorgung** entgegen zu wirken (§§ 101–103 SGB V).[787] Zulassungsbeschränkungen werfen erhebliche Probleme verfassungsrechtlicher Art auf, insbesondere im Hinblick auf das Recht der Berufsfreiheit nach Art. 12 GG.

14 Das BVerfG[788] und das BSG[789] haben die Zulassungsbeschränkungen als verfassungsrechtlich statthaft bezeichnet, weil die öffentlichen Interessen (Sicherung der finanziellen Stabilität und Funktionsfähigkeit der gesetzlichen Krankenversicherung) ein Gemeinwohlbelang von überragender Bedeutung sind, die sogar Berufswahlregelungen in Gestalt einer Begrenzung der Niederlassungsfreiheit zu rechtfertigen vermögen. Die Zulassungsbeschränkungen kommen aber ohnehin nicht einer Berufswahlregelung nahe, da sie nicht schlechthin den Zugang zur vertragsärztlichen Versorgung im jeweiligen Fachgebiet verhindern, sondern lediglich eine Lenkung der zulassungswilligen Ärzte in Planungsbereiche vornehmen. Für verfassungswidrig hielt das BSG lediglich das früher vorgesehene „Windhundprinzip“, das die Zulassung eines entsperrten Planungsbereichs nach der Reihenfolge des Eingangs der Zulassungsanträge beim Zulassungsausschuss vorsah. Dieses werde der verfassungsrechtlichen Bedeutung der Auswahlentscheidung für die Berufschancen der Bewerber nicht gerecht. Der gemeinsame Bundesausschuss musste deshalb mehrere Regelungen treffen, nach denen künftig in einem für alle Bewerber fairen Verfahren die Auswahl unter mehreren Zulassungsanträgen erfolgen soll.[790]

b) Rechte und Pflichten der Vertragsärzte

15 Der Vertragsarzt ist verpflichtet, die ärztlichen Leistungen **persönlich** zu erbringen und kann nur in den bundesmanteltarifvertraglich vorgesehenen Ausnahmefällen die Behandlung Versicherter ablehnen (§ 13 Abs. 7 S. 1 BMV-Ä). Verweigert ein Vertragsarzt zu Unrecht die Behandlung eines Ver-

784 S. hierzu auch die Richtlinien über die Bedarfsplanung sowie die Maßstäbe zur Ermittlung von Über- und Unterversorgung in der vertragsärztlichen Versorgung (Bedarfsplanungs-Richtlinie) i.d.F. v. 20.12.2012 (BAnz AT, 31.12.2012 B7); zuletzt geändert am 5.12.2019 (BAnz AT 20.12.2019 B9).

785 Vgl. dazu Wenger, Vertragsarztrecht, S. 132.

786 Vgl. BSG 28.6.2017 BSGE 123, 243.

787 Zu Einzelheiten siehe Wenger, Vertragsarztrecht, S. 131ff.

788 BVerfG 27.4.2001 MedR 2001, 639; BVerfG 20.3.2001 BVerfGE 103, 172, 184ff.

789 BSG 18.3.1998 SozR 3-2500 § 103 Nr. 2; BSG 5.10.2003 SozR 4-2500 § 101 Nr. 1.

790 BSG 23.2.2005 SozR 4-2500 § 103 Nr. 2.

sicherten, kann ihn die Kassenärztliche Vereinigung durch die Verhängung von Disziplinarmaßnahmen zur ordnungsgemäßen Erfüllung seiner vertragsärztlichen Pflichten anhalten (§§ 75 Abs. 2 S. 2, 81 Abs. 5, 95 Abs. 3 S. 1 SGB V). Für die im Rahmen der vertragsärztlichen Versorgung erbrachten Leistungen erwirbt der Vertragsarzt im Gegenzug **Honoraransprüche** gegen die Kassenärztliche Vereinigung. Es handelt sich hierbei um öffentlich-rechtliche Ansprüche, die aus dem Mitgliedschaftsverhältnis zwischen Vertragsärzten und Kassenärztlichen Vereinigungen resultieren. Der Vertragsarzt legt der Kassenärztlichen Vereinigung Abrechnungen über die von ihm erbachten Leistungen vor, die verschiedenen Prüfungen unterzogen werden können,[791] bevor es zu der endgültigen Festsetzung des Honorars kommt. Sein Honoraranspruch richtet sich auf einen Anteil an der von den Krankenkassen an die Kassenärztlichen Vereinigungen entrichteten Gesamtvergütung (§ 85 Abs. 1 SGB V). Die Berechnung des Honoraranspruchs orientiert sich zunächst an dem einheitlichen Bewertungsmaßstab, mit dem der Inhalt der abrechnungsfähigen Leistungen und ihr wertmäßiges, in Punkten ausgedrücktes Verhältnis zueinander festgelegt wird (§ 87 Abs. 2 S. 1 SGB V). Neben der Art und dem Umfang der von den Vertragsärzten erbrachten Leistungen und ihrem jeweiligen Punktwert ist die Höhe des Honoraranspruchs von der Höhe der Gesamtvergütung (§ 85 Abs. 2 SGB V) und davon abhängig, nach welchem Verteilungsmaßstab die Kassenärztliche Vereinigung die Gesamtvergütung unter ihren Mitgliedern verteilt (§ 87b SGB V). Einfluss auf die Höhe des Honorars hat zudem die Vernachlässigung der Pflicht zur fachlichen Fortbildung gem. § 95d Abs. 1 S. 1 SGB V (§ 95d Abs. 3 S. 3 SGB V). Bei groben Verstößen ist sogar die Entziehung der Zulassung möglich (§ 95d Abs. 3 S. 6 SGB V). Die Vergütung von Vertragszahnärzten setzt sich im Wesentlichen nach den Vorgaben des § 85 Abs. 2c–4 SGB V zusammen.

16 Mit Wirkung zum 1.1.2009 ist das frühere vertragsärztliche Vergütungssystem durch ein **neues System** abgelöst worden, das folgende Kennzeichen hat:[792]
- Ablösung der bisherigen Budgetierung, Schaffung einer Gebührenordnung mit festen Preisen und Mengensteuerung
- Übertragung des Morbiditätsrisikos auf die Krankenkassen
- Gewährleistung von Verteilungsgerechtigkeit zwischen den Ärzten
- Gleichbehandlung der gesetzlichen Krankenkassen bei der Finanzierung der ärztlichen Vergütung
- Abbau von Über- und Unterversorgung durch finanzielle Anreize

Die **Honorarreform 2009** weist vier zentrale Elemente auf:[793]
- Es werden jährlich im einheitlichen Bewertungsmaßstab für die ärztlichen Leistungen bundeseinheitliche Punktwerte als Orientierungshilfe in Euro zur Vergütung der vertragsärztlichen Leistungen festgelegt, § 87 Abs. 2e SGB V. Während die bisherige Struktur des einheitlichen Bewertungsmaßstabs erhalten bleibt, ist es ein echtes Novum, dass anstatt der früheren variablen (und in ihrer Werthaltigkeit für den einzelnen Leistungserbringer relativ unberechenbaren) Punktwerte ein Geldbetrag in Euro ausgewiesen wird. Damit wird einer langjährigen Forderung der Ärzteschaft entsprochen.[794]
- Auf der Grundlage dieser bundeseinheitlichen Regelpunktwerte in Euro müssen die kassenärztliche Vereinigung und die Landesverbände der Krankenkassen und die Ersatzkassen eine regionale Eurogebührenordnung zur Vergütung vertragsärztlicher Leistungen vereinbaren (§ 87a Abs. 2 SGB V). Dabei können regionale Besonderheiten bei der Kosten- und Versorgungsstruktur berücksichtigt werden. In der Gebührenordnung sind dabei sowohl die Preise für den Regelfall als auch die Preise bei Vorliegen von Unter- und Überversorgung auszuweisen (§ 87a Abs. 2 S. 2 und 6 SGB V).

---

791 Hierzu exemplarisch BSG 24.10.2018 SozR 4-2500 § 106a Nr. 19.
792 Vgl. ausführlich zur Gesetzesbegründung BT-Drs. 16/3100 S. 88.
793 Vgl. dazu Orlowski/Wasem, Gesundheitsreform 2007, S. 65ff.
794 Vgl. dazu Wenger, Vertragsarztrecht, S. 280 mit kritischem Unterton.

- Die Kassenärztliche Vereinigung und die Landesverbände der Krankenkassen und die Ersatzkassen vereinbaren mit befreiender Wirkung an die jeweilige Kassenärztliche Vereinigung zu zahlende morbiditätsbedingte Gesamtvergütungen für die gesamte vertragsärztliche Versorgung der Versicherten mit Wohnort im Bezirk der Kassenärztlichen Vereinigung (§ 87a Abs. 3 S. 1 SGB V). Damit geht das früher bei den Kassenärztlichen Vereinigungen angesiedelte Morbiditätsrisiko auf die Krankenkassen über.
- Anstelle der früheren Budgetierung der ärztlichen Vergütung (§ 85 Abs. 4 SGB V a.F.) treten jetzt sog. arzt- und praxisbezogene Regelleistungsvolumina. Hierzu bestimmt § 87b Abs. 2 S. 1 SGB V, dass zur Verhinderung einer übermäßigen Ausdehnung der Tätigkeit des Arztes und der Arztpraxis arzt- und praxisbezogene Regelleistungsvolumina festzulegen sind. Nach S. 2 der Vorschrift ist ein Regelleistungsvolumen die von einem Arzt oder der Arztpraxis in einem bestimmten Zeitraum abrechenbare Menge der vertragsärztlichen Leistungen, die mit dem in der Eurogebührenordnung enthaltenen und für den Arzt oder die Arztpraxis geltenden Preisen zu vergüten ist. Die das Regelleistungsvolumen überschreitende Leistungsmenge ist mit abgestaffelten Preisen zu vergüten (zu Einzelheiten siehe § 87 Abs. 2 S. 3ff. SGB V).

c) Individualverträge

17 Neben der vertragsärztlichen Tätigkeit auf Basis des Mitgliedschaftsverhältnisses in der Kassenärztlichen Vereinigung können Vertragsärzte sich zu einer Tätigkeit im System der hausarztzentrierten und der integrierten Versorgung verpflichten (siehe unter § 22 Rn. 134ff., 142). Zwischen den in Frage kommenden Vertragsärzten und den Krankenkassen werden nach Maßgabe der §§ 73b, 140aff. SGB V Verträge geschlossen.

d) Vertragszahnärzte und Psychotherapeuten

18 Die Vorschriften für Vertragsärzte gelten aufgrund der Verweisung in § 72 Abs. 1 S. 2 SGB V im Wesentlichen auch für Psychotherapeuten (§ 28 Abs. 3 SGB V), medizinische Versorgungszentren (§ 95 Abs. 1 S. 2ff. SGB V) und die in den Kassenzahnärztlichen Vereinigungen organisierten Vertragszahnärzte.[795] Ihre Zulassung ist im Einzelnen in der Zahnärzte-ZV geregelt. Sonderregelungen sind etwa in Bezug auf die Zulassung der Psychotherapeuten (§§ 95c, 95 Abs. 10ff. SGB V i.V.m. dem PsychThG vom 16.6.1998,[796] Neubekanntmachung mit dem Gesetz zur Reform der Psychotherapeutenausbildung vom 15.11.2016)[797] und hinsichtlich der Mitgliedschaftsrechte von Psychotherapeuten in den Kassenärztlichen Vereinigungen getroffen worden (vgl. § 80 Abs. 1 S. 3SGB V).

2. Kassenärztliche Vereinigungen

19 Die Kassenärztlichen Vereinigungen sind durch das Krankenversicherungsrecht für die Beteiligung an der Ausgestaltung der vertragsärztlichen Versorgung des SGB V gebildete Zusammenschlüsse der Vertragsärzte (§ 77 Abs. 1 S. 1 SGB V). Die interne Organisation der Kassenärztlichen Vereinigungen ist in den §§ 77ff. SGB V geregelt. Nach § 77 Abs. 5 SGB V handelt es sich um **Körperschaften des öffentlichen Rechts** mit der Funktion, an der Erfüllung der den Vertragsärzten durch das SGB V übertragenen Aufgaben mitzuwirken (§§ 72 Abs. 1 S. 1, 77 Abs. 1 S. 1 SGB V). Hierzu gehört auch die Wahrnehmung der (wirtschaftlichen) Interessen der Vertragsärzte gegenüber den Krankenkassen (§ 75 Abs. 2 S. 1 SGB V).[798]

795 Zur Funktion medizinischer Versorgungszentren Degener-Hencke, NZS 2003, 629, 630; Wigge, MedR 2004, 123.

796 BGBl. I S. 1311ff.

797 BGBl. I S. 1604ff.

798 BFH 26.1.1962 BFHE 74, 540.

20 Den Kassenärztlichen Vereinigungen ist die **Sicherstellung der vertragsärztlichen Versorgung** übertragen worden. Sie übernehmen gegenüber den Krankenkassen die Gewähr dafür, dass die vertragsärztliche Versorgung den gesetzlichen und den vertraglichen Erfordernissen entspricht (§§ 75 Abs. 1 S. 1, 73 Abs. 2 SGB V). In diesem Zusammenhang ordnet § 81a Abs. 1 S. 1 SGB V die Einrichtung **selbständiger Ermittlungs- und Prüfungsstellen** durch die Kassenärztlichen Vereinigungen und die Kassenärztlichen Bundesvereinigungen an.[799]

21 Die Sicherstellung erfolgt auf der Grundlage von Kollektivverträgen zwischen den Kassenärztlichen Vereinigungen mit den Verbänden der Krankenkassen (§§ 82–87e SGB V) unter Mitwirkung von Vertretern der Kassenärztlichen Vereinigungen in den Selbstverwaltungsgremien (§§ 89 Abs. 2, 90 Abs. 1, 91 Abs. 1, 96, 97 SGB V). Kommen die Kassenärztlichen Vereinigungen ihrem Sicherstellungsauftrag nicht nach, können die Krankenkassen die gem. § 85 SGB V in den Gesamtverträgen vereinbarten Gesamtvergütungen teilweise zurückbehalten (§ 75 Abs. 1 S. 2 SGB V). Unter den Voraussetzungen des § 72a SGB V ist auch die Übertragung des Sicherstellungsauftrags auf die Krankenkassen möglich, wenn eine bestimmte Anzahl von Vertragsärzten auf die Zulassung verzichtet oder die vertragsärztliche Versorgung verweigert (vgl. auch § 140 Abs. 2 S. 2 SGB V).

22 Durch das GKV-WSG sind den Kassenärztlichen Vereinigungen neue Aufgaben zugewachsen bzw. neue Möglichkeiten geschaffen worden. Die damit verbundene Einführung von Abs. 3a bis 3c des § 75 SGB V soll den bisherigen brancheneinheitlichen Standardtarif der privaten Krankenversicherung und den neuen brancheneinheitlichen Basistarif nach § 152 VAG und des Notlagentarifs nach § 153 VAG sicherstellen.[800] Die Vergütung der ärztlichen Leistungen ist in vertraglichen Vereinbarungen zu regeln (§ 75 Abs. 3b SGB V).[801] Hervorzuheben ist ferner die Möglichkeit der Gründung von **Dienstleistungsgesellschaften** durch die Kassenärztlichen Vereinigungen (§ 77a SGB V). Hiermit wird dem Wunsch vieler Vertragsärzte Rechnung getragen, angesichts der ständig steigenden Managementanforderungen, die sich insbesondere durch die Flexibilisierung der Vertragsstrukturen ergeben, eine verstärkte Beratung und Unterstützung durch die Kassenärztlichen Vereinigungen zu erhalten.[802] Die Aufgaben, die solche Dienstleistungsgesellschaften wahrnehmen können, sind in § 77a Abs. 2 SGB V aufgezählt. Dabei handelt es sich um die Beratung beim Abschluss von Verträgen, die die Versorgung von Versicherten mit Leistungen der gesetzlichen Krankenversicherung betreffen, Beratung in Fragen der Datenverarbeitung, der Datensicherung und des Datenschutzes, die Beratung in allgemeinen wirtschaftlichen Fragen, die die Vertragsarzttätigkeit betreffen, die Vertragsabwicklung für Vertragspartner von Verträgen, die die Versorgung von Versicherten mit Leistungen der gesetzlichen Krankenversicherung betreffen, sowie die Übernahme von Verwaltungsaufgaben für Praxisnetze. Insgesamt sind also administrative und beratende Aufgaben im Verhältnis zu den ärztlichen Leistungserbringern hiervon erfasst. Die Regelung stellt die Trennung der originären kollektivvertraglichen Aufgaben der Kassenärztlichen Vereinigungen (als öffentlich-rechtlichen Körperschaften) von den neuen Dienstleistungsaufgaben sicher, die auf privatrechtlicher Basis mit vertragsärztlichen Leistungserbringern erbracht werden.

23 Zur nachhaltigen Gewährleistung der Behandlungsqualität in der hausärztlichen Versorgung verpflichtet § 75a SGB V die Kassenärztlichen Vereinigungen und die Krankenkassen zu gleichen Teilen, die allgemeinmedizinische Weiterbildung in den Praxen zugelassener Ärzte und zugelassener medizinischer Versorgungszentren zu fördern – damit korreliert die in § 95d SGB V geregelte Pflicht der Vertragsärzte zur fachlichen Fortbildung.

Im Interesse der besonders sensiblen Datensicherheit bei Patienten- und Gesundheitsdaten sieht § 390 SGB V vor, dass die Kassenärztlichen Bundesvereinigungen 0 in einer jährlich zu überprü-

---

799 Zur Intention des Gesetzgebers, BT-Drs. 15/1525 S. 99.

800 Vgl. noch mit Bezug auf die Vorgängernorm des § 152 VAG (§ 12 Abs. 1a VAG a. F.): BT-Drs. 16/3100 S. 116.

801 Zur rechtspolitischen Aufgabe einer Harmonisierung von vertrags- und privatärztlichem Bereich Wollenschläger, NZS 2018, 385, ders. NZS 2018, 445.

802 BT-Drs. 16/3100 S. 117.

fenden (Abs. 4) Richtlinie die Anforderungen zur Gewährleistung der IT-Sicherheit in der vertragsärztlichen und vertragszahnärztlichen Versorgung festlegen.

3. Rechtsbeziehungen

a) Versicherungs- und Behandlungsverhältnis

Die Rechtsstellung des Versicherten ist durch das **öffentlich-rechtliche Versicherungsverhältnis** zu seiner Krankenkasse geprägt. Vertragsärzte sind gegenüber der Kassenärztlichen Vereinigung zur Behandlung der Versicherten berechtigt und verpflichtet (§ 95 Abs. 3 SGB V). Soweit dem Versicherten aus dem Versicherungsverhältnis Leistungsansprüche gegen die Krankenkasse zustehen (§§ 27 Abs. 1 S. 2, 28, 29 SGB V), kann er bei Vorliegen der Anspruchsvoraussetzungen eine Behandlung zu Lasten der Krankenkassen von einem Vertragsarzt durchführen lassen. Die von der Krankenkasse geschuldete Leistung wird im Rahmen des **Behandlungsverhältnisses** zwischen Versichertem und Vertragsarzt erbracht. Dieses Rechtsverhältnis ist als **privatrechtlicher Behandlungsvertrag** zu verstehen und findet seinen gesetzlichen Ausdruck in § 630a BGB.[803] 24

Entsteht dem Versicherten infolge der ärztlichen Behandlung ein Schaden, haftet der Vertragsarzt nach den Vorschriften des **Delikts- und Vertragsrechts** (§ 76 Abs. 4 SGB V).[804] Die Krankenkassen können Versicherte bei der Verfolgung von Schadensersatzansprüchen unterstützen, die bei der Inanspruchnahme von Versicherungsleistungen aus Behandlungsfehlern entstanden sind und nicht nach § 116 SGB X auf die Krankenkassen übergehen (§ 66 Abs. 1 S. 1 SGB V). Die Krankenkasse hat hier zwar ein Ermessen (§ 39 SGB I), sie darf die Beratung jedoch nur im begründeten Einzelfall ablehnen.[805] Die Unterstützung der Krankenkassen kann insbesondere die Prüfung der von den Versicherten vorgelegten Unterlagen auf Vollständigkeit und Plausibilität, mit Einwilligung der Versicherten die Anforderung weiterer Unterlagen bei den Leistungserbringern, die Veranlassung einer sozialmedizinischen Begutachtung durch den Medizinischen Dienst nach § 275 Abs. 3 Nr. 4 SGB V sowie eine abschließende Gesamtbewertung aller vorliegenden Unterlagen umfassen (§ 66 Abs. 1 S. 2 SGB V). 25

b) Mitgliedschaftsverhältnis

Die von dem Versicherten gewählte Krankenkasse (§§ 173ff. SGB V) ist Mitglied eines **Landesverbandes** (§ 207 Abs. 1 SGB V n.F.), der mit den anderen Landesverbänden der gleichen Krankenkassenart in einem **Bundesverband** zusammengeschlossen war (§§ 207, 212 SGB V a.F.). Mit Wirkung vom 1.1.2009 sind die bisherigen Bundesverbände in **Gesellschaften des bürgerlichen Rechts** umgewandelt worden (§ 212 Abs. 1 SGB V). Die Ersatzkassen können sich zu Verbänden zusammenschließen (§ 212 Abs. 5 S. 1 SGB V). Der Abschluss von Verträgen durch die Ersatzkassen auf Landesebene richtet sich nach § 212 Abs. 5 S. 4ff. SGB V. Die Satzungen der Landesverbände der Krankenkassen müssen Bestimmungen über die Verbindlichkeit der vom Spitzenverband Bund der Krankenkassen abgeschlossenen Verträge sowie der Richtlinien nach §§ 92, 283 Abs. 2 SGB V für die Landesverbände und ihre Mitgliedskassen enthalten (§ 210 Abs. 2 SGB V). 26

Die Vertragsärzte sind Mitglieder der **Kassenärztlichen Vereinigungen**, die in der **Kassenärztlichen Bundesvereinigung** organisiert sind (§ 77 Abs. 4 S. 1 SGB V). Für Vertragsärzte ergibt sich die Verbindlichkeit sowohl der Richtlinien des Gemeinsamen Bundesausschusses als auch der zwischen den Verbänden der Krankenkassen und Vertragsärzte auf Landes- oder Bundesebene geschlossenen Verträge aus den §§ 81 Abs. 3 Nr. 1 und 2, 82 Abs. 1 S. 2, 83 S. 1, 87, 92 Abs. 8, 95 Abs. 3 S. 3 SGB V, § 1 Abs. 3 BMV-Ä. 27

---

803 Vgl. MüKoBGB/Wagner, 9. Aufl. 2023, BGB § 630a Rn. 3.

804 Zu vertraglichen Haupt- und Nebenleistungspflichten des Arztes Waltermann Rn. 227; zur deliktischen Haftpflicht des Arztes siehe MüKoBGB/Wagner, 9. Aufl. 2023, Vor BGB § 630a Rn. 12ff.

805 BeckOGK/Roters, 15.8.2023, SGB V § 66 Rn. 12.

c) Vereinbarungen auf Verbandsebene

28 Zur näheren Ausgestaltung der vertragsärztlichen Versorgung werden zwischen den Krankenkassenverbänden und den Kassenärztlichen Vereinigungen bzw. den Kassenärztlichen Bundesvereinigungen auf Bundes- und Landesebene Kollektivverträge geschlossen. Sie sollen eine ausreichende, zweckmäßige und wirtschaftliche Versorgung der Versicherten unter Berücksichtigung des allgemein anerkannten Standes der medizinischen Erkenntnisse und eine angemessene Vergütung der ärztlichen Leistungen gewährleisten (§ 72 Abs. 2 SGB V). Hervorzuheben sind insoweit die auf Landesebene zu schließenden **Gesamtverträge** (§§ 82 Abs. 2, 83 SGB V) und die **Bundesmantelverträge** (§§ 82 Abs. 1, 87 SGB V). Trotz des kollektivvertraglichen Charakters resultiert aus Art. 9 Abs. 3 GG im Ergebnis kein Recht der Vertragsärzte, ihre Praxen zum Aufbau von Verhandlungsdruck vorübergehend zu schließen („Ärztestreik“).[806] Die Höhe der **Gesamtvergütung** wird im Gesamtvertrag (§ 83 S. 1 SGB V) vereinbart (§ 85 Abs. 2 S. 1 SGB V). Die Krankenkassen entrichten nach Maßgabe der Gesamtverträge an die jeweilige Kassenärztliche Vereinigung eine Gesamtvergütung für die gesamte vertragsärztliche Versorgung der Mitglieder (einschließlich der Familienversicherten), vgl. § 85 Abs. 1 SGB V. Allgemeiner Inhalt der Gesamtverträge sind die Bundesmantelverträge (§ 82 Abs. 1 SGB V). Vertragspartner der Bundesmantelverträge sind die Kassenärztlichen Bundesvereinigungen und der Spitzenverband Bund der Krankenkassen (§§ 82 Abs. 1, 87 SGB V). Sie sollen die bundesweit einheitliche Versorgung der Versicherten gewährleisten. Gegenstand der Bundesmantelverträge ist der Einheitliche Bewertungsmaßstab (EBM) für ärztliche und zahnärztliche Leistungen. Mit dem EBM werden der Inhalt der abrechnungsfähigen Leistungen und ihr wertmäßiges, in Punkten ausgedrücktes Verhältnis zueinander, festgelegt (§ 87 Abs. 2 S. 1 SGB V).[807]

29 Bei den Gesamtverträgen und den Bundesmantelverträgen handelt es sich um **öffentlich-rechtliche Verträge.**[808] Diese Beurteilung wird durch § 69 SGB V bestätigt. Die Rechtsbeziehungen der Krankenkassen und ihrer Verbände zu den Leistungserbringern sind „abschließend“ durch öffentlich-rechtliche Vorschriften, insbesondere das vierte Kapitel des SGB V, geregelt.[809] Die Vorschriften des BGB können subsidiär angewendet werden, soweit das mit den Vorgaben des § 70 SGB V und den Aufgaben und Pflichten der Beteiligten im Einklang steht (§ 69 Abs. 1 S. 3 SGB V).[810]

III. Krankenhausversorgung

1. Krankenhäuser

30 Der Begriff des Krankenhauses ist in **§ 107 Abs. 1 SGB V** gesetzlich definiert. Ein Krankenhaus kennzeichnet:

- der Zweck der Einrichtung (Nr. 1),
- die fachlich-medizinische Ausrichtung (Nr. 2),
- die im Rahmen der Behandlung zur Verfügung stehenden Mittel (Nr. 3)
- sowie das Angebot von Unterkunft und Verpflegung (Nr. 4).

Krankenhäuser müssen insbesondere von den Vorsorge- und Rehabilitationseinrichtungen i.S.d. § 107 Abs. 2 SGB V abgegrenzt werden, da für beide Einrichtungsarten unterschiedliche **Zulassungsvoraussetzungen** gelten. Das verdeutlicht folgender vom BSG behandelter Rechtsstreit:

---

806 So zutr. BSG 30.11.2016 BSGE 122, 112; hierzu Burkiczak, NZS 2017, 536; Verfassungsbeschwerde nicht angenommen: BVerfG 24.10.2019 – 1 BvR 887/17, GesR 2020. 28; allgemein zur Thematik Sodan/Schaks, VSSR 2014, 89.

807 Zur gerichtlichen Kontrolldichte BSG 11.10.2017 BSGE 124, 218.

808 BSG 8.4.1992 BSGE 70, 240, 243; BGH 25.6.1991 NJW 1992, 1561, 1562 m.w.N.: BeckOGK/Hess, 1.3.2021, SGB V § 82 Rn. 7; Ziermann, in Sodan, Handbuch des Krankenversicherungsrechts, § 21 Rn. 10.

809 BT-Drs. 14/1245 S. 68.

810 S. dazu Boerner, NJW 2000, 2718 f.; Knispel, NZS 2001, 466 ff.

Beispiel (nach BSG 19.11.1997 SozR 3-2500 § 111 Nr. 1):
Die Klägerin strebte die Zulassung einer mit 55 Betten ausgestatteten Christlichen Fachklinik für psychisch Kranke an. Aus den Feststellungen der Instanzgerichte konnte das BSG nicht entnehmen, ob die Klägerin den Abschluss eines Versorgungsvertrages nach § 109 SGB V und/oder § 111 SGB V begehrt. Die Zuordnung zu einer der beiden in § 107 SGB V genannten Einrichtungsarten sei jedoch notwendig und müsse nach objektiven Merkmalen erfolgen:

„Grundlage der Zuordnung ist das Behandlungskonzept, das der Einrichtungsbetreiber dem Antrag auf Abschluss des Versorgungsvertrages zugrunde legt. Dieses Konzept muss die Art der zu behandelnden Erkrankungen, die vorgesehene Therapie sowie die personelle und sachliche Ausstattung der Einrichtung erkennen lassen, um eine zutreffende rechtliche Einordnung zu ermöglichen (...). Krankenhäuser sind nach § 107 Abs. 1 Nr. 2 und 3 SGB V dadurch gekennzeichnet, dass sie fachlich-medizinisch unter ständiger ärztlicher Leitung stehen und mit Hilfe von jederzeit verfügbarem, ärztlichem Pflege-, Funktions- und medizinisch-technischem Personal darauf eingerichtet sind, vorwiegend durch ärztliche und pflegerische Hilfeleistung zu behandeln, während nach § 107 Abs. 2 Nr. 2 SGB V bei Reha-Einrichtungen fachlich-medizinisch nur eine ständige ärztliche Verantwortung bestehen muss und die Behandlung nach einem ärztlichen Behandlungsplan in erster Linie durch nichtärztliches, aber besonders geschultes Personal vor allem durch Verabreichung von Heilmitteln erfolgt. Dazu zählen unter anderem Krankengymnastik, Bewegungstherapie, Sprachtherapie, Arbeits- und Beschäftigungstherapie."

Aus den **organisatorischen Vorgaben** des § 107 Abs. 1 SGB V folgert das BSG schon seit längerem Anforderungen an die Organisation der Leistungserbringung durch Krankenhäuser, die mit dem **Grundsatz der höchstpersönlichen Leistungserbringung im Vertragsarztrecht** (siehe § 23 Rn. 15) korrelieren: Krankenhäuser müssen demnach jedenfalls die „Hauptleistung" durch eigenes Personal erbringen, um ihren Vergütungsanspruch zu erwerben; Raum für eine vom Krankenhaus veranlasste Leistung Dritter (z. B. Honorarkräfte) sei nur außerhalb der „Hauptleistungen".[811] Diesem Postulat maß das BSG schon 2015 mit Blick auf Versorgungsicherheit und -qualität hohe Bedeutung zu[812] und hat jüngst daraus eine zugespitzte Gesamtverantwortung des Krankenhauses abgeleitet, die sich in einer so intensiven Eingliederung jeglichen Personals niederschlagen soll, dass ein Einsatz von selbständigen „Honorarärzten" generell nicht in Betracht kommen soll.[813] Unverkennbar ist das Spannungsverhältnis dieser in sich konsistenten Judikatur zur Sichtweise des Gesetzgebers, der z. B. in § 2 Abs. 2 S. 2 Nr. 2 KHEntgG („die vom Krankenhaus veranlassten Leistungen Dritter"), § 2 Abs. 2 S. 2 Nr. 2 BPflV, § 2 Abs. 1 S. 1 Hs. 1 KHEntgG, § 2 Abs. 1 S. 1 Hs. 1 BPflV („Behandlungen durch nicht fest angestellte Ärzte")[814] oder § 2 Abs. 3 KHEntgG zu erkennen gibt, dass er auch „unstetige" ärztliche Tätigkeit durch nicht fest angestellte Ärzte für zulässig hält. Das BSG versucht diesen Wiederspruch wie folgt aufzulösen: Es erkennt an, dass Krankenhäuser berechtigt sind Leistungen durch Dritte erbringen zu lassen. Sie sind jedoch grundsätzlich verpflichtet die notwendige Ausstattung und das nötige Personal für die Erfüllung aller Behandlungen vorzuhalten, für die sie zugelassen sind. Das Krankenhaus soll danach Dritte nur einsetzen dürfen, solange das Krankenhaus seinen Versorgungsauftrag nicht regelmäßig und planvoll auf Dritte überträgt.[815] Fraglich scheint allerdings, ob der Gesetzgeber dabei auch einen umfassend auf § 7 Abs. 1 SGB IV bezogenen Regelungswillen hatte, ob er also verlangt, dass eigene Ärzte des Krankenhauses im Umfang einer sozialversicherungsrechtlichen Beschäftigung organisatorisch eingebunden sein müssen. Das BSG verlangt – wohl zu Recht – insoweit nur eine organisatorische Eingliederung.[816] 31

Versicherte haben unter den Voraussetzungen des § 39 Abs. 1 SGB V Anspruch auf eine Behandlung in **zugelassenen Krankenhäusern** (§ 39 Abs. 1 S. 2 SGB V). Unter welchen Voraussetzungen ein Krankenhaus zugelassen wird oder kraft Gesetzes als zugelassen gilt, ist in den §§ 108ff. SGB V 32

811 BSG 17.11.2015 BSGE 120, 69.
812 Vgl. die ausdrückliche Distanzierung von einer Einordnung als „Ordnungsvorschrift" in BSG 24.1.2008 SozR 4-2500 § 109 Nr. 7 Rn. 29.
813 BSG 4.6.2019 NZS 2020, 223; dazu Greiner, NZS 2019, 761.
814 Dazu BT-Drs. 17/9992, S. 26: Honorarärzte.
815 BSG 26.4.2022 BeckRS 2022, 13862 Rn. 23.
816 BSG 26.4.2022 BeckRS 2022, 13862 Rn. 23.

geregelt. Die in § 108 Nr. 1, 2 SGB V bezeichneten Krankenhaustypen sind ex lege zugelassen. Andere Krankenhäuser können ihre Zulassung nur über den Abschluss eines Versorgungsvertrages im Sinne von § 109 SGB V erreichen (§ 108 Nr. 3 SGB V).

Eine Behandlung in **nicht zugelassenen Krankenhäusern** kommt nur in **Not- bzw. Eilfällen** in Betracht.[817]

Beispiel (angelehnt an BSG 9.10.2001 BSGE 89, 39):
In dem Nebengebäude des zugelassenen städtischen Klinikums K befindet sich die Privatklinik P. Sie firmiert als „Herz-Zentrum" und ist besonders gut für offene Herzoperationen ausgerüstet. Der bei der Beklagten versicherte Kläger befand sich bei K in stationärer Behandlung, als bei ihm eine lebensgefährliche akut dekompensierte Herzinsuffizienz auftrat. Der Notfalltransport in eine zugelassene Herzklinik wäre aufgrund des Zustands des Klägers mit unzumutbaren Risiken verbunden gewesen. Er wurde deshalb umgehend in die P verlegt und am gleichen Tag noch operiert. Da es sich offenkundig um eine Notfallbehandlung handelte, gingen sowohl die P als auch der Kläger vor Operationsbeginn davon aus, dass die Kosten der Operation nicht vom Kläger als Privatpatient, sondern von der Krankenkasse des Klägers zu tragen seien.

Das BSG bejahte den Sachleistungsanspruch des Klägers aus § 39 Abs. 1 SGB V. Grundsätzlich können innerhalb des Sachleistungssystems zwar nur zugelassene Krankenhäuser (§ 108 SGB V) von den Versicherten in Anspruch genommen werden. Diese Beschränkung gilt jedoch nicht in Notfällen. Für die ambulante Behandlung wird durch § 76 Abs. 1 S. 2 SGB V ausdrücklich klargestellt, dass eine Notfallbehandlung auch von nicht zugelassenen Ärzten durchgeführt werden kann, die vorübergehend in das Sachleistungssystem einbezogen werden und die Notfallbehandlung nach den dort geltenden Grundsätzen zu erbringen haben. Gleiches muss aber auch ohne ausdrückliche gesetzliche Bestimmung für Notfallbehandlungen durch nicht zugelassene Krankenhäuser gelten.

---

33 Neben der Zulassung des Krankenhauses insgesamt muss auch die Zulassung des Krankenhauses für die jeweilige Behandlung geprüft werden. Behandlungen, für die ein Krankenhaus keine Zulassung hat, können – abgesehen von Notfällen – nicht zu Lasten der Krankenkasse erbracht werden.[818] Auch im obigen Fall des BSG trat eine tatsächliche Problematik auf, die sich bei einer Notfallbehandlung sozialversicherter Patienten in nicht zugelassenen Krankenhäusern regelmäßig stellt. Der Versicherte muss die Leistung des Krankenhauses als **Sachleistung** seiner Krankenkasse in Anspruch genommen haben. Insoweit kommt den beiderseitigen Absprachen vor Behandlungsbeginn besondere Bedeutung zu. Die Dringlichkeit der Notfallbehandlung erschwert allerdings oft die Ermittlung und Dokumentation des Willens der Beteiligten. Kommt man zu dem Ergebnis, dass der Versicherte die Behandlung auf der Grundlage eines privatrechtlichen Behandlungsvertrages erhalten hat, kann unter den Voraussetzungen des § 13 Abs. 3 S. 1 1. Alt. SGB V ein Kostenerstattungsanspruch gegen seine Krankenkasse gegeben sein. Endet ein Eilfall während einer Krankenhausbehandlung, die mit einer Fallpauschale vergütet wird, steht dem Krankenhaus nach Rechtsprechung des BSG als Nothelfer nur ein tagesbezogener Anteil an der Fallpauschale zu.[819]

Strukturfragen der möglichst flächendeckenden, qualitätsvollen und zugleich effizienten Krankenhausversorgung sind Gegenstand stetiger politischer Auseinandersetzungen. Infolge des zum 1.1.2016 in Kraft getretenen Krankenhausstrukturgesetzes[820] werden durch den Gemeinsamen Bundesausschuss für medizinisch anspruchsvolle, planbare Operationen Fallzahlen (sog. **Mindestmengen**) vorgegeben, die ein Krankenhaus pro Jahr prognostisch erreichen muss.[821] Andernfalls kann die

---

817 Inzwischen ständige Rechtsprechung des BSG: zuletzt etwa BSG 8.9.2015 KrV 2015, 254 Rn. 14; im Wege der lückenschließenden Analogie gleiche Maßstäbe gelten auch für Notfälle bei Leistungen der stationären medizinischen Reha, hierzu BSG 19.11.2019 – B 1 KR 13/19 R –, BSGE (vorgesehen); näher auch Hedermann, SGb 2015, 378.

818 BSG 29.8.2023 NZS 2024, 346 (348) Rn. 19.

819 BSG 18.11.2014 BSGE 117, 261.

820 KHSG v. 10.12.2015, BGBl. I S. 2229; hierzu Stollmann, NZS 2016, 201, allgemein zur Qualitätssicherung als Aspekt der Krankenhausplanung Wollenschläger/Schmidl, VSSR 2014, 117; Prütting, VSSR 2013, 357.

821 Zu Voraussetzungen und Vereinbarkeit mit höherrangigem Recht vgl. BSG 14.10.2014 BSGE 117, 94; zur Rechtslage bei Zweifeln an der Prognose Bockholdt, NZS 2019, 814.

Leistung nicht mehr zu Lasten der gesetzlichen Krankenversicherung erbracht werden (§ 136b Abs. 1 Nr. 2, Abs. 4 SGB V). Der Gesetzgeber erhofft sich dadurch eine Konzentration medizinisch komplizierter Eingriffe an spezialisierten Standorten, eine Steigerung der Behandlungs- und Versorgungsqualität und letztlich eine auch ökonomisch effizientere Struktur der Krankenhauslandschaft.[822]

2. Krankenhausgesellschaften

Die Träger zugelassener Krankenhäuser sind nahezu vollständig in der jeweils zuständigen **Landeskrankenhausgesellschaft** ihres Bundeslandes organisiert (§ 108a S. 1 SGB V). Die Mitgliedschaft in der Landeskrankenhausgesellschaft, eingetragener Verein i. S. d. § 21 BGB, ist freiwillig. Auf Bundesebene ist die **Deutsche Krankenhausgesellschaft** tätig, bei der es sich ebenfalls um einen eingetragenen Verein gem. § 21 BGB handelt. Zu seinem Mitgliederkreis gehören zwölf Spitzenverbände der Krankenhausträger (Deutscher Städtetag, Deutscher Caritasverband, DRK, Deutsche Rentenversicherung Bund etc.) und die 16 Landeskrankenhausgesellschaften (§ 108a S. 2 SGB V). 34

Die Landeskrankenhausgesellschaften verfolgen nach den Bestimmungen ihrer Satzungen allgemein die **Förderung des Krankenhauswesens** innerhalb ihres örtlichen und sachlichen Zuständigkeitsbereichs. Zum Vereinszweck der Landeskrankenhausgesellschaften gehört die **Unterstützung und Vertretung der Interessen ihrer Mitglieder** gegenüber den staatlichen Stellen, soweit es um Vorbereitung und Durchführung von Gesetzen, Verordnungen und anderen Rechtsvorschriften geht. Hinzu kommt die Wahrnehmung der den Landeskrankenhausgesellschaften insbesondere durch das SGB V und SGB XI übertragenen gesetzlichen **Mitwirkungsrechte** und **Mitwirkungspflichten**. 35

3. Rechtsbeziehungen

a) Versicherungsverhältnis und Krankenhausaufnahmevertrag

Unter den Voraussetzungen der §§ 27 Abs. 1 S. 2 Nr. 5, 39 SGB V haben Versicherte Anspruch auf vollstationäre Krankenhauspflege in einem zugelassenen Krankenhaus. Zugelassene Krankenhäuser sind aufgrund des Versorgungsauftrags verpflichtet, den Versicherten eine Krankenhausbehandlung zu gewähren (§ 109 Abs. 4 S. 2 SGB V). Mit der Aufnahme des Versicherten in das Krankenhaus kommt ein zivilrechtlicher, aus behandlungs- und mietvertraglichen sowie werk- und dienstvertraglichen Elementen bestehender Krankenhausaufnahmevertrag zustande.[823] Auf der Grundlage des Krankenhausaufnahmevertrages kann der Versicherte neben der Erfüllung der Behandlungspflichten Ansprüche auf die Einsichtnahme in seine Krankenakten und bei Verletzung von Aufklärungs- und Sorgfaltspflichten gegebenenfalls vertragliche Schadensersatzansprüche gegen das Krankenhaus geltend machen. 36

b) Zulassung durch Krankenhausplan oder Versorgungsvertrag

Ein Krankenhaus im begrifflichen Sinn des § 107 Abs. 1 SGB V ist nicht eo ipso in das System der Leistungserbringung der gesetzlichen Krankenversicherung eingebunden. Vielmehr dürfen die Krankenkassen die Krankenhausversorgung nur von zugelassenen Krankenhäusern, d. h. den vom Katalog des § 108 SGB V umfassten Krankenhäusern, erbringen lassen. Der genaue **Versorgungsauftrag eines sog. Plankrankenhauses** wird dabei im Rahmen der **Krankenhausplanung** festgelegt. Diese Vorgaben sind bindend, sodass ein Plankrankenhaus grundsätzlich – vorbehaltlich der Notfallbehandlung – nur für Leistungen im Rahmen seines Versorgungsauftrags Vergütungsansprüche für die Behandlung gesetzlich Krankenversicherter erwirbt.[824] Wie sich aus dem Zusammenspiel von 37

822 Zu Genese und Telos vgl. bereits BSG 12.9.2012 BSGE 112, 15.

823 BGH 10.1.1984 BGHZ 89, 250; zu den verschiedenen Vertragstypen MüKoBGB/Wagner, 9. Aufl. 2023, BGB § 630 Rn. 33ff.; Spickhoff/Spickhoff, 4. Aufl. 2022, BGB § 630a Rn. 26.

824 BSG 19.6.2018 BSGE 126, 87; BSG 23.6.2015 BSGE 119, 141; BSG 29.8. 2023 NZS 2024, 346 (348) Rn. 19.

§ 108 Nr. 1, 2 SGB V und § 109 Abs. 1 S. 2 SGB V ergibt, ist für Hochschulkliniken und Plankrankenhäuser der Abschluss eines Versorgungsvertrages nicht erforderlich.[825] Ein Versorgungsvertrag wird für diese Krankenhausarten kraft Status fingiert. Für alle anderen Krankenhäuser muss ein **öffentlich-rechtlicher Versorgungsvertrag** zwischen dem Krankenhausträger auf der einen und den Landesverbänden der Krankenkassen sowie den Verbänden der Ersatzkassen gemeinsam auf der anderen Seite geschlossen werden (§ 108 Nr. 3 i.V.m. § 109 Abs. 1 S. 1 SGB V).

38 Gem. § 109 Abs. 3 S. 1 SGB V darf ein Versorgungsvertrag nicht abgeschlossen werden, wenn das Krankenhaus nicht die Gewähr für eine leistungsfähige und wirtschaftliche Krankenhausbehandlung bietet (Nr. 1), bei den maßgeblichen planungsrelevanten Qualitätsindikatoren (§ 6 Abs. 1a KHG) nicht nur vorübergehend eine in einem erheblichen Maß unzureichende Qualität aufweist, die im jeweiligen Landesrecht vorgesehenen Qualitätsanforderungen nicht nur vorübergehend und in einem erheblichen Maß nicht erfüllt (Nr. 2) oder für eine bedarfsgerechte Krankenhausbehandlung der Versicherten nicht erforderlich ist (Nr. 3). Der Verweis auf die Qualitätsabschläge nach § 5 Abs. 3a KHEntgG in Nr. 2 ist gegenstandslos geworden, da die dortige Vorschrift und der ihm zugrundeliegende Umsetzungsauftrag des G-BA mit dem Gesundheitsversorgungsweiterentwicklungsgesetz vom 22.6.2022[826] aufgehoben wurde.[827] Das **Erfordernis einer Bedarfsprüfung** ist aber in verfassungsrechtlicher Hinsicht nicht unproblematisch. Die Bedarfsabhängigkeit der Zulassung von Krankenhäusern stellt einen **Eingriff in Grundrechte** von Krankenhausträgern aus Art. 12, 14, 2 Abs. 1 GG dar. Das BSG hat die Bedarfsplanung bislang aber als rechtmäßig angesehen, weil hiermit übergeordnete Allgemeinwohlinteressen gewahrt würden.[828] Es sei davon auszugehen, dass die Finanzierung einer dem Stand der medizinisch-wissenschaftlichen Erkenntnisse entsprechenden Versorgung der Versicherten mit Krankenhausleistungen gefährdet wäre, wenn keine Bedarfssteuerung erfolge. Dies gelte jedenfalls, solange wie die Vergütung stationärer Leistungen auf der Basis tagesgleicher Pflegesätze erfolgt. Es hat aber Zweifel erkennen lassen, ob die Verfassungsmäßigkeit auch dann noch bejaht werden könne, wenn das Vergütungssystem – wie mittlerweile geschehen – auf ein **Fallpauschalensystem** (sog. DRG-System) umgestellt werde.[829]

39 Nach ausdrücklicher Formulierung des § 109 Abs. 2 S. 1 SGB V hat der Krankenhausträger keinen Anspruch auf Abschluss eines Versorgungsvertrages. Die Rechtslage ist jedoch in Wirklichkeit komplizierter als es der Gesetzestext vermuten lässt. Die Problematik soll anhand folgender Entscheidung des BSG verdeutlicht werden:

Beispiel (nach BSG 29.5.1996 BSGE 78, 233):
Der Kläger ist Arzt. Seit 1977 betreibt er eine Privatklinik für den operativen Bereich der chirurgischen Phlebologie und der plastischen Chirurgie in B. Das Behandlungsangebot umfasst vor allem die Crossektomie, das Striping der Stammgefäße sowie die Entfernung massiver variköser Seitenäste. Die mit 13 Betten ausgestattete Klinik ist nicht in den Krankenhausbedarfsplan des Landes NRW aufgenommen worden. Die Patienten der Klinik sind zu etwa 70 Prozent Mitglieder gesetzlicher Krankenkassen und kommen zu drei Prozent aus dem Umkreis von 50 km um B. Das Krankenhaus ist von den Patienten sehr nachgefragt. Die Wartezeit für eine operative Maßnahme beträgt etwa zwei bis drei Monate. Den Antrag des Klägers, mit ihm einen Versorgungsvertrag abzuschließen, lehnten die Beklagten ab. Für die in der Klinik des Klägers erbrachten Leistungen bestehe kein Bedarf, da dieser im Versorgungsgebiet durch die chirurgischen Abteilungen vorhandener Krankenhäuser gedeckt werde. Im Übrigen könne eine Krankenhauseinheit mit nur 13 Betten nicht wirtschaftlich geführt werden.

40 In dieser Entscheidung hat das BSG zunächst klargestellt, dass entgegen der Formulierung in § 109 Abs. 2 S. 1 SGB V im Hinblick auf die Grundrechte der Krankenhausbetreiber aus Art. 12, 14, 2 Abs. 1 GG sehr wohl ein **Anspruch auf Abschluss eines Versorgungsvertrages** bestehe, nämlich dann, wenn die in § 109 Abs. 3 SGB V genannten Kriterien erfüllt sind. Das in § 109 Abs. 2 SGB V angespro-

825 Zur Aufnahme eines Krankenhauses in den Krankenhausplan BVerfG 4.3.2004 NJW 2004, 1648, mit Hinweisen auf die maßgeblichen Entscheidungen des BVerfG zum Krankenhausplanungsrecht.
826 BGBl. I Nr. 22.
827 BT-Drs. 19/26822 S. 118.
828 Vgl. BSG 5.7.2000 BSGE 87, 25.
829 Kritisch dagegen Knispel, NZS 2006, 120, 121.

chene pflichtgemäße Ermessen beträfe nur Fallgestaltungen, in denen bei nicht gedecktem Bedarf zwischen mehreren geeigneten Krankenhäusern, die sich um den Abschluss eines Versorgungsvertrages bewerben, eine Auswahl erforderlich wird, weil die Zulassung aller Bewerber den Bedarf übersteigen würde. Nur dann haben die Krankenkassenverbände unter Berücksichtigung der öffentlichen Interessen und der Vielfalt der Krankenhausträger im Wege einer Ermessensentscheidung festzustellen, welches Krankenhaus den Erfordernissen einer bedarfsgerechten, leistungsfähigen und wirtschaftlichen Krankenhausbehandlung am besten gerecht wird.

Der Versorgungsvertrag bedarf der **Schriftform** (§ 109 Abs. 1 S. 1 2. Hs. SGB V) und der **Genehmigung der zuständigen Landesbehörde** (§§ 109 Abs. 3 S. 2, 208 Abs. 1 SGB V). Liegt eine Genehmigung vor, bewirkt der Versorgungsvertrag ab dem Zeitpunkt der Erteilung der Genehmigung[830] die Zulassung zur Versorgung der Versicherten mit Wirkung für alle inländischen Krankenkassen (§ 109 Abs. 1 S. 3, Abs. 4 S. 1 SGB V). Das Krankenhaus ist zum Abschluss eines vom Patienten gewünschten Aufnahmevertrages (Kontrahierungszwang, § 109 Abs. 4 S. 2 SGB V), die Krankenkassen zur Aufnahme von Pflegesatzverhandlungen mit dem Krankenhausträger (§ 109 Abs. 4 S. 3 SGB V) verpflichtet. 41

Eine **Beendigung** des Versorgungsvertrages ist durch **fristgerechte Kündigung** möglich (§ 110 SGB V). Krankenkassen können den Versorgungsvertrag aber nur aus einem der in § 109 Abs. 3 S. 1 SGB V genannten Gründe kündigen. Diese Gründe dürfen zudem nicht nur vorübergehend bestehen (§ 110 Abs. 1 S. 3 SGB V). Die Kündigung wird erst nach Genehmigung der zuständigen Landesbehörde wirksam (§§ 110 Abs. 2 S. 1, 208 Abs. 1, 217d Abs. 1 S. 1 SGB V). 42

c) Vergütungsansprüche des Krankenhauses

Auf welcher Rechtsgrundlage, unter welchen Voraussetzungen und in welcher Höhe das Krankenhaus Vergütungsansprüche gegen die Krankenkasse geltend machen kann, ist in der Rechtsbeziehung zwischen Krankenkasse und Krankenhaus, dem **sog. Abrechnungsverhältnis** zu klären. 43

Nach ständiger Rechtsprechung des Reichsgerichts,[831] der sich zunächst auch der BGH anschloss,[832] lag dem Abrechnungsverhältnis zwischen Krankenkasse und Krankenhaus ein **Vertrag zugunsten Dritter** (des **Versicherten) gem. § 328 BGB** zugrunde. Der Vertrag kam nach den Vorschriften der §§ 145ff. BGB durch ein Angebot des Krankenhauses (Anzeige der Krankenhausaufnahme mit der Bitte um Kostenübernahme) und die Annahme der Krankenkasse (Kostenzusage) zustande. Die Vertragsbeziehungen im Rahmen der Krankenhausbehandlung wurden insgesamt dem Zivilrecht zugeordnet. 44

In einer Entscheidung aus dem Jahr 1981 ordnete das BSG die im einzelnen Behandlungsfall zwischen Krankenhaus und Krankenkasse entstehenden **Rechtsbeziehungen dem öffentlichen Recht** zu.[833] Hintergrund dieser Entscheidung waren grundlegende Änderungen der damals geltenden krankenversicherungsrechtlichen Regelungen der RVO über die Vertragsbeziehungen zwischen Krankenkassen und Krankenhäusern, die der Gesetzgeber mit dem „Krankenversicherungs-Kostendämpfungsgesetz" (KVKG) vom 27.6.1977[834] eingeführt hatte. § 372 RVO sah den Abschluss von Rahmenverträgen zwischen Landesverbänden der Krankenkassen und den Landesverbänden der Krankenhäuser über die allgemeinen Bedingungen der Krankenhauspflege vor. Auch die Kostenzusage der Krankenkasse wurde nicht mehr allgemein als Annahmeerklärung der Krankenkasse zum Abschluss eines (öffentlich-rechtlichen) Vertrages angesehen.[835] 45

---

830 Vgl. BSG 21.2.2006 SGb 2006, 300.

831 RG 4.7.1915 Warn.Rspr. 1915 Nr. 203; RG 27.9.1940 RGZ 165, 91.

832 BGH 11.4.1951 BGHZ 1, 383; BGH 14.2.1957 BGHZ 23, 319.

833 BSG 14.1.1981 SozR 1500 § 51 Nr. 23.

834 BGBl. I S. 1069ff.

835 Zu den verschiedenen Alternativen, BSG 9.12.1987 SozR 2200 § 184 Nr. 30, BeckOGK/Gamperl, 1.9.2017, SGB V § 39 Rn. 120.

46 Heute ist die **Rechtsgrundlage**[836] für den Vergütungsanspruch des Krankenhauses nach ständiger Rechtsprechung des BSG **§ 109 Abs. 4 S. 3 SGB V i. V. m. § 17b KHG i. V. m. § 7 Abs. 1 S. 1 Nr. 1 KHEntgG i. V. m. dem sog. Fallpauschalen-Katalog** (DRG-Katalog), also den Anlagen der Fallpauschalenvereinbarung für Krankenhäuser, die für das jeweilige Kalenderjahr zwischen dem GKV-Spitzenverband und dem Verband der Privaten Krankenversicherung gemeinsam und einheitlich sowie der Deutschen Krankenhausgesellschaft geschlossen werden.[837] Hiernach erhält das Krankenhaus eine Pauschalvergütung für die bei einer diagnostizierten Erkrankung typischerweise medizinisch gebotene Behandlung;[838] es liegt dabei in der Verantwortung des Krankenhauses, durch effiziente Behandlung und Reduktion der Verweildauer in stationärer Behandlung kostendeckend zu wirtschaften oder sogar Überschüsse zu erzielen. Gelegentlich hat das BSG auch den Sicherstellungsvertrag gem. § 112 Abs. 2 S. 1 SGB V mit als Anspruchsgrundlage herangezogen.[839] Das pauschalierende DRG-System als eigentliches Vergütungssystem wird heute insbesondere ergänzt durch Zuweisungen für Investitionsmaßnahmen der Krankenhäuser (vgl. § 4 Nr. 1 KHG). Aus dem DRG-System **ausgegliedert** sind überdies gem. § 17b Abs. 4 S. 1, Abs. 4a KHG die Pflegepersonalkosten für die unmittelbare Patientenversorgung auf bettenführenden Stationen und Kreißsälen; sie sind Teil einer vom DRG-System getrennten Pflegepersonalkostenvergütung. Der Gesetzgeber möchte damit den ansonsten entstehenden Fehlanreizen zu Personalabbau und Vergütungsreduktionen bei den Pflegekräften entgegenwirken. Zuletzt wurde das DRG-System 2020 in der **Corona/Covid19-Krise** relativiert, indem zwecks wirtschaftlicher Absicherung der Krankenhäuser die **Pauschalvergütung der Vorhaltung von Intensivpflegeplätzen** für infizierte Patienten beschlossen wurde.

47 Der Vergütungsanspruch des Krankenhauses **entsteht unmittelbar** mit der Inanspruchnahme der Krankenhausbehandlung durch den Versicherten.[840] Eine Kostenzusage der Krankenkasse wird für das Entstehen des Vergütungsanspruchs dagegen nicht (mehr) vorausgesetzt;[841] sie ist keine konstitutive Voraussetzung des Vergütungsanspruchs mehr, bleibt aber möglich und hat, wenn sie erteilt wird, die Wirkung eines deklaratorischen Schuldanerkenntnisses.[842] Ebenso ist die vertragsärztliche Verordnung (Krankenhauseinweisung) weder Voraussetzung für den Anspruch des Versicherten auf erforderliche Krankenhausbehandlung noch für den korrespondierenden Vergütungsanspruch eines zugelassenen Krankenhauses.[843] Ausschlaggebend für die Erforderlichkeit der Krankenhausbehandlung nach § 39 SGB V ist damit – entgegen früherer BSG-Judikatur[844] ausschließlich die Prüfung ihrer Voraussetzungen durch die Krankenkasse. Das bedeutet, dass es im Ausgangspunkt allein darauf ankommt, ob die Erforderlichkeit der Krankenhausbehandlung objektiviert gegeben schien oder nicht. Diese Frage ist einer gerichtlichen Überprüfung zugänglich. Dem Krankenhausarzt steht dagegen keine kontrollfreie Einschätzungsprärogative zu.[845] Dies bedeutet freilich nicht, dass der Vergütungsanspruch des Krankenhauses stets zu verneinen ist, wenn der Krankenhausarzt in unzutreffender Weise die Erforderlichkeit der stationären Behandlung bejaht hat. Hier ist daran zu erinnern, dass der Große Senat in seiner richtungsweisenden Entscheidung, mit der die Kompetenz der Krankenkassen im beschriebenen Sinne gestärkt wurde, ausgeführt hat, in rechtlicher Hinsicht sei bei einer nachträglichen Fehlbelegungsprüfung die Berechtigung der Krankenhausbehandlung nicht rückschauend aus der späteren Sicht des Gutachters zu beurteilen; vielmehr sei zu fragen, ob

---

836 Ausf. zu Dogmatik und Anwendungsfragen des Vergütungsanspruchs Felix, SGb 2017, 181; dies. SGb 2017, 259.

837 Exemplarisch BSG 19.4.2016 BeckRS 2016, 70230 Rn. 11; BSG, 22.4.2009 NZS 2010, 387 Rn. 12; BSG 4.3.2004 BSGE 92,223; kritisch hierzu Felix, SGb 2017, 181, 183ff.

838 Zur Berücksichtigung von Begleiterkrankungen BSG 25.11.2010 BSGE 107, 140.

839 BSG 21.8.1996 SozR 3-2500 § 39 Nr. 4; BSG 17.5.2000 BSGE 86, 166; BSG 13.12.2001 BSGE 89, 104.

840 BSG 17.5.2000 BSGE 86, 166 Rn. 15; LSG Niedersachsen-Bremen 30.4.2003 NZS 2004, 203, 204; zustimmend Felix, SGb 2017, 181, 186; BSG 29.8.2023 NZS 2024, 540.

841 Dazu Felix, SGb 2017, 181, 186.

842 BSG 17.5.2000 BSGE 86, 166 Rn. 19f.

843 BSG 19.6.2018 – B 1 KR 26/17 R, SozR 4-2500 § 39 Nr. 30.

844 BSG 23.4.1996 SozR 3-2500 § 39 Nr. 3; BSG 21.8.1996 SozR 3-2500 § 39 Nr. 4.

845 BSG GS 25.9.2007 SGb 2008, 295, 300.

sich die stationäre Aufnahme oder Weiterbehandlung bei Zugrundelegung der für den Krankenhausarzt nach den Regeln der ärztlichen Kunst im Behandlungszeitpunkt verfügbaren Kenntnisse und Informationen zu Recht als medizinisch notwendig dargestellt hat.[846] Der Große Senat verweist in diesem Zusammenhang auf bisherige Entscheidungen des BSG, in denen entschieden wurde, dass es dem behandelnden Arzt nicht angelastet werden kann, wenn er aufgrund einer für ihn nicht erkennbaren Irreführung oder Fehlinformation Behandlungsmaßnahmen einleitet, die sich später als unnötig herausstellen. Bekannt ist die Entscheidung des Krankenhauswanderers, dem es gelungen ist unter Vorspiegelung falscher Tatsachen operative Eingriffe zu veranlassen. Hier hatte der 3. Senat des BSG judiziert:

> „Stellt sich diese **Entscheidung** nachträglich – vollständig oder in einzelnen Teilen – als **unrichtig** heraus, ist die Krankenkasse nur dann nicht an die Entscheidung des Krankenhausarztes gebunden, wenn dieser vorausschauend („ex ante") hätte erkennen können, dass die geklagten Beschwerden nicht die Notwendigkeit der Krankenhausbehandlung begründeten, de lege artis also eine Fehlentscheidung getroffen hat (...). Hat das Krankenhaus die Fehlentscheidung nicht zu vertreten, dann ist die Krankenkasse zur Zahlung der vereinbarten Vergütung verpflichtet."[847]

In solchen Fällen – so der Große Senat des BSG – können der Behandlungsanspruch des Versicherten und der Vergütungsanspruch des Krankenhauses auseinanderfallen, wenn zwar rückschauend feststeht, dass objektiv keine Notwendigkeit für eine Krankenhausbehandlung bestand, das Krankenhaus aber im Behandlungszeitpunkt von der Notwendigkeit ausgehen durfte und die Behandlung zu Recht zu Lasten der Krankenkasse durchgeführt hat. 48

Sind die vorgenannten Voraussetzungen nicht gegeben, scheidet ein Vergütungsanspruch des Krankenhauses aus. Mangels Erforderlichkeit der Krankenhausbehandlung lässt sich ein Anspruch auch nicht aus dem Recht der ungerechtfertigten Bereicherung (§§ 812 ff. BGB) herleiten.[848] Ein **Bereicherungsanspruch** kann aber gegeben sein, wenn das Krankenhaus fehlerhaft von den Voraussetzungen einer vollstationären Behandlung ausgegangen ist und entsprechend die Vergütung einfordert, die Krankenkasse aber die Kosten eingespart hat, die bei einer ambulanten Behandlung nach § 115b SGB V angefallen wären.[849] 49

Die Feststellung der Behandlungsbedürftigkeit durch den Krankenhausarzt ist von der Krankenkasse somit (ex post oder ex ante) zu überprüfen. Die Krankenkasse ist jederzeit berechtigt, die Krankenhausbehandlungsbedürftigkeit zu überprüfen und davon eine Kostenübernahmeerklärung abhängig zu machen; wird sie erteilt, hat sie die Wirkungen eines deklaratorischen Schuldanerkenntnisses im Zivilrecht.[850] Insbesondere bewirkt sie eine Beweislastumkehr zulasten der Krankenkasse, wenn später Umstände bekannt werden, die gegen die Erforderlichkeit einer Krankenhausbehandlung sprechen. Die erteilte Kostenübernahmeerklärung wirkt damit ausschließlich zugunsten des Krankenhauses; ihr Fehlen steht dem unmittelbar aus Gesetz und Fallpauschalenvereinbarung folgenden Vergütungsanspruch aber nicht entgegen. Wird eine Kostenübernahmeerklärung erteilt, kann diese in Zweifelsfällen auch befristet werden.[851] Mit der Kostenzusage erklärt die Krankenkasse gegenüber dem Krankenhaus ihr Interesse an einer raschen Abwicklung der Krankenhausbehandlung.[852] Wird sie wirksam erteilt, kann die Krankenkasse gegenüber dem Krankenhaus keine Einwendungen gegen den Vergütungsanspruch mehr erheben, die sie bei Abgabe der Kostenzusage kannte oder mit denen sie zumindest rechnen musste.[853] Die Krankenkasse kann nur nachträglich bekannt werdende Umstände gegen den Vergütungsanspruch geltend machen und muss den von ihr 50

846 BSG GS 25.9.2007 SGb 2008, 295, 300.
847 BSG 21.8.1996 SozR 3-2500 § 39 Nr. 4, S. 20, 21.
848 Vgl. dazu Quaas, SGb 2008, 261, 265.
849 BSG 4.3.2004 BSGE 92, 223.
850 BSG 17.5.2000 BSGE 86, 166 Rn. 19 f.
851 BSG 21.11.1991 BSGE 70, 20.
852 Dazu BeckOGK/Gamperl, 1.9.2017, SGB V § 39 Rn. 121.
853 BSG 17.5.2000 BSGE 86, 166.

vorgetragenen Sachverhalt, aus dem sich die fehlende Behandlungsbedürftigkeit ergeben soll, gegebenenfalls auch beweisen. Sie trägt nur dann – vergleichbar mit dem Arzthaftungsrecht[854] – nicht die Beweislast, wenn das Krankenhaus eine sachgerechte Dokumentation der Behandlung unterlassen hat. Die Kostenzusage der Krankenkasse hat damit die Wirkungen eines **deklaratorischen Schuldanerkenntnisses.**[855] Liegt keine Kostenzusage (mehr) vor, hat das aber nicht zur Folge, dass das Krankenhaus das Vorliegen der Behandlungsbedürftigkeit zu beweisen hat. Die Überprüfung der Entscheidung des Krankenhausarztes findet vielmehr nach den Prüfvereinbarungen statt, die innerhalb des Sicherstellungsvertrages nach § 112 Abs. 2 SGB V vereinbart worden sind. Solange das Krankenhaus die Durchführung des vereinbarten Verfahrens nicht unmöglich gemacht oder wenigstens wesentlich erschwert hat, bleibt der Krankenkasse nur dieser Weg zur Feststellung der Behandlungsbedürftigkeit. Sie kann nicht pauschal von einem Krankenhaus verlangen, die medizinische Erforderlichkeit jeder Behandlung nachzuweisen, die einen von ihr festgelegten Zeitrahmen überschreitet. Das gilt auch dann, wenn statistische Vergleichswerte eine überlange Behandlungsdauer in diesem Krankenhaus ausweisen sollten.[856] Die vorgenannten Grundsätze einer Kostenübernahmeerklärung im Sinne eines deklaratorischen Schuldanerkenntnisses gelten nicht, wenn die Krankenkasse eine Kostenzusage unter dem Vorbehalt abgegeben hat, dass der Patient bei ihr versichert ist. Ein solcher Vorbehalt bedeutet, dass die Kostenzusage unter der Bedingung (§ 158 BGB) des bestehenden Versicherungsverhältnisses bei Beginn der Behandlung und seiner Fortdauer bis zum Ende der Behandlung steht.[857]

d) Vereinbarungen auf Verbandsebene

51 Von der Zulassung des Krankenhauses zur Versorgung der Versicherten sind die vertraglichen Regelungen der Verbandsebene zu unterscheiden, in denen über Art und Umfang der Krankenhausversorgung Vereinbarungen getroffen werden. Die Grundzüge der Krankenhausbehandlung sind Gegenstand der **zweiseitigen Verträge** nach § 112 SGB V. Um eine effektive Koordinierung zwischen ambulanter und stationärer Behandlung zu erreichen, hat der Gesetzgeber in den §§ 115ff. SGB V das Instrument der **dreiseitigen Verträge** geschaffen.

52 Die **zweiseitigen Verträge** werden gemeinsam von den Landesverbänden der Krankenkassen und den Ersatzkassen auf der einen Seite und der Landeskrankenhausgesellschaft oder den Vereinigungen der Krankenhausträger auf der anderen Seite abgeschlossen (§ 112 Abs. 1 SGB V). Sie regeln die allgemeinen Bedingungen der Krankenhausbehandlung (Aufnahme, Entlassung, Kostenübernahme etc.), Verfahrensgrundsätze für Wirtschaftlichkeits- und Qualitätsüberprüfungen und die soziale Betreuung der Patienten (vgl. § 112 Abs. 2 Nr. 1 bis 6 SGB V).

53 Nach **§ 112 Abs. 5 SGB V** sollen der Spitzenverband Bund der Krankenkassen (§ 217a SGB V) und die Deutsche Krankenhausgesellschaft oder die Bundesverbände der Krankenhausträger gemeinsam **Rahmenempfehlungen** zum Inhalt der zweiseitigen Verträge abgeben. Sie sind für die Vertragsparteien der zweiseitigen Verträge nicht verbindlich.[858] Ihre Beachtung führt aber zu einer erstrebenswerten bundeseinheitlichen Handhabung der nur auf Landesebene geschlossenen zweiseitigen Verträge.[859]

54 Über den Abschluss **dreiseitiger Verträge** soll „durch die enge Zusammenarbeit zwischen Vertragsärzten und zugelassenen Krankenhäusern eine nahtlose ambulante und stationäre Behandlung der Versicherten" gewährleistet werden (§ 115 Abs. 1 SGB V). Vertragspartner sind die Landesver-

---

854 BGH 21.9.1982 BGHZ 85, 212.
855 Zu diesem Grüneberg/Sprau, 83. Aufl. 2024, BGB § 781 Rn. 3f.; siehe auch m.w.N. BeckOGK/Gamperl, 1.9.2017, SGB V § 39 Rn. 125ff.
856 BSG 13.12.2001 BSGE 89, 104.
857 BSG 12.11.2003 SozR 4-2500 § 112 Nr. 2.
858 BeckOGK/Hess, 1.12.2015, SGB V § 112 Rn. 15.
859 Vgl. HS-KV/Heinze § 38 Rn. 66ff.

bände der Krankenkassen und die Ersatzkassen gemeinsam, die Kassenärztlichen Vereinigungen und die Landeskrankenhausgesellschaft oder die Vereinigungen der Krankenhausträger im Land (§ 115 Abs. 1 SGB V). Die Vereinbarungen betreffen die im Katalog des § 115 Abs. 2 SGB V aufgeführten Bereiche, wobei die Förderung des Belegarztwesens (Nr. 1) und die allgemeinen Bedingungen der ambulanten Behandlung im Krankenhaus (Nr. 5) als besonders wesentlich erscheinen.

Aufgrund der Tatsache, dass nach Einführung des § 115 SGB V dreiseitige Verträge nur in drei Bundesländern zustande kamen, hat der Gesetzgeber des GSG Regelungen über vor- und nachstationäre Behandlung im Krankenhaus (§ 115a SGB V) und über ambulantes Operieren im Krankenhaus (§ 115b SGB V) erlassen,[860] die wesentliche Vertragsbedingungen vorgeben.[861] Hierdurch wird die Zuständigkeit der Krankenhäuser bei der Versorgung der Versicherten deutlich erweitert.[862] 55

Die **zwei- und dreiseitigen Verträge** sind nach **§§ 112 Abs. 2 S. 2, 115 Abs. 2 S. 2 SGB V** für die Krankenkassen, die zugelassenen Krankenhäuser und gegebenenfalls die Vertragsärzte im Land **unmittelbar verbindlich**. Die Verträge entfalten für alle zugelassenen Krankenhäuser des jeweiligen Bundeslandes normative Wirkung (Normativverträge), unabhängig davon, ob sie Mitglied in der vertragsschließenden Landeskrankenhausgesellschaft sind oder nicht. Bei nichtorganisierten Krankenhäusern kann aber im Gegensatz zu Mitgliedern der Landeskrankenhausgesellschaften keine Unterwerfung unter die vertragliche Normsetzung des Verbandes angenommen werden. Für sie bestehen zudem keine Mitwirkungsmöglichkeiten an der verbandsinternen Willensbildung. Die durch den Beitritt bzw. den Verbleib des Mitglieds in einem zur Normsetzung ermächtigten Verband dokumentierte privatautonome Legitimation der vertraglichen Normsetzung und die mit einer Mitgliedschaft verbundenen Einflussmöglichkeiten auf die Vertragsabschlüsse des Verbandes sind jedoch Voraussetzungen der Verbindlichkeit von Normativverträgen. Dies zeigt auch ein Vergleich mit den häufig in Bezug genommenen Vorschriften des Tarifvertragsrechts. Die Tarifwirkung erstreckt sich dort auch nur auf die beiderseits Tarifgebundenen (§ 4 Abs. 1 TVG). Ein Verfahren der Allgemeinverbindlicherklärung wie in § 5 TVG ist aber im SGB V nicht vorgesehen. Vor diesem Hintergrund wird die staatliche Anordnung der Verbindlichkeit nach §§ 112 Abs. 2 S. 2, 115 Abs. 2 S. 2 SGB V gegenüber zugelassenen Krankenhäusern, die nicht zum Mitgliederkreis der Landeskrankenhausgesellschaften gehören, teilweise als verfassungswidrig beurteilt.[863] 56

Der Abschluss der Verträge nach §§ 112, 115ff. SGB V ist durch ein **obligatorisches Schiedsverfahren** abgesichert (§§ 112 Abs. 3, 115 Abs. 3, 115a Abs. 3 S. 5, 115b Abs. 3 SGB V). Ihr Inhalt wird durch die Landesschiedsstelle (§ 114 SGB V), die Schiedsstelle nach § 18a Abs. 1 KHG (§ 115a Abs. 3 S. 5 SGB V) oder das Bundesschiedsamt (§ 115b Abs. 3 SGB V i.V.m. 89a SGB V) auf Antrag einer Vertragspartei festgesetzt (zur Besetzung der Schiedsstelle, § 114 Abs. 2 SGB V, § 115 Abs. 3 Sätze 2–4 SGB V [erweiterte Schiedsstelle]). 57

IV. Heil- und Hilfsmittelleistungen

1. Heilmittelerbringer

Heilmittel, die als Dienstleistungen abgegeben werden, dürfen nur von **zugelassenen Leistungserbringern** an die Versicherten erbracht werden (§ 124 Abs. 1 SGB V). Dies betrifft vor allem Leistungen der Physiotherapie, der Stimm-, Sprech- und Sprachtherapie, der Ergotherapie, der Podologie sowie der Ernährungstherapie. Die öffentlich-rechtlich ausgestaltete Zulassung wird von den Landes- 58

860 Vgl. BT-Drs. 12/3608 S. 102.

861 HS-KV/Heinze § 38 Rn. 88ff.

862 Die einschlägigen Verträge und Richtlinien des Gemeinsamen Bundesausschusses betreffend § 115a und b SGB V sind abgedruckt in: BKK-Landesverband Süd (Hrsg.), Das Recht im Krankenhaus, 3. Aufl. 2018.

863 Flüchter S. 101ff., die einen Verstoß gegen Art. 12 Abs. 1, 9 Abs. 1, 28 Abs. 2, 140 GG i.V.m. Art. 137 Abs. 3 WRV i.V.m. dem Demokratie- und dem Rechtsstaatsprinzip annimmt; ebenso HS-KV/Heinze § 38 Rn. 62ff.; Quaas, NZS 1995, 485; Schlink, RsDE Nr. 11, 1; a.A. Clemens, NZS 1994, 346, da nur eine geringe Anzahl von Außenseitern betroffen sei.

verbänden der Krankenkassen und den Ersatzkassen durch gemeinsam eingerichtete Arbeitsgemeinschaften in Form eines Verwaltungsakts (§§ 31ff. SGB X) erteilt (§ 124 Abs. 2 S. 1, 2 SGB V). Die Arbeitsgemeinschaften können auch länderübergreifend gebildet werden (Abs. 2 S. 4). Mit der Zulassung sind die Leistungserbringer zur Versorgung der Versicherten berechtigt. Krankenhäuser, Rehabilitationseinrichtungen und ihnen vergleichbare Einrichtungen müssen die Voraussetzungen des Abs. 1 Nr. 1, 2 zwar ebenfalls erfüllen, nach Abs. 5 S. 2 dürfen sie Heilmittel jedoch auch ohne besondere Zulassung abgeben. Die Zulassungsvoraussetzungen sind in § 124 Abs. 1 SGB V geregelt. Sind diese Voraussetzungen erfüllt, besteht ein Anspruch auf Zulassung zur Versorgung der Versicherten.[864]

59 **Nach früherer Rechtsprechung** sah das BSG die **Rechtsgrundlage für den Vergütungsanspruch** des Heilmittelerbringers in § 69 SGB V i.V.m. § 611 BGB auf der Grundlage eines zwischen ihm und der Krankenkasse geschlossenen (öffentlich-rechtlichen) Heilmittelbehandlungsvertrages.[865] Von diesem Ansatz hat sich das BSG mittlerweile distanziert. Es geht nunmehr davon aus, dass Heilmittelerbringer im Gegenzug für die Erfüllung ihrer öffentlich-rechtlichen Leistungspflicht einen durch Normenverträge näher ausgestalteten gesetzlichen Anspruch auf Vergütung gegen die Krankenkasse erwerben. Ein solcher werde ohnehin bereits in § 125 Abs. 2 S. 1 SGB V vorausgesetzt. Rechtsnatur und Struktur des Vergütungsanspruchs der Heilmittelerbringer folgen der Einbindung der Heilmittelerbringer in den öffentlich-rechtlichen Versorgungsauftrag der Krankenkassen.[866] Leistet ein zugelassener Heilmittelerbringer entsprechend seiner Berechtigung und Verpflichtung einem Versicherten aufgrund ordnungsgemäßer vertragsärztlicher Verordnung, erwächst ihm daraus ein **gesetzlicher Vergütungsanspruch** gegen die Krankenkasse.

60 § 124 Abs. 1 SGB V ist zu entnehmen, dass zu den Heilmittelleistungen der gesetzlichen Krankenversicherung „insbesondere Leistungen der Physiotherapie, der Stimm-, Sprech- und Sprachtherapie, der Ergotherapie, der Podologie sowie der Ernährungstherapie“ gehören. Welche Berufsgruppen für eine Leistungserbringung im Rahmen der gesetzlichen Krankenversicherung im Einzelnen zulassungsfähig sind, ist in den Verträgen nach § 125 SGB V zu regeln.[867] Physiotherapeuten müssen nach Abs. 2a i.V.m. § 125 Abs. 2 S. 1 Nr. 3 SGB V für den Erhalt einer Abrechnungserlaubnis zusätzlich Fort- und Weiterbildungsmaßnahmen nachweisen. Für eine Zulassung in Betracht kommen im Bereich der physikalischen Therapie Masseuren, medizinischen Bademeistern und Physiotherapeuten (§§ 3, 8 Masseur- und PhysiotherapeutenG) erteilt werden. Für die Sprachtherapie kommen Logopäden (§§ 1ff. LogopädenG vom 7.5.1980)[868] und eine Vielzahl weiterer Berufsgruppen in Betracht. Die Ergotherapie wird von Ergotherapeuten (§§ 1ff. ErgotherapeutenG vom 25.5.1976)[869] durchgeführt. In neuerer Zeit wurden die Heilmittelleistungen der gesetzlichen Krankenversicherung um die medizinische Fußpflege ergänzt.[870] Zulassungsfähig sind vor allem Podologen (§ 3 PodologenG vom 4.12.2001).[871]

61 Zur Gewährleistung einer bundesweit einheitlichen Heilmittelversorgung werden vom Spitzenverband Bund der Krankenkassen und den für die Wahrnehmung der Interessen der **Heilmittelerbringer** maßgeblichen Spitzenorganisationen auf Bundesebene Verträge abgeschlossen (**§ 125 Abs. 1 SGB V**). Die Abs. 2–3 enthalten Mindestvorgaben für den Inhalt der Verträge. Kommt ein Vertrag nicht zustande, wird er durch eine Schiedsstelle festgesetzt (Abs. 5, 6). Die Verträge müssen die Festlegungen der Heilmittel-Richtlinie des Gemeinsamen Bundesausschusses nach § 92 Abs. 1 S. 2 Nr. 6 SGB V berücksichtigen (§§ 125 Abs. 1 S. 4 SGB V).

864 BeckOGK/Nolte § 124 SGB V Rn. 4; Spickhoff/Wabnitz, 4. Aufl. 2022, SGB V § 124 Rn. 5.
865 Vgl. hierzu BSG 15.11.2007 NZS 2008, 592ff.; siehe noch zur alten Rechtslage Adam, in Sodan, Handbuch des Krankenversicherungsrechts, § 26 Rn. 51.
866 BSG 13.9.2011 NZS 2010, 296 Rn. 11.
867 BeckOGK/Nolte, 1.5.2020, SGB V § 124 Rn. 3; BeckOK SozR/Brandhorst, 73. Ed. 1.6.2024, SGB V § 124 Rn. 3.
868 BGBl. I S. 529ff.
869 BGBl. I S. 1246ff.
870 Hierzu BSG 16.11.1999 BSGE 85, 132.
871 BGBl. I S. 3320ff.

Neben den bundesweit geltenden Verträgen gem. § 125 Abs. 7, 8 SGB V können zwischen den Krankenkassen, ihren Landesverbänden oder Arbeitsgemeinschaften und den Leistungserbringern oder ihren Verbänden **Vereinbarungen auf der Landesebene** zur Weiterentwicklung der Qualität und Struktur der Versorgung (Abs. 8) und über kurortspezifische Heilmittel und die Angebote der Eingliederungshilfe schließen. 62

Bei den Verträgen nach § 125 SGB V handelt es sich, wie bei den Verträgen nach § 112 SGB V, um Normativverträge.[872] 63

2. Hilfsmittelerbringer

Welche Berufsgruppen Hilfsmittel an Versicherte abgeben können, ist nicht ohne weiteres festzustellen. Die **Komplexität der Hilfsmittelleistungen** macht die Bestimmung von geeigneten Hilfsmittellieferanten schwierig. Zu den Hilfsmitteln gehören beispielsweise Produkte der Berufsgruppen, die in § 33 Abs. 1 S. 1 SGB V beispielhaft hervorgehoben sind (Seh- und Hörhilfen, Körperersatzstücke und orthopädische Hilfsmittel). Als zulassungsfähige Berufsgruppen kommen Augenoptiker, Hörakustiker, Orthopädietechniker und Orthopädieschuhmacher in Betracht.[873] 64

Leistungen der **Zahntechniker** gehören in der gesetzlichen Krankenversicherung nicht zu den Hilfsmittelleistungen. Nach § 88 Abs. 1, 2 SGB V werden auf Bundes- und Landesebene zwischen den Krankenkassen- und Zahntechnikerverbänden Vereinbarungen über Leistungen der Zahntechniker, mit Ausnahme zahntechnischer Leistungen beim Zahnersatz einschließlich Zahnkronen und Suprakonstruktionen, getroffen. Im Gegensatz zu Verträgen im Hilfsmittelbereich sind die Vertragsabschlüsse durch die Einrichtung von Schiedsämtern abgesichert (§ 89 Abs. 12, 13 SGB V).

Für die Leistungserbringung von Hilfsmitteln haben das GKV-WSG und das GKV-OrgWG neue Grundlagen in den **§§ 126, 127 SGB V** geschaffen. § 126 SGB V a.F. folgte dem Prinzip der Zulassung von Leistungserbringern. Davon ist das GKV-WSG abgerückt. Um den Vertrags- und Preiswettbewerb zu stärken, wird die Zulassung der Leistungserbringer aufgegeben und durch eine Vertragslösung ersetzt.[874] Die Realisierung des **Vertragsmodells** regelt § 127 SGB V. Nach Abs. 1 S. 1–5 schließen die Krankenkassen, ihre Landesverbände und Arbeitsgemeinschaften mit den Leistungserbringern ihren Verbänden und Zusammenschlüssen Verträge über die Qualität von Hilfsmitteln, die von den Leistungserbringern zu erbringenden Leistungen und ihre Qualifikationen und Fortbildungen. Ähnlich einer Ausschreibung ist die Absicht eines Vertragsschlusses unionsweit bekanntzumachen (S. 7). Kommt ein Vertrag nicht zustande, wird er nach Abs. 1a durch eine Schiedsperson festgesetzt. 65

Wie alle übrigen Leistungsbereiche ist auch der Bereich der Hilfsmittel besonderen Anforderungen der **Sicherung der Qualität** der Leistungserbringung (§§ 135ff. SGB V) unterworfen. Gem. § 139 Abs. 1 SGB V erstellt der Spitzenverband Bund der Krankenkassen ein systematisch strukturiertes **Hilfsmittelverzeichnis**, in das von der Leistungspflicht umfasste Hilfsmittel aufzuführen sind. Die Aufnahme eines Hilfsmittels erfolgt auf Antrag des Herstellers (§ 139 Abs. 3 S. 1 SGB V). Über die Entscheidung hat der Spitzenverband Bund der Krankenkassen einen Bescheid zu erteilen (§ 139 Abs. 6 S. 5 SGB V). Das Hilfsmittelverzeichnis beinhaltet keine Positivliste, sondern stellt eine unverbindliche Auslegungshilfe für Gerichte und Orientierungshilfe für Krankenkassen dar.[875] 66

§ 139 Abs. 4 SGB V gibt einen Rechtsanspruch auf Aufnahme in das Verzeichnis, wenn der Hersteller die Funktionstauglichkeit und Sicherheit, die Erfüllung der Qualitätsanforderungen nach Abs. 2 und, soweit erforderlich, den medizinischen Nutzen nachgewiesen hat und das Hilfsmittel mit den für eine ordnungsgemäße und sichere Handhabung erforderlichen Informationen in deutscher Sprache versehen ist. Für **Medizinprodukte** i.S.d. § 3 Nr. 1 des MedizinprodukteG gilt der Nachweis 67

---

872 BeckOGK/Nolte, 1.7.2021, SGB V § 125 Rn. 3.

873 Dazu vertiefend Adam, in Sodan, Handbuch des Krankenversicherungsrechts, § 26 Rn. 58ff.

874 Vgl. im Einzelnen die Begründung in BT-Drs. 16/3100 S. 141.

875 BSG 23.8.1995 SozR 3-2500 § 33 Nr. 16; BSG 24.5.2006 NZS 2007, 92, 93; zuletzt BSG 25.2.2015 BeckRS 2015, 69880; vgl. auch Bleil, Zulassungs- und Vertragsrecht der Heil- und Hilfsmittellieferanten, S. 42ff.

der Funktionstauglichkeit und der Sicherheit durch die CE-Kennzeichnung grundsätzlich als erbracht (§ 139 Abs. 5 S. 1 SGB V).[876] Dient das Hilfsmittel der Anwendung einer neuen Behandlungsmethode i.S.d. § 135 Abs. 1 SGB V, ist zunächst die Anerkennung der neuen Behandlungsmethode durch den Gemeinsamen Bundesausschuss nach § 135 Abs. 1 SGB V herbeizuführen, ehe das der Durchführung dieser neuen Methode dienende Hilfsmittel überhaupt in das Hilfsmittelverzeichnis aufgenommen werden kann.[877]

V. Apotheken und pharmazeutische Unternehmen

1. Apotheken

68 Die Arzneimittelversorgung besteht aus der Verordnung des Arzneimittels durch den behandelnden Vertragsarzt (§§ 15 Abs. 1 S. 1, 73 Abs. 2 Nr. 7 1. Alt. SGB V) und der Abgabe des verordneten Arzneimittels durch eine **Apotheke**. Die Erlaubnispflicht und die Voraussetzungen der Erlaubniserteilung zum Betrieb einer Apotheke richten sich nach §§ 1ff. des Gesetzes über das Apothekenwesen vom 20.8.1960.[878] Das SGB V sieht **kein Zulassungsverfahren für Apotheker** vor. Erforderlich ist allerdings, dass der Rahmenvertrag nach § 129 Abs. 2 SGB V für die Apotheke Geltung hat (§ 31 Abs. 1 S. 5 SGB V).

2. Berufsverbände der Apotheker

69 Zur Ausgestaltung der Rechtsbeziehungen der Krankenkassen zu **öffentlichen Apotheken** griff der Gesetzgeber des GRG auf die **Vertragspraxis** zwischen den Krankenkassenverbänden und den Berufsorganisationen der Apotheker zurück, die sich ursprünglich im Rahmen der RVO entwickelt hatte. Auf **Bundesebene** wird zwischen dem Spitzenverband Bund der Krankenkassen und der zur Wahrnehmung wirtschaftlicher Interessen gebildeten Spitzenorganisation der Apotheker ein **Rahmenvertrag** geschlossen (§ 129 Abs. 2–4, 7–10 SGB V). Auf **Landesebene** schließen die Landesverbände der Krankenkassen und die Verbände der Ersatzkassen **ergänzende Verträge** mit den Organisationen der Apotheker (§ 129 Abs. 5 SGB V). Weitere Aufgaben der Berufsverbände der Apotheker ergeben sich aus §§ 92 Abs. 1 S. 2 Nr. 6, Abs. 3a, 129 Abs. 6 SGB V. Welche Berufsorganisationen der Apotheker im Einzelnen als Spitzen- oder Landesorganisation tätig werden sollen, ist gesetzlich nicht festgelegt.

3. Vereinbarungen auf Verbandsebene

70 Die Spitzenverband Bund der Krankenkassen und die für die Wahrnehmung der wirtschaftlichen Interessen gebildete maßgebliche Spitzenorganisation der Apotheker, der Deutsche Apothekerverband e.V., konkretisieren gem. § 129 Abs. 2–4, 7–10 SGB V in einem **Rahmenvertrag** die in § 129 Abs. 1 SGB V normierten Pflichten der Apotheker bei der Arzneimittelabgabe an Versicherte.[879] Der **Abschluss** des Rahmenvertrages ist **obligatorisch**. Kommt er nicht fristgerecht zustande, wird der Vertragsinhalt des Rahmenvertrages von der gemeinsamen Schiedsstelle festgesetzt, die nach § 129 Abs. 8 bis 10 SGB V aus Vertretern der Krankenkassen, der Apotheker und unparteiischen Mitgliedern gebildet wird (§ 129 Abs. 7 SGB V).

71 Unter welchen Voraussetzungen der Rahmenvertrag nach § 129 Abs. 2 SGB V **Rechtswirkungen für die einzelnen Apotheken** entfaltet, ist in **§ 129 Abs. 3 SGB V** geregelt. Danach sind die Vereinbarungen des Rahmenvertrages für alle Apotheken verbindlich, die einem Mitgliedsverband der

876 S. dazu auch Wabnitz, Medizinprodukte als Hilfsmittel in der gesetzlichen Krankenversicherung, 2009, S. 92ff.
877 BSG 28.9.2006 NZS 2007, 495, 498; BSG 8.7.2015 NZS 2015, 860.
878 BGBl. I S. 697ff.
879 BT-Drs. 11/2237.

Spitzenorganisation der Apotheker angehören, soweit die Satzung dieses Verbandes vorsieht, dass der Rahmenvertrag Rechtswirkungen für die dem Verband angehörigen Apotheken hat (§ 129 Abs. 3 Nr. 1 SGB V). Für Apotheker, die der vertragsschließenden Spitzenorganisation nicht angehören, kommt der Beitritt zu dem Rahmenvertrag in Betracht (§ 129 Abs. 3 Nr. 2 SGB V), andernfalls sind sie von der Versorgung der Versicherten ausgeschlossen (§ 31 Abs. 1 S. 5 SGB V).

Die Landesverbände der Krankenkassen und die Verbände der Ersatzkassen können mit der für 72 die Wahrnehmung der wirtschaftlichen Interessen maßgeblichen Organisation der Apotheker auf Landesebene **ergänzende Verträge schließen (§ 129 Abs. 5 SGB V)**, die für Apotheken und Krankenkassen unter den gleichen Bedingungen Rechtswirkung erlangen wie die Rahmenvereinbarung nach § 129 Abs. 2 SGB V (§ 129 Abs. 5 S. 2 SGB V).

Sowohl der Rahmenvertrag als auch die ergänzenden Verträge sind **öffentlich-rechtlicher** 73 **Natur**. Zwar ordnete man auf der Grundlage der Entscheidung des Gemeinsamen Senats der obersten Gerichtshöfe des Bundes vom 10.4.1986[880] auch die im Bereich der Arzneimittelversorgung geschlossenen Rahmenverträge dem Zivilrecht zu. Mit der Neuregelung des § 69 SGB V durch das „Gesetz zur Reform der gesetzlichen Krankenversicherung ab dem Jahr 2000“ vom 22.12.1999[881] wollte der Gesetzgeber aber zum Ausdruck bringen, dass Rechtsbeziehungen des Leistungserbringungsrechts des SGB V öffentlich-rechtlicher, nicht privatrechtlicher Natur sind.[882]

§ 130 Abs. 1 SGB V gewährt einen **Apothekenrabatt** für verschreibungspflichtige Fertigarznei- 74 mittel sowie für Zubereitungen nach § 5 Abs. 3 der AMPreisV, die nicht § 5 Abs. 6 der AMPreisV unterfallen, in Höhe von 1,77 Euro je Arzneimittel, für sonstige Arzneimittel einen Abschlag in Höhe von 5 Prozent auf den für den Versicherten maßgeblichen Arzneimittelabgabepreis. Voraussetzung ist, dass die Rechnung des Apothekers innerhalb von 10 Tagen nach Eingang bei der Krankenkasse beglichen wird. Apothekenrabatte gehen zurück bis auf das Jahr 1914.[883] Früher wurden Rabatte als Entgegenkommen dafür gesehen, dass die Apotheken eine günstige Einnahmequelle hatten. Heute steht die Erzielung eines Einspareffektes und damit der Beitrag zum Grundsatz der Beitragsstabilität im Vordergrund. Das BSG sieht in der Verpflichtung zur Gewährung eines Rabatts keinen Verstoß gegen Art. 12 GG.[884] Hinzuweisen ist auf § 130a SGB V, der die Apotheken zur „Weiterleitung“ von in der Lieferbeziehung zwischen pharmazeutischen Unternehmen und Apotheken durchzusetzenden Rabatten an die Krankenkassen verpflichtet. Dieser ist nach Art des Arzneimittels unterschiedlich intensiv ausgestaltet, sodass z. B. für Generika[885] nach § 130a Abs. 3b S. 1 SGB V ein pauschaler Abschlag von 10 Prozent vorzunehmen ist.

4. Pharmazeutische Unternehmen

Die Abgabe der in pharmazeutischen Unternehmen hergestellten Arzneimittel erfolgt im Wesentli- 75 chen durch Apotheken (§§ 43, 44 AMG), teilweise auch durch Krankenhausapotheken (vgl. § 129a SGB V), Ärzte, Gesundheitsämter und andere Behörden (§§ 47, 47a AMG). Die Lieferung von Arzneimitteln an den erkrankten Versicherten und damit die **unmittelbare Beteiligung** eines pharmazeutischen Unternehmers an der **Leistungserbringung** im Rahmen der gesetzlichen Krankenversicherung ist nur in **Ausnahmefällen** möglich.[886] Jedenfalls ist es für die Krankenkassen nicht zwingend erforderlich, in Rechtsbeziehungen zu pharmazeutischen Unternehmen zu treten, um ihre Sachleistungsverpflichtung gegenüber den Versicherten zu erfüllen.

---

880 GemSOGB 10.4.1986 SozR 1500 § 51 Nr. 39.

881 BGBl. I S. 2626 ff.

882 BT-Drs. 14/1245 S. 67 ff.; zur geänderten Rechtsprechung vgl. BSG 5.8.1999 BSGE 84, 213; BSG 25.9.2001 SozR 3-2500 § 132a Nr. 1.

883 Vgl. zur Geschichte der Bestimmungen über Apothekenrabatte BSG 1.9.2005 SGb 2006, 563.

884 Zu Rechtsprechungsnachweisen siehe Becker/Kingreen/Axer, 8. Aufl. 2022, SGB V § 130 Rn. 3.

885 Also „patentfreie“ Wirkstoffe; zur Auslegung BSG 30.9.2015 – B 3 KR 1/15 R, BSGE 120, 11.

886 BSG 17.5.2000 MedR 2001, 649.

76 Seit Inkrafttreten des GRG können jedoch auch **Vereinbarungen über die Arzneimittelversorgung** zwischen den Berufsverbänden der pharmazeutischen Unternehmer und dem Spitzenverband Bund der Krankenkassen geschlossen werden (§ 131 Abs. 1–3 SGB V). Die geschlossenen Verträge sind nach Abs. 1 S. 1 maßgeblich für „die Arzneimittelversorgung in der gesetzlichen Krankenversicherung." Sie regeln diesen Bereich daher als öffentlich-rechtliche Verträge, unabhängig vom Beitritt oder der Mitgliedschaft der einzelnen Unternehmen, abschließend.[887]

VI. Rechtsbeziehungen zu anderen Leistungserbringern

77 In den §§ 132ff. SGB V finden sich umfängliche Regelungen der Rechtsbeziehungen zu anderen Leistungserbringern. Entsprechend den Ausweitungen der Leistungen ist das Spektrum an möglichen Leistungserbringern in den letzten Jahren erheblich ausgeweitet worden. Heute finden sich hier die Versorgung mit Haushaltshilfe (§ 132 SGB V), die Versorgung mit häuslicher Krankenpflege (§ 132a SGB V), die Versorgung mit Soziotherapie (§ 132b SGB V), die Versorgung mit sozialmedizinischen Nachsorgemaßnahmen (§ 132c SGB V), die Spezialisierte ambulante Palliativversorgung (§ 132d SGB V), die Versorgung mit Schutzimpfungen (§ 132e SGB V), die Versorgung durch Betriebsärzte (§ 132f SGB V), die Gesundheitliche Versorgungsplanung für die letzte Lebensphase (§ 132g SGB V), die Versorgungsverträge mit Kurzzeitpflegeeinrichtungen (§ 132h SGB V), die Versorgungsverträge mit Hämophiliezentren (§ 132i SGB V), die vertrauliche Spurensicherung bei Sexualdelikten (§ 132k SGB V), die Versorgung mit außerklinischer Intensivpflege (§ 132l SGB V), die Übergangspflege (§ 132m SGB V), die Versorgung mit Krankentransportleistungen (§ 133 SGB V), die Versorgung mit digitalen Gesundheitsanwendungen (§ 134 SGB V) und die Versorgung mit Hebammenhilfe (§ 134a SGB V).

Exemplarisch näher beleuchtet seien die folgenden Bereiche:

1. Hebammenhilfe

78 Gem. § 134 Abs. 1, 2 SGB V a.F. wurden die Vergütungen für die Leistungen der freiberuflichen Hebammen und Entbindungspfleger durch Rechtsverordnung des Bundesministeriums für Gesundheit geregelt. 2002 wurde diese Regelung durch das Zweite Fallpauschalengesetz aufgehoben. Die Festsetzung durch eine Gebührenverordnung wurde als unzeitgemäß und im Vergleich zu anderen Leistungserbringern als mit dem Gleichbehandlungsgrundsatz unvereinbar angesehen.[888] Deshalb gilt nach § 134a SGB V jetzt auch für Hebammen das **Vertragsmodell**. Der Spitzenverband Bund der Krankenkassen schließt mit den für die Wahrnehmung der wirtschaftlichen Interessen gebildeten maßgeblichen Berufsverbänden der Hebammen und den Verbänden der von Hebammen geleiteten Einrichtungen auf Bundesebene mit bindender Wirkung für die Krankenkassen Verträge über die Versorgung mit Hebammenhilfe (§ 134a Abs. 1 SGB V). Die Verträge entfalten gem. § 134a Abs. 2 SGB V Rechtswirkung bei Verbandszugehörigkeit der freiberuflich tätigen Hebamme oder bei deren Vertragsbeitritt.

2. Häusliche Krankenpflege

79 Der Spitzenverband Bund der Krankenkassen und die für die Wahrnehmung der Interessen von Pflegediensten maßgeblichen Spitzenorganisationen auf Bundesebene (Arbeiterwohlfahrt Bundesverband e.V.; Deutsches Rotes Kreuz e.V., etc.) sollen gem. **§ 132a Abs. 1 SGB V** unter Berücksichtigung der Krankenpflege-Richtlinien nach § 92 Abs. 1 S. 2 Nr. 6 SGB V **Rahmenempfehlungen** über die einheitliche Versorgung mit häuslicher Krankenpflege abgegeben. Die Gesetzesbegründung zählt zu den Inhalten dieser Rahmenempfehlungen insbesondere:

---

887 BT-Drs. 26822 S. 84 unter Verweis auf BSG 8.8.2019 NZS 2020, 381.

888 Vgl. BT-Drs. 15/3672 S. 16.

„(...) die inhaltlichen Leistungsbeschreibungen einschließlich der Abgrenzung der einzelnen Arten häuslicher Krankenpflege voneinander (Grundpflege, Behandlungspflege, hauswirtschaftliche Versorgung), die Eignung der Leistungserbringer, d.h. die persönlichen und sächlichen Voraussetzungen der Leistungserbringung, Maßnahmen zur Qualitätssicherung und Wirtschaftlichkeit der Leistungserbringung sowie Regelungen zur Zusammenarbeit der Erbringer der Häuslichen Krankenpflege mit den Vertragsärzten und den Krankenhäusern, um die Patientenversorgung zu optimieren. Außerdem sind grundsätzliche Regelungen für Vergütungen zu treffen."[889]

Die **Einzelheiten der Versorgung** mit häuslicher Krankenpflege, die Preise und deren Abrechnung werden gem. **§ 132a Abs. 4 S. 1 SGB V** zwischen den Krankenkassen und den Leistungserbringern **vereinbart**.[890] Vertragsgegenstände sind seit 1.1.2004 auch die Benennung einer unabhängigen Schiedsperson, die im Fall der Nichteinigung den Vertragsinhalt festlegt, sowie Einzelheiten der Fortbildung der Leistungserbringer. Gesetzliche Vorgaben für die bei der Vernachlässigung der Fortbildungspflicht eintretenden Rechtsfolgen enthält § 132a Abs. 4 S. 2–4 SGB V. 80

Zum Anspruch auf Abschluss eines **Versorgungsvertrages** führt das BSG aus:

„Die Entscheidung darf jedenfalls nicht nach Bedarfskriterien erfolgen. § 132a Abs. 2 SGB V [nunmehr § 132a Abs. 4 SGB V], insbesondere Satz 3, lässt eine gesetzgeberische Ermächtigung dazu nicht erkennen. Sie wäre auch angesichts der Monopolstellung der Kassen mit der Wertentscheidung der Art. 12 Abs. 1 und Art. 3 Abs. 1 GG nicht zu vereinbaren. Deshalb hat jeder Leistungserbringer, der die qualitativ-fachlichen, personellen und räumlichen Voraussetzungen erfüllt, einen Rechtsanspruch auf Abschluss eines Versorgungsvertrages (...)."[891]

Üblicherweise werden zwischen den Verbänden beider Seiten auf Landesebene Rahmenverträge geschlossen, denen die Leistungserbringer durch Abgabe einer Anerkennungserklärung beitreten können. Die in § 132a Abs. 4 SGB V nicht aufgeführten Rahmenverträge sind zulässig.[892] 81

3. Haushaltshilfe

Nach § 132 Abs. 1 S. 1 SGB V können die Krankenkassen, atypisch für das Leistungserbringungsrecht der gesetzlichen Krankenversicherung, Haushaltshilfe durch bei ihnen angestellte Personen gewähren. Im Regelfall werden jedoch mit geeigneten Personen, Einrichtungen und Unternehmen Verträge über die Gewährung der Haushaltshilfe geschlossen. Gegenstand dieser Verträge sind Inhalt, Umfang und die Vergütung der Leistungen sowie Vereinbarungen zu Qualitäts- und Wirtschaftlichkeitsprüfungen. 82

4. Soziotherapie und Krankentransportleistungen

In den Leistungsbereichen Soziotherapie (§ 132b SGB V) und Krankentransport (§ 133 SGB V) können Krankenkassen oder Krankenkassenverbände öffentlich-rechtliche Verträge mit Leistungserbringern[893] schließen. Vereinbarungen mit den Berufsverbänden der Leistungserbringer von Soziotherapie und Krankentransport sieht das SGB V im Gegensatz zu verschiedenen Rettungsdienstgesetzen der Bundesländer nicht vor; vgl. hierzu Art. 34 Abs. 2 S. 1 des Bayerischen Rettungsdienstgesetzes i.d.F. vom 22.7.2008:[894] 83

---

889 BT-Drs. 13/7264 S. 28.

890 Zum vertragslosen Zustand BSG 25.9.2001 SozR 3-2500 § 132a Nr. 1.

891 BSG 21.11.2002 BSGE 90, 150, 153.

892 BSG 21.11.2002 BSGE 90, 150, 153.

893 Vgl. Geisler/Temming, NZS 2005, 125ff.

894 GVBl. S. 429.

„Für rettungsdienstliche Leistungen einschließlich der Mitwirkung von Ärzten werden mit Ausnahme der bodengebundenen Patientenrückholung Benutzungsentgelte erhoben. Den Benutzungsentgelten sind die nach betriebswirtschaftlichen Grundsätzen ansatzfähigen Kosten zugrunde zu legen, die einer ordnungsgemäßen Leistungserbringung, einer wirtschaftlichen und sparsamen Betriebsführung sowie einer leistungsfähigen Organisation entsprechen und die nicht durch eine staatliche Kostenerstattung nach Art. 33 dieses Gesetzes sowie nach Art. 7 Abs. 1 und 3 des Gesetzes über die Errichtung und den Betrieb Integrierter Leitstellen (ILSG) abgedeckt sind."

5. Hospizleistungen

84 Nach § 39a Abs. 1 S. 4, Abs. 2 S. 8 SGB V werden Verträge über Inhalt, Art und Umfang stationärer und ambulanter Hospizleistungen zwischen dem Spitzenverband Bund der Krankenkassen und Spitzenorganisationen der stationären Hospize und der ambulanten Hospizdienste geschlossen. Im Gegensatz zu den bisher besprochenen Rechtsbeziehungen zwischen Krankenkassenverbänden und den Verbänden der Leistungserbringer dienen diese Verträge jedoch nicht der Sicherstellung der Sachleistungsverpflichtung der Krankenkassen, denn § 39a SGB V gewährt den Versicherten keinen Sachleistungsanspruch auf stationäre oder ambulante Hospizleistungen, sondern nur einen Kostenzuschuss.[895]

§ 24 Finanzierung der gesetzlichen Krankenversicherung

Literatur: Chandna-Hoppe, Grundstrukturen des Krankenhausfinanzierungsrechts, NZS 2020, 81ff.; Gaßner/Göpffarth, Die jüngsten Änderungen im Risikostrukturausgleich zwischen den Krankenkassen – Mehr Gerechtigkeit oder neue Unwuchten?, SozSich 2015, 67ff.; Schnapp/Rixen, Die Unzulässigkeit der Aufnahme von Krediten durch die gesetzlichen Krankenkassen, BKR 2006, 360ff.; Sodan, Handbuch des Krankenversicherungsrechts, 3. Auflage 2018; Spoerr/Winkelmann, Rechtliche Koordinaten des Finanzausgleichs unter Krankenkassen, NZS 2004, 402ff.; Thüsing/Traut/Pötters, Die Erhebung von Zusatzbeiträgen nach § 242 SGB V – Zusatzbeiträge als Mittel der Krankenkassenfinanzierung und Sanierung?, NZS 2012, 641ff.

I. Grundlagen

1. Bestandteil des öffentlichen Finanzrechts

1 Ebenso wie die anderen Sozialversicherungen bedarf auch die gesetzliche Krankenversicherung eines soliden Finanzierungssystems. Die Finanzierung der gesetzlichen Krankenversicherung findet dabei ihre Rechtsgrundlage in den §§ 220–274 SGB V. Dieser Normenkomplex regelt die **Koordinierung von Einnahmen und Ausgaben der Krankenkassen** als verselbständigter Körperschaften des öffentlichen Rechts (vgl. § 4 Abs. 2 SGB V). Insoweit ist es Bestandteil des öffentlichen Finanzrechts. Obgleich das „Finanzgebaren" der Krankenkassen nach Maßgabe der §§ 220ff. SGB V als vom allgemeinen Staatshaushalt entkoppelte „intermediäre Finanzgewalt" verstanden werden muss, entspricht es häufig den Strukturen des staatlichen **Finanzwesens.**[896] Dabei dürfen allerdings nicht die Charakteristika des Finanzierungsrechts der gesetzlichen Krankenversicherung übersehen werden.

2. Paradigmatische Gesetzesänderungen

2 Was für die Materie des Sozialrechts als solche gilt, hat auch für das Finanzierungsrecht der gesetzlichen Krankenversicherung Bestand: Eine Legislaturperiode von 4 Jahren ist eine sehr lange Zeit, in der viel passieren kann. So war das Finanzierungsrecht der gesetzlichen Krankenversicherung zuletzt immer wieder Grundlage gesetzgeberischer Aktivitäten. Insbesondere in den vergangenen

---

895 BeckOGK/Nolte, 1.12.2016, SGB V § 39a Rn. 13.
896 Rixen/Kluckert in: Sodan, Handbuch des Krankenversicherungsrechts, § 37 Rn. 1.

20 Jahren unterlag es erheblichen Veränderungen. Dabei sollen drei Gesetzesänderungen besonders hervorgehoben werden: Zunächst ist in diesem Zusammenhang das **„Gesetz zur Modernisierung der gesetzlichen Krankenversicherung“** (GMG) vom 14.11.2003[897] zu nennen. Traditionell wurden die Leistungen der gesetzlichen Krankenversicherung ausschließlich auf der Grundlage bruttolohnbezogener Beiträge finanziert. Seit dem Inkrafttreten des GMG durchbricht § 221 SGB V den Grundsatz der Beitragszentriertheit der Finanzierung der gesetzlichen Krankenversicherung,[898] indem auch der Bund an Aufwendungen der Krankenkassen in Form von steuerfinanzierten Zuschüssen beteiligt wird.

Zweitens wurde die Finanzierung der gesetzlichen Krankenversicherung mit dem Inkrafttreten des **„Gesetzes zur Stärkung des Wettbewerbs in der gesetzlichen Krankenversicherung“** (GKV-WSG) am 1.1.2009[899] auf eine neue Grundlage gestellt. Zentrales Gestaltungselement ist der nunmehr in § 271 SGB V verankerte und zur Beitragszufuhr an die Krankenkassen „zwischengeschaltete“ Gesundheitsfonds. Dieser soll eine wirtschaftliche Verwendung von Beitrags- und Steuermitteln garantieren und damit den Wettbewerb zwischen den Krankenkassen intensivieren.[900] Flankierend geben die §§ 242, 242a SGB V den Krankenkassen erstmals die Möglichkeit, einkommensabhängige Zusatzbeiträge zu erwerben. Auch hierdurch soll der Wettbewerb zwischen den Krankenkassen erhöht werden.[901] In der Gesetzesbegründung heißt es dazu: „Wirtschaftlich arbeitende Krankenkassen sind in der Lage, ihren Finanzbedarf aus den Mittelzuweisungen des Gesundheitsfonds zu decken oder sogar einen Überschuss zu erzielen und diesen an ihre Mitglieder auszuschütten.“[902] Damit geht umgekehrt ein Wettbewerbsnachteil für solche Krankenkassen einher, die nicht solide wirtschaften. 3

Schließlich ist das am 1.1.2019 in Kraft getretene **„Gesetz zur Beitragsentlastung der Versicherten in der gesetzlichen Krankenversicherung“** (GKV-VEG)[903] hervorzuheben, wonach das Verhältnis der Beitragstragung durch Arbeitnehmer und Arbeitgeber neu geregelt wurde. Nunmehr werden die Beiträge von den Arbeitnehmern und Arbeitgebern (wieder) paritätisch (d.h. zu gleichen Anteilen) getragen, indem der Arbeitgeber verpflichtet ist, auch die Hälfte der von den Krankenkassen erhobenen Zusatzbeiträge (vgl. § 242 SGB V) zu tragen (vgl. § 249 Abs. 1 S. 1 SGB V). 4

3. Mischsystem

Die Finanzierung der gesetzlichen Krankenversicherung hat sich damit zu einem **Mischsystem** entwickelt. Gem. § 220 Abs. 1 S. 1 Hs. 1 SGB V werden die Mittel der Krankenversicherung durch Beiträge[904] und durch sonstige Einnahmen[905] aufgebracht. Die Finanzierung der gesetzlichen Krankenversicherung durch **Beiträge** findet in den §§ 223–258 SGB V ihre gesetzliche Grundlage. Im Vordergrund stehen die bruttolohnbezogenen Beiträge von Arbeitnehmern und Arbeitgebern (vgl. §§ 226, 241, 249 SGB V). Darüber hinaus müssen die Krankenkassen nach Maßgabe der §§ 242, 242a SGB V einkommensabhängige Zusatzbeiträge von den Versicherten erheben, die auch zu den „Beiträgen“ i.S.d. §§ 223ff. SGB V gezählt werden (§ 220 Abs. 1 S. 2 Hs. 2 SGB V). Eine immer größere Rolle spielt ferner die Finanzierung der gesetzlichen Krankenversicherung durch **sonstige Einnahmen**. Hervorzuheben sind dabei die steuerfinanzierten Zuschüsse des Bundes (§ 221 SGB V). Zu den sonstigen Einnahmen zählen aber auch Bußgelder (§ 397 SGB V), Zinsen und Säumniszuschläge (§ 24 SGB IV) sowie Zahlungen des Versicherten aus etwaigen Erstattungs- und Ersatzansprüchen (§§ 102ff. SGB X; *cessio legis* 5

897 BGBl. I S. 2190.
898 Dazu auch Becker/Kingreen/Mecke, 8. Aufl. 2022, SGB V § 221 Rn. 1; LPK-SGB V/Buhr, 6. Aufl. 2022, SGB V § 221 Rn. 1.
899 BGBl. 2007 I S. 378.
900 Vgl. BT-Drs. 16/3100 S. 91.
901 BT-Drs. 16/3100 S. 165.
902 BT-Drs. 16/3100 S. 165.
903 BGBl. I S. 2387.
904 Dazu unter II.
905 Dazu unter III.

gem. § 116 SGB X). Nicht zuletzt können die Krankenkassen in gewissem Umfang auch eigene wirtschaftliche Erträge erzielen. Die Beiträge und der Bundeszuschuss fließen allerdings zunächst in den **Gesundheitsfonds** (vgl. § 271 Abs. 1 SGB V), ehe diese Einnahmen den Krankenkassen zugewiesen werden.[906]

4. Zahlen

6 Parallel zu den Ausgaben steigen auch die Einnahmen der gesetzlichen Krankenversicherung seit Jahren stetig an.[907] Beliefen sich die Gesamteinnahmen für das Jahr 1998 noch auf 127.750 Mio. Euro, so verzeichnete die gesetzliche Krankenversicherung nunmehr Einnahmen in Höhe von 264.295 Mio. Euro (2020) bzw. 293.445 Mio. Euro (2021).[908] Dabei stellen die Beitragszahlungen nach wie vor die beachtlichste Einnahmequelle dar.[909] Sie beliefen sich für das Jahr 2021 auf einen Betrag von ca. 248.657 Mio. Euro, der über 80 Prozent des Gesamteinnahmevolumens abdeckt. Die sonstigen Einnahmen betrugen 44.788 Mio. Euro. Ihr Anteil an der Finanzierung der gesetzlichen Krankenversicherung wird im Verhältnis zur Beitragszahlung immer größer. Das liegt daran, dass die gesetzliche Krankenversicherung nach Maßgabe von § 221 SGB V zunehmend auch über Zuschüsse aus dem Bundeshaushalt finanziert wird.

II. Finanzierung durch Beiträge

1. Beitragssätze

7 Im Wesentlichen finanziert sich die gesetzliche Krankenversicherung durch bruttolohnbezogene Beiträge von Arbeitnehmern und Arbeitgebern (vgl. §§ 226, 249 SGB V).[910] In den §§ 241ff. SGB V werden dafür verschiedene Beitragssätze aufgestellt, die sich auf die beitragspflichtigen Einnahmen der Versicherten beziehen. Das Finanzierungsrecht der gesetzlichen Krankenversicherung unterscheidet dabei vier Varianten des Beitragssatzes: allgemeiner Beitragssatz, ermäßigte und besondere Beitragssätze sowie den kassenindividuellen Zusatzbeitragssatz. § 241 SGB V statuiert den **allgemeinen Beitragssatz**. Er wurde zuletzt mit dem Inkrafttreten des Gesetzes zur Weiterentwicklung der Finanzstruktur und der Qualität in der gesetzlichen Krankenversicherung (GKV-FQWG) am 1. Januar 2015[911] von 15,5 Prozent auf **14,6 Prozent** abgesenkt.[912]

8 Versichertenindividuell können sich Abweichungen gegenüber dieser Beitragslast ergeben, wenn ein Wahltarif nach § 53 SGB V vereinbart wird und es dadurch im Gegenzug zur Ausschüttung von Prämien kommt. Demnach kann die Krankenkasse in ihrer Satzung z.B. vorsehen, dass

- Mitglieder jeweils für ein Kalenderjahr einen Teil der von der Krankenkasse zu tragenden Kosten übernehmen können (Selbstbehalt, § 53 Abs. 1 SGB V) und im Gegenzug Prämien der Krankenkasse erhalten,
- Mitglieder eine Prämienzahlung erhalten, wenn sie und ihre nach § 10 mitversicherten Angehörigen in einem Kalenderjahr keine Leistungen zu Lasten der Krankenkasse in Anspruch genommen haben (Erstattungsmodell, § 53 Abs. 2 SGB V),

906 Dazu unter IV.

907 Die nachfolgenden Zahlen basieren auf eigenen Angaben des BMG, abrufbar unter https://www.bundesgesundheitsministerium.de/fileadmin/Dateien/5_Publikationen/Gesundheit/Broschueren/230223_BMG_DdGW_2022.pdf, S. 133 (zuletzt abgerufen am 23.5.2024).

908 Abrufbar unter https://www.bundesgesundheitsministerium.de/fileadmin/Dateien/5_Publikationen/Gesundheit/Broschueren/230223_BMG_DdGW_2022.pdf.

909 Dazu Rixen/Kluckert in: Sodan, Handbuch des Krankenversicherungsrechts, § 37 Rn. 2.

910 Siehe aber im Einzelnen zu den beitragspflichtigen Einnahmen unter 2.

911 BGBl. I S. 1133.

912 Zur Entwicklung BeckOGK/Peters, 1.12.2014, SGB V § 241 Rn. 3.

- Mitglieder Prämienzahlungen oder Zuzahlungsermäßigungen erhalten, die an einem Disease-Management-Programm oder an hausarztzentrierter Versorgung teilnehmen (§ 53 Abs. 3 SGB V),
- Mitglieder Prämienzahlungen erhalten, die für sich und ihre familienversicherten Angehörigen Tarife für Kostenerstattung – ggf. mit Abschlägen – wählen (§ 53 Abs. 4 SGB V).

Durch derartige Modelle will der Gesetzgeber Anreize zur Kostendämpfung im Gesundheitswesen setzen und nähert das Leistungs- und Finanzierungssystem in Teilen der bewährten Anreizstruktur im Bereich der PKV an: Dort ist insbesondere die Beitragsrückgewähr bei Nichtinanspruchnahme von Leistungen bereits seit langem etabliert. Grenzen ergeben sich aus dem nicht wettbewerblichen, sondern im Kern sozialstaatlichen Charakter der GKV: Eine Krankenkasse soll deshalb nach Rechtsprechung des BSG generell keine Wahltarife vorsehen können, die eine vom Umfang der in Anspruch genommenen Leistungen abhängige Staffelung der Prämien für ihre Mitglieder beinhalten.[913] 9

Ferner sieht § 243 S. 1 SGB V einen ermäßigten Beitragssatz für Mitglieder vor, die **keinen Anspruch auf Krankengeld** haben. Auch dieser Beitragssatz ist von der Bundesregierung im Zuge des GKV-FQWG von 14,9 Prozent auf 14,0 Prozent abgesenkt worden (§ 243 S. 3 SGB V).[914] § 244 Abs. 1 SGB V statuiert einen ermäßigten Beitragssatz für **Wehrdienst- und Zivildienstleistende**, dessen Umfang sich auf ein Drittel (Nr. 1) bzw. auf ein Zehntel (Nr. 2) des Beitrag beschränkt, der vor der Einberufung zuletzt zu entrichten war. Um der besonderen Situation einzelner Versichertengruppen Rechnung zu tragen, sehen die §§ 245ff. SGB V **besondere Beitragssätze** vor. Erfasst werden Studenten und Praktikanten (§ 245 SGB V), Bezieher von Bürgergeld (§ 246 SGB V) sowie Rentner (§ 247 SGB V). Dabei wird i.d.R. der allgemeine Beitragssatz zugrunde gelegt (vgl. § 245 Abs. 1, 247 S. 1 SGB V), der allerdings mit besonderen Regelungen ergänzt wird (vgl. etwa § 247 S. 2, 3 SGB V). 10

Flankierend müssen die Krankenkassen zur Finanzierung der gesetzlichen Krankenversicherung nach Maßgabe der §§ 242, 242a SGB V **einkommensabhängige Zusatzbeiträge** von den Versicherten erheben, wenn ihr Finanzbedarf durch die Zuweisungen aus dem Gesundheitsfonds (§§ 266–270 SGB V) nicht gedeckt ist (§ 242 Abs. 1 S. 1 SGB). Die rechtliche Zahlungspflicht des Mitglieds folgt dabei aus etwaigen **Satzungsbestimmungen**, in denen die Krankenkassen den Zusatzbeitrag verbindlich festsetzen.[915] Er ist Bestandteil des Sozialversicherungsbeitrags des Versicherten.[916] Allerdings ist der Wortlaut des § 242 Abs. 1 SGB V etwas missglückt. Danach besteht die Möglichkeit der satzungsmäßigen Erhebung eines Zusatzbetrags erst dann, wenn die Krankenkasse ihren Finanzbedarf nicht „mit den Zuweisungen aus dem Gesundheitsfonds“ decken kann. Was aber ist mit sonstigen Einnahmen der Krankenkasse? Soll eine Krankenkasse Zusatzbeiträge von ihren Mitgliedern nach Maßgabe von § 242 SGB V erheben dürfen, obwohl sie ihren Finanzbedarf insgesamt – wenn auch mit anderen Mitteln als den Zuweisungen aus dem Gesundheitsfonds – erfüllen kann? Ein systematischer Vergleich der S. 1 und 3 dieser Vorschrift gibt Aufschluss. § 242 Abs. 1 S. 3 1. Hs. SGB V nennt die „sonstigen Einnahmen“ neben den Zuweisungen aus dem Gesundheitsfonds bei der Zusatzbeitragsbemessung. Die Höhe des Zusatzbeitrags ist nicht in das freie Ermessen der Krankenkassen gestellt; vielmehr ist der Zusatzbeitrag so zu bemessen, dass die Einnahmen aus dem Zusatzbeitrag zusammen mit den Zuweisungen aus dem Gesundheitsfonds und den sonstigen Einnahmen die im Haushaltsjahr voraussichtlich zu leistenden Ausgaben sowie die vorgeschriebene Höhe der Rücklage decken. Demzufolge muss § 242 Abs. 1 S. 1 SGB V unter Berücksichtigung systematischer Gesichtspunkte dahingehend korrigierend ausgelegt werden, dass Zusatzbeiträge von den Krankenkassen erst dann zu erheben sind, wenn der Finanzbedarf durch die Zuweisungen aus dem Gesundheitsfonds und die sonstigen Einnahmen nicht gedeckt werden kann. Darauf weist auch die Gesetzesbegründung zutreffend hin: „Wenn der Finanzbedarf nicht durch andere Instrumente (spezielle 11

913 BSG 22.6.2010 BSGE 106, 199.

914 Zur Entwicklung BeckOGK/Peters, 1.12.2017, SGB V § 243 Rn. 3.

915 Siehe zu den Zusatzbeitragssätzen der verschiedenen Krankenkassen für das Jahr 2024 https://www.gkv-spitzenverband.de/krankenkassenliste.pdf (zuletzt abgerufen am 23.5.2024).

916 BT-Drs. 16/3100 S. 165; kritisch zum Instrument des Zusatzbeitrags Thüsing/Traut/Pötters, NZS 2012, 641ff.

Tarife, wirtschaftliches Management) gedeckt werden kann, ist die Krankenkasse verpflichtet, den Zusatzbeitrag zu erheben."[917] Im Umkehrschluss folgt daraus, dass die Voraussetzungen für eine satzungsmäßige Erhebung von Zusatzbeiträgen dann nicht vorliegen, wenn der Finanzbedarf zumindest aus sonstigen Einnahmen erfüllt werden kann.[918] Indes handelt es sich bei der Erhebung von Zusatzbeiträgen nach Maßgabe von § 242 Abs. 1 SGB V nicht um eine Entscheidung, die im Ermessen der Krankenkasse steht.[919] Hierauf weist der Wortlaut („hat ... zu bestimmen") auch ausdrücklich hin.[920]

12 § 242 Abs. 1 S. 4, Abs. 2 SGB V regelt die Voraussetzungen einer **Erhöhung** des satzungsgemäßen Zusatzbeitrags. Für bestimmte Mitglieder müssen die Krankenkassen den Zusatzbeitrag allerdings abweichend von Abs. 1 in Höhe des durchschnittlichen Zusatzbeitragssatzes nach Maßgabe von § 242a SGB V erheben.[921]

2. Beitragsbemessung: Die beitragspflichtigen Einnahmen als Bezugspunkt

13 Die Beitragssätze beziehen sich immer auf die **„beitragspflichtigen Einnahmen"** (vgl. § 223 Abs. 2 S. 1 SGB V). Welche Einnahmen hierunter fallen, regeln die §§ 226 ff. SGB V. Die für die Finanzierung der gesetzlichen Krankenversicherung bedeutendste Versichertengruppe sind die **(sozial-)versicherungspflichtig Beschäftigten** (§ 5 Abs. 1 Nr. 1 SGB V), deren Arbeitsentgelt (vgl. § 14 SGB IV) aus der (sozial-)versicherungspflichtigen Beschäftigung als beitragspflichtige Einnahme gem. § 226 Abs. 1 Nr. 1 SGB V herangezogen wird. § 226 Abs. 1 SGB V stellt dem Arbeitsentgelt ferner das Vorruhestandsgeld (S. 2) und die Ausbildungsvergütung (S. 3) gleich. Für Schwangere muss die Krankenkasse in ihren Satzungen Sonderregelungen treffen (§ 226 Abs. 3 SGB V), „um eine einkommensgerechte Einstufung zu ermöglichen."[922] Der Beitragsbemessung als beitragspflichtige Einnahme zugrunde gelegt werden ferner Renten (§ 228 SGB V) und Versorgungsbezüge (§ 229 SGB V). Die §§ 227, 232–240 SGB V regeln die Grundlagen der Beitragsbemessung für besondere Versichertengruppen. Hervorzuheben ist in diesem Zusammenhang die Regelung in § 240 Abs. 1 S. 1 SGB V, wonach die Beitragsbemessung für freiwillige Mitglieder einheitlich durch den Spitzenverband Bund der Krankenkassen geregelt wird.

14 Die §§ 224, 225 SGB V regeln Fälle der **Beitragsfreiheit**. So befreit § 224 Abs. 1 SGB V für Zeiten von der Beitragspflicht, in denen Lohnersatzleistungen beansprucht werden.[923] Danach ist ein Mitglied für die Dauer des Anspruchs auf Krankengeld oder Mutterschaftsgeld oder des Bezugs von Elterngeld oder Betreuungsgeld beitragsfrei. Obwohl im Hinblick auf Kranken- und Mutterschaftsgeld allein von der „Dauer das Anspruchs" die Rede ist, wird die Beitragsfreiheit auch dann begründet, wenn der Bezug tatsächlich erfolgt, der Anspruch aber (rechtlich) gar nicht besteht. Der Umstand, dass in § 224 Abs. 1 SGB V nur im Hinblick auf Eltern- und Betreuungsgeld von „Bezug" die Rede ist, dürfte lediglich auf einen redaktionellen Fehler zurückzuführen sein, der im Wege **„systematisch-teleologischer Auslegung"** zu korrigieren ist.[924] Schließlich befreit § 225 SGB V bestimmte Rentenantragsteller von der Beitragspflicht, wenn eine der aufgeführten Fallgruppen (Nr. 1–3) einschlägig ist.

---

917 BT-Drs. 16/3100 S. 165.

918 BeckOGK/Beck, 15.2.2023, SGB V § 242 Rn. 11; Thüsing/Traut/Pötters, NZS 2012, 641, 642; Krauskopf/Böttiger SGB V § 242 Rn. 7; a. A. Rixen/Kluckert in: Sodan, Handbuch des Krankenversicherungsrechts, § 37 Rn. 89; Becker/Kingreen/Mecke, 8. Aufl. 2022, SGB V § 242 Rn. 3; Propp in: Schlegel/Voelzke, jurisPK-SGB V, SGB V, § 242 Rn. 12 f.

919 LSG Baden-Württemberg 15.11.2011 BeckRS 2011, 78126.

920 BeckOGK/Beck, 15.2.2023, SGB V § 242 Rn. 10; Krauskopf/Böttiger SGB V § 242 Rn. 5.

921 Dazu m. w. N. Rixen/Kluckert in: Sodan, Handbuch des Krankenversicherungsrechts, § 37 Rn. 92–96.

922 BT-Drs. 11/2237 S. 223.

923 BT-Drs. 11/2237 S. 222.

924 BeckOGK/Peters, 1.3.2019, SGB V § 224 Rn. 5 f.; Rixen/Kluckert in: Sodan, Handbuch des Krankenversicherungsrechts, § 37 Rn. 52; Becker/Kingreen/Mecke, 8. Aufl. 2022, SGB V § 224 Rn. 2.

§ 223 Abs. 3 SGB V bestimmt, bis zu welchem Betrag die beitragspflichtige Einnahme bei der Beitragsbemessung herangezogen werden darf (sog. Beitragsbemessungsgrenze). Die **Beitragsbemessungsgrenze** fungiert auch in den anderen Bereichen der sozialen Sicherung als maßgebliche Rechengröße. Nach § 223 Abs. 3 S. 1 SGB V sind beitragspflichtige Einnahmen bis zu einem Betrag von einem Dreihundertsechzigstel der Jahresarbeitsentgeltgrenze nach § 6 Abs. 7 SGB V für den Kalendertag zu berücksichtigen. 2024 beläuft sich dieser Betrag in der gesetzlichen Krankenversicherung bundeseinheitlich auf monatlich 5.175 Euro bzw. jährlich 62.100 Euro. Einnahmen, die diesen Betrag übersteigen, bleiben bei der Beitragsbemessung außer Ansatz, soweit das SGB V nichts Abweichendes bestimmt. 15

3. Verteilung der Beitragslast und Zahlung der Beiträge

Von Beitragssatz und Beitragsbemessung zu unterscheiden ist die Frage nach der Beitragslast. Wer „trägt" die Beitragslast? Die **Tragung der Beiträge** ist in den §§ 249–251 SGB V geregelt. Traditionell tragen Beschäftigter und Arbeitgeber den einschlägigen Beitragssatz **hälftig.**[925] Nachdem zwischenzeitlich mit der Einführung eines kassenindividuellen Zusatzbeitrags im Zuge des GKV-WSG von diesem Grundprinzip abgerückt wurde,[926] hat das am 1.1.2019 in Kraft getretene GKV-VEG die **traditionelle Rechtslage** wiederhergestellt, indem der Arbeitgeber nunmehr auch zur Hälfte an der Tragung des Zusatzbeitrags beteiligt wird. Demzufolge tragen gem. § 249 Abs. 1 S. 1 SGB V die nach §§ 5 Abs. 1 Nr. 1, 13 SGB V versicherungspflichtig Beschäftigten und ihre Arbeitgeber **„die nach dem Arbeitsentgelt zu bemessenden Beiträge"** (d.h. inklusive des kassenindividuellen Zusatzbeitrags) jeweils zur Hälfte. Auch Versicherungspflichtige, die eine **Rente nach § 228 Abs. 1 S. 1 SGB V** beziehen, und die Träger der Rentenversicherung tragen im Zuge des GKV-VEG die nach der Rente zu bemessenden Beiträge jeweils zu Hälfte (§ 249a S. 1 SGB V). Schließlich regelt § 251 SGB V die Verteilung der Beitragslast für Mitglieder der gesetzlichen Krankenversicherung, die ihrer sozialversicherungspflichtigen Beschäftigung bzw. ihrer versicherten Tätigkeit nicht nachgehen (können) und anstelle des Arbeitsentgelts **Lohnersatz- bzw. Sozialleistungen** erhalten. Die Frage der Beitragstragung für geringfügig Beschäftigte ist in § 294b SGB V und für Bezieher von Pflegeunterstützungsgeld in § 294c SGB V geregelt. 16

In systematischer Hinsicht unterscheidet das SGB V die „Tragung" der Beiträge von der (tatsächlichen) **„Zahlung"**, die in den §§ 252–256a SGB V geregelt ist. Dabei fungiert § 252 Abs. 1 S. 1 SGB V als Grundnorm. Danach sind die Beiträge von demjenigen zu zahlen, der sie zu tragen hat, soweit gesetzlich nichts Abweichendes bestimmt ist; kurzum: **„Beitragszahlung folgt Beitragstragung".**[927] Als von diesem Grundsatz abweichende Norm ist vor allem § 253 SGB V herauszustellen, wonach für die Zahlung der Beiträge aus Arbeitsentgelt bei einer versicherungspflichtigen Beschäftigung die **Vorschriften über den Gesamtsozialversicherungsbeitrag** nach den §§ 28d–28n, 28r SGB IV maßgeblich sind. Hierbei handelt es sich um die wichtigste **„Durchbrechung"** des Grundsatzes „Beitragszahlung folgt Beitragstragung". Nach § 28e SGB IV ist der Arbeitgeber nämlich verpflichtet, auch die Beiträge seiner Arbeitnehmer abzuführen (d.h. zu „zahlen"), obwohl er gem. § 249 Abs. 1 S. 1 SGB V nur die Hälfte des maßgeblichen Beitragssatzes zu tragen hat. 17

---

925 M.w.N. zur Textgeschichte Peters KV-HdB II/Knispel SGB V, § 249 Rn. 1ff.

926 Becker/Kingreen/Mecke, 8. Aufl. 2022, SGB V § 249 Rn. 2; Rixen/Kluckert in: Sodan, Handbuch des Krankenversicherungsrechts, § 37 Rn. 106.

927 Rixen/Kluckert in: Sodan, Handbuch des Krankenversicherungsrechts, § 37 Rn. 126.

III. Finanzierung durch sonstige Einnahmen

1. Steuerfinanzierte Zuschüsse des Bundes, § 221 SGB V

18 Die Finanzierung der gesetzlichen Krankenversicherung durch Zuschüsse aus dem Bundeshaushalt findet ihre gesetzliche Grundlage in § 221 SGB V. Danach leistet der Bund zur pauschalen Abgeltung der Aufwendungen der Krankenkassen für versicherungsfremde Leistungen 10,5 Mio. Euro für das Jahr 2014, 11,5 Mrd. Euro für das Jahr 2015, 14 Mrd. Euro für das Jahr 2016 und ab dem Jahr 2017 jährlich 14,5 Mrd. Euro in monatlich zum ersten Bankarbeitstag zu überweisenden Teilbeträgen an den Gesundheitsfonds (§ 221 Abs. 1 SGB V). Dem Wortlaut nach sollen diese Zuschüsse die Finanzierung **„versicherungsfremder Leistungen"** garantieren. Allerdings sind diese nicht unmittelbar an die Bereitstellung des Bundeszuschusses gekoppelt, sodass es letztlich unerheblich ist, welche Leistungen konkret als „versicherungsfremd" einzustufen sind und in welcher Höhe diesbezüglich „Aufwendungen" entstehen.[928] Dass in § 221 Abs. 1 SGB V von einer „Abgeltung von Aufwendungen" die Rede ist, ändert nichts daran, dass es sich beim Bundeszuschuss haushaltsrechtlich betrachtet um **Zuschüsse des Bundes aus Steuermitteln** handelt.[929] Darauf weist die Gesetzesbegründung auch ausdrücklich hin.[930] Damit untersteht der Bundeszuschuss aus § 221 SGB V unmittelbar der Kontrollbefugnis des Bundesrechnungshofs (§§ 111, 112 Abs. 1 BHO; § 55 Abs. 1 S. 1 HGrG). In § 221 Abs. 2, 3 SGB V sind schließlich besondere Modalitäten des Bundeszuschusses für die **landwirtschaftlichen Krankenkassen** festgehalten.

2. Weitere Einnahmequellen

19 Zu den „sonstigen Einnahmen" zur Finanzierung der gesetzlichen Krankenversicherung zählen in gewissem Umfang auch **eigene Wirtschaftserträge** der Krankenkassen. Nach der Rechtsprechung des BSG ist sogar jede Krankenkasse nach Maßgabe von § 260 Abs. 3 SGB V i. V. m. §§ 80 ff. SGB IV verpflichtet, ihre Finanz- und Betriebsmittel in einer jederzeit verfügbaren Form und sicher anzulegen.[931] Auf eigene wirtschaftliche Erträge, die aus einer solchen Anlage erwachsen, kann die Krankenkasse zur Finanzierung der Leistungen aus der gesetzlichen Krankenversicherung zurückgreifen. Das BSG hat dabei allerdings klargestellt, dass jede Anlage dem **Grundsatz der Anlagesicherheit** (vgl. § 80 Abs. 1 SGB IV) entsprechen muss, sodass eigene Wirtschaftserträge nur sehr begrenzt möglich sind. Ausgeschlossen sind vor allem Finanzgeschäfte mit „spekulativem Charakter".[932]

20 Die **Aufnahme von Krediten** ist hingegen kein zulässiges Mittel der Krankenkassen zur Finanzierung der Leistungen aus der gesetzlichen Krankenversicherung.[933] Gem. § 220 Abs. 1 S. 2 SGB V wird ausdrücklich klargestellt, dass Darlehensaufnahmen nicht zulässig sind. Die Kreditaufnahme ist damit als **„Fremdkörper"** innerhalb der gesetzlichen Krankenversicherung[934] nur in den gesetzlich vorgesehenen Ausnahmetatbeständen zulässig (vgl. etwa §§ 262 Abs. 4 S. 2, 265 S. 2, 271 Abs. 2a SGB V). Auf dieses Regel-Ausnahmeverhältnis weist die Gesetzesbegründung auch ausdrücklich hin.[935] Dabei hat das BSG die Kreditfeindlichkeit der gesetzlichen Krankenversicherung selbst im Zusammenhang mit der tagweisen Aufnahme sog. Kassenverstärkungskredite betont und darin einen Verstoß gegen das Kreditaufnahmeverbot erblickt.[936]

---

928 in Krauskopf/Vossen SGB V § 221 Rn. 3; kritisch zum Begriff m. w. N. Becker/Kingreen/Mecke, 8. Aufl. 2022, SGB V § 221 Rn. 3 f.

929 Becker/Kingreen/Mecke, 8. Aufl. 2022, SGB V § 221 Rn. 6.

930 BT-Drs. 16/3100 S. 170.

931 BSG 3.3.2009 BeckRS 2009, 62113 Rn. 30.

932 BSG 3.3.2009 BeckRS 2009, 62113 Rn. 32.

933 Dazu m. w. N. Schnapp/Rixen, BKR 2006, 360 ff.; Rixen/Kluckert in: Sodan, Handbuch des Krankenversicherungsrechts, § 37 Rn. 23 ff.

934 Rixen/Kluckert in: Sodan, Handbuch des Krankenversicherungsrechts, § 37 Rn. 23.

935 BT-Drs. 17/8005 S. 125.

936 BSG 3.3.2009 BeckRS 2009, 62113 Rn. 26 f.

Zu den „sonstigen Einnahmen“ können allerdings solche Einkünfte der Krankenkasse gezählt werden, die sich aus etwaigen **Erstattungs- und Ersatzansprüche** (etwa § 264 SGB V) gegen Leistungsträger (§ 102 ff. SGB X) ergeben. Besonders relevant sind dabei Ersatzansprüche gegen private Dritte, die nach Maßgabe der in § 116 SGB X verankerten *cessio legis* auf die Krankenkasse übergehen.[937] Schließlich kann die Krankenkasse zur Finanzierung der geschuldeten Leistungen aus der gesetzlichen Krankenversicherung auch auf Einnahmen aus **Bußgeldern** (§ 397 SGB V) sowie aus **Zinsen und Säumniszuschlägen** (§ 24 SGB IV) zurückgreifen. 21

IV. Der Gesundheitsfonds

1. Funktion

Die beschriebenen Finanzierungselemente „Beiträge“ und „sonstige Einnahmen“ (§ 220 Abs. 1 S. 1 SGB V) finanzieren die Krankenkassen allerdings **nur mittelbar**. Gem. § 271 Abs. 1, 4 SGB V fließen die Beitragszahlungen und der steuerfinanzierte Bundeszuschuss zunächst in den Gesundheitsfonds (vgl. § 28k Abs. 1 S. 1 2. Hs. SGB IV; § 252 Abs. 2 S. 3 SGB V). Die Einrichtung eines zwischengeschalteten Gesundheitsfonds kann dabei als Gegenmodell zu einem Finanzierungssystem verstanden werden, in dem die Beiträge „unmittelbar“ an die Krankenkassen fließen. Beim Gesundheitsfonds handelt es sich um ein Sondervermögen des Bundes, das vom Bundesversicherungsamt verwaltet wird (§ 271 Abs. 1 SGB V). Erst aus dem **Gesundheitsfonds** werden den Krankenkassen die Mittel zugewiesen, die sie benötigen, um die Leistungen der gesetzlichen Krankenversicherung zu finanzieren. Der Grund für diese **„Zwischenschaltung“** des Gesundheitsfonds liegt vor allem darin, dem Staat eine größere Einflussnahme auf die Finanzierung der gesetzlichen Krankenversicherung zu sichern.[938] Er beansprucht damit, die Zuweisung von Einnahmen (vgl. § 270 SGB V) an die Krankenkassen zu steuern. Diese **„Steuerung“** findet ihren Ausdruck vor allem in den Mechanismen des Risikostruktur- (§ 266 SGB V) und Einkommensausgleichs (§ 270a SGB V). Damit soll gleichzeitig auch mehr Effizienz und Transparenz gewährleistet werden, um eine wirtschaftliche Verwendung der Steuer- und Beitragsmittel zu garantieren.[939] 22

2. Ausgleichs- und Umverteilungsmechanismen

Der Wettbewerb zwischen den Krankenkassen ist im Rahmen der gesetzlichen Krankenversicherung immer vor dem Hintergrund eines **dem Ziel des sozialen Ausgleichs verpflichteten** Versicherungssystems[940] zu betrachten. In dieses System fügt sich zunächst § 265 SGB V ein und hält entsprechende Möglichkeiten für **Finanzausgleiche** bereit. Sie werden allerdings nicht vom Staat bei den Zuweisungen aus dem Gesundheitsfonds berücksichtigt. Zentrale Gestaltungselemente sind vielmehr Satzungsregelungen der einschlägigen Verbände (§ 265 SGB V) sowie Verträge zwischen den Krankenkassen (§ 265b SGB V). Sie flankieren damit den unmittelbar gesetzlich angeordneten Risikostrukturausgleich (§ 266 SGB V). Nach § 265 S. 1 SGB V können die Satzungen der Landesverbände und der Verbände der Ersatzkassen eine **Umlage der Verbandsmitglieder** vorsehen, um die Kosten für aufwendige Leistungsfälle und für andere aufwendige Belastungen ganz oder teilweise zu decken. Dieser Finanzausgleich ist allerdings **fakultativ** („Die Satzungen … können …“) 23

937 Zu den Voraussetzungen des gesetzlichen Forderungsübergangs siehe BeckOK SozR/von Koppenfels-Spies, 72. Ed. 1.3.2024, SGB X § 116 Rn. 5 ff.

938 Vgl. dazu Rixen/Kluckert in: Sodan, Handbuch des Krankenversicherungsrechts, § 39 Rn. 13.

939 Siehe zu den Zielen im Einzelnen BT-Drs. 16/3100, 91; vgl. auch Becker/Kingreen/Göpffarth/Pfohl, 8. Aufl. 2022, SGB V § 271 Rn. 2; zur Wettbewerbssteuerungsfunktion Rixen/Kluckert in: Sodan, Handbuch des Krankenversicherungsrechts, § 39 Rn. 31 ff.

940 Vgl. BSG 24.1.2003 NZS 2003, 537 Rn. 57; Becker/Kingreen/Pfohl, 8. Aufl. 2022, SGB V § 265 Rn. 1; vgl. auch Spoerr/Winkelmann, NZS 2004, 402 ff.

und streng auf den Landesverband der Krankenkasse (bzw. auf den Verband der Ersatzkassen) bezogen.[941]

24 Das Risiko zu erkranken hängt von einer Vielzahl verschiedenster Faktoren ab. Insbesondere persönliche Eigenschaften des Versicherten und sozioökonomische Rahmenbedingungen nehmen Einfluss auf sein Gesundheitsrisiko. Ein System zur Finanzierung der gesetzlichen Krankenversicherung, das die finanzielle Ausstattung einer Krankenkasse nicht von den jeweiligen Risiken ihrer Versicherten abhängig macht, ruft gemeinschaftsschädigende Fehlanreize hervor. Eine an der Minimierung ihrer Ausgaben interessierte Krankenkasse wird sich veranlasst sehen, nur noch solche Personen zu versichern, die ein geringes Krankheitsrisiko aufweisen. Vor diesem Hintergrund ist der in § 266 SGB V geregelte **Risikostrukturausgleich** zu verstehen. Der Risikostrukturausgleich wird im Rahmen der Zuweisungen an die Krankenkassen aus dem Gesundheitsfonds (vgl. § 270 Abs. 1 SGB V) vorgenommen. Damit nimmt der Staat unmittelbaren, korrigierenden Einfluss auf die finanzielle Ausstattung der Krankenkassen.[942] So bestimmt § 266 Abs. 1 S. 1, Abs. 2 S. 1 SGB V, dass die Krankenkassen im Rahmen der Zuweisungen aus dem Gesundheitsfonds zur Deckung ihrer Ausgaben eine Grundpauschale, **alters-, geschlechts- und risikoadjustierte Zu- und Abschläge zum Ausgleich der unterschiedlichen Risikostrukturen** sowie Zuweisungen für sonstige Ausgaben erhalten. Damit soll gewährleistet werden, dass die Krankenkassen Zuweisungen in einer Höhe erhalten, die der Risikostruktur ihrer Versicherten entspricht.

25 Schließlich soll auch der in § 270a SGB V verankerte **Einkommensausgleich** etwaigen Fehlanreizen im Hinblick auf die Zusammensetzung der Versichertenstruktur in einer Krankenkasse entgegenwirken. Indem § 242 SGB V den Krankenkassen die Möglichkeit einräumt, einkommensabhängige Zusatzbeiträge von ihren Versicherten zu erheben, erscheint es unter ökonomischen Gesichtspunkten besonders naheliegend, für Mitglieder mit einem möglichst hohen Einkommen attraktiv zu sein. Um ihren Finanzbedarf zu decken (vgl. § 242 Abs. 1 SGB V), müssten Krankenkassen, die überwiegend Versicherte mit einem vergleichsweise geringen Einkommen zu ihren Mitgliedern zählen, von diesen einen höheren Einkommensanteil für den Versicherungsschutz einfordern als für Mitglieder mit einem vergleichsweise hohen Einkommen.[943] Vor diesem Hintergrund wird gem. § 270a SGB V zwischen den Krankenkassen im Hinblick auf die von ihnen erhobenen Zusatzbeiträge nach § 242 SGB V ein vollständiger Ausgleich der beitragspflichtigen Einnahmen ihrer Mitglieder durchgeführt. Die Krankenkasse müssen die erhobenen Zusatzbeiträge zunächst an den Gesundheitsfonds abführen (§§ 28k Abs. 1 S. 1, 28i S. 1 SGB IV; § 270 Abs. 4a S. 1 SGB V), ehe sie diese nach Durchführung des Einkommensausgleichs wieder zugewiesen bekommen. Gem. § 270a Abs. 2 S. 1 SGB V erhalten die Krankenkassen aus dem Gesundheitsfonds die Beträge aus den Zusatzbeiträgen ihrer Mitglieder in der Höhe, die sich nach dem Einkommensausgleich ergibt. Die Höhe dieser Mittel für jede Krankenkasse wird ermittelt, indem der Zusatzbeitragssatz der Krankenkasse nach § 242 Abs. 1 SGB V mit den voraussichtlichen durchschnittlichen beitragspflichtigen Einnahmen je Mitglied aller Krankenkassen und ihrer Mitgliederzahl multipliziert wird (§ 270a Abs. 2 S. 2 SGB V).

941 Zu den Voraussetzungen im Einzelnen siehe BeckOGK/Peters, 1.6.2014, SGB V § 265 Rn. 7ff.

942 Siehe zum Zweck des Risikostrukturausgleichs jeweils m.w.N. Gaßner/Göpffarth, SozSich 2015, 67ff.; BeckOGK/Beck, 1.3.2022, SGB V § 266 Rn. 3; Rixen/Kluckert in: Sodan, Handbuch des Krankenversicherungsrechts, § 39 Rn. 49f.

943 Vgl. Becker/Kingreen/Göpffarth/Pfohl, 8. Aufl. 2022, SGB V § 270a Rn. 1; Rixen/Kluckert in: Sodan, Handbuch des Krankenversicherungsrechts, § 39 Rn. 99a.

E. Das Recht der sozialen Pflegeversicherung – SGB XI

§ 25 Einführung in die soziale Pflegeversicherung

Literatur: EVERS, Die Pflegeversicherung. Ein mixtum compositum im Prozeß der politischen Umsetzung, Sozialer Fortschritt 1995, 23ff.; GREINER, Generationengerechtigkeit und (Un-)Gleichbehandlung im Pflegeversicherungsrecht, NZS 2024, 361ff.; IGL, Das neue Pflegeversicherungsrecht, 1995; IGL/KLIE (Hrsg.), Pflegeversicherung auf dem Prüfstand, 2000; JANDA, Pflegerecht, 2023; LANDENBERGER, Pflegeversicherung als Vorbote eines anderen Sozialstaates, ZSR 1994, 314ff.; KIRSTEIN/VON SCHWANENFLÜGEL, Fachkräftemangel und Pflegeheime, NZS 2023, 601ff.; RICHTER, Die Reform der Pflegeversicherung – das Pflegeunterstützungs- und -entlastungsgesetz, NJW 2023, 2679ff.; ROTHGANG, Die Pflegeversicherung: Kernstück der alten Pflegepolitik der letzten drei Dekaden, in: Schulz-Nieswandt/Schewe (Hrsg.), Sozialpolitische Trends in Deutschland in den letzten drei Dekaden, 2000, S. 66ff.; SCHREHARDT, Das Zweite Pflegestärkungsgesetz – Ein sozialrechtlicher Paradigmenwechsel, DStR 2016, 253; SCHÜTZE, Von Blüm zu Gröhe – Weiterentwicklung und fortbestehende Grenzen der Pflegeversicherung, NZS 2018, 841ff.; TYBUSSEK, Pflege-Weiterentwicklungsgesetz, GesR 2008, 403ff.

I. Regelungsanliegen und Interessenlagen

1 Die Pflegeversicherung ist der jüngste Zweig der Sozialversicherung. Sie wurde erst mit dem Pflege-Versicherungsgesetz vom 28.5.1994 zusammen mit dem SGB XI eingeführt.[1] Mit der Pflegeversicherung wird das Risiko der Pflegebedürftigkeit abgesichert. Erfasst wird allerdings nicht die kurzzeitig begrenzte krankheitsbedingte Pflegebedürftigkeit, dem SGB XI liegt ein engeres Begriffsverständnis zugrunde. Auch wenn Pflegebedürftigkeit durch eine Krankheit ausgelöst werden kann (ebenso wie durch eine Behinderung oder einen Unfall),[2] verselbständigt sie sich zu einer eigenständigen Problemlage. Pflegebedürftigkeit in diesem Sinne ist durch die Intensität und die Dauer eines Zustandes gekennzeichnet, in dem die Betroffenen den Alltag nicht mehr allein bewältigen können (zum Begriff der Pflegebedürftigkeit ausführlich § 29 Rn. 7ff.).

2 Bereits vor Einführung der Pflegeversicherung wurde vereinzelt auch dieses Pflegerisiko von der Sozialversicherung abgefangen. Dabei galt dann aber das **Kausalitätsprinzip**. Es gab nur dann Leistungen bei Pflegebedürftigkeit, wenn sie auf ganz bestimmte Ursachen zurückzuführen war. So sieht z.B. (auch heute noch) die gesetzliche Unfallversicherung Pflegeleistungen vor, wenn ein Versicherter einen Arbeitsunfall erleidet und deshalb pflegebedürftig wird, § 44 SGB VII. Neben diesen besonderen Fallkonstellationen blieben vor Einführung der Pflegeversicherung nur zwei Quellen zur Finanzierung von Pflegebedarfen: die private Finanzierung und bei zu geringer finanzieller Leistungsfähigkeit der Rückgriff auf die Sozialhilfe. Die Hauptlast lag in der Vergangenheit bei der Sozialhilfe.

3 Daraus ergab sich ein doppeltes Dilemma. Zum einen führte diese Rechtslage zu einer erheblichen finanziellen Belastung für den Pflegebedürftigen sowie seine ihm unterhaltspflichtigen Angehörigen. Wie alle anderen Leistungen der Sozialhilfe konnten (und können) Pflegeleistungen erst dann in Anspruch genommen werden, wenn der Pflegebedürftige trotz Eigeninitiative, der Hilfe anderer und des Einsatzes seines Einkommens und Vermögens zur Erlangung der benötigten Pflegehilfe außer Stande war (s. §§ 82ff., 85ff., 90ff. SGB XII). Vorrangig waren und sind auch familienrechtliche Unterhaltsansprüche (auch gegen Kinder), die ggf. auf den leistenden Sozialhilfeträger übergehen, § 94 SGB XII. Pflegebedürftigkeit war also ein **privates Risiko**, das der Einzelne grundsätzlich selbst bzw. über Unterhaltsverpflichtete abzudecken hat. Dies wurde als besonders misslicher Rechtszustand angesehen, weil so der jüngeren Generation neben den Versicherungsbeiträgen zur Finanzierung der Renten für die ältere Generation zusätzlich die Lasten für die Pflege ganz oder teilweise

1 BGBl. I S. 1014.

2 BT-Drs. 12/5262 S. 1.

https://doi.org/10.1515/9783111337883-005

über Unterhaltsansprüche auferlegt wurden. Der soziale Abstieg drohte damit dem Pflegebedürftigen, sowie Eltern und Kindern gleichermaßen.[3]

4 Zum anderen entwickelte sich die Sozialhilfe, die von ihrer Konzeption her nur als **Ausnahmesystem** gedacht und konzipiert ist (s. § 2 SGB XII), zum **Regelträger** für ein bestimmtes Risiko und hatte erhebliche finanzielle Belastungen zu meistern, die ursprünglich so nicht vorgesehen waren. Der Aufwand für die Hilfe zur Pflege machte bereits 1975 etwa ein Drittel aller Ausgaben der Sozialhilfe aus und der Umfang stieg seitdem nur noch steil an – eine Situation, die für die kommunalen Haushalte perspektivisch kaum tragbar war.[4]

II. Die rechtspolitische Diskussion

5 Um die Reform der sozialen Sicherung bei Pflegebedürftigkeit ist fast 20 Jahre gerungen worden. Dabei lassen sich fünf Phasen der Diskussion unterscheiden.[5] Aus Platzgründen sollen hier nur die beiden letzten Phasen erwähnt werden. Die vierte und vorletzte Phase auf dem Wege zur Absicherung des Risikos der Pflegebedürftigkeit ist gekennzeichnet durch das Gesundheitsreformgesetz (GRG) 1989[6] und die in den **§§ 53ff. SGB V a.F.** geschaffene Einstiegslösung. In diesen Bestimmungen waren Pflegeleistungen ausschließlich für Schwerpflegebedürftige und nur in Form von Pflegegeld vorgesehen. Dem Gesetzgeber war von vornherein klar, dass dies nicht den letzten Schritt bedeuten könnte. So wird in der Begründung zum GRG ausgeführt:

> „Eine bessere soziale Absicherung des Pflegefallrisikos gehört zu den drängendsten sozial- und gesundheitspolitischen Problemen. Die Bundesregierung ist daher der Auffassung, dass die gegenwärtige Versorgung der Pflegebedürftigen einer Verbesserung bedarf. Es kann allerdings nicht Aufgabe der gesetzlichen Krankenversicherung sein, die Probleme der Pflegebedürftigkeit insgesamt zu lösen. Bei der sozialen Absicherung der Pflegepersonen und bei der stationären Pflege sind andere Finanzierungsträger als die gesetzliche Krankenkasse gefordert."[7]

6 In der Folgezeit kam es zu einer Vielzahl von Vorschlägen und gesetzespolitischen Initiativen.[8] Einigkeit bestand zwar insoweit, dass eine Lösung gefunden werden musste und dass es eine Versicherungslösung sein sollte. Sehr hart wurde aber um die Frage gestritten, ob die Lösung im Sozialversicherungsrecht oder im Privatversicherungsrecht anzusiedeln ist. Nicht zuletzt auch vor dem Hintergrund der Wiedervereinigungslasten, die in den 1990er Jahren auf die sozialen Sicherungssysteme umgelegt wurden, war die Einführung eines neuen Sozialversicherungszweiges schwierig.[9] Das gleich zu besprechende Pflegeversicherungsgesetz hat sich in dieser Frage für einen Kompromiss entschieden.

---

3 BT-Drs. 12/5262 S. 2.

4 S. hierzu Schütze, NZS 2018, 841, 843;

5 S. hierzu Igl, VSSR 1994, 261ff.; Götting/Hinrichs, PVS 1993, 47ff.; Pabst/Rothgang, in: Leibfried/Wagschal, Der deutsche Sozialstaat: Bilanzen – Reformen – Perspektiven, 2000, S. 340ff.

6 BGBl. I S. 2477ff.

7 BT-Drs. 11/2237 S. 144f.

8 Vgl. zu einer ausführlichen Darstellung HS-PV/Schulin § 1 Rn. 70ff.

9 Schütze, NZS 2018, 841, 842, s. dort auch näher zu den politischen und wirtschaftlichen Rahmenbedingungen während der rechtspolitischen Diskussionen.

III. Das Pflege-Versicherungsgesetz (SGB XI)

1. Die Akteure im Hintergrund

Mit dem PflegeVG kam die langjährige Diskussion zum Abschluss, die zur Einführung einer sozialen Pflegeversicherung (verortet im SGB XI) führte. Das PflegeVG vom 28.5.1994[10] hat vielen Interessen Rechnung tragen müssen und ist deshalb durch seinen **Kompromisscharakter** gekennzeichnet. Für das Verständnis des Gesetzes ist es deshalb wichtig, sich die unterschiedlichen **Interessen und Ziele einer Vielzahl von Akteuren**, die auf das Gesetzgebungsverfahren Einfluss genommen haben, vor Augen zu führen. Anhand der Ausführungen von Rothgang[11] kann nachvollzogen werden, dass das PflegeVG die Handschrift von Sozialpolitikern, Finanzpolitikern sowie Partei- und Ordnungspolitikern trägt. Die Sozialpolitiker, sozusagen die Lobby der Pflegebedürftigen, pochten auf die Sozialhilfeunabhängigkeit und optimale Versorgungsqualität der Pflegebedürftigen. Das Interesse der Finanzpolitiker, die vor allem in den kommunalen Spitzenverbänden zu Hause waren, lag primär in der finanziellen Entlastung der kommunalen Sozialhilfeträger. Ihr Hauptaugenmerk richtete sich deshalb auf die Zuweisung des Risikos der Pflegebedürftigkeit an einen anderen Finanzierungsträger. Auch stand bei dieser Gruppe der Aspekt der allgemeinen Kostenbegrenzung im Pflegebereich im Vordergrund. Den Partei- und Ordnungspolitikern kam es vornehmlich auf den Abbau von Rationalisierungsreserven an. Effizienzsteigerung professioneller Pflege, Verhinderung eines „Heimsog-Effekts“ und von „Über“-Inanspruchnahme von Leistungen waren ihre wichtigsten Ziele. Neben dem Einfluss dieser drei „Politiker-Gruppen“ dürfen nicht die Interessen der privaten Versicherungswirtschaft übersehen werden. Sie wollte den Bereich der Pflegeversicherung ganz für sich gewinnen. Dafür fand sich zwar keine parlamentarische Mehrheit, aber dennoch kam man der Privatversicherung mit einer Kompromisslösung entgegen. 7

Letztlich haben sich die unterschiedlichen politischen und wirtschaftlichen Interessengruppen punktuell durchsetzen können. Das Ergebnis sah wie folgt aus: 8

2. Ein Gesetz mit Kompromisscharakter: Die Konzeption des SGB XI

In der Gesetzesbegründung wird folgende übergeordnete Zielsetzung vorangestellt: 9

> „Mit der Pflegeversicherung soll die Versorgung Pflegebedürftiger umfassend verbessert und auf eine neue Grundlage gestellt werden. Die Pflegeversicherung soll dazu beitragen, die aus der Pflegebedürftigkeit entstehenden Belastungen zu mildern; sie soll bewirken, daß in der überwiegenden Zahl der Pflegebedürftigen nicht mehr auf Sozialhilfe angewiesen ist“[12]

Doch auch die oben (Rn. 5f.) erläuterten einzelnen rechtspolitischen Anliegen haben ihren Niederschlag im SGB XI gefunden. Effizient konnten die verschiedenen Ziele nur erreicht werden, wenn die Pflegeversicherung tendenziell als Volksversicherung ausgestaltet wurde. Deshalb musste weitestgehend **Versicherungszwang** eingeführt werden. Dabei wurde nach dem Grundsatz verfahren, dass alle in der gesetzlichen Krankenversicherung versicherten Personen in der sozialen Pflegeversicherung pflichtversichert werden. Um der privaten Versicherungswirtschaft entgegen zu kommen, wurde ein eigener Zweig der privaten Pflegepflichtversicherung geschaffen. 10

Die Entscheidung für eine Sozialversicherungslösung brachte die von der finanzpolitischen Richtung geforderte Änderung der institutionellen Zuständigkeit und damit die **Entlastung der Sozialhilfeträger**. Von 1994 bis 1995 war ein Rückgang der Ausgaben der Sozialhilfe für Hilfe zur Pflege 11

---

10 BGBl. I S. 1014.

11 Die folgenden Ausführungen lehnen sich sehr stark an den Ansatz eines Beitrags von Rothgang in: Schulz-Nieswandt/Schewe, 2000, S. 66 ff.

12 BT-Drs. 12/5262 S. 2.

um 34,6 Prozent, von 1995 auf 1996 um 25 Prozent festzustellen. Bereits seit 1998 ist aber wieder ein durchaus signifikanter Anstieg der Ausgaben zu verzeichnen.[13]

12 Das Bemühen um Ausgabenbegrenzung, das vor allem die Ordnungspolitiker verfolgten, wird besonders darin deutlich, dass die Pflegeversicherung nicht als Vollsicherung, sondern nur als **Grundsicherung** verwirklicht wurde (§ 4 Abs. 2 S. 1 SGB XI). Hierzu heißt es in der Gesetzesbegründung:

> „Mit den Leistungen der Pflegeversicherung wird eine Vollversorgung der Pflegebedürftigkeit weder angestrebt noch erreicht. Die Pflegeversicherung stellt eine soziale Grundsicherung in Form von unterstützenden Hilfeleistungen dar, die Eigenleistungen der Versicherten nicht entbehrlich machen."[14]

13 Es setzt sich fort in der Verankerung des Vorrangs der häuslichen vor der stationären Versorgung (§ 3 SGB XI) und macht sich auch bemerkbar in Regelungen über die unfall- und rentenversicherungsrechtliche Absicherung nichterwerbsmäßiger Pflegepersonen (§ 44 SGB XI). Der **Ausgabenbegrenzung im Leistungsbereich** und damit dem Anliegen der Ordnungspolitiker dienen die Pauschalierung bzw. Höchstbetragsregelung bezüglich der Leistungen. Kritiker sehen darin auch eine Bestätigung, dass sich im Gesetz nicht so sehr die sozialpolitischen Anliegen als vielmehr die finanzpolitischen Zielsetzungen durchgesetzt haben.[15] Zur stabilitätspolitischen Konzeption des Gesetzes trägt auch die Trennung von Leistungserbringung und der Entscheidung über die Leistungserbringung bei. Die Pflegekassen (gesetzlicher Leistungserbringer) haben demgemäß durch den Medizinischen Dienst oder andere unabhängige Gutachter prüfen zu lassen, ob die Voraussetzungen der Pflegebedürftigkeit erfüllt sind und welcher Grad der Pflegebedürftigkeit vorliegt (§ 18 SGB XI).

14 Das von den Sozialpolitikern vor allem verfolgte Ziel einer bestmöglichen Versorgung der Pflegebedürftigen spiegelt sich in der Ausgestaltung der ambulanten und stationären Pflegeleistungen (§§ 36ff. SGB XI) wider, deren tatsächliche Umsetzung durch den **Sicherstellungsauftrag** der Pflegekassen gewährleistet wird (§ 69 SGB XI).

15 Optimale Versorgung bedeutet vor allem auch qualitätsvolle Leistungserbringung. Dieser Gedanke hatte bereits in der ursprünglichen Gesetzesfassung in § 80 SGB XI a.F. Anklang gefunden. Angesichts immer wieder beklagter Missstände, vor allem in stationären Pflegeeinrichtungen, ist aber die Qualitätssicherung zunehmend in den Mittelpunkt des Interesses gerückt. Das hat den Gesetzgeber veranlasst, ein eigenes **Gesetz zur Qualitätssicherung** und zur **Stärkung des Verbraucherschutzes** in der Pflege[16] zu schaffen, das am 1.1.2002 in Kraft getreten ist.

16 Der Verbesserung der Versorgungsstrukturen dienen schließlich die Vorschriften über einen verstärkten **Leistungsanbieterwettbewerb**. Hierzu ist bedeutsam, dass der Gesetzgeber bewusst auf eine Bedarfsplanung verzichtet hat. Stattdessen hat er sich für einen offenen Pflegemarkt und damit einen Wettbewerb der Leistungsanbieter ausgesprochen. Im Zuge der Aufhebung von Marktzugangsbeschränkungen für Leistungsanbieter war es auch bedeutsam, dass private Anbieter mit denen der Wohlfahrtsverbände gleichgestellt wurden, die in der Vergangenheit meist vorrangig einzuschalten waren. Nach der jetzigen Regelung (§ 72 Abs. 3 SGB XI) besteht ein Anspruch auf Abschluss eines Versorgungsvertrages mit einer Pflegeeinrichtung, wenn diese die Zulassungsvoraussetzungen erfüllt.

---

13 BT-Drs. 15/3241 S. 10.

14 BT-Drs. 12/5262 S. 90.

15 Rothgang in: Schulz-Nieswandt/Schewe, 2000, S. 66, 71.

16 Pflege-Qualitätssicherungsgesetz – PQsG – v. 9.9.2001, BGBl. I S 2320.

IV. Ökonomische Daten zur Pflegeversicherung

Gem. § 10 SGB XI muss die Bundesregierung alle vier Jahre einen Bericht über die Entwicklung der Pflegeversicherung und den Stand der pflegerischen Versorgung erstellen. Diese Berichte sowie die Berichte, die auf der Seite des Bundesministeriums für Gesundheit, auf der ebenfalls vom Bund betriebenen Internetseite www.gbe-bund.de und vom Statistischen Bundesamt erstellt und veröffentlicht werden, bieten eine breite **Datengrundlage** für die Pflegeversicherung. 17

Im zweiten Bericht über die Entwicklung der Pflegeversicherung aus dem Jahre 2001 heißt es: 18

> „Die Pflegeversicherung hat sich in den sechs Jahren ihres Bestehens trotz einer vielfach kritischen Berichterstattung – insbesondere im Zusammenhang mit bekannt gewordenen Missständen in Pflegeheimen – als ein wichtiger Baustein bei der Absicherung sozialer Risiken erwiesen, der bereits vielen Menschen geholfen hat und weiterhin helfen wird. Die Akzeptanz der Pflegeversicherung in der Bevölkerung ist sehr groß. Die Veränderungen durch die Pflegeversicherung werden durch die Pflegebedürftigen und ihre Angehörigen ganz überwiegend positiv bewertet. Die Pflegeversicherung ist vor diesem Hintergrund unbestreitbar ein Erfolg in der Geschichte unserer sozialen Absicherung und aus dem Sozialsystem der Bundesrepublik Deutschland nicht mehr wegzudenken (...).“[17]

Diese qualitative Einschätzung der Bundesregierung ist weitestgehend zutreffend. Sie hebt die Stärken der Pflegeversicherung hervor, ohne die kritischen Aspekte zu verschweigen. In quantitativer Hinsicht lassen sich folgende Entwicklungslinien ergänzen (zu den Kritikpunkten in qualitativer Hinsicht s. die Ausführungen zu den stetigen Reformbestrebungen Rn. 23ff.).

Seit dem zweiten Pflegebericht der Bundesregierung ist die **Zahl der Leistungsempfänger** stetig angestiegen.[18] Neben der Tatsache, dass die Pflegeversicherung erst administrativ auf den Weg gebracht werden musste, ist dies vor allem auf die zunehmende Lebenserwartung einer steigenden Zahl älterer Menschen zurückzuführen, die ein höheres Pflegerisiko haben als Jüngere. Der Anstieg der Pflegebedürftigen war im stationären Bereich stärker als im ambulanten Bereich. Neuere Daten sind der amtlichen Statistik des Bundesministeriums für Gesundheit (Zahlen und Fakten zur Pflegeversicherung, Stand Juli 2024) zu entnehmen: 19

Gesamtzahl der Leistungsbeziehenden

	soziale Pflegeversicherung	private Pflege-Pflichtversicherung
ambulant	4.393.497	285.342
stationär	843.089	57.401
insgesamt	5.236.586	342.743
gesamt	**5.579.329**	

Anzahl älterer Personen über 80 Jahre absolut und in Prozent

	Gesamtbevölkerung in Mio.	Personen über 80 in Mio.	Anteil der Gesamtbevölkerung in %
2023	84,5	6,1	7,3
2030	85,2	6,0	7,0
2040	84,9	7,3	8,6
2050	84,0	9,1	10,8
2060	82,9	8,2	9,9

17 BT-Drs. 14/5590 S. 18.

18 S. z.B. die Darstellung im Sechsten Pflegebericht BT-Drs. 18/10707 S. 17.

Durchschnittliche Lebenserwartung in Deutschland

	Männlich	Weiblich
bei Geburt	78,4	83,2
mit 65 Jahren	17,6	21,0

Risiko der Pflegebedürftigkeit

Im Alter	Pflegewahrscheinlichkeit in %
unter 60 Jahren	2,0
zwischen 60 und 80 Jahren	9,5
über 80 Jahren	46,3

20 Was die **Finanzentwicklung** der sozialen Pflegeversicherung betrifft, ist bekannt, dass diese im Jahr ihrer Einführung 1995 einen hohen Einnahmeüberschuss von rund 3,44 Milliarden Euro verbuchen konnte. Mit Einführung der vollstationären Pflegeleistungen im Jahre 1996 ist der Überschuss kontinuierlich zurückgegangen. In den Jahren 2017 und 2018 verzeichnete die Pflegeversicherung erstmals nur noch einen erheblichen Überschuss bei den Ausgaben, also ein starkes Defizit; es belief sich im Jahr 2018 auf ca. 3,55 Milliarden Euro; nach zwei Jahren ohne Defizit (2019 und 2020) lag im Jahr 2022 der Ausgabenüberschuss schon wieder bei 2,25 Milliarden Euro.[19]

21 In der Vergangenheit betonten kritische Kenner des jetzigen Systems, dass die finanz- und stabilitätspolitische Bilanz der Pflegeversicherung deutlich positiver als die sozialpolitische ausfällt.[20] Das **sozialpolitische Defizit** wurde von Anfang an in dem Konzept der Pflegeversicherung als einer sozialen Grundsicherung gesehen und der daraus resultierende fragmentarische Sicherungscharakter[21] vor allem in der sozialwissenschaftlichen Literatur kritisiert, weil damit von der bislang in der Sozialversicherung geltenden Tradition Abstand genommen wird, dass der mit der Realisierung des Risikos, d.h. dem Eintritt des Versicherungsfalls, entstehende Bedarf grundsätzlich voll gedeckt ist.[22] Dieser Befund wird aufgrund der tatsächlich eingetretenen Entwicklung bestätigt:

> „Die Ursache für den sozialpolitischen Misserfolg ist darin zu suchen, dass schon die pflegebedingten Aufwendungen in Stufe II und III nur unvollständig übernommen werden, zu dem aber auch die ‚Hotelkosten' häufig die eigenen Einkommen überschreiten und die Investitionskosten in den Ländern, die keine Pflegewohngeldregelung vorsehen, ebenfalls nur höchst unvollständig übernommen werden."[23]

22 **Die Bedeutung der Sozialhilfe** als (zumindest ergänzender) Leistungsträger bei Pflegebedarfen ist daher auch wieder deutlich angestiegen. So hat bspw. im Jahr 2015 jeder dritte Pflegebedürftige in stationärer Pflege Leistungen der Sozialhilfe bezogen.[24] Allen Beteiligten und politisch Verantwortlichen ist klar, dass angesichts bestehender Versorgungsdefizite und der akuten Finanznot der Pflegeversicherung dringender Reformbedarf gegeben ist. Sogar in der Öffentlichkeit erlangen Debatten zur Pflegepolitik bis heute großes Interesse,[25] s. hierzu auch die Ausführungen unter Rn. 35 zum Ausblick auf die künftigen Entwicklungen der Pflegeversicherung.

---

19 S. unter www.gbe-bund.de, Einnahmen und Ausgaben der sozialen Pflegeversicherung, Stand 24.9.2024.
20 Rothgang in: Schulz-Nieswandt/Schewe, 2000, S. 66, 71ff.
21 Vgl. dazu HS-PV/Fuchs § 5 Rn. 19.
22 Vgl. zu solchen kritischen Stimmen Landenberger, ZSR 1994, 314ff.; Evers, Sozialer Fortschritt 1995, 23ff.
23 Rothgang in: Schulz-Nieswandt/Schewe, 2000, S. 66, 72.
24 S. hierzu Schütze, NZS 2018, 841, 846.
25 Schütze, NZS 2018, 841.

V. Reformen der Pflegeversicherung

1. Die wesentlichen Etappen von der Einführung bis zu den Pflegestärkungsgesetzen

Es ist schon angesichts des Kompromisscharakters des SGB XI einerseits und der demographischen Entwicklung andererseits nicht verwunderlich, dass die Pflegeversicherung seit ihrer Einführung stetigen (teils tiefgreifenden) Reformen unterliegt.[26] So wurden bereits im **Jahr 2002** erste **ergänzende Leistungen** für Pflegebedürftige mit **demenziellen Erkrankungen** eingeführt (§§ 45a ff. SGB XI a.F.) und damit die bis dahin starke Fokussierung auf den sog. verrichtungsbezogenen Hilfebedarf zumindest ein wenig aufgeweicht.[27] 23

Der Forderung nach einer stabileren Finanzierung der Pflegeversicherung wurde mit dem Gesetz zur Berücksichtigung der Kindererziehung im Beitragsrecht der sozialen Pflegeversicherung vom **15.12.2004**[28] Rechnung getragen. Seither wurden **kinderlose Beitragspflichtige** ab Vollendung des 23. Lebensjahrs mit einem **Beitragszuschlag** i.H.v. 0,25 % belastet, § 55 Abs. 3 SGB XI. Hintergrund dieser Regelung war eine Entscheidung des BVerfG, welches einen Verstoß gegen Art. 3 Abs. 1 GG und Art. 6 Abs. 1 GG darin sah, dass „Mitglieder, die Kinder betreuen und erziehen und damit neben dem Geldbeitrag einen generativen Beitrag zur Funktionsfähigkeit eines umlagefinanzierten Sozialversicherungssystems leisten, mit einem gleich hohen Pflegeversicherungsbeitrag wie Mitglieder ohne Kinder belastet werden" (s. hierzu näher § 34 Rn. 4).[29] Dies sollte aber nur ein erster Schritt zur Berücksichtigung von Kindern iRd. Beitragslasten sein, das BVerfG bekam 21 Jahre später erneut die Gelegenheit, sich mit der Thematik zu beschäftigen, was wiederum den Gesetzgeber zu einer erneuten Änderung von § 55 Abs. 3 SGB XI veranlasste, hierzu später § 34 Rn. 4. 24

Eine vergleichsweise umfassende Reform enthielt das **Pflege-Weiterentwicklungsgesetz vom 28.5.2008**,[30] auch wenn es teilweise hinter den Erwartungen zurückblieb.[31] Die zentralen Regelungsanliegen des Gesetzes waren eine bessere Versorgung Demenzkranker, der Ausbau der Pflegeberatung und Pflegestützpunkte. Das Gesetz enthielt aber nicht nur sozialrechtliche Regelungen. Hinzu kommen z.B. mit der Einführung des PflegezeitG[32] arbeitsrechtliche Änderungen, die die Pflege durch Angehörige stärken und damit auch mittelbar das Pflegesystem stützen sollen.[33] 25

Mit dem **Pflege-Neuausrichtungs-Gesetz vom 23.10.2012**[34] wurden die Leistungen für Personen mit erheblichem allgemeinem Betreuungsbedarf ausgeweitet. Hintergrund war die in der Zwischenzeit zugenommene Zahl an Demenzerkrankungen; darüber hinaus wurde eine staatliche Förderung bei freiwilliger privater Vorsorge eingeführt.[35] 26

2. Der teilweise Paradigmenwechsel durch die Pflegestärkungsgesetze I–III

Bis in das Jahr 2015 haben die Reformen den Begriff der Pflegebedürftigkeit nicht angetastet, obwohl bereits im Jahr 2006 ebenso wie im Jahr 2012 Beiräte vom Bundesgesundheitsministerium zur Entwicklung von Vorschlägen zur Verbreiterung des Pflegebedürftigkeitsbegriffs eingesetzt wur- 27

26 Für einen Überblick zu den Reformen s. z.B. Janda, Pflegerecht, S. 21, Rn. 21ff.; Schütze, NZS 2018, 841, 845; Udsching/Schütze/Udsching Einleitung Rn. 17ff.

27 Pflegeleistungs-Ergänzungsgesetz v. 14.12.2001, BGBl. I S. 3728.

28 BGBl. I S. 3448.

29 BVerfG 3.4.2001, NJW 2001, 1712ff.; kritisch hierzu zB. Greiner, NZS 2024, 361ff.

30 BGBl. I S. 2426 (Nr. 58).

31 Vgl. zu einer instruktiven Darstellung des gesamten Panoramas der Probleme die Beiträge in Igl/Naegele/Hamdorf (Hrsg.), Reform der Pflegeversicherung – Auswirkungen auf die Pflegebedürftigen und Pflegepersonen, 2007.

32 BGBl. I S. 2462 (Nr. 64).

33 S. zum Inhalt des Pflege-Weiterentwicklungsgesetz Reimer/Merold, SGb 2008, 381ff. sowie die Übersicht bei Igl, NJW 2008, 2214ff., und zu den Regelungszielen BT-Drs. 16/7439 S. 1f.

34 BGBl. I S. 2246.

35 Janda, Pflegerecht, S. 22 Rn. 24; s. auch die Übersicht zu den Neuregelungen bei Schlegel, jurisPR-SozR 3/2013 Anm. 1.

den.[36] Da die Demenzerkrankung für sich genommen weiterhin nicht unter den Pflegebedürftigkeitsbegriff des § 14 SGB XI a.F. fiel, der Gesetzgeber aber schrittweise auch für Demenzerkrankte Leistungen eingeführt hat, kam es im Ergebnis zu zwei Leistungsbereichen mit teils unterschiedlichen Voraussetzungen, teils auch Überschneidungen.[37] Dies sollte sich aber ändern. Mit den Pflegestärkungsgesetzen I–III (PSG I–III) wurden die wohl umfangreichsten Reformen der Pflegeversicherung durchgeführt.[38] Mit ihnen ging zugleich ein zumindest teilweiser Paradigmenwechsel einher.[39]

28 Den Auftakt für die ersten zwei Pflegestärkungsgesetze gab der **Koalitionsvertrag der 18. Legislaturperiode**, was aber nicht darüber hinwegtäuschen darf, dass die rechtspolitischen Diskussionen bereits über viele Jahre zuvor geführt wurden (s.o. Rn. 5f.). Im Koalitionsvertrag wurde ein umfassendes Maßnahmenpaket für den Bereich der Pflegeversicherung vereinbart, um sie „zukunftsfest" zu machen. Dabei stand u.a. die lange geforderte Einführung eines neuen Pflegebedürftigkeitsbegriffs im Fokus, von dem auch Demenzerkrankungen erfasst werden sollten.[40]

29 Das „Herzstück" der dreiteiligen Reform dürfte das PSG II bilden, welches den Begriff der Pflegebedürftigkeit sowie dessen Begutachtung neu regelt. Das **Erste Pflegestärkungsgesetz** (PSG I) kann als eine vorbereitende Reform angesehen werden,[41] in seinem Gesetzesentwurf wurde bereits die Anschlussreform durch das PSG II angekündigt.[42] Der ursprüngliche Kabinettsentwurf[43] zum PSG I wurde anlässlich abweichender Beschlussempfehlungen des Gesundheitsausschusses des Deutschen Bundestags[44] noch einigen Änderungen unterworfen. Im Wesentlichen wurden mit dem PSG I die Leistungen zur Stärkung der häuslichen Pflege ausgeweitet. Betreuungsleistungen in ambulanter und stationärer Pflege wurden ausgebaut, um die Lebensqualität der Betroffenen zu verbessern und pflegende Angehörige zu entlasten. Des Weiteren wurde der Beitragssatz um 0,3 Prozentpunkte erhöht und mit Blick auf die demografische Entwicklung ein Pflegevorsorgefonds eingerichtet.[45] Das PSG I trat im Bereich des SGB XI im Wesentlichen am 1.1.2015 in Kraft.[46] Flankiert wurde es durch das Gesetz zur besseren Vereinbarkeit von Familie, Pflege und Beruf,[47] welches u.a. das Pflegeunterstützungsgeld für pflegende Angehörige eingeführt hat, die eine Pflegezeit in Anspruch nehmen (§ 44a Abs. 3 SGB XI).[48]

30 Mit dem **Zweiten Pflegestärkungsgesetz** vom 21.12.2015[49] (PSG II) sollte ein Paradigmenwechsel eingeleitet werden.[50] Unter Rückgriff auf die Empfehlungen der im Jahr 2006 und 2012 beauftragten Beiräte wurden mit dem PSG II vor allem ein neuer Pflegebedürftigkeitsbegriff und ein neues Begutachtungsinstrument eingeführt. Darin sieht der Gesetzgeber die „umfassendste Modernisierung im Pflegeversicherungsrecht seit der Einführung der Pflegeversicherung".[51] Die Pflegebedürftigkeit wurde losgelöst von einem bis dahin am Zeitbedarf der Betreuungsperson orientierten Verständnis.[52] Damit

---

36 Schütze, NZS 2018, 841, 845 unter Verweis auf den Bericht des Beirats zur Überprüfung des Pflegebedürftigkeitsbegriffs vom 26.1.2009 und den Bericht des Expertenbeirats zur konkreten Ausgestaltung des neuen Pflegebedürftigkeitsbegriffs vom 27.6.2013, herausgegeben vom Bundesministerium für Gesundheit.

37 Schütze, NZS 2018, 841, 845.

38 Schölkopf/Hoffer, NZS 2015, 521.

39 So auch der Gesetzgeber selbst BT-Drs. 18/5926 S. 2.

40 S. Koalitionsvertrag zwischen CDU, CSU und SPD der 18. Legislaturperiode, S. 83ff.

41 S. auch BT-Drs. 18/5926 S. 2 „wichtige Vorarbeiten".

42 BT-Drs. 18/1798 S. 2.

43 BT-Drs. 18/1798 (zur Stellungnahme des Bundesrates s. BT-Drs. 18/2379).

44 BT-Drs. 18/2909.

45 S. hierzu den Überblick BT-Drs. 18/1789 S. 2; Richter, NJW 2015, 1271

46 BGBl. I S. 2222.

47 BGBl. I 2462; s. hierzu z.B. Stüben/v. Schwanenflügel, NJW 2015, 577ff.

48 Richter, NJW 2015, 1271.

49 BGBl. I 2424.

50 BT-Drs. 18/5926 S. 2.

51 BT-Drs. 18/5926 S. 3.

52 Zum Pflegebegriff nach § 14 SGB XI a.F. s. z.B. Schrehardt, DStR 2016, 253.

geht ein Perspektivwechsel einher, der sich hin zur beeinträchtigten Person wendet. Hierbei wird auf den Umfang der Fähigkeiten in pflegerelevanten Bereichen des täglichen Lebens abgestellt.[53] Insbesondere sollen mit dem neuen Pflegebedürftigkeitsbegriff körperliche, kognitive und psychische Beeinträchtigungen bei der Einstufung der Pflegebedürftigkeit gleichbehandelt werden.[54] Ziel ist dabei vor allem, auch Demenzerkrankte in das System der Pflegeversicherung einzubeziehen.[55] Das zuvor entstandene Sonderleistungssystem für demenziell Erkrankte und das Regelleistungssystem sollen zusammengeführt werden, indem die besonderen Leistungen für Personen mit eingeschränkter Alltagskompetenz in das Regelleistungsrecht übernommen werden.[56] Insgesamt ist die Neuausrichtung und vor allem Erweiterung des Pflegebedürftigkeitsbegriffs durchaus begrüßenswert. Die Ausgestaltung durch die Verzahnung von Punktesystem und Gewichtung in § 14 SGB XI und Anlage 1 und 2 ist jedoch nicht nur für Laien nur schwer zu durchschauen (s. hierzu § 29 Rn. 7 ff.).[57]

Neben einem neuen Begriff der Pflegebedürftigkeit wurde auch ein neues Begutachtungsinstrument zur Einstufung des jeweiligen Pflegegrades eingeführt (sog. Neues Begutachtungsassessment, NBA, § 15 Abs. 2 SGB XI). Darüber hinaus wurden im Leistungsrecht Neuerungen eingeführt, die soziale Sicherung der Pflegepersonen wurde neugestaltet, die Beratung verbessert, die Personalbemessung in stationären Einrichtungen wurde verändert und die Regelungen zur Qualitätssicherung weiterentwickelt.[58] 31

Dem **Dritten Pflegestärkungsgesetz** vom 23.12.2016 (PSG III)[59] liegt wiederum ein anderer Schwerpunkt zugrunde. Ziel des PSG III ist im Wesentlichen eine verbesserte Zusammenarbeit der für die Pflegebedarfe zuständigen Leistungsträger, die kommunale Ebene soll in diesem Zusammenhang gestärkt werden.[60] Ausgangspunkt ist die Grundannahme, dass die Pflegeversicherung keine Vollabsicherung des Pflegerisikos gewährleistet; an dem Prinzip, dass die Pflegeversicherung nur „Teilleistungen" gewährt, wird ausdrücklich festgehalten. Daher geht der Gesetzgeber davon aus, dass es auch weiterhin Fälle geben wird, in denen Pflegebedürftige zumindest ergänzend auf Leistungen aus der Sozialhilfe angewiesen sein werden.[61] Dem wird durch den Fokus auf eine verbesserte Koordination und Kooperation mit den Kommunen im Bereich der Pflege Rechnung getragen. Grundlage war eine Empfehlung, die eine beauftragte Bund-Länder-Arbeitsgruppe zur Stärkung der Rolle in der Pflege erstellt hatte.[62] Ein Baustein zur besseren Verzahnung und Koordination ist auch eine bessere Abgrenzung der Leistungen der Hilfe zur Pflege zu den Leistungen der Eingliederungshilfe, welche u. a. dadurch erforderlich wurde, dass der vom PSG II eingeführte neue Begriff der Pflegebedürftigkeit auch Teilhabe-Elemente enthält.[63] 32

3. Die vorläufig letzten größeren Reformen

Wenngleich mit den Pflegestärkungsgesetzen umfangreiche Reformen angestoßen wurden, blieb das Problem, wie mit dem demografischen Wandel und dem künftig größer werdenden Pflegebedarf umzugehen ist, weiterhin ungelöst. Ein bis zu den Pflegestärkungsgesetzen noch nicht berück- 33

---

53 Schütze, NZS 2018, 841, 845.

54 BT-Drs. 18/5926 S. 60.

55 S. auch Schrehardt, DStR 2016, 253, 254; BT-Drs. 18/5926 S. 61.

56 BT-Drs. 18/5926 S. 3.

57 So auch Schütze, NZS 2018, 841, 845; ebenfalls kritisch zum neuen Begriffsverständnis Rothgang/Kalwitzki, GSP 2015, 46 ff.

58 S. hierzu den Überblick BT-Drs. 18/5926 S. 64 f.; Schrehardt, DStR 2016, 253 ff.; zur Bedeutung des PSG II für den Unfallversicherungsschutz von häuslichen Pflegepersonen Schlaeger, SGb 2016, 684 ff.

59 BGBl. I S. 3191.

60 BT-Drs. 18/951 S. 1; Schmidt, NZS 2017, 207.

61 S. BT-Drs. 18/9518 S. 1, 2.

62 BT-Drs. 18/9518 S. 1, 42.

63 BT-Drs. 18/9518 S. 2; kritisch zu § 13 Abs. 2 SGB XI, welcher nicht im Gesetzentwurf enthalten ist und erst später im Verlauf des Gesetzgebungsverfahren eingeführt wurde Schmidt, NZS 2017, 207, 210.

sichtigter Aspekt war die Perspektive der Pflegeberufe. Mit dem **Pflegeberufereformgesetz** vom 17.7.2017[64] wurde die Pflegeausbildung reformiert.[65] Nur ein Jahr später folgte das **Pflegepersonal-Stärkungsgesetz** vom 11.12.2018.[66] Im Zentrum steht hier das Ziel, eine bessere Personalausstattung und bessere Arbeitsbedingungen in der Kranken- und Altenpflege zu erreichen.[67] So wurde bspw. eine Finanzierung von 13.000 zusätzlichen Pflegekräften in Pflegeeinrichtungen unter anderem über Einzahlungen der Krankenkassen in den Ausgleichsfonds festgelegt (s. § 8 Abs. 6 SGB XI, § 37 Abs. 2 SGB V). Auch die finanzielle Förderung von Maßnahmen der Pflegeeinrichtungen, die zur besseren Vereinbarkeit von Pflege, Familie und Beruf bei den Pflegekräften führen wie z.B. Betreuungsmöglichkeiten, die an die besonderen Arbeitszeiten angepasst sind, wird geregelt (s. § 8 Abs. 6 SGB XI). Des Weiteren soll durch Sprechstunden und Fallkonferenzen per Video als telemedizinische Leistung eine bessere Zusammenarbeit von niedergelassenen Ärzten und Pflegeheimen sichergestellt werden (s. § 87 Abs. 2a SGB XI). Erst im späteren Verlauf des Gesetzgebungsverfahren wurden zudem neue Regelungen zur Qualitätsprüfung eingeführt (s. hierzu § 33 Rn. 62ff.). Die Einführungsphase für das neue Qualitätssystem wurde jedoch pandemiebedingt durch das Covid-19-Krankenhausentlastungsgesetz vom 27.3.2020[68] um ein halbes Jahr verlängert bis zum 31.12.2020, s. § 114b Abs. 1 SGB XI. Es folgten **pandemiebedingt** gleich mehrere **Gesetzesänderungen** ab dem Jahr 2020 mit Sonderregelungen für die Zeit der Pandemie, die zeitlich befristet waren. Auf diese Regelungen soll hier nicht näher eingegangen werden, sie zielten im Wesentlichen darauf ab, die besonderen Härten in diesem Zeitraum abzufangen.[69]

34 Mit dem Ziel, in der Pflege eine effiziente und qualitativ gute Versorgung der Versicherten sicherzustellen, wollte der Gesetzgeber mit Hilfe des **Digitale-Versorgung-und-Pflege-Modernisierungs-Gesetz** (DVPMG) vom 3.6.2021[70] das Potential der Digitalisierung auch im Bereich der Pflege ausschöpfen.[71] Hierfür wurden unter anderem mit der Schaffung von § 40a SGB XI die digitalen Pflegeanwendungen in den Leistungskatalog der Pflegeversicherung aufgenommen.[72] Das **Gesundheitsversorgungs-Weiterentwicklungsgesetz** vom 11.7.2021 (GVWG)[73] hat seinen Schwerpunkt zwar eher im Krankenversicherungsrecht, es enthält aber zugleich zahlreiche Änderungen des SGB XI. So wurde u.a. mit § 113c SGB XI ein neuartiges Personalbemessungssystem eingeführt, die Leistungssätze für Pflegesachleistungen in § 36 Abs. 3 SGB XI wurden angehoben, der Beitragszuschlag für Kinderlose wurde um 0,1 Prozentpunkte angehoben, in § 72 SGB XI wurden die Abs. 3a bis 3e eingefügt, die im Wesentlichen eine „Tariftreueregelung" darstellen und § 82c SGB XI wurde neu geschaffen. Mit dem **Pflegebonusgesetz** vom 28.6.2022[74] wurde nicht nur eine „Corona-Bonuszahlung" für Pflegekräfte eingeführt, sondern es kam u.a. zu Nachjustierungen bei den digitalen Pflegeanwendungen nach § 40a SGB XI und bei § 37 SGB XI kam es mit Abs. 3 bis Abs. 3c zu Änderungen im Hinblick auf die Qualitätssicherung bei häuslicher Pflege. Die vorerst letzte große Reform wurde mit dem **Pflegeunterstützungs- und -entlastungsgesetz** vom 23.6.2023 (PUEG)[75] vollzogen. Hiermit sollen insbesondere die häusliche Pflege gestärkt und Pflegepersonen (v.a. auch Angehörige) entlastet werden. Zudem sollen die Arbeitsbedingungen für professionell Pflegende verbessert und die Potentiale der

64 BGBl. I 2581.

65 S. zu den Zielen BT-Drs. 18/7823 S. 1f.

66 BGBl. I 2394.

67 S. BT-Drs. 19/4453 S. 1; Nakielski, SozSich 2019, 53ff.

68 BGBl. I S. 580.

69 S. hierzu z.B. die Überblicke von Udsching, Jahrbuch des Sozialrechts 2021, 265ff. und Jahrbuch des Sozialrechts 2022, 271f.

70 BGBl. I Nr. 28 S. 1308.

71 BT-Drs. 19/27652 S. 1

72 § 40a SGB XI wurde seit seiner Einführung im Jahr 2021 bereits zweifach geändert im Jahr 2022 durch Gesetz vom 23.3.2022 BGBl. I S. 482 und im Zug des Pflegebonusgesetze, BGBl. I S. 938.

73 BGBl. I Nr. 44 S. 2754.

74 BGBl. I S. 938.

75 BGBl. I Nr. 155; s. hierzu Richter, NJW 2023, 2679ff.

Digitalisierung genutzt werden. Darüber hinaus wurden die Vorgaben des BVerfG vom 7.4.2022 (s. hierzu § 34 Rn. 4) zum Beitragsrecht der sozialen Pflegeversicherung im Hinblick auf die Berücksichtigung des Erziehungsaufwands von Eltern unter Berücksichtigung der Anzahl ihrer Kinder durch eine Änderung von § 55 SGB XI umgesetzt.[76]

4. Ausblick

Der kurze – und keineswegs den Anspruch an Vollständigkeit erhebende – Überblick der Reformen zeigt, wie umtriebig der Gesetzgeber in der Pflegeversicherung ist. Doch trotz zahlreicher und teilweise sehr umfangreicher Reformen seit Einführung der sozialen Pflegeversicherung finden sich keine Stimmen, die derzeit keinen Reformbedarf mehr sehen.[77] Durch die Corona-Krise sind in der Tagespresse erneut die Arbeitsbedingungen der Pflegekräfte in den Fokus geraten, die internationalen Reiseverbote während der Pandemie offenbarten, wie sehr der deutsche Pflegesektor auf Pflegekräfte aus dem (EU)Ausland angewiesen ist[78] und der **demografische Wandel** setzt sich weiter fort und damit einhergehend die Frage der **Finanzierung**.[79] Hinzu kommt eine Zuspitzung auf dem Pflegemarkt durch sich häufende Insolvenzmeldungen von Pflegeheimen. Diese Lage kann nicht zuletzt auf einen **Fachkräftemangel** zurückgeführt werden, der einen nicht ausreichenden Personalschlüssel zur Folge haben und damit zu einer nicht hinreichenden Auslastung und schlimmstenfalls einer Insolvenz von Pflegeheimen führen kann.[80] Auch vor diesem Hintergrund müssen sich die Pflegeversicherung und politischen Akteure mit der **Digitalisierung und Technisierung** in der Pflege auseinandersetzen. Die Verknüpfung mit der Telemedizin (jetzt zum Teil auch in § 87 Abs. 2a SGB XI explizit erfasst) ebenso wie die Einführung der digitalen Pflegeanwendungen durch § 40a SGB XI scheinen erste Schritte in diese Richtung zu sein, eine Lösung aller Probleme kann aber auch hiervon nicht erwartet werden.[81] Darüber hinaus wird gerade in den letzten Jahren die ganz grundlegende Diskussion über einen Wechsel zu einer Vollversicherung wieder verstärkt geführt.[82] Mit dem derzeit aktuellen Gesetzesentwurf vom 18.12.2024 für ein Pflegekompetenzgesetz soll u.a. den zu erwartenden Problemen bei der Gewinnung von Pflegepersonal vorgebeugt und die Kompetenzen der Pflegefachkräfte gestärkt werden. Da das Gesetzgebungsverfahren vor dem Regierungswechsel nicht abgeschlossen war, ist nicht absehbar, was aus diesem Entwurf werden wird. Es bleiben also weiterhin viele Herausforderungen, mit weiteren (zahlreichen) Reformen ist daher auch in Zukunft zu rechnen. 35

§ 26 Strukturprinzipien der sozialen Pflegeversicherung

Literatur: Bogs, Die Sozialversicherung im Staat der Gegenwart, 1973; Cremer, Ist die Pflegevollversicherung „gerecht"?, NZS 2023, 201ff.; Kirstein/von Schwanenflügel, Fachkräftemangel und Pflegeheime, NZS 2023, 601ff.; Ladage, Der Standard der sozialen Pflegeversicherung als Maßstab für Vertragsleistungen der privaten Pflegeversicherungsunternehmen, in: von Wulffen/Krasney (Hrsg.), Festschrift 50 Jahre Bundessozialgericht, 2004, S. 673ff.; Schulin, Die soziale Pflegeversicherung des SGB XI – Grundstrukturen und Probleme, NZS 1994, 433ff.

---

76 BT-Drs. 20/6544 S. 1.

77 S. z.B. der Ausblick bei Schütze, NZS 2018, 841, 847f.

78 Zur rechtlichen Ausgestaltung beim Einsatz ausländischer Pflegekräfte in der häuslichen Pflege Knopp, NZS 2016, 445ff.; Basche, RDG 2020, 66, 69; grundlegend hierzu auch die Entscheidung des BAG 24.6.2021, NZA 2021, 1398ff., wonach auch in diesen Fällen der Mindestlohn zu zahlen ist.

79 S. hierzu z.B. Opolony, ZRP 2019, 204ff.

80 Vertiefend Kirstein/von Schwanenflügel, NZS 2023, 601ff.

81 S. hierzu auch Basche, RDG 2020, 66, 71ff.; Luthe, SGb 2019, 573ff. und 655ff.

82 S. bspw. die Stellungnahme des DGB zum Referentenentwurf eines Gesetzes zur Unterstützung und Entlastung in der Pflege (PUEG) vom 6.3.2023; kritisch zu einer Vollversicherung z.B. Cremer, NZS 2023, 201ff.

I. Überblick

1 Mit der Einführung der Pflegeversicherung wurde die **fünfte Säule der Sozialversicherung** geschaffen. Die Struktur der Pflegeversicherung lässt sich zum Teil bereits § 1 SGB XI entnehmen:
- Pflegeversicherung als Sozialversicherung (Abs. 1),
- gespaltene Pflegeversicherung mit dem Grundsatz, dass die Pflegeversicherung der Krankenversicherung folgt (Abs. 2),
- solidarische Hilfe für Pflegebedürftige (Abs. 4),
- Berücksichtigung geschlechtsspezifischer Unterschiede und kultursensible Pflege (Abs. 5),
- Versicherungscharakter der Pflegeversicherung mit sozialem Ausgleich (Abs. 6).

Die wohl markantesten Merkmale im Vergleich zu den anderen Sozialversicherungszweigen dürften die Ausgestaltung als **Volksversicherung** und als Teilleistungs-Versicherung, die **nur ergänzend** und nicht vollständig das Pflegerisiko absichert (Rn. 9), sein.

II. Pflegeversicherung als Sozialversicherung

2 Das Risiko der Pflegebedürftigkeit soll im Rahmen der bewährten Vorbilder der Sozialversicherung abgesichert werden.[83] Dieses Konzept drückt sich einmal darin aus, dass die öffentliche (wie auch die private) **Pflegeversicherung eine Pflichtversicherung ist**, §§ 1 Abs. 2, 20 ff. SGB XI. Der Sozialversicherungscharakter kommt ferner in der Finanzierung und der Höhe der **Beiträge** zum Ausdruck. § 1 Abs. 6 SGB XI wählt die Beitragsfinanzierung durch die Mitglieder, wobei bei Arbeitnehmern der hälftige Anteil der Arbeitgeber hinzukommt, § 58 Abs. 1 SGB XI.

Die Höhe der Beiträge bemisst sich nach dem Einkommen der Mitglieder, § 1 Abs. 6 S. 2 SGB XI. Das Element des **sozialen Ausgleichs** ist vor allem durch die beitragsfreie Mitversicherung von Familienangehörigen verwirklicht, § 1 Abs. 6 S. 3 SGB XI. Zudem findet keine Differenzierung der Leistungshöhe bzw. der Leistungsdauer nach der Höhe oder Dauer der Beitragszahlung statt.

3 Mit der Entscheidung für eine Sozialversicherungslösung geht einher, dass nicht nur die allgemeinen Regeln des SGB I und SGB X, sondern auch die gemeinsamen Vorschriften der Sozialversicherung (SGB IV) gelten.

III. Gespaltene Pflegeversicherung

4 Wie im Bereich der gesetzlichen Krankenversicherung hat sich der Gesetzgeber für eine Zweigleisigkeit der Pflegeversicherung entschieden. Neben der öffentlich-rechtlich organisierten **sozialen Pflegeversicherung** steht die **private Pflege-Pflichtversicherung** (§ 1 Abs. 2 SGB XI). Gem. § 1 Abs. 2 SGB XI folgt die Pflegeversicherung der Krankenversicherung. Der sozialen Pflegeversicherung gehören diejenigen an, die in der gesetzlichen Krankenversicherung tatsächlich versichert sind, auch die freiwillig Versicherten. Alle privat Krankenversicherten müssen sich bei einem privaten Krankenversicherungsträger pflegeversichern.

5 Damit ist der Gesetzgeber dem herrschenden Verständnis eines **pluralistischen Systems der sozialen Sicherung** gefolgt.[84] Dieses System führt im Bereich der Personenversicherung zu einer gespaltenen Versicherungsordnung.[85] Es besteht ein Nebeneinander von öffentlichen und privaten Versicherungen.

---

83 BT-Drs. 12/5262 S. 88.

84 Vgl. dazu Fuchs, Zivilrecht und Sozialrecht, S. 111 ff.

85 Der Ausdruck wird benutzt von Bogs, Die Sozialversicherung im Staat der Gegenwart, S. 356.

Um gleichzeitig die Ziele der Pflegeversicherung zu erreichen, bedurfte es aber einer sozialen Inpflichtnahme der privaten Pflegeversicherung. Der private Versicherungsvertrag, den Personen zur Erfüllung ihrer Versicherungspflicht bei einem privaten Krankenversicherungsunternehmen abschließen müssen, muss gem. § 23 Abs. 1 S. 2 SGB XI nach Art und Umfang den für die gesetzlich Versicherten vorgesehenen Leistungen gleichwertige Leistungsinhalte vorsehen.[86] Im Gegensatz zur Sozialversicherung, die von jeher Elemente des sozialen Ausgleichs aufweist, ist die **Privatversicherung** grundsätzlich dem versicherungstechnischen Äquivalenzprinzip verpflichtet, d.h. Prämien- und Gefahrtragungsleistung der Versicherten müssen gleichgewichtig sein. Bei strenger Anwendung dieses Prinzips hätte die Privatversicherung die Aufgabe einer Pflegeversicherung nicht übernehmen können. So hätten etwa bereits Pflegebedürftige oder Personen mit einem hohen Risiko des Eintritts von Pflegebedürftigkeit keinen oder nur einen sehr teuren privaten Versicherungsschutz erhalten können. Es mussten deshalb Abweichungen vom Äquivalenzprinzip in der privaten Pflegeversicherung akzeptiert werden, um eine sozialverträgliche Lösung zu ermöglichen. Deshalb ist es zu folgenden, im Wesentlichen in § 110 SGB XI enthaltenen Regelungen gekommen:[87] 6

- Für den Privatversicherer besteht im Hinblick auf die versicherungspflichtigen Personen **Kontrahierungszwang**.
- Entgegen den sonst in der privaten Personenversicherung geltenden Grundsätzen dürfen bestehende Erkrankungen (auch bereits eingetretene Pflegebedürftigkeit), Geschlecht und Gesundheitszustand keinen Einfluss auf den Versicherungsschutz und die **Prämienhöhe** haben.
- Der private Pflegeversicherungsvertrag muss Leistungen vorsehen, die denen der sozialen Pflegeversicherung gleichwertig sind. Dazu gehört auch die **beitragsfreie Mitversicherung** von Kindern.

Vor diesem Hintergrund wird auch erklärt, warum der Gesetzgeber das Begriffspaar soziale und private Pflegeversicherung verwendet und nicht den Begriff der gesetzlichen Pflegeversicherung. Das SGB XI enthält seit seiner Einführung Regelungen für beide Formen der Pflegeversicherung. Über das SGB XI werden also auch zentrale Teile der privaten Pflegeversicherung geregelt, sie wird mitunter zu einer Pflichtversicherung gemacht (s. §§ 23, 110 SGB XI).[88] 7

IV. Solidarische Hilfe für Pflegebedürftige

§ 1 Abs. 4 SGB XI erweckt den Anschein, die Ratio der Pflegeversicherung bestehe darin, nur jenen Pflegebedürftigen zu helfen, die auf solidarische Unterstützung angewiesen sind. Diese Sichtweise ist allerdings zweifelhaft und Abs. 4 deshalb auch zum Teil sehr stark kritisiert worden.[89] Die Vorschrift bringt aber wohl eher den Grundsatz zum Ausdruck, dass nur ein bestimmter Grad von Pflegebedürftigkeit Leistungen auslösen kann. Nicht entscheidend ist hingegen, ob der Einzelne in der Lage ist, die wirtschaftlichen Folgen selbst zu tragen oder nicht. Jeder Versicherte, ohne Rücksicht auf seine wirtschaftliche Situation, soll den Anspruch auf die Leistungen haben.[90] 8

V. Ergänzungsfunktion der Pflegeversicherung

Der Gesetzgeber hat stets in den Gesetzesbegründungen betont, dass mit der Pflegeversicherung **keine Vollabsicherung des Pflegerisikos** geboten werden soll, sondern sie nur ein Teilleistungs- 9

86 Zum Kriterium der Gleichwertigkeit s. Ladage, in: Festschrift 50 Jahre Bundessozialgericht, S. 675ff.
87 Zu Einzelheiten s. Wittich, ZfV 1996, 294ff., 331ff., 354ff., 385ff.
88 Udsching/Schütze/Udsching Einleitung Rn. 1.
89 Etwa von Schulin, NZS 1994, 435f.
90 So zutreffend Udsching/Schütze/Udsching § 1 SGB XI Rn. 6

system darstellt, dem eine ergänzende Funktion zukommt.[91] Im SGB XI selbst kommt die nur ergänzende Funktion z.B. in § 4 Abs. 2 SGB XI zum Ausdruck. Sie zeigt sich auch in den Regelungen zur Finanzierung der Pflegeversicherung, da sich die Beitragshöhe anders als in den anderen Sozialversicherungszweigen nicht nach den Kosten für die Finanzierung aller gesetzlich festgelegter Leistungen richtet (s. §§ 54, 55 SGB XI).[92] Die Kosten, die nicht von der Pflegeversicherung gedeckt werden, muss der Pflegebedürftige grundsätzlich selbst tragen, ggf. auch über das Geltendmachen familienrechtlicher Unterhaltsansprüche, bevor bei Bedürftigkeit auf Sozialhilfeleistungen nach dem SGB XII zurückgegriffen werden kann.[93] Tatsächlich nimmt bis heute die Sozialhilfe eine wichtige Rolle ein (s. hierzu § 25 Rn. 4, 22).

VI. Pflegeversorgung als gesamtgesellschaftliche Aufgabe

10 Nach § 8 Abs. 1 SGB XI wird die Pflege als **gesamtgesellschaftliche Aufgabe** bezeichnet.[94] Dies scheint nicht zu der Prämisse zu passen, dass der Pflegebedürftige diejenigen Kosten, die nicht von der Pflegeversicherung gedeckt werden, selbst zu tragen hat. Das Pflegerisiko ist wegen der lediglich ergänzenden Funktion der Pflegeversicherung durchaus weiterhin auch ein privates Risiko geblieben. Mit der Einordnung als gesamtgesellschaftliche Aufgabe wird im Wesentlichen auf einen anderen Aspekt der Pflege abgezielt, dem der Pflegeinfrastruktur. So wird nach § 8 Abs. 2 SGB XI eine optimale Versorgung durch ein Zusammenwirken von Ländern, Kommunen, Pflegeeinrichtungen und Pflegekassen unter Beteiligung des Medizinischen Dienstes erwartet. Die **Kooperation zwischen diesen Institutionen** soll eine leistungsfähige, regional gegliederte, ortsnahe und aufeinander abgestimmte ambulante und stationäre pflegerische Versorgung der Bevölkerung gewährleisten.

11 Das Gesetz geht von einer **geteilten Infrastrukturverantwortung** aus.[95] Den Pflegeeinrichtungen obliegt die konkrete Versorgung der Pflegebedürftigen im Einzelfall, den Pflegekassen die Sicherstellung der Versorgung ihrer Versicherten und den Ländern die Pflicht, auf eine ausreichende pflegerische Infrastruktur hinzuwirken.[96] Die Förderung soll sich nicht auf die traditionellen Maßnahmen der Pflege und Betreuung beschränken. Das Gesetz appelliert vielmehr an die Innovationsfähigkeit von Ländern und Kommunen, aber auch an die Bevölkerung insgesamt (§ 8 Abs. 2 S. 2 SGB XI). Im Zusammenwirken von hauptberuflichen und ehrenamtlichen Pflegekräften wird eine „**neue Kultur des Helfens**" erwartet (§ 8 Abs. 2 S. 3 SGB XI).

12 Gem. § 9 S. 1 SGB XI sind die Länder für die Vorhaltung einer leistungsfähigen, zahlenmäßig ausreichenden und wirtschaftlichen pflegerischen Versorgungsstruktur verantwortlich. Weitere Vorgaben enthält das Gesetz nicht. Vielmehr wird das Nähere zur Planung und Förderung der Pflegeeinrichtungen durch Landesrecht bestimmt (§ 9 S. 2 SGB XI). Vor dem Hintergrund, dass im Jahr 2022/2023 gleich mehrere große Pflegeheimbetreiber Insolvenz angemeldet haben und zahlreiche Pflegeheimplätze weggefallen sind,[97] stellt sich die Frage nach der praktischen Bedeutung von §§ 8, 9 SGB XI unter neuen Vorzeichen.

13 Aufgrund der grundgesetzlichen Verteilung der Verwaltungszuständigkeit trägt der **Bund keine Verantwortung für die Infrastruktur** der Pflegeversicherung.[98] Auf Bundesebene war bislang le-

91 BT-Drs. 12/5262 S. 90; zuletzt nochmals hervorgehoben in den Gesetzesbegründungen zu den Pflegestärkungsgesetzen BT-Drs. 18/5926 S. 109, BT-Drs. 18/9518., S. 2; mit einem rechtspolitischen Vorschlag für eine „Pflegebürgervollversicherung" s. Rothgang/Domhoff, SozSich 2019, 396 ff.; gegen eine Pflegevollversicherung z.B. Cremer, NZS 2023, 201 ff.
92 Udsching/Schütze/Udsching Einleitung Rn. 1b).
93 Zur Neuregelung des Unterhaltsregresses nach § 94 SGB XII Janda, VSSAR 2020, 315.
94 Dies wird bspw. nochmals in der Gesetzesbegründung zum PSG III betont, BT-Drs. 18/9518 S. 42.
95 Igl, NJW 1994, 3185 f.
96 BT-Drs. 12/5262 S. 92.
97 Kirstein/von Schwanenflügel, NZS 2023, 601 f.
98 Igl, NJW 1994, 3185, 3187; s. hierzu auch Schütze, NZS 2018, 841, 847.

diglich die Bildung eines Ausschusses für Fragen der Pflegeversicherung beim Bundesministerium für Gesundheit vorgesehen (§ 10 Abs. 1 SGB XI a.F.), der die Bundesregierung in allen Angelegenheiten der Pflegeversorgung beraten sollte (§ 10 Abs. 2 SGB XI a.F.). Durch das Pflege-Weiterentwicklungsgesetz ist der Bundespflegeausschuss abgeschafft worden, um den Verwaltungsaufwand zu minimieren.[99] Die Bundesregierung ist verpflichtet, im Abstand von vier Jahren den Gesetzgebungsorganen des Bundes über die Entwicklung der Pflegeversicherung Bericht zu erstatten (§ 10 SGB XI).

VII. Vorrang der häuslichen Pflege

Mit § 3 SGB XI legt der Gesetzgeber fest, dass durch die Pflegeversicherung vorrangig Leistungen zur 14
Unterstützung der häuslichen Pflege erbracht werden sollen. Damit wird nicht nur dem Wunsch vieler Pflegebedürftiger Rechnung getragen, möglichst lange im vertrauten häuslichen Umfeld bleiben zu können (inzwischen zusätzlich gestützt durch das PflegeZG und das FamilienpflegeZG). Der Regelung liegt auch die (realistische) Einschätzung zugrunde, dass ohne einen erheblichen Pflegeanteil durch Angehörige massive Finanzierungsprobleme entstehen würden.[100]

§ 27 Träger der sozialen Pflegeversicherung

Träger der sozialen Pflegeversicherung sind gem. § 1 Abs. 3 SGB XI die Pflegekassen. Sie werden zwar 1
unter dem Dach der Krankenkassen errichtet (§ 46 Abs. 1 S. 2 SGB XI), sind aber dennoch selbständige rechtsfähige Körperschaften des öffentlichen Rechts mit Selbstverwaltung (§ 46 Abs. 2 SGB XI). Ihnen werden von den Krankenkassen die für die Aufgabenerfüllung erforderlichen räumlichen, sachlichen und personellen Mittel zur Verfügung gestellt; den Krankenkassen werden im Gegenzug die Aufwendungen gem. § 46 Abs. 3 SGB XI pauschaliert erstattet.

Da die Pflegekassen bei den Krankenkassen errichtet werden, sind die Organe (Vorstand, Vertre- 2
terversammlung) beider Kassen personengleich, § 46 Abs. 1 S. 2, Abs. 2 S. 2, 3 SGB XI.[101]

§ 28 Der Kreis der versicherten Personen

I. Überblick

Es gilt der Grundsatz, dass die Pflegeversicherung der Krankenversicherung folgt. Gem. § 1 Abs. 2 1
SGB XI sind alle Personen, die in der gesetzlichen Krankenversicherung versichert sind, kraft Gesetzes in der sozialen Pflegeversicherung versichert. Wer Mitglied einer privaten Krankenversicherung ist, muss einen Pflegeversicherungsvertrag bei einem privaten Versicherer abschließen (s. in diesem Zusammenhang auch die Ausführungen zur gespaltenen Pflegeversicherung § 26 Rn. 4ff.). Den Kernbestandteil der Versichertengruppe machen hier die Pflichtversicherten aus, die entweder in die soziale oder die private Pflegeversicherung einbezogen werden. Eine Versicherungsberechtigung für diejenigen, die nicht krankenversichert sind und so auch in die Pflegeversicherung einbezogen werden, ist hingegen ein Ausnahmefall mit sehr engem praktischen Anwendungsbereich (s. § 26a SGB XI).

---

99 BT-Drs. 16/7439.

100 BT-Drs. 12/5262 S. 89, 90; Udsching/Schütze/Udsching § 3 SGB XI Rn. 2; Schütze, NZS 2018, 846.

101 Janda, Pflegerecht, S. 37 Rn. 61.

II. Versicherte der sozialen Pflegeversicherung

1. Pflichtversicherte

a) Pflichtversicherte der gesetzlichen Krankenversicherung (§ 20 SGB XI)

2 § 20 Abs. 1 bis 2a SGB XI stimmt weitestgehend mit der Regelung über die Krankenversicherungspflicht in § 5 SGB V überein. Insofern kann auf die dortigen Ausführungen verwiesen werden (siehe unter § 18 Rn. 3). Grundsätzlich sind auch Bezieher von Arbeitslosengeld II pflichtversichert (§ 20 Abs. 1 S. 2 Nr. 2a SGB XI).

3 Eine Sonderregelung enthält § 20 Abs. 4 SGB XI für Personen, die mindestens zehn Jahre nicht in der sozialen Pflegeversicherung oder der gesetzlichen Krankenversicherung versicherungspflichtig waren und eine dem äußeren Anschein nach versicherungspflichtige Beschäftigung oder selbständige Tätigkeit von nur untergeordneter wirtschaftlicher Bedeutung aufnehmen. In diesen Fällen ordnet der Gesetzgeber die widerlegbare Vermutung an, dass diese Tätigkeiten keine Versicherungspflicht auslösen. Bei § 20 Abs. 4 SGB XI handelt es sich um eine **Missbrauchsklausel**.[102] Sie will verhindern, dass Personen, die seit längerer Zeit nicht mehr gesetzlich krankenversichert waren und deshalb keinen Solidarbeitrag zur gesetzlichen Krankenversicherung geleistet haben, eine versicherungspflichtige Beschäftigung oder selbständige Tätigkeit in erster Linie deshalb aufnehmen, um in den Genuss der sozialen Pflegeversicherung zu kommen.[103] Hier soll also die Solidargemeinschaft geschützt werden.[104] Die Aufnahme einer Beschäftigung oder selbständigen Tätigkeit von **untergeordneter wirtschaftlicher Bedeutung**, insbesondere auch bei Familienangehörigen oder Lebenspartnern (§ 20 Abs. 4 S. 2 SGB XI), war in der Vergangenheit ein beliebter Weg, um in die gesetzliche Krankenversicherung zu gelangen. Dieser Weg soll nach Möglichkeit für die Pflegeversicherung versperrt bleiben. Die praktische Bedeutung der Missbrauchsklausel war jedoch von Beginn an nicht hoch (auch weil die Vermutung widerlegbar ist). Mit Einführung der Auffangversicherungspflicht nach § 20 Abs. 1 S. 2 Nr. 12 SGB XI ist sie noch weiter gesunken.[105]

b) Freiwillig Versicherte der gesetzlichen Krankenversicherung (§ 20 Abs. 3 SGB XI)

4 Gem. § 20 Abs. 3 SGB XI sind freiwillige Mitglieder der gesetzlichen Krankenversicherung in der sozialen Pflegeversicherung versicherungspflichtig. Durch diese Vorschrift wird sichergestellt, dass freiwillige Mitglieder der gesetzlichen Krankenversicherung (§ 9 SGB V) automatisch in den Schutz der sozialen Pflegeversicherung einbezogen sind.

5 Freiwillig Versicherte können sich jedoch gem. § 22 SGB XI von ihrer Versicherungspflicht befreien lassen, wenn sie nachweisen, dass sie bei einem privaten Versicherungsunternehmen eine gleichwertige Absicherung des Pflegefallrisikos herbeigeführt haben. Der Befreiungsantrag muss innerhalb der Frist des § 22 Abs. 2 S. 1 SGB XI gestellt werden. Die Befreiung ist unwiderruflich, d.h. grundsätzlich ist danach eine Rückkehr in die soziale Pflegeversicherung nicht mehr möglich.

c) Familienversicherte (§ 25 SGB XI)

6 Die Vorschrift ist parallel zu § 10 SGB V gefasst. Insofern kann auf die Ausführungen hierzu verwiesen werden (siehe unter § 20 Rn. 40 ff.).

---

102 BT-Drs. 12/5262 S. 103 f.

103 HS-PV/Bloch § 11 Rn 74.

104 Udsching/Schütze/Wiegand § 20 SGB XI Rn. 36.

105 BeckOGK/Peters § 20 SGB XI Rn. 62.

d) Weiterversicherung (§ 26 SGB XI)

Geht die Versicherteneigenschaft i.S.d. §§ 20f. SGB XI verloren oder endet die Familienversicherung (§ 25 SGB XI), so eröffnet § 26 Abs. 1 SGB XI – zeitlich begrenzt – die Möglichkeit der Weiterversicherung, um den Versicherungsschutz zu erhalten. Mit der Weiterversicherung wird aber nicht nur der Versicherungsschutz aufrechterhalten, sie hat auch große **Bedeutung** im Hinblick auf die Vorversicherungszeiten, die für die Inanspruchnahme von Leistungen gem. § 33 SGB XI erfüllt sein müssen.[106] Praktische Bedeutung erlangt die Regelung z.B. bei Scheidungen, wenn ein Ehegatte über den anderen Ehegatten während der Ehe familienversichert war und die Familienversicherung mit der Scheidung endet. 7

Um Missbrauch zu vermeiden, der insbesondere darin bestehen könnte, dass jemand in einem Alter, in dem in absehbarer Zeit Pflegebedürftigkeit zu erwarten ist, der Pflegeversicherung beitritt, knüpft § 26 Abs. 1 S. 1 SGB XI die Weiterversicherung an bestimmte **Vorversicherungszeiten** (in den letzten fünf Jahren vor dem Ausscheiden mindestens 24 Monate oder unmittelbar vor dem Ausscheiden mindestens zwölf Monate Versicherungspflicht). 8

§ 26 Abs. 2 SGB XI betrifft die Möglichkeit der Weiterversicherung von Personen, die wegen der Verlegung ihres Wohnsitzes oder gewöhnlichen Aufenthaltes im **Ausland** aus der Versicherungspflicht ausscheiden.[107] Erklärtes gesetzgeberisches Ziel war es, mit dieser Option den Betroffenen die Zurücklegung von Vorversicherungszeiten zu ermöglichen, die gem. § 33 SGB XI für die Leistungsinanspruchnahme erforderlich sind.[108] Gem. § 57 Abs. 5 SGB XI besteht für diesen Personenkreis ein ermäßigter Beitragssatz. Die gem. § 26 Abs. 2 SGB XI erfolgte Weiterversicherung besagt noch nichts über die Frage, ob im Ausland auch Leistungen in Anspruch genommen werden können. Diese Frage ist anhand von § 34 SGB XI zu entscheiden, soweit nicht zwischenstaatliches oder überstaatliches Recht den Vorrang hat. 9

Für beide Formen der Weiterversicherung gilt ein **Antragserfordernis**. Für den Antrag ist keine bestimmte Form vorgeschrieben, allerdings ist eine Frist von drei bzw. einem Monat einzuhalten (§ 26 Abs. 1 S. 3, Abs. 2 S. 1 SGB XI). 10

e) Versicherungspflicht für Versicherte der privaten Krankenversicherung (§ 23 SGB XI)

§ 23 Abs. 1 SGB XI begründet für Personen, die privat krankenversichert sind, die Verpflichtung, bei diesem Unternehmen oder bei einem anderen privaten Versicherungsunternehmen (§ 23 Abs. 2 SGB XI) zur Absicherung des Risikos der Pflegebedürftigkeit einen Versicherungsvertrag abzuschließen und aufrechtzuerhalten.[109] Diese Verpflichtung erweitert § 23 Abs. 1 S. 2 SGB XI auch auf Angehörige oder Lebenspartner des privat Krankenversicherten, wenn für diese in der sozialen Pflegeversicherung nach § 25 SGB XI eine Familienversicherung bestünde. In inhaltlicher Hinsicht muss der Pflegeversicherungsvertrag Vertragsleistungen vorsehen, die nach Art und Umfang den Leistungen der öffentlich-rechtlichen Pflegeversicherung gleichwertig sind. Damit soll sichergestellt werden, dass der Personenkreis, der privat pflegeversichert ist, einen annähernd gleichen Standard an Pflegeleistungen erhält. Dieses sog. **Gleichwertigkeitsgebot**[110] wird durch § 23 Abs. 6 Nr. 1 SGB XI dadurch verstärkt, dass das private Krankenversicherungsunternehmen für die Feststellung der Pflegebedürftigkeit sowie für die Zuordnung zu einem Pflegegrad dieselben Maßstäbe wie in der sozialen Pflegeversicherung anzulegen hat. Um einen **Wechsel** von der **sozialen zur privaten Pflegeversicherung** reibungslos zu gewährleisten, verlangt § 23 Abs. 6 Nr. 2 SGB XI die Berücksichtigung von in der sozialen Pflegeversicherung zurückgelegten Versicherungszeiten auch bei der privaten Pflege- 11

---

106 Udsching/Schütze/Udsching § 26 SGB XI Rn. 2.

107 Vertiefend hierzu Bernsdorff, VSSR 2015, 195.

108 BT-Drs. 12/5262 S. 107.

109 Im Entwurf zum Pflege-Versicherungsgesetz war die Regelung noch in § 20 SGB XI verortet, s. BT-Drs. 12/5262 S. 105f.

110 Dazu eingehend LPK-SGB XI/Kuhn-Zuber § 23 Rn. 33ff.; Udsching/Schütze/Vieweg § 23 SGB XI Rn. 29.

versicherung. Das BVerfG hat diese Inpflichtnahme der Privatversicherung, insbesondere die damit verbundene Einschränkung der Vertragsfreiheit, als verfassungsgemäß angesehen.[111]

12 § 23 Abs. 3 SGB XI verpflichtet Personen, die **nach beamtenrechtlichen** Vorschriften oder Grundsätzen bei Pflegebedürftigkeit Anspruch auf **Beihilfe** haben, zum Abschluss einer entsprechenden anteiligen beihilfekonformen Versicherung. Zur Begründung der Versicherungspflicht selbst wäre § 23 Abs. 3 SGB XI nicht erforderlich, da sich die Versicherungspflicht bereits aus § 23 Abs. 1 SGB XI ergäbe. § 23 Abs. 3 SGB XI greift allerdings im Verhältnis zu Abs. 1 als speziellere Vorschrift.[112]

13 Das gesetzgeberische Ziel, den privat Krankenversicherten einen möglichst dem Leistungsmodell der sozialen Pflegeversicherung angepassten Pflegeversicherungsschutz zu verschaffen, wird durch den in § 110 Abs. 1 Nr. 1 SGB XI verankerten **Kontrahierungszwang** sowie durch eine inhaltliche Vorgabe hinsichtlich der Versicherungsbedingungen gem. § 110 Abs. 1 Nr. 2 SGB XI erreicht.[113] Die in § 110 Abs. 1 SGB XI genannten Bedingungen gelten nur für Personen, die im Zeitpunkt des Inkrafttretens des SGB XI privat krankenversichert waren. Für Personen, die erst später Mitglied der privaten Krankenversicherung geworden sind, gelten gem. § 110 Abs. 3 SGB XI weniger günstige Bedingungen.

14 Mit dem Kontrahierungszwang und den inhaltlichen Vorgaben wird in die Vertragsfreiheit der privaten Versicherungsunternehmern und der Versicherten eingegriffen. Insgesamt steht hinter den §§ 23, 110 SGB XI (auch) das Anliegen, die Pflegeversicherung als Volksversicherung auszugestalten und zu gewährleisten. Dieses sozialpolitische Anliegen wird u. a. als ein Baustein i.R.d. verfassungsrechtlichen Rechtfertigung herangezogen.[114]

2. Versicherungsberechtigung (§ 26a SGB XI)

15 Ursprünglich hatte der Gesetzgeber keine Regelung für eine originär freiwillige Pflegeversicherung vorgesehen; damit wollte er eine negative Risikoselektion vermeiden.[115] § 26a SGB XI ist durch das PflEG vom 14.12.2001[116] eingefügt worden. **Hintergrund** dieser Bestimmung war ein Verfahren, das ein geistig und körperlich schwer behinderter junger Mann eingeleitet hatte, nachdem er mit Vollendung des 27. Lebensjahres nicht mehr in der gesetzlichen Krankenversicherung als Familienangehöriger mitversichert und damit auch nicht mehr in die Pflegeversicherung einbezogen war. Er war in diesem Zeitpunkt weder gesetzlich noch privat krankenversichert. Nach den früheren Vorschriften des SGB XI hatte er keine Möglichkeit, freiwillig der Pflegeversicherung beizutreten. Die Verfassungsbeschwerde hatte Erfolg.[117] Zwar sah das BVerfG keine verfassungsrechtlichen Bedenken insoweit als der Gesetzgeber die Versicherungspflicht in der Pflegeversicherung grundsätzlich an das Bestehen eines gesetzlichen oder privaten Krankenversicherungsschutzes geknüpft hat. Allerdings bejahte das Gericht einen Verstoß gegen den allgemeinen Gleichheitsgrundsatz (Art. 3 Abs. 1 GG), weil der Gesetzgeber gleichermaßen schutzbedürftige Personen ohne Krankenversicherungsschutz vom Zugang zur gesetzlichen Pflegeversicherung ausgeschlossen hat, obwohl diese als Volksversicherung angelegt sei. Das BVerfG verlangte, diesen Personen zumindest ein Beitrittsrecht einzuräumen.[118]

In Umsetzung dieses verfassungsgerichtlichen Urteils hat der Gesetzgeber mit § 26a SGB XI unter genau bezeichneten Voraussetzungen und zeitlich begrenzt (Stichtag 30.6.2002) ein Beitritts-

111 BVerfG 3.4.2001 BVerfGE 103, 197.
112 Udsching/Schütze/Vieweg § 23 SGB XI Rn. 9.
113 Zu Einzelheiten dieser Bestimmung Wittich, ZfV 1996, 354 ff., 385 ff.
114 BVerfG 25.9.2001, NZS 2002, 871; Udsching/Schütze/Vieweg § 23 SGB XI Rn. 3.
115 Udsching/Schütze/Udsching § 26a SGB XI Rn. 2.
116 BGBl. I S. 3728.
117 Zuvor hatte das BSG die Klage abgewiesen, es sah hierin keinen Verstoß gegen das Grundgesetz, BSG 6.11.1997 BSGE 81, 168.
118 BVerfG 3.4.2001, NZS 2001, 314.

recht für Personen geschaffen, die keinen Tatbestand der Versicherungspflicht oder der Mitversicherung in der sozialen oder privaten Pflegeversicherung erfüllen. § 26a Abs. 1 S. 2 SGB XI schließt hingegen ein Beitrittsrecht für Personen aus, die laufende Hilfe zum Lebensunterhalt (§§ 27ff. SGB XII) beziehen oder nicht selbst in der Lage sind, einen Beitrag zu zahlen. Ab dem 1.7.2002 besteht ein Beitrittsrecht nur noch für den in § 26a Abs. 3 SGB XI bezeichneten Personenkreis.

§ 29 Der Versicherungsfall Pflegebedürftigkeit

Literatur: Axer, Verfassungsrechtliche Fragen der Qualitätssicherung in der Pflegeversicherung, GesR 2015, 193; Boecken, Zur Frage eines Anspruchs von Pflegebedürftigen auf gleichgeschlechtliche Pflege, SGb 2008, 698ff.; Christen, Erwartungen der freien Wohlfahrtspflege an die Reform des Pflegebedürftigkeitsbegriffes, ArchSozArb 2007, Nr. 2, 70ff.; Igl, Qualitätsanforderungen in der Langzeitpflege – Wie hat eine rechtliche Rahmenordnung auszusehen?, SGb 2007, 381ff.; Schütze, Von Blüm zu Gröhe – Weiterentwicklung und fortbestehende Grenzen der Pflegeversicherung, NZS 2018, 841ff.; Udsching, Neues Begutachtungsassessment zur Feststellung von Pflegebedürftigkeit, jurisPR-SozR 2/2017 Anm. 1

I. Bedeutung und Entwicklung des Begriffs Pflegebedürftigkeit

Die Pflegebedürftigkeit begründet den Versicherungsfall in der Pflegeversicherung, ihr kommt damit **zentrale Bedeutung** zu. Der Begriff der Pflegebedürftigkeit ist in § 14 Abs. 1 SGB XI geregelt. 1

Der mit dem SGB XI zunächst eingeführte Begriff der Pflegebedürftigkeit sah sich **von Beginn an** großer **Kritik** ausgesetzt. So wurde bspw. bemängelt, dass die Pflegebedürftigkeit aus einer defizitorientierten Perspektive beurteilt wurde und der Begriff pflegefachlich nicht ausreichend fundiert war. Häufig war der Bewertungsfaktor Zeit („verrichtungsbezogenes Minutenzählen")[119] bestimmend. Ein zentraler Kritikpunkt war, dass § 14 SGB XI a.F. vorrangig auf Alltagsverrichtungen und die Bereiche Mobilität, Ernährung, Körperpflege und hauswirtschaftliche Versorgung ausgerichtet war. Beeinträchtigungen in diesem Bereich kamen bei Menschen mit körperlichen Beeinträchtigungen häufiger vor und waren bei ihnen auch oft stärker ausgeprägt als bei Menschen mit kognitiven und psychischen Beeinträchtigungen. Es wurde kritisiert, dass damit Menschen mit kognitiven oder psychischen Beeinträchtigungen selten höhere Pflegestufen (inzwischen Pflegegrade) erreichen konnten und daher im Vergleich niedrigere Sach- und Geldleistungen erhielten.[120] Der Gesetzgeber hat seit Einführung der Pflegeversicherung schrittweise auf diese Kritik reagiert. Mit zusätzlichen Leistungen wurden Menschen mit Beeinträchtigungen im kognitiven und psychischen Bereich stärker abgesichert; gerade auch Demenzerkrankte sollten so bessere Leistungen erhalten. Dies führte letztlich zu einem zweigleisigen Leistungssystem mit zwei verschiedenen Leistungsbereichen (s. z.B. § 45a SGB XI a.F.), ohne dass damit eine vollständige Gleichstellung der Menschen mit kognitiven oder psychischen Beeinträchtigungen erreicht wurde.[121] 2

Ein **Paradigmenwechsel**, wie in der Gesetzesbegründung hervorgehoben wird, kam mit dem **PSG II.**[122] Nach langen Vorarbeiten zweier Expertenbeiräte wurden ein neuer Begriff der Pflegebedürftigkeit und ein zu seiner Beurteilung entwickeltes Neues Begutachtungsassessment eingeführt.[123] Aus zuvor drei Pflegestufen wurden zudem fünf Pflegegrade. Ziel war es, mit einem pflegefachlich fundierten Pflegebedürftigkeitsbegriff auch Pflegebedürftige mit vorrangig kognitiven und psychischen Beeinträchtigungen besser einzubeziehen und damit auch höhere Leistungsansprüche zu ermöglichen. Mit dem PSG II wurde wieder ein einheitliches Feststellungsverfahren geschaffen, 3

119 Schütze, NZS 2018 841, 844.
120 BT-Drs. 18/5926, S. 1; Udsching, jurisPR-SozR, 2/2017, Anm. 1; s. hierzu auch oben § 23 Rn. 30.
121 S. auch Schütze, NZS 2018, 841, 845.
122 BT-Drs. 18/5926 S. 2.
123 S. zu den Expertenbeiräten BT-Drs. 18/5926 S. 108.

mit dem alle Pflegebedürftigen Zugang zu den gleichen Leistungen erhalten sollen;[124] die unterschiedlichen Leistungsbereiche im Hinblick auf Menschen mit kognitiven oder psychischen Beeinträchtigungen wurden damit wieder abgeschafft. Weiterhin nicht beabsichtigt war hingegen mit der Neufassung des Pflegebedürftigkeitsbegriffs ein Wechsel zu einer Vollabsicherung durch die Pflegeversicherung; zudem soll der Begriff ohne ausdrückliche Verweisung auch nicht für andere Sozialleistungsbereiche außerhalb des SGB XI verbindlich sein.[125]

II. Die gesetzgeberische Konzeption

4 Sollen Leistungen nach dem SGB XI erbracht werden, ist grundsätzlich die Pflegebedürftigkeit zu prüfen und im Anschluss ein Pflegegrad festzulegen. Hierbei greifen gleich mehrere Regelungen ineinander. Die Voraussetzungen der Pflegebedürftigkeit sind in § 14 Abs. 1 SGB XI geregelt. Dabei wird die Voraussetzung der gesundheitlich bedingten Beeinträchtigung der Selbständigkeit oder der Fähigkeiten in § 14 Abs. 2 SGB XI durch eine Vielzahl von Kriterien (64 insgesamt) weiter konkretisiert, die jeweils sechs verschiedenen Modulen zugeordnet werden. Für die Feststellung der Pflegebedürftigkeit wird in § 18 SGB XI ein näher ausgestaltetes Verfahren geregelt. Soll nun ein bestimmter Pflegegrad, also die Schwere der Beeinträchtigungen, festgestellt werden, greift das sog. Neue Begutachtungsinstrument (oder -assessment) nach § 15 SGB XI, welches nach einem Punktesystem vorgeht, in dem nicht nur Punkte zusammengerechnet, sondern auch gewichtet werden. Allerdings reicht die Regelung allein noch nicht aus, näher ausgestaltet wird § 15 SGB XI durch die Anlagen 1 und 2, die sich am Ende des SGB XI befinden. Zudem sind für alle Vorgänge noch die Richtlinien zu berücksichtigen, die der Spitzenverband Bund der Pflegekassen nach § 17 SGB XI zur pflegefachlichen Konkretisierung der Inhalte des Begutachtungsinstruments nach § 15 und dem Verfahren der Feststellung der Pflegebedürftigkeit nach § 18 SGB XI erlassen darf (Begutachtungs-Richtlinien). Von der Verordnungsermächtigung in § 16 SGB XI zum Erlass von Vorschriften zur pflegefachlichen Konkretisierung der Inhalte des Begutachtungsinstruments nach § 15 SGB XI und zum Verfahren der Feststellung der Pflegebedürftigkeit nach § 18 SGB XI hat das Bundesgesundheitsministerium hingegen bislang keinen Gebrauch gemacht. Diese Möglichkeit des steuernden Eingreifens hat der Gesetzgeber letztlich auch nur für den Fall eröffnet, wenn keine befriedigende Beurteilungspraxis mit Hilfe der Richtlinien i.S.v. § 17 SGB XI erreicht wird.[126]

5 Zusammengefasst sind also folgende Regelungen bzw. Regelwerke relevant, wenn Pflegebedürftigkeit und -grad bestimmt werden sollen:
- §§ 14, 15, 17, 18 SGB XI,
- Anlagen 1 und 2 zu § 15 SGB XI,
- Begutachtungs-Richtlinien der Pflegekassen.

6 Dieses neue System wird zu Recht als „äußerst komplex“ bezeichnet. Das Ziel war es, auf der Grundlage pflegefachlicher Expertise mit einem möglichst ausgewogenen Verfahren ein höheres Maß an Gerechtigkeit zu erreichen. Folge der Regelungen ist aber auch, dass sie zu Ergebnissen führen können, die von Außenstehenden kaum noch nachvollziehbar sind; selbst Plausibilitätskontrollen dürften schwierig werden. Letztlich werden sich vermutlich die Juristen auf die Gutachter verlassen (müssen).[127]

124 BT-Drs. 18/5926 S. 108.
125 BT-Drs. 18/5926 S. 109.
126 BT-Drs. 12/5262 S. 99; BeckOGK/Weber § 16 SGB XI Rn. 3.
127 BeckOK-SozR/Pfitzner Vorb. § 14 SGB XI; etwas weniger kritisch Udsching, jurisPR-SozR, 2/2017 Anm. 1.

III. Begriff der Pflegebedürftigkeit (§ 14 SGB XI)

Bevor auf die Voraussetzungen eingegangen wird, zunächst eine Vorbemerkung zur Berücksichtigung der Rechtsprechung zum Pflegebedürftigkeitsbegriff: Da der Begriff der Pflegebedürftigkeit mit dem PSG II zum 1.1.2017 grundlegend neu gefasst wurde, kann hierfür nicht unbesehen auf die zu § 14 SGB XI a.F. ergangene Rechtsprechung zurückgegriffen werden. Seit Inkrafttreten des PSG II sind grundlegende Fragen zur Auslegung von §§ 14, 15 SGB XI n.F. soweit ersichtlich zum Zeitpunkt der Drucklegung der Neuauflage des Lehrbuches noch immer nicht in den höheren Instanzen angekommen. 7

1. Voraussetzungen im Überblick

Mit § 14 Abs. 1 SGB XI werden die Grundlagen für den Pflegebedürftigkeitsbegriff gelegt: Gem. § 14 Abs. 1 S. 1 SGB XI sind Personen pflegebedürftig, die gesundheitlich bedingte Beeinträchtigungen der Selbständigkeit oder der Fähigkeiten aufweisen und deshalb der Hilfe durch andere bedürfen (näher konkretisiert in § 14 Abs. 2 SGB XI). Entscheidend ist gem. § 14 Abs. 1 S. 2 SGB XI, dass diese Personen die jeweils körperlichen, kognitiven oder psychischen Beeinträchtigungen oder gesundheitlich bedingten Belastungen oder Anforderungen nicht selbständig kompensieren oder bewältigen können. Schließlich legt § 14 Abs. 1 S. 3 SGB XI für die Pflegebedürftigkeit eine Mindestdauer von sechs Monaten und eine Mindestschwere entsprechend den Vorgaben von § 15 SGB XI fest. Für die Prüfung der Pflegebedürftigkeit sind also zunächst vier Voraussetzungen maßgeblich: 8

- gesundheitliche Beeinträchtigung i.S.v. Satz 1,
- keine selbständige Kompensation oder Bewältigung nach Satz 2,
- Mindestdauer nach Satz 3 und
- Erheblichkeitsschwelle nach Satz 3 mit Verweis auf § 15 SGB XI.

Dies zeigt, dass die Prüfung der Pflegebedürftigkeit und des Grades der Pflegebedürftigkeit (und damit § 14 und § 15 SGB XI) letztlich nicht voneinander getrennt betrachtet werden können. Zur besseren Übersichtlichkeit wird hier dennoch der Pflegegrad erst im Anschluss erläutert.

Die Auflistung dieser Voraussetzungen sollte insgesamt nicht darüber hinwegtäuschen, dass in der Praxis die zentrale Rolle wohl der Konkretisierung in § 14 Abs. 2 SGB zukommen dürfte. 9

2. Gesundheitlich bedingte Beeinträchtigungen

a) Grundlagen nach § 14 Abs. 1 SGB XI

Die nach § 14 Abs. 1 S. 1 SGB XI erforderlichen gesundheitlich bedingten Beeinträchtigungen erfassen nach § 14 Abs. 1 S. 2 SGB XI ausdrücklich körperliche, kognitive und psychische Beeinträchtigungen. Diese drei Gruppen stehen **gleichrangig** nebeneinander.[128] 10

Zudem stellt § 14 Abs. 1 SGB XI ein zweifaches **Kausalitätserfordernis** auf. Zum einen müssen die Beeinträchtigungen gesundheitlich (körperlich, kognitiv oder psychisch) bedingt sein. Zum anderen muss die jeweilige Person „deshalb“ der Hilfe durch andere bedürfen. Der Wortlaut schließt nicht von vornherein aus, dass auch weitere Ursachen die Hilfebedürftigkeit hervorgerufen haben können,[129] zumindest müssen die Beeinträchtigungen jedoch die Hilfebedürftigkeit „mitbedingt“ haben. Hierbei wird in der Literatur zudem auf die im Sozialrecht entwickelte Theorie der wesentlichen Bedingung verwiesen.[130] 11

128 Udsching, jurisPR-SozR 2/2017 Anm. 1.
129 S. auch BT-Drs. 18/5926 S. 109: Andere Ursachen für einen Hilfebedarf bleiben außer Betracht.
130 BeckOGK/Weber § 14 SGB XI Rn. 9.

b) Konkretisierung nach § 14 Abs. 2 SGB XI

12 Die erste größere Herausforderung für den Rechtsanwender bietet § 14 Abs. 2 SGB XI. Hier werden Kriterien für das Vorliegen von gesundheitlich bedingten Beeinträchtigungen der Selbständigkeit oder der Fähigkeiten aufgeführt. Insgesamt handelt es sich um 64 Kriterien, die abschließend sind.[131] Diese Kriterien werden in Nr. 1–6 sechs verschiedenen Bereichen, auch als Modul bezeichnet, zugeordnet. Erfasst werden folgende Bereiche:

Mobilität (Nr. 1)
Hierbei geht es im Wesentlichen um die Bewegung des Körpers und die Fortbewegung über kurze Distanzen.

Kognitive und kommunikative Fähigkeiten (Nr. 2)
In diesem Bereich werden vor allem das intellektuelle Verarbeiten und Einordnen von Situationen und der Austausch mit der Umwelt umschrieben.

Verhaltensweisen und psychische Problemlagen (Nr. 3)
Dieser Bereich ist vergleichsweise weit gefasst. So werden motorisch geprägte Verhaltensauffälligkeiten und nächtliche Unruhe neben einer Vielzahl psychisch begründeter Auffälligkeiten aufgezählt. Insbesondere durch die zuletzt genannten Kriterien der sozial inadäquaten Verhaltensweisen und sonstigen pflegerelevanten inadäquaten Handlungen wird den Gutachtern ein weiter Spielraum eröffnet.

Selbstversorgung (Nr. 4)
Unter der Überschrift Selbstversorgung werden detaillierte Kriterien aufgezählt, von der Körperpflege über verschiedene Formen der Nahrungsaufnahme und des Wiederausscheidens. Gesondert genannt werden Kinder bis zu 18 Monaten.

Bewältigung von und selbständiger Umgang mit krankheits- oder therapiebedingten Anforderungen und Belastungen (Nr. 5)
Dieser Bereich wurde mit dem PSG II gänzlich neu eingeführt. Hier wird der Themenkreis der selbständigen Krankheitsbewältigung erfasst, insbesondere der krankheitsbezogenen Arbeit, die auf die Kontrolle von Erkrankungen und Symptomen und die Durchführungen therapeutischer Interventionen bezogen ist. In der Gesetzesbegründung wird klargestellt, dass es nicht darum geht, den Bedarf an Maßnahmen der häuslichen Krankenpflege bzw. Behandlungspflege nach dem SGB V einzuschätzen.[132]

Gestaltung des Alltagslebens und sozialer Kontakte (Nr. 6)
Hierbei werden recht weite Kriterien erfasst wie z. B. die Gestaltung des Tagesablaufs und Anpassung an Veränderungen, Vornehmen von in die Zukunft gerichteten Planungen oder Interaktion mit Personen im direkten Kontakt. Dieser Bereich dürfte in der Praxis einige Überschneidungen mit Nr. 2 aufweisen. Vor allem über Nr. 6 (wie auch über Nr. 2) können die besonderen Problemlagen Demenzerkrankter berücksichtigt werden.

13 Die **Unterteilung** in die sechs Bereiche ist durchaus von **praktischer Bedeutung**. Sie wird in § 15 SGB XI und den Anlagen 1 und 2 unter der Bezeichnung Module aufgegriffen und je nachdem, welchem Modul die Kriterien zugeordnet werden, haben sie aufgrund der unterschiedlichen Gewichtung der Module bei der Bestimmung des Pflegegrades (s. dazu im Einzelnen Rn. 24 f.) jeweils auch einen unterschiedlich großen Einfluss.

131 BT-Drs. 18/5926 S. 110.
132 BT-Drs. 18/5926 S. 110.

c) Weiterführende Konkretisierung durch die Begutachtungs-Richtlinien

Auch wenn einige der Kriterien in § 14 Abs. 2 SGB XI bereits recht konkret benannt werden und selbst dem medizinischen Laien zumindest im Ansatz zugänglich sind wie z. B. in Nr. 1 (Mobilität), so sind andere, wie in Nr. 2 (kognitive und kommunikative Fähigkeiten) und Nr. 3 (Verhaltensweisen und psychische Problemlagen) nicht ohne Weiteres anwendbar. So lässt das Kriterium „sozial inadäquate Verhaltensweise" erhebliche Unsicherheiten aufkommen. Deshalb sieht der Gesetzgeber in § 17 SGB XI vor, dass die Kriterien im Rahmen von **Begutachtungs-Richtlinien** pflegefachlich konkretisiert werden. In den Richtlinien sollen die fachlichen Hintergründe und Inhalte der Kriterien hinterlegt werden; daran sollen die Gutachter des Medizinischen Dienstes und die unabhängigen Gutachter bei der Begutachtung bundesweit gebunden sein.[133] 14

Wie sehr die Begutachtungs-Richtlinien der Pflegekassen ins Detail gehen, lässt sich anhand zweier **Beispiele** erläutern. So wird für das Kriterium „sozial inadäquate Verhaltensweisen" aus dem Bereich Nr. 3 in den Begutachtungs-Richtlinien unter F 4.3.12 ausgeführt: 15

> „Sozial inadäquate Verhaltensweisen sind z. B. distanzloses Verhalten, auffälliges Einfordern von Aufmerksamkeit, sich vor anderen in unpassenden Situationen auskleiden, unangemessenes Greifen nach Personen oder unangemessene körperliche oder verbale sexuelle Annäherungsversuche."

Aber auch auf den ersten Blick leichter fassbare Kriterien, wie das Halten einer stabilen Sitzposition, kann näher konkretisiert werden. S. hierzu F 4.1.1 der Begutachtungs-Richtlinien:

> „Sich auf einem Bett, Stuhl oder Sessel aufrecht halten.
>
> Selbständig: Selbständig ist eine Person auch dann, wenn sie beim Sitzen gelegentlich ihre Sitzposition korrigieren muss.
>
> Überwiegend selbständig:
> Die Person kann sich nur kurz, z. B. für die Dauer einer Mahlzeit oder eines Waschvorgangs selbständig in der Sitzposition halten, darüber hinaus benötigt sie aber personelle Unterstützung zur Positionskorrektur.
>
> Überwiegend unselbständig:
> Die Person kann sich wegen eingeschränkter Rumpfkontrolle auch mit Rücken- und Seitenstütze nicht in aufrechter Position halten und benötigt auch während der Dauer einer Mahlzeit oder eines Waschvorgangs personelle Unterstützung zur Positionskorrektur.
>
> Unselbständig: Die Person kann sich nicht in Sitzposition halten. Bei fehlender Rumpf- und Kopfkontrolle kann die Person nur im Bett oder Lagerungsstuhl liegend gelagert werden."

3. Keine selbständige Kompensation oder Bewältigung

Die Beeinträchtigungen von Selbständigkeit oder Fähigkeiten werden unabhängig vom jeweiligen (Wohn)Umfeld ermittelt, also ausschließlich **personenbezogen**.[134] Damit ist gemeint, dass die Beeinträchtigungen losgelöst von der Frage zu beurteilen sind, ob sie sich im konkreten Wohnumfeld auch tatsächlich auswirken.[135] Durchaus zu berücksichtigen ist hingegen, ob der Betroffene die Beeinträchtigung selbständig kompensieren oder bewältigen kann. 16

4. Mindestdauer von sechs Monaten

Gem. § 14 Abs. 1 S. 3 SGB XI muss die Pflegebedürftigkeit **auf Dauer** bestehen, dabei wird „auf Dauer" so verstanden, dass sie voraussichtlich für mindestens sechs Monate vorliegen muss. Die Regelung 17

133 BT-Drs. 18/5926 S. 110.
134 BT-Drs. 18/5926 S. 109.
135 Udsching/Schütze/Udsching § 14 SGB XI Rn. 4.

bedeutet nicht, dass zunächst sechs Monate abzuwarten sind. Bereits der Begriff „voraussichtlich" zeigt, dass eine **Prognose** zu stellen ist und die Entscheidung durchaus vor Ablauf der sechs Monate getroffen werden kann. In der Gesetzesbegründung wird zudem klargestellt, dass auch dann von einer Dauerhaftigkeit ausgegangen werden kann, wenn die verbleibende Lebensspanne möglicherweise weniger als sechs Monate beträgt.[136]

18 Mit der Mindestdauer von sechs Monaten wird wie auch vor Inkrafttreten des PSG II zudem eine zeitliche Grenze zwischen akutpflegerischer Versorgung iRe. Krankenbehandlung nach dem SGB V und der Langzeitpflege nach dem SGB XI gezogen. Zum Verhältnis zu pflegerischen Leistungen nach dem SGB V s. auch § 13 Abs. 2 SGB XI.

5. Klarstellung hinsichtlich Fähigkeit zur Haushaltsführung

19 Vor Inkrafttreten des PSG II, also bis Ende 2016, wurden Hilfebedarfe im Bereich der **hauswirtschaftlichen Versorgung** gesondert erfasst. Mit § 14 Abs. 3 SGB XI wird klargestellt, dass diese Bedarfe nun bereits mit den Kriterien des Abs. 2 berücksichtigt werden. Der Regelung kommt daher nur eine **klarstellende Funktion** zu.[137] Eine eigenständige Bedeutung erlangt die Fähigkeit zur eigenständigen Haushaltsführung jedoch noch im Rahmen der individuellen Pflegeplanung zu (s. § 18 Abs. 5a SGB XI).[138]

IV. Neues Begutachtungsinstrument zur Bestimmung der Pflegegrade

1. Die Pflegegrade

20 Wenn Pflegebedürftigkeit i.S.v. § 14 SGB XI vorliegt, wird sie nach Maßgabe von § 15 SGB XI einem bestimmten Pflegegrad zugeordnet. Von dem Pflegegrad ist abhängig, ob und ggf. auch in welchem Umfang ein Anspruch auf Leistungen nach dem SGB XI besteht. So werden bspw. Pflegesachleistungen gem. § 36 Abs. 1 SGB XI erst ab einem Pflegegrad 2 von der Pflegeversicherung erbracht und gem. § 36 Abs. 3 SGB XI steigt der Umfang des Anspruchs mit der Höhe des Pflegegrades. Eine vergleichbare Kopplung an die Pflegegrade findet sich in § 37 SGB XI hinsichtlich des Anspruchs auf Pflegegeld für selbst beschaffte Pflegehilfen.[139] Die Frage, welcher Pflegegrad greift, hat somit hohe **praktische Bedeutung**.

21 § 15 Abs. 3 SGB XI legt **fünf Pflegegrade** fest (vor Inkrafttreten des PSG am 1.1.2017 noch drei Pflegestufen). Entscheidend ist die Schwere der Beeinträchtigung, die nach einem recht komplexen Punktesystem durch das in § 15 Abs. 2, 3 SGB XI geregelte Begutachtungsinstrument ermittelt wird (s. im Anschluss Rn. 22ff.). Eine Sonderregelung sieht § 15 Abs. 4 SGB XI vor, welcher Pflegebedürftigen mit besonderen Bedarfskonstellationen automatisch dem Pflegegrad 5 zuordnet. Zudem gelten Sonderregelungen für pflegebedürftige Kinder, § 15 Abs. 6 und Abs. 7 SGB XI. Die meisten Leistungen werden erst ab dem Pflegegrad 2 erbracht. Dennoch ist der Pflegegrad 1 nicht bedeutungslos. Mit dem Pflegegrad 1 soll es Personen mit einsetzender Pflegebedürftigkeit frühzeitig ermöglicht werden, präventiv ausgerichtete Leistungen in Anspruch zu nehmen, s. zudem § 28a SGB XI (zu den Leistungen bei Pflegegrad 1 s. § 32 Rn. 1).[140]

---

136 BT-Drs. 18/5926 S. 109.
137 BT-Drs. 18/5926 S. 110.
138 Udsching/Schütze/Udsching § 14 SGB XI Rn. 21.
139 Udsching, jurisPR-SozR 2/2017 Anm. 1.
140 BT-Drs. 18/5926 S. 113.

2. Das Begutachtungsinstrument

a) Inhalt und Zielsetzung

Zur Bestimmung des jeweiligen Pflegegrades ist gem. § 15 Abs. 1 S. 2 SGB XI das in Abs. 2 geregelte pflegefachlich begründete Begutachtungsinstrument anzuwenden. Dieses Begutachtungsinstrument wird in der Gesetzesbegründung als Neues Begutachtungsassessment (NBA) bezeichnet, es handelt sich aber um dasselbe Vorgehen.[141] Die Begriffe Begutachtungsassessment oder -instrument mögen große Erwartungen wecken. Letztlich geht es aber schlichtweg um die Vorgaben, die der Gesetzgeber zur Ermittlung des Pflegegrades geregelt hat, also den Berechnungsmodus.[142] Ausgangspunkt ist hierfür ein Punkteschema. Inhalt dieses Begutachtungsinstruments sind somit das Punktesystem und die Berechnungsgrundlagen, die in § 15 Abs. 2 und 3 SGB XI sowie den Anlagen 1 und 2 vorgesehen sind. 22

Mit § 15 SGB XI und den Anlagen 1 und 2, welche zudem ergänzt werden durch die Begutachtungs-Richtlinien der Pflegekassen i. S. v. § 17 SGB XI, liegt der Ermittlung des Pflegegrades eine komplexe Regelungsstruktur zugrunde. Der Gesetzgeber hat zum einen bezweckt, eine „**rechtssichere Beschreibung** des NBA im Gesetz und den Anlagen 1 und 2“ zu verankern; zum anderen soll es sich aber bei dem NBA um ein „**lernendes System**, nicht um ein starres, einmal und auf Dauer festgelegtes Instrument“ handeln.[143] Letzteres könnte der Grund dafür sein, dass der Gesetzgeber einen Teil der Vorgaben in den Anlagen 1 und 2 geregelt hat, so dass bei einer Überarbeitung oder Anpassung nach neuen pflegefachlichen Erkenntnissen nicht unmittelbar der Gesetzestext selbst geändert werden müsste.[144] 23

b) Die Ermittlung des Pflegegrades in vier Schritten

Am Ende der Begutachtung steht eine Gesamtpunktzahl, die darüber bestimmt, welcher der fünf Pflegegrade i. S. v. § 15 Abs. 3 SGB XI festgelegt wird. Der Weg zu dieser Gesamtpunktzahl ist jedoch ein wenig umständlich. Er ist im Überblick in § 15 Abs. 2 SGB XI vorgezeichnet und kann im Wesentlichen in vier Schritte unterteilt werden. Zwingend erforderlich ist hierfür die Hinzuziehung der Anlagen 1 und 2 zu § 15 SGB XI, die am Ende des SGB XI abgedruckt sind. 24

Ausgangspunkt sind die in § 14 Abs. 2 Nr. 1–6 SGB XI genannten sechs Bereiche bzw. Module. In der Anlage 1 zu § 15 SGB XI werden alle sechs Module nochmals aufgeführt und für jedes Kriterium in den Modulen jeweils Punkte vergeben, die umso höher ausfallen, je größer die Beeinträchtigung ist.[145] Diese Punkte in der Anlage 1 werden als **Einzelpunkte** bezeichnet. Hier ist also jedes Kriterium gesondert zu prüfen und zwar zum einen ob es überhaupt erfüllt ist und zum anderen in welcher Schwere. In der Anlage 1 werden für jedes Modul und Kriterium jeweils vier Schweregrade vorgesehen, so z. B. für das Modul 4 (Selbstversorgung) die Kategorien selbständig, überwiegend selbständig, überwiegend unselbständig, unselbständig. Bei der Einordnung, inwieweit ein Kriterium nun erfüllt ist bzw. wie schwer die Beeinträchtigung ist, haben die Gutachter auf die **Begutachtungs-Richtlinie** (BRi) i. S. v. § 17 SGB XI zurückzugreifen. Als Beispiel kann hier ein Auszug aus den Richtlinien zum Kriterium „Körperpflege im Bereich des Kopfes“ dienen. Dieses Kriterium findet sich zunächst in § 14 Abs. 2 Nr. 4 SGB XI und gehört zu dem Modul „Selbstversorgung“. Dieses Modul wird als Modul 4 in der Anlage 1 zu § 15 SGB XI geführt. Dort werden allerdings nur Punkte vergeben für den Fall, dass in diesem Bereich Beeinträchtigungen konkret bestehen; wie sie sich konkret auswirken, ist dort hingegen nicht geregelt. Hierfür ist auf die Begutachtungs-Richtlinie zurückzugreifen. Dort wird unter F 4.4.2 zur „Körperpflege im Bereich des Kopfes“ Folgendes ausgeführt: 25

---

141 S. erstmals BT-Drs. 18/5926 S. 2.

142 S. auch jurisPK-SGB XI/Meßling § 15 Rn. 19.

143 BT-Drs. 18/5926 S. 112.

144 BeckOGK/Weber § 15 SGB XI Rn. 5.

145 Für das Modul 5 gestaltet sich die Ermittlung der Einzelpunkte noch etwas komplexer, da es in Anlage 1 nochmals in Teilmodule aufgeteilt und bereits dort teilweise die Punkte gewichtet werden, s. hierzu auch BeckOK-SozR/Pfitzner § 14 SGB XI Rn. 141c.

„Körperpflege im Bereich des Kopfes
Kämmen, Zahnpflege, Prothesenreinigung, Rasieren

Selbständig: Die Person kann die beschriebenen Aktivitäten ohne personelle Hilfe durchführen.

Überwiegend selbständig:
Die Person kann die Aktivitäten selbständig durchführen, wenn benötigte Gegenstände bereitgelegt oder gerichtet werden, z. B. Aufdrehen der Zahnpastatube, Auftragen der Zahnpasta auf die Bürste, Aufbringen von Haftcreme auf die Prothese, Anreichen oder Säubern des Rasierapparates. Alternativ sind Aufforderungen oder punktuelle Teilhilfen erforderlich wie Korrekturen nach dem Kämmen oder nur das Kämmen des Hinterkopfes, das Reinigen der hinteren Backenzähne bei der Zahn-, Mundpflege bzw. die Nachrasur bei sonst selbständigem Rasieren.

Überwiegend unselbständig:
Die Person kann nur geringe Anteile der Aktivität selbständig leisten, so beginnt sie z. B. mit dem Zähneputzen oder der Rasur, ohne die Aktivität zu Ende zu führen.

Unselbständig: Die Person kann sich an den Aktivitäten nicht oder nur minimal beteiligen.“

Die Begutachtungs-Richtlinien halten für nahezu alle Kriterien entsprechende Ausführungen bereit. Daran wird nochmals die praktische Bedeutung dieser Richtlinien, die für die Gutachter verbindlich sind, deutlich.

26 In einem **zweiten Schritt** sind dann die Einzelpunkte **zusammenzurechnen**, allerdings immer nur für das jeweilige Modul, also **modulbezogen**.

27 Der **dritte Schritt** ist eine Umrechnung der Einzelpunkte in sog. **gewichtete Punkte**. Hierfür ist nun die Anlage 2 maßgeblich, die eine Art Umrechnungstabelle enthält (Hinweis: ohne das Lesen der Anlagen 1 und 2 kann die Berechnung der Punktzahl kaum verstanden werden). Auch hier muss jede Berechnung modulbezogen erfolgen, also immer nur für und innerhalb eines bestimmten Moduls, da jedem Modul für die Gesamtpunktzahl, die am Ende über den Pflegegrad entscheidet, ein unterschiedliches Gewicht beigemessen wird. So nimmt das Modul 1 (Mobilität) nach der Anlage 2 nur 10 % von der Gesamtpunktzahl ein. Die Module 2 und 3 (kognitive und kommunikative Fähigkeiten sowie Verhaltensweisen und psychische Problemlagen) werden zusammengefasst und repräsentieren 15 % der Gesamtpunktzahl. Den wichtigsten Anteil erhält das Modul 4 (Selbstversorgung) mit 40 %. Das Modul 5 (Bewältigung von und selbständiger Umgang mit krankheits- oder therapiebedingten Anforderungen und Belastungen) entspricht 20 % und auf das Modul 6 (Gestaltung des Alltagslebens und sozialer Kontakte) entfallen die restlichen 15 %. Bei der Ermittlung der gewichteten Punkte kann es zu erheblichen **Hebelwirkungen** kommen und zwar in unterschiedliche Richtungen. So werden bspw. für Modul 4 die zuvor ermittelten Einzelpunkte von 19–36 mit einer gewichteten Punktzahl von 30 in der Gesamtpunktzahl berücksichtigt. Letztlich erhält man also für jedes einzelne Modul eine gewichtete Gesamtpunktzahl.

28 Nachdem also die Einzelpunkte über die „Umrechnungstabelle“ der Anlage 2 für jedes einzelne Modul zu gewichteten Punkten umgerechnet wurden, folgt in einem **vierten Schritt** schließlich die Ermittlung der **Gesamtpunktzahl**. Hierbei werden allerdings zunächst nur die gewichteten Punktzahlen für die Module 1, 4, 5 und 6 addiert. Eine Besonderheit hält hingegen § 15 Abs. 3 S. 2 SGB XI für die Module 2 und 3 bereit: Hier werden nicht beide ermittelten gewichteten Punktzahlen addiert. Es sind vielmehr die für das Modul 2 ermittelten gewichteten Punkte mit denen zu vergleichen, die für das Modul 3 berechnet wurden und nur die höhere Punktzahl fließt in die Gesamtpunktzahl ein. Das bedeutet, nur eines der beiden Module (das mit der höheren gewichteten Punktzahl) wird bei der Ermittlung der Gesamtpunktzahl (und damit auch des Pflegegrades) berücksichtigt. Letztlich sind also nur fünf von sechs Modulen maßgeblich.[146] Der Gesetzgeber begründet das damit, dass „beide Bereiche bzw. Module einen psychosozialen Unterstützungsbedarf nach sich ziehen, der sich nicht ohne weiteres einzelnen Handlungen zuordnen lässt.“ Die Notwendigkeit einer Pflegeperson resultiert danach „nicht entweder aus Modul 2 oder Modul 3. Sie kann aus beiden resultieren, ohne dass

146 S. hierzu auch BeckOK-SozR/Pfitzner § 14 SGB XI Rn. 141e, f.

ein Modul vorrangig den Anlass hierfür gibt. Zudem sollen kognitive und psychische Problemlagen nicht mehrfach gewertet werden."[147]

Mit der nun ermittelten (gewichteten) Gesamtpunktzahl kann die Schwere der Pflegebedürftigkeit und damit der **Pflegegrad** nach der Tabelle in § 15 Abs. 3 S. 4 SGB XI festgelegt werden.

Zusammengefasst und vereinfacht sind also folgende **vier Prüfungsschritte** durchzuführen: 29

- Kriterien der in § 14 Abs. 2 SGB XI aufgeführten Modulen prüfen und nach Maßgabe von Anlage 1 (zu § 15 SGB XI) jeweils innerhalb des Moduls je nach Schwere Einzelpunkte vergeben (personenbezogen);
- innerhalb jedes Moduls die Einzelpunkte zusammenrechnen (modulbezogen);
- Umrechnung des Ergebnisses für jedes Modul in sog. gewichtete Punkte (modulbezogen) nach Maßgabe von Anlage 2;
- Zusammenrechnen der gewichteten Punkte aus Modul 1, 4, 5, 6 sowie entweder Modul 2 oder 3 (je nachdem welches der beiden die höhere Punktzahl aufweist); mit errechneter gewichteter Gesamtpunktzahl als Grundlage Zuordnung zu einem Pflegegrad i.S.v. § 14 Abs. 3 SGB XI.

Eine **wertende Gesamtbetrachtung** am Ende der Berechnung, die noch zu Abweichungen führen 30 könnte, **erfolgt nicht**. Allein die gewichtete Gesamtpunktzahl ist entscheidend.[148] Etwaigen Besonderheiten hat der Gesetzgeber ausdrücklich und abschließend durch § 15 Abs. 4 SGB XI (Pflegebedürftige mit besonderen Bedarfskonstellationen) und § 15 Abs. 6 SGB XI (pflegebedürftige Kinder) Rechnung getragen (s. Rn. 32ff.).

Dieser Überblick zur Berechnungsmethode gibt einen ersten Eindruck, wie **komplex** die Ermitt- 31 lung des Pflegegrades ist. Die Kombinationsmöglichkeiten zwischen den Kriterien, Schweregraden und Punktzahlen sind kaum überschaubar[149] und letztlich bleiben auch bei der scheinbar mathematischen Herangehensweise große Spielräume bei der Bewertung der Schweregrade innerhalb der Module. Der mehrstufige Berechnungsmodus mit einer abschließenden Gewichtung wird zumindest für die meisten Pflegebedürftigen kaum zu durchschauen sein.[150]

3. Abweichende Regelungen für die Bestimmung des Pflegegrades

Für zwei Gruppen von Pflegebedürftigen sieht § 15 SGB XI Sonderregelungen für die Bestimmung des Pflegegrades vor.

a) Pflegebedürftige mit besonderen Bedarfskonstellationen

Mit § 15 Abs. 4 SGB XI weicht der Gesetzgeber für Pflegebedürftige mit besonderen Bedarfskonstella- 32 tionen von der Regel in § 15 Abs. 3 S. 4 Nr. 5 SGB XI ab, wonach der Pflegegrad 5 erst ab 90 Gesamtpunkten vergeben wird. Weisen Pflegebedürftige mit besonderen Bedarfskonstellationen einen spezifischen, **außergewöhnlich hohen Hilfebedarf** mit besonderen Anforderungen an die pflegerische Versorgung auf, können sie (müssen aber nicht) aus pflegefachlichen Gründen dem Pflegegrad 5 auch dann zugeordnet werden, wenn weniger als 90 Gesamtpunkte festgesetzt wurden. Die Verwendung der Begriffe „besondere", „spezifische", „außergewöhnliche" zeigt, dass hier nur eine sehr eng umgrenzte Fallgruppe erfasst werden soll. Zugleich wird der neue Ansatz, der mit Einführung des Pflegebedürftigkeitsbegriffs durch das PSG II verfolgt wurde, durchbrochen, indem § 15 Abs. 4 SGB XI so wie zuvor auch auf den (hohen) Hilfebedarf abstellt, also defizitorientiert ist.[151]

147 BT-Drs. 18/5926 S. 113.

148 Janda, Pflegerecht, S. 50 Rn. 12; BeckOK-SozR/Pfitzner § 14 SGB XI Rn. 121.

149 S. hierzu auch BeckOK-SozR/Pfitzner § 14 SGB XI Rn. 144.

150 S. zur Kritik in der Literatur z. B. jurisPK-SGB XI/Meßling § 15 Rn. 164, auch mit dem Hinweis auf fehlende Transparenz; mit einer positiven ersten Bilanz aus Sicht der Gutachter des Medizinischen Dienstes Pick/Fleer, SozSich 2018, 177ff.

151 S. hierzu auch BeckOK-SozR/Pfitzner § 15 SGB XI Rn. 10; Udsching, jurisPR-SozR 2/2017 Anm. 1.

33 Diese Ausnahmeregelung wurde auf Anraten des Expertenbeirats und unter Rückkopplung mit der Pflegepraxis im Zuge des PSG II eingeführt. Der Gesetzgeber sieht es auf der Grundlage als möglich an, dass einige Pflegebedürftige nicht automatisch den Pflegegrad 5 erreichen, obwohl dieser Pflegegrad nach der Schwere der Beeinträchtigung angemessen wäre. Als **Beispiel** für eine solche besondere Bedarfskonstellation wird in der Gesetzesbegründung die Gebrauchsunfähigkeit beider Arme und Beine genannt. Sie wäre „nicht nur bei Lähmungen aller Extremitäten erfüllt, sondern kann auch bei hochgradigen Kontrakturen, rheumatischen Versteifungen, hochgradigem Tremor und Rigor bei Morbus Parkinson oder Athetose bei Chorea Huntington (Veitstanz) gegeben."[152] Im Übrigen verweist § 15 Abs. 4 S. 2 SGB XI ausdrücklich auf eine Konkretisierung durch die Begutachtungs-Richtlinien i.S.v. § 17 SGB XI. Dort werden unter F 4.1.6 die in der Gesetzesbegründung genannten Beispiele aufgegriffen und nur geringfügig konkretisiert (z.B. ausgedehnt auf Personen im Wachkoma).

b) Besonderheiten bei pflegebedürftigen Kindern

34 Bei pflegebedürftigen Kindern wird das Begutachtungsinstrument teilweise abgeändert. Hierbei **unterscheidet § 15 SGB XI je nach Alter**. Für **Kinder über 18 Monate** hält § 15 Abs. 6 SGB XI an dem oben skizzierten Verfahren zur Bestimmung der Pflegegrade nach § 15 Abs. 1 bis 5 SGB XI fest („gelten ... entsprechend"), mit der Besonderheit, dass der Pflegegrad durch einen Vergleich der Beeinträchtigungen ihrer Selbständigkeit und Fähigkeiten mit altersentsprechend entwickelten Kinder ermittelt werden muss. Das ist vor dem Hintergrund nachvollziehbar, dass gerade jüngere, altersentsprechend entwickelte Kinder durchaus in einigen Bereichen hilfebedürftig sind; diese altersbedingte Hilfebedürftigkeit soll jedoch gerade nicht erfasst werden und Ansprüche auf Pflegeleistungen begründen.[153]

35 Für pflegebedürftige **Kinder im Alter bis zu 18 Monaten** sieht hingegen § 15 Abs. 7 SGB XI mit einem eigenen Punkteschema für die Festlegung der Pflegegrade eine echte Sonderregelung vor. Damit werden sie regelhaft höher eingestuft als nach dem Punkteschema des Abs. 3. Grundsätzlich ist für diese Kinder bis zum 18. Lebensmonat auch keine Wiederholungsbegutachtung erforderlich; so sollen die häufig stark belasteten Familien zusätzlich unterstützt und entlastet werden.[154]

V. Feststellung der Pflegebedürftigkeit

36 Das Verfahren zur Feststellung der Pflegebedürftigkeit ist im Wesentlichen in § 18 SGB XI geregelt – eine Vorschrift, die in gedruckten Gesetzestexten mehrere Seiten umfasst und damit nah an die Grenze des Zumutbaren rückt. An dieser Stelle sollen nur die wichtigsten Eckdaten vermittelt werden. Dieses **Verfahren** kann auf zwei Wege **eingeleitet** werden: Entweder hat ein Pflegebedürftiger einen Antrag gem. § 33 Abs. 1 SGB XI i.V.m. § 16 SGB I gestellt oder aber die Pflegekasse hat auf sonstige Weise von der drohenden oder eingetretenen Pflegebedürftigkeit Kenntnis genommen, s. § 7 Abs. 2 S. 2 SGB XI.[155]

37 Die Begutachtung wird gem. § 18 Abs. 1 SGB XI durch den **Medizinischen Dienst** oder andere **unabhängige Gutachter**, die von der Pflegekasse beauftragt werden, durchgeführt. Die Untersuchung des Antragstellers erfolgt grundsätzlich in seinem **Wohnbereich**, § 18 Abs. 2 S. 1 SGB XI (Ausnahme bei eindeutiger Aktenlage, § 18 Abs. 2 S. 3 SGB XI). Erteilt der Versicherte hierzu nicht sein Einverständnis, kann die Pflegekasse gem. § 15 Abs. 2 S. 2 SGB XI die beantragte Leistung verweigern. Insoweit werden die allgemeinen Mitwirkungspflichten nach §§ 60ff. SGB I erweitert.[156] Die

152 BT-Drs. 18/5926 S. 114.
153 BT-Drs. 18/5926 S. 114.
154 BT-Drs. 18/5926 S. 115.
155 BeckOGK/Weber § 18 SGB XI, Rn. 6; BT-Drs. 12/5262 S. 99.
156 S. hierzu näher BeckOGK/Weber § 18 SGB XI Rn. 14ff.

Leistungsverweigerung steht im Ermessen der Pflegekasse („kann"), so dass die Entscheidung nur auf Ermessensfehler oder –nichtgebrauch überprüfbar ist.

Mit § 18 Abs. 3 SGB XI gibt der Gesetzgeber einen **Zeitplan** für die Entscheidung vor. Die Pflegekasse leitet die Anträge zur Feststellung der Pflegebedürftigkeit unverzüglich an die Gutachter weiter und spätestens 25 Tage nach Eingang des Antrags bei der zuständigen Pflegekasse ist dem Antragsteller die Entscheidung schriftlich mitzuteilen. Für den Fall, dass diese Frist nicht eingehalten wird, hält § 15 Abs. 3b SGB XI eine Sanktionsregelung vor. Des Weiteren ist dem Versicherten gem. § 18 Abs. 3 S. 9 und 10 SGB XI das **Gutachten** zur Pflegebedürftigkeit mitzusenden und das Ergebnis des Gutachtens ist transparent darzustellen und dem Antragsteller verständlich zu erläutern. Hierdurch soll die Souveränität des Versicherten gestärkt werden.[157] 38

§ 30 Leistungen für Pflegebedürftige

Literatur: Braun, Digitale Pflegeanwendungen in der gesetzlichen Pflegeversorgung, NZS 2021, 710ff.; Eichenhofer, Europarechtliche Probleme der sozialen Pflege, VSSR 1994, 323ff.; Fuchs, Anspruch auf Versorgungsmanagement für Menschen mit Pflegebedarf, SozSich 2007, 338ff.; Luthe, Die digitale Pflegeanwendung als Leistung der Pflegeversicherung, SGb 2022, 29ff.; Richter, Die neue soziale Pflegeversicherung – Ein leistungsrechtlicher Überblick, NJW 2016, 598ff.; Schrehardt, Reform der sozialen Pflegeversicherung mit dem Gesetz zur Unterstützung und Entlastung der Pflege, DStR 2023, 1359ff.; Udsching, Schnittstellen von gesetzlicher Kranken- und sozialer Pflegeversicherung, in: von Wulffen/Krasney (Hrsg.), Festschrift 50 Jahre Bundessozialgericht, 2004, S. 691ff.

I. Allgemeine Vorschriften des Leistungsrechts (§§ 29 bis 35a SGB XI)

Im vierten Kapitel des SGB XI (§§ 28 bis 45f SGB XI) sind die Leistungen der Pflegeversicherung geregelt. Die einleitenden Vorschriften des vierten Kapitels (§§ 29 bis 35a SGB XI) enthalten allgemeine Leistungsvoraussetzungen. In den §§ 36 bis 45f SGB XI werden die Voraussetzungen der Versicherungsleistungen und ihr Inhalt im Einzelnen beschrieben. 1

Zu den **formellen Leistungsvoraussetzungen** gehören der Leistungsantrag und die Erfüllung der Vorversicherungszeit (§ 33 SGB XI). Außerdem sind das Selbstbestimmungsrecht des Pflegebedürftigen (§ 2 SGB XI), der Vorrang der häuslichen Pflege (§ 3 SGB XI), das Wirtschaftlichkeitsgebot (§ 29 SGB XI) und der Vorrang der Rehabilitation vor Pflege (§ 31 SGB XI) bei der Leistungserbringung zu berücksichtigen; sie werden in der Regel als **Leistungsgrundsätze** bezeichnet. 2

1. Formelle Voraussetzungen

Ansprüche auf Leistungen der Pflegeversicherung setzen gem. § 33 Abs. 1 SGB XI einen **Antrag** sowie die Erfüllung der **Vorversicherungszeit** (§ 33 Abs. 2 SGB XI) voraus. § 33 SGB XI gilt allerdings nur für die im vierten Kapitel des SGB XI geregelten Leistungen der Pflegeversicherung. Daher sind die Pflegekassen zur Aufklärung und Beratung der Versicherten gem. § 7 Abs. 2 SGB XI auch dann verpflichtet, wenn der Versicherte keinen Antrag gestellt hat.[158] 3

a) Antrag (§ 33 Abs. 1 SGB XI)

aa) Antragsberechtigung

Die Leistungen der Pflegeversicherung werden im Einklang mit dem allgemeinen Grundsatz des § 19 S. 1 SGB IV nur auf Antrag des Leistungsberechtigten gewährt (§ 33 Abs. 1 S. 1 SGB XI, § 45b Abs. 2 S. 1 4

157 BT-Drs. 18/5926 S. 117.

158 Udsching/Schütze/Lungstras § 33 SGB XI Rn. 3.

SGB XI). Für die Pflegeleistungen (§§ 36ff. SGB XI) ist der **Pflegebedürftige** (Versicherte) antragsberechtigt.

5 Obwohl § 33 Abs. 1 S. 1 SGB XI lediglich auf Versicherte Bezug nimmt, sind im Hinblick auf Leistungen für Pflegepersonen nach §§ 44f. SGB XI die **Pflegepersonen** selbst antragsberechtigt (in § 44a Abs. 1 SGB XI ausdrücklich erwähnt). Dass der Antragsgrundsatz auch in Bezug auf Leistungen an Pflegepersonen besteht, wurde in der Gesetzesbegründung ausdrücklich klargestellt.[159] Warum dies nicht im Gesetzeswortlaut Ausdruck findet, ist nicht verständlich.[160]

6 Eine **Pflegeeinrichtung,** in der ein Pflegebedürftiger stationär gepflegt wird, ist nicht berechtigt, für den Pflegebedürftigen einen Antrag auf Einordnung in einen höheren Pflegegrad zu stellen, wenn sie der Ansicht ist, dass der aktuelle Pflegeaufwand nicht mehr der vom Medizinischen Dienst festgestellten Pflegebedürftigkeit entspricht. In § 87a Abs. 2 SGB XI ist allerdings eine verpflichtende schriftliche Aufforderung zur Antragstellung an den Pflegebedürftigen vorgesehen. Weigert dieser sich, einen Antrag zu stellen, kann die Pflegeeinrichtung ihm oder seinem Kostenträger ab dem ersten Tag des zweiten Monats nach der Aufforderung vorläufig den Pflegesatz nach dem nächsthöheren Pflegegrad berechnen, § 87a Abs. 2 S. 3 SGB XI.

bb) Adressat

7 Der Antrag ist an die **Pflegekasse** des Versicherten zu richten, § 16 Abs. 1 S. 1 SGB I. Wird ein Antrag bei einem unzuständigen Leistungsträger gestellt, ist er unverzüglich an die zuständige Pflegekasse weiterzuleiten. Als Zeitpunkt der Antragstellung gilt der Antragseingang bei dem unzuständigen Leistungsträger, § 16 Abs. 2 SGB I (s. zur Pflicht zur Entgegennahme und Weiterleitung näher § 9 Rn. 41ff.).

cc) Inhalt und Form

8 Aus dem Antrag des Pflegebedürftigen bzw. der Pflegeperson muss der Wille des Antragstellers hervorgehen, dass er Leistungen der Pflegeversicherung in Anspruch nehmen will. Die Bezeichnung einzelner Pflegeleistungen ist nicht erforderlich. Allerdings werden die Pflegeleistungen nicht automatisch an eine Änderung der Pflegesituation angepasst. Die Gewährung einer anderen Leistung erfordert jeweils erneut einen Antrag des Versicherten.[161]

9 Der Antrag kann **formlos** gestellt werden. Regelmäßig werden allerdings die jeweiligen Antragsformulare der Pflegekassen verwendet.[162] Ob auch in der **Benachrichtigung gem. § 7 Abs. 2 S. 2 SGB XI** ein (konkludenter) Antrag auf Leistungen der Pflegeversicherung gesehen werden kann, muss anhand der Umstände des Einzelfalls ermittelt werden.[163] § 7 Abs. 2 S. 2 SGB XI verpflichtet Leistungserbringer und Sozialversicherungsträger, die zuständige Pflegekasse unverzüglich zu benachrichtigen, wenn sich bei einem Versicherten die Pflegebedürftigkeit abzeichnet oder wenn diese festgestellt wird. Die Benachrichtigung darf nur mit Einwilligung des Versicherten erfolgen. Weil ihm regelmäßig das Interesse zu unterstellen sein wird, dass er die ihm aufgrund der festgestellten Pflegebedürftigkeit zustehenden Leistungsansprüche geltend machen will, dürfte hierin grundsätzlich ein Antrag zu sehen sein.[164]

---

159 BT-Drs. 12/5262 S. 109.

160 S. hierzu BeckOGK/Leitherer § 33 SGB XI Rn. 5.

161 Udsching/Schütze/Lungstras § 33 SGB XI Rn. 3, 4; s. hierzu auch LSG NRW 20.5.2015, NZS 2015, 707.

162 S. jurisPK-SGB XI/Trésoret § 33 Rn. 43.

163 Udsching/Schütze/Lungstras § 33 SGB XI Rn. 4.

164 JurisPK-SGB XI/Trésoret § 33 Rn. 45.

dd) Bedeutung für Beginn und Dauer der Leistungserbringung

Nach § 33 Abs. 1 S. 2 SGB XI werden die Leistungen des SGB XI grundsätzlich mit dem **Tag der Antragstellung**, frühestens jedoch im Zeitpunkt des Vorliegens der Anspruchsvoraussetzungen gewährt. Wird der Antrag erst nach Eintritt der Pflegebedürftigkeit gestellt, ist § 33 Abs. 1 S. 3 SGB XI zu beachten. Der Leistungsbezug ist für einen begrenzten Zeitraum vor der Antragstellung möglich, wenn der Antrag später als einen Monat nach Eintritt der Pflegebedürftigkeit gestellt wird. Der Leistungsbeginn wird in diesem Fall auf den Anfang des Antragsmonats vorverlegt. Diese Regelung hat zur **Folge**, dass eine Antragstellung innerhalb des ersten Monats nach Eintritt der Pflegebedürftigkeit für den Versicherten ungünstiger sein kann, als eine Antragstellung nach Ablauf dieses Monats.[165] Um dieses Ergebnis zu vermeiden, gewähren die Pflegekassen entgegen dem Wortlaut des § 33 Abs. 2 S. 3 SGB XI auch dann Leistungen ab dem 1. des Antragsmonats, wenn zwischen Eintritt der Pflegebedürftigkeit und Antragstellung noch kein Monat verstrichen ist.[166] 10

In § 33 Abs. 1 S. 4–8 SGB XI ist die Möglichkeit einer **Befristung** der Zuordnung zu einem Pflegegrad und der Bewilligung von Leistungen geschaffen worden. Der Gesetzesbegründung zufolge soll die Regelung sicherstellen, dass die Leistungen der Pflegeversicherung am tatsächlichen Bedarf ausgerichtet zur Verfügung gestellt werden.[167] Gleichzeitig wird nicht nur eine Verwaltungsvereinfachung erreicht, sondern auch der Blick stärker auf mögliche Maßnahmen der Prävention und Rehabilitation gerichtet. 11

b) Vorversicherungszeit (§ 33 Abs. 2 und 3 SGB XI)

aa) Dauer und Zweck der Vorversicherungszeit

Ein Anspruch auf Leistungen in der Pflegeversicherung besteht gem. § 33 Abs. 2 SGB XI unter der Voraussetzung, dass der Versicherte **in den letzten zehn Jahren** vor der Antragstellung (sog. Rahmenfrist) **mindestens zwei Jahre** als Mitglied versichert oder nach § 25 SGB XI familienversichert war. 12

Mit dem Erfordernis der Vorversicherungszeit verfolgt der Gesetzgeber das Ziel, den Leistungsbezug durch Versicherte zu vermeiden, die zuvor gar keine oder nur geringfügige Beitragszahlungen an die Pflegeversicherung geleistet haben.[168] Da Zeiten der Versicherung nach § 25 SGB XI ebenfalls in die Vorversicherungszeit einzubeziehen sind (§ 33 Abs. 2 S. 1 SGB XI), versicherte Familienangehörige und Lebenspartner jedoch keinen Beitragspflichten unterliegen (§ 1 Abs. 6 S. 3 SGB XI), reicht auch die Beitragszahlung des Mitglieds aus, über das die Familienversicherung vermittelt wird. 13

Beispiel:
A stellt am 3.1.2020 einen Antrag auf Pflegesachleistungen. Die 10-jährige Rahmenfrist läuft vom 2.1.2020 zurück bis zum 3.1.2010. A war innerhalb dieser zehn Jahre vom 1.6.2011 bis zum 1.7.2012 über seine damalige Ehefrau familienversichert und vom 1.12.2018 bis zum Zeitpunkt der Antragstellung am 3.1.2020 fortlaufend selbst als Mitglied versichert. A erfüllt somit die Vorversicherungszeit von zwei Jahren.

bb) Berücksichtigungsfähige Versicherungszeiten und Berechnung

Als Vorversicherungszeiten gelten Zeiträume, in denen der Antragsteller **Mitglied** der Pflegeversicherung war (§§ 20, 21 SGB XI) oder eine **Familienversicherung** (§ 25 SGB XI) bestanden hat. Unter- 14

---

165 Udsching/Schütze/LUNGSTRAS § 33 SGB XI Rn. 5; BeckOGK/LEITHERER § 33 SGB XI Rn. 11.

166 S. Ziff. 2.1. zu § 33 des Gemeinsamen Rundschreibens des GKV-Spitzenverbands i. d. F. v. 22.12.2016.

167 BT-Drs. 16/7439 S. 53 f.

168 BT-Drs. 12/5262 S. 110; s. zur Verkürzung der Vorversicherungszeiten von zwischenzeitlich fünf auf zwei Jahre BT-Drs. 16/7439 S. 54.

brechungen der Versicherungszeit von bis zu einem Monat zwischen zwei Beschäftigungsverhältnissen werden in der Praxis unter Berufung auf § 19 Abs. 2 SGB V (analog) und unter Berücksichtigung des Grundsatzes „Pflegeversicherung folgt Krankenversicherung" als unerheblich angesehen.[169]

15 Weiterhin werden Zeiten in die Vorversicherungszeit einbezogen, in denen eine Weiterversicherung nach § 26 Abs. 2 SGB XI bestand. Gleiches gilt für die in der privaten Pflegeversicherung ununterbrochen zurückgelegte Versicherungszeit, wenn der Versicherte wegen Eintritts der Versicherungspflicht in der sozialen Pflegeversicherung aus der privaten Pflegeversicherung ausscheidet, § 34 Abs. 3 SGB XI (zur Kündigung des privaten Pflegeversicherungsvertrages, § 27 SGB XI).

16 Beginn und Ende dieser Zeiträume richten sich nach §§ 25, 49 SGB XI. Hierbei ist zu beachten, dass § 33 Abs. 2 S. 1 SGB XI eine Rückrechnung vom Zeitpunkt der Antragstellung des Versicherten verlangt. Wann der Versicherte gem. § 14 SGB XI pflegebedürftig geworden ist, hat auf die Berechnung der Vorversicherungszeit dagegen keinen Einfluss. Daher kann der Pflegebedürftige auch so lange mit der Antragstellung warten, bis er die notwendige Vorversicherungszeit erfüllt.[170]

cc) Ansprüche ohne eigene Vorversicherungszeit

17 Den Beitragspflichten der Mitglieder stehen bis zum Ablauf der zweijährigen Vorversicherungszeit keine Ansprüche auf Pflegeleistungen gem. §§ 28 ff. SGB XI gegenüber. Auch die nach § 25 SGB XI versicherten Familienangehörigen müssen grundsätzlich die Vorversicherungszeit erfüllen, obwohl von ihnen keine Beiträge erhoben werden und das Mitglied, von dem ihre Familienversicherung abgeleitet wird, die Vorversicherungszeit gegebenenfalls schon zu einem früheren Zeitpunkt erfüllt. Für **versicherte Kinder** wird die Bindung an den Ablauf der eigenen Vorversicherungszeit jedoch nach § 33 Abs. 2 S. 3 SGB XI aufgehoben. Erfüllt ein Elternteil die Vorversicherungszeit, gilt sie auch bei den versicherten Kindern als erfüllt. Damit wollte der Gesetzgeber die Möglichkeit schaffen, dass auch von Geburt oder frühem Kindesalter an pflegebedürftige Kinder in den Versicherungsschutz einbezogen werden.[171]

18 Unter den Begriff „versicherte Kinder" fallen nach Ansicht des BSG auch Kinder, die nicht familienversichert, sondern aus anderen Gründen pflegeversichert sind.[172] In dem vom BSG entschiedenen Fall war das Kind ebenso wie seine Mutter freiwillig krankenversichert und damit gem. § 20 Abs. 3 SGB XI in der sozialen Pflegeversicherung pflichtversichert, der Vater freiwillig privat kranken- und pflegeversichert. Die Mutter erfüllte die Vorversicherungszeit.

2. Leistungsgrundsätze

a) Überblick und Bedeutung

19 Grundsätze zur **Vergabe von Pflegeleistungen** finden sich im Vierten Kapitel, in dem die Leistungen geregelt sind: Hier sind das Wirtschaftlichkeitsgebot (§ 29 SGB XI) sowie der Vorrang der Rehabilitation vor Pflege (§ 31 SGB XI) geregelt. Im SGB XI finden sich aber auch bereits einleitend Leitlinien zur **Erbringung von Pflegeleistungen.** So ist in § 2 SGB XI das Selbstbestimmungsrecht des Pflegebedürftigen verankert und in § 3 SGB XI der Vorrang der häuslichen Pflege. Das Verhältnis von Pflegeleistungen zu anderen Sozialleistungen ist schließlich in § 13 SGB XI geregelt.

20 Die Leistungsgrundsätze stellen im Regelfall keine Anspruchsgrundlagen dar. Sie dienen lediglich als Leitlinien für die Vergabe und Erbringung von Pflegeleistungen. **Praktische Bedeutung** erlangen sie vor allem im Rahmen von **Ermessensentscheidungen** der Leistungsträger. Hier sind

169 Gemeinsames Rundschreiben des GKV-Spitzenverbands v. 22.12.2016 Nr. 4 Abs. 2 und 3 zu § 33; BeckOGK/Leitherer § 33 SGB XI Rn. 21.

170 Udsching/Schütze/Lungstras § 33 SGB XI Rn. 8.

171 BT-Drs. 12/5262 S. 110.

172 BSG 19.4.2007, NZS 2008, 151 ff.

die Leistungsgrundsätze zu berücksichtigen und gegeneinander abzuwägen, andernfalls kann die jeweilige Entscheidung ermessensfehlerhaft sein.[173]

b) Selbstbestimmungsrecht des Pflegebedürftigen (§ 2 SGB XI)

Gem. § 2 Abs. 1 SGB XI muss die Hilfe auf die Führung eines möglichst selbständigen und selbstbestimmten Lebens zielen; diese Vorgabe entspringt dem Gebot der Menschenwürde aus Art. 1 GG. Darin zeigt sich die Abkehr von der in der Vergangenheit oft betriebenen Verwahrpflege; mit § 2 Abs. 1 SGB XI besteht nun vielmehr ein „Gebot der aktivierenden Hilfe".[174] Die Vorgaben des § 2 SGB XI werden nicht nur im Rahmen von Ermessensentscheidungen bedeutsam. Die Nichtbeachtung des Selbstbestimmungsgrundsatzes durch die Einrichtung kann auch für die Kündigung des Versorgungsvertrages Bedeutung erlangen, s. § 74 Abs. 1 S. 1 2. Hs. SGB XI.

§ 2 Abs. 2 SGB XI gibt dem Pflegebedürftigen das Recht, zwischen Einrichtungen und Diensten 21
verschiedener Träger zu wählen, sog. **Wunsch- und Wahlrecht**.[175] Ziel ist es zu verhindern, dass nicht über die Leistungsgewährung bevormundet wird. Allerdings wird sowohl im Gesetzestext als auch in der Gesetzesbegründung klargestellt, dass die Solidargemeinschaft nur für angemessene Wünsche im Rahmen des vorgesehenen Leistungsrechts einstehen kann.[176] Zur **Unterstützung** des Pflegebedürftigen bei der **Ausübung seines Wahlrechts** nach § 2 Abs. 2 S. 1 SGB XI sowie zur Förderung des Wettbewerbs und der Überschaubarkeit des Angebots im Pflegesektor verlangt § 7 Abs. 3 SGB XI, dass die Pflegekasse spätestens mit dem Bescheid über die Leistungsbewilligung dem Pflegebedürftigen eine Vergleichsliste über die Leistungen und Vergütungen der zugelassenen Pflegeeinrichtungen übermittelt.[177]

Mit § 2 Abs. 2 S. 3 SGB XI wird zudem der Wunsch des Pflegebedürftigen nach **gleichgeschlecht-** 22
licher Pflege anerkannt.[178] Nach der Gesetzesbegründung soll die Regelung keinen Anspruch auf gleichgeschlechtliche Pflege begründen, aber sie soll Pflegeeinrichtungen dazu verpflichten, weitestgehend dem Wunsch von Pflegebedürftigen nach gleichgeschlechtlicher Pflege Rechnung zu tragen. Ein Anspruch kann hingegen schon im Hinblick auf die Zusammensetzung des Pflegepersonals, welches weit überwiegend aus Frauen besteht, nicht festgeschrieben werden.[179]

Abs. 3 dehnt die Pflicht zur **Rücksichtnahme auf die religiösen Bedürfnisse** aus. Auch hieraus 23
lässt sich jedoch kein konkreter Anspruch herleiten. Wie weit die Rücksichtnahmepflicht im Einzelnen reicht, ist nicht ganz klar. Jedenfalls müssen Leistungserbringer z. B. soweit möglich die Pflegepläne derart gestalten, dass Wünsche nach Gottesdienstbesuchen berücksichtigt und religiös bedingte zeitliche Vorgaben für die Nahrungsaufnahme eingehalten werden können.[180]

c) Vorrang der häuslichen Pflege (§ 3 SGB XI)

Mit § 3 SGB XI wird eine **Rangfolge** hinsichtlich der Art der zu erbringenden Pflegeleistung fest- 24
gelegt: Vorrangig ist mit den Leistungen die häusliche Pflege zu unterstützen, an zweiter Stelle steht die Erbringung von Leistungen der teilstationären Pflege und der Kurzzeitpflege und erst wenn dies nicht möglich ist, sollen Leistungen für eine vollstationäre Pflege erbracht werden. Gem. § 3 S. 1 SGB XI dient diese Reihung dem Ziel, dass die Pflegebedürftigen möglichst lange in ihrer häuslichen Umgebung bleiben können. Hieraus folgt jedoch nicht, dass ein Pflegebedürftiger gegen seinen

173 S. z. B. zum Selbstbestimmungsrecht nach § 2 SGB XI BeckOGK/Koch § 2 SGB XI Rn. 3.
174 BeckOK-SozR/Pfitzner § 2 SGB XI Rn. 11; BSG 30.9.2015, BeckRS 2015, 73443.
175 Zum Wunsch- und Wahlrecht bzgl. der Versorgungsform s. Griep, SRa 2020, 5 ff.
176 BT-Drs. 12/5262 S. 89.
177 S. zur Ausweitung dieser Pflicht im Rahmen des Pflegeweiterentwicklungs-Gesetzes BT-Drs. 16/7439 S. 45.
178 Vgl. dazu Boecken, SGb 2008, 698 ff.
179 BT-Drs. 16/7439 S. 45.
180 BeckOGK/Koch § 2 SGB XI Rn. 31; s. zum Ermöglichen von Gottesdienstbesuchen BSG 10.10.2000, NJW 2001, 2197 ff.

Willen zunächst nur in häuslicher Umgebung gepflegt wird. Dies zeigt auch § 43 SGB XI, dort besteht der Anspruch auf eine vollstationäre Einrichtung ab dem Pflegegrad 2.[181]

d) Wirtschaftlichkeitsgebot (§ 29 SGB XI)

aa) Inhalt und Bezug zum Krankenversicherungsrecht

25 Die Leistungen der Pflegeversicherung müssen wirksam und wirtschaftlich sein und dürfen das Maß des Notwendigen nicht übersteigen, § 29 Abs. 1 S. 1 SGB XI. Pflegeleistungen, die diese Voraussetzungen nicht erfüllen, können Pflegebedürftige nicht beanspruchen, dürfen von den Pflegekassen nicht bewilligt und von Leistungserbringern nicht zu Lasten der Pflegekassen bewirkt werden (§ 29 Abs. 1 S. 2 SGB XI). Das Wirtschaftlichkeitsgebot des § 29 SGB XI hat damit wesentliche Aspekte mit der krankenversicherungsrechtlichen Regelung des § 12 Abs. 1 SGB V gemeinsam. In beiden Normen verwendet der Gesetzgeber unbestimmte Rechtsbegriffe, die in vollem Umfang der gerichtlichen Überprüfung unterliegen.[182] Das Wirtschaftlichkeitsgebot wird in § 12 Abs. 1 SGB V und § 29 SGB XI jeweils dahingehend konkretisiert, dass die Leistungen **„wirtschaftlich"** und auf das **„Maß des Notwendigen"** beschränkt sein müssen.

26 Die unterschiedlichen Aufgabenstellungen der gesetzlichen Krankenversicherung und der sozialen Pflegeversicherung wirken sich jedoch auch im Hinblick auf den Inhalt und die Funktion des Wirtschaftlichkeitsgebots aus. Mit den Leistungen des SGB XI wird **keine bedarfsdeckende Versorgung** angestrebt. Die Leistungen der Pflegeversicherung sollen den Versicherten nur eine der Höhe nach begrenzte Grundsicherung gewähren. Im Gegensatz zu § 12 Abs. 1 SGB V braucht im Rahmen des § 29 SGB XI deshalb nicht überprüft zu werden, ob die Leistungen der Pflegekassen unter Wirtschaftlichkeitsaspekten „ausreichend" sind.[183]

bb) Wirtschaftlichkeit als Oberbegriff für Wirksamkeit und Notwendigkeit

27 Die Pflegeleistungen entsprechen dem Wirtschaftlichkeitsgebot des § 29 Abs. 1 SGB XI, wenn sie **wirksam, notwendig und wirtschaftlich** sind. Wirksamkeit und Notwendigkeit sind Einzelaspekte des Kriteriums Wirtschaftlichkeit, das als Oberbegriff verwendet wird.[184] Die Wirksamkeit der Leistungen ist anhand der anerkannten medizinisch-pflegerischen Erkenntnisse zu beurteilen. Notwendig ist eine Leistung, wenn sie zur Erreichung der angestrebten pflegerischen Aufgabe erforderlich und zugleich ausreichend ist. Dieser Maßstab ist freilich recht vage und stark einzelfallgeprägt. Angesichts des Ziels der Pflegeversicherung dürfte es aber auch genügen, wenn die Leistung die Pflegesituation spürbar verbessert.[185] Das Wirtschaftlichkeitsgebot ist vereinzelt auch im SGB XI konkretisiert, so z. B. in § 91 Abs. 2 SGB XI.

28 Das Wirtschaftlichkeitsgebot kann durchaus mit dem **Selbstbestimmungsrecht** des Pflegebedürftigen aus § 2 SGB XI kollidieren. In § 2 SGB XI wird lediglich die Angemessenheit als Grenze gezogen. Sollen beide Grundsätze miteinander in Einklang gebracht werden, ist zu berücksichtigen, dass hinter § 2 SGB XI der Gedanke des Art. 1 GG steht.[186]

cc) Wirtschaftlichkeitsprüfungen (§ 79 SGB XI)

29 Um die Beachtung des Wirtschaftlichkeitsgebots zu gewährleisten, sind in § 79 SGB XI **Wirtschaftlichkeitsprüfungen** vorgesehen. Die Landesverbände der Pflegekassen (§ 52 SGB XI) können durch

---

181 S. auch jurisPK-SGB XI/Gutzler § 3 SGB XI Rn. 2.
182 BSG 27.11.1959 BSGE 11, 102, 117; BSG 29.5.1962 BSGE 17, 79, 84.
183 BT-Dr. 12/5262 S. 108; Udsching/Schütze/Lungstras § 29 SGB XI Rn. 2.
184 BSG 7.12.1966 BSGE 26, 16, 20; Udsching/Schütze/Lungstras § 29 SGB XI Rn. 3.
185 Udsching/Schütze/Lungstras § 29 SGB XI Rn. 3.
186 S. hierzu näher Udsching/Schütze/Lungstras § 29 SGB XI Rn. 4.

Sachverständige überprüfen lassen, ob die Pflegeeinrichtungen ihrer Verpflichtung zu einer wirtschaftlichen Leistungserbringung nachkommen. Verfahrens- und Prüfungsgrundsätze der Wirtschaftlichkeitsprüfung werden in den Rahmenverträgen nach § 75 Abs. 2 SGB XI geregelt (§ 75 Abs. 2 Nr. 7 SGB XI). Eine Prüfung ist nur zulässig, wenn Hinweise vorhanden sind, dass eine Einrichtung den Anforderungen des § 72 Abs. 3 S. 1 SGB XI nicht mehr genügt (§ 79 Abs. 1 S. 2 SGB XI).

Mit dem Pflege-Weiterentwicklungsgesetz vom 28.8.2008[187] wurden weitergehende Prüfungsmöglichkeiten des früheren Rechts beseitigt.[188] Damit sind auch die gegen das vorherige Recht erhobenen verfassungsrechtlichen Bedenken ausgeräumt.[189] Das Ergebnis der Wirtschaftlichkeitsprüfung wird nach § 79 Abs. 3 SGB XI in der nächsten Vergütungsvereinbarung mit Wirkung für die Zukunft berücksichtigt. Liegen die Voraussetzungen des § 74 SGB XI vor, kommt auch eine Kündigung des Versorgungsvertrages in Betracht.[190] 30

dd) Beschränkung auf Inanspruchnahme von Leistungen bei zugelassenen Leistungserbringern

Die Leistungen nach dem SGB XI dürfen nach § 29 Abs. 2 SGB XI nur von den Leistungserbringern erbracht werden, mit denen Verträge (über die Art, Qualität und die Frage der Vergütung) bestehen. Mit dieser Regelung sollen die finanziellen Interessen der Versichertengemeinschaft davor geschützt werden, dass die Pflegekasse die Inanspruchnahme von Leistungen bei jedweden Leistungserbringern, auch den nicht zugelassenen, finanzieren muss.[191] Hieran zeigt sich, dass auch § 29 Abs. 2 SGB XI Ausdruck des Wirtschaftlichkeitsgebots ist.[192] Allerdings wird durch den Wortlaut der Vorschrift bspw. auch eine (ggf. kostengünstigere) Selbstbeschaffung von Pflegehilfsmitteln bei Billigdiscountern im SGB XI ausgeschlossen.[193] 31

e) Vorrang der Rehabilitation vor Pflege (§ 31 SGB XI)

Der Vorrang von Leistungen zur medizinischen Rehabilitation vor Leistungen der Pflegeversicherung kommt schon in den einleitenden Vorschriften des SGB XI zum Ausdruck. § 5 Abs. 1 SGB XI verpflichtet die Pflegekassen, bei den jeweils zuständigen Leistungsträgern darauf hinzuwirken, geeignete Leistungen zur Vermeidung der Pflegebedürftigkeit des Versicherten zu erbringen. Ist die Pflegebedürftigkeit bereits eingetreten, bestehen für die Pflegekassen gem. § 31 SGB XI **Prüfungs-**, **Beratungs-** und **Informationspflichten**, um eine möglichst zeitnahe Durchführung geeigneter Maßnahmen zur medizinischen Rehabilitation zu gewährleisten. Dadurch soll verhindert werden, dass die Feststellung der Pflegebedürftigkeit zu einer „Einbahnstraße ohne Umkehr" wird.[194] Nach § 6 Abs. 2 SGB XI haben Pflegebedürftige an Leistungen der medizinischen Rehabilitation mitzuwirken. Sanktionen bei fehlender Mitwirkung sind im SGB XI allerdings nicht vorgesehen. 32

Die §§ 5, 31 SGB XI dienen der Koordination zwischen der Pflegekasse und den verschiedenen Leistungsträgern der Rehabilitation (z.B. Krankenkassen gem. §§ 11 Abs. 2, 23 Abs. 1 Nr. 3 SGB V), die unabhängig von der Pflegebedürftigkeit des Versicherten zu geeigneten Leistungen der medizinischen Rehabilitation und ergänzenden Leistungen verpflichtet sind (§ 5 Abs. 2 SGB XI). Über die Leistungsgewährung entscheiden die jeweils zuständigen Leistungsträger der medizinischen Rehabilitation, soweit nicht durch entsprechende Feststellungen des Medizinischen Dienstes gem. § 18 Abs. 1 33

187 BGBl. I S. 874.
188 S. zur Begründung BT-Drs. 16/7439 S. 70.
189 Usching/Schütze/Udsching § 79 SGB XI Rn. 3; LPK-SGB XI/von Kries § 79 Rn. 3; a.A. Igl, SGb 2008, 1, 7.
190 Zu einer Kündigung wegen fehlender Kooperation des Heimträgers bei anlassloser Wirtschaftlichkeitsprüfung LSG Rheinland-Pfalz 3.8.2006, SRa 2007, 116.
191 BT-Drs. 12/5262 S. 108.
192 BeckOGK/Leitherer § 29 SGB XI Rn. 2, 14.
193 LSG Nordrhein-Westfalen 23.1.2007 L 6 P 65/06.
194 BT-Drs. 12/5262 S. 109 (noch zu § 27 SGB XI); Udsching/Schütze/Lungstras § 31 SGB XI Rn. 2.

S. 3 Hs. 2 SGB XI ein Anspruch des Versicherten gegen den Rehabilitationsträger begründet wird.[195] Die Pflegekassen sind selbst keine Reha-Träger. Ihnen kommt insoweit nur eine Mittlerfunktion zu.[196]

f) Verhältnis zu anderen Sozialleistungen (§ 13 SGB XI)

34 Pflegeleistungen werden auch durch andere Träger der sozialen Sicherung erbracht. Um eine doppelte Leistungserbringung zu vermeiden, legt § 13 SGB XI das Rangverhältnis zwischen den Leistungen der Pflegeversicherung und anderen Sozialleistungen fest.

35 In **§ 13 Abs. 1 SGB XI** ist geregelt, welche Leistungen den Leistungen der Pflegeversicherung **vorgehen**. Hierbei handelt es sich um Leistungen nach dem SGB XIV, Leistungen aus der gesetzlichen Unfallversicherung und Leistungen aus öffentlichen Kassen aufgrund gesetzlich geregelter Unfallversorgung oder -fürsorge. Hierin sieht der Gesetzgeber eine besondere Absicherung des Pflegefallrisikos, die zudem in der Regel höhere Leistungsansprüche begründet. Der Pflegebedürftige erhält so die für ihn günstigere Leistung.[197] Flankiert wird § 13 Abs. 1 SGB XI durch § 34 Abs. 1 Nr. 2 SGB XI; danach ruht der Anspruch aus der Pflegeversicherung, solange die vorrangige Leistung greift.

36 Gem. **§ 13 Abs. 2 SGB XI** bleiben die Leistungen nach dem SGB V einschließlich des Anspruchs auf **häusliche Krankenpflege** unberührt. Damit ist für die sog. Behandlungspflege, die in der Form der häuslichen Krankenpflege erbracht wird, weiterhin die Krankenversicherung zuständig. Maßgeblich sind allein die Voraussetzungen des § 37 SGB V, Pflegebedürftigkeit i.S.d. SGB XI ist nicht erforderlich. Der Gesetzgeber wollte damit eine Leistungsverschiebung zwischen sozialer Pflegeversicherung und gesetzlicher Krankenversicherung verhindern.[198]

37 Die in **§ 13 Abs. 3 SGB XI** genannten **Fürsorgeleistungen** sind hingegen gegenüber Leistungen der Pflegeversicherung **subsidiär**. Bei Nichterbringung der Pflegeversicherungsleistung oder soweit die Fürsorgeleistung höher ausfällt, ist in diesem Umfang die Fürsorgeleistung zu gewähren (Abs. 3 S. 2). Diese Bestimmung ist insbesondere im Hinblick auf die Hilfe zur Pflege (§§ 61ff. SGB XII) von Bedeutung.

38 Leistungen der **Eingliederungshilfe für Menschen mit Behinderung** sind unabhängig von Leistungen der Pflegeversicherung (Abs. 3 S. 3). Bereits in ihrer Zielsetzung gehen die Eingliederungshilfen weiter als die Pflegeversicherung: Die Leistungen sollen drohende Behinderungen verhüten oder bereits bestehende Behinderungen beseitigen oder ihre Folgen mildern. Zudem sollen sie die Teilhabe am Leben in der Gemeinschaft ermöglichen oder erleichtern.[199] Wenn Pflegeleistungen nach dem SGB XI mit Leistungen der Eingliederungshilfe zusammentreffen, müssen die Pflegekasse und der Träger der Sozialhilfe eine Vereinbarung über die Leistungsgewährung treffen (§ 13 Abs. 4 SGB XI).

3. Ruhen und Erlöschen von Leistungsansprüchen

39 In den §§ 34, 35 SGB XI ist das Ruhen und Erlöschen von Leistungsansprüchen des Versicherten geregelt. Das **Ruhen** von Leistungsansprüchen i.S.v. § 34 SGB XI hat zur **Folge**, dass der Anspruch auf Pflegeleistungen dem Grunde nach besteht, der Pflegebedürftige von seiner Pflegekasse jedoch zumindest vorübergehend keine oder keine vollständige Erfüllung ihrer Leistungspflicht verlangen kann. § 35 SGB XI regelt das **Erlöschen** und damit den dauerhaften Wegfall des Leistungsanspruchs.

---

195 A.A. zu den Kompetenzen des Medizinischen Dienstes, Schulin, NZS 1994, 440.

196 Udsching/Schütze/Lungstras § 31 SGB XI Rn. 2.

197 BeckOK-SozR/Pfitzner § 13 SGB XI Rn. 2.

198 BT-Drs. 18/5926 S. 107; BeckOK-SozR/Pfitzner § 13 SGB XI Rn. 3f.

199 BeckOK-SozR/Pfitzner § 13 SGB XI Rn. 7; Janßen/Spellbrink, SRa 2019, 142, 147.

a) Ruhen der Leistungsansprüche (§ 34 SGB XI)

Für das Ruhen der Leistungsansprüche nach § 34 SGB XI können vier Fallkonstellationen unterteilt werden: 40

- Der Versicherte hält sich im Ausland auf (§ 34 Abs. 1 Nr. 1, Abs. 1a SGB XI),
- der Versicherte erhält Entschädigungsleistungen wegen Pflegebedürftigkeit aus öffentlichen Kassen aufgrund gesetzlich geregelter Unfallversorgung (§ 34 Abs. 1 Nr. 2 SGB XI),
- der Versicherte erhält Entschädigungsleistungen aus der gesetzlichen Unfallversicherung (§ 34 Abs. 1 Nr. 2 SGB XI),
- der Versicherte hat einen Anspruch auf Leistungen bei häuslicher Pflege (§ 34 Abs. 2 SGB XI).

Schließlich stellt § 34 Abs. 3 SGB XI klar, in welchen Fällen der Anspruch der Pflegeperson auf Leistungen zur sozialen Sicherung i.S.v. §§ 44, 44a SGB XI nicht ruht.

aa) Ruhen bei Auslandsaufenthalt

Gem. § 34 Abs. 1 Nr. 1 SGB XI **ruht** der Anspruch auf Leistungen nach dem SGB XI grundsätzlich, solange sich der Versicherte im Ausland aufhält. Allerdings sind hierzu **zwei Ausnahmen** vorgesehen: 41

Zum einen wird gem. § 34 Abs. 1 Nr. 1 S. 2 und 3 SGB XI bei **vorübergehenden Auslandsaufenthalten** von bis zu sechs Wochen im Kalenderjahr das Pflegegeld nach §§ 37, 38 SGB XI weitergewährt; für die Weitergewährung von Pflegesachleistungen ist erforderlich, dass die Pflegekraft, die diese Leistung erbringt, den Pflegebedürftigen während des Auslandsaufenthaltes begleitet. 42

Zum anderen sieht § 34 Abs. 1a SGB XI vor, dass der Anspruch auf Pflegegeld nach §§ 37, 38 SGB XI nicht ruht, wenn sich der pflegebedürftige Versicherte in einem **Mitgliedstaat der EU**, einem Vertragsstaat des Abkommens über den **Europäischen Wirtschaftsraums** oder der **Schweiz** aufhält. In diesen Fällen greift das europäische koordinierende Sozialrecht nach der VO (EG) 883/2004. Nach der Rechtsprechung des EuGH werden Pflegeleistungen i.R.d Verordnung den Leistungen bei Krankheit zugeordnet, maßgeblich sind daher Art. 21, 17 VO (EG) 883/2004.[200] 43

bb) Ruhen bei Entschädigungsleistungen

Erhalten Pflegebedürftige **Entschädigungsleistungen** nach § 44 SGB VII oder anderen öffentlich-rechtlichen Rechtsvorschriften aufgrund gesetzlich geregelter Unfallversorgung oder -fürsorge (z.B. nach öffentlichem Dienstrecht gem. §§ 30ff. BeamtVG), ruhen Ansprüche des Versicherten auf Leistungen der Pflegeversicherung. In den Fällen des § 34 Abs. 1 Nr. 2 SGB XI besteht in dem Umfang weiterhin eine Leistungspflicht der Pflegekassen, wenn die Ansprüche des Pflegebedürftigen nach dem SGB XI über die Leistungen hinausreichen, die er bereits auf anderer Rechtsgrundlage erhält. Voraussetzung für das Ruhen seiner Leistungsansprüche gegen die Pflegekassen ist allerdings, dass der Versicherte die Entschädigungsleistungen auch tatsächlich erhält. 44

cc) Ruhen des Anspruchs auf häusliche Pflege

Gem. § 34 Abs. 2 SGB XI ruht der Anspruch auf Leistungen bei häuslicher Pflege, soweit i.R.d. häuslichen Krankenpflege nach § 37 SGB V zugleich Grundpflege und hauswirtschaftliche Versorgung geleistet werden.[201] 45

---

200 S. hierzu näher Janda, Pflegerecht, S. 75 Rn. 127f.
201 S. auch Janda, Pflegerecht, S. 75 Rn. 129f.

dd) Ruhen der Ansprüche für Pflegepersonen

46 Für Leistungen zur Sicherung der Pflegeperson nach §§ 44, 44a SGB XI ordnet § 34 Abs. 3 SGB XI, abgestimmt auf die durch Ruhenstatbestände eingeschränkten Ansprüche des Versicherten auf Pflegesachleistungen (§ 36 SGB XI), das Ruhen bei einem Auslandsaufenthalt des Pflegebedürftigen von mehr als sechs Wochen im Kalenderjahr an. Gleiches gilt bei einer vollstationären Krankenhausbehandlung oder medizinischen Rehabilitation des Pflegebedürftigen, wenn diese über vier Wochen andauert. Für die Dauer der häuslichen Krankenpflege ruhen Ansprüche der Pflegeperson nach §§ 44, 44a SGB XI nicht.

b) Erlöschen der Leistungsansprüche (§ 35 SGB XI)

47 § 35 SGB XI entspricht § 19 Abs. 1 SGB V. Im Gegensatz zur gesetzlichen Krankenversicherung ist in der Pflegeversicherung **kein nachgehender Versicherungsschutz** i. S. d. § 19 Abs. 2 SGB V geregelt. Der Gesetzgeber sah in der Pflegeversicherung kein vergleichbares Bedürfnis für eine solche Regelung.[202] In Anlehnung an die Regelung des § 19 Abs. 2 SGB V gehen die Spitzenverbände der Pflegekassen allerdings davon aus, dass Unterbrechungen der Versicherung von bis zu einem Monat unschädlich für den Leistungsanspruch sind.[203]

48 Der in § 35 SGB XI verwendete **Begriff „Leistungen"** bezieht sich jedenfalls auf die Leistungsansprüche Pflegebedürftiger. Inwieweit Leistungsansprüche von Pflegepersonen nach §§ 44ff. SGB XI an das Bestehen der Mitgliedschaft des Pflegebedürftigen gebunden sind, wird unterschiedlich beurteilt. Jedenfalls in Bezug auf die Pflegekurse nach § 45 SGB XI gehen die Spitzenverbände der Pflegekassen davon aus, dass eine Mitgliedschaft nicht erforderlich ist.[204]

49 Leistungen der Pflegeversicherung können jedoch nicht nur wegen des Endes der Mitgliedschaft nach § 35 SGB XI erlöschen. Diese Regelung ist **nicht abschließend**. Daneben bleiben die übrigen Erlöschensgründe bestehen. So kann bspw. der Leistungsanspruch durch Erfüllung, Aufrechnung (§ 51 SGB I), Verrechnung (§ 52 SGB I) oder Entfallen der Leistungsvoraussetzungen erlöschen.[205] Für den Fall, dass das Mitglied verstirbt, greift die Sonderregelung in § 35 S. 3 SGB XI.

II. Leistungen für Pflegebedürftige

1. Überblick

a) Dienst-, Sach-, Geld- und Kombinationsleistungen

50 § 4 Abs. 1 SGB XI sieht als Leistungen der Pflegeversicherung Sach-, Dienst- und Geldleistungen für den Bedarf an körperbezogenen Pflegemaßnahmen, pflegerischen Betreuungsmaßnahmen und Hilfen bei der Haushaltsführung sowie Kostenerstattung an, soweit im SGB XI vorgesehen. Für den Umfang der jeweiligen Leistung ist die Schwere der Pflegebedürftigkeit, also der jeweilige Pflegegrad, maßgeblich.

51 **Dienstleistungen** sind Versicherungsleistungen, die in einer Tätigkeit bestehen, mit Ausnahme von Geldzahlungen oder der Hingabe von Sachen (s. hierzu die Ausführungen zu § 11 SGB I unter § 7 Rn. 4). In Betracht kommen alle Formen der persönlichen Hilfe und Betreuung im Hinblick auf die Pflege des Versicherten. Zu den Dienstleistungen im Sinne dieser Definition gehören auch die Pflege, Hilfe und Betreuung im Rahmen der Verhinderungspflege nach § 39 SGB XI, die teilstationäre Pflege gem. § 41 SGB XI, die Kurzzeitpflege nach § 42 SGB XI und die vollstationäre Pflege nach § 43 SGB XI.

---

202 BT-Drs. 12/5262 S. 111.

203 Besprechungsergebnis v. 8./9.3.1995 BKK 1995, 391, 395; ebenso Gemeinsames RdSchr. der Spitzenverbände der Pflegekassen v. 17.4.2013/18.12.2015 [Rn. 3] Nr. 1 zu § 35.

204 Gemeinsames RdSchr. des GKV-Spitzenverbandes und der Verbände der Pflegekassen auf Bundesebene zu den leistungsrechtlichen Vorschriften v. 17.4.2013 zu § 45 SGB XI; s. hierzu auch BeckOGK/Leitherer § 35 SGB XI Rn. 3.

205 BeckOK-SozR/Baumeister § 35 SGB XI Rn. 2.

Sachleistungen i.S.d. § 4 SGB XI sind das Zur-Verfügung-Stellen oder Hingeben von Sachen mit Ausnahme von Geldzahlungen. Hierzu zählt die Ausstattung des Pflegebedürftigen mit den für die Pflege erforderlichen Hilfsmitteln i.S.d. § 40 SGB XI, z.B. einem Rollstuhl. Die wichtigste **Geldleistung** ist das Pflegegeld nach § 37 SGB XI, aber auch Zuschüsse für Maßnahmen zur Verbesserung des individuellen Wohnumfeldes nach § 40 Abs. 4 SGB XI gehören zu den Geldleistungen.[206]

Gem. § 38 SGB XI ist auch eine Kombination von Geld- und Sachleistungen möglich, eine sog. 52
Kombinationsleistung. Voraussetzung ist, dass ein Anspruch auf Sachleistungen i.S.d. § 36 SGB XI besteht, dieser aber nicht vollständig realisiert wird.

b) Leistungskatalog des § 28 SGB XI und Unterteilung nach Inhalt

§ 28 Abs. 1 SGB XI enthält einen **Überblick über die Leistungen des SGB XI**. Die Norm ist keine 53
Anspruchsgrundlage. Benötigt der Versicherte Pflegeleistungen, die über diese Grundsicherung hinausgehen, muss er sie selbst beschaffen und finanzieren. Die Pflegeversicherung war von Beginn an nur als **Teilleistungs-Versicherung** ausgestaltet, die lediglich ergänzend und nicht vollständig das Pflegerisiko absichert (s. hierzu § 25 Rn. 12). So muss bspw. der Pflegebedürftige bei der stationären Versorgung für die Kosten der Unterkunft, Verpflegung und gegebenenfalls Zusatzleistungen selbst aufkommen (§§ 43 Abs. 2, 82 Abs. 1 S. 1 Nr. 2, 88 SGB XI). Übersteigen die finanziellen Belastungen sein Leistungsvermögen, kann er **ergänzend** zu den Leistungen der Pflegekasse **Sozialhilfeleistungen** in Anspruch nehmen (§§ 61ff. SGB XII). Die Konzeption des SGB XI als Grundsicherung führt notwendig dazu, dass Leistungen des SGB XII nicht pauschal abgelehnt werden können, weil der Pflegebedürftige schon Leistungen der Pflegeversicherung bezieht.[207] Zu beachten ist aber das in § 13 Abs. 3 S. 1 Nr. 1 SGB XI geregelte Nachrangprinzip für Sozialhilfeleistungen.

In § 28 SGB XI werden die Leistungen lediglich aufgezählt, eine Einteilung wird nicht vorgenom- 54
men. Angelehnt an den Aufbau des SGB XI werden aber die Leistungen für gewöhnlich **unterteilt** in
- Leistungen für Pflegepersonen (§§ 44–45 SGB XI), dazu näher unter § 31 Rn. 1ff.
- Leistungen für den Pflegebedürftigen (§§ 36–43c SGB XI), welche Gegenstand dieses Abschnitts sind.

Die **Leistungen für Pflegebedürftige** können wiederum unterteilt werden in
- Leistungen bei häuslicher Pflege (§§ 36–40b SGB XI), hierzu zählen z.B. das Pflegegeld für selbst beschaffte Pflegekräfte oder Leistungen für Pflegehilfsmittel;
- Leistungen zur teilstationären Pflege und Kurzzeitpflege (§§ 41, 42 SGB XI);
- Leistungen zur vollstationären Pflege (§§ 43, 43c SGB XI)

c) Flankierung durch Pflegeberatung (§ 7a SGB XI)

aa) Inhalt und erfasster Personenkreis

Mit § 7a SGB XI wird Personen, die Leistungen nach dem SGB XI erhalten, ein **Anspruch auf indivi-** 55
duelle Beratung und Hilfestellung durch einen Pflegeberater eingeräumt. Der durch das Pflege-Weiterentwicklungsgesetz[208] eingeführte und durch das PSG II[209] ergänzte § 7a SGB XI setzt die pflegefachliche Forderung um, begleitende Strukturen zur Beratung und Unterstützung der Pflegebedürftigen und zur besseren Koordinierung der Leistungsangebote zu schaffen.[210] Der Pflegeberater

206 BeckOGK/Koch § 4 SGB XI Rn. 14.

207 BVerwG 15.6.2000 NJW 2000, 3512.

208 Vom 28.5.2008, BGBl. I S. 874.

209 Vom 21.12.2015, BGBl. I S. 2424; s. zu den Änderungen neben BT-Drs. 18/5926 auch Gemeinsames Rundschreiben des GKV-Spitzenverbandes und der Verbände der Pflegekassen auf Bundesebene zu den leistungsrechtlichen Vorschriften v. 22.8.2017.

210 S. hierzu die ausführliche Gesetzesbegründung BT-Drs. 16/7439 S. 45ff.; zum Inhalt der Vorschrift Krahmer/Schiffer-Werneburg, SRa 2008, S. 127.

soll dem Pflegebedürftigen als Fallmanager dienen, der den konkreten Hilfebedarf zu erfassen hilft und davon ausgehend das Geltendmachen von Leistungsansprüchen unterstützt. Gleichzeitig soll der Pflegeberater die Koordinierung mit allen beteiligten Stellen betreiben. Die Pflegeberatung nach § 7a SGB XI ist nicht zu verwechseln mit der verpflichtenden Pflegeberatung bei Inanspruchnahme von Pflegegeld nach § 37 Abs. 3 bis 9 SGB XI (s. hierzu Rn. 85ff.). Die Pflegeberatung nach § 7a SGB XI ist **freiwillig** und auch die Empfehlungen, die im Rahmen der Beratung erarbeitet werden, sind nicht verpflichtend.[211]

56 Die Beratung ist auf die Auswahl und Inanspruchnahme bundes- oder landesrechtlich vorgesehener Sozialleistungen und Hilfsangebote ausgerichtet. Dieser allgemeine Beratungsauftrag wird durch die nicht abschließende Auflistung in Abs. 1 S. 2 dahingehend konkretisiert, dass er neben der Analyse und systematischen Erfassung des Hilfebedarfs auch die Erstellung eines **individuellen Versorgungsplans** umfasst (zu Einzelheiten des Versorgungsplans s. Abs. 1 S. 4–5).

57 **Anspruchsberechtigte** sind gem. § 7a Abs. 1 S. 1 SGB XI „Personen, die Leistungen nach diesem Buch erhalten", damit werden sowohl Pflegebedürftige als auch Pflegepersonen erfasst, der Anspruch wird gerade nicht auf Versicherte beschränkt. Allerdings ist der Wortlaut auf Leistungsbezieher begrenzt. Beratungsbedarf wird aber auch gerade bei denjenigen bestehen, die noch keine Leistungen beziehen. Daher gibt Abs. 1 S. 9 den Anspruch auch dem Antragsteller, wenn erkennbar ein Hilfe- und Beratungsbedarf besteht. Leistungsanträge (auch solche nach dem SGB V) können auch gegenüber dem Pflegeberater gestellt werden, der diese an die zuständige Pflege- oder Krankenkasse weiterzuleiten hat. Der Leistungsbescheid muss in diesem Falle sowohl dem Antragsteller als auch dem Pflegeberater zugeleitet werden (Abs. 2 S. 3 und 4).

bb) Beratungstermin oder Beratungsgutschein (§ 7b SGB XI)

58 Geht erstmalig ein Antrag auf Pflegeleistungen ein, hat die Pflegekasse gem. § 7b SGB XI dem Antragsteller entweder einen konkreten Beratungstermin mit einem Pflegeberater anzubieten oder aber einen Beratungsgutschein auszustellen, in dem Beratungsstellen benannt werden und der innerhalb von zwei Wochen nach Eingang des Antrags einzulösen ist. Dahinter steht die Annahme, dass die Betroffenen ansonsten nicht hinreichend Kenntnis von den Beratungsmöglichkeiten erlangen.[212]

cc) Pflegestützpunkte (§ 7c SGB XI)

59 Um eine wohnortnahe Beratung, Versorgung und Betreuung der Versicherten zu gewährleisten, hat der Gesetzgeber sog. Pflegestützpunkte eingeführt, § 7c SGB XI (bis zum PSG II in § 92c SGB XI geregelt).[213] Die **Aufgaben** der Pflegestützpunkte sind in § 7c Abs. 2 SGB XI abschließend aufgezählt. Hierzu gehören bspw. neben einer umfassenden und unabhängigen Auskunft und Beratung zu den Rechten und Pflichten nach dem SGB XI auch die Koordinierung der wohnortnahen Hilfs- und Unterstützungsangebote sowie die Vernetzung von Versorgungs- und Betreuungsangeboten.

60 Der Einführung von Pflegestützpunkten gingen jahrelange Modellvorhaben voraus. Sie waren von vornherein ein zentraler Pfeiler der Reform des Pflege-Weiterentwicklungsgesetzes. Die Gesetzesbegründung fasst die **Intention** wie folgt zusammen:

> „Mit der Regelung zu den Pflegestützpunkten wird den Trägern der sozialen und privaten Pflegeversicherung, den nach Landesrecht für die wohnortnahe Betreuung im Rahmen der Altenhilfe und der Hilfe zur Pflege zu bestimmten Stellen sowie den Trägern der gesetzlichen und privaten Krankenversicherung die Möglichkeit gegeben, die starren Grenzen zwischen der sozialen und privaten Pflegeversicherung der offenen örtlichen Altenhilfe, der Hilfe zur Pflege sowie der gesetzlichen und privaten Krankenversicherung zu überwinden, um im Rahmen eines gemein-

---

211 S. auch Janda, Pflegerecht, S. 62 Rn. 64.

212 BT-Drs. 17/9369 S. 35; BeckOGK/Koch § 7b SGB XI Rn. 8.

213 S. zur Verschiebung von § 92c SGB XI in § 7c SGB XI Udsching/Schütze/Herbst § 7c SGB XI Rn. 1; BT-Drs. 18/5926 S. 88.

samen Versorgungs- und Betreuungskonzepts eine verbesserte Zusammenarbeit der unterschiedlichen Kostenträger zu fördern".[214]

Die ursprünglichen im Entwurf enthaltenen Pläne zur Einrichtung von Pflegestützpunkten haben sich wegen des Widerstands der Bundesländer[215] nicht völlig realisieren lassen. Die Grundidee ist aber erhalten geblieben.

Allerdings sieht § 7c Abs. 1 S. 1 SGB XI lediglich vor, dass Pflegestützpunkte einzurichten sind, 61
sofern die zuständige oberste Landesbehörde dies bestimmt. Damit wird also vorausgesetzt, dass die Initiative vom Land ausgeht. Erst dann besteht die **Pflicht zu Errichtung von Pflegestützpunkten.**[216] Diese Regelung wurde auf eine Empfehlung der Bund-Länder-Arbeitsgruppe zur Stärkung der Rolle der Kommunen in der Pflege im Zuge des PSG III durch Einführung von § 7c Abs. 1a SGB XI ergänzt.[217] Mit Abs. 1a wird ein **Initiativrecht für die Träger der Sozialhilfe**, die für die Hilfe zur Pflege nach dem SGB XII zuständig sind und für die nach Landesrecht zu bestimmenden Stellen der Altenhilfe eröffnet.

2. Leistungsansprüche bei häuslicher Pflege (§§ 36 bis 40b SGB XI)

a) Überblick

Unter dem Oberbegriff „Leistung bei häuslicher Pflege" fasst das SGB XI die in **§§ 36 bis 40b SGB XI** 62
geregelten Leistungen zusammen.[218] Diese Leistungen dienen der Umsetzung des bereits in den Eingangsvorschriften des SGB XI festgelegten Grundsatzes, Pflegebedürftige vorrangig in ihrer gewohnten Umgebung und ihrem bisherigen Lebensraum zu pflegen, § 3 SGB XI (s. hierzu auch Rn. 24).[219] Bei häuslicher Pflege kann der Leistungsberechtigte zwischen

- Pflegesachleistungen (§ 36 SGB XI),
- Pflegegeld für selbst beschaffte Pflegehilfen (§ 37 SGB XI) und
- der Kombination von Sach- und Geldleistungen nach § 38 SGB XI wählen (Wahlrecht des Pflegebedürftigen gem. § 2 Abs. 2 S. 2 SGB XI). Im Wesentlichen handelt es sich bei den Pflegesachleistungen i.S.v. § 36 SGB XI um die Grundpflege und die hauswirtschaftliche Versorgung, die in häuslicher Umgebung durch eine professionelle Pflegekraft als Sachleistung erbracht werden. Als Alternative hierzu kommt das Pflegegeld für selbst beschaffte Pflegehilfen nach § 37 SGB XI in Betracht, also die Finanzierung der selbst organisierten Pflege durch z.B. Angehörige oder Nachbarn.

Ergänzt werden diese Leistungen ggf. durch

- zusätzliche Leistungen für Pflegebedürftige in ambulant betreuten Wohngruppen (§ 38a SGB XI),
- die sog. Verhinderungspflege (§ 39 SGB XI),
- die Pflegehilfsmittel und technischen Hilfen (§ 40 SGB XI)
- sowie die digitalen Pflegeanwendungen (§ 40a SGB XI).

Hinzukommen können darüber hinaus

- Angebote zur Unterstützung im Alltag (§ 45a SGB XI)
- und ein Entlastungsbetrag (§ 45b SGB XI).

---

214 BT-Drs. 16/7439 S. 74.

215 BT-Drs. 16/7439 S. 110.

216 BeckOGK/Koch § 7c SGB XI Rn. 11; BT-Drs. 16/8525, S. 101.

217 Udsching/Schütze/Herbst § 7c SGB XI Rn. 5.

218 Zur Gesetzessystematik im Einzelnen BeckOGK/Weber § 36 SGB XI Rn. 4f.

219 S. auch BT-Drs. 12/5262 S. 90.

Diese beiden Leistungen richten sich zwar nicht ausschließlich an die Pflegebedürftigen, sondern auch an die Pflegepersonen und die Normen sind systematisch in einem anderen Abschnitt des SGB XI verortet. Sie verfolgen aber den Zweck, die häusliche Pflege zu unterstützen und sind auch im Übrigen aus inhaltlicher Sicht diesem Bereich zuzuordnen.

b) Allgemeine Voraussetzungen für alle Ansprüche bei häuslicher Pflege

63 Für sämtliche Ansprüche auf häusliche Pflegeleistungen sind vorab die allgemeinen Voraussetzungen für einen Anspruch auf Leistungen nach dem SGB XI zu prüfen: Zunächst ist ein **Antrag** gem. § 33 Abs. 1 SGB XI zu stellen. Der Antragsteller muss **pflegebedürftig** i. S. v. § 14 SGB XI sein und **versichert**. Zudem müssen die **Vorversicherungszeiten** nach § 33 Abs. 2 SGB XI erfüllt sein (s. hierzu bereits Rn. 12 ff.). Hinzu kommen dann die weiteren Voraussetzungen der jeweiligen Anspruchsgrundlage, die im Folgenden erläutert werden.

c) Pflegesachleistungen (§ 36 SGB XI)

64 Pflegebedürftige haben nach § 36 Abs. 1 S. 1 SGB XI einen Anspruch auf häusliche Pflegehilfe. Die häusliche Pflegehilfe wird als Sachleistung gewährt, dh. eine erwerbsmäßige Pflegekraft, die in einem Vertragsverhältnis zur Pflegekasse steht, führt die Pflege in häuslicher Umgebung durch. Die Höhe der Pflegesachleistung wird in § 36 Abs. 3 SGB XI entsprechend der Pflegegrade gestaffelt geregelt.

aa) Normzweck

65 Die **Gesetzesbegründung** erläutert die Gewährung von Pflegesachleistungen folgendermaßen: „Die meisten Pflegebedürftigen empfinden es als wichtig, so lange wie möglich in vertrauter Umgebung gemeinsam mit den Angehörigen leben zu können. Die häusliche Pflege muß daher Vorrang vor einer stationären Unterbringung haben. Entsprechend diesem Ansatz bilden die Leistungen zur Verbesserung der Bedingungen der häuslichen Pflege den Schwerpunkt.“[220] Des Weiteren wird dort ausgeführt: „Mit der Pflegesachleistung wird dem einzelnen Pflegebedürftigen nicht nur die benötigte personelle Hilfe unmittelbar zur Verfügung gestellt, sie führt auch zu einer spürbaren Entlastung der Angehörigen, die die Pflege im häuslichen Bereich sicherstellen. Indem geeignete Pflegekräfte unterstützend im häuslichen Bereich tätig werden, kann auch rechtzeitig einer Überforderung der Pflegepersonen entgegengewirkt werden. Es dürfen nur Pflegekräfte einer zugelassenen ambulanten Pflegeeinrichtung in Anspruch genommen werden oder Einzelpersonen, mit denen die Pflegekasse einen Vertrag geschlossen hat.“[221]

66 **Zweck** der Pflegesachleistung ist somit zum einen die Umsetzung des Grundsatzes des Vorrangs der häuslichen vor der stationären Pflege i. S. v. § 3 SGB XI (s. hierzu auch Rn. 24). Zum anderen sollen pflegende Angehörige und andere Pflegepersonen durch professionelle Unterstützung entlastet werden.[222]

bb) Häusliche (örtliche) Pflege

67 Die häusliche Pflege ist **abzugrenzen** von der **stationären Pflege**, s. § 36 Abs. 4 S. 1 Hs. 2 SGB XI mit Verweis auf § 71 Abs. 4 SGB XI und stationäre Pflegeeinrichtungen (s. hierzu § 71 Abs. 2 SGB XI). Der Begriff häusliche Pflege leitet ein wenig in die Irre. Er setzt nicht voraus, dass es sich um die eigene Wohnung des Pflegebedürftigen handelt, dies wird in § 36 Abs. 4 S. 1 Hs. 1 SGB XI klargestellt. Danach

---

220 BT-Drs. 12/5262 S. 111.
221 BT-Drs. 12/5262 S. 111.
222 Krauskopf/Linke § 36 SGB XI Rn. 2.

ist die häusliche Pflegehilfe auch **zulässig**, wenn der Pflegebedürftige **nicht in seinem eigenen Haushalt** gepflegt wird. Es ist also durchaus möglich, dass ein Pflegebedürftiger in einem Altenwohnheim oder einer Einrichtung des betreuten Wohnens lebt und in diesem Umfeld Pflegeleistungen einer geeigneten Pflegekraft i.S.v. § 36 Abs. 4 S. 2 SGB XI in Anspruch nimmt, also bspw. von einem zugelassenen ambulanten Pflegedienst oder einer einzelnen Pflegekraft i.S.v. § 77 Abs. 1 SGB XI.[223] Entscheidendes Kriterium ist somit letztlich die Art der Durchführung der Pflege.[224] Führt die Prüfung zu dem Ergebnis, dass es sich um eine stationäre Pflege handelt und der Anspruch nicht auf § 36 SGB XI gestützt werden kann, kommt z.B. ein Anspruch nach § 43 SGB XI in Betracht.

cc) Geeignete Pflegekraft

Die von der Pflegekasse bereitzustellenden Pflegesachleistungen sind von **geeigneten Pflegekräften** zu erbringen (§ 36 Abs. 4 S. 2, 3 SGB XI). In der Praxis handelt es sich zum größten Teil um Angestellte zugelassener ambulanter Pflegedienste (§§ 71ff. SGB XI). Anforderungen an die fachliche Eignung der Pflegekräfte sind in diesem Fall Gegenstand des zwischen Pflegedienst und Pflegekasse zu schließenden Versorgungsvertrages (§ 72 SGB XI). Die Eignung ist daher auch nicht i.R.d. § 36 SGB XI nochmals gesondert zu prüfen, eine ungeeignete Pflegekraft hätte bereits keinen Versorgungsvertrag mit der Pflegekasse schließen können.[225] 68

Die häusliche Pflege kann aber auch durch **Angestellte der Pflegekassen** oder **Einzelpersonen** erbracht werden, die mit der Pflegekasse einen Vertrag nach § 77 Abs. 1 SGB XI geschlossen haben. Welche Voraussetzungen diese Personen erfüllen müssen, um als Pflegekraft tätig werden zu können, richtet sich nach § 77 SGB XI; auch hier wird die Eignung bereits bei Abschluss des Versorgungsvertrags geprüft. 69

Durch die in § 36 Abs. 4 S. 2, 3 SGB XI vorgenommene Beschränkung auf zugelassene Leistungserbringer soll der **Qualitätsstandard** der häuslichen Pflege sichergestellt werden. Schließen Pflegebedürftige individuelle Dienst- oder Arbeitsverträge mit nicht zugelassenen Pflegekräften (sog. **Arbeitgebermodell**), kommt deshalb keine Sachleistung nach § 36 SGB XI, sondern allein eine Geldleistung gem. § 37 SGB XI für eine vom Pflegebedürftigen selbst sichergestellte Pflege in Betracht.[226] Die Bundesregierung führte zur Beantwortung einer Anfrage am 28.4.1995 hierzu aus: 70

> „(...) Die Aufweichung des Sachleistungsprinzips unter Aufgabe der vom Gesetz dafür festgelegten Bedingungen hätte zur Folge, dass jeder Pflegebedürftige, der zu Hause durch eine Pflegeperson, seine Ehefrau, Tochter o.Ä. gepflegt wird, ebenfalls nur Sachleistungen abriefe und so die für die Sachleistung zur Verfügung stehende wesentlich höhere Leistung beanspruchen könnte. Das Sachleistungsprinzip wäre am Ende, weil sich kein Pflegedienst mehr den Bedingungen für die Leistungserbringung unterordnen müsste. Zudem würden die Finanzierungsgrundlagen der Pflegeversicherung gesprengt, der im Gesetz vorgegebene Beitragssatz würde nicht mehr ausreichen (...).“[227]

dd) Leistungsinhalt

Während bei Einführung des SGB XI zunächst nur die zwei Bereiche Grundpflege und hauswirtschaftliche Versorgung aufgeführt wurden, gilt mit § 36 Abs. 1 S. 1 SGB XI seit den Änderungen durch das PSG II seit 1.1.2017 nun folgendes erweitertes Leistungsspektrum:[228] 71

---

223 Udsching/Schütze/Wahl § 36 SGB XI Rn. 20.

224 Udsching/Schütze/Wahl § 36 SGB XI Rn. 20; Krauskopf/Linke § 36 SGB XI Rn. 9; BeckOGK/Weber § 36 SGB XI Rn. 29f., allerdings etwas zurückhaltender hinsichtlich einer Aufgabe des Merkmals „häuslich“.

225 S. auch Janda, Pflegerecht, S. 56 Rn. 39.

226 BeckOGK/Weber § 36 SGB XI Rn. 34.

227 BT-Drs. 13/1227 S. 9ff.

228 S. zur Entwicklung und Hintergründen Udsching/Schütze/Wahl § 36 SGB XI Rn. 7.

- Körperbezogene Pflegemaßnahmen,
- pflegerische Betreuungsmaßnahmen
- und Hilfen bei der Haushaltsführung.

72 Für die **pflegerischen Maßnahmen** (gemeint sind hiermit die körperbezogenen Pflegemaßnahmen und die pflegerischen Betreuungsmaßnahmen) verweist § 36 Abs. 1 S. 2 auf die in § 14 Abs. 2 SGB XI aufgezählten Bereiche (Module), die für die Feststellung der Pflegebedürftigkeit maßgeblich sind, also die Bereiche: Mobilität, kognitive und kommunikative Fähigkeiten, Verhaltensweisen und psychische Problemlagen, Selbstversorgung, Bewältigung von und selbständiger Umgang mit krankheits- oder therapiebedingten Anforderungen und Belastungen sowie der Bereich Gestaltung des Alltagslebens und soziale Kontakte. In diesen Bereichen sind die pflegenden Maßnahmen zu erbringen, es muss also jeweils ein Modulbezug hergestellt werden.[229]

73 **Konkretisiert** werden die **pflegerischen Betreuungsmaßnahmen** in § 36 Abs. 2 SGB XI. Sie sind ausgerichtet an dem Zweck, Beeinträchtigungen der Selbständigkeit oder der Fähigkeiten des Pflegebedürftigen so weit wie möglich durch pflegerische Maßnahmen zu beseitigen oder zu mindern und eine Verschlimmerung der Pflegebedürftigkeit zu verhindern. Dabei sind die jeweiligen Maßnahmen **abzugrenzen** von der medizinischen Behandlungspflege, also der **häuslichen (medizinischen) Krankenpflege i.S.v. § 37 SGB V.** Sie ist nicht Bestandteil der häuslichen Pflege nach § 36 SGB XI, d.h. u.a., die Kosten werden nicht von den Pflegekassen getragen.[230] In der Gesetzesbegründung zum GKV-Wettbewerbsstärkungsgesetz[231] werden als Beispiel für eine häusliche Krankenpflege nach dem SGB V das An- und Ausziehen von Kompressionsstrümpfen ab Klasse 2, das Einreiben mit Dermatika oder die Einmalkatheterisierung genannt.[232]

74 Die **Hilfen bei der Haushaltsführung** werden nicht näher in § 36 SGB XI konkretisiert, sie können auch keinem einzelnen Modul des § 14 Abs. 2 SGB XI zugewiesen werden, s. hierzu bereits § 14 Abs. 3 SGB XI. Hinweise, was zur Haushaltsführung gehört, können der Aufzählung in § 18 Abs. 5a S. 3 Nr. 2 SGB XI entnommen werden. Hier werden bspw. das Einkaufen für den täglichen Bedarf, die Zubereitung einfacher Mahlzeiten aber auch der Umgang mit finanziellen Angelegenheiten und mit Behördenangelegenheiten genannt. Bei diesen letzten beiden Bereichen muss geprüft werden, ob ggf. die Grenzen zur rechtlichen Betreuung überschritten sind. Sollen Rechtshandlungen ersetzt werden, handelt es sich nicht mehr um Pflegehandlungen, sondern um rechtliche Betreuung.[233]

75 Gem. § 36 Abs. 4 S. 4 SGB XI können auch mehrere Pflegebedürftige gemeinsam häusliche Pflegehilfe in Anspruch nehmen, sog. **Poolen von Leistungsansprüchen.** Die Regelung bezieht sich auf alle Formen der Pflegesachleistung, erfasst werden also körperbezogene Pflegemaßnahmen, pflegerische Betreuungsmaßnahmen ebenso wie Hilfen bei der Haushaltsführung. Der Gesetzgeber verspricht sich von dem Poolen die **Erschließung von Wirtschaftlichkeitsreserven,** wenn mehrere Pflegebedürftige, die in einer Wohngemeinschaft, einem Gebäude oder nahe zusammen gelegen, etwa in einer Straße, wohnen, solche Leistungen gepoolt in Anspruch nehmen.[234] Die entstehenden Effizienzgewinne, also die frei werdende Zeit, soll von dem ambulanten Pflegedienst auch für die Betreuung der am Pool beteiligten Pflegebedürftigen genutzt werden.

ee) Kopplung an die Pflegegrade

76 Der Umfang der Pflegeleistungen wird in § 36 Abs. 3 SGB XI in Form von **Wertgrenzen** an den jeweiligen **Pflegegrad gekoppelt.** Diese Wertgrenzen sind auf den Kalendermonat bezogen. Da gem. § 36

229 Udsching/Schütze/Wahl § 36 SGB XI Rn. 8.
230 Udsching/Schütze/Wahl § 36 SGB XI Rn. 12.
231 BGBl. I S. 378.
232 BT-Drs. 16/3100 S. 105.
233 Udsching/Schütze/Wahl § 36 SGB XI Rn. 11.
234 BT-Drs. 16/7439 S. 38.

Abs. 1 S. 1 SGB XI nur Pflegebedürftige mit dem Pflegegrad 2 bis 5 einen Anspruch auf Pflegesachleistungen haben, wird der Pflegegrad 1 in der Auflistung des § 36 Abs. 3 SGB XI nicht aufgeführt. Die Wertgrenzen orientieren sich ausschließlich am Pflegegrad und nicht am tatsächlichen Hilfebedarf des Pflegebedürftigen, die jeweilige Höchstgrenze kann nicht überschritten werden. Dahinter steht das Anliegen, dass die Leistungen des SGB XI im Rahmen häuslicher Pflege die familiäre, nachbarschaftliche oder sonstige ehrenamtliche Pflege und Betreuung (§ 4 Abs. 2 S. 1 SGB XI) ergänzen und nicht ersetzen sollen.

Die Wertgrenzen wurden bereits mehrmals geändert und betragen gem. § 36 Abs. 3 SGB XI je Kalendermonat derzeit:
- Pflegegrad 2: Leistungen bis zu einem Gesamtwert von 761 Euro,
- Pflegegrad 3: Leistungen bis zu einem Gesamtwert von 1432 Euro,
- Pflegegrad 4: Leistungen bis zu einem Gesamtwert von 1778 Euro,
- Pflegegrad 5: Leistungen bis zu einem Gesamtwert von 2200 Euro.

Welche einzelnen Pflegesachleistungen innerhalb der Wertgrenzen des § 36 Abs. 3 SGB XI von der 77
Pflegekasse gewährt werden können, wird maßgeblich durch die Höhe der Vergütungen beeinflusst, die an die Pflegekräfte zu leisten sind. Die Vergütungen für ambulante Pflegeleistungen werden zwischen den Kostenträgern und Leistungserbringern nach § 89 SGB XI im Rahmen einer Vergütungsvereinbarung ausgehandelt (siehe unter § 31 Rn. 2, 17). Der Gesetzgeber nahm insoweit an, dass die **Obergrenzen** des § 36 Abs. 3 SGB XI in der Regel zur Deckung des erforderlichen Hilfebedarfs ausreichen.[235] Sollte dies nicht der Fall sein, wird davon ausgegangen, dass die Träger der Sozialhilfe nach dem SGB XII den höheren Bedarf finanzieren. Damit wird jedoch eine Bedürftigkeitsprüfung nach dem SGB XII erforderlich – das bedeutet auch, dass der Pflegebedürftige ggf. mangels Bedürftigkeit selbst die Kosten, die über die Wertgrenze hinausgehen, tragen muss.[236] In diesem Zusammenhang kommt der Aufklärungspflicht der Pflegekassen nach § 7 Abs. 2 SGB XI große praktische Bedeutung zu.[237]

Im Gegensatz zu den Kosten der Pflegesachleistungen enthält § 36 SGB XI keine Vorgaben für die 78
Anzahl der Pflegeeinsätze, die ursprünglich vorgesehene Regelung wurde nicht Gesetz.[238] Den Pflegebedürftigen steht es deshalb frei, den ihnen zustehenden Betrag nach Bedarf auszuschöpfen und auf die einzelnen Hilfeleistungen bei der körperbezogenen Pflege, den pflegerischen Betreuungsmaßnahmen und der Haushaltsführung aufzuteilen (§ 2 Abs. 2 SGB XI).

d) Pflegegeld für selbst beschaffte Pflegehilfen (§ 37 SGB XI)

aa) Pflegegeld als Sachleistungssurrogat

Anstelle der häuslichen Pflege durch zugelassene Pflegekräfte nach § 36 SGB XI können Versicherte 79
Pflegegeld beantragen, § 37 SGB XI. Es wird ihnen unter der Voraussetzung gewährt, dass sie die erforderlichen körperbezogenen Pflegemaßnahmen, die pflegerischen Betreuungsmaßnahmen sowie die Haushaltsführung mit Hilfe des Pflegegeldes in geeigneter Weise selbst sicherstellen. In Betracht kommen Hilfeleistungen der Familienangehörigen, Freunde, Nachbarn, an die das Pflegegeld als Anerkennung für die Pflegetätigkeit weitergeben wird oder die Verpflichtung gewerblicher (nicht zugelassener) Pflegekräfte. Pflegegeldbezieher dürfen jedoch nicht unabhängig von dem Leistungsziel der Pflegegeldzahlung über die Verwendung des Pflegegeldes entscheiden. Es stellt lediglich eine **Alternative zu den Pflegesachleistungen** nach § 36 SGB XI dar. Da es gem. § 37 Abs. 1 S. 1

235 BT-Drs. 5262 S. 111f.

236 S. hierzu näher BeckOGK/Weber § 36 SGB XI Rn. 26f.; BT-Drs. 12/5262 S. 112; Gemeinsames Rundschreiben v. 22.12.2016, Nr. 5 zu § 36.

237 BeckOGK/Weber § 36 SGB XI Rn. 27.

238 BT-Drs. 12/5952 S. 39.

SGB XI die Sachleistungen zur häuslichen Pflege nach § 36 SGB XI ersetzt, wird das Pflegegeld als Sachleistungssurrogat bezeichnet.[239]

80 **Leistungsberechtigter** ist beim Pflegegeld allein der Pflegebedürftige, nicht hingegen die Pflegeperson. Es ist der Pflegebedürftige, der darüber entscheidet, wie das Pflegegeld verwendet wird, § 37 SGB XI sieht keine Zweckbindung und auch keine Nachweispflicht vor. Im Regelfall dürfte aber in der Praxis das Pflegegeld (zumindest teilweise) jeweils an die Pflegeperson weitergeleitet werden.[240]

bb) Höhe des Pflegegeldes

81 Die monatliche Höhe des Pflegegeldes richtet sich nach dem Pflegegrad des Versicherten. Ebenso wie die Pflegesachleistung wird auch das Pflegegeld erst ab Pflegegrad 2 gewährt, § 37 Abs. 1 S. 1 SGB XI. § 37 Abs. 1 S. 3 SGB XI sieht je Kalendermonat derzeit (auch hier kam es schon mehrfach zu Änderungen) folgende Festbeträge vor:
- 332 Euro bei Pflegegrad 2,
- 573 Euro bei Pflegegrad 3,
- 765 Euro bei Pflegegrad 4,
- 947 Euro bei Pflegegrad 5.

82 Entscheiden sich Pflegebedürftige für das Pflegegeld, erhalten sie **im Verhältnis zu den Sachleistungen** bei häuslicher Pflege gem. § 36 SGB XI eine vergleichsweise **niedrigere Leistung**. Während bspw. für die Pflegesachleistung nach § 36 SGB XI bei Pflegegrad 2 ein Gesamtwert von 761 Euro vorgesehen ist, beläuft sich der Gesamtwert des Pflegegeldes nach § 37 SGB XI bei demselben Pflegegrad auf nur 332 Euro. Durch die niedrig angesetzte Höhe des Pflegegeldes wollte der Gesetzgeber vermeiden, dass die unentgeltlich erbrachte Pflege angesichts des zur Verfügung gestellten Pflegegeldes durch Beschäftigungsverhältnisse gegen Arbeitsentgelt ersetzt wird. Ziel war es „unerwünschte Mitnahmeeffekte zu vermeiden.“[241] Als weiterer Grund wurde genannt, dass die Leistungserbringer, also die ggf. gewerblichen Pflegekräfte, sich andernfalls der Qualitätssicherung entziehen könnten, weil sie für das Pflegegeld nicht zugelassen sein müssen, wie dies i. R. v. § 36 SGB XI notwendig ist.[242]

cc) Sicherstellung der Pflege durch den Versicherten

83 Gem. § 37 Abs. 1 S. 2 SGB XI muss der Pflegebedürftige seine Pflege mit dem Pflegegeld dessen Umfang entsprechend in **geeigneter Weise selbst sicherstellen**. Hinter dieser Vorgabe zeigt sich das gesetzgeberische Anliegen, die Eigenverantwortlichkeit ebenso wie die Selbstbestimmung des Pflegebedürftigen zu stärken (s. auch §§ 2, 6 SGB XI) – wenngleich in der Praxis häufig die Angehörigen eine Vielzahl der notwendigen Entscheidungen treffen dürften.[243] Ob die Pflege in geeigneter Weise erbracht wird, unterliegt letztlich der Prüfung des Medizinischen Dienstes, § 18 Abs. 6 S. 4 SGB XI. Hierbei sind bspw. eine Überforderung der Pflegeperson oder Anzeichen für eine unzureichende Pflege oder gar drohender Verwahrlosung zu prüfen, die sich z. B. in mangelnder Körperhygiene, unzulässiger Fixierung oder nicht hinreichender Wundversorgung äußern können.[244]

---

239 BT-Drs. 12/5262 S. 110.

240 S. hierzu Udsching/Schütze/Wahl § 37 SGB XI Rn. 3.

241 BT-Drs. 11/2237 S. 185.

242 S. hierzu Krauskopf/Sieper § 37 SGB XI Rn. 4; Schulin, NZS 1994, 441; zur Vereinbarkeit der Regelung mit Art. 3 und Art. 6 GG s. BVerfG 26.3.2014, NZS 2014, 414.

243 BeckOGK/Leitherer § 37 SGB XI Rn. 25.

244 Janda, Pflegerecht, S. 57 Rn. 42; BeckOK-SozR/Diepenbruck § 37 SGB XI Rn. 21 f. m. w. N.

Der Pflegebedürftige kann, muss das Pflegegeld jedoch nicht einsetzen, um sich professionelle Pflegeleistungen zu beschaffen.[245] Wird eine professionelle (gewerbliche) Pflegekraft beschäftigt, handelt es sich um das bereits oben unter Rn. 70 erläuterte Arbeitgebermodell. Der Pflegebedürftige kann i. R. v. § 37 SGB XI aber auch pflegenden Angehörigen, Freunden oder Nachbarn mit dem Pflegegeld eine finanzielle Anerkennung zukommen lassen und einen Anreiz bieten, ihn weiterhin zu pflegen.[246] Jedenfalls muss aber die Pflege **sichergestellt** sein. Dies ist z.B. nicht der Fall, wenn die Pflegeperson nur gelegentlich zur Verfügung steht, ohne an einen mit dem Pflegebedürftigen abgestimmten Zeitplan gebunden zu sein.[247] Ist die Pflege nicht sichergestellt, besteht auch kein Anspruch auf Pflegegeld nach § 37 SGB XI. 84

dd) Beratungspflicht

Die Pflege ist grundsätzlich sichergestellt, wenn nicht nur die Durchführung an sich, sondern auch eine ausreichende Qualifikation und Sachkunde der Pflegenden vorhanden ist. Um der Pflegekasse insoweit eine Kontrolle zu ermöglichen und den Pflegebedürftigen vor einer unzweckmäßigen Verwendung des Pflegegeldes zu schützen, ist dieser gem. § 37 Abs. 3 SGB XI verpflichtet, bei den Pflegegraden 2 und 3 mindestens einmal halbjährlich und bei den Pflegegraden 4 und 5 mindestens einmal vierteljährlich eine Beratung in der eigenen Häuslichkeit abzurufen. Die Beratung wird auf Kosten der Pflegekasse bzw. des privaten Versicherungsunternehmens durchgeführt (§ 37 Abs. 3, S. 4 SGB XI). 85

Ziel dieser Pflichteinsätze ist nicht nur die Überprüfung der konkreten Pflegesituation, sondern auch die Beratung des Pflegebedürftigen über Möglichkeiten sachgerechter, **aktivierender Pflege**, Prävention und Rehabilitation, Beteiligung an Selbsthilfegruppen und Einschaltung ergänzender sozialer Dienste.[248] Abs. 3a S. 1 führt zudem ausdrücklich aus, dass die Beratung nach Abs. 3 der Sicherung der Qualität der häuslichen Pflege und der regelmäßigen Hilfestellung und praktischen pflegefachlichen Unterstützung der häuslich Pflegenden dient. Eine Stärkung der Qualitätssicherung soll durch Empfehlungen nach § 37 Abs. 5 SGB XI erreicht werden. Ziel ist es auch, die Erfüllung der Pflicht der Pflegekassen zur Bewertung der Erkenntnisse aus den Beratungsbesuchen besser nachvollziehbar zu machen und mit Hilfe der gewonnenen Erkenntnisse die häusliche Pflegesituation zu verbessern.[249] 86

Der Kreis der **Personen und Institutionen, die die Beratung** durchführen können, ist weit, er wird durch Abs. 3b festgelegt. Der Gesetzgeber verspricht sich davon eine Intensivierung des Wettbewerbs im (Pflege)Beratungsgeschäft.[250] Zur Durchführung der Beratungseinsätze, aber auch zur Bescheinigung bzw. Bestätigung gegenüber der Pflegekasse sind neben den Pflegediensten die anerkannten Beratungsstellen sowie die beauftragten Pflegefachkräfte und die Pflegeberater/in (§ 7a SGB XI) berechtigt. 87

Die Pflegebedürftigen sind nach § 37 Abs. 3 S. 1 SGB XI **verpflichtet**, den **Beratungseinsatz abzurufen**. Kommt der Pflegebedürftige dieser Pflicht nicht nach, hat die Pflegekasse das Pflegegeld **angemessen zu kürzen** oder im Wiederholungsfall ganz zu **entziehen**, § 37 Abs. 6 SGB XI. Was als angemessen anzusehen ist, wird nicht näher konkretisiert. Dieser unbestimmte Rechtsbegriff wird von den Spitzenverbänden der Pflegekassen so ausgelegt, dass eine Kürzung des Pflegegeldes bei vorheriger Ankündigung um 50 Prozent angemessen ist, soweit nicht die Umstände im Einzelfall eine Kürzung in anderer Höhe sachgerechter erscheinen lassen.[251] 88

---

245 Krasney, SGb 1996, 254.

246 BT-Drs. 12/5262 S. 112.

247 Udsching/Schütze/Wahl § 37 SGB XI Rn. 8.

248 Dies wurde ausdrücklich in der Fassung des § 37 Abs. 3 S. 2 SGB XI durch das Pflegeleistungs-Ergänzungsgesetz vom 14.12.2001 klargestellt, BGBl. I S. 3728.

249 BT-Drs. 19/4453 S. 100.

250 BT-Drs. 16/7439 S. 56.

251 Gemeinsames Rundschreiben der Spitzenverbände der Pflegekassen zu den leistungsrechtlichen Vorschriften v. 13.2.2018 zu § 37.

89 Nach Auffassung des BSG liegt in der Verpflichtung, eine Pflegeberatung abzurufen, weder ein Verstoß gegen Art. 13 GG oder Art. 6 Abs. 1 GG noch gegen den Grundsatz der Verhältnismäßigkeit, auch dann nicht, wenn es sich um Versicherte handelt, deren Hilfebedarf sich voraussichtlich nicht ändert. Wird der Abruf der Beratung nach der Kürzung des Pflegegeldes **nachgeholt**, kommt dem BSG zufolge eine Nachzahlung für den zurückliegenden Zeitraum nicht in Betracht, weil § 37 Abs. 6 SGB XI (früher Abs. 3 S. 7) gegenüber §§ 67, 65, 66 Abs. 2 SGB I eine abschließende Sonderregelung darstellt.[252]

e) Kombinationsleistungen (§ 38 SGB XI)

90 Nach § 38 S. 1 SGB XI können Versicherte Pflegesachleistungen (§ 36 SGB XI) und Pflegegeld (§ 37 SGB XI) auch anteilig in Anspruch nehmen. Die Kombinationsleistung ermöglicht es z.B. nicht erwerbsmäßigen Pflegepersonen, wie pflegenden Angehörigen, Unterstützung durch eine professionelle Pflegekraft in Anspruch zu nehmen bei Pflegemaßnahmen, die sie alleine nicht durchführen können und die zeitlich festgelegt werden können. So wird die Pflegebereitschaft von z.B. Angehörigen, Ehrenamtlichen oder Nachbarn unterstützt und der Grundsatz des Vorrangs der häuslichen Pflege i.S.v. § 3 SGB XI gestärkt.[253]

91 Das Verhältnis, in dem Pflegesachleistungen und Pflegegeld miteinander kombiniert werden, legt der Pflegebedürftige grundsätzlich für die Dauer von sechs Monaten fest. Die **Höhe des Pflegegeldes** ergibt sich aus der Differenz zwischen dem Wert der innerhalb eines Kalendermonats zu erbringenden Pflegesachleistungen und den Wertgrenzen des § 36 Abs. 3 SGB XI. Die jeweils einschlägige Wertgrenze des § 36 Abs. 3 SGB XI dient hierbei also als Höchstgrenze.[254] Der Differenzbetrag, der erheblich höher sein kann als der für ihn geltende Pflegegeldsatz (§ 37 Abs. 1 S. 3 SGB XI), wird den Versicherten aber nicht als Pflegegeld ausgezahlt. Das zwischen Differenzbetrag und den Wertgrenzen des § 36 Abs. 3 SGB XI bestehende prozentuale Verhältnis wird vielmehr auf den Pflegegeldsatz übertragen.

Beispiel nach dem Gemeinsamen Rundschreiben der Pflegekassen vom 13.2.2018 zu § 38 SGB XI:
Ein Versicherter des Pflegegrades 2 nimmt monatlich Pflegesachleistungen im Gegenwert von 320 Euro in Anspruch. Pflegebedürftigen mit seinem Pflegegrad stehen gem. § 36 Abs. 3 Nr. 1 SGB XI Pflegesachleistungen bis zu einem Gesamtwert von 689 Euro zu; bei diesem Wert liegt also die Höchstgrenze, auch für eine Kombinationsleistung. 320 Euro stellen gerundet 46,44 Prozent dieses Höchstbetrags dar, es verbleiben somit 53,56 Prozent, die der Pflegebedürftige noch nicht ausgeschöpft hat. Wenn der Rest der Pflege nun über ein Pflegegeld i.S.v. § 37 SGB XI gewährleistet werden soll, sind 53,56 Prozent des Pflegegeldes zu berechnen, das dem Pflegebedürftigen bei einem Pflegegrad von 2 zusteht. Gem. § 37 Abs. 1 S. 3 Nr. 1 beläuft es sich auf 316 Euro je Kalendermonat. 53,56 Prozent von 316 Euro betragen 169,25 Euro. Die Kombinationsleistung setzt sich also in diesem Fall folgendermaßen zusammen: 320 Euro monatlich für Pflegesachleistungen i.S.v. § 36 SGB XI und 169,25 Euro Pflegegeld i.S.v. § 37 SGB XI.

92 Nach § 38 S. 3 SGB XI sind Pflegebedürftige für **sechs Monate** an die Entscheidung **gebunden**, in welchem Verhältnis sie Pflegeleistungen gem. §§ 36, 37 SGB XI in Anspruch nehmen wollten. Die Bindungswirkung dient der Vereinfachung des Verwaltungsverfahrens.[255] Für den Pflegebedürftigen setzt die Wahl der Kombinationsleistung nach § 38 SGB XI somit eine gewisse Planungssicherheit voraus. Die Pflegesachleistungen können über den Bindungszeitraum nicht mehr flexibel an die Bedürfnisse des Pflegebedürftigen angepasst werden. Es wird jedoch überwiegend vertreten, dass

252 BSG 24.7.2003 SGb 2004, 366 m. Anm. Pilz.; ebenso Udsching/Schütze/Wahl § 37 SGB XI Rn. 31.
253 Udsching/Schütze/Wahl § 38 SGB XI Rn. 2.
254 S. auch Udsching/Schütze/Wahl § 38 SGB XI Rn. 2.
255 BT-Drs. 12/5952 S. 40; Udsching/Schütze/Wahl § 38 SGB XI Rn. 6.

die Pflegekasse nach § 48 SGB X verpflichtet ist, den die Kombinationsleistung betreffenden Verwaltungsakt aufzuheben, wenn eine wesentliche Änderung der Verhältnisse eingetreten ist.[256]

f) Zusätzliche Leistungen für Pflegebedürftige in ambulant betreuten Wohngruppen (§ 38a SGB XI)

Mit § 38a SGB XI erhalten Pflegebedürftige in ambulant betreuten Wohngruppen einen Anspruch auf einen pauschalen **Wohngruppenzuschlag** i.H.v. 214 Euro monatlich. Dieser Zuschlag wird **zusätzlich** zu den Leistungen nach §§ 36, 37, 38, 45a, 45b SGB XI gewährt. Damit soll die Versorgungsform des gemeinschaftlichen Wohnens mit gemeinschaftlich organisierter pflegerischer Versorgung gestärkt werden.[257] In der Beschlussempfehlung zum PSG I wird hierzu ausgeführt: 93

> „Die Bedeutung ambulant betreuter Wohngruppen für die pflegerische Versorgung wächst. Diese Wohngruppen tragen dem Wunsch nach privater und häuslicher Pflege und Betreuung Rechnung. Vor allem ermöglichen sie es Menschen, die ihren Lebensalltag nicht mehr allein bewältigen können oder möchten, eine gemeinschaftliche Pflege in der Nähe ihres angestammten Wohnumfeldes zu erhalten. Das verhindert Brüche im sozialen Gefüge der Betroffenen. Die überschaubare Größe der Wohngruppen erleichtert es, die Ressourcen der Pflegebedürftigen zu nutzen und zu erhalten sowie Angehörige und das weitere soziale Umfeld der Pflegebedürftigen in den Alltag der Wohngruppe einzubeziehen."[258]

Gem. § 38a Abs. 1 S. 1 Nr. 1 SGB XI muss die Wohngruppe **mindestens aus zwei und höchstens aus elf Personen** bestehen, von denen mindestens zwei weitere Personen pflegebedürftig sind. Für den Zuschlag wird vorausgesetzt, dass die Personen in einer **abgeschlossenen Wohneinheit** zusammenleben, in der Gemeinschaftsräume wie Küche und Sanitärbereiche und/oder ein Essbereich von allen Bewohnern genutzt werden können; dass ein Bewohner daneben auch über eine eigene Küchenzeile verfügt und ein eigenes Bad hat, schadet nicht zwingend.[259] 94

g) Verhinderungspflege (§ 39 SGB XI)

Ist eine Pflegeperson wegen Erholungsurlaubs, Krankheit oder aus anderen Gründen an der häuslichen Pflege des Versicherten gehindert, übernimmt die Pflegekasse unter den Voraussetzungen des § 39 SGB XI die Kosten einer **Ersatzpflegekraft**.[260] Die Leistung trägt dem Umstand Rechnung, dass die oft langjährige Pflege des Versicherten die Pflegepersonen sowohl in physischer als auch psychischer Hinsicht belastet. Hinzu kommt, dass sich die Pflegepersonen häufig selbst schon in fortgeschrittenem Alter befinden.[261] 95

aa) Voraussetzungen

Gem. § 39 SGB XI muss eine Pflegeperson verhindert, die Ersatzpflege notwendig und eine Vorpflege- oder Wartezeit erfüllt sein. Zudem muss der Pflegebedürftige zum Zeitpunkt der Verhinderung mindestens Pflegegrad 2 haben.

Die Pflegekasse übernimmt gem. § 39 SGB XI die Kosten einer notwendigen Ersatzpflege bei Verhinderung einer **Pflegeperson**. Pflegepersonen sind gem. § 19 S. 1 SGB XI Personen, die Pflegebe- 96

---

256 S. hierzu BeckOGK/Leitherer § 38 SGB XI Rn. 14; Gemeinsames Rundschreiben der Pflegekassen v. 13.2.2018 zu § 38.

257 BT-Drs. 17/9369 S. 40, 41; BeckOGK/Leitherer § 38a SGB XI Rn. 2.

258 BT-Drs. 18/2909 S. 41.

259 Udsching/Schütze/Wahl § 38a SGB XI Rn. 6f.; grundlegend zum Merkmal der gemeinsamen Wohnung BSG 10.9.2020, SRa 2021, 65ff. und 73ff.; s. hierzu auch Brose, SGb 2020, 723ff.

260 Zur Einordnung der Leistung als Sachleistung s. BSG 20.4.2016, BeckRS 2016, 70845.

261 Udsching/Schütze/Wahl § 39 SGB XI Rn. 2.

dürftige **nicht erwerbsmäßig** in ihrer häuslichen Umgebung pflegen.[262] Ist eine professionelle Pflegekraft verhindert, greift § 39 SGB XI nicht. In diesem Fall muss die Pflegeeinrichtung, die die Pflegekraft zur Verfügung stellt, je nach Pflegekonzept einen Ersatz schicken oder aber die Pflegekasse eine andere Einzelperson beauftragen.[263] Darüber hinaus muss die (nicht erwerbsmäßige) Pflegeperson aus einem gewichtigen Grund (z.B. Urlaub, Krankheit) **verhindert** sein. Eine bestimmte Mindestdauer sieht das Gesetz für die Verhinderung nicht vor, auch eine nur stundenweise Verhinderung der Pflegeperson kann daher bereits den Anspruch auslösen.[264]

97 Die Pflegekasse übernimmt die Kosten für eine Ersatzpflegekraft erst dann, wenn die Pflegeperson den Pflegebedürftigen **mindestens sechs Monate** in seiner häuslichen Umgebung gepflegt hat (**„Wartefrist"** gem. § 39 Abs. 1 S. 2 SGB XI). Bei der Sechs-Monats-Frist handelt es sich um eine Gesamtfrist, die sich aus der Addition einer in mehreren Zeitabschnitten erbachten Pflege ergeben kann. Sie muss nur bei der erstmaligen Verhinderung der Pflegeperson erfüllt sein.[265] Während der Wartefrist ist der **Pflegegrad** unerheblich, solange Pflegebedürftigkeit besteht. Zum Zeitpunkt der Verhinderungspflege muss jedoch Pflegegrad 2 vorliegen, § 39 Abs. 1 S. 2 SGB XI.

bb) Umfang

98 Die Pflegekassen übernehmen die Aufwendungen des Pflegebedürftigen für eine **Ersatzpflegekraft bis zu sechs Wochen innerhalb eines Kalenderjahres**, ggf. auch acht Wochen nach Maßgabe von Abs. 4, höchstens jedoch bis zu einem Betrag von insgesamt 1612 Euro (§ 39 S. 1, 3 SGB XI). Die Leistungsgrenze gilt unabhängig davon, welchem Pflegegrad i.S.d. § 15 SGB XI der Versicherte zugeordnet ist. Die Ersatzpflegekraft können Pflegebedürftige frei wählen, das Gesetz macht insoweit keine Vorgaben.[266] Die Aufwendungen werden jedoch nur dann bis zu dem Höchstbetrag von 1612 Euro ersetzt, wenn die Pflegeperson mit dem Pflegebedürftigen nicht bis zum zweiten Grad verwandt oder verschwägert ist und nicht mit ihm in häuslicher Gemeinschaft lebt, andernfalls greifen die Grenzen des § 39 Abs. 3 SGB XI.

h) Pflegehilfsmittel und wohnumfeldverbessernde Maßnahmen (§ 40 SGB XI)

aa) Zweck und Bedeutung

99 Eine weitere Unterstützung der häuslichen Pflege wird durch § 40 SGB XI geleistet. Hier wird ein Anspruch des Pflegebedürftigen auf Versorgung mit Pflegehilfsmitteln begründet. **Zweck** dieser Pflegehilfsmittel muss die Erleichterung der Pflege, die Linderung der Beschwerden des Pflegebedürftigen oder das Ermöglichen einer selbständigeren Lebensführung sein, § 40 Abs. 1 S. 1 SGB XI. Neben den Pflegehilfsmitteln werden in § 40 Abs. 4 SGB XI zudem Maßnahmen zur Verbesserung des individuellen Wohnumfeldes gewährt wie z.B. technische Hilfen im Haushalt. Die Kostenübernahme bzw. Bezuschussung erfolgt nicht umfassend, sondern wird jeweils gedeckelt. Da § 40 SGB XI eine Subsidiaritätsklausel enthält, muss eine Abgrenzung insbesondere zu den Hilfsmitteln nach § 33 SGB V erfolgen. Die Subsidiarität schmälert zum einen die praktische Bedeutung des Anspruchs aus § 40 SGB XI, zum anderen führt sie zu nicht immer einfachen Zuordnungsfragen, s. hierzu Rn. 104.

---

262 Eine wöchentliche Mindestpflegedauer von 14 Stunden ist nicht erforderlich, BeckOGK/Leitherer § 39 SGB XI Rn. 7; ebenso Udsching/Schütze/Wahl § 39 SGB XI Rn. 5.

263 Udsching/Schütze/Wahl § 39 SGB XI Rn. 5.

264 BSG 20. 4. 2016, BeckRS 2016, 70854.

265 BSG 6.6.2002 SozR 3-3300 § 39 Nr. 4; LPK-SGB XI/Beetz § 39 Rn. 24.

266 BeckOGK/Leitherer § 39 SGB XI Rn. 16.

bb) Pflegehilfsmittel

Pflegehilfsmittel sind individuell oder seriell gefertigte Sachen, die zur Erreichung eines oder mehrerer der in § 40 Abs. 1 S. 1 SGB XI genannten Pflegeziele eingesetzt werden.[267] Die Pflegekassen überprüfen gem. § 40 Abs. 1 S. 2 SGB XI die Notwendigkeit der Versorgung mit dem beantragten Pflegehilfsmittel. An der Überprüfung sind eine Pflegefachkraft oder der Medizinische Dienst zu beteiligen. Eine ärztliche Verordnung ist dagegen nicht erforderlich. Ebenso wie nach § 33 Abs. 1 S. 1 SGB V (dort allerdings durch ausdrücklichen Wortlaut) sollen allgemeine Gebrauchsgegenstände des täglichen Lebens nicht von § 40 SGB XI erfasst sein.[268] 100

Gem. § 40 Abs. 2, 3 SGB XI ist zwischen **technischen Hilfsmitteln** und **Hilfsmitteln** zu unterscheiden, die **zum Verbrauch** bestimmt sind. Zur letzten Gruppe gehören Hilfsmittel, die regelmäßig nach ihrer einmaligen Verwendung ersetzt werden müssen (z.B. Inkontinenz- und Hygieneartikel). Technische Hilfsmittel sind dagegen für einen wiederholten und dauerhafteren Gebrauch vorgesehen (z.B. Rollstühle, Hebevorrichtungen). Der Anspruch auf technische Hilfsmittel erstreckt sich auf die notwendige Änderung, Instandsetzung, Ersatzbeschaffung und Ausbildung im Gebrauch des Hilfsmittels (§ 40 Abs. 3 S. 3 SGB XI). Die Hilfsmittel beider Kategorien werden nach § 40 Abs. 2, 3 SGB XI von den Pflegekassen nur unter Einschränkungen gewährt. 101

Nach § 78 Abs. 2 S. 2 SGB XI erstellt der Spitzenverband Bund der Pflegekassen als Anlage zum Hilfsmittelverzeichnis der gesetzlichen Krankenversicherung (§ 128 SGB V) ein **Verzeichnis der Pflegehilfsmittel,** auf die sich die Leistungspflicht der Pflegekassen erstreckt. Das Verzeichnis wirkt für die Pflegeversicherten nicht normativ, sondern hat wie das Hilfsmittelverzeichnis gem. § 128 SGB V nur Informationscharakter und kann den Gerichten als unverbindliche Auslegungshilfe dienen.[269] § 78 Abs. 2 S. 2 SGB XI verleiht also keine gesetzliche Ermächtigung dazu, Hilfsmittel von der Versorgung auszuschließen, die ansonsten den gesetzlichen Anforderungen genügen.[270] Für die Abgrenzung zwischen Hilfsmitteln gem. § 33 SGB V und denen nach § 40 SGB XI wirken die jeweiligen Hilfsmittelverzeichnisse ebenso wenig normativ.[271] 102

cc) Subsidiarität und Abgrenzungen

Nach § 40 Abs. 1 S. 1 SGB XI erhalten Pflegebedürftige im Rahmen ihrer häuslichen Pflege ergänzend Pflegehilfsmittel, soweit diese Leistungen nicht durch andere Leistungsträger, insbesondere die Krankenkassen, erbracht werden müssen (§ 33 SGB V). Geregelt ist also die **Subsidiarität** der Leistung von Pflegehilfsmitteln oder umgekehrt formuliert eine vorrangige Zuständigkeit der Krankenkassen für Hilfsmittel. Das bedeutet, dass die Pflegekassen trotz Vorliegens der Voraussetzungen des § 40 SGB XI nicht leistungspflichtig sind, wenn zugleich die Voraussetzungen des § 33 SGB V gegeben sind. 103

Eine Überschneidung ist insbesondere bei Hilfsmitteln denkbar, die nach § 33 SGB V zum Ausgleich einer Behinderung gewährt werden.[272] Diese Hilfsmittel können ebenso geeignet sein, die Beschwerden des Pflegebedürftigen zu lindern oder ihm eine selbständigere Lebensführung zu ermöglichen. Für die **Abgrenzung der Zuständigkeiten** zwischen gesetzlicher Krankenversicherung und Pflegeversicherung stellt die Rechtsprechung darauf ab, ob das Hilfsmittel neben der Erleichterung der Pflege zumindest auch dem Ausgleich einer Behinderung dient – dann ist die gesetzliche Krankenversicherung vorrangig zuständig – oder ob es nahezu ausschließlich darum geht, die Pflege zu ermöglichen oder zu erleichtern, in diesem Fall greift die Pflegeversicherung.[273] 104

---

267 Udsching/Schütze/Lungstras § 40 SGB XI Rn. 6.

268 BT-Drs. 12/5262 S. 113; BSG 22.8.2001, NZS 2002, 374; 15.11.2007, NZS 2008, 599.

269 BSG 11.4.2002, NZS 2002, 543; Udsching/Schütze/Lungstras § 40 SGB XI Rn. 7; s. zum Hilfsmittelverzeichnis des GKV-Spitzenverbands insoweit BSG 30.9.2015 SozR 4-2500 § 33 Nr. 48.

270 BSG 15.11.2007, SGb 2008, 23.

271 BSG 15.11.2007, SGb 2008, 23.

272 BSG 22.5.1984 SozR 2200 § 182b Nr. 29.

273 BSG 12.6.2008 SozR 4-3300 § 40 Nr. 8.

Als **Beispiel** wird in der Literatur der Rollstuhl genannt. Danach ist ein Selbstfahrerrollstuhl i.d.R. ein Hilfsmittel der gesetzlichen Krankenversicherung, weil hier allgemein Defizite bei der Mobilität kompensiert werden sollen. Wenn allerdings ein spezieller Rollstuhl allein dazu dient, den Weg vom Bett zum Bad zu bewältigen, um dann dort erforderliche Pflegemaßnahmen vornehmen zu können, handelt es sich um ein Pflegehilfsmittel.[274]

dd) Leistungsgrenzen für Pflegehilfsmittel

105 Die Aufwendungen der Pflegekasse für Hilfsmittel, die zum Verbrauch bestimmt sind, dürfen einen **monatlichen Betrag von 40 Euro** nicht übersteigen (§ 40 Abs. 2 SGB XI). Technische Hilfsmittel sollen dem Pflegebedürftigen grundsätzlich **leihweise** zur Verfügung gestellt werden (§ 40 Abs. 3 S. 1 SGB XI). Lehnen Versicherte die leihweise Überlassung ohne zwingenden Grund ab, so haben sie die Kosten des Hilfsmittels in vollem Umfang selbst zu tragen (§ 40 Abs. 3 S. 7 SGB XI). Kommt eine leihweise Überlassung des technischen Hilfsmittels nicht in Betracht, hat der Pflegebedürftige eine Zuzahlung von zehn Prozent der Kosten, höchstens 25 Euro je Hilfsmittel, zu leisten, wenn er zum Zeitpunkt der Abnahme das 18. Lebensjahr vollendet hat (§ 40 Abs. 3 S. 4 SGB XI). Zur Vermeidung von Härten sieht § 40 Abs. 3 S. 4 SGB XI in entsprechender Anwendung paralleler Bestimmungen in § 62 SGB V die Möglichkeit der Befreiung von der Zuzahlung vor.

ee) Maßnahmen zur Verbesserung des Wohnumfeldes

106 Wird eine Person pflegebedürftig, kann es erforderlich sein, das bisherige Wohnumfeld an den Pflegebedarf anzupassen. § 40 Abs. 4 SGB XI sieht daher Zuschüsse der Pflegekassen für Maßnahmen zur Verbesserung des individuellen Wohnumfeldes des Pflegebedürftigen vor. Die jeweilige Maßnahme muss objektiv erforderlich sein, um die Pflege im häuslichen Umfeld überhaupt erst durchführen zu können oder zu einer erheblichen Erleichterung in der Pflege zu führen.[275] Hierzu gehören bauliche Veränderungen (z.B. Rampe, Treppenlift oder auch Einbau eines Personenaufzugs)[276] und die individuelle Herstellung oder Umgestaltung des Wohnungsinventars (z.B. Badewanne, Dusche). Als Orientierung können die „Gemeinsamen Empfehlungen zu den Maßnahmen zur Verbesserung des individuellen Wohnumfeldes des Pflegebedürftigen nach § 40 Abs. 4 SGB XI" dienen. Der in den Empfehlungen enthaltene Katalog zuschussfähiger Maßnahmen ist aber nicht abschließend.[277]

107 Für jede Maßnahme kann die Pflegekasse einen Zuschuss von bis zu 4000 Euro gewähren. Die Entscheidung, welche Maßnahmen im Einzelfall in Betracht kommen und in welcher Höhe die Pflegekasse einen Zuschuss bewilligt, liegt in ihrem Ermessen.[278]

i) Digitale Pflegeanwendungen (§ 40a SGB XI)

108 Vergleichsweise neu ist die Aufnahme digitaler Pflegeanwendungen in den Leistungskatalog der sozialen Pflegeversicherung.[279] Digitale Pflegeanwendungen werden in § 40a Abs. 1 SGB XI **legaldefiniert**. Demnach handelt es sich um Anwendungen, die wesentlich auf digitalen Technologien beruhen und von den Pflegebedürftigen oder in der Interaktion von Pflegebedürftigen mit Angehörigen, sonstigen ehrenamtlich Pflegenden oder zugelassenen ambulanten Pflegeeinrichtungen genutzt werden, um Beeinträchtigungen der Selbständigkeit oder der Fähigkeiten des Pflegebedürftigen zu

274 Udsching/Schütze/Lungstras § 40 SGB XI Rn. 25; s. zu Rollstühlen auch BSG 10.2.2000 BSGE 85, 287; zu Pflegebetten BSG 24.9.2002 SozR 3-2500 § 33 Nr. 47.
275 BSG 13.5.2004 SozR 4-3300 § 40 Nr. 1.
276 S. BSG 13.5.2004, NJW 2004, 3206.
277 BSG 3.11.1999, NZS 2000, 404; BSG 13.5.2004, NJW 2004, 3206.
278 BeckOGK/Leitherer § 40 SGB XI Rn. 38.
279 Eingeführt durch Gesetz vom 3.6.2021, BGBl. I S. 1309.

mindern oder einer Verschlimmerung der Pflegebedürftigkeit entgegenzuwirken, soweit die Anwendung nicht wegen Krankheit oder Behinderung von der Krankenversicherung oder anderen zuständigen Leistungsträgern zu leisten ist. Eine digitale Pflegeanwendung iSv. § 40a SGB XI kann zB eine App zur Sturzprävention sein. Nach § 40a Abs. 2 S. 1 SGB XI erfasst der Leistungsanspruch allerdings nur diejenigen digitalen Pflegeanwendungen, die vom Bundesinstitut für Arzneimittel und Medizinprodukte nach § 78a Abs. 3 SGB XI in das Verzeichnis für digitale Pflegeanwendungen (sog. DiPA-Verzeichnis) aufgenommen wurden. Mit der Aufnahme der digitalen Pflegeanwendungen in den Leistungskatalog wird das **Ziel** verfolgt, dem Vorrang häuslicher Pflege nach § 4 SGB XI Rechnung zu tragen, da sie in der Häuslichkeit als Unterstützung dienen können.[280] Aus sozialpolitischer Sicht wird teilweise kritisiert, dass digitalen Pflegeanwendungen nur in der häuslichen Pflege berücksichtigt werden.[281]

j) Angebote zur Unterstützung im Alltag (§ 45a SGB XI)

aa) Inhalt und Zweck der Angebote zur Unterstützung

Die möglichen Angebote zur Unterstützung im Alltag werden von § 45a Abs. 1 S. 2 Nr. 1–3 SGB XI in 109
drei Gruppen unterteilt: Betreuungsangebote, Angebote zur Entlastung von Pflegenden und Angebote zur Entlastung im Alltag. Der Begriff „Angebot" ist ein wenig unklar, letztlich wird er im Sinne von „Leistung" verwendet.[282] **Betreuungsangebote** sind Leistungen, bei denen v.a. ehrenamtliche Helfer die Betreuung von Pflegebedürftigen in Gruppen oder im häuslichen Bereich übernehmen, § 45a Abs. 1 S. 2 Nr. 1 SGB XI. Die **Angebote zur Entlastung von Pflegenden** dienen der gezielten Entlastung und beratenden Unterstützung von pflegenden Angehörigen und vergleichbar nahestehenden Personen, § 45a Abs. 1 S. 2 Nr. 2 SGB XI. Mit **Angeboten zur Entlastung im Alltag** sollen Pflegebedürftige vor allem bei der Haushaltsführung oder bei der eigenverantwortlichen Organisation individuell benötigter Hilfeleistungen unterstützt werden, § 45a Abs. 1 S. 2 Nr. 3 SGB XI. Konkretisiert werden die Angebote durch die in § 45a Abs. 1 S. 4 SGB XI nicht abschließend aufgezählten Beispiele wie Betreuungsgruppen für an Demenz erkrankte Menschen oder Helferkreise zur stundenweisen Entlastung pflegender Angehöriger sowie durch die etwas weiter gefassten Ausführungen in § 45a Abs. 2 SGB XI. Als konkretere Beispiele werden in der Gesetzesbegründung eine kontinuierliche qualifizierte Pflegebegleitung und ein fester Ansprechpartner in Notsituationen genannt.[283] Die Angebote zur Unterstützung im Alltag dienen gem. § 45a Abs. 1 S. 1 SGB XI dem **Zweck**, Pflegepersonen zu entlasten und Pflegebedürftigen zu helfen, möglichst lange in ihrer häuslichen Umgebung zu bleiben, soziale Kontakte zu erhalten und ihre Selbständigkeit im Alltag zu bewahren.

Erforderlich ist für alle Formen der Angebote zur Unterstützung im Alltag, dass sie über ein **Kon-** 110
zept verfügen, welches Angaben zur **Qualitätssicherung** des Angebots und eine **Übersicht** über die Leistungen und die Kosten enthält, § 45a Abs. 2 S. 2 SGB XI. Damit soll zum einen Transparenz gewährleistet werden und zum anderen, dass die (ehrenamtlich) Helfenden hinreichend qualifiziert sind, also u.a. auch Grund- und Notfallwissen im Umgang mit Pflegebedürftigen vorweisen können, § 45a Abs. 2 S. 3 SGB XI.[284] In diesen Zusammenhang ist auch die Verordnungsermächtigung der Landesregierungen nach Abs. 3 einzuordnen. In den Verordnungen kann Näheres zur Anerkennung der Angebote sowie zur Qualitätssicherungen geregelt werden, so z.B. das Vorhalten eines ausreichenden Versicherungsschutzes im Rahmen der ausgeübten Tätigkeiten.[285]

280 BT-Drs.19/27652, S. 143
281 Braun, NZS 2021, 710, 712; Luthe, SGb 2022, 29, 30.
282 BeckOGK/Koch § 45a SGB XI Rn. 14.
283 BT-Drs. 18/5926 S. 131.
284 BT-Drs. 18/5926 S. 131.
285 BT-Drs. 18/5926 S. 132.

bb) Voraussetzungen und Kostenerstattung

111 Da diese Angebote (Leistungen) Kosten verursachen, regelt Abs. 4 die Möglichkeit einer Kostenerstattung. Vorbehalten ist sie jedoch nur Pflegebedürftigen, die sich in **häuslicher Pflege** befinden und mindestens **Pflegegrad 2** haben. Des Weiteren muss der Pflegebedürftige eine verpflichtende **Beratung** nach Maßgabe von § 37 Abs. 3 bis 5, 7, 8 SGB XI (s. hierzu Rn. 85ff.) in Anspruch nehmen. Zudem besteht auch hier ein Antragserfordernis, § 45a Abs. 4 S. 1 SGB XI.

112 Die **Kostenerstattung** erfolgt über eine Anrechnung auf den Anspruch des Pflegebedürftigen auf Pflegesachleistungen i.S.v. § 36 SGB XI, gedeckelt wird sie bei 40 Prozent des jeweils einschlägigen Höchstbetrags nach § 36 Abs. 3 SGB XI (für Kombinationsleistungen s. § 45a Abs. 4 S. 5 SGB XI). Der Kostenerstattungsanspruch wird auch als **Umwandlungsanspruch** bezeichnet, weil er auf einer teilweisen Umwandlung des Anspruchs auf Pflegesachleistungen beruht.[286]

k) Entlastungsbetrag (§ 45b SGB XI)

113 Darüber hinaus haben Pflegebedürftige in häuslicher Pflege einen Anspruch auf einen Entlastungsbetrag, der sich auf **bis zu 125 Euro monatlich** beläuft, § 45b Abs. 1 S. 1 SGB XI.[287] Dieser Anspruch gilt unabhängig vom Pflegegrad, also bereits ab Pflegegrad 1. Erforderlich ist allerdings, dass dieser Betrag **zweckgebunden** eingesetzt wird für Leistungen zur Entlastung pflegender Angehöriger und vergleichbar nahestehender Pflegender und zur Förderung der Selbständigkeit und Selbstbestimmtheit der Pflegebedürftigen bei ihrer Alltagsgestaltung. Auch diese Regelung dient dazu, den besonderen Belastungen, denen pflegende Angehörige ausgesetzt sind, Rechnung zu getragen; umgekehrt soll damit auch die häusliche Pflege durch Angehörige weiter gestärkt werden. Dies ist letztlich auch eine wichtige Kostenerwägung in der Pflegeversicherung.

114 In Abs. 1 S. 3 wird abschließend aufgezählt, für welche Leistungen der Entlastungsbetrag eingesetzt werden darf, so z.B. zu Leistungen der Tages- oder Nachtpflege oder aber auch für Leistungen zur Unterstützung im Alltag i.S.v. § 45a SGB XI. Da in § 45a SGB XI eine Kostenerstattung erst ab Pflegegrad 2 greift, geht der Entlastungsbetrag nach § 45b SGB XI weiter, indem er auch Pflegebedürftigen mit **Pflegegrad 1** gewährt wird.

3. Stationäre Pflege (§§ 41 bis 43b SGB XI)

a) Überblick

115 Die Pflegeversicherung gewährt stationäre Pflege in Form von
- teilstationärer Pflege (§ 41 SGB XI),
- Kurzzeitpflege (§ 42 SGB XI),
- vollstationärer Pflege (§ 43 SGB XI) und der Pflege in vollstationären Einrichtungen für Menschen mit Behinderung (§ 43a SGB XI).

Hinzukommen kann ein Anspruch auf zusätzliche Betreuungs- und Aktivierungsleistungen in vollstationären Einrichtungen, § 43b SGB XI.

116 Die stationäre Pflege findet in stationären Pflegeeinrichtungen (Pflegeheimen) statt. Die Legaldefinition des § 71 Abs. 2 SGB XI beschreibt **Pflegeheime** als selbständig wirtschaftende Einrichtungen, in denen Pflegebedürftige unter ständiger Verantwortung einer ausgebildeten Fachkraft gepflegt und je nach Art der stationären Leistung ganztägig (vollstationär), nur tagsüber oder nur nachts (teilstationär) untergebracht und verpflegt werden können.

117 Die **Vergütung** für die Leistungen der Pflegeheime bestimmt sich nach §§ 82ff. SGB XI. Hier ist gem. § 82 Abs. 1 S. 1 SGB XI zwischen der **Pflegevergütung**, d.h. der Vergütung für die allgemeinen Pflegeleistungen (Nr. 1) und dem Entgelt für Unterkunft und Verpflegung (Nr. 2) zu unterscheiden.

---

286 BeckOGK/Koch § 45a SGB XI Rn. 56.

287 Zur Entstehung des Anspruchs s. im Einzelnen Udsching/Schütze/Rasch § 45b SGB XI Rn. 15ff.

Die **Kosten der Unterkunft** und Verpflegung sind gem. §§ 4 Abs. 2 S. 2, 82 Abs. 1 S. 4 SGB XI vom Pflegebedürftigen zu tragen.

b) Teilstationäre Pflege (§ 41 SGB XI)

Die teilstationäre Pflege gem. § 41 SGB XI **dient der Ergänzung** der **häuslichen Pflege**. Die Pflege im häuslichen Bereich soll erhalten und dauerhaft gesichert werden, um eine Aufnahme des Pflegebedürftigen in die vollstationäre Pflege zu vermeiden. Mit der teilstationären Pflege des Versicherten wird eine Entlastung der Pflegepersonen erreicht, die ihre Erwerbstätigkeit mit den Anforderungen der Pflege koordinieren müssen.[288] 118

Der Anspruch auf teilstationäre Pflege wird nur Pflegebedürftigen mit Pflegegrad 2 bis 5 gewährt.[289] Weitere **Voraussetzung** ist, dass die häusliche Pflege nicht in ausreichendem Maße sichergestellt werden kann oder dies zur Ergänzung oder Stärkung der häuslichen Pflege erforderlich ist (§ 41 Abs. 1 S. 1 SGB XI). Die Ursachen hierfür können entweder in der Person des Pflegebedürftigen oder der Pflegeperson liegen, auch ein Zusammenwirken mehrerer Faktoren kommt in Betracht. Die häusliche Pflege ist bspw. nicht ausreichend sichergestellt, wenn Pflegepersonen wegen einer kurzfristigen Zunahme der Pflegebedürftigkeit oder aufgrund der Anforderungen ihrer Erwerbstätigkeit mit der Versorgung des Versicherten überfordert sind.[290] 119

Die **Leistungserbringung** erfolgt in **zugelassenen Pflegeheimen** (§§ 71 Abs. 2, 72 Abs. 1 SGB XI). Die von der Pflegekasse für die teilstationäre Versorgung des Versicherten zu tragenden **Aufwendungen** sind nach den Pflegegraden gestaffelt (§ 41 Abs. 2 SGB XI). Der monatliche Leistungssatz reicht von 689 Euro (Pflegegrad 2) bis 1995 Euro (Pflegegrad 5). Die Pflegeversicherung übernimmt die mit der teilstationären Pflege verbundenen pflegebedingten Aufwendungen (§ 41 Abs. 2 SGB XI i.V.m. § 4 Abs. 2 S. 2 SGB XI). Nach § 41 Abs. 1 S. 2 SGB XI umfasst die teilstationäre Pflege zudem die notwendige Beförderung des Versicherten von seiner Wohnung zur Pflegeeinrichtung und zurück. Die oft nicht unerheblichen Fahrtkosten werden allerdings in die Berechnung der Gesamtaufwendungen einbezogen und nur in den Grenzen des Leistungsanspruchs gem. § 41 Abs. 2 SGB XI übernommen.[291] Ferner trägt die Pflegekasse die Aufwendungen der Betreuung sowie die Aufwendungen für die in der Einrichtung notwendigen Leistungen der medizinischen Behandlungspflege. Damit bildet § 41 Abs. 2 S. 1 SGB XI eine Ausnahme zu dem Grundsatz, dass Grund- und Behandlungspflege nach dem SGB XI und dem SGB V voneinander abzugrenzen sind.[292] 120

Gem. § 41 Abs. 3 SGB XI können die Pflegebedürftigen den Anspruch auf teilstationäre Pflege mit ambulanten Pflegesachleistungen, Pflegegeld oder der Kombinationsleistung nach § 38 SGB XI nach ihrer Wahl miteinander **kombinieren**. Eine Anrechnung auf diese Ansprüche erfolgt dabei nicht. 121

c) Kurzzeitpflege (§ 42 SGB XI)

Die Kurzzeitpflege verfolgt ebenso wie die teilstationäre Pflege das **Ziel**, Pflegepersonen zu entlasten und eine (dauerhafte) vollstationäre Pflege zu vermeiden.[293] Sie wird in Form einer vorübergehenden vollstationären Pflege erbracht. 122

Pflegebedürftige mit einem Pflegegrad von 2 bis 5 haben Anspruch auf Kurzzeitpflege, wenn die häusliche Pflege zeitweise nicht, noch nicht oder nicht im erforderlichen Umfang erbracht werden kann und eine teilstationäre Pflege nicht ausreichend wäre (§ 42 Abs. 1 S. 1 SGB XI). Damit ist die Kurz- 123

288 BT-Drs. 12/5262 S. 114; BT-Drs. 14/6949 S. 14.

289 Bei Pflegegrad 1 kann hingegen z.B. bei Erwerbstätigkeit des pflegenden Angehörigen eine Kombinationsleistung nach § 38 SGB XI in Anspruch genommen werden, Janda, Pflegerecht, S. 67 Rn. 91.

290 BT-Drs. 12/5262 S. 115.

291 BT-Drs. 12/5262 S. 114.

292 Janda, Pflegerecht, S. 68 Rn. 92.

293 BR-Drs. 103/99 S. 5; BT-Drs. 12/5262 S. 115.

zeitpflege **subsidiär** zur teilstationären Pflege. § 42 Abs. 1 S. 2 SGB XI konkretisiert diese **Voraussetzungen.** Ein Anspruch auf Kurzzeitpflege besteht danach

- für eine Übergangszeit im Anschluss an die Behandlung des Pflegebedürftigen im Krankenhaus oder in einer Rehabilitationseinrichtung (§ 42 Abs. 1 S. 2 Nr. 1 SGB XI),
- in sonstigen Krisensituationen, in denen vorübergehend häusliche oder teilstationäre Pflege nicht möglich oder nicht ausreichend ist (§ 42 Abs. 1 S. 2 Nr. 2 SGB XI).

Damit wird die Kurzzeitpflege unter den Vorbehalt gestellt, dass sie nur für eine **Übergangssituation** in Anspruch genommen wird. Eine **Krisensituation** i.S.v. § 42 Abs. 1 S 2 Nr. 2 SGB XI kann aufgrund einer zeitweiligen Verschlechterung der Konstitution des Pflegebedürftigen bestehen oder darauf beruhen, dass die Pflegeperson die häusliche Pflege vorübergehend nicht erbringen kann.[294]

124 Die Kurzzeitpflege wird vollstationär in einem zugelassenen Pflegeheim (§§ 71 Abs. 2, 72 Abs. 1 SGB XI) erbracht. Ausnahmsweise ist gem. § 42 Abs. 3 SGB XI eine Kurzzeitpflege in einer Einrichtung der Hilfe für behinderte Menschen und andere geeignete Einrichtungen möglich. Der Anspruch ist gem. § 42 Abs. 2 S. 1 SGB XI auf einen **Zeitraum von acht Wochen** innerhalb eines Kalenderjahres begrenzt. Die Pflegekasse übernimmt die pflegebedingten Aufwendungen, die Aufwendungen für die Betreuung und die Kosten der medizinischen Behandlungspflege. Grundsätzlich dürfen sie insgesamt einen **Höchstbetrag** von 1612 Euro pro Kalenderjahr nicht überschreiten. Die Kurzzeitpflege kann gem. § 42 Abs. 2 S. 3 SGB XI um den Leistungsbetrag für die Verhinderungspflege nach § 39 Abs. 1 S. 3 SGB XI auf insgesamt 3386 Euro im Kalenderjahr **erhöht** werden. Damit soll die Kurzzeitpflege flexibler gestaltet werden.[295]

d) Vollstationäre Pflege (§§ 43, 43a SGB XI)

125 Gem. § 43 Abs. 1 SGB XI haben Pflegebedürftige der **Pflegegrade 2 bis 5** einen Anspruch auf Pflege in vollstationären Einrichtungen. Ursprünglich enthielt die Regelung noch den Zusatz „wenn häusliche oder teilstationäre Pflege nicht möglich ist oder wegen der Besonderheit des einzelnen Falles nicht in Betracht kommt“ und hob so die Subsidiarität der vollstationären Pflege hervor. Dieser Zusatz wurde durch das PSG III mit Wirkung zum 1.1.2017 gestrichen. Der Grundsatz der **Subsidiarität** folgt zwar weiterhin aus § 3 S. 2 SGB XI und auch in §§ 41 Abs. 1, 42 Abs. 1 SGB XI kommt das Stufenverhältnis zum Ausdruck. Das SGB XI zielt insgesamt darauf ab, stationäre Pflege soweit wie möglich zu vermeiden. Dennoch hat der Pflegebedürftige die **Wahl**, sich frei für eine stationäre Pflege zu entscheiden.[296] Es muss nicht geprüft werden, ob eine vollstationäre Pflege im Vergleich zu einer teilstationären oder häuslichen Pflege erforderlich ist.[297] Hintergrund für den Wegfall der zusätzlichen Voraussetzungen ist zum einen die Annahme des Gesetzgebers, dass sich ein Pflegebedürftiger ohnehin „nicht ohne gute Gründe“ für eine vollstationäre Pflege entscheiden würde[298] und zum anderen wurde darauf verwiesen, dass sich die Leistungsbeträge für ambulante und vollstationäre Pflege inzwischen soweit angenähert haben, dass die Regelung ihren ursprünglichen Sinn verloren hatte.[299]

126 Pflegebedürftige mit einem **Pflegegrad 1** werden nicht von der vollstationären Pflege ausgeschlossen. Ihnen steht allerdings für ihre Aufwendungen gem. § 43 Abs. 3 SGB XI lediglich ein Anspruch auf einen Zuschuss i.H.v. 125 Euro monatlich zu.

127 Für Pflegebedürftige mit einem Pflegegrad 2 bis 5, die sich nach § 43 Abs. 1 SGB XI für eine vollstationäre Pflege entscheiden, wird in § 43 Abs. 2 SGB XI der **Anspruchsumfang** geregelt. Im Rahmen der vollstationären Pflege werden gem. § 43 Abs. 2 S. 1 SGB XI **pflegebedingte Aufwendungen** (§ 4

294 S. hierzu BT-Drs. 12/5262 S. 115.
295 BT-Drs. 18/1798 S. 28.
296 Udsching/Schütze/Wiegand § 43 SGB XI Rn. 2.
297 BeckOGK/Heidenreich § 43 SGB XI Rn. 15.
298 BT-Drs. 12/5262, S. 115 zur ersten Änderung hinsichtlich der Subsidiariätsklausel durch das PSG II.
299 BT-Drs. 18/10510 S. 110; s. zu den Hintergründen auch BeckOGK/Heidenreich § 43 SGB XI Rn. 14f.

Abs. 2 S. 2 SGB XI), Aufwendungen der **Betreuung** und Aufwendungen für Leistungen der **medizinischen Behandlungspflege** übernommen.

Hierfür sind in Abs. 2 S. 2 folgende **Pauschalen je Kalendermonat** vorgesehen, die nach Pflegegraden gestaffelt sind: 128

- 770 Euro für Pflegebedürftige des Pflegegrades 2,
- 1262 Euro für Pflegebedürftige des Pflegegrades 3,
- 1775 Euro für Pflegebedürftige des Pflegegrades 4,
- 2005 Euro für Pflegebedürftige des Pflegegrades 5.

Allerdings werden diese Beträge den Versicherten nicht wie es beim Pflegegeld nach § 37 SGB XI gemacht wird als Geldleistung zur Verfügung gestellt. Es handelt sich vielmehr um **Sachleistungen**, die den Heimträgern als Entgelt der Pflegekassen für die erbrachten Leistungen gewährt werden.[300]

Gem. § 43 Abs. 2 S. 3 SGB XI übernimmt die Pflegekasse auch Aufwendungen für **Unterkunft und Verpflegung**, soweit der nach S. 2 gewährte Leistungsbetrag die Aufwendungen, die in S. 1 genannt werden (für Pflege, Betreuung, medizinische Behandlungspflege), übersteigt. Grundsätzlich werden die Kosten für Unterkunft und Verpflegung bei einer stationären Pflege gerade nicht übernommen. Die Ausnahmeregelung setzt voraus, dass die in Abs. 2 S. 2 genannten Pauschalen höher sind als die Aufwendungen für Pflege, Betreuung und medizinische Behandlungspflege; es muss also Geld „übrig bleiben".[301] Dieser Fall wird nur selten auftreten, ist es doch in der Regel eher umgekehrt, also so, dass diese Pauschalen bereits für die Aufwendungen für Pflege, Betreuung und medizinische Behandlungspflege nicht ausreichen.[302] 129

Gem. § 43a SGB XI übernimmt die Pflegekasse für **pflegebedürftige Menschen mit Behinderung** in vollstationären Einrichtungen der Hilfe für behinderte Menschen für die Pflegeaufwendungen, Betreuung und medizinische Behandlungspflege in Höhe von fünfzehn Prozent der nach Teil 2 Kapitel 8 des SGB IX vereinbarten Vergütung. Allerdings wird als Höchstgrenze ein monatlicher Betrag von 266 Euro eingezogen. Erfasst werden nur Einrichtungen nach § 71 Abs. 4 Nr. 1 SGB XI, in der die Teilhabe am Arbeitsleben, an Bildung oder die soziale Teilhabe, die schulische Ausbildung oder die Erziehung von Menschen mit Behinderungen im Vordergrund des Einrichtungszwecks stehen, sowie die Pflege von Pflegebedürftigen in Räumlichkeiten i. S. d. § 71 Abs. 4 Nr. 3 SGB XI, die Leistungen der Eingliederungshilfe für Menschen mit Behinderungen nach Teil 2 des SGB IX erhalten. 130

e) Zusätzliche Betreuungs- und Aktivierungsleistungen (§ 43b SGB XI)

Mit § 43b SGB XI wird Pflegebedürftigen in stationären Pflegeeinrichtungen ein Anspruch auf zusätzliche Betreuung und Aktivierung gewährt, die über die für die jeweilige Pflegebedürftigkeit notwendige Versorgung hinausgeht. Der Wortlaut schränkt weder hinsichtlich des Pflegegrades noch der Art der stationären Pflege ein. Somit greift der Anspruch bei **allen Pflegegraden** (auch Pflegegrad 1) und ebenso in **vollstationären wie auch in teilstationären Einrichtungen**.[303] 131

Die Regelung begründet einen **individuellen Anspruch** auf Maßnahmen der zusätzlichen Betreuung und Aktivierung.[304] Die Umsetzung erfolgt durch die Bereitstellung zusätzlichen Betreuungspersonals in den Einrichtungen. Der Anspruch richtet sich **gegen die Pflegekassen**, sie müssen also diese zusätzlichen Betreuungskräfte vollständig finanzieren.[305] Zur vergütungsrechtlichen Umsetzung verweist § 43b SGB XI auf § 84 Abs. 8 und § 85 Abs. 8 SGB XI. 132

---

300 Udsching/Schütze/Wiegand § 43 SGB XI Rn. 9.
301 S. hierzu BT-Drs. 18/10510 S. 110.
302 BeckOGK/Heidenreich § 43 SGB XI Rn. 31.
303 BT-Drs. 18/5926 S. 128.
304 BT-Drs. 18/5926 S. 128.
305 BeckOGK/Heidenreich § 43b SGB XI Rn. 3.

133 Diese Regelung wurde mit dem PSG II eingeführt, zuvor war ein vergleichbarer Anspruch in § 87b SGB XI a.F. verortet. Indem diese Sonderregelung auch nach Änderung des Begriffs der Pflegebedürftigkeit mit Hilfe von § 43b SGB XI aufrechterhalten wird, soll auch sichergestellt werden, dass die zuvor eingestellten zusätzlichen Betreuungskräfte von den Trägern der Pflegeeinrichtungen weiterhin beschäftigt werden (können) und so die **Pflegestruktur gesichert** bleibt.[306]

f) Begrenzung des Eigenanteils an den pflegebedingten Aufwendungen (§ 43c SGB XI)

134 Angesichts der steigenden finanziellen Belastungen der Pflegebedürftigen, die sich in stationärer Pflege befinden, hat der Gesetzgeber mit dem Gesundheitsversorgungsweiterentwicklungsgesetz vom 11.7.2021[307] den Eigenanteil an pflegebedürftigen Aufwendungen begrenzt.[308] Hierfür sieht § 43c SGB XI einen Leistungszuschlag vor, der mit zunehmender Dauer des Leistungsbezugs gestaffelt von 15 Prozent auf bis zu 75 Prozent des zu zahlenden Eigenanteils ansteigt. **Ziel** der Regelung ist es, eine finanzielle Überforderung der vollstationär versorgten Pflegebedürftigen zu vermeiden; auch verspricht sich der Gesetzgeber davon, dadurch das Ausmaß der Angewiesenheit auf ergänzende Leistungen der Sozialhilfe zu verringern.[309]

135 Die Prozentsätze wurden bereits seit Inkrafttreten der Regelung im Jahr 2021 ein erstes Mal zum 1.1.2024 erhöht.[310] Dies ist symptomatisch für die momentane Situation im Bereich der Pflege. § 43c SGB XI spiegelt den erheblichen finanziellen Druck wider, der auf den Pflegebedürftigen lastet, zugleich wird die ebenfalls unter finanziellem Druck stehende Pflegeversicherung durch den Leistungszuschlag mit zusätzlichen Kosten belastet, was mittelfristig die Grundfrage der Finanzierung und Finanzierbarkeit der Pflegeversicherung noch dringender werden lässt.

§ 31 Leistungen für Pflegepersonen

Literatur: Barkow von Creytz, Das Gesetz zur besseren Vereinbarkeit von Familie, Pflege und Beruf, DStR 2015, 128ff.; Janda, Die Entlastung von Angehörigen in der Pflege, VSSAR 2020, 297ff.; Just, Absicherung von nicht erwerbsmäßig tätigen Pflegepersonen in der Sozialversicherung, SozSich 2008, 74ff.; Richter, Die neue soziale Pflegeversicherung – Ein leistungsrechtlicher Überblick, NJW 2016, 598ff.

I. Einbeziehung in die Sozialversicherung (§ 44 SGB XI)

1. Einordnung des § 44 SGB XI und Überblick

1 Die Pflegeversicherung soll mit ihren Leistungen vorrangig die häusliche Pflege und die Pflegebereitschaft der Angehörigen und Nachbarn unterstützen (§ 3 S. 1 SGB XI). Im Zuge der Einführung des SGB XI erweiterte der Gesetzgeber deshalb nicht nur das Leistungsspektrum im Bereich der häuslichen Pflegeleistungen, sondern verbesserte gleichzeitig die Leistungen zur **sozialen Sicherung der Pflegepersonen**. Pflegepersonen sind meist pflegende Angehörige, die nicht selten aufgrund ihrer Pflegetätigkeit keiner oder nur noch eingeschränkt einer Erwerbstätigkeit nachgehen können, so dass ihnen auch der Schutz der Sozialversicherung (zumindest teilweise) verloren geht. Die Einbeziehung der Pflegepersonen in die Sozialversicherung richtet sich nach den einschlägigen Vorschriften der jeweiligen Versicherungszweige. § 44 SGB XI hat die Funktion einer **Einweisungsvorschrift**. Sie gibt Hinweise darauf, in welchen Bereichen des Sozialgesetzbuchs Vorschriften zur sozialen Siche-

306 Udsching/Schütze/Rasch § 43b SGB XI Rn. 3.
307 BGBl. I Nr. 44 S. 2754.
308 Hierzu Schrehardt, DStR 2023, 1359, 1363f.
309 BT-Drs. 19/30560 S. 62.
310 BGBl. I Nr. 155.

rung der Pflegepersonen vorgesehen sind.[311] Das bedeutet zugleich, dass § 44 SGB XI allein noch nicht ausreicht, um einen Anspruch auf die Leistungen zur sozialen Sicherung der Pflegeperson prüfen zu können. Die Regelung ist immer zusammenzulesen mit den ergänzenden Vorschriften im SGB III, SGB VI und SGB VII.

Im Einzelnen findet die Einbeziehung in folgenden Versicherungszweigen statt:

- Versicherung in der **gesetzlichen Rentenversicherung** – SGB VI, sowie ggf. in berufsständischen Versorgungseinrichtungen (§ 44 Abs. 1, 2 SGB XI); der Gesetzgeber trägt damit dem Umstand Rechnung, dass die physischen und psychischen Anforderungen der Pflegetätigkeit sowie ihr zeitlicher Umfang häufig die Aufnahme einer eigenen Erwerbstätigkeit der Pflegepersonen ausschließen.[312]
- Versicherungsschutz in der **gesetzlichen Unfallversicherung** – SGB VII – während der pflegerischen Tätigkeit (§ 44 Abs. 2a SGB XI).
- Versicherung in der **Arbeitslosenversicherung** – SGB III (§ 44 Abs. 2b SGB XI).

Die nicht erwerbsmäßige Pflege begründet dagegen keinen Versicherungsschutz in der gesetzlichen Krankenversicherung oder der sozialen Pflegeversicherung.

Neben der Einbeziehung in den Versicherungsschutz und der Beitragsentrichtung wird in § 44 2
Abs. 3 und 4 SGB XI eine **Meldepflicht** geregelt. Sie wird den Pflegekassen bzw. privaten Versicherungsunternehmen, bei denen eine Pflicht-Pflegeversicherung besteht, auferlegt, die sie ggü. der Renten- und Unfallversicherung sowie der Bundesagentur für Arbeit erfüllen müssen.

2. Anforderungen an Pflegeperson und Pflegebedürftigen

In § 44 SGB XI finden sich hinsichtlich der Pflegeperson und des Pflegebedürftigen Voraussetzungen, 3
die für die Einbeziehung in alle drei genannten Versicherungszweige einheitlich gelten: Es muss ein bestimmter Pflegegrad vorliegen und sich um eine Pflegeperson i.S.v. § 19 SGB XI handeln. Je nach Sozialversicherungszweig kommen dann ggf. noch weitere Voraussetzungen hinzu.

a) Pflegegrad

Die Beiträge für die gesetzliche Renten-, Unfall- und Arbeitslosenversicherung werden nur dann für 4
die Pflegeperson übernommen, wenn sie eine Person mit **mindestens Pflegegrad 2** pflegt (§ 44 Abs. 1, 2a, 2b SGB XI). Hintergrund für die Herausnahme der Pflegebedürftigen mit einem Pflegegrad 1 ist, dass hier der Pflegebedarf als zu gering eingeschätzt wird.[313]

b) Pflegeperson i.S.v. § 19 SGB XI

Die in § 44 SGB XI aufgeführten Leistungen zur sozialen Sicherung werden nur **Pflegepersonen i.S.d.** 5
§ 19 SGB XI gewährt. Nach der Legaldefinition des § 19 S. 1 SGB XI sind das Personen, die einen Pflegebedürftigen i.S.d. § 14 SGB XI in seiner häuslichen Umgebung **nicht erwerbsmäßig (ehrenamtlich)** pflegen. In der Praxis handelt es sich bei Pflegepersonen in erster Linie um die Familienangehörigen des Pflegebedürftigen, seine Nachbarn oder Freunde. Jugendliche im freiwilligen sozialen Jahr und Zivildienstleistende, die eine Pflegetätigkeit ausüben, sind hingegen keine Pflegepersonen i.S.d. § 44 SGB XI.[314]

Ob die Pflegetätigkeit **ehrenamtlich oder erwerbsmäßig** ausgeübt wird, richtet sich danach, ob 6
sich die Pflege als Teil der Berufstätigkeit des Pflegenden darstellt oder nicht. Die Pflegetätigkeit wird

311 BT-Drs. 12/5262 S. 116.
312 BT-Drs. 12/5262 S. 82.
313 BT-Drs. 18/5926 S. 129.
314 BT-Drs. 12/5262 S. 101.

erwerbsmäßig ausgeübt, wenn sie dazu dient, den Lebensunterhalt des Pflegenden ganz oder teilweise zu sichern. Sie muss also nicht unbedingt hauptberuflich ausgeübt werden. Auf das Vorhandensein einer Zulassung als Leistungserbringer gem. §§ 72, 71 Abs. 1 SGB XI kommt es nicht an.[315] Allein aus der Weitergabe des Pflegegeldes an die Pflegeperson kann noch nicht auf ein entgeltliches Beschäftigungsverhältnis geschlossen werden:[316]

> „(...) Die Abgrenzung zwischen erwerbsmäßiger Pflegetätigkeit im Rahmen eines Beschäftigungsverhältnisses oder einer selbständigen Erwerbstätigkeit einerseits und ehrenamtlicher Pflegetätigkeit andererseits erfolgt nach den allgemeinen Regeln des SGB IV. In der Regel wird davon auszugehen sein, dass in den Fällen, in denen ein im Haushalt lebender Familienangehöriger, z.B. die Ehefrau oder Tochter, die häusliche Pflege sicherstellt, ein Beschäftigungsverhältnis auch dann nicht vorliegt, wenn der Pflegebedürftige das ihm zustehende Pflegegeld an die Pflegeperson weitergibt (...).“[317]

7 Darüber hinaus legt § 19 S. 2 SGB XI eine **Mindestpflegezeit** fest: Die Pflegeperson muss eine oder mehrere pflegebedürftige Personen mindestens zehn Stunden wöchentlich, verteilt auf i. d. R. mindestens zwei Tage in der Woche pflegen. Nicht ganz klar ist, ob die Mindestpflegezeit für alle drei Sozialversicherungszweige gleichermaßen greift. Diese Voraussetzung wird in § 44 Abs. 1 SGB XI für die Rentenversicherung nochmals ausdrücklich aufgegriffen, in Abs. 2a und Abs. 2b, also den Regelungen zur Unfall- und Arbeitslosenversicherung, hingegen nicht. Es ist jedoch naheliegend, auch hier die Mindestpflegezeit zu verlangen, da auch dort der Verweis den gesamten § 19 SGB XI umfasst.[318] Unter Pflege werden auch hier **alle pflegerischen Maßnahmen** i. S. v. § 14 Abs. 2 SGB XI gefasst, also nicht nur körperbezogene pflegerische Maßnahmen, sondern auch Betreuungsmaßnahmen. Berücksichtigt werden auch Hilfen bei der Haushaltsführung. Diese pflegerischen Maßnahmen sind also bei der Ermittlung der 10-Stunden-Grenzen zu berücksichtigen.[319]

3. Beiträge für die gesetzliche Rentenversicherung (§ 44 Abs. 1 SGB XI)

a) Voraussetzungen

8 Damit die Pflegeversicherung die Beiträge für die Pflegeperson in der gesetzlichen Rentenversicherung übernimmt, sind neben den bereits zuvor dargestellten allgemeinen Voraussetzungen sowohl die Vorgaben in § 44 Abs. 1 SGB XI zu beachten, als auch diejenigen, die in § 3 S. 1 Nr. 1a, S. 2, 3 SGB VI geregelt sind, wobei sich die Regelungen inhaltlich im Wesentlichen entsprechen. So wird sowohl in § 44 Abs. 1 SGB XI als auch in § 3 SGB VI gefordert, dass es sich um eine Pflegeperson handelt, die nicht erwerbsmäßig pflegt, die Pflege muss mindestens zehn Stunden wöchentlich verteilt auf mindestens zwei Tage betragen.

9 Auch hier gilt: Als **nicht erwerbsmäßig** tätig werden auch Pflegepersonen angesehen, die für ihre Tätigkeit von einem Pflegebedürftigen ein Arbeitsentgelt erhalten, soweit die Höhe des Arbeitsentgelts die dem Umfang der Pflegebedürftigkeit entsprechende Höhe des Pflegegeldes nicht übersteigt (§ 3 S. 2 SGB VI; § 37 SGB XI). Die nicht erwerbsmäßige Pflegetätigkeit ist damit nicht notwendig unentgeltlich. Solange sich das Arbeitsentgelt in den durch § 3 S. 2 SGB VI vorgegebenen Grenzen hält, ergibt sich die Versicherungspflicht nicht aus § 1 S. 1 Nr. 1 SGB VI, sondern aus § 3 S. 1 Nr. 1a SGB VI.

10 Einzelheiten zur Feststellung des **zeitlichen Aufwands** sind in § 44 Abs. 1 S. 2–7 SGB XI geregelt. Zudem wird in beiden Regelungen gefordert, dass die Pflegeperson neben der Pflege **nicht mehr als**

---

315 BSG 6.6.2002, NZS 2003, 213 ff.

316 S. zu Einzelfällen auch Hofmann, NZS 2015, 41.

317 BT-Drs. 12/5262 S. 101.

318 Vgl. auch Udsching/Schütze/Rasch § 44 SGB XI Rn. 39; zur gesetzlichen Unfallversicherung ausdrücklich BT-Drs. 18/5926, S. 151; a. A. hingegen Udsching/Schütze/Herbst § 19 SGB XI Rn. 20.

319 BT-Drs. 18/5926 S. 129; s. zur Ermittlung des Zeitaufwands auch Udsching/Schütze/Herbst § 19 SGB XI Rn. 19 mit dem Rat an die Pflegeperson, ein Pflege-Tagebuch zu führen.

30 Stunden wöchentlich erwerbstätig ist. Im Gesetzentwurf war zunächst eine Begrenzung bei 20 Stunden wöchentlich vorgesehen, doch auf Empfehlung des Ausschusses für Arbeit und Sozialordnung wurde sie im Verlauf des Gesetzgebungsverfahrens auf 30 Stunden angehoben. Ziel der Anhebung war es, die Motivation zu fördern, neben der Berufstätigkeit ehrenamtlich zu pflegen; zugleich soll damit die Akzeptanz der häuslichen Pflege steigen.[320]

Der entscheidende **Unterschied zwischen § 44 Abs. 1 SGB XI und § 3 SGB VI** liegt damit nicht bei den Voraussetzungen, sondern vielmehr auf der Ebene der **Rechtsfolgen**. Während § 3 SGB VI die Versicherungspflicht der Pflegeperson festlegt, bestimmt § 44 Abs. 1 SGB XI, in welchen Fällen die (aufgrund der Versicherungspflicht fälligen) Beiträge für die Rentenversicherung von der Pflegeversicherung übernommen werden. 11

b) Folge Beitragstragung

Die **Rentenversicherungsbeiträge für Pflegepersonen** werden nach § 44 Abs. 1 S. 1 SGB XI von der Pflegekasse des Pflegebedürftigen, dem privaten Versicherungsunternehmen oder den anderen in § 170 Abs. 1 Nr. 6 SGB VI genannten Stellen an den **zuständigen Träger der Rentenversicherung** entrichtet. Die Zuständigkeit des Rentenversicherungsträgers ergibt sich aus den allgemeinen Vorschriften des SGB VI (§§ 125 ff. SGB VI). Für den Fall, dass für die Pflegeperson nicht in der gesetzlichen Rentenversicherung, sondern in einer **berufsständischen Versorgungseinrichtung** eine Pflichtmitgliedschaft besteht, greift § 44 Abs. 1 SGB XI mit einer vergleichbaren Regelung für die Übernahme der Beiträge in der berufsständischen Versorgungseinrichtung. 12

Die **Beitragshöhe** richtet sich gem. § 44 Abs. 1 S. 1 SGB XI nach § 166 Abs. 2 SGB VI. § 166 Abs. 2 SGB VI enthält hierfür eine umfangreiche Staffelung. Sie ist gekoppelt an den jeweiligen Pflegegrad und an die Leistungen, die der Pflegebedürftige jeweils erhält (Pflegegeld nach § 37 SGB XI, Kombinationsleistung nach § 38 SGB XI oder ausschließlich Pflegesachleistungen nach § 36 SGB XI). Danach wird ein Prozentsatz (100 – 85 – 70) der Bezugsgröße i.S.v. § 18 SGB IV ermittelt und hieraus die jeweils zu leistende Beitragshöhe errechnet. 13

4. Einbeziehung in die gesetzliche Unfallversicherung (§ 44 Abs. 2a SGB XI)

a) Versicherung kraft Gesetzes

Anders als § 44 Abs. 1 SGB XI regelt § 44 Abs. 2a SGB XI nicht die Übernahme von Sozialversicherungsbeiträgen, sondern die Einbeziehung in den Versicherungsschutz. Gem. § 44 Abs. 2a SGB XI werden die Pflegepersonen i.S.v. § 19 SGB XI während ihrer pflegerischen Tätigkeit nach Maßgabe von § 2 Abs. 1 Nr. 17 SGB VII in den Versicherungsschutz der gesetzlichen Unfallversicherung einbezogen. Sie werden also **kraft Gesetzes versichert**. 14

Für die Versicherung der Pflegepersonen sind die Unfallversicherungsträger im kommunalen Bereich zuständig (§ 129 Abs. 1 Nr. 7 SGB VII). **Beiträge** werden hierfür nicht erhoben (§ 185 Abs. 2 S. 1 SGB VII). Die Aufwendungen für die Versicherung der Pflegepersonen werden nach Maßgabe des § 185 Abs. 2 S. 2 SGB VII auf das Land, die Gemeinden und Gemeindeverbände umgelegt und damit letztlich aus dem Steueraufkommen getragen. Es handelt sich damit um einen Bereich der sog. „unechten Unfallversicherung." 15

b) Versicherungsfall i.S.d. SGB VII

Erleidet eine ehrenamtliche Pflegeperson während der Pflege einen Unfall, stellt sich die Frage, ob er von der Unfallversicherung erfasst wird. **Versicherungsfälle** der gesetzlichen Unfallversicherung sind nach § 7 Abs. 1 SGB VII Arbeitsunfälle und Berufskrankheiten (§§ 8, 9 SGB VII; siehe im Einzelnen die Ausführungen unter § 40 Rn. 5 ff.; 179 ff.). Beiden Versicherungsfällen ist gemeinsam, dass 16

---

320 BeckOGK/Koch § 44 SGB XI Rn. 4; BT-Drs. 12/5952 S. 22.

sie „infolge einer den Versicherungsschutz nach §§ 2, 3 oder 6 begründenden Tätigkeit (versicherte Tätigkeit)" eingetreten sein müssen. Die versicherte Tätigkeit muss **wesentliche Bedingung** für den Eintritt des Arbeitsunfalls oder der Berufskrankheit gewesen sein. Nicht alle im Zusammenhang mit der Pflege eines Versicherten durchzuführenden Tätigkeiten gehören jedoch zu den versicherten Tätigkeiten i. S. d. Unfallversicherungsrechts.

17 Nach § 2 Abs. 1 Nr. 17 SGB VII umfasst die **versicherte Tätigkeit** pflegerische Maßnahmen in den in § 14 Abs. 2 SGB XI genannten Bereichen sowie Hilfen bei der Haushaltsführung nach § 18a Abs. 3 S. 4 Nr. 2 SGB XI. Mit den letzten Änderungen durch das PSG II wurden die versicherte Tätigkeit und damit der Versicherungsschutz für Pflegepersonen ausgeweitet. So sind bspw. auch begleitete Arztbesuche oder das Besorgen von Medikamenten versicherte Tätigkeiten.[321]

Da nun auch die Hilfen bei der Haushaltsführung in den Unfallversicherungsschutz einbezogen werden, decken sich zudem die versicherten Tätigkeiten mit der häuslichen Pflegehilfe i. S. v. § 36 Abs. 1 SGB XI. In der Gesetzesbegründung wird ausdrücklich darauf hingewiesen, dass es damit anders als vor dem PSG II nicht mehr erforderlich ist, dass diese Hilfen überwiegend dem Pflegebedürftigen zugutekommen.[322] Mit dieser Änderung wird nun ein nicht immer leichtes Abgrenzungsproblem aufgelöst, das sich bspw. bei der Nahrungszubereitung für mehrere in der Wohnung lebende Personen stellte (z. B. Familienessen).[323] Wenn eine Tätigkeit aber gleichzeitig dem Pflegebedürftigen und auch anderen Personen zugutekommt, sollen nach überwiegender Auffassung in der Literatur weiterhin die vom BSG entwickelten Grundsätze zum Handeln mit gemischter Motivationslage (Tätigkeiten mit gespaltener Handlungstendenz) zur Anwendung kommen.[324]

c) Haftungsbeschränkungen

18 Nach § 106 Abs. 2 Nr. 1 bis 3 SGB VII gelten die in §§ 104, 105 SGB VII geregelten **Beschränkungen der zivilrechtlichen Haftung** für Unternehmer und andere im Betrieb tätige Personen in entsprechender Anwendung auch im Verhältnis der Pflegepersonen zu Pflegebedürftigen.

Erfasst sind die folgenden Konstellationen:

- Schädigung einer Pflegeperson durch den Pflegebedürftigen (§ 106 Abs. 2 Nr. 1 SGB VII),
- Schädigung eines Pflegebedürftigen durch die Pflegeperson (§ 106 Abs. 2 Nr. 2 SGB VII),
- Schädigung einer Pflegeperson durch eine andere Pflegeperson des Pflegebedürftigen (§ 106 Abs. 2 Nr. 3 SGB VII).

Soweit es sich nicht um eine vorsätzliche Schädigung oder um eine Schädigung auf einem der in § 8 Abs. 2 Nr. 1 bis 4 SGB VII genannten Wege handelt, ist der Ersatz von materiellen und immateriellen Personenschäden ausgeschlossen. Hier kommt das unfallversicherungsrechtliche Prinzip der Haftungsersetzung, also der zivilrechtlichen Schadensersatzpflicht durch die öffentlich-rechtlichen Leistungen der gesetzlichen Unfallversicherung, zum Tragen.

5. Einbeziehung in Arbeitslosenversicherung (§ 44 Abs. 2b SGB XI)

19 In § 44 Abs. 2b SGB XI wird zum einen die Versicherung in der Arbeitslosenversicherung geregelt (S. 1) und zum anderen die Beitragsentrichtung (S. 2, 3).

---

321 BeckOK-SozR/Wietfeld § 2 SGB VII Rn. 219; ausführlich hierzu insgesamt Schlaeger, SGb 2016, 684.

322 BT-Drs. 18/5926 S. 151; s. hierzu auch BeckOGK/Lilienfeld § 2 SGB VII Rn. 115.

323 S. zur früheren Rechtslage BT-Drs. 12/5262 S. 161, 162.

324 BeckOGK/Lilienfeld § 2 SGB VII Rn. 115; BeckOK-SozR/Wietfeld § 2 SGB VII Rn. 221.

a) Versicherung nach Maßgabe von § 26 Abs. 2b SGB III

Gem. § 44 Abs. 2b SGB XI besteht für die Pflegeperson während der pflegerischen Tätigkeit eine Versicherung nach Maßgabe von § 26 Abs. 2b SGB III. Mit § 26 SGB III wird die Versicherungspflicht geregelt. Auch hier stimmen die Voraussetzungen zunächst mit denen des § 44 SGB XI überein, soweit mindestens ein Pflegegrad 2 besteht und die Pflegeperson nicht erwerbsmäßig wenigstens zehn Stunden wöchentlich verteilt auf regelmäßig mindestens zwei Tage in der Woche in der häuslichen Umgebung pflegt. Der Pflegebedürftige muss Leistungen nach dem SGB XI oder Hilfen zur Pflege nach dem SGB XII oder gleichartige Leistungen beziehen. **Besondere Voraussetzung** ist nach § 26 Abs. 2b SGB III, dass die Pflegeperson unmittelbar vor Beginn der Pflegetätigkeit versicherungspflichtig war oder Anspruch auf eine laufende Entgeltersatzleistung nach dem SGB III (z.B. AlG I) hatte. 20

Folge ist, dass eine Pflegeperson gegen das Risiko der Arbeitslosigkeit abgesichert ist und damit, wenn sie nach Ende der Pflegetätigkeit keine versicherungspflichtige Beschäftigung findet, AlG I erhalten kann, vorausgesetzt, die hierfür erforderliche Anwartschaftszeit ist erfüllt.[325] 21

b) Beitragsentrichtung

Die Beiträge zur Arbeitslosenversicherung werden von den Pflegekassen (der Pflegebedürftigen), den privaten Versicherungsunternehmen bei denen eine private Pflege-Pflichtversicherung durchgeführt wird und den sonstigen in § 347 Nr. 10 Buchst. c) SGB III genannten Stellen an die Bundesagentur für Arbeit entrichtet (§ 44 Abs. 2b S. 2 SGB XI). Hierbei wird gem. § 345 Nr. 8 SGB III ein fiktives versicherungspflichtiges Arbeitsentgelt i.H.v 10 Prozent der monatlichen Bezugsgröße zugrunde gelegt. 22

II. Pflegekurse (§ 45 SGB XI)

Die Versorgung eines Pflegebedürftigen erfordert oft besondere Kenntnisse und Fertigkeiten. Nach § 45 SGB XI bieten Pflegekassen oder andere geeignete Einrichtungen den Angehörigen und den an einer ehrenamtlichen Pflegetätigkeit interessierten Personen unentgeltlich Pflegekurse an. Die Kurse dienen der **Qualität der Pflege**, aber auch dem Schutz und der **Unterstützung des Pflegenden** vor pflegebedingten körperlichen und seelischen Belastungen. Es muss sich bei ihnen nicht notwendig um Pflegepersonen i.S.d. § 19 SGB XI handeln. 23

Die Kurse sollen auf Wunsch der Pflegeperson auch in der **häuslichen Umgebung** des Pflegebedürftigen stattfinden (§ 45 Abs. 1 S. 3 SGB XI). Das ist zweckmäßig, weil sich Schwierigkeiten bei der pflegerischen Betreuung nicht selten aus der jeweiligen räumlichen Umgebung ergeben. Gezielte Hilfestellungen oder Ratschläge können insoweit nur vor Ort gegeben werden. 24

Nach § 45 Abs. 2 SGB XI können mehrere Pflegekassen bei der Durchführung von Schulungskursen zusammenarbeiten. Es besteht zudem die Möglichkeit, geeignete Einrichtungen mit der Durchführung von Kursen zu beauftragen. Über die einheitliche Durchführung und inhaltliche Ausgestaltung der Kurse werden zwischen den in § 45 Abs. 3 SGB XI genannten Verbänden der Kranken- und Pflegekassen und den Trägern der Einrichtungen Vereinbarungen getroffen. 25

III. Pflegezeit und Leistungen nach § 44a SGB XI

1. Anliegen und Entwicklung von PflegeZG und FPflegeZG

Mit der Pflegezeit nach dem Pflegezeitgesetz und der Familienpflegezeit nach dem Familienpflegezeitgesetz wird die häusliche Pflege durch nahe Angehörige von **arbeitsrechtlichen Regelungen** 26

325 S. hierzu Janda, Pflegerecht, S. 74 Rn. 120; Schölkopf, SRa, Sonderheft 2016, S. 14f.

flankiert. Sie greifen, wenn der pflegende Angehörige einer Beschäftigung nachgeht und daneben der Pflege nachkommt oder aber für eine gewisse Zeit von der Arbeit freigestellt werden muss, um einen Pflegeengpass bei einem nahen Angehörigen zu überbrücken.

27 Zunächst trat am 1.7.2008 das **Pflegezeitgesetz** (PflegeZG) in Kraft.[326] Gem. § 1 PflegeZG ist Ziel des Gesetzes, „Beschäftigten die Möglichkeit zu eröffnen, pflegebedürftige nahe Angehörige in häuslicher Umgebung zu pflegen und damit die Vereinbarkeit von Beruf und familiärer Pflege zu verbessern."[327] **Bezweckt** wird also zweierlei:

- Die Stärkung der häuslichen Pflege und
- die Vereinbarkeit von Beruf und familiärer Pflege.

Geregelt wird im PflegeZG im Kern eine sog. Kurzzeitpflege. Das später in Kraft getretene **Familienpflegezeitgesetz** (FPflegeZG) 6.12.2011[328] hat eine vergleichbare Zielsetzung, regelt allerdings im Gegensatz zum PflegeZG eine längerfristige Form der häuslichen Pflege (bis zu 24 Monate), die die Beschäftigten in einer Art Teilzeitmodell wahrnehmen können und bei der der teilweise Einkommensentfall wegen der Reduzierung der Arbeitszeit durch eine besondere Form eines Darlehens abgefangen werden kann. Beiden Gesetzen liegt wieder die Annahme zugrunde, dass die Mehrheit der Pflegebedürftigen so lange wie möglich in gewohnter Umgebung von vertrauten Personen gepflegt werden möchte.[329]

28 Die **Bedeutung** beider (arbeitsrechtlichen) Gesetze für die Pflegeversicherung besteht also in der Unterstützung der häuslichen Pflege durch arbeitsrechtliche Maßnahmen (s. hierzu im Überblick gleich). Die arbeitsrechtlichen Freistellungsmöglichkeiten nach §§ 2, 3 PflegeZG zur Pflege naher Angehöriger hat darüber hinaus in § 44a SGB XI Berücksichtigung gefunden. Dort wird die sozialversicherungsrechtliche Stellung der Pflegeperson sowie bei kurzzeitiger Arbeitsverhinderung eine Entgeltersatzleistung geregelt (s. hierzu Rn. 34). Insoweit sind PflegeZG und SGB XI eng miteinander verknüpft. Wegen dieser Verknüpfung wird im Folgenden auf das PflegeZG etwas näher eingegangen.

2. Die Freistellungen nach dem PflegeZG im Überblick

29 In § 44a SGB XI wird sowohl auf die Freistellung nach § 2 als auch nach § 3 PflegeZG verwiesen. Beide Freistellungsmöglichkeiten finden dort allerdings auf unterschiedliche Weise Berücksichtigung.

a) Kurzzeitige Arbeitsverhinderung (§ 2 PflegeZG)

30 Beschäftigte (legaldefiniert in § 7 Abs. 1 PflegeZG) haben das Recht, **bis zu zehn Tage** der Arbeit fernzubleiben, wenn dies erforderlich ist, um für einen pflegebedürftigen nahen Angehörigen in einer **akut aufgetretenen Pflegesituation** eine bedarfsgerechte Pflege zu gewährleisten. Dies kann z.B. der Fall sein, wenn die Pflegekraft kündigt oder krankheitsbedingt ausfällt oder aber der Pflegefall erstmalig eingetreten ist und nun die Pflegesituation organisiert werden muss.[330] Der Beschäftigte hat in diesem Rahmen ein Leistungsverweigerungsrecht (§ 2 Abs. 1 PflegeZG). Dem Arbeitgeber gegenüber bestehen Mitteilungs- und Nachweispflichten (§ 2 Abs. 2 PflegeZG). Eine Pflicht des Arbeitgebers zur Fortzahlung der Vergütung kennt das PflegeZG nicht. Im Einzelfall kann sie sich aus anderen gesetzlichen oder (kollektiv-)vertraglichen Regelungen ergeben (§ 2 Abs. 3 PflegeZG).[331]

---

326 BGBl. I S. 874 (Nr. 20).

327 S. zur Zielsetzung auch BT-Drs. 16/7439 S. 90.

328 BGBl. I S. 2564.

329 BR-Drs. 718/07 S. 1, 82, 85, 217; ErfK/Gallner/Bubach § 1 PflegeZG Rn. 1.

330 S. hierzu auch BT-Drs. 16/7439 S. 90, 91.

331 Vgl. zu dieser wenig glücklichen Regelung Preis/Nehring, NZA 2008, 729, 732f.

b) Pflegezeit (§ 3 PflegeZG)

Für **maximal sechs Monate** haben Beschäftigte einen Anspruch gegen ihren Arbeitgeber auf **vollständige oder teilweise Freistellung** von der Arbeit, um einen pflegebedürftigen nahen Angehörigen in häuslicher Umgebung zu pflegen, sog. Pflegezeit (§ 3 Abs. 1 S. 1, § 4 PflegeZG). Der Anspruch besteht nur gegenüber einem Arbeitgeber mit mehr als 15 Beschäftigten. Die Pflegebedürftigkeit des nahen Angehörigen ist nachzuweisen (§ 3 Abs. 2 PflegeZG). Damit sich der Arbeitgeber auf die durch den Arbeitsausfall eintretende Situation einstellen kann, muss der Beschäftigte die beabsichtigte Inanspruchnahme und den Umfang der Freistellung zehn Arbeitstage vor Beginn schriftlich anzeigen (§ 3 Abs. 3 PflegeZG). Ein Anspruch auf Entgeltfortzahlung gegen den Arbeitgeber während der Pflegezeit ist nicht im PflegeZG vorgesehen. 31

3. Zusätzliche Leistungen bei Pflegezeit und kurzzeitiger Arbeitsverhinderung (§ 44a SGB XI)

Sozialversicherungsrechtlich flankiert werden die kurzzeitige Arbeitsverhinderung nach § 2 PflegeZG und die Pflegezeit nach § 3 PflegeZG durch § 44a SGB XI. Hier wird zum einen die Frage der Beitragstragung in der Kranken-, Pflege- und Arbeitslosenversicherung während der Pflegezeit geregelt[332] und zum anderen wird mit dem Pflegeunterstützungsgeld eine Entgeltersatzleistung für den Fall der kurzzeitigen Arbeitsverhinderung zur Verfügung gestellt. Die Leistungen für Pflegepersonen nach § 44 SGB XI bleiben unberührt. 32

§ 44a Abs. 1 SGB XI sieht **Zuschüsse** zur **Kranken- und Pflegeversicherung** der Pflegeperson für die Dauer der Pflegezeit vor. Diese Regelung greift nur bei einer **Pflegezeit nach § 3 PflegeZG**. Die Familienpflegezeit nach dem FPflegeZG wird nicht erfasst. Die Gesetzesbegründung zeigt die einzelnen Fallgestaltungen auf, die zur Fortführung der Kranken- und Pflegeversicherung je nach bisheriger Versicherung zugrunde zu legen sind.[333] Erforderlich ist ein **Antrag** (§ 44a Abs. 1 S. 1 SGB XI), der bei der Pflegeversicherung des pflegebedürftigen nahen Angehörigen zu stellen ist, denn gegen sie richtet sich der Anspruch auf Zuschusszahlungen. Dies setzt voraus, dass für den pflegebedürftigen nahen Angehörigen bereits ein entsprechendes Versicherungsverhältnis besteht, er also schon versichert ist.[334] 33

Während einer **kurzzeitigen Arbeitsverhinderung i.S.v. § 2 PflegeZG**, wenn also z.B. ein Beschäftigter akut selbst kurzzeitig die Pflege eines nahen Angehörigen übernimmt, weil die Pflegekraft gekündigt hat oder erkrankt ist, kann ein Anspruch auf Zahlung eines **Pflegeunterstützungsgeldes** nach § 44a Abs. 3 SGB XI bestehen. Es wird allerdings nachrangig gezahlt, d.h. wenn kein Anspruch auf Entgeltfortzahlung gegen den Arbeitgeber (z.B. aus Arbeits- oder Tarifvertrag) oder auf Kranken- oder Verletztengeld nach § 45 SGB V bzw. § 45 Abs. 4 SGB VII besteht. Erforderlich ist auch hier ein **Antrag** auf Zahlung von Pflegeunterstützungsgeld bei der Pflegekasse des pflegebedürftigen nahen Angehörigen. Für die **Berechnung** wird auf die Vorgaben des § 45 Abs. 2 S. 3 bis 5 SGB V zum Kinderkrankengeld verwiesen. Damit beträgt es grundsätzlich 90 Prozent des ausgefallenen Nettoarbeitsentgelts. Durch den Verweis auf § 45 SGB V wird eine verwaltungsfreundliche Handhabung gewährleistet.[335] Darüber hinaus werden während des Bezugs von Pflegeunterstützungsgeld **Zuschüsse zur Krankenversicherung** gewährt (§ 44a Abs. 4 SGB XI). 34

§ 32 Leistungen bei Pflegegrad 1

Einige der zuvor erläuterten Leistungen werden nur unter der Voraussetzung gewährt, dass mindestens ein Pflegegrad 2 festgestellt wurde. Hintergrund ist, dass bei Pflegegrad 1 nur von einer geringen 1

332 S. hierzu auch Brose, NZS 2012, 499ff.
333 BT-Drs. 16/7439 S. 59ff.
334 BeckOK-SozR/Molitor § 44a SGB XI Rn. 13.
335 Krauskopf/Wagner § 44a SGB XI Rn. 30.

Beeinträchtigung der Selbständigkeit ausgegangen wird, s. § 15 Abs. 3 S. 1 Nr. 1 SGB XI. Mit **§ 28a SGB XI** hat der Gesetzgeber nachträglich mit dem PSG II eine Sonderregelung für die Pflege bei Pflegegrad 1 eingeführt. Diese Norm enthält sowohl Leistungen für Pflegebedürftige als auch für Pflegepersonen. Sie begründet jedoch selbst keine Ansprüche. Es handelt sich vielmehr um eine **Auflistung der Ansprüche**, die bei Pflegegrad 1 gewährt werden, mit den Verweisen auf die jeweils einschlägigen Regelungen.[336] Hier wird im Vergleich zu der Auflistung in § 28 SGB XI nochmals deutlich, dass das SGB XI nur einen eingeschränkten Leistungskatalog bei einem Pflegegrad 1 vorsieht.[337]

§ 33 Das Leistungserbringungsrecht

Literatur: Axer, Instrumente der Qualitätssicherung in der Pflegeversicherung – Zugleich zu den Unterschieden in der Qualitätssicherung zwischen Kranken- und Pflegeversicherung, KrV 2015, 97 ff.; Bieback, Qualitätssicherung in der Pflege im Sozialrecht, 2004; Bieback, Probleme des Qualitätssicherungskonzepts des SGB XI, SGb 2013, 511 ff.; Görres, Theoretische Überlegungen zur Qualitätsentwicklung, in: Igl/Schiemann/Gerste/Klose, Qualität in der Pflege, 2002, S. 131 ff.; Igl, Verfassungsrechtliche und gemeinschaftsrechtliche Probleme der finanziellen Förderung von Investitionen bei Pflegeeinrichtungen nach SGB XI und nach BSHG, in: von Wulffen/Krasney (Hrsg.), Festschrift 50 Jahre Bundessozialgericht, 2004, S. 645 ff.; Kaeding, Vergütungsanpassung in Pflegeverträgen, NJW 2018, 1430 ff.; Leopold, Auf dem Weg zu einem neuen „Pflege-TÜV", WzS 2019, 44 f.; ders., Gute Qualität soll in Zukunft erkennbar werden, WzS 2019, 141 f.; Kirstein/von Schwanenflügel, Fachkräftemangel und Pflegeheime, NZS 2023, 601 ff.; Neumann, Wettbewerb bei der Erbringung von Pflegeleistungen, SGb 2007, 521 ff.

I. Das System der Leistungserbringung in der Pflegeversicherung

1 Auch im Bereich der Pflegeversicherung gilt das **Sachleistungsprinzip**. Damit besteht seitens der Pflegekassen eine Beschaffungspflicht. Sie müssen dem Pflegebedürftigen die Leistungen, auf die dieser jeweils Anspruch hat, zur Verfügung stellen. Der Pflegebedürftige muss also anders als in der privaten Pflegeversicherung, die nach dem Kostenerstattungsprinzip funktioniert, nicht in Vorleistung gehen. Um diese Aufgabe zu gewährleisten, unterwirft das Gesetz die Pflegekassen einem **Sicherstellungsauftrag**: Gem. § 69 S. 1 SGB XI müssen die Pflegekassen im Rahmen ihrer Leistungsverpflichtung eine bedarfsgerechte und gleichmäßige, dem allgemein anerkannten Stand medizinisch-pflegerischer Erkenntnisse entsprechende pflegerische Versorgung der Versicherten gewährleisten.

2 Der Sicherstellungsauftrag könnte erfüllt werden, indem die Pflegekassen Eigeneinrichtungen schaffen (stationäre Pflegeeinrichtungen, ambulante Pflegedienste etc.). Wie in der gesetzlichen Krankenversicherung hat sich der Gesetzgeber aber auch bei der Pflegeversicherung für ein **Vertragsmodell** entschieden. Gem. § 69 S. 2 SGB XI haben die Pflegekassen in Erfüllung des Sicherstellungsauftrags Versorgungsverträge (§§ 71, 72 SGB XI) und Vergütungsvereinbarungen (§§ 85, 89 SGB XI) mit den Trägern von Pflegeeinrichtungen und sonstigen Leistungserbringern zu schließen.[338] Daher wird in der Literatur im Zusammenhang mit dem Sicherstellungsauftrag auch von einer „Verschaffungspflicht" oder „Verschaffungsverantwortung" gesprochen.[339] Eine Bedarfsplanung erfolgt allerdings (im Gegensatz zum Krankenhausrecht) nicht.[340] Besonders herausgefordert wird der Sicherstellungsauftrag durch die in letzter Zeit vermehrt aufgetretenen Insolvenzmeldungen von

336 BeckOGK/Leitherer § 28a SGB XI Rn. 2, 5.

337 S. hierzu auch Richter, NJW 2016, 598, 602.

338 Igl/Welti, Sozialrecht, § 24 Rn. 1 sprechen in diesem Zusammenhang zu Recht davon, dass es sich insoweit um ein Charakteristikum der bundesdeutschen Sozialpolitik handle, da auch im Krankenversicherungsrecht und im Sozialhilferecht dieses Modell zugrunde gelegt ist.

339 BeckOK-SozR/Daum § 69 SGB XI Rn. 3; Udsching/Schütze/Schumann § 69 SGB XI Rn. 2.

340 BT-Drs. 12/5262, S. 136; Janda, Pflegerecht, S. 77 Rn. 4.

Pflegeheimbetreibern. Ob und inwieweit bei einer Unterversorgung konkrete Pflichten der Pflegekassen bejaht und durchgesetzt werden können, ist unklar.[341]

II. Leistungserbringer/Pflegeeinrichtungen

1. Mögliche Leistungserbringer

An der Leistungserbringung können grundsätzlich nur Pflegeeinrichtungen, also nicht Einzelpersonen, mitwirken. Dies folgt aus § 71 SGB XI. Die Vorschrift unterscheidet zwischen **ambulanten Pflegeeinrichtungen** (Pflegedienste, Abs. 1) und **stationären Pflegeeinrichtungen** (Pflegeheime, Abs. 2). Nachträglich hinzugekommen sind sog. **Betreuungsdienste** i. S. v. Abs. 1a. Hierbei handelt es sich um ambulante Betreuungseinrichtungen, die für Pflegebedürftige dauerhaft pflegerische Betreuungsmaßnahmen und Hilfen bei der Haushaltsführung erbringen. Sie werden im Wesentlichen den Pflegediensten i. S. v. Abs. 1 gleichgestellt, soweit im SGB XI keine abweichende Regelung besteht. Nach Durchführung eines Modellvorhabens zur Erprobung von Leistungen der häuslichen Betreuung durch Betreuungsdienste hat sich der Gesetzgeber entschieden, auch sie in § 71 Abs. 1a SGB XI als mögliche Leistungserbringer aufzunehmen. Nach der Gesetzesbegründung steht hinter dieser nachträglichen Ausweitung des Kreises der Betreuungseinrichtungen die Absicht, die Fachkräftebasis im ambulanten Bereich zu erweitern.[342] 3

Von dem Grundprinzip dieser einrichtungsorientierten Leistungserbringung macht § 77 SGB XI eine bedeutsame **Ausnahme**. Zur Sicherstellung der häuslichen Pflege wird den Pflegekassen die Möglichkeit eröffnet, Verträge auch mit **einzelnen geeigneten Pflegekräften** zu schließen. 4

2. Das Anforderungsprofil der Pflegeeinrichtung (§ 71 SGB XI)

Das Gesetz unterscheidet **ambulante Pflegeeinrichtungen** (Pflegedienste und an sie angelehnt Betreuungsdienste nach Abs. 1a) und **stationäre Pflegeeinrichtungen** (Pflegeheime). Diese Differenzierung trägt dem Leistungssystem der Pflegeversicherung Rechnung. Im ersten Titel des Dritten Abschnitts (§§ 36 bis 40b SGB XI) ist das Leistungsprogramm der häuslichen Pflege geregelt. Für die Erbringung dieses Leistungssektors sind die ambulanten Pflegeeinrichtungen i. S. d. § 71 Abs. 1 SGB XI zuständig. Die im zweiten bis vierten Titel des Dritten Abschnitts (§§ 41 bis 43a SGB XI) geregelten stationären Maßnahmen sind den stationären Pflegeeinrichtungen i. S. d. § 71 Abs. 2 SGB XI anvertraut. 5

a) Selbständig wirtschaftende Einrichtungen

Bei beiden Typen von Pflegeeinrichtungen muss es sich um **selbständig wirtschaftende Einrichtungen** handeln und beide müssen ihre Leistungen unter ständiger Verantwortung einer ausgebildeten Pflegekraft erbringen. Als das SGB XI verabschiedet wurde, hatte sich tatsächlich bereits ein großer Sektor von Pflegeeinrichtungen etabliert, deren Leistungsangebot ebenso umfassend wie heterogen war. Der Gesetzgeber wollte die Existenz dieses Pflegesektors bewusst nutzbar machen. Gleichwohl war es notwendig, das Merkmal des „selbständigen Wirtschaftens" als konstitutiv für den Einrichtungsbegriff zu verankern, um die unterschiedlichen Aufgaben- und Finanzierungsverantwortlichkeiten (Krankenversicherung, Pflegeversicherung, Sozialhilfe) nicht zu vermengen.[343] Die Aktivität Pflege muss also klar **von anderen Aktivitäten abgrenzbar** sein. Nur dann ist eine leistungserbringungsrechtliche Zuordnung als Pflegeeinrichtung möglich. Selbständig wirtschaften bedeutet, dass die Pflegeeinrichtung über einen eigenen Wirtschaftskreislauf verfügt.[344] So muss 6

---

341 Hierzu Kirstein/von Schwanenflügel, NZS 2023, 601ff.

342 BT-Drs. 19/6337 S. 153; s. hierzu BeckOGK/Schmidt § 71 SGB XI Rn. 18.

343 BT-Drs. 12/5262 S. 134.

344 Vgl. hierzu LPK-SGB XI/Plantholz § 71SGB XI Rn. 8; Udsching/Schütze/Schumann § 71 SGB XI Rn. 24f.

bspw. bei einer stationären Pflegeeinrichtung, die ein komplexes Leistungsangebot erbringt (z.B. Leistungen der Vorsorge, der Rehabilitation, der Krankenpflege sowie der Pflege im Sinne der Pflegeversicherung), für den Bereich der Pflege eine Kostenisolierung, z.B. durch Einrichtung einer festen Kostenstelle, erfolgen.[345] In buchhalterischer Hinsicht wird diesem Erfordernis durch die aufgrund der Ermächtigung in § 83 Abs. 1 Nr. 3 SGB XI erlassene Verordnung über die Rechnungs- und Buchführungspflichten der Pflegeeinrichtungen (PBV)[346] Rechnung getragen. § 1 Abs. 2 S. 2 PBV bestimmt:

> „Erbringt eine zugelassene Pflegeeinrichtung neben Leistungen nach dem SGB XI andere Sozialleistungen i.S.d. SGB I (gemischte Einrichtung), so sind ihre Rechnungs- und Buchführungspflichten nach dieser Verordnung auf die Leistungen beschränkt, für die sie nach dem SGB XI als Pflegeeinrichtung zugelassen ist."

b) Unter ständiger Verantwortung einer ausgebildeten Pflegefachkraft

7 Als weiteres konstitutives Tatbestandsmerkmal gilt sowohl für Pflegedienste wie für Pflegeheime die Erbringung der Pflegeleistung unter **ständiger Verantwortung einer ausgebildeten Pflegefachkraft**. Mit diesem gesetzlichen Erfordernis wird schon auf der Ebene der Bestimmung des Begriffes der Pflegeeinrichtung ein Qualitätsmerkmal verankert.[347] Wenn der Sicherstellungsauftrag die Gewährleistung des allgemein anerkannten Standes medizinisch-pflegerischer Erkenntnisse verlangt (§ 69 S. 1 SGB XI), muss die Erbringung der Pflegeleistung in die Verantwortung von geschulten Pflegefachkräften gelegt werden.

8 Da es eine **Pflegefachkraft** im berufsrechtlichen Sinne nicht gibt, sondern in den einzelnen Tätigkeitsfeldern unterschiedliche Qualifikationsanforderungen und Berufsbilder existieren, hat der Gesetzgeber in § 71 Abs. 3 SGB XI auf sozialrechtlicher Ebene einen berufsrechtlichen Rahmen abgesteckt. Dort wird zum einen eine erfolgreich abgeschlossene Ausbildung in einem der in Abs. 1 Nr. 1–4 abschließend aufgelisteten Berufen gefordert, zum anderen wird ein Mindestmaß an Berufserfahrung festgeschrieben. Schließlich wurde als Reaktion auf die Rechtsprechung des BSG[348] in § 71 Abs. 3 S. 5 SGB XI die zusätzliche Voraussetzung eingeführt, dass für die Anerkennung als verantwortliche Pflegekraft eine erfolgreich durchgeführte Weiterbildungsmaßnahme für leitende Funktionen mit einer Mindeststundenzahl von 460 notwendig ist. Mit dieser Konzeption des § 71 SGB XI wird die Pflegefachkraft zu einer Leitprofession im Bereich der Pflegeversicherung, wie sie der Arzt im Bereich der gesetzlichen Krankenversicherung darstellt.[349] Ständige Verantwortung bedeutet dabei nicht ständige Präsenz der Pflegekraft im Pflegedienst bzw. Pflegeheim.

c) Zusätzliche Anforderungen an Pflegeheime

9 Für Pflegeheime verlangt § 71 Abs. 2 Nr. 2 SGB XI die Eignung zur vollstationären oder teilstationären Unterbringung und Verpflegung Pflegebedürftiger. Vollstationäre und teilstationäre Versorgung unterscheiden sich nur im Umfang, nicht aber im Inhalt. Stets kommt es darauf an, dass ein Pflegeheim eine Pflege im Rahmen eines „strukturierten Tagesablaufs" ermöglicht.[350]

d) Ausschlusstatbestand § 71 Abs. 4 SGB XI

10 § 71 Abs. 4 SGB XI enthält einen **Ausschlusstatbestand**. Die dort genannten Einrichtungen können keine Pflegeeinrichtungen i.S.d. Pflegeversicherungsrechts sein. Zwar werden auch in diesen Ein-

---

345 Udsching/Schütze/Schumann § 71 SGB XI Rn. 24.
346 PBV vom 22.11.1995, BGBl. I S. 1528.
347 S. auch BT-Drs. 12/5262 S. 134.
348 BSG 24.9.2002 SozR 3-3300 § 72 Nr. 2.
349 So Welti, PKR 2000, 19, 21.
350 BT-Drs. 12/5262 S. 134.

richtungen häufig pflegerische Leistungen erbracht. Bei ihnen dominieren aber andere Aspekte, etwa die medizinische Vorsorge oder Rehabilitation sowie schulische Ausbildung oder Erziehung. Hinter diesem Ausschluss steht das Anliegen, die Finanzierung und Kostenverteilung von Maßnahmen in stationären Einrichtungen möglichst sicher zuordnen zu können.[351]

Einzelheiten zur Abgrenzung verschiedener stationärer Einrichtungen sind in einer **Richtlinie des Spitzenverbandes Bund der Pflegekassen** zu regeln. Die Richtlinienkompetenz sowie das Verfahren zur Erstellung dieser Richtlinien sind in § 71 Abs. 5 SGB XI geregelt. 11

3. Sonstige Leistungserbringer (§ 77 SGB XI)

Ausschließlich für die ambulante Pflege (also die Erbringung von Sachleistungen nach § 36 SGB XI) 12
eröffnet § 77 SGB XI die Möglichkeit der Einbeziehung **einzelner geeigneter Pflegekräfte** durch Vertrag mit der Pflegekasse. Ausweislich der Gesetzesbegründung dient die Regelung dazu, die Versorgungsangebote der ambulanten Pflegeeinrichtungen durch gezielt eingesetzte, wohnortnahe Hilfen zu ergänzen.[352]

Die vertragliche Inpflichtnahme von Einzelpersonen hatte zunächst lediglich subsidiären Cha- 13
rakter. Der Abschluss war nach § 77 SGB XI a.F. nur möglich, soweit und solange eine Versorgung nicht durch einen zugelassenen Pflegedienst gewährleistet werden konnte. Dieses Vorrangverhältnis wurde inzwischen jedoch aufgegeben. Das Pflege-Weiterentwicklungsgesetz hat die Abschlussmöglichkeiten insoweit erweitert, um die Rechte Pflegebedürftiger zu stärken und es ihnen zu ermöglichen, eine ihren individuellen Vorstellungen entsprechende Versorgung verwirklichen zu können. Nach der Neufassung des § 77 Abs. 1 S. 1 SGB XI dient deshalb der Einsatz von Einzelpersonen jetzt stärker der Verwirklichung des Selbstbestimmungsrechts (§ 2 SGB XI) des Pflegebedürftigen. Der Gesetzgeber erwartet dadurch einen positiven Beitrag zur Realisierung von Wohngruppen, Wohn- und Hausgemeinschaften und im Rahmen von gepoolten (s. dazu oben § 28 Rn. 75) Einsätzen.[353]

Gem. § 77 Abs. 1 S. 1 SGB XI „soll" die Pflegekasse Verträge mit einzelnen geeigneten Pflegekräften 14
schließen. Damit ist der Gesetzgeber von dem ursprünglichen Konzept, wonach der Vertragsschluss im Ermessen der Pflegekasse stand, abgerückt.[354] Da es sich nun um eine **Soll-Vorschrift** handelt, müssen die Pflegekassen grundsätzlich vertragliche Vereinbarungen mit geeigneten Pflegekräften eingehen, es sei denn es liegen ausnahmsweise konkrete Gründe vor, die dem entgegenstehen.[355]

Ausgeschlossen von der Beteiligung an der pflegerischen Versorgung sind gem. § 77 Abs. 1 S. 1 15
2. Hs. SGB XI **Verwandte und Verschwägerte** des Pflegebedürftigen bis zum dritten Grad sowie Personen, die mit dem Pflegebedürftigen in **häuslicher Gemeinschaft** leben.

Beispiel:[356]

Eine ausgebildete Pflegefachkraft (§ 71 Abs. 3 SGB XI) pflegt ihren pflegebedürftigen Ehemann, der an fortgeschrittenem Morbus Parkinson leidet. Deswegen erhält er Kombinationsleistungen nach Pflegegrad 5. Die Pflegekasse verweigert den Abschluss eines Vertrages mit der pflegenden Ehefrau im Hinblick auf deren Eigenschaft als Haushaltsangehörige.

Das Verhalten der Pflegekasse ist aufgrund des klaren Wortlauts der Vorschrift rechtmäßig. Eine andere Frage ist, ob der Ausschluss naher Verwandter bzw. Familienangehöriger verfassungsgemäß ist. Dies könnte im Hinblick auf Art. 12 Abs. 1 GG problematisch sein. Das BSG hat einen Verfassungsverstoß verneint, da der generelle Ausschluss der Angehörigenpflege durch nachvollziehbare Gründe des Gemeinwohlinteresses am Bestehen und der Finanzierbarkeit einer sozialen Pflegeversicherung gerechtfertigt sei. Dies gelte auch, wenn – wie im vorliegenden Falle – der pflegende Familienangehörige eine Pfle-

---

351 BeckOGK/Schmidt § 71 SGB XI Rn. 39.
352 BT-Drs. 12/5262 S. 140.
353 BT-Drs. 16/7439 S. 69f.
354 Mit dem Pflege-Neuausrichtungs-Gesetz (PNG) v. 23.10.2012, BGBl. I S. 2246 (Nr. 51).
355 BT-Drs. 17/9369 S. 45; BeckOGK/Schmidt § 77 SGB XI Rn. 10.
356 Nach BSG 18.3.1999, NZS 2000, 35.

gefachkraft i. S. d. § 71 Abs. 3 SGB XI ist. Soweit es sich um Ehegatten handelt, sei auch das Schutzgebot des Art. 6 Abs. 1 GG nicht verletzt.[357]

16 Der **Vertragsinhalt** wird in § 77 Abs. 1 S. 2 und 3 SGB XI umfassend geregelt. Danach müssen Inhalt, Umfang, Qualität, Qualitätssicherung sowie Prüfung der Qualität und Wirtschaftlichkeit der vereinbarten Leistungen im Vertrag mit der Pflegekasse geregelt sein. Zudem muss die Vergütung für Leistungen der häuslichen Pflegehilfe nach § 36 Abs. 1 SGB XI vereinbart werden. Schließlich ist in dem Vertrag festzulegen, dass die Pflegekraft kein Beschäftigungsverhältnis mit dem Pflegebedürftigen, dem sie die Leistungen der häuslichen Pflegehilfe erbringt, eingehen darf. Damit wird an dieser Stelle die Pflege in Form des sog. Arbeitgebermodells ausgeschlossen (s. hierzu auch oben § 30 Rn. 70). Es handelt sich um ein gesetzliches Verbot i. S. d. § 134 BGB. Ein Verstoß gegen das Verbot hat gem. Abs. 1 S. 5 die Kündigung zur Folge (soweit nicht ein Ausnahmefall i. S. d. Abs. 1 S. 6 vorliegt).

III. Beziehungen der Pflegekassen zu den Leistungserbringern

17 Der Sicherstellungsauftrag i. S. v. § 69 SGB XI wird über Versorgungsverträge (§ 72 SGB XI) und Vergütungsvereinbarungen mit den Leistungserbringern erfüllt. Diese Vertragstypen sind grundsätzlich Individualverträge, d. h. auf die einzelne Pflegeeinrichtung zugeschnitten. Da es jedoch ein allgemeines Interesse an einer möglichst gleichmäßigen pflegerischen Versorgung gibt, hat der Gesetzgeber **Instrumente kollektiver Regelung** geschaffen, in denen sich übergeordnete Gesichtspunkte festlegen lassen, um dann in die Versorgungsverträge und Vergütungsvereinbarungen einzufließen. Dies ist der Zweck der **Rahmenverträge** und **Bundesempfehlungen** i. S. d. § 75 SGB XI.

1. Rahmenverträge (§ 75 SGB XI)

18 § 75 Abs. 1 S. 1 SGB XI verpflichtet die dort genannten Institutionen zum Abschluss von Rahmenverträgen. Das Ziel dieser Rahmenverträge ist nach dem ausdrücklichen Wortlaut des Gesetzes, eine wirksame und wirtschaftliche pflegerische Versorgung der Versicherten sicherzustellen. **Effektivität und Wirtschaftlichkeit** sind somit die obersten Maximen.

a) Vertragspartner

19 Vertragspartner sind **auf Seiten der Leistungsträger** die Landesverbände der Pflegekassen unter Beteiligung der Medizinischen Dienste sowie der Verband der privaten Krankenversicherung im Land und die Arbeitsgemeinschaften der Sozialhilfeträger. Bei Letzteren ist zu unterscheiden: Handelt es sich um Rahmenverträge über ambulante Verträge, werden die örtlichen Sozialhilfeträger Vertragspartner, bei Rahmenverträgen über stationäre Pflege werden es hingegen die überörtlichen Sozialhilfeträger und die Arbeitsgemeinschaften der örtlichen Sozialhilfeträger (Abs. 1 S. 1 und S. 3). Auf **Seiten der Leistungserbringer** sind die Träger der ambulanten und stationären Pflegeeinrichtungen auf Landesebene Vertragspartner.

20 § 75 Abs. 1 S. 2 SGB XI enthält eine **Sonderregelung** für Pflegeeinrichtungen im kirchlichen und religiösen Bereich sowie der sonstigen freigemeinnützigen Träger. Für diese Pflegeeinrichtungen können die Rahmenverträge auch von der Kirche bzw. Religionsgemeinschaft oder dem betreffenden Wohlfahrtsverband abgeschlossen werden. Der Gesetzgeber hat diese Sonderregelung mit dem besonderen **Selbstbestimmungsrecht der Religionsgemeinschaften** in eigenen Angelegenheiten nach Art. 140 GG i. V. m. Art. 137 Abs. 3 WRV begründet.[358] Denn die kirchlich oder religiös

357 BSG 18.3.1999, NZS 2000, 35; zustimmend Udsching/Schütze/Udsching § 77 SGB XI Rn. 8.
358 BT-Drs. 12/5262 S. 139.

motivierte Pflegeeinrichtung strebt auch an, dass karitative Wirkungen betont werden. Aus einem ähnlichen Selbstverständnis heraus hat der Gesetzgeber die in der Liga der freien Wohlfahrtspflege organisierten frei gemeinnützigen Träger in die Liste der Vertragspartner nach S. 2 aufgenommen.[359]

b) Vertragsgegenstände

Dem in Abs. 1 S. 1 vorgegebenen Ziel, durch **gemeinsame und einheitliche** Rahmenverträge eine wirksame und wirtschaftliche pflegerische Versorgung der Versicherten zu erreichen, dienen die in § 75 Abs. 2 SGB XI aufgelisteten **Vertragsgegenstände**. Die Liste der Vertragsgegenstände ist nicht abschließend („insbesondere"). Der Katalog von elf Punkten bezieht sich im Wesentlichen auf die Vereinbarung des Inhalts der Pflegeleistungen, Grundsätze der Vergütung einschließlich der Abrechnungsmodalitäten und die Konkretisierung des Wirtschaftlichkeitsprinzips einschließlich ihrer Überwachung. Angesichts der durch das Pflege-Weiterentwicklungsgesetz betonten und geförderten Rolle von Selbsthilfegruppen (vgl. § 45d SGB XI), ehrenamtlichen Pflegepersonen und anderen zum bürgerschaftlichen Engagement bereiten Personen und Organisationen ist es konsequent, dass der Gesetzgeber in § 75 Abs. 2 S. 1 Nr. 9 SGB XI die Vereinbarung von Beteiligungsmöglichkeiten dieser Personen und Institutionen zum Gegenstand der Rahmenverträge gemacht hat. 21

In Abs. 2 S. 2 wird schließlich klargestellt, dass der Anspruch auf Hilfsmittel nach § 33 SGB V ohne Einschränkungen fortbestehen soll.

c) Verbindlichkeit und Rechtsnatur

In § 75 Abs. 1 S. 4 SGB XI wird vorgegeben, dass die Versorgungsverträge für die Pflegekassen und die zugelassenen Pflegeeinrichtungen im Inland **unmittelbar verbindlich** sind. Die Wirkung der Rahmenverträge geht also über den Kreis der vertragschließenden Parteien hinaus und erstreckt sich auf alle Pflegekassen und zugelassenen Pflegeeinrichtungen.[360] Das Modell von Rahmenverträgen und die unmittelbare Geltung auch für nicht am Vertragsschluss Beteiligte ist kein Novum der Pflegeversicherung. Ähnliche Regelungen finden sich für den Bereich der gesetzlichen Krankenversicherung in § 112 Abs. 2 S. 2 SGB V. 22

Dem äußeren Anschein nach könnte daher ein Vergleich mit dem Kollektiv-/Tarifvertrag vielleicht als nahe liegend angesehen werden, passt aber letztlich nicht. Im **Unterschied** zur Bindungswirkung nach § 75 SGB XI ist die Tarifwirkung nach § 4 Abs. 1 TVG gerade daran geknüpft, dass der Tarifvertrag nur bei beiderseitiger Tarifbindung, also bei Zugehörigkeit und Mitgliedschaft in den tarifvertragsschließen-den Verbänden möglich ist. Bei § 75 Abs. 1 S. 4 SGB XI tritt aber über die Mitglieder der Verbände hinaus die verbindliche Wirkung auch für nichtverbandsangehörige Außenseiter ein. So etwas kennt das Tarifvertragsrecht in Form der Allgemeinverbindlicherklärung (§ 5 TVG). Ein solches Verfahren ist aber im Rahmen der Pflegeversicherung gerade nicht vorgesehen. 23

Deshalb ist im Hinblick auf die Bindungswirkung gegenüber Außenseitern immer wieder die Frage der **Verfassungsmäßigkeit** des § 75 Abs. 1 S. 4 SGB XI aufgeworfen worden.[361] So wird vorgebracht, dass die unmittelbare Verbindlichkeit der Rahmenverträge für alle zugelassenen Pflegeeinrichtungen ein unverhältnismäßiger Eingriff in die grundrechtlich geschützte Vertragsfreiheit darstellt und damit einen Verstoß gegen Art. 2 Abs. 1 GG. Das BVerfG sieht hierin jedoch keinen Verfassungsverstoß. Zur Begründung verweist es unter anderem auf das Ziel der Regelung (die Sicher- 24

359 BT-Drs. 12/5262 S. 139; BeckOGK/Schmidt § 75 SGB XI Rn. 5.

360 BT-Drs. 12/5262 S. 139.

361 Eingehend zur Problematik z.B. HS-PV/Neumann § 21 Rn. 76ff.; LPK-SGB XI/Plantholz § 75 Rn. 9; Udsching, NZS 1999, 473, 475f.; Maschmann, SGb 1996, 149, 151f.; BeckOGK/Schmidt § 75 SGB XI Rn. 12f.

stellung einer wirksamen und wirtschaftlichen pflegerischen Versorgung der Versicherten) und darauf, dass der zulässige Inhalt der Rahmenverträge gesetzlich begrenzt ist.[362]

d) Festsetzung des Vertragsinhalts durch die Schiedsstelle

25 Ob Rahmenverträge nach § 75 Abs. 1 SGB XI abgeschlossen werden, hängt von den Willenserklärungen der Vertragspartner ab. Kommt es zu keiner Einigung, ist der Rahmenvertrag gescheitert. Allerdings besteht unter den Voraussetzungen des § 75 Abs. 4 SGB XI die Möglichkeit, dass der Inhalt durch den Spruch der **Schiedsstelle** nach § 76 SGB XI festgesetzt wird, wenn eine Vertragspartei einen entsprechenden Antrag stellt.

2. Empfehlungen und Grundsätze (§ 75 Abs. 6, Abs. 7 SGB XI)

26 Der Spitzenverband Bund der Pflegekassen und die Vereinigungen der Träger der Pflegeeinrichtung auf Bundesebene sollen gem. § 75 Abs. 6 SGB XI Empfehlungen zum Inhalt der Rahmenverträge nach Abs. 1 abgeben (zu einer ähnlichen Einigung über Rahmenempfehlungen bzgl. Krankenhausbehandlung s. § 112 Abs. 5 SGB V). Die ermächtigten Institutionen haben bereits mehrfach von dieser Möglichkeit Gebrauch gemacht.[363] Eine ähnliche Ermächtigung enthält § 75 Abs. 7 SGB XI zur Vereinbarung von Grundsätzen der ordnungsgemäßen Pflegebuchführung, welche die frühere (kritisierte) Pflegebuchführungsverordnung (PBV) ersetzen soll.[364]

3. Der Versorgungsvertrag (§ 72 SGB XI)

a) Funktion

27 Der Versorgungsvertrag nach § 72 SGB XI ist keine Besonderheit des Pflegeversicherungsrechts, er lehnt sich vielmehr an das **Vorbild** der Bestimmungen des SGB V über die Zulassung von Krankenhäusern und Vorsorge- oder Rehabilitationseinrichtungen durch Versorgungsvertrag an (§§ 108 und 109 SGB V).

28 Die **Notwendigkeit** des Abschlusses von Versorgungsverträgen ergibt sich aus zwingenden, für die Funktionsweise der pflegerischen Versorgung konstitutiven Rahmenbedingungen. Daher ist bereits in der Eingangsvorschrift des Leistungsrechts (§ 29 Abs. 2 SGB XI) festgelegt, dass Leistungen nur bei Leistungserbringern in Anspruch genommen werden dürfen, mit denen die Pflegekassen oder die für sie tätigen Verbände Verträge abgeschlossen haben. Damit ist primär der Versorgungsvertrag i. S. d. § 72 SGB XI gemeint (sekundär Verträge nach § 77 SGB XI). Zudem wird vom Gesetzgeber auch die Umsetzung des Sicherstellungsauftrags über Versorgungsverträge erwartet (§ 69 S. 2 SGB XI).[365]

29 Mit dem Abschluss des Versorgungsvertrages erhalten die Pflegeeinrichtungen den Status einer „zugelassenen Pflegeeinrichtung“ mit der generellen Berechtigung und Verpflichtung, während der Dauer des Vertrages Pflegebedürftige zu Lasten der Pflegeversicherung zu versorgen (s. § 72 Abs. 4 SGB XI). In der Literatur wird der Versorgungsvertrag wegen seiner zentralen Bedeutung daher auch treffend als das „Ticket zum Eintritt in den Anbietermarkt“ dargestellt[366] und der Gesetzgeber spricht von einer **„statusbegründenden“ Funktion des Versorgungsvertrages.**[367]

---

362 BVerfG 5.12.2002, NVwZ 2003, 974; Krauskopf/Knittel § 75 SGB XI Rn. 9; allgemeiner zur Verfassungsmäßigkeit von Normenverträgen s. auch BSG 16.5.2013 SozR 4-3300 § 115 Nr. 2 (zu Pflegetransparenzvereinbarungen nach § 115 Abs. 1a SGB XI).

363 S. dazu die Gemeinsamen Empfehlungen gem. § 75 Abs. 5 SGB XI zum Inhalt der Rahmenverträge, erhältlich unter www.gkv-spitzenverband.de.

364 BT-Drs. 16/7439 S. 69; BeckOGK/Schmidt § 75 SGB XI Rn. 56.

365 JurisPK-SGB XI/Wahl § 72 SGB XI Rn. 9.

366 Igl/Welti § 24 Rn. 1.

367 BT-Drs. 12/5262 S. 135.

b) Abschlussvoraussetzungen

Der Abschluss eines Versorgungsvertrages ist gem. § 72 Abs. 3 S. 1 Hs. 1 SGB XI an **fünf Voraussetzungen** gebunden: 30

- Die Pflegeeinrichtung muss den **Anforderungen des § 71 SGB XI** genügen (siehe unter Rn. 5) und
- die Gewähr für eine **leistungsfähige und wirtschaftliche pflegerische Versorgung** bieten (die Maßstäbe hierzu ergeben sich vor allem aus den Rahmenverträgen nach § 75 SGB XI).
- Die Vorgaben von Abs. 3a und Abs. 3b sind zu erfüllen (also grundsätzlich tarifgemäße Vergütung).
- Zudem muss sich die Pflegeeinrichtung verpflichten, ein **Qualitätsmanagement** i.S.d. § 113 SGB XI einzuführen und weiterzuentwickeln
- und alle **Expertenstandards** nach § 113a SGB XI anzuwenden.
- Sie muss sich verpflichten, eine ordnungsgemäße Durchführung von Qualitätsprüfungen zu ermöglichen
- und schließlich muss sie an dem Verfahren zur Ermittlung von Daten nach § 35 Abs. 1 IfSG teilnehmen.

c) Anspruch auf Abschluss des Versorgungsvertrags

Liegen die Voraussetzungen vor, so besteht gem. § 72 Abs. 3 S. 1 Hs. 2 SGB XI ein Anspruch der Pflegeeinrichtung auf Abschluss eines Versorgungsvertrages. Das Gesetz ordnet also im Gegensatz zum Krankenversicherungsrecht (vgl. § 109 Abs. 2 S. 1 SGB V) einen **Kontrahierungszwang** zugunsten der Pflegeeinrichtung an.[368] Der Anspruch auf Abschluss eines Versorgungsvertrages ist Ausdruck dafür, dass sich der Gesetzgeber bei der Auswahl der zuzulassenden Pflegeeinrichtungen für das **Wettbewerbsprinzip** und nicht für das ansonsten im Sozialversicherungsrecht häufig anzutreffende **Bedarfsplanungsprinzip** im Sinne einer Angebotssteuerung entschieden hat.[369] Der Gesetzgeber des SGB XI vertraut insoweit auf marktwirtschaftliche Mechanismen. Der Pflegemarkt darf deshalb kein geschlossener Markt von Einrichtungen sein (und so ggf. innovative Leistungsanbieter ausschließen), vielmehr müssen über die Bedarfsnotwendigkeit hinaus Pflegeeinrichtungen zugelassen werden, um den Wettbewerb zu fördern.[370] 31

Die Ablehnung des Bedarfsplanungsprinzips und die Entscheidung für das Wettbewerbsprinzip hat unmittelbare Auswirkungen auf die subjektive Rechtsposition betroffener Pflegeeinrichtungen, vgl. dazu folgendes

---

Beispiel nach BSG 28.6.2001:[371]

Der Kläger betreibt einen gewerblichen ambulanten Pflegedienst, der von den Landesverbänden der Pflegekassen zur Versorgung von Pflegeversicherten nach dem SGB XI zugelassen ist. Er beantragte darüber hinaus bei der beklagten kreisfreien Stadt auch die Zulassung als Träger eines so genannten Ambulante-Hilfe-Zentrums (AHZ) nach dem rheinland-pfälzischen Gesetz über ambulante, teilstationäre und stationäre Pflegehilfen sowie die finanzielle Förderung nach diesem Gesetz. Auf der Basis dieses Gesetzes erstellte die Beklagte einen vorläufigen Bedarfsplan für Pflegeeinrichtungen, in den auch der Kläger aufgenommen wurde. Als Träger eines AHZ wurde jedoch nur der Beigeladene vorgesehen und später auch zugelassen sowie von der Beklagten und dem beigeladenen Land nach dem vorbezeichneten Gesetz durch Bezuschussung von Investitionskosten und Übernahme von Personalkosten finanziell gefördert. Eine Förderung des Klägers lehnte die Beklagte ab.

Das BSG hat unter Berufung auf das im Pflegeversicherungsrecht geltende Wettbewerbsprinzip bezüglich der Pflegeeinrichtungen den Unterschied zum Bedarfsplanungsprinzip nach dem Recht der gesetzlichen Krankenversicherung (§ 109 Abs. 2 S. 2 SGB V) betont und ausgeführt:

---

368 In diesem Zusammenhang hat Schulin, NZS 1994, 433 geäußert, dass der Zulassungsanspruch in seiner „Radikalität" für das gesamte Sozialversicherungssystem einmalig sei.

369 BeckOGK/Schmidt § 72 SGB XI Rn. 22; BT-Drs. 12/5262 S. 136.

370 BT-Drs. 12/5262 S. 136.

371 Nach BSG 28.6.2001, BSGE 88, 215.

„Während es bei der Versorgung der Bevölkerung mit Krankenhäusern eine verfassungsrechtlich zulässige Beschränkung der Zulassung gibt, weil dies erforderlich ist, um eine zur Versorgung der Versicherten nicht notwendige Leistungsausweitung und damit eine übermäßige Kostenbelastung der Krankenkassen zu vermeiden (BVerfGE 82, 209ff.), ist dies bei der Versorgung der Bevölkerung mit pflegerischen Leistungen nicht der Fall. Der Bundesgesetzgeber hat sich vielmehr hier durch einen freien Marktzugang für Pflegeeinrichtungen einen wirksamen Leistungswettbewerb versprochen, der nach den Gesetzen der Marktwirtschaft für eine wirtschaftliche Leistungserbringung sorgt. Nach dieser Grundentscheidung bleibt es zwar weiterhin eine staatliche Aufgabe des Landes, den Bedarf an Pflegeeinrichtungen zur Versorgung der Bevölkerung festzustellen und zu kontrollieren, inwieweit dieser Bedarf durch die bereits vorhandenen Einrichtungen gedeckt wird. Zu weiteren staatlichen Maßnahmen, insbesondere durch eine finanzielle Förderung, besteht aber erst dann eine Verpflichtung, wenn sich herausstellen sollte, dass unter den Regeln des Marktwettbewerbs eine ausreichende Versorgung der Bevölkerung mit Pflegeeinrichtungen, etwa in strukturschwachen Gebieten, nicht sicherzustellen ist. Daneben darf es – wiederum vergleichbar mit dem Krankenhausbereich – Ziel des Landesgesetzgebers sein, durch finanzielle Förderung der Einrichtungsträger zu sozial tragbaren Pflegesätzen beizutragen. (...) Soweit staatliche Förderung nicht geboten, aber zulässig ist, muss sie zur **Vermeidung von Wettbewerbsverfälschungen** in einer Weise erfolgen, die den Marktteilnehmern gleiche Chancen belässt und nicht dazu führt, dass einzelne Marktteilnehmer bevorzugt, andere aber in ihrer Existenz bedroht werden. Das **Grundrecht der freien Berufsausübung** nach Art. 12 GG schützt auch vor staatlichen Eingriffen durch sachlich nicht gerechtfertigte Mittelvergabe an Konkurrenten (BVerfGE 82, 209, 223ff.; 86, 28, 37).“[372]

Mit dieser Begründung hat das BSG die Zulassung und finanzielle Förderung nur eines Trägers eines AHZ im Stadtgebiet der Beklagten als eine Wettbewerbsverzerrung betrachtet, die privaten Anbietern auf Dauer keine Chance ließe. Sie war deshalb rechtswidrig.

---

32 Nicht nachvollziehbar ist die Regelung in § 72 Abs. 3 S. 2 SGB XI, wonach bei notwendiger Auswahl zwischen mehreren geeigneten Pflegeeinrichtungen die Versorgungsverträge **vorrangig mit freigemeinnützigen und privaten Trägern** abgeschlossen werden sollen. Zur Begründung wird in den Gesetzesmaterialien darauf verwiesen, dass diese Regelung dem Subsidiaritätsprinzip entspricht und den Grundsatz der Trägervielfalt konkretisiert. Dies geschieht nach den Materialien in Übereinstimmung mit der in den meisten Bundesländern geübten Rechtspraxis, wonach soziale Einrichtungen von der öffentlichen Hand nur vorgehalten werden sollen, soweit die Versorgung nicht durch andere Träger sichergestellt wird.[373] Ein Vorrang zugunsten privatrechtlicher Organisationen gegenüber öffentlich-rechtlichen Einrichtungen widerspricht jedoch dem in S. 1 verbürgten Rechtsanspruch und der hinter ihm stehenden Erwartung eines Wettbewerbs zwischen verschiedenen Einrichtungen.[374] Die Regel aus § 72 Abs. 3 S. 2 SGB XI wird damit zu Recht in der Literatur schlichtweg als überflüssig bezeichnet[375] und auch vom BSG wird ihr kein Anwendungsbereich zugebilligt.[376]

d) Abschluss des Versorgungsvertrages

aa) Vertragspartner

33 Partner des Versorgungsvertrages ist auf der einen Seite der **Träger der Pflegeeinrichtung**; auch eine vertretungsberechtigte Vereinigung gleicher Träger kann Vertragspartner sein (§ 72 Abs. 2 S. 1 SGB XI). Damit soll den Einrichtungen ermöglicht werden, sich vertreten zu lassen.[377] Nötig ist diese Regelung jedoch nicht, da bereits über § 13 Abs. 1 S. 1 i.V.m. § 12 Abs. 1 Nr. 3 SGB X die Möglichkeit der **Vertretung** vorgesehen ist, so dass in der Literatur zu Recht weitgehend Einigkeit besteht, dass es sich nur um eine klarstellende Regelung handeln dürfte.[378]

---

372 BSG 28.6.2001, BSGE 88, 215, 221f.
373 BT-Drs. 12/5952 S. 46.
374 Udsching/Schütze/Schumann § 72 SGB XI Rn. 11 geht davon aus, dass Abs. 3 S. 2 kein Anwendungsbereich zukommt.
375 Krauskopf/Knittel § 72 SGB XI Rn. 20; Schulin, VSSR 1994, 285, 303.
376 BSG 28.6.2001 SozR 3-3300 § 9 Nr. 1.
377 BT-Drs. 12/5952 S. 46.
378 Krauskopf/Knittel § 72 SGB XI Rn. 10; Schulin, VSSR 1994, 285, 295; BeckOGK/Schmidt § 72 SGB XI Rn. 14.

Vertragspartner auf der anderen Seite sind die **Landesverbände der Pflegekassen**. Diese haben dabei das **Einvernehmen mit den** überörtlichen, gegebenenfalls örtlichen **Trägern der Sozialhilfe** herbeizuführen. Damit soll der Sachverstand der Sozialhilfeträger in das Zulassungsverfahren eingebracht werden.[379] Gelingt eine solche Einigung nicht, ist das Verfahren gem. § 81 SGB XI durchzuführen. 34

Darüber hinaus besteht die Möglichkeit, einen **Gesamtversorgungsvertrag** abzuschließen. Damit kann für mehrere oder alle selbständig wirtschaftenden Einrichtungen (§ 71 Abs. 1 und 2 SGB XI), die vor Ort organisatorisch miteinander verbunden sind, ein einheitlicher Versorgungsvertrag geschlossen werden (§ 72 Abs. 2 S. 1 2. Hs. SGB XI). Die Regelung selbst verweist auf das Ziel, über diesen Weg eine quartiersnahe Unterstützung zwischen den verschiedenen Versorgungsbereichen sicherzustellen.[380] Diese Möglichkeit wurde erst nachträglich durch das Pflege-Weiterentwicklungsgesetz eingeführt und soll darüber hinaus dem Bürokratieabbau dienen.[381] 35

bb) Schriftlicher öffentlich-rechtlicher Vertrag

Für die Wirksamkeit des Versorgungsvertrages ist die Beachtung des **Schriftformerfordernisses** in § 73 Abs. 1 SGB XI erforderlich. Bei dem Versorgungsvertrag handelt es sich um einen **öffentlich-rechtlichen Vertrag** i. S. d. § 53 SGB X. Landesverbände der Pflegekassen und die Trägereinrichtung stehen sich demnach gleichrangig und gleichberechtigt gegenüber.[382] Ebenso wie im Krankenhausrecht[383] stellt die Ablehnung des Abschlusses eines Versorgungsvertrages einen belastenden Verwaltungsakt dar.[384] Hiergegen kann ohne Durchführung eines Vorverfahrens vor den Sozialgerichten geklagt werden, wobei die Klage keine aufschiebende Wirkung hat (§ 73 Abs. 2 SGB XI). 36

e) Inhalt des Versorgungsvertrages

Gem. § 72 Abs. 1 S. 2 SGB XI sind in dem Versorgungsvertrag Art, Inhalt und Umfang der allgemeinen Pflegeleistungen festzulegen, die von der Pflegeeinrichtung während der Dauer des Vertrags für den Versicherten zu erbringen sind. Das Gesetz bezeichnet diese inhaltliche Festlegung als Versorgungsauftrag. Bei der inhaltlichen Ausfüllung des Versorgungsauftrags ist zu beachten, dass zahlreiche Fragestellungen bereits in Rahmenverträgen nach § 75 SGB XI enthalten sind. Deshalb zielt der Versorgungsvertrag zusätzlich darauf ab, die in einer Einrichtung zu erbringende Pflegeleistung individuell, also bezogen auf den vertragsschließenden Träger der Einrichtung, ihrer Art und ihrem Umfang nach zu konkretisieren.[385] 37

f) Rechte und Pflichten aus dem Versorgungsvertrag

Die wichtigste Rechtsfolge aus dem Abschluss eines Versorgungsvertrages ergibt sich aus § 72 Abs. 2 S. 2 SGB XI. Danach ist der Versorgungsvertrag für die Pflegeeinrichtung und alle Pflegekassen im Inland **unmittelbar verbindlich**. Während Verträge grundsätzlich nur für die Vertragspartner Wirkungen entfalten können, wird über S. 2 die Vertragswirkung gerade gegenüber Nichtvertragspartnern, nämlich den Pflegekassen, festgelegt. Hintergrund ist die Funktion des Versorgungsvertrages als „Eintrittsticket in den Pflegemarkt" (s. Rn. 29).[386] Dieser Markt ist regional nicht beschränkt. Er 38

379 BT-Drs. 12/5262 S. 136; BeckOGK/Schmidt § 72 SGB XI Rn. 16.
380 S. hierzu jurisPK-SGB XI/Wahl § 72 SGB XI Rn. 14.
381 BT-Drs. 16/7439 S. 67.
382 BT-Drs. 12/5262 S. 137.
383 BSG 27.1.1981, BSGE 51, 126; BSG 15.1.1986, BSGE 59, 258.
384 BeckOGK/Schmidt § 73 SGB XI Rn. 9.
385 BeckOGK/Schmidt § 72 SGB XI Rn. 12.
386 Igl/Welti, § 24 Rn. 1.

gilt für das gesamte Bundesgebiet. Deshalb müssen auch Zulassungen auf Landesebene mit einer Wirkung für das gesamte Bundesgebiet versehen werden.

39 Die **statusrechtlichen und vertragsrechtlichen Rechtsfolgen** aus dem Abschluss des Versorgungsvertrages sind in § 72 Abs. 4 SGB XI zusammengefasst. S. 1 drückt zunächst die statusbegründende Wirkung des Versorgungsvertrages aus, indem die **Zulassung** der Pflegeeinrichtung zur pflegerischen Versorgung der Versicherten geregelt wird. Aus diesem Zulassungsvorgang erwächst aber gleichzeitig die Pflicht der Pflegeeinrichtung, im Rahmen des Versorgungsauftrages die pflegerische Versorgung der Versicherten auch tatsächlich durchzuführen (S. 2). Dieser Verpflichtung auf Seiten der Pflegeeinrichtung entspricht auf Seiten der Leistungsträger (also idR der Pflegekassen) die Pflicht zur Vergütung der Leistungen der Pflegeeinrichtung (S. 3), weshalb die Zulassung für die Pflegeeinrichtungen von zentraler Bedeutung ist.

40 Vom Versorgungsvertrag können sich die Vertragspartner gem. § 74 SGB XI durch **Kündigung** lösen. Die Landesverbände können eine ordentliche Kündigung aber nur aussprechen, wenn die Pflegeeinrichtung nicht nur vorübergehend eine der Zulassungsvoraussetzungen des § 72 Abs. 3 S. 1 SGB XI nicht mehr erfüllt. Darüber hinaus sieht § 74 Abs. 1 S. 1 Hs. 2 SGB XI eine Kündigungsmöglichkeit bei wiederholt gröblicher Verletzung des § 2 SGB XI vor. Zur Vermeidung einer Kündigung ist in § 74 Abs. 1 S. 3 SGB XI den Landesverbänden der Pflegekassen im Einvernehmen mit den zuständigen Trägern der Sozialhilfe der Abschluss von Vereinbarungen als Alternative offengehalten. § 74 Abs. 2 SGB XI sieht unter den dort genannten Voraussetzungen ein außerordentliches Kündigungsrecht vor.

4. Die Pflegevergütung

a) Grundlagen des Vergütungssystems

41 Leistungserbringer müssen für die Erbringung der Pflegeleistung eine Vergütung erhalten. Die Frage, wie diese Vergütung zu finanzieren ist, war im Gesetzgebungsverfahren höchst umstritten. **Ursprünglich** war im Gesetzentwurf das so genannte **„monistische Finanzierungssystem“** beabsichtigt gewesen. In § 91 des Entwurfs waren für allgemeine Pflegeleistungen eine leistungsgerechte Vergütung sowie ein Zuschlag auf die Pflegevergütung zur Finanzierung ihrer betriebsnotwendigen Investitionen vorgesehen. Dabei sollten sowohl die laufenden Betriebsaufwendungen als auch die notwendigen Investitionen der Pflegeeinrichtungen „aus einer Hand“ über den Preis „Pflegevergütung“ finanziert werden.[387]

42 Die ursprünglich geplante Regelung ist jedoch am Widerstand des Bundesrats gescheitert.[388] Der schließlich Gesetz gewordene Kompromiss sieht eine **Finanzierung** der Pflegevergütung durch die Pflegekassen und die Förderung der Investitionskosten durch die Länder im Wege der Einsparung von Sozialhilfe vor (§ 9 S. 3 SGB XI). Nur soweit Investitionskosten nicht durch entsprechende Zuschüsse gedeckt werden, dürfen diese Kosten in die Entgeltberechnung einbezogen werden.

43 Als Gegenleistung für die Pflicht zur pflegerischen Versorgung, die für die Pflegeeinrichtung durch den Versorgungsvertrag begründet wird (§ 72 Abs. 4 S. 2 SGB XI), entsteht der Anspruch auf Vergütung für die erbrachten Pflegeleistungen (§ 72 Abs. 4 S. 3 SGB XI). **Inhalt und Umfang der Vergütung** regeln die **§§ 82ff. SGB XI**. Bei der Bestimmung der Vergütung sind zwei Fragen **zu unterscheiden**:

– Was können die Leistungserbringer beanspruchen?
– Wer ist Schuldner der Vergütung?

44 **Zum ersten Fragenkomplex:** § 82 Abs. 1 Nr. 1 SGB XI statuiert den **Grundsatz der leistungsgerechten Vergütung** für die allgemeinen Pflegeleistungen i. S. d. § 4 Abs. 2 SGB XI. Damit deutet sich bereits an, dass trotz der Grundannahme des SGB XI, wonach von einem funktionierenden Pflegemarkt aufgrund der Vielfalt und Vielzahl von Leistungserbringern auszugehen ist, die Pflegever-

387 BT-Drs. 12/5262 S. 142.
388 Vgl. dazu Orde, SozSich 1994, 161ff.

gütung nicht einfach in einem Marktpreis ausgedrückt wird, der durch das freie Spiel der Kräfte zustande kommt. Vielmehr sollen die teils gegenläufigen Interessen der Leistungserbringer, vor allem aber der Pflegeversicherten und der Pflegekassen miteinander in Ausgleich gebracht werden.

Der **Inhalt** dieser **leistungsgerechten Vergütung** unterscheidet sich je nachdem, ob es sich um ambulante oder stationäre Pflege handelt. Sie umfasst bei beiden Pflegeformen die Betreuung[389] und – soweit bei stationärer Pflege kein Anspruch nach § 37 SGB V besteht – die medizinische Behandlungspflege (§ 82 Abs. 1 S. 3 SGB XI). Bei der stationären Pflege ist ferner ein angemessenes Entgelt für Unterkunft und Verpflegung eingeschlossen (Abs. 1 S. 1 Nr. 2). Grundlage der Ermittlung und Berechnung der leistungsgerechten Vergütung können grundsätzlich nur **Betriebskosten**, nicht hingegen Investitionskosten sein (vgl. § 82 Abs. 2 SGB XI). Dies hängt mit dem System der dualen Finanzierung im Pflegeversicherungsrecht zusammen. 45

Zum zweiten Fragenkomplex (Leistungsschuldner): In § 82 Abs. 1 S. 2 SGB XI, wonach die Pflegevergütung von den Pflegebedürftigen oder deren Kostenträgern zu tragen ist, wird der Schuldner der Pflegevergütung nur unzureichend bzw. missverständlich geregelt.[390] Primärer Leistungsschuldner der Pflegevergütung ist die Pflegekasse. Soweit das Leistungsrecht der §§ 36 ff. SGB XI reicht, ist ausschließlich die Pflegekasse verpflichtet, die Vergütung für die Pflegeleistung zu zahlen. Da die Pflegeversicherung aber keine volle Kostentragung vorsieht, kommt es bei Überschreiten des Leistungsrahmens zur Begründung von Zahlungsverpflichtungen weiterer Schuldner. Grundsätzlich ist dies der Pflegebedürftige selbst, soweit nicht nach den Vorschriften des SGB XII Sozialhilfeträger einzutreten haben. 46

Die Pflicht zur Kostentragung ergibt sich für die Pflegebedürftigen vor allem für **bestimmte Investitionsaufwendungen**, die nicht durch die öffentliche Förderung gem. § 9 SGB XI gedeckt sind. Diese Aufwendungen können den Pflegebedürftigen von der Pflegeeinrichtung gesondert berechnet werden (§ 82 Abs. 3 SGB XI). Solche Investitionsaufwendungen können z. B. Kosten sein, die für die Gebäude aufgebracht werden müssen, welche für den Betrieb der Pflegeeinrichtung notwendig sind, s. § 82 Abs. 2 Nr. 1 SGB XI. Schließlich müssen von dem Pflegebedürftigen selbst die **Kosten für Unterkunft und Verpflegung** bei stationärer Pflege getragen werden (§ 82 Abs. 1 S. 4 SGB XI). Begründet wird dies in den Gesetzesmaterialien damit, dass insoweit eine Gleichstellung mit den Pflegebedürftigen erfolgt, die zu Hause gepflegt werden und dort ebenfalls für ihre normalen Lebensführungskosten aufkommen müssten. Eine stationäre Vollversorgung erscheine im Interesse der Pflegebedürftigen auch aus sozial- und familienpolitischen Gründen nicht angezeigt. Sie würde insbesondere bei pflegebedürftigen Rentnern, die durchaus noch in ihrer Familie versorgt werden könnten, den Anreiz zur Abschiebung ins Heim verstärken.[391] 47

b) Vergütung stationärer Pflegeleistungen

Die Vergütung für stationäre Pflegeleistungen wird in §§ 84 bis 88a SGB XI geregelt. Zentral sind hier das materielle Pflegesatzrecht (§ 84 SGB XI), also die Bemessungsgrundsätze für die Pflegesätze, und das formelle Pflegesatzrecht (§§ 85, 86 SGB XI), welches Vorgaben für das Pflegesatzverfahren festlegt. Der Pflegesatz ist ein wichtiger Baustein in der Finanzierung der Pflegeheime. Weitere Finanzierungsquellen sind Investitionszuschüsse nach § 9 SGB XI (öffentliche Förderung nach landesrechtlichen Regelungen), Ansprüche auf Kosten für Unterkunft und Verpflegung nach § 87 SGB XI und ggf. Ansprüche auf Ersatz für Ausbildungsvergütungen gem. § 82a SGB XI und auf eine Vergütung für Zusatzleistungen gem. § 88 SGB XI.[392] 48

---

389 Klarstellend BT-Drs. 18/5926 S. 136.

390 Udsching/Schütze/Schütze § 82 SGB XI Rn. 8.

391 BT-Drs. 12/5262 S. 143.

392 S. Krauskopf/Knittel Vorb. §§ 82 ff. SGB XI Rn. 2.

aa) Das Pflegesatzsystem

49 Im stationären Pflegebereich wird die Pflegevergütung in Form von Pflegesätzen erbracht (§ 84 Abs. 1 SGB XI). Der Begriff stammt aus dem Recht der Krankenhausfinanzierung. Pflegesätze sind das **Entgelt** für die voll- oder teilstationären Pflegeleistungen des Pflegeheims. In Übereinstimmung mit § 82 Abs. 1 SGB XI bestimmt § 84 Abs. 1 SGB XI, dass die Pflegesätze auch die medizinische Behandlungspflege (soweit kein Anspruch nach § 37 SGB V besteht) und die Betreuung erfassen.

50 Für die **Bemessung der Pflegesätze** hat es durchaus einige Richtungswechsel in Rechtsprechung und Gesetzgebung gegeben;[393] heute sind im Wesentlichen zwei Faktoren entscheidend: Zum einen ist der voraussichtliche Aufwand zur Versorgung eines Heimbewohners bezogen auf einen der fünf Pflegegrade zu ermitteln und zum anderen muss die voraussichtliche Verteilung der Pflegegrade unter den Heimbewohnern bestimmt werden; dies wird auch als Pflegegrad-Mix der Einrichtung bezeichnet. Darüber legt sich nun das übergeordnete Ziel, eine leistungsgerechte Vergütung zu gewährleisten. *Schütze* schlägt ein **dreistufiges Verfahren zur Pflegesatzbemessung** vor, das den Vorteil hat, etwas Klarheit in die Prüfung zu bringen.

- Danach werden in einem ersten Schritt bezogen auf die fünf Pflegegrade leistungsgerechte Vergütungsansätze ermittelt, die es der Pflegeeinrichtung ermöglichen, ihren Versorgungsauftrag zu erfüllen.
- In einem zweiten Schritt wird abgeschätzt, wie sich die Pflegegrade voraussichtlich unter den Heimbewohnern verteilen.
- Schließlich wird in einem dritten Schritt der Gesamtaufwand ermittelt, den die Einrichtung voraussichtlich zur Versorgung der Bewohner haben wird; hierbei sind die voraussichtlichen Leistungsbeträge der Pflegekassen nach § 43 SGB XI und die voraussichtliche Höhe des einrichtungseinheitlichen Eigenanteils der Heimbewohner zu berechnen.[394]

51 Bei der Ermittlung der Pflegesätze gilt gem. § 84 Abs. 2 S. 1 SGB XI als **übergreifende Zielsetzung**, dass sie „leistungsgerecht“ sein sollen. Damit wird das Prinzip der **leistungsgerechten Vergütung** aus § 82 Abs. 1 S. 1 Nr. 1 SGB XI aufgegriffen. Der Maßstab für die Frage, ob die Pflegesätze auch leistungsgerecht sind, ergibt sich aus § 84 Abs. 2 SGB XI. Der Grundsatz bedeutet zunächst, dass die Pflegesätze es einem Pflegeheim bei wirtschaftlicher Betriebsführung ermöglichen müssen, seine Aufwendungen zu finanzieren und seinen Versorgungsauftrag zu erfüllen und zwar unter Berücksichtigung einer angemessenen Vergütung des Unternehmerrisikos, § 84 Abs. 2 S. 4 SGB XI. Entscheidend ist hier also, ob die Gesamtsumme der Leistungen der Pflegekassen und der Zuzahlungsbeträge der Bewohner hierfür ausreichen. Der Grundsatz der leistungsgerechten Vergütung greift darüber hinaus auch bei der vorgelagerten Frage, ob die Berechnungen, die der pflegegradbezogenen Betrachtung zugrunde gelegt werden, ebenfalls leistungsgerecht sind. Das Prinzip greift also auf zwei verschiedenen Ebenen.

52 Für die **Leistungsgerechtigkeit** bietet § 84 Abs. 2 SGB XI im Wesentlichen folgende **Vorgaben**, die zum Teil bereits zuvor erwähnt wurden:

- Der Pflegesatz orientiert sich wesentlich am Versorgungsaufwand des Pflegeheims, zu dessen Ermittlung auf die Pflegegrade gem. § 15 SGB XI (S. 2 und 3) abgestellt wird.
- Davon ausgehend sind zudem nach § 43 SGB XI für die Pflegegrade 2 bis 5 einrichtungseinheitliche Eigenanteile zu ermitteln. Damit wird das Ziel verfolgt, dass der von den Pflegebedürftigen (oder ggf. zuständigen Sozialhilfeträgern) zu tragende Eigenanteil nicht mit der Schwere der Pflegebedürftigkeit steigt.[395]
- Der Grundsatz der Beitragssatzstabilität ist zu beachten (S. 6).

---

393 Beginnend mit einem Marktpreismodell nach der sog. Marktpreisentscheidung BSG 14.12.2000, BSGE 87, 199; der „klarstellenden“ Reaktion des Gesetzgebers BT-Drs. 16/7439 S. 71; darauffolgend BSG 29.1.2009 – B 3 P 6/08 R; B 3 P 7/08 R; B 3 P 9/08 R; s. hierzu auch den Überblick bei jurisPK-SGB XI/O'Sullivan § 84 SGB XI Rn. 37ff.

394 Udsching/Schütze/Schütze § 84 SGB XI Rn. 40.

395 S. hierzu BT-Drs. 18/5926 S. 137; BeckOK-SozR/Brose § 84 SGB XI Rn. 16.

- Der Pflegesatz muss so gestaltet sein, dass das Pflegeheim bei wirtschaftlicher Betriebsführung seinen individuellen Versorgungsauftrag erfüllen kann; zugleich ist das Unternehmerrisiko angemessen zu vergüten (S. 4).
- Bei der Bemessung der Pflegesätze können die Pflegesätze derjenigen Pflegeeinrichtungen, die nach Art und Größe und der in Abs. 5 genannten Leistungs- und Qualitätsmerkmale im Wesentlichen gleichartig sind, angemessen berücksichtigt werden (§ 84 Abs. 2 S. 7 SGB XI).
- Es gilt das Prinzip der Bemessung der Pflegesätze nach einheitlichen Grundsätzen: D. h., eine Differenzierung darf weder im Hinblick auf pflegebedürftige Heimbewohner noch nach Kostenträgern erfolgen (§ 84 Abs. 3 SGB XI). Dies schließt unterschiedliche Pflegesätze etwa für „Privatpatienten" ebenso aus wie „Rabatte" für bestimmte Kassenarten.[396]
- Darüber hinaus stellt § 82c SGB XI klar, unter welchen Voraussetzungen Personalaufwendungen als wirtschaftlich anzusehen sind; insbesondere die Zahlung nach Tarif ist demnach wirtschaftlich.

bb) Das Pflegesatzverfahren

53 Die abstrakten Grundsätze der Pflegesatzbildung nach § 84 SGB XI sind für das einzelne Pflegeheim durch eine individuelle Pflegesatzvereinbarung zu konkretisieren (§ 85 Abs. 1 SGB XI). Das **Vereinbarungsprinzip** ist demnach ein Grundprinzip der Pflegesatzbestimmung.[397]

54 Die **Parteien der Pflegesatzvereinbarung** werden durch § 85 Abs. 2 SGB XI festgelegt. Es sind der Träger des zugelassenen Pflegeheims einerseits und die Pflegekassen, sonstige Sozialversicherungsträger, der örtliche oder überörtliche Träger der Sozialhilfe sowie Arbeitsgemeinschaften der vorgenannten Träger andererseits. Die Eigenschaft als Vertragspartei auf Seiten der Kostenträger ist allerdings von einem Quorum abhängig. Die vertragliche Beteiligung hängt davon ab, dass der Kostenträger oder die Arbeitsgemeinschaft im Jahr vor Beginn der Pflegesatzverhandlungen jeweils mehr als fünf Prozent der Berechnungstage des Pflegeheims abzudecken hatte. Damit soll der Kreis der Vertragspartner in einer praktikablen Größenordnung gehalten werden.[398]

55 Die Pflegesatzvereinbarung ist für jedes zugelassene Pflegeheim gesondert abzuschließen (Abs. 2 S. 2). Das damit zum Ausdruck kommende **Individualprinzip** kann im Einzelfall zu einem Problem der Verhandlungsmacht führen. Dem Ziel, ein mögliches Verhandlungsgefälle auszugleichen, dient daher die Regelung in S. 3, wonach sich auch die Vereinigungen der Pflegeheime im Land am Pflegesatzverfahren beteiligen können, ohne dabei allerdings zum Vertragspartner zu werden.[399] Abweichend vom Grundprinzip der Individualvereinbarung können Pflegesätze aber mit Zustimmung der betroffenen Pflegeheimträger auch kollektiv durch sogenannte **Pflegesatzkommissionen** vereinbart werden (§ 86 SGB XI).

56 Die Pflegesatzvereinbarung ist ein **öffentlich-rechtlicher Vertrag** (§ 53 SGB XI), bei dem sich die Vertragsparteien gleichberechtigt gegenüber stehen. Folgerichtig bestimmt § 85 Abs. 4 SGB XI, dass die Pflegesatzvereinbarung durch Einigung zwischen dem Träger des Pflegeheims und der Mehrheit der Kostenträger zustande kommt. Für den Fall, dass eine Einigung scheitert, sieht § 85 Abs. 5 SGB XI eine Konfliktlösung durch eine unabhängige Schiedsstelle vor.

57 Der Gesetzgeber des Pflegeversicherungsgesetzes hat die **prospektive Ausrichtung der Pflegesätze** als einen Kernpunkt des Pflegesatzverfahrens angesehen.[400] Daher ist die Pflegesatzvereinbarung im Voraus, d. h. vor Beginn der jeweiligen Wirtschaftsperiode des Pflegeheims, für einen zukünftigen Zeitraum (sog. Pflegesatzzeitraum) zu treffen (§ 85 Abs. 3 S. 1 SGB XI). Um diese prospektive Ausrichtung der Pflegesätze zu ermöglichen, unterwirft das Gesetz das Pflegeheim Dokumenta-

---

396 Vgl. BT-Drs. 12/5262 S. 144.
397 BT-Drs. 12/5262 S. 144.
398 BT-Drs. 12/5262 S. 145.
399 BeckOK-SozR/Brose § 85 SGB XI Rn. 8.
400 BT-Drs. 12/5262 S. 144.

tions-, Nachweis- und Informationspflichten (S. 2 bis 4). Das BSG hat hierzu ein zweistufiges Darlegungsverfahren entwickelt.[401]

c) Vergütung ambulanter Pflegeleistungen

58 Auch für die ambulanten Pflegeleistungen folgt das Gesetz dem **Vereinbarungsprinzip** (§ 89 Abs. 1 SGB XI). Allerdings ist die Vergütungsfestsetzung durch Vereinbarung subsidiär gegenüber der Gebührenordnung nach § 90 SGB XI. Eine solche Gebührenordnung ist bisher jedoch nicht erlassen worden.

59 **Vertragspartei** der Vergütungsvereinbarung sind – ähnlich wie bei der Pflegesatzvereinbarung – auf der einen Seite der Träger des Pflegedienstes, auf der anderen Seite die Pflegekassen, sonstige Sozialversicherungsträger, die zuständigen Träger der Sozialhilfe bzw. die Arbeitsgemeinschaften der vorbenannten Träger, jeweils in Abhängigkeit von einem Quorum von fünf Prozent der vom Pflegedienst betreuten Pflegebedürftigen (§ 89 Abs. 2 SGB XI).

60 Auch für die Vergütung ambulanter Pflegeleistungen gilt nach § 82 Abs. 1 SGB XI der Grundsatz der **leistungsgerechten Vergütung**. Dieser Grundsatz wird für die ambulante Pflege nicht so ausführlich wie für die stationäre Pflege (vgl. § 84 SGB XI) konkretisiert, unverkennbar ist dennoch die Anlehnung an die Prinzipien der stationären Pflege (vgl. § 89 Abs. 1 S. 2 und 3 SGB XI). Den spezifischen Anforderungen der ambulanten Pflege dienen die Vergütungskriterien in § 89 Abs. 3 SGB XI.[402] Das Pflege-Weiterentwicklungsgesetz hat die Möglichkeit gemeinsamer Leistungsinanspruchnahme geschaffen (sog. Poolen, vgl. da-zu oben § 30 Rn. 75). Dem musste auch bei der Bestimmung der Vergütung Rechnung getragen werden. Die später in § 89 Abs. 3 SGB XI eingefügten Sätze 2 und 3 verlangen die Berücksichtigung gemeinsam abgerufener Leistungen. Die erzielten Zeit- und Kostenersparnisse müssen den Pflegebedürftigen zugute kommen.[403]

d) Kostenerstattung bei fehlender Vereinbarung (§ 91 SGB XI)

61 Für den Fall, dass mit einer zugelassenen Pflegeeinrichtung keine Regelung der Pflegevergütung nach §§ 85, 89 SGB XI zustande kommt oder dass sie auf eine solche Regelung verzichtet, besteht für sie nach § 91 SGB XI die Möglichkeit, die Kosten der pflegerischen Leistungen individuell mit der pflegebedürftigen Person zu vereinbaren. Diese kann sich dann die Kosten von der Pflegekasse erstatten lassen. Allerdings wird für die **Kostenerstattung** eine Grenze eingezogen bei 80 Prozent des Betrags, den die Pflegekasse für den einzelnen Pflegebedürftigen nach Art und Schwere seiner Pflegebedürftigkeit nach §§ 36ff. SGB XI hätte.

IV. Qualitätssicherung

1. Bedeutung und Entwicklung

62 Dem Gesetzgeber war von Anfang an bewusst, dass der gesetzliche Auftrag an die Pflegekassen eine bedarfsgerechte und gleichmäßige, dem allgemein anerkannten Stand wissenschaftlicher Erkenntnisse entsprechende pflegerische Versorgung der Versicherten zu gewährleisten, eine ständige Sicherung der Qualität der Pflege erfordert.[404] Diesem Zweck diente die Vereinbarung von Grundsätzen und Maßstäben für die Qualität und die Qualitätssicherung der ambulanten und stationären Pflege gem. § 80 Abs. 1 S. 1 SGB XI a.F. Aus der Aufzählung der Institutionen, die an den Vereinbarungen beteiligt waren, wird ersichtlich, dass es dem Gesetzgeber auf die Festlegung einheitlicher Standards

---

401 S. hierzu Kaminski, RDG 2015, 198, 199; BSG 29.1.2009, NZS 2010, 35.
402 Zu den Einzelheiten z.B. Janda, Pflegerecht, S. 89, Rn. 61; Krauskopf/Knittel § 89 SGB XI Rn. 7ff.
403 BT-Drs. 16/7439 S 73f.
404 BT-Drs. 12/5262 S. 141.

auf Bundesebene ankam. Der auf dieser Ebene vorhandene Sachverstand sollte gebündelt in den Abschluss solcher Vereinbarungen eingebracht werden. Eklatante Versorgungsmängel in der Pflege, die von den Medien aufgegriffen wurden, und die Forderungen aus der Bevölkerung haben den Gesetzgeber gezwungen, der Qualitätssicherung einen noch stärkeren Stellenwert zu verschaffen. In der Begründung zum Pflegequalitätssicherungsgesetz[405] wird betont, dass sich vor dem Hintergrund der Bezahlung von Beiträgen zur Pflegeversicherung und dem dadurch bedingten Entstehen von Ansprüchen aus eigenem Recht ein neues Selbstbewusstsein der Betroffenen („**Verbrauchersouveränität**") entwickelt habe.[406] Seither wurde die Qualitätssicherung stetig weiterentwickelt und gestärkt.[407] So war sie Kernstück des Pflege-Weiterentwicklungsgesetzes[408] und auch Gegenstand des PSG II.[409]

Nochmals grundlegend geändert wurden die Vorgaben zur Qualitätssicherung durch das Pflegepersonal-Stärkungsgesetz vom 11.12.2018.[410] Dabei war die Qualitätssicherung zunächst gar nicht Gegenstand des Gesetzentwurfs, sondern wurde erst durch die Beschlussempfehlung des Ausschusses für Gesundheit in das Gesetzgebungsverfahren eingebracht.[411] Mit den Änderungen der §§ 114 ff. SGB XI wurde der sog. „Pflege-TÜV" abgelöst durch ein neues Kriterien-System, das im Hinblick auf die **Qualitätsindikatoren und interne sowie externe Qualitätsprüfungen** zur Anwendung kommt.[412] Anlass war (neben anhaltender Kritik an der Vergabe außergewöhnlich guter Pflegenoten),[413] die bereits im PSG II geregelte Verpflichtung, ein neues System der Qualitätsmessung und -darstellung durch unabhängige Wissenschaftler entwickeln zu lassen.[414] Die Einführungsphase für das neue Qualitätssystem wurde durch das Covid-19-Krankenhausentlastungsgesetz vom 27.3.2020[415] wegen der pandemiebedingten außergewöhnlichen Belastungen in den Pflegeeinrichtungen um ein halbes Jahr verlängert bis zum 31.12.2020, s. § 114b Abs. 1 SGB XI.[416] 63

2. Ausgestaltung der Qualitätssicherung

a) Grundsätze zur Sicherung der Pflegequalität

Die Verantwortung für die Qualität der Pflege liegt bei den Trägern der Pflegeeinrichtungen, § 112 SGB XI. Die Sicherung und Überprüfung der Qualität erfolgt im Wesentlichen auf zwei Ebenen: Zum einen müssen die Einrichtungen selbst ein internes Qualitätsmanagement betreiben (s. §§ 112 Abs. 2, 114b Abs. 1 SGB XI) und zum anderen werden nach Maßgabe von § 114 SGB XI externe Qualitätsprüfungen durchgeführt.[417] Maßgeblich für die Beurteilung der Pflegequalität sind die Grundsätze und Maßstäbe i. S. v. § 113 SGB XI. Nach § 113 SGB XI vereinbaren die in dieser Vorschrift genannten Spitzenorganisationen des Pflegesektors Maßstäbe und Grundsätze für die Qualität und die Qualitätssicherung in der ambulanten und stationären Pflege sowie für die Entwicklung eines einrichtungsinternen Qualitätsmanagements (§ 113 Abs. 1 S. 1 SGB XI). Damit delegiert der Gesetzgeber in erheblichem Umfang die Verantwortung für die Festlegung von Qualitätsstandards. **Gegenstand** dieser Vereinbarungen sind nach Abs. 1 insbesondere auch die Anforderungen an eine praxistaug- 64

405 PQsG vom 9.9.2001, BGBl. I S. 2320; s. hierzu IGL, SGb 2007, 381.
406 BR-Drs. 731/00 S. 1 f.
407 S. zur Gesetzesentwicklung auch BeckOGK/OPOLONY Vorb. zu §§ 112–120 Rn. 1 ff.
408 S. hierzu die Gesetzesbegründung BT-Drs. 16/7439 S. 91 ff.
409 S. BT-Drs. 18/5926 S. 2, 98 ff.
410 BGBl. I S. 2394.
411 BT-Drs. 19/5593 S. 86 f., 133 ff.
412 S. hierzu im Überblick BEERHEIDE, DÄ 2019, A-1816.
413 S. auch das Zitat des Bundesgesundheitsministers Jens Spahn, „Der bisherige Pflege-TÜV war leider eine Farce" bei BEERHEIDE, DÄ 2019, A-1816, 1817.
414 BT-Drs. 19/5593 S. 134.
415 BGBl. I S. 580.
416 BT-Drs. 19/18112 S. 37.
417 S. hierzu insgesamt BEERHEIDE, DÄ 2019, A-1816 f.

liche Pflegedokumentation, die den Pflegeprozess unterstützen und die Pflegequalität fördern. Dabei legt Abs. 1a für die stationäre Pflege ein sog. **indikatorengestützes Verfahren** fest. Damit soll die Qualität der Pflege in vergleichbarer Weise dargestellt und gemessen werden können.[418]

65 Die Vereinbarungen sind im Bundesanzeiger zu veröffentlichen (Abs. 1 S. 7). Sie sind für alle Pflegekassen und deren Verbände sowie für die zugelassenen Pflegeeinrichtungen **unmittelbar verbindlich** (Abs. 1 S. 8).

b) Expertenstandards

66 Die in § 113a SGB XI geregelten Expertenstandards zur Sicherung und Weiterentwicklung der Qualität in der Pflege werden in der pflegewissenschaftlichen Diskussion als ein wichtiges Instrument der internen Qualitätsentwicklung in der Pflege betrachtet. Die Verantwortung für die Entwicklung und Aktualisierung von Expertenstandards liegt bei den Vertragsparteien nach § 113 SGB XI.

c) Qualitätsprüfungen

67 Gegenstand der Qualitätsprüfung ist die Erfüllung der Qualitätsanforderungen (§ 114 Abs. 2 S. 5 SGB XI), hierfür wird der Prüfungsinhalt detailliert vorgegeben. Unterschieden werden **Regelprüfung** (§ 114 Abs. 2 SGB XI), **Anlassprüfung** (§ 114 Abs. 4 SGB XI) und **Wiederholungsprüfung** (§ 114 Abs. 4 SGB XI). Erstere ist turnusgemäß im Abstand von höchstens einem Jahr durchzuführen (Abs. 2 S. 1). Sie erfasst nicht nur Prozess- und Strukturqualität, sondern auch die Wirksamkeit von Pflege- und Betreuungsmaßnahmen (Ergebnisqualität), s. § 114 Abs. 2 S. 6 und 7 SGB XI. Die Regelprüfung umfasst zudem die Leistungsabrechnung und die Kontrolle, ob die Versorgung den Empfehlungen der Kommission für Krankenhaushygiene und Infektionsprävention nach § 23 Abs. 1 IfSG entspricht.

68 Das allgemein mit der Pflegeversicherungsreform verfolgte Ziel der Verwaltungsvereinfachung und des Bürokratieabbaus verfolgt der Gesetzgeber auch hier. Vor diesem Hintergrund verlangt § 114 Abs. 3 SGB XI die Verringerung des Prüfumfangs, wenn bereits aufgrund anderweitiger Prüfungen einschlägige Erkenntnisse vorliegen.

69 Die **Durchführung** der externen Prüfung durch den Medizinischen Dienst ist ausführlich in § 114a SGB XI geregelt. Die Prüfung wird in Form von Vor-Ort-Begehungen durchgeführt. Hierfür müssen alle Grundstücke und Räume (mit Einschränkungen bei Wohnräumen der Heimbewohner), die für das Pflegeheim genutzt werden jederzeit im Verlauf der Prüfung betreten werden können. Die Prüfer dürfen auch Pflegebedürftige, Angehörige oder Beschäftigte befragen.[419] Prüfungen sind mit Eingriffen in die Rechte der betroffenen Einrichtungen, ihrer Mitarbeiter und der Pflegebedürftigen verbunden. Sie bedürfen deshalb einer gesetzlichen Grundlage; diese findet sich in § 114a Abs. 2 und 3 SGB XI. Regelprüfungen sind gem. § 114a Abs. 1 S. 2 SGB XI grundsätzlich einen Tag zuvor anzukündigen. Der Gesetzgeber geht davon aus, „dass durch die kurzfristige Ankündigung eine bessere organisatorische Vorbereitung der Prüfung ermöglicht wird".[420]

d) Ergebnisse von Qualitätsprüfungen

70 Die Regelungen in § 115 SGB XI zum Umgang mit den Ergebnissen der Qualitätsprüfungen sind vor dem Hintergrund der vielfach erhobenen Forderung nach mehr **Transparenz und Vergleichbarkeit** von Qualitätsprüfungen des Medizinischen Dienstes zu sehen.[421] Transparenz ist zunächst im Hinblick auf die Pflegebedürftigen geboten. Für sie und ihre Angehörigen sind verständliche, umfassende und zuverlässige Angaben zur Qualität in den Einrichtungen notwendig, damit sie als Verbrau-

---

418 JANDA, Pflegerecht, S. 92 Rn. 77.
419 S. hierzu JANDA, Pflegerecht, S. 93 Rn. 78.
420 BT-Drs. 19/5593 S. 133.
421 BT-Drs. 16/7439 S. 88 f.

cher die vorhandenen Angebote vergleichen und selbstbestimmte Entscheidungen treffen können. Deshalb müssen die Landesverbände der Pflegekassen die von den Pflegeeinrichtungen erbrachten Leistungen und deren Qualität den Pflegebedürftigen und ihren Angehörigen gem. § 115 Abs. 1a SGB XI zugänglich machen.

Daneben sind die Ergebnisse der Qualitätsprüfung **Grundlage für ein Tätigwerden der Landesverbände der Pflegekassen** gegenüber den Trägern der Pflegeeinrichtungen, wenn bei der Prüfung Qualitätsmängel festgestellt werden (zu Einzelheiten s. § 115 Abs. 2 SGB XI). Verstöße gegen die Verpflichtungen zu einer qualitätsgerechten Leistungserbringung aus dem Versorgungsvertrag führen zu Kürzungen der vereinbarten Pflegevergütung für die Dauer der Pflichtverletzung (§ 115 Abs. 3 SGB XI). Bei schwerwiegenden und kurzfristig nicht behebbaren Mängeln in der stationären Pflege müssen die Pflegekassen den betroffenen Heimbewohnern auf deren Antrag eine andere geeignete Pflegeeinrichtung vermitteln (§ 115 Abs. 4 SGB XI). Ähnliches gilt nach Abs. 5 für die ambulante Pflege. In beiden Fällen haftet der Träger der Pflegeeinrichtung den Pflegebedürftigen und deren Kostenträgern für die Kosten der Vermittlung einer anderen Pflegeeinrichtung, soweit er die Mängel zu vertreten hat (§ 115 Abs. 6 SGB XI). 71

e) Zusammenarbeit mit der Heimaufsicht

In § 117 SGB XI ist ein System der **gegenseitigen Kooperation** verankert, das insbesondere eine wirksame Abstimmung hinsichtlich Information und Beratung, gemeinsame oder arbeitsteilige Überprüfung von Heimen und die Verständigung der im Einzelfall notwendigen Maßnahmen zum Gegenstand hat. 72

§ 34 Finanzierung der sozialen Pflegeversicherung

Literatur: Friauf, Arbeitgeberbeiträge zu einer sozialen Pflegeversicherung?, DB 1991, 1773 ff.; Fuchs, Welche Maßnahmen empfehlen sich, um die Vereinbarkeit von Berufstätigkeit und Familie zu verbessern, Gutachten F zum 60. Deutschen Juristentag, 1994, F 3; Greiner, Generationengerechtigkeit und (Un-)Gleichbehandlung im Pflegeversicherungsrecht, NZS 2024, 361 ff.; Opolony, Pflegefinanzierung als gesamtgesellschaftliche Herausforderung, ZRP 2019, 204 ff.; Ruland, Das BVerfG und der Familienlastenausgleich in der Pflegeversicherung, NJW 2001, 1673 ff.

I. Finanzierung durch Beiträge und Bundeszuschuss

1. Beitragsbemessung

Wie für die übrigen Zweige der Sozialversicherung gilt auch für die Pflegeversicherung, dass sie grundsätzlich durch Beiträge finanziert wird (§ 54 Abs. 1 SGB XI). Zu den in § 54 Abs. 1 SGB XI genannten sonstigen Einnahmen gehören vor allem Erträge aus Vermögensanlagen (§§ 80 ff. SGB IV). Die Pflegeversicherung folgt dem allgemein in der Sozialversicherung geltenden **Umlageverfahren** (siehe unter § 15 Rn. 1 ff.).[422] 1

Ebenfalls dem allgemeinen System der Sozialversicherung folgt § 54 Abs. 2 SGB XI, welcher die **Beitragserhebung** anhand eines Vom-Hundertsatzes (Beitragssatzes) der beitragspflichtigen Einnahmen der Mitglieder bis zur Beitragsbemessungsgrenze vorsieht. Damit erfolgt eine Beitragserhebung unabhängig vom individuellen Risiko des Versicherten. Die beitragspflichtigen Einnahmen (Einzelheiten in § 57 SGB XI) werden bis zu der in Anlehnung an das Krankenversicherungsrecht festgelegten Beitragsbemessungsgrenze (§ 55 Abs. 2 SGB XI) erhoben. 2

422 S. hierzu auch BT-Drs.12/5262 S. 121.

2. Beitragssatz

3 Der Beitragssatz in der Pflegeversicherung wird gesetzlich festgelegt (§ 55 Abs. 1 SGB XI). Er beträgt derzeit **bundeseinheitlich 3,4 Prozent** der beitragspflichtigen Einnahmen der Mitglieder.

4 Hinzu kommt ggf. ein **Beitragszuschlag für Kinderlose** ab Vollendung des 23. Lebensjahrs in Höhe von 0,5 Prozentpunkten nach § 55 Abs. 3 SGB XI. Hintergrund dieser Regelung ist die Rechtsprechung des BVerfG. Das **BVerfG** hat in einem ersten Schritt mit die §§ 54 Abs. 1 und 2, 55 Abs. 1 und 2 a.F. sowie § 57 SGB XI a.F. als mit Art. 3 Abs. 1 i.V.m. Art. 6 Abs. 1 GG für unvereinbar erklärt, soweit Mitglieder der sozialen Pflegeversicherung, die Kinder betreuen und erziehen, mit einem gleich hohen Pflegeversicherungsbeitrag wie Mitglieder ohne Kinder belastet werden.[423] Ausgangspunkt der Überlegungen des BVerfG war, dass Familien durch finanzielle Belastungen, die der Gesetzgeber Bürgern allgemein auferlegt, regelmäßig stärker finanziell betroffen werden als Kinderlose. Eltern müssen für den Unterhalt ihrer Kinder aufkommen, erleiden dabei aber in der Regel Einkommensverluste oder tragen zusätzliche Belastungen für die Betreuung.[424] Die bloße Differenzierung zwischen Eltern und kinderlosen Beitragszahlern, die der Gesetzgeber im Anschluss an die Entscheidung in § 55 Abs. 3 SGB XI a.F. vorgenommen hat, sah das BVerfG in seiner späteren Entscheidung von 7.4.2022 jedoch nicht als ausreichend an und bejahte (erneut) einen Verstoß gegen Art. 3 Abs. 1 GG. Dieses Mal sah das Gericht eine Ungleichbehandlung innerhalb der Gruppe der Eltern, weil in § 55 Abs. 3 a.F. SGB XI nicht nach der Anzahl der Kinder differenziert wurde.[425] Der Gesetzgeber reagierte erneut, deshalb ist in der aktuellen Fassung von § 55 Abs. 3 S. 4 SGB XI ein **Abschlag** vorgesehen, der **nach der Kinderzahl gestaffelt** ist.[426]

3. Bundeszuschuss

5 Ursprünglich war die soziale Pflegeversicherung ausschließlich beitragsfinanziert.[427] Mit Wirkung zum 1.1.2022 wurde jedoch nun auch in die Pflegeversicherung ein **Bundeszuschuss** eingeführt, § 61a SGB XI.[428] Damit ist der Bund verpflichtet, sich jährlich mit 1 Milliarde Euro an den Aufwendungen der sozialen Pflegeversicherung zu beteiligen. Eine (Mit)Finanzierung durch Bundeszuschüsse ist der Sozialversicherung nicht fremd, s. für die gesetzliche Rentenversicherung § 213 SGB VI. Wenngleich in den Gesetzesmaterialen zu § 61a SGB XI nicht ausdrücklich dargelegt, dürfte der Grund für die Einführung eines Bundeszuschusses nicht zuletzt bei der demographischen Entwicklung und den damit einhergehenden steigenden Ausgaben in der Pflege liegen.[429]

II. Beitragslast

6 Die Beitragslast ist unterschiedlich für versicherungspflichtig Beschäftigte (§ 58 SGB XI) und andere Mitglieder (§ 59 SGB XI) ausgestaltet. Für versicherungspflichtig Beschäftigte (§ 20 Abs. 1 Nr. 1 SGB XI) folgt das Gesetz der üblichen **Beitragsteilung zwischen Arbeitgeber und Beschäftigten** (§ 58 Abs. 1 S. 1 SGB XI), ausgenommen wird allerdings der Kinderzuschlag. Im Gesetzgebungsverfahren sind zahlreiche Stimmen laut geworden, die hinsichtlich des Arbeitgeberanteils verfassungsrechtliche Bedenken angemeldet haben. Grundsätzlich hat das BVerfG das Modell der Beitragsteilung in st.Rspr.

---

423 BVerfG 3.4.2001, BVerfGE 103, 242.
424 Ausführlich zu dieser Problematik Fuchs, DJT Gutachten F, S. 45ff.
425 BVerfG 161, 163.
426 Ausführlicher hierzu Greiner, NZS 2024, 361ff.
427 S. hierzu auch BT-Drs. 12/5262 S. 121.
428 BGBl. I S. 254.
429 Udsching/Schütze/Bassen § 61a Rn. 2.

als unbedenklich angesehen und im Hinblick auf die Belastung der Arbeitgeber einen Verstoß gegen die Grundrechte aus Art. 2, 12 und 14 GG verneint.[430]

Beschäftigte, die in der **gesetzlichen Krankenversicherung freiwillig versichert** und damit in der sozialen Pflegeversicherung pflichtversichert sind (§ 20 Abs. 3 SGB XI), sowie Beschäftigte, die in Erfüllung ihrer Versicherungspflicht nach den §§ 22 und 23 SGB XI bei einem privaten Krankenversicherungsunternehmen versichert sind, erhalten gem. § 61 Abs. 1 und 2 SGB XI einen Beitragszuschuss. 7

§ 59 Abs. 1 S. 1 Hs. 2 sowie S. 2 SGB XI sehen für **Rentner** und andere ähnliche Personengruppen vor, dass diese die Beiträge allein tragen müssen. Bezüglich der alleinigen Beitragstragung durch die Rentner, die ab 1.4.2004 die paritätische Beitragstragung durch Rentner und Rentenversicherungs-Träger ablöste, hat das BSG entschieden, dass in Bezug auf die faktische Verminderung der Renten keine verfassungsrechtlichen Bedenken bestehen.[431] 8

Für die in § 56 SGB XI genannten Personengruppen besteht **Beitragsfreiheit**. Die in § 56 Abs. 1 SGB XI angeordnete Beitragsfreiheit von **Familienangehörigen und Lebenspartnern** i.S.d. § 1 LPartG wiederholt nur noch einmal die Rechtsfolge, die sich bereits aus § 1 Abs. 6 S. 3 SGB XI ergibt. 9

III. Finanzausgleich

Der Beitragssatz in der Pflegeversicherung gilt gem. § 55 Abs. 1 S. 1 SGB XI bundeseinheitlich. Dadurch wird vermieden, dass Mitglieder einer Pflegekasse mit einem hohen Anteil an Pflegefällen beitragsmäßig stärker belastet werden als Mitglieder einer Pflegekasse, die eine günstigere Risikostruktur aufweist. Dies erfordert auf der anderen Seite aber einen **bundesweiten Finanzausgleich**, da die Unterschiede in der Zusammensetzung der Versichertengemeinschaft (Einkommen, Alter, Gesundheitszustand und Zahl der beitragsfrei versicherten Familienangehörigen) zu sehr unterschiedlichen Belastungen der einzelnen Pflegekassen führen.[432] Daher ordnet § 66 Abs. 1 SGB XI einen Finanzausgleich an, mit dem die Leistungsaufwendungen einschließlich der Verwaltungskosten der Pflegekassen von allen Pflegekassen nach dem Verhältnis ihrer Beitragseinnahmen gemeinsam getragen werden. Die gegen dieses Modell erhobenen Bedenken, dass so auf Wirtschaftlichkeitsanreize verzichtet werde und die Pflegekassen zur Unwirtschaftlichkeit verleitet würden, teilte der Gesetzgeber nicht.[433] 10

Die institutionelle Basis des Finanzausgleichs ist ein **Ausgleichsfonds**, der vom Bundesamt für Soziale Sicherung als Sondervermögen verwaltet wird (§ 65 SGB XI). Der Ausgleichsfonds speist sich vornehmlich aus den Beiträgen aus den Rentenzahlungen und den von den Pflegekassen überwiesenen Überschüssen aus Betriebsmitteln und Rücklagen und Beiträgen der Versicherten, die aus dem Gesundheitsfonds überwiesen werden; hinzu kommen seit der Einführung von § 61a SGB XI nun auch Bundeszuschüsse. Über den Ausgleichsfonds sollen gem. § 8 Abs. 7 SGB XI auch Maßnahmen zur besseren Vereinbarkeit von Pflege, Familie und Beruf finanziert werden; förderfähig sollen z.B. Betreuungsangebote sein, die auf die besonderen Arbeitszeiten von Pflegekräften ausgerichtet sind.[434] Mit dem Pflegepersonal-Stärkungsgesetz wurde zudem in § 37 Abs. 2a SGB V den Krankenkassen die Pflicht auferlegt, jährlich 640 Millionen Euro an den Ausgleichsfonds der sozialen Pflegeversicherung zu zahlen. Damit sollen zusätzliche Pflegekräfte finanziert werden, die im Rahmen eines Sofortprogramms für Pflegeeinrichtungen nach § 8 Abs. 6 SGB XI zur Verfügung gestellt werden sollen.[435] 11

---

430 Vgl. BVerfG 20.7.1954, BVerfGE 4, 7, 18; BVerfG 8.4.1987, BVerfGE 75, 108, 154.

431 BSG 29.11.2006 SozR 4-3300 § 59 Nr. 1.

432 HS-PV/Engelhard § 29 Rn. 1; BT-Drs. 12/5262 S. 130.

433 S. dazu die eingehende Gesetzesbegründung in BT-Drs. 12/5262 S. 130 f.

434 BT-Drs. 19/4453 S. 96.

435 BT-Drs. 19/4453 S. 95 f.; s. auch Nakielski, SozSich 2019, 53, 57.

12 Darüber hinaus wurde mit dem PSG I in §§ 131ff. SGB XI ein **Pflegevorsorgefonds** eingerichtet. Zweck dieses Fonds ist die langfristige Sicherung der Finanzierbarkeit der Pflegeausgaben. Zur Finanzierung des Pflegefonds werden monatliche Beträge aus dem Ausgleichsfonds überwiesen.[436]

436 S. hierzu im Überblick JANDA, Pflegerecht, S. 43 Rn. 91f.

F. Das Recht der gesetzlichen Unfallversicherung SGB VII

§ 35 Einführung in die gesetzliche Unfallversicherung

Literatur: BULLA, Die gesetzliche Unfallversicherung der Arbeitnehmer, SGb 2007, 653; Bericht der BUNDESREGIERUNG über den Stand von Sicherheit und Gesundheit bei der Arbeit über das Unfall- und Berufskrankheitengeschehen in der Bundesrepublik Deutschland im Jahr 2022, BT-Drs. 20/9835; GITTER, Grundlagen der gesetzlichen Unfallversicherung im Wandel der Zeit, SGb 1993, 297ff.; GITTER, Schadensausgleich im Arbeitsunfallrecht, 1969, S. 19ff., 38ff.; JUNG, Das Verfassungsrecht und die gesetzliche Unfallversicherung, SGb 2006, 125; KRASNEY, Grundpfeiler der Zukunft der gesetzlichen Unfallversicherung, NZS 1996, 259ff.; WICKENHAGEN, Geschichte der gewerblichen Unfallversicherung, 1980.

I. Aufgaben der Unfallversicherung

Die gesetzliche Unfallversicherung ist neben der Kranken-, Renten-, Pflege- und Arbeitslosenversicherung einer von fünf Zweigen der Sozialversicherung (§ 1 SGB IV). Wie jene verfolgt sie in erster Linie das Ziel, einem sozial schutzbedürftigen Personenkreis **Schutz vor und bei den „Wechselfällen des Lebens“** zu garantieren. 1

Zwei Hauptaufgaben der gesetzlichen Unfallversicherung lassen sich schon der einweisenden Vorschrift des § 1 SGB VII entnehmen, nämlich 2

- die Verhinderung von Arbeitsunfällen, Berufskrankheiten und arbeitsbedingten Gesundheitsgefahren **(Prävention);**
- nach Eintritten von Arbeitsunfällen und Berufskrankheiten die Wiederherstellung der Gesundheit und Leistungsfähigkeit des Verletzten und seine Entschädigung durch Geldleistungen **(Rehabilitation und Entschädigung).**

Beide Aufgaben lassen sich, das hat nicht zuletzt die Entwicklung gezeigt (§ 35 Rn. 5ff.), wesentlich besser in einem System des kollektiven Schadensausgleichs wahrnehmen, als wenn Geschädigte ihre Haftpflichtansprüche nach zivilrechtlichen Grundsätzen gegen die Unfallverursacherinnen und -verursacher durchsetzen müsste. Selbst in seiner heutigen Ausgestaltung wäre das privatrechtliche Haftungssystem des BGB und seiner Nebengesetze nicht in der Lage, die aufgrund eines Arbeitsunfalls eingetretenen Schäden gesellschaftlich angemessen zu regeln. Vergleicht man das privatrechtliche Haftungssystem mit dem Haftungssystem des SGB VII, so lassen sich insbesondere folgende **Mängel des zivilrechtlichen Haftungssystems** der §§ 249ff., 823ff. BGB feststellen: 3

- Das zivilrechtliche Anspruchssystem ist vorwiegend auf den Ersatz bereits eingetretener Schäden ausgerichtet; es gibt **keine umfassende Pflicht zur Prävention**; soweit sie punktuell statuiert ist (insbesondere in § 618 BGB), ist es für die Einzelnen mit erheblichem Aufwand verbunden, diese Ansprüche auch durchzusetzen, so dass eine flächendeckende institutionelle Unfallverhütung fehlen würde.
- Das Haftpflichtsystem des BGB gewährt Ersatz grds. **nur für schuldhaft verursachte Personen- und Sachschäden**. Für nicht wenige Unfälle aber lässt sich ein Verantwortlicher nicht festmachen oder nachweisen, sie sind schlichte „Unglücke“, bei denen der Geschädigte nach zivilrechtlichen Maßstäben leer ausginge.
- Auch wenn Verantwortliche – bspw. durch die Schaffung von Gefährdungstatbeständen – festgestellt werden kann, muss der **Verletzte** sich immer noch nach Maßgabe des § 254 BGB eigenes **Mitverschulden**, auch ganz leichte, tagtäglich vorkommende Unachtsamkeiten, anrechnen lassen, was vielfach (z.B. Unfälle unter Alkoholeinfluss) zu einer erheblichen Reduzierung, wenn nicht sogar zum völligen Verlust des Schadensersatzanspruchs führen würde.
- Schließlich besteht immer das Problem der **Durchsetzbarkeit** einschließlich der Vollstreckung: Der Geschädigte muss seinen Anspruch u.U. durch viele Instanzen gerichtlich geltend machen, obwohl er auf medizinische Hilfe und ggf. Erwerbsersatzeinkommen (Unfallrente) dringend schon unmittelbar nach Eintritt des Unfalls angewiesen ist; er kann außerdem – insbesondere

https://doi.org/10.1515/9783111337883-006

bei von Arbeitskolleginnen und -kollegen, Mitschülerinnen und Mitschülern verursachten Unfällen – nie sicher sein, ob er seine Forderungen auch tatsächlich zu realisieren vermag. In jedem Fall belastet schon die Geltendmachung von Schadensersatzansprüchen die Betriebsgemeinschaft oder vergleichbare Einheiten wie die Schulgemeinschaft erheblich.

4 Die gesetzliche Unfallversicherung verschafft den Geschädigten demgegenüber eine von Verschulden und Mitverschulden unabhängige Entschädigung, die von einem professionellen Schadensabwickler schnell und weitgehend unbürokratisch geleistet wird **(soziales Schutzprinzip).** Zugleich übernimmt die gesetzliche Unfallversicherung auch die Funktion einer Haftpflichtversicherung, indem die privatrechtliche Haftung des Unternehmers und weiterer Personen ausgeschlossen ist und an die Stelle des einzelnen Anspruchsverpflichteten der Träger der gesetzlichen Unfallversicherung tritt, der den Schaden nach Maßgabe des SGB VII entschädigt **(Haftungsersetzung durch Versicherungsschutz).**

II. Entwicklung der Unfallversicherung

1. Das Unfallversicherungsgesetz von 1884

5 Die Ausführungen zur Entstehungsgeschichte der Sozialversicherung (§ 1 Rn. 1ff.; § 2 Rn. 1ff.) machen deutlich, dass Ziel der Errichtung der gesetzlichen Unfallversicherung der **Schutz der Arbeitnehmer gegen den Eintritt und die Folgen eines Betriebsunfalls** war. Die wirtschaftliche Notlage, die bei Minderung oder Verlust der Erwerbsfähigkeit nach einem Arbeitsunfall unweigerlich entstand, sollte beseitigt werden. Mit dem Unfallversicherungsgesetz – UVG – vom 6.7.1884,[1] das am 1.10.1885 in Kraft trat, schuf der Gesetzgeber eine in dieser Form bis dahin weltweit einzigartige und im SGB VII in ihren Grundgedanken heute noch fortbestehende Regelung: Durch die gesetzliche Unfallversicherung wurde die für die Arbeiter unzureichende und nur schwer zu erlangende zivilrechtliche Haftung der Arbeitgeberin durch ein **öffentlich-rechtliches Unfallversicherungssystem** abgelöst. Die Arbeitnehmenden und im Todesfall ihre hinterbliebenen Familienangehörigen erhielten fortan eine Entschädigung für erlittene Arbeitsunfälle, unabhängig von eigener Fahrlässigkeit und fremdem Verschulden bei der Verursachung des Unfalls **(soziales Schutzprinzip)**. Dabei beruhte das UVG auf dem Grundsatz des **Versicherungszwangs**. Eine weitere Neuerung bestand in der Befreiung der Unternehmer von der zivilrechtlichen Haftung gegenüber dem Geschädigten **(Prinzip der Haftungsersetzung durch Versicherungsschutz)** und der damit verbundenen alleinigen Beitragspflicht des Unternehmers. Die Ansprüche unfallverletzter Arbeitnehmender richteten sich fortan gegen die für sie zuständige, durch das UVG eingerichtete **Berufsgenossenschaft.** Wichtig wurde auch die den Berufsgenossenschaften zugewiesene Aufgabe der Unfallverhütung **(Prävention)**. Diese errichteten Regelwerke, die durch Druckmittel in Form von höheren Beiträgen, höheren Gefahrenklassen und Geldstrafen bei Verstößen allmählich befolgt wurden und eine Reduktion der Unfallzahlen erreichten.

2. Weiterentwicklung der gesetzlichen Unfallversicherung

6 Seit ihrer Errichtung wurde die gesetzliche Unfallversicherung stetig **fortentwickelt**, **erweitert** und **verbessert**. Wandlungen und Novellierungen haben in allen Bereichen der gesetzlichen Unfallversicherung stattgefunden. Ziel war hierbei immer, den Versicherungsschutz zu verbessern und zu ergänzen. Ihre **Grundkonzeption** blieb jedoch bis heute **unverändert** erhalten. Zentral geblieben ist der Schutz der abhängig beschäftigten Personen gegen den Eintritt und die Folgen eines Arbeitsunfalls.

---

1 RGBl. I S. 69.

a) Erweiterung des versicherten Personenkreises

Der **kraft Gesetzes** versicherte Personenkreis war durch § 1 UVG auf **Arbeiter**, die in besonders genannten **gefährlichen Betrieben** beschäftigt waren und dort bestimmte Tätigkeiten ausübten, beschränkt. Die einbezogenen Betriebe waren in einem Katalog aufgeführt. Erfasst waren die bereits im Reichshaftpflichtgesetz von 1871 aufgeführten Gewerbebetriebe (Bergwerke, Fabriken, Steinbrüche und Gruben), daneben auch Werften und Bauhöfe. Weiterhin waren besonders aufgezählte Baubetriebe (Maurer, Zimmerer, Dachdecker, Steinhauer, Brunnenbauer, Schornsteinfeger) und alle Betriebe, in denen Dampfkessel oder durch elementare Kraft (Wind, Wasser, Wärme) bewegte Triebwerke zur Verwendung kamen, in den Versicherungsschutz einbezogen. Der Unfallversicherungsschutz war innerhalb dieser Betriebe auf Tätigkeiten im fachlich-technischen Teil begrenzt. 7

Daneben waren auch sog. Betriebsbeamte (**Angestellte**) mit einem Jahresgehalt bis zu 2.000 RM aufgrund vergleichbarer Schutzbedürftigkeit in den kraft Gesetzes bestehenden Versicherungsschutz der gesetzlichen Unfallversicherung einbezogen. Angestellte mit einem darüber liegenden Verdienst waren jedoch nicht kraft Gesetzes versichert. Auf sie konnte **durch Statut** die Versicherungspflicht erstreckt werden (§ 2 Abs. 1 UVG). 8

Unternehmer waren ebenso nicht kraft Gesetzes versichert. Durch Statut konnte jedoch bestimmt werden, unter welchen Voraussetzungen diese **berechtigt** sein sollten, sich selbst zu versichern (§ 2 UVG). **Versicherungsfreiheit** bestand von Anfang an aufgrund der beamtenrechtlichen Unfallfürsorge für **Beamte** (§ 4 UVG). 9

Aufgrund der im UVG enthaltenen Beschränkungen bezüglich des **versicherten Personenkreises** zeigten sich schon früh **Erweiterungstendenzen**. In den Jahren 1885 bis zum Inkrafttreten der Reichsversicherungsordnung (RVO) im Jahre 1911, die alle bisher ergangenen Sozialversicherungsgesetze mit ihren zahlreichen Änderungen und Ergänzungen zusammenfasste, wurden zunächst weitere Betriebe und damit in Verbindung stehende Gewerbezweige der Unfallversicherung unterstellt, u.a. Verkehrsbetriebe, land- und forstwirtschaftliche Betriebe, Baubetriebe und die Seeschifffahrt. Darauffolgend wurde 1928 der Versicherungsschutz auf die kaufmännischen und verwaltenden Bereiche der versicherten Betriebe erweitert. Eine grundlegende Verbesserung des Umfangs der gesetzlichen Unfallversicherung hinsichtlich der entgeltlich Beschäftigten wurde jedoch erst durch das **6. Gesetz zur Änderung für die Unfallversicherung** vom 9.3.1942[2] bewirkt. Die bisher bestehende sog. Betriebsversicherung wurde zu einer **tätigkeitsbezogenen Personenversicherung** umgestaltet, die sie bis heute geblieben ist. Zwar war auch zuvor nicht nur „der Betrieb“ versichert. Neu war jedoch, dass sich der Versicherungsschutz fortan auf die aufgeführten Personenkreise im Allgemeinen ohne die bisherige starre Bindung an bestimmte genannte, besonders gefährliche Betriebe erstreckte. Anstelle des Katalogs von versicherten Betrieben (sog. Enumerationsprinzip) erfolgte die Beschreibung des versicherten Personenkreises oder der versicherten Tätigkeit. Versichert waren nunmehr alle Beschäftigten in einem Arbeits-, Dienst- oder Lehrverhältnis. Damit wurde der schon zu Bismarckschen Zeiten laut gewordenen Kritik entsprochen, es sei nicht einzusehen, warum ein Arbeiter, der in einem weniger gefährlichen und deshalb unversicherten Betrieb einen Arbeitsunfall erleide, ohne Entschädigung ausgehen müsse. Im Übrigen wurde die gesetzliche Unfallversicherung auf Tätigkeiten solcher Personen ausgedehnt, die – ohne beschäftigt zu sein – wie Beschäftigte tätig sind. Bis zum Jahr 1900 war in allen Bereichen der Unfallversicherung zusätzlich zur Möglichkeit der freiwilligen Versicherung die Pflichtversicherung der Kleinunternehmer kraft Satzung eingeführt. Das 6. Änderungsgesetz brachte in der landwirtschaftlichen Unfallversicherung und der See-Unfallversicherung den Fall der Pflichtversicherung kraft Gesetzes. 10

Neben der kontinuierlichen Weiterentwicklung der Grundkonstellation der gesetzlichen Unfallversicherung hat der Gesetzgeber im Laufe der Zeit die sog. **unechte Unfallversicherung** entwickelt und weiter ausgebaut (näher § 39 Rn. 33ff.). Der Versicherungsschutz wurde erstmals 1928 durch die Einbeziehung der Personen, die bei Lebensrettung einen Unfall erlitten (heute § 2 Abs. 1 Nr. 13 lit. a SGB VII) und in der Folgezeit wiederholt auf Personen ausgedehnt, die nicht in einem **Beschäfti-** 11

2 RGBl. I S. 107.

gungs- oder vergleichbaren Rechtsverhältnis stehen, sondern sich in besonderer Weise für die Allgemeinheit oder Dritte aufopfern. Dazu zählen bspw. Personen, die selbständig oder unentgeltlich, insbesondere ehrenamtlich im Gesundheitswesen oder in der Wohlfahrtspflege tätig sind (§ 2 Abs. 1 Nr. 9 SGB VII), Personen, die von einer juristischen Person des öffentlichen Rechts zur Unterstützung einer Diensthandlung herangezogen werden, sowie Zeugen (§ 2 Abs. 1 Nr. 11 SGB VII), Nothelfer, Blutspender und Verfolgungshelfer (§ 2 Abs. 1 Nr. 13 SGB VII). **Gefangene**, die eine „unfreie" Beschäftigung ausüben, wurden 1963, **Entwicklungshelfer** 1968, **Rehabilitanden** 1974 und die sog. **Pflegepersonen** 1994 in den versicherten Personenkreis der gesetzlichen Unfallversicherung einbezogen. Der Schutz der **Leibesfrucht** einer versicherten Mutter wurde ab 1977 eingeführt, um eine verfassungsgerichtlich festgestellte Regelungslücke zu schließen. Eine praktisch sehr bedeutsame Ausdehnung erfuhr die gesetzliche Unfallversicherung 1971 mit der Schaffung der Schülerunfallversicherung.[3] Der in der gesetzlichen Unfallversicherung versicherte Personenkreis wurde auf **Kinder** in Kindergärten, **Schüler** an allgemeinbildenden Schulen und **Studierende** an Hochschulen ausgedehnt (näher § 39 Rn. 26ff.). Durch das 6. Änderungsgesetz wurde die bereits für Beamte bestehende **Versicherungsfreiheit** auf Ärzte, Zahnärzte, Tierärzte, Heilpraktiker und Apotheker ausgedehnt (näher § 39 Rn. 80ff.)

b) Erweiterung der Versicherungsfälle

12 **Erweiterungstendenzen** bezüglich des Versicherungsschutzes zeigten sich alsbald nach der Errichtung der gesetzlichen Unfallversicherung insbesondere auch im Bereich des abgedeckten Risikos. **Versicherungsfall** war nach dem UVG nur der Betriebsunfall im engeren Sinne, d.h. der Unfall, der durch besondere, dem Betrieb eigentümliche Gefahren verursacht wurde. Damit ergab sich von Anfang an das noch heute bedeutsame Problem der Kausalität zwischen dem Unfall und der betrieblichen Tätigkeit. Der Versicherungsschutz wurde in seiner Entwicklung in weitem Umfang auf Tatbestände ausgedehnt, die nicht unmittelbar den Begriff des „Betriebsunfalls" oder – seit dem 6. Änderungsgesetz – **„Arbeitsunfall"** erfüllten.

13 Hervorzuheben ist hier zunächst die **Einführung der Entschädigung von Berufskrankheiten.** Schon bei der Errichtung der gesetzlichen Unfallversicherung wurde erkannt, dass auch beruflich bedingte Krankheiten, die nicht auf einem plötzlichen Unfallereignis beruhen, entschädigt werden müssen. Schwierigkeiten bereitete jedoch die Abgrenzung zu außerberuflich auftretenden Krankheiten, sodass es zunächst nicht zu einer Entschädigungsregelung kam. Die **RVO** von 1911 enthielt dann die Ermächtigung der Reichsregierung, die gesetzliche Unfallversicherung auf bestimmte gewerbliche Berufskrankheiten zu erstrecken. Am 12.5.1925 kam es daraufhin zur 1. Berufskrankheitenverordnung.[4] Diese Verordnung bezog jedoch nur wenige Krankheiten in den Schutz der gesetzlichen Unfallversicherung ein. In der Anlage enthielt sie eine **Liste von elf entschädigungspflichtigen Berufskrankheiten.** In den folgenden Verordnungen wurde dieser Katalog erweitert und die Voraussetzungen bereits aufgenommener Berufskrankheiten teils umformuliert oder konkretisiert.[5] Der Gesetzgeber hat hinsichtlich des Versicherungsfalls der Berufskrankheit auch im SGB VII am sog. Listen- oder Enumerationsprinzip festgehalten, wonach Leistungen der gesetzlichen Unfallversicherung grds. nur für solche Berufskrankheiten gewährt werden, die in der BKV als Berufskrankheit anerkannt sind. Weitergehende Forderungen, insbesondere der Gewerkschaften, jede arbeitsbedingte Erkrankung in die berufsgenossenschaftliche Aufgabenstellung unter dem Aspekt der Verhütung, Rehabilitation und sozial gerechter Entschädigung einzubeziehen, hätte die Aufgabenverteilung zwischen der gesetzlichen Kranken- und Renten- und der gesetzlichen Unfallversicherung deutlich zu Lasten der gesetzlichen Unfallversicherung verschoben. Damit wären nicht nur weitreichende Kompetenzkonflikte vorprogrammiert gewesen, vor allem hätte diese Verschiebung wegen

3 BGBl. I S. 237.
4 RGBl. I S. 69.
5 Zuletzt geändert durch Art. 1 der Verordnung vom 29.6.2021 (BGBl. I S. 2245).

der alleinigen Finanzierung der gesetzlichen Unfallversicherung durch die Unternehmer zu einer erheblichen Kostenbelastung der Arbeitgeber geführt, die dem Gesetzgeber angesichts der anhaltenden Standort- und Lohnnebenkostendebatte nicht tragbar erschien. Das bis heute bestehende Listensystem wird lediglich durch die mit dem Unfallversicherungs-Neuregelungsgesetz (UVNG) von 1963 eingeführte Regelung durchbrochen, dass der Unfallversicherungsträger eine Krankheit, auch wenn sie in der Berufskrankheitenverordnung nicht oder noch nicht aufgeführt ist, **wie eine Berufskrankheit** zu entschädigen hat, wenn neuere Erkenntnisse dies rechtfertigen (näher § 40 Rn. 189ff.).

Eine weitere entscheidende Verbesserung hinsichtlich des Versicherungsfalls wurde durch das 2. Gesetz über Änderungen für die Unfallversicherung vom 14.7.1925[6] mit der **Einbeziehung des Wegeunfallrisikos** bewirkt. Entscheidend für diese Regelung war, dass der Versicherte auch geschützt sein sollte, wenn er sich infolge seiner versicherten Tätigkeit in einem versicherten Betrieb den Gefahren des Weges aussetzen muss. Der Versicherungsschutz bei Wegeunfällen wurde zunächst 1939 durch die Einbeziehung der sog. **Familienheimfahrt** des in der Nähe der Arbeitsstelle untergebrachten Beschäftigten erweitert. Seit 1971 besteht Versicherungsschutz auch beim Abweichen vom normalen Weg, wenn dies erforderlich ist, weil der Versicherte sein Kind aus beruflichen Gründen fremder Obhut anvertrauen muss. Darüber hinaus sind seit 1974 Um- und Abwege nach Bildung von **Fahrgemeinschaften** in den Versicherungsschutz einbezogen (näher § 40 Rn. 166f.). 14

Weitere Ausgestaltungen des Versicherungsfalls „Arbeitsunfall“ erfolgten 1925 durch die Einbeziehung der Unfälle bei der Verwahrung, Beförderung, Instandhaltung und Erneuerung des **Arbeitsgeräts** und 1939 durch die Gleichstellung des Schadens an einem **Körperersatzstück** mit dem Körperschaden. 15

c) Erweiterung des Umfangs der Leistungen

Bereits das UVG sah sowohl **Rehabilitationsleistungen** als auch **Entschädigungsleistungen** vor. Das ursprünglich vorgesehene Leistungsspektrum wurde jedoch unter Beibehaltung der von Anfang an entwickelten Strukturen im Lauf der Jahre erheblich erweitert und dabei insbesondere hinsichtlich der Rehabilitation jeweils den neuesten Erkenntnissen auf diesem Gebiet angepasst (näher § 41 Rn. 1ff.). 16

Das UVG bestimmte, dass die Unfallversicherungsträger die **Kosten der Krankenbehandlung** zu tragen hatten, die mit dem Beginn der 14. Woche nach dem Unfall entstanden waren. Die Berufsgenossenschaften hatten den Krankenkassen die Kosten des Heilverfahrens zu erstatten, ohne dass dem Unfallversicherungsträger insoweit eine Verantwortung oblag. In der weiteren Entwicklung wurde das Heilverfahren jedoch auf eine neue Grundlage gestellt. Nachdem die Berufsgenossenschaften bereits 1892 das Recht erhielten, innerhalb der 13-wöchigen Wartezeit Heilmaßnahmen zu ergreifen, beseitigte das 2. Änderungsgesetz vom 14.7.1925 die bestehende Wartezeit und übertrug den Unfallversicherungsträgern vom Augenblick des Unfalls an die **volle und alleinige Verantwortung** für das **Heilverfahren**. Damit wurden die Unfallversicherungsträger verpflichtet, die Behandlung von Anfang an zu übernehmen, wenn sie diese **effizienter** durchführen können als die Krankenkassen. Aufgrund der Verordnung vom 14.11.1928 über Krankenbehandlung und Berufsfürsorge[7] mussten die Berufsgenossenschaften die erforderliche **fachärztlich unfallmedizinische Versorgung** gewährleisten und hierfür die entsprechenden Einrichtungen schaffen. Dieser Auftrag wurde durch die Bestimmungen des Reichsversicherungsamtes vom 19.6.1936 konkretisiert, die u.a. zu der Einführung der bis heute im Bereich der gesetzlichen Unfallversicherung vorgesehenen besonderen Verfahren, dem **Durchgangsarztverfahren** und dem **Verletzungsartenverfahren**, führten. Das Engagement der Berufsgenossenschaften bei der Verfolgung der aufgezählten Ziele zeigt sich insbesondere auch darin, dass – beginnend mit der Einrichtung der Berufsgenossenschaftlichen Krankenanstalten Bergmannsheil in Bochum im Jahre 1890 – mehr und mehr Krankenhäuser in berufs- 17

6 RGBl. I S. 97.
7 RGBl. I S. 387.

genossenschaftlicher Trägerschaft errichtet wurden und in erster Linie den von der gesetzlichen Unfallversicherung zu betreuenden Versicherten dienen sollten. Hinzugekommen im Rahmen des Heilverfahrens sind in der weiteren Entwicklung insbesondere auch die Pflege, der Behindertensport, die Belastungserprobung und Arbeitstherapie, Krankengymnastik, Bewegungs- und Sprachtherapie. Im Jahre **1991** wurde schließlich die Vorleistungspflicht der Krankenkasse beseitigt und die **alleinige Verantwortung der gesetzlichen Unfallversicherung** für die Behandlung der Folgen von Versicherungsfällen begründet.

18 1926 wurde als weitere Pflichtleistung der gesetzlichen Unfallversicherung die **Berufsfürsorge** – seit dem UVNG von 1963 umbenannt in Berufshilfe – eingeführt. Den Verletzten sollte die weitere Ausübung der bisherigen Tätigkeit oder die Aufnahme einer neuen ermöglicht werden, erforderlichenfalls nach Umschulung.

19 Die Geldleistungen, die die gesetzliche Unfallversicherung während der Rehabilitation als Entgeltersatzleistungen zu gewähren hat (heute **Verletztengeld** und **Übergangsgeld**), sind hinsichtlich ihrer Voraussetzungen und ihrer Berechnung häufig geändert und an bestimmte Konstellationen angepasst worden. Insbesondere werden sie seit 1989 jeweils aktualisiert und seit 1974 werden aus diesen Leistungen auch Beiträge zu den anderen Zweigen der Sozialversicherung entrichtet.

20 Nach den Vorschriften des UVG hatte der Versicherte mit Beginn der 14. Woche nach dem Unfall Anspruch auf **Rentenleistungen**. Ziel der Entschädigung war die Sicherung des ausreichenden Unterhalts des Versicherten und im Todesfall seiner Familie nach dem Maße seiner bisherigen wirtschaftlichen Lage. Die Höhe der Rentenleistungen bemaß sich nach dem zuletzt im Unfallbetrieb bezogenen – ggf. zu kürzenden – Verdienst sowie nach der Minderung der Erwerbsfähigkeit (MdE). Die MdE wurde dabei nicht individuell ermittelt, sondern **abstrakt** bemessen. Entscheidend für die Beurteilung der MdE war der Umfang der verminderten Arbeitsmöglichkeiten auf dem Gesamtgebiet des Erwerbslebens anhand hierzu entwickelter Erfahrungswerte. Bei der Bemessung der Rente wurde der nach dem Unfall erzielte Lohn nicht berücksichtigt. Die Witwenrente betrug 20 % des Jahresarbeitsverdienstes, die Waisenrente 15 %. Bei einer Vollwaise waren 20 % des Jahresarbeitsverdienstes Berechnungsgrundlage. Der Rentenbezug insgesamt durfte 60 % dieser Grenze nicht übersteigen. Sozialpolitische Vorstellungen und die jeweils vorliegenden wirtschaftlichen Verhältnisse haben sich insbesondere auch bei den Rentenleistungen ausgewirkt. Hervorzuheben sind hierbei die Einführung der Aktualisierung der Renten durch Anpassung des Jahresarbeitsverdienstes an die allgemeine Steigerung der Renten in der Rentenversicherung nach dem SGB VI durch das UVNG von 1963, die Einführung einer Schwerverletztenzulage und die Erhöhung der Rente bei besonderer beruflicher Betroffenheit. Seit 1986 wurde die Gleichstellung von Witwen- und Witwerrenten, jedoch auch die Anrechnung von Einkommen auf die Hinterbliebenenrente, eingeführt.

21 Die **Unfallverhütung** war von Anfang an eine Aufgabe der Berufsgenossenschaften. Diese fand ihren Ausdruck in der gesetzlichen Ermächtigung zum Erlass von **Unfallverhütungsvorschriften** für Unternehmer über die zu treffenden Einrichtungen und für Versicherte über das von ihnen zu beachtende Verfahren sowie in der Berechtigung zur **Überwachung** der Betriebe durch Beauftragte (§§ 78 ff. UVG). In der Folgezeit wurden die Befugnisse der Berufsgenossenschaften zur Unfallverhütung weiter ausgebaut. Über die in der RVO von 1911 ausgesprochene **Verpflichtung** zum Erlass von Unfallverhütungsvorschriften hinaus enthielt das 2. Änderungsgesetz von 1925 die ganz allgemeine Verpflichtung für die Berufsgenossenschaften, soweit das nach dem Stande der Technik und der Heilkunde und nach der Leistungsfähigkeit der Wirtschaft möglich war, **Unfälle zu verhüten** und für eine **wirksame erste Hilfe** zu sorgen. In der Folgezeit nahm die Bedeutung der Unfallverhütung stetig zu. Der Gesetzgeber trug dem insbesondere dadurch Rechnung, dass er mit dem UVNG von 1963 die Unfallverhütung programmatisch an die Spitze des 3. Buches der RVO stellte. Die Präventionsmaßnahmen wurden in ihrer Entwicklung ständig verbessert und den neuesten Erkenntnissen auf diesem Gebiet angepasst. Mit der Einordnung des Rechts der gesetzlichen Unfallversicherung in das SGB wurde diese Entwicklung fortgeführt. Insbesondere wurde der Präventionsauftrag auf die Verhütung aller **arbeitsbedingten Gesundheitsgefahren** erweitert (vgl. § 1 SGB VII) und die Unfallversicherungsträger dazu verpflichtet, den Ursachen dieser Gefahren, z. B. durch entsprechende Forschungstätigkeit, nachzugehen und bei der Verhütung mit den Krankenkassen zusammenzuarbeiten.

d) Finanzierung

Hinsichtlich der **Aufbringung der Mittel** enthielt das UVG die noch heute geltenden Grundsätze der alleinigen Beitragsverpflichtung der Unternehmer, des Umlageverfahrens und der nachträglichen Bedarfsdeckung. Ebenfalls war durch das UVG bereits die Ansammlung einer Rücklage (Reservefonds) und die Staffelung der Beiträge nach Gefahrklassen vorgesehen (näher § 38 Rn. 1ff.). 22

e) Organisation

Organisatorisch wurde die gesetzliche Unfallversicherung von den durch das UVG neu geschaffenen nach Gewerbezweigen gegliederten **Berufsgenossenschaften** durchgeführt, zu denen sich die Unternehmer zusammenschlossen. Diese waren öffentlich-rechtliche Körperschaften mit dem Recht, sich selbst zu verwalten. Damit war der Weg für die noch heute bestehende **Selbstverwaltung** der Unfallversicherungsträger geebnet. Mit Rücksicht auf das erhebliche öffentliche Interesse an der ordnungsgemäßen Erfüllung der den Berufsgenossenschaften übertragenen sozialen Pflichten wurde durch das UVG das Reichsversicherungsamt als Aufsichtsbehörde für die reichsunmittelbaren Unfallversicherungsträger geschaffen und die Errichtung von Landesversicherungsämtern für landesunmittelbare Träger vorgesehen und deren Organisation und Besetzung in ihren Grundzügen bestimmt. Mitglieder der Organe der Berufsgenossenschaft konnten zunächst nur Unternehmer werden. Versicherte wurden nur an wenigen Aufgaben beteiligt. Die in der heutigen Form bestehende Selbstverwaltung, insbesondere die paritätisch zusammengesetzten Organe, wurden durch das Selbstverwaltungsgesetz vom 22.2.1951[8] eingeführt. Die Regelungen über die Selbstverwaltung sind in der Folgezeit weiter ergänzt und modernisiert worden und finden sich nunmehr wie für die anderen Sozialversicherungsträger im SGB IV. Bis Ende 1885 waren bereits 57 gewerbliche Berufsgenossenschaften entstanden. In der Folgezeit wurden die See-Berufsgenossenschaft und weitere gewerbliche Berufsgenossenschaften sowie die landwirtschaftlichen Berufsgenossenschaften errichtet. Für die öffentliche Verwaltung wurden ab 1885 eigene Unfallversicherungsträger eingerichtet (sog. Eigenunfallversicherung). Diese entstanden in Gestalt von Ausführungsbehörden und Gemeindeunfallversicherungsverbänden sowie in Form von Körperschaften mit besonderem Aufgabenkreis (z. B. Feuerwehr-Unfallkasse). 23

Diese Organisationsstruktur wurde, beginnend mit dem Unfallversicherungsmodernisierungsgesetz vom 30.10.2008,[9] grundlegend reformiert. Die Anzahl der gewerblichen Berufsgenossenschaften wurde von 23 auf neun, die der 27 Träger der öffentlichen Hand auf 24[10] reduziert. Die zehn regionalen landwirtschaftlichen Berufsgenossenschaften wurden in den Folgejahren zusammengefasst zu einer Berufsgenossenschaft mit regionaler Untergliederung. Hintergrund der an Wirtschaftlichkeit und Effizienz ausgerichteten Reform war vor allem die Struktur der Berufsgenossenschaften, die den Wandel von der Industrie- zur Dienstleistungsgesellschaft nicht mehr angemessen abbildeten.[11] Das führte zu hohen Beitragsunterschieden zwischen den Berufsgenossenschaften und einer ungleichen Verteilung der Altlasten: Bei langfristig gleichbleibenden Lasten (etwa für Renten) stiegen die Beiträge je Unternehmer in den vom Strukturwandel benachteiligten Branchen (insb. Bergbau) immer weiter an. Letzterem wurde durch die solidarisch von allen Berufsgenossenschaften finanzierte Einführung eines Überlastausgleichs Rechnung getragen (§§ 176ff. SGB VII). 24

3. Einordnung in das SGB

Die Einordnung des Rechts der gesetzlichen Unfallversicherung in das SGB VII im Jahr 1997 erfolgte durch das Unfallversicherungs-Einordnungsgesetz (UVEG) vom 7.8.1996.[12] Die Einordnung hat vor 25

---

8 BGBl. I S. 124.
9 BGBl. I S. 2130.
10 S. insb. BGBl. I 2013, 3836.
11 Näher BT-Drs. 16/9154 S. 22ff.
12 BGBl. I S. 1254.

allem eine Bereinigung des bisherigen Rechts und eine neue, übersichtlichere Systematisierung bewirkt, es waren mit Schaffung des SGB VII aber **keine wesentlichen Reformen** verbunden. Namentlich haben sich die Arbeitgeberverbände mit ihrer Forderung, das Wegeunfallrisiko (§ 8 Abs. 2 SGB VII) aus dem Katalog der versicherten Risiken ersatzlos zu streichen, nicht durchzusetzen vermocht. Ebenso konnten sich die Forderungen einzelner Sachverständiger, der Opposition und der Gewerkschaften nach einer Beweislastumkehr zugunsten der Versicherten und einer Einbeziehung jeder arbeitsbedingten Erkrankung in die berufsgenossenschaftliche Aufgabenstellung unter dem Aspekt der Verhütung, Rehabilitation und sozial gerechter Entschädigung nicht durchsetzen. Lediglich eine (beschränkte) Kausalitätsvermutung hinsichtlich des Eintritts einer Berufskrankheit, eine erweiterte Beteiligung staatlicher ärztlicher Dienste am Feststellungsverfahren und Regelungen bezüglich der Erforschung der Berufskrankheiten wurden ergänzt.

26 Nach der Einordnung in das SGB VII blieb das Recht der gesetzlichen Unfallversicherung zwar nicht unverändert, die Änderungen hielten sich aber in den vorgezeichneten Bahnen. Neben der Verringerung der Zahl der Versicherungsträger (s. § 35 Rn. 24) wurde vor allem der Versicherungsschutz in sozialpolitisch bedeutsamen und erwünschten Bereichen ausgeweitet, bspw. für Notärzte im Rettungsdienst (§ 2 Abs. 1 Nr. 13 lit. d SGB VII, näher § 39 Rn. 58), für Blut- und Organspender (§ 2 Abs. 1 Nr. 13b, § 12a SGB VII, näher § 39 Rn. 52), durch geänderte Anforderungen an den Versicherungsschutz von Pflegepersonen (§ 2 Abs. 1 Nr. 17 SGB VII, näher § 39 Rn. 72ff.), für die Teilnahme an vorschulischen Sprachförderungskursen (§ 2 Abs. 1 Nr. 8 lit. a SGB VII) oder für bestimmte Wege bei der Tätigkeit im Home-Office (§ 8 Abs. 1 S. 3 SGB VII, näher § 30 Rn. 63ff.).

III. Rechtsquellen des Unfallversicherungsrechts

27 Das europäische Sozialrecht bewirkt aus Kompetenzgründen (Art. 4, 5 EUV, Art. 4 Abs. 2 lit. b, Art. 48 AEUV) im Wesentlichen keine Harmonisierung, sondern unter dem Gesichtspunkt der Beförderung vor allem der Arbeitnehmerfreizügigkeit nach Art. 45ff. AEUV eine Koordinierung der nationalen Systeme der sozialen Sicherheit (näher § 75 Rn. 1ff.). Das **Unionsrecht** gibt dennoch vor allem mit seinem u.a. auf Art. 19 AEUV gestützten Antidiskriminierungsrecht einen Rahmen für die Gestaltung und Anwendung des nationalen Sozialrechts und damit auch des Unfallversicherungsrechts vor. Daneben war die Wirkung des EU-Wettbewerbsrechts (insb. Art. 107f. AEUV) auf das Unfallversicherungsmonopol der Berufsgenossenschaften umstritten (s. § 37 Rn. 12)

28 Spezifisches zur Unfallversicherung findet sich im **Grundgesetz** nicht. Unter den Grundrechten hat bislang allein der allgemeine Gleichheitssatz des Art. 3 Abs. 1 GG eine Rolle gespielt, im Übrigen genießen auch die Renten aus der gesetzlichen Unfallversicherung Eigentumsschutz nach Art. 14 Abs. 1 GG.[13]. Bei der Ausgestaltung der gesetzlichen Unfallversicherung hat der Gesetzgeber ferner namentlich das Rechts- und das Sozialstaatsprinzip zu beachten, seine Gesetzgebungskompetenz folgt aus Art. 74 Abs. 1 Nr. 12 GG bzw. – für die unechte Unfallversicherung – aus Art. 74 Abs. 1 Nr. 7 GG.

29 Das Kernstück des Rechts der gesetzlichen Unfallversicherung ist seit dem 1.1.1997 einfachgesetzlich im Siebten Buch Sozialgesetzbuch – Gesetzliche Unfallversicherung **(SGB VII)** – niedergelegt,[14] das die §§ 537ff. Reichsversicherungsordnung – RVO – abgelöst hat. Neben dem SGB VII sind insbesondere das **Erste, Vierte und Zehnte Buch Sozialgesetzbuch** (SGB I – Allgemeiner Teil, SGB IV – Allgemeine Vorschriften für die Sozialversicherung, SGB X – Verwaltungsverfahren) zu beachten, ferner das im **SGG** geregelte Recht des gerichtlichen Verfahrens.

30 Unter den für die gesetzliche Unfallversicherung bedeutsamen Rechtsverordnungen ist namentlich die auf § 9 Abs. 1 SGB VII beruhende **Berufskrankheiten-Verordnung** (BKV) hervorzuheben, die zuletzt am 29.6.2021 neu gefasst worden ist.[15]

---

13 Grundlegend BVerfG 28.2.1980, BVerfGE 53, 257, 289ff.; BVerfG 16.7.1985, BVerfGE 69, 272, 298ff.

14 BGBl. I 1996 S. 1254.

15 BGBl. I 2021 S. 2245.

Alle Unfallversicherungsträger sind verpflichtet, eine **Satzung** zu erlassen, § 34 Abs. 1 Satz 1 SGB IV. In der Satzung können z.B. Regelungen über die Versicherungspflicht der Unternehmer und von Personen, die sich an der Unternehmensstätte aufhalten, getroffen werden (§ 3 Abs. 1 SGB VII). Ebenso hat die Satzung für Selbständige, versicherte Unternehmer und freiwillig Versicherte die Höhe des Jahresarbeitsverdienstes zu bestimmen (§ 83 SGB VII) und dadurch den Umfang ihrer Beitragspflicht, aber auch die Höhe der Entschädigungsleistungen im Versicherungsfall festzulegen. Kraft Satzung wird auch der Gefahrtarif mit den verschiedenen Gefahrklassen (§ 157 SGB VII) festgesetzt. 31

Vor allem im Bereich der Prävention sind die **Unfallverhütungsvorschriften (UVV)** der Berufsgenossenschaften (§ 15 SGB VII) von besonderer Bedeutung (näher § 43 Rn. 3). 32

IV. Ökonomische Rahmendaten der Unfallversicherung

Die statistische Betrachtung des Versicherungsumfangs der gesetzlichen Unfallversicherung erfolgt unter verschiedenen Gesichtspunkten. Es wird zwischen Versicherungsverhältnissen, Versicherten und Vollarbeitern unterschieden. Unter dem Begriff „Versicherungsverhältnis" ist jedes nach dem SGB VII begründete Versicherungsverhältnis zu verstehen. Hierbei können personenbezogene Mehrfachversicherungen vorliegen, z.B. als Arbeitnehmer, daneben als ehrenamtlich Tätiger und zeitweilig zusätzlich als Rehabilitand, Blutspender oder Ersthelfer. Die Zahl der Versicherungsverhältnisse stellt somit den tatsächlichen Umfang der Versicherung dar. Im Jahre 2022[16] bestanden im Bereich der gesetzlichen Unfallversicherung 102,765 **Millionen Versicherungsverhältnisse**, davon entfielen 70,86 Millionen auf die gewerblichen Berufsgenossenschaften, 3,2 Millionen auf die landwirtschaftliche Berufsgenossenschaft und 28,697 Millionen auf Unfallversicherungsträger der öffentlichen Hand. Die Zahl der Versicherten wird aus der Zahl der Versicherungsverhältnisse errechnet, wobei hier eine Bereinigung für Mehrfachversicherungsverhältnisse erfolgt. Die Zahl der Versicherten spiegelt damit die Zahl der Personen, die tatsächlich dem Schutz der gesetzlichen Unfallversicherung unterliegen, wider. Für die Berechnung von Unfallhäufigkeiten ist neben den bestehenden Versicherungsverhältnissen und den tatsächlich versicherten Personen die statistische Rechengröße des „Vollarbeiters" von Bedeutung. Für das Jahr 2022 betrug die Zahl der **„Vollarbeiter" 44,4 Millionen**. Einem „Vollarbeiter" entspricht die durchschnittlich von einer vollbeschäftigten Person in der gewerblichen Wirtschaft tatsächlich geleistete Arbeitsstundenzahl. In die Zahl der Vollarbeiter fließen auch anteilig andere versicherte Personen der gesetzlichen Unfallversicherung, z.B. ehrenamtlich Tätige, Blutspender usw. ein. 33

Die **Aufwendungen** der gesetzlichen Unfallversicherung beliefen sich im Jahre 2022 auf insgesamt ca. 17 Milliarden Euro. Davon wurden für ambulante und stationäre **Heilbehandlung** und ergänzende Heilbehandlungskosten 2,87 Milliarden Euro, für **Renten** 6,2 Milliarden Euro, für **Verwaltungs- und Verfahrenskosten** 1,65 Milliarden Euro und für die **Prävention** 1,4 Milliarden Euro aufgewendet. Im Vergleich zur Kranken- und Rentenversicherung ist die gesetzliche Unfallversicherung von ihren Leistungsaufwendungen her damit eher unbedeutend. Ihr Anteil am Sozialbudget betrug 2019 nur 1,3 %.[17] Gründe dafür liegen zum einen darin, dass der Versicherungsfall der gesetzlichen Unfallversicherung nicht vergleichbar zwangsläufig eintritt wie in der Rentenversicherung, wo mit dem Erreichen einer bestimmten Altersgrenze ein Rentenanspruch besteht. Zum anderen liegen Gründe aber auch darin, dass anders als in der Krankenversicherung nur bei bestimmten, insbesondere betrieblichen, Ursachen der Gesundheitsstörungen Leistungen erbracht werden (Kausal- 34

16 Zahlen in diesem Abschnitt aufgrundlage des Berichts der BUNDESREGIERUNG über den Stand von Sicherheit und Gesundheit bei der Arbeit und über das Unfall- und Berufskrankheitengeschehen in der Bundesrepublik Deutschland im Jahr 2022, BT-Drs. 20/9835.

17 BMAS, Sozialbudget 2019, S. 6.

prinzip). Der Rentenbestand der gesetzlichen Unfallversicherung betrug 2018 834.489 Fälle. 86,7 % davon waren Renten an Versicherte, 13,3 % Renten an Hinterbliebene.

35 Die Entwicklung der gesetzlichen Unfallversicherung ist im Vergleich zu den anderen Zweigen der sozialen Sicherung relativ stabil. Die Gesamtzahlen sowohl für meldepflichtige Arbeitsunfälle und Wegeunfälle als auch für tödliche Arbeitsunfälle und Wegeunfälle sinken kontinuierlich. Diese Entwicklung ist zum einen Ergebnis erfolgreicher Präventionsarbeit, spiegelt aber zum anderen ebenfalls die sich wandelnden Arbeitsbedingungen mit einem Rückgang hoher, insbesondere körperlicher, Belastungen wider. Neue Arbeits- und Organisationsformen wie auch technische Weiterentwicklungen führen zu veränderten Belastungskonstellationen und neuen/anderen Risiken in der Arbeitswelt. Der finanzielle Mehraufwand durch Verbesserungen im Leistungssystem konnte so durch geringere Fallzahlen aufgefangen werden. Im Jahr 2022 gab es 844.284 meldepflichtige Arbeitsunfälle. Tödlich waren davon 533 (0,012 je 1.000 Vollarbeiter). Ähnliche Trends liegen für das Wegeunfallgeschehen vor. 2022 gab es 175.440 meldepflichtige Wegeunfälle, davon 255 mit tödlichem Ausgang. Das Berufskrankheitengeschehen bleibt dagegen eher konstant, wobei sich die Zahl der Verdachtsfälle in einem ansteigenden Trend befindet. Hier spielen Meldungen zu asbestbedingten Erkrankungen und Hauterkrankungen eine besondere Rolle.

Übersicht: Entwicklung des Unfallgeschehens seit 1960 (seit 1991 mit neuen Bundesländern)

	1960	1980	2000	2022
Arbeitsunfälle insgesamt	2.711.078	1.917.211	1.513.723	844.284
je 1000 Vollarbeiter	109	74,9	40	19,0
Wegeunfälle insgesamt	283.605	195.595	235.117	175.440
je 1000 Versicherungsverhältnisse	8,63	5,95	5,26	3,14
Tödliche Arbeitsunfälle	4.893	2.597	1.153	533
je 1000 Vollarbeiter	0,197	0,101	0,031	0,012
Tödliche Wegeunfälle insgesamt	1.716	1.197	820	255
je 1000 Versicherungsverhältnisse	52,22	36,43	18,36	4,56
Neue Arbeitsunfallrenten	94.881	57.873	30.834	10.116
Neue Wegeunfallrenten	18.360	12.253	8.254	3.637

36 **Übersicht**: Entwicklung des Berufskrankheitengeschehens seit 1960 (seit 1991 mit neuen Bundesländern). Der Anstieg bei den Verdachtsanzeigen und der Anerkennungen, nicht aber der Renten, im Jahr 2022 ist mit der Covid-19-Pandemie zu erklären.

	1960	1980	2000	2022
Anzeigen auf Verdacht einer Berufskrankheit	33.727	45.113	81.542	374.461
Anerkannte Berufskrankheiten		13.092	18.689	201.723
Neue Berufskrankheitenrenten	7.529	6.235	5.570	5.068

§ 36 Strukturprinzipien der gesetzlichen Unfallversicherung

Literatur: Fuchs, Die Legitimation der gesetzlichen Unfallversicherung, BG 1996, 248 ff.; Gitter, Schadensausgleich im Arbeitsunfallrecht, 1969, S. 38 ff.; Jantz, Prinzipien der Gesetzgebung in der Unfallversicherung, in: Schimmelpfennig (Hrsg.), Festschrift Lauterbach, 1961, S. 15 ff.; Rolfs, Das Versicherungsprinzip im Sozialversicherungsrecht, 2000, S. 462 ff.; Krasney, Grundpfeiler der Zukunft der gesetzlichen Unfallversicherung, NZS 1996, 259 ff.

I. Grundgedanken der Unfallversicherung

Die Unfallversicherung ist ihrer Struktur nach, vielleicht mehr als jeder andere Zweig der Sozialversicherung, **eine Versicherung.** Im Privatversicherungsrecht wird die Versicherung als eine **Gemeinschaft gleichartig Gefährdeter mit selbständigen Rechtsansprüchen auf wechselseitige Bedarfsdeckung** bezeichnet.[18] 1

In der gesetzlichen Unfallversicherung werden bestimmte Personen zu einer Gemeinschaft zusammengeschlossen. Mitglieder der Berufsgenossenschaften als Träger der gewerblichen Unfallversicherung sind die Unternehmer, die aber regelmäßig selbst gar nicht versichert sind. Versicherte sind vielmehr in erster Linie die Beschäftigten der Unternehmer, sodass – privatrechtlich betrachtet – eine Versicherung für fremde Rechnung vorliegt, die einem Vertrag zugunsten Dritter ähnelt. Die gewerblichen Berufsgenossenschaften sind in erster Linie nach Gewerbezweigen gegliedert, sodass Betriebe mit vergleichbarer Schadenswahrscheinlichkeit beim selben Versicherungsträger organisiert sind. Weitere Abstufungen erfolgen durch die Bildung von Gefahrklassen (§ 157 SGB VII) und die Erhebung von Zuschlägen bzw. Gewährung von Nachlässen (§ 162 Abs. 1 SGB VII) für Betriebe mit besonders hoher bzw. geringer Schadenshäufigkeit. Dass weitgehend Mitgliedschafts- und Versicherungs**zwang** besteht, spricht nicht gegen die Einstufung als Versicherung. Auch zum Abschluss bestimmter privater Versicherungsverträge verpflichtet der Gesetzgeber, so namentlich für die Kfz- und einige Berufshaftpflichtversicherungen. 2

Gegenstand des Rechtsverhältnisses ist die **Übernahme einer Gefahr,** die Versicherung der Risiken „Arbeitsunfall", „Wegeunfall" und „Berufskrankheit" durch den Versicherungsträger. Die Risiken werden, anders als in der Privatversicherung, allerdings nicht vertraglich festgelegt, sondern durch den Gesetzgeber in § 8 Abs. 1, Abs. 2 und § 9 SGB VII i. V. m. der Berufskrankheiten-Verordnung (BKV) definiert. Der Inhalt des Versicherungsverhältnisses steht damit kraft Gesetzes fest. 3

Die Versicherten (insbesondere Beschäftigte der Mitgliedsunternehmen) erwerben im Fall des Eintritts eines Versicherungsfalles einen **Rechtsanspruch** gegen den Versicherungsträger. Die gesetzliche Unfallversicherung hat nach Maßgabe der §§ 26 ff. SGB VII Leistungen der Heilbehandlung einschließlich der medizinischen Rehabilitation, der berufsfördernden und sozialen Rehabilitation bei Pflegebedürftigkeit sowie Geldleistungen (Verletztengeld, Unfallrente, Hinterbliebenenrente etc.) zu erbringen. Mit diesen Leistungen soll der durch den Versicherungsfall eingetretene (Mehr-)Bedarf des Versicherten gedeckt werden, ohne dass es auf seine individuelle Bedürftigkeit ankäme. 4

Die Finanzierung der Leistungen schließlich erfolgt durch **Beiträge** der Unternehmer (§ 150 SGB VII), sodass die Wechselseitigkeit (Entgeltlichkeit) gesichert ist. Etwas anderes gilt nur für die sog. Eigenunfallversicherungsträger der öffentlichen Hand (§§ 125 ff. SGB VII), die in Wahrheit keine Versicherungsträger sind. Der Bund, die Länder und Großstädte mit mehr als 500.000 Einwohnern brauchen laut §§ 116, 117 SGB VII keinem Versicherungsträger beizutreten, sondern sind selbst als Gebietskörperschaften die zuständigen Versicherungsträger, weil angesichts ihrer Größe und wirtschaftlichen Leistungsfähigkeit davon ausgegangen werden kann, dass sie auch bei Großschäden über die zur Schadensregulierung erforderlichen Finanzmittel verfügen. 5

II. Prinzipien der Unfallversicherung

Die gesetzliche Unfallversicherung ist von zwei tragenden Prinzipien geprägt, dem **sozialen Schutzprinzip** und dem **Prinzip der Haftungsersetzung** durch Versicherungsschutz. Diese beiden Strukturprinzipien waren bereits bei den Entwürfen zum Unfallversicherungsgesetz von 1884 angelegt und in den Motiven hierzu klar herausgestellt.[19] Die gesetzliche Unfallversicherung sollte dem sozialen Schutz des Arbeiters und seiner Angehörigen durch die Einräumung eines **von Verschulden und** 6

18 Vgl. Manes, Versicherungslexikon.

19 RT-Drs. 1882 Nr. 41.

Mitverschulden unabhängigen Entschädigungsanspruchs gegen eine leistungsfähige Gemeinschaft der Unternehmer eines Industrie- oder Gewerbezweiges dienen. Die **zivilrechtliche Haftung** des Unternehmers und seines Leitungspersonals sollte **abgelöst** werden, um diese vom Haftpflichtrisiko zu befreien und dadurch verursachte innerbetriebliche Konflikte zu vermeiden. Beide Prinzipien sind auch heute, 140 Jahre später, noch bestimmend für die Ausgestaltung der gesetzlichen Unfallversicherung und grundlegend für das Verständnis ihrer Besonderheiten. Das BVerfG formuliert:

> „Für die Ausgestaltung des Rechts der sozialen Unfallversicherung waren zwei Prinzipien maßgebend. Zum einen sollte der soziale Schutz des Arbeitnehmers und seiner Familie durch Einräumung eines vom Verschulden unabhängigen Entschädigungsanspruchs gegen eine leistungsfähige Genossenschaft der Unternehmer sichergestellt werden (soziales Schutzprinzip). Zum anderen sollte die zivilrechtliche Haftpflicht des Unternehmers gegenüber seinen Arbeitnehmern abgelöst werden, um eine betriebliche Konfliktsituation zu vermeiden; an die Stelle der privatrechtlichen Haftpflicht des Unternehmers wurde die Gesamthaftung der in der Berufsgenossenschaft zusammengeschlossenen Unternehmer gesetzt (Prinzip der Haftungsersetzung). Beide Prinzipien sind auch heute noch für das Unfallversicherungsrecht maßgebend (...)“.[20]

1. Soziales Schutzprinzip

7 Die gesetzliche Unfallversicherung gewährt unabhängig vom Verschulden Versicherungsschutz. Hier liegt ein grundlegender Unterschied zum Zivilrecht, das auch für Arbeitsunfälle sowohl im Vertragsrecht als auch im Deliktsrecht nur eine verschuldensabhängige Haftung kennt. Das Erlangen von Ersatz wäre nach zivilrechtlichen Grundsätzen dadurch jedenfalls erschwert und ganz ausgeschlossen, wenn ein un- oder selbstverschuldetes „Unglück“ geschieht. Entsprechend kommt dem Umstand des Mitverschuldens an der Entstehung des Unfalles, wie er in § 254 BGB enthalten ist, in der gesetzlichen Unfallversicherung keine Bedeutung zu. Dieses **soziale Schutzprinzip** ist durch die ständige Erweiterung des versicherten Personenkreises, durch die Ausdehnung des Schutztatbestandes (Versicherungsfalles) und die Verbesserung der Leistungen immer umfassender ausgestaltet worden. Dem sozialen Schutzprinzip dient auch die Vorschrift des § 105 SGB VII (s. § 42 Rn. 5ff.) und des § 106 Abs. 3 Fall 3 (s. § 42 Rn. 11ff.), die bei von Arbeitnehmern verursachten Arbeitsunfällen den Schadensersatzanspruch des Geschädigten sperrt und ihn allein auf die Leistungen der gesetzlichen Unfallversicherung verweist.

8 Besonders deutlich wird der soziale Gedanke der gesetzlichen Unfallversicherung in einem Urteil des BGH formuliert, das vor Einführung der **Schülerunfallversicherung** ergangen ist: Eine Schülerin war beim Schulsport im Jahre 1960 schwer verletzt worden und machte gegen das Land als Schulträger Schadensersatz- und Schmerzensgeldansprüche geltend. Der BGH verneinte einen Aufopferungsanspruch und führte aus, ein Anspruch auf Ersatz des Personenschadens könne nur zuerkannt werden, wenn entweder dem Lehrer, der Schulverwaltung usw. eine schuldhafte Amtspflichtverletzung (§ 839 BGB) zur Last falle oder aber ein Mitschüler nach allgemeinem Deliktsrecht (§§ 823ff. BGB, mit dem besonderen Problem des § 828 BGB) einstandspflichtig sei. Weiter heißt es dann aber:

> „Freilich steht es einem sozialen Rechtsstaat an, einem Schulkind, das ihm mit der Einschulung anvertraut wird, in geeigneter Weise Fürsorge zuteil werden zu lassen und Vorsorge dafür zu treffen, dass einem Kind, das bei schweren Körperschäden, die es durch einen Unfall als Folge einer schulischen Maßnahme wie hier beim Turnunterricht erleidet, eine angemessene öffentlich-rechtliche Entschädigung gewährt wird, auf die der Verletzte selbst einen Anspruch hat. Eine solche Regelung zu treffen, ist aber eine Aufgabe des Gesetzgebers, der der Richter hier nicht vorgreifen kann.“[21]

20 Vgl. BVerfG 7.11.1972, BVerfGE 34, 118.
21 BGH 16.1.1967 BGHZ 46, 327, 331.

Dieser Appell des BGH hat den Gesetzgeber mit dazu veranlasst, im Jahr 1971 den in der gesetzlichen Unfallversicherung versicherten Personenkreis auch auf Kinder in Kindergärten, Schüler an allgemein bildenden Schulen und Studierende an Hochschulen auszudehnen (§ 2 Abs. 1 Nr. 8 SGB VII, s. § 39 Rn. 26 ff.). Mit Einführung des SGB VII wurde der Versicherungsschutz auf den Aufenthalt in anderen Tageseinrichtungen, insbesondere Kinderhorte und Kinderkrippen, erweitert. 9

2. Haftungsersetzung durch Versicherungsschutz

Bedeutsam für die gesetzliche Unfallversicherung ist darüber hinaus das **Prinzip der Haftungsersetzung durch Versicherungsschutz** oder auch das System der Ablösung der Haftung durch die gesetzliche Unfallversicherung.[22] Danach werden die Unternehmer, die anders als in allen anderen Zweigen der Sozialversicherung die **Beitragslast alleine zu tragen haben**, durch die Gewährung von Versicherungsschutz für ihre Beschäftigten von der privatrechtlichen Haftung für Arbeitsunfälle und Berufskrankheiten frei (§ 104 SGB VII, näher § 42 Rn. 2 ff.). Die gesetzliche Unfallversicherung erfüllt damit auch teilweise die Funktion einer Betriebshaftpflichtversicherung, indem an die Stelle des einzelnen Anspruchsverpflichteten (Unfallverursachers) der Träger der gesetzlichen Unfallversicherung tritt. Vorteil der Haftungsersetzung ist die **Vermeidung von Konflikten** und damit die **Bewahrung des Betriebsfriedens**.[23] Ein Arbeitsverhältnis ist regelmäßig auf Dauer angelegt und benötigt eine möglichst reibungslose Zusammenarbeit zwischen dem Arbeitnehmer und dem Unternehmer sowie den Arbeitskollegen untereinander. Ansonsten geht Arbeitsenergie durch Streitigkeiten verloren. Nicht grundsätzlich anders ist das beispielsweise bei Unfällen in der Schule. Zum anderen ergibt sich aus der Schaffung von Berufsgenossenschaften und der Einrichtung von Unfallversicherungsträgern der öffentlichen Hand, dass dem Verletzten ein wirtschaftlich **stets leistungsfähiger Versicherungsträger** gegenübersteht und durch die Bindung an das öffentliche Recht eine **prinzipielle Gleichbehandlung** der Verletzten gewährleistet ist. Durch die Erweiterung des Versicherungsschutzes auf außerbetriebliche Tatbestände, etwa auf die Wegeunfälle, entfernte man sich jedoch von dem Gedanken der Ablösung der zivilrechtlichen Unternehmerhaftung. 10

Eine entsprechende Regelung gilt gem. § 105 SGB VII für die Haftung von Beschäftigten für Arbeitsunfälle, die sie im gleichen Betrieb tätigen Arbeitskolleginnen und -kollegen zufügen. Auch hier entfällt die privatrechtliche Haftung (näher § 42 Rn. 5 ff.). Dies stellt eine Durchbrechung des Grundsatzes der Haftungsersetzung dar und ist eine Modifikation der ursprünglichen Konzeption der gesetzlichen Unfallversicherung. Grund der Ausdehnung der Haftungsbefreiung ist zum einen ebenfalls im Betriebsfrieden und zum anderen darin begründet, dass die Arbeitskollegen in eine Funktions- und Gefahrengemeinschaft eingebunden sind. Durch leichte Unachtsamkeit können alle Arbeitnehmende den Arbeitskolleginnen und -kollegen erheblichen Schaden zufügen und sich damit dem Risiko von Ersatzforderungen ausgesetzt sehen. Daraus erwächst die besondere Interessenlage, diese Belastung von sich nehmen zu lassen, dann aber im Falle einer eigenen Schädigung bereit zu sein, gegen die Arbeitskolleginnen und -kollegen auf zivilrechtlichen Schadensersatz zu verzichten. Der Schaden wird auch hier durch einen leistungsfähigen Versicherungsträger abgedeckt. Auch hier ist die Interessenlage für die Unfallversicherung außerhalb der Beschäftigung gleichlaufend. 11

3. Regress, gesetzlicher Forderungsübergang und Bußgeld

Die unerlässliche Abrundung der beiden Grundprinzipien der gesetzlichen Unfallversicherung sind der Regress (§ 110 SGB VII), der gesetzliche Forderungsübergang (§ 116 SGB X) und die Bußgeldvorschriften (§ 209 SGB VII). Für die aufgrund der Haftungsfreistellung erbrachten Leistungen kann der Unfallversicherungsträger bei Vorsatz und grober Fahrlässigkeit Regress nehmen, um die Solidargemeinschaft der Beitragszahlenden zu entlasten (näher § 42 Rn. 31 ff.). Soweit Leistungen an Ver- 12

22 Vgl. BGH 10.12.1974, BGHZ 63, 313.
23 Vgl. BVerfG 7.11.1972, BVerfGE 34, 118.

letzte erbracht worden sind, gehen deren deckungsgleiche Ansprüche **kraft Gesetzes** über, weil ansonsten Geschädigte ungerechtfertigt begünstigt würden. Weiter ist durch die Bußgeldvorschriften eine Einwirkungsmöglichkeit eröffnet, um sorgloses und damit **unfallverursachendes Verhalten zu begrenzen**.

4. Sozialer Ausgleich?

13 Das in anderen Versicherungszweigen bedeutsame **Prinzip des sozialen Ausgleichs** hat in der gesetzlichen Unfallversicherung eine eher schwache Ausprägung gefunden. Während bspw. in der gesetzlichen Krankenversicherung durch die Anknüpfung der Beiträge an das Arbeitseinkommen ein Solidarausgleich zugunsten der einkommensschwächeren Personen und durch die beitragsfreie Mitversicherung der Familienangehörigen (§ 10 SGB V) ein Familienlastenausgleich stattfindet, bemüht sich die gesetzliche Unfallversicherung, ähnlich der Privatversicherung **möglichst risikoäquivalente Beiträge** zu erheben. Ein Solidarausgleich wird allerdings bspw. dadurch vollzogen, dass § 85 SGB VII für das der Rentenberechnung zu Grunde zu legende Jahresarbeitsentgelt eine Mindest- und eine Höchstgrenze festsetzt. Dadurch erhalten insbesondere Versicherte mit einem sehr niedrigen Einkommen deutlich höhere Entschädigungsleistungen, als ihnen bei Zugrundelegung ihres tatsächlichen Einkommens zustünde. Durch die Anknüpfung der Beiträge an die Lohnsumme wird ebenfalls dem Gedanken des sozialen Ausgleichs Rechnung getragen. Dieser Faktor ist Indiz für die Ertragskraft des Unternehmers. Damit wird sichergestellt, dass die Unfalllast entsprechend der Leistungsfähigkeit des Unternehmens verteilt wird. Ein darüber hinausgehender Solidarausgleich findet in der gesetzlichen Unfallversicherung durch den sog. **Rentenlastausgleich** statt: Die sich wandelnden wirtschaftlichen Rahmenbedingungen führen dazu, dass bei bestimmten Berufsgenossenschaften der Mitgliederbestand rapide sinkt, sie aber gleichwohl noch über viele Jahre hinweg Renten an Versicherte zu zahlen haben, woraus im Vergleich zu anderen Berufsgenossenschaften signifikant höhere Beitragssätze erforderlich wären (z.B. Bergbau). Der Gesetzgeber hat deshalb schon 1963 den sog. Rentenlastausgleich in der gesetzlichen Unfallversicherung eingeführt (heute §§ 176ff. SGB VII), der die Berufsgenossenschaften untereinander verpflichtet, durch solche Wanderungsbewegungen der Beschäftigten bedingte Ungleichgewichtslagen zu bereinigen.

III. Besonderheiten der Unfallversicherung im Vergleich zu anderen Sozialversicherungszweigen

14 Anders als in allen anderen Zweigen der Sozialversicherung ist eine Person in der gesetzlichen Unfallversicherung nicht abstrakt versichert. Anknüpfungspunkt für den Versicherungsschutz in der gesetzlichen Unfallversicherung ist vielmehr eine Tätigkeit. Erst diese macht die Person zum Versicherten. Die gesetzliche Unfallversicherung deckt kein allgemeines, sondern ein besonderes, ein tätigkeitsbezogenes Lebensrisiko. Die Ausübung einer Tätigkeit ist wesentliches Strukturelement der gesetzlichen Unfallversicherung.[24] Das gilt nicht nur für die Tatbestände, in denen Tätigkeiten als Tatbestandsmerkmale ausdrücklich genannt sind (z.B. Hilfe leisten in § 2 Abs. 1 Nr. 13 lit. a SGB VII), sondern auch, wenn die Versicherung an eine Eigenschaft geknüpft wird (z.B. als Beschäftigter in § 2 Abs. 1 Nr. 1 SGB VII). Für die Bejahung des Unfallversicherungsschutzes genügt also nicht die Feststellung, dass der Verletzte Beschäftigter gewesen ist (§ 2 Abs. 1 Nr. 1 SGB VII), sondern es bedarf zusätzlich der Prüfung, ob das unfallbringende Ereignis bei und infolge der den Versicherungsschutz begründenden Tätigkeit eingetreten ist, insbesondere ob sie mit ihr in einem „inneren Zusammenhang" steht, § 8 Abs. 1 SGB VII (näher § 40 Rn. 25ff.). Die gesetzliche Unfallversicherung lässt sich daher als **tätigkeitsbezogene Personenversicherung** begreifen.

15 Wegen der Beschränkung des Versicherungsschutzes auf bestimmte versicherte Tätigkeiten stellen sich im Bereich der gesetzlichen Unfallversicherung häufiger als in anderen Sozialversiche-

24 BVerfG 20.5.1987, BVerfGE 75, 348.

rungszweigen Probleme der Kausalität (näher § 40 Rn. 20ff., 85ff.). Denn nur, wenn es sich bei der unfallbringenden Tätigkeit um eine versicherte Tätigkeit handelt, besteht zwischen dieser und dem Unfallereignis ein ursächlicher Zusammenhang (haftungsbegründende Kausalität). Darüber hinaus ist eine Kausalitätsbeziehung zwischen dem Versicherungsfall und dem Gesundheitsschaden erforderlich (haftungsausfüllende Kausalität). Im Unterschied zur gesetzlichen Unfallversicherung, die vom **Kausalitätsprinzip** gekennzeichnet wird, kommt es in den übrigen Zweigen der Sozialversicherung und den anderen Bereichen der sozialen Sicherung bis auf wenige Ausnahmen nicht darauf an, durch welche Ursache der Versicherungsfall oder die jeweilige Bedarfssituation herbeigeführt worden ist (**Finalitätsprinzip**). Das Finalitätsprinzip ist jedoch auch in der gesetzlichen Unfallversicherung maßgebend, soweit es sich nicht um das „Ob“ einer Leistungsgewährung, sondern um das „Wie“, nämlich Ausmaß und Höhe einer Sach- oder Ermessensleistung handelt.

Anders als in allen anderen Sozialversicherungszweigen ist der Versicherungsschutz in der gesetzlichen Unfallversicherung weder von der Dauer der Tätigkeit noch von Einkommensgrenzen abhängig. Es ist also **weder die Geringfügigkeitsgrenze des** § 8 SGB IV **noch eine Versicherungspflichtgrenze** zu beachten. Allerdings wird sowohl bei der Berechnung der Beiträge als auch der Rentenleistungen der Jahresarbeitsverdienst durch einen Höchstjahresarbeitsverdienst (§ 85 Abs. 2, § 153 Abs. 2 SGB VII) begrenzt, der kraft Gesetzes das Doppelte der Bezugsgröße (§ 18 SGB IV) beträgt, durch die Satzung der jeweiligen Berufsgenossenschaft aber höher festgesetzt werden kann. Die Bezugsgröße beträgt im Jahr 2020 38.220 Euro (West) bzw. 36.120 Euro (Ost), sodass der Höchstjahresarbeitsverdienst sich auf 76.440 Euro bzw. 72.240 Euro beläuft. Soweit die Satzung nichts anderes bestimmt, werden maximal von diesem Entgelt Beiträge erhoben und maximal auf dieser Basis Geldleistungen gewährt. 16

Eine zentrale Besonderheit der gesetzlichen Unfallversicherung besteht darin, dass die Finanzierung allein durch die Arbeitgeber erfolgt, § 150 SGB VII (näher § 38 Rn. 1ff.). Mit dieser, von dem in allen anderen Zweigen der Sozialversicherung geltenden Grundsatz der hälftigen Beitragstragung abweichenden, Finanzierung steht in Zusammenhang, dass auch allein die Unternehmer **Mitglieder der Berufsgenossenschaften** sind. 17

Die ursprünglich allein zum Schutz vor Gefahren der Arbeitswelt konzipierte gesetzliche Unfallversicherung hat durch die Ausweitung des versicherten Personenkreises an Kontur verloren. Heute finden sich im Katalog des § 2 Abs. 1 SGB VII viele versicherte Personen und Tätigkeiten, die allein aus sozialstaatlichen Erwägungen in den Schutzbereich der gesetzlichen Unfallversicherung einbezogen werden (näher § 39 Rn. 33ff.). 18

Auch im Verfahrensrecht zur Leistungserbringung besteht eine Besonderheit der gesetzlichen Unfallversicherung. Die **Leistungen** der gesetzlichen Unfallversicherung **werden von Amts wegen gewährt**, § 19 S. 2 SGB IV. Anders als in den anderen Zweigen der Sozialversicherung hat ein Antrag damit weder verfahrensrechtliche noch materiell-rechtliche Bedeutung, d.h., der Antrag ist in der gesetzlichen Unfallversicherung grds. lediglich eine Anregung, und weder erforderlich, um das Verfahren überhaupt in Gang zu setzen, noch ist das Antragserfordernis Tatbestandsvoraussetzung. Eine Ausnahme statuiert lediglich § 13 SGB VII, wonach die dort näher bestimmten Sachschäden nur auf Antrag ersetzt werden. Grund für die Leistungserbringung von Amts wegen ist, dass nur bei unverzüglichem Handeln eine vollständige oder wenigstens weitestgehend vollständige Wiederherstellung möglich ist. Die Leistungserbringung von Amts wegen wird unterstützt durch die bußgeldbewehrte Anzeigepflicht der Unternehmer für Arbeitsunfälle und Berufskrankheiten, § 193 SGB VII. 19

IV. Verhältnis zu anderen Sozialversicherungszweigen

1. Gesetzliche Krankenversicherung und gesetzliche Unfallversicherung

Beinahe jeder Versicherungsfall der gesetzlichen Unfallversicherung stellt auch einen **Versicherungsfall in der gesetzlichen Krankenversicherung** dar, soweit der Versicherte dort Versicherungsschutz genießt. Der in § 8 Abs. 1 SGB VII vorausgesetzte Gesundheitsschaden entspricht nämlich im Wesentlichen der „Krankheit“ i.S.v. § 27 SGB V. Die Frage des Unfallversicherungsschutzes 20 wird daher für die meisten versicherten Personen in ihren praktischen Auswirkungen erst relevant, wenn ein Unfall zu einer entschädigungspflichtigen Minderung der Erwerbsfähigkeit geführt hat und deshalb Entschädigungsleistungen von der gesetzlichen Unfallversicherung zu erbringen sind (vgl. aber auch § 36 Rn. 21). Bei einem Zusammentreffen von Leistungsansprüchen nach dem SGB VII und dem SGB V besteht ein **Vorrang der gesetzlichen Unfallversicherung**. § 11 Abs. 5 SGB V ordnet (wenn auch sprachlich misslungen) ausdrücklich an, dass auf Leistungen der Krankenversicherung kein Anspruch besteht, wenn „sie“ (gemeint sind inhaltsgleiche Leistungen der gesetzlichen Unfallversicherung) als Folge eines Arbeitsunfalls oder einer Berufskrankheit i. S. d. Rechts der gesetzlichen Unfallversicherung zu erbringen sind. Insbesondere korrespondieren einerseits die Heilbehandlung (§§ 27ff. SGB VII) und die Krankenbehandlung (§ 27 SGB V) und andererseits das Verletztengeld (§§ 45ff. SGB VII) und das Krankengeld (§ 44 SGB V). Ist zunächst streitig, ob der Unfall einen Versicherungsfall in der gesetzlichen Unfallversicherung darstellt, kann der Versicherte unter den Voraussetzungen des § 43 SGB I **vorläufige Leistungen** der gesetzlichen Krankenversicherung erwirken; diese hat die Möglichkeit, ihre Aufwendungen im Regressweg (§ 102 SGB X) vom Träger der gesetzlichen Unfallversicherung erstattet zu verlangen, wenn sich der das schädigende Ereignis als Arbeitsunfall erweist.

2. Gesetzliche Rentenversicherung und gesetzliche Unfallversicherung

21 Ein ähnlicher Vorrang wie gegenüber der gesetzlichen Krankenversicherung besteht im Bereich der **Rehabilitation** auch gegenüber der **gesetzlichen Rentenversicherung.** Auch diese erbringt nämlich grds. Rehabilitationsleistungen, wenn die Erwerbsfähigkeit des Versicherten wegen Krankheit oder körperlicher, geistiger oder seelischer Behinderung erheblich gefährdet oder gemindert ist, § 10 SGB VI. Allerdings werden diese Leistungen insoweit nicht erbracht, als aufgrund eines Versicherungsfalls in der gesetzlichen Unfallversicherung Anspruch auf Rehabilitationsleistungen nach den §§ 33, 35ff. SGB VII besteht (§ 12 Abs. 1 Nr. 1 SGB VI). Wer durch einen Arbeitsunfall oder eine Berufskrankheit so schwer in seiner Gesundheit beeinträchtigt wurde, dass er eine Verletztenrente beanspruchen kann, ist oft auch teilweise oder voll **erwerbsgemindert** i. S. d. Rechts der gesetzlichen Rentenversicherung (§ 43 SGB VI). Deshalb können, wenn die rentenrechtlichen Voraussetzungen einer Erwerbsminderungsrente vorliegen, insbesondere der Versicherte die Wartezeit und die besonderen versicherungsrechtlichen Voraussetzungen für diese Renten erfüllt hat, diese Renten einerseits mit einer Verletztenrente andererseits zusammentreffen. § 93 SGB VI bestimmt in diesen Fällen, dass die Rente aus der gesetzlichen Rentenversicherung insoweit nicht geleistet wird, als die Summe beider Renten einen bestimmten Grenzbetrag (§ 93 Abs. 3 SGB VI) übersteigt. Allerdings bleiben zugunsten Versicherter in der **knappschaftlichen Rentenversicherung** bestimmte Rententeile anrechnungsfrei, § 93 Abs. 2 Nr. 1 SGB VI. Zugunsten der Besserstellung **Schwerverletzter,** die infolge des Unfalls ihre Berufs- oder sogar Erwerbsfähigkeit eingebüßt haben, bleibt zudem ein bestimmter Grundbetrag anrechnungsfrei, § 93 Abs. 2 Nr. 2 SGB VI. Mit dieser Regelung hat der Gesetzgeber insbesondere Bedenken Rechnung getragen, dass Verletzte, die trotz ihrer unfallbedingten MdE weiter in ihrem alten Beruf tätig bleiben konnten, aufgrund des Prinzips der abstrakten Schadensberechnung deutlich besser standen als solche Personen, bei denen die Verletzung zum Ausscheiden aus dem Beruf oder Erwerbsleben geführt hat.[25] Praktisch haben Erwerbsminderungsrenten der gesetzlichen Rentenversicherung daneben eine **Auffangwirkung bei nicht anerkannten Berufskrankheiten**. Krankheiten, die entweder gar nicht als Berufskrankheiten anerkannt sind oder deren Voraussetzungen die versicherte Person im Einzelfall nicht erfüllt oder nachzuweisen vermag, können, wenn sie eine entsprechende Leistungsminderung zur Folge haben, zur Anerkennung der Erwerbsminderung und damit zur Bewilligung einer entsprechenden Rente nach dem SGB VI führen.

25 Vgl. BVerfG 8.2.1995, NJW 1995, 1607.

§ 37 Träger der gesetzlichen Unfallversicherung

Literatur: Bieback, Rechtliche Probleme von Organisationsstruktur und Selbstverwaltung der Unfallversicherung, in: Heinze/Schmitt (Hrsg.), Festschrift Wolfgang Gitter, 1995, S. 83ff.; Fuchs, Das Unfallversicherungsmonopol ist mit dem Recht des Binnenmarktes vereinbar, SGb 2012, 507ff.; Hinderer, Funktion und Aufgaben der besonderen Ausschüsse in der gesetzlichen Unfallversicherung, NZS 2015, 14; Radek, Die Selbstverwaltung in der gesetzlichen Unfallversicherung – Erfolge und aktuelle Probleme, NZS 1994, 6ff.; Seewald, Gibt es noch eine Selbstverwaltung in der Unfallversicherung?, SGb 2006, 569ff.

I. Organisation der Unfallversicherungsträger

Träger der gesetzlichen Unfallversicherung sind die in Anlage 1 zu § 114 SGB VII aufgezählten neun gewerblichen Berufsgenossenschaften (z.B. BG Holz und Metall, BG Handel und Warenlogistik), als Nachfolgerin der ehemals eigenständigen regionalen landwirtschaftlichen Sozialversicherungen die Sozialversicherung für Landwirtschaft, Forsten und Gartenbau, sowie die 24 Unfallversicherungsträger der öffentlichen Hand (Unfallkasse Bund und Bahn, 16 Unfallkassen der Länder, Gemeindeunfallversicherungsverbände und Unfallkassen der Gemeinden, Feuerwehr-Unfallkassen und die gemeinsamen Unfallkassen für den Landes- und den kommunalen Bereich). Diese Struktur wurde maßgeblich durch das UVMG (s. § 35 Rn. 24) angestoßen. Die Unfallversicherungsträger sind rechtsfähige Körperschaften des öffentlichen Rechts mit **Selbstverwaltung** (§ 29 Abs. 1 SGB IV i.V.m. § 22 Abs. 2 SGB I). Die **Verfassung** der Träger der gesetzlichen Unfallversicherung ist wie für die anderen Sozialversicherungsträger im **SGB IV** geregelt (s. unter § 16 Rn. 1ff.). Das SGB VII enthält aber zahlreiche ergänzende Regelungen zur Zuständigkeit und zu den Befugnissen der Organe der Unfallversicherungsträger. 1

Die Selbstverwaltung wird nach § 29 Abs. 2 SGB IV, mit Ausnahme der in § 44 SGB IV getroffenen Regelungen, durch die Versicherten und Arbeitgeber ausgeübt. Die Unfallversicherungsträger erfüllen ihre Aufgaben in eigener Verantwortung grds. unabhängig von Weisungen staatlicher Stellen (juristische oder rechtliche Selbstverwaltung). Die Organe der Selbstverwaltung sind der **Vorstand** und die **Vertreterversammlung**, § 31 Abs. 1 SGB IV. Sie setzen sich grds. aus **paritätisch** gewählten Vertretern der Versicherten und Arbeitgeber zusammen, § 44 Abs. 1 Nr. 1 SGB IV (Ausnahme für die Sozialversicherung für Landwirtschaft, Forsten und Gartenbau: jeweils 1/3 Vertreter der Versicherten, der Selbstständigen ohne fremde Arbeitskräfte und der Arbeitgeber, § 44 Abs. 1 Nr. 2 SGB IV). Die Vertreterinnen und Vertreter werden in der Regel in allgemeinen Sozialversicherungswahlen alle sechs Jahre gewählt, § 45 SGB IV. 2

Die **Vertreterversammlung** (§ 33 SGB IV) ist das rechtsetzende ehrenamtliche Organ. Sie beschließt insbesondere die Satzung, die Unfallverhütungsvorschriften, den jährlichen Haushalt, die Beitragsgrundsätze und sonstiges autonomes Recht. Zu ihren Aufgaben gehört weiter die Wahl des Vorstandes und – auf Vorschlag des Vorstandes – des Geschäftsführers und seines Stellvertreters (§ 36 Abs. 2 SGB IV, Ausnahmen für die Unfallversicherung Bund und Bahn in Abs. 2a) und die Vertretung des Unfallversicherungsträgers gegenüber dem Vorstand. 3

Dem **Vorstand** (§ 35 SGB IV) obliegt **ehrenamtlich** die **Verwaltung** des Versicherungsträgers, soweit es sich nicht um laufende Verwaltungsgeschäfte handelt und daher die Geschäftsführerin oder der Geschäftsführer zuständig ist. Die **laufenden Verwaltungsgeschäfte** führt **hauptamtlich** der **Geschäftsführer** (§ 36 SGB IV). Insoweit vertritt er den Unfallversicherungsträger gerichtlich und außergerichtlich. Der unbestimmte Rechtsbegriff der „laufenden Verwaltungsgeschäfte" umfasst vor allem Verwaltungsgeschäfte wiederkehrender Art und solche von sachlich und insbesondere wirtschaftlich geringerer Bedeutung.[26] 4

Die Unfallversicherungsträger unterliegen der **staatlichen Aufsicht** (§§ 87ff. SGB IV). Dies ist Ausdruck der Zugehörigkeit zur (mittelbaren) Staatsverwaltung. In der Regel ist diese Aufsicht des 5

26 BSG 28.2.1967, BSGE 26, 129.

Staates allgemeine Rechtsaufsicht (§ 87 Abs. 1 S. 2 SGB IV), jedoch hinsichtlich der Prävention auch Fachaufsicht, § 87 Abs. 2 SGB IV. Aufsichtsführend ist bei **bundesunmittelbaren Unfallversicherungsträgern** das Bundesamt für Soziale Sicherung, auf dem Gebiet der Prävention das BMAS (§ 90 Abs. 1 SGB IV, Ausnahme Unfallversicherung Bund und Bahn: BMI). Bei Unfallversicherungsträgern, deren Zuständigkeit sich nicht über das Gebiet eines Landes hinaus erstreckt (**landesunmittelbare Unfallversicherungsträger**) führen die Aufsicht die für die Sozialversicherung zuständigen obersten Verwaltungsbehörden der Länder oder die von der Landesregierung bestimmten Behörden (§ 90 Abs. 2 SGB IV). **Abweichend** führen die Verwaltungsbehörden der Länder die Aufsicht über den Unfallversicherungsträger, deren Zuständigkeit sich **über das Gebiet eines Landes, aber nicht über mehr als drei Länder** hinaus erstreckt und für die das **aufsichtführende Land** durch die beteiligten Länder **bestimmt** ist (§ 90 Abs. 3 SGB IV).

6 Die gewerblichen Berufsgenossenschaften und die Unfallversicherungsträger der öffentlichen Hand haben sich in der Rechtsform eines privatrechtlichen Vereins (§§ 21ff. BGB) in dem gemeinsamen **Spitzenverband Deutsche Gesetzliche Unfallversicherung** e.V. (DGUV) organisiert. Dieser nimmt wesentliche Aufgaben im Bereich der Unfallverhütung, der Vertretung der gemeinsamen Interessen gegenüber den politischen Organen und den Sozialpartnern, der Schulung des Personals etc. wahr, die für eine effektive und wirtschaftliche Wahrnehmung der gesetzlichen Aufgaben der Unfallversicherungsträger notwendig sind.

II. Rechtsbeziehungen der Unternehmer und der Versicherten in der gesetzlichen Unfallversicherung

7 Im System der gesetzlichen Unfallversicherung existieren zwei grundlegende Rechtsbeziehungen. Zum einen besteht zwischen den versicherten Personen und dem Unfallversicherungsträger das sog. Versicherungsverhältnis. Auf der anderen Seite hat jedoch auch der Unternehmer – im Gegensatz zu allen anderen Zweigen der Sozialversicherung – aufgrund des Prinzips der Haftungsersetzung durch Versicherungsschutz (§ 36 Rn. 10ff.) und der damit verbundenen alleinigen Beitragspflicht ein eigenes rechtliches und auch wirtschaftliches Interesse an dem Versicherungsträger, so dass auch zwischen dem Unternehmer und dem Unfallversicherungsträger eine Rechtsbeziehung besteht. Anknüpfungspunkt der Rechtsbeziehungen ist das Unternehmen bzw. bestimmte Tätigkeiten (vgl. § 121 Abs. 1 SGB VII).

III. Zuständigkeit

8 Jeder Unternehmer gehört kraft Gesetzes dem nach der Art seines Unternehmens zuständigen Unfallversicherungsträger an. Die **Zuständigkeit** eines Trägers der gesetzlichen Unfallversicherung für ein Unternehmen beginnt kraft Gesetzes, sobald die Tatbestandsvoraussetzungen der sachlichen (§§ 121 bis 129a SGB VII) und örtlichen Zuständigkeit (§ 130 SGB VII) erfüllt sind.

9 Zugunsten des Versicherten, für den die Ermittlung des zuständigen Unfallversicherungsträgers in der Praxis u.U. nicht unerhebliche Schwierigkeiten aufwerfen kann, sind die § 16 Abs. 2 und § 43 SGB I zu beachten: Ist die Leistung (ausnahmsweise, vgl. z.B. § 13 SGB VII) von einem Antrag abhängig, so kann dieser auch bei einem unzuständigen Leistungsträger eingereicht werden, der ihn dann an die richtige Stelle weiterleitet. Muss für die Geltendmachung des Anspruchs eine Frist gewahrt werden, genügt der rechtzeitige Eingang des Antrags auch beim unzuständigen Träger. Sind sich selbst die verschiedenen in Betracht kommenden Sozialleistungsträger nicht darüber einig, wer von ihnen zur Leistung verpflichtet ist, hat der unter ihnen zuerst angegangene vorläufige Leistungen nach pflichtgemäßem Ermessen zu erbringen und ggf. im Regressprozess gegen den anderen in Betracht kommenden Träger (§ 105 SGB X) klären zu lassen, welcher Leistungsträger in welchem Umfang verpflichtet war.

Die **Zuständigkeit der gewerblichen Berufsgenossenschaften** ist in §§ 121f. SGB VII geregelt. Sie sind für alle Unternehmen zuständig, die nicht ausdrücklich einer anderen Zuständigkeit unterstellt sind. Der Begriff des „Unternehmens“ wird in § 121 Abs. 1 SGB VII legaldefiniert, er erfasst neben Betrieben, Verwaltungen und Einrichtungen auch bloße „Tätigkeiten“, was erforderlich ist, um bspw. zu einer Zuordnung solcher „Unternehmen“ zu gelangen, die über keinerlei Organisationsstruktur verfügen. Die gewerblichen Berufsgenossenschaften sind primär nach Gewerbezweigen gegliedert. Die **landwirtschaftliche Berufsgenossenschaft** ist für landwirtschaftliche Unternehmen zuständig (§ 123 SGB VII). Die Zuständigkeit erstreckt sich in den landwirtschaftlichen Unternehmen u.a. auch auf Unfälle im Privathaushalt und bei Bauarbeiten des Landwirts für den Wirtschaftsbetrieb, § 124 SGB VII. 10

Die einzelnen Zuständigkeiten der **Unfallversicherungsträger der öffentlichen Hand** ergeben sich aus den §§ 125ff. SGB VII. Insbesondere ist die Unfallversicherung Bund und Bahn zuständig für seine Unternehmen, für Meldepflichtige nach dem SGB III, für im Zivilschutz oder beim Deutschen Roten Kreuz ehrenamtlich Tätige, für Entwicklungshelfer, für bestimmte Auslandsbedienstete und bei einer zwischenstaatlichen oder überstaatlichen Organisation Tätige, deren Beschäftigungsverhältnis im öffentlichen Dienst ruht (§ 125 SGB VII). Die Unfallversicherungsträger im Landesbereich sind zuständig für ihre Unternehmen, für Kinder in Tageseinrichtungen, Schüler, Studierende, Nothelfer, Helfer bei der Strafverfolgung und Gefangene (§ 128 SGB VII). Die Unfallversicherungsträger im kommunalen Bereich sind zuständig für ihre Unternehmen und Unternehmen in privatrechtlicher Rechtsform, an denen die Gemeinden oder Gemeindeverbände aber die Mehrheit an Kapitalanteilen oder sonstigen Stimmen haben (Sonderregelung bei gemeinsamer Beteiligung von Bund, Ländern, Gemeinden oder Gemeindeverbänden an Unternehmen in § 129a SGB VII), die Haushalte, nicht gewerbsmäßige Bauarbeiten und Pflegepersonen (§ 129 SGB VII). 11

IV. Vereinbarkeit des Unfallversicherungsmonopols mit dem Unionsrecht

Streitig war, ob die historisch überkommene deutsche Organisation der Unfallversicherung mit der Pflichtmitgliedschaft und der ausschließlichen Zuständigkeit insbesondere der gewerblichen Berufsgenossenschaften nach §§ 121f. SGB VII mit **Unionsrecht vereinbar** ist.[27] In Betracht kamen ein Verstoß gegen EU-Wettbewerbsrecht nach Art. 101f. AEUV und gegen die Dienstleistungsfreiheit nach Art. 56f. AEUV. Die Unionsrechtswidrigkeit des **Unfallversicherungsmonopols** der Berufsgenossenschaften hätte neben der Möglichkeit der privaten (Pflicht-)Versicherung jedenfalls dazu geführt, dass hoheitliche Präventionsaufgaben, die in der Vergangenheit beachtliche Steuerungseffekte gezeigt haben, von der Versicherungstätigkeit hätten getrennt werden müssen. Der EuGH[28] hat im Wesentlichen die Anwendbarkeit der Art. 101f. AEUV anknüpfend an die Verneinung des Tatbestandsmerkmals des „Unternehmens“ und jedenfalls eine Rechtfertigung eines Eingriffs in die Dienstleistungsfreiheit angenommen. Er bejahte den sozialen Zweck der Unfallversicherung, die Verwirklichung des Grundsatzes der Solidarität und das Vorhandensein einer staatlichen Aufsicht und verneinte deshalb den Charakter der Berufsgenossenschaften als (wirtschaftliche Tätigkeiten ausübende) Unternehmen im Sinn des Wettbewerbsrechts. Im Übrigen würden ohne Pflichtversicherung in den öffentlich-rechtlichen Systemen der sozialen Sicherheit nur die schlechten Risiken zurückbleiben, während sich die guten Risiken auf dem privaten Versicherungsmarkt zu günstigen Bedingungen versichern würden.[29] 12

27 Stellv. für die Unionsrechtswidrigkeit m.w.N. Giesen, ZESAR 2004, 151ff.; dagegen Fuchs, SGb 2005, 65ff.

28 EuGH 5.3.2009, Rs. C-350/07 (Kattner), Slg. 2009, I-1513.

29 Zusammenfassend Fuchs, SGb 2012, 507ff.

§ 38 Finanzierung der gesetzlichen Unfallversicherung

Literatur: Becker, Der Finanzausgleich in der gesetzlichen Unfallversicherung, 2004; Brosius-Gersdorf, Reformbedarf bei der Lastenverteilung in der gesetzlichen Unfallversicherung, SGb 2024, 189ff.; Möller, Finanzierung der Gesetzlichen Unfallversicherung, SGb 2014, 435ff.; Spellbrink, Das Beitragsrecht der Gesetzlichen Unfallversicherung, SR 2012, 17ff.; Waltermann, Wirtschaftlicher Strukturwandel und Lastenverteilung zwischen Berufsgenossenschaften, NZS 2019, 601ff.

1 Die Finanzierung der gewerblichen Berufsgenossenschaften erfolgt überwiegend durch Beiträge der Unternehmer, die Versicherte beschäftigen oder selbst versichert sind. Die alleinige Beitragstragung durch die Unternehmer (§ 150 SGB VII) resultiert aus dem System der Ablösung der Unternehmerhaftung durch die gesetzliche Unfallversicherung (s. § 42 Rn. 1ff.) und war bei der Einführung der gesetzlichen Unfallversicherung im Jahre 1884 nicht unumstritten. Ursprünglich hatte Bismarck eine Finanzierung auch der gesetzlichen Unfallversicherung durch Arbeitgeber, Arbeitnehmer und staatliche Zuschüsse ins Auge gefasst. Die Beitragslast der Arbeitnehmer schien gerechtfertigt, weil die gesetzliche Unfallversicherung ihnen Entschädigungen auch für solche Arbeitsunfälle gewährt, die schlichtes „Unglück" sind und für die der Arbeitgeber nach privatrechtlichen Maßstäben nicht einstandspflichtig wäre. Der Staatszuschuss sollte die soziale Verantwortung des Staates für die Arbeiter unterstreichen. Mit beiden Vorstellungen vermochte Bismarck sich jedoch nicht durchzusetzen, so dass am Ende die alleinige Finanzierung der gesetzlichen Unfallversicherung durch die Arbeitgeber blieb. Daran hat sich bis heute nichts geändert.

2 Die Vorschriften über die **Beitragsberechnung**, -erhebung und -verfolgung sind im Wesentlichen in den §§ 150ff. SGB VII geregelt. Sie werden ergänzt durch Regelungen des SGB I, IV und X. Die Beiträge müssen den Bedarf des abgelaufenen Geschäftsjahres einschließlich der zur Ansammlung der Rücklage nötigen Beiträge decken und dürfen darüber hinaus nur zur Beschaffung der Betriebsmittel erhoben werden (§ 152 Abs. 1 SGB VII). Durch die Anknüpfung der Beiträge an den Bedarf des abgelaufenen Geschäftsjahres können im Bereich der gesetzlichen Unfallversicherung keine Finanzierungsprobleme wie in anderen Sozialversicherungszweigen entstehen. Die Höhe der Beiträge richtet sich regelmäßig nach der Summe der Jahresarbeitsverdienste der in dem Unternehmen Versicherten und dem Grad der Unfallgefahr in dem Unternehmen (§ 153 Abs. 1, § 167 Abs. 1 SGB VII). Wenn auch durch die berufsständische Gliederung der gewerblichen Berufsgenossenschaften bereits Unternehmen mit etwa gleicher Gefährdungshäufigkeit zusammengefasst sind, so ergeben sich dennoch je nach konkreter Art des Betriebes unterschiedliche Risiken, denen die Berufsgenossenschaften durch die Bildung von **Gefahrklassen** (§ 157 SGB VII) Rechnung tragen.[30] In den einzelnen (genehmigungsbedürftigen, § 158 SGB VII) Gefahrklassen werden unterschiedliche Umlagequoten festgesetzt, so dass (abstrakt) gefährlichere Unternehmen bei gleicher Jahresarbeitentgeltsumme einen höheren Beitrag zu entrichten haben als weniger gefährliche. Um den Unternehmen unabhängig von ihrer abstrakten Einstufung in Gefahrklassen einen Anreiz zu unfallverhütenden Maßnahmen zu geben, haben die Berufsgenossenschaften unter Berücksichtigung der Zahl der Versicherungsfälle (ohne Wegeunfälle, weil der Unternehmer auf deren Entstehung praktisch keinen Einfluss hat) Zuschläge aufzuerlegen und Nachlässe zu bewilligen, § 162 SGB VII. Die Einzelheiten der Beitragsberechnung bestimmt die Satzung, § 167 Abs. 3 SGB VII.[31] §§ 176ff. SGB VII sehen einen Ausgleich zwischen den Berufsgenossenschaften untereinander für Altlasten vor.

3 Anders als die gewerblichen Berufsgenossenschaften erhebt die **landwirtschaftliche Berufsgenossenschaft** ihre Beiträge nicht auf der Grundlage der Jahresarbeitentgeltsumme der Beschäftigten (weil das Risiko hierdurch auch nicht annähernd sachgerecht umschrieben ist, zumal Versicherungsschutz insbesondere auch für den Landwirt selbst und seine mitarbeitenden Familienangehörigen besteht), sondern nach der Fläche, dem Wirtschaftswert, dem Arbeitsbedarf oder einem vergleichbaren Maßstab, § 182 SGB VII. Die Einzelheiten der Beitragsberechnung bestimmt die Sat-

30 Zum Gestaltungsspielraum bei der Gefahrtarif-Zuordnung BSG 11.4.2013, BSGE 113, 192.
31 Zum Gestaltungsspielraum bei der Festlegung durch Satzung BSG 4.12.2014, BSGE 118, 9.

zung, § 183 Abs. 2 SGB VII. Zumeist existieren hier Mischformen. Die allgemeinen Grundsätze der Vorschriften für die Berufsgenossenschaft sind in der Regel jedoch auch für diesen besonderen Zweig der Unfallversicherung anwendbar. Hierzu gehört insbesondere § 150 SGB VII, wonach der Beitrag durch den Unternehmer aufzubringen ist.

Die Finanzierung der **Unfallversicherungsträger der öffentlichen Hand** ist in den §§ 185f. SGB VII gesondert geregelt. Überwiegend werden die Aufwendungen dieser Unfallversicherungsträger durch Steuermittel gedeckt; in Einzelfällen erfolgt jedoch auch hier eine Beitragszahlung durch Unternehmer (z.B. für Hausangestellte in privaten Haushalten durch den Haushaltführenden oder durch die Unternehmer der übernommenen rechtlich selbständigen Unternehmen). 4

§ 39 Der versicherte Personenkreis

I. Struktur und Übersicht über den versicherten Personenkreis

Literatur: JUNG, Die Formalversicherung bzw. das formale Versicherungsverhältnis im Recht der gesetzlichen Unfallversicherung, BPUVZ 2015, 43.

Leistungen aus der gesetzlichen Unfallversicherung stehen nur einem bestimmten Berechtigtenkreis zu, nämlich den Personen, die versichert sind. Im Kern ist die gesetzliche Unfallversicherung immer noch eine **Versicherung der Beschäftigten** (vgl. § 2 Abs. 1 Nr. 1 SGB VII). Im Laufe der Entwicklung ist der Kreis der versicherten Personen jedoch ständig und im Ergebnis ganz erheblich erweitert worden. Das SGB VII unterscheidet bei den versicherten Personen in der gesetzlichen Unfallversicherung – wie auch in den anderen Zweigen der Sozialversicherung – zwischen **Versicherungspflichtigen** und **Versicherungsberechtigten.** Bedeutung hat die Unterscheidung zwischen den kraft Gesetzes, den kraft Satzung und den freiwillig Versicherten allerdings nur für die Frage, ob jemand überhaupt versichert ist. **Das Leistungsrecht ist** – mit Ausnahme des Ersatzes von Sachschäden für Helfer gem. § 13 SGB VII (näher § 39 Rn. 34f.) – **für alle Versicherten identisch.** 1

Die größte Gruppe der Versicherten stellen die kraft Gesetzes Versicherungspflichtigen (dazu § 39 Rn. 6ff.). Dazu zählen diejenigen, deren Versicherungspflicht sich **unmittelbar aus dem Gesetz** ergibt (§ 2 SGB VII). Darüber hinaus wird den Trägern der gesetzlichen Unfallversicherung allerdings zusätzlich das Recht eingeräumt (§ 3 SGB VII), **durch Satzung** auch solche Personen **in den Kreis der Pflichtversicherten** einzubeziehen, die nicht schon kraft Gesetzes pflichtversichert sind (dazu § 39 Rn. 77f.). 2

Neben den Versicherungspflichtigen stehen die **Versicherungsberechtigten** (§ 6 SGB VII; dazu § 39 Rn. 79ff.). Für die freiwillige Versicherung bedarf es einer auf die Begründung eines Versicherungsverhältnisses gerichteten **Willenserklärung** in der Gestalt eines schriftlichen Antrags. 3

Abgesehen von der freiwilligen Versicherung (§ 6 SGB VII) entsteht der **Versicherungsschutz ipso iure** und ist weder von einem Antrag noch von der (rechtzeitigen) Entrichtung von Beiträgen an den zuständigen Unfallversicherungsträger abhängig. Die Einbeziehung in die gesetzliche Unfallversicherung beginnt vor dem Hintergrund des sozialen Schutzgedankens **mit der Aufnahme der Tätigkeit.**[32] 4

Auch wenn keiner der in den §§ 2ff. SGB VII genannten Tatbestände vorliegt, kann ein Versicherungsverhältnis unter dem Gesichtspunkt des **Vertrauensschutzes** als sog. formalrechtliches Versicherungsverhältnis (**Formalversicherung**) anzunehmen sein, wenn ein Unfallversicherungsträger einen entsprechenden Vertrauenstatbestand geschaffen hat. Dies gilt z.B., wenn wegen der Aufnahme in das Unternehmerverzeichnis als Mitglied und zugleich als Versicherter unbeanstandet Beiträge zur gesetzlichen Unfallversicherung entrichtet worden sind[33] oder wenn einzelne nicht ver- 5

32 BSG 9.12.1976, BSGE 43, 60.

33 BSG 26.6.1973, BSGE 36, 71; BSG 30.3.1988, SozR 2200 § 539 Nr. 126.

sicherungspflichtige Personen in den Lohnnachweis aufgenommen und bei der Bemessung der Beiträge berücksichtigt worden sind.[34] Die Formalversicherung besteht bis zu ihrer **Aufhebung durch den Unfallversicherungsträger**, z.B. durch ausdrücklichen Widerruf oder Aufhebung des Beitragsbescheides. Abzugrenzen sind die auf Vertrauensschutz beruhenden Grundsätze der Formalversicherung von einem **formalen Versicherungsverhältnis**, das nach verwaltungsrechtlichen Grundsätzen durch einen zwar rechtswidrigen, aber nicht nichtigen Verwaltungsakt begründet wird.[35]

II. Die kraft Gesetzes Versicherten

1. Beschäftigte (§ 2 Abs. 1 Nr. 1 SGB VII)

6 Gem. § 2 Abs. 1 Nr. 1 SGB VII sind **Beschäftigte** kraft Gesetzes versichert. Der Begriff der Beschäftigung wird für die Sozialversicherung in § 7 SGB IV definiert (s. § 14 Rn. 4ff.). Beschäftigte sind alle Personen, die nichtselbständige Arbeit, insbesondere in einem Arbeitsverhältnis verrichten (§ 7 Abs. 1 S. 1 SGB IV). Als Beschäftigung gilt auch der Erwerb beruflicher Kenntnisse, Fähigkeiten oder Erfahrungen im Rahmen betrieblicher Berufsbildung (§ 7 Abs. 2 SGB IV). Der Begriff des Beschäftigten ist daher weitgehend mit dem des **Arbeitnehmers,** § 611a BGB, identisch. Hier wie dort ist eine den tatsächlichen Gegebenheiten widersprechende vertragliche Bezeichnung der Rechtsbeziehungen durch die Vertragspartner unbeachtlich.[36]

7 Im Gegensatz zu anderen Zweigen der Sozialversicherung ist der Versicherungsschutz in der gesetzlichen Unfallversicherung vollständig **einkommensunabhängig**. Beschäftigte und damit Versicherte sind auch die **geringfügig Beschäftigten** (§ 8 SGB IV), ja sogar Personen, die eine Arbeitnehmertätigkeit ausüben, ohne dafür ein Entgelt zu erhalten; dabei wird bei ihnen oft nicht § 2 Abs. 1 Nr. 1, sondern § 2 Abs. 2 SGB VII einschlägig sein (s. § 39 Rn. 11ff.). Die **steuerliche Behandlung** des gezahlten Entgelts ist unerheblich.[37] Auch besteht die Versicherungspflicht im Gegensatz zur Krankenversicherung (§ 6 Abs. 1 Nr. 1 SGB V) **ohne Rücksicht auf die Höhe** des Jahresarbeitsverdienstes.

8 Vollumfänglichen Versicherungsschutz genießen ferner sogar diejenigen Beschäftigten, die von ihren Arbeitgebern nicht oder unter falschem Namen bei den Sozialversicherungsträgern angemeldet werden. Dieser Verstoß gegen das Gesetz zur Bekämpfung der Schwarzarbeit ist für den Versichertenstatus unschädlich.[38] Die „schwarz" Beschäftigten sind ohne Besonderheiten Beschäftigte unter den Voraussetzungen des § 7 SGB IV und im Übrigen gerade in der Unfallversicherung uneingeschränkt schutzbedürftig. Nach § 110 Abs. 1a SGB VII, dem dieses Ergebnis indirekt auch zu entnehmen ist, haben die Unfallversicherungsträger gegenüber Unternehmern, die Schwarzarbeit nach § 1 des Schwarzarbeitsbekämpfungsgesetzes erbringen und dadurch bewirken, dass Beiträge nicht, nicht in der richtigen Höhe oder nicht rechtzeitig entrichtet werden, einen entsprechenden Regressanspruch (näher § 42 Rn. 32ff.).

9 Nach dem in § 3 Nr. 1 SGB IV verwirklichten **Territorialitätsprinzip** gelten die Vorschriften über die Versicherungspflicht, soweit sie eine Beschäftigung voraussetzen, für Personen, die im Geltungsbereich dieses Gesetzes – und damit im Inland – beschäftigt sind (näher § 74 Rn. 1ff.). Abweichend von diesem Grundsatz sind Tätigkeiten im Ausland wie Inlandstätigkeiten zu behandeln, wenn Beschäftigte im Rahmen eines im Geltungsbereich des SGB IV bestehenden Beschäftigungsverhältnisses in ein Gebiet außerhalb des Geltungsbereiches entsandt werden und die Entsendung infolge der Eigenart der Beschäftigung oder vertraglich im Voraus zeitlich begrenzt ist (§ 4 Abs. 1 SGB IV,

---

34 BSG 27.7.1972, BSGE 34, 230.

35 BSG 3.4.2014, BSGE 115, 256.

36 BSG 29.9.1965, BSGE 24, 29; BSG 4.6.2019, NZA 2019, 1583. Zur „Probearbeit" BSG 14.11.2013, SozR 4-2700 § 2 Nr. 27; BSG 20.8.2019, SGb 2020, 425.

37 BSG 17.2.1998, NJW 1998, 3141.

38 LSG Hessen 13.9.2007, UV-Recht Aktuell 2007, 1163.

Art. 12 VO 883/2004/EG-**Ausstrahlung**). Für den für eine Entsendung konstitutiven Fortbestand des inländischen Beschäftigungsverhältnisses kommt es entscheidend auf das tatsächliche Weiterbestehen von Weisungsrechten an, wobei allein aus einem Rückrufvorbehalt ein Direktionsrecht des Arbeitgebers während einer Freistellung nicht begründet werden kann.[39] Dazu muss außerdem das Arbeitsverhältnis nach dem Ende der Entsendung im Inland weitergeführt werden.[40] Die Weiterführung eines Arbeitsverhältnisses nach einem Auslandseinsatz im Inland liegt vor, wenn nach der Entsendung weiterhin Hauptpflichten eines Arbeitsverhältnisses im Inland zu erfüllen sind.[41]

Als **Erweiterung der Ausstrahlung** erstreckt § 2 Abs. 3 Nr. 1 SGB VII die Versicherungspflicht 10 für die gesetzliche Unfallversicherung auch auf **Deutsche** (§ 2 Abs. 1a SGB IV), die **im Ausland** bei einer amtlichen Vertretung des Bundes oder der Länder oder bei deren Leitern, deutschen Mitgliedern oder Bediensteten **beschäftigt sind**. Ausgedehnt wird die Ausstrahlung ebenfalls für **Entwicklungshelfer** i.S.d. Entwicklungshelfergesetzes, die Entwicklungsdienst oder Vorbereitungsdienst leisten (§ 2 Abs. 3 Nr. 2 lit. a SGB VII) sowie Personen, die einen entwicklungspolitischen Freiwilligendienst „weltwärts" (§ 2 Abs. 3 Nr. 2 lit. b SGB VII) oder einen internationalen Jugendfreiwilligendienst (§ 2 Abs. 3 Nr. 2 lit. c SGB VII) leisten. Der Versicherungsschutz bei Entwicklungshelfern ist weitergehender als bei anderen nach dem SGB VII versicherten Personen. Gesundheitsstörungen und Tod werden nicht nur entschädigt, wenn sie auf einem Versicherungsfall beruhen, sondern darüber hinaus auch dann, wenn sie auf Verhältnisse zurückzuführen sind, die dem Entwicklungsland eigentümlich sind und für den Entwicklungshelfer eine besondere Gefahr auch außerhalb des Entwicklungshelferdienstes bedeuten (§ 10 EntwicklungshelferG). Die Regelung des § 2 Abs. 3 S. 1 Nr. 3 lit. a SGB VII gewährleistet entsprechend den versorgungsrechtlichen Regelungen für Beamte außerdem Versicherungsschutz für Personen, die eine im öffentlichen Interesse liegende **Tätigkeit bei zwischenstaatlichen oder überstaatlichen Organisationen im Ausland** wahrnehmen **und** deren **Beschäftigungsverhältnis im öffentlichen Dienst aus diesem Grunde ruht,** Entsprechendes gilt für Tätigkeiten bei internationalen Einsätzen zur zivilen Krisenprävention als Sekundierte. Gem. § 2 Abs. 3 S. 2, 3 SGB VII erstreckt sich der Versicherungsschutz auch auf Unfälle oder Krankheiten, die infolge einer Verschleppung oder einer Gefangenschaft eintreten oder darauf beruhen, dass die versicherte Person aus sonstigen mit seiner Tätigkeit zusammenhängenden Gründen, die sie nicht zu vertreten hat, dem Einflussbereich seines Arbeitgebers entzogen ist. Das gilt nicht für die nach § 2 Abs. 3 S. 1 Nr. 3 lit. b SGB VII ebenfalls einbezogenen **Lehrkräfte, die vom Auswärtigen Amt an Schulen im Ausland vermittelt** werden.

2. „Wie" abhängig beschäftigte Tätige (§ 2 Abs. 2 S. 1 SGB VII)

Literatur: JUNG, Der Schutz der gesetzlichen Unfallversicherung bei familiärer Mitarbeit von Ehegatten, Lebenspartnern und Kindern, WzS 2012, 363; KELLER, Arbeitnehmerähnliche oder unternehmerähnliche Tätigkeit?, NZS 2001, 188 ff.; KRASNEY, Die „Wie-Beschäftigten" nach § 2 Abs. 2 Satz 1 SGB VII, NZS 1999, 577 ff.; NIEDERMEYER, Die „Wie-Beschäftigten" nach § 2 Abs. 2 Satz 1 SGB VII – Ein Beitrag zur Frage der Notwendigkeit einer neuen Systematisierung der bisherigen Judikatur, NZS 2010, 312; SPELLBRINK, Die Wie-Beschäftigung gem. § 2 Abs. 2 SGB VII, die Rechtsprechung und der allgemeine Arbeitsmarkt, NZS 2019, 281.

a) Allgemeines

Nach § 2 Abs. 2 S. 1 SGB VII sind über die in § 2 Abs. 1 Nr. 1–17 SGB VII genannten Personen hinaus die 11 sog. Wie-Beschäftigten versichert. Das sind Personen, die „wie" die nach § 2 Abs. 1 Nr. 1 SGB VII Versicherten tätig werden, aber nicht die Schwelle einer Beschäftigung nach § 2 Abs. 1 Nr. 1 SGB VII erreichen. Historisch ist das darauf zurückzuführen, dass der Gesetzgeber 1942, anknüpfend an die

39 BSG 17.12.2015, SozR 4-2400 § 4 Nr. 2.
40 BSG 19.12.2013, NZS 2014, 303.
41 BSG 8.12.1994, BSGE 75, 232.

Rechtsprechung des früheren Reichsversicherungsamts, von der Versicherung bestimmter Betriebe zur Versicherung von Tätigkeiten überging. Zweck dieser Erweiterung ist aus sozialpolitischen und rechtssystematischen Gründen, den Versicherungsschutz bei fremdnützigem, arbeitnehmerähnlichen Handeln nicht vom Bestehen eines formellen Beschäftigungsverhältnisses abhängig zu machen und auch kurzfristige, vorübergehende oder einmalige Tätigkeiten, auch aus Gefälligkeit, in den Versicherungsschutz einzubeziehen.[42] Das bewirkt einen **weiten Anwendungsbereich auch im nicht gewerbsmäßigen, privaten Bereich**, was sich nicht nur in Form von Leistungen der Unfallversicherungsträger, sondern vor allem im Zusammenhang mit dem Haftungsausschluss nach §§ 104ff. SGB VII (s. § 42 Rn. 2ff.) auswirkt.

Beispiel:[43]

Eine erkrankte Katze sollte vom Tierarzt geimpft werden. Der Tierarzt bat die Eigentümerin, das Tier festzuhalten. Als er gerade die Spritze setzte, riss sich die Katze los und verletzte die Eigentümerin durch einen Biss in das Endglied des rechten Daumens durch den Nagel hindurch bis auf den Knochen. Die Schadensersatzklage der Eigentümerin gegen den Tierarzt war abzuweisen, weil die Eigentümerin beim Festhalten der Katze „wie“ ein Arzthelfer oder eine Arzthelferin gehandelt hatte. Sie stand daher unter dem Schutz der gesetzlichen Unfallversicherung und konnte von der zuständigen Berufsgenossenschaft Heilbehandlung verlangen; Schadensersatzansprüche gegen den Tierarzt aber waren nach § 636 RVO (heute § 104 SGB VII) ausgeschlossen.

---

b) Voraussetzungen des Versicherungsschutzes

12 Die gesetzliche Regelung der Wie-Beschäftigung zeichnet nur grobe Linien vor. Die Praxis bestimmend ist insoweit die gefestigte Rechtsprechung des BSG,[44] nach der die Voraussetzungen für den Versicherungsschutz gem. § 2 Abs. 2 S. 1 SGB VII sind, dass

- eine ernstliche, dem in Betracht kommenden fremden Unternehmen zu dienen bestimmte Tätigkeit mit wirtschaftlichem Wert verrichtet wird,
- die dem wirklichen oder mutmaßlichen Willen des Unternehmers entspricht und
- die ihrer Art nach auch von Personen verrichtet werden kann, die in einem dem allgemeinen Arbeitsmarkt zuzurechnenden Beschäftigungsverhältnis stehen (dieses Kriterium wird wohl in Zukunft von der Rspr. modifiziert werden, s. § 39 Rn. 18f.);
- sie muss ferner unter solchen Umständen geleistet werden, dass sie einer Tätigkeit aufgrund eines Beschäftigungsverhältnisses ähnlich ist (sog. arbeitnehmerähnliche Tätigkeit).

aa) Ernstliche dem fremden Unternehmen zu dienen bestimmte Tätigkeit mit wirtschaftlichem Wert

13 Erforderlich ist erstens eine ernstliche Tätigkeit. Eine rein spielerische Betätigung ist nicht ausreichend.[45] Die Tätigkeit muss zudem einen wirtschaftlichen Wert haben und einem Unternehmen dienen, in dem der Betreffende nicht bereits als Beschäftigter nach § 2 Abs. 1 Nr. 1 SGB VII versichert ist. Zu beachten ist hier insbesondere der weite Unternehmensbegriff des § 121 Abs. 1 S. 1 SGB VII, der gerade nicht auf Wirtschaftsunternehmen beschränkt ist. Dabei genügt schon eine **geringfügige und kurze Hilfe** ohne erheblichen Nutzen, auch wenn sie lediglich zur Erleichterung oder Beschleunigung der Arbeiten beiträgt (z.B. Hilfe beim Auffahren eines Pkws auf eine Grube, um einen Motor-

---

42 BSG 13.9.2005, SozR 4-2700 § 2 Nr. 7.

43 Nach OLG Düsseldorf 7.6.1990, VersR 1991, 1036.

44 Vgl. grundlegend BSG 28.5.1957, BSGE 5, 168; BSG 28.6.1984, BSGE 57, 91; aus jüngerer Zeit z.B. BSG 20.3.2018, SGb 2019, 46 m.w.N.

45 BSG 13.8.2002, HVBG-Info 2002, 2818.

fehler festzustellen[46]). Eine Eingliederung in das Unternehmen ist nicht erforderlich, wesentlich ist die **situationsbedingte Einfügung** des Betroffenen in den geordneten Arbeitsablauf des Unfallunternehmens, auch wenn sie nur spontan erfolgt und lediglich vorübergehend und punktuell ist. Abzustellen ist auf die **Handlungstendenz** der betreffenden Person, die **auf die Belange des Unternehmens gerichtet** sein muss.[47] Das BSG formuliert hier:

> „Verfolgt eine Person mit einem Verhalten, das ansonsten einer Tätigkeit aufgrund eines Beschäftigungsverhältnisses ähnelt, in Wirklichkeit wesentlich allein eigene Angelegenheiten, ist sie nicht mit fremdwirtschaftlicher Zweckbestimmung und somit nicht wie im Rahmen eines Beschäftigungsverhältnisses, sondern wie ein Unternehmer eigenwirtschaftlich tätig und steht daher auch nicht nach § 2 Abs. 2 SGB VII wie ein nach Abs. 1 Nr. 1 dieser Vorschrift Tätiger unter Versicherungsschutz."[48]

Die Tätigkeit muss zweitens einen wirtschaftlichen Wert haben. In der Literatur wird uneinheitlich beurteilt, ob bei dem Kriterium des wirtschaftlichen Werts, anders als bei der Handlungstendenz, ein objektiver Maßstab anzulegen ist. Das ist zu bejahen mit Blick auf die Parallelen der Wie-Beschäftigung zur Beschäftigung nach § 2 Abs. 1 Nr. 1 SGB.[49] Dabei kann es mit Blick auf den Zweck der Wie-Beschäftigung aber nicht schaden, dass sich der zu erwartende wirtschaftliche Vorteil nicht realisiert hat, weil das Unfallereignis dazwischengetreten ist. 14

Die Tätigkeit muss drittens dem fremden Unternehmen zu dienen bestimmt sein. Nicht ausreichend ist, dass die Tätigkeit lediglich der Bequemlichkeit des Unterstützten dient, ohne im Interesse seines Unternehmens verrichtet worden zu sein.[50] Ferner ist die Tätigkeit nicht versichert, wenn sie vornehmlich im Interesse des Unterstützenden liegt.[51] 15

Beispiel:[52]
Ein unentgeltlich tätig werdender Treiber von Wild auf einer Jagd J nimmt, altem Jagdbrauch entsprechend, im Anschluss an die Jagd an der nicht vom Jagdausrichter organisierten Abschlussveranstaltung mit Essen und Trinken (sog. „Schüsseltreiben") teil und verletzt sich dabei. Zum Versicherungsschutz des J urteilte das BSG, dass dieser grds. während der gesamten Jagd als „Wie-Beschäftigter" zu qualifizieren sei:

> „Ein Versicherungsschutz als ‚Wie-Beschäftigter' setzt voraus, dass es sich um eine ernstliche, dem in Betracht kommenden fremden Unternehmer zu dienen bestimmte Tätigkeit von wirtschaftlichem Wert handelt, die dem wirklichen oder mutmaßlichen Willen des Unternehmers entspricht und unter solchen Umständen geleistet wird, dass sie ihrer Art nach sonst von einer Person verrichtet werden könnte, welche in einem abhängigen Beschäftigungsverhältnis steht. [...] (J) verrichtete hier als Treiber Tätigkeiten, die auch ein Beschäftigter im Rahmen eines Beschäftigungsverhältnisses etwa als Jagdhelfer wahrnimmt. Die Tätigkeit erstreckt sich dabei auf das Aufsuchen, Nachstellen, Erlegen und Fangen von Wild."

Im Anschluss daran führte der Senat allerdings aus, wann trotz eines einheitlichen Geschehensablaufes von einer Tätigkeit des „Wie-Beschäftigten" im ausschließlich eigenen Interesse auszugehen sei:

> „Die unmittelbar versicherte Tätigkeit des Klägers im Rahmen seiner ‚Wie-Beschäftigung' als Treiber war dementsprechend spätestens mit dem Zusammentragen des erlegten Wildes an einem bestimmten Ort beendet. [...] Daher kann es dahingestellt bleiben, ob eigenwirtschaftliche Motive die Annahme eines Arbeitsunfalls hindern, wie dies für die Nahrungsaufnahme regelmäßig der Fall ist. Denn bei Tätigkeiten, die nicht den Unternehmerinteressen entsprechen, fehlt es bereits an einer versicherten Tätigkeit als ‚Wie-Beschäftigter'. Die für den Versicherungsschutz unentbehrliche Handlungstendenz, dem Unternehmer zu dienen oder zumindest dienen zu wollen, ist für die Nahrungsaufnahme auch auf einer geselligen Abschlussveranstaltung nicht erkennbar. Der einheitliche Geschehensablauf einer sogenannten ‚Schüsseljagd', deren fester Bestandteil eine gemeinsame Speiseneinnahme ist, steht dieser Annahme nicht entgegen."

---

46 BSG 27.3.1990, BB 1990, 1847.
47 BSG 19.3.1996, VersR 1997, 1254.
48 BSG 5.7.2005, NZS 2006, 375.
49 Näher m.N. BeckOK Sozialrecht/Wietfeld, § 2 SGB VII Rn. 230.
50 BSG 29.6.1966, BSGE 25, 102.
51 BSG 20.1.1987, NZA 1987, 539.
52 Nach BSG 12.4.2005, NZS 2006, 100.

16 Unerheblich ist, welches Alter und welche wirtschaftliche oder gesellschaftliche Stellung die handelnde Person hat; auch Kinder können in einem Beschäftigungsverhältnis stehen oder wie Beschäftigte tätig werden.[53]

bb) Einverständnis des Unternehmers

17 Ferner erforderlich ist, dass die Tätigkeit mit dem Willen des fremden Unternehmers oder einer Vertretungsperson erbracht worden ist. Dieser Wille kann ausdrücklich erklärt sein oder sich aus den Umständen ergeben, etwa bei der stillschweigenden Annahme von Hilfe oder wiederholter Duldung der Tätigkeit. Die Annahme einer Tätigkeit für das fremde Unternehmen scheidet aus, wenn sie ausdrücklich untersagt worden ist.[54] Kann der wirkliche Wille nicht ermittelt werden, kommt es darauf an, wie der Handelnde den Willen des Unternehmers nach den Umständen des Falles unter Berücksichtigung von Unternehmenszweck und -interesse annehmen konnte.[55] Jedenfalls bei einer Tätigkeit durch Kinder und Jugendliche ist für die Bejahung des Unfallversicherungsschutzes zusätzlich zu fordern, dass auch die Art und Weise der durchzuführenden Tätigkeit dem tatsächlichen oder mutmaßlichen Unternehmerwillen entsprochen haben muss.[56]

cc) Abstrakte Arbeitnehmertätigkeit

18 „Wie" ein nach § 2 Abs. 1 Nr. 1 SGB VII Versicherter kann nach der überkommenen Formulierung nur tätig werden, wer eine Leistung erbringt, die nach nicht nur theoretischer Möglichkeit sonstigen Personen zugänglich ist, die in einem dem **allgemeinen Arbeitsmarkt zuzurechnenden Beschäftigungsverhältnis** stehen,[57] was schon der Fall sein sollte, wenn entsprechende Tätigkeiten üblicherweise auch von Beschäftigten verrichtet werden.[58] Damit war wohl insbesondere gemeint, dass die Tätigkeit „ernsthaft Arbeit" und in dieser Beziehung der Tätigkeit aufgrund eines Arbeitsverhältnisses ähnlich ist.[59]

19 Wegen der Ökonomisierung aller Lebensbereiche – es gibt kaum Tätigkeiten/Verrichtungen, die man nicht kaufen kann – scheint das BSG (bisher in obiter dicta)[60] unter Zustimmung der Literatur[61] zu Recht abzurücken vom Kriterium des allgemeinen Arbeitsmarkts. Auch mit Blick auf den Zweck der Wie-Versicherung scheint es nicht geboten, nur Tätigkeiten zu erfassen, die auch in das Tätigkeitsfeld klassischer Ausbildungsberufe fallen könnten. Soweit das Kriterium in der Vergangenheit zentral bemüht wurde, um im Verkehr als solche angesehene Bagatellen, Gefälligkeitshandlungen, ehrenamtliche Tätigkeiten sowie Tätigkeiten aufgrund einer Sonderbeziehung auszuschließen, kann dies mindestens genauso über das Kriterium der konkreten Arbeitnehmertätigkeit im Einzelnen (s. § 39 Rn. 20 ff.) geleistet werden. Das zeigt auch folgendes

---

53 BSG 13.8.2002, HVBG-Info 2002, 2818.

54 BSG 13.9.2005, SozR 4-2700 § 2 Nr. 7.

55 BSG 8.5.1980, SozR 2200 § 539 Nr. 67.

56 LSG Baden-Württemberg 22.2.1990, HV-Info 1990, 1337: verneint bei Fahrt mit einem Schlepper bei Einbruch der Dunkelheit und Benutzung öffentlicher Verkehrswege ohne Führerschein.

57 BSG 30.11.1962, BSGE 18, 143.

58 BSG 8.10.1981, SozR 2200 § 539 Nr. 83.

59 BGH 13.1.1981, NJW 1981, 627.

60 BSG 20.3.2018, SGb 2019, 46 Rn. 23; BSG 19.6.2018, SGb 2019, 302 Rn. 22.

61 Spellbrink, NZS 2019, 281, 284; Spitzlei/Schneider, NZS 2018, 633, 634 ff.

Beispiel:[62]
Eine Kirchengemeinde veranstaltete zu Wohltätigkeitszwecken ein Fußballspiel gegen eine Auswahlmannschaft der Stadtverwaltung, an dem auf Seiten der Kirche auch das Gemeindemitglied G teilnahm. Bei dem Spiel verletzte sich G und begehrt Leistungen der gesetzlichen Unfallversicherung. Das BSG verneinte einen Versicherungsschutz des G:

„Ein Versicherungsschutz nach § 539 Abs. 1 Nr. 1 RVO [jetzt § 2 Abs. 1 Nr. 1 SGB VII] – unmittelbar oder i.V. mit Abs. 2 – kommt nicht in Betracht. Weder hat der Kläger während des Spiels in einem Dienst- oder Arbeitsverhältnis zur Kirchengemeinde gestanden – er hat aus Gefälligkeit und unentgeltlich gehandelt – noch ist er ‚wie' ein Arbeitnehmer tätig geworden. Eine Teilnahme an einer kirchlichen Wohltätigkeitsveranstaltung ist jedenfalls dann keine arbeitnehmerähnliche Tätigkeit i.S. des § 539 Abs. 2 RVO [jetzt § 2 Abs. 2 S. 1 SGB VII], wenn sie – wie die Mitwirkung bei einem Fußball-Freundschaftsspiel – ihrer Art nach nicht in einem Beschäftigungsverhältnis ausgeübt zu werden pflegt."

dd) Konkrete Tätigkeit als Beschäftigter im Einzelnen

Das Erfordernis der konkreten Vergleichbarkeit der erbrachten Leistung mit der eines Beschäftigten dient vornehmlich der Ausgrenzung derjenigen Fälle, die nach ihrem gesamten rechtlichen und tatsächlichen Erscheinungsbild, insbesondere den Handlungsmotiven und den Beziehungen der Beteiligten untereinander, mit der Tätigkeit eines Beschäftigten nicht vergleichbar sind. 20

Handelt es sich bei der zum Unfall führenden Tätigkeit um einen **Freundschafts- oder Gefälligkeitsdienst**, wird allein dadurch der Versicherungsschutz grds. nicht ausgeschlossen. **Nicht arbeitnehmerähnlich** sind aber solche Gefälligkeitsleistungen unter Freunden und Nachbarn, die bei besonders engen Beziehungen zwischen Freunden oder Nachbarn **typisch und üblich** sind und denen nachzukommen deshalb – nach Art und Umfang unterschiedlich – erwartet werden kann. So hat das BSG in einem Fall, in denen ein Kleingärtner eines Kleingärtnervereins bei Arbeiten an der Wasserleitung seines Gartennachbarn durch einen Splitter im Auge einseitig erblindete, den Versicherungsschutz abgelehnt[63]: 21

„Bei einem solchermaßen gestalteten und besonders eng verbundenen Gemeinschaftsverhältnis als Nachbarn in einem Kleingartenverein übernehmen die einzelnen Mitglieder dieser Gemeinschaft mehr oder weniger selbstverständlich und ohne bestimmte feste Verabredungen Arbeiten auch für die anderen Vereinsmitglieder, wie sie ihren jeweiligen Kenntnissen, Fähigkeiten und Fertigkeiten entsprechen. Tätigkeiten in diesem Rahmen sind durch die Zugehörigkeit zu der Gemeinschaft und die durch diese geschaffene Nachbarschaft geprägt. Sie spielen sich innerhalb der Gemeinschaft und der Nachbarschaft ab und unterscheiden sich so in ihrem Wesen von Tätigkeiten eines Außenstehenden."

Umgekehrt hat, und das illustriert die Abgrenzungsschwierigkeiten an dieser Stelle, bspw. das LSG Niedersachsen entschieden, dass das Ausästen eines Baumes in einigen Metern Höhe das Maß dessen überschreite, „was üblicherweise in einem nachbarschaftlichen Verhältnis geleistet wird" und einen entsprechenden Unfall unter § 2 Abs. 2 S. 1 SGB VII subsumiert.[64] Die auch zeit- und arbeitsintensive Mithilfe besonders langjähriger, enger Freundinnen und Freunde bei einem privaten Hausbauvorhaben soll wiederum bei entsprechend enger Freundschaft eine Wie-Beschäftigung ausschließen.[65]

Dasselbe gilt für Hilfeleistungen, die von **Verwandten**, **Verschwägerten**, **Eheleuten** oder sonst durch familiäre Bindungen verbundenen Personen erbrachten werden, wenn sie nach Art, Dauer und Umfang mit Rücksicht auf die verwandtschaftlichen Beziehungen zwischen ihnen üblich sind.[66] Das heißt aber nicht, dass eine Wie-Beschäftigung insbesondere zwischen Ehegatten nicht möglich ist. Nach der Formulierung des BSG kommt es darauf an, ob die Tätigkeit „über das hinausgeht, was 22

62 Nach BSG 7.12.1976, SozR 2200 § 539 Nr. 29.

63 BSG 17.3.1992, NZS 1992, 79; vgl. auch BSG 20.3.2018, SGb 2019, 46 m.w.N.

64 LSG Niedersachsen 14.12.2007, UV-Recht Aktuell 2008, 124. Weitere Beispiele schwieriger Abgrenzungen: LSG Bayern 18.1.2023, L 3 U 66/21; LSG Baden-Württemberg 19.6.2023, L 1 U 3333/22.

65 BSG 16.3.2021, NZA 2021, 1460.

66 Vgl. BSG 25.10.1989, SozR 2200 § 539 Nr. 66.

im Rahmen der Sonderbeziehung Ehe allgemein von einem Ehegatten erwartet werden kann".[67] Einen Anhalt bietet das Familienrecht des BGB, insb. in § 1353 Abs. 2 BGB. Art. 6 Abs. 1 GG gebietet, Ehegatten bei der Beurteilung einer Wie-Beschäftigung jedenfalls nicht schlechter zu behandeln als andere Personen, die einander übergebührlich Hilfe und Beistand leisten.

23 Nach der ständigen Rechtsprechung des BSG schließt zwar die Mitgliedschaft in einem **Verein** die Begründung eines Beschäftigungsverhältnisses nach § 2 Abs. 1 Nr. 1 SGB VII nicht von vornherein und damit auch nicht schlechthin eine versicherte Tätigkeit wie ein Beschäftigter i.S.v. § 2 Abs. 2 S. 1 SGB VII aus; es ist aber zu unterscheiden zwischen Arbeitsleistungen, die nur auf **Mitgliedschaftspflichten** beruhen, und Arbeitsleistungen, die außerhalb dieses Rahmens verrichtet werden und damit über das hinausgehen, was Vereinssatzung, Beschlüsse der Vereinsorgane oder allgemeine Vereinsübung an Arbeitsverpflichtungen der Vereinsmitglieder festlegen.[68] Diejenigen, die aufgrund von Mitgliedschaftspflichten für ihren Verein tätig werden, sind nicht wie Beschäftigte nach § 2 Abs. 2 S. 1 SGB VII gegen Arbeitsunfälle versichert. Zu den auf allgemeiner Vereinsübung beruhenden Mitgliedschaftspflichten zählen nach ständiger Rechtsprechung des BSG im Allgemeinen geringfügige Tätigkeiten, die nur wenig zeitlichen oder sachlichen Arbeitsaufwand erfordern, die ein Verein von jedem seiner Mitglieder erwarten kann und die von den Mitgliedern dieser Erwartung entsprechend auch verrichtet werden, wie z.B. regelmäßige Arbeit zur Herrichtung und Reinigung von Sportplätzen, Verkauf von Eintrittskarten und Ordnungsdienst bei Veranstaltungen.[69] Dieser Maßstab kann auch nach der Art des Vereins variieren. Allgemein betrachtet ist die Grenze der Geringfügigkeit dort überschritten, wo sich eine Arbeitsleistung von wirtschaftlichem Wert deutlich erkennbar von dem Maß vergleichbarer Aktivitäten abhebt, das die Vereinsmitglieder üblicherweise aufwenden. Die Versicherung als Wie-Beschäftigte Person kann indessen entfallen, wenn der Verein einem einzelnen Mitglied besonders gefahrvolle oder nur mit Fachkunde zu bewältigende Aufgaben überträgt. Die Abgrenzungsschwierigkeiten illustriert folgendes

Beispiel[70]:
Ein ADAC-Mitglied wird vom Verein als Streckenposten bei einem Autorennen eingesetzt und hierbei verletzt. Das LSG Baden-Württemberg führt hier aus:

„Hebt der Verein bestimmte Personen dadurch aus dem Kreis seiner Mitglieder heraus, dass er ihnen ehrenamtliche Vereinsfunktionen überträgt, so treffen diese Funktionäre auch qualitativ und quantitativ andere Mitgliedspflichten als ‚einfache' Vereinsmitglieder. Gleiches gilt dann, wenn der Verein von bestimmten ‚einfachen' Mitgliedern die Ausführung gefährlicher und besondere Fachkunde erfordernde Arbeiten verlangt. Daraus ergibt sich, dass hinsichtlich der Vereinsübung allein wesentlich ist, ob der Verein erwarten kann, dass bestimmte Aufgaben von geeigneten Mitgliedern wahrgenommen werden und geeignete Mitglieder regelmäßig der Erwartung des Vereins auch nachkommen."

Im Ergebnis hat das LSG anhand dieses Maßstabs einen Versicherungsschutz verneint, was mit Blick auf den ADAC als Verein mit einem sehr großen Bestand an Mitgliedern, von denen nur ein sehr kleiner Teil über den standardisierten finanziellen Mitgliedsbeitrag Beiträge leistet, m.E. auch sehr gut anders gesehen werden könnte.

3. Unfreie Personen (§ 2 Abs. 2 S. 2 SGB VII)

24 § 2 Abs. 2 S. 2 SGB VII dehnt den Versicherungsschutz der gesetzlichen Unfallversicherung auf Personen aus, die während einer aufgrund eines Gesetzes angeordneten Freiheitsentziehung oder aufgrund einer strafrechtlichen, staatsanwaltschaftlichen oder jugendbehördlichen Anordnung wie Beschäftigte tätig werden. Damit wird den sog. unfreien Personen der gleiche Unfallversicherungsschutz wie Beschäftigten eingeräumt; sie werden den Beschäftigten sozial gleichgestellt.[71] Dies erfolgt

67 BSG 19.6.2018, SGb 2019, 302 m.w.N.
68 Vgl. u.a. BSG 12.5.1981, BSGE 52, 11; BSG 13.8.2002, HVBG-Info 2002, 2511.
69 BSG 13.8.2002, HVBG-Info 2002, 2511.
70 Nach LSG Baden-Württemberg 22.2.2007, UV-Recht Aktuell 2007, 539.
71 Vgl. BSG 31.10.1967, BSGE 27, 197; BGH 9.11.1982, NJW 1983, 574.

vor dem Hintergrund, dass die Arbeitsleistung eines Strafgefangenen grds. keine Beschäftigung i. S. v. § 2 Abs. 1 Nr. 1 SGB VII ist. Es fehlt einerseits am (freiwilligen) privatrechtlichen Vertrag als Voraussetzung für ein Arbeitsverhältnis nach § 611a Abs. 1 BGB, andererseits an der Freiwilligkeit der Tätigkeit, die als ungeschriebenes Merkmal Voraussetzung für ein Beschäftigungsverhältnis ist.[72] Eine Ausnahme besteht lediglich in den Fällen des offenen Vollzugs. Hier besteht die Möglichkeit, ein freies Beschäftigungsverhältnis aufzunehmen (§§ 10, 39 Abs. 1 StVollzG), so dass Versicherungsschutz nach § 2 Abs. 1 Nr. 1 SGB VII begründet werden kann.

4. Selbständige

Selbständige sind regelmäßig **kraft Gesetzes nicht versichert,** jedoch kann die Satzung der zuständigen Berufsgenossenschaft die Versicherungspflicht begründen (§ 3 SGB VII; näher § 39 Rn. 77f.); in jedem Falle aber kann der Unternehmer sich freiwillig versichern (§ 6 SGB VII; § 39 Rn. 79). Der Grundsatz, dass Unternehmer nicht kraft Gesetzes Unfallversicherungsschutz genießen, ist von der Erwägung getragen, dass der Unternehmer selbst eines Versicherungsschutzes zumindest dann nicht bedarf, wenn er lediglich mit seinem Kapital engagiert ist, ohne seine Person durch persönliche Mitarbeit den Gefährdungen des Betriebes auszusetzen. Aus diesem Grunde machen auch gerade jene Berufsgenossenschaften von der Bestimmung des § 3 SGB VII Gebrauch, in deren Bereich die persönliche Mitarbeit des Unternehmers im Betrieb typisch ist. **Kraft Gesetzes versicherungspflichtig** wurden aber solche Unternehmer, die der Gesetzgeber wegen ihrer typischen oder häufig schwachen wirtschaftlichen Situation als ebenso schutzbedürftig wie Arbeitnehmer angesehen hat, nämlich: 25

- landwirtschaftliche Unternehmer und ihre im Unternehmen mitarbeitenden Ehegatten oder Lebenspartner, § 2 Abs. 1 Nr. 5 lit. a SGB VII;
- wie landwirtschaftliche Unternehmer selbständig Tätige, § 2 Abs. 1 Nr. 5 lit. c SGB VII;
- Hausgewerbetreibende und Zwischenmeister, § 2 Abs. 1 Nr. 6 SGB VII;
- selbständige Küstenschiffer und Küstenfischer, die zur Besatzung ihres Fahrzeuges gehören oder als Küstenfischer ohne Fahrzeug fischen und regelmäßig nicht mehr als vier Arbeitnehmer beschäftigen, § 2 Abs. 1 Nr. 7 SGB VII.

5. Kinder in Tageseinrichtungen, Schüler und Studierende (§ 2 Abs. 1 Nr. 8 SGB VII)

Literatur: KUNZE/MOLKENTIN, Unfallversicherungsschutz von Kindern in Tageseinrichtungen und Schülern bei der Kernzeitbetreuung, SozVers 1994, 284ff.; LEUBE, Studierende als Versicherte in der gesetzlichen Unfallversicherung, NZS 2007, 468ff.; ROLLER, Lernen, schwimmen gehen und Feste feiern – Kriterien und Fallgruppen zum studentischen Unfallversicherungsschutz, WzS 2024, 9ff.; ROLFS, Privatrechtliche Haftung und Unfallversicherungsschutz bei Schulunfällen, VersR 1996, 1194ff.; VOLLMAR, Zur Haftung der Erzieher, Lehrer und Schüler nach Einführung der gesetzlichen Schülerunfallversicherung, VersR 1973, 298ff.

a) Entstehungsgeschichte

Der fehlende Unfallversicherungsschutz vor allem für Schülerinnen und Schüler wurde in den 1960er Jahren zunehmend als unbefriedigend empfunden. Dies zum einen, weil bei Unfällen in der Schule sowie auf Wegen von dort und dorthin eine weitgehende Versorgungslücke klaffte, die zumeist schon wegen der eingeschränkten deliktsrechtlichen Verantwortlichkeit Minderjähriger (§ 828 BGB) nicht durch privatrechtliche Schadensersatzansprüche geschlossen werden konnte. Zum anderen mussten auch die Lehrkräfte wegen ihrer Aufsichtspflicht ständig mit gegen sie gerichteten Ansprüchen rechnen, wenn sich der Unfall im schulischen Bereich ereignet hatte, so dass sie schon deshalb überobligatorische oder besonders risikobehaftete Schulveranstaltungen wie Sportstunden, 26

72 Vgl. BSG 30.1.1975, BSGE 39, 104.

Klassenfahrten, Schulausflüge, Wandertage etc. nur noch widerstrebend durchführten. Nachdem dann auch noch der BGH gerügt hatte, es stehe dem sozialen Rechtsstaat an, für die soziale Sicherheit der ihm anvertrauten Schüler zu sorgen,[73] sah sich der Gesetzgeber zum Handeln veranlasst. Diese Entstehungsgeschichte verdeutlicht, dass die Schülerunfallversicherung denselben Prinzipien geprägt ist wie die traditionelle Unfallversicherung der Arbeitnehmer: Vom **sozialen Schutzprinzip** und vom **Prinzip der Haftungsersetzung durch Versicherungsschutz.**

b) Einordnung

27 Die Einordnung der „Schülerunfallversicherung" (als Oberbegriff für alle gem. § 2 Abs. 1 Nr. 8 SGB VII Versicherten) als „echte" oder „unechte" Unfallversicherung wird nicht einheitlich gehandhabt. Mit der allgemeinen Unfallversicherung verbindet sie der Gedanke der Ablösung der Unternehmerhaftung, wenn man Lehrkräfte und Aufsichtspersonal (oder das für diese im Haftungsfall gem. Art. 34 GG einstandspflichtige Land) als „Unternehmer" des „Schulbetriebs" ansieht. Auch kann man davon ausgehen, dass die nach § 2 Abs. 1 Nr. 8 SGB VII Versicherten gleichartigen Gefährdungen ausgesetzt sind und deshalb im versicherungsrechtlichen Sinne eine „Gefahrengemeinschaft" bilden. Allerdings erfolgt die Finanzierung nicht aus „Beiträgen", sondern aus allgemeinen Haushaltsmitteln, wobei freilich die Gemeindeunfallversicherungsverbände, soweit sie zuständig sind, von den ihnen angeschlossenen Gemeinden Beiträge erheben (die dann aus Steuermitteln stammen). Will man die Schülerunfallversicherung nicht ohnehin aus dem Begriffspaar echte/unechte Unfallversicherung ausklammern, erscheint es sachgerecht, sie eher der echten Unfallversicherung zuzuordnen.[74]

c) Kinder in Tageseinrichtungen

28 § 539 Abs. 1 Nr. 14.a RVO hat den Versicherungsschutz ursprünglich auf Kinder (bis 14 Jahre, § 7 Abs. 1 Nr. 1 SGB VIII[75]) in Kindergärten beschränkt. Der daraus resultierende fehlende Versicherungsschutz für Kinder in Kinderhorten, Kindertagesstätten und Kinder bei Tagespflegepersonen stieß jedoch – einerseits angesichts des Fehlens einer ausreichenden Zahl an Kindergartenplätzen, andererseits wegen der Ähnlichkeit der Sachverhalte mit einem fremden organisatorischen Verantwortungsbereich mit entsprechenden Unfallgefahren – auf Kritik, der der Gesetzgeber durch die weiterreichende Formulierung des § 2 Abs. 1 Nr. 8 lit. a SGB VII Rechnung getragen hat. In den Versicherungsschutz einbezogen wurde der Besuch von Tagesstätten i. S. d. § 22 SGB VIII, zu denen auch Krippen, Horte, altersgemischte Gruppen und kindergartenähnliche Einrichtungen gehören, sofern deren Träger der Erlaubnis des § 45 SGB VIII bedürfen und Tagespflegepersonen im Sinn von § 23 SGB VIII sind. Zuletzt erfolgte auch eine Erweiterung auf vorschulische Sprachförderungskurse, wenn die Teilnahme aufgrund landesrechtlicher Regelungen erfolgt. Mit den Voraussetzungen der §§ 45 bzw. 23 SGB VII und den landesrechtlichen Regelungen soll sich der Versicherungsschutz nur auf den Besuch von qualitativ gesicherten Einrichtungen und Personen erstrecken. Das schließt aber den Unfallversicherungsschutz bei Betreuung durch Verwandte nicht völlig aus, siehe dazu folgendes

Beispiel[76]:
Der damals 17 Monate alte Geschädigte wurde öfter – auch über Nacht – von seiner Großmutter unentgeltlich in deren Haus betreut. Dem Jugendamt wurde das nicht angezeigt. Dort fiel er eines Tages in einen Gartenpool und erlitt wegen der dadurch verursachten Sauerstoffnot eine Hirnschädigung. Das LG hatte die Großmutter zu Schmerzensgeld i. H. v. mindestens

73 BGH 16.1.1967, BGHZ 46, 327.
74 Anders wohl BSG 19.6.2018, NJW 2019, 1020 Rn. 22.
75 BSG 18.1.2011, SGb 2012, 178.
76 Nach BSG 19.6.2018, NJW 2019, 1020.

400.000 Euro verurteilt. Um die Haftungsfreistellung zu erreichen, verlangt die Großmutter die Anerkennung des Vorfalls als Arbeitsunfall des Enkelkinds. Das BSG führt hier aus:

„Der Versicherungspflichttatbestand des § 2 Abs. 1 Nr. 8 lit. a Alt. 2 SGB VII verdeutlicht mit der Verweisung auf § 23 Abs. 1 SGB VIII [...], dass eine versicherte (Fremd-)Betreuung nur vorliegen soll, wenn der Betreuungsvertrag zwischen Erziehungsberechtigtem (§ 7 Abs. 1 Nr. 6 SGB VIII) und der Tagespflegeperson unter Beteiligung des Jugendamts [...] zustande gekommen ist [. Damit wird] im öffentlichen Interesse gewährleistet, dass die vermittelte Tagespflegeperson tatsächlich geeignet i. S. d. § 23 Abs. 1 und 3 SGB VIII ist. [...] Aufgrundlage dieses Fürsorgeverhältnisses und des staatlichen ‚Vermittlungsrealakts' dürfen die personenberechtigten Eltern(teile) grundsätzlich darauf vertrauen (Art. 20 Abs. 3 GG), dass ihr Kind gem. § 2 Abs. 1 Nr. 8 lit. a SGB VII i. V. m. § 23 SGB VIII ‚während der Betreuung' kraft Gesetzes unfallversichert ist. [...] Im Falle der Selbstbeschaffung verlangt § 23 Abs. 1 SGB VII [...], dass die geeignete Tagespflegeperson ‚von der erziehungsberechtigten Person nachgewiesen wird'. Um diese Obliegenheit zu erfüllen, genügt es, die Tagespflegeperson zu benennen; [...] die ‚Geeignetheit' der Kindertagespflegeperson und [...] die kindgerechte Einrichtung ihrer Räumlichkeiten [hat] das Jugendamt nach Kenntniserlangung in eigener Zuständigkeit (§ 79 Abs. 1 und 2 SGB VIII) zu prüfen [...]. Würde man diesen Verantwortungsbereich des Staates im Rahmen des § 2 Abs. 1 Nr. 1 lit. a SGB VII auf die rein privat organisierte und nicht angezeigte Tagespflege ausweiten, so wäre jeder Anknüpfungspunkt an eine staatliche Verantwortung aufgehoben, wie er den Tatbeständen des § 2 Abs. 1 Nr. 8 lit. a bis c SGB VII gemeinsam ist."

d) Schüler an allgemein- oder berufsbildenden Schulen

Schüler im Sinn der Nr. 8 lit. b sind solche Personen, die zur Erfüllung der Schulpflicht oder zur weiteren Ausbildung in allgemeinbildenden oder berufsbildenden Schulen aufgenommen worden sind.[77] Erfasst sind nur allgemein- oder berufsbildende Schulen, die einen schulrechtlichen Abschluss anstreben oder der Erfüllung der Schulpflicht dienen.[78] Nicht erfasst sind damit etwa Altenpflegeschulen oder Musikschulen, wohl aber etwa Abendschulen (in Betracht kann eine Versicherung nach § 2 Abs. 1 Nr. 2 SGB VII kommen, dazu § 39 Rn. 61f.). Berufsbildende Schulen wollen ein bestimmtes berufliches Wissen und Können vermitteln und die allgemeine Bildung verbessern.[79] Der Versichertenstatus erlischt nicht mit der Volljährigkeit von Schülerinnen und Schülern.[80] 29

Probleme bereitet in der Praxis weniger die Prüfung, ob eine Person „überhaupt" „Schüler" im Sinn von Nr. 8 lit. b ist, als vielmehr die Zuordnung des Unfalls zu versicherten Tätigkeiten als Schüler (näher dazu allgemein § 40 Rn. 6f. und speziell § 40 Rn. 72ff.). Angedeutet sei an dieser Stelle nur folgendes: Der Versicherungsschutz bezieht sich nur auf den Schulbesuch (und nach § 2 Abs. 1 Nr. 8 lit. b Hs. 2 SGB VII auf unmittelbar vor oder nach dem Unterricht von der Schule oder im Zusammenwirken mit ihr durchgeführte Betreuungsmaßnahmen), d. h. auf Verrichtungen, die im **organisatorischen Verantwortungsbereich der Schule** erfolgen, und ist nicht im privaten, häuslichen Bereich gegeben.[81] Die Erledigung von Hausaufgaben fällt so nicht unter die Versicherung, wohl aber, nach einer jüngeren Entscheidung des BSG, eine schulisch initiierte Gruppenarbeit, die außerhalb des Schulgeländes nach Unterrichtsschluss stattfinden soll, weil sich der Schulbesuch in der Gruppe fortsetze, in der neben fachlichen zugleich auch soziale und affektive Kompetenzen untereinander vermittelt und eingeübt werden sollen.[82] Stets ist bei Bestimmung der Abgrenzung von nicht versichertem privatem und dem versicherten schulischen Bereich auch dem Spieltrieb von Schülern und der Gruppendynamik Rechnung zu tragen (z. B. Fenstersturz in einer Jugendherberge auf Klassenfahrt nach provozierter Mutprobe),[83] näher dazu noch im Zusammenhang mit dem inneren Zusammenhang unter § 40 Rn. 6f. und speziell § 40 Rn. 72ff. 30

77 BSG 1.2.1979, SozR 2200 § 539 Nr. 53.
78 BSG 4.7.2013, SozR 4-2700 § 2 Nr. 25.
79 BSG 4.7.2013, SozR 4-2700 § 2 Nr. 25.
80 BSG 26.10.2004, NZS 2005, 383.
81 BSG 31.1.1984, BSGE 56, 129.
82 BSG 23.1.2018, NJW 2018, 1418; vgl. schon BSG 13.12.1984, BSGE 57, 260 (schulisch angewiesener Austausch eines Lehrbuchs zwischen Mitschülern).
83 BSG 7.11.2000, NJW 2001, 2909; BSG 26.10.2004, NZS 2005, 383.

e) Studierende an Hochschulen

31 **Studierende** sind alle Personen, die an Lehrveranstaltungen einer Hochschule als Lernende teilnehmen, d.h. sich aus- oder fortbilden. Um die nötige Verbindung mit dem Organisationsbereich der Hochschule herzustellen, ist eine Immatrikulation erforderlich.[84] Vom Versicherungsschutz umfasst sind daher sowohl immatrikulierte „ordentliche" Studenten als auch z.B. (immatrikulierte) Gasthörende oder Promovierende, die im Zusammenhang mit ihrer Doktorarbeit an Hochschulveranstaltungen teilnehmen, auch wenn sie bereits eine Abschlussprüfung abgelegt haben.[85] Ein **beruflicher Bildungszweck** ist nach dem Wortlaut **nicht erforderlich**. Daher sind auch solche Personen vom Versicherungsschutz erfasst, die das Studium nur aus allgemeinem Interesse bzw. aus Liebhaberei betreiben, da die Beurteilung des Versicherungsschutzes nicht nach dem subjektiven Zweck des Studiums vorzunehmen ist.[86] **Hochschulen** (§ 1 HRG) sind Universitäten, Gesamthochschulen, Fachhochschulen, Technische Hochschulen, Kunst- und Musikhochschulen, die einen im weitesten Sinne der Berufsvorbereitung dienenden, staatlich anerkannten akademischen Lehrauftrag verfolgen und nicht nur weltanschauliche Zwecke verfolgen. Versicherungsschutz besteht nicht nur für die Lehrveranstaltung selbst, sondern für alle in den organisatorischen Verantwortungsbereich der Hochschule fallenden Tätigkeiten, sofern ein unmittelbarer zeitlicher und räumlicher Zusammenhang mit der Hochschule und deren Einrichtungen gegeben ist (z. B. Bibliotheksbesuch, Praktika, Exkursionen, kulturelle Aktivitäten, **Hochschulsport** und entsprechende Wettkämpfe, wenn es sich um eine spezifisch für Hochschulangehörige angebotene Veranstaltung handelt, die dem organisatorischen Verantwortungsbereich der Hochschule zuzurechnen ist, näher allgemein § 38 Rn. 8f. und speziell § 40 Rn. 78ff.).[87]

6. Leibesfrucht (§ 12 SGB VII)

32 Nach § 12 SGB VII steht auch die **Leibesfrucht** unter dem Schutz der gesetzlichen Unfallversicherung. Mit dieser Regelung reagierte der Gesetzgeber 1980 auf eine Entscheidung des Bundesverfassungsgerichts.[88] Eine schwangere Krankenschwester hatte sich während ihrer Arbeit im Krankenhaus bei einem Patienten mit Röteln angesteckt. Sie selbst erlitt zwar keine dauerhaften Schäden, doch kam ihre Tochter mit einem schweren Hirnschaden und erheblichen geistigen und körperlichen Defekten zur Welt. Das Mädchen rügte, dass sie – obwohl sich die Rötelnerkrankung ihrer Mutter für diese als entschädigungspflichtige Berufskrankheit darstelle – selbst keine Leistungen der gesetzlichen Unfallversicherung erhielte. Das BVerfG sah in der Nichteinbeziehung des ungeborenen Lebens in den Schutzbereich der gesetzlichen Unfallversicherung eine Verletzung von Art. 3 Abs. 1 GG („Gleichheit der Gefahrenlage, die aus der natürlichen Einheit von Mutter und Kind entsteht"). Voraussetzung für den Versicherungsschutz nach § 12 SGB VII ist, dass die Mutter den Versicherungsfall **während der Schwangerschaft** erlitten hat. Den damit verbundenen Ausschluss eines nach Eintritt eines Versicherungsfalls der Mutter gezeugten Kindes von der gesetzlichen Unfallversicherung hat das BVerfG für verfassungsgemäß erachtet. Bei einem später gezeugten Kind fehle die Möglichkeit, die versicherte Tätigkeit der Mutter ohne Systembruch als eigene Tätigkeit zuzurechnen. Das später gezeugte Kind habe im Unterschied zum vor dem Versicherungsfall gezeugten Kind nicht an der beruflichen Gefahrenlage der Mutter teilgenommen.[89]

---

84 BSG 13.2.2013, SozR 4-2200 § 539 Nr. 2.

85 BSG 22.6.2023, SGb 2023, 501.

86 S. Lübeck 9.8.2001, NZS 2002, 270; Leube, NZS 2007, 468ff.; a.A. Ricke, SGb 2006, 460ff.

87 BSG 4.12.2014, SozR 4-2700 § 2 Nr. 30; BSG 27.11.2018, SGb 2019, 559.

88 BVerfG 22.6.1977, BVerfGE 45, 376.

89 BVerfG 20.5.1987, NJW 1988, 757.

7. „Unecht" Versicherte

Literatur: Gebhardt, Unfallversicherung und Opferentschädigung, NZS 1998, 165ff.; Geckle, Unfallversicherung im Ehrenamt, 2005; Gitter, Sport und gesetzliche Unfallversicherung – Versicherter Personenkreis und Versicherungsfälle, SGb 1990, 393ff.; Just, Absicherung von nicht erwerbsmäßig tätigen Pflegepersonen in der Sozialversicherung, SozSich 2008, 74ff.; Köhler, Gesetzlicher Unfallversicherungsschutz für ehrenamtlich tätige kommunale Mandatsträger unter besonderer Berücksichtigung tätlicher Angriffe, SGb 2024, 643ff.; Krasney, Abgrenzung der Risiken in der gesetzlichen Unfallversicherung, VSSR 1993, 81ff.; Krasney, Die sogenannte unechte gesetzliche Unfallversicherung, in: Ruland/von Maydell/Papier (Hrsg.), Festschrift für Hans F. Zacher, 1998, S. 407ff.; Molkentin, Wie tauglich ist der Unfallschutz für freiwillige Helfer? SGb 2022, 84ff.; Triebel, Unfallversicherungsschutz für Blutspender im Ausland, NZS 2007, 530ff.

Die unechte Unfallversicherung stellt der Sache nach **soziales Entschädigungsrecht** dar, sie gewährt den Betroffenen einen **Aufopferungsanspruch** in Gestalt von Leistungen der gesetzlichen Unfallversicherung. Die Gruppe der **„unecht" Versicherten** ist sehr heterogen. Ihre **Gemeinsamkeit** besteht nur darin, dass der Gesetzgeber sie für so **sozial schutzbedürftig** hielt, dass er für sie eine gesetzliche Absicherung in Form einer Pflichtversicherung in der gesetzlichen Unfallversicherung eingeführt hat. Die unechte Unfallversicherung ist, deshalb auch ihre Bezeichnung als solche, **keine Versicherung im eigentlichen Sinn.** Die Leistungen werden nicht durch Beiträge, sondern aus allgemeinen Steuermitteln finanziert. Die Versicherten sind auch nicht in einer „Gefahrengemeinschaft" zusammengeschlossen, denn „Versicherungsschutz" kann jedermann zuteilwerden, der sich im Geltungsbereich des Gesetzes aufhält. Nicht einmal von einer „gleichartigen Gefährdung" kann die Rede sein, denn die versicherten Tätigkeiten weisen eine sehr unterschiedliche Struktur auf, außerdem hängt es vielfach vornehmlich von der Eigeninitiative und Aufopferungsbereitschaft der Betroffenen ab, ob sie sich überhaupt in eine der den Versicherungsschutz begründenden Situationen begeben. Leistungspflichtig sind die Unfallversicherungsträger der öffentlichen Hand, die konkrete Zuständigkeit folgt aus den §§ 125ff. SGB VII. 33

a) Ersatz von Sachschäden bei Hilfeleistungen (§ 13 SGB VII)

Abweichend von dem Grundsatz, dass in der gesetzlichen Unfallversicherung nur Personenschäden ersetzt werden, erhält ein Teilbereich der unecht Versicherten, nämlich die nach § 2 Abs. 1 Nr. 11 lit. a, 12, 13 lit. a und c SGB VII versicherten Personen, auch **Ersatz von Sachschäden und von Aufwendungen**, die sie den Umständen nach für erforderlich halten dürfen (§ 13 SGB VII). Der dahinterstehende Gedanke ist, dass diejenigen, die sich uneigennützig für andere einsetzen, weitergehend als das Opfer einer Straftat zu entschädigen seien und diejenigen, die im gewissen Umfang auch zum Wohle der Allgemeinheit tätig werden, nicht auf das Risiko der Durchsetzung zivilrechtlicher Ansprüche verwiesen werden sollten.[90] Als Ausnahme von dem Grundsatz, dass Leistungen in der gesetzlichen Unfallversicherung von Amts wegen festgestellt werden, ist der Anspruch auf Sachschaden- und Aufwendungsersatz von einem **Antrag** abhängig (zum Antrag vgl. § 16 SGB I). 34

Sachschäden sind erfasst, sofern sie an Sachen entstehen, die sich im Besitz des Betroffenen befinden, die beschädigte Sache muss sich nicht im Eigentum der Helferinnen oder Helfer befinden.[91] Bei Schäden an einer einem Dritten gehörenden Sache folgt aus dem Normzweck, dass diese Schäden nur dann zu ersetzten sind, wenn Nothelfende deshalb zivilrechtlichen Ansprüchen Dritter ausgesetzt sind.[92] Sachschäden werden aber nicht bei Wegeunfällen ersetzt (§ 13 S. 3 SGB VII). Als Maßstab für die Höhe des Ersatzes kann mangels Regelung im SGB VII § 249 BGB herangezogen werden, die Prüfung eines Mitverschuldens ist nicht vorgesehen. Es werden auch die **Aufwendungen** (freiwillig erbrachte Vermögensopfer) ersetzt, die der Helfer den Umständen nach für erforderlich halten 35

90 BT-Drs. 7/2506 S. 17.
91 LSG NRW 27.5.1998, HVBG-Info 1999, 980.
92 LSG NRW 27.5.1998, HVBG-Info 1999, 980.

durfte, z.B. für die Erstversorgung des Verunglückten, Telefonate usw. Die Erforderlichkeit der Aufwendung ist aus der **subjektiven Sicht** der helfenden Person zu beurteilen.[93]

b) Personen, die selbstständig oder unentgeltlich im Gesundheitswesen oder der Wohlfahrtspflege tätig sind (§ 2 Abs. 1 Nr. 9 SGB VII)

36 Personen, die selbständig oder unentgeltlich, insbesondere ehrenamtlich im Gesundheitswesen oder in der Wohlfahrtspflege tätig sind, sind gem. § 2 Abs. 1 Nr. 9 SGB VII versichert. Das **Gesundheitswesen** umfasst dabei Einrichtungen und Tätigkeiten, welche die Beseitigung oder Besserung eines krankhaften Zustandes bezwecken, ferner diejenigen, die den Zweck haben, die Gesundheit des Einzelnen oder der Allgemeinheit vor unmittelbar drohenden Gefahren zu schützen.[94] Die **Wahrung der Gesundheit** muss den **Hauptzweck** der Einrichtung bzw. Tätigkeit bilden.[95] Maßgebend ist die auf die Erreichung dieser Ziele gerichtete Handlungstendenz sowie eine entsprechende Zweckrichtung der eingesetzten Mittel. Auf die Wirkungsweise und die objektive Eignung der dabei eingesetzten Methoden kommt es schon nach dem Wortlaut nicht an – das BSG fasst daher konsequent auch selbstständige „Geistheiler" unter die Versicherung.[96]

37 **Wohlfahrtspflege** wird demgegenüber von der Rechtsprechung als planmäßige, zum Wohl der Allgemeinheit und nicht des Erwerbs wegen ausgeübte, vorbeugende oder abhelfende unmittelbare **Betreuung von gesundheitlich, sittlich oder wirtschaftlich gefährdeten Menschen** definiert.[97] Inhaltlich ausgefüllt wird der Begriff der allgemeinen Wohlfahrtspflege insbesondere durch die Regelungen der Aufgaben der Sozialhilfe nach dem SGB XII.[98] Die allgemeine Wohlfahrtspflege umfasst daher insbesondere die Altenhilfe (§ 71 SGB XII) und die Pflege kranker oder alter Menschen (§§ 61, 63 SGB XII).[99]

38 Versichert sind Personen, die **„selbständig"** oder **„unentgeltlich, insbesondere ehrenamtlich"** tätig werden. **Selbständige Tätigkeit** setzt eine berufliche Tätigkeit zu Erwerbszwecken als Unternehmer (§ 136 Abs. 3 SGB VII) voraus. Nicht erfasst sind z.B. Vorstandsvorsitzende von Aktiengesellschaften im Gesundheitswesen, wenn und weil ihnen das Ergebnis des Unternehmens, für das sie tätig sind, nicht unmittelbar zum Vor- oder Nachteil gereicht.[100] Zum versicherten Personenkreis gehören insoweit auch nur solche Personen, die die Tätigkeit berufsmäßig ausüben[101] oder von dieser überwiegend in ihrer Arbeitskraft in Anspruch genommen werden.[102] In diesen Fällen kann aber eine Wie-Beschäftigung (s. § 39 Rn. 11ff.) vorliegen. **Versicherte Selbständige** sind u.a. selbständige Krankenpflegepersonen,[103] Hauspflegepersonen,[104] Fußpfleger[105] und für das Jugendamt tätige Tagespflegepersonen[106]. Selbständig tätige Ärzte, Zahnärzte, Tierärzte, Psychologische Psychotherapeuten, Kinder- und Jugendlichenpsychotherapeuten, Heilpraktiker und Apotheker sind als Ausnahme von § 2 Abs. 1 Nr. 9 SGB VII versicherungsfrei (§ 4 Abs. 3 SGB VII – dazu § 39 Rn. 81).

39 Eine **unentgeltliche Tätigkeit** liegt vor, wenn die Hilfeleistung unabhängig von einer Gegenleistung erbracht wird und wenn es an der kausalen Verknüpfung zwischen Leistung und Gegenleistung

---

93 Vgl. auch BT-Drs. 7/2506 S. 17.
94 BSG 27.10.1961, BSGE 15, 190.
95 BSG 25.10.1989, NJW 1990, 1558.
96 BSG 19.6.2018, NJW 2018, 3803.
97 BSG 25.10.1957, BSGE 6, 74; BSG 26.6.1985, BSGE 58, 210.
98 BSG 26.6.1985, BSGE 58, 210.
99 BSG 26.6.1985, BSGE 58, 210; BSG 26.1.1988, WzS 1988, 92 – Pflege eines hilfsbedürftigen Blinden.
100 BSG 20.3.2018, BSGE 125, 219.
101 BSG 26.1.1988, WzS 1988, 92.
102 LSG Hessen 15.4.1986, SGb 1987, 78.
103 BSG 25.10.1989, NJW 1990, 1558.
104 BSG 26.1.1988, WzS 1988, 92.
105 LSG Niedersachsen 18.1.1966, SGb 1966, 189.
106 BSG 31.1.2012, NVwZ-RR 2012, 656.

fehlt.[107] Die ehrenamtliche Tätigkeit ist ein Unterfall der unentgeltlichen Tätigkeit, denn sie setzt immer Unentgeltlichkeit voraus[108] (s. näher sogleich § 39 Rn. 42).

c) Ehrenamtlich Tätige (§ 2 Abs. 1 Nr. 10 SGB VII)

§ 2 Abs. 1 Nr. 10 SGB VII regelt den Versicherungsschutz der **ehrenamtlich für öffentlich-rechtliche Einrichtungen** Tätigen. Der Begriff der **ehrenamtlichen Tätigkeit** ist i.S.d. allgemeinen Sprachgebrauchs weit zu verstehen.[109] Das BSG formuliert zum Ehrenamtsbegriff: 40

> „Zum Gepräge (Typuskern) jeder ehrenamtlichen Tätigkeit gehört, dass sie unentgeltlich ausgeübt wird und immateriellen Werten, ideellen Zwecken oder dem Gemeinwohl dient [...]. Neben diesen unverzichtbaren Merkmalen existieren weitere, im Einzelfall verzichtbare Merkmale [...]. In diesem Sinne spricht für das Vorliegen einer ehrenamtlichen Tätigkeit indiziell, wenn sie – jenseits pflichtiger Ehrenämter – freiwillig aufgenommen und im Rahmen einer gemeinwohlorientierten Organisation erfolgt, die ohne Gewinnerzielungsabsicht Aufgaben erfüllt, die im öffentlichen Interesse liegen oder gemeinnützige, mildtätige, kirchliche oder soziale Zwecke fördern [...]. Maßgeblich ist das durch eine wertende Betrachtung gewonnene Gesamtbild.“[110]

Zu den öffentlich-rechtlichen Einrichtungen gehören gem. § 2 Abs. 1 Nr. 10 lit. a SGB VII **Körperschaften, Anstalten und Stiftungen des öffentlichen Rechts sowie öffentlich-rechtliche Zusammenschlüsse dieser Einrichtungen**. Erfasst sind daher die öffentlich-rechtlichen Gebietskörperschaften (Bund, Länder, Gemeinden und Gemeindeverbände) sowie z.B. Sozialversicherungsträger, Handelskammern, Handwerkskammern, Ärzte-, Anwalts- und Landwirtschaftskammern, und **die in § 2 Abs. 1 Nr. 2 und 8 SGB VII genannten Bildungseinrichtungen.** § 2 Abs. 1 Nr. 10 lit. b SGB VII bestimmt Entsprechendes für ehrenamtlich **für öffentlich-rechtliche Religionsgemeinschaften** und deren Einrichtungen[111] Tätige. Voraussetzung ist, dass die übertragenen Aufgaben zum **rechtlichen und organisatorischen Verantwortungsbereich** der öffentlichen Einrichtung gehören.[112] Das BSG formuliert: 41

> „Ehrenamtliche Tätigkeit ist ein Unterfall der **unentgeltlichen Tätigkeit** und setzt diese zwar voraus (...). Sie erfüllt aber den Begriff der ehrenamtlichen Tätigkeit nicht, weil sonst jede unentgeltliche Tätigkeit für die öffentliche Hand zugleich eine ehrenamtliche Tätigkeit wäre (...). Vielmehr setzt dieser Begriff (...) des Weiteren einen bestimmten, **qualifizierten Aufgaben- und organisatorischen Verantwortungsbereich** der öffentlich-rechtlichen Körperschaft voraus, innerhalb dessen die ehrenamtliche Tätigkeit für die Körperschaft ausgeübt werden muss (...). Wenn dieser in Bezug auf die fragliche Veranstaltung nicht bereits **gesetz- oder satzungsmäßig von vornherein festgelegt** ist, bedarf es für die betreffende einzelne Veranstaltung eines gesamtbezogenen, eigenständigen **Annahmeaktes** der Körperschaft als Zuordnungsgrund (...). Dabei muss die Veranstaltung für die Körperschaft insgesamt bedeutsam sein; das nur auf einzelne Bürger (oder Kirchengemeindeglieder) beschränkte Interesse genügt nicht (...). Ehrenamtlich i.S.d. § 539 Abs. 1 Nr. 13 RVO [jetzt § 2 Abs. 1 Nr. 10 SGB VII] wird in diesem Rahmen derjenige tätig, der entweder einen ausdrücklichen (...) oder einen stillschweigenden Auftrag (...) zum Tätigwerden erhalten hat. Der stillschweigende Auftrag setzt einen klaren Zuordnungsgrund zum Aufgaben- und organisatorischen Verantwortungsbereich der Körperschaft (...) sowie – z.B. durch laufende Förderung eines langjährigen Brauchtums – eine erkennbare Bereitschaft der öffentlich-rechtlichen Körperschaft voraus, jeden einzelnen, der dem Brauch entsprechend mitarbeitet, stillschweigend demgemäß zu beauftragen (...). Denn nicht jeder, der mit Arbeiten befasst ist, die zugleich auch der Veranstaltung einer öffentlich-rechtlichen Körperschaft dienen, wird für diese ehrenamtlich tätig (...). Ohne die Zuordnungsvoraussetzungen zur öffentlich-rechtlichen Körperschaft können allein die Handlungstendenz einer Person und ihre subjektive Vorstellung, für wen sie ehrenamtlich tätig wird, keinen Un-

107 BSG 29.2.1984, SozR 2200 § 539 Nr. 97.
108 BSG 18.12.1974, SozR 2200 § 539 Nr. 4.
109 BSG 26.10.1983, SozR 2200 § 539 Nr. 95.
110 BSG 8.12.2022, SGb 2023, 580.
111 Näher BVerfG 25.3.1980, BVerfGE 53, 366 Rn. 122.
112 Vgl. die Beispiele LSG Sachen 8.2.2017, L 6 U 92/14; LSG Thüringen 8.2.2017 – L 1 U 368/13; LSG Bayern 18.10.2018, L 7 U 36/14; Übersicht bei MOLKENTIN, SGb 2022, 84ff.

fallversicherungsschutz nach § 2 Abs. 1 Nr. 10 SGB VII begründen. Diese subjektiven Tatsachen indizieren nur den inneren Zusammenhang zwischen der unfallbringenden Handlung und dem Kernbereich der den Unfallversicherungsschutz begründenden Tätigkeit (...).“[113]

42 Dabei sind nicht nur ehrenamtliche Tätigkeiten für die öffentlich-rechtlichen Einrichtungen selbst, sondern auch für **in deren Auftrag** oder mit deren ausdrücklicher Einwilligung tätig werdende **privatrechtliche Organisationen** erfasst. So hat das BSG bspw. recht weitgehend den Unfall einer Chorsängerin als Arbeitsunfall eingestuft, die als Mitglied eines als privatrechtlichen Vereins organisierten, nicht in kirchlicher Trägerschaft stehenden Amateurchores auf dem Weg zu einem Auftritt dieses Chores in einer evangelischen Kirche war.[114] Bei nicht für die öffentlich-rechtliche Einrichtung tätig werdenden ausschließlich privatrechtlich organisierten Vereinigungen besteht selbst dann kein Versicherungsschutz nach § 2 Abs. 1 Nr. 10 SGB VII, wenn die ehrenamtliche Tätigkeit in hohem Maße mit der typischen Tätigkeit für Religionsgemeinschaften vergleichbar ist. § 2 Abs. 1 Nr. 10 SGB VII ist eine nicht analogiefähige Ausnahmevorschrift innerhalb der Pflichtversicherungstatbestände.

Beispiel[115]**:**
Eine ehrenamtliche Gruppenleiterin der Deutschen Pfadfinderschaft verletzt sich bei einem Umweltprojekt innerhalb der Betreuung von Jungpfadfindern.

Das LSG Saarland hat den Versicherungsschutz trotz einer zugestandenen offensichtlichen Vergleichbarkeit mit einer ehrenamtlichen Begleiterin von Religionsjugendgruppen verneint. Es fehle für eine Analogie des § 2 Abs. 1 Nr. 10 SGB VII an einer planwidrigen Regelungslücke, da dem Gesetzgeber bewusst war, dass er den Versicherungsschutz trotz des gemeinwohlorientierten Engagements nicht allgemein auf alle ehrenamtlich Tätigen erstrecken wollte. Insofern verbleibt es bei der versicherungstechnischen Sonderstellung der öffentlichen Hand und der Religionsgemeinschaften.

43 Unerheblich ist hingegen sowohl für den Begriff der ehrenamtlichen Tätigkeit (gerade also nicht für ein möglicherweise länger angelegtes Ehrenamt) als auch für die Zuordnung zu einer öffentlichen Körperschaft, ob die Tätigkeit auf Dauer angelegt ist. Sie kann auch lediglich **auf einzelne Veranstaltungen für wenige Stunden begrenzt** sein[116] oder nur **vorübergehend** verrichtet werden.[117] Auch ist nicht erforderlich, dass die Tätigkeit üblicherweise ehrenamtlich ausgeübt wird.[118] Dass Betroffene Auslagenersatz oder Reisekostenerstattung erhalten, ist unschädlich.[119] Sobald aber eine „Aufwandsentschädigung“ für „aufgewendete Zeit“ gezahlt wird, ist die Tätigkeit nicht mehr unentgeltlich und damit nicht ehrenamtlich.[120]

d) Personen, die Diensthandlungen unterstützen, und Zeugen (§ 2 Abs. 1 Nr. 11 SGB VII)

44 Gem. § 2 Abs. 1 Nr. 11 lit. a SGB VII sind **Personen,** die von einer Körperschaft, Anstalt oder Stiftung des öffentlichen Rechts **zur Unterstützung einer Diensthandlung herangezogen** werden, in den Versicherungsschutz der gesetzlichen Unfallversicherung einbezogen. Nr. 11 lit. b bezieht die als **Zeugen zur Beweiserhebung** von einer dazu berechtigten Stelle (z. B. Gericht, §§ 373 ff. ZPO; Staatsanwaltschaft, §§ 48 ff. StPO; Sozialversicherungsträger, §§ 20 ff. SGB X) herangezogenen Personen ein. Diese Personengruppen sind in den Schutz der Unfallversicherung einbezogen worden, weil sie im

113 BSG 10.10.2002, HVBG-Info 2002, 3468; vgl. u. a. BSG 18.10.1994, NZS 1995, 225; BSG 8.12.2022, SGb 2023, 580.
114 BSG 8.12.2022, SGb 2023, 580; kritisch Aubel, SGb 2023, 560.
115 Nach LSG Saarland 27.10.2004, L 2 U 185/02.
116 BSG 27.6.1991, NZA 1992, 239 (Martinszug).
117 BSG 26.10.1983, SozR 2200 § 539 Nr. 95.
118 BSG 7.9.2004, NJW-RR 2005, 330.
119 BSG 18.12.1974, BSGE 39, 24.
120 BSG 8.12.2022, SGb 2023, 580; Seiwerth, FS Preis, 2021, S. 1253 ff.

öffentlichen Interesse tätig werden und sich der Heranziehung nicht entziehen können. Eine „Heranziehung“ scheidet dann aus, wenn eine Verpflichtung zum Tätigwerden oder eine vertragliche Inanspruchnahme vorliegt und der Herangezogene somit nicht freiwillig handelt.[121] Die nach § 2 Abs. 1 Nr. 11.a SGB VII Versicherten haben gem. § 13 SGB VII einen Anspruch auf Ersatz ihrer **Sachschäden** und **Aufwendungen** (s. § 39 Rn. 34f.).

e) Unentgeltlich Tätige in Unternehmen zur Hilfe bei Unglücksfällen und im Zivilschutz (§ 2 Abs. 1 Nr. 12 SGB VII)

Versicherungsschutz besteht auch für Personen, die in Unternehmen zur Hilfe bei Unglücksfällen oder im Zivilschutz unentgeltlich, insbesondere ehrenamtlich (s. § 39 Rn. 42) tätig sind oder an Ausbildungsveranstaltungen dieser Unternehmen teilnehmen (§ 2 Abs. 1 Nr. 12 SGB VII).[122] Diese Personen haben auch Anspruch auf den **Ersatz von Sachschäden und Aufwendungen** (§ 13 SGB VII, s. § 39 Rn. 34f.). Da sich Helfende, die sich in einer Hilfsorganisation ehrenamtlich engagieren, im Unterschied zu spontan Nothelfenden (s. § 39 Rn. 47ff.) aber auf ihre Tätigkeit vorbereiten können, umfasst ihr Anspruch nur den Schaden an solchen Sachen, deren Einsatz im Rahmen ihrer Tätigkeit im Interesse der betreffenden Hilfsorganisation erfolgte (§ 13 S. 2 SGB VII). 45

Unglücksfall ist ein plötzlich eintretendes Ereignis, das eine erhebliche Gefahr für Menschen oder Sachen mit sich bringt,[123] wobei unerheblich ist, ob der Unglücksfall bereits eingetreten ist oder einzutreten droht[124] und ob es sich um Gefahren handelt, die dem Einzelnen oder der Allgemeinheit drohen.[125] Allerdings darf der Unglücksfall mit seinen Schadensfolgen noch nicht abgeschlossen sein.[126] **Unternehmen zur Hilfe bei Unglücksfällen** sind dabei solche, deren Zweckbestimmung darin besteht, bei Unglücksfällen Hilfe zu leisten, insbesondere also solche, die der Beseitigung von Unfallfolgen, der Bergung von Toten und Verletzten oder dem Transport von Verletzten in ärztliche Behandlung dienen.[127] Beispiele hierfür sind das Deutsche Rote Kreuz,[128] die Deutsche Lebensrettungsgesellschaft,[129] die Wasserwacht und die Feuerwehren.[130] Umfang und Aufgaben des **Zivilschutzes** ergeben sich aus dem Zivilschutz- und Katastrophenhilfegesetz. 46

f) Nothelfer (§ 2 Abs. 1 Nr. 13 lit. a SGB VII)

In der gesetzlichen Unfallversicherung sind weiterhin gem. § 2 Abs. 1 Nr. 13 lit. a SGB VII Personen geschützt, die bei Unglücksfällen oder gemeiner Gefahr oder Not Hilfe leisten (1. Alt.) oder einen anderen aus erheblicher gegenwärtiger Gefahr für seine Gesundheit retten (2. Alt.). Auch der Weg zum Ort der Gefahr ist Teil der nach § 2 Abs. 1 Nr. 13 SGB VII versicherten Rettungshandlung.[131] Nothelfern werden **Sachschäden** und **Aufwendungen** ersetzt (§ 13 SGB VII, s. § 39 Rn. 34f.). Das Gesetz erweitert den Schutz abweichend vom **Territorialitätsprinzip** (§ 3 Nr. 1 SGB IV; s. § 74 Rn. 1ff.) auch auf **Hilfeleistungen im Ausland**, wenn Nothelfende ihren Wohnsitz oder seinen gewöhnlichen Aufenthalt in der Bundesrepublik haben (§ 2 Abs. 3 S. 3 SGB VII). 47

---

121 BSG 22.2.1973, BSGE 35, 212.

122 Vgl. recht weitgehend: Unfall eines DRK-Vorstands auf dem Weg zur Generalversammlung eines anderen Ortsvereins, BSG 8.12.2022, NZS 2023, 781.

123 BSG 25.1.1973, BSGE 35, 140.

124 BSG 26.5.1977, BSGE 44, 22.

125 BSG 30.10.1980, SozR § 653 Nr. 4.

126 BSG 30.8.1984, BSGE 57, 134.

127 BSG 30.10.1980, SozR § 653 Nr. 4.

128 BSG 15.6.1983, SozR 2200 § 539 Nr. 92.

129 LSG Baden-Württemberg 27.7.1988, HV-Info 1990, 368.

130 BSG 28.4.1977, SozR § 539 Nr. 34.

131 BSG 12.12.2006, SozR 4-2700 § 2 Nr. 9.

48 **Unglücksfall** ist ein plötzlich eintretendes Ereignis, das eine erhebliche Gefahr für Menschen oder Sachen mit sich bringt.[132] Dabei kommen auch andere wichtige Individualrechtsgüter als die körperliche Unversehrtheit in Betracht, dazu folgendes

---

Beispiel:[133]
Der 14-jährige J hielt sich auf einem Spielplatz auf. Auf einer Seite des Spielplatzes befand sich hinter einem etwa 1,7m hohen Metallzaun das Gelände eines Energieversorgungsunternehmens, welches komplett umzäunt und mit einem Tor verschlossen war. Hinter dem Zaun befand sich ein anhaltend weinendes 6-jähriges Mädchen, das wohl unter dem Tor durchgeklettert war und sich jetzt von seiner Mutter nicht mehr zur Rückkehr auf den Spielplatz bewegen ließ. Der J bot der Mutter an, über den Zaun zu klettern und das Mädchen hinüberzuheben. Dies tat er. Als er selbst zurückkletterte, verletzte er sich an der Zaunspitze schwer an der Hand.

Das BSG hat hier einen Unglücksfall angenommen, „weil das durch Art. 2 Abs. 2 S. 2 GG grundrechtlich geschützte Rechtsgut der individuellen (Fortbewegungs-)Freiheit des Kindes geschädigt war. Das Mädchen war auf dem Grundstück ‚eingesperrt'. Sie hat sich zwar aus eigener Kraft in die Gefahrenlage verbracht, ist aber – dort angelangt – nicht mehr in der Lage gewesen, sich aus eigener Kraft zu befreien. [...] Bei diesem Unglücksfall hat der [J] Hilfe geleistet."

Dass die Verletzung erst bei der Rückkehr entstand, war unschädlich, weil mit Blick auf den Zweck des § 2 Abs. 1 Nr. 13 lit. a SGB VII der Rettungsvorgang erst abgeschlossen ist, wenn sich auch der Helfer wieder in Sicherheit befindet.

49 **Gemeine Gefahr** ist ein Zustand, bei dem wegen einer ungewöhnlichen Gefahrenlage ohne sofortiges Eingreifen eine erhebliche Schädigung von Personen oder bedeutenden Sachwerten unmittelbar droht.[134] Eine **gemeine Not** wird hingegen dadurch gekennzeichnet, dass es sich um eine bereits eingetretene Notlage handelt, die die Allgemeinheit betrifft und eine Zwangslage für sie bedeutet[135] (z.B. Ausfall der Wasserversorgung, Gefahren für Deiche und Überschwemmungen). **Erhebliche gegenwärtige Gefahr für die Gesundheit eines anderen** setzt voraus, dass der körperlichen Unversehrtheit oder dem allgemeinen Gesundheitszustand eines konkreten Anderen eine akute Gefahr droht. Die Gefahr muss so erheblich sein bzw. der helfenden Person so erscheinen, dass eine Rettungshandlung geboten ist.[136]

50 **Hilfe leisten** bzw. **Retten** setzt ein **aktives Tun zugunsten eines Dritten** voraus, mit dem **Willen der helfenden Person**, die drohende oder bestehende **Gefahr** oder den Schaden zu **beseitigen**.[137] Es genügt nicht, dass die Gefahr nur subjektiv angenommen wird.[138] Denn es besteht kein allgemeiner Rechtsgrundsatz, wonach jeder, der sich in wohlgemeinter Absicht um fremde Angelegenheiten kümmert, dabei unter Versicherungsschutz der Unfallversicherung steht.[139] Probleme ergeben sich in diesem Zusammenhang insbesondere beim Zusammentreffen von Fremd- und Eigenrettung. Der **Selbstschutz** steht dem Unfallversicherungsschutz nach § 2 Abs. 1 Nr. 13 lit. a SGB VII dann nicht entgegen, wenn das Handeln wesentlich dem Schutz Dritter dient.[140] Für eine Rettungsabsicht spricht im Einzelfall, wenn die Beteiligten unterschiedlich stark gefährdet sind. Hierzu hat die Rechtsprechung für die häufigen Fälle im **Straßenverkehr** auch bei reflexartigem Handeln den

132 BSG 25.1.1973, BSGE 35, 140.
133 Nach BSG 15.6.2010, NZA-RR 2011, 201.
134 BSG 13.9.2005, SozR 4-2700 § 2 Nr. 7.
135 Bay. LSG 2.12.1960, Breith. 1961, 610.
136 BSG 8.12.1988, BSGE 64, 218.
137 BSG 28.4.1977, SozR 2200 § 539 Nr. 34.
138 LSG Thüringen 19.10.2023, L 1 U 631/22.
139 LSG Rheinland-Pfalz 21.8.1996, HVBG-Info 1997, 1769.
140 BSG 8.12.1988, BSGE 64, 218.

Grundsatz entwickelt, dass das Eigeninteresse desto mehr im Vordergrund steht je geringer die Gefahr für den anderen Verkehrsteilnehmer und je größer die Gefahr für den Retter ist.[141]

Beispiel:[142]
F ist mit seinem Kraftfahrzeug auf schneeglatter Fahrbahn unterwegs. Auf dem Radweg fährt einige Meter vor ihm ein Radfahrer, der plötzlich das Gleichgewicht verliert und auf die Fahrbahn stürzt. F erkennt, dass er sein Fahrzeug nicht mehr rechtzeitig abbremsen könnte und lenkt es gegen eine Straßenlaterne, um den Radfahrer nicht zu verletzen. Sein Wagen erleidet Totalschaden.

F könnte gem. § 13 SGB VII den Ersatz auch des erlittenen Sachschadens beanspruchen, wenn er „einen anderen aus erheblicher gegenwärtiger Gefahr für seine Gesundheit zu retten" versucht hat, § 2 Abs. 1 Nr. 13 lit. a SGB VII. F wäre dann Versicherter, zugleich stünde aber auch fest, dass er den Unfall bei einer den Versicherungsschutz begründenden Tätigkeit (§ 8 Abs. 1 SGB VII) erlitten hat. Für die konkrete Fallgestaltung hebt das BSG maßgeblich auf die Umstände des Einzelfalles ab:

„Bei Ausweichbewegungen im Straßenverkehr kann nicht generell von einem bestimmten inneren Handlungsmotiv ausgegangen werden. Die automatisierten Reaktionen sind sowohl in Bezug auf den handelnden Menschen als auch in Bezug auf die jeweilige Verkehrssituation verschieden. Ihnen liegt ein Bündel unterschiedlichster Handlungsmotive zugrunde, die insgesamt auf die Vermeidung der unmittelbar drohenden Kollision gerichtet sind. Inwieweit die Reaktion hierbei wesentlich von dem Motiv, Dritte zu schützen, oder wesentlich von dem Bestreben, sich selbst zu schützen, mitbestimmt ist, kann – insbesondere bei einem unteilbaren Geschehensablauf – nur anhand der besonderen Umstände des Einzelfalles beantwortet werden. Abzustellen ist auf die konkrete Gefahrenlage, in der sich die Verkehrsteilnehmer befinden. Diese muss bei natürlicher Betrachtungsweise objektiv geeignet sein, eine Rettungshandlung auszulösen. So wird eine Rettungsabsicht eher anzunehmen sein, wenn die Beteiligten höchst unterschiedlich gefährdet sind, wie z.B. bei einer unmittelbar bevorstehenden Kollision zwischen einem Pkw und einem Fußgänger, wohingegen ein Mofafahrer im Allgemeinen nicht in Rettungs-, sondern in Selbstschutzabsicht handelt, wenn er einem entgegenkommenden Lkw auszuweichen versucht."

Ob der **Rettungsversuch erfolgreich** ist, ist für den Versicherungsschutz **ohne Bedeutung**[143] („Hilfe leisten"), und auch grob fahrlässige Verursachung durch den Retter schließt den Versicherungsschutz nicht aus.[144] Im Einzelfall kann problematisch sein, ob die Hilfetätigkeit nicht zugleich unter den Versicherungsschutz als **„Wie-Beschäftigter"** fällt, weil sie neben der Gefahrenabwehr zugunsten der Allgemeinheit einem Dritten in hohem Maße dienlich und deswegen der Tätigkeit eines Beschäftigten ähnlich ist, dazu folgendes 51

Beispiel:[145]
Reiter R fängt bei einem gemeinsamen Reitausflug das Pferd seines Reitkameraden ein, bevor dieses auf die naheliegende Autobahn lief. Hierbei verletzte sich R am Bein.

R übte damit objektiv eine Tätigkeit aus, wie sie auch Stallgehilfen oder Reitbegleitern zukommt, was für eine Versicherung als „Wie-Beschäftigter" spricht. Zugleich fing er allerdings das Pferd auch aus Gründen der Gefahrenabwehr für den Autoverkehr ein. Hinzu kommt, dass seine Gefahrenabwehrhandlung verstärkt kameradschaftlich motiviert war. Das LSG Bayern hat dies zum Anlass genommen, eine „Wie-Beschäftigung" zu verneinen:

„Die Entschädigungspflicht (aus § 2 Abs. 2 SGB VII) scheitert bereits deswegen, weil der Entschluss des R, das Pferd einzufangen, wesentlich seiner kameradschaftlichen Verpflichtung entsprang und nicht als arbeitnehmerähnlich zu qualifizieren ist. Anders als im Falle der Nothilfe, die zugunsten der Allgemeinheit geleistet wird, kann die Hilfe zugunsten des Tierhalters nicht losgelöst von der Beziehung zwischen (R und dem Tierhalter) gesehen werden. Dieses Verhältnis war in keiner Weise arbeitnehmerähnlich ausgestaltet. [...] Die gemeine Nothilfe fällt nicht hierunter. Andernfalls wäre jede auch nur vorübergehende und noch so geringfügige Tätigkeit nach § 2 Abs. 2 SGB VII versichert und damit fast jeder Unfall ein Arbeitsunfall. Handelt es sich um einen aufgrund der konkreten sozialen Beziehungen geradezu selbstverständlichen Hilfsdienst, der zwi-

---

141 BSG 10.10.2006, SozR 4-2700 § 8 Nr. 19.
142 Nach BSG 8.12.1988, BSGE 64, 218.
143 BSG 22.6.1976, BSGE 42, 97.
144 BSG 11.12.1973, BSGE 37, 38.
145 Nach LSG Bayern 19.1.2005, L 3 U 65/04.

schen Nachbarn oder Freunden typisch und deshalb zu erwarten ist, besteht jedenfalls aus § 2 Abs. 2 SGB VII kein Versicherungsschutz."

Angenommen hat das LSG Bayern dagegen eine Versicherung als Nothelfer nach § 2 Abs. 1 Nr. 13a (was u.a. einen Unterschied für den verpflichteten Unfallversicherungsträger macht).

g) Blut- und Organspender (§ 2 Abs. 1 Nr. 13 lit. b SGB VII)

52 Gem. § 2 Abs. 1 Nr. 13 lit. b SGB VII stehen auch Personen, die Blut oder körpereigene Organe, Organteile oder Gewebe spenden, oder bei denen Voruntersuchungen oder Nachsorgemaßnahmen anlässlich der Spende vorgenommen werden, unter dem Schutz der gesetzlichen Unfallversicherung. Der Versicherungsschutz besteht unabhängig davon, ob die Spende auf Aufforderung eines Dritten oder aus eigenem Antrieb erfolgt ist und ob sie für kommerzielle Zwecke erfolgt,[146] und auch unabhängig davon, ob Komplikationen vorhersehbar waren.[147] Ohne Bedeutung für den Versicherungsschutz ist auch, ob die Spende direkt einem Dritten zugute kommt oder zur medizinischen Forschung verwendet wird.[148] In Abgrenzung zur gesetzlichen Krankenversicherung greift die gesetzliche Unfallversicherung erst dann ein, wenn im Zusammenhang mit der Organentnahme beim Organspender gesundheitliche Schäden auftreten, die über die durch die Organentnahme notgedrungen entstehenden Beeinträchtigungen hinausgehen und in ursächlichem Zusammenhang mit der Organentnahme stehen, oder wenn der Organspender an der Organentnahme verstirbt.[149] § 2 Abs. 1 Nr. 13 lit. b SGB VII ist im Zusammenhang mit § 12a SGB VII zu sehen, der einen speziellen Versicherungsfall (oder einen fingierten Versicherungsfall) begründet (dazu § 40 Rn. 178).

h) Personen, die sich persönlich bei der Verfolgung oder Festnahme einer Person, die einer Straftat verdächtig ist, oder zum Schutz eines widerrechtlich Angegriffenen einsetzten (§ 2 Abs. 1 Nr. 13 lit. c SGB VII)

53 Gem. § 2 Abs. 1 Nr. 13 lit. c SGB VII sind schließlich Personen versichert, die sich bei der Verfolgung oder Festnahme einer Person, die einer Straftat verdächtig ist, oder zum Schutz eines widerrechtlich Angegriffenen persönlich einsetzen. Versichert werden diese Tätigkeiten, weil sie **„dem öffentlichen Wohl gewidmet"** sind und der Staat mit diesem Gesetz den Zweck verfolgt, Personen, die dabei zu Schaden kommen, letztlich nicht ohne Entschädigung zu belassen.[150] Auch die nach § 2 Abs. 1 Nr. 13 lit. c SGB VII Versicherten haben gem. § 13 SGB VII einen Anspruch auf Ersatz ihrer **Sachschäden** und **Aufwendungen** (§ 39 Rn. 34f.).

54 Die erste Alternative – **Verfolgung oder Festnahme einer Person, die einer Straftat verdächtig ist** – setzt voraus, dass die versicherte Person bei der Ergreifung eines Straftäters mitwirkt, ohne hierzu verpflichtet zu sein.[151] Die Regelung flankiert das Festnahmerecht nach § 127 Abs. 1 StPO, wonach auch Privatpersonen zur vorläufigen Festnahme berechtigt sind, wenn jemand auf frischer Tat betroffen oder verfolgt wird.[152] Voraussetzung ist, dass diese Person im Verdacht steht, eine – vollendete oder im strafrechtlich relevanten Versuchsstadium gebliebene – strafbare Handlung (also keine Ordnungswidrigkeit i.S.d. OWiG) begangen zu haben.[153] Der Verdacht, dass eine strafbare Hand-

146 BSG 22.11.1984, BSGE 57, 231.
147 BAG 15.5.2012, BSGE 111, 52.
148 BSG 22.11.1984, BSGE 57, 231.
149 BAG 15.5.2012, BSGE 111, 52; vgl. BT-Drs. 15/5050, S. 62.
150 BSG 11.6.1990, HV-Info 1990, 2046.
151 LSG Rheinland-Pfalz 16.12.1962, Breith. 1962, 382.
152 LSG NRW 28.4.1998, HVBG-Info 1999, 1932.
153 BSG 29.11.1963, BSGE 20, 107.

lung vorbereitet werde, genügt nicht,[154] es sei denn, die Vorbereitungshandlung oder die Verabredung des künftigen Tuns steht selbst unter Strafe.[155] Dass sich die Straftat, deren der Festzunehmende verdächtig ist, gegen die Besitzsphäre des Handelnden richtet, schließt den Versicherungsschutz nicht aus.[156]

Festnahme ist sowohl das Stellen des Tatverdächtigen – verbunden mit der verbalen Kundgabe, dass er nunmehr verhaftet sei – als auch das körperliche Zupacken und Festhalten in der Absicht, eine Übergabe an die staatlichen Strafverfolgungsbehörden vorzunehmen.[157] **Verfolgung** ist jedes Nachsetzen oder Nacheilen, sei es zum Zweck der Festnahme oder zur Erlangung weiterer Erkenntnisse, um später eine Ergreifung des Täters zu ermöglichen. Ein Rat oder Hinweis, der zur Ergreifung des Täters führt, reicht zur Begründung des Versicherungsschutzes ebenso wenig aus wie das bloße Beobachten einer Person.[158] 55

Die zweite Alternative erstreckt den Versicherungsschutz auf Personen, die sich **zum Schutz eines widerrechtlich Angegriffenen** persönlich einsetzen. Aus dem Wortlaut „Schutz eines Angegriffenen" ergibt sich, dass der Angriff im Gegensatz zur 1. Alternative gegen die **Person eines Dritten** gerichtet sein muss. Unschädlich ist jedoch, wenn sich der Angriff infolge des Einsatzes deder helfenden Person gegen diese richtet. Ausreichend für den Versicherungsschutz nach § 2 Abs. 1 Nr. 13 lit. c SGB VII ist, dass die helfende Person nach den ihr erkennbaren Umständen einen widerrechtlichen Angriff annehmen durfte. Ob objektiv ein widerrechtlicher Angriff vorgelegen hat, ist hingegen unerheblich.[159] Der Wortlaut des § 2 Abs. 1 Nr. 13 lit. c SGB VII „persönlich einsetzt" verdeutlicht zudem, dass ein **aktives Tun erforderlich** ist. Neben der tätlichen Abwehr kommt auch ein verbaler Beistand in Betracht, etwa indem dem Angreifer mit Worten ein tätliches Eingreifen und seine eigene Verletzung angedroht oder er mit gütlichem Zureden zur Beendigung des Angriffs ermuntert wird.[160] 56

§ 13 SGB XIV enthält einen **Anspruch auf soziale Entschädigung** u. a. für den Fall, dass die Schädigung erlitten wurde durch einen vorsätzlichen, rechtswidrigen, unmittelbar gegen ihre oder seine Person gerichteten tätlichen Angriff (körperliche Gewalttat) oder durch dessen rechtmäßige Abwehr. **Doppelleistungen** einerseits nach dem SGB VII, andererseits nach dem SGB XIV schließt § 8 Abs. 3 SGB XIV aus, nach dem die Leistungen der Unfallversicherung vorrangig sind, soweit beide Ansprüche auf derselben Ursache beruhen. 57

i) Notärzte im Rettungsdienst (§ 2 Abs. 1 Nr. 13 lit. d SGB VII)

Auch **Notärzte im Rettungsdienst** stehen, da sie im Allgemeininteresse tätig werden, unter den Voraussetzungen des § 2 Abs. 1 Nr. 13 lit. d SGB VII unter Unfallversicherungsschutz. Vor der Einführung der Nr. 13 lit. d SGB VII konnte Unfallversicherungsschutz nur unter den Voraussetzungen der Nr. 1, Nr. 9 oder Nr. 12 bestehen und ließ insbesondere in Nebentätigkeit nicht als (abhängig) Beschäftigte tätige Notärzte insoweit ungeschützt. „Notärzte" sind Ärztinnen und Ärzte mit einer entsprechenden Zusatzqualifikation, die im Rettungsdienst eingesetzt werden. Die Tätigkeit als Notarzt muss in **Nebentätigkeit** ausgeübt werden, das konkretisiert lit. aa dahin, dass noch eine Beschäftigung von regelmäßig 15 Stunden wöchentlich außerhalb des Rettungsdienstes ausgeübt wird, und lit. bb alternativ dahin, dass eine Tätigkeit als zugelassener Vertragsarzt oder Arzt in privater Niederlassung ausgeübt wird. 58

154 BSG 29.11.1963, BSGE 20, 107.
155 LSG NRW 6.7.1962, Breith. 1963, 300.
156 BSG 29.5.1964, BSGE 21, 101; BSG 11.6.1990, HV-Info 1990, 2046.
157 LSG NRW 28.4.1998, HVBG-Info 1999, 1932.
158 LSG Rheinland-Pfalz 16.12.1962, Breith. 1962, 382.
159 Bay. LSG 16.10.1964, Breith. 1965, 194.
160 LSG Rheinland-Pfalz 21.8.1996, HVBG-Info 1997, 1769.

j) Selbsthilfe beim Wohnungsbau (§ 2 Abs. 1 Nr. 16 SGB VII)

59 Mit dem Unfallversicherungsschutz von Personen, die im Rahmen der **Selbsthilfe** bei einem **öffentlich geförderten Bau eines Wohnhauses** nach § 2 Abs. 1 Nr. 16 SGB VII tätig sind, ergänzt der Gesetzgeber in sozialpolitischer Zweckrichtung die Förderung des privaten Wohnungsbaus. Zweck des § 2 Abs. 1 Nr. 16 SGB VII ist es, die Schaffung von Wohnraum zu fördern, den hierbei mithelfenden Personen Unfallversicherungsschutz zu gewähren und den Bauherrn von einer Beitragsbelastung in der gesetzlichen Unfallversicherung freizustellen.[161] Nach § 2 Abs. 1 Nr. 16 SGB VII sind Personen versichert, die bei der Schaffung öffentlich geförderten Wohnraums i. S. d. 2. Wohnungsbaugesetztes (II. WoBauG), das bis zum 31.12.2001 galt, oder im Rahmen der sozialen Wohnraumförderung bei der Schaffung von Wohnraum i. S. d. § 16 Abs. 1 Nr. 1 bis 3 Wohnraumförderungsgesetz (WoFG) im Rahmen der Selbsthilfe tätig sind.

60 Die Tätigkeit muss im Rahmen der **Selbsthilfe** erfolgen. Selbsthilfe sind die Arbeitsleistungen, die zur Durchführung des Bauvorhabens vom Bauherrn selbst, seinen Angehörigen oder von anderen Personen **unentgeltlich** oder auf **Gegenseitigkeit** erbracht werden. **„Bauherr“** ist derjenige oder diejenige, der oder die das Bauvorhaben für eigene oder fremde Rechnung im eigenen Namen durchführt oder durch Dritte durchführen lässt (§ 11 Abs. 1 Nr. 1 WoFG). Der Begriff des **Angehörigen** wird durch das WoFG in § 18 Abs. 2 Nr. 1–4 abschließend geregelt.[162] Arbeitsleistungen anderer Personen sind – anders als die Eigenleistungen des Bauherrn selbst oder seiner Angehörigen[163] – gem. § 2 Abs. 1 Nr. 16 SGB VII nur versichert, wenn sie **unentgeltlich** oder **auf Gegenseitigkeit** erbracht werden. Die im Rahmen von **Gegenseitigkeit** erbrachten bzw. zu erbringenden Hilfen müssen nicht gleichzeitig oder unmittelbar hintereinander stattfinden; insoweit genügt eine ernsthafte Absprache auch ohne eine genaue Zeitbestimmung.[164] Darüber hinaus ist erforderlich, dass der **Wert der Selbsthilfe** im Verhältnis zu den Gesamtkosten des Bauvorhabens für die Finanzierung des Bauwerkes eine erhebliche Bedeutung hat. Als Grenzbetrag, unter dem der Wert der Selbsthilfe für die Finanzierung in der Regel nicht mehr erheblich ist, gelten **1,5 % der Gesamtkosten des Bauwerkes.**[165] Auch wenn der Tatbestand nicht erfüllt ist, kann noch eine Wie-Beschäftigung nach § 2 Abs. 2 SGB VII gegeben sein.

8. Sonstige Versicherte

Literatur: Gitter, Der Schutz der gesetzlichen Unfallversicherung bei stationärer Heilbehandlung, SGb 1982, 221 ff.; Gitter, Der Unfallversicherungsschutz der Rehabilitanden, SGb 1984, 289 ff.; Gitter, Der Versicherungsschutz der Pflegepersonen in der Unfall- und Krankenversicherung, VSSR 1996, 1 ff.; Leube, Gesetzliche Unfallversicherung häuslicher Pflegepersonen, SGb 2018, 340 ff.; Schlaeger, Unfallversicherungsschutz von häuslichen Pflegepersonen nach dem Zweiten Pflegestärkungsgesetz (PSG II), SGb 2016, 684 ff.

a) Lernende während beruflicher Aus- und Fortbildung (§ 2 Abs. 1 Nr. 2 SGB VII)

61 **Lernende** sind gem. § 2 Abs. 1 Nr. 2 SGB VII während der **beruflichen Aus- und Fortbildung** in – gleich ob privat- oder öffentlich-rechtlich organisierten[166] – Betriebswerkstätten, Lehrwerkstätten, Schulungskuren oder ähnlichen Einrichtungen versichert. Die Abgrenzung von Ausbildung und Fortbildung ist ohne praktische Bedeutung.[167] Erfasst werden alle Bildungsmaßnahmen, die einen **inne-**

161 BSG 27.6.1968, BSGE 28, 128; BSG 11.8.1988, HV-Info 1988, 2063.
162 BSG 25.8.1982, SozR 2200 § 539 Nr. 85.
163 BSG 25.8.1982, SozR 2200 § 539 Nr. 85.
164 BSG 25.8.1982, SozR 2200 § 539 Nr. 85.
165 BSG 27.6.1968, BSGE 28, 122; BSG 11.8.1988, SozR 2200 § 539 Nr. 128.
166 BSG 9.12.1976, SozR 2200 § 539 Nr. 30.
167 BSG 9.12.1976, SozR 2200 § 539 Nr. 30.

ren Bezug zu einer Erwerbstätigkeit oder einer sonstigen versicherungspflichtigen Tätigkeit i. S. d. § 2 Abs. 1 SGB VII haben.[168] Liegt die Aus- und Fortbildung dagegen allein oder überwiegend im privaten, eigennützigen, nicht wirtschaftlichen Interesse der Lernenden, so besteht kein Versicherungsschutz.[169] Für den Versicherungsschutz nach § 2 Abs. 1 Nr. 2 SGB VII ist es hingegen unerheblich, ob die berufliche Aus- oder Fortbildung pflichtgemäß oder freiwillig ist; daher kann auch der Erwerb von Kenntnissen und Fähigkeiten zur beruflichen Aus- oder Fortbildung gehören, deren Erwerb nicht ausdrücklich vorgeschrieben ist.[170]

Lernende können **gelernte und ungelernte Personen** sein, **Berufstätige**, die sich neben ihrer 62
Erwerbstätigkeit fachlich qualifizieren,[171] **Umschüler**, die Leistungen zur Teilhabe am Arbeitsleben erhalten[172] oder auch abhängig Beschäftigte als Teilnehmer an Fortbildungsveranstaltungen.[173] Die Versicherung nach § 2 Abs. 1 Nr. 2 SGB VII kommt insbesondere auch dann in Betracht, wenn keine Versicherung gem. § 2 Abs. 1 Nr. 8 lit. b SGB VII besteht, weil an der berufsbildenden Einrichtung kein schulrechtlicher Abschluss erworben und die Schulpflicht nicht erfüllt werden kann.[174]

b) Personen, die sich im Zusammenhang mit einer versicherten Tätigkeit Untersuchungen, Prüfungen oder ähnlichen Maßnahmen unterziehen (§ 2 Abs. 1 Nr. 3 SGB VII)

§ 2 Abs. 1 Nr. 3 SGB VII erstreckt den Schutz der gesetzlichen Unfallversicherung weiterhin auf Per- 63
sonen, die sich **Untersuchungen, Prüfungen oder ähnlichen Maßnahmen** unterziehen, die aufgrund von Rechtsvorschriften zur Aufnahme einer versicherten Tätigkeit oder infolge einer abgeschlossenen versicherten Tätigkeit erforderlich sind, soweit diese Maßnahmen vom Unternehmen oder einer Behörde veranlasst worden sind. Der Versicherungsschutz der gesetzlichen Unfallversicherung umfasst demgemäß z. B. Untersuchungen nach § 32 JArbSchG, Vorsorgeuntersuchungen aufgrund von Unfallverhütungs- oder Arbeitsschutzvorschriften sowie die Schulreifeuntersuchung. Der hinter der Einbeziehung in den Versicherungsschutz stehende Gedanke ist, dass die Maßnahme in engem Zusammenhang mit der Beschäftigung, als Vor- oder Nachsorge im Interesse der Versicherten selbst, der Unternehmer oder zum Schutz anderer steht. Wird eine Untersuchung oder Prüfung zwar nicht durch Rechtsvorschriften, aber zwingend durch den Unternehmer vorgeschrieben, kann Versicherungsschutz gem. § 2 Abs. 1 Nr. 1 SGB VII bestehen.

c) Behinderte Menschen in anerkannten Werkstätten (§ 2 Abs. 1 Nr. 4 SGB VII)

Kraft Gesetzes pflichtversichert sind auch **behinderte Menschen** (§ 2 SGB IX), die in anerkannten 64
Werkstätten (§ 219 SGB IX) eines anderen Leistungsanbieters nach § 60 SGB IX oder in Blindenwerkstätten i. S. d. § 226 SGB IX oder für diese Einrichtungen in Heimarbeit tätig sind (§ 2 Abs. 1 Nr. 4 SGB VII). Diese Vorschrift wurde in Anlehnung an die Vorschriften der Krankenversicherung (§ 5 Abs. 1 Nr. 7 SGB V) und Rentenversicherung (§ 1 Nr. 2 lit. a SGB VI) geschaffen. Für behinderte Menschen, die in anderen Einrichtungen tätig sind, kommt Versicherungsschutz nach § 2 Abs. 1 Nr. 1 SGB VII in Betracht, der den nach Nr. 4 verdrängt.[175]

Für den Versicherungsschutz ist ausreichend, dass der behinderte Mensch in der Werkstatt **tätig** 65
war. Die Werkstätten dienen nach § 219 SGB IX der Teilhabe behinderter Menschen am Arbeitsleben und ihrer Eingliederung in das Arbeitsleben, daneben der Weiterentwicklung ihrer Persönlichkeit.

---

168 Vgl. BSG 27.1.1994, SozR 3-2200 § 539 Nr. 27.
169 BSG 26.6.1969, BSGE 30, 3 – Erweiterung der Allgemeinbildung; BSG 27.1.1994, SozR 3-2200 § 539 Nr. 27.
170 BSG 26.5.1987, HV-Info 1987, 1239.
171 BSG 9.12.1976, BSGE 43, 60.
172 BSG 20.1.1987, SGb 1988, 80; BSG 5.10.1995, BB 1996, 1391.
173 BSG 31.5.1988, NZA 1989, 195.
174 BSG 4.7.2013, SozR 4-2700 § 2 Nr. 25.
175 BSG 18.1.2011, BSGE 107, 197.

Art, Umfang und Dauer der Tätigkeit des Menschen mit Behinderungen in der Werkstatt sind vor diesem Hintergrund unerheblich, erforderlich ist aber eine zumindest geringfügig wirtschaftlich verwertbare Arbeitsleistung. Diese fehlt, wenn der behinderte Mensch lediglich im Förder- und Betreuungsbereich einer Werkstatt tätig ist (§ 219 Abs. 3 SGB IX) – hier steht die **Betreuung** und nicht das Tätigwerden im Vordergrund.[176] Unter Versicherungsschutz stehen auch arbeitsbegleitende Maßnahmen, die der Therapie dienen,[177] aber wegen der Parallelität zu § 2 Abs. 1 Nr. 1 SGB VII nicht eigenwirtschaftliches Handeln (z. B. Verrichtung der Notdurft, Nahrungsaufnahme, dazu noch näher § 40 Rn. 54ff.).[178]

d) Meldepflichtige Arbeitslose und Teilnehmer an Beschäftigungsförderungsmaßnahmen (§ 2 Abs. 1 Nr. 14 SGB VII)

66 Ebenfalls kraft Gesetzes pflichtversichert sind Personen, die nach den Vorschriften des SGB III oder des SGB II der **Meldepflicht** unterliegen, wenn sie einer besonderen, an sie im Einzelfall gerichteten Aufforderung einer Dienststelle der Bundesagentur für Arbeit, eines nach § 6 lit. a SGB II zugelassenen kommunalen Trägers oder des nach § 6 Abs. 1 S. 1 Nr. 2 SGB II zuständigen Trägers nachkommen, diese oder eine andere Stelle aufzusuchen (§ 2 Abs. 1 Nr. 14 lit. a SGB VII). Lit. b schafft Versicherungsschutz auch für die Teilnehmende, an **Beschäftigungsförderungsmaßnahmen**, die von den genannten Einrichtungen gefördert werden, unabhängig von einer Meldepflicht. Zweck des Versicherungsschutzes ist es, den nach dem SGB III oder dem SGB II meldepflichtigen Personen bei Erfüllung der im Interesse einer geordneten Arbeitsvermittlung liegenden Meldepflicht und bei Herstellung der darüber hinaus von den Dienststellen der Arbeitsvermittlung für erforderlich gehaltenen persönlichen Kontakte Unfallversicherungsschutz in gleicher Weise zu gewähren, wie ihn ein Arbeitnehmer in Bezug auf den Weg zum und den Aufenthalt am Arbeitsplatz hat.[179]

67 Eine **Meldepflicht** i. S. v. § 2 Abs. 1 Nr. 14 SGB VII ist insbesondere die allgemeine Meldepflicht des Arbeitslosen nach Aufforderung durch die Arbeitsagentur gem. § 309 SGB III, der nach § 59 SGB II auch in Beziehung auf das Arbeitslosengeld II entsprechend anzuwenden ist. Der Arbeitslose ist dann meldepflichtig, wenn er Arbeitslosengeld beantragt hat – unabhängig davon, ob Leistungen gezahlt werden oder nicht.[180] Da die persönliche Arbeitslosmeldung gem. § 323 Abs. 1 S. 2 SGB III zugleich als Antrag auf Arbeitslosengeld gilt, besteht damit von der Arbeitslosmeldung an Versicherungsschutz in der gesetzlichen Unfallversicherung.[181] Daraus ergibt sich jedoch auch, dass vom Versicherungsschutz der Weg zur Arbeitslosmeldung nicht umfasst ist. Der Zweck einer geordneten Arbeitsvermittlung – an die der Gesetzgeber den Versicherungsschutz geknüpft hat – steht dabei noch nicht im Vordergrund.[182]

68 Erforderlich ist darüber hinaus eine **besondere, an die versicherte Person im Einzelfall gerichtete Aufforderung**. Allgemeine Hinweise und Empfehlungen oder die Aushändigung von Merkblättern richten sich an eine Vielzahl von Empfangspersonen und sind so nicht ausreichend.[183] Die Aufforderung muss eine **konkrete Willensäußerung** darstellen, die erkennen lässt, dass die Arbeitsverwaltung ein bestimmtes Verhalten – die persönliche Vorsprache/Meldung – vom Arbeitslosen erwartet.[184] Die Aufforderung, sich bei einem bestimmten Arbeitgeber vorzustellen, ist nicht unbedingt mit der ersten Vorstellung erschöpft, sondern erfasst auch die Fortsetzung der Verhand-

---

176 BSG 18.1.2011, BSGE 107, 197.
177 BSG 1.7.1997, HVBG-Info 1997, 2728.
178 LSG NRW 28.10.2008, UV-Recht Aktuell 2009, 464.
179 BSG 27.2.1981, BSGE 51, 213; BSG 8.12.1994, NZS 1995, 323.
180 BSG 8.12.1994, NZS 1995, 323; BSG 11.9.2001, NZS 2002, 208.
181 BSG 8.12.1994, NZS 1995, 323; BSG 11.9.2001, NZS 2002, 208.
182 BSG 8.12.1994, NZS 1995, 323; BSG 27.2.1981, BSGE 51, 213.
183 BT-Drs. 13/2204 S. 75.
184 BSG 8.12.1994, NZS 1995, 323; BSG 11.9.2001, NZS 2002, 208.

lung an einem folgenden Tag, soweit noch Verhandlungsbedarf besteht.[185] Nicht notwendig ist, dass die Aufforderung rechtswirksam ist.[186] Liegt eine entsprechende Aufforderung nicht vor, so unterliegen alle Bemühungen um eine neue Arbeitsstelle nicht dem Versicherungsschutz.[187] Der Gesetzgeber wollte den Schutz der gesetzlichen Unfallversicherung nicht auf Personen ausdehnen, die ohne Aufforderung der Bundesagentur für Arbeit einen Unternehmer zur Anbahnung eines Arbeitsverhältnisses aufsuchen.[188] Die private Arbeitsplatzsuche dient nicht dem Zweck einer geordneten Arbeitsvermittlung – an den der Gesetzgeber den Versicherungsschutz geknüpft hat – sondern ist vielmehr allein geprägt durch die Wahrnehmung von Interessen des Arbeitsplatzsuchenden und damit grds. dem eigenwirtschaftlichen Bereich zuzurechnen.[189] Gleiches gilt auch beim persönlichen Aufsuchen der Dienststelle der Bundesagentur für Arbeit, selbst wenn zwingende und anerkennenswerte Gründe dafür vorliegen.[190]

e) Krankenhauspatienten und Teilnehmer an Maßnahmen der Rehabilitation sowie an vorbeugenden Maßnahmen bei Berufskrankheiten (§ 2 Abs. 1 Nr. 15 SGB VII)

Literatur: Krasney, Gesetzlicher Unfallversicherungsschutz bei Erhalt von stationären Behandlungen, NZS 2011, 601ff.; Mülheims/Rösler, Nosokomiale Infektionen im Krankenhaus – Wie weit reicht der Schutz in der Gesetzlichen Unfallversicherung bei Rehabilitanden-Unfällen?, SGb 2020, 274ff.

Weiterhin sind gem. § 2 Abs. 1 Nr. 15 lit. a SGB VII Personen versichert, die auf Kosten der genannten 69
Träger eine **stationäre oder teilstationäre Behandlung** oder **stationäre, teilstationäre oder ambulante Leistungen zur medizinischen Rehabilitation** erhalten. Die Versicherung umfasst das (passive) Entgegennehmen der Behandlung sowie die Handlungen, die Personen vornehmen, um die Behandlung entweder zu erhalten oder an ihrer Durchführung mitzuwirken, soweit sie sich dabei im Rahmen der ärztlichen Anordnung halten.[191] **Kostenträger** der Maßnahme muss einer der in § 2 Abs. 1 Nr. 15.a SGB VII genannten Sozialversicherungsträger sein, das sind (abschließend)[192] die Krankenkassen (§ 4 Abs. 2 SGB V), die Gesetzlichen Rentenversicherungsträger und die landwirtschaftlichen Alterskassen. **Nicht** erfasst ist die **vor- oder nachstationäre Behandlung** (diese ist eine Form der ambulanten Behandlung[193]) sowie die rein pflegerische Betreuung[194]. Stationäre, teilstationäre oder ambulante Leistung zur medizinischen **Rehabilitation** ist die Behandlung und Nachbehandlung bereits eingetretener Krankheiten. Die Unterscheidung von Behandlungs- und Rehabilitationsmaßnahmen ist nur für die ambulanten Maßnahmen von Bedeutung, da hinsichtlich dieser nur im Rahmen der Rehabilitation Versicherungsschutz besteht. Auch unter den Begriff der medizinischen Rehabilitation fällt nicht die rein pflegerische Betreuung.[195] **Auf Kosten** der genannten Leistungsträger erfolgen Maßnahmen, die als Sachleistung erbracht werden. Das BSG[196] hat angenommen, auf Kosten der Leistungsträger erfolge die Behandlung dann nicht, wenn lediglich ein Zuschuss zur Behandlung gewährt werde. Der Träger der Krankenversicherung werde hier nicht

185 BSG 12.5.2009, SGb 2009, 407: Kein Verhandlungsbedarf bei bloß nachträglicher Beibringung einer Bescheinigung.
186 BSG 11.9.2001, NZS 2002, 208.
187 BSG 20.1.1987, NZA 1987, 539.
188 BSG 20.1.1987, NZA 1987, 539.
189 Vgl. BSG 30.1.1986, SGb 1986, 577.
190 BSG 24.6.2003, HVBG-Info 2003, 2704.
191 BSG 27.4.2010, NZS 2011, 313.
192 BSG 17.10.1990, NZA 1991, 406. Insbesondere nicht erfasst sind damit privat Krankenversicherte, LSG Sachsen 28.4.2021 L 6 U 18/19.
193 BSG 22.6.1994, BSGE 74, 263.
194 BSG 25.1.1979, SozR 2200 § 184 Nr. 11.
195 BSG 25.1.1979, SozR 2200 § 184 Nr. 11.
196 BSG 22.3.1983, BSGE 55, 30.

zum Unternehmer; es fehle an der Kontrolle über den Leistungserbringer. Da eine Kostenerstattung nach § 13 Abs. 2 SGB V an die Stelle einer Sach- oder Dienstleistung tritt, sind auch Personen, die Kostenerstattung gewählt haben, einbezogen.[197]

70 **Berufliche Rehabilitanden** sind versichert, wenn sie zur Vorbereitung von berufsfördernden Maßnahmen auf Aufforderung des Kostenträgers diesen oder eine andere Stelle aufsuchen (§ 2 Abs. 1 Nr. 15 lit. b SGB VII). Die berufsfördernde Maßnahme selbst ist nach § 2 Abs. 1 Nr. 2 SGB VII versichert.

71 Personen, die an vorbeugenden Maßnahmen bei Berufskrankheiten gem. § 3 BKV teilnehmen, stehen nach § 2 Abs. 1 Nr. 15 lit. c SGB VII unter Versicherungsschutz. Dadurch werden über § 11 SGB VII (s. § 40 Rn. 108ff.) hinaus die Fälle erfasst, in denen die vorbeugenden Maßnahmen den **Eintritt** einer Berufskrankheit verhindern sollen.

f) Pflegepersonen (§ 2 Abs. 1 Nr. 17 SGB VII)

72 Gem. § 2 Abs. 1 Nr. 17 SGB VII sind Pflegepersonen i. S. d. § 19 SGB XI bei der Pflege eines Pflegebedürftigen mit mindestens Pflegegrad 2 i. S. d. §§ 14, 15 Abs. 3 SGB XI versichert. Durch diese Vorschrift soll Pflegenden Versicherungsschutz in der gesetzlichen Unfallversicherung gewährt werden, die dieses Schutzes deshalb bedürfen, weil sie Pflegebedürftige in deren häuslicher Umgebung pflegen, mangels Beschäftigung nicht anderweitig in der gesetzlichen Unfallversicherung abgesichert sind und die Pflege nicht im Rahmen einer ggf. versicherten selbstständigen Erwerbstätigkeit erbringen. Auch soll die Pflegebereitschaft der Nachbarn und Angehörigen gestärkt werden.[198]

73 Gem. § 2 Abs. 1 Nr. 17 2. Hs. SGB VII umfasst die versicherte Tätigkeit einen in § 14 Abs. 2, § 18 Abs. 5a S. 3 Nr. 2 SGB XI bestimmten breiten Bereich der Pflegetätigkeiten und Hilfen bei der Haushaltsführung, auch wenn Defizite im jeweiligen Bereich bei der Zuordnung einer Pflegestufe ggf. nicht angerechnet wurden.[199] **Pflegepersonen** im Sinne dieser Regelung sind Personen, die nicht erwerbstätig einen Pflegebedürftigen wenigstens 10 Stunden, verteilt auf mindestens zwei Tage in der Woche in seiner häuslichen Umgebung pflegen (§ 19 SGB XI). Diese **zeitliche Beschränkung** wurde 2017 eingeführt, weil geringfügige, gelegentliche oder alltägliche Unterstützungsleistungen keine Ansprüche auf Leistungen zur sozialen Sicherheit auslösen sollten.[200] Vor diesem Hintergrund ist fraglich, ob bei zeitlicher Unterschreitung eine Wie-Beschäftigung nach § 2 Abs. 2 S. 1 SGB VII angenommen werden kann. Die Beurteilung, ob die Pflege **erwerbsmäßig** oder nicht erwerbsmäßig erfolgt, richtet sich nach § 3 S. 2 SGB VI. Auch finanzielle Anerkennungen führen dann nicht zum erwerbsmäßigen Betreiben der Pflegetätigkeit, wenn der Wert der Zuwendungen den Betrag des dem Umfang der Pflegetätigkeit entsprechenden Pflegegeldes nicht überschreitet.[201] Erwerbsmäßige Pflegekräfte könnten nach § 2 Abs. 1 Nr. 1 oder Nr. 9 SGB VII unter Versicherungsschutz stehen. **Häusliche Umgebung** ist nicht zwangsläufig die eigene Wohnung oder der Haushalt der zu pflegenden Person, sondern es kann sich auch um ein Alten- oder Pflegeheim handeln, wenn es sich bei der Pflege ihrem Charakter nach um häusliche Pflege handelt.[202] Auch Unfälle, die bei einzelnen Pflegetätigkeiten außerhalb des häuslichen Bereichs (z. B. bei Einkäufen oder Arztbesuchen) erfolgen, stehen unter Versicherungsschutz.[203]

---

197 Str., näher m.N. BeckOK SozR/Wietfeld, § 2 SGB VII Rn. 193.
198 BSG 26.6.2014, SGb 2015, 452.
199 BSG 9.11.2010, NZS 2011, 710.
200 BT-Drs. 18/5926, S. 117; zur kritischen Diskussion Leube, SGb. 2018, 340 ff.
201 BSG 26.6.2014, SGb. 2015 452.
202 BSG 22.8.2000, SozR 3-2200 § 539 Nr. 52.
203 BSG 9.11.2010, NZS 2011, 710.

9. Konkurrenzen

a) Problem der Doppelversicherung

Die den Versicherungsschutz begründenden Tätigkeiten nach § 2 SGB VII können sich überschneiden, Betroffene können u.U. unter mehreren Gesichtspunkten in der gesetzlichen Unfallversicherung versichert sein. Dann treten Konkurrenzfragen auf, die die Zuordnung des Versicherungsfalls zu einer bestimmten den Versicherungsschutz begründenden Tätigkeit erforderlich machen. Eine solche Zuordnung ist vor allem aus drei Gründen erforderlich: 74

- Erstens für die **Zuständigkeit des Unfallversicherungsträgers**: Erleidet z.B. ein Beschäftigter, in dessen Betrieb ein Brand ausgebrochen ist, bei der Rettung von Kollegen eine Rauchvergiftung, so können sowohl die für den Betrieb zuständige gewerbliche Berufsgenossenschaft als auch das Land bzw. der örtliche Gemeindeunfallversicherungsverband gem. §§ 128f. SGB VII zuständig sein. Zugunsten des Betroffenen ist insoweit zwar § 43 SGB I einschlägig, der bei einem Zuständigkeitskonflikt den zuerst angegangenen Sozialleistungsträger zur Leistungserbringung verpflichtet. Dieser kann jedoch im Wege des Regresses seine Aufwendungen vom zuständigen Leistungsträger erstattet verlangen.
- Zweitens – für Betroffene wichtiger – hinsichtlich des **Leistungsumfangs**: Hat die versicherte Person oder ihre Hinterbliebenen aufgrund des Unfalls Anspruch auf Rente aus der gesetzlichen Unfallversicherung, so bestimmt sich deren Höhe nach dem Einkommen der versicherten Person in den letzten zwölf Monaten. Allerdings begrenzt § 85 SGB VII das berücksichtigungsfähige Einkommen in beide Richtungen (Mindest- und Höchstjahresarbeitsverdienst). Dabei sind die Berufsgenossenschaften berechtigt, in ihrer Satzung einen höheren als den im Gesetz festgelegten Höchstjahresarbeitsverdienst festzusetzen, § 85 Abs. 2 Satz 2 SGB VII. Dementsprechend kann sich aus der Zuständigkeit eines bestimmten Versicherungsträgers eine höhere Rentenleistung ergeben. Außerdem ermöglicht § 13 SGB VII den Ersatz von Sachschäden nur in den Fällen des § 2 Abs. 1 Nr. 11 lit. a, 12 und Nr. 13 lit. a und lit. c SGB VII, so dass ein Vorrang anderweitigen Versicherungsschutzes den Sachschadensersatz ausschlösse.
- Drittens – und zumeist am bedeutsamsten – für die Frage des **Haftungsausschlusses** nach §§ 104ff. SGB VII (näher § 42 Rn. 2ff), dazu folgendes

---

Beispiel:[204]

Ein mit über 30 Reisenden besetzter Reisebus verlor aufgrund eines defekten Radlagers auf der Autobahn sein linkes Vorderrad. Nachdem es dem Fahrer gelungen war, den Bus auf dem Seitenstreifen der Autobahn zum Stehen zu bringen, versuchten die Reisenden K und T, das auf der Überholspur liegende Vorderrad zu bergen. Dabei kam es infolge der durch das defekte Radlager entfachten Hitze zu einer explosionsartigen Trennung des Reifens von der Felge, bei der K getötet und T schwer verletzt wurde. T verlangt Schmerzensgeld vom Busunternehmer U.

T war als Nothelferin gem. § 2 Abs. 1 Nr. 13 lit. a SGB VII versichert, weil der auf der Überholspur liegende Busreifen eine gemeine Gefahr darstellte. Sie könnte aber zudem „wie" eine Beschäftigte des U tätig geworden und Versicherungsschutz nach § 2 Abs. 2 SGB VII erlangt haben, womit zugleich alle Ansprüche gegen U als ihren „Unternehmer" ausgeschlossen wären, § 104 Abs. 1 Satz 1 SGB VII.

---

b) Unechte Konkurrenz

Zumeist handelt es sich beim Zusammentreffen mehrerer den Versicherungsschutz begründender Tatbestände lediglich um Fälle scheinbarer (unechter) Konkurrenz, bei denen zwar die objektiven Merkmale mehrerer Versicherungsschutztatbestände erfüllt sind, die Handlungstendenz der versicherten Person aber eine eindeutige Zuordnung ermöglicht (zur Handlungstendenz siehe unter § 40 Rn. 31ff.). So hat das BSG für ein Zusammentreffen von § 2 Abs. 1 Nr. 13 lit. a und § 2 Abs. 2 SGB VII auf die „Beweggründe für die Hilfeleistung" abgestellt: 75

---

204 Nach BGH 4.4.1995, NJW 1995, 2038.

„Der [2.] Senat hat bereits entschieden, dass jeweils nur ein Versicherungsträger zuständig sein kann. Deshalb ist der Versicherungsschutz nach § 539 Abs. 1 Nr. 9 Buchst. a RVO [jetzt § 2 Abs. 1 Nr. 13 lit. a SGB VII] von dem nach § 539 Abs. 2 RVO [jetzt § 2 Abs. 2 S. 1 SGB VII] aufgrund der Prüfung abzugrenzen, welche Umstände rechtlich mehr ins Gewicht fallen. Dem steht nicht entgegen, dass der Senat der Vorschrift des § 539 Abs. 1 Nr. 9 RVO als einer besonderen Gestaltungsform öffentlicher Unfallfürsorge grundsätzlich subsidiäre Bedeutung beimisst. Denn auch hierbei ist immer eine Abwägung erforderlich, welche Beweggründe die Hilfeleistung letztlich bestimmen. Sind die Gründe für eine Hilfeleistung im Rahmen einer arbeitnehmerähnlichen Tätigkeit gem. § 539 Abs. 2 RVO von so untergeordneter Bedeutung, dass sie gegenüber den Umständen, die den Versicherungsschutz nach § 539 Abs. 1 Nr. 9 Buchst. a RVO begründen, zurücktreten, so besteht Versicherungsschutz nach § 539 Abs. 1 Nr. 9 Buchst. a RVO.“[205]

c) Echte Konkurrenz

76 In den – wenigen – Fällen echter Konkurrenz, in denen alle Tatbestandsmerkmale der betroffenen Normen auch in subjektiver Hinsicht erfüllt sind, legt § 135 SGB VII im Einzelnen detailliert das Konkurrenzverhältnis fest. Im Grundsatz ist die Versicherung nach § 2 Abs. 1 Nr. 1 vorrangig, dazu folgendes

Beispiel[206]**:**
Ein Schreiner S erleidet auf einer Dienstfahrt einen Verkehrsunfall mit seinem Dienstfahrzeug und kommt auf dem Standstreifen zum Stehen. Dabei erleidet er ein Schleudertrauma. Im fahruntüchtigen Auto befindet sich auch ein Praktikant. S steigt aus und holt das Warndreieck zur Absicherung der Unfallstelle aus dem Kofferraum. Dabei fällt ihm der nun defekte Kofferraumdeckel auf die Hand, was zur Amputation eines Fingers führt.

Das BSG hat hier angenommen, dass von den objektiven Umständen und der Handlungstendenz her sowohl ein Tätigwerden als Nothelfer nach § 2 Abs. 1 Nr. 13 lit. a SGB VII als auch ein Tätigwerden als Beschäftigter nach § 2 Abs. 1 Nr. 1 SGB VII in Betracht kommt, weil durch die Absicherung jedenfalls auch Nebenpflichten aus dem Beschäftigungsverhältnis, § 241 Abs. 2 BGB, erfüllt werden. Das Konkurrenzverhältnis regelt § 135 Abs. 1 Nr. 5 SGB VII. Die Versicherung nach § 2 Abs. 1 Nr. 1 SGB VII geht daher vor.

III. Versicherungspflicht kraft Satzung

77 § 3 SGB VII ermöglicht es den Trägern der Unfallversicherung, in ihrer Satzung den **Unternehmer**, im Unternehmen **mitarbeitende Ehegatten oder Lebenspartner** (Nr. 1), **Personen, die sich an der Unternehmensstätte aufhalten** (Nr. 2), Personen, die im Ausland bei einer **staatlichen deutschen Einrichtung beschäftigt** oder von anderen Staaten zur Verfügung gestellt werden, soweit in diesem Staat keine andere Unfallversicherung vorgesehen ist (Nr. 3), **ehrenamtlich tätige und bürgerschaftlich Engagierte** (Nr. 4) und Kinder und Jugendliche während der Teilnahme an **Sprachförderungskursen**, wenn die Teilnahme aufgrund landesrechtlicher Regelungen erfolgt (Nr. 5), in die Versicherungspflicht einzubeziehen. Die Vorschrift verfolgt einen sozialen Schutzzweck, indem sie die Möglichkeit eröffnet, durch Satzung weitere Personen in den Kreis der Versicherten miteinzubeziehen. Die sog. Unternehmerversicherung nach Nr. 1 ist eine **versicherungsrechtliche Eigenhilfe der Unternehmer** auf genossenschaftlicher Grundlage, die – anders als die Beschäftigtenversicherung – nicht vom Gedanken der Haftungsersetzung getragen wird (z.B. Kleinunternehmer wie selbstständige Taxifahrende).[207] Durchgreifende verfassungsrechtliche Bedenken bestehen gegen die **durch Satzungsrecht begründete Zwangsmitgliedschaft** und die damit verbundene Beitragsver-

205 BSG 29.9.1992, NJW 1993, 1030.
206 Nach BSG 18.3.2008, NJW 2009, 937.
207 BSG 4.12.2007, NZS 2008, 659.

pflichtung auch wegen der geringen Eingriffsintensität nicht.[208] Bei Nr. 2 ist der Gedanke der Haftungsfreistellung von Unternehmern, deren Betriebsgelände von Dritten aufgesucht wird, maßgeblich. Nr. 3–5 bezwecken den Schutz der Versicherten durch einen solventen Schuldner.

Die **Gestaltungsfreiheit des Unfallversicherungsträgers** ist bei der Versicherungspflicht kraft Satzung insoweit beschränkt, als weder Beginn und Ende noch die im Versicherungsfall zu gewährenden Leistungen eigenverantwortlich festgelegt werden können. Vielmehr beginnt der Versicherungsschutz des kraft Satzung Pflichtversicherten wie bei den kraft Gesetzes Versicherten mit der Aufnahme der versicherten Tätigkeit. Der Versicherungsschutz kann aber in der Satzung an bestimmte Kriterien geknüpft werden, wie z. B. Unternehmensgröße. Ein „Mischtyp" von Versicherungen – etwa eine Pflichtversicherung kraft Satzung mit den Kündigungsrechten einer freiwilligen Versicherung – kann nach § 3 SGB VII nicht geschaffen werden, da es in sich widersprüchlich wäre, eine Personengruppe nach Maßgabe des § 3 SGB VII aufgrund einer Satzung in die Versicherungspflicht einzubeziehen, da sie des Schutzes der GUV bedürfe, ihr aber zugleich die Entscheidung zu eröffnen, der Einbeziehung in die Versicherung zu widersprechen oder sie zu kündigen.[209] Die Gestaltungsfreiheit ist auch beschränkt durch § 3 Abs. 2 SGB VII. Die dort genannten Personen (Haushaltsführende, Binnenfischer und Imker, Fischerei- und Jagdgäste, Reeder) können nicht einbezogen werden. Sie werden wegen der privaten Ausrichtung ihrer Tätigkeit oder nach ihrer wirtschaftlichen Stellung nicht als schutzbedürftig angesehen. 78

IV. Freiwillige Versicherung

Wie in der gesetzlichen Rentenversicherung (dort § 7 SGB VI), aber anders als bspw. in der Arbeitslosenversicherung, besteht in der gesetzlichen Unfallversicherung die Möglichkeit der freiwilligen Versicherung. Gem. § 6 Abs. 1 Nr. 1 und 2 SGB VII haben dieses Recht zunächst **Unternehmer** und **vergleichbare Personen**, so dass diese – auch wenn die Satzung der für sie zuständigen Berufsgenossenschaft nicht von der Ermächtigung des § 3 Abs. 1 SGB VII Gebrauch gemacht hat – in jedem Falle den Schutz der gesetzlichen Unfallversicherung erlangen können. Versichert ist dann, was objektiv zur Erfüllung der Aufgaben der im Antrag angezeigten Unternehmertätigkeit getan wird.[210] Nach Nr. 3 können sich **gewählte** (z. B. Geschäftsführerin, Schriftführerin, Kassenwart) oder von diesen **beauftragte Ehrenamtsträger** (z. B. Platzwart, Zeugwart, Hafenmeister) in gemeinnützigen Organisationen, nach Nr. 4 Personen, die sich in Arbeitgeberorganisationen oder **Gewerkschaften** in Gremien und Kommissionen ehrenamtlich engagieren und nach Nr. 5 entsprechend für **Parteien** im Sinn des Parteiengesetzes ehrenamtlich tätige Personen freiwillig versichern. Anders als bei den Pflichtversicherten beginnt der Versicherungsschutz erst mit dem auf den Eingang des Antrags folgenden Tag. Die Nichtentrichtung von Beiträgen führt nach Ablauf von zwei Monaten zum Erlöschen des Versicherungsschutzes (§ 6 Abs. 2 SGB VII). Der Umfang der Versicherung ist auch hier der gleiche wie bei den kraft Gesetzes Versicherten.[211] 79

V. Versicherungsfreiheit und Versicherungsbefreiung

1. Versicherungsfreiheit

§ 4 Abs. 1 SGB VII ist Ausdruck der partiellen Subsidiarität der gesetzlichen Unfallversicherung gegenüber **Sonderversorgungssystemen** und dient der Vermeidung von Doppelansprüchen. Der dort genannte Personenkreis (v. a. Beamte, Richter und Soldaten) hat bei einem Dienstunfall Anspruch auf 80

208 BVerfG 30.7.1985, NJW 1986, 1095.
209 BSG 17.5.2011, BSGE 108, 194.
210 BSG 18.9.2012, NJW 2013, 2062.
211 BSG 30.7.1975, BSGE 40, 113.

Versorgung nach dem Beamten- bzw. Soldatenversorgungsgesetz (BeamtVG, SVG). Die Versicherungsfreiheit schließt jede Pflichtversicherung, nicht aber eine freiwillige Versicherung nach § 6 Abs. 1 SGB VII aus, soweit dort nichts anderes geregelt ist. Sie beschränkt sich im Übrigen auf die den Versorgungsanspruch begründenden Tätigkeiten, schließt aber eine Versicherung bei **anderen Tätigkeiten** nicht aus (z. B. Wie-Beschäftigung, ehrenamtliche Tätigkeit, Beschäftigungsverhältnisse außerhalb des Dienstverhältnisses[212]).

81 § 4 Abs. 2 und 4 SGB VII dient der typisierenden Abgrenzung von unversicherter eigenwirtschaftlicher Tätigkeit und versicherter Beschäftigung, insoweit ähnelt die Versicherungsfreiheit einer unwiderleglichen Vermutung, dass bestimmte Tätigkeiten aufgrund ihrer Eigenart oder der verwandtschaftlichen Beziehung des Betroffenen zum Unternehmer dem privaten Bereich zuzurechnen und daher unversichert sind. § 4 Abs. 3 SGB VII klammert freie selbständige Ärzte, Zahnärzte usw. aus der sozialpolitisch motivierten Versicherungspflicht nach § 2 Abs. 1 Nr. 9 SGB VII aus. Die Anordnung der Versicherungsfreiheit für Landwirte, die Altersrente beziehen, erfolgt in Abs. 5 nach der Gesetzesbegründung typisierend, weil Landwirte trotz Rentenbezug im landwirtschaftlichen Betrieb weiterarbeiten und dadurch Abgrenzungsprobleme einer unversicherten und einer nach § 2 Abs. 2 SGB VII versicherten Tätigkeit auftreten, wobei ein Versicherungsschutz aufgrund der Besonderheiten in der Landwirtschaft hier nicht erforderlich sein soll.[213]

2. Versicherungsbefreiung

82 Die Vorschrift des § 5 SGB VII trägt dem Umstand Rechnung, dass die pauschale Einbeziehung jeder landwirtschaftlichen Bodenbewirtschaftung (mit Ausnahme der Haus-, Zier- und Kleingärten, § 123 Abs. 2 SGB VII) und die sich daraus ergebende Beitragspflicht des Betriebes in der Praxis zu Härten geführt hat. Personen, die kleinste landwirtschaftliche Nutzflächen bewirtschaften, können sich von ihrer aus § 2 Abs. 1 Nr. 5 SGB VII resultierenden Versicherungspflicht unwiderruflich befreien lassen.

§ 40 Die Versicherungsfälle der gesetzlichen Unfallversicherung

I. Allgemeines

1. Begriff und Bedeutung des Versicherungsfalls

1 Sozialversicherungsrechtlich wird der Begriff des Versicherungsfalls als ein Ereignis im Leben des Versicherten definiert, das bei seinem Eintritt spezifische Nachteile und Gefährdungen mit sich bringt, gegen die die Versicherung Schutz gewähren soll.[214] Der Begriff des Versicherungsfalls umschreibt also das jeweilige spezifische **versicherungsrechtliche Risiko** des Sozialversicherungszweiges und grenzt dieses dadurch vom versicherten Risikobereich der anderen Zweige der Sozialversicherung und den Gefahren des täglichen Lebens ab. Einen für alle Bereiche der Sozialversicherung maßgeblichen Begriff des Versicherungsfalls gibt es daher nicht. Die Versicherungsfälle der gesetzlichen Unfallversicherung haben in den §§ 7–13 SGB VII ihre Ausprägung gefunden. Das SGB VII (§ 7 Abs. 1) unterscheidet vor allem (s. § 40 Rn. 3) die Versicherungsfälle **Arbeitsunfall** (§ 8 SGB VII, s. § 40 Rn. 5 ff.) und **Berufskrankheit** (§ 9 SGB VII, s. § 40 Rn. 179 ff.).

2 Ob und welche Leistungen nach einem Versicherungsfall zu erbringen sind, ist keine Frage des Versicherungsfalls, sondern der Vorschriften zum Leistungsrecht (§ 41 Rn. 1 ff.). Erst bei Vorliegen der entsprechenden, ggfs. zusätzlichen, Leistungsvoraussetzungen wird die Leistungspflicht des Unfallversicherungsträgers begründet. Der **Versicherungsfall** und der von manchen sog. **Leistungsfall** sind daher voneinander zu **trennen.** Beispielsweise der Anspruch auf die Zahlung einer Rente

212 Z. B. BSG 10.12.1975, SozR 2200 § 539 Nr. 13.
213 BT-Drs. 16/6984, S. 15.
214 Vgl. BSG 27.7.1989, NZA 1990, 75.

nach §§ 56ff. SGB VII besteht nicht schon automatisch nach dem Eintritt des Versicherungsfalls Arbeitsunfall, sondern hat weitere Voraussetzungen, sodass man etwa bei deren Nichtvorliegen sagen könnte, dass zwar der Versicherungsfall, nicht aber der Leistungsfall eingetreten sei. Zwingend ist der gesetzlich nicht verwendete Begriff des Leistungsfalls aber nicht. **Anspruch auf Anerkennung** des Vorliegens eines Versicherungsfalls durch Verwaltungsakt des Unfallversicherungsträgers hat der Versicherte, **sobald der Versicherungsfall eingetreten ist**, auch wenn noch kein Leistungsanspruch entstanden ist.[215] Dies hat insbesondere bei der Berufskrankheit Bedeutung.

2. Systematik der Versicherungsfälle im SGB VII

Die **fehlende gesetzliche Systematik** des Unfallversicherungsrechts ist unter der Geltung der RVO oft beklagt worden. Der Gesetzgeber hat sich im SGB VII bemüht, der Kritik Rechnung zu tragen, ohne dass es ihm jedoch gelungen wäre, die verschiedenartigen Anforderungen der unterschiedlichen Versicherungsfälle immer deutlich herauszustellen. So taucht der in Rechtsprechung und Schrifttum klar definierte Begriff des „Wegeunfalls" im Abschnitt Versicherungsfall des SGB VII nicht auf, sondern wird lediglich in § 204 Abs. 1 Nr. 3 SGB VII erwähnt. Das SGB VII „hängt" vielmehr den Wegeunfall in § 8 Abs. 2 Nrn. 1 bis 4 SGB VII an den gewöhnlichen Arbeitsunfall an, indem es das Zurücklegen der dort genannten Wege als versicherte Tätigkeit definiert. Überdies trennt das SGB VII den sog. Wegeunfall nicht deutlich vom sog. Arbeitsgeräteunfall, der in § 8 Abs. 2 Nr. 5 SGB VII seinen Ausdruck gefunden hat. Auf der anderen Seite verwendet das SGB VII den Oberbegriff des Versicherungsfalls (§ 7 SGB VII) nicht konsequent überall dort, wo es von der Sache her sogar geboten wäre (vgl. § 1, § 14 Abs. 1, § 15 Abs. 1, § 17, § 21, § 23, § 25 Abs. 1 SGB VII). Obwohl Fragen der **Kausalität** gerade im Unfallversicherungsrecht eine zentrale Rolle spielen (s. § 40 Rn. 20ff.; 25ff.; 85ff.), fehlt im Gesetz eine diesbezügliche Regelung. Das SGB VII hat sich damit begnügt, die für den Versicherungsschutz zentrale Verknüpfung des Unfalls mit der versicherten Tätigkeit durch das Wort „infolge" vorzunehmen. Die amtliche Begründung hält schon dies für einen großen Fortschritt: 3

> „Das Wort ‚infolge' in [§ 8 Abs. 1] Satz 1 soll deutlicher als das bisherige ‚bei' zum Ausdruck bringen, dass für die Annahme eines Arbeitsunfalls ein ursächlicher Zusammenhang zwischen dem Unfall und der versicherten Tätigkeit erforderlich ist."[216]

Der Begriff des „Arbeitsunfalls" ist historisch bedingt. Bei der Errichtung der gesetzlichen Unfallversicherung war Ausgangspunkt der Schutz von Arbeitnehmern gegen den Eintritt und die Folgen eines Arbeitsunfalls (§ 35 Rn. 5). Diese Bezeichnung passt durch die weitere Entwicklung der gesetzlichen Unfallversicherung nicht mehr ganz, weil die versicherten Tätigkeiten, die von der gesetzlichen Unfallversicherung erfasst werden, nicht mehr nur ausschließlich dem Arbeitsleben zuzurechnen sind. Auch der Unfall einer Rentnerin bei ehrenamtlichen Tätigkeiten oder einer Schülerin beim Kauf von Schulmaterial kann – nach dem Wortsinn nicht sehr intuitiv – „Arbeitsunfall" sein. **Alle Versicherungsfälle** der gesetzlichen Unfallversicherung sind **rechtlich gleichwertig**. Sie werden grds. mit denselben Leistungen in derselben Höhe entschädigt und ihre **grundlegenden Voraussetzungen**, nämlich die Verursachung eines Gesundheitsschadens einer versicherten Person infolge einer versicherten Tätigkeit, **sind dieselben**. Nur für Berufskrankheiten sieht das Gesetz vereinzelt Besonderheiten vor. 4

215 BSG 27.7.1989, NZA 1990, 75.
216 BT-Drs. 13/2204 S. 77.

II. Der Arbeitsunfall

Literatur: Becker, Der Arbeitsunfall, SGb 2007, 721; Benz, Der Arbeitsunfall i. S. d. § 8 SGB VII – Notwendigkeit und Grenzen der Kasuistik, SGb 2001, 220 ff.; Benz, Der Betriebsweg nach § 8 Abs. 1 Satz 1 SGB VII, SGb 2003, 12 ff.; G. Giesen, Arbeitsunfall und Dienstunfall, 2017; Krämer/Seiwerth, Der Arbeitsunfall, JuS 2013, 203 ff.; Leube, Arbeitsunfall und Dienstunfall – Versuch einer normativen Harmonisierung, SGb 2019, 20; Mühlheims, Plädoyer für ein Nachdenken über Kausalität, SGb 2024, 327 ff.; Ricke, Neue Worte – neue Wahrheiten? Zur jüngeren Rechtsprechung des BSG in Sachen Arbeitsunfall, WzS 2013, 241 ff.; Schlaeger, Arbeitsunfall durch Unterlassen?, SGb 2022, 153; Schlaeger/Linder/Bruno, Unfallversicherung für Kinder in Tagesbetreuung, Schüler und Studierende, 2. Aufl. 2020; Spellbrink, Psychische Erkrankungen im Recht der Gesetzlichen Unfallversicherung, SGb 2013, 154; Spellbrink, Arbeitsunfall und Dienstunfall, NZS 2018, 529; Wallerath/Rühr, Besonderheiten und Grenzen kausaler Zusammenhänge im Recht der gesetzlichen Unfallversicherung, NZS 2007, 63 ff.

1. Begriff und Grundstruktur des Arbeitsunfalls

5 In § 8 Abs. 1 S. 1 SGB VII heißt es: „Arbeitsunfälle sind Unfälle von Versicherten infolge einer den Versicherungsschutz nach §§ 2, 3 oder 6 begründenden Tätigkeit (versicherte Tätigkeit)". Daraus lassen sich zwei der drei wesentlichen Tatbestandsmerkmale unmittelbar erkennen: Es muss sich um den **Unfall eines Versicherten handeln (1. Schritt),** wobei der Unfall in Satz 2 definiert wird. Daneben muss sich der Unfall **kausal auf die versicherte Tätigkeit** („infolge") zurückführen lassen **(3. Schritt).** Nur aus dem Zusammenhang ergibt sich das nicht genannte Tatbestandsmerkmal **„bei versicherter Tätigkeit" (2. Schritt),** was ausdrücken soll, dass der Unfall sich zu einem **Zeitpunkt** ereignet haben muss, in welchem durch die Ausübung einer versicherten Tätigkeit auch konkret, nicht nur allgemein, **Versicherungsschutz bestand.** Die gesetzliche Unfallversicherung soll nach ihrem Sinn und Zweck nur für solche Körperschäden Ersatz leisten, die eine Konkretisierung des versicherten Risikos darstellen und nicht dem privaten Lebensbereich zuzurechnen sind. Für das Bestehen eines Versicherungsfalls genügt es nicht, dass eine Person einen Unfall erleidet, die in „irgendeiner" Eigenschaft überhaupt einmal versicherte Person ist. Mit der Einführung des SGB VII im Jahr 1997 wurde das Wort „bei" durch „infolge" ausgetauscht. Damit sollte aber keine inhaltliche Änderung des Arbeitsunfallbegriffs verbunden sein, sondern eine Verdeutlichung (s. § 40 Rn. 3). Das ist misslungen. Vielmehr muss in den Wortlaut hineingedacht werden, dass sich der Unfall **bei und infolge versicherter Tätigkeit** ereignet haben muss. Das BSG formuliert die Voraussetzungen des Arbeitsunfalls so:

> „Eine Verrichtung des Verletzten vor dem fraglichen Unfallereignis muss den gesetzlichen Tatbestand einer versicherten Tätigkeit erfüllt haben. Diese Verrichtung muss ein zeitlich begrenztes, von außen auf den Körper einwirkendes Ereignis (Unfallereignis) wesentlich verursacht haben (Unfallkausalität). Diese Einwirkung muss schließlich einen Gesundheitserstschaden oder den Tod des Versicherten wesentlich verursacht haben (haftungsbegründende Kausalität […])".[217]

6 Prägend für das Unfallversicherungsrecht ist die **Vielzahl von Zurechnungszusammenhängen**. In der Sache herrscht hier im Wesentlichen Übereinstimmung, insbesondere bei der Kausalität gehen die Begrifflichkeiten aber auseinander. Die Terminologie ist teilweise abgelöst von der des zivilrechtlichen Haftungsrechts und schafft damit ein erhebliches Maß an Verwirrung. Die Darstellung hier orientiert sich dennoch an der die Praxis bestimmenden, mittlerweile gefestigten, höchstrichterlichen Rechtsprechung.[218] Bei Lektüre gerade von Entscheidungen des BSG vor dem Jahr 2006 ist zu beachten, dass die Terminologie dort uneinheitlich ist und vom heutigen Stand abweicht.[219] Mit den gleichen Begrifflichkeiten sind teilweise andere Zusammenhänge gemeint. In der Sache bleibt es

217 BSG 15.5.2012, BSGE 111, 37.

218 Seit BSG 9.5.2006, NZS 2007, 212; bestätigt z. B. durch BSG, 17.2.2009, NZS 2010, 47; BSG 15.5.2012, BSGE 111, 37.

219 Z. B. BSG 30.4.1985, BSGE 58, 76.

aber dabei, dass folgende **vier rechtliche Verbindungen** geknüpft werden müssen, von denen nur die ersten drei Voraussetzung für die Anerkennung eines Arbeitsunfalls sind und die vierte im Leistungsrecht Relevanz erlangt:

- Zum ersten die **haftungsbegründende Kausalität** – als im Unfallbegriff des § 8 Abs. 2 S. 2 SGB VII („führt") angelegter Ursachenzusammenhang zwischen der Einwirkung auf den Körper und dem festgestellten Gesundheitsschaden oder Tod. In der Literatur wird dieser Punkt entgegen der gefestigten BSG-Rechtsprechung bisweilen als haftungsausfüllende Kausalität bezeichnet.
- Zum zweiten der **innere** (auch als „sachliche" bezeichnete) **Zusammenhang zwischen versicherter Tätigkeit und Unfall** mit der Frage, ob im Zeitpunkt des Unfalls Versicherungsschutz besteht, die Tätigkeit wertungsmäßig der Versicherung zuzurechnen ist oder ob es sich um eine private oder eigenwirtschaftliche Tätigkeit handelt.
- Zum dritten der Zusammenhang zwischen versicherter Tätigkeit und Unfallereignis, („infolge versicherter Tätigkeit"), der mit dem etwas missverständlichen, aber inzwischen geläufigen Begriff der **Unfallkausalität** umschrieben wird, um den Unterschied zur obigen haftungsbegründenden Kausalität innerhalb des Unfallbegriffs deutlich zu machen. Früher wurde die Unfallkausalität auch von der Rechtsprechung als haftungsbegründende Kausalität bezeichnet. Geprüft wird hier, ob auch bei mehreren zugleich mitwirkenden – teils dem versicherten, teils dem unversicherten Bereich entstammenden äquivalent-kausalen Ursachen der Unfall wertungsmäßig gerade durch eine versicherte Ursache verursacht wurde.
- Zum vierten die haftungsausfüllende Kausalität, die keine Voraussetzung für einen Arbeitsunfall ist,[220] sondern im Leistungsrecht (§ 41 Rn. 1ff.) relevant wird. Hier wird geprüft, ob und inwieweit der Arbeitsunfall, exakter: der Erstschaden, für die letztlich geltend gemachten Gesundheitsschäden ursächlich ist.

Das BSG prüft die haftungsbegründende Kausalität erst, wenn es den inneren Zusammenhang zwischen versicherter Tätigkeit und dem Unfall(ereignis) geklärt hat. Ein rechtlicher oder praktischer Grund für dieses Abweichen vom Gesetzeswortlaut ist nicht ersichtlich. Der Ursachenzusammenhang, den das BSG mit „haftungsbegründender Kausalität" bezeichnet, ist vielmehr tatbestandlich Teil des Unfallbegriffs i. S. des § 8 Abs. 1 S. 2 SGB VII. 7

Aus dem Vorstehenden ergibt sich **folgender Prüfungsaufbau**:[221]

I. Unfall eines Versicherten
   1. Versicherteneigenschaft des Unfallopfers, §§ 2–6 SGB VII (dazu § 39 Rn. 1ff.)
   2. Unfall, § 8 Abs. 1 S. 2 SGB VII (dazu § 39 Rn. 10ff.)
      a) Zeitlich begrenztes Ereignis,
      b) das von außen auf den Körper einwirkt und
      c) zu einem Gesundheitsschaden oder zum Tod
      d) führt (haftungsbegründende Kausalität).

II. Unfall geschieht bei versicherter Tätigkeit („innerer Zusammenhang", dazu § 40 Rn. 25ff.)

III. Unfallereignis geschieht, auch bei mehreren äquivalent-kausalen Ursachen, wertungsmäßig gerade infolge versicherter Tätigkeit („Unfallkausalität", dazu § 40 Rn. 85ff.)

Die rechtlichen Anforderungen, die an die jeweiligen Zusammenhänge gestellt werden, müssen sich an den **Zwecken der gesetzlichen Unfallversicherung** orientieren, und diese lauten in erster Linie: Sozialer Schutz des Beschäftigten und der sonstigen Versicherten und Ersetzung der Unternehmerhaftung durch eine Unfallversicherung mit Haftpflichtfunktion. Stets zu berücksichtigen ist außerdem, dass die gesetzliche Unfallversicherung als einziger Zweig der sozialen Sicherheit **allein durch** 8

220 BSG 12.4.2005, NZS 2006, 154.
221 Vgl. Krämer/Seiwerth, JuS 2013, 203ff.

die Unternehmer finanziert wird und deshalb der Versicherungsschutz für Schadensereignisse zu versagen ist, die der privaten Sphäre des Versicherten zuzurechnen sind.

9 Durch § 8 Abs. 2 SGB VII wird der Kreis der Arbeitsunfälle im engeren Sinn insofern erweitert, als **weitere Tätigkeiten zu versicherten Tätigkeiten erklärt** werden, nämlich das **Zurücklegen des Weges** zur versicherten Tätigkeit (§ 8 Abs. 2 Nrn. 1–4 SGB VII) und das **Verwahren etc. des Arbeitsgeräts** (§ 8 Abs. 2 Nr. 5 SGB VII). Die sog. Wegeunfälle bzw. Arbeitsgeräteunfälle weisen damit dieselbe Grundstruktur auf wie der Arbeitsunfall im engeren Sinn. Durch § 8 Abs. 2 SGB VII wird lediglich der Versicherungsschutz auf einige weitere Risiken erstreckt, die mit den nach den §§ 2, 3 und 6 SGB VII versicherten Risiken im Zusammenhang stehen (s. § 40 Rn. 116ff.). Auch **§ 12a SGB VII** (näher § 40 Rn. 178) hat für Gesundheitsschäden im Zusammenhang mit der **Spende von Blut oder körpereigenen Organen,** Organteilen oder Gewebe zu einer Erweiterung geführt. Danach müssen gerade nicht die Voraussetzungen des § 8 SGB VII für einen Arbeitsunfall erfüllt sein, etwa nicht der Unfall als zeitlich begrenztes Ereignis im Sinn von § 8 Abs. 1 S. 2 SGB VII (dazu § 40 Rn. 10ff.).

2. Begriff des Unfalls

Literatur: Köhler, Der Unfallbegriff der gesetzlichen Unfallversicherung im Lichte der neueren Rechtsprechung und Literatur, SGb 2014, 69ff.; Mülheims, Das „Ereignis" im Unfallbegriff der Gesetzlichen Unfallversicherung, SGb 2019, 258.

10 Das schadenstiftende Ereignis muss ein **Unfall** gewesen sein. Das sind nach § 8 Abs. 1 S. 2 SGB VII **zeitlich begrenzte, von außen auf den Körper einwirkende Ereignisse, die zu einem Gesundheitsschaden oder zum Tod führen**.

a) Zeitlich begrenztes Ereignis

11 Ein **(Unfall-) Ereignis** ist nach der Rechtsprechung jegliche, auch geringfügige Einwirkung der Außenwelt.[222] Das Ereignis muss **zeitlich begrenzt** sein. Dieses Erfordernis dient vor allem dazu, den Arbeitsunfall von der Berufskrankheit abzugrenzen.[223] Während beim Arbeitsunfall jede körperliche Schädigung einen Versicherungsfall der gesetzlichen Unfallversicherung darstellt, sind bei Berufskrankheiten die schadenstiftenden Ereignisse durch das der Berufskrankheiten-Verordnung zugrunde liegende Enumerationsprinzip begrenzt. So stellt z. B. eine Bandscheibenerkrankung, die sich der Versicherte nicht durch das langjährige Heben und Tragen schwerer Lasten oder langjährige Tätigkeiten bei extremer Rumpfbeugung (Nr. 2108 BKV), langjähriges Tragen schwerer Lasten auf der Schulter (Nr. 2109 BKV) oder langjährige, vorwiegend vertikale Einwirkung von Ganzkörperschwingungen im Sitzen (Nr. 2110 BKV) zugezogen hat, keinen Versicherungsfall dar. Demgegenüber kann ein Arbeitsunfall zu bejahen sein, wenn der Bandscheibenschaden nicht durch eine degenerative Erkrankung der Hals- oder Lendenwirbelsäule, sondern durch eine einmalige (zeitlich begrenzte) Belastung oder Einwirkung verursacht worden ist.

12 Die zeitliche Begrenztheit des Ereignisses verlangt aber **keinen plötzlichen Vorgang** i. S. d. allgemeinen Sprachgebrauchs, sondern erfasst nach der Rechtsprechung einen Zeitraum **bis zu einer Arbeitsschicht.**[224] Grund der Erstreckung auf die Dauer einer Arbeitsschicht ist, dass den tatsächlichen Gegebenheiten der Verletzungsmöglichkeiten im Arbeitsleben ein enger Begriff nicht entsprechen würde und dem notwendigen sozialen Schutz gegen Gefahren aus dem Arbeitsleben entspricht. Unter Berücksichtigung des sozialen Schutzprinzips (und auch der Ablösung der Unternehmerhaftpflicht) kann es für die Entschädigungswürdigkeit keine Rolle spielen, ob der Schädigungsvorgang in

---

222 Eingehender Mülheims, SGb 2019, 258ff.

223 Vgl. BSG 1.2.1979, NJW 1979, 1950; BSG 11.6.1990, HV-Info 1990, 2079; BSG 8.12.1998, HVBG-Info 1999, 238.

224 Seit BSG 25.8.1961, BSGE 15, 41; BSG 30.5.1985, VersR 1985, 1085; i.Ü. knüpft § 8 SGB VII nach BT-Drs. 13/2204, S. 77 an die vorherige Rspr. an.

Sekundenschnelle abläuft (z.B. Sturz) oder sich über mehrere Stunden verteilt (z.B. Erfrierungen durch Kälteeinwirkung; Vergiftung durch Einwirkung von Gasen).

Führen jedoch **mehrere** Ereignisse dieser Art o.Ä. erst durch ihre Wiederholung während mehrerer Arbeitsschichten zu einem Gesundheitsschaden, so ist kein zeitlich begrenztes Ereignis gegeben. Zwar treffen auch hier die Argumente für die zeitliche Ausweitung zu; die bewusste gesetzliche Beschränkung auf **Unfälle** erlaubt jedoch keine Ausdehnung, die eine dem Unfallbegriff wesensgemäße zeitliche Grenze gänzlich außer Betracht lässt und damit die Trennung von einer Krankheit und damit auch einer Berufskrankheit verwischt. Anders ist das nur bei schädlichen Einwirkungen über mehrere Arbeitsschichten, wenn sich die einzelnen Einwirkungen innerhalb einer Arbeitsschicht von den übrigen so abheben, dass ihnen die wesentliche Bedeutung für den Schaden zukommt und sie nicht nur die letzte mehrerer gleichwertiger Einwirkungen bildet.[225] Schädigungen aus mehr als einer Arbeitsschicht sind daher keine Unfälle, sondern Krankheiten, so dass hier zu prüfen bleibt, ob sie die Voraussetzungen für eine Berufskrankheit erfüllen. Rechtspolitisch wirft nicht zuletzt dieser Umstand Fragen in länger andauernden psychischen Belastungssituationen auf, etwa bei Gesundheitsschäden durch „Mobbing“.[226] 13

b) Von außen einwirkend

Das **äußere Ereignis** verlangt einen von außen auf den Körper einwirkenden Vorgang gleich welcher Stärke. Körpereigene Bewegungen wie Heben, Schieben, Laufen etc. sind äußere Vorgänge in diesem Sinn, selbst wenn sie gewohnt und üblich sind. Die Rechtsprechung hat im Laufe der Zeit immer geringere Anforderungen an die äußere Einwirkung gestellt; so hat sie bspw. auch die Störung eines implantierten Herzschrittmachers durch Kurzwellen als „äußere Einwirkung“ anerkannt.[227] Selbst die Tatsache, dass „der Boden beim Auffallen des Versicherten gegen seinen Körper stößt“[228] oder bei einem abrupten Abbremsen im Lauf die Gegenwirkung des Bodens zur Knieverletzung führt[229], genügt. Diese extensive Interpretation hat dem BSG die Kritik eingehandelt, das Merkmal des „äußeren Ereignisses“ sei **inhaltsleer** geworden; dies illustriert auch folgendes 14

Beispiel[230]:
Eine Bankmitarbeiterin erlitt nach einem Streitgespräch mit ihrem Vorgesetzten, das „unschön, unharmonisch und frostig“ endete, einen Herzstillstand. Das BSG betonte, dass für die Anerkennung eines Arbeitsunfalls zwar ein von außen auf den Köprer einwirkendes Ereignis vorliegen müsse, dass es aber für den Unfallbegriff nicht konstitutiv sei, dass ein besonderes, ungewöhnliches oder gar „extremes“ Geschehen vorliege. Auch alltägliche Vorgänge könnten ein von außen auf den Körper einwirkendes Ereignis sein, wofür bloße Wahrnehmungen (Sehen, Hören, Schmecken, Ertasten, Riechen) genügten.

In der Tat dient das Merkmal des „äußeren Ereignisses“ dem BSG letztlich allein dazu, Unfälle aus **sog. innerer Ursache** aus dem Unfallbegriff auszuscheiden: 15

> „Nach der in Rechtsprechung und Schrifttum seit langem und im Wesentlichen einhellig vertretenen Auffassung ist Unfall ein körperlich schädigendes, zeitlich begrenztes Ereignis. Soweit daneben zum Teil auch gefordert wird, das Ereignis müsse „von außen“ auf den Menschen einwirken, soll damit lediglich ausgedrückt werden, dass ein aus innerer Ursache, aus dem Menschen selbst kommendes Ereignis nicht als Unfall anzusehen ist.“[231]

225 BSG 30.5.1985, VersR 1985, 1085.
226 Vgl. Rolfs, SGb 2018, 523, 524.
227 BSG 24.6.1981, SozR 2200 § 548 Nr. 56.
228 So BSG 28.7.1977, SozR 2200 § 550 Nr. 35; BSG 29.3.1984, HV-Info 1984, 33; BSG 17.12.2015, SGb 2016, 705.
229 S. LSG Sachsen-Anhalt 2.3.2023, L 8 U 1610/22.
230 Nach BSG 6.5.2021, SGb 2022, 310; vgl. aber (enger) auch BSG 26.11.2019, B 2 U 8/18 R: Psychische Störung aufgrund eines Beinahe-Unfalls kein äußeres Ereignis.
231 BSG 24.6.1981, SozR 2200 § 548 Nr. 56; ähnlich BSG 29.11.2011, NZS 2012, 390.

Beschränkt man das Merkmal der äußeren Einwirkung in dieser Weise, wird es letztlich überflüssig. Ohnehin verschwimmen die Grenzen: Eine auf den ersten Blick innere Ursache kann gerade nicht Ursache, sondern Folge eines von außen wirkenden Ereignisses (Hitze, Giftstoffe etc.) sein. Schadensereignisse nämlich, die allein oder jedenfalls in rechtlich wesentlicher Hinsicht allein auf einer inneren Ursache beruhen, können durchaus als Unfälle anerkannt werden – sie stellen aber deshalb keine Arbeitsunfälle dar, weil es an dem Zusammenhang zwischen versicherter Tätigkeit und Unfall fehlt. Dementsprechend wird hier die Problematik der „inneren Ursache“ vor allem bei der Unfallkausalität erörtert (§ 40 Rn. 85ff.),[232] z.T. auch bei der Schadensanlage im Rahmen der haftungsbegründenden Kausalität (§ 40 Rn. 20ff.). Teilaspekte davon schon im Unfallbegriff zu prüfen ist so nicht nötig, aber auch nicht schädlich.

c) Tod oder Gesundheitsschaden

16 **Erstschäden** sind die mit dem äußeren Ereignis sofort eintretenden Gesundheitsschäden und der mit dem äußeren Ereignis sofort eintretende Tod. **Gesundheitsschäden** sind alle **regelwidrigen körperlichen, geistigen oder seelischen Zustände**. Dabei ist gleichgültig, ob sie durch körperlich-gegenständliche Einwirkungen in Form von Verletzungen der materiellen Körpersubstanz (z.B. Brüche, Quetschungen, Stichwunden) oder durch geistig-seelische Einwirkungen aufgrund stark erregender Vorkommnisse verursacht worden sind.[233] Insoweit gilt hier nichts wesentlich anderes als bei der Körper- oder Gesundheitsverletzung i.S.v. § 823 Abs. 1 BGB. Auf den Umfang des Schadens kommt es nicht an. Der Gesundheitsschaden kann also auch dann festgestellt werden, wenn er weder zu einer entschädigungspflichtigen Minderung der Erwerbsfähigkeit führt, noch vom zuständigen Versicherungsträger Heilbehandlung zu gewähren ist.[234] **Der Versicherungsfall muss nicht zugleich ein Leistungsfall sein.**

17 Der **Tod** als stärkster Gesundheitsschaden ist im Gesetz ausdrücklich aufgeführt. Gemeint ist damit der tödliche Unfall, d.h. der sofortige Tod mit dem Eintritt des Unfalls. Da aber auch ein infolge des Unfalls erst später eintretender Tod beim Vorliegen eines Arbeitsunfalls zu entschädigen ist und als Durchgangsstadium den Gesundheitsschaden hat, spielt die Abgrenzung beider Fälle keine Rolle.

18 Den Gesundheitsschäden gleichgestellt sind gem. § 8 Abs. 3 SGB VII auch die **Beschädigung** oder der **Verlust** eines **Hilfsmittels (sog. unechte Gesundheitsschäden)**. Hilfsmittel sind die in § 31 SGB VII genannten Gegenstände, also z.B. Prothesen, Rollstühle, Brillen und Hörgeräte. Da diese Gegenstände am Körper verwendet und in die Körperfunktion integriert sind, sind sie einer Schädigung durch äußere Einwirkungen in vergleichbarer Art und Weise ausgesetzt wie bei einer natürlichen Körperverletzung und sollen daher versicherungsrechtlich ebenso geschützt sein. Nach der Gesetzesbegründung zu § 8 Abs. 3 SGB VII müssen die Schäden an dem Hilfsmittel bei der versicherten Tätigkeit aufgetreten sein, nicht notwendigerweise bei seiner Benutzung.[235] Hierbei ist zu beachten, dass die Gleichstellung des Abs. 3 nur das Merkmal des Gesundheitsschadens aus Abs. 1 S. 2 erweitert. Das dortige Erfordernis der Einwirkung eines äußeren Ereignisses bleibt somit unberührt. Voraussetzung für Abs. 3 ist daher, dass das Hilfsmittel im Zeitpunkt der Schädigung oder des Verlustes **bestimmungsgemäß am Körper** verwendet oder wenigstens **zur jederzeitigen Benutzung bei sich getragen** wird. Vorgänge anderer Art ohne äußere Einwirkungen auf den Körper sind danach ausgeschlossen, dazu folgendes

232 S. auch P. Becker, SGb 2012, 691.
233 BSG 18.12.1962, BSGE 18, 173; BSG 18.12.1986, BSGE 61, 113.
234 BSG 27.7.1989, NZA 1990, 75.
235 BT-Drs. 13/2204, S. 77.

Beispiel:[236]
Auf einer beruflich veranlassten Fahrt wurde das Kfz des K auf einem Autobahnparkplatz entwendet, als er wegen eines Toilettengangs das Fahrzeug verlassen hatte. Bei Rückkehr überraschte er die Täter, wurde aber mit Gewalt daran gehindert, das Kfz wieder in Besitz zu nehmen. Die Täter entkamen mit dem Kfz, in dem sich auch die Hörgeräte des K befanden. Diese verlangt er nun ersetzt. Ein Arbeitsunfall lag hier vor, das BSG hat den Erstattungsanspruch aber dennoch nicht angenommen:

„Mit der Einwirkung auf seinen Körper war eine Einwirkung auf die Hörgeräte nicht verbunden, da diese im Kfz abgelegt waren. Die Hörgeräte wurden dem Kläger stattdessen mit dem Kfz, in dem sie lagen, entwendet. Diebstahl oder Raub von Hilfsmitteln lediglich bei Gelegenheit eines Arbeitsunfalls will § 8 Abs. 3 SGB VII aber nicht versichern."

Ein unechter Gesundheitsschaden wäre aber zu bejahen gewesen, wenn der K die Hörgeräte im Ohr getragen hätte und diese durch einen Schlag auf das Ohr beschädigt worden wären.

Ohne Bedeutung ist jedoch, dass von dem äußeren Ereignis nur das Hilfsmittel beschädigt wird und nicht ein Gesundheitsschaden des Versicherten eintritt (z. B. wird bei einem Sturz nur die getragene Brille beschädigt, der Versicherte bleibt hingegen unverletzt). Dass das Hilfsmittel für sich allein durch ein äußeres Ereignis (z. B. Aufschlag auf den Boden) beschädigt wird, ersetzt aber nicht die nach Abs. 1 S. 2 erforderliche Einwirkung auf den Körper des Versicherten selbst, dazu folgendes 19

Beispiel:
Von § 8 Abs. 3 SGB VII ist nicht erfasst, wenn eine auf dem Schreibtisch abgelegte Brille von einem umfallenden Gegenstand getroffen wird oder von dem Versicherten durch eine ungeschickte Bewegung herabgestoßen wird, sowie wenn eine getragene Brille beim Bücken herunterfällt.

d) Haftungsbegründende Kausalität

Nach dem Wortlaut von § 8 Abs. 1 S. 2 SGB VII muss das Ereignis zu diesem Gesundheitsschaden oder Tod „führen". Es bedarf also eines **Ursachenzusammenhangs zwischen dem „Ereignis" und dem festgestellten Gesundheitsschaden oder Tod**. 20

Beispiel:[237]
Ein Sägewerker sägt nicht nur ein Stück Holz, sondern auch seinen Daumen ab. Das Unfallereignis ist das Abschneiden des Daumens, der Gesundheitserstschaden ist das Ergebnis davon, nämlich das Abgeschnittensein des Daumens. Der Zusammenhang von beidem ist die haftungsbegründende Kausalität: Durch das Abschneiden des Daumens ist der Daumen abgeschnitten.

Es handelt sich bei diesem Zusammenhang um eine haftungsbegründende Kausalität, weil dieser Zusammenhang tatbestandlich vorausgesetzt wird. Zum Teil wird der Zusammenhang in der Literatur dennoch, teilweise anknüpfend an ältere BSG-Rechtsprechung, als haftungsausfüllende Kausalität bezeichnet. Das BSG prüft wohl aus historischen Gründen die haftungsbegründende Kausalität erst, wenn es den inneren/sachlichen Zusammenhang zwischen versicherter Tätigkeit und dem Unfall(ereignis) geklärt hat (hier § 40 Rn. 25ff.).[238] Ein Grund für dieses Abweichen vom Wortlaut ist nicht ersichtlich. 21

Die haftungsbegründende Kausalität ist strukturell mit jener des zivilrechtlichen Deliktsrechts vergleichbar. Die schädigende Handlung entspricht danach dem Unfallereignis, die Rechtsgutsverletzung dem Gesundheitsschaden bzw. dem Tod. Auch hier ist die Lehre von der rechtlich wesentlichen Ursache anzuwenden (hier ausführlich dargestellt im Zusammenhang mit der Unfallkausalität in 22

236 Nach BSG 9.11.2010, BSGE 107, 91.
237 Nach Becker, SGb 2007, 721, 727.
238 Z. B. BSG 15.6.2010, NZA-RR 2011, 201.

§ 40 Rn. 85ff.).[239] Im Wesentlichen haben sich zwei Konstellationen herausgebildet, in denen der Zusammenhang zwischen dem Unfallereignis und dem Schaden bei wertender Betrachtung entfallen kann, nämlich die Schadensanlage und die Verschlimmerung von Vorschäden. Prüft man, wie das BSG, zuerst die Unfallkausalität und dann die haftungsbegründende Kausalität, dürften die entsprechenden Fälle schon unter dem Aspekt der „inneren Ursache“ bei dem Zusammenhang zwischen Verrichtung und Unfallereignis ausgeschieden werden.[240]

23 Besteht eine **unfallunabhängige Schadensanlage**, also ein regelwidriger Zustand, der nur angelegt, aber noch nicht in Erscheinung getreten ist, stellt sich die Frage, welche Bedeutung diese für den konkret eingetretenen Verletzungserfolg hatte. Allein das Vorhandensein einer Anlage schließt es nicht aus, den Erstschaden als durch das Unfallereignis verursacht anzusehen.[241] Allerdings muss das Unfallereignis überhaupt nach der Theorie der wesentlichen Ursache (§ 40 Rn. 89ff.) mitursächlich für den Schaden gewesen sein. Die haftungsbegründende Kausalität ist zu verneinen, wenn der Schaden ungefähr zur selben Zeit, ungefähr im selben Umfang ohne das Unfallereignis oder aber mit dem Unfallereignis, welches aber nicht das Maß einer alltäglichen Belastung überschreitet, eingetreten wäre.[242] Typische Bereiche sind Muskel- und Sehnenrisse, Meniskusschäden, Herzinfarkte und Bandscheibenschäden, die jeweils auf solchen Anlagen wie Bandscheibendegeneration oder verschlissenen Sehnen beruhen und durch Ereignisse ausgelöst werden, die nicht als geeignet erscheinen, den eingetretenen Schaden zu erklären. Zum Unterschied zu den innerhalb der Unfallkausalität geprüften „inneren Ursachen“ siehe § 40 Rn. 104.

Beispiel[243]**:**

A ist im Büro tätig, hebt dabei eine leichte Packung mit Kopierpapier an und erleidet dabei einen Bandscheibenvorfall. Das ist nur dadurch zu erklären, dass er bereits zuvor an einer sehr schweren degenerativen Veränderung der Lendenwirbelsäule litt. Die Einwirkung der Schwere des Kartons (Unfallereignis) hat hier naturwissenschaftlich-philosophisch kausal zu dem Bandscheibenvorfall (Gesundheitsschaden) geführt. Das LSG führt hier aus:

„Für den Fall, dass die kausale Bedeutung einer äußeren Einwirkung mit derjenigen einer bereits vorhandenen krankhaften Anlage zu vergleichen und abzuwägen ist, ist darauf abzustellen, ob die Krankheitsanlage so stark oder so leicht ansprechbar war, dass die „Auslösung“ akuter Erscheinungen aus ihr nicht besonderer, in ihrer Art unersetzlicher äußerer Einwirkungen bedurfte, sondern dass jedes andere alltäglich vorkommende Ereignis zu derselben Zeit die Erscheinung ausgelöst hätte. Auf der anderen Seite ist zu berücksichtigen, dass jeder Versicherte in dem Zustand einschließlich eventueller schwerer Vorschäden versichert ist, in dem er sich befindet. Gesichtspunkte für die Beurteilung der Wesentlichkeit einer Ursache sind insbesondere die versicherte Ursache bzw. das Ereignis als solches, also Art und Ausmaß der Einwirkung, konkurrierende Ursachen unter Berücksichtigung ihrer Art und ihrer Krankengeschichte. Allein wesentlich ist hier die unversicherte Ursache (die degenerativen Schäden). Dieser kommt gegenüber der versicherten Ursache [Anheben des leichten Kartons] eine überragende Bedeutung zu [...]. Denn bei der unfallauslösenden Handlung handelte sich um eine alltägliche Situation und ein alltäglich vorkommendes Ereignis.“

24 Nach denselben Grundsätzen löst das BSG die Verschlimmerung oder Beschleunigung einer schon **bestehenden gesundheitlichen Beeinträchtigung**. Unproblematisch ist die Beurteilung der rechtlichen Wesentlichkeit, soweit es sich bei der bereits bestehenden gesundheitlichen Beeinträchtigung um einen Gesundheitsschaden handelt, der sich nicht weiter verschlechtert hätte bzw. nicht in dem jetzigen Ausmaße eingetreten wäre oder das Unfallereignis bzw. die Unfallfolgen zu einer darüber hinausgehenden bzw. zusätzlichen Beeinträchtigung führen. **Wertungsprobleme** können sich je-

239 BSG 9.5.2006, NZS 2007, 212.

240 S. BSG 4.12.2014, BSGE 118, 18 – Tod erst durch straffreie Sterbehilfe, nachdem infolge des Unfallereignisses ein dauerhafter Wachkomazustand eingetreten war.

241 Vgl. BSG 6.12.1989, HV-Info 1990, 638.

242 Vgl. BSG 2.5.2001, HVBG-Info 2001, 1713; vgl. schon BSG 27.11.1980, SozR 2200 § 548 Nr. 51; Eichenhofer/v. Koppenfels-Spies/Wenner/Jung/Brose, § 8 Rn. 81.

243 Nach LSG Sachsen-Anhalt, 20.11.2013, L 6 U 29/12.

doch ergeben, soweit das Unfallereignis bzw. die Unfallfolgen eine Beeinträchtigung beeinflussen, die auch sonst fortgeschritten wäre, insbesondere wenn deren Fortschreiten durch das Unfallereignis bzw. die Unfallfolgen beschleunigt wurde. In einem solchen Fall ist – entsprechend der Kriterien bei der unfallunabhängigen Schadensanlage – für die Frage der rechtlichen Wesentlichkeit darauf abzustellen, ob die Neigung des bestehenden Leidens zur Verschlimmerung so leicht ansprechbar war, dass es zu der Verschlimmerung nicht besonderer, in ihrer Art unersetzlicher äußerer Einwirkungen bedurfte, sondern dass jedes andere alltäglich vorkommende ähnliche Ereignis in absehbarer Zeit die Verschlimmerung auch bewirkt hätte.[244]

3. Bei versicherter Tätigkeit – innerer Zusammenhang

Literatur: P. BECKER, Zur Unfallkausalität, SGb 2012, 691 ff.; KRASNEY, Die Handlungstendenz als Kriterium für die Zurechnung in der gesetzlichen Unfallversicherung, NZS 2013, 681 ff.; KÖHLER, Finalität im Recht der gesetzlichen Unfallversicherung, SGb 2002, 144 ff.; KÖHLER, Die versicherte Tätigkeit der „grundsätzlich" versicherten Person als haftungsbegründende Ursache im Recht der gesetzlichen Unfallversicherung, SGb 2006, 9 ff.; KRASNEY, Die Handlungstendenz als Kriterium für die Zurechnung in der gesetzlichen Unfallversicherung, NZS 2000, 373 ff.; LEUBE, Schüler-Unfallversicherung – Schulessen als versicherte Tätigkeit?, SGb 2008, 398 ff.; MOLKENTIN, Toilette und Zigarette – die Crux mit der Eigenwirtschaftlichkeit im Unfallversicherungsrecht, SGb 2017, 196 ff.; WATERMANN, Kausalität und Finalität in der sozialen Unfallversicherung, Festschrift Lauterbach, 1961, S. 129 ff.

a) Allgemeines

Leistungen der gesetzlichen Unfallversicherung erhält nur, wessen Unfall auf eine versicherte Tätigkeit zurückzuführen ist. Das macht deutlich, dass die gesetzliche Unfallversicherung, anders als die anderen Zweige (in diesem Zusammenhang insbesondere Kranken- und Rentenversicherung), keine echte Personenversicherung ist. Vielmehr zielt sie entscheidend auf den **Zusammenhang zwischen unfallbringender und versicherter Tätigkeit** ab. So hat auch das BSG stets betont, dass es – von den in § 10 SGB VII ausdrücklich normierten Ausnahmen in der See- und Binnenschifffahrt abgesehen – nicht genügt, wenn der Unfall, z. B. eines Beschäftigten, während der Arbeitszeit im Betrieb eingetreten ist.[245] Vielmehr bedarf es, vom Problem der Kausalität hier noch abgesehen, zunächst der Feststellung, welche konkreten unfallbringenden Tätigkeiten den Versicherungsschutz begründen. In zivilrechtlichen Kategorien gedacht ginge es im Wesentlichen um die Feststellung der Weite des Versicherungsschutzes nach dem „Schutzzweck der Norm". Die entscheidende Frage ist: **Soll bei wertender Betrachtung der Versicherungstatbestand gerade auch Fälle wie den zu bewertenden erfassen?** 25

Gesichert ist, dass für den Unfallversicherungsschutz ein zeitlicher oder örtlicher Zusammenhang zwischen der unfallbringenden und der versicherten Tätigkeit nicht ausreicht. Das SGB VII kennt (von § 10 SGB VII abgesehen) keinen „Betriebsbann". Seine Rechtfertigung findet diese Beschränkung des versicherten Risikos vor allem darin, dass es allein die Unternehmer sind, die die gesetzliche Unfallversicherung finanzieren. Dementsprechend stellt das BSG in ständiger Rechtsprechung darauf ab, ob zwischen der **(generell)** versicherten Tätigkeit und dem **(konkret)** unfallbringenden Verhalten ein **„innerer Zusammenhang"** bestanden hat,[246] dazu folgendes 26

Beispiel:
Auf einer Betriebsfeier (im Betrieb) anlässlich des Ausscheidens eines langjährigen Vorarbeiters fließt reichlich Alkohol. Bei dem Versuch, ein weiteres Fässchen Bier aus dem Keller zu holen, stolpert Arbeitnehmer K auf der Treppe und erleidet einen Beckenbruch.

244 BSG 26.4.1962, BG 1963, 213.
245 BSG 5.8.1976, BSGE 42, 129.
246 Z. B. BSG 5.7.2016, BSGE 122, 1; BSG 5.7.2016, BSGE 121, 297.

Hier sind zwei Fragen voneinander zu trennen: (1) Ist der Unfall „bei“ der versicherten Tätigkeit geschehen, ist also K im Unfallzeitpunkt einer „versicherten Tätigkeit“ nachgegangen? Dies ist eine reine Wertungsfrage und wäre nur dann zu bejahen, wenn die Betriebsfeier noch in einem „inneren Zusammenhang“ mit der Beschäftigung gestanden hätte. Bejahendenfalls: (2) Ist der Unfall noch „infolge“ der versicherten Tätigkeit eingetreten oder war die Alkoholisierung des K bereits so stark, dass sie – und nicht das ggf. versicherte Bierholen – im Sinne der „Theorie der wesentlichen Bedingung“ (dazu § 40 Rn. 89ff.) rechtlich allein wesentliche Unfallursache war?

27 Die „Zurechnung“ des unfallbringenden Geschehens zur versicherten Tätigkeit ist **keine Frage der naturwissenschaftlichen Kausalität**, sondern ausschließlich der **rechtlichen Bewertung**, es geht

> „um die **Ermittlung der Grenze, bis zu welcher der Versicherungsschutz in der gesetzlichen Unfallversicherung reicht**, und nicht um die die Frage der Kausalität im naturwissenschaftlich-philosophischen Sinne. Es ist wertend zu entscheiden, ob das Handeln der betreffenden Person zur versicherten Tätigkeit (...) gehört.“[247]

28 Gesichtspunkte für diese Wertentscheidung und zur Grenzziehung zwischen „versichert“ und „unversichert“ sind der **Schutzzweck der Norm**, also des jeweiligen **Versicherungstatbestands**, und die der gesetzlichen Unfallversicherung zugrunde liegende **Ablösung der Unternehmerhaftpflicht**, einhergehend mit deren **Finanzierung** allein durch die Unternehmer, aber auch die in ihr zum Ausdruck kommende **Fürsorge** des Unternehmers für seine Beschäftigten.[248] Im Regelfall, allerdings vor allem bei Arbeitsunfällen im Beschäftigungsverhältnis nach § 2 Abs. 1 Nr. 1 SGB VII, ist die **Handlungstendenz** (§ 40 Rn. 31ff.) das **zentrale Kriterium für die Feststellung des inneren Zusammenhangs** zwischen der zum Unfall führenden Verrichtung und der versicherten Tätigkeit: ist die Handlung, die zum Unfall geführt hat, in ihrer subjektiven Tendenz darauf ausgerichtet, einer versicherten Tätigkeit nachzugehen, besteht im Grundsatz ein innerer Zusammenhang zwischen Unfallereignis und versicherter Tätigkeit. In nicht wenigen Fallgestaltungen müssen aber weitere Kriterien für die den inneren Zusammenhang begründende Wertentscheidung gegeben sein oder zum Teil sogar an die Stelle der Handlungstendenz treten.

29 Diese Zurechnungskriterien weisen aber, nicht zuletzt wegen der Vielgestaltigkeit der den Versicherungsschutz begründenden Tätigkeiten, notwendigerweise erhebliche Unschärfen auf und lassen Abgrenzungsfragen offen, so dass eine sachgerechte Entscheidung im Einzelfall auch von **Billigkeitserwägungen** abhängig sein kann. Probleme bereiten vor allem die nicht dem Kernbereich der den Versicherungsschutz begründenden Tätigkeit zurechenbaren Verrichtungen. Die Praxis der Gerichte tendiert dabei eher zu einer Ausweitung des Versicherungsschutzes, was angesichts der Grundregel des § 2 Abs. 2 SGB I – möglichst weitgehende Verwirklichung der sozialen Rechte – durchaus legitim erscheint.

b) Grundsätze bei nach § 2 Abs. 1 Nr. 1 SGB VII versicherten Personen

aa) Grundsätzliches

30 **Wesentliches Kennzeichen** der abhängigen Beschäftigung ist die **Weisungsgebundenheit von Beschäftigten** hinsichtlich Zeit, Ort und Art der Arbeitsleistung. Versicherte Tätigkeiten sind daher zunächst alle Tätigkeiten, die der Beschäftigte aufgrund vertraglicher Verpflichtungen[249] oder auf konkrete oder generelle Weisung der Weisungsberechtigten verrichtet, es sei denn, diese Weisung

247 BSG 30.4.1985, BSGE 58, 76.

248 Vgl. BSG 19.9.1974, BSGE 38, 127, 129; BSG 13.12.2005, NJW 2007, 399.

249 Vgl. LSG Baden-Württemberg 21.10.2021, L 1 U 779/21: Unfall bei Fahrt zu arbeitsvertraglich geschuldeter Jahresinspektion des Jobrads; BSG 30.3.2023, NJW 2024, 531: Einwurf einer geschuldeten Arbeitsunfähigkeitsbescheinigung in Postbriefkasten.

fände in seinen vertraglichen Verpflichtungen erkennbar keine Stütze (z. B. Heranziehung eines Arbeiters zu einem privaten Bauvorhaben von Vorgesetzten).

Vor dem Hintergrund der Wertung des Unfallversicherungsrechts, dass Verrichtungen, die nicht dem Versicherten, sondern dem Unternehmer unmittelbar zum Vorteil oder Nachteil gereichen (§ 136 Abs. 3 Nr. 1 SGB VII), in den Risikobereich des letzteren fallen,[250] gehen nach ständiger Rechtsprechung auch diejenigen einer versicherten Tätigkeit nach, die nach ihren (nicht völlig abwegigen) **subjektiven Vorstellungen**, die in den objektiven Gegebenheiten eine gewisse Stütze finden, eine **dem Betrieb dienliche Tätigkeit** verrichten, mag sie auch objektiv unnütz sein.[251] Maßgeblich ist insoweit die Zweckrichtung des Handelns der Versicherten. Das BSG formuliert so in ständiger Rechtsprechung: 31

> „Eine Beschäftigung i. S. v. § 2 Abs. 1 Nr. 1 SGB VII wird daher ausgeübt, wenn die Verrichtung zumindest **dazu ansetzt und darauf gerichtet ist, entweder eine objektiv bestehende Haupt- oder Nebenpflicht aus dem zugrunde liegenden Rechtsverhältnis zu erfüllen**, oder die Verletzte eine objektiv nicht geschuldete Handlung vornimmt, um einer **vermeintlichen Pflicht aus dem Rechtsverhältnis nachzugehen**, sofern sie nach den besonderen Umständen ihrer Beschäftigung zur Zeit der Verrichtung annehmen durfte, sie treffe eine solche Pflicht, oder sie **unternehmensbezogene Rechte aus dem Rechtsverhältnis** ausübt."[252]

Die Betonung liegt so auf der **finalen Handlungstendenz** des Beschäftigten.[253] Eine als betriebsschädigend beabsichtigte Handlung steht auch dann nicht unter Unfallversicherungsschutz, wenn sie objektiv dem Betrieb dienlich war, dazu folgendes 32

Beispiel[254]:
Es fehlt an der Ausübung einer versicherten Tätigkeit des Arbeitnehmers, der ein Gebäude aus niederen Gründen abbrenne, auch dann, wenn diese Tätigkeit für den Unternehmer nützlich sei, weil er den Abbruch selbst ins Auge gefasst hatte.

Den Gegenpol zu den versicherten betrieblichen stellen die **unversicherten eigenwirtschaftlichen Tätigkeiten** dar. Bei ihnen handelt es sich im Ausgangspunkt um solche, die rechtlich wesentlich von der Verfolgung persönlicher, privater Belange der Versicherten geprägt und deswegen keinen inneren Zusammenhang zu versicherten Tätigkeiten aufweisen. Dies sind im Grundsatz zunächst alle Tätigkeiten, die üblicherweise auch ohne das Bestehen des den Versicherungsschutz vermittelnden Beschäftigungsverhältnisses im täglichen Leben anfallen, wie etwa die Körperhygiene, die Nahrungsaufnahme oder die Erholung. Während einer privaten Zwecken dienenden, erheblichen Unterbrechung der versicherten Tätigkeit besteht kein Versicherungsschutz.[255] Hierbei gibt es zwei Besonderheiten, nämlich zum einen die unerhebliche tatsächliche Unterbrechung der versicherten Tätigkeit und zum anderen die Bewertung bei gemischten Tätigkeiten. 33

(1) Unerhebliche tatsächliche Unterbrechung der versicherten Tätigkeit

Eine privaten Zwecken dienende, **unerhebliche tatsächliche Unterbrechung**, während der der Versicherungsschutz fortbesteht, liegt nach der Rechtsprechung dagegen vor, wenn die Unterbrechung zeitlich und räumlich nur ganz geringfügig ist und einer Verrichtung dient, die „im Vorbeigehen" und „ganz nebenher" erledigt wird. Sie darf nach natürlicher Betrachtungsweise und in Würdigung der gesamten Umstände des Einzelfalles nur zu einer geringfügigen, tatsächlichen Unterbrechung 34

250 BSG 30.3.2017, NZS 2017, 625.
251 Z. B. BSG 28.2.1964, BSGE 20, 215; BSG 21.1.1997, HVBG-Info 1997, 1666; BSG 5.7.2016, NZS 2016, 948.
252 BSG 5.7.2016, NZS 2017, 25 m. zahlr. Nachw., H.d.V.
253 Z. B. BSG 26.6.2001, NJW 2002, 388.
254 Vgl. BSG 20.1.1987, NZA 1987, 539.
255 BSG 12.4.2005, BSGE 94, 262.

der versicherten Verrichtung geführt haben.[256] Nach einer früheren Formulierung der Rechtsprechung durfte die Tätigkeit zusätzlich zur zeitlichen und räumlichen Geringfügigkeit während der Unterbrechung betrieblichen Interessen nicht erkennbar zuwiderlaufen und nicht mit so großen Risiken verbunden sein, dass ein vernünftiger Versicherter die Betätigung unterlassen hätte.[257] Diese Aspekte sind jedenfalls bei der Gesamtwürdigung zu berücksichtigen. Beispiele sind das Kaufen einer Zeitung an einem Kiosk während eines versicherten Weges[258] oder das Betrachten eines Schaufensters während eines zu Fuß zurückgelegten Weges oder wie in folgendem

Beispiel:[259]
Malergeselle M entfernte Farbflecken an einer Fassade. Dazu verwendete er die für diese Tätigkeit üblicherweise verwendete, hoch entzündliche Universalverdünnung. Eine Unterrichtung im Umgang damit war nicht erfolgt, entsprechende Kenntnisse wurden vorausgesetzt. Auf den Gebinden wird jeweils auf die Feuergefährlichkeit hingewiesen. Auf einer Hebebühne stehend zündete sich M eine Zigarette an. Dabei entzündete sich der mit Universalverdünner getränkte Lappen, den M dabei in der Hand hielt. M ließ den Lappen fallen, der brennende Lappen fiel in den Eimer mit Universalverdünner, was zu einer Verpuffung führte. Die Flamme sprang auf Kleidung und Haare des M über.

Im Zeitpunkt der Entstehung der Flamme (dem Unfall i. S. d. § 8 Abs. 1 S. 2 SGB VII) reinigte M nicht wie kurz vorher die Fassade, sondern zündete sich eine Zigarette an. Darin liegt keine dem Malerbetrieb dienliche Tätigkeit. Das BSG nahm aber nach den Grundsätzen der kurzzeitigen Unterbrechung den inneren Zusammenhang dennoch an (zur Frage der Unfallkausalität, also der wertenden Zurechnung, ob die versicherte Tätigkeit „Malerarbeiten" oder eine andere, unversicherte Ursache, das „Zigarettenanzünden", für die Entstehung des Unfalls maßgeblich war, noch § 40 Rn. 106):

„Das Anzünden der Zigarette war [...] eine unerhebliche private Verrichtung, die den Versicherungsschutz nicht unterbrach, weil sie offenkundig nur nebenher, während der Arbeit erfolgte, zu keiner Entfernung vom Arbeitsplatz führte und vergleichbar dem Kauf an einem Automaten oder dem Abknipsen eines Drahtes fast keine Zeit in Anspruch nahm [...]. Dass das Anzünden der Zigarette in dieser Situation sorglos und unvernünftig war, führt zu keiner anderen Beurteilung und schließt den sachlichen Zusammenhang zwischen der versicherten Tätigkeit und dem Versicherungsschutz zur Zeit des Anzündens der Zigarette durch M nicht aus."

35 Die Aufrechterhaltung des Versicherungsschutzes in diesen Fällen findet ihre Rechtfertigung nach der Rechtsprechung darin, dass die in sachlichem Zusammenhang mit der versicherten Tätigkeit stehende Verrichtung der wesentliche Grund dafür ist, dass der Versicherte in dieser Situation ist, in der er dann ganz nebenher oder im Vorbeigehen die private Verrichtung ausübt. An den Gesetzestext kann diese Erweiterung aber nicht anknüpfen. Zurückgeführt werden kann sie auf ein weit verstandenes soziales Schutzprinzip zugunsten der Versicherten.[260]

(2) Gemischte Tätigkeiten und gemischte Motivationslage

36 Kann eine Verrichtung nach den dargelegten Grundsätzen nicht eindeutig der versicherten Tätigkeit oder einer privaten/eigenwirtschaftlichen Tätigkeit zugeordnet werden, handelt es sich entweder um „gemischte Tätigkeiten" oder um eine „gemischte Motivationslage". Das BSG trennt jedenfalls seit dem 9.11.2010[261] zwischen beiden Konstellationen, vorher hat es beide unter den Begriff der gemischten Tätigkeit gefasst.[262] Diese Aufteilung ist nach dem BSG durch die Systematik des Unfallversicherungsrechts geboten, das den Unfallversicherungsschutz nicht abstrakt für einzelne Personengruppen vor-

256 BSG 12.4.2005, BSGE 94, 262; BSG 12.1.2010, NJW 2011, 105; im Zusammenhang von Wegeunfällen BSG 31.8.2017, NJW 2018, 1203.
257 Z. B. BSG 20.5.1976, SozR 2200 § 539 Nr. 21.
258 BSG 28.2.1964, BSGE 20, 219.
259 Nach BSG 12.4.2005, BSGE 94, 262.
260 Eichenhofer/v. Koppenfels-Spies/Wenner/Jung/Brose, § 8 Rn. 30.
261 BSG 9.11.2010, NZS 2011, 784.
262 Z. B. in BSG 5.5.1994, NZS 1994, 522.

sieht, sondern die Versicherteneigenschaft von bestimmten höchstpersönlichen, unvertretbaren Handlungen abhängig macht. Die Unterscheidung stellt darauf ab, ob der Unfallhergang durch eine oder mehrere höchstpersönliche Handlungen geprägt ist.[263]

Gemischte Tätigkeiten setzen nach dem BSG (zumindest) **zwei gleichzeitig ausgeübte untrennbare Verrichtungen** voraus, von denen (wenigstens) eine den Tatbestand einer versicherten Tätigkeit erfüllt,[264] dazu folgendes 37

Beispiel:[265]
Die Klägerin ist als Altenpflegerin beschäftigt. Sie unternahm während ihrer Rufbereitschaft einen Spaziergang mit ihrem Hund. Beim Überqueren einer Straße klingelte das ihr überlassene Rufbereitschaftshandy. Die Klägerin, die aufgrund ihrer Tätigkeit zur Entgegennahme der auf diesem Handy eingehenden Anrufe verpflichtet ist, nahm das Telefonat an. Kurz nach Beginn des Telefonats, mit dem ein Pflegetermin abgesagt werden sollte, übersah die Klägerin eine schneebedeckte Bordsteinkante. Sie stürzte und zog sich dabei eine Knöchelfraktur zu. Das BSG hat hier eine gemischte Tätigkeit angenommen:

„Die Klägerin hat sich sowohl eigenwirtschaftlich und damit unversichert fortbewegt, um mit ihrem Hund spazieren zu gehen, als auch in Ausübung ihrer Beschäftigung als Altenpflegerin und damit versichert telefoniert. Beide gleichzeitig ausgeübten Verrichtungen lassen sich auch nicht in nacheinander liegende Anteile zerlegen."

Gemischte Tätigkeiten stehen unter Versicherungsschutz, wenn der **versicherte Teil** der gemischten Tätigkeit **den Unfall im Sinn der Theorie der wesentlichen Ursache (§ 40 Rn. 85ff.) verursacht** hat, bei wertender Betrachtung also überwiegt. Entsprechend gelöst hat das BSG auch das Beispiel: 38

> „Steht die versicherte Tätigkeit als eine der Wirkursachen [im Sinn der haftungsbegründenden Kausalität, dazu § 40 Rn. 20ff.] fest, muss sich auf der zweiten Stufe die Einwirkung rechtlich unter Würdigung auch aller weiteren auf der ersten Stufe festgestellten mitwirkenden unversicherten Ursachen als Realisierung einer in den Schutzbereich des jeweils erfüllten Versicherungstatbestandes fallenden Gefahr darstellen. Bei dieser reinen Rechtsfrage nach der „Wesentlichkeit" der versicherten Verrichtung für den Erfolg der Einwirkung muss entschieden werden, ob sich durch das versicherte Handeln ein Risiko verwirklicht hat, gegen das der jeweils erfüllte Versicherungstatbestand gerade Schutz gewähren soll. Welche Ursachen am Eintritt des Unfallereignisses objektiv mitgewirkt haben, hat das LSG nicht dargelegt. Das Berufungsgericht wird daher festzustellen haben, ob das Spazierengehen mit dem Hund oder das Telefonieren eine Wirkursache für den Sturz der Klägerin darstellte. War nach diesen noch zu treffenden Feststellungen das Telefonieren die Wirkursache des Sturzes, so dürfte sich dieser auch bei der anschließenden rechtlichen Wertung als Realisierung einer in den Schutzbereich der Beschäftigtenversicherung fallenden Gefahr darstellen. Waren nach den Feststellungen des LSG beide Verrichtungen jeweils Wirkursachen, so kommt es darauf an, welche dieser tatsächlichen Verrichtungen das Unfallereignis und den Gesundheitserstschaden rechtlich wesentlich herbeigeführt hat. Zu fragen wäre dann, ob der Sturz durch das vom Telefonieren unabhängige Spazierengehen mit dem Hund oder das die Fortbewegung beeinflussende Telefonat rechtlich wesentlich bedingt war."

Von der gemischten Tätigkeit ist ein **Handeln mit gemischter Motivationslage** abzugrenzen. Bei diesem wird nur eine einzige Verrichtung ausgeübt, die aber **gleichzeitig sowohl einen eigenwirtschaftlichen als auch einen betrieblichen**, auf die Erfüllung eines Versicherungstatbestandes gerichteten **Zweck verfolgt**.[266] Ein **Dritter** könnte die Verrichtungen, die das BSG möglichst konkret[267] (im Sinn von kleinteilig) beschreibt, hier **nicht auseinanderhalten**. Zwischenzeitlich hatte das BSG diese Konstellation (synonym) als Tätigkeit mit „gespaltener Handlungstendenz" bezeichnet.[268] 39

---

263 BSG 26.6.2014, NZS 2014, 788.
264 BSG 26.6.2014, NZS 2014, 788 und schon BSG 9.11.2010, NZS 2011, 784; vgl. BSG 15.5.2012, BSGE 111, 37.
265 Nach BSG 26.6.2014, NZS 2014, 788.
266 BSG 26.6.2014, NZS 2014, 788.
267 BSG 26.6.2014, NZS 2014, 788; vgl. Krasney, NZS 2013, 681; Spellbrink, WzS 2011, 351.
268 BSG 9.11.2010, NZS 2011, 784; BSG 18.6.2013, NZV 2015, 91.

Beispiel:[269]
A ist Beschäftigter einer in seinem Wohnort ansässigen Firma und betreut für diese u. a. den Computer, auf dem ein Programm einer in München ansässigen EDV-Firma installiert ist. Auf dem Rückweg seines Urlaubs in Frankreich entschließt A sich spontan, – nach telefonischem Einverständnis seines Arbeitgebers – die abseits der Rückreiseroute liegende Computerfirma in München aufzusuchen, um dort Computerprobleme persönlich klären zu können. Bei einem Verkehrsunfall noch auf einem Teil der Strecke, der sowohl zu ihm nach Hause als auch nach München hätte führen können, verunglückt A tödlich.

40 Eine solche Verrichtung mit gemischter Motivationslage erfüllt dann den Tatbestand der versicherten Tätigkeit, wenn das konkrete Geschehen **hypothetisch auch ohne die private Motivation des Handelns vorgenommen worden oder so geschehen wäre**, wenn also die Verrichtung nach den objektiven Umständen in ihrer konkreten, tatsächlichen Ausgestaltung ihren Grund in der versicherten Handlungstendenz findet. Insoweit ist nicht auf Vermutungen über hypothetische Geschehensabläufe außerhalb der konkreten Verrichtung und der objektivierten Handlungstendenz, sondern nur auf die konkrete Verrichtung selbst abzustellen.[270] Es ist zu fragen, ob die Verrichtung, so wie sie durchgeführt wurde, objektiv die versicherungsbezogene Handlungstendenz erkennen lässt.[271] Hintergrund für diese einfache Formel ist die doppelte Verursachung durch eine versicherte und eine unversicherte Ursache und die erforderliche Abwägung und Wertentscheidung. So gelöst hat das BSG schon vor der begrifflichen Trennung das Beispiel:

Der Weg war maßgeblich durch den vorherigen eigenwirtschaftlichen Aufenthalt des Versicherten in Frankreich geprägt. A hätte die unfallbringende Fahrt nicht unternommen, wenn der private Zweck der Fahrt (die Rückfahrt aus dem Urlaubsort) entfallen wäre. Die versicherte Tätigkeit wurde damit nur bei Gelegenheit einer unversicherten, privaten miterledigt. Die bis zur Unfallstrecke zurückgelegte Strecke lässt sich auch mangels einer deutlichen Zäsur nicht in einen unversicherten und einen versicherten Teil aufteilen. Deshalb besteht kein Versicherungsschutz. **Anders** lägen die Dinge, wenn A von seinem Chef zur Klärung der Computerprobleme nach München geschickt worden wäre und anschließend von dort aus zu seinem Urlaub in Frankreich aufgebrochen wäre. Dann hätte auf dem Weg nach München Unfallversicherungsschutz bestanden.

41 Der Schwerpunkt der Prüfung liegt bei Tätigkeiten mit gemischter Motivationslage regelmäßig beim inneren Zusammenhang, bei gemischten Tätigkeiten bei der Unfallkausalität (§ 40 Rn. 85 ff.).[272] Zu beachten ist bei gemischten Tätigkeiten und Tätigkeiten mit gemischter Motivationslage, dass **immer nur der gemischte Teil** versichert sein kann, nie ein davon trennbarer, also nicht gemischter, eigenwirtschaftlicher Teil (im Beispiel die Weiterfahrt nach Frankreich). **Immer versichert** ist dagegen die allein der versicherten Tätigkeit dienende Verrichtung, auch wenn im Übrigen keine gemischte Tätigkeit vorliegt. So wäre im Beispielsfall der Abstecher von der Autobahnausfahrt bis zu dem Geschäftspartner in München in jedem Falle versichert, auch wenn für die Fahrt im Übrigen Versicherungsschutz nicht besteht. So wird auch deutlich, warum das BSG seit 2010 zwischen beiden Konstellationen unterscheidet: Weil bei den gemischten Tätigkeiten (also zwei zu unterscheidenden Tätigkeiten) nach neuem Verständnis schon von vornherein sicher ist, dass eine der Tätigkeiten versichert ist, wäre der Maßstab, ob das konkrete Geschehen hypothetisch auch ohne die private Motivation des Handelns vorgenommen worden oder so geschehen wäre, zu streng, denn er würde ausblenden, dass jedenfalls für eine der Tätigkeiten sicher Versicherungsschutz besteht.

269 Nach BSG 22.8.2000, HVBG-Info 2000, 2611. Ähnlich der Fall in BSG 9.11.2010, NZS 2011, 784.
270 BSG 26.6.2014, NZS 2014, 788.
271 BSG 9.11.2010, NZS 2011, 784.
272 BSG 26.6.2014, NZS 2014, 788.

bb) Häufige Fallgruppen

Bei der Prüfung des inneren Zusammenhangs haben sich in der Rechtsprechungspraxis einige häufige Fallgruppen herausgebildet. Daneben gibt es naturgemäß noch eine Vielzahl von Einzelfallentscheidungen, exemplarisch etwa einen Unfall bei dem Prüfen der Straße vor der eigenen Grundstückszufahrt auf **Glatteis,** bevor mit dem Auto der Weg zum Arbeitsplatz aufgenommen wird (innerer Zusammenhang verneint),[273] den Unfall bei Abweichen vom Betriebsweg eines Berufskraftfahrers, der seine vergessenen **Bluthochdrucktabletten** zu Hause holen will (innerer Zusammenhang verneint),[274] oder den Unfall bei einer **Zigarettenpause** (innerer Zusammenhang verneint).[275] 42

(1) Alkoholeinfluss

Alkoholeinfluss oder der Einfluss von anderen – rechtlich gleich zu behandelnden – berauschenden Mitteln[276] führt in aller Regel nicht dazu, dass der Versicherte keine versicherte Tätigkeit mehr ausführt, sich von dieser also vollständig „löst." Die Frage, ob die versicherte Tätigkeit oder die Trunkenheit auf den Unfall wesentlichen Einfluss hatte, wird daher regelmäßig erst im Rahmen der Unfallkausalität relevant (§ 40 Rn. 95f.). Nur dann, wenn die **Volltrunkenheit** des Beschäftigten so weit ging, dass er **zu keiner dem Unternehmen förderlichen Tätigkeit mehr in der Lage war**, fehlt es schon an der versicherten Tätigkeit. Hat der Alkoholgenuss dagegen lediglich die Folge eines qualitativen oder quantitativen Leistungs*ab*falls, nicht also des Leistungs*aus*falls, sind die Handelnden noch versichert.[277] Einen abstrakten Grenzwert der noch zulässigen Blutalkoholkonzentration hat das BSG bislang nicht aufgestellt. Es hebt vielmehr auf die konkreten Umstände des Einzelfalles ab und erkennt damit an, dass gerade bei alkoholgewöhnten Versicherten auch ein sehr hoher Promillewert eine ernsthafte betriebsdienliche Tätigkeit nicht generell ausschließt.[278] Die Verneinung bereits der Ausübung einer versicherten Tätigkeit ist also ein seltener **Ausnahmefall**: 43

> „Solange ein bei der Arbeit unter Alkoholeinfluss stehender Versicherter mit der zum Unfall führenden Verrichtung ausschließlich betriebliche Zwecke verfolgt, kann der sachliche Zusammenhang mit der versicherten Tätigkeit nur verneint werden, wenn der Betreffende so alkoholisiert war, dass er nicht mehr zu einer dem Unternehmen dienenden zweckgerichteten Ausübung seiner Tätigkeit in der Lage war."[279]

(2) Betriebssport

Literatur: Burmann/Jahnke, Soziale Absicherung von Sportlern und Vereinsmitgliedern, NZS 2017, 52ff.; Bieresborn, Schach, Kartfahren, Freeclimbing und Drachenfliegen – Versicherter Betriebssport in der gesetzlichen UV?, SGb 2007, 472ff.; Greiner, Teleologische Rechtfertigung und Voraussetzungen der Einbeziehung des Betriebssports in die gesetzliche Unfallversicherung, SGb 2009, 581ff.

In seiner grundlegenden Entscheidung vom 28.11.1961[280] hat das BSG fünf Voraussetzungen aufgestellt, unter denen der Betriebssport „als Maßnahme der Gesunderhaltung der Beschäftigten und zur **Wiederherstellung ihrer Arbeitskraft**" als versicherte Tätigkeit im Rahmen der Versicherung 44

273 BSG 23.1.2018, NJW 2018, 2149.
274 BSG 7.9.2004, NZS 2005, 381.
275 BSG 20.2.2001, HVBG-Info 2001, 1111.
276 Vgl. BSG 27.11.1985, BSGE 59, 193.
277 BSG 28.6.1979, BSGE 48, 224. Für eine verstärkte Anknüpfung an ein Veranlassungsprinzip Greiner, SGb 2009, 581.
278 Vgl. BSG 30.4.1991, NZA 1992, 93 zu einer Blutalkoholkonzentration von 2 ‰; BSG 21.1.1997, HVBG-Info 1997, 1018: mehr als 2,11 ‰ bei Auffinden.
279 BSG 5.9.2006, BSGE 97, 54; vgl. BSG 12.4.2005, BSGE 94, 262.
280 BSG 28.11.1961, BSGE 16, 1; daran hält die Rspr. fest, z. B. zusammengefasst in BSG 13.12.2005, NJW 2007, 399.

als Beschäftigte nach § 2 Abs. 2 Nr. 1 SGB VII anzuerkennen ist. Diese Schwelle erreichen jedenfalls heute nur noch sehr wenige Angebote.[281] Nicht nach den Einschränkungen der Rechtsprechung über den ausgleichenden Betriebssport unterliegt eine **Beschäftigung, die vertraglich Sport zum Gegenstand hat**, was nicht nur auf (hauptberufliche) Profi-Sportlerinnen und Profi-Sportler begrenzt ist.[282]

45 **Erstens:** Die „Leibesübungen" müssen dem **Ausgleich** für die Belastung durch die Betriebstätigkeit dienen, nicht dagegen der Teilnahme am allgemeinen sportlichen Wettkampfverkehr oder der Erzielung von Spitzenleistungen. Grundsätzlich ist jede Sportart geeignet, den geforderten Ausgleichszweck herbeizuführen.[283] Da sie dem Betreffenden keine oder kaum körperliche Leistungen abverlangen, dürften aber bspw. Motorsportarten sowie etwa Schach und Skat[284] als versicherte Tätigkeiten generell ausscheiden. Hingegen soll Kegeln grds. als eine dem geforderten Ausgleichszweck dienende sportliche Betätigung anzusehen sein, sofern die sportliche Betätigung die Veranstaltung wesentlich prägt und dabei nicht die Einnahme von alkoholischen Getränken bzw. das gesellige Beisammensein im Vordergrund steht.[285] Sehr zurückhaltend ist die Rechtsprechung ferner bei der Anerkennung von Mannschaftssportarten mit Gegnerinnen und Gegnern (Fußball, Handball usw.). Zwar ist der Versicherungsschutz nach der Rechtsprechung des BSG auch bei der Ausübung von Sportarten, denen es eigentümlich ist, dass sie einen Gegner voraussetzen und meist zu verschiedenen Mannschaften ausgetragen werden, nicht grds. ausgeschlossen.[286] Zu beachten ist jedoch, dass regelmäßigere oder häufigere Punkt- oder Pokalspiele zwischen einzelnen Betriebssportgemeinschaften o. Ä. einschließlich des Trainings regelmäßig **nicht versichert** sind, da der Wettkampfcharakter und nicht der Ausgleichscharakter im Vordergrund steht.[287] Anders liegen die Dinge nur dann, wenn lediglich ausnahmsweise, zur Aufrechterhaltung der Freude am regelmäßigen Betriebssport, ein Wettkampf stattfindet und im Übrigen aber der Anreiz für die weitere regelmäßige Teilnahme an sportlichen Übungen im Vordergrund steht.[288] Keinen inneren Bezug zur betrieblichen Tätigkeit hat das BSG bei einer jährlichen fünfmaligen Teilnahme an Wettkampftreffen angenommen, weil dies dem Gedanken einer lediglich gelegentlichen Wettkampfherausforderung widerspreche.[289]

46 **Zweitens:** Die Übungen müssen mit einer gewissen Regelmäßigkeit stattfinden. Ausreichend ist bereits eine Teilnahme in wenigstens monatlichen Abständen, hingegen könne einer lediglich gelegentlichen Teilnahme keine Ausgleichsfunktion beigemessen werden.[290] Die Teilnahme an einem jährlichen Firmenlauf soll nicht regelmäßig genug sein.[291] **Drittens:** Der Teilnehmendenkreis muss im Wesentlichen auf die Beschäftigten des veranstaltenden Unternehmens oder der an der gemeinsamen Durchführung des Betriebssports beteiligten Unternehmen beschränkt sein. Dies bedeutet, dass keine zu große Anzahl Betriebsfremder teilnehmen darf, sich indessen spiegelbildlich die sportliche Betätigung auch an die nicht sportinteressierten Beschäftigten richtet und sie nicht von vornherein ausschließt.[292] **Viertens:** Die Übungszeiten und die jeweilige Dauer der Übung müssen in einem dem Ausgleichszweck entsprechenden Zusammenhang mit der Betriebstätigkeit stehen. Dabei ist nicht der Ausgleich für die Belastung eines Arbeitstages maßgebend, sondern dass der Ausgleich generell für die Arbeit erfolgt. Der Zusammenhang ist daher auch gegeben, wenn die sportliche Übung an einem arbeitsfreien Samstag stattfindet.[293]

---

281 Vgl. z. B. BSG 28.6.2022, NJW 2023, 1388.
282 Vgl. BSG 23.4.2015, SGb 2016, 225.
283 BSG 5.10.1995, BB 1996, 1391.
284 Offen gelassen von BSG 24.8.1976, SozR § 550 Nr. 19.
285 BSG 24.2.1977, SozR 2200 § 548 Nr. 29.
286 BSG 19.3.1991, HV-Info 1991, 1339.
287 BSG 13.12.2005, NJW 2007, 399.
288 BSG 2.7.1996, NZS 1997, 87.
289 BSG 26.10.2004, UV-Recht Aktuell 2010, 279.
290 BSG 24.2.1977, SozR 2200 § 548 Nr. 29.
291 LSG Berlin-Brandenburg 21.3.2023, L 3 U 66/21.
292 BSG 27.10.2009, B 2 U 29/08 R.
293 BSG 15.8.1979, 2 RU 45/79.

Fünftens: Die Übungen müssen im Rahmen einer unternehmensbezogenen Organisation stattfinden, zu der sich auch mehrere Unternehmen zusammenschließen können. Für die betriebsbezogene Organisation bedarf es eines gestaltenden Einflusses des Unternehmens auf Zeit, Ort und Art der Durchführung des Betriebssports, z.B. durch nähere Planung, Überwachung oder die Überlassung von Räumlichkeiten. Die Organisation der Betriebsangehörigen im Rahmen eines eingetragenen Vereins steht der Anerkennung als Betriebssport grds. nicht entgegen, solange der Verein nicht ein vom Unternehmen kaum beeinflusstes Eigendasein führt.[294] 47

Bei einer nicht als Betriebssport anzuerkennenden sportlichen Veranstaltung kann im Einzelfall Versicherungsschutz nach den Regeln über die **Gemeinschaftsveranstaltung** (§ 40 Rn. 58) in Betracht kommen.[295] Für den **Hochschulsport** hat das BSG anknüpfend an den Versicherungstatbestand des § 2 Abs. 1 Nr. 8 lit. c SGB VII und der Versicherung von Studierenden bei (weit verstandener) „Aus- und Fortbildung" weniger enge Grenzen als beim Betriebssport und der Versicherung nach § 2 Abs. 1 Nr. 1 SGB VII als Beschäftigte gezogen (§ 39 Rn. 31). 48

(3) Betriebswege und Dienstreisen

Betriebswege sind diejenigen Wege, die Beschäftigte im Rahmen ihrer Beschäftigung zurücklegen und die entsprechend versichert sind (deutlich z.B. bei der Beschäftigung als Fernfahrerin, aber auch Kundenbesuch einer Vertriebsmitarbeiterin, Gang vom eigenen Büro zu einer angesetzten Besprechung im Konferenzraum). Ein Betriebsweg kann aber auch von zu Hause angetreten werden, wenn auf konkrete Anordnung des Arbeitgebers unmittelbar mit einer versicherten Tätigkeit begonnen wird.[296] Das BSG formuliert: 49

> „Ein solcher [Betriebsweg] unterscheidet sich von Wegen nach und von dem Ort der Tätigkeit, die nach § 8 Abs. 2 Nr. 1 SGB VII versichert sind, dadurch, dass er in unmittelbarem Betriebsinteresse zurückgelegt wird und nicht lediglich der versicherten Tätigkeit vorausgeht oder sich ihr anschließt. Ein solcher Weg ist Teil der versicherten Tätigkeit."[297]

Wird ein Betriebsweg aus eigenwirtschaftlichen Gründen unterbrochen (näher zur Unterbrechung im Zusammenhang mit Wegeunfällen § 40 Rn. 116ff.), entfällt insoweit der innere Zusammenhang zur versicherten Tätigkeit. Insbesondere § 8 Abs. 2 Nr. 2 SGB VII, der für Wegeunfälle nach § 8 Abs. 2 Nr. 1 SGB VII den Unfallversicherungsschutz auch bei vom eigentlich versicherten Weg abweichenden Wegen aufrechterhält, ist weder direkt noch mangels planwidriger Regelungslücke analog anwendbar.[298] 50

Unfallversicherungsrechtlich betrachtet sind **Dienstreisen** grds. Betriebswege. Falls man eine Unterscheidung dieser beiden durch das SGB VII insoweit nicht vorgeprägten Begriffe schaffen wollte, könnte man sagen, dass Betriebswege eher kürzerer Natur sind und oft auf dem Betriebsgelände stattfinden,[299] Dienstreisen aber längerer und auswärtiger Natur sind.[300] Insbesondere bei Dienstreisen besteht nicht während der gesamten Dauer der Reise bei jeder Betätigung Versicherungsschutz. Auch im Verlauf der Dienstreise lassen sich regelmäßig zahlreiche Einzelhandlungen eindeutig ausschließlich dem privaten Bereich zuordnen, die dann, wie immer, unversichert sind.[301] Das BSG formuliert: 51

294 Vgl. BSG 25.2.1993, NZS 1993, 370.
295 Vgl. BSG 15.11.2016, NJW 2017, 1421.
296 BSG 27.11.2018, SozR 4-2700 § 8 Nr. 66.
297 BSG 12.1.2010, NZS 2011, 66.
298 BSG 12.1.2010, NJW 2011, 105.
299 Aber nicht nur, siehe BSG 12.1.2010, NZS 2011, 66: Vertriebsmitarbeiter.
300 BSG 5.7.2016, NZS 2016, 948 Rn. 21 scheint eine Dienstreise zu verstehen als einen direkt von der Wohnung aus angetretenen Betriebsweg.
301 Vgl. BSG 27.7.1989, NJW 1990, 70; BSG 19.8.2003, NZS 2004, 273.

> „Der Umstand allein, dass sich der Versicherte im Verlauf einer Dienstreise verletzt hat, besagt jedoch nicht, dass bereits deshalb die unfallbringende Betätigung als eine versicherte Tätigkeit anzusehen und der Unfall als Arbeitsunfall anzuerkennen ist. Nach der ständigen Rechtsprechung des BSG ist nämlich bei solchen Reisen zwischen Betätigungen zu unterscheiden, die mit dem Beschäftigungsverhältnis wesentlich zusammenhängen, und solchem Verhalten, das der Privatsphäre des Reisenden zugehörig ist. So lassen sich gerade bei längeren Reisen im Ablauf der einzelnen Tage in der Regel Verrichtungen unterscheiden, die mit der Tätigkeit für das Unternehmen wesentlich im Zusammenhang stehen, und solche, bei denen dieser Zusammenhang in den Hintergrund tritt. Der Versicherungsschutz entfällt, wenn sich der Versicherte rein persönlichen, von der Betriebstätigkeit nicht mehr beeinflussten Belangen widmet."[302]

52 Eine eigentlich eindeutig private (eigenwirtschaftliche) Betätigung am Ort der Dienstreise kann der betrieblichen Tätigkeit ausnahmsweise dann noch zugeordnet werden, wenn sich im Verlauf der betreffenden Handlung **besondere Gefahrenmomente im Bereich des auswärtigen Ortes** realisieren und dadurch der Unfall ausgelöst wird.[303] Besondere Gefahrenmomente in diesem Sinne sind solche Umstände, die in ihrer besonderen Eigenart dem Beschäftigten während seines normalen Verweilens am Wohn- oder Betriebsort nicht begegnet wären.[304]

Beispiel:[305]
B ist auf einer ca. 300 km von seinem Wohnort entfernten Baustelle eingesetzt. Infolge seiner Tätigkeit auf der Baustelle war er starken Einwirkungen von Staub und Glaswolle ausgesetzt. Am Arbeitsort bestand keine Möglichkeit zu duschen. Bei einem Duschbad in der Etagendusche des Hotels, in dem er untergebracht war, rutschte er aus und verletzte sich.

In diesem Fall ist der Duschvorgang dem persönlichen (eigenwirtschaftlichen) Lebensbereich des B zuzuordnen. Denn B hat kein spezieller in der Zukunft liegender dienstlicher Grund veranlasst, sich einer Reinigung zu unterziehen. Die Annahme einer besonderen Gefahrenquelle ist hier nicht gerechtfertigt, da die von nassen Fliesen in Duschräumen ausgehende Rutschgefahr allgemein bekannt ist und ganz allgemein besteht. Anders hatte das BSG einen ähnlichen Fall bewertet, in dem der Beschäftigte das Duschbad zur notwendigen Erfrischung nach einem Konferenztag während einer Arbeitspause vorgenommen hatte, an die sich eine weitere betriebliche Veranstaltung anschließen sollte. Hier sah es wegen der anstehenden Tätigkeit noch einen inneren Zusammenhang mit der versicherten Tätigkeit.[306]

---

53 Unversichert sind dagegen sog. **Incentive- oder Motivationsreisen**, bei denen die Belohnung der Teilnehmenden für die von ihnen geleistete Arbeit im Vordergrund steht. Eine solche Reise dient **überwiegend privaten (touristischen) Zielen**, so dass allenfalls einzelne, abgrenzbare Teile, die vornehmlich betrieblichen Zwecken dienen, als versicherte Tätigkeit anzuerkennen sind, nicht jedoch die gesamte Reise als versicherte Dienstreise.[307] Anders ist die Situation jedoch, wenn ein Beschäftigter mit auf die Incentivereise eines anderen Unternehmens geschickt wird und die damit bezweckte Pflege der Geschäftsbeziehungen auch die Teilnahme an sportlichen Aktivitäten erfordert.[308]

(4) Essen und Trinken, Toilettengang

54 **Essen und Trinken** ist unabhängig von der versicherten Tätigkeit erforderlich und daher eigenwirtschaftlich. Es ist also während der Arbeit und auf der Arbeitsstätte **unversichert**, obwohl es all-

---

302 BSG 19.8.2003, NZS 2004, 273.
303 BSG 27.7.1989, NJW 1990, 70.
304 BSG 18.3.2008, NZS 2009, 288: Sturz auf Wendeltreppe im Hotel kann Arbeitsunfall sein, wenn diese z. B. wegen ihrer besonderen Bauart oder wegen ihres baulichen Zustandes als ungewöhnlich gefährlich einzustufen wäre und wenn diese speziellen Gefahrenmomente den Sturz wesentlich mitverursacht hätten.
305 Nach BSG 4.6.2002, HVBG-Info 2002, 1891.
306 BSG 8.7.1980, 2 RU 25/80.
307 BSG 25.8.1994, NZS 1995, 41; BSG 16.3.1995, NJW 1995, 3340.
308 BSG 1.7.1997, NJW 1998, 404.

gemein der Erhaltung der Arbeitskraft dienlich ist.[309] Kein Versicherungsschutz besteht daher sowohl hinsichtlich der Nahrungsaufnahme selbst (Verschlucken, Verbrennen, Zahnabbruch, Vergiftung) als auch für Nebenverrichtungen und Zubereitungshandlungen (Flaschenöffnen, Aufschneiden, Abwaschen).

Unter Versicherungsschutz stehen aber – im Unterschied zur Nahrungsaufnahme selbst – die 55
Wege zu und von der Nahrungsaufnahme (näher § 40 Rn. 140 f.).[310] Das BSG formuliert zur Begründung:

> „Dieser Versicherungsschutz beruht darauf, dass der während einer Arbeitspause zurückgelegte Weg zur Nahrungsaufnahme oder zum Einkauf von Lebensmitteln für den alsbaldigen Verzehr am Arbeitsplatz in zweierlei Hinsicht mit der Betriebstätigkeit verknüpft ist. Zum einen dient die beabsichtigte Nahrungsaufnahme während der Arbeitszeit im Gegensatz zur bloßen Vorbereitungshandlung vor der Arbeit der Aufrechterhaltung der Arbeitsfähigkeit und damit der Fortsetzung der betrieblichen Tätigkeit. Zum anderen handelt es sich um einen Weg, der in seinem Ausgangs- und Zielpunkt durch die Notwendigkeit geprägt ist, persönlich im Beschäftigungsbetrieb anwesend zu sein und dort betriebliche Tätigkeiten zu verrichten. Aufgrund des Zusammentreffens dieser beiden betriebsbezogenen Merkmale, des Handlungsziels und der Betriebsbedingtheit des Weges, ist der wesentliche innere Zusammenhang zwischen dem Betrieb und einem zur Nahrungsaufnahme zurückgelegten Weg angenommen worden".[311]

Ausnahmen, in denen die Nahrungsaufnahme selbst der versicherten Tätigkeit zuzurechnen ist, 56
erkennt die Rechtsprechung nur an, wenn **betriebliche Interessen bzw. betriebliche Umstände** die zum Unfall führende **Nahrungsaufnahme wesentlich beeinflusst** haben. In den Fällen der Nahrungsaufnahme fordert die Rechtsprechung damit keine finalen, sondern kausale Merkmale, dazu folgende

---

Beispiele:
Die Nahrungsaufnahme war zur Erhaltung der Arbeitskraft erforderlich (Trinken an einem durch Staub und Hitze geprägten Arbeitsplatz),[312] die Nahrungsaufnahme erfolgte infolge betrieblich bedingter besonderer Eile,[313] die Nahrungsaufnahme erfolgte veranlasst durch betriebliche Umstände an einem besonderen Ort oder in besonderer Form (Fernfahrer, der seinen Lastzug nicht unbeaufsichtigt lassen wollte und bei der Essenzubereitung auf einem Rastplatz verunglückte),[314] betriebliche Umstände gaben besonderen Anlass, die Mahlzeit in einer Werk- oder Schulkantine einzunehmen (Versicherungsschutz eines internatsmäßig untergebrachten Teilnehmers eines auswärtigen Lehrgangs während der für ihn kostenfreien Einnahme des Essens in der Kantine, wobei die nächste Gaststätte zwei bis drei Kilometer entfernt lag.[315] Auch wenn das Essen Teil einer Seminarveranstaltung mit Kunden war, zu dessen Teilnahme der Versicherte zwar nicht gezwungen war, sein Ausbleiben aber möglicherweise einen nachteiligen Eindruck beim Geschäftspartner hinterlassen hätte, hat die Rechtsprechung einen sachlichen Zusammenhang zur versicherten Tätigkeit bejaht.[316] In diesem Fall lag es sogar nahe, wegen des Geschäftsbezuges das Essen selbst als Teil der Tätigkeit zu begreifen. Siehe auch folgendes weiteres

---

Beispiel:[317]
A verunglückte während der Mittagspause im Aufenthaltsraum seines Ausbildungsbetriebes. Ihm sprang beim Öffnen einer Flasche Cola der Flaschendeckel ins Auge und verursachte eine schwere Augenverletzung. Die Tätigkeit des A vor dem Unfall war mit einer großen Staubbelastung verbunden.

---

309 BSG 10.10.2002, NZS 2003, 268; BSG 5.7.2016, BSGE 122, 1.
310 BSG 6.12.1989, NJW 1990, 1064; BSG 5.8.1993, BB 1993, 2454; BSG 27.6.2000, NZS 2001, 153.
311 BSG 5.7.2016, BSGE 122, 1.
312 Vgl. BSG 14.5.1985, SozR 2200 § 548 Nr. 73.
313 BSG 7.3.1969, BB 1969, 629.
314 Vgl. BSG 29.10.1986, NZA 1987, 287.
315 Vgl. BSG 24.2.2000, NJW 2000, 2836.
316 BSG 30.1.2007, NZA 2007, 1150.
317 Nach BSG 10.10.2002, NZS 2003, 268.

Allein dass die Tätigkeit geeignet war, ein Durstgefühl hervorzurufen, reicht zur Annahme des inneren Zusammenhangs nicht aus. Eine Abgrenzung der eigenwirtschaftlichen von der durch die besonderen betrieblichen Umstände veranlassten Nahrungsaufnahme ist nur möglich, wenn diese auf besondere Art und Weise erfolgt ist. Das durch die versicherte Tätigkeit verursachte besondere Hunger- und Durstgefühl muss dazu geführt haben, dass der Versicherte abweichend von seinen normalen Ess- und Trinkgewohnheiten während seiner sonstigen betrieblichen Tätigkeit seinen Hunger oder Durst gestillt hat und dadurch eine Zuordnung zu der betrieblichen Tätigkeit objektiv nachvollziehbar ist. **Anders** wäre der Fall zu beurteilen, wenn der Versicherte unmittelbar während der besonderen belastenden Arbeit isst oder trinkt.[318]

57 Nach den gleichen Grundsätzen behandelt das BSG den **Toilettengang**[319]:

„Der Verletzte benutzte die Treppe [zur Toilette] im Unfallzeitpunkt nicht, um damit eine (vermeintliche) Haupt- oder Nebenpflicht aus seinem Arbeitsverhältnis als Außendienstmitarbeiter zu erfüllen oder ein eigenes unternehmensbezogenes, innerbetrieblichen Belangen dienendes Recht wahrzunehmen. Er handelte nicht im unmittelbaren Betriebsinteresse, sondern allein im eigenen Interesse auf dem Weg zu einer höchstpersönlichen Verrichtung. Allerdings sind die Wege, die Beschäftigte während der Arbeitszeit zum Aufsuchen der Toilettenräume zurücklegen, nach ständiger Rechtsprechung des Senats grundsätzlich unfallversichert. Dieser Versicherungsschutz beruht darauf, dass der während einer Arbeitspause zurückgelegte Weg zur Toilette in zweierlei Hinsicht mit der Betriebstätigkeit verknüpft ist: Zum einen dient der Toilettenbesuch während der Arbeitszeit der Aufrechterhaltung der Arbeitsfähigkeit und damit der Fortsetzung der betrieblichen Tätigkeit. Zum anderen handelt es sich um einen Weg, der in seinem Ausgangs- und Zielpunkt durch die Notwendigkeit geprägt ist, persönlich an der Arbeitsstätte anwesend zu sein, um dort betriebliche Tätigkeiten zu verrichten. Aufgrund des Zusammentreffens dieser beiden betriebsbezogenen Merkmale, des Handlungsziels und der Betriebsbedingtheit des Weges, ist ein innerer Zusammenhang zwischen dem Weg zur Toilette und der versicherten Tätigkeit angenommen worden“.[320]

(5) Gemeinschaftsveranstaltungen

Literatur: Karl, Wann ist das Feiern versichert?, SozSich 2015, 118 ff., 201 ff.; Köhler, Unfallversicherungsschutz während betrieblicher Incentive- und Teambuilding-Veranstaltungen außerhalb der Betriebsstätte?, WzS 2023, 63 ff. und 95 ff.; Krasney, Versicherungsschutz bei betrieblichen Gemeinschaftsveranstaltungen, NZS 2006, 57 ff.

58 Im inneren Zusammenhang mit der versicherten Tätigkeit können auch **betriebliche Gemeinschaftsveranstaltungen** stehen. Die Teilnahme von Beschäftigten etwa an **Betriebsfesten, Betriebsausflügen** oder ähnlichen Gemeinschaftsveranstaltungen kann nach der Rechtsprechung des BSG unter Zustimmung der Literatur unter dem Gesichtspunkt des Unternehmensinteresses, die betriebliche Verbundenheit zu fördern, dem **Unternehmen zugerechnet** werden und der versicherten Tätigkeit gleichgesetzt werden.[321] Erforderlich ist für die Annahme des inneren Zusammenhangs, dass die Veranstaltung das Betriebsklima und den Zusammenhalt unter den Beschäftigten fördern soll, dass sie allen Mitarbeitern der jeweiligen Einheit offensteht und dass die Veranstaltung im Einvernehmen mit der Unternehmensleitung stattfindet.[322]

59 Der von der Rechtsprechung geforderte sog. **Gemeinschaftszweck** wird nicht bereits dadurch verdrängt, dass die Veranstaltung nebenbei (sogar in gleichem Maße) dem Zweck der Freizeitgestaltung dient. Etwas anderes gilt jedoch (trotz Organisation und Finanzierung durch den Unternehmer), wenn Freizeit, Unterhaltung oder Erholung im Vordergrund stehen[323] oder wenn im

318 Vgl. hierzu BSG 14.5.1985, SozR 2200 § 548 Nr. 73.
319 Vgl. Hebeler, ZTR 2019, 7 ff.
320 BSG 30.3.2017, NZS 2017, 625.
321 BSG 27.6.2000, NJW 2001, 1669; BSG 5.7.2016, NJW 2017, 506.
322 BSG 5.7.2016, NJW 2017, 506; grdl. BSG 22.8.1955, BSGE 1, 179.
323 BSG 25.8.1994, NZS 1995, 41.

Rahmen der Veranstaltung gar keine Möglichkeit zur Pflege der Gemeinschaftsverbundenheit gegeben ist.[324]

60 Das Erfordernis der **Teilnahmemöglichkeit aller Angehörigen des Betriebes** ist eng mit dem geforderten Gemeinschaftszweck verbunden, denn ohne jene Voraussetzung wäre dieser gar nicht zu erreichen. Bei **Veranstaltungen einzelner Abteilungen, Gruppen oder Teams eines Unternehmens** ist der Gemeinschaftszweck gegeben, wenn die Größe des Unternehmens oder dessen besondere Gegebenheiten es verlangen oder es jedenfalls zweckmäßig erscheinen lassen, nicht für die gesamte Belegschaft eine einzige betriebliche Gemeinschaftsveranstaltung vorzusehen.[325] Dem Gemeinschaftszweck entgegen stehen hingegen Veranstaltungen, die lediglich für eine ausgewählte Anzahl von Betriebsangehörigen vorgesehen sind (z. B. kapazitätsmäßig auf ein Drittel der Belegschaft begrenztes Angebot einer Fahrt im Heißluftballon)[326] oder die besonders gefährlich und damit oder auch sonst nicht allen Betriebsangehörigen zumutbar sind (z. B. betrieblich organisiertes Fußballturnier in Karnevalskostümen).[327] Die Teilnahme von Familienangehörigen[328] sowie die Durchführung der Veranstaltung an einem arbeitsfreien Sonntag[329] ist unschädlich. Auf die **tatsächliche Anzahl der Teilnehmenden** im Sinn einer absoluten Untergrenze **kommt es nicht an.**[330] Wenn so wenige Betriebsangehörige teilnehmen, dass der Gemeinschaftscharakter fraglich wird, will das BSG einen Versicherungsschutz aus Vertrauensgesichtspunkten annehmen, zumal die geringe Zahl ggf. erst bei Beginn der Veranstaltung festgestellt werde.[331] Das scheint entbehrlich, weil auf der ersten Stufe ein Gemeinschaftszweck ausreichend ist und es auf der zweiten Stufe ausreicht, dass die Veranstaltung für alle entsprechend offensteht, wobei keine Untergrenze der tatsächlichen Teilnehmerzahl gezogen wird.[332]

61 Eine Veranstaltung steht dann im **Einvernehmen mit der Unternehmensleitung**, wenn die Veranstaltenden dabei nicht oder nicht nur aus eigenem Antrieb und freier Entschließung handeln.[333] Es genügt, dass die Unternehmensleitung die Veranstaltung billigt und fördert, sie muss nicht selbst Veranstalterin sein.[334] Auch der Betriebsrat[335] oder eine Gruppe bzw. einzelne Beschäftigte[336] können im Auftrag der Unternehmensleitung veranstalten.[337] Die Durchführung der Veranstaltung als betriebliche Gemeinschaftsveranstaltung muss von der Unternehmensleitung gewollt sein, d. h., die Billigung der Unternehmensleitung muss sich dabei nicht nur auf die wegen der Durchführung einer Veranstaltung erforderlichen betrieblichen Änderungen (z. B. der Arbeitszeit, das Benutzen betrieblicher Räume) erstrecken.[338] Dies ergibt sich bereits daraus, dass mögliche Unfälle bei solchen Veranstaltungen gem. § 162 Abs. 1 SGB VII Auswirkungen auf die von dem Unternehmen zu zahlenden Beiträge haben können.[339] Als entscheidender Umstand für die Einstufung der Veranstaltung als im Einvernehmen mit der Unternehmensleitung stehend wurde früher die persönliche Anwesenheit der Unternehmensleitung oder von entsprechend Beauftragten gesehen. Davon ist das BSG seit 2016 zu Recht

---

324 BSG 30.8.1962, SozR Nr. 57 zu § 542 RVO.
325 Vgl. BSG 9.12.2003, NZS 2004, 599; BSG 5.7.2016, NJW 2017, 506.
326 BSG 22.9.2009, UV-Recht Aktuell 2009, 1411; vgl. BSG 14.11.1996, HVBG-Info 1997, 252.
327 BSG 22.9.2009, UV-Recht Aktuell 2010, 275, 66251; vgl. BSG 16.5.1994, BSGE 56, 283; BSG 7.12.2004, NZS 2005, 657.
328 Vgl. BSG 22.8.1955, BSGE 1, 17; BSG 26.4.1977, SozR 2200 § 548 Nr. 30.
329 Vgl. BSG 22.8.1955, BSGE 1, 179; BSG 9.12.2003, NZS 2004, 599.
330 BSG 5.7.2016, NJW 2017, 506; BSG 30.3.2017, NJW 2017, 2858; anders noch z. B. BSG 7.12.2004, NZS 2005, 657.
331 BSG 9.12.2003, NZS 2004, 599.
332 Eichenhofer/v. Koppenfels-Spies/Wenner/Jung/Brose, § 8 Rn. 46.
333 BSG 9.12.2003, NZS 2004, 599.
334 BSG 9.12.2003, NZS 2004, 599; BSG 5.7.2016, NJW 2017, 506.
335 BSG 20.2.2001, BSGE 87, 294.
336 BSG 9.12.2003, NZS 2004, 599; BSG 26.6.2014, NJW 2015, 1407.
337 BSG 5.7.2016, NJW 2017, 506.
338 BSG 10.12.1975, BSGE 41, 58; BSG 5.7.2016, NJW 2017, 506.
339 BSG 9.12.2003, NZS 2004, 599; BSG 5.7.2016, NJW 2017, 506.

abgerückt.[340] Die Einschränkung wurde mit dem Schutzzweck der Unfallversicherung, mit ihrem inneren Zusammenhang zur Beschäftigung und mit der Beitragslast allein der Unternehmer begründet, daher muss sichergestellt sein, dass die Veranstaltung in deren Interesse liegt. Im Interesse der Unternehmer liegt aber schon das Ziel der Förderung des Betriebsklimas und des Zusammenhaltes, hierfür ist eine **persönliche Anwesenheit** der Unternehmensleitung richtigerweise **nicht erforderlich**.

62 Dadurch, dass die Anwesenheit der Unternehmensleitung nicht mehr als erforderlich angesehen wird, hat sich das Problem der **Bestimmung des Endes** einer ursprünglich versicherten Veranstaltung ergeben. Früher wurde darauf abgestellt, dass die Gemeinschaftsveranstaltung endet, wenn sie nicht mehr von der Autorität der Unternehmensleitung oder der von ihr Beauftragten getragen wird,[341] was wohl dann der Fall wäre, wenn die Leitungsperson die Veranstaltung verlässt. Überzeugend war das unter dem Aspekt des inneren Zusammenhangs mit der Beschäftigung wegen der Zwecksetzung der Stärkung von Betriebsklima und Zusammenhalt ohnehin nie: Die Leitungsperson konnte übermäßig früh die Veranstaltung verlassen oder übermäßig spät noch Weiterfeiern mit nur ausgewählten Mitarbeitenden – die Erreichung des Zwecks der Veranstaltung ist nicht zwingend von ihrer Anwesenheit abhängig. Es bleibt so nur eine „lebensnahe" Betrachtung, wann nach den Umständen des Einzelfalls ein Übergang zu einer Privatfeier anzunehmen ist, es sei denn, es wird bereits auf der Einladung ein Ende angegeben oder die Veranstaltenden verkünden auf der Veranstaltung selbst das Ende. Die Schwierigkeiten illustriert folgendes

Beispiel[342]:
Der als Außendienstmitarbeiter beschäftige Verletzte nahm an einem von seinem Arbeitgeber durchgeführten „Tag des Vertriebes" teil. Nach einem Fahrsicherheitstraining waren die Mitarbeiter noch zu einer auf dem Tagungsprogramm aufgeführten Abendveranstaltung vom Arbeitgeber in ein Lokal eingeladen. Nach Schließung des Lokals begaben sich einige Mitarbeiter, insbesondere die, die Übernachtungen in einem Hotel gebucht hatten, an die dortige Hotelbar, um den Tag ausklingen zu lassen. Der Verletzte nahm ebenso wie sein unmittelbarer Vorgesetzter und weitere Führungskräfte daran teil, nicht jedoch die Leitung der Vertriebsdirektion. Der Verletzte, der sich mit Arbeitskollegen unterhielt, teilte diesen gegen 1 Uhr nachts mit, dass er zur Toilette gehen würde. Auf dem Weg dorthin stürzte er auf einer Treppe und zog sich einen schweren Hirnschaden zu, an dessen Folgen er 11 Jahre später verstarb. Bis zu seinem Tod befand er sich im Wachkoma.

Das BSG hat keinen Arbeitsunfall angenommen, da weder der Gang zur Toilette selbst noch zuvor das Gespräch mit den Arbeitskollegen in der Hotelbar in einem inneren Zusammenhang mit der versicherten Tätigkeit standen. Der Verletzte habe vor dem Losgehen zur Toilette schon keine Verrichtung verübt, die seiner versicherten Tätigkeit zuzurechnen ist. Durch die bloße Unterredung mit Arbeitskollegen an der Bar erfülle er keine Pflicht aus seinem Arbeitsverhältnis. Der Umstand, dass das Gespräch der Pflege kollegialer Beziehungen und damit allgemein dem Betriebsklima diene, genüge nicht. Durch die Beendigung des Abendessens im Lokal, die Abreise mehrerer Teilnehmer und den Wechsel der Örtlichkeiten an die Hotelbar sei der „Tag des Vertriebes" beendet, so dass das noch versicherte Abendessen und der unversicherte Barbesuch deutlich voneinander zu trennen seien. Das gesellige Beisammensein an der Bar stelle auch keine betriebliche Gemeinschaftsveranstaltung dar, da das Beisammensein nicht im Einvernehmen mit der Unternehmensleitung stattgefunden hätte. Diese hatte den Ausklang weder initiiert noch organisiert, und das Beisammensein war weder im Veranstaltungsprogramm noch in der Einladung vorgesehen. Für die Annahme eines Einvernehmens mit der Unternehmensleitung müssten im Interesse der Rechtssicherheit objektive Anhaltspunkte wie Protokolle, Einladungsschreiben, eindeutige mündliche Vorgaben des maßgeblichen Vorgesetzten vorliegen. Versicherungsschutz bestehe auch nicht unter dem Gesichtspunkt, dass der Verletzte durch Umstände einer Dienstreise besonderen Gefahren ausgesetzt war. Selbst wenn die Treppe besonders steil war, bestehe bei dem Gang auf der Treppe kein innerer Zusammenhang mit der versicherten Tätigkeit, da sich der Verletzte den damit verbundenen Gefahren freiwillig ausgesetzt habe, da er nicht verpflichtet gewesen sei, an dem Besuch der Bar, die Ausgangspunkt für den Weg zur Toilette war, teilzunehmen.

340 BSG 5.7.2016, NJW 2017, 506; BSG 30.3.2017, NZS 2017, 625.
341 Vgl. BSG 26.6.1958 BSGE 7, 249.
342 Nach BSG 30.3.2017, NZS 2017, 625.

(6) Home-Office; Mobile Arbeit

Literatur: Collu, Der Unfallversicherungsschutz bei erstmaligem Weg ins Home-Office, NZS 2023, 371ff.; Eich, Versicherungsschutz in der Schülerunfallversicherung während der Teilnahme am Distanzunterricht, NZS 2022, 334ff.; Gräf, Mobile Arbeit in der gesetzlichen Unfallversicherung, VSSAR 2021, 253ff.; Kellner, Schutz durch die gesetzliche Unfallversicherung im Home-Office – wo wir stehen, NJW 2025, 18ff.; Kokemoor, Unfallversicherungsschutz bei mobiler Arbeit – Offene Fragen und beitragsrechtliche Konsequenzen, SGb 2022, 527ff.; Mülheims, Home-Office und gesetzliche Unfallversicheurng – Was Rechtsprechung nicht tat und Gesetzgebung nun will, NZS 2022, 5ff.

Die Feststellung des inneren Zusammenhangs zur versicherten Tätigkeit kann bei Arbeit im Home-Office besondere Schwierigkeiten bereiten. Keine Besonderheiten wies und weist dabei die Feststellung des inneren Zusammenhangs bei Unfällen auf, die **bei der versicherten Tätigkeit selbst** eintraten, etwa bei einer Verletzung aufgrund eines zusammenbrechenden Schreibtischstuhls. Die höchstrichterliche Rechtsprechung erreichten aber weniger solche Konstellationen, sondern vor allem Unfälle, die sich auf **Wegen innerhalb der Privatwohnung** der im Home-Office arbeitenden Versicherten ereigneten, dazu folgendes 63

Beispiel[343]:
A arbeitete im Home-Office im Dachgeschoss ihres Hauses. Um sich etwas zu trinken zu holen, ging sie in die im Erdgeschoss gelegene Küche. Auf der Treppe rutschte sie ab und verletzte sich.

Die Feststellung des inneren Zusammenhangs zur versicherten Tätigkeit in Abgrenzung von der eigenwirtschaftlichen Tätigkeit nach der nach außen manifestierten Handlungstendenz war deshalb schwierig, weil der eigene Wirkungskreis der Privatwohnung und die versicherte Tätigkeit besonders eng verwoben sind. Zuletzt hatte die Rechtsprechung eine restriktive Linie eingeschlagen und beispielsweise den Versicherungsschutz in Fällen des Home-Office verneint für Wege in der häuslichen Umgebung zur Toilette,[344] oder im Beispiel für den Weg zum Wasserholen in der häuslichen Küche,[345] für den Weg von einem Restaurant zurück ins Homeoffice[346] und auch sonst für den Weg innerhalb eines Hauses in die dem Home-Office vorbehaltenen Räumlichkeiten.[347] Das Kernargument des BSG für die Verschärfung der Voraussetzungen im Home-Office gegenüber etwa in einem Betrieb tätigen Arbeitnehmern (hier ist der Weg mit der Handlungstendenz, sich an einem vom Ort der Tätigkeit verschiedenen Ort Nahrungsmittel zu besorgen oder einzunehmen, grds. versichert, § 40 Rn. 54ff.) war, dass Arbeitgeber und Unfallversicherungsträger im Home-Office nur eingeschränkt fähig zu präventiven Maßnahmen sind. Daher solle das Risiko dem Versicherten und nicht dem Unternehmer angelastet werden.[348] 64

Dieser Zustand erschien dem Gesetzgeber vor dem tatsächlichen Hintergrund der **Covid-19-Pandemie**, in der Home-Office ein Mittel zur Kontaktbeschränkung und damit der Pandemiebekämpfung war, unangemessen. Erreicht werden sollte eine unfallversicherungsrechtliche Gleichbehandlung mit Arbeit im Betrieb, bei dem in den Beispielsfällen ein entsprechender Arbeitsunfall angenommen worden wäre.[349] **§ 8 Abs. 1 S. 3 SGB VII** bestimmt seit dem 18.6.2021, dass Versicherungsschutz **in gleichem Umfang wie bei Ausübung der Tätigkeit auf der Unternehmensstätte** 65

343 Nach BSG 5.7.2016, NZS 2016, 948.
344 SG München 4.7.2019, NZA-RR 2019, 616.
345 BSG 3.7.2016, NZS 2016, 948.
346 BSG 18.6.2013, NJOZ 2014, 311.
347 LSG NRW 9.11.2020, NZA 2021, 266.
348 BSG 5.7.2016, NZS 2016, 948 Rn. 27f.
349 BT-Drs. 19/29819, S. 17f.

besteht, wenn die versicherte Tätigkeit im Haushalt der Versicherten oder an einem anderen Ort ausgeübt wird.

66 Was sich im Einzelnen aus der Vorgabe „in gleichem Umfang" zu ergeben hat, ist noch nicht restlos geklärt. Im Ausgangspunkt zutreffend geht das BSG jetzt davon aus, dass die Einordnung eines Wegs innerhalb der Privaträume als Betriebsweg – wie sonst auch – anhand der **objektivierten Handlungstendenz** zu bestimmen ist.[350] Danach kann auch der erstmalige Weg aus den Privaträumen in das häusliche Arbeitszimmer („vom Bett an den Schreibtisch") unter Versicherungsschutz stehen, sofern er mit dem „(alleinigen) Zweck der Arbeitsaufnahme" zurückgelegt wird. Dieser Linie folgend hat das BSG auch den Unfall eines Versicherten, der in seinem Home-Office ein Absinken der Zimmertemperatur feststellte und, um seine Arbeit bei höheren Temperaturen fortzusetzen, bei der Überprüfung seiner Heizungsanlage im Keller seines Privathauses zu Schaden kam, als Arbeitsunfall eingestuft.[351]

67 Durch diese Linie wird in der Tat eine Behandlung „in gleichem Umfang wie bei der Ausübung der Tätigkeit auf der Unternehmensstätte" ein. Denn Präsenzbeschäftigte befinden sich insbesondere auch auf dem Weg vom „Werkstor" zum konkreten Arbeitsplatz auf einem versicherten Betriebsweg (näher § 40 Rn. 49). Vor dem Hintergrund der Neuregelung des § 8 Abs. 1 S. 3 SGB VII ist auch die Ungleichbehandlung in Kauf zu nehmen, die dadurch eintritt, dass Beschäftigte im Home-Office auf Wegen unfallversichert sein können, auf denen Beschäftigte, die außerhalb der Privaträume ihrer Tätigkeit nachgehen, keinen Versicherungssschutz genießen.[352] Insbesondere bei dem Weg zur erstmaligen Arbeitsaufnahme beginnt der Versicherungsschutz im Rahmen von § 8 Abs. 2 SGB VII bei letzteren erst bei Durchschreiten der Außentür des Gebäudes, in dem sich die Privatwohnung befindet (s. § 40 Rn. 127).

(7) Spielereien und Neckereien

68 Bei **Spielereien und Neckereien** besteht für Beschäftigte (anders dagegen häufig in der Schülerunfallversicherung, § 40 Rn. 75f.) kein Versicherungsschutz, und zwar selbst dann nicht, wenn betriebliche Gelegenheiten dazu verleitet haben.[353] Etwas anderes gilt lediglich dann, wenn Verletzte ohne eigene Beteiligung unfreiwillig Opfer einer Neckerei anderer geworden sind oder sich eine von einer Betriebseinrichtung ausgehende Gefahr realisiert, etwa im

---

Beispiel:
Schlosserlehrling A verlor sein rechtes Auge, als er am Kopf getroffen wurde von einer Schweißelektrode, die der gleichaltrige Lehrling B nach ihm geworfen hatte. Das BSG meinte hier:

„Eine durch spielerisches Verhalten im Betrieb verursachte Körperverletzung gilt grundsätzlich auch dann nicht als Arbeitsunfall, wenn sie während der Arbeitszeit am Arbeitsplatz des Versicherten eingetreten ist und eine Betriebseinrichtung beim Zustandekommen der Verletzung mitgewirkt hat; der Versicherungsschutz der gesetzlichen Unfallversicherung ist aber anzuerkennen, wenn es sich bei dem Verletzten um einen jugendlichen Arbeitnehmer handelt, der durch die Gestaltung der Betriebsverhältnisse – insbesondere durch unzureichende Beaufsichtigung – in die Lage versetzt ist, sich durch leichtsinnige Spielereien besonderen Gefahren auszusetzen."[354]

---

350 BSG 8.12.2021, SGb 2022, 492.
351 BSG 21.3.2024, B 2 U 14/21 R.
352 Kritisch Schlaeger, SGb 2022, 495 (497 ff.); zustimmend Kokemoor, SGb 2022, 527 (528 f.).
353 BSG 20.5.1976, BSGE 42, 42.
354 BSG 30.9.1970, BB 1971, 478.

c) Besonderheiten bei anderen als nach § 2 Abs. 1 Nr. 1 SGB VII versicherten Personen

aa) „Wie" Beschäftigte Tätige

Bei den „Wie-Beschäftigten" (§ 2 Abs. 2 S. 1 SGB VII) ist eine Unterscheidung zwischen „versicherter Person" und „versicherter Tätigkeit" praktisch nicht möglich, weil der Betroffene nur für die Dauer der Wie-Beschäftigung zum Kreis der versicherten Personen gehört. Die Bejahung der Zugehörigkeit des Verletzten zum nach § 2 Abs. 2 SGB VII geschützten Personenkreis (§ 39 Rn. 11ff.) bedingt damit zugleich die Feststellung, dass er einer versicherten Tätigkeit nachgegangen ist. 69

bb) Selbständige

Grundsätzlich gelten für die Beurteilung, ob ein kraft Gesetzes, kraft Satzung oder freiwillig versicherter **Unternehmer** eine versicherte Tätigkeit ausgeübt hat oder nicht, **die für Beschäftigte entwickelten Grundsätze und Maßstäbe entsprechend**. Die Abgrenzung zwischen privater und betrieblicher Sphäre wirft jedoch häufiger als dort Abgrenzungsschwierigkeiten auf, weil **geschäftliche und private Dinge oft nebeneinander liegen** oder sich überschneiden, private oft auch mit Rücksicht auf geschäftliche gesteuert werden oder umgekehrt: 70

> „Ebenso wie in der gesetzlichen Unfallversicherung von abhängig Beschäftigten ist auch bei versicherten Unternehmern zwischen betrieblichen, d.h. dem Unternehmen zuzurechnenden, und der privaten Sphäre angehörenden Tätigkeiten zu unterscheiden, obwohl hier die Abgrenzung oft schwieriger sein wird, weil es dem Unternehmer freisteht, in welcher Art und Weise er sein Unternehmen betreibt. Das kann aber nicht dazu führen, dass ein Unternehmer bei jeder Tätigkeit, die auch nur entfernt im Zusammenhang mit seinem Unternehmen steht, versichert ist. Andererseits können aber Unternehmer bei Tätigkeiten versichert sein, die nicht dem unmittelbaren Betriebszweck dienen."[355]

Die Rechtsprechung verfolgt insgesamt eine eher **restriktive Tendenz**, insbesondere bei der Anbahnung oder Pflege von Geschäftsbeziehungen (z.B. Unternehmer, der mit Geschäftspartnern Golf spielt). Tätigkeiten, die ihrer Art nach allgemein auch im privaten Leben anfallen, sind danach auch dann unversichert, wenn sie aus geschäftlicher Rücksichtnahme vorgenommen werden (vgl. z.B. zum Versicherungsschutz eines freiwillig versicherten selbstständigen Arztes, der während eines gemeinsamen Skiaufenthalts mit einer Reisegruppe, deren Mitglieder er im Bedarfsfall ärztlich betreute, bei der Begleitung von Gruppenmitgliedern auf der Piste verunglückte).[356] Darüber hinaus sind aber Tätigkeiten unversichert, die zwar nach den Vorstellungen des Unternehmers seiner versicherten Tätigkeit zu dienen bestimmt waren, aber nicht mehr in den **Bereich des eigenen Unternehmens** fallen, d.h. nicht mehr **im Rahmen der unternehmerischen Tätigkeit** liegen (Hotelier, der sich über die Freizeitmöglichkeiten seiner Region persönlich und praktisch informieren will und dabei beim Schlittschuhlaufen verunglückt, ist nicht versichert, denn „dieses Verhalten, sämtliche Freizeit- und Sportmöglichkeiten durch eigene Praxis erkunden zu wollen, überschreitet den inneren Zusammenhang mit dem Gaststätten- und Hotelunternehmen"[357]). 71

cc) Schülerunfallversicherung (§ 2 Abs. 1 Nr. 8 SGB VII)

Zum Kernbereich der versicherten Tätigkeiten gehört in der Schülerunfallversicherung nach § 2 Abs. 1 Nr. 8 SGB VII insbesondere der Aufenthalt im Kindergarten zum Spielen und für sonstige Tätigkeiten, die Teilnahme am lehrplanmäßigen Unterricht an Schulen sowie an sonstigen Veranstaltungen des Kindergartens oder der Schule, die im rechtlich wesentlichen Zusammenhang mit dem Kindergarten- oder Schulbesuch stehen, auch wenn sie außerhalb des Kindergarten- oder Schulgeländes stattfinden. Der Versichertenschutz bezieht sich nur auf den Schulbesuch (und nach § 2 Abs. 1 72

355 BSG 30.7.1981, SozR 2200 § 548 Nr. 57.
356 BSG 1.2.1996, NZS 1996, 441.
357 BSG 4.6.2002, HVBG-Info 2002, 1886.

Nr. 8 lit. b Hs. 2 SGB VII auf unmittelbar vor oder nach dem Unterricht von der Schule oder im Zusammenwirken mit ihr durchgeführte Betreuungsmaßnahmen), d.h. für Verrichtungen, die im **organisatorischen Verantwortungsbereich der Schule** erfolgen, und ist **nicht im privaten, häuslichen, Bereich** gegeben.[358] Insoweit ist der Versicherungsschutz in der Schülerunfallversicherung enger als in der gewerblichen Unfallversicherung. Die Erledigung von Hausaufgaben oder privater Nachhilfeunterricht fällt so nicht unter die Versicherung,[359] wohl aber, nach einer jüngeren Entscheidung des BSG, eine schulisch initiierte Gruppenarbeit, die außerhalb des Schulgeländes nach Unterrichtsschluss stattfinden soll, weil sich der Schulbesuch in der Gruppe fortsetze, in der neben fachlichen zugleich auch soziale und affektive Kompetenzen untereinander vermittelt und eingeübt werden sollen.[360]

73 Im Übrigen muss bei der Umsetzung des Begriffes „versicherte Tätigkeit" und der hierzu für Beschäftigte entwickelten Kriterien auf den Kindergarten- und Schulbetrieb bedacht werden, dass in Kindergärten, Schulen und Ähnlichem keine gegenseitigen Leistungsbeziehungen im Sinne geschuldeter Dienstleistungen bestehen. Vielmehr ist der „Lernbetrieb" darauf ausgerichtet, die Kinder und Jugendlichen durch den Besuch des Kindergartens oder den Unterricht in der Schule auf das spätere Arbeitsleben vorzubereiten und neben ihrem Wissen auch ihre sozialen Fähigkeiten so zu entwickeln, dass sie als Erwachsene ein ihren Fähigkeiten entsprechendes Leben in der Gesellschaft führen können. Ihre Handlungen und Tätigkeiten dienen daher nicht in erster Linie den besuchten Einrichtungen, sondern den Kindern und Jugendlichen selbst. Der „innere Zusammenhang" wird nach diesen Maßstäben noch angenommen, wenn das Verhalten eines Schülers oder einer Schülerin nach den Umständen des Falls „nicht als völlig unverständlich oder vernunftwidrig zu erachten ist, mag es vielleicht **auch unbesonnen und leichtsinnig** sein"[361] (zu einer Ausweitung in einer bislang vereinzelt gebliebenen Entscheidung zu einem Wegeunfall s. § 40 Rn. 160). Dies hat insbesondere Auswirkungen bei Spielereien und tätlichen Auseinandersetzungen:

> „Die besonderen Gefahren des Schulbetriebes für die Schüler liegen, von Sport- und Werkunterricht und ähnlichen Fachgebieten abgesehen, nicht so sehr im Umgang mit gefährlichem Arbeitsgerät oder Arbeitsmaterial, bei dessen Verwendung es zu gegenseitigen Verletzungen kommen kann; es steht auch nicht eine Dienstleistung im Vordergrund, die einem ‚Arbeitgeber' geschuldet wird. Schüler, die meist noch Kinder oder heranwachsende Jugendliche sind, gefährden sich und andere vor allem auch deswegen, weil ihnen die nötige Erfahrung darin fehlt, sich mit der erforderlichen Rücksichtnahme und gegenseitigen Anpassung in eine nicht selbst gewählte Gruppe einzufügen."[362]

(1) Klassenfahrten, Schulausflüge, Feste

74 Bei Schulausflügen, Klassenfahrten und Feste gelten grds. die für Dienstreisen in der Unfallversicherung für Beschäftigte (§ 40 Rn. 51ff.) entwickelten Maßstäbe entsprechend. Wenn es sich um eine im organisatorischen Verantwortungsbereich der Schule liegende Veranstaltung handelt, wird sie wesentlich auch vom Schulzweck getragen und ist als gemischte Tätigkeit versichert. Der Versicherungsschutz erstreckt sich allerdings nicht auf abgrenzbare eigenwirtschaftliche Tätigkeiten im Rahmen der Gesamtveranstaltung.[363] Die Schwiergkeit der wertenden Abgrenzung verdeutlichen folgende

---

358 BSG 27.1.1976, BSGE 41, 149; BSG 31.1.1984, BSGE 56, 129; BSG 23.1.2018, NJW 2018, 1418; BSG 28.6.2022, B 2 U 20/20 R: Organisationsbereich verlassen bei für volljährige Schülerinnen und Schüler gestattetem Aufsuchen eines nahegelegenen öffentlichen Parks zum Rauchen während der Schulpause.

359 Z. B. BSG 28.2.1990, SozR 3-2200 § 539 Nr. 1.

360 BSG 23.1.2018, NJW 2018, 1418; vgl. schon BSG 13.12.1984, BSGE 57, 260 (schulisch angewiesener Austausch eines Lehrbuchs zwischen Mitschülern).

361 BSG 23.1.2018, NJW 2018, 1418; vgl. BSG 20.5.1976, BSGE 42, 42; BSG 7.11.2000, NJW 2001, 2909.

362 BGH 12.10.1976, BGHZ 67, 279.

363 Vgl. BSG 5.10.1995, NZS 1996, 181.

Beispiele:

a)[364] Die A war bei einem dem Sprachunterricht dienenden Auslandsaufenthalt von ihrer britischen Gastfamilie zum Sommerrodeln eingeladen und verletzte sich dabei. Das BSG meint hier:

„Mit Blick auf den pädagogischen Zweck der Familienunterbringung lässt sich der Auslandsaufenthalt im Rahmen der organisierten Schulveranstaltung auch nicht (...) in einen versicherten schulischen und einen unversicherten privaten Teil aufspalten, insbesondere nicht bezüglich der Freizeitaktivitäten am schulfreien Wochenende. Vielmehr sollte gerade das von der Schule mit als Teil der Schulveranstaltung organisierte Verbringen des Wochenendes mit der Gastfamilie der angestrebten Kontaktpflege dienen. Dass die Schule keine unmittelbare Einflussmöglichkeit auf die konkrete Gestaltung der jeweiligen Unternehmungen hatte, ändert nichts an deren organisatorischer Verantwortlichkeit (...).“

b)[365] Auf einer Schulabschlussfeier, die auf dem Schulgelände stattfindet und von Mitarbeitdenden der Schule beaufsichtigt wird, verschluckte sich ein Schüler beim Essen. Das BSG meinte hier, dass zwar die Feier selbst vom Verantwortungsbereich der Schule erfasst wird. Verschlucke sich allerdings ein Schüler an einer mundgerecht zubereiteten Speise, ohne dass Umstände von außen hinzutreten, sei diese rein innerliche Fehlfunktion des Körpers nicht von dem verrichtungsbezogenen Unfallversicherungsschutz gedeckt.

(2) Spielereien und Neckereien

Unfälle, die sich bei **Spielereien, Neckereien und tätlichen Auseinandersetzungen** ereignen, 75
kommen in der Schülerunfallversicherung überdurchschnittlich häufig vor.[366] Nachdem nach Inkrafttreten des Schülerunfallversicherungsgesetzes in der Instanzrechtsprechung und Literatur zunächst streitig war, wie weit in diesen Fällen der Versicherungsschutz reicht und ob die für Beschäftigte entwickelten Kriterien uneingeschränkt auf den Schulbetrieb zu übertragen sind, hat sich in zwei Haftungsfällen der BGH für eine extensive Auslegung des Begriffs der „versicherten Tätigkeit“ in der Schülerunfallversicherung eingesetzt:[367] Die Übertragung der für den Arbeitsunfall i. S. v. § 637 Abs. 1 RVO (§ 105 Abs. 1 SGB VII) entwickelten Grundsätze auf einen Schulunfall müsse die gegenüber der Arbeitswelt verschiedene „betriebliche“ Situation in der Schule und den Zweck der Einbeziehung von Schulunfällen in den Schutz der gesetzlichen Unfallversicherung berücksichtigen. Das Schülerunfallversicherungsgesetz habe sich nicht allein damit begnügt, Kinder, Schüler usw. unter den Schutz der Sozialversicherung zu stellen, sondern darüber hinaus die Versicherten grds. von ihrer Haftung befreit. Die „gedankliche Umformung“ dieser Vorschriften habe daher die besondere Situation von Kindern und Jugendlichen in Schulen und Kindergärten zu berücksichtigen, zu der eben etwa auch die körperliche Auseinandersetzung zähle. Der innere Zusammenhang zwischen dem Schulbesuch und der Verletzungshandlung sei daher insbesondere auch dann gegeben, wenn diese aus einer Spielerei, Neckerei oder Rauferei unter Schülern hervorgegangen ist; dasselbe gelte für Verletzungen, die in Neugier, Sensationslust oder dem Wunsch, den Schulkameraden zu imponieren, ihre Erklärung finden. Sogar Verletzungshandlungen, die auf übermütigen und bedenkenlosen Verhaltensweisen in einer Phase der allgemeinen Lockerung der Disziplin – insbesondere in den Pausen oder auf Klassenfahrten oder nach Beendigung des Unterrichts oder während der Abwesenheit von Aufsichtspersonen – beruhen, seien als schulbezogen anzuerkennen. Das BSG legt insoweit einen weiten Maßstab an:

> „Dass es dabei [bei Pausen, nach Schulschluss u. Ä.] zu Neckereien und Raufereien kommt, ist fast typisch. Nicht ungewöhnlich und ebenso durch die Schulsituation bedingt oder wenigstens begünstigt ist ferner das gruppenweise Verfolgen und Quälen einzelner Mitschüler, wobei die Solidarität der Verfolger Einzelne von ihnen zu Aggressionshandlungen treiben kann, die sie sonst nicht begehen würden. Auf der anderen Seite werden dadurch oft verzweifelte Reaktionen des Opfers herausgefordert. [...] In der Regel sind Körperverletzungen, die aus solchen Kontakten

364 Nach BSG 25.2.1993, NJW 1993, 2006.
365 Nach BSG 31.3.2022, NZS 2022, 855ff.
366 Z. B. BSG 20.5.1976, BSGE 42, 42; BSG 5.10.1995, NZS 1996, 181; BSG 7.11.2000, NJW 2001, 2909.
367 BGH 12.10.1976, BGHZ 67, 279; BGH 28.2.1978, VersR 1978, 441.

> entstehen, nicht nur Verletzungen ‚bei Gelegenheit' des Schulbesuchs, sondern ‚schulbezogen'. Sie fallen deshalb [...] unter den gesetzlichen Unfallversicherungsschutz des § 539 Abs. 1 Nr. 14.b RVO [jetzt § 2 Abs. 1 Nr. 8 lit. b SGB VII].“[368]

76 Großzügig erscheint, dass das BSG diese Maßstäbe selbst bei erwachsenen Schülerinnen und Schülern ohne größere Modifikationen weiterhin anwendet. So hat es für Schülerverletzungen auf einer Klassenfahrt nach nächtlichen waghalsigen Klettereien an einer Außenwand der Unterbringung einen Versicherungsschutz mit Hinweis auf gruppendynamische Prozesse bejaht:

> „Der Grund für den zu gewährenden Versicherungsschutz liegt in dem Übergangsstadium vom Kind zum Mann, dem noch ungebändigten jugendlichen Spiel- und Nachahmungstrieb, dem natürlichen Spieltrieb junger Menschen im Pubertätsalter [...]. Dies gilt vor allem auf Klassenfahrten, bei denen sich der natürliche und bei jüngeren Schülern noch ungehemmte Spieltrieb „hochschaukeln“ kann, während eine Aufsicht „rund um die Uhr“ durch begleitende Lehrer nicht möglich ist. Eine schematische Altersgrenze, ab der solche gruppendynamischen Prozesse von Schülern und Jugendlichen ausgeschlossen werden müssen, z. B. die Vollendung des 18. Lebensjahres, hat der Senat immer abgelehnt.“[369]

77 Diese Rechtsprechung ist ungewöhnlich und überrascht vor dem Hintergrund der rigiden Entscheidungen bspw. zur (un-)versicherten Nahrungsaufnahme (§ 40 Rn. 54ff.). Etwas naheliegender wäre es beispielsweise m. E. abzulehnen, einem im konkreten Fall[370] 21-jährigen Schüler Versicherungsschutz zuzusprechen, wenn er nachts die Hausfassade hinunterklettert, um in ein Mädchenzimmer zu gelangen. Sein Wagnis hat keinen Bezug mehr zum Zweck des Pflichtversichertenstatus nach § 2 Abs. 1 Nr. 8 lit. b SGB VII, sondern ist im Privatamüsement begründet. Der vom BSG oft bemühte Grundsatz des inneren Zusammenhangs zur versicherten Tätigkeit – bei Schülern die Lernfortbildung – wird hier überstrapaziert. Aus diesen Gründen hat das LSG Baden-Württemberg den Versicherungsschutz für ein alkoholisiertes nächtliches Eisrodeln auf Bierbänken während einer Klassenfahrt verneint, weil dies nicht mehr mit dem organisatorischen Verantwortungsbereich der Schule in einem inneren Zusammenhang stehe.[371]

(3) Studierende

78 Für (immatrikulierte) **Studierende an Hochschulen** gelten die vorstehenden Ausführungen zur Schülerunfallversicherung entsprechend. Insbesondere üben auch sie nur dann eine versicherte Tätigkeit aus, wenn die in Rede stehende Handlung im **organisatorischen Verantwortungsbereich der Hochschule** steht.[372] Dieser erfordert grds., dass ein unmittelbarer räumlicher und zeitlicher Zusammenhang der Verrichtung zur Hochschule besteht, der verlassen wird, wenn eine Einwirkung auf die Verrichtung durch Aufsichtsmaßnahmen nicht mehr gewährleistet ist, eine organisatorische Mitverantwortung genügt[373] (z. B. nicht, wenn sich ein Student für selbst organisierte Vorarbeiten zu einer Diplomarbeit im Ausland aufhält)[374]. Zuletzt ist ein **Studienbezug** erforderlich.[375] Zu berücksichtigen sind hierbei jedoch die **besonderen Verhältnisse der Aus- und Fortbildung an Hochschulen**, die sich nicht nur in dem Besuch von Vorlesungsveranstaltungen erschöpft, sondern in der Regel auch das Aufsuchen von anderen Hochschuleinrichtungen wie Universitätsbibliotheken, Seminaren oder anderen Instituten zu Studienzwecken sowie die Teilnahme an Exkursionen der Univer-

---

368 BGH 12.10.1976, BGHZ 67, 279.

369 BSG 26.10.2004, NZS 2005, 383.

370 BSG 26.10.2004, NZS 2005, 383.

371 LSG Baden-Württemberg 5.12.2006, L 9 U 781/05.

372 BSG 4.7.1995, NJW 1996, 949; Übersicht bei ROLLER, WzS 2024, 9ff.

373 BSG 4.12.2014, BSGE 118, 1; BSG 27.11.2018, SGb 2019, 559.

374 BSG 30.6.1993, BSGE 73, 5.

375 BSG 4.12.2014, SozR 4-2700 § 2 Nr. 31; BSG 27.11.2018, SGb 2019, 559.

sität umfasst.[376] Zentrale Bedeutung kommt stets dem Kriterium des **organisatorischen Verantwortungsbereichs der Hochschule** zu, dazu folgendes

Beispiel[377]**:**
Eine Promotionsstudentin war im Zuge einer promotionsbezogenen Wasserprobenentnahme in einem aufgelassenen Alt-Bergwerk gestürzt und hatte sich eine Querschnittssymptomatik zugezogen. Bei ihren Wasserprobenentnahmen nutzte sie Markierstoffe und Probenbehälter der Hochschule, auch wussten verschiedene Fakultätsangehörige, dass sie Proben aus Bergwerksschächten untersuchen wollte. Die Auswahl der Bergwerke und die Organisation der Probenentnahmen übernahm die Doktorandin aber selbst; die Begleitung übernahmen Bergsteiger aus ihrem privaten Umfeld.

Das BSG verneinte hier den Unfallversicherungsschutz, weil die konkrete unfallbringende Verrichtung außerhalb des organisatorischen Verantwortungsbereichs der Hochschule erfolge. Es seien im konkreten Fall Einwirkungsmöglichkeiten auf Zeit, Ort, Art oder Dauer der Verrichtung durch (Unfallverhütungs-)Maßnahmen nicht mehr gewährleistet. Da die Versicherte die Erkundung des Bergwerks selbst und auf eigene Rechnung organisiert hatte und Vertreter der Hochschule keine Kenntnis von Zeit, Ort und Dauer der Erkundung hatten, bestand keine Möglichkeit der Einflussnahme und Gefahrenabwehr durch die Hochschule. Da die Erforschung des Alt-Bergwerks ihrem eigenen Unternehmen „Dissertation" diene und nicht der Hochschule unmittelbar zum Vorteil gereichen sollte, könne die Verrichtung auch nicht der versicherten Tätigkeit als Beschäftigte an der Hochschule i.S.v. § 2 Abs. 1 Nr. 1 SGB VII zugerechnet werden.

In jüngerer Zeit hatte das BSG mehrfach über Unfälle beim **Hochschulsport** zu entscheiden. Dabei 79
hat das BSG § 2 HRG und die Hochschulgesetze der Länder herangezogen, nach dem die Hochschulen (neben anderen Dingen) auch den Sport zu fördern haben[378]und verfolgt eine weitaus weniger restriktive Linie als beim Betriebssport der Beschäftigten (§ 40 Rn. 44ff.).[379] Insbesondere ist die sportliche Betätigung nicht nur auf einen Ausgleichszweck beschränkt und kann auch Wettkampfcharakter haben, wenn er als Fortsetzung des Hochschulsports zu sehen ist.[380] Das BSG differenziert bei dem inneren Zusammenhang bei der Versicherung von Studierenden insoweit nicht zwischen den eigentlichen Studien-Tätigkeiten und den außercurricularen Aktivitäten wie insbesondere dem Hochschulsport. Auch hier sind die drei Voraussetzungen die **Zulassung** des Studierenden durch die Hochschule (i.d.R. durch Immatrikulation),[381] die **Tätigkeitsausübung im organisatorischen Verantwortungsbereich der Hochschule** und die **Studienbezogenheit** der unfallbringenden Verrichtung.[382] Wie bei der Unfallversicherung von Schülern umfasst die „Aus- und Fortbildung" an einer Hochschule aber nicht nur die Teilnahme an studienfachbezogenen Fachveranstaltungen, sondern **auch die Persönlichkeitsentwicklung**. Gegen den Studienbezug kann aber sprechen, wenn die Tätigkeit im Wesentlichen nicht nur Studierenden und ergänzend anderen Hochschulangehörigen offenstand.[383] Das verdeutlicht folgendes

Beispiel:[384]
Studentin S meldete sich zu einem einwöchigen Anfänger-Skikurs in der Schweiz, der vom Hochschulsport-Programm ihrer Universität organisiert wurde, an. Dabei verletzte sie sich. Das BSG führt zum inneren Zusammenhang aus:

„Die Aus- und Fortbildung an einer Hochschule beschränkt sich nicht nur auf die Teilnahme an studienfachbezogenen Veranstaltungen, sondern umfasst auch die Teilnahme an sportlichen Veranstaltungen der Hochschule. Die gesetzlichen Aufgaben der Hochschulen erstrecken sich über die Berufsvorbereitung hinaus auf die soziale Förderung der Studierenden und

376 Vgl. BSG 28.2.1990, SozR 3-2200 § 539 Nr. 1; BSG 4.12.2014, SozR 4-2700 § 2 Nr. 31.
377 Nach BSG 22.6.2023, B 2 U 19/21 R.
378 BSG 4.12.2014, SozR 4-2700 § 2 Nr. 31; BSG 27.11.2018, SGb 2019, 559.
379 BSG 4.12.2014, BSGE 118, 1.
380 BSG 4.12.2014, BSGE 118, 1; BSG 27.11.2018, SGb 2019, 559.
381 BSG 4.12.2014, SozR 4-2700 § 2 Nr. 31. Zu insoweit offenen Fragen Schlaeger, SGb 2016, 80.
382 BSG 4.12.2014, SozR 4-2700 § 2 Nr. 31.
383 BSG 4.12.2014, SozR 4-2700 § 2 Nr. 31.
384 Nach BSG 4.12.2014, SozR 4-2700 § 2 Nr. 31.

damit auch auf die Förderung ihrer sportlichen Betätigung. Neben der gesundheitlichen Ausgleichsfunktion des Sports zur oft einseitigen Körperhaltung bei hoher geistiger Belastung dient der Hochschulsport zugleich u.a. der sozialen Integration der häufig an wohnortfremden Hochschulorten wohnenden Studierenden, der Identifikation mit der eigenen Hochschule und nicht zuletzt der Persönlichkeitsentwicklung. [...] Dies muss jedenfalls für eine Sportart gelten, die – wie das Skifahren – in der Breite der Bevölkerung betrieben wird. [...] [Zur Aus- und Fortbildung] gehört die sportliche Betätigung der Studierenden aber nur insoweit, als sie soziale und persönlichkeitsbildende Funktionen im Rahmen des Studiums erfüllt. Es muss sich daher jeweils um eine Sportveranstaltung handeln, die für die Studierenden zum Zwecke der Erfüllung des gesetzlichen Auftrags der Sportförderung durchgeführt wird. Deshalb ist grundsätzlich nur die Teilnahme an solchen Veranstaltungen [...] erfasst, deren Teilnehmerkreis im Wesentlichen auf die Studierenden beschränkt ist. Dies schließt es allerdings nicht aus, dass ggf. auch andere Hochschulangehörige an dem Sportangebot der Universität teilnehmen. Es wird damit sichergestellt, dass die soziale Funktion des Sports, Kontakte innerhalb der Hochschule, insbesondere zu anderen Studierenden, aber auch ggf. zu sonstigen Hochschulangehörigen, wie z.B. an der Universität Lehrenden, zu knüpfen, zur Identifikation mit der Hochschule beizutragen und damit letztlich der Persönlichkeitsbildung der Studierenden zu dienen, erreicht werden kann." Auch den organisatorischen Verantwortungsbereich der Hochschule sieht das BSG als gegeben an: „Der organisatorische Verantwortungsbereich ist aber auch dann gegeben, wenn die Hochschule zumindest organisatorische Mitverantwortung für die Teilnahme an der Veranstaltung trägt, die Studierenden in der Ausgestaltung der Verrichtung nicht völlig frei sind und sich die Tätigkeit der Hochschule nicht auf eine reine Unterstützungsleistung einer ansonsten in der Organisationshoheit der Studierenden liegenden Verrichtung beschränkt."

dd) „Unecht" und sonstige Versicherte

80 Die Bestimmung der „versicherten Tätigkeit" bei den übrigen Versicherten erfolgt im Wesentlichen in Anlehnung an die bei Beschäftigten entwickelten Grundsätze, wobei der jeweilige Schutzzweck der Einbeziehung dieser Personen in den Kreis der versicherten Personen (§ 39 Rn. 33ff.) zu berücksichtigen ist.

d) Ausnahmen von der Notwendigkeit des inneren Zusammenhangs

81 In bestimmten Konstellationen besteht aus teleologischen Gründen Unfallversicherungsschutz, ohne dass es auf die zugrunde liegende Handlungstendenz ankommt, nämlich wenn der Versicherte spezifischen Gefahren erliegt, die der versicherten Tätigkeit unmittelbar aufgrund ihrer besonderen Beziehung zu dieser Gefahr zuzurechnen ist.

aa) Betriebsgefahr

82 Deutlich wird die Fallgruppe der besonderen Betriebsgefahr an folgendem

Beispiel:[385]
Der Versicherte bedient Maschinen. Er verbleibt für seine Pause am Arbeitsplatz und frühstückt dort. Währenddessen ereignet sich dort eine Explosion einer Maschine und verletzt ihn. Das Frühstücken, worauf die Handlungstendenz des Versicherten im Zeitpunkt des Unfalls gerichtet ist, ist eine nicht versicherte Tätigkeit (§ 40 Rn. 54).

83 Trotz des eigentlich fehlenden inneren Zusammenhangs wird in diesen Fällen unabhängig von der Handlungstendenz des Versicherten und der von ihm im Zeitpunkt des Unfalls ausgeübten Tätigkeit ein Arbeitsunfall angenommen.[386] Grund für diese Abweichung von der grundsätzlichen Verneinung eines Betriebsbanns und dem Erfordernis der Ausübung einer Verrichtung zur Zeit des Unfallereignisses ist der Zweck der Unfallversicherung, die Beschäftigten gegen die **Gefahren des Betriebs** zu

385 Nach BSG 22.1.1976, SozR 2200 § 548 Nr. 15; vgl. auch LSG Baden-Württemberg 27.7.2023, L 1 U 2032/22: Versicherter wird bei Pause im Raucherbereich auf Betriebsgelände von Gabelstapler angefahren.
386 BSG 22.1.1976, SozR 2200 § 548 Nr. 15; BSG 19.1.1995, NZS 1995, 371; BSG 22.6.1976, SozR 2200 § 548 Nr. 20.

versichern, denen sie **wegen der Beschäftigung ausgesetzt** sind, und die Unternehmer von möglichen Schadensersatzansprüchen ihrer Beschäftigten freizustellen.[387] Denn die wesentliche Ursache für die Verletzung liegt in einer in besonderem Maß gefahrenträchtigen Einrichtung des Betriebs, die ohne die Unfallversicherung ggf. einen zivilrechtlichen Haftungsprozess zwischen Unternehmer und Beschäftigtem nach sich zöge.

bb) Überfälle

Literatur: Krasney, Zum Versicherungsschutz in der gesetzlichen Unfallversicherung bei Überfällen und Streitigkeiten, WzS 2012, 131 ff.; Mutschler, Versicherungsschutz gegen Angriffe Dritter in der gesetzlichen Unfallversicherung, NZS 2014, 647 ff.

Auch bei Überfällen und sonstigen Angriffen Dritter kann Unfallversicherungsschutz bestehen, sogar, wenn der Überfall während einer eigenwirtschaftlichen Tätigkeit (insbesondere in der Freizeit) des Versicherten geschieht.[388] Maßgeblich für die Bewertung des inneren Zusammenhangs und der rechtlich wesentlichen Ursache ist hier die **Motivation der Täterin oder des Täters**: 84

> „Der innere Zusammenhang zwischen dem Unfallereignis und der versicherten Tätigkeit und damit die Merkmale eines Arbeitsunfalls sind nicht ohne weiteres ausgeschlossen, wenn der Versicherte einem vorsätzlichen Angriff zum Opfer fällt. Trifft eine solche Angriffshandlung denjenigen, dem sie zugedacht war, sind für die Beantwortung der Frage, ob zwischen dem Angriff und der versicherten Tätigkeit ein innerer Zusammenhang besteht, in der Regel [...] die **Beweggründe** entscheidend, die den **Angreifer** zu diesem Vorgehen bestimmt haben. Sind diese in Umständen zu suchen, die in keiner Verbindung mit der versicherten Tätigkeit des Verletzten (z. B. persönliche Feindschaft oder ähnliche betriebsfremde Beziehungen) stehen, so fehlt es grundsätzlich an dem erforderlichen inneren Zusammenhang mit der versicherten Tätigkeit. Das bedeutet allerdings nicht, dass es eines betriebsbezogenen Tatmotivs bedürfe, damit überhaupt der innere Zusammenhang zwischen dem Unfallereignis und der versicherten Tätigkeit hergestellt werde. Vielmehr kann ein innerer Zusammenhang auch bei einem aus rein persönlichen Gründen unternommenen Angriff gegeben sein, wenn die besonderen Umstände, unter denen die versicherte Tätigkeit ausgeübt wird, oder die Verhältnisse am Arbeitsplatz den Überfall erst ermöglicht oder wesentlich begünstigt haben."[389]

4. Infolge versicherter Tätigkeit – Unfallkausalität

Literatur: Aumann, Arbeitsunfall 4.0 – Die Abgrenzung privater und beruflicher Risikosphären in der modernen Arbeitswelt, 2019; P. Becker, Zur Unfallkausalität, SGb 2012, 691 ff.; Brose, Haftung und Risiken nach den arbeitsrechtlichen Grundsätzen und dem SGB VII, RdA 2011, 205 ff.; Bartha, Kausalität im Sozialrecht – Entstehung und Funktion der sog. Theorie der wesentlichen Bedingung, 2 Bde., 1983; Benz, Kausalität, rechtlich wesentlicher Zusammenhang, Finalität und Versicherungsfall in der gesetzlichen Unfallversicherung, BG 1992, 430 ff.; Bonnermann, Kausalität und Gelegenheitsursache in der gesetzlichen Unfallversicherung, SGb 2001, 13 ff.; Erlenkämper, Arbeitsunfall, Schadensanlage und Gelegenheitsursache, SGb 1997, 355 ff.; Köhler, Selbstgefährdung und Verschulden des Versicherten bzw. Anspruchsberechtigten in der gesetzlichen Unfallversicherung, WzS 2024, 199 ff.; Molkentin, Überzeugt die aktuelle BSG-Nomenklatur zur Unfallkausalität insbesondere beim Wegeunfall?, SGb 2016, 621 ff.; Seiwerth/Witschen, Die Dreifachwirkung des Arbeitsschutzrechts gegen Risiken der Corona-Pandemie, NZA 2020, 825 ff., Spellbrink, Gibt es eine neue BSG-Rechtsprechung zur Kausalitätsprüfung in der Gesetzlichen Unfallversicherung?, SGb 2017, 1 ff.; Wallerath/Rühr, Besonderheiten und Grenzen kausaler Zusammenhänge im Recht der gesetzlichen Unfallversicherung, NZS 2007, 63 ff.

---

387 Becker, SGb 2012, 691, 693 f.

388 BSG 18.11.2008, SGb 2009, 681; BSG 18.6.2013, SozR 4-2700 § 8 Nr. 47; anders (und damit zu pauschal) noch BSG 19.12.2000, BSGE 87, 224

389 BSG 19.3.1996, BSGE 78, 65.

a) Allgemeines

85 Der Unfall muss sich nach § 8 Abs. 1 S. 1 SGB VII „infolge“ einer versicherten Tätigkeit ereignet haben. Dieser Zusammenhang wird in der Rechtsprechung seit 2006[390] zur Abgrenzung von der haftungsbegründenden Kausalität im Unfallbegriff, also der Beziehung zwischen Unfallereignis und Schaden (§ 40 Rn. 20 ff.), als „**Unfallkausalität**“ bezeichnet. Gemeint ist damit der **Zusammenhang zwischen der Verrichtung zur Zeit des Unfallereignisses** (konkretes, räumlich und zeitlich bestimmtes Verhalten der grds. versicherten Person, das seiner Art nach von Dritten beobachtbar ist[391]) **und dem Unfallereignis** (das „zeitlich begrenzte von außen auf den Körper einwirkende Ereignis“ im Sinn von § 8 Abs. 1 S. 2 SGB VII). Früher, und teilweise heute noch in der Literatur, wurde diese Rückführbarkeit des Unfalls auf die versicherte Tätigkeit ebenfalls als „haftungsbegründende Kausalität“ bezeichnet.

b) Kausalitätstheorien

86 Sowohl die im Privatrecht verwendete Adäquanztheorie als auch die im Strafrecht beheimatete Äquivalenztheorie erweisen sich als ungeeignet, die **unfallversicherungsrechtliche Funktion der Kausalität,** nämlich die Begrenzung des Unfallversicherungsschutzes auf solche Unfälle, die im Wesentlichen durch das versicherte Risiko ausgelöst worden sind, sachgerecht zu erfüllen. Die **strafrechtliche Äquivalenztheorie,** nach der jede Ursache für einen Erfolg eine Bedingung ist, die nicht hinweggedacht werden kann, ohne dass der Erfolg entfiele (conditio sine qua non), führt zu einer umfassenden Ausweitung der Haftungsgrundlage.

Beispiel:
Auf den in der Einflugschneise des Kölner Flughafens gelegenen Betrieb des G stürzt beim Landeanflug ein Flugzeug ab. Vier Arbeitnehmer des G werden getötet. Ihre Hinterbliebenen verlangen von der zuständigen Berufsgenossenschaft eine Rente.

Hier hat sich nicht eine betriebliche Gefahr, sondern eine allgemein wirkende Gefahr realisiert; Träger dieses Risikos ist nicht die für den Betrieb des G zuständige Berufsgenossenschaft, sondern die Haftpflichtversicherung des Luftfahrtunternehmens. Dennoch müsste bei Anlegung der conditio-Formel die Berufsgenossenschaft zahlen, weil die Anwesenheit der Arbeitnehmer im Betrieb des G während der Arbeit nicht hinweggedacht werden kann, ohne dass der Erfolg entfiele.

---

87 Im Strafrecht ist diese Ausweitung der Haftungsgrundlage unschädlich, weil in der Gestalt der objektiven Zurechnung und des Schuldvorwurfs ein Korrektiv vorhanden ist. Da der Versicherungsschutz in der gesetzlichen Unfallversicherung aber gerade nicht davon abhängig ist, dass dem Unternehmer ein Verschulden an der Herbeiführung des Unfalls vorzuwerfen ist, würde die Anwendung der Äquivalenztheorie zu einer durch den Schutzzweck (soziale Absicherung nur gegen bestimmte, gesetzlich umschriebene Risiken, z. B. die aus einem Beschäftigungsverhältnis) nicht gedeckten und angesichts der alleinigen Finanzierung der gesetzlichen Unfallversicherung durch die Unternehmer nicht zu rechtfertigenden Ausweitung des Versicherungsschutzes führen.

88 Aber auch die **zivilrechtliche Adäquanztheorie,** die unter den nicht hinwegdenkbaren Ursachen jene ausscheidet, die so entfernt sind, dass sie nach der Erfahrung des Lebens vernünftigerweise nicht in Betracht gezogen werden können,[392] kann für die Beurteilung von Kausalitätsfragen im Bereich der gesetzlichen Unfallversicherung nicht herangezogen werden. Sie hätte nämlich zur Folge, dass atypische Geschehensabläufe aus dem Schutzbereich der gesetzlichen Unfallversicherung ausgeschieden würden. Das aber würde dem sozialen Schutzzweck der gesetzlichen Unfallversicherung ebenfalls nicht gerecht. Versicherte sollen für jeden Versicherungsfall, den sie infolge der versicherten Beschäftigung erleiden, die Leistungen der gesetzlichen Unfallversicherung beanspruchen

---

390 Grdl. BSG 9.5.2006, BSGE 96, 196.
391 BSG 9.11.2010, SGb 2011, 583.
392 Schon RG 7.2.1912, RGZ 78, 270.

können, selbst wenn sich in dem Unfall eine nur ganz außergewöhnliche, aber betriebsbezogene Ursache verwirklicht hat (Ungeeignetheit der ex-ante-Betrachtung).[393]

Aus diesem Grund musste für das Recht der gesetzlichen Unfallversicherung eine neue **Zurechnungslehre** entwickelt werden, die das BSG im Anschluss an das frühere Reichsversicherungsamt (RVA) in Form der **Theorie der rechtlich wesentlichen Ursache gefunden hat.** Da der Begriff „Ursache" identisch ist mit dem Begriff „Bedingung", wird alternativ von der rechtlich wesentlichen Bedingung gesprochen. Diese Theorie scheidet unter mehreren Ursachen (bisweilen, nicht weiterführend, als „Wirkursachen" bezeichnet[394]) im naturwissenschaftlichen Sinn (also im Sinn der Äquivalenztheorie) diejenigen aus, die gegenüber den anderen nicht von überragender Bedeutung sind.[395] Danach haben also von allen im Sinne der Bedingungstheorie gleichwertigen Ursachen eines Ereignisses nur diejenigen rechtliche Bedeutung, denen **nach der „Anschauung des praktischen Lebens" die wesentliche Bedeutung für den Ereigniseintritt** zukommt.[396] Haben mehrere Bedingungen zu einem Erfolg beigetragen, so sind nur solche Bedingungen wesentlich, die gegenüber anderen von überragender Bedeutung sind.[397] Die Theorie der wesentlichen Ursache nimmt eine **nachträgliche Wertung der einzelnen Bedingungen** in ihrer Beziehung zum Erfolg[398] – ex-post-Betrachtung – vor. Dafür ist die zeitliche Nähe der Bedingung zum Erfolg nicht ausschlaggebend. Eine Bedingung ist nicht schon deshalb als wesentlich zu erachten, weil sie als letzte innerhalb einer Ursachenkette eingetreten ist und den Eintritt des Erfolges sichtbar macht.[399] 89

Nach der Theorie der wesentlichen Ursache (oder Bedingung) ist die Unfallkausalität also **zweistufig** festzustellen: Ausgangsbasis ist die naturwissenschaftliche **Bedingungstheorie** (Äquivalenztheorie) im Sinn des conditio sine qua non, in einem zweiten Prüfungsschritt wird die **Zurechnung nach der Wesentlichkeit** der Ursachen vorgenommen.[400] Das BSG fasst wie folgt zusammen: 90

> „Die Theorie der wesentlichen Bedingung beruht ebenso wie die im Zivilrecht geltende Adäquanztheorie [...] auf der naturwissenschaftlich-philosophischen Bedingungstheorie als Ausgangsbasis. Nach dieser ist jedes Ereignis Ursache eines Erfolges, das nicht hinweggedacht werden kann, ohne dass der Erfolg entfiele (conditio-sine-qua-non). Aufgrund der Unbegrenztheit der naturwissenschaftlich-philosophischen Ursachen für einen Erfolg ist für die praktische Rechtsanwendung in einer zweiten Prüfungsstufe die Unterscheidung zwischen solchen Ursachen notwendig, die rechtlich für den Erfolg verantwortlich gemacht werden bzw. denen der Erfolg zugerechnet wird, und den anderen, für den Erfolg rechtlich unerheblichen Ursachen."[401]

Bei der Theorie von der rechtlich wesentlichen Ursache handelt es sich um eine **Zurechnungslehre** und nicht um eine eigene, besondere Kausalitätslehre der gesetzlichen Unfallversicherung. Die Theorie von der wesentlichen Ursache ist keine Lehre vom Ursachenbegriff, sondern sie stellt nur fest, welche Ursachen i. S. d. vorgegebenen Ursachenbegriffs rechtliche Bedeutung haben sollen. Die Lehre von der rechtlich wesentlichen Ursache will beim Vorhandensein mehrerer Bedingungen im Sinne der Äquivalenztheorie diejenigen ausklammern, die mit dem Eintritt des Erfolges (Unfall bzw. Gesundheitsschaden) nur in loser und entfernter Verbindung stehen.[402] Letztlich handelt es sich hier um eine am **Normzweckgedanken** der unfallversicherungsrechtlichen Bestimmungen orientierte Wertung.[403] Wegen der Vielgestaltigkeit der zu bewertenden Lebensvorgänge, der Gewohnheiten 91

393 BSG 20.1.1987, BSGE 61, 127.
394 BSG 24.7.2012, SozR 4-2700 § 8 Nr. 44; dazu SPELLBRINK, SGb 2017, 1.
395 BSG 30.10.1991, SozR 3-2200 § 548 Nr. 13; BSG 9.5.2006, BSGE 96, 196.
396 BSG 14.7.1955, BSGE 1, 150; BSG 17.2.2009, NZS 2010, 47.
397 BSG 30.10.1991, SozR 3-2200 § 548 Nr. 13.
398 BSG 28.6.1988, BSGE 63, 277.
399 Vgl. BSG 19.9.1974, BSGE 38, 127.
400 Z. B. BSG 13.11.2012, BSGE 112, 177; BSG 17.12.2015, SGb 2016, 705.
401 BSG 9.5.2006, BSGE 96, 196.
402 Vgl. BSG 14.7.1955, BSGE 1, 150; BSG 1.12.1960, BSGE 13, 175.
403 So richtig BSG 27.11.1985, BSGE 59, 193.

und Anforderungen des vor allem betroffenen Arbeitslebens, nicht zuletzt aber auch wegen des stetigen Wandels der sozialen Anschauungen ist ein präziser Maßstab, aus dem sich zuverlässige Regeln für Einzelfälle entwickeln ließen, bislang nicht erreicht worden. Die Rechtsprechung hat jedoch mit ihrer Kasuistik (§ 40 Rn. 95ff.) im Laufe der Jahrzehnte konkretere Gesichtspunkte erarbeitet, die überwiegend allgemein anerkannt sind. Allgemein formuliert das BSG:

> „Gesichtspunkte für die Beurteilung der besonderen Beziehung einer versicherten Ursache zum Erfolg sind neben der **versicherten Ursache** bzw. dem Ereignis als solchem, einschließlich der **Art und des Ausmaßes der Einwirkung**, die **konkurrierende Ursache** unter Berücksichtigung ihrer Art und ihres Ausmaßes, der **zeitliche Ablauf** des Geschehens – aber eine Ursache ist nicht deswegen wesentlich, weil sie die letzte war –, weiterhin Rückschlüsse aus dem **Verhalten des Verletzten nach dem Unfall**, den **Befunden und Diagnosen** des erstbehandelnden Arztes sowie der gesamten **Krankengeschichte**. Ergänzend kann der **Schutzzweck der Norm** heranzuziehen sein“.[404]

92 Wenn die Theorie der wesentlichen Bedingung verlangt, dass das Unfallereignis rechtlich wesentlich auf die Ausübung der versicherten Tätigkeit zurückzuführen ist bzw. der Schaden rechtlich wesentlich auf dem Unfallereignis/Erstschaden beruht, so sind damit alle Schadensereignisse versichert bzw. die gesetzliche Unfallversicherung für alle Schäden entschädigungspflichtig, die rechtlich wesentlich überhaupt nur (ausschließlich) auf eine versicherte Ursache zurückzuführen sind. Können also **andere Ursachen (naturwissenschaftlich) nicht hinreichend sicher festgestellt** werden (vgl. das folgende Beispiel und § 40 Rn. 200ff.) oder stellen sich die anderen im Sinne der Bedingungstheorie ursächlichen Ereignisse/Schäden (wertend) schon als nicht wesentlich dar, ist **Versicherungsschutz** bzw. sind Entschädigungsleistungen zu gewähren.[405] Die rechtlich als nicht wesentlich auszuscheidenden Ursachen werden teilweise auch als **„Gelegenheitsursachen“** bezeichnet.[406] Sie sind beliebige, zufällige Bedingungen oder Gelegenheiten für eine eingetretene Folge. Für die rechtliche Beurteilung eröffnet der Begriff der Gelegenheitsursache jedoch keine neuen Ansatzpunkte.

Beispiel:[407]
Die achtjährige, im Rahmen der Schülerunfallversicherung versicherte S wollte zu Beginn des Unterrichts auf ihren Platz gehen, stolperte und fiel auf den Kopf. Bei der anschließenden ärztlichen Untersuchung wurde ein infantiler Hirninfarkt festgestellt. Medizinisch war nicht feststellbar, ob dieser Hirninfarkt schon die Ursache für das Stolpern der S war oder erst die Folge des Aufschlagens des Kopfes. Im Rahmen der Unfallkausalität stellte das BSG fest:

„Die für die Annahme eines Arbeitsunfalls erforderliche [... Unfallkausalität] zwischen der versicherten Tätigkeit und dem Unfallereignis ist stets gegeben, wenn außer dem – hier erwiesenen – kausalen Anknüpfungspunkt keine anderen Tatsachen festgestellt sind, die als Konkurrenzursachen wirksam geworden sein könnten. Kann eine in Betracht zu ziehende Konkurrenzursache [schon] in ihrer Grundvoraussetzung nicht festgestellt werden, scheidet sie bereits im naturwissenschaftlich-philosophischen Sinne als Ursache aus. Die Möglichkeit, dass der Sturz im Klassenzimmer bereits ein erstes Symptom für den ischämischen Hirninfarkt gewesen ist, möglicherweise also ein anlagebedingtes Leiden als überragende innere Ursache für das Zustandekommen des Unfalls in Betracht kommt, kann daher im Rahmen der haftungsbegründenden Kausalität keine Berücksichtigung finden.“

Sind dagegen nicht versicherte Ursachen für die Entstehung des Unfalls bzw. für den Eintritt des Schadens wertungsmäßig wesentlich, kommt eine Anerkennung des Unfalls als Arbeitsunfall bzw. eine Entschädigung des Schadens aus der gesetzlichen Unfallversicherung nicht in Betracht. Sind aber tatsächlich mehrere Ursachen für das Unfallereignis bzw. für den Schaden wesentlich gewesen, von denen mindestens eine eine versicherte Ursache ist (Fall der **„wesentlichen Mitursache“**), so

404 BSG 9.5.2006, BSGE 96, 196, H.d.V.
405 BSG 17.2.2009, NZS 2010, 47.
406 Vgl. BSG 31.7.1985, VersR 1986, 763; BSG 27.10.1987, BSGE 62, 220.
407 Nach BSG 27.6.1991, SozR 3-2200 § 548 Nr. 11; ähnlich der Fall in BSG 17.2.2009, NZS 2010, 47; LSG Hamburg 4.5.2022, L 2 U 32/21.

genügt dies zur Bejahung des Versicherungsschutzes bzw. der Entschädigungspflicht.[408] Auf eine überwiegende Verursachung kommt es nicht an.

Beispiel:[409]
A ist als Leiter der Serviceabteilung bei der G-GmbH angestellt. Während eines Abendessens im Rahmen einer berufsbedingten Tagung in Budapest erleidet er einen tödlichen anaphylaktischen Schock. Der seit Langem an einer schweren Nussallergie leidende A hatte Palatschinken (eine Süßspeise) gegessen, der Walnuss enthielt. Das Abendessen war als Plenarsitzung Teil der Tagung. Die Tagungsteilnehmer aus elf europäischen Ländern verständigten sich auf Englisch, und die Aufmerksamkeit von A war auf das Gespräch gerichtet. Hier gab es zwei Problemkreise, nämlich einmal, ob bei der Nahrungsaufnahme ein innerer Zusammenhang zur versicherten Tätigkeit besteht und zum anderen, ob der Verzehr des Nachtisches als versicherte Tätigkeit oder die unternehmensfremde Nussallergie den Schock ausgelöst hat. In der Einwirkung der Nuss auf den Körper des A liegt jedenfalls regelmäßig ein Unfall (s. § 40 Rn. 10ff.).

Zum inneren Zusammenhang: Offensichtlich wäre aber nicht jede beliebige Nuss enthaltende Nahrungsaufnahme des A, der Beschäftigter der G-GmbH nach § 2 Abs. 1 Nr. 1 SGB VII ist, auch ein Versicherungsfall der gesetzlichen Unfallversicherung. Es muss ein Zusammenhang zur versicherten Tätigkeit bestehen. Die hier entscheidende Abgrenzung zwischen grds. privater, eigenwirtschaftlicher Nahrungsaufnahme und versicherter Tätigkeit wird unter dem Kriterium des „inneren Zusammenhangs" vorgenommen. Die Nahrungsaufnahme dient – auch wenn sie während der Arbeitszeit erfolgt – grds. den eigenwirtschaftlichen Zwecken des Betroffenen. Anders kann es aber zu bewerten sein, wenn es sich – wie hier – um ein Geschäftsessen handelt, an welchem der Beschäftigte teilnehmen muss. Es handelte sich um eine Plenarsitzung, die Teil der (insoweit unproblematisch) versicherten Teilnahme an der Tagung war. Das Geschäftsessen hätte unabhängig von der Erforderlichkeit der eigenwirtschaftlichen Nahrungsaufnahme stattgefunden. Diese tritt daher in den Hintergrund, so dass die Verhaltensweise des A insgesamt der Beschäftigung und damit der versicherten Tätigkeit zugerechnet werden muss.

Zur Unfallkausalität hat das BSG ausgeführt:

„Die Gründe für die Einwirkung der Nüsse beim Versicherten in Form der allergischen Reaktion sind sowohl das Essen wie die Nussallergie. Für die Abwägung zwischen dem Essen und der Allergie als innerer Ursache ist nach der Theorie der wesentlichen Bedingung von Folgendem auszugehen: ‚Wesentlich' ist nicht gleichzusetzen mit ‚gleichwertig'. Auch eine nicht annähernd gleichwertige, sondern rechnerisch verhältnismäßig niedriger zu bewertende Ursache kann für den Erfolg rechtlich wesentlich sein, solange die andere Ursache für den Erfolg keine überragende Bedeutung hat. [...] Die langjährige Allergie spricht als Krankengeschichte eher für die Wesentlichkeit der versicherten Ursache des beruflich bedingten Essens. Der Versicherte war seit Jahren mit seiner Nussallergie vertraut, hatte Speisen sorgfältig ausgewählt und seit Jahren nicht mehr an einer allergischen Reaktion gelitten. Durch die Situation während des geschäftlichen Essens mit gleichzeitiger Sitzung, die noch dazu in Englisch stattfand, war seine Aufmerksamkeit auf die Gesprächsinhalte gelenkt und seine Konzentration hinsichtlich der Nahrungsaufnahme herabgesetzt. [...] Infolgedessen ist die Nussallergie gelegentlich der versicherten Tätigkeit aufgetreten, womit die versicherte Nahrungsaufnahme die rechtlich **wesentliche Mitursache** für den Arbeitsunfall war."

Das BSG hat die Theorie der wesentlichen Bedingung auch **auf andere Bereiche des Sozialrechts erstreckt,** nämlich auf die Krankenversicherung,[410] die Rentenversicherung,[411] die Kriegsopferversorgung[412] und die Opferentschädigung.[413] 94

c) Häufige Fallgruppen der Unfallkausalität

aa) Alkohol (Trunkenheit)

Bei hochgradiger Alkoholisierung und dem insoweit nach den gleichen Grundsätzen zu bewertenden Medikamentenmissbrauch und Drogenkonsum[414] bedarf es zunächst der Feststellung, ob der Ver- 95

---

408 BSG 30.6.1960, BSGE 12, 242; BSG 1.12.1960, BSGE 13, 175; BSG 2.5.2001, HVBG-Info 2001, 1713.

409 Nach BSG 30.1.2007, UV-Recht Aktuell 2007, 860.

410 BSG 23.11.1971, BSGE 33, 202.

411 BSG 25.10.1978, BSGE 47, 113; BSG 18.12.1986, BSGE 61, 113.

412 BSG 10.6.1955, BSGE 1, 72; BSG 10.12.1975, BSGE 41, 70.

413 BSG 3.10.1984, BSGE 57, 168; BSG 26.6.1985, BSGE 58, 214.

414 BSG 27.11.1985, BSGE 59, 193; BSG 30.1.2007, SGb 2008, 52.

sicherte überhaupt noch **einer versicherten Tätigkeit nachgegangen** ist. Die Volltrunkenheit des Versicherten kann so weit gehen, dass er zu keiner ernsthaften, dem Unternehmen dienlichen Tätigkeit mehr in der Lage ist. Dann fehlt es am inneren Zusammenhang (§ 40 Rn. 43).

96 Bei sonstiger Trunkenheit (Leistungsabfall und nicht Leistungsausfall) kommt es im Ausgangspunkt darauf an, ob die Trunkenheit die rechtlich allein wesentliche Unfallursache war (dann unversichert), ob sie nur eine – unwesentliche oder wesentliche – Mitursache darstellte (dann versichert), ob also der alkoholbedingte Ausfall kognitiver oder motorischer Fähigkeiten von derart überragender Bedeutung ist, dass ihm gegenüber die versicherte Tätigkeit in ihrer Wirksamkeit in den Hintergrund tritt. Dafür ist neben der Blutalkoholkonzentration (BAK) vor allem entscheidend, ob der Versicherte alkoholbedingte Ausfallerscheinungen gezeigt hat, die auf eine **erhebliche Störung der Wahrnehmungs- oder Steuerungsfähigkeit** schließen lassen. Wichtiger – aber nicht allein entscheidender – Anhaltspunkt für die Annahme einer rechtlich allein wesentlichen Ursächlichkeit der Trunkenheit ist, dass der jeweilige Versicherte nach den Erfahrungen des täglichen Lebens in nüchternem Zustand bei derselben Sachlage wahrscheinlich nicht verunglückt oder in die nicht gemeisterte Situation gar nicht erst gekommen wäre.[415]

bb) Allgemeingefahren; Pandemie

97 Allgemeingefahren sind solche, die in einem bestimmten Gebiet alle Menschen dort mehr oder minder gleich bedrohen (z.B. Naturkatastrophen, kriegerische Ereignisse, politische Unruhen). Solche Gefahren begründen, außer z.T. in der Schifffahrt nach § 10 Abs. 1 Nr. 1 SGB VII (Unfallschutz auch bei Elementarereignissen), grds. nicht den ursächlichen Zusammenhang zwischen dem Unfall und der versicherten Tätigkeit.[416] Dem steht die Zufälligkeit des Zusammentreffens von versicherter Tätigkeit und schädigendem Ereignis entgegen.[417] Anders liegen die Dinge dagegen, wenn der Versicherte durch Art oder Ort seiner Tätigkeit der Gefahr in wesentlich anderer Weise ausgesetzt war als im privaten Bereich. Wertungsmäßig differenziert wird also anhand eines **„Reinzufällig-Ausgesetztseins" oder des „Besonders-Ausgesetztseins"**.[418]

Beispiel:
Gegen das Verschüttetwerden durch eine Schneelawine sind zwar die Beschäftigten der Bergwacht, nicht aber die Arbeitnehmenden eines im Tal liegenden metallverarbeitenden Betriebes versichert.

98 In der **Corona-Pandemie** hat die DGUV als Spitzenverband der Unfallversicherungsträger zunächst den Standpunkt vertreten, eine Sars-CoV-2-Infektion könne niemals ein Arbeitsunfall sein: „Aufgrund der dynamischen, weltweiten Entwicklung hat die Weltgesundheitsorganisation (WHO) zwischenzeitlich COVID 19 zur Pandemie erklärt. COVID-19 stellt somit eine Allgemeingefahr dar. [...] Im Regelfall handelt es sich bei einer SARS-CoV-2-Infektion somit nicht um einen Arbeitsunfall."[419] Das ist unzutreffend.[420] Die allgemeine Gefahr einer Ansteckung mit SARS-CoV-2 trifft gerade nicht jedermann in einem Gebiet gleich. Bei einer Pandemie, in der das zentrale individuelle und kollektive Präventions- und Bekämpfungsmittel die Kontaktvermeidung ist, führt letztlich jede Beschäftigung, die zu Kontakten mit Menschen außerhalb des privaten Umfelds zwingt, zu einer unfallversicherungs-

415 Vgl. BSG 26.4.1977, BSGE 43, 293.
416 Vgl. BSG 27.10.1987, 2 RU 32/87.
417 BSG 21.1.1972, SozR Nr. 32 zu § 548.
418 Becker, SGb. 2012, 691, 698.
419 S. dguv.de/landesverbaende/de/medien/faq/aktuelles_corona_dav/index.jsp; (Abruf am 25.6.2020); zust. „nach kursorischer Prüfung" Bertke/Reinbach in Hohenstatt/Sittard, ArbR Corona, 2020, 31; abl. Schlegel, in: Schlegel/Meßling/Bockholdt, COVID-19 – Corona-Gesetzgebung – Gesundheit und Soziales, 2020, § 18 Rn. 7ff.
420 Ausführlich Seiwerth/Witschen, NZA 2020, 825ff.

rechtlich wesentlichen Erhöhung der Ansteckungsgefahr. Die mit der Beschäftigung verbundenen Gefahren in der Pandemie werden im Übrigen rechtlich besonders adressiert durch das Arbeitsschutzrecht. Arbeitgeber müssen Beschäftigte vor spezifischen Gesundheitsgefahren, die gerade mit ihrer jeweiligen Tätigkeit einhergehen, schützen. Soweit das Arbeitsschutzrecht Arbeitgebern Verantwortung für die Gesundheit ihrer Arbeitnehmer zuweist, weist es zugleich den Unfallversicherungsträgern Verantwortung für die Versicherung eines entsprechenden Schadensrisikos zu. Würden die arbeitsschutzrechtlichen Arbeitgeberpflichten und der Unfallversicherungsschutz nicht aufeinander abgestimmt, bestünde die Gefahr, dass ein wesentlicher Zweck der gesetzlichen Unfallversicherung, die Haftungsersetzung durch Versicherungsschutz (§ 35 Rn. 4) durch die §§ 104ff. SGB VII (§ 40), verfehlt wird. Denn für eine Verletzung von arbeitsschutzrechtlichen Infektionsschutz-Präventionspflichten, die über § 618 Abs. 1 BGB nicht nur öffentlich-rechtliche, sondern auch privatrechtliche Wirkung entfalten (sog. Lehre von der Doppelwirkung des Arbeitsschutzrechts[421]), würde der Arbeitgeber nach §§ 280 Abs. 1, 618 Abs. 1 BGB haften. Die praktischen Auswirkungen der Ablehnung einer Allgemeingefahr und der möglichen Einstufung einer Corona-Infektion als Arbeitsunfall waren in Relation zur Gesamtzahl der Infektionen praktisch eher gering. Denn nur selten konnte mit hinreichender Sicherheit festgestellt werden, wann, im versicherten oder im nichtversicherten Bereich, es zu der Infektion gekommen war.[422]

cc) Alltägliche Gefahren

Alltägliche Gefahren sind solche, denen Versicherte auch in ihrem privaten Leben ausgesetzt sein können (z.B. Ausrutschen, Stolpern, Insektenstich). Auch gegenüber solchen sog. Gefahren des täglichen Lebens kann Versicherungsschutz bestehen.[423] Das Vorliegen einer Gefahr des täglichen Lebens steht dem ursächlichen Zusammenhang zwischen Unfall und versicherter Tätigkeit nicht entgegen, wenn die Gefahr sich nur deshalb realisiert, weil der Versicherte zur Unfallzeit der versicherten Tätigkeit nachgegangen ist. Als nicht mehr vom Versicherungsschutz erfasste allgemein wirkende Gefahren kommen also nur solche in Betracht, denen Verletzte bei der versicherten Tätigkeit in gleichem Umfang ausgesetzt sind, wie sie es auch ohne diese Tätigkeit wäre. Auch hier wird der ursächliche Zusammenhang wegen der Zufälligkeit des Zusammentreffens von versicherter Tätigkeit und schädigendem Ereignis verneint.[424] Die ursprünglich von der Rechtsprechung des Reichsversicherungsamtes (RVA) geforderte Voraussetzung einer besonderen, dem Betrieb eigentümlichen Gefahr[425] und die Forderung, dass der Versicherte der Gefahr, der er erlegen ist, durch die Betriebstätigkeit in erhöhtem Maße ausgesetzt war, hat die Rechtsprechung im Laufe ihrer Entwicklung mit Blick auf die Zwecke der Unfallversicherung und den offensichtlichen Umstand, dass es auch in „an sich" ungefährlichen Betrieben zu Unfällen kommen kann und mit statistischer Sicherheit kommt, fallen gelassen.[426] Wertungsmäßig differenziert wird also auch hier wie bei der Allgemeingefahr anhand eines **„Reinzufällig-Ausgesetztseins" oder des „Besonders-Ausgesetztseins"**. **99**

dd) Ärztliche Behandlungsfehler

Die Versicherung nach § 2 Abs. 1 Nr. 15 lit. a SGB VII umfasst das (passive) Entgegennehmen der Behandlung sowie die Handlungen, die Personen vornehmen, um die Behandlung entweder zu erhalten oder an ihrer Durchführung mitzuwirken, soweit sie sich dabei im Rahmen der ärztlichen **100**

---

421 Stellv. BAG 10.3.1976 AP BGB § 618 Nr. 17; BAG 19.5.2009, BAGE 131, 18; ursprgl. Nipperdey, FS 50 Jahre RG, 1929, Bd. IV, S. 203, 217.

422 Vgl. z. B. LSG Baden-Württemberg 29.4.2024, L 1 U 2085/23; LSG Berlin-Brandenburg 22.7.2024, NZA-RR 2024, 619.

423 BSG 22.8.1990, NZA 1991, 157.

424 BSG 21.1.1972, SozR Nr. 32 zu § 548.

425 RVA 24.3.1914, AN 1914, 410, 413.

426 Vgl. BSG 22.8.1990, NZA 1991, 157.

Anordnung halten (§ 39 Rn. 69).[427] Für eine Schädigung durch einen ärztlichen Behandlungsfehler, etwa bei einer Operation, kommen zwei Anknüpfungspunkte in Betracht: Der ärztliche Behandlungsfehler (z.B. das Falsch-Operieren) und die versicherte Tätigkeit nach § 2 Abs. 1 Nr. 15 lit. a SGB VII, letzteres ist bei einer Operation typischerweise das auf-dem-Tisch-liegen. Bei einer wertenden Entscheidung im Rahmen der Unfallkausalität wird im Normalfall der Behandlungsfehler wesentliche Ursache eines Unfalls sein und nicht das passive Entgegennehmen der Leistung.[428] Geschädigte stehen nicht schutzlos da, sie können sich an die haftpflichtigen behandelnden Personen wenden.

ee) Innere Ursache

101 An den Voraussetzungen des Versicherungsschutzes – je nach Standpunkt mangels „äußerer Einwirkung" schon am Merkmal des „Unfalls", nach der hier vertretenen Ansicht an der Unfallkausalität (zu diesem Streit bereits oben § 40 Rn. 15) – fehlt es, wenn der Unfall rechtlich allein wesentlich auf einer sog. inneren Ursache beruht. Das „innere" bezeichnet die Herkunft der Ursachenkette: die jeweilige versicherte Person oder ihr Körper. Ein Unfall aus innerer Ursache liegt vor, wenn dieser infolge „krankhafter Erscheinungen oder der Konstitution des Betroffenen" eintritt.[429] Insoweit ließe sich auch die hier gesondert besprochene Fallgruppe des Alkohol- und Drogengenusses (§ 40 Rn. 95f.) unter diese Fallgruppe fassen. Es ist **nicht Aufgabe der gesetzlichen Unfallversicherung, Risiken aus tätigkeitsunabhängigen Krankheitsursachen** abzusichern.[430] Dies fällt vielmehr der gesetzlichen oder privaten Krankenversicherung zu. Besondere Schwierigkeiten macht in der Praxis die Beweisführung hinsichtlich der Mitursächlichkeit der inneren Ursache im Sinn der naturwissenschaftlichen Kausalität.

102 Die innere Ursache ist nach einer Formulierung des BSG jedenfalls als allein wesentlich anzusehen, „wenn die Krankheitslage so leicht ansprechbar war, dass es zur Auslösung akuter Erscheinungen nicht besonderer, in ihrer Eigenart unersetzlicher äußerer Einwirkungen bedurfte, sondern jedes andere alltäglich vorkommende ähnlich gelagerte Ereignis zu derselben Zeit die Erscheinungen ausgelöst hätte".[431] Die „innere Ursache" ist aber dann **nicht allein wesentlich** geworden, wenn die Entstehung der Verletzung überhaupt oder ihre Art und Schwere erst durch Gefahrenumstände bedingt ist, denen Versicherte infolge ihrer versicherten Tätigkeit ausgesetzt sind,[432] dazu folgende Beispiele:

Beispiel 1:[433]
Auf einem Betriebsweg erleidet der Versicherte einen epileptischen Anfall, stürzt deshalb, und bricht sich den Arm. Die Ursache des epileptischen Anfalls ist hier gegenüber der Verrichtungshandlung, dem Gehen des Betriebswegs, von überragender Bedeutung. Entsprechend ist der Armbruch kein Arbeitsunfall.

Beispiel 2:[434]
Der Versicherte war auf einem Betriebsweg auf einer Treppe unterwegs. Dabei trug er mit beiden Händen einen schweren Gegenstand, den er betrieblich veranlasst transportieren musste. Aufgrund einer krankhaften Muskelschwäche nach einer Bandscheibenoperation versagte ihm plötzlich das Bein, er stürzte und verletzte sich. Hier ist diese Verletzung nicht allein

---

427 BSG 27.4.2010, NZS 2011, 313.
428 Becker, SGb 2012, 691, 698.
429 BSG 12.5.1992, NZS 1992, 78.
430 BSG 27.11.1980, SozR 2200 § 548 Nr. 51.
431 BSG 27.11.1980, SozR 2200 § 548 Nr. 51; BSG 2.5.2001, HVBG-Info 2001, 1713.
432 Vgl. BSG 31.7.1985, VersR 1986, 763; BSG 15.2.2005, SozR 4-2700 § 8 Nr. 12.
433 Nach BSG 17.2.2009, NZS 2010, 47 – dort war aber der epileptische Anfall nicht sicher festgestellt worden und schied als Ursache schon im naturwissenschaftlich-philosophischen Sinn aus.
434 Nach BSG 15.2.2005, SozR 4-2700 § 8 Nr. 12.

wesentlich durch die Muskelschwäche verursacht, denn das Zurücklegen des versicherten Wegs auf einer Treppe und der Umstand, dass der Versicherte sich wegen seiner „vollen Hände“ nicht festhalten konnte, hat erhebliches Gewicht. Ein Arbeitsunfall liegt insoweit vor.

Beispiel 3:[435]
Auf einem versicherten Weg schlägt der von einem Motorrad erfasste Versicherte mit dem Kopf auf dem Bordstein auf und befindet sich daraufhin in einem dauerhaften Wachkomazustand ohne Aussicht auf Besserung. Wie es seiner Patientenverfügung nach § 1901a BGB entsprach, durchtrennte seine Ehefrau, die zur Betreuerin bestellt war, die Magensonde und führte so den Tod durch Unterernährung herbei, ohne dass der Versicherte das Bewusstsein wiedererlangt hätte. Sie beansprucht eine Witwenrente wegen des Todes ihres Mannes. Das BSG führt aus:

„(Wirk-) Ursachen für den Tod des Versicherten waren mithin der Unfall [...] und die dabei erlittenen schwersten Verletzungen sowie das Durchtrennen der Magensonde aufgrund des rechtlich geschützten Willens des Verstorbenen, im Wachkoma keinen weiteren Behandlungsmaßnahmen ausgesetzt zu sein, den die Klägerin gem. § 1901a Abs. 1 Satz 2 BGB gehalten war, umzusetzen. [...] Vom Schutzzweck der Beschäftigtenversicherung [...] (noch) mitumfasst ist ein Unfallversicherungsschutz für ein Verhalten des Versicherten, das durch Verletzungen bedingt ist, die – wie hier unproblematisch – im versicherten Schutzbereich der unfallbringenden Tätigkeit erlitten bzw. zugefügt wurden. Die versicherte Tätigkeit in der gesetzlichen Unfallversicherung gem. § 2 Abs. 1 Nr. 1 SGB VII i.V.m. § 8 Abs. 2 Nr. 1 SGB VII umfasst [...] insbesondere den in § 1901a BGB zum Ausdruck gekommenen Willen des Gesetzgebers, auch die durch die Autonomie und Menschenwürde (Art. 1 GG) des einzelnen Versicherten getragene Entscheidung, keine lebensverlängernden Maßnahmen erdulden zu müssen, wenn aufgrund eines Arbeitsunfalls so schwere Verletzungen vorliegen wie im vorliegenden Fall. Rechtlich wesentliche und daher vom Schutzzweck des § 2 Abs. 1 Nr. 1 SGB VII noch umfasste (Wirk-) Ursache für den Tod des Versicherten waren mithin seine Verletzungen aus dem Arbeitsunfall“. I.Ü. hat das BSG § 101 SGB VII (Ausschluss der Leistung bei vorsätzlicher Herbeiführung des Todes) teleologisch reduziert.

Der Unterschied der inneren Ursache im Rahmen der Unfallkausalität zu den Schadensanlagen und Verschlimmerungen im Rahmen der haftungsbegründenden Kausalität (§ 40 Rn. 23f.) liegt in der jeweils dargestellten Kausalitätsbeziehung. Zur Erinnerung: Bei der haftungsbegründenden Kausalität geht es um den Zusammenhang zwischen Unfallereignis und Gesundheitsschaden/Tod; bei der Unfallkausalität um den Zusammenhang zwischen konkreter Verrichtung und Unfallereignis. Etwa in Beispiel 1 mit dem Epilepsie-Anfall ist aus den dargelegten Gründen nicht nur die Unfallkausalität zu bejahen. Es ist auch die haftungsbegründende Kausalität gegeben, denn das Unfallereignis „Sturz/Aufprall“ hat nach Maßgabe der Theorie der rechtlich wesentlichen Bedingung den Armbruch verursacht. 103

ff) Selbstgeschaffene Gefahr und eingebrachte Gefahr

Einfache und grobe Fahrlässigkeit, ja selbst die vorsätzliche oder verbotswidrige Unfallverursachung 104
hebt den rechtlich wesentlichen Zusammenhang zwischen versicherter Tätigkeit und Unfall nicht auf, § 7 Abs. 2 SGB VII. Nicht selten nämlich geht ein Versicherter bewusst eine Gefahr für Leib oder Leben im Rahmen seiner versicherten Tätigkeit ein. Dies gilt außer für hauptberuflich im Rettungsdienst Tätige insbesondere für Versicherte nach § 2 Abs. 1 Nr. 12 (ehrenamtliche Mitarbeiter bei Rettungsunternehmen oder im Zivilschutz), Nr. 13 lit. a (Rettungshandlung) und Nr. 13 lit. c SGB VII (Verfolgung eines Straftäters). Erst die absichtliche Herbeiführung des Versicherungsfalls (dolus directus 1. Grades) gewinnt gegenüber der versicherten Tätigkeit derart an Dominanz, dass die Unfallkausalität zu verneinen ist. § 553 RVO normierte diese Regel früher ausdrücklich, ihre Übernahme in das SGB VII ist als überflüssig angesehen worden.

Dennoch kann es Situationen geben, in denen die versicherte Person selbst eine **„selbstgeschaf-** 105
fene“ Gefahr schafft, die sich dann als eine von mehreren naturwissenschaftlich-philosophischen

---

435 Nach BSG 4.12.2014, BSGE 118, 18.

Ursachen im Unfall realisiert. Zu der versicherten Gefahr tritt also eine Gefahr hinzu, die von der versicherten Person selbst geschaffen worden ist. Es liegt dann (im Rahmen des inneren Zusammenhangs) eine gemischte Tätigkeit vor (§ 40 Rn. 36ff.). Im Rahmen der Unfallkausalität ist zu prüfen, welche der beiden Ursachen – die versicherte Tätigkeit oder die „selbstgeschaffene" Gefahr – rechtlich wesentliche Ursache war. Das BSG hat formuliert:

> „Der Begriff der „selbstgeschaffenen Gefahr" hat in der gesetzlichen Unfallversicherung keine eigenständige rechtliche Bedeutung. Setzt sich ein Versicherter bei der Arbeit bewusst einem besonderen Risiko aus, so wird der sachliche („innere") Zusammenhang mit der versicherten Tätigkeit dadurch nicht beseitigt. Der ursächliche Zusammenhang zwischen Arbeitsverrichtung und Unfallereignis [Unfallkausalität] kann dagegen ausnahmsweise fehlen, wenn die **betrieblichen Umstände durch eine selbst geschaffene Gefahr** so weit **in den Hintergrund gedrängt werden**, dass letztere als die rechtlich allein wesentliche Ursache anzusehen ist."[436]

106 Insgesamt ist das BSG hier aber zurückhaltend,[437] dazu folgendes

---

Beispiel[438] (s. dazu schon § 40 Rn. 34, dort zum inneren Zusammenhang, hier zur Unfallkausalität):
Malergeselle M entfernte Farbflecken an einer Fassade. Dazu verwendete er die für diese Tätigkeit üblicherweise verwendete, hoch entzündliche, Universalverdünnung. Eine Unterrichtung im Umgang damit war nicht erfolgt, entsprechende Kenntnisse wurden vorausgesetzt. Auf den Gebinden wird jeweils auf die Feuergefährlichkeit hingewiesen. Auf einer Hebebühne stehend zündete sich M eine Zigarette an. Dabei entzündete sich der mit Universalverdünner getränkte Lappen, den M in der Hand hielt. M ließ den Lappen fallen, der Lappen fiel in den Eimer mit Universalverdünner, was zu einer Verpuffung führte. Die Flamme sprang auf Kleidung und Haare des M über.

„Vorliegend war die eine naturwissenschaftliche Ursache für die Verpuffung, die Verbrennungen und schließlich den Tod des M das private Anzünden der Zigarette. Eine weitere naturwissenschaftliche Ursache war die Arbeitssituation, die geprägt war durch die Reinigungsarbeiten mit feuergefährlichen Verdünnungsmitteln auf einer Hebebühne ohne besondere Unterrichtung, zumal M kein Gebäudereiniger, sondern angelernter Monteur und Schweißer war. [...] Danach sind die betriebsbedingten Umstände durch das private Zigarettenanzünden nicht so weit zurückgedrängt worden, dass sie keine wesentliche Bedingung für den Unfall waren. Die Schwere der Verletzungen war entscheidend dadurch bedingt, dass nur durch die Ansammlung lösemittelhaltiger Dämpfe auf dem Boden der Hubbühne eine Verpuffung möglich war. M war mangels Belehrung durch den Arbeitgeber die Gefährlichkeit seines Handelns im Hinblick auf die Schwere eines möglichen Unfalls nicht bewusst. Gesteigert wurde dies durch den Arbeitsplatz auf einer Hubbühne, der kein schnelle und einfache Flucht aus der Gefahr zuließ."

---

107 In Abgrenzung zur selbstgeschaffenen Gefahr handelt es sich bei der **eingebrachten Gefahr** um eine Ursache, die die versicherte Person nicht kannte und die nicht ihrer grundsätzlichen versicherten Tätigkeit zuzurechnen war, sondern ihrer Privatsphäre.[439]

Beispiel:[440]
Der Versicherte greift in seine Tasche, um dort den für einen Betriebsweg benötigten Autoschlüssel herauszuholen und verletzt sich dabei an einem von seinem kleinen Sohn offen in die Tasche gelegten Messer. Von überragender Bedeutung für die Verletzung ist hier das aus der Privatsphäre stammende Messer, der versicherte Griff in die Tasche ist für die Verletzung nur von untergeordneter Bedeutung.

---

436 BSG 12.4.2005, NZS 2006, 154; zuvor schon BSG 5.8.1976, BSGE 42, 129; BSG 2.11.1988, BSGE 64, 159.
437 BSG 12.4.2005, NZS 2006, 154.
438 Nach BSG 12.4.2005, NZS 2006, 154.
439 Becker, SGb 2012, 691, 697.
440 Nach BSG 26.1.1978, DB 1978, 1891.

5. Folgeschäden und haftungsausfüllende Kausalität

a) Allgemeines

Der Unfall (§ 8 Abs. 1 S. 2 SGB VII) setzt voraus, dass aufgrund des Unfallereignisses ein Gesundheitsschaden oder der Tod, der **Erstschaden**, eingetreten sein muss (§ 40 Rn. 10ff.). Aus diesem Erstschaden können weitere Schäden resultieren, die sog. Folgeschäden. Der Zusammenhang zwischen Erstschaden und **Folgeschaden** ist die haftungsausfüllende Kausalität. Auch die Feststellung der **haftungsausfüllenden Kausalität** erfolgt zweistufig nach der Theorie der rechtlich wesentlichen Ursache (§ 40 Rn. 89ff.). Auf der ersten Stufe werden nach der Äquivalenztheorie die naturwissenschaftlichen Ursachen festgestellt, auf der zweiten nach der Theorie der wesentlichen Ursache gewertet, ob die festgestellte Ursache nei der Entstehung des Folgeschadens wesentlich mitgewirkt hat. Die Feststellung der Folgeschäden und der haftungsausfüllenden Kausalität ist nicht mehr Teil der tatbestandlichen Prüfung, ob ein Arbeitsunfall vorliegt, sondern ist wichtig für den Umfang der zu gewährenden Leistungen. 108

b) Mittelbare Folgeschäden

Als Körperschäden, für die Leistungen zu gewähren sind, kommen auch erst später eintretende sog. **mittelbare Folgeschäden** in Betracht. Mittelbare Folgeschäden sind solche, die im weiteren Verlauf in nicht schicksalsgemäßer Weiterentwicklung des bereits bestehenden Gesundheitsschadens eintreten (das sind unmittelbare Folgeschäden), sondern infolge **neuer Schädigungsvorgänge**, die dem Versicherten aufgrund der bereits vorliegenden Folgen zustoßen. Dass sie erst mit erheblicher zeitlicher Verzögerung von u.U. mehreren Jahren eintreten, steht ihrer Anerkennung nicht entgegen, wenn sie **auf das Unfallereignis oder den dadurch verursachten Erstschaden rechtlich wesentlich**[441] **zurückzuführen** sind. 109

Für bestimmte mittelbare Folgen des Versicherungsfalls (Schäden bei anschließender Durchführung einer Untersuchung oder der Heilbehandlung u.Ä.) hat der Gesetzgeber in § 11 SGB VII selbst ausdrücklich angeordnet, dass sie als Unfallfolgen entschädigungspflichtig sind. Daneben gibt es aber auch vom Gesetz nicht ausdrücklich geregelte mittelbare Folgen, deren Entschädigung nicht im Umkehrschluss durch § 11 SGB VII ausgeschlossen ist.[442] Gemeinsam haben beide Gruppen, dass die weiteren Gesundheitsschäden kausal mit den bereits bestehenden Folgen des Versicherungsfalls verbunden sind. Für den ersten Fall enthält § 11 SGB VII die **unwiderlegliche Vermutung,** dass die von ihm beschriebenen Folgeschäden auf den Arbeitsunfall **kausal** zurückzuführen sind. 110

Hinsichtlich der nicht von § 11 SGB VII umfassten Folgeschäden ist zu unterscheiden: Ist der Folgeschaden durch einen (weiteren) Unfall verursacht worden, der **seinerseits einen Versicherungsfall darstellt,** ist zu unterscheiden, ob die Folgen des ersten Unfalls **die Entstehung** des weiteren Unfalls **rechtlich wesentlich mitverursacht** oder sie sich lediglich **auf das Ausmaß der Folgeschäden** des weiteren Unfalls **ausgewirkt** haben ohne für sein Zustandekommen ursächlich zu sein. 111

Bewirkt die Unfallfolge rechtlich wesentlich die **Entstehung** des weiteren Arbeitsunfalls, stellt dieser einschließlich seiner Folgen eine mittelbare Unfallfolge des ersten Unfalls dar. Zuständig für die Entschädigung des zweiten Unfalls ist der für den ersten Unfall zuständige Unfallversicherungsträger.[443] Wirken sich dagegen die Folgen des ersten Versicherungsfalls nicht auf das Entstehen, sondern lediglich auf das **Ausmaß der Folgen** des zweiten Unfalls aus, löst der zweite Unfall einen neuen Versicherungsfall aus, der vom vorangegangenen Versicherungsfall unabhängig ist. Das hat vor allem zur Konsequenz, dass entschädigungspflichtiger Unfallversicherungsträger derjenige ist, der für das Unternehmen, in dem sich der zweite Unfall ereignet hat, zuständig ist.[444] Diese Zuständigkeit kann auch Auswirkungen auf die Entschädigungshöhe haben, z.B. hinsichtlich des satzungs- 112

441 BSG 5.7.2011, BSGE 108, 274.
442 Vgl. BSG 27.6.1978, BSGE 46, 283; BSG 4.11.1981, SozR 2200 § 548 Nr. 59.
443 Vgl. BSG 13.7.1978, BSGE 47, 25.
444 Vgl. BSG 24.2.1988, BSGE 63, 58.

gemäßen Höchstjahresarbeitsverdienstes (§ 85 Abs. 2 Satz 2 SGB VII). Außerdem werden die Geldleistungen auf der Grundlage des Jahresarbeitsverdienstes berechnet, den die versicherte Person vor dem zweiten Unfall erzielt hat.

113 Beruht der Folgeschaden auf einem Unfall, für den **kein Versicherungsschutz in der gesetzlichen Unfallversicherung bestand** (unversicherter Freizeitunfall), so ist der Unfallversicherungsträger für die durch den Freizeitunfall erlittenen Folgeschäden so entschädigungspflichtig, als wenn die Folgeschäden unmittelbar durch den Arbeitsunfall verursacht worden wären, wenn die Entstehung des weiteren Unfalls rechtlich wesentlich auf den Folgen des ersten Unfalls beruht, aber auch wenn das Ausmaß der Folgen des weiteren Unfalls rechtlich wesentlich mitverursacht wurde.[445] Verschlimmert sich der Grad der MdE durch den zweiten Unfall, so ist die höhere Rente vom Zeitpunkt des zweiten Unfalls an zu gewähren. Dasselbe gilt, wenn der Folgeschaden **nicht auf einem Unfall beruht.** Auch hier kommt es allein auf die Frage an, ob der Folgeschaden mit dem Unfall in einem ursächlichen Zusammenhang steht.[446]

114 Gesundheitsstörungen, die die verletzte Person bei einem ärztlichen Eingriff zur Klärung des Ausmaßes der Unfallfolgen erleidet, sind mittelbare Unfallfolgen.[447] Wird jedoch anlässlich einer zur Erkennung von Unfallfolgen durchgeführten Operation ein eindeutig abgrenzbarer zusätzlicher ärztlicher Eingriff zur Behebung eines unfallfremden Leidens vorgenommen, so sind die Gesundheitsschäden infolge dieses zusätzlichen Eingriffs keine mittelbaren Unfallfolgen.[448] Ist die ärztliche Handlungstendenz allerdings durchgängig darauf gerichtet, Unfallfolgen zu behandeln, und sind die Diagnose oder die Behandlung fehlerhaft, so sind auftretende Komplikationen oder Gesundheitsschäden in der Regel vom Risikobereich der gesetzlichen Unfallversicherung erfasst und als mittelbare Unfallfolgen zu entschädigen.[449]

115 Als problematischste Untergruppe bleiben die Fälle des (realisierten oder fehlgeschlagenen, aber einen Dauerschaden auslösenden) **Selbstmordversuchs.** Der Suizid als solcher kann als absichtliche Herbeiführung des Todes oder eines Gesundheitsschadens nie selbst „Unfall“ sein, wohl aber als **kausale (mittelbare) Folge** eines Versicherungsfalls Entschädigungspflichten begründen.[450] Die Möglichkeit, dass die Selbsttötung Folge eines Versicherungsfalls sein kann, hat das BSG stets anerkannt, soweit der Versicherte z. B. wegen der besonders starken Schmerzen nach einem Versicherungsfall oder durch die große seelische Belastung durch eine erhebliche Entstellung als Folge eines Versicherungsfalls versucht, sich selbst zu töten oder ihm dies gelingt (sog. Bilanzselbstmord).[451] Darüber hinaus hat das BSG es in der weiteren Entwicklung aber ausreichen lassen, dass die Selbsttötung wesentlich durch betriebliche Umstände bedingt war, z. B. durch eine bei der versicherten Tätigkeit eingetretene seelische Belastung.[452] Hinsichtlich der haftungsausfüllenden Kausalität gelten insoweit keine besonderen Regeln; entscheidend ist auch hier, dass der Selbstmord(-versuch) auf dem Versicherungsfall in rechtlich wesentlicher Hinsicht (zumindest mit-) beruhte:

> „Der erkennende [8.] Senat sieht jedoch keinen Anlass, von der Anwendung des Kausalitätsbegriffs der wesentlichen Bedingung in den Fällen der Selbsttötung wegen der Folgen von anerkannten Gesundheitsstörungen, die zwar nicht die freie Willensbestimmung beeinträchtigen, jedoch gleichwohl den Entschluss zur Selbsttötung wesentlich mitbedingt haben, abzugehen. Die Ursächlichkeit einer Berufskrankheit für den – durch Selbsttötung eingetretenen – Tod des Versicherten ist vielmehr auch dann zu bejahen, wenn deren Folgen die Entschließung zur Selbsttötung wesentlich mitbedingt haben; es ist nicht erforderlich, dass sie die alleinige Ursache für diesen Entschluss gewesen sind.“[453]

---

445 Vgl. BSG 14.10.1955, BSGE 1, 254; BSG 22.1.1976, BSGE 41, 137.
446 Vgl. dazu BSG 17.5.1962, BSGE 17, 60; BSG 27.6.1978, BSGE 46, 283.
447 Vgl. BSG 4.11.1981, SozR 2200 § 548 Nr. 59.
448 BSG 30.10.1991, SozR 3-2200 § 548 Nr. 13.
449 BSG 5.8.1993, HV-Info 1993, 2388.
450 Vgl. BSG 18.12.1962, BSGE 18, 163; BSG 30.5.1985, VersR 1985, 1085; BSG 18.1.1990, BSGE 66, 156.
451 BSG 18.12.1962, BSGE 18, 163; BSG 18.1.1990, BSGE 66, 156.
452 BSG 30.5.1985, VersR 1985, 1085.
453 BSG 18.1.1990, BSGE 66, 156.

6. Der Wegeunfall

Literatur: KÖHLER, Bedarf es einer Fokussierung des Wegeunfallrisikos durch Präzisierung der Tatbestände?, SGb 2004, 533ff.; KRANIG/AULMANN, Das Wegeunfallrisiko als Gegenstand der gesetzlichen Unfallversicherung, NZS 1995, 203ff. (Teil 1), 255ff. (Teil 2); KRASNEY, Der Verkehrsunfall als Arbeitsunfall, NZV 1989, 369ff.; KRASNEY, Grenzziehungen bei Wegeunfällen, SGb 2013, 313ff.; MOLKENTIN, Überzeugt die aktuelle BSG-Nomenklatur zur Unfallkausalität insbesondere beim Wegeunfall?, SGb 2016, 621ff.; REMÉ, Unfallversicherungsschutz bei Wegen zwischen einem dritten Ort und dem Ort der Tätigkeit, SGb 2020, 352ff.; RICKE, Die Feststellung von Wegeunfällen in der gesetzlichen Unfallversicherung, NZV 2019, 506ff.; RÖMER/ZIMMERMANN, Die Helikoptierung des surfenden Schülers, NZS 2024, 127ff.; SCHLAEGER/LINDER, Bahn-Surfen vorwärts, Dogmatik rückwärts, SGb 2014, 667ff.; SCHUR/SPELLBRINK, Unfallversicherungsschutz auf dem Weg von und nach der Arbeitsstelle – Neue Wege in der Rechtsprechung des BSG zu Wegeunfällen?, SGb 2014, 589ff.; SPITZLEI, Grundstrukturen des Wegeunfalls, NZS 2020, 609ff.; THÜSING, Die Versicherung des Wegeunfalls gem. § 8 Abs. 2 SGB VII, SGb 2000, 595ff.; VON KOPPENFELS-SPIES, Irrwege bei den Wegeunterbrechungen?, NZS 2014, 881ff.

a) Allgemeines

Alle Versicherten müssen Wege außerhalb der eigentlichen versicherten Tätigkeit zurücklegen, damit sie dieser überhaupt nachgehen können. Insbesondere müssen sie sich in der Regel von ihrer Wohnung zu dem Ort der Tätigkeit hin- und wieder zurückbegeben. Den hierbei auftretenden Gefahren sind sie letztlich also nur infolge dieser versicherten Tätigkeit ausgesetzt. Diese enge Verbindung im Zusammenhang mit den wachsenden Wegegefahren (zunehmende Motorisierung usw.) hat den Gesetzgeber 1925 bewogen, den **Versicherungsschutz** auf die sog. Wegeunfälle **auszudehnen.**[454] Die Wegeunfallversicherung schützt vor Gefahren für Gesundheit und Leben, die aus der Teilnahme am öffentlichen Verkehr als Fußgänger oder Benutzer eines Verkehrsmittels, also aus eigenem oder fremdem Verkehrsverhalten oder äußeren Einflüssen während der Zurücklegung des Weges hervorgehen.[455] 116

Der Versicherungsschutz für Wegeunfälle beruht allein auf dem **sozialen Schutzgedanken** und hat mit der Ablösung der Unternehmerhaftung nichts zu tun. Von Seiten der Arbeitgeber ist er immer wieder kritisiert worden, insbesondere wurde darauf hingewiesen, dass die Unternehmer hier kaum Möglichkeiten der präventiven Einflussnahme im Sinn der Unfallverhütung haben. Gegenüber der stetig zurückgehenden Zahl der entschädigungspflichtigen (echten) Arbeitsunfälle **nimmt der Wegeunfall an Bedeutung** zu (§ 35 Rn. 35). 117

Gesetzestechnisch geschieht die Einbeziehung der sog. Wegeunfälle im SGB VII dadurch, dass § 8 Abs. 2 Nr. 1 SGB VII und die auf diesen bezogenen Nr. 2 bis 4 das Zurücklegen bestimmter Wege zu einer **versicherten Tätigkeit** erklären. Dadurch werden Unfälle infolge eines solchen Weges Unfälle „infolge einer versicherten Tätigkeit“ nach § 8 Abs. 1 S. 1 SGB VII, also Arbeitsunfälle. Den eigentlich einen eigenständigen Versicherungsfall darstellenden Wegeunfall hat das SGB VII in § 8 Abs. 2 Nr. 2 bis 4 damit an den Arbeitsunfall „angehängt.“ Die Bezeichnung „Wegeunfall“ wird in den Vorschriften zum Versicherungsfall gesetzlich nicht verwendet. Dadurch wird der Eindruck erweckt, dass dort und hier dieselben Regeln anzuwenden sind. Dies ist jedoch nur im Grundsatz zutreffend. Bei seinem Weg zur und von der Arbeit sind die Versicherten nicht mehr in eine betriebliche Organisationsstruktur eingegliedert, weshalb es an einer Weisungsgebundenheit fehlt. Vielmehr können sich wesentliche Einzelheiten (Ausgangs- bzw. Zielpunkt, das benutzte Verkehrsmittel, den Weg selbst) nach ausschließlich eigenwirtschaftlichen Kriterien frei wählen. Zudem werden gerade im Zusammenhang mit dem Wegeunfall manche – beim Arbeitsunfall zwar theoretisch in vergleichbarer Weise denkbare, aber dort keine oder kaum praktische Bedeutung erlangende – Zweifelsfragen in besonderer Weise virulent. Das betrifft insbesondere die Unterbrechung des Weges, sowohl in zeitlicher als auch in räumlicher Hinsicht (Umwege und Abwege). 118

454 Vgl. BSG 2.5.2001, NZS 2001, 549.
455 BSG 17.12.2015, SGb 2016, 705.

119 Nochmals darauf hinzuweisen ist an dieser Stelle, dass die (erst) von § 8 Abs. 2 Nr. 1 bis 4 SGB VII erfassten Wege streng **von** den schon nach § 8 Abs. 1 Nr. 1 SGB VII versicherten **Betriebswegen** (§ 40 Rn. 49ff.) **zu trennen** sind. „Ein Betriebsweg ist ein Weg, der in Ausübung der versicherten Tätigkeit zurückgelegt wird, Teil der versicherten Tätigkeit ist und damit der Betriebsarbeit gleichsteht; [...] er [wird] im unmittelbaren Betriebsinteresse unternommen [...].“[456] „Im Gegensatz hierzu ereignen sich Wegeunfälle im Sinne von [...] [§ 8 Abs. 2 Nr. 1 bis 4 SGB VII] nicht bei der versicherten Tätigkeit, sondern vielmehr nur im Zusammenhang mit ihr auf dem Weg ‚nach und von dem Ort der Tätigkeit‘. Diese Wege stehen nicht in einem so unmittelbaren Betriebsinteresse, sondern gehen entweder der versicherten Tätigkeit voran oder schließen sich ihr an“.[457] Diese Abgrenzung gewinnt insbesondere Bedeutung für die Frage der Haftungsbeschränkung nach §§ 104ff. SGB VII (§ 42 Rn. 2ff.). Befördern Unternehmer ihre Beschäftigten mit einem Fahrdienst von der Wohnung zum Betrieb oder zurück (**sog. Werksverkehr**), ist der Weg vor dem Hintergrund des Grads der betrieblichen Gestaltung durch den Unternehmer und dem Gedanken der Haftungsersetzung durch Versicherung ein versicherter Betriebsweg.[458]

b) Der „innere Zusammenhang“ zwischen Weg und versicherter Tätigkeit

aa) Allgemeines

120 Genau wie beim Arbeitsunfall genügt beim Wegeunfall nicht, dass der zurückgelegte Weg mit der versicherten Tätigkeit (dem Weg) in einem zeitlichen und räumlichen Zusammenhang steht,[459] vielmehr ist auch hier ein „innerer Zusammenhang“ zwischen dem unfallbringenden Verhalten bei der Zurücklegung des Weges und der versicherten Tätigkeit erforderlich:

> „[...] der Gesetzgeber [hat] nicht schlechthin jeden Weg unter Versicherungsschutz gestellt, der zur Arbeitsstätte hinführt oder von ihr aus begonnen wird. Vielmehr ist es auch nach § 8 Abs. 2 Nr. 1 SGB VII darüber hinaus erforderlich, dass der Weg mit der Tätigkeit in dem Unternehmen – rechtlich – zusammenhängt, d.h., dass ein innerer Zusammenhang zwischen dem Weg und der Tätigkeit in dem Unternehmen besteht. § 8 Abs. 2 Nr. 1 SGB VII verlang insoweit ausdrücklich, dass das Zurücklegen des Weges mit der versicherten Tätigkeit zusammenhängen muss.“[460]

121 Der Versicherungsschutz besteht, wenn der Weg erkennbar zu dem Zweck zurückgelegt wird, den Ort der Tätigkeit – oder nach deren Beendigung im typischen Fall die eigene Wohnung – zu erreichen. Maßgebliches Kriterium für den inneren Zusammenhang ist, ob die anhand objektiver Umstände zu beurteilende Handlungstendenz des Versicherten beim Zurücklegen des Weges darauf gerichtet war, eine dem Beschäftigungsunternehmen dienende Verrichtung auszuüben, d.h. ob sein Handeln zum Zurücklegen des Weges zu oder von der Arbeitsstätte gehört.[461]

bb) Grenzpunkte des versicherten Weges

122 § 8 Abs. 2 Nr. 1 SGB VII nennt als **Ausgangs- und Zielort** des Weges den Ort der Tätigkeit. Das ist bspw. die ständige oder zeitweilige Arbeitsstätte von Beschäftigten, das Gericht, das eine Zeugin aufsuchen muss, die Schule, die die Schülerin besucht, nicht aber das Aufsuchen des Arbeitgebers zwecks Abschluss eines Arbeitsvertrages, es sei denn, dass sogleich im Anschluss auch die Beschäfti-

---

456 BSG 7.11.2000, NJW 2002, 84; BSG 5.7.2016, SozR 4-2700 § 8 Nr. 58.
457 BSG 11.2.1981, 2 RU 87/79.
458 BGH 2.12.2003, BGHZ 157, 159; vgl. BGH 12.10.2000, BGHZ 145, 311 (zur Schülerbeförderung); BAG 30.10.2003, BAGE 108, 206.
459 BSG 5.5.1994, BSGE 74, 159.
460 BSG 3.12.2002, NJW 2003, 2044.
461 Z.B. BSG 31.8.2017, NJW 2018, 1200.

gung aufgenommen werden soll. Das BSG versteht den „Weg" als Strecke zwischen Start- und Zielpunkt.[462] Im Einzelfall ergeben sich schwierige Abgrenzungsfragen.

(1) Ort der Tätigkeit

Der Weg zur versicherten Tätigkeit endet **mit dem Erreichen des Ortes der Tätigkeit.** Für den Weg von der versicherten Tätigkeit gilt entsprechendes; dieser beginnt mit dem **Verlassen des Ortes der Tätigkeit**. Mit Erreichen/Verlassen des Betriebsgeländes des Unternehmens, d.h. in der Regel „mit Durchschreiten des Werkstores" (oder seiner Äquivalente) endet bzw. beginnt der Weg zur oder von der versicherten Tätigkeit; und nicht erst bzw. bereits am jeweiligen konkreten Arbeitsplatz. An dieser Stelle beginnt bzw. endet dann auch der Versicherungsschutz nach § 8 Abs. 1 SGB VII.[463] Dahinter steht die Erwägung, dass ab dem „Werkstor" die Risikosphäre des Arbeitgebers eröffnet wird, auf die er Einfluss nehmen kann. 123

Aus § 8 Abs. 2 Nr. 1 SGB VII ergibt sich damit hinsichtlich des inneren Zusammenhangs auch, dass der Weg der versicherten Person dazu dienen muss, den Ort der Tätigkeit zu erreichen oder von diesem zurückzukehren. Maßgebend ist dabei die **Handlungstendenz** der versicherten Person, so wie sie sich insbesondere aus den objektiven Umständen des Einzelfalles ergibt.[464] Fehlt es an einem solchen inneren Zusammenhang, scheidet ein Versicherungsschutz selbst dann aus, wenn sich der Unfall auf derselben Strecke ereignet, die die versicherte Person auf dem Weg nach und von dem Ort der Tätigkeit gewöhnlich benutzt.[465] 124

(2) Lebensmittelpunkt

In der Regel ist der Gegenpunkt zum Ort der Tätigkeit der **Lebensmittelpunkt**, d.h. die Wohnung der versicherten Person. Der innere Zusammenhang bei Wegen zwischen der Wohnung des Versicherten, als sozusagen natürlichem Bezugsort, und dem Ort der Tätigkeit wird grds. angenommen: 125

> „Auf dem Wege von der eigenen Wohnung zur Arbeitsstätte wird grundsätzlich ein innerer Zusammenhang mit der versicherten Tätigkeit angenommen, weil der Versicherte diesen Weg wegen seiner Tätigkeit im Unternehmen zurücklegen muss. Dieser Zurechnung ist im Bereich des Wegeunfallversicherungsschutzes eigentümlich, dass der Natur der Sache nach ein zweiter, eigenwirtschaftlicher oder privater Handlungszweck vorliegt, der versicherungsunschädlich ist. Regelmäßig dient der Weg dem Versicherten zugleich dazu, den seinen persönlichen Interessen dienenden privaten Bereich zu verlassen. Trotzdem besteht nach § 550 RVO [jetzt § 8 Abs. 2 SGB VII] Unfallversicherungsschutz."[466]

Der Versicherungsschutz nach § 8 Abs. 2 Nr. 1 SGB VII wird zum einen von der nach Art. 11 Abs. 1 GG grundrechtlich geschützten freien Entscheidung der Versicherten, ihre Wohnung in geringerer oder größerer Entfernung vom Ort der Tätigkeit zu nehmen, bestimmt. Die Entscheidung der Versicherten über die Wohnsitzlage ist in der gesetzlichen Unfallversicherung im Rahmen des § 8 Abs. 2 Nr. 1 SGB VII hinzunehmen. Zum anderen ist der Weg zwischen Arbeitsstätte und Wohnung wie oben bereits erwähnt die Schwelle zwischen der versicherten Tätigkeit und dem Privatleben der Versicherten, die diese überwinden müssen, um überhaupt der versicherten Tätigkeit nachgehen zu können. Daraus ergibt sich, dass den Versicherten nicht nur deshalb der Unfallversicherungsschutz auf den Wegen zwischen seiner Wohnung und dem Ort der Tätigkeit versagt werden kann, weil er sich für einen Wohnsitz etwa auf dem Land und nicht in der Stadt entschieden hat.[467] 126

---

462 BSG 31.8.2017, NJW 2018, 1198.
463 Vgl. BSG 22.9.1988, NZA 1989, 533.
464 BSG 2.5.2001, NZS 2001, 549.
465 BSG 5.5.1998, BSGE 82, 138; BSG 11.9.2001, NZS 2002, 161.
466 BSG 27.7.1989, HV-Info 1989, 2417.
467 BSG 2.5.2001, NZS 2001, 549.

127 Der Versicherungsschutz des § 8 Abs. 2 Nr. 1 bis 4 SGB VII beginnt auf dem Hinweg und endet auf dem Rückweg mit dem Verlassen bzw. Erreichen des häuslichen Wirkungskreises. Nach der ständigen Rechtsprechung des BSG bildet die Grenze die **Außenhaustür des vom Versicherten bewohnten Gebäudes.**[468] Außenhaustür ist jede nach außen führende Tür, auch an Nebengebäuden (z.B. Kellertür; bzw., wenn Versicherte ein Fahrzeug benutzen, das in einer vom Inneren des Hauses zu erreichenden Garage geparkt ist, mit dem Durchfahren des Garagentores – siehe unten § 40 Rn. 129). Diese Grenze gilt für alle Häuser, auch Einfamilienhäuser mit Vorgarten und Mehrfamilienhäuser. Unversichert ist also stets der Weg innerhalb des Wohngebäudes, auch wenn sich die versicherte Person bereits auf dem Gang zur Arbeit befindet, z.B. im Treppenhaus. Hintergrund dieser Abgrenzung ist nach dem BSG der Gesichtspunkt der Rechtssicherheit, mit dem es nicht zu vereinbaren sei, den Versicherungsschutz von beliebig zu variierenden Verschiedenheiten des einzelnen Falles abhängig zu machen, gerade weil sich außerhalb der Wohnung eine klare Abgrenzung für Beginn und Ende des Wegs nicht finden lasse.[469]

128 Gleiches gilt, wenn sich jemand nach Verlassen des häuslichen Wirkungsbereiches nochmals in diesen **zurückbegibt**, gleich durch welche Tür, z.B. um eine vergessene Sache zu holen,[470] auch wenn diese für die kommende Arbeit benötigt wird.[471] Liegt die Ursache des Unfalls noch im unversicherten Bereich, tritt die Verletzung selbst aber außerhalb des Gebäudes ein (Stolpern im Hausflur, Aufschlag dagegen auf der Straße), so besteht nach Auffassung des BSG schon Versicherungsschutz.[472] Das gleiche soll aber gelten, wenn die zum Unfall führende **Gefahr noch von außerhalb** und damit noch von dem Weg von dem Ort der Tätigkeit in das Gebäude hineinwirkt und erst dort wirksam geworden ist.[473] Auch wer die Wohnung über eine an ein Fenster gestellte Leiter verlässt, weil die Tür nicht geöffnet werden kann, befindet sich bereits auf dem versicherungsrechtlich geschützten Teil des Weges.[474]

129 Auf der Grundlage der oben dargestellten Regeln sind bei der **Unterbringung von Fahrzeugen** jeder Art, die für den Weg benutzt werden, in Unterstellräumen wie Garagen, Schuppen u.a. (im Folgenden **Garage** genannt) zwei Fallgruppen zu unterscheiden, die die Rechtsprechung besonders oft beschäftigen. Im ersten Fall bildet die Garage eine **bauliche Einheit** mit dem Wohngebäude, d.h., dass die Garage im Wohngebäude eingebaut oder daran angebaut ist. Die Garage gehört in diesem Fall zum häuslichen Wirkungskreis. Daher beginnt für den Fall, dass die Garage durch den gebäudeinneren Zugang betreten wird, der Versicherungsschutz erst mit dem Verlassen der Garage (Garagentor o.Ä. als maßgebliche Außentür). Wird jedoch das Wohngebäude durch die Außenhaustür verlassen und die Garage von außen betreten, so besteht Versicherungsschutz nach Durchschreiten der Außenhaustür bis zum Betreten der Garage und beginnt wieder mit dem Verlassen der Garage; der häusliche Wirkungskreis wird zwar zunächst verlassen, aber dann wieder betreten.[475] Im zweiten Fall bildet die Garage zwar eine bauliche Einheit mit dem Wohngebäude, ist aber **nicht von innen erreichbar**, oder aber die Garage bildet bereits keine bauliche Einheit, sondern steht anderswo auf dem Grundstück. In diesen Fällen ist die Garage **kein Teil des häuslichen Bereichs**. Der Versicherungsschutz beginnt daher in diesen Fällen mit dem Verlassen des Wohngebäudes, besteht auf dem Weg zur Garage und bleibt auch in ihr zum Herausfahren des Fahrzeugs bestehen.[476]

130 Liegen **Wohnung und Arbeitsstätte in demselben Gebäude**, so ist kein Weg nach § 8 Abs. 2 Nr. 1 SGB VII möglich, da das Wohngebäude nicht verlassen wird. Der Gang zur Aufnahme der Tätig-

468 Vgl. BSG 13.3.1956, BSGE 2, 239; BSG 15.12.1959, BSGE 11, 156; BSG 31.8.2017, NJW 2018, 1198
469 BSG 27.10.1976, BSGE 42, 293; BSG 31.8.2017, NJW 2018, 1198.
470 BSG 31.5.1988, BSGE 63, 212.
471 BSG 7.11.2000, NJW 2002, 84.
472 BSG 29.5.1962, BSGE 17, 75; BSG 12.10.1973, SozR Nr. 25 zu § 550 RVO.
473 Vgl. BSG 18.6.2013, SozR 4-2700 § 8 Nr. 47.
474 BSG 15.12.1959, BSGE 11, 156.
475 BSG 31.5.1988, BSGE 63, 212.
476 Vgl. BSG 27.10.1976, BSGE 42, 293; BSG 18.6.2013, SozR 4-2700 § 8 Nr. 47.

keit oder nach Beendigung steht regelmäßig nur in den Gebäudeteilen, die wesentlich betrieblichen Zwecken dienen, und zwar als Betriebsweg i.S.v. § 8 Abs. 1 S. 1 SGB VII, unter Versicherungsschutz (s. zum Unfallversicherungsschutz im Home-Office und Wegen innerhalb der Privatwohnung aber § 40 Rn. 63ff.).

(3) Dritter Ort

Nur der Ort der Tätigkeit ist im Gesetz als Grenzpunkt des versicherten Weges festgeschrieben. Infolgedessen muss der Hinweg zum bzw. der Rückweg vom Ort der Tätigkeit nach dem Gesetz nicht zwingend vom eigenen Wohnbereich angetreten werden und der Rückweg nicht zwingend dort enden.[477] Den Versicherten steht es damit grds. frei, einen anderen Ort als die eigene Wohnung als Ausgangs- oder Zielpunkt zu nehmen. Dieser Ort wird als **dritter Ort** bezeichnet, da er neben die beiden Ausgangs- oder Zielpunkte häuslicher Bereich und Ort der versicherten Tätigkeit tritt. Auch ein Weg zu einem dritten Ort kann wegen der versicherten Tätigkeit zurückgelegt werden. Hat die versicherte Person aber einmal ihren eigenen Wohnbereich erreicht, steht die Weiterfahrt nicht unter Versicherungsschutz.[478] Das Gesetz enthält hier nur zwei widersprüchliche Leitlinien:[479] Einerseits ist die Wohnung als Start- oder Endpunkt gerade nicht gewählt, was für eine weitere Interpretation spricht, andererseits ist mit der Familienwohnung in § 8 Abs. 2 Nr. 4 SGB VII (sogleich § 40 Rn. 138ff.) ein besonderer dritter Ort hervorgehoben, was für eine engere Interpretation spricht. 131

Beispiele:
Der Versicherte fährt abends nicht in seine Wohnung, sondern übernachtet bei seiner Freundin; die Schülerin fährt nach Unterrichtsende mit zu einem Klassenkameraden zur gemeinsamen Erledigung einer schulischen Gruppenarbeit.

Aber auch bei Wegen vom oder zum dritten Ort ist zur Begründung des Versicherungsschutzes nicht ausreichend, dass der Weg zum Ort der Tätigkeit führt oder von ihm ausgeht. Vielmehr ist hier Voraussetzung, dass ein **innerer Zusammenhang** zwischen dem Zurücklegen des Weges nach oder von dem Ort der Tätigkeit und der Tätigkeit im Unternehmen besteht.[480] Maßgebend ist auch hier die Handlungstendenz: 132

> „(...) der Entscheidung des Versicherten, seinen Weg zum Ort der Tätigkeit an einem bestimmten Tag nicht von der Wohnung, sondern von einem dritten Ort aus anzutreten, kommt nicht die gleiche rechtliche Relevanz zu wie seiner Entscheidung über seinen Wohnsitz. Zwar ist auch diese Entscheidung im Rahmen seiner gem. Art. 2 Abs. 1 GG geschützten allgemeinen Handlungsfreiheit zu respektieren. Das bedeutet jedoch nicht, dass der entsprechende Weg auch stets unter den Schutz der gesetzlichen Unfallversicherung zu stellen ist. Vielmehr ist auch hier entsprechend dem Sinn und Zweck der gesetzlichen Unfallversicherung, den Versicherten gegen von der betrieblichen Tätigkeit ausgehende und geprägte Unfallgefahren zu schützen, gem. § 8 Abs. 2 Nr. 1 SGB VII zur Annahme des Versicherungsschutzes zu verlangen, dass es sich um einen ‚mit der versicherten Tätigkeit zusammenhängenden Weg' handeln muss. Der Weg muss rechtlich wesentlich davon geprägt sein, sich zur Arbeitsstelle zu begeben oder von dieser zurückzukehren, nicht aber davon, einen eigenwirtschaftlichen Besuch am dritten Ort zu beenden oder zu beginnen."[481]

Damit die versicherte Gefahr von der versicherten Person nicht eigenmächtig erhöht werden kann, unterliegt der Versicherungsschutz vom oder zum dritten Ort jedoch gewissen Einschränkungen. 133

477 BSG 18.10.1984, HV-Info 1984, 13; BSG 30.1.2020, B 2 U 20/18 R.
478 BSG 12.5.2009, SozR 4-2700 § 8 Nr. 34.
479 Eichenhofer/v. Koppenfels-Spies/Wenner/Jung/Brose, § 8 Rn. 110.
480 BSG 30.3.1988, SozR 2200 § 550 Nr. 78.
481 BSG 2.5.2001, NZS 2001, 549.

Früher hat das BSG auf ein angemessenes Verhältnis zum üblichen Weg abgestellt[482] und dabei zunächst vor allem die Relation der Entfernungen,[483] später mehr die Umstände des Einzelfalls[484] betrachtet. Mit Entscheidungen vom 30.1.2020 hat das BSG beides „zur Herstellung von Rechtsanwendungssicherheit" verworfen. Entscheidend ist nach der neuen Linie vielmehr, ob der Weg vom dritten Ort zur Arbeitsstätte wesentlich von der **subjektiven Handlungstendenz geprägt ist, den Ort der Tätigkeit aufzusuchen und dies in den realen Gegebenheiten objektiv eine Stütze findet**, d.h. objektivierbar ist.[485] Zur Begründung führt das BSG aus:

> „Die Wegeunfallversicherung setzt in § 8 Abs. 2 Nr. 1 SGB VII lediglich voraus, dass der Weg in einem inneren Zusammenhang mit der versicherten Tätigkeit steht und lässt bei den Hinwegen nach dem Ort der Tätigkeit den jeweiligen Ausgangspunkt des versicherten unmittelbaren Weges ausdrücklich offen. Zudem ist zu berücksichtigen, dass für Wege, die ihren Ausgangs- bzw. Endpunkt im häuslichen Bereich des Versicherten haben, unfallversicherungsrechtlich keine Entfernungsgrenze gilt. [...] Da der Versicherungsschutz für den Bewohner anerkanntermaßen nicht davon abhängt, ob sein häuslicher Bereich eine (wie auch immer geartete) räumliche Entfernung zum Ort der Tätigkeit unterschreitet, kann für den Besucher aus Gleichbehandlungsgründen nichts anderes gelten."[486]

134 Nach diesen Maßgaben ist beispielsweise auch ein Unfall auf dem Weg aus einem 300 km entfernt liegenden Ferienhaus zur Unternehmstätte bei entsprechender subjektiver Handlungstendenz ein Wegeunfall, ohne dass es auf einen wertenden Angemessenheitsvergleich mit der üblichen Wegstrecke, dem Zweck des Aufenthalts, die Beschaffenheit der Wege, das benutzte Verkehrsmittel, den Zeitaufwand, das Unfallrisiko oder weitere Kriterien ankommt.[487]

135 Wird der Weg vom oder zum sog. dritten Ort aufgrund von **besonderen Umständen aus der versicherten Tätigkeit** zurückgelegt, sind diese Wege wegen der wesentlich mitwirkenden Gründe aus dem versicherten Bereich ohnehin ohne Einschränkungen versichert.

Beispiel:[488]
Ein im Krankenhaus angestellter Arzt ist am Wochenende zu Besuch bei Verwandten außerhalb seines Wohnortes. Von dort wird er wegen eines dringenden Falles zum Krankenhaus zurückgerufen. Wesentlicher Grund für den Weg vom dritten Ort ist hier der betriebliche Umstand.

---

136 Die rechtliche Problematik der Wege zu einem dritten Ort besteht im Übrigen vor allem darin, festzustellen, wann Wege zum oder vom dritten Ort überhaupt vorliegen, d.h. sie von **Wegeunterbrechungen** (dazu noch § 40 Rn. 151ff.) abzugrenzen.[489] Während nämlich bei bloßen Unterbrechungen (z.B. kurze Besorgungen auf dem Heimweg) der Versicherungsschutz wieder auflebt, sobald Versicherte sich wieder auf dem gewöhnlichen Weg befinden, endet der versicherte Weg bei einem dritten Zielort mit dessen Erreichen endgültig auch dann, wenn Versicherte später doch noch ihre Wohnung aufsuchen. Das BSG grenzt die Unterbrechung vom dritten Ort anhand der Erheblichkeit der Dauer des Aufenthalts an dem anderen Ort ab, die dazu führen muss, dass dort die versicherte Person von dem Ort der Tätigkeit aus in den privaten Bereich überwechselt.[490] Für die Erheblichkeit des Aufenthalts an dem sog. dritten Ort hat das BSG mit seinem Urteil vom 5.5.1998[491] aus Gründen

482 BSG 2.5.2001, NZS 2001, 549; vgl. BSG 30.3.1988, SozR 2200 § 550 Nr. 78.
483 Vgl. etwa BSG 30.10.1964, BSGE 22, 60.
484 BSG 27.8.1987, BSGE 62, 113.
485 BSG 30.1.2020, NJW 2020, 3339; BSG 30.1.2020, B 2 U 20/18 R.
486 BSG 30.1.2020, NJW 2020, 3339.
487 BSG 10.8.2021, NZS 2022, 778.
488 Nach BSG 23.10.1970, BSGE 32, 38.
489 Vgl. BSG 24.1.1992, NJW 1992, 1982.
490 BSG 24.1.1992, NJW 1992, 1982.
491 BSG 5.5.1998, BSGE 82, 138; BSG 5.7.2016, SozR 4-2700 § 8 Nr. 58; BSG 20.12.2016, SozR 4-2700 § 8 Nr. 60.

der Rechtssicherheit eine **Mindestzeitdauer von zwei Stunden** festgelegt, die allerdings aufgrund der besonderen Umstände des Einzelfalls ausnahmsweise länger oder kürzer sein kann. Unfallversicherungsschutz auf dem Weg von oder zu einem dritten Ort kann damit grds. nur bestehen, wenn der Aufenthalt an dem dritten Ort selbst mindestens zwei Stunden dauerte bzw. dauern soll (verneint daher z.B. für einen 40-minütigen Arztbesuch[492]).

Konsequenz der Annahme eines versicherten Weges vom oder zum dritten Ort ist allerdings, dass Versicherungsschutz nur zwischen dem dritten Ort und der Arbeitsstelle, nicht aber auf dem vorhergehenden oder anschließenden Weg zwischen drittem Ort und Wohnung besteht. **Nur der dritte Ort ist dann Ausgangs- oder Zielpunkt des Weges.** 137

(4) Familienwohnung

Bedingt durch das Arbeitsleben oder sonstige persönliche Umstände liegen der **Arbeitsort** und der **Mittelpunkt der Lebensverhältnisse** der versicherten Person zuweilen **weit auseinander** und verhindern damit eine tägliche Zurücklegung des Weges. Diesem Umstand trägt der Gesetzgeber in § 8 Abs. 2 Nr. 4 SGB VII Rechnung, wonach auch der Weg von und nach der ständigen Familienwohnung unter Versicherungsschutz steht, wenn der Versicherte wegen der Entfernung von dem Ort der Tätigkeit an diesem oder in dessen Nähe eine Unterkunft hat. Auch der Versicherungsschutz nach § 8 Abs. 2 Nr. 4 SGB VII steht unter dem Einfluss von der nach Art. 11 Abs. 1 GG grundrechtlich geschützten freien Entscheidung der Versicherten, ihre Wohnung in geringerer oder größerer Entfernung vom Ort der Tätigkeit zu nehmen. Den Versicherten steht es damit frei, vom Ort der Tätigkeit zunächst die Unterkunft aufzusuchen und von dort den Weg zur Familienwohnung anzutreten und umgekehrt.[493] Die **zeitlichen Grenzen** sind dabei nicht so eng zu ziehen wie bei sonstigen Unterbrechungen.[494] Auch die Anreise am Vortag und die Abreise am Folgetag der Tätigkeit ist anzuerkennen.[495] 138

Familienwohnung ist der Mittelpunkt der Lebensverhältnisse für eine nicht unerhebliche Zeit.[496] Für den im Wege einer wertenden Betrachtungsweise zu ermittelnden Mittelpunkt der Lebensverhältnisse des Versicherten sind insbesondere **psychologische und soziologische Faktoren**, z.B. das Ausmaß der sozialen Kontakte zu anderen Personen, und **objektive Kriterien** (Gestaltung der Wohnverhältnisse wie Größe des Wohnraums, Einrichtung, Anzahl der Wohnungsnutzenden etc., das Alter einer versicherten Person und die Häufigkeit des Aufsuchens der betreffenden Wohnung) in die Wertung mit einzubeziehen.[497] Entgegen dem Wortlaut ist die Existenz einer „Familie" nicht Voraussetzung für das Vorliegen einer Familienwohnung. Das Vorliegen einer Familienwohnung ist bei Alleinstehenden[498] oder beim Zusammenleben in eheähnlicher Lebensgemeinschaft[499] möglich. 139

cc) Mehrere Wege

Der Versicherungsschutz nach § 8 Abs. 2 Nr. 1 bis 4 SGB VII ist weder nach seinem Wortlaut noch nach seinem Sinn und Zweck auf das einmalige Zurücklegen des Weges am Tag beschränkt. Je nach den tatsächlichen Verhältnissen können **auch mehrfache Wege im inneren Zusammenhang mit der versicherten Tätigkeit** stehen. Geradezu selbstverständlich ist dies bei Beschäftigten, die an 140

492 BSG 5.7.2016, SozR 4-2700 § 8 Nr. 58.
493 BSG 27.10.1965, Breith. 1966, 383.
494 BSG 28.7.1983, SozR 2200 § 550 Nr. 58.
495 BSG 28.7.1983, SozR 2200 § 550 Nr. 58.
496 BSG 10.10.2002, SozR 3-2200 § 550 Nr. 22.
497 BSG 10.10.2002, SozR 3-2200 § 550 Nr. 22.
498 BSG 29.11.1963, BSGE 20, 110.
499 BSG 29.6.1966, BSGE 25, 93.

einem Tag zu zwei Schichten in den Betrieb kommen müssen oder sogar an unterschiedlichen Orten erwartet werden:

> „Es bestehen deshalb keine Bedenken, bei einer zweigeteilten Arbeitszeit, wie sie beispielsweise bei Beschäftigten der Verkehrsbetriebe bei geteiltem Dienst oder etwa bei Berufsmusikern, die morgens Dienste während einer Orchesterprobe verrichten und erst zum Abend für eine Konzertaufführung ihren Dienst wieder aufnehmen müssen, je zwei Wege am Tage zur Arbeit hin und von der Arbeit weg als versichert anzusehen. Dasselbe hat auch grundsätzlich zu gelten für Beschäftigte bei Ärzten und Anwälten, in Geschäften und Banken, die ihre Arbeit für zwei bis drei Stunden unterbrechen. Es ist diesen Versicherten nicht zuzumuten, während einer so langen Zeit sich am Arbeitsplatz aufzuhalten. Vielmehr ist es verständlich und üblich, eine so lange Unterbrechung für eine Heimfahrt zu nutzen."[500]

141 Voraussetzung für den Versicherungsschutz auf diesen Wegen ist aber, dass die Wohnung Endpunkt eines selbständigen Weges von der Tätigkeit zur Wohnung ist und nach einiger Zeit Ausgangspunkt eines selbständigen neuen Weges wieder zurück zur versicherten Tätigkeit. Daran fehlt es, wenn jemand die Wohnung nur kurz aufsucht, um aus privaten Gründen etwas abzuholen, und sofort den Rückweg wieder antritt.[501] **Kehrt** die versicherte Person auf dem Weg zum Ort der Tätigkeit **aus Gründen**, die dem **versicherten Tätigkeitsbereich nicht zuzurechnen** sind, **um** und fährt nach Hause zurück, um dort einen vergessenen Gegenstand zu holen, ist sie auf diesem Weg unversichert.[502] Demgegenüber hat das BSG den inneren Zusammenhang bejaht, wenn eine versicherte Person nach begonnener Fahrt zum Ort der Tätigkeit zu seiner Wohnung zurückkehrt und dort einen **für die Arbeit notwendigen Gegenstand**, etwa eine Brille,[503] eine Zahnprothese oder eine vergessene Aktentasche holt.[504]

dd) Wege zur Nahrungsaufnahme

142 Die Zwänge und Gepflogenheiten des Arbeitslebens bringen es seit jeher mit sich, dass vor allem Pausen dazu genutzt werden, außerhalb der Betriebsstätte Mahlzeiten einzunehmen oder sich die notwendigen Speisen und Getränke zu besorgen. Wege zur Nahrungsaufnahme oder zur Besorgung von Lebensmitteln und Getränken unterliegen dem Versicherungsschutz, wenn zum einen der **Weg zur Nahrungsaufnahme** durch die versicherte Tätigkeit außerhalb des häuslichen Bereichs **betriebsbedingt** ist und zum anderen die **Nahrungsaufnahme selbst** zumindest mittelbar **von** einem **betriebsbedingten Handlungsziel wesentlich bestimmt** ist:[505]

> „Essen, Trinken (...) während der Arbeitszeit sind im Gegensatz zu bloßen Vorbereitungshandlungen vor der Arbeit dadurch gekennzeichnet, dass sie regelmäßig wesentlich auch der Arbeitskraft des Versicherten dienen und es ihm dadurch ermöglichen, die jeweils aktuelle betriebliche Tätigkeit fortzusetzen (...). Wege, die rechtlich wesentlich zu diesen Zwecken zurückgelegt werden, sind zusätzlich auch von diesen mittelbar betriebsbezogenen Zwecken geprägt. Wenn beide betriebsbezogenen Merkmale, das letztgenannte notwendige Handlungsziel und die Betriebsbedingtheit des Weges zur Nahrungsaufnahme oder zur Beschaffung von Getränken oder Lebensmitteln zum Verzehr während der Arbeit, vorliegen, steht auch ein solcher Weg im inneren Zusammenhang mit dem Beschäftigungsverhältnis, so dass dem Versicherten der Schutz der gesetzlichen Unfallversicherung gewährleistet ist."[506]

143 Versichert nach § 8 Abs. 2 Nr. 1 SGB VII ist jedoch nur das Zurücklegen des Weges, nicht die Tätigkeit, der der Weg dient. Das Essen und Trinken selbst, der Aufenthalt am Ort der Nahrungsaufnahme

---

500 BSG 14.11.1984, SozR 2200 § 550 Nr. 66.
501 BSG 29.2.1984, SozR 2200 § 550 Nr. 62.
502 BSG 25.7.1977, SozR 2200 § 550 Nr. 24.
503 BSG 25.1.1977, SozR 2200 § 550 Nr. 25.
504 BSG 7.11.2000, NJW 2002, 84.
505 BSG 6.12.1989, NJW 1990, 1064; BSG 31.8.2017, NJW 2018, 1200.
506 BSG 5.8.1993, BB 1993, 2454.; vgl. auch die Formulierung von BSG 5.7.2016, BSGE 122, 1, wiedergegeben in § 38 Rn. 55

sowie der Aufenthalt in dem Geschäft, in dem die benötigten Lebensmittel gekauft werden, sind privater Natur[507] (§ 40 Rn. 54). Der Versicherungsschutz **endet** und **beginnt** mit Durchschreiten der Außentür des Hauses, in dem die Wohnung, Gaststätte oder das Geschäft liegt, bzw. mit Durchschreiten der Außentür des Einkaufszentrums, in dem die Gaststätte bzw. das Geschäft liegt,[508] d.h. mit Verlassen bzw. Wiedererreichen des öffentlichen Verkehrsraumes. Die Möglichkeit, dass Versicherungsschutz – nach § 8 Abs. 1, nicht nach § 8 Abs. 2 Nr. 1 SGB VII – auch für die Einkaufstätigkeit besteht, hat das BSG bislang nur für den Fall eines sog. „Frühstücksholers" bejaht, der im Auftrag des Unternehmers etwa für die ganze Maurerkolonne das Frühstück einkauft und sich aufgrund des Auftrages auf einem Betriebsweg befindet.[509]

All dies ist unabhängig davon, ob die Versicherten alternativ innerhalb des Betriebes essen gehen könnten; eine Verpflichtung oder Obliegenheit zur **Benutzung der Kantine** besteht nicht.[510] Die Möglichkeit der Besorgung oder Essenseinnahme im Betrieb ist für den Versicherungsschutz daher unschädlich. Die Versicherten brauchen auch nicht die nächstgelegene Einkaufs- oder Essensgelegenheit aufzusuchen. Zur Berücksichtigung von Auswahl, Qualität und Preis usw. haben sie im Rahmen vernünftiger zeitlicher Grenzen einen Spielraum.[511] Wege zum Einkauf von Nahrungsmitteln außerhalb der versicherten Tätigkeit stehen nicht unter Versicherungsschutz, selbst wenn die Nahrungsmittel zum Verzehr während der Arbeitszeit bestimmt sind.[512] **144**

Dagegen sind **eigenwirtschaftliche Wege**, z.B. der private Einkauf (falls nicht zur Nahrungsaufnahme) oder der Behördenbesuch, nicht versichert. Auch der Weg zum Arzt oder zur Apotheke gehört grds. zum unversicherten persönlichen Bereich, da er wesentlich der eigenen Gesundheit dient, an deren Erhaltung oder Wiederherstellung der Versicherte vornehmlich ein eigenwirtschaftliches Interesse hat.[513] **145**

ee) Art des Zurücklegens des Weges

Für den Versicherungsschutz nach § 8 Abs. 2 Nr. 1 SGB VII ist die **Art der Zurücklegung** des Weges **grds. unwesentlich**. Dem Versicherten steht insbesondere die Wahl des Verkehrsmittels frei (z.B. zu Fuß, mit dem Rad, mit dem Pkw, mit öffentlichen Verkehrsmitteln), es sei denn, das Verkehrsmittel wird nicht überwiegend in der Absicht genutzt, den Weg zur Arbeit zurückzulegen.[514] Auch bei der Wahl der Route haben Versicherte Spielräume, die individuellen Überlegungen, Vorlieben, Neigungen und Gewohnheiten breiten Raum lassen.[515] Auch die Benutzung eines unzweckmäßigen Verkehrsmittels ist zulässig.[516] Es ist ebenso nicht erforderlich, dass das Verkehrsmittel gewählt wird, das statistisch gesehen die geringere Zahl von Unfällen aufweist.[517] Das BSG hat zutreffend auch das Klettern an der Außenwand des Wohnhauses, um zur Arbeit zu gelangen, als erfasst angesehen. Der innere Zusammenhang wäre hier aber verlassen, soweit ein risikoärmerer Weg zur Verfügung steht, im konkreten Fall ließ sich aber die Tür aufgrund eines abgebrochenen Schlüssels nicht öffnen, sodass dem Beschäftigten nur der Weg über das Fenster blieb, um zu einem beruflichen Termin zu gelangen.[518] **146**

---

507 BSG 24.6.2003, HVBG-Info 2003, 2451.
508 BSG 2.7.1996, NJW 1997, 2261; BSG 24.6.2003, HVBG-Info 2003, 2451.
509 BSG 7.11.2000, NJW 2002, 84; BSG 24.6.2003, HVBG-Info 2003, 2451.
510 BSG 29.4.1980, BSGE 50, 100.
511 BSG 23.6.1977, SozR 2200 § 548 Nr. 33; BSG 11.5.1995, NJW 1995, 2942; BSG 27.4.2010, B 2 U 23/09 R.
512 BSG 29.4.1980, SGb 1980, 550.
513 Vgl. dazu BSG 26.6.2001, NZS 2002, 323.
514 BSG 19.12.2000, NJW 2001, 3652; BSG 31.8.2017, NJW 2018, 1198.
515 BSG 28.6.2022, NJW 2023, 2299.
516 BSG 19.10.1982, NJW 1983, 957.
517 BSG 19.12.2000, NJW 2001, 3652.
518 BSG 31.8.2017, NJW 2018, 1198.

147 Der Versicherungsschutz auf dem Weg nach oder von dem Ort der Tätigkeit wird darüber hinaus nicht deshalb ausgeschlossen, weil Versicherte aufgrund ihrer **Fahrweise** wegen fahrlässiger oder sogar **vorsätzlicher Straßenverkehrsgefährdung** bestraft werden, selbst wenn der Unfall auf dieser Verhaltensweise beruht:[519]

> „[...] verbotswidriges Handeln, zu dem auch ein Verstoß gegen gesetzliche – auch strafrechtlich bewehrte – Verbote gehört [...], schließt nach der ausdrücklichen Bestimmung des **§ 7 Abs. 2 SGB VII** [...] die Annahme eines Versicherungsfalles in Gestalt eines Arbeitsunfalles [...] nicht aus, selbst wenn bei einem nicht rechtswidrigen Handeln der Unfall nicht eingetreten wäre [...]. Der Umstand, dass der Kläger auf dem Weg zur Betriebsstätte in verbotswidriger, strafbarer Weise überholte, führt mithin für sich noch nicht zum Verlust des Unfallversicherungsschutzes auf diesem Teilstück des Weges. Dass der Kläger deswegen rechtskräftig verurteilt wurde, ändert daran insoweit nichts, da § 7 Abs. 2 SGB VII keine Beschränkung auf unbestraftes verbotswidriges Verhalten vorsieht. Auch aus der Regelung in **§ 101 Abs. 2 SGB VII**, nach der in dem Fall, dass der Verletzte den Arbeitsunfall beim Begehen einer Handlung, die nach rechtskräftigem strafgerichtlichem Urteil ein Verbrechen oder vorsätzliches Vergehen ist, erlitten hat, die Leistungen ganz oder teilweise versagt werden können, wird dies deutlich. Denn damit wird vorausgesetzt, dass der Unfallversicherungsschutz bei diesen – qualifiziert strafbaren, auch vorsätzlich begangenen – Handlungen grundsätzlich zuerst einmal bestehen bleibt, der innere Zusammenhang zwischen dem zum Unfall führenden Verhalten und der versicherten Tätigkeit also durch dieses Verhalten nicht von selbst entfällt, sondern vielmehr regelmäßig gegeben sein kann und erst die Entschädigung im Wege des pflichtgemäßen Ermessens des Unfallversicherungsträgers gekürzt oder ganz versagt werden kann. [...] Erforderlich ist für das **Entfallen des inneren Zusammenhangs** aufgrund des Vorliegens einer strafbaren Handlung vielmehr auch bei Vorsatz, dass die Handlungstendenz des Versicherten bei einem solchen Verhalten auf einen betriebsfremden Zweck gerichtet ist. Dass seine Handlungsweise als grob verkehrswidrig und rücksichtslos i. S. des § 315c Abs. 1 Nr. 2b StGB [...] zu qualifizieren ist, kann demnach hierfür nicht ausreichen. Denn der Bezug zum Zurücklegen des Weges, dem betrieblichen Zweck, wird dadurch nicht aufgehoben."[520]

ff) Ergänzende Tätigkeiten

148 § 8 Abs. 2 Nr. 1 SGB VII und die auf diesen bezogenen Nr. 2 bis 4 erklären das Zurücklegen bestimmter Wege zu einer **versicherten Tätigkeit.** Versicherte Tätigkeit ist aber nicht nur die Fortbewegung auf das Ziel, sondern alle Handlungen, die nach der subjektiven Sicht der Versicherten der Zurücklegung des Weges und Zielerreichung dienlich sind und deshalb mit dem Weg in einem inneren Zusammenhang (ausführlich § 40 Rn. 120ff.) stehen. Andernfalls wäre jede Handlung auf einem Weg i.S.d. § 8 Abs. 2 Nr. 1 SGB VII vom Versicherungsschutz umfasst.[521] Auch bei Wegeunfällen kann es sein, dass Versicherte mit der Erledigung der versicherten Angelegenheiten private oder eigenwirtschaftliche Angelegenheiten verknüpfen (vgl. zu gemischten Tätigkeiten und Tätigkeiten mit gemischter Motivationslage oben § 40 Rn. 36ff.). Der Versicherungsschutz bleibt bei der Erledigung privater Besorgungen auf dem Weg dann erhalten, wenn die versicherte Tätigkeit wesentlich für die Zurücklegung des Weges geblieben ist:

> „Dient der Weg nach oder von dem Ort der Tätigkeit sowohl der versicherten Tätigkeit als auch eigenwirtschaftlichen Interessen, so ist – entsprechend den Grundsätzen, die in der Rechtsprechung für Unfälle auf sogenannten gemischten Tätigkeiten [nach der neuen Unterscheidung, dazu § 40 Rn. 36ff., muss man hinzufügen: oder Tätigkeit mit gemischter Motivationslage] dienenden Wegen entwickelt worden sind – für den Versicherungsschutz bedeutsam, ob sich der zurückgelegte Weg eindeutig in **zwei Teile zerlegen lässt**, von denen der eine der versicherten und der andere der nicht versicherten Tätigkeit gedient hat (...). Soweit diese Aufteilung (...) nicht möglich ist, besteht der innere Zusammenhang, wenn der Weg zwar nicht allein, jedoch zumindest auch wesentlich der versicherten Tätigkeit zu dienen bestimmt ist (...). Legt der Versicherte den Weg vom Ort der Tätigkeit zurück, weil er die Arbeit beendet hat, beabsichtigt er jedoch, auf diesem Weg zugleich eine private Besorgung zu erledigen, wegen

519 BSG 19.12.2000, NJW 2001, 3652; BSG 4.6.2002, NJW 2002, 3275; BSG 18.3.2008, BSGE 100, 124.
520 BSG 4.6.2002, NJW 2002, 3275.
521 BSG 17.12.2015, SGb 2016, 705.

der er unabhängig von der vorgesehenen Beendigung der Arbeit denselben Weg hätte zurücklegen müssen, so bleibt dennoch die versicherte Tätigkeit auch wesentlich für die Zurücklegung des Weges (...).“[522]

Versichert sind auch **Wartezeiten**, und zwar unabhängig davon, ob sie regelmäßig vorkommen (Umsteigen auf ein anderes öffentliches Verkehrsmittel) und ob der Versicherte auf sie Einfluss hat oder nicht.[523] Eine zeitliche Begrenzung der Wartezeit ist von der Rechtsprechung nicht vorgenommen worden, selbst mehrstündige Wartezeiten (z.B. bei Verkehrsstörungen oder der Benutzung öffentlicher Verkehrsmittel im ländlichen Raum) heben den inneren Zusammenhang nicht auf.[524] Bedeutung erlangt dieser ununterbrochene Versicherungsschutz insbesondere im Hinblick darauf, dass nicht nur das bloß passive Warten, sondern jedes Verhalten versichert ist, das sinnvoll und angemessen ist, um eine solche Zeit in zumutbarer Weise zu überbrücken.[525] Vor allem im Rahmen der Schülerunfallversicherung, aber mit Einschränkungen auch bei jugendlichen Beschäftigten stehen dabei auch Verhaltensweisen unter Versicherungsschutz, die dem Spiel- und Bewegungstrieb der Versicherten während der Wartezeit zuzurechnen sind (vgl. § 40 Rn. 75).[526] **149**

Vorbereitende Tätigkeiten, d.h. Tätigkeiten, die der Aufnahme der Betriebstätigkeit vorangehen, stehen grds. nicht unter dem Schutz der gesetzlichen Unfallversicherung. Sie sind vielmehr dem persönlichen Lebensbereich der Versicherten zuzurechnen (§ 40 Rn. 30ff.). Dies gilt auch für den Versicherungsschutz nach § 8 Abs. 2 Nr. 1–4 SGB VII.[527] Eine Ausweitung des Versicherungsschutzes auf weitere Vorbereitungshandlungen kommt nach dem BSG „nur dann in Betracht, wenn diese mit der eigentlichen versicherten Tätigkeit oder der kraft Gesetzes versicherten Vorbereitungshandlung so eng verbunden sind, dass sie bei natürlicher Betrachtungsweise eine Einheit bilden“[528] (verneint für ein Aussteigen aus dem PKW zur Prüfung auf Glatteis und Sturz bei Rückkehr zum PKW, um die Fahrt zum Ort der Tätigkeit fortzusetzen).[529] Große praktische Bedeutung haben Verhaltensweisen des Versicherten, die die (Wieder-)Herstellung der Betriebsfähigkeit eines Kfz oder eines anderen von ihm gebrauchten Fahrzeuges betreffen. Im Regelfall ist das Reparieren oder Betanken von Fahrzeugen unversicherte eigenwirtschaftliche Tätigkeit und steht deshalb nicht unter Versicherungsschutz, insbesondere das Betanken ist auch keine nur geringfügige Unterbrechung, die „im Vorbeigehen“ (§ 40 Rn. 157) erledigt werden könnte.[530] In Einzelfällen ist das BSG hier großzügiger gewesen, z.B. bei einem Umweg von 20 km zum Aufsuchen der nächstgelegenen Nachttankstelle, weil der Versicherte erst im Laufe des Tages erfahren hatte, dass er – planwidrig – am nächsten Morgen bereits um 6.00 Uhr erscheinen musste,[531] oder bei der Fahrzeugreparatur während des Heimweges von der Arbeitsstelle, wo das BSG urteilte, dass Maßnahmen zur Behebung einer während eines versicherten Weges auftretenden Störung am benutzten Fahrzeug unter Versicherungsschutz stehen, wenn sie der Fortsetzung des Weges dienen sollen und dies durch objektive Umstände (Länge des Weges, Art, Umfang und Dauer der Maßnahmen) bestätigt wird.[532] **150**

522 BSG 28.6.1991, HV-Info 1991, 1851.
523 Vgl. BSG 17.3.1992, SozR 3-2200 § 550 Nr. 6; vgl. BSG 19.10.1982, NJW 1983, 957.
524 Vgl. BSG 28.6.1988, VersR 1989, 409; BSG 17.3.1992, SozR 3-2200 § 550 Nr. 6.
525 BSG 28.6.1988, VersR 1989, 409.
526 Vgl. BSG 20.5.1976, BSGE 42, 42; BSG 19.10.1982, NJW 1983, 957.
527 BSG 28.9.1999, HVBG-Info 1999, 3383.
528 BSG 23.1.2018, NJW 2018, 2149; vgl. BSG 30.1.2020, B 2 U 9/18 R.
529 BSG 23.1.2018, NJW 2018, 2149.
530 BSG 30.1.2020, B 2 U 9/18 R.
531 BSG 24.1.1995, NJW 1996, 77.
532 BSG 4.9.2007, NZA 2008, 458.

gg) Wegeunterbrechungen, Abwege, Umwege

(1) Unmittelbarer Weg

151 Nach dem Wortlaut des § 8 Abs. 2 Nr. 1 SGB VII steht unter Versicherungsschutz grds. nur der **„unmittelbare“** Weg nach oder vom Ort der Tätigkeit. Das hat mit der Beitragszahlung allein durch die Unternehmer und deren fehlender Präventionsmöglichkeit auch eine teleologische Komponente. Daraus folgt jedoch **nicht**, dass Versicherte ausschließlich auf dem **entfernungsmäßig kürzesten Weg** vom und zum Ort der Tätigkeit geschützt sind.[533] Als unmittelbarer Weg ist auch ein solcher, der länger als der kürzeste Weg ist, anzusehen, wenn der eingeschlagene Weg nach und von dem Ort der Tätigkeit insbesondere **weniger zeitaufwendig, sicherer, übersichtlicher, besser ausgebaut oder kostengünstiger** (bei Wahl eines bestimmten Verkehrsmittels) als der entfernungsmäßig kürzeste Weg ist.[534]

152 Versichert sind Wegstrecken, die wegen einer **irrtümlichen Abweichung** vom Weg zur oder von der Arbeitsstätte zurückgelegt werden, wenn der Irrtum auf äußeren, mit der besonderen Art des Weges verbundenen Gefahren (z. B. Dunkelheit, Sichtbehinderung durch Nebel, schlecht beschilderte Wege etc.) beruht.[535] Dass durch die **Wahl des Verkehrsmittels** eine Verlängerung des Weges eintritt, ja Versicherte u. U. sogar erst einmal in die falsche Richtung müssen (um bspw. zum Hauptbahnhof oder zur nächstgelegenen Autobahnauffahrt zu gelangen), ist unschädlich. Die Grundsätze über Umwege bzw. Abwege (siehe unten § 40 Rn. 154 ff.) sind insoweit nicht anzuwenden.

153 Bei Benutzung von **öffentlichem Straßengelände** (Straße oder Platz) erstreckt sich der **Versicherungsschutz** auf dessen **gesamte Fläche**. Dem liegt die Überlegung zugrunde, dass die gesetzliche Unfallversicherung den Versicherten grds. ein gewisses Maß an räumlicher Bewegungsfreiheit einräumt und es ihnen überlässt, in welchem Bereich des öffentlichen Verkehrsraums, in dem er seinen Weg von oder nach dem Ort der Tätigkeit zurücklegt, sie sich bewegen wollen.[536] Zur freien Wegwahl zählt **bei Fortbewegung zu Fuß** auch die freie Wahl der Straßenseite.[537] Es besteht aber keine „Einengung des Versicherungsschutzes auf öffentliche, beschränkt-öffentliche, private oder sonstige dem Verkehr gewidmete Wege (iS eines ‚Verkehrsnetzes‘ oder einer ‚Verkehrsinfrastruktur‘)“. Entsprechend hat das BSG einen unmittelbaren Weg in einem Fall bejaht, in dem der Versicherte sich nach dem Ausstieg aus einem Fenster auf dem Vordach des Wohngebäudes befand und dort stürzt.[538]

(2) Unterbrechungen und Umwege

154 In tatsächlicher Hinsicht wird der Weg von und nach dem Ort der versicherten Tätigkeit häufig unterbrochen oder es werden Umwege gemacht. In rechtlicher Hinsicht stellt sich die Frage, wann in diesem Fall dennoch Versicherungsschutz besteht. „Unterbrechung“ des Weges meint das **Einschieben eigenwirtschaftlicher**, für die Wegzurücklegung nicht erforderlicher **Handlungen in den unmittelbaren Weg** (z. B. Einkauf in einem auf der Strecke liegenden Supermarkt). „Unterbrechung“ als Oberbegriff meint sowohl zeitliche Unterbrechungen (wenn Versicherte, ohne die Wegstrecke zu verlassen, die Fortbewegung aus privaten Gründen vorübergehend einstellen und sich nicht mehr in Richtung des Grenzpunkts fortbewegen) als auch den räumlichen Umweg im Sinn der Verlängerung des Wegs aus eigenwirtschaftlichen Gründen. Grds. folgt die Feststellung des inneren Zusammenhangs den allgemeinen Regeln (§ 40 Rn. 25 ff.). Damit besteht **kein Versicherungsschutz** (gleich ob man den Sachverhalt als Unterbrechung, Umweg oder sonstwie bezeichnet), wenn es sich bei der zum Unfall führenden Tätigkeit um eine **eigenwirtschaftliche Tätigkeit handelt**, bei der die **Hand-**

533 BSG 11.9.2001, NZS 2002, 161.
534 BSG 11.9.2001, NZS 2002, 161.
535 BSG 27.5.1997, HVBG-Info 1997, 1983; BSG 24.3. 1998, NJW 1998, 3294.
536 BSG 13.12.1984, NZA 1985, 333.
537 BSG 13.12.1984, NZA 1985, 333.
538 BSG 31.8.2017, NJW 2018, 1198.

lungstendenz der Versicherten also nicht mehr auf die versicherte Tätigkeit, nämlich das Zurücklegen des Wegs von und nach dem Ort der Tätigkeit gerichtet ist.[539] Besondere Behandlung haben der dritte Ort (näher § 40 Rn. 131ff.) mit einem eigenwirtschaftlichen Aufenthalt von mindestens zwei Stunden und der kleinere Abweg (näher § 40 Rn. 158ff.) gefunden.

Die Bewertung des inneren Zusammenhangs schwenkt in dem Moment um, in dem die versicherte Person „nach außen hinreichend erkennbar seine **subjektive Handlungstendenz in** ein für Dritte beobachtbares **objektives Handeln umgesetzt** hatte".[540] Dies hat das BSG in jüngerer Zeit angenommen beim Aussteigen aus dem PKW, mit dem der Versicherte zur Arbeit fahren wollte, nachdem er seine Aktentasche hineingestellt hatte, um die Straße auf Glatteis zu prüfen[541] und im vollständigen Abbremsen der Fahrt mit dem PKW, um Erdbeeren an einem Stand auf einem Privatgrundstück zu kaufen.[542] Früher meinte das BSG, der Versicherungsschutz bleibe bei Unterbrechungen erhalten, soweit Versicherte sich im öffentlichen Verkehrsraum des für den Weg zum oder vom Ort der Tätigkeit benutzten Straßenraums aufhielten und entstehe nach einer Unterbrechung auch dann wieder. Das ist 2003 aufgegeben worden.[543] Dem ist zuzustimmen, die Rechtsprechungsänderung entspricht den Schutzzwecken der Unfallversicherung und der allgemeinen Voraussetzungen des inneren Zusammenhangs, bei denen es gerade nicht zentral auf Gegebenheiten des öffentlichen Straßenraums ankommt. 155

Der Versicherungsschutz **lebt wieder auf**, wenn die **eigenwirtschaftliche Tätigkeit beendet** und nach außen erkennbar der **ursprüngliche Weg wieder aufgenommen** wurde. Bei der Nutzung eines KfZ oder Fahrrads liege das Ende der Unterbrechung darin, dass die unterbrochene Fahrt nach außen erkennbar fortgesetzt werde, bei Fortbewegung zu Fuß schon mit dem Erreichen des öffentlichen Verkehrsraums bei Vorliegen einer entsprechenden objektivierten Handlungstendenz.[544] Im Glatteis-Test-Fall war das noch nicht der Fall beim Rückweg zum PKW nach dem Test auf Glatteis[545] und genauso nicht bei dem Sturz nach einer Unterbrechung des Wegs zum Einkaufen nach Verstauen der Einkäufe auf dem Beifahrersitz auf dem Weg zum Fahrersitz.[546] Offengelassen hat das BSG aber bei der Fahrt mit dem PKW den exakten Zeitpunkt, nämlich „ob die das Ende der Unterbrechung und die Wiederbegründung des Versicherungsschutzes markierende Handlung bereits im Einsteigen in das Fahrzeug, im Starten des Motors, im Losfahren oder erst im Einfädeln in den fließenden Verkehr zu sehen ist".[547] In einer anderen Entscheidung, bei der der Versicherte sich nach einer Unterbrechung des Wegs zum Tanken wieder in den Verkehr einfädelte, der Unfall sich aber noch auf der Gegenfahrbahn ereignete, hat das BSG einen Versicherungsfall angenommen.[548] 156

Zeitliche Unterbrechungen des versicherten Wegs und Umwege für private Verrichtungen beseitigen den Versicherungsschutz (wie auch sonst der innere Zusammenhang nicht aufgehoben wird, § 40 Rn. 34ff.) nicht, sofern der „Abstecher" für die privaten Verrichtungen räumlich und zeitlich völlig geringfügig ist. Davon ist auszugehen, wenn der Versicherte gewissermaßen in Bewegung von und zur Arbeitsstätte verbleibe und nur **„nebenher im Vorbeigehen"** privaten Interessen nachgeht[549] (Beispiel: Einwerfen eines Briefs am Bürgersteigrand durch eine Fußgängerin[550], Öffnen der 157

539 Z.B. BSG 31.8.2017, NJW 2018, 1198.
540 BSG 23.1.2018, NJW 2018, 2149; BSG 4.7.2013, NZS 2013, 872.
541 BSG 23.1.2018, NJW 2018, 2149.
542 BSG 31.8.2017, NJW 2018, 1200.
543 BSG 9.12.2003, BSGE 91, 293; seitdem vielfach bestätigt z.B. BSG 31.8.2017, NJW 2018, 1200 m.w.N. Kritisch – z.B. mit Blick auf die rigiden Grenzen der „Außentür" beim Start- und Endpunkt des Wegs von Koppenfels-Spies, NZS 2014, 881ff.
544 BSG 28.6.2022, NJW 2023, 2299.
545 BSG 23.1.2018, NJW 2018, 2149
546 BSG 31.8.2017, NJW 2018, 1200.
547 BSG 31.8.2017, NJW 2018, 1200.
548 BSG 4.7.2013, SGb 2014, 392.
549 BSG 31.8.2017, NJW 2018, 1200.
550 BSG 30.6.1960, SozR Nr. 28 zu § 534 RVO.

Straßenbahntür für einen anderen Passanten[551]; nicht: Erdbeerkauf an Stand auf Privatgrundstück am Wegesrand durch Autofahrer[552], Tanken[553]). In diesem Fall wird bei natürlicher Betrachtungsweise die Unterbrechung noch als Teil des Wegs in seiner Gesamtheit angesehen.[554]

(3) Abweg

158 Ein Abweg liegt vor, wenn Versicherte einen zusätzlichen Weg in die eigentliche Wegstrecke einschieben, wobei die **Zielrichtung zum Ort der Tätigkeit oder zu dem anderen Grenzpunkt nicht eingehalten** wird, sondern von diesem Ziel **weg oder über dieses hinausführt**.[555] Ein **Abweg** ist stets unversichert. Es fehlt an dem inneren Zusammenhang mit der versicherten Tätigkeit. Auf die Länge des Abweges kommt es nicht an, auch wenn der Abweg noch so geringfügig ist.[556] Der Abweg ist – anders als die Unterbrechung im Sinn des Umwegs oder der zeitlichen Unterbrechung – eindeutiger vom direkten Weg abgrenzbar, wenn auch die Übergänge zur Unterbrechung fließend sind. Er bewirkt eine klare Zäsur, da er sich sowohl nach der Zweckbestimmung als auch nach seiner Zielrichtung von dem zunächst eingeschlagenen Weg unterscheidet.[557] Daraus folgt jedoch auch, dass der Abweg **mit dem Einschlagen** der unversicherten Zielrichtung bzw. mit Einschlagen der Überschreitung des Zieles, und zwar schon mit dem **ersten Schritt**, beginnt.[558] Die **Beendigung** des Abweges ist **abhängig von der Handlungstendenz** der versicherten Person. Wenn der eingeschobene Weg oder der über das Ziel hinausgehende Weg **eigenwirtschaftlich geprägt** war, dann endet der Abweg mit **Erreichen des Ausgangspunktes des Abweges**, denn auch der Rückweg zu diesem Punkt ist noch von der Eigenwirtschaftlichkeit geprägt.[559] Hat die versicherte Person hingegen während des Abweges seine **Absicht auf Fortsetzung des Weges nicht aufgegeben**, so kommt es nicht auf das Erreichen des Umkehrpunktes an, sondern der Unfallversicherungsschutz lebt wieder auf, **sobald die versicherte Person den ursprünglichen Weg wieder aufgenommen hat**.[560]

159 Befindet sich der Versicherte irrtümlich auf einem Abweg, ist danach zu unterscheiden, auf welchem Grund der Irrtum beruht. Das BSG hält den inneren Zusammenhang für gegeben, wenn der Abweg auf Gründen beruht, die mit dem Zurücklegen des versicherten Weges zusammenhängen (z.B. Dunkelheit, Nebel, schlechte Ausschilderung, nicht: Ablenkung durch ein Telefonat).[561] Im Zusammenhang mit dem Pflichtversicherungstatbestand des § 2 Abs. 1 Nr. 8 lit. b SGB VII (Schülerunfallversicherung) hat die Rechtsprechung die Bewertungsmaßstäbe **kinderspezifischen Verhaltens** auch zur Beurteilung bei Wegeunfällen herangezogen.

Beispiel:[562]

Der 8-jährige Grundschüler G benutzt auf dem Heimweg von seiner Schule den Schulbus. Er verlässt den Bus jedoch nicht wie üblich an der von der elterlichen Wohnung 250m entfernten Haltestelle „M-Str.", sondern steigt aus Unachtsamkeit erst zwei Haltestellten später an der „B-Str." aus. Grund hierfür ist, dass sich G im Schulbus redend, unkonzentriert und gedankenlos mit anderen Mitschülern austauschte. Auf dem verlängerten Nachhauseweg von der Haltestelle „B-Str." wurde G verletzt.

Der Fall ist grds. nicht als Arbeitsunfall in Gestalt eines Wegeunfalls anzuerkennen, weil der versicherte Heimweg von der Bildungseinrichtung an der Haltestelle „M-Str." endete und die Weiterfahrt in keinem inneren Zusammenhang zur versicherten

---

551 BSG 20.5.1976, SozR 2200 § 539 Nr. 21.
552 BSG 4.7.2013, NZS 2013, 872.
553 BSG 30.1.2020, B 2 U 9/18 R.
554 Z.B. BSG 31.8.2017, NJW 2018, 1200; BSG 4.7.2013, NZS 2013, 872.
555 Vgl. BSG 27.3.1990, NJW 1990, 2580.
556 BSG 19.3.1991, NZA 1991, 825.
557 BSG 19.3.1991, NZA 1991, 825.
558 BSG 2.12.2008, SozR 4-2700 § 8 Nr. 28; BSG 5.7.2016, DAR 2017, 343.
559 BSG 2.7.1996, NZS 1997, 84.
560 BSG 2.7.1996, NZS 1997, 84; BSG 20.12.2016, SozR 4-2700 § 8 Nr. 60; BSG 5.7.2016, SozR 4-2700 § 8 Nr. 58.
561 BSG 20.12.2016, SozR 4-2700 § 8 Nr. 60.
562 Nach BSG 30.10.2007, SGb 2008, 730.

Tätigkeit steht. Es handelt sich um einen nicht versicherten Abweg vom versicherten Weg. Das BSG hat zur Beurteilung der Frage, ob der Rückweg von der Haltestelle „B-Str." dem Versicherungsschutz unterfällt, modifizierte Maßstäbe jenseits der gewöhnlichen Grundsätze zu § 8 Abs. 2 SGB VII angelegt. So führt es aus, dass „sich auf Kinder und Jugendliche im Schulalter diese Grundsätze jedoch nicht uneingeschränkt übertragen [lassen]. Zwar kommt auch in der Schülerunfallversicherung der Handlungstendenz des Verletzten im Unfallzeitpunkt für den sachlichen Zusammenhang mit der versicherten Tätigkeit maßgebliche Bedeutung zu. Das BSG hat aber stets betont, dass in diesem Punkt bei Schülern oder jugendlichen Auszubildenden weniger strenge Maßstäbe anzulegen sind, die der entsprechenden Entwicklung und den durch die Zugehörigkeit zu einem Schul- oder Klassenverband beeinflussten Verhaltensweisen Rechnung tragen. [...] Aktivitäten, die dem natürlichen Spiel- und Nachahmungstrieb entspringen, werden vom Unfallversicherungsschutz erfasst, wenn sie in der jeweiligen Situation den üblichen Verhaltensweisen von Schülern des betreffenden Alters entsprechen. [...] Nach dem Unterricht besteht für Schüler ein natürliches Bedürfnis, sich zu bewegen, das typischerweise auch auf der anschließenden Heimfahrt im Schulbus noch andauert. Mehr oder weniger kontrollierte „Energieentladungen" wie Raufen, Schubsen, auf die Sitze steigen, an den Stangen hangeln sind im Schulbus typische Verhaltensweisen von Schülern insbesondere auf der Heimfahrt nach Schulende. Dabei neigen Schüler dazu, sich von ihrem Verhalten, nach Hause zu gelangen, ablenken zu lassen und an der falschen Bushaltestelle auszusteigen. Dies stellt eine unmittelbare Nachwirkung des Schulbetriebs dar und steht deshalb in einem inneren Zusammenhang mit der versicherten Tätigkeit."

Wohl nicht nur eine großzügige Bewertung im Rahmen der Schülerunfallversicherung wegen der Besonderheiten kinderspezifischen Verhaltens, sondern eine **Ablösung vom Erfordernis einer objektivierten Handlungstendenz** hat das BSG[563] in einer bislang vereinzelt gebliebenen Entscheidung vorgenommen, die auf breite Kritik in der Literatur[564] gestoßen ist: 160

Beispiel:
Ein 16-jähriger Gymnasialschüler war, um Mitschülerinnen und Mitschüler zu beeindrucken, die ihn zuvor von seinem Vorhaben abzubringen versucht hatten, auf der Heimfahrt von der Schule mit einem Zug unter Verwendung eines mitgeführten Vierkantschlüssels auf das Dach der fahrenden Lok geklettert und erlitt einen starken Stromschlag, stürzte infolgedessen brennend vom Dach des fahrenden Zugs und zog sich schwere Verletzungen zu.

Nach den auch schon gelockerten Maßstäben des inneren Zusammenhangs in der Schülerunfallversicherung käme man wohl zum Ergebnis, dass diese Aktion trotz der Gruppendynamik und der Fortbewegung auf dem Heimweg eher dem privaten als dem versicherten Bereich zuzurechnen wäre.

Das BSG[565] meinte hier aber (erstmals), der Zurechnungsgesichtspunkt des sachlichen Zusammenhangs in der Schülerunfallversicherung sei nicht die objektivierte Handlungstendenz, abzustellen sei vielmehr auf den Schutzzweck der Norm, deren Einbettung in die Gesamtrechtsordnung und die Grundprinzipien der Unfallversicherung. Diese rechtliche Prämisse – die einen Anknüpfungspunkt sowohl im geschriebenen Recht als auch den auch schon vor dem SGB VII hergebrachten Rechtsprechungslinien entbehrt – begründet das BSG mit allgemeinen Schutzwürdigkeitsüberlegungen, Schulwege würden auch im Interesse der Allgemeinheit zuurückgelegt, „die ihrerseits mittelbaren Nutzen aus der Erziehung und Bildung nachkommender Generationen" ziehe. Es erscheine daher „aus gesellschaftspolitischer Sicht gerechtfertgit, die Allgemeinheit mit den Kosten für die Entschädigung derartiger Wegeunfälle durch Finanzierung der Unfallversicherungsträger der öffentlichen Hand zu belasten."

Wird die – kaum verschleiert vom Ergebnis her gedachte – Prämisse in dieser Weise gesetzt, war es für das BSG auch unerheblich, dass das Besteigen des Dachs des Zugs nicht mehr auf die versicherte Tätigkeit, das Zurücklegen des Heimwegs, gerichtet war. Nimmt man das BSG hier wirklich ernst, müsste diese neue Linie konsequenterweise dazu führen, dass auf Wegen in der Schülerunfallversicherung letztlich alles mit auch nur entferntem Bezug zum Weg versichert ist: Solange der Schüler hier nicht aus dem Zug aussteigt und die Richtung ändert, müsste also auch versichert sein, wenn er einer Seniorin die Handtasche entreißt oder sich mit dem Schaffner prügelt und sich dabei verletzt.[566]

---

563 BSG 30.3.2023, NZS 2023, 903.
564 Stellv. Römer/Zimmermann, NZS 2024, 127ff.; Schlaeger/Linder, SGb 2023, 667ff.
565 BSG 30.3.2023, NZS 2023, 903.
566 Schlaeger/Linder, SGb 2023, 667 (668).

(4) Fremde Obhut für Kinder (Abs. 2 Nr. 2 lit. a, Abs. 2 Nr. 2a)

161 In den drei Fällen des § 8 Abs. 2 Nr. 2 bis 3 SGB VII hat der Gesetzgeber abweichend von den soeben dargestellten Regeln aus sozialpolitischen Erwägungen auch bestimmte, aus eigenwirtschaftlichen Motiven gewählte, Umwege oder Abwege unter Versicherungsschutz gestellt. § 8 Abs. 2 Nr. 2a SGB VII[567] erfasst darüber hinausgehend auch den Fall, dass es eigentlich gar keinen Weg nach und von dem Ort der Tätigkeit gibt, weil die versicherte Person im **Home-Office** arbeitet.

162 Wegen ihrer beruflichen Tätigkeit sind zahlreiche Versicherte darauf angewiesen, ihre **Kinder fremder Obhut** (z. B. Kindergarten, Tageseltern usw.) **anzuvertrauen**. Oft werden die dafür notwendigen Wege mit dem Weg nach und von dem Ort der Tätigkeit kombiniert. Dies kann dann **Wegabweichungen bedingen**, die grds. unversicherte Umwege oder Abwege wären. Dem trägt der Gesetzgeber mit § 8 Abs. 2 Nr. 2 lit. a SGB VII Rechnung und **erstreckt** den **Versicherungsschutz** unter gewissen Voraussetzungen **auf solche Abweichungen**. Der Versicherungsschutz wird allerdings nur für die versicherte Person (das Elternteil) gewährt. Ob das Kind auf diesem Weg selber auch unter Versicherungsschutz steht, hängt davon ab, ob es sich um einen – unmittelbaren – Weg zur Schule oder den sonstigen in § 2 Abs. 1 Nr. 8 SGB VII genannten Einrichtungen handelt. Der Versicherungsschutz kann **nicht** durch eine **analoge Anwendung** des § 8 Abs. 2 Nr. 2 lit. a SGB VII auch auf das Kind, das sonstwie fremder Obhut anvertraut werden soll oder war, erstreckt werden.[568] Ebenso wenig wird die Beförderung von Obhutspersonen, also Personen, die das Kind beaufsichtigen sollen, erfasst.[569] Nicht erfasst vom Wortlaut ist auch der Fall, dass ein Beschäftigter einen (im Übrigen versicherten) Betriebsweg – und nicht den Weg iSv § 8 Abs. 2 Nr. 1 SGB VII – unterbricht, um sein Kind fremder Obhut anzuvertrauen, das BSG hat eine Analogie wegen des Fehlens einer planwidrigen Lücke abgelehnt.[570]

163 Voraussetzung für die Ausweitung des Versicherungsschutzes ist, dass eine Abweichung von **dem Weg nach oder von dem Ort der Tätigkeit** vorliegt und dass es sich um ein **Kind des Versicherten** (§ 56 SGB I) handelt, das mit der versicherten Person in einem **gemeinsamen Haushalt** lebt und **fremder Obhut** wegen der beruflichen Tätigkeit des Versicherten, seines Ehegatten oder Lebenspartners bedarf. § 8 Abs. 2 Nr. 2 lit. a SGB VII setzt voraus, dass von dem Weg nach oder von dem Ort der Tätigkeit abgewichen werden muss. Versicherungsschutz besteht folglich nicht, wenn eine **versicherte Tätigkeit** an diesem Tag nicht aufgenommen werden soll, z. B. ein Kind an einem freien Arbeitstag in den Kindergarten bzw. zur Tagesmutter gebracht wird.[571]

164 Ob das Kind auf **Obhut**, d. h. Aufsicht, Pflege usw. durch andere **angewiesen** ist, hängt nicht von dem **Alter des Kindes** ab. Es muss grds. der Entscheidungsfreiheit der Eltern überlassen bleiben, ob sie ein Kind allein in der Wohnung lassen oder fremder Obhut anvertrauen wollen.[572] Ein Anvertrauen in fremde Obhut liegt bei älteren Kindern dann nicht mehr vor, wenn sie lediglich an einen anderen Aufenthaltsort verbracht werden und dort keine Aufsicht, Pflege o. Ä. erfolgt. **Fremde Obhut** bedeutet nicht, dass es sich um eine „fremde" Person handeln muss und nicht um Verwandte oder Bekannte.[573] Der **Grund für die Unterbringung** des Kindes kann sowohl in der beruflichen Tätigkeit der Versicherten wie auch ihres Ehegatten liegen.[574] § 8 Abs. 2 Nr. 2 lit. a SGB VII setzt damit nicht voraus, dass der Ehegatte oder Lebenspartner des Versicherten auch berufstätig ist.

165 Der Versicherungsschutz **endet** bzw. **beginnt** wieder mit dem Durchschreiten der **Außenhaustür** des Gebäudes, in dem das Kind fremder Obhut anvertraut wird; **kein Versicherungsschutz**

---

567 Vor der Einführung der Vorschrift zum 18.6.2021 hat das BSG 30.1.2020, BSGE 130, 25 Versicherungsschutz abgelehnt.

568 BSG 5.5.1994, BSGE 74, 159.

569 BSG 28.4.2004, NZS 2005, 216.

570 BSG 12.1.2010, NJW 2011, 105.

571 BSG 20.3.2007, NZS 2008, 154.

572 BSG 5.5.1994, BSGE 74, 159.

573 BSG 26.3.1986, NZA 1986, 765.

574 BSG 26.3.1986, NZA 1986, 765.

besteht demnach für die **Unterbringungshandlung** selbst.[575] Der Versicherungsschutz entfällt ebenso, wenn ein bereits in fremder Obhut befindliches Kind nur besucht und nicht auch abgeholt werden soll.[576]

(5) Fahrgemeinschaften (Abs. 2 Nr. 2 lit. b)

Um u.a. Fahrkosten und Treibstoff einzusparen ist die Bildung von Fahrgemeinschaften zur gemeinsamen Zurücklegung des Weges von und nach dem Ort der Tätigkeit sinnvoll. Im Allgemeinen lassen sich diese Fahrgemeinschaften wegen unterschiedlicher Wohnorte nicht ohne Wegabweichungen ermöglichen. Vor allem aufgrund der damaligen Energiekrise (Ölkrise) hat der Gesetzgeber die Bildung von Fahrgemeinschaften als notwendig angesehen und durch die Bildung bedingte Wegabweichungen 1974 in den Versicherungsschutz einbezogen. Eine Wegabweichung steht nach § 8 Abs. 2 Nr. 2 lit. b SGB VII unter Versicherungsschutz, wenn mit anderen berufstätigen oder versicherten Personen gemeinsam ein Fahrzeug für den Weg nach oder von dem Ort der Tätigkeit benutzt wird. **166**

Voraussetzung für den Versicherungsschutz ist, dass es sich bei den **Mitfahrenden** um **berufstätige** (auch Selbständige und Beamte) oder sonstwie **versicherte Personen** handelt. Nicht erforderlich ist, dass es sich bei den Mitfahrenden um Versicherte handelt, die in demselben Betrieb tätig sind.[577] Der **Umfang** der durch die Fahrgemeinschaft bedingten Abweichung ist ohne Bedeutung. Versicherungsschutz besteht **auch bei erheblichen Wegeverlängerungen** und Arbeitsstätten in **entgegengesetzter Richtung**.[578] Der Unfallversicherungsschutz ist trotz seiner Entstehungsgeschichte nicht von einer im Einzelfall festzustellenden Energieeinsparung von Treibstoff oder Fahrzeugen abhängig.[579] Eine gemeinsame Wegstrecke ist nicht erforderlich. Die Fahrerin oder der Fahrer einer Fahrgemeinschaft verlieren nicht dadurch ihren Unfallversicherungsschutz, dass eine Person zu deren Zielort gebracht wird, um dann zu einer anderen Person zu fahren, um mit dieser eine weitere Fahrgemeinschaft zu bilden. Die Fahrt muss sich aber als Weg von oder nach dem Ort der Tätigkeit darstellen, nicht versichert ist daher etwa jemand, der an seinem arbeitsfreien Tag die anderen zur Arbeit bringt.[580] **167**

(6) Abweichende Wege von Kindern bei fremder Obhut (Abs. 2 Nr. 3)

§ 8 Abs. 2 Nr. 3 SGB VII regelt den Sonderfall des Weges von versicherten Kindern (§ 2 Abs. 1 Nr. 8 lit. a und b SGB VII: Kinder in Tageseinrichtungen, Schülerinnen, Schüler) von einem nach dem Schulbesuch etc. aufgesuchten dritten Ort nach Hause. Ohne diese Sondervorschrift wäre zwar der Weg von der Schule bzw. der Kindertageeinrichtung zu dem Ort, an dem das Kind betreut wird (z.B. zu den Großeltern, die nachmittags auf das Kind aufpassen) als Weg zu einem „dritten Ort" versichert (näher § 40 Rn. 131ff.), nicht aber der abendliche Weg von dem dritten Ort nach Hause. **168**

c) Die Unfallkausalität

Hinsichtlich der Unfallkausalität gelten bei Wegeunfällen im Vergleich zu normalen Arbeitsunfällen keine Besonderheiten. Entscheidend ist, dass der Unfall **rechtlich wesentlich auf der Wegegefahr** beruht. Dies ist grds. für alle Verkehrsgefahren zu bejahen; das BSG hat selbst handgreifliche Auseinandersetzungen mit anderen Verkehrsteilnehmenden wegen deren Fahrverhalten dem Versiche- **169**

---

575 Vgl. BSG 21.12.1977, BSGE 45, 254.
576 BSG 9.12.1976, BSGE 43, 72.
577 BSG 28.7.1982, BSGE 54, 46.
578 BSG 28.7.1982, BSGE 54, 46; BSG 15.6.1983, NJW 1983, 5959.
579 BSG 28.7.1982, BSGE 54, 46.
580 BSG 8.12.1983, NZA 1984, 63.

rungsschutz unterstellt.[581] Der wesentliche Zusammenhang kann jedoch vor allem bei Fahrten unter **Alkoholeinfluss** entfallen.[582] Gleiches gilt für den (gleichzeitigen) Konsum von Cannabis.[583] An der Unfallkausalität kann es ferner fehlen, wenn der Unfall bspw. durch private Streitigkeiten mit der Beifahrerin oder dem Beifahrer verursacht wurde oder die Fahrerin oder der Fahrer durch Handynutzung abgelenkt war.[584]

7. Der Arbeitsgeräteunfall

170 Ebenfalls an den Arbeitsunfall „angehängt" hat der Gesetzgeber in § 8 Abs. 2 Nr. 5 SGB VII den sog. Arbeitsgeräteunfall, der in der Praxis nur eine relativ geringe Bedeutung hat. Der Gesetzgeber trägt durch diese Regelung dem Umstand Rechnung, dass sich auf Arbeitsgeräte bezogene **Handlungen auch außerhalb der eigentlichen unmittelbaren Arbeitstätigkeit im Betriebsbereich**, u.a. im privaten Bereich und außerhalb der Arbeitszeit, abspielen und diese Arbeiten für die Beschäftigung genauso unerlässlich sind wie die eigentliche versicherte Tätigkeit und sonstige mit ihr im wesentlichen Zusammenhang stehende Handlungen.[585] Versichert ist das mit der versicherten Tätigkeit zusammenhängende Verwahren, Befördern, Instandhalten und Erneuern eines Arbeitsgeräts oder einer Schutzausrüstung sowie deren Erstbeschaffung, wenn sie auf Veranlassung des Unternehmers erfolgt. Unerheblich ist, ob es sich um ein Arbeitsgerät handelt, das der Unternehmer oder die versicherte Person selbst stellt. Von § 8 Abs. 2 Nr. 5 SGB VII werden nur solche Unfälle erfasst, die nicht schon im inneren Zusammenhang mit der eigentlichen versicherten Tätigkeit stehen, da insoweit § 8 Abs. 1 SGB VII einschlägig ist.[586] Die genaue Abgrenzung zwischen Abs. 2 Nr. 5 und Abs. 1 S. 1 kann im Einzelfall zweifelhaft sein und ist auch der Rechtsprechung nicht immer ganz deutlich zu entnehmen. Die allgemeinen Grundsätze des inneren Zusammenhangs (§ 40 Rn. 30ff.) finden im Übrigen auch hier Anwendung. Der **Umgang mit dem Arbeitsgerät muss wesentlicher Zweck** und nicht lediglich Nebenzweck einer Verrichtung sein.[587] Versicherungsschutz besteht auch, soweit Versicherte für die Beschaffung usw. einen **Weg** zurücklegen müssen (§ 8 Abs. 2 Nr. 5 i.V.m. Abs. 2 Nr. 1 bis 4 SGB VII).

171 **Arbeitsgerät** kann jeder Gegenstand sein, der zur Verrichtung der versicherten Tätigkeit geeignet ist und benutzt wird. Typische Beispiele für Arbeitsgeräte sind Werkzeuge, aber auch Schreibgeräte, Schutzbrillen, Schlüssel für den Abstellraum, Diensthandy usw. Voraussetzung für die Anerkennung als Arbeitsgerät ist jedoch, dass das Gerät seiner Zweckbestimmung nach **hauptsächlich für die versicherte Tätigkeit benutzt** wird.[588] „Hauptsächlich" bedeutet, dass der Privatgebrauch neben der betrieblichen Nutzung nicht ins Gewicht fällt.[589] Dies hat die Rechtsprechung vor allem am Beispiel von Kraftfahrzeugen dargelegt. Ein **Pkw** kann – vor allem bei versicherten Selbständigen – Arbeitsgerät sein. Allein die Tatsache, dass Versicherte ein Fahrzeug benötigen, um zur Arbeit zu gelangen, macht es aber noch nicht zum Arbeitsgerät. Bei der Feststellung der hauptsächlichen Nutzung eines Fahrzeugs für die betriebliche Tätigkeit zählen nur Betriebsfahrten nach § 8 Abs. 1 S. 1 SGB VII und nicht auch Wege nach Abs. 2 Nr. 1–4, die insoweit der privaten Nutzung zuzuordnen sind.[590]

581 BSG 4.11.1981, SozR 2200 § 550 Nr. 48.
582 Vgl. BSG 13.11.2012, BSGE 112, 177; näher Schur/Spellbrink, SGb 2014, 589.
583 BSG 30.1.2007, BSGE 98, 79.
584 Vgl. LSG Baden-Württemberg 16.8.2019 – L 12 U 2610/18, BeckRS 2019, 40925 – hier war die Handynutzung im Zeitpunkt des Unfalls aber nicht feststellbar (dazu § 38 Rn. 92).
585 Vgl. BSG 31.3.1981, BSGE 51, 257.
586 BSG 31.3.1981, BSGE 51, 257.
587 BSG 11.8.1998, VersR 2000, 76.
588 BSG 11.8.1998, VersR 2000, 76.
589 BSG 4.8.1992, NJW 1993, 86.
590 BSG 30.9.1980, SozR 2200 § 549 Nr. 7.

Beispiel:
Die hauptsächliche betriebliche Nutzung wurde verneint bei jährlich 6000 km privater Nutzung neben 14.000 km dienstlicher Nutzung;[591] dagegen wurde die hauptsächlich betriebliche Nutzung bei 80 % betrieblicher Verwendung bejaht.[592]

Zu den Arbeitsgeräten gehört auch die **Berufskleidung**, wobei hier – wie auch bei allen anderen Arbeitsgeräten – erforderlich ist, dass sie im Wesentlichen nur bei der versicherten Tätigkeit (und ggf. auf dem Weg dorthin) getragen wird und ihre Nutzung für andere Zwecke nicht ins Gewicht fällt.[593] Nicht darunter fällt jedoch die für die Arbeit benutzte Alltagskleidung und auch nicht die übliche Brille, selbst wenn sie (auch) für die Arbeit benötigt wird. Dass die Vorschrift die Schutzausrüstung eigenständig nennt, ist ohne selbständige Bedeutung, denn die Schutzausrüstung für die Arbeit, z.B. die Sicherheitsschuhe, sind ihrer Natur nach Arbeitsgeräte im oben genannten Sinn. 172

Im Bereich der Schülerunfallversicherung hat sich das BSG mehrfach mit dem Kauf von Schulbüchern, Heften und dgl. beschäftigt[594] und den Charakter dieser Gegenstände als Arbeitsgeräte für Schülerinnen und Schüler bejaht. 173

Als versicherte Tätigkeiten nennt § 8 Abs. 2 Nr. 5 SGB VII die Verwahrung, das Befördern, die Instandhaltung und die Erneuerung des Arbeitsgerätes. **Verwahrung** ist die Unterbringung des Arbeitsgeräts oder die Beendigung der Unterbringung des Arbeitsgeräts, gleich an welcher Stelle, gerade auch im unversicherten häuslichen Bereich.[595] Das versehentliche Liegenlassen des Gerätes erfüllt den Begriff der Verwahrung nicht.[596] 174

Beförderung ist das Zurücklegen eines Weges mit dem Ziel, das Gerät aus betrieblichen Gründen wegzubringen oder abzuholen. Eine Beförderung in diesem Sinne liegt nur vor, wenn die Zurücklegung des zu diesem Zweck unternommenen Weges von der Absicht, die Sache zu einem anderen Ort zu schaffen, derart maßgebend beherrscht wird, dass demgegenüber die Fortbewegung der eigenen Person als nebensächlich zurücktritt; kein Versicherungsschutz besteht mithin, wenn das Arbeitsgerät lediglich mitgeführt wird.[597] 175

Unter **Instandhaltung** versteht man alle Handlungen, die die Weiterbenutzung des Gerätes ermöglichen sollen, z.B. das Flicken von Arbeitskleidung[598] oder die Wartung oder das Waschen eines Kfz.[599] 176

Eine **Erneuerung** des Arbeitsgerätes liegt nach der ständigen Rechtsprechung des BSG vor, wenn die versicherte Person bereits ein gleichartiges Arbeitsgerät hatte, dieses durch die Arbeit im Unternehmen abgenutzt oder verbraucht war und die versicherte Person sich als Ersatz dafür ein neues Gerät gleicher Art für seine Arbeit in diesem Unternehmen beschafft.[600] Das neue Arbeitsgerät muss aber unverzüglich nach der Ersatzbeschaffung benötigt werden. Versicherungsschutz besteht daher nicht, wenn das Gerät erst zu wesentlich späterer Zeit benötigt wird (sog. Vorratskauf). Im Gegensatz zur Ersatzbeschaffung, die auch dann versichert ist, wenn die versicherte Person sie selbständig vornimmt, ist die **Erstbeschaffung** nur versichert, wenn sie auf konkrete Veranlassung des Unternehmers erfolgt.[601] 177

591 BSG 30.1.1985, SozR 2200 § 548 Nr. 67.
592 BSG 30.9.1980, SozR 2200 § 549 Nr. 7.
593 BSG 27.7.1989, BSGE 65, 210.
594 Vgl. z.B. BSG 4.8.1992, NJW 1993, 86.
595 BSG 7.11.2000, NJW 2002, 84; BSG 6.5.2003, HVBG-Info 2003, 1948; BSG 12.12.2006, SozR 4-2700 § 8 Nr. 20.
596 BSG 6.5.2003, HVBG-Info 2003, 1948.
597 BSG 7.11.2000, NJW 2002, 84; BSG 6.5.2003, HVBG-Info 2003, 1948.
598 BSG 27.7.1989, BSGE 65, 210.
599 BSG 30.9.1980, SozR 2200 § 549 Nr. 7.
600 BSG 4.8.1992, NJW 1993, 86; BSG 30.9.1980, SozR 2200 § 549 Nr. 7.
601 Vgl. BSG 4.8.1992, NJW 1993, 86.

8. Gesundheitsschaden im Zusammenhang mit der Spende von Blut oder körpereigenen Organen

Literatur: GREINER. Krankengeld und Entgeltfortzahlung bei Organ- oder Gewebespende, NZS 2013, 241 ff.; RICKE, Kausalitätsvermutungen nach § 12a SGB VII zu Gesundheitsschäden nach Unfällen von Lebendspendern: Fassung „Ungenügend", NZS 2013, 171 ff.; NEUMANN, Soziale Absicherung von Organspendern, NJW 2013, 1401 ff.; WITTKE, Arbeitsunfall Nierenlebendspende, NZS 2020, 571 ff.

178 Nach § 12a Abs. 1 S. 1 SGB VII gelten auch Gesundheitsschäden, die infolge einer Blut-, Organ-, Organteil- oder Gewebespende entstanden sind und über die dadurch regelmäßig entstehenden Beeinträchtigungen hinausgehen als Versicherungsfall i. S. v. § 7 Abs. 1 SGB VII. Zweck ist ein umfassender Versicherungsschutz für die uneigennützig handelnden Lebendorganspender, daneben die Abgrenzung der Zuständigkeit von Krankenversicherungen und Unfallversicherungsträgern.[602] Die Regelung steht im Zusammenhang mit § 2 Abs. 1 Nr. 13 lit. b SGB VII (§ 39 Rn. 52). Dort ist die Spende als versicherte Tätigkeit geregelt. § 12a SGB VII hat jedenfalls die Wirkung eines Auffangtatbestands gegenüber dem Versicherungsfall nach § 2 Abs. 1 Nr. 13 lit. b i. V. m. § 8 SGB VII. In Abs. 1 S. 2 enthält er eine nach Maßgabe von S. 3 widerlegbare Vermutungsregel, die den Kausalzusammenhang von Spende und eingetretenem Gesundheitsschaden bei erforderlichen Nachbehandlungen oder Spätschäden, die als Auswirkungen der Spende oder des aus der Spende resultierenden erhöhten Gesundheitsrisikos anzusehen sind, betrifft.

III. Die Berufskrankheit

Literatur: AXER, Verfassungsrechtliche Fragen des Rechts der Berufskrankheiten, SGb 2016, 177 ff.; BECKER, Ursachenzusammenhänge bei der Bezeichnung von Berufskrankheiten, SGb 2006, 449; BECKER, Versicherungsfall: Listen-Berufskrankheit, SGb 2010, 131 ff.; BENZ, Der Versicherungsfall der Berufskrankheit mit Unterlassungszwang, SGb 1996, 526 ff.; BIERESBORN, Berufskrankheiten: Kausalität, Dosismodelle und Konsensempfehlungen, SGb 2016, 310 ff. und 379 ff.; BUTZER/KNAPP, PTBS im Rettungsdienst – „Zeitenwende" im BK-Recht?, SGb 2024, 131 ff.; DAHM, Die Bedeutung von Rückwirkungsklauseln im Berufskrankheitenrecht, SozVers 1996, 230 ff.; FORCHERT, Zum Ursachenzusammenhang bei Berufskrankheiten, VSSR 2017, 1 ff.; FUCHS, Beweisgrundsätze des zivilen Haftungsrechts und ihre Bedeutung für das Berufskrankheitenrecht, SGb 1997, 601 ff.; HOLLO, Das Verfahren zur Anerkennung von Berufskrankheiten, 2018; KRANIG, Zur Kritik am Berufskrankheitenrecht – Meinungen und Fakten, NZS 2022, 161 ff.; MOLKENTIN, Zur Ermächtigung der Bundesregierung zur Einführung neuer Berufskrankheiten, SGb 2014, 659 ff.; MOLKENTIN, Psychische Erkrankungen und Berufskrankheiten, SGb 2019, 200 ff.; MOLKENTIN, Die Anerkennung psychisch vermittelter Berufskrankheiten im ausgewählten europäischen Vergleich, ZESAR 2023, 417 ff.; MUMMENHOFF, Der Einwirkungsbegriff im Berufskrankheitenrecht, NZA 1985, 441 ff.; SPELLBRINK, Burn-out als Berufskrankheit?, WzS 2012, 259 ff.; SPELLBRINK, Das Recht der Berufskrankheiten – Bilanz, Probleme, Perspektiven, SR 2014, 140 ff.

1. Allgemeines

179 Die Berufskrankheit ist, wie § 7 Abs. 1 SGB VII ausdrücklich hervorhebt, neben dem Arbeitsunfall ein weiterer Versicherungsfall der gesetzlichen Unfallversicherung. Erstmals eingeführt wurde sie 1925 (§ 35 Rn. 13).

180 **Grundnorm** des Berufskrankheitenrechts ist § 9 SGB VII. In Abs. 1 werden der Begriff der Berufskrankheit und die Voraussetzungen für die Bezeichnung einer Krankheit als Berufskrankheit definiert. Abs. 2 ist die Rechtsgrundlage für die Anerkennung einer nicht in der Berufskrankheiten-Liste genannten Erkrankung „wie eine Berufskrankheit" im Einzelfall. Weiterhin bildet die Vorschrift die Ermächtigungsgrundlage für die Bundesregierung zum Erlass der Berufskrankheitenverordnung und legt die zulässigen Inhalte dieser Verordnung fest (Abs. 1, 2 und 6). Darüber hinaus enthält § 9 SGB VII u. a. Regelungen über die Beweisführung bei Berufskrankheiten (Abs. 3), die Anwendung von Leistungsvorschriften bei Berufskrankheiten (Abs. 5), die Befugnisse der für den

602 Vgl. BT-Drs. 17/7376, S. 34; BT-Drs. 17/9773, S. 41.

medizinischen Arbeitsschutz zuständigen Stellen der Länder (Abs. 6 Nr. 2) sowie Forschungsaufgaben der Unfallversicherungsträger (Abs. 8).

Die auf § 9 SGB VII beruhende **Berufskrankheiten-Verordnung** (BKV), die zuletzt am 29.6.2021 neu gefasst worden ist,[603] enthält die Bezeichnung der Berufskrankheit (§ 1 i.V.m. der Anlage 1: Berufskrankheiten-Liste), die Bestimmungen über die vorbeugenden Maßnahmen und damit zusammenhängende Leistungen sowie Bestimmungen über die Mitwirkung der für den medizinischen Arbeitsschutz zuständigen Stellen im Widerspruchsverfahren. 181

Der Begriff der Berufskrankheit ist in § 9 Abs. 1 S. 1 SGB VII definiert. Danach sind Berufskrankheiten **Krankheiten von Versicherten, die durch Rechtsverordnung als Berufskrankheit bezeichnet wurden und die diese im Einzelfall infolge einer versicherten Tätigkeit erlitten haben.**[604] Von den Berufskrankheiten i.S.d. § 9 Abs. 1 S. 1 SGB VII sind die Begriffe „arbeitsbedingte Erkrankungen“ und „arbeitsbedingte oder berufsbedingte Gesundheitsgefahren“ zu unterscheiden. Gem. § 14 SGB VII erstreckt sich der Präventionsauftrag der Unfallversicherungsträger nicht nur auf Arbeitsunfälle und Berufskrankheiten, sondern auch auf arbeitsbedingte Gesundheitsgefahren. Der Begriff der „arbeitsbedingten Erkrankung“ wird u.a. im Arbeitssicherheitsgesetz verwendet. Bei den beiden Begriffen geht es um Erkrankungen bzw. Gesundheitsgefahren, die durch Arbeitsplatzbedingungen beeinflusst werden können. Allerdings sind hier die strengeren Voraussetzungen, die für das Vorliegen einer Berufskrankheit verlangt werden, nicht maßgeblich. Konkrete Leistungsansprüche sind daran aber nicht geknüpft; für das Leistungswesen der gesetzlichen Unfallversicherung sind beide Begriffe daher ohne rechtliche Bedeutung. 182

Die **rechtliche Problematik der Berufskrankheit** liegt an anderer Stelle: Ein Unfall ist ein einmaliges, äußerlich im Allgemeinen leicht erkennbares Geschehen und nach seinen tatsächlichen Ursachen regelmäßig klar einzuordnen, mag auch seine rechtliche Zuordnung im Sinne der Theorie von der wesentlichen Bedingung im Einzelfall schwierig sein. Demgegenüber sind Schäden, die auf zeitlich gestreckten Einwirkungen auf den Körper beruhen, weit weniger einfach zuzuordnen. Zum einen ist durch die nicht nur lange **Expositionszeit** (= Dauer der schädigenden Einwirkung), sondern vor allem durch die sehr unterschiedliche und teilweise mehrere Jahre dauernde **Latenzzeit** (= Zeitraum zwischen schädigender Einwirkung und Auftreten einer dadurch verursachten Erkrankung) die Möglichkeit einer klaren Zuordnung durch Beobachtung des Geschehens erheblich eingeschränkt. Zum anderen unterliegt jeder Mensch im Leben unterschiedlich krankmachenden Einflüssen aufgrund seiner Anlage, Lebensweise usw., unabhängig von seiner beruflichen Tätigkeit. Letztere kann auf dieses Geschehen (mit-)ursächlich einwirken, sie kann den Schaden allein verursacht haben, aber auch medizinisch relativ bedeutungslos sein. 183

Kriterien zur Abgrenzung beruflich bedingter Faktoren von anderen kann die medizinische Wissenschaft jedoch weithin nicht ausreichend zur Verfügung stellen. Deswegen wäre den Versicherten zumindest **der Nachweis des ursächlichen Zusammenhangs** zwischen der versicherten Tätigkeit und der Erkrankung regelmäßig praktisch unmöglich, wenn nicht der Verordnungsgeber in der Berufskrankheiten-Verordnung (BKV) eine Reihe von Erkrankungen anerkannt hätte, bei denen der Kausalzusammenhang (ggf. unter bestimmten zusätzlichen Voraussetzungen) vermutet wird. Eine rechtsverbindliche Liste der Krankheiten, bei denen im Einzelfall eine Anerkennung als Berufskrankheit in Frage kommt (Enumerations- oder Listensystem) ist daher sowohl im Interesse der Rechtssicherheit als auch aus Praktikabilitätsgründen vorteilhaft.[605] Die Bezeichnung einer bestimmten Krankheit als Berufskrankheit bedeutet aber lediglich, dass sie **generell geeignet** ist, eine Berufskrankheit zu sein. Dies entbindet die Versicherten nicht, im Einzelfall den rechtlich wesentlichen Zusammenhang zwischen versicherter Tätigkeit und der Erkrankung darzutun, allerdings wird der Beweis oft durch die Regeln des Anscheinsbeweises erleichtert (§ 40 Rn. 209ff.). 184

603 BGBl. I S. 2245.
604 Vgl. exemplarisch BSG 30.3.2017, NZS 2017, 899.
605 Vgl. BVerfG 6.12.1977, SozR 2200 § 551 Nr. 11.

2. Anerkannte Berufskrankheiten

185 Die Prüfung des Vorliegens des Versicherungsfalls Berufskrankheit lässt sich bei anerkannten Berufskrankheiten wie folgt strukturieren:[606]

1. Feststellung einer **Listen-Berufskrankheit**, die in der BKV aufgeführt ist.
2. Verrichtung einer **grds. versicherten Tätigkeit** im Sinn von §§ 2, 3, 6 SGB VII
3. Die Verrichtung hat zu **Einwirkungen** von Belastungen, Schadstoffen o.Ä. auf den Körper geführt (**Einwirkungskausalität** als Pendant zur Unfallkausalität)
4. Diese Einwirkungen haben eine **Krankheit** verursacht (haftungsbegründende Kausalität); notwendig ist dafür nicht, dass in diesem Zeitpunkt noch die Versicherteneigenschaft besteht.

186 Die Frage, ob die Erkrankung die den Leistungsfall auslösenden Folgen nach sich gezogen hat (**haftungsausfüllende Kausalität**) ist auch hier Frage der Rechtsfolge und nicht des Tatbestands.[607] Die maßgeblichen Kausalitätsbeziehungen sind auch hier nach der **Theorie der wesentlichen Ursache zu bewerten** (§ 40 Rn. 89ff.).

187 Der Krankheitsbegriff ist im SGB VII nicht definiert. Nach dem BSG genügt nicht jede Regelwidrigkeit, sondern die **Regelwidrigkeit** muss sich in der **Beeinträchtigung der Körperfunktion äußern** (abgelehnt daher für einen forstwirtschaftlichen Unternehmer, bei dem lediglich Antikörper, nicht aber der Ausbruch einer Lyme-Borreliose aufgrund eines Zeckenbisses festzustellen waren).[608] Dies begründet das BSG mit der Systematik des Berufskrankheitenrechts, das in sich abschwächender Folge die Berufskrankheit, die individuelle drohende Berufskrankheit nach § 3 BKV und die generelle Gesundheitsgefährdung am Arbeitsplatz kennt. Hat sich die Berufskrankheit noch nicht in einer Beeinträchtigung der Körperfunktion materialisiert, können nur Maßnahmen gegen individuell drohende Berufskrankheiten nach § 3 BKV verlangt werden.

188 Nach § 9 Abs. 1 S. 2 SGB VII ist die Bundesregierung ermächtigt, durch Rechtsverordnung solche Krankheiten als Berufskrankheiten zu bezeichnen, die nach den Erkenntnissen der medizinischen Wissenschaft durch besondere Einwirkungen verursacht sind, denen bestimmte Personengruppen durch ihre versicherte Tätigkeit in erheblich größerem Maß ausgesetzt sind als die übrige Bevölkerung. Die Berufskrankheiten-Verordnung (BKV) enthält sechs Gruppen von Berufskrankheiten. Auffällig ist dabei das Fehlen psychischer Erkrankungen:

Gruppe	Krankheiten
1000	Durch chemische Einwirkungen verursachte Krankheiten
2000	Durch physikalische Einwirkungen verursachte Krankheiten
3000	Durch Infektionserreger oder Parasiten verursachte Krankheiten sowie Tropenkrankheiten
4000	Erkrankungen der Atemwege und der Lungen, des Rippenfells und des Bauchfells und der Eierstöcke
5000	Hautkrankheiten
6000	Krankheiten sonstiger Ursache

3. (Noch) nicht anerkannte Berufskrankheiten

189 § 9 Abs. 2 SGB VII berechtigt und verpflichtet die Unfallversicherungsträger, eine Krankheit, die nicht in der BKV bezeichnet ist oder bei der die dort bestimmten Voraussetzungen nicht vorliegen, **wie**

606 Vgl. z.B. BSG 30.3.2017, NZS 2017, 899; BSG 27.6.2017, SGb 2018, 500; Becker, SGb 2010, 131.

607 Vgl. BSG 27.6.2017, SGb 2018, 500.

608 BSG 27.6.2017, SGb 2018, 500; BSG 30.3.2023, NZS 2024, 184. Vgl. auch BSG 18.11.1997, BB 1998, 327: Bei HIV-Infektion vor Ausbruch der AIDS-Erkrankung bejaht, weil schon dadurch das Immunsystem erheblich geschwächt ist.

eine Berufskrankheit („Wie-Berufskrankheit") als Versicherungsfall anzuerkennen, sofern im Zeitpunkt der Entscheidung nach **neuen Erkenntnissen der medizinischen Wissenschaft** die Voraussetzungen für die Aufnahme in die BKV erfüllt sind. Zweck dieser Regelung ist es, den Verzug des Verordnungsgebers gegenüber neuen medizinischen Erkenntnissen nicht zum Nachteil des Versicherten gereichen zu lassen.[609] Die Bedeutung der Vorschrift wächst dementsprechend, je länger der Erlass der letzten BKV oder ihre letzte Aktualisierung zurückliegt.

Die Vorschrift stellt **keine individuelle Härteklausel** dar, nach der eine bestimmte Krankheit deshalb zu entschädigen wäre, weil die Nichtentschädigung für die Betroffenen eine besondere Härte darstellen würde.[610] Sie will nicht erreichen, dass jede Krankheit, deren ursächlicher Zusammenhang mit der Berufstätigkeit im Einzelfall wahrscheinlich oder sogar nachgewiesen ist, wie eine Berufskrankheit entschädigt wird; vielmehr handelt es sich um einen Kompromiss zwischen dem durch die BKV praktizierten Listensystem und einer Generalklausel.[611] Anspruchsvoraussetzung ist vor allem, dass nicht nur die konkrete versicherte Person, sondern die gesamte Personengruppe, zu der sie sich rechnet, in erheblich höherem Maße als die übrige Bevölkerung den schädlichen Einflüssen ausgesetzt ist[612] und die Erkenntnisse über die Schädlichkeit oder den Kausalzusammenhang mit der Erkrankung neu in Relation zur letzten Aktualisierung der BKV sind. 190

a) Voraussetzungen

Die Anerkennung einer Krankheit, die nicht in die BKV aufgenommen ist (bzw. dort an weitere Voraussetzungen geknüpft ist, die im Einzelfall nicht vorliegen), als eine Berufskrankheit setzt nach § 9 Abs. 2 SGB VII voraus: 191

„1. Es muss eine bestimmte Personengruppe bei ihrer Arbeit in erheblich höherem Maße als die übrige Bevölkerung bestimmten Einwirkungen ausgesetzt sein;
2. diese Einwirkungen müssen nach den Erkenntnissen der medizinischen Wissenschaft geeignet sein, Krankheiten solcher Art zu verursachen;
3. diese medizinischen Erkenntnisse müssen bei der letzten Ergänzung der Anlage 1 zur Berufskrankheiten-Verordnung noch nicht in ausreichendem Maße vorgelegen haben oder ungeprüft geblieben sein;
4. der ursächliche Zusammenhang der Krankheit mit der gefährdenden Arbeit muss im konkreten Fall hinreichend wahrscheinlich sein."[613]

Versicherte müssen also nicht nur dartun, dass sie von der Krankheit berufsbedingt betroffen ist, sondern auch, dass eine ganze Personengruppe gefährdenden Einwirkungen ausgesetzt ist. Schwierigkeiten bereitet dies nicht nur bei seltenen Berufen,[614] sondern oftmals auch deshalb, weil es sich bei Versicherten, die Ansprüche nach § 9 Abs. 2 SGB VII erheben, nicht selten um den „ersten Fall" nach Bekanntwerden der neuen Erkenntnisse handelt. 192

609 Vgl. BSG 4.8.1981, SGb 1982, 399.
610 Vgl. BT-Drs. 13/2204, S. 77 f.; BSG 18.6.2013, SGb 2014, 328; Axer, SGb 2016, 177.
611 BSG 30.6.1993, BSGE 72, 303.
612 Von LSG Bayern 12.5.2021 – L 3 U 11/20 beispielsweise abgelehnt für psychische Erkrankungen nach jahrelangem Mobbing.
613 Vgl. BSG 4.8.1981, SGb 1982, 399; vgl. BSG 20.7.2010, UV-Recht Aktuell 2010, 1297.
614 So im Fall BSG 29.10.1981, BSGE 52, 272 (Hammerschmied).

Beispiel[615]**:**
Der Kläger war als Rettungssanitäter mit zwei Amokläufen und dem Suizid von zwei miteinander befreundeten Mädchen konfrontiert worden und begehrte die Anerkennung seiner posttraumatischen Belastungsstörung (PTBS) als Wie-Berufskrankheit. Das BSG bejahte deren Vorliegen aufgrund des erhöhten Einwirkungsgrads traumatischer Erlebnisse bei Rettungssanitäterinnen und Rettungssanitätern und entsprechend medizinisch-wissenschaftlichen Erkenntnissen.

193 Besonders auch über die Frage, ob geeignete und zugleich neue, d. h. erst nach Erlass der letzten BKV bekannt gewordene, medizinische Erkenntnisse vorliegen, die zur Aufnahme der Krankheit in die BKV-Liste führen müssten, herrscht in der Praxis vielfach Streit. Dabei geht es zum einen um die Frage, ob bestimmte, in medizinischen Fachzeitschriften und dergleichen vertretene Thesen oder Untersuchungsergebnisse einzelner Medizinerinnen und Mediziner bereits „Erkenntnisse" sind, zum anderen darum, ob diese Erkenntnisse „neu" sind, d. h. dem Verordnungsgeber bei Erlass der letzten BKV noch nicht bekannt waren. Eine Anerkennung nach § 9 Abs. 2 SGB VII scheidet nämlich aus, wenn die medizinischen Erkenntnisse, auf die die versicherte Person sich stützt, dem Verordnungsgeber bereits bekannt waren, er aber dennoch von der Aufnahme der Krankheit in die BKV-Liste abgesehen hat. Dann nämlich läge in der Anerkennung der Krankheit als Berufskrankheit durch die Unfallversicherungsträger oder die Gerichte letztlich ein Verstoß gegen den Grundsatz der Gewaltenteilung.[616]

b) Rechtsfolgen

194 Nach § 9 Abs. 2 SGB VII ist der Unfallversicherungsträger verpflichtet, die Erkrankung „wie eine Berufskrankheit" als Versicherungsfall anzuerkennen. Die Entscheidung über eine Anerkennung „wie eine Berufskrankheit" im **Einzelfall** bindet nur den jeweiligen Versicherungsträger im Verhältnis zu der betroffenen einzelnen versicherten Person,[617] enthält also keine normähnliche Wirkung. Das bedeutet, dass von einem Unfallversicherungsträger nicht generell ein bestimmtes Krankheitsbild als „Quasi-Berufskrankheit" für alle künftigen Fälle anerkannt werden kann. Es können zwar beliebig viele Einzelfälle „wie eine Berufskrankheit" anerkannt werden, eine **generelle Entscheidung** ist aber dem **Verordnungsgeber** vorbehalten. Damit sich neue wissenschaftliche Erkenntnisse i. S. v. Abs. 2 bilden können, enthält Abs. 8 eine **Aufforderung** an die Unfallversicherungsträger zu eigenen **Forschungsaktivitäten** oder zur Beteiligung an geeigneten Forschungsvorhaben Dritter.

IV. Beweisanforderungen

195 **Literatur:** Battenstein, Kausalität und Beweisgrad der „hinreichenden Wahrscheinlichkeit" in der sozialen Unfall- und Berufskrankheitenversicherung, SGb 1983, 135 ff.; Becker, Zur Unfallkausalität, SGb 2012, 691 ff.; Benz, Beweiserleichterungen im Berufskrankheitenrecht, SGb 1998, 353 ff.; Bonvie, Die objektive Beweislast – eine Last für den Versicherten?, BG 1988, 459 ff.; Breuer, Berufskrankheiten ohne Kausalitätsbeweis?, NZS 1995, 146 ff.; Fuchs, Beweisgrundsätze des zivilen Haftungsrechts und ihre Bedeutung für das Berufskrankheitenrecht, SGb 1997, 601 ff.; Molkentin, Beweisfragen bei Unfällen mit möglicher innerer Ursache, namentlich bei Grand Mal-Anfall, SGb 2018, 396 ff.; Ockenga, Sachverhaltsermittlung und Beweisprobleme im Recht der gesetzlichen Unfallversicherung, NZS 1993, 57 ff.; Plagemann, Zur Beweislastverteilung in der gesetzlichen Unfallversicherung, VersR 1997, 9 ff.; Platz, Beweis und rechtliche Wertung, BG 1993, 735 ff.; Verron, Genereller und individueller Ursachenzusammenhang im Berufskrankheitenrecht, SGb 1992, 585 ff.

615 Nach BSG 22.6.2023 – B 2 U 11/20 R.
616 Vgl. zu diesen, teilweise auch im Hinblick auf die Sachverhaltsfeststellung (arbeitstechnische und medizinische Voraussetzungen der Anerkennung) schwierigen Fragen näher BSG 23.6.1977, BSGE 44, 90; BSG 29.10.1981, BSGE 52, 272; BSG 30.1.1986, BSGE 59, 295; BSG 14.11.1996, BSGE 79, 250.
617 Vgl. BSG 25.7.2001, BSGE 88, 226.

Von nicht unerheblicher praktischer Bedeutung im Zusammenhang mit der Durchsetzung von Ansprüchen aus der gesetzlichen Unfallversicherung sind die Regeln über die Beweisanforderungen und die Beweislast. Die Darstellungen insbesondere zum „inneren Zusammenhang" (§ 40 Rn. 25ff.), zur Unfallkausalität (§ 40 Rn. 85ff.) und zur haftungsbegründenden Kausalität (§ 40 Rn. 20ff.) haben deutlich gemacht, dass im Einzelfall schwierige Abgrenzungsfragen auftreten können, die schon beim Arbeitsunfall, mehr aber noch beim Wegeunfall und bei der Berufskrankheit, eine genaue Feststellung des jeweiligen Sachverhalts erfordern. 196

1. Amtsermittlungsgrundsatz und objektive Beweislast

Das sozialrechtliche Verwaltungs- und Gerichtsverfahren kennt – ebenso wie das Verfahren vor den allgemeinen Verwaltungsgerichten, aber anders als der Zivilprozess – **keine Darlegungs- und Beweisführungslast.** Sowohl die Unfallversicherungsträger als auch im Streitfall die Gerichte der Sozialgerichtsbarkeit haben den **gesamten Sachverhalt von Amts wegen zu ermitteln** (§ 20 Abs. 1 SGB X; § 103 SGG), wobei § 20 Abs. 2 SGB X ausdrücklich hervorhebt, dass dies (natürlich) auch für die dem Beteiligten günstigen Umstände gilt. 197

Diese Amtsermittlungspflicht hindert (ebenso selbstverständlich) nicht, dass es den Beteiligten unbenommen ist, unabhängig von den Ermittlungen des Unfallversicherungsträgers und des Gerichts selbst ihnen günstige Tatsachen vorzutragen und damit nach Kräften zur Aufklärung des seinen Anspruch begründenden Sachverhalts beizutragen. Ob der Unfallversicherungsträger die versicherte Person vor Erlass eines Bescheides (z. B. über die Anerkennung oder Ablehnung einer Verletztenrente) gem. § 24 Abs. 1 SGB X **anhören** muss, hängt davon ab, ob der beabsichtigte Bescheid in die Rechte der verletzten Person eingreift. Dies kann sicher verneint werden, wenn dem Antrag der versicherten Person oder ihrer Hinterbliebenen in vollem Umfang stattgegeben wird. Zweifelhaft ist die Rechtslage dagegen, wenn die beantragte Rente abgelehnt oder dem Verletzten nur eine geringere MdE bescheinigt werden soll, als dieser begehrt. Das BSG verneint in derartigen Fällen eine Anhörungspflicht: 198

> „Ein dem Kläger eingeräumter Rechtskreis, der (...) durch einen Eingriff hätte verletzt werden können, liegt daher nicht vor. Einen solchen Eingriff verlangt aber § 24 Abs. 1 SGB X gerade für die Anhörungspflicht. Dieser erfolgt noch nicht, wenn die Verwaltung einem Begehren nicht stattgibt, also eine ablehnende Verwaltungsentscheidung über ein noch nicht eingeräumtes Recht trifft. Insoweit hat der Gesetzgeber bewusst von einer Anhörungspflicht abgesehen. Er ist, wie aus der Gesetzesbegründung zu § 34 SGB I hervorgeht, davon ausgegangen, dass der Betroffene in der Regel Gelegenheit zur Stellungnahme hat und die Mitteilung der beabsichtigten Ablehnung die Tätigkeit der Verwaltung erheblich erschweren würde, zumal da der Betroffene eine erneute Stellungnahme im Widerspruchs- oder Rechtsmittelzug abgeben könne."[618]

2. Objektive Beweislast

Auch wenn auf diese Weise die verletzte Person oder ihre Hinterbliebenen jedenfalls in weitem Umfang die Möglichkeit haben, die Sachverhaltsfeststellungen durch eigene Mitteilungen oder Beweisanregungen zu unterstützen, bleibt die Frage, wie zu entscheiden ist, wenn sich **der Sachverhalt** auch nach Ausschöpfung aller erreichbaren Beweismittel **nicht aufklären lässt.** Obwohl § 2 Abs. 2 SGB I mit seiner Tendenz, die sozialen Rechte soweit als möglich zu verwirklichen, dafür sprechen könnte, im Sozialversicherungsrecht in diesen Fällen einen dem strafrechtlichen „in-dubio-pro-reo"-Grundsatz vergleichbaren Rechtssatz anzuwenden, entspricht es seit jeher ganz herrschender Auffassung, dass letztlich die allgemeinen, aus dem Zivilrecht bekannten Regeln über die **objektive Beweislast** gelten: Macht eine versicherte Person einen Leistungsanspruch geltend, so trägt sie die Beweislast für das Vorliegen aller anspruchsbegründenden Tatsachen der einschlägigen Rechtsnorm, der Unfallversicherungsträger für die anspruchshindernden und anspruchsvernichtenden.[619] 199

---

618 BSG 29.11.1990, BSGE 68, 42.

619 BSG 27.6.1991, SozR 3-2200 § 548 Nr. 11; BSG 17.12.2015, SGb 2016, 705; BSG 20.12.2016, SozR 4-2700 § 8 Nr. 60.

a) Beweislast für alle anspruchsbegründenden Tatsachen

200 Die versicherte Person trägt also die Beweislast für alle anspruchsbegründenden Tatsachen. Dazu gehört beim Arbeits- oder Wegeunfall gem. § 8 Abs. 1 SGB VII, dass

- Anspruchstellerin oder Anspruchsteller im maßgeblichen Zeitpunkt **versicherte Person** in der gesetzlichen Unfallversicherung war;
- sich ein **Unfall** ereignet hat (mit Gesundheitsschaden oder Tod und Zusammenhang zwischen Unfallereignis und dieser Unfallfolge);
- das unfallbringende Ereignis mit der den Versicherungsschutz begründenden Tätigkeit in einem **„inneren Zusammenhang“** steht und
- ein **rechtlich wesentlicher Zusammenhang** zwischen dem Unfall und der versicherten Tätigkeit besteht (Unfallkausalität).

Beispiel:
Die Unfallkausalität als rechtlich wesentlicher Zusammenhang zwischen Unfall und versicherter Tätigkeit kann fehlen, wenn die versicherte Person erheblich alkoholisiert gewesen ist (§ 40 Rn. 95f.). Da die Unfallkausalität zu den Anspruchsvoraussetzungen gehört, treffen verbleibende Zweifel über die möglicherweise alleinige wesentliche Ursächlichkeit der Trunkenheit nicht den Unfallversicherungsträger, sondern die versicherte Person.

---

201 Obwohl über diese Grundaussage Einigkeit besteht, verfolgt das BSG in Einzelfällen auch eine andere Linie, ohne dass dies immer konsequent wäre, dazu folgendes

---

Beispiel:[620]
Es konnte nicht geklärt werden, ob der Versicherte den Heimweg für mehr als zwei Stunden unterbrochen hat (so dass der Ort der Unterbrechung als „dritter Ort“ anzusehen und der von dort fortgesetzte Heimweg nicht mehr versichert wäre, dazu § 40 Rn. 131ff.) oder nicht. Das BSG stellte sich auf den Standpunkt, dass hier nicht der innere Zusammenhang zwischen der versicherten Tätigkeit und der Heimfahrt als anspruchsbegründende Tatsache, sondern **die Dauer der Unterbrechung als anspruchshindernde Tatsache** in Streit stehe und daher die objektive Beweislast beim Versicherungsträger liege:

„Die Beendigung des Versicherungsschutzes sowohl durch eine die Heimfahrt von der Arbeit beendende Verrichtung, als auch durch einen zwei Stunden überschreitenden Zeitablauf gehörte zu der privatwirtschaftlichen Kausalkette, die den Versicherungsanspruch ausschließt. Kann sie nicht als erwiesen festgestellt werden, so kann auch die Rechtsfolge daraus nicht eintreten. Insoweit verbleibt die objektive Beweislast beim Versicherungsträger, der von der Entschädigungspflicht nur bei nachgewiesener Lösung des rechtlichen Zusammenhangs durch die Art der Verrichtung oder durch die Dauer der Unterbrechung des Heimwegs (mehr als zwei Stunden) leistungsfrei wird.“

---

202 Ob zwischen dem unfallbringenden Geschehen und der versicherten Tätigkeit ein innerer Zusammenhang besteht, ist keine Frage der Kausalität, sondern der rechtlichen Bewertung (§ 40 Rn. 27). Diese ist als solche dem Beweis naturgemäß nicht zugänglich. Beweisbar sind jedoch die für **die Bewertung maßgeblichen Tatsachen**; diese müssen festgestellt werden, so dass erforderlichenfalls Beweis über sie zu erheben ist.[621]

203 Auch für die Tatsachen, die dem Beweis der haftungsbegründenden und der haftungsausfüllenden Kausalität dienen sollen, tragen die versicherte Person bzw. ihre Hinterbliebenen die volle Beweislast. Hier hat die Rechtsprechung seit jeher **geringere Anforderungen** an den Nachweis der Kausalität als solcher gestellt, weil der ursächliche Zusammenhang „zu den Tatsachen gehört, für die ein strenger Beweis kaum zu führen sein wird“, erforderlich ist hier lediglich eine sog. **hinreichende Wahrscheinlichkeit** des Kausalzusammenhangs.[622] Hinreichende Wahrscheinlichkeit besteht, wenn nach der geltenden ärztlichen/wissenschaftlichen Lehrmeinung mehr für als gegen einen Zusam-

---

620 Nach BSG 20.8.1987, BSGE 62, 100.

621 BSG 26.3.1986, SozR 2200 § 548 Nr. 80; BSG 20.1.1987, BSGE 61, 127; BSG 5.5.1994, NZS 1994, 522.

622 BSG 2.2.1978, BSGE 45, 285; BSG 20.3.2007, NZS 2008, 166; BSG 31.1.2012, NZS 2012, 513; BSG 17.12.2015, SGb 2016, 705.

menhang spricht und ernste Zweifel hinsichtlich einer anderen Verursachung ausscheiden, die bloße Möglichkeit reicht nicht aus.[623] Die Rechtsprechung **vermutet die** Kausalität zwischen versicherter Tätigkeit und Unfallereignis (**Unfallkausalität**) im Weg eines Anscheinsbeweises. Die Vermutung wird erschüttert, wenn zum Zeitpunkt der versicherten Tätigkeit und des Unfallereignisses möglicherweise konkurrierende Ursachen hinzutreten. Erforderlich ist nach Ansicht des BSG dann jedoch, dass im Hinblick auf die konkurrierenden Ursachen der Vollbeweis erbracht wird.[624] Probleme beim Beweis der Unfallkausalität bereiten in der Praxis vor allem zwei Fallgruppen der inneren Ursache:

aa) Unfälle unter Alkoholeinfluss

Unfälle bei Trunkenheit stellen so lange einen zu entschädigenden Versicherungsfall dar, wie die Alkoholisierung nicht die rechtlich allein wesentliche Unfallursache im Sinne der Theorie der wesentlichen Bedingung darstellt (§ 40 Rn. 95ff.). Wie bereits oben dargestellt, kommt, wenn der Unfall im naturwissenschaftlich-philosophischen Sinn infolge der versicherten Tätigkeit eingetreten ist, die Verneinung des rechtlich wesentlichen Zusammenhangs nur in Betracht, wenn die andere Ursache (die Alkoholisierung) **sicher feststeht** (§ 40 Rn. 92). Kann schon nicht festgestellt werden, dass die versicherte Person überhaupt betrunken war, weil z.B. ihr Fehlverhalten auch auf Unachtsamkeit, Leichtsinn, Müdigkeit usw. beruhen kann, kommt eine rechtlich wesentliche Ursächlichkeit der nicht festgestellten Trunkenheit für den Unfall schon von vorneherein nicht in Betracht. 204

Selbst bei **nachgewiesenem Alkoholgenuss** genügt bloßes Fehlverhalten, wie es auch Nüchternen unterlaufen kann, nicht, um die alleinige Ursächlichkeit der Alkoholisierung zu bejahen. Vielmehr müssen weitere Anhaltspunkte hinzukommen, vor allem typisches Trunkenheitsverhalten, d.h. ein Verhalten, das bei nachgewiesenem Alkoholgenuss nach Lage des Falles anders als mit Trunkenheit nicht vernünftig erklärt werden kann: 205

> „Ein etwaiges Fehlverhalten ist grundsätzlich nur dann als beweiskräftig für einen alkoholbedingten Leistungsabfall als die allein wesentliche Bedingung des Unfalls zu erachten, wenn es typisch für einen unter Alkoholeinfluss stehenden Versicherten ist und nicht ebenso gut andere Ursachen haben kann, wie etwa Unaufmerksamkeit, Leichtsinn, Übermüdung, körperliche Verfassung u.Ä., die ihren Grund nicht in einem vorangegangenen Alkoholgenuss haben können.“[625]

Tritt ein Unfall unmittelbar während eines solchen Fehlverhaltens ein, ist bei freier Beweiswürdigung im Allgemeinen die Trunkenheit als rechtlich allein wesentliche Ursache anzusehen. Ereignet sich der Unfall nicht während, sondern lediglich im zeitlichen Zusammenhang mit einem trunkenheitstypischen Verhalten, kann nach den Grundsätzen des Anscheinsbeweises von einer alleinigen rechtlichen Wesentlichkeit der Trunkenheit ausgegangen werden, wenn andere Ursachen nicht erwiesen sind. 206

Bei **Unfällen im Straßenverkehr** (vor allem bei Wegeunfällen, aber auch bei Betriebswegen) zieht das BSG „im Interesse der Rechtseinheit und Rechtssicherheit“ die durch die Rechtsprechung des BGH im Straf- und Ordnungswidrigkeitenrecht entwickelten Blutalkoholkonzentrationswerte heran, um die Frage zu beantworten, ob der Versicherte verkehrsuntüchtig war. **Absolute Verkehrsuntüchtigkeit** beginnt danach bei Kraftfahrenden bei einer BAK von 1,1 ‰,[626] bei Radfahrenden bei einer BAK von 1,6 ‰. **Relative Verkehrsuntüchtigkeit** setzt den Nachweis von Verhaltensweisen voraus, die zusammen mit dem nachgewiesenen Alkoholgenuss ergeben, dass sich die Betroffenen im Verkehr nicht mehr sicher bewegen konnte.[627] Als Untergrenze dürften 0,3 ‰ BAK 207

623 BSG 9.5.2006, NZS 2007, 212.
624 BSG 30.1.2007, SGb 2008, 52.
625 BSG 30.4.1991, NZA 1992, 93.
626 BSG 25.11.1992, NZV 1993, 267.
627 BSG 29.5.1973, BSGE 36, 35; BSG 2.2.1978, BSGE 45, 285.

anzunehmen sein, wobei die Ausfallerscheinungen umso deutlicher hervortreten müssen, je geringer der festgestellte Blutalkoholwert ist.[628] Ist die (absolute oder relative) Verkehrsuntüchtigkeit nachgewiesen, so spricht der **Prima-facie-Beweis** dafür, dass der Alkohol die rechtlich allein wesentliche Unfallursache war, so dass die Unfallkausalität zu verneinen ist.[629]

bb) Sonstige Unfälle aus innerer Ursache

208 Bei Unfällen, die (möglicherweise) rechtlich wesentlich nicht auf der versicherten Tätigkeit, sondern auf einer inneren Ursache beruhen, ist zu beachten, dass die innere Ursache nicht nur für die Unfallkausalität, sondern auch für die haftungsbegründende Kausalität Bedeutung erlangen kann. Für beide Kausalketten muss festgestellt werden, ob die versicherte Tätigkeit bzw. das Unfallereignis wesentliche (Mit-)Ursache gewesen ist, sodass – unter Berücksichtigung der Möglichkeit des Anscheinsbeweises – möglicherweise nur eine Kausalkette bejaht werden kann.

Beispiel:[630]
Der Versicherte, von Beruf Kraftfahrer, kam auf einer Nachtfahrt mit seinem Lkw von der Fahrbahn ab und erst an einer Grabenböschung zum Stehen. Der etwa 30 Minuten später eintreffende Notarzt konnte nur noch den Tod feststellen; äußere Verletzungen waren allerdings nicht erkennbar. Da aus religiösen Gründen keine Obduktion veranlasst werden konnte, blieb ungeklärt, ob der Versicherte einen Herzinfarkt erlitten hatte. Hier steht der innere Zusammenhang zwischen unfallbringendem Ereignis und versicherter Tätigkeit sicher fest. Fraglich ist allerdings, ob die versicherte Tätigkeit zunächst rechtlich wesentliche Ursache für den Unfall und ferner der Unfall rechtlich wesentliche Ursache für den Tod gewesen ist. Das BSG hat deutlich zwischen beiden Kausalketten unterschieden. Im Rahmen der **Unfallkausalität** hat es festgestellt, dass der Beweis des ersten Anscheins für einen ursächlichen Zusammenhang zwischen dem Führen des Lkw und dem Unfall spreche. Für die Annahme einer rechtlich (allein) wesentlichen anderen Bedingung (des Herzinfarkts) fehle es schon an den tatsächlichen Feststellungen:

„Bei den sogenannten Unfällen aus innerer Ursache (d. h. infolge krankhafter Erscheinungen oder der Konstitution des Betroffenen) ist die ursächliche Verknüpfung zwischen der versicherten Tätigkeit und dem Unfallgeschehen nicht gegeben, wenn die körpereigene Ursache zwangsläufig zu dem eingetretenen Unfallverlauf (Art und Schwere des Unfalls) geführt hat. Entscheidend ist, dass die innere Ursache die allein wesentliche Bedingung des Unfalls gewesen ist. Schon das hat das LSG nicht feststellen können. Das Berufungsgericht hat es vielmehr nur als möglich bezeichnet, dass auf die Lenkung des Lkw durch einen nicht zur versicherten Tätigkeit zählenden Umstand, nämlich eine körpereigene innere Ursache, eingewirkt worden sei, und dass diese Möglichkeit zumindest genauso nahe liege wie ein Lenkfehler aufgrund anderer dem versicherten Bereich zuzurechnender Einflüsse. Diese nur mögliche Ursache zwischen dem Unfall und einer inneren Ursache reicht nicht aus, um die sonst gegebene [...] [Unfallkausalität] zu verneinen."

Während also im Rahmen der Unfallkausalität zu berücksichtigen war, dass neben einem (prima facie) bewiesenen Ursachenzusammenhang zwischen Unfall und versicherter Tätigkeit eine andere (innere) Ursache schon nicht festgestellt werden konnte, lagen die Dinge bei der haftungsbegründenden Kausalität anders: Da der Notarzt keine äußeren Verletzungen festgestellt und eine Obduktion nicht stattgefunden hatte, konnte ein rechtlich wesentlicher Zusammenhang zwischen dem Unfall und dem Tod nicht festgestellt werden; die Klage musste daher abgewiesen werden.

---

b) Beweisregeln bei Berufskrankheiten

209 Für den Nachweis der anspruchsbegründenden Tatsachen gelten bei Berufskrankheiten grds. keine Besonderheiten. Die Bezeichnung einer bestimmten Krankheit als Berufskrankheit und ihre Aufnahme in die Anlage 1 zur BKV bedeutet nur, dass sie rechtlich generell geeignet ist, eine solche Berufskrankheit darzustellen. Die allgemeine berufliche Gefährdung ersetzt jedoch nicht den Nachweis des Zusammenhangs im Einzelfall. Versicherte haben daher die versicherte Tätigkeit und vor allem die dadurch bedingte **Exposition** gegenüber einer schädigenden Einwirkung in vollem Um-

628 Vgl. BSG 20.1.1977, BSGE 43, 110.
629 BSG 29.5.1973, BSGE 36, 35.
630 Nach BSG 12.5.1992, NZS 1992, 78 mit zu heute abweichender Terminologie hinsichtlich der Bezeichnung der Kausalbeziehungen, dazu § 38 Rn. 6.

fang zu beweisen. Die Kausalitätsbeziehungen braucht er dagegen nur mit dem „Wahrscheinlichkeitsbeweis“ (§ 40 Rn. 203) nachzuweisen.[631]

Für Berufskrankheiten, die „harte Kriterien“ enthalten (wie die BK Nr. 4104, die die Einwirkung einer berufsbedingten Asbestfaserstaub-Dosis von 25 Faserjahren verlangt) hat das BSG entschieden, dass bereits bei Nachweis der Einwirkungsgröße eine **Tatsachenvermutung** für einen **ursächlichen Zusammenhang zwischen Krankheit und Einwirkung** besteht.[632] Diese kann widerlegt werden, wenn die Umstände des Einzelfalls die Wahrscheinlichkeit des Kausalzusammenhangs ausnahmsweise fraglich machen. Namentlich bei zahlreichen geradezu berufseigentümlichen Erkrankungen wird die Wahrscheinlichkeit des Ursachenzusammenhangs kaum Zweifeln begegnen. Zusätzlich kommt den Versicherten § 9 Abs. 3 SGB VII für die dort genannten Fälle der starken und typischen Gefährdung mit einer widerleglichen gesetzlichen Vermutung zugunsten des erforderlichen Kausalzusammenhangs zu Hilfe. Größere Schwierigkeiten ergeben sich dagegen regelmäßig bei Erkrankungen, die auch ohne Bindung an bestimmte Berufsgruppen oder Arbeitsplätze häufig auftreten. Hier bedarf es zumeist einer sorgfältigen Erfassung und Prüfung der medizinischen, beruflichen und außerberuflichen Einflüsse. 210

Hinzuweisen ist schließlich noch auf § 63 Abs. 2 SGB VII. Danach wird vermutet, dass der **Tod des Versicherten** infolge eines Versicherungsfalles eingetreten ist, wenn die Erwerbsfähigkeit der versicherten Person vor ihrem Tod aufgrund bestimmter Berufskrankheiten **(Quarzstaub- und Asbestlungenerkrankungen)** um mindestens 50 % gemindert war und der Tod nicht offenkundig auf einer anderen Ursache beruht.[633] 211

§ 41 Die Leistungen der gesetzlichen Unfallversicherung

I. Übersicht

Die Leistungen der gesetzlichen Unfallversicherung lassen sich unterteilen in Leistungen zur Verhinderung des Eintritts eines Versicherungsfalles (Präventionsleistungen, näher § 43 Rn. 1ff.) und Leistungen nach Eintritt eines Versicherungsfalles. Nur von den letztgenannten soll hier zunächst die Rede sein. Das Gesetz unterscheidet bei den Leistungen nach Eintritt eines Versicherungsfalles (§§ 26ff. SGB VII) zwischen folgenden Leistungsarten: 1
- Heilbehandlung (§§ 27ff. SGB VII),
- Leistungen zur Teilhabe am Arbeitsleben (§ 35 SGB VII),
- Leistungen zur Teilhabe am Leben in der Gemeinschaft und ergänzende Leistungen (§§ 39ff. SGB VII),
- Leistungen bei Pflegebedürftigkeit (§ 44 SGB VII),
- Geldleistungen: Verletztengeld (§§ 45ff. SGB VII) und Übergangsgeld (§§ 49ff. SGB VII),
- Renten (§§ 56ff. SGB VII),
- Abfindung von Renten (§§ 75ff. SGB VII).

Alle Leistungsansprüche **entstehen** mit dem Eintritt der materiell-rechtlichen Voraussetzungen, d.h. bei Pflichtleistungen mit dem Eintritt des Versicherungsfalles (vgl. für Berufskrankheiten die Sonderregelung in § 9 Abs. 5 SGB VII) oder der Realisierung des (weiteren) Schadens, bei Ermessensleistungen mit der Bekanntgabe der Entscheidung über die Leistung (§ 40 Abs. 2 SGB I). 2

Fast alle Leistungen werden **von Amts wegen** erbracht; Ausnahmen bestehen z.B. für den Sachschadensersatz nach § 13 SGB VII (s. § 37 Rn. 34f.) und die Abfindung von Renten gem. § 76 Abs. 1 SGB VII (§ 41 Rn. 57ff.). Das Verwaltungsverfahren wird insbesondere durch die Unfallanzeige, die 3

631 BSG 4.8.1981, SGb 1982, 399.
632 BSG 30.3.2017, BSGE 123, 24; zuvor schon BSG 30.1.2007, NZS 2007, 594.
633 Zur Offenkundigkeit BSG 29.5.1984, SozR 2200 § 589 Nr. 7.

der Unternehmer gem. § 193 SGB VII gegenüber dem Unfallversicherungsträger zu erstatten hat, oder durch den Durchgangsarztbericht (vgl. §§ 34, 201 SGB VII) eingeleitet. Durchgangsärztinnen und -ärzte untersuchen Verletzte als Erste und verlassen ggfs. die weitere Behandlung. Beschaffen sich Versicherte Leistungen selbst, ohne zuvor die Unfallversicherungsträger einzuschalten, so gibt es grds. zwar auch keinen Erstattungsanspruch; Leistungen nach dem SGB VII sind Naturalleistungen. Eine Analogie zu § 13 Abs. 3 SGB V kann allerdings ganz ausnahmsweise in Betracht kommen.[634]

4 Für alle Leistungen gilt das **Alles-oder-nichts-Prinzip.** Die Leistungen der gesetzlichen Unfallversicherung sind weder in ihren Anspruchsvoraussetzungen noch in ihrem Umfang von einem Verschulden des Unternehmers oder einem evtl. Mitverschulden von Versicherten abhängig. Auch eine versicherte Person, die den Versicherungsfall grob fahrlässig oder sogar bedingt vorsätzlich verursacht hat, erhält alle Leistungen in voller Höhe, wenn der innere Zusammenhang zwischen versicherter und unfallbringender Tätigkeit (noch) bejaht werden kann, insbesondere die versicherte Tätigkeit wesentliche (Mit-)Bedingung für den Unfall war. Fehlt es jedoch auch nur an einer der Voraussetzungen des Versicherungsfalls, gehen Versicherte in der gesetzlichen Unfallversicherung völlig leer aus.

5 § 26 Abs. 3 SGB VII legt für das Leistungsrecht der gesetzlichen Unfallversicherung ausdrücklich den Grundsatz **„Rehabilitation vor Rente“** (§ 8 Abs. 2 SGB IX) fest. Die **Unfallversicherungsträger** sind aufgrund dessen verpflichtet zu prüfen, ob Rehabilitationsmaßnahmen in Betracht kommen und voraussichtlich erfolgreich sein werden, wenn Versichertenrente beantragt wird. Für die **versicherte Person** begründet § 26 Abs. 3 SGB VII nur eine **Obliegenheit,** sich im Rahmen seiner Mitwirkungspflicht in zumutbarem Umfang zur Beseitigung oder Besserung der Folgen eines Versicherungsfalles insbesondere medizinischer Rehabilitation zu unterziehen. Die Folgen fehlender Mitwirkung regelt hingegen § 66 SGB I.

II. Rehabilitationsleistungen

Literatur: Aulmann, Die Rehabilitation – ein wesentlicher Bestandteil der Unfallversicherungssysteme, BG 1997, 426 ff.; P. Becker, Gesetzliche Unfallversicherung – Die Leistungen, BG 2011, 568 ff.; Benz, Der Anspruch des Versicherten auf berufliche Rehabilitation (Berufshilfe) in der gesetzlichen Unfallversicherung, WzS 1984, 225 ff. (Teil 1), 268 ff. (Teil 2); Benz, Die Neuregelung der beruflichen (Teilhabe am Arbeitsleben) und sozialen (Teilhabe am Leben in der Gemeinschaft) Rehabilitation durch das SGB IX, BG 2001, 551 ff.; Heinz, Zur Beendigung der Verletztengeldzahlung, SGb 2016, 25 ff.; Keller, „Mit allen geeigneten Mitteln“ – Der umfassende Heilbehandlungsbedarf in der gesetzlichen Unfallversicherung, SGb 2000, 459 ff.; Krasney, Verletztengeld bei Erkrankung des Kindes, SGb 2017, 669 ff.; Mehrhoff, Neues Rehabilitationsrecht im SGB IX, BG 2001, 277 ff.; Schulin, Probleme der sozialen Rehabilitation im Sozialversicherungsrecht, ZfS 1982, 349 ff.; Unger, Die rechtlichen Beziehungen zwischen den am Rehabilitationsverhältnis Beteiligten, SGb 1982, 344 ff.

6 Nach § 26 Abs. 2 SGB VII hat der Unfallversicherungsträger den Folgen des Versicherungsfalles mit **allen geeigneten Mitteln** entgegenzuwirken. Alle Rehabilitationsbemühungen der Unfallversicherungsträger stehen unter diesem Postulat. Dies entspricht der umfassenden Schutzfunktion der gesetzlichen Unfallversicherung. Die gesetzliche Unfallversicherung hat damit von allen Sozialversicherungszweigen den **weitesten Rehabilitationsumfang**. Beschränkungen der Krankenversicherung auf ausreichende, zweckmäßige und wirtschaftliche Maßnahmen, die das Maß des Notwendigen nicht überschreiten dürfen (§ 12 Abs. 1 SGB V), sind der gesetzlichen Unfallversicherung fremd. Auch ein Kosten-Nutzen-Vergleich (§ 69 Abs. 2 SGB IV) widerspricht dem Grundsatz „mit allen geeigneten Mitteln“. Gleiches gilt für die Leistungen zur Teilhabe, die in der Rentenversicherung unter Beachtung der Wirtschaftlichkeit und Sparsamkeit gewährt werden (§ 13 Abs. 1 SGB VI). Rehabilitationsleistungen sind vor allem Sachleistungen in der medizinischen und beruflichen Rehabilitation (§§ 26 bis 38 SGB VII). Bei der sozialen Rehabilitation (§§ 39 ff. SGB VII) sind alle Leistungsarten nach § 11 SGB I (Dienst-, Sach- und Geldleistungen) vertreten.

634 Vgl. BSG 24.2.2000, NZS 2000, 466; LSG Hessen 30.4.2021 – L 9 U 189/19.

1. Heilbehandlung und medizinische Rehabilitation

Zu den Rehabilitationsleistungen gehört zunächst die Heilbehandlung einschließlich der Leistungen der medizinischen Rehabilitation, deren Umfang im Wesentlichen der Krankenbehandlung in der gesetzlichen Krankenversicherung (§ 27 SGB V) entspricht. Sie umfasst neben der Ersten Hilfe (Erstversorgung) insbesondere: 7

- ärztliche und zahnärztliche Behandlung, wobei anders als in der Krankenversicherung (dort §§ 29, 30 SGB V) auch bei kieferorthopädischer Behandlung und beim Zahnersatz die Leistung in vollem Umfang, also ohne Selbstbeteiligung des Versicherten, erbracht wird (§ 28 SGB VII);
- Arznei- und Verbandsmittel (§ 29 SGB VII);
- Heilmittel einschließlich Krankengymnastik, Bewegungs-, Sprach- und Beschäftigungstherapie (§ 30 SGB VII);
- Ausstattung mit Körperersatzstücken, orthopädischen und anderen Hilfsmitteln einschließlich der notwendigen Änderung, Instandsetzung und Ersatzbeschaffung sowie der Ausbildung im Gebrauch (§ 31 SGB VII); Einzelheiten ergeben sich insoweit aus der Verordnung über die orthopädische Versorgung Unfallverletzter (OrthVersV), die unter den Voraussetzungen ihres § 6 auch Anspruch auf ein Kraftfahrzeug oder den behindertengerechten Umbau eines Pkw gewährt und unter den Voraussetzung des § 7 auch einen Anspruch auf Entschädigung für den durch die Unfallfolgen verursachten außergewöhnlichen Verschleiß an Kleidung oder Wäsche einräumt;
- Gewährung von Pflege, wenn die Pflegebedürftigkeit infolge des Versicherungsfalls eingetreten ist (§ 32 SGB VII);
- erforderlichenfalls auch die voll- oder teilstationäre Behandlung in Krankenhäusern und Rehabilitationseinrichtungen einschließlich der dort für die medizinische Versorgung des Versicherten notwendigen Maßnahmen wie ärztlicher Behandlung, Krankenpflege, Versorgung mit Arznei-, Verband-, Heil- und Hilfsmitteln sowie der Unterkunft und Verpflegung (§ 33 SGB VII).

a) Das Durchgangsarztverfahren

Ähnlich dem Kassenarztrecht in der gesetzlichen Krankenversicherung enthält § 34 SGB VII Bestimmungen über die Durchführung der Heilbehandlung, insbesondere über die vertraglichen Beziehungen zwischen den Unfallversicherungsträgern und den Leistungserbringern. Unter den in § 34 Abs. 1 SGB VII genannten **Verfahren für die Heilbehandlung** ist das sog. Durchgangsarztverfahren wegen seiner steuernden Funktion von besonderer Bedeutung. Mit diesem Verfahren wird bezweckt, jeden (arbeitsunfähigen) verletzte Person unverzüglich und möglichst noch vor der ersten Inanspruchnahme von Vertragsärztinnen und -ärzten vom Unfallversicherungsträger bezeichnete, persönlich besonders qualifizierte, räumlich und medizinisch-technisch besonders ausgestatteten Fachärztinnen und Fachärzten – dem **Durchgangsarzt** – vorzustellen, damit dieser beurteilen und entscheiden kann, welche Art der Heilbehandlung unter Berücksichtigung der Grundsätze der § 26 Abs. 2 Nr. 1 SGB VII (Beseitigung oder Besserung des durch den Unfall verursachten Gesundheitsschadens, Verhütung seiner Verschlimmerung oder Milderung seiner Folgen) und § 28 Abs. 2 SGB VII (nach den Regeln der ärztlichen Kunst erforderliche und zweckmäßige Maßnahmen) vorzunehmen ist. Der Durchgangsarzt kann dann entweder den Verletzten an eine andere Ärztin oder einen anderen Arzt überweisen oder die erforderliche Heilbehandlung selbst vornehmen. Dem Durchgangsarzt obliegt nach § 27 Abs. 1 SGB VII die **bindende** Entscheidung, ob für die nach dem Versicherungsfall zu gewährende Heilbehandlung die allgemeine Heilbehandlung ausreicht oder ob eine besondere Heilbehandlung zu erbringen und von wem diese durchzuführen ist. Er übt dabei eine **öffentlich-rechtliche Funktion** aus.[635] 8

635 BGH 28.6.1994, NJW 1994, 2417.

b) Vertragliche Beziehungen zwischen den Beteiligten

9 Die Gewährleistung der Heilbehandlung und der medizinischen Rehabilitation erfolgt durch ein System **öffentlich-rechtlicher Verträge** zwischen den Verbänden der Unfallversicherungsträger einerseits und der Kassenärztlichen- und Kassenzahnärztlichen Vereinigung sowie den Stellen, die die Heilbehandlung durchführen, andererseits. Öffentlich-rechtlich ist auch das Abrechnungsverhältnis zwischen den Leistungserbringenden und den Unfallversicherungsträgern ausgestaltet.[636] Demgegenüber ist der Behandlungsvertrag zwischen Verletzten und den behandelnden Ärztinnen und Ärzten **zivilrechtlicher Natur**,[637] so dass namentlich Schadensersatzansprüche des Verletzten wegen fehlerhafter Heilbehandlung nach den normalen Regeln des bürgerlichen Rechts im Arzthaftungsprozess zu verfolgen sind.

10 Der Durchgangsarzt hat also sowohl eine Pflichtenstellung gegenüber dem Unfallversicherungsträger (z.B. Pflicht zur Gewährung nur der erforderlichen und zweckmäßigen Leistungen als Konkretisierung des Wirtschaftlichkeitsgebots) als auch gegenüber den Patientinnen und Patienten (Leistungserbringung nach den Regeln der ärztlichen Kunst). Zur Abgrenzung dieser Pflichtenkreise hat der BGH entschieden:

> „Nimmt, wie im Streitfall, der Durchgangsarzt die Heilbehandlung des Verletzten in die eigenen Hände, so wird dadurch, ähnlich wie beim Kassenarzt (Vertragsarzt), dessen Stellung der Durchgangsarzt ohnehin zumeist ebenfalls innehaben wird, zwischen ihm und dem Patienten ein zivilrechtliches Behandlungsverhältnis begründet. Seine für den Unfallversicherungsträger wahrgenommene öffentlich-rechtliche Tätigkeit ist damit ebenso beendet wie bei der Überweisung des Verletzten an den Kassen(Vertrags-) oder Hausarzt nach Ltnr. 33 des Ärzteabkommens. Die Entscheidung über das ‚Ob' und ‚Wie' der zu gewährenden Heilbehandlung bildet also eine Zäsur in der Pflichtenstellung des Durchgangsarztes mit der Folge, dass ihm etwaige anschließend unterlaufene Fehler bei der Heilbehandlung nicht mehr als Verstöße gegen die ihm gegenüber der Berufsgenossenschaft obliegenden öffentlich-rechtlichen Pflichten angelastet und deshalb auch nicht zur Grundlage von originären Schadensersatzansprüchen der Berufsgenossenschaft gegen ihn gemacht werden können."[638]

2. Leistungen zur Teilhabe am Arbeitsleben

11 Zu den wichtigsten nichtmedizinischen Rehabilitationsmaßnahmen im Bereich der gesetzlichen Unfallversicherung zählen die Leistungen zur Teilhabe am Arbeitsleben, § 35 SGB VII. Ihr Ziel ist es, die Verletzten nach ihrer Leistungsfähigkeit und unter Berücksichtigung ihrer Eignung, Neigung und bisherigen Tätigkeit möglichst auf Dauer beruflich (wieder) einzugliedern.[639] Die möglichen Leistungen sind in den §§ 49 bis 55 SGB IX definiert.

3. Verletztengeld

12 Versicherte, die infolge der Heilbehandlung zur Ausübung einer Erwerbstätigkeit nicht in der Lage sind, bedürfen einer Einkommensersatzleistung. Ähnlich wie das Krankengeld in der Krankenversicherung (§§ 44ff. SGB V) übernimmt das Verletztengeld (§§ 45ff. SGB VII) die Aufgabe, für eine Übergangszeit die wirtschaftliche Lebensgrundlage der jeweiligen Versicherten zu erhalten. Das Verletztengeld ist eine ergänzende Leistung zur Rehabilitation und hat im Gegensatz zur Versichertenrente (konkreter Schadensausgleich, § 41 Rn. 40ff.) **Entgelt- und/oder Einkommensersatzfunktion**.[640] Dem steht auch nicht entgegen, dass sich die Berechnung des Verletztengeldes gem. § 47 Abs. 1 SGB VII nicht an dem tatsächlichen Einnahmeausfall (Lohnausfallprinzip), sondern an

---

636 Vgl. BGH 10.1.1984, BGHZ 89, 250; BSG 14.1.1981, BSGE 51, 108.
637 BGH 28.6.1994, NJW 1994, 2417.
638 BGH 28.6.1994, NJW 1994, 2417.
639 Vgl. BSG 26.8.1992, SozR 3-2200 § 556 Nr. 2.
640 Vgl. BSG 4.12.1991, SozR 3-2200 § 560 Nr. 1.

dem vor Eintritt der Arbeitsunfähigkeit erzielten Entgelt (Bezugs- oder Referenzmethode) orientiert.[641]

a) Anspruchsvoraussetzungen

In § 45 SGB VII sind dem Grunde nach fünf verschiedene Fallgestaltungen für die Erbringung von Verletztengeld geregelt: 13

- Abs. 1 regelt den allgemeinen Leistungstatbestand, der als Leistungsvoraussetzung entweder **Arbeitsunfähigkeit oder** die **Verhinderung ganztägiger Erwerbstätigkeit** durch Maßnahmen der Heilbehandlung infolge des Versicherungsfalls nennt,
- nach Abs. 2 wird – auch wenn die Voraussetzungen des Abs. 1 nicht vorliegen, weil die Heilbehandlung beendet und Arbeitsfähigkeit wieder gegeben ist – Verletztengeld **bis zum Beginn einer Maßnahme zur Teilhabe** am Arbeitsleben weitergezahlt, wenn erschwerende Voraussetzungen vorliegen,
- Abs. 3 regelt den Fall der Gewährung von Verletztengeld bei **gleichzeitiger Durchführung von Maßnahmen der Heilbehandlung und der Teilhabe am Arbeitsleben** in bestimmten Einrichtungen,
- Abs. 4 gewährt – unter den gleichen Voraussetzungen wie in der Krankenversicherung Pflegekrankengeld gewährt wird (§ 45 SGB V) – Verletztengeld bei Erkrankung eines Kindes (sog. **Kinderpflege-Verletztengeld**).

Gemeinsame (zwingende) Voraussetzung für den Anspruch ist, dass die versicherte Person **unmittelbar vor Beginn** des jeweils anspruchsbegründenden Tatbestandes Anspruch auf Arbeitsentgelt oder Arbeitseinkommen oder auf eine andere in § 45 Abs. 1 Nr. 2 SGB VII genannte Entgeltersatzleistung hatte.[642] Diese Vorschrift dient im Zusammenhang mit § 47 SGB VII der **Kontinuität der Entgeltersatzleistungen**. Es muss ein nahtloser Übergang vorliegen, d.h., der Anspruch muss am Tag vor dem Eintritt der Arbeitsunfähigkeit bestanden haben. Unerheblich ist, wie lange er bestanden hat. Der Anschluss wird daher bei einer längeren Unterbrechung nicht gewährt.[643] § 45 Abs. 1 Nr. 2 SGB VII verdeutlicht zudem, dass dem Verletztengeld eine Entgeltersatzfunktion zukommt. 14

Der Anspruch auf Verletztengeld ist unabhängig von anderen Leistungen, z.B. Entgeltersatzleistungen anderer Sozialversicherungsträger oder des Arbeitgebers, sowie weiter gezahltem Arbeitsentgelt. Es stellt sich vielmehr die Frage, ob das Einkommen auf das Verletztengeld gem. § 52 SGB VII anrechenbar ist (§ 41 Rn. 33ff.). Der **Begriff der Arbeitsunfähigkeit** wird im Gesetz nicht definiert, sondern wurde von der Rechtsprechung des BSG für das gesamte Sozialrecht einheitlich entwickelt. Der Begriff der Arbeitsunfähigkeit in der gesetzlichen Unfallversicherung entspricht dem in der gesetzlichen Krankenversicherung (§ 22 Rn. 149ff.).[644] 15

Arbeitsunfähigkeit kann auch dann eintreten, wenn die versicherte Person unmittelbar vor dem Unfall **keiner Erwerbstätigkeit** nachgegangen ist. Dies gilt insbesondere für Arbeitslose. Diese sind dann arbeitsunfähig, wenn sie krankheitsbedingt die Fähigkeit der Arbeitsleistung einbüßen und dadurch der Arbeitsvermittlung nicht zur Verfügung stehen.[645] Das ist darin begründet, dass Arbeitslose durch ihre Arbeitsunfähigkeit die Möglichkeit verloren haben, einen zumutbaren Arbeitsplatz zu finden. 16

Die Problematik, ob auch andere Nichterwerbstätige, z.B. Kinder, Schülerinnen und Schüler, Studierende, arbeitsunfähig werden können, wird zum Teil unterschiedlich beurteilt. Für den Anspruch auf Verletztengeld gewinnt diese Frage jedoch keine Bedeutung, denn nur Versicherte, die 17

641 Vgl. dazu BSG 23.3.1999, BSGE 84, 41.
642 BSG 26.6.2007, SozR 4-2700 § 45 Nr. 1.
643 Vgl. BSG 20.6.1985, BSGE 58, 175.
644 BSG 30.10.2007, SozR 4-2700 § 46 Nr. 3.
645 BSG 29.11.1972, BSGE 35, 65; BSG 24.7.1985, NZA 1986, 37.

unmittelbar vor Beginn der Arbeitsunfähigkeit entweder Arbeitsentgelt bzw. Arbeitseinkommen oder Entgeltersatzleistungen bezogen haben, haben Anspruch auf Verletztengeld, § 45 Abs. 1 Nr. 2 SGB VII. Nichterwerbstätige ohne Anspruch auf Verletztengeld erhalten, wenn die sonstigen Voraussetzungen erfüllt sind, Versichertenrente ab dem Tag nach dem Versicherungsfall (§ 72 Abs. 1 Nr. 2 SGB VII, dazu § 41 Rn. 49f.). Die Arbeitsunfähigkeit etwa von Studierenden kann sich jedoch für den Fall ergeben, dass diese bei einem Ferienjob oder Nebenjob verunglücken. Arbeitsunfähigkeit liegt dann so lange vor, wie sie infolge der Unfallfolgen außerstande sind, die unfallbringende Erwerbstätigkeit auszuüben.[646]

18 Die Arbeitsunfähigkeit ist im Hinblick auf die **unmittelbar vorangegangene Tätigkeit** zu beurteilen. Auf die Tätigkeit zur Zeit des Arbeitsunfalls kommt es nicht an, so dass sich ein Tätigkeitswechsel in der Zeit zwischen Versicherungsfall und Auftreten der Arbeitsunfähigkeit, z.B. im Falle einer Wiedererkrankung, auf die Beurteilung der Arbeitsunfähigkeit auswirken kann.[647] Die Beurteilung der Arbeitsunfähigkeit wird anhand der maßgeblichen Bedingungen vorgenommen, die das bisherige Beschäftigungsverhältnis wesentlich geprägt haben.[648] Wird nach Eintritt der Arbeitsunfähigkeit die zuletzt innegehabte Arbeitsstelle aufgegeben, entfällt die Arbeitsunfähigkeit nicht automatisch. In diesem Fall ändert sich der rechtliche Maßstab insofern, als für die Beurteilung der Arbeitsfähigkeit nicht mehr die konkreten Verhältnisse am früheren Arbeitsplatz maßgebend sind, sondern abstrakt auf die Art der zuletzt ausgeübten Beschäftigung abzustellen ist.[649]

19 Nicht selten besteht für die Versicherten die Möglichkeit, anstelle der zuletzt ausgeübten Tätigkeit eine andere Tätigkeit auszuüben. Nach der Rechtsprechung des BSG endet die Arbeitsunfähigkeit auch dann, wenn der versicherten Person eine ihrer bisherigen Beschäftigung **gleichartige Tätigkeit** zugemutet werden kann. Ausgangspunkt der Prüfung einer solchen **Verweisungsmöglichkeit**[650] ist immer die bisherige Tätigkeit. Hat die versicherte Person in einem anerkannten Ausbildungsberuf gearbeitet, ist der Rahmen der Tätigkeit, auf die verwiesen werden kann, relativ eng zu ziehen; bei Ungelernten entsprechend weit.[651] Auf eine innerhalb des Ausbildungsberufs liegende Tätigkeit kann nur verwiesen werden, wenn sie mit der bisher verrichteten Arbeit derart übereinstimmt, dass sie ohne größere Umstellung und Einarbeitung ausgeführt werden kann. Ist das der Fall, muss auch eine wirtschaftliche Gleichwertigkeit des zu erzielenden Entgelts bestehen.[652] Allerdings endet die Arbeitsunfähigkeit, wenn die versicherte Person aus freien Stücken eine körperlich und geistig weniger belastende Tätigkeit aufnimmt.[653]

b) Beginn und Ende der Verletztengeldzahlung

20 Den **Beginn** der Verletztengeldzahlung regeln § 46 Abs. 1 und 2 SGB VII. Das Verletztengeld beginnt regelmäßig mit dem Tag, **von dem an die Arbeitsunfähigkeit ärztlich festgestellt wird** (§ 46 Abs. 1 1. Alt. SGB VII). Die ärztliche Feststellung kann so Rückwirkung haben. Haben Versicherte bis zu einem bestimmten Datum Verletztengeld bezogen und erfolgt die ärztliche Feststellung, dass auch über dieses Datum hinaus Arbeitsunfähigkeit vorlag, erst mit Verspätung, folgt hieraus keine Unterbrechung des durchgehend bestehenden Verletztengeldanspruchs.[654] Der Beginn des Kinderverletztengeldes richtet sich gem. § 45 Abs. 4 SGB VII nach § 45 SGB V.

646 Vgl. BSG 26.5.1982, SozR 2200 § 560 Nr. 12.
647 Vgl. BSG 24.2.1982, SozR 2200 § 568 Nr. 6.
648 BSG 15.11.1984, BSGE 57, 227.
649 BSG 30.10.2007, SozR 4-2700 § 46 Nr. 3.
650 Näher Lauterbach/Köllner, Unfallversicherung, 69. Lfg. Jan. 2020, § 45 Rn. 18ff.
651 Vgl. BSG 15.11.1984, BSGE 57, 227; BSG 9.12.1986, BSGE 61, 66.
652 BSG 30.10.2007, SozR 4-2700 § 46 Nr. 3.
653 BSG 13.8.2002, SozR 3-2700 § 46 Nr. 1.
654 BSG 30.11.2017, B 3 KR 38/17 B.

Das **Ende** der Verletztengeldzahlung regelt § 46 Abs. 3 SGB VII. Nach dieser Regelung bestimmt sich die Dauer und damit auch das Ende des Verletztengeldes danach, ob eine erfolgreiche Rehabilitation erfolgt ist bzw. wenigstens erwartet wird (§ 46 Abs. 3 S. 1 Nr. 1 und 2 SGB VII) oder nicht (§ 46 Abs. 3 S. 2 Nr. 1–3 SGB VII). Der Gesundheitszustand muss sich in einem Ausmaß gebessert haben, der die versicherte Person wieder in die Lage versetzt, die frühere oder eine verweisbare Tätigkeit zu verrichten. Ist eine erfolgreiche Rehabilitation erfolgt oder zu erwarten, so endet die Verletztengeldzahlung 21

- mit der **Wiederherstellung der Arbeitsfähigkeit**, d.h. mit dem letzten Tag der Arbeitsunfähigkeit (§ 46 Abs. 3 S. 1 Nr. 1 erster Teilsatz SGB VII),
- mit dem letzten Tag der durch eine Heilbehandlungsmaßnahme bedingten Hinderung, eine dem bisherigen Umfang entsprechende Erwerbstätigkeit nachzugehen (§ 46 Abs. 3 S. 1 Nr. 1 zweiter Teilsatz SGB VII),
- oder mit dem Tag, der dem Tag vorangeht, an dem ein Anspruch auf Übergangsgeld (siehe ausführlich § 41 Rn. 37ff.) entsteht (§ 46 Abs. 3 S. 1 Nr. 2 SGB VII).

Ist hingegen **mit dem Wiedereintritt der Arbeitsfähigkeit nicht zu rechnen und** sind **Leistungen zur Teilhabe nicht zu erbringen** – d.h. eine erfolgreiche Rehabilitation ist nicht erfolgt und auch nicht zu erwarten – richtet sich die Dauer bzw. das Ende des Verletztengeldes nach § 46 Abs. 3 S. 2 SGB VII.[655] Mit dem Wiedereintritt der Arbeitsfähigkeit i.S.d. § 46 Abs. 3 Satz 2 Alt. 1 SGB VII ist nicht zu rechnen, wenn Versicherte infolge seiner Gesundheitsstörung aller Voraussicht nach für 78 Wochen ihre bisherige oder eine ihnen zumutbare andere Tätigkeit nicht mehr aufnehmen können.[656] Das Verletztengeld endet in solchen Fällen mit dem Tag, an dem die Heilbehandlung soweit abgeschlossen ist, dass die versicherte Person eine zumutbare, zur Verfügung stehende Berufs- oder Erwerbstätigkeit aufnehmen kann (§ 46 Abs. 3 S. 2 Nr. 1 SGB VII). Hierbei bereitet insbesondere die Beurteilung, ob eine Tätigkeit zumutbar ist, Schwierigkeiten.[657] Zudem endet das Verletztengeld mit Beginn der in § 50 Abs. 1 S. 1 SGB V genannten Leistungen; es sei denn, dass diese Leistungen mit dem Versicherungsfall in Zusammenhang stehen (§ 46 Abs. 3 S. 2 Nr. 2 SGB VII). Leistungen nach § 50 Abs. 1 S. 1 SGB V sind insbesondere Renten wegen voller Erwerbsminderung und wegen Alters.[658] Damit sollen Doppelleistungen vermieden werden. Im Übrigen endet das Verletztengeld – wie das Krankengeld gem. § 48 Abs. 1 SGB V – mit Ablauf der **78. Woche** nach dem Versicherungsfall, es sei denn, dass die stationäre Behandlung des Versicherten dann noch andauert (§ 46 Abs. 3 S. 2 Nr. 3 SGB VII). Die 78-Wochen-Frist verhindert, dass Verletztengeld auf unübersehbare Zeit zu zahlen ist. Mit dem Ende des Verletztengeldes ist unter den Voraussetzungen des § 72 Abs. 1 Nr. 1 i.V.m. §§ 56ff. SGB VII Verletztenrente zu gewähren (siehe § 41 Rn. 49f.). 22

c) Höhe des Verletztengeldes

Aufgabe und Funktion des Verletztengeldes ist es, den unfallbedingten Verdienstausfall zu ersetzen. 23
Wegen der unterschiedlichen Verdienstmöglichkeiten ist eine einheitliche Berechnung des Verletztengeldes nicht möglich. Dem trägt der Gesetzgeber mit § 47 SGB VII Rechnung, der die Berechnung des Verletztengeldes für die verschiedenen Anspruchsberechtigten regelt. Weitgehend wird auf die Regelungen für das Krankengeld in der Krankenversicherung Bezug genommen.

655 Ausführlich Heinz, SGb 2016, 25ff.
656 BSG 13.9.2005, HVBG-Info 2006, 270.
657 Ausführlich Heinz, SGb 2016, 25ff.
658 Siehe aber einschränkend Hauck/Schur, § 46 SGB VII Rn. 24.

aa) Höhe des Verletztengeldes für Versicherte, die Arbeitsentgelt oder Arbeitseinkommen bezogen haben

24 In § 47 Abs. 1 SGB VII ist die Berechnung für Versicherte geregelt, die Arbeitsentgelt oder/und Arbeitseinkommen erzielt haben. In Abgrenzung zu Abs. 5 erfasst Abs. 1 zusätzlich zu den Arbeitnehmenden jedoch nur den Personenkreis, der entweder in Ausübung seiner Arbeitnehmendentätigkeit einen Versicherungsfall erlitten hat und nebenher Arbeitseinkommen aus einer selbständigen Tätigkeit erzielt oder nur Arbeitseinkommen aus einer selbstständigen Tätigkeit erzielt, den Versicherungsfall aber nicht in seiner Eigenschaft als versicherter Unternehmer i.S.d. Abs. 5 erlitten hat.

25 Nach § 47 Abs. 1 SGB VII erhalten diese Versicherten Verletztengeld entsprechend § 47 Abs. 1 und 2 SGB V. Bei der Regelung des § 47 Abs. 1 SGB VII handelt es sich um eine **Rechtsfolgenverweisung** hinsichtlich der Berechnung des Verletztengeldes, nicht jedoch um eine Rechtsgrundverweisung. Daher ist es nicht erforderlich, dass die übrigen Voraussetzungen von § 47 Abs. 1 SGB V, insbesondere die Beitragsberechnung, erfüllt sind.[659] **Berechnungsgrundlage** des Verletztengeldes ist das **Regelentgelt**, d.h. das regelmäßig erzielte Arbeitsentgelt und Arbeitseinkommen der versicherten Person (vgl. § 47 Abs. 1 SGB VII i.V.m. § 47 Abs. 1 und 2 SGB V). Wegen der Einzelheiten der Berechnung wird insoweit auf die Ausführungen zum Krankengeld (§ 22 Rn. 173ff.) verwiesen.

26 Im Unfallversicherungsrecht besteht jedoch die Besonderheit, dass – anders als in der Krankenversicherung – auch **geringfügig Beschäftigte** i.S.v. § 8 SGB IV vom Versicherungsschutz erfasst werden (§ 39 Rn. 7) und damit bei Vorliegen der sonstigen Voraussetzungen einen Anspruch auf Verletztengeld – nicht auf Krankengeld – haben. Problematisch ist insbesondere die Berechnung des Verletztengeldes für Versicherte, deren Beschäftigungsverhältnis für eine kürzere Zeit als vier Wochen geplant ist. Gesetzlich ist nicht geregelt, wie zu verfahren ist, wenn die Arbeitsunfähigkeit eintritt, bevor für mindestens vier Wochen (Bemessungszeitraum nach § 47 Abs. 2 S. 1 SGB V) abgerechnet ist. Das BSG wendet in diesen Fällen § 47 Abs. 2 SGB V entsprechend an und berechnet das Regelentgelt ausnahmsweise nach dem **Lohnausfallprinzip**, durch die hypothetische Feststellung, wie viel Arbeitsentgelt infolge der Arbeitsunfähigkeit nicht eingenommen werden kann.[660] Der im Arbeitsvertrag für die gesamte Beschäftigungszeit vereinbarte Lohn ist durch die Zahl der in vier Wochen enthaltenen Tage (28 Tage) zu teilen, unabhängig davon, ob eine Bemessung der geschuldeten Arbeitszeit nach Stunden oder eine andere Bemessung der Arbeitsleistung dem Arbeitsverhältnis zugrunde liegt. Die Anwendung des Mindestbemessungszeitraums, d.h. eine Berechnung nach dem Durchschnittsentgelt von vier Wochen – auch wenn der Versicherte nach dem Arbeitsvertrag nur wenige Tage beschäftigt ist – begründet das BSG damit, dass ansonsten eine mit dem allgemeinen Gleichheitssatz des Art. 3 Abs. 1 GG nicht zu vereinbarende Benachteiligung gegenüber Versicherten eintreten würde, die in einem Dauerarbeitsverhältnis stehen.

27 **Mehrfachtätigkeiten** führen zu einem aus allen Einkünften zu berechnenden Gesamtregelentgelt.[661] Treffen Arbeitsentgelt und -einkommen mit der **zusätzlichen Ausübung einer selbständigen Tätigkeit** zusammen, sind sie nach § 47 Abs. 1 S. 1 Nr. 1 SGB VII zu einem Gesamtregelentgelt zusammenzufassen. Die Nettogrenze (siehe unten) gilt jedoch nur für den Arbeitsentgeltanteil.

28 Für **Unternehmer**, die einen **Versicherungsfall nicht infolge einer Tätigkeit als Unternehmer** erleiden (z.B. infolge einer Blutspende nach § 2 Abs. 1 Nr. 13 lit. b SGB VII), erfolgt die Berechnung des Verletztengeldes ebenfalls nach § 47 Abs. 1 SGB VII und nicht nach Abs. 5. In diesen Fällen wird das Regelentgelt aus dem 360. Teil des im Kalenderjahr vor Beginn der Arbeitsunfähigkeit oder der Maßnahmen der Heilbehandlung erzielten Arbeitseinkommens zugrunde gelegt (§ 47 Abs. 1 S. 2 SGB VII).

29 Anstelle des in § 47 Abs. 6 SGB V für die Krankenversicherung bestimmten Höchstsatzes für das Regelentgelt richtet sich der **Höchstbetrag des Regelentgelts** in der gesetzlichen Unfallversicherung jedoch nach dem **Höchst-Jahresarbeitsverdienst** (§ 47 Abs. 1 Nr. 2 i.V.m. § 85 Abs. 2 SGB VII). Das

659 LSG Saarland 14.9.1999, HVBG-Info 2000, 941.

660 BSG 23.3.1999, BSGE 84, 41.

661 BSG 21.3.1974, BSGE 37, 189; BSG 4.12.1991, SozR 3-2200 § 560 Nr. 1.

Verletztengeld bei Arbeitnehmenden beträgt – abweichend von der Regelung zum Krankengeld der Krankenversicherung (§ 47 Abs. 1 S. 1 SGB V) – **80 % des Regelentgelts**, § 47 Abs. 1 Nr. 2 SGB VII. Der Vomhundertsatz gilt für alle Versicherten einheitlich. Weder der Familienstand der Versicherten noch die Anzahl der unterhaltsberechtigten Angehörigen hat Einfluss auf die Höhe des Regelentgelts.[662] Die Höchstgrenze für das Verletztengeld ist das regelmäßige **Nettoarbeitsentgelt** vor Eintritt der Arbeitsunfähigkeit (§ 47 Abs. 1 Nr. 2 SGB VII). Eine Abstufung zwischen Arbeitsentgelt und Entgeltersatzleistung, wie sie in der Krankenversicherung durch eine Begrenzung des Krankengeldes auf 90 % des Nettoarbeitsentgelts vorgenommen wird (§ 22 Rn. 174), ist in der gesetzlichen Unfallversicherung nicht vorgesehen.

bb) Höhe des Verletztengeldes in anderen Fällen

Gem. § 47 Abs. 2 SGB VII erhalten Versicherte, die Arbeitslosen-, Unterhalts- oder Kurzarbeitergeld bezogen haben, Verletztengeld in Höhe des Krankengeldes nach § 47b SGB V. Für Versicherte, die nicht nur darlehensweise gewährtes Arbeitslosengeld II bezogen haben, orientiert sich das Verletztengeld in der Höhe am Betrag des Arbeitslosengeldes II. Versicherte, die als **Entwicklungshelfer** Unterhaltsleistungen nach § 4 Abs. 1 Nr. 1 des Entwicklungshelfer-Gesetzes (EhfG) bezogen haben, erhalten Verletztengeld in Höhe dieses Betrages, § 47 Abs. 3 SGB VII. 30

Bei Bezug von Kranken-, Verletzten-, Versorgungskranken- oder Übergangsgeld aus einem anderen Leistungsgrund ist gem. § 47 Abs. 4 SGB VII das festgestellte Regelentgelt heranzuziehen, das der vorher bezogenen Entgeltersatzleistung zugrunde lag (**Kontinuität des Verletztengeldes**). Zu beachten ist jedoch, dass für das sog. Anschlussverletztengeld die höhere Bemessungsgrenze der gesetzlichen Unfallversicherung nach § 47 Abs. 1 S. 1 SGB VII gilt. 31

Die Höhe des Verletztengeldes für Versicherte, die **Unternehmer** (bzw. versicherungsrechtlich gleichgestellte mitarbeitende Ehegatten bzw. Lebenspartner) oder **Unternehmern gleichgestellt** sind und den Versicherungsfall **infolge unternehmerischer Tätigkeit** erlitten haben, regelt § 47 Abs. 5 SGB VII. Die Höhe des Verletztengeldes ergibt sich aus dem 450. Teil des gem. § 83 S. 1 SGB VII in der Satzung des jeweiligen Unfallversicherungsträgers festgelegten **Jahresarbeitsverdienstes**.[663] Das ggf. aus einer zusätzlich ausgeübten Beschäftigung erzielte tatsächliche Entgelt ist, ebenso wie weiteres Arbeitseinkommen aus einer weiteren unternehmerischen Tätigkeit, hinzuzurechnen.[664] 32

d) Anrechnung von Einkommen auf das Verletztengeld

Gem. § 52 SGB VII wird auf das Verletztengeld das in Nr. 1 und 2 **abschließend aufgezählte und gleichzeitig mit dem Verletztengeld erzielte Einkommen** angerechnet. Die Anrechnung des Einkommens ist **keine Aufrechnung** i.S.d. § 51 SGB I, da es an der Gegenseitigkeit der Ansprüche fehlt. Auch bewirkt die Anrechnung **kein „Ruhen"** des Anspruchs, wie es z.B. für das Krankengeld in § 49 SGB V vorgesehen ist. Anrechenbares Einkommen stellt vielmehr eine **negative Anspruchsvoraussetzung** dar, bei deren Vorliegen der **Auszahlungsanspruch** ganz oder teilweise gar nicht entsteht oder wegfällt, bzw. bei deren Nicht(mehr)vorliegen der Auszahlungsanspruch ganz oder teilweise wieder auflebt. Der Grundanspruch wird durch die Anrechnung hingegen nicht berührt. Die Anrechnung des genannten Einkommens ist Folge der Entgelt- bzw. Entgeltersatzfunktion dieser Leistungen. Doppelleistungen mit gleicher Zweckbestimmung sollen durch die Vorschrift des § 52 SGB VII vermieden werden.[665] 33

In der Praxis kommt die Vorschrift hauptsächlich bei Bezug von Verletztengeld und gleichzeitigem Bezug von Arbeitsentgelt nach dem Entgeltfortzahlungsgesetz (EFZG) zum Tragen. In der Regel 34

662 Mit dem GG vereinbar, BVerfG 17.2.1997, NJW 1997, 2444.
663 Zu Grenzen der Gestaltungsfreiheit s. Benz, BG 1997, 319, 324.
664 BSG 4.12.1991, SozR 3-2200 § 560 Nr. 1; BSG 4.7.1995, NZS 1996, 80.
665 Vgl. BVerfG 9.11.1988, BVerfGE 79, 87.

besteht für alle Arbeitnehmer und Auszubildende im Krankheitsfall gem. § 3 EFZG ein Anspruch auf Fortzahlung des Arbeitsentgelts für mindestens sechs Wochen. Kommt die Arbeitgeberin der versicherten Person dem Anspruch auf Arbeitsentgelt, insbesondere Entgeltfortzahlung, nicht nach, erfolgt auch keine Anrechnung. Allein das Bestehen eines Anspruchs reicht für eine Anrechnung nicht aus. Wie sich auch aus dem eindeutigen Wortlaut des § 52 SGB VII ergibt, findet eine Anrechnung nämlich nur statt, wenn der Betroffene Entgelt oder Einkommen **tatsächlich erzielt** hat. Soweit der Unfallversicherungsträger leistet, geht der Anspruch der versicherten Person gegen die Arbeitgeberin auf ihn gem. § 115 SGB X über.

e) Zusammentreffen von Verletztengeld und Krankengeld

35 Erleiden in der Krankenversicherung und in der gesetzlichen Unfallversicherung Versicherte einen Versicherungsfall, der zur Arbeitsunfähigkeit führt, so sind dem Grunde nach sowohl die Voraussetzungen für die Zahlung von Verletztengeld (§ 45 SGB VII) als auch von Krankengeld (§ 44 Abs. 1 SGB V) gegeben. In diesen Fällen besteht für den Unfallversicherungsträger volle Leistungspflicht. Hingegen regelt § 11 Abs. 5 SGB V für die Krankenversicherung, dass kein Anspruch besteht, wenn die Leistung als Folge eines Versicherungsfalles i. S. d. gesetzlichen Unfallversicherung zu erbringen ist. Ohne diese Regelung käme es zu einer Doppelleistung, die der Entgeltersatzfunktion des Kranken- und Verletztengeldes nicht gerecht würde.[666] Auch wenn das Verletztengeld niedriger ist als das Krankengeld, erhalten die Versicherten nur das niedrigere Verletztengeld und haben **keinen Anspruch** gegen die Krankenversicherung auf Zahlung von Krankengeld als **Krankengeldspitze.**[667]

4. Übergangsgeld

36 Das Übergangsgeld nach §§ 49–52 SGB VII wird für die Dauer der Leistungen zur Teilhabe am Arbeitsleben erbracht. Es ist wie das Verletztengeld eine wirtschaftliche Hilfe des Unfallversicherungsträgers im Sinn von § 22 Abs. 1 Nr. 2 SGB I zur Entschädigung für wirtschaftliche Einbußen infolge eines Versicherungsfalls (**Entgeltersatzfunktion**)[668] während des Erhalts von Leistungen zur Teilhabe am Arbeitsleben, die üblicherweise eine andere Tätigkeit ausschließt. Zum anderen sollen aber auch Versicherte, die vor der Maßnahme **kein Einkommen** hatten, **wirtschaftlich sicher gestellt** werden. Übergangsgeld ist eine **ergänzende, unselbständige Leistung zur Teilhabe am Arbeitsleben.** Die eigentlichen Regelungen zum Übergangsgeld, das ähnlich wie das Verletztengeld strukturiert ist, finden sich in den §§ 65ff. SGB IX.

5. Leistungen zur Teilhabe am Leben in der Gemeinschaft

37 Die Leistungen zur Teilhabe am Leben in der Gemeinschaft, einschließlich der ergänzenden Leistungen (§§ 39ff. SGB VII), stehen als **eigenständige sog. dritte Säule** neben der medizinischen Rehabilitation sowie der Leistungen zur Teilhabe am Arbeitsleben. Sie umfassen gem. § 39 Abs. 1 SGB VII i. V. m. § 55 SGB IX neben den in § 44 Abs. 1 Nr. 2 bis 6 und Abs. 2 sowie in den §§ 53 und 54 SGB IX genannten Leistungen die in § 55 Abs. 2 SGB IX aufgezählten Leistungen, die Kraftfahrzeughilfe (§ 40 SGB VII) und sonstige Leistungen zur Erreichung und zur Sicherstellung des Erfolges der Leistungen zur medizinischen Rehabilitation und zur Teilhabe.

---

666 Vgl. BSG 14.11.1996, NZS 1997, 238.

667 BSG 25.6.2002, BSGE 89, 283; vgl. auch BSG 25.5.2015, NJW 2016, 2061.

668 BSG 13.11.2012, SozR 4-2700 § 50 Nr. 1.

6. Leistungen bei Pflegebedürftigkeit

Leistungen bei Pflegebedürftigkeit können Versicherte in Anspruch nehmen, solange sie infolge des Versicherungsfalles so hilflos sind, dass sie für die gewöhnlichen und regelmäßig wiederkehrenden Verrichtungen im Ablauf des täglichen Lebens in erheblichem Umfang der Hilfe bedürfen (§ 44 SGB VII). Auch schon nach dem SGB XI Pflegebedürftige können nach Eintritt eines Versicherungsfalls, der zur Verschlimmerung seiner Pflegebedürftigkeit führt, Anspruch auf Pflegeleistungen aus der gesetzlichen Unfallversicherung haben.[669] 38

III. Entschädigungsleistungen

Literatur: Fichte, Rentenfunktion und Hinterbliebenensicherung, DAngVers 1990, 163 ff.; Gitter, Abstrakte oder „konkretere" Schadensberechnung nach § 581 Abs. 2 RVO, in: Dembowski (Hrsg.), Festschrift Kurt Brackmann, 1977, S. 103 ff.; Gitter, Probleme der abstrakten Schadensberechnung im Sozialrecht, VersR 1976, 505 ff.; Krasney, Zur erneuten Diskussion über die abstrakte Schadensberechnung im Recht der gesetzlichen Unfallversicherung, in: Hauptverband der gewerblichen Berufsgenossenschaften e.V. (Hrsg.), Grundsatzfragen der sozialen Unfallversicherung, Festschrift für Herbert Lauterbach zum 80. Geburtstag, 1981, S. 273 ff.; Nehls, Neuordnung der Hinterbliebenenrenten in der gesetzlichen Unfallversicherung, BG 1987, 751 ff.; Nusser/Spellbrink, Die Rechtsnatur der MdE-Tabellen im Recht der Gesetzlichen Unfallversicherung, SGb 2017, 550 ff.

Von deutlich größerer Bedeutung als die Rehabilitationsleistungen, bei denen im Wesentlichen Deckungsgleichheit mit den Leistungen der Krankenversicherung besteht, sind die Entschädigungsleistungen der §§ 56 ff. SGB VII, also namentlich die Renten an Versicherte und Hinterbliebene. 39

1. Rente an Versicherte

Die Rente an Versicherte hat **Schadensausgleichsfunktion**. Sie dient zum einen der **Sicherung des allgemeinen Lebensunterhaltes**,[670] zum anderen ist ihre Funktion zugleich auch der **Ersatz des Gesundheitsschadens** und eines **immateriellen Schadens**.[671] Das Entschädigungssystem der gesetzlichen Unfallversicherung unterscheidet sich wesentlich vom Schadensersatzsystem des Privatrechts. Dort erhalten in ihrer körperlichen Integrität Verletzte Schadensersatz nach Maßgabe der §§ 249 ff. BGB, also **Ersatz für den konkreten Erwerbsschaden**. 40

Beispiel:
Eine Schuhverkäuferin, die bei einem Unfall ihren rechten Zeigefinger verliert, aber ihrem Beruf uneingeschränkt weiter nachgehen kann, erhält zwar ggfs. Heilbehandlungskosten und Schmerzensgeld, aber mangels Erwerbsschaden keinen weiteren Schadensausgleich. Eine Klaviervirtuosin, die durch den gleichen Unfall ebenfalls ihren rechten Zeigefinger verliert und ihren erlernten und ausgeübten Beruf überhaupt nicht mehr nachgehen kann, kann demgegenüber ihren vollen Verdienstausfall geltend machen.

Demgegenüber ist das Entschädigungssystem der gesetzlichen Unfallversicherung vom **Prinzip der abstrakten Schadensberechnung** getragen. Damit wird ausgedrückt, dass die in Form einer Rente zu gewährende Entschädigung nicht den tatsächlichen Minderverdienst ausgleichen soll, sondern nach dem Unterschied der auf dem gesamten Gebiet des Erwerbslebens bestehenden Erwerbsmöglichkeiten der Verletzten vor und nach dem Versicherungsfall zu bemessen ist (§ 56 Abs. 2 S. 1 SGB VII). **Es wird nicht eine Minderung des Erwerbseinkommens, sondern die Minderung der** 41

669 BSG 10.10.2006, SozR 4-2700 § 44 Nr. 1.
670 BSG 19.6.1986, BSGE 60, 128; BVerwG 19.4.1996, BVerwGE 101, 86.
671 BAG 2.2.1988, AP Nr. 25 zu § 5 BetrAVG.

Erwerbsfähigkeit entschädigt. Ob der Versicherungsfall tatsächlich zu einem Einkommensverlust führt, ist daher bedeutungslos.[672] Dazu hat schon das RVA wenige Jahre nach Inkrafttreten des Unfallversicherungsgesetzes 1884 erkannt:

> „Bei der Beurteilung der Erwerbsfähigkeit eines Verletzten im Allgemeinen darf nicht lediglich das bisherige Arbeitsfeld des zu Entschädigenden und der Verdienst, welchen er etwa nach der Verletzung noch hat, in Rücksicht gezogen werden. Vielmehr ist einerseits der körperliche und geistige Zustand in Verbindung mit der Vorbildung desselben zu berücksichtigen und andererseits zu erwägen, welche ‚Fähigkeit' ihm zuzumessen sei, auf dem Gebiete des wirtschaftlichen Lebens sich einen ‚Erwerb' zu erschaffen (‚Erwerbsfähigkeit'). Es soll ihm nach dem Gesetze derjenige wirtschaftliche Schaden, welcher ihm durch die Verletzung zugefügt worden ist, ersetzt werden, und dieser Schaden besteht in der Einschränkung der Benutzung der dem Verletzten nach seinen gesamten Kenntnissen und wirtschaftlichen wie geistigen Fähigkeiten auf dem ganzen wirtschaftlichen Gebiet sich bietenden Arbeitsgelegenheiten."[673]

42 Die Verletztenrente wird selbst dann gewährt, wenn der Versicherte weiter in seinem alten Beruf tätig bleibt oder nach einer Umschulung sogar ein höheres Einkommen erzielt.[674] Das BVerfG hat deutlich gemacht, dass die abstrakte Schadensberechnung keinen verfassungsrechtlichen Bedenken begegnet.[675]

a) Anspruchsvoraussetzungen

43 Ein Anspruch auf Zahlung einer Verletztenrente entsteht, sofern ein Versicherungsfall zu einer **Minderung der Erwerbsfähigkeit (MdE) um mindestens 20 %** führt und diese **über die 26. Woche nach dem Versicherungsfall hinaus** andauert, § 56 Abs. 1 SGB VII.

aa) Minderung der Erwerbsfähigkeit

44 Die Minderung der Erwerbsfähigkeit richtet sich nach dem Umfang der sich aus der Beeinträchtigung des körperlichen und geistigen Leistungsvermögens ergebenden verminderten Arbeitsmöglichkeiten auf dem gesamten Gebiet des Erwerbslebens, § 56 Abs. 2 S. 1 SGB VII. Die **Berechnung** der MdE erfolgt – mit einiger Vergröberung – wie folgt: Zunächst wird die individuelle Erwerbsfähigkeit der Versicherten ermittelt und rechnerisch mit 100 % bewertet. Das gilt auch dann, wenn die verletzte Person bereits vorgeschädigt und dementsprechend nicht mehr voll erwerbsfähig war. Erst wenn die verletzte Person völlig erwerbsunfähig war, kommt eine „Minderung der Erwerbsfähigkeit" schon begrifflich nicht mehr in Betracht, so dass eine Verletztenrente nicht mehr zu gewähren ist. Sodann wird der vor dem Arbeitsunfall bestehenden und mit 100 % bewerteten Erwerbsfähigkeit der verletzten Person das Ausmaß der nach dem Unfall verbliebenen Erwerbsfähigkeit gegenübergestellt. Die Differenz beider Werte ergibt die MdE, ohne dass es – wegen der abstrakten Schadensberechnung – darauf ankommt, ob der Arbeitsunfall tatsächlich zu einem Einkommensverlust geführt hat.

45 Die Beurteilung des Grades der MdE ist eine **Rechtsfrage**, die im Regelfall nur anhand medizinischer Gutachten entschieden werden kann. In seiner Entscheidung vom 31.7.1975 hat das BSG für die Beurteilung des Grades der MdE Kriterien aufgezeigt, die auch heute noch uneingeschränkte Anerkennung verdienen:

> „Die Vomhundertsätze, mit denen das Ausmaß am jeweiligen Leistungsvermögen gewichtet und bewertet wird, sind nicht unmittelbar realen Gegebenheiten abgelesen; sie gehen nicht auf Analysen des durch die entgangene Erwerbsmöglichkeit individuell oder auch typischerweise entstandenen wirtschaftlichen Schadens zurück, sondern

672 Vgl. BSG 30.10.1968, BSGE 28, 271; BSG 15.6.1983, SozR 2200 § 573 Nr. 11; BSG 14.11.1984, SozR 2200 § 581 Nr. 22.
673 RVA 26.11.1887, AN 1888, 70.
674 BSG 27.8.1969, BSGE 30, 64.
675 BVerfG 7.11.1972, BVerfGE 34, 118.

sind abstrakte Primärannahmen und Setzungen, von denen aus auf die Erwerbsbeeinträchtigung geschlossen wird. Die Stimmigkeit der Abstufungen und Gradbezeichnungen folgt in erster Linie aus Vergleichungen aller Einzelerscheinungen innerhalb des Gesamtsystems der Schadensbewertung. Ob diese oder jene Bewertung zutreffend ist, lässt sich, weil sie ohne Prüfung des realen Erwerbsausfalls vorgenommen wird, nicht beweisen; sie kann sich aber durch Werterfahrung als realitäts- und maßstabsgerecht erweisen, nämlich dadurch, dass sie immer wiederkehrend angewendet und von Gutachtern, Verwaltungsbehörden, Gerichten sowie Betroffenen anerkannt und akzeptiert wird."[676]

Für typische Unfallschäden, insbesondere den Verlust von Gliedmaßen, haben sich Erfahrungswerte („**Gliedertaxe**") durchgesetzt, in der jede Funktionseinschränkung oder jeder Verlust eines Organs oder Körperteils mit einem Grad der MdE bewertet wird. Die Rechtsnatur der MdE-Tabellen ist nicht restlos geklärt, in der Praxis scheinen sie wie Rechtssätze angewandt zu werden.[677] Sie binden zwar nicht im Einzelfall, sind aber Grundlage für eine Gleichbehandlung von Parallelfällen.[678] In Ausnahmefällen (wie der Pianistin im Beispielsfall, § 41 Rn. 40) können auch die besonderen beruflichen Kenntnisse und Erfahrungen der versicherten Person berücksichtigt werden, § 56 Abs. 2 S. 3 SGB VII. Beispielhaft seien hier genannt: 46

Grad der MdE	Beeinträchtigung
100 %	Erblindung auf beiden Augen; Querschnittlähmung; Verlust beider Arme, Hände oder Beine
Bis zu 100 %	Hirnverletzungen mit bleibenden organisch-psychischen Funktionsstörungen; Staublunge
80 %	Verlust eines Armes vom Schultergelenk an; Verlust eines Beines im Hüftgelenk; Verlust aller Finger beider Hände
70 %	Taubheit auf beiden Ohren
30–60 %	Versteifung des Knies
bis zu 50 %	Entstellung des Gesichts
40 %	Verlust der Nase; Versteifung des Schultergelenks
30–50 %	Chronische Magenschleimhautentzündung
30 %	Tonlosigkeit der Stimme; Versteifung der Hüfte einseitig in günstiger Stellung; Beidseitiger Hodenverlust nach Abschluss der körperlichen Entwicklung und vor Vollendung des 60. Lebensjahres
bis zu 30 %	Allergische oder toxische Hautschäden
25 %	Blindheit auf einem Auge (bei voller Funktionsfähigkeit des anderen)
20 %	Verlust einer Niere (bei voller Funktionsfähigkeit der anderen); Verlust eines Daumens
15 %	Taubheit auf einem Ohr (bei voller Funktionsfähigkeit des anderen)
10–20 %	Halswirbel-Schleudertrauma III. Grades
10 %	Leisten- oder Schenkelbruch; Versteifung des Daumens; Verlust des Zeige- oder Mittelfingers

Da die Zuerkennung einer bestimmten MdE letztlich eine **Schätzung** darstellt, wird die versicherte Person nicht mit dem Einwand gehört, der Unfallversicherungsträger hätte eine höhere MdE festsetzen müssen, wenn die begehrte oder im gerichtlichen Verfahren ermittelte MdE um nicht mehr als 5 % von der vom Unfallversicherungsträger festgestellten abweicht: 47

676 BSG 31.7.1975, BSGE 40, 120.

677 Kritisch BSG 20.12.2016, BSGE 122, 232; ausf. Nusser/Spellbrink, SGb 2017, 550 ff, dort auch mit Nachw. Zu Inhalt und Herkunft der MdE-Tabellen.

678 BSG 18.1.2011, NZS 2011, 910.

> „Bei der Beurteilung der MdE, die in jedem Einzelfall unter Berücksichtigung der Fähigkeiten und Kenntnisse des Verletzten und etwaiger Besonderheiten vorzunehmen ist, handelt es sich um eine Schätzung, denn der Grad der durch einen Unfall verursachten MdE ist erfahrungsgemäß nicht völlig genau feststellbar. Schon das RVA hat deshalb, wenn der Rechtsstreit wegen des Grades der MdE durch Unfallfolgen, deren Ausmaß unstreitig war, geführt worden ist, Abweichungen in der Bewertung der MdE um nur 5 v.H. als rechtlich nicht bedeutsam, sondern als innerhalb einer natürlichen Fehlergrenze liegend angesehen. Es hat deshalb die Änderung einer vom Versicherungsträger festgestellten Rente durch das Gericht nur als Rechtens erachtet, wenn die Ergebnisse der Schätzungen des Versicherungsträgers und der Gerichte sich wesentlich unterschieden; dies hat es bei einer unterschiedlichen Bewertung von nur 5 v.H. grundsätzlich verneint."[679]

bb) Mindesthöhe und -dauer der MdE

48 Die Minderung der Erwerbsfähigkeit muss **mindestens 20 % erreichen** und **über 26 Wochen** nach Eintritt des Versicherungsfalls hinausgehen. Gesundheitsschäden, die schon vor Ablauf dieser Frist ausgeheilt sind, führen nicht zur Gewährung einer Verletztenrente. Allerdings ist ein Schaden gem. § 56 Abs. 1 S. 3 SGB VII bereits ab einer **MdE von mindestens 10 %** anzuerkennen, weil er u.U. mit einer bereits vorhandenen oder später – auch aufgrund eines neuen Versicherungsfalls – eintretenden weiteren MdE zu einer Entschädigungspflicht führen kann. Die MdE unter 20 % wird als „gestützte", die andere MdE als **Stütz-MdE** bezeichnet. Eine Entschädigungspflicht besteht auch, wenn beide MdE unter 20 % liegen, in ihrer Summe aber 20 % erreichen.[680] Erleidet eine versicherte Person mehrere Arbeitsunfälle, so wird eine Verletztenrente für jeden Unfall gewährt, der eine MdE von mindestens 10 % zur Folge hat.

b) Beginn und Ende der Rente

49 Für den Rentenbeginn ist zu unterscheiden, ob die versicherte Person arbeitsunfähig geworden ist und Anspruch auf Verletztengeld hat oder ob die versicherte Person nicht arbeitsunfähig geworden ist bzw. zwar arbeitsunfähig geworden ist, aber mangels Arbeitsentgelts oder -einkommens keinen Anspruch auf Verletztengeld hat. In dem ersten Fall (Regelfall) beginnt die Rente an dem Tag, der auf den Tag folgt, an dem der Anspruch auf Verletztengeld endet (§ 72 Abs. 1 Nr. 1 SGB VII). Im zweiten Fall beginnt die Rente bereits von dem Tag an, der dem Tag folgt, an dem der Versicherungsfall eingetreten ist (§ 72 Abs. 1 Nr. 2 SGB VII). Für Unternehmer, ihre im Unternehmen mitarbeitenden Ehegatten oder Lebenspartner und für die nach § 6 Abs. 1 Nr. 2 SGB VII gleichgestellten kann die Satzung bestimmen, dass die Rente für die ersten 13 Wochen seit Beginn der Arbeitsunfähigkeit ganz oder teilweise nicht gezahlt wird, § 72 Abs. 3 S. 1 SGB VII. Die Rente beginnt jedoch spätestens am Tag nach Ablauf der 13. Woche, sofern kein Verletztengeld zu zahlen ist, § 72 Abs. 3 S. 2 SGB VII.

50 Der **Rentenanspruch entfällt** durch **Verwaltungsakt** nach §§ 45, 48 SGB X, **Fristablauf** bei Befristung (vgl. dazu § 73 Abs. 4 SGB VII), **Bedingungseintritt** oder **Versterben** der Berechtigten (§ 73 Abs. 6 SGB VII). § 73 Abs. 2 S. 1 SGB VII regelt den Zeitpunkt der Beendigung von Rentenzahlungen bei Entziehung der Rente durch Verwaltungsakt nach § 48 SGB X wegen nachträglicher tatsächlicher oder rechtlicher Änderungen, die zum Wegfall der Anspruchsvoraussetzungen für die Rente führen (z.B. MdE sinkt unter 20 Prozent). Die Rente endet gem. § 73 Abs. 2 S. 1 SGB VII zum Ende des Monats, in dem der Wegfall der Anspruchsvoraussetzungen wirksam geworden ist. Wird eine durch Rentenbescheid festgestellte laufende Rente für die Zukunft entzogen, so endet die Rente mit Ablauf des Monats der Bekanntgabe des Bescheides.

---

679 BSG 21.3.1974, BSGE 37, 177; vgl. auch BSG 20.12.2016, BSGE 122, 232.
680 BSG 27.6.1984, SozR 2200 § 581 Nr. 20.

c) Höhe der Rente

Verliert die versicherte Person infolge des Versicherungsfalls die Erwerbsfähigkeit (MdE von 100 Prozent), beträgt die Verletztenrente zwei Drittel des Jahresarbeitsverdienstes, kurz: JAV (= **Vollrente**), § 56 Abs. 3 S. 1 SGB VII. Bei einer Minderung der Erwerbsfähigkeit (MdE von weniger als 100 Prozent) wird eine **Teilrente** in Höhe des Prozentsatzes der Vollrente geleistet, der dem Grad der MdE entspricht, § 56 Abs. 3 S. 2 SGB VII. Grds. berechnet sich die Verletztenrente daher nach der Formel: Jahresrente = Prozentsatz der MdE × Jahresarbeitsverdienst × $^2/_3$. Die Rentenhöhe ist damit im Wesentlichen von zwei Faktoren abhängig, nämlich der **MdE** und dem **JAV**. Durch die Bezugnahme auf den JAV i.R.d. Rentenberechnung wird als Ausgleich zur abstrakten Schadensbemessung eine **individuelle Komponente** der Rentenberechnung garantiert. Der JAV bestimmt sich gem. der §§ 81 bis 93 SGB VII. 51

Für den JAV ist das gesamte **Arbeitsentgelt** (§ 14 SGB IV) und **Arbeitseinkommen** (§ 15 SGB IV), das Versicherte in den **letzten zwölf Monaten** vor dem Eintritt des Versicherungsfalls erzielt haben, zugrunde zu legen, § 82 Abs. 1 SGB VII. Durch die Bezugnahme auf § 14 Abs. 1 SGB IV ist klargestellt, dass nicht nur alle laufenden Entgelte, sondern **auch Einmalzahlungen** wie das Urlaubs- und Weihnachtsgeld zu berücksichtigen sind. § 85 SGB VII setzt **Unter- und Obergrenzen** für den Jahresarbeitsverdienst fest bzw. gestattet der Satzung, solche festzusetzen. Bedeutung hat dies insbesondere für Teilzeitbeschäftigte und Versicherte, die nicht als Beschäftigte versichert sind. Hat die versicherte Person im letzten Jahr vor Eintritt des Versicherungsfalls ganz oder zeitweise kein Arbeitsentgelt oder Arbeitseinkommen bezogen, so ist § 82 Abs. 2 SGB VII zu beachten. Für sonstige Sonderfälle enthalten die §§ 83ff. SGB VII weitere Einzelregelungen, so bspw. für den Jahresarbeitsverdienst Selbständiger (§ 83 SGB VII), bei Berufskrankheiten, insbesondere wenn sie zur Aufgabe der Tätigkeit geführt haben (§ 84 SGB VII), und für Kinder (§ 86 SGB VII). 52

Für Schwerverletzte (Personen, deren MdE mindestens 50 % beträgt, § 57 SGB VII) erhöht sich die so berechnete Rente um 10 %, wenn sie infolge des Versicherungsfalls auf Dauer keiner Erwerbstätigkeit mehr nachgehen können und sie keine Rente aus der gesetzlichen Rentenversicherung erhalten. Steht Schwerverletzten neben der Verletztenrente noch eine Rente wegen verminderter Erwerbsfähigkeit nach den §§ 43ff. SGB VI zu, so wird diese Rente teilweise nicht auf die Verletztenrente angerechnet (§ 93 Abs. 2 Nr. 2 SGB VI). Auf diese Weise wird in abstrakter Form auch der tatsächliche Einfluss der MdE auf das Erwerbsverhalten der Versicherten berücksichtigt und ihnen überdies ein – wenn auch geringer – Ersatz ihrer immateriellen Schäden gewährt. 53

Anders als bei einer MdE von weniger als 20 Prozent, die nicht allein, sondern nur zusammen mit einer anderen MdE als sog. Stütz-MdE zu einer Entschädigungspflicht führt, wird bei **mehreren Versicherungsfällen** mit einer MdE von jeweils mindestens 20 % keine Gesamt-MdE gebildet. Vielmehr werden – dem Versicherungsprinzip entsprechend – für jeden Versicherungsfall eigenständige Renten von möglicherweise unterschiedlichen Versicherungsträgern gewährt. Wegen des Prinzips der abstrakten Schadensberechnung können Versicherte so u.U. auch mehrere MdEs haben, die **in ihrer Summe 100 % übersteigen.** 54

Beispiel:
Ein Versicherter, der bei einem früheren Arbeitsunfall seinen linken Arm verloren hat (MdE = 70 %), findet einen behindertengerechten Arbeitsplatz. Bei einem Unfall auf dem Weg zur Arbeit wird er von einem Lkw erfasst und bleibt querschnittgelähmt (MdE = 100 %).

Um in diesen Fällen einerseits eine angemessene Leistung für beide Versicherungsfälle zu gewährleisten, andererseits sozialpolitisch untragbare Ergebnisse zu verhindern, bestimmt § 59 SGB VII, dass der Höchstbetrag aller Renten (ohne Berücksichtigung der Schwerverletztenzulage nach § 57 SGB VII) die Grenze von zwei Dritteln des höchsten der bei der Rentenberechnung zugrunde zu legenden Jahresarbeitsverdienste nicht übersteigen darf. Damit ist ausgeschlossen, dass der Gesamtbetrag der Renten höher ist, als wenn die versicherte Person nur einen Unfall mit einer MdE von 100 % erlitten hätte. 55

d) Rente als vorläufige Entschädigung und Rente auf unbestimmte Zeit

56 Steht die Höhe der MdE – bspw. wegen noch nicht abgeschlossener Heilung, nicht ausreichender Stabilisierung oder Gewöhnung – noch nicht endgültig fest, kann der Versicherungsträger für die ersten drei Jahre nach dem Versicherungsfall die Verletztenrente als **vorläufige Rente** festsetzen, § 62 SGB VII. Innerhalb dieses Zeitraums kann die MdE jederzeit neu festgesetzt werden; nach Ablauf der Drei-Jahres-Frist wird die vorläufige Entschädigung als **Rente auf unbestimmte Zeit** geleistet. Von der Möglichkeit der vorläufigen Rentengewährung wird in der Praxis in großem Umfang Gebrauch gemacht, weil auf diese Weise das umständliche und bei einer Änderung zuungunsten der versicherten Person nur unter eingeschränkten Voraussetzungen zulässige Verfahren der Aufhebung des Rentenbescheids und des Erlasses eines neuen Verwaltungsakts (§§ 44ff. SGB X) vermieden werden kann. Die Festsetzung einer bestimmten MdE im vorläufigen Rentenbescheid entfaltet nämlich **keine Bindungswirkung** für die endgültige Entscheidung, § 62 Abs. 2 S. 2 SGB VII.

e) Abfindung von Renten

57 Anstelle der Rente kann in bestimmten Fällen eine einmalige Abfindung, d.h. eine einmalige Zahlung, gewährt werden (§§ 75ff. SGB VII). Betroffen sind vorläufige Renten (§ 75 SGB VII), Renten auf unbestimmte Zeit bei einer MdE unter 40 % (§§ 76f. SGB VII) und Renten auf unbestimmte Zeit bei einer MdE von 40 % oder mehr (§§ 78f. SGB VII). Andere Ansprüche der Versicherten, z.B. auf Heilbehandlung, Leistungen zur Teilhabe am Arbeitsleben oder Verletztengeld, werden durch die Abfindung nicht berührt. Die Abfindungen sind nach der Art der Renten unterschiedlich geregelt.

58 Bei **vorläufigen Renten** kommt gem. § 75 SGB VII eine Abfindung in Form einer **Gesamtvergütung** in Betracht. Die Abfindung wird in diesem Fall durch eine Vorauszahlung in Höhe des voraussichtlichen Rentenaufwandes realisiert. Sinn und Zweck der Gesamtvergütung ist es, dass die versicherte Person sich nicht an den Bezug einer Rente gewöhnen soll. Darüber hinaus dient es der Verwaltungsvereinfachung beim Unfallversicherungsträger.

59 Renten auf unbestimmte Zeit können dagegen entweder **auf Lebenszeit** (§ 76 SGB VII, bei MdE unter 40 Prozent), oder **für den Zeitraum von zehn Jahren** (§§ 78, 79 SGB VII, ab MdE von 40 %) abgefunden werden. Bei der Abfindung für den Zeitraum von zehn Jahren handelt es sich nicht um eine eigentliche Rentenabfindung, sondern um eine nur teilweise zeitlich beschränkte Rentenkapitalisierung.[681] Das Rentenstammrecht ist damit nicht erfasst, sondern nur der zur Auszahlung gelangende Monatsbetrag.

60 Die Abfindung ist eine **Ermessensleistung** des Unfallversicherungsträgers. Seine Entscheidung hat nach pflichtgemäßem Ermessen im Interesse der Antragstellenden zu erfolgen.[682] Ein bestimmter Verwendungszweck für die Abfindungssumme ist nicht vorgesehen. Jedoch müssen die schutzwürdigen Interessen der Allgemeinheit Berücksichtigung finden. Diese wären verletzt, wenn die Antragstellenden ohne ihre Rente sofort oder wahrscheinlich in absehbarer Zeit sozialhilfebedürftig oder in höherem Maß als zuvor sozialhilfebedürftig werden.[683] Darüber hinaus ist bei der Abfindung einer Rente auf Lebenszeit zu berücksichtigen, ob die Lebenserwartung der versicherten Person geringer als altersüblich ist.[684]

2. Hinterbliebenenrente

61 Führt der Versicherungsfall zum Tod der versicherten Person, so stehen ihren Hinterbliebenen neben dem den Ersatz der Beerdigungskosten dienenden Sterbegeld und den Überführungskosten (§ 63 Abs. 1 Nr. 1 und 2 , § 64 SGB VII) sowie der Überbrückungshilfe (§ 63 Abs. 1 Nr. 4, § 71 SGB VII),

681 BSG 18.12.1979, HV-Info 1986, 1554.
682 Vgl. BSG 18.4.2000, SozR 3-2700 § 76 Nr. 2.
683 BSG 9.11.2010, SozR 4-2700 § 76 Nr. 2.
684 LSG Rheinland-Pfalz 21.12.1994, HVBG-Info 1995, 1790.

die für das Sterbequartal gewährt wird und der Erleichterung der Umstellung dienen soll, Rentenansprüche zu (§ 63 Abs. 1 Nr. 4, §§ 65ff. SGB VII). Deren Höhe berechnet sich ebenso wie die Versichertenrente nach dem JAV der verstorbenen Person.

a) Witwer-/Witwenrente

Gem. § 65 Abs. 1 SGB VII ist anspruchsberechtigte Witwe bzw. anspruchsberechtigter Witwer, wer mit dem Versicherten eine rechtsgültige **Ehe** geschlossen hatte, die zum Zeitpunkt des Todes noch bestand. Eine eheähnliche Lebensgemeinschaft ist einer wirksamen Ehe nicht gleichzusetzen. Vom Todestag bis zum Ablauf des dritten Kalendermonats nach Ablauf des Monats, in dem der Ehegatte gestorben ist (**Sterbevierteljahr**), beträgt die Witwen- bzw. Witwerrente zwei Drittel des JAV (§ 65 Abs. 2 Nr. 1 SGB VII). Damit soll der Witwe bzw. dem Witwer die Umstellung auf die neuen Lebensverhältnisse finanziell erleichtert werden. Für diesen Zeitraum erfolgt auch keine Einkommensanrechnung (§ 65 Abs. 3 S. 1 SGB VII). 62

Bei den Witwer- und Witwenrenten ist – wie in der gesetzlichen Rentenversicherung (§ 51 Rn. 222ff.) – zwischen „kleinen" und „großen" Renten zu unterscheiden. Die **„große Witwen-/Witwerrente"** (§ 65 Abs. 2 Nr. 3 SGB VII) beträgt 40 % des JAV der versicherten Perosn. Sie wird an Witwer/Witwen geleistet, die ein waisenrentenberechtigtes Kind erziehen oder für ein Kind sorgen, das wegen körperlicher, geistiger oder seelischer Behinderung Anspruch auf Waisenrente hat oder nur wegen Vollendung des 27. Lebensjahres nicht hat; das 47. Lebensjahr vollendet haben oder berufs- oder erwerbsunfähig i.S.d. Rechtes der gesetzlichen Rentenversicherung sind. Alle übrigen Witwer und Witwen erhalten eine **kleine Witwer-/Witwenrente**, die 30 % des JAV der versicherten Person beträgt (§ 65 Abs. 2 Nr. 2 SGB VII). 63

Sowohl auf die große als auch auf die kleine Witwer-/Witwenrente wird Erwerbseinkommen, das die Hinterbliebenen erzielen, teilweise angerechnet (§ 65 Abs. 3 und 4 SGB VII). Diese 1985 eingeführte Einkommensanrechnung hat zu erheblichen Diskussionen geführt, weil durch die **Berücksichtigung der konkreten Bedürftigkeit das Versicherungsprinzip verlassen** und das sozialhilferechtliche Fürsorgeprinzip in das Sozialversicherungsrecht eingeführt wird. Das BVerfG hat das Gesetz unbeanstandet gelassen. Die Hinterbliebenenrente genieße keinen Eigentumsschutz, weil sie nicht auf den Eigenleistungen der Rentenberechtigten beruhe; wegen des grundlegenden Unterschieds zwischen Hinterbliebenen- und Versichertenrenten sei eine Systemwidrigkeit nicht erkennbar. Weiter führte das BVerfG aus: 64

> „Die Voraussetzungen, unter denen eine sozialversicherungsrechtliche Position Eigentumsschutz genießt, sind nicht erfüllt. Nach der Konzeption des Gesetzgebers ist die Hinterbliebenenversorgung dem Versicherten nicht als Rechtsposition privatnützig zugeordnet. Die Leistung erstarkt gem. § 41 AVG – ebenso wie nach § 46 Abs. 1 SGB VI – nicht mit Ablauf der Wartezeit und Eintritt des Versicherungsfalls zum Vollrecht. Sie steht vielmehr unter der weiteren Voraussetzung, dass der Versicherte zu diesem Zeitpunkt in gültiger Ehe lebt. (...) Die Hinterbliebenenversorgung beruht auch nicht auf einer dem Versicherten zurechenbaren Eigenleistung."[685]

Die Witwen- bzw. Witwerrente ist **vom Todestag an** zu zahlen (§ 72 Abs. 2 SGB VII). Eine Erhöhung bzw. Herabsetzung der Hinterbliebenenrente ist vorzunehmen, wenn die Voraussetzungen für die „große Rente" nach § 65 Abs. 2 Nr. 3 SGB VII vorliegen bzw. wegfallen. Die Witwer-/Witwenrente wird **bis zum Tod des Witwers bzw. der Witwe** (§ 73 Abs. 6 SGB VII) oder **bis zur Wiederverheiratung** geleistet (§ 65 Abs. 1 S. 1 SGB VII). Letzteres rechtfertigt sich daraus, dass diese Renten nicht Einkommens-, sondern **Unterhaltsersatzfunktion** haben und mit der erneuten Heirat der Ehegatte die Unterhaltsverpflichtung übernimmt (§ 1360 BGB). Ob sich die wirtschaftliche Lage des Hinterbliebenen durch die neue Heirat verbessert oder verschlechtert, ist unbeachtlich.[686] Allerdings steht dem 65

685 BVerfG 18.2.1998, BVerfGE 97, 271.
686 BSG 21.6.1995, HVBG-Info 1996, 783.

Witwer bzw. der Witwe bei der ersten Wiederheirat eine **Abfindung** in Höhe des zweifachen Jahresbetrags der Rente zu, § 80 Abs. 1 SGB VII.

b) Waisenrenten

66 Leibliche **Kinder** sowie in den Haushalt der versicherten Person aufgenommene **Stief-** und **Pflegekinder**, ferner in den Haushalt aufgenommene oder überwiegend vom Versicherten unterhaltene **Enkelkinder** und **Geschwister** haben grds. **bis zur Vollendung des 18. Lebensjahres** einen Anspruch auf Waisenrente, § 67 SGB VII. Diese beträgt 20 % des JAV bei Halb- und 30 % bei Vollwaisen (§ 68 Abs. 1 SGB VII); sie verlängert sich maximal bis zum Erreichen des **27. Lebensjahres**, wenn sich die Waise in der Schul- oder Berufsausbildung befindet, ein freiwilliges soziales oder ökologisches Jahr leistet oder wegen einer Behinderung nicht in der Lage ist, sich selbst zu unterhalten (§ 67 Abs. 3 Nr. 2 SGB VII). Auch bei den Waisenrenten wird eigenes Einkommen der Rentenberechtigten auf den Rentenanspruch teilweise angerechnet, § 68 Abs. 2 SGB VII.

67 Die Waisenrente ist **vom Todestag an** zu zahlen (§ 72 Abs. 2 S. 1 SGB VII). Die Halbwaisenrente ist zu erhöhen, wenn die Voraussetzungen für die Vollwaisenrente vorliegen. Die Rente endet im Falle der Befristung entsprechend § 67 Abs. 3 Nr. 1, Nr. 2 lit. a und b, Abs. 4 SGB VII mit Ablauf der Frist, § 73 Abs. 4 S. 1, Abs. 5 S. 2 SGB VII. Bei Ende der Behinderung oder fehlender eigener Unterhaltsfähigkeit nach § 67 Abs. 3 Nr. 2 lit. d SGB VII endet die Rente mit Ablauf des Monats, in dem der Entziehungsbescheid bekannt gegeben wurde (vgl. § 73 Abs. 2 SGB VII). Daneben endet die Rente mit Ende des Monats, in dem der Berechtigte verstorben ist (§ 73 Abs. 6 SGB VII).

§ 42 Haftungsbeschränkung und Regress (ges. Unfallversicherung)

I. Überblick

1 Entsprechend dem Grundprinzip der gesetzlichen Unfallversicherung der Haftungsersetzung durch Versicherungsschutz (§ 36 Rn. 1ff.), sieht das SGB VII in den §§ 104ff. SGB VII Haftungsbeschränkungen vor. Der als Abrundung dazu erforderliche Haftungsausgleich zwischen Schädiger und Unfallversicherungsträger ist in § 110 SGB VII und in § 116 SGB X geregelt.

II. Haftungsbeschränkung

Literatur: Fries, Die Haftungsbeschränkung der §§ 104ff. SGB VII in den Fällen der unechten Unfallversicherung, 2013; Gitter, Schadensausgleich im Arbeitsunfallrecht, 1969; Jungfleisch, Leistungsansprüche des nicht versicherten Unternehmers, BG 2006, 464ff.; Kock, Entsperrung der Haftungsprivilegierung gem. §§ 104ff. SGB VII wegen Vorsatzes und bei sog. Hol- und Bringunfällen jetzt höchstrichterlich geklärt, NZS 2005, 18ff.; Krasney, Haftungsbeschränkung bei Verursachung von Arbeitsunfällen, NZS 2004, 68ff.; Küppersbusch/Höher, Ersatzansprüche bei Personenschaden, 14. Aufl. 2024, Rn. 392ff.; Leube, Haftungsbegrenzung bei Personenschäden in der Schule (§§ 104ff. SGB VII), VersR 2000, 948ff.; Möhlenkamp, Wie-Beschäftigung, Bindungswirkung und Sonderfälle der Haftungsprivilegien nach §§ 104ff. SGB VII abseits des klassischen Arbeitsunfalls, VersR 2019, 200ff.; Otto/Schwarze/Krause, Die Haftung des Arbeitnehmers, 4. Aufl. 2014; Plagemann, Haftungsersetzung durch Unfallversicherung, SGb 2016, 245ff.; Ricke, Haftungsbeschränkung nach § 104 SGB VII für „weitere" Unternehmer, NZS 2011, 454ff.; Ricke, Die zivilgerichtliche Bindung nach § 108 SGB VII an unfallversicherungsrechtlichen Entscheidungen für Schadensersatzansprüche nach möglichen Arbeitsunfällen, NZV 2017, 559ff.; Rolfs, Die Haftung unter Arbeitskollegen und verwandte Tatbestände, 1995; Rolfs, Die Neuregelung der Arbeitgeber- und Arbeitnehmerhaftung bei Arbeitsunfällen durch das SGB VII, NJW 1996, 3177ff.; Rolfs, Schadensausgleich im Arbeitsunfallrecht heute, SGb 2018, 523ff.; Schmidt, Der Umfang der Haftungsfreistellungen bei Personenschäden – insbesondere nach § 106 Abs. 3 SGB VII, BB 2002, 1859ff.; von Koppenfels-Spies, Der Risikobereich des Haftungsausschlusses gem. § 105 Abs. 1 SGB VII – Betrieb oder Unternehmen?, NZS 2006, 561; von Koppenfels-Spies, Doppelter Unternehmer? Doppelter Versicherungsschutz? Zur Reichweite des Haftungsprivilegs der §§ 104ff. SGB VII bei kurzzeitigen Unterstützungsleistungen und kurzzeitiger Eingliederung, SGb 2013, 373ff.; Waltermann, Haftungsfreistellung bei Personenschäden – Grenzfälle und neue Rechtsprechung, NJW 2004, 901ff.; Witschen, Der Anspruch auf Hinterbliebenengeld bei tödlichen Arbeitsunfällen, JZ 2018, 490ff.

1. Haftungsbeschränkung des Unternehmers

Nach § 104 Abs. 1 S. 1 SGB VII sind die Unternehmer den in der gesetzlichen Unfallversicherung Versicherten, die für ihre Unternehmen tätig sind oder zu ihren Unternehmen in einer sonstigen die Versicherung begründenden Beziehung stehen, sowie deren Angehörigen und Hinterbliebenen nach anderen gesetzlichen Vorschriften zum Ersatz des Personenschadens, den ein Versicherungsfall verursacht hat, nur verpflichtet, wenn sie den Versicherungsfall vorsätzlich oder auf einem nach § 8 Abs. 2 Nr. 1 bis 4 SGB VII versicherten Weg herbeigeführt haben. 2

Der Unternehmer wird durch diese Regelung unter bestimmten Voraussetzungen **von der Haftung freigestellt**, obwohl er einen Versicherungsfall schuldhaft herbeigeführt hat. Ausgeschlossen ist die Haftung des „**Unternehmers**". Unternehmen sind nach der Legaldefinition des § 121 Abs. 1 SGB VII Betriebe, Verwaltungen, Einrichtungen und Tätigkeiten. Unternehmer ist die natürliche oder juristische Person oder rechtsfähige Personenvereinigung oder -gemeinschaft, der das wirtschaftliche Ergebnis des Unternehmens unmittelbar zum Vorteil oder Nachteil gereicht (§ 136 Abs. 3 Nr. 1 SGB VII).[687] Bei einem von einer GmbH getragenen Unternehmen ist die GmbH, nicht eine Geschäftsführerin oder ein Geschäftsführer, Unternehmer. Einbezogen in die Haftungsfreistellung sind schon nach dem Wortlaut auch Unternehmer, die keine Arbeitnehmer beschäftigen und keine Beiträge leisten, sofern der Geschädigte als „Wie-Beschäftigter" tätig geworden ist. Da „Unternehmen" nach § 121 Abs. 1 SGB VII auch Tätigkeiten sind, hat die Haftungsfreistellung auch **erhebliche Bedeutung im privaten Bereich** (z.B. Kfz-Reparatur oder Hilfe beim Bau eines Eigenheims unter Bekannten).[688] 3

Mit dem Haftungsprivileg belastet sind zum einen **Personen, die für ihre Unternehmen tätig sind** (z.B. Beschäftigte, § 2 Abs. 1 Nr. 1 SGB VII; „Wie-Beschäftigte", § 2 Abs. 2 S. 1 SGB VII; unentgeltlich im Gesundheitsdienst oder in der Wohlfahrtspflege Tätige, § 2 Abs. 1 Nr. 9 SGB VII usw.). Leiharbeitnehmende stehen zwar in einem Beschäftigungsverhältnis zum Verleiher (§ 2 Abs. 1 Nr. 1 SGB VII), sie werden aber wie Beschäftigte für den Entleiher tätig (§ 2 Abs. 2 S. 1 SGB VII) und sind insoweit ebenfalls mit dem Haftungsprivileg betroffen.[689] Ein versichertes Tätigwerden für das Unternehmen fehlt bei einer Tätigkeit Selbständiger auf werkvertraglicher Grundlage.[690] Zum anderen werden von § 104 Abs. 1 S. 1 SGB VII aber auch Personen erfasst, **die zu Unternehmen in einer sonstigen die Versicherung begründenden Beziehung stehen** (z.B. Blutspender § 2 Abs. 1 Nr. 13 lit. b SGB VII usw.). **Nicht** von der Haftungsbeschränkung nach § 104 SGB VII erfasst sind dagegen pflichtversicherte **Nothelfer** nach § 2 Abs. 1 Nr. 13a SGB VII, wenn und weil die Hilfeleistung im Interesse der Allgemeinheit geschieht und die Hilfe insoweit nicht im Unternehmen des Hilfebedürftigen geleistet wird.[691] 4

Beispiel:[692]

K sieht im benachbarten Stall des X dessen Reitpferd aus dem Stall ausbrechen. Das Tier droht auf die benachbarte, viel befahrene Straße zu laufen. K schickt sich an, die Stalltüre auf dem angrenzenden Hof zu schließen. Hierbei verletzt er sich am Bein. Weil K den X aufgrund dessen Tierhalterhaftung für das Luxustier Reitpferd nach § 833 S. 1, § 253 Abs. 2 BGB in Anspruch nimmt, stellte sich die Frage, ob die Verpflichtung zum Schmerzensgeld nicht durch § 104 SGB VII ausgeschlossen ist. Denn K ist als Nothelfer tätig geworden und war nach § 2 Abs. 1 Nr. 13a SGB VII gesetzlich unfallversichert. Damit ist die Frage aufgeworfen, ob die Haftungsbeschränkung grds. für jeden Pflichtversicherungstyp gilt. Der BGH hat die Haftungsbeschränkung für Nothelfer aus § 104 SGB VII verneint:

„Der Versicherungsschutz des Nothelfers wird durch die Leistung der Nothilfe begründet und folgt unmittelbar aus § 8 Abs. 1 Nr. 13 lit. a SGB VII, wird also nicht durch die Beziehung zu einem Unternehmen begründet, wie § 104 SGB VII dies

---

687 Näher Leube, SGb 2017, 268.

688 Vgl. BGH 16.12.1986, NJW 1987, 1643; BGH 24.6.2003, NJW 2004, 966.

689 BGH 18.11.2014, BGHZ 203, 224.

690 BGH 3.5.1960, VersR 1960, 799.

691 BGH 24.1.2006, BGHZ 166, 42; vgl. schon BGH 2.12.1980, NJW 1981, 760.

692 Nach BGH 24.1.2006, BGHZ 166, 42.

voraussetzt. [...] Für diese Hilfe ist gleichgültig, ob derjenige, dem geholfen wird oder der von einer Gefahr verschont wird, ein Unternehmer oder eine andere Person ist. Der Unfallversicherungsschutz wird für den Dienst an der Allgemeinheit gewährt und soll die Bereitschaft zur Hilfeleistung durch eine soziale Existenzsicherung fördern. [...] Damit fehlt es an den Strukturen, aus denen sich der Haftungsausschluss gem. § 104 SGB VII rechtfertigt (Wahrung des Betriebsfriedens)."

2. Haftungsbeschränkung betrieblich Tätiger

5 Nach § 105 Abs. 1 SGB VII sind auch **andere im Betrieb tätige Personen** (insbesondere Arbeitskolleginnen und -kollegen) unter den gleichen Voraussetzungen wie der Unternehmer in der Haftung beschränkt. Voraussetzung für die Haftungsfreistellung ist, (1) dass die schädigende Person einen **Versicherungsfall einer versicherten Person** verursacht hat, (2) beide für **denselben Betrieb** tätig sind und (3) der Versicherungsfall **durch eine betriebliche Tätigkeit** der schädigenden Person verursacht worden ist.

6 Vor dem Hintergrund des Friedensarguments, aber auch dem Gedanken der betrieblichen Gefahrengemeinschaft, trägt die Erweiterung des § 105 SGB VII dem Umstand Rechnung, dass alle im Betrieb Tätigen genau wie dem Unternehmer durch eine Unachtsamkeit insbesondere Arbeitskolleginnen und -kollegen erheblichen Schaden zufügen können und ein solches mit innerhalb einer Erwerbsbiografie statistisch nicht unwahrscheinlich ist. Die Begründung zur Einführung im Jahr 1963[693] nimmt auch Bezug auf die Rechtsprechung des BGH und des BAG[694] zur beschränkten Arbeitnehmerhaftung, wonach leicht oder mittel fahrlässig bei einer betrieblichen Handlung andere Arbeitnehmende schädigende Arbeitnehmende einen entsprechenden Freistellungsanspruch im Innenverhältnis gegen seine Arbeitgeberin hatte. Diese vor dem grundrechtlichen Hintergrund gebotene[695] Haftungseinschränkung im Arbeitsverhältnis schwächte wirtschaftlich die Haftungsfreistellung des Unternehmers als Zweck der Unfallversicherung.

7 Von der Haftungsbeschränkung des § 105 SGB VII Betroffene sind die **Versicherten desselben Betriebs.** Dazu gehören zunächst die **Arbeitnehmenden des Betriebs** und die sonstigen Personen, die für den Betrieb tätig sind (§ 2 Abs. 2 S. 1 SGB VII). Die Haftungsbeschränkung gilt jedoch nicht für Personen, die mit dem Geschädigten zwar räumlich an der gleichen Arbeitsstätte zusammenarbeiten, aber nicht für denselben Betrieb tätig sind. Hier greift jedoch ggf. die (sprachlich im Gesetz eher versteckt zu findende) Haftungsbeschränkung nach § 106 Abs. 3 Fall 3 SGB VII ein (§ 42 Rn. 11ff.). Nach dieser Vorschrift kann die Haftung zwischen Versicherten verschiedener Unternehmen ausgeschlossen sein. Keinen ausdrücklichen Niederschlag im Wortlaut von §§ 105, 106 SGB VII hat die **Schädigung zwischen Beschäftigten verschiedener Betriebe desselben Unternehmens** gefunden. Es spricht aber nichts dafür, dass dieser Bereich bewusst von der Haftungsfreistellung ausgenommen sein könnte oder auch nur verfassungsrechtlich zulässig ausgenommen werden könnte. Es wäre weniger überzeugend, die Lösung im Weg der Auslegung des § 106 Abs. 3 3. Fall zu suchen.[696]

8 Die Haftungsbeschränkung wirkt daneben auch gegenüber **nicht versicherten Unternehmern** (§ 105 Abs. 2 S. 1 SGB VII), **versicherten Unternehmern** (Erst-Recht-Schluss aus § 105 Abs. 2 S. 1 SGB VII, diese sind insoweit „Versicherte") und **versicherungsfreien Personen** nach § 4 Abs. 1 Nr. 1 SGB VII, d.h. gegenüber Beamtinnen und Beamten und diesen gleichgestellten Personen (§ 105 Abs. 1 S. 2 SGB VII). Ziel dieser Regelung ist der Schutz der versicherten Person, die ihrerseits nach § 104 SGB VII keine Schadensersatzansprüche gegen ihren Unternehmer bzw. Arbeitgeber hat, vor Schadensersatzansprüchen ihres mitarbeitenden nicht versicherten Arbeitgebers, wenn dieser durch ein Versehen ihrerseits einen Unfall erleidet.[697] Die Regelung verwirklicht damit den Rechtsgedanken,

693 BT-Drs. 4/120, S. 63.

694 Damals BGH 10.1.1955, BGHZ 111, 116ff.; BAG 25.9.1957, BAGE 5, 1.

695 Vgl. BAG GS 27.9.1994, NJW 1995, 210.

696 von Koppenfels-Spies, NZS 2006, 561ff.

697 BT-Drs. 13/2204, S. 73.

dass demjenigen, der als Schädiger von einer Haftungsbeschränkung profitiert, es in der umgekehrten Situation als Geschädigter auch zugemutet werden kann, mit seinen Schadensersatzansprüchen ebenfalls einer Beschränkung zu unterliegen.[698] Nicht einbezogen sind allerdings die nicht versicherten unternehmerähnlichen Personen (§ 6 Abs. 1 Nr. 2 SGB VII) und die nicht versicherten, aber zur freiwilligen Versicherung berechtigten mitarbeitenden Ehegatten der Unternehmer (§ 6 Abs. 1 Nr. 1 SGB VII).

Voraussetzung für die Haftungsbeschränkung ist, dass die schädigende Person den Versicherungsfall durch eine **betriebliche Tätigkeit** verursacht hat. Betrieblich sind alle Tätigkeiten, die der schädigenden Person von dem Betrieb oder für den Betrieb übertragen worden sind oder die auch ohne ausdrückliche Übertragung im Betriebsinteresse ausgeführt werden.[699] Es genügt, wenn der Schädiger zu einer betriebsbezogenen, den Interessen des Betriebs dienenden Tätigkeit befugt ist; die Tätigkeit muss ihm nicht eigens aufgetragen sein.[700] Nicht erforderlich ist, dass die schädigende Person dem Betrieb angehört.[701] Auch dann, wenn die Schädigung durch eine betriebliche Tätigkeit von versicherungsfreien Mitarbeitern, Beamtinnen/Beamten, Wie-Beschäftigten[702] oder unternehmerähnlichen Personen verursacht wurde, greift die Haftungsfreistellung. Hat die geschädigte Person eine Aufgabe wahrgenommen, die sowohl in den Aufgabenbereich seines Stammunternehmens als auch in den des Unfallunternehmens fiel, ist eine Zuordnung zum Unfallunternehmen nur möglich, wenn die Tätigkeit ausschließlich im Interesse des Unfallunternehmens und nicht mehr zur Förderung des Stammunternehmens erfolgte.[703] Die Art, wie eine Arbeit ausgeführt wird (sachgemäß oder fehlerhaft, vorsichtig oder leichtsinnig), entscheidet nicht darüber, ob es sich um eine betriebliche Tätigkeit handelt oder nicht.[704] Selbst verbotswidriges Verhalten schadet nicht, § 7 Abs. 2 SGB VII. Bei Tätigkeiten mit gespaltener Handlungstendenz (§ 40 Rn. 36ff.) ist darauf abzustellen, ob die konkrete Verrichtung hypothetisch auch dann vorgenommen worden wäre, wenn die private Motivation entfallen wäre.[705] 9

Durch die Erweiterung der Haftungsbeschränkung auch auf den nicht versicherten Unternehmer wird diesem der privatrechtliche Schadensersatzanspruch genommen. Die dadurch entstehende Anspruchslücke schließt § 105 Abs. 2 S. 2 bis 4 SGB VII. Soweit die privatrechtliche Haftung ausgeschlossen ist, erhält der nicht versicherte Unternehmer Versicherungsschutz durch die gesetzliche Unfallversicherung (**Versicherungsschutz wegen Haftungsausschluss**). Gem. § 105 Abs. 2 S. 4 SGB VII werden Geldleistungen jedoch nur bis zur Höhe eines zivilrechtlichen Schadensersatzanspruchs erbracht. Insoweit ist auch ein etwaiges Mitverschulden des nicht versicherten Unternehmers zu berücksichtigen. Ist die Ersatzpflicht der schädigenden Person gegenüber dem nicht versicherten Unternehmer bereits zivilrechtlich ausgeschlossen (kraft Gesetzes, kraft Vertrag, entsprechend der Grundsätze der beschränkten Arbeitnehmerhaftung), hat der nicht versicherte Unternehmer keine Ansprüche aus der gesetzlichen Unfallversicherung, § 105 Abs. 2 S. 2 SGB VII.[706] 10

3. Haftungsbeschränkung von Beschäftigten mehrerer Unternehmen bei gemeinsamer Betriebsstätte

Gem. § 106 Abs. 3, 3. Fall SGB VII wird die Haftung auch für den Fall eingeschränkt, dass **Versicherte mehrerer Unternehmen vorübergehend betriebliche Tätigkeiten auf einer gemeinsamen Be-** 11

698 BSG 26.6.2007, BSGE 98, 285.
699 BGH 30.4.2013, NJW 2013, 2031; BAG 19.3.2015, NZA 2015, 1057.
700 BAG 22.4.2004, BAGE 110, 195.
701 Vgl. BGH 23.3.2004, NJW-RR 2004, 884ff.
702 Vgl. BGH 7.11.2006, NJW 2007, 1754; BAG 16.10.2007, NZA-RR 2010, 123.
703 BGH 30.4.2013, NJW 2013, 2031.
704 BAG 9.8.1966, AP Nr. 1 zu § 637 RVO.
705 BSG 9.11.2010, NZS 2011, 784; vgl. BAG 19.3.2015, NZA 2015, 1057.
706 Vgl. BSG 24.6.2003, NJW 2004, 966.

triebsstätte verrichten. Die Rechtfertigung für das – sprachlich im Gesetz nicht leicht aufzufindende – Haftungsprivileg der auf der gemeinsamen Betriebsstätte Tätigen stellt deren **Gefahrengemeinschaft** dar. In den typischen Fällen der vorübergehenden betrieblichen Tätigkeit auf einer gemeinsamen Betriebsstätte können – wie bei einer Tätigkeit in demselben Betrieb (§ 105 SGB VII) – häufig Situationen entstehen, in denen die dort Tätigen zum Schädiger oder Geschädigten werden. Der BGH formuliert:

> „Der in dieser Bestimmung enthaltene Haftungsausschluss beruht nämlich (nur) auf dem Gedanken der sog. Gefahrengemeinschaft [...]. Andere Gesichtspunkte, die in den Fällen der §§ 104, 105 SGB VII eine Rolle spielen (Wahrung des Betriebsfriedens, Haftungsersetzung durch die an die Stelle des Schadensersatzes tretenden Leistungen der Unfallversicherung, die vom Unternehmer finanziert wird [...], kommen hier dagegen nicht zum Tragen und können deshalb einen Haftungsausschluss nicht rechtfertigen [...]. Eine Gefahrengemeinschaft ist dadurch gekennzeichnet, dass typischerweise jeder der (in enger Berührung miteinander) Tätigen gleichermaßen zum Schädiger und Geschädigten werden kann [...]. Nur demjenigen, der als Schädiger von der Haftungsbeschränkung profitiert, kann es als Geschädigtem zugemutet werden, den Nachteil hinzunehmen, dass er selbst bei einer Verletzung keine Schadensersatzansprüche wegen seiner Personenschäden geltend machen kann [...].“[707]

12 Das Hauptproblem i.R.d. § 106 Abs. 3, 3. Fall SGB VII bildet die Interpretation des Begriffs der **gemeinsamen Betriebsstätte**.[708] „Betriebsstätte“ meint dabei jede tatsächliche Arbeitsstätte, und somit den räumlichen Bereich, in dem die versicherte Person bei ihren Tätigkeiten eingesetzt ist (etwa auch ein Fahrzeug[709] oder eine Sportstätte bei Profisportlern[710]). Nach dem Wortlaut reicht für die „Gemeinsamkeit“ eine zufällige Begegnung nicht aus, auf der anderen Seite ist auch die Notwendigkeit einer rechtlichen Beziehung nicht indiziert. Der BGH hat hier in ständiger Rechtsprechung innerhalb dieses Rahmens anhand des Gesichtspunkts der Gefahrengemeinschaft eine überzeugende Linie geschaffen:

> „Nach inzwischen gefestigter Rechtsprechung erfasst der Begriff der gemeinsamen Betriebsstätte über die Fälle der Arbeitsgemeinschaft hinaus betriebliche Aktivitäten von Versicherten mehrerer Unternehmen, die **bewusst und gewollt bei einzelnen Maßnahmen ineinander greifen, miteinander verknüpft sind, sich ergänzen oder unterstützen**, wobei es ausreicht, dass die gegenseitige Verständigung **stillschweigend** durch bloßes Tun erfolgt (...). Erforderlich ist ein bewusstes Miteinander im Arbeitsablauf, das sich zumindest **tatsächlich als ein aufeinander bezogenes betriebliches Zusammenwirken** mehrerer Unternehmen darstellt. Die Tätigkeit der Mitwirkenden muss im faktischen Miteinander der Beteiligten aufeinander bezogen, miteinander verknüpft oder auf gegenseitige Ergänzung oder Unterstützung ausgerichtet sein (...).“[711]

13 Die Aktivitäten müssen **wechselseitig** aufeinander bezogen sein; ein lediglich einseitiger Bezug genügt i.R.d. § 106 Abs. 3, 3. Fall SGB VII nicht.[712] Praktische Bedeutung hat die Vorschrift so vor allem auf Baustellen. Ein zeitgleiches Tätigwerden ist aber nicht erforderlich. Die Linie der Rechtsprechung lässt sich zusammenfassen als **„Arbeitsverknüpfung statt Arbeitsberührung“**.[713]

---

707 BGH 16.12.2003, NJW 2004, 947.
708 Dazu grundlegend BGH 17.10.2000, BGHZ 145, 331; vgl. auch BGH 23.1.2001, VersR 2001, 372; BGH 8.4.2003, NJW-RR 2003, 1104; BGH 16.12.2003, NJW 2004, 947; BGH 30.4.2013, NJW 2013, 2031; BAG 12.12.2002, BAGE 108, 206.
709 OLG München 21.3.2012, NZS 2012, 868.
710 OLG Karlsruhe, NZS 2013, 106.
711 BGH 16.12.2003, NJW 2004, 947, H. d. V.
712 BGH 16.12.2003, NJW 2004, 947.
713 BAG 12.12.2002, BAGE 104, 229.

Beispiel:[714]
Verneint hat der BGH das Vorliegen einer gemeinsamen Betriebsstätte in einem Fall, in dem zwei LKW-Fahrer für ihren jeweiligen Arbeitgeber bei einem dritten Betrieb etwas angeliefert haben, wobei einer der Fahrer beim Rangieren durch den anderen verletzt wurde.

Die Haftungsfreistellung des § 106 Abs. 3, 3. Fall SGB VII kommt dem für ein Unternehmen tätigen Schädiger jedoch nur zugute, wenn dieser im Zeitpunkt der Schädigung selbst Versicherter der gesetzlichen Unfallversicherung ist.[715] Umgekehrt können auch geschädigte und schädigende **Unternehmer** betrieblich tätige Versicherte im Sinn von § 106 Abs. 3, 3. Fall SGB VII sein, wenn sie versichert sind[716] und sie selbst eine vorübergehende Tätigkeit auf einer gemeinsamen Betriebsstätte verrichten (**mitarbeitender Unternehmer**).[717] Schon vom Wortlaut, aber auch unter dem Gesichtspunkt der Gefahrengemeinschaft her, ist die Haftung des Unternehmers aber nicht beschränkt, wenn er allein aufgrund seiner Unternehmertätigkeit (etwa Verletzung von Verkehrssicherungspflichten nach § 823 Abs. 1 BGB, Haftung für Verrichtungsgehilfen nach § 831 BGB) haftet.[718] 14

In diesem Zusammenhang stellt sich zivilrechtlich die Frage, inwieweit neben einem nach § 106 Abs. 3, 3. Alt. SGB VII privilegierten (Erst)Schädiger ein nicht privilegierter (Zweit)Schädiger z. B. nach § 831, § 823 oder § 31 BGB in Anspruch genommen werden kann. Der BGH bringt hier die Grundsätze der **gestörten Gesamtschuld** zur Anwendung und kürzt den Schadensersatzanspruch gegen den Zweitschädiger um den Verursachungsanteil des nach § 106 Abs. 3, 3. Alt. SGB VII von der Haftung freigestellten Erstschädigers und löst die gestörte Gesamtschuld somit zulasten des Geschädigten auf.[719] Das ist gerechtfertigt, denn er hat mit den Ansprüchen gegen die Unfallversicherung eine andere Absicherung. Dazu folgendes 15

Beispiel:[720]
Ein versicherter Gesellschafter einer BGB-Gesellschaft schädigt durch Unachtsamkeit bei seiner Tätigkeit auf einer gemeinsamen Betriebsstätte den versicherten Unternehmer eines anderen Unternehmens. Der BGH stellt hinsichtlich der Frage der Inanspruchnahme der Gesellschaft entscheidend auf die Grundsätze der gestörten Gesamtschuld ab:

„Für eine zum Schadensersatz verpflichtende Handlung des (...) [Gesellschafters] hätten dieser und die (...) [Gesellschaft] entsprechend §§ 823, 31, 840 Abs. 1 BGB gegebenenfalls als Gesamtschuldner einzustehen. Da der (...) [Gesellschafter] den Schaden allein verursacht hat und Anhaltspunkte für eine Mitverantwortung der (...) [Gesellschaft] nicht ersichtlich sind, hätte er gem. § 426 BGB im Innenverhältnis der beiden Gesamtschuldner den ‚Verantwortungsteil' allein zu tragen und in vollem Umfang für den Schaden aufzukommen, wenn man das in § 106 Abs. 3, 3. Alt. SGB VII normierte Haftungsprivileg wegdenkt. Da diese Haftungsfreistellung nicht durch eine Heranziehung im Gesamtschuldnerausgleich unterlaufen werden darf, wäre es der (...) [Gesellschaft] verwehrt, den (...) [Gesellschafter] im Innenverhältnis auf Ausgleich in Anspruch zu nehmen. Weil jedoch die (...) [Gesellschaft] für den Schaden ersichtlich nicht verantwortlich ist, auf sie also kein ‚Verantwortungsteil' in dem oben dargelegten Sinne entfällt, wäre es nicht gerechtfertigt, wenn sie (endgültig) gleichwohl für den Schaden – und zwar in vollem Umfang – einzustehen hätte. Damit ist vorliegend ein Fall des gestörten Gesamtschuldnerausgleichs gegeben, der im Ergebnis dazu führt, dass die Klägerin – eine Haftung der Gesellschaft vorausgesetzt – schon im Außenverhältnis mit Ansprüchen gegen die für die Schadenszufügung nicht verantwortliche (...) [Gesellschaft] ausgeschlossen ist."

714 BGH 23.1.2001, VersR 2001, 372.
715 BGH 23.3.2004, NJW-RR 2004, 884.
716 BSG 26.6.2007, BSGE 98, 285; BGH 24.6.2003, NJW 2003, 2984.
717 BGH 3.7.2001, BGHZ 148, 214.
718 BGH 3.7.2001, BGHZ 148, 214; BGH 17.6.2008, BGHZ 177, 97.
719 BGH 24.6.2003, BGHZ 155, 205; BGH 11.11.2003, BGHZ 157, 9.
720 Nach BGH 24.6.2003, BGHZ 155, 205.

4. Weitere Haftungsbeschränkungen

16 Der BGH zieht für die 1. und 2. Variante des § 106 Abs. 3 SGB VII (das Zusammenwirken mehrerer Unternehmen zur Hilfe bei Unglücksfällen oder im Zivilschutz) grds. dieselben Kriterien zur Bewertung der Versicherten als Gefahrengemeinschaft heran, wie dies nach den Grundsätzen zur gemeinsamen Betriebsstätte anerkannt ist.

Beispiel:[721]

Zwei freiwillige Feuerwehren rücken gleichzeitig zu einem Verkehrsunfall aus. Bei Koordinierungsfahrten kommt es zu einem Unfall, bei dem ein Feuerwehrmann verletzt wird. Für die Annahme einer Gefahrengemeinschaft war problematisch, dass die beiden Feuerwehren zwar aufgrund eines gemeinsamen Einsatzplanes, aber auf einem räumlich breiten Tätigkeitsfeld arbeiteten und sich nur bei Koordinierungsfahrten begegneten:

„Hinsichtlich der Voraussetzungen von § 106 Abs. 3 Alt. 3 SGB VII (gemeinsame Betriebsstätte) hat der erkennende Senat darauf abgestellt, dass dieses Haftungsprivileg nicht eingreift, wenn die Tätigkeiten von Angehörigen fremder Unternehmen beziehungslos nebeneinander ablaufen und nur rein zufällig aufeinandertreffen (Arbeitsberührung statt Arbeitsverknüpfung). Das ist etwa dann der Fall, wenn sich die beteiligten Unternehmen vor dem Schadensereignis in keiner Weise – auch nicht stillschweigend oder durch bloßes Tun – verständigt. Im Streitfall haben die beiden Feuerwehren eine ausdrückliche Absprache darüber getroffen, in welchem Bereich der Unglücksstelle sie jeweils tätig werden sollten. Die Absperrmaßnahmen liefen nicht zufällig und beziehungslos nebeneinander ab, sondern waren bewusst miteinander verknüpft, zumal bei einer beidseits befahrbaren Straße Bergungsarbeiten nur dann ungestört durchgeführt werden können, wenn die Zufahrt zum Unfallort von beiden Seiten abgesperrt wird. Danach war [...] eine sogenannte Gefahrengemeinschaft gegeben, die Grundlage des Haftungsausschlusses nicht nur in Fällen der 3. Alternative des § 106 Abs. 3 SGB VII, sondern auch beim Zusammenwirken mehrerer Unternehmen zur Hilfe bei Unglücksfällen ist. Die Regelung in § 106 Abs. 3 Alt. 1 SGB VII trägt nämlich der spezifischen Gefahrensituation Rechnung, in der sich die helfenden Personen regelmäßig befinden. Die von einem Unglücksfall ausgehenden Risiken – welche durch die erforderliche Eile und das Zusammenwirken vieler, oftmals miteinander nicht oder wenig vertrauter Personen mit unbekanntem oder gefährlichem Gerät sowie die gegebenenfalls erforderliche Improvisation am Unfallort verstärkt werden – lassen es geboten erscheinen, die privatrechtliche Einstandspflicht für in derartigen Ausnahmesituationen verursachte Schäden auszuschließen. Das Vorliegen einer solchen Situation kann im Streitfall nicht deshalb verneint werden, weil die beteiligten Feuerwehren die Unfallstelle an unterschiedlichen und räumlich voneinander entfernten Orten sichern sollten."

---

17 Nach § 106 Abs. 1 SGB VII gelten § 104 und § 105 SGB VII für die dort aufgezählten Personenkreise entsprechend. Insbesondere die Haftungsfreistellung für die in § 2 Abs. 1 Nr. 8 SGB VII genannten Personenkreise der **Schülerunfallversicherung** ist von großer praktischer Bedeutung.[722]

18 Nach § 106 Abs. 2 SGB VII gelten die §§ 104 und 105 SGB VII für **Pflegepersonen** (§ 2 Abs. 1 Nr. 17 SGB VII) entsprechend für die Ersatzpflicht der Pflegebedürftigen gegenüber den Pflegepersonen, der Pflegepersonen gegenüber den Pflegebedürftigen und der Pflegepersonen desselben Pflegebedürftigen untereinander. Indem der Gesetzgeber in den Nr. 1 bis Nr. 3 sämtliche denkbaren Kombinationsmöglichkeiten der Schädigung zwischen Pflegeperson und Pflegebedürftigen durchnormiert, hat sich ein erheblicher Fehler eingeschlichen. Denn nach dem Grundsatz der Haftungsersetzung ist ein Haftungsausschluss nur dann legitim, wenn die Unfallversicherung anstelle der versagten Leistung einen zumindest gleichwertigen Ersatz vorsieht. Weil im Unterschied zu § 2 Abs. 1 Nr. 17 SGB VII der Pflegebedürftige indes nicht unfallversichert sind, enthält ihnen § 106 Abs. 2 Nr. 2 SGB VII den Schadensersatzanspruch gegen die pflegende Person vor, ohne dass ihm das SGB VII gleichsam Versicherungsleistungen gewähren würde. Bis der Gesetzgeber diesen Missstand abgestellt hat, muss § 106 Abs. 2 Nr. 2 SGB VII für Haftungsausschlüsse außer Acht bleiben.[723]

19 Betriebsangehörige können nach Maßgabe von § 106 Abs. 4 SGB VII auch gegenüber **Unternehmensbesuchenden** (§ 3 Abs. 1 Nr. 2 SGB VII) freigestellt sein.

---

721 Nach BGH 18.12.2007, VersR 2008, 410.

722 Vgl. dazu BGH 26.11.2002, NJW 2003, 1121.

723 Anders KRKW/von Koppenfels-Spies, § 106 SGB VII, Rn. 8: Anwendung von § 105 Abs. 2 SGB VII.

5. Ausschluss der Haftungsbeschränkung

Die nach §§ 104 bis 106 SGB VII in der Haftung beschränkten Personen sind nur dann ausnahmsweise zum Schadensersatz verpflichtet, wenn sie den Versicherungsfall **vorsätzlich** herbeigeführt haben, §§ 104 Abs. 1 S. 1, 105 Abs. 1 S. 1 SGB VII. Bedingter Vorsatz genügt und kann auch vorliegen, wenn die schädigende Person ihr Vorhaben trotz starker Gefährdung durchführt, ohne auf einen glücklichen Ausgang vertrauen zu dürfen (z.B. Berufskrankheit Asbestose, nachdem Arbeit unter Asbestbelastung angeordnet war)[724]. Grund dafür ist, dass der Schaden in einer besonders vorwerfbaren Weise angerichtet wurde.[725] Das BAG hat angenommen, dass das vorsätzliche Verhalten von Erfüllungsgehilfen dem Unternehmer nach § 278 BGB zuzurechnen ist (in dem Asbestose-Fall hat nicht der Unternehmer, sondern nur ein Abteilungsleiter Kenntnis von Asbestbelastung).[726] Dem ist nicht zu folgen. Schon der Wortlaut „sie" indiziert das; jedenfalls ist aber für den Regress in § 111 SGB VII eine Sonderregelung für Verhaltenszurechnungen getroffen, sodass aus dem Fehlen einer expliziten Regelung für § 104 SGB VII nicht auf den gesetzgeberischen Willen geschlossen werden kann, dass auf die allgemeinen Regeln des Zivilrechts zurückgegriffen werden soll.[727] Auch vor dem Hintergrund von Finanzierungs- und Friedensargument ist eine Zurechnung von Verschulden teleologisch nicht geboten. Eine übermäßige Belastung des im Rahmen einer arbeitsteiligen Organisation Geschädigten tritt dadurch nicht ein, denn Unfallversicherungsschutz besteht, und hinsichtlich des Schmerzensgeldanspruchs können der Geschädigte vorsätzlich Handelnde in Anspruch nehmen, deren Haftung nach § 105 Abs. 1 SGB VII nicht gesperrt ist. 20

Der Anspruch der Geschädigten auf zivilrechtlichen Schadensersatz wird jedoch nicht bereits dann entsperrt, wenn die schädigenden Personen die Verletzungshandlung bewusst und gewollt herbeigeführt hat, vielmehr ist dafür erforderlich, dass **auch der Körperschaden selbst mit vom Vorsatz umfasst** war.[728] Im Gegensatz zum Maßstab, der im zivilrechtlichen Haftungsrecht Anwendung findet, versagt das Unfallversicherungsrecht die Haftungsfreistellung erst dann, wenn die schädigenden Personen ein besonders schwerer Verstoß trifft. Besondere Bedeutung hat das insbesondere bei der Schädigung von Schülern untereinander, etwa bei Raufereien.[729] Das ergibt sich einerseits aus dem Wortlaut. Gegenstand der vorsätzlichen Verursachung muss der Versicherungsfall sein, dieser (§ 7 SGB VII) erhält in §§ 8, 9 SGB VII den Gesundheitsschaden als Tatbestandsmerkmal. Dieser Bezugspunkt ergibt sich aber auch im Hinblick auf die Regelung zum Regress (§ 42 Rn. 31ff.) in § 110 Abs. 1 S. 3 SGB VII, wonach sich das Verschulden nur auf das den Versicherungsfall verursachende Handeln oder Unterlassen zu beziehen hat.[730] Diese Regelung wäre überflüssig, wenn der eingeschränkte Verschuldensmaßstab schon im Rahmen des § 104 SGB VII gelten würde. 21

Daneben bleibt die Haftung auch bestehen, wenn der Versicherungsfall auf einem nach § 8 Abs. 2 Nr. 1–4 SGB VII **versicherten Weg** eingetreten ist (§ 104 Abs. 1 S. 1, § 105 Abs. 1 S. 1, § 106 i.V.m. § 104, § 105 SGB VII). Diese Einschränkung des Grundsatzes der Haftungsfreistellung erfolgt zur Gleichstellung der von der Haftungsbeschränkung betroffenen Geschädigten mit anderen bei Verkehrsunfällen Verletzten. „Es wäre unbillig [...], die Haftungsbefreiung an das betriebsbezogene Verhältnis zwischen dem versicherten Verletzten und dem Schädiger zu knüpfen, wenn der Versicherte, als er den Unfall erlitt, jedem anderen Verkehrsteilnehmer gleichstand."[731] Zudem ist zu berücksichtigen, dass in diesen Fällen die betrieblichen Risiken keine Rolle spielen und den Versicherten unter diesen Voraussetzungen möglicherweise bestehende weitergehende Ansprüche nicht abgeschnitten 22

---

724 BAG 28.4.2011, NZA-RR 2012, 290.

725 BGH 11.2.2003, NJW 2003, 1605.

726 BAG 28.4.2011, NZA-RR 2012, 290; BGH

727 Wie hier ausführlich Rolfs, SGb 2018, 523, 524f. auch mit hist. Argumenten.

728 BGH 11.2.2003 NJW 2003, 1605; BGH 8.3.2012, NZS 2012, 546; BAG 10.10.2005, NZS 2005, 35; BAG 28.11.2019, NZA 2020, 745.

729 Vgl. BGH 8.3.2012, NZS 2012, 546.

730 Vgl. OLG Hamburg 17.2.2000, HVBG-Info 2000, 3253.

731 BGH 13.1.1976, NJW 1976, 673.

werden sollten.[732] Durch den Wortlaut der **§ 104 Abs. 1 S. 1** und § 105 Abs. 1 S. 1 SGB VII wird klargestellt, dass die Haftung auch beschränkt sein kann, wenn der Versicherungsfall auf einem sog. **Betriebsweg** eingetreten ist. Insoweit ist die Frage, ob ein Wegeunfall i.S.d. § 8 Abs. 2 SGB VII oder ein Betriebsweg, der bereits § 8 Abs. 1 SGB VII unterfällt, für die Frage der Haftungsbeschränkung von großer Bedeutung (näher § 40 Rn. 49ff.).

23 In beiden Fällen des Ausschlusses der Haftungsbeschränkung bleibt den Geschädigten ihr konkret zu berechnender zivilrechtlicher Schadensersatzanspruch gegen die Schädiger erhalten. Allerdings vermindern sich die verbleibenden Ersatzansprüche gegen die schädigende Person um die Leistungen, die die Geschädigten infolge des Versicherungsfalls von der gesetzlichen Unfallversicherung erhalten, § 104 Abs. 3 SGB VII (auf den auch § 105 Abs. 1 S. 3 SGB VII verweist). Die Geschädigten können deshalb lediglich die **Schadensspitzen**, d.h. die Differenz zwischen dem konkreten Schaden und Versicherungsleistungen, sowie das Schmerzensgeld fordern.

6. Umfang der Haftungsbeschränkung

24 Sind die Voraussetzungen der Haftungsbeschränkung erfüllt, sind alle **Ansprüche aufgrund anderer gesetzlicher Vorschriften zum Ersatz des Personenschadens gegen die schädigende Person ausgeschlossen.**[733] Ansprüche aufgrund anderer gesetzlicher Vorschriften zum Ersatz des Personenschadens sind insbesondere die Regelungen des BGB über die Vertrags- und Deliktshaftung sowie die Gefährdungshaftung außerhalb des BGB, insbesondere das StVG. An die Stelle dieser Ansprüche gegen die schädigende Person treten die Leistungen der gesetzlichen Unfallversicherung. Ausgeschlossen sind nicht nur die Ansprüche der Verletzten, sondern auch die ihrer Angehörigen und Hinterbliebenen (§ 104 Abs. 1, § 105 Abs. 1 SGB VII). Die Haftungsbeschränkung ist auf **Personenschäden** beschränkt. Dies liegt darin begründet, dass die gesetzliche Unfallversicherung – außer nach § 13 SGB VII bei Nothelfenden etc. und § 8 Abs. 3 SGB VII – keine Sachschäden ersetzt. Erfasst sind aber auch materielle Schäden als Folge der Körperverletzung[734] – insbesondere Verdienstausfallschäden oder Schäden für Pflege und Unterhalt.

25 Problematisch ist die Frage, ob die Haftungsbeschränkung **auch immaterielle Schäden** erfasst, da die gesetzliche Unfallversicherung kein Schmerzensgeld zahlt. Nach heute einhelliger Meinung wird aber auch der **Schmerzensgeldanspruch** ausgeschlossen.[735] Gleichwohl hat gerade dieser Verzicht auf das Schmerzensgeld zur Anrufung des BVerfG geführt. Bereits viermal musste das BVerfG über die Frage entscheiden, ob der durch die §§ 104ff. SGB VII (bzw. ihre Vorgängernormen in der RVO und ihre Parallelbestimmungen im Recht der Beamten- und Soldatenversorgung) statuierte Ausschluss privatrechtlicher Schadensersatzansprüche auch insoweit gerechtfertigt ist, als er das **Schmerzensgeld** (§ 253 Abs. 2 BGB) betrifft. Neben zahlreichen Vorteilen im Vergleich zum Haftungssystem des Privatrechts (§ 36 Rn. 6ff.) weist das Leistungssystem der gesetzlichen Unfallversicherung für die Geschädigten einen Nachteil auf: Es gewährt – wie alle anderen Zweige der Sozialversicherung auch – keinen Ersatz für immaterielle Schäden. Daraus können v.a. bei Schwerverletzten, die infolge des Arbeitsunfalls aus dem Erwerbsleben ausscheiden müssen, erhebliche Vermögensnachteile resultieren. Das BVerfG hat jedoch alle Versuche, den Ausschluss des Schmerzensgeldes unter verfassungsrechtlichen Gesichtspunkten zu beanstanden, scheitern lassen.[736] Es hat immer wieder betont, dass der Ausschluss des Ersatzes immaterieller Schäden nicht isoliert betrachtet werden dürfe, sondern dass das Entschädigungssystem der gesetzlichen Unfallversicherung und das Schadensersatzrecht des BGB insgesamt miteinander verglichen werden müssen. Bei einer solchen Ge-

---

732 BGH 12.10.2000, BGHZ 145, 311.

733 Vgl. BVerfG 7.11.1972, BVerfGE 34, 118.

734 BGH 8.3.2012, NZS 2012, 546.

735 Z.B. BGH 8.3.2012, NZS 2012, 546.

736 BVerfG 22.6.1971, BVerfGE 31, 212; BVerfG 7.11.1972, BVerfGE 34, 118; BVerfG 8.1.1992, BVerfGE 85, 176; BVerfG 8.2.1995, SozR 3-2200 § 636 Nr. 1.

samtbetrachtung sei angesichts der vielen Vorzüge, die die gesetzliche Unfallversicherung dem Geschädigten gewähre, für die Annahme einer Verletzung von Art. 3 Abs. 1 GG oder des Sozialstaatsprinzips kein Raum:

> „Ein solcher Verstoß [gegen das Willkürverbot des Art. 3 Abs. 1 GG] liegt aber nicht vor, weil für die vom Schadensersatzrecht des BGB abweichende Ausschlussregelung des § 636 Abs. 1 Satz 1 RVO [jetzt § 104 Abs. 1 S. 1 SGB VII] sachliche Gründe angeführt werden können. (...) Die Regelung des Unfallversicherungsrechts bezweckt einmal den Schutz des Arbeitnehmers. Diesem steht bei einem Arbeitsunfall stets ein leistungsfähiger Schuldner gegenüber. Er ist in der Lage, schnell und wirksam die zur Wiederherstellung der Erwerbsfähigkeit und zur wirtschaftlichen Sicherung des Arbeitnehmers erforderlichen Maßnahmen zu treffen. Die Ansprüche des Arbeitnehmers werden ohne Verzögerung durch langwierige Streitigkeiten über Verschulden und Mitverschulden und ohne Prozessrisiko von Amts wegen festgestellt.“[737]

7. Bindungswirkung des Anerkennungsbescheids

a) Regelungsinhalt und Normzweck

Eine vor allem mit Blick auf privatrechtliche Schadensersatzansprüche in Zusammenhang mit Arbeitsunfällen bedeutsame, aber oft übersehene oder in ihrer Bedeutung nicht erkannte Regelung findet sich in § 108 Abs. 1 SGB VII. Danach ist das **Zivil- oder Arbeitsgericht**, das über Ersatzansprüche zwischen dem Unfallverursacher und dem Geschädigten bzw. seinen Hinterbliebenen zu entscheiden hat, **an eine unanfechtbare Entscheidung des Unfallversicherungsträgers oder der Sozialgerichte** darüber, ob ein Versicherungsfall vorliegt, in welchem Umfang Leistungen zu erbringen sind und ob der Unfallversicherungsträger zuständig ist, gebunden.[738] Eine Bindung besteht an positive wie negative Entscheidungen.[739] § 108 Abs. 2 SGB VII bestimmt, dass das gerichtliche Verfahren bis zu einer entsprechenden Entscheidung des Unfallversicherungsträgers auszusetzen ist. Das wird in der Praxis in Konstellationen abseits des Arbeitsunfalls im Beschäftigungsverhältnis bisweilen vernachlässigt.[740] 26

Diese Regelung ist nur im Zusammenhang mit den §§ 104ff. SGB VII verständlich. Sie beschränken u.a. Schadensersatzansprüche des durch einen Versicherungsfall in der gesetzlichen Unfallversicherung Verletzten gegen den Unternehmer oder Arbeitskolleginnen und -kollegen als Unfallverursachende im Interesse des **Betriebsfriedens**, wenn der Unfall nicht vorsätzlich verursacht wurde oder auf einem nach § 8 Abs. 2 Nr. 1 bis 4 SGB VII versicherten Weg eingetreten ist. § 108 SGB VII verfolgt den Zweck, die **einheitliche Bewertung** der maßgeblichen unfallrechtlichen Kriterien zu gewährleisten und divergierende Entscheidungen zu verhindern.[741] Diese Bindungswirkung ist notwendig, weil ohne sie bedenkliche oder sogar schlechthin unerträgliche Ergebnisse eintreten könnten. Insbesondere dann, wenn die Sozialgerichte einen Versicherungsfall und damit eine Entschädigungspflicht der Unfallversicherungsträger verneinten, die ordentlichen Gerichte den Versicherungsschutz der Geschädigten jedoch bejahen und in Anwendung der §§ 104ff. SGB VII eine Schadensersatzklage abwiesen, blieben die Geschädigten ohne jeden Ausgleich für die erlittenen Schäden. Die Entscheidung darüber, ob Verunglückte ihren Schaden nach Privat- oder Sozialversicherungsrecht ersetzt erhalten, muss daher, wenn schon nicht in demselben Verfahren, so doch notwendig in der Sache einheitlich ergehen. Anders ist das den §§ 104ff. SGB VII zugrunde liegende Prinzip der **Haftungsersetzung durch Versicherungsschutz** nicht zu verwirklichen. 27

737 BVerfGE 7.11.1972, BVerfGE 34, 118.
738 Vgl. BGH 30.5.2017, VersR 2017, 1014.
739 BAG 14.12.2006, NZA 2007, 262; BAG 28.11.2019, NZA 2020, 745.
740 Vgl. Möhlenkamp, VersR 2019, 200; Ricke, NZV 2017, 559.
741 Vgl. BGH 20.4.2004, BGHZ 158, 394; BGH 20.11.2007, NJW 2008, 1877; BAG 14.12.2006, NZA 2007, 262.

b) Umfang der Bindungswirkung

28 Nach § 108 Abs. 1 SGB VII erstreckt sich die Bindungswirkung zunächst darauf, **ob ein Versicherungsfall vorliegt.** Da ein solcher nur von Versicherten erlitten werden kann, ist zugleich die Frage mitentschieden, ob Verunglückte im Unfallzeitpunkt den Versicherungsschutz der gesetzlichen Unfallversicherung genossen haben.[742] Gebunden sind die ordentlichen und die Arbeitsgerichte gem. § 108 Abs. 1 SGB VII auch an die Feststellung, in welchem Umfang Geschädigte **Leistungen** der gesetzlichen Unfallversicherung erhalten, welche Leistungsarten sie also in welcher Höhe und für welche Dauer beanspruchen können. Bedeutung gewinnt dieser Teil der Bindungswirkung dann, wenn Schadensersatz und Unfallentschädigung nebeneinander beansprucht werden können, weil nach § 104 Abs. 3 SGB VII (auf den auch § 105 Abs. 1 S. 3 SGB VII verweist) letztere auf ersteren angerechnet wird. Ausgeschlossen ist dann insbesondere die Einwendung der Schadensersatzverpflichteten, die Berechtigten hätten mehr Leistungen vom Unfallversicherungsträger verlangen können, als sie erhalten haben.

29 Diese Präjudizierung des Schadensersatzprozesses durch das sozialrechtliche Verfahren führt dazu, dass der Leistungsbescheid des Unfallversicherungsträgers neben seiner begünstigenden Wirkung für den Versicherten zugleich eine belastende für Unfallverursacher hat. Es handelt sich also um einen **Verwaltungsakt mit Doppelwirkung**, gegen den nicht nur unmittelbar Betroffene, sondern auch mittelbar beteiligte Dritte um Rechtsschutz nachsuchen können. Dieser Grundsatz wird durch § 109 SGB VII bestätigt.[743] In einem von einem oder einer Verunglückten selbst betriebenen Verwaltungsverfahren müssen sie gem. § 12 Abs. 2 S. 2 SGB X beigezogen werden. Entsprechendes gilt für den Rechtsstreit vor den Sozialgerichten, § 75 SGG. Unterbleibt die Beteiligung, kann auch eine Bindungswirkung nicht eintreten. Das zur Entscheidung über den Schadensersatzanspruch berufene Gericht muss dann sein Verfahren gem. § 108 SGB VII aussetzen und die Entscheidung im sozialrechtlichen Verfahren abwarten.[744]

30 Auch an die Feststellung, **von welchem Träger der Unfallversicherung** die Leistungen zu erbringen sind, sind die ordentlichen und die Arbeitsgerichte gebunden, wie sich aus § 108 Abs. 1 SGB VII ergibt. Da die Unfallversicherungsträger nur solche Unfälle als Versicherungsfälle anzuerkennen verpflichtet sind, die sich in dem Betrieb eines Mitgliedsunternehmens ereignet haben, nimmt die Rechtsprechung an, dass die Feststellung auch die Frage betrifft, **in welchem Betrieb** sich der Unfall ereignet hat.[745] Die Anerkennung eines Schadensereignisses als Arbeitsunfall durch die Berufsgenossenschaft des Stammbetriebs schließt angesichts der Konkurrenzregelung in § 135 Abs. 1 Nr. 7 SGB VII nach der jüngeren Rechtsprechung des BGH die Möglichkeit aus, das Unfallereignis auch gleichzeitig einem anderen Betrieb als Arbeitsunfall zuzurechnen.[746] Der BGH macht hier nur eine Ausnahme für die Leiharbeit.[747] Dies kann für die Frage der Haftung von entscheidender Bedeutung sein, dazu folgendes

Beispiel:[748]
Der bei der Firma M als Kraftfahrer beschäftigte S wurde auf dem Betriebsgelände seiner Arbeitgeberin getötet, als er beim Ankuppeln eines Anhängers an den Motorwagen eines Lastzuges der Speditionsfirma H half. Fahrer des Motorwagens war der bei H beschäftigte Z, der den Anhänger von der Laderampe der Firma M, wo er entladen worden war, wegfahren wollte. Um das Ankuppeln zu erleichtern, hatte S die Anhängergabel angehoben, während Z mit dem Motorwagen rückwärtsfuhr. Dabei wurde S zwischen dem Motorwagen und dem Anhänger eingeklemmt. Die für den Betrieb des M zuständige Berufsgenossenschaft hat den Tod als Arbeitsunfall anerkannt. Die Witwe des S macht Schadensersatzansprüche gegen Z geltend.

742 RG 7.2.1918, RGZ 92, 296.
743 Vgl. dazu auch BSG 1.7.1997, BSGE 80, 279.
744 BGH 4.4.1995, BGHZ 129, 195; BGH 30.5.2017, VersR 2017, 1014.
745 RG 7.2.1918, RGZ 92, 296; RG 27.11.1919, RGZ 97, 202; BGH 4.4.1995, BGHZ 129, 195; BGH 30.4.2013, NJW 2013, 2031.
746 BGH 22.4.2008, NJW-RR 2008, 1239; BGH 19.5.2009, BGHZ 181, 160; kritisch v. a. von Koppenfels-Spies, SGb 2013, 373 ff.
747 BGH 18.11.2014, NZS 2015, 114.
748 Nach BGH 6.12.1977, NJW 1978, 2553.

Die Schadensersatzansprüche könnten gem. § 105 Abs. 1 SGB VII gesperrt sein, wenn S und Z „Versicherte desselben Betriebes" waren. Das hängt – da sie grds. unterschiedlichen Stammbetrieben angehören – davon ab, ob S im Unfallzeitpunkt gem. § 2 Abs. 2 S. 1 SGB VII (auch) im Unternehmen des H versichert war. Da nur die für den Betrieb des M, nicht aber die für den Betrieb des H zuständige Berufsgenossenschaft den Unfall als Arbeitsunfall anerkannt hat, könnte man sich auf den Standpunkt stellen, damit stehe über § 108 Abs. 1 SGB VII bindend fest, dass S nicht im Unternehmen des H versichert war. Früher nahm der BGH an, dass in den Fällen des Zusammentreffens eines Versicherungsschutzes nach § 2 Abs. 1 Nr. 1 SGB VII mit einem solchen aus § 2 Abs. 2 S. 1 SGB VII die zur Entscheidung über den Schadensersatzanspruch berufenen Gerichte nicht daran gehindert seien, den Unfall auch dem fremden Unternehmen zuzurechnen.[749] Diese Rechtsprechung hat er aufgegeben.[750] Er begründet das vor allem mit § 135 Abs. 1 Nr. 7 SGB VII, der den Vorrang der Beschäftigungsversicherung gegenüber der Versicherung als Wie-Beschäftigung regelt. Der Gedanke ist, dass an ein Rechtsverhältnis (hier als Wie-Beschäftigter des H), an das vom Gesetzgeber in der konkreten Konstellation keine rechtliche Relevanz geknüpft werde, keine weiteren Rechtsfolgen entnommen werden könnten.[751] Dann kommt es für die Haftungsprivilegierung des Z auf die Voraussetzungen des § 106 Abs. 3 3. Alt. SGB VII an, die hier vorliegen dürften.

III. Regress der Unfallversicherungsträger

Literatur: Deinert, Unfallversicherungsregress und innerbetrieblicher Schadensausgleich, RdA 2013, 146 ff.; Diehm, Der (gespaltene) Rechtsweg für den Regress des Unfallversicherungsträgers, NZS 2022, 250 ff.; Eichenhofer, Rückgriff von Sozialleistungsträgern gegen haftpflicht- oder arbeitsrechtliche Schuldner, SR 2019, 203 ff.; Henning, Die Harmonisierung von Haftungsprivilegierungen und Regress in der gesetzlichen Unfallversicherung, 2015; Köhler, Die Haftung der Unternehmer gegenüber den Trägern der gesetzlichen Unfallversicherung wegen Schwarzarbeit, WzS 2015, 76 ff.; Konradi, Zur Ermessensausübung bei der Haftung gegenüber Sozialversicherungsträgern, SGb 2016, 195 ff.; Möhlenkamp, Zur Verjährung von Regressansprüchen nach § 110 SGB VII, VersR 2013, 544 ff.; Schwarze, Der unfallversicherungsrechtliche Regress (§ 110 SGB VII) im Spiegel aktueller Rechtsprechung, SR 2017, 129 ff.

Für den Regress des Unfallversicherungsträgers kommen zwei Wege in Betracht. Zum einen kann dem Unfallversicherungsträger ein **originärer Anspruch** gegen die schädigende Person (§ 110 SGB VII) zustehen, zum anderen können die Ansprüche der Geschädigten gegen die schädigende Person im Weg der **Legalzession** nach § 116 SGB X auf den Unfallversicherungsträger übergehen. 31

1. Regress aus eigenem Recht

Gem. § 110 Abs. 1 S. 1 SGB VII kommt für den Fall **grob fahrlässiger** oder **vorsätzlicher** Verursachung eines Schadens ein Ersatzanspruch gegen die Schädiger, für den eine **Haftungsbeschränkung** nach §§ 104 ff. SGB VII besteht, für denjenigen Unfallversicherungsträger in Betracht, der aus Anlass des Unfalls Leistungen erbracht hat. 32

§ 110 SGB VII ist eine unfallspezifische Regressnorm und gewissermaßen Gegenstück zur Haftungsbeschränkung durch §§ 104 ff. SGB VII. Sinn und Zweck der Regelung ist, dass Unternehmer und ihre Arbeitnehmenden wegen der an die Berufsgenossenschaft gezahlten Beiträge grds. von einer Haftung freigestellt sein sollen und nur dann im Wege des Rückgriffs in Anspruch genommen werden können, in den Fällen, in denen es auch bei voller Berücksichtigung dieses Zwecks angesichts ihres für den Arbeitsunfall ursächlichen Verhaltens nicht mehr gerechtfertigt erscheint, die Folgen des Unfalls auf die in der Berufsgenossenschaft zusammengeschlossene Unternehmerschaft abzuwälzen.[752] Daneben ist zugleich zu berücksichtigen, dass dem Sozialversicherungsträger 33

749 Z. B. BGH 4.4.1995, BGHZ 129, 195; vgl. BGH 24.1.2006, NJW 2006, 1592.

750 BGH 22.4.2008, NJW-RR 2008, 1239; BGH 19.5.2009, BGHZ 181, 160.

751 Kritisch von Koppenfels-Spies, SGb 2013, 373 ff.: Zu weitreichende Interpretation der reinen Zuständigkeitsregelung des § 135 Abs. 1 Nr. 7 SGB VII.

752 BGH 12.1.1988, NJW 1988, 1265.

der Ersatz seiner Aufwendungen auch aus präventiven und erzieherischen Gründen gewährt werden soll.[753]

34 Das **Verschulden** beurteilt sich wie im Zivilrecht[754] und braucht sich nach § 110 Abs. 1 S. 3 SGB VII nur noch auf das den Versicherungsfall verursachende Handeln oder Unterlassen zu beziehen; es muss darüber hinaus nicht auch die Schadensfolge umfassen, wie es der BGH zu der Vorgängerregelung des § 640 RVO vertreten hatte[755] und wie es bei der Entsperrung der Haftungsbeschränkung nach § 104 Abs. 1, § 105 Abs. 1 SGB VII erforderlich ist (s. § 42 Rn. 20ff.). **Grobe Fahrlässigkeit** liegt vor, wenn Betroffene die erforderliche Sorgfalt in besonders schwerem Maße verletzen (§ 45 Abs. 2 S. 3 Nr. 3 HS 2 SGB X). Aus dem Sinn und Zweck der Regelung des § 110 SGB VII ergibt sich, dass eine besonders krasse und auch subjektiv schlechthin unentschuldbare Pflichtverletzung vorliegen muss, die das in § 276 Abs. 1 S. 2 BGB bestimmte Maß erheblich überschreitet.[756] Ein Verstoß gegen Unfallverhütungsvorschriften für sich allein genügt zur Bejahung grober Fahrlässigkeit grds. nicht.

> „Vielmehr kommt es darauf an, ob es sich um eine Unfallverhütungsvorschrift handelt, die sich mit Vorrichtungen zum Schutz der Arbeiter vor tödlichen Gefahren befasst und somit elementare Sicherungspflichten zum Inhalt hat. Dabei spielt insbesondere eine Rolle, ob der Schädiger nur unzureichende Sicherungsmaßnahmen getroffen oder von den vorgeschriebenen Schutzvorkehrungen völlig abgesehen hat, obwohl die Sicherungsanweisungen eindeutig waren. Im letzteren Fall kann der objektive Verstoß gegen elementare Sicherungspflichten ein solches Gewicht haben, dass der Schluss auf ein auch subjektiv gesteigertes Verschulden gerechtfertigt ist [...].“[757]

35 Der Regress nach § 110 SGB VII ist auf die **Höhe des zivilrechtlichen Schadensersatzanspruchs** begrenzt. Die schädigende Person soll im Regress nicht mehr schulden, als sie bei zivilrechtlicher Inanspruchnahme leisten müsste. Dies hat zur Folge, dass der Unfallversicherungsträger die Differenz zwischen konkretem und abstraktem Erwerbsausfallschaden tragen muss, wenn Geschädigte weiterhin berufstätig sind. Damit wird verhindert, dass die schädigende Person schlechter gestellt wird, als wenn sie den Schaden unmittelbar ersetzen müsste (zur abstrakten Schadensberechnung im Unfallversicherungsrecht s. § 41 Rn. 40ff.). Hierzu heißt es in der Gesetzesbegründung: „Die Haftung wird auf den Umfang des Schadensersatzes beschränkt, den der Verpflichtete zivilrechtlich hätte leisten müssen; es ist Sache des Schädigers, den Umfang seiner zivilrechtlichen Haftung darzulegen.“[758] Die Frage, ob bei der Berechnung der Höhe des zivilrechtlichen Schadensersatzanspruchs nur solche Posten berücksichtigt werden können, die den Leistungen der Sozialversicherung **kongruent** sind (Schmerzensgeldansprüche sind das nicht), ist umstritten. Die Frage könnte man bejahen mit dem Argument, dass sonst der Sozialversicherungsträger zu seinen Gunsten Schadenspositionen einsetzen könnte, die er den Geschädigten gar nicht ersetzt. Auf der anderen Seite werden so die grob fahrlässig oder vorsätzlich handelnde Unfallverursacherinnen und -verursacher privilegiert, weil sie die inkongruente Position des Schadensersatzes weder den Geschädigten noch dem Sozialversicherungsträger ersetzen müssen. Letzteres Argument wird von der herrschenden Meinung auch vor dem Hintergrund des Wortlauts zu Recht als gewichtiger angesehen, auch inkongruente Ansprüche sind daher bei der Berechnung der Beschränkung einzustellen.[759]

36 § 110 SGB VII gibt dem Sozialversicherungsträger einen **originären,** nicht einen aus dem Recht der Versicherten abgeleiteten Rückgriffsanspruch. Dieser ist trotz seines öffentlich-rechtlichen Ur-

753 BGH 18.10.1988, NJW-RR 1989, 339.
754 BGH 15.7.2008, NJW 2009, 681.
755 BGH 20.11.1979, NJW 1980, 996.
756 Vgl. BGH 12.1.1988, NJW 1988, 1265.
757 BGH 30.1.2001, NJW 2001, 2092; vgl. BGH 18.2.2014, NZS 2014, 470.
758 BT-Drs. 13/2205, S. 101.
759 BGH 27.6.2006, BGHZ 168, 161; Brose, RdA 2011, 205; Deinert, RdA 2013, 146; Schwarze, SR 2017, 129; a.A. KRW/von Koppenfels-Spies, § 110 SGB VII Rn. 10; Rolfs, SGb 2018, 523.

sprungs privatrechtlich und daher nicht vor den Sozialgerichten, sondern vor den **ordentlichen Gerichten** geltend zu machen.[760]

§ 110 Abs. 1a SGB VII bestimmt, dass Unternehmer, die Dienst- oder Werkleistungen in **Schwarzarbeit** erbringen und dadurch Beitragsausfälle bei den Unfallversicherungsträgern verursachen, für Aufwendungen, die infolge von Versicherungsfällen bei der Schwarzarbeit entstehen, haften. Die Vorschrift soll abschreckende Wirkung haben[761] und hat damit Ausnahmecharakter. Der Anspruch ist deshalb auch öffentlich-rechtlicher Natur, weshalb Unfallversicherungsträger durch Verwaltungsakt handeln können und die Sozialgerichte zuständig sind.[762] 37

Ob der Regress geltend gemacht wird, entscheidet der Unfallversicherungsträger nach **billigem Ermessen** unter Berücksichtigung der wirtschaftlichen Verhältnisse der schädigenden Person, § 110 Abs. 2 SGB VII. Der Unfallversicherungsträger ist jedoch nicht nur ermächtigt, sondern – wenn billiges Ermessen es gebietet – auch verpflichtet, auf die Durchsetzung des Rückgriffanspruchs zu verzichten: 38

> „[...] die Vorschrift [beruht] [...] maßgeblich auch auf der Besorgnis, dass es [...] vor allem bei sozial schwachen Personen zu existenzvernichtenden Ersatzforderungen kommen könnte; so hart sollte aber nicht gestraft werden müssen‘ (BT-Drucks IV/938 zu § 639). Hieraus ist zu schließen, dass der SVT nicht nur ermächtigt, sondern – wenn billiges Ermessen das gebietet – auch verpflichtet ist, auf die Durchsetzung des Rückgriffsanspruchs zu verzichten. Er hat in jedem Fall abzuwägen, ob die Geltendmachung des Anspruchs unter Berücksichtigung einerseits des ihm eigenen Erziehungs- und Strafcharakters sowie der wirtschaftlichen Belange der Gesamtheit der Mitglieder (Versicherten) und andererseits der wirtschaftlichen und sozialen Verhältnisse des Schädigers geboten ist.“[763]

I. R. d. Prüfung der wirtschaftlichen Verhältnisse sind auch etwaige Freistellungsansprüche der schädigenden Person gegen ihre Haftpflichtversicherung oder gegen den Unternehmer in Rechnung zu stellen.[764] Freiwillige Unterstützungsleistungen, z. B. einer Gewerkschaft, bleiben jedoch außer Acht, da nur die persönliche Leistungsfähigkeit in Rechnung gestellt werden darf.[765] Nach Auffassung des BGH unterliegt das Ermessen des Unfallversicherungsträgers insofern einer richterlichen Nachprüfung, als dann, wenn billiges Ermessen einen Verzicht gebietet, der Unfallversicherungsträger ihn aussprechen muss.[766] Wegen des weiten Unternehmerbegriffs findet § 110 Abs. 1a SGB VII auch auf Beschäftigungsverhältnisse in Privathaushalten Anwendung; nach der Gesetzesbegründung soll Abs. 2 in diesen Fällen aber regelmäßig einen Regress ausschließen.[767] 39

Werden Arbeitnehmende wegen grob fahrlässigen Verhaltens nach § 110 Abs. 1 SGB VII in Anspruch genommen, haben sie nach den **Grundsätzen des innerbetrieblichen Schadensausgleichs** u. U. einen Freistellungsanspruch gegen ihre Arbeitgeberin.[768] Auch bei grober Fahrlässigkeit ist eine Haftungsbeschränkung nicht ausgeschlossen, insbesondere, wenn die Schadenshöhe außer Verhältnis zum Arbeitseinkommen steht.[769] Dies würde aber zu einer Rückbelastung des Arbeitgebers führen, die vor dem Hintergrund von Finanzierungs- und Friedensargument schwer erklärlich ist. Um diesen Widerspruch aufzulösen, ist eine Ermessensreduktion auf null bei § 110 Abs. 2 SGB VII vorgeschlagen worden.[770] 40

760 BGH 30.4.1968, NJW 1968, 1429; BVerwG 11.6.1975, VersR 1976, 466; BGH 14.4.2015, NJW 2015, 3718.
761 BT-Drs. 15/2573, S. 31.
762 BGH 14.4.2015, NJW 2015, 3718.
763 BGH 28.9.1971, BGHZ 57, 96.
764 Vgl. BGH 28.9.1971, BGHZ 57, 96.
765 Vgl. BGH 3.7.1979, VersR 1979, 1151.
766 Vgl. BGH 28.9.1971, BGHZ 57, 96; BGH 5.10.1983, NJW 1984, 240.
767 BT-Drs, 15/2573, S. 32.
768 Vgl. Deinert, RdA 2013, 146; Schwarze, SR 2017, 129.
769 Stellv. BAG 28.10.2010, NZA 2011, 345.
770 Schwarze, SR 2017, 129.

2. Gesetzlicher Forderungsübergang

41 Gem. § 116 Abs. 1 S. 1 SGB X geht ein auf anderen gesetzlichen Vorschriften beruhender Anspruch auf Ersatz eines Schadens auf den Versicherungsträger über, soweit dieser aufgrund des Schadensereignisses Sozialleistungen zu erbringen hat, die der Behebung eines Schadens der gleichen Art dienen und sich auf denselben Zeitraum wie der vom Schädiger zu leistende Schadensersatz beziehen. Sinn und Zweck der Regelung des § 116 SGB X ist, dass weder der Schädiger auf Kosten der Sozialversicherung entlastet wird, noch der Geschädigte doppelt entschädigt wird.[771]

42 Voraussetzung für den Anspruchsübergang ist, dass aufgrund anderer gesetzlicher Vorschriften ein **Anspruch auf Schadensersatz** besteht. Andere gesetzliche Vorschriften sind dabei alle außerhalb des SGB. Bei schädigenden Personen, die durch die §§ 104ff. SGB VII privilegiert sind, kommt also der Forderungsübergang gem. § 116 SGB X nicht in Betracht, da in den Fällen der Haftungsprivilegierung von vornherein gar kein Anspruch, der auf den Leistungsträger übergehen könnte, besteht.

43 Der Anspruchsübergang reicht jedoch nur soweit, wie auch **sachliche Kongruenz** zwischen den Ansprüchen besteht, d.h. der Leistungszweck muss identisch sein. Der Übergang erfasst also grds. kein Schmerzensgeld und keine Sachschäden, da es in der gesetzlichen Unfallversicherung hierfür keine gleichartigen Leistungen gibt.

44 Der Übergang erfolgt **im Augenblick des schadenstiftenden Ereignisses.**[772] Von diesem Augenblick an können die Ansprüche nicht mehr von den Geschädigten, sondern nur noch vom Versicherungsträger geltend gemacht werden (vgl. § 412, §§ 339–404, §§ 406–408 BGB). Allerdings vollzieht sich der Übergang zunächst nur dem Grunde nach, da sich die Leistungspflicht des Versicherungsträgers, insbesondere die Höhe seiner Leistung, in der Regel erst später konkretisiert.[773] Das ist eine Abweichung zur entsprechenden Regelung im Privatversicherungsrecht (§ 86 Abs. 1 S. 1 VVG), wo der Anspruch erst nach Leistungserbringung übergeht. Dies bezweckt den Schutz des Sozialleistungsträgers, weil den Geschädigten die Verfügungsmöglichkeit auch über künftige Schadensersatzansprüche genommen wird.

45 Auch wenn der Versicherungsfall vorsätzlich oder auf einem versicherten Weg herbeigeführt worden ist und sich Verletzte auf ihren Anspruch die Leistungen des Unfallversicherungsträgers anrechnen lassen müssen, geht die Forderung in Höhe dieser Leistungen nicht auf den Unfallversicherungsträger gem. § 116 SGB X über (§ 104 Abs. 1 S. 2 SGB VII).

§ 43 Prävention

Literatur: P. Becker, Prävention in der gesetzlichen Unfallversicherung, BPUVZ 2012, 82ff.; Buss, Berufsgenossenschaftliche Prävention – Rückschau und Perspektive, BG 1996, 88ff.; Felz, Die Unfallverhütungsvorschriften der Deutschen Gesetzlichen Unfallversicherung und ihre rechtlichen Auswirkungen im Straßenverkehr, NZV 2017, 117ff.; Fuchs, Die Legitimation der gesetzlichen Unfallversicherung, BG 1996, 248ff.; Köhler, Schöne neue Welt – Digitalisierung, künstliche Intelligenz und Home-Office, Herausforderungen an die gesetzliche Unfallversicherung, VSSAR 2019, 3ff.; Kötz/Schäfer, Schadensverhütung durch ökonomische Anreize, AcP Bd. 189, 1989, S. 500ff.; Leube, Anordnungen der Unfallversicherungsträger zur Prävention, BG 1999, 66ff.; Leube, Überwachung der Prävention durch Unfallversicherungsträger, SGb 2010, 582ff.; Rink, Der Präventionsauftrag der gesetzlichen Unfallversicherung, Verfassungs- und europarechtliche Vorgaben für Präventionsmaßnahmen, 2010; Siefert, Unfallprävention in der digitalen Arbeitswelt, VSSAR 2019, 339ff.; Sokoll, Stärkung der Prävention zur Entlastung der Sozialversicherungssysteme, BG 1999, 418ff.; Wallerath, Zur Rechtssetzungsbefugnis der Berufsgenossenschaft nach § 15 SGB VII, NZS 1997, 1ff.; Welti, Gesundheitsförderung und Prävention im System der Sozialversicherung seit Inkrafttreten des Präventionsgesetzes, VSSAR 2019, 313ff.

771 BGH 24.2.1981, NJW 1981, 1846.

772 BGH 10.7.1967, BGHZ 48, 181; BGH 13.2.1996, BGHZ 132, 39.

773 BGH 10.7.1967, BGHZ 48, 181.

I. Allgemeines

Sozialpolitisch mindestens ebenso bedeutsam wie die Entschädigung nach Eintritt eines Versicherungsfalls – aber rechtlich im Ausgangspunkt weit weniger kompliziert – ist die **Verhinderung von Arbeitsunfällen,** die Prävention. Diese spielt in der gesetzlichen Unfallversicherung eine so bedeutende Rolle wie in keinem anderen Sozialversicherungszweig, vgl. § 1 SGB VII. Präventionsmaßnahmen liegen zunächst im Interesse der Versicherten, bei denen der Eintritt oder die Verschlimmerung eines Gesundheitsschadens verhindert werden soll. Prävention hat, weil menschliches Leid verhindert und verringert werden kann, so mit Blick auf den Einzelnen einen **ethischen und einen grundrechtsverwirklichenden** (Art. 2 Abs. 2 S. 1 GG und Art. 1 Abs. 1 GG) Aspekt. Wirksame Prävention liegt in **ökonomischer Hinsicht** aber auch im Interesse der in der Berufsgenossenschaft zusammengeschlossenen Unternehmen und der Allgemeinheit, weil sich unfallverhütende Maßnahmen unmittelbar positiv im Sinn einer Verminderung des Leistungsaufwands und damit des Finanzbedarfs der Unfallversicherungsträger auswirken und weil sie generell dazu beitragen, menschliche Arbeitskraft zu erhalten. 1

Aufgabe der Unfallversicherungsträger ist es gem. § 14 Abs. 1 SGB VII, „mit allen geeigneten Mitteln" für die Verhütung von Arbeitsunfällen, Berufskrankheiten und arbeitsbedingten Gesundheitsgefahren und für eine wirksame Erste Hilfe zu sorgen. Sie sollen dabei auch den Ursachen von arbeitsbedingten Gefahren für Leben und Gesundheit nachgehen. 2

II. Unfallverhütungsvorschriften

Im Bereich der Prävention sind vor allem die **Unfallverhütungsvorschriften (UVVen)** der Berufsgenossenschaften i.S.d. § 15 SGB VII von Bedeutung, die die Unfallversicherungsträger in Erfüllung ihres Präventionsauftrages zu erlassen haben. Die UVVen sind autonome Rechtsnormen und als solche einer körperschaftlichen Satzung vergleichbar.[774] Im Grundsatz gelten UVVen nur für die Unternehmer und die in den Mitgliedsunternehmen tätigen Versicherten des Versicherungsträgers, der die UVVen erlassen hat. 3

Ursprünglich umfassten die UVVen im Wesentlichen Anforderungen sicherheitstechnischer Art an Arbeitsstätten, Arbeitsstoffe und Arbeitsverfahren. Diese Regelungsaufgabe wird heute jedoch aufgrund der umfassenden Normsetzung besonders durch die Europäische Union überwiegend mit Hilfe des ArbSchG und den darauf basierenden Rechtsverordnungen wahrgenommen.[775] 4

Art. 153 Abs. 1 lit. a, Abs. 2 AEUV ermächtigen das europäische Parlament und den Rat im ordentlichen Gesetzgebungsverfahren, Richtlinien für das Funktionieren des Binnenmarktes bzw. zur Verbesserung der Arbeitsumwelt und zum Schutz von Sicherheit und Gesundheit der Arbeitnehmer zu erlassen. Von diesen Kompetenzen hat der Rat umfassend Gebrauch gemacht. Die **Maschinenrichtlinie** 89/392/EWG stellt die Vermutung auf, dass technische Geräte, die entsprechend den europäischen Normen konstruiert sind, die grundlegenden Sicherheitsanforderungen erfüllen. Die **Rahmenrichtlinie Arbeitsschutz** 89/391/EWG enthält allgemeine Grundsätze für die Verhütung berufsbedingter Gefahren, für die Sicherheit und den Gesundheitsschutz, die Ausschaltung von Risiko- und Unfallfaktoren u.v.m. Auf ihrer Grundlage sind inzwischen zahlreiche Einzelrichtlinien erlassen, die spezielle Bereiche des Arbeitsschutzes betreffen (Arbeitsstätten, Arbeitsmittel, Schutzausrüstung, manuelle Handhabung von Lasten, Bildschirmarbeit, Karzinogene, Mutagene, Asbest und vieles mehr). Die Umsetzung in nationales deutsches Recht erfolgte durch das **Arbeitsschutzgesetz** (ArbSchG) und die auf der Basis dieses Gesetzes erlassenen Rechtsverordnungen. Die UVVen stellen „sonstige Vorschriften" i.S.d. Arbeitsschutzgesetzes dar (§ 2 Abs. 4 ArbSchG). Heute enthalten UVVen z.B.: 5

774 BSG 2.11.1999, BSGE 85, 98.
775 Näher Fuchs/Marhold, Europäisches Arbeitsrecht, 5. Aufl. 2018, S. 521ff.

- Beschäftigungsverbote und -einschränkungen (z.B. Jugendlicher an bestimmten Geräten oder mit bestimmten Arbeitsstoffen) sowie Tätigkeitsverbote und -beschränkungen (z.B. Personentransport mit Hubgeräten);
- Verwendungsverbote und -beschränkungen (z.B. Mengenbegrenzungen von gefährlichen Arbeitsstoffen am Arbeitsplatz);
- Genehmigungs- und Erlaubnispflichten sowie Zustimmungsvorbehalte (z.B. Anwendung besonderer Sprengverfahren);
- Typenzulassungen; Sachkundigen- und Sachverständigenprüfungen; Baumusterprüfungen;
- Anzeige-, Auskunfts- und Mitteilungspflichten.

6 Um die Einhaltung der Arbeitsschutz- und Unfallverhütungsvorschriften in den Betrieben kontrollieren zu können, stehen den Unfallversicherungsträgern Überwachungs- und Beratungsrechte und -pflichten zu, § 17 SGB VII. Zu diesem Zweck können sie **Verwaltungsakte** erlassen, § 19 Abs. 1 SGB VII. Ferner müssen die Unfallversicherungsträger eine ausreichende Zahl an Aufsichtspersonen beschäftigen, denen gem. § 9 SGB VII diverse Befugnisse gegenüber dem Unternehmer zustehen. Der Verstoß gegen die UVVen kann mit einem **Bußgeld** geahndet werden (§ 209 Abs. 1 Nr. 1 SGB VII).

7 Darüber hinaus ergeben sich aus den UVVen Sorgfaltspflichten für die Versicherten und den Unternehmer, die bei einer Verletzung den Vorwurf der (zumindest einfachen, u.U. aber auch groben)[776] Fahrlässigkeit indizieren.

8 Die Einhaltung der UVVen durch den Unternehmer können Beschäftigte notfalls durch Zurückhaltung ihrer Arbeitskraft erzwingen;[777] umgekehrt stellt die wiederholte oder schwerwiegende Missachtung von UVVen durch Arbeitnehmende einen verhaltensbedingten, u.U. sogar außerordentlichen Kündigungsgrund dar. Die UVVen bilden einen Anknüpfungspunkt für das individuelle Arbeitsrecht (§ 618 BGB) und die Rechte des Betriebsrats (§§ 87 Abs. 1 Nr. 7, 89 BetrVG).

776 Vgl. BGH 12.1.1988, VersR 1988, 474.
777 Vgl. BAG 2.2.1994, AP Nr. 4 zu § 273 BGB; BAG 19.2.1997, AP Nr. 24 zu § 618 BGB.

G. Das Recht der gesetzlichen Rentenversicherung – SGB VI

§ 44 Einführung in die gesetzliche Rentenversicherung

Literatur: BROSIUS-GERSDORF, Aktuelle verfassungsrechtliche Probleme der Rentenversicherung, SGb 2019, 509 ff.; DÜNN/BILGEN/HECKENBERGER, Das Grundrentengesetz, DRV 2020, S. 325 ff.; ENGELEN-KEFER/KERSCHBAUMER, Was bringen die aktuellen Reformen den Frauen?, SozSich 2015, 110 ff.; JESS/KASTEN/LOHMANN/SCHUTH, Die Finanzwirkungen des RV-Leistungsverbesserungs- und -Stabilisierungs-gesetzes – Konsequenzen der aktuellen Rentenreform für Beitragszahler, Rentner und Steuerzahler, Deutsche Rentenversicherung 2019, 102 ff.; KECK/KRICKL/KRUSE, Die empirischen Auswirkungen der „Mütterrente", RVaktuell 2015, 248 ff.; KÖHLER-RAMA, Risiken des Flexirentengesetzes, SGb 2017, 499 ff.; KREIKEBOHM, Zeitenwende oder Reformen im System: Welche Reformschritte in der Altersversorgung sind nun notwendig?, NZS 2025, 81 ff.; ROßBACH, Wandel als Grundlage für eine stabile Zukunft – Rentenreform 1957: auch nach 65 Jahren noch prägend, DRV 2022, 6 ff.; RÜRUP, Das RV-Leistungsverbesserungsgesetz – Was ökonomisch falsch ist, kann politisch nicht richtig sein, DRV 2014, 56 ff.; RULAND, Plädoyer für eine nachhaltige Rentenpolitik auch über 2030 hinaus, NZS 2016, 771 ff.; RULAND, Das Flexirentengesetz, SGb 2017, 121 ff.; RULAND, Der Kompromiss der Koalition zur Grundrente – der Vorschlag bleibt verfassungswidrig, ineffizient und ungerecht, NZS 2019, 881 ff.; RULAND, Die Verfassungswidrigkeit der Grundrente, 2020; RULAND, Die Pläne der Ampelkoalition zur Rentenpolitik, DRV, 2022, 10 ff.; WAGNER, Der Grundrenten-Plan der großen Koalition: Praktische und konzeptionelle Probleme und Möglichkeiten, SGb 2020, 65 ff.

I. Entstehung und Entwicklung der gesetzlichen Rentenversicherung

Mit der in der ersten Hälfte des 19. Jahrhunderts einsetzenden Industrialisierung stellte sich in vielen europäischen Staaten immer dringender die Problematik der **„sozialen Frage"**.[1] Denn die neu entstandene Klasse der Lohnarbeiterschaft bedurfte eines wesentlich höheren Schutzes gegenüber den Lohnrisiken, als dies bei Erwerbstätigen vorheriger Jahrhunderte der Fall gewesen war. Die Industrialisierung hatte bestehende Schutzmechanismen, so gering sie auch gewesen waren, zunehmend ausgehöhlt. Die Gründe dafür waren im beruflichen sowie im privaten Umfeld der Arbeiter zu finden.[2] 1

Die **„Geburt" der gesetzlichen Rentenversicherung** trat im Vergleich zu anderen sozialrechtlichen Entwicklungen, wie Kranken- und Unfallversicherung, relativ spät ein. Sozialpolitische Bedeutung kommt insbesondere der **ersten kaiserlichen Botschaft zur sozialen Frage** zu, die 1881 – nach dem Erlass der sog. Sozialistengesetze – verkündet wurde und die Unfall-, Kranken- sowie Invaliden- und Alterssicherung unter eine gemeinsame sozialpolitische Zielsetzung stellte.[3] 2

Zehn Jahre später, am 1.1.1891, trat das **Gesetz über die Alters- und Invaliditätssicherung**[4] in Kraft. Es war das letzte der insgesamt drei Sozialversicherungsgesetze des Reichskanzlers Otto von Bismarck und bildet den historischen **Grundstein der heutigen gesetzlichen Rentenversicherung**. Das gilt allerdings nicht hinsichtlich der Finanzierung mit Hilfe der Kapitaldeckungsmethode, die nur bis 1957 Bestand hatte. Dennoch lassen sich viele Strukturprinzipien der gesetzlichen Rentenversicherung bis zu diesem Bismarck'schen Gesetz zurückverfolgen. Die Alters- und Invaliditätssicherung wurde als öffentlich-rechtliche Zwangsversicherung ausgestaltet, wobei die mit diesem Gesetz geschaffenen juristischen Personen das Recht der Selbstverwaltung besaßen. Versicherungspflichtig waren Beschäftigte bis zu einem bestimmten Jahresverdienst. Darüber hinaus konnte sich schon damals ein kleiner Kreis von Selbständigen freiwillig versichern. Alle Versicherten konnten sich nach dem Ausscheiden aus ihrer Tätigkeit weiter versichern. Darüber hinaus wurde den Versicher- 3

1 Der Verfasser dankt Wiss. Mit. Dr. Sandra Pfeifenbring für die freundliche und tatkräftige Unterstützung bei der Erstellung des Manuskripts.

2 S.a. zum ganzen Komplex HS-RV/FRERICH/FREY § 1; WALTERMANN, Sozialrecht, Rn. 364 ff.

3 Erste kaiserliche Botschaft zur sozialen Frage in: Verhandlungen des Reichstags, 5. Legislaturperiode, I. Session, 1881/82 Bd. 1, 1 ff.

4 Gesetz vom 18.6.1989, RGBl. S. 97.

https://doi.org/10.1515/9783111337883-007

ten ein öffentlich-rechtlicher Anspruch auf Leistungen aus dieser Rentenversicherung gewährt, der unabhängig vom Wechsel des Arbeitsverhältnisses bestand – die entscheidende Bedingung für die Flexibilität der Arbeit. Das Gesetz sah die Gewährung einer **Invaliden- und Altersrente erst ab dem 70. Lebensjahr** vor. Renten an Hinterbliebene wurden grundsätzlich nicht gewährt. Verstarb der Versicherte, so erfolgte eine Beitragsrückerstattung nur in Ausnahmefällen.

4 Die ausgezahlten Renten konnten damals kaum als Sicherung des Lohnunterhalts gelten; vielmehr übten sie die Funktion eines Zuschusses aus. Bei einem Bruttoeinkommen von 60 Reichsmark pro Monat betrug die durchschnittliche Monatsrente anfangs gerade einmal 10 RM. Die Beiträge[5] wurden von Arbeitgebern und Arbeitnehmern zu gleichen Teilen getragen. Dazu zahlte das Deutsche Reich einen Jahreszuschuss von 50 Reichsmark pro Rente. Träger der Alters- und Invaliditätsversicherung waren die ursprünglich 31 Landesversicherungsanstalten (LVA), die bereits im Herbst 1890 gegründet worden waren, um eine reibungslose Umsetzung des neuen Rechts zu gewährleisten. Eine grundlegende Kodifikation erfuhren die drei Sozialversicherungsgesetze von Bismarck zwischen 1911 und 1916, als sie in der neuen **Reichsversicherungsordnung** (RVO) zusammengefasst wurden.[6] Das Verfahren sowie die Organisation der Versicherungsbehörden für Verwaltung und Rechtsprechung wurde vereinheitlicht (Versicherungsanstalt, Oberversicherungsanstalt, Reichsversicherungsanstalt). Die Invaliden- und Hinterbliebenenversicherung fand sich im vierten Buch der RVO wieder.

5 Neben einer **Hinterbliebenenversorgung** wurde auch die **Versicherungspflicht für Angestellte** eingeführt,[7] die seit Beginn des Jahrhunderts immer wieder gefordert worden war. Dies führte zu einer jahrzehntelangen Teilung der gesetzlichen Rentenversicherung, die erst Ende 2005 durch die Organisationsreform vollständig beseitigt wurde. Die Regelungen für die Rentenversicherung der Angestellten waren denjenigen der Arbeiter weitgehend ähnlich. Allerdings waren die Versicherungskonditionen für die Angestellten wesentlich günstiger und trugen damit ihrem höheren Standesbewusstsein Rechnung. Während eine Arbeiterwitwe bspw. nur bei eigener Invalidität mit einer Versorgung rechnen konnte, bekam eine Angestelltenwitwe auf jeden Fall eine Hinterbliebenenrente. Waisenrente wurde für Angestelltenkinder bis zum 18. Lebensjahr, für Arbeiterkinder jedoch nur bis zum 15. Lebensjahr gezahlt. Ruhegeld wurde für Angestellte mit 65, für Arbeiter erst ab 70 Jahre gezahlt. Schließlich war der Tatbestand der Arbeitsunfähigkeit in der Angestelltenversicherung günstiger definiert als derjenige der Arbeiterrentenversicherung. Eine erstaunliche sozialpolitische Entscheidung war die Herabsetzung der Regelaltersgrenze von 70 auf 65 Jahre. Damit wurde hinsichtlich des allgemeinen Renteneintrittsalters eine Gleichstellung von Arbeitern, Angestellten und Beamten erreicht.

6 Am 23.6.1923 wurde das **Reichsknappschaftsgesetz** (RKG)[8] erlassen, das die Rentenversicherung der Bergleute vereinheitlichte und vereinfachte. Drei Jahre später wurde es neu gefasst. Die günstigeren Sonderregelungen des RKG wirken noch heute im SGB VI fort.

7 Mit dem **Gesetz über die Altersversorgung für das Deutsche Handwerk**[9] fand im Dezember 1938 eine weitere Ausweitung des geschützten Personenkreises und die Einbeziehung eines großen Berufszweiges von Selbständigen in die Angestelltenversicherung statt. Daneben wurde die Ungleichbehandlung der Waisen von Arbeitern und Angestellten beseitigt und die Versicherungspflicht auf Antrag ausgeweitet.

8 Nach dem zweiten Weltkrieg wurden 1948 die Rentenansprüche auf DM umgestellt. 1953 wurden mit dem Fremdrenten- und Auslandsrentengesetz[10] auch die Flüchtlinge und Vertriebenen in die gesetzliche Rentenversicherung aufgenommen. 1957 wurde mit dem **Gesetz über die Altershilfe für**

5 Insgesamt 1,7 Prozent des Arbeitsverdienstes.
6 Gesetz vom 19.7.1911, RGBl. S. 509 ff., siehe unter § 3 Rn. 18 ff.
7 Gesetz vom 20.12.1911, RGBl. S. 989 ff.; siehe unter § 4 Rn. 1 f.
8 Gesetz vom 23.6.1923, RGBl. S. 431 ff.
9 Gesetz vom 21.12.1938, RGBl. S. 1900 ff.
10 Gesetz vom 7.8.1953, BGBl. I S. 848 ff.

Landwirte[11] eine weitere Gruppe von Selbständigen in die gesetzliche Rentenversicherung aufgenommen. Für Angestellte fiel die Versicherungspflichtgrenze weg.

1957 wurde schließlich auch das **Wendejahr**, in dem die gesetzliche Rentenversicherung mit der **großen Rentenreform** einen entscheidenden Struktur- und Funktionswandel vollzog.[12] Das Äquivalenzprinzip, das heißt die Verknüpfung von Beitrag und Leistung, wurde zum Kernelement der Rentenversicherung. Aufgrund der bitteren Erfahrungen von zwei Weltkriegen, Inflation und Weltwirtschaftskrise entschloss sich die Regierung unter Bundeskanzler Adenauer, mit der großen Rentenreform die **gesetzliche Rentenversicherung von dem bisherigen Kapitaldeckungssystem auf das Umlageverfahren umzustellen.** Darüber hinaus wurde die **Rente „dynamisiert"**. Das heißt, die Rentenhöhe wurde an die Entwicklung der Löhne und Gehälter gekoppelt. Damit war sie nun nicht mehr Mittel zur Abwendung von Notlagen, sondern sollte eine hinreichende Existenzsicherung des bisherigen Lebensstandards orientiert am Durchschnittsverdienst aller Erwerbstätigen bieten. Auch die Rentner sollten an dem „deutschen Wirtschaftswunder" teilhaben. Im Durchschnitt brachte die große Rentenreform eine Erhöhung der Renten um ca. 60 Prozent. Bundeskanzler Adenauer bescherte sie einen seiner größten Wahlsiege bei der Bundestagswahl 1957. 9

Spiritus Rector der großen Rentenreform war der Nationalökonom und Geschäftsführer des Verbandes Katholischer Unternehmer Wilfrid Schreiber.[13] Allerdings wurde seine Konzeption zur Reform der gesetzlichen Rentenversicherung nur zum Teil übernommen. Denn schon damals wob die Bundesregierung einen **entscheidenden Geburtsfehler** in die große Rentenreform ein. Der hinter der Dynamisierung der Renten stehende und neu eingeführte sog. „Generationenvertrag", auf dem das Umlageverfahren zur Finanzierung des Rentensystems noch heute fußt,[14] krankte an einer wesentlichen Stelle. Er vernachlässigte vollständig den Gedanken, dass für eine nachhaltige Finanzierung der gesetzlichen Rentenversicherung im Rahmen eines Umlageverfahrens die Bevölkerung auf nachwachsende Generationen zwingend angewiesen und daher demographieanfällig ist. Die Ausblendung dieses Aspekts war eine bewusste politische Entscheidung und ist eng mit dem bekannten Zitat von Bundeskanzler Adenauer – **„Kinder kriegen die Leute sowieso"** – verbunden. Die Probleme, mit denen die gesetzliche Rentenversicherung noch heute zu kämpfen hat, haben hier ihre Wurzeln. 10

1960 wurde die Versicherung für Handwerker neu geordnet und von der Angestellten- in die Arbeiterversicherung überführt. Mit Beginn der siebziger Jahre erfolgte eine erhebliche Ausweitung der Leistungsansprüche. 1972 und 1973 wurde die flexible Altersgrenze ab 63 einführt. Des Weiteren wurde die gesetzliche Rentenversicherung durch die Möglichkeit der freiwilligen Versicherung für Selbständige und Nichterwerbstätige, insbesondere Hausfrauen, geöffnet. Damit konnte mit einigen Ausnahmen fast die gesamte deutsche Bevölkerung Mitglied der gesetzlichen Rentenversicherung werden. 11

Die schlechte gesamtwirtschaftliche Lage und eine steigende Arbeitslosenquote führten zu Konsolidierungsmaßnahmen in der zweiten Hälfte der 1970er Jahre und damit zu ersten Einschnitten im Leistungsniveau der gesetzlichen Rentenversicherung.[15] Zu dieser Zeit wurde auch der Versorgungsausgleich eingeführt.[16] 12

1981 erfolgte dann die Einbeziehung der selbständigen Künstler und Publizisten in die gesetzliche Rentenversicherung durch das Künstlersozialversicherungsgesetz (KSVG).[17] Diese Versicherten 13

---

11 Gesetz vom 17.7.1957, BGBl. I S. 1063ff.

12 Arbeiterrentenversicherungs-Neuregelungsgesetz, AVNG vom 23.3.1957, BGBl. I S. 45ff.; Angestelltenversicherungs-Neuregelungsgesetz, Angestelltenversicherung NG vom 23.3.1957, BGBl. I S. 88ff.; Knappschaftsrentenversicherungs-Neuregelungsgesetz vom 21.5.1957, BGBl. I S. 533ff.

13 S.a. Meyer, SDSRV Bd. 56, 2006, S. 71, 77ff. m.w.N.

14 § 153 SGB VI, siehe unter § 45 Rn. 3.

15 20. RAG 1977, BGBl. I S. 1040ff.; 21. RAG 1978, BGBl. I S. 1089ff.

16 Eherechtsreformgesetz vom 14.6.1976, BGBl. I S. 1421ff.

17 KSVG, Gesetz v. 27.7.1981, BGBl. I S. 705ff.

wurden nur mit dem halben Beitragssatz belastet und damit gegenüber allen anderen Gruppen von Selbständigen privilegiert.

14 Mit dem **Rentenreformgesetz (RRG 1992)** vom 18.12.1989,[18] das von einem breiten parteipolitischen Konsens getragen wurde, fand die Rentenversicherung im **SGB VI** eine neue Heimat. Inhaltlich handelte es sich um einen Kompromiss. Denn wichtige Reformanliegen, wie z.B. die Neugestaltung der Berufs- und Erwerbsunfähigkeitsrenten, eine bessere Absicherung der Frauen oder eine mögliche Grundsicherung, waren ausgeklammert worden. Allerdings wurden unter Beibehaltung der tragenden Prinzipien, insbesondere der Lebensstandarderhaltungsfunktion der Rente, die Weichen für die Bewältigung der – mit Blick auf die demographische Entwicklung – zu erwartenden zukünftigen Finanzierungsprobleme gestellt. Zu den Schwerpunkten der Reform gehörten erstens die Einführung eines Selbstregulierungsmechanismus von Bundeszuschuss, Beitragssatz und Rentenanpassung, um eine gleichmäßige Lastenverteilung zwischen Beitragszahlern, Rentnern und Staat zu erreichen, sowie zweitens der Übergang von der brutto- zur nettoentgeltorientierten Rentenanpassung. Maßgeblich für die Rentenanpassung war demnach die Einkommensentwicklung nach Abzug von Steuern und Sozialbeiträgen. Zudem sollte das Renteneintrittsalter bei allen Altersrenten beginnend mit dem Jahr 2001 schrittweise auf 65 Jahre angehoben werden bei gleichzeitiger Ermöglichung einer vorzeitigen, mit Abschlägen verbundenen Inanspruchnahme.

15 Letzteres wurde einige Jahre später durch das Gesetz zur Förderung eines gleitenden Übergangs in den Ruhestand vom 23.7.1996[19] und das Wachstums- und Beschäftigungsförderungsgesetz (WFG) vom 25.9.1996[20] vorgezogen und beschleunigt. Zugleich wurden die Ausgaben durch Änderungen bei der Berücksichtigung und Bewertung beitragsfreier und beitragsgeminderter Zeiten begrenzt.

16 Weitere Neuerungen enthielt das **Rentenreformgesetz 1999** vom 16.12.1997.[21] Nach dem Willen der CDU/CSU/FDP-Regierung sollte, neben der Abschaffung der Altersrenten wegen Arbeitslosigkeit und nach Altersteilzeit sowie für Frauen, für nach 1952 Geborene mit Blick auf die Bevölkerungsentwicklung insbesondere auch ein **demographischer Faktor** eingeführt werden, um die Finanzierung der Renten langfristig zu sichern. Letzteres setzte die neue rot-grüne Bundesregierung durch das Gesetz zu Korrekturen in der Sozialversicherung und zur Sicherung der Arbeitnehmerrechte vom 19.12.1998[22] aus. Stattdessen verfolgte sie ihre eigenen Reformbestrebungen.

17 In der Folge wurden das Altersvermögensergänzungsgesetz vom 21.3.2001[23] und das Altersvermögensgesetz vom 26.6.2001[24] mit dem Ziel erlassen, den Beitragssatz in der Rentenversicherung langfristig zu stabilisieren. Zu diesem Zwecke erfolgte eine umfassende **Modifizierung der Rentenanpassungsformel** einschließlich der Umstellung auf eine „modifizierte Bruttolohnanpassung", was langfristig den Rentenanstieg dämpft. Parallel dazu wurden eine staatlich geförderte, **private kapitalgedeckte Altersversorgung** eingeführt,[25] die die umlagefinanzierte gesetzliche Rente ergänzen und die Absenkung des Rentenniveaus ausgleichen soll, und die **betriebliche Altersversorgung** verbessert. Weitere zentrale Maßnahmen der Reform bildeten eine bessere Absicherung der Frauen, Leistungseinschnitte bei den Hinterbliebenenrenten sowie die Einführung einer bedarfsorientierten Grundsicherung zur Bekämpfung der sog. „verschämten Armut".[26] Kurz zuvor war zudem das Recht der Erwerbsminderungsrenten vollständig neu gefasst worden.

18 Zusätzliche punktuelle Maßnahmen zur Konsolidierung der Finanzen der gesetzlichen Rentenversicherung enthielten das Zweite und das Dritte Gesetz zur Änderung des Sechsten Buches So-

---

18 BGBl. I S. 2261ff.
19 BGBl. I S. 1078ff.
20 BGBl. I S. 1461ff.
21 BGBl. I S. 2998ff.
22 BGBl. I S. 3843ff.
23 BGBl. I S. 403ff.
24 BGBl. I S. 1310ff.
25 Sog. „Riester-Rente"; siehe unter § 50 Rn. 8.
26 Siehe unter § 50 Rn. 56.

zialgesetzbuch und anderer Gesetze vom 27.12.2003.[27] Im Mittelpunkt standen die Absenkung **der Schwankungsreserve**, die **Aussetzung der Rentenanpassung** für das Jahr 2004 sowie die **Abschaffung des Zuschusses zur Pflegeversicherung** und die **Verschiebung des Rentenauszahlungstermins** für Neurentner auf das Monatsende. Gänzlich anders motiviert war dagegen die mit dem Alterseinkünftegesetz (AltEinkG) vom 5.7.2004[28] eingeführte Umstellung auf die **nachgelagerte Besteuerung** von Altersbezügen. Der Gesetzgeber reagierte dadurch auf eine Entscheidung des Bundesverfassungsgerichts vom 6.3.2002,[29] wonach die unterschiedliche Besteuerung von Beamtenpensionen und Renten aus der gesetzlichen Rentenversicherung nicht mit dem allgemeinen Gleichheitssatz des Art. 3 Abs. 1 GG vereinbar ist.

Die nächste große Rentenreform erfolgte durch das Gesetz zur Sicherung der nachhaltigen Finanzierungsgrundlagen der gesetzlichen Rentenversicherung vom 21.7.2004.[30] Den Kern dieses umfangreichen Reformpakets bildete die erneute Veränderung der Rentenformel. Zum einen orientiert sich die Rentendynamik zukünftig an der beitragspflichtigen Bruttolohn- und Gehaltssumme, zum anderen wurde ein von einer **Schutzklausel** flankierter **Nachhaltigkeitsfaktor** in die Rentenformel integriert, so dass bei Rentenanpassungen auch das Verhältnis von Rentenempfängern zu Beitragszahlern Berücksichtigung findet. Als weitere Maßnahmen zur Ausgabenreduzierung sind u. a. der Wegfall der rentensteigernden Bewertung von Zeiten der Schulausbildung und der pauschalen Höherbewertung von Zeiten der Berufsausbildung zu nennen. Aus demselben Grund erfolgt auch die schrittweise, im Jahr 2006 beginnende Anhebung der Altersgrenze für die vorzeitige Inanspruchnahme der Altersrente wegen Arbeitslosigkeit und nach Altersteilzeitarbeit von 60 auf 63 Jahre. 19

Zum Ende ihrer Regierungszeit beseitigte die rot-grüne Bundesregierung schließlich mit dem Gesetz zur Organisationsreform in der gesetzlichen Rentenversicherung vom 9.12.2004[31] die noch vorhandene organisatorische Zweiteilung zwischen Arbeiter- und Angestelltenrentenversicherung und straffte zugleich die Organisation der Rentenversicherungsträger insgesamt. Auch insoweit bildete die Kostenreduzierung den maßgeblichen Beweggrund. 20

Die sich daran anschließende „Große Koalition" setzte den eingeschlagenen Weg der Ausgabenbeschränkung fort. Das Haushaltsbegleitgesetz 2006 vom 29.6.2006[32] erhöhte den Pauschalbeitragssatz für geringfügig Beschäftigte und begrenzte die Sozialversicherungsfreiheit von Sonn-, Feiertags- und Nachtzuschlägen. Mit Blick auf die erwarteten Mehreinnahmen erfolgte im Gegenzug u. a. eine Verminderung des allgemeinen Bundeszuschusses zur Rentenversicherung für die Jahre 2006 und 2007. 21

Einen markanten Reformpunkt stellt die **stufenweise Anhebung der Regelaltersgrenze** auf die Vollendung des 67. Lebensjahres durch das Rentenversicherungsaltersgrenzenanpassungsgesetz (RV-Altersgrenzenanpassungsgesetz) vom 20.4.2007[33] dar. Hierin wird – beginnend mit dem Jahr 2012 – die seit langem geforderte Anhebung der Regelaltersgrenze vollzogen. Darüber hinaus wird die Rentenformel um einen **Nachholfaktor** ergänzt, dessen Ziel die Nachholung der aufgrund der Schutzklausel unterbliebenen Dämpfung der Rentenanpassung ist. 22

Während mit dem RRG 1992 die anzurechnenden Kindererziehungszeiten für ab 1992 geborene Kinder von einem auf drei Jahre verlängert wurden, verblieb es für vor 1992 geborene Kinder bei der Anrechnung von einem Jahr Kindererziehungszeit je Kind. Um die Erziehungsleistung von Eltern dieser Kinder besser zu honorieren, erhöhte das Gesetz über Leistungsverbesserungen in der gesetzlichen Rentenversicherung (**RV-Leistungsverbesserungsgesetz**) vom 23.6.2014[34] die anrechenbaren 23

27 BGBl. I S. 3013 ff., 3019 ff.
28 BGBl. I S. 1427 ff.
29 BVerfG 6.3.2002 BVerfGE 105, 73 ff.
30 BGBl. I S. 1791 ff.
31 BGBl. I S. 3242 ff.
32 BGBl. I S. 1402 ff.
33 BGBl. I S. 554 ff.
34 BGBl. I S. 787.

Kindererziehungszeiten für vor 1992 geborene Kinder um zwölf Monate. Infolgedessen erlangten rund 64.000 Personen erstmals einen Anspruch auf eine Altersrente.[35] Für Bestandsrentner sah die sog. „Mütterrente I" aus Gründen der Verwaltungspraktikabilität vor, dass ab dem 1.7.2014 bei der Rentenberechnung ein Zuschlag von einem persönlichen Entgeltpunkt für jedes Kind berücksichtigt und keine neue Rentenberechnung durchgeführt wird. Bei dieser Versichertengruppe ist somit die Berücksichtigung des individuellen Zugangsfaktors – die Frauenaltersrente wurde nicht in wenigen Fällen vorzeitig in Anspruch genommen – unterblieben. Unerheblich blieb dabei auch, ob zwischen dem 13. und dem 24. Monat der Kindererziehung bereits Entgeltpunkte – beispielsweise aus einer versicherungspflichtigen Beschäftigung – erworben wurden.[36] Im Rahmen der Änderung ging der Gesetzgeber von ansteigenden Mehrausgaben in Höhe von rund sechs Mrd. Euro aus, der Bundeszuschuss wird langfristig – bis zum Jahre 2022 – allerdings nur um zwei Mrd. Euro erhöht.[37] Das belastet Beitragszahler und Rentner damit in zweierlei Hinsicht: Die zusätzlichen Ausgaben werden über die Beiträge direkt finanziert und aufgrund der geringeren Rentenanpassungen – bedingt durch die höheren Rentenausgaben – ist ein stärker sinkendes Rentenniveau hinzunehmen.[38]

24 Die zunehmende Zahl der Menschen, die bis in ein höheres Alter arbeiten, führte zudem zu Verbesserungen der Rahmenbedingungen von älteren Arbeitnehmern. Ziel war es, die mittlerweile mehr als die Hälfte der 60- bis 64-jährigen Erwerbstätigen für die Arbeitswelt zu erhalten. Mit ihrem Wissen und ihren Erfahrungen leisten sie einen wertvollen Beitrag gegen den zunehmenden Fachkräftemangel. Zu diesem Zweck sind durch das **RV-Leistungsverbesserungsgesetz** vom 23.6.2014[39] die Bedingungen für einen flexibleren Verbleib im Erwerbsleben verbessert worden. Seither kann die Beendigung von zunächst auf die Regelaltersgrenze befristeten Arbeitsverträgen gegebenenfalls auch mehrfach hinausgeschoben werden.

25 Durch das Gesetz zur Flexibilisierung des Übergangs vom Erwerbsleben in den Ruhestand und zur Stärkung von Prävention und Rehabilitation im Erwerbsleben (**Flexirentengesetz**) vom 8.12.2016[40] erhielten die Rentner die Möglichkeit, den Übergang in die Altersrente flexibel und selbstbestimmt zu gestalten. So wurde eine Kombinierbarkeit von Einkommen aus Teilzeitarbeit und vorgezogener Altersrente sowie die Möglichkeit zum frühzeitigeren Ausgleich von Rentenabschlägen, die sich bei einem vorzeitigen Renteneintritt ergeben können, geschaffen. Durch das Arbeitseinkommen neben dem Rentenbezug werden künftig zugleich auch Entgeltpunkte in der gesetzlichen Rentenversicherung erworben, die im Ergebnis zu einem höheren Rentenanspruch führen. Für Beschäftigte ab Erreichen der Regelaltersgrenze entfällt bis zum Jahre 2021 die Pflicht zur Zahlung der Arbeitgeberbeiträge in der Arbeitslosenversicherung. Schließlich werden Erwerbstätige besser dabei unterstützt, individuelle Gesundheitsrisiken, die ihre Erwerbsfähigkeit langfristig gefährden, früh zu erkennen und zu vermeiden. Die Gesundheit und damit zugleich die Erwerbsfähigkeit der Versicherten werden durch verbesserte Leistungen der Prävention, Rehabilitation und Nachsorge geschützt und gesichert, damit die Versicherten im Erwerbsleben gesünder älter werden.[41]

26 Das **RV-Leistungsverbesserungs- und Stabilisierungsgesetz** vom 28.11.2018[42] setzte sodann die „Mütterrente II" zum 1.1.2019 in Kraft: Die „Mütterrente I" wurde ausgeweitet, indem Eltern für jedes vor 1992 geborenes Kind weitere sechs Monate Kindererziehungszeit (insgesamt 30 Monate) erhalten. Bestandsrentner erhielten nach denselben Modalitäten wie 2014 einen Zuschlag, der dem Rentenertrag eines halben Kindererziehungsjahres entsprach. Ein Teil des Mehraufwands wird dabei ab 2022 durch Sonderzahlungen des Bundes ausgeglichen, damit die Beitragsobergrenze von 20 Prozent

35 Keck/Krickl/Kruse, RVaktuell 2015, S. 248.
36 BT-Drs. 18/909, S. 24.
37 BT-Drs. 18/909 S. 3.
38 Ausführlich dazu Rürup, DRV 2014, S. 56ff.; Engelen-Kefer/Kerschbaumer, SozSich 2015, 110ff.
39 BGBl. I S. 787.
40 BGBl. I S. 2838.
41 BT-Drs. 18/9787 S. 1f.; krit. Köhler-Rama, SGb 2017, 499ff.; Ruland, SGb 2017, 121ff.
42 BGBl. I S. 2016.

eingehalten werden kann.[43] Der Gesetzgeber ist damit hinter der Vereinbarung der „Großen Koalition" zurückgeblieben, nach der die „Gerechtigkeitslücke" geschlossen und Eltern für jedes vor 1992 geborenes Kind künftig auch das dritte Jahr Erziehungszeit in der Rente angerechnet bekommen sollten.[44] Verfassungsrechtliche Fragen bezüglich der Ausweitung stellen sich sowohl hinsichtlich der Finanzierung als auch mit Blick auf Art. 6 Abs. 1 i.V.m. Art. 3 Abs. 1 GG.[45]

Während das Altersvermögensergänzungsgesetz von 2001 Beitragssatz und Sicherungsniveau (nur) als Prüfklauseln gesetzlich verankerte, sind sie nunmehr als sogenannte doppelte Haltelinien (Sicherungsniveau vor Steuern nicht unter 48 Prozent und Beitragssatz zur allgemeinen Rentenversicherung nicht über 20 Prozent) gesetzlich garantiert. Damit einhergehend ist sowohl der Zielwert geändert als auch ein Mechanismus festgelegt worden, um beide Grenzen zu wahren. Im Bereich der Erwerbsminderungsrenten und der Renten wegen Todes hebt das RV-Leistungsverbesserungs- und Stabilisierungsgesetz das Ende der Zurechnungszeit nun bereits früher und in einem größeren Umfang an.[46] 27

Mit dieser Reform setzt sich der Ausbau der Leistungen der gesetzlichen Rentenversicherung fort. Der Gesetzesbegründung folgend soll damit die gesetzliche Rentenversicherung derart angepasst werden, dass sie als maßgeblicher Eckpfeiler unseres Sozialstaates tragfähig, solide und belastbar bleibt.[47] 28

Mit Gesetz vom 12.8.2020 wurde das **Grundrentengesetz**[48] verabschiedet: Menschen, die jahrzehntelang lediglich geringe bzw. unterdurchschnittliche Einkommen erzielt und Beiträge gezahlt haben, können durch die Einführung seit dem 1.1.2021 darauf vertrauen, nach einem langen Arbeitsleben, Kindererziehung oder der Pflegezeiten ihrer Lebensleistung entsprechend abgesichert zu sein und eine angemessene Rente aus der gesetzlichen Rentenversicherung zu erhalten. Angemessen soll in diesem Zusammenhang bedeuten, dass ein regelmäßiges Alterseinkommen in Höhe von ca. zehn Prozent oberhalb des Grundsicherungsbedarfs zugesichert werden soll. In einer Staffelung von 33 bis 35 Jahren an Grundrentenzeiten wird ein Zuschlag an persönlichen Entgeltpunkten gewährt, wenn der Durchschnittswert der Entgeltpunkte der Grundrentenbewertungszeiten des gesamten Versicherungslebens unter 0,8004 Entgeltpunkten liegt, mindestens aber 0,3 Entgeltpunkte beträgt.[49] 29

Durch einen Freibetrag im Wohngeldgesetz sowie im SGB XII wird zudem vermieden, dass die Verbesserungen durch die Grundrente nicht durch eine Kürzung der Sozialleistung wieder aufgehoben werden. Eine strenge Bedürftigkeitsprüfung wie in den Fürsorgesystemen findet bei der Grundrente nicht statt. Ein weiterer Freibetrag sorgt bei der Einkommensanrechnung zudem dafür, dass z.B. eine private Altersversorgung nicht auf die Grundrente angerechnet wird. Die Finanzierung der Grundrente erfolgt durch Erhöhung des Bundeszuschusses um jährlich 1,5 Milliarden Euro. Die Abwicklung durch die Rentenversicherung wirft allerdings durchaus verfassungsrechtliche Fragen nach der Zuständigkeit auf; zudem bestehen grundrechtliche und datenschutzrechtliche Probleme.[50] 30

Seit der Neugestaltung im Jahr 2001 hatten sich die durchschnittlichen Zahlbeträge der neu beginnenden Erwerbsminderungsrenten fortwährend vermindert. Dieser Entwicklung wirkte der 31

---

43 BT-Drs. 19/4668 S. 20f.; zu den Finanzwirkungen siehe: Jess/Kasten/Lohmann/Schuth, Deutsche Rentenversicherung 2019, 102ff.

44 Ein neuer Aufbruch für Europa, Eine neue Dynamik für Deutschland, Ein neuer Zusammenhalt für unser Land, Koalitionsvertrag zwischen CDU, CSU und SPD vom 12.3.2018, 19. Legislaturperiode, S. 92.

45 Dazu ausführlich: Brosius-Gersdorf, SGb 2019, 509ff.

46 BT-Drs. 19/4668 S. 2f.

47 BT-Drs. 19/4668, S. 1.

48 BGBl. I S. 1879 (Nr. 38).

49 Gesetz zur Einführung der Grundrente für langjährige Versicherung in der gesetzlichen Rentenversicherung mit unterdurchschnittlichem Einkommen und für weitere Maßnahmen zur Erhöhung der Alterseinkommen (Grundrentengesetz) v. 12.8.2020, BGBl. I S. 1879ff.; s.a. BT-Drs. 19/18473, S. 1ff.

50 Dazu ausführlich: Brosius-Gersdorf, SGb 2019, 509ff.; Ruland, NZS 2019, 881ff.; Ruland, Die Verfassungswidrigkeit der Grundrente, S. 35ff.; Wagner, SGb 2020, S. 65ff.; s.a. zu diesem Komplex bereits Miegel/Wahl, Solidarische Grundsicherung, 1999.

Gesetzgeber entgegen, indem er die Zurechnungszeit für den Rentenzugang zweifach verlängerte. Seit 2022 endet die Zurechnungszeit somit mit 65 Jahren und zwölf Monaten. Bereits bestehende Renten wurden von den Verbesserungen jedoch nicht umfasst. Nach dem **Gesetz zur Rentenanpassung 2022 und zur Verbesserung von Leistungen für den Erwerbsminderungsrentenbestand** vom 28.6.2022[51] werden daher ca. drei Millionen Renten wegen verminderter Erwerbsfähigkeit, die in den Jahren 2001 bis 2018 begonnen haben, ab dem 1.7.2024 um einen pauschalen Zuschlag von 7,5 % (Rentenbeginn zwischen 2001 und Juni 2014) oder 4,5 % (Rentenbeginn zwischen Juli 2014 und dem 31.12.2018) aufgestockt. Die Aufstockung gilt auch für unmittelbar nachfolgende Alters- und Hinterbliebenenrenten sowie für in diesem Zeitraum zugegangene Renten wegen Todes.

32 Das Achte Gesetz zur Änderung des Vierten Buches Sozialgesetzbuch vom 20.11.2022 reformierte die **Hinzuverdienstmöglichkeiten bei vorgezogenen Altersrenten und Erwerbsminderungsrenten** grundlegend. Um den Übergang vom Erwerbsleben in den Ruhestand flexibler gestalten zu können, entfallen die Hinzuverdienstgrenzen bei vorgezogenen Altersrenten. Damit einher geht eine erhebliche Verringerung des Verwaltungsaufwands bei der Rentenversicherung seit 2024. Durch die gleichzeitige Erhöhung der Hinzuverdienstgrenzen bei Erwerbsminderungsrenten besteht nun die Option, neben dem Bezug einer Erwerbsminderungsrente, rentenunschädlich einen höheren Hinzuverdienst als bisher zu erzielen, sofern der Umfang der Erwerbstätigkeit der Erwerbsfähigkeit entspricht.

33 Am 21.6.2024 brachte die Regierung der 20. Legislaturperiode das **Rentenpaket II** (Rentenniveaustabilisierungs- und Generationenkapitalgesetz[52]) auf den Weg und wollte damit zwei zentrale Vorhaben des Koalitionsvertrages umsetzen: Die dauerhafte Sicherung der Haltelinie für das Rentenniveau bei 48 Prozent sowie den Einstieg in eine teilweise Kapitaldeckung für die gesetzliche Rentenversicherung durch den Aufbau eines Generationenkapitals. Mit dem Generationenkapital sollte ein Beitrag zur langfristigen Stabilisierung des Beitragssatzes der gesetzlichen Rentenversicherung ab Mitte der 2030er Jahre geleistet werden. Ob das Ziel, künftige Beitragszahler durch einen zusätzlichen Baustein in der Finanzierung der gesetzlichen Rentenversicherung zu entlasten, damit überhaupt erreicht werden könnte, darf bezweifelt werden. Freilich brach die Regierungskoalition Anfang November 2024 auseinander. Die Finanzierung der gesetzlichen Rentenversicherung wäre mit dieser Reform jedenfalls nicht gesichert gewesen.[53]

34 Seit mehreren Jahren besteht zudem die Diskussion, ob und wie es möglich ist, ungesicherte **Selbstständige in die gesetzliche Rentenversicherung einzubeziehen.**[54] Der aktuelle Koalitionsvertrag[55] sieht die Einführung einer gründerfreundlichen Altersvorsorgepflicht für Selbstständige vor: Verpflichtend soll die Altersvorsorge für all diejenigen sein, die nicht bereits anderweitig obligatorisch abgesichert sind. Grundsätzlich sollen Selbstständige zwischen der gesetzlichen Rentenversicherung und – als Opt-out-Lösung – anderen geeigneten Vorsorgearten wählen können, wobei diese insolvenz- und pfändungssicher sein und in der Regel zu einer Rente oberhalb des Grundsicherungsniveaus führen müssen. Bedenkenswert an dieser Lösung ist, dass viele Selbstständige vor, während oder nach ihrer selbstständigen Beschäftigung auch als Beschäftigte versichert sind. Wählen sie für die Selbstständigkeit eine private Form der Altersvorsorge, dann droht in der Alterssicherung ein Flickenteppich verschiedener Anwartschaften zu entstehen. Vor allem aber besteht die Gefahr, dass Anwartschaften auf eine Erwerbsminderungsrente durch einen Wechsel der Versicherungsträger verloren gehen oder Rentenansprüche nicht entstehen, weil die Wartezeit nicht erfüllt wird. Schließlich steigt mit dieser Lösung der bürokratische Aufwand bei der Koordination der betei-

---

51 BGBl. I S. 975.

52 BT-Drs. 20/11898.

53 Ruland, DRV 2022, 16 f.; Hofmann/Schäfer, SozSich 2023, 64 ff.

54 Siehe dazu beispielsweise: Schlegel, NZS 2022, 681, 683 f.

55 Mehr Fortschritt wagen, Bündnis für Freiheit, Gerechtigkeit und Nachhaltigkeit, Koalitionsvertrag 2021–2025 zwischen SPD, Bündnis 90/ Die Grünen und der FDP vom 7.12.2021, 20. Legislaturperiode, S. 59.

ligten Versorgungsträger.[56] Auch ein weiterer Aspekt darf der Einbeziehung von Selbstständigen in die gesetzliche Rentenversicherung nicht außer Betracht gelassen werden: Woher sollen gerade Soloselbstständige, die wegen ihrer niedrigen Einkommen am dringendsten eine soziale Absicherung brauchen, das Geld hernehmen, um die vollen Rentenbeiträge zu zahlen. Auch ist zu bedenken, dass eine Ausweitung der Versicherungspflicht des § 2 SGB VI angesichts des Umlageverfahrens der gesetzlichen Rentenversicherung lediglich eine Entlastung der (übrigen) heutigen Beitragszahler zur Folge hätte. Die Finanzierungslasten würden mithin in die Zukunft verschoben.[57]

Der weitere Anstieg des Altersquotienten und das Sinken des Rentenniveaus werden zudem zur Notwendigkeit einer erneuten Anpassung der Rentenversicherung an die demographische Entwicklung führen.[58] Als mögliche (rechtspolitische) Schraubstellen sind dabei die Erhöhung des Beitragssatzes, die Aufnahme von Beamten und Selbstständigen in die gesetzliche Rentenversicherung, die Erhöhung der Beitragsbemessungsgrenze oder auch weitere Eingriffe in das Leistungsrecht zu nennen.[59] Ebenfalls wird zumindest zu überlegen sein, ob die Regelaltersgrenze künftig in Abhängigkeit von der Veränderung der Lebenserwartung zu bestimmen sein wird.[60] Steigt die Lebenserwartung beispielsweise um drei Jahre, könnte sich die Regelaltersgrenze um zwei Jahre verschieben. Als Folge würde sich die Zeit des Rentenbezugs um „nur" ein Jahr verlängern. RULAND[61] dürfe beizutreten sein, soweit er prognostiziert, dass man an einer solchen Lösung nicht vorbeikommen wird, weil sich die Hoffnung, mit einer Teilkapitalabdeckung den Anstieg des Beitragssatzes und das Absinken des Sicherungsniveaus in Grenzen zu halten, nicht erfüllen lassen wird. Bei der Frage der Weiterentwicklung der Alterssicherung sind – neben der gesetzlichen Rentenversicherung – allerdings auch ihre beiden anderen Säulen nicht außer Blick zu verlieren. Auch in der betrieblichen und privaten Altersvorsorge muss sichergestellt sein, dass die Menschen im Alter adäquate Leistungen erwarten können – und zwar mit der für die Alterssicherung notwendigen Sicherheit.[62] 35

Resümiert man diesen gerafften historischen Rückblick, haben die **Reformbestrebungen der vergangenen Jahre** – besonders auf der Leistungsseite – begonnen, das Gesicht der gesetzlichen Rentenversicherung in ihrer mehr als 130-jährigen Geschichte deutlich zu verändern. Dasselbe trifft auch auf die jüngsten Reformen durch die Grundrente und die Einführung einer Teilkapitalabdeckung zu. Es hat ein **Paradigmenwechsel** stattgefunden. Anders als 1957 konzipiert, ist die Rente nicht mehr länger allein beitrags- und damit leistungsbezogen im Sinne einer gleichwertigen Teilhabe von Rentnern und Beitragszahlern am Produktivitätsfortschritt. Stattdessen gehorcht die gesetzliche Rentenversicherung mehr und mehr dem **Primat einnahmeorientierter Ausgabenpolitik**. Eine wichtige Errungenschaft der gesetzlichen Rente wird damit preisgegeben mit der Folge des zunehmenden faktischen Zwanges, zusätzliche Altersvorsorge betreiben zu müssen. Zukünftig werden drängende finanzielle Herausforderungen zu meistern sein. Die Wahrscheinlichkeit substanzieller und nachhaltiger Reformen ist gering. 36

Dessen ungeachtet bleiben andere **wichtige Prinzipien** der gesetzlichen Rentenversicherung **nach wie vor bestehen**: Die gesetzliche Rente gewährt Schutz bei den Risiken Invalidität, Alter sowie Tod und besteht als persönlicher, öffentlich-rechtlicher Rechtsanspruch unabhängig vom Arbeitsplatzwechsel fort. Es herrscht Versicherungszwang für einen Großteil der abhängig Beschäftigten in 37

56 JÄGER, RVaktuell 2020, 111 f.

57 ROLFS, NJW 2022, 2719.

58 KREIKEBOHM, Eine Reform der Alterssicherung bleibt nun – erst recht – auf der Tagesordnung, NZS 2020, 401 ff.; KREIKEBOHM, Zeitenwende oder Reformen im System: Welche Reformschritte in der Altersversorgung sind nun notwendig?, NZS 2025, 81 ff.; ROẞBACH, Rentenreformen im Spannungsfeld angemessener Alterssicherung und nachhaltiger Finanzierbarkeit, DRV 2024, 1 ff.; SCHLEGEL, Sozialversicherung für alle?, NZS 2022, 681 ff.

59 Ausführlich dazu RULAND, NZS 2016, 771 ff.

60 BÖRSCH-SUPAN, FS Ruland (Fn. 24), S. 165; JÄGER, NZS 2018, 801; KREIKEBOHM, Eine Reform der Alterssicherung bleibt nun – erst recht – auf der Tagesordnung, NZS 2020, 401, 405 f.; ROẞBACH, Zukunftsfähige Weiterentwicklung der Alterssicherung, NZS 2021, 624 ff.

61 RULAND, Die Pläne der Ampelkoalition zur Rentenpolitik, DRV 2022, 19.

62 ROẞBACH, Zukunftsfähige Weiterentwicklung der Alterssicherung, NZS 2021, 624 ff.

Deutschland. Darüber hinaus ist die gesetzliche Rentenversicherung kontinuierlich auf besonders schutzwürdige Personenkreise ausgedehnt worden. Die Einbeziehung Soloselbständiger ist nur noch eine Frage der Zeit. Durch die Möglichkeit der freiwilligen Versicherung hat praktisch fast die gesamte Bevölkerung Deutschlands Zugang zur gesetzlichen Rentenversicherung. Schließlich wird die organisatorische Durchführung durch ein gegliedertes, öffentlich-rechtliches System mit dem Recht zur Selbstverwaltung vollzogen.

II. Rechtsquellen der gesetzlichen Rentenversicherung

1. SGB VI

38 Das SGB VI wurde durch das RRG 1992 geschaffen und ist die wichtigste Rechtsquelle für die gesetzliche Rentenversicherung. Abgesehen von der Zuständigkeit der Rentenversicherungsträger – dort erfolgte die Angleichung erst durch die Organisationsreform – beseitigte das SGB VI die Unterschiede zwischen der Arbeiter- und Angestelltenrentenversicherung und integrierte die knappschaftliche Rentenversicherung und Handwerkerversiche-rung.

39 Aufgebaut ist das **SGB VI** in sechs Kapitel: In den ersten vier Kapiteln wendet es sich zunächst dem **versicherten Personenkreis** zu, beschreibt dann die verschiedenen **Leistungen der gesetzlichen Rentenversicherung**, behandelt danach die **Organisation** und im Anschluss daran die **Finanzierung** der gesetzlichen Rentenversicherung. Das fünfte Kapitel enthält wichtige **Sonderregelungen** für Sachverhalte, die die ersten vier Kapitel betreffen. Das SGB VI endet schließlich mit den **Ordnungswidrigkeitstatbeständen** im sechsten Kapitel.

2. Künstlersozialversicherungsgesetz, Alterssicherung der Landwirte und ihrer Angehörigen

40 **Nicht** mit in das SGB VI **aufgenommen** wurde die Alterssicherung der Künstler, Publizisten, Landwirte und der Angehörigen letzterer. Diese ist auch weiterhin in **zwei Sondergesetzen** geregelt. Die Alterssicherung der Künstler und Publizisten findet sich im **Künstlersozialversicherungsgesetz (KSVG)**. Die Alterssicherung der Landwirte und ihrer Angehörigen wurde im **Gesetz für die Alterssicherung der Landwirte** (ALG)[63] geregelt. Da dieses Lehrbuch nur Grundzüge der gesetzlichen Rentenversicherung vermitteln möchte, wird auf das KSVG und ALG nicht näher eingegangen. Auf die einschlägige Literatur wird insoweit verwiesen.

§ 45 Strukturprinzipien der gesetzlichen Rentenversicherung

Literatur: Depenheuer, Wie sicher ist verfassungsrechtlich die Rente? – Vom liberalen zum solidarischen Eigentumsbegriff, AöR Bd. 120, 1995, 417ff.; Eichenhofer, Anm. zu EGMR 30.9.2003, ZESAR 2004, 143f.; Frohn, Anm. zu BVerfG 6.3.2002, SGb 2002, 420ff.; Hailbronner, Anm. zu EGMR 16.9.1996, JZ 1997, 397ff.; Hey, Verfassungswidrige Doppelbesteuerungen im Übergang zur nachgelagerten Besteuerung, DRV 2004, 1ff.; Katzenstein, Das Sozialrecht in der Rechtsprechung des Bundesverfassungsgerichts von 1982 bis 1987, SGb 1988, 177ff.; Kufer, Verfassungswidrigkeit der Beitragssätze der gesetzlichen Rentenversicherung?, NZS 1996, 559ff.; Lenze, Anm. zu BSG 31.7.2002, NJW 2003, 1427ff.; Mielke, Wer ist eigentlich Inhaber einer Anwartschaft auf Hinterbliebenenrente?, VSSR 2009, 141ff.; Neumann, Freiheitsgefährdung im kooperativen Sozialstaat, 1992; Ossenbühl, Anm. zu BVerfG 18.2.1998, JZ 1998, 679ff.; Papier, Alterssicherung und Eigentumsschutz, in: Isensee/Lecheler (Hrsg.), Freiheit und Eigentum, Festschrift für Leisner, 1999, S. 721ff.; Peters, Anm. zu BVerfG 15.3.2000, NZS 2002, 393ff.; Ritze, Anm. zu BVerfG 28.4.1999, SozVers 2001, 197ff.; Ruland, Die Sparmaßnahmen im Rentenrecht und der Eigentumsschutz von Renten, DRV 1997, 94ff.; Schneider, Der verfassungsrechtliche Schutz von Renten der Sozialversicherung, 1981; Sodan, Verfassungsrechtliche Determinanten der gesetzlichen Rentenversicherung, NZS 2005, 561ff.; Ulmer, Rentenrecht, Einigungsvertrag und Grundgesetz, NZS 2000, 176ff.; Verband Volkmann, Veränderungen der Grundrechtsdogmatik, JZ 2005, 261ff.; Wenner, Rentenniveau und Grundgesetz, in: von Wulffen/Krasney (Hrsg.), Festschrift 50 Jahre Bundessozialgericht, 2004, 625ff.; Wen-

63 Gesetz vom 29.7.1994, BGBl. I S. 1890ff.

NER, Anm. zu BSG 27.3.2007, SozSich 2007, 194 ff.; WIEDEHAGE, Zulässigkeit und Notwendigkeit der Rechtsfortbildung contra legem, SGb 2003, 145 ff.; ZACHER, Soziale Gleichheit – Zur Rechtsprechung des BVerfG zu Gleichheitssatz und Sozialstaatsprinzip, AöR Bd. 93, 1968, 341 ff.

I. Arten von Altersvorsorgesystemen

Hauptanliegen der gesetzlichen Rentenversicherung ist es, die sozialen Risiken **Alter, Berufs-, Erwerbsunfähigkeit** und **Tod** hinreichend **abzusichern**. Der Tod des Versicherten hat insbesondere für dessen Hinterbliebene (Witwe, Witwer oder Waisen) durch den **Wegfall des Unterhalts** gravierende Folgen. Da es sich bei den soeben aufgeführten vier Risiken um **vorhersehbare Risiken** handelt, können diese durch **Eigenvorsorge** und – wo dies nicht möglich ist – durch **staatliche Vorsorge** finanziell **abgesichert** werden.[64] 1

Die Vorsorgesysteme lassen sich hinsichtlich fünf Kriterien grob systematisieren:[65]
- Zweck,
- Organisation,
- Sicherungsziel,
- Personenkreis und
- Finanzierung.

Betrachtet man den **Zweck** eines Vorsorgesystems, kann man zwischen **spezifischen** und **unspezifischen Systemen** unterscheiden. Spezifisch sind sie, wenn ihr einziger Zweck die Absicherung der vier oben genannten Risiken ist. Unspezifisch hingegen, wenn sie zwar generell geeignet sind, diese Risiken abzusichern, aber dies nicht ihre alleinige Aufgabe darstellt. 2

Weiterhin lässt sich hinsichtlich der **Organisationsform** differenzieren: Vorsorgesysteme können zum einen **öffentlich-rechtlich** und zum anderen **privatrechtlich strukturiert** sein. Bei der nach dem SGB XII gewährten Sozialhilfe handelt es sich z.B. um ein unspezifisches, öffentlich-rechtlich organisiertes System. Im Gegensatz dazu ist die Beamtenversorgung der öffentlich-rechtlichen Dienstverhältnisse spezifisch. Allerdings tritt modifizierend hinzu, dass die Versorgung eines Beamten bereits in das Dienstverhältnis eingebettet ist, weil sie ihre Grundlage im Alimentationsprinzip gem. Art. 33 Abs. 5 GG findet.[66] Die Ansammlung von Vermögen durch Grund-, Wohnungseigentum oder Kapitalerträge ist eine unspezifische Vorsorge im privatrechtlichen Bereich. Hingegen stellen die Lebensversicherung und die betriebliche Altersvorsorge spezifische Formen der privatrechtlichen Vorsorge dar. 3

Hinsichtlich des **Sicherungsziels** können sich Vorsorgesysteme an drei Bezugspunkten orientieren. Die meisten industrialisierten Staaten bieten wenigstens eine Grundsicherung an, die auf dem Prinzip der **Bedarfsgerechtigkeit** basiert. Wird eine Vorsorge entsprechend dem Lebenseinkommen gewährleistet, hat diese die **Leistungsgerechtigkeit** zum Inhalt. Schließlich gibt es auch Vorsorgesysteme, die sich am unmittelbar vor Eintritt des Leistungsfalles innegehabten Einkommen orientieren. Im letzteren Fall wird dann **Besitzstandsgerechtigkeit** gewährleistet. 4

Hinsichtlich des **Personenkreises** lassen sich **universalistische** und **selektionistische** Modelle ausmachen. Universalistische Systeme beziehen die Gesamtbevölkerung eines Staates in das Versorgungssystem mit ein, während selektionistische Modelle z.B. nur einen bestimmten Teil der Bevölkerung, z.B. die Gruppe der Erwerbstätigen (Arbeitnehmer), in den persönlichen Schutzbereich einbeziehen. In diesem Zusammenhang spielt es auch eine Rolle, ob jemand **zwangsweise** in ein Vorsorgesystem **einbezogen** wird oder ob er diesem **freiwillig beitreten** kann. 5

64 Vgl. zum Ganzen HS-RV/FRERICH/FREY §§ 2 und 3.
65 Vgl. EICHENHOFER, SOZIALRECHT, Rn. 289 ff.
66 BVerfG 4.5.2020 NVwZ-Beilage 2020, 90, 91.

6 Schließlich unterscheiden sich Vorsorgesysteme auch bezüglich ihrer **Finanzierung**. Zum einen können sie mit Hilfe des allgemeinen **Steueraufkommens** finanziert werden, zum anderen mit Hilfe von **Beiträgen** der Versicherten. Hier stellt sich auch die Frage, ob die Altersvorsorge **umlage- oder kapitalgedeckt** finanziert werden soll. Oft werden Vorsorgesysteme durch Steuern und Beiträge mischfinanziert. Hierauf wird i.R.d. sog. versicherungsfremden Leistungen in der gesetzlichen Rentenversicherung zurückzukommen sein.

II. Altersvorsorge in Deutschland

7 Was für ein Bild bietet nun die Alters-, Erwerbsunfähigkeits- und Hinterbliebenenversicherung in **Deutschland**? Im Ergebnis herrscht hier ein **komplexes, historisch gewachsenes Zusammenspiel verschiedener Vorsorgesysteme**, die sich grundsätzlich an allen drei o.g. Sicherungszielen orientieren. Große Teile der Bevölkerung in Deutschland sind mehrere Versorgungsverhältnisse eingegangen. Grob kann von **drei** verschiedenen **Säulen** gesprochen werden.

8 **Erste Säule:** Hauptsächlich fußt die Altersvorsorge für abhängig Beschäftigte und einen großen Teil der Selbständigen auf der **gesetzlichen Rentenversicherung**, die als öffentlich-rechtliche, spezifische Regelsicherung ausgestaltet ist. Von den gesetzlichen Sozialversicherungszweigen ist die gesetzliche Rentenversicherung die einzige, die nicht nach den versicherten Risiken, sondern nach ihrer Hauptleistung, der Auszahlung von Renten, benannt ist. Daneben gewährt sie Anspruch auf Rehabilitation und Leistungen zur Teilhabe. Schließlich kommt der zuständige Träger der gesetzlichen Rentenversicherung bei den krankenversicherungspflichtigen Rentnern in Höhe des halben Krankenkassenbeitrages auf, der sich aus der Anwendung des um 0,9 Prozentpunkte geminderten allgemeinen Beitragssatzes auf den Rentenbetrag ergibt. Für in der GKV freiwillig versicherte Rentner sowie privat krankenversicherte Rentner gewährt er vergleichbare Zuschüsse. Den Beitrag zur Pflegeversicherung tragen Rentner seit April 2004 allein.

9 Ebenso von Bedeutung sind in diesem Zusammenhang die öffentlich-rechtlichen Regelsicherungen der **Beamtenversorgung** und der **Berufsständischen Versorgungswerke**. Auf diese wird hier jedoch nicht näher eingegangen.[67]

10 **Zweite Säule:** Hier spielt besonders die **betriebliche Altersvorsorge** ggf. kombiniert mit der betrieblichen Riester-Rente eine wichtige Rolle. Für die öffentlich-rechtlichen Angestelltenverhältnisse existiert als vergleichbares Institut eine **Zusatzversorgung der Versorgungsanstalt des Bundes und der Länder** (VBL) mit Sitz in Karlsruhe. Ihr Leistungsregime wurde 2003 grundlegend reformiert.[68]

11 **Dritte Säule:** Schließlich spielt auch die eigenverantwortliche **private Vorsorge** auf freiwilliger Basis eine nicht unwesentliche Rolle. In diese dritte Kategorie fällt u.a. die sog. private Riester-Rente, die seit der Reform der Alterssicherung im Jahre 2000 eine zusätzliche, privatrechtlich organisierte Säule der Alterssicherung darstellt.

III. Ökonomische Bedeutung der gesetzlichen Rentenversicherung

12 Die **überragende Bedeutung** der gesetzlichen Rentenversicherung ist für den Wirtschaftsstandort Deutschland **unbestritten**. Einige Zahlen[69] mögen dies verdeutlichen:

---

67 Zu den Berufsständischen Versorgungswerken vgl. den Internetauftritt von deren Arbeitsgemeinschaft unter www.abv.de. Allgemein gilt, dass die durchschnittliche Rentenhöhe aus den Versorgungswerken merklich höher ist als diejenige, die Versicherte und Rentner aus der Gesetzlichen Rentenversicherung beziehen können.

68 Lassner, PersR 2004, 23ff.; Konrad, ZTR 2006, 356ff.; Preis/Temming, ZTR 2003, 262ff.

69 Quellen: DRV, Bundesministerium der Finanzen.

- Die Gesamtausgaben der Rentenversicherungsträger betrugen im Jahre 2022 ca. 353,9 Milliarden Euro, das sind rund neun Prozent des Bruttonationaleinkommens. Von diesem Betrag entfielen 307,8 Milliarden Euro auf die Renten und 23,8 Milliarden Euro auf die Beiträge für die Krankenversicherung der Rentner.
- In der gesetzlichen Rentenversicherung waren zum 31.12.2021 ca. 57 Millionen Personen aktiv und passiv versichert. Hiervon waren ca. 32,5 Millionen pflichtversicherte Beschäftigte. Renten aus der gesetzlichen Rentenversicherung erhielten am 31.12.2022 rund 25,9 Millionen Personen.
- Mit 18,6 Prozent ist der Beitragssatz für die Rentenversicherung der höchste Posten bei den Sozialversicherungsabgaben von momentan durchschnittlich rund 40 Prozent (inklusive Arbeitgeberanteil).
- Die Leistungen des Bundes an die gesetzliche Rentenversicherung in Höhe von ca. 81 Milliarden Euro machten im Haushalt 2022 knapp 23 Prozent der Gesamteinnahmen aus.

Angesichts dieser statistischen Kennzahlen wird die ökonomische Relevanz der gesetzlichen Renten- **13** versicherung deutlich. Denn mit einem Volumen von mehr als 350 Milliarden Euro stellt sie „**die**“ Grundversorgung für die Mehrheit der Bevölkerung im Bundesgebiet dar.

Aus wirtschaftlicher Sicht stellt sich in diesem Zusammenhang daher u.a. die Frage nach dem **14** Einfluss der gesetzlichen Rentenversicherung auf Höhe, Wachstum oder Verteilung des Sozialproduktes, deren Ergebnisse anhand der Kriterien „ökonomische Effizienz“ und „Verteilungsgerechtigkeit“ beurteilt werden müssen – allerdings unter Berücksichtigung der Frage, wie man erklären kann, dass Gesellschaften mit demokratischen Entscheidungsprozessen sich für bestimmte Systeme der Alterssicherung entschieden haben.[70]

IV. Verfassungsrechtliche Vorgaben

Das Grundgesetz der Bundesrepublik Deutschland setzt der Ausgestaltung der gesetzlichen Rentenver- **15** sicherung äußere und inhaltliche Grenzen. Verfassungsrechtliche Bezüge weist die gesetzliche Rentenversicherung insofern auf, als dass in diesem Zusammenhang nicht nur die klassische Abwehrfunktion der Grundrechte, sondern auch deren Nichtdiskriminierungs-, Leistungs- und Teilhabefunktion thematisiert werden. Einzelne Grundrechte, deren Schutzbereiche regelmäßig von den Regelungen der gesetzlichen Rentenversicherung betroffen sind, sind die **allgemeine Handlungsfreiheit** (Art. 2 Abs. 1 GG), der **allgemeine und besondere Gleichheitssatz** (Art. 3 GG), der **Schutz von Ehe und Familie** (Art. 6 Abs. 1 und 5 GG) und schließlich die **Eigentumsgarantie** (Art. 14 Abs. 1 GG).

1. Allgemeine Handlungsfreiheit, Art. 2 Abs. 1 GG

Auch bei der gesetzlichen Rentenversicherung stellen sich im Rahmen von Art. 2 Abs. 1 GG die all- **16** gemein bedeutsamen Fragen

- sowohl der **Zwangsmitgliedschaft** und **Zwangsvorsorge durch die Versicherungspflicht**
- als auch der **Heranziehung Dritter zur Beitragsfinanzierung** und die **Problematik der versicherungsfremden Leistungen**.

Das BVerfG hat die **Ausdehnung der Pflichtversicherung auf weitere Personenkreise** bisher **17** **nicht beanstandet**. So hat es die Rentenversicherungspflicht für selbständige Lehrer in § 2 S. 1 Nr. 1 SGB VI gemessen an Art. 2 Abs. 1 GG für verfassungsgemäß erachtet.[71] Konsequent weitergedacht könnten mit einer im Extremfall alle Erwerbstätigen umfassenden gesetzlichen Rentenversicherung

70 Zu diesem Themenkomplex vgl. die vertiefte Darstellung bei SRH/Papier/Shirvani § 3 m.w.N. und HS-RV/Breyer § 3 m.w.N.

71 BVerfG 26.6.2007, SGb 2008, 476ff.; s.a. BVerfG 7.2.2007, NZS 2007, 487ff.

nicht nur grundrechtliche Probleme,[72] sondern eventuell auch die finanzielle Misere der gesetzlichen Rentenversicherung abgemildert werden. Dem würden allerdings **ökonomische und versicherungsmathematische Grenzen** gesteckt sein: Denn bei den finanzkräftigen Mitgliedern von Berufsständischen Versorgungswerken (z.B. Ärzte oder Anwälte) handelt es sich u.a. um „schlechtere" Risiken; ihre Lebenserwartung ist nämlich generell höher. Empirische Untersuchungen deuten auf eine grundsätzlich **negative Korrelation zwischen der Mortalität und Morbidität auf der einen und der Einkommenshöhe auf der anderen Seite** hin. Gesundheit ist ein superiores Gut. So stünden daher einem kurzfristigen Einnahmeplus auf der Beitragsseite später überproportional hohe Versorgungslasten allein wegen dieses Personenkreises gegenüber, was die **Beitragsstabilität** der gesamten gesetzlichen Rentenversicherung **gefährden** könnte. Gleiches gilt für Beamte, wo allerdings Art. 33 Abs. 5 GG der Einbeziehung in die Sozialversicherungssysteme einen zusätzlichen Riegel vorschiebt.[73]

18 In Anbetracht der problematischen **Rechtfertigung von versicherungsfremden Leistungen** in umlagefinanzierten Sozialversicherungszweigen ist darauf hinzuweisen, dass die **momentane Finanzverfassung der gesetzlichen Rentenversicherung** trotz unbestrittenen Vorhandenseins versicherungsfremder Leistungen **nicht verfassungswidrig** ist; so man denn der Ansicht ist, eine rein umlagenfinanzierte Konzeption einer Sozialversicherung, die versicherungsfremde Leistungen aus ihren Beiträgen mitfinanziert, sei verfassungswidrig.

19 Dass die Finanzverfassung der gesetzlichen Rentenversicherung indes verfassungsgemäß ist, hängt mit der **Existenz des Bundeszuschusses** zusammen. Bei durchschnittlicher Betrachtung trägt die gesetzliche Rentenversicherung jährlich Fremdlasten in Höhe von 20 bis 25 Milliarden Euro, denen z.B. im Jahr 2022 Bundeszuschüsse in Höhe von insgesamt rund 81 Milliarden Euro gegenüberstanden. Damit werden im Endeffekt keine versicherungsfremden Leistungen über die Beiträge der Versicherten finanziert, so dass eine Verletzung von Grundrechten unter dem Gesichtspunkt der Belastungsgleichheit ausscheidet. Dies gilt allerdings nur, solange die Höhe der versicherungsfremden Leistungen diejenige des Bundeszuschusses unterschreitet.

2. Der allgemeine und besondere Gleichheitssatz, Art. 3 GG

20 Die Dogmatik des für das Sozialversicherungsrecht bedeutsamen Gleichheitssatzes wurde unter § 8 Rn. 30ff. bereits dargestellt.[74] Hervorzuheben ist insbesondere die **Verzahnung dieses Grundrechts mit anderen Grundrechten**, z.B. Art. 2 Abs. 1 GG,[75] Art. 6 Abs. 1 GG[76] oder Art. 14 Abs. 1 GG.[77]

21 Dem Gesetzgeber ist zur **Ausgestaltung der gesetzlichen Rentenversicherung** anhand des allgemeinen Gleichheitssatzes ein **weiter sozialpolitischer Gestaltungsspielraum** eröffnet: Daher sind seine wesentlichen Grundentscheidungen in der Regel vom Bundesverfassungsgericht nicht beanstandet worden, in denen er die gegenläufigen Prinzipien der Solidarmaxime und des Versicherungsprinzips gegeneinander abwägen und in Einklang bringen musste.

72 So HS-RV/Ebsen § 5 Rn. 31ff.

73 Vgl. BMGS [Hrsg.], Nachhaltigkeit in der Finanzierung der Sozialen Sicherungssysteme, Bericht der Kommission, 2003, S. 122 bis 126 m.w.N.

74 Vgl. auch Katzenstein, SGb 1988, 177ff.; BVerfG 28.1.1987 BVerfGE 74, 163, 179ff.; BVerfG 6.12.1988 BVerfGE 79, 223, 236ff.; BVerfG 30.5.1990 BVerfGE 82, 126, 146ff.

75 Zur Rechtfertigung von Zwangsmitgliedschaften, Heranziehung zu fremdnützigen Beiträgen siehe BVerfG 26.6.2007, SGb 2008, 476.

76 Pflicht zur Verbesserung des Familienleistungsausgleichs, BVerfG 28.5.1993 BVerfGE 88, 203, 260ff.; BVerfG 10.11.1998 BVerfGE 99, 216, 233ff.; s.a. BVerfG 7.7.1992 BVerfGE 87, 1ff.; BVerfG 3.4.2001 SozR 3-3300 § 54 Nr. 2.

77 Rentenanpassung nach der Inflationsrate, BVerfG 26.7.2007, NZS 2008, 254ff.; Dynamisierung des nach dem Einigungsvertrag besitzgeschützten Zahlbetrages nach dem aktuellen Rentenwert und nicht nach dem aktuellen Rentenwert für das Beitrittsgebiet, BVerfG 15.9.2006 SozR 4-2600 § 307b Nr. 7.

Das BVerfG prüft nicht, ob die angefochtene Regel die beste, die gerechteste oder die vernünftigste ist,[78] sondern erklärt sie nur für verfassungswidrig, wenn die angeführten sachlichen Gesichtspunkte für eine Differenzierung weder den Test anhand der strengen „neuen Formel“ noch anhand der oberflächlicheren alten „Willkür-Formel“ bestehen. 22

Mit diesem Argument hat das Gericht auch das Aufteilungsprinzip zwischen geschiedener Ehefrau und Witwe bei der Hinterbliebenenrente und die Regelung über die unterschiedliche Gestaltung der Nachentrichtungsberechtigung für Selbständige und Hausfrauen einerseits und Beamte und Arbeitnehmer andererseits gerechtfertigt.[79] 23

Soweit aufgrund der **Massenverwaltung in der Sozialversicherung** Regelungen auf **Typisierungen** beruhen, sind **Härten im Einzelfall hinzunehmen**, wenn für die regelmäßigen Fälle ein vernünftiges Ergebnis eintritt.[80] Deshalb war z.B. der Fortfall der Geschiedenen-Witwenrente für Frauen, die nach dem 30.6.1977 geschieden worden waren, auch in solchen Fällen mit Art. 3 Abs. 1 GG vereinbar, in denen kein Versorgungsausgleich stattgefunden hatte.[81] Ebenso wurde § 32a S. 1 Nr. 1 AVG a.F. (= § 1255a S. 1 Nr. 1 RVO) für verfassungsgemäß gehalten, der dazu führte, dass die Entrichtung von mehr als sechzig Monatsbeiträgen in der Angestelltenversicherung im Zeitpunkt der Festsetzung des Altersruhegeldes zur Konsequenz hatte, dass die Rente eines Versicherten erheblich geringer festgesetzt wurde, als es geschehen wäre, wenn er höchstens sechzig Beiträge geleistet hätte.[82] 24

Weiter erkannte das BVerfG für **verfassungsgemäß**: 25

- die Verpflichtung des Arbeitgebers, für Versicherte, die wegen des Bezugs einer Altersrente versicherungsfrei sind, den Beitrag zu entrichten, den er zu zahlen hätte, wenn der Versicherte versicherungspflichtig wäre,[83]
- den Wegfall der Waisenrente mit Vollendung des 25. Lebensjahres auch bei Schwerbehinderten,[84]
- das Kumulierungsverbot in der Rentenversicherung bei Vollwaisenrenten,[85]
- die Begrenzung der Hinterbliebenenrente auf damals 60 Prozent der Versichertenrente,[86]
- die mögliche rentenmindernde Auswirkung freiwilliger Beiträge zur gesetzlichen Rentenversicherung,[87]
- den Ausschluss versicherter Beamter von den Rehabilitationsleistungen der gesetzlichen Rentenversicherung,[88]
- das vorzeitige Altersruhegeld für Frauen,[89]
- den Ausschluss der vor 1921 geborenen Mütter von der Anrechnung von Kindererziehungszeiten in der gesetzlichen Rentenversicherung,[90]
- die Anrechnung der auf Kindererziehung beruhenden Leistungen auf die Sozialhilfe für Mütter der Geburtsjahrgänge ab 1921 im Vergleich zu den vor diesem Stichtag geborenen Müttern,[91]

---

78 Vgl. BVerfG 17.12.1953 BVerfGE 3, 162, 182; BVerfG 12.2.1964 BVerfGE 17, 210, 216; BVerfG 7.11.1972 BVerfGE 34, 118, 131; BVerfG 5.11.1974 BVerfGE 38, 154, 166; BVerfG 13.6.1979 BVerfGE 51, 295, 300 f.; BVerfG 27.1.1982 BVerfGE 59, 287, 299 f.

79 BVerfG 10.1.1984 BVerfGE 66, 66, 75 ff.; BVerfG 27.9.1978 BVerfGE 49, 193, 206 ff.

80 Vgl. BVerfG 8.2.1983 BVerfGE 63, 119, 128; BVerfG 17.7.1984 BVerfGE 67, 231, 237; BVerfG 27.2.2007, SGb 2007, 422 ff.; BVerfG 14.6.2007, NZS 2008, 86 ff.

81 BVerfG 13.5.1986 BVerfGE 72, 141, 143 f., 150 ff.

82 BVerfG 20.3.1984 BVerfGE 66, 234, 242, 244.

83 BVerfG 16.10.1962 BVerfGE 14, 312 ff.

84 BVerfG 18.6.1975 BVerfGE 40, 121 ff.

85 BVerfG 12.10.1976 BVerfGE 43, 13 ff.

86 BVerfG 6.6.1978 BVerfGE 48, 346 ff.

87 BVerfG 27.1.1982 BVerfGE 59, 287 ff.

88 BVerfG 9.2.1983 BVerfGE 63, 152 ff.

89 BVerfG 28.1.1987 BVerfGE 74, 163 ff.

90 BVerfG 7.7.1992 BVerfGE 87, 1 ff.

91 BVerfG 16.12.1997 BVerfGE 97, 103 ff.

- die Berücksichtigung eines Hinzuverdienstes bei Leistung einer Erwerbsunfähigkeitsrente in der gesetzlichen Rentenversicherung im Unterschied zur gesetzlichen Unfallversicherung,[92]
- die Rentenversicherungspflicht von selbständigen Lehrern im Vergleich zu anderen Selbständigen, da der Lebensunterhalt jener primär auf der Verwertung der eigenen Arbeitskraft basiere,[93]
- die Nichtanpassung von Renten aus dem Beitrittsgebiet für das Jahr 2000,[94]
- die an die Höchstwerte nach Anlage 2b gekoppelte und daher möglicherweise begrenzte Bewertung von Kindererziehungszeiten bei Zusammentreffen mit anderen beitragsrelevanten Zeiten im Vergleich zu ihrer isolierten Bewertung,[95]
- die Absenkung des Zugangsfaktors bei vorgezogenen Altersrenten gem. § 77 Abs. 2 S. 1 Nr. 2a SGB VI,[96]
- die Begünstigung von Versicherten mit 45 Pflichtbeitragsjahren beim Bezug einer Altersrente wegen Arbeitslosigkeit oder nach Altersteilzeit gem. § 237 Abs. 4 S. 1 Nr. 3 SGB VI,[97]
- die Absenkung des Zugangsfaktors bei Erwerbsminderungsrenten gem. § 77 Abs. 2 S. 1 Nr. 3 SGB VI,[98]
- die Absenkung des Zugangsfaktors für Hinterbliebenenrenten gem. § 77 Abs. 2 S. 1 Nr. 4a SGB VI,[99]
- die nachgelagerte Besteuerung der Renten nach dem Alterseinkünftegesetz v. 5.7.2004,[100]
- die gleiche Beitragsbelastung von Eltern und Beitragspflichtigen ohne Kinder.[101]

Als **noch verfassungsgemäß** wurde befunden:
- die erschwerte Voraussetzung der Witwerrente – nämlich das überwiegende Bestreiten des Unterhalts der Familie durch die verstorbene Ehefrau – gegenüber der Witwenrente i.R.d. § 43 Abs. 1 AVG a.F. und § 1266 Abs. 1 RVO a.F.,[102]
- die Zuordnung niedrigerer Verdienste an Frauen im Rahmen des Fremdrentengesetzes.[103]

Als **Verstoß** gegen Art. 3 GG wertete das BVerfG hingegen:
- den Ausschluss der bei ihrem Ehegatten beschäftigten Arbeitnehmer von der Rentenversicherung der Angestellten,[104]
- eine unangemessene Stichtagsregelung bei Änderung der Voraussetzungen für die Anrechnung von Ausfall- und Zurechnungszeiten bei freiwilliger Weiterversicherung,[105]
- den grundsätzlichen Ausschluss des Anspruchs eines Witwers einer Versicherten auf Beitragserstattung wegen nicht erfüllter Wartezeit im Vergleich zu dem in jedem Fall bestehenden Anspruch der Witwe eines Versicherten,[106]

---

92 BVerfG 14.6.2007, NZS 2008, 86 ff.
93 BVerfG 26.6.2007, SGb 2008, 476 ff.
94 BVerfG 26.7.2007, NZS 2008, 254 ff.
95 BVerfG 29.8.2007 1 BvR 858/03 – juris.
96 BVerfG 11.11.2008 BVerfGE 122, 151.
97 BVerfG 11.11.2008, DVBl. 2009, 117 ff.
98 BVerfG 11.1.2011 BVerfGE 128, 138.
99 BVerfG 7.2.2011 1 BvR 642/09 – juris = NachrDRV HE 2011, 44 (Kurzw.).
100 BVerfG 30.9.2015, HFR 2016, 72; BVerfG 14.6.2016, HFR 2016, 837; BFH 26.11.2008, DStR 2009, 32 ff.; s. a. BVerfG 1.6.2006 2 BvR 2215/05 – juris; Hey, DRV 2004, 1 ff.; Dreher, Das Alterseinkünftegesetz, 2007; Rechtsprechungsübersicht zum Alterseinkünftegesetz bei Böttcher, RVaktuell 2008, 187 ff.
101 BVerfG 7.4.2022 BVerfGE 161, 163 ff. mit Anm. Voelzke, jM 2022, 329.
102 BVerfG 12.3.1975 BVerfGE 39, 169 ff.
103 BVerfG 26.1.1977 BVerfGE 43, 213 ff.
104 BVerfG 26.11.1964 BVerfGE 18, 257, 269 ff. in Verbindung mit Art. 6 Abs. 1 GG.
105 BVerfG 27.10.1970 BVerfGE 29, 283, 296 ff.
106 BVerfG 31.3.1971 BVerfGE 31, 1, 4 ff.

- die ungleiche Behandlung von Witwen eines Berufsunfähigkeitsrentenbeziehers und Witwen eines Erwerbsunfähigkeitsrentenbeziehers bezüglich der Rente im Sterbevierteljahr,[107]
- die Ungleichbehandlung der Mitglieder berufsständischer Versorgungseinrichtungen gegenüber Beamten hinsichtlich der Möglichkeit des Verzichts auf die Befreiung von der Rentenversicherungspflicht,[108]
- die Gewährung eines Kinderzuschusses in der knappschaftlichen Rentenversicherung nur für Enkel, wenn der Rentner sie vor Eintritt des Versicherungsfalles in seinen Haushalt aufgenommen hat oder überwiegend unterhält,[109]
- die Ungleichbehandlung ausländischer Versicherter mit ständigem Aufenthalt im Ausland gegenüber Inländern bezüglich der Möglichkeit, entweder eine Rente im Ausland zu beziehen oder Beitragserstattung zu erhalten,[110]
- die unterschiedliche Bewertung der mit Pflichtbeiträgen belegten Monate der ersten fünf Kalenderjahre bei männlichen und weiblichen Versicherten nach unterschiedlich hoch pauschalierten Bruttoarbeitsentgelten,[111]
- die Nichtberücksichtigung von Pflichtbeiträgen, die während einer Ausfallzeit entrichtet wurden und bei Berücksichtigung zu einer höheren Rente geführt hätten als die Ausfallzeit selbst,[112]
- die beitragsrechtliche, aber nicht leistungsrechtliche Berücksichtigung einmaligen Arbeitsentgelts,[113]
- die Art der rentenrechtlichen Bewertung von Kindererziehungszeiten beim Zusammentreffen mit Beitragszeiten,[114]
- die Neuberechnung der Bestandsrenten mit Zusatzversorgung der DDR unter Berücksichtigung der gesamten Versicherungsbiographie und nicht anhand der letzten 20 Jahre vor Rentenbeginn,[115]
- den Ausschluss von Mitgliedern der gesetzlichen Krankenversicherung von der Krankenversicherung der Rentner, wenn sie nicht seit der erstmaligen Aufnahme einer Erwerbstätigkeit bis zur Stellung des Rentenantrags mindestens neun Zehntel der zweiten Hälfte des Zeitraums seit Beginn ihrer Erwerbstätigkeit aufgrund einer Pflichtversicherung versichert waren,[116]
- die unterschiedliche Besteuerung von Renten und Pensionen.[117]

Diese Urteile zeigen, dass – vielleicht bis auf die Entscheidung über die Besteuerung von Renten und Pensionen – die Verstöße gegen Art. 3 GG eher überwiegend Detailregelungen denn das rentenversicherungsrechtliche System an sich betrafen.[118] 26

Eine noch nicht intensiv ausgeleuchtete „Grauzone" des Gleichbehandlungsgrundsatzes sieht Ebsen in Bezug auf das Verhältnis der Rentenversicherungsträger zu den realen Leistungserbringern bei der medizinischen Rehabilitation oder Leistung zur Teilhabe am Arbeitsleben, wo eine Formalisierung der Beziehungen zu diesen Einrichtungen eher vermieden wird:[119] Denn hier ist der Rentenversicherungsträger i.R.d. § 9 SGB VI nicht nur im Verhältnis zu den Versicherten, sondern auch zu 27

107 BVerfG 8.3.1972 BVerfGE 32, 365, 369ff.
108 BVerfG 3.7.1974 BVerfGE 38, 41, 45ff.
109 BVerfG 6.5.1975 BVerfGE 39, 316ff.
110 BVerfG 20.3.1979 BVerfGE 51, 1, 22ff.
111 BVerfG 16.6.1981 BVerfGE 57, 335, 342ff.
112 BVerfG 8.2.1983 BVerfGE 63, 119, 126ff.
113 BVerfG 11.1.1995 BVerfGE 92, 53, 68ff.
114 BVerfG 12.3.1996 BVerfGE 94, 241ff.; vgl. zur Verfassungsmäßigkeit der nunmehr normierten additiven Anrechnung mit Begrenzung auf die Beitragsbemessungsgrenze BSG 18.5.2006 SozR 4-2600 § 70 Nr. 1; BSG 12.12.2006 B 13 RJ 22/05 R.
115 BVerfG 28.4.1999 BVerfG 100, 104ff.; dazu auch BVerfG 3.9.2007 1 BvR 1935/07 – juris.
116 BVerfG 15.3.2000 BVerfGE 102, 68ff. mit Anm. Peters, NZS 2002, 393ff.
117 BVerfG 6.3.2002 BVerfGE 105, 73ff. mit Anm. Frohn, SGb 2002, 420ff.
118 Vgl. dazu Zacher, AöR 1968, 341, 360ff.
119 HS-RV/Ebsen § 4 Rn. 78f.

den Leistungserbringern an den Gleichheitssatz gebunden – egal ob das Verhältnis zu letzteren öffentlich-rechtlich oder privatrechtlich zu beurteilen ist.[120]

3. Schutz von Ehe und Familie, Art. 6 GG

28 Bedeutung für die gesetzliche Rentenversicherung erfährt auch Art. 6 GG, der mehrere Schutzrichtungen enthält.[121] Zu beachten ist in diesem Zusammenhang nicht nur die Verzahnung mit dem Gleichheitssatz des Art. 3 GG, sondern auch, dass dem Gesetzgeber bei der aus Art. 6 Abs. 1 GG folgenden Pflicht zur Förderung von Ehe und Familie ein **Gestaltungsspielraum** hinsichtlich der Verwirklichung des ihm aufgetragenen Schutzes zusteht:

29 „Aus Art. 6 Abs. 1 in Verbindung mit dem Sozialstaatsprinzip lässt sich zwar die allgemeine Pflicht des Staates zu einem [Familienleistungsausgleich] entnehmen, nicht aber die Entscheidung darüber, in welchem Umfang und in welcher Weise ein solch sozialer Ausgleich vorzunehmen ist. Konkrete Ansprüche auf bestimmte staatliche Leistungen lassen sich aus dem Förderungsgebot des Art. 6 Abs. 1 GG nicht herleiten. Dieses geht insbesondere nicht soweit, dass der Staat gehalten wäre, jegliche die Familie treffende Belastung auszugleichen oder jeden Unterhaltspflichtigen zu entlasten. [...] [Dabei steht] die staatliche Familienförderung durch finanzielle Leistungen [...] unter dem Vorbehalt des Möglichen i. S. dessen, was der Einzelne vernünftigerweise von der Gesellschaft beanspruchen kann.“[122]

30 Rentenrechtlich bedeutsam waren folgende Entscheidungen des BVerfG zu Art. 6 Abs. 1 GG. Als mit Art. 6 Abs. 1 GG **verfassungsgemäß** befand das BVerfG:
- die Auslegung des § 1302 Abs. 1 RVO a.F., nach der eine Frau im Falle ihrer dritten Eheschließung keine Heiratsabfindung für ihre vordem bezogene Witwenrente erhielt. Das Gleiche galt insoweit, als § 1291 Abs. 2 RVO a.F. dahin ausgelegt wurde, dass eine Witwenrente nach Auflösung einer dritten Ehe nicht wiederauflebt,[123]
- die Verwirklichung der Berücksichtigung von Kindererziehungszeiten bei der Altersversorgung in mehreren Stufen durch den Gesetzgeber unter Berücksichtigung der Rechtslage vor und nach Inkrafttreten des RRG 1992,[124]
- die Nichtgewährung einer Witwenrente für die überlebende Partnerin einer nichtehelichen Lebensgemeinschaft in der bis 31.12.2004 geltenden Fassung des § 46 SGB VI.[125]

31 Beim Hinterbliebenenrenten- und Erziehungszeitengesetz (HEZG) und dem Kinderziehungsleistungsgesetz wurde zwar kein Verfassungsverstoß festgestellt, obwohl Zeiten der Kindererziehung nicht generell mit Beitragszeiten in der gesetzlichen Rentenversicherung gleichgesetzt wurden. Jedoch verpflichtete das BVerfG den Gesetzgeber i.R.d. Art. 6 Abs. 1 i.V.m. Art. 3 Abs. 1 GG, den Mangel der gesetzlichen Rentenversicherung, der in den durch Kindererziehung bedingten Nachteilen bei der Altersversorgung liegt, nach und nach zu beheben:

„Prüfungsmaßstab ist vielmehr in erster Linie Art. 3 Abs. 1 GG, der jedoch in Verbindung mit Art. 6 Abs. 1 GG gesehen werden muss. [...] Das bestehende Alterssicherungssystem führt zu einer Benachteiligung von Personen, die sich innerhalb der Familie der Kindererziehung widmen, gegenüber kinderlosen Personen, die durchgängig

120 S.a. Neumann S. 297ff., 310ff.

121 Institutsgarantie, Abwehrrecht, Schutz vor diskriminierenden Anknüpfungen; zur Dogmatik des Art. 6 GG vgl. § 6 Rn. 58; Umbach/Clemens/Umbach Art. 6 GG Rn. 15ff., 87ff., 93ff.; BVerfG 29.10.1963 BVerfGE 17, 148ff. und BVerfG 11.7.1967 BVerfGE 22, 162ff. zur Bedeutung des Art. 6 Abs. 5 GG.

122 BVerfG 29.5.1990 BVerfGE 82, 60, 81f. Allgemein zum Gestaltungsspielraum des Gesetzgebers: BVerfG 13.12.1966 BVerfGE 21, 1, 6; BVerfG 6.5.1975 BVerfGE 39, 316, 326 und BVerfG 23.11.1976 BVerfGE 43, 108, 123f.

123 BVerfG 21.10.1980 BVerfGE 55, 114, 126ff.

124 BVerfG 29.3.1996, FamRZ 1996, 789.

125 BVerfG 11.6.2010 SozR 4-2600 § 46 Nr. 7.

einer Erwerbstätigkeit nachgehen können. Zwar macht das Rentenrecht keinen Unterschied zwischen Personen mit und ohne Familie. Rentenleistungen werden vielmehr unabhängig vom familiären Status allein an die vorherige Beitragszahlung aus dem Arbeitslohn geknüpft. Diese bestimmt den Rentenanspruch. Auf die Gründe, die zum Ausscheiden aus dem Erwerbsleben und infolgedessen zum Ausfall von Beitragszahlungen führen, kommt es nicht an. Rentenrechtlich werden Personen, die wegen Kindererziehung aus dem Erwerbsleben ausscheiden, wie jeder andere nicht Erwerbstätige behandelt. [...] Im Unterschied zu den Gründen, die sonst für die Erwerbslosigkeit und damit den Ausfall von Beitragszahlungen ursächlich sein mögen, hat die Kindererziehung allerdings bestandssichernde Bedeutung für das System der Altersversorgung. Denn die als Generationenvertrag ausgestaltete Rentenversicherung lässt sich ohne die nachrückende Generation nicht aufrechterhalten. Diese bringt die Mittel für die Alterssicherung der jetzt erwerbstätigen Generation auf. Ohne nachrückende Generation hätte sie zwar Beiträge zur Rentenversicherung gezahlt, könnte aber keine Leistungen aus der Rentenversicherung erwarten. [...] Die Benachteiligung von Familien, in denen ein Elternteil sich der Kindererziehung widmet, wird weder durch staatliche Leistungen noch auf andere Weise ausgeglichen. [...] Für die auf der Gesetzeslage beruhende Benachteiligung der Familie fehlt es angesichts der Förderungspflicht aus Art. 6 Abs. 1 GG, die den von Art. 3 Abs. 1 GG gelassenen Gestaltungsrahmen einengt, an einem zureichenden Grund. Namentlich ist die derzeitige Ausgestaltung der Rentenversicherung, die auf dem Versicherungsprinzip sowie der Lohnersatzfunktion der Rente beruht und ihre Leistungen in einem Umlageverfahren finanziert, kein zureichender Grund, die Erzieher von Kindern gegenüber Kinderlosen im Ergebnis erheblich zu benachteiligen. Wie die Regelungen des HEZG zeigen, gibt es Wege, die Anerkennung von Kindererziehungsleistungen in die Struktur der Rentenversicherung einzufügen. Diese Feststellung führt aber nicht zu einer verfassungsrechtlichen Beanstandung der zur Prüfung gestellten und mit den Verfassungsbeschwerden angegriffenen Regelungen des geltenden Rentenrechts, sondern nur zu einer Verpflichtung des Gesetzgebers, die Benachteiligung in weiterem Umfang als bisher schrittweise abzubauen."[126]

Hingegen erachtete das BVerfG am Maßstab des Art. 6 Abs. 1 GG für **verfassungswidrig**: 32
- den **Ausschluss** der bei ihrem Ehegatten beschäftigten Arbeitnehmer von der Mitgliedschaft in der Rentenversicherung der Angestellten,[127]
- die **Heiratsklauseln bei den Waisenrenten** (§ 44 Abs. 1 S. 2 AVG a.F. und § 1267 Abs. 1 S. 2 RVO a.F.), soweit sie in der Ausbildung stehende Waisen mit der Heirat auch dann vom Bezug der Renten ausschlossen, wenn ihr Ehegatte zur Unterhaltsleistung außerstande war.[128]

Als mit Art. 6 Abs. 5 GG **nicht vereinbar** beurteilte das BVerfG die Regelung, nach der auf den Anspruch des unehelichen Kindes nach § 1712 BGB a.F. eine Waisenrente aus der gesetzlichen Rentenversicherung anzurechnen war, die dem Kind wegen des Todes seines Vaters gewährt wurde.[129] 33

Nicht zur Entscheidung angenommen wurde die Frage, ob die Erziehungsrente (§ 47 SGB VI) in Einklang mit Art. 6 GG steht, da die Vorlagefrage nicht den Ansprüchen genügte, die nach der Rechtsprechung des BVerfG an die Zulässigkeit einer Vorlage nach Art. 100 Abs. 1 GG zu stellen seien.[130] 34

4. Schutz des Eigentums, Art. 14 GG

Obwohl gerade die gesetzliche Rentenversicherung dogmatische Fragen der Eigentumsgarantie aufwirft[131] und sich an diesem Sozialversicherungszweig wie an keinem anderen der Wandel der Rechtsprechung des BVerfG zu Art. 14 GG und öffentlich-rechtlichen Eigentumspositionen besonders deutlich zeigen lässt, hat sich das Grundrecht des Art. 14 GG im Vergleich zu den Art. 3, 6 Abs. 1 und 5 GG eher als stumpfe denn wirkungsvolle Waffe entpuppt. Denn sowohl das BVerfG als auch das BSG stehen der Feststellung einer etwaigen Verfassungswidrigkeit einer Regelung im Recht der gesetzli- 35

126 BVerfG 7.7.1992 BVerfGE 87, 1, 36 ff.
127 I.V.m. Art. 3 Abs. 1 GG, BVerfG 26.11.1964 BVerfGE 18, 257, 269 ff.
128 BVerfG 27.5.1970 BVerfGE 28, 324, 361 ff., vgl. die ähnlichen Entscheidungen des BVerfG vom 14.7.1970 zu der Heiratsklausel bei der Waisenrente im BVG und derjenigen im BKKG BVerfGE 29, 57, 65 ff.; 29, 71, 78 ff.
129 BVerfG 29.1.1969 BVerfGE 25, 168, 188 ff.
130 BVerfG 2.5.2012 BVerfGE 131, 1 ff. m. Anm. Pietrek, jurisPR-SozR 24/2012 Anm. 6.
131 S.a. SRH/Ruland § 18 Rn. 226.

chen Rentenversicherung am Maßstab des Art. 14 GG äußerst zurückhaltend gegenüber. PAPIER spricht insoweit von einer „ernüchternden Desillusionierung".[132]

36 Dies rührt daher, dass **einerseits** die meisten rentenrechtlichen Positionen der gesetzlichen Rentenversicherung als subjektiv-öffentliche Rechte grundsätzlich dem weiten Schutzbereich des Art. 14 GG unterfallen, weil sie als Eigentum i. S. d. Norm verstanden werden:

> „Voraussetzung für einen Eigentumsschutz sozialversicherungsrechtlicher Positionen ist eine vermögenswerte Rechtsposition, die nach Art eines Ausschließlichkeitsrechts dem Rechtsträger als privatnützig zugeordnet ist; diese genießt den Schutz der Eigentumsgarantie dann, wenn sie auf nicht unerheblichen Eigenleistungen des Versicherten beruht und zudem der Sicherung seiner Existenz dient."[133]

Dies wurde z. B. **bejaht**:
- bei der **rentenerhöhenden Wirkung von Ausbildungsausfallzeiten** als Element der Rente bzw. Rentenanwartschaft,[134]
- bei dem Anspruch gem. § 1235 Nr. 5 RVO a. F., nach dem die Rentenversicherungsträger **Beiträge oder Zuschüsse für die KVdR** zahlen,[135]
- bei der Dynamisierung des besitzgeschützten Zahlbetrages von überführten Rentenanwartschaften der DDR,[136]
- bei dem Anspruch des Versicherten auf generellen und finanzierbaren Zugang zur Krankenversicherung der Rentner,[137]
- bei der **Anwartschaft auf eine Rente aus eigener Versicherung** nach Erfüllung der Wartezeit aber vor Eintritt des Versicherungsfalles.[138] Geschützt sind dabei nicht nur einzelne Elemente der Anwartschaft, sondern ihre Gesamtheit ist Objekt des grundrechtlichen Schutzes.[139]

Verneint wurde der Eigentumsschutz des Art. 14 GG hingegen:
- bei rentenrechtlichen Ansprüchen, die von Ermessensentscheidungen abhängen,[140]
- bei Ansprüchen von Versicherten in der gesetzlichen Rentenversicherung auf ihre Hinterbliebenenrenten, weil diese Art der Hinterbliebenenversorgung nicht auf einer dem Versicherten zurechenbaren Eigenleistung beruht.[141]

37 **Andererseits** wurde jedoch der weit überwiegende Teil der gesetzgeberischen Reformen als **Inhalts- und Schrankenbestimmung i. S. d. Art.** 14 Abs. 1 S. 2 GG für **verhältnismäßig** erachtet und der Eingriff in Art. 14 GG damit als **gerechtfertigt** angesehen. Bei der i. R. d. Verhältnismäßigkeitsprüfung vorzunehmenden Abwägung tritt der aus der Versicherungsäquivalenz resultierende personale Bezug der geschützten Eigentumsposition regelmäßig hinter das Solidarprinzip zurück. Dies folgt aus dem

---

132 PAPIER in: FS Leisner, 1999, S. 721 f.

133 BVerfG 16.7.1985 BVerfGE 69, 272, 300. Grdl. dazu BVerfG 28.2.1980 BVerfGE 53, 257, 289 ff.; vgl. auch BVerfG 4.6.1985 BVerfGE 70, 100, 110; BVerfG 12.2.1986 BVerfGE 72, 9, 18; BVerfG 10.2.1987 BVerfGE 74, 203, 214; BVerfG 8.4.1987 BVerfGE 75, 78, 97; BVerfG 15.7.1987 BVerfGE 76, 220, 235; BVerfG 30.9.1987 BVerfGE 76, 256, 293; s. a. zum Eigentumsschutz sozialrechtlicher Position gem. Art. 1 des 1. Zusatzprotokolls zur EMRK die Entscheidungen „Gaygusuz", EGMR 16.9.1996 JZ 1997, 405 f. und „Poirrez", EGMR 30.9.2003 ZESAR 2004, 142 f., siehe unter § 73 Rn. 31.

134 BVerfG 1.7.1981 BVerfGE 58, 81, 109 ff.

135 BVerfG 16.7.1985 BVerfGE 69, 272, 298 ff., 306 ff.

136 BVerfG 28.4.1999 BVerfGE 100, 1 ff.; s. a. BVerfG 15.9.2006 SozR 4-2600 § 307b Nr. 7.

137 BVerfG 8.3.2000 BVerfGE 102, 68 ff.; siehe unter § 18 Rn. 22 ff.

138 BVerfG 27.2.2007, SGb 2007, 422, 426 f.

139 BVerfG 1.11.2011 BVerfGE 128, 138.

140 BVerfG 9.2.1983 BVerfGE 63, 152, 174.

141 BVerfG 18.2.1998 BVerfGE 97, 271, 283 ff. mit krit. Anm. OSSENBÜHL, JZ 1998, 679 ff.; ablehnend auch PAPIER in: FS Leisner, 1999, S. 721, 728 ff.; SODAN, NZS 2005, 561, 562 f.; MIELKE VSSR 2009, 141 ff.; kritisch ebenfalls BSG 29.1.2004 SozR 4-2600 § 46 Nr. 1.

großen **gesetzgeberischen Gestaltungsspielraum**[142] und der Tatsache, dass sozialversicherungsrechtliche Rechtsverhältnisse – im Unterschied zum privatversicherungsrechtlichen – eben wesentlich auf dem **Gedanken der Solidarität und des sozialen Ausgleichs** beruhen.[143] Schließlich steht den Eingriffen auch der aus dem Rechtsstaatsprinzip fließende generelle Vertrauensschutz nicht entgegen.[144]

Einer der wenigen Fälle, in denen das BVerfG einen Verstoß gegen Art. 14 Abs. 1 GG bejahte, 38
betraf **Überleitungsregeln der Anwartschaften aus dem Altersvorsorgesystem der ehemaligen DDR**.[145] Dort erklärte es diese Vorschriften u.a. wegen Verletzung von Art. 14 GG für den Zeitraum ab dem 1.7.1993 für verfassungswidrig.[146] Das Urteil betraf die **Begrenzung** des rentenwirksamen **Arbeitsentgelts** oder Arbeitseinkommens im Falle der **„Staats- und Systemnähe" der Berufstätigkeit**. Allerdings findet in den Entscheidungsgründen keine Abwägung zwischen den Individualinteressen und den typischerweise im Zusammenhang mit der Sozialversicherung angeführten fiskalischen Interessen statt. Der Gesetzgeber hatte die Leistungskürzungen lediglich mit rein politischen, nicht nachvollziehbaren Erwägungen begründet. Dies reichte nach Ansicht des BVerfG nicht aus, um den Eingriff zu rechtfertigen.

Exemplarisch seien typische Abwägungsargumentationen in Bezug auf die finanzielle Stabilität 39
der gesetzlichen Rentenversicherung und die damit einhergehende geringere Berücksichtigung der Interessen des Versicherten an der **Dynamisierung der Rentenhöhe** dargestellt. Das **BVerfG** hat die Frage, ob die Rentenanpassung ganz oder teilweise in den Schutzbereich des Art. 14 Abs. 1 S. 1 GG fällt, **bislang offengelassen**. Dies rührt daher, dass entweder die gesetzliche Regelung nach neuerer Rechtsprechung des BVerfG eine verhältnismäßige Inhalts- und Schrankenbestimmung darstellte oder diese verfassungskonform ausgelegt werden konnte.[147]

Allerdings **unterstrich das BVerfG** schon in seinem Urteil vom 10.5.1983 die zumindest gene- 40
relle **Bedeutung der Dynamisierung von Renten**:

> „Ein solcher Schutz ist in Betracht zu ziehen, weil eine unterlassene Anpassung bei steigendem Einkommen der Versicherten in ihrer Wirkung einer Rentenkürzung gleichkommen kann. Die Beschränkung der Eigentumsgarantie auf den einmal bewilligten Rentenzahlbetrag könnte daher den für die Versichertenrente verbürgten Schutz nach Art. 14 GG in kurzer Zeit leer laufen lassen [...]. Zudem wäre ein erhebliches Zurückbleiben des Lebensstandards der Rentner hinter der allgemeinen Einkommensentwicklung schwerlich mit dem Ziel vereinbar, das der Gesetzgeber mit den Rentenversicherungs-Neuregelungsgesetzen gesetzt hat."[148]

Ähnlich äußerte sich das BVerfG in seinem Urteil vom 28.4.1999:

> „Anderenfalls kämen die Betroffenen nicht in den Genuss zweier grundlegender Charakteristika der Rentenversicherung. Zum einen wäre nicht gewährleistet, dass die durch Lebensleistung erreichte relative Position innerhalb der jeweiligen Rentnergeneration nach Eintritt des Versicherungsfalles erhalten bleibt; zum anderen wären diese Personen auf Dauer von der Dynamisierung, die seit 1957 zu den Wesensmerkmalen der gesetzlichen Rentenversicherung gehört, ausgeschlossen."[149]

---

142 Vgl. nur BVerfG 8.4.1987 BVerfGE 75, 78, 98 m.w.N.; BVerfG 3.2.2004 SozR 4-2600 § 237a Nr. 1; Bieback, Verfassungsrechtlicher Schutz gegen Abbau und Umstrukturierung von Sozialleistungen, 1997.

143 BVerfG 13.6.2006 SozR 4-5050 § 22 Nr. 5; BVerfG 27.2.2007, SGb 2007, 422, 427; BVerfG 11.11.2008, DVBl. 2009, 117ff.; BVerfG 5.2.2009, NZS 2209, 621ff.

144 Papier, SGb 1994, 105ff.; Depenheuer, AöR 1995, 417ff.

145 § 6 Abs. 2, 3 Nr. 7 Anspruchs- und Anwartschaftsüberführungsgesetz i.d.F. des Rentenüberleitungs-Ergänzungsgesetzes.

146 BVerfG 28.4.1999 BVerfGE 100, 59ff.; dazu Ulmer, NZS 2000, 176; Wiedehage, SGb 2003, 145; vgl. auch BVerfG 28.4.1999 BVerfGE 100, 138ff.

147 Vgl. bspw. BVerfG 3.10.1973 BVerfGE 36, 73ff.; BVerfG 10.5.1983 BVerfGE 64, 87, 97f.; BVerfG 28.4.1999 BVerfGE 100, 1, 39, 44; BVerfG 26.7.2007, NZS 2008, 254ff.

148 BVerfG 10.5.1983 BVerfGE 64, 87, 97f. = SGb 1984, 407 mit Anm. Papier.

149 BVerfG 28.4.1999 BVerfGE 100, 1, 42ff. mit Anm. Ritze, SozVers 2001, 197ff.

41 Darauf aufbauend subsumierte der **4. Senat des BSG** in seiner Entscheidung vom 31.7.2002 nur den inflationsbedingten Teil der **Rentenanpassung von Bestandsrenten** unter den Eigentumsbegriff des Art. 14 Abs. 1 S. 1 GG, indem er zwischen **realwerterhaltenden** und **realwertsteigernden Anpassungen** unterschied.[150] Auf diese Weise werde die Grenze zwischen eigentumsgeschütztem Geldwert und der rechtlich eingeräumten bloßen Chance auf Steigerung des realen Geldwertes des Vollrechts markiert. Konsequenterweise verletzte danach die zum 1.7.2000 verordnete Aussetzung der an der Lohn- und Gehaltsentwicklung der Aktiven orientierten Rentendynamisierung und deren Ersetzung durch die **Anpassung nach der Inflationsrate** (§ 255c SGB VI in der bis zum 31.12.2003 geltenden Fassung) weder die Eigentumsgarantie des Art. 14 Abs. 1 GG noch das durch Art. 2 Abs. 1 i.V.m. Art. 3 Abs. 1 GG und mit dem Rechtsstaatsprinzip garantierte Teilhaberecht.

42 Der **13. Senat des BSG** war noch zurückhaltender und erkannte, die **Aussetzung der Rentenanpassung im Jahr 2004** verletze keine Grundrechte der Rentner.[151] Der Senat ließ ausdrücklich **offen**, ob die **Rentenanpassung** überhaupt dem **Schutzbereich des Art. 14 Abs. 1 GG unterfällt** oder aber eine nicht eigentumsgeschützte, bloße Erwartung auf zukünftige Teilhabe an steigenden Einkünften der Rentenbeitragszahler darstellt. Unterstellt, die Rentenanpassung unterfiele dem Schutzbereich, wäre die inhaltliche Ausgestaltung des Eigentums jedoch verhältnismäßig gewesen. Denn die Beeinträchtigung des unterstellter maßen grundrechtlich geschützten Eigentums habe sich im **absoluten Bagatellbereich** abgespielt, die zudem durch das bedeutsame öffentliche Interesse an der Sicherung der Finanzierung der gesetzlichen Rentenversicherung gerechtfertigt sei.[152]

43 Den gegen diese beiden Urteile gerichteten Verfassungsbeschwerden war ebenfalls kein Erfolg beschieden. Wie zuvor ließ das **BVerfG offen**, ob die **regelmäßige Anpassung** von Renten **unter den Schutz der Eigentumsgarantie** gem. Art. 14 Abs. 1 GG fällt.[153] Insbesondere gewährt das BVerfG dem Gesetzgeber einen weiten gestalterischen Ermessensspielraum, akzeptiert die finanzielle Stabilität der gesetzlichen Rentenversicherung als gewichtiges öffentliches Interesse, misst den Gesetzgebungsakten wegen ihres zeitlich punktuellen Ausnahmecharakters geringe Eingriffsintensität zu und hält beide Maßnahmen schließlich daher für verhältnismäßig.

44 Der Nichtannahmebeschluss des Bundesverfassungsgerichts zum Ausbleiben einer Rentenerhöhung im Jahr 2005 behielt diesen Weg bei; dem Gesetzgeber muss eine ausreichende Flexibilität erhalten bleiben, um das Rentenversicherungssystem und insbesondere dessen Finanzierung zu gewährleisten.[154]

45 Angesichts der spürbaren Leistungseinschnitte in der gesetzlichen Rentenversicherung, die fast nur noch ein hälftiges Sicherungsniveau bietet, ist es für die Zukunft jedoch notwendig, eine **Grenze gesetzgeberischer Eingriffsmöglichkeiten** i.R.d. Art. 14 GG dogmatisch genauer zu **fixieren**. Der Maßstab der „substantiellen Entwertung" der Rente in ihrer Funktion als Alterssicherung ist viel zu unbestimmt. Die dogmatische Präzisierung erscheint umso dringlicher, weil der **Anteil der Eigenfinanzierung** der Renten durch den Versicherten oder durch Dritte in zurechenbarer Weise in den vergangenen Jahrzehnten **angestiegen** ist. Betrug er 1980 noch ca. 20 bis 30 Prozent,[155] lag er 1997 bereits jenseits der 80 Prozent und steigt seitdem immer weiter.[156] Unter Berücksichtigung dieser Entwicklung muss insbesondere die Dimension des Art. 14 GG als Abwehrrecht wieder in den Mittelpunkt der Betrachtung rücken und nachhaltiger gestärkt werden, als dies in den ersten Entscheidungen des BVerfG zum Eigentumsschutz bestimmter rentenversicherungsrechtlicher Positionen noch notwendig war. Dies liegt auch auf der Linie des BVerfG, wonach der verfassungsrechtlich wesentliche personale Bezug – und mit ihm ein tragender Grund des Eigentums-

150 BSG 31.7.2002, NJW 2003, 1474 ff.

151 Der aktuelle Rentenwert hätte eigentlich von 26,13 Euro auf 26,14 Euro erhöht werden müssen.

152 BSG 27.3.2007, NZS 2007, 663 ff. mit kritischer Anm. Wenner, SozSich 2007, 194 ff.

153 BVerfG 26.7.2007, NZS 2008, 254 ff.

154 BVerfG 3.6.2014 SozR 4-2600 § 68 Nr. 4.

155 Schneider S. 20 f.

156 Ruland, DRV 1997, 94, 100.

schutzes – umso stärker hervortritt, je höher der dem Anspruch zugrundeliegende Anteil eigener Leistung ist.[157]

Die Folge ist ein **differenzierter Schutz rentenversicherungsrechtlicher Positionen**. Maßgeblicher Ausgangspunkt sollte die **Abhängigkeit der rentenrechtlichen Position vom Grad der Eigenfinanzierungsquote** sein: Außerhalb und daher nicht erfasst von Art. 14 GG ist der Anspruch auf Orientierung der Renten am jeweiligen allgemeinen Lohnniveau – wie auch immer dieser berechnet wird. Hier steht nicht das Erworbene im Mittelpunkt, sondern die bloß weitergehende Chance auf Beteiligung an steigenden Realeinkünften der aktiven Beitragszahler. Maßstab ist entweder das durch Art. 2 Abs. 1 GG i.V.m. Art. 3 Abs. 1 GG und dem Rechtsstaatsprinzip garantierte Teilhaberecht[158] oder nur Art. 3 Abs. 1 GG in Verbindung mit dem Rechtsstaatsprinzip formuliert als Gebot an den Gesetzgeber, den jeweils Finanzierungs- und Abgabenpflichtigen grundsätzlich Anwartschaften und Rentenrechte zu gewährleisten, die dem von ihnen finanzierten Versicherungssystem vergleichbar sind, die also einen angemessenen Lebensunterhalt am Maßstab des späteren Lohn- und Preisniveaus nach Maßgabe des individuellen Vermögens-opfers gewährleisten.[159] 46

Art. 14 Abs. 1 GG ist nach der ständigen Rechtsprechung des BVerfG erst berührt, wenn die rentenversicherungsrechtliche Position auf nicht unerheblichen Eigenleistungen des Versicherten beruht, die zudem der Sicherung seiner Existenz dienen. Umfasst ist hiervon generell auch der Realwert der späteren Rente.[160] Innerhalb des Schutzbereiches dürfte dann mit dem BVerfG im Hinblick auf die späteren Anforderungen an die Rechtfertigung des Eingriffs i.R.d. Verhältnismäßigkeit weiter zu unterscheiden sein: Auf der einen Seite finden sich Eigentumspositionen mit gewissen rentenrechtlichen Solidarkomponenten und auf der anderen Seite Eigentumspositionen, die einen äußerst hohen, wenn nicht sogar vollständigen personalen Bezug aufweisen. Diese zeichnen sich dadurch aus, dass sie allein Ausdruck der persönlichen Arbeitsleistung und damit als rein beitrags- bzw. lohnbezogen qualifiziert werden können. Diese durch Beitragsleistung erworbenen Entgeltpunkte bilden den von Art. 14 Abs. 1 GG besonders geschützten Kern der rentenversicherungsrechtlichen Ansprüche, bei denen – anders als bei der ersten Kategorie von rentenversicherungsrechtlichen Positionen – die Rechtfertigungsanforderungen für den Eingriff viel höher gesteckt sind und nicht der normalerweise weite Maßstab gilt.[161] 47

Die **Grenze zur Verfassungswidrigkeit** ist dann erreicht, wenn die eingezahlten Beiträge – und damit die nur auf Beiträgen erworbenen Entgeltpunkte – einer Rente gegenüberstehen, die für den Versicherten eine Null- oder gar Minusrendite bedeuten würde – hätte er den fiktiven Kapitalstock selbst angelegt. Schmilzt der Gesetzgeber dieses Kernrecht durch Einschnitte in das Rentensystem – z.B. durch Anpassungen unterhalb der Inflationsrate – ab, dürfte eine verfassungsrechtlich zulässige Verhältnismäßigkeit von Leistung und Gegenleistung nicht mehr gewahrt sein.[162] Einen Verfassungsverstoß dagegen erst dann anzunehmen, wenn eine Altersrente nach typischer Versicherungsbiographie das Sozialhilfeniveau nur noch unwesentlich überschreitet, dürfte die Anforderungen der Allgemeinheit an das Individuum i.R.d. Sozialbindung des Eigentums gem. Art. 14 Abs. 1 S. 2 und Abs. 2 GG unangemessen überspannen.[163] Dies gilt unabhängig von dem Paradigmenwechsel, der in der 48

157 BVerfG 28.2.1980 BVerfGE 53, 257, 292; BVerfG 27.2.2007, SGb 2007, 422, 427.

158 BSG 31.7.2002, NJW 2003, 1474, 1477

159 Überzeugend Dürig/Herzog/Scholz/Papier/Shirvani, Art. 14 GG Rn. 258.

160 Mit unterschiedlicher Begründung BSG 31.7.2002, NJW 2003, 1474, 1477; Dürig/Herzog/Scholz/Papier/Shirvani, Art. 14 GG Rn. 247.

161 Bspw. nur Güter und Interessen von Verfassungsrang, BVerfG 28.2.1980 BVerfGE 53, 257, 296.

162 Gestützt auf Art. 2 Abs. 1 GG ebenso Papier in: FS Leisner, 1999, S. 721, 740f. und Kufer, NZS 1996, 559, 561; kritisch zu Umrechnungsversuchen von GRV-Renten in kapitalmarktorientierte Renten, Wenner, in: FS 50 Jahre BSG, S. 625, 634; vgl. auch Sodan, NZS 2005, 561, 563f., der mit Blick auf das Prinzip der Globaläquivalenz Verfassungswidrigkeit jedenfalls dann annimmt, wenn der „Durchschnittsversicherte" mehr Beiträge entrichtet als er Leistungen der Rentenversicherung erhält.

163 So aber BSG 31.7.2002, NJW 2003, 1474, 1478; vgl. auch Kreikebohm, NZS 2025, 81, 89f. (Abstandsgebot zur Grundsicherung).

gesetzlichen Rentenversicherung Einzug gehalten hat. Es steht in diesem Zusammenhang zu befürchten, dass künftig die überwiegende Mehrheit der Versicherten selbst nach langjähriger Versicherungsdauer nur noch Anspruch auf eine gesetzliche Rente hat, die sich in ihrer Höhe kaum noch von der Grundsicherung unterscheidet. In diesem Zusammenhang stellt sich vor allem die Frage, ob es im Interesse der Armutsfestigkeit der Altersrente sinnvoll erscheint, geringe Renten durch Maßnahmen des sozialen Ausgleichs – wie beispielsweise den Zuschlägen an Entgeltpunkten für langjährig Versicherte – zu Lasten des „reinen" Versicherungsgedankens aufzuwerten. Grundsätzlich sind derartige Vorgehensweisen im Bereich einer Sozialversicherung als legitim anzusehen. Führen sie indes dazu, dass Versicherte bei unterschiedlich langer Entrichtung unterschiedlich hoher Beiträge eine gleich hohe Rente beziehen, stünden Leistung und Gegenleistung insgesamt in keinem angemessenen Verhältnis. Der personale Anteil eigener Leistung würde nicht mehr ausreichend berücksichtigt. Auch in diesem Fall wäre die Grenze zur Verfassungswidrigkeit überschritten.[164]

§ 46 Träger der gesetzlichen Rentenversicherung

Literatur: Frohn, Verfassungsprobleme der Organisationsreform in der gesetzlichen Rentenversicherung, SGb 2007, 129ff.; Rische, Organisationsreform der DRV, KrV 2008, 138ff.

I. Allgemeines

1 Die gesetzliche Rentenversicherung wird von **mehreren Rentenversicherungsträgern** ausgeführt, §§ 23 Abs. 2 SGB I, 125ff. SGB VI.[165] Die Träger der Rentenversicherung sind rechtsfähige **Körperschaften des öffentlichen Rechts**, ausgestattet mit dem Recht zur Selbstverwaltung gem. §§ 29 Abs. 1 SGB IV, 125 SGB VI. Unter Körperschaften des öffentlichen Rechts versteht man durch staatlichen Hoheitsakt gegründete, mitgliedschaftlich verfasste Verwaltungseinheiten, die Aufgaben der öffentlichen Verwaltung unter staatlicher Aufsicht wahrnehmen. Die Mitglieder sind das tragende Element. Ihre bloße Existenz genügt indessen nicht. Denn eine Körperschaft zeichnet sich vielmehr dadurch aus, dass die Mitglieder bzw. deren Vertretungsorgane maßgeblichen Einfluss auf die körperschaftliche Willensbildung haben.[166] So wird die Selbstverwaltung durch Organe der Versicherungsträger ausgeübt, die sich grundsätzlich paritätisch aus Vertretern der Versicherten und Arbeitgeber zusammensetzen, vgl. §§ 29 Abs. 2, 44 SGB IV.

2 Zur Gruppe der Versicherten, die durch Wahl ihrer Vertreter in die Vertreterversammlung an der Selbstverwaltung der Rentenversicherungsträger teilnehmen, gehören gem. §§ 46 Abs. 1, 47 Abs. 1 Nr. 3 SGB IV diejenigen versicherten Personen, die eine Versicherungsnummer erhalten oder beantragt haben, sowie die Rentenbezieher.

3 Obwohl die Mitgliedschaft das eine Körperschaft charakterisierende Element ist und die Mitglieder ja gerade durch den körperschaftlichen Zusammenschluss zur gemeinschaftlichen Verwaltung der sie betreffenden Angelegenheiten veranlasst werden sollen, ist die körperschaftliche Struktur der Versicherungsträger in der Rentenversicherung weit weniger ausgebildet, als dies bspw. in der Krankenversicherung der Fall ist. Dies beruht auf der hohen Regelungsdichte im SGB VI, die den gestalterischen Entscheidungen der Mitglieder und ihrer Autonomie wenig Spielraum lässt.[167]

4 Der praktische Grund für die geringere Ausprägung des körperschaftlichen Elements liegt in der immensen Größe der einzelnen Rentenversicherungsträger. Verstärkt wurde diese Tendenz seit 1972 durch die Möglichkeit der freiwilligen Versicherung gem. § 7 SGB VI. Diese Norm öffnete die Mitglied-

164 So auch Brosius-Gersdorf, SGb 2019, 509ff.; Wenner, SozSich 2007, 194, 196; ähnlich Sodan, NZS 2005, 561, 563f.
165 Vgl. zum Ganzen SRH/Ruland § 18 Rn. 212ff.; HS-RV/Pitschas §§ 42ff.
166 Maurer/Waldhoff § 23 Rn. 36ff.
167 BVerfG 30.11.1987 BVerfGE 76, 256, 308.

schaft in der gesetzlichen Rentenversicherung praktisch für fast jede Person mit Wohnsitz in Deutschland.

II. Die Organisation der gesetzlichen Rentenversicherung

1. Das „neue Gesicht" der gesetzlichen Rentenversicherung

Ein historisch überkommenes Charakteristikum der gesetzlichen Rentenversicherung ist ihre auf der Art der Beschäftigung aufbauende Organisationsstruktur gewesen. Hier ist es Ende 2005 zu einer entscheidenden Reform gekommen. Die Organisationstruktur der Rentenversicherung bis zum 30.9.2005 ist in der 2. Auflage[168] dieses Lehrbuches ausführlich dargestellt. 5

Durch das Gesetz zur Organisationsreform der gesetzlichen Rentenversicherung vom 9.12.2004[169] gliedert sich die gesetzliche Rentenversicherung gem. § 23 Abs. 2 SGB I nun in **drei Zweige**. Das sind 6

- die **Allgemeine Rentenversicherung**, die die bisherige Arbeiter- und Angestelltenversicherung zusammenfasst,
- die **Knappschaftliche Rentenversicherung**, die Rentenversicherung der Bergleute, und
- die **Alterssicherung für Landwirte**, geregelt außerhalb des SGB VI im Gesetz über die Alterssicherung der Landwirte (ALG).

Die Aufgaben der gesetzlichen, d.h. der allgemeinen und der knappschaftlichen Rentenversicherung werden gem. § 125 Abs. 1 S. 1 SGB VI von **Regionalträgern** und **Bundesträgern** wahrgenommen. Der Name der **Träger der gesetzlichen Rentenversicherung** besteht aus der Bezeichnung „**Deutsche Rentenversicherung**" und einem Zusatz. Bei den Regionalträgern wird gem. S. 2 dieser Vorschrift eine Regionalbezeichnung angefügt, die den jeweiligen Zuständigkeitsbereich beschreibt, z.B. „Deutsche Rentenversicherung Hessen". Bundesträger – und damit für das gesamte Bundesgebiet zuständig – sind die **„Deutsche Rentenversicherung Bund"** mit Sitz in Berlin, die Träger und Verbandsaufgaben wahrnimmt und die bisherige BfA und den VDR zusammenfasst, und die **„Deutsche Rentenversicherung Knappschaft-Bahn-See"** mit Sitz in Bochum.[170] 7

Letzterer obliegt die Alleinzuständigkeit in der **knappschaftlichen Rentenversicherung**, §§ 23 Abs. 2 SGB IV, 132 SGB VI, auf die an dieser Stelle nicht weiter eingegangen werden soll; sie gehört aber auch zu den Trägern der **allgemeinen Rentenversicherung**, §§ 23 Abs. 2 SGB IV, 126 SGB VI. Die Deutsche Rentenversicherung Knappschaft-Bahn-See vereinigt die bisherige Bundesknappschaft, die Bahnversicherungsanstalt und die Seekasse in sich. 8

In der **allgemeinen Rentenversicherung** ist für die Versicherten, die seit dem 1.1.2005 eine Versicherungsnummer erhalten, derjenige Träger der Rentenversicherung zuständig, der durch die Datenstelle der Träger der Rentenversicherung bei der Vergabe der **Versicherungsnummer** festgelegt worden ist, vgl. § 127 Abs. 1 S. 1 SGB VI. Die Unterscheidung zwischen Arbeitern und Angestellten, die früher für die Zuordnung zu einem Rentenversicherungsträger maßgeblich war, wurde durch eine einheitliche Versichertenzuordnung nach einem prozentualen **Verteilungsschlüssel** ersetzt: Die Versicherten werden zu 55 Prozent den Regionalträgern, zu 40 Prozent der Deutschen Rentenversicherung Bund und zu fünf Prozent der Rentenversicherung Knappschaft-Bahn-See zugeordnet (§ 127 Abs. 2 Nr. 1 SGB VI). Bei der **Zuordnung** der Versicherten sind die in § 127 Abs. 2 Nr. 2 bis 4 SGB VI festgelegten Grundsätze zu beachten. 9

Um mittelfristig insgesamt eine stabile Verteilung der Versicherten auf die einzelnen Rentenversicherungsträger zu gewährleisten, erfolgt nach Maßgabe des § 274c SGB VI auch eine Neuverteilung von **Bestandsversicherten**, d.h. Versicherten, die bereits vor dem 1.1.2005 eine Versicherungsnummer erhalten haben. Über ein so genanntes Ausgleichsverfahren soll innerhalb eines Zeitraums von 10

---

168 FUCHS/PREIS, Sozialversicherungsrecht, 2. Auflage, 2009.
169 RVOrgG, BGBl. I S. 3242 ff.
170 S.a. WALTERMANN, Rn. 371.

fünfzehn Jahren ebenfalls eine Quote von 55 zu 45 für die Bestandsversicherten der Jahrgänge ab 1945 erreicht werden. Den Interessen der Versicherten wird dabei angemessen Rechnung getragen. Beispielweise sind nach § 274c Abs. 3 Nr. 3 SGB VI Leistungsbezieher von dem Ausgleichsverfahren ausgenommen.

11 Die **örtliche Zuständigkeit** der Regionalträger regelt § 128 SGB VI. Die **Anzahl der Regionalträger** hat sich seit Inkrafttreten der Organisationsreform gegenüber 2005 deutlich **verringert**. Geschaffen hatte der Gesetzgeber die Rechtsgrundlage für derartige Zusammenschlüsse bereits mit dem Vierten Gesetz zur Änderung des Sechsten Buches Sozialgesetzbuch vom 29.4.2004.[171] Nach § 141 SGB VI können sich **Regionalträger** zur Verbesserung der Wirtschaftlichkeit oder Leistungsfähigkeit zu einem Regionalträger **vereinigen**, wenn sich durch Vereinigung der Zuständigkeitsbereich des neuen Regionalträgers nicht über mehr als drei Länder erstreckt. § 142 SGB VI beinhaltet eine Ermächtigung derjenigen Landesregierungen zur „Zwangsvereinigung" von Regionalträgern per Rechtsverordnung, in deren Land zwei oder mehr Regionalträger ihren Sitz haben.

12 **Gegenwärtig** beläuft sich die **Anzahl** der Regionalträger auf **14**. Zuletzt fusionierte Anfang 2008 die Deutsche Rentenversicherung Ober- und Mittelfranken mit der Deutschen Rentenversicherung Unterfranken zur neuen Deutschen Rentenversicherung Nordbayern.

2. Die Selbstverwaltungsstruktur der Rentenversicherungsträger

13 Gem. § 31 Abs. 1 SGB IV sind die Selbstverwaltungsorgane der Rentenversicherungsträger die **Vertreterversammlung** und der **Vorstand**, vgl. §§ 33ff. SGB IV. Die laufenden Verwaltungsgeschäfte werden von mindestens einem **Geschäftsführer** übernommen, §§ 31 Abs. 1 S. 2, 36 Abs. 4 SGB IV. Bei der Deutschen Rentenversicherung Bund werden die Aufgaben des Geschäftsführers durch das **Direktorium** wahrgenommen. Die Selbstverwaltungsorgane werden schließlich noch von einem Verwaltungsapparat unterstützt. Die Aufgaben der **Vertreterversammlung** sind in § 33 IV beschrieben. Zu ihnen gehört gem. § 34 SGB IV insbesondere der Erlass der Satzung und von sonstigem autonomen Recht, z.B. Rehabilitationsrichtlinien. Die Vertreterversammlungen der Rentenversicherungsträger haben jeweils höchstens 30 Mitglieder, vgl. § 43 Abs. 1 S. 3 SGB IV. Für die Vertreterversammlung der Deutschen Rentenversicherung Bund gilt hinsichtlich Mitgliederzahl und Zusammensetzung § 44 Abs. 5 SGB IV. Die Kompetenzen des **Vorstandes** sind in § 35 SGB IV aufgeführt.

III. Die Deutsche Rentenversicherung Bund als Bundesträger mit integriertem Dachverband

14 **Der Deutschen Rentenversicherung Bund** kommt als Rentenversicherungsträger mit integriertem Dachverband eine **Doppelfunktion** zu: Sie nimmt nicht nur Trägeraufgaben, sondern gem. § 138 SGB VI auch Grundsatz- und Querschnittsaufgaben wahr. Zu diesen **Grundsatz- und Querschnittsaufgaben** gehören die Vertretung der Rentenversicherung in ihrer Gesamtheit nach außen, die Klärung grundsätzlicher Sach- und Rechtsfragen zur Sicherung der einheitlichen Rechtsanwendung, die Organisation des Qualitäts- und Wirtschaftlichkeitswettbewerbs zwischen den Trägern, die Festlegung von Grundsätzen und die Steuerung der Finanzausstattung und -verwaltung i.R.d. Finanzverfassung für das gesamte System. Im Rahmen der Zuständigkeiten als Dachverband sind die **Entscheidungen** der Deutschen Rentenversicherung Bund für die Träger der Deutschen Rentenversicherung **verbindlich**, vgl. § 138 Abs. 2 S. 1 2. Hs. SGB VI.[172]

15 Entsprechend dieser besonderen Aufgabenstellung hat die Deutsche Rentenversicherung Bund auch eine besondere Struktur der Selbstverwaltung erhalten. Die Aufgaben des Geschäftsführers werden bei der Deutschen Rentenversicherung Bund – auch hinsichtlich Grundsatz- und Querschnittsaufgaben – gem. § 31 Abs. 1 S. 3 SGB IV durch das **Direktorium** wahrgenommen. Es besteht

171 BGBl. I S. 678ff.
172 Kritisch dazu Frohn, SGb 2007, 129, 137.

aus einem Präsidenten als Vorsitzenden und zwei Geschäftsführern, vgl. § 36 Abs. 3a S. 1 SGB IV. Die **Vertreterversammlung** der Rentenversicherung Bund trifft Entscheidungen sowohl zu Trägeraufgaben als auch zu Grundsatz- und Querschnittsaufgaben und wählt zudem das Direktorium, vgl. §§ 33 Abs. 1, 36 Abs. 3b SGB IV, 138 Abs. 2 S. 1 SGB VI. Die Vertreterversammlung besteht aus maximal 30 von den Versicherten und den Arbeitgebern der Deutschen Rentenversicherung Bund gewählten Mitgliedern. Zudem entsenden die Regionalträger und die Deutsche Rentenversicherung Knappschaft-Bahn-See jeweils zwei Mitglieder aus ihrer Selbstverwaltung (je einer aus der Arbeitgeber- und einer aus der Versichertengruppe) in die Vertreterversammlung der Deutschen Rentenversicherung Bund, vgl. § 44 Abs. 5 SGB IV. Bei Beschlüssen der Vertreterversammlung werden die Stimmen der Regionalträger mit insgesamt **55 Prozent** und die der Bundesträger mit insgesamt **45 Prozent** gewichtet. Die Gewichtung innerhalb der Regionalträger und Bundesträger orientiert sich gem. § 64 Abs. 4 SGB IV jeweils an der Anzahl der Versicherten der einzelnen Träger.

Bei Regelungen zu Grundsatz- und Querschnittsaufgaben oder zu gemeinsamen Angelegenheiten der Träger der Rentenversicherung bedarf es gem. § 64 Abs. 4 SGB IV grundsätzlich einer **Zweidrittelmehrheit** aller gewichteten Stimmen der satzungsmäßigen Mitgliederzahl. Für Entscheidungen über die Auslegung von Rechtsfragen genügt gem. § 138 Abs. 2 S. 1, 3 SGB VI die einfache Mehrheit. 16

Der **Vorstand** der Rentenversicherung Bund besteht aus 22 Mitgliedern: zwölf Interessenvertreter der Regionalträger, acht Interessenvertreter der DRV Bund und zwei Interessenvertreter der Deutschen Rentenversicherung Knappschaft-Bahn-See, vgl. § 44 Abs. 6 SGB IV. Eine Besonderheit der Deutschen Rentenversicherung Bund ist das sog. **Erweiterte Direktorium**. Dieses bereitet gem. § 138 Abs. 4 SGB VI die Entscheidungen zu Grundsatz- und Querschnittsaufgaben vor, wobei es von Fachausschüssen unterstützt wird. Es besteht aus fünf Geschäftsführern aus dem Bereich der Regionalträger, den Mitgliedern des Direktoriums der Deutschen Rentenversicherung Bund und einem Mitglied der Geschäftsführung der Deutschen Rentenversicherung Knappschaft-Bahn-See, vgl. § 139 Abs. 1 S. 1 SGB VI. 17

IV. Fazit

Das Ziel der Organisationsreform, die Zahl der Rentenversicherungsträger und damit den Verwaltungsaufwand zu vermindern, wurde einerseits erreicht durch die **Zusammenfassung der drei branchenbezogenen Rentenversicherungsträger** (Bundesknappschaft, Bahn Versicherungsanstalt und Seekasse) in der Deutschen Rentenversicherung Knappschaft-Bahn-See, wodurch die Zahl der bundesunmittelbaren Rentenversicherungsträger von vier auf zwei halbiert wurde. Zusätzlich wurden Effizienzgewinne durch die **Zusammenschlüsse ehemaliger Landesversicherungsanstalten** bzw. von **Regionalträgern** erreicht. Die Anzahl der ehemals 22 landesunmittelbaren Träger konnte auf 14 verkleinert werden. 18

Die **Zusammenfassung von Arbeiter- und Angestelltenversicherung** in der Deutschen Rentenversicherung und die Aufteilung der Versicherten auf die Rentenversicherungsträger nach Verhältniszahlen entspricht zudem dem einheitlichen Leistungsrecht für Arbeiter und Angestellte. Sie stoppt die Verschiebung der Versicherten zwischen den Rentenversicherungsträgern und erhält somit den Rentenversicherungsträgern dauerhaft stabilere Rahmenbedingungen, insbesondere hinsichtlich Beitragseinnahmen und Leistungsbeziehern. Daneben erübrigt sie komplizierte Regelungen für den Fall der sog. Mehrfachversicherung, da Versicherte zukünftig ihr gesamtes Berufsleben und für alle Tätigkeiten einem Versicherungsträger zugeordnet sind und vermindert schließlich die Zahl an Finanzströmen und Ausgleichsverfahren. 19

Als Ergebnis kann festgehalten werden, dass sich die **Organisationsstruktur trotz einiger offener Fragen vereinfacht** hat.[173] Des Weiteren ist es gelungen – entsprechend den Erwartungen 20

173 Positives Fazit bei Ruland/Dünn, NZS 2005, 113, 114.

der Bundesregierung und der in § 220 Abs. 3 SGB VI festgeschriebenen Zielvorgabe – den Verwaltungs- und Verfahrenskostenanteil in der Rentenversicherung in den Jahren 2006 bis 2010 um ca. zehn Prozent, das sind 350 Millionen Euro, zu senken. Das ist bemerkenswert. Denn zum einen sind diese Kosten im Bereich der Rentenversicherung ohnehin vergleichsweise gering (im Schnitt ca. 1,6 Prozent). Zum anderen besteht ein nicht unerheblicher Teil der gesamten Verwaltungs- und Verfahrenskosten der Rentenversicherung aus Vergütungen, die an die Krankenkassen für den Beitragseinzug und die Deutsche Post AG für die Auszahlung der Renten zu entrichten sind.[174]

§ 47 Finanzierung der gesetzlichen Rentenversicherung

Literatur: Brosius-Gersdorf, Aktuelle verfassungsrechtliche Probleme der Rentenversicherung, SGb 2019, 509ff.; Buntenbach/Gunkel/Wagner, Berücksichtigung des „generativen Beitrags" in der Gesetzlichen Rentenversicherung, SGb 2019, 136ff.; Hofmann/Schäfer, Money for nothing, SozSich 2023, 64ff.; Koop, Verfassungsrechtliche Aspekte der Berücksichtigung der Kindererziehung („generativer Beitrag") bei der Beitragsbemessung in der gesetzlichen Rentenversicherung, NZS 2019, 813ff.; Ruland, Das Grundgesetz und die Entwicklung des Rentenversicherungsrechts, NZS 2010, 121ff.; Ruland, Neue Regeln für die Rentenanpassung und die Festsetzung des Beitragssatzes in der gesetzlichen Rentenversicherung, SGb 2019, 193ff.; Viebrok/Heidel, Die Finanzlage der allgemeinen Rentenversicherung im Jahr 2018 und die weitere Entwicklung im Mittelfristzeitraum; RVaktuell 2019, S. 129ff.

I. Mögliche Finanzierungsformen

1 Alterssicherungssysteme zeichnen sich durch eine Vielzahl von Merkmalen aus und können daher verschiedentlich ausgestaltet sein. Hinsichtlich der **Finanzierung der Altersvorsorge** gehen allerdings alle Systeme letztlich auf zwei verschiedene Regelungsansätze zurück. Das sind zum einen das **Umlageverfahren** und zum anderen das **Kapitaldeckungsverfahren**. Daneben gibt es auch **Mischsysteme**, wie nach den jüngsten gesetzlichen Änderung in der gesetzlichen Rentenversicherung, bei denen die Alterssicherung auf mehreren „Säulen" ruht und der Schwerpunkt auf einer dieser beiden Finanzierungsarten liegt.

1. Umlageverfahren

2 Beim Umlageverfahren[175] werden die Ausgaben eines bestimmten Kalenderjahres für die Altersversorgung durch die Einnahmen desselben Kalenderjahres gedeckt, vgl. § 153 SGB VI. Die Einnahmen können auf Beiträgen und/oder Steuern beruhen. Das Umlageverfahren ist also unabhängig von der Finanzierungsquelle. Ggf. tritt noch eine Rücklage als zusätzliches Finanzierungsmittel hinzu. Sie hat aber nur den Zweck, bei kurzfristig schwankenden Ein- und Auszahlungen die Liquidität zu gewährleisten, ohne dass der Sozialversicherungsträger gleich auf die Kapitalmärkte zurückgreifen muss.

3 Grundprinzip des Umlageverfahrens ist weiterhin, dass die Jüngeren für die Alten die Renten finanzieren. Die aktiv im Berufsleben Stehenden sind daher zwangsweise verpflichtet, mit ihren Beiträgen für den Lebensunterhalt der Rentner zu sorgen. Irreführenderweise wird dieses System auch **Generationenvertrag** genannt. Die Erwerbstätigen „schließen" diesen im Vertrauen darauf, dass später einmal in gleicher Weise für sie gesorgt wird.[176] Das Umlageverfahren, das auch dem 1957 geschaffenen Rentenversicherungssystem zugrunde liegt, ist damit **für eine** expandierende Wirtschaft und eine, wenn nicht wachsende, so doch **stabile Bevölkerungsstruktur konzipiert**. Damit

---

174 Ruland/Dünn, NZS 2005, 113, 115.

175 Waltermann, Rn. 373ff.; ausf. SRH/Ruland § 18 Rn. 165ff.

176 Vgl. nur den Wahlkampslogan von Norbert Blüm aus dem Jahre 1986: „Denn eins ist sicher: Die Rente.".

ist das Umlagesystem neben der Demographie vor allem von der Produktivitäts- und Arbeitsmarktentwicklung abhängig.

2. Kapitaldeckungsverfahren

Beim Kapitaldeckungsverfahren **spart jeder Versicherungsnehmer die später fälligen Leistungen durch Bildung eines Kapitalstocks auf dem Kapitalmarkt selbst oder durch einen Versicherungsträger an.** Nach dieser **Phase der Kapitalansammlung** während des Erwerbslebens folgt die **Kapitalauflösung durch Verbrauch des Kapitalstocks und dessen Erträgen** (Zinsen und Zinseszinsen). Die Rentenansprüche jeder Generation sind damit durch die vorher geleisteten und verzinsten Beträge genau gedeckt. Durch die Kapitaldeckung hängt die Höhe der Rente von der erzielten Rendite und damit von der Entwicklung des Kapitalmarkts im Allgemeinen und von der jeweiligen Anlage der Ersparnisse im Besonderen ab. Zu den hiermit verbundenen Unwägbarkeiten kommen Wechselkursrisiken und politische Risiken bei Anlagen im Ausland hinzu. Auch sind die Effekte aus einer Vermögensauflösung in der Phase der Überalterung zu beachten. 4

Anders als beim Umlageverfahren sorgt damit jede Generation über Kapitalbildung für sich selbst, was diese Form der Rentenversicherung gegenüber demographischen Einflüssen relativ unempfindlich macht. Dabei gilt es aber zu berücksichtigen, dass die mit einem Kapitaldeckungsverfahren erzielten Renditen wie beim Umlageverfahren ebenfalls von der Produktivitäts- und Arbeitsmarktentwicklung abhängig sind, wenn auch nicht so direkt wie beim Umlageverfahren. Hohe Arbeitslosigkeit und geringes Wirtschaftswachstum wirken sich, wie die Börsenflaute zu Beginn des neuen Jahrtausends oder die Finanzmarktkrise gezeigt haben, ebenfalls auf die Renditen in den Renten- und Aktienmärkten aus. Wenn die Gewinne von Unternehmen, in denen die Fonds-Anleger mittels Aktien oder festverzinslicher Wertpapiere investiert haben, ausbleiben, stagnieren oder sinken die Renditen auf den Kapitalmärkten. Damit sinkt auch die Höhe einer späteren Rente, die im Wege des Kapitaldeckungsverfahrens vorfinanziert wurde. 5

Obwohl die angeblichen Vorteile der Kapitaldeckung gerade angesichts der Besorgnis erregenden demographischen Entwicklung der Bevölkerung der Bundesrepublik Deutschland gepriesen werden, bleibt festzuhalten, dass eine **vollständig auf Kapitaldeckung ausgerichtete Altersvorsorge** derzeit in der Bundesrepublik Deutschland nicht zu realisieren wäre. Modellrechnungen haben ergeben, dass dafür ein **Kapitalstock von 3,5 Billionen** Euro **notwendig** wäre.[177] Dieser Betrag ist zu hoch, als dass er in dieser Größe einer Volkswirtschaft auf Dauer entzogen werden kann. Darüber hinaus erscheint auch aus Gründen einer Risikostreuung ein vollständiger Wechsel zur Kapitaldeckung wenig sinnvoll. 6

II. Finanzierungssystem der gesetzlichen Rentenversicherung

Der **gesetzlichen Rentenversicherung in Deutschland** liegt gem. § 153 Abs. 1 SGB VI das **Umlageverfahren** zugrunde. Es wurde mit der großen Rentenreform von 1957 eingeführt und löste in einer zehnjährigen Übergangsperiode das bestehende Anwartschaftsdeckungsverfahren schrittweise ab, welches bis dahin in der Bundesrepublik Deutschland aber auch im Deutschen Reich gegolten hatte. Das Anwartschaftsdeckungsverfahren war vor allem an der horrenden Inflationskrise von 1923 und der Währungsreform von 1948 gescheitert, die beide zu großen Verlusten im Hinblick auf den Kapitalstock geführt hatten. 7

Mit dem Entwurf eines Rentenniveaustabilisierungs- und Generationenkapitalgesetzes[178] wollte die Regierung aus SPD/FDP/Bündnis 90/Die Grünen in eine teilweise Kapitaldeckung für die gesetzliche Rentenversicherung durch den Aufbau des **Generationenkapitals** einsteigen. Mittels Darlehen 8

177 HDR/Ruland § 19 Rn. 79.

178 BT-Drs. 20/11898.

aus dem Bundeshaushalt und der Übertragung von Eigenmitteln vom Bund sollte ein Kapitalstock aufgebaut werden, der renditeorientiert angelegt werden sollte. Die daraus resultierenden Erträge sollten sodann der Stabilisierung der Rentenversicherungsbeiträge dienen. Die ersten Erträge an die gesetzliche Rentenversicherung sollten ab 2036 ausgeschüttet werden. Allerdings ist diese geplante Reform nicht mehr in Kraft getreten, da das Regierungsbündnis der 20. Legislaturperiode Anfang November 2024 zerbrach.

9 **Finanziert werden die Ausgaben der Rentenversicherung** jedoch weiterhin insbesondere durch die in § 153 Abs. 2 SGB VI definierten **Einnahmen** (d.h. Beiträge und Bundeszuschüsse) und erforderlichenfalls durch Entnahmen aus der **Nachhaltigkeitsrücklage**, § 153 Abs. 1 SGB VI a.E. i.V.m. §§ 157f., 216f. SGB VI sowie künftig auch durch Kapitalerträge. Im absoluten Notfall springt der Bund mit einer zurückzuzahlenden zinslosen **Bundesgarantie** ein, § 214 SGB VI. Letztere ist Ausfluss der Garantiefunktion, die dem Bund u.a. für die Funktionsfähigkeit der Rentenversicherung zukommt, s.a. Art. 120 Abs. 1 S. 4 GG. Bei der Rentenreform des Jahres 1992 hat der Gesetzgeber darauf geachtet, ein – einigermaßen – sich selbst regulierendes Finanzierungssystem aufzustellen: Beitragssatz, Bundeszuschuss und Rentenanpassung sind so miteinander verbunden, dass nach einem vorhersehbaren Mechanismus die Last von allen an der gesetzlichen Rentenversicherung Beteiligten – Bund, Beitragszahler und Leistungsbezieher – gemeinsam getragen und begrenzt wird, vgl. § 213 Abs. 2 SGB VI.

1. Nachhaltigkeitsrücklage

10 Die **Nachhaltigkeitsrücklage** ist eine der „Stellschrauben", mit der die politischen Akteure u.a. die Höhe der Beitragssätze steuern können. Hierbei handelt es sich um **liquide anzulegende Betriebsmittel und Rücklagen** der Träger der allgemeinen Rentenversicherung. Der Nachhaltigkeitsrücklage werden die Überschüsse der Einnahmen über die Ausgaben zugeführt. Reichen die Einnahmen dagegen zur Auslagenfinanzierung nicht aus, wird das entstandene Defizit primär aus der Nachhaltigkeitsrücklage gedeckt, vgl. im Einzelnen §§ 216, 217 SGB VI.

11 Die Nachhaltigkeitsrücklage wurde durch das RV-Nachhaltigkeitsgesetz vom 21.7.2004[179] eingeführt und hat die bisherige sog. **Schwankungsreserve** ersetzt. Der **obere Zielwert von 70 Prozent** wurde **auf nunmehr 150 Prozent einer Monatsausgabe angehoben**, § 158 Abs. 1 S. 1 Nr. 2 SGB VI. Die Nachhaltigkeitsrücklage soll dadurch mittelfristig die Bedeutung erlangen, unter Beibehaltung ihrer bisherigen Funktion auch ein begrenztes Instrument für das **Auffangen konjunktureller Schwankungen bei den Beitragseinnahmen** zu sein. Wird der Zielkorridor des § 158 Abs. 1 SGB VI von 20 bis 150 Prozent über- oder unterschritten, wirkt sich dies auf den dann neu festzusetzenden Beitragssatz aus, vgl. § 158 Abs. 2 SGB VI. Die Nachhaltigkeitsrücklage wird gem. § 216 Abs. 2 SGB VI **bis zum Umfang von 50 Prozent** der durchschnittlichen Ausgaben zu eigenen Lasten aller Träger der allgemeinen Rentenversicherung für einen Kalendermonat dauerhaft **von der Deutschen Rentenversicherung Bund verwaltet**. Überschreitet die gemeinsame Nachhaltigkeitsrücklage über einen längeren Zeitraum diesen Umfang, ist sie insoweit von den Trägern der allgemeinen Rentenversicherung zu verwalten.

12 Im **August 2024** betrug die Nachhaltigkeitsrücklage rund 42 Milliarden Euro. Dies entspricht ca. 1,5 Monatsausgaben zu Lasten der Rentenversicherungsträger. 2022 entsprach die Nachhaltigkeitsrücklage noch 1,7 Monatsausgaben zu Lasten der Rentenversicherungsträger.[180] Aus demographischen Gründen dürfte zukünftig ein (weiterer) Abbau der Rücklage zu erwarten sein.[181] Bei einer Monatsausgabe von ca. 28,3 Milliarden Euro (Schätzung vom 3.7.2024) beträgt der Zielkorridor i.R.d. § 158 Abs. 1 SGB VI einerseits ca. 5,66 Milliarden Euro (20 Prozent einer Monatsausgabe) und andererseits rund 42,45 Milliarden Euro (150 Prozent einer Monatsausgabe).

179 BGBl. I S. 1791ff.
180 Deutsche Rentenversicherung, Kennzahlen der Finanzentwicklung.
181 Viebrok/Heidel, RVaktuell 2019, S. 129ff.

2. Bundeszuschüsse

Bei der allgemeinen Rentenversicherung sind die Einnahmen des Umlageverfahrens gem. § 153 Abs. 2 SGB VI die Beiträge und die Zuschüsse des Bundes. Anders ist dies bei der **knappschaftlichen Rentenversicherung**: Hier gibt es neben den Beiträgen keinen Bundeszuschuss. Stattdessen trägt der Bund den **Unterschiedsbetrag zwischen den Einnahmen und den Ausgaben** eines Kalenderjahres, womit er zugleich deren dauerhafte Leistungsfähigkeit sicherstellt, § 153 Abs. 2 SGB VI a.E. i.V.m. § 215 SGB VI. 13

Anders als z.B. in der gesetzlichen Unfallversicherung leistet der Bund gem. § 213 Abs. 1 SGB VI Zuschüsse zu den Ausgaben der allgemeinen Rentenversicherung. Der Bundeszuschuss erklärt sich hauptsächlich aus der **Existenz der versicherungsfremden Leistungen** in der gesetzlichen Rentenversicherung, da bei der Rentenberechnung auch Versicherungszeiten berücksichtigt werden, für die keine Beiträge gezahlt wurden, oder für gewisse Beitragszeiten eine höhere Rentenanwartschaft angerechnet wird, als es der tatsächlichen Beitragszahlung entspricht. 14

Wie bereits ausgeführt wurde, dürfen diese versicherungsfremden Leistungen nicht von der Solidargemeinschaft, sondern müssen vom Bund aus Steuermitteln finanziert werden. Neben dieser Hauptaufgabe wird der Bundeszuschuss – ähnlich wie die Nachhaltigkeitsrücklage – dafür benutzt, die Höhe der Beitragssätze unter Kontrolle zu halten. 15

Hinsichtlich der Bundeszuschüsse, die sich im Jahr 2022 geschätzt auf insgesamt rund 81 Milliarden Euro beliefen und damit rund 22,9 Prozent der Rentenausgaben in der allgemeinen Rentenversicherung ausmachten[182], können der **allgemeine Bundeszuschuss**, der **zusätzliche Bundeszuschuss** und die **Einnahmen aus der ökologischen Steuerreform** unterschieden werden.[183] 16

a) Allgemeiner Bundeszuschuss

Der **allgemeine Bundeszuschuss** gem. § 213 Abs. 2 SGB VI ist die Beteiligung des Bundes seit der Rentenreform 1957. Zu Beginn deckte er mit einer Höhe von 1,74 Milliarden Euro ca. 32 Prozent der damaligen Rentenausgaben ab. Im Jahr 2023 betrug er rund 54,2 Milliarden Euro, deckte aber nur 16,5 Prozent der Ausgaben der allgemeinen Rentenversicherung ab. Der allgemeine Bundeszuschuss wird jährlich fortgeschrieben und ist von **zwei Faktoren abhängig**, der **Bruttolohnentwicklung** und der **Veränderung des Beitragssatzes**. Letzterem kommt dabei eine nicht zu unterschätzende Bedeutung zu, weil sich im Beitragssatz die durch den demographischen Wandel bedingte, steigende finanzielle Belastung der Rentenversicherung niederschlägt. Darüber hinaus ist für die Fortschreibung nach § 213 Abs. 2 S. 3 SGB VI ein besonderer Beitragssatz maßgebend. Denn insoweit finden der zusätzliche Bundeszuschuss und der Erhöhungsbetrag keine Berücksichtigung. Dadurch wird vermieden, dass eine durch die weiteren Zuschüsse erreichte Beitragssatzsenkung zu einer Verringerung des allgemeinen Bundeszuschusses führt. 17

Kindererziehungszeiten werden seit 1999 nicht mehr durch den allgemeinen Bundeszuschuss finanziert, der zu diesem Zweck noch 1992 erhöht wurde. Vielmehr zahlt der Bund seit 1999 **echte Beiträge** für **Kindererziehungszeiten** gem. § 177 Abs. 1 SGB VI i.V.m. § 3 Nr. 1 und § 56 SGB VI. Um den Verwaltungsaufwand zu minimieren, erfolgt allerdings eine pauschale Abgeltung der Zahlungspflicht nach Maßgabe der Absätze 2 bis 4 des § 177 SGB VI. Diese Kostenerstattungspauschale lag im Jahr 2023 lag sie bei rund 17,3 Milliarden Euro. 18

Die Erhöhung der Kindererziehungszeiten im Rahmen der „Mütterrente I und II“ wird indes nicht vom Bund, sondern weitestgehend von den Beitragszahlern getragen. Die Kindererziehungszeiten wurden pauschal verlängert, ohne dass eine Zahlung des Bundes zur Kompensation der Mehrausgaben erfolgte. Zur langfristigen Bewältigung der Finanzierung nicht beitragsgedeckter Leistungen beteiligte sich der Bund im Rahmen der „Mütterrente I“ zwar mit zusätzlichen Mitteln, die bis 2022 stufenweise jedoch auf lediglich zwei Milliarden Euro erhöht wurden. Die jährlichen Mehr- 19

182 Deutsche Rentenversicherung Bund, Aktuelle Daten 2024.

183 Vgl. zur Verfassungsmäßigkeit dieser Steuer, BVerfG 20.4.2004, NVwZ 2004, 846.

ausgaben aufgrund verlängerter Kindererziehungszeiten belaufen sich 2025 allerdings auf rund 6,5 Milliarden Euro.[184] Bei der letzten Erhöhung der Kindererziehungszeiten ergab sich ein ähnliches Bild.[185]

b) Zusätzlicher Bundeszuschuss

20 Der **zusätzliche Bundeszuschuss** wurde 1998 eingeführt, um einen weiteren Anstieg des Beitragssatzes von damals 20,3 Prozent auf 21 Prozent zu verhindern, § 213 Abs. 3 SGB VI. Zu dessen Finanzierung wurde die **Mehrwertsteuer** um ein Prozent auf 16 Prozent **angehoben**. Für das Jahr 1998 wurde der zusätzliche Bundeszuschuss mit 4,9 Milliarden Euro (9,6 Milliarden DM) und für 1999 mit 7,98 Milliarden Euro (15,6 Milliarden DM) festgeschrieben, § 213 Abs. 3 S. 2 SGB VI. Seit dem Jahr 2000 verändert er sich nach Satz 3 der Vorschrift entsprechend dem Steueraufkommen, wobei er allerdings für die Jahre 2000 bis 2003 eine pauschale Kürzung erfuhr. Im Jahr 2001 betrug der zusätzliche Bundeszuschuss acht Milliarden Euro. Nach zwischenzeitlicher Absenkung belief er sich in den Jahren 2003 bis 2005 jeweils auf rund 8,2 Milliarden Euro; 2023 lag er bei 14,6 Milliarden Euro.

c) Erhöhungsbeitrag

21 Ab dem Jahr 2000 wurde der zusätzliche Bundeszuschuss gem. § 213 Abs. 4 SGB VI um einen **Erhöhungsbetrag ergänzt**, den der Bund aus Teilen der **Einnahmen aus der ökologischen (!) Steuerreform** finanziert (insbesondere aus der Erhöhung der Mineralölsteuer). Nachdem der Erhöhungsbetrag zunächst für die Jahre bis 2003 betragsmäßig gesetzlich festgesetzt wurde, schreibt er sich seit 2004 ohne Rückbezug auf das Ökosteueraufkommen anhand der Bruttolohnentwicklung fort, § 213 Abs. 4 S. 3 SGB VI.

22 Seit der Einführung der Grundsicherung ist es zu einer **pauschalen Absenkung des Erhöhungsbetrages** gekommen, da der Bund den Ländern, die durch die Grundsicherung den Kommunen entstehenden Mehraufwendungen ausgleicht. Deshalb verringert sich der Erhöhungsbetrag ab dem Jahr 2003 um 409 Millionen Euro, vgl. § 213 Abs. 5 SGB VI. Der zur Entlastung des Bundeshaushaltes[186] mit dem Haushaltsfinanzierungsgesetz vom 22.12.2023[187] neu eingefügte § 287g SGB VI mindert den Erhöhungsbetrag in den Jahren 2024 bis 2027 weiter jeweils um 1,2 Milliarden Euro.

Im Jahr 2005 belief sich der Erhöhungsbetrag auf rund 9,2 Milliarden Euro; 2024 lag er bei ca. 15,7 Milliarden Euro.[188]

3. Beiträge

23 Die bei weitem **wichtigste Einnahmequelle** der allgemeinen Rentenversicherung sind jedoch die **Beiträge**. 2024 entfielen von den Gesamteinnahmen in einer Höhe von rund 397,6 Milliarden Euro allein 306,3 Milliarden Euro auf Beitragszahlungen[189]; das sind 77 Prozent. Geregelt ist das Beitragsrecht in den §§ 157 ff. SGB VI, die durch die §§ 20 ff. SGB IV ergänzt werden. Sonderregelungen finden sich für das Beitrittsgebiet in § 275a SGB VI.

---

184 BT-Drs. 18/909 S. 3.
185 BT-Drs. 19/4668 S. 26.
186 BT-Drs. 20/8298, S. 2.
187 BGBl. 2023 I S. 406.
188 Deutsche Rentenversicherung Bund, Kennzahlen der Finanzentwicklung.
189 Deutsche Rentenversicherung Bund, Kennzahlen der Finanzentwicklung.

a) Allgemeines

Die Beiträge werden grundsätzlich nach einem Prozentsatz (Beitragssatz) von der Beitragsbemessungsgrundlage erhoben, die nur bis zur jeweiligen Beitragsbemessungsgrenze berücksichtigt wird, § 157 SGB VI. Der Beitragssatz ist für alle Versicherten gleich. **Persönliche Risikofaktoren** werden dabei **ausgeblendet**. Das ist einer der grundlegenden Wesenszüge einer Sozialversicherung, die insoweit bspw. auf eine Gesundheitsprüfung vor Abschluss bzw. Eintritt in die Versicherung verzichtet. 24

Die **Formel** für die Ermittlung der Beiträge lautet:

Beitragsbemessungsgrundlage × Beitragssatz = Beitragshöhe.

Die jährlich anzupassenden Beitragsbemessungsgrenzen für Westdeutschland und das Beitrittsgebiet und die Höhe des Beitragssatzes werden gem. § 160 SGB VI durch Rechtsverordnung festgelegt. Das ist zum einen die **BeitragssatzVO** (BSV) und die **RechengrößenVO**. Der Beitragssatz erreichte 1999 mit 20,3 Prozent seinen Höchststand und fiel durch die Erhöhung des Bundeszuschusses und Absenkung der damaligen Schwankungsreserve bis 2002 wieder auf 19,1 Prozent. Entgegen den Erwartungen des Gesetzgebers ist er allerdings wieder gestiegen. Für die Jahre 2003 und 2004 musste er auf 19,5 Prozent festgesetzt werden. Geplant waren im Zuge der sog. „Riester-Reform" für diese beiden Jahre 18,7 Prozent, für 2005 sogar nur 18,6 Prozent.[190] Bis 2007 ist er auf 19,9 Prozent gestiegen, seit 2011 sinkt der Beitragssatz wieder. Seit 2018 beträgt er – wie zuletzt im Jahre 1995 – 18,6 Prozent. Das Ziel, den Beitragssatz bis 2020 unter 20 Prozent zu halten, konnte damit erreicht werden. Kurz- bis mittelfristig ist es zur politischen Hauptaufgabe gemacht worden, den Beitragssatz bis 2025 weiter unter 20 Prozent und bis 2030 unter 22 Prozent zu halten, vgl. § 154 Abs. 3 SGB VI. 25

Die Beitragsbemessungsgrenzen (§ 159 SGB VI) sind in der Anlage 2 und 2a zum SGB VI dokumentiert. Das Einkommen des jeweils Versicherten wird nur bis zu einer bestimmten Höhe berücksichtigt und entspricht ungefähr dem doppelten Betrag des jährlichen Durchschnittsentgelts.[191] Aufgrund des Äquivalenzprinzips kann es also dazu kommen, dass Höherverdienende mit einem Einkommen jenseits der Beitragsbemessungsgrenze am Ende eine gesetzliche Rente erhalten, die ihrem erreichten sozialen und beruflichen Status nicht entspricht. Denn die Rente richtet sich grundsätzlich (nur) nach dem durch Beiträge versicherten Entgelt bis zur Beitragsbemessungsgrenze, § 63 Abs. 1 SGB VI. 26

Die Verfassungsbeschwerde zu der Frage, ob der Gesetzgeber verfassungsrechtlich verpflichtet ist, die Beiträge zur (Kranken- und) Rentenversicherung für Eltern wegen ihrer Kindererziehungsleistung zu reduzieren oder gar abzuschaffen mit dem Argument Kindererziehende hätten mit der Geburt und Erziehung ihrer Kinder einen „generativen Beitrag" geleistet, wurde mit Beschluss vom 7.4.2022[192] zurückgewiesen. 27

Die Bundesregierung hatte in einer Stellungnahme zu der Verfassungsbeschwerde ausgeführt, dass die Kindererziehung durch Versicherte auf der Leistungsseite der gesetzlichen Rentenversicherung bereits vielfältig berücksichtigt werde. Gesetzgeberische Maßnahmen zur weiteren Berücksichtigung von Kindern und zur finanziellen Entlastung von Familien bei den Beiträgen zur Renten-, Kranken- und Pflegeversicherung seien derzeit nicht vorgesehen.[193] Auf Grundlage der Rechtsprechung des BSG,[194] wonach die Kinder empirisch gerade nicht mehr die Beitragszahler von morgen sind, dürfte auch die Erziehungsleistung der Eltern keinen „generativen Beitrag" darstellen.[195] Der Familienlastenausgleich ist vielmehr als Aufgabe der Gesellschaft zu sehen und keine spezifische Aufgabe der Rentenversicherung.[196] 28

---

190 Bundesministerium für Arbeit und Sozialordnung [Hrsg.] S. 22.

191 S.a. Anlage 1 zum SGB VI.

192 BVerfGE 161,163ff.

193 BT-Drs. 19/13267 S. 5; so auch Koop, NZS 2019, 813.

194 BSG 30.9.2015 SozR 4-1100 Art. 3 Nr. 77.

195 Dazu vgl. Brosius-Gersdorf, SGb 2019, 509ff.; Buntenbach/Gunkel/Wagner, SGb 2019, 136.

196 So auch Ruland, NZS 2010, 128.

b) Bemessungsgrundlage

29 Was **die Höhe der Beiträge** angeht, ist zwischen **Pflichtversicherten** und **freiwillig Versicherten** zu unterscheiden.

30 Nach § 161 Abs. 1 SGB VI sind Beitragsbemessungsgrundlage für Versicherungspflichtige deren **beitragspflichtige Einnahmen**. Bei **versicherungspflichtigen Arbeitnehmern** ist dies das **Bruttoarbeitsentgelt**, § 162 Nr. 1 SGB VI. Insoweit herrscht daher ein Gleichlauf zwischen der gesetzlichen Renten- und Krankenversicherung. Für zahlreiche weitere versicherungspflichtige Beschäftigte existieren **Spezialtatbestände**. Dazu zählen beispielsweise behinderte Menschen (§ 162 Abs. 1 Nr. 2, 2a SGB VI) und Auszubildende (§ 162 Abs. 1 Nr. 1 Alt. 2, Nr. 3a SGB VI), aber auch geringfügig versicherungspflichtige Beschäftigte (§ 163 Abs. 8 SGB VI). Hinzuweisen ist in diesem Zusammenhang auch auf § 20 Abs. 2a SGB IV, der die beitragspflichtigen Einnahmen von Arbeitnehmern betrifft, die gegen ein monatliches Arbeitsentgelt bis zum oberen Grenzbetrag der sogenannten Gleitzone in Höhe von 2.000 Euro mehr als geringfügig beschäftigt sind.

31 Die **beitragspflichtigen Einnahmen sonstiger Versicherter**, insbesondere der **Empfänger von Entgeltersatzleistungen**, regelt § 166 SGB VI. Bei Wehr- und Zivildienstleistenden (§§ 166 Abs. 1 Nr. 1 SGB VI, 18 SGB IV) sowie bei Personen, die Krankengeld oder Arbeitslosengeld beziehen sind dies 80 Prozent des der Leistung zugrundeliegenden Arbeitsentgelts bzw. -einkommens (§ 166 Abs. 1 Nr. 2 SGB VI). Die beitragspflichtigen Einnahmen nicht erwerbsmäßig tätiger Pflegepersonen bestimmen sich in Abhängigkeit vom zeitlichen Pflegeaufwand (§ 166 Abs. 2 SGB VI).

32 **Selbständig Tätige** können ihre Rentenversicherungsbeiträge gem. § 165 SGB VI einkommensabhängig oder einkommensunabhängig zahlen. Ohne Nachweis des tatsächlichen Einkommens wird als beitragspflichtige Einnahme ein Arbeitseinkommen in Höhe der Bezugsgröße zugrunde gelegt. Sofern der Selbständige einen höheren oder niedrigeren Beitrag zahlen möchte, muss er sein tatsächliches Arbeitseinkommen nachweisen, das dann als beitragspflichtige Einnahme bei der Beitragsberechnung zu berücksichtigen ist; mindestens ist insoweit jedoch das Zwölffache der am 1. Januar des jeweiligen Kalenderjahres geltenden Geringfügigkeitsgrenze zugrunde zu legen (§ 165 Abs. 1 S. 1 Nr. 1 SGB VI i. V. m. § 18 SGB IV). Zudem sieht § 165 Abs. 1 S. 2 SGB VI vor, dass bis zum Ablauf von drei Jahren nach dem Jahr der Aufnahme der selbständigen Tätigkeit auf Antrag lediglich der halbe Regelpflichtbeitrag erhoben wird. Für bestimmte Berufsgruppen wie Seelotsen, Hausgewerbetreibende, Künstler, Publizisten oder Küstenschiffer gelten die Sonderregelungen des § 165 Abs. 1 S. 1 Nr. 2 bis Nr. 5 SGB VI.

33 Die **Beitragsbemessungsgrundlage** für Versicherte, die gem. § 7 SGB VI **freiwillig versichert** sind, ist jeder Betrag zwischen der Mindestbeitragsbemessungsgrundlage und der Beitragsbemessungsgrenze, §§ 161 Abs. 2 SGB VI. Die Mindestbeitragsbemessungsgrundlage entspricht der am 1. Januar des jeweiligen Kalenderjahres geltenden Geringfügigkeitsgrenze, § 167 SGB VI. Für 2024 betrug der Mindestbeitrag in der freiwilligen Versicherung demnach 100,07 Euro (538 Euro × 18,6 Prozent).

c) Verteilung der Beitragslast

34 Die Frage, wer die Beiträge wirtschaftlich zu tragen hat, wird in den § 20 SGB IV, §§ 168 bis 172 SGB VI und für das Beitrittsgebiet in § 279c SGB VI geregelt.

35 Bei **versicherungspflichtigen Arbeitnehmern** werden die Beiträge grundsätzlich **je zur Hälfte vom Arbeitnehmer und vom Arbeitgeber** getragen, § 168 Abs. 1 Nr. 1 SGB VI. Dies gilt auch für Heimarbeiter, da sie gem. § 12 Abs. 2 Hs. 2 SGB IV als Beschäftigte gelten. Überschreitet der Verdienst bei zur Berufsausbildung Beschäftigten nicht die 325 Euro Grenze oder leistet der Versicherte ein freiwilliges soziales oder ökologisches Jahr, hat der Arbeitgeber die Beiträge alleine aufzubringen, § 20 Abs. 3 S. 1 Nr. 1 und 2 SGB IV. Dies gilt ebenso bei Arbeitnehmern, die Kurzarbeitergeld beziehen, § 168 Abs. 1 Nr. 1a SGB VI. Für weitere schutzwürdige Personengruppen sieht § 168 Abs. 1 Nr. 1b bis Nr. 9 SGB VI Besonderheiten vor. Beispielsweise trägt der Arbeitgeber bei geringfügig versicherungspflichtig Beschäftigten die Beiträge in Höhe eines Betrages, der 15 bzw. fünf Prozent – letzteres bei Beschäftigung in Privathaushalten – des der Beschäftigung zugrundeliegenden Arbeitsentgelts entspricht; der Rest entfällt auf den Versicherten (§ 168 Abs. 1b, 1c SGB VI). Hinzuweisen ist in diesem

Zusammenhang darauf, dass der Bund gem. § 179 Abs. 1 SGB VI den Trägern der Einrichtung einen gewissen Teil der Beiträge für nach § 1 S. 1 Nr. 2a SGB VI versicherungspflichtig behinderte Menschen erstattet, vgl. § 168 Abs. 1 Nr. 2 SGB VI. Nach Streit über die Auslegung des § 179 Abs. 1 SGB VI a.F. ist die Norm zum 1.1.2012 durch das Vierte SGB-IV Änderungsgesetz[197] dahingehend geändert worden, dass die Erstattungspflicht des Bundes im Eingangsverfahren oder im Berufsbildungsbereich einer anerkannten Werkstatt für behinderte Menschen oder bei einem anderen Leistungsanbieter nach § 60 SGB IX auf die Rentenversicherungsträger, die BA und die Unfallversicherungsträger verlagert wurde, sofern diese zuständiger Kostenträger sind. Damit ist abschließend klargestellt worden, dass eine Erstattungspflicht des Bundes im Wesentlichen nur für die im Arbeitsbereich einer anerkannten Werkstatt tätigen behinderten Menschen (§ 219 SGB IX) besteht.[198]

Die Beitragstragung bei sonstigen Versicherten, also Wehr- und Zivildienstleistenden und insbesondere den Empfängern von Entgeltersatzleistungen, regelt § 170 SGB VI. U. a. werden die Beiträge für Kindererziehungszeiten nach § 170 Abs. 1 Nr. 1 SGB VI vom Bund allein getragen; die Beiträge der nicht erwerbsmäßig tätigen Pflegepersonen tragen die Pflegekassen bzw. die privaten Versicherungsunternehmen (§ 170 Abs. 1 Nr. 6 SGB VI i.V.m. § 44 Abs. 1 SGB XI). 36

Anders als bei den versicherungspflichtigen Arbeitnehmern müssen **selbständig Tätige** ihre **Beiträge allein aufbringen**, § 169 Nr. 1 SGB VI. Bei Künstlern und Publizisten werden die Beiträge gem. § 169 Nr. 2 SGB VI von der Künstlersozialkasse getragen, vgl. §§ 10, 15ff. KSVG. Auch **freiwillig Versicherte** haben ihre **Beiträge** gem. § 171 SGB VI **selbst zu tragen**.[199] 37

Besteht **Versicherungsfreiheit** und wird eine Beschäftigung ausgeübt, so muss der **Arbeitgeber** gem. § 172 SGB VI **trotzdem einen Beitragsanteil aufbringen**. Beschäftigt er z.B. jemanden, der bereits eine Vollrente wegen Alters bezieht, so muss nur der Arbeitgeber die Hälfte desjenigen Beitrages tragen, der zu zahlen wäre, wenn der Beschäftige versicherungspflichtig wäre (§ 172 Abs. 1 Nr. 1 SGB VI). Im Ergebnis ähnlich verhält es sich gem. § 172 Abs. 3 SGB VI bei geringfügig Beschäftigen i.S.d. § 8 Abs. 1 SGB IV (für Beschäftigte in Privathaushalten gilt § 172 Abs. 3a SGB VI i.V.m. § 8a Abs. 1 SGB IV). Hier beträgt der Arbeitgeberanteil allerdings 15 Prozent des Arbeitsentgelts, das beitragspflichtig wäre, wenn der Beschäftigte versicherungspflichtig wäre (bis zum 30.6.2006 waren es noch zwölf Prozent). Die durch das Haushaltsbegleitgesetz 2006 vom 29.6.2006[200] bedingte Erhöhung soll – gemeinsam mit der parallel beschlossenen Erhöhung des Pauschalbeitrags in der gesetzlichen Krankenversicherung und der Begrenzung der Sozialversicherungsfreiheit bestimmter Lohnzuschläge – die Sozialversicherungen in einem Volumen von rund 520 Millionen Euro jährlich entlasten.[201] 38

§ 172 SGB VI liegen **arbeitsmarkt- und wirtschaftspolitische Aspekte** zugrunde. Daraus folgt, dass die i.R.d. § 172 SGB VI vom Arbeitgeber zu zahlende Beiträge sich für den in Frage stehenden Beschäftigten **nicht rentensteigernd** auswirken. Im Falle des § 172 Abs. 1 S. 1 Nr. 1 SGB VI z.B. wollte der Gesetzgeber verhindern, dass der Arbeitgeber Altersrentner nur wegen ihrer Versicherungsfreiheit und des damit verbundenen Lohnkostenvorteils beschäftigt. Der **Schutzzweck** der Norm ist somit auf die **gesamte Versichertengemeinschaft** bezogen. Diese Durchbrechung des Äquivalenzprinzips ist zwar system-, aber nicht verfassungswidrig.[202] 39

d) Zahlung der Beiträge

Von der Frage der Beitragslast (Wer trägt die Beiträge?) ist die andere Frage zu unterscheiden, wer **Schuldner dieser Beiträge gegenüber dem Rentenversicherungsträger** ist und sie an diesen 40

---

197 BGBl. I S. 3057.

198 BT-Drs. 17/6764 S. 22.

199 Dazu ausf. Jürgensen, Die Künstlersozialabgabe, 2007.

200 BGBl. I S. 1402ff.

201 BR-Drs. 142/06 S. 12; s.a. Marburger, WzS 2006, 193ff.

202 LSG NRW 30.3.2006 L 5 KR 101/05 – juris, zu § 172 Abs. 3 SGB VI; grundlegend BVerfG 16.12.1962 BVerfGE 14, 312ff. zur Vorläufernorm des § 113 AVG.

abführen muss (Wer muss die Beiträge zahlen?). § 173 S. 1 SGB VI stellt dafür den Grundsatz auf, dass die Beiträge von demjenigen, der sie zu tragen hat, unmittelbar an die Träger der Rentenversicherung zu zahlen sind.

aa) Beitragszahlung durch den Arbeitgeber

41 Für die Beiträge von versicherungspflichtigen Beschäftigten, Hausgewerbetreibenden, Seelotsen, Vorruhestandsgeldbeziehern, Entwicklungshelfern und Beschäftigten im Ausland bestimmt § 174 SGB VI eine Ausnahme vom obigen Grundsatz: Für die Zahlung dieser vom Arbeitgeber und Arbeitnehmer zu tragenden Beiträge gelten gem. § 174 Abs. 1 SGB VI die **Vorschriften über den Gesamtsozialversicherungsbeitrag**, §§ 28d bis 28n und 28r SGB IV. Gegenüber der **zuständigen Krankenkasse** als **Einzugsstelle** ist also in voller Höhe der **Arbeitgeber alleiniger Schuldner** des Rentenbeitrages, §§ 28e Abs. 1 S. 1 und 28h Abs. 1 S. 1 SGB IV. Im **Außenverhältnis** kann der Beschäftigte daher zur Beitragsentrichtung – obwohl der von ihm zu tragender Teil gem. § 28e Abs. 1 S. 2 SGB VI seinem Vermögen zuzurechnen ist – nicht herangezogen werden. Sollte der Beschäftigte keiner Krankenversicherungspflicht unterliegen, so ist der Beitrag dessen ungeachtet nicht an den zuständigen Rentenversicherungsträger, sondern weiterhin an die Krankenkasse zu entrichten, § 28i Abs. 1 S. 2 SGB IV.

42 Die Einzugsstelle befindet über die Versicherungspflicht, Beitragspflicht und die Höhe des Beitrags zur gesetzlichen Rentenversicherung. Sie erlässt auch den Widerspruchsbescheid, § 28h Abs. 2 S. 1 SGB IV. **Beitragsgläubiger** ist gem. § 22 Abs. 1 SGB IV i. V. m. §§ 125 ff. SGB VI der **zuständige Rentenversicherungsträger**.

43 Im **Innenverhältnis** ist der **Arbeitgeber** gegenüber dem Beschäftigten aufgrund seiner ihm obliegenden **Fürsorgepflicht verpflichtet**, den Sozialversicherungsbeitrag **ordnungsgemäß abzuführen**.[203] Damit korrespondiert ein Anspruch des Arbeitgebers gegenüber dem Arbeitnehmer auf den von letzterem zu tragenden Teil des Rentenbeitrages, der nach § 28g S. 2 SGB IV nur durch Abzug vom Arbeitsentgelt realisiert werden kann.[204] Verletzt der Arbeitgeber seine Fürsorgepflicht, kann dies arbeitsvertragliche, ggf. deliktische (§ 823 Abs. 2 BGB i. V. m. Schutzgesetz) und sogar strafrechtliche Konsequenzen (§ 266a StGB) nach sich ziehen. Die Schadensposition des Versicherten kann in einer Minderung seiner Rentenbezüge bestehen. Macht der Versicherte allerdings glaubhaft, dass der auf ihn entfallende Beitragsanteil gem. § 168 Abs. 1 Nr. 1 SGB VI vom Arbeitsentgelt abgezogen worden ist, so gilt der Beitrag gem. § 203 Abs. 2 SGB VI als gezahlt. Dann scheidet ein Schaden durch die Nichtabführung der Beiträge durch den Arbeitgeber aus.

bb) Beitragszahlung durch den Versicherten

44 Für diejenigen Versicherten, für die das Beitragsabzugsverfahren gem. § 28g SGB IV nicht in Betracht kommt, bleibt es bei der **Grundregel des § 173 SGB VI**. Sie führen ihre Beiträge unmittelbar an den zuständigen Rentenversicherungsträger ab. Das sind insbesondere die nach § 7 SGB VI **freiwillig Versicherten** und die kraft Gesetzes oder auf Antrag **versicherungspflichtigen Selbständigen** (§§ 2, 4 Abs. 2, 229 Abs. 1 Nr. 2 SGB VI). Für die Beitragszahlung von Künstlern und Publizisten, beim Bezug von Sozialleistungen und bei Pflegepersonen sehen die §§ 175, 175a und 176 SGB VI Sonderregelungen vor.

e) Wirksamkeit der Beitragsentrichtung

45 Es ist aus mehreren Gründen in der gesetzlichen Rentenversicherung von Bedeutung, dass der Zeitpunkt der Beitragszahlung und der Zeitpunkt, für den diese Beitragsleistung gelten soll, nicht allzu

203 S.a. BAG 30.4.2008, NZA 2008, 884 ff.

204 Vgl. zur Rückerstattung überhöht abgeführter Sozialversicherungsbeiträge BAG 29.3.2001, DB 2001, 2659.

weit auseinanderfallen. Ein Grund liegt darin, dass die **Funktionsfähigkeit des Umlageverfahrens aufrechterhalten** werden muss; ein weiterer in dem Versicherungsgedanken, weil Manipulationen des Versicherten zu Lasten der Versichertengemeinschaft vermieden werden müssen. Daneben ist die Zurücklegung von Beitragszeiten schon für die Entstehung eines Leistungsanspruchs von Bedeutung. Schließlich spielen die Beitragszeiten eines Versicherten für die Höhe seiner späteren Rente eine wichtige Rolle, da sich diese vor allem nach der Höhe der während des Versicherungslebens durch Beiträge versicherten Arbeitsentgelte und Arbeitseinkommen richtet, vgl. § 63 Abs. 1 SGB VI. Daher kann der Versicherte **nicht irgendwann** Beiträge für die gesetzliche Rentenversicherung entrichten. Diese müssen vielmehr in seinem, aber auch im Interesse der Versichertengemeinschaft innerhalb **bestimmter zeitlicher Grenzen** gezahlt werden. Bei der **Wirksamkeit** von Beiträgen ist zwischen **Pflichtbeiträgen** und **freiwilligen Beiträgen** zu unterscheiden:

aa) Pflichtbeiträge

Gem. § 197 Abs. 1 SGB VI sind die von Versicherungspflichtigen (§§ 1 bis 4 SGB VI) geschuldeten Beiträge **wirksam, wenn** sie gezahlt werden, solange der Anspruch auf ihre Zahlung noch **nicht verjährt** ist. Nicht unter diese Norm fallen Nachversicherungsbeiträge (vgl. §§ 184, 185 SGB VI) und Beiträge von einem Drittschädiger nach § 119 Abs. 3 S. 1 SGB X. Die grundsätzlich bei Fälligkeit zu zahlende Beiträge (§§ 22 Abs. 1, 23 Abs. 1 SGB IV) können also noch innerhalb der regelmäßig **vierjährigen Verjährungsfrist** gem. § 25 SGB IV wirksam gezahlt werden. Daher kann beispielsweise ein Beitrag für Juni 2016 noch bis zum 31.12.2020 wirksam entrichtet werden. § 197 Abs. 1 SGB VI sorgt also zum einen dafür, dass der Rentenversicherungsträger die Beiträge ggf. mit Säumniszuschlägen gem. § 24 SGB IV einfordern kann, zum anderen aber auch, dass der Versicherte diese zahlen kann und darf. Allerdings kann diese Frist während eines Beitragsverfahrens oder eines Verfahrens über einen Rentenanspruch gehemmt werden; die Hemmung endet gem. § 198 S. 2 i.V.m. S. 1 SGB VI sechs Monate nach Abschluss eines der oben genannten Verfahren. 46

bb) Freiwillige Beiträge

Strengere Regelungen sind bei den freiwilligen Beiträgen vorgesehen: Da gem. § 23 Abs. 1 S. 1 SGB VI freiwillige Beiträge nicht geschuldet werden und damit also auch nicht fällig werden können, sieht § 197 Abs. 2 SGB VI vor, dass diese Beiträge wirksam sind, wenn sie bis zum 31.3. desjenigen Jahres gezahlt werden, das dem Jahr folgt, für das sie gelten sollen. Findet innerhalb dieser Frist ein Beitragsverfahren oder ein Verfahren über einen Rentenanspruch statt, so wird diese Frist nicht nur gehemmt, sondern sogar unterbrochen. Diese beginnt dann gem. § 198 S. 1 SGB VI erst nach dem Abschluss des Verfahrens erneut zu laufen. 47

cc) Zahlung von Beiträgen nach Ablauf der Fristen

§ 197 Abs. 3 SGB VI lässt **in Fällen besonderer Härte** (z. B. drohender Anwartschaftsverlust, knappe Verfehlung der Wartezeit oder eine erhebliche Beeinträchtigung der Rentenhöhe) ausnahmsweise die Nachentrichtung über die in § 197 Abs. 1 und 2 SGB VI genannten Fristen zu, wenn die Beiträge **ohne Verschulden** des Versicherten nicht rechtzeitig entrichtet wurden. Der Antrag kann nur innerhalb von drei Monaten nach Wegfall des Hinderungsgrundes gestellt werden, wobei dann die Beitragszahlung binnen einer vom Rentenversicherungsträger zu bestimmende angemessene Frist zu erfolgen hat. 48

Hat der Versicherte seinen Beitrag schuldhaft verspätet gezahlt, kommt eine Nachentrichtung nicht in Betracht. Verschulden ist auch Fahrlässigkeit (§ 276 Abs. 1 BGB); dabei handelt fahrlässig, wer die im Verkehr erforderliche Sorgfalt außer Acht lässt (§ 276 Abs. 2 BGB). Maßgebend sind die Umstände des Einzelfalles. Demnach handelt ein Versicherter u. a. schuldhaft, wenn er mit einfachem Brief einen Antrag auf Beitragszahlung stellt und sich bei fehlender Antwort des Rentenversicherungsträgers nicht bei Fristablauf nach dem Eingang und der Bearbeitung des Briefes erkun- 49 digt.[205] Der Verschuldensmaßstab des § 197 Abs. 3 S. 1 SGB VI deckt sich mit dem des § 27 Abs. 1 S. 1 SGB X im Falle der Wiedereinsetzung in den vorigen Stand. Gem. § 27 Abs. 1 S. 2 SGB X wird ein etwaiges Verschulden des Vertreters dem Versicherten zugerechnet.

50 Der Begriff der **besonderen Härte** ist ein unbestimmter Rechtsbegriff und daher gerichtlich voll nachprüfbar. Sie muss objektiv vorliegen und wird von der Rechtsprechung nur angenommen, wenn die Nichtzulassung der Nachentrichtung von Pflichtbeiträgen zu einem Verlust des ganzen versicherungsrechtlichen Anspruchs oder sonst zu einem außergewöhnlichen Schaden führen würde.[206]

51 Unstrittig ist, dass zur Bestimmung der besonderen Härte die persönlichen Verhältnisse des Versicherten mitberücksichtigt werden können. Problematisch ist, wie ein etwaiges Verhalten des Rentenversicherungsträgers zu werten ist, das für eine Nichtzahlung von Pflichtbeiträgen ursächlich war. Das BSG lässt dieses Verhalten ebenfalls in das Tatbestandsmerkmal der besonderen Härte mit einfließen, da das Gericht die Regelung des § 197 Abs. 3 SGB VI **als Sonderregelung zum allgemeinen sozialrechtlichen Herstellungsanspruch** betrachtet, der ansonsten anwendbar wäre. Nach bisheriger Rechtsprechung des BSG[207] **entfaltet** § 197 Abs. 3 SGB VI allerdings eine **Sperrwirkung**.[208] Ob die Sperrwirkung des § 197 Abs. 3 SGB VI weiterhin gilt, hat das BSG[209] im Weiteren offengelassen.

52 Nach anderer, überzeugenderer Ansicht gibt § 197 Abs. 3 SGB VI dem Versicherten einen eigenständigen Anspruch, der dort beginnt, wo die Möglichkeiten des sozialrechtlichen Herstellungsanspruchs enden. Als Argument wird die andersartige Schutzrichtung des § 197 Abs. 3 SGB VI genannt. Diese Norm diene lediglich der Vermeidung besonderer Härten in den Fällen, in denen die im Versicherungskonto entstandene Beitragslücke weder dem Versicherten noch dem Rentenversicherungsträger bewusst werden konnte. Diese Situation sei von derjenigen des Herstellungsanspruches verschieden. Eine Sperrwirkung sei daher rechtssystematisch nicht überzeugend und führe daher zu unbefriedigenden Ergebnissen.[210] Schließlich ist zu beachten, dass der am 1.1.1992 in Kraft getretene § 197 SGB VI nicht auf Beitragszahlungen anzuwenden ist, die vor dem 1.1.1992 erfolgten.[211]

f) Beanstandung von Beitragszahlungen und Erstattung von Beiträgen

53 **Pflichtbeiträge** in der Rentenversicherung für Zeiten nach dem 31.12.1972 können trotz Fehlens der Versicherungspflicht gem. § 26 Abs. 1 S. 1 SGB IV nur bis zur nächsten Prüfung beim Arbeitgeber **beanstandet** werden. Eine spätere Beanstandung ist dann nur noch i. R. d. Voraussetzungen des § 45 Abs. 2 SGB X möglich. Beiträge, die nicht mehr beanstandet werden dürfen, gelten als zu Recht entrichtete Pflichtbeiträge, vgl. § 26 Abs. 1 S. 2 SGB IV.

54 Bei der **Erstattung von Beiträgen** ist zwischen zu Unrecht entrichteter Beiträge und zu Recht entrichteter Beiträge zu unterscheiden. § 26 Abs. 2 SGB IV stellt den Grundsatz auf, dass **zu Unrecht entrichtete Beiträge** zu erstatten sind. Dies gilt nicht, wenn der Versicherungsträger bis zur Geltendmachung des Erstattungsanspruchs aufgrund dieser Beiträge oder für den Zeitraum, für den die Beiträge zu Unrecht entrichtet worden sind, Leistungen erbracht oder zu erbringen hat. Auf jeden Fall sind Beiträge zu erstatten, die für Zeiten entrichtet worden sind, die während des Bezugs von Leistungen beitragsfrei sind. Der Erstattungsanspruch steht gem. § 26 Abs. 3 S. 1 SGB IV demjenigen zu, der die Beiträge getragen hat. In diesem Zusammenhang ist es also für die Erstattung von Beiträgen bedeutungslos, dass im Außenverhältnis der Arbeitgeber als alleiniger Schuldner der Beiträge auftritt, § 174 Abs. 1 SGB VI i. V. m. § 28e SGB IV. Denn der Arbeitgeber hat gem. § 168 Abs. 1 Nr. 1

---

205 BSG 19.6.2001 SozR 3-2600 § 197 Nr. 3.

206 BSG 2.12.1975 SozR 2200 § 1418 RVO Nr. 2.

207 BSG 15.5.1984 SozR 2200 § 1418 RVO Nr. 8.

208 Ebenso BeckOGK/Peters § 197 SGB VI Rn. 20.

209 BSG 17.5.2001 SozR 3-2600 § 197 Nr. 2.

210 Kreikebohm/Roßbach/Kuszynski § 197 SGB VI Rn. 24; Muckel/Ogorek/Rixen § 11 Rn. 57.

211 Vgl. BSG 15.12.1994 SozR 3-2600 § 197 Nr. 1; BSG 23.8.2001 SozR 3-2600 § 197 Nr. 4.

SGB VI die Beiträge nur zur Hälfte zu tragen. Im Falle von bspw. 5.000 Euro zu Unrecht abgeführter Rentenbeiträge kann er daher für seinen versicherten Angestellten nur die Hälfte, also 2.500 Euro, zurückfordern. Den verbleibenden Arbeitnehmeranteil kann dann nur der Versicherte selbst erstattet verlangen.

Für die **Erstattung zu Unrecht gezahlter Beiträge** wäre grundsätzlich gem. §§ 125 ff. SGB VI der jeweilige Rentenversicherungsträger zuständig. Allerdings haben die Rentenversicherungsträger gemeinsam mit den Spitzenverbänden der Krankenversicherungsträger und der Bundesagentur für Arbeit von der durch § 211 Abs. 1 S. 1 Nr. 1 SGB VI eingeräumten Möglichkeit einer abweichenden Vereinbarung Gebrauch gemacht. Nach den „Gemeinsamen Grundsätzen für die Verrechnung und Erstattung zu Unrecht gezahlter Beiträge zur Kranken-, Pflege-, Renten- und Arbeitslosenversicherung" vom 21.11.2019 ist der Antrag generell bei der gem. § 28h Abs. 1 SGB IV zuständigen Einzugsstelle zu stellen, an die die Beiträge gezahlt worden sind.[212] Die Vereinbarung sieht allerdings wieder einige Rückausnahmen vor, in denen der aktuell kontoführende Rentenversicherungsträger ausschließlich zuständig ist.[213] 55

Die **Erstattung zu Recht gezahlter Beiträge** regelt § 210 SGB VI. Sie kommt nur ausnahmsweise in Betracht. Gemein ist den verschiedenen Fallgruppen des § 210 SGB VI, dass trotz Beitragszahlung eine Rentenleistung nicht erbracht, der beabsichtigte Zweck der Beitragszahlung also nicht mehr erreicht werden kann. Die Beitragserstattung zählt zu den Leistungen der gesetzlichen Rentenversicherung gem. § 23 Abs. 1 Nr. 1d SGB I, auf die bei Vorliegen der gesetzlichen Voraussetzungen demnach ein Anspruch besteht. 56

4. Gescheitertes Reformvorhaben: Generationenkapital

Mit dem Entwurf eines Rentenniveaustabilisierungs- und Generationenkapitalgesetzes[214] wollte die Koalition aus SPD/FDP und Bündnis 90/Die Grünen 2024 in eine teilweise Kapitaldeckung für die gesetzliche Rentenversicherung durch den Aufbau des **Generationenkapitals** einsteigen. Dazu ist es nach dem Bruch dieses Bündnisses nicht mehr gekommmen. Mit dem Generationenkapital sollte ein zusätzlicher Baustein für die Finanzierung der gesetzlichen Rentenversicherung geschaffen werden. Der Aufbau des Kapitalstocks sollte über Darlehen aus dem Bundeshaushalt und der Übertragung von Eigenmitteln vom Bund und damit gänzlich ohne den Einsatz von Mitteln der Beitragszahler erfolgen. Maßgebend dabei war, dass das Generationenkapital auf Dauer angelegt ist und nur die Erträge aus der Kapitalanlage nach Abzug der Zinsen auf die gewährten Darlehen – und nicht die Substanz des Kapitalstocks – als Finanzierungsbeitrag für die Rentenversicherung verwendet werden sollten. 57

Ab dem Jahr 2036 waren Ausschüttungen in Höhe von durchschnittlich 10 Millionen Euro jährlich an die gesetzliche Rentenversicherung zur Stabilisierung der Rentenversicherungsbeiträge vorgesehen, soweit dies unter Berücksichtigung eines „Sicherheitspuffers" zum Schutz von Vermögen und Rückzahlbarkeit der Darlehen möglich ist. Es sollten keine individuellen Rentenkonten diesbezüglich geben; das Kapital sollte als zusätzliche Finanzierungsquelle für die Rentenversicherung dienen. 58

Das Generationenkapital sollte von einer neu zu gründenden, unabhängigen, öffentlich-rechtlichen Stiftung professionell verwaltet und global angelegt werden. Für Aufgaben der Stiftung sollten zunächst (bis 2026) die operativen Strukturen des Fonds zur Finanzierung der kerntechnischen Entsorgung (KENFO) als bereits etablierter öffentlicher Vermögensverwalter genutzt werden, um so einen zügigen Aufbau des Stiftungsvermögens zu gewährleisten.[215] 59

212 Vgl. noch zu den alten Grundsätzen vom 21.11.2006 LSG Berlin-Brandenburg 19.10.2006 L 9 KR 104/03 – juris mit Anm. Liebich, RVaktuell 2007, 280 ff.

213 Vgl. vor allem Punkt 4.3.2. der Vereinbarung.

214 Zum Gesetzesentwurf vgl. BT-Drs. 20/11898; hierzu Roßbach, BetrAV 2024, 526 ff.; Hofmann/Schäfer, SozSich 2024, Nr. 4, 15 ff.

215 Vgl. BT-Drs. 20/11898, S. 4, 27 ff.

60 Es ist äußerst fraglich, ob mit einer solchen Reform die Finanzierung der gesetzlichen Rentenversicherung dauerhaft gesichert werden kann. Ein Prozentpunkt Beitragssatz bringt der gesetzlichen Rentenversicherung momentan ca. 13,7 Milliarden Euro im Jahr.[216] Die erhofften Ausschüttungen hätten diesen Betrag offensichtlich nicht zu erreichen vermocht. Um das Ziel eines Einstiegs in die teilweise Kapitaldeckung tatsächlich zu erreichen, dürften somit wesentlich höhere Mittel notwendig sein. Nach dem Bruch der Ampelkoalition Anfang November 2024 wird auch die neue Bundesregierung gehalten sein, das Finanzierungsproblem nachhaltig zu lösen.

5. Gemeinlastverfahren, Wanderversicherungsausgleich und Wanderungsausgleich

61 Zwischen den Trägern der **allgemeinen Rentenversicherung** existieren **interne und externe Ausgleichs- und Erstattungsverfahren**, deren Ziel es ist, eine unterschiedliche Einnahmen- und Ausgabenentwicklung auszugleichen. Zusammenfassend wird dieser **Finanzverbund** in § 219 SGB VI geregelt. Des Weiteren besteht zwischen der allgemeinen Rentenversicherung einerseits und der knappschaftlichen Rentenversicherung andererseits ein Erstattungsverfahren im Rahmen des sog. **Wanderversicherungs- bzw. Wanderungsausgleichs**, § 223 SGB VI.

a) Finanzverbund innerhalb der allgemeinen Rentenversicherung

62 Den **Finanzverbund** regelt § 219 SGB VI. Nach dieser Vorschrift werden die Ausgaben für Renten, Beitragserstattungen, die von der Rentenversicherung zu tragende Beiträge zur Krankenversicherung und die sonstigen Geldleistungen, die nicht Leistungen zur Teilhabe oder Aufwendungen für Verwaltungs- und Verfahrenskosten sowie Investitionen sind, von den Trägern der allgemeinen Rentenversicherung nach dem Verhältnis ihrer Beitragseinnahmen jeweils für ein Kalenderjahr gemeinsam getragen (**Gemeinlastverfahren**). Nach demselben Prinzip werden auch die Zuschüsse des Bundes und die Beiträge für Kindererziehungszeiten verteilt, § 219 Abs. 1 S. 2 SGB VI. Damit wird sichergestellt, dass die ausgabewirksamen Rechnungsposten auf die einzelnen Rentenversicherungsträger entsprechend ihrer an den Beitragseinnahmen orientierten Wirtschaftskraft verteilt werden.

63 § 219 Abs. 3 SGB VI stellt Liquidität durch die Deutsche Rentenversicherung Bund im Rahmen der ihr durch die RVOrgG zugewiesenen Steuerungsaufgaben sicher. Danach füllt sie die für die jeweiligen Zahlungsverpflichtungen der allgemeinen Rentenversicherung fehlenden Mittel unter Berücksichtigung der Zahlungen Dritter auf. Reichen die verfügbaren Mittel aller Träger der allgemeinen Rentenversicherung nicht aus, die jeweiligen Zahlungsverpflichtungen zu erfüllen, hat sie zusätzliche finanzielle Hilfen des Bundes zu beantragen.[217]

b) Wanderversicherungsausgleich und Wanderungsausgleich

64 Aufgrund der Defizithaftung durch den Bund gem. § 215 SGB VI ist die Finanzierung der knappschaftlichen Rentenversicherung strukturell von den anderen Zweigen der Rentenversicherung verschieden. Finanzielle Verflechtungen der zuvor dargestellten Art gibt es zwischen der knappschaftlichen Rentenversicherung einerseits und der allgemeinen Rentenversicherung andererseits nicht; sie beschränken sich auf den **Wanderversicherungsausgleich** und den **Wanderungsausgleich** gem. § 223 SGB VI, welche ihrerseits im Endeffekt den Bundeszuschuss entlasten.

aa) Wanderversicherungsausgleich

65 Der in § 223 Abs. 1 bis 5 SGB VI geregelte **Wanderversicherungsausgleich** stellt sicher, dass **die von einem Rentenversicherungszweig ausgezahlten Leistungen aus Anwartschaften, die in einem**

216 RULAND, DRV 2022, 16; vgl. auch die Berechnungen für das Jahr 2036 bei HOFMANN/SCHÄFER, SozSich 2023, 64, 65.
217 S. a. zum Ganzen MÖRSCHEL/WIEDERSPAHN, DRV 2005, 15 ff.

anderen Zweig erworben wurden, durch diesen erstattet werden. Ist z.B. im Leistungsfall die Deutsche Rentenversicherung Knappschaft-Bahn-See als Träger der knappschaftlichen Rentenversicherung zuständig, erstattet ihr die Träger der allgemeinen Rentenversicherung den von ihnen zu tragender Anteil der Leistungen, § 223 Abs. 1 SGB VI. Das gleiche gilt nach Absatz 2 der Vorschrift, wenn im Leistungsfall ein Träger der allgemeinen Rentenversicherung zuständig ist. Dann erstattet ihm die Deutsche Rentenversicherung Knappschaft-Bahn-See als Träger der knappschaftlichen Rentenversicherung den von ihr zu tragender Anteil der Leistungen. Zu tragen ist der Anteil der Leistungen, der auf Zeiten in der knappschaftlichen Rentenversicherung bzw. in der allgemeinen Rentenversicherung entfällt. Für das Jahr 2022 belief sich der Wanderversicherungsausgleich auf rund 8,2 Milliarden Euro zugunsten der knappschaftlichen Rentenversicherung.[218]

bb) Wanderungsausgleich

Der **Wanderungsausgleich** gem. § 223 Abs. 6 SGB VI ist eine Zahlungsleistung, die nur von der allgemeinen Rentenversicherung zur knappschaftlichen Rentenversicherung geht. Dieses Verfahren fingiert die Tatsache, dass der Rückgang der Versichertenzahlen in der knappschaftlichen Rentenversicherung zu Beitragsmehreinnahmen in der allgemeinen Rentenversicherung führt. Aufgrund dieser Annahme wird nach einer bestimmten Formel ein Ausgleichsbetrag berechnet. Dieser ist dann der Deutschen Rentenversicherung Knappschaft-Bahn-See als Träger der knappschaftlichen Rentenversicherung zu erstatten. Da die Zahl der Versicherten in der Bundesknappschaft rückläufig ist, steigt der Wanderungsausgleich von Jahr zu Jahr an und entlastet im Endeffekt den Bundeszuschuss. 2024 betrug jener rund 3,3 Milliarden Euro. Sonderregelungen für den Wanderungsausgleich sieht § 289 SGB VI für bestimmte Renten mit einem Festsetzungsdatum vor dem 1.1.1992 vor; für Beitragszahlungen vor dem 1.1.1992 im Beitrittsgebiet ist § 289a SGB VI zu beachten. 66

§ 48 Der versicherte Personenkreis

Literatur: Bieback, Verfassungsrechtliche Probleme einer Erweiterung der Gesetzlichen Rentenversicherung zur Erwerbstätigenversicherung, VSSR 2011, 93ff.; Buchner, Scheinselbständige und arbeitnehmerähnliche Selbständige in der Sozialversicherung, DB 1999, 146ff.; Butzer, Die Einführung einer Vorsorge- oder Versicherungspflicht für (Solo-)Selbstständige, VSSAR 2020, 213ff.; Hase, Die Befreiung der Syndikusanwälte von der Versicherungspflicht in der gesetzlichen Rentenversicherung, SGb 2021, 11ff.; Horn, Das Befreiungsrecht des § 6 SGB VI der verkammerten Freien Berufe, NZS 2013, 605ff.; Kahlert, Befreiung der Syndikusanwälte von der gesetzlichen Rentenversicherungspflicht, SGb 2013, 683ff.; Preis/Temming, Die Einbeziehung von Selbstständigen in die gesetzliche Rentenversicherung, VSSR 2017, 283ff.; Ruland, Die Rentenversicherungspflicht von Geschäftsführern, Vorständen, Aufsichtsratsmitgliedern und anderen Organmitgliedern, SGb 2021, 393ff.; Schliemann, Rentenversicherungspflicht für alle GmbH-Geschäftsführer?, in: Hanau/Röller/u.a. (Hrsg.), Personalrecht im Wandel, Festschrift für Wolfdieter Küttner, 2006, 51ff.; Schmitt, Verfassungsrechtliche Determinanten einer Reform der Alterssicherung Selbstständiger, VSSR 2018, 197ff.; Steinmeyer, Altersvorsorge und Demographie – Herausforderungen und Regelungsbedarf, NJW-Beilage 2022, 39ff.; Temming, Von der Schwierigkeit zum nachhaltigen Reformentwurf, FS 50 Jahre Juristische Fakultät Hannover, 2024, 419ff.; Ulber, Mindestabsicherung von Selbstständigen in der Rentenversicherung, 2022.

I. Struktur und Übersicht des Versichertenkreises

Ebenso wie in den anderen Zweigen der Sozialversicherung, vgl. § 2 Abs. 1 SGB IV, lässt sich in der 1
gesetzlichen Rentenversicherung der versicherte Personenkreis grundlegend in die **Versicherungspflichtigen** und die **Versicherungsberechtigten** einteilen. Dieser Differenzierung kommt sowohl auf der Beitragsseite als auch auf der Leistungsseite – hier maßgeblich bezogen auf die Anspruchsvoraussetzungen – Bedeutung zu.

218 Deutsche Rentenversicherung Bund, Die Finanzentwicklung in der gesetzlichen Rentenversicherung 2022.

2 Die größte Gruppe der Versicherten stellen die kraft Gesetzes Versicherungspflichtigen dar. Dazu zählen diejenigen, deren Versicherungspflicht sich **unmittelbar aus dem Gesetz** ergibt: die Beschäftigten i.S.d. § 1 SGB VI, selbständig Erwerbstätige i.S.d. § 2 SGB VI und sonstige Versicherte i.S.d. § 3 SGB VI. Darüber hinaus kennt die gesetzliche Rentenversicherung die durch **Antrag** begründete Versicherungspflicht gem. § 4 SGB VI.

3 Ausnahmsweise unterliegen Personen, die an sich kraft Gesetzes versicherungspflichtig sind, nicht der Versicherungspflicht. Man spricht dann von **Versicherungsfreiheit**. Hier muss zwischen der Versicherungsfreiheit **kraft Gesetzes** (§ 1 S. 3, § 5 SGB VI) und der Befreiung von der Versicherungspflicht – d.h. einer Versicherungsfreiheit **auf Antrag** (§ 6 SGB VI) – unterschieden werden.

4 Eine Eigentümlichkeit der gesetzlichen Rentenversicherung im Bereich der Sozialversicherung stellt die **Nachversicherung** dar, die in den §§ 181ff. SGB VI geregelt ist. Gem. § 8 Abs. 2 SGB VI werden bestimmte Personen nachversichert, die in ihrer Beschäftigung versicherungsfrei oder von der Versicherung befreit waren, und ohne einen Anspruch oder eine Anwartschaft auf Versorgung aus dieser Beschäftigung ausgeschieden sind oder ihren Versorgungsanspruch verloren haben. Sie sind gem. § 8 Abs. 1 S. 2 SGB VI Versicherungspflichtigen ausdrücklich gleichgestellt.

5 Neben den Versicherungspflichtigen und den ihnen Gleichgestellten stehen die **Versicherungsberechtigten**. In der gesetzlichen Rentenversicherung kommt ihnen eine besondere Bedeutung zu, da sich seit der Rentenreform des Jahres 1972 gem. § 7 Abs. 1 SGB VI grundsätzlich jedermann **freiwillig versichern** kann, der seinen gewöhnlichen Aufenthalt im Inland hat und nicht versicherungspflichtig ist. Für Deutsche gilt dies selbst dann, wenn sie ihren gewöhnlichen Aufenthalt im Ausland haben.

6 Eine **Sonderstellung** nehmen gem. § 8 Abs. 1 S. 1 Nr. 2 SGB VI Personen ein, für die aufgrund eines **Versorgungsausgleichs** oder eines **Rentensplittings** gem. §§ 120a ff. SGB VI Rentenanwartschaften übertragen oder begründet sind. Sie zählen zwar zum versicherten Personenkreis – d.h. die Anwartschaften wirken sich auf die Wartezeit und auf die Rentenhöhe aus –, werden aber im Gegensatz zu den nachversicherten Personen weder als Pflicht- noch als freiwillig Versicherte qualifiziert.[219]

II. Versicherungspflicht

7 Bei der gesetzlichen Rentenversicherung sind zwei Formen der Pflichtversicherung zu unterscheiden. Es gibt zum einen die Versicherungspflicht kraft Gesetzes und zum anderen die Versicherungspflicht auf Antrag. Eine Versicherungspflicht kraft Satzung, die mit derjenigen in der gesetzlichen Unfallversicherung vergleichbar wäre, existiert dagegen nicht.

1. Versicherungspflicht kraft Gesetzes

a) Beschäftigte (§ 1 SGB VI)

8 Kraft Gesetzes versicherungspflichtig sind gem. § 1 S. 1 Nr. 1 SGB VI Personen, die **gegen Arbeitsentgelt beschäftigt** sind. Es muss sich um eine nichtselbständige, insbesondere in einem Arbeitsverhältnis erbrachte Tätigkeit handeln, § 7 Abs. 1 SGB IV, aufgrund derer Arbeitsentgelt, u.a. in Form von Sachbezügen, gezahlt wird. Des Weiteren sind auch Personen versicherungspflichtig, die **zu ihrer Berufsausbildung beschäftigt** sind. Ebenso wie in der gesetzlichen Kranken- und Pflegeversicherung kommt es dabei auf die Entgeltlichkeit nicht an. Dabei gilt gem. § 7 Abs. 2 SGB IV als Beschäftigung auch der Erwerb beruflicher Kenntnisse, Fertigkeiten oder Erfahrungen im Rahmen betrieblicher Berufsbildung. Zur Begründung der Versicherungspflicht genügt in beiden Fällen die **tatsächliche Erbringung** nichtselbständiger Arbeit für einen anderen; der Wirksamkeit des dieser Leistung zugrundeliegenden Vertrags kommt keine eigenständige Bedeutung zu.[220]

219 Kreikebohm/Roßbach/Kuszynski § 8 SGB VI Rn. 7.
220 BSG 10.8.2000 SozR 3-2400 § 7 Nr. 15.

Eine während der Verbüßung einer Freiheitsstrafe verrichtete Arbeit, die aufgrund der Arbeitspflicht[221] nach § 41 Abs. 1 StVollzG in der Haftanstalt ausgeübt wird, begründet kein versicherungspflichtiges Beschäftigungsverhältnis im Sinne des § 1 S. 1 Nr. 1 SGB VI. Es fehlt an dem freien Austausch von Lohn und Arbeit, wenn ein der Anstaltsgewalt unterworfener Strafgefangener der Arbeitspflicht unterliegt. Als frei gewählt gilt hingegen die Arbeit von Freigängern, die außerhalb der Strafvollzugsanstalt eine Beschäftigung gegen Arbeitsentgelt ausüben.[222] Bisher haben die Betroffenen lediglich die Möglichkeit, für ihre Arbeit aus eigener Tasche freiwillige Rentenbeiträge zu zahlen. 9

Die aktuelle Koalition aus SPD, Bündnis 90/ Die Grünen und FDP will den in Justizvollzugsanstalten arbeitenden Strafgefangenen und Sicherungsverwahrten nunmehr eine reguläre Mitgliedschaft in der gesetzlichen Rentenversicherung ermöglichen.[223] Eine entsprechende Vorschrift, auch Strafgefangene in die Rentenversicherung einzubeziehen, sollte jedoch schon 1976 in das Bundesstrafvollzugsgesetz aufgenommen werden. Das Inkrafttreten dieser Norm wurde allerdings einem besonderen Bundesgesetz vorbehalten, welches nie zu Stande kam.[224] Heute wie damals besteht dasselbe Problem: Wer zahlt die Beiträge? Während der Bund für die Einführung der Rentenversicherungspflicht zuständig ist, sind es die Landeshaushalte, die durch die Beitragszahlungen belastet werden würden. Wünschenswert wäre, dass die aktuelle Koalition mit den Ländern zu einer Einigung kommt, damit der bestehende untragbare Zustand beendet wird: Da die Zeit der Inhaftierung auch nicht als Berücksichtigungs-, Anrechnungs- oder Zurechnungszeit gilt, führt die Haft trotz Arbeit dazu, dass Teile der Lebensarbeitszeit für die Altersvorsorge entfallen. Die aktuelle Rechtslage führt zudem dazu, dass bei einem Eintritt der Erwerbsminderung spätestens nach einer Haftdauer von mehr als zwei Jahren, in denen keine Pflichtbeitragszahlungen zur gesetzlichen Rentenversicherung erfolgte, die versicherungsrechtlichen Voraussetzungen für eine Erwerbsminderung („3 aus 5") nicht (mehr) vorliegen, vgl. § 43 Abs. 2 Nr. 2 SGB VI. 10

Auch die Höhe des Arbeitsentgelts besitzt für das Bestehen der Versicherungspflicht **keine Relevanz**. Im Gegensatz zur gesetzlichen Krankenversicherung gibt es in der gesetzlichen Rentenversicherung keine Versicherungspflichtgrenze wie die in § 6 Abs. 1 Nr. 1 SGB V normierte, sondern nur eine Beitragsbemessungsgrenze. 11

Gegen die Sozialversicherungspflicht von Personen, die zu ihrer Berufsausbildung beschäftigt sind, und die damit verbundene Beitragslast bestehen nach dem Bundessozialgericht auch bei einem monatlichen Entgelt im Bereich der Geringfügigkeitsgrenze keine verfassungsrechtlichen Bedenken. Gleiches gilt, sofern der Beitragsanteil dieses Personenkreises nicht nach den Regelungen über die sogenannte Gleitzone bemessen wird.[225] 12

Nach dem in § 3 Nr. 1 SGB IV verankerten **Territorialitätsprinzip** gelten die Vorschriften über die Versicherungspflicht, soweit sie eine Beschäftigung voraussetzen, für Personen, die im Gebiet der Bundesrepublik Deutschland beschäftigt sind. Die bisher in § 1 S. 2 SGB VI a.F. geregelte gesetzliche Versicherungspflicht für Angehörige einer amtlichen Vertretung des Bundes und der Länder sowie ihrer privaten Hausangestellten wurde im Rahmen des Gesetzes zur Koordinierung der Systeme der sozialen Sicherheit und zur Änderung anderer Gesetze vom 22.6.2011[226] durch eine Versicherungspflicht auf Antrag des Arbeitgebers (§ 4 Abs. 1 SGB VI) ersetzt. 13

Unabhängig von der Zahlung eines Arbeitsentgelts gelten darüber hinaus aufgrund der Fiktion des § 1 S. 4 SGB VI **für den Bereich der Rentenversicherung** weitere Personen als **Beschäftigte**. Die Gleichstellung mit den nach § 1 S. 1 Nr. 1 SGB VI Versicherungspflichtigen betrifft nicht nur die Seite 14

221 Die Arbeitspflicht für Strafgefangene besteht in Baden-Württemberg, Bayern, Berlin, Bremen, Hamburg, Hessen, Mecklenburg-Vorpommern, Niedersachsen, Nordrhein-Westfalen, Sachsen-Anhalt, Schleswig-Holstein und Thüringen.

222 BSG 26.5.1988 SozR 2200 § 1246 Nr. 157; BSG 4.9.2018 SozR 4-2400 § 7 Nr. 39.

223 Mehr Fortschritt wagen, Bündnis für Freiheit, Gerechtigkeit und Nachhaltigkeit, Koalitionsvertrag 2021–2025 zwischen SPD, Bündnis 90/ Die Grünen und der FDP vom 7.12.2021, 20. Legislaturperiode, S. 58.

224 BT-Drs. 19/1229.

225 BSG 15.7.2009 SozR 4-2500 § 7 Nr. 1.

226 BGBl. I S. 1202 ff.

der Versicherungspflicht, sondern auch das Leistungsrecht.[227] Zu diesem Personenkreis gehören in bestimmten oder für bestimmte Einrichtungen tätige behinderte Menschen (Nr. 2), Personen, die in Einrichtungen der Jugendhilfe oder in Berufsbildungswerken oder ähnlichen Einrichtungen für behinderte Menschen für eine Erwerbstätigkeit befähigt werden sollen (Nr. 3). Ferner sind Mitglieder geistlicher Genossenschaften erfasst sowie Diakonissen und Angehörige ähnlicher Gemeinschaften während ihres Dienstes für die Gemeinschaft und während der Zeit ihrer außerschulischen Ausbildung (Nr. 4). Gem. § 1 S. 5 SGB VI stehen schließlich Auszubildende, die in einer außerbetrieblichen Einrichtung im Rahmen eines Berufsausbildungsvertrages nach dem Berufsbildungsgesetz ausgebildet werden und Teilnehmer an dualen Studiengängen den Beschäftigten zur Berufsausbildung im Sinne des § 1 S. 1 Nr. 1 SGB VI gleich.[228]

b) Selbständig Tätige (§ 2 SGB VI)

15 Kraft Gesetzes versicherungspflichtig sind zudem gem. § 2 S. 1 SGB VI einige selbständig Erwerbstätige. Dabei kann systematisch unterschieden werden zwischen der Gruppe der **arbeitnehmerähnlichen Selbständigen**,[229] untergliedert in abschließend aufgezählte Angehörige bestimmter Berufszweige (Nr. 1 bis Nr. 5) mit einem Auffangtatbestand (Nr. 9), und der Gruppe der **Kleingewerbetreibenden** (Nr. 6 bis Nr. 8).

16 Mit Ausnahme der Handwerker wird bei diesen arbeitnehmerähnlichen Selbständigen die **soziale Schutzbedürftigkeit unterstellt**, da sie gewöhnlich nur über ein geringes Betriebsvermögen verfügen oder beinahe ausschließlich auf die Verwertung ihrer eigenen Arbeitskraft angewiesen sind. Zu einer anderweitigen angemessenen Absicherung der ansonsten durch die gesetzliche Rentenversicherung abgedeckten Risiken reicht ihr Verdienst regelmäßig nicht aus.[230] Mit Erfüllung des gesetzlichen Tatbestands tritt die Versicherungspflicht folglich unabhängig von einer konkreten sozialen Schutzbedürftigkeit ein.[231] Selbständig Tätigen, die nicht von der Regelung des § 2 SGB VI erfasst werden, bleibt die Möglichkeit, die Versicherungspflicht durch Antrag gem. § 4 Abs. 2 SGB VI zu begründen. Die Anzahl ist äußerst gering.[232] Beurteilungsmaßstab für das Vorliegen einer selbstständigen Tätigkeit bildet im Grundsatz der Inhalt, der zwischen den Betroffenen getroffenen Vereinbarung. Der besondere Schutzzweck der Sozialversicherung schließt es aber aus, dass die Beteiligten vollständig selbst über die rechtliche Einordnung einer Person als selbstständig oder beschäftigt entscheiden.[233]

17 Die Regelung des § 2 SGB VI ist in vielfacher Hinsicht systematisch verfehlt. Zum einen erschließt sich die Auswahl der in Satz 1 Nr. 1 bis Nr. 8 aufgezählten Berufsgruppen nicht.[234] Der Ansatz, Selbstständige grundsätzlich berufsgruppenspezifisch einzubeziehen, ist unsystematisch.[235] Zum anderen drängt sich die Frage auf, weshalb bei Angehörigen der einen Berufsgruppe die Versicherungspflicht schon mit der Beschäftigung eines versicherungspflichtigen Arbeitnehmers entfällt, in anderen Fällen aber selbst die Beschäftigung einer beliebigen Anzahl Arbeitnehmer der Versicherungspflicht

227 BT-Drs. 11/4124 S. 149.

228 Vgl. das Gesetz zur Modernisierung und Stärkung der beruflichen Bildung v. 17.12.2019, BGBl. I S. 2522; BT-Drs. 19/14431 S. 64; die Vorgängerregelung war § 1 Abs. 1 Nr. 3a SGB VI a.F.

229 Vgl. zu diesem Begriff auch § 12a TVG.

230 BSG 11.12.1987 SozR 2400 § 2 Nr. 24.

231 BSG 30.1.1997 SozR 3-2600 § 2 Nr. 2.

232 Bspw. waren 2021 10.568 Selbständige auf Antrag nach § 4 Abs. 2 SGB VI pflichtversichert. Gemessen an den in der gesetzlichen Rentenversicherung insgesamt kraft Gesetzes Versicherten 361.642 Selbständigen (2021) waren dies ca. 5,5 Prozent. Gemessen an den 3,564 Millionen Selbständigen in Deutschland (2021) waren dies ca. 0,3 Prozent, vgl. Deutsche Rentenversicherung Bund, Rentenversicherung in Zeitreihen 2023, S. 36.

233 BSG 20.07.2023 SozR 4-2400 § 7 Nr. 69; Greiner, NZS 2019, 761; siehe unter § 14 Rn. 7ff.

234 Ebenso HDR/Wolff § 20 Rn. 48.

235 Preis/Temming, VSSR 2017, 283, 293.

nicht entgegensteht. Der Verweis auf die historische Beurteilung der sozialen Schutzbedürftigkeit überzeugt nicht.

Vor diesem Hintergrund ist eine **typisierende Erfassung der Merkmale**, wie es der Gesetzgeber mit Schaffung der Nr. 9 vollzogen hat, und die Abkehr vom Enumerationsprinzip durchaus **begrüßenswert**. Freilich lässt die konkrete Regelung ein systemadäquates Konzept vermissen.[236] Selbständig Tätige bedürfen grundsätzlich zwar nicht des Schutzes der gesetzlichen Rentenversicherung. Etwas anderes wird jedoch zu Recht angenommen, wenn der Umfang ihrer Tätigkeit derart gering ist, dass der zu erwartende Verdienst zum Aufbau einer angemessenen Alterssicherung typischerweise nicht ausreichen kann. Dabei aber die Nicht-Beschäftigung eines regelmäßig mehr als 538 Euro verdienenden Arbeitnehmers zum mitentscheidenden Kriterium für die soziale Schutzbedürftigkeit zu machen, dürfte das Ziel verfehlen. Nicht die Anknüpfung an äußere Merkmale, sondern Wirtschaftskraft und Verdienst des Selbständigen sind entscheidend.[237] Ob der Selbständige einen oder mehrere Arbeitnehmer beschäftigt, Subunternehmer beauftragt oder alleine tätig wird, dürfte dabei von untergeordneter Bedeutung sein. 18

Hinzu zu dem teilweise sehr geringen Gewinn kommt – unabhängig ihrer Wirtschaftskraft oder ihres Verdienstes – die mangelnde Bereitschaft großer Teile der Selbstständigen, tatsächlich für das Alter vorzusorgen. Von insgesamt rund 3,6 Millionen selbständig Tätigen[238] unterlagen Ende 2021 nur gut 360 000 der Rentenversicherungs-pflicht[239]; auch privat wird nur in wenigen Fällen vorgesorgt. Stand 2021 sind in Deutschland – trotz steigender Zahlen – daher noch etwa 3,2 Millionen Selbstständige nicht ausreichend für das Alter abgesichert. 19

Die erwähnte Planung der Bundesregierung, eine entsprechende Reform auf den Weg zu bringen und damit eine Rentenversicherungspflicht für Selbstständige einzuführen, ist daher mehr als begrüßenswert. Selbstständige sollen – nach dem Vorstellungen der Bundesregierung – zwischen der gesetzlichen Rentenversicherung und – als Opt-out-Lösung – anderen geeigneten Vorsorgearten wählen können, wobei diese insolvenz- und pfändungssicher sein und in der Regel zu einer Rente oberhalb des Grundsicherungsniveaus führen müssen. Zudem sollen die Mindestkrankenversicherungsbeiträge für kleine Selbstständige reduziert werden.[240] 20

Verfassungsrechtliche Probleme dürften einer solchen Ausweitung der Rentenversicherungspflicht auf Selbstständige nicht entgegenstehen.[241] Die Ziele, Schutz von Schutzbedürftigen, Stabilisierung des Systems der Sozialversicherung, Neutralisierung gegenüber der wirtschaftlichen Dynamik und die bessere Verzahnung der Vorsorge unterschiedlicher Risiken und Absicherung der Prävention dürften durchweg überragend wichtige Gemeinschaftsbelange darstellen.[242] Schwerpunkt der geplanten Reform dürfte die Vermeidung von Altersarmut sein, da der Staat ansonsten einen grundrechtlich verbürgten und unverzichtbaren Anspruch auf steuerfinanzierte Grundsicherung gem. § 41 Abs. 2 SGB XII erfüllen müsste. Diesen Schwerpunkt zu Grunde gelegt, müsste mit der Reform konsequenterweise auch eine Befreiungsmöglichkeit einhergehen, sobald der Selbstständige eine Altersversorgung in Höhe der Grundsicherung zuzüglich eines gewissen Sicherheitspuffer erlangt hat.[243] 21

Anzumerken sei aber, dass eine solche Erweiterung des pflichtversicherten Personenkreises wohl nicht zu einer langfristigen Stabilisierung des Rentenversicherungssystems beiträgt. Sie hätte lediglich vorübergehend eine Entlastung durch die neuen Beitragszahler zur Folge. Im Gegensatz zu 22

---

236 Ebenso Buchner, DB 1999, 149f.

237 Eingehend Preis/Temming, SGb 2006, 394ff.; Schliemann, in: FS Küttner, 2006, S. 51, 65f.

238 Quelle: Statistisches Bundesamt.

239 Deutsche Rentenversicherung Bund, Rentenversicherung in Zeitreihen 2023, S. 36.

240 Mehr Fortschritt wagen, Bündnis für Freiheit, Gerechtigkeit und Nachhaltigkeit, Koalitionsvertrag 2021 – 2025 zwischen SPD, Bündnis 90/ Die Grünen und der FDP vom 7.12.2021, 20. Legislaturperiode, S. 57.

241 Ausf. Preis/Temming, Forschungsbericht 487: BMAS (Hrsg.), Für ein modernes Rentenrecht: Die Einbeziehung von Selbständigen in die gesetzliche Rentenversicherung (GRV), 2017, S. 55–69.

242 Dazu Bieback, VSSR 2011, 93ff.; Preis/Temming, VSSR 2017, 306ff.; Schmitt, VSSR 2018, 197ff.; Steinmeyer, NJW-Beilage 2022, 39, 40.

243 Dazu Temming, FS 50 Jahre Juristische Fakultät Hannover, S. 419, 433ff.

den Arbeitern haben Selbstständige nämlich eine recht hohe Lebenserwartung und bringen daher grundsätzlich ein „schlechtes Risiko" in die gesetzliche Rentenversicherung. Dessen ungeachtet sollte Selbstständigen die Möglichkeit eröffnet werden, im Rahmen ihrer Wahlpflicht, ihre Altersvorsorge auch in der gesetzlichen Rentenversicherung zu optimieren. Insbesondere denjenigen, die bereits Anwartschaften in der gesetzlichen Rentenversicherung erworben haben, sollte die Möglichkeit einer geschlossenen Versicherungsbiografie nicht verwehrt werden.[244]

23 Definiert werden müsste allerdings, ab wann die Selbstständigen der Rentenversicherungspflicht unterliegen sollen. Einen Selbstständigen, der bereits Mitte oder Ende 50 ist, in die gesetzliche Rentenversicherung zu zwingen, dürfte wenig zielführend sein. Orientiert an dem Sicherungsniveau von 30 Entgeltpunkten und der Unterstellung, dass Selbstständige im Durchschnitt ein durchschnittliches Entgelt verdienen, könnte sich eine Altersgrenze von 40 Jahren sinnvoll erscheinen. Der Koalitionsvertrag deutet seinem Wortlaut hingegen nach darauf hin, dass die Versicherungspflicht sogar nur diejenigen treffen soll, die nach Inkrafttreten des Gesetzes eine Selbständigkeit erstmals oder erneut aufnehmen werden („alle neuen Selbständigen").[245] Schwierigste Frage dürfte schließlich die Klärung sein, wer die Beiträge für die Selbstständigen zu zahlen hat.[246]

24 § 2 SGB VI setzt eine **selbständige Tätigkeit** voraus. In Abgrenzung zur nichtselbständigen Arbeit gem. § 7 Abs. 1 SGB IV ist selbständig, wer sich **persönlich unabhängig**, auf eigene Rechnung und Gefahr und mit der **Absicht**, **Arbeitseinkommen zu erzielen**, betätigt.[247] § 2 SGB VI erfordert zudem die **tatsächliche** und **nicht nur vorübergehende Ausübung** der jeweiligen Tätigkeit, um die in dem Versicherungsverhältnis notwendige Kontinuität gewährleisten zu können.[248]

aa) Freiberuflich tätige Selbständige

25 Zu den kraft Gesetzes versicherungspflichtigen Selbständigen zählen gem. § 2 S. 1 Nr. 1 SGB VI selbständig tätige **Lehrer und Erzieher**. Die Vorschrift ist verfassungsgemäß.[249] Die Versicherungspflicht ist unabhängig von der Zahl der Auftraggeber; die einschränkenden Voraussetzungen des § 2 S. 1 Nr. 9 lit. b SGB VI sind nicht zu übernehmen.[250] Lehrer i. S. d. § 2 S. 1 Nr. 1 SGB VI sind Personen, die anderen theoretischen oder praktischen Unterricht erteilen, um grundlegende oder spezielle Kenntnisse und Fähigkeiten zu vermitteln. Für die Versicherungspflicht kommt es ausschließlich darauf an, ob eine **Lehrtätigkeit** ausgeübt wird, nicht dagegen, ob es sich um einen „Lehrer" im statusrechtlichen Sinne handelt:

> „**Lehrer** im Sinne der Vorschrift **sind Personen**, die durch Erteilung von theoretischem oder praktischem Unterricht anderen Allgemeinbildung oder spezielle Kenntnisse und Fähigkeiten vermitteln. [...] § 2 Satz 1 Nr. 1 SGB VI verlangt [...] nicht, dass der Lehrer über eine **pädagogische Ausbildung** verfügt. Dem Wortlaut der Vorschrift lässt sich ein solches Erfordernis nicht entnehmen. Soweit die Revision meint, die Begriffe Pädagoge und Lehrer seien deckungsgleich, entspricht dies nicht dem allgemeinen Sprachgebrauch. Der Begriff des Pädagogen ist enger als derjenige des Lehrers. So wird etwa ein Fahrschullehrer oder Skilehrer nicht als Fahrschulpädagoge oder Skipädagoge bezeichnet. [...] § 2 Satz 1 Nr. 1 SGB VI knüpft nicht an ein gesetzlich, etwa durch Ausbildungsordnungen geregeltes, Berufsbild des (selbständigen) Lehrers an. Die Vorschrift erfasst vielmehr **alle Selbständigen, soweit ihre Tätigkeit nach der Art darin besteht, anderen Unterricht zu erteilen**. Sie stellt nicht darauf ab, auf welchen Gebieten Wissen und Kenntnisse vermittelt werden, auf welche Weise der Lehrer seine Kenntnisse und die Lehrfähigkeit erworben hat oder wie er den Wissensstoff anderen vermittelt. Die Rechtsprechung hat daher nicht nur

244 Rolfs, „Die Rente ist sicher" – Mit welchen Maßnahmen lässt sich dieses Versprechen auch künftig einhalten?, NJW 2022, 2717 ff.

245 Mehr Fortschritt wagen, Bündnis für Freiheit, Gerechtigkeit und Nachhaltigkeit, Koalitionsvertrag 2021 – 2025 zwischen SPD, Bündnis 90/ Die Grünen und der FDP vom 7.12.2021, 20. Legislaturperiode, S. 57.

246 Kreikebohm, Eine Reform der Alterssicherung bleibt nun – erst recht – auf der Tagesordnung, NZS 2020, 401, 404.

247 BSG 25.2.1997 SozR 3-2200 § 1227 Nr. 8; BSG 4.6.2019 SozR 4-2400 § 7 Nr. 40; siehe unter § 12 Rn. 1.

248 Zu den Kriterien der Selbständigkeit s. a. BeckOGK/Guttenberger § 2 SGB VI Rn. 4 bis 6.

249 BVerfG 26.6.2007 SozR 4-2600 § 2 Nr. 10 mit krit. Anm. Temming, SGb 2008, 479 ff.

250 BSG 27.9.2007 SGb 2007, 668.

> diejenigen als Lehrer angesehen, die wie Lehrer an öffentlichen Schulen und nach einer entsprechenden Ausbildung Unterricht erteilen. Sie hat vielmehr Versicherungspflicht auch bei Leuten angenommen, die über keine besondere pädagogische Ausbildung verfügten. Sie hat Handwerker und Gewerbetreibende in ihrer Nebentätigkeit als Lehrer angesehen, die neben ihrem gewerblich geprägten Hauptberuf eine Lehrtätigkeit ausübten, in der sie anderen Kenntnisse und Fähigkeiten vermittelten. Außerdem hat sie die Lehrereigenschaft bejaht: bei einer früheren Opernsängerin, die an einer Volkshochschule Englischunterricht erteilte;[251] einem Golflehrer;[252] einer Hausfrau, die Koch- und Bastelkurse leitete;[253] einem Fahrlehrer[254] und einem Tanzlehrer. Soweit in den genannten Entscheidungen die Versicherungspflicht als selbständiger Lehrer im Ergebnis gleichwohl verneint wurde, hatte dies seinen Grund darin, dass keine Selbständigkeit vorlag oder der Lehrer versicherungspflichtige Arbeitnehmer beschäftigte."[255]

Eine Lehrtätigkeit ist abzulehnen, sobald die Tätigkeit überwiegend als Beratung zu qualifizieren ist. 26
Zwar basiert sie letztlich auch auf einer vorhandenen Wissens- und Kompetenzdifferenz. Anders als die Lehrtätigkeit kennzeichnet sich eine Beratungstätigkeit jedoch dadurch, dass der Berater neben der Vermittlung von Kenntnissen und Fähigkeiten zusätzlich Entscheidungshilfen zur Lösung des Problems anbietet. Der Beratende ist dabei nicht vorrangig an dem Erwerb von Wissen interessiert, sondern begehrt die Vorbereitung einer Entscheidung. Zur Abgrenzung der Lehrtätigkeit gegenüber einer Beratung ist darauf abzustellen, welche Tätigkeit inhaltlich überwiegt. Unerheblich ist dabei die konkrete Bezeichnung der Tätigkeit.[256] Keine Lehrtätigkeit im Sinne des § 2 S. 1 Nr. 1 SGB VI liegt nach Rechtsprechung des Bundessozialgerichts zum Beispiel bei einer Ernährungsberatung vor.[257]

Bei Erziehern steht die **pädagogische Tätigkeit** im Vordergrund. Dabei geht es weniger um die 27
Vermittlung von Wissen als um die Entwicklung der Persönlichkeit und um die Sozialisation des zu Erziehenden.[258] Wie bei den Lehrern ist auch hier mit Blick auf die Schutzbedürftigkeit eine besondere pädagogische Ausbildung nicht erforderlich; daher genügt bspw. auch die stundenweise Betreuung von Kindern als sog. „Tagesmutter" dem Erziehungsbegriff.[259]

Die Versicherungspflicht tritt nur ein, wenn die Betreffenden im Zusammenhang mit ihrer selb- 28
ständigen Tätigkeit regelmäßig **keinen versicherungspflichtigen Arbeitnehmer** beschäftigen. Als Arbeitnehmer gelten gem. § 2 S. 2 Nr. 1 SGB VI auch Personen, die berufliche Kenntnisse, Fertigkeiten oder Erfahrungen im Rahmen beruflicher Bildung erwerben. Demgegenüber steht der Einsatz eines selbständig tätigen Subunternehmers der Beschäftigung eines Arbeitnehmers nicht gleich; es fehlt an der für einen solchen Analogieschluss erforderlichen planwidrigen Regelungslücke.[260]

Der durch das Gesetz zur Änderung im Bereich der geringfügigen Beschäftigung vom 5.12.2012[261] 29
geänderte § 2 S. 2 Nr. 2 SGBVI stellt nunmehr klar, dass geringfügige Beschäftigte nicht als Arbeitnehmer im Sinne des Satzes 1 gelten. Hält sich der Umfang der Beschäftigung des Arbeitnehmers in den Grenzen der Geringfügigkeit des § 8 Abs. 1 Nr. 1 SGB IV, besteht für den selbständig Tätigen daher auch dann Versicherungspflicht, wenn der geringfügig entlohnte Beschäftigte – etwa wegen des Eingehens weiterer geringfügiger Beschäftigungsverhältnisse aufgrund der Zusammenrechnung nach § 8 SGB Abs. 2 SGB IV – versicherungspflichtig ist; § 2 S. 2 Nr. 2 SGB VI.

---

251 BSG 19.12.1979 SozR 2200 § 166 Nr. 5.
252 BSG 29.8.1963 BSGE 20, 6.
253 BSG 1.2.1979 SozR 2200 § 165 Nr. 36.
254 BSG 11.12.1987 SozR 2400 § 2 Nr. 24.
255 BSG 12.10.2000 SozR 3-2600 § 2 Nr. 5.
256 Ausführlich BSG 23.4.2015 SozR 4-2600 § 2 Nr. 20.
257 BSG 23.4.2015 SozR 4-2600 § 2 Nr. 20.
258 BeckOGK/Guttenberger § 2 SGB VI Rn. 8.
259 BSG 22.6.2005 SozR 4-2600 § 2 Nr. 2.
260 BSG 10.5.2006 SozR 4-2600 § 2 Nr. 8.
261 BGBl. I S. 2474.

30 Überschreitet der Beschäftigungsumfang die Geringfügigkeitsgrenze, zählt der Selbständige auch dann nicht zu den nach § 2 S. 1 Nr. 1 SGB VI Versicherungspflichtigen, wenn der Arbeitnehmer selbst – z. B. als Bezieher einer Vollrente wegen Alters nach § 5 Abs. 4 Nr. 1 SGB VI – versicherungsfrei ist.

31 Wird ein nach seinem tatsächlichen Status versicherungspflichtiger Arbeitnehmer für mehrere in einer GbR zusammengeschlossene Selbstständige tätig – „teilen" sich mithin mehrere Selbstständige einen Arbeitnehmer –, so ist der (einzelne) Selbstständige von der Rentenversicherungspflicht nur dann ausgenommen, wenn sich nach einer Aufteilung des von dem Arbeitnehmer erzielten Arbeitsentgelts als Folge wirtschaftlicher Zurechnung ergibt, dass der Selbstständige den Arbeitnehmer (noch) in einem versicherungspflichtigen Umfang „beschäftigt".[262]

32 Die Beantwortung der Frage, ob der beschäftigte Arbeitnehmer als „versicherungspflichtig gilt", muss darüber hinaus losgelöst von dessen versicherungsrechtlichem Status **unter Berücksichtigung des Zwecks der Versicherungspflicht Selbständiger** erfolgen. Entscheidend muss sein, ob der Selbständige trotz der Beschäftigung weiterhin größtenteils auf die Verwertung seiner Arbeitskraft angewiesen bleibt. Ist dies der Fall, bedarf er des Schutzes der gesetzlichen Rentenversicherung. Andernfalls wird er regelmäßig in der Lage sein, Verdienste zu erzielen, die ihm eine angemessene anderweitige Absicherung ermöglichen. Entgegen dem Wortlaut der Norm, die von „Personen" spricht, tritt die Versicherungspflicht des Selbstständigen daher dann nicht ein, wenn er regelmäßig mehrere Arbeitnehmer beschäftigt, deren Entgelte zwar einzeln unter der Geringfügigkeitsgrenze liegen, jedoch zusammengerechnet diese Grenze übersteigen.[263]

33 Die Beschäftigung eines versicherungspflichtigen Arbeitnehmers ist jedoch nur dann von Bedeutung, wenn sie regelmäßig erfolgt sowie darüber hinaus im **Zusammenhang** mit der Tätigkeit des Selbständigen steht. Notwendig ist eine **unmittelbare Beziehung**.[264] Daran fehlt es bei einer Tätigkeit im Privathaushalt. Letztere ist anzunehmen, wenn die Tätigkeit durch einen privaten Haushalt begründet ist und gewöhnlich durch deren Mitglieder erledigt wird.[265] Die Art der Tätigkeit ist indessen unbeachtlich, insbesondere muss sie sich nicht auf den Beruf des Selbständigen beziehen. Vielmehr genügt die Ausführung von Schreib- oder Reinigungsarbeiten.

34 Weiterhin sind in bestimmten Bereichen tätige Pflegepersonen versicherungspflichtig, sofern sie im Zusammenhang mit ihrer selbständigen Tätigkeit regelmäßig keinen versicherungspflichtigen Arbeitnehmer beschäftigen (Nr. 2), Hebammen und Entbindungspfleger (Nr. 3) und Seelotsen (Nr. 4); darüber hinaus unter den Voraussetzungen der §§ 1 ff. KSVG auch Künstler und Publizisten (Nr. 5).

bb) Selbständige Gewerbetreibende

35 Der Gruppe der versicherungspflichtigen selbständig tätigen Kleingewerbetreibenden sind gem. § 2 S. 1 Nr. 6 und Nr. 7 SGB VI die **Hausgewerbetreibenden** i. S. d. § 12 Abs. 1 SGB IV sowie bei Erfüllung weiterer Voraussetzungen auch bestimmte **Küstenschiffer** und **Küstenfischer** zuzurechnen.

36 Nach § 2 S. 1 Nr. 8 Hs. 1 SGB VI sind zudem selbständig tätige Gewerbetreibende versicherungspflichtig, die **in die Handwerksrolle eingetragen** sind, sofern sie **in ihrer Person die für die Eintragung** in die Handwerksrolle **erforderlichen Voraussetzungen erfüllen**. Ist eine **Personengesellschaft** in die Handwerksrolle eingetragen, gilt derjenige als Gewerbetreibender, der als Gesellschafter in seiner Person die Voraussetzungen für die Eintragung erfüllt, § 2 S. 1 Nr. 8 Hs. 2 SGB VI.[266]

37 Die aktuelle Normfassung beruht auf der Aufgabe des Inhaberprinzips im Handwerksrecht. Nach § 7 Abs. 1 HandwO reicht es seit dem 1.1.2004 zur Führung eines zulassungspflichtigen Handwerksgewerbes aus, dass der Betriebsleiter die erforderliche Qualifikation, z. B. den Meisterbrief,

---

262 BSG 29.8.2012 SozR 4-2600 § 2 Nr. 16.
263 BSG 4.11.2009 SozR 4-2600 § 2 Nr. 12; BSG 29.8.2012 SozR 4-2600 § 2 Nr. 16.
264 BeckOGK/Guttenberger § 2 SGB VI Rn. 9.
265 Vgl. § 8a S. 2 SGB IV.
266 S.a. BSG 15.6.2000 SozR 3-2600 § 2 Nr. 4.

besitzt. Versicherungspflicht in der gesetzlichen Rentenversicherung soll aber weiterhin nur für diejenigen in die Handwerksrolle eingetragenen Inhaber eines Handwerksgewerbes bestehen, die die erforderlichen handwerksrechtlichen Voraussetzungen in ihrer Person erfüllen.[267] Im Übrigen steht der Eintragung in die Handwerksrolle die Eintragung in das Verzeichnis nach § 19 HandwO nicht gleich. Personen, die in dieses Verzeichnis eingetragen sind, weil sie ein **zulassungsfreies Handwerk** oder ein **handwerksähnliches Gewerbe**[268] ausüben, sind somit **nicht nach** § 2 S. 1 Nr. 8 Hs. 1 SGB VI **versicherungspflichtig.**[269]

Sind für einen Handwerker **mindestens 18 Jahre lang Pflichtbeiträge** gezahlt worden, kann er gem. § 6 Abs. 1 S. 1 Nr. 4 SGB VI **auf Antrag** von der Versicherungspflicht **befreit** werden. Diese Befreiungsvorschrift ist bezogen auf das Absicherungsniveau kaum noch zeitgemäß. Denn eine daraus resultierende Regelaltersrente erreicht noch nicht einmal das Niveau der Grundsicherung (siehe unter § 48 Rn. 91). 38

cc) Arbeitnehmerähnliche Selbständige (Nr. 9)

Seit dem 1.1.1999 sind gem. § 2 S. 1 Nr. 9 SGB VI nunmehr generell **arbeitnehmerähnliche Selbständige** versicherungspflichtig.[270] Ziel der Regelung war es, der Verringerung des Kreises der schutzbedürftigen Versicherungspflichtigen aufgrund einer zunehmenden Überführung von Beschäftigungsverhältnissen in freie Dienstverhältnisse entgegenzuwirken. Im Vordergrund standen daher nicht die Zugehörigkeit zu einer bestimmten Berufsgruppe, sondern vielmehr allgemeine, die Arbeitnehmerähnlichkeit ausmachende Merkmale.[271] 39

Versicherungspflichtig sind nach Maßgabe des § 2 S. 1 Nr. 9 SGB VI selbständig tätige Personen aber nur unter zwei Voraussetzungen. Zunächst dürfen sie im Zusammenhang mit ihrer selbständigen Tätigkeit regelmäßig **keinen versicherungspflichtigen Arbeitnehmer beschäftigen** (lit. a). Auch bei § 1 S. 1 Nr. 9 SGB VI gelten – wie bei Nr. 1 – Personen, die geringfügig beschäftigt sind, nicht als Arbeitnehmer, § 2 S. 2 Nr. 2 SGB VI. Hinsichtlich der Beschäftigung von mehreren geringfügig Beschäftigten gelten die Ausführungen zu § 2 S. 1 Nr. 1 SGB VI entsprechend. 40

Als zweite **kumulative Voraussetzung** des Eintritts der Versicherungspflicht ist erforderlich, dass die selbständig tätigen Personen **auf Dauer und im Wesentlichen nur für einen Auftraggeber tätig** sind (lit. b). Dieses aus einer zeitlichen und einer wirtschaftlichen Komponente bestehende Tatbestandsmerkmal bringt die wirtschaftliche Abhängigkeit des Selbständigen zum Ausdruck. Für einen Auftraggeber in diesem Sinne sind Selbstständige auch dann tätig, wenn sie zwar geschäftliche Beziehungen zu mehreren Unternehmen unterhalten, diese jedoch im Sinne des § 18 AktG als Konzernunternehmen unter einheitlicher Leitung zusammengefasst sind.[272] 41

Bei selbständig tätigen Gesellschaftern gelten nach § 2 S. 2 Nr. 3 SGB VI als Arbeitnehmer auch die Arbeitnehmer der Gesellschaft sowie nach § 2 S. 1 Nr. 9 lit. b Hs. 2 SGB VI als Auftraggeber die Auftraggeber der Gesellschaft. Diese durch das Haushaltsbegleitgesetz 2006 vom 29.6.2006[273] gem. § 229 Abs. 3 SGB VI rückwirkend ab Januar 1999 eingefügten Fiktionen dienen der Klarstellung und sollen die langjährige Praxis der Rentenversicherungsträger absichern.[274] Danach war der Gesellschafter versicherungspflichtig, wenn die Gesellschaft keinen versicherungspflichtigen Arbeitnehmer beschäftigte und regelmäßig und im Wesentlichen nur für einen externen Auftraggeber tätig 42

267 Vgl. BT-Drs. 15/3443 S. 4 f.; zur ursprünglichen Motivation des Gesetzgebers HDR/Wolff 20 Rn. 53 f.

268 Anlage B Abschnitt 1 und 2 zur HandwO.

269 Vgl. aber auch die Übergangsregelung des § 229 Abs. 2a SGB VI.

270 Vgl. das Gesetz zu Korrekturen in der Sozialversicherung und zur Sicherung der Arbeitnehmerrechte vom 19.12.1998, BGBl. I S. 3843 ff., modifiziert durch das Gesetz zur Förderung der Selbständigkeit vom 20.12.1999, BGBl. I S. 2 ff.

271 Vgl. BT-Drs. 14/45 S. 20.

272 BSG 9.11.2011 SozR 4-2600 § 2 Nr. 15.

273 BGBl. I S. 1402 ff.

274 BT-Drs. 16/1525 S. 56.

war. Der Gesetzesänderung vorausgegangen war eine – diese Praxis auf den Kopf stellende – fragwürdige Entscheidung des BSG zur Versicherungspflicht eines Alleingesellschafter-Geschäftsführers einer GmbH, in der es der Zwölfte Senat des BSG unter Hinweis auf die auch im Sozialversicherungsrecht zu beachtende eigenständige Rechtssubjektivität von natürlicher und juristischer Person abgelehnt hat, für die Versicherungspflicht des Geschäftsführers auf die GmbH abzustellen. Entscheidend sei allein, ob der Geschäftsführer in seiner Person die Voraussetzungen des § 2 S. 1 Nr. 9 SGB VI erfülle; sei dies der Fall, bleibe für eine teleologische Reduktion dieser Vorschrift kein Raum:

> „Die Ergebnisse seiner selbständigen Tätigkeit, die der Kläger [...] gegenüber Dritten erbringt, kommen dauerhaft und allein der [...] GmbH zugute. Sie ist damit der **allein in Betracht kommende „Auftraggeber“** i. S. d. § 2 S. 1 Nr. 9 SGB VI. [...] Da der Kläger in seiner selbständigen Tätigkeit zudem auch keine Arbeitnehmer beschäftigt, sind alle Voraussetzungen der Versicherungspflicht nach § 2 S. 1 Nr. 9 SGB VI erfüllt. Eine zusätzliche Prüfung seiner ‚Arbeitnehmerähnlichkeit‘ bzw. seiner konkreten ‚Schutzbedürftigkeit‘ bedarf es nicht. Beide Voraussetzungen haben in den tatbestandlichen Voraussetzungen des § 2 S. 1 Nr. 9 SGB VI ihren konkretisierenden Ausdruck gefunden. [...] Ein unbestimmter rechtspolitischer **Begriff des arbeitnehmerähnlichen Selbständigen** hat im Gesetz selbst keinen Niederschlag gefunden. In § 2 S. 1 Nr. 9 SGB VI kommt die ‚Arbeitnehmerähnlichkeit‘ der betroffenen Selbständigen notwendig, aber stets auch hinreichend und abschließend in den normativen und allein subsumtionsfähigen Kriterien der Tätigkeit für einen Auftraggeber und der fehlenden Beschäftigung von Arbeitnehmern in einem insgesamt versicherungspflichtigen Umfang zum Ausdruck. [...] Ebenso wenig bedarf es im Rahmen des § 2 S. 1 Nr. 9 SGB VI einer näheren Prüfung, ob gerade der Kläger im Blick auf seine konkrete wirtschaftliche Lage ‚schutzbedürftig‘ ist. Für die Einbeziehung in die RV ist nämlich nicht die wirkliche, sondern die **mutmaßliche Versicherungsbedürftigkeit** entscheidend, die sich aus allgemeinen Merkmalen und aus der durchschnittlichen Lebenslage der betroffenen Bevölkerungsgruppe ergibt. Die Versicherungspflicht setzt nicht die individuelle soziale Schutzbedürftigkeit jedes einzelnen Versicherungspflichtigen voraus, sondern beruht auf der Erfüllung des formalen gesetzlichen Tatbestands, in dem nach der Auffassung des Gesetzgebers die soziale Schutzbedürftigkeit typisierend zum Ausdruck kommt. [...] Einen besonderen ‚Normzweck‘ des § 2 S. 1 Nr. 9 SGB VI, der es gebieten könnte, in den Fällen der vorliegenden Art, hinter dem vom Wortlaut verkörperten Bedeutungsgehalt zurückbleiben und den Eintritt von Versicherungspflicht ausnahmsweise von vornherein auszuschließen, gibt es nicht.“[275]

43 Die Entscheidung des BSG ist zu Recht auf breite Ablehnung gestoßen. Sie vermochte methodisch nicht zu überzeugen. Die vom BSG unter Hinweis auf die Gestaltungsmacht des Gesetzgebers „verweigerte“ teleologische Auslegung der Norm gebietet in derartigen Fallkonstellationen eine Ausnahme vom Trennungsprinzip im Sinne einer wirtschaftlichen Gesamtbetrachtung. Unter das Tatbestandsmerkmal „Auftraggeber“ fällt nicht die GmbH, in deren Diensten der Geschäftsführer steht. Denn dieses Merkmal passt von seinem ursprünglichen Anwendungsbereich her nicht auf die Dreieckskonstellation zwischen Geschäftsführer, „seiner GmbH“ und dem Auftraggeber der GmbH.[276] **Sinn und Zweck des § 2 SGB VI** liegen vielmehr darin, Selbständige, die Dritten betriebliche Leistungen anbieten und so am Waren- oder Dienstleistungsmarkt auftreten, dann in den Schutz der gesetzlichen Rentenversicherung einzubeziehen, wenn diese Leistungen nur gegenüber einem einzigen Abnehmer erbracht werden. Der GmbH-Geschäftsführer tritt aber gerade nicht als ein am Markt teilnehmender Dienstleistungsanbieter auf. Im Übrigen erscheint die gegenteilige Auffassung auch **in verfassungsrechtlicher Hinsicht**, insbesondere unter Gleichheitsaspekten bedenklich.[277] Der Wortlaut der aktuellen Fassung verleiht diesen teleologischen Gesichtspunkten nun einen deutlicheren Ausdruck. Entsprechend sind die Tatbestandsvoraussetzungen in Bezug auf die juristische Person zu prüfen.

44 Allerdings vermag auch die Reaktion des Gesetzgebers auf das o.g. Urteil des BSG nicht vollends zu befriedigen. Anstatt endlich System und Struktur in die unbefriedigende Regelung des § 2 SGB VI

275 BSG 24.11.2005 SozR 4-2600 § 2 Nr. 7; sehr kritisch zu sehen ist daher auch BSG 20.7.2023 SozR 4-2400 § 7 Nr. 69; ebenso BSG 20.7.2023 NZG 2024, 1003 und BSG 20.7.2023 NZS 2024, 262; ebenfalls krit. Rolfs/Machitadze, NZS 2024, 521; Lunk, ArbRB 2024, 310, 314.

276 Ausf. zu diesem Urteil Preis/Temming, SGb 2006, 391 ff.

277 S.a. Schliemann in: FS Küttner, 2006, S. 51, 64 f.

zu bringen und taugliche, d.h. abstrakt-generelle Kriterien für die Beurteilung der Schutzbedürftigkeit Selbständiger zu normieren,[278] nahm der Gesetzgeber, in mittlerweile typischer Manier, lediglich eine punktuelle Korrektur vor. Eine gute Gelegenheit für eine nachhaltige Reform des § 2 SGB VI blieb so ungenutzt. Bei aller Kritik am geltenden § 2 SGB VI dürfte nach der Entscheidung des BVerfG vom 26.6.2007 zumindest aus Karlsruher Sicht das Regelungsprogramm des § 2 SGB VI verfassungsrechtlich zulässig sein.[279] Der Reformgesetzgeber ist am Zug. Es bleibt abzuwarten, ob die Koalition aus SPD, Bündnis 90 /Die Grünen und FDP ihren Koalitionsvertrag[280] mit Blick auf diesen Punkt abzuarbeiten gedenkt.

Aus der Funktion des § 2 S. 1 Nr. 9 SGB VI, die Versicherungspflicht zu erweitern, folgt, dass die 45
Vorschrift nur dann zur Anwendung gelangt, wenn wegen derselben Tätigkeit nicht bereits dem Grunde nach Versicherungspflicht gem. § 2 S. 1 Nr. 1 bis 8 SGB VI besteht.[281]

c) Sonstige Versicherte (§ 3 SGB VI)

Kraft Gesetzes versicherungspflichtig sind gem. § 3 SGB VI auch bestimmte sonstige Versicherte, d.h. 46
Personen, die weder zu den Beschäftigten i.S.d. § 1 SGB VI noch zu den selbständig Tätigen i.S.d. § 2 SGB VI gehören. Die Aufnahme dieser Personen in den Kreis der Versicherungspflichtigen ist aufgrund besonderer, unterschiedlich gelagerter Umstände gerechtfertigt. Bspw. kann es Gründe geben, die den Betreffenden regelmäßig daran hindern, einer versicherungspflichtigen Erwerbstätigkeit nachzugehen. Es kann aber auch sein, dass ihnen die Ausübung einer Beschäftigung nicht zugemutet werden kann.[282] Die Besonderheit der Umstände ergibt sich aus ihrer sozialversicherungsrechtlichen Relevanz. Bspw. ist es notwendige Voraussetzung eines auf dem Umlageverfahren basierenden Rentenversicherungssystems, dass hinreichend junge erwerbsfähige Menschen zur Finanzierung der Renten vorhanden sind. Diese Erwägungen stehen hinter § 3 S. 1 Nr. 1 SGB VI, der die Zeit der Kindererziehung rentenrechtlich honoriert.

Der Versicherungspflicht unterliegen gem. § 3 S. 1 Nr. 1 SGB VI **Mütter oder Väter** in der Zeit, 47
für die ihnen nach Maßgabe des § 56 SGB VI Kindererziehungszeiten anzurechnen sind. Dabei handelt es sich um die **Zeit der Erziehung eines Kindes in den ersten drei Lebensjahren**. Sie beginnt gem. § 56 Abs. 1 S. 1, Abs. 5 S. 1 SGB VI nach Ablauf des Monats der Geburt und endet nach 36 Kalendermonaten. Die Versicherungspflicht nach § 3 SGB VI besteht auch dann, wenn der betreffende Elternteil bereits nach einer anderen Vorschrift versicherungspflichtig ist, z.B., weil er einer abhängigen Beschäftigung nachgeht oder selbständig tätig ist. Die zusätzliche Erwerbstätigkeit wirkt sich i.R.d. § 70 Abs. 2 SGB VI positiv bei der Berechnung der Rentenhöhe aus.[283]

Im Zuge der Einführung der Pflegeversicherung ist zudem gem. § 3 S. 1 Nr. 1a SGB VI die **Ver-** 48
sicherungspflicht für nicht erwerbsmäßig tätige Pflegepersonen begründet worden. Seit dem 1.1.2017 besteht nunmehr auch die Möglichkeit, den Tatbestand mit der Addition maßgeblicher Pflegezeiten für mehrere Pflegebedürftige zu erfüllen. Der Gesetzgeber hat dabei mit dem Zweiten Pflegestärkungsgesetz vom 21.12.2015[284] auf die Rechtsprechung des Bundessozialgerichts[285] reagiert, wonach eine Addition nach dem früheren Wortlaut nicht möglich sein sollte. Nach § 3 S. 2 SGB VI gelten auch solche Pflegepersonen, die von dem Pflegebedürftigen ein Arbeitsentgelt erhalten, als nicht erwerbsmäßig tätig, sofern dieses Entgelt das dem Pflegebedürftigen gem. § 37 SGB XI zuste-

278 Vgl. bspw. Preis/Temming, SGb 2006, 385, 395f. m.w.N.
279 BVerfG 26.6.2007 SozR 4-2600 § 2 Nr. 10.
280 Mehr Fortschritt wagen, Bündnis für Freiheit, Gerechtigkeit und Nachhaltigkeit, Koalitionsvertrag 2021 – 2025 zwischen SPD, Bündnis 90/ Die Grünen und der FDP vom 7.12.2021, 20. Legislaturperiode, S. 59.
281 BSG 23.11.2005 SozR 4-2600 § 231 Nr. 1.
282 Hauck/Noftz § 3 SGB VI Rn. 9.
283 Siehe zu diesem Absatz unter § 49 Rn. 49ff. und unter § 49 Rn. 274ff.
284 BGBl. I S. 2424.
285 BSG 4.12.2014 B 5 RE 4/14 R – juris.

hende Pflegegeld nicht übersteigt. Sie sind nicht nach § 1 S. 1 Nr. 1 SGB VI versicherungspflichtig. Gem. § 3 S. 3 SGB VI besteht die Versicherungspflicht nach § 3 S. 1 Nr. 1a SGB VI dagegen nicht, wenn die nicht erwerbsmäßig tätigen Pflegepersonen daneben regelmäßig mehr als 30 Stunden wöchentlich beschäftigt oder selbständig tätig sind.

49 Zu den sonstigen Versicherten gehören gem. § 3 S. 1 Nr. 2 SGB VI auch Wehr- und Zivildienstleistende, sofern sie **aufgrund gesetzlicher Pflicht** Dienst leisten. Erhalten sie jedoch in dieser Zeit weiterhin Arbeitsentgelt oder Leistungen für Selbständige nach § 13a USG, sind sie gem. § 3 S. 4 SGB VI nicht nach § 3 S. 1 Nr. 2 SGB VI versicherungspflichtig. Die Beschäftigung oder selbständige Tätigkeit **gilt** dann **als nicht unterbrochen** und die Versicherungspflicht als Arbeitnehmer nach § 1 S. 1 Nr. 1 SGB VI oder als Selbständiger nach § 2 SGB VI besteht fort. Unter den Voraussetzungen des § 1 S. 2 SGB VI sind auch **freiwillig Wehrdienstleistende** (z.B. bei zusätzlichem Wehrdienst im Anschluss an den Grundwehrdienst) den Wehrdienstleistenden i.S.d. § 3 S. 1 Nr. 2, S. 4 SGB VI gleichgestellt.

50 Mit Gesetz vom 12.12.2007[286] wurde § 3 S. 1 Nr. 2a SGB VI eingeführt. Zu den sonstigen Versicherten gehören nun auch Personen in der Zeit, in der sie sich in einem Wehrverhältnis besonderer Art nach § 6 des Einsatz-Weiterverwendungsgesetzes – wegen einer Einsatzschädigung – befinden. Der bisherige Status dieser Personen wird somit im Ergebnis beibehalten.

51 Des Weiteren sind gem. § 3 S. 1 Nr. 3 SGB VI Empfänger bestimmter Entgeltersatzleistungen versicherungspflichtig, sofern sie **im letzten Jahr vor Beginn der Leistung zuletzt versicherungspflichtig** waren. Diese zusätzliche Voraussetzung ist erfüllt, wenn im letzten Jahr vor dem Beginn der Entgeltersatzleistung mindestens ein **Pflichtbeitrag tatsächlich gezahlt** wurde und dieser Beitrag den versicherungsrechtlichen Status des Leistungsbeziehers bis zum Beginn der Entgeltersatzleistung bestimmt.[287] Daran fehlt es bspw., wenn zwar ein Pflichtbeitrag auf den Jahreszeitraum entfällt, zuletzt jedoch Versicherungsfreiheit bestand. In derartigen Fällen besteht aber die Möglichkeit, die Versicherungspflicht durch Antrag zu begründen (vgl. § 4 Abs. 3 S. 1 Nr. 1 SGB VI). Nach § 3 S. 1 Nr. 4 SGB VI unterliegen darüber hinaus die Empfänger von Vorruhestandsgeld der Versicherungspflicht, wenn sie **unmittelbar vor Beginn der Leistung versicherungspflichtig** waren.

52 § 3 S. 1 Nr. 3 SGB VI ist allerdings in der Weise teleologisch einschränkend auszulegen, dass er entgegen dem vordergründlichen Wortlaut lediglich den Bezug der Entgeltersatzleistung erfasst, die an die Stelle sonst rentenversicherungsrechtlich relevanter Einnahmen tritt (teleologische Reduktion). So unterliegen beispielsweise Strafgefangene, die bei der Ausübung von Pflichtarbeit in der Justizvollzugsanstalt einen Arbeitsunfall erleiden und infolgedessen Verletztengeld aus der gesetzlichen Unfallversicherung beziehen, während der Zeit des Verletztengeldbezugs nicht der Versicherungspflicht in der gesetzlichen Rentenversicherung.[288]

53 § 3 S. 1 Nr. 3a SGB VI a.F., der die Versicherungspflicht von Beziehern von Arbeitslosengeld II zum Inhalt hatte, ist zum 1.1.2011 durch das Haushaltbegleitgesetz 2011[289] vom 9.12.2010 entfallen. Die Zeit des Bezugs von Arbeitslosengeld II – nunmehr Bürgergeld – wird künftig als Anrechnungszeit i.S.d. § 58 SGB VI berücksichtigt. Die Änderung wurde als systemgerecht angesehen, da die Leistungen eines Fürsorgesystems dazu dienen, akute Hilfebedürftigkeit zu beseitigen. Ihnen kommt aber nicht die Funktion zu, bereits im Voraus pauschal Leistungen zu erbringen, um eine vielleicht zu einem späteren Zeitpunkt eintretende Hilfebedürftigkeit durch Begründung versicherungsrechtlicher Rentenanwartschaften zu beseitigen.[290] Durch den Wegfall der Versicherungspflicht ist der Haushalt jährlich um ca. 1,8 Milliarden Euro entlastet worden.[291] Diese Zahl muss insbesondere aufgrund der daraus resultierenden geringeren Leistungsansprüche hinterfragt werden. In der Regel mindert sich die monatliche Rentenzahlung um rund zwei Euro pro Jahr des Bezugs von Bürger-

---

286 BGBl. I S. 2861.
287 Hauck/Noftz § 3 SGB VI Rn. 79.
288 BSG 15.12.2016 SozR 4-2600 § 3 Nr. 7.
289 BGBl. I S. 1885.
290 BT-Drs. 532/10 S. 66.
291 BT-Drs. 532/10 S. 33, 66.

geld.[292] Infolge der geringeren Renten dürfte die Altersarmut steigen und die Finanzierungsgrundlage der Rentenversicherung geschwächt werden. Damit würde die Zahl der Bezieher einer Grundsicherung wegen Alters steigen und den Haushalt belasten.

Im Zuge des Gesetzes zur Änderung des Transplantationsgesetzes vom 21.7.2012[293] ist die Versicherungspflicht für Organ-, Gewebe- oder Blutspender begründet worden, soweit sie von einem der in § 3 S. 1 Nr. 3a SGB VI aufgeführten „privaten Krankenversicherungsunternehmen" Leistungen für den Ausfall von Arbeitseinkünften im Zusammenhang mit der Spende beziehen. Durch die Regelung erfolgte eine Gleichstellung gegenüber Personen, die einem gesetzlich krankenversicherten Empfänger Organe oder Gewebe spenden und daher Krankengeld nach § 44a SGB V erhalten, wodurch sie nach § 3 S. 1 Nr. 3 SGB VI rentenversicherungspflichtig sind.[294] 54

2. Versicherungspflicht auf Antrag

Einige nicht unmittelbar kraft Gesetzes Versicherungspflichtige können ihre **Versicherungspflicht** 55 gem. § 4 SGB VI **durch einen eigenen Antrag** begründen. Dabei kann der Kreis der Versicherten anhand der Antragsberechtigung systematisiert werden. Mit der Schaffung einer Antragspflichtversicherung hat der Gesetzgeber die Beantwortung der Frage der sozialen Schutzbedürftigkeit in die Hände des Einzelnen bzw. Dritter gelegt. Diese Vorgehensweise stellt einen **Systembruch** dar, da das umlagefinanzierte System der Alterssicherung auf dem Prinzip der Zwangsmitgliedschaft basiert.[295]

Die Versicherungspflicht auf Antrag muss strikt von der freiwilligen Versicherung nach § 7 56 SGB VI unterschieden werden. Zwar gleichen sich beide in der Art ihres Zustandekommens; die **Begründung des Versicherungsverhältnisses** steht ausschließlich im Belieben der betreffenden Personen oder eines Dritten. Indessen entspricht der **Inhalt des Versicherungsverhältnisses**, also die Rechte und Pflichten des Versicherten, dem Inhalt des Versicherungsverhältnisses der übrigen Pflichtversicherten. Freiwillig Versicherte können demgegenüber bspw. die Höhe ihres Beitrags in gewissen Grenzen frei wählen, freilich stehen ihnen aber auch nicht alle Leistungen der gesetzlichen Rentenversicherung offen, vor allem nicht die Inanspruchnahme von Erwerbsminderungsrenten.

Auf Antrag versicherungspflichtig sind gem. § 4 Abs. 1 SGB VI Entwicklungshelfer (Nr. 1), EU- 57 Bürger, die für eine begrenzte Zeit im Ausland beschäftigt sind (Nr. 2) sowie sekundierte Personen nach dem Sekundierungsgesetz (Nr. 3).[296] Antragsberechtigte Stelle ist ausschließlich eine Stelle mit Sitz im Inland, regelmäßig der Träger der Entwicklungshilfe bzw. der Arbeitgeber. § 4 Abs. 1 SGB VI stellt – ebenso wie die Fälle der Ausstrahlung nach § 4 SGB IV – eine Durchbrechung des in § 3 SGB IV verankerten Territorialitätsprinzips dar.

Auf eigenen Antrag versicherungspflichtig sind gem. § 4 Abs. 2 SGB VI **selbständig Tätige**, wenn 58 sie nicht bereits zu den nach den §§ 2, 229a SGB VI Versicherungspflichtigen gehören. Notwendige Voraussetzungen stellen die **nicht nur vorübergehende Ausübung** der selbständigen Tätigkeit sowie die Beantragung innerhalb von fünf Jahren nach Aufnahme der Tätigkeit oder dem Ende der Versicherungspflicht aufgrund dieser Tätigkeit dar. Die Versicherungspflicht erstreckt sich dann grundsätzlich auch auf eine später geänderte selbständige Tätigkeit (dazu sogleich).

Darüber hinaus sind nach § 4 Abs. 3 S. 1 SGB VI **Bezieher von Entgeltersatzleistungen**, die 59 nicht nach § 3 S. 1 Nr. 3, 3a SGB VI versicherungspflichtig sind, sowie bestimmte Arbeitsunfähige und Rehabilitanden, die eine derartige Leistung nicht erhalten, auf eigenen Antrag versicherungspflich-

292 BT-Drs. 532/10 S. 66.

293 BGBl. I S. 1601.

294 BT-Drs. 17/9773 S. 40.

295 Muckel/Ogorek/Rixen § 11 Rn. 19.

296 Das SekG gilt gem. § 1 SekG für Personen, die im Rahmen von internationalen Einsätzen zur zivilen Krisenprävention bei internationalen, supranationalen oder ausländischen staatlichen Einrichtungen tätig werden. Deren soziale Absicherung bestimmt sich nach dem SekG, soweit keine anderweitige Absicherung, insbesondere keine solche durch die aufnehmende Einrichtung, besteht.

tig. Dies gilt gem. § 4 Abs. 3 S. 2 SGB VI auch dann, wenn sie ihren gewöhnlichen Aufenthalt im Ausland haben. Speziell für die nach § 4 Abs. 3 SGB VI Versicherten ist § 4 Abs. 3a SGB VI zu beachten. Diese Vorschrift klärt das Verhältnis zwischen der Versicherungspflicht auf Antrag einerseits und der Versicherungsfreiheit und der Befreiung von der Versicherungspflicht andererseits. Sie war notwendig geworden, da insbesondere i.R.d. § 4 Abs. 3 SGB VI Mitnahmeeffekte durch Personen entstanden, die schon seit Jahren nicht mehr in der gesetzlichen Rentenversicherung Mitglied gewesen waren.[297]

60 Bei Entwicklungshelfern, zeitweise im Ausland Beschäftigten und Selbständigen **beginnt die Versicherungspflicht** gem. § 4 Abs. 4 S. 1 Nr. 1 SGB VI mit dem Tag, der dem Eingang des Antrags folgt. Liegen zu diesem Zeitpunkt die Voraussetzungen der Versicherungspflicht auf Antrag noch nicht vor, ist der Zeitpunkt ihres Eintritts maßgebend. In den übrigen Fällen des § 4 SGB VI beginnt die Versicherungspflicht nach Abs. 4 S. 1 Nr. 2 der Vorschrift mit dem Beginn des Leistungsbezugs, der Arbeitsunfähigkeit oder der Rehabilitationsmaßnahme, wenn der Antrag innerhalb von drei Monaten danach gestellt wird.

61 Die **Versicherungspflicht endet** gem. § 4 Abs. 4 S. 2 SGB VI mit dem Ablauf des Tages, an dem die Voraussetzungen weggefallen sind. Eine vorzeitige Beendigung durch Willenserklärung kommt nicht in Betracht.[298] Bei Selbständigen muss die Selbständigkeit als solche vollständig aufgegeben werden. Die bloße Änderung der bisher ausgeübten Tätigkeit beendet die Antragspflichtversicherung dagegen regelmäßig nicht, sofern dadurch nicht ausnahmsweise eine vorrangige Versicherungspflicht (z.B. nach § 2 SGB VI) begründet wird. Denn eine Beschränkung auf die bei Antragstellung ausgeübte Tätigkeit ist dem Gesetz nicht zu entnehmen.[299]

62 Mit dem Ziel, älteren Arbeitnehmern stärkere Anreize zu bieten, länger im Erwerbsleben zu bleiben, wurden durch das Flexirentengesetz vom 8.12.2016[300] die Arbeitgeberbeiträge zur Rentenversicherung bei Beschäftigung und Vollrentenbezug nach Erreichen der Regelaltersgrenze aktiviert. Zuvor waren Bezieher einer Vollrente stets versicherungsfrei. Um eine Verzerrung des Wettbewerbs auf dem Arbeitsmarkt zu vermeiden, zahlten Arbeitgeber für diese Beschäftigten einen Arbeitgeberanteil, der der Höhe nach dem Arbeitgeberbeitrag entsprach, der zu zahlen gewesen wäre, wenn die Person versicherungspflichtig gewesen wäre, vgl. § 172 SGB VI. Diese Beiträge wirkten sich bisher nicht auf die Höhe der Rente aus der gesetzlichen Rentenversicherung aus. Zukünftig können Beschäftigte, die eine Vollrente beziehen und die Regelaltersgrenze bereits erreicht haben, gem. § 5 Abs. 4 S. 2 SGB VI durch Erklärung gegenüber ihrem Arbeitgeber für die Dauer des Beschäftigungsverhältnisses auf die Versicherungsfreiheit verzichten und somit versicherungspflichtig werden. Dadurch wirkt sich sowohl der bisher wirkungslos gebliebene Arbeitgeberanteil als auch ihr eigener Beitragsanteil rentensteigernd aus.[301] Das ist zu begrüßen.

3. Konkurrenzen innerhalb der Versicherungspflichttatbestände

63 **Ein und dieselbe Tätigkeit** kann mehrere Versicherungspflichttatbestände erfüllen, z.B. wenn eine Person in einer Einrichtung der Jugendhilfe im Rahmen eines entgeltlichen Beschäftigungsverhältnisses für eine Erwerbstätigkeit befähigt werden soll, vgl. § 1 S. 1 Nr. 1 und 3 SGB VI. Regelungen zur Behandlung derartiger Konkurrenzen finden sich nur vereinzelt; Beispiele hierfür sind § 2 S. 2 SGB VI oder § 3 S. 5 SGB VI.

64 Das **Konkurrenzverhältnis muss** aber auch in den gesetzlich nicht näher bestimmten Fällen **aufgelöst werden**. Notwendig ist dies primär im Hinblick auf die Berechnung der Beitragshöhe,[302]

297 Ausf. BeckOGK/Guttenberger § 4 SGB VI Rn. 24ff.
298 BSG 26.1.2005 SozR 4-2600 § 58 Nr. 6.
299 BSG 22.6.2005 SozR 4-2600 § 4 Nr. 3.
300 BGBl. I S. 2838.
301 BT-Drs. 18/9787 S. 23.
302 Vgl. §§ 162ff. SGB VI.

womit die Problematik zugleich mittelbar Bedeutung für die Höhe der zu erwartenden Rentenleistung erlangt. Generell kommt der Versicherungspflicht kraft Gesetzes der Vorrang gegenüber der Versicherungspflicht auf Antrag zu. Ansonsten muss die Entscheidung danach getroffen werden, welcher Tatbestand **unter Berücksichtigung der Umstände des Einzelfalls** den günstigsten sozialen Schutz gewährt.[303] Dies ist bei entsprechender Anwendung des § 3 S. 5 SGB VI in der Regel derjenige, nach dem die höheren Beiträge zu zahlen sind.[304] Denn wegen des in der gesetzlichen Rentenversicherung grundsätzlich geltenden Äquivalenzprinzips korrespondieren mit höheren Beiträgen auch höhere Leistungen.

Von dieser Konstellation strikt unterschieden werden müssen die Fälle, bei denen eine Person in 65
demselben Zeitraum **mehrere Tätigkeiten** ausübt, z.B., wenn jemand mehrfach beschäftigt ist oder neben einer Beschäftigung zugleich einer selbständigen Tätigkeit nachgeht. Da die gesetzliche Rentenversicherung eine tätigkeitsbezogene Ausgestaltung erfahren hat,[305] ist grundsätzlich **jeder Sachverhalt für sich zu beurteilen**, sofern das Gesetz nicht explizit etwas anderes anordnet. Die Versicherungsfreiheit der einen Tätigkeit berührt die Frage der Versicherungspflicht einer etwaigen anderen nicht.[306] Bestehen gleichzeitig mindestens zwei **Versicherungsverhältnisse**, liegt ein Fall der **Mehrfachversicherung** mit der Konsequenz zusätzlicher Beitragspflichten, aber auch höherer zu erwartender Leistungen vor.

> „Angesichts der im Laufe der Jahre ständig gewachsenen Zahl der Versicherungspflichttatbestände musste der Gesetzgeber auch die Frage regeln, was gilt, wenn jemand in seiner Person mehrere solche (gesetzlichen) Tatbestände verwirklicht. Dabei ist der Fall, dass ein und derselbe Sachverhalt mehrere Tatbestände erfüllt (Gesetzeskonkurrenz), zu unterscheiden von dem anderen Fall, dass mehrere, in verschiedenen gesetzlichen Tatbeständen geregelte Sachverhalte vorliegen. In der ersten Fallgruppe muss schon aus Gründen der Rechtsklarheit in aller Regel einer der in Betracht kommenden Tatbestände den Vorrang vor den anderen haben, diese also verdrängen, jedenfalls, wenn an die verschiedenen Tatbestände verschiedene Rechtsfolgen geknüpft sind. In der zweiten Fallgruppe gilt dagegen grundsätzlich das Umgekehrte: Die verschiedenen Sachverhalte sind, auch wenn sie in einer Person zusammentreffen, getrennt und unabhängig voneinander zu beurteilen, soweit das Gesetz nicht ausdrücklich etwas anderes vorschreibt. Die Versicherungspflicht eines Arbeitnehmers, der in mehreren Beschäftigungen steht (sog. Mehrfachbeschäftigter), ist deshalb für jedes der mehreren Beschäftigungsverhältnisse für sich zu prüfen: Versicherungspflicht oder Versicherungsfreiheit in einem Verhältnis berührt die Frage der Versicherungspflicht in einem anderen Verhältnis nicht."[307]

III. Versicherungsfreiheit

Für einige Personen, die – mit Ausnahme der Vorstandsmitglieder einer Aktiengesellschaft (dazu 66
sogleich) – an sich zu den Versicherungspflichtigen zählen, hat der Gesetzgeber aufgrund typischerweise fehlender Schutzbedürftigkeit **Ausnahmetatbestände** geschaffen. Zu differenzieren ist zwischen der kraft Gesetzes, d.h. unabhängig vom Willen des Betroffenen, eintretenden Versicherungsfreiheit und der Befreiungsmöglichkeit von der Versicherungspflicht.

1. Versicherungsfreiheit kraft Gesetzes

a) Vorstände einer Aktiengesellschaft

Nach § 1 S. 3 SGB VI sind die Mitglieder des Vorstandes einer Aktiengesellschaft in dem Unterneh- 67
men, dessen Vorstand sie angehören, nicht versicherungspflichtig beschäftigt. Dabei gelten auch

303 BT-Drs. 11/4124 S. 148; BT-Drs. 12/826 S. 15; Hauck/Noftz § 1 SGB VI § 1 Rn. 116ff.
304 BeckOGK/Guttenberger § 1 SGB VI Rn. 5.
305 Vgl. § 5 Abs. 1, Abs. 2, § 6 Abs. 1 SGB VI.
306 BSG 13.9.1979 SozR 2200 § 1227 Nr. 29.
307 BSG 13.9.1979 SozR 2200 § 1227 Nr. 29.

Konzernunternehmen i.S.d. § 18 AktG als ein Unternehmen. Obwohl die Vorstände zu den Beschäftigten zählen, ist es ihre herausragende und starke wirtschaftliche Stellung, aufgrund derer sie typischerweise des Schutzes und der Sicherheit der gesetzlichen Rentenversicherung nicht bedürfen.[308] Systemkonform wäre die Vorschrift jedoch bei § 5 SGB VI einzuordnen gewesen.

68 Während sich das Nichtbestehen der Versicherungspflicht nach der bis zum 31.12.2003 geltenden Rechtslage auf weitere Beschäftigungen[309] und selbständige Tätigkeiten der Vorstandsmitglieder erstreckte, ist es seitdem, vorbehaltlich des Vertrauensschutztatbestandes des § 229 Abs. 1a S. 1 SGB VI,[310] nach dem Willen des Gesetzgebers auf **die jeweilige Vorstandstätigkeit** bei der Aktiengesellschaft beschränkt. Ausschlaggebend waren vermehrt aufgetretene Missbrauchsfälle, bei denen Aktiengesellschaften ausschließlich zu dem Zwecke gegründet wurden, sich die Erstreckung der Versicherungsfreiheit auf andere Tätigkeiten zu Nutze machen zu können.[311] Aufgrund des Wortlauts der Vorschrift, der auf die Eigenschaft als Vorstandsmitglied und nicht auf eine bestimmte Tätigkeit abstellt, besteht für die Mitglieder des Vorstands aber auch **für weitere**, neben der eigentlichen Vorstandstätigkeit **innerhalb des Unternehmens ausgeübte Beschäftigungen** keine Versicherungspflicht.[312]

69 Bei § 1 S. 3 SGB VI handelt es sich um eine eng auszulegende Ausnahmevorschrift.[313] Sie findet lediglich auf stellvertretende Vorstandsmitglieder einer AG und Mitglieder des Vorstands „großer" Versicherungsvereine auf Gegenseitigkeit entsprechende Anwendung. Eine Ausdehnung auf Organe anderer juristischer Personen, z.B. Vorstandsmitglieder eingetragener Vereine, kommt dagegen wegen der eindeutigen **Anknüpfung an die Rechtsform der Aktiengesellschaft** nicht in Betracht:

> „Obwohl § 3 Abs. 1a AVG dem Wortlaut nach nur Vorstandsmitglieder von AGen betraf, hat der Senat sie auch auf stellvertretende Vorstandsmitglieder einer AG[314] und Vorstandsmitglieder „großer" Versicherungsvereine auf Gegenseitigkeit (VVaG) entsprechend angewandt.[315] Ausschlaggebend war dabei, dass die Vorstandsvorsitzenden der „großen" VVaG durch eine Reihe von Vorschriften des Versicherungsaufsichtsgesetzes den Vorständen der AGen gleichgestellt sind. Dagegen hat der Senat eine analoge Anwendung der Vorschrift auf die Organe anderer juristischer Personen abgelehnt.[316] Hieran ist auch für Vorstandsmitglieder eingetragener Vereine festzuhalten. Das Gesetz geht für die Rentenversicherung und für die Arbeitslosenversicherung davon aus, dass Vorstandsmitglieder grundsätzlich als Beschäftigte versicherungspflichtig sind und macht die ausnahmsweise Versicherungsfreiheit nur von der Rechtsform der Gesellschaft abhängig. Deshalb kommt es für die Abgrenzung auf die Rechtsform und nicht auf die tatsächliche Vergleichbarkeit mit Vorstandsmitgliedern von AGen an. Diese Unterscheidung ist bei einem Vergleich mit Vorstandsmitgliedern von AGen in einer typisierenden Betrachtungsweise auch sachlich gerechtfertigt. Der Gesetzgeber des SGB konnte davon ausgehen, dass sich AGen in Größe und wirtschaftlicher Bedeutung von anderen Unternehmen unterscheiden und sich dieses auch bei den Vorstandsmitgliedern auswirkt. Er brauchte insbesondere nicht zu berücksichtigen, dass sich Vereine [...] in großem Umfang wirtschaftlich betätigen."[317]

b) Weitere Personengruppen

70 § 5 SGB VI nimmt eine Reihe von dem Grunde nach versicherungspflichtigen Personen von der gesetzlichen Rentenversicherung heraus. Dabei beschränkt sich die Versicherungsfreiheit in der Regel nur auf die jeweilige Beschäftigung bzw. Tätigkeit; die Versicherungspflichtigkeit weiterer Tätigkeiten ist grundsätzlich davon getrennt zu beurteilen.

---

308 BSG 31.5.1989 SozR 2200 § 1248 Nr. 48; s.a. RULAND, SGb 2021, 393ff.
309 Vgl. BSG 22.11.1973 BSGE 36, 258, 260f. zur Vorläufernorm § 3 Abs. 1a AVG.
310 Vgl. dazu BSG 9.8.2006 SozR 4-2600 § 229 Nr. 1 mit Anm. GÜNZEL/HOFFMANN, SGb 2007, 446ff.
311 BT-Drs. 15/1893 S. 12.
312 Ebenso Niesel/BRAND § 27 SGB III Rn. 9 zur entsprechenden Regelung des § 27 Abs. 1 Nr. 5 SGB III.
313 BSG 9.8.2006 SozR 4-2600 § 229 Nr. 1; ebenso BSG 24.11.2005 SozR 4-2600 § 2 Nr. 7.
314 BSG 18.9.1973 BSGE 36, 164.
315 BSG 27.3.1980 SozR 2400 § 3 Nr. 4.
316 BSG 21.2.1990 SozR 3-2940 § 3 Nr. 1: Vorstandsmitglieder einer eingetragenen Genossenschaft.
317 BSG 19.6.2001 SozR 3-2400 § 7 Nr. 18.

Nach § 5 Abs. 1 S. 1 SGB VI sind kraft Gesetzes diejenigen Personen **versicherungsfrei**, die des Schutzes der gesetzlichen Rentenversicherung nicht bedürfen, da für sie eine ausreichende **anderweitige Absicherung** existiert. Dies ist bei aktiven Beamten, Richtern sowie Soldaten alleine **aufgrund ihres Status** der Fall (Nr. 1).[318] Demgegenüber tritt bei sonstigen Beschäftigten öffentlich-rechtlicher Arbeitgeber (Nr. 2) und bei satzungsmäßigen Mitgliedern geistlicher Genossenschaften, Diakonissen und Angehörigen ähnlicher Gemeinschaften (Nr. 3) Versicherungsfreiheit nur ein, **wenn** ihnen **eine Anwartschaft auf Versorgung gewährleistet und die Erfüllung der Gewährleistung gesichert** ist. Die Versicherungsfreiheit bezieht sich nach § 5 Abs. 1 S. 1 Hs. 2 SGB VI ausnahmsweise auch auf weitere Beschäftigungen, wenn sich die Gewährleistung der Versorgungsanwartschaft ebenfalls darauf erstreckt. 71

Das Gesetz zu Änderungen im Bereich der geringfügigen Beschäftigung vom 5.12.2012[319] hat die Versicherungspflicht geringfügig entlohnter Beschäftigter reformiert, um geringfügig Beschäftigte sozial besser abzusichern. Die bisherige Versicherungsfreiheit in der gesetzlichen Rentenversicherung mit der Möglichkeit der vollen Versicherungspflicht für geringfügig entlohnte Beschäftigte wurde zum 1.1.2013 in eine Rentenversicherungspflicht mit Befreiungsmöglichkeit umgewandelt (Wechsel von Opt-in zu Opt-out). 72

Gem. § 5 Abs. 2 S. 1 SGB VI i.V.m. §§ 8 Abs. 1 Nr. 2, 8a SGB IV sind nunmehr nur noch Personen, die eine geringfügige kurzfristige Beschäftigung oder eine geringfügige kurzfristige selbständige Tätigkeit nach Maßgabe des § 8 Abs. 1 Nr. 2 SGB IV ausüben, in dieser Beschäftigung bzw. Tätigkeit versicherungsfrei. Derartige Verrichtungen besitzen aufgrund ihres Umfangs typischerweise geringe Relevanz für die wirtschaftliche Existenz des Einzelnen; vor diesem Hintergrund bedurfte es weiterhin keiner Einbeziehung in den Schutz der gesetzlichen Rentenversicherung. Eine **Ausnahme** gilt allerdings gem. § 5 Abs. 2 S. 3 SGB VI für Personen, die im Rahmen betrieblicher Berufsbildung beschäftigt sind. Unabhängig der Konstellation, in der ein zur Berufsausübung Beschäftigter die Voraussetzungen des § 8 Abs. 1 Nr. 2 SGB VI erfüllen kann, wird diese Vorschrift jedenfalls für Auszubildende, die ab dem 1.1.2020 ihre Ausbildung beginnen, keine Bedeutung mehr haben. Mit der durch das Gesetz zur Modernisierung und Stärkung der beruflichen Bildung vom 17.12.2019[320] eingeführten Mindestvergütung von aktuell 649 Euro liegen sie – eine berufsmäßige Ausübung unterstellt – in jedem Fall über der Geringfügigkeitsgrenze von 538 Euro. 73

Allein geringfügig entlohnte Beschäftigte sind dadurch in die Versicherungspflicht der gesetzlichen Rentenversicherung einbezogen worden und nicht mehr nach § 5 Abs. 2 SGB VI a.F. versicherungsfrei. Sie haben aber nach § 6 Abs. 1b SGBVI die Möglichkeit, sich auf Antrag von der Versicherungspflicht befreien zu lassen.[321] Für Beschäftigungsverhältnisse, die bereits vor dem 1.1.2013 bestanden haben, schaffen §§ 229 Abs. 5–7 SGB VI Bestandsschutz- und Übergangsregelungen. 74

Versicherungsfrei sind zudem gem. § 5 Abs. 3 SGB VI **ordentliche Studierende** einer Fachschule oder Hochschule, die während der Dauer eines Studiums ein in ihrer Studien- bzw. Prüfungsordnung **vorgeschriebenes Praktikum** absolvieren. Auch diese Regelung ist, obwohl der Wortlaut es nicht nahelegt, tätigkeitsbezogen ausgestaltet. Die Versicherungsfreiheit betrifft also allein die Praktikumstätigkeit. Die Befreiung erfolgt vor dem Hintergrund, dass es sich bei derartigen Praktika nicht um eine betriebliche Berufsausbildung, sondern lediglich um eine vorübergehend in einen Betrieb verlagerte schulische und damit nicht rentenversicherungspflichtige Ausbildung handelt.[322] Für die Versicherungsfreiheit ist es daher insbesondere auch unbeachtlich, ob und in welcher Höhe eine Vergütung erfolgt. 75

318 Vgl. § 2 BeamtVG.
319 BGBl. I S. 2474.
320 BGBl. I. S. 2522.
321 BT-Drs. 17/10773 S. 12.
322 BT-Drs. 13/8671 S. 116.

76 Handelt es sich dagegen um ein nicht vorgeschriebenes, **freiwilliges Praktikum** der Studierenden, gelten die allgemeinen Regeln. Von Bedeutung sind insoweit insbesondere die Vorschriften über die Versicherungsfreiheit wegen geringfügiger kurzfristiger Beschäftigung nach § 5 Abs. 2 SGB VI.

77 Zu den kraft Gesetzes rentenversicherungsfreien Personen zählen nach § 5 Abs. 4 SGB VI auch die Empfänger einer Vollrente wegen Alters nach Vollendung der Regelaltersgrenze (Nr. 1) oder einer vergleichbaren Altersversorgung (Nr. 2) sowie diejenigen, die bis zur Vollendung ihres 65. Lebensjahres nicht versichert waren oder danach eine Beitragserstattung erhalten haben (Nr. 3). Jede ausgeübte, dem Grunde nach versicherungspflichtige Tätigkeit ist erfasst; es handelt sich um eine **personenbezogene Versicherungsfreiheit**. Dieser Personenkreis hat typischerweise das **Sicherungsziel** der gesetzlichen Rentenversicherung **erreicht** bzw. wird dieses Ziel wahrscheinlich nicht mehr erreichen.[323] Der Arbeitgeber bleibt gem. § 172 Abs. 1, § 276a Abs. 1 SGB VI zur Entrichtung eines fiktiven Beitragsanteils oder gem. § 172 Abs. 3 SGB VI zur Entrichtung eines Pauschalbetrages verpflichtet; anders als bei den geringfügig Beschäftigten, die sich von ihrer Versicherungspflicht haben befreien lassen, kommt diese Leistung ausschließlich der Versichertengemeinschaft zugute. Dies hat das BVerfG als verfassungsgemäß angesehen.[324]

78 Bis zur Änderung durch das Flexirentengesetz vom 8.12.2016[325] waren Bezieher einer Vollrente stets versicherungsfrei, selbst wenn sie die Regelaltersgrenze noch nicht erreicht hatten. Seit dem 1.1.2017 sollen Beschäftigte und Selbstständige, die nach den allgemeinen Vorschriften versicherungspflichtig sind, vor Erreichen der Regelaltersgrenze auch beim Bezug einer Vollrente versicherungspflichtig bleiben. Durch eine Beschäftigung neben einer Altersvollrente lässt sich daher nun eine höhere Rente erreichen, um so beispielsweise die Rentenabschläge abzumildern, die aus einem vorgezogenen Rentenbeginn resultieren.[326]

2. Versicherungsfreiheit auf Antrag

79 Einige versicherungspflichtige Personengruppen werden bei Erfüllung der Voraussetzungen des § 6 Abs. 1, 1a, 1b SGB VI **auf Antrag** von der Versicherungspflicht **befreit**. Auch dieser Tatbestand individueller Entscheidungsmacht stellt einen **Fremdkörper** im solidarischen System der Rentenversicherung dar.[327]

> „Die Befreiung von der gesetzlichen Versicherungspflicht setzt eine Beschäftigung oder selbständige Tätigkeit voraus, die in der gesetzlichen Rentenversicherung die Versicherungspflicht von Gesetzes wegen oder auf Antrag begründet hat und nimmt unter den Voraussetzungen der Zugehörigkeit zum Personenkreis des Abs. 1 und eines Antrags nach § 6 Abs. 2 SGB VI die von ihr erfassten Sachverhalte von der Versicherungspflicht aus. Die damit eingeräumte Dispositionsbefugnis des Versicherten ist für die gesetzlich organisierte und als solidarisch gestaltete Pflichtversicherung atypisch. Diese ist aus Finanzierungsgründen (Umlageverfahren) und aufgrund der ihr obliegenden Aufgabe des sozialen Ausgleichs, deren sich der Einzelne durch eine Option zugunsten einer ‚günstigeren' Versorgungseinrichtung nicht entziehen können soll, auf Kontinuität des versicherten Personenkreises angewiesen. Das Rentenversicherungsverhältnis kann daher grundsätzlich nicht Gegenstand privatautonomer Gestaltung sein."[328]

80 Die Befreiung kann entweder auf Antrag des Versicherten oder auf Antrag des Arbeitgebers erfolgen, § 6 Abs. 2 SGB VI. Eine Antragsfrist existiert nicht, der Zeitpunkt der Antragstellung hat aber nach § 6 Abs. 4 SGB VI Bedeutung für den Eintritt der Befreiungswirkung.

---

323 BT-Drs. 11/4124 S. 150.
324 BVerfG 16.10.1962 BVerfGE 14, 312, 317 ff.
325 BGBl. I S. 2838.
326 BT-Drs. 18/9787 S. 22.
327 LSG Nordrhein-Westfalen 19.3.2004 FA 2004, 309.
328 LSG Nordrhein-Westfalen 19.3.2004 FA 2004, 309.

Trotz der durch den Antrag entstehenden **Versicherungsfreiheit der nach** § 8 Abs. 1 Nr. 1 SGB IV **geringfügig entlohnten Beschäftigten** ist der Arbeitgeber gem. § 172 Abs. 3 S. 1 SGB VI zur Entrichtung eines Pauschalbeitrags verpflichtet. Zwar kommt diesen Beiträgen rentenrechtliche Bedeutung zu (§ 52 Abs. 2 S. 1 und § 76b SGB VI), es handelt sich gleichwohl nicht um „echte" Beiträge, denn **Leistungsansprüche** des Arbeitnehmers **werden** dadurch **nicht begründet**. 81

Die Befreiung von der Versicherungspflicht in der gesetzlichen Rentenversicherung ist grundsätzlich auf das ihrer Erteilung zugrundeliegende jeweilige Beschäftigungsverhältnis beschränkt.[329] Nach § 6 Abs. 2 SGB VI erstreckt sie sich in einigen Fällen auch auf eine andere versicherungspflichtige Beschäftigung, wenn diese infolge ihrer Eigenart oder vertraglich im Voraus zeitlich begrenzt ist und der Versorgungsträger für die Zeit der Tätigkeit den Erwerb einkommensbezogener Versorgungsanwartschaften gewährleistet. Eine solche Erstreckung – über die von dem Rentenversicherungsträger durch Verwaltungsakt zu entscheiden ist – setzt aufgrund des Wortlauts stets voraus, dass die berufsgruppenspezifische Befreiung weiterhin vorliegt.[330] 82

Nach Maßgabe des Bundessozialgerichts wirkt eine früher erteilte Befreiung bei einem Wechsel des Beschäftigungsverhältnisses nicht (mehr) umfassend personenbezogen fort, sondern ist auf die konkrete Beschäftigung beschränkt. Dies selbst dann, wenn hierbei dieselbe oder eine vergleichbare berufliche Tätigkeit verrichtet wird. Der Zwölfte Senat des Bundessozialgerichts hat mit seinen Entscheidungen vom 31.10.2012 die langjährige Verwaltungspraxis der früheren Bundesversicherungsanstalt beseitigt, dass eine einmal erteilte Befreiung fortwirkt.[331] Tragender Grund für diese Umgestaltung war das Wortverständnis des Begriffs „Beschäftigung", der seitens des Gerichts mit dem Inhalt des § 7 SGB VI interpretiert wurde.[332] 83

Ist die Versicherungspflicht für die jeweilige Tätigkeit bereits gem. § 5 SGB VI entfallen, kommt eine Befreiung nach § 6 SGB VI nicht mehr in Betracht; es fehlt an einem dementsprechenden Gestaltungsspielraum.[333]

a) Antrag des Arbeitgebers

Auf Antrag des Arbeitgebers werden nach § 6 Abs. 1 S. 1 Nr. 2 SGB VI Lehrer oder Erzieher an nichtöffentlichen Schulen oder Anstalten von der Versicherungspflicht befreit. Voraussetzung ist, dass ihnen nach beamtenrechtlichen Grundsätzen oder kirchenrechtlichen Regelungen eine Versorgungsanwartschaft sicher gewährleistet wird. Auch nichtdeutsche Besatzungsmitglieder deutscher Seeschiffe kann der Arbeitgeber befreien lassen, sofern deren Wohnsitz oder gewöhnlicher Aufenthalt nicht im Inland liegt, § 6 Abs. 1 S. 1 Nr. 3 SGB VI i. V. m. § 13 Abs. 2 SGB IV. 84

b) Antrag des Versicherten

Versicherungsfreiheit auf Antrag des Versicherten tritt gem. § 6 Abs. 1 S. 1 Nr. 1 SGB VI für Angehörige sog. Kammerberufe (u. a. Architekten, Ärzte, Rechtsanwälte, Steuerberater) ein, die **kraft Gesetzes** Mitglied einer berufsständischen Kammer und zugleich Pflichtmitglieder einer öffentlich-rechtlichen Versicherungs- oder berufsständischen Versorgungseinrichtung sind. Auf diesem Wege wird einer unter Verhältnismäßigkeitsgesichtspunkten kaum zu rechtfertigenden doppelten Beitragsverpflichtung entgegengewirkt. Der Vorrang der berufsständischen Versorgung rechtfertigt sich vor dem Hintergrund, dass die Befreiungsmöglichkeit in der Regel Personen zugute kommt, die nur temporär – während der Vorbereitung auf eine typischerweise versicherungsfreie und verkammerte 85

329 BSG 31.10.2012 SozR 4-2600 § 6 Nr. 9.
330 BSG 31.10.2012 SozR 4-2600 § 6 Nr. 8.
331 BSG 31.10.2012 SozR 4-2600 § 6 Nr. 9; BSG 31.10.2012 SozR 4-2600 § 231 Nr. 5.
332 Horn, NZS 2013, 606.
333 Hauck/Noftz § 6 SGB VI Rn. 140.

Tätigkeit – als Beschäftigte versicherungspflichtig sein werden.[334] **Kein Befreiungsrecht** besteht dagegen für **freiwillige Mitglieder** einer berufsständischen Kammer; in diesen Fällen ist die doppelte Beitragszahlung lediglich Folge einer autonomen Entscheidung des vom Gesetz als schutzbedürftig erachteten Betroffenen.[335]

86 Für die Befreiung spielt es keine Rolle, ob die vorherige Versicherungspflicht auf Gesetz beruht (z. B. als Rechtsanwalt im Angestelltenverhältnis bei einem anwaltlichen Arbeitgeber) oder auf Antrag begründet wurde (z. B. als selbständiger Rechtsanwalt). **Notwendig ist** jedoch, **dass das** in der Satzung der Versorgungseinrichtung niedergelegte **Sicherungsniveau zumindest in etwa demjenigen der gesetzlichen Rentenversicherung entspricht**.[336] Das korrespondiert mit dem Selbstverständnis der Versorgungswerke, die sich als Teil der ersten Säule der Alterssicherung begreifen. Die Befreiungsmöglichkeit von der gesetzlichen Rentenversicherung greift aber erst dann, wenn die Zeit der Mitgliedschaft in dem Versorgungswerk leistungssteigernd berücksichtigt wird. Beginnt die Mitgliedschaft bspw. im November, werden Beiträge aber erst ab Dezember fällig und wirken erst diese Zeiten leistungssteigernd, besteht Versicherungspflicht in der gesetzlichen Rentenversicherung für den beitragsfreien Monat im berufsständischen Versorgungswerk; in diesem Fall sind die Voraussetzungen des § 6 Abs. 1 S. 1 Nr. 1 lit. b und lit. c SGB VI noch nicht erfüllt.[337]

87 Viel diskutiert wurde die Frage, ob und wie Syndikusrechtsanwälte bzw. Unternehmensjuristen von der Versicherungspflicht der gesetzlichen Rentenversicherung zu befreien sind. Gemeint sind damit Volljuristen, die in abhängiger Beschäftigung juristisch geprägte Sachverhalte bearbeiten und zudem als Rechtsanwalt zugelassen sind. Sie sind daher sowohl Mitglied einer Rechtsanwaltskammer als auch eines Versorgungswerkes der Rechtsanwälte. Als abhängig Beschäftigte sind sie zugleich in der gesetzlichen Rentenversicherung pflichtversichert. Nach § 6 Abs. 1 S. 1 Nr. 1 SGB VI können sie von dieser Versicherungspflicht befreit werden, wenn sie gerade **wegen dieser Beschäftigung** (bei dem Unternehmen) **kraft gesetzlicher Verpflichtung Mitglied** der Rechtsanwaltskammer sind. Zur Beantwortung der Frage, ob diese Kausalität besteht, ist zu differenzieren:

88 Hat sich der Versicherte im Rahmen seiner Beschäftigung an Weisungen zu halten, die eine eigenständige Analyse der Rechtslage und eine einzelfallorientierte Rechtsberatung ausschließen, liegt keine fachlich unabhängige Tätigkeit vor, die eine Befreiung rechtfertigt (§ 46 Abs. 4 BRAO). In den Fällen eines solchen Unternehmensjuristen dürfte es an der notwendigen Kausalität fehlen. So haben die Versicherten die Beschäftigung oftmals bereits lange Zeit ausgeübt, ohne als Anwalt zugelassen zu sein oder Kollegen, die dieselbe Tätigkeit ausüben, sind nicht in der Kammer zugelassen. Hinzukommt, dass die Versicherten die Beschäftigung in dem Unternehmen zumeist nicht entsprechend den berufsrechtlichen Vorgaben für Anwälte ausüben. Die von den Versicherten nebenberuflich ausgeübte Tätigkeit als Rechtsanwalt muss daher gegenüber der Tätigkeit in dem Unternehmen als eine davon unabhängige Tätigkeit gesehen werden, für die – nach § 2 SGB VI – freilich keine Versicherungspflicht in der gesetzlichen Rentenversicherung begründet wird.[338]

89 Anders verhält es sich hingegen hinsichtlich der sogenannten Syndikusrechtsanwälte. Nach § 46 Abs. 2 S. 1 BRAO sind damit Angestellte eines Unternehmens gemeint, sofern sie im Rahmen ihres Arbeitsverhältnisses für ihren Arbeitgeber anwaltlich tätig sind. Mit dem Gesetz zur Neuordnung des Rechts der Syndikusanwälte und zur Änderung der Finanzgerichtsordnung vom 21.12.2015[339] hat der Gesetzgeber die Stellung des Syndikusanwalts als Rechtsanwalt zum 1.1.2016 gesetzlich geregelt. Ausgehend von dem berufsrechtlichen Ansatz der einschlägigen Urteile des Bundessozialgerichts wurden die §§ 46–46c BRAO ersetzt, die zwar eine statusrechtliche Anerkennung der Tätigkeit als Syndikusanwalt in einem Unternehmen als Rechtsanwalt vorsehen, dabei jedoch bestimmte Ein-

334 BSG 18.9.1963 BSGE 20, 37, 38f.
335 BSG 9.3.2005 SozR 4-2600 § 6 Nr. 3 Rn. 12.
336 BSG 7.11.1991 SozR 3-2940 § 7 Nr. 2.
337 BSG 7.3.2007 Die Beiträge, Beilage 2007, 194ff.
338 Kahlert, SGb 2013, 683ff.
339 BGBl. I S. 2517.

schränkungen vornehmen. So ist die Tätigkeit von Syndikusanwälten grundsätzlich auf die Beratung und Vertretung in Rechtsangelegenheiten des Arbeitgebers beschränkt. Ferner gilt ein Vertretungsverbot für den Arbeitgeber in Fällen des zivil- und arbeitsgerichtlichen Anwaltszwangs sowie ein weiter gehendes Vertretungsverbot in Straf- und Bußgeldverfahren. Schließlich gelten für sie das strafprozessuale Zeugnisverweigerungsrecht sowie das Beschlagnahmeverbot nicht. Mit diesen Regelungen soll ermöglicht werden, dass Syndikusanwälte wie bisher – unter bestimmten, freilich immer zu restriktiven Voraussetzungen auch rückwirkend – von der Rentenversicherungspflicht befreit werden und in den anwaltlichen Versorgungswerken verbleiben können.[340]

Keine Zulassung als Syndikusanwalt benötigen Rechtanwälte, die bereits seit längerer Zeit bei einem nichtanwaltlichen Arbeitgeber tätig sind, wenn sie bis zum 1.1.2016 für eine bestimmte Tätigkeit bei diesem Arbeitgeber befreit worden sind. Die Befreiung bleibt erhalten, solange die Zulassung und die Pflichtmitgliedschaft im Versorgungswerk aufrechterhalten bleiben und die Tätigkeit ausgeübt wird.[341] 90

Eine gem. § 6 Abs. 1 S. 6 SGB VI vorrangige **Sonderregelung** besteht nach Satz 1 Nr. 4 **für Gewerbetreibende in Handwerksbetrieben**. Sie können sich erst von der Versicherungspflicht befreien lassen, wenn für sie mindestens 18 Jahre lang Pflichtbeiträge gezahlt worden sind. Damit sei ihnen zumindest eine „**Grundsicherung**" garantiert.[342] Dabei finden alle tatsächlich gezahlten oder die als gezahlt geltenden Pflichtbeiträge Berücksichtigung; sie müssen nicht aus einer Tätigkeit als Handwerker resultieren.[343] Legt man für die Pflichtbeitragszeiten jeweils den Durchschnittsverdienst zugrunde, ist diese Grundsicherung allerdings allenfalls rudimentär: Bei einem aktuellen Rentenwert von 39,32 Euro betrüge die Bruttomonatsrente gerade einmal 707,76 Euro. Ein Betrag, der signifikant unter dem Gesamteinkommen eines Bürgergeldempfängers liegt.[344] Die bestehende Rentenversicherungspflicht beseitigt aufgrund dieser Sonderregelung somit nicht (mehr) vollständig einen steuerfinanzierten Grundsicherungsanspruch von Gewerbetreibenden in Handwerksbetrieben, weshalb die Existenz einer solchen Befreiungsmöglichkeit mehr als kritisch zu hinterfragen ist. Für Bezirksschornsteinfegermeister besteht indes keinerlei Befreiungsmöglichkeit; sie unterliegen der Versicherungspflicht nach dem Schornsteinfegergesetz. 91

Nach § 6 Abs. 1a S. 1 Nr. 1 SGB VI werden Personen, die nach § 2 S. 1 Nr. 9 SGB VI versicherungspflichtig sind, auf eigenen Antrag für einen Zeitraum von drei Jahren nach erstmaliger Aufnahme einer derartigen selbständigen Tätigkeit von der Versicherungspflicht befreit. 92

Die **Versicherungspflicht** nach § 2 S. 1 Nr. 9 SGB VI **muss tatsächlich bestehen**, d.h., es darf wegen derselben Tätigkeit kein speziellerer Tatbestand eingreifen oder Versicherungsfreiheit nach § 5 SGB VI gegeben sein.[345] Demgegenüber beginnt der **Drei-Jahres-Zeitraum** bereits mit Aufnahme einer Tätigkeit, die lediglich die **Merkmale** des § 2 S. 1 Nr. 9 SGB VI **erfüllt**. Zeiten, in denen anderweitige Versicherungspflicht oder Versicherungsfreiheit besteht, werden auf diesen Zeitraum angerechnet. Etwas anderes gilt nur dann, wenn zuvor Versicherungspflicht nach § 2 S. 1 Nr. 10 SGB VI bestanden hat, vgl. § 6 Abs. 1a S. 3 SGB VI. 93

Der **Drei-Jahres-Zeitraum** des § 6 Abs. 1a S. 1 Nr. 1 SGB VI gibt lediglich die höchstmögliche Befreiungsdauer vor. Beginn und Länge der tatsächlichen Befreiung hängen maßgeblich vom Zeitpunkt der Antragstellung ab. Die Befreiung wirkt nur dann auf den Zeitpunkt der erstmaligen Aufnahme einer den Merkmalen des § 2 S. 1 Nr. 9 SGB VI entsprechenden selbständigen Tätigkeit zurück, wenn sie innerhalb von drei Monaten nach Aufnahme beantragt wird, § 6 Abs. 4 SGB VI. Andernfalls 94

340 BT-Drs. 18/5201 S. 2; s.a. Rolfs/Marcelli, NZA 2014, 574; zum Begriff der „anwaltlichen Prägung" vgl. BGH 7.12.2020 NJW 2021, 629, 633; ausf. Temming/Dalmer, AnwBl 2018, 607.

341 BSG 3.4.2014 SozR 4-2600 § 6 Nr. 12.

342 BVerfG 16.10.1979 BVerfGE 52, 264, 274f.

343 BeckOGK/Guttenberger § 6 SGB VI Rn. 20 m.w.N.

344 Das Bürgergeld betrug im Jahr 2024 563 Euro im Monat. Hinzukommen jedoch auch noch die Bedarfe für Unterkunft und Heizung; ein Betrag, der die Differenz von 144,76 Euro monatlich deutlich übertreffen dürfte.

345 Kreikebohm/Roßbach/Segebrecht § 6 SGB VI Rn. 71.

kommt dem Antrag lediglich Wirkung für die Zukunft zu. Nicht nur, dass die Befreiungswirkung dann erst mit dem Tag der Antragstellung eintritt, darüber hinaus verkürzt sich auch der Höchstzeitraum entsprechend. Für den vor Antragstellung liegenden Zeitraum bleibt es bei der Versicherungspflicht nach § 2 S. 1 Nr. 9 SGB VI.[346]

95 Arbeitnehmerähnliche Selbständige werden auf eigenen Antrag gem. § 6 Abs. 1a S. 1 Nr. 2 SGB VI auch nach Vollendung des 58. Lebensjahres von der Versicherungspflicht befreit, wenn sie nach einer zuvor ausgeübten selbständigen Tätigkeit erstmals nach § 2 S. 1 Nr. 9 SGB VI versicherungspflichtig werden.

96 Sinn und Zweck der Befreiungsregelungen ist es, den Besonderheiten dieser Personengruppen Rechnung zu tragen. Während Existenzgründer vielfach schon kurz nach Aufnahme ihrer Tätigkeit aus der nach § 2 S. 1 Nr. 9 SGB VI bestehenden Versicherungspflicht herauswachsen, haben ältere Selbständige in der Regel eine anderweitige Altersvorsorge aufgebaut;[347] ohnehin könnten sie keine nennenswerten Anwartschaften in der gesetzlichen Rentenversicherung mehr erwerben.

IV. Nachversicherung

97 Nach § 8 Abs. 1 S. 1 Nr. 1 SGB VI zählen zu den Versicherten der Gesetzlichen Rentenversicherung auch Personen, die nachversichert sind.

1. Funktion der Nachversicherung

98 In der gesetzlichen Rentenversicherung herrscht grds. **Versicherungszwang**, um einen **lückenlosen Schutz** derjenigen Personen gewährleisten zu können, bei denen die Möglichkeit einer eigenen Absicherung gegen die Risiken Erwerbsunfähigkeit und Alter typischerweise nicht angenommen werden kann. Einige Personengruppen sind dagegen kraft Gesetzes versicherungsfrei oder können sich auf Antrag von der Versicherungspflicht befreien lassen.

99 Die Gewährung der Versicherungsfreiheit erfolgt vor dem Hintergrund, dass für den Fall der Erwerbsunfähigkeit oder des Erreichens des Pensionsalters ein Anspruch auf eine angemessene anderweitige Versorgung besteht. Scheidet eine Person aber aus ihrer versicherungsfreien Beschäftigung ohne Anspruch auf die zugesicherte Versorgung aus oder verliert sie diesen Anspruch, entfällt zugleich der Grund für die Versicherungsfreiheit. Darüber hinaus hat sie wegen ihrer Versicherungsfreiheit weder Ansprüche noch Anwartschaften in der gesetzlichen Rentenversicherung erlangt. Der **Kompensation dieser Nachteile** dient das Institut der **Nachversicherung** in den §§ 8, 181ff. SGB VI.[348]

> „Das Rechtsinstitut der Nachversicherung schützt entgeltlich beschäftigte Personen, die in dieser Beschäftigung rentenversicherungsfrei oder befreit waren, vor einer sachlich nicht zu rechtfertigenden Benachteiligung im RV-Schutz. Die Nachversicherten haben nämlich während der Zeit ihrer versicherungsfreien oder von der Versicherungspflicht befreiten Beschäftigung eine an sich (‚dem Grunde nach') kraft Gesetzes rentenversicherungspflichtige Beschäftigung ausgeübt und hätten als Mitglieder eines RV-Trägers den Schutz der gesetzlichen Rentenversicherung erworben, wenn sie nicht wegen der durch ihre Beschäftigung vermittelten Sicherung durch ein anderes, dem Schutz der gesetzlichen RV im Wesentlichen gleichwertiges Versorgungssystem versicherungsfrei gestellt oder von der Versicherungspflicht befreit worden wären. Sie hätten – gäbe es das Institut der Nachversicherung nicht – ab dem Zeitpunkt des unversorgten Ausscheidens aus der versicherungsfreien oder von der Versicherungspflicht befreiten Beschäftigung aus dieser auch keine Rechte, Ansprüche und Anwartschaften in der gesetzlichen Rentenversicherung erlangt. [...] Deshalb werden die in § 8 Abs. 2 Satz 1 Nr. 1 bis 4 umschriebenen Personen (‚kraft Geset-

346 BSG 24.11.2005 SozR 4 2600 § 6 Nr. 5.

347 BT-Drs.14/1855 S. 9; s. a. Bericht der Kommission zur „Scheinselbstständigkeit“, NZA 1999, 1145ff., 1260ff.

348 BSG 29.7.1997 SozR 3-2600 § 8 Nr. 4.

zes') nachversichert, wenn (d.h. sobald) sie ohne Anspruch oder Anwartschaft auf Versorgung aus der Beschäftigung ausgeschieden sind oder ihren Anspruch auf Versorgung verloren haben."[349]

Mit Urteil vom 13.7.2016 hat der EuGH festgestellt, dass die deutschen Bestimmungen über die Nach- 100
versicherung ausgeschiedener Beamter mit Art. 45 AEUV unvereinbar sind, weil sie die Freizügigkeit von Arbeitnehmern einschränkt. Die Regelungen über die Nachversicherung sind geeignet, diese Beamten daran zu hindern, ihren Herkunftsmitgliedsstaat zu verlassen, um eine Stelle in einem anderen Mitgliedsstaat anzunehmen. Der EuGH bezieht sich dabei nicht auf die Tatsache des Ausscheidens aus dem Beamtentum, sondern allein auf die massiven Versorgungseinbußen. Das Argument der Bundesregierung, mit den Regelungen werde das Ziel verfolgt, die Funktionsfähigkeit der öffentlichen Verwaltung sicherzustellen, hat den EuGH nicht überzeugt. Insbesondere die Regelungen des Altersgeldgesetzes (AltGG), nach denen sich ausgeschiedene Bundesbeamte zwischen der Nachversicherung und einem Altersgeld entscheiden können, seien ein Beleg dafür, dass die Nachversicherung keine für das Beamtentum zwingende Lösung darstellt.[350] Infolge der Rechtsprechung des EuGH erkennt das Bundesverwaltungsgericht ausscheidenden Beamten einen Ausgleichsanspruch unmittelbar auf der Grundlage des Unionsrecht zu. Die Höhe des Ausgleichsanspruchs richtet sich nach den mit seiner Entlassung aus dem Beamtenverhältnis verbundenen Einbußen in der Altersversorgung.[351] Es bleibt abzuwarten, ob der Gesetzgeber darüber hinaus eine normative Lösungsmöglichkeit finden werden wird.[352]

2. Die Nachversicherung

Gem. § 8 Abs. 2 S. 1 SGB VI werden nur **bestimmte Personen** nachversichert. Dazu zählen Beamte, 101
Richter und Soldaten (Nr. 1), beamtenähnliche Beschäftigte (Nr. 2 und Nr. 3) sowie Lehrer und Erzieher an nichtöffentlichen Schulen oder Anstalten (Nr. 4), die als solche, d.h. **in dieser Beschäftigung**, versicherungsfrei waren oder von der Versicherungspflicht befreit worden sind (vgl. zu den Voraussetzungen der Versicherungsfreiheit bzw. Befreiung § 5 Abs. 1 S. 1 Nr. 1 bis Nr. 3, § 6 Abs. 1 S. 1 Nr. 2 SGB VI).

Die Nachversicherung erfordert ein **Ausscheiden** aus der versicherungsfreien Beschäftigung 102
ohne Anspruch oder Anwartschaft auf Versorgung. Der Grund des Ausscheidens ist unbeachtlich. Bei einem Ausscheiden durch Tod erfolgt eine Nachversicherung gem. § 8 Abs. 2 S. 3 SGB VI jedoch nur, wenn ein Anspruch auf Hinterbliebenenrente geltend gemacht werden kann. Es werden auch Personen nachversichert, die den bei ihrem Ausscheiden aus der versicherungsfreien Beschäftigung bestehenden **Anspruch auf Versorgung später verloren** haben.

Negative Tatbestandsvoraussetzung der Nachversicherung ist nach §§ 8 Abs. 2 S. 1, 184 Abs. 2 103
SGB VI das **Fehlen von Gründen für einen Aufschub** der Beitragszahlung. Als Aufschubgründe kommen bspw. die Beurlaubung ohne Weiterzahlung der Dienstbezüge oder die Aufnahme einer neuen versicherungsfreien Beschäftigung in Betracht.

Beispiel für die Nachversicherung:
Der nach Abschluss seines Studiums drei Jahre lang im Bundesministerium für Wirtschaft und Arbeit tätige Beamte B scheidet auf eigenen Wunsch aus dem Beamtenverhältnis aus, um Personalvorstand bei der X-AG, einem großen Energieversorgungsunternehmen, zu werden. Versorgungsansprüche aus dem Beamtenverhältnis hat er gem. § 4 Abs. 1 S. 1 Nr. 1 BeamtVG aufgrund der Kürze seiner Beschäftigung nicht erlangt.

---

349 BSG 29.7.1997 SozR 3-2600 § 8 Nr. 4.
350 EuGH 13.7.2016 – C 187/15 (Pöpperl), NVwZ 2016, 1465 m. Anm. Borth, FamRZ 2016, 1737 f.
351 BVerwG 4.5.2022 – 2 C 3.21.
352 Ausführlich dazu Ruland, ZESAR 2018, 58 ff.; s.a. Eichel, DÖV 2019, 681; Steinmeyer, DJT-Gutachten, 2020/2022, B 70 ff.

104 Bei Vorliegen der Voraussetzungen wird gem. § 8 Abs. 2 S. 2 SGB VI kraft Gesetzes ein **Versicherungsverhältnis nachträglich** für den Zeitraum **begründet**, in dem die Versicherungsfreiheit oder die Befreiung von der Versicherungspflicht vorgelegen hat.[353] Dabei entsteht ein **Versicherungsverhältnis eigener Art** und nicht etwa eine nachträgliche Umwandlung der zunächst versicherungsfreien Beschäftigungszeiten.[354] Die auf diese Weise nachversicherten Personen **stehen** gem. § 8 Abs. 1 S. 2 SGB VI den **Versicherungspflichtigen gleich**. Zu beachten ist jedoch, dass diese Fiktion nicht auf die anderen Zweige der Sozialversicherung ausstrahlt. Damit stehen Zeiten der Nachversicherung in der gesetzlichen Rentenversicherung nicht Mitgliedschaftszeiten in der gesetzlichen Krankenversicherung gleich. Eine rückwirkende generelle Gleichstellung der versicherungsfreien Tätigkeit mit einem versicherungspflichtigen Beschäftigungsverhältnis, die zur rückwirkenden Versicherungspflicht auch in der gesetzlichen Krankenversicherung führen könnte, hat der Gesetzgeber weder im SGB VI noch im SGB V angeordnet. Damit ist der Weg zur günstigen Krankenversicherung der Rentner i.R.d. § 5 Abs. 1 Nr. 11 SGB V für Nachversicherte u.U. verschlossen.[355]

105 Die Frage, ob ein Nachversicherungsverhältnis entstanden ist, beurteilt sich nach dem im Zeitpunkt des Ausscheidens aus der versicherungsfreien Beschäftigung bzw. des Verlusts des Versorgungsanspruchs geltenden Recht.[356] Demgegenüber sind die zur Zeit der Beschäftigung geltenden Vorschriften für die **versicherungsrechtliche Beurteilung maßgebend**, mithin die Frage, in welchen Zeiträumen an sich Versicherungspflicht für die Beschäftigung bestanden hätte.[357]

106 Die Durchführung der Nachversicherung ist in den §§ 181 bis 186 SGB VI geregelt. Gem. § 181 Abs. 5 S. 1 SGB VI sind die Beiträge allein vom Arbeitgeber zu tragen und unmittelbar an den Rentenversicherungsträger zu zahlen, § 185 Abs. 1 S. 1 SGB VI. Dabei richtet sich die Beitragshöhe gem. § 181 Abs. 1 S. 1 SGB VI nach den Vorschriften, die zum Zeitpunkt der Beitragszahlung gelten. Die gezahlten Beiträge gelten wiederum nach § 185 Abs. 2 S. 1 SGB VI als **rechtzeitig gezahlte Pflichtbeiträge**. Zu beachten ist aber insbesondere § 181 Abs. 2 S. 1 SGB VI. Beitragsbemessungsgrundlage sind danach die beitragspflichtigen Einnahmen aus der Beschäftigung im Nachversicherungszeitraum nur **bis zur jeweiligen Beitragsbemessungsgrenze**. Das heißt: Wird eine Nachversicherung für jemanden durchgeführt, der ein Gehalt über der Beitragsbemessungsgrenze bezog, wird der über der Beitragsbemessungsgrenze liegende Teil des Gehalts nicht nachversichert. Das wirkt sich nachteilig auf die Rentenhöhe von Leistungsträgern aus, da so für jedes nachversicherte Jahr bei der Rentenberechnung maximal ein Entgeltpunkt zugrunde gelegt wird. Damit sinkt insbesondere der Anreiz, zwischen dem öffentlichen Dienst und der freien Wirtschaft zu wechseln (sog. Problematik der „goldenen Fessel"). Mit Blick auf das o.g. Urteil des EuGH vom 13.7.2016 bleibt abzuwarten, ob sich an diesem Zustand etwas ändern wird.

V. Versicherungsberechtigung (freiwillige Versicherung)

107 Ebenso wie die gesetzliche Kranken- und die Unfallversicherung kennt auch die gesetzliche Rentenversicherung neben der Versicherungspflicht die Möglichkeit einer freiwilligen Versicherung gem. § 7 SGB VI. Dabei entsteht das **Versicherungsverhältnis kraft privatautonomer Entscheidung des Einzelnen**; der Inhalt des Vorsorgeverhältnisses lässt sich dagegen aufgrund des vom Gesetz vorgegebenen Rahmens nur in engen Grenzen frei gestalten.

---

353 BSG 29.7.1997 SozR 3-2600 § 8 Nr. 4.
354 BSG 9.6.1960 BSGE 12, 179, 181f.
355 BSG 5.7.2006 SozR 4-2500 § 5 Nr. 4.
356 Hauck/Noftz § 8 SGB VI Rn. 70ff.
357 BSG 21.9.1955 BSGE 1, 219, 222.

1. Funktion und Bedeutung der freiwilligen Versicherung

Die freiwillige Versicherung hat maßgeblich zwei Funktionen. Zum einen dient sie der **Vermeidung von Sicherungslücken** in der Versicherungsbiographie an sich Versicherungspflichtiger. Zum anderen will sie nahezu allen Personen, die **vom Schutz** der gesetzlichen Rentenversicherung **profitieren wollen**, den Zugang zu diesem Sicherungssystem ermöglichen, obwohl ihnen dieser mangels Versicherungspflicht eigentlich verwehrt wäre;[358] zu denken ist dabei in erster Linie an selbständig Erwerbstätige und Personen, die den Haushalt führen. 108

Im Vergleich zu den anderen Zweigen der Sozialversicherung kommt der gesetzlichen Rentenversicherung aus diesen Gründen eine besondere Bedeutung zu. Ende 2021 standen den knapp 34,6 Millionen Pflichtversicherten im Bundesgebiet 251.674 freiwillig Versicherte gegenüber; davon zahlten rund 70 Prozent lediglich den Mindestbeitrag, ca. 6 Prozent entrichteten dagegen den Höchstbeitrag.[359] 109

2. Besonderheiten der freiwilligen Versicherung

Anders als der Versicherungspflichtige kann der freiwillig Versicherte die **Höhe** seiner Beiträge in den Grenzen der §§ 161 Abs. 2, 167 SGB VI frei bestimmen. Auch die Anzahl der auf das Jahr entfallenden Beiträge, die sogenannte **Beitragsdichte** und die Zuordnung der Beiträge obliegen der Entscheidung des Versicherten.[360] Dies hat unmittelbar Einfluss auf den **Umfang der Leistung**, denn nach § 63 Abs. 1 SGB VI hängt die Höhe der Rente von den gezahlten Beiträgen ab. 110

Demgegenüber sind bezogen auf den Leistungskatalog der gesetzlichen Rentenversicherung Einschränkungen hinzunehmen. Zwar werden nach § 55 Abs. 1 S. 1 SGB VI auch durch die Zahlung freiwilliger Beiträge Beitragszeiten begründet, die bei der Berechnung der Rentenhöhe gem. § 70 Abs. 1 SGB VI ebenso wie Pflichtbeitragszeiten Berücksichtigung finden. Die **Rechtswirkung** ist somit grundsätzlich identisch. Allerdings setzen bestimmte Leistungen, wie z.B. der Bezug der **Rente wegen verminderter Erwerbsfähigkeit** nach § 43 Abs. 1 SGB VI, Pflichtbeitragszeiten gem. § 55 Abs. 1 S. 1 SGB VI voraus. Im Gegensatz zu Pflichtversicherten können damit freiwillig Versicherte diese Rentenart nicht beziehen. Die Differenzierung rechtfertigt sich mit Blick auf die im Vergleich zu den Versicherungspflichtigen größeren Freiheiten auf der Beitragsebene. Nur wer alle Lasten zu tragen hat, soll auch alle Leistungen beanspruchen können.[361] 111

3. Voraussetzungen der freiwilligen Versicherung

Nach § 7 Abs. 1 S. 1 SGB VI können sich **nicht versicherungspflichtige Personen** für die Zeiten von der **Vollendung des 16. Lebensjahres** an freiwillig versichern. Die Ausübung einer Beschäftigung oder selbständigen Tätigkeit ist keine Voraussetzung.[362] Eine freiwillige Versicherung versicherungspflichtiger Personen scheidet dagegen aus. Dies gilt unabhängig davon, auf welchem Rechtsgrund die Versicherungspflicht beruht und ob tatsächlich Pflichtbeiträge gezahlt werden. Auch die Zahlung zusätzlicher freiwilliger Beiträge kommt nicht in Betracht. Dies gilt selbst dann, wenn sie im Rahmen einer neben der versicherungspflichtigen Beschäftigung ausgeübten versicherungsfreien selbständigen Tätigkeit erfolgt.[363] 112

Die Möglichkeit freiwilliger Versicherung besteht **unabhängig von der Staatsangehörigkeit**, sofern die betreffende Person ihren **Wohnsitz oder gewöhnlichen Aufenthalt im Inland** hat, §§ 3 Nr. 2 SGB IV, 30 Abs. 3 SGB I. Deutsche zählen gem. § 7 Abs. 1 S. 2 SGB VI auch bei gewöhnlichem Auf- 113

358 S.a. BeckOGK/Guttenberger § 7 SGB VI Rn. 2; Igl/Welti § 31 Rn. 21.

359 Quelle: Deutsche Rentenversicherung Bund, Rentenversicherung in Zeitreihen 2023, S. 28, 35.

360 BeckOGK/Guttenberger § 7 SGB VI Rn. 10.

361 Hauck/Noftz § 7 SGB VI Rn. 18.

362 BeckOGK/Guttenberger § 7 SGB VI Rn. 3.

363 Eingehend GK-SGB VI/Ruland § 7 Rn. 23.

enthalt im Ausland zu den Versicherungsberechtigten. Ausgeschlossen sind damit nur Ausländer mit Wohnsitz bzw. gewöhnlichem Aufenthalt im Ausland, sofern sich nicht aus besonderen Vorschriften sowie über- und zwischenstaatlichem Recht etwas anderes ergibt, § 6 SGB IV. Staatsangehörige eines EU-Mitgliedsstaats besitzen unter den Voraussetzungen der VO 883/2004/EG die Möglichkeit zur freiwilligen Versicherung.

114 Eine freiwillige Versicherung ist gem. § 7 Abs. 2 SGB VI unzulässig, sobald eine **Vollrente wegen Alters** nach Maßgabe des § 33 Abs. 2 SGB VI **bindend bewilligt** ist oder eine derartige Rente bezogen wird. Damit ist der Zugang zur freiwilligen Versicherung spätestens dann versperrt, wenn der Rentenbescheid Bindungswirkung i.S.v. § 77 SGG erlangt hat. Wurde zu diesem Zeitpunkt indes schon eine Vollrente wegen Alters bezogen, z.B. bei einer rückwirkenden Rentenbewilligung, erfolgt der Ausschluss der freiwilligen Versicherung dementsprechend früher. Abzustellen ist in diesem Fall auf den Beginn der Rentenleistung,[364] also grundsätzlich den Kalendermonat, zu dessen Beginn die Anspruchsvoraussetzungen für die Rente erfüllt sind, vgl. § 99 Abs. 1 SGB VI.

115 Nur die Zahlung einer Vollrente gem. § 42 Abs. 1 SGB VI führt zur Unzulässigkeit der freiwilligen Versicherung; eine Teilrente nach § 42 Abs. 2 SGB VI genügt dagegen nicht. Unbeachtlich ist auch die Zahlung von Renten, die nicht wegen Alters, sondern z.B. wegen verminderter Erwerbsfähigkeit geleistet werden. Zu Unrecht gezahlte freiwillige Beiträge sind gem. § 26 Abs. 2 SGB IV zu erstatten.

VI. Versicherungsverhältnis und materieller Versicherungsschutz in der gesetzlichen Rentenversicherung

1. Versicherungsverhältnis

116 Das Versicherungsverhältnis beinhaltet die Gesamtheit der zwischen dem Versicherten und dem jeweiligen Träger der Rentenversicherung sowie ggf. auch eines Dritten (bspw. im Falle der Nachversicherung) bestehenden Rechtsbeziehungen, die darauf abzielen, durch entsprechende Vorsorge im Falle der Verwirklichung bestimmter Risiken Schutz zu gewähren. Es ist öffentlich-rechtlicher Natur.[365]

a) Entstehung des Versicherungsverhältnisses

117 Bei Versicherungspflichtigen entsteht das Versicherungsverhältnis mit Vorliegen der Voraussetzungen des die Versicherungspflicht begründenden Tatbestandes.[366] Ob Beiträge geleistet wurden, ist dabei unbeachtlich.

118 Anders ist dies bei freiwillig Versicherten. Hier bedarf es für das Zustandekommen des Versicherungsverhältnisses neben der Erfüllung der gesetzlichen Voraussetzungen nach § 7 SGB VI darüber hinaus der Entrichtung des ersten Beitrags. Alleine durch den Zugang der auf die Begründung des Versicherungsverhältnisses gerichteten Willenserklärung werden Rechte und Pflichten der beteiligten Parteien nicht begründet.[367] Mit dem Realakt der Zahlung verbindet sich keine verwaltungsrechtliche Willenserklärung oder verwaltungsrechtliche rechtsgeschäftliche Handlung; eine Anfechtung nach Maßgabe der §§ 119 Abs. 1, 142 Abs. 1 BGB analog scheidet daher aus.

b) Beitragspflicht

119 Mit Entstehen des Versicherungspflichtverhältnisses wird die Beitragspflicht begründet.[368]

---

364 GK-SGB VI/Ruland § 7 Rn. 63.

365 BSG 29.4.1976 SozR 2200 § 1399 Nr. 4; zur Mitgliedschaft in der gesetzlichen Rentenversicherung siehe unter § 44 Rn. 1ff.

366 BSG 29.4.1976 SozR 2200 § 1399 Nr. 4.

367 GK-SGB VI/Ruland vor §§ 1–8 Rn. 90; BeckOGK/Guttenberger § 7 SGB VI Rn. 9.

368 BSG 29.4.1976 SozR 2200 § 1399 Nr. 4.

> „Wer in den Versicherungszweigen der Kranken- und Rentenversicherung versicherungspflichtig ist, bestimmt allein das Gesetz [...]. Wenn die in diesen Vorschriften gesetzlich verlangten Voraussetzungen erfüllt sind, tritt kraft Gesetzes die Versicherungspflicht ein. Sobald eine Person versicherungspflichtig ist, entsteht zwischen ihr und dem zuständigen Sozialversicherungsträger das öffentlich-rechtliche Sozialversicherungsverhältnis. Das Sozialversicherungsverhältnis begründet die daraus folgende Hauptpflicht, Beiträge zu leisten."[369]

Mit der Beitragspflicht des Versicherten korrespondiert der Beitragsanspruch des Versicherungsträgers gem. § 22 Abs. 1 SGB IV. Es handelt sich um ein kraft Gesetzes begründetes Schuldverhältnis, dessen nähere Ausgestaltung in den §§ 23 ff. SGB IV geregelt ist. 120

Mit der Feststellung der Beitragspflicht ist weder eine Aussage darüber getroffen, wer **Beitragsschuldner** ist, d.h. wer die Beiträge zu tragen hat, noch wer zur **Beitragszahlung** verpflichtet ist. Die Verteilung der Beitragslast ist in den §§ 168 ff. SGB VI geregelt. Demgegenüber bestimmen die §§ 173 ff. SGB VI die zur Beitragszahlung verpflichteten Personen. Zwar trifft nach dem in § 173 S. 1 SGB VI verankerten Grundsatz die Zahlungspflicht den Beitragsschuldner; dieser hat unmittelbar an den zuständigen Rentenversicherungsträger zu zahlen. Doch sind in den §§ 174 ff. SGB VI wichtige Ausnahmen normiert. 121

Beispiel:
A ist bei der X-AG gegen Entgelt beschäftigt und damit gem. § 1 S. 1 Nr. 1 SGB VI mit Aufnahme der Beschäftigung versicherungspflichtig. Die Beiträge zur Rentenversicherung tragen er und sein Arbeitgeber nach § 168 Abs. 1 Nr. 1 SGB VI je zur Hälfte. Beide sind somit Beitragsschuldner. Die Beitragszahlung aus Arbeitsentgelt ist jedoch abweichend vom Grundsatz des § 173 SGB VI geregelt. Danach gelten gem. § 174 Abs. 1 SGB VI die Vorschriften über den Gesamtsozialversicherungsbeitrag (§ 28d SGB IV). Diesen hat der Arbeitgeber gem. §§ 28e, 28h, 28i SGB IV an die zuständige Krankenkasse zu zahlen. Als Ausgleich steht ihm gem. § 28g S. 1 SGB IV gegen den Beschäftigten ein Anspruch auf den vom Beschäftigten zu tragenden Anteil zu; dieser wird ihm vom Gehalt – sozusagen an der Quelle – abgezogen.

Wesentliches Merkmal der freiwilligen Versicherung ist die autonome Entscheidung des Versicherten über Bestand und Umfang des Versicherungsverhältnisses. Demzufolge existiert auch keine Beitragspflicht, sondern lediglich eine Berechtigung zur Beitragszahlung.[370] 122

c) Ende des Versicherungsverhältnisses

Das Versicherungsverhältnis endet mit dem **Erlöschen** der zwischen dem Versicherten und dem Rentenversicherungsträger bestehenden **Rechtsbeziehungen**. Wurde das Versicherungsverhältnis einmal begründet und ein Beitrag entrichtet, kann eine Beendigung ausschließlich durch **Tod** des Versicherten oder durch die **Erstattung zu Recht gezahlter Beiträge** gem. § 210 Abs. 6 S. 2 SGB VI erfolgen. Im ersten Fall kann aber ggf. ein neues Versicherungsverhältnis zwischen dem Rentenversicherungsträger und möglichen Hinterbliebenen entstehen. 123

Durch die Zahlung von Beiträgen werden **Anwartschaften erworben**, die sich bei Erfüllung weiterer versicherungsrechtlicher Voraussetzungen und dem Eintritt des Versicherungsfalles zu einem Leistungsanspruch verdichten.[371] Derartige Anwartschaften genießen den Schutz der **Eigentumsgarantie** des Art. 14 GG.[372] Daraus ergibt sich zumindest, dass grundsätzlich kein einmal geleisteter Beitrag ohne Weiteres verfallen kann. 124

Damit steht zugleich fest, dass dem Wegfall der Voraussetzungen des die Versicherungspflicht begründenden Tatbestands, z.B. das Ausscheiden aus der versicherungspflichtigen Beschäftigung 125

---

369 BSG 29.4.1976 SozR 2200 § 1399 Nr. 4.
370 Igl/Welti § 31 Rn. 7.
371 BSG 25.4.1991 SozR 3-2400 § 27 Nr. 1; siehe unter § 49 Rn. 10 ff.
372 BVerfG 28.2.1980 BVerfGE 53, 257, 289 f.

bzw. der Einstellung der Beitragszahlung bei der freiwilligen Versicherung, keinerlei Relevanz zukommen kann.[373]

2. Materieller Versicherungsschutz

126 Vom Beginn des Versicherungsverhältnisses muss das Eingreifen des materiellen Versicherungsschutzes, d. h. die **Möglichkeit der Inanspruchnahme von Versicherungsleistungen im Versicherungsfalle**, unterschieden werden.

127 Während der Versicherungsschutz in der gesetzlichen Kranken- und Unfallversicherung mit dem Beginn des Versicherungsverhältnisses korrespondiert, d.h. der Versicherte ab dem Zeitpunkt der Begründung des Versicherungsverhältnisses Leistungen im Versicherungsfalle beanspruchen kann, ist die Rechtslage in der gesetzlichen Rentenversicherung eine andere. Hier stellt die Zahlung des ersten Beitrags eine notwendige, aber nicht hinreichende Voraussetzung dar.[374] Für die Nachversicherung gilt nichts anderes.[375]

128 Ist der Versicherungsschutz dagegen einmal entstanden, ist es unbeachtlich, ob bei Eintritt des Versicherungsfalles noch Beiträge gezahlt werden. Das Bestehen des Versicherungsverhältnisses genügt in diesem Fall.

§ 49 Das Leistungssystem der gesetzlichen Rentenversicherung

Literatur: Louven, Die absichtliche Herbeiführung von Berufs- oder Erwerbsunfähigkeit nach § 1277 Abs. 1 S. 1 RVO, DRV 1982, 361 ff.

I. Der Leistungskatalog

1. Die Leistungen im Einzelnen

1 Der Leistungskatalog der gesetzlichen Rentenversicherung ist umfangreicher als die Bezeichnung dieses Zweiges der Sozialversicherung vermuten lässt (vgl. zum Leistungskatalog § 23 Abs. 1 Nr. 1 SGB I). Im Vordergrund stehen zunächst **Leistungen zur Teilhabe** (§§ 9–32 SGB VI) und **Renten** (§§ 33–105a SGB VI).

2 Daneben erbringt die gesetzliche Rentenversicherung sog. **Zusatzleistungen** (§§ 106–108 SGB VI). Unterschieden werden einmalige Zusatzleistungen wie die Rentenabfindung von Witwen und Witwern gem. § 107 SGB VI – u. a. bei der Wiederheirat bzw. Wiederbegründung einer Lebenspartnerschaft – und laufende Zusatzleistungen wie der Zuschuss gem. § 106 SGB VI zu den **Aufwendungen zur Krankenversicherung** für freiwillig gesetzlich bzw. privat krankenversicherte Bezieher einer Rente aus der gesetzlichen Rentenversicherung. Der Zuschuss wird in Höhe des halben Betrages geleistet, der sich aus der Anwendung des um 0,9 Beitragssatzpunkte verminderten allgemeinen Beitragssatzes der gesetzlichen Krankenversicherung auf den Zahlbetrag der Rente ergibt. Damit wird die Gleichbehandlung aller Rentner sichergestellt, denn die Beiträge zur Krankenversicherung werden bei krankenversicherungspflichtigen Rentnern gem. § 249a SGB V je zur Hälfte vom Rentenversicherungsträger und von den Rentnern selbst getragen.

3 Die Rentenversicherungsträger erbringen gem. § 109, § 109a SGB VI zudem bestimmte **Serviceleistungen** und tragen den bereits erwähnten auf sie entfallenden Anteil am Beitrag zur KVdR. Ferner weist § 23 Abs. 1 Nr. 1 SGB I **Beitragserstattungen** gem. § 210 SGB VI und **Leistungen für Kindererziehung** gem. §§ 294 ff. SGB VI als weitere Leistungen der gesetzlichen Rentenversicherung aus.

373 Igl/Welti § 31 Rn. 11.
374 GK-SGB VI/Ruland vor §§ 1–8 Rn. 59 f.
375 Missverständlich BSG 29.7.1997 SozR 3-2600 § 8 Nr. 4.

2. Die Leistungen und ihre wirtschaftliche Bedeutung

Die **Rentenleistungen** bilden den **eindeutigen Schwerpunkt** im Bereich der gesetzlichen Rentenversicherung. Im Jahre 2022 entfielen von den Ausgaben der Rentenversicherungsträger in Höhe von insgesamt rund 353,9 Milliarden Euro rund 86 Prozent auf die Zahlung der Renten. Dahinter folgten die Aufwendungen für die Krankenversicherung der Rentner mit ca. 6,7 Prozent (23,8 Milliarden Euro). Die Leistungen zur Teilhabe schlugen mit rund 6,7 Milliarden Euro demgegenüber lediglich mit einem Anteil von knapp zwei Prozent zu Buche.[376] 4

II. Prinzipien des Leistungsrechts

1. Vorrang der Leistungen zur Teilhabe

Die Leistungen zur Teilhabe haben gem. § 9 Abs. 1 S. 2 SGB VI Vorrang vor Rentenleistungen, die bei erfolgreichen Leistungen zur Teilhabe nicht oder voraussichtlich erst zu einem späteren Zeitpunkt zu erbringen sind. Die Norm beinhaltet den Grundsatz „**Rehabilitation vor Rente**“, welche ebenfalls in anderen Zweigen der Sozialversicherung verankert ist, vgl. § 26 Abs. 3 SGB VII, § 8 Abs. 2 S. 1 SGB IX. Sie begründet für den Versicherten aber **keine Verpflichtung**, sondern nur eine **Obliegenheit**, in zumutbarem Umfang an der Verhinderung oder Beseitigung eines Versicherungsfalles mitzuwirken. Eine Obliegenheit der Versicherten, der Rehabilitation zuzustimmen, besteht nur dann, wenn zumindest wahrscheinlich ist, dass die Maßnahme dauerhaften Erfolg hat.[377] Bedeutung hat dieses Vorrangprinzip aufgrund der Zielrichtung der Teilhabeleistungen grundsätzlich nur für Erwerbsminderungsrenten. Daneben beansprucht es Geltung für die große Witwen- bzw. Witwerrente gem. § 46 Abs. 2 S. 1 Nr. 3 SGB VI und gem. §§ 242a, 243 SGB VI. 5

Dieser Grundsatz fußt auf dem der Sozialversicherung zugrundeliegenden **Solidargedanken**. Die besonders kostenträchtigen Rentenleistungen sollen erst dann gewährt werden, wenn zuvor alle objektiv erfolgversprechenden und weniger kostenintensiven Maßnahmen zur Wiedereingliederung ausgeschöpft wurden. **Rentenzahlungen** sind somit **ultima ratio**. Wenngleich Leistungen zur Teilhabe auch mitunter hohe Kosten verursachen, führen sie – im Falle ihres Erfolges – den Versicherten in den Kreis der Erwerbstätigen und damit in den Kreis der Beitragszahler zurück, was sich für die Rentenkasse zumindest langfristig als kostengünstiger erweist.[378] 6

Die Rentenversicherungsträger haben daher gem. § 8 Abs. 1 SGB IX unabhängig von der Entscheidung über die beantragte Leistung bei Anträgen auf Rente wegen verminderter Erwerbsfähigkeit die Erfolgsaussichten von Rehabilitationsleistungen zu prüfen. Diese Vorschrift ist jedoch ein bloßer **Programmsatz**, dem ein anspruchsversagender Charakter im Hinblick auf die Gewährung von Rentenleistungen bei Vorliegen ihrer Tatbestandsvoraussetzungen nicht zukommt.[379] 7

2. Pflicht- und Ermessensleistungen

a) Renten als Pflichtleistungen

Ist die für die jeweilige Rente erforderliche Mindestversicherungszeit erfüllt und liegen die jeweiligen besonderen versicherungsrechtlichen und persönlichen Voraussetzungen vor, haben der Versicherte bzw. seine Hinterbliebenen gem. § 34 Abs. 1 SGB VI einen **Anspruch** auf diese Rente. **Rentenleistungen** sind demzufolge **Pflichtleistungen**. 8

---

376 Quelle: Deutsche Rentenversicherung, Aktuelle Daten 2020.

377 BSG 28.8.1991 SozR 3-2200 § 1247 Nr. 8.

378 HS-RV/Pitschas § 31 Rn. 45.

379 S.a. SG Rheinland-Pfalz NZS 2004, 47, 48f.; BeckOGK/Kater § 9 SGB VI Rn. 14.

b) Rehabilitation als teilweise Ermessensleistung

9 Nach § 9 Abs. 2 SGB VI ist die Erbringung von Leistungen zur Teilhabe bei Vorliegen der persönlichen und versicherungsrechtlichen Voraussetzungen (§§ 10, 11 SGB VI) ebenfalls nicht in das Ermessen des Rentenversicherungsträgers gestellt. Der Versicherte hat demnach einen Anspruch auf eine Rehabilitationsleistung. Dieser Grundsatz wird für die ergänzenden Leistungen, d.h. die Leistungen nach § 28 SGB VI und das Übergangsgeld nach § 20 SGB VI, fortgeführt. Diese treten als akzessorische Leistungen neben die Leistungen zur medizinischen Rehabilitation bzw. zur Teilhabe am Arbeitsleben. Bei Vorliegen der Voraussetzungen hat der Versicherte einen Rechtsanspruch. Anders verhält es sich hingegen bei den sonstigen Leistungen nach § 31 SGB VI. Hierbei handelt es sich um reine Ermessensleistungen.

10 Während der Wortlaut des § 9 Abs. 2 SGB VI a.F. die Entscheidung, ob eine Leistung zur Teilhabe gewährt wird, noch in das Ermessen des Trägers der Rentenversicherung stellte, hat das Flexirentengesetz vom 8.12.2016[380] die Norm zum 15.12.2016 an die Rechtsprechung des Bundessozialgerichts angepasst.[381] So führte das Bundessozialgericht bereits 1984 aus, dass sich das eingeräumte Ermessen nicht auf das „Ob" der Leistungsbewilligung erstreckt, sondern auf das „Wie" der Leistungserbringung nach § 13 Abs. 1 SGB VI beschränkt ist.[382]

11 Die Entscheidung über das **„Wie"** der Leistungserbringung bleibt demgegenüber – trotz veränderten Wortlaut – nach wie vor dem **pflichtgemäßen Ermessen** des Rentenversicherungsträgers vorbehalten.[383] Dazu gehören gem. § 13 Abs. 1 S. 1 SGB VI Art, Dauer, Umfang, Beginn und Durchführung der Teilhabeleistungen sowie die Auswahl der Rehabilitationseinrichtung. Schließlich sind bei der Ermessensausübung die **Grundsätze der Wirtschaftlichkeit und der Sparsamkeit** zu berücksichtigen. Der Versicherte hat demnach lediglich einen **Anspruch auf pflichtgemäße Ermessensausübung**, vgl. § 39 Abs. 1 S. 2 SGB I.

3. Ausschluss und Beschränkung von Leistungen

12 Das SGB VI sieht in einigen Fällen trotz Vorliegen der persönlichen und versicherungsrechtlichen Voraussetzungen den Ausschluss eines Leistungsanspruches oder dessen Minderung vor. Die Gründe für derart drastische Maßnahmen sind unterschiedlich motiviert.

13 Die in den §§ 103ff. SGB VI normierten Ausschlussgründe sind nahezu ausschließlich **Ausdruck des Solidaritätsprinzips**. Zwar ist es regelmäßig irrelevant, auf welcher Ursache der Eintritt eines Versicherungsfalles beruht; selbst schuldhaftes Verhalten des Berechtigten schließt den Rentenanspruch nicht aus.[384] Etwas anderes gilt aber, wenn der Versicherte den Versicherungsfall selbst zurechenbar herbeigeführt hat (Beispiel: Tötung eines Angehörigen, um einen Anspruch auf Rente wegen Todes zu erlangen).[385] Denn dann ist der Solidargemeinschaft ein Eintreten zugunsten dieses Versicherten nicht zumutbar.[386]

14 Ein Anspruch auf **Renten, die eine gesundheitliche Beeinträchtigung voraussetzen**, besteht somit nicht, wenn der Berechtigte gem. § 103 SGB VI die Beeinträchtigung absichtlich herbeigeführt hat. Hat er sie sich dagegen bei einer Handlung zugezogen, die ein Verbrechen oder ein vorsätzliches Vergehen darstellt, steht die ganze oder teilweise Versagung der Rente im Ermessen des Rentenversicherungsträgers, vgl. § 104 Abs. 1 SGB VI. Die unterschiedlichen Rechtsfolgen tragen dem Umstand Rechnung, dass die Herbeiführung des Versicherungsfalles im einen Fall Ziel, im anderen dagegen

380 BGBl. I S. 2838.
381 BT-Drs. 18/9787 S. 31.
382 BSG 2.10.1984 SozR 2200 § 1236 Nr. 45.
383 BT-Drs. 18/9787 S. 31.
384 Hauck/Noftz § 103 SGB VI Rn. 1.
385 BSG 30.6.1997 Kompass 1998, 83.
386 Allgemeiner Rechtsgedanke, vgl. § 52 SGB V, § 101 SGB VII.

lediglich Folge der Handlung ist.[387] Den Tatbestand des § 103 SGB VI erfüllt beispielsweise die Selbstverstümmelung allein der Rente wegen,[388] nicht aber der Versuch der Selbsttötung[389] sowie Drogen- und Alkoholmissbrauch.[390]

15 Der Anspruch auf **Renten wegen Todes** besteht gem. § 105 SGB VI nicht für Personen, die den Tod vorsätzlich herbeigeführt haben; gleiches gilt für den Anspruch auf **Altersrente oder Erwerbsminderungsrente**, soweit der Anspruch auf einem Rentensplitting beruht, vgl. §§ 120a ff. SGB VI.

16 Der in § 12 SGB VI geregelte Ausschluss von Leistungen zur Teilhabe verfolgt dagegen zwei voneinander unabhängige Ziele. Zum einen sollen die sich aus dem gegliederten Sozialleistungssystem und seiner Vielzahl von Rehabilitationsträgern ergebenden Abgrenzungsfragen gelöst werden.[391] Zum anderen bezweckt er die Vermeidung der Inanspruchnahme der Leistungsträger von Personen, bei denen der Zweck der rentenrechtlichen Rehabilitation aufgrund ihres praktisch bereits dauerhaften Ausscheidens aus dem Erwerbsleben nicht mehr erreicht werden kann.[392]

III. Systematisierung der Leistungen

17 Das Spektrum der Leistungen der gesetzlichen Rentenversicherung ist ausweislich der Regelung des § 23 Abs. 1 Nr. 1 SGB I recht umfangreich. Zur Wahrung der Übersicht ist es zweckmäßig, eine Systematisierung der dort aufgeführten Leistungen vorzunehmen. Dabei kommen verschiedene Gesichtspunkte in Betracht.

1. Differenzierung nach Funktionen

18 Die Leistungen der gesetzlichen Rentenversicherung können nach ihrer Funktion und ihrer Zielrichtung unterschieden werden. Zu trennen sind **Präventions-**, **Restitutions-** und **Kompensationsleistungen**.

19 Präventionsleistungen dienen der **Schadensverhütung** und setzen regelmäßig die Gefährdung eines geschützten Rechtsguts voraus. Zu diesen Leistungen zählen zunächst die Leistungen zur Teilhabe. Dies gilt jedoch nur für die auf die Erhaltung der Erwerbsfähigkeit des Versicherten gerichteten medizinischen, berufsfördernden und ergänzenden Leistungen, vgl. § 23 Abs. 1 Nr. 1 lit. a Alt. 1 SGB I. Ziel ist die **Vermeidung** des vorzeitigen **Ausscheidens** des Versicherten aus dem **Erwerbsleben**. Darüber hinaus besitzen einen präventiven Charakter die sonstigen Leistungen in Form der stationären medizinischen Leistungen zur Sicherung der Erwerbsfähigkeit bei gesundheitsgefährdender Beschäftigung, vgl. § 31 Abs. 1 S. 1 Nr. 2 SGB VI.

20 Restitutionsleistungen sind auf die **Beseitigung von Schäden** gerichtet; es geht um den **Ausgleich der erlittenen immateriellen Schäden**. Da derartige Leistungen zugleich regelmäßig eine drohende Verschlimmerung verhindern sollen, besitzen sie insoweit auch eine präventive Funktion. Zu den Restitutionsleistungen gehören die Leistungen zur Teilhabe, vorausgesetzt sie werden zur Besserung und Wiederherstellung der Erwerbsfähigkeit gewährt (vgl. § 23 Abs. 1 Nr. 1 lit. a Alt. 2, 3 SGB I). Im Vordergrund steht dabei die dauerhafte (Wieder-)Eingliederung des Versicherten in das Erwerbsleben.

21 Ebenfalls der **Schadensbeseitigung** dienen die Kompensationsleistungen. Anders als die Restitutionsleistungen sind sie jedoch grds. auf den **Ausgleich von** materiellen **Nachteilen** gerichtet, die infolge der Teilnahme an Rehabilitationsleistungen oder der Verwirklichung anderer versicherter

387 Hauck/Noftz § 103 SGB VI Rn. 1.
388 Louven, DRV 1982, 361 ff.
389 BSG 25.6.1964 BSGE 21, 163.
390 Hauck/Noftz § 103 SGB VI Rn. 5.
391 HS-RV/Köbl § 22 Rn. 82.
392 HS-RV/Köbl § 22 Rn. 102.

Risiken entstehen (**mittelbare Schäden**). Demzufolge können sie auch gleichzeitig mit Präventions- und Restitutionsleistungen erforderlich werden.

22 Zu den Kompensationsleistungen zählen zum einen das **Übergangsgeld** gem. § 20 SGB VI, welches während der Teilnahme an einer Teilhabeleistung gewährt wird, und zum anderen **ergänzende Leistungen** gem. nach § 28 SGB VI i. V. m. §§ 44 Abs. 1 Nr. 2 bis Nr. 6, Abs. 2, 53, 54 SGB IX, wie bspw. die Haushaltshilfe, welche im selben Zeitraum erbracht werden kann. Im ersten Fall soll die wirtschaftliche Versorgung der Rehabilitanden innerhalb dieses Zeitraumes sichergestellt werden.[393] Bei der Haushaltshilfe steht bspw. dagegen die tatsächliche Unterstützung im Vordergrund, um den Erfolg der Rehabilitationsleistungen sicherstellen zu können.

23 Das bedeutendste Beispiel für die Kompensationsleistungen stellen hingegen die **Versicherten- und Hinterbliebenenrenten** dar. Sie sollen die durch den Eintritt des Versicherungsfalles entstandene Versorgungslücke bzw. den Versorgungsengpass schließen. Daher kommt ihnen eine Lohnersatz- bzw. Unterhaltsersatzfunktion zu. Zu erwähnen sind zudem die Zusatzleistungen, insbesondere der Zuschuss gem. § 106 SGB VI zur Krankenversicherung an freiwillig gesetzlich oder privat krankenversicherte Rentenbezieher. Die Regelung dient dem Ausgleich der finanziellen Belastung durch Beiträge zur Kranken-versicherung, die auf dem Rentenbezug beruhen, sowie der Gleichbehandlung mit in der GKV pflichtversicherten Rentnern.[394]

24 In diesem Kontext sei schließlich noch auf die **Rentenabfindung von Witwen und Witwern** gem. § 107 SGB VI hingewiesen. Sie erfolgt gem. § 115 SGB VI i. V. m. § 19 SGB IV auf Antrag u. a. bei der ersten Wiederheirat bzw. ersten Wiederbegründung einer Lebenspartnerschaft.

2. Differenzierung nach Art der Leistung

25 Als weiteres Differenzierungskriterium bietet sich die Art der Leistung an. Danach können **Geld-, Sach- bzw. Dienstleistungen** unterschieden werden. Die Abgrenzung geht indes weitgehend konform mit der Unterscheidung von Leistungen zur Teilhabe und Rentenleistungen. Während es sich mit Ausnahme des zuvor erwähnten Übergangsgeldes nach § 20 SGB VI im Bereich der Teilhabeleistungen nahezu ausschließlich um Sach- bzw. Dienstleistungen handelt, zählen die verschiedenen Renten und Zusatzleistungen zu den Geldleistungen.

§ 50 Leistungen zur Teilhabe

Literatur: LEOPOLD, Ein großes Spektrum an unterschiedlichen Leistungen, WzS 2021, 45 ff.; RULAND/BECKER/AXER (Hrsg.), Sozialrechtshandbuch, 7. Aufl. 2022, § 27; RICHTER (Hrsg.), Rehabilitationsrecht, 2008.

I. Überblick über die Leistungen

1 Nach § 9 Abs. 1 S. 1 SGB VI erbringt die Rentenversicherung Leistungen zur Prävention (§ 14 SGB VI), Leistungen zur medizinischen Rehabilitation (§ 15 SGB VI), Leistungen zur Teilhabe am Arbeitsleben (§ 16 SGB VI), Leistungen zur Nachsorge (§ 17 SGB VI), ergänzende Leistungen (§§ 28 SGB VI) oder zahlt unter bestimmten Voraussetzungen ein Übergangsgeld (§ 20 SGB VI). All diese Leistungen dienen dazu, **die Erwerbsfähigkeit des Versicherten zu erhalten, zu bessern oder wiederherzustellen** und damit ein dauerhaftes vorzeitiges Ausscheiden aus dem Erwerbsleben zu verhindern. Damit ist die Aufgabe der Teilhabeleistungen vergleichsweise eng gefasst; im Bereich der Unfall- oder Krankenversicherung steht demgegenüber die Erhaltung bzw. Wiederherstellung der Gesundheit

393 Kreikebohm/Roßbach/ZABRE § 20 SGB VI Rn. 1.

394 Zur Beitragstragung in diesem Falle s. § 249a SGB V; HAUCK/NOFTZ § 106 SGB VI Rn. 2.

und damit die (Wieder-)Eingliederung des Versicherten in das Gemeinschaftsleben im Vordergrund. Obwohl in § 9 Abs. 1 SGB VI nicht erwähnt, zählen auch die bereits genannten sonstigen Leistungen nach § 31 SGB VI zu den Leistungen zur Teilhabe.

Die §§ 9ff. SGB VI haben durch das am 1.7.2001 in Kraft getretene SGB IX[395] wesentliche Verände- 2
rungen erfahren. Dieses Gesetz hat das bisher für die einzelnen Zweige der Sozialversicherung gesondert geregelte Rehabilitationsrecht auf eine einheitliche Grundlage gestellt.

II. Die Leistungen im Einzelnen

1. Leistungen zur Prävention

Die Leistungen zur Prävention wurden durch das Flexirentengesetz vom 8.12.2016[396] zum 14.12.2016 3
aus den in § 31 SGB VI geregelten „Sonstigen Leistungen" herausgelöst und in § 14 SGB VI normiert. Die neue Regelung war erforderlich, da die Leistungen der Rentenversicherung zur Prävention in den letzten Jahren kontinuierlich an Bedeutung gewonnen haben. Da in Zukunft die Leistungen zur Prävention noch wichtiger werden, um den zu erwartenden Anstieg der Krankheits- und Rehabilitationskosten einzudämmen und die Erwerbstätigkeit der Versicherten so frühzeitig wie möglich zu sichern, war es notwendig, die gesetzlichen Ansprüche der Versicherten auf Präventionsleistungen der gesetzlichen Rentenversicherung festzulegen. Zugleich waren diese Leistungen von den Präventionsleistungen anderer Rehabilitationsträger, zum Beispiel der Träger der gesetzlichen Kranken- und Unfallversicherung abzugrenzen.[397]

Durch die eigenständige Regelung entfällt zugleich die Begrenzung der Ausgaben der Rentenver- 4
sicherung für die Leistungen zur Prävention, die sich bisher aus § 31 Abs. 3 SGB VI ergab. Hierdurch wird der bisher bereits geltende Grundsatz „Prävention vor Rehabilitation vor Rente" weiter gestärkt.[398]

Nach § 14 Abs. 1 Satz 1 SGB VI sollen medizinische Leistungen zur Sicherung der Erwerbsfähig- 5
keit erbracht werden, sobald Versicherte erste gesundheitliche Beeinträchtigungen aufweisen. Erste gesundheitliche Beeinträchtigungen sind dabei beispielsweise erste beginnende Funktionsstörungen von Bewegungsorganen oder inneren Organen oder psychische Beeinträchtigungen. Diese können sich durch Faktoren aus dem Arbeitsfeld ergeben, etwa Art und Umfang der Arbeitsbelastung oder Lärm am Arbeitsplatz und beispielsweise anlässlich einer arbeitsmedizinischen Vorsorge nach der Verordnung zur arbeitsmedizinischen Vorsorge (ArbMedVV) festgestellt werden. Gesundheitliche Beeinträchtigungen können ihre Ursache aber auch in der Person des Beschäftigten haben, zum Beispiel wie er regelmäßig mit emotional belastenden Situationen im Berufsfeld umgeht oder schwierige persönliche Lebensumstände bewältigt.[399]

Die Bedeutung der Präventionsleistungen unterstreicht der mit dem Gesetz Digitale Rentenüber- 6
sicht[400] eingefügte § 14 Abs. 1 S. 2 SGB VI: Wird ein Anspruch auf Leistungen zur medizinischen Rehabilitation nach § 15 Abs. 1 i. V. m. § 10 Abs. 1 SGB VI abgelehnt, hat der Träger der Rentenversicherung über die Leistungen zur Prävention zu beraten.

Die persönlichen Voraussetzungen sowie Art und Umfang der medizinischen Leistungen werden 7
durch die „Gemeinsame Richtlinie der Träger der Rentenversicherung nach § 14 Abs. 2 SGB VI über medizinische Leistungen für Versicherte, die erste gesundheitliche Beeinträchtigungen aufweisen, die die ausgeübte Beschäftigung gefährden" (**Präventionsrichtlinie**) vom 28.6.2018 festgelegt. Die Präventionsrichtlinie ist gem. § 14 Abs. 2 S. 3 SGB VI regelmäßig an den medizinischen Fortschritt

---

395 Gesetz vom 19.6.2001, BGBl. I S. 1046ff.

396 BGBl. I S. 2838.

397 BT-Dr. 18/9787 S. 32; s.a. BSG 16.6.2015 SozR 4-2600 § 10 Nr. 3 m. Anm. Temming, SGb 2018, 112.

398 BT-Dr. 18/9787 S. 32.

399 BT-Dr. 18/9787 S. 32f.

400 BGBl. I 2021 S. 154; s.a. Beuttler-Bohn/Weniger, SuP 2021, 20ff.

und die gewonnenen Erfahrungen im Benehmen mit dem Bundesministerium für Arbeit und Soziales anzupassen.

2. Leistungen zur medizinischen Rehabilitation

8 Die von den Trägern der Rentenversicherung zu erbringenden Leistungen zur medizinischen Rehabilitation bestimmen sich gem. § 15 Abs. 1 S. 1 SGB VI nach den §§ 42 bis 47 SGB IX, ausgenommen der Leistungen nach § 42 Abs. 2 Nr. 2 und § 46 SGB IX. Derartige Leistungen umfassen insbesondere gem. § 42 Abs. 2 Nr. 1 SGB IX die Behandlung durch Ärzte oder Angehörige anderer Heilberufe sowie die Versorgung mit Arznei-, Verbands-, Heil- und Hilfsmitteln. Die Leistungen können sowohl ambulant als auch stationär erbracht werden; bei gleichen Erfolgsaussichten entscheidet der Grundsatz der wirtschaftlichen Leistungserbringung.[401] Für stationäre medizinische Leistungen ist gem. § 32 SGB VI ggf. eine Zuzahlung zu leisten.

9 Nach § 13 Abs. 2 SGB VI erbringt der Träger der Rentenversicherung keine Leistungen zur medizinischen Rehabilitation, wenn der Versicherte wegen einer Krankheit akut behandlungsbedürftig ist, außer die Behandlungsbedürftigkeit tritt während der Rehabilitationsmaßnahme ein (Nr. 1). Ebenso kommen derartige Leistungen nicht in Betracht, wenn eine Krankenhausbehandlung erforderlich ist (Nr. 2) oder die betreffende Leistung nicht dem allgemein anerkannten Stand medizinischer Kenntnisse entspricht (Nr. 3).

10 § 13 Abs. 2 SGB VI betrifft nicht nur eine Abgrenzung der Leistungszuständigkeit der Rentenversicherungsträger gegenüber derjenigen der Krankenkassen, sondern stellt vielmehr eine **umfassende Ausschlussklausel** dar, die sich beispielsweise auch auf das Verhältnis zu den Trägern der Sozialhilfe auswirkt.[402] Eine weitere wichtige Zuständigkeitsregel der Rehabilitationsträger findet sich in § 14 SGB IX.[403]

11 Durch das Flexirentengesetz vom 8.12.2016[404] sind auch Leistungen zur Kinderrehabilitation durch § 15a SGB VI zum 14.12.2016 als Pflichtleistungen ausgestaltet worden. Da ein Wechsel im Krankheitsspektrum von Kindern und Jugendlichen zu beobachten ist, war es erforderlich, Rahmenbedingungen zu schaffen, damit alle Kinder und Jugendlichen die notwendigen Leistungen in Anspruch nehmen können. Während akute Erkrankungen und Infektionskrankheiten durch eine gute medizinische Versorgung an Bedeutung verlieren, führen zunehmend chronische Erkrankungen, psychische Auffälligkeiten und lebensstilbedingte Gesundheitsrisiken und Entwicklungsverzögerungen zu einer höheren Inanspruchnahme von medizinischen Leistungen. Insbesondere bei chronisch erkrankten Kindern ist davon auszugehen, dass früh einsetzende Leistungen zur Kinderrehabilitation einen positiven Einfluss auf ihre spätere Erwerbsfähigkeit haben.[405]

3. Leistungen zur Teilhabe am Arbeitsleben

12 Die Leistungen zur Teilhabe am Arbeitsleben sind gem. § 16 SGB VI nach den §§ 49 bis 54, 57, 60 SGB IX zu erbringen. Dabei ist zu beachten, dass ein Anspruch auf Leistungen zur Teilhabe am Arbeitsleben nicht voraussetzt, dass der Versicherte in einem Ausbildungsberuf tätig war und Berufsschutz genießt.[406] Leistungen zur Teilhabe umfassen insbesondere Hilfen zur Erhaltung des vorhandenen oder Erlangung eines neuen Arbeitsplatzes, vgl. § 49 Abs. 3 Nr. 1 SGB IX. Letztere sind nicht nur auf einen Arbeitsplatz im bisherigen Betrieb beschränkt, z. B. im Wege der Umsetzung, sondern schließen ggf. auch die Vermittlung auf Arbeitsplätze in andere Betriebe ein. Ebenfalls Leistungen

401 BeckOGK/Kater § 13 SGB VI Rn. 23.
402 BSG 6.5.1998 BSG SozR 3-2600 § 13 Nr. 1.
403 Dazu BSG 21.8.2008 SGb 2008, 592.
404 BGBl. I S. 2838.
405 BT-Drs. 18/9787 S. 34.
406 BSG 17.10.2006 SozR 4-2600 § 10 Nr. 2.

zur Teilhabe am Arbeitsleben sind die Leistungen zur Berufsvorbereitung gem. § 49 Abs. 3 Nr. 2 SGB IX sowie berufliche Ausbildungs-, Fortbildungs- und Umschulungsmaßnahmen (Nr. 3, 4). **Adressaten** dieser Form der Teilhabeleistungen sind in erster Linie diejenigen Versicherten, die trotz Ausschöpfung der medizinischen Möglichkeiten aus dem Erwerbsleben auszuscheiden drohen, da sie ihre bisher ausgeübte Tätigkeit in dieser Form nicht mehr verrichten können.[407]

4. Leistungen zur Nachsorge

Neben den Leistungen zur Prävention sind auch die Leistungen zur Nachsorge durch das Flexirentengesetz vom 8.12.2016[408] zum 14.12.2016 aus den in § 31 SGB VI geregelten „Sonstigen Leistungen" herausgelöst worden. § 17 Abs. 1 SGB VI regelt nunmehr die Verpflichtung der Träger der Rentenversicherung, im Anschluss an eine von ihnen erbrachte Leistung zur Teilhabe nachgehende Leistungen zu erbringen, um den Erfolg der vorausgegangenen Leistung zur Teilhabe zu sichern. 13

Die Aufnahme der eigenständigen Regelung in den Leistungskatalog war erforderlich, um der zunehmenden Bedeutung der Nachsorgeleistung Rechnung zu tragen und ihre Erbringung zu fördern. Viele körperliche und psychische Erkrankungen erfordern eine gesundheitsbezogene Veränderung des bisherigen Verhaltens- und Lebensstils der betroffenen Versicherten. Die notwendigen Veränderungen des Verhaltens- und Lebensstils können allerdings oftmals im Rahmen von Leistungen zur Teilhabe nicht ausreichend verfestigt werden, da sie nur für einen bestimmten Zeitraum erbracht werden können. Die gesetzliche Regelung hat zum Ziel, dass die Träger der Rentenversicherung ihren Versicherten bundesweit ein möglichst einheitliches Angebot an Nachsorgeleistungen zur Verfügung stellen, das dem individuellen Nachsorgebedarf gerecht wird.[409] 14

Entsprechend werden auch hier die persönlichen Voraussetzungen sowie Art und Umfang der Leistungen durch eine gemeinsame Richtlinie der Träger der Rentenversicherung geregelt. Die „Gemeinsame Richtlinie der Träger der Rentenversicherung nach § 17 Abs. 2 SGB VI für Leistungen zur Nachsorge" (**Nachsorge-Richtlinie**) vom 11.5.2017 ist gem. § 17 Abs. 2 S. 3 SGB VI ebenfalls regelmäßig an den medizinischen Fortschritt und die gewonnenen Erfahrungen im Benehmen mit dem Bundesministerium für Arbeit und Soziales anzupassen. 15

Durch die eigenständige Regelung entfällt – wie auch bei den Leistungen zur Prävention – zugleich die Begrenzung der Ausgaben der Rentenversicherung für die Leistungen zur Prävention, die sich bisher aus § 31 Abs. 3 SGB VI ergab; der bisher bereits geltende Grundsatz „Prävention vor Rehabilitation vor Rente" wird weiter gestärkt.[410] 16

5. Weitere Leistungen

Neben die bereits angesprochenen Leistungen zur Teilhabe treten die **ergänzenden Leistungen** gem. § 28 SGB VI und die **sonstigen Leistungen** gem. § 31 SGB VI. Die ergänzenden Leistungen zur Teilhabe dienen der Sicherstellung einer erfolgreichen Durchführung der Leistungen zur Teilhabe. Es handelt sich um **akzessorische Leistungen**, d.h., sie können nur in Verbindung mit einer „Hauptleistung" (Leistung zur Prävention, zur medizinischen Rehabilitation, zur Nachsorge oder zur Teilhabe am Arbeitsleben) erbracht werden. Erforderlich ist die tatsächliche Durchführung der Hauptleistung, was insbesondere eine Teilnahme des Versicherten voraussetzt.[411] Die Bewilligung der ergänzenden Leistungen steht nicht im Ermessen des zuständigen Rentenversicherungsträgers. Vielmehr hat der Versicherte bei Vorliegen der Voraussetzungen einen **Rechtsanspruch** auf die jeweilige Leistung.[412] 17

---

407 Igl/Welti § 34 Rn. 11.
408 BGBl. I S. 2838.
409 BT-Dr. 18/9787 S. 36.
410 BT-Dr. 18/9787 S. 36.
411 Vgl. für das Übergangsgeld BSG 21.3.2001 SozR 3-2600 § 20 Nr. 1; BeckOGK/Kater § 28 SGB VI Rn. 3.
412 BeckOGK/Kater § 28 SGB VI Rn. 4.

18 Zu den ergänzenden Leistungen gehört insbesondere das **Übergangsgeld** nach § 20 SGB VI. Hier genügt als Hauptleistung die Erbringung einer sonstigen Leistung zur Teilhabe.[413] Besteht der Anspruch dem Grunde nach, ist das Übergangsgeld nach Maßgabe des § 21 SGB VI zu leisten. Es besitzt Entgeltersatzfunktion. Denn bezweckt ist die wirtschaftliche Absicherung des Versicherten während der Inanspruchnahme von Teilhabeleistungen.[414]

> „Das Übergangsgeld stellt eine ergänzende, unselbständige Leistung mit Lohnersatzfunktion dar, durch welche der Verlust des Arbeitseinkommens während und infolge der Durchführung einer Rehabilitationsmaßnahme ersetzt werden soll und die deswegen im Regelfall nur zusammen mit der eigentlichen Rehabilitationsleistung zu gewähren ist. Der Anspruch auf Übergangsgeld entsteht erst mit Durchführung der Rehabilitationsmaßnahme; ‚Versicherungsfall' als Rechtsgrund für die Gewährung von Übergangsgeld [...] ist allein die Maßnahme."[415]

19 Darüber hinaus richten sich die ergänzenden Leistungen gem. § 28 SGB VI nach § 64 Abs. 1 Nr. 2 bis 6 und Abs. 2 SGB IX sowie nach den § 73, § 74 SGB IX. Die Aufzählung ist abschließend.[416] Im Vordergrund stehen **Sachleistungen** wie die Stellung einer Haushaltshilfe und der Rehabilitationssport; in Betracht kommen aber auch **Geldleistungen**, wie bspw. die Übernahme von Kosten der Kinderbetreuung und Reisekosten.

20 Die **sonstigen Leistungen** sind in § 31 Abs. 1 SGB VI normiert. Aufgrund der Herausnahme der Leistungen der Prävention, Kinderrehabilitation und Nachsorge musste § 31 SGB VI durch das Flexirentengesetz vom 8.12.2016[417] zum 14.12.2016 notwendig neu gefasst werden. Erbracht werden können nun neben Leistungen zur Eingliederung von Versicherten in das Erwerbsleben (§ 31 Abs. 1 S. 1 Nr. 1 SGB VI) auch onkologische Nachsorgeleistungen (Nr. 2). Hierbei handelt es sich um eine spezielle Leistung der onkologischen Rehabilitation, da sie nicht nur erbracht wird, um die Erwerbsfähigkeit der Versicherten zu sichern, sondern auch in anderen Fällen. Darüber hinaus werden die Träger der Rentenversicherung ermächtigt, Zuwendungen für Einrichtungen (Nr. 3) zu erbringen, die auf dem Gebiet der Rehabilitation forschen oder die Rehabilitation fördern. Die Inanspruchnahme sonstiger stationärer Leistungen kann für Versicherte oder Bezieher einer Rente eine Zuzahlungspflicht begründen, vgl. § 32 Abs. 2 SGB VI.

21 Der **Umfang der finanziellen Mittel war** für einige sonstige Leistungen gem. § 31 Abs. 3 SGB VI a.F. **begrenzt**. Mit der Neufassung der Norm entfällt diese Begrenzung der Aufwendungen, um der gewachsenen Bedeutung dieser Leistung Rechnung zu tragen und den Grundsatz „Prävention vor Rehabilitation vor Rente" erheblich zu stärken. Zugleich erhalten die Träger der Rentenversicherung mehr Entscheidungsspielraum und es wird Verwaltungsaufwand abgebaut.[418]

III. Voraussetzungen für die Leistungserbringung

22 Die Rentenversicherungsträger erbringen Leistungen zur Teilhabe, wenn der Versicherte die **persönlichen** und die **versicherungsrechtlichen Voraussetzungen** erfüllt hat und die Erbringung nicht ausgeschlossen ist, vgl. §§ 10 bis 12 SGB VI. Für sonstige Leistungen besteht mit § 31 Abs. 2 S. 1 und S. 2 SGB VI eine Sonderregelung.

---

413 Vgl. BSG 29.1.2008 SGb 2008, 172f. zu einem Anerkennungspraktikum, das die Voraussetzungen des § 16 SGB VI nicht erfüllt.

414 BSG 27.4.1982 SozR 2200 § 1241 Nr. 21.

415 BSG 27.4.1982 SozR 2200 § 1241 Nr. 21.

416 Kreikebohm/Roßbach/Zabre § 28 S. VI Rn. 1; BeckOGK/Kater § 28 SGB VI Rn. 3.

417 BGBl. I S. 2838.

418 BT-Drs. 18/9787 S. 37.

1. Persönliche Voraussetzungen

Versicherte haben gem. § 10 Abs. 1 SGB VI die persönlichen Voraussetzungen erfüllt, wenn ihre Erwerbsfähigkeit wegen Krankheit oder Behinderung erheblich gefährdet oder gemindert ist und zusätzlich die Erwerbsfähigkeit durch Teilhabeleistungen voraussichtlich erhalten, wesentlich gebessert oder wiederhergestellt werden bzw. eine wesentliche Verschlechterung der Erwerbsfähigkeit abgewendet werden kann.[419] Ist keine wesentliche Besserung der Erwerbsfähigkeit in Aussicht, werden die persönlichen Voraussetzungen erfüllt, wenn der bisherige Arbeitsplatz erhalten werden kann oder ein anderer in Aussicht stehende Arbeitsplatz erlangt werden kann, § 10 Abs. 1 Nr. 2 lit. c SGB VI. 23

Bei der Beurteilung, ob die Erwerbstätigkeit bedroht oder beeinträchtigt ist, ist ohne zeitliche Beschränkung regelmäßig an die letzte versicherungspflichtige Tätigkeit anzuknüpfen.[420] 24

Unter Erwerbsfähigkeit versteht man die **Fähigkeit** des Versicherten, **sich unter Ausnutzung sämtlicher**, sich ihm nach seinen Kenntnissen sowie körperlichen und geistigen **Fähigkeiten** im Bereich des wirtschaftlichen Lebens bietender Arbeitsgelegenheiten **einen Erwerb zu verschaffen**. Indes ist für die Erbringung von Leistungen zur Teilhabe nicht auf diese allgemeine Definition abzustellen. **Entscheidend ist** vielmehr **die bisherige Tätigkeit** des Versicherten. Eine erhebliche Gefährdung oder Minderung der Erwerbsfähigkeit im Hinblick auf diese Tätigkeit genügt daher.[421] Dabei kommt eine Verweisung auf zumutbare ähnliche Tätigkeiten nicht in Betracht.

Die Erwerbsfähigkeit ist erheblich **gefährdet**, wenn nach ärztlicher Feststellung in absehbarer Zeit mit einer Minderung der Leistungsfähigkeit im Erwerbsleben gerechnet werden muss. Ist die Leistungsfähigkeit dagegen derart eingeschränkt, dass der Versicherte seinen Beruf nicht mehr in der bisherigen Form ausüben kann, liegt bereits eine geminderte Erwerbsfähigkeit vor.[422] Im Übrigen müssen Gefährdung bzw. Minderung stets **von gewissem Gewicht und gewisser Dauer** sein;[423] insbesondere genügt weder die bloße Möglichkeit einer Gefährdung noch reicht eine kurze vorübergehende Minderung aus. 25

Unter **Krankheit** i. S. d. Rentenversicherungsrechts ist **jeder regelwidrige Körper- oder Geisteszustand** zu verstehen; nicht ausreichend sind dagegen der bloße Krankheitsverdacht und das Nachlassen der Fähigkeiten wegen Alters.[424] Im Unterschied zur gesetzlichen Krankenversicherung müssen aber nicht zusätzlich Behandlungsbedürftigkeit oder Arbeitsunfähigkeit vorliegen.[425] 26

Eine **Behinderung** liegt vor, wenn Menschen körperliche, seelische, geistige oder Sinnesbeeinträchtigungen haben, die sie in Wechselwirkung mit einstellungs- und umweltbedingten Barrieren an der gleichberechtigten Teilhabe an der Gesellschaft mit hoher Wahrscheinlichkeit länger als sechs Monate hindern können, vgl. § 2 Abs. 1 S. 1 SGB IX. 27

§ 10 Abs. 1 Nr. 1 SGB VI verlangt, dass die Erwerbsfähigkeit gerade **wegen** Krankheit oder Behinderung erheblich gefährdet oder gemindert ist. Für die Feststellung der danach erforderlichen Kausalität kann auf die von der Rechtsprechung für den Bereich der Unfallversicherung entwickelte **Theorie der wesentlichen Bedingung** zurückgegriffen werden. Demnach reicht es aus, wenn die Gesundheitsstörung zu der Beeinträchtigung zumindest wesentlich beigetragen hat.[426] 28

Die Leistung zur Teilhabe muss im Hinblick auf das angestrebte und in § 10 Abs. 1 Nr. 2 SGB VI genannte Ziel der positiven Erfolgsprognose erfolgversprechend sein. Bei der vorzunehmenden Prognose sind die besonderen **Umstände des Einzelfalls**, insbesondere das Leiden des Versicherten, 29

---

419 Zu den Besonderheiten für im Bergbau Beschäftigte vgl. § 10 Abs. 2 SGB VI.
420 BSG 12.3.2019 SozR 4-2600 § 10 Nr. 4.
421 BSG 29.3.2006 SozR 4-2600 § 10 Nr. 1; BSG 14.3.1979 SozR 2200 § 1237a Nr. 6.
422 BeckOGK/Kater § 10 SGB VI Rn. 20 f.
423 BSG 18.2.1981 SozR 2200 § 1236 Nr. 31.
424 BSG 27.6.1968 BSGE 28, 137, 138 f.
425 BSG 25.5.1961 BSGE 14, 207, 211; hier besteht ein Gleichlauf zum Arbeitsrecht, vgl. ErfK/Reinhard, § 3 EFZG Rn. 7.
426 BSG 11.12.1969 BSGE 30, 167, 177 f.

seine persönlichen Verhältnisse und seine Bereitschaft zur Mitwirkung, zu berücksichtigen.[427] Eine Bewilligung kommt nur dann in Betracht, wenn im Zeitpunkt der Entscheidung über den Antrag deutlich mehr für als gegen den Erfolg der Leistung spricht.[428]

2. Versicherungsrechtliche Voraussetzungen

30 Versicherte erfüllen nach der Grundsatznorm des § 11 Abs. 1 SGB VI die versicherungsrechtlichen Voraussetzungen für Leistungen zur Teilhabe, wenn sie bei Antragstellung entweder die **Wartezeit von 15 Jahren** erfüllt haben oder eine **Rente wegen verminderter Erwerbsfähigkeit** beziehen. Sowohl für die Inanspruchnahme von Leistungen zur Prävention und zur medizinischen Rehabilitation als auch von Leistungen zur Teilhabe am Arbeitsleben sieht das Gesetz jedoch in § 11 Abs. 2, 2a SGB VI deutlich erleichterte Voraussetzungen vor. Für Leistungen nach § 15a SGB VI an Kinder von Versicherten sind die Voraussetzungen durch den Versicherten zu erfüllen, § 11 Abs. 2 S. 4 SGB VI.

31 Die **Wartezeit** ist für den Bereich der Rentenleistungen gem. § 34 Abs. 1 SGB VI definiert als die erforderliche Mindestversicherungszeit. Diese Legaldefinition beansprucht jedoch auch im Bereich der Leistungen zur Teilhabe Geltung; die Einordnung bei den Rentenleistungen ist ausschließlich historisch bedingt. Ebenso ist auf die dort geregelten Vorschriften über **anrechenbare Zeiten** zurückzugreifen. Auf die Wartezeit von 15 Jahren werden daher gem. § 51 Abs. 1, 4 SGB VI Kalendermonate mit Beitragszeiten i. S. d. § 55 SGB VI und Ersatzzeiten nach § 250, § 251 SGB VI angerechnet.

32 Auch überlebende Ehegatten, die gem. § 46 Abs. 2 S. 1 Nr. 3 SGB VI einen Anspruch auf eine große Witwen- bzw. Witwerrente wegen verminderter Erwerbsfähigkeit haben, erfüllen gem. § 11 Abs. 3 S. 1 SGB VI die versicherungsrechtlichen Voraussetzungen. Nicht erforderlich ist hierbei, ob ein Rentenbescheid bereits ergangen ist. Auch ist es nicht schädlich, wenn die Rente wegen eigenem Einkommen ruht. Sie gelten darüber hinaus nach § 11 Abs. 3 S. 2 SGB VI im Bereich der Leistungen zur Teilhabe als Versicherte, obwohl bei ihnen selbst die Versicherteneigenschaften fehlen.

33 Nach dem Wortlaut findet die Regelung des § 11 Abs. 3 SGB VI keine Anwendung auf **überlebende Partner einer eingetragenen Lebenspartnerschaft**. Daran hat sich durch das Gesetz zur Überarbeitung des Lebenspartnerschaftsrechts vom 15.12.2004[429] nichts geändert, denn eine gesetzliche Fiktion – wie sie bspw. § 46 Abs. 4, § 47 Abs. 4, § 120d Abs. 1 S. 3 SGB VI normieren – findet sich im Bereich der Leistungen zur Teilhabe nicht.

34 Ein sachlicher Grund für die Nichteinbeziehung ist nicht ersichtlich. Zwar dürfte es sich nicht nur aus diesem Grund um eine unbewusste Regelungslücke handeln, dafür sprechen insbesondere der Zweck der Teilhabeleistungen und ihr Vorrang vor den Rentenleistungen; eine **analoge Anwendung** der Vorschrift **kommt** jedoch angesichts der sich ausschließenden Rechtsinstitute „Ehe“ und „Lebenspartnerschaft“ **nicht in Betracht**.[430] Hier ist ausschließlich der **Gesetzgeber aufgerufen**, um der ansonsten willkürlichen Nichteinbeziehung der Lebenspartner zu begegnen. Prüfungsmaßstab dürfte allein der allgemeine Gleichheitssatz des Art. 3 Abs. 1 GG sein.

3. Kein Ausschluss von Leistungen

35 Die Erbringung von Leistungen zur Teilhabe ist an die Voraussetzung geknüpft, dass keiner der in § 12 Abs. 1 SGB VI normierten Ausschlussgründe vorliegt.[431] Die Aufzählung ist abschließend. Wird die Erbringung von Leistungen zur medizinischen Rehabilitation begehrt, ist § 12 Abs. 2 SGB VI zu beachten. Demzufolge kommt die Bewilligung grundsätzlich nur dann in Betracht, wenn zuvor keine derartigen Leistungen durchgeführt wurden oder die Durchführung mindestens vier Jahre zurück-

427 BSG 17.10.2006 SozR 4-2600 § 10 Nr. 2.
428 BSG 17.2.1982 SozR 2200 § 1276 Nr. 6.
429 BGBl. I S. 3396 ff.
430 So zu Hinterbliebenenrenten vor der Reform BSG 29.1.2004 SozR 4-2600 § 46 Nr. 1.
431 BSG 26.7.2007 SozR 4-2600 § 116 Nr. 1; siehe unter § 47 Rn. 11 ff.

liegt. Zu berücksichtigen sind dabei auch die von anderen Rehabilitationsträgern erbrachten Leistungen. Die Vorschrift möchte die wechselweise Inanspruchnahme verschiedener Träger verhindern.[432]

IV. Ermessen des Rentenversicherungsträgers

Die **Leistungen zur Teilhabe** konnten gem. § 9 Abs. 2 SGB VI a.F. erbracht werden, wenn die persönlichen und versicherungsrechtlichen Voraussetzungen erfüllt sind. Das Flexirentengesetz vom 8.12.2016[433] hat nunmehr gesetzlich klargestellt, dass die Träger der Rentenversicherung kein Entschließungsermessen mehr haben. Die Leistungen zur Teilhabe als Pflichtleistungen sind daher zu erbringen, wenn die Voraussetzungen erfüllt sind. Über das „Wie" der Leistungserbringung ist hingegen nach pflichtgemäßem Ermessen zu entscheiden. Der Träger der Rentenversicherung entscheidet folglich nur über Art, Dauer, Umfang, Beginn und Durchführung der Leistung (§ 13 Abs. 1 S. 1 SGB VI). 36

§ 51 Rentenleistungen

Literatur: BENKEL, Nachgefragt: Ist die rentenrechtliche Fiktion der Verschlossenheit des Teilzeitarbeitsmarktes noch gerechtfertigt?, NZS 2000, 131ff.; BIEBACK, Interdependenzen in der sozialen Sicherung, DRV-Schriften, Bd. 60, 2005, 31ff.; BREDT, Verfassungsrechtliche Probleme der nach Ost und West getrennten Rentenberechnung, VSSR 2009, 1ff.; BROSIUS-GERSDORF, Ehe- und familienverfassungsrechtlicher Reformbedarf bei der Witwen- und Witwerrente in der gesetzlichen Rentenversicherung, SGb 2016, 321ff.; BROSIUS-GERSDORF, Aktuelle verfassungsrechtliche Probleme der Rentenversicherung, SGb 2019, 509ff.; DÜNN/BILGEN/HECKENBERGER, Das Grundrentengesetz, DRV 2020, 325ff.; ERWE, Das Zusammentreffen gleichartiger und verschiedenartiger rentenrechtlicher Zeiten, NZS 1995, 1ff.; GASCHE, Intergenerative Verteilungseffekte der (modifizierten) Schutzklausel und der Anhebung des gesetzlichen Renteneintrittsalters, DRV 2007, 158ff.; GRASER/HELMRICH/LINDNER, Ist die Ausnahmeregelung für die Anerkennung der letzten zwei Jahre des Arbeitslosengeldbezugs verfassungskonform?, SozSich 2017, 415ff.; GROSS/BRÜGGEMANN/STREIBELT, Überblick zu Trends und Entwicklungen von Erwerbsminderungsrenten, DRV 2022, 242ff.; HOENIG/KERSCHBAUMER, Rentenzuschuss zur Grundsicherung statt Zuschussrente, SozSich 2012, 263ff.; KECK/KRICKL, „Rente mit 63" – wer profitiert?, RVaktuell 2018, 78; KERSCHBAUMER, Warum eine politische Lösung zur Rentenangleichung Ost dringend erforderlich ist, SozSich 2009, 47ff.; KNIPPING, Der Streit um die Rente wegen Erwerbsminderung – eine statistische Betrachtung, SGb 2006, 653ff.; KÖBL, Der Prokurist als Pförtner?, in: Konzen/Krebber/Raab/Veit/Waas (Hrsg.), FS für Birk, 2008, 385ff.; KÖHLER-RAMA, Risiken des Flexirentengesetzes, SGb 2017, 499ff.; LANGEN, Die neue Rentenanpassung ab 1.7.2001, DAngVers 2001, 239ff.; MAJERSKI-PAHLEN, Die Neuregelung der Renten wegen Erwerbsminderung: Probleme der Rechtsanwendung, NZS 2002, 475ff.; MATLOK/SCHRÖDER, Grundrentengesetz – Was ändert sich für die Rentenversicherung?, RVaktuell 2020, 164ff.; MEY, Erforderlichkeit einer „konkreten Betrachtungsweise" auch nach der Reform der Erwerbsminderungsrenten, SGb 2007, 217ff.; MEYER/BLÜGGEL, Schulische Ausbildungszeiten: Eine „versicherungsfremde Leistung"?, NZS 2005, 1ff.; PFEIFENBRING, Die Verfassungsmäßigkeit der Erziehungsrente nach § 47 SGB VI, 2018; RADEMACKER, Das neue Recht und seine Auswirkungen – Renten wegen verminderter Erwerbsfähigkeit, SozSich 2001, 74ff.; ROLFS, Das Versicherungsprinzip im Sozialversicherungsrecht, 2000; RULAND, Rente für die „nichteheliche Witwe"?, NJW 1995, 3234ff.; RULAND, Rentenversicherung nach der Reform – vor der Reform, NZS 2001, 393ff.; RULAND, Licht – aber auch viel Schatten, SozSich 2001, 43ff.; RULAND, Der Einfluss der Rechtsprechung des Bundessozialgerichts auf das Recht der gesetzlichen Rentenversicherung, in: von Wulffen/Krasney (Hrsg.), Festschrift 50 Jahre Bundessozialgericht, 2004, S. 599ff.; RULAND, Der neue Anpassungsfaktor, DRV 2007, 358ff.; RULAND, Das Flexirentengesetz, SGb 2017, 121ff.; ROLFS, Die neue Flexirente, NZS 2017, 164ff.; RULAND, Neue Regeln für die Rentenanpassung und die Festsetzung des Beitragssatzes in der gesetzlichen Rentenversicherung, SGb 2019, 193ff.; RULAND, Der Kompromiss der Koalition zur Grundrente – der Vorschlag bleibt verfassungswidrig, ineffizient und ungerecht, NZS 2019, 881ff.; SCHEIWE/SCHULER-HARMS/WALLRABENSTEIN, Die Erziehungsrente auf dem Prüfstand, NZS 2012, 601ff.; SCHOTT, Die Rentenanpassung – (k)ein Buch mit sieben Siegeln, SGb 2010, 211ff.; SCHÜSSLER/HUSCHIK/MOOG, Teilanrechnung von Renteneinkommen bei der Grundsicherung (Teil 2), SozSich 2018, 287ff.; SPIOLEK, Benennungspflicht bei Verweisbarkeit auf den allgemeinen Arbeitsmarkt, NZS 1997, 415ff.; STEINER, Berufs- und wirtschaftkundliche Aspekte bei Erwerbsminderungsrenten, SGb 2011, 365ff.; STEINER, Die

432 BeckOGK/KATER § 12 SGB VI Rn. 19; s.a. zu möglichen Erstattungsansprüchen zwischen Sozialversicherungsträgern BSG 14.12.2006 SozR 4-3250 § 14 Nr. 3; BSG 26.6.2007 NZS 2008, 436ff.
433 BGBl. I S. 2838.

Versorgungsehe in der gesetzlichen Rentenversicherung, SGb 2015, 589ff.; TEMMING, Zulässige Übergangszeiten im Recht der Waisenrenten, SGb 2011, 609ff.; WAGNER, Der Grundrenten-Plan der großen Koalition: Praktische und konzeptionelle Probleme und Möglichkeiten, SGb 2020, 65ff.; WALTERMANN, Altersgrenzen und Altersrenten, SR 2014, 66ff.; WELTI, Ein Schritt nach vorne – aber es bleibt noch viel Reformbedarf, SozSich 2019, 338ff.; ZIMMERMANN/HÖNINGER, Die Rentenanpassungen in Deutschland seit der Wiedervereinigung, Zeitschrift für amtliche Statistik Berlin Brandenburg 2017, 34ff.

I. Übersicht über die Rentenarten

1 Die Rentenarten sind im Einzelnen in § 33 SGB VI aufgeführt. In Abweichung von der gesetzlichen Gliederung orientiert sich die vorliegende Darstellung an der zeitlichen Abfolge der Rentenleistungen. Dabei kann zunächst zwischen **Renten an Versicherte** und **Renten an Hinterbliebene** differenziert werden.

1. Renten an Versicherte

2 Zu den Renten an Versicherte zählen die **Renten wegen Alters** und die **Renten wegen verminderter Erwerbsfähigkeit** (§ 33 Abs. 2 und Abs. 3 SGB VI). Letztere sind den Altersrenten zeitlich vorgelagert und werden längstens bis zum Erreichen der Regelaltersgrenze gewährt, vgl. § 43 Abs. 1 S. 1 SGB VI. Bei Erreichen dieser Altersgrenze erfolgt für die Bezieher von Erwerbsminderungsrenten gem. § 115 Abs. 3 S. 1 SGB VI jedoch bei Vorliegen der weiteren Voraussetzungen grundsätzlich eine **Rentenumwandlung von Amts wegen**.

3 Renten wegen verminderter Erwerbsfähigkeit sind gem. § 33 Abs. 3 SGB VI primär die **Rente wegen teilweiser Erwerbsminderung** (§ 43 Abs. 1 SGB VI), die **Rente wegen voller Erwerbsminderung** (§ 43 Abs. 2 SGB VI) sowie die Rente für Bergleute (§ 45 SGB VI). Übergangsweise werden auch noch die Rente wegen teilweiser Erwerbsminderung bei Berufsunfähigkeit (§ 240 SGB VI) und die Rente wegen Berufsunfähigkeit oder Erwerbsunfähigkeit (§ 302b SGB VI) geleistet. Es handelt sich um Sonderregelungen, die den Erwerbsminderungsrenten vorgehen.

4 Nach § 33 Abs. 2 SGB VI sind Renten wegen Alters die **Regelaltersrente** (§ 35 SGB VI), die **Altersrente für langjährig Versicherte** (§ 36 SGB VI), die **Altersrente für schwerbehinderte Menschen** (§ 37 SGB VI), die **Altersrente für besonders langjährig Versicherte** (§ 38 SGB VI, ab dem 1.12.2012) und die Altersrente für langjährig unter Tage beschäftigte Bergleute (§ 40 SGB VI). Darüber hinaus gehören dazu die Altersrente wegen Arbeitslosigkeit oder nach Altersteilzeitarbeit (§ 237 SGB VI) sowie die Altersrente für Frauen (§ 237a SGB VI). Die letzten beiden Rentenarten können jedoch nur von Versicherten in Anspruch genommen werden, die vor 1952 geboren sind. Damit wurden diese Rentenarten mit Wirkung zum 1.1.2017 abgeschafft.

5 Man muss sich immer vor Augen halten, dass die Altersrentenversicherung eine **Risikoversicherung** ist. Verstirbt der Versicherte vor Erreichen der maßgeblichen Altersgrenze, erfolgt **keine Beitragserstattung**. Für nahe Angehörige besteht jedoch möglicherweise ein Anspruch auf eine Rente wegen Todes (§ 33 Abs. 4 SGB VI).

2. Renten an Hinterbliebene

6 Die gesetzliche Rentenversicherung gewährt nicht nur dem Versicherten selbst sozialen Schutz durch Zahlung von Erwerbsminderungs- oder Altersrenten, sondern sichert im Falle seines Todes auch dessen Hinterbliebene ab. Dadurch soll der durch den Tod des Versicherten eingetretene Unterhaltsausfall ausgeglichen werden. In Anknüpfung an das versicherte Risiko ist in § 33 Abs. 4 SGB VI die Rede von **Renten wegen Todes**. Diese umfassen die **kleine und große Witwen- bzw. Witwerrente** (§ 46 Abs. 1, 2 SGB VI), die **Waisenrente** (§ 48 SGB VI) und die **Erziehungsrente** (§ 47 SGB VI).

7 Zu den Renten wegen Todes zählen zudem die Witwen- bzw. Witwerrente an den geschiedenen Ehegatten (§ 243, § 243a SGB VI) sowie die Witwen- bzw. Witwerrente nach dem vorletzten Ehegatten (§ 46 Abs. 3 SGB VI).

Der Begriff „Renten wegen Todes" ist nicht identisch mit dem ebenfalls im SGB VI verwendeten Ausdruck **Hinterbliebenenrenten**, vgl. § 88 Abs. 2, § 93 Abs. 1, 99 Abs. 2 SGB VI. Letztere bilden vielmehr nur eine Teilmenge der Renten wegen Todes. Zu den Hinterbliebenenrenten gehören ausschließlich **Renten, deren Anspruch sich aus der Versicherung des Verstorbenen ableitet**, d.h. die Witwen-, Witwer- und Waisenrenten, vgl. § 66 Abs. 2 Nr. 2 SGB VI. Demgegenüber handelt es sich bei der Erziehungsrente rechtssystematisch um eine Rente aus eigener Versicherung des überlebenden Ehegatten,[434] da sie sich aus seinen persönlichen Entgeltpunkten errechnet, vgl. § 66 Abs. 2 Nr. 1 SGB VI. 8

II. Der Rentenanspruch

1. Zur Systematik des Gesetzes

Bei der Prüfung von Rentenansprüchen sind zum einen der **Anspruch dem Grunde nach** (vgl. § 40 Abs. 1 SGB I) und zum anderen die **Höhe des Anspruchs** zu unterscheiden. Diese Differenzierung liegt auch der Systematik des SGB VI zugrunde. Die allgemeinen und besonderen Voraussetzungen für das Bestehen eines Rentenanspruchs dem Grunde nach enthalten die §§ 34 bis 53 SGB VI. Die allgemeinen Voraussetzungen benennt § 34 SGB VI, die jeweiligen besonderen persönlichen und versicherungsrechtlichen sind – getrennt nach Rentenarten – in den §§ 35ff. SGB VI geregelt. Demgegenüber finden sich die Regelungen über die Höhe des Rentenanspruchs sowie über Rentenanpassungen in den §§ 63ff. SGB VI. 9

Bei den dazwischenliegenden Vorschriften über rentenrechtliche Zeiten – §§ 54 bis 62 SGB VI – ist eine eindeutige Zuordnung nicht möglich. Sie enthalten sowohl **Regelungen über den Rentenanspruch dem Grunde nach** als auch Bestimmungen, die bei der **Berechnung der Rentenhöhe** von Bedeutung sind. 10

2. Voraussetzungen eines Rentenanspruchs

Nach § 34 Abs. 1 SGB VI haben Versicherte und ihre Hinterbliebenen Anspruch auf Rente, wenn die für die jeweilige Rente erforderliche Mindestversicherungszeit (Wartezeit) erfüllt ist und die jeweiligen besonderen versicherungsrechtlichen und persönlichen Voraussetzungen vorliegen. Unter dem Begriff „Anspruch" ist das sog. **Stammrecht** zu verstehen. Dieses ist strikt zu trennen von den regelmäßig wiederkehrenden **Einzelansprüchen auf konkrete Leistungen**. Letztere erwachsen erst aus dem Stammrecht.[435] 11

a) Bestehen eines Versicherungsverhältnisses

Ein Anspruch auf Rentenleistungen kommt nur für Versicherte oder Hinterbliebene einer versicherten Person in Betracht. Erste und allgemeine versicherungsrechtliche Voraussetzung ist daher das Bestehen eines Versicherungsverhältnisses.[436] 12

b) Erfüllung der Wartezeit

aa) Allgemeines

Als weitere allgemeine versicherungsrechtliche Voraussetzung muss die **Wartezeit erfüllt** sein. Nach der Legaldefinition des § 34 Abs. 1 SGB VI ist die Wartezeit die für die jeweilige Rente erforderliche **Mindestversicherungszeit**. Das Gesetz kennt verschieden lange Wartezeiten. Im Bereich der 13

---

434 BT-Drs. 11/4124 S. 164.

435 BSG 4.5.1999 SozR 3-2600 § 34 Nr. 1.

436 Siehe unter § 46 Rn. 116ff.

Renten existieren neben der sog. allgemeinen Wartezeit von fünf Jahren Wartezeiten von 15, 20, 25, 35 und 45 Jahren (letztere ab dem Jahr 2012), vgl. § 50, §§ 237f. SGB VI. Welche Zeit erfüllt sein muss, hängt von der konkret begehrten Rentenart ab.

14 Auch der Zeitpunkt, wann die Wartezeit erfüllt sein muss, bestimmt sich nach der Rentenart. Während die **Renten wegen verminderter Erwerbsfähigkeit und die Renten wegen Todes** die Erfüllung grundsätzlich vor Eintritt des Versicherungsfalles (Erwerbsminderung oder Tod) voraussetzen, d.h. ein Rentenanspruch andernfalls nicht in Betracht kommt, stehen die Voraussetzungen der **Renten wegen Alters** nicht in einem bestimmten zeitlichen Verhältnis. Hat der Versicherte das Renteneintrittsalter erreicht und die Wartezeit aber noch nicht erfüllt, entsteht der Anspruch im Moment der Erfüllung der Wartezeit, wenn die weiteren Voraussetzungen vorliegen.

15 Mindestversicherungszeiten sind **typische Merkmale des Versicherungsprinzips**. Ansprüche gegen einen Versicherungsträger sollen erst dann entstehen, wenn der Versicherte der Versichertengemeinschaft eine bestimmte Zeit angehört und mit seinen Beiträgen zu deren Leistungsfähigkeit beigetragen hat. Zugleich dienen derartige Voraussetzungen dem **Schutz der Versichertengemeinschaft** vor besonders schlechten Risiken sowie vor einer missbräuchlichen Inanspruchnahme.[437]

bb) Art und Weise der Erfüllung

16 Auf welche Weise die verschiedenen Wartezeiten erfüllt werden können, bestimmen die §§ 51 bis 53 SGB VI. Gerechnet wird in Kalendermonaten, der zugleich kleinsten Zeiteinheit in der gesetzlichen Rentenversicherung, vgl. § 122 Abs. 1 SGB VI. Ein Monat kann stets nur einmal auf die Wartezeit angerechnet werden. Dies gilt auch dann, wenn er mit mehreren rentenrechtlich relevanten Zeiten belegt sein sollte.[438]

17 Dem **Versicherungsprinzip** entspricht es am ehesten, wenn die Wartezeit mit Zeiten erfüllt wird, in denen Beiträge entrichtet wurden. Dabei spielt es keine Rolle, ob die Beiträge freiwillig oder aufgrund gesetzlicher Verpflichtung geleistet wurden. Dieser Grundsatz hat in § 51 Abs. 1 SGB VI seinen Niederschlag gefunden. Dort heißt es, dass auf die allgemeine Wartezeit und auf die Wartezeit von 15 und 20 Jahren **Kalendermonate mit Beitragszeiten**[439] angerechnet werden. Für die Wartezeit von 25 Jahren gilt im Grunde nichts anderes, vgl. § 51 Abs. 2 SGB VI.

18 Die Sozialversicherung zeichnet sich aber naturgemäß nicht durch die strikte Geltung des Versicherungsprinzips aus. Wesentlich sind vielmehr die hinzutretenden **Elemente des sozialen Ausgleichs**. Infolgedessen können zum Teil neben Zeiten der Beitragsleistung auch Zeiten bei der Berechnung Eingang finden, in denen keine Beiträge entrichtet wurden. Auf die Wartezeit von 35 Jahren werden bspw. alle **Kalendermonate mit rentenrechtlichen Zeiten** angerechnet, vgl. § 51 Abs. 3 SGB VI. Auf die Wartezeit von 45 Jahren werden u.a. auch **Berücksichtigungszeiten** angerechnet, vgl. § 51 Abs. 3a Satz 1 Nr. 2 i.V.m. § 57 SGB VI. Darüber hinaus bestimmt § 51 Abs. 4 SGB VI, dass auf sämtliche Wartezeiten **Kalendermonate mit Ersatzzeiten** i.S.d. §§ 250, 251 SGB VI anzurechnen sind.[440]

19 Die Rentenversicherung kennt Fälle, in denen zwar keine rentenrechtlich relevanten und nach § 51 SGB VI anrechenbaren Zeiten vorhanden sind, aber gleichwohl Entgeltpunkte erworben wurden. Dazu zählen insbesondere der **Versorgungsausgleich**, das **Rentensplitting** sowie die **geringfügige Beschäftigung**, die nach § 6 Abs. 1b SGB VI von der Versicherungsfreiheit befreit ist. Um darüber hinaus zum Erwerb von Rentenansprüchen beitragen können, müssen die Sachverhalte Einfluss auf die Erfüllung der Wartezeit gewinnen. Zu diesem Zwecke regelt § 52 SGB VI die Umrechnung der erworbenen Entgeltpunkte in Kalendermonate. Die anzurechnende Wartezeit ergibt sich, indem die jeweils übertragenen, begründeten oder ermittelten Entgeltpunkte durch die Zahl 0,0313 geteilt wer-

437 BVerfG 11.11.2008, DVBl. 2009, 117ff.; BSG 21.6.2000 SozR 3-2600 § 53 Nr. 1.

438 Kreikebohm/Roßbach/Dankelmann § 51 SGB VI Rn. 3.

439 Zu den anrechenbaren Zeiten im Konkreten siehe unter § 49 Rn. 54ff.

440 Igl/Welti § 34 Rn. 61.

den. Eine Anrechnung der Wartezeitmonate kann aber nur insoweit erfolgen, als die jeweiligen Kalendermonate nicht bereits auf die Wartezeit anzurechnen sind (**doppelte Begrenzung**).[441]

cc) Vorzeitige Erfüllung der Wartezeit

Vereinzelt sieht das Gesetz ausdrücklich von der Notwendigkeit der tatsächlichen Erfüllung der allgemeinen Wartezeit ab und erklärt diese stattdessen für (vorzeitig) erfüllt. Hinter dieser Durchbrechung des Versicherungsprinzips stehen unterschiedliche Erwägungen. Im Einzelnen: 20

Für einen **Anspruch auf Regelaltersrente** gem. § 35 SGB VI gilt die allgemeine Wartezeit gem. § 50 Abs. 1 S. 2 Nr. 1 SGB VI als erfüllt, wenn der Versicherte bis zum Erreichen der Regelaltersgrenze eine Erwerbsminderungsrente (§ 43, 45, 240 SGB VI) oder Erziehungsrente (§ 47 SGB VI) bezogen hat. Satz 2 Nr. 2 enthält eine entsprechende Fiktion für den **Anspruch auf Hinterbliebenenrente** gem. §§ 46, 48 SGB VI. 21

Die Vorschrift will das **Vertrauen** der Rentenbezieher und künftigen Hinterbliebenen in den Fortbestand dieser Ansprüche **schützen**.[442] Bedeutung erlangt § 50 Abs. 1 S. 2 SGB VI vor allem in denjenigen Fällen, in denen die allgemeine Wartezeit für die vorher bezogene Rente nicht erfüllt wurde, aber nach § 53 SGB VI als erfüllt galt. Da Erwerbsminderungs- und Erziehungsrenten nicht über das Erreichen der Regelaltersgrenze hinaus gezahlt werden und die allgemeine Wartezeit für die nunmehr begehrte Regelaltersrente regelmäßig nicht vorzeitig erfüllt sein dürfte, wäre ein derartiger Anspruch – ohne die Fiktion – zumindest zunächst gescheitert.[443] Insoweit macht die Regelung auch jede weitere Prüfung i.R.d. von Amts wegen vorzunehmenden Rentenumwandlung nach § 115 Abs. 3 S. 1 SGB VI entbehrlich. 22

Nach dem Wortlaut ist der tatsächliche Bezug der Rente vorausgesetzt. Ausgehend vom Zweck der Regelung genügt es jedoch, wenn **der Antrag gestellt** worden ist und ein positiver Bescheid hätte erlassen werden müssen. Allein das Bestehen des Anspruchs dem Grunde nach reicht dagegen nicht aus.[444] 23

Die Wartezeit ist gem. § 53 Abs. 1 S. 1 SGB VI vorzeitig erfüllt, wenn ein Versicherter aus einer der **abschließend aufgezählten Ursachen vermindert erwerbsfähig** geworden oder gestorben ist.[445] Bilden ein **Arbeitsunfall** oder eine **Berufskrankheit** die Ursache, gelangt S. 1 jedoch nur dann zur Anwendung, wenn bei Eintritt des Arbeitsunfalls bzw. der Berufskrankheit Versicherungspflicht bestanden hat oder in den letzten zwei Jahren vor Eintritt des Arbeitsunfalls zumindest ein Jahr Pflichtbeiträge für eine versicherte Beschäftigung oder Tätigkeit entrichtet worden sind (§ 53 Abs. 1 S. 2 SGB VI); damit wird der Gefahr eines Missbrauchs begegnet. 24

Die in § 53 SGB VI enthaltenen Privilegierungstatbestände sind **Ausdruck des Solidargedankens**. Ist der Versicherte aufgrund von ihm regelmäßig nicht zu beeinflussender Umstände nicht mehr in der Lage, sich eine eigene soziale Sicherung aufzubauen, wird das Versicherungsprinzip ausnahmsweise durchbrochen.[446] Um solche Fälle handelt es sich auch bei den in § 245 Abs. 2, 3 SGB VI geregelten Möglichkeiten einer vorzeitigen Wartezeiterfüllung. 25

Eine in mehrfacher Hinsicht modifizierte Regelung gilt gem. § 53 Abs. 2 S. 1 SGB VI **nach Beendigung einer Ausbildung**. Ist der Versicherte in dem sich anschließenden Zeitraum von sechs Jahren **voll erwerbsgemindert** geworden oder gestorben, ist die Wartezeit **unabhängig von der Ursache der Erwerbsminderung** erfüllt, sofern auch die besonderen versicherungsrechtlichen Voraussetzungen vorliegen. Unter Berücksichtigung des Regelungszwecks ist diese Vorschrift jedoch nur dann anzuwenden, wenn der Versicherte wegen seiner Ausbildung am Erwerb von Pflichtbeitragszeiten 26

---

441 S.a. BSG 25.11.1998 B 10 LW 5/98 R – juris.
442 Vgl. BT-Drs. 11/4124 S. 165.
443 HS-RV/Kreikebohm/Koch § 29 Rn. 23.
444 Kreikebohm/Roßbach/Dankelmann § 50 SGB VI Rn. 6.
445 Vgl. zum zeitlichen Geltungsbereich § 245 Abs. 1 SGB VI.
446 BSG 21.6.2000 SozR 3-2600 § 53 Nr. 1.

gehindert war. Bestand dagegen während dieser Zeit Versicherungspflicht, ist die vorzeitige Erfüllung der Wartezeit ausgeschlossen.[447]

c) Besondere versicherungsrechtliche und persönliche Voraussetzungen

27 Die für das Entstehen des Rentenanspruchs erforderlichen besonderen versicherungsrechtlichen und persönlichen Voraussetzungen hängen von der jeweiligen Rentenart ab. Sie sind bei den einzelnen Rentenarten gesondert geregelt. Die persönlichen Voraussetzungen lassen sich beschreiben als diejenigen **Merkmale, durch die das versicherte Risiko** – Minderung der Erwerbsfähigkeit, Alter, Tod – **konkretisiert wird**. Mindestens eine persönliche Voraussetzung bildet gemeinsam mit den allgemeinen versicherungsrechtlichen Voraussetzungen das notwendige Kriterium eines Leistungsfalles.[448] Bspw. ist dies bei den Renten wegen Alters das Erreichen einer bestimmten Altersgrenze. Es können jedoch ggf. weitere persönliche Voraussetzungen hinzukommen, z. B. die Anerkennung als schwerbehinderter Mensch (s. a. § 152 SGB IX).

28 Die besonderen versicherungsrechtlichen Voraussetzungen zählen dagegen nicht zu den Essentialia eines Leistungsfalles; diese Kategorie fehlt u. a. bei der Regelaltersrente sowie bei allen Renten wegen Todes. Es handelt sich zumeist um sog. **Vorversicherungszeiten**, bei denen der Versicherte innerhalb eines bestimmten Zeitraumes vor Eintritt des Leistungsfalles eine bestimmte Anzahl an Pflichtbeiträgen geleistet haben muss, vgl. § 43 Abs. 1 S. 1 Nr. 2 SGB VI. Bedeutung besitzen die besonderen versicherungsrechtlichen Voraussetzungen in erster Linie im Bereich der Erwerbsminderungsrenten.

d) Negative Anspruchsvoraussetzungen

29 Einige Renten sind an weitere Voraussetzungen geknüpft. Es handelt sich um sog. negative Anspruchsvoraussetzungen, die den **Wegfall des materiellen Rentenanspruchs**, also des Stammrechts, bewirken.

30 Vorab ist darauf hinzuweisen, dass es mit Blick auf Hinzuverdienstgrenzen bei vorgezogenen Altersrenten zu Liberalisierungen gekommen ist. Mit dem **8. SGB IV-Änderungsgesetz** vom 20.12.2022[449] wurde die Hinzuverdienstgrenze der Altersrenten vor Erreichen der Regelaltersgrenze aufgehoben. Eine ausführliche Darstellung der alten Rechtslage finden sich in der 2. Auflage[450] dieses Lehrbuchs.

31 Es ist der Verdienst von ROLFS, darauf aufmerksam gemacht zu haben, dass die Hinzuverdienstgrenzen zu Recht rechtssystematisch verfehlt sind.[451] Gerade in dem Zusammenwirken mit versicherungsmathematisch berechneten Abschlägen gem. § 77 Abs. 2 SGB VI bei vorzeitigem Rentenbezug lag ein verfassungswidriger Eingriff in die Berufsausübungsfreiheit des Art. 12 Abs. 1 GG. So war die ersatzlose Aufhebung der Hinzuverdienstgrenzen überfällig und zu begrüßen.

aa) Einkommensanrechnung bei Erwerbsminderungsrenten

32 Im Bereich der Erwerbsminderungsrenten existiert mit § 96a SGB VI hingegen noch eine dynamische **Hinzuverdienstgrenze**. Sie richtet nach der monatlichen Bezugsgröße. Ein Überschreiten dieser Grenze führt zu einem Anspruch auf eine Teilrente nach § 96a Abs. 1a SGB VI.

33 Gem. § 96a Abs. 1a S. 2 SGB VI wird der die Hinzuverdienstgrenze übersteigende Betrag unter Zugrundelegung einer Jahresdurchschnittsbetrachtung stufenlos angerechnet. Nach § 96a Abs. 5

447 BSG 21.6.2000 SozR 3-2600 § 53 Nr. 1.
448 HS-RV/KÖBL § 21 Rn. 12.
449 BGBl. I S. 2759.
450 FUCHS/PREIS, Sozialversicherungsrecht, 2. Auflage, 2009.
451 ROLFS, Das Versicherungsprinzip im Sozialversicherungsrecht, 2000, S. 454 f. m. w. N.; DERS., NZS 2017, 164 ff.

SGB VI ist als Hinzuverdienst der voraussichtliche kalenderjährliche Hinzuverdienst zu berücksichtigen. Dieser ist einmal im Kalenderjahr neu zu bestimmen, wenn sich dadurch eine Änderung ergibt, die die Höhe des Rentenanspruchs betrifft.

Der voraussichtliche kalenderjährliche Hinzuverdienst ist vom Träger der Rentenversicherung im Wege einer vorausschauenden Betrachtung festzustellen (Prognose). Grundlagen für diese Prognose können neben den Angaben der Versicherten je nach Gestaltung des Einzelfalls zum Beispiel Arbeitsverträge, Arbeitgeberbescheinigungen oder – im Falle von Arbeitseinkommen (steuerrechtlicher Gewinn) – Bescheinigungen des Steuerberaters oder der letzte Einkommensteuerbescheid des zeitnahesten Kalenderjahres sein. Mit dem neuen Prognoserecht wird den Anforderungen des Bundessozialgerichts Rechnung getragen.[452] 34

Die Teilrente bestimmt sich dabei wie folgt: In einem ersten Schritt wird der Betrag ermittelt, um den die Hinzuverdienstgrenze überschritten wird. Von diesem wird sodann ein Zwölftel zu 40 Prozent von der Vollrente abgezogen. 35

Bei Renten wegen voller Erwerbsminderung beträgt die Hinzuverdienstgrenze im Kalenderjahr 3/8 der 14-fachen monatlichen Bezugsgröße, § 96a Abs. 1c Satz 1 Nr. 1 SGB VI. 36

Die Höhe der Hinzuverdienstgrenze bei einer Rente wegen teilweiser Erwerbsminderung beträgt das 9,72-fache der monatlichen Bezugsgröße, vervielfältigt mit den Entgeltpunkten (§ 66 Absatz 1 Nummer 1 bis 3 SGB VI) des Kalenderjahres mit den höchsten Entgeltpunkten aus den letzten 15 Kalenderjahren vor Eintritt der Erwerbsminderung, mindestens jedoch 6/8 der 14-fachen monatlichen Bezugsgröße, § 96a Abs. 1c Nr. 1 SGB VI. Mit dem Zeitraum von 15 Jahren vor Eintritt der Erwerbsminderung wird der Erwerbsbiografie derjenigen Versicherten Rechnung getragen, die in den letzten Jahren vor Rentenbeginn beispielsweise arbeitslos waren oder ihre Arbeitszeit reduziert und dadurch ein geringeres Einkommen erzielt haben. 37

Die Hinzuverdienstgrenze beträgt somit mindestens 34.545 Euro ($^6/_8$ × 14 × 3.290 Euro); das sind 2.878,75 Euro monatlich. Zum besseren Verständnis folgendes Beispiel: 38

Beispiel

Monatsbetrag der Rente wegen teilweiser Erwerbsminderung: 1.200 Euro

1,25 Entgeltpunkte in dem Kalenderjahr mit den höchsten Entgeltpunkten aus den letzten 15 Kalenderjahren vor Eintritt der Erwerbsminderung

Hinzuverdienst von 50.000 Euro im Kalenderjahr:

Hinzuverdienstgrenze = 9,72 x 3.290 Euro (mtl. Bezugsgröße 2023) x 1,25 = 39.973,50 Euro; der Mindestbetrag wird überschritten.

Es kommt daher zur 40-Prozent-Anrechnung nach § 96a Abs. 1a S. 2 SGB VI. Zunächst wird ein Zwölftel des übersteigenden Betrages ermittelt: $^1/_{12}$ × 10.026,50 Euro (50.000 EUR – 39.973,50 EUR) = 835,54 Euro. Dieser Betrag wird zu 40 Prozent (835,54 Euro × 40 Prozent = 334,22 Euro) von der Vollrente abgezogen: 1.200 Euro – 334,22 Euro = 865,78 Euro.

Die Teilrente beträgt 865,78 Euro.

§ 96a Abs. 1c Nr. 3 SGB VI bestimmt die Hinzuverdienstgrenze der Renten für Bergleute. Sie beträgt im Kalenderjahr das 10,6-fache der monatlichen Bezugsgröße multipliziert mit den Entgeltpunkten aus dem Kalenderjahr mit den höchsten Entgeltpunkten aus den letzten 15 Kalenderjahren vor Eintritt der im Bergbau verminderten Berufsfähigkeit oder der Erfüllung der Voraussetzungen nach § 45 Abs. 3 SGB VI, mindestens jedoch das 0,824-fache der 14-fachen monatlichen Bezugsgröße. 39

Nach dem mit dem 8. SGB IV-Änderungsgesetz vom 20.12.2022[453] eingefügten § 96a Abs. 6 SGB VI ist von dem Kalenderjahr an, das dem folgt, in dem erstmals Hinzuverdienst berücksichtigt wurde, jeweils für das vorige Kalenderjahr der tatsächliche Hinzuverdienst statt des bisher berücksichtigten Hinzuverdienstes zu berücksichtigen, wenn sich dadurch rückwirkend eine Änderung ergibt, die die Höhe des Rentenanspruchs betrifft. In dem Kalenderjahr, in dem die Regelaltersgrenze erreicht wird, 40

452 BSGE 112, 74.
453 BGBl. I S. 2759.

ist dies nach Ablauf des Monats durchzuführen, in dem die Regelaltersgrenze erreicht wurde; dabei ist der tatsächliche Hinzuverdienst bis zum Ablauf des Monats des Erreichens der Regelaltersgrenze zu berücksichtigen.

41 Änderungen des berücksichtigten Hinzuverdienstes sind gemäß § 96a Abs. 7 SGB VI auf Antrag zu berücksichtigen, wenn der voraussichtliche kalenderjährliche Hinzuverdienst um mindestens zehn Prozent vom bisher berücksichtigten Hinzuverdienst abweicht und sich dadurch eine Änderung ergibt, die die Höhe des Rentenanspruchs betrifft. Eine Änderung ist auch der Hinzutritt oder der Wegfall von Hinzuverdienst. Ein Hinzutritt von Hinzuverdienst oder ein höherer als der bisher berücksichtigte Hinzuverdienst wird dabei mit Wirkung für die Zukunft berücksichtigt.

bb) Einkommensanrechnung beim Zuschlag an Entgeltpunkten für langjährige Versicherung

42 Unabhängig von der Rentenart sieht § 97a SGB VI eine Einkommensanrechnung beim Zuschlag an Entgeltpunkten für langjährige Versicherung vor. Die im Koalitionsvertrag zunächst vereinbarte Bedürftigkeitsprüfung[454] ist nach langer Debatte zwischen den Koalitionspartnern durch eine Feststellung des Bedarfes mittels einer Einkommensprüfung ersetzt worden.[455] Durch die Einkommensprüfung erfolgt über die Feststellung des Grundrentenbedarfs der Zugang zur Grundrente. Besonders ist, dass auf den Rentenanteil des Grundrentenzuschlags bei Überschreiten bestimmter Freibeträge nicht nur das eigene Einkommen, sondern auch das der Lebens- oder Ehepartner angerechnet wird.

43 Dabei gilt ein Einkommensfreibetrag in Höhe von monatlich 1.438 Euro für Alleinstehende und 2.2443 Euro für Eheleute oder Lebenspartner, vgl. § 97a Abs. 4 SGB VI n.F. (36,56-fache bzw. 57,03-fache des aktuellen Rentenwerts). Die Einkünfte sind unabhängig davon zu berücksichtigen, ob sie steuerlich zusammen oder einzeln veranlagt werden. Abgestellt wird bei der Prüfung allein auf das zu versteuernde Einkommen. Damit gleich hohe Renten auch gleich behandelt werden, wird das zu versteuernde Einkommen unter Hinzurechnung des steuerfreien Teils der Rente und der Kapitalerträge zugrunde gelegt. Übersteigt dieses Einkommen den Freibetrag, wird die Grundrente um 60 Prozent des den Freibetrag übersteigenden Einkommens gemindert.[456] Das heißt: Pro zehn Euro über der Einkommensgrenze werden von dem Grundrentenzuschlag sechs Euro weniger ausgezahlt. Liegt das Einkommen bei einer alleinstehenden Person über 1.840 Euro (46,78-fache des aktuellen Rentenwerts) bzw. bei Eheleuten über 2.645,06 Euro (67,27-fache des aktuellen Rentenwerts), wird voll angerechnet. Dann mindert jeder darüber hinaus gehende Euro die Grundrente zusätzlich um einen Euro.

44 Sofern in einer ehe- oder lebenspartnerschaftlichen Gemeinschaft beide Partner grundrentenberechtigt sind, würde bei beiden jeweils einzeln der erhöhte Freibetrag für Paare berücksichtigt und der jeweils berechnete Betrag angerechnet werden.

45 Die Einkommensprüfung in § 97a Abs. 2, 6 SGB VI soll sich unbürokratisch gestalten und wird daher durch einen voll automatisierten Datenabgleich zwischen der Deutschen Rentenversicherung und den Finanzbehörden durchgeführt.[457] Die Aktualität der Einkommensdaten richtet sich somit nach den – dort vorliegenden – Festsetzungsdaten der Finanzbehörden. Um die Einkommensentwicklungen im Laufe der Zeit abzubilden, wird die Einkommensüberprüfung jährlich wiederholt. Berücksichtigt werden somit die Einkommen (und der Familienstand) des vor- oder vorvorvergangenen Kalenderjahres, ausgehend von dem jeweiligen Berechnungsjahres.

46 Zu erwähnen sei an dieser Stelle auch, dass die Einkommensprüfung aus datenschutzrechtlichen Gründen erst erfolgen darf, wenn festgestellt wurde, dass der Anspruch auf den Grundrenten-

454 Ein neuer Aufbruch für Europa – Eine neue Dynamik für Deutschlang – Ein neuer Zusammenhalt für unser Land. Koalitionsvertrag für die 19. Legislaturperiode zwischen CDU, CSU und SPD, Berlin, Februar 2018, S. 92.

455 BT-Drs. 19/18473, S 3.

456 Grundrentengesetz v. 12.8.2020, BGBl. I S. 1879ff., s.a. BT-Drs. 19/18473, S. 1ff. und den Referentenentwurf der Bundesregierung, Bearbeitungsstand: 16.1.2020, S. 3.

457 Zu möglichen datenschutzrechtlichen Problemen siehe WAGNER, SGb 2020, S. 65ff.

zuschlag dem Grunde nach besteht. In der Praxis wird es daher regelmäßig so der Fall sein, dass die Rente zunächst erst ohne den Grundrentenzuschlag festgestellt – und vorläufig gewährt – und im Anschluss daran die Einkommensprüfung eingeleitet wird. Nach der Einkommensprüfung kann die Rentenhöhe sodann unter Berücksichtigung des Zuschlags an Entgeltpunkten endgültig festgestellt werden.

Gem. § 97a Abs. 7 SGB VI n.F. ist der auf einen Zuschlag an Entgeltpunkten für langjährige Versicherung beruhende Rentenanteil bei der Anwendung anderer Regelungen über das Zusammentreffen von Renten und Einkommen sowie über die Berücksichtigung von Hinzuverdienst nicht zu berücksichtigen. 47

cc) Keine bindende Bewilligung einer Altersrente

Nach bindender Bewilligung einer Rente wegen Alters besteht gem. § 34 Abs. 2 SGB VI kein Anspruch mehr auf **Rente wegen verminderter Erwerbsfähigkeit oder Erziehungsrente**. Die insoweit durch das RV-Nachhaltigkeitsgesetz vom 21.7.2004[458] vorgenommenen Änderungen dienen ausschließlich der Klarstellung;[459] es handelt sich weiterhin um eine negative Voraussetzung. 48

Wegen der Begrenzung der letztgenannten Renten auf das Erreichen der Regelaltersgrenze – vgl. § 43, § 47 Abs. 1 SGB VI – besitzt die Regelung nur Bedeutung für vorzeitige und damit geminderte Altersrenten. Sie soll möglichen **Ausweichreaktionen entgegenwirken**, da bei Erwerbsminderungs- und Erziehungsrenten – wenn überhaupt – zumindest geringere Abschläge hinzunehmen sind, vgl. § 77 Abs. 2 S. 1 Nr. 3, S. 2 SGB VI.[460] 48

Nach § 34 Abs. 2 SGB VI scheidet nunmehr nach bindender Bewilligung einer Altersrente auch ein Anspruch auf eine **andere Rente wegen Alters** aus. Nach Ansicht des BSG ist diese Regelung verfassungsgemäß.[461] Die Norm verhindert auf diese Weise, dass ein Bestandsrentner durch den schlichten Wechsel der Altersrentenart eine Neuberechnung seiner Rente nach eventuell günstigerem Recht erhalten kann. Er soll vielmehr dauerhaft Bezieher der einmal bewilligten Altersrente bleiben. Die Regelung vereinfacht daher auch maßgeblich die Verwaltungsvorgänge.[462] Etwas anderes gilt auch nicht, nachdem der Gesetzgeber die zum 1.7.2014 gewährten Vergünstigungen in § 236b SGB VI nicht auf Bestandsrentner ausgedehnt hat.[463] 49

Ist die bewilligte Altersrente dagegen weggefallen, insbesondere wegen Überschreitens der Hinzuverdienstgrenze, kann anschließend auch eine andere Rente wegen Alters, eine Rente wegen verminderter Erwerbsfähigkeit oder aber eine Erziehungsrente in Anspruch genommen werden, sofern die jeweiligen Voraussetzungen erfüllt sind. Denn in diesem Fall handelt es sich angesichts des erloschenen Stammrechts nicht um einen Wechsel.[464] 50

e) Antragserfordernis

Zwar werden die Leistungen in der gesetzlichen Rentenversicherung gem. § 19 S. 1 SGB IV, §§ 115f. SGB VI grundsätzlich nur auf Antrag erbracht, der Rentenantrag selbst ist jedoch **keine anspruchsbegründende Voraussetzung**. Er besitzt allerdings insoweit erhebliches materiell-rechtliches Gewicht, als dass er den **Beginn der Rente** beeinflusst. Gemeint ist der Zeitpunkt, zu dem der vom Stammrecht **abgeleitete Anspruch auf die erste Einzelleistung** entsteht.[465] Nach § 99 Abs. 1 S. 1 51

---

458 BGBl. I S. 1791ff.
459 Zu den Hintergründen vgl. Ruland, FS 50 Jahre BSG, S. 599, 611f.
460 BT-Drs. 13/4336 S. 22.
461 BSG 26.7.2007 SozR 4-2600 § 236a Nr. 1.
462 BT-Drs. 15/2149 S. 21.
463 Vgl. u.a. LSG Nordrhein-Westfalen 26.1.2018 L 21 R 1030/16 – juris Rn. 49ff.
464 BT-Drs. 15/2678 S. 21.
465 BSG 25.7.1995 Kompass 1996, 57.

SGB VI wird eine Rente aus eigener Versicherung grundsätzlich vom ersten Tag des Kalendermonats an geleistet, zu dessen Beginn sämtliche Anspruchsvoraussetzungen dieser Rente erfüllt sind. Wird die Rente jedoch später als bis zum Ende des dritten Kalendermonats nach Ablauf des Monats, in dem die Anspruchsvoraussetzungen erfüllt sind, beantragt, erfolgt die Leistung gem. § 99 Abs. 1 S. 2 SGB VI erst ab dem Monat der Antragstellung.

52 Angesichts der weitreichenden Folgen einer verspäteten Antragstellung besteht eine aus § 115 Abs. 6 S. 1 SGB VI resultierende Pflicht der Rentenversicherungsträger, potenziell Leistungsberechtigte in einfach gelagerten Fällen **auf** ihren **möglichen Anspruch**, das **Erfordernis der Antragstellung** und das Recht, sich eingehend beraten zu lassen, hinzuweisen.[466] Diese Pflicht besteht **ohne konkretes Beratungsersuchen** und auch ohne Anlass einer konkreten Sachbearbeitung. Die allgemeinen Regelungen der §§ 13 bis 15 SGB I bleiben von § 115 Abs. 6 SGB VI unberührt. Unterbleibt ein Hinweis nach § 115 Abs. 6 SGB VI, kann dies zu einem **sozialrechtlichen Herstellungsanspruch** des Versicherten führen. Er ist dann so zu stellen, als hätte er die Rente innerhalb der Frist des § 99 SGB VI beantragt.[467] Freilich ist dann § 44 Abs. 4 SGB X analog zu beachten, so dass die begehrte Leistung nur für vier Jahre rückwirkend erbracht werden kann.[468]

3. Rentenrechtliche Zeiten

53 Wie bereits angeklungen, sind **rentenrechtliche Zeiten** sowohl für die **Erfüllung eines Anspruches dem Grunde nach** als auch bei seiner **Bewertung der Höhe nach relevant**. Das SGB VI hat den Begriff der rentenrechtlichen Zeiten neu aufgenommen und listet in § 54 Abs. 1 SGB VI die drei relevanten rentenrechtlichen Zeiten auf, die für den Rentenanspruch und die Rentenberechnung von Bedeutung sein können. Es sind diese:

- **Beitragszeiten** (Nr. 1),
- **beitragsfreie Zeiten** (Nr. 2) und
- **Berücksichtigungszeiten** (Nr. 3).

In einem Kalendermonat können grundsätzlich mehrere Tatbestände ganz oder teilweise nebeneinander oder aufeinander folgend vorliegen. Rangfolge- oder Verdrängungsvorschriften einzelner Zeiten wurden aus früherem Recht nicht in das SGB VI übernommen.[469]

a) Beitragszeiten

54 **Beitragszeiten** werden in § 55 Abs. 1 SGB VI legal definiert. Danach sind **Beitragszeiten** Zeiten, für die nach Bundesrecht **Pflichtbeiträge** aufgrund einer Pflichtversicherung oder **freiwillige Beiträge** aufgrund einer freiwilligen Versicherung gezahlt worden sind.

55 Im **ersteren** Fall spricht das Gesetz auch von **Pflichtbeitragszeiten**. Voraussetzung hierfür ist, dass eine Versicherungspflicht gem. §§ 1ff. SGB VI wirksam bestand und die Pflichtbeiträge auch wirksam gem. §§ 197ff. SGB VI gezahlt worden sind, d. h. seitens der Rentenversicherungsträger nicht mehr beanstandet werden können.[470]

56 **Seit dem 1.6.1999** gehören zu den Pflichtbeitragszeiten gem. § 55 Abs. 1 S. 1 1. Alt. SGB VI auch **Zeiten der Erziehung eines Kindes** in dessen drei ersten Lebensjahren gem. § 56 Abs. 1 SGB VI, die zur sozialen Absicherung der Erziehenden gem. § 177 Abs. 1 SGB VI vom Bund für Geburten ab dem

---

466 St.Rspr. des BSG, 5., 8. und 13. Senat, vgl. BSG 14.11.2002 SozR 3-2600 § 115 Nr. 9; für eine aus Art. 14 Abs. 1 GG folgende Hinweispflicht dagegen, weniger überzeugend, der 4. Senat des BSG 6.3.2003, NZS 2004, 149; kritisch RULAND, FS 50 Jahre BSG, S. 599, 621f.

467 Kreikebohm/Roßbach/WESTPHAL § 115 SGB VI Rn. 34ff., 43.

468 BSG 27.3.2007 SozR 4-1300 § 44 Nr. 9.

469 S.a. ERWE, NZS 1995, 1ff.

470 BSG 18.8.1992 SozR 3-5800 § 1 Nr. 1 zur Verjährung.

1.1.1992 gezahlt werden.[471] Bei diesen Leistungen handelt es sich um einen Teil des allgemeinen Familienleistungsausgleichs und damit um eine **versicherungsfremde Leistung**, die nicht eine Aufgabe der Versichertengemeinschaft darstellt.[472]

Voraussetzung für die Anerkennung einer Kindererziehungszeit ist, dass das Kind gem. § 56 Abs. 3 SGB VI **grundsätzlich im Gebiet der Bundesrepublik** aufgezogen wird. Eine Erziehung im Ausland wird grundsätzlich – nach dem Wortlaut des Gesetzes – nur ausnahmsweise berücksichtigt. Nach Rechtsprechung des EuGH ist Art. 21 AEUV, in einer Situation, in der eine Person ihren Wohnsitz vorübergehend in einen anderen Mitgliedsstaat als Deutschland verlegt und dort Kindererziehungszeiten zurücklegt, dahin auszulegen, dass er die Deutsche Rentenversicherung dazu verpflichtet, Kindererziehungszeiten so zu berücksichtigen, als seien diese Kindererziehungszeiten im Inland zurückgelegt worden. Maßgeblich ist dabei, dass die Person nur in Deutschland eine berufliche Tätigkeit ausgeübt hat und zur Zeit der Geburt ihrer Kinder ihre Berufstätigkeit vorübergehend eingestellt und ihren Wohnsitz aus rein familiären Gründen im Hoheitsgebiet des zweiten Mitgliedsstaats begründet hat.[473] 57

Die Zuordnung der Kindererziehungszeit zu einem Elternteil regelt § 56 Abs. 2 SGB VI. Die Kindererziehungszeit beginnt gem. § 56 Abs. 5 S. 1 SGB VI nach Ablauf des Monats der Geburt des Kindes. Bei gleichzeitiger Erziehung mehrerer Kinder verlängert sich die Kindererziehungszeit von drei Jahren um die Monate der gleichzeitigen Erziehung, § 56 Abs. 5 S. 2 SGB VI. Durch die Anrechnung von Kindererziehungszeiten wird die Versicherte – in der Regel wird diese Zeit der Mutter gutgeschrieben[474] – bei der Rentenberechnung so gestellt, als hätte sie während dieser Zeit Beiträge wie ein Arbeitnehmer in Höhe des Durchschnittsverdienstes aller Arbeitnehmer gezahlt. 58

Freiwillige Beiträge müssen aufgrund der Berechtigung zu einer freiwilligen Versicherung gem. § 7 oder §§ 204 bis 209, 284 bis 285 SGB VI fristgerecht geleistet worden sein. In diesem Zusammenhang ist auch § 202 SGB VI zu beachten, wonach Beiträge als freiwillige Beiträge gelten, wenn sie in irrtümlicher Annahme einer Versicherungspflicht gezahlt, deshalb beanstandet, aber nicht zurückgefordert worden sind. 59

Gem. § 55 Abs. 1 S. 2 SGB V gelten als Pflichtbeitragszeiten auch Zeiten, für die zwar keine Beiträge gezahlt wurden, für die aber **Pflichtbeiträge nach besonderen Vorschriften als gezahlt gelten**, bspw. § 185 Abs. 2 S. 1, § 199 oder § 205 Abs. 1 S. 3 SGB VI oder § 119 Abs. 3 S. 1 SGB X.[475] Bis zum 1. Juni 1999 fielen hierunter auch Zeiten einer Kindererziehung; für diese gilt nunmehr jedoch § 56 Abs. 1 S. 1 SGB VI. Allerdings fehlt es nun an einer gesetzlichen Regelung über die rentenrechtliche Einordnung der vor diesem Zeitpunkt zurückgelegten Kindererziehungszeiten. Die Verwaltungspraxis scheint auf die bis zum 31.5.1999 geltende Rechtslage abzustellen.[476] 60

Als Beitragszeiten gelten nach § 55 Abs. 1 S. 3 SGB VI auch Zeiten, für die Entgeltpunkte gutgeschrieben worden sind, weil gleichzeitig Berücksichtigungszeiten wegen Kindererziehung oder Zeiten der Pflege eines pflegebedürftigen Kindes für mehrere Kinder vorliegen. 61

§ 55 Abs. 2 SGB VI stellt bestimmte Beiträge, die nicht für Zeiten einer versicherten Beschäftigung oder Tätigkeit gezahlt worden sind, den Pflichtbeiträgen gleich. Damit wird dem Versicherten die Erfüllung besonderer versicherungsrechtlicher Voraussetzungen ermöglicht. Die Vorschrift entspricht dem inhaltsgleichen § 53 Abs. 3 SGB VI. 62

§ 55 Abs. 2 Nr. 1 SGB VI stellt den Pflichtbeiträgen freiwillige Beiträge gleich, die nach besonderen Vorschriften als Pflichtbeiträge gelten. Das sind die Fälle der § 205 Abs. 1 S. 3 (Nachzahlung bei Strafverfolgungsmaßnahmen), § 119 Abs. 3 S. 1 SGB X (Beiträge aufgrund eines Schadensfalles) und 63

---

471 Vgl. auch § 249 SGB VI für ein vor dem 1.1.1992 geborenes Kind und § 249a SGB VI hinsichtlich der Kindererziehung im Beitrittsgebiet.

472 Vgl. BVerfG 7.7.1992 SozR 3-5761 Allg. Nr. 1 = BVerfGE 87, 1ff.; s.a. SRH/Ruland § 18 Rn. 80.

473 EuGH 19.7.2012 C-522/10, ZESAR 2012, 483 (Reichel-Albert) m. Anm. Bokeloh, ZESAR 2012, 487.

474 S.a. BSG 17.4.2008, rv 2008, 138.

475 Vgl. Auflistung bei BeckOGK/Gürtner § 55 SGB VI Rn. 9.

476 Hauck/Noftz § 56 SGB VI Rn. 11.

§ 11 WGSVG (Wiedergutmachung nationalsozialistischem Unrechts). Für die Geltung freiwilliger Beiträge als Pflichtbeiträge, wenn sie während des Bezugs von Leistungen nach dem SGB II gezahlt werden, existiert hingegen keine solche gesetzliche Anspruchsgrundlage.[477]

64 § 55 Abs. 2 Nr. 2 SGB VI stellt den Pflichtbeiträgen Beiträge gleich, die nach Maßgabe von § 3 SGB VI (Kindererziehungszeiten, nicht erwerbsmäßige Pflege, Wehr- und Zivildienst, Entgeltersatzleistungen, Vorruhestandsgeld) oder § 4 SGB VI (Versicherungspflicht auf Antrag) als gezahlt gelten oder tatsächlich gezahlt worden sind. Die Einbeziehung des § 4 SGB VI ist eigentlich überflüssig, da ja eine versicherungspflichtige Tätigkeit ausgeübt wird.

65 § 55 Abs. 2 Nr. 3 SGB VI bezieht sich gem. § 247 Abs. 1 SGB VI auf Beiträge für Anrechnungszeiten zwischen dem 1.1.1984 und dem 31.12.1991, die ein Leistungsträger mitgetragen hat. Folglich scheiden damit Zeiten aus, in denen die Beiträge durch den Leistungsträger oder durch den Versicherten alleine getragen wurden. Nach §§ 1385b und 112b AVG wurden für diesen Zeitraum insbesondere für Bezieher von Kranken- und Verletztengeld vom zuständigen Sozialversicherungsträger Beiträge gezahlt. Zu beachten ist, dass diese Zeiten nach § 252 Abs. 2 und 3 SGB VI gleichzeitig Anrechnungszeiten sind und daher als beitragsgeminderte Zeiten nach § 54 Abs. 3 SGB VI (dazu gleich) zu bewerten sind.

66 Nach § 247 Abs. 2 SGB VI sind Pflichtbeitragszeiten auch – im Einzelnen weiter konkretisierte – Zeiten, für die die Bundesagentur für Arbeit oder ein anderer Leistungsträger wegen des Bezugs von Sozialleistungen Pflichtbeiträge gezahlt hat. § 247 Abs. 2a SGB VI stellt zudem Zeiten einer beruflichen Ausbildung, in denen in der Zeit vom 1.6.1954 bis 30.6.1965 grundsätzlich Versicherungspflicht bestand, eine Zahlung von Pflichtbeiträgen jedoch nicht erfolgte, Pflichtbeitragszeiten gleich.

67 § 54 Abs. 1 lit. a und b SGB VI differenzieren die Beitragszeiten weiter als **Beitragszeiten mit vollwertigen Beiträgen** auf der einen Seite (Abs. 2) und **beitragsgeminderten Zeiten** auf der anderen Seite (Abs. 3). Diese Unterscheidung spielt lediglich für die Berechnung der Rentenhöhe, nicht jedoch für die Anspruchsbegründung eine Rolle.

68 Die Abgrenzung erfolgt teilweise negativ. Danach sind **Zeiten mit vollwertigen Beiträgen** gem. § 54 Abs. 2 SGB VI Kalendermonate, die **ausschließlich mit Beiträgen belegt und nicht beitragsgeminderte Zeiten** sind. Es ist hierbei nicht erforderlich, dass der gesamte Monat mit Beiträgen belegt sein muss; ein Tag reicht aus (vgl. § 122 Abs. 1 SGB VI). Wichtig ist nur, dass für den übrigen Zeitraum des in Frage stehenden Monats nicht auch eine Anrechnungs-, Zurechnungs- oder Ersatzzeit zu berücksichtigen ist.

69 **Beitragsgeminderte Zeiten** sind gem. § 54 Abs. 3 SGB VI Kalendermonate, die **sowohl mit Beitragszeiten als auch mit beitragsfreien Zeiten belegt** sind. Was beitragsfreie Zeiten sind, regelt § 54 Abs. 4 SGB VI. Dies sind Kalendermonate mit **Anrechnungszeiten**, **Zurechnungszeit** oder **Ersatzzeiten**. Nur in dieser Konstellation konkurrieren Beitragszeiten mit sonstigen rentenrechtlichen Zeiten, die den Versicherten als schutzbedürftig ausweisen (bspw. Krankheit, Schwangerschaft oder Arbeitslosigkeit). In allen anderen Fällen fallen die persönlichen Umstände für den geringen Entgeltpunktewert in die Risikosphäre des Versicherten, soweit nicht Mindestentgeltpunkte nach § 262 SGB VI zu gewähren sind. Indem für diese Kalendermonate regelmäßig die Beiträge zur Rentenversicherung geringer ausfallen und sich dies negativ auf die Rentenhöhe auswirken würde, wird der Schutzbedürftigkeit dieser Versicherten durch die Einordnung als beitragsgeminderte Zeit somit besonders Rechnung getragen.

70 Beitragsgeminderte Zeiten können in den Varianten vorliegen, dass
- eine Beitragszeit und eine beitragsfreie Zeit in demselben Monat aufeinander folgen (oder umgekehrt),
- während einer beitragsfreien Zeit zusätzlich Beiträge gezahlt werden (z. B. Pflichtbeiträge aufgrund einer versicherungspflichtigen Tätigkeit), oder

477 Bay. LSG 16.1.2018 – L 19 R 446/17 – juris.

– eine gesetzliche Vorschrift eine Zeit zur beitragsgeminderten Zeit fingiert, z.B. § 246 SGB VI (Zeiten während der Inflation zwischen 1921 und 1923) oder § 54 Abs. 3 S. 2 SGB VI (Zeiten einer beruflichen Ausbildung, dazu sogleich).

Nimmt die Anrechnungszeit, Ersatzzeit oder Zurechnungszeit, die mit einer Beitragszeit konkurriert, hingegen nicht an der Gesamtleistungsbewertung teil (vgl. § 71 Abs. 4 SGB VI), liegt keine beitragsgeminderte Zeit vor.[478]

Beispiel für eine beitragsgeminderte Zeit:
Der versicherungspflichtig Beschäftigte B war bis zum 3.5.2019 bei A angestellt. Vom 4.5.2019 bis zum 21.7.2019 konnte B aus von ihm nicht zu vertretenden Gründen krankheitsbedingt nicht eingesetzt werden und besaß auch keinen Anspruch auf Entgeltersatzleistungen. Am 22.7.2019 nahm B eine neue Beschäftigung bei C auf.

Die Monate Mai und Juli sind beitragsgeminderte Zeiten. In diesen beiden Monaten war B nur wenige Tage beschäftigt, wodurch sein Verdienst entsprechend gering ausfiel. Damit sich diese Tatsache aber nicht nachteilig auf die spätere Rentenhöhe auswirkt, sollen die beitragsgeminderten Monate Mai und Juli bei der Rentenberechnung mindestens wie beitragsfreie Zeiten behandelt werden. Entgeltpunkte für beitragsgeminderte Zeiten erhalten daher einen Zuschlag. Dieser soll sicherstellen, dass Zeiten, für die Beiträge gezahlt worden sind, nicht schlechter bewertet werden, als wenn keine Beiträge gezahlt worden wären, vgl. zur Gesamtleistungsbewertung § 71 Abs. 2 SGB VI. Damit wird eine Benachteiligung gegenüber einem Versicherten, der nur eine beitragsfreie Zeit aufweist, verhindert.[479] Der Monat Juni ist eine Anrechnungszeit gem. § 58 Abs. 1 S. 1 Nr. 1 SGB VI.

Seit 1998 gelten gem. § 54 Abs. 3 S. 2 SGB VI als **beitragsgeminderte Zeiten** auch **Kalendermonate mit Pflichtbeiträgen für eine berufliche Ausbildung**. Die Regelung will in erster Linie Nachteile ausgleichen, die typischerweise durch die während einer Berufsausbildung geringeren Einkünfte entstehen. Darüber hinaus sollte eine Benachteiligung von Auszubildenden gegenüber Schülern und Studenten vermieden werden, deren schulische Ausbildung bei der begrenzten Gesamtleistungsbewertung gem. § 74 SGB VI a.F. berücksichtigt wurde. Auszubildenden sollten wenigstens die Rentenansprüche zustehen, die sie erwerben würden, wenn ihre Ausbildung als beitragsfreie Zeit angerechnet würde. Die rentensteigernde Bewertung von Zeiten des Schul- und Hochschulbesuchs ist jedoch durch das RV-Nachhaltigkeitsgesetz vom 21.7.2004[480] zum 31.12.2004 entfallen. Freilich wurde für rentennahe Jahrgänge mit § 263 Abs. 3 SGB VI eine Vertrauensschutzregelung geschaffen. 71

Der **Begriff der Berufsausbildung** wird im Allgemeinen dahin gehend verstanden, dass eine Berufsausbildung dann vorliegt, wenn es sich dem **Wesen nach um eine Ausbildung** handelt und diese dazu dient, Fähigkeiten zu erlangen, die die **Ausübung des zukünftigen Berufes ermöglichen.**[481] 72

Auch die in § 54 Abs. 3 S. 3 SGB VI a.F. aufgestellte Fiktion, nach der die ersten 36 Kalendermonate mit Pflichtbeiträgen für Zeiten einer versicherten Beschäftigung oder selbständigen Tätigkeit bis zur Vollendung des 25. Lebensjahres stets als beitragsgeminderte Zeiten gelten, wurde durch das RV-Nachhaltigkeitsgesetz an sich zum 1.1.2005 aufgehoben.[482] Damit konzentriert sich die Regelung auf die Zeiten einer **tatsächlichen Berufsausbildung**. Zugleich entfällt damit eine unmittelbar rentensteigernde Anhebung des Wertes für Zeiten, in denen Versicherte vor Vollendung des 25. Lebensjahres, z.B. durch Aushilfstätigkeiten außerhalb einer Berufsausbildung, weniger als 75 Prozent des 73

478 VDR [Hrsg.], Auslegungsfragen RRG 92/RÜG, Frage 7 zu § 54 Abs. 3 SGB VI; Hauck/Noftz § 54 SGB VI Rn. 11; a.A. Kreikebohm/Roßbach/Dankelmann § 54 SGB VI Rn. 5.
479 Hauck/Noftz § 54 SGB VI Rn. 10.
480 BGBl. I S. 1791ff.
481 BSG 23.8.1989 BSGE 65, 250; BSG 31.8.2000 SozR 3-2600 § 48 Nr. 4; Kreikebohm/Roß-bach/Dankelmann § 54 SGB VI Rn. 8.
482 Beachte aber die Vertrauensschutzregelung des § 246 S. 2 SGB VI für rentennahe Jahrgänge.

Durchschnittsentgelts verdient haben.[483] Sozialen Härtefällen wird aber weiterhin Rechnung getragen, vgl. § 71 Abs. 3 S. 1 Nr. 2, S. 2 bis 4 SGB VI.

b) Beitragsfreie Zeiten

74 Gem. § 54 Abs. 4 SGB VI sind **beitragsfreie Zeiten** Kalendermonate, die mit **Anrechnungszeiten** (bspw. §§ 58, 252, 252a, 253 SGB VI), mit einer **Zurechnungszeit** (§ 59 SGB VI) oder mit **Ersatzzeiten** (§§ 250, 251 SGB VI) belegt sind, wenn für sie nicht auch Beiträge gezahlt worden sind oder als entrichtet gelten. Auch diese Zeiten sind für den Rentenanspruch bedeutsam.

aa) Anrechnungszeiten

75 **Anrechnungszeiten** gem. § 58 SGB VI sind Zeiten, während derer der Versicherte **aus persönlichen Gründen unverschuldet an einer Beitragszahlung gehindert war**. Die Vorschrift übernimmt die Regelung der in § 1259 RVO bis zum 31.12.1991 geregelten Ausfallzeiten und stellt durch die Neuformulierung klar, dass sie insbesondere bei der Rentenhöhe „angerechnet“ werden und damit i. R. d. **Gesamtleistungsbewertung** ihre **rentensteigernde Wirkung** entfalten.[484] Als rentenrechtliche Zeit haben sie anspruchsbegründende Wirkung bei der Wartezeit von 35 Jahren gem. § 51 Abs. 3 SGB VI sowie seit dem 1.7.2014 bei der Wartezeit von 45 Jahren unter den Voraussetzungen des § 51 Abs. 3a SGB VI. Mit der Einführung des Absatzes 3a durch das RV-Leistungsverbesserungsgesetz vom 23.6.2014[485] wirken sich nunmehr kurze Unterbrechungen in der Erwerbsbiografie nicht mehr nachteilig aus. Dem Zweck dieser Altersrente, eine besonders langjährige rentenversicherte Beschäftigung mit entsprechender Beitragszahlung zu privilegieren, wird damit Rechnung getragen.[486]

76 Aufgrund einer möglichen Beweisnot des Versicherten werden Anrechnungszeiten vor dem 1.1.1957 gem. § 253 SGB VI pauschal berechnet. Ansonsten müssen Anrechnungszeiten vom Versicherten nachgewiesen werden, §§ 58, 252, 252a SGB VI i. V. m. § 21 SGB X.

Zu den Anrechnungszeiten des § 58 Abs. 1 SGB VI gehören

- Zeiten der Arbeitsunfähigkeit wegen Krankheit, des Erhalts von Leistungen zur medizinischen Rehabilitation oder zur Teilhabe am Arbeitsleben **(Nr. 1)**,
- Zeiten der Krankheit zwischen dem 17. und 25. Lebensjahr, wenn diese mindestens einen Monat angedauert hat **(Nr. 1a)**,
- Zeiten der Schwangerschaft, Schutzfristen bei Mutterschaft **(Nr. 2)**,
- Zeiten der Arbeitslosigkeit **(Nr. 3)**,
- Zeiten der bei einer Arbeitsagentur gemeldeten Ausbildungssuche nach dem 17. Lebensjahr, wenn diese mindestens einen Monat gedauert hat **(Nr. 3a)**,
- Zeiten einer schulischen Ausbildung ab dem 17. Lebensjahr höchstens bis zu acht Jahren **(Nr. 4)**,
- Rentenbezugszeiten bzw. die in einer früheren/bisherigen Rente enthaltene Zurechnungszeit **(Nr. 5)**,
- Zeiten des Bezugs von Bürgergeld **(Nr. 6)**.

77 § 58 Abs. 1 S. 1 Nr. 1 1. Alt. SGB VI setzt voraus, dass der Versicherte **krankheitsbedingt arbeitsunfähig** gewesen ist. Für die Definitionen ist auf die im Bereich der GKV erfolgte Begriffsbestimmung abzustellen: Demzufolge ist Krankheit ein regelwidriger körperlicher oder geistiger Zustand, der entweder Behandlungsbedürftigkeit oder Arbeitsunfähigkeit oder beides zur Folge hat.[487] Arbeitsunfähigkeit liegt vor, wenn der Versicherte infolge einer Krankheit seiner bisher ausgeübten oder ähnlich

483 Vgl. BT-Drs. 15/2149 S. 22.
484 §§ 71 bis 74, 263 SGB VI; siehe unter § 49 Rn. 319 ff.
485 BGBl. I S. 787.
486 BT-Drs. 18/909 S. 20.
487 BSG 12.11.1985 SozR 2200 § 182 Nr. 101.

gelagerten Erwerbstätigkeit entweder überhaupt nicht mehr oder nur auf die Gefahr hin, seinen Zustand zu verschlimmern, nachgehen kann.[488] Zu Einzelfragen der Arbeitsunfähigkeit vgl. die Ausführungen zum Krankengeld i.R.d. § 44 SGB V.[489]

Bezüglich der **Leistungen zur medizinischen Rehabilitation bzw. zur Teilhabe am Arbeitsleben** verweisen § 58 Abs. 1 S. 1 Nr. 1 2. und 3. Alt. SGB VI auf die Definitionen der § 42 Abs. 1 SGB IX und § 49 Abs. 1 SGB IX. Die nicht abschließenden Leistungskataloge werden in § 42 Abs. 2 und 3 SGB IX und § 49 Abs. 3 SGB IX aufgelistet. 78

Für die durch das **Altersvermögensergänzungsgesetz**[490] eingeführte Anrechnungszeit wegen **Krankheit zwischen dem 17. und 25. Lebensjahr** gem. § 58 Abs. 1 S. 1 Nr. 1a SGB VI gelten ebenso wie im Falle der Nr. 1 die Begriffsbestimmungen der GKV. Durch diese Vorschrift erfolgte eine Angleichung dieser Zeiten an die Zeiten einer schulischen Ausbildung (§ 58 Abs. 1 S. 1 Nr. 4 SGB VI); auch letztere werden nur bis zum 25. Lebensjahr berücksichtigt. Zu beachten ist, dass eine Anrechnungszeit nur in Betracht kommt, soweit der Zeitraum nicht mit anderen rentenrechtlichen Zeiten belegt ist.[491] 79

Anrechnungszeiten sind auch die **Zeiten während der Schutzfristen nach dem Mutterschutzgesetz** wegen Schwangerschaft oder Mutterschaft, wenn die Versicherte eine Beschäftigung oder selbständige Tätigkeit nicht ausgeübt hat, § 58 Abs. 1 S. 1 Nr. 2 SGB VI. Die Fristen betragen gem. §§ 3 Abs. 2, 6 Abs. 1 MuSchG **sechs Wochen vor und grundsätzlich acht Wochen nach der Geburt**. Bei Früh- und Mehrlingsgeburten beträgt die Frist nach der Geburt zwölf Wochen. Allerdings werden gem. § 58 Abs. 1 S. 3 SGB VI keine Anrechnungszeiten berechnet, wenn die Versicherte nach Vollendung des 25. Lebensjahres wegen des Bezugs von Sozialleistungen versicherungspflichtig war. 80

Anrechnungszeiten werden auch für **Zeiten der Arbeitslosigkeit** gewährt. Der Begriff der Arbeitslosigkeit in § 58 Abs. 1 S. 1 Nr. 3 SGB VI ist grundsätzlich dem Recht der Arbeitslosenversicherung zu entnehmen, das zur Zeit der Arbeitslosigkeit galt, also seit 1998 den Vorschriften des SGB III.[492] Allerdings dürfen **rentenrechtliche Besonderheiten nicht ausgeblendet werden**, damit dem Sinn und Zweck der jeweiligen rentenrechtlichen Regelung Rechnung getragen werden kann.[493] Dies unterstreicht auch die Regelung des § 12 SGB III, die klarstellt, dass die Begriffe des SGB III nur für dieses Buch gelten. 81

Als Faustformel kann die Definition dienen, dass arbeitslos ist, wer vorübergehend unfreiwillig ohne Arbeit, arbeitswillig und arbeitsfähig ist. Dabei muss der Versicherte objektiv in der Lage und subjektiv ernstlich bereit sein, jede zumutbare Tätigkeit zum nächstmöglichen Termin aufzunehmen.[494] Die Zeit der Arbeitslosigkeit ist nur dann Anrechnungszeit, wenn der **Versicherte** bei einer deutschen Agentur für Arbeit **als Arbeitsuchender gemeldet** war.[495] Zudem wird der **Bezug von öffentlich-rechtlichen Leistungen vorausgesetzt**.[496] Dagegen ist es unschädlich, wenn der Versicherte nur wegen seines zu berücksichtigenden Einkommens keine Leistungen erhalten hat. Darüber hinaus werden nach § 58 Abs. 1 S. 2 SGB VI für Zeiten, in denen der Versicherte **nach Vollendung des 25. Lebensjahres wegen des Bezugs von Sozialleistungen versicherungspflichtig** war, keine Anrechnungszeiten berechnet. Die Versicherungspflicht wegen des Bezugs derartiger Leistungen 82

---

488 BSG 16.12.1981 SozR 2200 § 1259 Nr. 59; BSG 14.7.1982 SozR 2200 § 1251 Nr. 98.

489 Siehe unter § 22 Rn. 149ff.; für Sonderregelungen bei Sachverhalten vor dem 1.1.1998 vgl. die Anmerkungen bei BeckOGK/Gürtner § 58 SGB VI Rn. 7 bis 10.

490 AVmEG vom 21.3.2001, BGBl. I S. 403ff.

491 Ausf. Schrenker, MittLVA Oberfr 2002, 358ff.; Winter, RV 2002, 22ff.

492 BSG 22.8.2002 SGb 2002, 672; siehe unter § 55 Rn. 2ff.

493 BeckOGK/Gürtner § 58 SGB VI Rn. 16ff.; Göhde, AmtlMittLVA Rheinpr 2004, 533f.

494 Vgl. auch die Legaldefinition in § 119 Abs. 1 SGB III.

495 Vgl. BSG 11.3.2004 SozR 4-2600 § 58 Nr. 3 = SGb 2005, 49ff.; zur Tatbestandswirkung von Entscheidungen der Agentur für Arbeit, Leistungen wegen Arbeitslosigkeit zu erbringen oder nur wegen Einkommensanrechnung abzulehnen, vgl. BSG 18.6.1996 SozR 3-2600 § 58 Nr. 6 = SGb 1997, 233ff.

496 Zu haftungsrechtlichen Fragen vgl. das zweite und dritte Beispiel unter § 7 VI 3.

bestand zwischen dem 1.7.1978 und 31.12.1982 und besteht wieder seit der Einführung des SGB VI im Jahre 1992.[497] Dessen ungeachtet kann jedoch zwischen 1983 und 1997 u.a. nach Maßgabe des § 252 Abs. 2 SGB VI eine Anrechnungszeit vorliegen. Nach Vollendung des 25. Lebensjahres schließen Anrechnungszeiten wegen des Bezugs von Bürgergeld Anrechnungszeiten wegen Arbeitslosigkeit aus, § 58 Abs. 1 S. 3 SGB VI.

83 Auch **Zeiten von mindestens einem Kalendermonat, in denen Ausbildungssuchende keinen Ausbildungsplatz finden** konnten und bei einer Agentur für Arbeit gemeldet waren, gelten gem. § 58 Abs. 1 S. 1 Nr. 3a SGB VI als Anrechnungszeiten und führen nicht mehr zu rentenrechtlichen Lücken. Diese Vorschrift wurde durch das Erste Gesetz für moderne Dienstleistungen am Arbeitsmarkt vom 23.12.2002[498] neu in § 58 SGB VI aufgenommen und durch das RV-Nachhaltigkeitsgesetz vom 21.7.2004[499] dergestalt eingeschränkt, dass der oder die Ausbildungssuchende mindestens das 17. Lebensjahr vollendet haben muss und der Zeitraum auch nicht mit anderen rentenrechtlichen Zeiten belegt sein darf. Als Begründung wurde angeführt, dass bei jüngeren Jugendlichen diese Zeit in der Regel nicht als Anrechnungszeit anerkannt würde, weil durch die Ausbildungssuche in der Regel keine Beschäftigung unterbrochen werde und daher der Verwaltungsaufwand in keinerlei Verhältnis zu möglicherweise positiven rentenrechtlichen Konsequenzen stünde.[500]

84 Seit dem 1.1.2002 werden Zeiten des Besuchs einer Schule, Fachschule oder Hochschule sowie einer berufsvorbereitenden Bildungsmaßnahme (**Zeiten einer schulischen Ausbildung**) gem. § 58 Abs. 1 Nr. 4 SGB VI bis zur **Höchstdauer von acht Jahren** als Anrechnungszeiten anerkannt, wenn sie nach Vollendung des 17. Lebensjahres eines Versicherten zurückgelegt worden sind.[501] Bis dahin wurden die Anrechnungszeiten wegen schulischer Ausbildung kontinuierlich gesenkt, zuletzt sogar bis auf drei Jahre (§ 58 Abs. 1 Nr. 4 SGB VI i.d.F. ab dem 1.1.1997). Dies wurde kombiniert mit der Möglichkeit, für die nicht mehr berücksichtigungsfähigen Ausbildungszeiten freiwillige Beiträge gem. § 207 SGB VI nachzuentrichten.[502]

85 Gem. § 207 Abs. 1 SGB VI können für Zeiten nach Vollendung des 16. Lebensjahres, die nicht als Anrechnungszeiten berücksichtigt werden, auf Antrag Beiträge nachgezahlt werden. Ein solcher Antrag kann allerdings nur bis zur Vollendung des 45. Lebensjahres gestellt werden. Damit besteht die Möglichkeit, die Versicherungslücke zwischen dem 16. und 17. Lebensjahr sowie Lücken für Schul- und Studienzeiten, die über acht Jahre hinausgehen, zu schließen.

86 Durch die Anhebung auf acht Jahre wurde damals der Forderung nach einer verbesserten Anrechnung von Bildungs- oder Weiterbildungszeiten Rechnung getragen. In diesem Zusammenhang sei noch einmal erwähnt, dass durch die Neufassung des § 74 SGB VI durch das RV-Nachhaltigkeitsgesetz die bisher **rentensteigernde Wirkung** von Zeiten des Schul- und Hochschulbesuchs zum 31.12.2004 **abgeschafft** worden ist. Die Vertrauensschutzregelung des § 263 Abs. 3 SGB VI hat die Bewertung der bislang berücksichtigten drei Jahre Anrechnungszeit nach und nach abgeschmolzen. Für Rentenleistungen ab Januar 2009 beträgt der Wert Null. Damit bleibt es allein bei der Berücksichtigung als unbewertete Anrechnungszeit, vgl. § 74 S. 3 SGB VI; Bedeutung entfalten diese Zeiten nur noch i.R.d. §§ 51 Abs. 3, 54 Abs. 3 SGB VI sowie § 262 SGB VI und § 70 Abs. 3a SGB VI.[503]

87 Zur **Schulausbildung** zählen u.a. Zeiten des Besuchs einer Volksschule, Hauptschule, Realschule, Sonderschule oder Gymnasium. Ihr wesentliches Ziel ist die Vermittlung von Allgemeinbil-

---

497 Vgl. § 3 S. 1 Nr. 3, 3a, § 4 Abs. 3 SGB VI; zur Entwicklung Kreikebohm/Roßbach/Dankelmann § 58 SGB VI Rn. 21.
498 BGBl. I S. 4697 ff.
499 BGBl. I S. 1791 ff.
500 BT-Drs. 15/2149 S. 22.
501 § 58 Abs. 1 Nr. 4 SGB VI i.d.F. des Art. 1 Nr. 12 AVmEG vom 21.3.2001, BGBl. I S. 403 ff.; zum Begriff der schulischen Ausbildung vgl. VerbKomm § 58 SGB VI Anm. 7.4, 7.6., 7.7.
502 Vgl. auch die Übergangsvorschrift des § 252 SGB VI; zur Verfassungsmäßigkeit dieser Vorschrift, die die Übergangsfrist von 2003 auf 2000 verkürzte, vgl. BVerfG 15.3.2000 BVerfGE 102, 68, 97.
503 Zu dieser Entwicklung äußerst kritisch Meyer/Blüggel, NZS 2005, 1, 6 ff. unter Hinweis auf § 247 Abs. 2a SGB VI, der widerlege, dass es sich bei Ausbildungszeiten um unerhebliche oder sogar systemfremde Zeiten handele.

dung; davon unterscheidet sie sich von der Fachhochschul- oder Hochschulbildung, die auf eine spezifische berufliche Ausbildung abzielen.[504]

Zur **Fachschulausbildung** zählen u.a. Zeiten an einer Berufsschule, Handelsschule, Musikfach- 88
schule oder Kunstschule. Die Ausbildung muss mindestens ein halbes Jahr andauern oder 600 Unterrichtsstunden umfassen.[505]

Zur **Hochschulausbildung** zählen u.a. Zeiten an einer Universität, pädagogischen oder tech- 89
nischen Hochschule, Fachhochschule, Wirtschaftshochschule oder Bergakademie. Die Hochschulausbildung als anrechnungsfähige Zeit beginnt mit der Immatrikulation und endet grundsätzlich an dem Tag, an dem die für den einschlägigen Studiengang vorgesehene Abschlussprüfung abgelegt wurde. Dabei ist eine wertende Gesamtbetrachtung vorzunehmen; auf den Zeitpunkt der Exmatrikulation oder der Aushändigung des Prüfungszeugnisses kommt es hierbei nicht an. Anders als noch von der Vorgängernorm verlangt, wird auf die Voraussetzung eines abgeschlossenen Studiums – also die erfolgreiche Abschlussprüfung – verzichtet.[506]

Berufsvorbereitende Bildungsmaßnahmen sind in § 58 Abs. 1 S. 2 SGB VI legaldefiniert. Das 90
sind alle Maßnahmen, die auf die Aufnahme einer Berufsausbildung vorbereiten oder der beruflichen Eingliederung dienen, sowie Vorbereitungslehrgänge zum nachträglichen Erwerb des Hauptschulabschlusses und allgemeinbildende Kurse zum Abbau von schwerwiegenden beruflichen Bildungsdefiziten. Auch vor dem 1.1.1992 durchgeführte Maßnahmen können als Anrechnungszeit gem. § 58 Abs. 1 S. 1 Nr. 4 SGB VI berücksichtigt werden, § 300 Abs. 1 SGB VI. Der Begriff ist weit auszulegen. Unerheblich ist, ob es sich um schultheoretische oder praxisbezogene Maßnahmen handelt.[507]

Liegen zwischen zwei vor Vollendung der Ausbildung liegenden Abschnitten in der Ausbildungs- 91
und Erwerbsbiographie des Versicherten **beitragsfreie Übergangszeiten** vor, stellen auch diese Anrechnungszeiten dar, wenn in diesem Zeitraum eine Beschäftigung auf dem Arbeitsmarkt nicht erwartet werden konnte.[508] Denn nicht immer gehen Schul- und Berufsausbildung oder einzelne Ausbildungsabschnitte nahtlos ineinander über. Diese Zeiten werden als **Überbrückungszeiten** rentenrechtlich den vorausgegangenen Zeiten zugeschlagen.[509] Voraussetzung für ihre Anrechenbarkeit ist, dass sie **generell unvermeidbar** und **organisationsbedingt typisch** sind und dementsprechend häufig vorkommen und ferner, dass sie **grundsätzlich nicht länger als vier Monate** andauern. Diese Zwischenzeiten stellen sich mit den beiden anderen Ausbildungsabschnitten als einheitliche notwendige Ausbildung dar.[510] Der von der Rechtsprechung des BSG in Anlehnung an § 2 Abs. 2 S. 1 Nr. 2 lit. b BKGG vorgegebene zeitliche Rahmen von bis zu vier Monaten dient freilich nur als **erster Anhalt für den Umfang** des bei typisierender Betrachtungsweise auszugleichenden und von der Versichertengemeinschaft als Solidarleistung zu tragenden rentenversicherungsrechtlichen Nachteils. Nach Rechtsprechung des BSG wird deshalb die Zeit zwischen Abitur (meist Mai bis Juli) und Beginn des Hochschulstudiums (meist Oktober) selbst dann als unvermeidbare Übergangszeit und damit Ausbildungs-Anrechnungszeit gewertet, wenn sie organisationsbedingt länger als vier Monate andauert.[511]

---

504 BSG 16.12.1997 SozR 3-2600 § 58 Nr. 13; BSG 2.6.1976 SozR 2200 § 1259 Nr. 17.

505 BSG 11.8.1983 SozR 2200 § 1259 Nr. 76; BSG 21.4.1988 SozR 2200 § 1259 Nr. 101 m.w.N.

506 Vgl. i.Ü. BSG 15.3.1988 und 13.8.1981 SozR 2200 § 1259 Nr. 100, 52; zum Hochschulabschluss durch Promotion vgl. BSG 31.1.1974 5 RKn 6/72 – juris; BSG 30.8.1974 BSGE 38, 116f.; zu Zeiten der Ausbildung im Ausland vgl. BSG 25.1.1986 SozR 2200 § 1259 Nr. 96; zur damaligen Verfassungsmäßigkeit des Merkmals „erfolgreicher Abschluss" BVerfG 9.12.1980 SozR 2200 § 1259 Nr. 46.

507 Vgl. VerbKomm § 58 SGB VI Anm. 7.5.

508 BSG 26.7.2007 SozR 4-2600 § 58 Nr. 9.

509 Eine Übersicht findet sich bei Hauck/Noftz § 58 SGB VI Rn. 127; vgl. auch die nachstehenden Ausführungen zur Überbrückungszeit i.R.d. § 58 Abs. 2 SGB VI.

510 Vgl. BSG 16.12.1997 SozR 3-2600 § 58 Nr. 13; BSG 24.10.1996 SozR 3-2600 § 58 Nr. 8.

511 BSG 20.2.2005 SozR 4-2600 § 58 Nr. 4; dazu zweifelnd Kreikebohm/Roßbach/Dankelmann § 58 SGB VI Rn. 36; s.a. BSG 31.8.2000 SozR 3-2600 § 58 Nr. 14.

92 Gem. § 58 Abs. 1 S. 1 Nr. 5 SGB VI sind **Rentenbezugszeiten,** die gleichzeitig als Zurechnungszeit zu berücksichtigen waren, sowie die vor dem Beginn dieser Rente liegende Zurechnungszeit als Anrechnungszeit anzuerkennen. Diese Vorschrift hat die **Funktion einer Besitzstandswahrung** für Versicherte, die vor dem 67. Lebensjahr erwerbsgemindert geworden bzw. gestorben sind. Es soll verhindert werden, dass die Nachfolgerente in niedrigerer Höhe als eine vorausgegangene Rente geleistet wird.[512]

93 Schließlich sind gem. § 58 Abs. 1 S. 1 Nr. 6 SGB VI Zeiten, in denen Versicherte Bürgergeld bezogen haben, als Anrechnungszeiten zu bewerten. Dies gilt nicht für Empfänger, die Bürgergeld nur darlehensweise oder nur Leistungen nach § 24 Abs. 3 S. 1 SGB II (nicht vom Regelbedarf umfasste Einmalhilfebedarfe) bezogen haben.

94 Zum 1.1.2011 ist die Versicherungspflicht der Bezieher von Arbeitslosengeld II (jetzt Bürgergeld) zur gesetzlichen Rentenversicherung entfallen. Mit dem Wegfall der Beitragszahlung sind Zeiten des Bezugs somit keine Pflichtbeitragszeiten in der gesetzlichen Rentenversicherung mehr. Daraus ergibt sich in der Regel eine Minderung der monatlichen Rentenzahlung von derzeit bis zu 2,09 Euro pro Jahr des Bezugs von Bürgergeld. Durch die Berücksichtigung dieser Zeiten zumindest als Anrechnungszeiten nach § 58 Abs. 1 S. 1 Nr. 6 SGB VI werden allerdings Lücken in der Versicherungsbiografie vermieden. Zudem werden damit bestehende Anwartschaften auf Erwerbsminderungsrenten und Leistungen zur Teilhabe weiterhin aufrechtgehalten. Diese können durch Anrechnungszeiten jedoch nicht erstmals erworben beziehungsweise verloren gegangene Ansprüche nicht neu erworben werden. Die Anrechnungszeit wegen des Bezugs von Bürgergeld ist schließlich unbewertet. Das heißt, eine Anrechnungszeit wegen des Bezugs von Bürgergeld bedeutet nicht, dass sich unmittelbar deswegen die Rente erhöht. Es können sich aber positive Effekte auf die Höhe der Bewertung anderer beitragsfreier Zeiten ergeben. Dies betrifft in erster Linie die Zurechnungszeit bei den Renten wegen verminderter Erwerbsfähigkeit und den Renten wegen Todes.[513]

95 Anrechnungszeiten wegen Krankheit, Leistungen zur Rehabilitation oder zur Teilhabe am Arbeitsleben (**Nr. 1**), wegen Schutzfristen bei Mutterschaft (**Nr. 2**) und Arbeitslosigkeit (**Nr. 3** und **Nr. 3a**) liegen gem. § 58 Abs. 2 S. 1 SGB VI nur vor, wenn dadurch eine **versicherte Beschäftigung, eine selbständige Tätigkeit** oder ein versicherter Wehrdienst bzw. Zivildienst oder ein versichertes Wehrdienstverhältnis besonderer Art nach § 6 des Einsatz-Weiterverwendungsgesetzes **unterbrochen** wurde. Dieser Grundsatz ist notwendige Folge der Tatsache, dass Anrechnungszeiten nur denjenigen begünstigen sollen, der vorher und nachher der Solidargemeinschaft durch die Zahlung von einkommensbezogenen Pflichtbeiträgen verbunden war. Eine versicherungspflichtige Beschäftigung oder selbständige Tätigkeit i. S. d. § 58 Abs. 2 SGB VI liegt dann vor, wenn Pflichtbeiträge gezahlt werden. Welche Zeiten als Pflichtbeitragszeiten gelten, regelt § 55 SGB VI.

96 Dieser Anknüpfungspunkt scheidet natürlich bei den Fällen des § 58 Abs. 1 S. 1 Nr. 1a, Nr. 4 bis 6 SGB VI aus. Eine Unterbrechung ist auch nicht erforderlich in den Fällen des § 58 Abs. 1 S. 1 Nr. 1 und 2 bis 3a SGB VI, wenn die Anrechnungszeit nach Vollendung des 17. und vor Vollendung des 25. Lebensjahres zurückgelegt wurde.

97 Eine den Anschluss wahrende **Unterbrechung i. S. d.** § 58 Abs. 2 S. 1 SGB VI ist dann anzunehmen, wenn zwischen dem Ende der versicherungspflichtigen Beschäftigung, selbständigen Tätigkeit, dem Wehr- bzw. Zivildienst und der betreffenden Anrechnungszeit **kein voller Kalendermonat liegt**.[514]

98 Entgegen dem Sprachgebrauch ist es nach der Rechtsprechung nicht erforderlich, dass sich an die Anrechnungszeit wiederum eine versicherungspflichtige Beschäftigung oder Tätigkeit angeschlossen hat, die Ausfallzeit also von versicherungspflichtigen Beschäftigungen oder Tätigkeiten „umrahmt" wird.[515] „Unterbrochen" bedeutet aber auch, dass die Fortsetzung der versicherungspflichtigen Be-

512 BT-Drs. 11/4124 S. 167; s. a. Loytved, DAngVers 1998, 132 ff.

513 BT-Drs. 532/10 S. 66.

514 BSG 12.6.2001 SozR 3-2600 § 58 Nr. 18.

515 BSG 18.1.1962 SozR 2200 § 1259 Nr. 4; BSG 16.4.1964 SozR 2200 § 1259 Nr. 12 – für Anrechnungszeiten der Arbeitslosigkeit.

schäftigung nach Wegfall des Anrechnungszeittatbestandes in absehbarer Zeit in Aussicht genommen wird und möglich sein muss.[516] Der Versicherte darf also **nicht vollständig aus dem Erwerbsleben ausgeschieden** sein. Dies kann bei voller Erwerbsminderung der Fall ein. In einer **rückschauenden Betrachtungsweise** ist festzustellen, ob nur eine Unterbrechung oder sogar ein Ausscheiden vorliegt.[517]

Den **Grundsatz der Unterbrechung** hat das BSG in ständiger Rechtsprechung **abgemildert**, 99
wenn größere zeitliche Lücken zwischen rentenrechtlich relevanten Zeiten vorlagen.[518]

> „Die von der Rechtsprechung entwickelte Rechtsfigur der Überbrückungszeit bewirkt, dass der Anschluss an die versicherungspflichtige Beschäftigung oder an den letzten anschlusswahrenden Tatbestand einer rentenrechtlichen Zeit nicht verloren geht, obwohl in diesem Zeitraum kein Tatbestand einer rentenrechtlichen Zeit (§ 54 SGB VI) erfüllt ist. Ihre rentenversicherungsrechtliche Rechtsfolge besteht allein in der Aufrechterhaltung des Zurechnungszusammenhangs mit den nachfolgenden Tatbeständen rentenversicherungsrechtlicher Zeiten. Aus diesem Grunde müssen Überbrückungszeiten sich selbst nahtlos (zeitlich unmittelbar) an die jeweiligen Tatbestände rentenrechtlicher Zeiten (oder anderer Überbrückungstatbestände) anschließen und von solchen nahtlos umschlossen sein. Für die Wahrung des Zurechnungszusammenhangs bei Beendigung einer versicherungspflichtigen Beschäftigung oder Tätigkeit i. S. von § 58 Abs. 2 Satz 1 SGB VI reicht es aus, wenn der nachfolgende Tatbestand einer rentenrechtlichen Zeit binnen eines Monats erfüllt wird (ein Zeitraum, der selbst keine Überbrückungszeit ist).“[519]

Unter Zugrundelegung dieser Prinzipien erkannte das BSG in dem gerade zitierten Fall, dass in Ver- 100
bindung mit arbeitsförderungsrechtlichen Wertungen ein **Überbrückungstatbestand** wegen Urlaubs bei Arbeitslosigkeit **nur bis zu einer Dauer von höchstens sechs Wochen** im Kalenderjahr in Betracht kommt.

Weitere **Beispiele** für Überbrückungszeiten sind der gewerkschaftlich geführte Streik,[520] die 101
Nichtabführung von Beiträgen bei Insolvenz des Arbeitgebers[521] oder Zeiten der Arbeitslosigkeit, auch wenn keine Meldung bei der zuständigen Agentur für Arbeit erfolgte[522] oder die subjektive Verfügbarkeit nach § 428 SGB III beschränkt war.[523]

Für die **Unterbrechung einer selbständigen Tätigkeit** gilt gem. § 58 Abs. 2 S. 2 SGB VI **zusätz-** 102
lich, dass diese ohne die Mitarbeit des Versicherten nicht weiter ausgeübt werden kann. Die Vorschrift dient der Konkretisierung des Schutzzwecks des § 58 SGB VI und will sicherstellen, dass nur demjenigen selbständig Tätigen Anrechnungszeiten gutgeschrieben werden, der aus den in § 58 Abs. 1 S. 1 Nr. 1 bis 3 SGB VI genannten Gründen kein Einkommen erzielen kann. Die Regelung soll kleinere Unternehmen begünstigen (Einmannbetriebe, Selbständige in Einzelpraxen). Eine Unterbrechung liegt auf jeden Fall dann vor, wenn die selbständige Tätigkeit ganz aufgegeben wird, es sei denn, es liegt ein Fall von dauernder Erwerbsminderung vor. Ansonsten ist von einer Unterbrechung unter Berücksichtigung des Wortlauts und des Schutzzwecks der Norm auszugehen, wenn der Betrieb ohne die Mitarbeit des Versicherten einen spürbaren Einkommensverlust erleidet.

Die Regelung des § 58 Abs. 2 S. 2 SGB VI gebietet an sich eine **individuelle Prüfung der Verhält-** 103
nisse, die allerdings angesichts der Vielzahl der Sachverhalte in einer Massenverwaltung wie der gesetzlichen Rentenversicherung kaum geleistet werden kann. Für Sachverhalte vor dem 1.1.1992 ist § 252 Abs. 6 SGB VI zu beachten.

---

516 BSG 18.9.1975 SozR 2200 § 1259 Nr. 10 m.w.N.

517 BSG 15.5.1985 SozR 2200 § 1259 Nr. 91; BSG 22.9.1981 SozR 2200 § 1259 Nr. 54; vgl. zur Unterbrechung wegen Erwerbsminderung BeckOGK/Gürtner § 58 SGB VI Rn. 75.

518 Vgl. BSG 26.7.2007 NZS 2008, 485, 486.

519 BSG 12.6.2001 SozR 3-2600 § 58 Nr. 18.

520 BSG GS 11.12.1973 BSGE 37, 10.

521 BSG 17.2.1970 BSGE 31, 11.

522 BSG 16.4.1964 BSGE 21, 21; BSG 30.1.1969 BSGE 29, 120.

523 BSG 13.8.1996 SozR 3-2600 § 58 Nr. 7. Für weitere Überbrückungstatbestände sei auf die Ausführungen bei Hauck/Noftz § 58 SGB VI Rn. 189 und BeckOGK/Gürtner § 58 SGB VI Rn. 77 verwiesen.

104 § 58 Abs. 3 und 4 SGB VI verhindert, dass für bestimmte Versicherte Anrechnungszeiten berücksichtigt werden, wenn während der Anrechnungstatbestände Versicherungsschutz bestand oder hätte erworben werden können.[524]

105 § 58 Abs. 3 SGB VI bezieht sich auf die nach § 4 Abs. 3 S. 1 Nr. 2 SGB VI Versicherten und regelt, dass Anrechnungszeiten erst nach Ablauf von 18 Monaten entstehen können. Bei dieser Gruppe von Versicherten handelt es sich um **Personen, die keinen Anspruch auf Krankengeld haben**, weil sie nicht in der GKV versichert sind oder in der GKV ohne Anspruch auf Krankengeld versichert sind. Zur Problematik des Vorliegens des Ausschlusstatbestandes des § 58 Abs. 3 SGB VI, wenn der Antrag trotz Vorliegens der Voraussetzungen des § 4 Abs. 3 SGB VI nicht gestellt wurde.[525]

106 § 58 Abs. 4 SGB VI schließt die Berücksichtigung von Anrechnungszeiten für die Bezieher von Arbeitslosengeld und Übergangsgeld aus (für die Arbeitslosenhilfe vgl. § 252 Abs. 9 SGB VI), wenn die Bundesagentur für Arbeit Beiträge für Versicherte, die Mitglieder einer öffentlich-rechtlichen Versicherungs- oder Versorgungseinrichtung ihrer Berufsgruppe sind, gem. § 173 SGB III bzw. § 26 Abs. 1 SGB II an diese Einrichtungen, an ein Versicherungsunternehmen oder an die Versicherten selbst zahlt. Dies betrifft diejenigen Personen, die gem. § 6 Abs. 1 S. 1 Nr. 1, § 231 Abs. 1 und 2 SGB VI von der Versicherungspflicht befreit sind.

107 Die rückwirkend eingeführte Regelung des § 58 Abs. 4a SGB VI sieht vor, dass Zeiten der schulischen Ausbildung neben einer versicherten Beschäftigung oder Tätigkeit nur dann Anrechnungszeiten wegen schulischer Ausbildung sind, wenn der **Zeitaufwand für die schulische Ausbildung** unter Berücksichtigung des Zeitaufwandes für die Beschäftigung oder Tätigkeit **überwiegt**. Dies ist nach der Rechtsprechung dann der Fall, wenn der Versicherte mehr als **20 Stunden wöchentlich** aufwendet.[526] Dadurch wird vermieden, dass i.R.d. Gesamtleistungsbewertung die Anerkennung einer schulischen Ausbildung als Anrechnungszeit neben einer versicherten Beschäftigung oder Tätigkeit als beitragsgeminderte Zeit zu einer spürbaren Minderung der Rentenhöhe führen kann, wenn die dadurch als beitragsgemindert anzusehende Beitragszeit relativ hohe Werte erreicht.[527]

108 Schließlich werden gem. § 58 Abs. 5 SGB VI Anrechnungszeiten nicht für Zeiten berücksichtigt, in denen eine Rente wegen Alters bezogen worden ist. Hierbei ist es nach der Reform dieser Vorschrift durch das RV-Nachhaltigkeitsgesetz vom 21.7.2004[528] unerheblich, ob es sich um eine Voll- oder Teilrente handelt; dies ist als Folgeänderung zur Einführung der Zuschläge aus Beiträgen nach Beginn einer Rente wegen Alters gem. § 76d SGB VI zu sehen.[529]

bb) Zurechnungszeit

109 Eine **Zurechnungszeit** ist die Zeit, die bei einer Rente wegen Erwerbsminderung oder einer Rente wegen Todes zu den übrigen vom Versicherten oder Hinterbliebenen tatsächlich zurückgelegten Zeiten hinzugerechnet wird, wenn der Versicherte das 67. Lebensjahr noch nicht vollendet hat, § 59 Abs. 1 SGB VI. Durch diese **„Auffüllung" der Rentenbiographie gewährleistet** die Zurechnungszeit den Versicherten und Hinterbliebenen **eine ausreichend hohe Rente** auch in den Fällen, in denen ein Versicherter bereits in jungen Jahren vorzeitig erwerbsgemindert wird oder stirbt und daher nur wenige Beiträge entrichtet wurden. Der Versicherte wird mit Hilfe dieser solidarischen Komponente damit so gestellt, als hätte er während der Zurechnungszeit entsprechend seiner bisherigen durchschnittlichen Beitragsleistung Beiträge zur gesetzlichen Rentenversicherung gezahlt. Dies erfolgt i. R.d. Gesamtleistungsbewertung nach Maßgabe des § 71 SGB VI.

524 S.a. LSG Hessen 19.11.2003 NZS 2004, 599.

525 Vgl. die Ausführungen im BeckOGK/Gürtner § 58 SGB VI Rn. 84.

526 BSG 6.2.2003 SozR 4-2600 § 58 Nr. 1; BSG 28.10.1996 SozR 3-5870 § 2 Nr. 34; BSG 23.8.1989 SozR 5870 § 2 Nr. 65; BeckOGK/Gürtner § 58 SGB VI Rn. 36, 86.

527 Vgl. BT-Drs. 14/4375 S. 53.

528 BGBl. I S. 1791ff.

529 Vgl. BT-Drs. 15/2149 S. 22, 24.

Mit dem am 1.1.2001 in Kraft getretenen Gesetz zur Reform der Renten wegen verminderter Erwerbsfähigkeit vom 20.12.2000[530] wurde die sog. **Drittelanrechnung abgeschafft**, so dass die Zurechnungszeit über das 55. Lebensjahr hinaus bis zur Vollendung des 60. Lebensjahres voll berücksichtigt wurde.[531] Diese Gesetzesänderung sollte die in § 77 Abs. 2 S. 1 Nr. 3 und 4 SGB VI neu eingeführten Abschläge bei Erwerbsminderungs- und Hinterbliebenenrenten teilweise kompensieren. Mit dem RV-Leistungsverbesserungsgesetz vom 23.6.2014,[532] dem EM-Leistungsverbesserungsgesetz vom 17.7.2017[533] und dem RV-Leistungsverbesserungs- und Stabilisierungsgesetz vom 28.11.2018[534] wurde die Zurechnungszeit nun entsprechend der Anhebung der Regelaltersgrenze angepasst. Die Verlängerung der Zurechnungszeit wird nach der Übergangsregelung gem. § 253a SGB VI schrittweise eingeführt. Für Versicherte, deren Rente im Jahr 2019 beginnt, wurde die Zurechnungszeit durch § 253a Abs. 2 SGB VI auf die aktuelle Altersgrenze hochgesetzt. Damit kommt die Anhebung der Zurechnungszeit nur den Neuzugängen zugute, nicht aber den Bestandsrentnern.[535] 110

Zur Beseitigung dieser Unbilligkeit werden daher nach dem **Gesetz zur Rentenanpassung 2022 und zur Verbesserung von Leistungen für den Erwerbsminderungsrentenbestand** vom 28.6.2022[536] Renten wegen verminderter Erwerbsfähigkeit, die in den Jahren 2001 bis 2018 begonnen haben, ab dem 1.7.2024 um einen pauschalen Zuschlag aufgestockt, vgl. § 307i SGB VI. 111

Die Zurechnungszeit beginnt zu den in § 59 Abs. 2 S. 1 Nr. 1 bis 4 SGB VI genannten Zeitpunkten und endet mit Vollendung des 67. Lebensjahres, § 59 Abs. 2 S. 2 SGB VI; die Übergangsvorschrift des § 253a SGB VI ist hierbei zu beachten. Da gem. § 58 Abs. 1 Nr. 5 SGB VI Zurechnungszeiten, die auf die Rente angerechnet werden, Anrechnungszeiten sind, werden sie gem. § 51 Abs. 3 SGB VI nur auf die Wartezeit von 35 Jahren angerechnet. Die Qualifizierung als Anrechnungszeit i.R.d. § 58 SGB VI ist ferner bei der Umwandlung einer Rente von Bedeutung.[537] 112

§ 59 Abs. 3 SGB VI stellt klar, dass eine Zurechnungszeit bei einer nachfolgenden Hinterbliebenenrente nicht zu berücksichtigen ist, wenn die verstorbene versicherte Person eine Altersrente bezogen hat. Durch diese im Rahmen des RV-Leistungsverbesserungs- und Stabilisierungsgesetz vom 28.11.2018[538] eingefügte Norm wird vermieden, dass Wertungswidersprüche zwischen Alters- und Hinterbliebenenrente entstehen. Wurde bereits eine Altersrente bezogen, würde eine sich anschließende Hinterbliebenenrente im Ergebnis ihren Charakter als aus der Versichertenrente abgeleitete Rente verlieren, wenn eine Zurechnungszeit bei der Hinterbliebenenrente angerechnet würde. Folgt eine Altersrente hingegen einer Rente wegen verminderter Erwerbsfähigkeit, so kommt die Zurechnungszeit über die Besitzschutzvorschrift des § 88 Abs. 1 SGB VI faktisch zum Tragen. Eine der Altersrente folgende Hinterbliebenenrente wird, wenn sie spätestens innerhalb von 24 Kalendermonaten nach Ende des Bezugs der Altersrente beginnt, unter Berücksichtigung von Besitzschutz nach § 88 Abs. 2 SGB VI geleistet. Das heißt, im Ergebnis kommt auch bei Hinterbliebenenrenten die bei der Rente wegen verminderter Erwerbsfähigkeit schon berücksichtigte Zurechnungszeit, die in die Berechnung der Altersrente nachfolgend eingeflossen ist, den Hinterbliebenen zugute.[539] 113

530 EM-Reformgesetz, BGBl. I S. 1827ff.

531 S.a. LVAMitt Oberfr 2002, 149ff.

532 BGBl. I S. 787.

533 BGBl. I S. 2509.

534 BGBl. I S. 2016.

535 Zur Kritik: Welti, SozSich 2019, 338f.

536 BGBl. I S. 975; s.a. BT-Drs. 20/1680 S. 30f.

537 Bspw. Umstellung einer Rente wegen Erwerbsminderung auf Altersrente, vgl. § 115 Abs. 3 S. 1 und § 88 Abs. 1 S. 2 SGB VI.

538 BGBl. I S. 2016.

539 BR-Drs. 425/18 S. 28.

cc) Ersatzzeit

114 **Ersatzzeiten** sind gem. §§ 250, 251 SGB VI Zeiten, in denen der Versicherte durch **außergewöhnliche Umstände keine Beiträge zahlen konnte.**[540] Ersatzzeiten werden nur für Zeiten vor dem 1.1.1992 anerkannt. Voraussetzung hierfür ist, dass der Versicherte während der Zeit, als er den Ersatzzeit-Tatbestand des § 250 Abs. 1 Nr. 1 bis 6 SGB VI zurückgelegt hat, das 14. Lebensjahr bereits vollendet hatte und nicht versicherungspflichtig war. Schließlich darf auch kein Ausschlussgrund i. S. d. § 250 Abs. 2 SGB VI vorgelegen haben, bspw. eine mögliche Nachversicherung. Nach ihrem Sinn und Zweck sollen Ersatzzeiten nicht nur den Verlust von Pflichtbeitragszeiten, sondern auch von freiwilligen Beitragszeiten ersetzen:

> „Wie das BSG [...] dargelegt hat, sollen die Ersatzzeiten Ersatz für Zeiten gewähren, für die mit Rücksicht auf die besonderen im Gesetz festgelegten Tatbestände dem Versicherten die Entrichtung von Beiträgen regelmäßig nicht möglich und wegen der mit diesen Zeiten verbundenen außergewöhnlichen Umstände nicht zu erwarten gewesen ist; werden während des Vorliegens dieser Tatbestände keine Beiträge entrichtet, dann unterstelle der Gesetzgeber, dass allein die mit den Zeiten verbundenen Umstände eine Beitragsleistung verhindert haben. In ähnlicher Weise wird der Sinn und Zweck der Ersatzzeit auch in späteren Entscheidungen umschrieben.[541] [...] Denn schon der Umstand, dass auch eine vorangehende freiwillige Versicherung, wie sich aus § 28 Abs. 2 Satz 1 AVG ergibt, die Anrechenbarkeit von Ersatzzeiten begründen kann, zeigt, dass Ersatzzeiten ebenso den Verlust von freiwilligen Beitragszeiten ersetzen sollen; [...] Sind solche Beiträge wegen des als Ursache unterstellten Wehrdienstes ausgeblieben, kann daher ebenso das Bedürfnis zur Füllung der Versorgungslücke durch Ersatzzeiten bestehen [...].“[542]

115 Zu den Ersatzzeiten, die gem. § 51 Abs. 4 SGB VI auf alle Wartezeiten anrechenbar sind, zählen i.R.d. § 250 SGB VI insbesondere folgende Zeiten:[543]
- Kriegsdienst im 2. Weltkrieg, Kriegsgefangenschaft und Reichsarbeitsdienst (§ 250 Abs. 1 Nr. 1 SGB VI),
- Internierung, Vertreibung und Verschleppung (§ 250 Abs. 1 Nr. 2 SGB VI),
- Freiheitsentzug im Gebiet der ehemaligen DDR in der Zeit vom 8.5.1945 bis 30.6.1990, soweit der Versicherte rehabilitiert oder das Strafurteil aufgehoben worden ist (§ 250 Abs. 1 Nr. 5a SGB VI).

§ 251 SGB VI nennt ergänzend besondere Voraussetzungen, unter denen Handwerker Ersatzzeiten erlangen können.

c) Berücksichtigungszeiten

116 Berücksichtigungszeiten sind **Zeiten der Erziehung eines Kindes bis zu dessen vollendetem zehnten Lebensjahr**, § 57 SGB VI. Diese am 1.1.1992 in Kraft getretene **rentenrechtliche Zeit** begründet anders als Kindererziehungszeiten gem. § 56 SGB VI für sich allein genommen weder einen Rentenanspruch noch wirkt sie sich direkt rentensteigernd aus.[544] Ziel von Berücksichtigungszeiten ist es vielmehr, dass sich Zeiten der Kindererziehung nicht nachteilig auswirken.

Berücksichtigungszeiten haben folgende **rentenrechtliche Funktionen**:
- Sie wirken **anwartschaftserhaltend** bei einem Anspruch auf Rente wegen Erwerbsminderung, §§ 43 Abs. 4 S. 1 Nr. 2, 45 Abs. 4, 241 Abs. 2 Nr. 4 SGB VI.
- Sie werden auf die **Wartezeit von 35 und 45 Jahren angerechnet**, § 51 Abs. 3, 3a SGB VI.

---

540 Vgl. bspw. BSG 29.11.2007 SozR 4-2200 § 1251 Nr. 2 zur zwangsweisen Unterbringung geistig Behinderter im Nationalsozialismus.

541 BSG 28.1.1970 SozR Nr. 42 zu § 1251; BSG 25.2.1971 SozR Nr. 53 zu § 1251; BSG 28.6.1979 SozR 2200 § 1251 Nr. 65; BSG 16.12.1981 SozR 2200 § 1251 Nr. 92; BSG 20.4.1983 SozR 2200 § 1251 Nr. 101; BSG 21.6.1983 SozR 2200 § 1251 Nr. 102.

542 BSG 30.5.1985 SozR 2200 § 1251 Nr. 113.

543 Vgl. im Übrigen die detaillierte Darstellung bei BeckOGK/Gürtner § 250 SGB VI Rn. 12ff.

544 BT-Drs. 11/4124 S. 166, 167.

- Sie spielen bei der Ermittlung von **Entgeltpunkten für Beitragszeiten** eine Rolle, § 70 Abs. 3a SGB VI.
- Sie sind bei der Ermittlung des **Gesamtleistungswertes für beitragsfreie Zeiten** von Bedeutung, § 71 Abs. 3 S. 1 Nr. 1 SGB VI.
- Sie werden bei der Ermittlung der erforderlichen 35 Jahre für die **Rentenberechnung bei geringem Arbeitsentgelt** berücksichtigt, § 262 SGB VI.
- Sie werden bei der **Berechnung des Zuschlags bei der Waisenrente** berücksichtigt, § 78 Abs. 1 S. 3 SGB VI.
- Sie sind **Überbrückungszeiten,** die bei der Anrechnung von Anrechnungszeiten den Anschluss wahren.

Die **Voraussetzungen** für die Anrechnung von **Berücksichtigungszeiten** sowie deren Zuordnung sind an diejenigen der **Kindererziehungszeit** (§§ 56, 249, 249a SGB VI) **gekoppelt**. Dadurch kann ein Zeitraum, der bei einem Elternteil als Kindererziehungszeit anzurechnen ist, nicht dem anderen Elternteil als Berücksichtigungszeit zugeordnet werden. Die über die dreijährige Kindererziehungszeit hinausgehenden sieben Jahre der Berücksichtigungszeit können hingegen frei zugeordnet werden. Schließlich wird eine Berücksichtigungszeit nicht durch eine parallel liegende andere rentenrechtliche Zeit verdrängt, bspw. Beitrags- oder Anrechnungszeit. 117

Abweichend von § 56 SGB VI **beginnt die Berücksichtigungszeit** gem. § 122 Abs. 2 S. 2 SGB VI **bereits im Geburtsmonat** mit dem Geburtstag des Kindes und verlängert sich auch dann nicht, wenn mehrere Kinder erzogen werden. Bei gleichzeitiger Erziehung mehrerer Kinder unter zehn Jahren endet die Berücksichtigungszeit zehn Jahre nach der Geburt des jüngsten Kindes. **Selbständige** können seit dem 1.1.2002 von Berücksichtigungszeiten gem. § 57 S. 2 SGB VI nur profitieren, soweit sie auch **pflichtversichert** sind und die Tätigkeit mehr als geringfügig ist. Durch diese Regelung sollte eine Besserstellung von Selbständigen gegenüber Arbeitnehmern, die kraft Gesetzes einkommensgerechte Beiträge zahlen, vermieden werden.[545] 118

III. Voraussetzungen für die Inanspruchnahme einzelner Renten

1. Renten wegen verminderter Erwerbsfähigkeit

Erwerbsminderungsrenten haben den **Sinn**, den Versicherten, die ganz oder teilweise nicht mehr am Erwerbsleben teilnehmen können, vor Erreichen der Regelaltersgrenze den **Ausgleich wirtschaftlicher Einbußen** zu gewähren, die **durch gesundheitsspezifische Einschränkungen** entstanden sind. Der Gesetzgeber hat das Erwerbsminderungsrecht Ende 2000 nachhaltig reformiert. Mit dem am 1.1.2001 in Kraft getretenen Gesetz zur Reform der Renten wegen verminderter Erwerbsfähigkeit vom 20.12.2000[546] i.d.F. des RV-Altersgrenzenanpassungsgesetzes vom 20.4.2007[547] wurden die Renten wegen Berufsunfähigkeit gem. § 43 SGB VI a.F. und wegen Erwerbsunfähigkeit gem. § 44 SGB VI a.F. abgeschafft. Was eine ausführliche Darstellung dieser auslaufenden Rentenarten betrifft, sei auf die Kommentierung bei Kreikebohm/Jörg, 1. Aufl. 1997, §§ 43, 44 SGB VI verwiesen. 119

Ein Antrag für die Erwerbsminderungsrenten nach altem Recht musste wegen § 300 Abs. 2 SGB VI spätestens bis zum 31.3.2001 gestellt werden.[548] Umgekehrt umfasst ein fristgerecht gestellter Antrag auf Rente wegen verminderter Erwerbsfähigkeit gem. § 43 SGB VI a.F. auch die Erwerbsminderungsrente gem. § 43 SGB VI n.F. sowie den extra geschaffenen Vertrauensschutztatbestand § 240 SGB VI n.F.[549] 120

---

545 BT-Drs. 14/4592 S. 46 zu Nr. 12.

546 EM-Reformgesetz, BGBl. I S. 1827 ff.

547 BGBl. I S. 554 ff.

548 BSG 29.11.2007 SozR 4-2600 § 300 Nr. 2 mit krit. Anmerkung Matlok/Vogel, DRV 2008, 346 ff.

549 BSG 8.9.2005 NZS 2006, 429 ff.; BSG 17.2.2005 SozR 4-2600 § 43 Nr. 3.

Die umfangreiche Reform der Erwerbsminderungsrenten hatte u.a. folgende Maßnahmen zum Inhalt:

- **Ersetzung der bisherigen Renten** wegen Berufs- und Erwerbsunfähigkeit durch eine neue zweistufige Erwerbsminderungsrente, § 43 SGB VI n.F.
- **Wegfall der Rente wegen Berufsunfähigkeit** für Versicherte, die bei Inkrafttreten der Reform das 40. Lebensjahr noch nicht vollendet hatten.
- **Sachgerechte Verteilung des Arbeitsmarktrisikos zwischen der gesetzlichen Rentenversicherung und Arbeitslosenversicherung** durch Erstattungsleistungen der Bundesagentur für Arbeit an die Rentenversicherung gem. § 224 SGB VI.
- **Anpassung der Höhe der Erwerbsminderungsrenten** an die Höhe der vorzeitig in Anspruch genommenen Altersrenten bei Verlängerung der Zurechnungszeit bis zum 60. Lebensjahr, § 59 SGB VI.

121 **Anlass** bildeten die Befunde, dass die **Rentenversicherung** bei einem beträchtlichen Teil der Versicherten nicht nur das **Invaliditätsrisiko**, sondern bei ca. einem Drittel der BU- und EU-Renten auch das **Arbeitsmarktrisiko** trug und dass insbesondere die Rente wegen Berufsunfähigkeit sich zunehmend zu einer **Prestigerente** für Versicherte mit besonderer Qualifikation in herausgehobenen Positionen entwickelt hatte.[550] Letzteres ließ sich nach Ansicht des Gesetzgebers nur schwer mit dem **Grundsatz der Gleichbehandlung** vereinbaren, wonach Versicherte gem. ihrer Beitragszahlungen gleiche Möglichkeiten haben müssen, Leistungen der gesetzlichen Rentenversicherung in Anspruch zu nehmen.[551] Hinzu kam, dass es bei dem Erwerbsminderungsrecht wie in keinem anderen Bereich aufgrund der schwierigeren und aufwendigeren Feststellbarkeit der persönlichen Voraussetzungen bei diesen Rentenarten zu einer **Flut von Urteilen des BSG** gekommen ist, die in keinem Verhältnis zu der absoluten Anzahl dieser Renten stand. Daher war die Hoffnung begründet, dass durch Einführung des neuen Begriffs der Erwerbsminderung und die nunmehr – scheinbar ausschließliche – abstrakte Anknüpfung an die Stundenzahl bei der Beurteilung des Restleistungsvermögens des Versicherten ein Paradigmenwechsel stattfinden würde. Dass dem – leider – nicht so ist, zeigt die nachfolgende Darstellung.

122 Denn trotz Streichung der §§ 43, 44 SGB VI a.F. mussten **Vertrauensschutztatbestände** geschaffen werden: Die Sondervorschrift des § 302b SGB VI gewährt in ihrem Abs. 1 Bestandsschutz für die Renten wegen Erwerbs- und Berufsunfähigkeit, auf die am 21.12.2000 ein Anspruch bestanden hat. Auf diese Renten wird das zu diesem Zeitpunkt geltende Recht und die hierzu ergangene höchstrichterliche Rechtsprechung weiterhin angewendet. Des Weiteren garantieren §§ 240, 241 SGB VI die **Beibehaltung des Berufsschutzes** für **Versicherte**, die **vor dem 2.1.1961** geboren sind. Diese Regelung, deren Praxisrelevanz mittelfristig abnehmen wird, war notwendig, weil es für diese Personengruppe **schwer**, wenn nicht sogar unmöglich war, noch eine **adäquate private Berufsunfähigkeitsversicherung abzuschließen**. Aus Vertrauensschutzgesichtspunkten wurde diesen Versicherten bei Berufsunfähigkeit deshalb ein Anspruch auf Rente wegen teilweiser Erwerbsminderung gegeben. **Jüngere Versicherte müssen sich** hingegen seit der Reform von 2000/2001 **privat** gegen Berufsunfähigkeit **absichern**, wofür grundsätzlich eine Gesundheitsprüfung notwendig ist.[552]

123 Diese Vorschriften und die in § 43 SGB VI eingeflossene und vom **BSG** entwickelte sog. **konkrete Betrachtungsweise** führen dazu, dass sich die Rechtsprechung noch weiterhin mit dieser Materie befassen muss.[553] Von einer **Erleichterung für die Praxis** kann daher **keine Rede** sein. Denn die zu §§ 43, 44 SGB VI a.F. ergangene Rechtsprechung ist auf § 43 SGB VI n.F. und § 240 SGB VI übertragbar.

---

550 Vgl. zu dieser immateriellen Schutzfunktion der BU-Rente bereits BSG 29.11.1984 SozR 2200 § 1246 Nr. 124.

551 Vgl. BT-Drs. 14/4230 S. 23.

552 Zum Berufsschutz in der Rentenversicherung, Arbeitslosenversicherung und Grundsicherung für Arbeitssuchende instruktiv Köbl, in: FS Birk, S. 385, 402ff.

553 Vgl. BT-Drs. 14/4230 S. 25; Ruland, FS 50 Jahre BSG, S. 599, 602ff., 608.

a) Rente wegen Erwerbsminderung

Renten wegen Erwerbsminderung werden geleistet wegen **teilweiser** (§ 43 Abs. 1 SGB VI) und **voller Erwerbsminderung** (§ 43 Abs. 2 SGB VI). Zu beachten ist, dass auch Selbständige einen Anspruch auf Rente wegen Erwerbsminderung haben können. Anders war dies unter der Vorläufernorm des § 44 Abs. 2 S. 2 Nr. 1 SGB VI a.F. 124

aa) Versicherungsfall der Erwerbsminderung

Zu unterscheiden sind zunächst die teilweise und die volle Erwerbsminderung. Die **persönlichen Voraussetzungen der teilweisen Erwerbsminderung** liegen nach der Legaldefinition des § 43 Abs. 1 S. 2 SGB VI vor, wenn der Versicherte wegen Krankheit oder Behinderung auf nicht absehbare Zeit **außerstande ist**, unter den üblichen Bedingungen des allgemeinen Arbeitsmarktes **mindestens sechs Stunden** täglich erwerbstätig zu sein. Aus der Zusammenschau mit § 43 Abs. 2 S. 2 SGB VI wird deutlich, dass der zeitliche **Restleistungskorridor zwischen drei und sechs Stunden** betragen muss. 125

Freilich wird dieser zeitliche Korridor nur bei recht speziellen gesundheitlichen Konstellationen erreicht, so dass die teilweise Erwerbsminderung in der Praxis eine geringe Rolle spielt.[554] Am 31.12.2022 waren nur rund fünf Prozent der gewährten Erwerbsminderungsrenten solche der teilweisen Erwerbsminderung.[555] 126

Beträgt das Restleistungsvermögen **nicht mindestens drei Stunden**, liegt gem. § 43 Abs. 2 S. 2 SGB VI **volle Erwerbsminderung** vor (vgl. dazu die entsprechende Vorschrift in § 8 Abs. 1 SGB II). Voll erwerbsgemindert sind gem. § 43 Abs. 2 S. 3 SGB VI auch Versicherte nach § 1 S. 1 Nr. 2 SGB VI, die wegen Art oder Schwere der Behinderung nicht auf dem allgemeinen Arbeitsmarkt tätig sein können, sowie Versicherte, die bereits vor Erfüllung der allgemeinen Wartezeit voll erwerbsgemindert waren, in der Zeit einer nicht erfolgreichen Eingliederung in den allgemeinen Arbeitsmarkt. 127

Schließlich ist gem. § 43 Abs. 3 1. Hs. SGB VI **nicht erwerbsgemindert**, wer unter den üblichen Bedingungen des allgemeinen Arbeitsmarktes **mindestens sechs Stunden täglich erwerbstätig** sein kann. 128

Wie noch zu zeigen sein wird, sind diese **Legaldefinitionen** allerdings **nur** erste **Orientierungshilfen**, weil die Ermittlung von teilweiser oder voller Erwerbsminderung noch zusätzlich durch die einschlägige Rechtsprechung des BSG beeinflusst wird.[556] 129

Zum Begriff der **Krankheit** und **Behinderung** vgl. die Ausführung bei den Leistungen zur Teilhabe. Aus der Zusammenschau mit § 101 SGB VI ergibt sich, dass der **Zeitraum** der Krankheit oder Behinderung **mehr als sechs Monate** dauern muss.[557] Kein Gradmesser für den Erfolg eines Antrags auf Erwerbsminderungsrente scheint der Grad der Behinderung des Beschäftigten zu sein.[558] 130

(1) Ermittlung des Restleistungsvermögens

Das **Restleistungsvermögen des Versicherten** wird anhand seiner **zeitlichen Einsatzfähigkeit** grundsätzlich in abstrakter Weise beurteilt. Untersucht wird von Amts wegen, warum und weshalb der Versicherte wegen Krankheit oder Behinderung den bisherigen Beruf nicht mehr ausüben kann, welche Anforderungen er in qualitativer bzw. quantitativer Hinsicht noch erfüllen und welche Tätigkeiten er noch verrichten kann. Das heißt zusätzliche Einschränkungen wie z.B. abweichende Ruhepausen, betriebsunübliche Pausen oder Wegebeschränkungen werden in die Prüfung einer Erwerbstätigkeit unter den üblichen Bedingungen des allgemeinen Arbeitsmarktes mit einbezogen. Dabei 131

554 Vgl. die empirische Analyse bei Knipping, SGb 2006, 653, 654.

555 Deutsche Rentenversicherung Bund, Rentenversicherung in Zahlen 2023, S. 34.

556 Vgl. das Schema bei BeckOGK/Gürtner § 43 SGB VI Rn. 34.

557 BSG 23.3.1977 SozR 2200 § 1247 Nr. 16 m.w.N.

558 Knipping, SGb 2006, 653, 655.

wird auf die Stundenzahl im Rahmen einer **Fünf-Tage-Woche** abgestellt. Dies alles erfolgt unabhängig davon, ob zumutbare **Verweisungsberufe** vorhanden sind oder nicht. Die objektive Beweislast trägt der Versicherte.

132 Allerdings ist diese abstrakte Betrachtungsweise nicht das alleinige Kriterium für die Ermittlung der Erwerbsminderung, wie das Tatbestandsmerkmal der **„üblichen Bedingungen des allgemeinen Arbeitsmarktes"** in den Absätzen 1 bis 3 zeigt. Maßstab ist vielmehr die Erwerbsfähigkeit auf dem allgemeinen Arbeitsmarkt, d.h. in jeder nur denkbaren Tätigkeit, die es auf dem Arbeitsmarkt gibt und allgemein üblich ist. Damit hat der Gesetzgeber die Rechtsprechung des BSG zur sog. **konkreten Betrachtungsweise** in Gesetzesform gegossen; diese wurde wegen der damals ungünstigen Arbeitsmarktsituation zur Zeit des Erlasses des EM-Reformgesetzes deshalb grundsätzlich beibehalten. Damit wird sichergestellt, dass für die Feststellung des Leistungsvermögens solche Tätigkeiten, für die es für den zu beurteilenden Versicherten einen Arbeitsmarkt schlechthin nicht gibt, nicht in Betracht zu ziehen sind.[559] Zu beachten ist, dass hier eine enge **Schnittstelle zur Arbeitslosenversicherung** besteht.

133 In diesem Zusammenhang ist auf § 156 Abs. 1 S. 2 und 3 SGB III (= § 142 SGB III a.F.) hinzuweisen: Die **Agentur für Arbeit** hat den Arbeitslosen unverzüglich aufzufordern, innerhalb eines Monats einen Antrag auf Rente wegen voller Erwerbsminderung zu stellen, wenn dem Arbeitslosen eine Rente wegen teilweiser Erwerbsminderung zuerkannt worden ist, er aber sein Restleistungsvermögen unter den üblichen Bedingungen des allgemeinen Arbeitsmarktes nicht mehr verwerten kann. Stellt der Arbeitslose den Antrag nicht, ruht der Anspruch auf Arbeitslosengeld vom Tage nach Ablauf der Frist an bis zu dem Tage, an dem der Arbeitslose den Antrag stellt.[560]

134 Die **Rechtsprechung zur konkreten Betrachtungsweise** geht auf zwei Beschlüsse des BSG aus den Jahren 1969 und 1976 zurück, wonach es bei noch halbschichtig bis unter vollschichtig arbeitenden Versicherten (letzteres ca. sieben bis acht Stunden täglich) u.a. darauf ankam, ob ihnen ein **zumutbarer Teilzeitarbeitsplatz konkret nachgewiesen** werden konnte. War dies nicht der Fall, z.B., weil der Versicherte keinen zumutbaren Arbeitsplatz innehatte, wurde der **Teilzeitarbeitsmarkt als praktisch verschlossen angesehen**. Der Versicherte war aufgrund dieser Fiktion somit nicht nur teilweise, sondern sogar voll erwerbsgemindert. **Die teilweise Erwerbsminderung schlug bzw. schlägt also in die volle Erwerbsminderung durch**. Dieses Arbeitsmarktrisiko wird seit 2001 vom sachlich einschlägigen Sozialversicherungszweig, der Arbeitslosenversicherung, nicht vollkommen ausgeglichen. Gem. § 224 SGB VI wird lediglich die Hälfte der Ausgaben für arbeitsmarktbedingte Erwerbsminderungsrenten in Form eines Ausgleichbetrags durch die Bundesagentur für Arbeit pauschal erstattet. Diese Übernahme eines gewissen Arbeitsmarktrisikos sah das BSG damals als gerechtfertigt an, weil es von der Funktion dieser Rentenart (Entgeltersatzleistung bei Erwerbsminderung) gedeckt wurde:

> „Für die Beurteilung, ob ein Versicherter, der aufgrund seines Gesundheitszustandes nur noch Teilzeitarbeit verrichten kann, berufsunfähig i.S. des § 1246 Abs. 2 [= § 43 SGB VI a.F.] oder erwerbsunfähig i.S. des § 1247 Abs. 2 [= § 44 SGB VI a.F.] ist, ist es erheblich, dass für die in Betracht kommenden Erwerbstätigkeiten Arbeitsplätze vorhanden sind, die der Versicherte mit seinen Kräften und Fähigkeiten noch ausfüllen kann."[561]

135 **Hauptargumente** für diese Rechtsprechungsregeln waren damals die im Vergleich zum Vollzeitarbeitsmarkt **wesentlich schlechteren Vermittlungschancen** auf dem Teilzeitarbeitsmarkt und die anscheinend unüberwindbaren **Schwierigkeiten der Durchführung von konkreten Einzelfallprüfungen** durch die damaligen Arbeitsämter oder anderen Behörden. Letzteres war nach Ansicht des BSG[562] deshalb der Fall, weil weder Verwaltung noch Rechtsprechung über das notwendige statisti-

559 BT-Drs. 14/4230 S. 25.
560 Dazu Bieback, 2005, S. 31ff.
561 BSG GS 10.12.1976 SozR 2200 § 1246 Nr. 13 unter teilweiser Aufgabe von BSG GS 11.12.1969 SozR Nr. 79 zu § 1246.
562 BSG GS 10.12.1976 BSGE 43, 75, 80.

sche Datenmaterial verfügten, um die Zahl der im Verweisungsgebiet in Betracht kommenden Teilzeitarbeitsplätze und die Zahl der Interessenten, insbesondere ihr Verhältnis zueinander, mit hinreichender Sicherheit zu ermitteln.

Die **zeitliche Einschränkung für das Eingreifen der Fiktion** des verschlossenen Arbeitsmarktes (dritter Leitsatz) erwies sich als **untaugliches Kriterium**, weil sie bei der dann in der Regel gebotenen gerichtlichen retrospektiven Prüfung kaum greifen konnte. Das BSG erkannte später dazu, bei rückwirkender Feststellung der Arbeitsmarktlage sei der Nachweis konkreter Vermittlungsbemühungen für die Dauer eines Jahres durch den Rentenversicherungsträger im Zusammenwirken mit dem damaligen Arbeitsamt nicht erforderlich; vielmehr reiche eine Rückschau anhand der vorhandenen Daten aus, soweit diese hinreichend verlässlich seien.[563] In der Praxis gehen die zuständigen Rentenversicherungsträger bei der derzeitigen Arbeitsmarktlage in der Regel ohne weitere Ermittlungen davon aus, dass die Vermittlung eines Teilzeitarbeitsplatzes innerhalb eines Jahres nicht möglich ist. Der Anspruch auf Rente besteht dann schon vor Ablauf der Jahresfrist.[564] Damit wurde die schon in der Grundsatzentscheidung des BSG selbst statuierte Ausnahme von dem Abwarten der Jahresfrist zur Regel.[565] 136

Obwohl das BSG mit seinen oben genannten Entscheidungen vom 27.2.2003 und 10.7.2002 deutlich gemacht hat, dass es diese **Grundsätze** auf den reformierten § 43 SGB VI auch weiterhin anwendet, und diese Rechtsprechung auch von weiten Teilen der Literatur akzeptiert worden ist, ist sie **kritisch zu hinterfragen**. Dies vor allem deshalb, weil sich die Verhältnisse, die der Argumentationslinie des BSG zugrunde liegen, in tatsächlicher Hinsicht seit 1969 bzw. 1976 deutlich gewandelt haben.[566] 137

Die **Bedeutung der Teilzeitarbeit** als Instrument flexibler und innovativer Arbeitsgestaltung ist seit Anfang der siebziger Jahre in der Bundesrepublik Deutschland **gestiegen**. Lag der prozentuale Anteil der Teilzeitarbeit in dem Zahlenbeispiel, das der Entscheidung des BSG vom 11.12.1969 zugrunde lag,[567] bei 0,6 Prozent, so stieg die Teilzeitquote der männlich abhängig Erwerbstätigen 2023 immerhin auf 13,3 Prozent (2007: 4,1 Prozent). Allgemein betrug die Teilzeitquote der abhängig Erwerbstätigen – insbesondere wegen des hohen Frauenanteils – 30,9 Prozent im Jahre 2023.[568] 138

Damit sind auch die **Vermittlungsaussichten auf dem Teilzeitarbeitsmarkt gestiegen**. Zu den gesetzgeberischen Fördermaßnahmen i.R.d. TzBfG gehört u.a. die **Ausschreibung von Arbeitsplätzen**, §§ 6, 7 TzBfG. Der Arbeitgeber hat einen Arbeitsplatz, den er öffentlich oder innerhalb des Betriebes ausschreibt, auch **als Teilzeitarbeitsplatz** auszuschreiben, soweit dieser sich hierfür eignet. Mit §§ 8, 9a TzBfG hat der Gesetzgeber einen allgemeinen **Anspruch auf (befristete) Teilzeitarbeit** normiert. § 8 TzBfG ist zuungunsten des Arbeitnehmers nicht abdingbar; § 9a TzBfG ist in den Grenzen des § 9a Abs. 6 TzBfG tarifdispositiv, vgl. § 22 TzBfG.[569] Auch diese Vorschriften widerlegen die These von der grundsätzlichen Verschlossenheit des Teilzeitarbeitsmarktes. 139

Freilich muss in diesem Zusammenhang zugestanden werden, dass sich der Anspruch auf Teilzeitarbeit gem. § 8 TzBfG oder auf die sog. Brückenteilzeit gem. § 9a TzBfG auch in die Dogmatik der konkreten Betrachtungsweise einfügen lässt. Denn das BSG erkennt in ständiger Rechtsprechung, dass der **Arbeitsmarkt** dann **nicht als praktisch verschlossen** angesehen werden kann, wenn der Versicherte einen **entsprechenden Arbeitsplatz innehat** oder **angeboten bekommt**.[570] Da es sich hier um nicht abschließende Regelbeispiele handelt, muss als Ausnahme ebenfalls die realisierbare 140

---

563 BSG 24.3.1994 SozR 3-5750 Art. 2 § 6 Nr. 10 m.w.N.

564 BeckOGK/Gürtner § 43 SGB VI Rn. 32; Steiner, SGb 2011, 365ff.

565 BSG GS 10.12.1976 BSGE 43, 75, 82.

566 Kritisch auch Benkel, NZS 2000, 131ff.

567 14 Millionen männliche Erwerbstätige in abhängiger Beschäftigung und 84.000 abhängig Beschäftigte mit einer Arbeitszeit unter 42 Stunden pro Woche; BSGE 30, 167, 181.

568 Zahlen unter www.destatis.de; s.a. Preis in: FS Birk, 2008, S. 625, 632f.

569 ErfK/Preis §§ 8, 9a TzBfG; zur einschlägigen Reform des TzBfG s. Franzen, SR 2019, 12ff.; Schrade, ArbuR 2019, 300ff.

570 BSG 10.12.1976 BSGE 43, 75, 84.

Möglichkeit der Durchsetzung der Ansprüche gem. § 8 TzBfG oder § 9a TzBfG angesehen werden. Die Interessenlage ist insoweit vergleichbar und es besteht das Bedürfnis nach derselben Rechtsfolge. Dabei darf aber nicht übersehen werden, dass dann das Sozialgericht den Sachverhalt unter dieser arbeitsrechtlichen Problematik zusätzlich zu begutachten hat und eventuell ein arbeitsgerichtliches Parallelverfahren durchgeführt werden muss.[571]

141 Schließlich kann auch von **mangelndem Datenmaterial heutzutage keine Rede mehr sein**. Gem. § 280 SGB III hat die Bundesagentur für Arbeit Lage und Entwicklung der Beschäftigung und des Arbeitsmarktes im Allgemeinen und nach Berufen, Wirtschaftszweigen und Regionen sowie die Wirkungen der aktiven Arbeitsförderung zu beobachten, zu untersuchen und auszuwerten, indem sie **Statistiken erstellt** und **Arbeitsmarkt- und Berufsforschung betreibt** (s.a. § 281 SGB III). Die Resultate werden regelmäßig in ihren **Arbeitsmarktberichten** publiziert; des Weiteren sei auf die Berichte des **Mikrozensus** des Statistischen Bundesamtes verwiesen. Was die rechtliche Verpflichtung der Bundesagentur gem. § 280 SGB III angeht, stellt sich im Ergebnis die heutige Lage eigentlich genau so dar, wie sie das BSG auch in seiner Entscheidung vom 11.12.1969 aufgezeigt hat,[572] die aber sieben Jahre später in der Entscheidung vom 10.12.1976[573] für nicht praxistauglich befunden wurde.

142 Durch das EM-Reformgesetz vom 20.12.2000[574] wird also nun das Vorliegen der Erwerbsminderung auch tatbestandlich davon abhängig gemacht, ob der Versicherte noch in der Lage ist, unter Berücksichtigung der konkreten Situation des (Teilzeit-)Arbeits-marktes, das ihm verbliebene Restleistungsvermögen zur Erzielung von Erwerbseinkommen einzusetzen. Aus dem Zusammenspiel mit § 43 Abs. 3 SGB VI wird deutlich, dass die Arbeitsmarktlage dabei nur bei einem Restleistungsvermögen von sechs oder mehr Stunden täglich nicht zu berücksichtigen ist. Insoweit schränkt die neue Fassung des § 43 Abs. 3 SGB VI die oben genannten Grundsätze der Rechtsprechung zum verschlossenen Arbeitsmarkt etwas ein, die ja auch sog. untervollschichtig Tätige erfasst hatte.

143 Die Regelung des § 43 Abs. 3 2. Hs. SGB VI entspricht in ihrer Struktur derjenigen des § 44 Abs. 2 S. 2 Nr. 2 SGB VI a.F., die nach dem Willen des Gesetzgebers die abstrakte Betrachtungsweise für die Gruppe der vollschichtig Tätigen festschreiben sollte. Konkrete Ermittlungen für Verweisungstätigkeiten sollten entbehrlich gemacht werden, um Rentenversicherungsträger wie Gerichte zu entlasten.[575] Es wurde angenommen, dass leistungsgeminderte, aber vollschichtig Tätige auf den gesamten Arbeitsmarkt verwiesen werden können, so dass eine Erwerbsminderung nicht denkbar sei. Überträgt man den historischen Willen des Gesetzgebers auf die Nachfolgernorm des § 43 Abs. 3 2. Hs. SGB VI, hieße dies grundsätzlich, dass nur in diesen Fällen die vom BSG aufgestellte **konkrete Betrachtungsweise nicht angewendet** werden soll – dafür aber in den Fällen des § 43 Abs. 1 und 2 SGB VI (*argumentum e contrario* aus § 43 Abs. 3 2. Hs. SGB VI).

(2) Schwere spezifische Leistungsminderung

144 Liegt dieses Ergebnis für § 43 Abs. 1 und 2 SGB VI rechtsmethodologisch auf der Hand, ist der Ausschluss der konkreten Betrachtungsweise i.R.d. § 43 Abs. 3 SGB VI irreführend. Eine solche Auslegung steht mit dem Wortlaut des ersten Halbsatzes des § 43 Abs. 3 SGB VI sowie mit der Gesetzesbegründung zum EM-Reformgesetz[576] in Widerspruch.[577] So stellt das Tatbestandsmerkmal „unter den üblichen Bedingungen des Arbeitsmarktes" gerade die Rechtsprechung zur konkreten Betrachtungs-

571 Zu den psychologischen Hürden, diese Ansprüche im bestehenden Arbeitsverhältnis gerichtlich durchzusetzen, s. Preis/Schwarz, NJW 2018, 3673, 3677f.; Greiner, FS Schlegel, 2024, S. 457ff.; s.a. Gürtzgen, IAB-Forschungsbericht 2024, Nr. 2, 1ff.

572 BSGE 30, 167, 180ff.

573 BSGE 43, 75ff.

574 BGBl. I S. 1827ff.

575 BT-Drs. 13/3697.

576 BT-Drs. 14/4230 S. 25.

577 BSG 5.10.2005 SozR 4-2600 § 43 Nr. 5; BSG 19.10.2011 SozR 4-2600 § 43 Nr. 16.

weise dar. Darüber hinaus beziehen sich die Gesetzesmaterialien ausdrücklich auf die Entscheidung des Großen Senats des BSG vom 19.12.1996. Eine Änderung der insoweit maßgeblichen Rechtsprechung lässt sich weder mit dem Wortlaut des Gesetzes noch der Gesetzesbegründung oder sonstigen Einwänden begründen.

„Erwerbsfähigkeit i.S. des § 43 Abs. 3 SGB VI n.F. setzt nicht nur voraus, dass der Versicherte in der Lage ist, „unter den üblichen Bedingungen des allgemeinen Arbeitsmarkts eine Tätigkeit zu verrichten", sondern darüber hinaus, dass er damit in der Lage ist, „erwerbstätig" zu sein, d.h. unter den üblichen Bedingungen des allgemeinen Arbeitsmarkts ein Erwerbseinkommen zu erzielen. [...] Diese geforderte Möglichkeit der Erzielung eines Erwerbseinkommens unter den üblichen Bedingungen des allgemeinen Arbeitsmarkts besteht jedoch nur, wenn die dem Versicherten noch möglichen Tätigkeiten überhaupt auf dem allgemeinen Arbeitsmarkt ausgeübt werden können. [...] Eine Ungleichbehandlung von Versicherten mit unterschiedlicher fachlicher Qualifikation ist darin nicht zu sehen. Es liegt vielmehr in der Natur der Sache, dass ein Versicherter nur auf diejenigen Tätigkeiten des allgemeinen Arbeitsmarkts verwiesen werden kann, die er mit seiner individuellen fachlichen Qualifikation auch ausüben kann, da ihm nur mit diesen Tätigkeiten die Erzielung eines Erwerbseinkommens möglich ist. [...] Hieran ändert auch nichts, dass die jeweilige Arbeitsmarktlage nach § 43 Abs. 3 Hs 2 SGB VI n.F. nicht zu berücksichtigen ist. Denn hiermit ist lediglich gemeint, dass konjunkturelle Schwankungen des Arbeitsmarkts unberücksichtigt zu bleiben haben. Wird eine bestimmte Tätigkeit auf dem allgemeinen Arbeitsmarkt aber aus strukturellen Gründen nicht (mehr) nachgefragt, kann man mit ihr auch kein Erwerbseinkommen erzielen, mit ihr also nicht erwerbstätig sein i.S.d. § 43 Abs. 3 SGB VI."[578]

Nach der Entscheidung des Großen Senats des BSG[579] kann trotz vollschichtiger Einsatzfähigkeit der Arbeitsmarkt verschlossen sein, wenn eine **schwere spezifische Leistungsbehinderung** oder ein sog. **Summierungsfall** vorliegt, was dem leistungsgeminderten Versicherten praktisch alle Erwerbsmöglichkeiten versperren kann. In beiden Fallkonstellationen **entfällt** die breite **Verweisbarkeit auf den allgemeinen Arbeitsmarkt**. Das heißt, dass in diesen Fällen ausnahmsweise auch Versicherte mit einem Restleistungsvermögen von sechs oder mehr Stunden voll erwerbsgemindert sein können, wenn bei ihnen eine schwere spezifische Leistungsbehinderung oder ein Summierungsfall vorliegt. 145

Diese Rechtsprechung beruht auf dem Gedanken, dass eine Verweisung nur möglich ist, wenn nicht nur eine theoretische, sondern eine **reelle Chance** der Verwirklichung besteht, einen entsprechenden Arbeitsplatz zu erhalten.[580] Der Versicherungsträger muss in einem solchen Fall der schweren spezifischen Leistungsbehinderung **eine konkrete Verweisungstätigkeit** außerhalb des allgemeinen Arbeitsmarktes **benennen**.[581] Für solch leistungseingeschränkte Versicherte ist der allgemeine Arbeitsmarkt nicht als offen anzusehen. 146

„Die für die **Pflicht zur Benennung einer Verweisungstätigkeit** bedeutsame Frage, ob die beim Versicherten bestehenden qualitativen Leistungseinschränkungen dessen vollschichtige Einsetzbarkeit auf dem allgemeinen Arbeitsmarkt über das Erfordernis hinaus, die Arbeit müsse körperlich leicht sein, erheblich begrenzen, ist **zweckmäßigerweise in zwei Schritten zu klären**: **a)** Zunächst genügt eine Beurteilung, ob das Restleistungsvermögen dem Versicherten körperliche Verrichtungen erlaubt, die in ungelernten Tätigkeiten gefordert zu werden pflegen. **b)** Verbleiben insofern Zweifel, folgt die Prüfung, ob eine **Summierung ungewöhnlicher Leistungseinschränkungen** oder eine **schwere spezifische Leistungsbehinderung** vorliegt (Anschluss an und Fortführung von BSGE 80, 24 = SozR 3-2600 § 44 Nr. 8; BSG SozR 3-2600 § 43 Nr. 17, 19; BSG 24.2.1999 SozR 3-2600 § 44 Nr. 12)."[582]

Kann eine Verweisungstätigkeit nicht konkret benannt werden, ist der Versicherte voll erwerbsgemindert. Es verwirklicht sich das von § 43 SGB VI abgesicherte Risiko, dass der Versicherte sein 147

578 BSG 19.10.2011 SozR 4-2600 § 43 Nr. 16.
579 BSG GS 19.12.1996 BSGE 80, 24, 37f.
580 S.a. BSG 30.11.1983 SozR 2200 § 1246 Nr. 110; BSG 19.12.1996 SozR 3-2600 § 44 Nr. 8.
581 BSG GS 19.12.1996 SozR 3-2600 § 44 Nr. 8; s.a. Mey, SGb 2007, 217ff.
582 BSG 11.5.1999 SozR 3-2600 § 43 Nr. 21.

Leistungsvermögen aus gesundheitlichen Gründen nicht mehr mit Gewinn auf dem allgemeinen Arbeitsmarkt einsetzen kann. Im Rahmen des § 43 Abs. 3 2. Hs. SGB VI ist es daher ohne rentenrechtliche Bedeutung, ob der Versicherte erwerbstätig oder arbeitslos ist.

148 Anders verhält es sich hingegen, wenn wegen der aus einer Erkrankung allein folgenden Gefährlichkeit eines Straftäters für die Allgemeinheit dessen Unterbringung angeordnet ist. Hier ist die Unterbringung die überragende und damit allein wesentliche Ursache dafür, dass er nicht mehr unter den üblichen Bedingungen des Arbeitsmarktes erwerbstätig sein kann. Durch diese im Rahmen der öffentlichen Sicherheit erforderlichen Maßnahme zum Schutz der Allgemeinheit verwirklicht sich kein durch die gesetzliche Rentenversicherung „versichertes" Risiko.[583]

149 Die von der Rechtsprechung entwickelten **sieben Katalogfälle**, bei denen eine schwere spezifische Leistungsbehinderung anzunehmen ist, sind **abschließend**.[584] Derartige Leistungsbehinderungen liegen vor, wenn

- der Versicherte zwar an sich noch eine Vollzeittätigkeit ausüben kann, aber **nicht unter den in den Betrieben üblichen Bedingungen**,[585]
- der Versicherte zwar an sich noch eine Vollzeittätigkeit ausüben, entsprechende Arbeitsplätze aber aus **gesundheitlichen Gründen** nicht aufsuchen kann,[586]
- die Zahl der in Betracht kommenden Arbeitsplätze deshalb nicht unerheblich reduziert ist, weil der Versicherte nur **in Teilbereichen eines Tätigkeitsfeldes eingesetzt** werden kann,[587]
- für den Versicherten nur Tätigkeiten in Betracht kommen, die auf Arbeitsplätzen ausgeübt werden, die als **Schonarbeitsplätze** nicht an Betriebsfremde vergeben werden,[588]
- für den Versicherten nur Tätigkeiten in Betracht kommen, die auf Arbeitsplätzen ausgeübt werden, die an **Berufsfremde** nicht vergeben werden,[589]
- für den Versicherten nur Tätigkeiten in Betracht kommen, die auf Arbeitsplätzen ausgeübt werden, die als **Aufstiegspositionen** nicht an Betriebsfremde vergeben werden,[590]
- entsprechende Arbeitsplätze nur **in ganz geringer Zahl** vorkommen.[591]

(3) Summierung ungewöhnlicher Leistungseinschränkungen

150 Unter der **Summierung ungewöhnlicher Leistungseinschränkungen** ist eine Mehrzahl von Einschränkungen zu verstehen, die jeweils nur einzelne Verrichtungen oder Arbeitsbedingungen betreffen, zusammengenommen aber das noch mögliche Arbeitsfeld in erheblichem Umfang weiter einengen können, mit der Folge, dass die Fähigkeit des Versicherten, zumindest körperlich leichte Arbeit mindestens sechs Stunden täglich zu verrichten, durch oben genannte Umstände spürbar eingeschränkt ist.[592]

151 Hierbei sind grundsätzlich alle qualitativen Einschränkungen zu berücksichtigen, die nicht bereits von dem Erfordernis „körperlich leichte Arbeit" erfasst werden, also in dieser Hinsicht nicht als „gewöhnlich" angesehen werden können. Dabei deckt das Merkmal „körperlich leicht" begrifflich u. a. solche Leistungseinschränkungen nicht mit ab, die das Sehvermögen, die Handbeweglichkeit oder die Einwirkung bestimmter Witterungseinflüsse betreffen, wie z. B. Kälte, Nässe oder Staub. Ob ein Summierungsfall vorliegt, kann nur mit Hilfe einer **Einzelfallprüfung unter Berücksichtigung**

---

583 BSG 25.5.2018 SozR 4-2600 § 43 Nr. 21.
584 BSG GS 19.12.1996 BSGE 80, 24, 37f.; BeckOGK/Gürtner § 43 SGB VI Rn. 37ff.; Spiolek, NZS 1997, 415, 415.
585 BSG 27.5.1977 SozR 2200 § 1246 Nr. 19; BSG 21.9.1977 SozR 2200 § 1246 Nr. 22; Katalogfall Nr. 1.
586 BSG 17.5.1972 SozR Nr. 101 zu § 1246; BSG 6.6.1986, 26.5.1987, 13.7.1988, 21.2.1989 SozR 2200 § 1247 Nr. 47, 50, 53 und 56; Katalogfall Nr. 2.
587 BSG 8.9.1982 SozR 2200 § 1246 Nr. 101; BSG 31.11.1983 SozR 2200 § 1246 Nr. 110; Katalogfall Nr. 3.
588 BSG 28.2.1974 SozR 2600 § 46 Nr. 1; BSG 8.9.1982 SozR 2200 § 1246 Nr. 101; Katalogfall Nr. 4.
589 BSG 8.9.1982 SozR 2200 § 1246 Nr. 101; BSG 30.11.1983 SozR 2200 § 1246 Nr. 110; Katalogfall Nr. 5.
590 BSG 28.11.1980 SozR 2200 § 1246 Nr. 71; Katalogfall Nr. 6.
591 BSG 26.11.1981 SozR 2200 § 1241d Nr. 5; BSG 15.12.1981 SozR 2200 § 1246 Nr. 82; Katalogfall Nr. 7.
592 BSG 24.2.1999 SozR 3-2600 § 44 Nr. 12.

der Verhältnisse der Arbeitswelt, insbesondere auch der dort an Versicherte gestellten Anforderungen, zutreffend ermittelt werden.[593] Dabei muss auch individuell geprüft werden, ob der Versicherte die notwendigen fachlichen Qualifikationen und überfachlichen Schlüsselkompetenzen besitzt oder zumindest innerhalb von drei Monaten erlernen kann.[594] Es reicht für die Annahme einer „Summierung ungewöhnlicher Leistungseinschränkungen" nicht aus, dass das Gericht eine Vielzahl von qualitativen Leistungseinschränkungen auflistet. In einem Summierungsfall mit ungewöhnlichen Auswirkungen müssen die über das Erfordernis der leichten Arbeit hinausgehenden Einschränkungen benannt und die gerade aus ihrer Kombination folgenden ungewöhnlichen Auswirkungen hergeleitet werden.[595]

Das BSG hat z.B. eine **Summierung** ungewöhnlicher Leistungseinschränkungen in folgenden 152
Fällen **bejaht**:

- Wenn **bestimmte Arbeiten ausgeschlossen** waren **und** daneben noch eine **Rücksichtnahme auf die Arbeitsumgebung nötig** war sowie eine begrenzte Umstellungsfähigkeit auf fabrikmäßig organisierte Arbeit hinzukam. Hierbei kann das Alter des Versicherten mitberücksichtigt werden.[596]
- Bei einer **Beschränkung des Leistungsvermögens** auf Arbeiten ohne Zeitdruck zur Tageszeit auf ebener Erde und Rücksichtnahme auf die Arbeitsumgebung in Verbindung mit einer Beschränkung auf Arbeiten in wechselnder Körperhaltung mit abwechselnden Arm- und Handbewegungen.[597]

Bei der Prüfung, ob eine Summierung ungewöhnlicher Leistungseinschränkungen vorliegt, muss 153
bspw. Analphabetismus außer Acht bleiben. Dieser beruht nicht auf einer gesundheitlichen Störung oder auf intellektuellen Defiziten, sondern allein darauf, dass keine Schule besucht wurde.[598]

(4) Grundsatz von Treu und Glauben

Als **letztes Korrektiv** bei der möglichen Verweisung auf den allgemeinen Arbeitsmarkt dürfte 154
schließlich der **Grundsatz von Treu und Glauben** eingreifen, der auch die Rechtsbeziehungen zwischen Sozialversicherungsträgern und Versicherten beherrscht. Aus diesem Grundsatz ergibt sich eine gewisse äußerste Grenze der Verweisbarkeit, wenn es im Einzelfall um sozial besonders gering bewertete Tätigkeiten geht und die **Verweisung** auf diese Tätigkeit **eine offensichtliche Härte** darstellen würde.[599]

bb) Versicherungsrechtliche Voraussetzungen

Versicherungsrechtliche Voraussetzungen für die Rente wegen teilweiser und voller Erwerbsmin- 155
derung sind grundsätzlich gem. § 43 Abs. 1 Nr. 2 und 3, Abs. 2 Nr. 2 und 3 SGB VI, dass der Versicherte

- die Regelaltersgrenze noch nicht erreicht hat,
- in den letzten fünf Jahren vor Eintritt der Erwerbsminderung drei Jahre **Pflichtbeiträge für eine versicherte Beschäftigung oder Tätigkeit** geleistet (sog. Drei-Fünftel-Belegung),
- und vor Eintritt der Erwerbsminderung die **allgemeine Wartezeit erfüllt** hat.

---

593 BSG 19.8.1997 SozR 3-2200 § 1247 Nr. 23.
594 BSG 9.5.2012 SozR 4-2600 § 43 Nr. 18.
595 BSG 11.12.2019 SozR 4-2600 § 43 Rn. 22.
596 BSG 19.4.1978 SozR 2200 § 1246 Nr. 30.
597 BSG 18.2.1981 SozR 2200 § 1246 Nr. 75.
598 BSG 9.5.2012 SozR 4-2600 § 43 Nr. 18.
599 BSG 28.5.1963 SozR Nr. 6 zu § 1247; s.a. BVerfG 16.12.1981, NJW 1983, 103, 107.

156 Die Drei-Fünftel-Belegung ist wegen der Übergangsvorschrift des § 241 SGB VI verfassungsgemäß und steht auch mit Unionsrecht im Einklang.[600] Im Wege des Versorgungsausgleichs übertragene oder begründete Rentenanwartschaften sind keine mit Beiträgen für eine versicherungspflichtige Beschäftigung oder Tätigkeit belegte Zeiten i.R.d. § 43 SGB VI.[601] Wann ansonsten Pflichtbeitragszeiten vorliegen, wurde bereits ausgeführt. Bei Vorliegen einer sog. **Aufschubzeit** gem. § 43 Abs. 4 Nr. 1 bis 4 SGB VI verlängert sich der Fünf-Jahres-Zeitraum in der Weise, dass der Beginn des Zeitraums um die Dauer der Aufschubzeit in die Vergangenheit zurückverlegt wird. Das bedeutet, dass diese Zeiten bei der Ermittlung des Fünf-Jahres-Zeitraums *de facto* nicht mitgezählt werden.

157 Zu den **Aufschubzeiten** gehören:

- Anrechnungszeiten gem. § 58 SGB VI bzw. §§ 252, 252a SGB VI und Zeiten des Bezugs einer Rente wegen verminderter Erwerbsfähigkeit,
- Berücksichtigungszeiten gem. §§ 57, 249b SGB VI,
- Zeiten, die nur deshalb keine Anrechnungszeiten sind, weil durch sie eine versicherte Beschäftigung oder selbständige Tätigkeit nicht unterbrochen ist, wenn in den letzten sechs Kalendermonaten vor Beginn dieser Zeiten wenigstens ein Pflichtbeitrag für eine versicherte Beschäftigung oder Tätigkeit gem. § 55 SGB VI oder eine Zeit nach Nr. 1 oder 2 liegt,
- Zeiten einer schulischen Ausbildung nach Vollendung des 17. Lebensjahres i.S.d. § 58 Abs. 1 Nr. 4 SGB VI bis zu sieben Jahren, gemindert um Anrechnungszeiten wegen schulischer Ausbildung, und
- Ersatzzeiten gem. der Übergangsvorschrift des § 241 Abs. 1 SGB VI.

158 Die nicht mit Pflichtbeiträgen belegten Haftzeiten innerhalb des Fünf-Jahres-Zeitraums führen nicht zu einer Verlängerung nach § 43 Abs. 4 SGB VI. Es widerspricht dabei auch nicht dem Grundgesetz, wenn Versicherte aufgrund ihrer Strafhaft ihre bei Haftantritt noch erfüllte Drei-Fünftel-Belegung verlieren. Verfällt die Rentenanwartschaft im Zusammenhang mit einer Strafhaft, ist dies Folge einer vorangegangenen eigenverantwortlichen Lebensgestaltung des Strafgefangenen, die ihm zuzurechnen ist und nicht dem Staat.[602]

159 Ausländische Versicherungszeiten nach zwischenstaatlichen Sozialversicherungsabkommen oder der VO 883/2004/EU sind nur dann anzuerkennen, **wenn sie auf einer versicherten Beschäftigung oder Tätigkeit beruhen**. Das ist dann nicht der Fall, wenn es sich bei diesen Zeiten um reine Wohnzeiten im Ausland handelt, die in einigen Mitgliedstaaten ebenfalls wie versicherungspflichtige Beschäftigungszeiten behandelt werden. Damit werden Versicherte, die Versicherungszeiten in Deutschland und in Staaten mit Wohnzeitsystem (bspw. Niederlande) zurückgelegt haben, nicht besser aber auch nicht schlechter gestellt, als hätten sie ununterbrochen in Deutschland gelebt.[603]

160 Die Drei-Fünftel-Belegung ist nicht erforderlich, wenn die Erwerbsminderung aufgrund eines Tatbestandes eingetreten ist, durch den die allgemeine Wartezeit gem. §§ 53, 245 SGB VI vorzeitig erfüllt ist. Für die Rente wegen Erwerbsminderung muss wegen des Versicherungsprinzips die allgemeine **Wartezeit von fünf Jahren** gem. § 50 Abs. 1 SGB VI **vor** Eintritt des Versicherungsfalles **erfüllt** sein. Dabei sind ausländische Versicherungszeiten, die entweder durch die VO 883/2004/EU oder durch Sozialversicherungsabkommen gleichgestellt sind, auf die Wartezeit anzurechnen.

161 Gem. § 43 Abs. 6 SGB VI haben Versicherte, die bereits vor Erfüllung der allgemeinen Wartezeit voll erwerbsgemindert waren und seitdem ununterbrochen voll erwerbsgemindert sind, ausnahmsweise Anspruch auf Rente wegen voller Erwerbsminderung, wenn sie die **Wartezeit von 20 Jahren** gem. § 50 Abs. 2 SGB VI nach Eintritt der Erwerbsminderung erfüllt haben. Für den Anspruch nach § 43 Abs. 6 SGB VI ist die Drei-Fünftel-Belegung gem. § 43 Abs. 2 Nr. 2 SGB VI nicht erforderlich. Damit

600 BVerfG 8.4.1987 BVerfGE 75, 78ff.; EuGH 10.3.1983, Rs. C-232/82 (Baccini), SozR 3-6030 Art. 48 Nr. 5; BSG 27.11.1991 SozR 3-2200 § 1247 Nr. 9; EuGH 14.12.1995, Rs. C-317/93 (Nolte), NJW 1996, 445.

601 BSG 31.5.1989 SozR 2200 § 1246 Nr. 166.

602 BSG 24.10.2013 SozR 4-2600 § 43 Nr. 20.

603 BT-Drs. 13/2590 S. 23; BeckOGK/Gürtner § 55 SGB VI Rn. 13.

sollen insbesondere Schwerbehinderte, die schon bei Eintritt in die gesetzliche Rentenversicherung voll erwerbsgemindert waren oder es vor der Erfüllung der allgemeinen Wartezeit wurden, die Möglichkeit erhalten, eine Rente wegen Erwerbsunfähigkeit zu erhalten.[604] Ist die allgemeine Wartezeit jedoch vorzeitig erfüllt, kommt nicht § 43 Abs. 6 SGB VI, sondern § 43 Abs. 2 i.V.m. Abs. 5 SGB VI in Betracht.[605]

cc) Dauer

Renten wegen verminderter Erwerbsfähigkeit werden gem. § 102 Abs. 2 S. 1 SGB VI **grundsätzlich auf Zeit** geleistet.[606] Die Befristung erfolgt für längstens drei Jahre nach Rentenbeginn und kann wiederholt werden. Gem. § 102 Abs. 2 S. 5 SGB VI werden Renten **unbefristet** geleistet, **wenn erstens** ein Anspruch auf diese unabhängig von der jeweiligen Arbeitsmarktlage besteht **und zweitens** unwahrscheinlich ist, dass die Minderung der Erwerbsfähigkeit behoben werden kann. Die letzte Voraussetzung wird gem. § 102 Abs. 2 S. 5 2. Hs. SGB VI nach einer Gesamtdauer der Befristung von neun Jahren fingiert; arbeitsmarktbedingte Zeitrenten müssen allerdings auch nach einer Befristung von neun Jahren weiterhin befristet geleistet werden, weil diese nicht von der Fiktion erfasst werden. 162

Das heißt, dass nur voll Erwerbsgeminderte i.S.d. § 43 Abs. 2 S. 2 SGB VI (Restleistungsvermögen unter drei Stunden pro Tag) und i.S.d. § 43 Abs. 2 S. 3 Nr. 1 und 2 SGB VI eine unbefristete Erwerbsminderungsrente erhalten. Denn nur bei diesem Personenkreis handelt es sich um voll Erwerbsgeminderte aus allein gesundheitlichen Gründen. § 102 Abs. 2a SGB VI gibt den Rentenversicherungsträgern unter Beachtung der Ermessensgrenzen die Möglichkeit, die Erwerbsminderungsrente auf das Ende einer Rehabilitationsleistung zu befristen. Diese Regelung soll der Verwaltungsvereinfachung dienen.[607] 163

Das in § 102 Abs. 2 SGB VI statuierte Regel-Ausnahme-Verhältnis ist durch die Reform der Erwerbsminderungsrenten umgekehrt worden.[608] Des Weiteren ist aus der vor der Reform zu treffenden positiven Prognoseentscheidung gem. § 102 Abs. 2 Nr. 1 SGB VI a.F. („begründete Aussicht [...], dass die Minderung der Erwerbsfähigkeit in absehbarer Zeit behoben werden kann") eine negative geworden („unwahrscheinlich"). Nach altem Recht trug der Rentenversicherungsträger die Beweislast für die „begründete Aussicht";[609] nach neuem Recht dürfte die Umkehrung des Regel-Ausnahme-Prinzips auch bei der Verteilung der materiellen Beweislast eine Rolle spielen und jetzt zu Lasten des Versicherten gehen.[610] 164

Wird neben einer Rente wegen teilweiser oder voller Erwerbsminderung unter den üblichen Bedingungen des Arbeitsmarktes eine Erwerbstätigkeit ausgeübt, deren Umfang das der Rentengewährung zugrundeliegende zeitliche Leistungsvermögen überschreitet, besteht gemäß dem mit Wirkung zum 1.1.2024[611] eingefügten § 43 Abs. 7 SGB VI für einen Zeitraum von regelmäßig sechs Monaten ab Beginn der Ausübung weiterhin ein Anspruch auf die gewährte Rente. Den Beziehern einer Rente wegen Erwerbsminderung wird damit nunmehr gesetzlich die Möglichkeit eines (Wieder-)Eingliederungsversuchs eröffnet, der bislang lediglich im Rahmen der Verwaltungspraxis der Träger der gesetzlichen Rentenversicherung möglich war.[612] 165

604 BT-Drs. 7/1992 S. 15.
605 BeckOGK/Gürtner § 43 SGB VI Rn. 82.
606 Vgl. instruktiv LSG RhPf. 25.2.2004, NZS 2005, 31f.
607 Vgl. zu den praktischen Problemen Majerski-Pahlen, NZS 2002, 475, 478.
608 Vgl. § 102 Abs. 2 SGB VI a.F., BT-Drs. 14/4230 S. 27 zu Nr. 29.
609 Vgl. BSG 17.2.1982, 8.12.1982 SozR 2200 § 1276 Nr. 6, 7.
610 Rademacker, SozSich 2001, 74, 78.
611 Gesetz zur Abpassung des Zwölften und des Vierzehnten Buches Sozialgesetzbuch und weitere Gesetze vom 28.12.2023, BGBl. I Nr. 408.
612 BT-Drs. 20/8344, S. 3.

dd) Hinzuverdienst

166 Durch die Regelung des **§ 96a SGB VI** sind für die Erwerbsminderungsrenten auch konkrete **Hinzuverdienstgrenzen** in Abhängigkeit der Bezugsgröße zu beachten; sie begrenzen den Anspruch der Höhe nach. Das Flexirentengesetz vom 8.12.2016[613] reformierte auch § 96a SGB VI zum 1.7.2017: Die vorher bestehenden teilweise zu leistenden Rentenstufen in Höhe von einem Drittel, der Hälfte oder zwei Drittel der Vollrente sind durch eine stufenlose Anrechnung des Hinzuverdienstes ersetzt worden. Dadurch werden unterjährige Schwankungen im Einkommen besser ausgeglichen. Höhere monatliche Hinzuverdienstmöglichkeiten sind mit diesen Änderungen im Regelfall jedoch nicht verbunden, da der Hinzuverdienst grundsätzlich innerhalb des verbliebenden Restleistungsvermögens erzielt werden muss. Höhere Hinzuverdienstmöglichkeiten eröffnet nunmehr jedoch das 8. SGB IV-Änderungsgesetz vom 20.12.2022[614]. Die neuen Regelungen führen dazu, dass bei einer Rente wegen voller Erwerbsminderung in voller Höhe aus einer Beschäftigung in weniger als drei Stunden täglich 2.878,75 Euro statt zuvor 525 Euro monatlich erzielt werden können, ohne dass die Rente gekürzt wird.[615] § 96a SGB VI entspricht dem gesetzgeberischen Wunsch, mögliche Übersicherungen abzubauen, die Lohnersatzfunktion der Renten wegen verminderter Erwerbsfähigkeit zu stärken und schließlich unerwünschte Ausweichreaktionen von der vorgezogenen Altersrente auf die Erwerbsminderungsrente zu verhindern.[616] Zu beachten ist ferner, dass eine Erwerbsminderungsrente in vollem Umfang als Einkommen i. S. d. § 11 SGB II zu berücksichtigen ist.[617]

167 Bestandsschutz für bestehende Rentenzahlungen gewährt § 313 SGB VI. Sollten sich durch das ab dem 1.7.2017 geltende Recht eine niedrigere teilweise zu leistende Rente ergeben, wird eine am 30.6.2017 teilweise geleistete Rente wegen verminderter Erwerbsfähigkeit unter den sonstigen Voraussetzungen des geltenden Rechts grundsätzlich weitergeleistet.

168 Zur Berechnung der Teilrente kann auf § 51 Rn. 30 ff. verwiesen werden.

169 Das BSG hat § 96a SGB VI a. F. mit Blick auf die Eigentumsgarantie und das Rechtsstaatsprinzip als eine legitime und verhältnismäßige Begrenzung des monatlichen Zahlbetrages der Rente angesehen. Als Argumente führt es den Willen des Gesetzgebers sowie sozialpolitische Ziele – Herstellung einer generationenübergreifenden Belastungsgerechtigkeit – an.[618] Problematisch sind Hinzuverdienstgrenzen vor allem deshalb, weil sie mit Abschlägen i. S. d. § 77 SGB VI kumuliert verwendet werden. Dieser Aspekt wird vom BSG nicht hinreichend gewürdigt.[619]

b) Rente wegen teilweiser Erwerbsminderung bei Berufsunfähigkeit

aa) Versicherungsfall der Berufsunfähigkeit

170 Die persönlichen Voraussetzungen sind gem. § 240 Abs. 1 SGB VI zum einen, dass der Versicherte **vor dem 2.1.1961 geboren** ist und zum anderen, dass er **berufsunfähig** i. S. d. § 240 Abs. 2 SGB VI ist. Damit sind also nur diejenigen Versicherten bis zum Erreichen der Regelaltersgrenze anspruchsberechtigt, die bei Inkrafttreten der Norm am 1.1.2001 das 40. Lebensjahr vollendet hatten. Wegen des geringer werdenden Kreises der Anspruchsberechtigten – es geht nun um die Generation „60plus“ – vermitteln die Darstellungen zur Rente wegen teilweiser Erwerbsminderung bei Berufsunfähigkeit nur einen groben Überblick. Eine ausführliche Darstellung findet sich in der 2. Auflage dieses Lehrbuches.[620]

---

613 BGBl. I S. 2838.
614 BGBl. I S. 2759.
615 BT-Drs. 18/9787 S. 43.
616 Vgl. BT-Drs. 13/2590 S. 23.
617 BSG 5.9.2007 NZS 2008, 491 ff. zur Rente wegen Berufsunfähigkeit.
618 BSG 28.4.2004 SozR 4-2600 § 313 Nr. 3; s. a. BSG 6.3.2003 SozR 4-2600 § 313 Nr. 1.
619 Siehe die entsprechenden Ausführungen zu § 34 SGB VI unter § 49 Rn. 29.
620 Fuchs/Preis, Sozialversicherungsrecht, 2. Auflage, 2009, S. 835 ff.

Nach der **Legaldefinition** des § 240 Abs. 2 S. 1 SGB VI ist derjenige Versicherte **berufsunfähig**, dessen Erwerbsfähigkeit wegen Krankheit oder Behinderung im Vergleich zur Erwerbsfähigkeit von körperlich, geistig und seelisch gesunden Versicherten mit ähnlicher Ausbildung und gleichwertigen Kenntnissen und Fähigkeiten auf weniger als sechs Stunden gesunken ist. 171

Zur **Ermittlung der Berufsunfähigkeit** bietet sich folgende **Prüfungsreihenfolge** an:
- Ermittlung und qualitative Einordnung des bisherigen Berufes des Versicherten.
- Minderung der Erwerbsfähigkeit des Versicherten bezogen auf diesen Beruf aus gesundheitlichen Gründen.
- Feststellung, ob der Versicherte in diesem Beruf anhand eines typisierten Vergleiches nur noch weniger als sechs Stunden täglich erwerbstätig sein kann.
- Feststellung, ob es dem Versicherten objektiv und subjektiv zumutbar ist, ihn auf einen anderen Beruf zu verweisen, in dem er mindestens sechs Stunden täglich tätig sein kann.

Ausgangspunkt ist der **bisherige Beruf** des Versicherten. Im Allgemeinen ist als **bisheriger Beruf** 172 diejenige Berufstätigkeit anzusehen, die einer Versicherungspflicht unterliegt und die der Versicherte zuletzt **auf Dauer zur Schaffung und Erhaltung seiner wirtschaftlichen Lebensgrundlage** mit dem Ziel verrichtet hat, sie bis zur Erreichung der Altersgrenze oder bis zum Eintritt der Unfähigkeit auszuüben.[621]

Allerdings kann sich der Versicherte von seinem Beruf auch abwenden. Eine in dieser Hinsicht 173 relevante **Lösung vom bisherigen Beruf** nimmt die Rechtsprechung an, wenn der Versicherte erkennbar einer Berufstätigkeit nicht weiter nachgehen will und sich „endgültig" einer anderen Berufstätigkeit zuwendet. Dabei ist auf die inneren Beweggründe des Versicherten abzustellen.[622] Hauptkriterium ist das der Freiwilligkeit. Liegt eine Lösung vom bisherigen Beruf vor, ist die Konsequenz, dass dann diese Tätigkeit zur Ermittlung des Hauptberufs nicht mehr herangezogen werden darf.

Keine Lösung vom Beruf liegt jedoch vor, wenn der Versicherte diesen aus **gesundheitlichen** 174 **Gründen aufgeben** musste. Denn in einem derartigen Fall haben sich gerade diejenigen Risiken realisiert, die von der Rentenversicherung i.R.d. Erwerbsminderung gedeckt sind.[623]

Ist der bisherige Beruf i.S.d. § 240 Abs. 2 S. 2 SGB VI ermittelt, muss dieser **qualitativ bewertet** 175 werden, weil nur so eine zumutbare Verweisungstätigkeit festgestellt werden kann. Allgemeine Kriterien hierfür sind Art, Dauer und Umfang der beruflichen Ausbildung. Bei abhängig Beschäftigten spielt auch die tarifliche Einstufung eine nicht unwesentliche Rolle.[624]

Die ständige Rechtsprechung des BSG hat in diesem Zusammenhang ein bekanntes **Mehrstufen-** 176 **schema für Arbeiter** entwickelt. Innerhalb dieses Schemas wird zwischen folgenden Leitberufen unterschieden, die hierarchisch untergliedert sind:[625]
1. **Facharbeiter mit Vorgesetztenfunktion** und diesen gleichgestellte besonders hoch qualifizierte Facharbeiter;
2. **Facharbeiter**, die einen anerkannten Ausbildungsberuf mit einer Ausbildungszeit von mehr als zwei Jahren, regelmäßig drei Jahren, ausüben;
3. **angelernte Arbeiter**, die einen Ausbildungsberuf mit einer vorgeschriebenen Regelausbildungszeit von bis zu zwei Jahren ausüben;
4. **ungelernte Arbeiter**.

Gem. § 240 Abs. 2 S. 1 SGB VI ist der Versicherte berufsunfähig, wenn seine Erwerbsfähigkeit **wegen** 177 **Krankheit oder Behinderung** im Vergleich zur Erwerbsfähigkeit von körperlich, geistig und see-

621 Vgl. BSG 22.3.1988, 29.6.1989 SozR 2200 § 1246 Nr. 158, Nr. 169.
622 BSG 30.10.1985 SozR 2200 § 1276 Nr. 130 und BSG 30.7.1997 5 RJ 20/97 – juris.
623 BSG 22.3.1988 SozR 2200 § 1246 Nr. 158; BSG 12.10.1993 SozR 3-2200 § 1246 Nr. 38 m.w.N.
624 Hauck/Noftz § 240 SGB VI Rn. 48.
625 Vgl. auch Hauck/Noftz § 240 SGB VI Rn. 47; Kreikebohm/Roßbach/Kolakowski § 240 SGB VI, Rn. 14.

lisch gesunden Versicherten mit ähnlicher Ausbildung und gleichwertigen Kenntnissen und Fähigkeiten auf weniger als sechs Stunden gesunken ist. Abgesehen vom Vorliegen eines verschlossenen Arbeitsmarktes kommen andere Ursachen als Krankheit und Behinderung nicht in Betracht.[626] Diesbezüglich kann auf die Ausführungen zu § 43 SGB VI verwiesen werden. Die Krankheit oder Behinderung muss wegen § 101 SGB VI **länger als sechs Monate** andauern.[627]

178 Der Versicherte ist nur berufsunfähig, wenn er gem. § 240 Abs. 2 S. 2, 4 SGB VI auch nicht auf eine **zumutbare Verweisungstätigkeit** verwiesen werden kann, die er mindestens sechs Stunden ausüben kann. Satz 4 dieser Vorschrift kommt insofern keine eigenständige Bedeutung zu, als dass er lediglich klarstellt, was der ständigen Rechtsprechung seit der Entscheidung des GS vom 19.12.1996 entspricht.[628] § 240 Abs. 2 S. 2 SGB VI führt klar vor Augen, dass der Versicherte einen zumutbaren beruflichen Abstieg und damit eine Minderung seines Einkommens hinnehmen muss, bevor der Berufsunfähigkeitsschutz der gesetzlichen Rentenversicherung einsetzt.[629] Als Grundsatz gilt, dass der Berufsschutz umso eher einsetzt, desto qualifizierter und spezialisierter der bisherige Beruf des Versicherten war, weil nur wenige Verweisungsmöglichkeiten bestehen.

bb) Versicherungsrechtliche Voraussetzungen

179 Da es sich bei der Rente gem. § 240 SGB VI um eine Rente wegen teilweiser Erwerbsminderung handelt, setzt der Anspruch in versicherungsrechtlicher Hinsicht ebenfalls grundsätzlich die Erfüllung der sog. **Drei-Fünftel-Belegung** und **allgemeinen Wartezeit** gem. § 43 Abs. 1 Nr. 2, 3 SGB VI voraus („bei Erfüllung der sonstigen Voraussetzungen“, vgl. § 240 Abs. 1 SGB VI). Ausnahmen können sich wiederum aus § 43 Abs. 4, 5 SGB VI ergeben.

cc) Dauer und Hinzuverdienstgrenzen

180 Hier kann auf die Ausführungen unter § 51 Rn. 162ff. verwiesen werden.

2. Renten wegen Erreichens einer Altersgrenze

181 Die Renten wegen Alters dienen der **finanziellen Absicherung des Lebensabends**. Es geht um die **Kompensation wirtschaftlicher Einbußen**, die mit dem altersbedingten Ausscheiden aus dem Berufsleben und dem damit einhergehenden Wegfall der Haupteinnahmequelle verbunden sind. Mag eine Altersrente auch die zentrale Säule der Sicherung im Alter sein, kann von einer Beibehaltung des bisherigen Lebensstandards durch eine Altersrente allein im Regelfall kaum noch die Rede sein.

182 Das früher gebräuchliche Netto-Rentenniveau (das prozentuale Verhältnis der Nettorente eines sogenannten Standardrentners gegenüber dem jeweiligen aktuellen Nettoarbeitsentgelt eines Durchschnittsverdieners) kann aufgrund der stufenweisen Einführung der nachgelagerten Besteuerung von Renten nicht mehr einheitlich ausgewiesen werden. Maßgeblich ist nun das **Sicherungsniveau vor Steuern.** Dieses sog. steuerbereinigte Nettorenten-Niveau sinkt beständig und betrug 2023 nur noch ca. 48 Prozent. Das Sicherungsniveau vor Steuern ist das **Verhältnis der verfügbaren**, d. h. um die Sozialabgaben der Rentner geminderte **Standardrente** vor Steuern **zum verfügbaren**, d. h. um den durchschnittlich zu entrichtenden Arbeitnehmersozialbeitrag einschließlich des durchschnittlichen Aufwands zur geförderten privaten Altersvorsorge geminderten **Durchschnittsentgelt aller**

---

626 BSG GS 10.12.1976 SozR 2200 § 1246 Nr. 13; BSG GS 11.12.1969 SozR Nr. 79 zu § 1246; BSG GS 19.12.1996 SozR 3-2600 § 44 Nr. 8; VerbKomm § 240 SGB VI Anm. 10, 14.

627 BSG 23.3.1977 SozR 2200 § 1247 Nr. 16 m. w. N.

628 BSG GS 19.12.1996 SozR 3-2600 § 44 Nr. 8 zu der inhaltlich vergleichbaren Vorschrift des § 43 Abs. 2 S. 4 SGB VI a. F., die allerdings auf ein vollschichtiges Leistungsvermögen abstellte.

629 BSG 20.1.1976 SozR 2200 § 1246 Nr. 11.

Versicherten desselben Kalenderjahres vor Steuern. Durch die modifizierte Niveausicherungsklausel gem. § 154 Abs. 3 S. 1 Nr. 2 SGB VI soll langfristig bis 2030 ein Absinken auf unter 43 Prozent verhindert werden. Im laufenden Koalitionsvertrag der SPD, Bündnis 90/ Die Grünen und der FDP haben sich die Parteien sogar auf eine dauerhafte und kostspielige Sicherung der Renten auf dem aktuellen Niveau von 48 Prozent verständigt.[630] Trotz dieser Bemühungen wird aber deutlich, dass die gesetzliche Altersrente gegenwärtig kaum mehr als eine „Grundsicherung" darstellt. Wer nicht zusätzlich privat vorsorgt und/oder den Weg der betrieblichen Altersvorsorge wählt, läuft große Gefahr, sich später am Rande des wirtschaftlichen Existenzminimums bewegen zu müssen.

Gem. § 42 Abs. 1 SGB VI kann eine Rente wegen Alters als **Vollrente** oder als **Teilrente** in Höhe **183** von mindestens zehn Prozent der Vollrente in Anspruch genommen werden. Ein Wechsel zur Vollrente und umgekehrt sowie zu einer anderen Teilrente ist jederzeit möglich. Mit der Teilrente soll der **gleitende Übergang vom Erwerbsleben in den Ruhestand** ermöglicht, die Lebensarbeitszeit verlängert und somit letztlich die Rentenkasse entlastet werden. Sie ist auf die **Ergänzung durch Erwerbseinkommen** angelegt. Durch den Wegfall der Hinzuverdienstgrenzen bei vorgezogenen Altersrenten bliebt allerdings abzuwarten, ob und in welchem Umfang von der Möglichkeit des Bezugs einer Teilrente Gebrauch gemacht werden wird.

Die Entscheidung für eine Teilrente kann allerdings weiterhin wirtschaftlich sinnvoll sein: Zwar **184** bedeutet die Inanspruchnahme einer Teilrente vor Erreichen der Regelaltersgrenze eine dauerhafte Rentenminderung, vgl. § 77 Abs. 2 S. 1 Nr. 2a SGB VI. Auf der anderen Seite sind die Bezieher einer Teilrente unabhängig des Erreichens der Regelaltersgrenze (vgl. § 5 Abs. 4 Nr. 1 SGB VI) nicht versicherungsfrei. Gehen sie weiterhin einer Beschäftigung oder selbständigen Tätigkeit nach, werden aus den nach Beginn der Rente geleisteten Beiträgen Zuschläge an Entgeltpunkten nach § 76d SGB VI ermittelt. Dies hat eine **Rentensteigerung** zur Folge, vgl. § 66 Abs. 1 Nr. 8, § 75 Abs. 1, § 77 Abs. 2 S. 4 SGB VI. Beitragspflichtige Einnahme i. S. d. § 161 Abs. 1 SGB VI, und damit Beitragsbemessungsgrundlage, ist in diesem Fall ausschließlich das Erwerbseinkommen.

Die Zuschläge an Entgeltpunkten aus Beiträgen nach Beginn einer Rente wegen Alters wirken **185** sich allerdings gem. § 66 Abs. 3a SGB VI erst **bei Erreichen der Regelaltersgrenze rentensteigernd** aus. Anschließend werden sie jährlich zum 1.7. (mit der Rentenanpassung) berücksichtigt. Darüber hinaus stellt § 88 Abs. 3 SGB VI sicher, dass aus den Zuschlägen an Entgeltpunkten auch dann persönliche Entgeltpunkte ermittelt werden, wenn die Folgerente vor Erreichen der Regelaltersgrenze gewährt wird, bspw. Weil der Teilrentenbezieher verstorben ist.[631] Andernfalls wären bei der Folgerente – einer späteren **Altersrente** bzw. **einer Hinterbliebenenrente** – lediglich nach den herkömmlichen Regelungen Entgeltpunkte für Beitragszeiten ermittelt worden.

Bewertet man das geltende Regime der **Teilrenten**, ist es aufgrund seiner Flexibilität und rela- **186** tiven Einfachheit sehr positiv zu bewerten. Es bietet dem Arbeitsmarkt ein zukunftsweisendes Gegenangebot zur bislang praktizierten Frühverrentungspraxis und hat daher **enormes Potenzial**. Durch das Flexirentengesetz vom 8.12.2016[632] wird der flexible Verbleib im Erwerbsleben weiter gefördert und gestärkt. Insbesondere die Möglichkeit, vor Erreichen der Regelaltersgrenze eine Teilzeitarbeit durch eine Teilrente zu ergänzen, wird verbessert.

Die Erwartung, dass die Regelung dazu genutzt wird, bis zur Regelaltersgrenze in Teilzeit weiter **187** zu arbeiten, hat sich allerdings bislang noch nicht erfüllt, eine leicht positive Tendenz lässt sich aber erkennen: Im Jahr 2005 standen 16.926.773 Vollrenten lediglich 3.945 Teilrentenzugänge gegenüber. Insgesamt entspricht dies gerade mal einem Anteil von rund 0,02 Prozent. Im Jahr 2022 betrug der Anteil „schon" 0,19 Prozent, unter 18.575.274 Altersrenten befanden sich 35.663 Teilrenten.[633] Fraglich dürfte mit Blick auf die Zahlen vor allem sein, ob bei Versicherten, die potenziell an einem früheren

630 Mehr Fortschritt wagen, Bündnis für Freiheit, Gerechtigkeit und Nachhaltigkeit, Koalitionsvertrag 2021–2025 zwischen SPD, Bündnis 90/ Die Grünen und der FDP vom 7.12.2021, 20. Legislaturperiode, S. 57.

631 Vgl. BT-Drs. 15/2678, S. 22.

632 BGBl. I S. 2838.

633 Deutsche Rentenversicherung Bund, Rentenversicherung in Zeitreihen, Oktober 2023, S. 197.

Rentenbeginn interessiert sind, überhaupt ein Interesse daran besteht, bis zur Regelaltersgrenze in Teilzeit weiter zu arbeiten. Es bleibt somit ungewiss, ob die neue Teilrentenregelung in Zukunft stärker dazu führt, die Erwerbsphase zu verlängern. Maßgeblich wird dazu in jedem Fall die Bereitschaft der Arbeitgeber beitragen, älteren Arbeitnehmern entsprechende Teilzeitbeschäftigungen anzubieten. Zwar bestehen gesetzliche Ansprüche auf Verringerung ihrer Arbeitszeit (§§ 8, 9a TzBfG); diese gelten aber nicht gegenüber Kleinbetrieben (kleiner als 15 bzw. 45 Arbeitnehmer) und können im Übrigen auch aus betrieblichen Gründen abgelehnt werden.

a) Allgemeines

aa) Vorzeitige und verzögerte Inanspruchnahme von Renten

188 Bei einigen Renten wegen Alters ermöglicht das Gesetz eine vorzeitige, d.h. vor dem eigentlich für diese Rentenart vorgesehenen Renteneintrittsalter liegende Inanspruchnahme. Macht aber ein Versicherter von dieser Option Gebrauch, erhöht sich zugleich die Gesamtlaufzeit seiner Rente, mit der wiederum eine **höhere finanzielle Belastung der Solidargemeinschaft** einhergeht. Das insoweit notwendige **Korrektiv** bildet nach § 63 Abs. 5 SGB VI der in § 77 SGB VI verankerte **Zugangsfaktor**. Nach § 77 Abs. 2 S. 1 Nr. 2a SGB VI führt ein vorzeitiger Rentenbezug zu Abschlägen; die zu erwartende Rentenminderung kann allerdings gem. § 187a Abs. 1 SGB VI durch Zahlung von Beiträgen ausgeglichen werden. Dass die in den Abschlagsregelungen liegende dauerhafte Einschränkung der Rentenanwartschaften eine zulässige gesetzliche Inhalts- und Schrankenbestimmung des Art. 14 Abs. 1 GG darstellt, hat das BVerfG bereits entschieden.[634] Die Stabilisierung der Finanzen der gesetzlichen Rentenversicherung stellt weiterhin eine für die Inhalts- und Schrankenbestimmung nach Art. 14 Abs. 1 S. 2 GG anerkannte Zielsetzung im öffentlichen Interesse dar. Die dauerhaften Abschläge bei vorzeitiger Inanspruchnahme dienen dem Ziel der Kostenneutralität vorgezogener Rentenleistungen sowie dem Gemeinwohlzweck der Stabilisierung der Finanzen in der gesetzlichen Rentenversicherung. Eine für die Versichertengemeinschaft kostenneutrale Leistung bei vorzeitig in Anspruch genommenen Altersrenten wird nur durch dauerhafte Rentenkürzungen gewährleistet.

189 Auf der anderen Seite können Altersrenten auch erst Monate nach Erreichen des Renteneintrittsalters in Anspruch genommen werden. Dies wiederum hat eine kürzere Rentenbezugszeit und damit eine Entlastung der Rentenkasse zur Folge, was sich gem. § 77 Abs. 2 S. 1 Nr. 2b SGB VI auch in einer höheren Rente niederschlägt, bis zu sechs Prozent pro Jahr.[635] In diesem Zusammenhang muss man sich also vor Augen halten, dass Versicherte die Freiheit besitzen, die Rente zu beantragen oder noch abzuwarten. Beispielsweise kann sich der Rentenberechtigte entschließen, seine Regelaltersrente erst später zu beziehen. Des Weiteren ist von großer Bedeutung, dass der **Bezug einer Rente und gleichzeitige Arbeit sich nicht ausschließen**. Es existiert kein Tätigkeitsverbot. Wenngleich mit reduziertem Stundenumfang (was verständlich ist) so gehen noch immer gut 13 Prozent der Altersrentner arbeiten, mehrheitlich unter 20 Stunden.[636] Arbeitsrechtlich bietet § 41 SBG VI dem Arbeitgeber entsprechende Befristungsmöglichkeiten; es muss kein unbefristeter Arbeitsvertrag geschlossen werden.[637] Mit Blick auf die Beschäftigten kann sich sogar ein Drittel vorstellen, nach Rentenbeginn weiterzuarbeiten. Ausschlaggebend ist dabei weniger der finanzielle Aspekt als die Frage, ob der- oder diejenige zufrieden mit der Arbeit und bereit ist, sich dort weiterhin zu engagieren.[638]

---

634 BVerfG 11.11.2008 BVerfGE 122, 151; BSG 19.11.2009 SozR 4-2600 § 236 Nr. 1.

635 Ausführlich unter § 49 Rn. 348ff.

636 Quelle: Destatis.

637 Siehe unter § 49 Rn. 192ff.

638 Quelle: Institut der Deutschen Wirtschaft.

bb) Antragserfordernis

Auch die Renten wegen Alters werden nach § 19 S. 1 SGB IV, § 115 Abs. 1 S. 1 SGB VI **grundsätzlich nur auf Antrag** erbracht. Etwas anderes gilt dann, wenn ein Versicherter die Regelaltersgrenze erreicht, er zuvor eine Rente wegen verminderter Erwerbsfähigkeit oder eine Erziehungsrente bezogen hat. Widerspricht er nicht, erfolgt gem. § 115 Abs. 3 S. 1 SGB VI mit Erreichen der Altersgrenze eine **Rentenumwandlung** von Amts wegen. Eine weitere Prüfung ist entbehrlich, denn die allgemeine Wartezeit gilt jedenfalls gem. § 50 Abs. 1 S. 2 Nr. 1 SGB VI als erfüllt. 190

Ebenfalls erfolgt gem. § 115 Abs. 1 S. 2 SGB VI von Amts wegen eine **Rentenanpassung**, wenn die Rente wegen Änderung der tatsächlichen oder rechtlichen Verhältnisse, z. B. bei Überschreiten der Hinzuverdienstgrenze gem. § 34 Abs. 2 SGB VI, in niedrigerer als der bisherigen Höhe zu leisten ist. 191

cc) Altersrente und Beendigung des Arbeitsverhältnisses

Da es im Interesse aller Versicherten liegt, wenn der Einzelne möglichst lange einer Beschäftigung oder selbständigen Tätigkeit nachgeht,[639] erfolgte durch das RRG 1992 u. a. die stufenweise Anhebung der Altersgrenzen. Flankiert wurden die versicherungsrechtlichen Maßnahmen durch die **arbeitsrechtliche Regelung** des § 41 SGB VI, mit der die Dispositionsmacht des Arbeitnehmers, über die Dauer seiner beruflichen Tätigkeit und damit die Art der Sicherung seines Lebensunterhalts im Alter zu bestimmen, geschützt werden soll. Primäres Ziel aber ist es, das zahlenmäßige Verhältnis von Beitragszahlern und Rentnern im Interesse der **Finanzierbarkeit der Rentenversicherung** positiv zu beeinflussen. 192

§ 41 Abs. 1 S. 1 SGB VI stellt ausdrücklich klar, dass der **Anspruch** des Versicherten **auf Altersrente kein** in seiner Person liegender **Kündigungsgrund** i. S. d. § 1 Abs. 2 S. 1 KSchG ist. Eine Kündigung, die gegen § 41 Abs. 1 S. 1 SGB VI verstößt, ist sozial ungerechtfertigt und damit unwirksam. Einer Kündigung aus anderen personen-, verhaltens- oder betriebsbedingten Gründen steht diese Vorschrift dagegen ebenso wenig entgegen wie einer Kündigung wegen tatsächlichen Bezugs einer Altersrente. Im letzten Fall folgt dies unmittelbar aus dem Zweck der Regelung, denn die angestrebte Entlastung der Rentenkasse kann dann nicht mehr erreicht werden.[640] 193

Nach § 41 Abs. 1 S. 2 SGB VI gilt eine **Altersgrenzenvereinbarung**, nach der die Beendigung des Arbeitsverhältnisses ohne Kündigung zu einem Zeitpunkt vorgesehen ist, in dem der Arbeitnehmer vor Erreichen der Regelaltersgrenze eine Rente wegen Alters beantragen kann, ihm gegenüber grundsätzlich als auf das Erreichen der Regelaltersgrenze abgeschlossen. Zwar ist Vereinbarung im Sinne der Vorschrift nur die **individualvertragliche Abrede**, der Zweck der Regelung soll jedoch nach der zweifelhaften Rechtsprechung des BAG ebenso kollektivrechtliche Altersgrenzen ausschließen, die zur automatischen Beendigung des Arbeitsverhältnisses führen.[641] Die **Fiktion** greift nicht ein, wenn die Vereinbarung innerhalb der letzten drei Jahre vor dem Zeitpunkt des Ausscheidens abgeschlossen oder vom Arbeitnehmer bestätigt wurde. 194

Stellt die Vereinbarung auf das Erreichen der Regelaltersgrenze ab, wird sie von § 41 Abs. 1 S. 3 SGB VI erfasst. Die Norm wird als *lex specialis* zu § 14 TzBfG begriffen und gewährt den Arbeitsvertragsparteien aufgrund ihrer bedenklich weiten Auslegung größte Vertragsfreiheit, falls sich ein Sachgrund i.R.d. § 14 Abs. 1 S. 2 TzBfG nicht finden lässt. Die Arbeitsvertragsparteien können folglich 195

---

639 Im Dezember 2023 waren knapp acht Millionen Menschen im Alter von 55 Jahren bis zur Regelaltersgrenze sozialversicherungspflichtig beschäftigt. Das ist die höchste Zahl seit über 20 Jahren. Im Dezember 2013 waren es noch 4,8 Millionen, im Dezember 2003 2,6 Millionen. Ihre Beschäftigungsquote stieg im Dezember 2023 auf 59 Prozent, zehn Jahre zuvor lag sie noch 14 Prozentpunkte niedriger, bei 45 Prozent. Bei der Bevölkerung im erwerbsfähigen Alter stieg die Beschäftigungsquote im gleichen Zeitraum um sieben Prozentpunkte von 56 auf 63 Prozent, Quelle: Bundesagentur für Arbeit, Presseinfo v. 26.9.2024 Nr. 40; zur Bedeutung der beruflichen Weiterbildung HUSEMANN, ZFA 2023, 7 ff.; KRAUSE, NZA 2022, 737 ff.; LEHR/NAEGELE, FS Igl, 2017, S. 456 ff.

640 BeckOGK/SEIWERTH § 41 SGB VI Rn. 12 ff.

641 BAG 1.12.1993 AP Nr. 4 zu § 41 SGB VI.

den Beendigungszeitpunkt durch Vereinbarung auch mehrfach hinausschieben. Durch Anfügen des Satzes 3 in § 41 SGB VI a.F. mit dem RV-Leistungsverbesserungsgesetz vom 23.6.2014[642] wurde dem Wunsch der Praxis Rechnung getragen, auch nach Erreichen der Regelaltersgrenze und darauf bezogener Beendigungsvereinbarung einvernehmlich das Arbeitsverhältnis für einen vorher bestimmten Zeitraum rechtssicher fortsetzen zu können.[643] Sowohl der EuGH als auch das BAG und mit ihnen die h.L. halten die allgemeine starre arbeitsrechtliche Altersgrenze nach wie vor für zulässig.[644] Unter altersdiskriminierenden Aspekten, aber auch unter Berücksichtigung der Dogmatik der Sachgrundbefristung ist diese Position unvertretbar und desavouiert letztlich den Grundsatz der Verhältnismäßigkeit. Wenn überhaupt, stellen flexible Altersgrenzen eine gerechte Lösung dar; das Recht der gesetzlichen Rentenversicherung könnte hier eine Vorbildfunktion erfüllen; Einzelheiten gehören ins Arbeitsrecht.[645] Hingewiesen sei auf die jüngste Reform des § 41 SGB VI durch das 4. Bürokratieentlastungsgesetz vom 23.10.2024, die einen § 41 SGB VI einen weiteren Absatz hinzugefügt hat.[646] Gem. § 41 Abs. 2 SGB VI bedarf eine Vereinbarung, die die Beendigung des Arbeitsverhältnisses mit dem Erreichen der Regelaltersgrenze vorsieht, zu ihrer Wirksamkeit nur noch der Textform. § 14 Abs. 4 TzBfG gilt nicht.

b) Regelaltersrente

196 Nach dem im Wortlaut zum Ausdruck kommenden Willen des Gesetzgebers stellt die Regelaltersrente die üblicherweise zu erbringende Leistung dar. Der Anspruch setzt seit der rechtspolitisch hoch umstrittenen, aber notwendigen Reform durch das RV-Alters-grenzenanpassungsgesetz[647] gem. § 35 S. 2 SGB VI voraus, dass der Versicherte das **67. Lebensjahr** vollendet und die **allgemeine Wartezeit von fünf Jahren** gem. § 50 Abs. 1 S. 1 Nr. 1 SGB VI erfüllt hat.[648] Nach § 26 Abs. 1 SGB X i.V.m. § 187 Abs. 2 S. 2, 188 Abs. 2 BGB ist das 67. Lebensjahr mit dem Ablauf desjenigen Tages vollendet, der dem 68. „Geburtstag" vorausgeht. Dabei zählt der Tag der Geburt als der erste Geburtstag.[649] § 35 SGB VI normiert lediglich eine **Mindestaltersgrenze**. Der Versicherte kann die Rente auch später in Anspruch nehmen, sei es, weil er die Wartezeit noch nicht erfüllt hat, sei es, weil er den Rentenanspruch erhöhen will.

197 Die Umstellung auf die neue Regelaltersgrenze von 67 Jahren erfolgt nicht abrupt. Vielmehr hat der Gesetzgeber sie mit einer komfortablen **Vertrauensschutzregelung** abgefedert. Die dazugehörige Übergangsregelung findet sich in **§ 235 SGB VI**. Danach wird die Regelaltersgrenze **erst seit 2012** stufenweise auf 67 Jahre angehoben (2024: 66 Jahre). Abgeschlossen wird dieser Übergangsprozess erst im Jahre **2029** sein. Die Regelaltersgrenze beträgt künftig für alle nach 1963 Geborenen 67 Jahre, §§ 35 S. 2, 235 Abs. 2 SGB VI; alle vor dem 1.1.1947 Geborenen können nach wie vor mit 65 Jahren in Rente gehen. Die Stufen der Anhebung für die **Jahrgänge 1947 bis 1963** betragen gem. § 235 Abs. 2 S. 2 SGB VI zunächst einen Monat pro Jahrgang (Anhebung der Regelaltersgrenze von 65 auf 66 Jahre) und dann ab Jahrgang 1959 zwei Monate pro Jahrgang (Anhebung der Regelaltersgrenze von 66 auf 67 Jahre), vgl. die Tabelle in § 235 Abs. 2 SGB VI. Zusätzliche Ausnahmen für Jahrgänge bis 1954, die Altersteilzeit nach dem Altersteilzeitgesetz in Anspruch nehmen, oder für Arbeitnehmer im Bergbau sieht § 235 Abs. 2 S. 3 SGB VI vor, auf den an dieser Stelle aber nicht eingegangen wird.

642 BGBl. I S. 787.
643 BT-Drs. 18/1489 S. 25.
644 EuGH, 28.2.2018, Rs. C-46/17, NZA 2018, 355 (Hubertus John); EuGH 12.10.2010, Rs. C-45/09 (Rosenbladt), Slg. 2010, I-9391; BAG 19.12.2018 NZA 2019, 523; BAG 18.6.2008, NZA 2008, 1302; konsequente Fortführung im Bereich der Bewerbung durch BAG 31.3.2022 AP Nr. 32 zu § 15 AGG.
645 Ausf. Temming, Altersdiskriminierung im Arbeitsleben, 2008, S. 303ff., 602ff., Temming, EzA § 14 TzBfG Nr. 49; instruktiv Chandna-Hoppe, Die Weiterbeschäftigung nach Erreichen des Rentenalters, 2019.
646 BGBl. I Nr. 323; vgl. Staudinger/Temming § 620 BGB Rn. 144f.
647 BGBl. I 2007, S. 554ff.
648 Zur Reform vgl. Schrader/Straube, NJW 2008, 1025ff.; Reil-Held, DRV 2008, 134ff.
649 BSG 29.11.1985 SozR 2200 § 1248 Nr. 44.

Abzuwarten bleibt, wie lange an der Regelaltersgrenze von 67 Jahren festgehalten werden kann. Aus der steigenden Lebenserwartung folgt logischerweise eine längere Rentenbezugsdauer, die es zu finanzieren gilt. Hinsichtlich der Leistungsausgaben stellt die Altersgrenze eine zentrale Stellschraube dar. Zu diskutieren dürfte insbesondere der Vorschlag sein, die Regelaltersgrenze an die Zunahme der Lebenserwartung zu koppeln. Die von einigen befürchtete damit einhergehende faktische Rentenkürzung dürfte dabei nicht zutreffen.[650] 198

Neben der Regelaltersrente kennt das SGB VI noch vier bzw. unter Berücksichtigung der Sonderregelungen des Fünften Kapitels **sechs weitere Renten wegen Alters**, vgl. § 33 Abs. 2 SGB VI. Zwar fällt die Altersgrenze dort geringer aus, dafür sind an den Anspruch aber zusätzliche oder zumindest strengere Voraussetzungen geknüpft. Die unterschiedlichen **Altersrenten stehen als eigenständige Ansprüche nebeneinander**, was auch die Vorschrift des § 89 Abs. 1 S. 1 SGB VI deutlich macht. Bestehen für denselben Zeitraum mehrere Ansprüche, kann der Versicherte ungeachtet des insoweit missverständlichen Wortlauts **bis zum Erreichen der Regelaltersgrenze frei** zwischen den einzelnen Renten **wählen.**[651] Diese Wahl ist endgültig; einen späteren Wechsel in eine andere Altersrente schließt § 34 Abs. 4 Nr. 3 SGB VI aus. 199

c) Rente für langjährig Versicherte

Haben Versicherte das 67. Lebensjahr vollendet und die Wartezeit von 35 Jahren erfüllt, besteht gem. § 36 SGB VI ein Anspruch auf eine **Rente für langjährig Versicherte**. Gem. § 36 S. 2 SGB VI kann diese – im Unterschied zur Regelaltersrente – nach Vollendung des 63. Lebensjahres **vorzeitig in Anspruch genommen** werden. Allerdings sind bei einer Inanspruchnahme vor Vollendung des 67. Lebensjahres nach § 77 Abs. 2 S. 1 Nr. 2a SGB VI **Abschläge** hinzunehmen. Die Rentenabschläge bei vorzeitiger Inanspruchnahme verstoßen nicht gegen das Grundgesetz. Sie stellen eine zulässige gesetzliche Inhalts- und Schrankenbestimmung des Art. 14 Abs. 1 GG dar und verletzen nicht den allgemeinen Gleichheitssatz des Art. 3 Abs. 1 GG.[652] 200

Die in § 36 SGB VI angeordnete Anhebung auf das 67. Lebensjahr erfolgt ebenfalls nur stufenweise (für die Jahrgänge 1949 bis 1963). Die dazu gehörige Vertrauensschutzregelung findet sich in § 236 SGB VI, die wie § 235 SGB VI strukturiert ist. 201

d) Rente für schwerbehinderte Menschen

Versicherte, die das 65. Lebensjahr vollendet und die Wartezeit von 35 Jahren erfüllt haben und darüber hinaus bei Rentenbeginn als schwerbehinderte Menschen i. S. d. § 2 Abs. 2 SGB IX anerkannt sind, können demgegenüber nach § 37 S. 1 SGB VI eine Altersrente in Anspruch nehmen. Eine vorzeitige Inanspruchnahme ist gem. § 37 S. 2 SGB VI nach Vollendung des 62. Lebensjahres möglich. Diese vorzeitige Inanspruchnahme ist jedoch wegen der verlängerten Rentenlaufzeit nach § 77 Abs. 2 S. 1 Nr. 2a SGB VI mit Abschlägen für den Versicherten verbunden. Die in § 37 SGB VI angeordnete Anhebung vom 63. auf das 65. Lebensjahr erfolgt auch hier nur stufenweise (für die Jahrgänge 1952 bis 1963). Die dazugehörige Vertrauensschutzregelung findet sich § 236a SGB VI, die vergleichbar mit § 235 SGB VI bzw. § 236 SGB VI strukturiert ist. 202

e) Rente für besonders langjährig Versicherte

§ 38 SGB VI führte seit dem Jahr 2012 für besonders langjährig Versicherte eine weitere Altersrente ein. Wer **45 Pflichtbeitragsjahre** aufweist, kann bereits mit 65 Jahren abschlagsfrei in Rente 203

650 Rolfs, „Die Rente ist sicher“ – Mit welchen Maßnahmen lässt sich dieses Versprechen auch künftig einhalten?, NJW 2022, 2717 ff.

651 BeckOGK/Wehrhahn § 89 SGB VI Rn. 8.

652 BSG 19.11.2009 SozR 4-2600 § 236 Nr. 1.

gehen.[653] Eine vorzeitige Inanspruchnahme ist dabei nicht möglich. Mit dem am 1.7.2014 in Kraft getretenen Gesetz über Leistungsverbesserungen in der gesetzlichen Rentenversicherung[654] wurde diese Altersrente jedoch so reformiert, dass sie von Geburtenjahrgängen, die vor dem 1.1.1953 geboren sind, schon im Alter von 63 Jahren in Anspruch genommen werden kann (§ 236b Abs. 1 SGB VI). Für nach dem 1.1.1953 Geborene erfolgt gem. § 236b Abs. 2 SGB VI eine stufenweise Anhebung um jeweils zwei Monate pro Geburtsjahrgang.

204 Die Minderung des Zugangsfaktors durch die vorzeitige Inanspruchnahme der Altersrente für langjährig Versicherte gem. § 77 Abs. 2 S. 1 Nr. 2a SGB VI stellt eine zulässige gesetzliche Inhalts- und Schrankenbestimmung dar und verletzt auch nicht den allgemeinen Gleichheitssatz.[655] Höchstrichterlich hinreichend geklärt ist zudem die Frage, ob bestimmte Versicherte, die die Wartezeit von 45 Jahren erfüllen, eine (abschlagsfreie oder im Abschlag drastisch reduzierte) Altersrente für besonders langjährig Versicherte entgegen dem unzweideutigen Wortlaut des § 236b Abs. 2 SGB VI schon ab Vollendung des 62. Lebensjahres in Anspruch nehmen können.[656]

205 Auf die Wartezeit werden gem. § 51 Abs. 3a SGB VI **Pflichtbeitragszeiten** aufgrund einer Beschäftigung oder Tätigkeit **angerechnet**, aber auch **Berücksichtigungszeiten** wegen Kindererziehung. Hinzu kommen seit dem 1.7.2014 Zeiten des Bezugs von Entgeltersatzleistungen der Arbeitsförderung, Leistungen bei Krankheit sowie Übergangsgeld, soweit sie Pflichtbeitragszeiten oder Anrechnungszeiten sind, sowie freiwillige Beiträge, wenn die Person insgesamt mindestens 18 Jahre mit Pflichtbeitragszeiten zurückgelegt hat. Mit den Änderungen wurde insbesondere erreicht, dass auf die Wartezeit von 45 Jahren auch Zeiten angerechnet werden, in denen Versicherte Arbeitslosengeld bezogen haben. Damit wird Versicherten, die zeitweise keiner versicherungspflichtigen Beschäftigung oder selbständigen Tätigkeit nachgehen konnten und Arbeitslosengeld als Versicherungsleistung der gesetzlichen Arbeitslosenversicherung bezogen haben, der Bezug einer Altersrente für besonders langjährig Versicherte ermöglicht. Hiermit wird insbesondere der Arbeitsmarktsituation in den neuen Bundesländern nach der Wiedervereinigung Rechnung getragen. Kurze Unterbrechungen in der Erwerbsbiografie werden sich insoweit nicht nachteilig auswirken. Sinn dieser Altersrente ist es, auch unter Berücksichtigung von Zeiten der Arbeitslosigkeit, eine besonders langjährige rentenversicherte Beschäftigung mit entsprechender Beitragszahlung zu privilegieren. Wegen dieser Anknüpfung ist es gerechtfertigt, grundsätzlich auch nur die Zeiten des Bezugs von Versicherungsleistungen zu berücksichtigen, die entgangenes Arbeitsentgelt ersetzen und für die die Beschäftigten zuvor Beiträge gezahlt haben. Nicht berücksichtigt werden daher Pflichtbeitragszeiten aufgrund des Bezugs von Bürgergeld, weil es nicht Regelungsintention der Altersrente für langjährig Versicherte ist, mit Zeiten der Dauer- bzw. Langzeitarbeitslosigkeit einen abschlagsfreien Rentenanspruch vor Erreichen der Regelaltersgrenze zu begründen.[657]

206 Zeiten des Bezugs von Entgeltersatzleistungen der Arbeitsförderung werden in den letzten zwei Jahren gem. § 51 Abs. 3a S. 1 Nr. 3 2. Hs SGB VI vor Rentenbeginn zudem nicht berücksichtigt, es sei denn, der Bezug ist durch eine Insolvenz oder vollständige Geschäftsaufgabe[658] des Arbeitgebers bedingt. Durch diese mit dem RV-Leistungsverbesserungsgesetz von 2014 erfolgte Ergänzung sollen Fehlanreize vermieden werden, die sich aus der Anrechnung von Entgeltersatzleistungen der Arbeitsförderung ergeben können.[659] Die Ungleichbehandlung der Gruppe der Versicherten, deren

653 Allgemein zu den durchschnittlichen Rentenzahlbeträgen der Renten wegen Alters mit mindestens 45 Versicherungsjahre und der Anzahl der Renten wegen Alters mit mindestens 45 Versicherungsjahren s. BT-Drs. 20/12293 S. 47 f. (bundesweiter Durchschnitt Stand 12/2023: 1604 Euro; 20 Prozent liegen unter 1.200 Euro; freilich kann aus der Rentenhöhe nicht auf die Höhe des Einkommens insgesamt geschlossen werdn).

654 BGBl. I S. 787.

655 BSG 11.12.2019 SozR 4-2600 § 77 Nr. 12.

656 BSG 20.5.2020 SozR 4-2600 § 236b Nr. 1.

657 BT-Drs. 18/909 S. 21.

658 Zu den Voraussetzungen der vollständigen Geschäftsaufgabe: BSG 20.5.2020 SozR 4-2600 § 51 Nr. 4; BSG 22.3.2021 SozR 4-2600 § 51 Nr. 5; BSG 21.10.2021 SozR 4-2600 § 51 Nr. 6.

659 BT-Drs. 18/1489 S. 26.

Zeiten der Entgeltersatzleistung keine Berücksichtigung finden, ist durch sachliche Kriterien gerechtfertigt. Dem Gesetzgeber hat im Rahmen seiner weiten Einschätzungsprärogative eine zeitliche Begrenzung der Anrechenbarkeit – ähnlich einer Stichtagsregelung – freigestanden.[660]

Durch die Reform besitzt § 38 SGB VI allerdings weiterhin **mittelbar diskriminierendes** Potenzial, weil eine derart hohe Anzahl von Pflichtbeitragszeiten regelmäßig nur Männer erreichen.[661] Der Zuwachs an Personen, die die Wartezeit nach der neuen Regelung erfüllen, beträgt beim Rentenzugang 2016 bei Männern mit rund 28 Prozent etwas weniger als bei Frauen mit 32 Prozent. Von der Reform 2014 haben Frauen also nur minimal profitiert. Die Auswertungen einer Sondererhebung zeigen aber auch, dass 23 Prozent der Anspruchsberechtigten auf eine Altersrente für besonders langjährig Versicherte aus dem Rentenzugang 2016 erst durch die neu aufgenommenen Versicherungszeiten ihren Anspruch erlangt haben. Damit hat die Reform zu einer deutlichen Erhöhung der Zahl der Anspruchsberechtigten geführt.[662] 207

f) Rente für langjährig unter Tage beschäftigte Bergleute

§ 40 SGB VI räumt langjährig unter Tage beschäftigten Versicherten bereits dann einen Anspruch auf Altersrente ein, wenn sie das 62. Lebensjahr vollendet und die Wartezeit von 25 Jahren erfüllt haben, vgl. § 51 Abs. 2, § 61, zu den Vertrauensschutzregelungen vgl. § 238 SGB VI. Auf diese Weise wird der Schwere der Arbeit unter Tage Rechnung getragen.[663] 208

g) Rente wegen Arbeitslosigkeit oder nach Altersteilzeitarbeit

Nach § 237 Abs. 1 SGB VI hatten **vor 1952 geborene Versicherte** mit Vollendung des 60. Lebensjahres Anspruch auf Altersrente, wenn sie entweder bei Beginn der Rente arbeitslos waren und insgesamt, nach Erreichen eines Lebensalters von 58 Jahren und sechs Monaten, 52 Wochen arbeitslos waren (vgl. dazu die Fiktion in § 237 Abs. 2 SGB VI) oder alternativ mindestens 24 Kalendermonate Altersteilzeitarbeit ausgeübt haben.[664] Unerheblich war dabei, ob die Altersteilzeit ausschließlich nach den nationalen Rechtsvorschriften oder denen eines anderen Mitgliedstaats ausgeübt wurde.[665] Zudem mussten sie in den letzten zehn Jahren vor Beginn der Rente **acht Jahre Pflichtbeiträge** für eine versicherte Beschäftigung oder Tätigkeit als **Vorversicherungszeit** vorweisen können;[666] allein die Zahlung freiwilliger Beiträge konnte demzufolge diesen Anspruch nicht begründen. Hinzukommen musste schließlich noch die Erfüllung der **Wartezeit von 15 Jahren**, § 243b SGB VI; dabei wurden gem. § 244 Abs. 2 SGB VI Kalendermonate mit Beitragszeiten und Ersatzzeiten angerechnet. Mittlerweile sind die zeitlichen Voraussetzungen abgelaufen, so dass die Vorschrift – mangels der Möglichkeit der Inanspruchnahme – keine Rechtswirkung mehr entfaltet. 209

h) Altersrente für Frauen

Versicherte Frauen hatten gem. § 237a Abs. 1 SGB VI Anspruch auf Altersrente, wenn sie **vor 1952 geboren** sind, das 60. Lebensjahr vollendet, nach Vollendung des 40. Lebensjahres mehr als zehn Jahre Pflichtbeiträge für eine versicherte Beschäftigung oder Tätigkeit (**Vorversicherungszeit**) und die **Wartezeit von 15 Jahren** gem. §§ 243b, 244 Abs. 2 SGB VI erfüllt hatten. Da die zeitlichen Voraus- 210

---

660 BSG 17.8.2017 SozR 4-2600 § 51 Nr. 1; BSG 20.5.2020 SozR 4-2600 § 51 Nr. 4; a.A. Graser/Helmrich/Lindner, SozSich 2017, 415ff.

661 S.a. BR-Drs. 2/07.

662 Keck/Krickl, RVaktuell 2018, S. 78.

663 Kreikebohm/Roßbach/Dankelmann § 40 SGB VI Rn. 2.

664 Ausführlich zur Altersteilzeitarbeit vgl. ErfK/Rolfs, § 1 AltTZG, Rn. 1ff.; s.a. Schabestiel/Tenbrock, S. 89ff.

665 EuGH 18.12.2014, Rs. C-523/13 (Larcher), ZESAR 2015, 485.

666 Zur möglichen Verlängerung dieses Zeitraums vgl. BSG 10.2.2005 SGb 2005, 281.

setzungen abgelaufen sind, gibt es – wie bei den Renten wegen Arbeitslosigkeit und nach Altersteilzeit – keine Neuzugänge mehr.

3. Renten wegen Todes

211 Die Renten wegen Todes dienen der **Kompensation des Unterhaltsausfalls**, der durch den Tod des Versicherten regelmäßig entsteht. Anspruchsberechtigt sind **bestimmte nahe Angehörige**; der Kreis ist jedoch nur zum Teil identisch mit den nach bürgerlichem Recht Unterhaltsberechtigten. Rechtssystematisch kann zwischen **Hinterbliebenenrenten** und **sonstigen Renten wegen Todes** differenziert werden; praktische Bedeutung hat dies indes nur bei der Berechnung der Rente und im Hinblick auf den Rentenbeginn gem. § 99 SGB VI. Renten wegen Todes werden nach Maßgabe des § 49 SGB VI auch geleistet, wenn der Versicherte verschollen ist.

212 Durch das Altersvermögensergänzungsgesetz vom 21.3.2001[667] hat der Gesetzgeber das Recht der Hinterbliebenenrenten mit Wirkung zum 1.1.2002 in einigen zentralen Punkten geändert. Neben der **zeitlichen Begrenzung der kleinen Witwen-/Witwerrenten** gem. § 46 Abs. 1 S. 2 SGB VI und der Normierung neuer Ausschlusstatbestände (§ 46 Abs. 2a, 2b SGB VI) hat der Gesetzgeber u. a. auch den **Versorgungssatz bei der großen Witwen- bzw. Witwerrente** von 60 Prozent der Versichertenrente auf 55 Prozent **abgesenkt**, vgl. § 67 Nr. 6 SGB VI. Letzteres kann allerdings bei Witwen oder Witwern, die Kinder erzogen haben, durch die parallel eingeführten Zuschläge an Entgeltpunkten gem. § 78a SGB VI mitunter schon bei einem Kind annähernd kompensiert werden.[668] Diese und vorherige Änderungen wurden begleitet von einer Vielzahl besitzstandswahrender Übergangsregelungen;[669] darauf wird ggf. im jeweiligen Kontext eingegangen.

213 Mit Wirkung zum 1.1.2005 ist der **Kreis der anspruchsberechtigten Hinterbliebenen** durch das Gesetz zur Überarbeitung des Lebenspartnerschaftsrechts vom 15.12.2004[670] um die Partner einer eingetragenen Lebenspartnerschaft **erweitert** worden (vgl. die gesetzlichen Fiktionen in § 46 Abs. 4, § 47 Abs. 4 SGB VI). Da das vordringliche Ziel dieses Gesetzes in einer weitgehenden Angleichung des Lebenspartnerschaftsrechts an die Ehe zu sehen ist,[671] werden die eingetragenen Lebenspartner darüber hinaus auch in das Rentensplitting einbezogen (§ 120e SGB VI).

a) Allgemeines

aa) Ausschluss und Minderung der Renten

214 Kein Anspruch auf **Rente wegen Todes** besteht nach § 105 SGB VI für Hinterbliebene, die den Tod des Versicherten vorsätzlich herbeigeführt haben. Dieser **Verstoß gegen die Pflicht zum solidarischen Verhalten** wiegt derart schwer, dass der Solidargemeinschaft ein Eintreten für die Folgen nicht zugemutet werden kann.[672] Der Anspruchsausschluss bezieht sich alleine auf den konkret Verantwortlichen, nicht dagegen auch auf weitere, unbeteiligte Hinterbliebene. Die Tötung muss vorsätzlich erfolgt sein, dabei spielt die Form der Beteiligung keine Rolle. Hat der Hinterbliebene allerdings nicht rechtswidrig oder nicht schuldhaft gehandelt, ist eine **teleologische Reduktion** der Vorschrift angezeigt. Auch die Mitwirkung beim Selbstmord und die Körperverletzung mit Todesfolge führen nicht zum Ausschluss des Rentenanspruchs.[673]

215 Etwas anderes gilt bei der Tötung auf Verlangen gem. § 216 StGB. Das Bundessozialgericht begründet dies mit dem Wortlaut des § 105 SGB VI. So stellt dieser allein auf eine vorsätzliche Herbei-

---

667 AVmEG, BGBl. I S. 403ff.

668 Ruland, NZS 2001, 393, 396f.

669 Vgl. im Einzelnen § 242a, § 243, § 243a, § 268, § 303, § 303a SGB VI; s. a. BSG 16.3.2006 SozR 4-2600 § 46 Nr. 3.

670 BGBl. I S. 3396ff.

671 BT-Drs. 15/3445 S. 14.

672 BSG 26.11.1981 SozR 2200 § 1277 Nr. 3; siehe unter § 47 Rn. 12.

673 BSG 1.6.1982 SozR 2200 § 1277 Nr. 5.

führung des Todes für einen ausnahmsweisen Ausschluss ab, die bei einer Tötung auf Verlangen im Regelfall gegeben sein wird. Zudem deutet nichts darauf hin, dass der Gesetzgeber die Regelung des § 105 SGB VI planwidrig zu weit gefasst hätte, wie es für eine teleologische Reduktion des nach ihrem klaren Wortlaut eröffneten Anwendungsbereichs einer Norm erforderlich ist.[674]

Kein Anspruch auf eine **große Witwen-** oder **Witwerrente wegen Erwerbsminderung** gem. 216 § 46 Abs. 2 S. 1 Nr. 3 SGB VI besteht nach § 103 SGB VI im Falle der absichtlichen Herbeiführung der für die Rentenleistung erforderlichen gesundheitlichen Beeinträchtigung. Erfolgte die Beeinträchtigung dagegen bei einer Handlung, die nach strafgerichtlichem Urteil ein Verbrechen oder vorsätzliches Vergehen ist, stehen die eigentliche Gewährung und die Höhe der Leistung nach § 104 Abs. 1 SGB VI im Ermessen des Rentenversicherungsträgers.

bb) Beginn und Dauer der Renten

Die Leistung von Renten wegen Todes ist ebenfalls nach § 19 S. 1 SGB IV, § 115 Abs. 1 S. 1 SGB VI 217 **grundsätzlich von einem Antrag abhängig**. In bestimmten Fällen fingiert das Gesetz jedoch die Antragstellung, vgl. § 115 Abs. 2 SGB VI. Eine weitere Ausnahme betrifft Witwen oder Witwer, die bis zur Vollendung des 45. Lebensjahres eine kleine Witwen- bzw. Witwerrente i.S.d. § 46 Abs. 1 SGB VI bezogen haben. Mit Erreichen dieser Altersgrenze erfolgt gem. § 115 Abs. 3 S. 2 SGB VI eine **Rentenumwandlung** in eine große Witwen- bzw. Witwerrente **von Amts wegen**.

Der Beginn der Leistung richtet sich für die Hinterbliebenenrenten nach § 99 Abs. 2 SGB VI, für 218 die übrigen Renten wegen Todes nach § 99 Abs. 1 SGB VI. Für den Beginn der befristeten großen Witwen- bzw. Witwerrente wegen Minderung der Erwerbsfähigkeit sieht § 101 Abs. 2 SGB VI eine Sonderregelung vor. Entsprechend den Regelungen zur Erwerbsminderungsrente werden sie nicht vor Beginn des siebten Kalendermonats nach dem Eintritt der Minderung der Erwerbsfähigkeit geleistet. Liegen diese sechs Kalendermonate also vor dem Tod des Versicherten, führt die Regelung zu keiner Verzögerung.

Mit Ausnahme der großen Witwen- bzw. Witwerrente wegen Vollendung des 45. Lebensjahres 219 gem. § 46 Abs. 2 S. 1 Nr. 2 SGB VI werden die Renten wegen Todes grundsätzlich **nur auf Zeit** geleistet. Sie enden nach § 102 Abs. 1 S. 1 SGB VI mit dem Ablauf der Frist. Von der Befristung der Rente ist die materiell-rechtliche Begrenzung des Rentenanspruchs zu unterscheiden. Eine solche regelt bspw. § 46 Abs. 1 S. 2 SGB VI für die kleine Witwen- bzw. Witwerrente oder § 48 Abs. 4 SGB VI für die Waisenrente.

Große Witwen- oder Witwerrenten wegen verminderter Erwerbsfähigkeit gem. § 46 Abs. 2 220 S. 1 Nr. 3 SGB VI sind nach § 102 Abs. 2 SGB VI in aller Regel zu befristen. Die Befristung erfolgt für längstens drei Jahre nach Rentenbeginn, vgl. § 99 Abs. 2, § 101 Abs. 2 SGB VI, kann aber wiederholt werden. Demgegenüber werden **große Witwen-** oder **Witwerrenten wegen Kindererziehung** i.S.d. § 46 Abs. 2 S. 1 Nr. 1 SGB VI und **Erziehungsrenten** i.S.d. § 47 SGB VI gem. § 102 Abs. 3 SGB VI sowie **Waisenrenten** i.S.d. § 48 SGB VI nach § 102 Abs. 4 SGB VI unmittelbar auf das Ende des Kalendermonats befristet, in dem die Voraussetzungen der Rente voraussichtlich nicht mehr bestehen – unabhängig von der Länge dieses Zeitraumes. Dies ist im ersten Fall in der Regel die Vollendung des 18. Lebensjahres des Kindes bzw. im zweiten Fall die Vollendung des 18. bzw. 27. Lebensjahres der Waise oder das voraussichtliche Ausbildungsende. Die Befristung kann auch hier wiederholt werden, bspw. wenn die Ausbildung länger dauert als bei der vorherigen Befristung angenommen.

cc) Anrechnung von Einkommen

Trifft eine Rente wegen Todes i.S.d. § 33 Abs. 4 SGB VI mit Einkommen des Berechtigten zusammen, 221 wird dieses – vorbehaltlich der Sonderregelungen der § 314, § 314a SGB VI – gem. § 97 Abs. 1 S. 1 SGB VI auf die Rente angerechnet. Auf **Waisenrenten** findet die Anrechnung nach Nr. 3 jedoch nur

674 BSG 17.4.2012 SozR 4-2600 § 105 Nr. 1.

dann statt, wenn das Kind über 18 Jahre alt ist. Bei **Witwen- und Witwerrenten** unterbleibt eine Einkommensanrechnung nach Satz 2 demgegenüber während des sog. Sterbevierteljahres (die ersten drei Monate nach dem Tod des Ehegatten), vgl. § 67 Nr. 5, 6 SGB VI. Durch diese im Jahre 1986 durch das Hinterbliebenenrenten- und Erziehungszeitengesetz[675] eingeführte Einkommensanrechnung wird die individuelle Bedürftigkeit des Versicherten berücksichtigt. Diese **Abweichung vom Versicherungsprinzip** war kritischen Stimmen in der Literatur ausgesetzt,[676] deren Einwände gegen die Verfassungsmäßigkeit hat das BVerfG jedoch nicht geteilt.[677] Bei Witwen- und Witwerrenten nach dem vorletzten Ehegatten gelangt vorrangig die Regelung des § 90 SGB VI zur Anwendung, s.a. § 98 S. 1 SGB VI.

222 Das berücksichtigungsfähige Einkommen bestimmt sich nach den Regelungen der §§ 18a bis 18e SGB IV, soweit die Übergangsregelung des § 114 SGB IV keine abweichenden Bestimmungen enthält.[678] Gem. § 18a Abs. 1 S. 1 SGB IV werden **Erwerbseinkommen** i. S. d. § 18a Abs. 2, 2a SGB IV und **Erwerbsersatzeinkommen** i. S. d. § 18a Abs. 3 SGB IV berücksichtigt. Darüber hinaus findet seit dem 1.1.2002 auch **Vermögenseinkommen** i. S. d. § 18a Abs. 4 SGB IV Berücksichtigung. Die bisherige Beschränkung hielt der Gesetzgeber mit Blick auf die Begünstigung Vermögender für ungerecht und sozialpolitisch unbefriedigend.[679] In welcher Höhe das Einkommen berücksichtigt wird, regelt § 18b SGB IV. U. a. erfolgt gem. § 18b Abs. 5 SGB IV auf der Grundlage einer typisierenden Betrachtung ein **pauschaler Abzug**, da nur das tatsächlich verfügbare Einkommen zur Anrechnung gelangen soll.[680]

223 Das auf diese Weise ermittelte Einkommen ist nach § 97 Abs. 2 S. 1 SGB VI jedoch nur insoweit anrechenbar, als es einen bestimmten, von der Rentenart abhängigen **Freibetrag** übersteigt. Dieser ist an den aktuellen Rentenwert der § 68, § 255e SGB VI gekoppelt und damit **dynamisch ausgestaltet**; für Witwen- bzw. Witwerrenten und Erziehungsrenten beträgt er das 26,4-Fache des aktuellen Rentenwertes, für Waisenrenten das 17,6-Fache. Um dem Berechtigten aber den Anreiz zu erhalten, eine Beschäftigung aufzunehmen,[681] wird das danach **verbleibende anrechenbare Einkommen** gem. § 97 Abs. 2 S. 3 SGB VI nicht vollständig, sondern lediglich **in Höhe von 40 Prozent** angerechnet.

Beispiel zur Einkommensanrechnung:
Die 50jährige Witwe W erhält eine Witwenrente in Höhe von 700 Euro. Zudem hat sie aus ihrer Beschäftigung als Arzthelferin einen Bruttomonatsverdienst in Höhe von 1.850 Euro. Zu klären ist der Einfluss ihres Verdienstes auf die Rentenleistung.

Das berücksichtigungsfähige Einkommen der W beträgt 1.110 Euro. Dies ergibt sich aus § 18b Abs. 5 S. 1 Nr. 1 SGB IV, nach dem das Arbeitsentgelt um 40 Prozent gekürzt wird.

Der Freibetrag bei einer Witwenrente beträgt bei Zugrundelegung eines aktuellen Rentenwertes von 39,32 Euro (aktueller Rentenwert für die Zeit vom 1.7.2024 bis 30.6.2025) rund 1.038 Euro. Nach Abzug des Freibetrags von dem berücksichtigungsfähigen Einkommen verbleiben 62 Euro. Von dieser Summe werden 40 Prozent, dies sind 24,80 Euro, auf die Rente angerechnet. In dieser Höhe ruht die Rente.

W bekommt damit letztlich 675,20 Euro als Witwenrente ausgezahlt.

224 Die Anrechnung hat ein **teilweises oder vollständiges Ruhen** der Rente wegen Todes zur Folge. In Höhe des betreffenden Betrages gelangt sie nicht zur Auszahlung. Bedeutung für den materiellen Rentenanspruch besitzt das Ruhen jedoch nicht. Verändern sich später die Einkommensverhältnisse, muss ggf. lediglich die Höhe der Rente angepasst werden, vgl. § 100 Abs. 1 SGB VI.

675 Näher zum HEZG HS-RV/Schulin § 39 Rn. 199 f.
676 Vgl. die Nachweise bei SRH/Ruland, 3. Aufl. 2003, C 16 Rn. 204 Fn. 347.
677 BVerfG 18.2.1998 BVerfGE 97, 271, 283 ff.; siehe unter § 43 Rn. 35.
678 Vgl. BSG 17.4.2007 SozR 4-2400 § 18a Nr. 1 zur verneinten Anrechnungsmöglichkeit des während einer Altersteilzeitarbeit bezogenen Aufstockungsbetrags.
679 BT-Drs. 14/4595 S. 59.
680 BeckOGK/Seewald § 18b SGB IV Rn. 1.
681 Kreikebohm/Roßbach/Dankelmann § 97 SGB VI Rn. 12.

Das Bundesverfassungsgericht hat die Regelungen zur Einkommensanrechnung im Grundsatz für verfassungsgemäß erklärt. Verneint wurde unter anderem ein Verstoß gegen Art. 3 Abs. 1 GG aufgrund der unterschiedlichen Behandlung der Hinterbliebenen mit eigenem oder ohne eigenem Einkommen. 225

„Bezieht der Witwer oder die Witwe ein den Freibetrag übersteigendes Einkommen, sinkt oder entfällt der am bisherigen Lebensstandard ausgerichtete Bedarf an wirtschaftlicher Sicherung. Ohne eine an diesem Bedarf ausgerichtete Begrenzung der Ansprüche [...] wäre das Ziel der weitgehenden Kostenneutralität der Neuregelung nicht erreicht worden. Auch das im System der Sozialversicherung angelegte Prinzip des sozialen Ausgleichs rechtfertigt die Anrechnungsregelung, die einen kleinen Teil aller Hinterbliebenenrenten voll zum Ruhen bringt, um den sozial Schwächeren eine relativ höhere Sicherung zukommen zu lassen".[682]

Eine Prüfung der Ungleichbehandlung von Doppelverdienerehen (Einkommensanrechnung) gegenüber Alleinverdienern (bei Tod des Verdieners keine Einkommensanrechnung) anhand des intrainstitutionellen Diskriminierungsverbots aus Art. 6 Abs. 1 GG erfolgte nicht. Danach bedürften Differenzierungen zwischen der Alleinverdiener- und der Doppelverdienerehe der verfassungsrechtlichen Rechtfertigung. Eine sozialstaatliche Legitimation durch Art. 20 Abs. 1 GG richtet sich nach der Bedürftigkeit der Witwen/Witwer. Ob und in welchem Umfang über eigenes Einkommen verfügt wird, stellt dabei sicher einen maßgeblichen Umstand zur Bewertung der Bedürftigkeit dar, ist aber nicht alleine maßgeblich. So muss beispielsweise auch berücksichtigt werden, in welcher Höhe die Witwen-/Witwerrente geleistet wird. Darüber hinaus stellt sich auch die Frage, ob die Witwen/Witwer ihre Bedürftigkeit nicht durch mögliche und zumutbare Erwerbstätigkeit selbst abwenden können. Insbesondere ist diese Frage nicht schon pauschal zu verneinen, wenn Witwen/Witwer das 47. Lebensjahr vollendet haben oder ein Kind erziehen.[683] 226

b) Witwen- und Witwerrente

Die Witwen- und Witwerrente ist in § 46 SGB VI geregelt. Das Gesetz unterscheidet zunächst zwischen der kleinen und der großen Witwen- bzw. Witwerrente. Die beiden Renten **sind als eigenständige Ansprüche ausgestaltet**; bestehen sie nebeneinander, wird jedoch gem. § 89 Abs. 2 SGB VI nur die große Witwen- bzw. Witwerrente geleistet. Darüber hinaus existiert nach § 46 Abs. 3 SGB VI mit der Rente nach dem vorletzten Ehegatten eine erweiterte Möglichkeit der Inanspruchnahme einer Witwen- oder Witwerrente. 227

Witwe bzw. Witwer ist nur der **überlebende Ehegatte**, der bis zum Tode des Versicherten mit diesem **in rechtsgültiger Ehe** verheiratet war. Wurde die Ehe dagegen vor dem Tode des Versicherten geschieden, für nichtig erklärt oder aufgehoben, scheidet ein Anspruch nach § 46 SGB VI aus; u. U. besteht aber ein Anspruch auf Erziehungsrente nach § 47 SGB VI.[684] 228

Der überlebende **Partner einer nichtehelichen Lebensgemeinschaft** ist ebenfalls nicht verwitwet. Eine entsprechende Anwendung des § 46 SGB VI scheidet mangels planwidriger Regelungslücke aus und ist verfassungsrechtlich auch nicht geboten.[685] Entsprechendes gilt im Übrigen auch für **eingetragene Lebenspartner**.[686] 229

„Der persönliche Geltungs- und Anwendungsbereich des Rechts der Hinterbliebenenrenten (§§ 46, 48, 242a, 243, 243a SGB VI) im Recht der ‚Renten wegen Todes' ist nämlich auf Witwer, Witwen, Waisen, Halbwaisen und so genannte geschiedene Ehegatten beschränkt. Eingetragene Lebenspartner unterfallen dem persönlichen Geltungs-

682 BVerfG 18.2.1998 BVerfGE 97, 271, 291 f.

683 Ausführlich dazu: Brosius-Gersdorf, SGb 2016, 323 ff.

684 Vgl. auch die Regelungen der § 243, § 243a, § 268 SGB VI bei Scheidungen vor 1977.

685 BSG 30.3.1994 NJW 1995, 3270, 3271; Ruland, NJW 1995, 3234, 3234.

686 BSG 13.12.2005 FamRZ 2006, 620 f.; BSG 29.1.2004 SozR 4-2600 § 46 Nr. 1; zur Verfassungsmäßigkeit des LPartG vgl. BVerfG 9.4.2002 BVerfGE 105, 313, 342.

und Anwendungsbereich des Gesetzes nicht. Eine „erweiternde Auslegung" der Ausdrücke „Witwer", „Witwen" und „Ehegatten", die auch eingetragene Lebenspartner erfassen würde, ist u.a. schon deshalb von vornherein unmöglich, weil das Institut der eingetragenen Lebenspartnerschaft sich ausschließlich „an Personen wendet, die miteinander keine Ehe eingehen können" (so BVerfGE 105, 313, 347); die Rechtsbegriffe „Ehegatte" und „Lebenspartner" schließen sich aus. Für „Auslegung" ist hier kein Raum. Die vom Kläger angeregte „Analogie" ist schon deshalb offenkundig unzulässig. Es gibt ferner keinen Anhaltspunkt, die Regelungen des SGB VI über den persönlichen Geltungs- und Anwendungsbereich des Hinterbliebenenrentenrechts könnten eine (anfänglich gegebene oder nachträglich eingetretene) konzeptwidrige Lücke enthalten; diese Vorschriften sind verfassungsgemäße Konkretisierungen der Pflicht des Staates, die Ehe zu schützen und den wirtschaftlichen Zusammenhalt der Familie zu fördern.[687] Vor allem aber würde das Gericht durch die angeregte „Analogie" entgegen dem Gesetzesvorbehalt des § 31 SGB I neue Rechte und Pflichten schaffen; es würden entgegen § 46 SGB VI Personen dem Hinterbliebenenrecht unterstellt, für die es ausdrücklich keine Geltung beansprucht. Derartiges anzuordnen ist den Organen der gesetzgebenden Gewalt und ihrem Gesetz vorbehalten. Der Gesetzesvorbehalt des § 31 SGB I gilt gem. § 37 Satz 2 SGB I im Rentenversicherungsrecht des SGB VI direkt und unabdingbar."[688]

230 Gleichwohl zählt der überlebende Partner einer **eingetragenen Lebenspartnerschaft** seit dem 1.1.2005 zum **Kreis der Berechtigten**. Nach der durch das Gesetz zur Überarbeitung des Lebenspartnerschaftsrechts vom 15.12.2004[689] eingefügten **Fiktion** des § 46 Abs. 4 S. 1 SGB VI gelten sie für einen Anspruch auf Witwenrente oder Witwerrente als Witwe bzw. Witwer. Verwitwet sind jedoch auch sie nur dann, wenn die eingetragene Lebenspartnerschaft im Zeitpunkt des Todes des Versicherten noch besteht. Wurde die Partnerschaft dagegen aufgelöst oder aufgehoben, kommt für den ehemaligen Lebenspartner ein Anspruch auf Witwen- oder Witwerrente nach § 46 SGB VI nicht in Betracht; möglicherweise besteht aber ein Anspruch auf Erziehungsrente gem. § 47 Abs. 4 SGB VI.

231 Neben der soeben erläuterten Fiktion enthält die Regelung des § 46 Abs. 4 S. 1 SGB VI noch drei **weitere Fiktionen**. Dies dient der Übersichtlichkeit der Vorschrift. Für den Anspruch auf Witwen- bzw. Witwerrente gelten demnach als Heirat auch die Begründung einer Lebenspartnerschaft, als Ehe auch eine Lebenspartnerschaft und als Ehegatte auch ein Lebenspartner.

aa) Kleine Witwen- bzw. Witwerrente

232 Witwen oder Witwer, die nicht wieder geheiratet haben, haben gem. § 46 Abs. 1 S. 1 SGB VI Anspruch auf kleine Witwen- bzw. Witwerrente, wenn der versicherte Ehegatte die allgemeine Wartezeit erfüllt hat.

233 Der Anspruch auf Witwen- oder Witwerrente setzt zunächst voraus, dass der überlebende Ehegatte **nach dem Tode des Versicherten keine neue Ehe eingegangen** ist. Dies erklärt sich mit Blick auf den Zweck der Renten wegen Todes. Ob der neue Ehegatte auch tatsächlich in der Lage ist, Unterhalt zu leisten, ist dagegen unbeachtlich.[690]

234 Bei Wiederheirat oder Wiederbegründung einer Lebenspartnerschaft endet die Rentenzahlung gem. § 100 Abs. 3 S. 1 SGB VI mit dem Beginn des auf die Wiederheirat bzw. Wiederbegründung folgenden Monats. Gleiches gilt im Übrigen bei der ersten Heirat nach einer Lebenspartnerschaft sowie bei der ersten Begründung einer Lebenspartnerschaft nach einer Ehe. Handelt es sich um die erste Wiederheirat (vgl. insoweit auch die Fiktion des § 107 Abs. 3 SGB VI), werden die Renten nach näherer Maßgabe des § 107 SGB VI durch Zahlung von maximal einem 24fachen Monatsbetrag abgefunden. Auf diese Weise soll der Entschluss, erneut zu heiraten, erleichtert und ein **Anreiz zur Aufgabe nichtehelicher bzw. nichtpartnerschaftlicher Lebensgemeinschaften** gegeben werden.[691] Für

687 BVerfG 30.11.1982, Beschluss zu 1 BvR 818/81 SozR 2200 § 1264 Nr. 6.
688 BSG 29.1.2004 SozR 4-2600 § 46 Nr. 1.
689 BGBl. I S. 3396ff.
690 Muckel/Ogorek/Rixen § 11 Rn. 105.
691 Vgl. BSG 21.7.1977 SozR 2200 § 1302 Nr. 3.

den Fall, dass die neue Ehe aufgelöst oder für nichtig erklärt wird, lebt der Anspruch auf die Witwen- bzw. Witwerrente aus der früheren Ehe nach § 46 Abs. 3 SGB VI wieder auf.[692] Bei Aufhebung oder Auflösung einer erneuten Lebenspartnerschaft gilt dasselbe (vgl. § 46 Abs. 4 S. 2 SGB VI).

Versicherungsrechtliche Voraussetzung des Anspruchs ist die **Erfüllung der allgemeinen Wartezeit** von fünf Jahren durch den verstorbenen Versicherten. Die Fiktion der Erfüllung oder die vorzeitige Erfüllung genügen auch hier. 235

Der Anspruch auf Witwen- bzw. Witwerrente ist nach § 46 Abs. 2a SGB VI grundsätzlich ausgeschlossen, wenn der Versicherte vor Ablauf eines Jahres nach der Heirat verstirbt (beachte die Übergangsregelung des § 242a Abs. 3 SGB VI). Die Regelung dient dem Schutz der Solidargemeinschaft vor einer ungerechtfertigten Inanspruchnahme durch sog. **Versorgungsehen**. Es handelt sich um eine **widerlegliche Vermutung**. Sie ist widerlegt, wenn Umstände vorliegen, die trotz kurzer Ehedauer die Annahme einer Versorgungsehe nicht rechtfertigen. Dies wird bspw. regelmäßig beim Unfalltod des Versicherten der Fall sein.[693] 236

Nach § 46 Abs. 2b SGB VI besteht ein Anspruch auf Witwenrente oder Witwerrente auch nicht von dem Kalendermonat an, zu dessen Beginn das Rentensplitting durchgeführt ist. Durch die Neufassung des § 46 Abs. 2b SGB VI werden Doppelzahlungen vermieden, wenn die Entscheidung des Rentenversicherungsträgers des überlebenden Ehegatten über das Rentensplitting am Ersten eines Monats gem. § 120a ff. SGB VI unanfechtbar wird. Die Leistungen aus dem Rentensplitting sind dann bereits von diesem Monat an zu erbringen; der Anspruch auf Witwen- bzw. Witwerrente fällt zum gleichen Zeitpunkt weg. Abweichend von § 48 SGB X kann der Rentenversicherungsträger den Bescheid über die Witwen- bzw. Witwerrente auch rückwirkend aufheben und überzahlte Rentenbeiträge gem. § 101 Abs. 4 SGB VI zurückfordern. 237

Der Anspruch auf kleine Witwen- bzw. Witwerrente ist gem. § 46 Abs. 1 S. 2 SGB VI **auf maximal 24 Kalendermonate begrenzt** (zur Übergangsregelung vgl. § 242a Abs. 1 SGB VI). Eine Leistung in diesem Umfang scheidet bspw. aus, wenn der Rentenantrag verspätet i. S. v. § 99 Abs. 2 SGB VI gestellt wurde. Damit misst der Gesetzgeber der kleinen Witwen- bzw. Witwerrente mehr **Ergänzungs- und Überbrückungsfunktion** denn Unterhaltsersatzfunktion zu.[694] 238

Deutlich wird dieser Gesichtspunkt auch bei der Rentenhöhe: Die kleine Witwen-, Witwerrente beläuft sich grundsätzlich nur auf **25 Prozent der Vollrente wegen Alters des verstorbenen Ehegatten**, vgl. § 67 Nr. 5 SGB VI. Für die ersten drei Monate nach dem Tode des Ehegatten, das sog. **Sterbevierteljahr**, entspricht sie dessen Altersrente dagegen zu 100 Prozent. Auf diese Weise soll dem Hinterbliebenen die Umstellung auf die veränderte Situation zumindest wirtschaftlich erleichtert werden.[695] 239

In den Grenzen des § 88a SGB VI erhalten Witwen oder Witwer, die Kinder erzogen haben, darüber hinaus gem. § 78a SGB VI nach Ablauf des Sterbevierteljahres einen **Zuschlag an persönlichen Entgeltpunkten**. Obwohl nur zum Zwecke der Kompensation der Verringerung des Versorgungssatzes bei der großen Witwen-, Witwerrente eingeführt, gilt § 78a SGB VI auch für die kleine Witwen- bzw. Witwerrente. Der Zuschlag führt zu einer **Erhöhung des Rentenanspruchs**, vgl. § 66 Abs. 1 SGB VI. Entgegen dem bei den Hinterbliebenenrenten üblichen Prinzip wird er aber aus der Versichertenbiographie des überlebenden Ehegatten ermittelt. Auch fließen die Zuschläge in die Bewertung beitragsfreier Zeiten nach §§ 71 ff. SGB VI nicht ein. 240

bb) Große Witwen- bzw. Witwerrente

Witwen oder Witwer haben gem. § 46 Abs. 2 S. 1 SGB VI Anspruch auf große Witwen- bzw. Witwerrente, wenn zusätzlich zu den Voraussetzungen der kleinen Witwen-, Witwerrente nach Abs. 1 bei 241

692 Dazu eingehend Gitter/Schmitt § 25 Rn. 107 ff.

693 Kreikebohm/Roßbach/Dankelmann § 46 SGB VI Rn. 23 f.; ausführlich dazu: Steiner, SGb 2015, 589 ff.

694 BT-Drs. 14/4595 S. 44.

695 Gitter/Schmitt § 25 Rn. 102.

der Witwe oder dem Witwer mindestens eine der in Abs. 2 S. 1 abschließend aufgezählten Alternativen vorliegt.

242 Sie bzw. er muss daher entweder ein eigenes Kind oder ein Kind des versicherten Ehegatten unter 18 Jahren erziehen (Satz 1 Nr. 1), das 47. Lebensjahr vollendet haben (Nr. 2) oder aber erwerbsgemindert sein (Nr. 3).

243 **Kinder** i.S.v. § 46 Abs. 2 S. 1 Nr. 1 SGB VI sind sowohl die ehelichen und für ehelich erklärten als auch die nichtehelichen und adoptierten Kinder.[696] Der Kreis wird darüber hinaus durch Satz 2 erweitert (vgl. auch Satz 3). Ob eine **Erwerbsminderung** gegeben ist, beurteilt sich grundsätzlich nach § 43 SGB VI. Berufsunfähigkeit i.S.d. § 43 SGB VI a.F., § 240 Abs. 2 SGB VI oder Erwerbsunfähigkeit i.S.d. § 44 SGB VI a.F. können nur unter den Voraussetzungen des § 242a SGB VI einen Anspruch begründen (vgl. auch die Bestandsschutzregelung des § 303a SGB VI). Für die neue Altersgrenze von 47 Lebensjahren ist zudem die Übergangsvorschrift des § 242a Abs. 5 SGB VI zu beachten.

244 Hinsichtlich der **Ausschlussgründe** gem. § 46 Abs. 2a, 2b SGB VI wird auf die Ausführungen zur kleinen Witwen-, Witwerrente verwiesen.

245 Der **Anspruch** auf die große Witwen- und Witwerrente ist in zeitlicher Hinsicht **materiellrechtlich nicht begrenzt**. Allerdings werden die großen Witwen- bzw. Witwerrenten wegen Kindererziehung und wegen Erwerbsminderung gem. § 102 Abs. 2, 3 SGB VI **grundsätzlich nur befristet geleistet**.

246 Die große Witwen- und Witwerrente beträgt nach § 67 Nr. 6 SGB VI **55 Prozent der Vollrente wegen Alters des Verstorbenen**. Damit ist sie mehr als doppelt so hoch wie die kleine Witwen- bzw. Witwerrente. Dem liegt die Überlegung zugrunde, dass es den Betroffenen aufgrund ihrer zeitlichen Beanspruchung oder körperlichen Beeinträchtigung nicht möglich bzw. zumutbar ist, einer Erwerbstätigkeit nachzugehen.[697] Sie besitzt **tatsächliche Unterhaltsersatzfunktion**. Während des Sterbevierteljahres beträgt der Versorgungssatz im Übrigen auch hier 100 Prozent der Altersrente des Versicherten (§ 67 Nr. 6 SGB VI).

cc) Exkurs: Rentensplitting unter Ehegatten bzw. Lebenspartnern

247 Seit dem 1.1.2002 können verheiratete Rentnerinnen und Rentner **anstelle der herkömmlichen Hinterbliebenenversorgung** (vgl. § 46 Abs. 2b SGB VI) ein Rentensplitting nach Maßgabe der §§ 120a ff. SGB VI wählen. Hat der überlebende Ehegatte beispielsweise eigenes Einkommen, das zum Ruhen der Hinterbliebenenrente führen würde, kann dies unter anderem ein Grund sein, ein solches Rentensplitting in Erwägung zu ziehen.[698] Führt das eigene Einkommen nicht zu einem Ruhen, so öffnet sich durch das Rentensplitting jedenfalls die Tür der Erziehungsrente nach § 47 SGB VI, soweit ein Kind erzogen wird. Diese Möglichkeit ist zum 1.1.2005 nach § 120e Abs. 1 S. 1 SGB VI nun auch eingetragenen Lebenspartnern eröffnet worden. Dabei gelten gem. § 120e Abs. 1 S. 3 SGB VI als Eheschließung die Begründung einer Lebenspartnerschaft, als Ehe eine Lebenspartnerschaft und als Ehegatte ein Lebenspartner.

248 Erforderlich ist regelmäßig eine **übereinstimmende Willenserklärung** beider Ehegatten. Ist der eine Ehegatte verstorben, kann der andere das Splitting aber ggf. auch alleine herbeiführen, vgl. § 120a Abs. 3 Nr. 3 SGB VI.

249 Das Rentensplitting wird durchgeführt, wenn beide Ehegatten am Ende der Splittingzeit (§ 120a Abs. 6 SGB VI) einen **Anspruch auf Vollrente wegen Alters** haben oder zumindest ein Ehegatte diesen Anspruch und der andere die Regelaltersgrenze erreicht hat und bei beiden Ehegatten **25 Jahre an rentenrechtlichen Zeiten** vorhanden sind, vgl. § 120a Abs. 4 S. 1 SGB VI.

250 Das Splitting erfolgt durch **Aufteilung der** in der Ehezeit bis zum Rentenbeginn (§ 120a Abs. 6 SGB VI) **erworbenen Rentenanwartschaften**. Dabei wird die Hälfte des zugunsten des einen Ehe-

696 BT-Drs. 11/4124 S. 164.
697 Gitter/Schmitt § 25 Rn. 104.
698 Dazu ausführlich: Vogts, rv 2019, S. 74 ff.

gatten bestehenden Wertunterschiedes auf den anderen Ehegatten übertragen (§ 120a Abs. 7 SGB VI). Zudem werden die übertragenen Anwartschaften in Wartezeitmonate umgerechnet (§ 52 Abs. 1a SGB VI).

Zu Lebzeiten beider Ehegatten erhält dann jeder seine **eigene**, durch das Splitting veränderte **Versichertenrente**, vgl. § 76c SGB VI. Sie verbleibt dem Überlebenden nach dem Tod des anderen Ehegatten und geht ihm auch bei einer Wiederheirat nicht verloren. 251

Ehegatten werden von der Möglichkeit des Splittings regelmäßig nur dann Gebrauch machen, wenn sie sich davon im Vergleich zur Hinterbliebenenrente einen wirtschaftlichen Vorteil versprechen. Wann dies der Fall ist, hängt jedoch von diversen Faktoren ab (z.B. Dauer der Splittingzeit, Existenz anzurechnenden Einkommens, Absicht der Wiederheirat etc.) und lässt sich daher nicht verallgemeinernd vorhersagen.[699] 252

c) Waisenrente

Auch bei der Waisenrente können mit der **Halbwaisenrente** (§ 48 Abs. 1 SGB VI) und der **Vollwaisenrente** (§ 48 Abs. 2 SGB VI) zwei als **eigenständige Ansprüche** ausgestaltete Leistungen unterschieden werden. Besteht für denselben Zeitraum Anspruch auf mehrere Waisenrenten, wird nach § 89 Abs. 3 SGB VI nur die höchste dieser Renten geleistet. Wegen der anders gearteten Berechnung der Vollwaisenrente hat die Regelung aber grundsätzlich nur Bedeutung für Halbwaisenrenten, vgl. § 66 Abs. 2 Nr. 3 SGB VI. 253

Anspruchsberechtigt sind die **Kinder des verstorbenen Versicherten**. Dazu zählen die ehelichen, für ehelich erklärten, nichtehelichen und adoptierten Kinder. Darüber hinaus werden ihnen unter den Voraussetzungen des § 48 Abs. 3 SGB VI Stief- und Pflegekinder sowie Enkel und Geschwister gleichgestellt. Der Kreis der waisenrentenberechtigten Kinder ist damit wesentlich größer als der Kreis der unterhaltsberechtigten Kinder i.S.d. §§ 1601ff. BGB. 254

Kinder haben gem. § 48 Abs. 1 SGB VI nach dem Tode eines Elternteils Anspruch auf **Halbwaisenrente**, wenn sie noch einen dem Grunde nach zum Unterhalt verpflichteten Elternteil haben und der verstorbene Elternteil die allgemeine Wartezeit von fünf Jahren erfüllt hat. Auf die Leistungsfähigkeit des überlebenden Elternteils kommt es dabei ebenso wenig an wie auf die Bedürftigkeit des Kindes.[700] 255

Hat das Kind dagegen keinen Elternteil mehr, der unbeschadet der wirtschaftlichen Verhältnisse unterhaltspflichtig war, besteht gem. § 48 Abs. 2 SGB VI ein Anspruch auf **Vollwaisenrente**. Zu beachten ist jedoch, dass als Elternteil jeder Versicherte in Betracht kommt, zu dem eines der oben genannten Kindschaftsverhältnisse bestanden hat. Ein Kind kann daher nach dem Tode zweier Elternteile durchaus noch einen unterhaltspflichtigen Elternteil haben. 256

Beispiel zur Waisenrente:
Lebt ein Kind bei Pflegeeltern und versterben beide, scheidet ein Anspruch auf Vollwaisenrente aus, wenn der leibliche Vater und/oder die leibliche Mutter des Kindes noch leben. In diesem Fall besteht allerdings – das Vorliegen der weiteren Voraussetzungen unterstellt – ein Anspruch auf Halbwaisenrente.

Der Anspruch auf Halb- oder Vollwaisenrente ist nach § 48 Abs. 4 S. 1 Nr. 1 SGB VI **regelmäßig begrenzt auf die Vollendung des 18. Lebensjahres.**[701] Bis zu diesem Zeitpunkt erfolgt auch keine Einkommensanrechnung gem. § 97 Abs. 1 S. 1 Nr. 3 SGB VI. 257

Befindet sich die Waise gem. § 48 Abs. 4 S. 2 SGB VI in Schul- oder Berufsausbildung oder in einer zwischen zwei Ausbildungsabschnitten liegenden Übergangszeit von höchsten vier Kalendermo- 258

---

699 Vgl. Ruland, NZS 2001, 393, 397.
700 BT-Drs. 11/4124 S. 164f.
701 Zur Befristung vgl. § 102 Abs. 4 SGB VI.

naten Dauer,[702] leistet sie ein freiwilliges soziales oder ökologisches Jahr oder ist sie wegen einer Behinderung außerstande, sich selbst zu unterhalten, besteht der Anspruch auch für eine Zeit nach Vollendung des 18. Lebensjahres.[703] Die **Erwerbshinderungsgründe** sind **abschließend** aufgezählt.[704] Insbesondere verstößt die Nichteinbeziehung des Europäischen Freiwilligendienstes nicht gegen die Verfassung.[705] Altersmäßige Höchstbegrenzung des Anspruchs ist nach § 48 Abs. 4 S. 1 Nr. 2 SGB VI die **Vollendung des 27. Lebensjahres**, vorausgesetzt es greift **kein Verlängerungstatbestand** i.S.d. § 48 Abs. 5 S. 1 SGB VI ein. Danach verlängert sich die Rentenlaufzeit um die Zeit des Wehr- oder Zivildienstes, wenn die Schul- oder Berufsausbildung durch diesen Dienst unterbrochen oder verzögert worden ist.[706]

259 Die Halbwaisenrente beläuft sich auf **zehn Prozent** der Vollrente wegen Alters des Verstorbenen (§ 67 Nr. 7, § 66 Abs. 2 Nr. 2 SGB VI), die Vollwaisenrente auf **20 Prozent** der Vollrente wegen Alters der zwei verstorbenen Versicherten mit den höchsten Renten (§ 67 Nr. 8, § 66 Abs. 2 Nr. 3 SGB VI). Hinzu kommt ein **Zuschlag an persönlichen Entgeltpunkten** nach Maßgabe der §§ 78, 66 Abs. 1 SGB VI. Dadurch soll sichergestellt werden, dass die Rente dem Unterhaltsbedarf der Waise entspricht.[707] Der Zuschlag kann auch gekürzt werden, das Nähere regelt § 92 SGB VI.

d) Erziehungsrente

260 Die Erziehungsrente ist in § 47 SGB VI geregelt. Anders als die Witwen-, Witwer- und Waisenrenten handelt es sich bei dieser Rente um eine **Rente wegen Todes aus eigener Versicherung des überlebenden Ehegatten**. Daher ist es auch irrelevant, ob der verstorbene geschiedene Ehegatte Versicherter war.[708] Sein Tod ist ausschließlich persönliche Voraussetzung, d.h. Versicherungsfall der Erziehungsrente. Die Erziehungsrente dient dem Zweck, den durch den Tod des Ehegatten wegfallenden Unterhaltsanspruch nach § 1570 BGB zu ersetzen. In erster Linie soll damit die Sicherung des Kindeswohls gewährleistet werden.[709]

261 Die Umgestaltung der Renten an geschiedene Ehegatten basiert auf dem durch das Erste Gesetz zur Ehe- und Familienrechtsreform vom 14.6.1976[710] zum 1.7.1977 eingeführten Versorgungsausgleich (§§ 1587ff. BGB). Dabei wird dem geschiedenen Ehegatten, der geringere Rentenanwartschaften erworben hat, die Hälfte der diese übersteigenden Versorgungsanwartschaften des anderen Ehegatten übertragen (zur rentenrechtlichen Bedeutung vgl. § 8 Abs. 1 S. 1 Nr. 2, § 76 SGB VI). Vor Einführung des Versorgungsausgleiches konnte ein früherer Ehegatte im Todesfall des geschiedenen Ehegatten eine abgeleitete Hinterbliebenenrente in Anspruch nehmen. Da der überlebende, geschiedene Ehegatte nun Rentenansprüche aus den übertragenen Anwartschaften erst bei Erwerbsminderung oder Erreichen der Altersgrenze geltend machen kann, wäre eine **Versorgungslücke** entstanden, wenn er nach dem Tode des früheren Ehegatten wegen der Erziehung eines Kindes für ausreichendes Einkommen nicht hätte sorgen können. Diese Lücke **zu schließen, ist Aufgabe der Erziehungsrente.**[711]

262 Anspruchsberechtigt sind in erster Linie **geschiedene Ehegatten**. Allerdings muss die Scheidung nach dem 30.6.1977 erfolgt sein. Andernfalls besteht grundsätzlich nach Maßgabe des § 243 SGB VI Anspruch auf Witwen- bzw. Witwerrente. Ausgeschlossen sind allerdings geschiedene Ehe-

702 Zur engen Auslegung der Norm siehe BSG 1.7.2010 SozR 4-2600 § 48 Nr. 4; Temming, SGb 2011, 609ff.
703 Vgl. BSG 17.4.2008 FamRZ 2008, 1616ff. zu einer Beachtung einer Übergangszeit nach § 48 Abs. 4 S. 2 SGB VI a.F.
704 BSG 18.6.2003 SozR 4-2600 § 48 Nr. 2.
705 BSG 20.7.2011 4-2600 § 48 Nr. 5.
706 S.a. BSG 17.4.2007 SozR 4-2600 § 58 Nr. 8.
707 Muckel/Ogorek/Rixen § 11 Rn. 115.
708 Muckel/Ogorek/Rixen § 11 Rn. 113.
709 Dazu ausführlich Pfeifenbring S. 128ff.
710 1. EheRG, BGBl. I S. 1421ff.
711 Igl/Welti § 34 Rn. 101ff.

gatten, die zu Lebzeiten ihres geschiedenen Ehegatten eine neue Ehe eingegangen sind. Diese Differenzierung i.R.d. § 243 SGB VI zwischen geschiedenen Ehegatten, die erst nach dem Tod des vorletzten Ehegatten wieder geheiratet haben, und solchen, die zu dessen Lebzeiten wieder geheiratet haben, ist mit dem Grundgesetz vereinbar.[712] Für das Beitrittsgebiet ist § 243a SGB VI einschlägig.

Anspruchsberechtigt sind gem. § 47 Abs. 2 SGB VI zudem Ehegatten, deren Ehe für nichtig 263
erklärt oder aufgehoben ist. Darüber hinaus erweitert § 47 Abs. 3 SGB VI den Kreis auf verwitwete Ehegatten, für die ein Rentensplitting durchgeführt wurde.

Zum Kreis der Anspruchsberechtigten zählen seit dem 1.1.2005 auch **frühere Partner einer ein-** 264
getragenen Lebenspartnerschaft, denn nach § 47 Abs. 4 SGB VI gelten insoweit als Scheidung einer Ehe auch die Aufhebung einer Lebenspartnerschaft und als geschiedener Ehegatte auch der frühere Lebenspartner. Des Weiteren gelten für den Anspruch nach § 47 SGB VI als Heirat auch die Begründung einer Lebenspartnerschaft, als verwitweter Ehegatte auch ein überlebender Lebenspartner und als Ehegatte auch der Lebenspartner.

Versicherte haben gem. § 47 Abs. 1 SGB VI nach dem Tode des früheren Ehegatten Anspruch auf 265
Erziehungsrente, wenn sie ein eigenes Kind oder ein Kind des geschiedenen Ehegatten gem. § 46 Abs. 2 SGB VI erziehen, nicht wieder geheiratet und bis zum Tode des Geschiedenen selbst die allgemeine Wartezeit von fünf Jahren erfüllt haben. Die Voraussetzungen müssen **kumulativ** vorliegen.

Der Anspruch besteht nach § 47 Abs. 1 SGB VI längstens bis zum Erreichen der Regelalters- 266
grenze. Danach wird regelmäßig die Regelaltersrente von Amts wegen geleistet, § 115 Abs. 3 S. 1 SGB VI. Im Übrigen werden Erziehungsrenten nach § 102 Abs. 3 SGB VI auf das Ende der Kindererziehung befristet. Da sich die Rente gem. § 66 Abs. 2 Nr. 1 SGB VI aus den persönlichen Entgeltpunkten des Versicherten errechnet, hängt ihre Höhe von dessen Erwerbsbiographie ab. **Einkommen wird** nach Maßgabe des § 97 SGB VI auf die Erziehungsrente **angerechnet**.

Mit Blick auf das von Art. 6 Abs. 5 GG statuierte Diskriminierungsverbot nichtehelicher gegen- 267
über ehelichen Kinder bestehen an der Verfassungsmäßigkeit von § 47 SGB VI erhebliche Bedenken. Von der Norm nichtumfasst werden nämlich diejenigen Eltern, die nicht miteinander verheiratet sind, aber nach § 1615l BGB zu Unterhaltszahlungen verpflichtet sind. Bei dem Tod eines Elternteils fällt nun auch der zivilrechtliche Betreuungsunterhalt weg, ohne dass ein Ausgleich durch den Sozialstaat gewährt wird. Durch die Zahlung der Erziehungsrente nur an die Betreuenden ehelicher Kinder entsteht eine mittelbare Ungleichbehandlung nichtehelicher Kinder. In Konsequenz auf die nach dem Tod des nichtehelichen Partners weggefallene Unterhaltszahlung müsste der betreuende Elternteil zur Abwendung des finanziellen Nachteils nämlich selbst einer Erwerbstätigkeit nachgehen, was sich in zeitlicher Hinsicht negativ auf die persönliche Betreuung des (nichtehelichen) Kindes auswirkt. In dieser Konstellation dürfte die aus Art. 6 Abs. 1 GG abgeleitete nacheheliche Solidarität weder einen zwingenden noch einen sachlichen Grund darstellen, mit dem Ungleichbehandlung zu rechtfertigen wäre. Nacheheliche Solidarität kann nur im Elternverhältnis gelten, nicht aber im Eltern-Kind-Verhältnis.[713] Die rentenrechtliche Gleichbehandlung von nichtehelichen und ehelichen Kindern dürfte auch eine internationalmenschenrechtliche Forderung darstellen.[714]

IV. Berechnung der Rentenhöhe

1. Die Rentenformel

Sind die Voraussetzungen eines Rentenanspruchs gegeben, d.h. besteht der Anspruch dem Grunde 268
nach, ist sodann die **Rentenhöhe** zu bestimmen. Für Fragen der koordinierten Rentenberechnung mit unionsrechtlichen Bezügen ist zusätzlich VO 883/2004/EU zu beachten. In rein national gelagerten

712 BSG 20.10.2004 SozR 4-2600 § 243 Nr. 2.

713 Dazu ausführlich Pfeifenbring S. 174 ff.; a.A. Scheiwe/Schuler-Harms/Wallrabenstein, NZS 2012, 601 ff.

714 Im Bereich des Erbrechts vgl. EGMR 28.5.2009 FamRZ 2009, 1293 (B vs. Germany).

Sachverhalten ist Berechnungsgrundlage für die Ermittlung des monatlichen Zahlbetrags derartiger **Zugangsrenten** die Rentenformel des § 64 SGB VI, vgl. § 63 Abs. 6 SGB VI. Im Folgenden sollen nur die Grundzüge der Rentenberechnung veranschaulicht werden.

a) Grundsätze der Rentenberechnung

269 Ein zentraler Grundsatz einer Rentenversicherung ist das aus ihrem Wesen als „Versicherung" folgende **Prinzip der Äquivalenz von Beitrag und Leistung**. Die Höhe einer Rente richtet sich gem. § 63 Abs. 1 SGB VI **vor allem** nach der Höhe der während des Versichertenlebens durch Beiträge versicherten Arbeitsentgelte und Arbeitseinkommen. Hohe Beiträge bewirken hohe Rentenleistungen, niedrigere Beiträge bewirken dementsprechend niedrigere Rentenleistungen.

270 Neben dieses Versicherungsprinzip tritt aber in der gesetzlichen Rentenversicherung mit dem **Prinzip des sozialen Ausgleichs** ein zweiter Aspekt, der die Rentenhöhe beeinflusst und durch den sie erst ihren **Charakter als Sozialversicherung** erlangt. Im Vordergrund steht die Überlegung, dass grundsätzlich alle Versicherten eine dem Sicherungsziel entsprechende, angemessene Rentenleistung erhalten sollen, d.h. insbesondere auch solche, die durch eigene Beitragsleistung dazu nicht in der Lage sind.

271 In der gesetzlichen Rentenversicherung finden sich daher zahlreiche verschiedenartige Elemente des sozialen Ausgleichs. Besonderes Augenmerk verdienen insoweit die **beitragsfreien Zeiten**, § 54 Abs. 4 SGB VI. Dabei handelt es sich um Zeiten, in denen Versicherte unverschuldet aus bestimmten, in ihrer Person liegenden Gründen (z.B. krankheitsbedingte Arbeitsunfähigkeit, Zeiten schulischer Ausbildung) oder wegen außergewöhnlicher äußerer Umstände kein Einkommen erzielen und demzufolge keine Beiträge entrichten konnten. Diesen Zeiten wird zusätzlich zu ihrer Bedeutung im Bereich der Wartezeiterfüllung auch eine **rentensteigernde Wirkung** beigemessen.

272 Finanziert werden die Elemente des sozialen Ausgleichs aus den Beiträgen der wirtschaftlich stärkeren Versicherten und zu einem großen Teil aus dem **Bundeszuschuss** gem. § 213 Abs. 3, 4 SGB VI. Als Rechtfertigungsgrund des ungleichen Verhältnisses von Lasten und Begünstigungen innerhalb des Versichertenkreises kann – jedenfalls bis zu einem gewissen Maße – der aus dem Sozialstaatsprinzip abgeleitete **Solidargedanke** herangezogen werden.[715] Dieser darf allerdings nicht überstrapaziert werden. Keinesfalls dürfen mit Sozialversicherungsbeiträgen Leistungen an Personen finanziert werden, die nicht dem Versichertenkreis angehören. Zu weit geht es indes, sämtliche durch den Solidarausgleich legitimierten Sozialversicherungsleistungen wegen fehlender Äquivalenz als versicherungsfremd zu deklarieren,[716] machen sie doch gerade das Wesen einer Sozialversicherung aus.[717] Der Begriff der versicherungsfremden Leistungen ist allerdings umstritten.

b) Berechnungsfaktoren

273 Maßgebend für die Berechnung sämtlicher Renten der gesetzlichen Rentenversicherung sind nach der Rentenformel des § 64 SGB VI drei Faktoren: Die **persönlichen Entgeltpunkte des Versicherten** (pEP), die aus den Entgeltpunkten des Versicherten unter Berücksichtigung des Zugangsfaktors zu ermitteln sind, der **Rentenartfaktor** (RaF) und der **aktuelle Rentenwert** (AR). Das Produkt aus diesen Faktoren ergibt den Monatsbetrag der Rente.

Die **Berechnungsformel** lautet:

$$MR_{\text{Monatsbetrag}} = pEP_{\text{persönliche Entgeltpunkte}} \times RaF_{\text{Rentenartfaktor}} \times AR_{\text{aktueller Rentenwert}}$$

715 A. A. HDR/Ruland 19 Rn. 64ff., der demzufolge alleine einen steuerfinanzierten Ausgleich für zulässig erachtet.
716 So aber HDR/Ruland, 19 Rn. 44.
717 Rolfs, NZS 1998, 551, 555f.

Bei diesem soeben ermittelten Monatsbetrag handelt es sich um die **Bruttomonatsrente**. Der Betrag der **Nettorente**, also die letztlich **verfügbare Rente**, ergibt sich durch Abzug der Sozialabgaben der Rentner von der Bruttorente. Zu diesen Sozialabgaben zählen der halbe Beitrag zur Krankenversicherung und der volle Beitrag zur Pflegeversicherung. Darüber hinaus sind von der Bruttorente – insbesondere mit Blick auf die durch das Alterseinkünftegesetz vom 5.7.2004[718] stufenweise eingeführte nachgelagerte Besteuerung – auch die ggf. auf die Rente entfallenden Steuern in Abzug zu bringen.[719] 274

2. Persönliche Entgeltpunkte

Erstes Element der Rentenformel sind gem. § 64 Nr. 1 SGB VI die persönlichen Entgeltpunkte. Sie ergeben sich nach § 66 Abs. 1 SGB VI durch **Multiplikation der Summe aller Entgeltpunkte** für die im Einzelnen dort aufgezählten Zeiten und Zuschläge **mit dem Zugangsfaktor**. Waisenrenten und Witwen- bzw. Witwerrenten sind ggf. gem. §§ 78, 78a SGB VI um einen weiteren Zuschlag zu erhöhen. Die Formel zur Ermittlung der persönlichen Entgeltpunkte lautet: 275

Persönliche Entgeltpunkte = Entgeltpunkte × Zugangsfaktor

Der Faktor „persönliche Entgeltpunkte" spiegelt die **individuelle Beitragsleistung** des Versicherten wider. Wegen des einheitlichen Beitragssatzes hängt die Zahl der von dem Versicherten erworbenen Entgeltpunkte über die Höhe seines versicherten Einkommens von der Höhe der von ihm oder für ihn gezahlten Beiträge ab.[720] Allerdings wird der Wert der Beitragsleistung nicht als Summe in Euro beziffert, sondern vielmehr relativ **im Verhältnis zur Beitragsleistung aller Versicherten** dargestellt. Beiträge, die für Arbeitsentgelt oder Arbeitseinkommen gezahlt worden sind, das – jeweils bezogen auf ein Kalenderjahr – dem Durchschnittsentgelt aller Versicherten entspricht, ergeben gem. § 63 Abs. 2 SGB VI für dieses Kalenderjahr einen vollen Entgeltpunkt. 276

Beispiel Bruttomonatsrente des sog. Äquivalenzrentners (Stand: Oktober 2024):
Für den – ungeachtet aller Einwände weiterhin – das Versorgungsniveau in der gesetzlichen Rentenversicherung zum Ausdruck bringenden Äquivalenzrentner, früher als Eck- oder Standardrentner bezeichnet, der eine abschlagsfreie Regelaltersrente in Anspruch nimmt und zuvor in **45 Versicherungsjahren** in Westdeutschland jeweils pro Jahr **ein Einkommen in Höhe des Durchschnittseinkommens** erzielt und dementsprechende Beiträge gezahlt hat, ergibt sich damit eine Bruttomonatsrente in Höhe von:
$45_{(\text{persönliche Entgeltpunkte})} \times 1{,}0_{(\text{Rentenartfaktor})} \times 39{,}32\ \text{Euro}_{(\text{aktueller Rentenwert})} = 1.769{,}40$ Euro brutto. Im Schnitt erhielten Altersrentner 2023 eine Rente von 1.102 Euro – Männer durchschnittlich 1.348 Euro und Frauen 908 Euro (Quelle: Destatis).

Hinsichtlich versicherten Einkommens, welches (bis zum 31.12.2024) im Beitrittsgebiet oder im Geltungsbereich der Reichsversicherungsordnung erwirtschaftet wurde, ist die Besonderheit des § 256a Abs. 1 SGB VI zu erwähnen: Um dem derzeit noch geringeren Einkommensniveau in dem früheren Beitrittsgebiet Rechnung zu tragen, werden die Entgelte der Beschäftigten in den neuen Bundesländern zur Berechnung der Entgeltpunkte anhand eines Umrechnungsfaktors auf das Westniveau angehoben. Örtlich abzustellen ist insofern auf den Betriebssitz und nicht den Beschäftigungsort.[721] Es ergeben sich sog. Entgeltpunkte (Ost). Der jeweilige Umrechnungsfaktor ergibt sich dabei aus An- 277

718 AltEinkG, BGBl. I S. 1427 ff.
719 Auf nähere Details, insbesondere die Freibetragsregelung, kann hier nicht eingegangen werden; ausf. Ruland/Rürup/Birk/Wernsmann, § 9.
720 HDR/Ruland 19 Rn. 35.
721 BSG 6.7.2022 SozR 4-2600 § 254d Nr. 1.

lage 10 des SGB VI. Bis 2025 werden die Beitragsbemessungsgrenzen angeglichen und der Umrechnungsfaktor abgebaut.

278 Die persönlichen Entgeltpunkte bringen damit in erster Linie die **Entsprechung von Beitrag und Rentenleistung** zum Ausdruck. Zugleich finden bei diesem Faktor aber auch die **Elemente des sozialen Ausgleichs** Berücksichtigung. Persönliche Entgeltpunkte können demzufolge nicht nur entstehen, wenn der Versicherte Beiträge leistet, sondern auch in den gesetzlich vorgesehen Fällen einer unverschuldet nicht erfolgten Beitragsleistung.[722] Die Höhe der Entgeltpunkte für derartige beitragsfreie Zeiten hängt dabei nach § 63 Abs. 3 SGB VI von der Höhe der in der übrigen Zeit versicherten Arbeitsentgelte und Arbeitseinkommen ab. Im Einzelnen bestimmt sich die Ermittlung der persönlichen Entgeltpunkte nach den Regelungen der §§ 66, 70ff. SGB VI.

a) Ermittlung der Entgeltpunkte

279 Bei der Berechnung der Entgeltpunkte ist zwischen Beitragszeiten und beitragsfreien Zeiten sowie bestimmten Sachverhalten, aus denen sich Zuschläge an Entgeltpunkten ergeben können, zu unterscheiden. Es gelten die **allgemeinen Berechnungsgrundsätze** des § 121 SGB VI; Berechnungen werden demnach grundsätzlich auf vier Dezimalstellen durchgeführt. Dies betrifft insbesondere die Ermittlung von Entgeltpunkten.

aa) Entgeltpunkte für Beitragszeiten

280 Nach § 70 Abs. 1 SGB VI werden die Entgeltpunkte für Beitragszeiten ermittelt, indem die für den Versicherten maßgebende Beitragsbemessungsgrundlage eines Kalenderjahres durch das Durchschnittsentgelt aller Versicherten für dasselbe Kalenderjahr geteilt wird. Da an dieser Stelle lediglich Grundlagen vermittelt werden sollen, wird auf die diversen, praktisch relevanten Sonderregelungen zu dieser Vorschrift im Folgenden nicht eingegangen.[723]

(1) Zeiten mit vollwertigen Beiträgen

281 Beitragszeiten sind nach § 55 Abs. 1 SGB VI Zeiten, für die **Pflichtbeiträge oder freiwillige Beiträge** gezahlt worden sind, sowie Zeiten, für die Pflichtbeiträge als gezahlt gelten. Dabei ist indes gem. § 54 Abs. 1 Nr. 1 SGB VI zwischen **Zeiten mit vollwertigen Beiträgen** und beitragsgeminderten Zeiten zu unterscheiden. Für letztere kommt gem. § 71 Abs. 2 SGB VI eine Erhöhung der Entgeltpunkte in Betracht; auf sie wird daher anschließend unter (2) gesondert eingegangen.

282 Beitragsbemessungsgrundlage ist grundsätzlich **das der Beitragsbemessung zugrundeliegende individuelle Einkommen** des Versicherten, §§ 161ff. SGB VI, **bis zur jeweiligen Beitragsbemessungsgrenze i. S. d.** § 159 SGB VI i. V. m. Anlage 2, 2a. Beitragsbemessungsgrundlage für Versicherungspflichtige sind gem. § 161 Abs. 1 SGB VI die beitragspflichtigen Einnahmen.[724] Bei Arbeitnehmern ist insoweit gem. § 162 Nr. 1 SGB VI das Arbeitsentgelt aus der versicherungspflichtigen Beschäftigung zugrunde zu legen.

283 Das **Durchschnittsentgelt aller Versicherten** für die einzelnen Kalenderjahre ergibt sich aus Anlage 1 zum SGB VI. Die Werte werden jährlich fortgeschrieben und sind nach § 69 Abs. 2 S. 1 Nr. 1 SGB VI jeweils zum Jahresende von der Bundesregierung durch Rechtsverordnung mit Zustimmung des Bundesrates für das vergangene Kalenderjahr zu bestimmen (sog. Sozialversicherungs-Rechengrößenverordnung). Ein Versicherungspflichtiger, der in einem bestimmten Kalenderjahr beitragspflichtige Einnahmen hat, die exakt dem Durchschnittsentgelt aller Versicherten für dieses Kalenderjahr entsprechen, erhält für dieses Jahr einen Entgeltpunkt. Liegen seine Einnahmen über oder unter

722 IGL/WELTI § 34 Rn. 87ff.
723 Vgl. die Übersicht bei BeckOGK/KÖRNER § 70 SGB VI Rn. 7.
724 Für freiwillig Versicherte vgl. § 161 Abs. 2 SGB VI.

dem Durchschnittsentgelt, wird ihm dementsprechend für das Jahr mehr oder weniger als ein Entgeltpunkt gutgeschrieben. Dabei sind die jährlichen Höchstwerte an Entgeltpunkten nach Anlage 2b zu beachten.

Beispiel für die Ermittlung der Entgeltpunkte für Beitragszeiten:
V hat im Jahre 2024 aus seiner Beschäftigung als Gebäudereiniger ein Bruttojahreseinkommen in Höhe von 34.018,50 Euro erzielt. Da er abhängig Beschäftigter ist, stellt sein Verdienst zugleich die für ihn maßgebende Beitragsbemessungsgrundlage dar. Das Durchschnittsentgelt für dieses Kalenderjahr beträgt nach Anlage 1 zum SGB VI (vgl. Sozialversicherungs-RechengrößenVO) vorläufig 45.358 Euro.

Um die Entgeltpunkte zu ermitteln, ist das Einkommen des V – unter Berücksichtigung der Berechnungsgrundsätze des § 121 SGB VI – durch das entsprechende Durchschnittsentgelt zu dividieren:
34.018,50 Euro ÷ 45.358 Euro = 0,75 EP
Für das Jahr 2024 erhält V damit (vorläufig) 0,75 Entgeltpunkte.

Zu den **Pflichtbeitragszeiten** i. S. v. § 55 Abs. 1 S. 1 SGB VI zählen – seit Juni 1999 – auch **Kindererziehungszeiten**. Während dieser Zeit besteht gem. § 3 S. 1 Nr. 1 SGB VI Versicherungspflicht. Die Beiträge trägt und zahlt der Bund gem. § 170 Abs. 1 Nr. 1, § 177 SGB VI. Der Umfang der Kindererziehungszeiten ergibt sich für Geburten ab 1992 aus § 56 Abs. 1 SGB VI, für frühere Geburten aus § 249 Abs. 1 SGB VI. Im ersten Fall sind Kindererziehungszeiten die Zeiten der Erziehung eines Kindes in dessen ersten drei Lebensjahren, im zweiten Fall endet die Kindererziehungszeit 30 Monate nach Ablauf des Monats der Geburt. Die unterschiedliche Anerkennung der Erziehungszeiten verstößt nicht gegen die Verfassung.[725] 284

Zeiten der Bereitschaftspflege (§ 33 SGB VIII) sind weder Kindererziehungszeiten noch Berücksichtigungszeiten wegen Kindererziehung i. S. d. gesetzlichen Rentenversicherung, da kein Pflegekindschaftsverhältnis vorliegt, das zur Anerkennung von Kindererziehungs- und Berücksichtigungszeiten berechtigt. Im Falle der Bereitschaftspflege als „Interimslösung" fehlt es nach Auffassung des BSG an der erforderlichen Dauerbindung. Die Nichtberücksichtigung und der damit einhergehende Begünstigungsausschluss seien durch sachliche Gründe gerechtfertigt und daher mit Art. 3 Abs. 1 GG vereinbar.[726] Das lässt sich mit Blick auf § 39 Abs. 4 S. 2 SGB VIII und § 42 Abs. 2 S. 3 Hs. 2 SGB VIII sicherlich diskutieren. 285

Kindererziehungszeiten erhalten gem. § 70 Abs. 2 S. 1 SGB VI grundsätzlich 0,0833 Entgeltpunkte pro Kalendermonat, also etwas weniger als $^1/_{12}$. Dies entspricht **auf das Jahr gesehen** mit einem Wert von 0,9996 Entgeltpunkten **in etwa einem Entgeltpunkt** und damit dem Durchschnittsentgelt aller Versicherten. 286

Treffen in einem Kalendermonat **Kindererziehungszeiten und andere Beitragszeiten**, z. B. aus einer versicherungspflichtigen Beschäftigung, **zusammen**, findet gem. § 70 Abs. 2 S. 2 SGB VI zudem eine **Addition der Entgeltpunkte** beider Zeiten statt. Bezogen auf einen Kalendermonat darf in der Summe allerdings ein Zwölftel des jeweils maßgebenden Wertes der Anlage 2b zum SGB VI nicht überschritten werden. Auf diese Weise wird gewährleistet, dass höchstens die einem Einkommen in Höhe der Beitragsbemessungsgrenze entsprechenden Entgeltpunkte berücksichtigt werden können.[727] Diese Begrenzung ist verfassungsgemäß; sie verletzt weder das Eigentumsrecht des Versicherten noch den allgemeinen Gleichheitssatz.[728] Die erhöhten Entgeltpunkte sind im Übrigen auch bei der **Bewertung der beitragsfreien Zeiten** gem. §§ 71 ff. SGB VI zugrunde zu legen. 287

---

725 BSG 28.6.2018 SozR 4-2600 § 307d Nr. 3; BSG 10.10.2018 SozR 4-2600 § 249 Nr. 2.
726 BSG 16.6.2016 SozR 4-2600 § 56 Nr. 7 m. Anm. SCHULER-HARMS, SGb 2018, 242.
727 BeckOGK/KÖRNER § 70 SGB VI Rn. 13a; BT-Drs. 13/8011 S. 67.
728 Eingehend BSG 18.5.2006 SozR 4-2600 § 70 Nr. 1; BSG 12.12.2006 SozR 4-2400 § 70 Nr. 1.

288 Wird bei der Addition der **Höchstwert an Entgeltpunkten** nach Anlage 2b zum SGB VI nicht erreicht, werden die Kindererziehungszeiten also in vollem Umfang berücksichtigt. Wird der Höchstwert dagegen überschritten, werden sie auf die Differenz zwischen dem Höchstwert und den Entgeltpunkten für die anderen Beitragszeiten begrenzt.

289 Ist ein Kalendermonat sowohl Kindererziehungszeit als auch beitragsfreie Zeit, ergibt sich eine **beitragsgeminderte Zeit** (§ 54 Abs. 3 SGB VI). In diesem Fall kommt ein Entgeltpunktezuschlag nach § 71 Abs. 2 SGB VI in Betracht; mehr dazu sogleich unter (2).

Beispiel für die Ermittlung der Entgeltpunkte für Kindererziehungszeiten:
Das Kind der M ist am 15.7.2000 geboren worden. Nachdem sich M anfangs ausschließlich der Kindererziehung gewidmet hat, nimmt sie zum 1.1.2002 ihre alte Beschäftigung wieder auf.

Im Jahr 2002 liegen damit bei einem unterstellten Bruttojahreseinkommen i.H.v. 27.500 Euro für Pflichtbeitragszeiten aus Beschäftigung 0,9643 Entgeltpunkte (27.500 Euro ÷ 28.518 Euro) und für Kindererziehungszeiten 0,9996 Entgeltpunkte vor. Dies ergibt einen Gesamtwert von 1,9639 Entgeltpunkten.

Da der (vorläufige) jährliche Höchstwert an Entgeltpunkten für den Zeitraum 1.1.2002 bis 31.12.2002 nach Anlage 2b jedoch 1,8935 Entgeltpunkte beträgt, und dieser Höchstwert um 0,0704 Entgeltpunkte überschritten wird, sind die für die Kindererziehungszeiten zu berücksichtigenden Entgeltpunkte dementsprechend zu kürzen.

A erhält somit für 2002 insgesamt 1,8935 Entgeltpunkte, davon 0,9292 Entgeltpunkte für Kindererziehungszeiten.

290 Seit dem 1.1.2003 ist der Höchstwert an Entgeltpunkten pro Kalenderjahr auf über zwei Entgeltpunkte gestiegen. Kindererziehungszeiten erhalten weiterhin pro Kalenderjahr 0,9996 Entgeltpunkte. Der Begrenzung des § 70 Abs. 2 S. 2 SGB VI dürfte daher seit 2003 weniger praktische Bedeutung zukommen. Eine Kürzung der Entgeltpunkte für Kindererziehungszeiten ist nur noch dann vorzunehmen, wenn neben der Kindererziehung ein Einkommen über dem Durchschnittseinkommen bezogen wird. Für das Jahr 2024 bedeutet dies, dass erst ab einem Jahresdurchschnittseinkommen von über 45.358 Euro eine Kürzung vorzunehmen ist.

291 Die Höhe der Bewertung von Kindererziehungszeiten und die additive Anrechnung der Entgeltpunkte gehen auf einen **Beschluss des BVerfG** zurück.[729] Die frühere Regelung,[730] bei der jeder Kalendermonat mit Kindererziehungszeiten lediglich 0,0625 Entgeltpunkte erhielt, sah eine Addition der Entgeltpunkte nicht vor, so dass der Kindererziehung u.U. rentenrechtlich keine Wirkung zukam. Dies hat das BVerfG als Verstoß gegen den allgemeinen Gleichheitssatz angesehen.

292 Gem. § 70 Abs. 3a S. 1 SGB VI werden **für** nach dem Jahr 1991 liegende **Kalendermonate mit Berücksichtigungszeiten wegen Kindererziehung** Entgeltpunkte zusätzlich ermittelt oder gutgeschrieben, sofern 25 Jahre mit rentenrechtlichen Zeiten vorhanden sind. Eine Berücksichtigungszeit ist gem. § 57 S. 1 SGB VI die Zeit der Erziehung eines Kindes bis zu dessen vollendetem zehnten Lebensjahr, soweit die Voraussetzungen für die Anrechnung einer Kindererziehung auch in dieser Zeit vorliegen. Die Regelung führt, allerdings konzentriert auf Versicherte mit Kindern, die sog. Rente nach Mindesteinkommen gem. § 262 SGB VI fort.[731] Sie betrifft im Übrigen auch Monate mit Zeiten der nichterwerbsmäßigen Pflege eines pflegebedürftigen Kindes bis zur Vollendung des 18. Lebensjahres. Durch die zusätzlichen Entgeltpunkte sollen **Nachteile ausgeglichen** werden, die Versicherten, insbesondere Frauen, dadurch entstehen, dass sie während der Erziehung eines Kindes regelmäßig ein geringeres Einkommen erzielen und demzufolge weniger Entgeltpunkte erwerben. Darüber hinaus ist ein Ausgleich auch für solche Versicherte vorgesehen, die parallel mehrere Kinder erziehen und daher überhaupt keiner Erwerbstätigkeit nachgehen können.[732]

729 BVerfG 12.3.1996 BVerfGE 94, 241ff.
730 Vgl. dazu HS-RV/Schulin § 38 Rn. 49ff.
731 Vgl. BT-Drs. 14/4595 S. 48.
732 BeckOGK/Körner § 70 SGB VI Rn. 16c.

Die Entgeltpunkte für Pflichtbeitragszeiten während einer Berücksichtigungszeit wegen Kindererziehung **werden** nach Maßgabe des § 70 Abs. 3a S. 2 lit. a SGB VI **angehoben**. Die Summe der zusätzlich ermittelten und gutgeschriebenen Entgeltpunkte ist jedoch zusammen mit den für Beitrags- und Kindererziehungszeiten ermittelten Entgeltpunkten gem. § 70 Abs. 3a S. 3 SGB VI **auf einen Wert von höchstens 0,0833 Entgeltpunkte begrenzt**. Damit scheidet ein Zuschlag während der Erziehung eines Kindes in dessen ersten drei Lebensjahren aus, denn während dieser Zeit erhält bereits jeder Monat gem. § 70 Abs. 2 SGB VI mindestens 0,0833 Entgeltpunkte. Findet aber (anschließend) eine Erhöhung der Entgeltpunkte statt, so nehmen die Pflichtbeitragszeiten mit dem erhöhten, wenn auch ggf. durch § 70 Abs. 3a S. 3 SGB VI begrenzten Entgeltpunktewert an der **Gesamtleistungsbewertung** teil und beeinflussen damit auch die Höhe der beitragsfreien Zeiten. 293

Fehlt es dagegen an Pflichtbeitragszeiten, kommt regelmäßig kein Zuschlag in Betracht. Etwas anderes gilt jedoch für den Fall, dass der Versicherte mehr als ein Kind erzieht. Dann werden ihm für jeden Monat **mit mindestens zwei Berücksichtigungszeiten wegen Kindererziehung** gem. § 70 Abs. 3a S. 2 lit. b SGB VI **Entgeltpunkte gutgeschrieben**; diese Zeiten gelten fortan nach § 55 Abs. 1 S. 3 SGB VI als Beitragszeiten. Bei einem Zusammentreffen von einem freiwilligen Beitrag und dieser Gutschrift ist zudem die Begrenzungsregelung des § 70 Abs. 3a S. 3 SGB VI zu beachten. Denn dort ist generell von Beitrags- und nicht lediglich von Pflichtbeitragszeiten die Rede. 294

Für Versicherte, die mindestens zwei Kinder erziehen und darüber hinaus noch durch eine versicherungspflichtige Beschäftigung Entgeltpunkte durch Pflichtbeitragszeiten erwerben, wird die Erhöhung der Entgeltpunkte nach § 70 Abs. 3a S. 2 lit. a SGB VI auf die Gutschrift nach lit. b angerechnet. 295

(2) Beitragsgeminderte Zeiten

Auch beitragsgeminderte Zeiten zählen zu den Beitragszeiten (vgl. § 54 Abs. 1 Nr. 1 SGB VI). Demzufolge ist für die Ermittlung von Entgeltpunkten zunächst § 70 SGB VI maßgebend. Darüber hinaus erfahren beitragsgeminderte Zeiten aber eine Sonderbehandlung. Dies erklärt sich mit Blick auf die rentensteigernde Wirkung beitragsfreier Zeiten. 296

Beitragsgeminderte Zeiten sind nach § 54 Abs. 3 S. 1 SGB VI Kalendermonate, die sowohl mit Beitragszeiten als auch mit beitragsfreien Zeiten belegt sind, sowie aufgrund der Fiktion des § 54 Abs. 3 S. 2 SGB VI darüber hinaus auch Kalendermonate mit Pflichtbeiträgen für eine Berufsausbildung. In jedem Fall sind damit Beiträge tatsächlich entrichtet worden. **Diese Beiträge fallen** jedoch im Vergleich zu den während Zeiten mit vollwertigen Beiträgen gezahlten Beiträgen schon alleine aus dem Grunde **niedriger aus**, weil die für die Beitragsbemessung heranzuziehenden beitragspflichtigen Einnahmen angesichts des kürzeren Zeitraums, in dem sie erzielt werden, oder aufgrund der Berufsausbildung regelmäßig eine geringere Höhe aufweisen.[733] 297

Dies wiederum hätte bei uneingeschränkter Anwendung des § 70 Abs. 1 SGB VI einen im Vergleich zur übrigen Zeit **geringeren Entgeltpunktewert** zur Folge, wogegen allerdings mit Blick auf das Äquivalenzprinzip Einwände an sich nicht erhoben werden könnten. Berücksichtigt man jedoch, dass für diesen Zeitraum, wären Beiträge nicht gezahlt worden, Entgeltpunkte zugrunde gelegt würden, die von der Höhe der in der übrigen Zeit versicherten Arbeitsentgelte und Arbeitseinkommen abhängen (vgl. § 63 Abs. 3 SGB VI), so kann dies eine **nicht zu rechtfertigende Entwertung der eigenen Beitragsleistung bedeuten**. 298

Dementsprechend sieht § 71 Abs. 2 S. 1 SGB VI vor, dass die Summe der Entgeltpunkte **für beitragsgeminderte Zeiten** um einen Zuschlag so zu erhöhen ist, dass sie mindestens den Wert an Entgeltpunkten erhalten, den sie als beitragsfreie Zeiten (§ 54 Abs. 4 SGB VI) erhalten hätten. Sind die Entgeltpunkte für die gezahlten Beiträge nicht bereits ausnahmsweise höher, ist beitragsgeminderten Zeiten damit im Ergebnis der **höhere**, ggf. nach Maßgabe des § 74 SGB VI begrenzte **Durchschnittswert an Entgeltpunkten** aus der Grundbewertung nach § 72 SGB VI oder aus der Vergleichs- 299

733 Vgl. das Beispiel unter § 49 Rn. 71.

bewertung nach § 73 SGB VI zugrunde zu legen. Damit ist gewährleistet, dass diese Zeiten, die nur deshalb nicht beitragsfrei sind, weil für sie gleichzeitig Beiträge gezahlt worden sind, nicht schlechter bewertet werden als ohne die Beitragsleistung.[734]

bb) Entgeltpunkte für beitragsfreie Zeiten

300 Beitragsfreie Zeiten erhalten gem. § 71 Abs. 1 S. 1 SGB VI den Durchschnittswert an Entgeltpunkten, der sich aus der Gesamtleistung an Beiträgen im belegungsfähigen Gesamtzeitraum ergibt (sog. **Gesamtleistungsbewertung**). Beitragsfreie Zeiten sind nach § 54 Abs. 4 SGB VI Kalendermonate, die mit Anrechnungszeiten (§ 58, §§ 252ff. SGB VI), mit einer Zurechnungszeit (§ 59 SGB VI) oder Ersatzzeiten (§§ 250, 251 SGB VI) belegt sind, sofern für sie nicht auch Beiträge gezahlt wurden bzw. als entrichtet gelten.

301 Indem die Regelung auf die **Beitragsleistung im belegungsfähigen Gesamtzeitraum**, dies sind regelmäßig alle Monate zwischen der Vollendung des 17. Lebensjahres und dem Rentenbeginn (vgl. § 72 Abs. 2, 3 SGB VI), abstellt, erklärt sie die **individuelle Beitragsdichte** zum entscheidenden Kriterium bei der Bewertung beitragsfreier Zeiten. Nicht die Anzahl der Entgeltpunkte allein ist maßgebend, es kommt vielmehr auf das **Verhältnis der durch Beitragsleistung erworbenen Entgeltpunkte zum gesamten Versicherungsleben** bis zum Eintritt des Leistungsfalls an.[735] Den sich daraus ergebenden Wert an Entgeltpunkten erhalten die beitragsfreien Zeiten. Vereinfacht ausgedrückt: Es wird gefragt, was der Versicherte bezogen auf den zur Verfügung stehenden Zeitraum insgesamt an Beiträgen hätte entrichten können. Zeiten in der Versicherungsbiographie, für die keine Beiträge entrichtet wurden, obwohl eine Entrichtung von der Versichertengemeinschaft erwartet werden konnte, sog. **rentenrechtliche „Lücken“**, mindern daher den Wert der beitragsfreien Zeiten.

302 Die Gesamtleistungsbewertung vollzieht sich in drei bzw. vier Schritten. Zunächst ist eine **Grundbewertung** vorzunehmen, bei der gem. § 72 SGB VI sämtliche Beitragszeiten, also auch die beitragsgeminderten Zeiten, zur Ermittlung des Durchschnittswerts an Entgeltpunkten herangezogen werden. Sodann hat eine **Vergleichsbewertung** zu erfolgen, bei der nach § 73 SGB VI ausschließlich Zeiten mit vollwertigen Beiträgen berücksichtigt werden. Ergibt sich dabei ein höherer Durchschnittswert an Entgeltpunkten als nach der Grundbewertung, erhalten die beitragsfreien Zeiten gem. § 71 Abs. 1 S. 2 SGB VI den Wert aus der Vergleichsbewertung; andernfalls wird der im Wege der Grundbewertung ermittelte Wert angesetzt.

303 Für bestimmte, in § 74 SGB VI aufgeführte Zeiten verbietet sich jedoch eine schematische Übernahme des höheren Wertes (sog. **begrenzte Gesamtleistungsbewertung**); dieser ist vielmehr ggf. zu begrenzen oder darf überhaupt nicht berücksichtigt werden. Mit dieser Prüfung endet die Bewertung der beitragsfreien Zeiten. Für den Abschluss der Gesamtleistungsbewertung ist schließlich noch der Zuschlag an Entgeltpunkten für die beitragsgeminderten Zeiten zu ermitteln.

304 Die Regelungen zur Gesamtleistungsbewertung sind im Einzelnen sehr kompliziert. Die folgenden Ausführungen beschränken sich daher auf die Vermittlung von Grundzügen. Außer Betracht bleiben dabei insbesondere die knappschaftlichen Besonderheiten (§§ 84, 265 SGB VI) und die für die Praxis noch über Jahre hinweg relevanten Sonderregelungen des fünften Kapitels (§§ 263, 263a SGB VI).

(1) Grundbewertung

305 Bei der Grundbewertung werden gem. § 72 Abs. 1 SGB VI für jeden Kalendermonat Entgeltpunkte in der Höhe zugrunde gelegt, die sich ergibt, wenn die Summe der Entgeltpunkte für Beitragszeiten und Berücksichtigungszeiten durch die Anzahl der belegungsfähigen Monate geteilt wird.

734 BT-Drs. 11/4124 S. 171; BeckOGK/Körner § 71 SGB VI Rn. 8.

735 Kreikebohm/Roßbach/von Koch § 71 SGB VI Rn. 4.

Dies ergibt folgende **Berechnungsformel:**

$$EP_{(\text{Monat beitragsfreier Zeit})} = \frac{EP_{(\text{Beitragszeiten})} + EP_{(\text{Berücksichtigungszeiten})}}{\text{Belegungsfähige Monate}}$$

Zunächst ist die Summe der Entgeltpunkte **für Beitragszeiten** (§ 54 Abs. 1 Nr. 1 SGB VI) nach Maßgabe des § 70 SGB VI zu errechnen **und** darüber hinaus die Summe der Entgeltpunkte **für Berücksichtigungszeiten** zu ermitteln. 306

Zeiten einer beruflichen Ausbildung sind Pflichtbeitragszeiten, die nach § 54 Abs. 3 S. 2 SGB VI als beitragsgeminderte Zeiten gelten. Damit müssten sie **an sich** mit dem nach § 70 Abs. 1 SGB VI ermittelten Entgeltpunktewert an der Gesamtleistungsbewertung teilnehmen, erhielten aber anschließend ggf. einen Zuschlag an Entgeltpunkten nach Maßgabe des § 71 Abs. 2 SGB VI. Gem. § 71 Abs. 3 S. 1 Nr. 2 SGB VI werden aber jedem Kalendermonat mit Zeiten einer beruflichen Ausbildung **für die Gesamtleistungsbewertung** mindestens 0,0833 Entgeltpunkte zugrunde gelegt **und** diese Kalendermonate **insoweit nicht als beitragsgeminderte Zeiten berücksichtigt**. Darüber hinaus gelten nach § 71 Abs. 3 S. 2 SGB VI bis zur Vollendung des 25. Lebensjahres als Zeiten einer beruflichen Ausbildung stets die ersten 36 Kalendermonate mit Pflichtbeiträgen für eine versicherte Beschäftigung oder selbständige Tätigkeit. 307

Durch die erhöhte Bewertung der Berufsausbildungszeiten i.R.d. Gesamtleistungsbewertung werden die **negativen Auswirkungen einer niedrigen Beitragszahlung** bei frühzeitigem Eintritt von Invalidität größtenteils **neutralisiert**, ohne dass die während dieser Zeit entrichteten Pflichtbeiträge dadurch zugleich mit einem Einheitswert versehen werden.[736] Satz 2 hat darüber hinaus den **Ausschluss von Härtefällen bei Frühinvalidität und frühem Tod** zum Ziel, die andernfalls entstünden, wenn der Versicherte zu Beginn seines Erwerbslebens außerhalb einer Berufsausbildung nur einen geringen Verdienst erzielt hat. Zwar ist durch das RV-Nachhaltigkeitsgesetz vom 21.7.2004[737] die rentensteigernde Wirkung dieser Zeiten entfallen; durch die Fiktion verbleibt es aber im Hinblick auf die Auswirkungen dieser Zeiten auf beitragsfreie Zeiten, vor allem die Zurechnungszeit, beim geltenden Recht.[738] 308

Die besondere Behandlung der Zeiten einer beruflichen Ausbildung **beeinflusst die Gesamtleistungsbewertung gleich mehrfach**. Zum einen ist die Summe der Entgeltpunkte für Beitragszeiten dementsprechend für die **Grundbewertung** (§ 72 SGB VI) um die zusätzlichen Entgeltpunkte zu erhöhen.[739] Zum anderen werden diese Zeiten bei der **Vergleichsbewertung** nach § 73 SGB VI – entgegen der Fiktion des § 54 Abs. 3 S. 2 SGB VI – nicht als beitragsgeminderte Zeiten berücksichtigt. Demgegenüber besitzt die Fiktion im Bereich des § 71 Abs. 2 SGB VI nach wie vor ihre Gültigkeit. Dort bleiben die Zeiten einer beruflichen Ausbildung mithin beitragsgeminderte Zeiten, so dass für sie ein Zuschlag an Entgeltpunkten zu ermitteln ist. 309

Die Ermittlung der Entgeltpunkte für Berücksichtigungszeiten wegen Kindererziehung, § 57 S. 1 SGB VI, richtet sich nach § 71 Abs. 3 S. 1 Nr. 1 SGB VI. Demnach werden Berücksichtigungszeiten **für die Gesamtleistungsbewertung wie Kindererziehungszeiten bewertet**. Jeder Kalendermonat einer Berücksichtigungszeit erhält damit gem. § 70 Abs. 2 SGB VI grundsätzlich 0,0833 Entgeltpunkte. 310

Durch das Einbeziehen der Berücksichtigungszeiten in die Gesamtleistungsbewertung wird **verhindert**, dass die Zeiten der Kindererziehung, soweit sie über die nach § 56 SGB VI als Kindererziehungszeiten definierten ersten drei Lebensjahre des Kindes hinausgehen, als **versicherungsrechtliche Lücken** den Durchschnittswert an Entgeltpunkten mindern. Sie wirken sich aber nur auf die beitragsfreien und beitragsgeminderten Zeiten aus; dagegen kommt ihnen **keine direkte renten-** 311

736 Vgl. BT-Drs. 14/4595 S. 48.

737 BGBl. I S. 1791ff.

738 Vgl. BT-Drs. 15/2149 S. 22.

739 Vgl. zur Berechnung VerbKomm § 71 SGB VI Anm. 3, 6.

steigernde Wirkung zu. Versicherte ohne beitragsfreie Zeiten erhalten durch Berücksichtigungszeiten mithin keine höhere Rente.[740]

312 Nach Feststellung der Entgeltpunkte sind die belegungsfähigen Monate zu ermitteln. Sie ergeben sich aus dem **belegungsfähigen Gesamtzeitraum**. Dieser wiederum umfasst gem. § 72 Abs. 2 S. 1 SGB VI die Zeit vom vollendeten 17. Lebensjahr bis zum Kalendermonat vor Beginn der zu berechnenden Rente bei einer Rente wegen Alters oder einer Erziehungsrente bzw. bis zum Eintritt des jeweiligen Leistungsfalles bei einer Rente wegen verminderter Erwerbsfähigkeit oder einer Hinterbliebenenrente.

313 Der Zeitraum wird jedoch nach Maßgabe des § 72 Abs. 3 SGB VI **um die Zeiten verkürzt, in denen** vom Versicherten **eine Beitragsleistung nicht erwartet wird**. Zu diesen nicht belegungsfähigen Kalendermonaten zählen daher insbesondere die zu bewertenden beitragsfreien Zeiten. Etwas anderes gilt allerdings dann, wenn sie zugleich Berücksichtigungszeiten sind, da letzteren gem. § 71 Abs. 3 SGB VI für die Gesamtleistungsbewertung Entgeltpunkte zugeordnet werden.

314 Zudem gelten diejenigen Zeiten der schulischen Ausbildung, die gem. § 58 Abs. 1 S. 1 Nr. 4 SGB VI nicht als Anrechnungszeiten zählen, im Rahmen der Gesamtleistungsbewertung als belegungsfähig und sind daher vom belegungsfähigen Gesamtzeitraum nicht abzusetzen.[741] Die frühere Rechtsprechung des BSG[742] ist insofern überholt.

315 Aus der obigen Formel lassen sich bereits einige allgemeine Folgerungen ziehen. Zunächst wird deutlich, dass grundsätzlich auch noch so geringe Beiträge immer noch positiveren Einfluss auf die Bewertung beitragsfreier Zeiten haben als Beitragslücken. Denn im ersten Fall erhöht sich zumindest der Zähler der Formel, so dass sich insgesamt ein höherer Durchschnittswert ergibt. Ferner zeigt sich, dass hohe Beiträge nicht nur eine höhere Summe an Entgeltpunkten für Beitragszeiten bedeuten, sondern sie auch einen höheren Durchschnittswert für die Bewertung beitragsfreier Zeiten zur Folge haben.[743] Schließlich lässt sich noch feststellen, dass der Durchschnittswert umso höher ausfällt, je geringer die Anzahl der belegungsfähigen Monate ist, da sich auf diese Weise der Wert im Nenner der Formel reduziert. Zur zusätzlichen Verdeutlichung folgen drei Beispiele:

Beispiel: Grundbewertung

Der für A ermittelte **belegungsfähige** Gesamtzeitraum beträgt 45 Jahre (540 Kalendermonate). Davon entfallen auf Beitragszeiten 40 Jahre (480 Monate) und auf beitragsfreie Zeiten fünf Jahre (60 Monate). Für die Beitragszeiten wurden nach § 70 Abs. 1 SGB VI insgesamt 40 Entgeltpunkte ermittelt. Dies entspricht einem Entgeltpunkt pro Kalenderjahr Beitragszeit und damit – in der Summe – dem Durchschnittsverdienst.

Ein Kalendermonat mit beitragsfreier Zeit erhält damit nach der Grundbewertung:

$$\frac{40\text{ EP}}{540\text{ Monate} - 60\text{ Monate}} = \frac{40}{480} = 0{,}0833\text{ EP.}$$

Für 60 Kalendermonate mit beitragsfreien Zeiten ergibt sich damit ein Wert von **4,998 EP**, so dass bei der Berechnung der Rente des A **insgesamt 44,998 EP** anzusetzen sind.

Variante 1 (Rentenrechtliche Lücke von zehn Jahren):

Der belegungsfähige Gesamtzeitraum beträgt wie im Ausgangsfall 45 Jahre (540 Monate). Davon entfallen 30 Jahre (360 Monate) auf Beitragszeiten und fünf Jahre (60 Monate) auf beitragsfreie Zeiten. Hinzu kommen zehn Jahre (120 Monate) mit einer rentenrechtlichen „Lücke." Für die Beitragszeiten wurden nach § 70 Abs. 1 SGB VI insgesamt 30 Entgeltpunkte ermittelt.

Ein Kalendermonat mit beitragsfreier Zeit erhält damit:

$$\frac{30\text{ EP}}{540\text{ Monate} - 60\text{ Monate}} = \frac{30}{480} = 0{,}0625\text{ EP.}$$

Für 60 Kalendermonate mit beitragsfreien Zeiten ergibt sich damit ein Wert von **3,75 EP**, so dass bei der Berechnung der Rente des A **insgesamt 33,75 EP** zugrunde zu legen sind.

---

740 Hauck/Noftz § 71 SGB VI Rn. 44.
741 BSG 2.3.2010 SozR 4-2600 § 72 Nr. 3.
742 BSG 18.10.2005 SozR 4-2600 § 71 Nr. 1.
743 Vgl. BeckOGK/Körner § 71 SGB VI Rn. 4.

Variante 2 (zehn Jahre Berücksichtigungszeiten):
Auch bei dieser Variante umfasst der belegungsfähige Gesamtzeitraum 45 Jahre (540 Monate). Auf Beitragszeiten entfallen wiederum 30 Jahre (360 Monate) zuzüglich drei Jahre (36 Monate) mit Kindererziehungszeiten; auf beitragsfreie Zeiten entfallen fünf Jahre (60 Monate). Insgesamt liegen zehn rentenrechtlich relevante Jahre (120 Monate) vor, in denen sich A der Erziehung seines Kindes gewidmet hat (Berücksichtigungszeit i. S. v. § 57 SGB VI).
Für die Beitragszeiten wurde nach § 70 Abs. 1 SGB VI ein Wert von 30 Entgeltpunkten ermittelt. Zudem ergibt sich für die ersten drei Jahre (36 Monate) der Erziehung des Kindes nach § 70 Abs. 2 SGB VI ein Wert von insgesamt 2,9988 EP. Die außerhalb dieses Zeitraums liegenden Berücksichtigungszeiten von sieben Jahren (84 Monate) werden gem. § 71 Abs. 3 Nr. 1 SGB VI für die Gesamtleistungsbewertung mit insgesamt 6,9972 EP berücksichtigt.
Ein Kalendermonat mit beitragsfreier Zeit erhält damit:

$$\frac{30\ \text{EP} + 10\ \text{EP}_{(\text{Berücksichtigungszeit})}}{540\ \text{Monate} - 60\ \text{Monate}} = \frac{40}{480} = 0{,}0833\ \text{EP}.$$

Für 60 Kalendermonate mit beitragsfreien Zeiten ergibt sich damit ein Wert von **4,998 EP**. Bei der Berechnung der Rente des A sind somit **insgesamt 37,9968 EP** (32,9988 EP + 4,998 EP) anzusetzen.

(2) Vergleichsbewertung

Die Vergleichsbewertung nach § 73 SGB VI gewährleistet, dass sich die Entrichtung von niedrigen Beiträgen während beitragsgeminderter Zeiten nicht negativ auf die Bewertung der beitragsfreien Zeiten auswirkt. Denn anders als bei der Grundbewertung werden die **Entgeltpunkte für beitragsgeminderte Zeiten** i.R.d. Ermittlung des Durchschnittswertes an Entgeltpunkten bei der Vergleichsbewertung **nicht berücksichtigt**. 316

Den **Ausgangspunkt** der Vergleichsbewertung **bildet die Grundbewertung**, genauer die Summe der Entgeltpunkte für Beitrags- und Berücksichtigungszeiten im Zähler der Formel und die Anzahl der belegungsfähigen Monate im Nenner. Anschließend sind im Zähler die Entgeltpunkte für die in § 73 S. 1 SGB VI genannten Zeiten abzuziehen. Im Nenner der Formel ist dementsprechend gem. § 73 S. 2 SGB VI die Anzahl der Monate um die mit den in Satz 1 genannten Zeiten belegten Monate zu kürzen. 317

Im Ergebnis sind damit **nur Entgeltpunkte für vollwertige Beiträge und reine Berücksichtigungszeiten sowie die mit diesen Zeiten belegten Monate** heranzuziehen. Liegen allerdings nur derartige Zeiten vor, kommt eine Vergleichsbewertung nicht in Betracht. Vereinfacht lässt sich die Formel der Vergleichsbewertung somit folgendermaßen darstellen:[744] 318

$$\text{EP}_{(\text{Monat beitragsfreier Zeit})} = \frac{\text{Summe der EP nach § 73 S. 1 SGB VI}}{\text{Anzahl der Monate nach § 73 S. 2 SGB VI}}$$

(3) Begrenzte Gesamtleistungsbewertung

Der nach § 72 und § 73 SGB VI ermittelte höhere Durchschnittswert kann für die **Bewertung beitragsfreier Zeiten** und für die **Ermittlung des Zuschlags für beitragsgeminderte Zeiten** nicht einfach unbesehen herangezogen werden. Er ist vielmehr nach Maßgabe des durch das RV-Nachhaltigkeitsgesetz vom 21.7.2004[745] neugefassten § 74 SGB VI in einigen Fällen zu begrenzen oder darf bei der Bewertung überhaupt nicht berücksichtigt werden. 319

Eine begrenzte Bewertung erfahren zum einen die **Zeiten einer beruflichen Ausbildung** i. S. d. § 54 Abs. 3 S. 2 SGB VI und zum anderen – von den Zeiten einer schulischen Ausbildung gem. § 58 Abs. 1 S. 1 Nr. 4 SGB VI – die **Zeiten einer Fachschulausbildung** oder **der Teilnahme an einer berufsvorbereitenden Bildungsmaßnahme**. 320

744 Vgl. BeckOGK/Körner § 73 SGB VI Rn. 6.
745 BGBl. I S. 1791 ff.

321 Für sie findet u.U. sogar eine **dreifache Begrenzung** statt. Zunächst wird der sich aus der Gesamtleistungsbewertung für einen Kalendermonat ergebende Wert gem. § 74 S. 1 SGB VI **auf 75 Prozent begrenzt**. Der auf diese Weise reduzierte Wert darf aber ferner **0,0625 Entgeltpunkte nicht übersteigen** (§ 74 S. 2 SGB VI), was einer Bewertung von 0,75 Entgeltpunkten pro Jahr entspricht. Ist er gleichwohl höher, ist er zusätzlich auf einen Wert von 0,0625 Entgeltpunkten zu kürzen.

322 Schließlich **begrenzt** § 74 S. 3 SGB VI die Bewertung auf **insgesamt höchstens drei Jahre**, um eine weit reichende Besserstellung nichtakademischer Ausbildung zu verhindern.[746] Damit können die Zeiten einer Fachschulausbildung und der Teilnahme an einer berufsvorbereitenden Bildungsmaßnahme nach Vollendung des 17. Lebensjahres zwar für bis zu acht Jahre als beitragsfreie Anrechnungszeiten berücksichtigt werden (vgl. § 58 Abs. 1 S. 1 Nr. 4 SGB VI), so dass insoweit eine die Bewertung beitragsfreier Zeiten nachteilig beeinflussende rentenrechtliche Lücke nicht entsteht; Entgeltpunkte werden ihnen jedoch nur für bis zu drei Jahre dieser Anrechnungszeit zugeordnet. Durch die Einbeziehung der beitragsgeminderten Zeiten einer beruflichen Ausbildung wird zudem verhindert, dass eine nach Besuch einer Fachschule absolvierte Berufsausbildung zu sechs (höher) bewerteten Ausbildungsjahren führt. In die Höchstdauer von drei Jahren für die Bewertung nichtakademischer Ausbildungen ist – mit derselben Begründung – auch die Zeit einer mit Unterhaltsgeld geförderten Fachschulausbildung, die nicht als Anrechnungszeit wegen schulischer Ausbildung, sondern – günstiger – als Anrechnungszeit wegen Arbeitslosigkeit bewertet wird, ebenfalls einzubeziehen.[747]

323 Zugleich legt § 74 S. 3 SGB VI eine Reihenfolge fest, in der im Falle des Wirksamwerdens der zeitlichen Begrenzung diese Zeiten für eine Bewertung bzw. Höherbewertung zum Zuge kommen oder aber ausgeschlossen werden.

324 Demgegenüber nimmt § 74 S. 4 SGB VI bestimmte Anrechnungszeiten von einer Bewertung gänzlich aus. Dazu zählen insbesondere die **Zeiten einer Schul- oder Hochschulausbildung**.[748]

325 Die früher auch für diese Zeiten einer schulischen Ausbildung geltende (begrenzte) rentensteigernde Bewertung ist seit dem 1.1.2005 – mit einer vierjährigen Vertrauensschutzregelung für rentennahe Jahrgänge (vgl. § 263 Abs. 3 SGB VI) – entfallen. Anders als die übrigen Zeiten einer schulischen Ausbildung, d.h. die Zeiten der Fachschulausbildung und der Teilnahme an einer berufsvorbereitenden Bildungsmaßnahme, können die Zeiten, in denen Versicherte nach vollendetem 17. Lebensjahr eine Schule oder Hochschule besucht haben, damit zukünftig nicht mehr als bewertete, sondern nur noch als **unbewertete Anrechnungszeiten** für insgesamt höchstens acht Jahre in der jeweiligen Versichertenbiographie Berücksichtigung finden, vgl. § 58 Abs. 1 S. 1 Nr. 4 SGB VI. Auf diese Weise wird aber zumindest weiterhin das Entstehen rentenrechtlicher Lücken vermieden.

326 In der bisherigen Regelung sah der Gesetzgeber eine angesichts steigender demographischer Belastungen der Alterssicherungssysteme nicht länger zu leistende, rentenrechtliche Privilegierung von Versicherten mit Zeiten schulischer Ausbildung gegenüber Versicherten mit Zeiten einer beruflichen Ausbildung. Bei typisierender Betrachtung könnten diese bereits durch ihre akademische Ausbildung und die damit im Regelfall einhergehenden besseren Verdienstmöglichkeiten überdurchschnittliche Rentenanwartschaften aufbauen.[749]

Beispiel: Gesamtleistungsbewertung

Hinweis: Das folgende Beispiel soll lediglich die Vorgehensweise bei der Gesamtleistungsbewertung verdeutlichen. Daher werden die Regelungen der §§ 70ff. SGB VI angewandt, ohne die einzelnen Zeiten bestimmten Kalenderjahren zuzuordnen. Darüber hinaus werden eventuell einschlägige Übergangsvorschriften nicht berücksichtigt und die geltende Regelaltersgrenze von 67 Jahren zugrunde gelegt.

---

746 Vgl. BT-Drs. 15/2149 S. 24.

747 BSG 12.12.2011 SozR 4-2600 § 74 Nr. 4.

748 Zur Verfassungsmäßigkeit siehe BSG 19.4.2011 SozR 4-2600 § 74 Nr. 3.

749 Vgl. BT-Drs. 15/2149 S. 19.

Der Versicherte V besuchte bis zur Vollendung des 20. Lebensjahres das örtliche Gymnasium. Da er keine Lehrstelle fand, entschied er sich für die Teilnahme an einer einjährigen berufsvorbereitenden Bildungsmaßnahme. Anschließend absolvierte er erfolgreich eine dreijährige Berufsausbildung, konnte jedoch aus betriebsbedingten Gründen von seinem Ausbildungsbetrieb nicht übernommen werden. Nach zehnmonatiger Arbeitslosigkeit wurde er bei einem anderen Betrieb untergebracht. Diesem gehörte er bis zur Vollendung seines 67. Lebensjahres an.

Das Versichertenkonto des V weist damit einen belegungsfähigen Gesamtzeitraum von **600 Kalendermonaten** (KM) aus. Davon entfallen auf **Beitragszeiten 554 KM**, für die sich insgesamt **unterstellte 37,4000 EP** ergeben (vgl. § 70 Abs. 1 SGB VI). Dieser Wert setzt sich zusammen aus:

- 36,1300 EP für 482 KM mit vollwertigen Beiträgen,
- 1,0000 EP für 36 KM mit Zeiten einer beruflichen Ausbildung (**beitragsgeminderte Zeiten** nach § 54 Abs. 3 S. 2 SGB VI); davon jeweils 0,3000 EP für das erste und zweite und 0,4000 EP für das dritte Jahr,
  0,2700 EP für zehn KM mit Zeiten des Arbeitslosengeldbezugs vor Vollendung des 25. Lebensjahres (**beitragsgeminderte Zeiten** nach § 54 Abs. 3 S. 1, § 3 S. 1 Nr. 3, § 58 Abs. 1 S. 1 Nr. 3, S. 3 SGB VI).
  Die verbleibenden **48 KM** sind **beitragsfreie Zeiten** einer schulischen Ausbildung (§ 58 Abs. 1 S. 1 Nr. 4 SGB VI). Davon entfallen 36 KM auf Zeiten des Besuchs einer Schule und zwölf KM auf die Teilnahme an einer berufsvorbereitenden Bildungsmaßnahme, § 54 Abs. 3 S. 2 SGB VI.

1) Grundbewertung, § 72 SGB VI

Bei der Grundbewertung sind die Besonderheiten für Zeiten einer beruflichen Ausbildung zu beachten. Nach § 71 Abs. 3 S. 1 Nr. 2 SGB VI werden jedem Kalendermonat mit derartigen Zeiten mindestens 0,0833 EP zugrunde gelegt. 36 KM mit **Zeiten einer beruflichen Ausbildung** erhalten damit 2,9988 EP. Von dieser Summe sind die bereits zugrunde gelegten 1,0000 EP abzuziehen, so dass sich für die Gesamtleistungsbewertung **1,9988 zusätzliche EP** ergeben. Der Durchschnittswert an Entgeltpunkten beträgt somit:
(37,4000 EP + 1,9988 EP) ÷ (600 KM – 48 KM) = 39,3988 ÷ 552 = **0,0714 EP**.

2) Vergleichsbewertung, § 73 SGB VI

Die zusätzlichen Entgeltpunkte für die Zeiten einer beruflichen Ausbildung sind auch bei der Vergleichsbewertung von Bedeutung. Denn soweit eine Aufstockung erfolgt ist, werden diese Zeiten nicht als beitragsgeminderte Zeiten berücksichtigt, vgl. § 71 Abs. 3 S. 1 Nr. 2 SGB VI. Nicht berücksichtigt werden gem. § 73 S. 1 Nr. 1 SGB VI hingegen die Zeiten des Arbeitslosengeldbezugs vor Vollendung des 25. Lebensjahres, da es sich um eine beitragsgeminderte Zeit handelt. Nach der Vergleichsbewertung ergibt sich somit ein Durchschnittswert von:
(39,3988 EP – 0,2700 EP) ÷ (554 KM – 10 KM) = 39,1288 ÷ 544 = **0,0719 EP**.

3) Bewertung der beitragsfreien Zeiten

Den beitragsfreien Zeiten ist der höhere Durchschnittswert aus der Vergleichsbewertung zugrunde zu legen, vgl. § 71 Abs. 1 S. 2 SGB VI. Für die Kalendermonate mit Zeiten einer Schulausbildung ist dies jedoch nicht von Bedeutung; gem. § 74 S. 4 SGB VI werden sie nicht bewertet.

Die Kalendermonate mit Zeiten der Teilnahme an einer berufsvorbereitenden Bildungsmaßnahme werden dagegen bewertet. Allerdings wird der sich aus der Gesamtleistungsbewertung für einen Kalendermonat beitragsfreier Zeit ergebende Wert gem. § 74 S. 1 SGB VI auf 75 Prozent begrenzt. Dies entspricht (0,0719 EP x 0,75 =) 0,0539 EP. Da der zusätzliche Grenzwert von 0,0625 EP nicht überschritten ist (§ 74 S. 2 SGB VI), ergeben sich für die zwölf KM mit Zeiten der Teilnahme an einer berufsvorbereitenden Bildungsmaßnahme insgesamt (0,0539 EP x 12 =) **0,6468 EP**.

4) Ermittlung des Zuschlags für beitragsgeminderte Zeiten

Für die Zeiten einer beruflichen Ausbildung und die Zeiten des Bezugs von Arbeitslosengeld kann die Summe der Entgeltpunkte (1,0000 EP bzw. 0,2700 EP) nach Maßgabe des § 71 Abs. 2 SGB VI um einen Zuschlag zu erhöhen sein. Da die beitragsgeminderten Zeiten verschiedenen Gruppen angehören, sind getrennte Bewertungen vorzunehmen:

Für die Zeiten einer beruflichen Ausbildung ist der Gesamtleistungswert von 0,0717 EP nach § 74 S. 1 SGB VI auf 75 Prozent zu begrenzen; dies entspricht 0,0538 EP. Somit ist der weitere Grenzwert nach § 74 S. 2 SGB VI nicht überschritten. Allerdings werden die Zeiten einer beruflichen Ausbildung, Fachschulausbildung oder der Teilnahme an einer berufsvorbereitenden Bildungsmaßnahme gem. § 74 S. 3 SGB VI **insgesamt für höchstens drei Jahre bewertet**. Von den 36 KM mit Zeiten einer beruflichen Ausbildung können folglich – wegen der bereits berücksichtigten Zeiten der Teilnahme an einer berufsvorbereitenden Bildungsmaßnahme – nur die ersten 24 KM höher bewertet werden. Für diesen Zeitraum ergeben sich (0,0539 EP × 24 =) 1,2936 EP. Von dieser Summe sind die bereits zugrunde gelegten 0,6000 EP abzuziehen. Damit beträgt der Zuschlag nach § 71 Abs. 2 SGB VI für die Zeiten einer beruflichen Ausbildung (1,2936 EP – 0,6000 EP =) **0,6936 EP**.

Bei den Zeiten des Bezugs von Arbeitslosengeld erfolgt dagegen keine Begrenzung des Gesamtleistungswerts. Der Zuschlag beträgt folglich (0,0719 EP × 10) – 0,2700 EP = **0,4490 EP**.

Zusammen ergibt sich damit für die beitragsgeminderten Zeiten ein Zuschlag in Höhe von (0,6936 + 0,4490 EP =) **1,1426 EP**.

5) Ergebnis

Der Altersrente des V liegen somit 37,4000 EP für Beitragszeiten, 0,6468 EP für beitragsfreie Zeiten sowie 1,1426 EP als Zuschlag für beitragsgeminderte Zeiten und damit **insgesamt 39,1894 EP** zugrunde.

cc) Zuschläge an Entgeltpunkten

327 Für bestimmte Sachverhalte sieht das Gesetz Zuschläge – oder ggf. auch Abschläge – an Entgeltpunkten vor, die die Summe aller Entgeltpunkte beeinflussen. Derartige **Zuschläge** können sich – neben den bereits dargelegten Zuschlägen für beitragsgeminderte Zeiten nach § 71 Abs. 2 SGB VI – insbesondere aus einem durchgeführten Versorgungsausgleich (§ 76 SGB VI) oder Rentensplitting (§ 76c SGB VI), aus der Zahlung von Beiträgen nach § 187a SGB VI zum Ausgleich des niedrigeren Zugangsfaktors bei vorzeitiger Inanspruchnahme einer Rente wegen Alters (§ 76a SGB VI), für Arbeitsentgelt aus geringfügiger versicherungsfreier Beschäftigung (§ 76b SGB VI) sowie aus Beiträgen nach Beginn einer Rente wegen Alters (§ 76d SGB VI) ergeben.

328 Im Fall des Versorgungsausgleichs und des Rentensplittings sind zudem **Abschläge an Entgeltpunkten** möglich. Die Art und Weise der Ermittlung der Zu- bzw. Abschläge regelt die jeweils einschlägige Vorschrift.

dd) Grundrente

329 Einen besonderen Fall der Zuschläge an Entgeltpunkten stellen diejenigen für langjährig Versicherte dar. Zum 1.1.2021 traten die Regelungen zur Grundrente in Kraft. Die Grundrente ist somit – anders als die Bezeichnung impliziert – keine Mindestrente, sondern ein Rentenzuschlag, der einem bestimmten Personenkreis der Versicherten als Anteil ihrer Rente durch den zuständigen Rentenversicherungsträger ausgezahlt wird. Jahrzehntelange Arbeit zu unterdurchschnittlichen Löhnen, Zeiten der Kindererziehung und Pflegezeiten sollen damit in der gesetzlichen Rentenversicherung, so das politische Petitum, angemessen gewürdigt und anerkannt werden.[750] Die Grundrente ist damit keine eigen-ständige Leistung oder Rentenart, sondern ein Zuschlag zur Rente, der für alles Rentner individuell berechnet wird.

330 Der mit dem Grundrentengesetz neu eingeführte § 76g SGB VI regelt die Ermittlung des Grundrentenzuschlags an Entgeltpunkten für langjährige Versicherung. Nur wer mindestens 33 Jahre an Grundrentenzeiten ausweisen kann, verfügt dem Grunde nach über einen Anspruch auf den Grundrentenzuschlag. Hinzukommen muss, dass der Durchschnittswert aus den Grundrentenbewertungszeiten des gesamten Versicherungslebens stets unter 80 Prozent liegt, aber mindestens 30 Prozent des Durchschnittsverdienstes beträgt. Grundrentenzeiten sind Kalendermonate mit Zeiten nach § 51 Abs. 3a S. 1 Nr. 1–3 SGB VI sowie Kindererziehungszeiten und Ersatzzeiten. Einzig Kalendermonate mit Pflichtbeitragszeiten oder Anrechnungszeiten wegen des Bezugs von Arbeitslosengeld zählen nicht dazu, vgl. § 76g Abs. 2 SGB VI.

331 Den wesentlichen Parameter zur Bestimmung der Höhe des Zuschlags bildet die Grundrentenbewertungszeit. Darunter fallen solche Zeiträume, die einen kalendermonatlichen Entgeltpunktewert haben, der mindestens 0,025 Entgeltpunkte (kalenderjährlich betrachtet 0,3 Entgeltpunkte) beträgt. Teilzeitbeschäftigungen und „Minijobs" mit einem Lohn unterhalb von 30 Prozent des Durchschnittsverdienstes werden für die Berechnung des Zuschlags somit nicht berücksichtigt.[751] Die Rente soll nach dem Willen des Gesetzgebers – dem Leistungsprinzip Rechnung tragend – nur dann um einen Zuschlag erhöht werden, wenn die Entgeltpunkte des Erwerbslebens insgesamt unter-

750 Grundrentengesetz v. 12.8.2020, BGBl. I S. 1879 ff.; s. a. BT-Drs. 19/18473, S. 1 f.

751 Dies gilt freilich nicht, wenn der Mindestwert von 0,0250 Entgeltpunkten in dem Kalendermonat beispielsweise durch eine zusätzliche freiwillige Beitragszeit erreicht wird. Sämtliche Entgeltpunkte, die für denselben Kalendermonat angefallen sind, sind zusammenzurechnen.

durchschnittlich, aber nicht ganz gering sind. Maßgebend sind die Entgeltpunktwerte, die den jeweiligen Kalendermonaten mit Beitragszeiten oder beitragsfreien Zeiten nach §§ 70ff. SGB VI zugeordnet sind. Heute liegen die Verdienste der Vollzeitbeschäftigten aufgrund der Regelungen zum gesetzlichen Mindestlohn stets über dieser Grenze.

Der Zuschlag an Entgeltpunkten ist aus dem kalendermonatlichen Durchschnittswert an Entgeltpunkten aus allen Grundrentenbewertungszeiten zu ermitteln. Dieser Durchschnittswert ist allerdings nur dann der weiteren Berechnung des Zuschlags an Entgeltpunkten zugrunde zu legen, sofern das Doppelte dieses Durchschnittswertes einen bestimmten Entgeltpunktehöchstwert nicht überschreitet. Dieser wiederum hängt von der Anzahl der vorhandenen Grundrentenzeiten ab. Zuschlag und Durchschnittswert aus den Grundrentenbewertungszeiten dürfen bei 33 Jahren Grundrentenzeiten zusammen nicht mehr als 0,0334 Entgeltpunkte pro Monat und linear aufsteigend bis zu 0,0667 Entgeltpunkte pro Monat bei 35 Grundrentenzeiten betragen. Darüber liegende Werte können nicht durch einen Grundrentenzuschlag aufgestockt werden. Durch diese Staffelung wird sichergestellt, dass auch Versicherte mit weniger als 35 Jahren Grundrentenzeiten einen Zuschlag erhalten können – wenn auch in geringerem Umfang. Wird der maßgebende Entgeltpunktehöchstwert überschritten, ist nur die Differenz zwischen Höchstwert und Durchschnittswert zugrunde zu legen. Der sich ergebene Durchschnittswert wird sodann um 12,5 Prozent reduziert und anschließend mit der Anzahl der Kalendermonate mit Grundrentenbewertungszeiten vervielfältigt – höchstens jedoch mit 420 Kalendermonaten (35 Jahren). 332

Durch die Reduzierung wird das Äquivalenzprinzip – der Grundsatz der Gleichwertigkeit von Leistung und Gegenleistung – gestärkt. Die unterschiedlichen Durchschnittswerte an Entgeltpunkten aus allen Grundrentenbewertungszeiten für die Ermittlung des Grundrentenzuschlags werden nicht auf das gleiche Niveau angehoben. Im Ergebnis wird hierdurch erreicht, dass die Rente mit Grundrentenzuschlag umso höher ausfällt, je höher die Rente aus der eigenen Beitragsleistung ist. 333

In den folgenden Beispielen sind die Rechenergebnisse zur Vereinfachung in Jahren dargestellt; eigentliche Basis der Berechnung sind Kalendermonate. 334

Beispiel: Vorliegen von 33 Jahren mit Grundrentenzeiten

Der Entgeltpunktehöchstwert liegt bei 33 Jahren mit Grundrentenzeiten bei jährlich 0,4008 Entgeltpunkten. Liegt der Durchschnittswert beispielsweise bei 0,3 Entgeltpunkten, ist er zunächst auf 0,6 Entgeltpunkte zu verdoppeln und sodann auf 0,4008 Entgeltpunkte zu begrenzen. Die sich ergebende Differenz von 0,1008 Entgeltpunkte ist um 12,5 Prozent zu reduzieren (0,1008 × 0,875) und beträgt dann 0,0882 Entgeltpunkte. Bei 33 Jahren Grundrentenbewertungszeit ergibt sich ein Zuschlag von 2,9106 Entgeltpunkte (0,0882 × 33). Bei einem aktuellen Rentenwert von 39,32 Euro ergibt sich eine monatliche Rentenerhöhung von bis zu 114,44 Euro. Die konkrete Erhöhung ist abhängig vom jeweiligen Zugangsfaktor der Rentenart.

Beispiel: Vorliegen von mehr als 33 und weniger als 35 Jahren mit Grundrentenzeiten

Ausgehend von dem Höchstwert von 0,4008 Entgeltpunkten bei 33 Jahren mit Grundrentenzeiten erhöht sich mit jedem zusätzlichen Kalendermonat dieser Höchstwert um 0,001389 Entgeltpunkte; das Ergebnis ist nach der Erhöhung auf vier Dezimalstellen zu runden. Bei 34 Jahren mit Grundrentenzeiten ergibt sich somit beispielsweise ein Höchstwert von 0,4175 Entgeltpunkten.

Bei einem Durchschnittswert von 0,3 Entgeltpunkten beträgt die Differenz sodann 0,1175 Entgeltpunkte und eine monatliche Rentenerhöhung von maximal 137,45 Euro (0,1175 × 0,875 × 34 × 39,32 Euro).

Beispiel: Vorliegen von mindestens 35 Jahren mit Grundrentenzeiten

Der Höchstwert bei mindestens 35 Jahren mit Grundrentenzeiten liegt bei jährlich 0,8004 Entgeltpunkten. Der Durchschnittswert von 0,3 Entgeltpunkten würde somit verdoppelt und der zusätzliche Entgeltpunktwert um 12,5 Prozent reduziert werden. Die Rentenerhöhung würde sich bei 40 Jahren Grundrentenbewertungszeiten auf 361,25 Euro belaufen (0,3 × 0,875 × 35 × 39,32 Euro).

Maximal können Zuschläge in Höhe von 12,2561 Entgeltpunkten (0,4002 × 0,875 × 35) erreicht werden, eine monatliche Rentenerhöhung in Höhe von bis zu 419,04 Euro.

---

335 Inwieweit sich die Grundrente auf die Bereitschaft der geringverdienenden Arbeitnehmer auswirkt, betrieblich oder privat für das Alter vorzusorgen, bleibt abzuwarten.

Beispiel: Vollzeit beschäftigter Mindestlohnbezieher
Bei einem vollzeitig beschäftigten Arbeitnehmer, der 45 Jahre auf dem gesetzlichen Mindestlohnniveau nach dem MiLoG beschäftigt war, wirkt sich die Grundrente wie folgt aus:

Der stark vereinfachten Berechnung wird dabei zugrunde gelegt, dass Mindestlohn und Durchschnittsentgelt aller Versicherten in Zukunft in einem gleichen Verhältnis zueinanderstehen.

Bei einem Mindestlohn von derzeit (2025) 12,82 Euro pro Stunde, einer wöchentlichen Arbeitszeit von 40 Stunden und 52 Arbeitswochen im Jahr ergibt sich ein Jahresverdienst von 26.665,60 Euro (ca. 2.222,13 Euro pro Monat). Das vorläufige Durchschnittsentgelt beträgt für 2024 45.358 Euro. Pro Jahr des Verdienstes auf Mindestlohnniveau ergeben sich somit 0,5879 Entgeltpunkte, also insgesamt 26,4555 Entgeltpunkte. Dies ergibt aktuell eine Altersrente in Höhe von 1.040,23 Euro.

Der monatliche Durchschnittswert (§ 76g Abs. 4 S. 1 SGB VI) beträgt 0,049 Entgeltpunkte. Das Zweifache dieses Durchschnittswertes (0,098 Entgeltpunkte) übersteigt den Höchstwert nach § 76g Abs. 4 Satz 5 SGB VI (0,0667 Entgeltpunkte) um 0,0313 Entgeltpunkte. Der Zuschlag nach § 76g Abs. 4 Satz 6 SGB VI beträgt somit 11,5028 Entgeltpunkte (0,0313 x 0,875 x 420).

11,5028 Entgeltpunkte führen zu einer Erhöhung der Altersrente um 452,29 Euro. Ausgehend von einem 45jährigen Erwerbsleben erhält der Versicherte damit insgesamt eine monatliche Bruttorente in Höhe von 1.492,52 Euro; 67 Prozent seines ehemaligen Bruttoerwerbseinkommens.

336 Treffen 40 Jahre versicherungspflichtige Beschäftigung auf Mindestlohnniveau und die Erziehung zweier Kinder zusammen, erhöht sich die Rente auf 1.612,86 Euro – fast 73 Prozent des einstigen Erwerbseinkommens. Im Vergleich dazu liegt das Rentenniveau der Deutschen Rentenversicherung bei gerade mal 48 %. Mit Blick auf Art. 3 Abs. 1 GG erscheint die Grundrente daher mehr als fragwürdig.

337 Auch im Rentenbestand, das heißt für Renten, die bereits vor Inkrafttreten des Grundrentengesetzes gewährt wurden, ist zu prüfen, ob die Grundrentenzeiten erfüllt sind. Dies ist allerdings besonders für die Renten nicht unproblematisch, die vor Inkrafttreten des SGB VI 1992 bewilligt wurden. Damit die Rentenversicherungsträger die Prüfung auch bei Bestandsrenten möglichst automatisiert und mit einem vertretbaren Verwaltungsaufwand durchführen können, trifft das Gesetz mit § 307e SGB VI (Bestands-renten, die nach dem SGB VI berechnet wurden) und § 307f SGB VI (Bestandsrenten, die nach dem vor dem SGB VI geltenden Recht berechnet wurden) vereinfachende und pauschalisierende Regelungen.[752]

338 Mit Blick auf das vereinfacht ausgedrückte Ziel einer solchen Grundrente – den Betroffenen den Weg zum Sozialamt zu ersparen und der damit einhergehenden Besserstellung langjährig Versicherter – stellt sich zunächst die Frage, warum diesem Personenkreis der Weg erspart werden soll, anderen hingegen nicht. Wieso ist der Gang der Mutter, die der Kindererziehung wegen auf eine Erwerbstätigkeit – über die ersten drei Lebensjahre des Kindes hinaus – verzichtet hat und dadurch nicht dem Schutz des § 76g SGB VI unterfällt, der Gang zumutbar, nicht aber dem langjährig versicherten Rentner?

339 Die gesetzliche Rentenversicherung stellt zudem im Grundsatz ein lohn- und beitragsorientiertes Vorsorgesystem dar. Das heißt, wer nicht ausreichende Beiträge eingezahlt hat, kann auch keine Rentenleistung in einem Umfang erwarten, der über die Grundsicherung hinausgeht. Die gesetzliche Rentenversicherung spiegelt nur die Lebensleistung wider; Armutssicherung ist gerade die Aufgabe der staatlichen Sozialhilfe. Die Tatsache, dass eine Leistung, die – wenn überhaupt – in das Grundsicherungsrecht gehört hätte, nunmehr in das Rentensystem integriert wurde, führt zwangsläufig dazu, dass weder das Äquivalenzprinzip der Rentenversicherung noch das Subsidiaritätsprinzip der Sozialhilfe konsequent beachtet werden.[753] Eine Vermischung führt zu gleichheitswidrigen Systembrüchen. So können Versicherte, die 32 Jahre lang Vollzeit gearbeitet und entspre-

752 BT-Drs. 19/18473, S. 47 f.

753 Ruland, Die Grundrente – Voraussetzungen, Berechnung, Verfahren und Versorgungsausgleich, NZS 2021, 241, 249.

chend höhere Beiträge gezahlt haben, eine niedrigere Rente bekommen als Versicherte, die 35 Jahre nur halbtags gearbeitet und viel weniger Beiträge gezahlt haben, deren originäre Rente aber durch die Grundrente aufgestockt wird.[754] Es entsteht damit ein versorgungsstaatliches Parallelsystem, dass nicht auf Erträge aus Arbeit und damit verbundene Vorsorge setzt.[755]

Vorzugwürdiger wäre unter diesem Aspekt deshalb ein Rentenzuschuss zur Grundsicherung für langjährig Versicherte gewesen, der dazu führt, dass nicht mehr alle Renteneinkommen auf die Grundsicherung angerechnet werden.[756] Dieser sollte als gestaffelter Freibetrag ausgestaltet sein, damit jegliche Rentenvorsorge – gesetzlicher oder privater Art – berücksichtigt und belohnt würde. Mit einer solchen Lösung wäre zudem auch sichergestellt, dass die Finanzierung vollständig aus Steuermitteln erfolgt. Insgesamt betrachtet wirft die Durchführung der Grundrente durch die gesetzliche Rentenversicherung massive verfassungsrechtliche Fragen bezüglich der Zuständigkeit auf; zudem stellen sich – wie dargestellt – auch erhebliche grundrechtliche Probleme.[757] Nicht zum ersten Mal wird die spätere Nachfinanzierung von Vorsorgelücken auf die nächste Generation verschoben. Wie das BVerfG die Regelungen beurteilt und ob beziehungsweise in welcher Form sie dauerhaft Bestand haben werden, bleibt abzuwarten. **340**

Schließlich sollte nicht unerwähnt bleiben, dass die Grundrente zu einem enormen Verwaltungsaufwand führt. Dies ergibt sich schon daraus, dass, bis die Rente endgültig festgestellt ist, zwei, sind auch Kapitalerträge anzurechnen, drei Bescheide ergehen müssen. Die Einkommensanrechnung muss zudem jedes Jahr zum 1. Januar überprüft werden, was mindestens einen weiteren Bescheid erfordert.[758] **341**

b) Zugangsfaktor

Der Zugangsfaktor richtet sich gem. § 77 Abs. 1 SGB VI nach dem Alter des Versicherten bei Rentenbeginn und bestimmt, **in welchem Umfang die Entgeltpunkte** bei der Ermittlung des Monatsbetrags der Rente **als persönliche Entgeltpunkte zu berücksichtigen sind**. **342**

Die Regelung des § 77 SGB VI dient dem **Ausgleich** der Vorteile und Nachteile einer **unterschiedlichen Rentenbezugsdauer** (vgl. § 63 Abs. 5 SGB VI). Sie steht in einem engen Zusammenhang mit der – parallel zur stufenweisen Anhebung der Altersgrenzen ermöglichten – vorzeitigen Inanspruchnahme von Altersrenten. Um unerwünschte Ausweichreaktionen zu vermeiden bzw. die Systemgerechtigkeit zu wahren, findet das Alter des Versicherten bei Rentenbeginn aber seit geraumer Zeit auch bei der Berechnung von Erwerbsminderungs- und Hinterbliebenenrenten Berücksichtigung. **343**

Bei der **Inanspruchnahme einer Altersrente vor Erreichen des maßgeblichen Renteneintrittsalters** fällt zwar bereits der individuelle Rentenanspruch wegen der kürzeren Beitragszeit geringer aus als im Falle des regulären Rentenbezugs, allerdings erhöht sich auf diese Weise auch die Gesamtlaufzeit der Rente. Die Folge ist eine gegenüber der Inanspruchnahme bei Erreichen des regulären Eintrittsalters höhere finanzielle Belastung der Rentenkasse, zu deren Kompensation die beitragsbezogene Minderung jedoch alleine nicht ausreicht. Im Interesse der Kostenneutralität, und da im Übrigen individuell getroffene Entscheidungen nicht zu Lasten der Solidargemeinschaft gehen dürfen, ist die vorzeitige Inanspruchnahme daher zusätzlich **mit Rentenabschlägen verbunden**. Dann ist es nur folgerichtig, wenn eine erst **nach Erreichen der Regelaltersgrenze in Anspruch** **344**

---

754 Weitere Berechnungen zur Anreizumkehr-Schwelle der Grundrente: Irion, Grundrente demütigt Rentenbeiträge aus Minijobs, rv 2020, 173ff.

755 Waltermann, SR 2014, 76.

756 Hoenig/Kerschbaumer, SozSich 2012, 263ff.

757 Dazu ausführlich: Brosius-Gersdorf, SGb 2019, 509ff.; Ruland, NZS 2019, 881ff.; Ruland, Die Verfassungswidrigkeit der Grundrente, S. 35ff.; dem Erfordernis von 33 Jahren an Grundrentenzeiten für den Grundrentenzuschlag hält das LSG Baden-Württemberg 21.9.2023 NZS 2024, 388 m. Anm. Hoffmann, NZS 2024, 389.

758 Ruland, Die Grundrente – Voraussetzungen, Berechnung, Verfahren und Versorgungsausgleich, NZS 2021, 241, 249.

genommene Rente – ungeachtet des damit verbundenen höheren Rentenanspruchs – durch **versicherungsmathematische Zuschläge** honoriert wird. Denn schließlich geht mit dieser Entscheidung typischerweise auch eine gegenüber dem „Normalfall" verkürzte Rentenbezugsdauer und damit eine finanzielle Entlastung der Rentenkasse einher.

aa) Erstmalige Berücksichtigung von Entgeltpunkten

345 Bei der Ermittlung des Zugangsfaktors ist zu unterscheiden, ob die Entgeltpunkte, die mit dem Zugangsfaktor multipliziert werden sollen, erstmalig einer Rentenberechnung zugrunde gelegt werden oder ob sie bereits bei einer früheren Berechnung berücksichtigt worden sind. Im zweiten Fall ist § 77 Abs. 3 SGB VI maßgebend. Demgegenüber bestimmt sich der Zugangsfaktor für **Entgeltpunkte, die noch nicht Grundlage von persönlichen Entgeltpunkten einer Rente waren,** nach § 77 Abs. 2 SGB VI.

346 Gem. § 77 Abs. 2 S. 1 Nr. 1 SGB VI beträgt der Zugangsfaktor bei Renten wegen Alters, die mit Ablauf des Kalendermonats des **Erreichens der Regelaltersgrenze** beginnen, **1,0**. Er wirkt sich damit auf die Rentenhöhe nicht aus, die ermittelten Entgeltpunkte werden vielmehr in vollem Umfang als persönliche Entgeltpunkte berücksichtigt. Ist für die vom Versicherten in Anspruch genommene Rente jedoch ein **niedrigeres Eintrittsalter maßgebend**, wie bspw. bei der Altersrente für Schwerbehinderte nach § 37 SGB VI oder ggf. – für eine unterschiedlich lange Übergangszeit – noch bei den Altersrenten des fünften Kapitels (vgl. §§ 236 bis 237a SGB VI i. V. m. Anlage 19 bis 22), tritt dieses an die Stelle der maßgeblichen Regelaltersgrenze. Ein Beginn dieser Rente mit Ablauf des Kalendermonats des betreffenden Lebensjahres hat ebenfalls einen Zugangsfaktor von 1,0 zur Folge.

347 Wird eine Altersrente jedoch vor Erreichen des Eintrittsalters in Anspruch genommen, was nur noch bei bestimmten Renten möglich ist, ist der Zugangsfaktor gem. § 77 Abs. 2 S. 1 Nr. 2a SGB VI **für jeden Kalendermonat der vorzeitigen Inanspruchnahme um 0,003 niedriger als 1,0**. Dies entspricht einem Rentenabschlag von 0,3 Prozent monatlich bzw. 3,6 Prozent jährlich. Da das Gesetz eine vorzeitige Inanspruchnahme vor Vollendung des 62. Lebensjahres nicht zulässt, beträgt die **höchstmögliche Rentenminderung** unter Zugrundelegung der Altersgrenze von 65 Jahren damit **10,8 Prozent**. Der Abschlag ist **dauerhaft für die** in die Berechnung eingestellten **Entgeltpunkte maßgebend**; er fällt nicht etwa mit dem Erreichen der Regelaltersgrenze weg. Die zu erwartende Minderung kann allerdings nach § 187a SGB VI durch Zahlung von Beiträgen ab dem 50. Lebensjahr ganz oder teilweise kompensiert werden; derartige Beiträge können indes weder zur Erfüllung beitragsabhängiger rentenrechtlicher Leistungsvoraussetzungen beitragen noch haben sie Einfluss auf die Bewertung sonstiger rentenrechtlicher Zeiten.[759]

348 Dagegen **erhöht sich der Zugangsfaktor von 1,0** gem. § 77 Abs. 2 S. 1 Nr. 2b SGB VI **für jeden Kalendermonat**, den ein Versicherter eine Rente wegen Alters **nach Erreichen der Regelaltersgrenze** nicht in Anspruch nimmt, obwohl die Wartezeit erfüllt ist, um **0,005**. Wird die Wartezeit erst nach Erreichen der Regelaltersgrenze erfüllt, können demzufolge nur solche Monate berücksichtigt werden, die nach dem Zeitpunkt der Erfüllung und vor Rentenbeginn liegen.[760]

349 Für einen um ein Jahr nach Erreichen der Regelaltersgrenze aufgeschobenen Rentenbeginn ergibt sich damit regelmäßig ein Zuschlag in Höhe von 0,5 Prozent pro Monat bzw. sechs Prozent pro Jahr. Zu erhöhen sind sämtliche in die Berechnung eingestellten Entgeltpunkte. Insbesondere auch solche, die erst nach Erreichen der Regelaltersgrenze erworben wurden. Ist eine Bestandsrente neu festzusetzen, verbleibt es hingegen bei dem Zugangsfaktor des ursprünglichen Rentenbeginns, da auf die Rente nicht „verzichtet" wurde.[761]

759 Hauck/Noftz § 187a SGB VI Rn. 2.
760 Ebenso BeckOGK/Gürtner § 77 SGB VI Rn. 15; Kreikebohm/Roßbach/von Koch § 77 SGB VI Rn. 14.
761 BeckOGK/Gürtner § 77 SGB VI Rn. 15.

Beispiel: Auswirkung des Zugangsfaktors bei Altersrenten

1) A will seine Altersrente ein Jahr vor Ablauf des Kalendermonats des Erreichens seiner Regelaltersgrenze in Anspruch nehmen. Der zuständige Versicherungsträger ermittelt **44 Entgeltpunkte** und einen **Zugangsfaktor von 0,964** (1,0 – (12 × 0,003)), so dass sich für A **42,416 persönliche Entgeltpunkte** ergeben. Seine Bruttomonatsrente beträgt damit **1.667,80 Euro** (42,416 × 1,0 × 39,32 Euro). Ohne Abschläge wären ihm dagegen 1.730,08 Euro (44 × 1 × 39,32 Euro), etwas mehr als 62 Euro mehr, verblieben.
2) Sein Bruder B nimmt seine Altersrente dagegen erst ein Jahr nach Erreichen der Regelaltersgrenze in Anspruch. Für ihn können **46 Entgeltpunkte** ermittelt werden. Da B die Wartezeit weit vor Erreichen der Regelaltersgrenze erfüllt hat, ergibt sich zudem ein **Zugangsfaktor von 1,06** (1,0 + (12 × 0,005)), so dass insgesamt **48,76 persönliche Entgeltpunkte** vorhanden sind. Die Bruttomonatsrente des B beläuft sich demzufolge auf **1.917,24 Euro** (48,76 × 1 × 39,32 Euro). Gegenüber dem Äquivalenzrentner mit einer Bruttomonatsrente von 1.730,08 Euro ergibt sich damit eine um über 180 Euro höhere Rente, wovon 39,32 Euro (1 EP) auf die zusätzliche Beitragsleistung entfallen.

Die Regelung des § 77 Abs. 2 S. 1 Nr. 2 SGB VI gilt auch für Teilrenten wegen Alters. Bei **vorzeitig in Anspruch genommenen Teilrenten** betrifft der niedrigere Zugangsfaktor aber natürlich nur die der Teilrente zugrundeliegenden Entgeltpunkte. Gem. § 66 Abs. 3 S. 1 SGB VI ergeben sich die in Anspruch genommenen Entgeltpunkte bei gewählter Teilrente (§ 42 Abs. 1 SGB VI) aus der Summe aller Entgeltpunkte entsprechend dem Verhältnis der Teilrente zu der Vollrente. Möchte beispielsweise ein Versicherter seine Teilrente in Höhe von 40 Prozent der Altersvollrente beziehen, so entfallen von der Summe aller Entgeltpunkte genau 40 Prozent auf die Teilrente. 350

Zuschläge an Entgeltpunkten aus Beiträgen nach Beginn einer Rente wegen Alters werden gem. § 66 Abs. 3a SGB VI mit Ablauf des Kalendermonats des Erreichens der Regelaltersgrenze und anschließend jährlich zum 1.7. berücksichtigt. Entsprechend wird für die Ermittlung des Zugangsfaktors für Zuschläge aus Beiträgen, die nach Beginn der Rente wegen Alters entrichtet wurden, auf den Zeitpunkt abgestellt, zu dem die Entgeltpunkte hieraus beansprucht werden, § 77 Abs. 2 S. 4 SGB VI. 351

Beispiel: Auswirkungen des Zugangsfaktors bei Teilrenten wegen Alters

Der Versicherte C nimmt eine Teilrente wegen Alters in Höhe der Hälfte seiner Altersvollrente zwei Jahre, also 24 Kalendermonate, vor dem Erreichen der Regelaltersgrenze in Anspruch. Sein Versichertenkonto weist zu diesem Zeitpunkt 42 Entgeltpunkte auf.

Der Teilrente ist die Hälfte der ermittelten Entgeltpunkte zugrunde zu legen, dies sind **21 Entgeltpunkte.** Aufgrund des Zugangsfaktors von 0,928 (1,0 – (24 × 0,003)) **ergeben** sich **19,488 persönliche Entgeltpunkte** (0,928 × 21 EP).

Während des Bezugs der Teilrente wurde ein **Zuschlag an Entgeltpunkten** in Höhe von einem Entgeltpunkt ermittelt. Mit Ablauf des Monats, in dem die Regelaltersgrenze erreicht wurde, wird dieser Entgeltpunkt zur Hälfte mit einem Zugangsfaktor von 1,0 berücksichtigt.

Ein Jahr nach Erreichen der Regelaltersgrenze begehrt C schließlich die Vollrente.

Für die **21,5 Entgeltpunkte** (21 EP + 0,5 ZEP), die bisher noch nicht Grundlage von persönlichen Entgeltpunkten waren, ergeben sich ein **Zugangsfaktor von 1,06** (1,0 + (12 × 0,005)) und damit **22,79 persönliche Entgeltpunkte** (1,06 × 21,5 EP).

Der Vollrente des C werden damit **insgesamt 42,278 persönliche Entgeltpunkte** zugrunde gelegt.

Bei Renten wegen verminderter Erwerbsfähigkeit und Erziehungsrenten ist der Zugangsfaktor gem. § 77 Abs. 2 S. 1 Nr. 3 SGB VI **für jeden Kalendermonat**, für den diese Renten **vor Ablauf des Kalendermonats der Vollendung des 65. Lebensjahres** in Anspruch genommen werden, **um 0,003 niedriger als 1,0**. Da die Kürzung des Zugangsfaktors dem legitimen Ziel dient, die Finanzierung der gesetzlichen Rentenversicherung zu sichern und auf die Verlängerung der Rentenbezugszeit reagiert, ist sie mit dem Grundgesetz vereinbar.[762] Nach der Sonderregelung des § 77 Abs. 2 S. 2, 3 SGB VI ist für die Berechnung des Zugangsfaktors die Vollendung des 62. Lebensjahres maßgebend, wenn die Rente vor Vollendung des 62. Lebensjahres beginnt. Die Zeit des Bezugs einer Rente vor Voll- 352

762 BVerfG 11.1.2011 BVerfGE 128, 138 ff.

endung des 62. Lebensjahres des Versicherten gilt nicht als Zeit einer vorzeitigen Inanspruchnahme. Daraus ergibt sich eine Rentenkürzung in Höhe von maximal 10,8 Prozent.

353 Während der schrittweisen Erhöhung der Regelaltersgrenze ist die Übergangsvorschrift des § 264d SGB VI zu beachten. Des Weiteren bestimmt § 77 Abs. 4 SGB VI die Beibehaltung der bisher maßgebenden Altersgrenzen von 60 bzw. 63 Jahren, wenn der Rentenberechnung 40 Jahre mit den in § 51 Abs. 3a und Abs. 4 SGB VI und den in § 52 Abs. 2 SGB VI genannten Zeiten zugrunde liegen.

354 Die Berücksichtigung des Alters bei der Berechnung von Renten wegen Erwerbsminderung erschließt sich nicht sofort, zählt die Vollendung eines Mindestalters doch dort – anders als bei den Altersrenten – gerade nicht zu den Anspruchsvoraussetzungen. Dennoch erklärt das Gesetz die Vollendung des 65. Lebensjahres zum „Regeleintrittsalter" für die Rentenberechnung. Damit soll vermieden werden, dass Versicherte statt einer mit Abschlägen behafteten Altersrente für schwerbehinderte Menschen (§ 37 SGB VI), eine abschlagsfreie Erwerbsminderungsrente in Anspruch nehmen können.[763] Vor diesem Hintergrund erklärt sich auch die Sonderregelung des § 77 Abs. 2 S. 2 SGB VI. Nach dieser Vorschrift beträgt der Zugangsfaktor immer mindestens 0,892 (1,0 – (36 × 0,003)). Dies entspricht einer **Begrenzung des Abschlags auf maximal 10,8 Prozent** und damit dem Abschlagshöchstwert für die Altersrente für schwerbehinderte Menschen.

355 Hat ein Versicherter allerdings eine Erwerbsminderungsrente vor Vollendung des 62. Lebensjahres bezogen und fällt diese Rente, bspw., weil sich sein Gesundheitszustand gebessert hat, auch wieder vor Vollendung dieses Lebensalters weg, ist dieser Rentenbezug bei der Ermittlung des Zugangsfaktors für eine später erneut beantragte Erwerbsminderungsrente nicht von Relevanz, § 77 Abs. 2 S. 3 SGB VI.

356 Im Rahmen des Gesetzgebungsverfahrens zum EM-Leistungsverbesserungsgesetz hat der Bundesrat auf Empfehlung der Ausschüsse[764] um die Prüfung einer Abschaffung dieser Abschläge bei Erwerbsminderungsrenten gebeten. Die Abschläge verfehlen – nach der Begründung – bei der Erwerbsminderungsrente ihren Sinn und Zweck, die Vorteile eines längeren Rentenbezugs auszugleichen. Denn anders als bei einer Regelaltersrente könne eine erwerbsgeminderte Person den Zeitpunkt ihres Renteneintritts nicht frei wählen. Der Renteneintritt sei vielmehr auf die Verschlechterung des Gesundheitszustandes zurückzuführen. Die Abschläge führen für den weit überwiegenden Teil der Erwerbsgeminderten zu Rentenkürzungen von durchschnittlich rund zehn Prozent. Die Abschaffung der Abschläge hätte damit für den Großteil der erwerbsgeminderten Menschen eine beträchtliche Rentensteigerung zur Folge und würde die Abhängigkeit von Grundsicherungsleistungen verringern.[765] Die beauftragten Sachverständigen stuften die Abschläge zwar im Grundsatz als systemwidrig ein, bezeichneten sie jedoch auch als Mittel, um die Anreizwirkung, die eine Erwerbsminderungsrente mit verlängerter Zurechnungszeit hat, auszuhebeln.[766] Die Abschaffung wurde sodann mit der Begründung abgelehnt, die Abschläge würden sicherstellen, dass Alters- und Erwerbsminderungsrenten hinsichtlich des vorzeitigen Rentenbezugs grundsätzlich gleichbehandelt werden würden.[767]

357 Auch bei Hinterbliebenenrenten kann es zu Abschlägen kommen, da diese nicht höher ausfallen sollen als die Versichertenrenten. Die Abschläge gelten auch für Hinterbliebene, wenn der Ehepartner vor dem 62. Geburtstag stirbt.[768] Nach § 77 Abs. 2 S. 1 Nr. 4a SGB VI ist der Zugangsfaktor von 1,0 für jeden Kalendermonat um 0,003 zu reduzieren, wenn der Versicherte vor Vollendung des 65. Lebensjahres verstorben ist. Allerdings findet auch hier die Sonderregelung des § 77 Abs. 2 S. 2 SGB VI Anwendung, so dass sich der Zugangsfaktor höchstens um 0,108 (36 × 0,003) oder 10,8 Prozent verringern kann. Des Weiteren sind § 77 Abs. 4 SGB VI und die Übergangsvorschrift des § 264c SGB VI zu beachten.

763 Hauck/Noftz § 77 SGB VI Rn. 7.

764 BR-Drs. 156/1/17, S. 2.

765 BR-Drs. 156/17, S. 1.

766 Ausschuss für Arbeit und Soziales, 16.5.2017 hib 308/2017.

767 BT-Drs. 156/17, S. 2.

768 Für das 60. Lebensjahr gem. § 77 Abs. 2 SGB VI a.F. vgl. BSG 14.8.2008 SGb 2008, 591f.

Durch das Abstellen auf den Todeszeitpunkt wird die Möglichkeit, eine Kürzung des Zugangsfaktors durch verspätete Antragstellung zu umgehen, ausgeschlossen.[769] Hat der Versicherte die Altersrente dagegen nach Erreichen der Regelaltersgrenze trotz erfüllter Wartezeit nicht in Anspruch genommen, ist der Zugangsfaktor bei der Hinterbliebenenrente nach Maßgabe des § 77 Abs. 2 S. 1 Nr. 4b SGB VI zu erhöhen. 358

bb) Zugangsfaktor bei Folgerenten

Für Entgeltpunkte, die bereits Grundlage von persönlichen Entgeltpunkten einer früheren Rente waren, bleibt nach § 77 Abs. 3 S. 1 SGB VI grundsätzlich der frühere Zugangsfaktor maßgebend. Damit wird eine zu Lasten der Rentenkasse wirkende Veränderung des bisherigen Zugangsfaktors **beim Übergang in eine andere Rente** verhindert. Bedeutung besitzt die Regelung vor allem für Hinterbliebenenrenten. Hat der Versicherte die Altersrente vorzeitig in Anspruch genommen und lag seiner Rentenberechnung daher ein reduzierter Zugangsfaktor zugrunde, soll dieser Zugangsfaktor auch für eine sich anschließende Rente wegen Todes maßgebend sein. 359

Die Festschreibung des Zugangsfaktors gilt aber nur für diejenigen Entgeltpunkte, die bei der früheren Rentenberechnung herangezogen wurden. Entgeltpunkte, die damals noch nicht Grundlage von persönlichen Entgeltpunkten waren und solche, die erst nach der Ermittlung des bisherigen Zugangsfaktors erworben wurden, erhalten einen anderen, dem Alter des Versicherten bei Beginn der Folgerente entsprechenden Zugangsfaktor.[770] Dessen Ermittlung richtet sich indes wiederum nach § 77 Abs. 2 SGB VI. 360

In den Fällen, in denen zwischen dem Auslaufen einer Rente mit einem Zugangsfaktor von 1,0 und dem Beginn einer vorzeitigen Altersrente mit Abschlägen mehr als 24 Monate liegen, ist der frühere Zugangsfaktor jedoch nicht (mehr) geschützt. Zwar lässt sich eine solche zeitliche Beschränkung nicht dem Wortlaut des § 77 Abs. 3 S. 1 SGB VI entnehmen, aus den Gesetzesmaterialien ergeben sich jedoch auch keine Hinweise dafür, dass der Gesetzgeber mit der Norm eine Begünstigung des Versicherten ohne jegliche Begrenzung der Dauer der zwischenzeitlichen Unterbrechung einführen wollte. Dies stünde auch im Gegensatz dazu, dass der Gesetzgeber in § 88 Abs. 1 SGB VI ausdrücklich geregelt hat, in welchem Umfang persönliche Entgeltpunkte aus einer früheren Rente bei einer späteren Rente noch zu berücksichtigen sind. Entsprechend der Besitzschutzregelung des § 88 Abs. 1 S. 2 SGB VI und der übereinstimmenden Interessenlage ist daher nur eine Unterbrechung von weniger als 24 Monaten als unschädlich anzusehen.[771] 361

Eine weitere Ausnahme liegt vor, wenn dem Rentenversicherungsträger die von einem Versicherten vorzeitig in Anspruch genommene Altersrente vollständig erstattet wird. § 77 Abs. 3 Nr. 1 SGB VI ist in dem Fall des erfolgreichen Rentenleistungsregresses nach § 116 Abs. 1 S. 1 SGB X analog anzuwenden, da die Versichertengemeinschaft nicht durch einen vorzeitigen Rentenbeginn belastet worden ist.[772] 362

Von dem Grundsatz der Übernahme des Zugangsfaktors bei Folgerenten wird für Alters-, Erwerbsminderungs- und Erziehungsrenten zudem nach Maßgabe des § 77 Abs. 3 S. 2 und 3 SGB VI zugunsten des Versicherten abgewichen. 363

3. Rentenartfaktor

Der **Rentenartfaktor** (RaF) gem. § 64 Nr. 2 SGB VI ist das zweite Element der Rentenformel und **regelt** die **Höhe der einzelnen Rentenarten in Abhängigkeit vom Sicherungsziel** der jeweiligen Rentenart im Verhältnis zu einer Altersrente, vgl. § 63 Abs. 4 SGB VI. Er bewirkt, dass verschiedene 364

769 Kreikebohm/Roßbach/von Koch § 77 SGB VI Rn. 8.
770 BeckOGK/Gürtner § 77 SGB VI Rn. 22.
771 BSG 19.10.2011 SozR 4-2600 § 77 Nr. 10.
772 BSG 13.12.2017 SozR 4-2600 § 77 Nr. 11.

Rentenarten **trotz gleicher Beitragsleistung** unterschiedlich hoch ausfallen können. Dies hängt davon ab, ob die Rente z. B. als voller Lohnersatz oder lediglich als Ergänzung dienen soll. Dementsprechend kann der Rentenartfaktor zwischen 1,0 bei der Regelaltersrente und 0,1 bei der Halbwaisenrente betragen. Der Rentenartfaktor erfüllt damit diejenige Funktion, die vor Geltung des SGB VI dem bisherigen Steigerungssatz zukam.[773] Für die Umrechnung entspricht der Steigerungssatz von 1,5 Prozent dem Rentenartfaktor von 1,0. Da er in dieser Situation als Faktor in der Rentenformel neutral ist, ist er wertmäßig in den aktuellen Rentenwert eingearbeitet worden.

Gem. § 67 SGB VI beträgt der Rentenartfaktor für persönliche Entgeltpunkte bei:

- Renten wegen Alters → **1,0** (Nr. 1),
- Renten wegen voller Erwerbsminderung → **1,0** (Nr. 3),
- Erziehungsrenten → **1,0** (Nr. 4),
- großen Witwenrenten und großen Witwerrenten bis zum Ende des dritten Kalendermonats nach Ablauf des Monats (Sterbevierteljahr), in dem der Ehegatte verstorben ist, → **1,0** und anschließend → **0,55** (Nr. 6),
- Renten wegen teilweiser Erwerbsminderung → **0,5** (Nr. 2),
- kleinen Witwenrenten und kleinen Witwerrenten bis zum Ende des dritten Kalendermonats nach Ablauf des Monats (Sterbevierteljahr), in dem der Ehegatte verstorben ist, → **1,0** und anschließend → **0,25** (Nr. 5),
- Vollwaisenrenten → **0,2** (Nr. 8) und
- Halbwaisenrenten → **0,1** (Nr. 7).

365 Bei den **Erziehungsrenten** nach bisherigem RVO-Recht ist § 307 Abs. 4 SGB VI zu beachten. Hiernach sind Erziehungsrenten, auf die am 31.12.1991 ein Anspruch bestand, neu zu berechnen. Da die Erziehungsrente gem. § 47 SGB VI nicht mehr nach großer oder kleiner Erziehungsrente unterscheidet, hatte dies zur Folge, dass auch bei der kleinen Erziehungsrente der Rentenartfaktor von 1,0 angewendet werden musste und sich diese um 50 Prozent erhöhte. Freilich sind hier die Vorschriften über die Einkommensanrechnung gem. § 97 Abs. 1 S. 1 Nr. 2 SGB VI zu beachten.

366 Bei der **großen Witwen- und Witwerrente** wurde der Rentenartfaktor durch Art. 1 Nr. 15 des Altersvermögensergänzungsgesetzes vom 21.3.2001[774] von 0,6 auf 0,55 abgesenkt; gleichzeitig wurden jedoch mit § 78a SGB VI zum Zwecke der Kompensation Zuschläge an Entgeltpunkten für Kindererziehung eingeführt. Das **Übergangsrecht** sieht in § 255 Abs. 1 SGB VI vor, dass der Rentenartfaktor für persönliche Entgeltpunkte bei großen Witwen- und Witwerrenten nach dem Ende des dritten Kalendermonats nach Ablauf des Monats, in dem der Ehegatte verstorben ist, auch weiterhin 0,6 beträgt, wenn der Ehegatte vor dem 1.1.2002 verstorben ist oder die Ehe vor diesem Tag geschlossen wurde und mindestens ein Ehegatte vor dem 2.1.1962 geboren ist. Bei großen Witwen- und Witwerrenten an vor dem 1.7.1977 geschiedene Ehegatten (s. § 243 Abs. 2, 3 SGB VI) findet § 255 Abs. 2 SGB VI Anwendung. Der anzuwendende Rentenartfaktor beträgt 0,55.

367 Die **kleine Witwen- und Witwerrente** beläuft sich stets auf 45,45 Prozent der großen Witwen- und Witwerrente bzw. die große Witwen- bzw. Witwerrente beträgt konstant das 2,2-Fache der kleinen Witwen- und Witwerrente. Auch für **vor dem 1.7.1977 geschiedene Ehegatten** ist der Rentenartfaktor in Höhe von 0,25 **von Beginn an** gem. § 243 SGB VI i. V. m. § 255 Abs. 2 SGB VI anzuwenden.

368 Bezüglich der **Halbwaisen- und Vollwaisenrente** wird auf die entsprechenden Ausführungen verwiesen.

773 BeckOGK/Körner § 67 SGB VI Rn. 3.
774 AVmEG, BGBl. I S. 403 ff.

4. Aktueller Rentenwert

a) Allgemeines

Der aktuelle Rentenwert (AR oder aRW) gem. § 64 Nr. 3 SGB VI ist der dritte Faktor in der Rentenformel und gibt den **aktuellen Geldwert der angesammelten Entgeltpunkte** des Versicherten in Euro absolut wieder. Neben dieser Funktion dient er auch dazu, das typische **Rentenniveau des sog. Äquivalenzrentners** (früher: Eck- oder Standardrentner) nach 45 Versicherungsjahren mit dem jährlichen Durchschnittsentgelt nach Anlage 1 zum SGB VI abzubilden (s.a. RechengrößenVO). Rentenhöhe und aktueller Rentenwert sind damit eng miteinander verzahnt. Der aktuelle Rentenwert ist für den Gesetzgeber eine der zentralen Stellschrauben für die spätere Höhe der Renten und damit Gradmesser des Lebensstandards der Rentner, welcher – grundsätzlich noch – an das allgemeine Einkommensniveau der Versicherten gekoppelt ist. Er stellt den **dynamischen Teil der Rente** dar, weil er entsprechend der Entwicklung des Durchschnittsentgelts der Versicherten unter Berücksichtigung der Veränderung des Beitragssatzes zur Rentenversicherung der Arbeiter und der Angestellten zum 1.7. eines jeden Jahres durch Rechtsverordnung der Bundesregierung mit Zustimmung des Bundesrats angepasst wird und so den Wert der Rentenanwartschaften erhöht, vgl. §§ 63 Abs. 7, 69 SGB VI.[775] Der aktuelle Rentenwert ist seit 1992 für alle Rentenversicherungszweige gleich und ersetzt die allgemeine Bemessungsgrundlage nach bisherigem Recht, die vor Inkrafttreten des SGB VI galt.[776] 369

Unterschieden wurde – bis zur Herstellung einheitlicher Einkommensverhältnisse – lediglich zwischen den alten und den neuen Bundesländern. So wurden **persönliche Entgeltpunkte (Ost)** für Versicherungszeiten im Beitrittsgebiet gebildet und bei der Berechnung des monatlichen Zahlbetrags ein aktueller Rentenwert (Ost) zugrunde gelegt. Der aktuelle Rentenwert (Ost) wurde dabei so festgelegt, dass das Nettorentenniveau Ost (Nettorente nach 45 Beitragsjahren aus dem Durchschnittsverdienst Ost in Relation zum Nettodurchschnittsverdienst Ost) dem Nettorentenniveau im Westen entsprach. Das geringere Lohnniveau in den neuen Bundesländern sollte sich jedoch in der späteren Rente nicht verfestigen. Daher wurde geregelt, dass die **Ostlöhne** für die Ermittlung der Entgeltpunkte mit einem **gesetzlich festgelegten Faktor hochgewertet** werden. Der Hochwertungsfaktor bildete den Abstand zwischen dem Durchschnittsentgelt West und dem Durchschnittsentgelt Ost nach. Da die Renten im Osten grundsätzlich der Lohnentwicklung im Osten folgten, wurden im Gegenzug die aus den hochgewerteten Entgelten ermittelten Entgeltpunkte (Ost) für die Rentenberechnung mit dem niedrigeren aktuellen Rentenwert (Ost) vervielfältigt.[777] Infolgedessen erbrachte – nach absoluter Betrachtung – jeder in den neuen Bundesländern in die gesetzliche Rentenversicherung eingezahlte Rentenversicherungsbeitrag einen höheren Rentenanspruch als in den alten Bundesländern. In relativer Betrachtung lag allerdings keine Ungleichbehandlung vor, soweit man darauf abstellt, dass diese Regelung gleich hohe Rentenniveaus in Deutschland gewährleisten soll.[778] Auch für das Jahr 2024 bleibt die Hochwertung bestehen, obwohl der aktuelle Rentenwert und der aktuelle Rentenwert (Ost) einen einheitlichen Wert erreicht haben. 370

Das **Rentenüberleitungs-Abschlussgesetz** vom 17.7.2017[779] führte § 255c SGB VI ein, wonach der aktuelle Rentenwert zum 1.7.2024 an die Stelle des aktuellen Rentenwerts (Ost) treten sollte. Bis dahin sollte der noch vorhandene Abstand des Rentenwerts (Ost) von Rentenwert jährlich um 0,7 Prozentpunkte reduziert werden. Die Angleichung der Renten in Ost und West konnte allerdings bereits im Jahr 2023 vorzeitig erreicht werden. Die Rentenanpassung erfolgt somit seit dem 1.7.2023 auf der Grundlage der gesamtdeutschen Lohnentwicklung. Dasselbe gilt für die Fortschreibung der Rechengrößen „Bezugsgröße“ und „Beitragsbemessungsgrenze“ vom Jahr 2025 an. Auch gilt für ab dem Jahr 2025 erworbene Rentenanwartschaften in der gesetzlichen Rentenversicherung einheitliches Recht, unabhängig davon, ob die Rentenversicherungsbeiträge in den alten oder in den neuen 371

---

775 Siehe dazu die RentenanpassungsVO, RAV.

776 Vgl. BeckOGK/Körner § 64 SGB VI Rn. 6.

777 BT-Drs. 155/17 S. 1f.

778 Ausführlich dazu: Bredt VSSR 2009, 1ff.

779 BGBl. I S. 2575.

Bundesländern gezahlt werden.[780] Eine solche Stichtagsumstellung in Kombination mit einem Stufenmodell wurde bereits 2009 von einem „Bündnis für die Angleichung der Renten in den neuen Bundesländern" als Ausweg für die – zunehmend schwieriger zu rechtfertigende – Ungleichbehandlung nach Art. 3 Abs. 1 GG vorgeschlagen.[781] Im Hinblick auf Art. 14 Abs. 1 und Art. 3 Abs. 1 GG wurde ein solches Vorgehen von dem soeben genannten Bündnis als unbedenklich bewertet.[782]

372 Das **bis 2004** maßgebende **Nettostandardrentenniveau**, also das Verhältnis zwischen der verfügbaren Rente des Äquivalenzrentners zum durchschnittlichen Nettoentgelt aller Versicherten im selben Kalenderjahr, lag im Jahre 2002 bei knapp **69 Prozent**. Das seit dem 1.1.2005 maßgebende **Nettorentenniveau vor Steuern**, also das Verhältnis der verfügbaren – d.h. um die Sozialabgaben der Rentner geminderte – Standardrente vor Steuern zum verfügbaren – um den durchschnittlich zu entrichtenden Arbeitnehmersozialbeitrag einschließlich des durchschnittlichen Aufwands zur geförderten privaten Altersvorsorge geminderte – Durchschnittsentgelt aller Versicherten desselben Kalenderjahres vor Steuern, beträgt 2024 **nur noch rund 48 Prozent**. Durch die **Niveausicherungsklausel** gem. § 154 Abs. 3 S. 1 Nr. 2 SGB VI soll langfristig bis 2030 ein **Absinken auf unter 43 Prozent verhindert** werden. Im aktuelle Koalitionsvertrag der SPD, Bündnis 90/ Die Grünen und der FDP haben sich die Parteien sogar auf eine dauerhafte Sicherung der Renten auf dem aktuellen Niveau von 48 Prozent verständigt.[783]

373 Durch den mit dem RV-Leistungsverbesserungs- und Stabilisierungsgesetz vom 28.11.2018 (BGBl. I S. 2016) neu eingefügten § 154 Abs. 3a SGB VI sind die Vorschriften zur **Bestimmung des Sicherungsniveaus vor Steuern** so gefasst worden, dass diese nunmehr **rechentechnisch ohne Ermessensspielraum** für die Anwendung der Niveauschutzklausel bei der Rentenanpassung zum 1.7. eines Jahres anzuwenden sind. Das Sicherungsniveau vor Steuern nach bisheriger Definition (§ 154 Abs. 3 SGB VI a.F.) bezeichnet das Verhältnis einer verfügbaren jahresdurchschnittlichen Standardrente zum verfügbaren Durchschnittsentgelt. Das so definierte Sicherungsniveau vor Steuern war zwar ein geeigneter Indikator zur Information darüber, in welchem Verhältnis diese beiden Größen zueinanderstehen. Für die Festlegung der Höhe der Rentenanpassung war dieser Indikator aber in dieser Form nicht geeignet. Zum einen ist die Standardrente nicht auf Grundlage des neu festzusetzenden aktuellen Rentenwerts zum 1. Juli, sondern als Jahresdurchschnittswert definiert, was zu erheblichen Verwerfungen bei der Festlegung der Rentenanpassungen führen würde. Zum anderen handelt es sich statistisch um einen rückblickenden Indikator, dessen Höhe erst eineinhalb Jahre nach der Bestimmung der Rentenanpassung feststeht, wenn die dabei verwendeten Parameter endgültig bestimmt sind. Für die Berechnung der Höhe der Rentenanpassung werden aber Parameter für das Sicherungsniveau vor Steuern benötigt, die zu diesem Zeitpunkt bereits feststehen, damit die Einhaltung des Sicherungsniveaus vor Steuern im Verfahren der jeweiligen Rentenanpassung rechentechnisch ohne Ermessensspielraum und eindeutig nachvollziehbar erfolgen kann. Die Bestimmung des Sicherungsniveaus vor Steuern ist daher durch Einführung des § 154 Abs. 3a SGB VI durch das RV-Leistungsverbesserungs- und Stabilisierungsgesetz vom 28.11.2018[784] so angepasst worden, dass es für die Verwendung bei der Berechnung der Rentenanpassung zum 1.7. eines Jahres geeignet ist: Hierfür wird abweichend zur bisherigen Definition für die Berechnung der verfügbaren Standardrente die Standardrente, die sich unter Berücksichtigung des zum 1.7. angepassten aktuellen Rentenwerts für zwölf Monate ergibt, bei der Bestimmung des Sicherungsniveaus vor Steuern berücksichtigt und nicht mehr die jahresdurchschnittliche Standardrente aus dem bisherigen und dem neuen aktuellen Rentenwert.[785]

780 Vgl. Ruland, SGb 2019, 193ff.

781 Ausführlicher dazu: Kerschbaumer, SozSich 2009, 50f.; Schüssler/Huschik/Moog, SozSich 2018, 287ff.

782 Bredt, VSSR 2009, 1ff.

783 Mehr Fortschritt wagen, Bündnis für Freiheit, Gerechtigkeit und Nachhaltigkeit, Koalitionsvertrag 2021 – 2025 zwischen SPD, Bündnis 90/ Die Grünen und der FDP vom 7.12.2021, 20. Legislaturperiode, S. 57.

784 BGBl. I S. 2016.

785 BT-Drs. 425/18 S. 30.

Detailliert ist die Berechnung des **aktuellen Rentenwerts** in den **§§ 68, 68a** bzw. **255a** bis **255g** **SGB VI geregelt**; letztere Vorschriften beeinflussen die Vorschrift des § 68 SGB VI wie bereits ausgeführt nur noch bis zum 1.7.2025. Gem. § 68 Abs. 1 S. 1 SGB VI ist der aktuelle Rentenwert definiert als der Betrag, der einer monatlichen Rente wegen Alters in der allgemeinen Rentenversicherung entspricht, wenn für ein Kalenderjahr Beiträge aufgrund des Durchschnittsentgelts gezahlt worden sind. 374

b) Berechnung des aktuellen Rentenwertes

Was sich seit der großen Rentenreform im Jahre 1957 jeweils geändert hat, ist die **Art und Weise der abstrakten Berechnung** der in der allgemeinen Bemessungsgrundlage bzw. im aktuellen Rentenwert enthaltenen **Dynamik der Renten**. Nach einer relativ langen Periode der **Bruttoanpassung** ohne Berücksichtigung von Belastungsveränderungen bei Arbeitnehmern und Rentnern (**1957 bis 1991**), sah das SGB VI zunächst eine **Nettoanpassung** vor (**1.7.1997 bis 1.7.1999**), die die gerade genannten Belastungen voll berücksichtigte. Mit dem **Altersvermögensergänzungsgesetz** vom 21.3.2001[786] wurde die **Berechnung** des aktuellen Rentenwertes in § 68 SGB VI und §§ 255a ff. SGB VI vollkommen **neu gefasst**. Zunächst sah § 255c Abs. 1 SGB VI in der bis zum 31.12.2003 geltenden Fassung für den Zeitraum vom **1.7.2000 bis 30.6.2001** eine Steigerung des aktuellen Rentenwertes und damit eine Rentendynamisierung nur in Höhe der Inflationsrate vor; diese ist vom BSG mit Urteil vom 31.7.2002 als verfassungsgemäß angesehen worden.[787] 375

aa) Modifizierte Bruttolohnanpassung

Für den Zeitraum **ab dem 1.7.2001** wurde die Formel dahingehend modifiziert, dass neben der **durchschnittlichen Bruttolohn- und Gehaltssumme der beschäftigten Arbeitnehmer** (Faktor Bruttolohn- und Gehaltssummenveränderung) auch der **Beitragssatz der Rentenversicherung der Arbeiter und der Angestellten** (Faktor Beitragssatzveränderung) berücksichtigt wurde, § 68 Abs. 1 S. 3 Nr. 1, 2 SGB VI a.F. i.V.m. § 255e SGB VI a.F. Diese beiden Faktoren wurden dann mit dem bisherigen aktuellen Rentenwert multipliziert, um den neuen aktuellen Rentenwert zu berechnen. **Visualisiert** wurde die Berechnung des aktuellen Rentenwertes als **mathematische Formel** in § 68 Abs. 5 SGB VI a.F. bzw. § 255e Abs. 2 SGB VI. Ein Beispiel zur Berechnung des aktuellen Rentenwertes für das Jahr 2004 findet sich an dieser Stelle in der 2. Auflage dieses Lehrbuches.[788] 376

Der **Faktor Bruttolohn- und Gehaltssummenveränderung** wurde ermittelt, indem der Wert der durchschnittlichen Bruttolohn- und Gehaltssumme der beschäftigten Arbeitnehmer für das vergangene Kalenderjahr durch den Wert für das vorvergangene Kalenderjahr geteilt wurde, § 68 Abs. 2 S. 1 SGB VI a.F. Steigende Versichertengehälter unterstellt, war dieser Faktor größer als eins. Für den **Faktor Beitragssatzveränderung**, der entweder als Prozentzahl eine geringere Größe als 100 hatte oder – als Dezimalzahl ausgedrückt – kleiner als eins war und damit die Steigerung des neu zu ermittelnden aktuellen Rentenwerts dämpfte, waren bzw. sind gem. § 68 Abs. 3 SGB VI a.F. und n.F. **drei Variablen** ausschlaggebend: Das ist der prozentuale **Basiswert,** von dem ein prozentualer **Altersvorsorgeanteil** und der **volle Beitragssatz** zur Arbeiter- und Angestelltenrentenversicherung subtrahiert wurden bzw. werden. Der Basiswert sollte ab dem 1.7.2011 gem. § 68 Abs. 3 Nr. 1 SGB VI a.F. 90 Prozent und bis Juni 2011 gem. § 255e Abs. 2 SGB VI a.F. 100 Prozent betragen. Der Altersvorsorgeanteil bezieht sich auf Sonderausgaben gem. § 10a EStG, die förderungsberechtigte Versicherte i. R.d. sog. Riester-Rente aufwenden können. **Durch die Hereinnahme des Altersvorsorgeanteils** in die Formel zur Berechnung des aktuellen Rentenwertes **wird das zukünftige Versorgungsniveau im Alter maßgeblich beeinflusst**. Dies geschieht **unabhängig davon, ob der förderungsberechtigte Versicherte die Riester-Rente tatsächlich in Anspruch nimmt** oder nicht. Da der Altersvor- 377

786 AVmEG, BGBl. I S. 403ff.

787 BSG 31.7.2002 SozR 3-2600 § 255c Nr. 1.

788 Fuchs/Preis, Sozialversicherungsrecht, 2. Auflage, 2009.

sorgeanteil von 2002 bis 2009 von 0,5 Prozent auf vier Prozent kontinuierlich anstieg und seitdem gleich bleibend vier Prozent beträgt, war wegen dieses dynamischen Anstieges für diesen Faktor § 255e SGB VI a.F. und nicht § 68 Abs. 3 SGB VI a.F. einschlägig; letztere Vorschrift sollte für die Festsetzung des aktuellen Rentenwertes für Zeiten ab dem 1.7.2011 gelten.

378 **Ziel der Reformen** des § 68 SGB VI a.F. bzw. § 255e SGB VI a.F. durch das RV-Nachhaltigkeitsgesetz vom 21.7.2004[789] war es, durch die Berücksichtigung des Rentenversicherungsbeitrages und des Altersvorsorgeanteils den **Anstieg der Renten langfristig zu dämpfen**, um das drängende Demographieproblem in der deutschen Gesellschaft anzugehen. Durch die Entkopplung von Belastungsgrößen außerhalb der gesetzlichen Rentenversicherung wurde die bis 1999 geltende Nettolohnanpassung ab dem 1.7.2001 zu einer **modifizierten Bruttolohnanpassung**.[790] Da die durch das RV-Nachhaltigkeitsgesetz gewollte Kostendämpfung durch die allgemeine geringe Lohnsteigerung und das Eingreifen der sogleich vorzustellenden Schutzklausel nicht so wirksam wie gewünscht einsetzte, musste der Gesetzgeber mit dem RV-Altersgrenzenanpassungsgesetz vom 20.4.2007[791] durch Einfügung eines sog. Nachholfaktors noch einmal nachbessern.[792]

bb) Nachhaltigkeitsfaktor, Schutzklausel, Nachhol- und Ausgleichsfaktor

379 Die nunmehr gültige und **aktuelle Formel für die Berechnung des aktuellen Rentenwertes** gem. § 68 Abs. 1 S. 3 Nr. 1 bis 3 SGB VI ist **von vier Größen abhängig**. Das sind

- der Faktor Bruttolohn- und Gehaltssummenveränderung,
- der Faktor Beitragssatzveränderung,
- der neu geschaffene Nachhaltigkeitsfaktor
- sowie der neu eingefügte Nachholfaktor.

380 Die Berechnung des **Faktors Bruttolohn- und Gehaltssummenveränderung** wurde grundsätzlich beibehalten. Da allerdings in die maßgebende Bruttolohn- und Gehaltssumme aus der volkswirtschaftlichen Gesamtrechnung (VGR) auch nicht versicherungs- und damit nicht beitragspflichtige Lohnbestandteile einfließen, wurde die Berechnung korrigiert, um sie der dem Rentensystem adäquaten Bemessungsgrundlage anzunähern. § 68 Abs. 2 S. 2 SGB VI **nimmt** nun aus der volkswirtschaftlichen Gesamtrechnung **die Entwicklung der Beamtenbesoldung und der Lohnbestandteile oberhalb der Beitragsbemessungsgrenze heraus**.[793] Denn seit 1992 laufen die VGR-Entgelte und die versicherungspflichtigen Entgelte je Beitragszahler auseinander, wobei letztere bis auf die Jahre 1999 und 2000 unterhalb der VGR-Entgelte lagen bzw. liegen. Hierauf hatte die Nachhaltigkeitskommission hingewiesen; der daraufhin neu gefasste § 68 Abs. 2 SGB VI hat die von der Kommission gemachten Vorschläge in diesem Kontext rezipiert.[794]

381 Das RV-Nachhaltigkeitsgesetz vom 21.7.2004[795] hat einen sog. **Nachhaltigkeitsfaktor** eingeführt, vgl. § 68 Abs. 4 SGB VI. Er soll als **automatischer Stabilisator** dienen, um die gesetzliche Rentenversicherung besser gegen Veränderungen der demographischen und ökonomischen Rahmenbedingungen zu **immunisieren**. Auch diese Einführung geht auf Empfehlungen der Nachhaltigkeitskommission zurück.[796] Bereits unter der **Vorgängerregierung** war versucht worden, in die Berechnung

789 BGBl. I S. 1791ff.

790 Langen, DAngVers 2001, 239ff.; Ruland, SozSich 2001, 43f.

791 BGBl. I S. 554ff.

792 S.a. BT-Drs. 16/3794 S. 2, 29f.; ausf. Ruland, DRV 2007, 358ff.

793 S.a. BT-Drs. 15/2149 S. 22.

794 Vgl. BMGS [Hrsg.], Nachhaltigkeit in der Finanzierung der sozialen Sicherungssysteme – Bericht der Kommission, 2003, S. 101f.

795 BGBl. I S. 1791ff.

796 Vgl. BMGS [Hrsg.], Nachhaltigkeit in der Finanzierung der sozialen Sicherungssysteme – Bericht der Kommission, 2003, S. 81f., 103ff.

des aktuellen Rentenwertes demographische Elemente einfließen zu lassen. Allerdings trat der damalige „**Demographiefaktor**", der sich auf die durchschnittliche Lebenserwartung der 65-Jährigen bezog, nie in Kraft. Durch ihn hätte sich die Rentenanpassung verringert, wenn sich die fernere Lebenserwartung erhöht hätte.[797] Da der für die Finanzen der Rentenversicherungsträger nachteilige Effekt der steigenden Lebenserwartung nach Ansicht der Nachhaltigkeitskommission durch eine Erhöhung der Regelaltersgrenze von 65 auf 67 Jahre ausgeglichen werden sollte, stellt der neue Nachhaltigkeitsfaktor im Unterschied zum damaligen Demographiefaktor auf das Verhältnis von Beitragszahlern und Leistungsempfängern ab und berücksichtigt neben der Lebenserwartung insbesondere auch die Entwicklung der Geburten, der Wanderungsbewegungen sowie der Erwerbstätigkeit. Die durch das Gesetz zur Rentenanpassung 2022 und zur Verbesserung von Leistungen für den Erwerbsminderungsrentenbestand vom 28.6.2022[798] vorgenommenen Änderungen an der Berechnungsweise des Nachhaltigkeitsfaktors sollen die Schwankungen bei den Rentenanpassungen nach oben und unten gedämpft werden.

Kernelement des Nachhaltigkeitsfaktors ist der sog. **Rentnerquotient**, der das **Verhältnis zwischen Äquivalenzrentner und Äquivalenzbeitragszahler** abbildet. Durch die Eichung auf den Äquivalenzrentner bzw. Äquivalenzbeitragszahler wird eine Standardisierung erreicht, die die Berechnung des aktuellen Rentenwertes gegen Strukturveränderungen innerhalb der Gruppe der Rentner und der Beitragszahler immunisiert. Über den zusätzlichen **Parameter α** wird die Wirkung des Nachhaltigkeitsfaktors abgemildert und das Erreichen eines Beitragssatzzieles gesteuert.[799] Gleichzeitig dient er der intergenerativen Lastenverteilung und soll den Anstieg der Lohnnebenkosten begrenzen, um die Beschäftigungschancen für die Arbeitnehmer nicht zu verschlechtern. Diese sind schließlich ein entscheidender Faktor für die Haushaltslage der Rentenversicherungsträger. Der Parameter wurde anhand der aktuellen Vorausschätzungen auf 0,25 festgelegt.[800] 382

Sowohl die mit dem Altersvermögensergänzungsgesetz[801] als auch die mit dem RV-Nachhaltigkeitsgesetz[802] vorgenommenen Änderungen der Formel zur Fortschreibung des aktuellen Rentenwerts sind von dem gewichtigen öffentlichen Interesse bestimmt, die **Finanzierbarkeit des Systems der gesetzlichen Rentenversicherung zu sichern** und genügen nach Meinung des BVerfG damit den Anforderungen an die Verhältnismäßigkeit. Der Gesetzgeber durfte unter Ausschöpfung der ihm bei der Gestaltung des Sozialrechts zukommenden Einschätzungsprärogative sowohl die Einfügung des Altersvorsorgeanteils als auch die Einfügung des Nachhaltigkeitsfaktors in die Formel zur Fortschreibung des aktuellen Rentenwerts als geeignet und erforderlich ansehen. Trotz der Änderungen erfolgt die Anpassung der Renten noch im Grundsatz lohnorientiert. Die Lohnentwicklung als wesentlicher Maßstab wird lediglich ergänzt um tendenziell, aber nicht immer die Anpassung dämpfende, strikt regelgebundene Mechanismen, die die steigenden, aber auch gegebenenfalls sinkenden Aufwendungen der jüngeren Generation für die Alterssicherung bei der Rentenanpassung berücksichtigen. Die Bewertung der erbrachten Vorleistungen hat der Gesetzgeber damit nicht geändert, die rentenrechtliche Rangstelle der Versicherten in der Solidargemeinschaft, die ihren Anteil an der Umverteilung bestimmt, wird im Grundsatz nicht berührt.[803] 383

Der **Nachholfaktor** ist in § 68a Abs. 3 SGB VI geregelt. Ist danach der nach § 68 SGB VI berechnete aktuelle Rentenwert höher als der bisherige aktuelle Rentenwert und ist der im Vorjahr 384

797 Vgl. § 68 Abs. 1 Nr. 3 SGB VI i. d. F. des Rentenreformgesetzes 1999, verkündet am 22.12.1997, BGBl. I S. 2998ff., vgl. auch BT-Drs. 13/8011, ausgesetzt durch Art. 1 des Gesetzes über Korrekturen in der Sozialversicherung und zur Sicherung der Arbeitnehmerrechte vom 19.12.1998, BGBl. I S. 3843ff.

798 BGBl. I S. 975.

799 Vgl. BT-Drs. 15/2149 S. 23.

800 Vgl. BMGS [Hrsg.], Nachhaltigkeit in der Finanzierung der sozialen Sicherungssysteme – Bericht der Kommission, 2003, S. 104ff.

801 BGBl. I S. 554ff.

802 BGBl. I S. 1791ff.

803 BVerfG 3.6.2014 SozR 4-2600 § 68 Nr. 4.

bestimmte Wert des Ausgleichsbedarfs kleiner als 1,0000, wird ein abweichender aktueller Rentenwert ermittelt, indem der bisherige aktuelle Rentenwert mit dem hälftigen Anpassungsfaktor vervielfältigt wird. Der hälftige Anpassungsfaktor wird ermittelt, indem der nach § 68 SGB VI berechnete aktuelle Rentenwert durch den bisherigen aktuellen Rentenwert geteilt wird (Anpassungsfaktor) und dieser Anpassungsfaktor um 1 vermindert, durch 2 geteilt und um 1 erhöht wird.

385 § 68a Abs. 1 S. 1 SGB VI enthält eine sog. **Schutzklausel**. Nach dieser Vorschrift vermindert sich der bisherige aktuelle Rentenwert nicht, wenn der nach § 68 SGB VI berechnete aktuelle Rentenwert geringer ist als der bisherige aktuelle Rentenwert. Zudem ist der aktuelle Rentenwert gem. § 255e SGB VI so anzuheben, dass das Sicherungsniveau vor Steuer mindestens 48 Prozent beträgt, wenn in der Zeit vom 1.7.2019 bis zum 1.7.2025 mit dem nach § 68 SGB VI ermittelten aktuellen Rentenwert das Sicherungsniveau vor Steuern nach § 154 Abs. 3a SGB VI des laufenden Jahres in Höhe von 48 Prozent unterschritten wird.

386 Damit die rechnerisch getrennt voneinander zu ermittelnden Dämpfungsfaktoren im Ergebnis nicht zu einer Kürzung des aktuellen Rentenwerts führen, wenn sie einzeln oder in ihrem Zusammenwirken eine positive Lohn- und Gehaltsentwicklung überlagern, wurde erstmals mit dem RV-Nachhaltigkeitsgesetz zum 1.8.2004[804] in § 68 Abs. 6 SGB VI a. F., § 255e Abs. 5 SGB VI a. F. eine Schutzklausel eingefügt: Nach dieser Vorschrift war der Faktor für die Veränderung des durchschnittlichen Beitragssatzes in der Rentenversicherung der Arbeiter und der Angestellten und der Nachhaltigkeitsfaktor soweit nicht anzuwenden, als die Wirkung dieser Faktoren in ihrem Zusammenwirken den bisherigen aktuellen Rentenwert verringert oder einen geringer als bisher festzusetzenden aktuellen Rentenwert zusätzlich verringert hätte. In den **Fällen positiver Veränderung der Bruttolohn- und Gehaltsentwicklung**, die für sich genommen zwar zu einer Erhöhung des aktuellen Rentenwertes führen würde, sollten die übrigen Faktoren im Ergebnis keine Minderung des aktuellen Rentenwertes bewirken können, sofern diese ihrerseits in der Summe ihrer Wirkung die Lohnentwicklung überlagern und deshalb eine Absenkung des aktuellen Rentenwertes zur Folge hätten. Damit war **bei steigender Lohnentwicklung sichergestellt, dass es nicht zu einer Absenkung**, allerdings auch nicht zu einer Erhöhung **des aktuellen Rentenwertes kommen kann**, wenn unter Zugrundelegung aller Anpassungsfaktoren der Formel gem. § 68 Abs. 5 SGB VI eine Minderung des aktuellen Rentenwertes eintreten würde. In den Fällen einer negativen Veränderung der Bruttolohn- und Gehaltsentwicklung, die eine Absenkung des aktuellen Rentenwertes ergeben, sollten die übrigen Faktoren im Ergebnis zu keiner weiteren zusätzlichen Minderung des aktuellen Rentenwertes führen, sofern diese ihrerseits in der Summe ihrer Wirkung die negative Lohnentwicklung sogar noch verstärken würden. Ein Absinken der Renten war damit gleichwohl nicht ausgeschlossen; es resultierte dann aber alleine aus den sinkenden Löhnen. Bewirkten die übrigen Faktoren in ihrer Summe jedoch einen Anstieg des aktuellen Rentenwertes, blieben sie anwendbar und konnten gem. § 68 Abs. 6 SGB VI a. F. die anpassungsmindernde Wirkung der negativen Lohnentwicklung ausgleichen oder sogar überlagern.[805]

387 Um die Finanzen der gesetzlichen Rentenversicherung zu stabilisieren, die in § 154 Abs. 3 SGB VI formulierten Beitragssatzziele zu erreichen und die Kostenfolgen nicht einseitig den Beitragszahlern aufzuerlegen, war es aus Sicht des Gesetzgebers erforderlich, die nicht erfolgte **Dämpfung des Rentenniveaus demnächst nachzuholen**. Durch das RV-Altersanpassungsgesetz vom 20.4.2007[806] ist die Regelung des § 68 Abs. 6 SGB VI in § 68a Abs. 1 SGB VI aufgenommen worden. Ergänzend dazu wurde in § 68a Abs. 2 SGB VI geregelt, dass die jeweils unterbliebene Minderungswirkung – der sog. Ausgleichsbedarf – bei späteren Rentenerhöhungen im Wege der Verrechnung auszugleichen ist, ohne dass es dadurch wiederum zu einer Minderung des bisherigen Wertes kommen darf.[807] Gemäß § 255g SGB VI beträgt der Ausgleichsbetrag ab dem 1.7.2021 0,9883. Dieser Ausgleichsbedarf wird bei

804 BGBl. I S. 1791ff.
805 BT-Drs. 15/2149 S. 23.
806 BGBl. I S. 554.
807 BT-Drs. 2/07 S. 89.

späteren Rentenerhöhungen im Wege einer **hälftigen Verrechnung** in Ansatz gebracht. Die nicht realisierten Negativanpassungen tragen Rentner und Beitragszahler somit je zur Hälfte.[808]

Nach § 68a Abs. 2 SGB VI ist der ermittelte – rechnerisch kleinere – aktuelle Rentenwert durch den aufgrund der Anwendung der Schutzklausel höheren aktuellen Rentenwert zu teilen. Dieser Faktor lenkt die Veränderung des Ausgleichsbedarfs (Ausgleichsfaktor). § 68 Abs. 2 S. 2 SGB VI verändert den Ausgleichsfaktor dabei im Zeitverlauf, indem in den Jahren, in denen die Schutzklausel wirkt, der Wert des Vorjahres mit dem Ausgleichsfaktor des laufenden Jahres multipliziert wird. 388

Als **Anpassungsfaktor** wird gem. § 68a Abs. 3 SGB VI der Faktor bezeichnet, der entsteht, wenn der rechnerisch ermittelte – höhere – aktuelle Rentenwert durch den – kleineren – bisherigen aktuellen Rentenwert geteilt wird. Geregelt wird damit die Abschmelzung des Ausgleichsbedarfs in den Jahren, in denen der rechnerisch ermittelte aktuelle Rentenwert grundsätzlich eine Rentenerhöhung zur Folge hätte. Damit die Rentenbezieher nicht vollständig auf eine Rentenanpassung verzichten müssen, wird dieser Anpassungsfaktor nur hälftig mit dem bisherigen aktuellen Rentenwert vervielfältigt. Die Reduzierung der Anpassung des aktuellen Rentenwerts wird solange vorgenommen, bis der Ausgleichsbedarf vollständig abgeschmolzen ist. Erstmals zur Anwendung gekommen ist der Anpassungsfaktor im Jahr 2011, nachdem es rein rechnerisch zu einer Absenkung des aktuellen Rentenwerts hätte kommen müssen. 389

Da die Schutzklauselregelung nach § 68a SGB VI unmittelbar nur auf die in § 68 SGB VI geregelte Rentenanpassungsformel, die nur Formelemente ohne zeitliche Befristung enthält, Anwendung findet, war auf die Rentenanpassungen die bis zum 1.7.2013 befristete Veränderung beim Altersvorsorgeanteil nicht Bestandteil der Anpassungsformel des § 68 SGB VI.[809] Mit dem Rentenüberleitungs-Abschlussgesetz vom 17.7.2017[810] ist die Schutzklausel des § 255e Abs. 5 SGB VI sodann als Folgeänderung zur Angleichung der aktuellen Rentenwerte in der gesetzlichen Rentenversicherung aufgehoben worden. 390

Die Änderung des § 68 Abs. 2 und 7 SGB VI durch das RVBund/KnErG-ÄndG vom 15.11.2019[811] stellt in Zukunft sicher, dass sich die Rentenanpassung an der tatsächlichen Lohnentwicklung orientiert und die Art und Weise der statistischen Erfassung dabei keine Rolle mehr spielt. Das Ergebnis der Generalrevision der Volkswirtschaftlichen Gesamtrechnungen (VGR) im Jahr 2019 hatte die vom Statistischen Bundesamt ausgewiesenen, revidierten durchschnittlichen Bruttolöhne und -gehälter je Arbeitnehmer absolut betrachtet ab 2001 deutlich höher ausgewiesen. Für das Jahr 2018 ergab sich beispielsweise eine Abweichung von rund zwei Prozent. Diese revidierten VGR-Daten wären nun in die Berechnung des Lohnfaktors der Rentenanpassung 2020 eingeflossen und der Revisionseffekt würde sich auf die Rentenanpassung auswirken. Dieser Effekt wäre jedoch nicht durch die tatsächliche Veränderung der Bruttolöhne und -gehälter je Arbeitnehmer begründet, sondern allein durch die unterschiedliche Methodik der VGR vor und nach der Revision. Mit der gesetzlichen Neuregelung wird dieser Effekt ausgeschlossen.[812] 391

Das mit dem RV-Nachhaltigkeitsgesetz verfolgte Ziel war wegen der in diesem Gesetz gleichzeitig verabschiedeten Schutzklausel konterkariert worden. Denn die geringe Lohnsteigerung in den folgenden Jahren nach Einführung hatte zur Folge, dass die in § 255e Abs. 5 SGB VI geregelte Schutzklausel öfter als angenommen zur Anwendung kam. Dadurch blieb die Entwicklung der Renten in geringerem Ausmaß als geplant hinter der Lohnentwicklung zurück, und das Rentenniveau sank weniger stark, als vom Gesetzgeber gehofft und als es für die Realisierung der gesetzlichen Beitragssatzziele eigentlich erforderlich gewesen wäre.[813] Da zukünftige Rentenanpassungen somit auf einem nicht ausreichend abgesenkten Niveau anknüpften, wurde die eigentlich für die Einhaltung 392

---

808 Ausf. Ruland, DRV 2007, 358 ff.; Gasche, DRV 2007, 158 ff.

809 BT-Drs. 16/13424 S. 35.

810 BGBl. I S. 2575.

811 BGBl. I S. 1565.

812 BT-Drs. 19/14418 S. 6 f.

813 BT-Drs. 16/3794 S. 2, 29 f.

der Beitragssatzziele erforderliche Niveaureduktion nicht nachgeholt, und der Abstand zwischen dem tatsächlichen Rentenniveau und dem mit dem vorgegebenen Beitragssatzpfad konformen Rentenniveau ist mit jeder erneuten Anwendung der 2005 erstmalig zum Einsatz gekommenen Schutzklausel größer geworden.

5. Rentenanpassung für Bestandsrentner

393 Gem. § 65 SGB VI werden die **Renten** zum 1.7. eines jeden Jahres **angepasst**, indem der bisherige aktuelle Rentenwert durch den neuen aktuellen Rentenwert ersetzt wird. **Seit dem 1.7.2001** erfolgt dies mit Hilfe einer **modifizierten Bruttolohnanpassung**. Die Rentenanpassung für Bestandsrentner und der aktuelle Rentenwert stehen also in einer engen Wechselbeziehung. Das entspricht dem seit der großen Rentenreform von 1957 eingeführten Prinzip, dass die Rente beitrags- und damit leistungsbezogen im Sinne einer gleichwertigen Teilhabe der Rentner am Produktivitätsfortschritt ist. Freilich rückt der Gesetzgeber durch seine jüngsten Reformgesetzgebungen immer mehr von diesem Prinzip ab; dieses machen die fast schon regelmäßigen Modifizierungen der Berechnung des aktuellen Rentenwertes deutlich.

394 **Politische Signalwirkung** hatte die vom Gesetzgeber verordnete **Nullrunde** für das Jahr 2004,[814] auch wenn die Steigerung der Renten für den Einzelnen minimal gewesen wäre.[815] Da die Rentner durch die Streichung des § 106a SGB VI seit dem 1.4.2004 gem. § 59 Abs. 1 2. Hs. SGB XI den Beitrag zur Pflegeversicherung aber alleine zu tragen haben,[816] mussten sie in dieser Hinsicht eine – wenn auch geringe – Minderung ihrer monatlichen Nettorente hinnehmen. Das Bundesverfassungsgericht hat die Aussetzung der Rentenanpassung 2004 für verfassungsgemäß gehalten.[817] 2005 und 2006 erfolgten ebenfalls Nullrunden.[818] Auch die Nullrunde von 2005 erachtete das Bundesverfassungsgericht für verfassungsgemäß.[819]

395 Erst zum 1.7.2007, also nach insgesamt drei Nullrunden, wurden die Renten um 0,54 Prozent angehoben; der aktuelle Rentenwert (West) stieg auf 26,27 Euro.[820] Grund hierfür war die vergleichsweise positive Entwicklung der Löhne und Gehälter der Beschäftigten im Vorjahr 2006. Seitdem steigt der aktuelle Rentenwert (West) – mit Ausnahme einer weiteren Nullrunde im Jahr 2010 – bis zuletzt auf 39,32 Euro an. Im Jahr 2010 verhinderten die Schutzklauseln eine Rentensenkung: Durch den Anstieg der Kurzarbeit im Bundesgebiet und einer methodischen Änderung in der VGR für 2009 wurden sinkende Durchschnittswerte in den alten Bundesländern ermittelt. 2011 fand sodann der Nachholfaktor das erste Mal Anwendung.

396 Die Rentengarantie verhinderte auch 2021 eine Absenkung der Rentenzahlungen. Aufgrund der Auswirkungen der COVID-19-Pandemie auf die Lohnentwicklung hätte sich eine solche rechnerisch ergeben.[821] Durch die mit dem Gesetz zur Rentenanpassung 2022 und zur Verbesserung von Leistungen für den Erwerbsminderungsrentenbestand vom 28.6.2022[822] erfolgte Wiedereinsetzung des Nachholfaktors konnte sodann die unterbliebene Rentenminderung durch eine Verrechnung mit späteren Rentenerhöhungen nachgeholt werden.

397 Bewertet man diese Gesetzgebungstätigkeit (Schutzklausel, Nachholfaktor, Ausgleichsfaktor, Aussetzung der Rentensteigerung, stärkerer politisch nachgesteuerter Rentenanstieg als eigentlich

814 Art. 2 des Zweiten SGB VI-Änderungsgesetzes vom 27.12.2003, BGBl. I S. 3013ff.

815 S.a. BSG 27.3.2007 SozR 4-2600 § 65 Nr. 1.

816 Vgl. zur Verfassungsmäßigkeit BSG 29.11.2006 SozR 4-3300 § 59 Nr. 1.

817 BVerfG 26.7.2007, NZS 2008, 254ff.; vgl. bereits BVerfG 10.5.1983 BVerfGE 64, 87ff., siehe auch unter § 43 Rn. 35ff.

818 RWBestV 2005 v. 6.6.2005, BGBl. I S. 1578; Art. 1 des Gesetzes über die Aussetzung der Anpassung der Renten zum 1. Juli 2006, BGBl. I S. 1304ff.

819 BVerfG 3.6.2014 SozR 4-2600 § 68 Nr. 4.

820 RWBestV 2007 v. 14.6.2007, BGBl. I S. 1113f.

821 BT-Drs. 20/1680.

822 BGBl. I S. 975

nach den zunächst geltenden Berechnungsformeln vorgesehen), kann man sich des Eindrucks einfach nicht mehr erwehren, dass die Art und Weise der Festlegung des aktuellen Rentenwerts zu einem Spielball politischer Interessen geworden ist. Die Festlegung erfolgt durch scheinbar willkürliche Manipulation von Faktoren einer kompliziert gewordenen und fast nur noch Insidern verständlichen Rentenformel, um ein politisch gewünschtes Ergebnis zu kreieren. Was ein Faktor in der Rentenformel gibt, das nimmt ein anderer Faktor. Als Opfer bleiben die Beitragsäquivalenz als ein Grundprinzip der Rentenversicherung, aber auch Verlässlichkeit und Rechtssicherheit auf der Strecke, zumal das Agieren des Gesetzgebers in einem vom BVerfG abgesteckten, faktisch kontrollfreien Raum des Art. 14 Abs. 1 GG stattfindet. Es ist nur eine Frage der Zeit, wann der nächste unsystematische Eingriff in die Rentenformel und damit in die Rentenhöhe stattfindet. Zumindest lässt sich sagen, dass die letzte Änderung, wonach das Rentenniveau nunmehr zum 1.7. eines jeden Jahres berechnet wird, sachlich getragen ist, war doch das Ziel einzig und allein, das Sicherungsniveau für das laufende Jahr bestimmen zu können.

Reformiert wurde durch Art. 1 Nr. 4 des Dritten SGB VI-Änderungsgesetzes vom 27.12.2003[823] **398**
ebenfalls der **Zeitpunkt der Rentenauszahlung**. Nach dem geänderten § 118 Abs. 1 S. 1 SGB VI werden Geldleistungen seit dem 1.4.2004 grundsätzlich erst **am Ende des Monats fällig**, zu dessen Beginn die Anspruchsvoraussetzungen erfüllt sind. Ausgezahlt werden sie am letzten Bankarbeitstag dieses Monats. Damit werden die Renten nicht mehr am Monatsanfang, sondern am Monatsende ausgezahlt. Die Gruppe der Rentner darf sich in diesem Zusammenhang wie die Arbeitnehmerschaft fühlen, vgl. § 614 BGB. Ausgenommen hiervon sind nur das Übergangsgeld, Bestandsrenten gem. § 272a Abs. 1 SGB VI mit einem Rentenbeginn vor dem 1.4.2004 sowie die Renten, die in § 272a Abs. 2 SGB VI genannt sind.

Soweit die **Deutsche Post AG** laufende Geldleistungen für die Träger der Rentenversicherung **399**
auszahlt, **führt** sie auch die **jährliche Rentenanpassung durch**, vgl. § 119 Abs. 2 SGB VI. Die Rentenanpassungsmitteilungen ergehen im Namen des zuständigen Trägers der Rentenversicherung. Bei Aufhebung und Neufeststellung von Rentenbescheiden ist ebenfalls § 300 Abs. 3 SGB VI zu beachten.

Die kumulative Belastung der Bestandsrentner durch das Rentenniveau mindernde Maßnah- **400**
men wie z.B. durch Veränderungen im Beitragsrecht der gesetzlichen Krankenversicherung, Nullrunden oder auch die alleinige Tragung der Beiträge zur gesetzlichen Pflegeversicherung („additiver“ Grundrechtseingriff) hält das BVerfG allesamt für verfassungsmäßig.[824]

§ 52 Zusätzliche Altersvorsorge und Grundsicherung

Literatur: Bieber/Stegmann, Hintergründe und Fakten zum Thema Altersarmut, DRV 2008, 291 ff.; Brosius-Gersdorf, Aktuelle verfassungsrechtliche Probleme der Rentenversicherung, SGb 2019, 509 ff.; Fiedler/Rieckhoff, Kann die Zulageförderung der Riester-Rente die paritätische Finanzierung in der gesetzlichen Rentenversicherung ersetzen?, RVaktuell 2017, 323 ff.; Hanau/Veit, Neues Gesetz zur Verbesserung der Rahmenbedingungen für die Absicherung flexibler Arbeitsregelungen und zur Änderung anderer Gesetze, NJW 2009, 182 ff.; Höfer, Die Neuregelung des Betriebsrentengesetzes durch das Alterseinkünftegesetz, DB 2004, 1426 ff.; Horlemann, Die betriebliche und private Altersversorgung nach der Rentenreform 2001/2002, 2002; Jaworek/Kruse/Scherbarth, Förderung der Riester-Rente durch Zulagen und Sonderausgabenabzug: Aktuell 11,1 Millionen geförderte Personen im Beitragsjahr 2014, RVaktuell 2018, S. 87 ff.; Kaufmann/Köhler, Die neue Alterssicherung, 2002; Köhler-Rama, Kommentar: Merkel und die Rente, ZRS 2016, 341 ff.; Kreikebohm, Die Lebensstandardversicherung der gesetzlichen Rentenversicherung als auslaufendes Modell?, SGb 2015, 181 ff.; Kussmaul/Henkes, Günstigerprüfung bei der „Rürup-Rente“, Günstigerprüfung bei der „Riester-Rente“ und Günstigerprüfung beim Kindergeld im Zusammenspiel, SteuerStud 2008, 44 ff.; Litschen/Günnewig, Betriebsrentenstärkungsgesetz und Bekämpfung der Altersarmut – An den Ursachen vorbei geregelt, NZS 2018, 921 ff.; Löffler, Steigendes Interesse für Riester-Rente, SGb 2010, 554 f.; Loose, Die Suche nach armutsvermeidenden Ansätzen in der Alterssicherung: Mehr Antworten als Fragen – Mehr Lösungen als Probleme, RVaktuell 2008, 79 ff.; Meinhardt, Die Auswirkungen der Entgeltumwandlung auf die gesetzliche Rente, SozSich 2017, 156 ff.; Merten, Armutsfeste Alterssiche-

823 BGBl. I S. 3019 ff.
824 BVerfG 3.6.2014 SozR 4-2600 § 68 Nr. 4.

rung und Verfassungsrecht, DRV 2008, 382ff.; RIECKHOFF/THIEDE, „Riester-Rente" – Umfang der bisherigen staatlichen Förderung und Perspektiven für ihre Weiterentwicklung, BetrAV 2004, 204ff.; ROLFS, Tarifautonome Gestaltung der betrieblichen Altersversorgung – Zum Entwurf des Betriebsrentenstärkungsgesetzes, SR 2017, Sonderausgabe, 33ff.; ROTH, Betriebliche Altersvorsorge – Zur Fortentwicklung des Betriebsrentengesetzes im Niedrigzinsumfeld, SR 2016, 47ff.; RULAND, Plädoyer für eine nachhaltige Rentenpolitik auch über 2030 hinaus, NZS 2016, 771ff.; RULAND/RÜRUP (Hrsg.), Alterssicherung und Besteuerung, 2008; SCHABESTIEL/TENBROCK, Entgeltumwandlung, in: Preis (Hrsg.), Innovative Arbeitsformen, 2005, S. 407ff.; SCHMÄHL, Die Riester-Reformen von 2001 – Entscheidungen, Begründungen, Folgen, SozSich 2011, 405ff.; SCHOCH/WIELAND, Kommunale Aufgabenträgerschaft nach dem Grundsicherungsgesetz – Verfassungsrechtliche Anforderungen an den bundesgesetzlichen Durchgriff auf die kommunale Ebene, Schriftenreihe zum deutschen und europäischen Kommunalrecht, Bd. 19, 2003; TEMMING, Unisex-Tarife auf dem verfassungsrechtlichen und europarechtlichen Prüfstand, ZESAR 2005, 72ff.; WALLRABENSTEIN, Betriebliche Altersvorsorge in Deutschland – Nachhaltige Vorsorge in einer alternden Gesellschaft?, NZS 2017, 252ff.; WALTERMANN, Altersgrenzen und Altersrenten, SR 2014, 66ff.

1 Die seit mehreren Jahrzehnten **rückläufigen Geburtenraten** in der Bundesrepublik Deutschland sowie die damit einhergehende **zunehmende Alterung** der Gesellschaft bei gleichzeitig **steigender Lebenserwartung** aufgrund des medizinischen Fortschritts haben die Sozialversicherungssysteme und hier insbesondere die gesetzliche Rentenversicherung in arge **finanzielle Bedrängnis** gebracht. Denn gerade für ein **umlagefinanziertes System** wie das der gesetzlichen Rentenversicherung bedeutet die gestiegene Lebenserwartung versicherungsmathematisch eine **längere Rentenbezugsdauer** ohne finanzielle Kompensation für den Rentenversicherungsträger und die sinkende Anzahl von Geburten eine **erhöhte Belastung** für die kleiner werdende Gruppe der Beiträge zahlenden und erwerbstätigen **Versicherten**. Wie sich die Zuwanderung in Zukunft auf die gesetzliche Rentenversicherung – ggfs. positiv – auswirken wird, bleibt abzuwarten.

2 Eine **Kennziffer**, mit der die Auswirkungen der demographischen Entwicklung dargestellt werden kann, ist neben der Produktivität einer Volkswirtschaft sowie der Angebots- und Nachfragesituation am Arbeitsmarkt insbesondere der **Altersquotient**. Dieser misst das Verhältnis der Anzahl der älteren, aus dem Erwerbsleben ausgeschiedenen Menschen (meist über 65 Jahre) zur Anzahl erwerbsfähiger jüngerer Menschen (meist zwischen zwölf und 65 Jahren) einer Gesellschaft. Seit Jahrzehnten steigt dieser Altersquotient kontinuierlich an und wird sich in den kommenden Jahren weiter deutlich zuungunsten der erwerbsfähigen und erwerbstätigen Bevölkerung verschieben:

3 Im Jahre 1957, dem Jahr der großen Rentenreform, lag der Altersquotient bei ca. 17,5 Prozent. Das heißt, ca. sechs Arbeitnehmer finanzierten folglich einen Rentner. 2001 lag der Altersquotient bei 27,5 Prozent, im Jahre 2010 bei 33,8 Prozent. Im Jahre 2022 betrug er bereits knapp 37 Prozent. Das heißt: Ca. **drei Arbeitnehmer finanzieren** momentan **einen Rentner**. Nach Schätzungen des Statistischen Bundesamtes wird der Altersquotient bis 2040 weiter ansteigen (41 bis 46 Prozent). Danach soll er für den Zeitraum bis 2070 zwischen 39 und 56 Prozent betragen.[825]

4 Diese validen demographischen Prognosen zeigen, dass immer weniger versicherungspflichtige oder freiwillig versicherte Erwerbstätige die Ausgaben für einen Rentner tragen (werden) und dass trotz Anhebung der Regelaltersgrenze in gut fünfzehn Jahren ca. zwei Arbeitnehmer einen Rentner finanzieren müssen. Noch einmal zum Vergleich: 1957 waren es sechs Arbeitnehmer.

5 Um unter diesen demographischen Voraussetzungen den bisherigen Leistungsstandard der gesetzlichen Rentenversicherung aufrechterhalten zu können, hätten die Beiträge für diesen Sozialversicherungszweig bis 2030 auf über 20 Prozent angehoben werden müssen – eine Konsequenz, die parteiübergreifend wegen der Belastungen des Einzelnen und der Wirtschaft hinsichtlich der Lohnnebenkosten als politisch untragbar angesehen wurde.

6 Die Absenkung des Rentenniveaus und der enorm angestiegene Altersquotient hat das Sicherungsziel der gesetzlichen Rentenversicherung verändert. Sie soll und kann nicht mehr alleine, son-

825 STATISTISCHES BUNDESAMT (Hrsg.), Bevölkerung im Wandel, Annahmen und Ergebnisse der 15. koordinierten Bevölkerungsvorausberechnung, S. 13.

dern nur noch zusammen mit der betrieblichen und privaten Vorsorge als zweite und dritte Säule eine auskömmliche Absicherung im Alter gewährleisten.[826]

In den vergangenen Jahren wurde die zweite und dritte Säule der Alterssicherung bewusst 7
gestärkt. Allerdings **ergänzt** diese **nicht mehr** die gesetzliche Altersvorsorge, sondern **ersetzt lediglich** den durch die Dämpfung bedingten **Rentenausfall** in der gesetzlichen Rentenversicherung (**Kompensationsfunktion**). Das bedeutet zugleich einen **Paradigmenwechsel** in der gesetzlichen Rentenversicherung: **Abkehr** von einer Rente, die beitrags- und damit leistungsbezogen im Sinne einer gleichwertigen Teilhabe der Rentner am Produktivitätsfortschritt ist; stattdessen **Hinwendung** zum Primat einnahmeorientierter Ausgabenpolitik. Dies entspricht einer Strategie, die einer Begrenzung bzw. Stabilisierung des Beitragssatzes verpflichtet ist und den Aspekt der Beitragsbezogenheit mehr und mehr vernachlässigt. Das ist nichts anderes als der Beginn des **Ausstieges aus der einkommensbezogenen gesetzlichen Rente**.[827] Die zusätzliche Altersvorsorge in Form der privaten und betrieblichen Riester-Rente soll im Folgenden kurz dargestellt werden (unter I.). Um das Bild der Alterssicherung abzurunden, wird schließlich noch die Grundsicherung im Alter und bei Erwerbsminderung skizziert (unter II.). Eine ausführliche Darstellung findet sich in der 2. Auflage[828] dieses Lehrbuchs.

I. Zusätzliche Altersvorsorge

1. Die private Riester-Rente

Der Aufbau einer zusätzlichen, kapitalgedeckten privaten Altersvorsorge ist freiwillig. **Mittelbarer** 8
Anreiz für den Versicherten ist das Absinken des Leistungsniveaus der gesetzlichen Rente, **unmittelbarer Anreiz** jedoch eine staatliche Förderung seiner privaten Aufwendungen.[829] Die private Riester-Förderung findet ihre Hauptgrundlage in den §§ 10a, 79 ff. EStG und kann nicht nur in der privaten, sondern grundsätzlich auch in der betrieblichen Altersversorgung in Anspruch genommen werden, vgl. § 82 Abs. 2 EStG. Die staatliche Förderung kann aber immer nur einmal beansprucht werden, auch wenn private und betriebliche Altersvorsorge nebeneinander betrieben werden.

a) Begünstigter Personenkreis

Den **förderungsberechtigten Personenkreis** für die private Riester-Rente legt § 10a Abs. 1, 3 EStG 9
fest. § 10a Abs. 1 EStG gewährt die Altersvorsorgezulage dabei unabhängig vom steuerrechtlichen Status der jeweiligen Person.[830] Dieser Ansatz ist die Folge eines Urteils des EuGH, in dem der Gerichtshof am 10.9.2009 erkannte, dass Vorschriften zur ergänzenden Altersvorsorge gegen Unionsrecht verstoßen, soweit Grenzarbeitern und Ehegatten die Inanspruchnahme verweigert wird, falls sie nicht in dem jeweiligen Mitgliedstaat unbeschränkt steuerpflichtig sind.[831] Daher wird insoweit auch Grenzgängern, die in einem begünstigten inländischen Alterssicherungssystem (bspw. gesetzliche Rentenversicherung) pflichtversichert sind, eine unmittelbare Zulagenberechtigung im Hinblick auf die Altersvorsorgezulage eingeräumt.[832]

---

826 RULAND, NZS 2016, 772.

827 Ausdrücklich RÜRUP, BB, Die erste Seite, Nr. 14, 2004.

828 FUCHS/PREIS, Sozialversicherungsrecht, 2. Auflage, 2009.

829 Die sog. Riester-Förderung oder Riester-Rente; Überblick bei WALTERMANN, Sozialrecht, Rn. 430 ff.

830 Gesetz zur Umsetzung steuerlicher EU-Vorgaben sowie zur Änderung steuerlicher Vorschriften vom 8.4.2010, BGBl. I S. 386.

831 EuGH 10.9.2009, C-269/07, Slg. 2009, I-7811 m. Anm. KREBBER, EuR 2010, 822.

832 BT-Drs. 4/10 S. 3.

b) Staatliche Förderung

10 Verwirklicht wird die staatliche Förderung durch ein sog. **Kombinationsmodell**. Die private Altersvorsorge durch Spareinlagen des oben genannten Personenkreises kann staatlich in Form von **progressionsabhängigen Zulagen** gem. §§ 84, 85 EStG je nach Familienstand und Alter unterstützt werden, von denen vor allem Geringverdiener und Familien mit Kindern profitieren. Daneben gibt es **alternativ** die Möglichkeit eines vom Einkommen abhängigen **Sonderausgabenabzuges** gem. § 10a EStG, der sich aus den Eigenbeiträgen und den staatlichen Zulagen zusammensetzt, der Höhe nach aber begrenzt ist.

11 Das **Finanzamt** muss **von Amts wegen** eine **Günstigkeitsprüfung** vornehmen und klären, ob der Steuerpflichtige mit der Zulage oder mit dem Sonderausgabenabzug bessergestellt werden kann, vgl. § 10a Abs. 2 EStG.[833] Im Regelfall, wenn der Sonderausgabenabzug gem. § 10a Abs. 2 S. 2 EStG ausscheidet, wird die Förderung aus der dann günstigeren staatlichen Zulage zur Sparsumme bestehen. Sie wird einer Steuerersparnis durch den Sonderausgabenabzug gleichgestellt. Damit werden im Endeffekt die **Beiträge für** diese Form der **Altersvorsorge** während der Ansparphase aus **unversteuertem Einkommen** geleistet und unterliegen erst in der Entnahmephase – einschließlich der staatlichen Zulage – grundsätzlich der **nachgelagerten Besteuerung** gem. § 22 Nr. 5 EStG.

12 Im Falle **gemeinsamer Veranlagung** nach § 26 Abs. 1 EStG steht jedem **Ehegatten** der Sonderausgabenabzug gesondert zu, wenn er zu dem förderungsberechtigten Personenkreis nach § 10a Abs. 1 EStG gehört. Ist Letzteres nur bei einem der beiden Ehegatten der Fall, sind bei dem abzugsberechtigten Ehegatten die von beiden Ehegatten geleisteten Altersvorsorgebeiträge und die dafür zustehenden Zulagen zu berücksichtigen, wenn der andere nicht begünstigte Ehegatte einen auf seinen Namen lautenden Altersvorsorgevertrag geschlossen hat, vgl. § 10a Abs. 3 EStG. Das heißt, dass jeder Ehegatte einen Altersvorsorgevertrag abschließen sollte, um die Zulage und den zusätzlichen Sonderausgabenabzug geltend machen zu können. Durch diese Ausnahme wurde sichergestellt, dass auch der nicht selbst versicherte Ehegatte von der staatlichen Förderung Nutzen ziehen kann, weil er ebenso von der Minderung des gesetzlichen Rentenniveaus seines versicherten Ehegatten betroffen ist.[834]

c) Altersvorsorgevertrag und Anbieter

aa) Normaler Altersvorsorgevertrag

13 Welcher Altersvorsorgevertrag förderungsfähig ist, regelt das **Altersvorsorgeverträge-Zertifizierungsgesetz** vom 22.4.2002.[835] Ein **Altersvorsorgevertrag** i.S.d. AltZertG ist eine zwischen dem Anbieter und einer natürlichen Person (Vertragspartner) in deutscher Sprache geschlossene Vereinbarung, die der **finanziellen Absicherung des Vertragspartners im Alter** dient und durch ein **erhöhtes Maß an Verbraucherschutz** gekennzeichnet ist. Durch die Aufhebung des Typenzwangs in § 1 Abs. 1 S. 1 Nr. 7 AltZertG a.F. können die Altersvorsorgeleistungen durch eine **Vielzahl von Ausgestaltungsformen** realisiert werden, solange die Voraussetzungen des § 1 Abs. 1 AltZertG eingehalten werden.

bb) Förderung von Wohneigentum

14 Alternativ zu den in § 1 Abs. 1 AltZertG beschriebenen förderungswürdigen Verträgen kann die **Altersvorsorge** auch mit Hilfe einer **Eigentumswohnung** oder einem **Eigenheim** betrieben werden. Die „eigenen vier Wände" stellen ebenfalls einen Vermögenswert dar, wenn sie vorher oder kurz nach Eintritt in den Ruhestand abbezahlt sind. Denn wird eine Wohnung oder ein Haus selbst ge-

833 Berechnungsbeispiele bei Kussmaul/Henkes, SteuerStud 2008, 44 ff.; Kaufmann/Köhler Rn. 250 ff. und Horlemann S. 99 ff., 105 ff.

834 Vgl. BT-Drs. 14/4595 S. 65.

835 AltZertG, BGBl. I S. 1310 ff.

nutzt, sind insbesondere keine Mietzahlungen mehr zu entrichten (Instandhaltungskosten sind natürlich weiterhin zu berücksichtigen). Auch dadurch wird der Lebensstandard im Alter abgesichert. Das Sparkonto wird vereinfacht gesagt durch die Immobilie ersetzt.

Mit dem **Eigenheimrentengesetz** vom 29.7.2008[836] ist die selbst genutzte Wohnimmobilie als Bestandteil der Riester-Förderung attraktiver gemacht worden. **„Wohn-Riester"** löst die bis Ende 2005 geltende Eigenheimzulage ab. Eine der Kernneuerungen ist, dass nun auch die Spar- und Tilgungsleistungen steuerlich begünstigt werden, wenn die zugrundeliegenden Darlehen für die Finanzierung einer selbst genutzten Wohnimmobilie eingesetzt werden. Dafür stellt der neue § 1 Abs. 1a AltZertG bestimmte Darlehensverträge mit den in § 1 Abs. 1 AltZertG beschriebenen Altersvorsorgeverträgen gleich. Voraussetzung ist, dass das Darlehen für eine wohnungswirtschaftliche Verwendung i. S. d. § 92a Abs. 1 EStG eingesetzt wird und spätestens bis zur Vollendung des 68. Lebensjahres des Vertragspartners getilgt werden muss. Es können **bis zu 75 oder 100 Prozent des geförderten Altersvorsorgevertrages** in die „Wohn-Riester" **investiert** werden. 15

Die **Besteuerung** erfolgt gem. § 22 Nr. 5 S. 4 EStG **nachgelagert** und bezieht sich nicht auf den Nutzwert, sondern beschränkt sich nur auf den sog. **Altersvorsorge-Eigenheimbetrag**. Zudem besteht gem. § 92a Abs. 2 EStG ein Wahlrecht. Einmal besteht die Möglichkeit einer sukzessiven nachgelagerten Besteuerung über einen längeren Zeitraum von 17 bis 25 Jahren. Daneben kann man sich alternativ für eine Einmalbesteuerung von 70 Prozent des in der Wohnimmobilie gebundenen steuerlich geförderten Kapitals zu Beginn der Rentenphase entscheiden. Schließlich ist zu beachten, dass die **selbst genutzte Wohnimmobilie** gem. § 92a Abs. 1 S. 5 EStG in einem **Mitgliedstaat der Europäischen Union** oder in einem Staat, auf den das Abkommen über den Europäischen Wirtschaftsraum (EWR-Abkommen) anwendbar ist, liegen muss. 16

cc) Anbieter und Zertifizierungsverfahren

Der Anbieter eines Altersvorsorgevertrages muss bestimmte Kriterien erfüllen, da nur dann seine Zusage gem. § 1 Abs. 1 S. 1 Nr. 3 AltZertG zertifizierungsfähig ist. Den möglichen Anbieterkreis regelt § 1 Abs. 2 S. 1 AltZertG. 17

Gegenüber dem Vertragspartner haben diese Anbieter **vor Vertragsschluss bzw. Antragstellung** ein Bündel von **Informationspflichten** zu erfüllen, die in § 7 Abs. 1 S. 2 und S. 3 AltZertG aufgelistet sind. Zur Erhöhung der Transparenz und der Vergleichbarkeit von geförderten Altersvorsorgeprodukten ist mit dem Altersvorsorge-Verbesserungsgesetz vom 24.6.2013[837] statt der bisherigen vorvertraglichen Informationspflichten ein verpflichtendes Produktinformationsblatt für alle Produktgruppen zertifizierter Altersvorsorgeverträge eingeführt worden. Dieses Produktinformationsblatt soll dem Verbraucher in gebündelter, leicht verständlicher und standardisierter Form einen Produktvergleich ermöglichen. Ziel der Einführung war es, den Wettbewerb der Anbieter entsprechender Vorsorgeprodukte zu stärken und so eine möglichst geringe Kostenbelastung der jeweils angebotenen Produkte zu erreichen.[838] Während der Vertragslaufzeit treffen den Anbieter **jährliche Informationspflichten** gem. § 7a AltZertG. Bei Riester-Verträgen in Form von Fondssparplänen stellt § 7 Abs. 5 AltZertG klar, dass das Produktinformationsblatt nach § 7 AltZertG und die wesentlichen Anlegerinformationen nach dem Investmentgesetz parallel ausgehändigt werden, da die Dokumente, jedes für sich, wichtige Informationen enthalten.[839] 18

Erfüllt der Anbieter seine ihm obliegenden **Informationspflichten** gem. § 7 Abs. 1 AltZertG **nicht**, nicht richtig, nicht vollständig, nicht in der vorgeschriebenen Weise oder nicht rechtzeitig, **kann** der **Vertragspartner** innerhalb von zwei Jahren nach Abgabe der Vertragserklärung vom Vertrag **zurücktreten**, § 7 Abs. 3 S. 1 AltZertG. Bei einem Rücktritt hat der Anbieter dem Vertragspartner 19

836 BGBl. I S. 1509 ff.
837 BGBl. I S. 1667.
838 BT-Drs. 17/10818 S. 13.
839 BT-Drs. 17/12219 S. 40.

mindestens einen Geldbetrag in Höhe der auf den Vertrag eingezahlten Beiträge und Altersvorsorgezulagen zu zahlen. Ein Rücktrittsrecht bei Ausbleiben des jährlichen Informationsschreibens i. S. d. § 7a AltZertG gewährt die Vorschrift nicht.

20 Das **Zertifizierungsverfahren** ist in den §§ 4 bis 6, 8ff. AltZertG geregelt. Zuständig ist seit Juli 2010 das **Bundeszentralamt für Steuern**, das auf Antrag über die Zertifizierung per Verwaltungsakt entscheidet. Die **Zertifizierung** wird im **Bundesanzeiger veröffentlicht**, § 10 AltZertG. Ein förderfähiges Altersvorsorgeprodukt besitzt eine **Prüfnummer**. Die Zertifizierung nach dem AltZertG ist eine Feststellung, dass die Vertragsbedingungen des Altersvorsorgevertrages den Anforderungen der § 1 Abs. 1, 1a und § 2a AltZertG entsprechen und der Anbieter den Anforderungen des § 1 Abs. 2 AltZertG entspricht, § 1 Abs. 3 AltZertG. Nicht geprüft wird, ob der Altersvorsorgevertrag wirtschaftlich tragfähig, die Zusage des Anbieters erfüllbar ist und die Vertragsbedingungen zivilrechtlich wirksam sind. Die Zertifizierung stellt **kein staatliches Gütesiegel für die Rentabilität** dar. Das wirtschaftliche Risiko verbleibt beim Vertragspartner, dem vom Anbieter zumindest eine Nominalwerterhaltung gem. § 1 Abs. 1 S. 1 Nr. 3 AltZertG zugesagt werden muss.

d) Entwicklung der privaten Riester-Rente

21 Es ist ausdrücklich zu begrüßen, dass nach einer eher zögerlichen Annahme der Riester-Rente zu Beginn ihrer Einführung die **weitere Entwicklung seit Ende 2005 nach oben** verweist.[840] Dabei ist darauf hinzuweisen, dass endgültige Ergebnisse für ein Beitragsjahr immer erst nach Ablauf der zweijährigen Antragsfrist für die staatliche Förderung erstellt werden können. Zwischen 2005 und 2012 war eine immer raschere Verbreitung dieser zusätzlichen Altersvorsorge die zu beobachtende Tendenz. So wurden 2005 noch vier Millionen Personen gefördert, bis 2014 stieg die Zahl auf 11,1 Millionen an. Für 2018 lässt sich als Zwischenergebnis festhalten, dass der Gesamtbestand an privaten aktiven Riester-Verträgen bis **auf über 14,5 Millionen** angestiegen ist.

22 Auswertungen[841] aus dem Jahr 2023 haben für das Beitragsjahr 2020 rund 2,791 Milliarden Euro Zulagenförderung und eine darüberhinausgehende Steuerentlastung von etwa 1,2 Milliarden Euro ergeben. Die hinzukommenden ca. 9 Milliarden Euro Eigenbeiträge verdeutlichen die hohe Bedeutung der geförderten Riester-Rente zur Altersvorsorge. Aus der Verteilungsanalyse hat sich zudem ergeben, dass der größte Teil der geförderten Personen unterdurchschnittliche Einnahmen bezogen habe. Hinsichtlich der gewählten Anbietertypen dominieren die Versicherungen – insbesondere die Bausparkassen – die Anbieterstruktur.[842] Die statistischen Auswertungen zeigen, dass die Riester-Rente bei aller Kritik in die sozialpolitisch gewünschte Richtung wirkt.

23 In den letzten rund zehn Jahren lässt sich allerdings eine Stagnation der aktiven Zulagenverträge verzeichnen. Mittlerweile ist jeder fünfte Vertrag ruhend gestellt.[843] Grund dafür dürfte zum einen der seit langem relativ unstrittige Kritikpunkt sein, dass viele der angebotenen Riesterverträge teuer und intransparent sind.[844] Hinzu kommt zum anderen das – in den vergangenen Jahren – gesunkene Zinsniveau, was zu einer Renditeschwäche vieler deutscher Vorsorgeprodukte führte.[845] Finanzierungsprobleme ergeben sich vor allem dadurch, dass die Rückstellungen für die künftigen Betriebsrenten aufgrund der niedrigen Zinsen stark gestiegen sind.[846] Die Rendite der Rentenbeiträge ist mittlerweile höher als der Garantiezins der privaten Versicherungen.[847] Zu erwähnen ist auch, dass die versicherungsmathematischen Berechnungen mit Blick auf die Auszahlungsphase von

840 Vgl. dazu noch Rieckhoff/Thiede, BetrAV 2004, 204ff.; Löffler, SGb 2010, 554.
841 Bundesministerium der Finanzen, Statistik zur Riester-Förderung vom 15.5.2023.
842 Jaworek/Kruse/Scherbarth, RVaktuell 2018, S. 97.
843 Bäcker, Alterssicherung in Deutschland, APuZ Nr. 20/2022.
844 Finanztest: Riester-Rentenversicherung: Nur fünf gute, Heft 12/2013, S. 25ff.
845 Roth, SR 2016, 47ff.
846 Köhler-Rama, ZRS 2016, 343.
847 Ruland, NZS 2016, 721, 725.

einer langen Lebenserwartung der Versicherungsnehmer ausgehen, die die Versicherungsnehmer aber faktisch selten erreichen.

2. Betriebliche Altersvorsorge

Unter **betrieblicher Altersversorgung**, der sog. zweiten Säule der Alterssicherung, versteht man gem. § 1 Abs. 1 S. 1 BetrAVG Leistungen der Alters-, Invaliditäts- oder Hinterbliebenenversorgung, die einem Arbeitnehmer aus Anlass seines Arbeitsverhältnisses vom Arbeitgeber zugesagt werden. 24

Nach einer rückläufigen Entwicklung der betrieblichen Altersversorgung ist es seit der Einführung der sog. Riester-Rente im Jahre 2002 zu einem deutlichen **Anstieg bei den Betriebsrenten** gekommen. Lag die Zahl der aktiven Anwartschaften in der betrieblichen Altersversorgung vor den Reformen 2001 noch bei rund 14,56 Millionen, so verfügten Ende 2013 rund 20,1 Millionen Beschäftigte bereits über eine betriebliche Altersversorgung. Im darauffolgenden Jahrzehnt stagnierte die Zahl: Ende 2021 waren es rund 21,2 Millionen. Dem Bundesministerium für Arbeit und Soziales zur Folge verfügen damit mehr als 60 Prozent aller sozialversicherungspflichtig Beschäftigten über mindestens eine betriebliche Altersversorgung.[848] Im Folgenden sollen nur die wichtigsten Grundzüge der betrieblichen Altersvorsorge dargestellt werden. 25

a) Gestaltungsformen betrieblicher Altersversorgung

Grundsätzlich kann in der betrieblichen Altersversorgung zwischen **fünf Durchführungswegen** unterschieden werden, die die Grundlage der jeweiligen konkreten Ausgestaltung bilden: 26

- Direktzusage des Arbeitgebers,
- Unterstützungskasse,
- Pensionskasse,
- Direktversicherung und
- Pensionsfonds.

Je nachdem, ob bei einem Durchführungsweg der Arbeitgeber selbst oder eine externe Versorgungseinrichtung für die Versorgungszusage haftet, spricht man von einem **internen** (Direktzusage und Unterstützungskasse) **oder externen** (Direktversicherung, Pensionskasse und Pensionsfonds) **Durchführungsweg**, vgl. auch § 1 Abs. 1 S. 2 BetrAVG. Welche der fünf Organisationsformen gewählt wird, liegt grundsätzlich im Ermessen des Arbeitgebers. 27

b) Inhalt der Versorgungszusage

Die Leistungen der betrieblichen Altersversorgung können auf Arbeitgeberseite vielfältige Formen annehmen. Grundsätzlich kann man diesbezüglich hinsichtlich der Leistungsgestaltung unterscheiden, ob Vereinbarungen über die Leistungshöhe (**Leistungszusagen**) oder über die zu entrichtenden Beiträge für die betriebliche Altersversorgung (**Beitragszusagen**) getroffen werden. Freilich kommen beide Modelle in Reinkultur praktisch nicht vor. Möglich sind auch **beitragsorientierte Leistungszusagen**, **Beitragszusagen mit Mindestleistung** oder seit kurzem auch **reine Beitragszusagen** (§ 1 Abs. 2 Nr. 1–Nr. 2a BetrAVG). Während die beitragsorientierte Leistungszusage bei allen Durchführungswegen der betrieblichen Altersvorsorge zulässig ist, findet die Beitragszusage nur bei externen Durchführungswegen Anwendung (also Pensionskasse, Direktversicherung und Pensionsfonds). 28

---

848 Bundesministerium für Arbeit und Soziales, Trägerbefragung zur betrieblichen Altersversorgung (BAV 2013), 2015; Bundesministerium für Arbeit und Soziales, Trägerbefragung zur betrieblichen Altersversorgung 2021 (BAV 2021), 2023.

29 Die betriebliche Altersvorsorge war ursprünglich ein freiwilliges arbeitgeberfinanziertes System im Kapitaldeckungsverfahren, um Betriebstreue und Arbeitnehmerleistungen zu „belohnen" (zum Entgeltcharakter vgl. nur BAG 3.11.1998 AP Nr. 41 zu § 1 BetrAVG Gleichbehandlung). In den letzten Jahren setzte sich in einigen Durchführungswegen jedoch immer mehr die Beteiligung der Arbeitnehmer an der Finanzierung durch, wobei insbesondere die **sog. Entgeltumwandlung** eine bedeutende Rolle spielt. Bei einer Entgeltumwandlung verzichten die Arbeitnehmer auf einen Teil ihres künftigen Arbeitsentgelts, der dann zum Ausbau ihrer wertgleichen betrieblichen Rentenanwartschaften verwendet wird (§ 1 Abs. 2 Nr. 3 BetrAVG). Unter betrieblicher Altersversorgung wird daher nicht mehr nur eine zusätzliche Leistung des Arbeitgebers verstanden, sondern vielmehr unabhängig davon, wer die Beiträge bezahlt, die Organisation und Abwicklung des Aufbaus einer zusätzlichen Altersversorgung entweder innerhalb des Betriebs bzw. über den Betrieb vermittelt. Exakter wäre es daher, von „betrieblich organisierter Altersversorgung" zu sprechen.[849] **Für tarifliche Ansprüche** ist § 20 Abs. 1 BetrAVG zu beachten. Soweit danach Entgeltansprüche auf einem Tarifvertrag normativ beruhen, kann für diese eine Entgeltumwandlung nur vorgenommen werden, soweit dies durch Tarifvertrag vorgesehen oder durch Tarifvertrag zugelassen ist. Gem. § 30h BetrAVG gilt § 20 Abs. 1 BetrAVG aber nur für Entgeltumwandlungen, die auf Zusagen beruhen, die nach dem 29.6.2001 erteilt werden. Für ältere Zusagen gilt also weiterhin das Günstigkeitsprinzip des § 4 Abs. 3 TVG.

30 Neben der Entgeltumwandlung gibt es noch die **Eigenbeitragszusage** gem. § 1 Abs. 2 Nr. 4 BetrAVG. In diesem Fall leistet der Arbeitnehmer an einen Pensionsfonds, eine Pensionskasse oder eine Direktversicherung bereits aus ihm zugeflossenen Arbeitsentgelt Beiträge zur Finanzierung der betrieblichen Altersvorsorge. Gleichzeitig muss die Zusage des Arbeitgebers aber auch die Leistungen aus diesen Beiträgen umfassen. Anders als bei der Entgeltumwandlung nach § 1 Abs. 2 Nr. 3 BetrAVG ist bei der Eigenbeitragszusage der Arbeitnehmer Schuldner gegenüber den externen Durchführungsträgern. Grundsätzlich regelt sich die Eigenbeitragszusage entsprechend nach den Vorschriften der Entgeltumwandlung, vgl. § 1 Abs. 2 Nr. 4 2. Hs. BetrAVG. Damit gilt insbesondere das in § 1 Abs. 2 Nr. 3 BetrAVG normierte Wertgleichheitsgebot.

31 Seit 2002 besitzt jeder Arbeitnehmer, der in der gesetzlichen Rentenversicherung pflichtversichert ist (§ 17 Abs. 1 S. 3 BetrAVG), einen individuellen **Anspruch auf betriebliche Altersversorgung durch eine Entgeltumwandlung**, vgl. § 1a Abs. 1 S. 1 BetrAVG. Arbeitnehmer können demnach von ihrem Arbeitgeber verlangen, künftige Entgeltansprüche für ihre betriebliche Altersversorgung zu verwenden.[850] Die Grenze liegt bei **maximal vier Prozent** der jeweiligen Beitragsbemessungsgrundlage in der Rentenversicherung. **Mindestens** jedoch muss der Arbeitnehmer jährlich einen Betrag in Höhe **von einem Hundertsechzigstel der Bezugsgröße** nach § 18 Abs. 1 SGB IV für seine betriebliche Altersversorgung verwenden (für 2024: 3 535 Euro ÷ 160 × 12 = 265,13 Euro pro Jahr), § 1a Abs. 1 S. 4 BetrAVG. Bietet der Arbeitgeber die Durchführung der betrieblichen Altersvorsorge über einen Pensionsfonds oder eine Pensionskasse oder über eine Versorgungseinrichtung nach § 22 BetrAVG an, muss der Arbeitnehmer dieses Angebot annehmen. Andernfalls kann er den Abschluss einer Direktversicherung für ihn verlangen, vgl. § 1a Abs. 1 S. 3 BetrAVG. In jedem Fall kann der Arbeitnehmer gem. § 1a Abs. 3 BetrAVG verlangen, dass die Voraussetzungen für eine Förderung nach den §§ 10a, 82 Abs. 2 EStG (Riester-Rente) erfüllt werden, wenn die betriebliche Altersversorgung über einen Pensionsfonds, eine Pensionskasse oder eine Direktversicherung durchgeführt wird.

32 Seit 2019 muss der Arbeitgeber gem. § 1a Abs. 1a BetrAVG 15 Prozent des umgewandelten Entgelts zusätzlich als Arbeitgeberzuschuss an die Pensionsfonds, die Pensionskasse oder die Direktversicherung weiterleiten, soweit er durch die Entgeltumwandlung Sozialversicherungsbeiträge einspart.

---

849 Für eine detaillierte Darstellung der Entgeltumwandlung vgl. Hanau/Arteaga/Rieble/Veit, Entgeltumwandlung, 3. Aufl., 2014; Tenbrock, Entgeltumwandlung, S. 407 ff.

850 Ausf. Herrnstadt, Die Durchführung des Anspruches auf Entgeltumwandlung in betriebliche Altersversorgung im Arbeits-, Versicherungs- und Zivilrecht, 2023.

Werden externe Durchführungswege gewählt, können Arbeitnehmer auch **für Zeiten ohne Entgeltfortzahlung**, bspw. Krankengeldbezug, die **Versicherung oder Versorgung mit eigenen Beiträgen** aus eigenem Vermögen fortsetzen, vgl. § 1a Abs. 4 BetrAVG.[851] Die Versorgungszusage des Arbeitgebers umfasst dann auch diese Ansprüche aus den Eigenbeiträgen. Damit erhalten Arbeitnehmer die Möglichkeit, die betriebliche Altersversorgung **lückenlos** aufzubauen, selbst wenn sie zeitweise **kein Entgelt aus dem Beschäftigungsverhältnis** erhalten. Damit unterstellt das BetrAVG auch die auf diese Weise erworbenen Anwartschaften seinem Schutz. 33

Der durch das Betriebsrentenstärkungsgesetz vom 17.8.2018[852] **neu** eingeführte § 1 Abs. 2 Nr. 2a BetrAVG eröffnet dem Arbeitgeber seit dem 1.1.2018 die bereits erwähnte Möglichkeit einer **reinen Beitragszusage**. Eine betriebliche Altersversorgung liegt danach auch dann vor, wenn der Arbeitgeber durch Tarifvertrag oder Betriebs- oder Dienstvereinbarung verpflichtet wird, Beiträge zur Finanzierung von Leistungen der betrieblichen Altersversorgung an eine externe Versorgungseinrichtung zu zahlen. Die Verpflichtung des Arbeitgebers erschöpft sich in der Zahlung der geschuldeten Beiträge, ihn trifft aber keine – nicht mal eine subsidiäre – Einstandspflicht. Der maßgebliche Unterschied zu den bisherigen Versorgungsstrukturen besteht darin, dass eine garantierte Leistung nicht zugesagt werden darf.[853] Durch die Einführung können Arbeitgeber nunmehr im Hinblick auf den angestrebten weiteren Auf- und Ausbau der betrieblichen Altersversorgung vollständige Kosten- und Planungssicherheit erhalten. Davon sollen insbesondere diejenigen Beschäftigten profitieren, die bislang noch keine betriebliche Altersvorsorge erworben haben. Die zwingende Anbindung an die tariflichen Vereinbarungen sichert dabei die Interessen der Beschäftigten in ausreichendem Maße.[854] 34

c) Unverfallbarkeit, Insolvenzschutz und Pfändungsschutz

Hinsichtlich der inhaltlichen Ausgestaltung unterliegt die betriebliche Altersversorgung arbeitsrechtlichen Rahmenbedingungen, die durch das BetrAVG in den Grenzen seines § 17 Abs. 3 BetrAVG unabdingbar festgelegt sind. Zu den wesentlichen Eckpunkten dieser gesetzlich bestimmten Rahmenbedingungen gehört die in § 1b Abs. 1, 5 BetrAVG geregelte **Unverfallbarkeit der Anwartschaften**. 35

Verlässt ein Mitarbeiter vorzeitig den Betrieb, so verfallen grundsätzlich die bis dahin erworbenen Betriebsrentenansprüche. Das BetrAVG sah ursprünglich vor, dass die Rentenanwartschaft im Fall eines Arbeitgeberwechsels zumindest dann erhalten bleibt und somit „unverfallbar" wird, wenn der Arbeitnehmer das 35. Lebensjahr vollendet hatte und mindestens zehn Jahre im Versorgungssystem des Betriebes versichert war oder eine zwölfjährige Betriebszugehörigkeit aufweisen konnte und mindestens drei Jahre im Versorgungssystem des Betriebes versichert war. Durch das Altersvermögensergänzungsgesetz vom 21.3.2001[855] sowie anschließend zunächst durch das Gesetz zur Förderung der zusätzlichen Altersvorsorge und zur Änderung des Dritten Buches Sozialgesetzbuch vom 10.12.2007[856] und sodann durch das Gesetz zur Umsetzung der EU-Mobilitäts-Richtlinie vom 21.12.2015[857] sind diese Fristen verkürzt worden. 36

Es gilt nunmehr grundsätzlich:

- **Versorgungsanwartschaften**, die auf **Entgeltumwandlung** beruhen, werden einschließlich eines möglichen Arbeitgeberzuschusses nach § 1a Abs. 1a BetrAVG **sofort** gesetzlich **unverfallbar**.

---

851 S.a. BT-Drs. 15/2150, S. 52.

852 BGBl. I S. 3214.

853 Dazu ausführlich Rolfs, SR 2017, Sonderausgabe, 37; Hanau/Arteaga, DB 2019, 127; dies., DB 2019, 2183.

854 BT-Drs. 780/16 S. 37.

855 AVmEG, BGBl. I S. 403 ff.

856 BGBl. I S. 2838.

857 BGBl. I S. 2553.

– **Versorgungsanwartschaften**, die der **Arbeitgeber finanziert** hat, sind bereits dann unverfallbar, wenn das **21. Lebensjahr vollendet** ist und die **Zusage seit** mindestens **drei Jahren** besteht.

37 § 30f BetrAVG beinhaltet Übergangsvorschriften für Zusagen, die vor dem 1.1.2001 (Abs. 1), vor dem 1.1.2009 und nach dem 31.12.2000 (Abs. 2), vor dem 1.1.2018 und nach dem 31.12.2008 (Abs. 3) erteilt wurden. Für Anwartschaften, die vor der jeweiligen Neufassung erteilt wurden (Altzusagen), bleibt es grundsätzlich bei den jeweiligen bisherigen Unverfallbarkeitsvoraussetzungen, wobei jeweils der letzte Halbsatz sicherstellt, dass Beschäftigte mit Altzusagen, die in die neue Regelung „hineinwachsen", gegenüber Beschäftigten mit Neuzusagen nicht ungerechtfertigt schlechter gestellt werden.

38 Weiteres Kennzeichnen ist der grundsätzliche **Insolvenzschutz** der Betriebsrentenansprüche gem. §§ 7ff. BetrAVG sowie der **Pfändungsschutz** gem. §§ 851c, 851d ZPO.[858]

d) Mitnahme der betrieblichen Anwartschaften

39 Betriebliche Rentenanwartschaften können bei einem Arbeitgeberwechsel unter bestimmten in § 4 BetrAVG genannten Voraussetzungen mitgenommen werden. Man bezeichnet dies auch als **Portabilität**. Neben der Übertragung in Form der **Übernahme der Versorgungszusage** – es handelt sich um eine Schuldübernahme i. S. d. §§ 414, 415 BGB; allerdings ist § 4 BetrAVG *lex specialis* – kann auch der **Wert** der vom Arbeitnehmer beim alten Arbeitgeber (bzw. dessen Versorgungseinrichtung) erworbenen unverfallbaren Anwartschaft in einen Kapitalbetrag umgerechnet und auf den neuen Arbeitgeber (bzw. dessen Versorgungseinrichtung) übertragen werden, der dem Arbeitnehmer eine dem Übertragungswert wertgleiche Zusage geben muss, vgl. § 4 Abs. 2 Nr. 1, 2 BetrAVG; vor allem die zweite Alternative entspricht den praktischen Bedürfnissen der Arbeitgeber.[859]

e) Weitere Anreize zur betrieblichen Altersvorsorge

40 Anreize zur vermehrten Inanspruchnahme der betrieblichen Altersvorsorge werden schließlich im Rahmen des Beitragsrechts der Sozialversicherung und des Steuerrechts[860] gesetzt. Darauf sei an dieser Stelle nur hingewiesen.

3. Stellungnahme zur zusätzlichen Altersvorsorge

41 Sowohl die betriebliche als auch die private Altersvorsorge ergänzen die gesetzliche Rentenversicherung nur unzureichend. Da für die Versicherten lediglich ihr Gesamtversorgungsniveau entscheidend ist, ist es notwendig, über verbesserte Möglichkeiten der betrieblichen und privaten Altersvorsorge nachzudenken. Ziel muss es sein, das Gesamtversorgungsniveau – für möglichst viele – zu halten.[861]

42 Gerade auch unter dem Aspekt der Risikodiversifizierung der Altersvorsorge bedeuten der **Ausbau einer kapitalgedeckten privaten wie betrieblichen Altersvorsorge** und dessen fiskalische Unterstützung einen **notwendigen Schritt** in die richtige Richtung. Die **finanzielle Absicherung im Alter ist berechenbarer**, wenn sie sich nicht nur auf eine Säule, sondern gleich auf drei Säulen stützen kann. Dabei darf natürlich nicht übersehen werden, dass auch **kapitalgedeckte Rentensysteme nicht immun vor** wirtschaftlicher Stagnation und vor allem der **demographischen Entwicklung** sind. Allerdings lassen sich negative Effekte und Schwankungen im Hinblick auf die Rentenleistung durch eine Mischung aus umlage- und kapitalfinanzierter Altersvorsorge besser aus-

858 S.a. Stöber, NJW 2007, 1242ff.
859 Vgl. Höfer, DB 2004, 1426, 1427; BT-Drs. 15/2150 S. 53.
860 Dazu: Cremers, Steuerrechtliche Besonderheiten der betrieblichen Altersvorsorge, rv 2023, 127.
861 Ruland, NZS 2016, 775ff.

gleichen. Die **Altersvorsorge** des Einzelnen muss sich zukünftig aus **mehreren Bausteinen** zusammensetzen. Dabei werden sowohl steuerlich geförderte Rentenleistungen als auch andere innovative Formen zusätzlicher Altersvorsorge eine wichtige Rolle spielen. Bspw. erfreuen sich **Arbeitszeitkontenmodelle** zur Absicherung im Alter wegen ihrer relativen Unkompliziertheit immer größerer Beliebtheit. Mit der Einführung im Jahr 1998 wurde dabei die Möglichkeit geschaffen, geleistete Arbeitszeit in einem besonderen Wertguthaben anzusammeln und zu einem späteren Zeitpunkt zur kurz-, mittel- oder sogar längerfristigen Freistellung von der Arbeit einzusetzen und auch erst zum Zeitpunkt der Auszahlung für die Sozialversicherung zu verbeitragen. Der Gesetzgeber hat die Rahmenbedingungen für solche Zeitwertkonten im Gesetz zur Verbesserung der Rahmenbedingungen für die Absicherung flexibler Arbeitszeitregelungen und zur Änderung anderer Gesetze vom 29.12.2008 weiterentwickelt.[862] Konkret ging es dabei um die Ergänzung der Definition von Wertguthaben und ihre praxisorientierte Abgrenzung zu anderen Formen von Arbeitszeitflexibilisierungen, die Konkretisierung von Pflichten bei der Führung von Wertguthaben, die Verbesserung des Insolvenzschutzes von Wertguthaben sowie die Einführung einer beschränkten Portabilität von Wertguthaben.[863] Auch diese gesetzgeberischen Maßnahmen sind zu begrüßen.

Freilich sind auch kritische Aspekte anzusprechen: Die aus der **bewussten Reduzierung des** 43
Leistungsniveaus der gesetzlichen Rente resultierende Notwendigkeit, vermehrt zusätzliche Altersvorsorge zu betreiben, hat die Mehrheit der deutschen Bevölkerung nach Einführung der Riester-Rente zunächst nur zögerlich erkannt. Erst seit 2006 spürt man den erforderlichen Bewusstseinswandel, was angesichts der langfristigen Zeiträume, in denen rentenrechtliche Sachverhalte stattfinden und sich auswirken, nicht überrascht. Zu erinnern ist ebenfalls an eine jahrzehntelange politische Zurückhaltung, die Probleme der sozialen Alterssicherungssysteme konkret beim Namen zu nennen und dementsprechend zu handeln, was sich insbesondere bei der Einführung der Riester-Rente gezeigt hat. Dass sich die Riester-Rente teilweise sogar unabhängig von ihrer Inanspruchnahme über zwei Faktoren – Einbeziehung der freiwilligen Beiträge zur Riester-Rente in die Formel zur Berechnung des aktuellen Rentenwertes, Senkung des zu verbeitragenden Bruttoeinkommens durch steuer- und beitragsfreie Entgeltumwandlung i.R.d. § 1a BetrAVG – leistungsmindernd auf die gesetzliche Rentenversicherung auswirkt, ist nur unzulänglich deutlich gemacht worden. Ihr **ersetzender Charakter** wurde der Öffentlichkeit teilweise **verschleiert**, wenn von einer ergänzenden Altersvorsorge die Rede war. Deutliche Worte fielen erst später.[864] Solche Wahrheiten sind heutzutage schonungslos zu kommunizieren. Denn seit längerem und auf unabsehbare Zeit bewegt sich die **gesetzliche Rentenversicherung** für die Mehrheit der in ihr Versicherten hin zu einer – nur knapp über den Regelsätzen für Sozialhilfe liegenden – **Existenzsicherung**. Die gesetzliche Rente erodiert und wird zukünftig nur noch wesentlicher Bestandteil einer **Basissicherung** sein.

Spätestens die Riester-Reformen markieren den Beginn eines **schleichenden Ausstiegs** aus der 44
einkommensbezogenen gesetzlichen Altersrente, die eigentlich den während der Erwerbsphase erworbenen Lebensstandard sichern sollte. Das zeigt sich in der **Abkehr von einer Altersrente**, die **beitrags- und damit leistungsbezogen** im Sinne einer gleichwertigen Teilhabe der Rentner am Produktivitätsfortschritt ist. Stattdessen wendet man sich dem **Primat der einnahmeorientierten Ausgabenpolitik** hin. Diese Entwicklung ist durch die weiteren – notwendigen – Reformen des SGB VI noch verstetigt worden. Angemahnt durch die Kommission zur „Nachhaltigkeit in der Finanzierung der sozialen Sicherungssysteme“ (sog. Rürup-Kommission) ist zunächst der aktuelle Rentenwert um einen sog. **Nachhaltigkeitsfaktor** ergänzt worden (§§ 68, 255e, 255f, 255g SGB VI). Erst etwas später hat sich der Gesetzgeber dazu durchringen können, auch deren zweite Forderung umzusetzen, nämlich die **Regelaltersgrenze** ab 2011 **auf 67 Jahre langfristig anzuheben** (§ 35 S. 2 SGB VI bzw. § 235 Abs. 2 SGB VI). Folge ist ein gewolltes Absinken des gesetzlichen Rentenniveaus in den kommenden

862 BGBl. I S. 2940ff.

863 Vgl. § 7b bis § 7g SGB IV, s.a. Hanau/Veit, NJW 2009, 182ff.; BT-Drs. 16/10289.

864 Vgl. Rürup, BB, Die erste Seite, Nr. 14, 2004.

Jahren und Jahrzehnten. Gerade hinter der Verschiebung des Renteneintrittsalters verbirgt sich nichts anderes als eine weitere Rentenkürzung um 7,2 Prozent.

45 Durch diese Maßnahmen ist die Darstellung des **Leistungspotentials der gesetzlichen Rentenversicherung** anhand des sog. **Äquivalenzrentners** (früher Eck- oder Standardrentner) mit 45 Entgeltpunkten und Beitragsjahren **realitätsfern** geworden. Denn sie trifft nur noch für eine Minderheit der Rentenberechtigten zu. Angesichts der langen Ausbildungszeiten, der Flexibilisierung der Arbeitsmärkte und teilweise gebrochenen Erwerbsbiographien wird dieser Anteil noch geringer werden.

46 Diese Abwärtsentwicklung wird sich insbesondere im Niedriglohnsektor auswirken. Die Existenzsicherung beruht nach dem Konzept der gesetzlichen Rentenversicherung auf einer geeigneten Arbeitsbeziehung mit hinreichendem Ertrag, wonach sich später in Abbildung der Lebenseinkünfte die – existenzsichernde – Rentenhöhe bemisst. Diese Rechnung kann offenkundig im Niedriglohnsektor nicht aufgehen, insbesondere dann nicht, wenn das Rentenniveau weiter sinkt: Eine die existenzsichernde Altersvorsorge kann durch niedrige Entgelte zumeist nicht erreicht werden. Der am 1.7.2017 eingeführte gesetzliche Mindestlohn nach dem MiLoG ist zwar ein Weg in die richtige Richtung, aber nicht ausreichend, die Altersarmut in Gänze zu verhindern. Auch eine auf Eigenverantwortung aufgebaute zusätzliche Altersvorsorge ist in diesem Bereich vielfach nicht realistisch.[865] Was bleibt, ist die Grundsicherung im Alter nach dem SGB XII bzw. Zuschläge an Entgeltpunkten für langjährig Versicherte (sog. Grundrente).

47 Diese in der Realität vor allem Frauen treffende, schleichende Angleichung des Leistungsniveaus der gesetzlichen Renten an das Sozialhilfeniveau birgt **ungelöste systematische Probleme** im Spannungsverhältnis zwischen Art. 14 Abs. 1 GG, Art. 3 Abs. 1 GG und Art. 1 GG i.V.m. dem Sozialstaatsprinzip. Denn faktisch werden für einige Teile der Bevölkerung **zwei Vorsorgesysteme eine annähernd vergleichbare Leistung** gewähren. Nur erwirbt der Versicherte im ersten Fall durch Zahlung eigener, dem Eigentumsschutz unterfallende Beiträge Anwartschaften und Ansprüche auf eine spätere Gegenleistung, während im zweiten Fall auf die steuerfinanzierte Sozialhilfe ein verfassungsrechtlicher Anspruch aufgrund der Menschenwürdegarantie des Art. 1 Abs. 1 GG i.V.m. mit dem Sozialstaatsprinzip besteht.

48 Fraglich ist, ob es eine **nicht zu rechtfertigende Ungleichbehandlung** darstellt, wenn derjenige, der langjährig in ein Sozialversicherungssystem eigene Beiträge zahlen musste, am Ende Leistungen erhält, die sich nicht von einem steuerfinanzierten Sozialhilfesystem ohne Beitragspflicht unterscheiden, auf die der Berechtigte einen grundrechtlichen Anspruch hat.[866]

49 Neben diesen problematischen Entwicklungen ist die grundlegende **Art und Weise** kritisch zu hinterfragen, auf deren Basis der Staat private wie betriebliche Altersvorsorge fördert. An ihr offenbart sich ein **konzeptioneller Mangel**, an dem die zusätzliche Altersvorsorge in Deutschland leidet und ihre Verbreitung verlangsamt.

50 Nicht als Kritikpunkt an der Riester-Rente lässt sich dabei die Belastung der Arbeitnehmer ins Felde führen.[867] Zutreffend ist zwar, dass die Beiträge zur gesetzlichen Rentenversicherung grundsätzlich von Arbeitnehmern und Arbeitgebern paritätisch zu leisten sind, während die Riester-Beiträge von dem Arbeitnehmer alleine zu tragen sind. Dieser fehlende Arbeitgeberbeitrag führt jedoch nicht dazu, dass die Arbeitnehmer durch die Riester-Rente stärker in Anspruch genommen werden, als dies bei einem vergleichbaren Beitragssatz – etwa für die Finanzierung eines höheren Rentenniveaus – der Fall wäre. Der wissenschaftlichen und politischen Diskussion muss entgegengehalten werden, dass auch die Arbeitgeberbeiträge zur gesetzlichen Rentenversicherung einen Teil des Gesamtbruttolohnes darstellen. Ein erhöhter Beitragssatz würde somit höchst wahrscheinlich zu einer verringerten Bruttolohndynamik führen. Zudem kompensiert die staatliche Zulagenförderung – zu-

865 WALTERMANN, SR 2014, 73 ff.
866 Kritisch ebenfalls WENNER in: FS 50 Jahre BSG, S. 625, 640 f.; ähnlich MERTEN, DRV 2008, 382, 385 ff.
867 So aber SCHMÄHL, SozSich 2011, 409.

mindest teilweise – den Arbeitgeberbeitrag. Hinzu kommt ein möglicher steuerlicher Sonderausgabenabzug.[868]

51 Dass kapitalgedeckte Rentenversicherungssysteme nicht immun vor wirtschaftlicher Stagnation sind, zeigt sich anhand der jüngst auf ein historisch niedriges Niveau gesunkenen Zinsen. So ist die Rendite der Rentenbeiträge mittlerweile höher als der Garantiezins der privaten Versicherer. Hinzukommende Turbulenzen an den Kapitalmärkten haben verstärkt Zweifel an der Effektivität einer kapitalgedeckten Altersvorsorge aufkommen lassen.[869] In dieser Phase wirken sich die mit den Riester-Produkten verbundenen gesetzlichen Garantiezusagen nachteilig aus, weil die Anbieter diese ja einhalten müssen. Die auf festverzinsliche Wertpapiere setzende Art der kapitalgedeckten Vorsorge für das Alter muss vor diesem Hintergrund überdacht werden. Zwar ist die betriebliche Altersvorsorge nach dem Leitbild des Betriebsrentengesetzes eine nur durch Rückstellung gesicherte Zusage des Arbeitgebers (§ 1 Abs. 1 BetrAVG), in der Praxis ist sie jedoch zunehmend mit den am Markt erzielbaren Kapitalrenten verbunden. Zu bevorzugen wäre daher – hinsichtlich der „betrieblich organisierten Altersvorsorge“ – eine mehr auf Teilhabe am Unternehmenserfolg fokussierte Anlage („automatic enrolment“).[870] Vor diesem Hintergrund wäre ein – weiterer – Paradigmenwechsel, weg von der individuellen hin zur betrieblichen Altersvorsorge die mit der gesetzlichen Rentenversicherung den Kern des Rentenversicherungssystems bildet, mehr als wünschenswert.

52 Mit dem Betriebsrentenstärkungsgesetz vom 17.8.2017[871] hat sich der Gesetzgeber diesen Problematiken mit dem Ziel angenommen, die betriebliche Altersversorgung weiter zu verbreiten und attraktiver zu machen. Gewünscht ist ein höheres Versorgungsniveau der Beschäftigten durch kapitalgedeckte Zusatzrenten. So wurden die Möglichkeiten erweitert, auf Grundlage von Tarifverträgen betriebliche Versorgungssysteme zu gestalten, die einfach, effizient, kostensicher und damit gezielt auf die Bedürfnisse der Unternehmen und Beschäftigten zugeschnitten sind. Die Sozialpartner können künftig auch reine Beitragszusagen vereinbaren, über Leistungen der durchführenden Einrichtungen entscheiden und rechtssicher Options- beziehungsweise Opting-Out-Systeme in den Unternehmen und Betrieben einführen. Daneben ist ein spezifisches Fördermodell für Geringverdiener eingeführt und die steuerliche Förderung der betrieblichen Altersversorgung und der Riester-Rente vereinfacht und verbessert worden. Auch im Sozialrecht wurden neue Anreize für den Auf- und Ausbau einer betrieblichen Altersversorgung besonders bei Geringverdienern gesetzt. Zudem wurden Vorgaben an die neuen Tarifverträge über betriebliche Altersversorgung festgelegt, wonach Nichttarifgebundenen der Zugang zur neuen Betriebsrente nicht verwehrt werden soll und bestehende Betriebsrentensysteme nicht gefährdet werden sollen. Schließlich ist der Arbeitgeber künftig verpflichtet, die ersparten Sozialversicherungsbeiträge pauschal i. H. v. 15 Prozent an die Beschäftigten bzw. die Versorgungseinrichtungen weiterzuleiten. Von der Einführung eines gesetzlich obligatorischen Betriebsrentensystems oder eines alle Arbeitgeber verpflichtendes gesetzliches Options- bzw. Opting-Out-Systems wurde aufgrund der höheren Eingriffsintensität für Arbeitgeber und Beschäftigte abgesehen.[872] Es bleibt abzuwarten, inwieweit die jüngsten Änderungen die aufgezeigten Mängel der betrieblichen Alterssicherung beheben können.[873]

53 Von Bedeutung wird zukünftig weiterhin sein, dass die staatliche Förderung nicht nur in bestimmte Systeme gelenkt wird. Tendenziell erfasst der Staat die Starken; **Zukunftsprobleme** werden sich aber vor allem im **Niedriglohnsektor** ergeben. Leider wird dies nur teilweise durch die private Riester-Förderung kompensiert, da branchenspezifische oder betriebliche Lösungen wegen der geringeren Verwaltungskosten günstiger sind. Staatlich geförderte Altersvorsorge muss sich ins-

868 Vgl. Fiedler/Rieckhoff, RVaktuell 2017, S. 232 ff.
869 Ruland, NZS 2016, 721, 725.
870 Roth, SR 2016, 47 ff.
871 BGBl. 2017 S. 3214.
872 BT-Drs. 18/12612 S. 2 f.
873 Kritisch dazu Litschen/Günnewig, NZS 2018, 921 ff.; Rolfs, SR 2017, Sonderausgabe, 37; Wallrabenstein, NZS 2017, 252 ff.

besondere auf diejenigen konzentrieren, die unstete oder gar lückenhafte Erwerbsbiographien aufweisen, nur gering verdienen oder Selbständige sind bzw. werden und kaum eine eigene Alterssicherung aufbauen können.[874] Nicht zu vergessen ist, dass in vielen Branchen, insbesondere bei kleinen und mittleren Unternehmen, betriebliche Altersversorgung nicht weit verbreitet ist. Nicht ausreichend ist zudem die grundsätzlich **flickenteppichartige Ausweitung staatlich geförderter zusätzlicher Altersvorsorge**, mag sie auch in der Tradition der historischen Altersvorsorge in Deutschland stehen. Weitaus effektiver und zielführender dürfte es sein, Altersvorsorge auf das Individuum statusneutral zu beziehen. Dann verhält sich ein Statuswechsel neutral in Bezug auf die Altersvorsorge.

54 Die wenig genutzte sog. **Rürup-Rente weist** deshalb in die **richtige Richtung**. So verständlicherweise eng das Korsett für die Förderung eines solchen Vertragstypus wegen der nachgelagerten Besteuerung und des Gleichlaufs zu einer Altersrente der gesetzlichen Rentenversicherung sein muss, so **vorbildlich** ist die **Statusunabhängigkeit** dieser zusätzlichen Altersvorsorge. Denn nicht nur Selbständigen, sondern auch Arbeitnehmern oder Beamten steht die Möglichkeit des Abschlusses eines Altersvorsorgevertrages offen, der die Rürup-Kriterien erfüllt, vgl. § 10 Abs. 1 Nr. 2b EStG. Grundsätzlich können Vorsorgeaufwendungen bis zu dem Höchstbetrag zur knappschaftlichen Rentenversicherung (für 2024 betrug der Höchstbetrag 27 566 Euro) steuerlich geltend gemacht werden, vgl. § 10 Abs. 3 EStG. Dies ist ein in diesem Zusammenhang konzeptioneller Vorteil, den die Riester-Rente so nicht aufweist, weil der begünstigte Personenkreis dort gem. § 10a EStG begrenzt ist. Dieser Pfad ist weiter zu beschreiten. Anstatt auf den Adressatenkreis abzustellen, sollte der Staat die **steuerliche Förderung** der Altersvorsorge allein **von der Art des Altersvorsorgevertrages abhängig** machen, indem er klarstellt, welche Vertragstypen und welche Art von Zahlungen er steuerlich begünstigt. In diesem Zusammenhang könnten Abfindungen aufgrund der Beendigung des Arbeitsverhältnisses auch eine entsprechende Bedeutung zukommen.

55 Das würde dem Erwerbstätigen unabhängig von seinem Status (Arbeitnehmer, Selbständiger, Beamter oder sonstige öffentlich-rechtliche Dienstverhältnisse) die **notwendige Flexibilität während der Erwerbsphase** einräumen, weil Statuswechsel manchmal nicht vorhersehbar sind oder sogar erzwungen werden.[875] Beim Zusammentreffen mehrerer Altersvorsorgeverträge würden Kappungsvorschriften die steuerliche Förderung begrenzen, so dass der Erwerbsperson der gesamte steuerliche Vorteil nur ein einziges Mal zukommt. Wünschenswert wäre es, auf diese Weise die staatlich geförderte Altersvorsorge dergestalt zu bündeln, dass aufgrund der entstehenden Transparenz nicht die Frage des Beschäftigungsstatus den Ausschlag über die konkrete steuerliche Gestaltung gibt. Das **Steuerrecht** sollte diesbezüglich also **anreizneutral** ausgestaltet sein. Positiver Nebeneffekt durch transparentere und einfachere Steuerregelungen wäre ein geringerer Beratungsaufwand auf Seiten der Anbieterseite, von der auch Förderungsinteressierte profitieren würden.

II. Die Grundsicherung im Alter und bei Erwerbsminderung

56 Relativ unbemerkt trat am 1.1.2003 das **Gesetz über eine bedarfsorientierte Grundsicherung im Alter und bei Erwerbsminderung** in Kraft.[876] Während die **Sozialhilfe** grundsätzlich die Aufgabe hat, den notwendigen Lebensunterhalt **vorübergehend** sicherzustellen, ist das Ziel der **Grundsicherung** die **langfristige Bekämpfung der sog. verschämten Armut**.[877] Alten Menschen und dauerhaft Erwerbsgeminderten soll mit Hilfe dieses Gesetzes die wegen eines möglichen Unterhaltsrückgriffs bestehende Furcht vor dem Gang zum Sozialamt genommen werden.[878] Als Faustregel gilt, dass wenn

874 Vgl. auch Preis/Temming, VSSR 2017, 283 ff.

875 Vgl. dazu auch Vorschläge der BÜNDNIS 90/DIE GRÜNEN, BT-Drs. 16/6606 S. 3.

876 GSiG, Art. 12 des AVmG vom 26.6.2001, BGBl. I S. 1310 ff., 1335 ff.; zuletzt geändert durch Artikel 11a des Gesetzes vom 24.12.2003, BGBl. I S. 2954 ff.

877 Zum Begriff der Armut vgl. Bieber/Stegmann, DRV 2008, 291 ff.

878 Zur verfassungsrechtlichen Dimension der Bekämpfung von Armut vgl. Merten, DRV 2008, 382, 384.

das gesamte **Einkommen unter 865 Euro** liegt, geprüft werden sollte, ob ein Anspruch auf Grundsicherung besteht (ca. das 27fache des aktuellen Rentenwerts). Den zuständigen Träger der Rentenversicherung treffen hier entsprechende Hinweis- und Informationspflichten, vgl. § 109a SGB VI. Wichtig ist zudem, dass anders als bei der Sozialhilfe, im Falle der Grundsicherung erst dann auf das Einkommen der Kinder oder Eltern zurückgegriffen wird, wenn es höher liegt als 100.000 Euro im Jahr, vgl. § 94 Abs. 1a SGB XII. Ein Kostenersatz durch die Erben der Leistungsempfänger ist gem. § 102 Abs. 5 SGB XII ausgeschlossen.

Trotz unterschiedlicher Zielsetzung hat der Gesetzgeber die Leistungen aus dem GSiG in den Bereich der Sozialhilfe eingegliedert. In dem **Gesetz zur Einordnung des Sozialhilferechts in das Sozialgesetzbuch** vom 27.12.2003[879] ist die bedarfsorientierte Grundsicherung im Alter und bei Erwerbsminderung im vierten Kapitel des **SGB XII** geregelt worden. Damit ist die organisatorische Trennung zwischen Sozialhilfe und Grundsicherung aufgegeben worden. Einen eigenständigen „Träger der Grundsicherung“ gibt es nicht mehr. 57

Ende 2023 erhielten knapp **690.000 Personen** in Deutschland Leistungen der Grundsicherung wegen Alters.[880] Im Verhältnis zu allen Personen über der Altersgrenze sind dies **3,7 Prozent**. Auffällig ist dabei, dass die Grundsicherung vermehrt von Frauen (fast 60 Prozent) in Anspruch genommen wird. Dies weist darauf hin, dass Frauen im Erwerbsleben geringere Beitragszahlungen aufgrund von kürzeren Beitragszeiten und/oder niedrigerem Erwerbseinkommen geleistet haben. Diese Zahlen belegen, dass es, wenn Altersarmut wirksam bekämpft werden soll, maßgeblich auf den nachhaltigen Ausbau der Erwerbsphase ankommen wird.[881] 58

Leistungsberechtigt für die Grundsicherung sind gem. § 41 SGB XII auf Antrag **Ältere** und **dauerhaft voll erwerbsgeminderte Personen** mit gewöhnlichem Aufenthalt im Inland. Weitere Voraussetzung ist, dass die Anspruchsberechtigten ihren Lebensunterhalt nicht aus ihrem Einkommen und Vermögen gem. §§ 82 bis 84, 90 SGB XII bestreiten können.[882] Gem. § 41 Abs. 1 SGB XII ist bei der Bedürftigkeitsprüfung zunächst das eigene Einkommen und Vermögen des Antragstellers zu berücksichtigen. Darüber hinaus ist nach Maßgabe der §§ 43, 19, 20 S. 1 i.V.m. 82–84, 90 SGB XII auch das Einkommen und Vermögen des nicht getrenntlebenden Ehegatten, des Partners einer eheähnlichen Gemeinschaft sowie des Lebenspartners nach dem LPartG in Ansatz zu bringen. 59

Den Leistungskatalog zur sozialen Grundsicherung listet § 42 SGB XII auf. Die Bedarfe der Grundsicherung im Alter und bei Erwerbsminderung umfassen gem. § 42 SGB XII: 60

– den für den Leistungsberechtigten maßgebenden Regelsatz nach § 28 SGB XII (**Nr. 1**),
– die zusätzlichen Bedarfe nach dem Zweiten Abschnitt des Dritten Kapitels: Mehrbedarfe gem. § 30 SGB XII, einmalige Bedarfe gem. § 31 SGB XII, Kranken- und Pflegeversicherungsbeiträge gem. § 32 SGB XII sowie Vorsorgebeiträge nach § 33 SGB XII (**Nr. 2**),
– Bedarfe für Bildung und Teilhabe nach dem Dritten Abschnitt des Dritten Kapitels (**Nr. 3**),
– Bedarfe für Unterkunft und Heizung nach dem Vierten Abschnitt des Dritten Kapitels (**Nr. 4**) und
– ggf. ergänzende Darlehen in Sonderfällen gem. §§ 37, 37a SGB XII (**Nr. 5**).

Die näheren Einzelheiten zur Festsetzung der Regelsätze enthält die Regelsatzverordnung des Bundesministeriums für Gesundheit und Soziale Sicherung gem. § 40 SGB XII i.V.m. § 28 Abs. 1 SGB XII. Für einen Alleinstehenden beträgt der Regelsatz (West und Ost) seit 1.1.2024 563 Euro; für Paare/Bedarfsgemeinschaften 506 Euro. 61

879 BGBl. I S. 3022 ff.

880 Statistisches Bundesamt (Destatis), 2024.

881 Bspw. Verlängerung der Lebensarbeitszeit, Verhinderung unsteter Erwerbsbiographien, zusätzliche Altersvorsorge und ihre staatliche Förderung, bessere Aus- und Weiterbildung, dazu Loose, RVaktuell 2008, 79 ff. und Rhein, Arbeit und Armut im transatlantischen Vergleich, IAB-Kurzbericht 1/2009, www.iab.de.

882 Krit. zu den Freibetragsregelungen Ruland, SGb 2022, 389 ff.

62 Die bedarfsorientierte Grundsicherung wird aus dem allgemeinen Steueraufkommen finanziert. Die Mehrausgaben, die aus dem Wegfall des Regressanspruches des Trägers der Grundsicherung gegenüber dem Unterhaltsverpflichteten und den Ausgaben der Überprüfung der Erwerbsminderung durch den Rentenversicherungsträger entstehen, hat der Bund den Ländern bis Ende 2008 über § 34 Abs. 2 Wohngeldgesetz a.F. (WoGG) erstattet, wobei der Bundesgesetzgeber davon ausging, dass die Länder diesen Ausgleich an die Kommunen direkt weitergeben. Ein Rechtsanspruch der Träger der Sozialhilfe besteht insoweit aber nicht.

63 Die Beteiligung des Bundes in Höhe des o.g. Festbetrages ist als nicht ausreichend erachtet worden.[883] Seit 2009 sieht deshalb § 46a SGB XII eine **Bundesbeteiligung** bei Leistungen der Grundsicherung vor. Im Laufe der Jahre wurde die Beteiligung des Bundes an den Nettoausgaben zur Verbesserung der kommunalen Finanzsituation stetig erhöht. Seit 2014 trägt der Bund daher einen Anteil von 100 Prozent der Nettoausgaben für Geldleistungen der Grundsicherung, die den zuständigen Trägern für die Ausführung des SGB XII im jeweiligen Kalenderjahr entstanden sind.

64 Durch die Bestimmung des Sozialhilfeträgers gem. §§ 3, 97 SGB XII zu Trägern der Grundsicherung stellen sich diese **Zuständigkeitsregelungen** verfassungsrechtlich als ein **Aufgabendurchgriff des Bundes auf die kommunale Ebene** und damit als **rechtfertigungsbedürftiger Eingriff** in den Schutzbereich des Art. 28 Abs. 2 S. 1, 2 GG dar.[884]

65 Die Zuständigkeitsregelung weicht vom Grundprinzip des Art. 83 GG ab, wonach die Ausführung von Gesetzen grundsätzlich den Ländern obliegt. Sofern es nicht um Bundesauftragsverwaltung geht, ist nur im Rahmen des Art. 84 Abs. 1 GG die Bestimmung kommunaler Aufgabenträger durch den Bund zur Ausführung eines Bundesgesetzes zulässig. Nach der **Rechtsprechung des BVerfG** muss es sich aber bei dieser Art von Durchgriff um eine **punktuelle Annexregelung** zu einer zur Zuständigkeit des Bundesgesetzgebers gehörenden materiellen Regelung handeln, die zudem für den **wirksamen Vollzug** der materiellen Gesetzesbestimmung **notwendig** sein muss.[885]

66 Im Falle der Grundsicherung ist dieser Schutzstandard allerdings nicht anwendbar. Darüber hinaus könnte der Bund nun durch Änderungen im materiellen Recht den Aufgabenträgern der Grundsicherung fortwährend neue finanzielle Belastungen auferlegen. Ob die direkte Aufgabenzuweisung verfassungsgemäß ist, ist in Rechtsprechung und Literatur seit Inkrafttreten der Regeln zur Grundsicherung umstritten.[886]

67 Aufgrund der angenommenen Verfassungswidrigkeit der alten Zuständigkeitsregelung im § 4 GSiG hatten mehrere Landkreise in Zusammenarbeit mit dem Deutschen Landkreistag im Jahr 2003 Kommunalverfassungsbeschwerde gem. Art. 93 Abs. 1 Nr. 4b i.V.m. §§ 13 Nr. 8a, 91ff. BVerfGG erhoben, die freilich von dem Bundesverfassungsgericht nicht zur Entscheidung angenommen wurde.[887]

883 S.a. BR-Drs. 284/08.

884 Vgl. dazu VerfGH NRW 22.9.1992, NVwZ-RR 1993, 486ff.

885 BVerfG 18.7.1967 BVerfGE 22, 180, 210ff.; BVerfG 9.12.1987 BVerfGE 77, 288, 299ff., „Bauleitplanung"; Umbach/Clemens/Umbach/Clemens Art. 84 GG Rn. 21ff.

886 Vgl. Schoch/Wieland, S. 100ff., 114.

887 BVerfG, Beschl. v. 23.1.2008, Az. 2 BvR 2355/03 – n.v.

H. Das Recht der Arbeitslosenversicherung – SGB III

§ 53 Einführung in die Arbeitslosenversicherung

1 Die **Arbeitslosenversicherung** ist im **SGB III** geregelt. Sie enthält zwei Leistungskategorien: risikoschützende und risikovermeidende Leistungen. Nach § 3 Abs. 2 SGB I haben Personen, die am Arbeitsleben teilnehmen oder teilnehmen wollen, das Recht auf

- Beratung bei der Wahl des Bildungswegs und des Berufs (§ 3 Abs. 2 Nr. 1 SGB I)
- individuelle Förderung der beruflichen Weiterbildung (§ 3 Abs. 2 Nr. 2 SGB I)
- Hilfe zur Erlangung und Erhaltung eines angemessenen Arbeitsplatzes (§ 3 Abs. 2 Nr. 3 SGB I)
- wirtschaftliche Sicherung bei Arbeitslosigkeit und bei Zahlungsunfähigkeit des Arbeitgebers (§ 3 Abs. 2 Nr. 4 SGB I).

Zu diesen Zwecken können Leistungen nach dem Recht der Arbeitsförderung in Anspruch genommen werden. Das sind nach der **Einweisungsvorschrift** des § 19 Abs. 1 SGB I

1. Berufsberatung und Arbeitsmarktberatung,
2. Ausbildungsvermittlung und Arbeitsvermittlung,
3. Leistungen
   a) Zur Aktivierung und beruflichen Eingliederung,
   b) Zur Berufswahl und Berufsausbildung,
   c) Zur beruflichen Weiterbildung,
   d) Zur Aufnahme einer Erwerbstätigkeit,
   e) zum Verbleib in Beschäftigung,
   f) der Teilhabe behinderter Menschen am Arbeitsleben,
4. Arbeitslosengeld, Teilarbeitslosengeld, Arbeitslosengeld bei Weiterbildung und Insolvenzgeld.

Die Einzelheiten regelt das SGB III.

2 **Risikoschutz** gewährt die Arbeitslosenversicherung gegen Zeiten der Einkommenslosigkeit und dient damit der Existenzsicherung der Beschäftigten. Dieser erfolgt durch Entgeltersatzleistungen. Entfallen privatrechtliche Ansprüche auf Arbeitsentgelt, insbesondere im Fall der Arbeitslosigkeit, sollen diese als Sozialleistung eingreifen. Das SGB III sieht nach § 3 Abs. 4 Entgeltersatzleistungen in folgenden Fällen vor:

- Arbeitslosengeld bei Arbeitslosigkeit gem. §§ 136–164 SGB III (Nr. 1, dazu § 58 Rn. 7ff.) und
- bei beruflicher Weiterbildung gem. §§ 136 Abs. 1 Nr. 2, 144 SGB III (Nr. 1, dazu § 60 Rn. 20ff.),
- Teilarbeitslosengeld bei Teilarbeitslosigkeit gem. § 162 SGB III (Nr. 2, dazu § 58 Rn. 190ff.),
- Übergangsgeld bei Teilnahme an Maßnahmen zur Teilhabe am Arbeitsleben gem. §§ 119–120 SGB III (Nr. 3, dazu § 59 Rn. 98ff.),
- Kurzarbeitergeld bei Arbeitsausfall gem. §§ 95–109 SGB III (Nr. 4, dazu § 59 Rn. 2ff.),
- Insolvenzgeld bei Zahlungsunfähigkeit des Arbeitgebers gem. §§ 165–172 SGB III (Nr. 5, dazu § 59 Rn. 65ff.) und
- seit dem 1.4.2024 Qualifizierungsgeld bei strukturwandelbedingtem Qualifizierungsbedarf gem. § 82a SGB III (Nr. 6, dazu § 60 Rn. 29ff.).

Allerdings lässt sich das Übergangsgeld ebenso wie das Kurzarbeiter- und das Qualifizierungsgeld zugleich als Maßnahme der aktiven Arbeitsmarktförderung begreifen. Diese Leistungen dienen dem Arbeitsplatzerhalt und gleichen begleitend den damit verbundenen Entgeltausfall aus.

Neben dem **risikoschützenden** Teil findet sich im SGB III aber auch ein **risikovermeidender Teil**: die **Leistungen der aktiven Arbeitsförderung**. Diese wirken präventiv gegen den Verlust einer Beschäftigung, sollen aber auch darauf hinwirken, Beschäftigungsfähigkeit herzustellen und damit die Voraussetzungen für die Teilhabe am Arbeitsmarkt zu schaffen. Schließlich verfolgt das SGB III auch das Ziel, bestehende Arbeitslosigkeit durch Aktivierung der Leistungsempfänger zu verkürzen.

https://doi.org/10.1515/9783111337883-008

3 Das Verhältnis risikovermeidender und risikoschützender Leistungen wird durch die §§ 1, 4, 5 SGB III und den darin zum Ausdruck kommenden **Vorrang der aktiven Arbeitsförderung** vor Entgeltersatz geregelt. Die Risikovermeidung durch die aktive Arbeitsförderung ist in den letzten Jahren deutlich stärker durch den Gesetzgeber akzentuiert worden. Diese Tendenz setzt sich angesichts der technologischen Umwälzungsprozesse durch die Dekarbonisierung und Digitalisierung immer weiter fort. Weiterbildung und Qualifizierung haben – zu Recht – an Bedeutung gewonnen und werden dies auch in Zukunft weiter tun. Bemerkenswert ist, dass obwohl § 1 SGB III überwiegend als Programmsatz verstanden wird, er regelmäßig Gegenstand gesetzgeberischer Aktivitäten ist. Die politischen Prioritäten sollen damit zum Ausdruck gebracht werden, so dass der Norm wohl neben ihrem programmatischen Charakter auch eine besondere Bedeutung bei der Auslegung des Gesetzes zugemessen werden muss.

4 Der Begriff der Sozialversicherung setzt folgende drei Merkmale voraus: das soziale Bedürfnis nach dem Ausgleich besonderer Lasten, die Aufbringung der erforderlichen Mittel durch Beiträge der Beteiligten und die organisatorische Durchführung durch selbständige Anstalten oder Körperschaften des öffentlichen Rechts (siehe dazu § 6 Rn. 1ff.). Ausgehend von dieser Begriffsbestimmung beinhaltet **nur ein Teil des SGB III Sozialversicherungsrecht** (näher zu den Versicherungsprinzipien im SGB III unter § 54 Rn. 33ff.). **Soweit das Risiko Arbeitslosigkeit versichert ist, gleicht das SGB III strukturell den anderen Zweigen der Sozialversicherung**. Das Insolvenzgeld sowie das Wintergeld stellen eigene Versicherungssysteme dar. Daneben stehen die weiteren Leistungen der Arbeitsförderung.

5 Aufgrund dieser Bündelung verschiedenartiger Leistungen bei der Bundesagentur für Arbeit kommt dem Arbeitsförderungsrecht eine Sonderstellung gegenüber den anderen Sozialversicherungszweigen zu. Diese wird auch durch die Stellung des SGB III vor dem SGB IV, das die allgemeinen Vorschriften zur Sozialversicherung enthält, unterstrichen. Die **Darstellung legt ihren Schwerpunkt in der Konsequenz** auf den sozialversicherungsrechtlichen Teil des SGB III. Stellenweise sind die beiden Bereiche jedoch **sehr eng miteinander verflochten**, sodass eine Trennung nicht möglich oder nicht sinnvoll ist. Wo es erforderlich ist, werden in der gebotenen Kürze auch nicht versicherungsrechtliche Themen erläutert.

6 Das **Arbeitslosengeld II (Bürgergeld)** – geregelt im SGB II – ist nicht als Versicherungsleistung anzusehen. Das SGB II hat gleichwohl eine enorme Bedeutung für den Bereich der Arbeitsförderung, insbesondere im Bereich der Langzeitarbeitslosigkeit. Es wird daher gesondert dargestellt (Teil I, §§ 65ff.).

I. Aufgaben der Arbeitslosenversicherung/Ziele der Arbeitsförderung

7 In § 1 Abs. 1 SGB III werden die **primären Ziele der arbeitsförderungsrechtlichen Leistungen** benannt. Es handelt sich hierbei um die wesentlichen Prinzipien der Arbeitsförderung, die jedoch keine unmittelbaren Rechtsfolgen nach sich ziehen.[1] Dennoch müssen diese durch Verwaltung und Gerichte im Rahmen der Rechtsanwendung berücksichtigt werden.[2] Durch die Arbeitsförderung soll nach S. 1:

- **dem Entstehen von Arbeitslosigkeit entgegengewirkt** werden. In diese Richtung zielt auch § 1 Abs. 1 S. 4 SGB III, wonach ein **hoher Beschäftigungsstand** angestrebt und die **Beschäftigungsstruktur ständig verbessert** werden soll.
- Zudem soll die Dauer von **Arbeitslosigkeit verkürzt** werden. Besondere Bedeutung wird dabei der Verbesserung der individuellen Beschäftigungsfähigkeit zugemessen. Durch derartige Maßnahmen soll auch ein Beitrag geleistet werden, Langzeitarbeitslosigkeit zu vermeiden (§ 1 Abs. 1 S. 2 SGB III).

1 BeckOGK/Deinert § 1 SGB III Rn. 116.
2 BeckOGK/Deinert § 1 SGB III Rn. 138.

- Letztlich sollen die Leistungen auch dazu beitragen einen **Ausgleich von Angebot und Nachfrage** auf dem Ausbildungs- und Arbeitsmarkt zu unterstützen (§ 1 Abs. 1 S. 1 SGB III).

Als durchgängiges Prinzip ist daneben, die **Gleichstellung** von Frauen und Männern zu verfolgen (§ 1 Abs. 1 S. 3 SGB III). Außerdem sind die Leistungen so einzusetzen, dass sie der beschäftigungspolitischen **Zielsetzung der Sozial-, Wirtschafts- und Finanzpolitik** der Bundesregierung entsprechen (§ 1 Abs. 1 S. 5 SGB III).

Ein **hoher Beschäftigungsstand, wie er nunmehr in § 1 Abs. 1 S. 4 SGB III als Zielsetzung** 8
vorgegeben ist, war primäre Zielsetzung des Arbeitsförderungsgesetzes (AFG), dem Vorgänger des SGB III. Im SGB III wurde diese Zielsetzung gesetzlich zunächst nicht weiter festgeschrieben. Durch diese Änderung sollte zum Ausdruck kommen, dass Vollbeschäftigung durch Maßnahmen der Arbeitsverwaltung herzustellen unter den gegebenen wirtschaftlichen Umständen für unerreichbar gehalten wurde. Insoweit wurde der eigene Anspruch der staatlichen Arbeitsmarktpolitik abgesenkt. Zwischen 2002 und 2009 wurde in § 1 Abs. 1 S. 1 SGB III an exponierter Stelle wieder ausdrücklich auf das Ziel, einen hohen Beschäftigungsstand zu erreichen, Bezug genommen. Die Zielvorgabe ist nunmehr in § 1 Abs. 1 S. 4 SGB III verankert. Sie ist auch vor dem Hintergrund zu sehen, dass nach Art. 3 Abs. 3 EUV auch der Europäische Binnenmarkt darauf abzielt, Vollbeschäftigung zu erreichen.

Deutlich wird, dass die Arbeitsförderung ihrer Gesamtkonzeption nach auf dem Gedanken beruht, dass Ursachen von Arbeitslosigkeit beseitigt werden müssen. Damit wird der Fokus deutlich stärker darauf gelegt, Personen in ihrer Beschäftigungsfähigkeit zu stärken. Das entspricht auch der politischen Entwicklung der letzten Dekade. Das SGB III geht aber über diese individuelle Förderung hinaus und soll dafür sorgen, dass strukturelle Probleme am Arbeitsmarkt, etwa durch technologische Transformationsprozesse, besser bewältigt werden können. Leistungen in diesem Zusammenhang werden nicht nur an Arbeitnehmer, sondern auch an Arbeitgeber erbracht. Sind derartige Maßnahmen erfolgreich, refinanziert die vermiedene oder jedenfalls verringerte Arbeitslosigkeit die Kosten für das Arbeitslosengeld.

Kernaufgabe des Gesetzes ist die **Prävention**, **Aktivierung** und der **Ausgleich am Arbeits-** 9
markt. Hierdurch soll Arbeitslosigkeit möglichst von vornherein vermieden werden; bei eingetretener Arbeitslosigkeit soll diese möglichst kurzgehalten werden. Es werden Informationen über Akteure auf dem Arbeitsmarkt bereitgestellt und dadurch eine erhöhte Transparenz gewährleistet, die zur zügigen Besetzung offener Stellen beitragen soll, sog. Matching-Prozess (§ 1 Abs. 2 Nr. 1 SGB III). Die geforderte Unterstützung beim Ausgleich von Angebot und Nachfrage auf dem Arbeitsmarkt meint nicht, dass der Staat Arbeitsplätze zur Verfügung stellt bzw. dem Einzelnen ein subjektiv-öffentliches Recht auf Arbeit oder Bereitstellung eines Arbeitsplatzes zugestanden wird. Gleichwohl sind Maßnahmen, die darauf abzielen, dass Arbeitgeber Arbeitsplätze schaffen, damit nicht ausgeschlossen. Das zeigen etwa die Eingliederungszuschüsse nach § 88ff. SGB III. Zudem sieht das SGB III Maßnahmen vor, um die individuelle Beschäftigungsfähigkeit zu erhöhen, indem Fertigkeiten erhalten und ausgebaut und Kenntnisse und Fähigkeiten gefördert werden, was insbesondere durch Weiterbildung erfolgen soll (§ 1 Abs. 2 Nr. 2 SGB III). Gerade in Transformationsprozessen kann damit zugleich der Ausgleich von Angebot und Nachfrage besser organisiert werden.[3] Mit Umsetzung dieser Ziele leistet die Arbeitsförderung einen Beitrag zu den gesamtwirtschaftlichen Zielen eines hohen Beschäftigungsstandes.

§ 1 Abs. 1 S. 5 SGB III enthält das Gebot, die **Leistungen der Arbeitsförderung entsprechend** 10
der beschäftigungspolitischen Zielsetzung der Bundesregierung einzusetzen. Diese Aufforderung richtet sich in erster Linie an die Arbeitsverwaltung. An dieser Zielvorgabe muss sich der Handlungsspielraum der Bundesagentur für Arbeit bei der Gestaltung von Leistungen messen lassen.

§ 1 Abs. 2 SGB III nennt **die Ziele**, die durch die Leistungen der Arbeitsförderung erreicht 11
werden sollen und konkretisiert damit die Ziele nach Abs. 1. Auch diese Norm begründet keine kon-

3 LUTHE, SGb 2002, 77f.

kreten Rechtsfolgen, ist jedoch ebenfalls im Rahmen der Rechtsanwendung zu berücksichtigen.[4] Leistungen der Arbeitsförderung sollen insbesondere

- die **Transparenz** auf dem Ausbildungs- und Arbeitsmarkt erhöhen, die arbeitsmarktbedingte **Mobilität** unterstützen und die **zügige Besetzung offener Stellen** ermöglichen, um die in § 1 Abs. 1 S. 1 SGB III aufgegriffene **Marktausgleichsfunktion** zu konkretisieren,
- die **individuelle Beschäftigungsfähigkeit** durch Erhalt und Ausbau von Kenntnissen, Fertigkeiten und Fähigkeiten **fördern**,
- **unterwertiger Beschäftigung entgegenwirken** und
- die **berufliche Situation von Frauen verbessern.**

12 Die durch § 1 Abs. 1 S. 3 SGB III bereits angesprochene Gleichstellung von Männern und Frauen wird durch § 1 Abs. 2 Nr. 4 SGB III weiter konkretisiert. Die Norm zielt auf die **Verbesserung der beruflichen Situation von Frauen ab.** Die Leistungen der Arbeitsförderung sollen dazu eingesetzt werden, bestehende geschlechtsspezifische Nachteile auf dem Arbeitsmarkt zu beseitigen und auf die Überwindung eines geschlechtsspezifisch geprägten Arbeitsmarktes hinzuwirken. Zudem sollen bestehende Maßnahmen und Praktiken dahingehend hinterfragt werden, ob sie gegebenenfalls benachteiligend wirken. Insgesamt geht es um die Herstellung von Chancengleichheit am Arbeitsmarkt. Hierzu sollen Frauen mindestens entsprechend ihrem Anteil an den Arbeitslosen und ihrer relativen Betroffenheit von Arbeitslosigkeit gefördert werden. Dadurch wird die in § 1 Abs. 1 S. 3 SGB III aufgenommene Querschnittsaufgabe der Frauenförderung konkretisiert und betont. Gleichzeitig wird unterstrichen, dass die Frauenförderung ein eigenständiges Ziel im SGB III darstellt. Ein Ausfluss dieses Prinzips sind etwa die Beauftragten für Chancengleichheit am Arbeitsmarkt (§ 385 SGB III).

13 Dass es – neben den aufgezählten Regelbeispielen – weitere Ziele der Arbeitsförderung gibt, wird im Wortlaut von § 1 Abs. 2 SGB III deutlich („**insbesondere**"). Den Leistungen der Arbeitsförderung kommen etwa auch individuelle Unterstützungsfunktionen sowie als wesentlicher Aspekt die materielle Absicherung der Arbeitslosen zu.

14 § 1 Abs. 3 SGB III eröffnet der Bundesagentur für Arbeit zusammen mit der Bundesregierung die Möglichkeit, Vereinbarungen zur Umsetzung der Ziele des § 1 Abs. 1 und 2 SGB III zu treffen. Dies geschieht, indem sie Vereinbarungen über beschäftigungspolitische Rahmenziele treffen. Diese sind in der Rahmenzielvereinbarung zwischen der Bundesregierung, vertreten durch das Bundesministerium für Arbeit und Soziales, und der Bundesagentur für Arbeit zur Durchführung der Arbeitsförderung nach dem dritten Buch Sozialgesetzbuch (RZV SGB III) geregelt. Die letzte Rahmenzielvereinbarung (Stand: 30.11.2022) fokussiert neben der Verbesserung des Arbeitsmarktausgleichs und der Vermeidung von Langzeitarbeitslosigkeit insbesondere die Problematik des Arbeits- und Fachkräftemangels. Daneben wird die Förderung der Gleichstellung von Mann und Frau als Querschnittsthema für alle Ziele formuliert.

II. Entwicklung der Arbeitslosenversicherung

15 Die historische Entwicklung der Arbeitslosenversicherung ist stärker als in anderen Zweigen durch Elemente der Selbsthilfe geprägt. Etwa seit der zweiten Hälfte des 19. Jahrhunderts hatten sich berufsständische, kommunale, karitative, gewerkschaftliche und betriebliche Einrichtungen schwerpunktmäßig mit Problemen der Arbeitslosigkeit befasst, indem sie Arbeitsplätze nachwiesen und Arbeitslose finanziell (geringfügig) unterstützten. Die Bismarck'sche Sozialversicherung hatte das Risiko der Arbeitslosigkeit hingegen nicht erfasst. Als Folge bildete sich ein System autonomer Selbsthilfe heraus, das sich insbesondere mit der Arbeitsvermittlung befasste. Gewerkschaftliche Unterstützungskassen trugen partiell zur Unterstützung von Arbeitslosen bei. Die durch Beendigung des ersten Weltkriegs 1918 eintretende Massenarbeitslosigkeit führte zu gesetzlichen Maßnahmen zur

4 BeckOGK/Deinert § 1 SGB III Rn. 120.

Unterstützung der Arbeitslosen. Es hatte sich die Erkenntnis durchgesetzt, dass **Arbeitslosigkeit kein schätzbares Risiko** ist, sondern von wirtschaftlichen und konjunkturellen Schwankungen abhängt und daher nur von **großen Gefahrengemeinschaften** aufgefangen werden kann.[5]

In der Folge wurden **zwischen 1918 und 1926** erste Maßnahmen zur Absicherung von Arbeitslosen entwickelt: Es erging die **Verordnung über Erwerbslosenfürsorge** vom 13.11.1918,[6] mit der die Gemeinden zur Einrichtung einer Erwerbslosenfürsorge verpflichtet wurden (die Kosten trugen Reich, Länder und Gemeinden in unterschiedlich großen Anteilen). Jedem bedürftigen Erwerbslosen sollten Leistungen zuteilwerden, die sich von der öffentlichen Armenfürsorge abhoben und nach einer Wartezeit von höchstens einer Woche einzusetzen hatten. 16

Art. 163 Abs. 2 Weimarer Reichsverfassung[7] sah vor, dass jedem Deutschen die Möglichkeit gegeben werden sollte, durch wirtschaftliche Arbeit seinen Unterhalt zu erwerben und, soweit ihm angemessene Arbeitsgelegenheit nicht nachgewiesen werden konnte, für seinen notwendigen Unterhalt gesorgt werden sollte. Bereits damals wurde also die **finanzielle Unterstützung erwerbsloser Personen** als **nachrangig** angesehen **gegenüber** der Zielsetzung, ihnen Arbeitsmöglichkeiten nachzuweisen und sie **in Arbeit zu vermitteln**. 17

Mit dem Arbeitsnachweisgesetz vom 22.7.1922[8] wurde eine dreistufige Arbeitsverwaltung aufgebaut und die Grundlagen einer staatlichen Arbeitsvermittlung geschaffen. Als der Staat – belastet durch Kriegsfolgen und Reparationszahlungen – 1922 kurz vor einem Bankrott stand, wurde ein Umsteuern erforderlich. Seit 1923 erfolgte die Finanzierung der Erwerbslosenfürsorge daher größtenteils über **Beiträge von Arbeitgebern und Arbeitnehmern**. Hier zeigte sich die erste Tendenz zur **Orientierung am Versicherungsprinzip**. 18

Auch die **Arbeitslosenhilfe** hatte ihre **Ursprünge** in dieser Zeit: Durch das **Gesetz über Krisenfürsorge** vom 19.11.1926[9] wurde eine Leistung für Erwerbslose eingeführt, die keine Erwerbslosenunterstützung mehr erhielten, weil sie eine bestimmte Leistungszeit „verbraucht" hatten oder die erforderliche Anwartschaftszeit nicht erfüllten. Hiermit war der Grundstein für die noch heute gültige Unterscheidung zwischen beitragsfinanziertem Arbeitslosengeld und steuerfinanzierten Leistungen für Erwerbsfähige (heute Bürgergeld, früher Arbeitslosengeld II, geregelt im SGB II) gelegt. 19

Die Entwicklung der ersten versicherungsrechtlichen Ansätze wurde **1927** mit dem **Gesetz über Arbeitsvermittlung und Arbeitslosenversicherung (AVAVG)** vom 16.7.1927[10] fortgeführt, das eine reichseinheitliche Versicherung einführte. Die **Reichsanstalt für Arbeitsvermittlung und Arbeitslosenversicherung** wurde gegründet und erhielt neben den Aufgaben der Arbeitsvermittlung und der Berufsberatung auch die der Arbeitslosenversicherung. Die **Versicherungspflicht** orientierte sich an der Versicherungspflicht in der Kranken-, Angestellten- oder Knappschaftsversicherung. Die Versicherten hatten einen **Anspruch auf Arbeitslosenunterstützung**. Die bis dahin entwickelten Strukturprinzipien (hinsichtlich der Arbeitslosenunterstützung etwa die Beitragsfinanzierung und das Erfordernis, eine Anwartschaftszeit zu erfüllen) wurden im Wesentlichen übernommen. Daneben wurde – bedürftigkeitsabhängig – weiterhin staatlich finanzierte Krisenfürsorge gezahlt. 20

Die in Folge der **Weltwirtschaftskrise 1929/1932** rasant zunehmende Arbeitslosigkeit führte dazu, dass die Leistungen gekürzt wurden und die Beiträge für die Arbeitslosenunterstützung von **ursprünglich höchstens 3 Prozent** insgesamt auf **6,5 Prozent** anstiegen. 21

Die im März 1933 durch Gleichschaltung aufgehobene Selbstverwaltung der Arbeitsverwaltung wurde in der **Nachkriegszeit** durch das **Gesetz über die Errichtung einer Bundesanstalt für Arbeitsvermittlung und Arbeitslosenversicherung** vom 10.3.1952[11] mit dem Aufbau der Bundes- 22

5 Wannagat S. 83.
6 RGBl. I S. 1305.
7 Gesetz v. 11.8.1919 RGBl. I S. 251ff.
8 RGBl. I S. 657.
9 RGBl. I S. 489.
10 RGBl. I S. 187.
11 BGBl. I S. 123.

anstalt für Arbeitsvermittlung und Arbeitslosenversicherung wiederhergestellt. Außerdem fand seit 1946 auch das **Recht des ursprünglichen AVAVG** und insbesondere das Versicherungsprinzip, das unter dem Nationalsozialismus dem Fürsorgeprinzip weichen musste, wieder Anwendung.

23 Das bis 1966 lediglich durch acht Gesetze geänderte AVAVG wurde durch das **zum 1.7.1969 in Kraft getretene Arbeitsförderungsgesetz (AFG)**[12] ersetzt. Das **bis zum 31.12.1997** geltende Gesetz wurde in fast 30 Jahren mehr als 120 Mal geändert. Dies führte zu einer Unübersichtlichkeit, die die Rechtsanwendung und Verständlichkeit erschwerte. Hierunter litt auch die Rechtssicherheit.

24 Dem AFG lag die **Vorstellung** zu Grunde, dass **mit Hilfe des Arbeitsförderungsrechts Vollbeschäftigung erreicht und beibehalten** werden könne (1969 herrschte Vollbeschäftigung mit einer Arbeitslosenquote von 0,9 Prozent; ein dauerhafter Arbeitskräftemangel wurde erwartet). Zum früheren Schwerpunkt der **ökonomischen Absicherung bei Arbeitslosigkeit** kam als weiterer Schwerpunkt die Aufgabe hinzu, **Arbeitslosigkeit zu vermeiden und zu verkürzen**. Daher wurden zahlreiche Maßnahmen der aktiven Arbeitsförderung eingeführt, die u.a. **vorbeugende Wirkung** entfalten sollten. Die Mittel der seit dem AFG **Bundesanstalt für Arbeit** genannten Arbeitsverwaltung sollten durch einen produktiven Einsatz zur Schaffung und Umstrukturierung von Arbeitsplätzen dienen. An die Stelle des Schadensausgleichs sollte die Vorsorge für einen Ausgleich am Arbeitsmarkt treten. § 1 AFG formulierte als **Zielvorgabe**, dass durch die Maßnahmen nach dem AFG ein **hoher Beschäftigungsstand** erzielt und aufrechterhalten, die **Beschäftigungsstruktur ständig verbessert** und damit das **Wachstum der Wirtschaft gefördert** werden sollte.

25 Auch in den Jahren nach Schaffung des AFG kam es – wie damals nach Inkrafttreten des AVAVG – bedingt durch negative wirtschaftliche Entwicklungen, wiederholt zu **Leistungskürzungen** sowie zu weiteren Einschränkungen wie etwa **Verschärfungen von Sperrzeiten- und Zumutbarkeitsregelungen**. Ebenso blieben die **Beitragssätze** nicht verschont: Es war ein Anstieg von **je einem Prozent für Arbeitnehmer und Arbeitgeber** im Jahr 1969 auf **je 3,25 Prozent** zu verzeichnen.

26 1996 legte die Bundesregierung den Entwurf eines Gesetzes zur Reform der Arbeitsförderung (**Arbeitsförderungsreformgesetz – AFRG**) vor, das die Arbeitsförderung als **Drittes Buch in das Sozialgesetzbuch** überführte. Hintergrund war, dass das AFG nach Auffassung des Gesetzgebers einer gründlichen Überarbeitung bedurfte.[13] Ziel war es, das Gesetz an die gegenüber seinem Entstehungsjahr 1969 veränderte Arbeitsmarktlage anzupassen und es für alle Anwender übersichtlicher und verständlicher zu machen; Gegenstand des Gesetzes waren neben Umstrukturierungen der Systematik (die Leistungen waren zunächst nach Leistungsempfängern gegliedert, was zwischenzeitlich jedoch erneut restrukturiert wurde) auch zahlreiche inhaltliche Änderungen.

27 Hierbei wurde der Gesetzgeber von der **Annahme** geleitet, dass **Arbeitslosigkeit in Krisenzeiten nur eingeschränkt versicherbar** ist bzw. eine Versicherung in Krisenzeiten an ihre Grenzen stößt. **Wirtschaftliche Krisen** werden durch Umstände verursacht, die in die **Verantwortung der gesamten Gesellschaft** fallen und nicht lediglich in die der Versichertengemeinschaft. Es handelt sich also um eine „Versicherung, die für sich genommen nicht lebensfähig ist, sondern immer mit einem in die gesamtgesellschaftliche Verantwortung und damit die Verantwortung des Staats fallenden Lastenbereich verknüpft ist".[14] Das Arbeitsförderungsrecht darf aber nicht nur für Zeiten des wirtschaftlichen Wohlstands, sondern muss auch für Krisenzeiten konzipiert werden. Dementsprechend fiel auch die Zielsetzung bzw. **Aufgabenstellung** in § 1 SGB III bescheidener aus als im AFG. Außerdem wurden die Zielsetzungen durch folgende Maßgaben beeinflusst:

– dass **Arbeitnehmer** von ihrer **Eigenverantwortung** und die Arbeitgeber von ihrer Verantwortung für die Beschäftigungsmöglichkeiten nicht entlastet werden,

12 BGBl. I S. 582.

13 BT-Drs. 13/4941 S. 140.

14 Gagel/Gagel, 61. EL März 2016, Vor § 1 SGB III Rn. 31.

– dass der reguläre Arbeitsmarkt durch Leistungen der Arbeitsförderung nicht beeinträchtigt wird und dass der Wettbewerb zwischen Unternehmen durch Leistungen der Arbeitsförderung nicht verzerrt wird.[15]

Das durch den Zeitgeist geprägte politische Ziel, dass sich der Staat aus der staatlichen Steuerung des Arbeitsmarkts zurückziehen sollte, wurde nie vollständig verwirklicht. Durch das Gesetz wurde das **Arbeitslosengeld** als **Hauptentgeltersatzleistung** umfassend geregelt und an den Anfang des Abschnitts über Entgeltersatzleistungen gestellt. Am Charakter des Anspruchs auf Arbeitslosengeld als bedürftigkeitsunabhängigem Ersatz für das ausgefallene Arbeitsentgelt sowie an seiner Nachrangigkeit gegenüber den sonstigen Leistungen der Arbeitsförderung änderte sich nichts. Neu waren jedoch der **verbesserte Schutz von Teilzeitbeschäftigten** (u. a. durch Einführung von Teilarbeitslosengeld) und die **verstärkte Betonung des Versicherungsgedankens**. Dieser schlug sich nieder, indem neben der Beschäftigungslosigkeit als **zusätzliche Voraussetzung für Arbeitslosigkeit** verlangt wurde, dass der Arbeitnehmer eine neue Beschäftigung anstrebt (**Beschäftigungssuche**). Hier wird dem Arbeitnehmer als Konsequenz seiner versicherungstypischen **Schadensminderungspflicht** eine aktive Selbstsuche abverlangt. Außerdem wurde die **Bemessung des Arbeitslosengelds** entsprechend den praktizierten flexiblen Gestaltungsmöglichkeiten bei der Arbeitszeit geändert. Die nachfolgenden Vorschriften über Entgeltersatzleistungen verweisen auf die anzuwendenden grundsätzlichen Regeln zum Arbeitslosengeld. 28

Das **SGB III** vom 24.3.1997[16] wurde noch **vor seinem Inkrafttreten** am 1.1.1998 durch das Gesetz zur Förderung der ganzjährigen Beschäftigung im Baugewerbe vom 22.10.1997,[17] vor allem aber durch das Erste Gesetz zur Änderung des Dritten Buches Sozialgesetzbuch und anderer Gesetze vom 16.12.1997[18] **zum Teil erheblich geändert**. Auch in der Folge ist das SGB III wiederholt geändert worden. Ursache ist, dass der Gesetzgeber immer wieder auf wirtschaftliche Entwicklungen und veränderte Herausforderungen für den Arbeitsmarkt reagiert hat. Die ursprüngliche Zielsetzung, das Recht der Arbeitsförderung verständlicher zu machen, hat hierunter bereits gelitten. Hervorzuheben sind in diesem Zusammenhang die Neuregelungen zur Behandlung von **Abfindungen** in § 158 SGB III [§ 143a SGB III a. F.], die **Abschaffung der sog. originären Arbeitslosenhilfe**, sodass fortan nur noch die sog. Anschlussarbeitslosenhilfe existierte, und die Berücksichtigung von **Einmalzahlungen** bei der Bemessung des Arbeitslosengelds. 29

Durch das **Job-AQTIV-Gesetz** vom 10.12.2001[19], das zum 1.1.2002 in Kraft trat, wurden wesentliche Inhalte des SGB III reformiert. Die Abkürzung **AQTIV** steht für **A**ktivieren, **Q**ualifizieren, **T**rainieren, **I**nvestieren und **V**ermitteln. Daher lagen die Schwerpunkte der Neuregelungen nicht im Bereich der Arbeitslosenversicherung, sondern bei der aktiven Arbeitsförderung. Ziel war es, die Arbeitsverwaltung zu modernisieren und stärker auf präventives Handeln hin auszurichten. 30

Die vor dem Hintergrund der seit 1990 immer weiter zunehmenden Arbeitslosigkeit Anfang 2002 eingesetzte **„Hartz-Kommission"** unterbreitete zahlreiche Vorschläge zur Modernisierung der Dienstleistungen am Arbeitsmarkt. Sie schlugen sich im Dezember 2002 zunächst in zwei, ein Jahr später in zwei weiteren **Gesetzen für moderne Dienstleistungen am Arbeitsmarkt** nieder. Davon betrafen das erste und das dritte die Arbeitslosenversicherung. Ersteres[20] führte u. a. die **Pflicht ein, sich ab Kenntnis des Zeitpunkts, zu dem das Beschäftigungsverhältnis endet, arbeitsuchend zu melden**. Eine Missachtung dieser Pflicht wird mit dem Ruhen des Anspruchs auf Arbeitslosengeld während der Dauer einer Sperrfrist sanktioniert (§ 159 Abs. 1 Nr. 9 SGB III). Eingeführt wurden daneben ein neues **flexibles Sperrzeitsystem** und geänderte **Zumutbarkeitskriterien**. 31

---

15 BT-Drs. 13/4941 S. 141.
16 BGBl. I S. 594.
17 BGBl. I S. 2486.
18 1. SGB III-Änderungsgesetz, BGBl. I S. 2970 ff.
19 BGBl. I S. 3443 ff.
20 „Hartz I", Gesetz vom 23.12.2002, BGBl. I S. 4607 ff.

32 Fortgeschrieben wurden diese Neuerungen mit dem **Dritten Gesetz für moderne Dienstleistungen am Arbeitsmarkt.**[21] Neben der Umbenennung der ehemaligen Bundes**anstalt** in Bundes**agentur** für Arbeit war Kerngegenstand des Gesetzes die Einschränkung der Leistungen bei Arbeitslosigkeit. Die Bezugsdauer für das Arbeitslosengeld wurde verkürzt. Zudem wurde das Leistungsrecht verändert. Dies sollte dazu dienen, größere personelle Ressourcen für Vermittlungstätigkeiten zu gewinnen.

33 Das **Vierte Gesetz für moderne Dienstleistungen am Arbeitsmarkt**[22] hatte auf das SGB III insoweit Einfluss, als es die Arbeitslosenhilfe aus dem SGB III herausnahm und als Arbeitslosengeld II in einem neuen SGB II regelte.

34 Als Folge der Gesetzespakete wurde die wirtschaftliche Absicherung bei Eintritt von Arbeitslosigkeit erheblich verschlechtert. Diese Maßnahme wurde zu einer Zeit ergriffen, in der die Arbeitslosigkeit hoch war und in den nächsten Jahren noch einmal stark zunahm. Die politische Bewertung der Gesetzespakete ist bis heute kontrovers geblieben. Der Beitragssatz, der seit 1995 bei 6,5 Prozent lag, wurde ab dem Jahr 2007 immer weiter gesenkt bis er 2020 nur noch bei 2,4 Prozent lag. 2023 wurde er wieder auf 2,6 Prozent erhöht. Der Beitragssatz ist in der Vergangenheit immer stark den Arbeitslosenzahlen und damit der wirtschaftlichen Entwicklung gefolgt. Dieser Umstand wird durch die Finanzierung der Arbeitslosenversicherung befördert, führt aber auch dazu, dass der Beitragssatz in Krisenzeiten Arbeitskosten erhöht, während in guten Zeiten keine Rückstellungen für diesen Fall gebildet werden.

35 Mit dem **Siebten Gesetz zur Änderung des Dritten Buches Sozialgesetzbuch und anderer Gesetze** vom 8.4.2008[23] wurde unter anderem die Anspruchsdauer beim Arbeitslosengeld für ältere Arbeitnehmer verlängert. Außerdem wurde als zusätzliches Förderinstrument für ältere Arbeitnehmer ein Eingliederungsgutschein eingeführt. Weitere Änderungen erfuhr das Arbeitsförderungsrecht mit dem Gesetz zur Neuausrichtung der arbeitsmarktpolitischen Instrumente vom 21.12.2008.[24] Es diente der Verschlankung und Effektuierung der arbeitsmarktpolitischen Instrumente durch Einführung des Vermittlungsbudgets und der Streichung nicht oder kaum in Anspruch genommener Instrumente.

36 Grundlegende Veränderungen brachte das **Eingliederungschancengesetz** vom 20.12.2011.[25] Dieses sollte die Arbeitsmarktinstrumente effektuieren, wodurch sich der Gesetzgeber Kostenreduzierungen versprach. Das Leistungsrecht wurde neu strukturiert und die Leistungen der aktiven Arbeitsförderung weitestgehend zu Ermessensleistungen umgestaltet. Das Instrument der Arbeitsbeschaffungsmaßnahme wurde abgeschafft. Mit dem Gesetz gingen eine vollständig neue Systematisierung des Gesetzes und damit eine völlige Neuzählung der Paragrafen einher.

37 In den folgenden Jahren hat das SGB III fortwährende Anpassungen erfahren, mit denen vorherige Änderungen modifiziert oder teilweise zurückgenommen wurden. Kernelemente waren etwa die Anhebung der Bezugsdauer des Arbeitslosengeldes und die zunehmend in den Fokus rückende Ausrichtung des Gesetzes auf die Qualifizierung von Arbeitnehmern. Hintergrund ist die immer deutlicher werdende Problematik, dass eine Bekämpfung von Langzeitarbeitslosigkeit stärker in den Fokus der Arbeitsmarktpolitik gerückt ist. Hinzu getreten sind der Ausbau und die Ausweitung der Möglichkeiten, Kurzarbeitergeld in Anspruch zu nehmen, um den Eintritt von Arbeitslosigkeit zu vermeiden und qualifizierte Belegschaften zusammen halten zu können.

38 Von besonderer Bedeutung ist das **Qualifizierungschancengesetz** vom 18.12.2018[26], das als Meilenstein staatlicher Arbeitsmarktpolitik begriffen werden kann. Es richtet das SGB III noch stärker auf die Qualifizierung von Arbeitnehmern aus und verbessert die Möglichkeiten, Arbeitslosigkeit, die

21 „Hartz III", Gesetz vom 23.12.2003, BGBl. I S. 2848 ff.
22 „Hartz IV", Gesetz vom 24.12.2003, BGBl. I S. 2954 ff.
23 BGBl. I S. 681 ff.
24 BGBl. I S. 2917.
25 BGBl. I S. 2854.
26 BGBl. I S. 2651.

durch technologischen Wandel oder veränderte Rahmenbedingungen entsteht (Digitalisierung und Dekarbonisierung), zu vermeiden und zu bewältigen.

In die gleiche Richtung geht das **Gesetz zur Förderung der beruflichen Weiterbildung im Strukturwandel und zur Weiterentwicklung der Ausbildungsförderung** (auch Arbeit-von-morgen-Gesetz genannt) vom 20.5.2020.[27] Hierdurch wurden die Förderinstrumente der Arbeitsmarktpolitik weiterentwickelt und in vom Strukturwandel betroffenen Bereichen nochmals ausgeweitet. In diesem Zusammenhang wurden auch die Möglichkeiten, die Laufzeit des Kurzarbeitergeldes zu verlängern, vor dem Hintergrund der Covid-19-Pandemie und ihren wirtschaftlichen Folgen erweitert. Das SGB III wird damit deutlich stärker hin auf präventive Maßnahmen ausgerichtet, die im laufenden Arbeitsverhältnis die Beschäftigungschancen dauerhaft sichern und verbessern. 39

Änderungen nicht nur für die Regelungen im SGB II zum Arbeitslosengeld II (nunmehr Bürgergeld genannt) sondern auch für das SGB III ergeben sich auch aus dem **Bürgergeldgesetz** vom 16.12.2022.[28] Auch hier lag der Fokus auf der Qualifizierung der Leistungsberechtigten. So wurde beispielsweise in § 87a Abs. 2 SGB III das Weiterbildungsgeld eingeführt und die bereits bestehenden Weiterbildungsprämien für den erfolgreichen Abschluss von Zwischen- und Abschlussprüfung entfristet. 40

Der sich fortsetzende Strukturwandel in der Arbeitswelt und die sich daraus ergebenden Transformations- und Qualifizierungsbedarfe haben in jüngster Zeit zudem ihren Niederschlag in dem **Gesetz zur Stärkung der Aus- und Weiterbildung (Weiterbildungsgesetz)** vom 17.07.2023[29] gefunden. Hierin werden bestehende Förderinstrumente weiterentwickelt und teilweise neu eingeführt. 41

III. Rechtsquellen der Arbeitslosenversicherung

Das **Grundgesetz** macht – ebenso wie für die anderen Zweige der Sozialversicherung – für die Arbeitslosenversicherung nur sehr eingeschränkte Vorgaben. Die **Gesetzgebungskompetenz** des Bundes ergibt sich für die Arbeitslosenversicherung (und Arbeitsvermittlung) ausdrücklich aus Art. 74 Abs. 1 Nr. 12 GG. Außerdem sind das **Rechts-** und das **Sozialstaatsprinzip** sowie die Grundrechte bei Ausgestaltung und Anwendung zu beachten. Im Rahmen der Grundrechte kommt Art. 14 Abs. 1 GG im Hinblick auf erworbene Anwartschaften und Art. 3 GG besondere Bedeutung zu (siehe dazu §§ 6 Rn. 29, 54 Rn. 42, 49 ff.). 42

Hauptrechtsquelle der Arbeitslosenversicherung ist das **SGB III**. Es hat zum 1.1.1998 das AFG abgelöst und neben einer Neustrukturierung des Arbeitsförderungsrechts eine systematische Angleichung an die anderen Sozialversicherungszweige vorgenommen. Das SGB III ist in **13 Kapitel** aufgeteilt: 43

Erstes Kapitel (§§ 1 bis 23)	enthält die allgemeinen Vorschriften, die für alle Bereiche dieses Teils des Sozialgesetzbuchs gelten
Zweites Kapitel (§§ 24 bis 28a)	beinhaltet die wichtigen Vorschriften über Versicherungspflicht und Versicherungsfreiheit
Drittes Kapitel (§§ 29 bis 135)	beinhaltet die Vorschriften zur aktiven Arbeitsförderung, so unter anderem zur Beratung und Vermittlung durch die Agenturen für Arbeit, die sowohl Arbeitnehmern als auch Arbeitgebern zu Teil wird, zur Berufswahl und -ausbildung, zum Verbleib in der Beschäftigung und zur Teilhabe behinderter Menschen am Arbeitsleben
Viertes Kapitel (§§ 136 bis 175)	regelt den Anspruch auf das Arbeitslosengeld für Arbeitnehmer sowie auf das Insolvenzgeld und enthält zudem ergänzende Bestimmungen zur Sozialversicherung

27 BGBl. I S. 1044.
28 BGBl. I S. 2328; dazu etwa Bienert, NZS 2024, 648.
29 BGBl. I Nr. 191.

Fünftes Kapitel (§§ 176 bis 184)	enthält die Vorschriften zur Zulassung von Trägern und Maßnahmen zur Arbeitsförderung
Sechstes Kapitel (§§ 185 bis 279a)	beinhaltet die ergänzenden vergabespezifischen Regelungen
Siebtes Kapitel (§§ 280 bis 308)	regelt die weiteren Aufgaben der Bundesagentur, so unter anderem zu Statistiken, Arbeitsmarkt- und Berufsforschung und Berichterstattung wie auch zur Erteilung von Genehmigungen und Erlaubnissen
Achtes Kapitel (§§ 309 bis 322)	hat die Pflichten sowohl im Leistungsverfahren, d.h. vor allem Melde-, Anzeige- und Bescheinigungs- sowie Auskunftspflichten, als auch zum Schadenersatz bei Pflichtverletzung zum Inhalt
Neuntes Kapitel (§§ 323 bis 339)	enthält die gemeinsamen Vorschriften für Leistungen
Zehntes Kapitel (§§ 340 bis 366a)	befasst sich mit der Finanzierung der Aufgaben der Bundesagentur für Arbeit durch Beiträge und Umlagen sowie der Beteiligung des Bundes, Rücklage und Versorgungsfonds
Elftes Kapitel (§§ 367 bis 403)	enthält Vorschriften über die Organisation der Bundesagentur für Arbeit, ihre Selbstverwaltung und Aufsicht sowie den Datenschutz
Zwölftes Kapitel (§§ 404 bis 407)	beinhaltet Bußgeldvorschriften
Dreizehntes Kapitel (§§ 408 bis 459)	Dieses Kapitel ist Sonderregelungen vorbehalten, die etwa in Zusammenhang mit der Herstellung der Einheit Deutschlands oder mit der Einordnung des AFG in das SGB notwendig sind. Außerdem enthält es Ergänzungsregelungen für übergangsweise mögliche Leistungen und zeitweilige Aufgaben sowie Übergangsregelungen.

44 Auch in **anderen Teilen des SGB** sind Regelungen zur Arbeitslosenversicherung enthalten. Neben dem SGB III gelten **SGB I und X** (Allgemeiner Teil des Sozialgesetzbuchs, Verwaltungsverfahren) sowie das **SGB IV** (Gemeinsame Vorschriften für die Sozialversicherung) mit Ausnahme des Ersten und Zweiten Titels des Vierten Abschnitts und des Fünften Abschnitts für die Arbeitslosenversicherung. Diese beschäftigen sich mit der Verfassung von Sozialversicherungsträgern (§§ 29 bis 42 SGB IV), mit Zusammensetzung, Wahl und Verfahren der Organe von Sozialversicherungsträgern (§§ 43 bis 66 SGB IV) und mit Versicherungsbehörden (§§ 91 bis 94 SGB IV).

45 Zu beachten sind im Bereich der Arbeitslosenversicherung ferner **untergesetzliche Rechtsnormen**, die aufgrund des SGB III erlassen werden.

46 Dazu zählen zunächst **Rechtsverordnungen**, zu denen die Verwaltung (Bundesregierung oder Bundesministerium für Arbeit und Soziales) z.B. in §§ 47, 109, 163, 184, 281 Abs. 4, 288, 301, 321a, 352, 357, 361 SGB III ermächtigt wird. Sie regeln zumeist Einzelheiten zu Voraussetzungen und Umfang der Leistungen.

47 Teilweise wird die Bundesagentur für Arbeit auch zu **Anordnungen** ermächtigt (so etwa in §§ 43, 50, 55, 72, 80, 80b, 129, 164, 287 Abs. 2 S. 2, 322, 352a SGB III). Hierbei handelt es sich um **Satzungen mit materieller Gesetzeskraft**. Ihre Bindungswirkung geht über die reiner Verwaltungsvorschriften hinaus. Anordnungen der Bundesagentur für Arbeit, die aufgrund eines gesetzlichen Auftrags oder einer gesetzlichen Ermächtigung erlassen werden, sind **autonomes Satzungsrecht**, also **Gesetze im materiellen Sinne**. Im Gegensatz zu Durchführungsanweisungen und sonstigen Runderlassen der Bundesagentur für Arbeit **erzeugen diese Anordnungen hinsichtlich der Rechte Dritter normative Wirkungen**. Als Rechtsnormen **binden sie auch die Gerichte.**[30]

30 BSG 30.1.1973, BSGE 35, 164, 165.

Sie betreffen in der Regel Voraussetzungen, Art, Umfang und Verfahren der Förderung. Einzelheiten zum Erlass von Anordnungen enthält § 372 SGB III. Für ihre Wirksamkeit bedürfen sie u. a. der Genehmigung des Bundesministeriums für Arbeit und Soziales. Das Bundesministerium hat außerdem nach § 372 Abs. 4 SGB III das Recht eine anordnungsersetzende Rechtsverordnung zu erlassen, wenn es die Bundesagentur zuvor zum Erlass oder zur Änderung einer Anordnung aufgefordert hat und diese dem innerhalb einer viermonatigen Frist nicht nachgekommen ist. 48

Beispiel:
Im Bereich der Arbeitslosenversicherung ist etwa die Erreichbarkeitsanordnung zu nennen, die Anforderungen an die Verfügbarkeit konkretisiert.

Schließlich stellt die **Satzung der Bundesagentur für Arbeit** eine untergesetzliche Rechtsnorm dar, 49
die im Bereich der Arbeitslosenversicherung zu beachten ist. Die Grundlage findet sich in § 372 Abs. 1 SGB III.

Außerdem gibt es eine Vielzahl von **Handlungs- und Geschäftsempfehlungen** (HEGA) und 50
Durchführungsanweisungen, die einzelne Vorschriften konkretisieren und erläutern. Hierbei handelt es sich um reine **Verwaltungsvorschriften**, die nur verwaltungsinterne Wirkung haben, also nur die Agenturen für Arbeit binden.

IV. Ökonomische Bedeutung der Arbeitslosenversicherung

Nach Angaben der Bundesagentur für Arbeit hat die Anzahl der Erwerbstätigen in den letzten Jahren 51
immer weiter zugenommen. Erst mit dem Eintritt der Corona-Pandemie ist diese Entwicklung zu einem Ende gekommen. Derzeit gibt es in Deutschland etwa **45,7 Mio. Erwerbstätige** (Stand 1. Quartal 2024). Die Erwerbstätigenquote liegt in der Altersgruppe der 15- bis 65-jährigen bei 76,9 Prozent (Stand 1. Quartal 2024). Von den Erwerbstätigen sind **rund 34,7 Mio. Personen sozialversicherungspflichtig beschäftigt**. Damit hat sowohl die Zahl der Erwerbstätigen als auch die der sozialversicherungspflichtig Beschäftigten in der letzten Dekade massiv zugenommen (2009: Erwerbstätige 40,5 Mio.; Erwerbstätigenquote 69,4 Prozent, 27,5 Mio. sozialversicherungspflichtig Beschäftigte). Die Arbeitslosenquote ist von 8,1 Prozent (2009) auf 5,0 Prozent (2019) gesunken. Derzeit ist jedoch ein erneuter Anstieg zu verzeichnen (6,4 % im Februar 2025). Da es in der Arbeitslosenversicherung anders als etwa in der gesetzlichen Krankenversicherung nur die Pflichtversicherung gibt, entspricht die Zahl der sozialversicherungspflichtig Beschäftigten auch der Zahl der **Versicherungspflichtigen** in der Arbeitslosenversicherung nach § 25 SGB III (hinzu kommen die Versicherungspflichtigen nach § 26 SGB III und nach § 28a SGB III; siehe dazu § 54). Die Bedeutung der selbständigen Tätigkeiten und geringfügig entlohnten Beschäftigungen hat in den letzten Jahren zugenommen. Hierauf hat die soziale Sicherung zu reagieren, beispielsweise indem eine Versicherungsmöglichkeit für Selbständige geschaffen wird (siehe dazu § 56 Rn. 21 ff.). Besonders die sog. Solo-Selbständigkeit und neue Erwerbsformen wie Crowd- und Cloudwork stellen auch die Arbeitslosenversicherung vor Herausforderungen.

Die Bundesagentur für Arbeit hat trotz der fortwährenden Beitragssenkungen 2018 mit Ein- 52
nahmen von 39,34 Milliarden Euro und Ausgaben von 33,11 Milliarden Euro erhebliche Überschüsse erwirtschaftet. Diese basieren auf einer historisch niedrigen Arbeitslosenquote. Ende 2018 lag der Überschuss der Bundesagentur bei 23,5 Milliarden Euro. Diese Rücklagen führen immer wieder – erfolgreich – zu Forderungen nach substantiellen Beitragssenkungen. Die wirtschaftlichen Folgen der Corona-Pandemie zeigen die Defizite einer solchen Vorgehensweise in voller Wucht. Die übrig gebliebenen Reserven werden in kürzester Zeit aufgebraucht mit der Folge, dass in eine Wirtschaftskrise hinein Beitragserhöhungen oder Leistungskürzungen erforderlich werden können. Ob die Politik aus dieser Entwicklung in Zukunft lernen wird, ist fraglich. Auf das Problem ist im politischen Diskurs immer wieder hingewiesen worden.

Für die **Entgeltersatzleistungen** bedeutet dies:

- Den knapp 34,7 Mio. Versicherungspflichtigen standen im Jahr 2024 **ca. 927.000 Empfänger von Arbeitslosengeld** und Teilarbeitslosengeld gegenüber.
- Die Zahl der **Arbeitslosengeld II – Bezieher** belief sich im Jahresdurchschnitt 2024 auf **knapp 3,98 Mio.**

53 Die **Arbeitslosenzahlen** haben sich seit der deutschen Wiedervereinigung massiv erhöht. Verbunden mit einer negativen wirtschaftlichen Entwicklung sind sie bis 1998 massiv angestiegen. Auch danach haben sich die Arbeitslosenzahlen weiter erhöht. Seit 2005 ist – mit zwei Unterbrechungen, zunächst durch die Finanzkrise 2008/2009 und aktuell im Jahr 2020 durch die Corona-Pandemie – die Entwicklung am Arbeitsmarkt positiv. Verändert hat sich im Laufe dieser Zeit vor allem die Struktur des Arbeitsmarktes, die durch den massiven Aufbau eines Niedriglohnsektors geprägt ist.[31] Zuletzt ist die demografische Entwicklung zunehmend relevant geworden und wird in den nächsten Jahren noch an Bedeutung zunehmen.

§ 54 Grundlagen und Strukturprinzipien der Arbeitsförderung

Im ersten Abschnitt des ersten Kapitels des SGB III (§§ 1 – 11) finden sich Grundsätze, die für das gesamte Arbeitsförderungsrecht gelten. Obwohl sich nicht alle auf die Arbeitslosenversicherung beziehen, gebietet sich eine umfassende Darstellung aller Grundsätze, da sie die Leitlinien für die Gesamtkonzeption des SGB III aufzeigen. Priorität ist die Arbeitslosigkeit zu beseitigen und zu verhindern.

I. Verhindern und Beseitigen von Arbeitslosigkeit

1 Bevor es überhaupt zum Einsatz von Leistungen der Arbeitslosenversicherung kommt, muss alles darangesetzt werden, den **Eintritt von Arbeitslosigkeit zu verhindern**. Arbeitslosigkeit zu verhindern, die Dauer der Arbeitslosigkeit zu verkürzen und die Unterstützung von Angebot und Nachfrage auf dem Ausbildungs- und Arbeitsmarkt sind gem. § 1 Abs. 1 S. 1 SGB III Ziele der Arbeitsförderung. Besonders nachdrücklich betont § 1 Abs. 1 S. 2 SGB III, dass Langzeitarbeitslosigkeit durch die Verbesserung der individuellen Beschäftigungsfähigkeit zu vermeiden ist. Auch wenn es zum Versicherungsfall gekommen ist, hat die **schnellstmögliche Beseitigung** des unerwünschten Zustands **Priorität**. Beides gelingt durch eine **möglichst passgenaue Vermittlung und die aktive Arbeitsförderung**. Diese wird unterstützt durch Maßnahmen der Eignungsfeststellung sowie Mobilitäts- und Arbeitnehmerhilfen. Diese Zielsetzung nimmt das Gesetz in §§ 4, 5 SGB III auf. Zudem kommt das Primärziel, Arbeitslosigkeit zu verhindern und zu beseitigen, auch im gestuften Vorrangprinzip zum Ausdruck (siehe dazu § 54 Rn. 22ff.).

2 Da sowohl Vermittlung als auch Beratung durch Beiträge finanziert werden, handelt es sich um Versicherungsleistungen. Dennoch können diese Leistungen alle in Anspruch nehmen, unabhängig von ihrem Status als Beitragszahlende.

1. Beratung

3 Dabei stehen Beratung und Vermittlung in einem engen Kontext und werden regelmäßig gemeinsam erbracht. Die Beratung steht Jugendlichen und Erwachsenen, die am Erwerbsleben teilnehmen oder teilnehmen wollen, als **Berufsberatung**, einschließlich einer Weiterbildungsberatung, und Arbeitgebern als **Arbeitsmarktberatung**, einschließlich einer Qualifizierungsberatung, zu. Inhalte der Berufsberatung werden in § 30 S. 1 SGB III aufgelistet, die der Arbeitsmarktberatung in § 34 Abs. 1

31 Vgl. dazu Preis, RdA 2019, 75.

SGB III genannt. Beide Auflistungen sind nicht abschließend.[32] Die Beratung dient nicht dazu, Einzelfragen zur Ausgestaltung eines Arbeitsverhältnisses zu klären. Vielmehr muss sie eine **Wirkung auf den Arbeitsmarkt** haben. Dies ist der Fall, wenn sie zu Neueinstellungen führen soll. Die Arbeitsagenturen sollen nach § 34 Abs. 2 SGB III die Beratungssituation gegenüber Arbeitgebern von sich aus herbeiführen und die Beratung auch dazu nutzen, **neue Beschäftigungsmöglichkeiten** zu erschließen.

Die Berufs- und Arbeitsmarktberatung richten sich nach Art und Umfang des **individuellen** 4
Beratungsbedarfs der Ratsuchenden. Insbesondere bei der Berufsberatung sind daher die persönliche Neigung, Eignung und Leistungsfähigkeit der Arbeitsuchenden zu berücksichtigen. Bei der Beratung soll die Arbeitsagentur ebenso der Freizügigkeit der Arbeitnehmer innerhalb des Europäischen Binnenmarktes Rechnung tragen.

2. Arbeitsvermittlung

Die **Arbeitsvermittlung** ist das wichtigste und kostengünstigste Instrument der aktiven Arbeitsför- 5
derung und genießt daher einen Vorrang gegenüber anderen Instrumenten der Arbeitsverwaltung, § 4 SGB III (siehe dazu § 54 Rn. 22ff.). Auch eine Inanspruchnahme privater Arbeitsvermittlung ist möglich. Ein Vermittlungsmonopol der Bundesagentur für Arbeit besteht nicht (§ 296ff. SGB III).

Der Arbeitsvermittlung kommt **präventive Wirkung** zu, weil bereits nach der Arbeitssuchend- 6
meldung unverzüglich Vermittlungsmaßnahmen zu ergreifen sind (§ 37 Abs. 1 SGB III). Die Vermittlung umfasst alle Tätigkeiten, die darauf gerichtet sind, Arbeitsuchende mit Arbeitgebern zur Begründung eines Beschäftigungsverhältnisses zusammenzuführen. Dazu ist nach § 37 Abs. 1 SGB III zunächst eine Potenzialanalyse durchzuführen, durch die die für die Vermittlung erforderlichen beruflichen und persönlichen Merkmale, beruflichen Fähigkeiten und die Eignung festzustellen sind. Dabei sind auch die Umstände zu ermitteln, die eine berufliche Eingliederung vermutlich erschweren (§ 37 Abs. 1 S. 2 SGB III). In diesem Rahmen kann auch eine **Eignungsfeststellung** (§ 32 SGB III) oder eine **Maßnahme zur Aktivierung und beruflichen Eingliederung** (§ 45 SGB III) durchgeführt werden. Nach § 45 SGB III können Ausbildungssuchende, von Arbeitslosigkeit bedrohte Arbeitsuchende und Arbeitslose durch Maßnahmen gefördert werden, die ihre berufliche Eingliederung durch die Heranführung an den Ausbildungs- und Arbeitsmarkt, sowie die Feststellung, Verringerung oder Beseitigung von Vermittlungshemmnissen, die Vermittlung in eine versicherungspflichtige Beschäftigung, die Heranführung an eine selbständige Tätigkeit oder die Stabilisierung einer Beschäftigungsaufnahme, fördern.

Eine zentrale Stellung nimmt seit 2009 die **Eingliederungsvereinbarung** ein. Diese soll abge- 7
schlossen werden, um mit denjenigen, die arbeitsuchend sind, die einzusetzenden arbeitsmarktpolitischen Instrumente zu optimieren und somit eine passgenaue und schnellstmögliche Vermittlung zu ermöglichen, § 37 Abs. 2 SGB III. In dieser soll die individuelle Vermittlungsstrategie festgehalten werden. In ihr werden nach § 37 Abs. 2 Nr. 1–4 SGB III das Eingliederungsziel, die **Vermittlungsbemühungen** der Agentur für Arbeit, welche **Eigenbemühungen** zur beruflichen Eingliederung die oder der Ausbildungssuchende oder die oder der Arbeitssuchende in welcher Häufigkeit mindestens unternehmen muss und in welcher Form diese nachzuweisen sind sowie die vorgesehenen Leistungen der aktiven Arbeitsförderung festgehalten. Es handelt sich bei der Eingliederungsvereinbarung um einen öffentlich-rechtlichen Vertrag i.S.d. § 53ff. SGB X.[33] Wegen der Verknüpfung der Eingliederungsvereinbarung und der darin festgelegten Eigenbemühungen (§ 138 Abs. 1 Nr. 2 SGB III, siehe dazu § 57 Rn. 8ff.) mit dem Recht der Sperrzeit (siehe dazu § 58 Rn. 107ff.) hat ihre Wirksamkeit eine besondere Bedeutung. Den vereinbarten Pflichten der Arbeitssuchenden müssen dabei konkrete Eingliederungsleistungen gegenüberstehen, ansonsten ist die Vereinbarung nichtig.[34]

32 BT-Drs. 13/4941 S. 159.
33 BSG 4.4.2017, NZS 2017, 707.
34 BSG 4.4.2017, NZS 2017, 707.

8 Auch bei der Vermittlung ist grundsätzlich auf die individuellen Bedürfnisse der Ratsuchenden einzugehen. Allerdings wird die Ausrichtung an den persönlichen Wünschen bei leistungsberechtigten Arbeitslosen durchbrochen, indem § 159 Abs. 1 S. 2 Nr. 2 SGB III eine Sperrzeit bei unberechtigter Arbeitsablehnung vorsieht (siehe dazu § 58 Rn. 138ff.).

9 Die Agentur für Arbeit darf nicht vermitteln, wenn das zu begründende Arbeitsverhältnis gegen ein Gesetz oder gegen die guten Sitten verstoßen würde (§ 36 Abs. 1 SGB III). Damit verbietet das Arbeitsförderungsrecht zum einen die Vermittlung einer Beschäftigung mit einer sittenwidrigen Entlohnung sowie die Beschäftigung unter dem gesetzlichen Mindestlohn. Einschränkungen, die der Arbeitgeber für eine Vermittlung hinsichtlich Geschlecht, Alter, Gesundheitszustand, Staatsangehörigkeit oder ähnlicher Merkmale der Ausbildungssuchenden und Arbeitsuchenden vornimmt, dürfen von der Agentur für Arbeit nur beachtet werden, wenn diese Einschränkungen nach dem Allgemeinen Gleichbehandlungsgesetz zulässig sind, § 36 Abs. 2 S. 2 SGB III. Unter „ähnliche Merkmale" fallen jene Differenzierungsmerkmale, die aufgrund einer Interessensabwägung zwischen dem Schutz der Privatsphäre des Bewerbers und dem Informationsinteresse des Arbeitgebers – entsprechend der vom BAG zum Fragerecht des Arbeitgebers in Bewerbungsverfahren entwickelten Rechtsprechung – keine Rolle spielen dürfen, wie etwa Kinderlosigkeit, Familienstand, Wehr- oder Ersatzdienst in der Vergangenheit oder Nichtrauchereigenschaft.[35]

10 Dem Ziel, Arbeitslosigkeit zu verhindern, dient auch die in § 38 Abs. 1 SGB III geregelte Obliegenheit einer **frühzeitigen** Meldung als arbeitsuchend, um den Vermittlungsprozess möglichst schnell einzuleiten. Die Meldung muss spätestens 3 Monate vor Beendigung des Ausbildungs- oder Arbeitsverhältnisses erfolgen. Sofern diese Frist nicht eingehalten werden kann, muss die Meldung innerhalb von 3 Tagen ab dem Zeitpunkt, zu dem die betroffene Person Kenntnis von der Beendigung ihres Beschäftigungsverhältnisses erlangt hat, erfolgen (§ 38 Abs. 1 SGB III). Die Verletzung dieser Obliegenheit hat leistungsrechtliche Auswirkungen. Es tritt eine Sperrzeit nach § 159 Abs. 1 S. 2 Nr. 9 SGB III ein (siehe dazu § 58 Rn. 164ff.). Der Arbeitgeber hat auf die Meldepflicht hinzuweisen (§ 2 Abs. 2 Nr. 3 SGB III). Der Gesetzgeber hat zuletzt die Pflichten der Agenturen für Arbeit zur Beratung deutlicher betont. Nach § 38 Abs. 1a SGB III soll grundsätzlich „unverzüglich", das heißt typischerweise spätestens innerhalb von zwei bis drei Wochen nach der Arbeitssuchendmeldung, ein erstes Beratungs- und Vermittlungsgespräch stattfinden. Dieses Gespräch kann auch per Videotelefonie stattfinden, sofern sowohl Arbeitsagentur als auch Arbeitsuchender sich hierüber einig sind. Es besteht daher für Arbeitsuchende weder ein dahingehender subjektiver Anspruch noch eine entsprechende Pflicht.[36]

II. Zusammenwirken von Arbeitgebern und Arbeitnehmern mit den Agenturen für Arbeit

11 In § 2 SGB III werden Vorgaben für das Zusammenwirken von Arbeitgebern und Arbeitnehmern mit den Agenturen für Arbeit gemacht. Kernelement sind umfängliche wechselseitige Informations- und Unterstützungspflichten. Auch wenn sich die Formulierung nicht mehr ausdrücklich im Gesetz findet, kommt darin nach wie vor die **„besondere Verantwortung von Arbeitgebern und Arbeitnehmern"** hinsichtlich der Bedeutung ihres Handelns für die Beschäftigung zum Ausdruck.[37] In § 2 SGB III werden die **Verantwortlichkeiten für einen funktionierenden Arbeitsmarkt verteilt** und die sich daraus ergebenden Konsequenzen konkretisiert. Nicht alle dieser Vorgaben haben Auswirkungen auf Versicherungsleistungen nach dem SGB III. Bei § 2 SGB III handelt es sich jedoch um eine grundlegende Einweisungsnorm, die die Philosophie des Arbeitsförderungsrechts widerspiegelt.

12 Die **Agenturen für Arbeit** verstehen sich als **Dienstleister**, deren Angebot von Arbeitgebern und Arbeitnehmern in Anspruch genommen werden kann. Sie stellen

35 BeckOGK/Deinert § 36 SGB III Rn. 13.
36 Harks/jurisPK § 38 SGB III Rn. 54.
37 BT-Drs. 14/1812 S. 4; a.A. Luthe, SGb 2002, 77f.

1. für Arbeitgeber Informations- und Beratungsdienstleistungen und
2. für Arbeitnehmer Beratungs-, Vermittlungsdienstleistungen und sonstige Leistungen der Arbeitsförderung zur Verfügung.

Damit stehen sie den Arbeitgebern bei ihrer Personalpolitik und den Arbeitnehmern bei Berufsfindung und Arbeitsaufnahme zur Seite. 13

In § 2 Abs. 2 und 3 SGB III werden **Pflichten für Arbeitgeber** aufgeführt, die sich aus ihrer **Verantwortung für den Arbeitsmarkt** ergeben. Zwar handelt es sich nicht um echte einklagbare Rechtspflichten, die Norm hat aber gleichwohl bei Auslegung und Anwendung des Gesetzes eine wichtige Bedeutung (Rn. 18).[38] Arbeitgeber tragen ihren Teil zu einem funktionierenden Arbeitsmarkt bei, indem sie **bei ihren Entscheidungen verantwortungsvoll berücksichtigen**, wie diese sich **auf die Beschäftigung von Arbeitnehmern und Arbeitslosen und damit die Inanspruchnahme von Leistungen der Arbeitsförderung auswirken**. Dabei sollen sie nach Abs. 2 insbesondere beachten, 14

1. dass sie im Rahmen ihrer Mitverantwortung **für die Entwicklung der beruflichen Leistungsfähigkeit der Arbeitnehmerinnen und Arbeitnehmer** zur Anpassung an sich ändernde Anforderungen **sorgen**,
2. dass sie vorrangig **durch betriebliche Maßnahmen die Inanspruchnahme von Leistungen der Arbeitsförderung sowie Entlassungen** von Arbeitnehmerinnen und Arbeitnehmern **vermeiden**,
3. und dass sie Arbeitnehmerinnen und Arbeitnehmer vor der Beendigung des Arbeitsverhältnisses frühzeitig **über die Notwendigkeit eigener Aktivitäten bei der Suche nach einer anderen Beschäftigung sowie über die Verpflichtung der Meldung nach § 38 Abs. 1 SGB III bei der Agentur für Arbeit informieren**, dass sie sie hierzu **freistellen** und dass sie die **Teilnahme an erforderlichen Maßnahmen der beruflichen Weiterbildung ermöglichen**.

Arbeitgeber sollen die Verantwortung für die betriebliche Weiterbildung übernehmen und diese nicht auf die Versichertengemeinschaft abwälzen, indem die Weiterbildung durch die Arbeitsförderung erfolgt. Das schließt die Inanspruchnahme von Leistungen der Arbeitsförderung nicht aus, folgt aber dem Prinzip der Eigenverantwortung, das auch für Arbeitgeber gilt. 15

§ 2 Abs. 3 SGB III konkretisiert die Arbeitgeberpflicht, die **Agenturen für Arbeit frühzeitig über betriebliche Veränderungen**, die Auswirkungen (sowohl in positiver als auch in negativer Hinsicht) auf die Beschäftigung haben können, zu **unterrichten**. Dazu gehören (nach der nicht abschließenden Aufzählung in § 2 Abs. 3 S. 2 SGB III) Mitteilungen über 16

1. zu besetzende Ausbildungs- und Arbeitsplätze,
2. geplante Betriebserweiterungen und den damit verbundenen Arbeitskräftebedarf,
3. die Qualifikationsanforderungen an die einzustellenden Arbeitnehmerinnen und Arbeitnehmer,
4. geplante Betriebseinschränkungen oder Betriebsverlagerungen sowie die damit verbundenen Auswirkungen und
5. Planungen, wie Entlassungen von Arbeitnehmerinnen und Arbeitnehmern vermieden oder Übergänge in andere Beschäftigungsverhältnisse organisiert werden können.

§ 2 Abs. 4 und 5 SGB III regelt die **Pflichten von Arbeitnehmerinnen und Arbeitnehmern**. Auch diesen sind **Leitlinien für ihre Entscheidungen** vorgegeben: Sie müssen verantwortungsvoll deren **Auswirkungen auf ihre beruflichen Möglichkeiten einbeziehen**, wobei sie insbesondere ihre **berufliche Leistungsfähigkeit an die sich ändernden Anforderungen anpassen** sollen. Sie sollen damit in einem **ständigen Weiterbildungsprozess** stehen, der durch die Arbeitgeber unterstützt werden soll. Die Weiterentwicklung der beruflichen Leistungsfähigkeit ist somit gemeinsame Aufgabe von Arbeitnehmern und Arbeitgebern. Daneben werden bestimmte Handlungspflichten (wie- 17

38 BeckOGK(Gagel)/Deinert, § 2 SGB III Rn. 16.

derum nicht abschließend) aufgezählt, die Arbeitnehmer zu aktiver Mitarbeit zur Vermeidung oder Beendigung von Arbeitslosigkeit anhalten. Sie müssen danach
1. ein zumutbares Beschäftigungsverhältnis fortsetzen,
2. eigenverantwortlich nach Beschäftigung suchen, bei bestehendem Beschäftigungsverhältnis bereits frühzeitig vor dessen Beendigung,
3. eine zumutbare Beschäftigung aufnehmen und
4. an einer beruflichen Eingliederungsmaßnahme teilnehmen.

18 Für den **Rechtscharakter** der Vorschrift gilt: Einzelne können aus § 2 SGB III **keine Rechte** (etwa die Arbeitnehmerin gegen ihre Arbeitgeberin) herleiten. Dennoch hat die Vorschrift nicht bloßen **Programmcharakter**, weil sie neben ihrem appellativen Charakter auch Obliegenheiten des Arbeitgebers enthält.[39] Im Einzelfall stellen die dort formulierten Ziele **Auslegungskriterien** dar, die bei der Konkretisierung unbestimmter Rechtsbegriffe oder der Ermessensauslegung (siehe hierzu auch § 2 Abs. 2 SGB I) Beachtung finden. Bemerkenswert ist die unterschiedliche Intensität der Verpflichtung, die § 2 SGB III für Arbeitgeber und Arbeitnehmer vorsieht: **Arbeitgebern** werden mit Ausnahme von § 2 Abs. 2 S. 1 SGB III nur **durch „Soll-Vorschriften" angesprochen**. Für **Arbeitnehmer** gelten jedoch nach § 2 Abs. 4 S. 1 und Abs. 5 SGB III (konkretisierte) **Verpflichtungen**. Durch § 2 Abs. 4 und Abs. 5 SGB III werden den Arbeitnehmern programmhaft arbeitsförderungsrechtliche Obliegenheiten aufgezeigt.[40] Rechtsfolgen für deren Verletzung sind jedoch an anderen Stellen im SGB III gesondert aufgeführt (vgl. etwa § 159 SGB III). Daher ergibt sich allein aus der Erwähnung in § 2 SGB III noch keine sanktionierbare Verpflichtung.[41] So kommt eine Sperrzeit erst in Betracht, wenn ein Arbeitnehmer die tatbestandlichen Voraussetzungen des § 159 SGB III erfüllt, nicht jedoch bei einem Verstoß gegen die Obliegenheiten nach § 2 Abs. 5 SGB III.[42] Insgesamt unterstreicht die Regelung des § 2 Abs. 4 und 5 SGB III die Eigenverantwortung der Beschäftigten.

19 Nach Inkrafttreten des SGB III wurde in der Literatur darüber gestritten, ob § 2 Abs. 2 Nr. 2 SGB III – hinsichtlich der Formulierung: „[Arbeitgeber] sollen dabei insbesondere vorrangig durch betriebliche Maßnahmen die Inanspruchnahme von Leistungen der Arbeitsförderung sowie Entlassungen von Arbeitnehmerinnen und Arbeitnehmern vermeiden ..." – eine über das SGB III hinausgehende **Bedeutung für das Arbeitsrecht**, insbesondere das **Kündigungsrecht** zukomme.[43] Ob den arbeitsförderungsrechtlichen Obliegenheiten unmittelbare privatrechtliche Pflichten zu entnehmen sind oder diese keine arbeits- oder sonstigen zivilrechtlichen Auswirkungen haben,[44] ist umstritten. Allerdings erscheint die vermittelnde Ansicht vorzugswürdig, nach der arbeitsförderungsrechtliche Obliegenheiten zwar nicht unmittelbar privatrechtliche Verpflichtungen darstellen, diese allerdings im Rahmen zivilrechtlicher Dogmatik Berücksichtigung finden müssen.[45] Dieser Ansicht folgt im Ergebnis auch die neuere Rechtsprechung des BAG und berücksichtigt sozialversicherungspflichtige Verpflichtungen im Rahmen einer Gesamtwürdigung bei der Bestimmung privatrechtlicher Pflichten.[46]

20 Der Streit um die privatrechtliche Berücksichtigung der arbeitsförderungsrechtlichen Obliegenheiten flammte angesichts des seit dem 1.1.2003 neu eingefügten § 2 Abs. 2 Nr. 3 SGB III, der den Arbeitgebern u.a. **Informationspflichten über die frühzeitige Meldepflicht** für Arbeitnehmer (§ 38 Abs. 1 SGB III) auferlegt, erneut auf. Es stellte sich die Frage, ob **eine fehlende Information** haftungsrechtliche **Konsequenzen** für den Arbeitgeber nach sich zieht, wenn der Arbeitnehmer wegen

39 BeckOGK/Deinert § 2 SGB III Rn. 19; für einen bloß appellativen Charakter Fuhlrott, FA 2013, 34, 35.
40 BeckOGK/Deinert § 2 SGB III Rn. 55.
41 In diesem Sinne auch BSG 11.5.2000 SozR 3-4300 § 156 Nr. 1.
42 BSG 27.5.2003 – B 7 AL 4/02, BSGE 91, 90.
43 Preis, NZA 1998, 449 ff. m.w.N.
44 Schaub/Koch § 19 Rn. 14; Luthe, SGb 2002, 77 f.
45 Preis, NZA 1998, 449, 454 ff.; BeckOGK/Deinert § 2 SGB III Rn. 74 ff.
46 BAG 12.10.2022, NZA 2023, 229, 231.

verspäteter Meldung Sanktionen beim Arbeitslosengeld hinnehmen muss.[47] Nach der Rechtsprechung des BAG bestehen keine **Schadensersatzansprüche des Arbeitnehmers** aus §§ 280, 241 Abs. 2 BGB oder § 823 BGB[48]. Zwar legt § 38 Abs. 1 SGB III, wonach die Pflicht zur Meldung des Arbeitnehmers unabhängig von der Information durch seinen Arbeitgeber erfolgt, es also maßgeblich um das Verhältnis des Arbeitnehmers zur Arbeitsagentur geht, dieses Verständnis nahe, gleichwohl würde die Rechtsprechung, wenn man sie als abschließend versteht, den Charakter der Vorschrift als Sollvorschrift missachten und sie zu einer bloßen Ordnungsvorschrift degradieren.[49] Daher ist auf Grundlage der allgemeinen Grundsätze zur Haftung wegen Aufklärungspflichtverletzungen nach § 242 BGB zumindest bei Abschluss eines Aufhebungsvertrags eine Haftung denkbar, wenn der Arbeitgeber den Eindruck erweckt, er werde die Interessen des Arbeitnehmers wahren.[50]

Der fehlende Schadensersatzanspruch des Arbeitnehmers gegen seinen Arbeitgeber wird dadurch abgemildert, dass die Rechtsprechung des BSG[51] einen Verstoß gegen die Obliegenheit zur frühzeitigen Arbeitsuchendmeldung nur dann annimmt, wenn dieser schuldhaft erfolgte. Meldet sich der Arbeitnehmer wegen einer nicht zu vertretenden Unkenntnis über die Meldeobliegenheit nicht frühzeitig, liegt demnach kein Fehlverhalten vor. Sanktionen beim Arbeitslosengeld treten in diesem Fall nicht ein (siehe dazu § 58 Rn. 168). 21

III. Vorrangregelungen

Die §§ 4 und 5 SGB III enthalten Bestimmungen über das Verhältnis einzelner Leistungen des Arbeitsförderungsrechts zueinander. Daraus ergibt sich ein gestuftes Vorrangprinzip. Aus diesem folgt, dass die Vermittlung in Arbeit und Ausbildung grundsätzlich Vorrang vor anderen Leistungen hat. **§ 5 SGB III** regelt den Vorrang von **Leistungen der aktiven Arbeitsförderung vor Entgeltersatzleistungen im Falle der Arbeitslosigkeit** (Arbeitslosengeld bei Arbeitslosigkeit, Teilarbeitslosengeld und Insolvenzgeld). 22

Beispiele für Leistungen der aktiven Arbeitsförderung:
Arbeitsvermittlung, Förderung der beruflichen Weiterbildung, Kurzarbeitergeld, Eingliederungszuschüsse, Förderung von Arbeitsbeschaffungsmaßnahmen, etc.

---

§ 5 SGB III betont seit dem Job-AQTIV-Gesetz außerdem die Bedeutung und Zielrichtung der Leistungen der aktiven Arbeitsförderung, um dem Entstehen von **Langzeitarbeitslosigkeit vorzubeugen**. 23

Obwohl sich bereits aus § 5 SGB III die **Vorrangstellung der Arbeitsvermittlung** (als Leistung der aktiven Arbeitsförderung) **vor den Entgeltersatzleistungen** ergibt, wird sie in **§ 4 Abs. 1 SGB III** abermals hervorgehoben. Dadurch wird die der Vermittlung vom Gesetzgeber beigemessene Bedeutung betont. Dies geschieht auch durch § 4 Abs. 2 SGB III, der einen zusätzlichen Regelungsgehalt beinhaltet: die **Vermittlung** genießt auch eine (zumindest grundsätzliche) **Vorrangstellung innerhalb der Leistungen der aktiven Arbeitsförderung, es sei denn die Leistung ist für eine dauerhafte Eingliederung erforderlich**. Kann durch die Vermittlung nur eine befristete Beschäftigung des Arbeitslosen erreicht werden, gilt der Vorrang daher nicht. Von der Erforderlichkeit für die dauerhafte Eingliederung ist insbesondere auszugehen, wenn es an einem Berufsabschluss fehlt und Betroffene an einer nach § 81 SGB III geförderten beruflichen Weiterbildung teilnehmen oder 24

---

47 SCHAUB/KOCH § 19 Rn. 16; URMERSBACH, SGb 2004, 684, 689.
48 BAG 29.9.2005, NZA 2005, 1406, 1408.
49 SCHAUB/KOCH § 19 Rn. 16.
50 BAG 12.12.2002 AP BGB § 611 Haftung des Arbeitgebers Nr. 25.
51 BSG 25.5.2005 SozR 4-4300 § 140 Nr. 1.

voraussichtlich teilnehmen werden (§ 4 Abs. 2 S. 2 SGB III). Andere Leistungen der aktiven Arbeitsförderung, die eine dauerhafte Eingliederung erwarten lassen, sind dann vorrangig. Aus dem Vermittlungsvorrang ergeben sich keine unmittelbaren Konsequenzen für die Leistungsgewährung, so dass eine Entgeltleistung bei (noch) nicht ausreichenden Vermittlungsbemühungen nicht abgelehnt werden kann. Der Vermittlungsvorrang gilt nach § 4 Abs. 2 S. 3 SGB III nicht im Verhältnis zur Förderung von Existenzgründungen mit einem Gründungszuschuss nach § 93 SGB III. Der Gründungszuschuss darf daher selbst dann nicht mit Verweis auf eine mögliche Beschäftigungsaufnahme verweigert werden, wenn die dauerhafte Vermittlung in eine versicherungspflichtige Beschäftigung zu erwarten wäre.

IV. Weitere Grundsätze

25 Bereits in § 5 SGB III klingt an, was in § 37 SGB III konkretisiert wird: Ein wichtiger Grundsatz der Arbeitsförderung ist es, das **Entstehen von Langzeitarbeitslosigkeit zu vermeiden**. Darunter ist nach § 18 Abs. 1 S. 1 SGB III die Arbeitslosigkeit von einem Jahr und länger zu verstehen. Da mit zunehmender Dauer der Arbeitslosigkeit eine Eingliederung erschwert wird, soll es möglichst gar nicht zu derart langen Perioden der Arbeitslosigkeit kommen. Dem soll mittels **Potenzialanalyse und Eingliederungsvereinbarung** (§ 37 SGB III) bereits bei der Arbeitsuchendmeldung vorgebeugt werden. Hinzu kommt der Ausbau der Weiterbildung, die Ursachen von Langzeitarbeitslosigkeit verringern soll. Dieser Ansatz wird durch den Gesetzgeber in der letzten Zeit mit Recht immer stärker betont und fand im Gesetz zur Förderung der beruflichen Weiterbildung im Strukturwandel und zur Weiterentwicklung der Ausbildungsförderung[52] und zuletzt in dem Gesetz zur Stärkung der Aus- und Weiterbildungsförderung[53] seinen Ausdruck. Bereits seit längerem setzt sich die Erkenntnis durch, dass Beratung und Arbeitsvermittlung leerlaufen, wenn Personen arbeitslos werden, für deren Qualifikationen der Arbeitsmarkt keine Stellen (mehr) bereithält. Daher entspricht es dem Präventionsgedanken, Arbeitslosigkeit dadurch zu verhindern, dass insbesondere im Strukturwandel die berufliche Weiterbildung massiv gefördert wird. Ziel ist es, den Eintritt von Arbeitslosigkeit zu verhindern oder jedenfalls die Vermittlungschancen deutlich zu erhöhen. Diese Politik ist weder abgeschlossen noch ausreichend, entwickelt aber explorativ neue Instrumente, die insbesondere im Strukturwandel positiv wirken sollen.

26 Nach § 3 Abs. 3 SGB III handelt es sich bei den Leistungen der aktiven Arbeitsförderung grundsätzlich um Ermessensleistungen. Regelungen für die Ausübung dieses Ermessens trifft das Gesetz in §§ 7, 8 und 9 SGB III. § 7 SGB III verpflichtet die Agenturen für Arbeit beim Einsatz von Ermessensleistungen der aktiven Arbeitsförderung zu **wirtschaftlichem und sparsamem Handeln** bei der Auswahl der im Einzelfall am besten geeigneten Leistung oder Kombination von Leistungen.

Beispiele für Ermessensleistungen der aktiven Arbeitsförderung:
Arbeitsvermittlung, Förderung der beruflichen Weiterbildung, Förderung von Arbeitsbeschaffungsmaßnahmen etc.

27 Bei der Auswahl der Leistungen sind zum einen Wirtschaftlichkeit und Sparsamkeit, zum anderen die am besten geeignete Leistung bzw. Leistungskombination zu berücksichtigen. Dabei fließen folgende Aspekte in die Abwägungen ein:

1. die Fähigkeiten der zu fördernden Personen,
2. die Aufnahmefähigkeit des Arbeitsmarkts und
3. der anhand der Ergebnisse aus Beratungs- und Vermittlungsgesprächen ermittelte arbeitsmarktpolitische Handlungsbedarf.

---

52 BGBl. I S. 1044.
53 BGBl. 2023 I Nr. 191.

Die **Frauenförderung** ist als Ziel der Arbeitsförderung in § 1 Abs. 1 S. 3 SGB III an exponierter Stelle verankert. Damit soll dem verfassungsrechtlich verankerten staatlichen Auftrag zur Durchsetzung der Gleichberechtigung von Frauen und Männern Rechnung getragen werden. Daneben enthält § 8 SGB III eine Regelung über die **Vereinbarkeit von Familie und Beruf**, die bei der Gewährung von Leistungen der aktiven Arbeitsförderung berücksichtigt werden soll. Unterstützt werden diese Ziele durch die Tätigkeit von Beauftragten für Chancengleichheit, die bei jeder Agentur für Arbeit und bei der BA zu bestellen sind (§ 385 SGB III). 28

§ 9 SGB III stellt den Grundsatz auf, dass in erster Linie die **örtlichen Agenturen für Arbeit** für die **Erbringung der Leistungen** zuständig sind. Diese haben eine besondere Nähe zum örtlichen Arbeitsmarkt und können somit auf die dort vorherrschenden Eigenheiten besonders schnell reagieren. Aus § 9a SGB III ergeben sich umfassende Pflichten zur Kooperation und Zusammenarbeit mit den für die Wahrnehmung der Aufgaben der Grundsicherung für Arbeitsuchende zuständigen gemeinsamen Einrichtungen und zugelassenen kommunalen Trägern. 29

V. Besonderheiten der Arbeitslosenversicherung im Verhältnis zu anderen Sozialversicherungszweigen

Die Arbeitslosenversicherung weist neben Gemeinsamkeiten mit den vier anderen Zweigen der Sozialversicherung auch Unterschiede auf. Folgende Besonderheiten sind hervorzuheben: 30

Bereits hingewiesen wurde darauf, dass das **SGB III nicht nur Sozialversicherungsrecht** enthält (siehe dazu § 53). Deswegen befanden sich die Regelungen früher auch außerhalb des SGB im AFG. Einen Hinweis auf die Sonderstellung gibt auch der Standort des Arbeitsförderungsrechts im SGB III vor dem allgemeinen Teil des SGB IV. Gleichwohl regelt das Arbeitsförderungsrecht schon immer die Versicherung des Risikos Arbeitslosigkeit. Mit der Integration des AFG in das SGB III ist aber die versicherungsrechtliche Konzeption deutlicher zum Tragen gekommen. Konsequenz dieses Umstandes war auch, dass die frühere Arbeitslosenhilfe in das SGB II ausgegliedert wurde (vgl. dazu § 53 Rn. 33). Das Arbeitsförderungsrecht fokussiert sich nicht nur auf Arbeitslose bzw. von Arbeitslosigkeit Bedrohte, sondern verfolgt auch einen umfassenden **präventiven Ansatz**. Daher gelten nicht alle Vorschriften des SGB IV für das SGB III, § 1 Abs. 1 S. 2 SGB IV.

Im Arbeitsförderungsrecht können, anders als in den übrigen Sozialversicherungszweigen, **auch Arbeitgeber** (zum Beispiel in § 39 SGB III) **und Träger** (§ 21 SGB III) **Empfänger von Leistungen** sein. Hintergrund dieser Besonderheit ist das Ziel, einen Ausgleich auf dem Arbeitsmarkt anzustreben. Es geht im SGB III nicht nur darum, ein individuelles Risiko abzusichern, sondern in ganz besonderer Weise auch darum ein gesamtgesellschaftliches Problem zu lösen. Die Verflechtung mit der Wirtschaftspolitik ist besonders ausgeprägt. Daher müssen auch Arbeitgeber und Träger zu Aktivitäten angeregt werden. 31

Das **Verhältnis zu anderen Leistungen** ist im SGB III wie folgt geregelt: Gem. § 22 Abs. 1 SGB III dürfen Leistungen der Arbeitsförderung nicht erbracht werden, wenn **andere Leistungsträger oder andere öffentlich-rechtliche Stellen** zur Erbringung gleichartiger Leistungen gesetzlich verpflichtet sind. Eine Ausnahme gilt hier künftig für die Weiterbildungsförderung nach § 82 SGB III und das Qualifizierungsgeld nach § 82a SGB III, die auch erbracht werden dürfen, wenn ein anderer Rehabilitationsträger im Sinne des Neunten Buches zuständig ist. 32

Die Bundesagentur für Arbeit (die **Agenturen für Arbeit**) ist **vorleistungspflichtig**, wenn und solange eine vorrangige Stelle die von ihr an und für sich zu erbringenden Leistungen nicht gewährt (§ 23 Abs. 1 SGB III). In diesem Fall soll verhindert werden, dass der Leistungsberechtigte Leistungen nicht, nicht vollständig oder verspätet erhält, nur weil die Zuständigkeit verschiedener Sozialleistungsträger nicht geklärt ist. § 23 Abs. 1 SGB III ist lex specialis gegenüber § 43 SGB I, der im Unterschied zu § 23 Abs. 1 SGB III nicht zur Gewährung vorläufiger Leistungen verpflichtet, sondern diese lediglich in das pflichtgemäße Ermessen des zuerst angegangenen Leistungsträgers stellt. Beide Vorschriften setzen voraus, dass grundsätzlich ein Anspruch auf Sozialleistungen besteht, zwischen mehreren Leistungsträgern aber streitig ist, wer zur Leistung verpflichtet ist. Der eigentlich für die

Leistung zuständige Leistungsträger muss der Bundesagentur gem. §§ 102ff. SGB X die Aufwendungen erstatten (siehe dazu § 9 I).

VI. Versicherungsprinzipien und verfassungsrechtliche Vorgaben

1. Versicherungsprinzipien

33 Trotz der dargestellten Unterschiede ist auch das Arbeitsförderungsrecht Sozialversicherungsrecht (siehe dazu § 53). Hieran ändert auch der Befund, dass in der Arbeitsförderung **nicht die versicherungsmathematische Äquivalenz zwischen Beitrag und Leistung** vorherrschendes Prinzip ist, sondern vielmehr der **Solidaritätsgedanke im Vordergrund** steht[54] (siehe dazu § 6 Rn. 13ff.), nichts.

> „Berücksichtigt werden muss darüber hinaus, dass **das Prinzip der Äquivalenz zwischen Beitrag und Leistung nicht die Ordnung der Arbeitslosenversicherung beherrscht.** (...) In der Sozialversicherung werden die Bereiche der Kranken- und der Arbeitslosenversicherung besonders stark vom Solidaritätsprinzip geprägt. Dieses gebietet es, dass sich Arbeitnehmer, solange sie Arbeitsentgelt erhalten, mit Beiträgen an der Finanzierung von Leistungen der Versichertengemeinschaft beteiligen, unabhängig davon, ob und ggf. in welchem Umfang beim Beitragszahler ein Schutzbedürfnis besteht."[55]

34 Denn gleichwohl erfordert auch das Recht der Arbeitsförderung eine **Globaläquivalenz** zwischen Beitrag und Leistung (siehe dazu § 4 Rn. 13ff.). Dies stellte das BVerfG in seiner Entscheidung zu den sog. Einmalzahlungen deutlich heraus:

> „Von Verfassungs wegen ist es zwar nicht geboten, dass bei der Bemessung kurzfristiger Lohnersatzleistungen [wie dem Arbeitslosengeld] eine versicherungsmathematische Äquivalenz zwischen den entrichteten Beiträgen und der Höhe der Leistungen erzielt wird. Für Äquivalenzabweichungen bei Versichertengruppen mit gleicher Beitragsleistung ist indessen ein hinreichender sachlicher Grund nicht ersichtlich."[56]

35 Auch der Gesetzgeber hat das Arbeitsförderungsrecht mit der Eingliederung in das Sozialgesetzbuch an versicherungsrechtlichen Strukturen ausgerichtet, indem die **Konnexität zwischen beitragspflichtigem Arbeitsentgelt und Bemessungsentgelt** gem. § 151 SGB III herausgehoben wird (siehe dazu § 58 Rn. 71ff.).

36 Daneben werden den Betroffenen mannigfaltige Obliegenheiten auferlegt, deren Verletzung leistungsrechtliche Konsequenzen hat. Hierdurch soll das **abgesicherte Risiko eingeschränkt** werden. So weisen die umfassenden Sperrzeitregelungen auch einen versicherungsrechtlichen Bezug auf. Die Sperrzeittatbestände dienen dazu, einen finanziellen Ausgleich bei Arbeitslosigkeit zu vermeiden, wenn der Betroffene den Eintritt des Risikofalles selbst zu vertreten hat oder an dessen Behebung unbegründet nicht mitwirkt (siehe dazu § 58 Rn. 107ff.). Hierdurch findet eine Risikobegrenzung statt, die sicherstellt, dass die Beitragsgemeinschaft nicht unnötig in Anspruch genommen wird. Eine solche Risikobegrenzung ist kennzeichnend für eine Versicherung, da diese **nur für ungewisse Ereignisse** eintritt, von einem ungewissen Ereignis bei zu vertretender Verursachung aber kaum noch gesprochen werden kann. Auch die Obliegenheit der frühzeitigen Arbeitslosmeldung nach § 38 Abs. 1 SGB III soll die Versichertengemeinschaft vor einer unnötigen Inanspruchnahme von Leistungen schützen und dient daher der Umsetzung versicherungsrechtlicher Strukturen (siehe dazu § 58 Rn. 164ff.).

---

54 BSG 18.8.1992 SozR 3-4100 § 168 Nr. 10.
55 BSG 18.8.1992 SozR 3-4100 § 168 Nr. 10.
56 BVerfG 11.1.1995, BVerfGE 92, 53, 71.

2. Verfassungsrechtliche Vorgaben

Bei der Rechtsanwendung und -setzung sowie bei der rechtspolitischen Diskussion ist die sozialrechtliche Dimension der Grundrechte zu berücksichtigen (siehe dazu § 6 Rn. 29ff.). Die Abwehrfunktion der Grundrechte setzt insbesondere dem Gesetzgeber Grenzen auf, wenn bisher bestehende Leistungen gekürzt oder gestrichen werden sollen. Hinzu kommt, dass in letzter Zeit deutlicher herausgearbeitet wurde, dass das „ob“ der Leistungen bei Arbeitslosigkeit nicht zur Disposition des Gesetzgebers steht, beim „wie“ aber ein großer Gestaltungsspielraum besteht. 37

a) Art. 1 Abs. 1 i.V.m. Art. 20 Abs. 1 GG

Das BVerfG erkennt ein Grundrecht auf **Gewährleistung eines soziokulturellen Existenzminimums** nach Art. 1 Abs. 1 i.V.m. Art. 20 Abs. 1 GG an[57] und hat dieses in der Folge konkretisiert.[58] Grundsätzlich lässt sich festhalten, dass die verfassungsrechtliche Gewährleistung den Gesetzgeber verpflichtet, ein soziales Auffangsystem bereitzustellen, das Bedürftige, beispielsweise in Folge des Arbeitsplatzverlustes, nach unten absichert. Dabei kommt ihm ein weiter Gestaltungspielraum zu. Diesem wird er jedoch nicht in erster Linie durch das Arbeitsförderungsrecht, sondern vielmehr durch die Grundsicherung nach dem SGB II erreicht. Zwar betraf das Urteil des BVerfG Sanktionen wegen einer Pflichtverletzung nach § 31 SGB II, dennoch können die durch das BVerfG aufgestellten Grundsätze auf alle Sanktionsregelungen angewendet werden.[59] So ist der Gesetzgeber berechtigt, existenzsichernde Leistungen an den Nachranggrundsatz zu knüpfen. Das im SGB III geltende abgestufte Vorrangprinzip befindet sich innerhalb dieses Gestaltungsspielraums des Gesetzgebers. Allerdings kennt auch das SGB III Sanktionen, wie das Ruhen des Anspruches auf Arbeitslosenentgelt bei Sperrzeit nach § 159 SGB III. Im Wesentlichen kann festgehalten werden, dass nach der Rechtsprechung des BVerfG solche Sanktionen verfassungswidrig sind, die keine Härtefallprüfung vorsehen, um bei außergewöhnlichen Härten davon abzusehen, die Leistung zu mindern. Weiterhin muss die einsetzende Mitwirkung des Betroffenen zur Verkürzung bzw. Beendigung der Sanktion führen. Eine starre Dauer von Leistungsminderungen, die dies nicht berücksichtigt, ist verfassungswidrig. Schlussendlich muss bei entsprechenden Anhaltspunkten die mündliche Anhörung des Betroffenen ermöglicht werden, bevor dessen Leistungen gekürzt werden. Damit lässt das Urteil durchaus Zweifel an der Regelung des § 159 SGB III aufkommen. Die Norm muss jedenfalls unter Berücksichtigung der Rspr. des BVerfG interpretiert werden. 38

b) Art. 14 Abs. 1 GG

Sozialrechtliche Positionen unterliegen dem Schutzbereich des Art. 14 Abs. 1 GG, wenn sie dem Versicherten privatnützig zugeordnet sind, ein Äquivalent eigener Leistungen darstellen und der Existenzsicherung dienen (siehe dazu § 6 Rn. 43ff.). 39

Die **Privatnützigkeit** setzt voraus, dass der Bürger einen unbedingten Rechtsanspruch auf die Sozialleistung hat und der gewährte Anspruch als ihm ausschließlich zugeordnet angesehen werden kann. Die **Ermessensleistungen** der aktiven Arbeitsförderung sind **nicht privatnützige Entgeltersatzleistungen** und fallen daher nicht in den Schutzbereich des Art. 14 GG. Auch das **Insolvenzgeld** (§§ 165ff. SGB III; siehe dazu § 59 Rn. 70ff.) ist nicht vom Schutzbereich des Art. 14 GG erfasst, weil dieses für den Arbeitnehmer unwägbare Voraussetzungen aufstellt (Insolvenzereignis) und deshalb nicht als ein dem Leistungsberechtigten ausschließlich zugeordneter Anspruch angesehen werden kann. Dies gilt auch für das **Kurzarbeitergeld** (§§ 95ff. SGB III; siehe dazu § 59 Rn. 2ff.). Dieses setzt nach § 99 Abs. 1 S. 1 SGB III u.a. eine Anzeige durch den Arbeitgeber oder die Betriebsvertretung voraus. Der Arbeitnehmer kann die Voraussetzungen folglich nicht eigenständig herbeifüh- 40

57 BVerfG 9.2.2010 – 1 BvL 1/09 u.a., NJW 2010, 505.
58 BVerfG 5.11.2019 – 1 BvL 7/16, NJW 2019, 3703.
59 Dazu Schifferdecker/Brehm, NZS 2020, 1, 3.

ren, so dass ihm kein unbedingter Rechtsanspruch auf die Leistung zusteht. Das Gleiche gilt hinsichtlich des Anspruchs auf **Saison-Kurzarbeitergeld** nach § 101 SGB III, weil die Unwägbarkeit des „witterungsbedingten Arbeitsausfalls" dazu führt, dass der Arbeitnehmer keine Rechtssicherheit auf einen ausschließlich ihm zugeordneten Leistungsanspruch hat.

41 Dem Schutzbereich des Art. 14 GG ebenfalls nicht unterworfen sind solche arbeitsförderungsrechtlichen Pflichtleistungen, bei denen als Anspruchsvoraussetzung nicht an ein vorheriges Bestehen eines Versicherungspflichtverhältnisses angeknüpft wird. Dann stellt sich die in Aussicht stehende Leistung nicht als Äquivalent gezahlter Beiträge dar.

42 Das (Teil-)**Arbeitslosengeld** bei Arbeitslosigkeit und bei beruflicher Weiterbildung erfüllt die dargestellten Voraussetzungen für den Schutzbereich des Art. 14 Abs. 1 GG. Diese sozialrechtlichen Positionen sind den Berechtigten privatnützig zugewiesen, sobald sie die **Anwartschaftszeit** gem. § 142 SGB III erfüllt haben.[60] In dieser Konstellation verdichtet sich die Anwartschaft im weiteren Sinne in ein Leistungsstammrecht (siehe dazu § 58 Rn. 30ff.). Die Leistungen knüpfen an eine Vorbeschäftigungszeit an, da sie grundsätzlich nur geltend gemacht werden können, wenn der Betroffene zuvor mindestens zwölf Monate (eng begrenzte Abweichung in § 142 Abs. 2 SGB III, die insbesondere den Belangen von Kulturschaffenden Rechnung trägt) in einem Versicherungspflichtverhältnis stand, und dienen der Existenzsicherung.[61]

43 Will der Gesetzgeber in diese Rechtspositionen eingreifen, ist dies verfassungsrechtlich nur gerechtfertigt, wenn die Inhalts- und Schrankenbestimmung des Art. 14 Abs. 1 S. 2 GG, insbesondere der Verhältnismäßigkeitsgrundsatz, eingehalten wird. Auch wenn Art. 14 GG im Sozialrecht als **stumpfes Abwehrrecht** zu bezeichnen ist (siehe dazu § 6 Rn. 51f.), kommt der Regelung im Arbeitsförderungsrecht doch Bedeutung zu. So entschied das BVerfG, es sei unverhältnismäßig, den Anspruch auf Arbeitslosengeld bei einem pflichtwidrigen Meldeversäumnis ausnahmslos ohne Berücksichtigung des Verschuldensgrades zwei Wochen ruhen zu lassen; die Regelung des § 120 AFG a.F. sei damit verfassungswidrig:

> „(...) Demgegenüber fehlen hinreichende Gründe, die Rechte aus dem durch Beitragszahlung erworbenen Versicherungsschutz so weitgehend und undifferenziert wie in der beanstandenden Vorschrift einzuschränken. Soweit ein Arbeitsloser aus Unerfahrenheit, Unverständnis für Verwaltungsvorgänge, aus Unachtsamkeit oder anderen Gründen, welche nicht als ‚wichtig' i.S.d. § 120 Abs. 1 AFG zu qualifizieren sind, seine Meldepflicht nicht einhält, ist die ausnahmslos pauschale Kürzung des Arbeitslosengeldes unzumutbar. Dies gilt erst recht, wenn sich die Säumnis dieses Arbeitslosen überhaupt nicht nachteilig für die Arbeitslosenversicherung ausgewirkt hat. (...) Ein Wegfall des Arbeitslosengeldes von zwei Wochen ist diesem Personenkreis gegenüber nach dem Verhältnismäßigkeitsprinzip schon deshalb nicht gerechtfertigt, weil das eigentumsgeschützte Arbeitslosengeld der Existenzsicherung des Berechtigten dient und auf eigenen Beiträgen beruhende lohnbezogene Versicherungsleistung ist."[62]

c) Art. 12 Abs. 1 GG

44 Da das Arbeitsförderungsrecht Regelungen für den Zugang zum Arbeitsmarkt trifft, besteht ein besonderer Bezug zu der grundgesetzlich garantierten **Berufsfreiheit** (Art. 12 Abs. 1 GG). Über die Berufsfreiheit (siehe dazu § 6 Rn. 53ff.) werden beide Akteure des Arbeitsmarktes, also Arbeitnehmer und Arbeitgeber, geschützt. Nicht abgeleitet werden kann aus dem Grundrecht ein Recht auf Arbeit gegenüber dem Staat.

45 Nach der immer noch verbreiteten sog. **Drei-Stufen-Theorie** kommen Eingriffe in die Berufsfreiheit als Berufsausübungsregel oder als subjektive oder objektive Berufswahlregel in Betracht, wobei die Anforderungen an die verfassungsrechtliche Rechtfertigung des Eingriffs steigen, je intensiver der Eingriff ist (siehe dazu § 6 Rn. 55–57). Subjektive Berufswahlregeln spielen im Arbeitsförderungsrecht jedoch nur eine untergeordnete Rolle.

60 BVerfG 12.2.1986, BVerfGE 72, 9, 21f.
61 Vgl. KassHdb/Spellbrink § 39 Rn. 9ff.
62 BVerfG 10.2.1987, BVerfGE 74, 203.

Als **objektive Berufswahlregel** war das frühere **Arbeitsvermittlungsmonopol** der Bundesagentur für Arbeit anzusehen (siehe dazu § 54 Rn. 1ff.). Das BVerfG[63] hatte das Monopol als verfassungsrechtlich zulässig angesehen: 46

> „Seine Aufgabe [die des Monopols] ist es, einerseits die Arbeitslosigkeit durch den Nachweis offener Stellen und andererseits den Mangel an Arbeitskräften der Wirtschaft und Verwaltung zu vermeiden und zu beheben (§§ 38, 39 AVAVG). Damit dient es einem Gemeinschaftswert; dessen Schutzbedürftigkeit ist für die industrielle Massengesellschaft allgemein anerkannt und von der jeweiligen sonstigen Gesellschafts- und Wirtschaftspolitik unabhängig. Dieser Gemeinschaftswert hat auch offenbar einen so hohen Rang, dass er insbesondere im Hinblick auf das Sozialstaatsprinzip den Vorzug vor dem Freiheitsanspruch des Einzelnen, der den Beruf des selbständigen Arbeitsvermittlers wählen möchte, verdient. Denn dass Arbeitslosigkeit auf der einen Seite und der Mangel an Arbeitskräften auf der anderen Seite gemindert und behoben werden, ist für das ganze Volk von entscheidender Bedeutung und gehört zu der dem Staat obliegenden, ihm durch das Gebot der Sozialstaatlichkeit vom Grundgesetz auch besonders aufgegebenen Daseinsvorsorge. (...) Wollte man sie [die private Arbeitsvermittlung] neben der Arbeitsverwaltung wenigstens noch bestehen lassen, (...), so würde sie einen Fremdkörper innerhalb des Systems der einheitlich ausgerichteten Arbeitsvermittlung bilden und deren erfolgreiche Bewältigung hemmen und stören.“[64]

Berufsausübungsregeln kommen sowohl auf Arbeitnehmer- als auch auf Arbeitgeberseite in Betracht. Auf Arbeitnehmerseite ist insbesondere ein Eingriff durch die Schaffung von **Zumutbarkeitskriterien** festzustellen, durch die der Staat dem Einzelnen mittelbar einen Zwang zur Aufnahme einer Tätigkeit auferlegt und damit die ebenfalls geschützte negative Berufsfreiheit berührt (siehe dazu § 57 Rn. 19f.). In diesem Zusammenhang sind die Sperrzeiten wegen Arbeitsaufgabe gem. § 159 Abs. 1 S. 1 Nr. 1 SGB III zu nennen, in denen das BSG jedoch keinen Zwang zur Aufnahme einer Arbeit sieht.[65] Diese Erkenntnis ist trivial und verfassungsrechtlich irrelevant. Art. 12 Abs. 1 GG greift nicht erst bei Zwang, sondern bereits bei Beeinträchtigungen der Entscheidungsfreiheit im beruflichen Bereich. Insofern stellt sich die Frage einer Verhältnismäßigkeit der Sperrzeiten im Einzelfall, wobei auch die aktuelle Rspr. des BVerfG[66] zu berücksichtigen ist. Auf Arbeitgeberseite war maßgeblich in der früheren Regelung des § 147a SGB III a.F. zur Erstattungspflicht ein Eingriff in die Berufsfreiheit zu sehen. Die Indienstnahme des Arbeitgebers in der Sozialversicherung[67] zum Beispiel bei der Ausstellung der Arbeitsbescheinigung nach § 312 SGB III ist als Berufsausübungsregel anzusehen (siehe dazu § 63 Rn. 6). Diese sind bereits aufgrund vernünftiger Gemeinwohlerwägungen gerechtfertigt, soweit sie im Übrigen verhältnismäßig sind. Als vernünftiger Grund des Gemeinwohls kommt dabei der **finanziellen Stabilität der Arbeitslosenversicherung** besondere Bedeutung zu. Eingriffe in die Berufsausübungsfreiheit sind daher regelmäßig zulässig und nur im Einzelfall als unzulässig einzustufen. 47

d) Art. 2 Abs. 1 GG

Da auch die Arbeitslosenversicherung eine **Zwangsmitgliedschaft** vorsieht (siehe dazu § 56 Rn. 1ff.), 48
steht die verfassungsrechtliche Zulässigkeit der Erhebung von Beiträgen unter dem Blickwinkel der allgemeinen Handlungsfreiheit des Art. 2 Abs. 1 GG (siehe dazu § 6 Rn. 70ff.) in der Diskussion. Das BVerfG hat die Zwangsmitgliedschaft und die damit verbundene Erhebung der Beiträge regelmäßig als verfassungsrechtlich gerechtfertigt angesehen (siehe dazu § 6 Rn. 72f.). Verfassungsrechtlich noch nicht abschließend geklärt ist die Frage, inwieweit die **zwangsweise Erhebung von Beiträgen** unverhältnismäßig ist, wenn kein hinreichendes Äquivalenzverhältnis zwischen Beiträgen und Leistungen mehr besteht. Insoweit könnten dem Gesetzgeber **Grenzen bei der Leistungskürzung** ge-

---

63 BVerfG 17.1.1967, BVerfGE 21, 245.

64 BVerfG 17.1.1967, BVerfGE 21, 245, 251ff.

65 BSG 25.4.1991, NZA 1992, 95; krit. Gagel/Deinert § 1 SGB III Rn. 57.

66 BVerfG 5.11.2019, NJW 2019, 3703.

67 Vgl. hierzu: Schlegel in: FS 50 Jahre Bundessozialgericht, S. 264, 280.

setzt sein, die insbesondere die Bezugsdauer von Arbeitslosengeld betreffen. Jedenfalls ist es dem Gesetzgeber verwehrt, zuerst durch eine verantwortungslose Absenkungsspirale die Beiträge der Arbeitslosenversicherung zu drücken und dann anschließend bei abrupt eintretenden Finanzierungsproblemen die Leistungen unter Verweis auf die mangelnde wirtschaftliche Leistungsfähigkeit der Arbeitslosenversicherung abzusenken. In diesem Fall könnte er sich den Rechtfertigungsgrund für Leistungskürzungen selbst schaffen.

e) Art. 3 Abs. 1 GG

49 Um den Verwaltungsaufwand, insbesondere bei der Leistungsgewährung, zu verringern, trifft der Gesetzgeber oftmals **pauschalierende und typisierende Regelungen**. So bestimmt sich die Höhe des Arbeitslosengeldes nicht anhand des individuell zugeflossenen Arbeitsentgelts, sondern wird anhand des pauschalierten Nettoentgelts errechnet (siehe dazu § 58 Rn. 62ff.).

Solche Pauschalierungen führen zwar zu einer Ungerechtigkeit im Einzelfall, verstoßen deshalb aber regelmäßig nicht automatisch gegen Art. 3 Abs. 1 GG (siehe zu Art. 3 Abs. 1 GG § 6 Rn. 30ff.). Der Aspekt der **Verwaltungspraktikabilität** ist vielmehr als sachlicher Grund für die Ungleichbehandlung anzusehen, wenn die Ungleichbehandlung nicht zu stark ins Gewicht fällt und nur eine verhältnismäßig kleine Anzahl von Bürgern betroffen ist:

> „Die existenzsichernde Natur des Arbeitslosengeldes erfordert, dass die Feststellung der Leistungshöhe und die Auszahlung beschleunigt erfolgt. Das zwingt schon aus Gründen der Verwaltungspraktikabilität zu einfachen Maßstäben bei der Leistungsberechnung."[68]

50 Da der Gesetzgeber nicht zweifelsfrei davon ausgehen konnte, dass in Zukunft eine deutliche Mehrheit von Arbeitnehmern einer Kirchensteuer erhebenden Kirche angehört, wird die Kirchensteuer seit dem 1.1.2005 nicht mehr als Entgeltabzug bei der Bemessung des Arbeitslosengeldes berücksichtigt.[69]

51 Unter dem Blickwinkel der Gleichbehandlung nach Art. 3 Abs. 1 GG kommt insbesondere der Frage, ob ein Anspruch auf **beitragsäquivalente Leistungen** besteht, Bedeutung zu. Wie bereits dargelegt, setzt eine Sozialversicherung nicht die Binnenäquivalenz zwischen Beitrag und Leistung des einzelnen Versicherten voraus.[70] Stattdessen wird eine **Gruppenäquivalenz** gefordert (siehe dazu §§ 4 Rn. 13ff., 54 Rn. 33f.). Daher kommt ein Verstoß gegen Art. 3 Abs. 1 GG nur in Betracht, wenn eine Äquivalenzabweichung bei Versichertengruppen mit gleicher Beitragsleistung gegeben ist.

52 Dies sah das BVerfG in seinen Entscheidungen zur Behandlung von **Einmalzahlungen** als gegeben an. Einmalzahlungen wurden bei der Beitragsentrichtung berücksichtigt. Sie wurden hingegen nach § 134 Abs. 1 S. 3 Nr. 1 SGB III a.F. nicht in die Berechnung der Leistungshöhe einbezogen. Die Bezieher von Einmalzahlungen waren damit leistungsrechtlich genauso gestellt wie Personen, die keine Einmalzahlungen erhielten. Auf beitragsrechtlicher Seite hingegen waren sie im Vergleich zu dieser Personengruppe belastet.

Diese Regelung wurde vom BVerfG für verfassungswidrig erklärt, da sie einen Verstoß gegen Art. 3 Abs. 1 GG darstellte.

53 Bereits in einer Entscheidung vom 11.1.1995 hatte das BVerfG dem Gesetzgeber aufgegeben, der Versicherungspflicht von Einmalzahlungen die Berücksichtigung bei der Berechnung von kurzfristigen Entgeltersatzleistungen entgegenzusetzen.[71] Durch das **Gesetz zur sozialrechtlichen Behandlung von einmalig gezahltem Arbeitsentgelt** (Einmalzahlungsgesetz) vom 12.12.1996[72] missachtete

68 BVerfG 8.3.1983, BVerfGE 63, 255, 262.
69 BT-Drs. 15/1515 S. 86.
70 BVerfG 23.3.1994 – 1 BvL 8/85, NZS 1994, 417, 419.
71 BVerfG 11.1.1995 SozR 3-2200 § 385 Nr. 6.
72 BGBl. I S. 1859.

der Gesetzgeber diese Vorgabe, indem er leistungsrechtliche Änderungen nur beim Krankengeld vornahm.

Das BVerfG konnte als Reaktion darauf im Jahre 2000 nur wiederholen: 54

> „Der Gleichheitssatz (Art. 3 Abs. 1 GG) gebietet, dass einmalig gezahltes Arbeitsentgelt bei der Berechnung von kurzfristigen beitragsfinanzierten Lohnersatzleistungen, wie beispielsweise Arbeitslosengeld und Krankengeld, berücksichtigt wird, wenn es zu Sozialversicherungsbeiträgen herangezogen wird (wie BVerfGE 92, 53). (...) Auch nach dem Inkrafttreten des Einmalzahlungsgesetzes werden deshalb Versicherte mit gleich hoher Beitragsbelastung umso stärker bei kurzfristigen Lohnersatzleistungen benachteiligt, je höher der Anteil ihres beitragspflichtigen einmalig gezahlten Arbeitsentgeltes am beitragspflichtigen Gesamtarbeitsentgelt ist. Demgegenüber werden die Versicherten bei den Lohnersatzleistungen umso stärker bevorzugt, je geringer der Anteil des beitragspflichtigen einmalig gezahlten Arbeitsentgeltes ist. (...) Solange die Bemessung der Lohnersatzleistung nicht in einer ganz unbedeutenden Weise durch das bisherige beitragspflichtige Arbeitsentgelt mitbestimmt wird, müssen alle Arbeitsentgeltbestandteile, die der Beitragspflicht unterworfen werden, einen grundsätzlich gleichen Erfolgswert haben. Allein dies entspricht Art. 3 Abs. 1 GG."[73]

Am 28.12.2000 wurde mit dem **Einmalzahlungs-Neuregelungsgesetz**[74] schließlich eine verfassungskonforme Regelung geschaffen, die zu einer Berücksichtigung von Einmalzahlungen bei der Bemessung des Arbeitslosengeldes führte (siehe dazu § 58 Rn. 73). 55

f) Art. 9 Abs. 3 GG

Im Gegensatz zu anderen Sozialversicherungszweigen ist im Arbeitsförderungsrecht außerdem die durch Art. 9 Abs. 3 GG gewährleistete **Koalitionsfreiheit** zu berücksichtigen. Die Koalitionsfreiheit umfasst u.a. Betätigungen, die darauf gerichtet sind, im Rahmen einer Koalition die Arbeits- und Wirtschaftsbedingungen zu fördern und zu gestalten. Maßgebliches Instrument hierzu ist der Abschluss von Tarifverträgen. Als koalitionsmäßige Betätigung ist daher auch der **Arbeitskampf** vom Schutzbereich des Art. 9 Abs. 3 GG erfasst. Dass der Gesetzgeber eine eigene Arbeitsförderungspolitik betreibt, greift jedoch nicht in die Tarifautonomie ein. 56

Bei staatlichen Leistungen ist jedoch die Neutralitätspflicht des Staates bei Arbeitskämpfen zu beachten. Der Gesetzgeber hat das bei einem Arbeitskampf bestehende **Lohnausfallrisiko** den am Arbeitskampf beteiligten Personen zugewiesen und dies auch auf solche Personen erstreckt, die mittelbar in den Arbeitskampf einbezogen sind, soweit ihnen das Ergebnis des Arbeitskampfes voraussichtlich auch zugutekommen wird. Die Einzelheiten sind nach wie vor strittig. Unter den Gegebenheiten des Jahres 1995 hat das BVerfG die entsprechende Vorgehensweise gebilligt. 57

> „Er [der Gesetzgeber] hat die Regelung getroffen, weil er meinte, durch die Zahlung von Kurzarbeitergeld werde zugunsten der Gewerkschaften in Arbeitskämpfe eingegriffen und damit deren Kampfkraft in unvertretbarer Weise erhöht; die Neutralität der Bundesanstalt für Arbeit [jetzt: Bundesagentur für Arbeit] werde durch die Zahlung von Kurzarbeitergeld an Arbeitnehmer außerhalb des umkämpften Bezirks verletzt, wenn diese aller Voraussicht nach an dem erstrebten Arbeitskampfergebnis teil hätten. Der Neuregelung liegt das Prinzip zugrunde, dass das Lohnausfallrisiko bei Arbeitskämpfen von denjenigen nicht am Arbeitskampf selbst beteiligten Arbeitnehmern mitgetragen werden soll, die in (annähernd) gleicher Weise am Erfolg der streikenden Arbeitnehmer interessiert sind wie diese selbst, weil er auch ihnen voraussichtlich zugute kommt. Das ist verfassungsrechtlich unbedenklich."[75] 58

73 BVerfG 24.5.2000, NJW 2000, 2264.

74 BGBl. I S. 1971.

75 BVerfG 4.7.1995, BVerfGE 92, 365, 397.

VII. Akteure im Bereich der Arbeitslosenversicherung

59 Leistungsadressaten im SGB III sind Arbeitgebern, Arbeitnehmern und Träger. **Träger** sind natürliche oder juristische Personen, die Maßnahmen der Arbeitsförderung selbst durchführen oder durch Dritte durchführen lassen (§ 21 SGB III). Es handelt sich dabei nicht um die Bundesagentur für Arbeit als Sozialleistungsträger, sondern der Begriff ist weiter gefasst. Träger, die eine Maßnahme durchführen, sind zugleich Leistungserbringer im Rahmen eines leistungsrechtlichen Dreiecksverhältnisses, in dem die Bundesagentur die Leistungen der Arbeitsförderung gegenüber den Leistungsberechtigten nicht selbst erbringt. Träger in diesem Sinn ist auch der private Arbeitsvermittler. Im SGB III bestehen auf Seiten der Träger folgende **Leistungsansprüche**:

- Der früher in § 74 Abs. 1 SGB III a.F. enthaltene Anspruch auf Zuschüsse und die Erstattung von Maßnahmen im Rahmen der Berufsausbildung gem. § 74 Abs. 1 SGB III a.F. wurde inzwischen gestrichen (siehe dazu § 60 Rn. 13ff.). Nunmehr besteht nur noch ein Anspruch auf Erstattung der im Rahmen einer außerbetrieblichen Berufsausbildung an den oder die Auszubildenden zu zahlende Ausbildungsvergütung bis zu einer bestimmten Höhe nach § 76 Abs. 7 SGB III (siehe dazu § 60 Rn. 14).
- Aufwendungserstattung bei der Berufseinstiegsbegleitung gem. § 49 Abs. 5 SGB III (siehe dazu § 60 Rn. 5f.)
- Förderung durch Darlehen und Zuschüsse beim Betrieb von Jugendwohnheimen gem. § 80a SGB III (dazu § 60 Rn. 19)

60 Die Leistungen an Arbeitgeber sind im Wesentlichen im Dritten Kapitel des SGB III geregelt. Als solche gelten insb. **Eingliederungszuschüsse** nach den §§ 88–92 SGB III (siehe dazu § 61 Rn. 1ff.) sowie Zuschüsse zur **Ausbildungsvergütung behinderter und schwerbehinderter Menschen** gem. § 73 SGB III (siehe dazu § 62 Rn. 3ff.) und **Zuschüsse zur Einstiegsqualifizierung** gem. § 54a SGB III (siehe dazu § 60 Rn. 7ff.). Hinzu treten seit dem 1.1.2019 nach § 82 Abs. 3 SGB III **Zuschüsse zum Arbeitsentgelt für die berufliche Weiterbildung von Arbeitnehmern** (siehe dazu § 60 Rn. 20f.). Diese Fördermöglichkeiten stehen allesamt als Leistungen der aktiven Arbeitsförderung im **Ermessen** der BA (vgl. § 3 Abs. 2 und 3 SGB III).[76] Wie alle Leistungen der aktiven Arbeitsförderung dürfen sie gem. § 22 Abs. 1 SGB III grds. nur erbracht werden, wenn nicht andere Leistungsträger (wie Unfall- oder Rentenversicherungsträger) oder andere öffentlich-rechtliche Stellen zur Erbringung gleichartiger Leistungen gesetzlich verpflichtet sind.

61 Der **Begriff „Arbeitgeber“** wird im SGB III nicht näher definiert. Er ist nach den im Arbeitsrecht geltenden Grundsätzen zu beurteilen. Danach ist Arbeitgeber derjenige, dem der Anspruch auf Arbeitsleistung aus dem Arbeitsvertrag zusteht, der die Arbeitsvergütung zu zahlen hat und dem der wirtschaftliche Ertrag der Arbeit zugutekommt.[77]

§ 55 Träger der Arbeitslosenversicherung und Finanzierung

I. Bundesagentur für Arbeit als Träger der Arbeitslosenversicherung

1 Träger der Arbeitsförderung, und damit auch der Arbeitslosenversicherung, ist die **Bundesagentur für Arbeit (Bundesagentur), § 367 SGB III**. Nach § 367 Abs. 1 SGB III soll es sich bei der Bundesagentur um eine rechtsfähige bundesunmittelbare Körperschaft des öffentlichen Rechts mit Selbstverwaltung handeln. Die Einordnung als Körperschaft ist indes nicht selbstverständlich, weil es ihr an Mitgliedern im rechtlichen Sinne fehlt (dazu sogleich unter Rn. 4). Gem. § 1 Abs. 1 S. 3 SGB IV gilt sie als Versicherungsträger i.S.d. SGB IV. Dennoch werden nicht die allgemeinen Regeln des SGB IV

76 Hierzu BSG 6.5.2008, NZA-RR 2009, 39.

77 BSG 26.1.1978, BSGE 45, 279.

über **Verfassung und Selbstverwaltung** für anwendbar erklärt, sondern im **SGB III eigene Regelungen** getroffen (siehe dazu § 16 Rn. 10ff.).

Die Bundesagentur ist grundsätzlich in **drei Ebenen** gegliedert: Eine Zentrale auf der oberen Verwaltungsebene, Regionaldirektionen auf der mittleren Verwaltungsebene und Agenturen für Arbeit auf der örtlichen Verwaltungsebene (§ 367 Abs. 2 SGB III). Auf der **örtlichen Verwaltungsebene** gibt es 150 **Agenturen für Arbeit** mit rund 600 Geschäftsstellen, auf der mittleren Verwaltungsebene 10 sog. **Regionaldirektionen** und schließlich die **Zentralstelle mit Sitz in Nürnberg (§ 367 Abs. 4 SGB III)**. Außerdem kann die Bundesagentur **besondere Dienststellen** errichten. 2

Beispiele für besondere Dienststellen:
- Institut für Arbeitsmarkt- und Berufsforschung (IAB) in Nürnberg
- Zentrale Auslands- und Fachvermittlung in Bonn
- Verwaltungsschulen

Die Regionaldirektionen sind gem. § 367 Abs. 3 SGB III für den Erfolg der regionalen Arbeitsmarktpolitik verantwortlich und arbeiten zu diesem Zweck mit den Landesregierungen zusammen. 3

Die Struktur der damals noch Bundesanstalt für Arbeit genannten Behörde wurde nach der „Statistik-Affäre“ von Februar 2002 **grundlegend reformiert**. Soweit wie möglich fand eine Orientierung an Unternehmens- und Dienstleistungsstrukturen statt.

Beispiel:
So ist seit dem 23.3.2002 beispielsweise anstelle eines Präsidenten sowie Vizepräsidenten und eines ehrenamtlichen Vorstands ein dreiköpfiger hauptamtlicher Vorstand vorgesehen.

Außerdem sollte durch die **Umbenennung in „Bundesagentur für Arbeit“** eine Abkehr vom Behördenimage vollzogen werden.

Die **Rechtsnatur der Bundesagentur** ist umstritten. Handelt es sich um eine Anstalt oder um eine Körperschaft des öffentlichen Rechts? Obwohl der bisherige Name den Anstaltscharakter nahelegte, regelt § 367 Abs. 1 SGB III, dass es sich um eine **bundesunmittelbare Körperschaft des öffentlichen Rechts** handelt. Dies wiederum setzt das Vorhandensein von Mitgliedern voraus, die es bei der Bundesagentur nicht gibt. Auch ansonsten findet sich eine anstaltsrechtliche Organisation, wie sich u.a. bei der Bildung der Organe (zu Einzelheiten hinsichtlich der Organe sogleich) zeigt. Sie werden nicht von den Beitragszahlern gewählt, sondern berufen, § 377 SGB III. Aus diesen Gründen wäre sie verwaltungsrechtlich als **Anstalt des öffentlichen Rechts** einzuordnen[78], was aber Wortlaut und Willen des Gesetzgebers nicht entspricht.

Die Bundesagentur ist grundsätzlich als **Selbstverwaltung** organisiert (zur Aufsicht s.u.), §§ 371ff. SGB III. Zur Durchführung werden auf der örtlichen und regionalen Ebene **Verwaltungsausschüsse** (§ 374 SGB III) gebildet und bei der Bundesagentur der **Verwaltungsrat** (§ 373 SGB III). Aufgabe dieser Organe ist die **Überwachung der Verwaltung**. Der **Verwaltungsrat kontrolliert zudem den Vorstand** und **erlässt** als Rechtsetzungsorgan **Anordnungen** sowie die **Satzung der Bundesagentur**.

Die Selbstverwaltungsorgane setzen sich aus Vertretern der Arbeitnehmer, der Arbeitgeber und der öffentlichen Hand in gleicher Anzahl zusammen (sog. **Drittelparität**). Die Vertreter der Sozialpartner sind wegen der arbeitsmarktpolitischen Aufgabe der Bundesagentur von besonderer Bedeutung. Seit 2002 beträgt die die Zahl der Mitglieder im Verwaltungsrat statt 51 nur noch 21. Bei der Besetzung haben **Beitragspflichtige nur ein Vorschlagsrecht**, das durch Gewerkschaften und Ar- 4

78 Ebenfalls Bolay/Eisenreich/Isele Rn. 102; Ruhm Rn. 135; Schulin/IGL Rn. 828; vermittelnd Waibel, ZfS 2004, 225 „eigenständiger Rechtscharakter“.

beitgeberverbände im Namen aller Beitragspflichtigen (unabhängig von deren Mitgliedsstatus) ausgeübt wird. Die Berufung erfolgt gem. § 377 Abs. 2 S. 1 SGB III durch das Bundesministerium für Arbeit und Soziales.

5 Weiteres Organ der Bundesagentur ist der **Vorstand**. Dieser übernimmt neben **Leitung und Geschäftsführung** der BA auch ihre **gerichtliche und außergerichtliche Vertretung**, § 381 Abs. 1 SGB III. Er besteht aus drei Mitgliedern, von denen eines den Vorsitz übernimmt. Auch diese organisatorische Ausgestaltung setzt sich auf der örtlichen Ebene fort. Bei den einzelnen Agenturen für Arbeit wird die Leitung von einer dreiköpfigen Geschäftsführung übernommen, die dem Verwaltungsrat zur Auskunftserteilung verpflichtet sind. Die Regionaldirektionen werden ebenfalls von einer Geschäftsführung geleitet.

Der sog. **Neutralitätsausschuss** (§ 380 SGB III) tritt bei der Beurteilung der Frage, wann in Arbeitskämpfen Ansprüche auf Arbeitslosengeld ruhen, in Erscheinung (§ 160 Abs. 3 S. 1 Nr. 2 lit. a und b SGB III).

Nach § 393 SGB III übt das Bundesministerium für Arbeit und Soziales die **Rechtsaufsicht** über die Bundesagentur aus. Zu diesem Zweck legt der Vorstand u. a. einen jährlichen Geschäftsbericht vor, der vom Verwaltungsrat genehmigt werden muss. Durch § 393 SGB III werden die §§ 87–90a SGB IV ergänzt, die Details zur Ausübung der staatlichen Aufsicht beinhalten. Eine **Fachaufsicht** findet nur in wenigen Teilbereichen statt, die **an verschiedenen Stellen im SGB III aufgeführt** sind.

Beispiele für Fälle der Fachaufsicht:
§§ 283 Abs. 2, 288 Abs. 2 SGB III

II. Finanzierung der Arbeitslosenversicherung (§§ 340 bis 366a SGB III)

6 Wie die im SGB III aufgeführten Leistungen finanziert werden, ist in den §§ 340 ff. SGB III geregelt. Laut § 340 SGB III gibt es eine Vielzahl unterschiedlicher **Finanzierungswege**:

- **Beiträge** der Versicherungspflichtigen, der Arbeitgeber und Dritter **(§§ 341–351 SGB III),**
- **Umlagen (§§ 354–361 SGB III),**
- **Mittel des Bundes (§§ 363 ff. SGB III)** und
- **sonstige Einnahmen**.

7 Die Ausgaben für die Aufgaben, deren Durchführung die Bundesregierung der Bundesagentur übertragen hat, trägt gem. § 363 Abs. 2 SGB III der Bund – finanziert durch Steuern. Der Bund leistet auch die ggf. notwendigen Liquiditätshilfen (§ 364 SGB III). Die Bundesagentur ist nach § 366 SGB III zur Bildung von Rücklagen verpflichtet.

Die **Beiträge** werden nach einem 2,6 Prozent betragenden Prozentsatz (**Beitragssatz**) der beitragspflichtigen Einnahmen (bis zur Beitragsbemessungsgrenze) erhoben (§ 341 SGB III, § 159 SGB VI). Es gilt dieselbe Bemessungsgrenze wie in der Rentenversicherung (siehe dazu § 47 Rn. 23 ff.).

Das Gesetz unterscheidet zwischen der Beitragstragung und der Beitragszahlung. Getragen, also tatsächlich aufgebracht, werden die Beiträge **vom Arbeitgeber und Arbeitnehmer je zur Hälfte** (§ 346 Abs. 1 S. 1 SGB III). Bei sonstigen Versicherten (z. B. Empfängern von Krankengeld) werden sie gem. § 347 SGB III vom Verpflichteten (z. B. vom Land, vom Bund, vom Leistungsträger, vom privaten Krankenversicherungsunternehmen) getragen. Grundsätzlich sind die **Beiträge von demjenigen zu zahlen, der sie zu tragen hat** (§ 348 SGB III). Für Beschäftigte sind sie aber zunächst vom Arbeitgeber insgesamt zu zahlen (§ 28e Abs. 1 SGB IV).

8 In einer Entscheidung zum AFG erläuterte das BSG anschaulich, wie sich die Beteiligung der Arbeitgeber an der Beitragslast begründen lässt:

> „In der Begründung des Regierungsentwurfs zum AFG wird die neu formulierte Aufgabenstellung dahin umschrieben, dass die Wandlungen in der Wirtschaft, technischer Fortschritt und Automation in erheblich stärkerem Maße

als bisher wirkungsvolle Maßnahmen zur Verhütung der Arbeitslosigkeit erforderten. Der **Arbeitnehmer müsse für den veränderten Ablauf des Arbeitslebens besser gesichert werden. Dies sei vor allem durch eine Stärkung seiner beruflichen Mobilität zu erreichen**. Daher seien insbesondere Umschulung, beruflicher Aufstieg und Leistungsförderung sowie Maßnahmen zur Verhütung von Arbeitslosigkeit von besonderer Bedeutung (...). Dieser gewandelten Auffassung der Arbeitsmarkt- und Beschäftigungspolitik folgend ist das AFG gekennzeichnet durch eine Wendung von bloßer Absicherung bei Arbeitslosigkeit zu rechtzeitigen vorbeugenden Maßnahmen gegen Schwierigkeiten am Arbeitsmarkt, von Ausgleichs- und Vermittlungsbemühungen im Einzelfall zu einer umfassenden vorausschauenden Politik der Berufs- und Arbeitsplatzwahl. An die Stelle des reinen Versicherungsdenkens trat ferner die Absicht, die Rücklagen der BA auch zu einem produktiven Einsatz der Mittel zur Schaffung und Umstrukturierung von Arbeitsplätzen zu nutzen. (...) **Entsprechend seiner umfassenden und vor allem auf dem Gedanken der Generalprävention aufgebauten Zielsetzung ging der Regierungsentwurf (...) davon aus, dass zur Beitragszahlung alle Personen verpflichtet sein müssten, die an der Gesundhaltung des Arbeitsmarktes ein unmittelbares Interesse hätten.**"[79]

Bei Personen, die gem. § 28a SGB III **ein Versicherungsverhältnis auf Antrag begründen** (siehe dazu § 56 Rn. 42ff.), fallen **Beitragszahlung und -tragung** konsequenterweise in deren alleinigen Verantwortungsbereich (§ 349a SGB III). In § 345b SGB III ist bestimmt, von welchem Betrag die Beiträge erhoben werden. Der Gesetzgeber arbeitet hier mit einer **Fiktion**: Danach **gilt als beitragspflichtige Einnahme** ein bestimmter Prozentsatz der monatlichen Bezugsgröße. Bei Selbstständigen (dazu § 56 Rn. 42ff.), die mehr als kurzzeitig tätig sind, und bestimmten Auslandsbeschäftigten gilt ein Arbeitsentgelt in Höhe der monatlichen Bezugsgröße als beitragspflichtige Einnahme. Bei Personen in Elternzeit und Personen, die sich beruflich weiterbilden, beträgt der Prozentsatz 50 % der monatlichen Bezugsgröße. Unter Bezugsgröße ist ein allgemeiner Richtwert zu verstehen, der sich gem. § 18 Abs. 1 SGB IV anhand des Durchschnittsentgelts in der gesetzlichen Rentenversicherung ermittelt. 9

Die **Aufwendungen für das Insolvenzgeld** erstatten die Unfallversicherungsträger der Bundesagentur für Arbeit (§ 358 SGB III). Die Unfallversicherungsträger erheben wiederum die Mittel für die Erstattung der Aufwendungen für das Insolvenzgeld durch eine **Umlage** bei ihren Mitgliedern (Unternehmern). Auch das **Wintergeld** wird durch eine Umlage finanziert – beteiligt sind allerdings nur die Arbeitgeber des Baugewerbes, § 354 SGB III. 10

Die Bundesagentur ist dazu verpflichtet, jedes Jahr einen **Haushaltsplan** zu erstellen. Darin müssen **alle voraussichtlichen Einnahmen, Ausgaben und Verpflichtungsermächtigungen** des Kalenderjahres aufgeführt werden, § 67 Abs. 1 SGB IV.

§ 56 Der versicherte Personenkreis

I. Überblick

Das **zweite Kapitel** des SGB III widmet sich dem versicherten Personenkreis. Die **gesetzliche Struktur** führt unter der Überschrift „**Versicherungspflicht**" in den §§ 24ff. SGB III zwei Formen von Versicherungspflichten auf, die im Wesentlichen durch die Art ihrer Begründung unterschieden werden. Es handelt sich dabei zunächst um eine Versicherungspflicht i.S.d. § 2 Abs. 1 SGB IV, die durch Erfüllen aller tatbestandlichen Voraussetzungen **kraft Gesetzes** entsteht. Daneben besteht die Möglichkeit, ein **Versicherungsverhältnis auf Antrag nach § 28a SGB III** zu begründen. 1

Das Gesetz knüpft die Versicherungspflicht kraft Gesetzes an die Eigenschaft als **Beschäftigter** (§ 25 SGB III) oder an **sonstige Gründe** (§ 26 SGB III), wobei Erstere den weitaus größeren Teil der Versicherungspflichtigen ausmachen. Daneben besteht in Ausnahmefällen **Versicherungsfreiheit** (§§ 27, 28 SGB III). Die **freiwillige Weiterversicherung** ist schließlich in § 28a SGB III geregelt. 2

79 BSG 18.8.1992 SozR 3-4100 § 168 Nr. 10.

II. Das Versicherungspflichtverhältnis

3 Die **Versicherungspflicht** ist ein zentraler Begriff aller Bereiche des Sozialversicherungsrechts (Kranken-, Renten-, Unfall- und Pflegeversicherung) sowie des gesamten Arbeitsförderungsrechts. Lange wurde im AFG (§ 168 AFG a.F.) der Begriff „Beitragspflicht" verwendet, um die Eigenständigkeit des Arbeitsförderungsrechts gegenüber den „klassischen" Sozialversicherungszweigen zu betonen. Mit der Neustrukturierung des Versicherungsrechts im SGB III fand eine **terminologische Angleichung an die übrigen Sozialversicherungsgebiete** statt. Nunmehr stellt das Versicherungspflichtverhältnis den Oberbegriff aller versicherungsrechtlich relevanten Lebenssachverhalte dar: Es umfasst zum einen die Versicherungspflicht aufgrund einer Beschäftigung nach § 25 SGB III und die Versicherungspflicht aufgrund sonstiger Umstände nach § 26 SGB III. Zum anderen wird der Begriff auch in § 28a SGB III zu Grunde gelegt, nach dem ein Versicherungspflichtverhältnis auf Antrag zustande kommen kann.

4 Von der Versicherungspflicht – ihrem Bestehen oder Nichtbestehen – hängt im Allgemeinen der **Leistungsanspruch** einer Person, aber auch ihre **Beitragspflicht** ab. So haben Arbeitslose z.B. nur dann einen Anspruch auf Arbeitslosengeld nach §§ 117, 123 SGB III, wenn sie in einem Versicherungspflichtverhältnis gestanden haben. Andererseits sind Beiträge nur zu tragen, wenn jemand versicherungspflichtig beschäftigt ist (§ 346 SGB III).

III. Begründung kraft Gesetzes, §§ 25 ff. SGB III

1. Versicherungspflichtige Personen

a) Beschäftigte, § 25 SGB III

5 In den meisten Fällen tritt die **Versicherungspflicht** ein, weil Personen **gegen Arbeitsentgelt oder zu ihrer Berufsausbildung beschäftigt** sind, d.h. in einer versicherungspflichtigen **Beschäftigung** stehen. Die Versicherungspflicht dieser Personen ist in § 25 Abs. 1 S. 1 SGB III geregelt. Die Vorschrift verwendet die Begriffe „beschäftigt" sowie „Beschäftigung". Eine **Legaldefinition des Begriffs der Beschäftigung** findet sich in § 7 Abs. 1 SGB IV (siehe dazu § 14).

6 Erfasst werden Beschäftigungen **gegen Arbeitsentgelt** oder **zur Berufsausbildung**. Den Auszubildenden **in einem Betrieb** sind die Auszubildenden **in einer außerbetrieblichen Einrichtung** gleichgestellt, § 25 Abs. 1 S. 2 Nr. 1 SGB III. Seit 2012 sind zusätzlich auch die Teilnehmerinnen und Teilnehmer dualer Studiengänge den Auszubildenden gleichgestellt, § 25 Abs. 1 S. 2 Nr. 2 SGB III und damit der gegenteiligen Rechtsprechung des BSG, welche die Teilnehmerinnen und Teilnehmer von dualen Studiengängen nicht als Auszubildende qualifizierte, die Grundlage genommen.[80] § 25 Abs. 1 S. 2 SGB III ist durch das Siebte Gesetz zur Änderung des Vierten Buches Sozialgesetzbuch und anderer Gesetze zum 1.7.2020 geändert worden. Nunmehr sieht § 25 Abs. 1 S. 2 SGB III eine erweiterte Gleichstellungsregelung gegenüber dem Ausbildungsverhältnis in folgenden Fällen vor:

- Auszubildende, die im Rahmen eines Berufsausbildungsvertrages nach dem Berufsbildungsgesetz in einer außerbetrieblichen Einrichtung ausgebildet werden (§ 25 Abs. 1 S. 2 Nr. 1 SGB III),
- Teilnehmerinnen und Teilnehmer dualer Studiengänge (§ 25 Abs. 1 S. 2 Nr. 2 SGB III),
- Teilnehmerinnen und Teilnehmer an Ausbildungen mit Abschnitten des schulischen Unterrichts und der praktischen Ausbildung, für die ein Ausbildungsvertrag und Anspruch auf Ausbildungsvergütung besteht (praxisintegrierte Ausbildungen; § 25 Abs. 1 S. 2 Nr. 3 SGB III).

7 Auch Personen, die ihre Ausbildung im Gesundheits-, Erziehungs- und Sozialbereich oftmals als sog. praxisintegrierte Ausbildungen absolvieren, werde damit unabhängig von den Umständen des Einzelfalles in die Versicherungspflicht nach dem SGB III einbezogen. Das dient dazu, diese gesellschaftlich besonders wichtigen Berufe attraktiver zu machen. Auch § 19 Abs. 1 S. 2 Pflegeberufegesetz dient

80 BSG Urteil vom 1.12.2009 – B 12 R 4/08 R, SGb 2010, 77.

diesem Zweck, indem die Norm eine Gleichstellung der Auszubildenden mit den zur Berufsausbildung Beschäftigten im Sinne sozialversicherungsrechtlicher Bestimmungen vorschreibt.

Eine Sonderregelung gilt nach § 25 Abs. 2 SGB III für **Wehr- und Zivildienstleistende, die vor Dienstantritt eine Beschäftigung ausübten**. Mittels **Fiktion** wird erreicht, dass das bisherige Beschäftigungsverhältnis weiterbesteht, sodass auch die Versicherungspflicht aufrecht erhalten bleibt. Für die übrigen Wehr- und Zivildienstleistenden gilt ggf. § 26 Abs. 1 Nr. 2 SGB III. 8

b) Sonstige Versicherungspflichtige, § 26 SGB III

In § 26 SGB III sind **sonstige Personen** aufgeführt, die – ebenso wie Personen in einer versicherungspflichtigen Beschäftigung – **versicherungspflichtig** sind. Ihre Versicherungspflicht besteht jedoch nicht aufgrund eines Beschäftigungsverhältnisses, sondern durch Erfüllen eines der abschließend aufgezählten Tatbestände. Hier bestehen z.T. Unterschiede zu den anderen Versicherungszweigen (z.B. werden Gefangene abgesehen von der Unfallversicherung sonst nicht erfasst). 9

Nach § 26 Abs. 1 SGB III sind versicherungspflichtig 10
- **Jugendliche**, die in Einrichtungen der **beruflichen Rehabilitation**, und Personen, die in Einrichtungen der **Jugendhilfe** auf die Teilhabe am Arbeitsleben vorbereitet werden (§ 26 Abs. 1 Nr. 1 SGB III),
- **Wehr- und Zivildienstleistende** unter bestimmten Voraussetzungen, wenn sie **nicht als Beschäftigte versicherungspflichtig** sind (§ 26 Abs. 1 Nr. 2 SGB III),
- **Gefangene** (§ 26 Abs. 1 Nr. 4 SGB III) sowie
- **Postulanten** und **Novizen** (§ 26 Abs. 1 Nr. 5 SGB III).

§ 26 Abs. 2 SGB III unterwirft Personen, die folgende Lohnersatzleistungen beziehen, der Versicherungspflicht: 11
- Mutterschaftsgeld, Krankengeld, Versorgungskrankengeld, Verletztengeld oder Übergangsgeld,
- Krankentagegeld,
- Leistungen für den Ausfall von Arbeitseinkünften für Organ-, Gewebe- oder Blutspenderinnen und -spender,
- Pflegeunterstützungsgeld und
- Rente wegen voller Erwerbsminderung.

Erforderlich ist dabei jeweils, dass bis **unmittelbar vor Beginn** des Leistungsbezugs eine **Versicherungspflicht** bestand oder ein Anspruch auf eine laufende Entgeltersatzleistung nach dem SGB III. Außerdem besteht Versicherungspflicht nur, wenn der Betreffende die **Leistung tatsächlich erhält**. 12

Seit 2003 besteht die **Versicherungspflicht während der Kindererziehung** nach § 26 Abs. 2a SGB III, sofern die betroffenen Personen unmittelbar vor dieser Zeit versicherungspflichtig waren oder Anspruch auf eine laufende Entgeltersatzleistung nach dem SGB III hatten. Diese Änderung sowie die Berücksichtigung von Mutterschaftsgeld und Erwerbsminderungsrente als ein die Versicherungspflicht auslösendes Moment sorgen dafür, dass diese Zeiten unmittelbar zur Begründung eines Anspruchs auf Arbeitslosengeld und anderer beitragsabhängiger Leistungen der Arbeitsförderung berücksichtigt werden. 13

§ 26 Abs. 2b SGB III stellt sicher, dass Pflegepersonen für die Dauer der Pflege eines nahen Angehörigen in der Arbeitslosenversicherung weiterversichert sind. Sie sind versicherungspflichtig, wenn sie einen oder mehrere Pflegebedürftige mit mindestens Pflegegrad 2 i.S.d. SGB XI, der Leistungen aus der Pflegeversicherung, nach dem SGB XII oder gleichartige Leistungen bezieht, nicht erwerbsmäßig, mindestens zehn Stunden wöchentlich, verteilt auf mindestens zwei Tage die Woche in seiner häuslichen Umgebung pflegen. Zudem müssen die Pflegepersonen unmittelbar vor Beginn der Pflegetätigkeit versicherungspflichtig gewesen sein oder Anspruch auf eine Entgeltersatzleistung gehabt haben. 14

§ 26 Abs. 3 SGB III regelt **Konkurrenzverhältnisse** zwischen einzelnen Versicherungspflichttatbeständen. 15

c) Leistungsrechtliche Bindung der Bundesagentur

16 Probleme können dadurch auftreten, dass **unterschiedliche Stellen** für die Beurteilung der Versicherungspflicht **zuständig** sind:

- Im **Leistungsfall** trifft die **Agentur für Arbeit** eine Entscheidung darüber, ob der Antragsteller in einem Versicherungspflichtverhältnis gestanden hat und ihm deshalb Leistungsansprüche zustehen.
- Geht es jedoch um die **Erhebung der Beiträge**, entscheidet die **Einzugsstelle**, d.h. die Krankenkasse, welche die Sozialversicherungsbeiträge einzieht, über das Vorliegen eines Versicherungspflichtverhältnisses (siehe dazu § 14 Rn. 107).
- Schließlich kann auch der **Rentenversicherungsträger** im Rahmen einer **Überprüfung**, ob der Arbeitgeber seine Pflichten in Zusammenhang mit dem Gesamtsozialversicherungsbeitrag ordnungsgemäß erfüllt (§ 28p Abs. 1 S. 5 SGB IV), oder ob bei einem Auftragsverhältnis eine Beschäftigung oder eine selbständige Tätigkeit vorliegt im Rahmen des **Anfrageverfahrens** gem. § 7a SGB IV eine diesbezügliche Feststellung treffen.

17 Zu Folgeproblemen kommt es aufgrund der Rspr. des BSG, das in leistungsrechtlicher Hinsicht eine Bindungswirkung der Entscheidung der Einzugsstelle ablehnt. Die **Agenturen für Arbeit** entscheiden daher im Leistungsverfahren selbständig und **unabhängig von den vorangegangenen Beurteilungen der Einzugsstelle**. Insoweit sind sie **leistungsrechtlich nicht gebunden**. Selbst wenn die Einzugsstelle die Beiträge durch Bescheid angefordert hat und der Bundesagentur für Arbeit die Bescheide rechtzeitig bekannt gegeben worden sind, findet eine Bindung der Bundesagentur für Arbeit an diese (unrichtigen) Bescheide nicht statt.[81]

18 Wenn es an einem **Versicherungspflichtverhältnis** in der Arbeitslosenversicherung **mangelt**, begründet auch weder die fehlerhafte Zahlung von Beiträgen noch die widerspruchslose Entgegennahme der Beiträge durch die Einzugsstellen einen Anspruch auf Arbeitslosengeld, Arbeitslosenhilfe, Unterhaltsgeld usw.

> „Die fehlende beitragspflichtige Beschäftigungszeit in der Rahmenfrist wird (...) nicht dadurch ersetzt, dass Beiträge gezahlt worden sind, die Beitragszahlung von der Einzugsstelle unbeanstandet geblieben ist oder im Einzugsverfahren die Beitragspflicht förmlich durch Verwaltungsakt von der Einzugsstelle festgestellt worden ist."[82]

19 Nach dieser Rechtsprechung ließ sich die **Bindung** der Bundesagentur für Arbeit auch **nicht auf Vertrauensschutzgesichtspunkte** stützen.

> „Ersetzt die Beitragsentrichtung die beitragspflichtige abhängige Beschäftigung nicht, kann auch ein Vertrauen des Betroffenen, aufgrund der Beitragsentrichtung bzw. der widerspruchslosen Entgegennahme der Beiträge durch die Einzugsstelle für den Fall der Arbeitslosigkeit versichert zu sein, nicht geschützt sein."[83]

20 Um hieraus resultierende Rechtsunsicherheiten zu vermeiden, sah § 336 SGB III a.F. bis 2022 eine leistungsrechtliche Bindungswirkung der Bundesagentur für Arbeit vor, wenn die Bundesversicherungsanstalt für Angestellte im Verfahren nach § 7a Abs. 1 SGB IV die Versicherungspflicht nach dem SGB III durch Verwaltungsakt festgestellt hatte (zum Statusverfahren siehe dazu § 14 Rn. 106ff.).[84] Durch das Gesetz zur Umsetzung der Richtlinie (EU) 2019/882 des Europäischen Parlaments und des Rates über die Barrierefreiheitsanforderungen für Produkte und Dienstleistungen und zur Änderung anderer Gesetze vom 16.7.2021[85] wurde das Statusfeststellungsverfahren nach § 7a SGB IV auf die

---

81 BSG 6.2.1992 SozR 3-4100 § 104 Nr. 8.
82 BSG 6.2.1992 SozR 3-4100 § 104 Nr. 8.
83 BSG 6.2.1992 SozR 3-4100 § 104 Nr. 8.
84 Vgl. auch Schlegel/Geiger, NJW 2020, 16.
85 BGBl. I S. 2970.

Feststellung des Vorliegens einer abhängigen Beschäftigung begrenzt. Eine Entscheidung über die Versicherungspflicht erfolgt nun nicht mehr. Damit entfällt die leistungsrechtliche Bindungswirkung für Entscheidungen, die nach dem 31.3.2022 getroffen werden. Eine Entscheidung über die Versicherungspflicht in der Arbeitslosenversicherung aufgrund einer Beschäftigung hat die Bundesagentur im Leistungsfall nun selbst zu treffen.

2. Versicherungsfreie Personen

a) Allgemeines

In den §§ 27, 28 SGB III ist geregelt, welche Personen **nicht der Versicherungspflicht** unterliegen. Im Bereich der Arbeitslosenversicherung gibt es nur die kraft Gesetzes bestehende **Versicherungsfreiheit**. Nicht möglich ist eine Befreiung von der Versicherungspflicht auf Antrag. Versicherungsfreiheit besteht etwa für Personen in einer geringfügigen oder in einer unständigen Beschäftigung. Außerdem sind Schüler und Studierende, die nebenher beschäftigt sind, nicht der Versicherungspflicht unterworfen. Größtenteils decken sich die Fallgruppen der §§ 27, 28 SGB III mit den Befreiungstatbeständen der gesetzlichen Krankenversicherung (siehe dazu § 20 Rn. 50 ff.). Daneben besteht Versicherungsfreiheit jedoch auch für Personen, die des Schutzes durch die Arbeitslosenversicherung nicht bedürfen, weil sie bereits ausreichend abgesichert sind (z. B. Vorstandsmitglieder einer Aktiengesellschaft), oder deren Heranziehung zur Beitragszahlung nicht gerechtfertigt wäre (Personen mit vollendetem 65. Lebensjahr, da sie keinen Anspruch auf Entgeltersatzleistungen haben). 21

b) Versicherungsfreie Beschäftigte, § 27 SGB III

Nicht jede Person, die in einem Beschäftigungsverhältnis steht, ist auch versicherungspflichtig. **§ 27 SGB III** führt enumerativ eine Reihe von Personengruppen auf, die zwar in einem Beschäftigungsverhältnis stehen, gleichwohl aber **nicht versicherungspflichtig** sind. 22

Hierzu gehören nach § 27 Abs. 1 SGB III: 23

- Beamtinnen und Beamte, Richterinnen und Richter, Soldatinnen und Soldaten auf Zeit sowie Berufssoldatinnen und -soldaten, Beschäftigte im öffentlichen Dienst,
- Geistliche der anerkannten Religionsgesellschaften und
- Lehrerinnen und Lehrer an privaten genehmigten Ersatzschulen, wenn sie hauptamtlich beschäftigt sind und nach beamtenrechtlichen Vorschriften oder Grundsätzen bei Krankheit Anspruch auf Fortzahlung der Bezüge und auf Beihilfe oder Heilfürsorge haben.

Des Weiteren sind nicht versicherungspflichtig: 24

- Satzungsmäßige Mitglieder von geistlichen Genossenschaften usw.,
- Mitglieder des Vorstandes einer Aktiengesellschaft für das Unternehmen, dessen Vorstand sie angehören,
- Personen in einer unständigen Beschäftigung, die sie berufsmäßig ausüben (dabei ist eine Beschäftigung nach der Legaldefinition in § 27 Abs. 3 Nr. 1 SGB III unständig, wenn sie auf weniger als eine Woche beschränkt zu sein pflegt oder im Voraus durch Arbeitsvertrag beschränkt ist),
- Heimarbeiterinnen und Heimarbeiter, wenn der überwiegende Teil des Verdienstes aus einer Tätigkeit als Zwischenmeisterin oder Zwischenmeister bezogen wird,
- Ausländische Arbeiterinnen und Arbeiter, die unter den in § 27 Abs. 3 Nr. 3 lit. a) – c) SGB III genannten Voraussetzungen eine berufliche Aus- oder Fortbildung machen,
- Ehrenamtliche Bürgermeisterinnen und Bürgermeister sowie Beigeordnete[86] und
- Personen in einer öffentlich geförderten Beschäftigung nach § 16e und § 16i SGB II, § 27 Abs. 3 Nr. 5 SGB III (Vermeidung des sog. „Drehtüreffekts"). Das betrifft Langzeitarbeitslose, deren Beschäftigung gefördert wird.

86 Zur Abgrenzung BSG 16.8.2017 – B 12 KR 14/16 R, NZS 2018, 572.

25 Nach § 27 Abs. 5 SGB III sind auch Personen **versicherungsfrei**, die **während** einer Zeit, in der sie **Anspruch auf Arbeitslosengeld** haben, eine **Beschäftigung** ausüben. Dabei kann es sich wegen § 138 Abs. 3 SGB III nur um **Beschäftigungen von weniger als 15 Stunden wöchentlich** handeln, da andernfalls ein Anspruch auf Arbeitslosengeld entfallen würde. Die Versicherungsfreiheit besteht auch während des Bezugs von Arbeitslosengeld bei beruflicher Weiterbildung (§ 136 Abs. 1 Nr. 2 SGB III).[87] Durch § 27 Abs. 5 SGB III wird vermieden, dass derartige Beschäftigungen während eines Leistungsanspruchs gleichzeitig wieder zur Begründung eines neuen Anspruchs führen können.

c) Sonderfall „Geringfügig Beschäftigte"

26 Nach § 27 Abs. 2 S. 1 SGB III sind Personen in einer **geringfügigen Beschäftigung versicherungsfrei**. Wann eine geringfügige Beschäftigung vorliegt, ergibt sich aus **§§ 8, 8a SGB IV** (siehe dazu § 14 Rn. 124ff.). Es gilt die allgemein im Sozialversicherungsrecht geltende **Geringfügigkeitsgrenze**, die sich seit dem 1.1.2024 an dem Überschreiten einer **Entgelthöhe** von 538 Euro bzw. einer bestimmten Jahresarbeitsdauer orientiert.

27 Eine **Ausnahme** von § 8 Abs. 2 S. 1 SGB IV, der das Zusammenrechnen von nicht geringfügigen Beschäftigungen mit geringfügigen Beschäftigungen vorsieht (wobei eine geringfügige Beschäftigung anrechnungsfrei bleibt), macht § 27 Abs. 2 S. 1 2. Hs. SGB III. Danach findet **keine Zusammenrechnung** der verschiedenen Beschäftigungen statt, wenn geringfügige und nicht geringfügige Beschäftigungen zusammentreffen.

Beispiel:
A arbeitet beim Arbeitgeber B gegen ein monatliches Arbeitsentgelt von 830 Euro und beim Arbeitgeber C gegen ein monatliches Arbeitsentgelt von 300 Euro. A unterliegt in der Beschäftigung beim Arbeitgeber B der Versicherungspflicht zur Arbeitslosenversicherung. Die Beschäftigung beim Arbeitgeber C bleibt versicherungsfrei, weil das Entgelt unter 450 Euro liegt. Hier findet bereits nach § 8 Abs. 2 S. 1 SGB IV keine Zusammenrechnung der beiden Beschäftigungen statt.

Abwandlung:
A übt noch eine dritte Beschäftigung beim Arbeitgeber D aus. Hier verdient er 250 Euro, so dass auch hier die 450 Euro-Grenze nicht überschritten wird. Eine Zusammenrechnung mit der Beschäftigung bei B ist entgegen § 8 Abs. 2 S. 1 SGB IV nicht vorzunehmen, da mehrere geringfügige und nicht geringfügige Beschäftigungen nach § 27 Abs. 2 S. 1 2. Hs. SGB III generell nicht zusammengerechnet werden.

28 Obwohl Personen in einer **geringfügigen Beschäftigung** nach § 8 SGB IV stehen, können sie **trotzdem versicherungspflichtig** sein. Hier trifft die generalisierende Vermutung einer anderweitigen Sicherstellung der Lebensgrundlage nicht zu. Dies ist anzunehmen, wenn die Personen
- im Rahmen betrieblicher **Berufsbildung** oder nach den Gesetzen zur Förderung eines freiwilligen **sozialen oder ökologischen Jahres**,
- aufgrund von Arbeitsausfall im Zusammenhang mit **Kurzarbeit** oder **Qualifizierungsgeld**,
- wegen **stufenweiser Wiedereingliederung** in das **Erwerbsleben** oder
- wegen Arbeitsunfähigkeit i.S.d. § 146 Abs. 1 SGB III

nur eine geringfügige Beschäftigung ausüben.

87 LSG Berlin-Brandenburg 21.8.2019 – L 18 AL 140/17, BeckRS 2019, 21484.

d) Sonderfall „Schüler und Studierende“

Üben **Schüler und Studierende neben Ausbildung oder Studium** eine **Beschäftigung** aus, besteht – anders als in der Rentenversicherung, aber ebenso wie in Kranken- und Pflegeversicherung – **keine Versicherungspflicht** in der Arbeitslosenversicherung, § 27 Abs. 4 S. 1 SGB III. Auf diese Regelung ist auch die umfangreiche Rechtsprechung zu § 6 Abs. 1 Nr. 3 SGB V übertragbar, die die Versicherungsfreiheit von Studierenden in der Krankenversicherung betrifft (siehe dazu § 20 Rn. 56ff.).[88] Es handelt sich um Sonderregeln für Fälle, in denen Studium und Beschäftigung zusammentreffen. Die Versicherungsfreiheit besteht für die Zeit einer Ausbildung an einer allgemeinbildenden Schule oder eines Studiums als ordentliche Studierende einer Hochschule oder einer der fachlichen Ausbildung dienenden Schule. Nicht erfasst wird der Besuch einer schulischen Einrichtung, die der Fortbildung außerhalb der üblichen Arbeitszeit dient (zur Bedeutung für die Verfügbarkeit von Schülern und Studenten siehe dazu § 57 Rn. 57ff.). 29

Die Voraussetzungen sind mit denen im Krankenversicherungsrecht vergleichbar, nicht jedoch die Gründe für die Versicherungsfreiheit. Dort ist dieser Personenkreis bereits anderweitig abgesichert (siehe dazu § 20 Rn. 50ff.), so dass durch die Versicherungsfreiheit lediglich eine Doppelversicherung vermieden wird. Nach dem SGB III besteht jedoch keine anderweitige Absicherung von Schülern und Studierenden. Hier erklärt sich die Versicherungsfreiheit dadurch, dass ihnen in der Regel **mangels Verfügbarkeit** (sie können und sollen normalerweise nicht mehr als 15 Stunden beschäftigt sein) grundsätzlich **keine Ansprüche auf Entgeltersatzleistungen zustehen** (vgl. § 139 Abs. 2 SGB III). Daher sollen sie grundsätzlich nicht zur Aufbringung der Beiträge herangezogen werden. Die Versicherungsfreiheit für Schüler und Studierende besteht allerdings nicht uneingeschränkt. § 139 Abs. 2 SGB III stellt daher auch **nur eine Vermutung** auf, **dass Schüler und Studierende nur versicherungsfreie Beschäftigungen** ausüben können. Die Vermutung kann durch Schüler und Studierende **widerlegt** werden, wenn sie darlegen und nachweisen, dass der Ausbildungsgang die Ausübung einer versicherungspflichtigen Beschäftigung zulässt (siehe dazu § 57 Rn. 57ff.). 30

Im Wesentlichen ist für die Frage der Versicherungsfreiheit darauf abzustellen, ob sich aus den gesamten tatsächlichen **Verhältnissen das Erscheinungsbild eines Studierenden oder das eines abhängig Beschäftigten** ergibt.[89] Die Versicherungsfreiheit von Studierenden (sog. **Werkstudentenprivileg**) greift ein, wenn der Beschäftigung neben dem Studium keine prägende Bedeutung zukommt. 31

> „Die Beschäftigung ist demgemäß versicherungsfrei, wenn und solange sie ‚neben‘ dem Studium, d.h. ihm nach Zweck und Dauer untergeordnet, ausgeübt wird, das Studium also die Hauptsache, die Beschäftigung die Nebensache ist. Umgekehrt wird derjenige, der seinem ‚Erscheinungsbild‘ nach zum Kreis der Beschäftigten gehört, durch ein gleichzeitiges Studium nicht versicherungsfrei; Versicherungsfreiheit besteht vielmehr nur für solche Personen, deren Zeit und Arbeitskraft überwiegend durch ihr Studium beansprucht wird.“[90] 32

Als Kriterien zur Abgrenzung werden vor allem die Stundenzahl der Beschäftigung und das „Vorleben“ des Studenten berücksichtigt.

Die Rechtsprechung hat eine zeitliche Grenze eingeführt: Prinzipiell sind Studenten versicherungsfrei, wenn sie **bis zu 20 Stunden** in der Woche arbeiten.[91] Während der **Semesterferien** ist **eine zeitlich unbegrenzte Beschäftigung** bei Fortdauer der Versicherungsfreiheit möglich. Reicht diese in geringem Umfang über das Ende der Semesterferien hinaus (etwa zwei Wochen), bleibt die Versicherungsfreiheit ausnahmsweise bestehen.[92] Der Status als Teilzeitstudierender schließt die Inanspruchnahme des Werkstudentenprivilegs aus, wenn nach der Studienordnung Teilzeitstudierender 33

---

88 BT-Drs. 11/3606 S. 12.

89 BSG 19.2.1987 SozR 2200 § 172 Nr. 19.

90 BSG 22.2.1980 SozR 2200 § 172 Nr. 14.

91 BSG 22.2.1980 SozR 2200 § 172 Nr. 14.

92 BSG 19.2.1987 SozR 2200 § 172 Nr. 19.

ist, wer wegen einer gleichzeitig ausgeübten beruflichen Tätigkeit oder einer gleichartigen zeitlichen Belastung nicht mehr als die Hälfte des für das Vollzeitstudium vorgesehenen Studienumfangs erbringen kann.[93]

34 Das Werkstudentenprivileg ist auch dann anzuwenden, wenn Studierende zu Zwecken ihres Studiums eine bisher ausgeübte Beschäftigung verringern und ihrem Erscheinungsbild nach Studierende werden. Studienbegleitende Praktika sind idR ebenfalls versicherungsfrei.[94] Etwas anderes gilt aber dann, wenn die Tätigkeit fast unvermindert fortgesetzt wird oder das Studium nur in geringem Umfang betrieben wird.[95]

e) Sonstige versicherungsfreie Personen (§ 28 SGB III)

35 Neben den in § 27 SGB III aufgeführten **versicherungsfreien Beschäftigten** unterliegen nach § 28 SGB III folgende Personen nicht der Versicherungspflicht:

- Personen, die das **Lebensjahr für den Anspruch auf Regelaltersrente** nach dem SGB VI vollendet haben, mit Ablauf des Monats, in dem sie dieses Lebensjahr vollenden (allerdings ist nach § 346 Abs. 3 SGB III weiterhin der Arbeitgeberanteil geschuldet)
- Personen, denen ein Anspruch auf **Rente wegen voller Erwerbsminderung** zuerkannt ist und
- Personen, die wegen einer Minderung ihrer Leistungsfähigkeit **dauernd nicht mehr verfügbar** sind.

Die Versicherungsfreiheit ergibt sich aus dem Umstand, dass diese Personen keine Ansprüche auf Entgeltersatzleistungen mehr haben. Darum sollen sie auch nicht durch Beiträge belastet werden.

3. Beginn und Ende der Versicherungspflicht

36 **Beginn und Ende der Versicherungspflicht** hängen ausschließlich vom Vorliegen der gesetzlichen Voraussetzungen ab. Handlungen des Arbeitnehmers wie Meldungen oder Beitragsentrichtungen haben insofern keinerlei Einfluss. § 24 Abs. 2 SGB III befasst sich mit dem Beginn, § 24 Abs. 3 SGB III mit dem Fortbestand in Sonderfällen und § 24 Abs. 4 SGB III mit dem Ende der Versicherungspflicht.

37 Anfangs- und Endzeitpunkt knüpfen an „den Tag“ an. Daraus folgt, dass die **Versicherungspflicht sich stets über den ganzen Tag erstreckt**, unabhängig davon, wann genau das verlangte Ereignis eingetreten ist. Für die gesetzliche Krankenversicherung gilt dies über § 186 Abs. 1 SGB V entsprechend.

Für Beschäftigte ist bei einem Beschäftigungsverhältnis nach § 24 Abs. 2 SGB III für den **Beginn** der Tag maßgeblich, an dem der Betreffende **in das Beschäftigungsverhältnis eintritt**. Mit „Eintritt in das Beschäftigungsverhältnis“ ist stets der **tatsächliche** Eintritt gemeint. Er muss jedoch nicht immer mit der tatsächlichen Aufnahme der Arbeit zusammenfallen, sondern setzt nur die Leistungsbereitschaft des Arbeitnehmers und die Weisungsbefugnis des Arbeitgebers voraus.

Beispiel:
Ein Versicherungspflichtverhältnis kann auch an einem arbeitsfreien Tag (z. B. einem Sonntag) beginnen, wenn an diesem Tag trotz fehlender Arbeitsleistung Leistungsbereitschaft und Direktionsbefugnis vorlagen.

---

38 Nach § 24 Abs. 2 SGB III kann es für den Beginn auch auf den Tag ankommen, der auf das **Erlöschen der Versicherungsfreiheit** folgt. Dies setzt eine ursprünglich bestehende Versicherungsfreiheit voraus.

93 LSG Berlin-Brandenburg 20.4.2018 – L 1 KR 318/16.
94 BeckOGK/Schneil § 27 SGB III Rn. 27; SozR 4-2500 § 6 Nr. 3; SozR 4-2500 § 6 Nr. 4.
95 LSG BW 12.7.2006 – L 2 KR 16/05.

Beispiel:
Arbeitnehmer A war bis zum 8.12.2023 eine Rente wegen verminderter Erwerbsfähigkeit zuerkannt. Bis dahin bestand für ihn gem. § 28 Abs. 1 Nr. 3 SGB III Versicherungsfreiheit. Am 9.12.2023 um 0.00 Uhr, also am Tag nach dem Erlöschen der Versicherungsfreiheit, wird er versicherungspflichtig in der Arbeitslosenversicherung.

Handelt es sich um eine **Versicherungspflicht aus sonstigen Gründen** (§ 26 SGB III), ist für den 39
Beginn der Tag ausschlaggebend, an dem die jeweils erforderlichen Voraussetzungen zum ersten Mal erfüllt sind (§ 24 Abs. 2 Var. 3 SGB III).

Beispiel:
K ist versicherungspflichtig beschäftigt. Ab dem 9.3.2023 erhält er Krankengeld. Er unterfällt damit der Versicherungspflicht nach § 26 Abs. 2 Nr. 1 SGB III, und zwar ab dem 9.3.2023, da dies der Tag ist, an dem erstmals alle Tatbestandsvoraussetzungen erfüllt sind.

§ 24 Abs. 3 SGB III behandelt Fälle, in denen bei Versicherungspflicht als Beschäftigter ein **Arbeits-** 40
ausfall eintritt. Das **Bestehen des Versicherungspflichtverhältnisses** wird in diesen Fällen **nicht unterbrochen**, wenn ein Arbeitsausfall mit Entgeltausfall nach den Vorschriften über das Kurzarbeitergeld oder über das Qualifizierungsgeld Ursache war. § 24 Abs. 3 SGB III stellt eine Ergänzung zu dem für alle Sozialversicherungszweige geltenden § 7 Abs. 3 SGB IV dar, der den Fortbestand der Beschäftigung in Zeiträumen ohne Anspruch auf Arbeitsentgelt regelt. Dies sind etwa Fälle von Streiks oder Sonderurlaub ohne Entgeltfortzahlung. Das Versicherungspflichtverhältnis wird in diesen Fällen für längstens einen Monat erhalten (siehe dazu § 14 Rn. 55f.).

Sofern das **Versicherungspflichtverhältnis** auf einem Beschäftigungsverhältnis beruht, **endet** 41
es mit dem Tag des **Ausscheidens aus diesem Verhältnis** oder mit dem Tag vor Eintritt der Versicherungsfreiheit. Beruht das Versicherungspflichtverhältnis auf einem sonstigen in § 26 SGB III aufgeführten Umstand, endet es gem. § 24 Abs. 4 SGB III mit dem Tag, an dem die **Voraussetzungen für die Versicherungspflicht** letztmals erfüllt waren.

Das Ausscheiden aus dem Beschäftigungsverhältnis fällt im Normalfall mit dem Ende des Arbeitsverhältnisses zusammen. Es sind jedoch auch Fälle denkbar, in denen die Beendigung des Arbeitsverhältnisses und des Beschäftigungsverhältnisses auseinanderfallen. Fälle, in denen das Beschäftigungsverhältnis schon vor dem formalen Ende des Arbeitsverhältnisses endet (faktische Beschäftigungslosigkeit) sind ebenso denkbar, wie die umgekehrte Konstellation. Bei faktischer Beschäftigungslosigkeit muss der Wille zur (wenn auch künftigen) Fortsetzung des Beschäftigungsverhältnisses bestehen. Besteht ein solcher Fortsetzungswille nicht, endet auch bei Fortbestand des Arbeitsverhältnisses das eine Anwartschaftszeit begründende Versicherungspflichtverhältnis mit dem tatsächlichen Ende der Beschäftigung, also dann, wenn Arbeitsleistung und Arbeitsentgelt tatsächlich nicht mehr erbracht werden und der Arbeitgeber auf seine Verfügungsbefugnis verzichtet oder seine (arbeitsrechtliche) faktische Verfügungsmöglichkeit nicht wahrnimmt.[96]

IV. Begründung kraft Antrags, § 28a SGB III

1. Begründung und Inhalt

Eine mit dem dritten „Hartz-Gesetz" eingeführte Neuheit, die am 1.2.2006 in Kraft getreten ist, ist das 42
Versicherungspflichtverhältnis auf Antrag § 28a SGB III (früher als freiwillige Weiterversicherung bezeichnet). Die Regelung ermöglicht eine **Aufrechterhaltung des Versicherungsschutzes** für besondere Personenkreise. Es handelt sich dabei um die **Fortsetzung eines Versicherungspflicht-**

96 BSG 4.7.3012, NJOZ 2013, 752.

verhältnisses, die auf den **Antrag** des Berechtigten hin stattfindet. Stark am Versicherungsprinzip orientiert, besteht der **Versicherungsschutz nur bei tatsächlicher Beitragsentrichtung**. Die versicherte Person trägt ihre pauschalierten Beiträge allein (§ 349a S. 1 SGB III). Vorschriften zu den beitragspflichtigen Einnahmen finden sich in § 345b SGB III. Zu beachten ist, dass für Selbständige früher als beitragspflichtige Einnahmen lediglich 25 Prozent der monatlichen Bezugsgröße galten. Diese Regelung wurde 2011 dahingehend geändert, dass nunmehr 100 Prozent zu der Bezugsgröße als beitragspflichtige Einnahme gelten und lediglich eine Absenkung auf 50 Prozent im ersten Jahr der Tätigkeit vorgesehen ist (§ 345b S. 2 SGB III).

43 Das Konstrukt einer Versicherungspflicht auf Antrag findet sich nach § 4 SGB VI auch in der **Rentenversicherung**. Dort muss die Versicherungspflicht auf Antrag strikt von der freiwilligen Versicherung nach § 7 SGB VI unterschieden werden, denn der Inhalt der Versicherungsverhältnisse ist trotz der gleichermaßen freiwilligen Begründung sehr verschieden (siehe dazu § 48 Rn. 52ff.). Obwohl es im Bereich der Arbeitslosenversicherung keine Möglichkeit der freiwilligen Versicherung gibt, ist auch hier die begriffliche Unterscheidung zu beachten.

44 § 28a SGB III wurde in den letzten Jahren vielfach angepasst. Mit dem Beschäftigungschancengesetz von 2010 wurde in § 28a Abs. 5 Nr. 5 SGB III die Möglichkeit einer Kündigung des Versicherungspflichtverhältnisses nach Ablauf von fünf Jahren eingeführt. Zudem wurde in § 28a Abs. 4 SGB III eine Ruhensregelung und in § 28a Abs. 1 S. 2 SGB III eine Unbeachtlichkeitsregelung hinsichtlich des gelegentlichen Unterschreitens des wöchentlichen Tätigkeits- bzw. Beschäftigungsumfangs von geringer Dauer eingeführt. 2016 ist die Antragsberechtigung für Pflegepersonen weggefallen, weil diese nun als sonstige Versicherungspflichtige i. S. d. § 26 SGB III aufgegriffen wurden. Dafür wurde eine Antragsberechtigung für Personen in Elternzeit und Personen in beruflicher Weiterbildung geschaffen.

45 Die Option der freiwilligen Weiterversicherung steht nach § 28a Abs. 1 S. 1 SGB III nur dem folgenden **Personenkreis** offen:

- **Selbständige** (Nr. 2),
- bestimmten **Auslandsbeschäftigten** (Nr. 3),
- Personen in Elternzeit (Nr. 4) und
- Personen, die sich beruflich weiterbilden, wenn dadurch ein beruflicher Aufstieg ermöglicht, ein beruflicher Abschluss vermittelt oder zu einer anderen beruflichen Tätigkeit befähigt wird; ausgeschlossen sind Weiterbildungen i. S. d. § 180 Abs. 3 S. 1 Nr. 1 SGB III, es sei denn, die berufliche Weiterbildung findet in einem berufsqualifizierenden Studiengang an einer Hochschule oder einer ähnlichen Bildungsstätte unter Anrechnung beruflicher Qualifikationen statt (Nr. 5).

46 Die selbständige Tätigkeit, deren Aufnahme zum Antrag auf die Begründung eines Versicherungspflichtverhältnisses berechtigt, muss mindestens 15 Stunden wöchentlich ausgeübt werden. Unschädlich dabei ist ein gelegentliches Unterschreiten von geringer Dauer (§ 28a Abs. 1 S. 2 SGB III). Hier wird dem Umstand Rechnung getragen, dass insbesondere Existenzgründer schwankende Beschäftigungszeiten haben können.[97] Die Versicherungspflicht auf Antrag ist allerdings ausgeschlossen, wenn ein Versicherungspflichtverhältnis nach Nr. 2 bereits bestand, die selbständige Tätigkeit währenddessen zweimal unterbrochen wurde und in dieser Zeit Arbeitslosengeld bezogen wurde (§ 28a Abs. 2 S. 2 SGB III).

47 Auslandsbeschäftigte mit einem Umfang von mindestens 15 Stunden wöchentlich werden von der Norm erfasst, wenn sie eine Beschäftigung in einem Staat außerhalb der Europäischen Union oder des Europäischen Wirtschaftsraums oder der Schweiz ausüben. Dort gilt nämlich die VO 1408/71/EWG nicht, die den Versicherungsschutz auf Arbeitnehmer erstreckt, die innerhalb der Gemeinschaften zu- und abwandern. Auch für Auslandsbeschäftigte gilt die Regelung des § 28a Abs. 1 S. 2 SGB III, wonach gelegentliche Abweichungen von der genannten wöchentlichen Mindeststundenzahl unberücksichtigt bleiben.

97 Vgl. BT-Drs. 17/1945 S. 14.

48 Bei den Personen, die eine Elternzeit nach § 15 BEEG in Anspruch nehmen, ist vorrangig zu prüfen, ob eine Versicherungspflicht nach § 26 Abs. 2a SGB III besteht. Hiervon dürften die meisten Fälle erfasst sein. Der § 28a Abs. 1 Nr. 5 SGB III soll vor allem Lücken im Versicherungsschutz schließen, wenn Elternzeit nach dem dritten Lebensjahr des Kindes genommen wird. Nach § 28a Abs. 2 S. 3 SGB III ist die Begründung des Versicherungspflichtverhältnisses jedoch ausgeschlossen, soweit für dasselbe Kind bereits eine andere Person nach § 26 Abs. 2a SGB III versicherungspflichtig ist.

49 Auch Personen, die sich beruflich weiterbilden, soll ein lückenloser Versicherungsschutz zugestanden werden. Ausgeschlossen davon sind Weiterbildungen an Hochschulen und ähnlichen Bildungseinrichtungen, um keinen allgemeinen Zugang zur Arbeitslosenversicherung während eines Hochschulstudiums zu ermöglichen.

2. Voraussetzungen der Versicherungspflicht

50 **Weitere** – kumulative – **Voraussetzungen** sind in § 28a Abs. 2 SGB III geregelt:
- Die antragsstellende Person muss innerhalb der letzten 30 Monate vor Aufnahme der Tätigkeit oder Beschäftigung oder dem Beginn der Elternzeit oder beruflichen Weiterbildung mindestens zwölf Monate in einem Versicherungspflichtverhältnis gestanden haben oder
- unmittelbar vor Aufnahme der Tätigkeit oder Beschäftigung oder dem Beginn der Elternzeit oder beruflichen Weiterbildung Anspruch auf eine Entgeltersatzleistung gehabt haben und
- es darf weder eine anderweitige Versicherungspflicht (§§ 25, 26 SGB III)
- noch eine Versicherungsfreiheit (§§ 27, 28 SGB III) bestehen.

Eine geringfügige Beschäftigung (§ 27 Abs. 2 SGB III) schließt die Versicherungspflicht dabei nicht aus.

51 Der Schwerpunkt der freiwilligen Weiterversicherung liegt bei der Versicherung Selbständiger.[98]

3. Beginn, Ruhen und Ende der Versicherungspflicht

52 Die freiwillige Weiterversicherung **setzt einen Antrag voraus**. Dieser muss innerhalb von drei Monaten nach Aufnahme der Tätigkeit oder Beschäftigung oder dem Beginn der Elternzeit oder beruflichen Weiterbildung, die zur Weiterversicherung berechtigt, oder nach Wegfall des Ausschlusstatbestandes (§§ 25–28 SGB III) gestellt werden (§ 28a Abs. 3 S. 1 SGB III). Der Antrag führt ab dem Tag, an dem alle anderen Voraussetzungen gegeben sind, zum **Beginn** des Versicherungspflichtverhältnisses, § 28a Abs. 3 S. 2 SGB III.

Nach Abs. 3 bleibt es fortbestehen bis entweder
- eine Entgeltersatzleistung bezogen wird,
- die Voraussetzungen nach § 28a Abs. 1 SGB III nicht mehr vorliegen oder
- der Versicherte mit der Beitragszahlung länger als drei Monate in Verzug ist,
- in den Fällen der sonstigen Versicherungsfreiheit des § 28 SGB III oder
- durch Kündigung.

Die Kündigung ist erstmals nach fünf Jahren zulässig mit einer Frist von drei Monaten zum Ende des Kalendermonats.

54 Seit 2011 ist im § 28a Abs. 4 SGB III ein Ruhen der Versicherungspflicht auf Antrag vorgesehen. Diese tritt ein, wenn eine weitere Versicherungspflicht nach §§ 25, 26 SGB III oder Versicherungsfreiheit nach § 27 SGB III eintritt. Eine geringfügige Beschäftigung führt jedoch nicht zum Ruhen der Versicherungspflicht.

98 dazu Wenner, SozSich 2006, 9, 11.

§ 57 Der Versicherungsfall Arbeitslosigkeit

1 Die meisten Versicherungsleistungen im SGB III knüpfen an den Versicherungsfall der Arbeitslosigkeit an. Er ist u.a. Voraussetzung für die Leistung von Arbeitslosengeld bei Arbeitslosigkeit (§ 137 Abs. 1 Nr. 1 SGB III). Über Bezugnahmen gilt er z.B. auch für den Gründungszuschuss. Mit dem Dritten Gesetz für moderne Dienstleistungen am Arbeitsmarkt wurde die ursprünglich sehr verschachtelte Definition der Arbeitslosigkeit, vom BSG auch Begriffspyramide genannt,[99] zugunsten des jetzigen in § 138 SGB III aufgeführten Dreiklangs umstrukturiert. Nach der Legaldefinition in § 138 Abs. 1 SGB III setzt der **Begriff der Arbeitslosigkeit** voraus, dass eine Arbeitnehmerin oder ein Arbeitnehmer

- nicht in einem Beschäftigungsverhältnis steht (Beschäftigungslosigkeit),
- sich bemüht, die eigene Beschäftigungslosigkeit zu beenden (Eigenbemühungen), und
- den Vermittlungsbemühungen der Agentur für Arbeit zur Verfügung steht (Verfügbarkeit).

Erforderlich sind somit **Beschäftigungslosigkeit**, **Eigenbemühungen** und **Verfügbarkeit**. Die drei Begriffsmerkmale der Arbeitslosigkeit werden in den folgenden Absätzen des § 138 SGB III konkretisiert.

I. Beschäftigungslosigkeit, § 138 Abs. 1 Nr. 1 SGB III

2 Die Arbeitslosigkeit nach § 138 Abs. 1 SGB III setzt die **Beschäftigungslosigkeit** des Arbeitnehmers voraus, d.h., er darf **nicht in einem Beschäftigungsverhältnis stehen**.

3 Die Legaldefinition des Begriffs **Beschäftigung** findet sich in § 7 Abs. 1 S. 1 SGB IV. Allerdings ist zu beachten, dass das BSG den Begriff der Beschäftigungslosigkeit „funktionsdifferent" handhabt und dabei darauf abstellt, welche Zwecke eine Norm verfolgt. Die Anspruchsvoraussetzung des Fortbestehens bzw. der Beendigung des leistungsrechtlichen Beschäftigungsverhältnisses i.S.d. § 138 Abs. 1 Nr. 1 SGB III hat die Funktion, das durch Leistungen der Arbeitslosenversicherung erfasste Risiko zu bestimmen.[100] Sie ist daher leistungsrechtlich und nicht versicherungsrechtlich zu interpretieren.[101] Wesentliches Merkmal ist die **persönliche Abhängigkeit** bei der Arbeitserbringung. Der Begriff des Beschäftigungsverhältnisses unterscheidet sich von dem des arbeitsrechtlichen Arbeitsverhältnisses insofern, als er sowohl Arbeit in einem wirksamen bzw. faktischen Arbeitsverhältnis als auch Arbeit ohne Arbeitsverhältnis umfasst. Auf der anderen Seite kann, obwohl ein Arbeitsverhältnis besteht, ein **Beschäftigungsverhältnis unterbrochen** bzw. beendet worden sein (siehe dazu § 14).[102] Der Fortbestand des Arbeitsverhältnisses führt daher immer dann zu Beschäftigungslosigkeit, wenn eine fremdbestimmte Tätigkeit nach Weisung nicht (mehr) verrichtet wird. Beschäftigungslosigkeit liegt auch dann vor, wenn der Arbeitnehmer einvernehmlich und bis zum Ende des Arbeitsverhältnisses von der Arbeitsleistung **freigestellt** wird.[103] Diese Voraussetzung kann auch bei einer lediglich widerruflichen Freistellung gegeben sein.[104] Beispiele sind zudem die Arbeitsunfähigkeit und die Beteiligung an einem Arbeitskampf.

4 Die Regelung des § 138 Abs. 1 SGB III verlangt nur noch Beschäftigungslosigkeit, jedoch nicht mehr ausdrücklich, dass der Arbeitnehmer **vorübergehend** nicht in einem Beschäftigungsverhältnis steht. Aus der Gesetzesbegründung geht allerdings hervor, dass der Charakter des Vorübergehenden weiterhin vorausgesetzt wird.[105] Vorübergehend bedeutet, dass der Arbeitnehmer **nicht endgültig**

99 BSG 20.6.2001 SozR 3-4300 § 119 Nr. 3.
100 BSG 12.9.2019 NZA 2020, 778.
101 BSG 12.9.2019 NZA 2020, 778.
102 BSG 28.9.1993 SozR 3-4100 § 101 Nr. 5.
103 BSG 11.12.2014 SozR 4-4300 § 124 Nr. 6.
104 BSG 12.9.2019 NZA 2020, 778.
105 BT-Drs. 15/1515 S. 82.

beschäftigungslos ist.[106] Scheidet ein Arbeitnehmer mit Eintritt einer bestimmten Arbeitslosigkeit für immer aus dem Arbeitsleben als abhängig Beschäftigter aus, fehlt es am Merkmal der nur vorübergehenden Beschäftigungslosigkeit.

Beispiel:
B scheidet nach langjähriger Tätigkeit aus einem Beschäftigungsverhältnis im öffentlichen Dienst aus. Sie hat geplant, ausschließlich von den Versorgungsbezügen zu leben. Dies indiziert ein endgültiges Ausscheiden aus dem Erwerbsleben. Überlegt B es sich anders, kann sie jedoch auch das Gegenteil nachweisen und die Vermutung entkräften.

Dasselbe gilt laut BSG auch beim Ausscheiden von **unbestimmter Dauer**.[107] Es ist jedoch nicht gerechtfertigt, Langzeitarbeitslose ohne Vorliegen weiterer Anhaltspunkte als endgültig beschäftigungslos anzusehen und ihren Anspruch auf Arbeitslosengeld an diesem Merkmal scheitern zu lassen.[108] 5

Üben Arbeitslose eine **kurzzeitige Erwerbstätigkeit aus, die weniger als 15 Wochenstunden** umfasst, sind sie gem. § 138 Abs. 3 SGB III gleichwohl beschäftigungslos. Auf die Höhe des Verdienstes kommt es nicht an. Unter Erwerbstätigkeit sind sowohl Beschäftigungen als auch **selbständige Tätigkeiten** und **Tätigkeiten als mithelfende Familienangehörige** zu verstehen. Ehrenamtliche Tätigkeiten, die die Eingliederung nicht behindern, sind ebenfalls unschädlich (§ 138 Abs. 2 SGB III). Der Verdienst aus einer Nebentätigkeit ist nach § 155 Abs. 1 SGB III auf das Arbeitslosengeld anzurechnen (siehe dazu § 58 Rn. 77ff.). 6

Der Zustand der Beschäftigungslosigkeit trotz Erwerbstätigkeit kann nicht dadurch aufrechterhalten werden, dass mehrere solcher kurzzeitigen Beschäftigungen ausgeübt werden. Die Zeiten **mehrerer kurzzeitiger Beschäftigungen** werden nach § 138 Abs. 3 S. 2 SGB III **zusammengerechnet** und dürfen insgesamt die „15-Stunden-Grenze" nicht erreichen. Zu beachten ist, dass hier keinerlei Zusammenhang zu den Voraussetzungen für eine geringfügige Beschäftigung nach § 8 Abs. 1 Nr. 1 SGB IV besteht, da diese nunmehr ausschließlich an das Entgeltmoment anknüpft (538,– Euro). Es geht lediglich darum, die zeitliche Auslastung des Betroffenen zu beurteilen. 7

II. Eigenbemühungen, § 138 Abs. 1 Nr. 2 SGB III

Zweite Voraussetzung von Arbeitslosigkeit ist es, **eigene Bemühungen zur Beendigung der Beschäftigungslosigkeit** zu unternehmen. Dies entspricht der Arbeitnehmerverantwortung aus § 2 Abs. 5 Nr. 2 SGB III. **Art und zeitlicher Umfang** der **Eigenbemühungen** sind vom **Einzelfall abhängig**. Anhaltspunkte für den Einsatz, der Arbeitslosen im Einzelnen abverlangt wird, ergeben sich aus § 138 Abs. 4 SGB III. Danach müssen Arbeitslose insbesondere 8
- die Verpflichtungen aus der Eingliederungsvereinbarung wahrnehmen (§ 138 Abs. 4 Nr. 1 SGB III),
- bei der Vermittlung durch Dritte mitwirken (§ 138 Abs. 4 Nr. 2 SGB III) und
- die Selbstinformationseinrichtungen der BA in Anspruch nehmen (§ 138 Abs. 4 Nr. 3 SGB III).

§ 138 Abs. 4 Nr. 1 SGB III knüpft an die Verpflichtungen aus der sog. **Eingliederungsvereinbarung** (siehe dazu § 54 Rn. 7) an. Die Eingliederungsvereinbarung ist in § 37 Abs. 2, 3 SGB III geregelt. Es handelt sich dabei um einen öffentlich-rechtlichen Vertrag,[109] in dem sich die Agentur für Arbeit und die arbeitslose Person zu bestimmten Bemühungen verpflichten, die sie gegenseitig einbringen, um 9

106 BSG 11.3.1976 SozR 4100 § 101 Nr. 1.
107 BSG 11.3.1976 SozR 4100 § 101 Nr. 1.
108 BeckOGK/Baldschun § 138 SGB III Rn. 61.
109 BSG 4.4.2017, NZS 2017, 707.

die berufliche Eingliederung zu beschleunigen. Die Einbindung der Eingliederungsvereinbarung in den Tatbestand der Arbeitslosigkeit führt dazu, dass zusätzliche Sanktionsmöglichkeiten gegenüber Arbeitslosen geschaffen werden. Sofern Arbeitslose von der Arbeitsagentur geforderte Eigenbemühungen unterlassen, kann eine Sperrzeit wegen fehlender Eigenbemühungen verhängt werden (§ 159 Abs. 1 Nr. 3 SGB III). Das Instrument ist allerdings als Kooperationsverhältnis von Arbeitslosen und Bundesagentur gedacht (sog. **Fördern und Fordern**). Die Eingliederungsvereinbarung darf – was in der Vergangenheit durchaus geschehen ist – nicht dazu missbraucht werden, Arbeitslosen ausschließlich Eigenbemühungen abzuverlangen, ohne selbst eine Gegenleistung für diese Aktivitäten zu erbringen (**kein Fordern ohne Fördern**).[110] Enthält eine Eingliederungsvereinbarung keine Zusage einer angemessenen Gegenleistung seitens der Arbeitsagentur für individuell bestimmte Eigenbemühungen der Arbeitslosen zu Bewerbungsaktivitäten und deren Nachweis, fehlt es daher regelmäßig an einer Grundlage für eine Sperrzeitentscheidung.[111]

10 Dadurch wird allerdings kein neues Rechtsverhältnis begründet. Gibt es ausnahmsweise keine Eingliederungsvereinbarung, werden Art und Umfang der Eigenbemühungen wie bisher von den jeweiligen Arbeitsvermittlern durch Verwaltungsakt bestimmt (§ 37 Abs. 3 S. 4 SGB III).

Weitere Beispiele:
Zu den Eigenbemühungen, die von Arbeitslosen erwartet werden können, gehören über die drei im Gesetz aufgeführten Beispiele hinaus auch die **Auswertung von Stellenanzeigen** in Zeitungen, Fachzeitschriften und anderen Medien, **gezielte Bewerbungen** bei Arbeitgebern, die **Arbeitsplatzsuche per Anzeige**, der Besuch von **Arbeitsmarktbörsen** sowie die Kontaktaufnahme zu **privaten Vermittlern** neben der **Inanspruchnahme** des Beratungs- und Vermittlungsangebots **der Agentur für Arbeit**. Die meisten dieser Bemühungen werden sich bereits in den Eingliederungsvereinbarungen finden. Dort sind auch die erforderlichen Gegenleistungen der Agentur geregelt.

11 Entstehen Arbeitslosen durch ihre Eigenbemühungen **Kosten**, haben sie diese nach Auffassung des Gesetzgebers **grundsätzlich selbst zu tragen**. Nur in Ausnahmefällen können Leistungen nach § 44 SGB III gewährt werden, wenn dies vorher abgestimmt wurde.

Sind Arbeitslose **trotz Belehrung über die Rechtsfolgen nicht bereit**, Nachweise darüber zu erbringen, dass sie alle Möglichkeiten zur Beendigung der Beschäftigungslosigkeit nutzen, kann eine **Sperrzeit** wegen der **fehlenden Eigenbemühungen** eintreten und der Anspruch auf Arbeitslosengeld ruht, § 159 Abs. 1 Nr. 3 SGB III (siehe dazu § 58 Rn. 146ff.).

III. Verfügbarkeit, § 138 Abs. 1 Nr. 3 SGB III

12 Neben Beschäftigungslosigkeit und Eigenbemühungen setzt Arbeitslosigkeit die **Verfügbarkeit** der Arbeitslosen voraus. **Verfügbar** ist nach § 138 Abs. 1 Nr. 3 SGB III, wer den Vermittlungsbemühungen der Agentur für Arbeit zur Verfügung steht. Dies ist der Fall, wenn die Voraussetzungen des § 138 Abs. 5 SGB III erfüllt sind. § 138 Abs. 5 Nr. 1, 2 SGB III enthält objektive, § 138 Abs. 5 Nr. 3, 4 SGB III subjektive Kriterien zur Ermittlung der Verfügbarkeit.

13 In **objektiver Hinsicht** setzt die Verfügbarkeit voraus, dass Arbeitslose
- eine versicherungspflichtige, mindestens 15 Stunden wöchentlich umfassende zumutbare Beschäftigung unter den üblichen Bedingungen des für sie in Betracht kommenden Arbeitsmarktes aufnehmen und ausüben können und dürfen (§ 138 Abs. 5 Nr. 1 SGB III) und
- Vorschlägen der Agentur für Arbeit zur beruflichen Eingliederung zeit- und ortsnah Folge leisten können (§ 138 Abs. 5 Nr. 2 SGB III).

110 BSG 4.4.2017, NZS 2017, 707.
111 BSG 4.4.2017, NZS 2017, 707.

In **subjektiver Hinsicht** erfordert die Verfügbarkeit nach § 138 Abs. 5 Nr. 3, 4 SGB III, dass die jeweiligen Arbeitslosen bereit sind, 14

- jede Beschäftigung i. S. d. § 138 Abs. 5 Nr. 1 SGB III anzunehmen und auszuüben (§ 138 Abs. 5 Nr. 3 SGB III) und
- an Maßnahmen zur beruflichen Eingliederung (§ 45 SGB III) in das Erwerbsleben teilzunehmen (§ 138 Abs. 5 Nr. 4 SGB III).

1. Objektive Verfügbarkeit

§ 138 Abs. 5 Nr. 1 SGB III setzt objektiv die Möglichkeit der Aufnahme einer versicherungspflichtigen (Rn. 16), mindestens **15 Stunden** umfassenden Beschäftigung (Rn. 17f.) **voraus**, die zumutbar (Rn. 19ff.) ist und unter den üblichen Bedingungen des für sie oder ihn in Betracht kommenden Arbeitsmarktes (Rn. 30ff.) ausgeübt werden kann und darf (Rn. 37ff.). 15

a) Versicherungspflicht

Die Beschäftigung muss versicherungspflichtig sein. Dies richtet sich nach den §§ 24ff. SGB III (siehe dazu § 56). Durch das Anknüpfen an die **Versicherungspflicht der Beschäftigung** findet eine Risikobegrenzung der Arbeitslosenversicherung statt. Es sollen jene Arbeitslosen aus dem Kreis der durch die Arbeitslosenversicherung geschützten Personen ausgeschlossen werden, die nur für beitragsfreie Beschäftigungen oder selbständige Tätigkeiten zur Verfügung stehen. Dies betrifft vor allem eine Beschäftigung als Beamter, Richter, Geistlicher, Lehrer oder Soldat, aber grundsätzlich auch von Schülern und Studenten sowie von Arbeitnehmern, die die Regelaltersgrenze der gesetzlichen Rentenversicherung erreicht haben. 16

b) Mindestens 15 Stunden umfassende Beschäftigung

Wer nicht mindestens 15 Stunden wöchentlich beschäftigt sein kann, ist nicht verfügbar und damit nicht arbeitslos. **Verfügbarkeit besteht auch dann**, wenn nur die Bereitschaft besteht, **Teilzeitbeschäftigungen** auszuüben (§ 139 Abs. 4 S. 1 SGB III). Dies gilt jedoch nur für Teilzeitbeschäftigungen von **mindestens 15 Stunden**, die auch die übrigen Kriterien des § 138 Abs. 5 Nr. 1 SGB III erfüllen müssen. Erstreckt sich die Bereitschaft nur auf eine Beschäftigung als **Heimarbeiter**, ist Verfügbarkeit gegeben, wenn neben den Voraussetzungen des § 138 Abs. 5 Nr. 1 SGB III die **Anwartschaftszeit durch eine Beschäftigung als Heimarbeiter erfüllt** wurde. 17

§ 145 SGB III enthält eine Sonderregelung bei Personen, bei denen eine verminderte Erwerbsfähigkeit vorliegt, aber noch nicht abschließend festgestellt ist. 18

c) Zumutbarkeit

Die Verfügbarkeit der Arbeitslosen muss sich nur auf **zumutbare Beschäftigungen** (§ 140 SGB III) beziehen. Die Zumutbarkeit ist ein Kriterium, mit dessen Hilfe das Spannungsverhältnis zwischen den **Interessen der Versichertengemeinschaft an der möglichst schnellen Beseitigung des Versicherungsfalls** und den **Interessen des Einzelnen an einem frei wählbaren Arbeitsplatz** (Art. 12 Abs. 1 GG) gelöst werden kann und soll. Durch das Zumutbarkeitskriterium wird die Eigenverantwortung der Arbeitslosen für ihre berufliche Eingliederung aus § 2 Abs. 5 SGB III konkretisiert. Die Frage nach der Zumutbarkeit spielt auch im Rahmen des § 159 Abs. 1 SGB III eine entscheidende Rolle, wenn es um die Frage geht, ob ein wichtiger Grund den Eintritt einer Sperrzeit insbesondere wegen Arbeitsablehnung abwenden kann. Die Zumutbarkeitsregeln sind gegenüber dem früher geltenden Berufsschutz erweitert worden. Nach § 140 Abs. 5 SGB III ist, abweichend von der Rechtslage vor Inkrafttreten des SGB III, eine Tätigkeit nicht deshalb unzumutbar, weil sie nicht zum Kreis der Beschäftigungen gehört, für die die Arbeitnehmerin oder der Arbeitnehmer ausgebildet ist oder die sie oder er bisher ausgeübt hat. Die bisherige Tätigkeit wird demgegenüber nur noch mittelbar über 19 ihr Entgelt berücksichtigt (§ 140 Abs. 3 SGB III). Durch das Erste Gesetz für moderne Dienstleistungen am Arbeitsmarkt wurden zum 1.1.2003 die Mobilitätsregeln erweitert und damit insbesondere die Pflicht, für die Aufnahme einer Tätigkeit umzuziehen, eingeführt. Hinsichtlich des Abbaus des Berufsschutzes durch § 140 Abs. 5 SGB III werden, auch unter Berücksichtigung des Gesamtsystems der Zumutbarkeitskriterien, verfassungsrechtliche Bedenken geltend gemacht, denen durch eine verfassungskonforme Auslegung und Anwendung des § 140 SGB III Rechnung getragen werden kann.[112]

20 Nach § 140 SGB III sind Arbeitslosen **alle** ihrer Arbeitsfähigkeit entsprechenden **Beschäftigungen zumutbar**, soweit nicht bestimmte anerkennenswerte Gründe der Zumutbarkeit einer Beschäftigung entgegenstehen. Das bedeutet, dass Arbeitslose prinzipiell jede Arbeit annehmen und ausüben müssen, die sie annehmen und ausüben können und dürfen. Allerdings enthalten § 140 Abs. 2, 3 und 4 SGB III **Ausnahmen** von diesem Grundsatz. Diese Ausnahmen lassen sich in

- **allgemeine** (§ 140 Abs. 2 SGB III) und
- **personenbezogene** (§ 140 Abs. 3, 4 SGB III) Gründe

unterteilen. Die allgemeinen Gründe gelten schlechthin für jeden beliebigen Arbeitslosen, wohingegen es bei den personenbezogenen Gründen auf die im Einzelfall betroffenen Arbeitslosen ankommt.

21 Aus **allgemeinen Gründen** ist eine Beschäftigung insbesondere nicht zumutbar, wenn sie gegen gesetzliche, tarifliche oder in Betriebsvereinbarungen festgelegte Bestimmungen über Arbeitsbedingungen oder gegen Bestimmungen des Arbeitsschutzes verstößt (§ 140 Abs. 2 SGB III). Insbesondere muss keine Beschäftigung aufgenommen werden, bei der das Entgelt unterhalb des gesetzlichen Mindestlohns liegt.

22 In § 140 Abs. 3 und 4 SGB III sind **drei personenbezogene Gründe** aufgeführt. Diese stellen **keinen abschließenden Katalog** der personenbezogenen Gründe dar, bei deren Vorliegen eine Beschäftigung nicht zumutbar ist. Vielmehr sind auch andere – gleichgewichtige – Gründe denkbar, welche die Zumutbarkeit im Einzelfall ausschließen können. Ausdrücklich genannt werden die

- Unzumutbarkeit bei im Vergleich zum vorherigen Verdienst stark **reduziertem Arbeitsentgelt,**
- unzumutbare Pendelzeiten und
- Unzumutbarkeit bei erforderlichem Umzug.

23 § 140 Abs. 3 SGB III regelt die Unzumutbarkeit bei im Vergleich zum vorherigen Verdienst stark **reduziertem Arbeitsentgelt**. Diese Regelung bewirkt mittelbar einen gewissen Schutz der bisherigen beruflichen Tätigkeit, stellt aber allein auf das Entgelt ab.

24 Unzumutbar ist daher eine Tätigkeit, wenn das Entgelt das der bisherigen Tätigkeit in einem bestimmten Umfang unterschreitet. Der Umfang, in dem Einkommenseinbußen hingenommen werden müssen, hängt von der Dauer der Arbeitslosigkeit ab. § 140 Abs. 3 S. 2 SGB III bestimmt, dass Arbeitslose **in den ersten drei Monaten** ihrer Arbeitslosigkeit eine Minderung des Nettoarbeitsentgelts gegenüber dem bisherigen Entgelt um mehr als **20 Prozent** und in den **folgenden drei Monaten** eine Minderung um mehr als **30 Prozent** nicht hinnehmen müssen. Ab **dem siebten Monat** müssen Arbeitslose auch Beschäftigungen ausüben, wenn das daraus erzielbare Nettoeinkommen unter Berücksichtigung der mit der Beschäftigung zusammenhängenden Aufwendungen nicht niedriger ist als **das Arbeitslosengeld**. Arbeitslosen wird also grundsätzlich eine Beschäftigung zugemutet, aus der sie ein für sie verfügbares Entgelt in Höhe des Arbeitslosengeldes erzielen.

25 Das zu erzielende Entgelt darf jedoch nicht sittenwidrig sein.[113] Zudem sind Mindestlöhne für die entsprechende Tätigkeit eine absolute Untergrenze, die nicht unterschritten werden darf.

---

112 BeckOGK/Baldschun § 140 SGB III Rn. 39ff.

113 BSG 2.5.2012 SozR4-4300 § 144 Nr. 24.

Beispiel:
A verdiente in ihrer bisherigen Beschäftigung als Monteurin 2.000 Euro netto. Nachdem ihr zum 1.4.2019 gekündigt wurde, meldete sie sich zu diesem Zeitpunkt arbeitslos. Um ihre Verfügbarkeit aufrecht zu erhalten, muss sie bis zum 30.6.2019 jede Beschäftigung zu einem Nettoentgelt von 1.600 Euro aufnehmen, soweit sie auch ansonsten zumutbar ist. Vom 1.7.2019 bis zum 30.9.2019 ist ihr sogar ein Abzug i. H. v. 600 Euro, also ein Mindestnettoeinkommen von 1.400 Euro zumutbar. Ab Oktober 2019 muss sie sich mit einem Einkommen in Höhe des Arbeitslosengeldes begnügen (also mit etwa 1.200 Euro).

Der zweite gesetzlich normierte Unzumutbarkeitsgrund, § 140 Abs. 4 SGB III, betrifft die täglichen 26
Pendelzeiten. Pendelzeiten zwischen Wohnung und Arbeitsstätte dürfen nicht unverhältnismäßig lang sein. Zumutbar sind Arbeitslosen in der Regel Beschäftigungen, die eine **tägliche Pendelzeit** zwischen Wohnung und Arbeitsstätte von bis zu **zweieinhalb Stunden** bei einer Arbeitszeit von mehr als sechs Stunden und von zwei Stunden bei einer Arbeitszeit von sechs Stunden und weniger erfordern. Die Zeitangaben gelten für Hin- und Rückfahrt zusammen. Unter Umständen müssen auch längere Pendelzeiten auf sich genommen werden, wenn dies in der Region unter vergleichbaren Arbeitnehmern üblich ist.

Beispiel:
Bei Inselbewohnern ist eine Fährbenutzung notwendig, sodass der Transfer die gesetzlich vorgesehene Pendelzeit übersteigt.

Schließlich regelt § 140 Abs. 4 SGB III die Frage, wann Arbeitslosen ein **Umzug** zumutbar ist. Dies ist 27
der Fall, wenn innerhalb der **ersten drei Monate** der Arbeitslosigkeit eine **Beschäftigung innerhalb des Pendelbereichs nicht zu erwarten** ist (§ 140 Abs. 4 S. 4 SGB III). In diesem Fall muss die BA eine Prognose anstellen und nachvollziehbar darlegen, dass die Voraussetzungen der Ausnahmeregelung greifen. Ab dem vierten Monat ist ein Verlassen des Pendelbereichs im Regelfall zumutbar. Wenn jedoch ein wichtiger Grund dagegen spricht, ist die Zumutbarkeit eines Umzugs nicht gegeben.[114] Insbesondere ist ein Umzug unter Verhältnismäßigkeitsgesichtspunkten nur zumutbar, wenn andere Arbeitslose, mit näherem Wohnort auf die Stelle nicht vermittelt werden können.[115]

Beispiel:
Als wichtiger Grund kommen vor allem familiäre Bindungen in Betracht wie das Gesetz in § 140 Abs. 4 S. 7 SGB III hervorhebt. Geschützt werden damit wichtige Belange von Verfassungsrang wie etwa die Gemeinschaft von Eltern und Kindern unabhängig davon, ob die Kinder von den Eltern abstammen und ob sie ehelich oder nichtehelich geboren wurden. Der Begriff familiäre Bindungen ist weit zu verstehen und erfasst insbesondere auch die Beziehungen zu anderen Angehörigen so etwa, wenn diese pflegebedürftig sind.

Im **Einzelfall** sind Ausnahmen von diesen Grundsätzen möglich (§ 140 Abs. 4 S. 2 „im Regelfall") . In 28
jedem Fall sind daher von der Agentur für Arbeit beim Stellenangebot folgende Umstände zu berücksichtigen: die **bisherige berufliche Tätigkeit**, die abgeschlossene **Ausbildung** und die **beruflichen Kenntnisse** und **Fähigkeiten** der Arbeitslosen, seine **familiären und sonstigen persönlichen Verhältnisse**, die **Dauer der Arbeitslosigkeit** und die **Lage und Entwicklung des für ihn in Betracht kommenden Arbeitsmarktes** sowie die von Region zu Region jeweils unterschiedlichen wirtschaftlichen, strukturellen und sozialen Bedingungen. Wegen der Notwendigkeit der Einzelfallprüfung, kann daher von Arbeitslosen nicht pauschal die Erklärung verlangt werden, für eine neue Stelle zum Umzug bereit zu sein.

114 S. hierzu Urmersbach, NZS 2004, 414 ff.
115 BeckOKSozR/Müller § 140 Rn. 25

Beispiel:
Es ist unzumutbar, einem Arbeitslosen eine achtstündige tägliche Arbeit anzubieten, die eine fast dreistündige Pendelzeit erfordert, wenn infolge der elfstündigen Abwesenheit die Betreuung eines aufsichtsbedürftigen Kindes oder einer pflegebedürftigen Person nicht mehr gewährleistet ist, dies bei einer acht- bis neunstündigen Abwesenheit aber gegeben wäre.

29 Arbeitslose müssen eine Beschäftigung annehmen, d.h., sie ist nicht allein deshalb unzumutbar, weil sie **befristet** ist, vorübergehend eine **getrennte Haushaltsführung** erfordert oder nicht zum Kreis der Beschäftigungen gehört, für die der Arbeitnehmer ausgebildet ist oder die er bisher ausgeübt hat (§ 140 Abs. 5 SGB III). Gleichwohl handelt es sich hier lediglich um Regelbeispiele der Zumutbarkeit im Sinne von Abs. 1. Die damit verbundene gesetzliche Vermutung kann aber im Einzelfall widerlegt werden, so etwa bei ganz kurz befristeten Verträgen.

d) Übliche Bedingungen des Arbeitsmarktes

30 Weiterhin müssen Arbeitslosen die Beschäftigung unter den **üblichen Bedingungen des für sie in Betracht kommenden Arbeitsmarktes** aufnehmen und ausüben können und dürfen. Der in Betracht kommende Arbeitsmarkt erschließt sich anhand von zwei Kriterien: der räumlichen und der fachlichen Üblichkeit.

31 Der für Arbeitslose in Betracht kommende **räumliche** Arbeitsmarkt umfasst grundsätzlich **den gesamten Geltungsbereich des SGB III.**[116] Allerdings kann die Vermittelbarkeit der Arbeitslosen eingeschränkt sein, wenn sie einen **wichtigen Grund** haben, nicht über einen bestimmten Bezirk einer Agentur für Arbeit hinaus vermittelt zu werden. Für die Beurteilung, ob ein Beschränkungsgrund anzuerkennen ist, sind vor allem die Zumutbarkeitsregelung nach § 140 SGB III (siehe dazu § 57 Rn. 19ff.), die allgemeinen Grundsätze der Arbeitsvermittlung nach §§ 35ff. SGB III sowie die verfassungsmäßig geschützten Rechte der Arbeitslosen zu berücksichtigen.

Beispiele:
Wichtige Gründe können vor allem in den familiären Verhältnissen des Arbeitslosen (z.B. Ortsgebundenheit der Ehefrau), in seinen persönlichen Verhältnissen (z.B. unzumutbare Umstellungsprobleme, Krankheiten, schulische Bindungen)[117] oder in den Verhältnissen des angebotenen Arbeitsplatzes (u.a. sehr kurze Befristung des Arbeitsverhältnisses) liegen.

32 Fachlich bezieht sich der Arbeitsmarkt auf alle Arbeitsplätze als unselbständige Beschäftigte, die für Arbeitslose nach ihren Kenntnissen und Fähigkeiten und nach ihrer Leistungsfähigkeit in Betracht kommen.

33 Unter den üblichen Bedingungen versteht man nach der st. Rspr. des BSG solche Bedingungen, die sich in einer so beachtlichen Zahl von Arbeitsverhältnissen finden, dass sie Rückschlüsse auf eine entsprechende Übung zulassen. Zu betrachten sind hierbei die Bedingungen, welche die Ausgestaltung des Arbeitsverhältnisses, d.h. insb. Arbeitsentgelt, Arbeitsort und Arbeitszeit (Dauer, Lage und Verteilung der Arbeitszeit) betreffen.[118] Üblich bedeutet hierbei nicht, dass es sich um die Mehrheit der Arbeitsverhältnisse handelt. Es muss sich aber um eine tatsächliche Übung auf dem Arbeitsmarkt in nennenswertem Umfang handeln.

34 Der Begriff „nennenswerter Umfang" ist von der Rechtsprechung bisher nicht konkretisiert worden. Sie hat es insbesondere abgelehnt, einen bestimmten Prozentsatz im Verhältnis zum allgemeinen Arbeitsmarkt oder eine konkrete Zahl der Arbeitsplätze mit den entsprechenden Bedingungen festzulegen. Es bleibt bei Ausführungen allgemeinerer Art:

116 BSG 7.10.2009 SozR 4-1200 § 30 Nr. 5.
117 BSG 30.6.1977 SozR 4100 § 103 Nr. 6.
118 BSG 21.7.1977 SozR 4100 § 134 Nr. 3; BSG 1.6.1978 SozR 4100 § 168 Nr. 7; 21.4.1993 SozR 3-4100 § 103a Nr. 1.

„Maßgebend sind die Umstände des Einzelfalles in ihrem Bezug zu dem maßgeblichen Arbeitsmarkt während der Zeit, für die Leistungen begehrt werden. Dabei müssen auch voraussehbare Veränderungen und Entwicklungen des Arbeitsmarktes in die Überlegungen einbezogen werden.“[119]

Allerdings hat das BSG in dem angesprochenen Einzelfall aus 20 fachlich und räumlich für einen Arbeitslosen vorhandenen Arbeitsplätzen auf die Üblichkeit der Beschäftigung geschlossen, somit 20 Arbeitsplätze als nennenswerten Umfang auf dem Arbeitsmarkt angesehen.[120] 35

Bei der Beurteilung ist nicht maßgeblich, ob die Arbeitsplätze frei oder besetzt sind. Für Teilzeitbeschäftigungen kommt es nicht darauf an, ob Arbeitslose oder eine bestimmte Gruppe von Arbeitslosen üblicherweise Teilzeitarbeit verrichten, sondern nur, ob Teilzeitarbeitsplätze in nennenswertem Umfang vorhanden sind.[121] 36

e) Können und Dürfen

Arbeitslose müssen die in § 138 Abs. 5 Nr. 1 SGB III genannten Voraussetzungen erfüllen **können und dürfen**. 37

Sie **können** dies, wenn sie nach ihren geistigen und körperlichen Fähigkeiten dazu in der Lage sind und durch nichts gehindert werden. Das Tatbestandsmerkmal „**können**“ bezieht sich allerdings nicht nur auf die persönlichen Kenntnisse und Fähigkeiten der Arbeitslosen, ihren Gesundheitszustand und ihre Berufserfahrung, sondern auch auf sonstige persönliche Verhältnisse und tatsächliche Bindungen. Im Ergebnis kommt es wieder auf die konkreten Umstände des Einzelfalls an. Eine arbeitslose Person kann die Beschäftigung mithin nicht ausüben, wenn ihr Leistungsvermögen dafür nicht ausreicht. 38

Beispiele für das Merkmal „Können“:

Sind Arbeitslose **arbeitsunfähig**, ist nicht automatisch ihre Verfügbarkeit ausgeschlossen, da sie möglicherweise auch für andere Beschäftigungen vermittelbar sind.[122] Es kann aber ggf. zum Ruhen des Anspruchs auf Arbeitslosengeld nach § 156 Abs. 1 Nr. 2 SGB III kommen.

Die **Teilnahme an Bildungsmaßnahmen und sonstigen Veranstaltungen**, an Maßnahmen für Langzeitarbeitslose, Praktikantenzeiten bis zu zwei Monaten, Sprachkursen für ausländische Arbeitnehmer, karitativen Freizeitbeschäftigungen und Kinderbetreuung steht dem „Können“ **nicht** entgegen.[123]

Auch bei **Führung eines Familienhaushalts** mit Kindern und Pflege von Angehörigen ist von der Fähigkeit zur Arbeitsaufnahme auszugehen.[124]

Eine arbeitslose Person **darf** eine Beschäftigung nicht aufnehmen bzw. ausüben, wenn **rechtliche Verbote** sie daran hindern 39

Beispiele für Beschäftigungsverbote:

- § 3 Abs. 2 Mutterschutzgesetz,
- §§ 22 ff. Jugendarbeitsschutzgesetz oder
- Verbote nach dem Bundesseuchengesetz

---

119 BSG 20.6.1978 SozR 4100 § 103 Nr. 17.
120 BSG 20.6.1978 SozR 4100 § 103 Nr. 17.
121 BSG 17.10.1990 SozR 3-4100 § 134 Nr. 5.
122 BSG 19.9.1979 SozR 2200 § 1241 Nr. 14.
123 BSG 27.7.1989 SozR 4100 § 103 Nr. 42; BSG 25.4.1991 SozR 3-4100 § 134 Nr. 7; LSG Rheinland-Pfalz 30.6.1992, SGb 1995, 267; SG Aachen 8.6.1989, info also 1989, 222.
124 BSG 12.12.1990 SozR 3-4100 § 103 Nr. 4.

oder **bestimmte rechtliche Voraussetzungen** nicht erfüllt sind.

Beispiel:
Dabei handelt es sich z. B. um eine Fahrerlaubnis, ein Diplom, ein Staatsexamen oder eine Approbation.

---

40 **Ausländische Staatsangehörige** dürfen eine Beschäftigung in Deutschland nur ausüben, wenn der Aufenthaltstitel es erlaubt, § 4a Abs. 1 AufenthG.

2. Zeit- und ortsnahe Erreichbarkeit (§ 138 Abs. 5 Nr. 2 SGB III)

41 Die Verfügbarkeit **setzt** gem. § 138 Abs. 5 Nr. 2 SGB III **weiterhin voraus**, dass die arbeitslose Person den **Vorschlägen der Agentur für Arbeit zur beruflichen Eingliederung zeit- und ortsnah Folge leisten kann** (sog. Erreichbarkeit). Es handelt sich dabei um eine weitere **objektive** Voraussetzung. Der Begriff der Erreichbarkeit wird in **§ 1 Erreichbarkeitsanordnung (EAO)** konkretisiert. Die hierfür erforderliche Anordnungsermächtigung ergibt sich aus § 164 Nr. 2 SGB III. Die Anordnung bindet als materielles Recht auch die Gerichte (siehe dazu § 53 Rn. 46 ff.).

42 Zu beachten ist, dass Teilnehmende an Maßnahmen der beruflichen Weiterbildung während der Teilnahme nicht verfügbar sein müssen und daher auch keine Erreichbarkeit von Ihnen verlangt werden kann.[125] Ebenso wenig spricht das Versäumen von Meldefristen automatisch dafür, dass eine Erreichbarkeit nicht gewährleistet ist. Das gilt auch bei einem dreimaligen Verstoß gegen Meldepflichten. Das Nichterscheinen einer arbeitslosen Person nach Erhalt einer Meldeaufforderung kann aber als gewichtiges Indiz fehlender Verfügbarkeit dienen.[126]

43 Um die Voraussetzungen des § 138 Abs. 5 Nr. 2 SGB III zu erfüllen, muss die arbeitslose Person nach § 1 Abs. 1 S. 1 EAO in der Lage sein, unverzüglich Mitteilungen der Agentur für Arbeit persönlich zur Kenntnis zu nehmen, die Agentur für Arbeit aufzusuchen, mit einem möglichen Arbeitgeber oder Träger einer Eingliederungsmaßnahme in Verbindung zu treten und bei Bedarf persönlich mit diesem zusammenzutreffen und eine vorgeschlagene Arbeit anzunehmen oder an einer Eingliederungsmaßnahme teilzunehmen. § 1 Abs. 1 S. 2 EAO setzt weiterhin voraus, dass die arbeitslose Person persönlich an jedem Werktag unter der von ihr benannten Anschrift **durch Briefpost erreichbar sein** muss. Sie muss sich, um ihrer Pflicht zu genügen, **einmal täglich nach Eingang der Post** in ihrer Wohnung aufhalten und die eingegangene Post zur Kenntnis nehmen können.[127] **Nicht** erforderlich ist, dass sich Arbeitslose zur **üblichen Zeit des Posteingangs** an dem benannten Ort aufhalten müssen (sog. Residenzpflicht). Sind Arbeitslose an vorher nicht feststehenden Tagen in der Woche gänzlich ortsabwesend und wird hierdurch die Vermittlung durch die Agentur für Arbeit in ganz erheblichem Umfang beeinträchtigt, sind sie durchgehend nicht täglich erreichbar.[128]

44 Die Erreichbarkeit der Arbeitslosen ist nicht schon dann gegeben, wenn sie überhaupt auf dem Postweg erreichbar sind.[129] So **reicht** es z. B. **nicht aus**, wenn Arbeitslose bei einem Umzug einen **Nachsendeauftrag** erteilen, auch wenn dadurch keine zeitliche Verzögerung eintritt. Der **Wohnungswechsel muss persönlich und unverzüglich mitgeteilt** werden, um die Funktionsfähigkeit von Arbeitsvermittlung und aktiver Arbeitsförderung zu gewährleisten.[130] Solange die arbeitslose Person der Agentur für Arbeit ihre **aktuelle Anschrift nicht mitgeteilt** hat, steht sie der Arbeitsvermittlung **nicht zur Verfügung.**[131] Es ist **unerheblich, ob sie** an der Nichterreichbar-

---

125 BSG 10.12.2019 – B 11 AL 4/19 R.
126 BSG 14.5.2014 – B 11 AL 8/13 R.
127 BSG 3.5.2001 SozR 3-4300 § 119 Nr. 2.
128 BSG 3.3.1993 SozR 3-4100 § 117 Nr. 10.
129 BSG 9.11.1995 SozR 3-4450 § 4 Nr. 1.
130 BSG 20.6.2001 SozR 3-4300 § 119 Nr. 3; BSG 9.8.2001 SozR 3-4300 § 119 Nr. 4.
131 BSG 29.11.1989 SozR 4100 § 103 Nr. 47.

keit **ein Verschulden trifft**, da es sich bei der Erreichbarkeit um eine objektive Voraussetzung handelt.

Beispiel:
Die Arbeitslose A plant einen Umzug. Sie teilt der Agentur für Arbeit mit, dass sie ab dem 1.8.2019 nicht mehr unter ihrer alten Adresse erreichbar ist, sondern unter einer neuen, die sie der Agentur für Arbeit ebenfalls mitteilt. Leider kommt es zu einer Verzögerung des Umzugs, der erst am 14.8.2019 stattfinden kann. Am 5.8.2019 ergibt sich ein passendes Stellenangebot für A. Dieses wird an die neue Adresse geschickt, von A aber erst am 14.8.2019 gelesen, als die Stelle schon vergeben ist. Obwohl A unter ihrer bisherigen Anschrift noch erreichbar gewesen wäre, war sie objektiv nicht verfügbar.

Gem. § 2 S. 1 EAO brauchen Arbeitslose unter bestimmten Voraussetzungen ihrer Aufenthaltspflicht nicht nachzukommen. Das setzt allerdings voraus, dass sie der Agentur für Arbeit ihre **Abwesenheitsadresse** so rechtzeitig **mitteilen**, dass sie vor dem Verlassen des Wohnsitzes durch die Arbeitslosen hiervon Kenntnis hat. Arbeitslose müssen darüber hinaus auch von ihrem neuen Aufenthaltsort aus ihre **Pflichten aus** § 1 Abs. 1 EAO **erfüllen können**. Schließlich müssen sie sich im **Nahbereich der Agentur für Arbeit** aufhalten. § 1 Abs. 1 S. 2 EAO definiert den Nahbereich als jeden Ort, von dem aus der Arbeitslose erforderlichenfalls in der Lage wäre, die Agentur für Arbeit täglich ohne unzumutbaren Aufwand zu erreichen. Hier liegt es nahe, den Maßstab des § 140 Abs. 4 SGB heranzuziehen, der eine Pendelzeit von eineinviertel Stunde pro Strecke für zumutbar erklärt (siehe dazu § 57 Rn. 26). 45

Nach § 3 Abs. 1 S. 1 EAO können Arbeitslose sich **bis zu drei Wochen im Jahr außerhalb des Nahbereichs der Agentur für Arbeit aufhalten,** ohne dass die Verfügbarkeit entfällt. Die Freistellung von der Verfügbarkeit setzt voraus, dass die Agentur für Arbeit ihre **vorherige Zustimmung** erteilt hat. Ob die Zustimmung erteilt wird, hängt davon ab, ob die berufliche Eingliederung der Arbeitslosen durch ihre Abwesenheit beeinträchtigt wird oder nicht, § 3 Abs. 1 S. 3 EAO. Die **zeitliche Begrenzung auf drei Wochen** wurde vom BSG für **verfassungsmäßig** gehalten.[132] Es sah im Hinblick auf die Mindesturlaubsdauer nach dem Bundesurlaubsgesetz zwar einen Verstoß gegen Art. 3 Abs. 1 GG, hielt diesen aber für durch sachliche Gründe gerechtfertigt, da die Zielsetzungen der beiden Rechtsgebiete unterschiedlich seien.[133] 46

§ 3 Abs. 1 S. 2 EAO verhängt grundsätzlich eine **„Urlaubssperre" für die ersten drei Monate der Arbeitslosigkeit**. Dies trägt dem Gedanken Rechnung, dass der Erfahrung nach die Vermittelbarkeit in der Anfangsphase höher ist als in den folgenden Zeiträumen. Ausnahmen sind jedoch in Einzelfällen zulässig. 47

Beabsichtigen Arbeitslose, sich **länger als sechs Wochen** außerhalb des Nahbereichs der Agentur für Arbeit aufzuhalten, ist die Verfügbarkeit für den gesamten Zeitraum zu verneinen (§ 3 Abs. 4 EAO). Halten sie sich weniger als sechs, jedoch **länger als drei Wochen** außerhalb des Nahbereichs auf, liegt nur für die Überschreitungszeit keine Verfügbarkeit vor. 48

Die bis zum 31.12.2022 bestehende Sonderregelung für ältere Arbeitslose, nach der sie unter erleichterten Voraussetzungen Arbeitslosengeld beziehen konnten, ist mit dem Bürgergeld-Gesetz zum 1.1.2023 gestrichen worden.[134] 49

Gegen die darauf bezogene Erreichbarkeitsregel bestanden nicht unerhebliche verfassungsrechtliche Bedenken.[135] 50

Eine von § 3 EAO **abweichende Frist** gilt, wenn die Voraussetzungen des **Art. 64 Abs. 1 VO 883/2004/EG** erfüllt sind, die sich mit der Anwendung der Systeme der sozialen Sicherheit auf Arbeit- 51

---

132 BSG 10.8.2000 SozR 3-4100 § 103 Nr. 23.
133 BSG 10.8.2000 SozR 3-4100 § 103 Nr. 23.
134 BT-Drs. 20/3873, S. 105.
135 BVerfG 5.7.2016 1 – BvR 979/12.

nehmer und deren Familien, die innerhalb der Gemeinschaft zu- und abwandern, befasst (siehe dazu § 75 Rn. 160ff., insb. unter Rn. 166ff., 171ff.).

3. Subjektive Verfügbarkeit (§ 138 Abs. 5 Nr. 3 und 4 SGB III)

52 Die dritte und vierte **Voraussetzung** der Verfügbarkeit sind **subjektiver Natur** und beziehen sich jeweils auf die persönliche Einsatzbereitschaft der Arbeitslosen. So müssen sie Willens sein, die Kriterien des § 138 Abs. 5 Nr. 1 SGB III zu erfüllen, damit ihre Verfügbarkeit bejaht werden kann (§ 138 Abs. 5 Nr. 3 SGB III). Die Bereitschaft, sich in Beschäftigung und berufliche Eingliederung vermitteln zu lassen, wird grundsätzlich mit der Arbeitslosmeldung (§ 141 SGB III) bekundet.[136] Diese Tatsachenerklärung hat die Agentur für Arbeit zugrunde zu legen, soweit sie keine sonstigen Erkenntnisse vorliegen hat, die auf eine fehlende subjektive Verfügbarkeit schließen lassen.

53 An der subjektiven Verfügbarkeit fehlt es, wenn ein Arbeitnehmer zwar objektiv eine Beschäftigung ausüben kann und darf, hierzu aber aus Gründen, die in seinem Willensbereich liegen, nicht bereit ist.[137] Seine **Bereitschaft zur Beschäftigungsaufnahme** muss sich auf jede Beschäftigung erstrecken, die er annehmen kann und darf. An der subjektiven Verfügbarkeit fehlt es etwa, wenn die Bereitschaft zur Beschäftigungsaufnahme von vorne herein auf bestimmte Arbeitgeber, Tätigkeiten oder Berufsbilder begrenzt wird.[138] Hingegen folgt alleine aus der – auch mehrfachen – Verletzung von Meldepflichten nicht automatisch die fehlende subjektive Verfügbarkeit.[139] Der genannte Umstand kann aber ein Indiz für die fehlende subjektive Verfügbarkeit sein.

54 Außerdem wird Arbeitslosen die Bereitschaft abverlangt, an **Maßnahmen zur beruflichen Eingliederung in das Erwerbsleben teilzunehmen (§ 138 Abs. 5 Nr. 4 SGB III)**. Diese müssen allerdings ihrerseits zumutbar sein. Zudem kommen sie nicht in Betracht, wenn die betroffene Person für sie ungeeignet ist.[140]

55 Teilnehmende einer Bildungsmaßnahme, die nach § 81 Abs. 3 SGB III gefördert wird, müssen während der Maßnahme nicht im Sinne der subjektiven Verfügbarkeit bereit sein, jede Beschäftigung oder (andere) Maßnahme der beruflichen Eingliederung wahrzunehmen. Denn die Aufnahme einer versicherungspflichtigen Beschäftigung würde den Abbruch der geförderten Bildungsmaßnahme voraussetzen und damit dem Ziel widersprechen, gerade durch die konkrete Maßnahme eine dauerhafte Eingliederung zu erreichen. Dies ergibt sich auch aus § 144 Abs. 1 SGB III.[141]

4. Sonderfälle der Verfügbarkeit, § 139 SGB III

56 § 139 SGB III regelt **Sonderfälle** der Verfügbarkeit. Bei Teilnahme an den in Abs. 1 bezeichneten Maßnahmen sowie bei Wahrnehmung bestimmter im öffentlichen Interesse liegender Dienste und Arbeitsleistungen bzw. Leistung gemeinnütziger Arbeit im Zusammenhang mit strafrechtlichen Sanktionen, wird die Verfügbarkeit fingiert. Hierdurch soll für die betroffenen Personengruppen der Anspruch auf Arbeitslosengeld gesichert und eine Verschlechterung der finanziellen Situation verhindert werden.[142] Das betrifft nach § 139 Abs. 1 S. 1 SGB III

- Teilnehmende an Maßnahmen zur Aktivierung und beruflichen Eingliederung nach § 45 SGB III,
- Teilnehmende einer Arbeitserprobung i.S.d. Rechts der beruflichen Rehabilitation, § 112f. SGB III,
- Leistung von Diensten bei Notständen und

136 Knickrehm/Roßbach/Waltermann/Kallert § 138 SGB III Rn. 67; dazu BSG 15.2.2023, NZS 2024, 341.
137 Knickrehm/Roßbach/Waltermann/Kallert § 138 SGB III Rn. 64.
138 Vgl. LSG Berlin-Brandenburg 22.8.2018 – L 18 AL 209/16.
139 BSG 14.5.2014 – B 11 AL 8/13 R.
140 Knickrehm/Roßbach/Waltermann/Kallert § 138 SGB III Rn. 66.
141 BSG 10.12.2019 – B 11 AL 4/19 R.
142 BeckOGK/Baldschun § 139 SGB III Rn. 13.

- Erbringung von Arbeitsleistungen zur Abwendung der Vollstreckung einer Ersatzfreiheitsstrafe.
- Seit 2019 werden in § 139 Abs. 1 S. 2 SGB III auch Teilnehmende an einem Integrationskurs nach § 43 AufenthG oder an einem Kurs der berufsbezogenen Deutschsprachförderung nach § 45a AufenthG, sofern die Kurse für die dauerhafte Eingliederung notwendig sind, erfasst.

Nach § 139 Abs. 2 S. 1 SGB III, wird vermutet, dass **Schüler und Schülerinnen sowie Studentinnen und Studenten nur versicherungsfrei** tätig sein können. § 139 Abs. 2 S. 2 SGB III lässt aber zu, diese Vermutung zu **widerlegen**, etwa indem dargelegt und nachgewiesen wird, dass der Ausbildungsgang die Ausübung einer versicherungspflichtigen Beschäftigung bei ordnungsgemäßer Erfüllung der vorgeschriebenen Anforderungen zulässt. 57

Von der Regelung erfasst werden Schüler und Schülerinnen sowie Studenten und Studentinnen von Schulen, Hochschulen oder sonstigen Ausbildungsstätten. Maßgeblich ist, ob die Betreffenden den **formalrechtlichen Status eines Schülers/Studenten** innehaben und dass ein **berufsqualifizierender Abschluss angestrebt** wird. Dass die arbeitslose Person die Ausbildung tatsächlich aufgenommen haben muss, wird vom BSG nicht verlangt.[143] 58

§ 139 Abs. 2 S. 2 SGB III knüpft zur Widerlegung der Vermutung an die Versicherungspflicht der Beschäftigung an. Damit scheiden solche Beschäftigungen aus, die nach § 27 Abs. 4 SGB III versicherungsfrei sind (Werkstudentenprivileg, siehe dazu § 56 Rn. 29ff.). 59

> „Vielmehr ist zu prüfen, ob trotz der zeitlichen Belastung durch das Studium sein Erscheinungsbild durch die angestrebte Tätigkeit als Arbeitnehmer geprägt war."[144]

Danach sind Studierende in der Regel nicht versicherungspflichtig, wenn sie nur bis zu 20 Stunden wöchentlich arbeiten, da in diesen Fällen das Studium das Erscheinungsbild prägt. Studierende können aber unter bestimmten Umständen auch **während der Vorlesungszeit** eine versicherungspflichtige, 20 Stunden überschreitende Beschäftigung ausüben. Eine **allgemein gültige Höchstgrenze** – etwa durch Orientierung an der tariflichen Arbeitszeit – wurde von der Rechtsprechung **nicht anerkannt**.[145] Ob die Beschäftigung prägende Bedeutung besitzt, hängt u. a. von der Dauer der wöchentlichen Arbeitsbelastung sowie von der Lage der Arbeitszeit (übliche Arbeitszeit oder dem Studium angepasste Zeiten) ab.[146] 60

Wesentlich für die Widerlegung der Vermutung ist, dass durch die Ausübung der angestrebten versicherungspflichtigen Beschäftigung Studierende **nicht an der ordnungsgemäßen Erfüllung der für ihren Ausbildungsgang vorgeschriebenen Anforderungen gehindert werden.** Vorgeschrieben sind die Anforderungen vor allem in Prüfungs- und Studienordnungen.[147] Schließen diese für sie geltenden **abstrakten Regelungen oder die konkrete Studiengestaltung** eine Beschäftigung aus, die mehr als 15 Wochenstunden umfasst, kann die Vermutung nicht widerlegt werden.[148] Zur Erfüllung der Anforderungen gehört, dass die Studierenden die notwendigerweise zu belegenden Vorlesungen, Übungen und Seminare besuchen und diese ausreichend nacharbeiten. 61

Beispiel:
Studentin S muss laut Studienordnung wöchentlich 16 Vorlesungsstunden besuchen. Die allgemeine Erfahrung geht davon aus, dass etwa dieselbe Zeit, also hier weitere 16 Stunden, erforderlich sind, um das Studium ordnungsgemäß durchzuführen. Da S in unmittelbarer Nähe der Universität wohnt, fallen nur minimale Wegezeiten an. S kann neben ihrem ordnungsgemäß

143 BSG 24.7.1997 SozR 3-4100 § 103a Nr. 3.
144 BSG 30.3.1994, Die Beiträge 1994, 604.
145 BSG 19.3.1992 SozR 3-4100 § 103 Nr. 7.
146 BSG 30.3.1994, Die Beiträge 1994, 604.
147 BSG 22.2.1980 SozR 2200 § 172 Nr. 14.
148 BSG 14.3.1996 SozR 3-4100 § 103a Nr. 2.

betriebenen Studium noch einer Beschäftigung von mehr als 20 Stunden in der Woche nachgehen und so die Vermutung des § 139 Abs. 2 SGB III widerlegen.

62 **Besondere Eigenschaften der Studierenden,** wie eine besonders schnelle Auffassungsgabe, können dabei **ebenso wenig berücksichtigt** werden wie die Absicht, die **übliche Studiendauer überschreiten zu wollen.**[149] Anders verhält es sich mit einem bereits durchgeführten Studium, das Teile des gegenwärtigen Studiums abdeckt.[150] Die **Einhaltung der Regelstudiendauer** gehört nicht zu den Anforderungen, deren ordnungsgemäße Erfüllung dem Studenten verbindlich vorgeschrieben ist, da diese keinen verbindlich festgelegten Zeitaufwand enthalten.[151]

63 Das Vorliegen der Voraussetzungen des § 139 Abs. 2 S. 2 SGB III muss vom arbeitslosen Schüler oder Studierenden **dargelegt und bewiesen** werden.

64 Weiterhin bestimmt § 139 Abs. 3 SGB III, dass unter den dort genannten Voraussetzungen die Teilnahme an einer Maßnahme der beruflichen Weiterbildung, bei der es sich nicht um eine solche nach § 81 SGB III handelt, **nicht die Verfügbarkeit ausschließt.** Mit der Vorschrift sollen Teilnehmende an einer beruflichen Weiterbildung privilegiert werden.

65 Dazu ist u. a. erforderlich, dass die arbeitslose Person in dem Fall, in dem ihr eine Beschäftigung angeboten wird, die **Maßnahme zugunsten der beruflichen Eingliederung abzubrechen bereit** und nach vertraglicher Vereinbarung mit dem Träger imstande ist. Diese Vereinbarung muss bedingungslos sein. Sie darf nach dem Sinn und Zweck der Regelung in § 139 Abs. 3 SGB III auch nicht mit gravierenden Nachteilen für die arbeitslose Person im Fall des Abbruchs verbunden sein, wie etwa der Zahlung erheblicher Beträge an den Maßnahmenträger. Denn dann kann von einer Bereitschaft zum Abbruch nicht ausgegangen werden.[152] Eine fehlende Vereinbarung zum Abbruch einer Maßnahme kann nicht im Wege des sozialrechtlichen Herstellungsanspruchs fingiert werden. Es handelt sich um einen tatsächlichen Umstand, dem eine gestaltende Entscheidung der oder des Arbeitslosen zugrunde liegt.[153]

Während § 139 Abs. 3 SGB III damit den Leistungsbezug ermöglicht, wenn der Betroffene an einer solchen Weiterbildungsmaßnahme teilnimmt, die nicht den Voraussetzungen der §§ 81 ff. SGB III entspricht, besteht eine Absicherung für den Fall, dass die Maßnahme eine Weiterbildungsmaßnahme nach den §§ 81 ff. SGB III ist, über § 144 SGB III (siehe dazu § 58 Rn. 36 ff.).

66 Arbeitslose sind auch **verfügbar**, wenn sie nur bereit sind, **Teilzeitbeschäftigungen** auszuüben (§ 139 Abs. 4 S. 1 SGB III). Dies gilt jedoch nur für Teilzeitbeschäftigungen von **mindestens 15 Stunden**, die auch die übrigen Kriterien des § 138 Abs. 5 Nr. 1 SGB III erfüllen müssen. Erstreckt sich die Bereitschaft nur auf eine Beschäftigung als **Heimarbeiter**, ist Verfügbarkeit gegeben, wenn neben den Voraussetzungen des § 138 Abs. 5 Nr. 1 SGB III die **Anwartschaftszeit durch eine Beschäftigung als Heimarbeiter erfüllt** wurde.

IV. Ehrenamtliche Tätigkeiten

67 Eine ehrenamtliche Betätigung schließt nach § 138 Abs. 2 SGB III die Arbeitslosigkeit nicht aus, wenn dadurch die **berufliche Eingliederung** der Arbeitslosen **nicht beeinträchtigt** wird. Durch die Regelung soll auch Arbeitslosen die Möglichkeit eingeräumt werden, sich grundsätzlich bürgerschaftlich zu engagieren.

149 BT-Drs. 11/890 S. 21.
150 BSG 21.4.1993 SozR 3-4100 § 103a Nr. 1.
151 BSG 14.3.1996 SozR 3-4100 § 103a Nr. 2.
152 BeckOGK/Baldschun § 139 SGB III Rn. 142.
153 BSG 27.6.2019 NJW 2020, 493 Rn. 21.

Aus dieser Regelung darf aber nicht geschlossen werden, dass Arbeitslose, die ehrenamtlich tätig sind, unabhängig von den Voraussetzungen des § 138 Abs. 1 SGB III den Versicherungsfall der Arbeitslosigkeit erfüllen. Trotz des weit gefassten Wortlauts besteht **kein Automatismus** zwischen einer ausschließlich ehrenamtlichen Betätigung und dem Versicherungsfall Arbeitslosigkeit. Durch § 138 Abs. 2 SGB III wurde die bis zum 31.12.2001 bestehende Rechtslage nicht verändert, sondern lediglich klargestellt.[154] 68

Klassischerweise wird ein ehrenamtliches Engagement für die Allgemeinheit aus altruistischen und idealistischen Motiven ausgeübt. Hinter dem Begriff verbergen sich aber auch Lebenssachverhalte, die bei näherer Betrachtung denen einer typischen Erwerbsarbeit gleichen. Daher können sog. ehrenamtliche Tätigkeiten auch Beschäftigungen im sozialrechtlichen Sinne sein. Ob die Ausübung eines Ehrenamtes eine Beschäftigung im sozialrechtlichen Sinne darstellt, richtet sich nach den Auslegungsgrundsätzen, die dazu von der Rechtsprechung entwickelt worden sind. Danach liegt eine Beschäftigung vor, wenn im Rahmen einer weisungsgebundenen Tätigkeit eine Arbeitsleistung für einen anderen erbracht wird. 69

Daher ist auch bei einer mehr als 15 Wochenstunden umfassenden ehrenamtlichen Tätigkeit festzustellen, ob es sich hierbei um eine versicherungspflichtige Beschäftigung handelt. Hierzu ist die Ehrenamtsverordnung heranzuziehen, die in ihrem § 1 bestimmt, was unter einer ehrenamtlichen Tätigkeit zu verstehen ist. Die Tatsache, dass eine im Umgangssprachgebrauch als ehrenamtlich bezeichnete Betätigung wahrgenommen wird, schließt nicht automatisch eine **versicherungspflichtige Tätigkeit** aus. Liegt eine ehrenamtliche, aber versicherungspflichtige Tätigkeit vor, kann keine Beschäftigungslosigkeit gegeben sein, weil sonst ein erheblicher Wertungswiderspruch zu den §§ 137 Abs. 1, 25, 26 SGB III und § 7 Abs. 1 SGB IV bestünde. Eine ehrenamtliche Tätigkeit kann ein versicherungspflichtiges Beschäftigungsverhältnis z.B. darstellen, wenn ein ehrenamtlicher Beigeordneter einer Gemeinde mit eigenem Geschäftsbereich eine die Aufwendungen übersteigende pauschale Aufwandsentschädigung erhält.[155] 70

Die ehrenamtlich Tätigen müssen, damit der Versicherungsfall Arbeitslosigkeit eintritt, auch Eigenbemühungen unternehmen und der Arbeitsverwaltung zur Verfügung stehen. Allerdings wird durch § 138 Abs. 2 SGB III klargestellt, dass allein die Wahrnehmung einer ehrenamtlichen Tätigkeit während der allgemeinen Arbeitszeiten noch nicht zum Wegfall des Versicherungsfalles führt. 71

§ 58 Versicherungsleistungen, die an den Eintritt von Arbeitslosigkeit anknüpfen

I. Allgemeines

Die **Leistungen der Arbeitsförderung** sind in § 3 SGB III aufgeführt. Auch wenn es sich nicht bei all diesen Leistungen um Versicherungsleistungen handelt, werden im Folgenden alle Leistungen dargestellt –, die an den Versicherungsfall Arbeitslosigkeit anknüpfen, aber auch solche, die nicht daran anknüpfen (siehe dazu § 59). 1

Mit dem Eingliederungschancengesetz wurde 2012 der § 3 SGB III neu strukturiert. Es wurde vorher zwischen Leistungen an Arbeitnehmer, an Arbeitgeber und an Träger von Arbeitsförderungsmaßnahmen unterschieden. Die Vorschrift gliedert nun nach **Leistungen** 2

- der aktiven Arbeitsförderung (§ 3 Abs. 2 SGB III) und
- Entgeltersatzleistungen (§ 3 Abs. 4 SGB III).

Definierte der § 3 SGB III bis 2012 noch selbst, was unter den verschiedenen Leistungen zu verstehen ist, verweist er jetzt auf die einschlägigen Kapitel des SGB III. So sind nach § 3 Abs. 1 SGB III Leis- 3

154 PK-SGB III/Wissing, 2. Auflage § 118a Rn. 20; Gagel/Steinmeyer, 44. EL Dezember 2011, § 118a Rn. 12.
155 BSG 22.2.1996, BSGE 78, 34.

tungen der Arbeitsförderung die Leistungen nach Maßgabe des Dritten und Vierten Kapitels des SGB III, also Leistungen zur aktiven Arbeitsförderung (§§ 29ff. SGB III) sowie Arbeitslosengeld und Insolvenzgeld (§§ 136ff. SGB III). § 3 Abs. 2 SGB III definiert die Leistungen der aktiven Arbeitsförderung. Auch hier wird auf die §§ 29ff. SGB III verwiesen. Zusätzlich wird das Arbeitslosengeld bei beruflicher Weiterbildung als aktive Arbeitsförderung klassifiziert. Das Verhältnis der Leistungen der aktiven Arbeitsmarktförderung und der Entgeltersatzleistungen wird durch § 5 SGB III geregelt, der den Vorrang der Leistungen der aktiven Arbeitsmarktförderung vorsieht.

4 Auf Sozialleistungen besteht grds. ein Anspruch, soweit das Gesetz den Leistungsträgern kein Ermessen einräumt, § 38 SGB I. Durch § 3 Abs. 3 SGB III wird diese Regel quasi umgekehrt. Hiernach sind Leistungen der aktiven Arbeitsförderung grds. Ermessensleistungen, mit Ausnahme der im § 3 Abs. 3 SGB III abschließend aufgezählten Leistungen.

5 Die Leistungen der Arbeitsförderung lassen sich unterscheiden in Leistungen der **aktiven** und der **passiven Arbeitsförderung**. Der Begriff „passive Arbeitsförderung" findet sich zwar nicht im SGB III, wird aber durch die Existenz seines Gegenstücks impliziert und vom Gesetzgeber verwendet.[156] Aus § 3 Abs. 4 SGB III ergeben sich die Entgeltersatzleistungen des SGB III. Hiervon gehören zur passiven Arbeitsförderung das Arbeitslosengeld bei Arbeitslosigkeit, das Teilarbeitslosengeld und das Insolvenzgeld. Alle anderen im SGB III befindlichen Leistungen zählen zur aktiven Arbeitsförderung. Damit sind die Leistungen i.S.d. § 3 Abs. 4 SGB III nicht der passiven Arbeitsförderung gleichzusetzen. Entgeltersatzleistungen sind teilweise der aktiven Arbeitsförderung zuzuordnen, wie bspw. das Übergangsgeld bei Teilnahme an Maßnahmen zur Teilhabe am Arbeitsleben oder das Kurzarbeitergeld.

6 Die Kataloge der Leistungen für Arbeitnehmer und Arbeitgeber reichen **von Beratungsangeboten bis zu Geldleistungen**. Schwerpunkt der Geldleistungen sind die Entgeltersatzleistungen bei Arbeitslosigkeit (§§ 136ff. SGB III). **Geldleistungen**, die **nicht** zu **Entgeltersatzleistungen** zählen, sind z.B. die Berufsausbildungsbeihilfe und das Ausbildungsgeld. Diese decken lediglich ein vermutetes Existenzminimum des Berechtigten ab, sollen aber nicht einen Ersatz für (nicht mehr erzieltes oder erzielbares) Entgelt darstellen.

II. Arbeitslosengeld, §§ 136ff. SGB III

1. Allgemeines

7 Das Arbeitslosengeld ist eine von fünf Arten der **Entgeltersatzleistungen**, § 3 Abs. 4 Nr. 1 SGB III. Es wird unterschieden zwischen einem Anspruch bei Arbeitslosigkeit und einem bei beruflicher Weiterbildung, § 136 Abs. 1 SGB III. Das Arbeitslosengeld bei Arbeitslosigkeit stellt die **wichtigste Versicherungsleistung** des SGB III dar.

8 Arbeitslose müssen lediglich die Anwartschaftszeit erfüllt haben, d.h. in einem **Versicherungspflichtverhältnis** gestanden haben. Ob (ggf. zu Unrecht) keine Beiträge entrichtet worden sind, ist für den Anspruch auf Arbeitslosengeld hingegen nicht von Bedeutung. Arbeitslosengeld kann hingegen nicht beansprucht werden, wenn zwar Beiträge (zu Unrecht) entrichtet worden sind, die arbeitslose Person aber nicht in einem Versicherungspflichtverhältnis gestanden hat. Das ist etwa der Fall, wenn die betroffene Person nicht als Arbeitnehmer tätig war und die Beteiligten hiervon irrtümlich ausgegangen sind.[157] Etwas anderes galt nach § 336 SGB III bis zum 31.03.2022 dann, wenn die Bundesversicherungsanstalt für Angestellte im Statusverfahren nach § 7a Abs. 1 SGB IV die Versicherungspflicht zur Arbeitslosenversicherung festgestellt hat. Diese leistungsrechtliche Bindungswirkung ist inzwischen jedoch, da eine Feststellung über die Versicherungspflicht durch die Deutsche Rentenversicherung Bund nicht mehr erfolgt, entfallen (siehe dazu § 56 Rn. 20).

---

156 BeckOKSozR/Marschner § 3 Rn. 1
157 BSG 4.9.1979 SozR 4100 § 168 Nr. 10.

Im Bereich der Arbeitslosenversicherung herrscht lediglich eine Gruppenäquivalenz und **keine Individualäquivalenz** (siehe dazu § 52 Rn. 33ff.) zwischen Beitragsleistung und Leistungsanspruch.[158] Die gewährte Leistung entspricht daher nicht dem mathematischen Betrag, der sich ergibt, wenn die individuellen Beiträge angespart worden wären. Im Gegensatz zur Rentenversicherung handelt es sich bei der Arbeitslosenversicherung gerade nicht um eine Anspar-, sondern um eine Risikoversicherung. Trotzdem besteht eine Äquivalenz insofern, als das Arbeitslosengeld anhand des zuletzt erzielten Arbeitsentgelts errechnet wird, das zugleich auch Grundlage zur Berechnung der Beitragslast war. 9

Arbeitslose, die Arbeitslosengeld beanspruchen, machen ein soziales Recht i.S.d. § 2 SGB I geltend. Die Geltendmachung unterliegt den Bestimmungen der allgemeinen Teile des Sozialrechts, also u.a. dem **Territorialitätsprinzip** (§ 30 SGB I, § 3 SGB IV). Danach müssen Arbeitslose bei Arbeitslosmeldung bzw. Antragstellung grundsätzlich einen **inländischen Wohnsitz oder gewöhnlichen Aufenthalt** haben. Von diesem Grundsatz sieht § 30 Abs. 2 SGB I allerdings Ausnahmen vor, die in Regelungen des über- und zwischenstaatlichen Rechts vorgesehen sind. Diese gelten insbesondere für Grenzgänger. In diesem Zusammenhang sind insbesondere die Regelungen der VO 883/2004/EG zu beachten (siehe dazu § 75). 10

Der Umstand, dass jemand seinen Wohnsitz außerhalb des Geltungsbereichs des Sozialgesetzbuchs hat, steht dem Anspruch auf Leistungen bei Arbeitslosigkeit nicht entgegen, wenn sämtliche Anspruchsvoraussetzungen des § 136 SGB III erfüllt sind, u.a. die arbeitslose Person im Nahbereich einer deutschen Agentur für Arbeit wohnt und sie für die Agentur für Arbeit erreichbar ist.[159] 11

2. Die Anspruchsvoraussetzungen, § 137 SGB III

Die **Voraussetzungen** für den Anspruch auf Arbeitslosengeld bei Arbeitslosigkeit sind in **§ 137 Abs. 1 SGB III** aufgeführt. Danach hat Anspruch auf Arbeitslosengeld bei Arbeitslosigkeit, wer 12
- **arbeitslos** ist,
- sich bei der Agentur für Arbeit **arbeitslos gemeldet** und
- die **Anwartschaftszeit erfüllt** hat.
- Ferner darf nach § 136 Abs. 2 SGB III i.V.m. § 35 SGB VI das **67. Lebensjahr** noch **nicht vollendet** sein. Für ältere Versicherte gilt die im Rentenrecht einschlägige Übergangsregelung des § 235 SGB VI entsprechend.

Der Anspruch auf Arbeitslosengeld entsteht, wenn alle Voraussetzungen des § 137 SGB III **zur gleichen Zeit** vorliegen. Bei dem Anspruch ist jedoch zu differenzieren zwischen dem Stammrecht und dem konkreten Leistungsanspruch. Als Stammrecht wird eine öffentlich-rechtliche, vermögenswerte Rechtsposition verstanden, welche mit dem erstmaligen Eintritt des Versicherungsfalles entsteht. Ab diesem Zeitpunkt ist die Rechtsposition für den Betroffenen derart gefestigt, dass Dauer und Höhe der Leistung feststehen. Daher wird bereits das Stammrecht verfassungsrechtlich über Art. 14 Abs. 1 GG geschützt (siehe dazu § 54 Rn. 39ff.).[160] 13

Davon getrennt kann auch ein konkreter Leistungsanspruch bestehen. Dieser stellt eine Konkretisierung des Stammrechts dar.[161] Auf den Leistungsanspruch hat auch das Vorliegen von Ruhenstatbeständen (siehe dazu § 58 Rn. 83ff.) Einfluss und hindert ihn am Entstehen. Das Stammrecht hingegen bleibt hiervon unberührt.[162] 14

Kann nicht festgestellt werden, ob die **Tatbestandsvoraussetzungen** für die Gewährung von Arbeitslosengeld vorliegen, trägt der Antragsteller, der das Recht in Anspruch nimmt, nach den im so- 15

158 BSG 18.8.1992 SozR 3-4100 § 168 Nr. 10.
159 BSG 9.2.1994 SozR 3-6050 Art. 71 Nr. 5.
160 BVerfG 12.2.1986, BVerfGE 72, 9.
161 BeckOK/Baldschun § 136 Rn. 16.
162 BSG 9.8.1990 SozR 3-4100 § 105a Nr. 2.

zialgerichtlichen Verfahren geltenden **Regeln über die objektive Beweislast** die Folgen der **Nichterweislichkeit.**[163]

Beispiel:
Ist z. B. nicht erweislich, dass die arbeitslose Person verfügbar war, kann sie einen Anspruch auf Arbeitslosengeld nicht gerichtlich durchsetzen.

Wird dagegen um die Aufhebung eines Bewilligungsbescheides gestritten, hat die Agentur für Arbeit die Folgen der Nichterweislichkeit zu tragen.

a) Arbeitnehmerinnen und Arbeitnehmer

16 Nach § 136 Abs. 1 SGB III haben nur **Arbeitnehmerinnen und Arbeitnehmer** einen Anspruch auf Arbeitslosengeld. Der Begriff des Arbeitnehmers ist **im SGB III nicht definiert**. Er muss sich von dem üblichen Arbeitnehmerbegriff unterscheiden, da die dort maßgebliche abhängige Beschäftigung während der Arbeitslosigkeit gerade nicht vorliegt.

17 Klassischerweise wird als **Arbeitnehmer i. S. d. §§ 136ff. SGB III** nur angesehen, wer im Zeitpunkt der Antragstellung bzw. Arbeitslosmeldung und während der Zeit der anschließenden faktischen Beschäftigungslosigkeit für die Dauer des Anspruchs auf Arbeitslosengeld nach den Gesamtumständen des Einzelfalls dem Kreis von Personen zuzurechnen ist, der andernfalls in dieser Zeit **eine abhängige Beschäftigung von mehr als geringfügigem Umfang ausüben würde**.[164] Nicht erfasst werden hingegen Personen, die ausschließlich eine selbständige Tätigkeit oder eine Tätigkeit als Richter oder Beamter anstreben. Die Arbeitnehmereigenschaft ist somit im Wege einer auf die Zukunft gerichteten **Prognose** festzustellen. Aus der zunehmenden Förderung der Aufnahme einer selbständigen Tätigkeit muss jedoch gefolgert werden, dass auch Personen, die mithilfe eines Gründungszuschusses ihre Arbeitslosigkeit durch Aufnahme einer selbständigen Tätigkeit beenden wollen, als Arbeitnehmer in diesem Sinne zu gelten haben. Denn bei Aufnahme der selbständigen Tätigkeit müssen Arbeitslose noch einen Restanspruch auf Arbeitslosengeld von mindestens 150 Tagen besitzen und dieser darf nicht allein auf § 147 Abs. 3 SGB III beruhen, vgl. § 93 Abs. 2 Nr. 1 SGB III. Dieser Anspruch besteht aber nach § 136 SGB III nur, wenn er Arbeitnehmer ist. Aufgrund dieser Ausdehnung des Arbeitnehmerbegriffs ist es zutreffend, wenn der Arbeitnehmerbegriff der §§ 136ff. SGB III als Synonym für „Mensch" oder „Person"[165] bezeichnet wird. Ein Gleichlauf mit dem arbeitsrechtlichen Arbeitnehmerbegriff besteht nicht. 2012 wurde im § 137 SGB III auch der Begriff des Arbeitnehmers aufgegeben. Stattdessen ist jetzt anspruchsberechtigt, **wer** die Voraussetzungen erfüllt. Mit dieser neutralen Wortwahl sind nicht nur weibliche, männliche und diverse Personen angesprochen. Vielmehr entspricht die Norm dem eigentlichen Gedanken, weil die Arbeitnehmereigenschaft für den Anspruch nicht benötigt wird. Der Arbeitnehmer muss vor Eintritt der Beschäftigungslosigkeit nicht unbedingt eine Beschäftigung ausgeübt haben.[166]

18 Die bis zum Eintritt der Arbeitslosigkeit **verrichteten Beschäftigungen** und Tätigkeiten sowie der **Berufswunsch** der Arbeitslosen für ihre fernere Zukunft stellen **lediglich Indizien** für die Bejahung oder Verneinung der Arbeitnehmereigenschaft im Anspruchszeitraum dar.

Beispiele:
Demnach kann auch eine **Rechtsanwältin**, die letztlich nur selbständig tätig werden will, arbeitslos sein, solange sie zur Absicherung ihrer Existenz für eine Übergangszeit eine abhängige Beschäftigung von mehr als kurzzeitigem Umfang anstrebt.[167]

---

163 BSG 24.10.1957, BSGE 6, 70.
164 BSG 11.3.1976 SozR 4100 § 101 Nr. 1.
165 Eicher/Schlegel/Söhngen § 138 Rn. 35.
166 BSG 15.6.1976 SozR 4100 § 101 Nr. 2.
167 BSG 25.8.1981 DBlR 2677a AFG/§ 102.

Das gilt auch für Juristinnen und **Juristen**, die die erste Staatsprüfung bestanden haben und in naher Zukunft ihren Vorbereitungsdienst antreten wollen, für den dazwischenliegenden Zeitraum.[168]

Arbeitnehmerinnen und Arbeitnehmer können demnach grundsätzlich auch **Schüler**, **Studierende**, **Beamte im Ruhestand**[169] oder **bisher Selbständige** sein. Bei diesen Personen kann die Erfüllung der Anspruchsvoraussetzungen des § 136 SGB III aber möglicherweise an der mangelnden Erfüllung der Anwartschaftszeit (§ 142 SGB III) scheitern.

---

b) Arbeitslosigkeit

Weitere Anspruchsvoraussetzung ist die Arbeitslosigkeit (zum Versicherungsfall der Arbeitslosigkeit siehe dazu § 55). 19

c) Arbeitslosmeldung

Weitere Voraussetzung für einen Anspruch auf Arbeitslosengeld gem. § 137 Abs. 1 Nr. 2 SGB III ist die **Arbeitslosmeldung**. Die Einzelheiten sind in § 141 SGB III geregelt. Danach haben sich Arbeitslose **bei der zuständigen Agentur für Arbeit zu melden**, um ihre Arbeitslosigkeit mitzuteilen. Das frühere Erfordernis, dass diese Meldung persönlich zu erfolgen hat, hat der Gesetzgeber durch das Gesetz zur Förderung der beruflichen Weiterbildung im Strukturwandel und zur Weiterentwicklung der Ausbildungsförderung mit Wirkung **zum 1.1.2022** aufgehoben und § 38 Abs. 1 SGB III geändert.[170] Nunmehr ist es möglich, die Meldung auf andere Weise, insbesondere auch elektronisch (§ 141 Abs. 1 S. 1 SGB III)[171], telefonisch oder schriftlich vorzunehmen. Durch die Meldung wird der Agentur für Arbeit die Kenntnis vermittelt, dass ein Versicherungsfall eingetreten und die Vermittlung der arbeitslosen Person nunmehr in die Wege zu leiten ist. Weiterer Zweck der Arbeitslosmeldung ist es, deren Vermittlungsfähigkeit einschätzen zu können. Die Pflichten der Agentur zur Arbeit die Beratung und Vermittlung **unverzüglich** aufzunehmen, ist nunmehr in § 141 Abs. 4 SGB III ausdrücklich geregelt. 20

Die Arbeitslosmeldung ist **keine Willenserklärung**, sondern eine **Tatsachenerklärung**.[172] Sie unterliegt daher nicht den Gestaltungsmöglichkeiten einer Willenserklärung. Eine Arbeitslosmeldung kann somit weder widerrufen werden noch durch einen Vertreter erfolgen. Ein gesonderter Antrag ist nicht erforderlich. Vielmehr wird dieser nach § 323 Abs. 1 S. 2 SGB III fingiert. 21

Die Arbeitslosmeldung ist **am ersten Tag der Arbeitslosigkeit** zu erklären, um von diesem Tag an den Arbeitslosengeldanspruch zu erwerben. Sie kann allerdings auch **schon früher** – während noch bestehendem Arbeits- bzw. Beschäftigungsverhältnis – erfolgen, wenn voraussichtlich innerhalb der nächsten drei Monate Arbeitslosigkeit eintritt, § 141 Abs. 1 S. 3 SGB III.[173] Ihre leistungsrechtliche Wirkung entfaltet die Arbeitslosmeldung allerdings erst mit Beginn der Arbeitslosigkeit. 22

Von der Arbeitslosmeldung abzugrenzen ist die **Pflicht** bzw. genauer die Obliegenheit, **sich frühzeitig arbeitsuchend zu melden** (siehe dazu § 58 Rn. 164ff.). Wer arbeitssuchend ist muss noch nicht arbeitslos sein. Während die Meldung als arbeitslos erforderlich ist, damit überhaupt ein Anspruch auf Arbeitslosengeld besteht, für die Verletzung der Pflicht sich rechtzeitig arbeitssuchend zu melden zu einer Sperrzeit und damit einem Ruhen dieses Anspruchs. Die Meldung als arbeitslos setzt Beschäftigungslosigkeit voraus. Genau daran fehlt es jedoch demjenigen, den die Meldepflicht aus § 38 Abs. 1 SGB III trifft, weil sie noch in einem Beschäftigungsverhältnis stehen. Die Meldepflicht gilt nach § 38 Abs. 1 SGB III für Personen, deren Arbeits- oder Ausbildungsverhältnis endet und knüpft an einen noch früheren Zeitpunkt als die Arbeitslosmeldung an: Um die zur Verfügung ste- 23

---

168 BSG 15.6.1976 SozR 4100 § 101 Nr. 2.
169 S. hierzu BSG 15.2.1979 SozR 2200 § 1248 Nr. 28.
170 BGBl. 2020 I S. 1049, 1050.
171 BGBl. 2020 I S. 1049, 1050.
172 BSG 9.12.1958, BSGE 9, 7, 12.
173 BGBl. 2020 I S. 1049, 1050.

hende Zeit bis zum Eintritt der Arbeitslosigkeit bestmöglich zu Vermittlungszwecken zu nutzen, besteht die Meldepflicht drei Monate vor Beendigung des Arbeitsverhältnisses. Kann diese **Drei-Monats-Frist** nicht eingehalten werden, weil zwischen der Kenntnis des Beendigungszeitpunkts und der Beendigung des Arbeitsverhältnisses weniger Zeit liegt, muss die Meldung **innerhalb von drei Tagen** nach Kenntnis des Beendigungszeitpunkts erfolgen. Das Versäumen der Frist hat nach § 159 Abs. 1 Nr. 9 SGB III Auswirkungen auf das Arbeitslosengeld (siehe unter § 58 Rn. 164ff.).

24 Da die Arbeitslosmeldung materielle Anspruchsvoraussetzung ist, entsteht der Anspruch auf Arbeitslosengeld erst, wenn eine Meldung vorliegt. Vom Zeitpunkt der Anspruchsentstehung sind **bestimmte Rechtsfolgen abhängig**. Dies gilt insbesondere für die **Anspruchsdauer nach** § 147 SGB III und für den **Wegfall von Sperrzeitfolgen hinsichtlich der Anspruchsdauer nach** § 148 Abs. 2 S. 2 SGB III. In bestimmten Fällen kann es sinnvoll sein, die Arbeitslosmeldung erst zu einem späteren Zeitpunkt zu tätigen, um die nächsthöhere Lebensaltersstufe zu erreichen bzw. um die Jahresfrist des § 148 Abs. 2 S. 2 SGB III zu vollenden und damit einer Kürzung der Anspruchsdauer zu entgehen. Die Agentur für Arbeit trifft bei Vorliegen eines konkreten Anlasses die Pflicht, Arbeitslose auf diese Gestaltungsmöglichkeit hinzuweisen.[174] Verletzt die Arbeitsagentur ihre Pflicht, können diese im Wege eines **sozialrechtlichen Herstellungsanspruchs** so gestellt werden, wie sie bei ordnungsgemäßer Beratung gestanden hätten. Das führt zu einer Fiktion des Zeitpunktes der Meldung auf einen späteren Zeitpunkt.[175]

25 Die Arbeitslosmeldung ist bei der zuständigen Agentur für Arbeit abzugeben. **Zuständige Agentur für Arbeit** ist nach § 327 Abs. 1 S. 1 SGB III die Agentur für Arbeit, in deren Bezirk der Arbeitnehmer bei Eintritt der leistungsbegründenden Tatbestände (Arbeitslosigkeit) seinen **Wohnsitz** hat. Solange der Arbeitnehmer sich nicht an seinem Wohnsitz aufhält, ist die Agentur für Arbeit zuständig, in deren Bezirk der Arbeitnehmer bei Eintritt der leistungsbegründenden Tatbestände seinen gewöhnlichen Aufenthalt hat, § 327 Abs. 1 S. 2 SGB III.

26 Ist die **zuständige Agentur für Arbeit** an dem Tag, an dem sich eine arbeitslose Person arbeitslos melden will, **nicht dienstbereit**, so wirkt die Meldung nach § 141 Abs. 2 SGB III auf diesen Tag zurück, wenn sie sich am nächsten Tag, an dem die Agentur für Arbeit dienstbereit ist, erneut meldet. Es handelt sich dabei um eine **Fiktion** und die einzige Ausnahme von dem Grundsatz, dass die Meldung nicht zurückwirken kann. Der Grund für diese Ausnahme liegt darin, dass es unbillig wäre, denjenigen schlechter zu stellen, der aus von der Agentur für Arbeit zu vertretenden Gründen seiner Pflicht nicht nachkommen konnte.[176]

27 In bestimmten Fällen **erlischt die Wirkung der Arbeitslosmeldung** und muss daher wiederholt bzw. erneuert werden. Nach § 141 Abs. 3 Nr. 1 SGB III erlischt die Wirkung der Meldung, wenn die **Arbeitslosigkeit mehr als sechs Wochen unterbrochen** wird (z. B. durch eine Krankheit). Ist die Unterbrechung kürzer als sechs Wochen, lebt der Anspruch auf Arbeitslosengeld mit Entfallen des Unterbrechungsgrundes wieder auf.

28 Die Wirkung der Meldung erlischt auch, wenn die arbeitslose Person eine Beschäftigung, eine selbständige Tätigkeit oder eine Tätigkeit als mithelfende Familienangehörige **aufnimmt und dies der Agentur für Arbeit nicht unverzüglich mitteilt**, § 141 Abs. 3 Nr. 2 SGB III, also ihre Anzeigepflicht verletzt. Hierunter fallen allerdings keine Tätigkeiten, die weniger als 15 Stunden in der Woche umfassen, soweit sie die Arbeitslosigkeit nicht unterbrechen. Anzeigepflichtig sind nicht nur sozialversicherungspflichtige oder durch einen schriftlichen Arbeitsvertrag vereinbarte Beschäftigungen. Bereits die Aufnahme einer unentgeltlichen Tätigkeit lässt die Wirkung der Arbeitslosmeldung entfallen, wenn die erbrachte Arbeitsleistung ansonsten üblicherweise durch einen Arbeitnehmer ausgeführt wird. Daher ist der Bundesagentur für Arbeit auch die Aufnahme eines **Praktikums** unverzüglich anzuzeigen, um leistungsrechtliche Nachteile zu vermeiden.[177]

---

174 BSG 5.8.1999 SozR 3-4100 § 110 Nr. 2.

175 Nach BSG 5.8.1999 SozR 3-4100 § 110 Nr. 2.

176 BeckOGK/Baldschun § 141 SGB III Rn. 44.

177 BSG 13.7.2006, NZA-RR 2007, 382, 383f.

Die betreffende Tätigkeit muss der Agentur für Arbeit **unverzüglich** angezeigt werden. Unverzüglich bedeutet ohne schuldhaftes Zögern i.S.d. § 121 Abs. 1 BGB. Mit der Regelung soll verhindert werden, dass Personen, die **Schwarzarbeit** leisten und ihre Beschäftigung der Agentur für Arbeit verschweigen ungerechtfertigt Vorteile ziehen können.[178] 29

Beispiel:
Arbeitslose, die eine z.B. lediglich achttägige Schwarzarbeit verrichten, erhalten weder in der Zeit der Schwarzarbeit noch in der darauffolgenden Zeit Arbeitslosengeld. Ihr Anspruch kann erst wieder geltend gemacht werden, wenn sie sich **bei der Agentur für Arbeit erneut arbeitslos melden.**

d) Erfüllung der Anwartschaftszeit

Schließlich müssen Arbeitslose nach § 137 Abs. 1 Nr. 3 SGB III die **Anwartschaftszeit** erfüllt haben, um einen Anspruch auf Arbeitslosengeld zu erhalten. Dazu müssen sie innerhalb der Rahmenfrist (§ 143 SGB III) **mindestens zwölf Monate (360 Kalendertage, § 339 SGB III) in einem Versicherungspflichtverhältnis gestanden** haben, § 142 Abs. 1 S. 1 SGB III. Der Begriff des Versicherungspflichtverhältnisses ist in den §§ 24ff. SGB III konkretisiert (siehe dazu § 56 Rn. 5ff.). Die Zeiten brauchen nicht zusammenhängend verlaufen zu sein. 30

Die **Rahmenfrist** beträgt grundsätzlich **30 Monate** (§ 143 Abs. 1 SGB III). Sie wird rückwärts ab dem Tag vor Erfüllung aller sonstigen Voraussetzungen für einen Arbeitslosengeldanspruch berechnet, § 143 Abs. 1 SGB III. Sie hat die Funktion, einen **aktuellen Bezug des Versicherten zur Solidargemeinschaft** herzustellen. Nur wer im Zeitraum vor der Anspruchstellung Beiträge geleistet hat, soll auch Leistungen beziehen können, ohne dass dabei Personen benachteiligt werden dürfen, die Unterbrechungen in ihrer Erwerbsbiographie aufweisen. Die Norm erweist sich damit als Kompromiss zwischen dem Schutz der Solidargemeinschaft und dem Interesse derjenigen, die in der Vergangenheit Beiträge geleistet haben Leistungen zu erhalten. Es handelt sich um eine Ausprägung des **Äquivalenzprinzips**. Der Zeitraum der Rahmenfrist ist kürzer, wenn er andernfalls in eine vorherige Rahmenfrist hineinreichen würde, § 143 Abs. 2 SGB III. Durch diese Regelung wird vermieden, dass Beschäftigungszeiten mehrmals eine Anwartschaftszeit begründen. 31

Beispiel:
Die arbeitslose Person hat nach einer Arbeitslosmeldung am 3.2.2018 ein Jahr Arbeitslosengeld bezogen und danach einen Arbeitsplatz gefunden. Am 3.1.2020 meldet sie sich erneut arbeitslos. Die Rahmenfrist reicht nur vom 2.1.2020 bis zum 3.2.2018 und nicht bis zum 2.1.2018. In dem vor Februar 2018 liegenden Zeitraum bestand eine weitere Rahmenfrist, in welche die neue Rahmenfrist nicht hineinreichen darf. Es ist nun festzustellen, ob die Person in der verkürzten Rahmenfrist zwölf Monate versicherungspflichtig beschäftigt war. Dies ist im Beispielsfall zu verneinen.

Eine **Ausnahme** von der Dauer der Rahmenfrist statuiert § 143 Abs. 3 SGB III. Danach werden Zeiten des **Bezuges von Übergangsgeld** von einem Rehabilitationsträger wegen einer **berufsfördernden** Maßnahme nicht in die Rahmenfrist eingerechnet, sondern führen zu einer entsprechenden **Fristverlängerung**. In diesen Fällen wird die Rahmenfrist jedoch um maximal drei auf **höchstens fünf Jahre** verlängert. Obwohl der Gesetzgeber erkannte, dass diese Verlängerung dem Versicherungsprinzip widerspricht, hielt er daran fest, um der „besonderen Verflechtung des Rechts der beruflichen Rehabilitation in allen Zweigen der Sozialversicherung" gerecht zu werden.[179] Maßnahmen der medizinischen Rehabilitation werden von der Vorschrift nicht erfasst. Für diese gilt § 26 Abs. 2 Nr. 1 SGB III. 32

178 BT-Drs. 13/4941, S. 176.
179 BT-Drs. 15/1515 S. 84.

33 Nach § 142 Abs. 1 S. 2 SGB III dienen Zeiten nicht zur Erfüllung der Anwartschaftszeit, die vor dem Erlöschen des Arbeitslosengeldanspruchs aufgrund von Sperrzeiten liegen. Damit ist die Regelung des § 161 Abs. 1 Nr. 2 SGB III gemeint, die als **Folge** ein Erlöschen anordnet, wenn die arbeitslose Person Anlass zu insgesamt mindestens 21-wöchigen **Sperrzeiten** gegeben hat. Das Zusammenspiel der Vorschriften bewirkt also ein Erlöschen des Anspruchs verbunden mit dem Verfall von Zeiten, die zur Begründung einer Anwartschaftszeit beitragen können, aber noch nicht zu einer Anwartschaftszeit „erstarkt" sind.

34 Ist eine Anwartschaftszeit bereits entstanden, steht sie unter dem **Schutz des Art. 14 Abs. 1 GG.** Dessen Schutzbereich erfasst nicht erst den entstandenen Arbeitslosengeldanspruch, sondern bereits eine Anwartschaft auf diesen[180] (siehe dazu § 54 Rn. 39ff.).

e) Altersgrenze

35 Nach § 136 Abs. 2 SGB III kann Arbeitslosengeld nur beansprucht werden, wenn der Arbeitnehmer das für die Regelaltersrente erforderliche Lebensalter noch nicht erreicht hat. Dies ist nach § 35 SGB VI mit Überschreiten der Regelaltersgrenze durch **Vollendung des 67. Lebensjahres** der Fall. Für ältere Versicherte gilt die Übergangsregel des § 235 SGB VI.[181] Vom Beginn des folgenden Monats an wird Arbeitslosengeld nicht mehr gezahlt. Vollenden Arbeitslose das 67. Lebensjahr am Ersten eines Monats, haben sie bereits für diesen Monat keinen Anspruch auf Arbeitslosengeld.[182] Der Anspruch endet mit Ablauf des vorhergehenden Monats, da das 67. Lebensjahr mit Ablauf des vorhergehenden Tages – d.h. im vorhergehenden Monat – vollendet wurde (§§ 187 Abs. 2, 188 Abs. 2 BGB). Die Regelung knüpft nur an das Alter an, unabhängig davon, ob dem Betroffenen ein Anspruch auf gesetzliche Rente zusteht. Sie wurde vom BSG in einer Entscheidung aus dem Jahr 1977 für verfassungsmäßig gehalten.[183]

f) Arbeitslosengeld bei beruflicher Weiterbildung

36 Neben dem Anspruch auf Arbeitslosengeld bei Arbeitslosigkeit gibt es auch einen Anspruch auf **Arbeitslosengeld bei beruflicher Weiterbildung** (§ 144 SGB III). Nimmt ein Arbeitnehmer an einer Maßnahme der beruflichen Weiterbildung teil, kann er bereits nach den §§ 81ff. SGB III gefördert werden (siehe dazu § 60 Rn. 20ff.). Dabei handelt es sich um eine Förderung durch **Übernahme der Weiterbildungskosten** (vgl. § 81 Abs. 1 S. 1 SGB III). Um den Unterhalt während des Besuchs einer Weiterbildungsmaßnahme zu gewährleisten, wird eine zweite Form des Arbeitslosengeldes ausgezahlt: das **Arbeitslosengeld bei beruflicher Weiterbildung**. Dieses ist keine Ermessensleistung (§ 3 Abs. 3 Nr. 9 SGB III) und kann beansprucht werden, sofern die Voraussetzungen des § 144 SGB III vorliegen. Da dieser allerdings voraussetzt, dass eine Förderung nach § 81 SGB III stattfindet, die ihrerseits eine Ermessensleistung ist, steht und fällt der Anspruch mit der Entscheidung über die Förderung nach § 81 SGB III.

37 § 144 Abs. 1 SGB III fasst die **Voraussetzungen** so zusammen, dass alle Erfordernisse eines Anspruchs auf Arbeitslosengeld bei Arbeitslosigkeit gegeben sein müssen, ausgenommen derer, die allein wegen einer nach § 81 SGB III geförderten beruflichen Weiterbildung nicht erfüllt werden. Zunächst muss also **eine Förderung nach** § 81 SGB III gegeben sein. Dies setzt u.a. voraus, dass im Einzelfall die Notwendigkeit einer Weiterbildung festgestellt wurde und eine Förderung **nach pflichtgemäßem Ermessen stattfindet**. Nimmt der Leistungsberechtigte an einer Maßnahme der beruflichen Weiterbildung teil, die die Voraussetzungen des § 81 SGB III nicht erfüllt, ist die Verfügbarkeit unter den Voraussetzungen des § 139 Abs. 3 SBG III nicht ausgeschlossen. In diesem Fall kann daher

---

180 BVerfG 12.2.1986 SozR 4100 § 104 Nr. 13.
181 Kreikebohm/Dankelmann, § 235 SGB VI Rn. 1ff.
182 BSG 27.1.1977, BSGE 43, 128.
183 BSG 27.1.1977, BSGE 43, 128, 131.

ein Anspruch auf Arbeitslosengeld (bei Arbeitslosigkeit) bestehen (siehe dazu § 60 Rn. 20ff.). Der Anspruch auf Arbeitslosengeld bei beruflicher Weiterbildung hat weiterhin **im Wesentlichen die gleichen Voraussetzungen wie sein Parallelanspruch bei Arbeitslosigkeit**. Wesentlicher Unterschied ist aber, dass eine fehlende Verfügbarkeit wegen der Teilnahme an der geförderten Maßnahme nicht schadet.

Mit den **nicht erfüllten Voraussetzungen** für einen Anspruch bei Arbeitslosigkeit ist im Einzelnen Folgendes gemeint: 38

- Die **Beschäftigungslosigkeit entfällt** durch die Teilnahme an einer Weiterbildungsmaßnahme **nicht**, weil es sich dabei nicht um eine Beschäftigung i.S.d. § 7 Abs. 2 SGB IV handelt.
- Den an sie gestellten Anforderungen hinsichtlich der **Eigenbemühungen** genügt in der Regel, wer an einer Weiterbildungsmaßnahme teilnimmt. Diese stell eine Eigenbemühung dar, die im Rahmen der Verpflichtungen aus einer Eingliederungsvereinbarung erfolgen kann. Welche darüber hinausgehenden Eigenbemühungen unternommen werden müssen, ergibt sich aus dem jeweiligen Einzelfall. Die Anforderungen sind jedoch in der Regel angesichts des ausgefüllten Tagesablaufs reduziert.
- Wer an einer Weiterbildungsmaßnahme teilnimmt, dem **fehlt** es an der **Verfügbarkeit**. Im Normalfall wird keine Zeit für eine mindestens 15-stündige Beschäftigung neben der Maßnahme bleiben. Die fehlende Verfügbarkeit schadet aber nicht, wenn die Maßnahme nach § 81 SGB III gefördert wird.

Nehmen Arbeitslose an einer Maßnahme der beruflichen Weiterbildung teil, die nicht nach § 81 SGB III gefördert wird, **besteht der Anspruch auf Arbeitslosengeld bei beruflicher Weiterbildung nicht**. Gleichzeitig stünde einem Anspruch auf Arbeitslosengeld bei Arbeitslosigkeit entgegen, dass der Betroffene während der Maßnahme nicht verfügbar ist. Um trotzdem den Lebensunterhalt während einer solchen Maßnahme der beruflichen Weiterbildung abzusichern, wird die Verfügbarkeit nach § 139 Abs. 3 SGB III fingiert. Der wesentliche **Unterschied zum Arbeitslosengeld bei Weiterbildung** besteht darin, dass die Fiktion der Verfügbarkeit über § 139 Abs. 3 SGB III nur erfolgt, wenn die betroffene Person sich bereit erklärt, die Maßnahme sofort abzubrechen, sobald eine berufliche Eingliederung in Betracht kommt und sie die Möglichkeit des Abbruchs mit dem Träger der Maßnahme vereinbart. Dies ist im Rahmen des Arbeitslosengeldes bei beruflicher Weiterbildung nach § 144 SGB III nicht erforderlich. 39

In den Fällen, in denen Arbeitnehmer **nahtlos von einer Beschäftigung in eine Maßnahme der beruflichen Weiterbildung übergehen**, kann gem. § 144 Abs. 2 SGB III Arbeitslosengeld gewährt werden. Dies setzt allerdings voraus, dass 40

- im Zeitpunkt des Beginns der Maßnahme ein **Anspruch auf Arbeitslosengeld bei Arbeitslosigkeit bestehen würde**, der nicht ausgeschöpft oder erloschen ist, oder
- wäre Arbeitslosigkeit eingetreten – die **Anwartschaftszeit zum Zeitpunkt des Beginns der Maßnahme erfüllt gewesen wäre**. In diesem Fall wird der Tag, an dem die Maßnahme beginnt, als Tag der Arbeitslosmeldung fingiert.

3. Sonderformen des Arbeitslosengeldes, §§ 145ff. SGB III

Arbeitslose, die **mehr als sechs Monate in ihrer Leistungsfähigkeit gemindert** sind und deswegen nur noch zeitlich geringfügige (weniger als 15 Wochenstunden umfassende) oder überhaupt keine arbeitsmarktüblichen Beschäftigungen ausüben können, haben trotz Fehlen der Voraussetzungen für einen Anspruch auf Arbeitslosengeld die Möglichkeit, Arbeitslosengeld zu beziehen. Dazu wird nach **§ 145 SGB III** das **gesundheitliche Leistungsvermögen fingiert**, wenn der zuständige Träger der Rentenversicherung keine Erwerbsminderung im Sinne der Rentenversicherung festgestellt hat. 41

Im Übrigen müssen jedoch die weiteren Voraussetzungen für einen Anspruch auf Arbeitslosengeld vorliegen. Daher muss die betroffene Person zum Beispiel auch weiterhin erreichbar (siehe dazu § 57 Rn. 41ff.) sein. Durch die Regelung wird ausgeschlossen, dass die Agentur für Arbeit die Verfügbarkeit der arbeitslosen Person verneint und deshalb kein Arbeitslosengeld zahlt, gleichzeitig 42 der Rentenversicherungsträger das Vorliegen von verminderter Erwerbsfähigkeit verneint und deswegen keine Rente zahlt. Arbeitslose fielen in einem solchen Fall durch zwei Netze der sozialen Sicherheit. Um dies zu verhindern, hat der Gesetzgeber mit § 145 SGB III eine sog. **Nahtlosigkeitsregelung** getroffen, nach der die Agenturen für Arbeit Arbeitslosengeld zahlen müssen, solange eine verminderte Erwerbsfähigkeit durch den Rentenversicherungsträger noch nicht festgestellt worden ist. Der vom Rentenversicherungsträger getroffenen Feststellung kommt insoweit für die BA Bindungswirkung zu.[184]

43 Bemerkenswert ist die Regelung in § 145 Abs. 1 S. 3 SGB III, die eine **Arbeitslosmeldung durch Vertreter** zulässt.

44 Für die **Arbeitslosengeldfortzahlung im Krankheitsfall** enthält **§ 146 SGB III** eine **Parallele zum Entgeltfortzahlungsgesetz (EFZG)**. Arbeitslose, die während des Bezuges von Arbeitslosengeld **krank** und infolgedessen **arbeitsunfähig** werden, ohne dass sie ein Verschulden hieran trifft, können in dieser Zeit auch weiterhin Arbeitslosengeld beziehen, dies allerdings nur bis zur **Dauer von sechs Wochen**. Dies gilt ebenfalls, wenn Arbeitslose während des Arbeitslosengeldbezugs in einem Krankenhaus stationär behandelt werden. Auch bei dieser Vorschrift handelt es sich um **eine Fiktion des fehlenden Merkmals Arbeitslosigkeit**. Die Betroffenen wären für den entsprechenden Zeitraum nicht verfügbar. Hintergrund der Regelung ist es, einen **Wechsel des Sozialleistungsträgers** für den verhältnismäßig kurzen Zeitraum von sechs Wochen zu **vermeiden**.

45 Die Voraussetzung „ohne Verschulden“ ist angelehnt an § 3 Abs. 1 S. 1 EFZG und dementsprechend zu verstehen. Gemeint ist damit also lediglich ein besonders leichtfertiges oder vorsätzliches Verhalten im Sinne eines **Verschuldens gegen sich selbst**. Nicht jedes schuldhafte Handeln führt zu einem Ausschluss des Weiterbezuges nach § 146 Abs. 1 SGB III.

46 Auch bei **Betreuung eines erkrankten Kindes** ist nach § 146 Abs. 2 SGB III unter bestimmten Voraussetzungen die Leistungsfortzahlung von Arbeitslosengeld vorgesehen. Voraussetzung ist, dass das Kind das zwölfte Lebensjahr noch nicht vollendet hat, es nach ärztlichem Zeugnis **beaufsichtigt**, betreut oder gepflegt werden muss und die Pflege nicht von einer anderen, in demselben Haushalt lebenden Person zumutbar übernommen werden kann. In diesem Fall wird für zehn bzw. bei Alleinerziehenden für 20 Tage Arbeitslosengeld weitergewährt. Im Kalenderjahr liegt die Grenze bei 25 bzw. bei alleinerziehenden Arbeitslosen bei 50 Tagen.

Im Zuge der **Covid-19-Pandemie** wurde für das Kalenderjahr 2020 die Leistungsfortzahlung des Arbeitslosengeldes bei Betreuung eines erkrankten Kindes von zehn auf 15, bei alleinerziehenden Arbeitslosen von 20 auf 30 Tage und zugleich der Zeitraum, für den diese Leistungsfortzahlung jährlich maximal beansprucht werden kann, von 25 (50) auf 35 (70) Tage ausgeweitet und in den Jahren 2021 bis 2023 nochmals erhöht. Für die Kalenderjahre 2024 und 2025 werden die Bezugszeiträume nunmehr wieder auf das Niveau von 2020 zurückgeführt. Die Regelungen hierzu finden sich in **§ 421d Abs. 3 SGB III**.

4. Dauer des Anspruchs auf Arbeitslosengeld, § 147 SGB III

47 Der **Anspruch auf Arbeitslosengeld ist zeitlich begrenzt**. Seine Dauer beträgt **zwischen sechs und zwölf, sowie in Ausnahmefällen bis zu 24 Monaten**. Nach § 339 SGB III wird für die Berechnung von Leistungen ein Monat mit 30 Tagen berechnet. Ein zwölfmonatiger Anspruch endet daher nach 360 Tagen. Wie lange Arbeitslose Arbeitslosengeld beziehen können, richtet sich gem. § 147 SGB III nach

- der **Dauer der vorhergegangenen Versicherungspflichtverhältnisse**, d.h. in den meisten Fällen nach der Dauer der vorhergegangenen Beschäftigungsverhältnisse, und
- dem **Lebensalter**.

184 BSG 12.6.1992, BSGE 71, 12, 16.

Die Dauer des Anspruchs auf Arbeitslosengeld hängt damit nicht allein von der Dauer der Beitragsentrichtung ab. Dies ist sachgerecht, weil es sich bei der Arbeitslosenversicherung nicht um eine Ansparversicherung handelt, sondern um eine Risikoversicherung. 48

Während der Corona-Pandemie hat der Gesetzgeber den Schutz temporär für bestimmte Personen erweitert. Für Personen, deren Anspruch auf Arbeitslosengeld sich in der Zeit vom 1.5.2020 bis zum 31.12.2020 erschöpfen würde, wurde die Anspruchsdauer einmalig um drei Monate verlängert (§ 421d Abs. 1 SGB III). Die Regelung soll während der Corona-Pandemie ein Abrutschen der betroffenen Personen in das System der Grundsicherung für Arbeitssuchende verhindern. 49

Die konkrete Anspruchsdauer ergibt sich aus der Tabelle in § 147 Abs. 2 SGB III: 50

Nach Versicherungspflichtverhältnissen mit einer Dauer von insgesamt mindestens ... Monaten	und nach Vollendung des ... Lebensjahres	... Monate
12		6
16		8
20		10
24		12
30	50.	15
36	55.	18
48	58.	24

Maßgeblich für § 147 Abs. 1 Nr. 1 SGB III sind die Versicherungspflichtverhältnisse in der um 30 Monate erweiterten Rahmenfrist (vgl. § 143 SGB III). Da die Rahmenfrist in der Regel 30 Monate beträgt, müssen die für die Anspruchsdauer maßgeblichen Vorversicherungszeiten der letzten fünf Jahre nachgewiesen werden. 51

Die Anspruchsdauer unterlag einem stetigen Wandel. Zuletzt wurde ein neuer Abs. 3 zum 1.8.2009 eingeführt. Diese Neuerung hatte den Zweck, Personen, die nur kurze Zeit beschäftigt sind, auch die Möglichkeit zu geben, einen Anspruch auf Arbeitslosengeld zu erwerben.[185] Hiernach beträgt die Dauer des Anspruchs auf Arbeitslosengeld unabhängig vom Lebensalter: 52

Nach Versicherungspflichtverhältnissen mit einer Dauer von insgesamt mindestens ... Monaten	Monate
6	3
8	4
10	5

Nach § 147 Abs. 3 S. 2 SGB III sind nur die Versicherungspflichtverhältnisse innerhalb der Rahmenfrist des § 143 SGB III zu berücksichtigen. 53

In bestimmten Fällen ist es **möglich**, durch den **Zeitpunkt der Arbeitslosmeldung** die Dauer des Arbeitslosengeldanspruchs **zu steuern**. Warten Arbeitslose ab, bis sie die **nächste Lebensaltersstufe** erreicht haben, bewirken sie eine **längere Anspruchsdauer**. Verletzt die Agentur für Arbeit ihre diesbezügliche Hinweispflicht, können Arbeitslose im Wege des **sozialrechtlichen Herstellungsanspruchs** vorgehen.[186] 54

185 BeckOGK/Behrend § 147 Rn. 12.
186 SG Koblenz 3.4.2001, NZS 2001, 500f.

55 Die **Dauer des Anspruchs** auf Arbeitslosengeld **verlängert sich** nach § 147 Abs. 4 SGB III **um die Restdauer eines Anspruchs auf Arbeitslosengeld**, der gem. § 161 Abs. 1 Nr. 1 SGB III wegen der Entstehung eines neuen Anspruchs erloschen ist. Voraussetzung ist allerdings, dass nach der Entstehung des erloschenen Anspruchs **noch keine fünf Jahre** verstrichen sind. Die Verlängerung ist längstens bis zu der dem Lebensalter der Arbeitslosen zugeordneten Höchstdauer möglich.

5. Minderung und Verlängerung der Anspruchsdauer, § 148 SGB III

56 Nach § 148 SGB III kann sich die Anspruchsdauer mindern bzw. verlängern.

a) Minderung der Anspruchsdauer

57 Die Anspruchsdauer mindert sich in den in § 148 Abs. 1 SGB III genannten Fällen. Die Minderungsgründe lassen sich aufteilen in Minderung wegen Erfüllung des Anspruchs, wegen Ruhen des Anspruchs und aus sonstigen Gründen. Hiernach mindert sich die Dauer des Anspruchs um

- die Anzahl von Tagen, für die der Anspruch auf **Arbeitslosengeld wegen Arbeitslosigkeit** erfüllt worden ist (§ 148 Abs. 1 Nr. 1 SGB III),
- jeweils einen Tag für jeweils zwei Tage, für die der Anspruch auf **Teilarbeitslosengeld** erfüllt worden ist (§ 148 Abs. 1 Nr. 2 SGB III),
- die Anzahl von Tagen, an denen der Anspruch wegen einer **Sperrzeit** i. S. d. § 159 Abs. 1 Nr. 2–9 SGB III ruht (§ 148 Abs. 1 Nr. 3 SGB III),
- die Anzahl von Tagen, an denen der Anspruch wegen einer **Sperrzeit wegen Arbeitsaufgabe** i. S. d. § 159 Abs. 1 Nr. 1 SGB III ruht (§ 148 Abs. 1 Nr. 3 SGB III)
- die Anzahl von Tagen, für die das Arbeitslosengeld wegen fehlender Mitwirkung (§ 66 SGB I) versagt oder entzogen worden ist (§ 148 Abs. 1 Nr. 5 SGB III),
- die Anzahl von Tagen, an denen die **Arbeitsbereitschaft** ohne wichtigen Grund **fehlt** (§ 148 Abs. 1 Nr. 6 SGB III)
- jeweils einen Tag für jeweils zwei Tage, für die ein **Anspruch auf Arbeitslosengeld bei beruflicher Weiterbildung erfüllt** worden ist (§ 148 Abs. 1 Nr. 7 SGB III),
- die Anzahl von Tagen, für die ein **Anspruch auf Gründungszuschuss in Höhe des zuletzt bezogenen Arbeitslosengeldes** erfüllt worden ist (§ 148 Abs. 1 Nr. 8 SGB III).

58 Gem. § 148 Abs. 2 S. 1 SGB III ist in den beiden Fällen des § 148 Abs. 1 Nr. 5 und 6 SGB III nur eine Minderung von **höchstens vier Wochen** vorgesehen.

59 Die einzelnen Sperrzeittatbestände werden in unterschiedlichen Nummern aufgegriffen. § 148 Abs. 1 Nr. 3 behandelt die Sperrzeit i. S. d. § 159 Abs. 1 Nr. 2–9 SGB III, § 148 Abs. 1 Nr. 4 SGB III meint die Sperrzeit i. S. d. § 159 Abs. 1 Nr. 1 SGB III. Grund hierfür ist, dass für die **Sperrzeit wegen Arbeitsaufgabe** (§ 148 Abs. 1 Nr. 4 SGB III) verschärfte Rechtsfolgen gelten. Es ist eine **Mindestminderung** vorgesehen, wenn eine Sperrzeit von zwölf Wochen eintritt. So ist der Anspruch, der Arbeitslosen bei erstmaliger Erfüllung der Voraussetzungen nach dem sperrzeitauslösenden Ereignis zusteht, auf jeden Fall **um ein Viertel** zu mindern.

60 Zu beachten ist in diesem Zusammenhang die in § 148 Abs. 2 S. 2 SGB III getroffene Regelung, die Sperrzeiten wegen Abbruchs einer beruflichen Eingliederungsmaßnahme (§ 159 Abs. 1 Nr. 5 SGB III), bei Abbruch eines Integrationskurses oder einer berufsbezogenen Deutschsprachförderung (§ 159 Abs. 1 Nr. 7 SGB III) und wegen Arbeitsaufgabe (§ 159 Abs. 1 Nr. 1 SGB III) betrifft. So findet, wenn das **sperrzeitbegründende Ereignis** bei Erfüllung der Voraussetzungen für den Anspruch auf Arbeitslosengeld **länger als ein Jahr zurückliegt**, **keine Minderung** mehr statt. Durch eine Arbeitslosmeldung nach Ablauf der Jahresfrist kann bei einer Sperrzeit wegen Arbeitsaufgabe die nachteilige Folge der Anspruchsminderung verhindert werden. Verletzt die Agentur für Arbeit ihre diesbezügliche Hinweispflicht, kann dem Betroffenen ein sozialrechtlicher Herstellungsanspruch zustehen (siehe dazu § 58 Rn. 24, § 9 Rn. 62 ff.).

b) Verlängerung der Anspruchsdauer

Neu eingefügt wurde mit dem Bürgergeld-Gesetz vom 16.12.2022 der § 148 Abs. 3 SGB III, nach dem einmalig eine Verlängerung der Anspruchsdauer auf drei Monate erfolgt, wenn in den Fällen des § 148 Abs. 1 Nr. 7 SGB III die oder der Arbeitslose wegen einer beruflichen Weiterbildung für eine Dauer von mindestens sechs Monaten gefördert worden und die **Restdauer** ihres oder seines Anspruchs weniger als drei Monate beträgt. Hierdurch soll der Arbeitslosenversicherungsschutz für Personen, die an einer beruflichen Weiterbildung teilgenommen haben, verbessert werden.[187] 61

6. Höhe des Arbeitslosengeldes, §§ 149 ff. SGB III

a) Berechnung

Die Höhe des Arbeitslosengeldes richtet sich nach den §§ 149 ff. SGB III. Sie hängt maßgeblich vom **Familienstatus** der Arbeitslosen, von ihrer **Lohnsteuerklasse** und ihrem **täglichen Arbeitsentgelt** ab. Das Arbeitslosengeld wird gem. § 154 S. 1 SGB III für Kalendertage berechnet und geleistet, d.h. für alle sieben Tage der Woche. Dabei gilt ein voller Monat als 30 Tage. 62

Bei der Bemessung des Arbeitslosengeldes findet ein **hohes Maß an Pauschalierung** statt. Damit wird erreicht, dass die **Berechnung einfach und schnell** durchgeführt werden kann. Zugunsten der Vereinfachung (die wiederum Kapazitäten für Vermittlungsaktivitäten der BA freisetzt) wird jedoch die Einzelfallgerechtigkeit beschränkt und Ausnahmeregelungen, die Sonderfällen Rechnung tragen sind rar. 63

Nach § 149 SGB III erhalten 64

- Arbeitslose mit mindestens einem Kind und Arbeitslose, deren Ehegatten oder Lebenspartner nach dem Lebenspartnerschaftsgesetz mindestens ein Kind haben, **67 Prozent** (sog. **erhöhter Leistungssatz)**
- die übrigen Arbeitslosen **60 Prozent** (sog. **allgemeiner Leistungssatz)**

des Leistungsentgelts als Arbeitslosengeld.

Leistungsentgelt ist das pauschalierte Nettoentgelt, das sich aus dem Bemessungsentgelt ergibt, §§ 149, 153 SGB III. Von dem Bemessungsentgelt (zu dem Begriff sogleich) werden eine Sozialversicherungspauschale in Höhe von 20 Prozent, der Solidaritätsbeitrag und die Lohnsteuer abgezogen (§ 153 Abs. 1 SGB III). Die Höhe der abzuziehenden Lohnsteuer ergibt sich aus der Lohnsteuertabelle des Jahres, in dem der Anspruch entstanden ist. Dabei ist maßgeblich, welche Lohnsteuerklasse auf der Lohnsteuerkarte der arbeitslosen Person zu Beginn des Jahres, in dem ihr Anspruch entstanden ist, eingetragen war (§ 153 Abs. 2 S. 1 SGB III). Zu einem Lohnsteuerklassenwechsel vgl. § 153 Abs. 2 S. 2 sowie Abs. 3 SGB III. 65

Gem. § 149 SGB III ist das **Bemessungsentgelt** das Bruttoentgelt, das Arbeitslose **im Bemessungszeitraum erzielt** haben. § 151 Abs. 1 S. 1 SGB III ergänzt diese Legaldefinition dahingehend, dass es sich bei dem Bemessungsentgelt um das im Bemessungszeitraum **durchschnittlich auf den Tag entfallende beitragspflichtige Arbeitsentgelt** handelt. 66

Unter **Bemessungszeitraum** sind alle abgerechneten Entgeltabrechnungszeiträume von versicherungspflichtigen Beschäftigungen im Bemessungsrahmen zu verstehen, § 150 Abs. 1 S. 1 SGB III. Der **Bemessungsrahmen** ist grundsätzlich ein Zeitraum von einem Jahr. Er umfasst das Jahr vor dem letzten Tag des letzten Versicherungspflichtverhältnisses vor Anspruchsentstehung, § 150 Abs. 1 S. 2 SGB III. Nach § 147 Abs. 3 SGB III kann der Bemessungsrahmen auf zwei Jahre erweitert werden. Erfasst sind hiervon Fälle, in denen die Zugrundelegung des Bemessungszeitraums nach § 150 Absatz 1 SGB III zu nicht sachgerechten und somit zu unbilligen Bemessungsergebnissen führen würde.[188] 67

---

187 BT-Drs. 20/3873 S. 102.

188 BeckOGK/Rolfs § 147 Rn. 12.

Während der Bemessungsrahmen anhand des letzten Versicherungspflichtverhältnisses bestimmt wird, kommt es beim Bemessungszeitraum ausschließlich auf Zeiten versicherungspflichtiger Beschäftigungen an. Alle übrigen Versicherungspflichtverhältnisse, denen ein besonderes Entgelt zugeordnet ist, bleiben außer Betracht, um komplizierte Berechnungen zu vermeiden. Daraus folgt, dass zunächst ein kalendermäßig bestimmter Bemessungsrahmen festzulegen ist, der sich vom Ende des letzten Versicherungspflichtverhältnisses in die Vergangenheit erstreckt. Dies gilt unabhängig davon, ob der Betroffene diesen Zeitraum mit beitragspflichtigen Beschäftigungen füllen kann. Der Bemessungszeitraum wird durch die in diesen feststehenden Rahmen fallenden Entgeltabrechnungszeiträume aus allen versicherungspflichtigen Beschäftigungen gebildet, soweit eine Abrechnung bis zum Ausscheiden stattgefunden hat.

68 Damit keine unbilligen Ergebnisse bei der Bemessung des Arbeitslosengeldes zustande kommen, werden **bestimmte Zeiten für den Bemessungszeitraum nicht berücksichtigt**. Die Ausnahmen sind in § 150 Abs. 2 SGB III aufgeführt. Zusammenfassend lässt sich für alle fünf **Ausnahmetatbestände** festhalten, dass eine gewisse **Reduzierung von Arbeitsentgelt oder Arbeitszeit** dazu führt, dass diese Zeiten nicht für die Berechnung zugrunde gelegt werden. So lässt sich eine unbillige Absenkung des Niveaus des Arbeitslosengeldes vermeiden.

69 Die **Berechnung** des Arbeitslosengeldes im Normalfall erfolgt damit in fünf Schritten:

1. Wann beginnt der Bemessungsrahmen?
2. Wie viele Tage umfasst der Bemessungszeitraum innerhalb des Bemessungsrahmens (evtl. Verlängerung des Bemessungsrahmens)?
3. Wie hoch ist das Bemessungsentgelt, das im Bemessungszeitraum erzielt wurde?
4. Welches Leistungsentgelt ergibt sich, nachdem die pauschalierten Sozialversicherungsbeiträge, Steuern etc. abgezogen wurden?
5. Welcher Leistungssatz (67 oder 60 Prozent) ist zu berücksichtigen?

---

70 **Berechnungsbeispiel (2024):**
Jahreseinkommen: 30 000 Euro
Bemessungszeitraum: 1 Jahr
Bemessungsentgelt: 30.000 Euro: 365 (Tage) = **82,19**
– Sozialversicherungspauschale gem.
§ 153 Abs. 1 Nr. 1 SGB III (20 Prozent): 16,44 Euro
– (angenommene) Lohnsteuer (Lohnsteuerklasse I/IV) einschließlich
Solidaritätszuschlag (§ 153 Abs. 1 Nr. 2 und 3 SGB III): 6,83 Euro
Leistungsentgelt: 58,92 Euro
Allgemeiner Leistungssatz: 60 Prozent
= **35,35 Euro Arbeitslosengeld pro Kalendertag**
= 1 060,50 Euro pro Monat

---

b) Zu berücksichtigendes Entgelt

71 Als Entgelt ist **nur das beitragspflichtige Arbeitsentgelt zu berücksichtigen**, das die arbeitslose Person im Bemessungszeitraum **erzielt** hat, § 151 Abs. 1 S. 1 1. Hs. SGB III (Bemessungsentgelt). Damit bleibt **Entgelt, von dem Beiträge nicht zu erheben** sind, bei der Ermittlung des Bemessungsentgelts **außer Betracht**. Hierdurch soll nach dem Willen des Gesetzgebers dem „Charakter der Arbeitslosenversicherung als Risikoversicherung“ besser entsprochen werden.[189] § 151 Abs. 1 S. 1. 2. Hs. SGB III stellt klar, dass Besonderheiten aus dem Übergangsbereich nach § 20 Abs. 2 SGB IV, der Vorgaben zu Arbeitsentgelten, die sich an der Geringfügigkeitsgrenze bewegen (Übergangsbereich), macht, dabei außer Betracht bleiben.

---

189 BT-Drs. 14/873 S. 13.

Erzielt bedeutet, dass den Arbeitslosen das Entgelt **bis zum Ausscheiden zugeflossen** sein muss. Haben Arbeitslose beim Ausscheiden aus dem Beschäftigungsverhältnis einen **Anspruch auf tatsächlich noch nicht erhaltenes Entgelt**, gilt nach § 151 Abs. 1 S. 2 SGB III folgende **Fiktion**: Das Entgelt gilt als erzielt, wenn es (nachträglich) zugeflossen oder nur wegen Zahlungsunfähigkeit des Arbeitgebers nicht zugeflossen ist. Der Gesetzgeber hat sich damit für einen Kompromiss zwischen der sog. **Zufluss- und der sog. Anspruchstheorie** entschieden, wobei der Schwerpunkt auf dem Gesichtspunkt des Zuflusses liegt. 72

Beispiel:
A wird arbeitslos. Im Verfahren vor dem Arbeitsgericht wird festgestellt, dass A noch Ansprüche auf Arbeitsentgelt zustehen, die sein ehemaliger Arbeitgeber B noch nicht erfüllt hat. Auch sie sind bei der Bemessung des Arbeitslosengeldes zu berücksichtigen.

Es reicht jedoch nicht, dass A nachträglich mit B ein zusätzliches Entgelt vereinbart, so dass es zu einer Erhöhung des Bemessungsentgeltes kommen würde. Eine Erhöhung findet nur statt, wenn A das Entgelt tatsächlich erhalten hat oder die Auszahlung wegen Insolvenz des B scheiterte.

Bei der Berechnung ausgenommen werden nach § 151 Abs. 2 Nr. 1 SGB III **Entgelte**, die die arbeitslose Person **wegen der Beendigung des Arbeitsverhältnisses** erhält oder die mit ihr **hinsichtlich der bevorstehenden Arbeitslosigkeit** vereinbart worden sind (**Abfindungen**). Dies gilt nach § 151 Abs. 2 Nr. 2 SGB III auch für **Wertguthaben** i.S.d. § 7b SGB IV, die nicht gem. einer Vereinbarung über flexible Arbeitszeiten verwendet wurden. Ansonsten werden Zeiten einer Vereinbarung nach § 7b SGB IV so berücksichtigt, dass für geleistete Arbeit das Entgelt zugrunde gelegt wird, das die arbeitslose Person ohne eine besondere Vereinbarung erhalten hätte; für Zeiten der Freistellung ist aber das tatsächlich erzielte Entgelt maßgeblich. Damit wurde mit § 151 Abs. 3 Nr. 2 SGB III eine für die arbeitslose Person im jeweiligen Fall günstige Lösung geschaffen. **Einmalzahlungen**, die gem. § 23a SGB IV beitragspflichtig sind, werden bei der Bemessung des Arbeitslosengelds ebenso berücksichtigt wie regelmäßiges Arbeitsentgelt (siehe dazu § 54 Rn. 52ff.). 73

§ 151 Abs. 3 und 3a SGB III enthält zudem weitere Sondervorschriften dazu, welche Arbeitsentgelte als Bemessungsentgelt zugrunde gelegt werden können. So ist in § 151 Abs. 3 Nr. 1 SGB III aufgeführt, in welcher Form und in welchem Umfang das **durch Kurzarbeit erzielte Entgelt** für die Bemessung zu Grunde zu legen ist. In diesen Fällen wird das Entgelt zu Grunde gelegt, das ohne den Arbeitsausfall erzielt worden wäre. So wird etwa bei Kurzarbeit verhindert, dass diese sich als Minderung beim Arbeitslosengeld auswirkt. 74

Nach § 151 Abs. 3 Nr. 3 Hs. 1 SGB III ist für **Zeiten einer Berufsausbildung**, die im Rahmen eines Berufsausbildungsvertrages nach dem Berufsbildungsgesetz in einer außerbetrieblichen Einrichtung durchgeführt wurde (§ 25 Abs. 1 S. 2 Nr. 1 DGB III), die erzielte Ausbildungsvergütung als Arbeitsentgelt zugrunde zu legen. Die Vergütung wird also als Arbeitsentgelt zum Zwecke der Berechnung des Arbeitslosengeldes fingiert. Mit dieser zum 1.1.2020 in Kraft getretenen Neuregelung werden Zeiten einer außerbetrieblichen Berufsausbildung einer betrieblichen Berufsausbildung gleichgestellt.[190] Hs. 2 gibt vor, wie damit umzugehen ist, wenn keine Ausbildungsvergütung vereinbart war, weil der Auszubildende anstelle der Vergütung eine Sozialleistung (z.B. Ausbildungsgeld, § 122 SGB III) erhielt. Dies ist üblich bei außerbetrieblichen Berufsausbildungen in Einrichtungen der beruflichen Rehabilitation.[191] Grundlage für die Berechnung ist dann die Mindestausbildungsvergütung nach § 17 Abs. 2 BBiG. Diese wird nach § 151 Abs. 3a SGB III auch herangezogen, wenn Jugendliche innerhalb des auf zwei Jahre erweiterten Bemessungsrahmens eine **berufsvorbereitende Bildungsmaßnahme** absolviert haben und versicherungspflichtig nach § 26 Abs. 1 Nr. 1 SGB III waren,

190 BeckOGK/Rolfs § 151 Rn. 38.
191 BeckOGK/Rolfs § 151 Rn. 40.

sofern ein Bemessungszeitraum von 150 Tagen mit Anspruch auf Arbeitsentgelt nicht festgestellt werden kann.

§ 151 Abs. 3 Nr. 4 SGB III regelt den Umgang mit Personen, die das seit dem 1.1.2024 beziehbare **Qualifizierungsgeld i.S.d. § 82a SGB III** (siehe dazu § 60 Rn. 30ff.) erhalten. Bei der Bemessung des Arbeitslosengeldes für diese Zeiten wird dasjenige Arbeitsentgelt zugrunde gelegt, das die arbeitslose Person ohne den weiterbildungsbedingten Arbeitsausfall und ohne Mehrarbeit erzielt hätte.

75 Für den Fall, dass Arbeitslose innerhalb der letzten zwei Jahre vor Entstehung des Anspruchs nicht nur Arbeitsentgelt sondern teilweise auch **Arbeitslosengeld bezogen** haben, wird für die Neuberechnung mindestens das Entgelt zugrunde gelegt, das bei der **Berechnung des letzten Arbeitslosengeldes** maßgeblich war, § 151 Abs. 4 Hs. 1 SGB III. Es handelt sich insofern um eine Bestandsschutzvorschrift. Diese soll verhindern, dass Arbeitslose, die ihre Arbeitslosigkeit durch die Annahme einer Arbeitsstelle beenden, auf welcher sie ein geringeres Entgelt beziehen, als es der Bemessung des Arbeitslosengeldes zugrunde lag, einen Nachteil bei erneutem Arbeitsplatzverlust erleiden könnten.[192] **„Bezogen"** ist dasjenige Arbeitslosengeld, dass der arbeitslosen Person tatsächlich gewährt worden ist, auch wenn es rechtswidrig, aber bestandskräftig zu hoch festgesetzt wurde.[193]

Mit Wirkung zum 1.1.2023 wurde ein neuer Hs. 2 in Abs. 4 eingefügt. Hiernach ist es unschädlich, wenn das Arbeitslosengeld tatsächlich nicht bezogen wurde, weil der Anspruch geruht hat (§§ 156 – 160 SGB III, s.u. § 58 Rn. 83ff). Hiermit wurde die Rechtsprechung des BSG nachvollzogen, die auch bis dahin das Bestehen des Stammrechts für den „Bezug" ausreichen ließ.[194]

76 Bei **eingeschränkter Leistungsfähigkeit oder Leistungsbereitschaft** der Arbeitslosen gegenüber ihren bisherigen Arbeitsleistungen wird das **Bemessungsentgelt gemindert**, § 151 Abs. 5 SGB III. Für die Minderung ist das Verhältnis der durchschnittlichen zukünftigen zur durchschnittlichen bisherigen Arbeitszeit maßgeblich. Hier ist zu beachten, dass dies nicht für die Fälle gilt, in denen Arbeitslosengeld nach § 145 SGB III geleistet wird.

c) Anrechnung von Nebeneinkommen auf das Arbeitslosengeld

77 Der Gesetzgeber hielt es für wünschenswert oder doch zumindest unterstützenswert, dass Arbeitslose sich neben dem passiven Bezug von Arbeitslosengeld engagieren und eine **Nebenbeschäftigung** ausüben. Dadurch soll allerdings nicht der Anreiz genommen werden, erneut eine Vollzeitbeschäftigung anzustreben, indem durch eine Koppelung von Arbeitslosengeld und **Nebeneinkünften** eine zufriedenstellende finanzielle Versorgung gewährleistet ist. Das Ergebnis dieser Gratwanderung stellt § 155 SGB III dar: Nach Abzug eines Freibetrags wird das verbleibende Einkommen aus einer **Beschäftigung**, die Arbeitslose **während der Zeit des Arbeitslosengeldbezugs** ausüben, auf das Arbeitslosengeld angerechnet und führt so zu einer Minderung der staatlichen Unterstützungsleistungen. Abgezogen, d.h. für den Verbleib bei den Arbeitslosen bestimmt, werden Steuern, Sozialversicherungsbeiträge und Werbungskosten sowie ein Freibetrag in Höhe von 165 Euro. Der restliche Betrag wird auf das Arbeitslosengeld für den Kalendermonat, in dem die Beschäftigung ausgeübt wird, angerechnet.

78 § 155 Abs. 1 SGB III setzt voraus, dass die arbeitslose Person eine **Erwerbstätigkeit i.S.d. § 138 Abs. 3 SGB III**, also eine Erwerbstätigkeit von weniger als 15 Wochenstunden, ausübt. Umfasst die Erwerbstätigkeit **15 Wochenstunden oder mehr**, entfällt der Anspruch auf Arbeitslosengeld insgesamt, weil mangels Beschäftigungslosigkeit i.S.d. § 138 Abs. 1 Nr. 1 SGB III keine Arbeitslosigkeit vorliegt. Eine weitere denkbare Fallgestaltung ist das Ausüben von **zwei verschiedenen versicherungspflichtigen Beschäftigungen**, die bei Ausfall einer der beiden einen Anspruch auf Teilarbeitslosengeld i.S.d. § 162 SGB III zur Folge haben kann.

---

192 BSG 7.5.2019 SozR 4-4300 § 151 Nr. 2.
193 BSG 22.9.2022 SozR 4-4300 § 151 Nr. 5.
194 BSG 7.5.2019 SozR 4-4300 § 151 Nr. 2.

Es werden **nur Einkünfte aus abhängiger Beschäftigung** sowie **selbständiger Tätigkeit** und Tätigkeit **als mithelfender Familienangehöriger**, d.h. Arbeitsentgelte und Arbeitseinkommen, **angerechnet**. Einkünfte aus Kapitalvermögen oder Vermietung und Verpachtung werden nicht angerechnet, es sei denn, sie beruhen auf einem feststellbaren persönlichen Arbeitseinsatz. Handelt es sich um eine **selbständige Tätigkeit** oder eine Tätigkeit als mithelfender Familienangehöriger, werden prinzipiell **30 Prozent der Betriebseinnahmen als Betriebsausgaben** angesetzt; es sei denn, die arbeitslose Person weist höhere Betriebsausgaben nach (§ 155 Abs. 1 S. 2 SGB III). 79

Wenn Arbeitslose bereits **vor Eintritt der Arbeitslosigkeit** eine **weitere Beschäftigung ausgeübt** haben, werden sie unter bestimmten Voraussetzungen **bei der Anrechnung privilegiert**. Haben Arbeitslose in mindestens zwölf von 18 Monaten vor der Anspruchsentstehung neben der Beschäftigung, die den Arbeitslosengeldanspruch begründet, eine weniger als 15 Wochenstunden umfassende **Erwerbstätigkeit** ausgeübt, so bleibt nach § 155 Abs. 2 SGB III das Arbeitseinkommen frei, das sie durchschnittlich im Monat verdienen. Eine **Anrechnung findet folglich nicht statt**. Dieser Freibetrag kommt dann zur Anwendung, wenn er den Freibetrag aus § 155 Abs. 1 SGB III überschreitet. Dadurch wird sichergestellt, dass der sich aus § 155 Abs. 1 SGB III ergebende Freibetrag als Mindestfreibetrag gewährt wird. 80

Diese Privilegierung trägt dem Umstand Rechnung, dass Arbeitslose bereits vor ihrer Arbeitslosigkeit ein Nebeneinkommen erzielten und dies ihren Lebensstandard beeinflusst hatte. Eine Anrechnung solcher Einkommen, die sie schon vor ihrer Arbeitslosigkeit erzielten, würde die Arbeitslosen neben dem gegenüber ihrem bisherigen Einkommen geringeren Arbeitslosengeld zusätzlich finanziell belasten. 81

Eine weitere Besonderheit gilt gem. § 155 Abs. 3 SGB III für Arbeitslose, die zugleich an **beruflichen Weiterbildungsmaßnahmen** teilnehmen. Erhalten diese neben dem Arbeitslosengeld wegen der Teilnahme an der Maßnahme oder aufgrund eines früheren oder bestehenden Arbeitsverhältnisses Leistungen, kommt ihnen neben den üblichen Abzügen ein **Freibetrag von 400 Euro** zugute. 82

7. Ruhen des Anspruchs auf Arbeitslosengeld (§§ 156–160 SGB III)

a) Allgemeines

Obwohl der Anspruch auf Arbeitslosengeld nach §§ 136ff. SGB III besteht, weil alle Anspruchsvoraussetzungen vorliegen, kann es vorkommen, dass er von der Agentur für Arbeit „**nicht erfüllt zu werden braucht**" bzw. von der arbeitslosen Person nicht durchgesetzt werden kann. Es tritt eine **Zahlungssperre** ein.[195] Dieser Umstand wird in §§ 156–160 SGB III als **Ruhen des Anspruchs auf Arbeitslosengeld** bezeichnet. Durch das Ruhen werden Entstehung und Bestand des Arbeitslosengeldanspruchs grundsätzlich nicht beeinflusst. Er **verkürzt sich durch das Ruhen also grundsätzlich nicht**[196] **außer** in den Fällen, die in § 148 SGB III genannt sind. Danach führt die Verhängung einer Sperrzeit (§ 159 SGB III) neben dem Ruhen auch zu einer Minderung der Anspruchsdauer (§ 148 Abs. 1 Nr. 3 und 4 SGB III). In allen Fällen, die in § 148 SGB III nicht aufgeführt sind, hat das Ruhen nicht diese (einschneidenden) Folgen. 83

Das Gesetz sieht das **Ruhen des Anspruchs** auf Arbeitslosengeld in folgenden Fällen vor: 84

- wenn Arbeitslosen ein **Anspruch auf eine andere Sozialleistung** zuerkannt ist (§ 156 SGB III),
- wenn Arbeitslose **Arbeitsentgelt oder Urlaubsabgeltung erhalten** oder zu beanspruchen haben (§ 157 SGB III),
- wenn Arbeitslose **eine Entlassungsentschädigung erhalten** oder zu beanspruchen haben und das **Arbeitsverhältnis vorzeitig beendet** wurde (§ 158 SGB III),
- wenn Arbeitslose für ein versicherungswidriges Verhalten mit einer **Sperrzeit** belegt wurden (§ 159 SGB III),

---

195 BSG 9.8.1990 SozR 3-4100 § 105a Nr. 2.
196 BSG 24.5.1984 SozR 4100 § 105b Nr. 1.

- wenn durch Beteiligung an einem **inländischen Arbeitskampf** Arbeitslosigkeit eingetreten ist (§ 160 SGB III).

b) Ruhen wegen Anspruchs auf eine andere Sozialleistung (§ 156 SGB III)

85 Wenn Arbeitslosen eine der in § 156 SGB III aufgeführten anderen Sozialleistungen zuerkannt worden ist, ruht der Anspruch auf Arbeitslosengeld. So soll ein **Doppelbezug von öffentlichen Leistungen** zur Sicherung des Lebensunterhalts **vermieden** werden. Das Ruhen tritt bei folgenden Leistungen ein:

- **Berufsausbildungsbeihilfe** für Arbeitslose (§ 156 Abs. 1 S. 1 Nr. 1 SGB III),
- **Krankengeld, Krankengeld der Sozialen Entschädigung, Verletztengeld, Mutterschaftsgeld** oder **Übergangsgeld** (§ 156 Abs. 1 S. 1 Nr. 2 SGB III),
- **Rente wegen voller Erwerbsminderung** aus der gesetzlichen Rentenversicherung, u.U. auch Rente wegen teilweiser Erwerbsminderung (§ 156 Abs. 1 S. 1 Nr. 3 und S. 2 SGB III),
- **Altersrente** aus der gesetzlichen Rentenversicherung oder Knappschaftsausgleichsleistung oder ähnliche Leistungen öffentlich-rechtlicher Art (§ 156 Abs. 1 S. 1 Nr. 4 SGB III),
- **Vorruhestandsgeld** wegen des Ausscheidens aus dem Erwerbsleben oder eine vergleichbare Leistung des Arbeitgebers mindestens in Höhe von 65 Prozent des Bemessungsentgelts (§ 156 Abs. 4 SGB III).

86 Nach § 156 Abs. 3 SGB III werden auch **vergleichbare Leistungen ausländischer Träger** erfasst.

87 Im Sonderfall des **Krankengeldbezugs** verlieren Arbeitslose wegen § 146 Abs. 1 S. 1 SGB III den Arbeitslosengeldanspruch für die ersten sechs Wochen nicht, obwohl § 156 Abs. 1 S. 1 Nr. 2 SGB III einschlägig ist. Der Zweck des § 146 SGB III, für kurzzeitige Arbeitsunfähigkeit **einen Wechsel des Leistungsträgers auszuschließen**,[197] kann nur durch einen Vorrang vor § 156 SGB III verwirklicht werden. Ist die Sechs-Wochen-Frist abgelaufen, ist Krankengeld zu zahlen und der Arbeitslosengeldanspruch ruht.

88 **Die Aufzählung in § 156 SGB III ist abschließend**. Für die Fälle, in denen andere als die genannten Lohnersatz- oder Sozialleistungen mit dem Arbeitslosengeld zusammentreffen, existieren bereits **andere Konkurrenz- oder Kollisionsregelungen**. Schließlich gibt es noch Fälle, in denen eine **Doppelleistung schon tatbestandlich ausgeschlossen** ist.

c) Ruhen bei Arbeitsentgelt und Urlaubsabgeltung (§ 157 SGB III)

89 Auch § 157 SGB III will Doppelleistungen verhindern.[198] Allerdings geht es hier nicht um **Leistungen** öffentlicher Träger, sondern um solche **des Arbeitgebers**: § 157 Abs. 1 SGB III betrifft das **Arbeitsentgelt**, § 157 Abs. 2 SGB III die **Urlaubsabgeltung**. Da aufgrund der Zahlungen bzw. der Ansprüche auf Zahlung das Arbeitslosengeld nicht als Lohnersatz benötigt wird, kommt es zum Ruhen.

90 „Dass ein Arbeitsloser, der **Arbeitsentgelt** erhält oder zu beanspruchen hat, keinen Anspruch auf Arbeitslosengeld geltend machen kann, ist einleuchtend. Es ist allerdings auf den ersten Blick nicht leicht nachvollziehbar, wie es zu einer solchen Situation kommen kann. Arbeitslose müssen dafür auf der einen Seite einen **Vergütungsanspruch für die Zeit der Arbeitslosigkeit** besitzen und auf der anderen Seite einen **Anspruch auf Arbeitslosengeld** haben, der u.a. die Verfügbarkeit und Beschäftigungslosigkeit voraussetzt. Dies ist denkbar, wenn das **Arbeitsverhältnis fortbesteht, während das Beschäftigungsverhältnis bereits aufgelöst ist**. Ein Beschäftigungsverhältnis ist z.B. aufgelöst (mit der Konsequenz der Verfügbarkeit des Betroffenen), wenn der Arbeitgeber eine Verfügungsgewalt über den Arbeitnehmer nicht weiter beansprucht, z.B. das Beschäftigungsverhältnis nicht mehr fortzusetzen wünscht und sein Direktionsrecht aufgibt."[199]

---

197 BSG 28.1.1992 SozR 3-4100 § 115 Nr. 3.

198 BSG 22.10.1998 SozR 3-4100 § 117 Nr. 16.

199 BSG 24.7.1986 SozR 4100 § 117 Nr. 16.

Beispiel: 91
Durch Arbeitgeberkündigung verliert Arbeitnehmerin A ihre Beschäftigung. Sie geht jedoch gerichtlich gegen die Kündigung vor. Im Kündigungsschutzprozess wird die Rechtswidrigkeit der Kündigung festgestellt. Das Arbeitsverhältnis bestand also die ganze Zeit weiter. A hat bis zur wirksamen Beendigung des Arbeitsverhältnisses Ansprüche auf Arbeitsentgelt. Obwohl sie während des Prozesses verfügbar und beschäftigungslos war, ruhte ihr Anspruch nach § 157 Abs. 1 SGB III.

In § 157 Abs. 2 SGB III wird das **Ruhen wegen** erhaltener oder zu beanspruchender **Urlaubsabgeltung** angeordnet. Der Anspruch ruht **während der Dauer der Abgeltung**, da auch hier eine Doppelleistung nicht gerechtfertigt ist. Auch die Aufgabe der Surrogationstheorie durch das BAG hat nicht zur Folge, dass der Ruhenstatbestand des § 157 Abs. 2 SGB III nur noch eingeschränkt Anwendung findet.[200] Die Urlaubsabgeltung muss entweder **tatsächlich erbracht werden** (dann spielt es keine Rolle, ob ein Anspruch besteht oder bestanden hat) oder es muss ein arbeitsrechtlicher durchsetzbarer **Abgeltungsanspruch** bestehen. Verfällt der Anspruch kann dem Arbeitnehmer deshalb ein Schadensersatzanspruch zustehen. Dieser **Schadensersatz wegen untergegangenen Urlaubsanspruchs ist keine Urlaubsabgeltung** i. S. d. § 157 Abs. 2 SGB III.[201] 92

Erhalten Arbeitslose trotz eines Anspruchs auf Arbeitsentgelt bzw. Urlaubsabgeltung diese **Leistung tatsächlich nicht**, wird das Arbeitslosengeld gem. § 157 Abs. 3 S. 1 SGB III auch für die Zeit geleistet, in welcher der Anspruch auf Arbeitslosengeld eigentlich ruht (**Gleichwohlgewährung**). Der **Anspruch** der Arbeitslosen gegen den Arbeitgeber **geht auf die Bundesagentur für Arbeit über**, § 115 Abs. 1 SGB X. Schließlich enthält § 157 Abs. 3 S. 2 SGB III noch einen eigenständigen Erstattungsanspruch: Hat der Arbeitgeber trotz des Rechtsübergangs mit befreiender Wirkung an den Arbeitslosen oder an einen Dritten gezahlt, hat der Arbeitslose der Agentur für Arbeit diese **Leistung zu erstatten**. 93

d) Ruhen bei Entlassungsentschädigung (§ 158 SGB III) – Weitere Folgen von Entlassungsentschädigungen

Im Einzelnen können Entlassungsentschädigungen folgende arbeitsförderungsrechtliche Auswirkungen haben: § 158 Abs. 1 S. 1 SGB III führt zu einem **Ruhen** des Arbeitslosengeldanspruchs, § 159 Abs. 1 Nr. 1 SGB III bewirkt i. V. m. § 148 Abs. 1 Nr. 4 SGB III eine **Minderung der Anspruchsdauer** um ein Viertel wegen Arbeitsaufgabe und § 151 Abs. 2 Nr. 1 SGB III sorgt dafür, dass eine ausgezahlte Entlassungsentschädigung nicht bei der **Bemessung des Arbeitslosengelds** berücksichtigt wird. Zu beachten ist, dass eine Abfindung nach § 1a KSchG nicht als Entlassungsentschädigung i. S. d. Norm gilt.[202] 94

aa) § 158 SGB III

Nach **§ 158 SGB III ruht der Anspruch auf Arbeitslosengeld**, wenn Arbeitslose wegen Beendigung des Arbeitsverhältnisses eine **Entlassungsentschädigung** erhalten oder Anspruch darauf haben und das **Arbeitsverhältnis vorzeitig beendet** wurde. 95

Hintergrund der Regelung ist die Prämisse, dass ein **Teil der Entlassungsentschädigung**, die vom Arbeitgeber für die Zeit nach Beendigung des Arbeitsverhältnisses erbracht wird, ohne dass die von ihm einzuhaltende Kündigungsfrist gewahrt wurde, als **Ersatz für das Arbeitsentgelt** gezahlt wird, das **bis zum ursprünglich vorgesehenen Ende des Arbeitsverhältnisses** gezahlt worden wäre. Eine solche Entlassungsentschädigung gleicht damit nicht nur den Verlust des sozialen Besitzstands aus, sondern kann auch Arbeitsentgeltcharakter aufweisen. Der Grund für das Ruhen liegt 96

200 BayLSG 4.5.2017 – L 9 AL 8/17.
201 BSG 21.6.2001 SozR 3-4100 § 117 Nr. 24.
202 BSG 8.12.2016, NZS 2017, 310.

also auch bei diesem Ruhenstatbestand darin, dass Arbeitslose kein Arbeitslosengeld erhalten sollen, wenn sie bereits „Arbeitsentgelt" erhalten oder beanspruchen können, so dass ein Doppelbezug vermieden wird.

97 Die **Voraussetzungen** nach § 158 Abs. 1 S. 1 SGB III sind
- der tatsächliche Erhalt oder der Anspruch auf eine Entlassungsentschädigung
- wegen Beendigung des Arbeitsverhältnisses sowie
- die vorzeitige Beendigung des Arbeitsverhältnisses.

98 Der **Begriff der Entlassungsentschädigung** wird in § 158 Abs. 1 S. 1 SGB III legaldefiniert. Erfasst wird danach jede Abfindung, Entschädigung oder ähnliche Leistung, wenn sie wegen der Beendigung des Arbeitsverhältnisses gezahlt wird oder werden soll. **Wie die Leistung bezeichnet wird, ist unerheblich.** Entscheidend ist ausschließlich, ob die Leistung **wegen und für die Zeit nach der Beendigung des Arbeitsverhältnisses** gezahlt wird. Es muss ein **ursächlicher Zusammenhang** zwischen Entlassungsentschädigung und Beendigung bestehen.[203]

99 Weitere Voraussetzung ist, dass das Arbeitsverhältnis **vorzeitig beendet** wurde, also **in der Regel vor Ablauf der ordentlichen Kündigungsfrist** des Arbeitgebers (§ 158 Abs. 1 S. 1 SGB III). Abgesehen von diesem Normalfall, erfasst § 158 SGB III **weitere Fallgestaltungen**: Es gibt eine Regelung für den Fall, dass die ordentliche Kündigung ausgeschlossen (Abs. 1 S. 3) oder nur bei Zahlung einer Entlassungsentschädigung zulässig ist (Abs. 1 S. 4). Schließlich wird in § 158 Abs. 3 SGB III der Sonderfall der Beendigung des Beschäftigungsverhältnisses bei Aufrechterhaltung des Arbeitsverhältnisses behandelt.

100 Liegen die Voraussetzungen vor, kommt es in der **Rechtsfolge** zu einem **Ruhen** des Anspruchs auf Arbeitslosengeld **bis zum Ablauf der Kündigungsfrist, die eigentlich gegolten hätte**. Damit findet **keine Kürzung**, sondern lediglich ein **Verschieben des Anspruchs** statt. Die Frist läuft ab dem Zeitpunkt der Kündigung oder der Auflösungsvereinbarung kalendermäßig ab und ist damit völlig unabhängig vom Zeitpunkt der Arbeitslosmeldung und Antragstellung. Unerheblich ist auch, ob die arbeitslose Person zwischen Beendigung und Arbeitslosmeldung und Antragstellung eine weitere Beschäftigung ausübt. Für die besonderen Fallgruppen der vorzeitigen Beendigung werden in § 158 Abs. 1 S. 3 und 4 SGB III Kündigungsfristen fingiert.

101 Kommt eine **Urlaubsabgeltung** hinzu, wird der Ruhenszeitraum entsprechend verlängert (vgl. § 158 Abs. 1 S. 5 SGB III). Zur Behandlung von Arbeitgeberleistungen zur **Rentenversicherung** oder einer berufsständischen Versorgungseinrichtung für Arbeitnehmer ab dem 55. Lebensjahr siehe § 158 Abs. 1 S. 6, 7 SGB III.

102 § 158 Abs. 2 SGB III begrenzt die Ruhensdauer in mehrfacher Hinsicht: **Absolute Grenze** ist die Höchstdauer von **einem Jahr**. Diese Frist kommt auch dann zum Tragen, wenn eine längere Kündigungsfrist zu Grunde zu legen wäre, insbesondere also in den Fällen des § 158 Abs. 1 S. 3 Nr. 1 SGB III. Diese Regelung wird durch die Jahresfrist auch nicht überflüssig, weil der Lauf der Kündigungsfrist nicht mit der Beendigung des Arbeitsverhältnisses, sondern mit der Kündigungserklärung beginnt. Eine **relative Grenze** stellt § 158 Abs. 2 S. 2 Nr. 1 SGB III auf, wonach das Ruhen lediglich bis zu dem Zeitpunkt eintritt, an dem, wäre das Arbeitsentgelt normal weiterbezahlt worden, ein Betrag von **60 Prozent der Entlassungsentschädigung** erreicht wird. Dieser sog. **Entgeltanteil** verdeutlicht noch einmal, dass der Gesetzgeber eine Entlassungsentschädigung zu einem überwiegenden Teil als Ausgleich für das entfallende Arbeitsentgelt ansieht. Lediglich ein Anteil von 40 Prozent wird im Rahmen dieser verfassungsrechtlich zulässigen Pauschalierung als Entschädigung für den Verlust des sozialen Besitzstandes angesehen.[204] Der Entschädigungsanteil erhöht sich mit zunehmender Dauer der Betriebs- bzw. Unternehmenszugehörigkeit und zunehmendem Alter. Darüber hinaus darf der Anspruch nicht länger ruhen als bis zu dem Zeitpunkt, zu dem das Arbeitsverhältnis durch Auslaufen einer **Befristung** oder eine zulässige **fristlose Kündigung** geendet hätte.

203 BSG 3.3.1993 SozR 3-4100 § 117 Nr. 10.
204 BVerfG 12.5.1976 SozR 4100 § 117 Nr. 1.

Wird das **Arbeitsverhältnis** bei Zahlung der Entlassungsentschädigung **aufrechterhalten**, das **Beschäftigungsverhältnis** jedoch **beendet**, gelten gem. § 158 Abs. 3 SGB III die beiden vorherigen Absätze entsprechend. Zu solch einer Konstellation kann es z.B. kommen, wenn das Arbeitsverhältnis ohne Entgeltfortzahlung formal bestehen bleibt, um Ansprüche aus einer betrieblichen Altersversorgung zu sichern.[205] 103

In § 158 Abs. 4 SGB III ist schließlich geregelt, dass Arbeitslose trotz des Ruhens Arbeitslosengeld erhalten, wenn sie die Entlassungsentschädigung tatsächlich nicht erhalten, sog. **Gleichwohlgewährung**. Der Agentur für Arbeit ist das gleichwohl gewährte Arbeitslosengeld entweder vom Arbeitgeber nach § 115 Abs. 1 SGB X oder von der arbeitslosen Person nach § 158 Abs. 4 S. 2 SGB III zu **erstatten**. 104

bb) § 159 Abs. 1 Nr. 1 i.V.m. § 148 Abs. 1 Nr. 4 SGB III

Eine weitere nachteilige Rechtsfolge bei Zahlung einer Entlassungsentschädigung kann sich aus § 159 Abs. 1 Nr. 1 SGB III ergeben (siehe dazu § 58 Rn. 114ff.). 105

cc) § 151 Abs. 2 Nr. 1 SGB III

Im entferntesten Sinne als Sanktion von Entlassungsentschädigungen anzusehen ist daneben § 151 Abs. 2 Nr. 1 SGB III. Er schreibt vor, dass diese **nicht berücksichtigt** werden, wenn es um die Ermittlung der **Höhe des Arbeitslosengeldes geht. Es handelt sich also eher um die Nichtgewährung von Vorteilen als um eine Sanktion.** 106

e) Ruhen wegen Sperrzeit (§ 159 SGB III)

Das Ruhen wegen Sperrzeit ist seit 2012 in § 159 SGB III geregelt. Mit Wirkung zum 1.8.2019 wurden durch das Gesetz zur Förderung der Ausbildung und Beschäftigung von Ausländerinnen und Ausländern – Ausländerbeschäftigungsförderungsgesetz v. 8.7.2019[206] – die Sperrzeittatbestände der Nr. 6 und 7 neu eingefügt, die bisherige Nr. 6 und 7 zu Nr. 8 und 9. Zudem wurden weitere Folgeänderungen vorgenommen. 107

aa) Sinn und Zweck von Sperrzeiten

Sperrzeitenregelungen dienen dem Schutz der Versichertengemeinschaft. Der Sperrzeit liegt die Erwägung zugrunde, dass die **Versichertengemeinschaft nicht für Risiken aufkommen muss, deren Eintritt Versicherte selbst zu vertreten haben** oder an deren Beseitigung sie unbegründet nicht mitwirken. Die Sperrzeit soll die Gemeinschaft der Beitragszahler davor **schützen**, indem sie **„dem Arbeitslosen einen Teil der Aufwendungen aufbürdet, die er der Versichertengemeinschaft durch sein Verhalten verursacht.“**[207] Es findet demnach eine Risikoverteilung im Rahmen des Versicherungsverhältnisses statt. 108

Die Sperrzeit ist eine **Schutzvorschrift** zugunsten der Versichertengemeinschaft und **keine Strafe** oder soll erzieherische Zwecke verfolgen.[208] Über diese Frage besteht im Schrifttum gleichwohl Streit,[209] weil die Sperrzeiten jedenfalls von den Betroffenen als Sanktion empfunden werden. Auch das BAG hat die Sperrzeit bereits als Sanktion bezeichnet, ohne der Frage näher nachzugehen.[210] 109

---

205 BT-Drs. 12/4401 S. 91.
206 BGBl. I S. 1029.
207 BSG 9.12.1982 SozR 4100 § 119 Nr. 21.
208 BT-Drs. V/2291 S. 83.
209 Abl. etwa Knickrehm/Roßbach/Waltermann/Kallert § 159 SGB III Rn. 2.
210 BSG 3.5.2018, NZA-RR 2019, 42.

Zudem lässt sich ein tatsächlicher erzieherischer Effekt nicht leugnen. Das liegt daran, dass der Sperrzeit de facto eine verhaltenssteuernde Wirkung zukommt und ihr auch zukommen soll. Zudem ist zu bedenken, dass die Sperrzeiten eine Verknüpfung mit bestimmten Verhaltenspflichten von Arbeitslosen aufweisen, die in ihrer konkreten Ausgestaltung und Handhabung die „Erwartungshaltung" der Versichertengemeinschaft gegenüber den Arbeitslosen zum Ausdruck bringen. Die Diskussion ist in erster Line rechtspolitischer Natur, weil sich der Blickwinkel auf die Vorschrift je nach Einordnung zu ändern scheint. Sind es im einen Fall die Arbeitslosen selbst, die durch eigenes Verhalten und damit ihnen zurechenbare Umstände ihren Anspruch verwirken, erscheint bei anderer Betrachtungsweise der Arbeitslose durch Strafmaßnahmen „drangsaliert" zu werden, weil sie sich nicht in einer gewünschten Weise verhalten. Die Wahrheit liegt wohl in der Mitte, wenn man berücksichtigt, dass mit Schutz der Versichertengemeinschaft immer auch die Leistungsfähigkeit und die Kosten der Arbeitslosenversicherung in den Blick geraten. Noch weitergehend haben Gegenstand und Umfang der Sanktionen immer auch eine wirtschaftspolitische Bedeutung, weil sie das Arbeitsmarktverhalten von Arbeitslosen, aber auch Personen, die potentiell ihre Stelle aufgeben wollen, mitsteuert. Insofern wäre es naiv, ihre Funktion allein im Schutz der Versichertengemeinschaft zu sehen, auch wenn darin der Kerngedanke liegen dürfte. Zudem kommt auch in Betracht, dass unterschiedliche Sperrzeitenregelungen die beiden Gedanken in unterschiedlicher Akzentuierung aufgreifen. Die Sperrzeit ist im Kern mit den im Versicherungsrecht typischen **Obliegenheiten** zu vergleichen, die zwar nicht einklagbar sind, bei deren Nichteinhaltung aber leistungsrechtliche Nachteile beim Versicherungsnehmer eintreten.

110 Diese Aspekte sind sorgfältig zu berücksichtigen, bevor der Eintritt einer Sperrzeit festgestellt wird. Dabei ist auch zu beachten, dass in **Freiheitsrechte des Betroffenen eingegriffen** wird. Stets ist daher mittels einer **Abwägung zwischen den Interessen des Einzelnen und den Interessen der Versichertengemeinschaft** zu prüfen, ob der arbeitslosen Person ein anderes Verhalten zumutbar war.[211] Dies geschieht im Rahmen der Frage, ob ein **wichtiger Grund** das eigentlich zu missbilligende **Verhalten rechtfertigt**.

111 Im Gesetz sind die Sperrzeittatbestände in **neun Fallgruppen** typisiert. Dabei werden **Verpflichtungen** aufgegriffen, die in § 2 SGB III formuliert sind, wie etwa die Verpflichtung, ein zumutbares Beschäftigungsverhältnis fortzusetzen (§ 2 Abs. 5 Nr. 1 SGB III) oder eigenverantwortlich nach Beschäftigung zu suchen (§ 2 Abs. 5 Nr. 2 SGB III). Die Sperrzeit stellt die **einheitliche Rechtsfolge für versicherungswidriges Verhalten** dar. Die ehemalige Differenzierung zwischen Sperrzeiten, Säumniszeiten und dem Fortfall des Anspruchs bei fehlenden Eigenbemühungen wurde aufgegeben.

bb) Gemeinsame Voraussetzungen: Versicherungswidriges Verhalten ohne wichtigen Grund

112 Gemeinsame Voraussetzung für den Eintritt einer Sperrzeit ist ein **versicherungswidriges Verhalten**. Wann ein solches im Einzelnen vorliegt, ergibt sich abschließend aus den einzelnen neun Tatbeständen des § 159 Abs. 1 S. 1 Nr. 1–9 SGB III (dazu sogleich ausführlich). Für das versicherungswidrige Verhalten darf es **keinen wichtigen Grund** geben, der das Verhalten rechtfertigen kann (§ 159 Abs. 1 S. 1 SGB III).

113 Eine Sperrzeit soll nur eintreten, wenn den Arbeitslosen unter Berücksichtigung aller Umstände des Einzelfalls und unter Abwägung ihrer Interessen und der Interessen der Versichertengemeinschaft ein anderes als das versicherungswidrige Verhalten zumutbar war.[212] Es handelt sich um einen **unbestimmten Rechtsbegriff**, der im SGB III nicht definiert ist. Bei seiner Anwendung sind insbesondere auch die Grundrechte der Arbeitslosen zu berücksichtigen. Bei der erforderlichen Abwägung mit den Interessen der Versichertengemeinschaft sind **Sinn und Zweck der Sperrzeitregelung und alle Umstände des Einzelfalls** zu berücksichtigen. Arbeitslose sind **darlegungs- und beweislastpflichtig**, für die Tatsachen zur Beurteilung des wichtigen Grundes, die in ihrer Sphäre

211 BSG 12.12.1984 SozR 4100 § 119 Nr. 24.
212 BSG 17.10.2002, SozSich 2003, 318.

oder ihrem Verantwortungsbereich liegen. Sie können dies besser und einfacher als die Agentur für Arbeit. Das BSG hatte bereits in einigen Entscheidungen diese Tendenz vorgegeben,[213] die dann durch den Gesetzgeber kodifiziert wurde (§ 159 Abs. 1 S. 3 SGB III).

Im Folgenden werden die einzelnen Tatbestände versicherungswidrigen Verhaltens sowie die Besonderheiten und Beispiele zur Frage des Vorliegens eines wichtigen Grundes erörtert. 114

cc) Sperrzeit bei Arbeitsaufgabe (§ 159 Abs. 1 S. 2 Nr. 1 SGB III)

§ 159 Abs. 1 S. 2 Nr. 1 SGB III erfasst die Fälle der **Arbeitsaufgabe**. Danach tritt eine **Sperrzeit** ein, 115
- wenn die oder der Arbeitslose das **Beschäftigungsverhältnis gelöst** oder durch ein arbeitsvertragswidriges Verhalten **Anlass für die Lösung** des Beschäftigungsverhältnisses gegeben **und**
- er dadurch **vorsätzlich oder grob fahrlässig die Arbeitslosigkeit herbeigeführt** hat und
- ein wichtiger Grund für das Verhalten des Arbeitnehmers nicht vorliegt.

Sinn und Zweck der Sperrzeitregelung ist es, zu vermeiden, dass eine aktive Beteiligung an der Beendigung des Beschäftigungsverhältnisses erfolgt.[214] Die Sperrzeit kann zunächst verhängt werden, wenn Arbeitslose das Beschäftigungsverhältnis **gelöst** haben, die Beendigung also mit ihrer Beteiligung geschehen ist. Maßgeblich dafür, ob ein solcher Beteiligungssachverhalt vorliegt, ist, ob die Beendigung ein aktives Mitwirken des Arbeitnehmers voraussetzt. Die Regelung bezieht sich auf die **Eigenkündigung** des Arbeitnehmers und auf Fälle, in denen Arbeitslose einen zur Beendigung des Beschäftigungsverhältnisses führenden Vertrag schließen (Aufhebungsvertrag). Ebenso ist der Fall erfasst, dass eine Arbeitnehmerin von einer unbefristeten in eine befristete Beschäftigung wechselt und sich die Arbeitslosigkeit mit dem Ende der befristeten Tätigkeit realisiert. Bereits die **kurzzeitige Vorverlegung der ohnehin eintretenden Arbeitslosigkeit** aktiviert den Sperrzeittatbestand.[215] Der möglichen Unverhältnismäßigkeit einer Sperrzeit wird begegnet, indem die Restdauer des Beschäftigungsverhältnisses bei der Festsetzung der Sperrzeitdauer berücksichtigt wird (siehe dazu § 58 Rn. 174). 116

Beispiel:
Arbeitnehmer A kündigt sein befristetes Beschäftigungsverhältnis eine Woche vor dessen Ende. Trotz der kurzen Zeit, um die der Eintritt der Arbeitslosigkeit verfrüht wird, tritt eine Sperrzeit ein. Diese beträgt jedoch an Stelle der üblichen zwölf lediglich drei Wochen, § 159 Abs. 3 Nr. 1 SGB III.

Ein **bloßes Nichtstun** durch Verstreichenlassen der Klagefrist des § 4 S. 1 KSchG kann auch bei Vorliegen einer offensichtlich rechtswidrigen Kündigung **keine Lösung** des Beschäftigungsverhältnisses i.S.d. § 159 Abs. 1 Nr. 1 SGB III darstellen. Eine Obliegenheit, sich zur Vermeidung einer Sperrzeit gegen eine rechtswidrige Kündigung zu wehren, gibt es nicht.[216] Die Sperrzeit wegen Arbeitsaufgabe knüpft also an aktives Verhalten des Versicherten und nicht an die „bloße Hinnahme einer rechtswidrigen Kündigung“ an.[217] 117

Nach Wortlaut und Sinn der Vorschrift stellt aber auch der Abschluss eines **Aufhebungsvertrages** ein sperrzeitrelevantes Lösen des Beschäftigungsverhältnisses dar, weil der **Aufhebungsvertrag** eine Mitwirkung beider Arbeitsvertragsparteien erfordert.[218] Dabei spielt es nach der Rechtsprechung des BSG keine Rolle, von welcher Seite die Initiative zum Vertragsschluss ausging.[219] Dies 118

213 Etwa BSG 26.11.1992 SozR 3-4100 § 119 Nr. 7.
214 BSG 25.4.2002 SozR 3-4100 § 119 Nr. 24.
215 BSG 12.12.1984 SozR 4100 § 119 Nr. 24.
216 BSG 18.12.2003, NZS 2004, 608.
217 BSG 25.4.2002 SozR 3-4100 § 119 Nr. 24.
218 BSG 29.11.1989 SozR 4100 § 119 Nr. 36.
219 BSG 5.6.1997 SozR 3-1500 § 144 Nr. 12.

gilt auch dann, wenn der Aufhebungsvertrag im Rahmen eines arbeitsgerichtlichen Vergleichs geschlossen wird, wobei in diesem Fall allerdings eine Sperrzeit regelmäßig ausscheidet, weil bei einer durch arbeitsgerichtlichen Vergleich vereinbarten Lösung des Beschäftigungsverhältnisses ein wichtiger Grund vorliegt (Rn. 133), wenn keine Gesetzesumgehung zu Lasten der Versichertengemeinschaft vorliegt.[220] Diese Rechtsprechung überzeugt generell nicht. Die Beendigung des Arbeitsverhältnisses wird in diesem Fall durch die Kündigung ausgelöst. Da der Arbeitnehmer gegen diese nicht gerichtlich vorgehen muss, kann ihm umso weniger die vergleichsweise Beendigung eines gleichwohl eingeleiteten Kündigungsschutzverfahrens vorgehalten werden.[221]

119 **Beispiel:**[222]

A ist bei W als kaufmännische Angestellte beschäftigt. W hat wirtschaftliche Probleme und möchte sich von A trennen, hat sich jedoch gegenüber dem Betriebsrat verpflichtet, bis zum Jahresende keine betriebsbedingten Kündigungen auszusprechen. Daher schließen die beiden einen Aufhebungsvertrag, woraufhin A das Unternehmen gegen Zahlung einer Abfindung verlässt. Sie meldet sich arbeitslos, möchte aber die festgestellte Sperrzeit nicht hinnehmen.

Auch die Zustimmung zu einem Aufhebungsvertrag führt zur Lösung des Beschäftigungsverhältnisses. Da A keine konkreten Aussichten auf einen Anschlussarbeitsplatz hatte, hat sie die Arbeitslosigkeit zumindest grob fahrlässig herbeigeführt. Sie kann zudem keinen wichtigen Grund für ihr Verhalten anführen. Die Agentur für Arbeit hat zu Recht den Eintritt einer Sperrzeit wegen Lösung des Beschäftigungsverhältnisses nach § 159 Abs. 1 Nr. 1 SGB III festgestellt.

120 Auch in einer **Vereinbarung, die die Hinnahme einer bereits ausgesprochenen oder noch auszusprechenden Arbeitgeberkündigung** beinhaltet (sog. **Abwicklungsvertrag**), wurde vom BSG eine Lösung des Arbeitsverhältnisses gesehen. Mit einer solchen Vereinbarung sei bezweckt, das Ende des Beschäftigungsverhältnisses herbeizuführen. Das gelte auch, wenn sie erst nach Ausspruch der Kündigung getroffen wird, solange sie nur **innerhalb der Klagefrist** getroffen wird und dem Arbeitnehmer daher noch die Möglichkeit offen stünde, die Kündigung anzugreifen.[223] Ob es unter Berücksichtigung von Sinn und Zweck der Sperrzeit, die Versichertengemeinschaft typisierend gegen Risikofälle zu schützen, deren Eintritt der Versicherte selbst zu vertreten hat, einen Unterschied macht, ob der Arbeitnehmer an der Beendigung des Beschäftigungsverhältnisses durch Abschluss eines Aufhebungsvertrags mitwirkt oder ob seine aktive Beteiligung darin liegt, dass er hinsichtlich des Bestandes der Kündigung und deren Folgen verbindliche Vereinbarungen trifft, mag man bezweifeln. Gleichwohl ist rechtlich nicht der Abwicklungsvertrag, sondern die ausgesprochene Kündigung die Ursache für die Beendigung des Arbeitsverhältnisses. Soweit man zutreffend davon ausgeht, dass keine Obliegenheit besteht eine Kündigung mit der Kündigungsschutzklage anzugreifen, ist daher die Rechtsprechung des BSG wenig überzeugend. Immerhin ist diese insoweit eingeschränkt, dass keine arbeitnehmerseitige Beendigung des Beschäftigungsverhältnisses angenommen wird, wenn die Vereinbarung nach Ablauf der Klagefrist ohne vorherige Absprache getroffen wird und lediglich Einzelheiten zur Beendigung des Arbeitsverhältnisses regelt. Im Übrigen scheidet eine Sperrzeit aus, wenn der Arbeitnehmer einen wichtigen Grund zum Abschluss des Abwicklungsvertrages hat.[224]

121 Zusätzlich erschwert wird die praktisch relevante Frage der Beendigung des Beschäftigungsverhältnisses ohne **sperrzeitrechtliche Folgen** bei einer Kündigung mit Abfindungsangebot nach **§ 1a KSchG**. Es darf hier insbesondere keine höhere als die in § 1a Abs. 2 KSchG vorgesehene Abfindung gezahlt werden. Eine aktive Beteiligung des Arbeitnehmers ist bei einem Vorgehen nach § 1a KSchG zu verneinen (ausf. § 58 Rn. 131 ff.).[225]

---

220 BSG 17.10.2007, DB 2008, 1048 ff.

221 ErfK/Rolfs § 159 SGB III Rn. 7.

222 Nach BSG 29.11.1989 SozR 4100 § 119 Nr. 36.

223 BSG 18.12.2003, NZA 2004, 661; berechtigte Kritik bei Rolfs FS 50 Jahre BAG, 2004, 445.

224 BSG 18.12.2003, NZA 2004, 661.

225 Vgl. Bauer/Krieger, NZA 2004, 640, 641 f.; Preis, DB 2004, 70, 76.

Zudem kann eine Sperrzeit verhängt werden, wenn Arbeitslose durch ein arbeitsvertragswidriges **Verhalten** Anlass für die Lösung des Beschäftigungsverhältnisses gegeben haben. **Arbeitgeberkündigungen** führen **nur** zu einer Sperrzeit, wenn sie aus **verhaltensbedingten Gründen** erfolgen. Keine Sperrzeit tritt ein bei personenbedingten Kündigungen (z.B. wegen Krankheit oder mangelnder beruflicher Eignung) oder bei betriebsbedingten Kündigungen (z.B. wegen Betriebsstilllegungen, Rationalisierungen oder Arbeitsmangel). Verhaltensbedingt ist eine Kündigung, wenn sie durch eine **Verletzung vertraglicher Haupt- oder Nebenpflichten** durch den Arbeitnehmer veranlasst ist. In Betracht kommen konkrete Störungen im Leistungs-, im betrieblichen, im Vertrauens- oder im Unternehmensbereich. 122

Beispiel:[226] 123

So kann etwa eine verhaltensbedingte Kündigung eines Berufskraftfahrers wegen strafrechtlich relevanter Trunkenheitsfahrt eine Sperrzeit begründen. Durch sein Verhalten kann er, auch wenn die Fahrt während der Freizeit stattfand, den „Vertrauensbereich“ des Arbeitsverhältnisses so berührt haben, dass der Arbeitgeber eine verhaltensbedingte Kündigung aussprach. In diesem Fall hat er Anlass für die Lösung seines Beschäftigungsverhältnisses gegeben.[227]

Maßgeblich sind stets nur die tatsächlichen Gegebenheiten. Es ist daher unbeachtlich, wenn eine verhaltensbedingte Kündigung vor dem Arbeitsgericht durch Vergleich in eine betriebsbedingte umgewandelt wird.[228] Ebenso wie **arbeitsgerichtliche Vergleiche** haben **arbeitsgerichtliche Entscheidungen** für das verwaltungs- oder sozialgerichtliche Verfahren grundsätzlich **keine Bindungswirkung**.[229] Vielmehr obliegt es der Bundesagentur für Arbeit und den Sozialgerichten, im Rahmen ihrer Amtsermittlungspflicht zu prüfen, ob der Arbeitnehmer durch ein vertragswidriges Verhalten Anlass für die Kündigung gegeben hat. 124

Voraussetzung ist stets, dass **Arbeitslosigkeit eintritt**. Der Begriff der Arbeitslosigkeit in § 159 Abs. 1 Nr. 1 SGB III knüpft nur an objektive Tatsachen an und meint damit die **faktische Beschäftigungslosigkeit**; auf das weitere Merkmal der Arbeitslosigkeit des § 138 Abs. 1 SGB III als Leistungsvoraussetzung (**Beschäftigungssuche) kommt es nicht an**.[230] Arbeitslosigkeit i.S.d. § 159 Abs. 1 Nr. 1 SGB III liegt nicht vor, wenn unmittelbar anschließend ein anderes Beschäftigungsverhältnis aufgenommen wird. 125

In allen Fallvarianten (Eigenkündigung des Arbeitnehmers, Arbeitgeberkündigung wegen vertragswidrigen Verhaltens des Arbeitnehmers, Aufhebungs- bzw. Abwicklungsvertrag) muss die Arbeitslosigkeit **durch den Arbeitnehmer (mit-)herbeigeführt** worden sein. Das ist nur der Fall, wenn das Verhalten des Arbeitnehmers **Ursache der Arbeitslosigkeit** war.[231] Erforderlich ist also ein **Kausalzusammenhang zwischen dem Verhalten des Arbeitnehmers und dem Eintritt der Arbeitslosigkeit**. Maßgeblich ist die Arbeitslosigkeit, für die eine Leistung geltend gemacht wird.[232] 126

Wirken beim Eintritt der Arbeitslosigkeit **mehrere Ursachen** zusammen, ist die Kausalität nach der **sozialrechtlichen Lehre von der wesentlichen Bedingung** zu beurteilen.[233] Entscheidend ist danach, ob Arbeitslose die wesentliche Ursache für den Eintritt der Arbeitslosigkeit gesetzt haben oder nicht. Eine Bedingung ist daher nur dann als ursächlich anzusehen, wenn sie im Verhältnis zu anderen Einzelbedingungen wegen ihrer besonderen Beziehung zum Erfolg zu dessen Eintritt **we-** 127

226 Nach BSG 6.3.2003, NZA 2004, 165.
227 Kritisch hierzu: Weber, SGb 2004, 469 ff.
228 BSG 25.3.1987 – Az. 7 RAr 95/85, juris; BSG 25.4.1991 SozR 3-4100 § 119a Nr. 1.
229 BSG 25.4.1990 SozR 3-4100 § 119 Nr. 3.
230 BSG 17.10.2002 SozR 3-4300 § 144 Nr. 12.
231 BSG 25.4.1990 SozR 3-4100 § 119 Nr. 3.
232 BSG 12.12.1984 SozR 4100 § 119 Nr. 24.
233 BSG 28.6.1991 SozR 3-4100 § 119 Nr. 6.

sentlich mitgewirkt hat.[234] Das ermöglicht es einzelne Bedingungen unberücksichtigt zu lassen, mögen sie auch mitursächlich aber eben nicht wesentlich gewesen sein. Eine Kündigung ist jedenfalls nicht als wesentliche Ursache der Arbeitslosigkeit anzusehen, wenn die Arbeitslosigkeit bei pflichtgemäßer Vermittlungstätigkeit der Agentur für Arbeit nicht eingetreten wäre. Liegt ein vertragswidriges Verhalten vor und wird deshalb gekündigt, ist die Kausalität regelmäßig zu bejahen. Anders ist dies dann, wenn zwar ein vertragswidriges Verhalten vorliegt, die Kündigung aber aus anderen Gründen ausgesprochen wird.

128 Die Arbeitslosigkeit muss darüber hinaus **vorsätzlich oder grob fahrlässig** verursacht worden sein(**Verschulden**). Das Verschulden muss sich auf jedes wesentliche Element der Kausalkette beziehen, welches zur Arbeitslosigkeit geführt hat.

129 Nach der Rechtsprechung des BSG kommt es nicht auf die schuldhafte Beendigung des Beschäftigungsverhältnisses, sondern allein auf die zumindest grob fahrlässige **Herbeiführung der Arbeitslosigkeit** an. Diese ist bei einer Beendigung durch den Arbeitnehmer zu bejahen, wenn im Zeitpunkt der Lösung des Beschäftigungsverhältnisses keine konkrete Aussicht auf einen Anschlussarbeitsplatz bestand und die betroffene Person dies wusste oder wissen musste. **Grobe Fahrlässigkeit** liegt daher **nicht** vor, wenn die arbeitslose Person eine konkrete **Aussicht auf einen Anschlussarbeitsplatz** hatte.[235] Konkrete Aussichten bedeutet dabei nicht die feste Zusicherung eines Anschlussarbeitsplatzes, ausreichend sind ernst zu nehmende Aussichten auf einen neuen Arbeitsplatz im Zeitpunkt der Lösung des Beschäftigungsverhältnisses. Sofern das Arbeitsverhältnis verhaltensbedingt gekündigt wurde, kommt es darauf an, ob mit einer Kündigung gerechnet werden musste. Die grobe Fahrlässigkeit muss sich dann aber auch auf die Vertragspflichtverletzung beziehen, die zur Kündigung geführt hat. Wurden Beschäftigte vom Arbeitgeber **nicht abgemahnt**, obwohl dies arbeitsrechtlich für eine wirksame Kündigung erforderlich war, kann dies die **grobe Fahrlässigkeit ausschließen**.

130 Steht nach alledem fest, dass das versicherungswidrige Verhalten i.S.d. § 159 Abs. 1 S. 2 Nr. 1 SGB III vorliegt, weil die oder der Arbeitslose das Beschäftigungsverhältnis gelöst oder durch ein arbeitsvertragswidriges Verhalten Anlass für die Lösung des Beschäftigungsverhältnisses gegeben und dadurch vorsätzlich oder grob fahrlässig die Arbeitslosigkeit herbeigeführt hat, so wird gleichwohl keine Sperrzeit ausgelöst, wenn die betroffene Person einen **wichtigen Grund** hierfür hatte (§ 159 Abs. 1 S. 1 SGB III). Der Begriff ist eigenständig und nicht von der Differenzierung zwischen ordentlicher und außerordentlicher Kündigung abhängig. Der wichtige Grund muss nicht nur die Lösung des Beschäftigungsverhältnisses, sondern gerade auch den konkreten Zeitpunkt der Lösung decken.[236] Ausreichend ist, wenn der wichtige Grund in diesem Zeitpunkt objektiv bestand. Ob er für die Entscheidung des Versicherten bestimmend war, ist nicht relevant.[237]

131 Inzwischen hat sich eine weitreichende **Kasuistik** entwickelt. Im Wesentlichen gibt es wichtige Gründe, die unmittelbar aus dem Arbeitsverhältnis resultieren, berufliche Gründe, betriebliche Gründe und persönliche Gründe.[238] So ist etwa ein wichtiger Grund stets gegeben, wenn Gründe vorlagen die den Arbeitslosen zur fristlosen Kündigung berechtigten. Bei einer ordentlichen Kündigung kann dies auch der Fall sein, etwa bei einer Kündigung wegen Mobbings oder sexueller Belästigung.[239] Auch **berufliche Gründe**, können wichtige Gründe sein, etwa weil ein durch die Beendigung des Arbeitsverhältnisses und den nur so eine berufliche Weiterentwicklung oder ein Aufstieg möglich ist oder aber der Arbeitgeber sonst aus einem vom Verhalten unabhängigen Grundes gekündigt hätte und durch eine einvernehmliche Auflösung des Arbeitsverhältnisses Nachteile vermeiden kann, die sich durch eine Kündigung des Arbeitgebers für sein berufliches Fortkommen ergeben.[240].

234 BSG 28.6.1991, NZA 1992, 285.
235 BSG 29.11.1989 SozR 4100 § 119 Nr. 36.
236 BSG 17.10.2002 SozR 3-4300 § 144 Nr. 12.
237 BS. 9-5-1963, SGB 1963, 210.
238 Eingehend zur Kasuistik: *Greiner* in: Ascheid/Preis/Schmiudt, Kündigungsrecht, § 159 SGB III Rn. 65ff.
239 BSG 21.10.2003, NZS 2004, 382.
240 BSG 2.5.2012, NZS 2012, 874-

Eine besondere Bedeutung kommt dem Tatbestandsmerkmal des **wichtigen Grundes** bei einvernehmlichen Lösungssachverhalten zu (Aufhebungsvertrag, Abwicklungsvertrag und arbeitsgerichtlicher Vergleich). Einen wichtigen Grund für den Abschluss eines Aufhebungsvertrags hat der Arbeitnehmer dann, wenn der Arbeitgeber mit einer objektiv rechtmäßigen ordentlichen Kündigung gedroht hat und dem Arbeitnehmer die Hinnahme dieser Kündigung nicht zuzumuten war.[241] Dies gilt jedoch nur für personen- oder betriebsbedingte Kündigungen, nicht für eine verhaltensbedingte Kündigung. Dies hängt damit zusammen, dass sich die betroffene Person gegen eine rechtmäßige personen- oder betriebsbedingte Kündigung nicht mit Erfolg wehren kann. Ein besonderes Interesse der Versichertengemeinschaft, dass der oder die Betroffene die Kündigung abwartet, besteht damit nicht. Bei einem **Aufhebungsvertrag** mit **Abfindungsvereinbarung** in den Grenzen des **§ 1a Abs. 2 KSchG** entfällt die Prüfung der Rechtmäßigkeit der drohenden Arbeitgeberkündigung und der Arbeitnehmer kann sich auf einen wichtigen Grund berufen, wenn keine Anhaltspunkte (z.B. offenkundig rechtswidrige Kündigung) für eine Gesetzesumgehung zulasten der Versichertengemeinschaft vorliegen.[242] Die Grenzen des § 1a KSchG sind gewahrt, wenn die vereinbarte Abfindung 0,5 Monatsgehälter pro Beschäftigungsjahr nicht übersteigt. Die BA hat diese Rechtsprechung in ihren Durchführungsanweisungen weitgehend aufgenommen und schreibt vor, dass eine Rechtmäßigkeitsprüfung in diesen Fällen unterbleibt. Die früher von der BA vorgeschrieben Untergrenze für die Abfindungshöhe von 0,25 Monatsgehältern wurde inzwischen aufgegeben. 132

Unabhängig von der Abfindungshöhe steht dem Arbeitnehmer grds. ein wichtiger Grund zur Seite, wenn er den Aufhebungsvertrag im Rahmen eines **arbeitsgerichtlichen Vergleiches** schließt. Ist schon das Unterlassen der Klageerhebung, das zur Wirksamkeit der Kündigung und damit zur Beendigung des Arbeitsverhältnisses führt, als sperrzeitunschädlich anzusehen, so muss dies grundsätzlich auch für den Fall gelten, dass der Arbeitnehmer ein gerichtliches Verfahren beendet – sei es durch Rücknahme, sei es durch Vergleich.[243] Dieser Grundsatz gilt jedoch nicht, wenn Anhaltspunkte dafür vorliegen, dass mit dem Abschluss des Vergleichs eine Manipulation zu Lasten der Versichertengemeinschaft verbunden ist. Dies ist z.B. dann der Fall, wenn sich Arbeitgeber und Arbeitnehmer bereits im Vorfeld auf ein derartiges Verfahren einigen, um den Eintritt einer Sperrzeit zu umgehen. Gleichermaßen liegt ein Umgehungstatbestand nahe, wenn der Arbeitnehmer aufgrund tarifvertraglicher Regelungen unkündbar ist.[244] 133

Bei **Abwicklungsverträgen** sind die gleichen Anforderungen an einen wichtigen Grund zu stellen. Es wäre nicht zu rechtfertigen, bei einem Aufhebungsvertrag auf die Rechtmäßigkeitsprüfung der angedrohten Kündigung zu verzichten, wenn die versprochene Abfindung sich innerhalb der Grenzen des § 1a Abs. 2 KSchG bewegt, bei einem Abwicklungsvertrag, bei dem die Arbeitgeberkündigung nicht nur drohte, sondern bereits ausgesprochen ist, hingegen strengere Maßstäbe anzulegen.[245] 134

Der **Wechsel von einer unbefristeten in eine befristete Beschäftigung mit besseren Arbeitsbedingungen** kann ebenfalls aus wichtigem Grund erfolgen, so dass eine Sperrzeit nicht eintritt, wenn der Arbeitnehmer im Anschluss an die Befristung arbeitslos wird.[246] Die nach Art. 12 Abs. 1 GG geschützte Berufsfreiheit ist in ihrem Kernbereich betroffen, wenn der – befristete – Wechsel in ein anderes Berufsfeld mit einer Sperrzeit belegt wäre.[247] Darüber hinaus ist zu berücksichtigen, dass eine flexibler werdende Arbeitswelt zunehmend zur Fragmentierung von Beschäftigungsverhältnissen führt, weil befristete Arbeitsverhältnisse immer weiter zunehmen. . Gerade Transformationsprozesse mögen es auch angezeigt erscheinen lassen, tradierte Berufsfelder, die langfristig nicht 135

241 BSG 2.5.2012, NZS 2012, 874.
242 BSG 2.5.2012, NZS 2012, 874.
243 BSG 17.10.2007, DB 2008, 1048, 1049.
244 BSG 17.10.2007, DB 2008, 1048; Eicher, SGb 2005, 553, 556.
245 Preis/Schneider, NZA 2006, 1297, 1303; Gaul/Niklas, NZA 2008, 137, 141.
246 Wenner, SozSich 2006, 314, 314.
247 BSG 12.7.2006 AP Nr. 9 zu § 144 SGB III.

mehr bestehen werden, zu verlassen, um in Branchen tätig zu werden, die langfristig eine Beschäftigungsperspektive bieten.[248]

136 Voraussetzung jedes Arbeitsverhältnisses ist ein bestimmtes **Mindestmaß an Vertrauen**. Ist dieses **zerrüttet** und werden **die Grundregeln des persönlichen Umgangs** zwischen den Arbeitskollegen **missachtet**, ist es dem Arbeitnehmer nicht zumutbar, das Beschäftigungsverhältnis aufrecht zu erhalten, wenn er die zumutbaren Versuche zur Beseitigung dieser Probleme unternommen hat.[249]

137 Ein wichtiger Grund zur Auflösung des Beschäftigungsverhältnisses, kann auch im persönlichen Bereich liegen. So liegt auch im **Zuzug zum Ehegatten** und **Lebenspartner**, wenn die bisherige Arbeitsstelle nicht von der gemeinsamen Wohnung zumutbar erreicht werden kann und **alle zumutbaren Anstrengungen unternommen wurden, eine Arbeitslosigkeit wegen des Umzugs zu vermeiden**. Gleich behandelt werden **nichteheliche Lebensgemeinschaften**.[250] Auch der erstmalige Zuzug zum nichtehelichen Partner, der ein minderjähriges Kind hat, stellt einen wichtigen Grund dar, wenn Gründe des Kindeswohls eine Erziehungsgemeinschaft erfordern und hiermit insbesondere eine Verbesserung der Unterbringung, Verpflegung oder Betreuung des Kindes verbunden ist.[251]

dd) Sperrzeit bei Arbeitsablehnung (§ 159 Abs. 1 S. 2 Nr. 2 SGB III)

138 Nach § 159 Abs. 1 S. 2 **Nr. 2** SGB III tritt eine **Sperrzeit (wegen Arbeitsablehnung)** ein, wenn

- die als **arbeitsuchend** gemeldete oder die arbeitslose Person
- trotz **Belehrung** über die Rechtsfolgen
- eine von der **Agentur für Arbeit** unter Benennung des Arbeitgebers und der Art der Tätigkeit **angebotene, zumutbare, Beschäftigung**
- **nicht angenommen** oder **nicht angetreten** hat oder die **Anbahnung** eines solchen Beschäftigungsverhältnisses, insbesondere das Zustandekommen eines Vorstellungsgesprächs, durch sein Verhalten **verhindert** hat und
- **dadurch** ihre Arbeitslosigkeit verlängert.

139 Wegen der einschneidenden Wirkung einer Sperrzeit ist eine **Belehrung über die Rechtsfolgen bei Ablehnung des Beschäftigungsangebots erforderlich**. Sie hat bei jedem einzelnen Angebot erneut und wirksam zu erfolgen. Außerdem muss sie **konkret, verständlich, richtig und vollständig** sein und nicht nur formelhaft den Gesetzestext wiederholen, ansonsten ist sie unwirksam. Sie muss den Arbeitslosen in verständlicher Form zutreffend erläutern, welche **unmittelbaren und konkreten Auswirkungen auf ihren Leistungsanspruch** die ohne wichtigen Grund erfolgende **Ablehnung des** ihnen unterbreiteten **Arbeitsangebotes nach sich ziehen kann**.[252] Die Belehrung muss **im Zusammenhang und in Verbindung mit dem jeweils konkreten Angebot** die jeweils hierfür drohende Rechtsfolge nach Dauer und Wirkung bezeichnen, die eintreten kann, wenn Arbeitslosen für die Nichtannahme oder den Nichtantritt der Arbeit kein wichtiger Grund zur Seite steht.[253]

140 Die Agentur für Arbeit muss den Arbeitslosen ein **Beschäftigungsangebot** unterbreiten. Dieses muss **hinreichend bestimmt** und **zumutbar** sein. Mit der hinreichenden Bestimmtheit ist gemeint, dass die Arbeitslosen wissen, wer ihr Verhandlungspartner ist, wo die Tätigkeit stattfindet und welcher Art die angebotene Beschäftigung ist, sodass ihnen eine Entscheidungsgrundlage zur Verfügung steht. **Zumutbarkeit** ist gegeben, wenn das Angebot nicht gegen die Vermittlungsgrundsätze der

248 BSG 12.7.2006 AP Nr. 9 zu § 144 SGB III.
249 SG Mannheim 9.3.1994, info also 1994, 212.
250 BSG 17.10.2002 SozR 3-4100 § 119 Nr. 26; vgl. auch URMERSBACH, NZS 2004, 414, 418.
251 BSG 17.10.2007, SGb 2007, 733, 733.
252 BSG 10.12.1981 SpzR 4100 § 119 Nr. 18.
253 BSG 21.7.1981 SpzR 4100 § 119 Nr. 15.

§§ 35 Abs. 2 S. 2, 36 SGB III verstößt und sich im Rahmen des § 140 SGB III hält (ausführlich hierzu unter § 57 Rn. 19ff.). Soweit die Agentur für Arbeit gleichzeitig mehrere Beschäftigungsangebote unterbreitet, handelt es sich um einen einheitlichen Sachverhalt, weil nur eines dieser Angebote angenommen werden kann. Daher kann auch nur eine Sperrzeit verhängt werden, wenn sämtliche Angebote abgelehnt werden.[254]

Die **Nichtannahme** der angebotenen Beschäftigung kann sowohl durch **ausdrückliche Erklärung** gegenüber der Agentur für Arbeit oder dem potentiellen Arbeitgeber als auch durch **schlüssiges Verhalten** erfolgen. In allen Fällen schlüssigen Verhaltens muss das gesamte Verhalten auf den eindeutigen Willen schließen lassen, die arbeitslose Person werde die angebotene Arbeit nicht annehmen. Abzustellen ist hierbei auf den objektiven Empfängerhorizont. Auf die innere Einstellung, mithin die Frage, ob die arbeitslose Person das Beschäftigungsangebot tatsächlich zielgerichtet ablehnen wollte, kommt es dagegen nicht an.[255] Da eine Sperrzeit auch verhängt werden kann, wenn die Anbahnung des Beschäftigungsverhältnisses verhindert wird, gibt es zwangsläufig Überschneidungen der beiden Tatbestände. Das zeigt sich insbesondere bei inadäquaten Bewerbungen, die von der Rspr. teilweise als konkludente Nichtannahmeerklärung interpretiert werden.[256] Das gleiche gilt für Fälle, in denen ein Vorstellungsgespräch nicht vereinbart wird.[257] 141

Der **Nichtantritt der Beschäftigung** setzt voraus, dass es zunächst zum Abschluss eines Arbeitsvertrags kam. Auch bei dieser Konstellation muss der eindeutige Wille der arbeitslosen Person zum Ausdruck kommen, sie werde die Beschäftigung nicht aufnehmen. 142

Verhindern der Anbahnung eines Beschäftigungsverhältnisses setzt voraus, dass das eigene Verhalten, insbesondere das Verhindern des Zustandekommens eines Vorstellungsgespräches, den Vertragsabschluss verhindert hat. Das ist etwa der Fall, wenn eine Bewerbung in unangemessener Form erfolgt. So etwa, wenn Arbeitslose im Bewerbungsschreiben ausdrücklich darauf hinweisen, dass die angebotene Beschäftigung keine Wunschbeschäftigung sei und sie über keinerlei Erfahrung in der geforderten Tätigkeit verfügen. Verhindern in diesem Sinne liegt auch vor, wenn das **Verhalten bei einem Vorstellungsgespräch** die weitere Vertragsanbahnung verhindert. Das ist etwa der Fall, wenn die Einstellung durch **abschreckendes bzw. besonders provokantes Verhalten** gegenüber dem Arbeitgeber verhindert wird. Die **wahrheitsgemäße Schilderung** von Wünschen, Berufsplänen oder Ähnlichem, die nach der Verkehrssitte noch im Rahmen dessen liegen, was ein Arbeitgeber üblicherweise bei einem an der Arbeitsaufnahme interessierten Arbeitnehmer erwartet, ist hingegen nicht ausreichend. Ebenso wenig die Forderung nach **ortsüblichen Leistungen**. Als problematisch kann sich der Fall erweisen, dass tarifliche und ortsübliche Leistungen weit auseinander liegen.[258] Es spricht einiges dafür, dass bei Berücksichtigung der Wertung des Art. 9 Abs. 3 GG generell die Forderung nach tariflichen Leistungen keine Sperrzeit rechtfertigt und zwar auch unter Berücksichtigung der Interessen tarifgebundener Arbeitgeber. 143

Weitere wesentliche, dem Gesetz nicht ausdrücklich zu entnehmende Voraussetzung ist der **Kausalzusammenhang** zwischen der Ablehnung oder dem Nichtantritt der Arbeit und der Verlängerung der Arbeitslosigkeit. Dabei wird **vermutet, dass ohne das in Frage stehende Verhalten eine Einstellung erfolgt wäre**. An der Kausalität fehlt es jedenfalls, wenn die Stelle bereits besetzt war, als das entsprechende Verhalten gezeigt wurde. 144

Der Tatbestand greift nicht, wenn ein **wichtiger Grund** für die Verwirklichung des Sperrzeittatbestandes vorliegt. Allerdings ist zu berücksichtigen, dass bereits bei der Frage, ob ein zumutbares Arbeitsangebot vorlag, ein Großteil der hier zu prüfenden Gesichtspunkte berücksichtigt wird. **Leiharbeit** ist **grds. zumutbar**, wenn das Arbeitsverhältnis dem Arbeitnehmerüberlassungsgesetz (AÜG) entspricht. Nur im Einzelfall kann die Ablehnung eines Leiharbeitsverhältnisses einen wichtigen 145

254 BSG 3.5.2018, NZA-RR 2019, 42.

255 BSG 5.9.2006 SozR 4-4300 § 144 Nr. 15.

256 BSG 5.9.2006 SozR 4-4300 § 144 Nr. 15.

257 BSG 14.7.2004, AuR 2004, 359.

258 Vgl. den Fall LSG Berlin-Brandenburg 15.5.2007 L 12 AL 59/04.

Grund darstellen, wenn eine Person nach langer Beschäftigung zum ersten Mal arbeitslos geworden ist und ihre Vermittlungschancen nicht eingeschränkt sind.[259]

ee) Sperrzeit bei unzureichenden Eigenbemühungen (§ 159 Abs. 1 S. 2 Nr. 3 SGB III)

146 Voraussetzung für den Eintritt einer Sperrzeit nach § 159 Abs. 1 S. 2 **Nr. 3** SGB III ist, dass die oder der Arbeitslose
- trotz **Belehrung** über die Rechtsfolgen,
- die **von der Agentur für Arbeit geforderten**
- **Eigenbemühungen nicht nachweist.**

147 Nach § 138 Abs. 1 Nr. 2 liegen Eigenbemühungen vor, wenn sich Arbeitnehmer bemühen, ihre Beschäftigungslosigkeit zu beenden (siehe dazu § 57 Rn. 8ff.). Der Sperrzeittatbestand knüpft hieran an und setzt zunächst voraus, dass die Agentur für Arbeit der betroffenen Person Eigenbemühungen abverlangt hat. Das kann in Form einer Eingliederungsvereinbarung erfolgen. Ist diese unwirksam, kommt eine Sperrzeit nicht in Betracht (§ 57 Rn. 9f.).[260]

148 Haben Arbeitslose diese Bemühungen nicht erbracht, sind sie ihren Obliegenheiten zur Schadensminderung im Rahmen des Versicherungsverhältnisses nicht nachgekommen. Der Tatbestand knüpft an den Nachweis der Eigenbemühungen an, sodass auch dann, wenn diese unternommen wurden, aber nicht zeitgerecht nachgewiesen werden, der Tatbestand verwirklicht ist.[261] Damit wird erreicht, dass nicht die BA den Nachweis führen muss, dass die Eigenbemühungen nicht unternommen wurden. Dazu fehlen ihr auch regelmäßig die Erkenntnisse. Die Art des Nachweises kann in der Eingliederungsvereinbarung konkretisiert werden.[262] Ansonsten kommen insbesondere Bewerbungsunterlagen und Schriftverkehr als Beweismittel in Betracht.

149 Hinsichtlich der Belehrung kann auf die Ausführungen zu § 159 Abs. 1 S. 2 Nr. 2 SGB III verwiesen werden (§ 58 Rn. 138). Sie ist wegen der einschneidenden Wirkung einer Sperrzeit stets erforderlich und muss konkret, verständlich, richtig und vollständig sein.

ff) Sperrzeit bei Ablehnung oder Abbruch einer beruflichen Eingliederungsmaßnahme (§ 159 Abs. 1 S. 2 Nr. 4 und 5 SGB III)

150 Gem. § 159 Abs. 1 S. 2 Nr. 4 SGB III wird eine **Sperrzeit** festgesetzt, wenn die oder der Arbeitslose sich
- trotz **Belehrung** über die Rechtsfolgen
- **geweigert** hat,
- an einer **Maßnahme**
- **zur Aktivierung und beruflichen Eingliederung (§ 45 SGB III) oder**
- **einer Maßnahme zur beruflichen Ausbildung oder Weiterbildung oder**
- **einer Maßnahme zur Teilhabe am Arbeitsleben**

teilzunehmen.

151 Unter Maßnahmen zur beruflichen Aktivierung und Eingliederung sind die nach § 45 SGB III zulässigen Maßnahmen zu verstehen. Maßnahmen zur beruflichen Ausbildung oder Weiterbildung sind in §§ 81ff. SGB III geregelt (dazu § 60 Rn. 21ff.). Maßnahmen zur Teilhabe am Arbeitsleben sind in §§ 112ff. SGB III zu finden (dazu § 62 Rn. 1f.).

152 Die jeweilige Maßnahme muss geeignet und **zumutbar** sein. Zudem ist erforderlich, dass sie **hinreichend bestimmt** ist. Außerdem muss eine **schriftliche Zusage** vorliegen.

259 BSG 8.11.2001 SozR 3-4300 § 144 Nr. 7.
260 BSG 4.4.2017, NZS 2017, 707.
261 BSG 4.4.2017, NZS 2017, 707.
262 BSG 4.4.2017 – B 11 AL 19/16 R.

Daneben müssen Arbeitslose auch hier durch eine **ordnungsgemäße Rechtsfolgenbelehrung** über die Konsequenzen informiert sein, die eine **Ablehnung der beruflichen Eingliederungsmaßnahme** nach sich ziehen kann. Bezüglich der Einzelheiten kann im Wesentlichen auf die Ausführungen zu § 159 Abs. 1 S. 2 Nr. 2 SGB III verwiesen werden (§ 8 Rn. 138). 153

Gem. § 159 Abs. 1 S. 2 **Nr. 5** SGB III tritt eine Sperrzeit ein, wenn Arbeitslose die Teilnahme an einer **Maßnahme nach Nr. 4** (dazu § 58 Rn. 150ff.) **abgebrochen** haben oder wegen maßnahmenwidrigen Verhaltens **ausgeschlossen** wurden. Rein krankheitsbedingte Unterbrechungen reichen nicht aus, damit ein Abbruch angenommen werden kann. Die Teilnehmenden müssen vor dem Ausschluss über die möglichen Rechtsfolgen eines Ausschlusses belehrt worden sein. 154

Auch hier gilt das Erfordernis der **Zumutbarkeit der Teilnahme** an der Maßnahme. Die Teilnahme an der Maßnahme i.S.d. § 159 Abs. 1 S. 2 Nr. 4 SGB III muss entweder von Seiten des Teilnehmers (Abbruch) oder von Seiten des Trägers (Ausschluss) endgültig beendet worden sein. Geht es um die zweite Variante, muss das **maßnahmenwidrige Verhalten**, das zum Ausschluss aus der beruflichen Eingliederungsmaßnahme geführt hat, **subjektiv vorwerfbar und der Ausschluss subjektiv vorhersehbar** gewesen sein.[263] 155

Eine Sperrzeit kann nicht verhängt werden, wenn eine Maßnahme abgebrochen wird, weil sie sinnlos ist und keinen Erfolg verspricht. Das ist etwa dann der Fall, wenn die Maßnahme ungeeignet ist oder die arbeitslose Person unterfordert. 156

gg) Sperrzeit bei Ablehnung oder Abbruch eines Integrationskurses oder einer berufsbezogenen Deutschsprachförderung (§ 159 Abs. 1 S. 2 Nr. 6 und 7 SGB III)

Mit Wirkung vom 1.8.2019 wurden durch das Gesetz zur Förderung der Ausbildung und Beschäftigung von Ausländerinnen und Ausländern (Ausländerbeschäftigungsförderungsgesetz) v. 8.7.2019 (BGBl. I S. 1029) die neuen Sperrzeittatbestände des § 159 Abs. 1 S. 2 Nr. 6 und 7 SGB III eingefügt. Die bisherige Nr. 6 und 7 wurde dadurch zu § 159 Abs. 1 Nr. 8 und 9 SGB III. 157

Die Norm betrifft Personen, die es ablehnen, an einem Integrationskurs nach § 43 AufenthG oder einer berufsbezogenen Deutschsprachförderung nach § 45a AufenthG teilzunehmen. Erforderlich ist, dass diese für die dauerhafte berufliche Eingliederung notwendig sind. Im Übrigen ist die Vorschrift § 159 Abs. 1 S. 2 Nr. 4 und 5 nachgebildet, sodass auf die Ausführungen dort verwiesen werden kann (§ 58 Rn. 150ff.). 158

hh) Sperrzeit bei Meldeversäumnis (§ 159 Abs. 1 S. 2 Nr. 8 SGB III)

Die **allgemeine Meldepflicht** von Arbeitslosen und Ausbildungs- und Arbeitsuchenden (§ 38 Abs. 1 S. 5 SGB III) ist in § 309 SGB III geregelt. Danach muss sich die meldepflichtige Person während der Zeit, in der sie Arbeitslosengeld bezieht oder beansprucht, bei der Agentur für Arbeit melden oder zu einem ärztlichen oder psychologischen Untersuchungstermin erscheinen, wenn die Agentur für Arbeit **hierzu auffordert**. Die Anordnung der Meldung hat regelnden Charakter im Sinne eines Verwaltungsaktes.[264] Die Meldung darf nur zu einem der in § 309 Abs. 2 SGB III aufgeführten Zwecke erfolgen (Berufsberatung, Vermittlung in Ausbildung oder Arbeit, Vorbereitung aktiver Arbeitsförderungsleistungen, Vorbereitung von Entscheidungen im Leistungsverfahren, Prüfung des Vorliegens der Voraussetzungen für den Leistungsanspruch).[265] § 159 Abs. 1 S. 2 Nr. 8 SGB III sieht bei Verletzung dieser Meldepflicht die Möglichkeit vor, eine Sperrzeit zu verhängen. Die Voraussetzungen für eine solche Sperrzeit sind: 159

– **Versäumnis** der oder des Arbeitslosen,

263 BSG 16.9.1999 SozR 3-4100 § 119 Nr. 19.
264 BSG 20.3.1980 SozR 4100 § 132 Nr. 1.
265 BSG 25.8.2011, NZA-RR 2012, 216.

- ihrer bzw. seiner **allgemeinen Meldepflicht** nachzukommen
- trotz **Belehrung** über die Rechtsfolgen.

160 Wenn sich Arbeitslose nicht persönlich zu der von der Agentur für Arbeit **bestimmten Zeit** bei der **zuständigen Stelle** melden, liegt ein **Meldeversäumnis** vor. Melden sie sich **verspätet am selben Tag** und kann der Zweck der Meldung auch zu diesem Zeitpunkt noch erreicht werden, ist er seiner allgemeinen Meldepflicht gleichwohl ausreichend nachgekommen (§ 309 Abs. 3 S. 2 SGB III).[266]

161 Eine Sperrzeit tritt nur ein, wenn Arbeitslose **vorher ordnungsgemäß** über die Rechtsfolgen eines Versäumnisses **belehrt** wurden. Die Arbeitslosen müssen in verständlicher und klarer Form darüber informiert werden, welche unmittelbaren und konkreten Auswirkungen aus dem Meldeversäumnis resultieren.[267]

162 Können Arbeitslose für ihr Verhalten einen **wichtigen Grund** anführen, tritt keine Sperrzeit ein. Auch hier hat wieder eine Abwägung zwischen den Interessen der arbeitslosen Person und denen der Agentur für Arbeit stattzufinden. Wird durch bestimmte Umstände die Meldung, das Erscheinen oder die Teilnahme unmöglich oder erschwert, liegt ein wichtiger Grund für das jeweilige Verhalten vor.

---

163 **Beispiel:**
In Betracht kommen z. B. die Erledigung dringender Angelegenheiten, z. B. ein **Vorstellungsgespräch** oder **plötzliche Erkrankungen** des Arbeitslosen. Zur krankheitsbedingten Arbeitsunfähigkeit regelt § 309 Abs. 3 S. 3 SGB III, dass in Fällen der Arbeitsunfähigkeit die Meldeaufforderung auf den ersten Tag fortwirkt, an dem die Arbeitsfähigkeit wiederhergestellt ist.

---

ii) Sperrzeit bei verspäteter Arbeitsuchendmeldung (§ 159 Abs. 1 S. 2 Nr. 9 SGB III)

164 Die Rechtsfolgen bei einer **verspäteten Arbeitsuchendmeldung** sind als versicherungswidriges Verhalten in § 159 Abs. 1 S. 2 Nr. 9 SGB III geregelt. Um eine **Sperrzeit** zu vermeiden, muss sich der Arbeitnehmer entsprechend § 38 Abs. 1 SGB III frühzeitig arbeitsuchend melden. (Zu möglichen arbeitsrechtlichen Konsequenzen einer fehlenden Belehrung durch den Arbeitgeber siehe dazu § 54 Rn. 19 ff.). Die Regelung dient dem **Zweck**, die **Eingliederung von Arbeitsuchenden** zu beschleunigen und das Entstehen von Arbeitslosigkeit zu verhindern.[268] Die Zeit bis zur tatsächlichen Beendigung des Beschäftigungsverhältnisses soll schon genutzt werden, um **Vermittlungsbemühungen** (siehe dazu § 54 Rn. 5 ff.) einzuleiten und die Betroffenen dahingehend zu aktivieren, sich bereits jetzt um eine anschließende Beschäftigung zu bemühen. Diese Pflicht der Agentur für Arbeit wird durch § 38 Abs. 2 SGB III betont.

165 Nach **§ 38 Abs. 1 SGB III** sind Personen, deren Arbeits- oder Ausbildungsverhältnis endet, verpflichtet, sich spätestens drei Monate vor der Beendigung bei der Agentur für Arbeit zu melden. Aus § 38 Abs. 1 S. 4 SGB III ergibt sich, dass nur solche Auszubildende der frühzeitigen Meldeobliegenheit nachzukommen haben, die in einer außerbetrieblichen Einrichtung beschäftigt sind. Auszubildende, die in einem betrieblichen Ausbildungsverhältnis stehen, sind hingegen befreit. Der Grund für diese unterschiedliche Behandlung ist in der möglichen Übernahme durch den Ausbildungsbetrieb zu sehen. Eine Entscheidung hierüber kann aber im Regelfall erst nach Bestehen der Abschlussprüfung getroffen werden. Würde der Auszubildende trotzdem der Meldepflicht unterliegen, würde dies zu einem erheblichen Verwaltungsaufwand auf Seiten der Arbeitsagenturen führen, obwohl noch nicht mit hinreichender Wahrscheinlichkeit feststünde, dass eine Weiterbeschäftigung nicht in Betracht kommt.

---

266 BSG 25.8.2011, NZA-RR 2012, 216.
267 BSG 25.8.2011, NZA-RR 2012, 216.
268 BT-Drs. 15/25 S. 27.

Kann die Dreimonatsfrist nicht eingehalten werden, etwa weil die geltende Kündigungsfrist kürzer ist oder es sich um ein auf weniger als drei Monate befristetes Beschäftigungsverhältnis handelt, gilt die Sonderregelung des § 38 Abs. 1 S. 2 SGB III. Danach hat die betroffene Person sich innerhalb von drei Tagen nach Kenntnis des Beendigungszeitpunktes bei der Arbeitsagentur zu melden. 166

Das bis zum 1.1.2022 geltende Erfordernis der **persönlichen** Arbeitsuchendmeldung besteht inzwischen nicht mehr. Insofern genügt auch eine andere Form der Meldung, sodass eine telefonische oder sonstige Meldung (z.B. per Fax, E-Mail oder online) nunmehr ausreicht. 167

Die Meldeobliegenheit trifft nach § 38 Abs. 1 S. 3 SGB III auch denjenigen, der eine Weiterbeschäftigung in Aussicht hat. 168

Über seinen Wortlaut hinaus setzt § 159 Abs. 1 S. 2 Nr. 9 SGB III als ungeschriebenes Tatbestandsmerkmal ein Verschulden des Arbeitsuchenden voraus. Den Leistungsberechtigten kann eine Obliegenheitsverletzung mit nachteiligen Auswirkungen auf ihren Leistungsanspruch – auch unter verfassungsrechtlichen Gesichtspunkten[269] – nur entgegengehalten werden, wenn sie gegen diese subjektiv vorwerfbar verstoßen.[270] Ein Verschulden ist zu bejahen, wenn der Arbeitnehmer nach seinem individuellen Vermögen fahrlässig in Unkenntnis über die ihm auferlegte Obliegenheit war und sich fahrlässig nicht unmittelbar nach dem Zeitpunkt der Kenntnis über die Beendigung des Versicherungspflichtverhältnisses bei der zuständigen Agentur für Arbeit gemeldet hat.[271] 169

Der **Ort der Arbeitslosmeldung** ist seit dem 1.1.2022 **frei wählbar**. Dies ergibt sich aus dem mit dem durch das Gesetz zur Förderung der beruflichen Weiterbildung im Strukturwandel und zur Weiterentwicklung der Ausbildungsförderung[272] geänderten Wortlaut von **§ 141 SGB III**. Es reicht die Meldung **bei jeder Arbeitsagentur** aus. Nicht erforderlich ist die Meldung bei der zuständigen Agentur für Arbeit, auch wenn dies sinnvoll erscheint, um den Zweck der frühzeitigen Meldung erreichen zu können. 170

Eine verbindliche Zusage für ein nahtloses Anschlussbeschäftigungsverhältnis kann zur **Unzumutbarkeit** einer Arbeitsuchendmeldung führen.[273] 171

jj) Rechtsfolgen von Sperrzeiten

Tritt eine Sperrzeit ein, **ruht der Anspruch auf Arbeitslosengeld** in dieser Zeit, mit **Beginn** ab dem auf das sperrzeitbegründende Ereignis folgenden Tag (§ 159 Abs. 2 SGB III). Für den Fall, dass das Ereignis in eine Sperrzeit fällt, beginnt die neue Sperrzeit erst im Anschluss an die aktuell laufende. 172

Die Sperrzeit beginnt mit dem Zeitpunkt, zu dem Beschäftigungslosigkeit eintritt und nicht erst zu dem Zeitpunkt, zu dem Arbeitslosigkeit im rechtlichen Sinne eintritt. Weder die Arbeitslosmeldung noch die Beantragung von Arbeitslosengeld sind Voraussetzungen für den Beginn der Sperrzeit.[274] Bei der Sperrzeit wegen verspäteter Arbeitssuchendmeldung nach § 159 Abs. 1 S. 2 Nr. 9 SGB III ist auf das Beschäftigungsende als Beginn der Sperrzeit abzustellen.[275] 173

Die **Dauer der Sperrzeit** ist in § 159 Abs. 3 bis 6 SGB III geregelt. Dabei sind mehrere Fallgruppen zu unterscheiden. 174

Für die erste Fallgruppe sieht § 159 Abs. 3 S. 1 SGB III vor, dass die Dauer der **Sperrzeiten wegen Arbeitsaufgabe** (§ 159 Abs. 1 Nr. 1 SGB III) zwölf Wochen beträgt. Diese Sperrzeit kann aber verkürzt werden. Sie verkürzt sich 175

– nach § 159 Abs. 3 S. 2 Nr. 1 SGB III auf drei Wochen, wenn das Arbeitsverhältnis innerhalb von sechs Wochen nach dem Ereignis, das die Sperrzeit begründet, ohne eine Sperrzeit geendet hätte.

---

269 BVerfG 10.2.1987, BVerfGE 74, 203, 216.
270 BSG 13.3.2018, NZS 2018, 658 (m. Anm. Nazik).
271 BSG 13.3.2018, NZS 2018, 658 (m. Anm. Nazik).
272 BGBl. 2020 I S. 1049, 1050.
273 BSG 13.3.2018, NZS 2018, 658 (m. Anm. Nazik).
274 BSG 13.3.2018, NZS 2018, 658 (m. Anm. Nazik).
275 BSG 13.3.2018, NZS 2018, 658 (m. Anm. Nazik).

- nach § 159 Abs. 3 S. 2 Nr. 2 SGB III auf sechs Wochen, wenn
- das Arbeitsverhältnis innerhalb von zwölf Wochen nach dem Ereignis, das die Sperrzeit begründet, ohne eine Sperrzeit geendet hätte oder
- eine Sperrzeit von zwölf Wochen für die arbeitslose Person nach den für den Eintritt der Sperrzeit maßgebenden Tatsachen eine besondere Härte bedeuten würde.

176 Die Dauer der Sperrzeit in der zweiten Fallgruppe (bei Arbeitsablehnung, bei Ablehnung einer beruflichen Eingliederungsmaßnahme, bei Abbruch einer beruflichen Eingliederungsmaßnahme, bei Ablehnung eines Integrationskurses oder einer berufsbezogenen Deutschsprachförderung oder bei Abbruch eines Integrationskurses oder einer berufsbezogenen Deutschsprachförderung) beträgt nach § 159 Abs. 4 SGB III

1. im Fall des erstmaligen versicherungswidrigen Verhaltens dieser Art drei Wochen
2. im Fall des zweiten versicherungswidrigen Verhaltens dieser Art sechs Wochen
3. in den übrigen Fällen zwölf Wochen.

177 Im Gegensatz zur ersten Alternative sind keine Ausnahmen vorgesehen, wenn die Maßnahme ohnehin bald (innerhalb von sechs oder zwölf Wochen) geendet hätte oder die angebotene Beschäftigung bzw. Maßnahme auf derart kurze Zeitspannen befristet war. Der Verhältnismäßigkeitsgrundsatz wird gewahrt, weil eine Staffelung nach der Anzahl der versicherungswidrigen Verhaltensweisen vorgesehen ist. Die Vorschrift über die Dauer der Sperrzeit nach § 159 Abs. 4 S. 1 SGB III wird außerdem in den Fällen der **Arbeitsablehnung** oder der **Ablehnung einer beruflichen Eingliederungsmaßnahme** nach der Meldung zur frühzeitigen Arbeitsuche (§ 38 Abs. 1 SGB III) im Zusammenhang mit der Entstehung des Anspruchs angewandt.

178 Nach § 159 Abs. 5 SGB III beträgt die Dauer einer Sperrzeit bei **unzureichenden Eigenbemühungen zwei Wochen**. Bei **Meldeversäumnissen** und einer verspäteten Arbeitsuchendmeldung werden Sperrzeiten mit der Dauer von **einer Woche** verhängt, § 159 Abs. 6 SGB III.

179 Die **Anspruchsdauer mindert sich** nach § 148 Abs. 1 Nr. 3 und 4 SGB III. Die Minderung entspricht der Anzahl der Tage der festgestellten Sperrzeit. Bei einer **Sperrzeit wegen Arbeitsaufgabe** wird (sofern es sich um eine zwölfwöchige Sperrzeit handelt) die ursprüngliche Anspruchsdauer **mindestens um ein Viertel** gemindert. **Keine Minderung** tritt ein, wenn das sperrzeitbegründende Ereignis bei Erfüllen der Voraussetzungen für den Arbeitslosengeldanspruch vor mehr als einem Jahr eingetreten ist, § 148 Abs. 2 S. 2 SGB III. Dies gilt allerdings nur beim Abbruch von Eingliederungsmaßnahmen, eines Integrationskurses oder einer berufsbezogenen Deutschsprachförderung und bei Arbeitsaufgabe. Da auch der Antrag auf Arbeitslosengeld eine Anspruchsvoraussetzung ist, kann durch Steuerung des Antragszeitpunkts in Einzelfällen eine Anspruchsminderung verhindert werden. Die Agentur für Arbeit trifft eine diesbezügliche Hinweispflicht, deren Verletzung zu einem sozialrechtlichen Herstellungsanspruch führen kann.[276]

180 Nach § 161 Abs. 1 Nr. 2 SGB III können Sperrzeiten auch zum **Erlöschen des Anspruchs auf Arbeitslosengeld** führen. Dies ist nur unter folgenden Voraussetzungen der Fall:

- Es müssen **Sperrzeiten von insgesamt mindestens 21 Wochen** zusammenkommen.
- Die arbeitslose Person muss über den Eintritt der Sperrzeiten **schriftliche Bescheide** erhalten haben.
- Außerdem muss sie über die **Rechtsfolgen** des Eintritts von Sperrzeiten mit einer Dauer von insgesamt mindestens 21 Wochen **belehrt** worden sein.

181 Liegen diese Voraussetzungen vor, **erlischt** der Anspruch **kraft Gesetzes**. Ab dem Tag nach dem Ereignis, das Anlass für die 21 Wochen abrundende Sperrzeit gibt, besteht kein Anspruch mehr. Es kommt unter keinen Umständen zu einem Aufleben des erloschenen Stammrechts – auch nicht, wenn Arbeitslose schnell wieder eine Arbeit aufnehmen. Lediglich durch Vollendung einer neuen

276 BSG 5.8.1999 SozR 3-4100 § 110 Nr. 2.

Anwartschaftszeit (§ 142 SGB III) kann ein neuer Anspruch auf Arbeitslosengeld begründet werden. Nach § 161 Abs. 1 Nr. 2 Hs. 2 SGB III werden auch Sperrzeiten berücksichtigt, die in einem Zeitraum von zwölf Monaten vor der Entstehung des Anspruchs eingetreten sind und nicht bereits zum Erlöschen eines Anspruchs geführt haben. Durch letztere Einschränkung wird daher eine Doppelverwertung von Umständen vermieden, die bereits zu einem Erlöschen des Anspruchs geführt haben.

Neben dem Erlöschen des Anspruchs auf Arbeitslosengeld **führt eine Sperrzeit zu weiteren versicherungsrechtlichen Folgen.** Die Mitgliedschaft von Arbeitslosen in der **gesetzlichen Krankenversicherung**, die sich aus § 5 Abs. 1 Nr. 2 SGB V ergibt, besteht nicht während des ersten Monats einer Sperrzeit. Mit einer Sperrzeit belegte Arbeitslose sind jedoch über den nachgehenden Versicherungsschutz nach § 19 Abs. 2 SGB V abgesichert (siehe dazu § 20 Rn. 100 f.). In der Pflegeversicherung besteht entsprechend über § 20 Abs. 1 Nr. 2 SGB IV Versicherungsschutz ab dem zweiten Monat der Sperrzeit. In der gesetzlichen Unfallversicherung bleibt der Versicherungsschutz auch während einer Sperrzeit bestehen. 182

f) Ruhen bei Arbeitskämpfen (§ 160 SGB III)

§ 160 SGB III regelt die Frage, ob Leistungsansprüche nach dem SGB III durchsetzbar sind, wenn die Anspruchsvoraussetzungen infolge eines **Arbeitskampfes** erfüllt werden. Die von § 160 SGB III zu bewältigende **Konfliktsituation** besteht darin, dass sowohl die Gewährung als auch die Ablehnung von Leistungen Auswirkungen auf die Kampfkraft der Tarifvertragsparteien hat. Mit § 160 SGB III wurde eine hoch umstrittene Regelung geschaffen, die zwangsläufig eine Gratwanderung darstellt. Die Vorschrift, bzw. die identische Vorgängerregelung § 116 AFG, wurde sowohl vom BVerfG[277] als auch vom BSG[278] für mit Art. 9 Abs. 3, Art. 14 und Art. 3 GG vereinbar erklärt. Die Regel findet sich zwar unter den Vorschriften über das Arbeitslosengeld, ihre praktische Bedeutung hat sie jedoch nicht in diesem Bereich, weil praktisch bei Beschäftigungslosigkeit infolge von Arbeitskampfmaßnahmen nur Kurzarbeitergeld in Betracht kommt.[279] 183

§ 160 Abs. 1 S. 1 SGB III stellt den Grundsatz auf, dass die **BA zu Neutralität verpflichtet** ist. Daran orientiert sich der Regelungsgehalt der folgenden Absätze. Als Faustformel lässt sich festhalten, dass wer von einem Tarifvertrag profitiert, während eines Arbeitskampfes nicht durch Leistungen der Bundesagentur unterstützt werden soll. Umgekehrt liegt nach § 160 Abs. 1 S. 2 SGB III kein Eingriff in die Kampfparität vor, wenn es sich um Personen handelt, die **nicht** in den **fachlichen Geltungsbereich des umkämpften Tarifvertrags** fallen. 184

Anders sieht es aus im Fall des § 160 Abs. 2 SGB III: Er ordnet das Ruhen des Anspruchs auf Arbeitslosengeld an, wenn der Arbeitnehmer durch die **Beteiligung an einem inländischen Arbeitskampf** arbeitslos geworden ist. Hintergrund ist, dass die **Streikkasse nicht auf Kosten der Versichertengemeinschaft entlastet** und so die Kampffähigkeit der Gewerkschaften gefördert werden soll. Gewerkschaftsmitglieder müssen sich an die Streikkasse halten. Nicht-Gewerkschaftsmitgliedern steht in diesem Fall bei nicht ausreichender Eigenabsicherung allenfalls die Absicherung nach dem SGB II zur Verfügung. 185

Aber auch nur **mittelbar vom Streik betroffene Arbeitnehmer** werden unter bestimmten Umständen nicht von der Bundesagentur unterstützt (§ 160 Abs. 3 SGB III). Gegen diese Regelung bestehen erhebliche verfassungsrechtliche Bedenken.[280] Die Ansprüche ruhen, wenn Arbeitnehmer durch einen inländischen **Arbeitskampf**, an dem er **nicht beteiligt ist**, arbeitslos geworden sind, und folgende Voraussetzungen erfüllt sind: Der Betrieb, in dem die betroffene Person zuletzt beschäftigt war, ist 186

277 BVerfG 4.7.1995, BVerfGE 92, 365.

278 BSG 5.8.1999 SozR 3-4100 § 110 Nr. 2.

279 BVerfG 4.7.1995, BVerfGE 92, 365.

280 Dazu zuletzt Kocher/Kädtler/Voskamp/Krüger, Noch verfassungsgemäß? Fernwirkungen bei Arbeitskämpfen in der Automobilindustrie und die Verfassungsmäßigkeit des § 160 Abs. 3 SGB III, 2018.

- dem räumlichen und fachlichen Geltungsbereich des umkämpften Tarifvertrags zuzuordnen oder
- zwar nicht dem räumlichen, aber dem fachlichen Geltungsbereich des umkämpften Tarifvertrags zuzuordnen und im räumlichen Geltungsbereich des Tarifvertrags wurde eine Forderung erhoben, die einer Hauptforderung des Arbeitskampfes nach Art und Umfang gleich ist, ohne mit ihr übereinstimmen zu müssen, und das Arbeitskampfergebnis wird aller Voraussicht nach in dem räumlichen Geltungsbereich des nicht umkämpften Tarifvertrages im Wesentlichen übernommen (§ 160 Abs. 3 SGB III).

---

187 **Beispiel:**[281]

Im Tarifgebiet Mecklenburg-Vorpommern der Metall- und Elektroindustrie finden im Mai 1993 Arbeitskampfmaßnahmen statt. Es geht um die Einhaltung einer Vereinbarung vom März 1991, die die Arbeitgeberverbände in allen fünf ostdeutschen Tarifgebieten gekündigt hatten. Der Arbeitskampf hat mittelbare Auswirkungen auf das Tarifgebiet Sachsen, das nicht zum räumlichen Geltungsbereich des umkämpften Tarifvertrags gehört.

Da es sich um den gleichen fachlichen Geltungsbereich handelt, muss geprüft werden, ob auch in Sachsen eine Forderung erhoben wird, die der Hauptforderung in Mecklenburg-Vorpommern nach Art und Umfang gleicht, und das Arbeitskampfergebnis aller Voraussicht nach dort übernommen wird. In Sachsen hat eine Urabstimmung stattgefunden, die ebenfalls auf die Einhaltung der Vereinbarung vom März 1991 zielt. Da auch eine Prognose auf eine hohe Wahrscheinlichkeit für eine Übernahme des Arbeitskampfergebnisses deutet, kommt es auch für die nur mittelbar vom Arbeitskampf Betroffenen in Sachsen zu einem Ruhen ihrer Ansprüche.

---

188 Erforderlich ist nach § 160 Abs. 3 S. 3 SGB III in beiden Alternativen weiterhin, dass der Arbeitnehmer in den persönlichen Geltungsbereich des Tarifvertrags fällt. Es wird vorausgesetzt, dass der Tarifvertrag für einen Arbeitnehmer normativ gilt oder zu seinen Gunsten angewendet wird.

189 § 160 Abs. 4 SGB III enthält eine **Härteregelung** für das Ruhen bei **mittelbarer Beteiligung von Arbeitslosen an einem Arbeitskampf** i. S. d. § 160 Abs. 3 SGB III. Danach können bestimmte Gruppen vom Ruhen ausgenommen werden. Die Entscheidung über bestimmte Voraussetzungen des Ruhens bei mittelbarer Streikbetroffenheit trifft der **Neutralitätsausschuss** (§ 160 Abs. 5 SGB III), der gem. § 380 SGB III aus je drei Mitgliedern, die den Gruppen der Arbeitnehmerinnen und Arbeitnehmer und der Arbeitgeber im Verwaltungsrat der BA angehören, sowie der oder dem Vorsitzenden des Vorstands der Bundesagentur besteht. Nach § 160 Abs. 6 SGB III können Entscheidungen des Neutralitätsausschusses durch **Klage der Fachspitzenverbände gegen die BA beim BSG** in erster und letzter Instanz angegriffen werden. Ein Vorverfahren findet hierbei nicht statt. Wie das BVerfG festgestellt hat, ist dadurch verfassungsrechtlich noch ausreichender Rechtsschutz gewährleistet.[282]

III. Teilarbeitslosengeld (§ 162 SGB III)

190 Die Vorschrift soll Personen, die mehrere versicherungspflichtige Beschäftigungen nebeneinander ausgeübt haben und eine (oder mehrere hiervon) verlieren, aber trotzdem immer noch in mindestens einer Beschäftigung versicherungspflichtig beschäftigt sind, für eine begrenzte Zeit einen angemessenen Ersatz des wegen der eingetretenen **Teilarbeitslosigkeit** ausfallenden Arbeitsentgelts bieten.[283] Hierdurch soll ein Anreiz zur vermehrten Inanspruchnahme von Teilzeitarbeit erreicht werden.

191 Die **Voraussetzungen für die Gewährung** des Teilarbeitslosengeldes sind denen für das Arbeitslosengeld bei Arbeitslosigkeit gem. § 137 Abs. 1 SGB III nachgebildet.

---

281 Nach BSG 4.10.1994 SozR 3-4100 § 116 Nr. 2.
282 BVerfG 4.7.1995 SozR 3-4100 § 116 Nr. 3.
283 BT-Drs. 13/5676 S. 181.

Anspruchsvoraussetzungen sind die
- **Teilarbeitslosigkeit**,
- die Teilarbeitslosmeldung **bei der Agentur für Arbeit** und
- die Erfüllung der **Anwartschaftszeit**.
- Des Weiteren muss eine **versicherungspflichtige Beschäftigung verloren gegangen sein**, die vorher neben einer oder mehreren anderen versicherungspflichtigen Beschäftigungen ausgeübt wurde und eine entsprechende Beschäftigung gesucht werden.

Der Verlust der Teilzeit-Beschäftigung muss vollständig sein. Die **bloße Verminderung der Arbeitszeit** eines (noch) bestehenden Beschäftigungsverhältnisses stellt **keinen Verlust** gem. § 162 Abs. 1 Nr. 1 SGB III dar. Es ist jedoch möglich, bei **Verlust einer von zwei Teilzeitbeschäftigungen bei demselben Arbeitgeber** einen Anspruch zu erwerben.[284] Im Übrigen gelten die Vorschriften über das Arbeitslosengeld bei Arbeitslosigkeit für das Teilarbeitslosengeld entsprechend. Unter diesen Voraussetzungen besteht ein Anspruch auf bis zu **sechs Monate** Teilarbeitslosengeld (§ 162 Abs. 2 Nr. 3 SGB III). 192

Der Anspruch auf Teilarbeitslosengeld erlischt gem. § 162 Abs. 2 Nr. 5 SGB III, 193
- wenn der Arbeitnehmer nach der Entstehung des Anspruchs eine Beschäftigung, selbständige Tätigkeit oder Tätigkeit als mithelfender Familienangehöriger für **mehr als zwei Wochen** oder mit einer Arbeitszeit von **mehr als fünf Stunden wöchentlich** aufnimmt oder
- wenn die Voraussetzungen für einen **Anspruch auf Arbeitslosengeld** bei Arbeitslosigkeit gem. §§ 136ff. SGB III erfüllt sind oder
- spätestens **nach Ablauf eines Jahres seit Entstehung des Anspruchs auf Teilarbeitslosengeld**.

IV. Arbeitslosengeld bei beruflicher Weiterbildung

Neben der Übernahme von Weiterbildungskosten hat die betroffene Person einen Anspruch auf Arbeitslosengeld bei beruflicher Weiterbildung gem. § 144 SGB III. 194

Im Verhältnis zum Arbeitslosengeld bei Arbeitslosigkeit handelt es um eine einheitliche Versicherungsleistung, die hinsichtlich der Anspruchsvoraussetzung und des Umfangs den §§ 137ff. SGB III nachgebildet ist.[285] Das bedeutet, dass der Anspruch auf Arbeitslosengeld bei beruflicher Weiterbildung allein wegen der Förderung nicht erfüllt sein darf. Neben der Förderung nach § 81 SGB III muss daher beispielsweise auch die Anwartschaftszeit erfüllt sein.

§ 59 Nicht an den Eintritt von Arbeitslosigkeit anknüpfende Versicherungsleistungen in Form des Entgeltersatzes

Das SGB III kennt neben den an den Eintritt von Arbeitslosigkeit anknüpfenden Versicherungsleistungen weitere Versicherungsleistungen, die nicht an den Eintritt von Arbeitslosigkeit anknüpfen, aber Entgeltersatz gewähren. Zu nennen ist hier das Kurzarbeitergeld, das Insolvenzgeld bei Zahlungsunfähigkeit des Arbeitgebers (§ 3 Abs. 4 Nr. 3–5 SGB III) und das Übergangsgeld bei Teilnahme an Maßnahmen zur Teilhabe am Arbeitsleben. 1

284 BSG 6.2.2003 SozR 4-4300 § 150 Nr. 1.
285 BSG 10.12.2019 B 11 AL 4/19 R

I. Kurzarbeitergeld

1. Allgemeines

2 Der in der Praxis bedeutendste Fall einer Versicherungsleistung, die nicht den Eintritt von Arbeitslosigkeit voraussetzt, ist das **Kurzarbeitergeld**. Es ist, zusammen mit den Transfermaßnahmen, in den §§ 95–111a SGB III geregelt. Kurzarbeitergeld ist zugleich eine Leistung der aktiven Arbeitsförderung (§ 3 Abs. 3 Nr. 5 SGB III) und Entgeltersatzleistung (§ 3 Abs. 4 Nr. 4 SGB III). Gleichwohl weist es strukturell eine große Nähe zum Arbeitslosengeld auf. Es hat gem. § 5 SGB III **Vorrang** vor der Gewährung von Arbeitslosengeld.

3 Die Gewährung von **Kurzarbeitergeld bezweckt** die **Vermeidung von Arbeitslosigkeit** bei vorübergehenden Arbeitsausfällen (ausnahmsweise wird gem. § 111 SGB III auch bei dauerhaften, strukturellen Veränderungen im Betrieb sog. Transferkurzarbeitergeld gewährt). Es gleicht den Einkommensverlust bei vorübergehender Unterbeschäftigung bei gleichzeitigem Fortbestand des Arbeitsverhältnisses teilweise aus.[286] Durch die Zahlung von Kurzarbeitergeld werden dem Unternehmen die Beschäftigten und den Beschäftigten ihre Arbeitsplätze gesichert. Die ökonomische Bedeutung des Instruments der Kurzarbeit ist enorm. Das hat nicht nur die Entwicklung während der Finanzkrise gezeigt, sondern insbesondere die wirtschaftliche Bewältigung der Corona-Pandemie. Das Instrument dient nicht nur dem Schutz der unmittelbaren Leistungsempfänger und des Arbeitgebers, sondern auch gesamtgesellschaftlichen Interessen, weil so Transaktionskosten durch krisenbedingte Entlassungen und Neueinstellungen vermieden werden können. Das Instrument erhöht damit die Effizienz und die wirtschaftliche Leistungsfähigkeit der Wirtschaft und trägt dazu bei, dass nach Überwindung von Krisen sofort das gesamte benötigte Personal zur Verfügung steht. In sozialer Hinsicht leistet die Kurzarbeit zudem einen Beitrag zum sozialen Frieden, weil sie bei temporären Krisen den Eintritt von Arbeitslosigkeit vermeidet. Diese Zielsetzung steht in einem latenten Spannungsverhältnis zu dem mit der wirtschaftlichen Betätigungsfreiheit verbundenen Betriebs- und Wirtschaftsrisiko des einzelnen Unternehmers, das durch die Gewährung von Kurzarbeitergeld grundsätzlich nicht gemindert werden soll.[287] Das Instrument hat sich so sehr bewährt, dass es zum Vorbild für einen Vorschlag für entsprechende Regelungen zur Bewältigung der Corona-Pandemie in der gesamten Europäischen Union geworden ist (SURE).[288]

4 Unter Kurzarbeit versteht man die befristete – im Gegensatz zur dauerhaften – Herabsetzung der vertraglich vereinbarten Arbeitszeit. Die Verkürzung der Arbeitszeit muss arbeits- oder tarifvertraglich geregelt sein. Nach dem BAG kann sie auch durch Betriebsvereinbarung nach § 87 Abs. 1 Nr. 3 BetrVG geregelt sein.[289] Dabei hat der Betriebsrat abzuwägen, ob die mit der Einführung der Kurzarbeit verbundenen Einkommenseinbußen für die von der Einführung von Kurzarbeit Betroffenen eher hinnehmbar sind als die sonst möglichen Entlassungen. Hinzu tritt die Möglichkeit, dass bei Massenentlassungen die BA, insbesondere bei einer Entlassungssperre nach § 18 Abs. 2 KSchG, die Einführung von Kurzarbeit nach § 19 KSchG zulässt.

5 Kurzarbeit ist regelmäßig mit einem **Einkommensverlust** für die Beschäftigten verbunden. Wie hoch der Einkommensverlust ist, hängt vom Umfang und der Dauer des Arbeitsausfalls ab. In verschiedenen Branchen wird allerdings der Einkommensverlust bei Kurzarbeit **durch tarifliche Regelungen teilweise ausgeglichen**.

---

286 BeckOK/Bieback, § 95 Rn. 1.

287 BSG 29.4.1998, NZA-RR 1999, 48.

288 Vorschlag der EU-Kommission für eine Verordnung des Rates zur Schaffung eines Europäischen Instruments zur vorübergehenden Unterstützung bei der Minderung von Arbeitslosigkeitsrisiken in der durch den COVID-19-Ausbruch verursachten Krise (SURE) COM (2020) 139 final.

289 BAG 14.2.1991, NZA 1991, 607, 608.

2. Voraussetzungen für die Gewährung von Kurzarbeitergeld

Nach § 95 SGB III **setzt** der Anspruch auf Kurzarbeitergeld **voraus**, dass 6
- ein **erheblicher Arbeitsausfall** mit Entgeltausfall vorliegt,
- die **betrieblichen Voraussetzungen** erfüllt sind,
- die **persönlichen Voraussetzungen** erfüllt sind und
- der Arbeitsausfall der Agentur für Arbeit **angezeigt** worden ist.

Diese Voraussetzungen sind in den §§ 96–99 SGB III weiter definiert. Die §§ 101 und 103 SGB III enthalten weitere betriebliche Voraussetzungen. Neben diesen Voraussetzungen sind die Verfahrensvorschriften zu beachten. Der Arbeitsausfall ist gem. § 99 SGB III beim Arbeitsamt anzuzeigen. Für den Arbeitskampf gilt § 100 SGB III. In den §§ 323ff. SGB III finden sich Vorschriften zum Antragserfordernis (§ 323 Abs. 2 SGB III), zum Beantragungszeitraum (§ 325 Abs. 5 SGB III), zur Gesamtabrechnung (§ 326 SGB III) und zum zuständigen Arbeitsamt (§ 327 Abs. 3 SGB III). 7

a) Erheblicher Arbeitsausfall mit Entgeltausfall (§ 96 SGB III)

Ein **erheblicher Arbeitsausfall** liegt nach § 96 Abs. 1 SGB III vor, wenn er **auf wirtschaftlichen Gründen oder einem unabwendbaren Ereignis beruht (§ 96 Abs. Nr. 1 SGB III), vorübergehend (§ 96 Abs. Nr. 2 SGB III)**, und **nicht vermeidbar** ist **(§ 96 Abs. Nr. 3 SGB III)**, und im jeweiligen Kalendermonat (Anspruchszeitraum) **mindestens ein Drittel** der in dem Betrieb beschäftigten **Arbeitnehmerinnen und Arbeitnehmer** von einem Entgeltausfall von jeweils mehr als 10 % ihres monatlichen Bruttoentgelts betroffen ist **(§ 96 Abs. Nr. 4 SGB III)**. Der Entgeltausfall kann auch jeweils 100 % des monatlichen Bruttoentgelts betragen (sog. „Kurzarbeit Null"). Dabei muss der Arbeitsausfall außerhalb des Verantwortungsbereichs des Betriebes bzw. Unternehmens liegen. 8

aa) Wirtschaftliche Gründe (§ 96 Abs. 1 S. 1 Nr. 1 SGB III)

Wirtschaftliche Gründe i.S.d. § 96 Abs. 1 S. 1 Nr. 1 SGB III sind durch Störungen des Wirtschaftskreislaufs bedingt. Der Begriff „wirtschaftliche Gründe" enthält ausdrücklich keine Festlegung auf einen bestimmten Typus wirtschaftlicher Gründe. Jedenfalls konjunkturelle Schwankungen sind erfasst. Die Ursache muss im Zusammenhang mit der wirtschaftlichen Betätigung des Arbeitgebers stehen. Die allgemeine wirtschaftliche Entwicklung betrifft konjunkturelle und strukturelle Entwicklungen. Das Risiko wirtschaftlicher Fehleinschätzungen trägt der Arbeitgeber. Dieses Risiko wird nicht durch das Kurzarbeitergeld versichert.[290] Nach der Rspr. des BAG sind wirtschaftliche Gründe Ursachen, die mit der Gesamtheit der laufenden Produktions- und Konsumvorgänge, also mit den **externen** Wirtschaftsprozessen und ihren konjunkturellen, zyklisch verlaufenden Phasen sowie den hierfür verantwortlichen Strukturelementen wie den ökonomischen und außerökonomischen Rahmenbedingungen (Bevölkerung, Rechtsordnung, technisches Wissen, Kapitalbestand) zusammen hängen.[291] Dazu zählen auch wirtschaftliche Auswirkungen politischer Entscheidungen. Das BSG grenzt vor allem interne und externe Umstände voneinander ab. Wirtschaftliche Ursachen eines Arbeitsausfalls, die zum Bezug von Kurzarbeitergeld berechtigen, sind nach dieser Rechtsprechung – in Abgrenzung zu betriebsspezifischen, in den Risikobereich des Betriebs fallenden Gründen – nur solche, die im Zusammenhang mit dem allgemeinen Wirtschaftsprozess stehen.[292] Diese Rechtsprechung kann sich wertungsmäßig auch auf § 96 Abs. 4 S. 2 SGB III stützen. 9

290 Dazu BSG 29.4.1998, NZA-RR 1999, 48.
291 BSG 29.4.1998, NZA-RR 1999, 48.
292 BSG 29.4.1998, NZA-RR 1999, 48.

Beispiel:
Dazu gehören z. B. Auftragsmangel oder Absatzschwierigkeiten infolge von Währungsschwankungen oder Rohstoffknappheit. Problematisch ist die Abgrenzung bei Just-in-time-Fertigungsprozessen, bei denen Engpässe immer auch auf einer organisatorischen Entscheidung des Arbeitgebers beruhen. Zum Arbeitskampf vgl. § 100 SGB III.

10 Außerdem fällt nach § 96 Abs. 2 SGB III auch eine Änderung der Betriebsstruktur unter den Begriff, wenn diese durch die allgemeine wirtschaftliche Entwicklung bedingt ist.

11 Zu beachten ist in diesem Zusammenhang auch § 96 Abs. 4 S. 2 SGB III, der sachlich eng mit dieser Frage verknüpft ist und bei bestimmten innerbetrieblichen Umständen den Arbeitsausfall als vermeidbar qualifiziert, sodass kein Anspruch auf Kurzarbeitergeld besteht.

bb) Unabwendbares Ereignis (§ 96 Abs. 1 S. 1 Nr. 1 SGB III)

12 Ebenso möglich ist, dass der Arbeitsausfall auf einem unabwendbaren Ereignis beruht (§ 96 Abs. 1 S. 1 Nr. 1 SGB III). Nach § 96 Abs. 1 S. 1 Nr. 1 SGB III kann es alternativ zu den wirtschaftlichen Gründen herangezogen werden. § 96 Abs. 3 SGB III nennt Beispiele für ein **unabwendbares Ereignis**. Ein solches ist anzunehmen, wenn ein Arbeitsausfall auf ungewöhnlichen, dem üblichen Witterungsverlauf nicht entsprechenden Witterungsgründen beruht. Das gilt auch, wenn der Arbeitsausfall durch behördliche oder behördlich anerkannte Maßnahmen verursacht worden ist, die der Arbeitgeber nicht zu vertreten hat. Ebenso erfasst sind Unglücksfälle oder notstandsähnliche Situationen.[293]

13 **Beispiele:**
Dies ist z. B. gegeben, wenn im Zusammenhang mit notwendigen Sanierungsmaßnahmen von Versorgungsleitungen in einem innerstädtischen Bezirk **Baumaßnahmen** durchgeführt werden, die zu einer Beeinträchtigung des Kundenverkehrs führen und in der Konsequenz einen Absatzrückgang der in diesem Bezirk ansässigen Geschäfte nach sich ziehen.

In den behördlichen Maßnahmen zur Abwendung der Corona-Krise 2020, die weitgehende Betriebsschließungen anordneten und damit zu einem Arbeitsausfall von bisher unbekanntem Ausmaß führten, liegt ein unabwendbares Ereignis im Sinne der Norm. Dabei kann jedoch auch schon die durch die Pandemie veranlasste Arbeitszeitverkürzung einen Arbeitsausfall darstellen, der auf einem unabwendbaren Ereignis beruht.[294]

Ein unabwendbares Ereignis hat die Rechtsprechung auch angenommen, wenn der Betriebsinhaber als Folge eines Verkehrsunfalls aus **gesundheitlichen Gründen** ausfällt und hierdurch Arbeitsausfall im Betrieb eintritt.[295]

cc) Vorübergehend (§ 96 Abs. 1 S. 1 Nr. 2 SGB III)

14 **Vorübergehend ist ein Arbeitsausfall**, wenn nach aller Voraussicht davon auszugehen ist, dass der Betrieb in absehbarer Zeit wieder zur Vollarbeit übergehen kann. Ein vorübergehender Arbeitsausfall liegt nicht vor, wenn durch den Arbeitsausfall die Dauer der gesetzlichen Bezugsfrist oder der aufgrund einer Rechtsverordnung verlängerten Bezugsfrist deutlich überschritten wird.[296]

15 Ist die endgültige Stilllegung eines Betriebes beabsichtigt, kann Kurzarbeitergeld nicht weitergewährt werden, da das Ziel der Kurzarbeitergeld-Gewährung verfehlt wird.

16 „Die mit [den Regelungen über die Gewährung von Kurzarbeitergeld] vorausgesetzte Erwartung, dass durch die Gewährung von Kurzarbeitergeld den Arbeitnehmern die Arbeitsplätze und dem Betrieb die eingearbeiteten

---

293 BSG 11.12.2014, NZS 2015, 355 Rn. 13.
294 Vgl. BeckOK SozR/Bieback § 96 SGB III Rn. 12.
295 BSG 21.2.1991 DBlR 3827 AFG/§ 64.
296 BSG 17.5.1983 SozR 4100 § 63 Nr. 2.

Arbeitnehmer erhalten werden, kann nicht auf einen anderen Betrieb desselben Unternehmens bezogen werden."[297]

dd) Nicht vermeidbar (§ 96 Abs. 1 S. 1 Nr. 3 SGB III)

Ein Arbeitsausfall ist daher nur dann erheblich, wenn er nicht vermeidbar ist. Das Erfordernis der Unvermeidbarkeit des Arbeitsausfalls soll vor unberechtigter Inanspruchnahme des Kurzarbeitergeldes durch Betriebe schützen, die ihr Wirtschaftsrisiko auf die Versichertengemeinschaft verlagern wollen. Nur dann, wenn der Arbeitsausfall auch von einem sorgfältigen Unternehmen, das Vorsorgemaßnahmen und Anpassungsmaßnahmen vornimmt, nicht vermieden werden kann, ist die Unvermeidbarkeit gegeben (§ 96 Abs. 1 S. 1 Nr. 3 SGB III). **Vermeidbar** ist ein Arbeitsausfall, wenn der Betrieb nicht alle zumutbaren Vorkehrungen getroffen hat, um den Eintritt des Arbeitsausfalls zu verhindern, § 96 Abs. 4 S. 1 SGB III. In § 96 Abs. 4 S. 2 SGB III sind einige Einzelfälle aufgeführt, in denen der Arbeitsausfall vermeidbar ist. 17

Gem. § 96 Abs. 4 S. 2 Nr. 1 SGB III gilt ein Arbeitsausfall als **vermeidbar**, der überwiegend **branchenüblich, betriebsüblich oder saisonbedingt** ist oder **ausschließlich auf betriebsorganisatorischen Gründen beruht**. Es handelt sich hierbei um nicht abschließende Regelbeispiele. Die Betriebsüblichkeit eines Arbeitsausfalls kann auch bei einmaligen Ereignissen bejaht werden. Sie setzt keine regelmäßigen Schwankungen der Beschäftigungslage voraus, sondern kann auch bei einmaligen, der Betriebseigenart entsprechenden Ereignissen angenommen werden. 18

Beispiel: 19
Das BSG hielt einen dreißigprozentigen Auftragsrückgang bei einem Unternehmen, das für einen anderen Betrieb einen Kettenbrief vertreibt, für einen betriebsüblichen Arbeitsausfall, obwohl das Problem erstmals auftrat.[298]

Ein Arbeitsausfall ist auch **vermeidbar**, wenn er bei Gewährung von bezahltem **Erholungsurlaub** ganz oder teilweise verhindert werden kann (§ 96 Abs. 4 S. 2 Nr. 2 SGB III). Hierbei dürfen jedoch keine vorrangigen Urlaubswünsche der Arbeitnehmer entgegenstehen. 20

Schließlich liegt Vermeidbarkeit vor, wenn die im Betrieb zulässigen Arbeitszeitschwankungen genutzt werden können (§ 96 Abs. 4 S. 2 Nr. 3 SGB III). Allerdings kann die **Auflösung eines Arbeitszeitguthabens** nur in eingeschränktem Maße verlangt werden (§ 96 Abs. 4 S. 3 SGB III). Zu beachten ist außerdem, dass § 96 Abs. 4 S. 3 SGB III nur die Auflösung von Arbeitszeitguthaben, nicht aber den Aufbau von Arbeitszeitschulden erfasst. 21

Arbeitszeitguthaben, die z. B. **zweckgebunden** für eine vorzeitige Freistellung eines Arbeitnehmers vor der altersbedingten Beendigung des Arbeitsverhältnisses bestimmt sind, brauchen nicht aufgelöst zu werden. Das Gleiche gilt für Guthaben, die zur Vermeidung der Inanspruchnahme von Saisonkurzarbeitergeld angespart wurden und die den Umfang von 150 Stunden nicht übersteigen, oder solche, die länger als ein Jahr unverändert bestanden haben. Auch Arbeitszeitguthaben, die den Umfang von 10 Prozent der Jahresarbeitszeit (ohne Mehrarbeit) eines Arbeitnehmers übersteigen, sind nicht heranzuziehen. 22

Abweichungen hiervon waren bis zum 30.6.2023 durch Rechtsverordnung auf Grundlage von § 109 Abs. 5 SGB III möglich, wovon im Zuge der Covid-19-Pandemie auch Gebrauch gemacht wurde (s. unten unter Rn. 61). 23

297 BSG 24.4.1991 SozR 3-4100 § 63 Nr. 2.
298 BSG 18.5.1995 SozR 3-4100 § 64 Nr. 2.

ee) Mindestquorum, § 96 Abs. 1 S. 1 Nr. 4 SGB III

24 Ein Arbeitsausfall ist nur dann erheblich, wenn er einen größeren Teil der Belegschaft betrifft. Erforderlich ist, dass im jeweiligen Kalendermonat (Anspruchszeitraum) mindestens ein Drittel der in dem Betrieb beschäftigten Arbeitnehmerinnen und Arbeitnehmer von einem Entgeltausfall von jeweils mehr als 10 Prozent ihres monatlichen Bruttoentgelts betroffen ist; der Entgeltausfall kann auch jeweils 100 Prozent des monatlichen Bruttoentgelts betragen (§ 96 Abs. 1 S. 1 Nr. 4 SGB III).

Von dem Erfordernis konnte bei außergewöhnlichen Verhältnissen auf dem Arbeitsmarkt bis zum 30.06.2022 (§ 109 Abs. 5 SGB III) durch Rechtsverordnung abgewichen werden. Davon ist im Zuge der Corona-Pandemie Gebrauch gemacht worden (siehe dazu Rn. 61f.).

b) Betriebliche Voraussetzungen (§ 97 SGB III)

25 Die betrieblichen Voraussetzungen sind erfüllt, wenn in dem Betrieb **mindestens ein Arbeitnehmer beschäftigt** ist. Dabei ist **unter Betrieb auch eine Betriebsabteilung** (§ 97 S. 2 SGB III) zu verstehen.

26 Die Gleichstellung der Betriebsabteilung mit dem Betrieb hat zur Folge, dass die zahlenmäßigen Voraussetzungen des § 97 SGB III leichter zu erreichen sind. Allerdings muss eine **gewisse organisatorische**, insbesondere personalpolitische **Selbständigkeit des Betriebsteils** vorliegen. Daher ist eine **Betriebsabteilung** ein personell und organisatorisch vom Gesamtbetrieb abgegrenzter Betriebsteil, der mit eigenen technischen Betriebsmitteln einen eigenen Betriebszweck erfüllt, der auch ein Hilfszweck sein kann.[299] Diese räumliche und organisatorische Abgrenzung muss auch für Außenstehende wahrnehmbar sein. Eine rein betriebsinterne Spezialisierung genügt nicht.[300]

---

27 **Beispiele:**

Betriebsabteilungen können z. B. **Filialen** oder bestimmte **Werkstätten** bei Werkstättenfertigung sein.

Baustellen und Montageplätze sind wegen ihrer mangelnden Dauer im Allgemeinen keine Betriebsabteilungen. Dies gilt allerdings nicht bei langjährigen Großprojekten, die für ihre Dauer eine örtliche Ansiedlung von Betriebsteilen erfordern.

---

c) Persönliche Voraussetzungen (§ 98 SGB III)

28 Die persönlichen Voraussetzungen knüpfen den Bezug von Kurzarbeitergeld an das Bestehen einer versicherungspflichtigen Beschäftigung, § 98 Abs. 1 Nr. 1 SGB III. Diese kann entweder bestehen, wenn eine schon vorher gegebene **versicherungspflichtige Beschäftigung** nach Beginn des Arbeitsausfalls **fortgesetzt** oder indem sie aus zwingenden Gründen oder im Anschluss an die Beendigung eines Ausbildungsverhältnisses **aufgenommen wird**.

---

29 **Beispiel:**

Ein **zwingender Grund für die Einstellung von Arbeitnehmern während der Kurzarbeit** des Betriebes ist z. B. anzunehmen, wenn jemand, der eine betriebliche Schlüsselposition innehat, ausscheidet und es unmöglich ist, diese Position aus der Belegschaft heraus neu zu besetzen.

---

30 Der Eintritt von **Arbeitsunfähigkeit** während des Bezugs von Kurzarbeitergeld **hindert** gem. § 98 Abs. 2 SGB III die weitere **Leistung nicht**, solange Arbeitnehmer einen Anspruch auf Entgeltfortzahlung haben bzw. ohne den Arbeitsausfall hätten. Die Vorschrift bezieht sich nur auf Fälle, in de-

299 BSG 20.1.1982 SozR 4100 § 75 Nr. 9.
300 BSG 14.10.2020 BSGE 131, BSGE, 85.

nen die Erkrankung nach Beginn der Kurzarbeit eintritt, während § 98 Abs. 3 Nr. 2 SGB III der den Anspruch während des Bezugs von Krankengeld ausschließt zeitlich Fälle erfasst, bei denen die Arbeitsunfähigkeit vor Eintritt in die Kurzarbeit eingetreten ist.[301]

Weitere persönliche Voraussetzung ist, dass das **Arbeitsverhältnis weder gekündigt noch durch Aufhebungsvertrag aufgelöst** ist, § 98 Abs. 1 Nr. 2 SGB III. Hintergrund ist, dass bei gekündigten Arbeitsverhältnissen der Zweck der Sicherung des Arbeitsplatzes nicht erreicht werden kann. Dieser Ausschluss greift nicht bei befristeten Arbeitsverhältnissen. Die Begründung dafür wird teilweise in der Fortsetzungsmöglichkeit, teilweise in der ansonsten eintretenden Konsequenz, dass befristete Arbeitsverhältnisse vollständig aus dem Kurzarbeitergeld herausfallen würden, gesehen.[302] Strittig ist, ob der Anspruch zumindest solange besteht, wie Kündigungsschutzklage erhoben wurde, über die noch nicht entschieden wurde.[303] 31

Schließlich darf nach § 98 Abs. 1 Nr. 3 SGB III der Arbeitnehmer nicht **vom Kurzarbeitergeldbezug ausgeschlossen** sein. Ausgeschlossen sind zunächst die nicht versicherungspflichtigen Arbeitnehmer. Zu den vom Kurzarbeitergeld Ausgeschlossenen gehören nach § 98 Abs. 3 SGB III weiterhin: 32
- Bezieher von **Arbeitslosengeld, Qualifizierungsgeld** oder **Übergangsgeld** während einer beruflichen Weiterbildungsmaßnahme, wenn diese Leistung nicht für eine neben der Beschäftigung durchgeführte Teilzeitmaßnahme gezahlt wird,
- Bezieher von **Krankengeld**,
- Bezieher von Leistungen für den Ausfall von Arbeitseinkünften im Zusammenhang mit einer nach den §§ 8 und 8a des Transplantationsgesetzes erfolgenden Spende von Organen oder Gewebe oder einer im Zusammenhang mit einer im Sinne von § 9 Transplantationsgesetzes erfolgenden Spende von Blut.

Nach § 98 Abs. 4 S. 1 SGB III sind die persönlichen Voraussetzungen auch nicht erfüllt, wenn und solange die Arbeitnehmerinnen und Arbeitnehmer bei einer Vermittlung nicht in der von der Agentur für Arbeit verlangten und gebotenen Weise mitwirken. Denn auch Bezieher von Kurzarbeitergeld sind in die Vermittlungsbemühungen der Agenturen für Arbeit einzubeziehen. Sie unterliegen auch den Vorschriften über die Sperrzeit beim Arbeitslosengeld (§ 98 Abs. 4 S. 2 und 3 SGB III). Bei Arbeitskämpfen gelten die Vorschriften über das Ruhen des Anspruchs auf Arbeitslosengeld entsprechend (§ 100 Abs. 1 SGB III). 33

d) Anzeige (§ 99 SGB III)

Der Arbeitgeber oder die Betriebsvertretung müssen den Arbeitsausfall bei der Agentur für Arbeit, in deren Bezirk der Betrieb liegt, **schriftlich oder elektronisch anzeigen** (§ 99 Abs. 1 S. 1 SGB III). Wenn der Arbeitgeber die Anzeige erstattet, hat er eine Stellungnahme der Betriebsvertretung beizufügen. Zusammen mit der Anzeige müssen das Vorliegen eines erheblichen Arbeitsausfalls und die betrieblichen Voraussetzungen für das Kurzarbeitergeld, nicht aber das Vorliegen der persönlichen Voraussetzungen **glaubhaft gemacht** werden. 34

Erst von dem Kalendermonat an, in dem die **Anzeige** über den Arbeitsausfall **bei der Agentur für Arbeit eingegangen** ist, kann Kurzarbeitergeld gewährt werden. Dies gilt nicht, wenn der Arbeitsausfall auf einem unabwendbaren Ereignis (z.B. Witterungseinflüsse) beruht. In diesem Fall gilt die Anzeige als für den entsprechenden Kalendermonat erstattet, wenn sie unverzüglich erstattet worden ist. 35

---

301 BAG 2.12.2023 NZA 2024, 330.

302 Eicher/Schlegel § 98 Rn. 91.

303 Dagegen mit durchaus beachtlichen Gründen Eicher/Schlegel § 98 Rn. 93ff.

36 Ob bei einem unverschuldeten späteren Eingang der Anzeige eine Wiedereinsetzung in den vorigen Stand nach § 27 SGB X vorgenommen werden kann, ist umstritten. Die h.M.[304] lehnt dies jedoch ab, da es sich um eine materielle Ausschlussfrist handele:[305]

> „Dem Mangel der rechtzeitigen Anzeige eines Arbeitsausfalls als Voraussetzung für den Anspruch auf Kurzarbeitergeld (...) kann weder durch Wiedereinsetzung in den vorigen Stand (§ 27 SGB X) noch über den sozialrechtlichen Herstellungsanspruch abgeholfen werden."[306]

37 Die Agentur für Arbeit muss dem Anzeigenden unverzüglich einen **schriftlichen Bescheid über die Erfüllung der Voraussetzungen** durch die glaubhaft gemachten Tatsachen erteilen (§ 99 Abs. 3 SGB III).

38 Die Anzeige ist schriftlich oder elektronisch vorzunehmen (§ 99 Abs. 1 S. 1 SGB III). Für eine schriftliche Anzeige ist grundsätzlich die **Unterschrift** erforderlich (§ 126 Abs. 1 BGB). Eine mündliche oder telefonische Anzeige genügt nicht, wohl aber (entgegen § 126 BGB) eine unterschriebene **per Telefax** übermittelte Anzeige. Die Anzeige wirkt nach § 130 BGB erst mit ihrem **Eingang bei der zuständigen Agentur für Arbeit**. Diese muss Vorkehrungen treffen, damit Anzeigen auch außerhalb der Dienstzeit eingehen können und ein Zugang rund um die Uhr ermöglicht wird.

e) Antrag (§ 323 SGB III)

39 Schließlich setzt die Gewährung von Kurzarbeitergeld einen Antrag voraus. **Der Antrag ist von der Anzeigenerstattung unabhängig**. Obwohl der **Anspruch** auf Kurzarbeitergeld **dem jeweiligen Arbeitnehmer zusteht**, ist der Antrag gem. § 323 Abs. 2 SGB III vom Arbeitgeber bzw. der Betriebsvertretung zu stellen. Dies muss **schriftlich oder elektronisch** und ggf. unter Beifügung einer Stellungnahme der Betriebsvertretung geschehen.

40 Nach § 325 Abs. 3 SGB III ist Kurzarbeitergeld für den jeweiligen Anspruchszeitraum innerhalb einer Ausschlussfrist von drei Kalendermonaten zu beantragen. **Anspruchszeitraum** ist gem. § 96 Abs. 1 Nr. 4 SGB III der jeweilige Kalendermonat. Die **Ausschlussfrist** beginnt mit Ablauf des Anspruchszeitraums (Kalendermonat), für den das Kurzarbeitergeld beantragt wird.

41 Die **Anzeige ersetzt den Antrag nicht**. Bei einem Zusatzschreiben zum Anzeigeformular mit konkreter Festlegung der einzelnen Kurzarbeitergeld-Zeiträume kann der Antrag ausnahmsweise gleichzeitig mit der Anzeige abgegeben werden.[307] In einem **Widerspruch gegen einen ablehnenden** Anerkennungsbescheid ist im Allgemeinen ein Antrag auf Kurzarbeitergeld zu sehen.[308]

3. Saison-Kurzarbeitergeld (§ 101 SGB III)

42 Durch das Gesetz zur Förderung der ganzjährigen Beschäftigung in der Bauwirtschaft[309] und in anderen Wirtschaftszweigen, die von saisonalem Arbeitsausfall betroffen sind, wurde das **Saison-Kurzarbeitergeld** als Sonderfall des Kurzarbeitergeldes eingeführt. Das frühere System des Winterausfallgeldes wurde hierdurch ersetzt. Mit dem Saison-Kurzarbeitergeld sollen die Arbeitsverhältnisse in Branchen, die einem erheblichen (§ 101 Abs. 5 SGB III) saisonalen Arbeitsausfall unterliegen, stabilisiert werden und der durch saisonale Schwankungen eintretende Lohnausfall ersetzt werden. Der saisonale Arbeitsausfall ist auf die Schlechtwetterzeit begrenzt. Diese dauert vom 1.12. bis zum 31.3. des Folgejahres. Welche Betriebe als Betriebe des Baugewerbes anzusehen sind, ist in § 101

---

304 Vgl. nur BSG 14.2.1989 SozR 4100 § 66 Nr. 2; Niesel/Brand/Kühl, § 99 SGB III Rn. 7.
305 A.A. BeckOGK/Bieback § 99 SGB III Rn. 30ff. m.w.N.
306 BSG 14.2.1989 SozR 4100 § 66 Nr. 2.
307 BSG 30.5.1978 SozR 4100 § 63 Nr. 1.
308 BSG 16.8.1989 SozR 4100 § 72 Nr. 11.
309 BGBl. I 2006 S. 926.

Abs. 2 und Abs. 3 SGB III geregelt. Zwar erfasst § 101 Abs. 2 SGB III seinem Wortlaut nach nur den „Betrieb“ eines Baugewerbes, nach der Rechtsprechung des BSG wird damit jedoch über § 97 S. 2 SGB III unter denselben Voraussetzungen wie beim normalen Kurzarbeitergeld (vgl. dazu § 59 Rn. 25f.) auch die Bau-Betriebsabteilung erfasst.[310] Ein Wirtschaftszweig ist von saisonbedingtem Arbeitsausfall betroffen, wenn der Arbeitsausfall regelmäßig in der Schlechtwetterzeit auf witterungsbedingten oder wirtschaftlichen Gründen beruht (§ 101 Abs. 4 SGB III). Ein Arbeitsausfall ist witterungsbedingt, wenn er **ausschließlich** durch zwingende Witterungsgründe verursacht ist und an einem Arbeitstag mindestens eine Stunde der regelmäßigen betrieblichen Arbeitszeit ausfällt (Ausfalltag), § 102 Abs. 6 SGB III.

Im Unterschied zum klassischen Kurzarbeitergeld wird das Saison-Kurzarbeitergeld auch für 43 einen allein witterungsbedingten Arbeitsausfall gewährt. Nach § 96 Abs. 4 S. 2 Nr. 1 SGB III wird ein solcher Arbeitsausfall über das normale Kurzarbeitergeld nicht abgesichert. Darüber hinaus muss die saisonale Kurzarbeit, wenn sie auf einem witterungsbedingten Arbeitsausfall beruht, nicht angezeigt werden, § 101 Abs. 7 SGB III. Nicht erforderlich – im Gegensatz zum Kurzarbeitergeld – ist, das eine Mindestanzahl von Beschäftigten von dem Arbeitsausfall betroffen ist. Das Saison-Kurzarbeitergeld wird durch ergänzende Leistungen nach § 102 SGB III flankiert (Wintergeld, siehe dazu § 59 Rn. 44f.).

4. Wintergeld (§ 102 SGB III)

Arbeitnehmer haben unter bestimmten Voraussetzungen Anspruch auf **Wintergeld**, das in Form des 44 Zuschuss-Wintergeldes und des Mehraufwands-Wintergeldes gezahlt werden kann (§ 102 SGB III). Zudem können Arbeitgeber eine Erstattung der von ihnen zu tragenden Beiträge zur Sozialversicherung erhalten (§ 102 Abs. 4 SGB III). Zweck der Leistungen ist es, in der Schlechtwetterzeit zu einer Belebung der wirtschaftlichen Tätigkeit oder zu einer Stabilisierung der Beschäftigungsverhältnisse der von saisonbedingten Arbeitsausfällen betroffenen Arbeitnehmer beizutragen. Hierdurch wird das zur Förderung der ganzjährigen Beschäftigung gezahlte Saison-Kurzarbeitergeld ergänzt (siehe dazu § 59 Rn. 42f.). Im Unterschied zum Saison-Kurzarbeitergeld handelt es sich um Sonderleistungen, die durch eine Umlage finanziert werden, §§ 354ff. SGB III. Der Gesetzgeber ordnet Wintergeld als Leistung der aktiven Arbeitsförderung ein (§ 3 Abs. 3 Nr. 6 SGB III), die nicht nach pflichtgemäßem Ermessen, sondern als gesetzliche Pflichtleistung erbracht wird. Arbeitgeber sind berechtigt, die Rechte ihrer Beschäftigten im Wege der gesetzlichen Verfahrens- und Prozessstandschaft geltend zu machen.[311]

Ziel der Fördermaßnahmen ist es, durch das **Winterausfallgeld** witterungsbedingte Arbeits- 45 losigkeit während der Wintermonate zu vermeiden und die Beschäftigung in der Bauwirtschaft gleichmäßig auf das Jahr zu verteilen. Die Leistungen dieses Sondersystems für die Bauwirtschaft sind flankierend zu eigenen Anstrengungen des Baugewerbes durch arbeits- und tarifvertragliche Regelungen. Die Leistungen können nur für Einsätze auf einem Arbeitsplatz im Inland beansprucht werden.[312]

5. Sonderregelungen (§§ 100, 103, 111 SGB III)

Besondere Regelungen gibt es bezüglich des **Transferkurzarbeitergeldes** in § 111 SGB III und des 46 Kurzarbeitergeldes für Heimarbeiter in § 103 SGB III.

Um Entlassungen von Arbeitnehmerinnen und Arbeitnehmern zu vermeiden und ihre Vermitt- 47 lungsaussichten zu verbessern, haben diese Anspruch auf Kurzarbeitergeld zur Förderung der Eingliederung bei betrieblichen Restrukturierungen **(Transferkurzarbeitergeld)**. Im Unterschied zum

310 BSG 14.10.2020 BSGE 131, BSGE, 85.

311 BSG 17.3.2016, NZS 2016, 667.

312 BSG 17.3.2016, NZS 2016, 667, dort auch zu etwaigen unionsrechtlichen Bedenken.

„normalen" Kurzarbeitergeld geht es nicht um einen vorübergehenden, sondern um einen dauerhaften Arbeitsausfall. Ziel ist nicht der Erhalt von Arbeitsplätzen, sondern die Verbesserung der Chancen, einen anderen Arbeitsplatz zu erhalten. Voraussetzung für die Gewährung von Transferkurzarbeitergeld ist, dass

- ein dauerhafter unvermeidbarer Arbeitsausfall mit Entgeltausfall vorliegt (§ 111 Abs. 1 Nr. 1 SGB III),
- die betrieblichen Voraussetzungen erfüllt sind (§§ 111 Abs. 1 Nr. 2, 111 Abs. 3 SGB III). Das ist der Fall, wenn in einem Betrieb Personalanpassungsmaßnahmen aufgrund einer Betriebsänderung durchgeführt werden und die vom Arbeitsausfall betroffenen Arbeitnehmer in einer betriebsorganisatorisch eigenständigen Einheit, deren Organisation und Mittelausstattung den angestrebten Integrationserfolg erwarten lassen, zusammengefasst werden, um Entlassungen zu vermeiden und ihre Eingliederungschancen zu verbessern. Zudem muss ein System zur Sicherung der Qualität angewendet werden.
- die persönlichen Voraussetzungen erfüllt sind (§§ 111 Abs. 1 Nr. 3, 111 Abs. 4 SGB III). Dazu gehört insbes., dass die Betroffenen von Arbeitslosigkeit bedroht sind und nicht vom Bezug von Kurzarbeitergeld ausgeschlossen sind. Zudem müssen die Betroffenen sich bei der Agentur für Arbeit arbeitssuchend gemeldet haben und aus Anlass der Betriebsänderung an einer arbeitsmarktlich zweckmäßigen Maßnahme zur Feststellung der Eingliederungsaussichten teilgenommen haben.

48 Seinem Umfang nach entspricht das Transferkurzarbeitergeld dem Kurzarbeitergeld. Das Transferkurzarbeitergeld wird durch § 111a SGB III begleitet, der die Förderung der beruflichen Weiterbildung für Bezieher von Transferkurzarbeitergeld regelt. Durch die Neufassung durch das Gesetz zur Förderung der beruflichen Weiterbildung im Strukturwandel und zur Weiterentwicklung der Ausbildungsförderung[313] ist der Anwendungsbereich der Vorschrift auf die Förderung aller Maßnahmearten nach § 81 SGB III erweitert worden, die während des Bezugs von Transferkurzarbeitergeld beginnen und über die Bezugsdauer des Transferkurzarbeitergelds hinauslaufen. Außerdem bestehen nun keine Restriktionen mehr hinsichtlich des Lebensalters und der Qualifikation der zu fördernden Beschäftigten. Die notwendige Kostenbeteiligung der Arbeitgeber an den Lehrgangskosten wurde für kleine und mittelständische Unternehmen mit weniger als 250 Beschäftigten auf 25 Prozent gesenkt (§ 111a Abs. 3 S. 1 SGB III).

6. Rechtsfolgen

a) Dauer des Kurzarbeitergeldbezugs (§ 104 SGB III)

49 Gem. § 104 SGB III beträgt der Zeitraum, für den Kurzarbeitergeld gewährt wird, **längstens zwölf Monate**. Nach einer mindestens dreimonatigen Unterbrechung des Bezugs beginnt bei Vorliegen der Anspruchsvoraussetzungen eine neue Bezugsfrist (§ 104 Abs. 3 SGB III).

50 Durch **Verordnung** aufgrund von § 109 Abs. 4 SGB III kann die Bezugsfrist **bis zu einer Dauer von 24 Monaten verlängert** werden, wenn **außergewöhnliche Verhältnisse auf dem Arbeitsmarkt** vorliegen. Von dieser Möglichkeit wurde im Rahmen der Bewältigung der Corona-Pandemie durch die „Kurzarbeitergeldbezugsdauerverordnung" vom 16.4.2020[314] Gebrauch gemacht (s. siehe dazu Rn. 68).

Im Gegensatz zu den in Vorgängervorschriften enthaltenen Ermächtigungsgrundlagen ist seit dem 29.5.2020 nicht mehr erforderlich, dass die außergewöhnlichen Verhältnisse auf dem **gesamten** Arbeitsmarkt vorliegen müssen. Nach der Gesetzesbegründung soll Voraussetzung für das Tätigwerden der Bundesregierung im Verordnungswege „eine krisenhafte Situation sein, die Branchen oder

---

313 BGBl. 2020 I, S. 1044.
314 BGBl. I S. 810.

Regionen übergreifend erhebliche Auswirkungen auf die Beschäftigung und den Arbeitsmarkt hat, auch wenn sie nicht den gesamten Arbeitsmarkt erfasst“[315].

b) Höhe des Kurzarbeitergeldes (§§ 105 f. SGB III)

Ähnlich wie das Arbeitslosengeld beträgt das Kurzarbeitergeld nach § 105 SGB III **67 % für Arbeitnehmerinnen und Arbeitnehmer mit Kind und 60 % für die übrigen Arbeitnehmerinnen und Arbeitnehmer**. Während der Zeit der Corona-Pandemie wurden Sonderregeln erlassen (siehe dazu Rn. 66). Die Berechnung der Höhe knüpft nicht an das zuletzt verdiente Entgelt, sondern gem. § 105 SGB III an die **Nettoentgeltdifferenz** im Anspruchszeitraum an. Diese entspricht nach § 106 Abs. 1 S. 1 SGB III dem Unterschiedsbetrag zwischen dem pauschalierten Nettoentgelt aus dem **Soll-Entgelt** und dem pauschalierten Nettoentgelt aus dem **Ist-Entgelt**. Dabei ist **Soll-Entgelt** das Bruttoarbeitsentgelt, das der Arbeitnehmer ohne den Arbeitsausfall erzielt hätte, **Ist-Entgelt** das Bruttoarbeitsentgelt, das der Arbeitnehmer tatsächlich erzielt hat. 51

Die **Nettobeträge** werden wie bei den übrigen Entgeltersatzleistungen nicht individuell, sondern **pauschaliert berechnet**. Hierzu wurden früher Beträge in der Verordnung über die pauschalierten Nettoentgelte für das Kurzarbeitergeld festgesetzt.[316] Diese Verordnungsermächtigung wurde durch das „Gesetz zur Förderung der beruflichen Weiterbildung im Strukturwandel und zur Weiterentwicklung der Ausbildungsförderung“ vom 20.5.2020 aufgehoben.[317] Nunmehr ist ein Programmablaufplan zur maschinellen Berechnung der Nettoentgelte vorgesehen.[318] In § 106 Abs. 1 S. 7 SGB III ist die für dessen Veröffentlichung erforderliche Ermächtigungsgrundlage des BMAS enthalten. Der in § 105 SGB III festgesetzte Prozentsatz (67 Prozent bzw. 60 Prozent) bezieht sich auf die **Differenz zwischen den festgestellten Nettoentgelten**. Die Vorschriften beim Arbeitslosengeld über die Berechnung des Leistungsentgelts gelten entsprechend. 52

Beispiel: 53

Arbeitnehmer A ist verheiratet, in Lohnsteuerklasse III und Vater eines Kindes. Ohne Arbeitsausfall erzielt er ein Bruttoentgelt von 2.480 Euro, aufgrund eines eingetretenen Arbeitsausfalls nur noch 1.540 Euro.

Nach Abzug von Steuern und Sozialversicherungsabgaben verbleiben ihm normalerweise 1.812,57 Euro. Werden von den 1.540 Euro die pauschalierten Beträge abgezogen, verbleibt ein Nettoarbeitsentgelt bei Arbeitsausfall von 1.216,60 Euro. Die Differenz zwischen den beiden Beträgen liegt bei 595,97 Euro.

Davon erhält A 67 % als Kurzarbeitergeld, d. h. 399,30 Euro.

Erzielt der Arbeitnehmer für Zeiten des Arbeitsausfalls ein **Entgelt** aus einer anderen **vor dem Bezug von Kurzarbeitergeld aufgenommenen Beschäftigung**, selbständigen Tätigkeit oder Tätigkeit als mithelfender Familienangehöriger, ist dieses Entgelt **nicht anzurechnen**. Ist die Beschäftigung während des Bezuges von Kurzarbeitergeld aufgenommen worden, ist das Ist-Entgelt um dieses Entgelt zu erhöhen (§ 106 Abs. 3 SGB III), sodass die Differenz niedriger ausfällt. Hintergrund für die Regelung ist, dass Mitnahmeeffekte vermieden werden sollen. Die Regelung ist während der Corona-Pandemie übergangsweise aufgeweicht worden (siehe dazu Rn. 67). 54

Die **Vorschriften über das Ruhen des Anspruchs** auf Arbeitslosengeld wegen Sperrzeiten bei Meldeversäumnis und Zusammentreffen mit anderen Sozialleistungen, soweit eine Altersrente als Vollrente zuerkannt ist (§§ 156 Abs. 1 Nr. 4, 159 Abs. 1 S. 2 Nr. 6 SGB III), **gelten** gem. § 107 Abs. 1 und 2 SGB III für den Anspruch auf Kurzarbeitergeld entsprechend. 55

315 BTDrcks. 19/18753, S. 27.

316 Zuletzt vom 16.12.2019, BGBl. I 2019 S. 2821 ff.

317 BGBl. I, S 1044.

318 Anlage 2 der Verordnung über die pauschalierten Nettoentgelte für das Kurzarbeitergeld für das Jahr 2020, BGBl. I 2019 S. 2831.

56 Da das Kurzarbeitergeld allein den Entgeltausfall ausgleichen soll, der sich aus dem erheblichen Arbeitsausfall ergibt, bleiben **Entgeltausfälle aus anderen Gründen** (z. B. unbezahlter Sonderurlaub) nach § 106 Abs. 2 S. 1 SGB III **unberücksichtigt**, indem das Ist-Entgelt um das ohne den Arbeitsausfall erzielte Arbeitsentgelt erhöht wird. Arbeitsentgelt, das vom Arbeitgeber unter Anrechnung des Kurzarbeitergeldes und aufstockend zu diesem gezahlt wird, soll bei der Berechnung des Kurzarbeitergeldes nicht leistungsmindernd angerechnet werden und wird dementsprechend neutralisiert (§ 106 Abs. 2 S. 2 SGB III). In der Praxis sehen Tarifverträge häufig eine solche Aufstockung vor.

c) Sozialversicherung

57 Während des Bezugs von Kurzarbeitergeld bleibt das versicherungspflichtige Beschäftigungsverhältnis bestehen. Der Arbeitgeber trägt die Beiträge alleine in der Krankenversicherung (§ 249 Abs. 2 SGB V), in der Rentenversicherung (§ 168 Abs. 1 Nr. 1a SGB VI) und in der Pflegeversicherung (§ 58 Abs. 1 S. 2 SGB XI). In der Arbeitslosenversicherung besteht das Versicherungsverhältnis nach § 24 Abs. 3 SGB III fort. Allerdings wird die Beitragspflicht durch § 232a Abs. 2 SGB V auf 80 Prozent des Unterschieds zwischen Soll-Entgelt und dem Ist-Entgelt nach § 106 SGB III begrenzt. Diese Beitragspflicht ist während der Corona-Pandemie befristet eingeschränkt worden (siehe dazu Rn. 61).

58 Durch das Gesetz vom 20.5.2020 wurde **§ 106a SGB III** neu eingeführt. Dem Arbeitgeber werden nach § 106a Abs. 1 SGB III 50 Prozent der von ihm allein zu tragenden Beiträge zur Sozialversicherung in pauschalierter Form für Arbeitnehmerinnen und Arbeitnehmer erstattet, wenn diese die Zeiten der Kurzarbeit für die Teilnahme an einer beruflichen Weiterbildungsmaßnahme nutzen. Im Gegensatz zu der ursprünglichen Fassung der Norm ist inzwischen nicht mehr erforderlich, dass die Maßnahme nach § 82 SGB III gefördert wird. Zudem wurden die zeitlichen Anforderungen gelockert. Der zeitliche Umfang der Maßnahme muss nicht mehr 50 Prozent der Arbeitsausfallzeit betragen, sondern nach § 106a Abs. 1 S. 1 Nr. 2a SGB III nur noch mehr als 120 Stunden andauern. Nach Nr. 2b ist zudem nun auch die Aufstiegsförderung erfasst. Die Regelung war zeitlich befristet bis 31.7.2024 und ist trotz entsprechender Forderungen nicht verlängert worden.

d) Verfügung über das Kurzarbeitergeld/Erstattungsanspruch (§ 108 SGB III)

59 Da das **Kurzarbeitergeld durch den Arbeitgeber ausgezahlt** wird, kann eine **Abzweigung** gem. § 48 SGB I an Unterhaltsberechtigte nicht stattfinden (§ 108 Abs. 1 SGB III). Dementsprechend gilt für die **Zwangsvollstreckung** in den Anspruch auf Kurzarbeitergeld der Arbeitgeber als Drittschuldner. Auch die Abtretung oder Verpfändung des Anspruchs ist nur wirksam, wenn der Gläubiger sie dem Arbeitgeber anzeigt.

60 Der Arbeitgeber hat **zu Unrecht geleistetes Kurzarbeitergeld** zu ersetzen, wenn von ihm oder einer von ihm bestellten Person bewirkt worden ist, dass Kurzarbeitergeld aufgrund **arglistiger Täuschung, Drohung oder Bestechung** oder aufgrund **vorsätzlicher oder grob fahrlässiger falscher Angaben** gezahlt worden ist. Das Gleiche gilt, wenn er die Rechtswidrigkeit der Bewilligung kannte oder infolge grober Fahrlässigkeit nicht kannte. Arbeitnehmer und Arbeitgeber haften als **Gesamtschuldner**, sofern die zu Unrecht geleisteten Beträge sowohl vom Arbeitgeber gem. § 108 SGB III zu ersetzen als auch vom Arbeitnehmer zu erstatten sind.

7. Erleichterte Voraussetzungen für den Bezug von Kurzarbeitergeld während der Corona-Krise 2020

61 Zur Bewältigung der Folgen der Covid-19-Pandemie reagierte der Gesetzgeber im Eilverfahren mit dem „Gesetz zur befristeten krisenbedingten Verbesserung der Regelungen für das Kurzarbeitergeld“.[319] Das Gesetz enthielt eine Verordnungsermächtigung zur Absenkung der gesetzlichen Anfor-

319 BGBl. I 2020 S. 493 f.; Gesetzesbegründung s. BT-Drs. 19/17893 v. 12.3.2020.

derungen an die Gewährung von Kurzarbeit (§ 109 Abs. 5 SGB III). Die Ermächtigung wurde mehrfach verlängert und galt bis zum 30.6.2023. Von dieser hat die Bundesregierung mit dem Erlass der Kurzarbeitergeld-VO (KugV)[320] Gebrauch gemacht. Zudem wurde die Bezugsdauer für das Kurzarbeitergeld durch die „Kurzarbeitergeldbezugsdauerverordnung" verlängert. Die Verordnung brachte zwischenzeitig einige Änderungen mit sich:[321]

Gem. § 1 Nr. 1 KugV war der Arbeitsausfall, entgegen § 96 Abs. 1 Nr. 4 SGB III, bereits dann **erheblich**, wenn im jeweiligen Kalendermonat für mindestens **10 Prozent der Beschäftigten** mindestens 10 Prozent ihres Bruttoentgelts entfällt. Die Regelung galt bis zum 30.6.2023. 62

Der Bezug von Kurzarbeitergeld setzt auch voraus, dass der Arbeitsausfall **unvermeidbar** ist (siehe dazu § 59 Rn. 17ff.). Arbeitszeitschwankungen müssen nach § 96 Abs. 4 S. 2 Nr. 3 SGB III ausgeschöpft werden, um den Arbeitsausfall ganz oder teilweise zu vermeiden. So müssen beispielsweise grundsätzlich positive Arbeitszeitkonten aufgelöst oder Urlaubsansprüche erfüllt werden. § 1 Nr. 2 KugV regelte, dass dies jedoch nicht für den Aufbau negativer Arbeitszeitsalden geht. Minusstunden waren mithin nicht aufzubauen, um den Arbeitsausfall zu vermeiden. 63

§ 2 KuGV bewirkte, dass dem Arbeitgeber die **Sozialversicherungsbeiträge**, die er normalerweise zu tragen hätte, während er Kurzarbeit bezieht, pauschaliert von der Bundesagentur erstattet werden. Ein Unternehmen, das alle Mitarbeiter in vollem Umfang in Kurzarbeit schickt, hat somit keine Lohnkosten mehr zu tragen. 64

Durch § 3 KuGV wurde die Kurzarbeit auch für **Leiharbeitnehmerinnen und Leiharbeitnehmer** geöffnet. Die Regelung findet sich in dem neuen § 11a AÜG. 65

Am 15.5.2020 beschloss der Bundesrat weitere Gesetze zur Abmilderung der Krisenfolgen. Das **Sozialschutzpaket II**[322] sah dabei unter anderem vor, dass das **Kurzarbeitergeld bei längerer Bezugsdauer erhöht** wird. Ab dem vierten Monat des Bezugs wurde das Kurzarbeitergeld auf 70 Prozent (bzw. 77 Prozent für Haushalte mit Kindern) und ab dem siebten Monat des Bezugs auf 80 Prozent (bzw. auf 87 Prozent für Haushalte mit Kindern) des pauschalierten Nettoentgelts erhöht (§ 421c Abs. 2 SGB III a.F.). Die Regelung wurde mehrfach verlängert und galt bis zum 31.12.2022. 66

Außerdem wurden durch das **Sozialschutzpaket II** die bereits für Beschäftigte in systemrelevanten Brachen durch das Sozialschutz-Paket I eingeführten **Hinzuverdienstmöglichkeiten ohne Anrechnung auf das Kurzarbeitergeld** auch für alle anderen Berufe geöffnet. In dieser Zeit wurde Entgelt aus einer geringfügigen Beschäftigung, die während des Bezugs von Kurzarbeitergeld aufgenommen worden ist, abweichend von § 106 Abs. 3 SGB III dem Ist-Entgelt nicht hinzugerechnet (§ 421c Abs. 1 SGB III). Die Regelung wurde ebenfalls mehrfach verlängert und galt bis zum 31.12.2022. 67

Auch die **Bezugsdauer** für Arbeitslosengeld wurde **verlängert**. § 109 Abs. 1 und Abs. 1a SGB III a.F. ermöglichte insofern eine Verlängerung durch Rechtsverordnung. Davon wurde während der Covid-19-Pandemie wiederholt Gebrauch gemacht. In mehreren Verordnungen wurde die Bezugsdauer zunächst auf 21 Monate[323] und anschließend auf die vollen 24 Monate verlängert.[324] Daneben gab es bis Ende September 2022 für bestimmte Arbeitnehmer die Möglichkeit zur Verlängerung auf bis zu **28 Monate** auf Basis von § 421c Abs. 3 SGB III a.F. und auf der auf Grundlage von § 421c Abs. 5 SGB III a.F. erlassenen Rechtsverordnung. Diese Verlängerungsmöglichkeiten bestehen inzwischen nicht mehr. 68

§ 421c SGB III wurde mit Wirkung zum 1.1.2023 völlig neu gefasst und enthält seither eine Sonderregelung für den Abschluss vorläufiger Entscheidungen nach § 328 Abs. 1 SGB III über die Zahlung von Kurzarbeitergeld für die Monate März 2020 bis Juni 2022.[325] Auch von der in § 109 SGB III enthaltenen Ermächtigung, die Bezugsdauer zu verlängern, wird seit dem 1.1.2023 kein Gebrauch 69

320 BGBl. I 2020 S. 595.

321 Siehe dazu nur Sagan/Brockfeld, NJW 2020, 1112, 1115f.; Zieglmeier, DStR 2020, 729.

322 BGBl. I 2020, S. 1055.

323 So zunächst in der „Kurzarbeitergeldbezugsdauerverordnung" vom 16.4.2020, BGBl. I S. 810.

324 So in der „Zweiten Kurzarbeitergeldbezugsdauerverordnung" vom 12.10.2020, BGBl. I, S. 2165.

325 BGBl. I 2022, S. 2759.

mehr gemacht. Die Ermächtigungsgrundlage hierfür besteht weiterhin und ist nun in § 109 Abs. 4 SGB III zu finden (siehe dazu oben unter Rn. 50).

II. Insolvenzsicherung (§§ 165 bis 172 SGB III)

1. Allgemeines

70 Dem **Insolvenzgeld** als Entgeltersatzleistung liegt ein **eigener Versicherungsfall** zu Grunde. Es knüpft nicht an den Versicherungsfall Arbeitslosigkeit an. Das Insolvenzgeld ist zwar formell Bestandteil des SGB III, stellt aber **materiell eine eigenständige Sozialversicherung** in Form einer **Entgeltersatzleistung** dar. Die Vorschriften über das Insolvenzgeld (§§ 165 bis 171 SGB III sind zum 1.1.1999 in Kraft getreten (bis dahin wurde bei nahezu inhaltsgleichen Voraussetzungen sog. Konkursausfallgeld geleistet). Danach besteht bei Zahlungsunfähigkeit des Arbeitgebers **Anspruch auf Ausgleich ihres ausgefallenen Arbeitsentgelts.** Das Insolvenzgeld wurde im Interesse der Arbeitnehmer eingeführt, die ihre Lohnansprüche nicht durch Pfandrechte, Übertragung von Sicherungseigentum o.Ä. gegenüber dem Arbeitgeber absichern können. Dass rückständigen Lohnforderungen Vorrang bei der Befriedigung zukommt, wurde vom Gesetzgeber nur als ungenügender Schutz angesehen, da nicht immer ausreichend Insolvenzmasse vorhanden oder aber zumindest mit einer zeitlichen Verzögerung bis zur Erfüllung zu rechnen ist.[326] Das Europarecht (RL 80/987/EWG vom 20.10.1980) verlangt die Schaffung von Garantieeinrichtungen zur Befriedigung von nichterfüllten Entgeltansprüchen.

71 Es handelt sich insofern um eine Versicherungsleistung, als es nur Arbeitnehmerinnen und Arbeitnehmern gewährt wird und als Versicherungsfall die Insolvenz des Arbeitgebers voraussetzt. Beim Insolvenzgeld liegt **nicht das typische Gegenseitigkeitsverhältnis von Leistungen und Beiträgen** vor. Es wird **ausschließlich von den Arbeitgebern finanziert** – durch eine Umlage nach §§ 358 ff. SGB III. Die Arbeitgeber haben jedoch kein eigenes Interesse an der Leistung, da sie nicht von ihrer Leistungspflicht befreit werden, wie dies etwa in der Unfallversicherung der Fall ist.[327] Dennoch hielt der Gesetzgeber die Lastenverteilung für gerechtfertigt, da die Arbeitnehmer in der Regel vorleistungspflichtig sind und die Arbeitgeber, die in den Genuss der sofort zu erbringenden Arbeitsleistung kommen, an der Sicherung der Ansprüche auf Arbeitsentgelt beteiligt werden sollten bzw. die Kosten dafür tragen sollten.[328]

72 Die **Verfassungsmäßigkeit** der **einseitigen Kostentragung** für das Insolvenzgeld (bzw. damals noch das Konkursausfallgeld) war mehrfach Gegenstand gerichtlicher Verfahren. Sie wurde dabei stets als **verfassungsgemäß** beurteilt. Es konnte kein Verstoß gegen Art. 14 und Art. 3 Abs. 1 GG festgestellt werden;[329] außerdem handelt es sich nicht um eine unzulässige Sonderabgabe.[330] Die Arbeitgeber tragen Verantwortung für die Einhaltung ihrer Pflichten aus dem Arbeitsvertrag gegenüber ihren regelmäßig vorleistenden Arbeitnehmern. Das Ausfallgeld belastet sie lediglich durch eine versicherungsmäßige Risikenverteilung zwischen den Arbeitgebern.[331]

2. Anspruchsvoraussetzungen, § 165 SGB III

73 Ein Anspruch auf Insolvenzgeld hat folgende **Voraussetzungen**:
- **Arbeitnehmerinnen und Arbeitnehmer** haben
- nach einer **Beschäftigung im Inland**

---

326 BT-Drs. 7/1750 S. 10.
327 Siehe unter § 32.
328 BT-Drs. 7/1750 S. 11.
329 BVerfG 18.2.1978 SozR 4100 § 186b Nr. 2 unter Verweis auf BSG 1.3.1978 SozR 4100 § 186b Nr. 1.
330 BVerfG 5.10.1993 SozR 3-4100 § 186c Nr. 1.
331 BVerfG 2.2.2009, NZS 2009, 565.

- bei **Eintritt eines Insolvenzereignisses**
- für die vorausgehenden **drei Monate** des Arbeitsverhältnisses
- noch **Anspruch auf Arbeitsentgelt**.
- Außerdem müssen sie innerhalb der Ausschlussfrist von zwei Monaten einen **Antrag** gem. § 324 Abs. 3 SGB III stellen.

a) Arbeitnehmer

Arbeitnehmerinnen und Arbeitnehmer sowie Auszubildende[332] haben Anspruch auf Insolvenzgeld.[333] Erfasst sind zudem Heimarbeiter und bei einer Beteiligung von unter 10 Prozent auch GmbH-GF.[334] Ihre **Erben haben** nach § 165 Abs. 4 SGB III Anspruch auf Insolvenzgeld. Das Bundessozialgericht hat mit seinem Urteil vom 3.11.2021 seine bisherige Rechtsprechung, die für den Insolvenzgeldanspruch von einem speziellen „arbeitsförderungsrechtlichen Arbeitnehmerbegriff" ausgegangen war, aufgegeben und versteht den Begriff nunmehr rein arbeitsrechtlich.[335] 74

b) Beschäftigung im Inland

Seit dem 1.1.2002 hat eine weitere Voraussetzung Einzug in das Gesetz gefunden: die **Beschäftigung im Inland**. Damit beendete der Gesetzgeber die seit einer Entscheidung des BSG[336] bestehende Unsicherheit über die Behandlung derartiger Fälle. Zudem wurde der § 165 Abs. 1 S. 3 SGB III geschaffen. Er legt fest, dass auch **ausländische Insolvenzereignisse** einen Anspruch auf Insolvenzgeld begründen, sofern der **Arbeitnehmer im Inland beschäftigt** ist. Teilweise werden Zweifel hinsichtlich der Europarechtskonformität des Anknüpfens an eine Inlandsbeschäftigung vorgebracht.[337] 75

c) Insolvenzereignis

Der Anspruch auf Insolvenzgeld setzt die **Zahlungsunfähigkeit des Arbeitgebers** voraus, die sich in einem der drei aufgeführten **Insolvenzereignisse** offenbart. Der Begriff des Insolvenzereignisses ist in § 165 Abs. 1 S. 2 SGB III legaldefiniert. Es setzt voraus, dass 76

- ein **Insolvenzverfahren** über das Vermögen des Arbeitgebers **eröffnet** wurde (§ 27 InsO),
- der **Antrag auf Eröffnung des Insolvenzverfahrens** mangels Masse **abgewiesen** wurde (§ 26 InsO) oder
- die **Betriebstätigkeit** im Inland **vollständig beendet** wurde, wenn ein Antrag auf Eröffnung des Insolvenzverfahrens nicht gestellt worden ist und ein Insolvenzverfahren offensichtlich mangels Masse nicht in Betracht kommt.

Die lediglich vorläufige Eröffnung des Insolvenzverfahrens nach § 21 Abs. 1, Abs. 2 InsO stellt dahingegen noch kein maßgebliches Insolvenzereignis dar.[338] Ansprüche auf Insolvenzgeld können daher auch dann geltend gemacht werden, wenn das Arbeitsverhältnis während dieses Zeitraums, aber vor der Eröffnung des Insolvenzverfahrens begründet wurde.[339] Die Eröffnung des Insolvenzverfahrens wird vom Insolvenzgericht gem. § 26 InsO abgewiesen, wenn eine die Kosten des Verfahrens 77

---

332 BAG 26.10.2017 – 6 AZR 511/16, Rn. 34.
333 Zum Begriff des Arbeitnehmers siehe unter § 12 Rn. 1ff. sowie BSG 30.1.1997 SozR 3-4100 § 141b Nr. 17.
334 BSG 4.7.2007, SGb 2007, 541.
335 BSG 3.11.2021, RFamU 2022, 476, Rn. 13f.
336 BSG 29.6.2000 SozR 3-4100 § 141a Nr. 2.
337 Siehe dazu BeckOGK/PETERS-LANGE § 165 SGB III Rn. 76.
338 LSG Niedersachsen-Bremen 22.11.2016, NZI 2017, 80, 82; LSG Baden-Württemberg 24.5.2016, NZI 2016, 647, 648f.; LSG Sachsen 18.12.2014, NZI 2015, 522, 524.
339 LSG Baden-Württemberg 24.5.2016, NZI 2016, 647.

deckende Vermögensmasse beim Arbeitgeber nicht vorhanden ist. Der **Abweisungsbeschluss muss nicht öffentlich bekannt gemacht werden**; daher wurde dem **Arbeitgeber die Pflicht zur unverzüglichen Information** des Betriebsrats bzw. der Arbeitnehmer auferlegt, § 165 Abs. 5 SGB III.

78 Die Stilllegung im Fall des § 165 Abs. 1 S. 2 Nr. 3 SGB III wird – anders als die beiden anderen Insolvenzereignisse – nicht durch das Insolvenzgericht, sondern **durch die Bundesagentur für Arbeit selbst festgestellt**. Hintergrund der Regelung ist, dass auch ein Anspruch auf Insolvenzgeld ermöglicht werden soll, wenn bei offensichtlicher Überschuldung des Arbeitgebers ansonsten aussichtslose Insolvenzanträge gestellt werden müssten.

79 Die drei Insolvenzereignisse stehen **nicht in einem Rangverhältnis** zueinander. Maßgeblich ist das Ereignis, durch das die **Zahlungsunfähigkeit erstmals zutage getreten** ist.[340] Es entwickelt gegenüber nachfolgenden Insolvenzereignissen eine sog. Sperrwirkung, solange es noch andauert.[341]

---

80 **Beispiel (nach BSG 17.5.1989 SozR 4100 § 141b Nr. 46):**
Über das Vermögen der Firma F ist am 3.11.2005 ein Insolvenzverfahren eröffnet und der R zum Insolvenzverwalter bestimmt worden. R hat die Geschäfte des Unternehmens fortgeführt und dabei am 15.9.2006 ein Arbeitsverhältnis mit dem Arbeitnehmer A begründet. Er hat dem A auch bis Oktober 2007 Arbeitsentgelt gezahlt. Das Arbeitsverhältnis endete am 31.12.2007 – gleichzeitig mit der Betriebsstilllegung der F wegen Zahlungsunfähigkeit des R. A beantragt bei der Agentur für Arbeit Insolvenzgeld für die Monate November und Dezember 2007.

Die Agentur für Arbeit hat den Antrag des A auf Zahlung von Insolvenzgeld zu Recht abgelehnt. Wenn der Insolvenzverwalter das Unternehmen nach Insolvenzeröffnung einige Zeit fortführt und dann wegen eigener Zahlungsunfähigkeit den Betrieb einstellt, gilt als Insolvenzereignis der Zeitpunkt der Insolvenzeröffnung und nicht das spätere Insolvenzereignis „Einstellung des Betriebes".

---

d) Drei-Monats-Frist

81 Durch das Insolvenzgeld werden nur Arbeitsentgeltansprüche abgesichert, die in den sog. **Insolvenzgeld-Zeitraum** fallen. Dies sind die letzten drei dem Insolvenzereignis vorangehenden Monate des Arbeitsverhältnisses.[342] Angeknüpft wird an das Arbeitsverhältnis, nicht an das Beschäftigungsverhältnis.[343] Auch wenn das Beschäftigungsverhältnis bereits beendet ist, kann es bei andauerndem Arbeitsverhältnis noch zu Ansprüchen auf Insolvenzgeld kommen. Die Rechtsprechung zum Konkursausfallgeld besitzt weiterhin Gültigkeit:

> „Konkursausfallgeld wird nach § 141b Abs. 1 S. 1 AFG für ausstehendes Arbeitsentgelt der letzten drei Monate des Arbeitsverhältnisses und nicht des Beschäftigungsverhältnisses gewährt, die dem Insolvenz-Zeitpunkt vorausgehen. Damit hat der Gesetzgeber deutlich gemacht, dass er den Arbeitsentgeltausfall nach dem Ende der Beschäftigung einbezieht, wenn das Arbeitsverhältnis andauert, und das Ende des Beschäftigungsverhältnisses dem Ende des Arbeitsverhältnisses nicht gleichsteht."[344]

82 Umgekehrt können jedoch auch nach Eröffnung des vorläufigen Insolvenzverfahrens gem. § 21 Abs. 1, Abs. 2 InsO, aber vor Eröffnung des Hauptverfahrens eingestellte Arbeitnehmer grundsätzlich Anspruch auf Insolvenzgeld bis zum Eintritt des Insolvenzereignisses geltend machen.[345] Keinen Anspruch auf Insolvenzgeld haben dahingegen Arbeitnehmer, deren Arbeitsverhältnis erst nach dem Insolvenzereignis begründet worden ist.[346]

---

340 BSG 17.12.1975 SozR 4100 § 141b Nr. 1.
341 BSG 17.3.2015, NZI 2015, 720; 6.12.2012, NZI 2013, 454.
342 Zur Vereinbarkeit mit dem Unionsrecht EuGH 25.7.2018, ZESAR 2019, 184.
343 Siehe unter §§ 11, 12.
344 BSG 26.7.1999, ZInsO 2000, 174.
345 LSG Niedersachsen-Bremen 22.11.2016, NZI 2017, 80, 82; LSG Baden-Württemberg 24.5.2016, NZI 2016, 647, 648 f.; LSG Sachsen 18.12.2014, NZI 2015, 522, 524.
346 BSG SozR 4-4300 § 175 Nr 2.

Die Frist berechnet sich nach § 26 Abs. 1 SGB X, § 187 Abs. 1 BGB. **Bei bestehendem Arbeitsverhältnis** ist der Tag des Insolvenzereignisses (sog. Insolvenztag) bei der rückwirkend zu berechnenden **Drei-Monats-Frist** nicht mitzuzählen. 83

Beispiel:
Das Insolvenzereignis findet am 30.4. statt. Es werden Arbeitsentgeltansprüche vom 30.1. bis 29.4. erfasst.

Bei vor dem Insolvenztag beendetem Arbeitsverhältnis endet die Drei-Monats-Frist mit dem letzten Tag des Arbeitsverhältnisses. Dieser wird dabei mitgezählt. Das gilt unabhängig davon, wie lange das Ende des Arbeitsverhältnisses vor dem Insolvenzereignis liegt. 84

Beispiel:
Am 30.11.2007 wird das Insolvenzverfahren über das Vermögen der F-AG eröffnet. Das Arbeitsverhältnis des A ist jedoch bereits zum 15.5.2007 beendet worden. A hat – da auch alle sonstigen Voraussetzungen erfüllt sind – einen Anspruch auf Insolvenzgeld für die Zeit vom 16.2.2007 bis zum 15.5.2007.

Ein individueller Insolvenzgeld-Zeitraum gilt im Fall des § 165 Abs. 3 SGB III. **Wer in Unkenntnis eines Insolvenzereignisses** weiterarbeitet oder die Arbeit aufnimmt, hat Anspruch auf Insolvenzgeld für die dem Tag der Kenntnisnahme vorausgehenden drei Monate des Arbeitsverhältnisses. Solche Situationen können z. B. eintreten, da – anders als bei der Insolvenzeröffnung (vgl. § 30 InsO) – die Ablehnung der Eröffnung mangels Masse nicht bekannt gegeben wird. Obwohl die durch § 165 Abs. 5 SGB III eingeführte Mitteilungspflicht des Arbeitgebers dem vorbeugen soll, kann es dazu kommen, dass Arbeitnehmer nichts von diesem Ereignis erfahren. 85

Beispiel:
Für das Vermögen der F-AG wird die Eröffnung des Insolvenzverfahrens beantragt. Der Antrag wird jedoch am 2.11. mangels Masse abgelehnt.

Arbeitnehmer A hat nach dem Abweisungsbeschluss vom 2.11. weitergearbeitet und am 14.11. Kenntnis vom Insolvenzereignis erlangt. Für ihn erstreckt sich der Insolvenzgeld-Zeitraum auf die Zeit zwischen dem 14.8. und dem 13.11.

Arbeitnehmerin B hat nach dem Abweisungsbeschluss vom 2.11. noch bis zum 24.11. weitergearbeitet. Erst am 10.12. hat sie Kenntnis vom Insolvenzereignis erlangt. Der Insolvenzgeldzeitraum verläuft vom 25.8. bis zum 24.11.

Für entfallene Entgeltansprüche nach dem Insolvenzereignis tragen die Beschäftigten das volle Risiko. Sie haben lediglich die Möglichkeit, wegen Zahlungsverzugs zu kündigen.[347] Es besteht folglich **nur ein rückwirkender Schutz.** 86

e) Ausgefallenes Arbeitsentgelt

Über das Insolvenzgeld werden **Ansprüche auf Arbeitsentgelt** ersetzt, die **durchsetzbar** sind. Zum Arbeitsentgelt gehören alle Leistungen des Arbeitgebers, die eine **Gegenleistung für die erbrachte Arbeitsleistung** darstellen und in unlösbarem Zusammenhang mit der Beschäftigung stehen.[348] Einer strengen wechselseitigen Beziehung bedarf es nicht. 87

347 BSG 3.12.1996 SozR 3-4100 § 141b Nr. 16.
348 BSG 8.9.2010, NZA-RR 2011, 437.

88 **Beispiele:**

Naturalleistungen können unter den Begriff des Arbeitsentgelts fallen. Ebenso Provisionen oder Tantiemen.

Ebenso Ansprüche auf Aufwendungsersatz, z.B. für die Reparatur und Wartung vom Arbeitgeber zur Verfügung gestellter Arbeitsmittel.[349]

Auch **Abfindungen**, die den Verlust des sozialen Besitzstandes entschädigen sollen, werden durch § 165 SGB III nicht erfasst (§ 166 Abs. 1 SGB III).

89 Nur Ansprüche auf Arbeitsentgelt, die **dem Insolvenzgeld-Zeitraum zeitlich zugeordnet** werden, können einen Anspruch auf Insolvenzgeld begründen. Für die Zuordnung gilt nach ständiger Rechtsprechung des Bundessozialgerichts der Grundsatz: Offene Ansprüche auf Zahlung des laufenden Arbeitslohns werden dem Zeitraum zugeordnet, in dem die Arbeit als Gegenleistung für den Entgeltanspruch erbracht worden ist.[350]

90 **Sonderzahlungen**, die nur einmal im Jahr geleistet werden (Gratifikationen, Weihnachtsgeld) haben Entgeltcharakter und sind daher grundsätzlich versichert. Bei Sonderzahlungen, deren **Erarbeitung bestimmten Zeiträumen zugeteilt** werden kann, sind die im Insolvenzgeld-Zeitraum erarbeiteten Anteile der Sonderzahlung mit $^1/_{12}$ pro Monat versichert.[351] Bei Sonderzahlungen, die **zu einem bestimmten Anlass oder Stichtag** gezahlt werden, ohne dass sie als Gegenleistung einem bestimmten Zeitraum zugeordnet werden können, ist die gesamte Zahlung versichert, wenn das Ereignis (Geburt, Betriebsjubiläum, Auszahlungstag) in den Insolvenzgeld-Zeitraum fällt.

91 Zuordnungsprobleme ergeben sich bei der Behandlung von **Arbeitszeit-Guthaben**. Seit dem 1.1.2002 regelt § 165 Abs. 2 S. 2 SGB III, dass als Arbeitsentgelt der Betrag gilt, der laut Vereinbarung zur Bestreitung des Lebensunterhalts im jeweiligen Zeitraum bestimmt ist. Es kommt also nicht mehr auf den Zeitraum der Erarbeitung an, wie dies von der Rechtsprechung teilweise gehandhabt wurde.[352] Diese Regelung greift aber nur bei einer Verstetigung des Arbeitsentgelts nach § 23b Abs. 1 S. 1 SGB IV.

92 Im Rahmen einer Beschäftigung in **Altersteilzeit in Form eines sog. Blockzeitmodells** i.S.d. § 2 Abs. 2 ATG (auf die Arbeitsphase folgt die Freistellungsphase bei stets gleichbleibender Teilzeitvergütung) stellt sich das gleiche Problem. Hier wird wegen der Verstetigung der monatlichen Entgeltzahlung sowohl in der Arbeitsphase als auch in der Freistellungsphase jeweils **nur das kontinuierlich zu zahlende abgesenkte Arbeitsentgelt versichert**.[353]

93 Nach § 166 SGB III sind **gewisse Ansprüche auf Arbeitsentgelt nicht versichert**. Der Arbeitnehmer soll nämlich nicht mehr erhalten, als er redlicherweise ohne die Insolvenz verdient hätte. Deshalb sind Ansprüche, die aus der Beendigung des Arbeitsverhältnisses resultieren oder für die Zeit nach Beendigung zustehen, nicht versichert. Zu den praxisrelevanten **„wegen der Beendigung des Arbeitsverhältnisses“** bestehenden Ansprüchen soll auch der **Anspruch auf Urlaubsabgeltung gehören**.[354] Auch ein Schadensersatzanspruch, der anstelle des Urlaubsabgeltungsanspruchs tritt, ist nicht insolvenzgeldfähig.[355] Dies gilt ebenfalls für Ansprüche auf Arbeitsentgelt aus tatsächlich nach der Insolvenzordnung angefochtenen Verträgen. Dasselbe gilt, wenn der **Insolvenzverwalter** sein **Leistungsverweigerungsrecht** nach der Insolvenzordnung ausübt, weil die einjährige Anfechtungsfrist verstrichen ist. Findet ein Insolvenzverfahren nicht statt, sind diesem Gedanken folgend **Arbeitsentgeltansprüche aus anfechtbaren Vereinbarungen** ausgeschlossen.

349 BSG 8.9.2010, NZA-RR 2011, 437.
350 BSG 11.3.2014, NZI 2014, 825, 826; 25.6.2002 SozR 3-4100 § 141b Nr. 24.
351 BSG 11.3.2014, NZI 2014, 825, 826.
352 BSG 2.11.2000 SozR 3-4100 § 141b Nr. 21.
353 BSG 12.12.2017 – B 11 AL 28/16 R.
354 BSG 20.2.2002 SozR 3-4100 § 184 Nr. 1.
355 BSG 6.5.2009, NZA-RR 2010, 269.

f) Antrag

Gem. § 324 Abs. 3 SGB III muss das Insolvenzgeld innerhalb einer **Ausschlussfrist von zwei Monaten** nach dem Insolvenzereignis beantragt werden.[356] Im Fall der Arbeitsaufnahme in Unkenntnis des Insolvenzereignisses (§ 165 Abs. 3 SGB III) ist der Zeitpunkt der Kenntnisnahme Fristbeginn. Haben Arbeitnehmer innerhalb dieser Frist keinen Antrag gestellt und haben sie dies nicht zu vertreten, kann der Antrag noch **innerhalb von zwei Monaten nach Wegfall des Hinderungsgrundes** fristgerecht gestellt werden, sofern man sich stets mit der erforderlichen Sorgfalt um die Durchsetzung seiner Ansprüche bemüht hat. 94

3. Höhe des Insolvenzgelds

Die **Höhe des Insolvenzgelds** entspricht dem **Nettoarbeitsentgelt**. Dieses ergibt sich, wenn das auf die monatliche Beitragsbemessungsgrenze (§ 341 Abs. 4 SGB III) begrenzte Bruttoarbeitsentgelt um die gesetzlichen Abzüge (Sozialversicherungsbeiträge und Steuern) gemindert wird, § 167 Abs. 1 SGB III. Hier ergibt sich ein Unterschied zum Arbeitslosengeld, das sich in der Höhe nach dem pauschalierten Nettoentgelt richtet. 95

Das Insolvenzgeld **bemisst sich individuell** und entspricht dem, was der Arbeitgeber hätte bezahlen müssen. Zu berücksichtigen sind dabei nur die Arbeitnehmeranteile der Beiträge zur Renten-, Kranken-, Pflege- und Arbeitslosenversicherung. Die sozialversicherungsrechtliche Absicherung des Empfängers von Insolvenzgeld ergibt sich nach § 175 SGB III. Die zu berücksichtigenden Steuern sind nicht anhand des Lohnsteuerjahresausgleichs und individueller Freibeträge, sondern nur durch Anwendung der Lohnsteuertabellen zu ermitteln. § 167 Abs. 2 SGB III betrifft steuerrechtliche Besonderheiten für Arbeitnehmer, die Gesellschafter (Nr. 1) oder Grenzgänger (Nr. 2) sind. 96

Es steht im pflichtgemäßen Ermessen der Agentur für Arbeit, ob und in welcher Höhe ein **Vorschuss auf das Insolvenzgeld** (§ 168 SGB III) geleistet wird. Dazu müssen die Eröffnung des Insolvenzverfahrens über das Vermögen des Arbeitgebers beantragt worden sein, das Arbeitsverhältnis zwischen dem Arbeitnehmer und dem Arbeitgeber beendet sein und die **Voraussetzungen** für den Anspruch auf Insolvenzgeld **mit hinreichender Wahrscheinlichkeit erfüllt** werden. 97

4. Anspruchsübergang und Verfügungen über das Arbeitsentgelt, § 169 SGB III

Beantragt ein Arbeitnehmer Insolvenzgeld, gehen nach § 169 SGB III seine **Ansprüche auf Arbeitsentgelt**, die einen Anspruch auf Insolvenzgeld begründen, **auf die Bundesagentur für Arbeit über**. Es soll ihr dadurch die Möglichkeit eingeräumt werden, die Entgeltansprüche noch zu realisieren. Ansprüche auf Arbeitsentgelt meint dabei das rückständige Nettoentgelt und nicht darüber hinaus gehende als Lohnsteuer abzuführende Teile des Bruttolohns.[357] 98

Soweit Arbeitnehmer vor ihrem Antrag auf Insolvenzgeld Ansprüche auf Arbeitsentgelt **einem Dritten übertragen** haben, steht diesem der Anspruch auf Insolvenzgeld zu (§ 170 Abs. 1 SGB III). Entsprechendes gilt für eine **Pfändung oder Verpfändung** des Anspruchs auf Arbeitsentgelt (§ 170 Abs. 2 SGB III). Die Pfandrechte erlöschen jedoch, wenn es zu einem Anspruchsübergang auf die Bundesagentur nach § 169 S. 1 SGB III kommt und sie Insolvenzgeld erbracht hat. 99

§ 170 Abs. 4 SGB III betrifft den praxisrelevanten Fall der **Vorfinanzierung**. 100

Beispiel:

Unternehmerin U befindet sich in Liquidationsschwierigkeiten. Ihre Arbeitnehmer treten ihre Entgeltforderungen gegen U an die Bank B ab, die die Arbeitsentgelte vorfinanziert. B kann im Insolvenzfall ihre Ausgaben für die vorfinanzierten Arbeitsentgelte als Insolvenzgeld von der Agentur für Arbeit beanspruchen.

---

356 Zur Frage, ob diese Frist unionsrechtskonform ist LSG Bayern, 28.10.2013 – L 10 AL 183/12 (bejaht).

357 Zu dieser Problematik vgl. BAG 11.2.1998 AP Nr. 19 zu § 611 BGB.

101 Hintergrund eines solchen Vorgehens ist die Möglichkeit, die Produktion weiterzuführen, um die zukünftige Insolvenzmasse möglichst zu erhöhen, während die Personalkosten eingespart werden, indem der Agentur für Arbeit die Kosten aufgebürdet werden. Die Agentur für Arbeit unterstützt dieses Vorgehen nur nach intensiver Prüfung, ob damit Arbeitsplätze erhalten werden können. Die Durchführbarkeit wird gem. § 170 Abs. 4 SGB III von der Zustimmung der Agentur für Arbeit abhängig gemacht. Hat der Arbeitnehmer einem Dritten vor dem Insolvenzereignis **ohne Zustimmung der Agentur für Arbeit** Ansprüche auf Arbeitsentgelt zur Vorfinanzierung des Arbeitsentgelts übertragen oder verpfändet, hat der neue Gläubiger oder Fremdgläubiger keinen Anspruch auf Insolvenzgeld.

102 Für **Verfügungen über das Insolvenzgeld** hingegen gilt, dass der Anspruch auf ein solches wie Arbeitseinkommen gepfändet, verpfändet oder übertragen werden kann, **wenn das Insolvenzgeld beantragt worden ist** (§ 171 SGB III).

III. Übergangsgeld bei Teilnahme an Maßnahmen zur Teilhabe am Arbeitsleben

103 **Behinderten Menschen** können Leistungen zur Förderung der Teilhabe am Arbeitsleben erbracht werden, zu denen das sogenannte Übergangsgeld als besondere Leistung (§ 60 Rn. 2) gehört. Nach § 119 SGB III ist es zu gewähren, wenn diese zum einen die Voraussetzung der Vorbeschäftigungszeit für das Übergangsgeld erfüllen. Außerdem müssen sie an einer die in § 119 Abs. 1 Nr. 2 SGB III genannten Maßnahmen teilnehmen. Hierzu gehören Maßnahmen der Berufsausbildung, der Berufsvorbereitung einschließlich einer wegen der Behinderung erforderlichen Grundausbildung, der individuellen betrieblichen Qualifizierung im Rahmen der unterstützten Beschäftigung nach § 55 SGB IX, Maßnahmen im Eingangsverfahren oder Berufsbildungsbereich einer Werkstatt für behinderte Menschen oder bei einem anderen Leistungsanbieter nach § 60 SGB IX und Maßnahmen der beruflichen Weiterbildung, für die die besonderen Leistungen erbracht werden.

§ 60 Leistungen zur Berufsausbildung und beruflicher Weiterbildung

1 Das SGB III wird vom Gesetzgeber immer stärker zu einem Instrument ausgebaut, um wirtschaftlichen Transformationsprozessen und ihren Folgewirkungen auf den Arbeitsmarkt präventiv zu begegnen. Diese vorausschauende Politik wurde in den letzten Jahren immer weiter vorangetrieben und findet Niederschlag insbesondere in den Gesetzen zur Förderung der beruflichen Weiterbildung im Strukturwandel und zur Weiterentwicklung der Ausbildungsförderung[358], zur Stärkung der Chancen für Qualifizierung und mehr Schutz in der Arbeitslosenversicherung (Qualifizierungschancengesetz)[359] und zur Stärkung der Aus- und Weiterbildungsförderung (Weiterbildungsgesetz)[360]. Letzteres enthält zentral ein als „Ausbildungsgarantie“ bezeichnetes Maßnahmenbündel, vereinfacht die Förderung nach § 82 SGB III und hat das Qualifizierungsgeld (§§ 82a–82c SGB III) als neues Förderinstrument eingeführt.

2 Im Bereich der Ausbildungsförderung sind die Leistungen deshalb von besonderer Bedeutung, weil die Arbeitslosigkeit von Menschen ohne abgeschlossene Berufsausbildung traditionell hoch ist. Das SGB III fördert daher in den §§ 48ff. SGB III den Übergang von der Schule in die Berufsausbildung (§§ 48–50 SGB III), berufsvorbereitende Maßnahmen und die Berufsausbildungsbeihilfe (§§ 56–72 SGB III). Diese werden ergänzt durch Leistungen, die während der Berufsausbildung erbracht werden (§§ 73–80 SGB III). Schließlich sind hier Regelungen zur Förderung von Jugendwohn-

358 BGBl. 2020 I S. 1044.
359 BGBl. 2018 I S. 2651.
360 BGBl. 2023 I, Nr. 191.

heimen (§§ 80a ff. SGB II) und die Maßnahmen zur Aktivierung und beruflichen Eingliederung (§ 45 SGB III) zu nennen.

Im Rahmen der beruflichen Weiterbildung (§§ 81ff. SGB III) wird vor dem Hintergrund eines stetigen Wandels der Arbeitswelt die Anpassung bestehender und der Erwerb neuer Qualifikationen gefördert. Diese Instrumente sind somit auch geeignet, um präventiv Arbeitsplatzverlusten bei sich abzeichnenden oder im Verlauf befindlichen technologischen Transformationsprozessen zu verhindern oder jedenfalls die Beschäftigungsfähigkeit der von derartigen Umwälzungen betroffenen Personengruppen zu sichern. 3

I. Berufsorientierungsmaßnahmen und -praktikum, §§ 48, 48a SGB III

Nach § 48 Abs. 1 S. 1 SGB III kann die Bundesagentur für Arbeit Schülerinnen und Schüler allgemeinbildender Schulden durch Berufsorientierungsmaßnahmen fördern. Neu eingeführt wurde mit dem Weiterbildungsgesetz[361] zudem in § 48a SGB III die Möglichkeit zur Förderung eines Berufsorientierungspraktikums für junge Menschen, die ihre Berufswahl noch nicht abschließend getroffen haben, um sie beim Übergang in eine Berufsausbildung zu unterstützen. § 48a SGB III ist Teil des im Weiterbildungsgesetz als „Ausbildungsgarantie“ bezeichneten Maßnahmenbündels. Der Begriff „junger Mensch“ ist in § 7 Abs. 1 Nr. 4 SGB III legaldefiniert und bezeichnet Menschen, die noch nicht 27 Jahre alt sind. 4

II. Aufwendungserstattung bei der Berufseinstiegsbegleitung (§ 49 Abs. 5 SGB III)

Um Jugendliche beim Übergang von der Schule in eine berufliche Ausbildung zu unterstützen, können Träger für Maßnahmen der Berufseinstiegsbegleitung gefördert werden, § 49 Abs. 5 SGB III. Die Maßnahmen des Trägers sollen insbesondere dazu dienen, dass der Jugendliche einen Schulabschluss erreicht und bei der Berufsorientierung und -wahl sowie bei der Suche nach einem Ausbildungsplatz und der Stabilisierung des Ausbildungsverhältnisses unterstützt wird. Dies soll v.a. durch den Einsatz von Berufseinstiegsbegleitern erreicht werden, die nach § 49 Abs. 2 S. 3 SGB III insb. mit Verantwortlichen in der allgemeinbildenden Schule, mit Dritten, die junge Menschen in der Region mit ähnlichen Inhalten unterstützen, und mit den Arbeitgebern in der Region eng zusammenarbeiten sollen. Zum Kreis der förderungsberechtigten Personen zählt § 49 Abs. 4 SGB III junge Menschen, die voraussichtlich Schwierigkeiten haben werden, den Abschluss einer allgemeinbildenden Schule zu erreichen oder den Übergang in eine Berufsausbildung zu bewältigen. Der Träger bekommt sowohl die Aufwendungen für die Durchführung der Maßnahmen an sich als auch die erforderlichen Kosten für die Berufseinstiegsbegleiter erstattet. 5

Zudem kann die Agentur für Arbeit nach § 51 SGB III förderungsberechtigte junge Menschen durch **berufsvorbereitende Bildungsmaßnahmen** fördern, um sie auf die Aufnahme einer Berufsausbildung vorzubereiten oder, wenn die Aufnahme einer Berufsausbildung wegen in ihrer Person liegender Gründe nicht möglich ist, ihnen die berufliche Eingliederung zu erleichtern. 6

III. Zuschüsse zur betrieblichen Einstiegsqualifizierung (§ 54a SGB III)

Arbeitgeber, die eine **betriebliche Einstiegsqualifizierung** für förderungsfähige Ausbildungsbewerber und Ausbildungssuchende durchführen, können nach § 54a Abs. 1 S. 1 SGB III mit Zuschüssen in Höhe der von ihnen mit der oder dem Auszubildenden vereinbarten Vergütung zuzüglich des pauschalierten Anteils am durchschnittlichen Gesamtsozialversicherungsbeitrag gefördert werden. 7

361 BGBl. 2023 I, Nr. 191.

Nach S. 2 ist der Zuschuss zur Vergütung auf 276 Euro begrenzt. Es besteht kein Ermessen der Agentur für Arbeit hinsichtlich der Höhe des Zuschusses zur vereinbarten Vergütung. Förderungsfähig sind nach § 54a Abs. 4 SGB III betriebliche Einstiegsqualifizierungen für Ausbildungsbewerberinnen und -bewerber, die bei der Agentur für Arbeit gemeldet sind und eingeschränkten Vermittlungsperspektiven aufweisen, sowie für Ausbildungssuchende, die noch nicht in vollem Maße über die erforderliche Ausbildungsreife verfügen, lernbeeinträchtigt oder sozial benachteiligt sind. Nach § 54a Abs. 1 S. 3 SGB III dient die betriebliche Einstiegsqualifizierung der **Vermittlung und Vertiefung von Grundlagen für den Erwerb beruflicher Handlungsfähigkeit**. Es handelt sich daher um eine vorbereitende Maßnahme zur klassischen Berufsausbildung. Die Förderdauer beträgt gem. § 54a Abs. 2 SGB III vier bis zwölf Monate.

8 **Fördervoraussetzungen** nach § 54a Abs. 2 S. 1 SGB III sind im Einzelnen:

- der Abschluss eines Vertrags i.S.d. § 26 BBiG,
- die Vorbereitung auf einen anerkannten Ausbildungsberuf,
- die Durchführung in Vollzeit oder in Teilzeit von mindestens 20 Wochenstunden.

Seit Inkrafttreten des Weiterbildungsgesetzes ist die Durchführung in Teilzeit auch ohne besonderen Grund möglich. Neu eingeführt wurde zudem § 54a Abs. 2 Satz 2 SGB III, wonach für Menschen mit Behinderung i.S.d. § 19 SGB III eine Einstiegsqualifizierung gefördert werden kann, wenn sie zur Vorbereitung auf behinderungsspezifische Ausbildungen (§ 66 BBiG oder § 42r HwO) dient. Auch diese Neuerungen sind Teil der sog. „Ausbildungsgarantie“.

9 Wer an einer betrieblichen Einstiegsqualifizierung teilnimmt, ist nach § 22 Abs. 1 S. 2 Nr. 4 MiLoG **vom persönlichen Anwendungsbereich des Mindestlohngesetzes ausgenommen**, kann also unterhalb des Mindestlohns vergütet werden. Eine Förderung ist auch durch Übernahme der Fahrtkosten möglich (§ 54a Abs. 6 SGB III).

IV. Berufsausbildungsbeihilfe (§§ 56–72 SGB III)

10 Die Berufsausbildungsbeihilfe ist eine bedürftigkeitsabhängige Leistung zur Sicherung des Existenzminimums, soweit dieses nicht durch die Ausbildungsvergütung sichergestellt wird. Durch die Gewährung einer Berufsausbildungsbeihilfe wird die **Durchführung einer beruflichen Ausbildung oder berufsvorbereitenden Bildungsmaßnahme** gefördert (§ 56 SGB III). Die Berufsausbildungsbeihilfe stellt daher ihrem Wesen nach eine Leistung der aktiven Arbeitsförderung dar. Sie ist aber keine Ermessensleistung, sondern eine Pflichtleistung, soweit es die erste Berufsausbildung oder eine berufsvorbereitende Bildungsmaßnahme betrifft (§ 3 Abs. 3 Nr. 2 SGB III).

11 Ein Anspruch auf Berufsausbildungsbeihilfe besteht für Auszubildende, wenn

- die berufliche Ausbildung oder berufsvorbereitende Bildungsmaßnahme förderungsfähig ist (vgl. § 56 Abs. 1 Nr. 1 SGB III i.V.m. §§ 57, 51, 58 SGB III),
- sie zum förderungsfähigen Personenkreis gehören und die sonstigen persönlichen Förderungsvoraussetzungen erfüllt sind (vgl. § 56 Nr. 2 SGB III i.V.m. §§ 59, 60 SGB III) und
- ihnen die erforderlichen Mittel zur Deckung des Bedarfs für den Lebensunterhalt, die Fahrtkosten, die sonstigen Aufwendungen und die Lehrgangskosten (Gesamtbedarf) nicht anderweitig zur Verfügung stehen (vgl. § 56 I Nr. 3 SGB III i.V.m. §§ 61–67 SGB III).

Die Förderung kann auch für eine Ausbildung im europäischen Ausland (§ 58 SGB III) in Anspruch genommen werden. Eine Begrenzung auf Grenzpendler besteht nicht. Auszubildende haben nach § 56 Abs. 2 S. 1 SGB III auch Anspruch auf Berufsausbildungsbeihilfe während einer **berufsvorbereitenden Bildungsmaßnahme** nach § 51 SGB III, ebenso Teilnehmende an einer Vorphase nach § 74 Abs. 1 S. 2 SGB III (siehe dazu Rn. 17).

V. Förderung der Berufsausbildung (§§ 73–80 SGB III)

Auch die Berufsausbildung kann durch die Bundesagentur für Arbeit gefördert werden. Die Vorschriften hierzu finden sich in den §§ 73–80 SGB III und wurden durch das Gesetz zur Förderung der beruflichen Weiterbildung im Strukturwandel und zur Weiterentwicklung der Ausbildungsförderung („Arbeit-von-Morgen-Gesetz“) vom 20.5.2020[362] völlig neu strukturiert. 12

Nach alter Rechtslage enthielten die §§ 74–79 SGB III Regelungen sowohl zur ausbildungsbegleitenden als auch zur außerbetrieblichen Berufsausbildung. Diese wurden umfassend umstrukturiert. Der bisherige § 74 Abs. 1 SGB III, der vorsah, dass Träger von Maßnahmen **Zuschüsse** erhalten und **Maßnahmekosten** erstattet bekommen können, wenn sie förderungsbedürftige Jugendliche entweder mit **ausbildungsbegleitenden Hilfen** bei einer betrieblichen Berufsausbildung unterstützen (§ 74 Abs. 1 Nr. 1 SGB III a.F.) oder sie in einer **außerbetrieblichen Einrichtung ausbilden** (§ 74 Abs. 1 Nr. 2 SGB III a.F.), wurde in diesem Zuge gestrichen. Grund hierfür ist, dass dessen Inhalt im bereits heute praktizierten Einkauf von Maßnahmen unter Anwendung des Vergaberechts in der innerbetrieblichen Kalkulation der Maßnahmeträger aufgeht.[363] 13

§ 76 SGB III regelt wie bisher die **außerbetriebliche Berufsausbildung (BaE)**. Neu ist als Bestandteil der „**Ausbildungsgarantie**“ die Einführung eines Rechtsanspruchs auf Teilnahme an einer BaE für junge Menschen, die die Fördervoraussetzungen nach § 76 SGB III erfüllen. Dieser Rechtsanspruch gilt seit dem 1.8.2024 und tritt an die Stelle der bisher als Ermessensvorschrift ausgestalteten Regelung. Die auch bislang nach § 76 Abs. 2 S. 1 SGB III geltende Maxime, alle Möglichkeiten wahrzunehmen, um den Übergang der Auszubildenden in ein betriebliches Berufsausbildungsverhältnis zu fördern, bleibt hiervon unberührt. Dies kommt insbesondere auch in § 76 Abs. 5 Nr. 1 SGB III zum Ausdruck. Hiernach sind nur diejenigen jungen Menschen förderungsfähig, die lernbeeinträchtigt oder sozial benachteiligt sind und wegen in ihrer Person liegender Gründe auch mit ausbildungsfördernden Leistungen nach diesem Buch eine Berufsausbildung in einem Betrieb nicht aufnehmen können. Zudem sollen nach § 76 Abs. 3 und Abs. 5 Nr. 2 SGB III Auszubildende aufgefangen werden, deren betriebliches oder außerbetriebliches Berufsausbildungsverhältnis vorzeitig aufgelöst worden ist. Der Kreis der förderungsberechtigten Auszubildenden wird in § 76 Abs. 6 SGB III weiter eingegrenzt. § 76 Abs. 7 SGB III regelt den Erstattungsanspruchs von Trägern, die die außerbetriebliche Berufsausbildung durchführen. 14

Neu eingeführt wurde in **§ 73a SGB III** auch der **Mobilitätszuschuss**. Dieser ist ebenfalls Bestandteil der sog. „**Ausbildungsgarantie**“ und ermöglicht es der Agentur für Arbeit junge Menschen während des ersten Ausbildungsjahres einer nach § 57 Abs. 1 SGB III förderungsfähigen Berufsausbildung mit einem Mobilitätszuschuss zu fördern, wenn die Ausbildungsstätte vom bisherigen Wohnort der oder des Auszubildenden nicht in angemessener Zeit erreicht werden kann und ein Wechsel des Wohnortes für die Aufnahme der Ausbildung erforderlich ist. 15

In **§ 73 SGB III** findet sich die Fördermöglichkeit in Form von Zuschüssen zur **Ausbildungsvergütung für Menschen mit Behinderung und schwerbehinderte Menschen** (vgl. dazu § 60 I.). 16

VI. Assistierte Ausbildung (§ 74–75a SGB III)

Mit dem Gesetz zur Förderung der beruflichen Weiterbildung im Strukturwandel und zur Weiterentwicklung der Ausbildungsförderung („Arbeit-von-Morgen-Gesetz“) vom 20.5.2020[364] wurde das Instrument der Assistierten Ausbildung in die §§ 74–75a SGB III verlegt. Ziele der Assistierten Ausbildung sind die Aufnahme einer Berufsausbildung und die Hinführung auf den Abschluss der betrieblichen Berufsausbildung bei jungen Menschen, die diese ohne Unterstützung nicht aufnehmen, fort- 17

362 BGBl. 2020 I, S. 1044.
363 BT-Drs. 19/17740, S. 34
364 BGBl. 2020 I, S. 1044.

setzen oder abschließen können oder bei denen aus in der Person liegenden Gründen Hindernisse bei der Aufnahme einer Berufsausbildung oder bei Abschluss einer mit Assistierter Ausbildung unterstützten Berufsausbildung ein Arbeitsverhältnis nicht begründen oder festigen können. Berufsvorbereitenden Bildungsmaßnahmen dienen der Qualifizierung und Bildung bis hin zur Vorbereitung auf den Hauptschulabschluss. Nach § 74 Abs. 1 SGB III kann die Agentur für Arbeit förderungsberechtige junge Menschen und deren Ausbildungsbetriebe während einer betrieblichen Berufsausbildung oder einer Einstiegsqualifizierung (begleitende Phase, § 75 SGB III) durch Maßnahmen der Assistierten Ausbildung fördern. Die Maßnahme kann nach § 74 Abs. 1 S. 2 SGB III auch eine vorgeschaltete Phase enthalten, die die Aufnahme einer betrieblichen Berufsausbildung unterstützt (Vorphase, § 75a SGB III).

18 Teilnehmende an einer Vorphase haben nach § 56 Abs. 2 S. 2 SGB III Anspruch auf Berufsausbildungsbeihilfe wie Auszubildende in einer berufsvorbereitenden Bildungsmaßnahme. Die Arbeitsmarktintegration von Ausländerinnen und Ausländern, insbesondere auch von Personen, die eine Aufenthaltsgestattung nach dem Asylgesetz oder eine Duldung besitzen, soll durch § 75a SGB III ebenfalls erleichtert werden.

VII. Förderung beim Betrieb von Jugendwohnheimen (§§ 80a, 80b SGB III)

19 Träger von Jugendwohnheimen können durch Darlehen und Zuschüsse gefördert werden, wenn dies zum Ausgleich auf dem Ausbildungsmarkt und zur Förderung der Berufsausbildung erforderlich ist und die Träger oder Dritten sich in angemessenem Umfang an den Kosten beteiligen. Leistungen können erbracht werden für den Aufbau, die Erweiterung, den Umbau und die Ausstattung von Jugendwohnheimen. Durch die Regelung soll die Situation auf dem Ausbildungsmarkt verbessert und das vorhandene Ausbildungspotential besser ausgeschöpft werden.[365] Insbesondere, wenn am Ausbildungsort keine anderweitige Unterbringungsmöglichkeit besteht, kann nach Vorstellung des Gesetzgebers die Internatsunterbringung einen Beitrag leisten.

VIII. Förderung der beruflichen Weiterbildung (§§ 81–87a, 178–184 SGB III)

20 Die Leistungen zur Förderung der **beruflichen Weiterbildung** sind grds. Ermessensleistungen der aktiven Arbeitsförderung, § 3 Abs. 3 SGB III. Im Gegensatz zur Berufsausbildungsbeihilfe geht es bei Weiterbildungsmaßnahmen um berufliche Bildung für Teilnehmer, die bereits über eine abgeschlossene Berufsausbildung oder über entsprechende Berufserfahrung verfügen. Die Bildungsangebote sollen auf bereits vorhandene Qualifikationen aufbauen.

1. Grundnorm des Weiterbildungsförderungsrechts, § 81 SGB III

21 § 81 SGB III ist die Grundnorm des Weiterbildungsförderungsrechts und beinhaltet in seinen Abs. 1 bis 3a mehrere Förderungsvarianten. Die einzelnen Förderleistungen unterscheiden sich sowohl hinsichtlich des förderungsberechtigten Personenkreises als auch in Bezug auf die angestrebten Bildungsziele. So wird einerseits zwischen Arbeitnehmern, Arbeitslosen und von Arbeitslosigkeit bedrohten Personen differenziert, andererseits zwischen (nicht abschlussbezogener) beruflicher Weiterbildung, dem Erwerb eines Berufsabschlusses, eines Hauptschulabschlusses oder von Grundkompetenzen.[366] Die Förderung erfolgt durch Übernahme der Weiterbildungskosten i.S.d. §§ 83ff SGB III, wobei das Verfahren der Bildungsgutscheine Anwendung findet.

---

365 BT-Drs. 17/7065 S. 18.

366 BeckOGK/Janda, SGB III, § 81 Rn. 1.

Die Förderung nach § 81 Abs. 1 Nr. 1 SGB III setzt voraus, dass die Weiterbildung **notwendig** ist, um Arbeitnehmerinnen und Arbeitnehmer bei Arbeitslosigkeit beruflich einzugliedern oder eine ihnen drohende Arbeitslosigkeit abzuwenden ist. Anerkannt ist die Notwendigkeit der Weiterbildung bei arbeitslosen Arbeitnehmerinnen und Arbeitnehmern nach § 81 Abs. 1a SGB III auch, wenn durch den Erwerb erweiterter beruflicher Kompetenzen die individuelle Beschäftigungsfähigkeit verbessert wird und sie nach Lage und Entwicklung des Arbeitsmarktes zweckmäßig ist. Ferner muss nach § 81 Abs. 1 Nr. 2 vor Beginn der Maßnahme eine Beratung nach §§ 29ff. SGB III stattgefunden haben (siehe dazu § 54 Rn. 3f.). Außerdem muss die Maßnahme und der diese durchführende Träger für die Förderung zugelassen sein (§§ 178, 179 SGB III). 22

Durch das Arbeit-von-morgen-Gesetz vom 20.5.2020 wurde mit § 81 Abs. 2 SGB III ein Anspruch auf eine Förderung einer beruflichen Weiterbildung mit dem Ziel des Erreichens eines Berufsabschlusses eingeführt. Anspruchsberechtigt sind **arbeitslose** sowie **beschäftigte Arbeitnehmerinnen und Arbeitnehmer, die über keinen Berufsabschluss verfügen** für den nach bundes- oder landesrechtlichen Vorschriften eine Ausbildungsdauer von mindestens zwei Jahren festgelegt ist (§ 81 Abs. 2 S. 1 Nr. 1 Alt. 1 SGB III), oder die aufgrund einer mehr als vierjährigen Beschäftigung in an- oder ungelernter Tätigkeit eine ihrem Berufsabschluss entsprechende Beschäftigung voraussichtlich nicht mehr ausüben können (§ 81 Abs. 2 S. 1 Nr. 1 Alt. 2 SGB III). Der Anspruch hängt überdies von mehreren **Prognoseentscheidungen** der Agentur für Arbeit ab: So müssen die Antragsteller voraussichtlich erfolgreich an der Weiterbildungsmaßnahme teilnehmen, für den angestrebten Beruf geeignet sein und durch diesen ihre Beschäftigungschancen verbessern (§ 81 Abs. 2 S. 1 Nr. 2–4 SGB III). Mit der Förderung soll der nach wie vor strukturell erhöhten Arbeitslosigkeit im gering qualifizierten Bereich entgegengewirkt werden. 23

Als weitere Förderleistung sieht § 81 Abs. 3 SGB III die Förderung von Maßnahmen vor, die dem nachträglichen Erwerb eines Hauptschulabschlusses oder eines gleichwertigen Schulabschlusses dienen. Zusätzlich regelt § 81 Abs. 3a SGB III die Förderung von Maßnahmen, die dem Erwerb von Grundkompetenzen dienen. 24

Das Vorliegen der Förderungsvoraussetzungen wird den Arbeitnehmerinnen und Arbeitnehmern durch einen sog. **Bildungsgutschein** bescheinigt, § 81 Abs. 4 SGB III. Die Bescheinigung ist als Verwaltungsakt in Form einer Zusicherung i. S. v. § 34 SGB X über die Übernahme aller in den §§ 83ff. SGB III vorgesehener Kosten zu qualifizieren.[367] Die Inhaber des Bildungsgutscheins können dann selbst eine passende Weiterbildungsmaßnahme wählen, wobei etwaige Beschränkungen des Bildungsgutscheins nach § 81 Abs. 4 S. 2 SGB III zu beachten sind. Bei Teilnahme an einer zugelassenen Maßnahme eines zugelassenen Trägers besteht sodann ein Rechtsanspruch auf Gewährung der entstehenden Weiterbildungskosten nach §§ 83ff. SGB III.[368] Die Abrechnung erfolgt unmittelbar zwischen Bildungsträger und Arbeitsagentur. Umfasst sind die Weiterbildungskosten, die nach § 83 Abs. 1 SGB III Folgendes umfassen: 25

- Lehrgangskosten und Kosten für die Eignungsfeststellung (§ 84 SGB III)
- Fahrtkosten (§ 85 SGB III),
- Kosten für auswärtige Unterbringung und Verpflegung (§ 86 SGB III) und
- Kosten für die Betreuung von Kindern (§ 87 SGB III).

2. Weiterbildungsförderung im bestehenden Arbeitsverhältnis, § 82 SGB III

Nach **§ 82 Abs. 1 SGB III** können Arbeitnehmerinnen und Arbeitnehmer unter gegenüber § 81 SGB III erleichterten Voraussetzungen bei beruflicher Weiterbildung **im Rahmen eines bestehenden Arbeitsverhältnisses** durch volle oder teilweise Übernahme der Weiterbildungskosten gefördert werden. Der Umfang der Förderung richtet sich auch hier nach den §§ 83ff. SGB III. Das Gesetz ermöglicht präventiv und ohne eine bereits eingetretene oder drohende Arbeitslosigkeit Qualifizie- 26

367 BeckOGK/Janda, SGB III, § 81 Rn. 109.
368 Eicher/Schlegel/Schmidt, SGB III, § 81 Rn. 7.

rungsmaßnahmen. Eine besondere Zielsetzung der Förderung, wie dies in einer früheren Fassung der Norm, nach der insbesondere Arbeitnehmerinnen und Arbeitnehmer gefördert werden sollten, die berufliche Tätigkeiten ausüben, die durch Technologien ersetzt werden können oder in sonstiger Weise vom Strukturwandel betroffen sind (§ 82 Abs. 1 S. 2 SGB III a. F.), ist seit dem Gesetz zur Stärkung der Aus- und Weiterbildungsförderung vom 17.7.2023 nicht mehr erforderlich.

27 Die Förderung der Weiterbildung im bestehenden Beschäftigungsverhältnis setzt nach **§ 82 Abs. 2 SGB III** eine **angemessene Beteiligung des Arbeitgebers** voraus. Hierdurch wird die betriebliche Verantwortung des Arbeitgebers für die Aufrechterhaltung, Aktualisierung und Erweiterung der Kenntnisse und Fertigkeiten der Beschäftigten zum Ausdruck gebracht.

28 Nach § 82 Abs. 3 S. 1 SGB III können Arbeitgeber für die **berufliche Weiterbildung von Arbeitnehmern durch Zuschüsse zum Arbeitsentgelt** gefördert werden. Bei der Weiterbildung von Arbeitnehmern ohne (verwertbaren) Berufsabschluss nach § 81 Abs. 2 SGB III kann der Zuschuss das gesamte anteilige Arbeitsentgelt für weiterbildungsbedingte Zeiten ohne Arbeitsleistung umfassen (§ 82 Abs. 3 S. 2 u. 3 SGB III). Bei allen übrigen Arbeitnehmern bemisst sich die Höhe des Entgeltzuschusses in Abhängigkeit zur Betriebsgröße (§ 82 Abs. 3 S. 4 SGB III). Voraussetzung ist, dass die Arbeitgeber ihre Arbeitnehmer für die Zeiten der Teilnahme an der Weiterbildungsmaßnahme bezahlt freistellen. Die Arbeitnehmer erhalten so weiterhin ihr Entgelt und Arbeitgeber werden durch den Zuschuss (teilweise) von den damit verbundenen Lohnkosten entlastet.

Der § 82 Abs. 3 SGB III wurde durch das **Qualifizierungschancengesetz** mit Wirkung zum 1.1.2019 neu eingeführt und löst die alte Regelung in § 81 Abs. 5 SGB III a. F. ab. Nach der Altregelung konnten Arbeitgeber ausschließlich mit Zuschüssen für Arbeitnehmer mit fehlendem Berufsabschluss gefördert werden. Die Neufassung erweitert die Förderungsmöglichkeiten und soll dazu beitragen, auch das Interesse des Arbeitgebers an einer Weiterbildung seiner Arbeitnehmer zu verstärken.

29 Nach § 82 Abs. 5 SGB III (i. d. F. ab dem 1.1.2021)[369] kann der Antrag auf die Förderung auch durch den Arbeitgeber gestellt werden, wenn die weiteren Voraussetzungen vorliegen, insbes. wenn mehrere Arbeitnehmer betroffen sind.

3. Qualifizierungsgeld, §§ 82a–82c SGB III

30 Als neues Instrument wurde durch das Weiterbildungsgesetz vom 17.7.2023[370] mit Wirkung zum 1.4.2024 das Qualifizierungsgeld in den §§ 82a–82c SGB III eingeführt. Ausgestaltet als Entgeltersatzleistung ergänzt das Qualifizierungsgeld die bisherige Weiterbildungsförderung Beschäftigter und richtet sich an Personen in Betrieben, bei denen bei einem erheblichen Teil der Arbeitnehmerinnen und Arbeitnehmer **strukturwandelbedingte Qualifizierungsbedarfe** bestehen. Dabei ist das Förderinstrument **kollektiv ausgerichtet**: Voraussetzung ist, dass die Qualifizierungsmaßnahme in einer Betriebsvereinbarung oder einem betriebsbezogenen Tarifvertrag vereinbart wurde. Nach der Gesetzesbegründung zielt das Qualifizierungsgeld darauf ab, Fachkräften trotz veränderter Anforderungen durch den Strukturwandel mittels Weiterbildung eine Weiterbeschäftigung im aktuellen Betrieb zu ermöglichen.[371] Insofern ist es von anderen Förderinstrumenten abzugrenzen, die eine sozialverträgliche Bewältigung von Umstrukturierungen mit Personalabbau beziehungsweise mit einer Betriebsaufgabe, wie zum Beispiel Transfer-Kurzarbeitergeld (§ 111 SGB III, siehe dazu § 59 Rn. 47) absichern. Regelungen zur Höhe und Bemessung sowie zur Anrechnung von Nebeneinkommen finden sich in §§ 82b und 82c SGB III. Da die betriebliche Weiterbildung beschäftigter Arbeitnehmerinnen und Arbeitnehmer grundsätzlich in der Verantwortung der Betriebe liegt, ist deren finanzielle Beteiligung in § 82a Abs. 2 S. 1 Nr. 2 SGB III vorgesehen. Die Kosten der Weiterbildungsmaßnahme sind danach vollständig von den Arbeitgebern zu tragen.

---

369 BGBl. I 2020 S. 1050.
370 BGBl. I 2023 Nr. 191.
371 BT-Drs. 20/6518 S. 39.

4. Weiterbildungsprämie und -geld, § 87a SGB III

31 Mit dem Bürgergeldgesetz vom 16.12.2022[372] wurde die Erfolgsprämie (**Weiterbildungsprämie**) für Teilnehmerinnen und Teilnehmer an nach § 81 SGB III (nicht aber nach § 82 SGB III) geförderten Maßnahmen entfristet und ist nunmehr in § 87a Abs. 1 SGB III geregelt. Zudem wurde in diesem Zuge in § 87a Abs. 2 SGB III ein monatliches Weiterbildungsgeld in Form eines Zuschusses in Höhe von 150 € für arbeitslose Arbeitnehmerinnen und Arbeitnehmer während der Teilnahme an einer abschlussorientierten Weiterbildung eingeführt. Durch das **Weiterbildungsgesetz** vom 17.7.2023[373] haben ab dem 1.1.2025 auch erwerbsfähige Leistungsberechtigte im Sinne des SGB II im Rahmen eines bestehenden Arbeitsverhältnisses Anspruch auf das Weiterbildungsgeld, wenn sie an einer nach § 81 oder § 82 SGB III geförderten Weiterbildung teilnehmen, die zu einem Abschluss in einem Ausbildungsberuf führt, für den nach bundes- oder landesrechtlichen Vorschriften eine Ausbildungsdauer von mindestens zwei Jahren festgelegt ist.

5. Förderinstrumente im Zusammenhang mit Kurzarbeitergeld

32 Nach § 106a Abs. 1 SGB III haben Arbeitgeber einen Anspruch auf **Erstattung der von ihm allein zu tragenden Beiträge zur Sozialversicherung**, die er während einer **Kurzarbeit** von Arbeitnehmerinnen und Arbeitnehmern grundsätzlich voll zu tragen hätte, wenn diese an einer während der Kurzarbeit begonnenen beruflichen Weiterbildungsmaßnahme teilnehmen. Das Instrument war bis zum 31.7.2024 befristet (siehe dazu § 59 Rn. 55). § 106a Abs. 2 SGB III enthält zudem einen pauschalen Erstattungsanspruch für Lehrgangskosten.

33 Mit dem Weiterbildungsstärkungsgesetz vom 18.7.2016 wurde der **§ 111a SGB III** neu eingeführt, der die **Förderung der beruflichen Weiterbildung bei Transferkurzarbeitergeld** regelt. Hierdurch soll der Übergang in eine andere Beschäftigung erleichtert und Arbeitslosigkeit vermieden werden.[374] Durch das Gesetz zur Förderung der beruflichen Weiterbildung im Strukturwandel und zur Weiterentwicklung der Ausbildungsförderung v. 20.5.2020 wurden Restriktionen hinsichtlich des Alters und der bisherigen Qualifikation abgeschafft.[375] Nunmehr soll die Qualifizierung aller Beschäftigten gefördert werden können.[376]

Im allgemeinen Fall nach § 111a Abs. 1 SGB III können Arbeitnehmerinnen und Arbeitnehmer, die Anspruch auf ein Transferkurzarbeitergeld nach § 111 SGB III haben (siehe dazu § 59 Rn. 46 ff.), bei Teilnahme an Maßnahmen der beruflichen Weiterbildung, die während des Bezugs von Transferkurzarbeitergeld enden, durch Übernahme der Weiterbildungskosten gefördert werden, wenn

- die Agentur für Arbeit sie vor Beginn der Teilnahme beraten hat,
- der Träger der Maßnahme und die Maßnahme für die Förderung zugelassen sind und
- der Arbeitgeber mindestens 50 Prozent der Lehrgangskosten trägt.

§ 111a Abs. 2 AGB III regelt die Konstellation, in der die Maßnahme erst nach dem Bezug des Transferkurzarbeitergeldes endet. Nach § 111a Abs. 3 S. 1 SGB III verringert sich der Arbeitgeberanteil in Betrieben mit weniger als 250 Beschäftigten auf 25 Prozent.

372 BGBl. I S. 2328.
373 BGBl. I 2023 Nr. 191.
374 BT-Drs. 18/8042 S. 25.
375 BGBl. I, S. 1044.
376 BT-Drs. 19/17740 S. 2.

§ 61 Förderung der Aufnahme einer Erwerbstätigkeit

I. Betriebliche Eingliederungszuschüsse gem. §§ 88–92 SGB III

1 Die in den §§ 88ff. SGB III normierten betrieblichen Eingliederungszuschüsse dienen dazu, **Wettbewerbsnachteile bzw. Minderleistungen** Einzelner durch die Gewährung von Einstellungshilfen an Arbeitgeber **auszugleichen**. Die Förderung soll bewirken, dass Arbeitnehmerinnen und Arbeitnehmer während des Förderzeitraums befähigt werden, eine vollwertige Arbeitsleistung zu erbringen und damit eine vollwertige Wettbewerbsfähigkeit am Arbeitsmarkt zu erlangen.[377] Gezielte Maßnahmen zur beruflichen Weiterbildung nach den §§ 81ff. SGB III können jedoch regelmäßig vorrangig sein, da sie eine bessere Erfolgsperspektive versprechen.

1. Förderungsvoraussetzungen

2 Gem. § 88 SGB III können Arbeitgeber **zum Ausgleich einer Minderleistung** Zuschüsse zu den Arbeitsentgelten von **Arbeitnehmern** erhalten, deren **Vermittlung wegen in ihrer Person liegender Gründe erschwert** ist.

a) Arbeitnehmer mit Vermittlungshindernissen

3 Der Begriff der Arbeitnehmer mit Vermittlungshindernissen ist im SGB III nicht definiert. Der 1.1.2004 gestrichene § 218 Abs. 1 SGB III a.F. nannte Langzeitarbeitslose, schwerbehinderte oder sonstige behinderte Menschen als Regelbeispiele für diese Personengruppe. Diese Regelung ist vom Gesetzgeber bewusst gestrichen und der Wortlaut von § 88 SGB III geöffnet worden. Zwar können diese Fallgruppen weiterhin eine Orientierung bieten, nach altem wie neuem Recht ist jedoch entscheidend, ob eine erschwerte Vermittelbarkeit **aufgrund von in der Person liegenden Umständen** vorliegt.[378] Sie müssen daher unter **persönlichen Wettbewerbsnachteilen** leiden. Äußere Umstände wie die Arbeitsmarktsituation sind nicht entscheidend.

4 Arbeitnehmer, deren Vermittlung wegen in ihrer Person liegender Umstände erschwert ist, können daher **insbesondere** sein:

- **Geringqualifizierte Arbeitnehmer**
- **Einarbeitungsbedürftige Personen, bspw. Berufsrückkehrer** (§ 20 SGB III)
- **Behinderte und schwerbehinderte Personen**
- **Ältere Arbeitnehmer**
- **Jüngere Arbeitnehmer, die eine außerbetriebliche Ausbildung abgeschlossen haben**
- **Personen mit fehlenden oder unzureichenden Sprachkenntnissen**

5 **Langzeitarbeitslosigkeit** stellt demgegenüber zwar allgemein ein Vermittlungshindernis dar, es müssen jedoch in der Person liegende Gründe, wie bspw. der Verlust beruflicher Fähigkeiten in Folge der Arbeitslosigkeit, hinzutreten. Nicht zu den Vermittlungshemmnissen zählt die allgemeine Lage am Arbeitsmarkt. Ebenso wenig ergibt sich ein Vermittlungshindernis aus dem Erfordernis einer betriebsüblichen Einarbeitung am neuen Arbeitsplatz. Etwas Anderes kann nur dann gelten, wenn in der Person des Arbeitnehmers liegende Umstände hinzukommen, die einen besonderen Einarbeitungsbedarf begründen.

377 BSG 6.5.2008, NZA-RR 2009, 39.
378 BSG 6.5.2008, NZA-RR 2009, 39.

b) Zum Ausgleich einer Minderleistung

Die Förderung dient nach § 88 SGB III zum Ausgleich einer **Minderleistung**. Daher ist eine zu erwartende Minderleistung der zu beschäftigenden Person **Voraussetzung** für die Zahlung von Förderungsleistungen; es sollen nur Arbeitnehmer gefördert werden, die ohne eine Förderung mit Eingliederungszuschuss nicht oder nicht dauerhaft in den Arbeitsmarkt eingegliedert werden könnten.[379] Die Minderleistung muss darüber hinaus behebbar sein. Ansonsten liefe das Ziel des Zuschusses, die volle Wettbewerbsfähigkeit der betroffenen Personen herzustellen, fehl. 6

c) Kein Förderungsausschluss

Eine weitere Voraussetzung ist, dass **kein Förderungsausschluss** vorliegen darf. Die Förderung ist gem. § 92 Abs. 1 SGB III ausgeschlossen, wenn zu vermuten ist, dass der Arbeitgeber die Beendigung eines Beschäftigungsverhältnisses veranlasst hat, um einen Eingliederungszuschuss zu erhalten oder die Einstellung bei einem früheren Arbeitgeber erfolgt, bei dem der Arbeitnehmer während der letzten vier Jahre vor Förderungsbeginn mehr als drei Monate versicherungspflichtig beschäftigt war (Ausnahme: befristete Beschäftigung besonders betroffener schwerbehinderter Menschen (Legaldefinition in § 90 Abs. 2 S. 1 SGB III)). Mit der Regelung soll einem **Missbrauch** der Förderleistungen entgegengewirkt werden. 7

d) Eingliederung

Die Förderung kommt nur in Betracht, wenn sie zur Eingliederung erfolgt. Erforderlich ist daher, dass ein sozialversicherungspflichtiges Arbeitsverhältnis begründet wird. Zudem muss die geförderte Beschäftigung Arbeitslosigkeit ausschließen, also mindestens 15 Wochenstunden umfassen (§ 138 Abs. 3 SGB III). 8

2. Förderungsleistungen

Die Förderleistungen werden als **Zuschuss** erbracht. **Förderhöhe und Förderdauer** richten sich gem. § 89 S. 1 SGB III nach dem **Umfang der Minderleistung** des Arbeitnehmers und nach den jeweiligen **Eingliederungserfordernissen**. Die Agentur für Arbeit zahlt als Zuschuss grds. **maximal 50 Prozent des berücksichtigungsfähigen Arbeitsentgelts** für längstens **zwölf Monate** (§ 89 S. 2 SGB III). Bei Arbeitnehmern, die das 55. Lebensjahr vollendet haben, kann die Förderdauer nach § 89 S. 3 SGB III bis zu 36 Monate betragen, wenn die Förderung bis zum 31.12.2028 begonnen hat. 9

Bei **behinderten und schwerbehinderten Menschen** beträgt die maximale Höhe der Förderung gem. § 90 Abs. 1 u. 2 SGB III bis zu 70 Prozent des berücksichtigungsfähigen Arbeitsentgelts; die Förderdauer kann von maximal 24 Monaten (§ 90 Abs. 1 SGB III) bis hin zu maximal 96 Monate reichen (§ 90 Abs. 2 S. 2 SGB III). Nach Ablauf von 12 bzw. 24 Monaten ist die Höhe des Entgeltzuschusses gem. § 90 Abs. 4 SGB III jedoch jährlich um 10 Prozent zu mindern. 10

3. Rückzahlung

Der Zweck der Eingliederungszuschüsse, eine dauerhafte Eingliederung in den Arbeitsmarkt auch über den Förderungszeitraum hinaus sicherzustellen, wird nicht erreicht, wenn die Arbeitgeber die Arbeitsverhältnisse während der laufenden Förderung oder unmittelbar im Anschluss an den Förderzeitraum wieder beenden könnten. Der Gesetzgeber hat deshalb eine zeitlich beschränkte Pflicht zur teilweisen Rückzahlung der Zuschüsse vorgesehen, wenn das geförderte Beschäftigungsverhältnis vorzeitig beendet wird (vgl. § 92 Abs. 2 SGB III). Die **Rückzahlungspflicht** entfällt nur ausnahmsweise, wenn einer der in § 92 Abs. 2 S. 2 SGB III genannten Gründe vorliegt. 11

---

379 BT-Drs. 17/7065 S. 18.

II. Gründungszuschuss (§ 93 SGB III)

12 Die Zahlung eines Gründungszuschusses soll den **Übergang in eine selbständige Tätigkeit fördern**, um den Bezug von Arbeitslosengeld zu beenden. Es handelt sich um eine Versicherungsleistung, weil ein **Anspruch auf Arbeitslosengeld bei Arbeitslosigkeit** bestehen muss, um den Gründungszuschuss erhalten zu können. Steuerlich wird der Gründungszuschuss als steuerfreie Einnahme i.S.d. § 3 Nr. 2 EStG eingestuft. Der Gründungszuschuss ist ebenso wie das frühere Überbrückungsgeld und der Existenzgründungszuschuss **als Anspruch ausgestaltet**. Sein Zweck ist die **Sicherung des Lebensunterhalts und die soziale Sicherung**, um die zur Beendigung von Arbeitslosigkeit aufgenommene selbständige Tätigkeit zu fördern. Im Unterschied zum bisherigen Überbrückungsgeld reicht die Vermeidung von Arbeitslosigkeit nicht mehr aus, um gefördert zu werden. Erforderlich ist daher, dass der Antragsteller zumindest einen Tag arbeitslos gewesen sein muss.

13 **Voraussetzung** zum Erhalt des Gründungszuschusses ist, dass der Arbeitnehmer

- bis zur Aufnahme der selbständigen Tätigkeit einen Anspruch auf Arbeitslosengeld hat,
- dessen Dauer bei Aufnahme der selbständigen Tätigkeit noch mindestens 150 Tage beträgt und nicht allein auf § 147 Abs. 3 SGB III beruht, und
- die **Stellungnahme einer fachkundigen Stelle über die Tragfähigkeit der Existenzgründung vorlegt,**
- sowie **seine unternehmerische Eignung** darlegt.

14 Beispiele für fachkundige Stellen sind in § 93 Abs. 2 S. 2 SGB III aufgeführt (Industrie- und Handelskammern, Handwerkskammern, etc.).

15 Ein Ausschlusskriterium ist nach § 93 Abs. 4 SGB III gegeben, wenn nach einem **gescheiterten Versuch** der Existenzgründung noch nicht **24 Monate verstrichen** sind. Ausnahmen sind in Einzelfällen möglich. Eine Förderung ist nach § 93 Abs. 5 SGB III des Weiteren nicht möglich, wenn die Altersgrenze für die Regelaltersrente erreicht wird.

16 **Dauer und Höhe der Förderung** sind in § 94 SGB III geregelt. In den ersten sechs Monaten der Förderung setzt sich der Gründungszuschuss gem. § 94 Abs. 1 SGB III aus dem Zahlbetrag des ansonsten zu gewährenden Arbeitslosengeldes und einer Pauschale in Höhe von 300 Euro zusammen. Die Pauschale soll dem Existenzgründer die Möglichkeit verschaffen, sich sozial abzusichern. Neben der Absicherung des Krankheitsrisikos und der Altersvorsorge besteht nach § 28a SGB III auch die Möglichkeit, sich freiwillig in der Arbeitslosenversicherung weiter zu versichern und damit einen neuen Anspruch auf Arbeitslosengeld zu erwerben, der geltend gemacht werden kann, wenn die Existenzgründung misslingt. In der sich anschließenden zweiten Phase kann der Gründungszuschuss in Form der Pauschale für weitere neun Monate fortgezahlt werden, § 94 Abs. 2 SGB III. Als Versicherungsleistung hat das Vorliegen von **Ruhenstatbeständen Auswirkungen auf den Anspruch**. Der Gründungszuschuss ruht in den Fällen der §§ 156 ff. SGB III nach Maßgabe des § 93 Abs. 3 SGB III.

§ 62 Leistungen zur Teilhabe von Menschen mit Behinderung am Arbeitsleben

I. Leistungen zur Teilhabe von Menschen mit Behinderung am Arbeitsleben (§§ 112–129 SGB III)

1 **Menschen mit Behinderung** können Leistungen zur Förderung der Teilhabe am Arbeitsleben erbracht werden, die wegen Art oder Schwere der Behinderung erforderlich sind, um ihre Erwerbsfähigkeit zu erhalten, zu bessern, herzustellen oder wiederherzustellen und ihre Teilhabe am Arbeitsleben zu sichern (§ 112 Abs. 1 SGB III). Bei den Leistungen zur Förderung der Teilhabe am Arbeitsleben werden nicht behindertenspezifische **allgemeine Leistungen** (§§ 115 f. SGB III) und behindertenspezifische **besondere Leistungen** (§§ 117 f. SGB III) unterschieden. Bei den allgemeinen Leistungen (§ 115 SGB III) gelten deren allgemeine Voraussetzungen. § 116 SGB III sieht aber erweiterte Förderungsmöglichkeiten vor.

Die besonderen Leistungen (**Übergangsgeld**, **Ausbildungsgeld** oder die **Übernahme der Teilnahmekosten für eine Maßnahme** (vgl. § 118 SGB III)) kommen erst in Betracht, wenn durch die allgemeinen Leistungen eine berufliche Eingliederung nicht erreicht werden kann (§ 113 Abs. 2 SGB III). Daneben erbringt die Bundesagentur für Arbeit als Rehabilitationsträger (§ 6 Abs. 1 Nr. 2 SGB IX) die nach §§ 49ff. SGB IX möglichen Leistungen.[380] 2

II. Zuschüsse zur Ausbildungsvergütung für Menschen mit Behinderung und schwerbehinderte Menschen (§ 73 SGB III)

Nach § 73 Abs. 1 SGB III können Arbeitgeber für die **betriebliche Aus- oder Weiterbildung von behinderten und schwerbehinderten Menschen** i.S.v. § 187 Abs. 1 Nr. 3 lit. e) SGB IX durch Zuschüsse zur Ausbildungsvergütung oder zu einer vergleichbaren Vergütung gefördert werden, wenn die Aus- oder Weiterbildung sonst nicht zu erreichen ist. Die Höhe der Förderung richtet sich nach § 73 Abs. 2 SGB III und soll bei behinderten Menschen regelmäßig 60 Prozent und bei schwerbehinderten Menschen regelmäßig 80 Prozent der monatlichen Ausbildungsvergütung nicht übersteigen. Zudem besteht nach § 73 Abs. 3 SGB III die Möglichkeit, bei einer Übernahme im Anschluss an eine abgeschlossene Aus- oder Weiterbildung mit einem Eingliederungszuschuss von bis zu 70 Prozent des Arbeitsentgelts für die Dauer von einem Jahr gefördert zu werden, wenn während der Aus- oder Weiterbildung bereits Zuschüsse erbracht worden sind. 3

Die gewährten Zuschüsse sind den **beruflichen Teilhabeleistungen gem. § 50 SGB IX** zuzuordnen. Das SGB IX findet daher neben dem SGB III Anwendung, soweit das SGB III keine speziellen Vorschriften trifft (§ 7 SGB IX). Insbesondere zu beachten sind mangels Sonderregelung im SGB III die Vorschriften zur Art der Leistungsausführung gem. §§ 8ff. SGB IX sowie zur Ausgestaltung des Verfahrens. 4

Die Ratio der Vorschrift liegt in der Annahme, dass behinderte und schwerbehinderte Menschen in besonderem Maße von einer **betrieblichen Aus- und Weiterbildung** profitieren. Insbesondere erhalten sie auf diese Weise leichteren Zugang zum Arbeitsmarkt. Im Lichte der dadurch angestrebten Inklusion wird § 73 SGB III als **Konkretisierung von Art. 24 Abs. 5 und Art. 27 UN-BRK** verstanden. Dementsprechend ist die Norm im Zweifel **völkerrechtsfreundlich auszulegen**. 5

§ 63 Das Leistungsverfahren

Abweichend vom bzw. ergänzend zum allgemeinen Leistungsverfahren im Sozialversicherungsrecht (siehe dazu § 10), stellt das SGB III einige Sonderregelungen auf. Zum einen gibt es besondere Pflichten, zum anderen sind in den §§ 328ff. SGB III Sonderfälle des Leistungsverfahrens geregelt. 1

I. Besondere Pflichten im Leistungsverfahren

Die besonderen Pflichten treffen sowohl Arbeitslose als auch Arbeitgeber sowie bestimmte Dritte. Sie sind in den §§ 309ff. SGB III geregelt und bestehen zumeist **während** des Leistungsverfahrens, zum Teil aber auch schon **vorher**. 2

Arbeitslose sind auf eine entsprechende Aufforderung hin **verpflichtet**, sich bei der Agentur für Arbeit persönlich zu melden und zu einem ärztlichen oder psychologischen Untersuchungstermin zu erscheinen, § 309 Abs. 1 S. 1 SGB III. Die Aufforderung ist ein Verwaltungsakt, gegen den Widerspruch eingelegt werden kann. Diese sog. **allgemeine Meldepflicht** spielt im Rahmen des 3

380 Waltermann, Schmidt/Chandna-Hoppe Rn. 466.

Sperrzeitrechts eine wichtige Rolle (§ 159 Abs. 1 S. 1 Nr. 8 SGB III; siehe dazu § 58 Rn. 159 ff.) und kann bei Verletzung zum Ruhen des Anspruchs führen.

4 **Beispiel:**
Die Agentur für Arbeit fordert den Arbeitslosen A auf, sich am 15.4.2007 um 10.00 Uhr zu melden, um ihm ein neues Vermittlungsangebot vorzulegen. A schafft es jedoch erst, um 15.00 Uhr bei der Agentur für Arbeit zu erscheinen. Da sein Arbeitsvermittler zum Glück noch Zeit für ihn hat, weil ein anderer Termin ausgefallen ist, und ihm noch das Angebot übergeben kann – sodass A den Arbeitgeber sogar noch am selben Tage telefonisch erreicht, um ein Bewerbungsgespräch zu vereinbaren –, schadet die Verzögerung um einige Stunden nicht. Er ist seiner allgemeinen Meldepflicht ausreichend nachgekommen (§ 309 Abs. 3 S. 2 SGB III).

5 Außerdem müssen Bezieher von Arbeitslosen- und Übergangsgeld der Agentur für Arbeit eine **Arbeitsunfähigkeit und deren voraussichtliche Dauer** unverzüglich anzeigen und am dritten Tag eine ärztliche Bescheinigung vorlegen, § 311 SGB III. Angezeigt werden muss hiernach auch eine **stationäre Behandlung** auf Kosten der Krankenkasse.

6 **Arbeitgeber** haben gem. § 312 SGB III die **Pflicht**, ihrem ausscheidenden Arbeitnehmer eine **Arbeitsbescheinigung** auszuhändigen. Diese hat den Zweck, die Agentur für Arbeit über alle für eine eventuelle Leistung relevanten Tatsachen zu informieren. Auch über **Nebeneinkommen** ist eine Bescheinigung zur Vorlage bei der Agentur für Arbeit auszustellen, § 313 SGB III. Konnte der Arbeitgeber früher zwischen einer elektronischen Übermittlung der Bescheinigungen und einer Übermittlung in Papierform wählen, besteht seit dem 1.1.2023 grundsätzlich die Pflicht zur elektronischen Übermittlung der relevanten Daten (Elektronische Bescheinigung, § 313a Abs. 1 S. 1 Hs. 1 SGB III). Ausnahmen sind nur in den Fällen des § 313a Abs. 1 S. 2 und Abs. 2 S. 2 SGB III vorgesehen.

7 **Dritte** haben gem. § 315 SGB III **Auskunftsverpflichtungen** gegenüber der Agentur für Arbeit, wenn sie einem Arbeitslosen, der eine Leistung bezieht oder beantragt hat, selbst Leistungen erbringen, die Einfluss auf die laufenden Geldleistungen der Agentur für Arbeit haben können. Diese sind auf Verlangen der Agentur für Arbeit zu erfüllen. Als besonderem Dritten obliegt dem Insolvenzverwalter gem. § 314 SGB III die Vorlage einer **Insolvenzgeldbescheinigung**, wenn die Agentur für Arbeit dies verlangt.

8 Die §§ 319, 320 SGB III regeln **weitere** Mitwirkungs-, Duldungs-, Berechnungs-, Auszahlungs-, Aufzeichnungs- und Anzeige**pflichten** für Arbeitnehmer, Arbeitgeber und Dritte.

9 Bei einem vorsätzlichen oder fahrlässigen Verstoß gegen die dort aufgeführten Pflichten stehen der Bundesagentur **Schadensersatzforderungen** gem. § 321 SGB III zu. Dies ist jedoch ausgeschlossen, wenn ein Verstoß auf mangelhafte oder missverständliche Formulare der BA zurückzuführen ist.[381] Der Anspruch auf Schadensersatz nach § 321 SGB III ist ein **öffentlich-rechtlicher Anspruch**, der durch Verwaltungsakt durchgesetzt werden soll, wobei die Geltendmachung durch Leistungsklage auch noch möglich ist.[382] Einige Vorschriften des BGB werden aber **entsprechend angewendet**. Dazu gehören §§ 195, 199 BGB, § 254 BGB **und** § 278 BGB.[383]

II. Sonstige Besonderheiten des Leistungsverfahrens

10 Die §§ 328 bis 336 SGB III stellen Ergänzungen bzw. **Änderungen der Vorschriften des SGB I bzw. SGB X** dar (siehe dazu §§ 9, 10). Diese **Sonderregelungen** gelten nur für **Leistungsverfahren** des Arbeitsförderungsrechts. Sie betreffen etwa die Möglichkeit vorläufiger Entscheidungen, Besonderheiten bei der Aufhebung von Verwaltungsakten und in den §§ 332 bis 334 SGB III hier nicht näher

381 BSG 30.1.1990 SozR 3-4100 § 145 Nr. 1; BSG 28.6.1991 SozR 3-4100 § 145 Nr. 2.
382 BSG 28.6.1991 SozR 3-4100 § 145 Nr. 2.
383 BSG 20.10.1983 SozR 4100 § 145 Nr. 3.

ausgeführte Regelungen zum Übergang von Ansprüchen sowie zur Aufrechnung und Pfändung von Leistungen.

1. Vorläufige Entscheidung (§ 328 SGB III)

Die Vorschrift ermöglicht der Bundesagentur für Arbeit, vor einer abschließenden Entscheidung über einen Leistungsanspruch vorläufig zu entscheiden. Sie wird bis zur endgültigen Feststellung der Sozialleistung zum **Erlass einer „Zwischen"-Regelung** ermächtigt, ohne sich bezüglich der späteren endgültigen Entscheidung inhaltlich zu binden. § 328 SGB III ist eine **Ausnahme** von dem Grundsatz, dass ein Bescheid nur ergehen darf, wenn die Sach- und Rechtslage abschließend geklärt ist.[384] Die Vorschrift dient dazu, Leistungsempfängern Geldleistungen, auf die sie existenziell angewiesen sind, bereits gewähren zu können, bevor etwaige Rechtsstreitigkeiten hierüber abgeschlossen sind. Damit wird dem Unterhaltscharakter von Entgeltersatzleistungen Rechnung getragen und zudem ein Weg eröffnet, schnell eine, wenn auch vorläufige, Entscheidung hierüber zu treffen. Ob die Bundesagentur eine **vorläufige Entscheidung** erlässt, steht grundsätzlich in ihrem **Ermessen**. Nur im Fall des § 328 Abs. 1 Nr. 3 SGB III ist sie auf Antrag des Berechtigten verpflichtet zu entscheiden. Aufgrund der vorläufigen Entscheidungen erbrachte Leistungen sind auf die der berechtigten Person zustehende Leistung anzurechnen und etwaige Überzahlungen sind zu erstatten (§ 328 Abs. 3 SGB III). 11

Eine vorläufige Entscheidung kann unter der **Voraussetzung** erfolgen, 12

- dass wegen der Frage der Vereinbarkeit einer Vorschrift des SGB III mit höherrangigem Recht ein Verfahren vor dem Bundesverfassungsgericht oder dem Europäischen Gerichtshof anhängig ist (§ 328 Abs. 1 Nr. 1 SGB III),
- dass eine entscheidungserhebliche Rechtsfrage von grundsätzlicher Bedeutung Gegenstand eines Verfahrens beim BSG ist (§ 328 Abs. 1 Nr. 2 SGB III),
- dass zur Feststellung der Anspruchsvoraussetzungen für eine Geldleistung (für Dienst- und Sachleistungen gilt die Vorschrift nicht) voraussichtlich längere Zeit erforderlich ist, die Voraussetzungen für den Anspruch mit hinreichender Wahrscheinlichkeit vorliegen und die Arbeitnehmerin oder der Arbeitnehmer die Umstände, die einer sofortigen abschließenden Entscheidung entgegenstehen, nicht zu vertreten hat (§ 328 Abs. 1 Nr. 3 SGB III).

„Längere Zeit" i. S. d. § 328 Abs. 1 Nr. 3 SGB III ist anzunehmen, wenn die voraussichtlich erforderlichen Ermittlungen längere als die übliche Zeit in Anspruch nehmen. 13

Beispiel:
Bei wiederkehrenden Leistungen, die Entgeltersatzfunktion haben, kann der **Zeitraum, der einen Zahlungszeitraum** (i. d. R. einen Monat) überschreitet, als längere Zeit angesehen werden.

Die Voraussetzungen für den Anspruch müssen in den Fällen des § 328 Abs. 1 Nr. 3 SGB III mit **hinreichender Wahrscheinlichkeit** vorliegen, wobei eine überwiegende Wahrscheinlichkeit nicht erforderlich ist. Außerdem ist eine vorläufige Entscheidung **nicht** möglich, wenn der Arbeitnehmer die Umstände, die einer sofortigen abschließenden Entscheidung entgegenstehen, **zu vertreten** hat. 14

2. Schätzung des Einkommens (§ 329 SGB III)

Die Vorschrift des **§ 329 SGB III** soll der **Beschleunigung des Bewilligungsverfahrens** dienen. Danach kann die BA die das zu berücksichtigende Einkommen nach Anhörung der oder des Leistungsberechtigten schätzen, soweit Einkommen nur für kurze Zeit zu berücksichtigen ist. Die Vorschrift greift ein, wenn von Anfang an feststeht, dass Einkommen nicht oder nicht ohne erheblichen 15

384 S.a. BSG 28.6.1990 SozR 3-1300 § 32 Nr. 2.

Aufwand nachgewiesen werden kann und dass nur ein kurzzeitiger Einfluss auf die Berechnung der Leistungshöhe gegeben ist. Vor Vornahme einer Schätzung ist eine Anhörung gem. § 24 SGB X durchzuführen. Soweit Unsicherheiten bestehen, kann die BA auch zum Mittel der vorläufigen Leistungsgewährung greifen.

3. Aufhebung von Verwaltungsakten (§ 330 SGB III)

16 Die Vorschrift regelt **Besonderheiten**, die für die Bundesagentur für Arbeit bei der Aufhebung von Verwaltungsakten **nach den §§ 44, 45 und 48 SGB X** gelten (siehe dazu § 10 Rn. 22ff.).

17 Nach § 330 Abs. 1 SGB III ist der Verwaltungsakt abweichend von § 44 SGB X **nur mit Wirkung für die Zeit nach der Entscheidung des Bundesverfassungsgerichts** oder für die Zeit nach dem Entstehen der ständigen Rechtsprechung zurückzunehmen. Er wird also nicht von Beginn seiner Wirksamkeit an zurückgenommen, wenn dieser nicht mit dem genannten Zeitpunkt zusammenfällt.

18 Nach § 45 SGB X setzt die Rücknahme eines rechtswidrigen begünstigenden Verwaltungsakts in der Regel die **Ausübung von Ermessen** voraus. Davon abweichend bestimmt § 330 Abs. 2 SGB III, dass für die in § 45 Abs. 2 S. 3 SGB X geregelten Fallgestaltungen an die Stelle einer Ermessensentscheidung eine **gebundene Entscheidung** tritt. Sie hat stets zu erfolgen, sowohl in Fällen mit Wirkung für die Zukunft als auch mit Wirkung für die Vergangenheit. Die Ermessensausübung ist nur noch möglich und erforderlich, wenn ein Verwaltungsakt unter den Voraussetzungen des § 45 Abs. 2 S. 1 und 2 SGB X **für die Zukunft zurückgenommen** wird oder wenn Wiederaufnahmegründe gem. § 45 Abs. 3 S. 2 SGB X vorliegen.

19 § 330 Abs. 3 SGB III stellt eine **Sonderregelung zu** § 48 SGB X dar. Dieser bestimmt, dass Verwaltungsakte mit Dauerwirkung für die Vergangenheit in atypischen Fällen nur nach pflichtgemäßem Ermessen aufgehoben werden können. Der Regelungsgehalt des § 330 SGB III besteht darin, dass die Bundesagentur in den Fallgestaltungen des § 48 Abs. 1 S. 2 SGB X bei der Aufhebung eines Verwaltungsakts mit Dauerwirkung **auch in atypischen Fällen kein Ermessen** ausüben muss, sondern immer eine gebundene Entscheidung zur Aufhebung mit Wirkung vom Zeitpunkt der Änderung der Verhältnisse an zu treffen ist.

4. Vorläufige Zahlungseinstellung (§ 331 SGB III)

20 § 331 SGB III ermöglicht den Agenturen für Arbeit, die **Zahlung** einer laufenden Leistung auch ohne Erteilung eines Bescheides **vorläufig einzustellen**. Dies gilt für Fälle, in denen der Agentur für Arbeit Tatsachen zur Kenntnis gelangen, die zu einem **Ruhen oder zum Wegfall des Anspruchs** führen. Außerdem muss der **Bewilligungsbescheid** aus diesen Gründen mit Wirkung für die Vergangenheit **aufzuheben** sein.

Beispiel:
Nimmt ein Bezieher von Arbeitslosengeld eine mindestens 15 Wochenstunden umfassende Arbeit auf, entfällt der Anspruch; wird gegen ihn eine Sperrzeit verhängt, kommt es zum Ruhen des Anspruchs.

21 Zweck der Vorschrift ist, **Überzahlungen zu vermeiden**, die zwangsläufig von den Leistungsempfängern zu erstatten sind, wenn der Leistungsbescheid schließlich aufgehoben wird. Daher besteht die Möglichkeit, die Zahlung von laufenden Leistungen bereits vor dem Wirksamwerden des Aufhebungsbescheides vorläufig einzustellen. Die vorläufige Zahlungseinstellung ist nicht möglich, wenn das Ruhen oder der Wegfall des Anspruchs oder der Erstattungsanspruch **von einer Ermessensleistung abhängig** ist. Nach § 331 Abs. 2 SGB III **muss** die Agentur für Arbeit eine vorläufig eingestellte laufende Leistung unverzüglich **nachzahlen**, soweit der Leistungsbescheid **zwei Monate nach der vorläufigen Einstellung** gem. § 331 Abs. 1 SGB III **nicht** mit Wirkung für die Vergangenheit **aufgehoben** worden ist.

§ 64 Datenschutz und Bußgeldvorschriften (SGB III)

Welche **Daten durch die Bundesagentur erhoben**, verarbeitet und genutzt werden dürfen, ergibt sich aus § 394 SGB III. Es handelt sich dabei nur um die Daten, die **zur Erfüllung ihrer gesetzlich vorgeschriebenen oder zugelassenen Aufgaben erforderlich** sind. Wichtig ist in diesem Zusammenhang außerdem das Kennzeichnungs- und Maßregelungsverbot in § 396 SGB III. 1

§ 404 SGB III enthält eine enumerative Aufzählung von **Ordnungswidrigkeitstatbeständen** im Bereich des SGB III. Darunter kann sowohl vorsätzliches als auch fahrlässiges Handeln von Arbeitnehmern, Arbeitslosen, Arbeitgebern und Dritten fallen. Die Vorschrift erfasst insbesondere vorsätzliche oder fahrlässige Verstöße gegen Mitwirkungspflichten im Verfahren. 2

Beispiel:
Eine Ordnungswidrigkeit liegt z. B. darin, eine Bescheinigung über Nebeneinkommen i. S. d. § 313 SGB III nicht oder nicht rechtzeitig auszustellen.

I. Bürgergeld, Grundsicherung für Arbeitsuchende – SGB II

§ 65 Einführung in das Bürgergeld (Grundsicherung für Arbeitsuchende)

I. Entwicklung des Bürgergeldes

1 Bis zum Inkrafttreten der Grundsicherung für Arbeitsuchende im Rahmen des Vierten Gesetzes für moderne Dienstleistungen am Arbeitsmarkt (vom 24.12.2003)[1] zum 1.1.2005 gab es zwei Fürsorgesysteme für Hilfebedürftige:

1. die Arbeitslosenhilfe und
2. die Sozialhilfe nach dem Bundessozialhilfegesetz (BSHG).

Die Arbeitslosenhilfe hatte ihren Ursprung in den Verordnungen über die Erwerbslosenfürsorge vom 13.11.1918.[2] Die Erwerbslosenfürsorge trat als Sondersystem für Erwerbsfähige neben die klassische Armenfürsorge. Sie wurde zum 1.7.1969 als Arbeitslosenhilfe in das Arbeitsförderungsgesetz integriert.[3] Durch das Arbeitsförderungsreformgesetz[4] wurde sie zum 1.1.1998 mit wenigen Änderungen in das Sozialgesetzbuch Drittes Buch – Arbeitsförderung (SGB III) übernommen.[5] Die klassische Armenfürsorge wurde wiederum zum 1.6.1962 durch das BSHG[6] abgelöst. Mit der Einführung dieser beiden Systeme kam es grundsätzlich zu einer Trennung zwischen dem Fürsorgesystem für Erwerbsfähige und dem System für sonstige Hilfebedürftige. Diese Aufteilung wurde jedoch vielfach gebrochen. Dies hing insbesondere damit zusammen, dass die Leistungen der Arbeitslosenhilfe und die Hilfen nach dem BSHG nach grundlegend verschiedenen Maßstäben bemessen wurden. Bei der Arbeitslosenhilfe richtete sich die Höhe der monatlichen Leistung nach dem Nettoeinkommen vor Eintritt der Arbeitslosigkeit. Für die Höhe der Sozialhilfe war hingegen das sog. soziokulturelle Existenzminimum ausschlaggebend. In den Fällen, in denen nur eine sehr geringe Arbeitslosenhilfe gezahlt wurde, reichte die Leistung ggfs. nicht zur Bestreitung des Lebensunterhalts aus, sodass aufstockend Leistungen nach dem BSHG in Anspruch genommen werden mussten. Empfänger waren bei Inanspruchnahme aufstockender Leistungen auf zwei Behörden angewiesen.[7]

2 Als wesentlicher Nachteil der Trennung kam hinzu, dass Sozialhilfeempfänger (unabhängig von der Erwerbsfähigkeit) keinen Zugang zu den Leistungen der aktiven Arbeitsförderung hatten.[8]

3 Die Zugehörigkeit der Hilfeempfänger zu unterschiedlichen Systemen führte auch zu einer deutlich unterschiedlichen sozialen Sicherung. Arbeitslosenhilfebezieher waren renten-, kranken- und pflegeversichert. Demgegenüber übernahm die Sozialhilfe zwar für Weiterversicherte die Beiträge zur gesetzlichen Krankenversicherung und Pflegeversicherung. Eine Übernahme von Rentenversicherungsbeiträgen kam hingegen nur in Ausnahmefällen in Betracht.[9]

4 Die aufgespaltene Zuständigkeit war auch im Hinblick auf die Finanzierung problematisch. Während die Arbeitslosenhilfe über die Bundesanstalt für Arbeit aus Bundesmitteln finanziert wurde, kamen für die wesentlich höheren Lasten der Sozialhilfe die Kommunen auf.[10]

1 „Hartz IV“, Gesetz vom 24.12.2003, BGBl. I S. 2954ff.
2 BGBl. I S. 1305.
3 BGBl. I S. 582; vgl. § 51 Rn. 23ff.
4 Vom 24.3.1997, BGBl. I S. 594.
5 Vgl. § 51 Rn. 29ff.
6 BGBl. I S. 815.
7 BMAS, Sozialrecht, Kap. 2, S. 20.
8 Weitere Unterschiede BMAS, Sozialrecht, Kap. 2, S. 20f.
9 BT-Drs. 15/1516 S. 42.
10 BT-Drs. 15/1516 S. 42.

Celik
https://doi.org/10.1515/9783111337883-009

Die steigende Arbeitslosigkeit führte des Weiteren zu einem rasanten Anstieg der Empfängerzahlen: Bezogen 1991 rund 400.000 Menschen Arbeitslosenhilfe, waren es im Jahr 2002 im Jahresdurchschnitt rund 1,66 Millionen Personen. Die Zahl der Empfänger von laufender Hilfe zum Lebensunterhalt nach dem BSHG stieg von 2,0 Millionen im Jahr 1991 auf 2,7 Millionen im Jahr 2002.[11] Bei dieser Entwicklung ist zu berücksichtigen, dass es kurz nach der Wiedervereinigung in den neuen Ländern faktisch kaum Empfänger von Arbeitslosenhilfe und laufender Hilfe zum Lebensunterhalt geben konnte.[12] 5

Am 22.2.2002 wurde sodann durch die Bundesregierung die **„Kommission für moderne Dienstleistungen am Arbeitsmarkt“** unter dem Vorsitz von Peter Hartz (Vorstandsmitglied der Volkswagen AG) eingesetzt.[13] Die Aufgabe der sog. **„Hartz-Kommission“** war die Erarbeitung von Strategien für neue Beschäftigungs- und Vermittlungsmöglichkeiten sowie von Vorschlägen zur Neuorganisation der ehemaligen Bundesanstalt für Arbeit (heute Bundesagentur für Arbeit). Teil des im Rahmen dessen vorgelegten Konzepts zum Umbau des Arbeitsmarktes war die Zusammenlegung von Arbeitslosen- und Sozialhilfe zu einem Sicherungssystem, das die Massenarbeitslosigkeit insbesondere durch ein System der Aktivierung („Fördern und Fordern“) abbauen sollte.[14] 6

Die Bundesregierung griff die Vorschläge der Hartz-Kommission auf und legte hierzu den Entwurf eines Vierten Gesetzes für moderne Dienstleistungen am Arbeitsmarkt vor.[15] Das erklärte Hauptziel des Gesetzentwurfs war die Zusammenführung von Arbeitslosenhilfe und Sozialhilfe zu einer Grundsicherung für Arbeitsuchende und eine intensivere Unterstützung der Leistungsberechtigten bei der Eingliederung in Arbeit.[16] 7

Zum 1.1.2005 wurde durch das „Gesetz zur Einordnung des Sozialhilferechts in das Sozialgesetzbuch“ zugleich die bisher im BSHG geregelte Sozialhilfe in das SGB XII integriert.[17] 8

Erwerbsfähige Hilfebedürftige erhielten seitdem existenzsichernde Leistungen in Form von Arbeitslosengeld II und die zu ihrer Bedarfsgemeinschaft gehörenden nicht erwerbsfähigen Angehörigen in Form von Sozialgeld. Ältere und dauerhaft erwerbsgeminderte Personen sind von Leistungen nach dem SGB II ausgeschlossen und erhalten bei Hilfebedürftigkeit Sozialhilfeleistungen nach dem SGB XII.

Zum 01.01.2023 ist sodann ein weiterer Paradigmenwechsel im SGB II eingetreten. Das Zwölfte Gesetz zur Änderung des Zweiten Buches Sozialgesetzbuch und anderer Gesetze – **Einführung eines Bürgergeldes (Bürgergeld-Gesetz)** – ist mit Wirkung zum 1.1.2023 in Kraft getreten.[18] Der Gesetzgeber wollte damit insbesondere auf die geänderte Situation auf dem Arbeitsmarkt seit der Einführung der Grundsicherung für Arbeitsuchende im Jahr 2005 reagieren: Arbeitskräfte, insbesondere qualifizierte Arbeitskräfte, würden vielerorts gesucht. Der Arbeitsmarkt sei insgesamt in einer guten Verfassung. Die Zahlen zeigten aber auch, dass Langzeitarbeitslose von dieser positiven Entwicklung oft nicht profitieren können. Hinzu komme, dass die COVID-19-Pandemie den strukturellen und digitalen Wandel in der Arbeitswelt noch einmal beschleunigt habe, wodurch Menschen ohne Berufsabschluss noch geringere Chancen auf eine nachhaltige Integration in Arbeit hätten.

Ziel der Einführung des Bürgergeldes war laut Gesetzgeber daher auch, gesetzliche Rahmenbedingungen dafür zu schaffen, dass es Menschen im Leistungsbezug möglich wird, sich stärker auf Qualifizierung, Weiterbildung und die Arbeitsuche zu konzentrieren. Der Eingliederungsprozess sollte

11 BT-Drs. 15/1516 S. 42.
12 BT-Drs. 15/1516 S. 42.
13 Vgl. zu den gesetzgeberischen Motiven BT-Drs. 15/1516.
14 BT-Drs. 15/1516 S. 42.
15 BT-Drs. 15/1516; „Hartz IV“, Gesetz vom 24.12.2003, BGBl. I S. 2954ff.
16 Das BVerfG hat in seinem Beschluss vom 7.12.2010 (BVerfGE 128, 90) die Abschaffung der Arbeitslosenhilfe als verfassungsgemäß angesehen. Der gesetzliche Anspruch auf Arbeitslosenhilfe nach den §§ 190 bis 206 SGB III in der bis zum 31.12.2004 geltenden Fassung unterliege nicht dem grundrechtlichen Eigentumsschutz des Art. 14 Abs. 1 GG.
17 BGBl. I S. 2954.
18 BGBl. I S. 2328

weiterentwickelt werden. Gleichzeitig sollten die bisher erbrachten Leistungen eines jeden Einzelnen mehr Anerkennung finden sowie dem Grundbedürfnis Wohnen und dem Erhalt des bisherigen Lebensumfelds stärker Rechnung getragen werden.[19]

Begrifflich änderte sich insbesondere, dass das „Arbeitslosengeld II", das erwerbsfähige Leistungsberechtigte erhielten und das Sozialgeld (nicht erwerbsfähige in einer Bedarfsgemeinschaft mit einem erwerbsfähigen Leistungsberechtigten) im SGB II nicht mehr existieren. Vielmehr erhalten nunmehr beide Bürgergeld im Sinne des SGB II. Die wesentlichen inhaltlichen Änderungen werden in den entsprechenden Kapiteln erläutert.

II. Grundlagen und Strukturprinzipien des Bürgergelds

9 Das erste Kapitel des SGB II ist mit „Fördern und Fordern" überschrieben und beschreibt in § 1 SGB II Aufgaben und Ziele der Grundsicherung. Nach Abs. 1 soll die Grundsicherung für Arbeitsuchende es Leistungsberechtigten ermöglichen, ein Leben zu führen, das der Würde des Menschen entspricht. Die Eigenverantwortung von erwerbsfähigen Leistungsberechtigten und Personen, die mit ihnen in einer Bedarfsgemeinschaft leben, zu stärken und dazu beizutragen, dass sie ihren Lebensunterhalt unabhängig von der Grundsicherung aus eigenen Mitteln und Kräften bestreiten können, ist in Abs. 2 vorgesehen. Die wesentlichen Ziele der Grundsicherung sind daher die **Sicherung des Lebensunterhalts** und die **Integration von erwerbsfähigen Leistungsberechtigten in den Arbeitsmarkt**.

10 Verfassungsrechtlich bildet die Sicherung des Lebensunterhalts den Kern des SGB II, wie nunmehr aus § 1 Abs. 1 SGB II[20] auch zu entnehmen ist. Art. 1 Abs. 1 GG i.V.m Art. 20 Abs. 1 GG begründen ein **Grundrecht auf Gewährleistung eines menschenwürdigen Existenzminimums**.[21] Dieses Grundrecht sichert jedem Hilfebedürftigen diejenigen materiellen Voraussetzungen zu, die für seine physische Existenz und für ein Mindestmaß an Teilhabe am gesellschaftlichen, kulturellen und politischen Leben unerlässlich sind. Dieser unmittelbar verfassungsrechtliche Leistungsanspruch erstreckt sich nicht nur auf die zur Aufrechterhaltung eines menschenwürdigen Daseins unbedingt erforderlichen Mittel, sondern gewährleistet das gesamte Existenzminimum. Damit umfasst er sowohl die **physische Existenz** des Menschen als auch die Sicherung der Möglichkeit zur Pflege zwischenmenschlicher Beziehungen und zu einem Mindestmaß der **Teilhabe am gesellschaftlichen, kulturellen und politischen Leben**. Die Gewährleistung eines menschenwürdigen Existenzminimums muss durch einen gesetzlichen Anspruch gesichert werden.[22] Ein Hilfebedürftiger darf nicht auf freiwillige Leistungen des Staates oder Dritter verwiesen werden, deren Erbringung nicht durch ein subjektives Recht des Hilfebedürftigen gewährleistet ist. Dieser Leistungsanspruch muss zudem so ausgestaltet sein, dass er stets den gesamten existenznotwendigen Bedarf jedes individuellen Grundrechtsträgers deckt.[23]

11 Daneben ist dem SGB II auch aufgrund seiner Entstehungsgeschichte eine deutliche **Erwerbsorientierung/Erwerbszentriertheit** zu entnehmen. Das Gesetz ordnet dabei an mehreren Stellen ausdrücklich den Vorrang der Leistungen zur Eingliederung in Arbeit vor den Leistungen zum Lebensunterhalt an (z.B. § 3 Abs. 2, § 1 Abs. 2 SGB II). Der Gesetzgeber hat der möglichst raschen Überwindung der Notlage durch Vermittlung einer die Existenz sichernden Erwerbstätigkeit einen übergeordneten Stellenwert zugeordnet. Dies wird durch die Anknüpfung an die Personengruppe der „Erwerbfähigen" nach § 8 SGB II bestärkt und ist auch aus den weiteren Grundsätzen des SGB II ersichtlich (s. unten).

---

19 BT-Drs. 20/373

20 Durch das Gesetz zur Ermittlung von Regelbedarfen und zur Änderung des Zweiten und Zwölften Sozialgesetzbuch v. 24.3.2011 (BGBl. I S. 453) eingeführt.

21 BVerfG 9.2.2010, BVerfGE 125, 175, Rn. 133.

22 BVerfG 9.2.2010, aaO, Rn. 135.

23 BVerfG 9.2.2010, aaO, Rn. 136 ff.

1. Nachrangprinzip

Das Bürgergeld ist eine **aktivierende Grundsicherung für Erwerbsfähige**, die sich nicht aus eigenen Mitteln und Kräften helfen können.[24] Nach § 3 Abs. 3 SGB II dürfen Leistungen zur Sicherung des Lebensunterhalts nur erbracht werden, soweit die Hilfebedürftigkeit nicht anderweitig beseitigt werden kann. § 9 SGB II definiert die Hilfebedürftigkeit und konkretisiert die **Subsidiarität der Leistungen** der Grundsicherung für Arbeitsuchende und das **Prinzip der Eigenverantwortung**. Auch § 2 Abs. 2 SGB II betont, dass Leistungsberechtigte und die mit ihnen in Bedarfsgemeinschaft lebenden Personen in eigener Verantwortung alle Möglichkeiten zu nutzen haben, um ihren Lebensunterhalt aus eigenen Mitteln und Kräften zu bestreiten. Die Subsidiarität folgt ferner aus § 5 Abs. 1 S. 1 SGB II, wonach insbesondere Leistungen anderer Sozialleistungen zur Bedarfsdeckung in Anspruch zu nehmen sind. Demnach sind Leistungen nach dem SGB II nachrangig gegenüber der Selbsthilfe und gegenüber der Hilfe Dritter. 12

2. Fördern und Fordern

Das erste Kapitel des SGB II steht unter der Überschrift „Fördern und Fordern" und verdeutlicht damit einen der tragenden Grundgedanken des Gesetzgebers. Nach dem Grundsatz vom Fördern und Fordern sollen die Selbsthilfekräfte des Leistungsberechtigten aktiviert werden. Beide untrennbar verbundenen Ansätze ordnen sich dem übergeordneten Ziel der Eingliederung von arbeitsfähigen Arbeitslosen in das Erwerbsleben unter.[25] 13

Das SGB II geht davon aus, dass erwerbsfähige Hilfebedürftige in erster Linie selbst für die Sicherung ihres Unterhalts und des Unterhalts der mit ihnen in einer Bedarfsgemeinschaft lebenden Angehörigen verantwortlich sind. Von ihnen wird erwartet, dass sie alle Möglichkeiten ausschöpfen, bevor sie die Hilfe der Allgemeinheit in Anspruch nehmen (Grundsatz des Forderns). Wenn die eigenen Möglichkeiten ausgeschöpft sind, erhalten erwerbsfähige Hilfebedürftige im Rahmen der Grundsicherung für Arbeitsuchende umfassende Unterstützung mit dem Ziel der Eingliederung in Arbeit (Grundsatz des Förderns). Die Unterstützung erfolgt allerdings nur, soweit sie den **Grundsätzen der Wirtschaftlichkeit und Sparsamkeit** (§ 3 Abs. 3 SGB II) entspricht. 14

Durch das Bürgergeld-Gesetz kam es zum 01.01.2023 auch zu einer Neujustierung der Leistungsgrundsätze in § 3 SGB II. Der Vorrang von Leistungen zur Eingliederung in Arbeit ist ausgebaut worden. Vorrangig sollen Leistungen erbracht werden, die die unmittelbare Aufnahme einer Ausbildung oder Erwerbstätigkeit ermöglichen, es sei denn, eine andere Leistung ist für die dauerhafte Eingliederung erforderlich (§ 3 Abs. 1 S. 3 SGB II). Von der Erforderlichkeit für die dauerhafte Eingliederung ist insbesondere auszugehen, wenn leistungsberechtigte Personen ohne Berufsabschluss Leistungen zur Unterstützung der Aufnahme einer Ausbildung nach diesem Buch, dem Dritten Buch oder auf anderer rechtlicher Grundlage erhalten oder an einer nach § 16 Abs. 1 S. 2 Nr. 4 in Verbindung mit § 81 des Dritten Buches zu fördernden beruflichen Weiterbildung teilnehmen oder voraussichtlich teilnehmen werden (Satz 4). Die Verpflichtung zur vorrangigen Aufnahme einer Ausbildung oder Erwerbstätigkeit gilt nicht im Verhältnis zur Förderung von Existenzgründungen mit einem Einstiegsgeld für eine selbständige Erwerbstätigkeit nach § 16b (Satz 5).

Die Neuregelung des § 3 Abs. 1 Satz 3 SGB II zielt demnach auf die unmittelbare Aufnahme einer Ausbildung oder längerfristigen Erwerbstätigkeit ab und stellt überdies klar, dass eine andere Leistung erbracht werden soll, wenn diese für die dauerhafte Eingliederung erforderlich ist. § 3 Abs. 1 Satz 4 SGB II nennt Regelbeispiele.

§ 2 SGB II regelt die Pflichten des erwerbsfähigen Leistungsberechtigten. Der erwerbsfähige Leistungsberechtigte muss sich vorrangig und eigeninitiativ um die Beendigung seiner Erwerbslosigkeit bemühen. Er muss seine Bedürftigkeit so weit wie möglich beseitigen und aktiv an allen Maßnahmen mitwirken, die seine Eingliederung unterstützen sollen. 15

24 BT-Drs. 15/1516 S. 45 f.

25 Hauck/Voelzke, Einführung SGB II Rn. 285.

III. Rechtsquellen der Grundsicherung für Arbeitsuchende

16 Das Grundgesetz ist insbesondere für Leistungen zur Sicherung des Lebensunterhalts von erheblicher Bedeutung, da laut Rechtsprechung des BVerfG Art. 1 Abs. 1 GG i.V.m. Art 20 Abs. 1 GG ein Grundrecht auf Gewährleistung eines menschenwürdigen Existenzminimums begründet (s. § 65 Rn. 10; § 70 Rn. 7).[26] Daneben kommt Art. 6 Abs. 2 GG im Hinblick auf die Leistungsausschlüsse für Unionsbürger nach § 7 Abs. 1 S. 2 Nr. 2c) SGB II eine besondere Bedeutung zu (s. § 67 Rn. 56ff.). Art. 6 Abs. 2 GG ist auch im Hinblick auf die Wahrnehmung des Umgangsrechts eines Elternteils bzw. des Rechts des Kindes auf Pflege und Erziehung durch beide Elternteile im Rahmen des § 21 Abs. 6 SGB II maßgeblich (s. § 70 Rn. 42).

17 Hauptrechtsquelle der Grundsicherung für Arbeitsuchende ist das SGB II. Das SGB II ist in 11 Kapitel aufgeteilt:

Erstes Kapitel §§ 1 bis 6d	enthält Aussagen zu den allgemeinen Grundsätzen des SGB II und vor die Klammer gezogene Kernaussagen zu den Leistungen im Einzelnen sowie zur Trägerschaft
Zweites Kapitel §§ 7 bis 13	regelt die Anspruchsvoraussetzungen sowie die zentralen Begriffe des SGB II
Drittes Kapitel §§ 14 bis 35	beinhaltet die Leistungen nach dem SGB II, unterteilt in Abschnitt 1 „Leistungen zur Eingliederung in Arbeit“ und Abschnitt 2 „Leistungen zur Sicherung des Lebensunterhalts“
Viertes Kapitel §§ 36 bis 45	enthält Vorschriften zu Zuständigkeit und Verfahren sowie über die „Einheitliche Entscheidung“
Fünftes Kapitel §§ 46 bis 49	regelt die Finanzierung und Aufsicht
Sechstes Kapitel §§ 50 bis 52a	befasst sich mit der Datenverarbeitung und datenschutzrechtlichen Verantwortung
Siebtes Kapitel §§ 53 bis 55	Ein eigenes Kapitel des SGB II ist der Statistik und Wirkungsforschung vorbehalten. Den Schwerpunkt der Wirkungsforschung bildet die Untersuchung der Wirkungen der Leistungen zur Eingliederung (§ 55)
Achtes Kapitel §§ 56 bis 62	regelt neben den Bestimmungen in §§ 60 bis 67 SGB I die Mitwirkungspflichten der Leistungsberechtigten sowie Dritter
Neuntes Kapitel §§ 63 bis 63b	enthält die Straf- und Bußgeldvorschriften
Zehntes Kapitel § 64	in diesem Kapitel wird die Bekämpfung von Leistungsmissbrauch behandelt
Elftes Kapitel §§ 65 bis 86	umfasst die Übergangs- und Schlussvorschriften

18 Neben dem SGB II sind das SGB I und SGB X anwendbar, sofern sich aus dem SGB II nichts Abweichendes ergibt. Die §§ 1 bis 17 und §§ 31 bis 36 SGB X stehen unter keinem Vorbehalt und können durch das SGB II nicht verändert werden (§ 37 S. 2 SGB I). Eine große Bedeutung haben die Vorschriften über Mitwirkungspflichten in den §§ 60 bis 67 SGB I. Hinsichtlich der Anwendung des SGB X enthält § 40 SGB II Sonderregelungen.

19 Zu beachten ist ferner, dass die Anwendung und Rechtsauslegung des SGB II nicht nur durch das Gesetz selbst gesteuert wird, sondern zum Teil in wichtigen Bereichen durch Verordnungen.[27] Besonders wichtig für die Praxis ist die „Verordnung zur Berechnung von Einkommen sowie zur Nicht-

26 BVerfG 9.2.2010, BVerfGE 125, 175.

27 Eine Aufzählung aller Verordnungen befindet sich in LPK-SGB II/Hofmann Einführung Rn. 31.

berücksichtigung von Einkommen und Vermögen beim Bürgergeld" (**Bürgergeld-Verordnung** – Bürgergeld-V) vom 17.12.2007.[28] Die Verordnung beruht auf der Ermächtigung des § 13 Abs. 1 Nr. 1–3 SGB II.

§ 66 Träger, Finanzierung und Aufsicht

I. Träger

Nach § 12 SGB I i.V.m. § 19a SGB I sind die Agenturen für Arbeit und die sonstigen Dienststellen der Bundesagentur für Arbeit sowie die kreisfreien Städte und Kreise (kommunale Träger) für die Erbringung von Leistungen zur Grundsicherung zuständig, soweit durch Landesrecht nicht andere Träger bestimmt sind. §§ 6ff., 44b ff. SGB II konkretisieren die Zuständigkeit. Möglich sind zwei unterschiedliche Zuständigkeitsmodelle:

Trennungsmodell: Sowohl die Agentur für Arbeit und die sonstigen Dienststellen der Bundesagentur für Arbeit als auch die kommunalen Träger sind für die ihnen jeweils gesetzlich zugewiesenen Leistungen zuständig. 1

- Träger: Bundesagentur für Arbeit und Kommune
- Leistungserbringung: Durch die gemeinsame Einrichtung (Jobcenter)

Optionsmodell: Ein zugelassener kommunaler Träger ist für alle Leistungen der Grundsicherung für Arbeitsuchende zuständig. 2

- Träger: Zugelassener kommunaler Träger
- Leistungserbringung: Durch die besonderen Einrichtungen (Jobcenter)

Beim Trennungsmodell sieht § 44b SGB II die Gründung einer **gemeinsamen Einrichtung** vor, damit Leistungsberechtigte nicht zwei unterschiedliche Ansprechpartner haben. Sowohl die gemeinsamen Einrichtungen als auch die zugelassenen kommunalen Träger führen die Bezeichnung **„Jobcenter"** (§ 6d SGB II). 3

1. Trennungsmodell

Das Trennungsmodell richtet sich nach § 6 SGB II. Demnach ist grundsätzlich die Bundesagentur für Arbeit Träger der Leistungen nach dem SGB II (Abs. 1 S. 1 Nr. 1), soweit nach Nr. 2 nichts anderes bestimmt ist. Gem. Nr. 2 sind die kommunalen Träger für folgende Leistungen zuständig: 4

- Leistungen nach § 16a SGB II (kommunale Eingliederungsleistungen: Betreuung minderjähriger oder behinderter Kinder, häusliche Pflege, Schuldnerberatung, psychosoziale Betreuung, Suchtberatung),
- Leistungen für Unterkunft und Heizung,
- Leistungen nach § 24 Abs. 3 S. 1 Nr. 1 und 2 SGB II (Erstausstattungen für die Wohnung einschließlich Haushaltsgeräte, Erstausstattungen für Bekleidung und Erstausstattungen bei Schwangerschaft und Geburt),
- Leistungen für Bildung und Teilhabe nach § 28 SGB II.

Die Bundesagentur für Arbeit ist für alle verbleibenden Leistungen, insbesondere Leistungen für Regel- und Mehrbedarfe, Leistungen zur Eingliederung in Arbeit und Zuschüsse zu Beiträgen zur Kranken- und Pflegeversicherung zuständig.

Bis zum 31.12.2010 existierten Arbeitsgemeinschaften („ARGE"), die in § 44b SGB II a.F. ihren Ursprung hatten und die gemeinsame Aufgabenwahrnehmung sicherstellten. Das BVerfG entschied 5

28 BGBl. I S. 2942; zuletzt geändert durch Art. 1 der Verordnung vom 13.02.2023, BGBl. 2023 I Nr. 38.

am 20.12.2007,[29] dass die gemeinsame Aufgabenwahrnehmung in der Grundsicherung für Arbeitsuchende nicht mit dem Grundgesetz (Art. 28 Abs. 2 i.V.m. Art. 83 GG) vereinbar sei und erklärte § 44b SGB II a.F. bis zum 21.12.2010 für anwendbar. Der Gesetzgeber änderte daraufhin das Grundgesetz und fügte Art. 91e GG ein,[30] der das Zusammenwirken in gemeinsamen Einrichtungen nunmehr ausdrücklich vorsieht.

6 Die gemeinsamen Einrichtungen nehmen die Aufgaben in eigenem Namen für die Träger (Bundesagentur für Arbeit und Kommunen) wahr. Die Trägerschaft der Bundesagentur für Arbeit und der Kommunen bleibt von der Aufgabenwahrnehmung durch die gemeinsamen Einrichtungen unberührt. Diese Zusammenarbeit von Arbeitsagenturen und Kommunen unter dem Dach der gemeinsamen Einrichtung soll gewährleisten, dass die Leistungsberechtigten weiterhin aus einer Hand betreut werden und Leistungen erhalten.[31]

7 Für die Erbringung von Leistungen des SGB II ist jedoch das Jobcenter (als gemeinsame Einrichtung) der ausschließlich zuständige Leistungsträger. Die Aufgabenwahrnehmung und die Erbringung der Leistungen nach dem SGB II obliegt ausschließlich dem Jobcenter (§ 44b SGB II i.V.m. § 6d SGB II). Die gemeinsamen Einrichtungen sind Behörden i.S.d. § 1 Abs. 2 SGB X und zur Erfüllung der Aufgaben berechtigt, Verwaltungsakte und Widerspruchsbescheide zu erlassen (§ 44b Abs. 1 S. 3 SGB II) (**Wahrnehmungszuständigkeit**).[32] Gemeinsame Einrichtungen sind kraft Gesetzes (teil-) rechtsfähige öffentlich-rechtliche Gesellschaften sui generis.[33]

2. Optionsmodell

8 Den Kommunen wird die Option eingeräumt, sowohl die eigenen Aufgaben nach § 6 Abs. 1 S. 1 Nr. 2 SGB II als auch die Aufgaben der Bundesagentur für Arbeit wahrzunehmen (§§ 6aff. SGB II). Sie sind nach eigener Antragstellung und Durchführung eines Zulassungsverfahrens zu **zugelassenen kommunalen Trägern** bestimmt worden, § 6a SGB II. Auch die Optionskommunen tragen die Bezeichnung Jobcenter (§ 6d SGB II).

9 Die Anzahl der zugelassenen kommunalen Träger beträgt nach § 6a Abs. 2 S. 4 SGB II höchstens 25% der Gesamtzahl der zum 31.12.2010 existierenden Aufgabenträger der Grundsicherung für Arbeitsuchende. Ziel ist die Erhaltung des Regel-Ausnahme-Verhältnisses zwischen der Aufgabenwahrnehmung in gemeinsamen Einrichtungen und zugelassenen kommunalen Trägern.[34]

10 Nach § 6a Abs. 5 SGB II errichten und unterhalten die zugelassenen kommunalen Träger besondere Einrichtungen für die Erfüllung der Aufgaben nach dem SGB II. Die Aufgaben nach dem SGB II sind von einer organisatorisch eigenständigen, von den anderen Organisationseinheiten einer Kommune abgrenzbaren Einrichtung wahrzunehmen.

11 Für die Erbringung von Leistungen des SGB II ist nicht der zugelassene kommunale Träger, sondern das Jobcenter der ausschließlich zuständige Leistungsträger. Zwar ist der zugelassene kommunale Träger nach § 6 Abs. 1 S. 1 Nr. 2 SGB II und § 6a Abs. 1 S. 1 SGB II der Träger für die Leistungen des SGB II. Die Aufgabenwahrnehmung und die Erbringung der Leistungen nach dem SGB II obliegt aber ausschließlich dem Jobcenter (§ 6b SGB II i.V.m. § 6d SGB II).

29 NZS 2008, 198.

30 Durch das Gesetz zur Änderung des Grundgesetzes (Artikel 91e) vom 21.7.2010 (BGBl. I S. 944), in Kraft getreten am 27.7.2010.

31 BT-Drs. 17/1555 S. 16.

32 Vgl. BSG 12.11.2015, SozR 4-4200 § 21 Nr. 23.

33 BSG 18.1.2011, BSGE 107, 217–230.

34 BT-Drs. 17/1555 S. 18.

II. Finanzierung

Leistungen der Grundsicherung für Arbeitsuchende nach dem SGB II sind **steuerfinanzierte Leistungen**. 12

Der Bund trägt die Aufwendungen der Grundsicherung für Arbeitsuchende einschließlich der Verwaltungskosten, soweit die Leistungen von der Bundesagentur für Arbeit erbracht werden (§ 46 Abs. 1 S. 1 SGB II). Eine Pauschalierung von Eingliederungsleistungen und Verwaltungskosten ist nach S. 4 zulässig. Der Bund beteiligt sich zudem zweckgebunden an den Ausgaben für die Leistungen für Unterkunft und Heizung nach § 22 Abs. 1 SGB II (§ 46 Abs. 5 SGB II).

Beim Optionsmodell trägt der Bund nach § 6b Abs. 2 SGB II die Aufwendungen einschließlich der 13
Verwaltungskosten mit Ausnahme der Aufwendungen i.S.d. § 6 Abs. 1 Nr. 2 SGB II, für die die Kommunen originär zuständig sind.

Der Bund trägt nach § 46 Abs. 3 S. 1 SGB II 84,8 % der Gesamtverwaltungskosten der gemeinsamen Einrichtungen.

Die kommunalen Träger kommen für die in ihrem Aufgabenbereich entstandenen Aufwen- 14
dungen und Verwaltungskosten auf.

III. Aufsicht

Wer die Aufsicht über die Leistungsträger ausübt, unterscheidet sich je nach Organisationsform. 15

Beim Vorhandensein einer gemeinsamen Einrichtung führt nach § 47 Abs. 1 SGB II das Bundesministerium für Arbeit und Soziales die Rechts- und Fachaufsicht über die Bundesagentur für Arbeit, soweit es sich um Leistungen aus dem originären Aufgabenbereich handelt (§ 6 Abs. 1 S. 1 Nr. 1 SGB II). Die zuständigen Landesbehörden führen die Rechts- und Fachaufsicht über die kommunalen Träger, soweit es sich um Leistungen ihres Aufgabenbereichs handelt, § 47 Abs. 2 SGB II.

Beim Optionsmodell führen nach § 48 Abs. 1 SGB II die jeweiligen Landesbehörden die Rechts- 16
und Fachaufsicht über die zugelassenen kommunalen Träger durch. Die Rechtsaufsicht über die obersten Landesbehörden übt wiederum die Bundesregierung aus, soweit es sich um originäre Aufgaben der Bundesagentur für Arbeit handelt, § 48 Abs. 2 SGB II.

§ 67 Leistungsberechtigte der Grundsicherung für Arbeitsuchende

§ 7 SGB II legt den Kreis der möglichen Leistungsberechtigten Personen fest und stellt daher die **Schlüsselnorm** für den Zugang zu den Leistungen nach dem SGB II dar. Da es sich bei Leistungen der Grundsicherung für Arbeitsuchende nicht um Versicherungsleistungen, sondern um beitragsunabhängige steuerfinanzierte Leistungen handelt, ist die Norm nicht als eine klassische Anspruchsgrundlage zu verstehen, sondern eher als Einweisungsvorschrift. Sie muss zwangsläufig mit den Vorschriften des 3. Kapitels gelesen werden. § 7 Abs. 1 S. 1 SGB II enthält eine Legaldefinition der Hauptzielgruppe des SGB II, den der Gesetzgeber mit der Schaffung des SGB II erreichen wollte: den **erwerbsfähigen Leistungsberechtigten**. Diese Definition gilt einheitlich für alle übrigen Bestimmungen des SGB II, in denen der Begriff Verwendung findet. § 7 SGB II dient auch als **Abgrenzungsnorm** ggü. den anderen Sozialleistungsbereichen (insb. SGB III und SGB XII).

Leistungen nach dem SGB II erhalten demnach Personen, die

1. das 15. Lebensjahr vollendet und die Altersgrenze nach § 7a SGB II noch nicht erreicht haben,
2. erwerbsfähig sind,
3. hilfebedürftig sind und
4. ihren gewöhnlichen Aufenthalt in der Bundesrepublik Deutschland haben (erwerbsfähige Leistungsberechtigte).

Leistungen erhalten nach § 7 Abs. 2 S. 1 und 2 SGB II auch Personen, die mit erwerbsfähigen Leistungsberechtigten in einer Bedarfsgemeinschaft leben.

In § 7 Abs. 1 S. 2, Abs. 4 bis 6 SGB II sind Ausschlusstatbestände geregelt, die in den letzten Jahren hinsichtlich der Leistungserbringung gegenüber Unionsbürgern Änderungen gefunden haben.

Ergänzt wird § 7 SGB II durch die §§ 7a bis 12 SGB II, die die Altersgrenze (§ 7a SGB II) sowie die Begriffe der Erwerbsfähigkeit (§ 8 SGB II) und Hilfebedürftigkeit (§§ 9 bis 12 SGB II) näher bestimmen.

I. Alter

1 Erwerbsfähige Leistungsberechtigte sind nur Personen, die das **15. Lebensjahr vollendet** und die **Regelaltersgrenze nach § 7a SGB II noch nicht erreicht** haben, d.h. mindestens 15 und noch nicht 67 Jahre alt sind.

Die Berechnung des Lebensalters erfolgt nach §§ 187 Abs. 2 S. 2, 188 Abs. 2 BGB i.V.m. § 26 SGB X. Das neue Lebensjahr beginnt mit dem Tag der Geburt, sodass ein Lebensjahr mit Ablauf des letzten Tages vor dem Geburtstag vollendet ist.

1. Mindestalter

2 Das Mindestalter berücksichtigt zum einen die in allen Bundesländern geltende allgemeine Schulpflicht (in NRW in Art. 8 Abs. 2 LVerfG NRW verankert) und zum anderen das damit zusammenhängende Beschäftigungsverbot für unter 15-Jährige gem. § 5 Abs. 1 JArbSchG i.V.m. § 2 Abs. 1 JArbSchG. Hinzu kommt, dass mit Vollendung des 15. Lebensjahres Jugendliche die sozialrechtliche Handlungsfähigkeit nach § 36 Abs. 1 S. 1 SGB I erreichen. Wer das 15. Lebensjahr vollendet hat, kann Anträge auf Sozialleistungen stellen und verfolgen sowie Sozialleistungen entgegennehmen. Hilfebedürftige Personen unter 15 Jahren können jedoch als Mitglied einer Bedarfsgemeinschaft Leistungsberechtigte nach dem SGB II sein (s. § 68 Rn. 24ff.).

Beispiel:
K ist am 10.12.2006 geboren und lebt gemeinsam mit seinen Eltern in einem Haushalt. Ab dem 10.12.2021 ist K erwerbsfähiger Leistungsberechtigter i.S.d. § 7 Abs. 1 SGB II (wenn er auch die übrigen Voraussetzungen erfüllt) mit Anspruch auf Bürgergeld. Ist mindestens ein Elternteil erwerbsfähig und steht im Bezug von Leistungen nach dem SGB II, ist K auch schon vor dem 10.12.2021 Mitglied der Bedarfsgemeinschaft (§ 7 Abs. 3 Nr. 4 SGB II) mit Anspruch auf Sozialgeld. Sind seine Eltern nicht erwerbsfähig, erhalten sie als Mitglieder der Bedarfsgemeinschaft des K ab dem 10.12.2021 Sozialgeld, sofern kein Anspruch auf Leistungen nach § 41 SGB XII besteht.

2. Altersgrenze

3 Personen, die vor dem 1.1.1947 geboren sind, erreichen die Altersgrenze mit Ablauf des Monats, in dem sie das 65. Lebensjahr vollenden. Für Personen, die nach dem 31.12.1946 geboren sind, wird die Altersgrenze, wie in § 7a SGB II tabellarisch aufgezeigt, angehoben. Die Altersobergrenze hängt mit der Regelaltersgrenze im Recht der gesetzlichen Rentenversicherung zusammen (§§ 35, 235 SGB VI) und dient so der Abgrenzung von diesem Leistungssystem. Ob tatsächlich ein Rentenanspruch besteht, ist irrelevant.[35] Wird die Altersrente bereits vor Erreichen der Altersobergrenze in Anspruch genommen, ergibt sich aus § 7 Abs. 4 S. 1 SGB II zwingend ein früherer Ausschluss von Leistungen der Grundsicherung für Arbeitsuchende.

35 jurisPK-SGBII/Leopold § 7 Rn. 63.

Nach § 33a Abs. 1 SGB I ist das Geburtsdatum maßgeblich, das sich aus der ersten Angabe des Berechtigten oder Verpflichteten oder seiner Angehörigen gegenüber einem Sozialleistungsträger ergibt. Von einem nach Abs. 1 maßgebenden Geburtsdatum darf nur abgewichen werden, wenn der zuständige Leistungsträger feststellt, dass 4

1. ein Schreibfehler vorliegt oder
2. sich aus einer Urkunde, deren Original vor dem Zeitpunkt der Angabe nach Abs. 1 ausgestellt worden ist, ein anderes Geburtsdatum ergibt.

§ 33a SGB I enthält aber keine Beschränkung auf eine Berücksichtigung nur bestimmter Arten von Urkunden, sodass sich der Urkundenbegriff nach den allgemeinen Bestimmungen richtet.[36] Danach sind Urkunden alle durch Niederschrift verkörperten Gedankenerklärungen, die geeignet sind, im Rechtsverkehr Beweis zu erbringen.[37]

Beispiel:
Ein ausländisches Zivilgerichtsurteil, das ein von der ursprünglichen Eintragung im Personenstandsregister abweichendes Geburtsdatum amtlich festgestellt hat, ist dann als Urkunde i. S. d. § 33a Abs. 2 Nr. 2 SGB I zu berücksichtigen, wenn es vor der erstmaligen Angabe eines Geburtsdatums der betreffenden Person gegenüber einem deutschen Sozialleistungsträger oder Arbeitgeber ergangen ist.

II. Erwerbsfähigkeit

Das Merkmal der Erwerbsfähigkeit wird in § 8 SGB II weiter bestimmt und ist nicht nur für die Leistungsberechtigung nach dem SGB II, sondern auch für die Abgrenzung zu Leistungen anderer Träger, insbesondere denen des SGB XII maßgeblich. Zu unterscheiden ist zwischen der Erwerbsfähigkeit aus gesundheitlicher (Abs. 1 **„Arbeiten Können“**) und rechtlicher Sicht (Abs. 2 **„Arbeiten Dürfen“**). 5

1. Erwerbsfähigkeit aus gesundheitlicher Sicht

Nach § 8 Abs. 1 SGB II ist erwerbsfähig, wer nicht wegen Krankheit oder Behinderung auf absehbare Zeit außerstande ist, unter den üblichen Bedingungen des allgemeinen Arbeitsmarktes mindestens drei Stunden täglich erwerbstätig zu sein. Dies deckt sich mit den medizinischen Voraussetzungen einer Rente wegen voller Erwerbsminderung nach **§ 43 Abs. 2 S. 2 SGB VI** (siehe zu den Voraussetzungen § 51 Rn. 119 ff.). 6

Auch wenn die Bezugnahme auf die Rente wegen voller Erwerbsminderung eine erste und wesentliche Orientierung für die Prüfung der Erwerbsfähigkeit bietet, sind Sinn und Zweck des SGB II zu berücksichtigen.[38] Das BSG hat hierzu in seinem Urteil vom 7.11.2006[39] wie folgt ausgeführt: „Zwar hat das LSG aufgeführt, er [der Kläger] beziehe eine Erwerbsminderungsrente. Dies besagt jedoch noch nichts darüber, ob er erwerbsunfähig i. S. des SGB II ist, und zwar insbesondere deshalb, weil der rentenversicherungsrechtliche Begriff nicht identisch sein muss mit dem des SGB II“. 7

Auch hat das BSG klargestellt, dass für das Vorliegen der vollständigen Erwerbsminderung nicht der Zeitpunkt der entsprechenden Feststellung im Bescheid eines Rentenversicherungsträgers maßgeblich ist, sondern wann tatsächlich eine Erwerbsminderung vorliegt. Auf die bescheidmäßige Feststellung kommt es nicht an.[40]

---

36 BSG 5.4.2001, BSGE 88, 89.
37 BGH 28.11.1975, BGHZ 65, 300, 301 ff.
38 Rixen, info also 2006, 153.
39 BSGE 97, 231.
40 BSG v. 6.10.2022, SozR 4-3500 § 30 Nr. 6.

8 Wesentlicher Unterschied zwischen der rentenrechtlichen Behandlung und dem Erwerbsfähigkeitsbegriff im SGB II ist die Behandlung der **sog. Arbeitsmarktrente** bei einem Restleistungsvermögen von drei bis unter sechs Stunden täglich und gleichzeitiger Verschlossenheit des Teilzeitarbeitsmarktes (siehe zu den Voraussetzungen im Einzelnen § 51 Rn. 128). In der Grundsicherung für Arbeitsuchende ist die Verschlossenheit des Arbeitsmarktes für die Beurteilung der Erwerbsfähigkeit des Hilfesuchenden ohne Bedeutung.[41] Es geht hier allein um den zeitlichen Umfang, in dem eine Tätigkeit entsprechend dem positiven und dem negativen Leistungsbild (noch) auf dem allgemeinen Arbeitsmarkt ausgeübt werden kann. Diese Auslegung entspricht dem Sinn und Zweck des Gesetzes. Kernanliegen der Grundsicherung für Arbeitsuchende ist die verstärkte Integration Langzeitarbeitsloser in Arbeit.[42] Die Grundsicherung für Arbeitsuchende soll erwerbsfähige Hilfebedürftige bei der Aufnahme oder Beibehaltung einer Erwerbstätigkeit unterstützen und den Lebensunterhalt sichern, soweit sie ihn nicht auf andere Weise bestreiten können (vgl. § 1 Abs. 1 S. 2 SGB II). Die Leistungen sind dabei nach § 1 Abs. 1 S. 4 Nr. 1 SGB II insbesondere darauf auszurichten, dass durch eine Erwerbstätigkeit Hilfebedürftigkeit vermieden oder beseitigt, die Dauer der Hilfebedürftigkeit verkürzt oder der Umfang der Hilfebedürftigkeit verringert wird, wofür die §§ 15ff. SGB II weitreichende Instrumentarien zur Verfügung stellen. Mit diesem Vorrang der Eingliederung in Arbeit als Grundvorstellung des Gesetzgebers wäre es nicht zu vereinbaren, Personen, die zwar noch imstande sind, unter den üblichen Bedingungen des allgemeinen Arbeitsmarktes mindestens drei Stunden täglich erwerbstätig zu sein, die ihr Leistungsvermögen aber aus arbeitsmarktbezogenen Gründen aktuell nicht mehr einsetzen können, als nicht erwerbsfähig i.S.d. § 8 Abs. 1 SGB II zu qualifizieren und sie damit von vornherein von Leistungen zur Eingliederung in Arbeit auszuschließen.[43]

9 Beträgt das Restleistungsvermögen eines Hilfebedürftigen zwischen drei und unter sechs Stunden täglich, ist der SGB II Träger gem. § 5 Abs. 3 SGB II berechtigt, den Hilfebedürftigen aufzufordern, einen Antrag auf Leistungen zur medizinischen Rehabilitation nach § 15 SGB VI oder einen Antrag auf Rente wegen Erwerbsminderung nach § 43 SGB VI zu stellen oder ggfs. bei Nichtnachkommen den Antrag selbst zu stellen sowie Rechtsbehelfe und Rechtsmittel zu erheben.

10 Für die Beurteilung der Erwerbsfähigkeit kommt es einzig auf die Einschränkung der Erwerbsfähigkeit durch Krankheit oder Behinderung an **(Kausalität)**. Sonstige, die Ausübung einer Erwerbstätigkeit hindernde bzw. einschränkende Tatbestände stellen keine Ausschlusstatbestände für die Erwerbsfähigkeit dar.[44]

Beispiele:

- Das Erreichen einer für einen bestimmten Beruf vorgesehenen Altersgrenze ist für sich allein nicht ausreichend, da § 8 Abs. 1 SGB II auf den „allgemeinen Arbeitsmarkt“ Bezug nimmt.[45]
- Zeitliche Beschränkungen wegen Kindererziehung führen nicht zur Erwerbsunfähigkeit.[46] Sie sind aber bei der Systemzuweisung zu beachten. Nach § 1 Abs. 2 S. 4 Nr. 4 SGB II sind Leistungen der Grundsicherung insbesondere darauf auszurichten, dass die familienspezifischen Lebensverhältnisse von erwerbsfähigen Leistungsberechtigten, die Kinder erziehen oder pflegebedürftige Angehörige betreuen, berücksichtigt werden.

41 JurisPK-SGB II/Klein § 8 Rn. 42; Hauck/Valgolio § 8 SGB II Rn. 25; Rixen, info also 2006, 153, 157.
42 Vgl. Luik//HarichBlüggel § 8 Rn. 44.
43 st. Rspr. BSG 7.11.2006, BSGE 97, 231; BSG 21.12.2009, BSGE 105, 201.
44 Luik/Harich/Blüggel § 8 Rn. 28; jurisPK-SGB II/Klein § 8 Rn. 22.
45 Blüggel, SGb 2011, 9; BSG 3.10.1979, SozR 2200 § 1246 Nr. 50.
46 KRW/Hahn § 8 SGB II Rn. 6; Luik/Harich/Blüggel § 8 SGB II Rn. 28; JurisPK-SGB II/Klein § 8 Rn. 22.

2. Das Feststellungsverfahren

Das **Verfahren zur Feststellung der Erwerbsfähigkeit** richtet sich nach **§ 44a SGB II**. Gem. § 44a Abs. 1 S. 1 SGB II stellt die Agentur für Arbeit fest, ob der Hilfebedürftige erwerbsfähig ist. Widerspricht einer der in Abs. 1 S. 2 genannten Leistungsträger (Nr. 1 u. 2) oder die Krankenkasse (Nr. 3) dieser Feststellung, entscheidet gem. § 44a Abs. 1 S. 2 SGB II die Agentur für Arbeit über das Vorliegen der Erwerbsfähigkeit. Dies setzt aber voraus, dass die Agentur für Arbeit zuvor eine gutachterliche Stellungnahme des zuständigen Rentenversicherungsträgers über das Erwerbsvermögen des Arbeitsuchenden eingeholt hat. An diese gutachterliche Stellungnahme sind die Leistungsträger nach dem SGB II, III, V, VI und XII gebunden (§ 44a Abs. 1 S. 6, Abs. 2 SGB II). Die gutachterliche Stellungnahme ist im Rahmen der gerichtlichen Kontrolle der Entscheidung des SGB-II-Leistungsträgers in vollem Umfang überprüfbar.[47] Bis zu der Entscheidung über den Widerspruch erbringen gem. § 44a Abs. 1 S. 7 SGB II die SGB II Leistungsträger Leistungen der Grundsicherung für Arbeitsuchende. **Die Erwerbsfähigkeit des Antragstellers wird nach § 44a Abs. 1 S. 7 SGB II fingiert**. Diese Regelung begründet keine vorläufige, sondern als so genannte **Nahtlosigkeitsregelung** eine endgültige Zahlungspflicht des SGB II Trägers bis zur Entscheidung über den Zuständigkeitsstreit.[48] Der Fiktion steht nicht entgegen, dass die Agentur für Arbeit nach § 44a Abs. 1 S. 1 SGB II noch keine Feststellung über die Erwerbsfähigkeit getroffen hat. Der Hilfebedürftige ist bereits im Vorfeld und auch in Fällen, in denen es die Agentur für Arbeit gänzlich unterlässt, Feststellungen zu treffen, so zu stellen, als wäre er erwerbsfähig.[49] 11

Beispiel:
Der hilfebedürftige K ist gesundheitlich eingeschränkt und beantragt SGB II Leistungen beim Jobcenter. Die Agentur für Arbeit prüft in eigener Zuständigkeit das Vorliegen der Erwerbsfähigkeit und bindet den SGB XII Träger in das Feststellungsverfahren ein, wenn K auch nach dem SGB XII hilfebedürftig ist. Der Ärztliche Dienst der Agentur für Arbeit hat – nachdem sie Befundberichte der behandelnden Ärzte eingeholt hat – festgestellt, dass K nur noch unter drei Stunden täglich einer Tätigkeit auf dem allgemeinen Arbeitsmarkt nachgehen könne. Das Jobcenter lehnt mit Bescheid vom 5.3.2020 Leistungen nach dem SGB II ab.

Möglichkeit 1: K ist auch nach dem SGB XII hilfebedürftig und ist mit dem Leistungsbezug nach dem SGB XII einverstanden. Er sollte zudem einen Antrag beim Rentenversicherungsträger auf Gewährung einer Rente wegen voller Erwerbsminderung stellen.

Möglichkeit 2: K begehrt lediglich Leistungen nach dem SGB II oder ist nicht hilfebedürftig i.S.d. SGB XII und erhebt daher Widerspruch gegen den Ablehnungsbescheid. Den Widerspruch weist das Jobcenter als unbegründet zurück. K hat die Möglichkeit, eine kombinierte Anfechtungs- und Verpflichtungsklage beim örtlich zuständigen SG zu erheben. Das Gericht wird über den Gesundheitszustand des K durch Einholung von Befundberichten und ggf. Einholung eines Gutachtens Beweis erheben.

Gem. §§ 60ff. SGB I ist die hilfebedürftige Person zur Mitwirkung verpflichtet.[50] Hierzu gehört die Pflicht, Angaben bezüglich des Gesundheitszustands zu machen, die behandelnden Ärzte zu benennen und auf Verlangen die behandelnden Ärzte von der Schweigepflicht zu entbinden. Kommt der Hilfebedürftige dem nicht nach, können Leistungen wegen fehlender Mitwirkung versagt oder entzogen werden, nachdem der Hilfebedürftige auf diese Folge schriftlich hingewiesen worden und seiner Mitwirkungspflicht nicht innerhalb einer ihm gesetzten angemessenen Frist nachgekommen ist (§ 66 Abs. 3 SGB I). Die betroffene Person muss zur ärztlichen Untersuchung erscheinen (§ 62 SGB I). Kommt er dem nicht nach, können die Leistungen nach § 32 Abs. 1 SGB II wegen mangelnder Mitwirkung um 10 % gekürzt werden.[51] Nach anderer Ansicht ergibt sich die besondere Mitwirkungs- 12

47 LSG NRW 17.4.2014, info also 2014, 218.
48 BSG 7. 11. 2006, BSGE 97, 231; Luik/Harich/Blüggel § 8 SGB II Rn. 20.
49 BSG 7.11.2006, BSGE 97, 231; LSG NRW 14.12.2010, BeckRS 2010, 76182.
50 Bayerisches LSG, 12.6.2019, BeckRS 2019, 14788.
51 Vgl. jurisPK-SGB II/Klein § 8 Rn. 46; Hauck/Valgolio § 8 SGB II Rn. 65f.

obliegenheit nicht aus den allgemeinen Bestimmungen der §§ 60ff. SGB I, sondern lex specialis aus §§ 59 i.V.m. § 309 Abs. 1 S. 1 SGB III.[52]

13 In einem Rechtsstreit über das Vorliegen der Erwerbsfähigkeit gem. § 8 Abs. 1 SGB II zwischen dem Hilfebedürftigen und dem SGB II Leistungsträger ist der Leistungsträger nach dem SGB XII gem. § 75 Abs. 2 Fall 2 SGG notwendig beizuladen.[53]

3. Erwerbsfähigkeit aus rechtlicher Sicht

14 Die Erwerbsfähigkeit aus rechtlicher Sicht ist in § 8 Abs. 2 SGB II geregelt. Ausländerinnen und Ausländer können nur erwerbstätig sein, wenn ihnen die Aufnahme einer Beschäftigung erlaubt ist oder erlaubt werden könnte. Die rechtliche Möglichkeit, eine Beschäftigung vorbehaltlich einer Zustimmung nach § 39 AufenthG aufzunehmen, ist ausreichend.

a) Unionsbürger

15 Unionsbürger bedürfen für die Einreise nach Deutschland keines Visums und für den Aufenthalt keines Aufenthaltstitels (§ 2 Abs. 4 S. 1 FreizüG/EU). Die Beschäftigung von Unionsbürgern einschließlich deren Familienangehörigen unterliegt nicht dem Erlaubnisvorbehalt. Sie sind bei Vorliegen der Voraussetzungen insbesondere nach § 2 Abs. 2 FreizügG/EU innerhalb der Europäischen Union **voll freizügigkeitsberechtigt** und haben in diesem Fall grundsätzlich auch **freien Zugang zum deutschen Arbeitsmarkt**.[54] Es gilt der Grundsatz, dass Unionsbürger mit einem Freizügigkeitsrecht aus der Freizügigkeitsrichtlinie insbesondere als Erwerbstätige auch Leistungen nach dem SGB II erhalten können. Unabhängig von dem freien Arbeitsmarktzugang haben Unionsbürger allerdings keinen Anspruch auf Leistungen nach dem SGB II, wenn die Voraussetzungen für einen der Ausschlussgründe gem. § 7 Abs. 1 S. 2 SGB II vorliegen oder wenn es sich um nichterwerbstätige Unionsbürger i.S.d. § 4 FreizügG/EU handelt, denen ein Aufenthaltsrecht in Deutschland nach § 2 Abs. 1 FreizügG/EU nur bei ausreichendem Krankenversicherungsschutz und ausreichenden Existenzmitteln zusteht und sie daher nicht als hilfebedürftig i.S.d. § 9 Abs. 1 SGB II einzustufen sind. Gleiches wie für die Unionsbürger gilt gem. § 12 FreizügG/EU für Staatsangehörige aus den EWR-Staaten Island, Liechtenstein, Norwegen und der Schweiz.[55]

b) Drittstaatenangehörige

16 Die Beschäftigung von Drittstaatenangehörigen in Deutschland steht seit den mit der Neustrukturierung des AufenthG durch das Fachkräfteeinwanderungsgesetz vom 1.3.2020 geänderten gesetzlichen Bestimmungen ausdrücklich unter **„Erlaubnis mit Verbotsvorbehalt"**.[56] Nach § 4a Abs. 1 AufenthG (zuvor: § 4 Abs. 2 und 3 AufenthG) dürfen Ausländer, die einen Aufenthaltstitel besitzen, eine Erwerbstätigkeit ausüben, es sei denn, ein Gesetz bestimmt ein Verbot. Die Vorschrift stellt klar, dass ein Ausländer, wenn er einen Aufenthaltstitel besitzt, im Bundesgebiet grundsätzlich einer Erwerbstätigkeit nachgehen darf. Allerdings wird gleichzeitig ausgesprochen, dass die Erwerbstätigkeit nur dann gestattet ist, wenn sie durch die gesetzlichen Regelungen zu dem jeweiligen Aufenthaltstitel nicht verboten ist. Der Zugang zum Arbeitsmarkt hängt demnach insgesamt vor allem vom aufenthaltsrechtlichen Status ab. Zur Aufnahme einer Erwerbstätigkeit in Deutschland ist demnach ein Aufenthaltstitel erforderlich, der zur Ausübung einer Erwerbstätigkeit berechtigt.[57] Für aufenthalts-

---

52 So Luik/Harich/Blüggel § 8 SGB II Rn. 49.
53 BSG 7.11.2006, NZS 2007, 383.
54 Vgl. jurisPK-SGB II/Klein § 8 Rn. 69; Luik/Harich/Blüggel § 8 SGB II Rn. 62.
55 Hauck/Valgolio § 8 SGB II Rn. 70.
56 Vgl. jurisPK-SGB II/Klein § 8 Rn. 64.
57 Vgl. jurisPK-SGB II/Klein § 8 Rn. 65.

rechtliche Maßnahmen und Entscheidungen nach dem AufenthG und nach ausländerrechtlichen Bestimmungen in anderen Gesetzen sind die Ausländerbehörden zuständig (§ 71 Abs. 1 S. 1 AufenthG), für die Zustimmung zur Ausländerbeschäftigung grundsätzlich die Bundesagentur für Arbeit (§ 39 Abs. 1 AufenthG). Das AufenthG unterscheidet zwischen zwei Aufenthaltstiteln, zum einen die unbefristete und unbeschränkte Niederlassungserlaubnis gem. § 9 AufenthG, zum anderen die befristete und in der Regel auf bestimmte Tätigkeiten beschränkte Aufenthaltserlaubnis nach § 7 AufenthG. In § 5 AufenthG sind die allgemeinen Voraussetzungen für die Erteilung eines Aufenthaltstitels geregelt. Daneben werden in den §§ 18ff. AufenthG Aufenthalte zu Zwecken der Beschäftigung bestimmter Personengruppen normiert, die durch das Fachkräfteeinwanderungsgesetz (FKrEinwG) mit Wirkung vom 1.3.2020 gänzlich neu strukturiert und neu gefasst wurden.

c) Abstrakt-generelle Möglichkeit einer Erlaubniserteilung

Nach § Abs. 2 S. 1 Alt. 2 SGB II ist die abstrakt-generelle Möglichkeit einer Erlaubniserteilung ausreichend.[58] Dies betrifft insbesondere die Fälle der Arbeitsmarktvorrangprüfung nach § 39 Abs. 2 AufenthG. Theoretisch könnte eine Zustimmung zur Aufnahme einer Beschäftigung durch die Bundesagentur für Arbeit erfolgen, auch wenn dies in Bezug auf einen konkreten Arbeitsplatz durch die Verfügbarkeit geeigneter bevorrechtigter Bewerber (**Arbeitsmarktvorrangprüfung gem. § 39 Abs. 2 AufenthG**) verhindert wird. Dementsprechend genügt es z.B., wenn im Aufenthaltstitel die Formulierung verwandt wird: „Beschäftigung nur mit Zustimmung der Bundesagentur für Arbeit gestattet“.[59] 17

III. Hilfebedürftigkeit

Das Merkmal der Hilfsbedürftigkeit konkretisiert den **Grundsatz des Forderns** und das **Nachrangprinzip** (s. zu den Einzelheiten der Grundsätze § 65 Rn. 12ff.). Hilfebedürftige haben alle Möglichkeiten zur Verringerung oder Beendigung ihrer Hilfebedürftigkeit, insbesondere durch eine schnellstmögliche Aufnahme einer Erwerbstätigkeit, auszuschöpfen (§ 2 Abs. 1 S. 1 SGB II). Auch § 2 Abs. 2 SGB II betont, dass Leistungsberechtigte und mit ihnen in Bedarfsgemeinschaft lebende Personen in eigener Verantwortung alle Möglichkeiten zu nutzen haben, um ihren Lebensunterhalt aus eigenen Mitteln und Kräften zu bestreiten. 18

1. Bedarfs- und Bedürftigkeitsprüfung

Hilfebedürftig ist nach § 9 Abs. 1 SGB II, wer seinen Lebensunterhalt nicht oder nicht ausreichend aus dem zu berücksichtigenden Einkommen oder Vermögen sichern kann und die erforderliche Hilfe nicht von anderen, insbesondere von Angehörigen oder von Trägern anderer Sozialleistungen, erhält. Aus § 9 Abs. 1 i.V.m. § 19 Abs. 3 S. 1 SGB II folgt unter anderem, dass Leistungen zur Sicherung des Lebensunterhalts nach dem SGB II **bedarfsorientiert** und **bedürftigkeitsabhängig** erbracht werden. Zur Prüfung der Hilfebedürftigkeit ist daher in einem ersten Schritt der Bedarf des Einzelnen zu ermitteln und im zweiten Schritt das zu berücksichtigende Einkommen und Vermögen. 19

Der Bedarf umfasst alle Leistungen zur Sicherung des Lebensunterhalts nach Abschnitt 2 des Kapitels 3. Dazu gehört insbesondere der Regelbedarf (§ 20 SGB II), Mehrbedarfe (§ 21 SGB II), Kosten der Unterkunft und Heizung (§ 22 SGB II) und Leistungen zur Bildung und Teilhabe (§§ 28, 29 SGB II). 20

58 Luik/Harich/Blüggel § 8 SGB II Rn. 82; Hauck/Valgolio § 8 SGB II Rn. 75; LSG Berlin-Brandenburg 27.9.2007, FEVS 59, 212; LSG Hessen 14. 7. 2011 – L 7 AS 107/11 B ER, NZS 2012, 157.

59 So Bundesagentur für Arbeit, Fachliche Weisungen SGB II Rn. 8.21; JurisPK-SGB II/Klein § 8 Rn. 68.

Leistungen zur Eingliederung in Arbeit sind auf der Bedarfsseite nicht zu berücksichtigten und können keine Hilfebedürftigkeit auslösen.[60]

21 Von dem so ermittelten Bedarf ist das zu berücksichtigende Einkommen und Vermögen (§§ 11 bis 12 SGB II, s. hierzu ausf. § 67) anzurechnen. Übersteigt das Einkommen den Bedarf, liegt keine Hilfebedürftigkeit vor. Hilfebedürftigkeit liegt auch dann nicht vor, wenn der Antragsteller die erforderliche Hilfe von anderen erhält. § 9 Abs. 1 SGB II benennt ausdrücklich die Hilfe von Angehörigen sowie von Trägern anderer Sozialleistungen. Es handelt sich nicht um eine abschließende Aufzählung („insbesondere"). Maßgeblich ist der **tatsächliche Zufluss „bereiter Mittel"**, die geeignet sind, den konkreten Bedarf im jeweiligen Monat zu decken.[61]

2. Prüfung der Hilfebedürftigkeit in Bedarfsgemeinschaften

22 Für die Prüfung der Hilfebedürftigkeit kommt es anders als in § 9 Abs. 1 SGB II dann nicht auf die Einzelperson an, wenn der Einzelne Mitglied einer Bedarfsgemeinschaft ist, § 9 Abs. 2 SGB II (zum Bestehen einer Bedarfsgemeinschaft s. § 66). Die Regelung des § 9 Abs. 2 SGB II ist insofern für die verschiedenen Konstellationen, in denen mehrere Personen in einer Bedarfsgemeinschaft leben, eine von § 9 Abs. 1 SGB II abweichende und insofern ergänzende Sonderregelung.[62]

a) Einkommen und Vermögen des Partners

23 Nach § 9 Abs. 2 S. 1 SGB II ist bei Personen, die in einer Bedarfsgemeinschaft leben, auch das Einkommen und Vermögen des Partners zu berücksichtigen. Partner sind nach der Definition in § 7 Abs. 3 Nr. 3 SGB II[63]

- die nicht dauernd getrennt lebende Ehegattin oder der nicht dauernd getrennt lebende Ehegatte (Nr. 3a),
- die nicht dauernd getrennt lebende Lebenspartnerin oder der nicht dauernd getrennt lebende Lebenspartner (Nr. 3b),
- eine Person, die mit der erwerbsfähigen leistungsberechtigten Person in einem gemeinsamen Haushalt so zusammenlebt, dass nach verständiger Würdigung der wechselseitige Wille anzunehmen ist, Verantwortung füreinander zu tragen und füreinander einzustehen (Nr. 3c).

24 Durch § 9 Abs. 2 S. 1 SGB II wird klargestellt, dass Partner im Sinne dieser Norm aus Sicht des nichterwerbsfähigen Leistungsberechtigten auch der Erwerbsfähige ist. § 9 Abs. 2 S. 1 SGB II spricht nämlich allgemein von „Personen" und nicht nur von erwerbsfähigen Leistungsberechtigten, bei denen das Einkommen und Vermögen des Partners zu berücksichtigen ist. Einkommen und Vermögen der Partner sind daher wechselseitig beim jeweils anderen unabhängig davon zu berücksichtigen, ob beide oder nur einer von ihnen erwerbsfähig sind bzw. ist.[64]

b) Einkommen und Vermögen der Eltern, des Elternteils/Partners

25 Bei unverheirateten Kindern, die mit ihren Eltern oder einem Elternteil in einer Bedarfsgemeinschaft leben und die ihren Lebensunterhalt nicht aus eigenem Einkommen oder Vermögen sichern können, sind auch das Einkommen und Vermögen der Eltern oder des Elternteils und dessen in Bedarfsgemeinschaft lebender Partnerin oder lebenden Partners zu berücksichtigen, § 9 Abs. 2 S. 2 SGB II. Die Regelung betrifft die in § 7 Abs. 3 Nr. 2 und in Nr. 4 SGB II geregelten Konstellationen.

---

60 BT-Drs. 17/3404 S. 93.

61 BSG 29.11.2012, FEVS 65, 16; BSG 17.10.2013, FEVS 65, 490; BSG 8.2.2017, FEVS 69, 101.

62 BT-Drs. 17/3404 S. 93.

63 Vgl. zu den Einzelheiten § 66 Rn. 14 ff.

64 Vgl. Luik/Harich/Silbermann § 9 SGB II Rn. 32.

Voraussetzung ist demnach, dass es sich um ein unverheiratetes Kind handelt, welches das 25. Lebensjahr noch nicht vollendet hat und hilfebedürftig ist.

§ 9 Abs. 2 SGB II sieht aber keine Anrechnung des Einkommens oder Vermögens von Kindern bei ihren Eltern vor, egal ob die Kinder erwerbsfähig sind (vgl. § 7 Abs. 3 Nr. 2 SGB II) oder nicht. Bei der Einkommens- und Vermögensberücksichtigung zwischen Eltern und ihren Kindern handelt es sich um eine **Einbahnstraße**.[65] 26

Die Berücksichtigung von Einkommen innerhalb einer Bedarfsgemeinschaft ist unabhängig vom Bestehen familienrechtlicher Unterhaltspflichten.[66] Dies wird anhand der „Stiefkinderregelung" deutlich. Die Berücksichtigung des Partnereinkommens wurde durch das Gesetz zur Fortentwicklung der Grundsicherung für Arbeitsuchende vom 20.7.2006 mit Wirkung zum 1.8.2006 eingefügt.[67] Ausweislich der Entwurfsbegründung wollte der Gesetzgeber des Fortentwicklungsgesetzes in der Situation einer „Patchwork-Familie" (Kind, leiblicher Elternteil und dessen Partner) der Schlechterstellung verheirateter Partner gegenüber Partnern einer eheähnlichen Lebensgemeinschaft begegnen.[68] Höchstrichterlich entschieden ist mittlerweile, dass die Einbeziehung eines unter 25 Jahre alten Volljährigen in eine Bedarfsgemeinschaft mit seinen Eltern oder einem Elternteil, selbst wenn dieser nicht erwerbsfähig ist, verfassungsrechtlich nicht zu beanstanden ist, ebenso die Einbeziehung von Stiefkindern in die Bedarfsgemeinschaft mit dem Stiefelternteil oder Partner des Elternteils.[69] 27

§ 9 Abs. 2 S. 2 SGB II findet keine Anwendung auf ein Kind, das schwanger ist oder sein Kind bis zur Vollendung des sechsten Lebensjahres betreut (§ 7 Abs. 3 SGB II). 28

c) Hilfebedürftigkeit trotz Vermögen

Nach § 9 Abs. 4 SGB II ist auch derjenige hilfebedürftig, dem der sofortige Verbrauch oder die sofortige Verwertung von zu berücksichtigendem Vermögen nicht möglich ist. Über § 9 Abs. 4 SGB II wird die Hilfebedürftigkeit des Betroffenen fingiert. 29

Voraussetzung ist zunächst, dass verwertbares (berücksichtigungsfähiges) Vermögen i.S.d. § 12 SGB II vorhanden ist, das die Freibetragsgrenzen des § 12 Abs. 2 SGB II übersteigt und nicht zum Schonvermögen i.S.d. § 12 Abs. 1 S. 2 SGB II gehört (s. zum Vermögensbegriff § 69 Rn. 26ff.). Liegt verwertbares Vermögen vor, darf der sofortige Verbrauch oder die sofortige Verwertung für den Vermögensinhaber nicht möglich sein (Alt. 1) oder der sofortige Verbrauch muss für ihn eine besondere Härte darstellen (Alt. 2). § 9 Abs. 4 SGB II stellt demnach auf einen zeitlichen Moment ab.

Tatsächlich nicht verwertbar sind Vermögensgegenstände, für die in absehbarer Zeit kein Käufer zu finden sein wird, sei es, dass Gegenstände dieser Art nicht (mehr) marktgängig sind oder dass sie infolge sinkender Immobilienpreise, über den Marktwert hinaus belastet sind. Die sofortige Verwertung ist u.U. tatsächlich auch ausgeschlossen bei Grundstücken, deren Verkauf oder Beleihung i.d.R. einige Zeit in Anspruch nimmt.[70] Rechtlich ausgeschlossen kann die Verwertbarkeit sein, wenn hinsichtlich eines Vermögensgegenstands vorübergehende Verfügungsbeschränkungen bestehen, deren sofortige Aufhebung der Hilfebedürftige nicht erreichen kann, z.B. durch Pfändung oder Beschlagnahme.[71] 30

Im Rahmen der besonderen Härte ist im Einzelfall eine Gesamtbetrachtung vorzunehmen. Auch in § 12 Abs. 3 S. 1 Nr. 6 SGB II findet sich die „besondere Härte" in Bezug auf die Vermögensverwertung wieder (vgl. hierzu § 69 Rn. 46). Bei § 12 Abs. 3 S. 1 Nr. 6 SGB II ist sie darauf gerichtet, unter wel- 31

65 Vgl. LPK-SGB II/Geiger § 9 Rn. 23; Luik/Harich/Silbermann § 9 SGB II Rn. 35; Becker, WzS 2017, 131, 137.

66 Vgl. insb. BSG 19.10.2010, SozR 4-4200 § 7 Nr. 23.

67 BGBl. I S. 1706.

68 BT-Drs. 16/1410 S. 20.

69 Vgl. BSG 14.3.2012, SGb 2013, 233 mit Anmerkung Harich; BVerfG 27.7.2016, NJW 2016, 3774 mit Anmerkung Schmidt; zur Verfassungsmäßigkeit der Stiefkinderregelung für minderjährige Kinder s. BSG 13.11.2008, BSGE 102, 76.

70 LSG Sachsen 29.11.2005, BeckRS 2009, 58857; BSG 30.8.2008, SGb 2011, 646; Luik/Harich/Silbermann § 9 SGB II Rn. 75.

71 BSG 27.1.2009, NZS 2010, 53.

chen Umständen ein Vermögenseinsatz an sich nicht angemessen ist, bei § 9 Abs. 4 SGB II darauf, unter welchen Umständen der Vermögenseinsatz gerade zum Zeitpunkt des Bedarfs nicht angemessen ist. Für das Vorliegen der besonderen Härte bedarf es Umstände, die dem Betroffenen ein deutlich größeres Opfer abverlangen als eine einfache Härte und die mit der Vermögensverwertung stets verbundenen Einschnitte. Die Einzelfallprüfung nach § 9 Abs. 4 SGB II ist im Gegensatz zu § 12 Abs. 3 S. 1 Nr. 6 SGB II nicht auf das „Ob“ der Verwertung, sondern auf das „Wann“ gerichtet.[72]

d) Vermutungsregelung im Rahmen der Haushaltsgemeinschaft

32 Leben Hilfebedürftige in einer Haushaltsgemeinschaft mit Verwandten oder Verschwägerten, so wird vermutet, dass sie von ihnen Leistungen erhalten, soweit dies nach deren Einkommen und Vermögen erwartet werden kann (§ 7 Abs. 5 SGB II).

§ 9 Abs. 5 SGB II knüpft an eine bestehende Haushaltsgemeinschaft (vgl. zu den Voraussetzungen § 68 Rn. 37 ff.) zwischen Verwandten und Verschwägerten im Sinne des „Wirtschaftens aus einem Topf“ die Vermutung, dass der Hilfebedürftige bei Leistungsfähigkeit des Verwandten Leistungen in bestimmter Höhe erhält. Der Zufluss der Unterstützungsleistungen wird dabei widerleglich vermutet.[73] Die Voraussetzungen des Vorliegens einer Haushaltsgemeinschaft von mehreren in einer Wohnung zusammenlebenden Verwandten oder Verschwägerten müssen vom jeweiligen Grundsicherungsträger aber zunächst positiv festgestellt werden. § 9 Abs. 5 SGB II enthält keine Vermutungsregelung hinsichtlich des Bestehens einer Haushaltsgemeinschaft.[74]

33 Besteht eine Haushaltsgemeinschaft, ist es dem Hilfebedürftigen möglich, die gesetzliche Vermutung, er erhalte Leistungen von den Verwandten oder Verschwägerten, zu widerlegen, indem er Tatsachen vorträgt, die geeignet sind, Zweifel an der Richtigkeit der Vermutung zu begründen. Dann besteht Anlass, weitergehend von Amts wegen zu ermitteln. Unterstützungen von Verwandten werden im Anwendungsbereich des § 9 Abs. 5 SGB II mithin dann nicht berücksichtigt, wenn nachgewiesen ist, dass sie trotz entsprechender Leistungsfähigkeit tatsächlich nicht erbracht werden.[75]

34 **Beispiel:**
Der hilfebedürftige K hat das 25. Lebensjahr vollendet und bewohnt gemeinsam mit seiner Mutter M eine Mietwohnung. M ist erwerbstätig und erhält monatlich ca. 2.500 Euro Lohn. K und M teilen sich das Wohnzimmer, die Küche und das Badezimmer. Beide haben ein eigenes Schlafzimmer. Sie tätigen Einkäufe auch jeweils für den anderen und trennen ihre Lebensmittel nicht. K und M bilden daher eine Haushaltsgemeinschaft. Es besteht die gesetzliche Vermutung, dass K von M finanziell unterstützt wird.

IV. Gewöhnlicher Aufenthalt

35 Leistungen nach dem SGB II erhalten nur Personen, die ihren gewöhnlichen Aufenthalt in der BRD haben. Nach § 30 Abs. 3 S. 2 SGB I hat jemand seinen gewöhnlichen Aufenthalt dort, wo er sich unter Umständen aufhält, die erkennen lassen, dass er an diesem Ort oder in diesem Gebiet nicht nur vorübergehend verweilt. Diese Definition gilt für alle Sozialleistungsbereiche des Sozialgesetzbuchs, soweit sich nicht aus seinen besonderen Teilen etwas anderes ergibt (§ 37 SGB I). Der Begriff des gewöhnlichen Aufenthalts ist in erster Linie nach den objektiv gegebenen tatsächlichen Verhältnissen im streitigen Zeitraum zu beurteilen.[76] Entscheidend ist, ob der örtliche Schwerpunkt der

---

72 BSG 30.8.2017, SozR 4-4200 § 12 Nr. 30; jurisPK-SGB II/Karl § 9 Rn. 153.
73 BSG 27.1.2009, NZS 2009, 681; BSG 18.2.2010, FEVS 62, 168.
74 BSG 27.1.2009, aaO.
75 BSG 27.1.2009, aaO; BSG 18.2.2010, aaO.
76 BSG 29.5.1991, SozR 3-1200 § 30 Nr. 5 S. 8.

Lebensverhältnisse faktisch dauerhaft im Inland ist. Dauerhaft ist ein solcher Aufenthalt, wenn und solange er nicht auf Beendigung angelegt, also zukunftsoffen ist.[77] Mit einem Abstellen auf den Schwerpunkt der Lebensverhältnisse im Gebiet der BRD soll – auch im Sinne einer Missbrauchsabwehr – ausgeschlossen werden, dass ein Wohnsitz zur Erlangung von Sozialleistungen im Wesentlichen nur formal begründet, dieser jedoch tatsächlich weder genutzt noch beibehalten werden soll.[78] Die Rechtmäßigkeit des Aufenthalts ist für die Beurteilung des gewöhnlichen Aufenthalts i. S. d. § 7 SGB II unerheblich.[79]

Maßgebend für die Beurteilung eines gewöhnlichen Aufenthaltes sind demnach ein zeitliches Element („nicht nur vorübergehend"), der Wille der Person als subjektives Element und die objektiven Gegebenheiten („unter Umständen") mit einer vorausschauenden Betrachtung künftiger Entwicklungen, die eine gewisse Stetigkeit und Regelmäßigkeit des Aufenthaltes erfordern, nicht jedoch eine Lückenlosigkeit.[80] 36

In der Regel wird der gewöhnliche Aufenthalt durch die Anmietung einer Wohnung begründet, wenn die Wohnung länger als vorübergehend als Lebensmittelpunkt geführt wird.[81] Ein fester Wohnsitz, die Anmietung einer Wohnung oder eine ordnungsbehördliche Anmeldung sind jedoch für die Begründung eines gewöhnlichen Aufenthalts nicht zwingend. 37

Die objektive Beweislast für das Bestehen des gewöhnlichen Aufenthalts in der Bundesrepublik Deutschland trägt der Hilfebedürftige, wobei bei der Ermittlung keine allzu hohen Hürden aufgestellt werden dürfen. 38

Beispiele: 39

- Obdachlose können trotz Fehlens einer festen Unterkunft am Ort ihres dauernden Aufenthalts einen gewöhnlichen Aufenthalt begründen, selbst wenn sie in Obdachlosenunterkünften, Notunterkünften, Wohnwagen, behelfsmäßigen Unterschlüpfen oder auf der Straße leben.[82] Früher wurde teilweise vertreten, dass Personen, die über keinen Wohnsitz verfügen oder nicht in einer Gemeinde angemeldet sind, auf das SGB XII zu verweisen seien.[83]
- Ein gewöhnlicher Aufenthalt wird nicht durch einen absehbar vorübergehenden und überschaubaren Aufenthalt im Ausland unterbrochen,[84] insbesondere dann nicht, wenn dem Leistungsträger die Dauer und die Umstände des Auslandsaufenthaltes bekannt sind und die Eingliederung in den Arbeitsmarkt nicht gefährdet oder unverhältnismäßig erschwert wird.[85]
- Bei Personen, die sich regelmäßig halbjährlich in Deutschland aufhalten und halbjährlich im Ausland, bedarf es genauer Feststellungen dazu, wo sich der Lebensmittelpunkt dieser Person befindet. Dabei kann der (jederzeitige) Rückkehrwille nach Deutschland eine Rolle spielen.[86]

V. Leistungsausschlüsse

Einzelne Personengruppen werden von Leistungen nach dem SGB II ausgeschlossen, obwohl sie grundsätzlich die Voraussetzungen des § 7 Abs. 1 S. 1 SGB II erfüllen. Vorgesehen sind Leistungsausschlüsse für bestimmte Gruppen von Ausländern, für Personen, die in stationären Einrichtungen untergebracht sind, für bestimmte Auszubildende und in Fällen unerlaubter Ortsabwesenheit. 40

77 BSG 30.1.2013, BSGE 113, 60–70.
78 BSG a. a. O.
79 BSG a. a. O.
80 Vgl. BSG 28.7.1967, BSGE 27, 88; BSG 23.5.2012, SozR 4-1300 § 44 Nr. 25, Rn. 21.
81 BSG 5.9.2007, SozR 4-4200 § 11 Nr. 7; jurisPK-SGB II/Leopold, § 7 Rn. 80.
82 Vgl. BSG, 23.5.2012, BSGE 111, 72 bzgl. Frauenhaus; Schleswig-Holsteinisches VG 28.4.2006, BeckRS 2006, 25465; LSG Baden-Württemberg 25.2.2016, SAR 2016, 38.
83 Vgl. Berlit, info also 2003, 195, 199; Brühl, info also 2004, 104, 109.
84 Vgl. BSG 28.7.1967, BSGE 27, 88, 89.
85 SG Bayreuth 3.5.2006, ASR 2006, 129–130.
86 grds. ablehnend Oestreicher/Decker/Schumacher, § 7 SGB II Rn. 7.

1. Leitungsausschlüsse für Ausländer

a) Ausschluss während der ersten drei Monate des Aufenthalts

41 Nach § 7 Abs. 1 S. 2 Nr. 1 SGB II sind Ausländer, die weder in der Bundesrepublik Deutschland als Arbeitnehmer oder Selbständige noch aufgrund des § 2 Abs. 3 FreizügG/EU freizügigkeitsberechtigt sind, für die ersten drei Monate ihres Aufenthalts von Leistungen nach dem SGB II ausgeschlossen. Dieser Personenkreis erhält für die ersten drei Monate ihres Aufenthalts in der BRD keine Leistungen, auch wenn die Voraussetzungen des § 7 Abs. 1 1 S. 1 Nr. 1 bis 4 SGB II erfüllt sind. Der Leistungsausschluss gilt auch für die Familienangehörigen dieser Personen.

42 Betroffen sind vor allem Unionsbürger, die von ihrem Recht auf Freizügigkeit Gebrauch machen. Unionsbürger, die sich gem. § 2 Abs. 5 FreizügG/EU in Deutschland aufhalten – dreimonatiges voraussetzungsloses Aufenthaltsrecht –, können in dieser Zeit keine Leistungen nach dem SGB II erhalten. Ausgenommen vom Leistungsausschluss sind Arbeitnehmer und Selbständige sowie Personen, die aufgrund des § 2 Abs. 3 FreizügG/EU freizügigkeitsberechtigt sind. Der Gesetzgeber hat mit dem Ausschlusstatbestand von der Option des Art. 24 Abs. 2 der RL 2004/38/EG Gebrauch gemacht, wonach Leistungen unter bestimmten Voraussetzungen ausgeschlossen werden können.[87]

43 Ausländer, die zwecks Familienzusammenführung zu einem deutschen Ehepartner in die BRD ziehen, sind vom Leistungsausschluss nicht erfasst.[88] Für nachziehende ausländische Ehegatten eines in der BRD mit Daueraufenthaltsrecht ausgestatteten Ausländers besteht ebenfalls kein Leistungsausschluss während der ersten drei Monate.[89] Dass ein solcher Nachzug einerseits aufenthaltsrechtlich gestattet wird, andererseits vom SGB II leistungsrechtlich sanktioniert werden soll, lässt sich nämlich weder dem Willen des Gesetzgebers entnehmen noch entspricht dies nach den obigen Ausführungen dem Sinn und Zweck der Vorschrift. Mit Blick auf den gebotenen Schutz der Ehe (Art. 6 GG) dürfte eine dahingehende einschränkende, den Ehegattennachzug ausnehmende Auslegung des § 7 Abs. 1 S. 2 Nr. 1 SGB II auch von Verfassungswegen geboten sein.[90]

44 § 7 Abs. 1 S. 3 SGB II sieht eine Ausnahme zum Leistungsausschluss für Ausländer vor, die sich mit einem Aufenthaltstitel nach Kapitel 2 Abschnitt 5 des Aufenthaltsgesetzes in der BRD aufhalten. Damit sind Personen angesprochen, die über ein Aufenthaltsrecht aus völkerrechtlichen, humanitären oder politischen Gründen verfügen.[91]

45 Der Drei-Monats-Zeitraum beginnt mit dem Tag der Einreise.[92] Der Zeitraum beginnt nach jeder neuen Einreise nach Deutschland von neuem.[93] Nach Ablauf der ersten drei Monate des Aufenthalts ist das weitere Aufenthaltsrecht vom Aufenthaltszweck abhängig. Soweit eine Person danach ihr Aufenthaltsrecht allein aus dem Zweck der Arbeitsuche herleitet, bleibt sie von Leistungen nach dem SGB II nach § 7 Abs. 1 S. 2 Nr. 2 SGB II weiter ausgeschlossen.[94]

b) Fehlendes Aufenthaltsrecht

46 Ausländerinnen und Ausländer, die kein Aufenthaltsrecht haben sind nach § 7 Abs. 1 S. 2 Nr. 2a) SGB II ebenfalls von Leistungen nach dem SGB II ausgeschlossen. Der zum 1.1.2017[95] eingefügte Ausschlussgrund beruht im Wesentlichen auf der Entscheidung des EuGH in der Rechtssache Dano,[96] in

87 BT-Drs. 16/5065 S. 234.
88 BSG 30.1.2013, FEVS 65, 49; Hauck/Valgolio § 7 SGB II Rn. 134.
89 LSG Baden-Württemberg 24.1.2017, BeckRS 2017, 108456; LSG Niedersachsen-Bremen 26.1.2016, BeckRS 2016, 69192.
90 LSG Baden-Württemberg 24.1.2017, aaO.
91 Vgl. BeckOGK-SGB/Baldschun § 7 SGB II Rn. 89.
92 JurisPK-SGB II/Leopold § 7 Rn. 114.
93 Hauck/Valgolio § 7 SGB II Rn. 127.
94 BT-Drs. 16/5065 S. 234.
95 Aufgrund Art. 1 Nr. 2 des Gesetzes zur Regelung von Ansprüchen ausländischer Personen in der Grundsicherung für Arbeitsuchende nach dem Zweiten Buch Sozialgesetzbuch und in der Sozialhilfe nach dem Zwölften Buch Sozialgesetzbuch vom 22.12.2016, BGBl. I 3155.
96 EuGH 11.11.2014, C-333/13 (Dano), NZS 2015, 20.

der sich das Gericht für eine aufenthaltsrechtlich orientierte Betrachtungsweise ausgesprochen hat[97] und der Rspr. des BSG. Das BSG hatte zur alten Rechtslage (bis zum 31.12.2016) entschieden, dass die Leistungsausschlusstatbestände insoweit planwidrig lückenhaft seien, als sie nicht ausdrücklich den Ausschluss auch derjenigen normiere, die über keine materielle Freizügigkeitsberechtigung oder ein anderes materielles Aufenthaltsrecht verfügten, weil sie einen Leistungsausschluss schon für solche Ausländer anordne, die sich auf eine solche materielle Freizügigkeitsberechtigung im Sinne des FreizügG/EU berufen könnten.[98]

Betroffen sind Unionsbürger ohne materielles Freizügigkeits- oder Aufenthaltsrecht, die „erst recht" von Leistungen nach dem SGB II ausgeschlossen werden. Hiervon erfasst werden allerdings nur hilfebedürftige, nicht erwerbstätige und nicht arbeitsuchende Unionsbürger und ihre Familienangehörige, die sich länger als drei Monate in einem anderen Mitgliedstaat aufhalten, da nur diese nicht aufenthaltsberechtigt sein sollen.[99] 47

Der Leistungsausschluss greift demnach nicht, wenn ein gültiger Aufenthaltstitel vorliegt. Dem Besitz des jeweiligen Aufenthaltstitels kommt Tatbestandswirkung zu und sowohl den Leistungsträgern als auch den Sozialgerichten ist die eigenständige Prüfung der materiellen aufenthaltsrechtlichen Lage verwehrt.[100] Ein solches Aufenthaltsrecht liegt nicht mehr vor, wenn der Aufenthaltstitel nur befristet erteilt und nach Ablauf der Aufenthaltserlaubnis kein neuer Titel beantragt wurde (§ 4 Abs. 1 und § 7 AufenthG) oder die Erteilung des Aufenthaltserlaubnis wahrscheinlich ist.[101] 48

c) Aufenthalt allein zum Zwecke der Arbeits-, Ausbildungs- oder Studienplatzsuche

Der wohl praktisch bedeutsamste Leistungsausschluss ist in § 7 Abs. 1 S. 2 Nr. 2b) SGB II geregelt. Danach sind Ausländerinnen und Ausländer, deren Aufenthaltsrecht sich allein aus dem Zwecke der Arbeitsuche ergibt von Leistungen nach dem SGB II ausgenommen. Der Leistungsausschluss betrifft wiederum überwiegend Unionsbürger, da Drittstaatsangehörigen (mit wenigen Ausnahmen)[102] kein Aufenthaltsrecht allein zum Zwecke der Arbeitsuche zusteht. Für Unionsbürger ist das Aufenthaltsrecht zum Zweck der Arbeitsuche in § 2 Abs. 2 Nr. 1a) FreizügG/EU vorgesehen. 49

Der Leistungsausschluss kann von vornherein nicht eingreifen, wenn sich ein Ausländer auf **ein anderes Aufenthaltsrecht** als das zum Zweck der Arbeitsuche berufen kann. Aus dem Aufbau der Norm ist abzuleiten, dass positiv festgestellt werden muss, dass ein Ausländer sich allein zur Arbeitsuche in der Bundesrepublik Deutschland aufhält, denn nur dann kann auch der Leistungsausschluss festgestellt werden.[103] Ein einmal erworbenes Aufenthaltsrecht aus anderen Gründen als der Arbeitsuche entfällt nicht deswegen, weil der Betreffende zu einem späteren Zeitpunkt arbeitsuchend wird.[104] 50

Ein anderes Aufenthaltsrecht kann sich insbesondere aus § 2 Abs. 2 Nr. 1, 2 FreizügG/EU ergeben, wenn eine **Arbeitnehmereigenschaft** oder Selbständigkeit vorliegt. Die Arbeitnehmereigenschaft muss positiv festgestellt und insbesondere von Scheinarbeitsverhältnissen abgegrenzt werden. Nach der Rspr. des BSG ist der Begriff des Arbeitnehmers in § 7 Abs. 1 S. 2 SGB II **europarechtlich geprägt.**[105] Eine kodifizierte Definition des Arbeitnehmerbegriffs findet sich im Europarecht zwar nicht. Es ist aber auf die Ausprägung dessen zurückzugreifen, die er auf Grundlage der Rechtspre- 51

---

97 Vgl. hierzu ausf. Nazik/Ulber, NZS 2015, 369.

98 BSG 3.12.2015, NJW 2016, 1464; BSG 20.1.2016, NZS 2016, 552; vgl. Luik/Harich/G. Becker § 7 Rn. 41.

99 Vgl. dazu Ausarbeitung des Wissenschaftlichen Dienstes des Deutschen Bundestages, PE 6-3000-76/16 vom 25.5.2016, S. 9.

100 BSG 2.12.2014, mit Anmerkung Aubel SGb 103, 107.

101 LSG Sachsen 29.10.2020, L 8 AS 543/20 B ER, juris.

102 Ausnahmen sind in § 16 Abs. 5 und § 18c Abs. 1 AufenthG geregelt.

103 BSG 25.1.2012, FEVS 64, 97; Kingreen, SGb 2013, 132, 133.

104 SG 25.1.2012, aao; so auch jurisPK-SGB II/Leopold § 7 Rn. 131.

105 BSG 3.12.2015, SGb 2016, 717.

chung des EuGH erfahren hat.[106] Als „Arbeitnehmer“ ist danach jeder anzusehen, der nach einer Gesamtbetrachtung aller Umstände des Einzelfalls eine tatsächliche und echte Tätigkeit ausübt, wobei Tätigkeiten außer Betracht bleiben, die einen so geringen Umfang haben, dass sie sich als völlig untergeordnet und unwesentlich darstellen. Das wesentliche Merkmal des Arbeitsverhältnisses besteht nach der Rechtsprechung des Gerichtshofs darin, dass jemand während einer bestimmten Zeit für einen anderen nach dessen Weisung Leistungen erbringt, für die er als Gegenleistung eine Vergütung erhält.[107] Dabei sind nicht nur Gesichtspunkte wie die Arbeitszeit und die Höhe der Vergütung zu berücksichtigen, sondern auch solche wie der Anspruch auf bezahlten Urlaub, die Geltung von Lohnfortzahlung im Krankheitsfall, die Anwendung des Tarifvertrags in der jeweils gültigen Fassung auf den Arbeitsvertrag sowie die Dauer des Arbeitsverhältnisses.[108] Es muss eine Integration in den Betrieb des Arbeitgebers gegeben sein, bei der die betreffende Person unter der Weisung oder Aufsicht eines Dritten steht, der die zu erbringenden Leistungen und/oder die Arbeitszeiten vorschreibt und dessen Anordnungen durch den Arbeitnehmer zu befolgen sind.[109]

52 § 2 Abs. 3 FreizügG/EU sieht verschiedene Konstellationen der **Aufrechterhaltung des Freizügigkeitsrechts** für Erwerbstätige vor. Hierzu gehört der Fall der unfreiwilligen Arbeitslosigkeit. Bei unfreiwilliger durch die zuständige Agentur für Arbeit bestätigter Arbeitslosigkeit nach weniger als einem Jahr Beschäftigung bleibt das Recht aus § 2 Abs. 1 FreizügG/EU während der Dauer von sechs Monaten unberührt (§ 2 Abs. 3 S. 2 FreizügG/EU). Nach einer mehr als einjährigen Beschäftigung besteht das Freizügigkeitsrecht unbegrenzt fort, wenn die Agentur für Arbeit die Unfreiwilligkeit des Eintretens der Arbeitslosigkeit bestätigt (§ 2 Abs. 3 S. 1 Nr. 2 FreizügG/EU). Das unfreiwillige Eintreten von Arbeitslosigkeit liegt dann vor, wenn der Arbeitnehmer die Gründe, die zur Beendigung des Arbeitsverhältnisses (Kündigung, Aufhebungsvertrag) geführt haben, nicht zu vertreten hat. Die Bestätigung der Agentur für Arbeit über die Unfreiwilligkeit der Arbeitslosigkeit ist Voraussetzung für das Fortbestehen des Freizügigkeitsrechts.[110]

53 Auch ein **Daueraufenthaltsrecht** (rechtmäßiger Aufenthalt seit mindestens fünf Jahren) nach § 4a FreizügG/EU bzw. Art. 16 RL 2004/38/EG stellt ein anderes Aufenthaltsrecht dar. Dieses besteht unabhängig von einer Arbeitsuche, muss aber auf der Wahrnehmung des Freizügigkeitsrechts nach der Unionsbürgerrichtlinie bzw. dem FreizügG/EU erworben worden sein.[111] Allerdings sind Personen, die über ein Daueraufenthaltsrecht verfügen, bereits nach § 7 **Abs. 1 S. 4 SGB II** nicht von Leistungen nach dem SGB II ausgeschlossen.

54 Laut den Entscheidungen des EuGH in der Rechtssache Dano[112] und in der Rechtssache Alimanovic[113] ist der Ausschlusstatbestand des § 7 Abs. 1 S. 2 Nr. 2b SGB II (bis zum 31.12.2016 Abs. 1 S. 2 Nr. 2) **europarechtskonform**.[114] Danach sind Arbeitslosengeld II und Sozialgeld nach dem SGB II als besondere beitragsunabhängige Geldleistungen i.S.d. Art 70 VO (EG) Nr 883/2004 und „Sozialhilfe“ i.S.d. Art 24 Abs. 2 RL 2004/38/EG einzuordnen. Art. 24 Abs. 1 i.V.m. Art. 7 Abs. 1b) RL 2004/38/EG und Art 4 VO (EG) Nr. 883/2004 stehen laut EuGH der Regelung eines Mitgliedstaats nicht entgegen, nach der Staatsangehörige anderer Mitgliedstaaten (einschließlich ihrer Familienangehörigen) vom Bezug dieser Leistungen ausgeschlossen werden, sofern diesen Staatsangehörigen im Aufnahmemitgliedstaat kein Aufenthaltsrecht nach der RL 2004/38/EG zusteht.[115] Gleiches gilt für Staatsangehörige anderer Mitgliedstaaten (einschließlich ihrer Familienangehörigen), die nach Deutschland eingereist

106 BSG 3.12.2015, aaO.
107 Vgl. EuGH 4.2.2010, C-14/09 Rn 27 (Genc), NZA 2010, 213; EuGH 11.9.2008, C-228/07, SozR 4-6035 Art 39 Nr. 4 (Petersen).
108 BSG 3.12.2015, aaO.
109 BSG 3.12.2015, aaO; vgl. auch Schreiber, SGb 2019, 698 ff.
110 Bergmann/Dienelt/Dienelt § 2 FreizügG/EU Rn. 2.3.1.2.
111 jurisPK-SGB II/Leopold § 7 Rn. 132.
112 EuGH 11.11.2014, aaO.
113 EuGH 15.9.2015, C-67/14, NJW 2016, 555.
114 Vgl. auch BSG 3.12.2015, NJW 2016, 1464; Atanassov, ZESAR 2020, 19 ff.
115 EuGH 11.11.2014, aaO.

sind, um Arbeit zu suchen, wenn sie nicht Arbeitnehmer oder Selbstständige sind oder ihnen dieser Status erhalten geblieben ist.[116]

Bislang ungeklärt ist die **Verfassungsmäßigkeit des Leistungsausschlusses.** In der Literatur[117] 55
und Rechtsprechung[118] bestehen Zweifel an der Vereinbarkeit des Leistungsausschlusses mit dem Grundrecht auf Sicherung eines menschenwürdigen Existenzminimums aus Art. 1 Abs. 1 GG i.V.m. Art. 20 Abs. 1 GG. Das BVerfG hat mangels hinreichender Substantiierung einer eingelegten Verfassungsbeschwerde und fehlender Entscheidungserheblichkeit bislang keinen Anlass zur Klärung der Verfassungskonformität des Leistungsausschlusses nach § 7 Abs. 1 S. 2 Nr. 2b) SGB II gesehen.[119]

Zum 01.06.2024 ist mit dem Gesetz zur Weiterentwicklung der Fachkräfteeinwanderung[120] der Leistungsausschluss erweitert worden. Ausgeschlossen ist ein Leistungsbezug demnach auch für Personen, deren Aufenthaltsrecht sich allein aus dem Zweck der Ausbildungs- oder Studienplatzsuche oder aus einer Aufenthaltserlaubnis nach § 20a des AufenthG ergibt. § 20 AufenthG regelt die sog. Chancenkarte. Eine Chancenkarte ist eine Aufenthaltserlaubnis zur Suche nach einer Erwerbstätigkeit oder nach Maßnahmen zur Anerkennung ausländischer Berufsqualifikationen, § 20a Abs. 1 AufenthG.

d) Aufenthaltsrecht aus Art. 10 VO (EU) Nr. 492/2011

Nach § 7 Abs. 1 S. 2 Nr. 2c) SGB II[121] waren auch Ausländerinnen und Ausländer, die ihr Aufenthalts- 56
recht allein oder neben einem Aufenthaltsrecht zum Zwecke der Arbeitsuche (Nr. 2 Buchst. b) aus Artikel 10 der VO (EU) Nr. 492/2011 ableiten, und ihre Familienangehörigen von Leistungen nach dem SGB II ausgeschlossen. Der EuGH[122] entschied jedoch, dass der Leistungsausschluss **gegen Unionsrecht verstößt.** Sowohl die Art. 7 Abs. 2 und Art. 10 der Verordnung (EU) Nr. 492/2011 als auch Art. 4 der Verordnung (EG) Nr. 883/2004 seien dahingehend auszulegen, dass sie einer Regelung eines Mitgliedstaats entgegenstehen, nach der ein Staatsangehöriger eines anderen Mitgliedstaats und seine minderjährigen Kinder, die alle im erstgenannten Mitgliedstaat ein Aufenthaltsrecht aufgrund von Art. 10 dieser Verordnung genießen, weil die Kinder dort die Schule besuchen, unter allen Umständen automatisch vom Anspruch auf Leistungen zur Sicherung ihres Lebensunterhalts ausgeschlossen sind.

Das Bundessozialgericht bestätigte ebenfalls, dass ein Aufenthaltsrecht nach Art. 10 EUV 492/2011 einem Leistungsausschluss nach § 7 Abs. 1 S. 2 Nr. 2 SGB 2 aF entgegensteht.[123]

Der Gesetzgeber hat den Leistungsausschluss **mit Wirkung zum 01.01.2021[124] aus dem SGB II gestrichen.** Auch für vorgelagerte Zeiträume ist der Leistungsausschluss jedoch nicht anwendbar, da er nach dem Urteil des EuGH mit dem Unionsrecht unvereinbar ist.[125]

e) Rückausnahme

Abweichend von Satz 2 Nr. 2 erhalten Ausländerinnen und Ausländer und ihre Familienangehörigen Leistungen nach dem SGB II, wenn sie seit mindestens **fünf Jahren** ihren gewöhnlichen Aufenthalt

116 EuGH 15.9.2015, aaO.

117 Kingreen, SGb 2013, 132ff.; Hauck/Valgolio, § 7 SGB II Rn. 143; Kanalan, ZESAR 2016, 414, 415ff.; Devetzi/Janda, ZESAR 197, 199ff.; kritisch auch Klopstock, ZESAR 2017, 426, 429ff.

118 SG Mainz 18.4.2016, BeckRS 2016, 69108; LSG Hessen, 27.11.2013, BeckRS 2014, 66773.

119 BVerfG 4.10.2016, BeckRS 2016, 53429; BVerfG 4.12.2019, BeckRS 2019, 36330.

120 V. 16.8.2023, BGBl. 2023 I Nr. 217.

121 Zuletzt in der Fassung v. 30.11.2019.

122 EuGH 6.10.2020, C-181/19 (Jobcenter Krefeld/JD), SozR 4-4200 § 7 Nr. 61.

123 BSG 27.1.2021, FEVS 73, 97.

124 Gesetz zur Ermittlung der Regelbedarfe und zur Änderung des Zwölften Buches Sozialgesetzbuch sowie weiterer Gesetze v. 09.12.2020, BGBl. I 2020, 2855.

125 BSG 27.1.2021, NJW 2021, 246.

im Bundesgebiet haben (§ 7 Abs. 1 S. 4 SGB II). Der Gesetzgeber ist mit dieser Leistungsberechtigung hinter den für das Entstehen eines Daueraufenthaltsrechts nach § 2 Abs. 2 Nr. 7 i.V.m. § 4a Abs. 1 Satz 1 FreizügG/EU notwendigen Voraussetzungen zurückgeblieben.

Die Frist nach § 7 Abs. 1 S. 4 SGB II beginnt mit der Anmeldung bei der zuständigen Meldebehörde. Zeiten des nicht rechtmäßigen Aufenthalts, in denen eine Ausreisepflicht besteht, werden auf Zeiten des gewöhnlichen Aufenthalts nicht angerechnet. Aufenthaltsrechtliche Bestimmungen bleiben unberührt (§ 7 Abs. 1 S. 5 bis 7 SGB II).

In der Rechtsprechung ist umstritten, ob ein durchgehendes Meldeerfordernis notwendig. Ist.[126] Das Bundessozialgericht hat nunmehr richtigerweise klargestellt, dass für den Lauf der Fünfjahresfrist eine durchgehende Meldung nicht erforderlich ist.[127] Eine solche Anforderung hat keinen Niederschlag im Gesetzestext gefunden und ist auch nicht nach Sinn und Zweck dieses Gesetzes in Verbindung mit der bundeseinheitlich geltenden Meldepflicht anzunehmen.[128] Dementsprechend ist § 7 Abs. 1 S. 5 SGB II so auszulegen, dass die Frist nach § 7 Abs. 1 S. 4 SGB II mit der "Anmeldung" bei der zuständigen Meldebehörde beginnt und diese 5-Jahres-Frist erst bei wesentlichen Unterbrechungen neu zu laufen beginnt.[129]

Die Rückausnahme nach § 7 Abs. 1 S. 4 SGB II gilt nicht, wenn der Verlust des Rechts nach § 2 Abs. 1 des Freizügigkeitsgesetzes/EU festgestellt wurde (§ 7 Abs. 1 Satz 4, 2. Hs).

f) Leistungsberechtigte nach § 1 AsylbLG

57 Nach § 7 Abs. 1 S. 2 Nr. 3 SGB II sind ferner Leistungsberechtigte nach § 1 AsylbLG von Leistungen nach dem SGB II ausgenommen. Bei dem Asylbewerberleistungsgesetz handelt es sich um ein besonderes Sicherungssystem, das aus dem Asylkompromiss heraus entstanden ist und eigenständige und abschließende Regelungen zur Sicherung des Lebensunterhalts sowie zur Annahme und Durchführung von Arbeitsgelegenheiten für einen eng begrenzten Personenkreis von Ausländern enthält.[130]

58 Leistungsberechtigt nach § 1 AsylbLG sind Ausländer, die sich tatsächlich im Bundesgebiet aufhalten und die

1. eine Aufenthaltsgestattung nach dem Asylgesetz besitzen,

1a. ein Asylgesuch geäußert haben (und nicht die in den Nummern 1, 2 bis 5 und 7 genannten Voraussetzungen erfüllen),

2. über einen Flughafen einreisen wollen und denen die Einreise nicht oder noch nicht gestattet ist,
3. eine Aufenthaltserlaubnis besitzen
   a) wegen des Krieges in ihrem Heimatland nach § 23 Abs. 1 oder § 24 AufenthG,
   b) nach § 25 Abs. 4 S. 1 AufenthG oder
   c) nach § 25 Abs. 5 AufenthG, sofern die Entscheidung über die Aussetzung ihrer Abschiebung noch nicht 18 Monate zurückliegt,
4. eine Duldung nach § 60a AufenthG besitzen,
5. vollziehbar ausreisepflichtig sind, auch wenn eine Abschiebungsandrohung noch nicht oder nicht mehr vollziehbar ist,
6. Ehegatten, Lebenspartner oder minderjährige Kinder der in den Nummern 1 bis 5 genannten Personen sind, ohne dass sie selbst die dort genannten Voraussetzungen erfüllen, oder
7. einen Folgeantrag nach § 71 des Asylgesetzes oder einen Zweitantrag nach § 71a des Asylgesetzes stellen.

126 So insbesondere LSG Berlin-Brandenburg 4.5.2020 – S 31 AS 602/20 B ER, juris.

127 BSG 20.9.2023, SozR 4-4200 § 7 Nr. 68.

128 BSG, aaO; so bereits LSG NRW 18.8.2021, FEVS 429; LSG Berlin-Brandenburg 1.12.2022, L 19 AS 929/22 B ER, juris.

129 BSG aaO; LSG NRW aaO.

130 BT-Drs. 15/1516 S. 52.

2. Leistungsausschlüsse nach § 7 Abs. 4 SGB II

Leistungen nach dem SGB II erhält nach § 7 Abs. 4 SGB II nicht, wer in einer stationären Einrichtung 59
untergebracht ist, Rente wegen Alters, Knappschaftsausgleichsleistung oder ähnliche Leistungen öffentlich-rechtlicher Art bezieht. Dem Aufenthalt in einer stationären Einrichtung ist der Aufenthalt in einer Einrichtung zum Vollzug richterlich angeordneter Freiheitsentziehung gleichgestellt.

a) Unterbringung in stationärer Einrichtung

Vom Leistungsausschluss nach § 7 Abs. 4 S. 1 Alt. 1 SGB II werden nicht nur erwerbsfähige Leistungs- 60
berechtigte erfasst, sondern auch nicht Erwerbsfähige, die in einer Bedarfsgemeinschaft mit einem Erwerbsfähigen leben und daher Anspruch auf Sozialgeld hätten. Während einer stationären Unterbringung wird gesetzlich vermutet, dass die betroffenen Personen nicht erwerbsfähig sind (**gesetzliche Vermutung der Erwerbsunfähigkeit**).[131] Die untergebrachte Person kann in diesem Fall auch nicht Hauptleistungsberechtigter („Kopf") einer Bedarfsgemeinschaft nach § 7 Abs. 3 SGB II sein. Die Angehörigen der Bedarfsgemeinschaft sind ferner auf das SGB XII zu verweisen, wenn kein anderes Mitglied der Bedarfsgemeinschaft erwerbsfähig ist.[132]

Die Prüfung des Leistungsausschlusses erfolgt in drei Schritten: 61

In einem ersten Schritt ist zu prüfen, ob es sich um eine Leistungserbringung in einer **Einrichtung** handelt. Hierbei ist vom **sozialhilferechtlichen Begriffsverständnis** des § 13 Abs. 2 SGB XII auszugehen, wonach alle Einrichtungen erfasst sind, die der Pflege, der Behandlung oder sonstigen nach dem SGB XII zu deckenden Bedarfe oder der Erziehung dienen (das BSG hat den zuvor vertretenen funktionalen Einrichtungsbegriff mit Urteil vom 5.6.2014[133] aufgegeben).[134] Nach der hierzu und zur Vorgängerregelung des § 97 Abs. 4 BSHG ergangenen Rechtsprechung ist eine Einrichtung daher bei einer auf Dauer angelegten Kombination von sächlichen und personellen Mitteln anzunehmen, die zu einem besonderen Zweck und unter der Verantwortung eines Trägers zusammengefasst wird und die für einen größeren wechselnden Personenkreis bestimmt ist,[135] wobei die Bindung an ein Gebäude gegeben sein muss.[136]

In einem zweiten Schritt kommt es darauf an, ob Leistungen **stationär** erbracht werden. Auch 62
hierfür ist zur näheren Bestimmung auf § 13 Abs. 1 SGB XII Bezug zu nehmen. Dessen S. 2 lautete bis zum 6.12.2006:[137] „Stationäre Einrichtungen sind Einrichtungen, in denen Leistungsberechtigte leben und die erforderlichen Hilfen erhalten." Hieraus folgt, dass von einer „stationären Leistungserbringung" auszugehen ist, wenn der Leistungsempfänger nach formeller Aufnahme in der Institution lebt und daher die Unterbringung Teil der Leistungserbringung ist. Die Streichung dieser Vorschrift mit Wirkung zum 7.12.2006[138] hat an dem Begriffsverständnis von einer „stationären Leistungserbringung" nichts geändert. Der Gesetzgeber wollte damit lediglich klarstellen, dass S. 2 des § 13 SGB XII nicht den Begriff der „Einrichtung" definiert. Auch im SGB XII sollte weiterhin von dem Einrichtungsbegriff ausgegangen werden, der der gefestigten Rechtsprechung entspricht.[139]

Als dritte Voraussetzung kommt es auf eine **Unterbringung** in der stationären Einrichtung an. 63
§ 7 Abs. 4 SGB II erhebt das Erfordernis der Unterbringung ausdrücklich zum Tatbestandsmerkmal;

---

131 BSG 6.9.2007, BSGE 99, 88; BSG 24.2.2011, SGb 2012, 172; Luik/Harich/G. Becker § 7 SGB II Rn. 144; LPK-SGB II/Korte/Thie § 7 Rn. 111.

132 LPK-SGB II/Geiger § 7 Rn. 134.

133 BSGE 116, 112.

134 BSG 5.6.2014, BSGE 116, 112.

135 BVerwG 24.2.1994, BVerwGE 95, 149, 152; BSG 13.7.2010, BSGE 106, 264.

136 BSG 5.6.2014, aaO.

137 In der Fassung des Gesetzes zur Einordnung des Sozialhilferechts in das Sozialgesetzbuch vom 27.12.2003, BGBl. I 3022.

138 Durch das Gesetz zur Änderung des Zwölften Buches Sozialgesetzbuch und anderer Gesetze vom 2.12.2006, BGBl. I 2670.

139 BT-Drs. 16/2711 S 10; vgl. BSG 23.8.2013, SozR 4-5910 § 97.

dem ist im Rahmen der Auslegung Rechnung zu tragen. Die dritte Voraussetzung bewirkt eine Einschränkung des im zweiten Schritt eröffneten weiten Anwendungsbereichs.[140] Es kommt nicht allein darauf an, dass die Einrichtung (auch) stationäre Leistungen erbringt. Ferner genügt nicht bereits ein geringes Maß an Unterbringung im Sinne einer formellen Aufnahme. Von einer Unterbringung ist nur auszugehen, wenn der Träger der Einrichtung nach Maßgabe seines Konzeptes die **Gesamtverantwortung für die tägliche Lebensführung und die Integration des Hilfebedürftigen übernimmt**.[141]

64 Liegen die Voraussetzungen des Leistungsausschlusses nach § 7 Abs. 4 S. 1 SGB II vor, ist der Hilfebedürftige auf Leistungen nach dem SGB XII zu verweisen.

65 Zu einer stationären Einrichtung zählen grundsätzlich:
- Krankenhäuser,
- Altenpflegeheime,
- Therapeutische Wohngemeinschaften,
- Blindenheime,[142]
- Altenpensions- und Kurheime,
- Erholungsheime,
- Heilstätten.[143]

66 Nicht als stationäre Einrichtung i. S. d. § 7 Abs. 4 SGB II anzusehen sind hingegen:
- Einrichtungen der Wohnungslosenhilfe,[144]
- Übergangswohnheime für Haftentlassene,
- Frauenhäuser,
- Krankenstationen für Obdachlose.[145]

b) Besondere Wohnform

67 Nach § 7 Abs. 4 S. 4 SGB II ist dem Aufenthalt in einer stationären Einrichtung die Unterbringung in einer besonderen Wohnform im Sinne des § 42a Abs. 2 S. 1 Nr. 2 und S. 3 SGB XII gleichgestellt. Die Norm ist zum 1.1.2020 hinzugefügt worden und berücksichtigt die Änderungen im Zuge der Reform des Eingliederungshilferechts, insbesondere die Überführung des Eingliederungshilferechts aus dem Sechsten Kapitel SGB XII in den neuen Teil 2 SGB IX. Das neue Eingliederungsrecht kennt den Begriff der stationären Einrichtung nicht mehr. An seine Stelle tritt für Leistungsberechtigte nach dem SGB XII insoweit die sogenannte besondere Wohnform im Sinne des § 42a Abs. 2 S. 1 Nr. 2 und S. 3 SGB XII. Vor diesem Hintergrund ordnet der neue S. 4 an, dass S. 1 und S. 3 Nr. 2 für Bewohner der besonderen Wohnform im Sinne des § 42a SGB XII entsprechend gelten. Weil die stationäre Einrichtung bei anderen Leistungen (etwa bei Krankenhausaufenthalten im Sinne des § 107 SGB V oder aber auch der Inanspruchnahme von Pflegeleistungen) fortbesteht, wird an den Regelungen für in einer stationären Einrichtung Untergebrachte im Übrigen aber festgehalten.[146] Der **Analogieverweis auf S. 1 und S. 3 Nr. 2** verlangt dabei die entsprechende Anwendung aller dortigen Tatbestandsmerkmale. Dies gilt insbesondere auch für das vom BSG aus dem Tatbestandsmerkmal der „Unterbringung" abgeleitete Erfordernis, wonach der Leistungsausschluss nach S. 1 nur greift, wenn der Träger (der stationären Einrichtung beziehungsweise künftig auch der besonderen Wohnform) nach Maßgabe seines Konzepts die Gesamtverantwortung für die tägliche Lebensführung und die Integration

---

140 jurisPK-SGB II/Leopold § 7 Rn. 286.
141 Vgl. BSG 5.6.2014, BSGE 116, 112–1209.
142 Luik/Harich/G. Becker § 7 SGB II Rn. 153.
143 Vgl. Fachliche Hinweise der Bundesagentur für Arbeit Stand 201.2020 Rn. 7.94.
144 SG Köln 20.3.2015, BeckRS 2015, 67636.
145 Vgl. Fachliche Hinweise der Bundesagentur für Arbeit a. a. O.
146 jurisPK-SGB II/Leopold § 7 Rn. 305 f.

der Betroffenen übernimmt.[147] Sofern diese Voraussetzungen erfüllt sind, muss bei den Bewohnern der besonderen Wohnform nach § 42a SGB XII ebenso wie bei den in stationären Einrichtungen Untergebrachten – vorbehaltlich der Fälle des S. 3 – davon ausgegangen werden, dass sie für eine Eingliederung in Arbeit nicht zur Verfügung stehen.[148]

c) Einrichtung zum Vollzug richterlich angeordneter Freiheitsentziehung

Dem Aufenthalt in einer stationären Einrichtung ist nach § 7 Abs. 4 S. 2 SGB II der Aufenthalt in einer Einrichtung zum Vollzug richterlich angeordneter Freiheitsentziehung gleichgestellt.[149] Ein Vollzug richterlich angeordneter Freiheitsentziehung liegt insbesondere in folgenden Fällen vor: 68

- beim Vollzug von Strafhaft,
- Untersuchungshaft,
- Ersatzfreiheitsstrafen,[150]
- Maßregeln zur Besserung und Sicherung,
- Unterbringung psychisch Kranker und Suchtkranker nach den Unterbringungsgesetzen der Länder (PsychKG),
- wenn nach § 1666 BGB das Vormundschaftsgericht bei Vernachlässigung der elterlichen Sorge zum Wohl des Kindes eine Unterbringung in einer stationären Einrichtung bestimmt.[151]

Der Leistungsausschluss gilt vom ersten Tag der Aufnahme in die Einrichtung. Auch im **offenen Vollzug** ist der Leistungsausschluss nach § 7 Abs. 4 S. 2 SGB II einschlägig.[152] Es kommt nicht darauf an, ob die objektive Struktur der Vollzugseinrichtung täglich mindestens dreistündige Beschäftigungen auf dem allgemeinen Arbeitsmarkt erlaubt oder ob Vollzugslockerungen gewährt werden. Zwar sieht § 7 Abs. 4 S. 3 Nr. 2 SGB II eine Ausnahme vom Leistungsausschluss vor, wenn der Hilfebedürftige unter den üblichen Bedingungen des allgemeinen Arbeitsmarktes mindestens 15 Stunden wöchentlich erwerbstätig ist. Der Gesetzgeber hat mit der Änderung von § 7 Abs. 4 S. 3 Nr. 2 SGB II ab dem 1.8.2016[153] den Ausnahmetatbestand in § 7 Abs. 4 S. 3 Nr. 2 SGB II aber auf Einrichtungen nach Abs. 4 S. 1 beschränkt, um entgegen der bis dahin vorherrschenden Rechtsprechung und Auffassung in der Literatur[154] klarzustellen, dass Personen, die sich in einer Einrichtung zum Vollzug richterlich angeordneter Freiheitsentziehung aufhalten, auch dann nicht leistungsberechtigt sind, wenn sie als Freigänger einer Beschäftigung nachgehen.[155] 69

Während einer Haftunterbrechung i. S. v. § 455 Abs. 4 StPO liegt kein Aufenthalt in einer Einrichtung zum Vollzug richterlich angeordneter Freiheitsentziehung i. S. v. § 7 Abs. 4 S. 2 SGB II vor.[156] 70

Die Ausschreibung zur Festnahme nach Nichtantritt zur Verbüßung der Strafe ist richterlich angeordneter Freiheitsentziehung nach § 7 Abs. 4 S. 2 SGB II gleichgestellt.[157] 71

147 BSG 5.6.2014, BSGE 116, 112; jurisPK-SGB II/Leopold § 7 Rn. 307.
148 BT-Drs. 19/11006, S. 34.
149 Zur Rechtslage vor dem 1.8.2006 s. Hammel ZfSH/SGB 2006, 707.
150 Vgl. hierzu BSG 24.3.2011, SGb 2012, 172.
151 BT-Drs. 16/1410 S. 20.
152 BSG 24.2.2011, SGb 2012, 172.
153 Durch das Neunte Gesetz zur Änderung des SGB II – Rechtsvereinfachung (BGBl. I 1824).
154 BSG 24.2.2011, SGb 2012, 172; Löns/Herold-Tews/Wolf-Dellen § 7 SGB II Rn. 45; Hauck/Valgolio § 7 SGB II Rn. 252.
155 BT-Drs 18/8909 S. 29; LSG NRW 5.9.2017, BeckRS 2017, 124073.
156 LSG Sachsen-Anhalt 30.6.2016, ZFSH/SGB 2016, 558; BSG 12.11.2015, SGb 2016, 647.
157 S. LSG NRW 21.8.2017, BeckRS 2017, 122472 der Senat lässt offen, ob in diesem Fall die Erwerbsfähigkeit zu verneinen ist oder § 7 Abs. 4 S. 2 Anwendung findet.

d) Bezug von Rentenleistungen

72 Nach § 7 Abs. 4 S. 1 SGB II erhält keine Leistungen, wer eine Rente wegen Alters bezieht. Dies gilt nur, wenn die Rente auch tatsächlich zufließt. Der bloße Anspruch dem Grunde nach oder ein Rentenantrag genügen nicht.

Bei weiterhin bestehender Hilfebedürftigkeit sind die Betroffenen auf das SGB XII zu verweisen oder erhalten Sozialgeld, weil sie Mitglied einer Bedarfsgemeinschaft mit einem erwerbsfähigen Leistungsberechtigten sind.

Vom Leistungsausschluss umfasst ist auch der Bezug einer ausländischen Rente.[158]

e) Ausnahmen

aa) Unterbringung in einem Krankenhaus weniger als sechs Monate

73 Vom Leistungsausschluss nicht umfasst ist nach § 7 Abs. 4 S. 3 Nr. 1 SGB II, wer voraussichtlich für **weniger als sechs Monate** in einem Krankenhaus i. S. v. § 107 SGB V untergebracht ist. Neben Krankenhäusern sind auch Vorsorge- und Rehabilitationseinrichtungen umfasst. Zu diesen Einrichtungen gehören alle Einrichtungen, in denen Versicherte Leistungen aus Gründen der Prävention oder zur Rehabilitation der gesetzlichen Krankenversicherung nach §§ 23 Abs. 4, 40 Abs. 2 i. V. m. § 11 Abs. 2 SGB V erhalten.[159] Auf den Kostenträger der Leistungen kommt es dabei nicht an. Bestehen bei der betroffenen Einrichtung Zweifel, ob es sich um eine Einrichtung nach § 107 SGB V handelt, kann die Klärung über den zuständigen Träger erfolgen.

74 Ob der Aufenthalt sechs Monate über- oder unterschreitet, erfordert eine **Prognoseentscheidung**.[160] Das Wesen einer Prognoseentscheidung besteht darin, dass zu einem bestimmten Zeitpunkt (Prognosezeitpunkt) für die Zukunft ein bestimmter Sachverhalt prognostiziert wird. Es muss ab einem bestimmten Prognosezeitpunkt mit einer längeren Unterbringung als sechs Monate in einer Einrichtung gem. § 7 Abs. 4 S. 3 Nr. 1 SGB II gerechnet werden können. Bei der Vorschrift des § 7 Abs. 4 SGB II handelt es sich mithin nicht um eine Ausschlussfrist. Es sind also nicht zunächst immer bis zum Ablauf der ersten sechs Monate Leistungen nach dem SGB II zu erbringen, umgekehrt tritt auch nach mehr als sechsmonatiger Unterbringung nicht zwingend ein Leistungsausschluss ein. Auch wenn durch eine mehr als sechsmonatige Unterbringung die ursprüngliche Prognose widerlegt worden ist, bleibt diese beachtlich, wenn sie zum Prognosezeitpunkt bei vorausschauender Betrachtung zutreffend gewesen ist. Dies liegt im Wesen einer Prognoseentscheidung.[161] Sinn des § 7 Abs. 4 SGB II ist es, durch eine Prognoseentscheidung zu Beginn der Unterbringung einen Wechsel des Leistungsträgers nach nur kurzer Zeit innerhalb der Dauer von weniger als sechs Monaten zu vermeiden, denn die Prognoseentscheidung bleibt grundsätzlich für die Dauer der Bewilligungsentscheidung maßgeblich.[162] Daher hat eine auf einer Prognose von unter sechs Monaten bestehende Bewilligung nach dem SGB II im Regelfall auch bei einer – nicht prognostizierbaren – über sechs Monate hinausgehenden Dauer der Unterbringung Bestand.

Beispiel:

Das Jobcenter bewilligt K Leistungen nach dem SGB II für den Zeitraum 1.12.2019 bis 30.11.2020. K erklärt gegenüber dem Jobcenter, dass er sich ab dem 5.5.2020 in stationärer Behandlung befindet.

Var. 1:

Die stationäre Behandlung dauert laut ärztlichem Bericht voraussichtlich 7 Monate. K ist bereits ab dem Tag der Einweisung von Leistungen nach dem SGB II ausgeschlossen und auf Leistungen nach dem SGB XII zu verweisen. Das Jobcenter wird den Bewilligungsbescheid nach § 48 Abs. 1 SGB X ab dem 5.5.2020 aufheben.

---

158 BSG 15.5.2012, SozR 4-4200 § 7 Nr. 30.

159 Luik/Harich/G. Becker § 7 Rn. 158.

160 BSG 6.9.2007, SozR 4-4200 § 7 Nr. 5, Rn. 12; jurisPK-SGB II/Leopold § 7 SGB II Rn. 296; Luik/Harich/G. Becker § 7 Rn. 159.

161 BSG 6.9.2007, aaO.

162 BSG 6.9.2007, aaO.

Var. 2:
Laut ärztlichem Bericht soll die Behandlung 3 Monate dauern. Das Jobcenter hebt die zuvor getroffene Bewilligungsentscheidung nicht auf. Im August 2020 ergibt sich, dass die stationäre Behandlung um weitere 4 Monate verlängert werden muss, was zuvor nicht erkennbar war. Das Jobcenter darf die zuvor getroffene Bewilligungsentscheidung nicht aufheben, da die Prognoseentscheidung zum Zeitpunkt der Bewilligung richtig war. Erst nach Ablauf des Bewilligungszeitraums, also ab dem 1.12.2020 und bei Fortdauer der stationären Behandlung darf das Jobcenter Leistungen ablehnen und K auf das SGB XII verweisen.

Zeiten in unterschiedlichen Einrichtungen sind zusammenzurechnen, soweit es sich um die Behandlung ein und desselben Krankheitsereignisses handelt.[163] Der Wechsel der Einrichtung muss aber bereits zum Zeitpunkt der Aufnahme in die erste Einrichtung zu prognostizieren gewesen sein.[164] 75

Als maßgebenden Zeitpunkt für die Beurteilung der Sach- und Rechtslage sieht das Gesetz die Aufnahme in das Krankenhaus an. Das BSG hat in seinem Urteil vom 6.9.2007[165] zunächst offen gelassen, ob auch auf einen erst später (nach Aufnahme ins Krankenhaus) gestellten Antrag auf Leistungen nach dem SGB II als Prognosezeitpunkt abgestellt werden kann. Dies hätte zur Konsequenz, dass im Falle eines länger als sechs Monate dauernden Krankenhausaufenthalts bei einer zeitlich der Krankenhausaufnahme nachfolgenden Antragstellung lediglich die prognostizierbare Restzeit des Aufenthalts im Krankenhaus maßgeblich ist. Mit Urteil vom 2.12.2014[166] hat der 14. Senat diese Auffassung mit Blick auf Wortlaut, Systematik und Regelungszweck der Norm abgelehnt. 76

bb) Tatsächliche Erwerbstätigkeit

Geht der Leistungsberechtigte **unter den üblichen Bedingungen des allgemeinen Arbeitsmarktes mindestens für 15 Stunden wöchentlich** einer Beschäftigung nach, liegt kein Leistungsausschluss vor (§ 7 Abs. 4 S. 3 Nr. 2 SGB II). Die gesetzliche Vermutung der Erwerbsunfähigkeit wird in diesem Fall widerlegt. Notwendig ist die tatsächliche Ausübung einer Tätigkeit. Eine bloße Verfügbarkeit reicht nicht aus. Nicht erforderlich ist aber eine gleichmäßige Verteilung der 15 Stunden auf eine Woche. Feiertage, kurzzeitige Erkrankungen oder Urlaubszeiten sind daher nicht in Abzug zu bringen.[167] Ob eine Beschäftigung den üblichen Bedingungen des allgemeinen Arbeitsmarktes entspricht, richtet sich maßgeblich nach den Kriterien Arbeitsentgelt, Arbeitsort und Arbeitszeit. Beschäftigungen von stationär untergebrachten Personen in Justizvollzugsanstalten, Werkstätten für behinderte Menschen (Arbeitsbereich) und Blindenwerkstätten werden nicht unter üblichen Bedingungen des allgemeinen Arbeitsmarktes ausgeübt und sind deshalb vom Leistungsausschluss erfasst.[168] 77

Auch bei der zum 1.1.2020 hinzugefügten **besonderen Wohnform** besteht ebenso wenig wie bei stationären Einrichtungen Anlass, die Betroffenen von den Leistungen der Grundsicherung für Arbeitsuchende auszunehmen, wenn sie unter den üblichen Bedingungen des allgemeinen Arbeitsmarktes mindestens 15 Stunden wöchentlich erwerbstätig sind. § 7 Abs. 4 S. 4 SGB II verweist insoweit ausdrücklich auch auf die Ausnahmeregelung des § 7 Abs. 4 S. 3 Nr. 2 SGB II. Es ist allerdings davon auszugehen, dass es sich dabei um eine geringe Personenzahl handeln dürfte.[169] 78

163 BT-Drs. 16/1410, S. 20; LSG NRW 3.12.2007, BeckRS 2008, 51476; BayLSG 16.7.2014, FEVS 66, 325–329.
164 jurisPK-SGB II/Leopold § 7 SGB II Rn. 296.
165 NZS 2008, 493.
166 BSGE 117, 303–310.
167 jurisPK-SGB II/Leopold § 7 Rn. 303.
168 Vgl. Fachliche Hinweise der Bundesagentur für Arbeit Rn. 7.111.
169 BT-Drs. 19/11006 S. 34.

3. Erreichbarkeitserfordernis

79 Durch das Bürgergeldgesetz ist die ursprüngliche Norm zur unerlaubten Ortsabwesenheit in § 7 Abs. 4a SGB II mit Wirkung zum 1.07.2023 durch § 7b SGB II ersetzt worden. Zudem hat der Gesetzgeber die Verordnungsermächtigung in § 13 Abs. 3 SGB II – ebenfalls mit Wirkung zum 1.7.2023 – neu gefasst. Sie bezieht sich nunmehr statt auf § 7 Abs. 4a SGB II a. F. auf § 7b SGB II.

Wie auch nach alter Rechtslage muss § 7b in Verbindung mit § 7 SGB II gelesen werden. Es handelt sich hierbei nämlich um einen Leistungsausschluss.

a) Hintergrund/Sinn und Zweck

80 Durch Einfügung des Leistungsausschlusses sollte die missbräuchliche Inanspruchnahme von Fürsorgeleistungen vermieden werden.[170] Hintergrund für die Regelung war der Umstand, dass bis zur Einfügung des § 7 Abs. 4a SGB II Regelungen über den auswärtigen Aufenthalt (Ortsabwesenheit) nur in der Eingliederungsvereinbarung (mittlerweile abgelöst durch die Kooperationsvereinbarung) getroffen werden konnten, also im Wege der schriftlich vereinbarten Absprache zwischen dem Sachbearbeiter des Grundsicherungsträgers und dem Leistungsberechtigten. Hieraus folgte im Falle der Nichteinhaltung der Absprachen durch den Leistungsberechtigten eine Absenkung des Arbeitslosengeldes II nach § 31 Abs. 1 S. 1 Nr. 1b SGB II a. F.[171] Insbesondere bei einem länger andauernden Aufenthalt im Ausland, bei dem dennoch der gewöhnliche Aufenthalt in Deutschland bestehen blieb, war die dort vorgesehene Absenkung um lediglich 30 % der Regelleistung nicht geeignet, den Hilfebedürftigen zu einer Rückkehr nach Deutschland und der aktiven Mitwirkung an seiner Eingliederung in den Arbeitsmarkt zu bewegen. Deshalb sollte künftig der Anspruch auf Leistungen bei einem Verstoß gegen den in Abs. 4a formulierten Grundsatz ganz entfallen.[172]

81 Anders als in § 138 SGB III ist die „Verfügbarkeit“ des Leistungsberechtigten aber weiterhin keine Voraussetzung für den Bezug von Leistungen nach dem SGB II.[173] Mit der Neuregelung in § 7b SGB II bezweckte der Gesetzgeber eine Modernisierung des Erreichbarkeitsrechts. Die Anforderungen an die Erreichbarkeit Leistungsberechtigter sollten an die Möglichkeiten moderner Kommunikation angepasst werden. Regelungen, die keinen vorteilhaften Einfluss auf die Eingliederung haben, wie die Pflicht, werktäglich Briefpost persönlich zur Kenntnis nehmen zu können, sollten abgeschafft werden. Der Katalog wichtiger Gründe für eine Abwesenheit wurde erweitert.[174] Insgesamt sollten die Anforderungen an die Erreichbarkeit von erwerbsfähigen Leistungsberechtigten eingeschränkt werden.[175]

b) Aktuelle Rechtslage

82 Die Neufassung des § 7b SGB II lautet wie folgt:

„Erwerbsfähige Leistungsberechtigte erhalten Leistungen, wenn sie erreichbar sind. Erreichbar sind erwerbsfähige Leistungsberechtigte, wenn sie sich im näheren Bereich des zuständigen Jobcenters aufhalten und werktäglich dessen Mitteilungen und Aufforderungen zur Kenntnis nehmen können. Ein Aufenthalt im näheren Bereich liegt vor, wenn es den erwerbsfähigen Leistungsberechtigten möglich ist, eine Dienststelle des zuständigen Jobcenters, einen möglichen Arbeitgeber oder den Durchführungsort einer Integrationsmaßnahme im örtlichen Zuständigkeitsbereich des Jobcen-

170 BT-Drs. 16/1696 S. 26.

171 In der Fassung des Gesetzes zur Fortentwicklung der Grundsicherung für Arbeitsuchende vom 20.7.2006, BGBl. I 1706, m.W.v. 1.1.2007.

172 BT-Drs 16/1696 S. 26.

173 So auch BSG 23.11.2006, SozR 4-4200 § 16 Nr. 1; Bayrisches LSG 2.2.2012, ZFSH/SGB 2012, 335–338; Luik/Harich/G. Becker § 7 SGB II Rn. 174; a. A. Fachliche Weisungen der Bundesagentur für Arbeit Rn. 7.122, laut der eine Residenzpflicht der Leistungsempfänger vorliegt.

174 BT Drs. 20/3873 S. 55.

175 BT Drs. 20/3873 S. 65.

ters in einer für den Vermittlungsprozess angemessenen Zeitspanne und ohne unzumutbaren oder die Eigenleistungsfähigkeit übersteigenden Aufwand aufzusuchen. Der nähere Bereich schließt auch einen Bereich im grenznahen Ausland ein.

Erwerbsfähige Leistungsberechtigte, die nicht erreichbar sind, erhalten nur dann Leistungen, wenn für den Aufenthalt außerhalb des näheren Bereichs ein wichtiger Grund vorliegt und das Jobcenter dem Aufenthalt außerhalb des näheren Bereichs zugestimmt hat. Ein wichtiger Grund liegt insbesondere vor bei

1. Teilnahme an einer ärztlich verordneten Maßnahme der medizinischen Vorsorge oder Rehabilitation,
2. Teilnahme an einer Veranstaltung, die kirchlichen oder gewerkschaftlichen Zwecken dient oder im öffentlichen Interesse liegt,
3. Aufenthalten außerhalb des näheren Bereichs, die überwiegend der Eingliederung in Ausbildung oder Arbeit dienen, oder
4. Ausübung einer ehrenamtlichen Tätigkeit, wenn die Eingliederung in Ausbildung oder Arbeit nicht wesentlich beeinträchtigt wird.

Für Abwesenheiten außerhalb des näheren Bereichs aufgrund der Ausübung einer Erwerbstätigkeit ist abweichend von Satz 1 keine Zustimmung des Jobcenters erforderlich.

Erwerbsfähige Leistungsberechtigte, die ohne wichtigen Grund nicht erreichbar sind, erhalten Leistungen, wenn das Jobcenter dem Aufenthalt außerhalb des näheren Bereichs zugestimmt hat und die Eingliederung in Ausbildung oder Arbeit nicht wesentlich beeinträchtigt wird. Die Zustimmung zu Abwesenheiten ohne wichtigen Grund soll in der Regel für insgesamt längstens drei Wochen im Kalenderjahr erteilt werden. Bei erwerbsfähigen Leistungsberechtigten, die weder arbeitslos noch erwerbstätig sind, ist die Zustimmung nach Satz 1 zu erteilen.“ 83

Gem. § 13 Abs. 3 SGB II soll das Nähere zum zeit- und ortsnahen Bereich in einer vom Bundesministerium für Arbeit zu erlassenden Rechtsverordnung geregelt werden. Die nähere Gestaltung der Regelung erfolgt demnach durch die Erreichbarkeits-Verordnung (ErrV).[176] 84

c) Erfasster Personenkreis

Der Leistungsausschluss erfasst sowohl nach der alten als auch der neuen Fassung lediglich **erwerbsfähige Leistungsberechtigte**. Nicht umfasst sind insbesondere: 85

- erwerbsunfähige Sozialgeldbezieher,[177]
- Kinder unter 15 Jahren,[178]
- Alleinerziehende, die sich in der Elternzeit befinden,[179]
- arbeitsunfähig erkrankte Leistungsberechtigte.[180]

Für eine solche Auslegung spricht der Sinn und Zweck der Norm unter Berücksichtigung der Entstehungsgeschichte. § 7b dient, wie ein Blick auf die derzeit geltende Fassung der Vorschrift zeigt, allein dazu, sicherzustellen, dass der Betroffene für die Eingliederung in Arbeit zur Verfügung steht.[181] Gegen eine Anwendbarkeit der Norm insbesondere auf Bezieher von Sozialgeld spricht auch deren Entstehungsgeschichte. Die leistungsberechtigten Personen sollten zur aktiven Mitwirkung an ihrer Eingliederung in den Arbeitsmarkt bewegt werden (s. § 65 Rn. 11).[182] Gegen eine Anwendung der Norm 86

176 Vom 28.7.2023, BGBl. I, Nr. 207.
177 LSG Baden-Württemberg 14.7.2010, L 3 AS 3552/09, juris.
178 Fachliche Weisungen der Bundesagentur für Arbeit Stand 2.1.2020 Rn. 7.123.
179 LSG Berlin-Brandenburg 15.8.2013, BeckRS 2013, 72082.
180 LSG Hamburg 23.5.2013, BeckRS 2013, 69520; LSG Berlin-Brandenburg, 9.9.2011, L 5 AS 1340/11 B ER, juris.
181 So auch zur neuen Rechtslage Uyanik, info also 2023, 198.
182 BT-Drs 16/1696 S. 26.

auf die genannten Personengruppen spricht schließlich die systematische Stellung in § 7 SGB II, welcher die Voraussetzungen für die Leistungen bestimmt und in Abs. 1 u.a. die Vollendung des 15. Lebensjahres und das Vorliegen von Erwerbsfähigkeit voraussetzt.

d) Näherer Bereich

87 Eine Definition des näheren Bereiches ergibt sich aus § 1 ErrV 1. Die Möglichkeit, die Dienststelle in einer angemessenen Zeitspanne und ohne unzumutbaren oder die Eigenleistungsfähigkeit übersteigenden Aufwand aufzusuchen, ist gegeben, wenn die einfache Wegstrecke zur zuständigen Dienststelle in höchstens **zweieinhalb Stunden** bewältigt werden kann. Der Gesetzgeber regelt somit lediglich eine zeitliche Entfernung und keine räumliche. Dabei ist die festgelegte Zeitspanne als großzügig anzusehen.[183]Anerkannt wird in § 1 Abs. 2 Satz 2 ErrV, dass aufgrund örtlicher Gegebenheiten längere Wegezeiten erforderlich sein können, z.B. im Falle ungünstiger Anbindung an den öffentlichen Personennahverkehr und falls kein anderes Verkehrsmittel zur Verfügung steht.[184]

88 Der räumliche Nahbereich ist nach § 7b Abs. 1 S. 4 ausdrücklich nicht auf das Inland beschränkt. Er schließt auch einen Bereich im **grenznahen Ausland** ein. § 1 Abs. 2 S. 3 ErrV konkretisiert dies dahingehend, dass es sich dabei um den Bereich handelt, der sich von der Grenze der Bundesrepublik Deutschland in einer Tiefe von 30 Kilometern in das ausländische Hoheitsgebiet erstreckt.[185]

e) Möglichkeit werktäglicher Kenntnisnahme

89 Die erwerbsfähige leistungsberechtigte Person hat sicherzustellen, dass sie Mitteilungen und Aufforderungen des zuständigen Jobcenters werktäglich zur Kenntnis nehmen kann. Nach § 2 Abs. 1 S. 2 ErrV ist eine persönliche Entgegennahme nicht erforderlich. Die Möglichkeit der Kenntnisnahme liegt auch vor, wenn die erwerbsfähige leistungsberechtigte Person sicherstellt, dass Mitteilungen und Aufforderungen durch Dritte zur Kenntnis genommen werden können und eine entsprechende Information durch diese an die erwerbsfähige leistungsberechtigte Person erfolgt.

Werktage im Sinne des § 7b Abs. 1 S. 2 sind die Wochentage Montag bis Samstag. Ausgenommen sind die gesetzlichen Feiertage (§ 2 Abs. 2 ErrV).

Bei Mitteilungen und Aufforderungen, die samstags oder einen Tag vor gesetzlichen Feiertagen zugehen, ist es für die Annahme der Erreichbarkeit ausreichend, wenn sie vor Beginn des nächsten Werktags zur Kenntnis genommen werden können (§ 2 Abs. 3 ErrV).

Begrüßenswert ist, dass in § 2 Abs. 4 ErrV eine Sonderregelung für Personen ohne festen Wohnsitz getroffen worden ist. Bei einer erwerbsfähigen leistungsberechtigten Person ohne festen Wohnsitz wird das Vorliegen der Voraussetzungen des Absatzes 1 angenommen, wenn sie die Dienststelle einmal pro Leistungsmonat persönlich aufsucht. Sie muss der Dienststelle anlässlich der Vorsprache nach Satz 1 mitteilen, auf welchem Weg eine Kontaktaufnahme möglich ist.

f) wichtiger Grund

§ 7b Abs. 2 regelt wichtige Gründe, bei denen trotz fehlender Erreichbarkeit Leistungen gewährt werden. Der Gesetzgeber nennt auch einige Fälle, in denen ein wichtiger Grund anzunehmen ist. Die Auszählung wird in § 3 ErrV weitergeführt, ist aber nicht abschließend. Anders als § 7b sieht die Verordnung jedoch die zusätzliche Hürde vor, dass die Eingliederung in Ausbildung oder Arbeit nicht wesentlich beeinträchtigt wird.[186]

---

183 Vgl. auch Uyanik, info also 2023, 198, 199; Söhngen/Baldschun, SGb 2024, 268, 274.
184 Vgl. jurisPK SGB II/Leopold § 7b Rn. 30.
185 Kritisch bzgl. der 30 Km Grenze Söhngen/Baldschun aaO; begrüßend Uyanik aaO.
186 Hierzu kritisch Söhngen/Baldschun aaO S. 275.

g) vorherige Zustimmung

Eine Nichterreichbarkeit ohne wichtigen Grund führt nur dann weiter zur Leistungsgewährung, wenn das Jobcenter dem Aufenthalt zugestimmt hat (§ 7b Abs. 3 S. 1). § 4 ErrV sieht die Möglichkeit einer nachträglichen Zustimmung vor, wenn es der erwerbsfähigen leistungsberechtigten Person nicht oder nicht rechtzeitig möglich war, die Zustimmung vor dem Verlassen des näheren Bereichs zu beantragen. Der nachträgliche Antrag auf Zustimmung muss unverzüglich nach Wegfall der Gründe gestellt werden, die einer vorherigen Antragstellung entgegengestanden haben. 90

Die Zustimmung darf jeweils nur erteilt werden, wenn durch die Zeit der Abwesenheit die berufliche Eingliederung nicht beeinträchtigt wird. Die Eingliederung eines erwerbsfähigen Leistungsberechtigten ist z.B. dann beeinträchtigt, wenn er in eine Maßnahme vermittelt werden soll.[187] 91

Der Antrag auf Zustimmung zur Ortsabwesenheit umfasst nicht konkludent einen Antrag auf Fortzahlung von Bürgergeld für den während der Ortsabwesenheit beginnenden neuen Bewilligungszeitraum.[188] 92

h) Dauer der genehmigten Ortsabwesenheit

Sind die Voraussetzungen für eine Zustimmung gegeben, darf einem Aufenthalt außerhalb des Nahbereichs von bis zu drei Wochen pro Kalenderjahr zugestimmt werden, § 7b Abs. 3 S. 2. Dies gilt nicht in Fällen eines wichtigen Grundes. Es ist vielmehr zu prüfen, wie lange dieser Grund einen Aufenthalt außerhalb des näheren Bereichs rechtfertigt. Konkretisiert wird dies in § 5 ErrV. 93

i) Rechtsfolgen

Liegen die Voraussetzungen des § 7 b nicht vor, führt dies zur Aufhebung der Bewilligungsentscheidung (§ 40 SGB II i.V.m. § 330 SGB III, § 45 bzw. § 48 SGB X) mit der Verpflichtung zur Erstattung überzahlter Beträge (§ 40 SGB II i.V.m. § 50 SGB X). 94

Durch die Ortsabwesenheit eines Mitgliedes der Bedarfsgemeinschaft, mit der ein Leistungsausschluss nach § 7b SGB II, aber nicht die Auflösung der Bedarfsgemeinschaft einhergeht, ändert sich nichts am Regelbedarf der in der Bedarfsgemeinschaft verbleibenden Person. Durch die Ortsabwesenheit wird jedoch eine Prüfung der Bedarfe für Unterkunft und Heizung notwendig.[189] Die dem ungenehmigt Ortsabwesenden vormals zustehenden Leistungen für Kosten der Unterkunft und Heizung werden für längstens sechs Monate auf die anderen Mitglieder der Bedarfsgemeinschaft verteilt. Es ist den verbliebenen Personen der Bedarfsgemeinschaft jedenfalls bei einer im Vorhinein auf bis zu sechs Monate beschränkten Abwesenheit eines Mitglieds der Bedarfsgemeinschaft nicht zumutbar, die Kosten der Unterkunft vorübergehend zu senken.[190] 95

4. Leistungsausschluss für Auszubildende

Gem. § 7 Abs. 5 Abs. 1 S. 1 SGB II haben Auszubildende, deren Ausbildung im Rahmen des Bundesausbildungsförderungsgesetzes (BAföG) dem Grunde nach förderungsfähig ist, über die Leistungen nach § 27 SGB II hinaus keinen Anspruch auf Leistungen zur Sicherung des Lebensunterhalts nach dem SGB II. S. 1 gilt auch für Auszubildende, deren Bedarf sich durch bestimmte geförderte Ausbildungsleistungen nach dem SGB III bemisst. 96

Der Gesetzgeber hat durch den ausdrücklichen Wortlaut der Norm klargestellt, dass lediglich Leistungen zur Sicherung des Lebensunterhalts vom Leistungsausschluss umfasst sind, nicht hingegen Leistungen zur Eingliederung in Arbeit. Auszubildende sind gehalten, ihre Bedarfe in den

187 SG Dortmund 13.7.2016, S 32 AS 317/16 ER, juris.
188 BSG 16.5.2012, SozR 4-4200 § 7 Nr. 31, Rn. 20.
189 BSG 19.10.2010, SozR 4-4200 § 22 Nr. 42.
190 jurisPK-SGB II/Leopold § 7n Rn. 66.

jeweiligen Systemen der Ausbildungsförderung, nämlich nach dem BAföG oder dem SGB III, sicherzustellen. Durch den Leistungsausschluss nach § 7 Abs. 5 SGB II ist zum einen bezweckt, eine **(verdeckte) weitere Ausbildungsförderung durch SGB II Leistungen zu verhindern.**[191] Zum anderen wird verdeutlicht, dass die Grundsicherung für Arbeitsuchende nach dem SGB II gegenüber vorgelagerten Sozialleistungssystemen zur Sicherung des Lebensunterhalts nachrangig ist (vgl. § 3 Abs. 3 SGB II).

a) Förderungsfähigkeit nach dem BAföG

97 Nach dem Wortlaut des § 7 Abs. 5 S. 1 SGB II ist einzig maßgeblich, dass die Ausbildung nach dem BAföG **dem Grunde nach förderungsfähig** ist. Es kommt allein auf die **abstrakte Förderungsfähigkeit** der Ausbildung nach dem BAföG an. Unerheblich ist daher, ob tatsächlich eine Förderung nach dem BAföG erfolgt oder ob der Anspruch an individuellen Voraussetzungen im Verhältnis zum Träger der Ausbildungsförderung scheitert.[192]

Beispiele für unerhebliche individuelle Gründe:
- Überschreiten der Altersgrenze des § 10 Abs. 3 BAföG,
- Überschreiten der Förderungshöchstdauer nach § 15a BAföG,
- Ausbildungs- und Fachrichtungswechsel nach § 7 Abs. 2, 3 BAföG.

---

aa) Schüler

98 Nach **§ 2 Abs. 1 S. 1 BAföG** wird Ausbildungsförderung dem Grunde nach geleistet, für den Besuch von

1. weiterführenden allgemeinbildenden Schulen und Berufsfachschulen, einschließlich der Klassen aller Formen der beruflichen Grundbildung, ab Klasse 10 sowie von Fach- und Fachoberschulklassen, deren Besuch eine abgeschlossene Berufsausbildung nicht voraussetzt,
2. Berufsfachschulklassen und Fachschulklassen, deren Besuch eine abgeschlossene Berufsausbildung nicht voraussetzt, sofern sie in einem zumindest zweijährigen Bildungsgang einen berufsqualifizierenden Abschluss vermitteln,
3. Fach- und Fachoberschulklassen, deren Besuch eine abgeschlossene Berufsausbildung voraussetzt,
4. Abendhauptschulen, Berufsaufbauschulen, Abendrealschulen, Abendgymnasien und Kollegs,
5. Höheren Fachschulen sowie von Akademien, die Abschlüsse verleihen, die nicht nach Landesrecht Hochschulabschlüssen gleichgestellt sind.

Maßgebend für die Zuordnung sind Art und Inhalt der Ausbildung. Ausbildungsförderung wird geleistet, wenn die Ausbildung an einer öffentlichen Einrichtung oder einer genehmigten Ersatzschule durchgeführt wird.

99 Der Besuch einer weiterführenden allgemeinbildenden Schule und Berufsfachschule ist nur förderungsfähig, wenn nach **§ 2 Abs. 1a BAföG** der Auszubildende nicht bei seinen Eltern wohnt und

1. von der Wohnung der Eltern aus eine entsprechende zumutbare Ausbildungsstätte nicht erreichbar ist,
2. einen eigenen Haushalt führt und verheiratet oder in einer Lebenspartnerschaft verbunden ist oder war,
3. einen eigenen Haushalt führt und mit mindestens einem Kind zusammenlebt.

---

191 BSG 27.9.2011, SozR 4-4200 § 26 Nr. 2; BSG 30.9.2008 – B 4 AS 28/07 R, SozR 4-4200 § 7 Nr. 9; BSG 17.2.2016, NZS 2016, 592; BSG 6.9.2007, BSGE 99, 67; jurisPK-SGB II/Leopold § 7 Rn. 344.

192 Hauck/Valgolio § 7 SGB II Rn. 278; BSG 6.9.2007, SozR 4-4200 § 7 Nr. 6; vgl. auch BSG 2.4.2014, SozR 4-4200 § 15 Nr. 3.

Eine Wegstrecke zwischen Schule und Elternhaus ist zumutbar, wenn für den Hin- und Rückweg an mindestens drei Wochentagen nicht mehr als zwei Stunden benötigt werden.

Auszubildende, die aufgrund von § 2 Abs. 1a des BAföG keinen Anspruch auf Ausbildungsförderung haben, sind nicht vom Leistungsausschluss des § 7 Abs. 5 SGB II umfasst (seit dem 1.8.2016 ausdrücklich in § 7 Abs. 6 Nr. 1 SGB II aufgenommen) und können Leistungen zur Sicherung des Lebensunterhalts nach dem SGB II erhalten.

bb) Studierende

Studierende an staatlichen Hochschulen (Universitäten, Fachhochschulen, Kunsthochschulen, Musik- **100**
hochschulen) sowie an Akademien, die Abschlüsse verleihen, die nach Landesrecht Hochschulabschlüssen gleichgestellt sind, sind nach § 2 Abs. 1 Nr. 6 BAföG dem Grunde nach förderungsberechtigt. Findet die Ausbildung in anderen, nicht BAföG-fähigen Einrichtungen statt, ist § 7 Abs. 5 SGB II nicht einschlägig.

Die Immatrikulation ist bereits ausreichend.[193] Der Leistungsausschluss setzt mit Semester- **101**
beginn ein. Er wirkt zurück, wenn die Immatrikulation tatsächlich zu einem späteren Zeitpunkt erfolgt.[194] Der Leistungsausschluss greift auch in den Semesterferien und den vorlesungsfreien Zeiten. Dem Grunde nach förderungsfähig ist nur ein Vollstudium, d.h. wenn der Ausbildungsabschnitt mindestens ein Studienhalbjahr dauert und die Ausbildung die Arbeitskraft des Auszubildenden im Allgemeinen voll in Anspruch nimmt, § 2 Abs. 5 S. 1 BAföG.[195]

Ein Studierender ist während eines Urlaubssemesters dann nicht von Leistungen zur Sicherung **102**
des Lebensunterhalts gem. § 7 Abs. 5 SGB II ausgeschlossen, wenn er in dieser Zeit aus organisationsrechtlichen Gründen der Hochschule nicht mehr angehört oder die organisationsrechtliche Zugehörigkeit zwar weiterhin vorliegt, er sein Studium jedoch tatsächlich nicht betreibt.[196] Wurde das Studium wegen der Betreuung eines Kindes unterbrochen, greift der Ausschluss nach § 7 Abs. 5 SGB II nicht.[197]

Die Ausbildung endet nach § 15b Abs. 3 S. 1 BAföG mit dem Bestehen der Abschlussprüfung des **103**
Ausbildungsabschnitts. Ab diesem Tage wird der Student in der Regel exmatrikuliert. Danach verbleibt keine Ausbildung, die dem Grunde nach förderungsfähig wäre. Soweit davor keine SGB II Leistungen gezahlt wurden, steht der neu eingetretenen Leistungsberechtigung nicht entgegen, dass nach Ziffer 15.2.2 der Verwaltungsvorschriften zu § 15 BAföG die Studienförderung für den vollen Monat weitergezahlt wird. Denn diese Regelung betrifft nur die Zahlungsart nicht aber die abstrakte Förderungsfähigkeit der Ausbildung.

b) Ausbildungsleistungen nach dem SGB III

Keinen Anspruch auf Leistungen zur Sicherung des Lebensunterhalts haben nach § 7 Abs. 5 S. 2 **104**
SGB II mit Wirkung vom 1.8.2019 Auszubildende, deren Bedarf sich nach den §§ 61 Abs. 2, 62 Abs. 3, 123 Nr. 2 SGB III sowie § 124 Nr. 2 SGB III bemisst. Ausgeschlossen sind Auszubildende, die folgende Leistungen erhalten:

- Bedarf für den Lebensunterhalt bei Berufsausbildung bei Unterbringung im Wohnheim oder Internat mit voller Verpflegung (§ 61 Abs. 2 SGB III),
- Bedarf für den Lebensunterhalt bei berufsvorbereitenden Bildungsmaßnahmen bei Unterbringung im Wohnheim oder Internat (§ 62 Abs. 3 SGB III),

---

193 Hauck/Valgolio § 7 SGB II Rn. 287; LSG NRW 22. 7. 2010, NZS 2011, 351.
194 Hauck/Valgolio § 7 SGB II Rn. 287; LSG Schleswig-Holstein 17.9.2018, L 6 AS 111/16, juris.
195 jurisPK-SGB II/Leopold § 7 Rn. 355.
196 BSG 4.7.2018, B 14 AS 24/18 B; BSG 22.3.2012, SozR 4-4200 § 7 Nr. 26.
197 Hauck/Valgolio § 7 SGB II Rn. 288; SG Dresden 4.4.2013, NZS 2013, 673; vgl. auch BSG 22.3.2012, aaO.

- Ausbildungsgeld bei Berufsausbildung und unterstützter Beschäftigung bei Unterbringung in einem Wohnheim, einem Internat oder einer besonderen Einrichtung für behinderte Menschen mit Kostenerstattung für Unterbringung und Verpflegung durch die Bundesagentur für Arbeit oder einen anderen Leistungsträger (§ 123 Nr. 2 SGB III),
- Ausbildungsgeld bei berufsvorbereitenden Bildungsmaßnahmen und bei Grundausbildung bei Unterbringung in einem Wohnheim, einem Internat oder einer besonderen Einrichtung für behinderte Menschen mit Kostenerstattung für Unterbringung und Verpflegung durch die Bundesagentur für Arbeit oder einen anderen Leistungsträger (§ 124 Nr. 2 SGB III).

c) Ausnahmen vom Leistungsausschluss

105 Nach § 7 Abs. 6 SGB II ist der Leistungsausschluss nach § 7 Abs. 5 S. 1 SGB II nicht anzuwenden auf Auszubildende,

1. die aufgrund von § 2 Abs. 1a des BAföG keinen Anspruch auf Ausbildungsförderung haben,
2. deren Bedarf sich nach den §§ 12, 13 Abs. 1 i. V. m. Abs. 2 Nr. 1 oder nach § 13 Abs. 1 Nr. 1 i. V. m. Abs. 2 Nr. 2 des BAföG bemisst und die Leistungen nach dem BA-föG
   a) erhalten oder nur wegen der Vorschriften zur Berücksichtigung von Einkommen und Vermögen nicht erhalten oder
   b) beantragt haben und über deren Antrag das zuständige Amt für Ausbildungsförderung noch nicht entschieden hat; lehnt das zuständige Amt für Ausbildungsförderung die Leistungen ab, findet Abs. 5 mit Beginn des folgenden Monats Anwendung, oder
3. die eine Abendhauptschule, eine Abendrealschule oder ein Abendgymnasium besuchen, sofern sie aufgrund des § 10 Abs. 3 BAföG keinen Anspruch auf Ausbildungsförderung haben.

§ 7 Abs. 6 SGB II stellt für bestimmte Auszubildende eine Ausnahme vom Leistungsausschluss nach § 7 Abs. 5 SGB II dar. Die Vorschrift greift Fallkonstellationen auf, bei denen Auszubildende dem Grunde nach keinen Anspruch auf Ausbildungsförderung haben (Nr. 1, s. Rn. 101), nur eine geringe Ausbildungsförderung erhalten (Nr. 2) oder wegen Erreichens der Altersgrenze keine Ausbildungsförderung gewährt bekommen (Nr. 3). Diese Auszubildenden haben grundsätzlich Anspruch auf Leistungen zur Sicherung des Lebensunterhalts nach dem SGB II; § 27 SGB II findet keine Anwendung.

§ 68 Bedarfsgemeinschaft

I. Überblick

1 Die Bedarfsgemeinschaft stellt in der sozialrechtlichen Praxis den Leistungsfall dar. Die Leistungsakten werden unter einer „BG-Nummer" geführt und Bewilligungsbescheide erfassen grds. die gesamte Bedarfsgemeinschaft. Soweit Anhaltspunkte dem nicht entgegenstehen, wird nach § 38 Abs. 1 SGB II vermutet, dass der erwerbsfähige Leistungsberechtigte bevollmächtigt ist, Leistungen auch für die mit ihm in einer Bedarfsgemeinschaft lebenden Personen zu beantragen und entgegenzunehmen. Die Bedarfsgemeinschaft und der erwerbsfähige Leistungsberechtigte werden durch den Gesetzgeber als Zielgruppe meist gemeinsam erwähnt (vgl. § 1 Abs. 2 S. 1, § 2 Abs. 2 S. 1, § 4 Abs. 2 S. 1 SGB II).

2 Die Bedarfsgemeinschaft hat in erster Linie eine **Zuordnungsfunktion**.[198] Über die Zuordnung zu einer Bedarfsgemeinschaft werden auch den nicht erwerbsfähigen Hilfebedürftigen Leistungen nach dem SGB II vermittelt. Andererseits wird ein isoliert betrachtet nicht Hilfebedürftiger über die Regelung des § 9 Abs. 2 S. 3 SGB II Mitglied einer Bedarfsgemeinschaft und Leistungsempfänger des

198 Vgl. Spellbrink, NZS 2007, 121.

SGB II mit allen Rechten und Pflichten. Insgesamt spielt die Bedarfsgemeinschaft im Rahmen der Prüfung der Hilfebedürftigkeit die größte Rolle (§ 67 Rn. 22ff.).

II. Entstehungsgeschichte

Mit der Einführung der Bedarfsgemeinschaft mit Inkrafttreten des SGB II zum 1.1.2005 hat sich der Gesetzgeber gegen die Übernahme des Konzepts der Einsatzgemeinschaft bzw. Haushaltsgemeinschaft aus dem Sozialhilferecht entschieden. Auch der Begriff des Haushaltsvorstandes wurde nicht aus dem BSHG in das SGB II übernommen. Das Sozialhilferecht war dadurch gekennzeichnet, dass jede Person einen selbständigen Anspruch auf Hilfe hatte, auch wenn sie innerhalb einer Familie mit weiteren Sozialhilfebedürftigen zusammenlebte, so dass die Hilfe für jedes Familienmitglied getrennt nach seinem persönlichen Bedarf zu ermitteln war.[199] Der Gesetzgeber hat aber auch nicht das reine Konzept der Bedarfsgemeinschaft aufgenommen, wonach Inhaber der Ansprüche des SGB II die Bedarfsgemeinschaft selbst wäre und die Höhe des Anspruchs aus dem Gesamtbedarf dieser Gemeinschaft ermittelt wird.[200] Vielmehr hat man sich für ein **Mischkonzept** zwischen reinem Individualanspruch und reiner Bedarfsgemeinschaft entschieden. 3

Im SGB II erwirbt der Einzelne zwar auch einen **individuellen Leistungsanspruch**.[201] Dies jedoch nicht als einzelnes Rechtssubjekt, sondern vermittelt über seine Bedarfsgemeinschaft mit deren anspruchs- und pflichtenbegründenden Elementen.[202] Maßgeblich ist der Gesamtbedarf der Bedarfsgemeinschaft ohne Rücksicht darauf, wie untereinander der jeweilige Bedarf realisiert werden kann. Erst der aus dem Vergleich des Gesamtbedarfes mit dem gesamten Einkommen und Vermögen der Bedarfsgemeinschaft ermittelte anteilige Bedarf des jeweiligen Mitglieds der Bedarfsgemeinschaft (§ 9 Abs. 2 S. 3 SGB II) stellt den individuellen, materiell-rechtlichen Anspruch nach dem SGB II dar.[203] Gleichwohl stehen der Gesamtbedarfsgemeinschaft keine Gesamt-Leistungsansprüche zu. 4

III. Definition, Konstellationen

Als Bedarfsgemeinschaft bezeichnet man die Zusammenfassung mehrerer Personen für Zwecke der Anwendung des SGB II. Dabei muss mindestens eine erwerbsfähige leistungsberechtigte Person zur Bedarfsgemeinschaft gehören. Diese Person konstituiert die Bedarfsgemeinschaft, die ihrerseits als „rechtlicher Annex“ des erwerbsfähigen Leistungsberechtigten bezeichnet werden kann.[204] 5

§ 7 Abs. 3 SGB II enthält eine abschließende Aufzählung aller in Betracht kommenden Mitglieder einer Bedarfsgemeinschaft. Zur Bedarfsgemeinschaft gehören 6

1. die erwerbsfähigen Leistungsberechtigten,
2. die im Haushalt lebenden Eltern oder der im Haushalt lebende Elternteil eines unverheirateten erwerbsfähigen Kindes, welches das 25. Lebensjahr noch nicht vollendet hat, und die im Haushalt lebende Partnerin oder der im Haushalt lebende Partner dieses Elternteils,
3. als Partnerin oder Partner der erwerbsfähigen Leistungsberechtigten

---

199 BVerwG 22.10.1992, NJW 1993, 2884; BVerwG 26.11.1998, BVerwGE 108, 36; Hauck/Valgolio § 7 SGB II Rn. 158.

200 Maßgeblich entwickelt vom Deutschen Verein für öffentliche und private Fürsorge; vgl. Spellbrink, NZS 2007, 121, 122 m.w.N.

201 St.Rspr. BSG 7.11.2006, BSGE 97, 217; BSG 27.9.2011, NZS 2012, 434; BSG 26.5.2011, info also 2011, 278; BSG 23.3.2010, BSGE 106, 78.

202 BSG 17.7.2014, SozR 4-4200 § 7 Nr. 37; Hauck/Valgolio § 7 SGB II Rn. 158.

203 BSG 7.11.2006, aaO; vgl. auch BVerfG 27.7.2016, SozR 4-4200 § 9 Nr. 15; Hauck/Valgolio § 7 SGB II Rn. 159.

204 KRW/S. Knickrehm § 7 SGB II Rn. 12; jurisPK-SGB II/Leopold § 7 Rn. 171.

a) die nicht dauernd getrennt lebende Ehegattin oder der nicht dauernd getrennt lebende Ehegatte,
b) die nicht dauernd getrennt lebende Lebenspartnerin oder der nicht dauernd getrennt lebende Lebenspartner,
c) eine Person, die mit der erwerbsfähigen leistungsberechtigten Person in einem gemeinsamen Haushalt so zusammenlebt, dass nach verständiger Würdigung der wechselseitige Wille anzunehmen ist, Verantwortung füreinander zu tragen und füreinander einzustehen;

4. die dem Haushalt angehörenden unverheirateten Kinder der in den Nummern 1 bis 3 genannten Personen, wenn sie das 25. Lebensjahr noch nicht vollendet haben, soweit sie die Leistungen zur Sicherung ihres Lebensunterhalts nicht aus eigenem Einkommen oder Vermögen beschaffen können.

1. Erwerbsfähiger Leistungsberechtigter

7 Jede Bedarfsgemeinschaft bedarf mindestens eines erwerbsfähigen leistungsberechtigten Mitglieds, einen Hauptleistungsberechtigten. Von diesem leitet sich zunächst die Bedarfsgemeinschaft selbst ab und die nicht erwerbsfähigen Mitglieder der Bedarfsgemeinschaft leiten aus der Bedarfsgemeinschaft wiederum Ansprüche nach dem SGB II ab. Die Bedarfsgemeinschaft ist gleichsam Annex des erwerbsfähigen Leistungsberechtigten.[205] Der Bedarfsgemeinschaft können auch mehrere erwerbsfähige leistungsberechtigte Mitglieder angehören. Der Hauptleistungsberechtigte muss alle Voraussetzungen des § 7 Abs. 1 SGB II erfüllen und darf nicht von Leistungen ausgeschlossen sein. Er muss aber nicht selbst vollen Umfangs hilfebedürftig sein. Die Bedarfsgemeinschaft besteht auch dann, wenn ein erwerbsfähiger Leistungsberechtigter seinen eigenen Bedarf mit eigenem Einkommen und Vermögen decken könnte, er aber aufgrund der Hilfebedürftigkeit eines oder mehrerer anderer Mitglieder der Bedarfsgemeinschaft nach § 9 Abs. 2 SGB II „arm gerechnet“ wird.[206]

2. Erwerbsfähiges Kind unter 25 Jahren

8 Das unverheiratete, **erwerbsfähige und leistungsberechtigte Kind**, welches das 25. Lebensjahr noch nicht vollendet hat, vermittelt einem erwerbsunfähigen hilfebedürftigen Elternteil und ggf. dem Partner des Elternteils einen Anspruch auf Leistungen nach dem SGB II, da sie gemeinsam eine Bedarfsgemeinschaft bilden. Das Kind ist in diesem Fall der Hauptleistungsberechtigte.

9 § 7 Abs. 3 Nr. 2 SGB II setzt nach der Rspr. des BSG nicht voraus, dass ausschließlich das unverheiratete Kind, das das 25. Lebensjahr noch nicht vollendet hat, erwerbsfähig ist. Zwar trägt nur § 7 Abs. 3 Nr. 2 SGB II die Einbeziehung erwerbsunfähiger Eltern, Elternteile und Elternteilpartner durch das unverheiratete erwerbsfähige unter 25-jährige Kind in eine Bedarfsgemeinschaft. Der Wortlaut des § 7 Abs. 3 Nr. 2 SGB II gibt für eine Eingrenzung des Anwendungsbereichs dieser Vorschrift nur auf diese Konstellation indes keinen Anhaltspunkt. Die Eingrenzung dürfte auch unter systematischen Gesichtspunkten nicht geboten sein. Zwar können erwerbsfähige Eltern, Elternteile und Partner dieser Elternteile nach § 7 Abs. 3 Nr. 1 und 3 SGB II eine Bedarfsgemeinschaft bilden, doch dürfte dies nicht ihre Einbeziehung über § 7 Abs. 3 Nr. 2 SGB II in eine Bedarfsgemeinschaft ausschließen. Die in § 7 Abs. 3 Nr. 1 bis 4 SGB II abstrakt beschriebenen Personengruppen sind nicht in der Weise trennscharf voneinander abgegrenzt, dass sich konkrete Personen immer nur einer Personengruppe zuordnen lassen.[207]

---

205 Luik/Harich/G. Becker § 7 SGB II Rn. 101.

206 jurisPK-SGB II/Leopold § 7 Rn. 197; Löns/Herold-Tews/Wolff-Dellen § 7 SGB II Rn. 22.

207 Vgl. BSG 17.7.2014, SGb 2014, 501; so auch jurisPK-SGB II/Leopold § 7 Rn. 200; Luik/Harich/G. Becker § 7 SGB II Rn. 96; a.A. LPK-SGB II/Geiger § 7 Rn. 67f.

Unverheiratet im Sinne des Gesetzes ist ein Kind nicht nur dann, wenn es ledig ist, sondern auch dann, wenn es geschieden ist. Auch verwitwete Kinder sind unverheiratet i. S. v. § 7 Abs. 3 Nr. 2 SGB II.[208] 10

Die Definition des **Elternbegriffs** richtet sich nach bürgerlichem Recht (vgl. §§ 1626, 1741 BGB). Eltern sind danach in erster Linie die biologischen Eltern, aber auch die Adoptiveltern (bzw. Elternteil).[209] Nicht dazu zu zählen jedoch Stiefeltern, Pflegeeltern, Großeltern und sonstige Sorgeberechtigte.[210] Leben die Eltern getrennt, ist grundsätzlich nur der Elternteil mit in die Bedarfsgemeinschaft einzubeziehen, in dessen Haushalt das Kind (überwiegend) lebt. 11

Weitere Voraussetzung ist, dass der unter 25-Jährige mit den/dem Eltern/Elternteil in einem **gemeinsamen Haushalt** lebt. Dies setzt ein auf Dauer angelegtes Zusammenleben voraus.[211] 12

Beispiel: 13

Die 16-Jährige T ist erwerbsfähig und lebt mit ihrer nicht erwerbsfähigen Mutter M und deren ebenfalls erwerbsunfähigen Lebenspartner L in einem Haushalt. Folge: Diese drei Personen bilden eine Bedarfsgemeinschaft gem. § 7 Abs. 3 Nr. 2 SGB II vermittelt über die T. Hätte T das 15. Lebensjahr noch nicht vollendet und wäre somit erwerbsunfähig, läge mangels einer erwerbsfähigen Person überhaupt keine Bedarfsgemeinschaft vor. Heiratet T oder vollendet sie das 25. Lebensjahr, endet auch die Bedarfsgemeinschaft. Bleibt T auch nachdem die Bedarfsgemeinschaft nicht mehr besteht im Haushalt mit den Eltern, liegt allenfalls eine Haushaltsgemeinschaft vor (zu prüfen wäre dann ggfs. § 9 Abs. 5 SGB II).

---

3. Partner der erwerbsfähigen Leistungsberechtigten

Als Partnerin oder Partner der erwerbsfähigen Leistungsberechtigten kommen in Betracht die nicht dauernd getrenntlebenden **Ehegatten**, nicht dauernd getrenntlebenden **Lebenspartner** oder Personen, die mit der erwerbsfähigen leistungsberechtigten Person in einem gemeinsamen Haushalt so zusammenleben, dass nach verständiger Würdigung der wechselseitige Wille anzunehmen ist, Verantwortung füreinander zu tragen und füreinander einzustehen. Näher eingegangen wird hier auf die letzte Alternative der **Verantwortungs- und Einstandsgemeinschaft** nach § 7 Abs. 3 Nr. 3c) SGB II. 14

Mit dem Gesetz zur Fortentwicklung der Grundsicherung für Arbeitsuchende vom 20.7.2006 hat der Gesetzgeber § 7 Abs. 3 Nr. 3c SGB II ab dem 1.8.2006 sprachlich so geändert, dass nunmehr auch gleichgeschlechtliche Lebensgemeinschaften als Bedarfsgemeinschaft zu behandeln sind.[212] 15

Voraussetzung einer Einstands- und Verantwortungsgemeinschaft ist, dass 16

1. es sich um Partner handelt,
2. die in einem Haushalt zusammenleben und
3. ein wechselseitiger Einstehens- und Verantwortungswille vorhanden ist.

Bei den Kriterien zu 1. und 2. (Partnerschaft und Zusammenleben in einem gemeinsamen Haushalt) handelt es sich um objektive Tatbestandsvoraussetzungen, die nach der Systematik des § 7 Abs. 3 Nr. 3c) SGB II kumulativ zu der subjektiven Voraussetzung des Einstehens- und Verantwortungswillens gegeben sein müssen.

---

208 jurisPK-SGB II/Leopold § 7 Rn. 201.
209 jurisPK-SGB II/Leopold § 7 Rn. 202.
210 BSG 27.1.2009, SozR 4-4200 § 21 Nr. 4; jurisPK-SGB II/Leopold § 7 Rn. 202.
211 BeckOGK-SGB/Baldschun § 7 SGB II Rn. 11; jurisPK-SGB II/Leopold § 7 Rn. 204.
212 BT-Drs. 16/1410 S. 19.

a) Partner

17 Eine Partnerschaft wird nicht allein durch das bloße Zusammenleben konstituiert. Geschwister, Arbeitskollegen oder Mitglieder einer Wohngemeinschaft sind nicht erfasst.[213] Von dem Bestehen einer Partnerschaft ist vielmehr auszugehen, wenn eine gewisse **Ausschließlichkeit der Beziehung** im Sinne einer Eheähnlichkeit gegeben ist, die keine vergleichbare Lebensgemeinschaft daneben zulässt.[214]

Beispiel:
Wirtschaften zwei erwachsene erwerbsfähige Schwestern gemeinsam in einer Wohnung, so können sie keine Bedarfsgemeinschaft bilden, weil eine solche Konstellation von Abs. 3 Nr. 3c nicht erfasst ist. Es handelt sich um eine reine Haushaltsgemeinschaft. Sind sie beide hilfebedürftig, so liegen zwei Bedarfsgemeinschaften vor, bei denen jede der beiden Schwestern als alleinstehend einen Anspruch auf die volle Regelleistung hat.[215]

b) Zusammenleben in einem gemeinsamen Haushalt

18 Das Zusammenleben in einem gemeinsamen Haushalt erfordert das Bestehen einer „Wohn- und Wirtschaftsgemeinschaft“. § 7 Abs. 3 Nr. 3c SGB II stellt damit bereits vom Wortlaut her auf zwei Elemente ab, nämlich das Zusammenleben und kumulativ das Wirtschaften aus einem Topf.[216]

Unter **„Zusammenleben“** in einer Wohnung ist mehr als nur ein bloßes „Zusammenwohnen“, wie es bei Wohngemeinschaften der Regelfall ist, zu verstehen. Andererseits ist es für die Annahme einer Bedarfsgemeinschaft unter nicht ehelich verbundenen Partnern zwingend, dass sie in „einer Wohnung“ zusammenleben. Auch bei einer Ehe ist die häusliche Gemeinschaft zwar ein Grundelement der ehelichen Lebensgemeinschaft; jedoch kann bei Vereinbarung einer abweichenden Lebensgestaltung auch eine Ehe ohne räumlichen Lebensmittelpunkt (Ehewohnung) eine solche i.S. des § 1353 BGB sein. Haben die Ehegatten bei oder nach der Eheschließung einvernehmlich ein Lebensmodell gewählt, das eine häusliche Gemeinschaft nicht vorsieht, kann allein der Wille, diese auf absehbare Zeit nicht herzustellen, ein Getrenntleben nach familienrechtlichen Grundsätzen nicht begründen. Hier ist vielmehr regelmäßig der nach außen erkennbare Wille eines Ehegatten erforderlich, die häusliche Gemeinschaft nicht herstellen zu wollen, weil er die eheliche Gemeinschaft ablehnt (§ 1567 Abs. 1 BGB). Bei einer nichtehelichen Partnerschaft mangelt es an der einzig durch die Eheschließung bereits nach außen dokumentierten Verbundenheit. Daher erfordert die Annahme einer Bedarfsgemeinschaft unter nicht verheirateten bzw. nicht nach dem Lebenspartnerschaftsgesetz verbundenen Partnern – anders als bei der ehelichen Partnerschaft-, dass deren Verbundenheit durch das Zusammenleben in einer Wohnung nach außen erkennbar wird.[217]

19 Zusätzlich bedarf es des **gemeinsamen Wirtschaftens („aus einem Topf wirtschaften“)**. Die Anforderungen an das gemeinsame Wirtschaften gehen dabei über die gemeinsame Nutzung von Bad, Küche und ggf. Gemeinschaftsräumen hinaus. Auch der in Wohngemeinschaften häufig anzutreffende gemeinsame Einkauf von Grundnahrungsmitteln, Reinigungs- und Sanitärartikeln aus einer von allen Mitbewohnern zu gleichen Teilen gespeisten Gemeinschaftskasse begründet noch keine Wirtschaftsgemeinschaft. Entscheidend ist insoweit, dass der Haushalt von beiden Partnern geführt wird, wobei die Beteiligung an der Haushaltsführung von der jeweiligen wirtschaftlichen und körperlichen Leistungsfähigkeit der Partner abhängig ist. Die Haushaltsführung an sich und das

213 Luik/Harich/G. Becker § 7 SGB II Rn. 116; KRW/S. Knickrehm § 7 SGB II Rn. 17.

214 Vgl. BVerfG 17.11.1992, BVerfGE 87, 234; BSG 23.8.2012, NZS 2013, 190.

215 Vgl. BSG 7.11.2006, NZS 2007, 550; Luik/Harich/G. Becker § 7 SGB II Rn. 142 mit weiteren Erläuterungen zu der Konstellation.

216 BSG 27.1.2009, SozR 4-4200 § 9 Nr. 6; BSG 19.2.2009, BSGE 102, 258; BSG 18.2.2010, SozR 4-4200 § 9 Nr. 9; BSG 23.8.2012, BSGE 111, 250.

217 BSG 23.8.2012, BSGE 111, 250 m.w.N.

Bestreiten der Kosten des Haushalts muss gemeinschaftlich durch beide Partner erfolgen, was allerdings nicht bedeutet, dass der finanzielle Anteil der Beteiligung am Haushalt oder der Wert der Haushaltsführung selbst gleichwertig sein müssen. Ausreichend ist eine Absprache zwischen den Partnern, wie sie die Haushaltsführung zum Wohle des partnerschaftlichen Zusammenlebens untereinander aufteilen.[218]

c) Wechselseitiger Einstehens- und Verantwortungswille

Für das subjektive Element eines wechselseitigen Willens, Verantwortung füreinander zu tragen und füreinander einzustehen, ist in Abs. **3a eine widerlegbare Vermutungsregelung**[219] normiert. Ein wechselseitiger Wille, Verantwortung füreinander zu tragen und füreinander einzustehen, wird vermutet, wenn Partner 20

1. länger als ein Jahr zusammenleben,
2. mit einem gemeinsamen Kind zusammenleben,
3. Kinder oder Angehörige im Haushalt versorgen oder
4. befugt sind, über Einkommen oder Vermögen des anderen zu verfügen.

Bei den gesetzlichen Vermutungen des Abs. 3a handelt es sich nicht um Mindestvoraussetzungen, die erfüllt sein müssen, damit ein wechselseitiger Einstandswille unterstellt werden kann (die Ein-Jahres-Frist des Nr. 1 ist dementsprechend auch keine Mindestfrist).[220] Trotz der Vermutungsregelung des Abs. 3a ist es nicht ausgeschlossen, dass auch andere äußere Tatsachen das Vorliegen einer Einstandsgemeinschaft begründen können.[221] Liegt aber einer der vier Vermutungstatbestände vor, so kann die Tatsache, dass der Wille vorliegt, wechselseitig für einander Verantwortung zu tragen, vermutet werden. 21

Die Vermutung kann vom Betroffenen widerlegt werden (§ 202 SGG i.V.m. § 292 ZPO). Dieser Beweis ist dann geführt, wenn die Unwahrheit der vermuteten Tatsache bzw. Tatsachen voll bewiesen sind, aus denen sich das Gegenteil der vermuteten Tatsache ergibt. Hierfür ist die volle richterliche Überzeugungsbildung erforderlich.[222] Die bloße Behauptung, dass der Vermutungstatbestand nicht erfüllt sei, ist nicht ausreichend. Erforderlich ist vielmehr, dass der Betroffene schlüssig darlegt und nachweist, dass die von der Vermutungsregelung vorausgesetzten Hinweistatsachen des § 7 Abs. 3a SGB II nicht erfüllt sind bzw. die Vermutung des Einstandswillens durch andere Umstände entkräftet wird.[223] Was ein angemessener und ausreichender Nachweis ist, muss immer im Einzelfall unter Würdigung aller Umstände geprüft werden.[224] Diese weiteren Umstände hat der Leistungsträger ggf. zu ermitteln und zu beweisen, es gilt insoweit der Amtsermittlungsgrundsatz gem. § 20 SGB X. 22

Indizien für das Bestehen einer Einstandsgemeinschaft: 23

- Gemeinsame Pläne, die auf eine dauerhafte Bindung hindeuten, wie z.B. der gemeinsame Kauf einer Immobilie oder ein gemeinsamer Kredit[225] für eine Wohnungsrenovierung,
- eine Verfügungsbefugnis über Bankkonten des Partners mit tatsächlichem Zugang zu den Konten,[226]

218 BSG 23.8.2012, BSGE 111, 250 mwN.

219 Entsprechend den Vorgaben des BVerfG 17.11.1992, NZS 1993, 7.

220 Luik/Harich/G. Becker § 7 SGB II Rn. 119.

221 BT-Drs. 16/1410 S. 19.

222 LSG Thüringen 23.2.2017, BeckRS 2017, 104967.

223 BT-Drs. 16/1410 S. 19.

224 LSG Thüringen 23.2.2017, aaO; jurisPK-SGB II/Leopold § 7 Rn. 251; Luik/Harich/G. Becker § 7 SGB II Rn. 121.

225 LSG NRW 17.9.2015, BeckRS 2016, 72683.

226 LSG NRW 9.9.2014, BeckRS 2014, 73067.

- die Begünstigung des Partners in Lebensversicherungsverträgen,[227]
- der Abschluss von Versicherungen für den Partner.[228]

4. Unverheiratete Kinder unter 25 Jahren im Haushalt

a) Grundkonstellation

24 Nach § 7 Abs. 3 Nr. 4 SGB II werden unverheiratete Kinder, die das 25. Lebensjahr noch nicht vollendet haben, in die Bedarfsgemeinschaft der in § 7 Abs. 3 Nr. 1–3 SGB II genannten Personen miteinbezogen, sofern sie dem Haushalt angehören und ihren Lebensunterhalt nicht aus eigenem Einkommen oder Vermögen sicherstellen können. Voraussetzung ist wie bei allen anderen Tatbeständen des § 7 Abs. 3 SGB II, dass der Bedarfsgemeinschaft mindestens ein erwerbsfähiger Leistungsberechtigter angehört.

25 Als Kind sind die leiblichen ehelichen, nichtehelichen sowie für ehelich erklärten Kinder anzusehen.[229] Stief- und Adoptivkinder[230] sind umfasst, während Pflegekinder[231] nicht dazuzählen. Dabei ist für die Bejahung einer Bedarfsgemeinschaft nicht von Belang, ob sich im Verhältnis des Partners zu dem Kind ein Einstandswille, wie er im Rahmen des § 7 Abs. 3 Nr. 3 Buchst. c) SGB II notwendig ist, feststellen lässt.[232]

26 Das Kind muss dem Haushalt angehören. Gemeint ist damit grundsätzlich die tatsächliche Anwesenheit in der Wohnung unbeschadet kürzerer Unterbrechungen.[233] Vollendet das Kind aber das 18. Lebensjahr, genügt die bloße Anwesenheit in der Wohnung nicht mehr, um die gesetzliche Einbeziehung in eine Bedarfsgemeinschaft zu rechtfertigen. Hinzutreten müssen ab diesem Zeitpunkt weitere Kriterien materieller (Wirtschaftsgemeinschaft, Vorsorge, Unterhalt) und immaterieller Art (Zuwendung, Fürsorge, Begründung bzw. Aufrechterhaltung eines familiären Bandes).[234]

27 Kinder zählen nur insoweit zur Bedarfsgemeinschaft, als sie nicht aus eigenem Einkommen oder Vermögen die Leistungen zur Sicherung ihres Lebensunterhalts beschaffen können. Die Gesetzesbegründung hatte dabei beispielhaft „Leistungen aus vorgelagerten Sicherungssystemen (Kindergeld, Kinderzuschlag nach dem BKGG)" im Auge.[235]

28 Die Eheschließung eines Kindes oder der 25. Geburtstag haben zur Folge, dass das Kind aus der Bedarfsgemeinschaft ausscheidet. Wohnen sie weiterhin bei ihrer Familie, kann die Regelung über die Haushaltsgemeinschaft (§ 9 Abs. 5) zum Zuge kommen (vgl. dazu § 67 Rn. 32).

b) Temporäre Bedarfsgemeinschaft

29 Das BSG hat i. R. d. § 7 Abs. 3 Nr. 4 SGB II die Rechtsfigur einer temporären Bedarfsgemeinschaft anerkannt, um eine Deckung des Bedarfes des Kindes in zwei unterschiedlichen Haushaltsgemeinschaften begründen zu können.[236] Damit sollten die zusätzlichen Lebenshaltungskosten im Haushalt eines umgangsberechtigten Elternteils in den Zeiten, in denen die Kinder bei ihm bzw. ihr wohnen, abgedeckt werden können, wobei der Anwendungsbereich ausdrücklich auf § 7 Abs. 3 Nr. 4 SGB II beschränkt wurde.[237] Die Regelung verlangt schon nach ihrem Wortlaut („dem Haushalt angehörend") kein dauerhaftes „Leben" im Haushalt wie etwa Abs. 3 Nr. 2 und 3.[238]

---

227 LSG Berlin-Brandenburg 15.12.2006, BeckRS 2007, 44616.
228 LSG Berlin-Brandenburg 15.12.2006, aaO.
229 jurisPK-SGB II/Leopold § 7 Rn. 255.
230 Vgl. BSG 13.11.2008, BSGE 102, 76; BSG 14.3.2012, SGb 2013, 233.
231 Vgl. BSG 1.7.2009, SGb 2010, 367; BSG 29.3.2007, SozR 4-4200 § 11 Nr. 3.
232 BSG 14.3.2012, SGb 2013, 233 mwN.
233 jurisPK-SGB II/Leopold § 7 Rn. 255 mwN.
234 BSG 14.3.2012, aaO; jurisPK-SGB II/Leopold § 7 Rn. 256.
235 BT-Drs. 15/1516 S. 52; Luik/Harich/G. Becker § 7 SGB II Rn. 66.
236 Erstmals BSG 7.11.2006, NZS 2007, 383 unter dem Begriff der „zeitweisen Bedarfsgemeinschaft".
237 KRW/S. Knickrehm § 7 SGB II Rn. 19; jurisPK-SGB II/Leopold § 7 Rn. 261; Oberdieck, info also 2019, 56.
238 BSG 14.12.2021, SozR 4-4200 § 41a Nr. 3.

Für eine temporäre Bedarfsgemeinschaft genügt ein dauerhafter Zustand in der Form, dass die Kinder bei ihrem Elternteil mit einer gewissen Regelmäßigkeit wohnen, also nicht nur sporadische Besuche vorliegen.[239] Ein Bedarf für eine Zugehörigkeit der Kinder zu zwei Bedarfsgemeinschaften kann entstehen, wenn sich die Eltern darauf einigen, die Kinder abwechselnd im Haushalt des einen oder des anderen zu versorgen und beide Elternteile hilfebedürftig i.S.d. §§ 7 Abs. 1 S. 1 Nr. 3, 9ff. SGB II sind. 30

Eine temporäre Bedarfsgemeinschaft mit dem umgangsberechtigten Elternteil besteht grundsätzlich für jeden Kalendertag, an dem sich das Kind überwiegend dort aufhält. Hierfür kann in der Regel ausschlaggebend sein, wo sich das Kind **länger als 12 Stunden** bezogen auf den Kalendertag aufhält. Normativer Anhaltspunkt dafür ist die Regelung des § 41 Abs. 1 S. 1 SGB II, wonach der Anspruch auf Leistungen zur Sicherung des Lebensunterhalts für jeden Kalendertag besteht. Ein Kalendertag ist damit die kleinste im Gesetz vorgesehene zeitliche Einheit, für die Ansprüche auf Leistungen für den Lebensunterhalt bestehen und entsprechende Leistungen bemessen werden können.[240] 31

Anspruchsinhaber sind in den Fällen der temporären Bedarfsgemeinschaft die Kinder soweit der Regelbedarf, Mehrbedarfe und Leistungen zur Teilhabe und Bildung betroffen sind.[241] Entstehen dem umgangsberechtigten Elternteil wegen der Wahrnehmung des Umgangsrechts zusätzliche oder höhere Wohnkosten, stellen diese – ebenso wie andere ihm entstehende Kosten im Zusammenhang mit dem Umgangsrecht, beispielsweise Fahrtkosten[242] – einen zusätzlichen Bedarf des umgangsberechtigten Elternteils dar.[243] 32

Der Gesetzgeber hat die temporäre Bedarfsgemeinschaft insoweit anerkannt, als dass er in § 38 Abs. 2 SGB II eine Vertretungsregelung aufgenommen hat. Danach hat für Leistungen an Kinder im Rahmen der Ausübung des Umgangsrechts die umgangsberechtigte Person die Befugnis, Leistungen nach diesem Buch zu beantragen und entgegenzunehmen, soweit das Kind dem Haushalt angehört. 33

IV. Gemischte Bedarfsgemeinschaft

Die Zugehörigkeit zu einer Bedarfsgemeinschaft ist grundsätzlich davon unabhängig, ob die in die Bedarfsgemeinschaft einbezogene Person selbst leistungsberechtigt nach dem SGB II ist. Ausgeschlossene Personen nach § 7 Abs. 1 S. 2, Abs. 4 oder Abs. 4a SGB II können zwar ihrerseits keine Bedarfsgemeinschaft begründen, da sie von Leistungen nach dem SGB II ausgeschlossen sind. Nach § 7 SGB II ausgeschlossene Personen können aber grundsätzlich Mitglieder einer Bedarfsgemeinschaft sein, wenn die Voraussetzungen der jeweiligen Einbeziehungsnorm vorliegen, da es zunächst nur um die Zuordnung nach persönlichen Merkmalen geht (§ 7 Abs. 3 Nr. 1 bis 4 SGB II).[244] 34

Bei einer gemischten Bedarfsgemeinschaft handelt es sich um eine Gemeinschaft von Personen, die durch eine Überschneidung von SGB II-Bedarfsgemeinschaft und SGB XII-Einsatzgemeinschaft gekennzeichnet ist, in der mindestens eine Person leistungsberechtigt nach dem SGB II ist und mindestens eine weitere Person nach dem SGB XII.[245] 35

Die Höhe des Regelbedarfs bei einer gemischten Bedarfsgemeinschaft ist unter analoger Anwendung von § 20 Abs. 4 SGB II auf den Leistungsbezieher nach dem SGB XII zu bemessen.[246] Bei Per- 36

239 BSG 7.11.2006, aaO.
240 Vgl. BSG 2.7.2009, NJW 2010, 2381.
241 BSG 7.11.2006, aaO.
242 BSG 18.11.2014, BSGE 117, 240.
243 BSG 17.2.2016, NZS 2016, 592; KRW/S. Knickrehm § 7 SGB II Rn. 19; jurisPK-SGB II/Leopold § 7 Rn. 264.
244 BSG 7.11.2006, SozR 4-4200 § 22 Nr. 1; BSG 23.11.2006, SozR 4-4200 § 20 Nr. 3; BSG 29.3.2007, SozR 4-4200 § 7 Nr. 4; BSG 6.8.2014, BSGE 116, 254.
245 JurisPK-SGB II/Leopold § 7 Rn. 274; Hauck/Valgolio § 7 SGB II Rn. 167; LPK-SGB II/Schoch § 7 Rn. 119.
246 BSG 16.10.2007, BSGE 99, 131; JurisPK-SGB II/Leopold § 7 Rn. 275; Luik/Harich/Becker § 7 SGB II Rn. 141.

sonengemeinschaften, in der deren Mitglieder Leistungen nach dem SGB II und dem AsylbLG beziehen, ist der Regelbedarf in analoger Anwendung des § 20 Abs. 2 Satz 1 SGB II zu bemessen.[247]

V. Abgrenzung zur Haushaltsgemeinschaft

37 Von der Bedarfsgemeinschaft ist die Haushaltsgemeinschaft zu unterscheiden. Eine Haushaltsgemeinschaft ist weiter zu fassen als eine Bedarfsgemeinschaft. In Abgrenzung zur Bedarfsgemeinschaft fehlt es in einer Haushaltsgemeinschaft an einem der in § 7 Abs. 3 SGB II normierten personalen Bezüge. Eine Bedarfsgemeinschaft kann nur zwischen den in Abs. 3 Nr. 1–4 genannten Personen bestehen.[248] Möglich ist aber das Bestehen einer Haushaltsgemeinschaft mit Mitgliedern einer Bedarfsgemeinschaft. Eine Bedarfsgemeinschaft kann demnach Teil einer Haushaltsgemeinschaft sein.[249]

38 Eine Haushaltsgemeinschaft liegt vor, wenn die Personen mit dem Erwerbsfähigen in einem gemeinsamen Haushalt zusammenleben und **„aus einem Topf wirtschaften“** (§ 67 Rn. 32). Für ein gemeinsames Wirtschaften spricht insbesondere eine gemeinsame Kasse, der gemeinsame Einkauf und Verbrauch von Dingen des alltäglichen Bedarfs sowie die gemeinsame Nutzung der Einrichtungen.[250]

39 Personen, die mit dem erwerbsfähigen Leistungsberechtigten in einer Haushaltgemeinschaft leben, aber nicht Mitglieder der Bedarfsgemeinschaft sind, haben gem. § 7 Abs. 2 SGB II keinen Anspruch auf Leistungen nach dem SGB II. Bei Vorliegen einer Haushaltsgemeinschaft zwischen Verwandten oder Verschwägerten ist § 9 Abs. 5 SGB II zu prüfen (vgl. § 67 Rn. 32ff.)

40 Nicht zur Bedarfsgemeinschaft und auch nicht zur Haushaltsgemeinschaft zählen bloße Mitbewohner, die lediglich gemeinsam (ohne jedes weitere Zusammenwirtschaften) eine Wohnung benutzen (**Wohngemeinschaft**).[251]

§ 69 Einkommen und Vermögen

1 Gem. § 19 Abs. 3 S. 1 SGB II werden die Leistungen zur Sicherung des Lebensunterhalts in Höhe der Bedarfe i. S. d. § 19 Abs. 1 und 2 SGB II erbracht, soweit diese nicht durch das zu berücksichtigende Einkommen und Vermögen gedeckt sind. Einkommen und Vermögen sind daher bei der Feststellung der Hilfebedürftigkeit nach § 9 SGB II zu berücksichtigen. Regelungen zum Einkommen und Vermögen befinden sich in den §§ 11 bis 12 SGB II sowie nunmehr der Bürgergeld-VO.

I. Abgrenzung Einkommen und Vermögen

2 Nach st. Rspr. des BSG ist Einkommen i. S. d. § 11 Abs. 1 SGB II grundsätzlich alles, was jemand nach der Antragstellung wertmäßig dazu erhält, und Vermögen das, was der Leistungsberechtigte vor der Antragstellung bereits hatte (**modifizierte Zuflusstheorie**).[252] Auszugehen ist vom tatsächlichen Zufluss, es sei denn rechtlich wird ein anderer Zufluss als maßgeblich bestimmt (sog. normativer Zufluss).[253]

---

247 BSG 6.10.2011, BSGE 109, 176; jurisPK-SGB II/Leopold § 7 Rn. 275; Luik/Harich/Becker § 7 SGB II Rn. 141.

248 Vgl. hierzu BSG 7.11.2006, NZS 2007, 550; Luik/Harich/G. Becker § 7 SGB II Rn. 142.

249 Vgl. juris-PK/SGB II/Leopold § 7 Rn. 180 mwN.

250 Vgl. juris-PK/SGB II/Leopold § 7 Rn. 181 mwN.

251 Vgl. BSG 23.8.2012, NZS 2013, 190; Luik/Harich/G. Becker § 7 SGB II Rn. 142.

252 Vgl. BSG 30.7.2008, BeckRS 2008, 58397; BSG 30.9.2008, BSGE 101, 291; BSG vom 6.10.2011, SozR 4-4200 § 11 Nr. 46; BSG 19.8.2015, NJW 2016, 2287.

253 BSG 30.7.2008, aaO; BSG 17.2.2015, SozR 4-4200 § 11 Nr. 69; BSG 19.8.2015, aaO.

Innerhalb eines laufenden, d.h. nicht unterbrochenen Leistungsfalls ist nur die erste Antragstellung beachtlich.[254] Dabei ist zu berücksichtigen, dass der Antrag auf Leistungen zur Sicherung des Lebensunterhalts auf den Ersten des Monats zurückwirkt (§ 37 Abs. 2 S. 2 SGB II). Einnahmen, die beim Antragsteller zum ersten des Antragsmonats bereits vorhanden waren, gelten als Vermögen i.S.d. § 12 SGB II. Einnahmen, die nach dem ersten des Antragsmonats erst zufließen, sind als Einkommen iSd § 11 SGB II zu beurteilen, auch wenn die Antragstellung zu einem späteren Zeitpunkt erfolgt ist. Diese Wirkung kann nicht durch eine leistungsrechtliche Beschränkung des Antrags umgangen werden; ein Leistungsberechtigter ist auch nicht befugt, durch Antragsrücknahme einseitig in die materiell-rechtliche Rechtslage einzugreifen, um nach der Antragstellung zugeflossenes Einkommen in Vermögen zu wandeln.[255] Liegt am Monatsersten noch ein Ausschlusstatbestand vor (z.B. § 7 Abs. 4 S. 2 SGB II: Strafhaft), verbleibt es auch hier zur Abgrenzung von Einkommen und Vermögen bei der Rückwirkung des Antrags auf den Ersten des Monats gem. § 37 Abs. 2 S. 2 SGB II. Dass aufgrund des Ausschlussgrundes ggf. erst ab einem späteren Zeitpunkt als dem Monatsersten der Antragstellung die Anspruchsvoraussetzungen erfüllt sein und Leistungen gewährt werden können, ist unerheblich.[256] 3

Beispiel: 4

H stellt am 10.8.2020 einen Antrag auf Bürgergeld. Sie verfügt am Monatsersten über ein Sparbuch mit einem Guthaben von 1000 Euro und einem Guthaben auf ihrem Girokonto in Höhe von 300 Euro. Aus ihrer geringfügigen Beschäftigung hat sie zudem am 5.8.2020 eine Gutschrift in Höhe von 250 Euro erhalten.

Das Sparguthaben und das Guthaben auf dem Girokonto stellen Vermögen i.S.d. § 12 SGB II dar, da sie zum Zeitpunkt der Antragstellung bereits vorhanden waren. Die Einnahme aus der geringfügigen Beschäftigung in Höhe von 250 Euro ist hingegen erst nach Antragstellung zugeflossen (abzustellen ist auf den Monatsersten) und als Einkommen i.S.d. § 11 SGB II zu bewerten.

II. Einkommen

1. Gesetzesentwicklung

§ 11 SGB II ist durch Art. 1 Nr. 9 des Zwölften Gesetzes zur Änderung des Zweiten Buches Sozialgesetzbuch und anderer Gesetze – Einführung eines Bürgergeldes (Bürgergeld-Gesetz) vom 16.12.2022[257] mit Wirkung vom 01.07.2023 (Art. 13 Abs. 2 des Gesetzes) zuletzt maßgeblich geändert worden. § 11 Abs. 1 SGB II enthält nunmehr die Ergänzung, dass das Bundesrecht weitere Ausnahmen von der Einkommensberücksichtigung kennt als die Absetzbeträge in § 11 b SGB II und die Ausnahmen des § 11a SGB II. Die Regelung bringt eine Klarstellung. § 11 Abs. 1 S. 1 SGB II a.F. sah bis zur Änderung vor, dass als Einkommen Einnahmen abzüglich der nach § 11b abzusetzenden Beträge mit Ausnahme der in § 11a genannten Einnahmen zu berücksichtigen sind. Tatsächlich enthält das Bundesrecht über § 11a hinaus jedoch auch an anderen Stellen Ausnahmen von der Einkommensberücksichtigung (so beispielsweise in § 13 Abs. 5 des SGB XI oder § 18 Abs. 1 des Conterganstiftungsgesetzes). Zudem erlaubt auch das SGB II selbst in § 13 Abs. 1 Nr. 1 dem Bundesministerium für Arbeit und Soziales im Einvernehmen mit dem Bundesministerium der Finanzen, durch Rechtsverordnung unter anderem zu bestimmen, welche weiteren Einnahmen nicht als Einkommen zu bestimmen sind.[258] 5

254 BSG 28.10.2009, BeckRS 2010, 66939; BSG 29.4.2015, SozR 4-4200 § 11 Nr. 70; BSG 10.8.2016, FEVS 68, 347.

255 BSG 28.10.2014, BSGE 117, 179; BSG 24.4.2015, NZS 2015, 671.

256 BSG 28.10.2014, aaO.

257 BGBl. I 2022, 2328.

258 Vgl. BT-Drs. 20/3873, S. 75.

6 Auch die §§ 11 Abs. 2 und 3 sind hinsichtlich der Berücksichtigung von einmaligen und laufenden Einnahmen maßgeblich geändert worden. Die Neuregelung soll zu einer Entlastung der Bürgerinnen und Bürger sowie der Verwaltung dienen.[259]

2. Definition

7 Als Einkommen zu berücksichtigen sind nach § 11 Abs. 1 SGB II Einnahmen in Geld und Geldeswert, die im Rahmen einer Erwerbstätigkeit, des Bundesfreiwilligendienstes oder eines Jugendfreiwilligendienstes zufließen. Einnahmen in **Geld** sind Euro als gesetzliche Zahlungsmittel, Devisen, Karten-Kontogeld und Wechsel.[260] Keine Einnahmen in Geld sind Sammelmünzen,[261] Aktien und Wertpapiere.[262]

8 Einnahmen in **Geldeswert** sind bis zum 31.7.2016 solche, die einen Marktwert haben und aus Sacheinnahmen, Gutscheinen, Dienst- und Naturalleistungen bestehen können.[263] Ab dem 1.8.2016[264] sind es nur noch die ausdrücklich im neuen § 11 Abs. S. 2 SGB II genannten Einnahmen in Geldeswert.

9 Nach der modifizierten Zuflusstheorie sind nur solche Einnahmen als Einkommen anzusehen, die bei wirtschaftlicher Betrachtung einen „**wertmäßigen Zuwachs**", also eine Vermehrung des Vermögensbestandes dessen bewirken, der diese Mittelzuflüsse hat.[265] Sie müssen dem Leistungsbegehrenden folglich zur endgültigen Verwendung verbleiben, denn nur insoweit können sie dessen Hilfebedürftigkeit dauerhaft entfallen lassen. Handelt es sich bei einer Einnahme um ein Darlehen, das mit einer Rückzahlungsverpflichtung i. S. d. BGB belastet ist, oder um eine Zuwendung Dritter, die eine rechtswidrig vom Grundsicherungsträger abgelehnte Leistung bis zur Herstellung des rechtmäßigen Zustandes ersetzen soll, tritt kein wertmäßiger Zuwachs beim Empfänger ein.[266] Die Rückzahlungsverpflichtung muss jedoch spätestens mit dem Zufluss entstanden sein.

10 Während des Bedarfszeitraums zufließende Einnahmen sind nicht als Einkommen zu bewerten, wenn sie nach **§ 11a SGB II** vom Gesetzgeber ausgenommen worden sind.

3. Bereite Mittel

11 Es kommt bei Berücksichtigung einer Einnahme als Einkommen in einem abschließenden Prüfungsschritt darauf an, ob zugeflossenes Einkommen als „bereites Mittel" geeignet ist, den konkreten Bedarf im jeweiligen Monat zu decken.[267] Es handelt sich dabei um ein **ungeschriebenes Tatbestandsmerkmal** des § 11 Abs. 1 S. 1 SGB II.

12 Rechtsansprüche, die zwar bestehen, aber keine tatsächlichen Zahlungen zur Folge haben, sind keine „bereiten Mittel". Steht der als Einkommen erlangte Wertzuwachs im Zeitpunkt des Zuflusses aus Rechtsgründen noch nicht als „bereites Mittel" bedarfsdeckend zur Verfügung, ist deshalb die Berücksichtigung als Einkommen zu diesem Zeitpunkt auch dann ausgeschlossen, wenn der Leistungsberechtigte auf die Realisierung des Wertes hinwirken kann.[268] Davon ausgehend hat das BSG das Vorliegen von bereiten Mitteln und damit von zu berücksichtigendem Einkommen verneint bei

259 BT-Drs. 20/3873, S. 75.
260 BeckOGK-SGB/Schwabe § 11 SGB II Rn. 32.
261 BSG 23.5.2012, SozR 4-4200 § 12 Nr. 19.
262 Hauck/Hengelhaupt § 11 SGB II Rn. 158; LPK-SGB II/Geiger § 11 Rn. 41.
263 BeckOGK-SGB/Schwabe § 11 SGB II Rn. 32.
264 BGBl. I 2016, 1824.
265 Hauck/Hengelhaupt § 11 SGB II Rn. 198; Luik/Harich/Schmidt § 11 SGB II Rn. 21; LPK-SGB II/Geiger § 11 Rn. 10.
266 BSG 6.10.2011, SozR 4-4200 § 11 Nr. 52; BSG 20.12.2011, SozR 4-4200 § 11 Nr. 45; BSG 17.6.2010, NJW 2011, 875; BeckOGK-SGB/Schwabe § 11 SGB II Rn. 32; Luik/Harich/Schmidt § 11 SGB II Rn. 22.
267 St. Rspr. vgl. BSG 18.2.2010, SozR 4-4200 § 9 Nr. 9, BSG 10.5.2011, BSGE 108, 144; BSG 21.6.2011, BSGE 108, 258; BSG 25.1.2012, SozR 4-4200 § 11 Nr. 47; BSG 16.5.2012, SozR 4-4200 § 22 Nr. 60.
268 BSG 19.8.2015, NJW 2016, 2287.

Zinsen aus einem Bausparvertrag, die diesem gutgeschrieben worden sind, aber dem Inhaber des Vertrags erst nach Kündigung des Bausparvertrags zur Verfügung stehen.[269]

Unterhaltsansprüche, die der Unterhaltsschuldner nicht erfüllt, können dem unterhaltsberechtigten nicht als Einkommen angerechnet werden.[270] 13

Demgemäß ist etwa eine nach erstmaliger Beantragung von Bürgergeld angefallene Erbschaft erst ab dem Zeitpunkt bedarfsdeckend als Einkommen zu berücksichtigen, in dem sie als „bereites Mittel" zur Verfügung steht.[271] Ebenso sind gepfändete Anteile des Einkommens von der Einkommensberücksichtigung ausgenommen, solange sie nicht als „bereite Mittel" zur Bedarfsdeckung zur Verfügung stehen.[272] 14

4. Berücksichtigung im Zuflussmonat, Abs. 2

§ 11 Abs. 2 SGB II in der seit dem 1.7.2023 geltenden Fassung umfasst eine wesentliche Änderung in der Einkommensberücksichtigung. Der Gesetzgeber hat die Unterscheidung zwischen einmaligen und laufenden Einnahmen aufgebeben. Einmalige Einnahmen wurden nach altem Recht in dem Monat berücksichtigt, in dem sie zufließen, beziehungsweise im Monat danach, wenn für den Monat des Zuflusses schon Leistungen erbracht wurden. War der Bedarf im Monat der Berücksichtigung gedeckt, wurde das einmalige Einkommen verteilt auf sechs Monate berücksichtigt. Diese Verteilung des Einkommens erwies sich als aufwendig. Die Berechnung des monatlichen Betrages bei zu verteilenden einmaligem Erwerbseinkommen (zum Beispiel Weihnachtsgeld) war für die betroffenen Leistungsberechtigten wenig transparent. Bei einer Verteilung auf sechs Monate war die Einnahme – trotz der normativen Verteilung des Zuflusses – oftmals vorzeitig verbraucht, so dass der Lebensunterhalt nicht mehr gesichert war.[273] 15

§ 11 Abs. 2 SGB II sieht nunmehr vor, dass Einnahmen (unabhängig von einer Unterscheidung zwischen einmaligen und laufenden) im **Zuflussmonat** berücksichtigt werden. Dies gilt auch für Einnahmen, die an einzelnen Tagen eines Monats aufgrund von kurzzeitigen Beschäftigungsverhältnissen erzielt werden. Abs. 2 S. 2. 16

5. Verteilung auf sechs Monate, Abs. 3

Würde der Leistungsanspruch durch die Berücksichtigung einer als Nachzahlung zufließenden Einnahme, die nicht für den Monat des Zuflusses erbracht wird, in diesem Monat entfallen, so ist diese Einnahme nur ausnahmsweise auf einen **Zeitraum von sechs Monaten** gleichmäßig aufzuteilen und monatlich ab dem Monat des Zuflusses mit einem entsprechenden monatlichen Teilbetrag zu berücksichtigen, § 11 Abs. 3 SGB II. 17

Diese Ausnahme greift ausweislich des Wortlauts nur für Fälle, in denen der Zufluss zur **Überwindung der Hilfebedürftigkeit** führen würde. Andernfalls ist die Einnahme vollständig im Zuflussmonat zu berücksichtigen, S. Abs. 2. 18

Nach Ablauf des Verteilzeitraums dürfen etwaige noch vorhandene Mittel aus der Einnahme nicht mehr als Einkommen i.S.d. § 11 Abs. 1 S. 1 SGB II, sondern allenfalls noch als Vermögen i.S.d. § 12 Abs. 1 SGB II berücksichtigt werden.[274] 19

---

269 BSG 19.8.2015, aaO.

270 BSG 2.7.2009, NJW 2010, 2381.

271 BSG 25.1.2012, SozR 4-4200 § 11 Nr. 47; BSG 29.4.2015, SozR 4-4200 § 11 Nr. 70.

272 BSG 10.5.2011, BSGE 108, 144.

273 BT-Drs. 20/3873, S. 75.

274 BSG 17.2.2015, SGb 2016, 292; Luik/Harich/Schmidt § 11 SGB II Rn. 37.

6. Zurechnung von Kinderzuschlag und Kindergeld

20 § 11 Abs. 1 S. 4 und 5 SGB II beinhalten normative Zurechnungsregelungen zum Kinderzuschlag und Kindergeld. Der Kinderzuschlag nach § 6a BKGG ist als Einkommen dem jeweiligen Kind zuzurechnen. Dies gilt auch für das Kindergeld für zur Bedarfsgemeinschaft gehörende Kinder, soweit es bei dem jeweiligen Kind zur Sicherung des Lebensunterhalts, mit Ausnahme der Bedarfe nach § 28 SGB II, benötigt wird. Anspruchsberechtigter dieser Leistungen ist in der Regel ein Elternteil, jedoch nicht das Kind selbst (§ 62 i. V. m. § 32 EStG, §§ 1, 2 und 6a BKGG). Gleichwohl sind Kinderzuschlag und Kindergeld aufgrund der ausdrücklichen gesetzlichen Anordnung in § 11 Abs. 1 S. 4 und 5 SGB II – normativ – nicht den Anspruchsberechtigten, sondern den Kindern selbst als Einkommen zuzurechnen, wenn sie zur Bedarfsgemeinschaft gehören.[275]

21 Für das Kindergeld gilt dies allerdings nur, soweit es bei dem jeweiligen Kind zur Sicherung des Lebensunterhaltes benötigt wird. Zur Bedarfsdeckung nicht notwendiges Kindergeld wird wiederum beim Anspruchsberechtigten angerechnet.

22 Kindergeld für volljährige, nicht zur Bedarfsgemeinschaft gehörende, aber im Haushalt lebende Kinder ist normativ dem Kindergeldberechtigten zugeordnet und bei diesem als Einkommen zu berücksichtigen.[276] Auch in den Fällen einer temporären Bedarfsgemeinschaft des Kindes mit dem umgangsberechtigten Elternteil ist das an den sorgeberechtigten Elternteil gezahlte, aber nicht an den umgangsberechtigten Elternteil weitergeleitete Kindergeld nicht als Einkommen des Kindes von dessen Bedarf abzusetzen.[277]

7. Absetzbeträge

23 In § 11b SGB II sind abschließend alle Absetz- und Freibeträge zusammengefasst geregelt, die von dem nach § 11 i. V. m. § 11a SGB II ermittelten, zu berücksichtigenden Einkommen abzusetzen sind. Diese Beträge sind für jedes einzelne Mitglied der Bedarfsgemeinschaft individuell von ihrem Einkommen abzuziehen und Letzteres erst danach auf den jeweiligen Bedarf des Einzelnen anzurechnen. Werden mehrere nach § 11 SGB II anrechenbare Einkommen erzielt, sind die Absetzbeträge für jedes Einkommen einzeln zu berücksichtigen, soweit die Voraussetzungen dafür erfüllt sind.[278]

24 Auch § 11b SGB II hat durch das Bürgergeld-Gesetz vom 16.12.2022 mit Wirkung zum 1.7.2023[279] Änderungen gewonnen, die in weiteren Gesetzesänderungen noch modifiziert worden sind. Konkretisiert wird die Norm zudem durch die Bürgergeld-VO.

25 In der Praxis von großer Bedeutung ist der **Grundfreibetrag bei Erwerbstätigkeit** nach § 11b Abs. 2 SGB II. Bei erwerbsfähigen Leistungsberechtigten, die erwerbstätig sind, ist anstelle der Beträge nach § 11b Abs. 1 S. 1 Nr. 3 bis 5 SGB II ein Pauschalbetrag von insgesamt 100 Euro monatlich von dem Einkommen aus Erwerbstätigkeit abzusetzen. Beträgt das monatliche Einkommen aus der Erwerbstätigkeit mehr als 400 Euro, kann auch ein nachgewiesener, höherer Betrag als 100 Euro berücksichtigt werden (S. 2). § 11b Abs. 2 S. 3 SGB II enthält eine Sonderregelung zur Absetzbarkeit von Einnahmen, die nach §§ 3 Nr. 12, 26, 26a oder 26b EStG steuerfrei sind (Aufwandsentschädigungen aus ehrenamtlicher Tätigkeit). Möglich ist aufgrund der Anreizwirkung des Grundfreibetrags auch eine doppelte Berücksichtigung für den Fall, dass innerhalb eines Monats aus einem Beschäftigungsverhältnis aufgrund der Umstellung der Entgeltzahlung zwei Zahlungen anfallen.[280]

26 Neu eingeführt ist der § 11b Abs. 2b SGB II. Abweichend von Abs. 2 S. 1 ist anstelle der Beträge nach Abs. 1 S. 1 Nr. 3 bis 5 der Betrag nach § 8 Abs. 1a des SGB IV von dem Einkommen aus Erwerbs-

---

275 JurisPK-SGB II/Söhngen § 11 Rn. 59.

276 BSG 23.11.2006, BSGE 97, 265; BSG 31.10.2007, FamRZ 2008, 688; BSG 6.12.2007, FamRZ 2008, 886; BSG 1.7.2009, SGb 2010, 36; BSG 17.7.2014, SGb 2014, 501.

277 BSG 2.7.2009, SozR 4-4200 § 7 Nr. 13; so auch jurisPK-SGB II/Söhngen § 11 Rn. 64.

278 BeckOGK-SGB/Schwabe § 11b SGB II Rn. 3.

279 BGBl. I 2022, 2328.

280 BSG 17.7.2014, SGb 2015, 690; vgl. auch LSG Niedersachsen-Bremen 6.4.2021, FEVS 73, 118.

tätigkeit abzusetzen bei erwerbsfähigen Leistungsberechtigten, die **das 25. Lebensjahr noch nicht vollendet** haben und die
1. eine nach dem Bundesausbildungsförderungsgesetz dem Grunde nach förderungsfähige Ausbildung durchführen,
2. eine nach § 57 Absatz 1 des Dritten Buches dem Grunde nach förderungsfähige Ausbildung, eine nach § 51 des Dritten Buches dem Grunde nach förderungsfähige berufsvorbereitende Bildungsmaßnahme oder eine nach § 54a des Dritten Buches geförderte Einstiegsqualifizierung durchführen,
3. einem Freiwilligendienst nach dem Bundesfreiwilligendienstgesetz oder dem Jugendfreiwilligendienstegesetz nachgehen oder
4. als Schülerinnen und Schüler allgemein- oder berufsbildender Schulen außerhalb der in § 11a Absatz 7 genannten Zeiten erwerbstätig sind; dies gilt nach dem Besuch allgemeinbildender Schulen auch bis zum Ablauf des dritten auf das Ende der Schulausbildung folgenden Monats.

Die Anhebung des monatlichen Absetzbetrages bedeutet nach der Gesetzesbegründung eine Angleichung an die Regelung aus dem Bundesausbildungsförderungsgesetz und die Beseitigung eines systemischen Unterschieds und damit einer Ungleichbehandlung. Nicht zuletzt soll die Anhebung des Grundabsetzbetrages einen Anreiz bieten, bereits während des Studiums einer Erwerbstätigkeit nachzugehen. Gleichzeitig wird der verwaltungsvereinfachende Zweck des Absetzbetrages beibehalten.[281] 27

Ein weiterer Freibetrag bei Erwerbstätigkeit befindet sich in § 11b Abs. 3 SGB II. Bei erwerbsfähigen Leistungsberechtigten, die erwerbstätig sind, ist von dem monatlichen Einkommen aus Erwerbstätigkeit ein weiterer Betrag abzusetzen. Auch hier hat der Gesetzgeber eine Neustrukturierung vorgenommen und sowohl eine weitere Stufe eingeführt, als auch die bereits vorhandenen Freibeträge erhöht.[282] Dieser beläuft sich 28
1. für den Teil des monatlichen Erwerbseinkommens, der 100 Euro übersteigt und nicht mehr als 520 Euro beträgt, auf 20 Prozent,
2. für den Teil des monatlichen Einkommens, der 520 Euro übersteigt und nicht mehr als 1.000 Euro beträgt, auf 30 % und
3. für den Teil des monatlichen Einkommens, das 1.000 Euro übersteigt und nicht mehr als 1.200 Euro beträgt, auf 10 %.

Anstelle des Betrages von 1.200 Euro tritt für erwerbsfähige Leistungsberechtigte, die entweder mit mindestens einem minderjährigen Kind in Bedarfsgemeinschaft leben oder die mindestens ein minderjähriges Kind haben, ein Betrag von 1.500 Euro (Abs. 3 S. 3). § 11b Abs. 3 S. 4 SGB II stellt wiederum klar, dass § 11b Abs. 3 S. 2 Nr. 1 SGB II nicht die Privilegierung der von § 11b Abs. 2b SGB II erfassten Personen unterläuft. 29

III. Vermögen

1. Gesetzesentwicklung

Die Neustrukturierung und teilweise Neufassung des § 12 SGB II zum 1.7.2023 mit dem Bürgergeld-Gesetz[283] war ein wesentlicher Diskussionspunkt in der Öffentlichkeit als auch im Vermittlungsausschuss. Die im Gesetzesentwurf vorgesehenen Neuregelungen sind teilweise maßgeblich angepasst worden. 30

---

281 BT-Drs. 20/3873, S. 77.
282 Zur Begründung, BT-Drs. 20/3873, S. 77.
283 BGBl. I 2022, 2328.

31 Durch die Neufassung ist § 12 SGB II nicht nur inhaltlich, sondern auch strukturell angepasst worden. In § 12 SGB II a. F. waren zunächst die Absetzbeträge in Abs. 2 und das nicht zu berücksichtigende Vermögen in Abs. 3 geregelt. Nunmehr ist das nicht zu berücksichtigende Vermögen eingangs in Abs. 1 und die Absetzbeträge in Abs. 2 geregelt.

2. Vermögensbegriff

32 Nach § 12 Abs. 1 SGB II sind als Vermögen alle verwertbaren Vermögensgegenstände zu berücksichtigen. Eine weitergehende Konkretisierung oder Definition des Vermögensbegriffs ist gesetzlich nicht geregelt. Orientiert man sich am bisherigen Recht der Arbeitslosenhilfe, ist als Vermögen der **gesamte Bestand an Sachen oder Rechten in Geld oder Geldeswert** in der Hand des Berechtigten anzusehen.[284] Diese Definition deckt sich im Wesentlichen mit der des Sozialhilferecht, wonach alle beweglichen und unbeweglichen Güter und Rechte in Geld oder Geldeswert als Vermögen anzusehen sind.[285]

33 Zum Vermögen gehören demnach Sachen, Sachgesamtheiten sowie Forderungen und Rechte.[286] Vermögensgegenstände können auch künftig fällig werdende Forderungen und Rechte sein (zu prüfen ist dann die Verwertbarkeit, Rn. 32).[287] Unerheblich ist, ob der Vermögensgegenstand entgeltlich oder unentgeltlich erworben wurde.[288]

Beispiele:
Bargeld (auf die Differenzierung zwischen Bar- und Buchgeld kommt es anders als beim Einkommensbegriff nicht an), bebaute und unbebaute Grundstücke (vgl. § 12 Abs. 3 S. 1 Nr. 4 SGB II), Eigentumswohnungen, Kraftfahrzeuge (vgl. § 12 Abs. 3 S. 1 Nr. 2 SGB II), Kunstwerke,[289] Lebensversicherungen,[290] Bausparverträge, Anwartschaften, Grundpfandrechte, Wertpapiere,[291] Pflichtteilsansprüche gem. § 2303 Abs. 1 BGB,[292] Möbel.[293]

---

34 Eine Berücksichtigung von Verbindlichkeiten bei der Feststellung der vorhandenen Vermögenswerte findet nicht statt. Eine Saldierung aller Aktiva und Passiva ist nicht vorzunehmen, da das Vermögen nicht zur Tilgung von Verbindlichkeiten gegenüber Dritten, sondern vorrangig zur eigenen Lebensunterhaltssicherung einzusetzen ist.[294] Dies folgt aus der Subsidiarität der staatlichen Fürsorge, welche erst eingreift, wenn der Hilfebedürftige ihm zur Verfügung stehende Mittel verbraucht hat. Die Berücksichtigung von Verbindlichkeiten bei der Feststellung der vorhandenen Vermögenswerte ist nach der Rspr. des BSG nur dann geboten, wenn eine Verbindlichkeit unmittelbar auf dem fraglichen Vermögensgegenstand (z. B. eine auf einem Grundstück eingetragene Hypothek) lastet, da der Vermögensgegenstand in diesem Fall nicht ohne Abzüge veräußert werden kann.[295]

35 § 12 Abs. 1 SGB II erfasst lediglich die Berücksichtigung **tatsächlich vorhandenen Vermögens**. Eine Anrechnung fiktiven Vermögens ist nicht vorgesehen.[296] Maßgeblich ist dabei der Bedarfszeit-

---

284 BSG 11.2.1976, BSGE 41, 187; BSG 20.6.1978, BSGE 46, 271; BSG 2.11.2000, BSGE 87, 143; BSG 21.11.2002, SGb 2003, 360.
285 BSG 18.3.2008, SGb 2009, 35; LSG Hamburg, FEVS 61, 136; Luik/Harich/Lange § 12 SGB II Rn. 10.
286 JurisPK-SGB II/Formann § 12 Rn. 34; Hauck/Hengelhaupt § 12 SGB II Rn. 103.
287 BSG 30.8.2010, SGb 2011, 646.
288 Hauck/Hengelhaupt § 12 SGB II Rn. 1119; Luik/Harich/Lange § 12 SGB II Rn. 10; BVerwG 8.7.1991, BeckRS 1991, 31290374.
289 BSG 23.11.2006, SozR 4-4200 § 16 Nr. 1.
290 BSG 10.8.2016, SozR 4-4200 § 12 Nr. 26.
291 BSG 20.9.2012, BSGE 112, 61.
292 BSG 6.5.2010, SozR 4-4200 § 12 Nr. 15.
293 Weitere Beispiele s. Luik/Harich/Lange § 12 SGB II Rn. 11 und jurisPK-SGB II/Formann § 12 Rn. 34.
294 BSG 2.11.2011, NZS 2012, 232.
295 BSG 2.11.2011, aaO; BSG 15.4.2008, info also 2008, 278.
296 Hauck/Hengelhaupt § 12 SGB II Rn. 218; Luik/Harich/Lange § 12 SGB II Rn. 21.

raum. Steht dem Leistungsberechtigten das Vermögen nicht mehr zur Bedarfsdeckung zur Verfügung, weil er es verbraucht oder übertragen hat, darf es nicht nach § 12 Abs. 1 SGB II berücksichtigt werden.

Vermögen, das bereits zu einer früheren Bedarfszeit berücksichtigt worden ist, muss auch in einem neuen Bedarfszeitraum berücksichtigt werden, solange es nicht verbraucht ist.[297] 36

3. Vermögen des Leistungsberechtigten

Nur Vermögen, welches dem Leistungsberechtigten selbst zugeordnet werden kann ist zu berücksichtigen. Bildet dieser eine Bedarfsgemeinschaft mit einem Partner (§ 7 Abs. 3 Nr. 3 SGB II) ist auch das Vermögen des Partners und bei einer Bedarfsgemeinschaft mit unverheirateten Kindern unter 25 Jahren (§ 7 Abs. 3 Nr. 2, Nr. 4 SGB II) das Vermögen der Eltern zuzurechnen (§ 9 Abs. 2 S. 1 SGB II). Das Vermögen von unter 25-jährigen unverheirateten Kindern in der Bedarfsgemeinschaft ist nur bei diesen selbst und nicht bei den übrigen Mitgliedern der Bedarfsgemeinschaft zu berücksichtigen. In diesen Fällen entfällt nur die Hilfebedürftigkeit des Kindes und damit auch die Zugehörigkeit zur Bedarfsgemeinschaft (§ 7 Abs. 3 Nr. 4 SGB II). Dies folgt bereits aus § 9 Abs. 2 S. 2 SGB II. 37

Insgesamt sind bei beweglichen oder unbeweglichen Sachen die Eigentumsverhältnisse maßgeblich, bei Forderungen die Inhaberschaft. 38

4. Verwertbarkeit

Vermögen ist verwertbar, wenn dessen Gegenstände **verbraucht, übertragen und belastet** werden können.[298] Ob Verwertbarkeit besteht, ist für jeden einzelnen Vermögensgegenstand getrennt festzustellen und kann nicht unter Hinweis auf etwaige Dispositionsmöglichkeiten im Rahmen des Gesamtvermögens offen gelassen werden.[299] 39

Auf die Verwertung vorhandenen Vermögens kann der Vermögensinhaber nur verwiesen werden, wenn diese **rechtlich und tatsächlich möglich** ist.[300] Die Verwertung muss für den Betroffenen einen Ertrag bringen, durch den er, wenn auch nur kurzfristig, seinen Lebensunterhalt bestreiten kann. Tatsächlich nicht verwertbar sind Vermögensgegenstände, für die in absehbarer Zeit kein Käufer zu finden sein wird, etwa weil Gegenstände dieser Art nicht (mehr) marktgängig sind oder weil sie – wie beispielsweise Grundstücke in Folge sinkender Immobilienpreise – über den Marktwert hinaus belastet sind. 40

In rechtlicher Hinsicht ist zu fordern, dass in Bezug auf den Vermögensgegenstand keine Verfügungsbeschränkungen bestehen, deren Aufhebung der Inhaber nicht erreichen kann (z.B. Insolvenz, Beschlagnahme, Pfändung).[301] 41

Ein Aspekt der Verwertbarkeit ist die für sie benötigte Zeit. Eine generelle Unverwertbarkeit i.S.d. § 12 Abs. 1 SGB II liegt vor, wenn völlig ungewiss ist, wann eine für die Verwertbarkeit notwendige Bedingung eintritt.[302] Maßgebend für die **Prognose**, dass ein rechtliches oder tatsächliches Verwertungshindernis wegfällt, ist im Regelfall der Zeitraum, für den die Leistungen bewilligt werden. Für diesen Zeitraum muss im Vorhinein eine Prognose getroffen werden, ob und welche Verwertungsmöglichkeiten bestehen, die geeignet sind, Hilfebedürftigkeit abzuwenden. Eine Festlegung für darüber hinausgehende Zeiträume ist demgegenüber nicht erforderlich und wegen der Unsicherheiten, die mit einer langfristigen Prognose verbunden sind, auch nicht geboten.[303] 42

---

297 Hauck/HENGELHAUPT § 12 SGB II Rn. 233; jurisPK-SGB II/FORMANN § 12 Rn. 38.
298 St. Rspr. BSG 16.5.2007, BSGE 98, 243; BSG 30.8.2010, SGb 2011, 646 mit Anmerkung KOEPKE.
299 Hauck/HENGELHAUPT § 12 SGB II Rn. 226; jurisPK-SGB II/FORMANN § 12 Rn. 68.
300 BSG 21.1.2009.
301 Hauck/HENGELHAUPT § 12 SGB II Rn. 239.
302 BSG 6.12.2007, BSGE 99, 248ff.
303 BSG 30.8.2010, aaO.

5. Schonvermögen

43 Als Vermögen nicht zu berücksichtigen sind nach § 12 Abs. 1 S. 2 SGB II

1. angemessener Hausrat; für die Beurteilung der Angemessenheit sind die Lebensumstände während des Bezugs von Bürgergeld maßgebend,
2. ein angemessenes Kraftfahrzeug für jede in der Bedarfsgemeinschaft lebende erwerbsfähige Person; die Angemessenheit wird vermutet, wenn die Antragstellerin oder der Antragsteller dies im Antrag erklärt,
3. für die Altersvorsorge bestimmte Versicherungsverträge; zudem andere Formen der Altersvorsorge, wenn sie nach Bundesrecht ausdrücklich als Altersvorsorge gefördert werden,
4. weitere Vermögensgegenstände, die unabhängig von der Anlageform als für die Altersvorsorge bestimmt bezeichnet werden; hierbei ist für jedes angefangene Jahr einer hauptberuflich selbständigen Tätigkeit, in dem keine Beiträge an die gesetzliche Rentenversicherung, an eine öffentlich-rechtliche Versicherungseinrichtung oder an eine Versorgungseinrichtung einer Berufsgruppe entrichtet wurden, höchstens der Betrag nicht zu berücksichtigen, der sich ergibt, wenn der zum Zeitpunkt der Antragstellung geltende Beitragssatz zur allgemeinen Rentenversicherung nach § 158 des Sechsten Buches mit dem zuletzt festgestellten endgültigen Durchschnittsentgelt gemäß Anlage 1 des Sechsten Buches multipliziert und anschließend auf den nächsten durch 500 teilbaren Betrag aufgerundet wird,
5. ein selbst genutztes Hausgrundstück mit einer Wohnfläche von bis zu 140 Quadratmetern oder eine selbst genutzte Eigentumswohnung von bis zu 130 Quadratmetern; bewohnen mehr als vier Personen das Hausgrundstück beziehungsweise die Eigentumswohnung, erhöht sich die maßgebende Wohnfläche um jeweils 20 Quadratmeter für jede weitere Person; höhere Wohnflächen sind anzuerkennen, sofern die Berücksichtigung als Vermögen eine besondere Härte bedeuten würde,
6. Vermögen, solange es nachweislich zur baldigen Beschaffung oder Erhaltung eines Hausgrundstücks oder einer Eigentumswohnung von angemessener Größe bestimmt ist, und das Hausgrundstück oder die Eigentumswohnung Menschen mit Behinderungen oder pflegebedürftigen Menschen zu Wohnzwecken dient oder dienen soll und dieser Zweck durch den Einsatz oder die Verwertung des Vermögens gefährdet würde sowie
7. Sachen und Rechte, soweit ihre Verwertung offensichtlich unwirtschaftlich ist oder für den Betroffenen eine besondere Härte bedeuten würde.

44 Es handelt sich bei diesen Vermögengegenständen um **sog. Schonvermögen**. Der Schutz der einzelnen Schonvermögenstatbestände bezieht sich jeweils auf konkrete Vermögensgegenstände und ist **kumulativ** zu prüfen.[304] Ein Vermögensgegenstand kann auch gleichzeitig unter mehrere Schonvermögenstatbestände i. S. d. § 12 Abs. 1 S. 2 fallen.[305]

a) Angemessener Hausrat

45 Angemessener Hausrat umfasst Möbel, Teppiche, Lampen, Bücher, Besteck, Haushaltswäsche, Küchen- und sonstige Haushaltsgeräte, Radio und Fernseher, Lebensmittel- und Brennstoffvorräte.[306] Diese Gegenstände sind Teil des zu gewährleistenden Lebensunterhalts und daher von der Verwertung ausgenommen. Unter angemessenen Hausrat gehören nicht wertvolle Haushaltsgegenstände wie z. B. wertvolle Möbel oder Kunstgegenstände, die nicht der Haushaltsführung dienen.[307]

46 Neu ist die Ergänzung in Nr. 1, dass für die Beurteilung der Angemessenheit die Lebensumstände während des Bezugs von Bürgergeld maßgebend sind. Nach der alten Fassung der Norm galt

304 Luik/Harich/Lange § 12 SGB II Rn. 42.
305 Hauck/Hengelhaupt § 12 SGB II Rn. 355.
306 Luik/Harich/Lange § 12 SGB II Rn. 48.
307 BeckOGK-SGB/Schwabe § 12 SGB II Rn. 40.

dies für jedes Schonvermögen. Nunmehr bezieht sich die Formulierung nur noch auf den Hausrat, weil nach der Neufassung bei keinem weiteren Vermögensgegenstand mehr eine Angemessenheitsprüfung vorgesehen ist.[308]

b) Kraftfahrzeuge

Nur ein angemessenes Kraftfahrzeug **erwerbsfähiger** Leistungsberechtigter ist vom Schonvermögen erfasst. Gehören nicht erwerbsfähige Personen zur Bedarfsgemeinschaft, zählt deren Kraftfahrzeug nicht zum Schonvermögen. Diese Erwerbszentriertheit der Privilegierung wird darin begründet, dass die Mobilität und Flexibilität des Leistungsberechtigten für dessen Chancen auf dem Arbeitsmarkt zu erhalten sind.[309] Ob das Kraftfahrzeug für eine Erwerbstätigkeit tatsächlich benötigt wird, ist unerheblich.[310] 47

Bezüglich der Angemessenheit sieht die Neufassung der Norm nunmehr eine Vermutung vor, wenn dies im Antrag erklärt wird. Nach dem Gesetzeswortlaut und der Begründung, wonach künftig die regelhafte Angemessenheitsprüfung, was zu einer erheblichen Verwaltungsvereinfachung geführt habe, entfalle[311], reicht die bloße Erklärung der Angemessenheit im Antrag aus. Die Vermutung greift demnach nur dann nicht, wenn die Angabe gänzlich fehlt.[312] 48

Die Vermutung kann grds. widerlegt werden, wenn die Behörde Kenntnis vom Wert erlangt. In diesem Fall ist die Angemessenheit zu ermitteln. 49

Laut dem BSG[313] ist ein PKW, dessen Verkehrswert 7.500 Euro[314] überschreitet, ohne weitere Prüfung als unangemessen anzusehen. Der die Angemessenheit übersteigende Betrag ist jedoch auf den Grundfreibetrag anzurechnen. Unangemessene Fahrzeuge müssen verwertet werden, wenn die Freibeträge ausgeschöpft sind. Ob diese Rechtsprechung für die Neuregelung des § 12 Abs. 1 S. 2 Nr. 2 SGB II herangezogen werden kann, ist fraglich. Die Bundesagentur für Arbeit geht in den Fachlichen Weisungen von einer Angemessenheit bis zu einem Wert von 15.000 EUR aus.[315] 50

c) Altersvorsorgevermögen

Erweitert worden ist die Schonung von Altersvorsorgevermögen, wobei für die Altersvorsorge bestimmte Versicherungsverträge nunmehr ohne Rücksicht auf die Anlageform und Wertgrenzen als geschont gelten (§ 12 Abs. 1 S. 2 Nr. 3 SGB II); weitere Vermögensgegenstände, die als Altersvorsorgevermögen bezeichnet werden, sind nun bei Selbstständigen bei fehlender Beitragszahlung zur gesetzlichen Rentenversicherung unabhängig von der zuvor erforderlichen Befreiung von der Versicherungspflicht ebenfalls in Höhe hypothetischer Beiträge geschont (§ 12 Abs. 1 S. 2 Nr. 4 SGB II).[316] Die Erweiterung geht zurück auf die Erfahrungen während der Geltung des vereinfachten Zugangs zu den Grundsicherungssystemen infolge der Corona-Pandemie.[317] 51

---

308 BT-Drs. 20/3873, S. 78.

309 Luik/Harich/Lange § 12 SGB II Rn. 50; Hauck/Hengelhaupt § 12 SGB II Rn. 370; LPK-SGB II/Geiger § 12 Rn. 31.

310 BSG 18.3.2008, BSGE 100, 139.

311 BT-Drs. 20/3873, S. 78.

312 jurisPK-SGB II/Forman § 12 Rn. 145.

313 Maßgeblich BSG 6.9.2007, SGb 2008, 602 mit anschließender Anmerkung Berlit.

314 Anlehnend an § 5 Abs. 1 der Kraftfahrzeughilfe-Verordnung in der Fassung vom 21.12.2000.

315 Fachliche Weisungen, § 12 SGB II, Rn. 12.13.

316 Groth/Güssow, NRW 2023, 184, 186.

317 BT-Drs. 20/3873, S. 78f.; vgl auch Spitzlei, NZS 2023, 121, 124.

d) Selbst genutztes Hausgrundstück/Eigentumswohnung

52 Ein **selbst genutztes** Hausgrundstück von angemessener Größe oder eine entsprechende Eigentumswohnung gehörten auch schon nach der alten Rechtslage zum Schonvermögen. Zweck dieser Regelung ist nicht der Schutz der Immobilie als Vermögensgegenstand, sondern allein der Schutz der Wohnung i.S. der Erfüllung des Grundbedürfnisses „Wohnen" und als räumlicher Lebensmittelpunkt.[318] Dieser Zweck hat sich auch durch die Neuregelungen ausweislich der Gesetzesbegründung nicht geändert.[319]

53 Nach dem Wortlaut bezog sich die Angemessenheit nur auf die **Größe des Hausgrundstücks bzw. der Eigentumswohnung**. Auf andere wertbildende Faktoren wird – im Gegensatz zu § 90 Abs. 2 Nr. 8 S. 2 SGB XII – nicht abgestellt.[320]

54 In der Rspr. des BSG[321] ist die Angemessenheit dahingehend konkretisiert worden, dass die angemessene Größe eines Hausgrundstücks mit Blick auf die Gesamtwohnfläche des darauf errichteten Hauses und insoweit bundeseinheitlich nach den Wohnflächengrenzen des zum 1.1.2002 außer Kraft getretenen Zweiten Wohnungsbaugesetzes (**II. WoBauG**), differenziert nach der **Anzahl der Personen**, zu bestimmen ist. Für Familienheime mit nur einer Wohnung, die von bis zu vier Personen bewohnt werden, sah das II. WoBauG eine Wohnflächengrenze von 130 qm vor (§ 39 Abs. 1 S. 1 Nr. 1, Abs. 2 Nr. 1 II. WoBauG). Diese Wohnflächengrenze ist bei einer Belegung mit weniger als vier Personen um jeweils 20 qm pro Person zu reduzieren, typisierend begrenzt auf eine Belegung mit bis zu zwei Personen. Für Eigentumswohnungen beträgt die Grenze bei einer Belegung mit vier Personen hingegen 120 qm.[322]

55 Berücksichtigungsfähige Personen für die Ermittlung der Angemessenheitsgrenze waren nur die Mitglieder der Bedarfsgemeinschaft oder die auf längere Zeit in einer Haushaltsgemeinschaft lebenden Personen. Alle anderen Angehörigen, sonstigen Angehörigen oder Mieter waren nicht heranzuziehen.[323]

56 Nunmehr wurden die Grenzwerte ausdrücklich gesetzlich verankert und zugleich erhöht. In der Praxis habe sich gezeigt, dass insbesondere Einfamilienhäuser häufig eine Größe von über 130 Quadratmetern aufweisen. Danach ergeben sich Angemessenheitsgrenzen von 140 Quadratmetern Wohnfläche für Hausgrundstücke und 130 Quadratmetern für Eigentumswohnungen. Auf die Festlegung einer Angemessenheitsgrenze bezogen auf die Grundstücksfläche hat der Gesetzgeber dabei verzichtet, weil sich angesichts der bundesweiten Unterschiede etwa zwischen innerstädtisch und ländlich gelegenen Grundstücken keine einheitlichen Maßstäbe fänden lassen. Aus Gründen der Verwaltungsvereinfachung bleibe es allerdings bei der Wohnfläche als alleinigem Angemessenheitskriterium.[324] Der tatsächliche Wert einer Immobilie wird wie nach bisherigem Recht nicht in die Betrachtung einbezogen. Mit der Neuregelung werden die Angemessenheitsgrenzen zudem teilweise von der Anzahl der Bewohnerinnen und Bewohner entkoppelt. Zwar werden die Angemessenheitsgrenzen (wie nach der Rechtsprechung auch bislang schon) bei mehr als vier Bewohnerinnen und Bewohnern für jede und jeden weiteren um jeweils 20 Quadratmeter erhöht. Wiederum in Anlehnung an das II. Wohnungsbaugesetz findet eine Verringerung der Angemessenheitsgrenze bei weniger als vier Bewohnerinnen und Bewohnern dagegen nicht mehr statt. Leistungsberechtigten soll im Interesse des Schutzes des Grundbedürfnisses „Wohnen" ihr bisheriger räumlicher Lebensmittelpunkt in diesen Fällen auch dann erhalten bleiben, wenn ein Hausgrundstück beziehungsweise eine entsprechende Eigentumswohnung beispielsweise allein aufgrund des Auszugs von Kin-

---

318 BSGE 17.12.2002, SGb 2003, 279; BSG 7.11.2006, SGb 2007, 432.

319 BT-Drs. 20/3873, S. 79.

320 BSG 7.11.2006, aaO.

321 St. Rspr. BSG 7.11.2006, BSGE 97, 203; BSG 12.12.2013 R, SozR 4-4200 § 12 Nr. 22; BSG 19.9.2008, FEVS 60, 490; BSG 18.9.2014, NZS 2015, 72.

322 BSG 19.9.2008, aaO.

323 BSG 12.12.2013, FEVS 65, 529; jurisPK-SGB II/Forman § 12 Rn. 158.

324 BT-Drs. 20/3873, S. 79.

dern oder des Todes der Partnerin oder des Partners plötzlich „zu groß“ wird. Dies berücksichtigt auch die Rechtslage in der früheren Arbeitslosenhilfe sowie bei Einführung des SGB II, wonach die geltenden Werte für einen Vierpersonenhaushalt auch dann nicht reduziert wurden, wenn die tatsächliche Anzahl der Bewohner geringer war. Die Reduzierung des Angemessenheitswertes bei weniger als vier Personen wurde durch die Rechtsprechung entschieden. Diese Festlegung wird nunmehr wieder aufgegeben, um dem Ziel der verbesserten Vermögensberücksichtigung Rechnung zu tragen.[325]

Berücksichtigungsfähige Personen für die Ermittlung der Angemessenheitsgrenze sind nach der bisherigen Rechtsprechung des BSG nur die Mitglieder der Bedarfsgemeinschaft oder die auf längere Zeit in einer Haushaltsgemeinschaft lebenden Personen.[326] Alle anderen Bewohner oder Mieter sind nicht heranzuziehen. Bei dieser Regelung muss es bleiben, auch wenn der Wortlaut dies nicht vorgibt. Ansonsten könnte durch Untervermietungen kleinerer Zimmer die Angemessenheit der Immobilie erreicht werden.[327] 57

Bei unangemessener Größe eines Eigenheims ist weiter zu prüfen, ob die Verwertung offensichtlich unwirtschaftlich ist oder für den Betroffenen eine besondere Härte darstellt (§ 12 Abs. 3 S. 1 Nr. 6 SGB II). Sollte eine Verwertbarkeit hiernach gegeben sein, sind noch die Freibeträge des § 12 Abs. 2 SGB II zu berücksichtigen. 58

e) Besondere Härte

§ 12 Abs. 1 S. 2 Nr. 7 SGB II schützt Sachen und Rechte, soweit ihre Verwertung für die betroffene Person eine besondere Härte bedeuten würde. Es handelt sich dabei wie die Vorgängervorschrift in § 12 Abs. 3 S. 1 Nr. 6 Alt. 2 SGB II a.F. um einen Auffangtatbestand. Die weitere Alternative der offensichtlichen Unwirtschaftlichkeit ist durch das Bürgergeld-Gesetz abgeschafft worden. Anwendungsfall in der Praxis sei die Bewertung von Altersvorsorgeverträgen gewesen, die nunmehr vollständig von der Vermögensberücksichtigung ausgenommen würden.[328] Bei dem Begriff der besonderen Härte handelt es sich um einen unbestimmten Rechtsbegriff, der der vollen gerichtlichen Überprüfung unterliegt. Erforderlich für die Annahme einer besonderen Härte sind **außergewöhnliche Umstände des Einzelfalls**. Die Norm setzt voraus, dass die Umstände dem Betroffenen ein deutlich größeres Opfer abverlangen als eine einfache Härte und erst recht als die mit der Vermögensverwertung stets verbundenen Einschnitte.[329] Es sind nur besondere, bei anderen Leistungsberechtigten regelmäßig nicht anzutreffende Umstände beachtlich und in ihrem Zusammenwirken zu prüfen.[330] Dazu gehören nicht die ausdrücklichen Freistellungen über das Schonvermögen und die Absetzungsbeträge. 59

Nach der Gesetzesbegründung kann ein derartiger Härtefall z. B. vorliegen, wenn ein erwerbsfähiger Hilfebedürftiger kurz vor dem Rentenalter seine Ersparnisse für die Altersvorsorge einsetzen müsste, obwohl seine Rentenversicherung Lücken wegen selbständiger Tätigkeit aufweist.[331] 60

6. Freibetrag

Freibeträge nach § 12 Abs. 2 SGB II sind nach Prüfung des Schonvermögens nach Abs. 1 zu prüfen, da Freibeträge nur von dem grundsätzlich berücksichtigungsfähigen Vermögen abgesetzt werden können.[332] Der Freibetrag ist durch das Bürgergeld-Gesetz maßgeblich geändert worden. Von dem zu 61

---

325 BT-Drs. 20/3873, S. 80.

326 BSG 12.12.2013, aaO.

327 So jurisPK-SGB II/Forman § 12 Rn. 181.

328 BT-Drs. 20/3873, S. 80.

329 BSG 16.5.2007, BSGE 98, 243; BSG 6.5.2010, SozR 4-4200 § 12 Nr. 15; BSG 22.3.2012, SozR 4-4200 § 12 Nr. 18.

330 BSG 15.4.2008, FEVS 60, 297.

331 BT-Drs. 15/1749 S. 32.

332 So auch jurisPK-SGB II/Formann § 12 Rn. 242.

berücksichtigenden Vermögen ist für jede Person in der Bedarfsgemeinschaft ein Betrag in Höhe von 15.000 Euro abzusetzen. Übersteigt das Vermögen einer Person in der Bedarfsgemeinschaft den Betrag nach Satz 1, sind nicht ausgeschöpfte Freibeträge der anderen Personen in der Bedarfsgemeinschaft auf diese Person zu übertragen.

62 Anstelle der komplexen Berechnung nach dem alten Recht mit Grundfreibetrag, Zusatzfreibetrag und Berücksichtigung der Altersvorsorge ist nunmehr ein Freibetrag in Höhe von 15.000 EUR pro Person in der Bedarfsgemeinschaft getreten. Der Freibetrag wird zwar personenbezogen eingeräumt, aus Vereinfachungsgründen wird aber die Übertragung von nicht ausgenutzten Freibeträgen zugelassen. Das ergibt im Ergebnis eine **bedarfsgemeinschaftsbezogene Betrachtung des Vermögens**, die zugleich eine Vereinfachung der Berechnung und Erhöhung des Schonvermögens darstellt.[333]

7. Karenzzeit

63 Die Einführung einer Karenzzeit im SGB II ist eines der zentralen Änderungen durch das Bürgergeld-Gesetz. Angelehnt ist der Gedanke an die Übergangsregelungen während der Corona-Pandemie, die einen vereinfachten Zugang zu den Grundsicherungssystemen ermöglichte.

64 Nach § 12 Abs. 3 SGB II gilt für die Berücksichtigung von Vermögen eine Karenzzeit **von einem Jahr** ab Beginn des Monats, für den erstmals Leistungen nach diesem Buch bezogen werden. Innerhalb dieser Karenzzeit wird Vermögen nur berücksichtigt, wenn **es erheblich** ist. Wird der Leistungsbezug in der Karenzzeit für mindestens einen Monat unterbrochen, verlängert sich die Karenzzeit um volle Monate ohne Leistungsbezug. Eine neue Karenzzeit beginnt, wenn zuvor mindestens drei Jahre keine Leistungen nach diesem oder dem Zwölften Buch bezogen worden sind.

65 § 12 Abs. 4 SGB II konkretisiert die Erheblichkeit des Vermögens. Vermögen ist im Sinne von Abs. 3 S. 2 erheblich, wenn es in der Summe **40.000 Euro** für die leistungsberechtigte Person sowie 15.000 Euro für jede weitere mit dieser in Bedarfsgemeinschaft lebende Person übersteigt; Bei der Berechnung des erheblichen Vermögens ist ein selbst genutztes Hausgrundstück oder eine selbst genutzte Eigentumswohnung abweichend von Abs. 1 S. 2 Nr. 5 nicht zu berücksichtigen. Es wird vermutet, dass kein erhebliches Vermögen vorhanden ist, wenn die Antragstellerin oder der Antragsteller dies im Antrag erklärt. Liegt erhebliches Vermögen vor, sind während der Karenzzeit Beträge nach Satz 1 an Stelle der Freibeträge nach Absatz 2 abzusetzen. Der Erklärung ist eine Selbstauskunft beizufügen; Nachweise zum vorhandenen Vermögen sind nur auf Aufforderung des Jobcenters vorzulegen.

66 Ist Bürgergeld unter Berücksichtigung des Einkommens nur für einen Monat zu erbringen, gilt keine Karenzzeit. Es wird vermutet, dass kein zu berücksichtigendes Vermögen vorhanden ist, wenn die Antragstellerin oder der Antragsteller dies im Antrag erklärt.

§ 70 Leistungen zur Sicherung des Lebensunterhalts

1 Die Grundsicherung für Arbeitsuchende umfasst nach § 1 Abs. 3 SGB II Leistungen zur Beratung, Beendigung oder Verringerung der Hilfebedürftigkeit insbesondere durch Eingliederung in Ausbildung oder Arbeit und Sicherung des Lebensunterhalts. Kapitel 3 des SGB II regelt die zu erbringenden Leistungen. Zusammengefasst werden die Leistungen zur Eingliederung in Arbeit in Abschnitt 1 (§§ 14–18e SGB II) und die Leistungen zur Sicherung des Lebensunterhalts in Abschnitt 2 (§§ 19–30 SGB II).

2 Leistungen nach dem SGB II werden in Form von Dienstleistungen, Geldleistungen und Sachleistungen erbracht (§ 4 Abs. 1 SGB II). Während im Bereich der Sicherung des Lebensunterhalts Geldleistungen überwiegen, stehen bei der Eingliederung in Arbeit Dienstleistungen im Vordergrund.

333 BT-Drs. 20/3873, S. 80.

Die Grundsicherung für Arbeitsuchende umfasst primär demnach Leistungen, die der Sicherung des Lebensunterhalts dienen (§ 1 Abs. 3 Nr. 3 SGB II). Diese Leistungen umfassen: 3
- § 19 Abs. 1 S. 1 SGB II Bürgergeld (Regelbedarf, Mehrbedarfe, Kosten der Unterkunft und Heizung),
- § 24 Abs. 1 SGB II Darlehen für einen unabweisbaren Bedarf,
- § 24 Abs. 3 SGB II Einmalige Leistungen für gesonderte Bedarfe,
- § 26 SGB II Zuschüsse zu Beiträgen zur Kranken- und Pflegeversicherung,
- § 27 SGB II Leistungen für Auszubildende,
- § 28ff. SGB II Leistungen für Bildung und Teilhabe.

I. Bürgergeld (ehemals Arbeitslosengeld II/Sozialgeld)

Durch das Bürgergeld- Gesetz[334] sind das Arbeitslosengeld II und das Sozialgeld ab dem 1.1.2023 durch ein Bürgergeld abgelöst worden. Der Begriff Arbeitslosengeld ist im Zuge dessen durch die Bezeichnung „Bürgergeld“ ersetzt worden. § 19 Abs. 1 Satz 1 SGB II hat über diese begriffliche Änderung hinaus aber keinen neuen Inhalt erhalten. **Erwerbsfähige Leistungsberechtigte** erhalten nach § 19 Abs. 1 S. 1 SGB II n.F. Bürgergeld. § 19 SGB II ist in Verbindung mit § 7 SGB II Einstiegsnorm und Anspruchsgrundlage für Leistungen zur Sicherung des Lebensunterhalts in Form von Bürgergeld und Leistungen für Bildung und Teilhabe. Nichterwerbsfähige Leistungsberechtigte, die mit erwerbsfähigen Leistungsberechtigten in einer Bedarfsgemeinschaft leben, erhalten Bürgergeld, soweit sie keinen Anspruch auf Leistungen nach dem Vierten Kapitel des Zwölften Buches haben, § 19 Abs. 1 S. 2 SGB II. Das Bürgergeld umfasst den Regelbedarf, Mehrbedarfe und den Bedarf für Unterkunft und Heizung, § 19 Abs. 1 S. 3 SGB II. 4

1. Regelbedarf

Der Regelbedarf zur Sicherung des Lebensunterhalts umfasst insbesondere Ernährung, Kleidung, Körperpflege, Hausrat, Haushaltsenergie ohne die auf die Heizung und Erzeugung von Warmwasser entfallenden Anteile sowie persönliche Bedürfnisse des täglichen Lebens, § 20 Abs. 1 S. 1 SGB II. Zu den persönlichen Bedürfnissen des täglichen Lebens gehört in vertretbarem Umfang eine Teilhabe am sozialen und kulturellen Leben in der Gemeinschaft, § 20 Abs. 1 S. 1, S. 2 SGB II. Der Regelbedarf bildet im Rahmen des Bürgergeldes das **„soziokulturelle“ Existenzminimum** ab und umfasst die im Rahmen der genannten Bedarfe pauschalierbaren Leistungen.[335] Über die Verwendung des Regelbedarfs entscheiden die Leistungsberechtigten eigenverantwortlich., § 20 Abs. 1 S. 4. Die Höhe der Regelbedarfe differenziert nach verschiedenen Personengruppen. 5

§ 20 Abs. 1a SGB II bestimmt, dass der Regelbedarf in Höhe der jeweiligen Regelbedarfsstufe entsprechend § 28 SGB XII i.V.m. dem Regelbedarfsermittlungsgesetz (RBEG) und den §§ 28a und 40 SGB XII i.V.m. der für das jeweilige Jahr geltenden Regelbedarfsstufen-Fortschreibungsverordnung anerkannt wird. Das Grundgesetz schreibt keine bestimmte Methode zur Ermittlung und höhenmäßigen Bestimmung der existenznotwendigen Aufwendungen vor, sie muss lediglich tauglich und sachgerecht sein.[336] Der Gesetzgeber hat von Anbeginn an ein **Statistikmodell** zugrunde gelegt, bei dem sich die Bedarfsbemessung an den tatsächlichen, auf statistischer Grundlage ermittelten Verbrauchsausgaben von Haushalten in unteren Einkommensgruppen orientiert. Grundlage für die Ermittlung der Regelbedarfe sind daher die durch die **Einkommens- und Verbrauchsstichprobe (EVS)** nachgewiesenen tatsächlichen Verbrauchsausgaben unterer Einkommensgruppen (§ 28 Abs. 1, Abs. 2 S. 2 SGB XII). Bei der EVS handelt es sich um eine amtliche Statistik des Statistischen Bundes- 6

334 Vom 16.12.2022, BGBl. I 2022, 2328.
335 BT-Drs. 15/1516 S. 56.
336 BVerfG 9.2.2010, BVerfGE 125, 175.

amtes über die Lebensverhältnisse privater Haushalte in Deutschland, die alle fünf Jahre durchgeführt wird. Eine gesetzliche Verpflichtung zur Teilnahme besteht nicht, alle Haushalte nehmen auf freiwilliger Basis teil.

7 Das BVerfG hat in seiner Entscheidung vom 9.2.2010 bekräftigt, dass die verfassungsrechtliche Gewährleistung eines menschenwürdigen Existenzminimums durch ein Parlamentsgesetz erfolgen muss, das einen konkreten, bezifferten Leistungsanspruch des Bürgers gegenüber dem zuständigen Leistungsträger enthält.[337] Das RBEG ist in Umsetzung der verfassungsrechtlichen Vorgaben durch Art. 1 des Gesetzes zur Ermittlung von Regelbedarfen und zur Änderung des Zweiten und Zwölften Buches Sozialgesetzbuch vom 24.3.2011 als neues Stammgesetz geschaffen worden und am 1.1.2011 in Kraft getreten.[338] Nach der Auswertung der EVS 2013 trat das RBEG 2017[339] zum 1.1.2017 in Kraft.

8 Die EVS 2018 ist im Laufe des Jahres 2018 erhoben worden[340] und führte im Jahr 2021 zu neuen Berechnungen der Regelbedarfsstufen.[341] Die EVS 2023 ist zwar bereits erheben worden, aber noch nicht ausgewertet. Erste Ergebnisse werden voraussichtlich 2025 veröffentlicht.[342]

9 § 28a SGB XII, welches das Verfahren und die Kriterien der Fortschreibung der Regelsätze in den Jahren, in denen keine Neuauswertung einer EVS erfolgt, regelt, ist durch das Bürgergeld-Gesetz[343] zum 1.1.2023 maßgeblich geändert worden. Die Höhe der in § 28a SGB XII geregelten Fortschreibung in Jahren, für die keine gesetzliche Neuermittlung der Höhe der Regelbedarfe nach § 28 SGB XII zu erfolgen hat, ergibt sich bislang allein aus der Veränderungsrate des Mischindexes. Dieser setzt sich zusammen aus einem Anteil von 70 Prozent, der sich aus der Entwicklung der für die Höhe der Regelbedarfe berücksichtigen Güter und Dienstleistungen (regelbedarfsrelevanter Preisindex) ergibt, und zu einem Anteil von 30 Prozent, dem die Entwicklung der Nettolöhne und -gehälter je beschäftigten Arbeitnehmer (abgekürzt als Entwicklung der verfügbaren Entgelte) zugrunde liegt. Diese Fortschreibung nach bisheriger Rechtslage wurde durch den Gesetzgeber beibehalten und bildet die sogenannte **„Basisfortschreibung“**. Um künftig auch die zu erwartende Entwicklung des regelbedarfsrelevanten Preisindexes zusätzlich zu berücksichtigen, wird durch die Neufassung von § 28a SGB XII die regelbedarfsrelevante Preisentwicklung mit den aktuellsten verfügbaren Daten zur Veränderungsrate des regelbedarfsrelevanten Preisindex zusätzlich berücksichtigt. Dies ist das zweite Quartal des der Fortschreibung vorausgehenden Kalenderjahres. Dazu wird nach neuem Recht zum 1.1.2023 der sich aus der Fortschreibung der Veränderungsrate des Mischindexes ergebende Eurobetrag noch einmal fortgeschrieben. Die Höhe dieser **„ergänzenden Fortschreibung“** ergibt sich aus der Veränderung der regelbedarfsrelevanen Preisentwicklung im zweiten Quartal 2022 gegenüber dem zweiten Quartal 2021.[344] In der Abfolge der jährlichen Fortschreibungen, also ab der Fortschreibung zum 1.1.2024, wird jeweils der sich in der Fortschreibung des Vorjahres mit dem Mischindex ergebende nicht gerundete Eurobetrag der erneuten Fortschreibung mit dem Mischindex zugrunde gelegt. Für den Fall, dass die für die vorausgegangene Fortschreibung unterstellte Entwicklung der regelbedarfsrelevanten Preise nicht mit der tatsächlichen Entwicklung übereinstimmt, hat dies für die nachfolgende Fortschreibung keine Auswirkungen. Die Fortschreibung mit der aktuellsten Veränderungsrate des regelbedarfsrelevanten Preisindexes setzt dann erneut auf dem sich durch die aktuelle Fortschreibung mit dem Mischindex ergebenden (nicht gerundeten) Eurobeträgen der Regelbedarfsstufen auf.[345]

---

337 BVerfG 9.2.2010, BVerfGE 125, 175.
338 BGBl. I S. 453.
339 BGBl. I S. 3159.
340 Vgl. Statistisches Bundesamt, Fachserie 15 Heft 2, EVS 2018.
341 BGBl. I 2020, Nr. 61, S. 2855.
342 Statistisches Bundesamt, abgerufen unter destatis.de am 10.10.2024.
343 BGBl. I 2022, 2328.
344 BT-Drs. 20/3873, S. 109.
345 BT-Drs. 20/3873, S. 109.

Zum 1.1.2024 erfolgte eine vergleichsweise starke Erhöhung der Regelbedarfe[346] 10

Übersicht über die Regelbedarfe erwerbsfähiger Leistungsberechtigter und Mitglieder der Bedarfsgemeinschaft ab 1.1.2024:[347] 11

Alleinstehende/Alleinerziehende	**563 Euro**	Regelbedarfsstufe 1
Paare je Partner/Bedarfsgemeinschaften	**506 Euro**	Regelbedarfsstufe 2
Volljährige in Einrichtungen (nach SGB XII)	**451 Euro**	Regelbedarfsstufe 3
nicht-erwerbstätige Erwachsene unter 25 Jahren im Haushalt der Eltern Personen, die das 25. Lebensjahr noch nicht vollendet haben und ohne Zusicherung des zuständigen kommunalen Trägers umziehen	**451 Euro**	Regelbedarfsstufe 3
Jugendliche von 14 bis 17 Jahren	**471 Euro**	Regelbedarfsstufe 4
Kinder von 6 bis 13 Jahren	**390 Euro**	Regelbedarfsstufe 5
Kinder von 0 bis 5 Jahren	**357 Euro**	Regelbedarfsstufe 6

Mit der Regelbedarfsstufen-Fortschreibungsverordnung 2025[348] werden die Regelbedarfe im 12
Bürgergeld und der Sozialhilfe für das Jahr 2025 festgesetzt. Der Gesetzgeber beabsichtigt keine weitere Erhöhung für das Jahr 2025.

Alleinstehend i.S.d. § 20 Abs. 2 S. 1 SGB II ist jeder Leistungsberechtigte, der keiner Bedarfs- 13
gemeinschaft mit anderen Hilfebedürftigen angehört, bzw. allein für seine Person „eine Bedarfsgemeinschaft" bildet.[349] Auch über 25-jährige Leistungsberechtigte, die mit ihren Eltern in einem Haushalt leben, gelten als alleinstehend, § 7 Abs. 3 Nr. 4 SGB II. Ein Leistungsberechtigter, der mit seiner Ehefrau und seinem Kind in Bedarfsgemeinschaft zusammenlebt, hat auch dann nur einen Anspruch auf den Regelbedarf als Partner nach § 20 Abs. 4 SGB II und nicht als Alleinstehender, wenn die Ehefrau aus aufenthaltsrechtlichen Gründen keinen Antrag auf SGB II Leistungen gestellt hat.[350]

Alleinerziehend i.S.d. § 20 Abs. 2 S. 1 SGB II sind Leistungsberechtigte, die ohne Partner mit 14
einem oder mehreren Kindern im gemeinsamen Haushalt leben und für die Erziehung allein sorgen.

2. Mehrbedarfe

Mehrbedarfe umfassen Bedarfe, die nicht durch den Regelbedarf abgedeckt sind. § 21 SGB II regelt 15
abschließend die Anwendungsfälle des Mehrbedarfs.

Leistungen für Mehrbedarfe müssen nicht gesondert beantragt werden. Dies gilt auch dann, 16
wenn die Voraussetzungen für den Mehrbedarf erst während des laufenden Leistungsbezugs eintreten.[351] Der Streit um einen Anspruch auf eine Leistung nach § 21 SGB II stellt keinen eigenständigen und von den Leistungen zur Sicherung des Lebensunterhalts abtrennbaren Streitgegenstand dar.[352]

346 Regelbedarfsstufen-Fortschreibungsverordnung 2024, BGBl. 2023 I Nr. 287.

347 BGBl. I 2023 I Nr. 287.

348 BT-Drs. 453/24.

349 BSG 7.11.2016, NZS 2007, 550.

350 BSG 14.6.2018, SozR 4-4200 § 22 Nr. 98; s. auch Anmerkung Bender, NZS 2019, 35.

351 BSG 6.4.2010, SozR 4-4200 § 21 Nr. 11; BSG 22.3.2010, SozR 4-4200 § 22 Nr. 38; BSG 23.3.2011, SozR 4-4200 § 37 Nr. 2; BSG 6.5.2010, SozR 4-4200 § 28 Nr. 3, BeckRS 2010, 72115.

352 BSG 6.4.2011, SozR 4-4200 § 21 Nr. 11.

a) Mehrbedarf für werdende Mütter

17 Nach § 21 Abs. 2 SGB II wird bei werdenden Müttern nach der 12. Schwangerschaftswoche ein Mehrbedarf von 17 % des nach § 20 SGB II maßgebenden Regelbedarfs anerkannt. Dieser Mehrbedarf besteht ab dem ersten Tag der 13. Schwangerschaftswoche bis zum Ende des Monats, in welchen die Entbindung fällt.

18 Die Schwangerschaft ist mit einer ärztlichen Bescheinigung eines Arztes oder einer Hebamme nachzuweisen. Insoweit besteht eine Mitwirkungspflicht der Schwangeren. Die Schwangerschaftskleidung sowie die Erstausstattung für das Kind werden als Sonderbedarfe nach § 24 Abs. 3 S. 1 Nr. 2 SGB II erbracht.

b) Mehrbedarf für Alleinerziehende

19 Bei Personen, die mit einem oder mehreren minderjährigen Kindern zusammenleben und allein für deren Pflege und Erziehung sorgen, ist ein Mehrbedarf anzuerkennen

1. in Höhe von 36 % des nach § 20 Abs. 2 SGB II maßgebenden Bedarfs, wenn sie mit einem Kind unter sieben Jahren oder mit zwei oder drei Kindern unter 16 Jahren zusammenleben, oder
2. in Höhe von 12 % des nach § 20 Abs. 2 SGB II maßgebenden Bedarfs für jedes Kind, wenn sich dadurch ein höherer Prozentsatz als nach der Nummer 1 ergibt, höchstens jedoch in Höhe von 60 % des nach § 20 Abs. 2 SGB II maßgebenden Regelbedarfs, § 21 Abs. 3 SGB II.

Alter	Mehrbedarf
1 Kind unter 7 Jahren	36 %
1 Kind über 7 Jahren	12 %
2 Kinder unter 16 Jahren	36 %
2 Kinder über 16 Jahren	24 %
4 Kinder	48 %
ab 5 Kinder	60 %

20 Alleinstehende Personen, die mit einem oder mehreren minderjährigen Kindern im gemeinsamen Haushalt leben, erhalten die Leistungen für den Mehrbedarf, weil damit dem Umstand Rechnung getragen wird, dass keine weitere Person in der Bedarfsgemeinschaft bzw. Haushaltsgemeinschaft lebt, die sich an der Pflege und Erziehung des Kindes beteiligt.[353] Der Mehrbedarf setzt zugleich die grundsätzliche Zielvorstellung des SGB II um, wonach die Leistungen der Grundsicherung insbesondere darauf auszurichten sind, dass die familienspezifischen Lebensverhältnisse von erwerbsfähigen Hilfebedürftigen, die Kinder erziehen oder pflegebedürftige Angehörige betreuen, berücksichtigt werden (§ 1 Abs. 1 S. 4 Nr. 4 SGB II).[354]

21 Eine in diesem Sinne **„alleinige Sorge für deren Pflege und Erziehung"** liegt grundsätzlich dann vor, wenn der hilfebedürftige Elternteil während der Betreuungszeit von dem anderen Elternteil, Partner oder einer anderen Person nicht in einem Umfang unterstützt wird, der es rechtfertigt, von einer nachhaltigen Entlastung auszugehen. Entscheidend ist danach, ob eine andere Person in erheblichem Umfang bei der Pflege und Erziehung mitwirkt.[355] Dabei ist allein auf die **tatsächlichen Verhältnisse** im konkreten Einzelfall abzustellen.[356] Allein die (potentielle) Möglichkeit des Rückgriffs auf andere Personen oder Einrichtungen führt nicht zum Anspruchsausschluss.

353 Vgl. BSG 3.3.2009, NZS 2010, 106; BT-Drs. 10/3079 S. 5.
354 Vgl. BSG 3.3.2009, aaO.
355 BSG 3.3.2009, aaO; BSG 2.7.2009, BSGE 104, 48; BSG 11.7.2019, NZS 2020, 180.
356 BSG 2.7.2009, aaO.

Der Tatbestand „alleinerziehend" liegt auch vor, wenn volljährige Geschwister in der Bedarfsgemeinschaft leben. Es ist nicht davon auszugehen, dass diese an der Erziehung ihrer minderjährigen Geschwister beteiligt sind. 22

Der Mehrbedarf wegen Alleinerziehung ist auch bei Pflege und Erziehung von Kindern zu berücksichtigen, mit denen der Begünstigte keine Bedarfsgemeinschaft bildet. Abweichend von § 7 Abs. 3 Nr. 4 SGB II kommt es bei Prüfung des § 21 Abs. 3 SGB II nur auf das Zusammenleben mit Kindern in einer Haushaltsgemeinschaft an.[357] Der Mehrbedarf für Alleinerziehende ist daher bei alleinstehenden Personen anzuerkennen, die ein oder mehrere **Pflegekinder** in ihren Haushalt aufgenommen haben und diese allein pflegen und erziehen. Pflegekinder gehören zwar nicht zur Bedarfsgemeinschaft, bei der Prüfung des Mehrbedarfs für Alleinerziehende kommt es jedoch nur auf das Zusammenleben mit Kindern in einem Haushalt an.[358] 23

Abweichend von diesen Grundsätzen kann ein **hälftiger Mehrbedarf** bei Alleinerziehung nach der Rechtsprechung des BSG ausnahmsweise ebenfalls anzuerkennen sein, wenn sich getrennt lebende Eltern bei der Pflege und Erziehung des gemeinsamen Kindes in größeren, mindestens eine Woche umfassenden Intervallen abwechseln und sich die anfallenden Kosten in etwa hälftig teilen **(Wechselmodell)**.[359] In dieser Konstellation ist es weder angemessen, Berechtigten den Mehrbedarf bei Alleinerziehung gänzlich zu versagen, noch erscheint es sachgerecht, ihnen den vollen Mehrbedarf zuzubilligen. Das BSG hat deshalb für diese Gestaltung der hälftigen Aufteilung der Pflege und Erziehung die Rechtsfolgen des § 21 Abs. 3 SGB II teleologisch reduziert und den Mehrbedarf auf die Hälfte der ausdrücklich geregelten Leistung begrenzt.[360] Damit ist für das Grundsicherungsrecht der familienrechtlichen Wertung Rechnung getragen, wonach insbesondere beim Anspruch auf den Barunterhalt ausnahmsweise dann nicht zwischen einem (überwiegend) betreuenden und einem (überwiegend) auf die Ausübung des Umgangsrechts beschränkten Elternteils zu unterscheiden ist, wenn ein Kind in etwa gleichlangen Phasen abwechselnd jeweils bei dem einen und dem anderen Elternteil lebt.[361] 24

c) Mehrbedarf für erwerbsfähige behinderte Menschen

Bei erwerbsfähigen Leistungsberechtigten mit Behinderungen, denen Leistungen zur Teilhabe am Arbeitsleben nach § 49 des Neunten Buches mit Ausnahme der Leistungen nach § 49 Abs. 3 Nr. 2 und 5 des Neunten Buches sowie sonstige Hilfen zur Erlangung eines geeigneten Platzes im Arbeitsleben oder Eingliederungshilfen nach § 112 des Neunten Buches erbracht werden, wird ein Mehrbedarf von 35 Prozent des nach § 20 maßgebenden Regelbedarfs anerkannt (§ 21 Abs. 4 SGB II). Dies gilt auch nach Beendigung der dort genannten Maßnahmen während einer angemessenen Übergangszeit, vor allem einer Einarbeitungszeit. 25

Voraussetzung für die Anerkennung des Mehrbedarfs ist das Vorliegen einer **Behinderung**, eine daraus folgende **Beeinträchtigung** der leistungsberechtigten Person bei der Eingliederung in das oder der Teilhabe am Arbeitsleben und die **Erbringung von Leistungen zum Ausgleich** dieser Beeinträchtigungen. Zudem muss es sich um einen erwerbsfähigen Leistungsberechtigten handeln. Erwerbsfähig ist nach § 8 Abs. 1 SGB II, wer nicht wegen Krankheit oder Behinderung auf absehbare Zeit außerstande ist, unter den üblichen Bedingungen des allgemeinen Arbeitsmarktes mindestens drei Stunden täglich erwerbstätig zu sein. 26

Anspruchsberechtigt sind lediglich Menschen mit Behinderungen. Nach § 2 Abs. 1 S. 1 SGB IX sind das Menschen, die körperliche, seelische, geistige oder Sinnesbeeinträchtigungen haben, die sie in Wechselwirkung mit einstellungs- und umweltbedingten Barrieren an der gleichberechtigten Teil- 27

357 BSG 27.1.2009, SozR 4-4200 § 21 Nr. 4.
358 BSG 27.1.2009, aaO.
359 BSG 3.3.2009, aaO; BSG 2.7.2009, BSGE 104, 48ff.
360 BSG 3.3.2009, aaO.
361 BSG 11.7.2019, aaO.

habe an der Gesellschaft mit hoher Wahrscheinlichkeit länger als sechs Monate hindern können. Eine Beeinträchtigung nach S. 1 liegt vor, wenn der Körper- und Gesundheitszustand von dem für das Lebensalter typischen Zustand abweicht. Leistungsberechtigte Personen, die von einer Behinderung lediglich bedroht sind (§ 2 Abs. 1 S. 2 SGB IX), haben keinen Anspruch auf den Mehrbedarf.

28 Nach dem Normzweck des § 21 Abs. 4 SGB II soll nicht jeder berufsbezogene Nachteil ausgeglichen, sondern dem Umstand Rechnung getragen werden, dass es für den Personenkreis der behinderten Menschen aufgrund nicht ausreichend behindertengerecht ausgestalteter konkreter Arbeitsbedingungen oftmals besonders schwer ist, einen vorhandenen Arbeitsplatz zu erhalten oder eine Ausbildung durchzustehen.[362] Der Mehrbedarf nach § 21 Abs. 4 SGB II erfordert daher die Teilnahme des Leistungsberechtigten an einer regelförmigen besonderen, strukturierten Maßnahme mit dem Charakter einer Teilhabeleistung i. S. des § 49 Abs. 3 SGB IX. Die Leistungserbringung muss sich innerhalb eines organisatorischen Rahmens vollziehen, der eine Bezeichnung als „Maßnahme" rechtfertigt.[363] Diese Anforderungen werden nicht erfüllt, wenn lediglich kurze Gespräche geführt werden, wie sie auch im Rahmen der „regulären" Arbeitsvermittlung durch den Grundsicherungsträger mit jedem erwerbsfähigen Leistungsberechtigten geführt werden oder nur allgemeine Beratungs- und Betreuungsleistungen (§§ 13, 14 SGB I) stattfinden. Erforderlich ist, dass es sich um eine Maßnahme handelt, deren Ziel und inhaltlicher Schwerpunkt die Befähigung zur Teilhabe am Arbeitsleben bildet.[364] Voraussetzung ist auch, dass die genannten Leistungen tatsächlich bezogen werden, eine abstrakte Anspruchsberechtigung reicht nicht aus.[365]

29 Als Nachweis ist ein aktueller Bewilligungsbescheid des Trägers vorzulegen. Die genannten Leistungen müssen tatsächlich erbracht werden. Es reicht nicht aus, wenn die behinderte leistungsberechtigte Person lediglich grundsätzlich die Voraussetzungen hierfür erfüllt;[366] sie ist auf eine ggf. erforderliche Antragstellung beim zuständigen Träger der genannten Leistungen hinzuweisen.

d) Mehrbedarf bei kostenaufwendiger Ernährung

30 Bei Leistungsberechtigten, die aus medizinischen Gründen einer kostenaufwendigen Ernährung bedürfen, wird nach § 21 Abs. 5 SGB II ein Mehrbedarf in angemessener Höhe anerkannt.

31 Voraussetzung für die Gewährung des Mehrbedarfs ist eine gesundheitliche Beeinträchtigung, die eine Ernährung erfordert, deren Kosten aufwändiger sind als dies für Personen ohne diese Einschränkung der Fall ist.[367] Es muss also ein **ursächlicher Zusammenhang** zwischen einer bestehenden oder drohenden Erkrankung und der Notwendigkeit einer besonderen kostenaufwendigen Ernährung vorliegen.[368]

32 Nach dem Willen des Gesetzgebers können zur Konkretisierung der Angemessenheit des Mehrbedarfs die hierzu vom **Deutschen Verein für öffentliche und private Fürsorge** entwickelten und an typisierbaren Fallgestaltungen ausgerichteten **Empfehlungen** (aktuell vom 10.12.2014) herangezogen werden.[369] Dies entspricht der generellen Anknüpfung der Leistungen zur Sicherung des Lebensunterhalts nach dem SGB II an das Referenzsystem der Sozialhilfe.[370] In der Praxis und Rechtsprechung zur früheren Parallelvorschrift des § 23 Abs. 4 BSHG fanden die Empfehlungen des DV allgemein Anwendung.

---

362 jurisPK-SGB II/Behrend § 21 Rn. 55.

363 BSG 22.3.2010, SozR 4-4200 § 21 Nr. 9; BSG 6.4.2011, SGb 2011, 325; zusammenfassend LSG Sachsen 21.2.2011, BeckRS 2011, 68892.

364 jurisPK-SGB II/Behrend § 21 Rn. 55 ff.

365 BSG 25.6.2008, BSGE 101, 79; BSG 29.2.2010, SozR 4-1100 Art. 1 Nr. 7.

366 BSG 25.6.2008, BSGE 101, 79; BSG 22.3.2010, NZS 2011, 143; Luik/Harich/S. Knickrehm § 21 SGB II Rn. 45.

367 BSG 27.2.2008, SGb 2009, 161.

368 jurisPK-SGB II/Behrend § 21 Rn. 64.

369 BT-Drucks 15/1516 S. 57.

370 BT-Drucks 15/1516 S. 46, 56.

Die Empfehlungen sind weder als Rechtsnorm noch als antizipierte Sachverständigengutachten anzusehen, können aber im Regelfall als Orientierungshilfe dienen.[371] Sie entbinden aber nicht von der Ermittlungspflicht im Einzelfall, sobald Besonderheiten, insbesondere von den Empfehlungen abweichende Bedarfe, geltend gemacht werden.[372] Dabei kann es zum einen aufgrund der konkreten Umstände des Einzelfalls gerechtfertigt sein, das Erfordernis der Krankenkostzulage auch für eine Erkrankung zu bejahen, die im Katalog der Empfehlungen nicht vorgesehen ist. Es kann sich zum anderen aber auch für eine der genannten oder damit gleichzusetzenden Erkrankung im Einzelfall ein höherer oder niedrigerer Mehrbedarf, als in den Empfehlungen vorgesehen ergeben.[373] 33

Die Voraussetzungen des Mehrbedarfs sind im Einzelfall im Wege der Amtsermittlung durch Einholung von Befundberichten der behandelnden Ärzte sowie medizinischer und/oder ernährungswissenschaftlicher Stellungnahmen oder Gutachten zu klären. 34

Sind die Voraussetzungen des Mehrbedarfs erfüllt, hat der Leistungsberechtigte einen Anspruch auf einen Mehrbedarf in angemessener Höhe. Den Leistungsträgern steht weder Ermessen noch ein Beurteilungsspielraum zu, sodass die volle gerichtliche Überprüfung der Entscheidung möglich ist.[374] Angemessen ist der erforderliche Betrag, mit dem der Kostenaufwand für die Krankenkost ausgeglichen wird.[375] 35

e) Mehrbedarf bei dezentraler Warmwasseraufbereitung

Nach § 21 Abs. 7 SGB II wird bei Leistungsberechtigten ein Mehrbedarf anerkannt, soweit Warmwasser durch in der Unterkunft installierte Vorrichtungen erzeugt wird (dezentrale Warmwassererzeugung) und deshalb keine Bedarfe für zentral bereitgestelltes Warmwasser nach § 22 SGB II anerkannt werden. Höhere Aufwendungen sind jedoch nur zu berücksichtigen, soweit sie durch eine separate Messeinrichtung nachgewiesen werden, S. 3. 36

Die Warmwasserbereitung ist ein eigenständiger Bedarf und wird bei zentraler Warmwasserversorgung neben den Bedarfen für Unterkunft und Heizung anerkannt und bei dezentraler Warmwasseraufbereitung, d.h. wenn das Wasser durch in der Unterkunft installierte Vorrichtungen (Boiler, Speicher, Durchlauferhitzer, die überwiegend mit Strom oder Gas betrieben werden) erwärmt wird (§ 21 Abs. 7 S. 1 SGB II), als Mehrbedarf bewilligt. 37

Nach § 27 Abs. 7 SGB II gelten für die Anerkennung des Bedarfs bei dezentraler Warmwassererzeugung drei Bemessungsansätze: 38

- Die Bemessung nach den **Warmwasserpauschalen** des § 21 Abs. 7 S. 2 Halbs. 1 SGB II,
- die Bedarfsbestimmung bei einer teils dezentralen und teils zentralen Warmwassererzeugung nach der 2. Alt. des § 21 Abs. 7 S. 2 Halbs. 2 SGB II (**gemischte Warmwasserversorgung**) und
- die Anerkennung eines (sonst) abweichenden Bedarfs nach der 1. Alt. des § 21 Abs. 7 S. 2 Halbs. 2 SGB II (**allgemeine Öffnungsklausel**).[376]

Die gemischte Warmwasserversorgung betrifft Fälle, bei denen nicht die gesamte Warmwassererzeugung dezentral erfolgt, sondern ein Teil über die zentrale Heizungsanlage geliefert und daher ein Teil des angemessenen Warmwasserbedarfs nach § 22 Abs. 1 SGB II anerkannt wird. 39

Beim Mehrbedarf nach § 21 Abs. 7 SGB II handelt es sich um einen aufwandbezogenen Mehrbedarf. Dessen Bemessung nach der Vorschrift über die allgemeine Öffnungsklausel hat Vorrang vor den pauschalierenden Bemessungsansätzen nach § 21 Abs. 7 S. 2 Halbs. 1 SGB II.[377] 40

371 BSG 27.2.2008, aaO.
372 BSG 27.2.2008, aaO.
373 BSG 27.2.2008, aaO.
374 BSG 27.2.2008, aaO; LPK-SGB II/von Boetticher § 21 Rn. 32.
375 LPK-SGB II/von Boetticher § 21 Rn. 32.
376 Vgl. BSG 7.12.2017, SGb 2018, 564.
377 BSG 7.12.2017, aaO; ausführlich Straßfeld, SGb 2018, 564ff.

41 Die allgemeine Öffnungsklausel greift danach ein, wenn tatsächlich ein von den pauschalierenden Bemessungsansätzen abweichender Bedarf vorhanden ist. Voraussetzung für die Anerkennung von höheren Kosten als nach den Warmwasserpauschalen ist, dass ein **abweichender Bedarf** vorliegt und die Kosten **angemessen** sind. Die Anwendung der Öffnungsklausel erfordert nicht, dass der Stromverbrauch für die Warmwassererzeugung durch technische Einrichtungen gesondert erfasst wird.[378]

42 Abweichender Bedarf liegt vor, wenn die tatsächlichen Aufwendungen für die dezentrale Warmwasserversorgung im jeweils maßgebenden Bewilligungszeitraum höher (oder niedriger) als die im Einzelfall maßgebliche Warmwasserpauschale sind und nicht ein Fall der gemischten Warmwassererzeugung im Sinne der 2. Alt. des § 21 Abs. 7 S. 2 Halbs. 2 SGB II vorliegt. Unerheblich für die Anwendung der allgemeinen Öffnungsklausel ist, ob besondere Lebensumstände oder das Alter der Anlage zur Warmwasserversorgung höhere Kosten begründen können.[379]

f) Härtefallregelung

43 § 21 Abs. 6 SGB II ist mit Wirkung zum 3.6.2010[380] eingeführt worden und setzt die Vorgaben des BVerfG in seinem Urteil vom 9.2.2010[381] um. Mit Art. 1 Abs. 1 GG i. V. m. Art. 20 Abs. 1 GG war es dem Urteil zufolge unvereinbar, dass das SGB II keinen Anspruch auf Leistungen zur Sicherstellung eines zur Deckung des menschenwürdigen Existenzminimums unabweisbaren, laufenden, nicht nur einmaligen, besonderen Bedarfs vorsah. Der Gesetzgeber hatte wegen dieser Lücke in der Deckung des lebensnotwendigen Existenzminimums eine Härtefallregelung in Form eines Anspruchs auf Hilfeleistungen vorzugeben. Mit § 21 Abs. 6 SGB II ist eine Rechtsgrundlage für eine solche Härtefallregelung geschaffen worden.

44 Bei Leistungsberechtigten wird ein Mehrbedarf anerkannt, soweit im Einzelfall ein **unabweisbarer, laufender, nicht nur einmaliger besonderer Bedarf** besteht.

45 Ein besonderer Bedarf liegt vor, wenn er neben den durchschnittlichen Bedarfen, die mit der Regelleistung abgedeckt sind, in einer atypischen Lebenslage besteht (atypischer Bedarf). Welche Bedarfe mit der Regelleistung umfasst sind, ergibt sich aus der Einkommens- und Verbrauchsstatistik (EVS). Die Atypik kann sich auch daraus ergeben, dass der Bedarf an sich zwar mit der Regelleistung erfasst ist, er aber aufgrund besonderer Lebensumstände in atypischem Umfang anfällt (quantitativer Mehrbedarf).[382]

46 Um einen laufenden, nicht nur einmaligen Bedarf handelt es sich, wenn er im (gedachten) Bewilligungsabschnitt von 6 Monaten (vgl. § 41 Abs. 1 S. 4 SGB II) prognostisch nicht nur einmalig, sondern voraussichtlich mehrmals anfällt.[383] Nicht erforderlich ist, dass dieser Bedarf monatlich entsteht. Die Voraussetzung des laufenden Bedarfs kann auch bei nur einmaligem Anfall des Bedarfs pro Bewilligungsabschnitt zu bejahen sein.[384] Einmalige Aufwendungen müssen aus dem Ansparanteil des Regelbedarfs bestritten werden (oder ggfs. durch ein Darlehen nach § 24 Abs. 1 SGB II). Bei den Kosten für die Pass-/Ausweisbeschaffung handelt es sich nicht um einen regelmäßig wiederkehrenden Bedarf.[385] Die Kosten für die Anschaffung eines ausländischen Reisepasses sind vom Regelbedarf umfasst.[386] Ggfs. kommt aber eine darlehensweise Leistungsgewährung nach § 24 Abs. 1 SGB II in Betracht.[387]

---

378 BSG 7.12.2017, aaO.
379 A. A. LSG Berlin Brandenburg 19.3.2014, juris.
380 BGBl. I 671.
381 NZS 2010, 270–285.
382 Hauck/Krauß § 21 SGB II Rn. 75.
383 Hauck/Krauß § 21 SGB II Rn. 74.
384 Hauck/Krauß § 21 SGB II Rn. 74; KRW/Greiner § 21 SGB II Rn. 20.
385 BSG 29.5.2019, SozR 4-4200 § 24 Nr. 8.
386 BSG 12.9.2018, m. Anmerkung Husemann, NZS 2019, 156; BSG 29.5.2019, aaO.
387 BSG 12.9.2018, aaO.

Der Mehrbedarf ist unabweisbar, wenn er insbesondere nicht durch die Zuwendungen Dritter sowie unter Berücksichtigung von Einsparmöglichkeiten der Leistungsberechtigten gedeckt ist und seiner Höhe nach erheblich von einem durchschnittlichen Bedarf abweicht (Legaldefinition in § 21 Abs. 6 S. 2 SGB II). Der atypische und überdurchschnittliche Mehrbedarf ist von den Leistungsberechtigten vorrangig durch alle ihnen verfügbaren Mittel zu decken. Zu berücksichtigen sind dabei insbesondere gewährte Leistungen anderer Leistungsträger als der Träger der Grundsicherung für Arbeitsuchende (z.B. Unterhaltsvorschuss, Leistungen der Kranken- und Pflegekassen), Zuwendungen Dritter (z.B. von Familienangehörigen) und Einsparmöglichkeiten der Leistungsberechtigten. Zuwendungen Dritter können in Form von Sach-, Geld- oder Dienstleistungen gewährt werden. Auf die rechtliche Einordnung als Einnahme kommt es insoweit nicht an.[388] Auf die Möglichkeit, Ausgaben in anderen Bereichen des Regelbedarfs einzusparen, kann der Leistungsberechtigte nur in begrenztem Umfang verwiesen werden, wofür es keine allgemeingültige Bagatellgrenze gibt.[389] 47

Beispiele: 48

Kosten zur Wahrnehmung des Umgangsrechts: Entstehen einem getrennt lebenden Elternteil regelmäßig Fahrt- und/oder Übernachtungskosten aufgrund der Wahrnehmung des Umgangsrechts mit seinen Kindern und können diese nicht aus evtl. vorhandenem Einkommen, dem Regelbedarf oder Leistungen Dritter bestritten werden, können diese in angemessenem Umfang übernommen werden.[390] Dies gilt für die Kinder entsprechend, soweit den Kindern an Stelle ihrer Eltern Kosten entstehen.[391] Härtefallmehrbedarfe wegen eines Umgangsrechts bestehen danach unter Berücksichtigung der Umstände des Einzelfalls in Höhe der kostengünstigsten und gleichwohl bezogen auf den verfassungsrechtlichen Schutz des Umgangsrechts verhältnismäßigen sowie zumutbaren Art der Bedarfsdeckung,[392] soweit wegen Getrenntlebens der Eltern oder – liegen besondere rechtfertigende Gründe dafür vor – bei getrennten Wohnsitzen[393] eine grundsicherungsrechtlich beachtliche Trennungssituation besteht.

Besuchsreisen zu nahen Angehörigen: Auch zwischen Erwachsenen oder im Großeltern-Kind-Verhältnis können verwandtschaftliche Bindungen für die personale Existenz von herausgehobener Bedeutung sein, wie deren besonderer Schutz durch Art. 6 Abs. 1 GG belegt. Dem ist bei der Auslegung der Härtefallklausel des § 21 Abs. 6 SGB II Rechnung zu tragen. Das verfassungsrechtlich zu gewährleistende Existenzminimum hat außer der physischen Seite wegen der notwendigen Existenz des Menschen in sozialen Bezügen neben einem Mindestmaß an Teilhabe am gesellschaftlichen, kulturellen und politischen Leben auch die Möglichkeit zur Pflege zwischenmenschlicher Beziehungen zu sichern.[394] Hierbei kann verwandtschaftlichen Bindungen auch außerhalb des Schutzbereichs von Art. 6 Abs. 2 S. 1 GG besonderer Stellenwert zukommen, wenn sie als tatsächlich gelebte Beziehung von besonderer Nähe, familiärer Verantwortlichkeit füreinander sowie Rücksichtnahme- und Beistandsbereitschaft geprägt sind[395] und deshalb für die individuelle personale Existenz herausgehobene Bedeutung haben. Unter Berücksichtigung dessen kann in Sondersituationen zur Ermöglichung der Begegnung naher Angehöriger ein Härtefallmehrbedarf nicht anders als beim Umgangsrecht anzuerkennen sein. 49

388 BT-Drs. 17/1465 S. 9.

389 Ausf. hierzu BSG 4.6.2014, NZS 2015, 149.

390 BT-Drs. 17/1465 S. 9; Fachliche Weisungen der BA Rn. 21.41; zu den weiteren Anforderungen und Varianten s. BSG 18.11.2014, BSGE 117, 240 und BSG 11.2.2015, SGb 2016, 155 m.w.N.

391 BSG 7.11.2006, BSGE 97, 242.

392 BSG 18.11.2014, BSGE 117, 240.

393 BSG 11.2.2015, BSGE 118, 82.

394 BVerfG 9.2.2010, BVerfGE 125, 175, 223; BSG 28.11.2018, SozR 4-4200 § 21 Nr. 32; BSG SozR 4-4200 § 21 Nr. 30.

395 Vgl. BVerfG 24.6.2014, BVerfGE 136, 382.

Beispiel nach BSG 28.11.2018 (B 14 AS 47/17 R):[396]
Der deutsche Leistungsberechtigte lebt nach eigenen Angaben unfreiwillig getrennt von seiner im Ausland lebenden Ehefrau, die chinesische Staatsangehörige ist. Ihrem Nachzug stehen aufenthaltsrechtliche Gründe entgegen, da ihr notwendige Mittel für den Sprachkundeerwerb fehlten. Ein Anspruch auf Übernahme der Besuchskosten nach § 21 Abs. 6 SGB II besteht nicht. Aufenthaltsrechtliche Hindernisse für den Nachzug zu deutschen Staatsangehörigen im Bundesgebiet begründen keinen Anspruch auf Leistungen nach dem SGB II zum Besuch der ausländischen Ehegatten im Ausland.

Zur Abgrenzung Beispiel angelehnt an BSG v. 28.11.2018:[397]
Die Leistungsberechtigte steht im laufenden Bezug von Arbeitslosengeld II und beantragte beim zuständigen Jobcenter höhere Leistungen für Besuche ihrer volljährigen Tochter, die seit Dezember 2009 in Pecs (Ungarn) in Untersuchungshaft einsitze. Nach Auffassung des BSG kann die Klägerin wegen der strittigen Kosten zum Besuch ihrer inhaftierten Tochter einen Anspruch auf einen Härtefallmehrbedarf gegen das beklagte Jobcenter haben. Aus dem Härtefallmehrbedarf kann sich in einer Sondersituation ein Anspruch auf Übernahme der Aufwendungen für den Besuch eines nahen Angehörigen, z. B. bei dessen Inhaftierung, ergeben, und zwar auch im Ausland.

50 **Pflege- und Hygieneartikel:** Pflege- und Hygieneartikel, die aus gesundheitlichen Gründen laufend benötigt werden (z. B. Hygieneartikel bei ausgebrochener HIV-Infektion, Körperpflegemittel bei Neurodermitis), sind in erforderlichem Umfang als Mehrbedarf zu übernehmen.[398]

51 **Putz-Haushaltshilfe**: Auch Kosten für eine Putz- bzw. Haushaltshilfe (z. B. für Rollstuhlfahrer)[399] können unter § 21 Abs. 6 SGB II fallen. Erforderlich ist eine dauerhafte körperlich starke Beeinträchtigung des Leistungsberechtigten mit der Folge, dass er die Haushaltsführung nur eingeschränkt bewältigen kann. Zudem ist auszuschließen, dass die Leistung durch andere Leistungsträger vorrangig zu erbringen ist (SGB XI, SGB XII).[400]

52 **PC/Laptop für Schüler**: Einige Gerichte[401] haben bei Schülern ein über die in § 28 Abs. 3 SGB II geregelten persönlichen schulischen Bedarfe hinausgehenden Mehrbedarf für die Ausstattung mit Computern zu schulischen Zwecken anerkannt und § 21 Abs. 6 SGB II als Anspruchsgrundlage verwendet. Da den Schülern heutzutage auch digitale Kenntnisse und Kompetenzen nahegebracht werden sollen und der Schulbetrieb ohne elektronische Hilfsmittel (beinahe) nicht mehr denkbar ist, ist ein grundsätzlicher Mehrbedarf nicht abwegig. An einigen Schulen bestehen bereits Lernplattformen und E-Learning Programme, die ohne einen PC/Laptop nicht wahrgenommen werden könnten. Es dürfte daher von einem unabweisbaren Bedarf ausgegangen werden. Gegen die Anwendung des § 21 Abs. 6 SGB II wird hingegen ausgeführt, dass es sich nicht um einen laufenden, sondern nur einmaligen Bedarf handele.[402] Das LSG NRW entschied im Hinblick auf die COVID-19-Pandemie, dass die Kosten für die Anschaffung eines internetfähigen Computers zur Teilnahme an einem pandemiebedingten Schulunterricht im heimischen Umfeld grundsätzlich einen nach § 21 Abs. 6 SGB II anzuerkennenden Mehrbedarf darstellen.[403] Hinsichtlich der Einmaligkeit sei einzig maßgeblich, ob eine atypische Bedarfssituation vorliegt, die auf Dauer zu spürbaren Einschränkungen des soziokulturellen

396 SozR 4-4200 § 21 Nr. 32.

397 SozR 4-4200 § 21 Nr. 30; Obermaier, info also 2019, 166; Schiller, jM 2020, 15.

398 BSG 19.8.2010, SozR 4-3500 § 73 Nr. 3; Fachliche Weisungen der BA Rn. 21.41; BT-Drs. 17/1465 S. 9.

399 BT-Drs. 17/1465 S. 9.

400 Luik/Harich/S. Knickrehm § 21 SGB II Rn. 77.

401 SG Gotha 17.8.2018, info also 2018, 271; SG Hannover 6.2.2018, BeckRS 2018, 3129; SG Mainz 7.10.2019, BeckRS 2019, 26668: PC mit Software für einen Schüler einer Berufsfachschule für Informationsverarbeitung und Mediengestaltung; begrüßend Kötter, info also 2018, 271, 272.

402 So SG Karlsruhe 29.1.2019, BeckRS 2019, 21924; Wietfeld, NZS 2019, 801, 806 f.

403 LSG NRW 22.05.2020 – L 7 AS 719/20 B ER, juris.

Existenzminimums führt, weil ein von einem durchschnittlichen Bedarf erheblich abweichendes Existenzsicherungsbedürfnis entsteht.[404]

Kommen Dritte, z.B. ein schulischer Förderverein, private oder öffentliche Spender, für den Bedarf auf, fehlt es jedenfalls am Merkmal der Unabweisbarkeit.[405] 53

g) Schulbücher/Arbeitshefte

Soweit eine Schülerin oder ein Schüler aufgrund der jeweiligen schulrechtlichen Bestimmungen oder schulischen Vorgaben Aufwendungen zur Anschaffung oder Ausleihe von Schulbüchern oder gleichstehenden Arbeitsheften hat, sind sie als Mehrbedarf anzuerkennen, § 21 Abs. 6a SGB II. Mit der Norm hat der Gesetzgeber auf die Entscheidung des BSG v. 8.5.2019 (B 14 AS 6/18 R) reagiert, wonach Kosten für Schulbücher nach § 21 Abs. 6 SGB II als Härtefall-Mehrbedarf zu übernehmen sind, wenn Schüler mangels Lernmittelfreiheit ihre Schulbücher selbst kaufen müssen.[406] 54

3. Kosten der Unterkunft und Heizung

§ 22 SGB II regelt die Bedarfe für Unterkunft und Heizung als Teil des Arbeitslosengeldes II bzw. des Sozialgeldes. Anspruchsgrundlage ist § 19 Abs. 1 S. 1, S. 3 i.V.m. § 22 SGB II. Die Übernahme der Kosten der Unterkunft und Heizung entspricht dem Verfassungsauftrag aus Art. 1 Abs. 1, Art. 2 Abs. 2 GG insoweit, als dass notwendiger Bestandteil eines menschenwürdigen, den Hilfebedürftigen nicht stigmatisierenden Lebens ein zu dauerhaftem Wohnen geeigneter und bestimmter Wohnraum ist. Geschützt wird mithin das Grundbedürfnis „Wohnen“ und die Funktion der Unterkunft als räumlicher Lebensmittelpunkt.[407] 55

Nachfolgend wird näher auf die Kosten der Unterkunft für Mietwohnungen eingegangen.[408] 56

a) Berücksichtigungsfähige Aufwendungen der Unterkunft

Bedarfe für Unterkunft und Heizung werden gem. § 22 Abs. 1 S. 1 SGB II in Höhe der tatsächlichen Aufwendungen anerkannt, soweit diese angemessen sind. Der Gesetzgeber verwendet in § 22 Abs. 1 S. 1 SGB II nicht den Begriff der Wohnung, sondern den seinem Wortsinn nach tendenziell weiteren Begriff der Unterkunft. Der Begriff der Unterkunft umfasst bei tatsächlicher Nutzung alle baulichen Anlagen oder Teile hiervon, die tatsächlich geeignet sind, vor den **Unbilden der Witterung zu schützen** und ein **Mindestmaß an Privatheit** einschließlich der Möglichkeiten sicherzustellen, **persönliche Gegenstände zu verwahren**.[409] Nicht berücksichtigungsfähig sind daher die Kosten für Gewerbe- oder Geschäftsräume, die nicht der Verwirklichung privater Wohnbedürfnisse dienen.[410] Auch die Kosten einer zeitweisen Unterbringung in einer Not- oder Obdachlosenunterkunft zur Vermeidung von Obdachlosigkeit können einen Bedarf im Sinne des § 22 SGB II begründen; ebenso die durch den Aufenthalt in einem Frauenhaus entstehenden Kosten.[411] 57

---

404 LSG NRW 22.05.2020, aaO.

405 LSG NRW 22.05.2020, aaO; LSG NRW 10.1.2019, ZFSH/SGB 2019, 519.

406 BT-Drs. 19/24034, S. 36.

407 BSG 7.11.2006, SozR 4-4200 § 12 Nr. 3 m.w.N.; jurisPK-SGB II/Piepenstock § 22 Rn. 39.

408 Vgl. hins. der Aufwendungen nach § 22 Abs. 2 SGB II für bewohntes Wohneigentum insb BSG 15.4.2008, NZS 2009, 407; BSG 3.3.2009, NZS 2010, 110.

409 BSG 16.12.2008, SozR 4-4200 § 22 Nr. 14.

410 BSG 16.12.2008, aaO; BSG 23.11.2006, SozR 4-4200 § 16 Nr. 1.

411 LPK-SGB II/Berlit § 22 Rn. 29.

58 **Beispiele für Unterkünfte i.S.d. § 22 Abs. 1 S. 1 SGB II:**
Unter den Begriff der Unterkunft fallen auch **Wohnwagen und Wohnmobile.**[412] Übernommen werden die angemessenen Aufwendungen für die Beheizung ebenso wie die Kraftfahrzeugsteuer und die Kosten der Kraftfahrzeughaftpflichtversicherung als Neben- bzw. Betriebskosten, wenn ohne sie die Nutzung zu Wohnzwecken in der konkret durchgeführten Form nicht möglich wäre. Reparaturkosten und Kosten zur Erhaltung des Wohnmobils als Unterkunft können gem. § 22 Abs. 1 S. 1 SGB II nur dann geltend gemacht werden, wenn diese im betreffenden Zeitraum konkret angefallen und nachgewiesen sind.

59 Ein zum Wohnen genutzter **Bauwagen** kann ebenfalls eine Unterkunft darstellen. Übernommen werden können die Kosten für den Stellplatz[413] sowie Erhaltungsaufwendungen bzw. Instandhaltungsmaßnahmen.[414]

60 Unterkünfte sind auch **behördlich zur Verfügung gestellte Unterkünfte.**[415] Insbesondere stellt eine nach Anerkennung der Flüchtlingseigenschaft noch bewohnte Unterkunft in einer **Aufnahmeeinrichtung** eine Unterkunft dar.[416]

61 Die angemessenen **Kosten einer Einlagerung** können Teil der Unterkunftskosten sein, wenn es wegen der Größe der konkreten Unterkunft erforderlich ist, vorübergehend nicht benötigten, angemessenen Hausrat und persönliche Gegenstände anderweitig unterzubringen.[417]

62 Grundsätzlich umfasst § 22 Abs. 1 S. 1 SGB II nur die Übernahme der Aufwendungen für die tatsächlich genutzte konkrete Wohnung, die den aktuellen räumlichen Lebensmittelpunkt bildet und den aktuell bestehenden Unterkunftsbedarf deckt.[418] Es muss sich um Aufwendungen handeln, die auf einer Vereinbarung zwischen Vermieter und Leistungsberechtigtem beruhen und von diesem auch tatsächlich gezahlt werden. Der Leistungsbezieher muss also einer **ernsthaften Mietzinsforderung** ausgesetzt sein.[419]

63 Voraussetzung für die Kostenübernahme ist daneben die **tatsächliche Nutzung** der Unterkunft. Die vertragliche Verpflichtung zur Mietzahlung oder sonstiger Nutzungsentgelte allein begründet keinen Anspruch nach § 22 SGB II, wenn die Wohnung nicht tatsächlich zum Wohnen genutzt wird.[420] Bestehen für den Leistungsträger Zweifel an der tatsächlichen Nutzung der Unterkunft, können die Leistungen nicht ohne weitere Ermittlungen eingestellt werden. Zur Überprüfung können die Jobcenter im Rahmen der Amtsermittlung einen Hausbesuch bei dem Leistungsberechtigten durchführen. Grundsätzlich spricht ein sehr gering ausgewiesener Energieverbrauch gegen eine tatsächliche Nutzung der Unterkunft.[421] Unschädlich sind gelegentliche Aufenthalte bei Dritten, zeitlich überschaubare Krankenhaus- oder Einrichtungsaufenthalte oder ein vorübergehender Auslandsurlaubsaufenthalt.[422]

64 Zudem wird der aktuelle bestehende Unterkunftsbedarf grundsätzlich **nur durch eine Wohnung** gedeckt. Existenzsicherungsrechtlich kommt danach die gleichzeitige Sicherung mehrerer Unterkünfte durch laufende Leistungen hierfür nicht in Betracht,[423] selbst wenn der Leistungsberechtigte mehrere Unterkünfte angemietet hat und rechtlich nutzen kann.[424] Entscheidend ist in einem solchen Fall die vorrangig tatsächlich genutzte Unterkunft.[425]

412 Vgl. BSG 17.6.2010, SozR 4-4200 § 22 Nr. 39.
413 LSG Sachsen-Anhalt 14.11.2011, BeckRS 2012, 65474.
414 LSG Hessen 28.10.2009, BeckRS 2009, 73980.
415 BSG 16.12.2008, aaO.
416 LSG NRW 9.10.2019, BeckRS 2019, 38901.
417 BSG 16.12.2008, aaO; BSG 13.2.2019, BeckRS 2019, 6914.
418 St. Rspr. vgl. BSG 25.6.2015, SozR 4-4200 § 22 Nr. 83; BSG 17.2.2016, SozR 4-4200 § 22 Nr. 89; BSG 30.10.2019, NJW 2020, 950.
419 Vgl. BSG 22.9.2009, NZS 2010, 572.
420 BeckOGK-SGB/Lauterbach § 22 SGB II Rn. 13; LSG Sachsen-Anhalt 25.7.2014, BeckRS 2014, 71578.
421 LSG NRW 8.6.2011, RDV 2012, 90–92.
422 jurisPK-SGB II/Piepenstock § 22 Rn. 58.
423 BSG 30.10.2019, aaO.
424 LSG Hessen 8.10.2007, FEVS 59, 226–228.
425 LSG Hessen 8.10.2007, aaO.

Eine Ausnahme hiervon kann bei Zahlung einer **„Doppelmiete"** im Fall des Umzugs vorliegen. Wird der Unterkunftsbedarf im Monat eines Umzugs durch die tatsächliche Nutzung sowohl der alten als auch der neuen Wohnung gedeckt, können die tatsächlichen Aufwendungen für beide in diesem Monat einen Lebensmittelpunkt bildenden Wohnungen als Bedarfe für Unterkunft und Heizung nach § 22 Abs. 1 S. 1 SGB II anzuerkennen sein. Dies setzt grundsätzlich voraus, dass die zeitliche Überschneidung sowohl der vertraglichen Verpflichtungen als auch der tatsächlichen Nutzung im Einzelfall nicht vermeidbar ist und die Bedarfe sich in diesem Sinne deshalb auch als konkret angemessen darstellen.[426] 65

Bei Mietwohnungen gehören zu den Aufwendungen für die Unterkunft alle Zahlungsverpflichtungen, die sich aus dem Mietvertrag für die Unterkunft ergeben, insbesondere die Nettokaltmiete und die Nebenkosten der Unterkunft. Neben den laufenden Kosten gehören auch einmalige Aufwendungen wie Nachzahlungen aus Nebenkosten- oder der Heizkostenabrechnungen dazu. 66

Die Nachforderung ist als tatsächlicher, aktueller Bedarf im Monat der Fälligkeit zu berücksichtigen. **Nebenkostennachforderungen** für eine Wohnung, die erst fällig geworden sind, nachdem diese nicht mehr bewohnt wird, sind nur unter bestimmten Voraussetzungen ein anzuerkennender Bedarf für Unterkunft und Heizung: 67

1. Die leistungsberechtigte Person muss durchgehend von der tatsächlichen Entstehung der Nachforderung bis zur deren Fälligkeit hilfebedürftig i. S. d. SGB II gewesen sein.
2. Die Aufgabe der bisherigen Wohnung muss in Erfüllung einer Kostensenkungsobliegenheit gegenüber dem Leistungsträger erfolgt sein oder aber es lag eine Zusicherung hinsichtlich des Umzugs vor.[427]

Es besteht dann eine existenzsicherungsrechtlich relevante Verknüpfung der Nebenkostennachforderung für die in der Vergangenheit bewohnte Wohnung mit dem aktuellen unterkunftsbezogenen Bedarf. Sowohl die Entstehung der Nachforderung als auch ihre Fälligkeit betrifft einen Zeitraum der ununterbrochenen Hilfebedürftigkeit.[428] Eine existenzsicherungsrechtlich relevante Verknüpfung der Nebenkostennachforderung für die in der Vergangenheit bewohnte Wohnung mit dem aktuellen unterkunftsbezogenen Bedarf liegt außerhalb dieser zwei Ausnahmefälle nicht vor.[429] 68

Schönheitsreparaturen,[430] Einzugs-[431] und Auszugsrenovierungen[432] sowie Zuschläge für Möblierung[433] können ebenfalls als Kosten der Unterkunft nach Abs. 1 anfallen. 69

Im Regelfall werden die Leistungen für Bedarfe nach § 22 SGB II als Geldleistungen unmittelbar an die Leistungsberechtigten erbracht. Bei zu befürchtender nicht zweckentsprechender Mittelverwendung kann diese durch die Direktzahlung an den Vermieter oder andere Empfangsberechtigte nach § 22 Abs. 7 SGB II sichergestellt werden. 70

Der Vermieter eines Leistungsberechtigten erwirbt dagegen keinen Anspruch gegen den Grundsicherungsträger auf Auszahlung der unterkunftsbezogenen Aufwendungen an sich.[434] Das SGB II geht (anders als das SGB XII) nicht von einer Sachleistungsverantwortung des Grundsicherungsträgers für die Unterkunft und Heizung aus. Die Deckung erfolgt ausschließlich durch eine Geldzahlung an den Leistungsberechtigten. Auch durch die Entscheidung des Jobcenters nach § 22 71

426 BSG 30.10.2019, aaO.
427 BSG 30.3.2017, SozR 4-4200 § 22 Nr. 92; BSG 25.6.2015, NZS 2015, 832; BSG 20.12.2011, NZS 2012, 471.
428 BSG 30.3.2017, aaO.
429 A. A. LSG NRW 23.5.2019, BeckRS 2019, 12899.
430 Vgl. BSG 19.3.2008, SozR 4-4200 § 22 Nr. 10.
431 BSG 29.11.2012 – B 14 AS 95/12 B, juris; BSG 16.12.2008, BSGE 102, 194.
432 BSG 6.10.2011, SozR 4-4200 § 11 Nr. 52.
433 BSG 7.5.2009, SozR 4-4200 § 22 Nr. 20.
434 Auch das Jobcenter hat keinen Anspruch gegen den Vermieter auf Herausgabe zu viel gezahlter Kosten der Unterkunft vgl.: BGH, 31.1.2018, NJW 2018, 1079.

Abs. 7 S. 1 SGB II, die Leistungen direkt an den Vermieter auszuzahlen, wird lediglich eine abweichende Empfangsberechtigung bewirkt, aber keine Übertragung des Leistungsanspruchs.[435]

aa) Kopfteilprinzip

72 Aufwendungen für Unterkunft und Heizung sind grundsätzlich ohne Rücksicht darauf, wen insoweit die vertraglichen Zahlungsverpflichtungen treffen unabhängig von Alter und Nutzungsintensität anteilig pro Kopf aufzuteilen, wenn die leistungsberechtigte Person eine Unterkunft gemeinsam mit anderen Personen, insbesondere mit anderen Familienangehörigen, nutzt. Unerheblich ist, ob die Personen Mitglieder einer Bedarfsgemeinschaft sind oder nicht. Die individuelle Bedarfszuweisung nach Kopfteilen ist verwaltungspraktikabel und folgt der Überlegung, dass die gemeinsame Nutzung einer Wohnung durch mehrere Personen deren Unterkunftsbedarf insgesamt abdeckt und in aller Regel eine an der unterschiedlichen Intensität der Nutzung ausgerichtete Aufteilung der Aufwendungen für die Erfüllung des Grundbedürfnisses Wohnen nicht zulässt.[436]

73 Bei der Bedarfszuweisung durch Aufteilung der Aufwendungen nach Kopfteilen handelt es sich um eine **generalisierende und typisierende Annahme**, die jedoch nicht gesetzlich als den Anspruch auf Leistungen für Unterkunft und Heizung begrenzend festgeschrieben ist.[437]

74 Das BSG hat Abweichungen vom Kopfteilprinzip als möglich angesehen bei einem über das normale Maß hinausgehenden Bedarf einer der in der Wohnung lebenden Person wegen **Behinderung oder Pflegebedürftigkeit**[438] oder aufgrund eines Vertrages.[439]

75 Eine Ausnahme vom Kopfteilprinzip gilt auch im Falle der **vollständigen Leistungsminderung** durch eine Sanktion nach §§ 31ff. SGB II bei einem Mitglied der Bedarfsgemeinschaft. Die Ausnahme greift gegenüber den weiteren Bedarfsgemeinschaftsmitgliedern aus bedarfsbezogenen Gründen. Diese können nicht darauf verwiesen werden, von einem Dritten seinen Anteil zu verlangen, wenn das Jobcenter mit bestandskräftigem Bescheid den vollständigen Wegfall der Leistungen für Unterkunft und Heizung verfügt und der Dritte auch kein Einkommen oder Vermögen hat, aus dem er seinen Anteil an den Aufwendungen für Unterkunft und Heizung bestreiten kann.[440] Diese Abweichung vom Kopfteilprinzip und die aus ihr folgende Erhöhung der Einzelansprüche auf Leistungen für Unterkunft und Heizung setzt voraus, dass sie aus **bedarfsbezogenen Gründen** geboten ist. Verfügt das dritte Bedarfsgemeinschaftsmitglied, für das Leistungen für Unterkunftsaufwendungen nicht erbracht werden, über Einkommen oder Vermögen, aus dem es seinen Kopfteil – oder ggf. Teile davon – bestreiten kann, ist insoweit eine Abweichung vom Kopfteilprinzip aus bedarfsbezogenen Gründen nicht geboten. Es ist nicht Aufgabe der Grundsicherung für Arbeitsuchende wirtschaftlich leistungsfähigen Dritten ein kostenfreies Wohnen zu ermöglichen.[441]

Beispiel:
M ist Mutter der 18-Jährigen T sowie des 20-Jährigen S. Zusammen bewohnen sie eine Mietwohnung. Mit bestandskräftigem Bescheid vom 28.7.2018 hat das Jobcenter ihnen als Bedarfsgemeinschaft für den Zeitraum 1.8.2018 bis 31.7.2019 Leistungen bewilligt. Die Kosten der Unterkunft und Heizung wurden zu je einem Drittel aufgeteilt. Anschließend wurde der Leistungsanspruch des S für die Zeit vom 1.9. bis 30.11.2018 vollständig abgesenkt und der Bewilligungsbescheid vom 28.7.2018 insoweit

---

435 Hierzu ausführlich BSG 9.8.2018, BSGE 126, 180.

436 St. Rspr. seit BSG 23.11.2006, BSGE 97, 265; vgl. BSG 23.5.2013, BSGE 113, 270; BSG 2.12.2014, SozR 4-4200 § 22 Nr. 82; zur Anwendung des Prinzips auch bei Nachforderungen für Unterkunft und Heizung und selbst nach Auszug: BSG 30.3.2017, SozR 4-4200 § 22 Nr. 92; anders, wenn der Nutzung andere bindende vertragliche Regelungen zugrunde liegen: BSG 29.11.2012, SozR 4-4200 § 22 Nr. 63; zur Kritik am Kopfteilprinzip vgl. Schürmann, SGb 2010, 166.

437 Vgl. BSG 14.2.2018, BSGE 125, 146.

438 BSG 23.11.2006, BSGE 97, 265; BSG 27.1.2009, SozR 4-4200 § 21 Nr. 4.

439 BSG 18.6.2008, SozR 4-4200 § 22 Nr. 12.

440 BSG 23.5.2013, BSGE 113, 270; BSG 2.12.2014; SozR 4-4200 § 22 Nr. 82; BSG 14.2.2018, aaO.

441 BSG 2.12.2014, aaO, BSG 14.2.2018, aaO.

gem. § 48 SGB X aufgehoben. Die Kosten der Unterkunft werden für den Zeitraum der vollständigen Leistungsaufhebung gegenüber S nunmehr hälftig auf M und T verteilt. Der Kopfteil des S wird also bei M und T berücksichtigt.

Ein Abweichen vom Kopfteilprinzip rechtfertigt es nicht, wenn ein Mitglied der Bedarfsgemeinschaft bewusst keinen Antrag auf SGB II Leistungen stellt. Die unterlassene Beantragung von Leistungen führt nicht zu einer Erhöhung der Kopfteile der anderen Bedarfsgemeinschaftsmitglieder.[442] 76

Allein die **Versagung von Leistungen nach § 66 SGB I** für eine von mehreren in einer Wohnung lebenden Personen wegen deren fehlender Mitwirkung bei der Prüfung der Hilfebedürftigkeit rechtfertigt keine Abweichung vom Kopfteilprinzip zugunsten der anderen Personen.[443] Ist die Hilfebedürftigkeit eines dritten Haushaltsmitglieds, bei deren Vorliegen dessen Kopfteil als Bedarf anerkannt und übernommen würde, ungeklärt, lässt dies den Bedarf der anderen Mitglieder unberührt. Dies unterscheidet Versagungen von Sanktionen, weil aufgrund dieser vorübergehend trotz Hilfebedürftigkeit des Dritten dessen Bedarf für Unterkunft und Heizung nicht übernommen wird.[444] 77

bb) Angemessenheit

Gem. § 22 Abs. 1 S. 1 SGB II werden Bedarfe für Unterkunft und Heizung in Höhe der tatsächlichen Aufwendungen anerkannt, soweit diese angemessen sind. Bei dem Tatbestandsmerkmal der Angemessenheit handelt es sich um einen unbestimmten Rechtsbegriff. Die Konkretisierung dieses Rechtsbegriffs ist gerichtlich voll überprüfbar.[445] Die Bestimmung des angemessenen Umfangs der Aufwendungen für die Unterkunft erfolgt in zwei Schritten: Zunächst sind die **abstrakt angemessenen Aufwendungen** für die Unterkunft, bestehend aus Nettokaltmiete und kalten Betriebskosten (Bruttokaltmiete) zu ermitteln; anschließend ist die **konkrete (subjektive) Angemessenheit** dieser Aufwendungen im Vergleich mit den tatsächlichen Aufwendungen, insbesondere auch im Hinblick auf die Zumutbarkeit der notwendigen Einsparungen, einschließlich eines Umzugs, zu prüfen. 78

(1) abstrakte Angemessenheit

Die Ermittlung der angemessenen Bruttokaltmiete erfolgt dabei unter Anwendung der **Produkttheorie** (Wohnungsgröße in Quadratmeter multipliziert mit dem Quadratmeterpreis) in einem mehrstufigen Verfahren. 1. Bestimmung der (abstrakt) angemessenen Wohnungsgröße für die leistungsberechtigte(n) Person(en), 2. Bestimmung des angemessenen Wohnungsstandards, 3. Ermittlung der aufzuwendenden Nettokaltmiete in dem maßgeblichen örtlichen Vergleichsraum für eine nach Größe und Wohnungsstandard angemessene Wohnung nach einem **„schlüssigen Konzept"** und 4. Einbeziehung der angemessenen kalten Betriebskosten.[446] 79

Der **Vergleichsraum** ist dabei ein ausgehend vom Wohnort der leistungsberechtigten Person bestimmter ausreichend großer Raum der Wohnbebauung, der aufgrund räumlicher Nähe, Infrastruktur und insbesondere verkehrstechnischer Verbundenheit einen insgesamt betrachtet homogenen Lebens- und Wohnbereich bildet.[447] 80

Nach der auch für schlüssige Konzepte im Rahmen des § 22 Abs. 1 SGB II entsprechend anzuwendenden gesetzgeberischen Vorgabe in § 22b Abs. 1 S. 4 SGB II bildet das Zuständigkeitsgebiet eines Jobcenters zunächst einen Vergleichsraum, der indes aufgrund der örtlichen Gegebenheiten in mehrere Vergleichsräume zu unterteilen sein kann, für die jeweils eigene Angemessenheitswerte be- 81

442 BSG 14.6.2018, mit Anmerkung BENDER, NZS 2019, 35.
443 BSG 14.2.2018, mit ausführlicher Anmerkung TEMMING-DAVILLA, SGb 2018, 721.
444 BSG 7.11.2006, BSGE 97, 231; BSG 14.2.2018, aaO.
445 BSG 30.1.2019, NZS 2019, 625; LSG NRW 5.12.2019, BeckRS 2019, 35384.
446 BSG 30.1.2019, aaO; LSG NRW 5.12.2019, aaO; vgl. LÖCKEN, jM 2019, 416.
447 BSG 19.2.2009, BSGE 102, 263; BSG 30.1.2019, aaO.

stimmt werden können. Als solche örtlichen Gegebenheiten kommen weniger unterschiedliche Landschaften, sondern eher räumliche Orientierungen, wie Tagespendelbereiche für Berufstätige oder die Nähe zu Ballungsräumen, sowie aus der Datenerhebung ersichtliche, deutliche Unterschiede im Mietpreisniveau in Betracht.[448]

82 Das schlüssige Konzept soll die Gewähr dafür bieten, dass die aktuellen Verhältnisse des Mietwohnungsmarkts im Vergleichsraum dem Angemessenheitswert zugrunde liegen und dieser realitätsgerecht ermittelt wird. Schlüssig ist ein Konzept, wenn es neben rechtlichen auch bestimmte methodische Voraussetzungen erfüllt und nachvollziehbar ist. Dies erfordert insbesondere eine Definition der untersuchten Wohnungen nach Größe und Standard, Angaben über die Art und Weise der Datenerhebung, Angaben über den Zeitraum, auf den sich die Datenerhebung bezieht, Repräsentativität und Validität der Datenerhebung, Einhaltung anerkannter mathematisch-statistischer Grundsätze bei der Datenauswertung, Vermeidung von „Brennpunkten" durch soziale Segregation sowie eine Begründung, in der die Ermittlung der Angemessenheitswerte aus den Daten dargelegt wird.[449] Es kann verschiedene Methoden geben, um ein schlüssiges Konzept in diesem Sinne zu erstellen und den damit unmittelbar zusammenhängenden Vergleichsraum oder ggf. mehrere Vergleichsräume zu bilden, weil weder aus § 22 SGB II noch aus §§ 22a bis 22c SGB II die Anwendung eines bestimmten Verfahrens rechtlich zwingend ableitbar ist.[450]

83 Es ist Aufgabe der kommunalen Träger, ein schlüssiges Konzept zu erstellen und die zur Überprüfung durch das Gericht notwendigen Daten vorzulegen.[451] Fehlt es an einem schlüssigen Konzept, so hat der Grundsicherungsträger im gerichtlichen Verfahren nachzubessern. Ihm ist Gelegenheit zur Stellungnahme zu geben. Das Gericht ist auch aufgrund des Amtsermittlungsgrundsatzes nicht verpflichtet und nicht befugt, eine eigene Vergleichsraumbildung vorzunehmen oder ein solches Konzept selbst zu erstellen. Die Bildung des Vergleichsraumes kann nicht von der Erstellung des Konzeptes einschließlich der anzuwendenden Methode getrennt werden.[452]

84 Fehlen nach Ausschöpfung aller Ermittlungsmöglichkeiten weitere Erkenntnismöglichkeiten zu den angemessenen Kosten der Unterkunft oder hält das vorgelegte Konzept den gestellten Anforderungen nicht stand, hat das Gericht nach Auffassung des BSG zur Herstellung der Spruchreife auf einen ggf. vorhandenen qualifizierten Mietspiegel zurückzugreifen. Andernfalls sind mangels in rechtlich zulässiger Weise bestimmter Angemessenheitsgrenze die tatsächlichen Aufwendungen für die Unterkunft diesem Bedarf zugrunde zu legen, begrenzt durch die Werte nach dem WoGG sowie einen Zuschlag von 10 %.[453]

(2) konkrete Angemessenheit

85 Sind die tatsächlichen Aufwendungen nach der abstrakten Angemessenheitsprüfung überschritten, ist die konkrete Angemessenheit zu überprüfen. Es wird geprüft, ob nach der Struktur des Wohnungsmarktes am Wohnort des Leistungsberechtigten tatsächlich auch die konkrete Möglichkeit besteht, eine abstrakt als angemessen eingestufte Wohnung auf dem Wohnungsmarkt anmieten zu können.[454] Dabei liegt die Darlegungslast für das Bestehen einer konkreten Unterkunftsalternative beim Grundleistungsträger und dafür, dass der Hilfebedürftige sich überhaupt bzw. hinreichend um eine solche bemüht hat, bei diesem.[455]

---

448 BSG 30.1.2019, aaO.

449 Grundlegend BSG 22.9.2009, BSGE 104, 192; BSG 18.11.2014, BSGE 117, 250; BSG 12.12.2017, BSGE 125, 29; BSG 30.1.2019, aaO; vgl. zudem § 22a Abs. 3 SGB II, § 22b Abs. 1, 2, § 22c Abs. 1 SGB II.

450 BSG 18.11.2014, aaO.

451 BSG 30.1.2019, aaO; BSG 19.10.2010, SozR 4-4200 § 22 Nr. 42.

452 BSG 30.1.2019, aaO.

453 BSG 30.1.2019, aaO.

454 Vgl. BSG 19.2.2009, aaO; BSG 7.11.2006, BSGE 97, 254.

455 jurisPK-SGB II/Piepenstock § 22 Rn. 131.

cc) Karenzzeit

Mit dem Bürgergeld-Gesetz[456] ist zum 1.1.2023 eine einjährige Karenzzeit für die Kosten der Unterkunft eingeführt worden. Nach § 22 Abs. 1 S. 2 bis 5 SGB II gilt für die Anerkennung der Bedarfe für Unterkunft eine Karenzzeit von **einem Jahr** ab Beginn des Monats, für den erstmals Leistungen nach diesem Buch bezogen werden. Innerhalb dieser Karenzzeit werden die Bedarfe für Unterkunft in Höhe der **tatsächlichen Aufwendungen** anerkannt; S. 6 bleibt unberührt. Wird der Leistungsbezug in der Karenzzeit für mindestens einen Monat unterbrochen, verlängert sich die Karenzzeit um volle Monate ohne Leistungsbezug. Eine neue Karenzzeit beginnt, wenn zuvor mindestens drei Jahre keine Leistungen nach diesem oder dem Zwölften Buch bezogen worden sind. 86

Die Änderung dient dem Schutz des Grundbedürfnisses „Wohnen". Zudem soll sie als Anreiz dienen, die Hilfebedürftigkeit innerhalb der ersten Jahres zu überwinden.[457] 87

Für Heizkosten existiert nach dem eindeutigen Wortlaut des § 22 Abs. 1 S. 2 SGB II keine Karenzzeit. 88

dd) Kostensenkungsverfahren

Soweit die Aufwendungen für die Unterkunft und Heizung den der Besonderheit des Einzelfalles angemessenen Umfang übersteigen, sind sie als Bedarf so lange anzuerkennen, wie es dem Leistungsberechtigten oder der Bedarfsgemeinschaft nicht möglich oder nicht zuzumuten ist, durch einen **Wohnungswechsel**, durch **Vermieten oder auf andere Weise** die Aufwendungen zu senken, in der Regel jedoch längstens für sechs Monate, § 22 Abs. 1 S. 7 SGB II. Die einjährige Karenzzeit des § 22 Abs. 1 Satz 2 SGB II darf bei Berechnung der Kostensenkungsfrist nicht auf diese angerechnet werden. Grundsätzlich zählt der Monat, in dem die Kostensenkungsaufforderung dem Leistungsberechtigten zugeht, bei Berechnung der Frist nicht mit. In der Regel können die Leistungen zur Deckung des Bedarfes der Unterkunft und Heizung ab dem Beginn des 7. Monats nach Zugang der Kostensenkungsaufforderung auf die angemessene Höhe begrenzt werden.[458] 89

Erfasst werden Leistungsberechtigte, die schon zu Beginn des Leistungsbezugs in einer unangemessen teuren Wohnung gewohnt haben oder Leistungsberechtigte, deren Aufwendungen der Unterkunft im Laufe des Leistungsbezugs ohne Wohnungswechsel unangemessen geworden sind (z. B. durch Mieterhöhung). 90

Die Kostensenkung soll nach dem Gesetzeswortlaut durch Wohnungswechsel, (Unter-)Vermietung oder auf andere Weise erfolgen. „Auf andere Weise" umfasst insbesondere Neuverhandlung mit dem Vermieter.[459] Hauptanwendungsfall ist die Kostensenkung durch Wohnungswechsel. 91

Die Prüfung der Unmöglichkeit/Unzumutbarkeit erfolgt in drei Schritten: 92

1. faktische (objektive) Möglichkeit zur sofortigen Senkung der Unterkunftskosten,
2. subjektive Möglichkeit des Umzugs für den Leistungsberechtigten,
3. besondere Umstände des Einzelfalls, die einen Umzug für den Leistungsberechtigten unzumutbar machen.

Eine **objektive Unmöglichkeit** einer Unterkunftsalternative wird, wenn man auf hinreichend große Vergleichsräume abstellt, nur in seltenen Ausnahmefällen begründet sein, zumal in Deutschland derzeit keine allgemeine Wohnungsnot herrscht und es allenfalls in einzelnen Regionen an ausreichendem Wohnraum mangelt.[460] Der Leistungsberechtigte muss hinreichende Kostensenkungsbemühungen substantiiert, also konkret und schlüssig, dartun, wenn er geltend machen will, dass binnen der zugebilligten Übergangsfrist eine bedarfsgerechte, kostenangemessene Unterkunft nicht 93

456 BGBl. I 2022, 2328
457 BT-Drs. 20/3873 S. 90.
458 Vgl. ausführlich hierzu Theesfeld-Betten, NZS 2024, 329.
459 Vgl. BSG 19.2.2009, aaO; BSG 23.3.2010, SozR 4-3500 § 29 Nr. 1.
460 BSG 19.2.2009, aaO; Luik/Harich/Luik § 22 SGB II Rn. 135.

anzumieten, eine Kostensenkung durch Umzug mithin unmöglich ist; gelingt ihm dies, ist es an dem Leistungsträger, konkret angemessenen Wohnraum nachzuweisen.[461]

94 **Subjektiv möglich** sind einem Leistungsberechtigten Kostensenkungsmaßnahmen nur dann, wenn er Kenntnis davon hat, dass ihn die Obliegenheit trifft, Kostensenkungsmaßnahmen zu ergreifen.[462] Notwendig ist daher ein Aufklärungsschreiben des Jobcenters (**Kostensenkungsaufforderung**). Der Hinweis ist kein Verwaltungsakt und keine formelle Voraussetzung für die Weigerung des Jobcenters, mehr als die angemessenen Kosten zu übernehmen. Vielmehr hat es **Aufklärungs- und Warnfunktion**, damit der Leistungsberechtigte Klarheit über die aus Sicht des Jobcenters angemessenen Aufwendungen für die Kosten der Unterkunft und einen Hinweis auf die Rechtslage erhält.[463] Es stellt ein Angebot an den Leistungsberechtigten dar, in einen Dialog über die Angemessenheit der Unterkunftskosten einzutreten, ohne dabei aber den Leistungsträger zu verpflichten, im Einzelnen aufzuzeigen, auf welche Weise die Kosten der Unterkunft gesenkt werden könnten.[464] Genaue Angaben zur Wohnungsgröße oder zu den für angemessen erachteten Nebenkosten und Hinweise auf die Obliegenheit zum Nachweis der Bemühungen bei der Wohnungssuche sind i. d. R. entbehrlich. Im Normalfall ist erforderlich, dass der aus Sicht des Jobcenters angemessene Mietpreis angegeben wird, weil dies nach der Produkttheorie den entscheidenden Maßstab zur Beurteilung der Angemessenheit der Unterkunftskosten darstellt.[465] Nur wenn der Leistungsberechtigte die Differenz zwischen den tatsächlichen Kosten der Unterkunft und den Angaben kennt, kann er prüfen, welche Maßnahmen einer Kostensenkung er ergreifen kann oder will. Wird durch objektiv fehlerhafte Angaben des Leistungsträgers zur Höhe der Referenzmiete bewirkt, dass die oder der Leistungsberechtigte die Wohnungssuche im wesentlichen Umfang beschränkt, kann dies zur subjektiven Unmöglichkeit der Kostensenkung führen.[466]

95 Ist das Verhalten des Jobcenters zur Durchsetzung der Kostensenkung widersprüchlich, kann eine Kostensenkung vom Leistungsberechtigten nicht erwartet werden. Als widersprüchlich kann das Verhalten insbesondere dann gewertet werden, wenn das Jobcenter trotz Ankündigung einer Senkung geraume Zeit die ungekürzten Aufwendungen weiter übernimmt.[467] Diese Kostensenkungsaufforderung ist keine geeignete Grundlage mehr für eine spätere Absenkung der Leistungen. Will der Leistungsträger dennoch zukünftig nicht die vollen Aufwendungen als Bedarf anerkennen, ist eine neue Kostensenkungsaufforderung erforderlich.[468]

96 Ist eine Kostensenkung zwar an sich möglich, würden die Folgen aber die betroffenen Leistungsberechtigten über das hinnehmbare Maß hinaus unverhältnismäßig belasten, liegt **Unzumutbarkeit** vor. Ob es für die oder den Leistungsberechtigten unzumutbar ist, die Unterkunftskosten auf das angemessene Maß abzusenken, ist eine Frage des Einzelfalls. Neben Pflegebedürftigkeit oder Art und Schwere einer Behinderung[469] hat das BSG auch Krankheiten im Rahmen der Unzumutbarkeit grds. nicht ausgeschlossen[470] (Einzelfallermittlung der Kausalität erforderlich, § 20 SGB X; amtsärztliches Gutachten erforderlich, haus- oder fachärztliches Attest reicht i. d. R. nicht aus). Gewährleistet wird indes nicht der Verbleib in einer konkreten Unterkunft bzw. dem unmittelbaren Wohnumfeld; vielmehr soll sozialer Entwurzelung oder einer Entwertung als elementar qualifizierter Kontakte und

---

461 LSG Hessen 10.5.2019, BeckRS 2019, 12372.

462 BSG 19.2.2009, BSGE 105, 188; BSG 19.2.2009, aaO.

463 Luik/Harich/Luik § 22 SGB II Rn. 137; BSG 7.11.2006, BSGE 97, 231; BSG 27.2.2008, SozR 4-4200 § 22 Nr. 8; BSG 19.3.2008, SozR 4-4200 § 22 Nr. 7; BSG Urteil vom 19.2.2009, BSGE 102, 263.

464 BSG 27.2.2008, SozR 4-4200 § 22 Nr. 8; BSG 15.6.2016, SozR 4-4200 § 22 Nr. 90.

465 BSG 7.5.2009, NZS 2010, 406; BSG 17.12.2009, BSGE 105, 188, BSG 1.6.2010, BSGE 106, 155; Luik/Harich/Luik § 22 SGB II Rn. 139.

466 BSG 19.2.2009, aaO.

467 BSG 22.11.2011, NZS 2012, 468.

468 BSG 12.6.2013, BSGE 114, 1.

469 BSG 16.4.2013, NZS 2013, 751.

470 BSG 20.8.2009, BeckRS 2010, 65540.

Lebensgewohnheiten vorgebeugt werden. Ein Umzug innerhalb des örtlichen Vergleichsraums ermöglicht grundsätzlich wegen der für die Vergleichsraumbildung vorausgesetzten Vernetzung, soziale Bindungen auch nach Umzügen aufrecht zu erhalten.[471] Ein Wechsel in Wohnquartiere, die in einer in angemessener Zeit überwindbaren Entfernung gelegen sind, ist regelmäßig nicht unzumutbar; Anfahrtswege mit öffentlichen Verkehrsmitteln, wie sie Erwerbstätigen oder Schülern zugemutet werden, sind ebenfalls hinzunehmen.[472]

Eine Absenkung der unangemessenen Aufwendungen muss nicht gefordert werden, wenn diese unter Berücksichtigung der bei einem Wohnungswechsel zu erbringenden Leistungen **unwirtschaftlich** wäre. Seit dem 1.1.2011 ist der Leistungsträger berechtigt, eine Wirtschaftlichkeitsbetrachtung des Umzuges in der Weise anzustellen, dass die Umzugskosten mit dem die angemessene Miete überschreitenden Betrag verglichen werden. Der neue § 22 Abs. 1 S. 10 SGB II eröffnet den kommunalen Trägern nunmehr ausdrücklich die Möglichkeit, abweichend von § 22 Abs. 1 S. 1 SGB II (zeitweise) auch unangemessen hohe Aufwendungen für Unterkunft und Heizung zu übernehmen. Die Vorschrift dient ausschließlich den Interessen der kommunalen Träger und begründet keine subjektiven Rechte zugunsten der Leistungsberechtigten. Die kommunalen Träger können von einer Kostensenkungsaufforderung absehen, wenn die Berücksichtigung der unangemessen hohen Aufwendungen für Unterkunft und Heizung als Bedarf geringere Aufwendungen verursacht als bei einem Wohnungswechsel entstehen würden (zum Beispiel durch Übernahme der Mietkaution, der Aufwendungen für einen Umzugswagen und die Verpflegung der Helfer). Dies wird in der Regel der Fall sein, wenn absehbar ist, dass die leistungsberechtigte Person in naher Zukunft aus dem Leistungsbezug ausscheidet, weil eine Arbeit aufgenommen wird oder der Rentenbezug unmittelbar bevorsteht. Bei der anzustellenden Prognoseentscheidung sind die Umstände des Einzelfalles zu berücksichtigen. Da die Grundsicherung für Arbeitsuchende auf einen vorübergehenden Leistungsbezug angelegt ist, bleibt eine Kostensenkungsaufforderung zu einem späteren Zeitpunkt aufgrund einer geänderten Prognose möglich.[473] 97

b) Beschränkung der Kostenübernahme nach nicht erforderlichem Umzug

Erhöhen sich nach einem nicht erforderlichen Umzug die Aufwendungen für Unterkunft und Heizung, wird nur der bisherige Bedarf anerkannt, § 22 Abs. 1 S. 6 SGB II. Die Regelung gilt nur für Umzüge innerhalb des örtlichen Vergleichsraums. Zieht der Leistungsberechtigte an einen anderen Wohnort, gilt dort eine andere Angemessenheitsgrenze und der Leistungsberechtigte kann nicht auf die Angemessenheitsgrenze des bisherigen Wohnortes verwiesen werden.[474] 98

Voraussetzung der Deckelung ist zum einen, dass die Gesamtmiete (Kaltmiete/Betriebskosten/Heizkosten) der neuen Wohnung die Gesamtmiete der alten Wohnung übersteigt und zum anderen die fehlende **Erforderlichkeit** des Umzugs. Ein Umzug ist dann als erforderlich anzusehen, wenn ein plausibler, nachvollziehbarer und verständlicher Grund für den Wohnungswechsel vorlag, von dem sich auch ein Nichthilfebedürftiger leiten lassen würde.[475] Dies ist anzunehmen, wenn er durch den kommunalen Träger veranlasst wurde, bei unzureichender Deckung des Wohnraumbedarfes, insbesondere bei ungünstiger Wohnflächenaufteilung und bevorstehender Geburt eines Kindes, bei baulichen Mängeln, Mängeln am Mietobjekt, sonstigen dringenden persönlichen Gründen, wie einer nachhaltigen Störung des Vertrauensverhältnisses in einer Wohngemeinschaft, wegen einer Trennung oder auch zur Herstellung einer ehelichen bzw. eheähnlichen Lebensgemeinschaft.[476] Bei Mängeln am Mietobjekt ist ein Umzug erst erforderlich, wenn der Vermieter eine ihm obliegende Mängel- 99

471 BSG 20.8.2009, NJOZ 2010, 1405.
472 BSG 19.2.2009, aaO.
473 BT-Drs. 17/3404 S. 98.
474 BSG 1.6.2010, BSGE 106, 147.
475 BSG 24.11.2011, SozR 4-4200 § 22 Nr. 52; BSG 17.2.2016, SozR 4-4200 § 22 Nr. 88.
476 JurisPK-SGB II/Piepenstock § 22 Rn. 216.

beseitigung ablehnt, diese unmöglich ist oder weitere Beseitigungsmaßnahmen wegen deren Umfang bzw. nach mehreren fehlgeschlagenen Versuchen nicht mehr zugemutet werden können und damit ein Recht zur außerordentlichen Kündigung nach den §§ 543, 569 BGB besteht.[477]

100 Auch bei mangelnder Erforderlichkeit des Umzugs hat eine Deckelung des anzuerkennenden Bedarfs für Unterkunft und Heizung nach § 22 Abs. 1 S. 6 SGB II in Höhe des bisherigen Bedarfs jedoch nur dann zu erfolgen, wenn für den örtlichen Vergleichsraum zutreffend ermittelte abstrakte Angemessenheitsgrenzen bestehen.[478]

101 Eine Absenkung der Leistungen für Unterkunft und Heizung durch Deckelung ist nicht zulässig, wenn im Monat der Eingehung des Mietvertrages keine Hilfebedürftigkeit bestand. Die Begrenzung entfaltet nach einer mit der Unterbrechung des Leistungsbezugs von mindestens einem Kalendermonat verbundenen Überwindung der Hilfebedürftigkeit jedenfalls durch Erzielung bedarfsdeckenden Einkommens keine Wirkung mehr.[479]

c) Zusicherungsverfahren

aa) Grundsatz, § 22 Abs. 4 SGB II

102 Vor Abschluss eines Vertrages über eine neue Unterkunft soll die leistungsberechtigte Person die Zusicherung des für die neue Unterkunft örtlich zuständigen kommunalen Trägers zur Berücksichtigung der Aufwendungen für die neue Unterkunft einholen. Der kommunale Träger ist zur Zusicherung verpflichtet, wenn die Aufwendungen für die neue Unterkunft angemessen sind, § 22 Abs. 4 SGB II. Die Einholung der Zusicherung ist keine Voraussetzung der weiteren Leistungsgewährung für Unterkunft und Heizung.[480] Das Zusicherungsverfahren hat vielmehr Aufklärungs- und Warnfunktion. Es dient dazu, dem Hilfebedürftigen vor Abschluss eines neuen Mietvertrages Klarheit darüber zu verschaffen, welche Aufwendungen als angemessen betrachtet und im Weiteren übernommen werden. So sollen zukünftige Streitigkeiten vermieden werden. Die Zusicherung ist ein Verwaltungsakt iSd §§ 31, 34 SGB X. Ihr Regelungsgegenstand ist die Zusicherung, in welchem Umfang für die neue Wohnung Kosten übernommen werden.[481] Die künftigen Unterkunftskosten müssen der Höhe nach bestimmt sein. Die abstrakte Feststellung der Erforderlichkeit eines Auszuges/Umzuges ist in § 22 Abs. 4 nicht vorgesehen.[482]

bb) Leistungsberechtigte unter 25 Jahren, § 22 Abs. 5 SGB II

103 Sofern Personen, die das 25. Lebensjahr noch nicht vollendet haben, umziehen, werden Bedarfe für Unterkunft und Heizung für die Zeit nach einem Umzug bis zur Vollendung des 25. Lebensjahres nur anerkannt, wenn der kommunale Träger dies vor Abschluss des Vertrages über die Unterkunft zugesichert hat. Der kommunale Träger ist zur Zusicherung verpflichtet, wenn

1. die oder der Betroffene aus schwerwiegenden sozialen Gründen nicht auf die Wohnung der Eltern oder eines Elternteils verwiesen werden kann,
2. der Bezug der Unterkunft zur Eingliederung in den Arbeitsmarkt erforderlich ist oder
3. ein sonstiger, ähnlich schwerwiegender Grund vorliegt.

104 Vom Erfordernis der Zusicherung kann abgesehen werden, wenn es der oder dem Betroffenen aus wichtigem Grund nicht zumutbar war, die Zusicherung einzuholen. Bedarfe für Unterkunft und Heizung werden bei Personen, die das 25. Lebensjahr noch nicht vollendet haben, nicht anerkannt, wenn

477 JurisPK-SGB II/Piepenstock § 22 Rn. 216.
478 BSG 29.4.2015, BSGE 119, 1.
479 BSG 9.4.2014, NZS 2014, 629.
480 BSG 7.11.2006, aaO; jurisPK-SGB II/Piepenstock § 22 Rn. 211.
481 BeckOGK-SGB/Lauterbach § 22 SGB II Rn. 101.
482 BSG 6.4.2011, FEVS 63, 109.

diese vor der Beantragung von Leistungen in eine Unterkunft in der Absicht umziehen, die Voraussetzungen für die Gewährung der Leistungen herbeizuführen.

Anders als in § 22 Abs. 4 SGB II ist bei Leistungsberechtigten, die das 25. Lebensjahr noch nicht vollendet haben, die vorherige Einholung der Zusicherung **materielle Tatbestandsvoraussetzung** der Leistungsgewährung. Weiterer Unterschied ist, dass sich die Zusicherung nach § 22 Abs. 5 SGB II nicht auf eine bestimmte Unterkunft mit konkreten Aufwendungen beziehen muss. Erfasst ist lediglich der erstmalige Auszug aus der elterlichen Wohnung bzw. der Wohnung eines Elternteils mit Begründung einer eigenen Wohnung. Der Gesetzgeber wollte nur die Personen erfassen, die „erstmalig eine Wohnung beziehen wollen".[483] Von der Regelung nicht umfasst sind Umzüge von unter 25-Jährigen, die beim Eintritt in den Leistungsbezug bereits ausgezogen waren und ihren Leistungsbezug nicht i.S.d. § 22 Abs. 5 S. 4 SGB II herbeigeführt haben, z.B. bei Verlust des Arbeitsplatzes. Der Zusicherungsvorbehalt des § 22 Abs. 5 S. 1 SGB II gilt entsprechend nicht für Personen, die ihren Lebensunterhalt nach dem Auszug aus der elterlichen Wohnung aller Voraussicht nach unabhängig vom Grundsicherungsträger bestreiten werden.[484] 105

Schwerwiegende soziale Gründe i.S.d. Abs. 5 S. 2 Nr. 1, die einen Verweis auf die Wohnung der Eltern oder eines Elternteils unmöglich machen, liegen vor, wenn es sich um eine dauerhaft gestörte Beziehung zwischen dem Betroffenen und den Eltern bzw. dem Elternteil handelt oder wenn das körperliche, geistige oder seelische Wohl durch die Eltern oder deren Umfeld gefährdet ist.[485] Als ähnlich schwerwiegender Grund i.S.d. § 22 Abs. 5 S. 2 Nr. 3 SGB II kann ein Auszug aus der elterlichen Wohnung wegen bevorstehender Eheschließung oder zur Begründung einer Lebenspartnerschaft im Sinne des § 7 Abs. 3 Nr. 3 SGB II anzusehen sein.[486] 106

d) Wohnungsbeschaffungs- und Umzugskosten

Nach § 22 Abs. 6 SGB II können Wohnungsbeschaffungskosten und Umzugskosten bei vorheriger Zusicherung durch den bis zum Umzug örtlich zuständigen kommunalen Träger als Bedarf anerkannt werden; Aufwendungen für eine Mietkaution und für den Erwerb von Genossenschaftsanteilen können bei vorheriger Zusicherung durch den am Ort der neuen Unterkunft zuständigen kommunalen Träger als Bedarf anerkannt werden. Die Zusicherung soll erteilt werden, wenn der Umzug durch den kommunalen Träger veranlasst oder aus anderen Gründen notwendig ist und wenn ohne die Zusicherung eine Unterkunft in einem angemessenen Zeitraum nicht gefunden werden kann. Aufwendungen für eine Mietkaution und für Genossenschaftsanteile sollen als Darlehen erbracht werden. Voraussetzung der in § 22 Abs. 6 SGB II geregelten Übernahme ist, dass es sich zum einen um Wohnungsbeschaffungskosten, Mietkaution oder Umzugskosten handelt und zum anderen, dass der kommunale Träger bzw. das Jobcenter zuvor die Übernahme der Kosten zugesichert hat. 107

Die Zusicherung ist damit eine Anspruchsvoraussetzung. Das Ermessen des kommunalen Trägers zur Erteilung der Zusicherung ist in den Fällen eingeschränkt, in denen er den Umzug veranlasst hat, dieser aus anderen Gründen notwendig ist oder wenn ohne die Zusicherung eine Unterkunft in einem angemessenen Zeitraum nicht gefunden werden kann. Sie kann dann nur in atypischen Fällen versagt werden.[487] 108

Wohnungsbeschaffungs- oder Umzugskosten stellen einen eigenständigen abtrennbaren Streitgegenstand dar, über den isoliert entschieden werden kann.[488] 109

---

483 BT-Drs. 16/688 S. 14; so auch BeckOGK-SGB/Lauterbach § 22 SGB II Rn. 108; Luik/Harich/Luik § 22 SGB II Rn. 194f.; a.A. jurisPK-SGB II/Piepenstock § 22 Rn. 226.

484 JurisPK-SGB II/Piepenstock § 22 Rn. 226.

485 LSG NRW 6.12.2018, L 7 AS 1157/18 ZVW, juris.

486 LSG NRW 6.12.2018, aaO.

487 Luik/Harich/Luik § 22 SGB II Rn. 219.

488 BSG 18.2.2010, FEVS 62, 6; BSG 6.5.2010, BSGE 106, 135.

110 **Beispiele Wohnungsbeschaffungskosten:**
Kosten für die Bereitstellung eines Telefon- und Internetanschlusses, Kosten für einen Nachsendeantrag,[489] Maklergebühren,[490] Kosten für die Wohnungsanzeigen,[491] Abstandszahlungen an den Vormieter.[492]

Hinsichtlich der Umzugskosten ist der Leistungsberechtigte grds. gehalten, die Kosten eines Umzugs im Wege der Selbsthilfe zu minimieren, d.h. er hat den Umzug grds. selbst zu organisieren und durchzuführen. Dies gilt nur dann nicht, wenn wichtige Gründe dem entgegenstehen, z.B. Alter, Betreuung von kleinen Kindern, Art und Schwere einer Behinderung oder medizinische (krankheitsbedingte) Gründe.[493] In diesem Fall sind die Kosten für ein Umzugsunternehmen zu übernehmen.

111 **Beispiele für Umzugskosten:**
Kosten für Transport, Hilfskräfte, erforderliche Versicherungen, Benzin, Verpackungsmaterial, Kosten für die Sperrmüllentsorgung und die üblichen Kosten für die Versorgung der Mithelfer.[494]

II. Abweichende Leistungserbringung nach § 24 SGB II

1. Ergänzende Darlehen für Regelsonderbedarf

112 Kann im Einzelfall ein vom Regelbedarf zur Sicherung des Lebensunterhalts umfasster und nach den Umständen unabweisbarer Bedarf nicht gedeckt werden, erbringt das Jobcenter bei entsprechendem Nachweis den Bedarf als Sachleistung oder als Geldleistung und gewährt der oder dem Leistungsberechtigten ein entsprechendes Darlehen, § 24 Abs. 1 SGB II. Weitergehende Leistungen sind ausgeschlossen.

113 § 24 Abs. 1 SGB II bedarf aus verfassungsrechtlichen sowie systematischen Erwägungen einer einschränkenden Auslegung in der Weise, dass er nur einmalige, d.h. nicht dauerhafte bzw. laufende Bedarfe erfasst.[495] Zur Abgrenzung dient hinsichtlich eines unabweisbaren, laufenden, nicht nur einmaligen, besonderen Bedarfs die Härtefallregelung in § 21 Abs. 6 SGB II (§ 70 Rn. 3ff.).

Beispiel:
Die Kosten für die Bevorratung mit Lebensmitteln, Getränken, Hygiene- und Haushaltsartikeln als Notfallpaket gem. Empfehlung des Bundesamtes für Bevölkerungsschutz und Katastrophenhilfe können nicht als Sonderbedarf gem. § 24 Abs. 1 (oder Abs. 3 S. 1 Nr. 1) SGB II anerkannt werden. Zwar sind Aufwendungen für Lebensmittel, Getränke, Hygiene- und Haushaltsartikel dem Regelbedarf i. S. des § 20 Abs. 1 SGB II zuzuordnen, jedoch nicht unabweisbar.[496]

114 Nach § 37 Abs. 1 S. 2 SGB I ist ein Darlehen gem. § 24 Abs. 1 SGB II gesondert zu beantragen. Die Entscheidung über die Darlehensgewährung stellt einen Verwaltungsakt nach § 31 SGB X dar.

489 BSG 10.8.2016, B 14 AS 58/15 R, BeckRS 2016, 74974.
490 BSG 18.2.2010, aaO.
491 LPK-SGB II/Berlit § 22 Rn. 270.
492 VGH BW 8.11.1995, FEVS 46, 287.
493 BSG 6.5.2010, aaO; Luik/Harich/Luik § 22 SGB II Rn. 225.
494 Luik/Harich/Luik § 22 SGB II Rn. 226; jurisPK-SGB II/Piepenstock § 22 Rn. 249.
495 BSG 18.2.2010, BSGE 105, 279; Luik/Harich/Blüggel § 24 SGB II Rn. 30.
496 LSG Baden-Württemberg 22.3.2018, mit Anmerkung Knospe, NZS 2018, 994; LSG Niedersachsen-Bremen 28.9.2018, BeckRS 2018, 28725.

2. Einmalige Leistungen

§ 24 Abs. 3 SGB II enthält als eine spezifische und abschließende Sonderregelung einen Anspruch der Leistungsberechtigten auf einmalige Geldleistungen für nicht vom Regelbedarf umfasste Bedarfe in Form eines verlorenen Zuschusses.[497] Es handelt sich dabei um eine eigenständige Leistung zur Sicherung des Lebensunterhalts. 115

Nicht vom Regelbedarf nach § 20 SGB II umfasst sind nach § 24 Abs. 3 SGB II Bedarfe für 116

1. Erstausstattungen für die Wohnung einschließlich Haushaltsgeräten,
2. Erstausstattungen für Bekleidung und Erstausstattungen bei Schwangerschaft und Geburt sowie
3. Anschaffung und Reparaturen von orthopädischen Schuhen, Reparaturen von therapeutischen Geräten und Ausrüstungen sowie die Miete von therapeutischen Geräten. Der Katalog der Sonderbedarfe in Satz 1 ist abschließend.[498]

Als Erstausstattung für die Wohnung einschließlich Haushaltsgeräten sind in diesem Rahmen alle Gegenstände erfasst, die **für eine geordnete Haushaltsführung notwendig** sind, bei denen es sich dem Grunde nach zum Wohnen und zur Haushaltsführung angemessene Gegenstände im Sinne des Grundsicherungsrechts handelt und die ein an den herrschenden Lebensgewohnheiten orientiertes Wohnen ermöglichen.[499] Wohnung soll zwar nicht nur die Bedürfnisse nach Schutz vor Witterung und einer Gelegenheit zum Schlafen befriedigen, sondern auch die Unterbringung von Gegenständen aus dem persönlichen Lebensbereich ermöglichen[500] sowie die Führung eines Haushalts, wie sich aus der gesonderten Aufführung der Haushaltsgeräte in § 24 Abs. 3 S. 1 Nr. 1 SGB II ergibt. Umfasst ist jedoch nur die Befriedigung von grundlegenden Bedürfnissen. Gegenstände zur Freizeitbeschäftigung sind nicht unter den Begriff der Erstausstattung zu fassen.[501] 117

Um eine **Erstausstattung** für die Wohnung handelt es sich dann, wenn ein Bedarf für die Ausstattung einer Wohnung besteht, der nicht bereits durch vorhandene Möbel und andere Einrichtungsgegenstände gedeckt ist. Der Anspruch ist insoweit **bedarfsbezogen** zu verstehen.[502] In Abgrenzung zu einem **Erhaltungs- und Ergänzungsbedarf**, der aus der Regelleistung zu bestreiten ist, kommt eine Wohnungserstausstattung allerdings auch bei einem erneuten Bedarfsanfall in Betracht, wenn der Hilfebedürftige nachweist, dass er – regelmäßig im Zusammenhang mit besonderen Ereignissen – über die nunmehr notwendigen Ausstattungsgegenstände bisher nicht oder nicht mehr verfügt. Dies ist zu bejahen z.B. nach einem Wohnungsbrand oder bei Erstanmietung nach einer Haft.[503] Eine erneute Beschaffung von Einrichtungsgegenständen setzt demnach voraus, dass der konkrete Bedarf 118

1. durch außergewöhnliche Umstände bzw. ein besonderes Ereignis entstanden ist,
2. ein spezieller Bedarf vorliegt und
3. ein ursächlicher Zusammenhang zwischen den außergewöhnlichen Umständen bzw. dem besonderen Ereignis und dem Bedarf gegeben ist.[504]

Beispiele für Erstausstattung:
Gründung eines eigenen Hausstandes nach Beendigung von Obdachlosigkeit, aufgrund Heirat, nach Trennung und Scheidung, nach Auflösung einer Wohngemeinschaft; Anschaffung von Kindermöbeln bzw. zusätzlicher Betten wegen Familienzuwachses.[505]

---

497 KRW/B. Schmidt § 24 SGB II Rn. 14.

498 Vgl. BT-Drs. 15/1514 S. 60.

499 BSG 23.5.2013, NZS 2013, 830.

500 BSG 16.12.2008, SozR 4-4200 § 22 Nr. 14, Rn. 16.

501 BSG 24.2.2011, SozR 4-4200 § 23 Nr. 11, Rn. 16 ablehnend hins. Fernsehgerät.

502 BSG 19.9.2008, BSGE 101, 268; BSG 27.9.2011, SozR 4-4200 § 23 Nr. 13.

503 BT-Drs. 15/1514 S 60.

504 BSG 6.8.2014, SozR 4-4200 § 23 Nr. 18.

505 BSG 19.9.2008, BSGE 101, 268; BeckOGK-SGB/Bender § 24 SGB II Rn. 59 m.w. Beispielen.

119 Auch die Erstausstattung für Bekleidung beschränkt sich nicht völlig auf Situationen, in denen (wie etwa bei erstmaliger Schwangerschaft) ein Bedarf völlig neu auftritt, sondern erfasst auch einen Totalverlust von Kleidung oder aber einen außergewöhnlichen Fall des Unbrauchbarwerdens, der einem solchen Totalverlust gleichkommt.[506] Letzteres kann der Fall sein bei einer krankheitsbedingten Gewichtszu- oder -abnahme, die deutlich über normale Schwankungen des Körpergewichts hinausgeht. Nicht hierunter fällt allerdings der wachstums- und verschleißbedingte besondere Aufwand für Kinderbekleidung.[507]

120 Die sog. Babyausstattung (Wickeltisch, Kinderbett, Kinderwagen, Hochstuhl, Badewanne, Windeleimer) fällt ab dem 1.8.2006 ausdrücklich unter Nr. 2. Insbes. miterfasst ist der Kinderwagen.[508]

III. Zuschuss zu Kranken- und Pflegeversicherungsbeiträgen

121 Grundsätzlich sind Bezieher von Bürgergeld in der gesetzlichen Krankenversicherung (§ 5 Abs. 1 Nr. 2a SGB V) und der sozialen Pflegeversicherung (§ 20 Abs. 1 S. 2 Nr. 2a SGB XI) pflichtversichert. Der Bund trägt hierfür die Aufwendungen (§ 251 Abs. 4 SGB V und § 59 Abs. 1 S. 1 SGB XI). § 26 SGB II schafft eine Anspruchsgrundlage für die Übernahme der Beiträge all derjenigen, die nicht schon kraft des Bezugs von Bürgergeld über einen Versicherungsschutz verfügen oder durch die Zahlung von Beiträgen zu einer angemessenen Kranken- und Pflegeversicherung leistungsberechtigt würden.[509]

122 Für Personen, die in der gesetzlichen Krankenversicherung versicherungspflichtig oder freiwillig versichert sind oder unter den Voraussetzungen des § 26 Abs. 1 S. 1 Halbs. 1 SGB II privat krankenversichert sind und die allein durch die Zahlung des Beitrags hilfebedürftig würden, wird ein Zuschuss zum Beitrag in Höhe des Betrages geleistet, der notwendig ist, um die Hilfebedürftigkeit zu vermeiden, § 26 Abs. 2 SGB II.

123 § 26 Abs. 3 SGB II sieht einen Zuschuss zu den Pflegeversicherungsbeiträgen vor für privat Pflegeversicherte, Sozialgeldempfänger in der gesetzlichen Pflegeversicherung und Bürgergeld Empfänger, die von der Versicherungspflicht in der gesetzlichen Pflegeversicherung ausgenommen sind.

124 § 26 Abs. 4 SGB II sieht entsprechend Abs. 2 für den Fall, dass Hilfebedürftigkeit ausschließlich hinsichtlich der Pflegeversicherungsbeiträge besteht, einen Zuschuss vor.

IV. Leistungen für Auszubildende

125 In § 27 SGB II werden systematisch alle Leistungen für Auszubildende im Sinne des § 7 Abs. 5 (also Auszubildende, die nach dem dort geregelten Leistungsausschluss von anderen Leistungen zur Sicherung des Lebensunterhalts nach dem SGB II ausgeschlossen sind, s. § 67 Rn. 100 ff.) zusammengefasst. Nicht einschlägig ist § 27 SGB II für die Auszubildenden, auf die der Leistungsausschluss nach Abs. 5 keine Anwendung findet und Auszubildende, welche gem. der Rückausnahmen nach § 7 Abs. 6 SGB II einen Anspruch auf Leistungen zur Sicherung des Lebensunterhalts nach dem SGB II haben (s. § 67 Rn. 109).

126 Die Leistungen nach § 27 SGB II können die Leistungen zur Sicherung des Lebensunterhalts nach § 19 SGB II nicht aufstocken oder zusätzlich zu diesen gewährt werden. Für die Auszubildenden im Sinne des § 7 Abs. 5 SGB II sind die Regelungen im § 27 SGB II im Hinblick auf alle Leistungen zur Sicherung des Lebensunterhalts abschließend. Nach § 27 Abs. 1 S. 2 SGB II gelten die Leistungen für Auszubildende im Sinne des § 7 Abs. 5 SGB II nicht als Bürgergeld. Damit wird sichergestellt, dass durch die Leistungen keine Sozialversicherungspflicht eintritt.[510]

---

506 BSG 23.3.2010, NJW 2011, 877–878; BeckOK/Breitkreuz § 24 SGB II Rn. 20 f.

507 BSG 23.3.2010, aaO.

508 BT-Drs. 16/1410 24.

509 Vgl. ausführlich zum Kranken- und Pflegeversicherungsschutz von Leistungsberechtigten Rolfs, NZS 2019, 206.

510 BT-Drs. 17/3404 S. 103.

Gem. § 27 Abs. 2 SGB II werden Leistungen in Höhe der Mehrbedarfe nach § 21 Abs. 2 (für werdende Mütter), 3 (für Alleinerziehende), 5 (bei kostenaufwändiger Ernährung) und 6 (bei unabweisbarem, laufendem besonderem Bedarf) und in Höhe der Leistungen nach § 24 Abs. 3 Nr. 2 SGB II (Erstausstattung für Bekleidung, Schwangerschaft und Geburt) erbracht, soweit die Mehrbedarfe nicht durch zu berücksichtigendes Einkommen oder Vermögen gedeckt sind. In Abs. 2 wird der Grundsatz kodifiziert, dass der Leistungsausschluss für Auszubildende nur für so genannte **ausbildungsgeprägte Bedarfe** gilt.[511] Weil die Auszubildenden sich auf ihre Ausbildung konzentrieren müssen, können sie in der Regel die Mittel für ihren Lebensunterhalt einschließlich der Aufwendung für Wohnung und Heizung nicht durch Erwerbstätigkeit erwirtschaften. Der insoweit nicht durch Einkommen oder Vermögen gedeckte Bedarf ist also ausbildungsgeprägt bzw. ausbildungsbedingt. Er soll bei Auszubildenden i.S.d. § 7 Abs. 5 SGB II vom Grundsatz her durch die besonderen Ausbildungsleistungen abgedeckt werden.[512] 127

Dabei sollen Auszubildende nicht besser oder schlechter als Personen gestellt werden, die grundsätzlich einen Anspruch auf Bürgergeld haben. Deshalb werden Leistungen an Auszubildende wie beim Bürgergeld nur erbracht, soweit die Auszubildenden die Bedarfe nicht durch zu berücksichtigendes Einkommen oder Vermögen (§§ 11 bis 12 SGB II) decken können.[513] 128

Nach der Ermessensvorschrift in § 27 Abs. 3 SGB II können Leistungen für Regelbedarfe, den Mehrbedarf nach § 21 Abs. 7 SGB II, Bedarfe für Unterkunft und Heizung, Bedarfe für Bildung und Teilhabe und notwendige Beiträge zur Kranken- und Pflegeversicherung als **Darlehen** erbracht werden, sofern der Leistungsausschluss nach § 7 Abs. 5 SGB II eine **besondere Härte** bedeutet. Bei dem Begriff der „besonderen Härte" handelt es sich um einen unbestimmten Rechtsbegriff, dessen Ausfüllung in vollem Umfang der rechtlichen Überprüfung durch das Gericht unterliegt. Die Verwaltung hat keinen Beurteilungsspielraum; ihr steht auch keine Einschätzungsprärogative zu.[514] Die Annahme einer besonderen Härte erfordert, dass die Folgen des Anspruchsausschlusses über das Maß hinausgehen, dass regelmäßig mit der Versagung von Leistungen zur Sicherung des Lebensunterhalts für Auszubildende verbunden ist. Die Hilfe zur Sicherung des Lebensunterhalts für Auszubildende muss auf Ausnahmefälle beschränkt bleiben.[515] 129

Beispiele für besondere Härtefälle: 130

- In einer Ausbildungssituation, in der wesentliche Teile der Ausbildung bereits absolviert sind und ein Abschluss in absehbarer Zeit zu erwarten ist (was durch objektive Umstände belegbar sein muss), ist bei einem bisher durch Ausbildungsförderungsleistungen oder anderen finanziellen Mitteln gesicherten Lebensbedarf nun Hilfebedarf entstanden. Dies kann etwa bei Wegfall der Ausbildungsförderung infolge des Überschreitens der Höchstförderungsdauer oder bei Wegfall von bisher erhaltenen Unterhaltsleistungen der Fall sein. Infolge des entstandenen Hilfebedarfs besteht nun begründeter Anlass für die Annahme, die Ausbildung werde nicht beendet werden können.[516]
- Der Abschluss einer bereits weit fortgeschrittenen Ausbildung ist wegen einer Behinderung oder Krankheit gefährdet.[517]
- Nur eine nach den Vorschriften des BAföG oder der §§ 60 bis 62 SGB III förderungsfähige Ausbildung stellt objektiv belegbar die einzige Zugangsmöglichkeit zum Arbeitsmarkt dar.[518]
- Auszubildende, die pflegebedürftige Angehörige betreuen, sind zusätzlich zum Studium zeitlich so eingeschränkt, so dass eine Erwerbstätigkeit in der Regel ausgeschlossen ist.[519]

511 BT-Drs. 17/3404 S. 103.
512 BeckOGK-SGB/Lauterbach § 27 SGB II Rn. 1.
513 BT-Drs. 17/3404 S. 103.
514 BSG 6.9.2007, BSGE 99, 67.
515 BSG 6.9.2007, aaO; BeckOGK-SGB/Lauterbach § 27 SGB II Rn. 12.
516 BSG 6.9.2007, aaO; BeckOGK-SGB/Lauterbach § 27 SGB II Rn. 12.
517 BSG 6.9.2007, aaO.
518 BSG 6.9.2007, aaO; BSG 30.9.2008, SozR 4-4200 § 7 Nr. 9.
519 Fachliche Weisungen der BA Rn. 27.10 mit weiteren Beispielen.

131 Rückzahlungsansprüche aus Darlehen nach § 27 Abs. 3 SGB II sind erst nach Abschluss der Ausbildung fällig, § 42a SGB II. Über die Rückzahlung soll entsprechend § 42a Abs. 4 S. 2 SGB II eine Vereinbarung unter Berücksichtigung der wirtschaftlichen Verhältnisse des Darlehensnehmers getroffen werden.

132 Eine besondere Härte ist auch anzunehmen, wenn Auszubildenden, deren Bedarf sich nach §§ 12 oder 13 Abs. 1 Nr. 1 BAföG bemisst, aufgrund von § 10 Abs. 3 BAföG (Überschreitens der Altersgrenze von 30 Jahren) keine Leistungen zustehen, diese Ausbildung im Einzelfall für die Eingliederung der oder des Auszubildenden in das Erwerbsleben zwingend erforderlich ist und ohne die Erbringung von Leistungen zum Lebensunterhalt der Abbruch der Ausbildung droht; in diesem Fall sind Leistungen als Zuschuss zu erbringen, § 27 Abs. 3 S. 2 SGB II.[520] Betroffen sind Auszubildende, die als Schüler oder Studierende in Fachschulklassen eine Ausbildung absolvieren. Die Härtefallregelung gilt nach S. 3 nur für Ausbildungen, die vor dem 31.12.2020 begonnen wurden.

V. Leistungen für Bildung und Teilhabe

1. Überblick

133 § 28 SGB II[521] regelt, für welche Bedarfe Leistungen für Bildung und Teilhabe erbracht werden, mit denen das menschenwürdige Existenzminimum von Kindern und Jugendlichen sowie von Schülerinnen und Schülern im Bereich der gesellschaftlichen Teilhabe und Bildungsteilhabe sichergestellt wird. Die Bedarfe werden als eigenständige Bedarfe anerkannt, um durch zielgerichtete Leistungen eine stärkere Integration bedürftiger Kinder und Jugendlicher in die Gemeinschaft zu erreichen.[522] Leistungen für Bildung und Teilhabe sind demnach den Leistungen zur Sicherung des Lebensunterhalts zuzuordnen, wie sich aus der systematischen Stellung der §§ 28, 29 SGB II ergibt. Sie sind aber nicht Bestandteil des Arbeitslosengeldes II, vgl. § 19 Abs. 2 SGB II. Anspruchsgrundlage für Leistungen für Bildung und Teilhabe ist § 19 Abs. 2 i.V.m. § 28 SGB II. Die einzelnen Bedarfe werden in § 28 Abs. 2–7 SGB II abschließend geregelt.[523]

134 § 28 SGB II regelt, dass Bedarfe für Bildung und Teilhabe am sozialen und kulturellen Leben in der Gemeinschaft bei Kindern, Jugendlichen und jungen Erwachsenen nach Maßgabe der Absätze 2 bis 7 gesondert berücksichtigt werden. Danach werden Leistungen für die tatsächlichen Aufwendungen für Schulausflüge und mehrtägige Klassenfahrten (Abs. 2), für die Ausstattung mit persönlichem Schulbedarf (Abs. 3), für Schülerbeförderungskosten (Abs. 4), für eine die schulischen Angebote ergänzende angemessene Lernförderung, soweit diese geeignet und zusätzlich erforderlich ist, um die nach den schulrechtlichen Bestimmungen festgelegten wesentlichen Lernziele zu erreichen (Abs. 5), für Mittagsverpflegung (Abs. 6) und zur Teilhabe am sozialen und kulturellen Leben in der Gemeinschaft in Höhe von insgesamt 15 Euro monatlich (Abs. 7) berücksichtigt.

2. Vorgaben des BVerfG

135 Mit §§ 28, 29 SGB II werden die Vorgaben des BVerfG im Urteil vom 9.2.2010[524] umgesetzt. Das BVerfG hat nicht nur entschieden, dass die Regelleistungen sowohl des Arbeitslosengeldes II für Erwachsene als auch des Sozialgeldes für Kinder bis zur Vollendung des 14. Lebensjahres nicht verfassungsgemäß sind. Es hat unter Berufung auf Art. 1 Abs. 1 i.V.m. Art. 20 GG auch gefordert, dass der Sozialstaat dafür Sorge zu tragen habe, dass Kinder, Jugendliche und junge Erwachsene aus einkommensschwa-

520 Vgl. BT-Drs. 18/8909 S. 31.

521 Durch Art. 2 Nr. 31 des Gesetzes zur Ermittlung von Regelbedarfen und zur Änderung des Zweiten und Zwölften Buches Sozialgesetzbuch vom 24.3.20111 vollständig neu gefasst worden und zum 1.1.2011 in Kraft getreten.

522 BT-Drs. 17/3404 S. 104.

523 BT-Drs. 17/3404 S. 104.

524 NZS 2010, 270.

chen Haushalten durch Entwicklung und Entfaltung ihrer Talente und Fähigkeiten in die Lage versetzt werden müssten, ihren Lebensunterhalt im Erwachsenenstadium selbst bestreiten zu können. Das BVerfG hat hierzu wie folgt ausgeführt:

„Ein zusätzlicher Bedarf ist vor allem bei schulpflichtigen Kindern zu erwarten. Notwendige Aufwendungen zur Erfüllung schulischer Pflichten gehören zu ihrem existentiellen Bedarf. Ohne Deckung dieser Kosten droht hilfebedürftigen Kindern der Ausschluss von Lebenschancen, weil sie ohne den Erwerb der notwendigen Schulmaterialien, wie Schulbücher, Schulhefte oder Taschenrechner, die Schule nicht erfolgreich besuchen können. Bei schulpflichtigen Kindern, deren Eltern Leistungen nach dem Sozialgesetzbuch Zweites Buch beziehen, besteht die Gefahr, dass ohne hinreichende staatliche Leistungen ihre Möglichkeiten eingeschränkt werden, später ihren Lebensunterhalt aus eigenen Kräften bestreiten zu können. Dies ist mit Art. 1 Abs. 1 GG in Verbindung mit dem Sozialstaatsprinzip des Art. 20 Abs. 1 GG nicht vereinbar."[525] 136

3. Leistungsberechtigte

Bedarfe für Bildung (Abs. 2–6) werden nur bei Personen berücksichtigt, die das **25. Lebensjahr noch nicht vollendet** haben, eine **allgemein- oder berufsbildende Schule** besuchen und **keine Ausbildungsvergütung erhalten** (Schülerinnen und Schüler), § 28 Abs. 1 S. 2 SGB II. Auf Teilhabeleistungen am sozialen und kulturellen Leben nach § 28 Abs. 7 SGB II haben nur Leistungsberechtigte, die das 18. Lebensjahr noch nicht vollendet haben einen Anspruch. 137

Wann eine Schule i. S. d. Norm allgemeinbildend ist, beurteilt sich nach der Rechtsprechung des BSG nicht landesrechtlich, sondern vorrangig nach bundesrechtlichen Maßstäben.[526] Ohne Bedeutung für die Qualifizierung als allgemeinbildende Schule ist, in welcher Trägerschaft die betreffende Bildungseinrichtung steht. Insoweit ist die Schülereigenschaft nach der Wendung „eine allgemein- oder berufsbildende Schule besuchen" bereits nach dem Wortlaut nicht daran gebunden, dass Schulabschlüsse nach den jeweiligen landesrechtlichen Vorschriften angestrebt werden.[527] Ebenso ist es für die durch die Bildungsleistungen nach § 28 SGB II zu deckenden Bedarfe unerheblich, ob sie aus dem Besuch einer öffentlichen oder einer in privater Trägerschaft stehenden Schule resultieren.[528] 138

Allgemeinbildende Schulen sind insbesondere Grund-, Haupt-, Real-, Mittel- und Gesamtschulen, Gymnasien, staatlich anerkannte Ergänzungsschulen und Förderschulen.[529] Berufsbildende Schulen sind Berufsschulen, Berufsaufbauschulen, Berufsoberschulen, Fachschulen, Fachoberschulen, Fachgymnasien und Berufsfachschulen sowie Schulen zur Absolvierung eines Berufsgrundbildungs- oder -vorbereitungsjahres.[530] 139

§ 28 Abs. 1 S. 2 SGB II erfasst begrifflich auch Auszubildende, die eine berufsbildende Schule besuchen, jedoch wird dieser Personenkreis von der Leistungsberechtigung wieder ausdrücklich ausgenommen, soweit der Auszubildende (tatsächlich) eine Ausbildungsvergütung erhält. Ein bloßer Anspruch auf Ausbildungsvergütung ohne tatsächlichen Zufluss reicht nicht aus.[531] Daneben ist der Leistungsausschluss in § 7 Abs. 5 SGB II zu beachten. 140

525 NZS 2010, 270, Rn. 192.
526 BSG 19.6.2012, SozR 4-4200 § 24a Nr. 1 Rn. 16 ff m. w. N.
527 Vgl. BSG 19.6.2012, aaO.
528 BSG 19.6.2012, aaO; BSG 5.7.2017, SozR 4-4200 § 28 Nr. 10.
529 JurisPK-SGB II/Leopold § 28 Rn. 62.
530 JurisPK-SGB II/Leopold § 28 Rn. 64.
531 Hauck/Voelzke § 28 SGB II Rn. 31; Luik/Harich/Filges § 28 SGB II Rn. 18; jurisPK-SGB II/Leopold § 28 SGB II Rn. 66.

4. Schulausflüge/Klassenfahrten

141 Nach § 28 Abs. 2 SGB II werden bei Schülern und Kindern, die eine Tageseinrichtung besuchen oder für die Kindertagespflege geleistet wird, die tatsächlichen Aufwendungen für Schulausflüge und mehrtägige Klassenfahrten im Rahmen der schulrechtlichen Bestimmungen anerkannt.

142 Schulausflüge sind eintägige Veranstaltungen ohne Übernachtung außerhalb des Schulgeländes, die in schulischer Verantwortung durchgeführt werden und deren Kosten grds. von den Schülern selbst aufzubringen sind.[532] Übernommen werden alle Aufwendungen, die von der Schule selbst unmittelbar veranlasst sind.[533] Dazu gehören Fahrtkosten und Eintrittsgelder sowie Aufwendungen für Material, das zum Schulausflug mitgenommen werden soll. Taschengelder für zusätzliche Ausgaben während der Klassenfahrten und Ausflüge sind davon nicht erfasst. Sie müssen aus dem Regelbedarf bestritten werden.[534]

143 Das BSG[535] hat in Analogie zu § 28 Abs. 2 S. 1 Nr. 1 SGB II nunmehr entschieden, dass auch eine von der Schule organisierte und verantwortete, auf dem Schulgelände durchgeführte Veranstaltung, die der sozialen Teilhabe der Schulkinder im Klassen- oder Schulverband dient (schulische Gemeinschaftsveranstaltung), die aber gleichermaßen außerhalb des Schulgeländes als Schulausflug stattfinden könnte, von der Regelung erfasst ist.

144 Aufwendungen für Klassenfahrten sind zu übernehmen, wenn es sich um Aufwendungen für eine mehrtägige Klassenfahrt **im Rahmen der schulrechtlichen Bestimmungen** handelt. Die bundesrechtliche Regelung des § 28 Abs. 1 und Abs. 2 Nr. 2 SGB II bestimmt den abstrakten Rahmen dafür, wann Leistungen für eine mehrtägige Klassenfahrt zu erbringen sind. Gleichwohl ist der Rechtsbegriff der „Klassenfahrt“ innerhalb dieses Rahmens durch die landesschulrechtlichen Vorschriften auszufüllen. Die Aufwendungen sind vom Grundsicherungsträger mithin nur dann zu übernehmen, wenn die Veranstaltung den Vorgaben entspricht, die die bundesrechtliche Rahmenbestimmung vorgibt und für die im Landesrecht eine Grundlage vorhanden ist (Schulgesetze der Länder ggf. mit Ausführungsbestimmungen).[536]

145 Liegt eine Genehmigung durch die Schulaufsichtsbehörde vor (Tatbestandswirkung), bedarf es keiner weiteren Prüfung durch die Verwaltung oder die Gerichte, ob die Klassenfahrt i.R.d. schulrechtlichen Bestimmungen stattfindet.[537]

146 Der Begriff der Klasse ist nicht formal auf den bestimmten Klassenverband begrenzt.[538] Eine „Klasse“ im Sinne der Norm ist auch ein den Klassenverband ersetzender Kurs. Ausreichend ist eine außerunterrichtliche, von der Schule organisierte Veranstaltung mit einer Mehrzahl von Schülern, mit mindestens einer auswärtigen Übernachtung, die sich i.R.d. jeweiligen Landesrechts abspielt.[539] Abiturfahrten, die selbstorganisiert und ohne Begleitung von Lehrpersonal durchgeführt werden, fallen nicht unter § 28 Abs. 2 SGB II.[540]

147 Liegen die Voraussetzungen vor, hat der Träger die tatsächlichen Kosten ohne Beschränkung auf einen Höchstbetrag zu übernehmen, soweit die Kosten unmittelbar mit der Klassenfahrt verbunden sind.[541] Zu den Aufwendungen zählen auch die für die Klassenfahrt notwendigen Ausrüstungsgegenstände wie z. B. die Leihgebühr für Skiausrüstung.[542] Dagegen sind Taschengeld und Proviant aus der Regelleistung i. S. d. § 20 SGB II zu bestreiten.

---

532 Juris-PK SGB II/Leopold § 28 Rn. 73.
533 BT-Drs. 17/3404 S. 104.
534 BT-Drs. 17/3404 S. 104.
535 V. 8.3.2023, SGb 2024, 50.
536 Ausf. BSG 22.11.2011, SGb 2012, 730–734.
537 LSG Mecklenburg-Vorpommern 25.9.2008, juris; Luik/Harich/Filges § 28 SGB II Rn. 23.
538 BSG 22.11.2011, aaO.
539 BSG 22.11.2011, aaO; Luik/Harich/Filges § 28 SGB II Rn. 23.
540 SG Berlin 27.9.2011, juris.
541 BSG 13.11.2008, BSGE 102, 68.
542 LSG NRW 4.2.2008, FEVS 59, 421–423.

Die Bedarfe für eintägige und mehrtägige Ausflüge werden auch bei Kindern, die eine Tageseinrichtung besuchen oder für die Kindertagespflege geleistet wird, in tatsächlicher Höhe anerkannt (Abs. 2 S. 2). Zu den Kindertageseinrichtungen gehören Kindergärten, Horte, Krabbelstuben und Krippen. 148

Beim Anspruch nach § 28 Abs. 2 SGB II handelt sich um einen Anspruch der Schüler selbst und nicht um einen Anspruch der Eltern,[543] woraus auch folgt, dass der Anspruch prozessual als eigenständiger und abtrennbarer Streitgegenstand isoliert geltend gemacht werden kann.[544] 149

5. Persönlicher Schulbedarf

§ 28 Abs. 3 SGB II verweist hinsichtlich der Ausstattung von Schülern mit persönlichem Schulbedarf auf § 34 Abs. 3 und 3a SGB XII. Insgesamt sieht das Gesetz eine pauschale Geldleistung in Höhe von 150 Euro[545] vor, die gestaffelt ausgezahlt wird. Zu Beginn des Schuljahres zum 1. August in Höhe von 100 Euro und zu Beginn des Schulhalbjahres zum 1. Februar in Höhe von 50 Euro. Die Beträge werden ohne gesonderten Antrag als Geldleistung ausgezahlt, § 29 Abs. 1 S. 3 SGB II. 150

Zur persönlichen Schulausstattung gehören neben Schulranzen, Schulrucksack und Sportzeug insbesondere die für den persönlichen Ge- und Verbrauch bestimmten Schreib-, Rechen und Zeichenmaterialien (Füller, Kugelschreiber, Blei- und Malstifte, Taschenrechner, Geodreieck, Hefte und Mappen, Tinte, Radiergummis, Bastelmaterial, Knetmasse).[546] Ob auch die Anschaffung eines Computers/PCs/Tablets zu schulischen Zwecken von § 28 Abs. 3 SGB II erfasst ist, ist bislang nicht höchstrichterlich geklärt.[547] 151

6. Schülerbeförderung

Bei Schülern, die für den Besuch der nächstgelegenen Schule des gewählten Bildungsgangs auf Schülerbeförderung angewiesen sind, werden die dafür erforderlichen tatsächlichen Aufwendungen berücksichtigt, soweit sie nicht von Dritten (insbesondere im Wege der Schülerbeförderung nach Landesrecht) übernommen werden, § 28 Abs. 4 S. 1 SGB II. Als nächstgelegene Schule des gewählten Bildungsgangs gilt auch eine Schule, die aufgrund ihres Profils gewählt wurde, soweit aus diesem Profil eine besondere inhaltliche oder organisatorische Ausgestaltung des Unterrichts folgt; dies sind insbesondere Schulen mit naturwissenschaftlichem, musischem, sportlichem oder sprachlichem Profil sowie bilinguale Schulen und Schulen mit ganztägiger Ausrichtung (S. 2). 152

Hintergrund der Norm ist, dass in Flächenkreisen und in größeren Städten die nächstgelegene Schule von Schülern häufig nicht in zumutbarer Weise fußläufig oder mit dem Fahrrad erreicht werden kann. Meist muss für die Schülerbeförderung auf öffentliche Verkehrsmittel zurückgegriffen werden, wobei die hierdurch entstehenden Kosten im Regelbedarf nicht vollständig abgebildet sind. Mit Inkrafttreten des § 28 Abs. 4 SGB II werden die notwendigen Aufwendungen für die Beförderung zur nächstgelegenen Schule des gewählten Bildungsgangs (z. B. Grundschule, Hauptschule, Gesamtschule etc.) berücksichtigt. Abzustellen ist auf die nächstgelegene Schule, auch wenn die Schüler tatsächlich eine weiter entfernte Schule besuchen.[548] 153

Zur Ausfüllung des Begriffs der „nächstgelegenen Schule des gewählten Bildungsgangs" ist bundeseinheitlich darauf abzustellen, ob es sich bei der besuchten Schule um eine solche handelt, die gegenüber den näher gelegenen Schulen einen eigenständigen Bildungsgang im Sinne eines eigen- 154

543 BSG 23.3.2010, BSGE 102, 68 ff.

544 BSG 22.11.2011, aaO; BSG 19.6.2012, SozR 4-4200 § 24a Nr. 1.

545 Seit dem 1.8.2019.

546 BT-Drs. 17/3404 S. 105.

547 Für einen gesonderten Mehrbedarf nach § 21 Abs. 6 SGB II: SG Mainz 7.10.2019, BeckRS 2019, 26668; SG Gotha 17.8.2018, info also 2018, 271; SG Hannover 6.2.2018, BeckRS 2018, 3129; dagegen Wietfeld, NZS 2019, 801, 806 f.

548 BT-Drs. 17/4095 S. 37.

ständigen Profils mit besonderer inhaltlicher Ausrichtung innerhalb der gewählten Schulart aufweist, sodass sie insoweit die „nächstgelegene“ ist.[549]

155 Hinsichtlich der Angewiesenheit auf die Schülerbeförderung ist zu prüfen, ob der Weg zumutbar zu Fuß oder mit dem Fahrrad zurückgelegt werden kann oder ob dies nur mit öffentlichen Verkehrsmitteln möglich ist. Dies ist anhand der örtlichen Besonderheiten und/oder der persönlichen Umstände des Schülers zu bemessen.[550] Es kommt auf die individuellen Umstände des Einzelfalles an, sowohl auf die örtlichen Verhältnisse (Infrastruktur) als auch auf die individuellen Verhältnisse der Schülerin oder des Schülers. Mehr als 30 Minuten Fahrzeit für eine einfache Strecke mit dem Fahrrad dürften nicht zu verlangen sein.[551]

7. Lernförderung

156 Bei Schülern wird eine die schulischen Angebote ergänzende angemessene Lernförderung berücksichtigt, soweit diese geeignet und zusätzlich erforderlich ist, um die nach den schulrechtlichen Bestimmungen festgelegten wesentlichen Lernziele zu erreichen. Auf eine bestehende Versetzungsgefährdung kommt es dabei nicht an, § 28 Abs. 5 SGB II. Anspruch auf Lernförderung als Leistung für Bildung und Teilhabe haben Leistungsberechtigte danach, wenn sie diese beantragt haben, sie Schülerin oder Schüler i. S. von § 28 Abs. 1 S. 2 SGB II sind, die Voraussetzungen des § 28 Abs. 5 SGB II vorliegen und sie weder Anspruch auf Leistungen nach dem Vierten Kapitel des SGB XII haben (§ 19 Abs. 2 Satz 1 SGB II) noch für sie entsprechende Leistungen zur Deckung von Bedarfen für Bildung und Teilhabe nach § 6b BKGG gewährt werden (§ 19 Abs. 2 S. 2 SGB II).

157 Der Begriff der Lernförderung ist weit auszulegen, um Chancengerechtigkeit zu ermöglichen. Es geht dabei nicht nur um Nachhilfe, sondern grundsätzlich um jede Förderung; umfasst werden kurzzeitige wie auch ggf. längerfristige Bedarfe.[552]

§ 71 Leistungen zur Eingliederung in Arbeit

1 Die Grundsicherung für Arbeitsuchende soll die Eigenverantwortung von erwerbsfähigen Leistungsberechtigten und Personen, die mit ihnen in einer Bedarfsgemeinschaft leben, stärken und dazu beitragen, dass sie ihren Lebensunterhalt unabhängig von der Grundsicherung aus eigenen Mitteln und Kräften bestreiten können. Sie soll erwerbsfähige Leistungsberechtigte bei der Aufnahme oder Beibehaltung einer Erwerbstätigkeit unterstützen und den Lebensunterhalt sichern, soweit sie ihn nicht auf andere Weise bestreiten können (§ 1 Abs. 2 S. 1, S. 2 SGB II). Eingliederungsleistungen sind nach der gesetzgeberischen Konzeption daher **Hilfe zur Selbsthilfe**. Die Leistungen der Grundsicherung sind insbesondere darauf ausgerichtet, dass durch eine Erwerbstätigkeit Hilfebedürftigkeit vermieden oder beseitigt, die Dauer der Hilfebedürftigkeit verkürzt oder der Umfang der Hilfebedürftigkeit verringert wird und Anreize zur Aufnahme und Ausübung einer Erwerbstätigkeit geschaffen und aufrechterhalten werden, § 1 Abs. 2 S. 4 Nr. 1, Nr. 6 SGB II.

2 Zusammengefasst werden die konkreten Leistungen zur Eingliederung in Arbeit in den §§ 14 ff. SGB II. Vom Gesetzgeber unterschieden wird zwischen Leistungen an Leistungsberechtigte, Leistungen an Arbeitgeber und Leistungen an Dritte.

3 Da es den Umfang der Bearbeitung überschreiten würde, alle Eingliederungsleistungen des SGB II (in Verbindung mit dem SGB III) darzustellen, werden die Grundsätze der Leistungen zur Eingliederung, die Eingliederungsvereinbarung und sodann exemplarisch einige Eingliederungsleistungen dargestellt.

549 BSG 5.7.2017; SozR 4-4200 § 28 Nr. 10; BSG 17.3.2016; SozR 4-4200 § 28 Nr. 9 Rn. 23.
550 BSG 17.3.2016, aaO.
551 Bienert, NZS 2019, 356.
552 BSG 25.4.2018, ZFSH/SGB 2018, 521.

I. Grundsatz des Förderns

§ 14 SGB II definiert als Einweisungsnorm den Grundsatz des Förderns und knüpft als Gegenpol an den Grundsatz des Forderns in § 2 SGB II an, indem es die Grundsicherungsträger verpflichtet durch Leistungen nach dem SGB II erwerbsfähige Leistungsberechtigte umfassend mit dem Ziel der Eingliederung in Arbeit zu unterstützen. Dies bedeutet mehr als das Beraten und Vermitteln. Die Agentur für Arbeit hat alle Einflussfaktoren für die berufliche Eingliederung zu berücksichtigen und alle erforderliche Unterstützung zu geben, die sich mit den Grundsätzen der Sparsamkeit und Wirtschaftlichkeit vereinbaren lässt.[553] Neben der **Pflicht zur umfassenden Unterstützung** in Abs. 1 sieht § 14 Abs. 2 SGB II eine **besondere Beratungspflicht** der Leistungsträger vor. Im Rahmen der Beratung soll gemeinsam eine individuelle Strategie zur Erreichung der in Abs. 1 genannten Ziele erarbeitet und deren schrittweise Umsetzung begleitet werden. Aufgabe der Beratung ist darüber hinaus die Erteilung von Auskunft und Rat, insbesondere zur Berechnung der Leistungen zur Sicherung des Lebensunterhalts, zum Eingliederungsprozess und zu den Mitwirkungspflichten und Selbsthilfeobliegenheiten sowie dem Schlichtungsverfahren, zu den Leistungen der Eingliederung nach diesem Abschnitt sowie zur Möglichkeit der Inanspruchnahme von Leistungen anderer Träger. Art und Umfang der Beratung richten sich nach dem Beratungsbedarf der leistungsberechtigten Person. Beratungsleistungen, die Leistungsberechtigte nach den §§ 29 bis 33 des Dritten Buches von den für die Arbeitsförderung zuständigen Dienststellen der Bundesagentur für Arbeit erhalten, sollen dabei Berücksichtigung finden. Hierbei arbeiten die Träger der Leistungen nach diesem Buch mit den in Satz 4 genannten Dienststellen eng zusammen. 4

Die Agentur für Arbeit soll nach § 14 Abs. 3 SGB II einen **persönlichen Ansprechpartner** für jede erwerbsfähige leistungsberechtigte Person und die mit dieser in einer Bedarfsgemeinschaft lebenden Personen benennen. Die Zuordnung nach Möglichkeit nur eines Ansprechpartners soll ein kompetentes Fallmanagement sicherstellen, ein Vertrauensverhältnis zwischen dem Erwerbsfähigen und dem Mitarbeiter der Agentur für Arbeit fördern und der Effizienz der Betreuung des Erwerbsfähigen dienen.[554] Aus § 14 Abs. 3 SGB II kann der erwerbsfähige Leistungsberechtigte jedoch kein subjektiv-öffentliches Recht auf Benennung eines (dauerhaften) Ansprechpartners oder auf Benennung eines Ansprechpartners seiner Wahl ableiten.[555] 5

II. Potenzialanalyse und Kooperationsplan

1. Potenzialanalyse

Nach § 15 Abs. 1 SGB II soll die Agentur für Arbeit unverzüglich zusammen mit **jeder erwerbsfähigen leistungsberechtigten Person** die für die Eingliederung in Ausbildung oder Arbeit erforderlichen persönlichen Merkmale, die beruflichen Fähigkeiten und die Eignung feststellen; diese Feststellungen erstrecken sich auch auf die individuellen Stärken sowie darauf, ob und durch welche Umstände die berufliche Eingliederung voraussichtlich erschwert sein wird (Potenzialanalyse). 6

Unverzüglich bedeutet in diesem Rahmen „ohne schuldhaftes Zögern“ (§ 121 BGB).[556] 7

Ausgangspunkt des gesamten Eingliederungsprozesses sollen die individuell festgestellten Kompetenzen der erwerbsfähigen leistungsberechtigten Person sein. In Anlehnung an das aus dem Arbeitsförderungsrecht[557] bekannte Instrument der Potenzialanalyse wird hierzu eine individuelle Einschätzung durchgeführt, die die Grundlage der Integrationsprognose für die Vermittlung und Beratung sowie den Einsatz von Eingliederungsleistungen bildet. Obliegenheiten bzw. Pflichten sind 8

553 BT-Drs. 15/1516 S. 54.

554 BT-Drs. 15/1516 S. 54.

555 BSG 22.9.2009, SGb 2010, 612 mwN.

556 BSG 28.8.2007, SozR 4-4300 § 140 Nr. 5.

557 § 37 SGB III.

entsprechend der festgestellten Fähigkeiten und Kompetenzen der erwerbsfähigen leistungsberechtigten Person zu bestimmen. Insbesondere bei Langzeitleistungsbeziehenden muss berücksichtigt werden, dass Maßnahmen auch motivationsfördernde Elemente enthalten können. Der Bezug zu den festgestellten Potenzialen der leistungsberechtigten Person soll in der Eingliederungsvereinbarung auch dadurch hergestellt werden, dass die Vermittlungsbereiche (Branchen, Tätigkeitsfelder) benannt werden, in denen die Eingliederung vorrangig erfolgen und für die Vermittlungsvorschläge unterbreitet werden sollen.[558] Die Eingliederungsvereinbarung ist demnach (neben der Antragstellung nach § 37 Abs. 1 S. 1 SGB II) der erste Schritt des Eingliederungsprozesses.

2. Kooperationsplan

9 Mit der Neuregelung des § 15 SGB II wird die Eingliederungsvereinbarung durch einen Plan zur Verbesserung der Teilhabe (Kooperationsplan) abgelöst. Die Agentur für Arbeit soll nach § 15 Abs. 2 S. 1 im Einvernehmen mit dem kommunalen Träger unverzüglich nach der Potenzialanalyse mit **jeder erwerbsfähigen leistungsberechtigten Person** unter Berücksichtigung der Feststellungen nach Abs. 1 gemeinsam einen Plan zur Verbesserung der Teilhabe (Kooperationsplan) erstellen. In diesem werden das Eingliederungsziel und die wesentlichen Schritte zur Eingliederung festgehalten, insbesondere soll festgelegt werden,

1. welche Leistungen zur Eingliederung in Ausbildung oder Arbeit nach diesem Abschnitt in Betracht kommen,
2. welche für eine erfolgreiche Überwindung von Hilfebedürftigkeit, vor allem durch Eingliederung in Ausbildung oder Arbeit, erforderlichen Eigenbemühungen erwerbsfähige Leistungsberechtigte mindestens unternehmen und nachweisen,
3. eine vorgesehene Teilnahme an einem Integrationskurs nach § 43 des Aufenthaltsgesetzes oder an einer Maßnahme der berufsbezogenen Deutschsprachförderung nach § 45a des Aufenthaltsgesetzes,
4. wie Leistungen anderer Leistungsträger in den Eingliederungsprozess einbezogen werden,
5. in welche Ausbildung, Tätigkeiten oder Tätigkeitsbereiche die erwerbsfähige leistungsberechtigte Person vermittelt werden soll und
6. ob ein möglicher Bedarf für Leistungen zur beruflichen oder medizinischen Rehabilitation mit dem Ziel einer entsprechenden Antragstellung in Betracht kommt.

10 Im Kooperationsplan kann auch festgehalten werden,

1. welche Maßnahmen und Leistungen der aktiven Arbeitsförderung im Hinblick auf mögliche gesundheitliche Beeinträchtigungen, die einer Integration in den Arbeitsmarkt entgegenstehen, in Betracht kommen und welche anderen Leistungsträger im Hinblick auf diese Beeinträchtigungen voraussichtlich zu beteiligen sind und
2. welche Leistungen nach diesem Abschnitt für Personen in Betracht kommen, die mit der oder dem erwerbsfähigen Leistungsberechtigten in einer Bedarfsgemeinschaft leben, um Hemmnisse der erwerbsfähigen leistungsberechtigten Person zu beseitigen oder zu verringern; diese Personen sind hierbei zu beteiligen (S. 3).

11 Der Leistungsberechtigte muss den Kooperationsplan in **Textform** erhalten, § 15 Abs. 3 S. 1. Da keine Schriftform vorgeschrieben ist, sind grundsätzlich alle elektronischen Formate und Formen zur Dokumentation möglich.[559] Die gemeinsame

12 Kommunikation zum Kooperationsplan soll nach dem Willen des Gesetzgebers flexibel in vielfältiger Form möglich sein, sei es das persönliche physische

558 BT-Drs. 18/8041 S. 37.

559 Proufas, SRa 2023, 230, 231.

Gespräch, eine telefonische Kommunikation oder ein digitaler Austausch per Videokommunikation. Die Dokumentation des Kooperationsplans sichert die gemeinsame Planungsgrundlage.[560] Der Kooperationsplan enthält keine Rechtsfolgenbelehrungen. Er kann daher etwa per Brief oder auch per elektronischer Nachricht in sonstiger Weise ausgetauscht und festgehalten werden. 13

Der Kooperationsplan soll zudem spätestens nach Ablauf von jeweils **sechs Monaten** gemeinsam aktualisiert und fortgeschrieben werden, § 15 Abs. 3 S. 2. Er soll als „roter Faden" im Eingliederungsprozess – wie bisher grundsätzlich auch die Eingliederungsvereinbarung – regelmäßig in ihren Bestandteilen überprüft und anlassbezogen fortgeschrieben werden. Eine erste Überprüfung erfolgt spätestens sechs Monate nach Erstellung und stärkt damit den Integrationsprozess zu Beginn des Leistungsbezugs. Die Fortschreibung soll frühzeitige Chancen bieten, die Eingliederungsstrategie falls erforderlich anzupassen. Weitere Überprüfungen und Anpassungen des Kooperationsplans sollen spätestens jeweils nach Ablauf von sechs Monaten erfolgen. Bei jeder Überprüfung und Fortschreibung sind die bisherigen Erkenntnisse aus dem Vermittlungsprozess zu berücksichtigen, die die Überwindung von Hilfebedürftigkeit beeinflussen.[561] 14

Anders als die Eingliederungsvereinbarung soll es sich nach dem Willen des Gesetzgebers bei dem Kooperationsplan um einen **nicht rechtverbindlichen Plan** zur Verbesserung der Teilhabe handeln. In der Literatur ist dies jedoch zum jetzigen Zeitpunkt noch streitig.[562] 15

In § 15a SGB II ist ein Schlichtungsverfahren für den Fall normiert, dass die Erstellung oder die Fortschreibung eines Kooperationsplans aufgrund von Meinungsverschiedenheiten zwischen Agentur für Arbeit oder kommunalem Träger und leistungsberechtigter Person nicht möglich ist. 16

III. Leistungen nach § 16 SGB II

§ 16 SGB II ist die Schlüsselnorm für das „Fördern" der Eingliederung der Arbeitsuchenden in den Arbeitsmarkt und stellt sicher, dass den Leistungsberechtigten nach dem SGB II alle wesentlichen Eingliederungsleistungen der aktiven Arbeitsförderung des Dritten Kapitels des SGB III (steuerfinanziert) zur Verfügung stehen. § 16 SGB II enthält eine **dynamische Rechtsgrundverweisung** auf die in Bezug genommenen Vorschriften des SGB III.[563] Soweit das SGB II nichts Abweichendes regelt, ergeben sich die Leistungsvoraussetzungen der einzelnen Leistungen aus dem SGB III. 17

Als **Pflichtleistungen** werden nach § 16 Abs. 1 S. 1 SGB II die Leistungen nach § 35 SGB III erbracht. 18

Als **Ermessensleistungen** werden nach § 16 Abs. 1 S. 2 SGB II erbracht: 19

1. die übrigen Leistungen der Beratung und Vermittlung nach dem Ersten Abschnitt mit Ausnahme der Leistung nach § 31a,
2. Leistungen zur Aktivierung und beruflichen Eingliederung nach dem Zweiten Abschnitt,
3. Leistungen zur Berufsausbildung nach dem Vierten Unterabschnitt des Dritten Abschnitts und Leistungen nach den §§ 48a und 54a SGB III,
4. Leistungen zur beruflichen Weiterbildung nach dem Vierten Abschnitt mit Ausnahme von Leistungen nach § 82 Absatz 5 und § 82a, und Leistungen nach den §§ 131a und 131b,
5. Leistungen zur Aufnahme einer sozialversicherungspflichtigen Beschäftigung nach dem Ersten Unterabschnitt des Fünften Abschnitts.[564]

---

560 BT-Drs. 20/3873, S. 84.

561 BT-Drs. 20/3873, S. 84.

562 Vgl. Uyanik, SRa 2023, 232; Husemann/Kern, SGb 2023, 277; Hökendorf/Jäger, info also 2023, 13.

563 Luik/Harich/Bindig § 16 SGB II Rn. 69 f.; KRW/Hahn § 16 SGB II Rn. 4.

564 Vgl. zur Übersicht aller Eingliederungsleistungen Fachliche Weisungen der BA, Stand 10.7.2019 Anlage 1 zu § 16 SGB II.

20 Voraussetzung für die Leistungserbringung ist eine gesonderte Antragstellung (§ 37 Abs. 1 SGB I). Eine Erbringung von Eingliederungsleistungen nach § 16 Abs. 1 SGB II von Amts wegen ist im SGB II, abweichend von § 323 Abs. 1 S. 3 SGB III, nicht vorgesehen. Keiner Antragstellung bedarf es, wenn das Jobcenter selbst Leistungen zur Eingliederung in Arbeit in der Eingliederungsvereinbarung anbietet bzw. zusichert.

21 Bezieher von Arbeitslosengeld oder Teilarbeitslosengeld erhalten generell keine Eingliederungsleistungen nach dem SGB II (§ 5 Abs. 4, § 22 Abs. 4 S. 5 SGB III), sondern ausschließlich Leistungen zur Sicherung des Lebensunterhalts.

IV. Einstiegsgeld

1. Überblick

22 Zur Überwindung von Hilfebedürftigkeit kann erwerbsfähigen Leistungsberechtigten bei Aufnahme einer sozialversicherungspflichtigen oder selbständigen Erwerbstätigkeit ein Einstiegsgeld nach § 16b SGB II erbracht werden, wenn dies zur Eingliederung in den allgemeinen Arbeitsmarkt erforderlich ist. Der zeitlich befristete Zuschuss wurde eingeführt, um für die Aufnahme einer Erwerbstätigkeit einen finanziell attraktiven Anreiz zu schaffen.[565]

23 Nach § 37 Abs. 1 S. 1 SGB II ist eine **gesonderte Antragstellung** erforderlich.

2. Erfasster Personenkreis

24 Das Einstiegsgeld ist für Personen bestimmt, die dem Grunde nach leistungsberechtigt nach dem SGB II sind, d.h. bei Antragstellung die allgemeinen Anspruchsvoraussetzungen nach § 7 Abs. 1 S. 1 SGB II erfüllen. Der Antragsteller muss das 15. Lebensjahr vollendet und noch nicht die Altersgrenze gem. § 7a SGB II erreicht haben, erwerbsfähig und hilfebedürftig sein und seinen gewöhnlichen Aufenthalt in der Bundesrepublik Deutschland haben. Die mit einem erwerbsfähigen Leistungsberechtigten in Bedarfsgemeinschaft lebenden weiteren Personen können dagegen kein Einstiegsgeld beziehen, weil sie nicht zum Kreis der nach § 7 Abs. 1 S. 1 SGB II Berechtigten zählen, sondern erst über § 7 Abs. 2 und Abs. 3 SGB II der Bedarfsgemeinschaft zugerechnet werden.[566] Nach § 16b Abs. 1 S. 2 SGB II kommt die Gewährung von Einstiegsgeld auch dann in Betracht, wenn durch oder nach Aufnahme der Erwerbstätigkeit die Hilfebedürftigkeit entfällt. Die Voraussetzung der Hilfebedürftigkeit in § 7 Abs. 1 S. 1 Nr. 3 SGB II wird hierdurch eingeschränkt, da sie zu einem späteren Zeitpunkt entfallen darf.

3. Aufnahme einer Erwerbstätigkeit

25 Das Einstiegsgeld wird nur bei Aufnahme einer **sozialversicherungspflichtigen oder selbständigen Erwerbstätigkeit** gewährt. Maßgebend für die Abgrenzung sind die §§ 7, 8 SGB IV.

26 Beschäftigung ist die nichtselbständige Arbeit, insbesondere in einem Arbeitsverhältnis. Anhaltspunkte für eine Beschäftigung sind eine Tätigkeit nach Weisungen und eine Eingliederung in die Arbeitsorganisation des Weisungsgebers, § 7 Abs. 1 SGB IV. Grds. muss die Beschäftigung Sozialversicherungspflicht in allen Versicherungszweigen begründen. Eine geringfügige Beschäftigung nach § 8 Abs. 1 Nr. 1 SGB IV ist daher nicht ausreichend, auch wenn eine Befreiung von der Rentenversicherungspflicht gem. § 6 Abs. 1b SGB VI nur auf Antrag erfolgt.[567] Die Sozialversicherungspflicht

565 BT-Drs. 15/1516 S. 59.

566 JurisPK-SGB II/Leopold § 16b Rn. 42.

567 So Luik/Harich/Stölting § 16b SGB II Rn. 11; KRW/B. Schmidt § 16b SGB II Rn. 5; a.A. jurisPK-SGB II/Leopold § 16b Rn. 47.

abhängiger Beschäftigungen beurteilt sich nur noch nach der sog. Entgeltgeringfügigkeit. Eine Zeitgeringfügigkeit (etwa 15 Stunden-Grenze) sieht § 8 SGB IV nicht mehr vor.

Bei der Aufnahme einer selbständigen Tätigkeit hingegen ist der Eintritt der Sozialversicherungspflicht nicht notwendig. Der Gesetzgeber hat an die selbständige Tätigkeit auch keine weiteren Voraussetzungen geknüpft. Es muss sich vor allem nicht um eine hauptberufliche Tätigkeit handeln.[568] Anders als in § 16c SGB II ist die Hauptberuflichkeit in § 16b SGB II nicht aufgenommen worden und findet auch in der Gesetzesbegründung keinen Einklang.[569] 27

Die Tätigkeit muss nach Antragstellung aufgenommen werden. Eine bereits ausgeübte Tätigkeit kann grds. nicht mit dem Einstiegsgeld gefördert werden, weil die Anreizfunktion leerlaufen würde. Das Einstiegsgeld und die Aufnahme der Erwerbstätigkeit müssen in einem **zeitlichen und sachlichen Zusammenhang** stehen. Eine Ausnahme kann vorliegen, wenn Anhaltspunkte für eine wesentliche Änderung der Beschäftigung bestehen, beispielsweise Wechsel von einer geringfügigen zu einer vollen Erwerbstätigkeit.[570] Aufgenommen ist eine abhängige Beschäftigung am ersten Tag, an dem eine Pflicht zur Arbeitsleistung besteht. Eine selbstständige Tätigkeit wird dann aufgenommen, wenn der Geschäftsbetrieb beginnt. Als Indiz hierfür kann z. B. auf die An- bzw. Ummeldung eines Gewerbes oder den Beginn werbender Tätigkeit abgestellt werden.[571] 28

4. Überwindung von Hilfebedürftigkeit, Erforderlichkeit

Die mit dem Einstiegsgeld geförderte Erwerbstätigkeit muss geeignet sein, die Hilfebedürftigkeit des Leistungsberechtigten zu überwinden und sie muss zur Eingliederung in den allgemeinen Arbeitsmarkt erforderlich sein. 29

Es handelt sich um **unbestimmte Rechtsbegriffe**, bei deren Ausfüllung nicht nur die in der Person des Leistungsberechtigten liegenden Umstände zu berücksichtigen sind, sondern auch die Situation auf dem Arbeitsmarkt.[572] Sie unterliegen der vollen gerichtlichen Kontrolle. Der Leistungsträger hat die Überwindung der Hilfebedürftigkeit durch die Aufnahme der sozialversicherungspflichtigen oder tragfähigen selbständigen Erwerbstätigkeit und deren Förderung durch das Einstiegsgeld unter Berücksichtigung der Erforderlichkeit zur Eingliederung in den allgemeinen Arbeitsmarkt **prognostisch** zu beurteilen. Ein Beurteilungsspielraum ist dem Leistungsträger gleichwohl nicht eingeräumt. Die anzustellende Prognose umfasst zwar auch die Lage des regionalen Arbeitsmarktes zum Zeitpunkt der Entscheidung. Sie wird auf diese Weise durch die gegenwärtige und zukünftige Arbeitsmarktsituation mitbestimmt. Die Förderung durch das Einstiegsgeld ist jedoch nicht von einer arbeitsmarktpolitischen Zweckmäßigkeit abhängig, sondern lediglich von arbeits- und berufskundlichen Kenntnissen. Die darauf aufbauende prognostische Einzelbeurteilung der tatsächlichen Feststellungen ist im gerichtlichen Verfahren mit gleicher Sicherheit einer Überprüfung zugänglich wie im Verwaltungsverfahren.[573] 30

Das BSG[574] hat Bedenken gegenüber in der Literatur vertretenen Auffassungen geäußert, wonach ein Ausscheiden aus dem Leistungsbezug erforderlich ist, jedenfalls hinsichtlich eines solchen Leistungsberechtigten, der in einer Bedarfsgemeinschaft lebt. Soweit der Leistungsberechtigte in einer Bedarfsgemeinschaft lebt, würde die Forderung nach der Eignung der Erwerbstätigkeit zum Ausscheiden aus dem Leistungsbezug dazu führen, dass durch das prognostisch erzielbare Einkom- 31

568 So auch Luik/Harich/Stölting § 16b SGB II Rn. 12; KRW/B. Schmidt § 16b SGB II Rn. 6; aA jurisPK-SGB II/Leopold § 16b Rn. 53; Hauck/Voelzke, 16b SGB II Rn. 65.

569 BT-Drs. 15/1516 S. 59.

570 BSG 23.11.2006, FEVS 58, 490.

571 jurisPK-SGB II/Leopold § 16b Rn. 55.

572 BSG 5.8.2015, NZS 2016, 112; LSG Berlin-Brandenburg 31.1.2018, ZFSH/SGB 2018, 344; Luik/Harich/Stölting § 16b Rn. 15; KRW/B. Schmidt § 16b SGB II Rn. 8.

573 BSG 5.8.2015, aaO.

574 BSG 5.8.2015, aaO.

men der Bedarf der gesamten Bedarfsgemeinschaft gedeckt sein müsste. Denn nach § 9 Abs. 2 S. 3 SGB II gilt jede Person der Bedarfsgemeinschaft im Verhältnis des eigenen Bedarfs zum Gesamtbedarf als hilfebedürftig, wenn in einer Bedarfsgemeinschaft nicht der gesamte Bedarf aus eigenen Kräften und Mitteln gedeckt ist. Dies bedeutet, dass sich der Hilfebedarf im SGB II grundsätzlich nach dem Gesamtbedarf der Bedarfsgemeinschaft bestimmt. Dies führte zu einer Benachteiligung der Leistungsberechtigten, die in einer Bedarfsgemeinschaft leben. Denn bei ihnen wäre eine günstige Prognose i. S. d. § 16b Abs. 1 Satz 1 SGB II davon abhängig, dass es ihnen gelingen müsste, ein höheres Einkommen zu erzielen als ein alleinstehender Hilfebedürftiger, der voraussichtlich durch die Erwerbstätigkeit „nur" in die Lage versetzt werden müsste, seinen Regelbedarf und die Unterkunftsaufwendungen zu decken.

32 Im Rahmen der Erforderlichkeitsprüfung kommt es darauf an, ob eine Förderung notwendig ist. Eine Maßnahme ist dann erforderlich, wenn es keine denkbaren, weniger belastenden (d. h. hier weniger kostspieligen) Maßnahmen gibt, mit denen dasselbe Ziel erreicht werden kann. Es geht also nicht um eine (weichere) allgemeine Geeignetheit der Maßnahme Einstiegsgeld, sondern um den Nachweis, dass diese eine gewisse ultima ratio darstellt, die erst eingesetzt werden darf, wenn eine Eingliederung in den allgemeinen Arbeitsmarkt anders (günstiger) nicht erreicht werden kann.[575]

33 Bezugspunkt für die Prognose ist die letzte Verwaltungsentscheidung. Maßgeblich ist eine **ex ante-Betrachtung**, ob der Erfolg im Sinne der Überwindung der Hilfebedürftigkeit durch die sozialversicherungspflichtige oder selbständige Erwerbstätigkeit wahrscheinlich eintreten wird und das Einstiegsgeld für eine Eingliederung in den allgemeinen Arbeitsmarkt prognostisch wahrscheinlich erforderlich ist.[576]

5. Rechtsfolge

34 § 16b SGB II ist eine **Ermessensvorschrift**, so dass jeweils einzelfallbezogen zu entscheiden ist, ob diese Art der Förderung als zeitlich begrenzte und gezielte Maßnahme zur Aufnahme von Erwerbstätigkeit geeignet erscheint. Der erwerbsfähige Leistungsberechtigte hat daher, wenn alle Tatbestandsvoraussetzungen in seiner Person erfüllt sind, keinen Anspruch auf die Gewährung von Einstiegsgeld, sondern lediglich auf eine Entscheidung über seinen Antrag nach pflichtgemäßem Ermessen (vgl. § 39 Abs. 1 S. 2 SGB I). Statthaft ist die **Anfechtungs- und Verpflichtungsklage in Form der Bescheidungsklage** nach § 54 Abs. 1 S. 1 SGG. Die Ermessensentscheidung wird gerichtlich nur eingeschränkt überprüft. Das Gericht beschränkt seine Prüfung auf **Ermessensfehler**.

35 Das Einstiegsgeld wird, soweit für diesen Zeitraum eine Erwerbstätigkeit besteht, für höchstens 24 Monate erbracht. Bei der Bemessung der Höhe des Einstiegsgeldes sollen die vorherige Dauer der Arbeitslosigkeit sowie die Größe der Bedarfsgemeinschaft berücksichtigt werden, in der die oder der erwerbsfähige Leistungsberechtigte lebt.

36 Auf Grundlage der Verordnungsermächtigung des § 16b Abs. 3 SGB II hat das BMAS im Einvernehmen mit dem BMF die Verordnung zur Bemessung von Einstiegsgeld (Einstiegsgeld-Verordnung – ESGV) vom 29.7.2009[577] mit Wirkung zum 1.8.2009 (§ 3 ESGV) erlassen. Ihr Ziel ist es, bundeseinheitlich zu regeln, in welcher Weise eine an den Gegebenheiten des Einzelfalls ausgerichtete, grundsätzlich aber vergleichbare Bemessung des Einstiegsgeldes vorzunehmen ist. Die Verordnung konkretisiert somit die Vorgaben des § 16b SGB II hinsichtlich der Höhe der Förderung.

575 Luik/Harich/Stölting § 16b Rn. 18.
576 BSG 5.8.2015, aaO; LSG Berlin-Brandenburg 31.1.2018, aaO.
577 BGBl. I 2342.

V. Arbeitgeberzuschüsse

Das SGB II sieht neben Leistungen an den Leistungsempfänger auch Zuschüsse an Arbeitgeber vor, um den erwerbsfähigen Leistungsberechtigten zu fördern. Das SGB II sieht insbesondere drei deutlich voneinander abgegrenzte Förderinstrumente vor: 37

1. Das gem. § 16 Abs. 1 S. 2 Nr. 5 SGB II auch im SGB II geltende Regelinstrument des Eingliederungszuschusses gem. § 88 SGB III soll Arbeitgebern einen Anreiz zur Beschäftigung von Personen geben, deren Vermittlung wegen in ihrer Person liegenden Gründen erschwert ist, wobei der Zuschuss dem Ausgleich ihrer individuellen Minderleistung dient.
2. Der Lohnkostenzuschuss gem. § 16e SGB II soll Arbeitgebern einen Anreiz zur Beschäftigung Langzeitarbeitsloser geben.
3. Das Instrument „Teilhabe am Arbeitsmarkt" gem. § 16i SGB II soll Arbeitgebern einen Anreiz zur Beschäftigung von Personen geben, die zur Gruppe der sehr arbeitsmarktfernen Langzeitarbeitslosen gehören.[578]

1. Eingliederungszuschuss, § 88 SGB III

Nach § 16 Abs. 1 S. 2 Nr. 5 SGB II i.V.m. § 88 SGB III[579] können Arbeitgeber zur Eingliederung von Arbeitnehmerinnen und Arbeitnehmern, deren Vermittlung wegen in ihrer Person liegender Gründe erschwert ist, einen Zuschuss zum Arbeitsentgelt zum Ausgleich einer Minderleistung erhalten. 38

Der Eingliederungszuschuss bezweckt einen Nachteilsausgleich für Arbeitgeber, wenn ein Arbeitnehmer zu Beginn der Beschäftigung wegen in seiner Person liegender Gründe in seiner Leistungsfähigkeit den Anforderungen des jeweiligen Arbeitsplatzes nicht entspricht. Mit dem Eingliederungszuschuss sollen nach der gesetzgeberischen Konzeption nur Arbeitnehmer gefördert werden, die ohne eine Förderung nicht oder nicht dauerhaft in den Arbeitsmarkt eingegliedert werden könnten.[580] 39

Leistungsempfänger ist der Arbeitgeber, Adressat der Förderung hingegen der Arbeitnehmer. Der Arbeitgeber muss vor Eintritt des leistungsbegründenden Ereignisses einen **Antrag** auf Gewährung des Eingliederungszuschusses stellen (§ 324 Abs. 1 S. 1 SGB III). Leistungsbegründendes Ereignis für die Gewährung eines Eingliederungszuschusses ist der Beginn des Arbeitsverhältnisses und der Beschäftigung.[581] 40

Die Förderung setzt allgemein voraus, dass der Arbeitgeber die Arbeitnehmerin oder den Arbeitnehmer aufgrund eines Arbeitsverhältnisses beschäftigt; der formale Abschluss des Arbeitsvertrages ist nicht maßgeblich.[582] Ausreichend ist dabei ein befristetes Arbeitsverhältnis.[583] 41

Voraussetzung der Gewährung ist des Weiteren zum einen die **erschwerte Vermittlung des Arbeitnehmers** und zum anderen das Vorliegen einer **Minderleistung** (vgl. ausführlich § 61 Rn. 4ff.) 42

2. Lohnzuschuss, § 16e SGB II

a) Überblick

Arbeitgeber können für die nicht nur geringfügige Beschäftigung von erwerbsfähigen Leistungsberechtigten, die trotz vermittlerischer Unterstützung nach § 16 Abs. 1 S. 1 SGB II unter Einbeziehung der übrigen Eingliederungsleistungen nach dem SGB II seit mindestens zwei Jahren arbeitslos sind, durch Zuschüsse zum Arbeitsentgelt gefördert werden, wenn sie mit einer erwerbsfähigen leistungs- 43

578 Klerks, info also 2019, 99.

579 § 88 hat seine ab 1.4.2012 geltende Fassung durch das Gesetz zur Verbesserung der Eingliederungschancen am Arbeitsmarkt vom 20.12.2011 (BGBl. I 2854) erhalten.

580 BT-Drs. 17/7065 S. 18.

581 BSG 6.5.2008, SozR 4-4300 § 217 Nr. 2; Bayrisches LSG 19.9.2017, BeckRS 2017, 126987.

582 JurisPK-SGB III/Kuhnke § 88 Rn. 39.

583 BT-Drs. 13/4941 S. 148, 192; Hauck/Voelzke § 88 SGB III Rn. 14.

berechtigten Person ein Arbeitsverhältnis für die Dauer von mindestens zwei Jahren begründen (§ 16e SGB II). Die Vorschrift ermöglicht die Gewährung von Leistungen an Arbeitgeber zur Eingliederung von erwerbsfähigen, besonders schwer vermittelbaren arbeitslosen Leistungsberechtigten. Wie der Eingliederungszuschuss soll auch der Lohnkostenzuschuss einen Anreiz bei Arbeitgebern zur Einstellung von Personen mit einer längeren Dauer von Langzeitarbeitslosigkeit schaffen, verzichtet aber auf den Ausgleich einer bestehenden Minderleistung und befördert durch die ganzheitliche beschäftigungsbegleitende Betreuung zusätzlich die Beschäftigungsfähigkeit der oder des Langzeitarbeitslosen.[584]

b) Leistungsvoraussetzungen

44 Leistungsempfänger des Lohnzuschusses ist der Arbeitgeber, Adressat der Förderung allerdings der erwerbsfähige Leistungsberechtigte. Daher muss auch der Arbeitgeber nach § 37 Abs. 1 S. 1 SGB II vor Beginn des Förderzeitraums einen Antrag auf Lohnzuschuss stellen. Der Leistungsberechtigte hingegen muss **seit mindestens zwei Jahren arbeitslos** sein (Abs. 1 S. 1).

45 Zwischen dem Arbeitgeber und dem erwerbsfähigen Leistungsberechtigten muss ein Arbeitsverhältnis begründet werden. Dieses richtet sich nach den allgemeinen Regelungen des Arbeitsrechts. Es muss sich um ein **Arbeitsverhältnis auf dem Ersten Arbeitsmarkt** handeln. Das Arbeitsverhältnis muss nach § 16e Abs. 1 S. 1 SGB II **mindestens für die Dauer von zwei Jahren** begründet werden. Es kann sich auch um eine Teilzeitbeschäftigung handeln, lediglich eine geringfügige Beschäftigung (§ 8 SGB IV) ist nicht ausreichend.[585]

c) Rechtsfolge

46 Liegen die Leistungsvoraussetzungen vor, steht das „Ob" der Förderung im **Ermessen** des Leistungsträgers. Der Arbeitgeber hat also bei Vorliegen der Leistungsvoraussetzungen keinen Anspruch auf Gewährung des Zuschusses, sondern nur auf eine fehlerfreie Ermessensausübung.

47 Der Zuschuss wird in den ersten beiden Jahren des Bestehens des Arbeitsverhältnisses geleistet. Er beträgt im ersten Jahr des Arbeitsverhältnisses 75 % des zu berücksichtigenden Arbeitsentgelts und im zweiten Jahr des Arbeitsverhältnisses 50 % des zu berücksichtigenden Arbeitsentgelts. Damit wird die bisherige Regelung des § 16e Abs. 2 S. 1 SGB II a. F. abgelöst, wonach sich die Höhe „nach der Leistungsfähigkeit des erwerbsfähigen Leistungsberechtigten" richtete und „bis zu 75 % des berücksichtigungsfähigen Arbeitsentgelts" betrug. Der Verzicht auf einzelfallabhängige Kriterien zur Bemessung der Förderhöhe dient der Verwaltungsvereinfachung.[586]

48 Während einer Beschäftigung in einem mit dem Lohnzuschuss geförderten Arbeitsverhältnis soll nach § 16e Abs. 4 SGB II eine erforderliche ganzheitliche beschäftigungsbegleitende Betreuung durch die Agentur für Arbeit oder einen durch diese beauftragten Dritten erbracht werden. Die erforderliche **ganzheitliche beschäftigungsbegleitende Betreuung** erfolgt nur im Zusammenhang mit der Beschäftigung und nur mit Einverständnis der erwerbsfähigen leistungsberechtigten Person.[587] Sie hat die Aufgabe, den erwerbsfähigen leistungsberechtigten Personen durch Erleichterung der Anbahnung eines Arbeitsverhältnisses und Sicherung seines Fortbestands eine längerfristige Perspektive zur Teilhabe am Arbeitsmarkt zu eröffnen. Die ganzheitliche beschäftigungsbegleitende Betreuung ist grundsätzlich so lange zu gewähren, wie das Arbeitsverhältnis gefördert wird, also während einer Dauer von zwei Jahren. Die geförderte Person muss nicht notwendig weiter hilfebedürftig sein, weil die Leistung auch bei Entfallen der Hilfsbedürftigkeit erbracht werden kann.[588]

---

584 BT-Drs. 19/4725 S. 14.
585 jurisPK-SGB II/Harks § 16e Rn. 23.
586 BT-Drs. 19/4725 S. 15; Klerks, info also 2019, 99, 107.
587 Klerks, info also 2019, 99, 104.
588 Klerks, info also 2019, 99, 105.

Wird das Arbeitsverhältnis während der Förderungszeit beendet, sieht § 16e Abs. 3 S. 2 SGB II (als lex specialis gegenüber §§ 45 ff. SGB X) grundsätzlich eine **Rückzahlung des Zuschusses** vor. Eine Pflicht zur Rückzahlung besteht gem. § 92 Abs. 2 S. 2 SGB III nicht, wenn 49

- der Arbeitgeber berechtigt war, das Arbeitsverhältnis aus Gründen, die in der Person oder dem Verhalten der Arbeitnehmerin oder des Arbeitnehmers liegen, zu kündigen (Nr. 1),
- eine Kündigung aus dringenden betrieblichen Erfordernissen, die einer Weiterbeschäftigung im Betrieb entgegenstehen, berechtigt war (Nr. 2),
- das Arbeitsverhältnis auf das Bestreben der Arbeitnehmerin oder des Arbeitnehmers hin beendet wird, ohne dass der Arbeitgeber den Grund hierfür zu vertreten hat (Nr. 3),
- die Arbeitnehmerin oder der Arbeitnehmer das Mindestalter für den Bezug der gesetzlichen Altersrente erreicht hat (Nr. 4),
- der Eingliederungszuschuss für die Einstellung eines besonders betroffenen schwerbehinderten Menschen geleistet wird (Nr. 5).

Die Höhe des Rückzahlungsanspruchs ergibt sich aus § 92 Abs. 2 S. 3 SGB III, der durch § 16e Abs. 3 S. 2 SGB II modifiziert wird. Danach ist die Hälfte des geleisteten Förderbetrags zurückzuzahlen, jedoch nicht mehr als der für die letzten sechs Monate der Beschäftigung bewilligte Betrag.[589] 50

3. Lohnzuschuss, § 16i SGB II

a) Überblick

Das neue Förderinstrument „Teilhabe am Arbeitsmarkt“ gem. § 16i SGB II ist am 1.1.2019 durch das Teilhabechancengesetz in Kraft getreten. Mit § 16i SGB II hat der Gesetzgeber neben § 16e SGB II einen weiteren Beschäftigungszuschuss als Regelinstrument im Rahmen der Eingliederungsleistungen nach dem SGB II geschaffen. 51

Zur Förderung von Teilhabe am Arbeitsmarkt können Arbeitgeber für die Beschäftigung von zugewiesenen erwerbsfähigen Leistungsberechtigten Zuschüsse zum Arbeitsentgelt erhalten, wenn sie mit einer erwerbsfähigen leistungsberechtigten Person ein sozialversicherungspflichtiges Arbeitsverhältnis begründen (§ 16i Abs. 1 SGB II). 52

Auch bei dieser Eingliederungsleistung folgt aus § 37 Abs. 1 S. 1 SGB II, dass der Zuschuss nur auf **Antrag** gewährt wird. Der Arbeitgeber muss vor Beginn des Förderzeitraums einen entsprechenden Antrag stellen. 53

b) Leistungsvoraussetzungen

Neben dem Vorliegen eines **sozialversicherungspflichtigen Arbeitsverhältnisses** muss der förderungsfähige Arbeitnehmer weitergehende Voraussetzungen erfüllen. 54

Eine erwerbsfähige leistungsberechtigte Person kann einem Arbeitgeber nach § 16i Abs. 2 SGB II zugewiesen werden, wenn 55

1. sie das 25. Lebensjahr vollendet hat,
2. sie für insgesamt mindestens sechs Jahre innerhalb der letzten sieben Jahre Leistungen zur Sicherung des Lebensunterhalts nach diesem Buch erhalten hat,
3. sie in dieser Zeit nicht oder nur kurzzeitig sozialversicherungspflichtig oder geringfügig beschäftigt oder selbständig tätig war und
4. für sie Zuschüsse an Arbeitgeber nach Absatz 1 noch nicht für eine Dauer von fünf Jahren erbracht worden sind.

589 Vgl. hierzu ausf. jurisPK-SGB II/Harks § 16e Rn. 47 ff.

56 Der Leistungsträger muss den erwerbsfähigen Leistungsberechtigten dem Arbeitgeber zuweisen (§ 16i Abs. 1, 3 S. 1 SGB II). Die durch Verwaltungsakt erfolgende **Zuweisung** ist nicht konstitutiv für das Beschäftigungsverhältnis, sondern eine Voraussetzung der Förderung.[590]

57 Vor Beginn der Zuweisung verlangt § 16i Abs. 3 S. 2 SGB II regelmäßig eine mindestens **zweimonatige ganzheitliche Unterstützung**. Ziel der zweimonatigen Unterstützungsphase ist es, die besonders arbeitsmarktfernen Leistungsberechtigten auf das Arbeitsverhältnis und die damit einhergehenden Veränderungen ihrer Lebenssituation vorzubereiten und dadurch die Integrationschancen zu erhöhen. Die konkreten Maßnahmen hängen von den Umständen des Einzelfalls ab.[591]

58 Eine weitere Voraussetzung für die Förderung ist, dass **kein Ausschlusstatbestand** nach § 16i Abs. 7 Nr. 1 oder 2 SGB II vorliegt. Dadurch soll ein Missbrauch der Förderleistung verhindert werden. Ausreichend ist jeweils, dass einer der genannten Umstände zu vermuten ist. Diese Formulierung bedeutet eine Beweiserleichterung für den Leistungsträger, der insoweit die materielle Beweislast trägt. Diese Erleichterung ist schon deshalb sachgerecht, weil die Motivationslage des Arbeitgebers nur schwer dem Vollbeweis zugänglich ist. Es reicht aus, wenn gewichtige Umstände vorliegen, die auf das Vorliegen des Ausschlusstatbestandes hinweisen. Der Arbeitgeber kann die Vermutung entkräften.[592] Die Zahlung eines Zuschusses ist demnach ausgeschlossen, wenn zu vermuten ist, dass der Arbeitgeber

1. die Beendigung eines anderen Arbeitsverhältnisses veranlasst hat, um einen Zuschuss nach Absatz 1 zu erhalten, oder
2. eine bisher für das Arbeitsverhältnis erbrachte Förderung ohne besonderen Grund nicht mehr in Anspruch nimmt.

c) Rechtsfolge

59 Liegen die Leistungsvoraussetzungen vor, steht das „Ob“ der Förderung im **Ermessen** des Leistungsträgers. Der Arbeitgeber hat also bei Vorliegen der Leistungsvoraussetzungen keinen Anspruch auf Gewährung des Zuschusses, sondern nur auf eine fehlerfreie Ermessensausübung.

60 Die auf eine **Dauer von fünf Jahren** angelegte Förderung zeichnet sich durch ein außerordentlich hohes Zuschussniveau von 70 bis zu 100 % des Lohns aus (Abs. 2). Der Zuschuss nach § 16i Abs. 1 SGB II beträgt

1. in den ersten beiden Jahren des Arbeitsverhältnisses 100 %,
2. im dritten Jahr des Arbeitsverhältnisses 90 %,
3. im vierten Jahr des Arbeitsverhältnisses 80 %,
4. im fünften Jahr des Arbeitsverhältnisses 70 %

61 der Höhe des Mindestlohns nach dem Mindestlohngesetz zuzüglich des auf dieser Basis berechneten pauschalierten Anteils des Arbeitgebers am Gesamtsozialversicherungsbeitrag abzüglich des Beitrags zur Arbeitsförderung. Ist der Arbeitgeber durch oder aufgrund eines Tarifvertrages oder nach kirchlichen Arbeitsrechtsregelungen zur Zahlung eines höheren Arbeitsentgelts verpflichtet, bemisst sich der Zuschuss auf Grundlage des zu zahlenden Arbeitsentgelts.

---

590 Klerks, info also 2019, 99, 105.
591 jurisPK-SGB II/Harks § 16i Rn. 40.
592 jurisPK-SGB II/Harks § 16i Rn. 41.

§ 72 Leistungsminderungen (Sanktionen)

I. Überblick

Die Regelungen in §§ 31ff. SGB II folgen dem im SGB II wesentlichen Nachranggrundsatz und statuieren bestimmte Verhaltenspflichten, deren Verletzung mit gestuften Leistungsminderungen sanktioniert werden. 1

Dem **Nachranggrundsatz** und dem Konzept des **Förderns und Forderns** entsprechend soll der erwerbsfähige Hilfebedürftige verpflichtet werden, konkrete Schritte zur Behebung seiner Hilfebedürftigkeit zu unternehmen. Diese Regelung konkretisiert den in § 2 SGB II verankerten Grundsatz des Forderns, demzufolge der erwerbsfähige Hilfebedürftige alle Möglichkeiten zur Beendigung oder Verringerung seiner Hilfebedürftigkeit und der Hilfebedürftigkeit der mit ihm in Bedarfsgemeinschaft lebenden Angehörigen durch Einsatz seiner Arbeitskraft auszuschöpfen hat.[593] Der Gesetzgeber wollte die Aufnahme einer Erwerbstätigkeit nicht nur über Anreize fördern, sondern auch mit Hilfe von Sanktionen, wobei er schon zu Beginn strengere Sanktionen gegenüber Leistungsberechtigten unter 25 Jahren vorsah.[594] 2

Obwohl in den §§ 31ff. SGB II von „Pflichtverletzungen" die Rede ist, handelt es sich juristisch lediglich um **Obliegenheitsverletzungen**, da die geregelten Verhaltensweisen nicht zwangsweise durchgesetzt werden können, sondern vielmehr andere Rechtsfolgen an eine Verletzung verknüpft sind. 3

Systematisch sind in § 31 Abs. 1 SGB II Mitwirkungspflichten zur Rückkehr in Erwerbsarbeit, in § 31 Abs. 2 SGB II weitere Verhaltenspflichten und in § 32 SGB II Meldepflichten und Pflichten zur Teilnahme an bestimmten Untersuchungen normiert. Die §§ 31a, b SGB II regeln die Rechtsfolgen der Verstöße. 4

II. Verfassungsmäßigkeit

Im Urteil vom 5.11.2019[595] hat sich das BVerfG nach Vorlage des SG Gotha[596] mit der Verfassungsmäßigkeit der Mitwirkungspflichten nach § 31 Abs. 1 SGB II[597] und den Rechtsfolgen nach §§ 31a, 31b[598] SGB II befasst und im Wesentlichen wie folgt entschieden: 5

1. Verstoß gegen Art. 1 Abs. 1 i.V.m. Art. 20 Abs. 1

§ 31a Abs. 1 S. 1–3 SGB II a.F. ist für Fälle des § 31 Abs. 1 SGB II a.F. mit Art. 1 Abs. 1 i.V.m. Art. 20 Abs. 1 GG unvereinbar, soweit 6

1. eine Sanktion nach § 31a Abs. 1 S. 1–3 SGB II a.F. zwingend zu verhängen ist auch wenn außergewöhnliche Härten vorliegen und
2. die Leistungsminderung bei einer erneuten Verletzung einer Pflicht nach § 31 Abs. 1 SGB II a.F. 30 % des maßgebenden Regelbedarfs übersteigt und
3. § 31b Abs. 1 S. 3 SGB II a.F. für Leistungsminderungen eine starre Dauer von drei Monaten vorgibt ungeachtet der Erfüllung einer Mitwirkungspflicht oder der Bereitschaft dazu.

---

593 BT-Drs. 15/1516 S. 60.
594 BT-Drs. 15/1516 S. 47.
595 NJW 2019, 3703.
596 SG Gotha 2.8.2016, NZS 2017, 194.
597 In der Fassung v. 26.7.2016.
598 In der Fassung v. 13.5.2011.

2. Übergangsregelungen

7 Das BVerfG hat bis zum Inkrafttreten der Neuregelungen durch den Gesetzgeber folgende Übergangsregelungen vorgegeben, die wegen § 31 Abs. 2 BVerfGG i. V. m. § 13 Nr. 11 BVerfGG Gesetzeskraft haben:

1. § 31a Abs. 1 S. 1 SGB II a. F. ist in den Fällen des § 31 Abs. 1 SGB II a. F. mit der Maßgabe anwendbar, dass die Leistungsminderung nicht zu verhängen ist, wenn im konkreten Einzelfall unter Berücksichtigung aller Umstände eine außergewöhnliche Härte vorliegt;
2. dass wegen wiederholter Pflichtverletzung eine Minderung des Regelbedarfs nicht 30 % des maßgebenden Regelbedarfs übersteigt und von der Sanktion wiederum im Fall einer außergewöhnlichen Härte abgesehen werden kann.
3. § 31b Abs. 1 S. 3 SGB II a. F. ist mit der Maßgabe anwendbar, dass
   a) im Fall einer nachträglichen Erfüllung der Mitwirkungspflichten
   b) oder im Fall einer ernsthaften und nachhaltigen Erklärung des Leistungsberechtigten nachträglich die Mitwirkungspflicht zu erfüllen die Behörde unter Berücksichtigung aller Umstände des Einzelfalls ab diesem Zeitpunkt die Leistungen wieder im vollen Umfang erbringen kann;
   c) ab diesem Zeitpunkt die Minderung nicht länger als einen Monat dauert.

8 Zusammengefasst ergeben sich folgende zusätzliche Voraussetzungen für eine Sanktion (in Höhe von 30 %) nach § 31 Abs. 1 SGB II:

a) Härtefallprüfung

9 Neben dem Vorliegen eines wichtigen Grundes muss nunmehr auch eine außergewöhnliche Härte geprüft werden. Bei dem Leistungsberechtigten müssen entweder über die Leistungsminderung hinaus drastische Folgeprobleme drohen, die es untragbar erscheinen lassen, an der Sanktion festzuhalten. Oder es muss eine Ausnahmesituation vorliegen, sodass die Verhängung der Sanktion auch im Hinblick auf das Ziel der Eingliederung schlicht unproduktiv wäre.[599]

b) Verkürzungsmöglichkeit

10 Die starre dreimonatige Leistungsminderung nach § 31b Abs. 1 S. 3 SGB II a. F. ist mit dem GG unvereinbar. Grundsätzlich sei zwar laut BVerfG die Dauer einer Leistungsminderung von drei Monaten nicht zu beanstanden, wenn die Mitwirkungspflicht anhaltend verletzt wird.[600] Die starr andauernde Leistungsminderung überschreite aber die Grenzen des gesetzgeberischen Gestaltungsspielraums, wenn die Mitwirkung, zu deren Durchsetzung die Sanktion diene, vor Ablauf von drei Monaten nachgeholt wird. Die Leistungsminderung muss demnach enden, sobald der Leistungsberechtigte die angeforderte Mitwirkungshandlung nachgeholt hat oder im Fall einer ernsthaften und nachhaltigen Erklärung des Leistungsberechtigten, nachträglich die Mitwirkungspflicht zu erfüllen. Die Mitwirkungsbereitschaft kann ernsthaft nur bekunden, wer die Verpflichtung versteht und Einsicht zeigt. Eine nachträgliche Erklärung ist nur ernsthaft, wenn sich aus ihr das Anerkennen der Mitwirkungspflicht und ihrer schuldhaften Verletzung sowie ein glaubwürdiges Bereiterklärung zur Mitwirkung ergeben.[601]

---

599 Schifferdecker/Brehm, NZS 2020, 1, 4.
600 BVerfG 5.11.2019, NJW 2019, 3703 Rn. 186 ff.
601 Schifferdecker/Brehm, NZS 2020, 1, 5.

Beispiel: 11
In der Eingliederungsvereinbarung zwischen dem Jobcenter und K wird unter anderem vereinbart, dass K im Zeitraum vom 1.3.2019 bis 31.8.2019 monatlich sechs Bewerbungsbemühungen in sozialversicherungspflichtige Beschäftigung unternehmen und jeweils zum 15. des Folgemonats nachweisen muss. K reicht für März 2019 bis zum 15.4.2019 keine Nachweise ein. Nach erfolgter Anhörung stellt das Jobcenter mit Bescheid vom 10.5.2019 für den Zeitraum 1.6.2019 bis 31.8.2019 eine Leistungsminderung in Höhe von 30 % fest und ändert den zuvor ergangen Bewilligungsbescheid insoweit ab. Am 10.7.2019 reicht K Nachweise für sechs Bewerbungsbemühungen im Monat Juni 2019 beim Jobcenter ein.

Ab dem 10.7.2019 muss das Jobcenter den Sanktionsbescheid aufheben und mit weiterem Änderungsbescheid Leistungen in ungeminderter Höhe bewilligen, da K seiner Mitwirkungspflicht nachträglich nachgekommen ist. 12

c) Mündliche Anhörung

Im Rahmen der Prüfung des „wichtigen Grundes“ i.S.d. § 31 Abs. 1 S. 2 SGB II a.F. muss das Jobcenter bei entsprechenden Anhaltspunkten dem Leistungsberechtigten Gelegenheit geben, seine persönliche Situation nicht nur schriftlich, sondern auch im Rahmen einer mündlichen Anhörung vortragen zu können.[602] Wann solche Anhaltspunkte anzunehmen sind, bleibt offen. Sprachliche Schwierigkeiten dürften nur dann ausreichen, wenn dem Jobcenter bereits bekannt ist, dass der Leistungsberechtigte nicht in der Lage ist, eine Übersetzung zu organisieren. Im Übrigen dürften Anhaltspunkte zu bejahen sein, wenn das Jobcenter Kenntnis von einer besonderen familiären Situation des Leistungsberechtigten oder einem Schicksalsschlag (z.B. durch vorherige Vorsprachen oder Anrufe) hat. 13

3. Ausnahme

Das BVerfG hat von diesen Grundsätzen eine Ausnahme für die Mitwirkungspflicht nach § 31 Abs. 1 S. 1 Nr. 2 SGB II a.F. vorgesehen. Wird eine zumutbare Erwerbstätigkeit ohne wichtigen Grund willentlich verweigert, obwohl im Verfahren die Möglichkeit bestand, dazu auch etwaige Besonderheiten der persönlichen Situation vorzubringen, die einer Arbeitsaufnahme bei objektiver Betrachtung entgegenstehen könnten, sei ein vollständiger Leistungsentzug gerechtfertigt. In diesem Fall habe es der Leistungsberechtigte selbst in der Hand, durch Aufnahme einer ihm angebotenen zumutbaren Arbeit seine menschenwürdige Existenz tatsächlich unmittelbar durch die Erzielung von Einkommen selbst zu sichern. Diese seien mit nicht bedürftigen Menschen gleichzustellen. 14

4. Bedeutung für restliche Sanktionsregelungen

Das BVerfG hat sich ausdrücklich nur mit den Mitwirkungspflichten i.S.d. § 31 Abs. 1 SGB II a.F. auseinandergesetzt. Die Ausführungen hierzu haben jedoch auch Bedeutung für die restlichen Sanktionsregelungen im SGB II. 15

a) Leistungsberechtigte unter 25 Jahren

Bei erwerbsfähigen Leistungsberechtigten, die das 25. Lebensjahr noch nicht vollendet haben, ist das Arbeitslosengeld II bereits bei der ersten Pflichtverletzung nach § 31 SGB II a.F. auf die Bedarfe für Unterkunft und Heizung beschränkt. Bei wiederholter Pflichtverletzung nach § 31 SGB II a.F. entfällt das Arbeitslosengeld II vollständig, § 31a Abs. 2 SGB II a.F. Legt man die verfassungsrechtlichen Maßstäbe zugrunde, die das BVerfG aufgestellt hat, muss von der Verfassungswidrigkeit des § 31a 16

602 BVerfG 5.11.2019, aaO Rn. 143, 173.

Abs. 2 SGB II a.F. ausgegangen werden.[603] Bei unter 25-Jährigen kommt es stets zu einer Leistungsminderung von über 30 %, sogar zu einer vollständigen Leistungsminderung, ohne den Einzelfall oder eine außergewöhnliche Härte zu prüfen. Nicht nur ein Verstoß gegen Art. 1 Abs. 1 i.V.m. Art. 20 Abs. 1 GG kommt hier in Betracht, sondern auch eine unzulässige Diskriminierung wegen des Alters nach Art. 3 Abs. 1 GG.[604]

17 In Betracht kommt ferner ein Verstoß gegen das unionsrechtliche Verbot der Altersdiskriminierung gem. Art. 21 Abs. 1 GRCh. i.V.m. Art. 51 Abs. 1 GRCh.[605]

18 § 31b Abs. 1 S. 4 SGB II n.F. sieht jedenfalls bei unter 25-Jährigen – den Vorgaben des BVerfG nahekommend – eine Begrenzung des Minderungszeitraums vor. Der Träger kann die Minderung des Auszahlungsanspruchs in Höhe der Bedarfe nach den §§ 20 und 21 SGB II unter Berücksichtigung aller Umstände des Einzelfalls auf sechs Wochen verkürzen.

19 Insgesamt sind auch bei unter 25-Jährigen die Übergangsregelungen des BVerfG heranzuziehen.

b) Sanktionstatbestände des § 31 Abs. 2 SGB II

20 Bei den Sanktionstatbeständen des § 31 Abs. 2 SGB II a.F. besteht unmittelbarer Zusammenhang zur Herbeiführung oder Bestärkung der Hilfebedürftigkeit (Nr. 1 und 2) sowie zu einem zuvor ausgeübten Beschäftigungsverhältnis (Nr. 3 und 4). Diese Fälle sind wohl auch nach den Vorgaben des BVerfG verfassungsgemäß, da sie eine Parallele zu § 31 Abs. 1 S. 1 Nr. 2 SGB II aufweisen. Leistungsberechtigte könnten auch in diesen Fällen wie Nichtbedürftige zu behandeln sein, da sie es selbst in der Hand haben, durch Arbeit oder vorhandenes Vermögen oder Einkommen ihre menschenwürdige Existenz tatsächlich selbst zu sichern. Aber auch hier müssen die Übergangsregelungen des BVerfG dahingehend gelten, dass eine außergewöhnliche Härte zu prüfen ist und der Minderungszeitraum in Einzelfällen begrenzt werden kann.

5. Übergangsregelung

21 Der Gesetzgeber reagierte auf die Entscheidung des BVerfG zunächst mit der Einführung des § 84 SGB II[606]. Demnach war § 31a SGB II in der alten Fassung gänzlich bis zum Ablauf des 1.7.2023 nicht anzuwenden und § 32 a.F. war bis zum Ablauf des 1.7.2023 mit der Maßgabe anzuwenden, dass Leistungen erst nach einem wiederholten Meldeversäumnis zu mindern waren. Ein wiederholtes Meldeversäumnis lag vor, wenn das vorangegangene Meldeversäumnis weniger als ein Jahr zurückliegt. Die Minderung nach Abs. 2 wurde bei mehreren Meldeversäumnissen auf 10 Prozent des maßgebenden Regelbedarfs begrenzt.

6. Neuregelung

22 Mit dem Bürgergeld-Gesetz[607] sind die §§ 31ff. zum 1.7.2023 geändert worden. Der Abschnitt heißt nicht mehr „Sanktionen“, sondern nunmehr „Leistungsminderungen“. Die Rechtsfolgen von Pflichtverletzungen sind grundlegend geändert worden und die Übergangsvorschrift des § 84 SGB II wurde aufgehoben.

---

603 Verfassungsrechtliche Bedenken äußerten bereits: Krahmer ZfF 2004, 178; Eikötter, NDV 2013, 15–21; Berlit, info also 2011, 124; Davilla, SGb 2010, 562.

604 Vgl. Siepers, jurisPR-SozR 23/2019 Anm. 1, S. 15; Berlit, info also 2011, 124; Davilla, SGb 2010, 562.

605 Vgl. hierzu ausführlich Davilla, SGb 2010, 562.

606 In der Fassung vom 19.06.2022, 11. Änderungsgesetz zum SGB II, BGBl. 2022 I, S. 921.

607 BGBl. I 2022, 2328.

III. Minderungsereignisse nach § 31 Abs. 1 SGB II

Die in § 31 Abs. 1 SGB II geregelten Pflichten beziehen sich ausweislich des Wortlauts lediglich auf erwerbsfähige Leistungsberechtigte. Die Erwerbsfähigkeit muss im Zeitpunkt der Pflichtverletzung vorliegen.[608] 23

1. Obliegenheitsverstöße

a) Weigerung einer Aufforderung gem. § 15 Abs. 5 und 6 nachzukommen

Erwerbsfähige Leistungsberechtigte verletzen ihre Pflichten, wenn sie sich trotz schriftlicher Belehrung über die Rechtsfolgen oder deren Kenntnis weigern, einer Aufforderung gemäß § 15 Absatz 5 oder Absatz 6 nachzukommen. Nach § 15 Abs. 5 SGB II überprüft die Agentur für Arbeit regelmäßig, ob die im Kooperationsplan festgehaltenen Absprachen eingehalten werden; entsprechende Aufforderungen erfolgen grundsätzlich – bei Maßnahmen nach §§ 16, 16 d SGB II (Leistungen zur Eingliederung und Arbeitsgelegenheiten) zwingend – mit Rechtsfolgenbelehrung. Kommt ein Kooperationsplan hingegen nicht zustande oder kann er nicht fortgeschrieben werden, erfolgen Aufforderungen zu erforderlichen Mitwirkungshandlungen mit Rechtsfolgenbelehrung, § 15 Abs. 6 SGB II. Diese Aufforderungen sind als Verwaltungsakte zu qualifizieren.[609] Er muss wiederum wirksam sein und dem Leistungsberechtigten bekannt gegeben worden sein (39 Abs. 1 SGB X i.V.m. § 37 SGB X).[610] 24

Bzgl. der Voraussetzung „Weigerung" nach § 15 Abs. 6 SGB II kann auf § 31 SGB II a.F. zurückgegriffen werden. Weigern in diesem Sinne bedeutet regelmäßig die vorsätzliche, ausdrückliche oder stillschweigende, schriftlich, mündlich oder in anderer Weise dem Leistungsträger oder dem Arbeitgeber zum Ausdruck gebrachte fehlende Bereitschaft, sich an die durch das Gesetz auferlegte Pflicht zu halten.[611] Eine Weigerung kann durch ausdrückliche Erklärung gegenüber dem Leistungsträger bzw. dem potenziellen Arbeitgeber erfolgen oder aber auch durch schlüssiges Verhalten, dem der eindeutige Wille zu entnehmen ist, dass die leistungsberechtigte Person zu den geforderten Handlungen, z.B. der Vornahme von Eigenbemühungen, nicht bereit ist.[612] 25

b) Weigerung Arbeit/Ausbildung/gefördertes Arbeitsverhältnis aufzunehmen, fortzuführen oder deren Anbahnung zu verhindern

Erwerbsfähige Leistungsberechtigte verletzen ihre Pflichten, wenn sie trotz schriftlicher Belehrung über die Rechtsfolgen oder deren Kenntnis sich weigern, eine zumutbare Arbeit, Ausbildung oder ein nach § 16e gefördertes Arbeitsverhältnis aufzunehmen, fortzuführen oder deren Anbahnung durch ihr Verhalten verhindern, § 31 Abs. 1 S. 1 Nr. 2 SGB II. 26

aa) Arbeit

Unter den Begriff der „Arbeit" fällt nicht nur ein sozialversicherungspflichtiges Beschäftigungsverhältnis i.S.d. § 7 SGB IV. Es ist vielmehr eine wirtschaftliche Betrachtungsweise geboten, sodass als Arbeit jede Art einer (Erwerbs-)Tätigkeit zu verstehen ist. Auch eine kurzzeitige (Saisonarbeit), geringfügige Beschäftigung (Aushilfstätigkeiten) oder eine selbstständige Tätigkeit fallen darunter.[613] Ein Praktikum, für das kein Entgelt oder Lohn gezahlt wird, ist keine „Arbeit" im Sinne des Sanktionstatbestands. Dies folgt bereits aus § 2 Abs. 2 S. 2 SGB II, der bestimmt, dass erwerbsfähige Hilfebedürf- 27

608 JurisPK-SGB II/Weber § 31 Rn. 40.
609 Spitzlei, NZS 2023, 121, 126.
610 JurisPK-SGB II/Weber § 31 Rn. 47.
611 BSG 15.12.2010, BeckRS 2011, 69495.
612 BSG 15.12.2010, aaO.
613 Umstr. BSG 22.3.2010, SozR 4-4200 § 31 Nr. 4; Luik/Harich/Hahn § 31 SGB II Rn. 41; LPK-SGB II/Berlit § 31 Rn. 38.

tige ihre Arbeitskraft zur Beschaffung ihres Lebensunterhalts einzusetzen haben. Da unentgeltliche Tätigkeiten diesen Zweck (unmittelbar) nicht zu erreichen vermögen, sind sie insofern auch nicht als „Arbeit" i. S. d. §§ 10 und 31 SGB II zu qualifizieren.[614]

bb) Ausbildung

28 Eine Ausbildung ist ein Tätigkeitsverhältnis, das keine allgemeinbildenden, schulischen Zwecke verfolgt und gezielt berufliche Qualifikationen fördert.[615] Umfasst sind jedenfalls alle staatlich anerkannten Ausbildungsberufe. Eine berufliche Weiterbildungsmaßnahme stellt eine Ausbildung i. S. d. § 31 Abs. 1 S. 1 Nr. 2 SGB II dar.[616] Der Gesetzgeber hat den Abbruch einer Weiterbildungsmaßnahme aber in § 31 Abs. 1 S. 1 Nr. 3 SGB II aufgenommen.

cc) Gefördertes Arbeitsverhältnis nach § 16e SGB II

29 **§ 16e SGB II** dient der Eingliederung von Langzeitarbeitslosen. Arbeitgeber können demnach für die nicht nur geringfügige Beschäftigung von erwerbsfähigen Leistungsberechtigten, die trotz vermittlerischer Unterstützung nach § 16 Abs. 1 S. 1 SGB II unter Einbeziehung der übrigen Eingliederungsleistungen seit mindestens zwei Jahren arbeitslos sind, durch Zuschüsse zum Arbeitsentgelt gefördert werden, wenn sie mit einer erwerbsfähigen leistungsberechtigten Person ein Arbeitsverhältnis für die Dauer von mindestens zwei Jahren begründen.

dd) Weigerung zur Aufnahme/Fortführung oder Verhinderung der Anbahnung

30 Weigern in diesem Sinne bedeutet regelmäßig die vorsätzliche, ausdrückliche oder stillschweigende, schriftlich, mündlich oder in anderer Weise dem Leistungsträger oder dem Arbeitgeber zum Ausdruck gebrachte fehlende Bereitschaft, sich an die durch das Gesetz auferlegte Pflicht zu halten. Die Aufnahme einer Tätigkeit kann mithin auch durch konkludentes Verhalten verweigert werden.[617] Bringt ein Leistungsberechtigter seine angebliche Nichteignung für die angebotene Arbeit unmissverständlich im Bewerbungsschreiben oder ungefragt im Vorstellungsgespräch zum Ausdruck und sollten diese Angaben erkennbar eine Einstellung verhindern, liegt ebenfalls eine sanktionsbegründende Weigerung vor.[618] Auszugehen ist vom Leitbild eines an der Tätigkeitsaufnahme ernsthaft interessierten und hierum bemühten Leistungsberechtigten. Das insoweit ersichtliche Desinteresse bei der Kontaktaufnahme oder im Vorstellungsgespräch wie auch eine gezielt vernachlässigte Bekleidung oder ein sonst vertragshinderndes Erscheinungsbild beim Vorstellungstermin genügen, um von einer Obliegenheitsverletzung auszugehen.[619] Bezüglich der Weigerung der Aufnahme einer Tätigkeit kann auf die zur Sperrzeit (§ 159 SGB III) entwickelten Grundsätze zurückgegriffen werden (§ 58 Rn. 101 ff.).

31 Die Weigerung, eine Tätigkeit fortzuführen, setzt zwingend voraus, dass die Tätigkeit bereits aufgenommen worden ist. Der Tatbestand ist erfüllt, wenn der erwerbsfähige Leistungsberechtigte selbst kündigt, einen Aufhebungsvertrag schließt oder die Tätigkeit einfach aufgibt. Die Beendigung des Arbeitsverhältnisses durch eine Arbeitgeberkündigung fällt nicht unter den Begriff des „Fortführens" einer Arbeit durch den erwerbsfähigen Hilfebedürftigen im Sinne dieses Sanktionstatbestandes.[620]

---

614 LSG NRW 2.5.2008, L 7 B 321/07 AS ER, juris.
615 KRW/Hahn § 31 SGB II Rn. 13.
616 a. A. Hauck/Valgolio § 31 SGB II Rn. 95.
617 BSG 15.12.2010, BeckRS 2011, 69495.
618 BSG 27.4.2004, BeckRS 9999, 08121; BSG 9.12.2003, SGb 2004, 372–375.
619 LSG Sachsen-Anhalt 24.6.2013, info also 2015, 71.
620 BSG 22.3.2010, NZS 2011, 72; a. A. LPK-SGB II/Berlit § 31 Rn. 47.

Verhindert der Leistungsberechtigte die Anbahnung einer Tätigkeit z. B. im Rahmen der Bewerbung oder des Vorstellungsgesprächs, kann dies schon zu einer Sanktion führen. Es handelt sich dabei jedoch lediglich um eine Klarstellung, da diese Tatbestände bereits unter die Weigerung der Aufnahme einer Tätigkeit fallen (s. Rn. 15).[621] 32

ee) Zumutbarkeit

Nach dem Wortlaut des § 31 Abs. 1 S. 1 Nr. 2 und Nr. 3 SGB II darf nur eine Mitwirkung verlangt werden, die zumutbar ist. Die Zumutbarkeit ist somit ein echtes Tatbestandsmerkmal[622] und richtet sich nach § 10 SGB II. Nach § 10 SGB II muss die erwerbsfähige leistungsberechtigte Person bei der Inanspruchnahme von Leistungen nach dem SGB II grundsätzlich jede Arbeit annehmen und ausüben, die sie annehmen und ausüben kann und darf, um den Zustand der Arbeitslosigkeit zu beenden. 33

§ 10 Abs. 1 SGB II enthält eine abschließende Aufzählung von Hinderungsgründen, die eine Arbeit unzumutbar machen. Eine Tätigkeit ist für eine leistungsberechtigte Person unzumutbar, 34

1. wenn sie zu der bestimmten Arbeit körperlich, geistig oder seelisch nicht in der Lage ist,
2. die Ausübung der Arbeit die künftige Ausübung der bisherigen überwiegenden Arbeit wesentlich erschweren würde, weil die bisherige Tätigkeit besondere körperliche Anforderungen stellt,
3. die Ausübung der Arbeit die Erziehung ihres Kindes oder des Kindes ihrer Partnerin oder ihres Partners gefährden würde,
4. die Ausübung der Arbeit mit der Pflege einer oder eines Angehörigen nicht vereinbar wäre und die Pflege nicht auf andere Weise sichergestellt werden kann,
5. der Ausübung der Arbeit ein sonstiger wichtiger Grund entgegensteht.

Bei § 10 Abs. 1 Nr. 5 SGB II handelt es sich um einen Auffangtatbestand, der restriktiv auszulegen ist.[623] 35

§ 10 Abs. 2 SGB II stellt wiederum klar, dass das SGB II keinen Ausbildungs- bzw. Berufsschutz vorsieht. Zumutbar ist es demnach, „schlechtere" Tätigkeiten zu übernehmen, die der Ausbildung oder früheren Tätigkeit nicht entsprechen (Nr. 1), geringwertig erscheinen (Nr. 2), weiter entfernt auszuüben sind (Nr. 3), zu schlechteren Bedingungen ausgeübt werden soll (Nr. 4), oder eine andere, zur Existenzsicherung unzureichende Erwerbstätigkeit beendet werden muss (Nr. 5). 36

Beispiele für Unzumutbarkeit: 37
- Eine Beschäftigung mit einer Entlohnung unterhalb der Mindestlohngrenze ist generell unzumutbar.
- Tariflich geregelte Arbeitsbedingungen werden nicht eingehalten und die Parteien wären tarifgebunden (§ 3 TVG) oder der Tarifvertrag ist für allgemeinverbindlich erklärt worden (§ 5 TVG).
- Es besteht ein Beschäftigungsverbot z. B. nach § 31 IfSG oder § 6 Abs. 1 S. 1 MuSchG.
- Eine durch Streik oder Aussperrung frei gewordene Stelle ist unzumutbar, da mit dem Einsatz staatlich „vermittelter" Streikbrecher die nach Art. 9 GG geschützte Tarifautonomie umgangen würde.[624]

c) Nichtantritt, Abbruch oder Anlass für den Abbruch einer zumutbaren Maßnahme zur Eingliederung

Erwerbsfähige Leistungsberechtigte verletzen eine Obliegenheit, wenn sie eine zumutbare Maßnahme zur Eingliederung in Arbeit nicht antreten, abbrechen oder Anlass für den Abbruch gegeben haben. Die Norm entspricht im Wesentlichen § 159 Abs. 1 S. 2 Nr. 4 und 5 SGB III (s. § 58 Rn. 136 ff.). 38

621 BT-Drs. 17/3404 S. 111.
622 Luik/Harich/Hahn § 31 SGB II Rn. 45.
623 BT-Drs. 15/1516 S. 53.
624 Luik/Harich/Böttiger § 10 SGB II Rn. 76b.

39 Maßnahmen zur Eingliederung sind alle in den §§ 16ff. SGB II aufgeführten Maßnahmen, mit Ausnahme reiner Geldleistungen, wie beispielweise § 16b SGB II.

40 Die Zumutbarkeit einer Eingliederungsmaßnahme richtet sich gem. § 10 Abs. 3 SGB II nach § 10 Abs. 1 und 2 SGB II (§ 72 Rn. 19ff.).

41 Der erwerbsfähige Leistungsberechtigte tritt die Maßnahme nicht an, wenn er sie nicht zum vereinbarten oder vorgesehenen Termin aufnimmt und aus dem Verhalten der Schluss gezogen werden kann, dass er an der Maßnahme nicht teilnehmen wird.[625]

42 Ein Abbruch ist bei tatsächlicher und bewusster Beendigung der Maßnahme durch den erwerbsfähigen Leistungsberechtigten gegeben, die durch ausdrückliche Erklärung oder schlüssiges Verhalten (dauerhaftes, unentschuldigtes Fernbleiben) erfolgen kann.

43 Anlass für den Abbruch gibt, wer durch sein vorsätzliches oder grob fahrlässiges Verhalten dem Maßnahmenträger Grund zur Beendigung der Maßnahme gibt. Das Verhalten muss kausal für den Abbruch sein und für den erwerbsfähigen Leistungsberechtigten muss die Folge seines Verhaltens (Ausschluss aus der Maßnahme) vorhersehbar gewesen sein. Als maßnahmewidriges Verhalten kommt in Betracht: gezielte Störungen (z.B. Zwischenrufe, Telefonieren, Musikhören, Versenden von SMS, Beschimpfungen und Beleidigungen,[626] Bedrohungen des Personals oder der Teilnehmer,[627] nicht suchtbedingtes alkoholisiertes Auftreten), bewusst bekundetes Desinteresse an der Maßnahme (demonstratives Nichtbeantworten verständlich formulierter Fragen) und Nachlässigkeiten im fachlichen oder Sozialverhalten, die den Nutzen für andere Teilnehmer gefährden.[628]

44 Hinzukommen muss bei diesem Tatbestand ein subjektiv vorwerfbares Verhalten an der Vorhersehbarkeit des sich daraus ergebenden Ausschlusses aus der Maßnahme.[629] Der Ausschluss aus der Maßnahme ist für einen Teilnehmer nur vorhersehbar, wenn der Maßnahmenträger zuvor eindeutig darauf hingewiesen hat, dass ein bestimmtes Verhalten den Maßnahmenausschluss zur Folge hat, also eine Abmahnung erfolgt ist.[630]

2. Wichtiger Grund

45 Kann der Leistungsberechtigte einen wichtigen Grund für die Obliegenheitsverletzung darlegen und nachweisen, darf keine Leistungsminderung verhängt werden, § 31 Abs. 1 S. 2 SGB II. Es handelt sich dabei um einen unbestimmten Rechtsbegriff, der der vollständigen Überprüfung der Gerichte unterliegt. Wichtige Gründe können alle Umstände des Einzelfalls sein, die unter Berücksichtigung der berechtigten Interessen des Hilfebedürftigen in Abwägung mit etwa entgegenstehenden Belangen der Allgemeinheit das Verhalten des Hilfebedürftigen rechtfertigen.[631] Der wichtige Grund muss objektiv vorliegen. Unerheblich ist, ob der Leistungsberechtigte geglaubt hat, einen wichtigen Grund zu haben. Sofern es für den Leistungsberechtigten nicht offensichtlich unmöglich und unzumutbar ist, einen wichtigen Hinderungsgrund für ein ihm ansonsten obliegendes Verhalten zu beseitigen, kann er sich auf den wichtigen Grund erst dann berechtigt berufen, wenn er sich erfolglos um dessen Beseitigung bemüht hat.[632]

46 Durch die Formulierung „darlegen und nachweisen" wird verdeutlicht, dass den Leistungsberechtigten nicht nur eine Darlegungs- sondern auch eine Beweislast trifft. § 31 Abs. 1 S. 2 SGB II führt nämlich zu einer **Beweislastumkehr**.[633] Der Leistungsberechtigte muss die einen wichtigen

625 JurisPK-SGB II/Weber § 31 Rn. 103.
626 SG Detmold 18.5.2007, BeckRS 2007, 46055.
627 SG Detmold 18.5.2007, aaO.
628 Luik/Harich/Hahn § 31 SGB II Rn. 64.
629 Hessisches LSG 13.6.2001, BeckRS 2008, 55245; SG Gießen 15.12.2008, BeckRS 2009, 50301.
630 SG Gießen 15.12.2008, aaO.
631 BSG 9.11.2010, NJW 2011, 2073.
632 Vgl. BSG 29.11.1989, BSGE 66, 94.
633 BT-Drs. 15/1516 S. 60.

Grund begründenden Tatsachen nachweisen, die sich aus seiner Sphäre oder seinem Verantwortungsbereich ergeben.[634] Der **Amtsermittlungsgrundsatz** nach § 30 Abs. 1 S. 1 i.V.m. § 20 SGB X bleibt jedoch unberührt. Der SGB II Träger muss versuchen, den Sachverhalt vollumfänglich auch im Hinblick auf den wichtigen Grund aufzuklären.

3. Rechtsfolgenbelehrung bzw. Kenntnis

Eine Pflichtverletzung nach § 31 Abs. 1 S. 1 SGB II (bzw. § 31 Abs. 2 Nr. 2 SGB II) liegt nur vor, wenn 47
der erwerbsfähige Leistungsberechtigte schriftlich über die Rechtsfolgen belehrt worden ist oder Kenntnis von den Rechtsfolgen hat.

Die Rechtsfolgenbelehrung muss **konkret, richtig und vollständig** sein, **zeitnah** im Zusam- 48
menhang mit dem jeweiligen Angebot einer Arbeitsgelegenheit erfolgen, sowie dem erwerbsfähigen Hilfebedürftigen in **verständlicher** Form erläutern, welche unmittelbaren und **konkreten** Auswirkungen sich aus der Obliegenheitsverletzung für ihn ergeben, wenn kein wichtiger Grund vorliegt.[635] Zu fordern ist insbesondere eine konkrete Umsetzung auf den Einzelfall, so dass die Aushändigung eines Merkblatts mit abstrakt generellem Inhalt oder lediglich die bloße Wiedergabe des Gesetzestextes nicht ausreicht.[636] Insbesondere ist auf die Folgen wiederholter Verstöße hinzuweisen. Diese strengen Anforderungen ergeben sich aus der Funktion der Rechtsfolgenbelehrung, den erwerbsfähigen Hilfebedürftigen hinreichend über die gravierenden Folgen einer Obliegenheitsverletzung (Absenkung der Regelleistung) zu informieren und ihn in allgemeiner Form vorzuwarnen (**Warn- und Steuerungsfunktion**).[637]

Die Kenntnis von den Rechtsfolgen ist bereits ausreichend. Der SGB-II-Träger trägt jedoch die 49
objektive Beweislast für das Vorliegen der Kenntnis. Den Nachweis der Kenntnis zu führen, dürfte in der Praxis nicht einfach sein und bedarf ggf. aufwändiger Beweisaufnahmen, da es sich um ein subjektives Element handelt. Erforderlich ist das sichere Wissen des Leistungsberechtigten sowohl in Bezug auf die Pflichtverletzung als auch auf die Rechtsfolgen in der konkreten Situation (dolus directus zweiten Grades). Es bedarf der Fähigkeit, das vorhandene Wissen auf die konkrete Situation zu übertragen. Hierzu müssen konkrete Anhaltspunkte für die Kenntnis vorliegen, die aktenkundig zu machen sind.[638]

IV. Minderungsereignisse nach § 31 Abs. 2 SGB II

1. Absichtliche Minderung von Einkommen und Vermögen

Eine Pflichtverletzung von erwerbsfähigen Leistungsberechtigten ist auch anzunehmen, wenn sie 50
nach Vollendung des 18. Lebensjahres ihr Einkommen oder Vermögen in der Absicht vermindert haben, die Voraussetzungen für die Gewährung oder Erhöhung des Arbeitslosengeldes II herbeizuführen, § 31 Abs. 2 Nr. 1 SGB II. Die Norm findet nur auf volljährige Leistungsberechtigte Anwendung. Minderjährige werden vom Tatbestand nicht erfasst, d.h. die Minderungshandlung muss nach **Vollendung des 18. Lebensjahres** vorgenommen worden sein. Die Verminderung des Vermögens muss subjektiv und absichtlich erfolgt sein, womit der direkte Vorsatz im Sinne des so genannten **dolus directus ersten Grades** gemeint ist. Erforderlich ist also das zielgerichtete Wollen; der Leistungsberechtigte muss die Gewährung oder Erhöhung bewusst bezwecken, wobei es nicht schadet, wenn er dabei noch andere Ziele verfolgt. Weder reicht ein objektiv unwirtschaftliches Verhalten des Leistungsberechtigten angesichts bevorstehender Bedürftigkeit noch ein einfach vorsätzliches Ver-

---

634 BT-Drs. 15/1516 S. 60.
635 BSG 17.12.2009, SozR 4-4200 § 31 Nr. 3.
636 BSG 18.2.2010, BSGE 105, 297.
637 BSG 18.2.2010, a.a.O.
638 Luik/Harich/Hahn § 31 SGB II Rn. 74f.

halten, bei dem sich der Hilfebedürftige zwar über den Minderungseffekt im Klaren war, diesen aber nicht zielgerichtet im Sinne eines alles andere dominierenden Ziels anstrebte. Letztendlich entscheidend ist eine Gesamtschau aller objektiven und subjektiven Umstände.[639]

2. Unwirtschaftliches Verhalten

51 § 31 Abs. 2 Nr. 2 SGB II erfasst den Fall, dass der Leistungsberechtigte trotz Belehrung über die Rechtsfolgen oder deren Kenntnis sein **unwirtschaftliches Verhalten** fortsetzt. Unwirtschaftliches Verhalten liegt vor, wenn der Leistungsempfänger unter Berücksichtigung der ihm durch die Allgemeinheit gewährten Hilfe jede wirtschaftlich vernünftige Betrachtungsweise vermissen lässt und hierbei ein Verhalten zeigt, das vom Durchschnitt wesentlich, d.h. auf eine die Sparsamkeitsvorgaben krass missachtende Weise, abweicht.[640] Die leistungsberechtigte Person ist vorher individuell über die ggf. eintretenden Rechtsfolgen zu belehren. In diesem Zusammenhang ist ihr deutlich aufzuzeigen, dass und wie sie ihr unwirtschaftliches Verhalten unterlassen soll. Nach Erhalt der Rechtsfolgenbelehrung bzw. der Kenntnis der Rechtsfolgen muss der Leistungsberechtigte sein Verhalten bewusst fortsetzen.

52 Nach § 31a Abs. 4 SGB II können die Obliegenheitsverletzungen des Abs. 2 Nr. 1 und 2 auch von nichterwerbsfähigen Leistungsberechtigten erfüllt werden.

3. Festgestellte Sperrzeit

53 Nach § 31 Abs. 2 Nr. 3 SGB II liegt eine Obliegenheitsverletzung vor, wenn der Anspruch auf Arbeitslosengeld ruht oder erloschen ist, weil die Agentur für Arbeit das Eintreten einer Sperrzeit oder das Erlöschen des Anspruchs nach den Vorschriften des SGB III festgestellt hat. Der Personenkreis beschränkt sich auf Leistungsberechtigte, die erst wegen des Ruhens oder Erlöschens des Anspruchs auf Arbeitslosengeld leistungsberechtigt i.S.d. SGB II geworden sind sowie um den Personenkreis der sog. Aufstocker. Voraussetzung ist, dass die Agentur für Arbeit einen Bescheid nach § 159 oder § 161 SGB III erlassen hat. Das zuständige Jobcenter ist an diese Feststellung der Agentur für Arbeit gebunden, da der nach § 37 SGB X wirksam gewordene Sperrzeitbescheid Tatbestandswirkung entfaltet.[641] Bei durch die Agentur für Arbeit festgestellten Sperrzeiten nach § 159 Abs. 1 Nr. 7 SGB III (verspätete Arbeitsuchendmeldung) ist keine Pflichtverletzung nach § 31 Abs. 2 Nr. 3 festzustellen.[642]

4. Erfüllung der Voraussetzungen einer Sperrzeit

54 Eine Obliegenheitsverletzung nach § 31 Abs. 2 Nr. 4 SGB II liegt vor, wenn eine erwerbsfähige leistungsberechtigte Person dem Grunde nach die Voraussetzungen für den Eintritt einer Sperrzeit nach dem SGB III erfüllt, die das Ruhen oder Erlöschen eines Anspruchs auf Arbeitslosengeld begründen würde. Im Gegensatz zur Regelung der Nr. 3 hat das zuständige Jobcenter selbst zu entscheiden, ob und inwieweit die Tatbestandsmerkmale gegeben sind. Voraussetzung ist auch hier, dass sich der Leistungsberechtigte zum Zeitpunkt des sperrzeitrelevanten Ereignisses im Rechtskreis des SGB III befindet.[643] Von der Vorschrift werden grundsätzlich nur Sachverhalte erfasst, bei denen ein Sperrzeittatbestand im Sinne des § 159 Abs. 1 Nr. 1 SGB III (Sperrzeit bei Arbeitsaufgabe) erfüllt ist, die Voraussetzungen für einen Anspruch auf Arbeitslosengeld (z.B. wegen Nichterfüllung der Anwartschaftszeit) aber nicht vorliegen. Die pflichtwidrige Handlung muss zeitlich vor einer Antragstellung

---

639 SG Aurich 6.10.2006, BeckRS 2006, 135731.
640 LSG NRW 23.11.2011, BeckRS 2011, 78550.
641 Luik/Harich/Hahn § 31 SGB II Rn. 96.
642 Fachliche Hinweise der Bundesagentur für Arbeit Rn. 31.28.
643 BSG 17.12.2009, BSGE 105, 194; BSG 22.3.2010, NZS 2011, 72.

oder dem Beginn des Leistungsbezugs liegen.[644] § 31 Abs. 2 Nr. 4 SGB II ist kein Auffangtatbestand, wenn einer der Tatbestände des § 31 Abs. 1 SGB II insbesondere wegen der dort erforderlichen Rechtsfolgenbelehrung bzw. der Kenntnis der Rechtsfolgen nicht greift. § 31 Abs. 2 Nr. 4 SGB II kommt nicht zur Anwendung, wenn das dem erwerbsfähigen Leistungsberechtigten abverlangte Verhalten bereits in § 31 Abs. 1 geregelt ist und eine Beziehung zum Rechtskreis des SGB III nicht vorliegt.[645]

V. Rechtsfolge

Die Rechtsfolgen einer Obliegenheitsverletzung sind in §§ 31a, 31b SGB II geregelt. Diese sind durch das Bürgergeld-Gesetz wesentlich geändert worden, da das BVerfG in seinem Urteil vom 5.11.2019[646] § 31a Abs. 1 SGB II teilweise für unvereinbar mit Art. 1 Abs. 1 GG i.V.m. Art. 20 Abs. 1 GG erklärt und Übergangsregelungen statuiert hat (s.o.). Auch die Neuregelung sieht eine Mehrstufigkeit der Leistungsminderungen vor: 55

1. Stufe: erstmalige Pflichtverletzung → 10 % Minderung 56
2. Stufe: erste wiederholte Pflichtverletzung → 20 % Minderung
3. Stufe: weitere wiederholte Pflichtverletzung → 30 % Minderung

1. Verfahren

Die Minderung tritt nicht kraft Gesetzes ein, sondern erfolgt durch einen Aufhebungsverwaltungsakt nach § 40 Abs. 1 S. 2 SGB II i.V.m. § 330 Abs. 3 S. 1 SGB III iVm § 48 SGB X. Dieser Verwaltungsakt hebt den ursprünglichen Bewilligungsbescheid ganz oder teilweise auf.[647] 57

Vor Erlass des Aufhebungsbescheides muss der Leistungsträger den Leistungsberechtigten nach § 24 Abs. 1 SGB X anhören. § 31 Abs. 2 SGB II enthält nunmehr eine eigenständige Anhörungsvorschrift. Vor der Feststellung der Minderung nach Abs. 1 soll auf Verlangen der erwerbsfähigen Leistungsberechtigten die Anhörung nach § 24 des Zehnten Buches persönlich erfolgen. 58

2. Erstmalige Pflichtverletzung

Bei einer Pflichtverletzung nach § 31 SGB II mindert sich das Bürgergeld in einer **ersten Stufe um 10 %** (früher: 30 %) des für die erwerbsfähige leistungsberechtigte Person nach § 20 SGB II maßgebenden **Regelbedarfs**, § 31a Abs. 1 S. 1 SGB II. Hierbei handelt es sich um einen festen Betrag. Ist die Höhe des gewährten Regelbedarfs wegen Anrechnung von Einkommen oder Vermögen geringer, werden die Mehrbedarfe gemindert. Eine **Minderung der Kosten der Unterkunft und Heizung**, wie sie nach alter Rechtslage erfolgen durfte, ist nach § 31a Abs. 4 SGB II ausdrücklich **ausgeschlossen**. Nicht gekürzt werden dürfen Leistungen für Auszubildende nach § 27 SGB II, Leistungen für Bildung und Teilhabe nach § 28 SGB II und Leistungen nach § 24 SGB II.[648] Die Minderung betrifft nur den individuellen Anspruch des Leistungsberechtigten, der den Sanktionstatbestand erfüllt und nicht einen etwaigen Gesamtanspruch der Bedarfsgemeinschaft. 59

Die Minderung ist nach § 31b Abs. 1 S. 3 SGB II innerhalb von sechs Monaten ab dem Zeitpunkt der Pflichtverletzung festzustellen. Der Auszahlungsanspruch mindert sich mit Beginn des Kalendermonats, der auf das Wirksamwerden des Verwaltungsaktes folgt, der die Pflichtverletzung und den Umfang der Minderung der Leistung feststellt, § 31b Abs. 1 S. 1 SGB II. In den Fällen des § 31 Abs. 2 60

644 BSG 22.3.2010, aaO; Luik/Harich/Hahn § 31 SGB II Rn. 100 f.
645 BSG 17.12.2009, BSGE 105, 194; BSG 22.3.2010, NZW 2011, 72.
646 NZS 2020, 13–26.
647 BSG 29.4.2015, BSGE 119, 17.
648 Luik/Harich/Hahn § 31a SGB II Rn. 15.

Nr. 3 SGB II tritt die Minderung mit Beginn der Sperrzeit oder mit dem Erlöschen des Anspruchs nach dem SGB III ein. Der Minderungszeitraum beträgt **nach § 31b Abs. 2 S. 1**

1. in den Fällen des § 31a Absatz 1 Satz 1 einen Monat,
2. in den Fällen des § 31a Absatz 1 Satz 2 zwei Monate und
3. in den Fällen des § 31a Absatz 1 Satz 3 jeweils drei Monate.

61 Nach dem Gesetzeswortlaut hat die Minderung **zwingend** zu erfolgen. Dem Leistungsträger steht kein Ermessen hinsichtlich des „Ob“ und „Wie“ der Sanktion zu. Sind die gesetzlichen Voraussetzungen erfüllt, so ist der Leistungsträger verpflichtet, die angeordnete Sanktion zu vollziehen.

---

62 **Beispiele zum Beginn der Leistungsminderung:**

a) Ein Sanktionsbescheid wird am 29.5. erstellt und noch am gleichen Tag zur Post aufgegeben. Am 1.6. gilt der Sanktionsbescheid gem. § 37 Abs. 2 S. 1 SGB X als bekannt gegeben. Der Zugang wird von der leistungsberechtigten Person nicht bestritten. Die Sanktion tritt ab Beginn des Folgemonats (1.7.) ein.

b) Ein Sanktionsbescheid wird am 28.5. erstellt und noch am gleichen Tag aufgegeben. Am 31.5. gilt der Sanktionsbescheid als bekannt gegeben. Der Zugang wird von der leistungsberechtigten Person nicht bestritten. Die Sanktion tritt ab dem 1.6. ein. Ein „Verschieben“ des Beginns auf den 1.7., weil zum Zeitpunkt der Bescheiderteilung die Leistungen für den Monat Juni bereits angewiesen waren, ist nicht zulässig.[649]

---

3. Erste wiederholte Pflichtverletzung

63 Bei der ersten wiederholten Pflichtverletzung nach § 31 SGB II mindert sich das Bürgergeld um **20 %** (früher 60 %) des für die erwerbsfähige leistungsberechtigte Person nach § 20 SGB II maßgebenden Regelbedarfs, § 31a Abs. 1 S. 2 SGB II.

64 Eine wiederholte Pflichtverletzung liegt nur vor, wenn bereits zuvor eine Minderung festgestellt wurde, § 31a Abs. 1 S. 5 SGB II. Erforderlich ist die Bekanntgabe einer vorangegangenen Sanktionsentscheidung durch Bescheid. Dieser braucht zwar nicht bestandskräftig zu sein, allerdings müsste bei fehlender Bestandskraft ggfs. die Rechtmäßigkeit des vorangegangenen Sanktionsbescheids inzident geprüft werden. Beruft sich der Leistungsberechtigte auf die Rechtswidrigkeit des vorangegangenen bestandskräftigen Sanktionsbescheids und weist er auf § 44 SGB X hin, ist dieses Vorbringen grds. als Antrag auf Überprüfung nach § 44 SGB X anzusehen, den der SGB II-Leistungsträger zu bescheiden hat.[650]

65 Eine wiederholte Pflichtverletzung liegt nicht vor, wenn dieselbe Arbeit, Ausbildung oder Maßnahme mehrfach angeboten wird und der erwerbsfähige Leistungsberechtigte bei seiner Weigerung bleibt – und zwar unabhängig davon, ob der Leistungsträger zwischenzeitlich eine Minderung festgestellt hat und dann dieselbe Leistung erneut anbietet.

66 Eine wiederholte Pflichtverletzung liegt auch nicht vor, wenn der Beginn des vorangegangenen Minderungszeitraums länger als ein Jahr zurückliegt, § 31a Abs. 1 S. 5 SGB II. Maßgebend ist der Beginn des vorangegangenen Minderungszeitraums und nicht der Zeitpunkt der Pflichtverletzung.

4. Weitere wiederholte Pflichtverletzung

67 Bei jeder weiteren wiederholten Pflichtverletzung nach § 31 SGB II innerhalb eines Jahres seit Beginn des ersten Minderungszeitraumes wird das Bürgergeld um 30 % (früher 100 %) gemindert (§ 31a Abs. 1 S. 3 SGB II).

---

649 Vgl. Fachliche Hinweise Bundesagentur für Arbeit Rn. 31.38.
650 Luik/Harich/Hahn § 31a SGB II Rn. 18.

Die erforderlichen vorherigen zwei Sanktionen müssen vor dem dritten Sanktionsereignis festgestellt worden sein. Im Übrigen kann auf die Ausführungen zur ersten wiederholten Pflichtverletzung verwiesen werden. 68

5. Begrenzung bei Überlappung

Leistungsminderungen bei wiederholten Pflichtverletzungen oder wiederholten Meldeversäumnissen nach § 32 sind auf **insgesamt 30 Prozent** des nach § 20 maßgebenden Regelbedarfs begrenzt, § 31a Abs. 4 S. 1 SGB II. Möglich bleibt eine Aneinanderreihung von mehreren Minderungen. Eine zeitliche Begrenzung der Gesamtdauer gibt es hierfür nicht. Das Bundesverfassungsgericht hat ausdrücklich erklärt, dass als milderes Mittel zu einer Minderung über 30 Prozent ein längerer Minderungszeitraum in Betracht kommen könnte.[651] 69

6. Aufhebung bei Beendigung der Pflichtverletzung

Entsprechend den Vorgaben des BVerfG gibt es eine Möglichkeit der vorzeitigen Beendigung der Minderung.[652] Minderungen nach den § 31a Abs. 1 Sätzen 1 bis 3 sind nach § 31a Abs. 1 S. 6 SGB II aufzuheben, sobald erwerbsfähige Leistungsberechtigte diese Pflichten erfüllen oder sich nachträglich ernsthaft und nachhaltig dazu bereit erklären, diesen künftig nachzukommen. Eine Leistungsminderung ist nur zumutbar, wenn sie grundsätzlich nicht eintritt beziehungsweise dann endet, wenn die Mitwirkung erfolgt oder die zukünftige Bereitschaft erklärt wird. Die Erklärung muss dabei **ernsthaft, nachhaltig und insgesamt glaubhaft** sein. Es bedarf jeweils einer prognostischen Einschätzung, ob die Erklärung den Rückschluss erlaubt, dass die oder der Leistungsberechtigte in Zukunft ihren oder seinen Pflichten nachkommen wird. Hierbei sind die Umstände im Einzelfall zu würdigen.[653] Die Minderung ist dann gemäß § 31b Abs. 2 S. 2 aufzuheben. 70

7. Außergewöhnliche Härte

Eine Leistungsminderung erfolgt nach § 31a Abs. 3 SGB II nicht, wenn sie im Einzelfall eine außergewöhnliche Härte bedeuten würde. Abs. 3 regelt die Verpflichtung der Jobcenter bei jeder Leistungsminderung zu prüfen, ob diese eine außergewöhnliche Härte bedeuten würde. Ist dies der Fall, hat die Minderung zu unterbleiben. Die Regelung sichert die vom Bundesverfassungsgericht[654] geforderte Zumutbarkeit einer Sanktion im konkreten Einzelfall. So hat das Bundesverfassungsgericht gefordert, Leistungsminderungen in das Ermessen des Jobcenters zu stellen oder durch eine Härtefallregelung sicherzustellen, dass von einer unzumutbaren Leistungsminderung abgesehen werden kann. Unter Beachtung der Verwaltungspraktikabilität hat der Gesetzgeber die Härtefallprüfung dem Einräumen von Ermessen vorgezogen. Für eine außergewöhnliche Härte muss eine atypische Ausgangslage vorliegen beziehungsweise eine atypische Folge eintreten, die für den Betroffenen einen deutlich härteren Einschnitt bedeuten würde, als es die Minderung in der Regel nach sich ziehen würde.[655] Die Wirkung der Leistungsminderung muss in diesen Fällen ihrer Art und Schwere nach so ungewöhnlich sein, dass im Hinblick auf den Zweck der Mitwirkungspflicht (Minderung oder Überwindung der Hilfebedürftigkeit oder Eingliederung in den Arbeitsmarkt) die Minderung unvertretbar wäre. Davon ist insbesondere dann auszugehen, wenn durch die Minderung eine dauerhaft negative Prognose im Hinblick auf die Integration in den Arbeitsmarkt gegeben ist. Es muss somit der Ausnahmesituation Rechnung getragen werden, dass grundsätzlich eine Mitwirkungspflicht erfüllt 71

651 BVerfG v. 05.11.2019, aaO; s. hierzu näher jurisPK-SGB II/Weber § 31 Rn. 54ff.

652 Zur Begründung s. BT-Drs. 20/3873, S. 91.

653 BT-Drs. 20/3873, S. 91.

654 BVerfG v. 05.11.2019, aaO.

655 BT-Drs. 20/3873, S. 93.

werden kann, es aber in dem konkreten Einzelfall aufgrund besonderer Umstände unzumutbar erscheint, aufgrund des Nichterfüllens der Mitwirkungspflicht die Leistungen zu mindern.[656]

72 Keine „außergewöhnliche Härte" begründet allein die üblicherweise mit der Minderung der Leistung einhergehende Beschränkung der zur Verfügung stehenden Mittel, da der Gesetzgeber diese Folge gerade bezweckt hat.[657]

73 Daher ist ohne das Hinzutreten atypischer Umstände des Einzelfalls keine „außergewöhnliche Härte" anzunehmen.

74 In die Prüfung der außergewöhnlichen Härte ist nicht nur die von der Leistungsminderung betroffene Person, sondern jedes Mitglied der Bedarfsgemeinschaft einzubeziehen.

8. Leistungsberechtigte unter 25 Jahren

75 Erwerbsfähige Leistungsberechtigte, die das 25. Lebensjahr noch nicht vollendet haben, sollen innerhalb von vier Wochen nach Feststellung einer Leistungsminderung ein **Beratungsangebot** erhalten, in dem die Inhalte des Kooperationsplans überprüft und bei Bedarf fortgeschrieben werden, § 31a Abs. 6 SGB II. Ein verschärftes Sanktionsrecht für unter 25-Jährige existiert nach der Neuregelung der Norm nicht mehr.

VI. Meldeversäumnis, § 32 SGB II

76 Kommen Leistungsberechtigte trotz schriftlicher Belehrung über die Rechtsfolgen oder deren Kenntnis einer Aufforderung des zuständigen Trägers, sich bei ihm zu melden oder bei einem ärztlichen oder psychologischen Untersuchungstermin zu erscheinen, nicht nach, mindert sich das Bürgergeld jeweils um 10 % des für sie maßgebenden Regelbedarfs, wenn sie keinen wichtigen Grund darlegen und nachweisen.

1. Meldepflicht

77 Die allgemeine Meldepflicht ergibt sich aus § 59 SGB II i.V.m. § 309 Abs. 1 SGB III. Die Meldepflicht betrifft jeden Leistungsberechtigten, insbesondere auch Sozialgeldempfänger. Die Aufforderung zur Meldung kann zum Zwecke der Berufsberatung, Vermittlung in Ausbildung oder Arbeit, Vorbereitung aktiver Arbeitsförderungsleistungen, Vorbereitung von Entscheidungen im Leistungsverfahren und Prüfung des Vorliegens der Voraussetzungen für den Leistungsanspruch erfolgen, § 309 Abs. 2 SGB III. Diese Aufzählung der Meldezwecke ist abschließend und orientiert sich an den Leistungen der Bundesagentur für Arbeit zur aktiven Arbeitsförderung in §§ 29 ff. SGB III.

78 Die Meldeaufforderung ist ein Verwaltungsakt i.S.d. § 31 SGB X.[658] Die Rechtmäßigkeit der Meldeaufforderung ist als Vorfrage für die Feststellung eines Meldeversäumnisses inzident zu überprüfen, weil sich die Meldeaufforderung als solche durch Zeitablauf erledigt (§ 39 Abs. 2 SGB X).[659]

79 Die Meldeaufforderung muss bestimmt i.S.d. § 33 SGB X sein. Der Zeitpunkt und der Ort der Meldung müssen konkret bezeichnet sein. Wie konkret der Meldezweck benannt werden muss, kann nicht für alle Einzelfälle generell festgelegt werden, weil dafür die jeweilige Beratungssituation maßgebend ist; eine stichwortartige Konkretisierung ist aber im Regelfall ausreichend.[660]

---

656 BT-Drs. 20/3873, S. 93.
657 BT-Drs. 20/3873, S. 93.
658 JurisPK-SGB II/Weber § 31 Rn. 30 mwN.
659 BSG 9.11.2010, NJW 2011, 2073; BSG 29.4.2015, BSGE 119, 17.
660 BSG 29.4.2015, BSGE 119, 17.

Beispiel:
Die Angabe „Gespräch über das Bewerberangebot/die berufliche Situation" ist grundsätzlich eine zulässige und ausreichende Konkretisierung des Meldezwecks.[661]

Die Meldeaufforderung wird gem. § 37 i. V. m. § 39 SGB X mit der Bekanntgabe wirksam. Der Leistungsträger hat im Zweifel den Zugang nachzuweisen.[662] Die Meldeaufforderung ist in analoger Anwendung des § 130 BGB dann bekannt gegeben, wenn sie dergestalt in den Machtbereich des Empfängers gelangt ist, dass bei Annahme gewöhnlicher Verhältnisse damit zu rechnen ist, er könne von ihr Kenntnis erlangen.[663] Die tatsächliche Kenntnisnahme ist nicht erforderlich. Sofern der Zugang vom Leistungsberechtigten bestritten wird, dürfte ein Nachweis selten gelingen, es sei denn die Meldeaufforderung wurde förmlich nach den Regelungen des Verwaltungszustellungsgesetzes zugestellt.[664] 80

Zwar besteht keine allgemeine Pflicht, Empfangsvorkehrungen zu treffen. Im Einzelfall kann sich jedoch aus einer besonderen Rechtsbeziehung zwischen dem Absender und dem Adressaten eine Verpflichtung ergeben, sich zum Empfang von Erklärungen bereit zu halten. Im Falle einer schuldhaften Verletzung dieser Pflicht muss sich der Empfänger eines Verwaltungsakts nach § 242 BGB so behandeln lassen, als sei ihm dieser zugegangen.[665] Hat sich der Leistungsberechtigte z. B. in einer Eingliederungsvereinbarung verpflichtet, die Erreichbarkeit unter der benannten Anschrift für Briefpost sicherzustellen, kann sie bzw. er im Falle einer schuldhaften Verletzung dieser Pflicht (etwa wenn kein Briefkasten angebracht wurde) nach dem Grundsatz von Treu und Glauben (§ 242 BGB) so zu behandeln sein, als sei ihm bzw. ihr das Schreiben zugegangen bzw. als ob der Zugang vereitelt worden wäre.[666] 81

2. Meldeversäumnis

Ein Meldeversäumnis liegt vor, wenn die Meldung nicht zu dem Zeitpunkt und an dem Ort erfolgt, der in der Meldeaufforderung genannt ist. Wird der Meldetermin versäumt, aber am selben Tag nachgeholt, ist die Meldung wirksam, wenn der Meldezweck noch erreicht werden kann. Bei einer solchen Nachholung kann dann kein Meldeversäumnis sanktioniert werden. Erforderlich ist das persönliche Erscheinen des Leistungsberechtigten.[667] 82

Beispiele:
- Die Vorsprache im Eingangsbereich des Dienstgebäudes erfüllt nicht die Meldepflicht, wenn in der Meldeaufforderung konkret das Zimmer des zuständigen Sachbearbeiters benannt wird und der Leistungsberechtigte sich weigert den Sachbearbeiter aufzusuchen.[668]
- Das wortlose kurze Erscheinen des Leistungsberechtigten erfüllt nicht die Meldepflicht.[669]
- Ein verspätetes Erscheinen ist dann unbeachtlich, wenn sich der Leistungsberechtigte noch am selben Tag meldet und der Zweck der Meldung noch erreicht wird (§ 309 Abs. 3 S. 2 SGB III).

661 BSG 9.11.2010, NJW 2011, 2073.
662 LSG NRW 8.8.2012, BeckRS 2012, 72304.
663 BSG 3.6.2004, SGb 2004, 479–480; LSG NRW 8.8.2012, aaO; Sächsisches LSG 16.12.2008, BeckRS 2009, 52989.
664 LSG NRW 8.8.2012, aaO; Sächsisches LSG 16.12.2008, aaO.
665 S. LSG Niedersachsen-Bremen 4.2.2013, ZFSH/SGB 2013, 351; differenzierend jurisPK-SGB II/Weber § 32 Rn. 36.
666 Vgl. LSG Niedersachsen-Bremen 4.2.2013, aaO.
667 Luik/Harich/Hahn § 32 SGB II Rn. 17.
668 LSG Bayern 26.4.2010, BeckRS 2010, 70785.
669 LSG Bayern 3.1.2011, BeckRS 2011, 70470.

3. Wichtiger Grund oder außergewöhnliche Härte

83 Hinsichtlich des wichtigen Grundes kann auf die Ausführungen zu § 31 Abs. 1 SGB II Bezug genommen werden (§ 72 Rn. 31f.). Lediglich ergänzend ist auf den Fall der Erkrankung einzugehen. Macht der Leistungsberechtigte gesundheitliche Gründe für sein Nichterscheinen geltend, kommt als Nachweis für die Unfähigkeit, aus gesundheitlichen Gründen beim Leistungsträger zu erscheinen, regelmäßig die Vorlage einer Arbeitsunfähigkeitsbescheinigung in Betracht. In der Regel wird bei nachgewiesener Arbeitsunfähigkeit auch ein wichtiger Grund vorliegen.

84 Der wichtige Grund muss objektiv vorliegen, so dass auch ohne Arbeitsunfähigkeitsbescheinigung eine krankheitsbedingte Verhinderung gegebenenfalls durch andere Beweismittel, wie z. B. Zeugen, nachgewiesen werden kann.

85 Arbeitsunfähigkeit ist nicht in jedem Einzelfall gleichbedeutend mit einer krankheitsbedingten Unfähigkeit, zu einem Meldetermin zu erscheinen.[670] Da es sich bei dem Begriff der Arbeitsunfähigkeit zudem um einen Rechtsbegriff handelt, dessen Voraussetzungen anhand ärztlich erhobener Befunde festzustellen sind, besteht im Streitfall schon keine Bindung an den Inhalt der von dem Vertragsarzt ausgestellten Arbeitsunfähigkeitsbescheinigung. Entsprechend ist auch die mit einer Arbeitsunfähigkeit regelmäßig verbundene Vermutung, dass ein Meldetermin aus gesundheitlichen Gründen nicht wahrgenommen werden kann, im Streitfall von den Sozialgerichten zu überprüfen.[671]

86 Der Leistungsträger kann dem Leistungsberechtigten in begründeten Ausnahmefällen (z. B. wiederholte Meldeversäumnisse) unter Berufung auf eine Arbeitsunfähigkeit jedoch aufgeben, zukünftig ärztliche Bescheinigungen vorzulegen, aus denen ersichtlich ist, dass der Eingeladene krankheitsbedingt nicht zu einem Meldetermin erscheinen kann (sog. Wegeunfähigkeitsbescheinigung).[672] Um die subjektive Vorwerfbarkeit zu begründen, ist eine entsprechende ausdrückliche vorherige Aufforderung des SGB II-Trägers gegenüber dem Leistungsberechtigten notwendig. Allerdings kann der Leistungsberechtigte auch in diesem Fall den Nachweis ebenso mit anderen Beweismitteln führen.[673]

87 Zudem ist nach § 32 Abs. 2 SGB II die Neuregelung des § 31a Abs. 3 SGB II anwendbar, sodass auch in Fällen von Meldeversäumnisses die außergewöhnliche Härte zu prüfen ist (hinsichtlich der Anforderungen s. o.).

4. Rechtsfolgenbelehrung bzw. Kenntnis

88 Auch im Rahmen des § 32 SGB II ist die vorherige schriftliche Belehrung über die Rechtsfolgen oder deren Kenntnis erforderlich. Insoweit kann auf die Ausführung zu § 31 Abs. 1 SGB II Bezug genommen werden (§ 72 Rn. 33f.). Der Leistungsberechtigte ist in der Rechtsfolgenbelehrung insbesondere darauf hinzuweisen, dass bei Fehlen eines wichtigen Grundes jedes Meldeversäumnis zu einer Minderung von 10 % des maßgebenden Regelbedarfs führt und kumulative Pflichtverletzungen in Überschneidungsmonaten addiert werden.

5. Rechtsfolge

89 Liegen die Voraussetzungen des Meldeversäumnisses vor, mindert sich das Bürgergeld zwingend um 10 % des maßgebenden Regelbedarfs für einen Monat, § 32 Abs. 2 S. 2 SGB II. Das Sanktionsereignis tritt von Gesetzes wegen ein und bedarf keines gesonderten vorgeschalteten Sanktionsbescheides.[674] Der Aufhebungs- bzw. Bewilligungsbescheid über die Minderung setzt nur die jeweiligen Rechts-

670 BSG 9.11.2010, NJW 2011, 2073.
671 BSG 9.11.2010, aaO.
672 LSG Bayern 29.3.2012, BeckRS 2012, 69630; LSG NRW 21.8.2013, BeckRS 2013, 71738.
673 jurisPK-SGB II/Weber § 32 Rn. 50.
674 BSG 29.4.2015, BSGE 119, 17.

folgen fest.[675] Der Minderungszeitraum beginnt mit Wirkung des Kalendermonats, der auf das Wirksamwerden des Bescheides folgt, der die Rechtsfolgen der Sanktion feststellt.

Der Regelbedarf des Leistungsberechtigten mindert sich im März 2019 um 40 %. 90

Hat der Leistungsträger mehrmals hintereinander in nahezu wöchentlichem Abstand Meldeauffor- 91
derungen mit denselben Zwecken veranlasst, sind bei dieser Einladungsdichte die Rechtsfolgen von Meldeversäumnissen auf maximal 30 % zu beschränken. Das BSG hat entschieden, dass die „Einladungsdichte" selbst von nahezu einer Meldeaufforderung pro Woche nicht zu beanstanden ist, weil es Gründe für einen solchen engmaschigen Kontakt zwischen der leistungsberechtigten Person und dem Jobcenter geben kann. Die Abfolge von siebenmal derselben Meldeaufforderung mit denselben Zwecken in nahezu wöchentlichem Abstand an die leistungsberechtigte Person verstößt jedenfalls gegen die vor einer Meldeaufforderung auszuführenden Ermessensausübung.[676] Der Behörde muss sich in einem solchen Fall aufdrängen, dass sie nicht mit weiteren Meldeaufforderungen verfahren darf.

675 Hauck/Valgolio § 32 SGB II Rn. 36.
676 BSG 29.4.2015, BSGE 119, 17. Es liegt in einer solchen Konstellation ein Fall der Ermessensunterschreitung vor.

J. Internationales Sozialversicherungsrecht

§ 73 Entwicklung des Internationalen Sozialversicherungsrechts

Literatur: BADE, Europa in Bewegung. Migration vom späten 18. Jahrhundert bis zur Gegenwart, 2000; EICHENHOFER, Internationales Sozialrecht, 1994; KERN, Zur Wirkungsgeschichte der Arbeiterschutzkonferenz im internationalen Bereich, ZfA 1991, 331ff.; KÖHLER/VON MAYDELL, Internationale Sozialpolitik, in: Bundesarbeitsministerium und Bundesarchiv (Hrsg.), Geschichte der Sozialpolitik in Deutschland seit 1945, S. 947ff.; VON MAYDELL, Sach- und Kollisionsnormen im internationalen Sozialversicherungsrecht, 1967; VON MAYDELL, Die dogmatischen Grundlagen des inter- und supranationalen Sozialrechts, VSSR 1973, 347ff.; PERRIN, Die Ursprünge des internationalen Rechts der sozialen Sicherheit, VSSR 1983, Beiheft 3, 12ff.; SCHULER, Das Internationale Sozialrecht der Bundesrepublik Deutschland, 1988; STEINMEYER, Die Einstrahlung im internationalen Sozialversicherungsrecht,1980; TROCLET, Législation Sociale Internationale, 1952, S. 136ff.; VOIGT, Die Reform des Koordinierenden Europäischen Sozialrechts, ZESAR 2004, 73ff. (Teil 1) und 121ff. (Teil 2); WICKENHAGEN/AULMANN, Internationales Sozialversicherungsrecht, 3. Aufl. 1997; WOLFF-ROKITA, Ausstrahlungs- und Einstrahlungstheorie in der sozialgerichtlichen Rechtsprechung, in: Deutscher Sozialrechtsverband (Hrsg.), Entwicklung des Sozialrechts, Aufgabe der Rechtsprechung: Festgabe aus Anlass des 100-jährigen Bestehens der sozialgerichtlichen Rechtsprechung, 1984, S. 709ff.

1 Die zweite Hälfte des 19. Jahrhunderts war die Epoche rasch fortschreitender Industrialisierung, in der sich in den europäischen Ländern der Wandel von der Agrargesellschaft zur Industriegesellschaft vollzog. Der Einsatz neuer Technologien in der Textilindustrie und im Maschinenbau, der Bau großer Fabriken, Straßen und insbesondere der Ausbau von Eisenbahnnetzen veränderten Europa grundlegend. Verallgemeinerung der Lohnarbeit und wachsende Urbanisierung waren Ausdruck weitreichender **sozio-ökonomischer Umwälzungen**. Die Produktion vollzog sich dabei nicht nur unter Beschränkung auf das nationale Arbeitskräftereservoir. Im Gegenteil, das letzte Drittel des 19. Jahrhunderts erlebte eine internationale Arbeitsmigration bislang nicht gekannten Ausmaßes.[1] Man geht davon aus, Deutschland sei in den Jahrzehnten vor dem ersten Weltkrieg unter den „Arbeiter importierenden Staaten" nach den USA zum zweitgrößten Arbeitseinfuhrland der Erde geworden.[2] . Aber auch die räumliche Mobilität von Unternehmen und die transnationale Ausweitung von Betriebsstandorten wuchs, wodurch u. a. innerbetriebliche Mobilität ins Ausland erzeugt wurde:

> „Mit dem Entstehen von Kaufhäusern, Handelshäusern, Handelsketten und Filialnetzen mit weltweiten internen Arbeitsmärkten verdichtete sich zugleich das globale Netzwerk von eurokolonialen, internationalen und dennoch innerbetrieblichen Zeitwanderungen".[3]

I. Arbeitsmigration als international-sozialversicherungsrechtliches Problem

2 Die Sozialversicherung ist entstehungsgeschichtlich zunächst und vor allem eine **Arbeiterversicherung**. Sie ist die Antwort auf das Entstehen bestimmter sozialer Risiken. Diese Risiken (bspw. Krankheit, Unfall oder Invalidität) stellten sich am Ende des 19. Jahrhunderts für den im Ausland tätigen Arbeitnehmer in gleicher Weise. Er sah sich aber einem zusätzlichen und spezifischen Problem ausgesetzt. Konnte er auch außerhalb seines Herkunftslandes in dem Land, in dem er seine Arbeitsleistung erbrachte, sozialversicherungsrechtlichen Schutz erwarten? Naturgemäß konnte zur damaligen Zeit auf diese Frage nur das jeweilige nationale Recht eine Antwort geben. Und wenn, wie vielfach der Fall, das nationale Recht sich nur für die eigenen Staatsangehörigen im Bereich der Sozialversicherung öffnete, blieb der ausländische Arbeitnehmer ohne Schutz. Selbst wenn er aber in einzelnen Rechtsordnungen Zugang zur Sozialversicherung hatte, entstanden die Probleme, wenn er

1 Ausführlich BADE S. 85ff.
2 BADE S. 108f.
3 BADE S. 121.

https://doi.org/10.1515/9783111337883-010

das Land wieder verließ, um bspw. in sein Heimatland zurückzukehren. Konnte er den dort erworbenen Versicherungsschutz in sein Heimatland mitnehmen? Dies ist nur ein kleiner Ausschnitt von Fragen, die sich historisch so ergeben haben.

II. Die Reaktion des nationalen Sozialversicherungsrechts

Ganz in der Tradition nationalstaatlichen Denkens, das die Rolle des Einzelnen durch seine Stellung als Staatsbürger bestimmt sah, wurde für die fragliche Zeit ein Verständnis von Sozialstaatlichkeit geprägt, das den Geltungsbereich von Sozialgesetzen auf die Angehörigen des eigenen Staates, also auf die Bewohner dieses Staates oder Personen beschränkte, die auf dem Gebiet des rechtssetzenden Staates beschäftigt waren.[4] Dieses rechtspolitische Prinzip wird bis heute mit dem Begriff **Territorialitätsprinzip** belegt. Schon in der frühen Rechtsprechung des Reichsversicherungsamts (RVA) wurde davon ausgegangen, dass die örtlichen Grenzen der Anwendbarkeit der Arbeiterversicherungsgesetze grundsätzlich mit den geografischen Reichsgrenzen zusammenfielen.[5] In seiner allgemeinsten Form kann das Territorialitätsprinzip dahingehend formuliert werden, dass das Sozialversicherungsrecht nur auf Sachverhalte anwendbar sein soll, die sich innerhalb der eigenen Staatsgrenzen ereignen.[6] 3

Die Arbeiterversicherungsgesetze der achtziger Jahre des 19. Jahrhunderts kannten wie im Bereich der Kranken- und Unfallversicherung hierzu keine Regelungen. Das Gesetz über die Invaliditäts- und Altersversicherung und eine auf ihrer Grundlage ergangene Verordnung regelte die Möglichkeit der Ausnahme von der Versicherungspflicht für vorübergehende Dienstleistungen von Ausländern. Vor diesem Hintergrund war es notwendig, dass das RVA in der Rechtsprechung die Grenzziehung im Einzelnen vornahm.[7] Das Territorialitätsprinzip fußte auf dem völkerrechtlichen Grundsatz, dass staatliche Hoheitsgewalt lediglich im eigenen Hoheitsgebiet ausgeübt werden dürfe.[8] Damit ist sicherlich etwas Richtiges zum Ausdruck gebracht. Auf der anderen Seite verstellt diese Überlegung den Blick dafür, dass das Völkerrecht keinen Rechtssatz des Inhalts aufweist, dass es dem nationalen Gesetzgeber verwehrt ist, Rechtsfolgen an das Vorliegen von Vorgängen oder Ereignissen zu knüpfen, die sich im Ausland realisiert haben.[9] Interpretiert man dagegen das Territorialitätsprinzip in dem Sinne, dass damit lediglich Differenzierungen nach territorialen Gesichtspunkten verstanden werden,[10] so bringt man durchaus zutreffend positiv-rechtliche Gegebenheiten des geltenden Sozialversicherungsrechts zum Ausdruck. Die ursprünglich dem Territorialitätsprinzip zugedachte Begründungsfähigkeit wird freilich weitestgehend reduziert. Wie SCHULER zu Recht hervorgehoben hat,[11] ist dennoch die Territorialität des Sozialrechts ein weithin festzustellendes Faktum. In der Gegenwart kann man dies an den Bestimmungen des § 30 SGB I und der §§ 3–5 SGB IV, aber auch an vielen Bestimmungen der besonderen Teile des SGB sehen (vgl. etwa für das Pflegeversicherungsrecht das Ruhen des Anspruchs auf Leistungen nach § 34 Abs. 1 Nr. 1 SGB XI). Deshalb ist es gerechtfertigt, zu sagen, dass das Territorialitätsprinzip ein **Gestaltungsprinzip** im Rahmen des deutschen internationalen Sozialversicherungsrechts ist. 4

Wenn man sich wieder in die Zeit der Entstehung der Arbeiterversicherung in den beiden letzten Jahrzehnten des 19. Jahrhunderts zurückversetzt, muss man jedenfalls das fast völlige **Fehlen internationaler sozialversicherungsrechtlicher Vorschriften** feststellen sowie eine Tendenz der Rechtsprechung, bei auftretenden Rechtsstreitigkeiten das Territorialitätsprinzip zugrunde zu legen. 5

---

4 EICHENHOFER, Internationales Sozialrecht, Rn. 57.
5 RVA AN 1885 Nr. 72 S. 345.
6 SCHULER S. 204f.
7 STEINMEYER S. 29ff.
8 SCHULER S. 205.
9 Kritisch zu Recht STEINMEYER S. 26.
10 BLEY/KREIKEBOHM/MARSCHNER Rn. 275.
11 SCHULER S. 209.

Damit blieben im Einzelfall viele betroffene Arbeitnehmer beim Eintritt von Risiken schutzlos. Sie konnten häufig ihre zurückgelegten Zeiten zur Begründung von Sozialversicherungsansprüchen nicht in ihre Heimat mitnehmen. Und über die Art und Weise, wie Ausländern in der Sozialversicherung Schutz zuteilwerden sollte, gingen die Vorstellungen weit auseinander.[12] Dies hat den Druck vor allem seitens internationaler Arbeiterorganisationen auf deren Mitgliedstaaten verstärkt, zu internationalen Vereinbarungen zu kommen. Angesichts der Entwicklung der Sozialversicherung in den meisten Ländern, aber auch der Tatsache, dass Arbeitsunfälle vielleicht das drängendste Problem darstellten, war es naheliegend, dass sich internationale Abkommen vor allem zunächst diesem Bereich zuwandten. **Wegbereiter** war **der französisch-italienische Arbeits- und Fürsorgevertrag** aus dem Jahre **1904**, der die Gleichbehandlung der französischen und italienischen Arbeitnehmer im Arbeitsunfallrecht und einen Leistungsexport bei Wohnsitz im jeweiligen anderen Lande vorsah.[13] Dieses Abkommen darf als Meilenstein des internationalen Sozialversicherungsrechts betrachtet werden, weil es drei technische Vorkehrungen verwirklichte, die seither zum gesicherten Instrumentarium des internationalen Sozialversicherungsrechts gehören.[14]

- Die Versicherungspflicht richtet sich nach dem Recht des Beschäftigungsstaates,
- Leistungen werden auch in einen anderen als den leistungspflichtigen Staat gezahlt und
- Entstehen und Umfang der Ansprüche sind von der Staatsangehörigkeit des Berechtigten unabhängig.

6 Von diesem Abkommen gingen entscheidende Impulse für die gesamte europäische Entwicklung aus,[15] in die sich Deutschland erstmals durch ein Abkommen mit Luxemburg vom September 1905 einreihte. Das 20. Jahrhundert sieht einen gewaltigen Ausbau eines Systems internationaler Sozialversicherungsabkommen vor, wobei der Einfluss der internationalen Arbeitsorganisation (ILO) einen wesentlichen Beitrag leistete.[16] Deutschland hat mit nahezu allen wichtigen Wirtschaftspartnern Sozialversicherungsabkommen geschlossen (siehe unter § 64 VIII).

7 Einen **wesentlichen Impuls** erhielt das internationale Sozialversicherungsrecht durch die Europäische Wirtschaftsgemeinschaft (EWG). Bereits im Vertrag über die Gründung der Europäischen Gemeinschaft für Kohle und Stahl (EGKS) von 1951 war die Verpflichtung der Mitgliedstaaten enthalten, alle erforderlichen Vereinbarungen anzustreben, um zu erreichen, dass die Bestimmungen über die Sozialversicherung den Wechsel der Arbeitsplätze nicht behindern, vgl. Art. 69 § 4 EGKSV. In Umsetzung dieses Auftrags schlug die Hohe Behörde der Montanunion vor, ein Abkommen über die soziale Sicherheit zu schließen, das die bestehenden Abkommen so weit wie möglich ersetzen und koordinieren, Lücken und Mängel der früheren Verträge beseitigen und die Beziehungen zwischen Mitgliedsländern, die noch keine zweiseitigen Abkommen miteinander geschlossen hatten, unmittelbar regeln sollte.[17] Ein Sachverständigenausschuss erarbeitete mit Unterstützung des Internationalen Arbeitsamtes ein **Europäisches Abkommen über die soziale Sicherheit der Wanderarbeitnehmer**, das am 9.12.1957 von den beteiligten Regierungen in Rom unterzeichnet wurde. Da Art. 51 EWGV ebenfalls der Europäischen Wirtschaftsgemeinschaft den Auftrag zur Koordinierung der sozialen Sicherheit erteilte wie zuvor der Vertrag über die Montanunion, wurde dieses europäische Abkommen in eine Verordnung des Rates in Anwendung des Art. 51 EWGV umgewandelt und galt als Verordnung Nr. 3 über die soziale Sicherheit der Wanderarbeitnehmer.[18] Das war die Vorläuferverordnung der späteren VO 1408/71/EWG und heutigen VO 883/2004/EG.

12 Eichenhofer, Internationales Sozialrecht, Rn. 49.
13 Vgl. zu diesem Abkommen Troclet S. 136 ff.
14 Eichenhofer, Internationales Sozialrecht, Rn. 51.
15 Im Einzelnen Perrin, VSSR 1983, 12 ff.
16 Schuler S. 353 ff.
17 Fuchs/Fuchs Einführung Rn. 19 ff.
18 ABl. EG Nr. 30 vom 16.12.1958 S. 561.

§ 74 Das System des deutschen Internationalen Sozialversicherungsrechts

Literatur: Brocker, Das Ausstrahlungsprinzip im internationalen Sozialrecht, 2005; Bundesministerium für Arbeit und Soziales, Übersicht über das Sozialrecht, 16. Aufl. 2019; Eichenhofer, Internationales Sozialrecht, 1994; Giesen, Die Anwendung der sozialrechtlichen Aus- und Einstrahlungsregeln durch die Sozialversicherungsträger, NZS 1996, 309ff.; Gobbers, Gestaltungsgrundsätze des zwischenstaatlichen und überstaatlichen Sozialversicherungsrechts, 1980; Von Maydell, Sach- und Kollisionsnormen im internationalen Sozialversicherungsrecht, 1967; ders., Die dogmatischen Grundlagen des inter- uns supranationalen Sozialrechts, VSSR 1973/74, 347ff.: Schuler, Das Internationale Sozialrecht der Bundesrepublik Deutschland, 1988; Steinmeyer, Die Einstrahlung im internationalen Sozialversicherungsrecht, 1981; ders., Das nationale Recht grenzüberschreitender Sachverhalte, in: Ruland/Becker/Axer, Sozialrechtshandbuch, 7. Aufl. 2022, § 32; Wickenhagen, Gedanken zum Geltungsbereich und zu den internationalen Kollisionsnormen eines Sozialgesetzbuches, ZSR 1971, 513ff.

I. Grundstruktur

Die Grundlagen des deutschen internationalen Sozialversicherungsrechts sind in den §§ 3 bis 6 SGB IV enthalten. Im Hinblick auf die inhaltliche Ausrichtung dieser Vorschriften lassen sich **drei Themenkomplexe** unterscheiden: 1

1. Der Vorbehalt zugunsten über- und zwischenstaatlichen Rechts (§ 6 SGB IV)

In den §§ 3 bis 5 SGB IV legt der deutsche Gesetzgeber die Regeln für sozialversicherungsrechtliche **Fälle mit Auslandsberührung** fest. Ebenso wie für das deutsche internationale Privatrechts (Art. 3ff. EGBGB), ist der deutsche Gesetzgeber auch für die Bestimmung der Grundsätze des internationalen Sozialversicherungsrechts zuständig. Der nationale Gesetzgeber muss jedoch dem höherrangigem Recht den Vortritt lassen. Das supranationale Recht der Europäischen Union hat Vorrang vor dem nationalen Recht, wie der Grundsatz des Anwendungsvorrangs des Gemeinschaftsrechts gegenüber dem Recht der Mitgliedstaaten. seit der Entscheidung Costa/ENEL zeigt.[19] Auch zwischenstaatliches Recht, insbesondere Sozialversicherungsabkommen der Bundesrepublik Deutschland, hat als Teil des Völkerrechts Vorrang vor nationalem Sozialversicherungsrecht.[20] Diesen internationalrechtlichen Rangprinzipien trägt § 6 SGB IV Rechnung. Daraus ergibt sich, dass bei sozialversicherungsrechtlichen Fällen mit Auslandsbezug zuerst zu prüfen ist, ob supranationale Regelungen (insbesondere VO 883/2004/EG) oder zwischenstaatliche Abkommen anwendbar sind. Erst wenn dies verneint werden kann, kommen §§ 3 bis 5 SGB IV zur Anwendung. 2

2. Persönlicher und räumlicher Geltungsbereich

§ 3 SGB IV regelt den persönlichen und räumlichen Geltungsbereich des deutschen Sozialversicherungsrechts im Hinblick auf das Bestehen von Versicherungspflicht und die Versicherungsberechtigung. Die Vorschrift ist Ausdruck des **Territorialitätsprinzips**. Es gilt das **Beschäftigungsortprinzip**, subsidiär für das Wohnsitzprinzip.[21] Anders als der Wortlaut des § 3 SGB IV nahe legt, gilt § 3 SGB IV ebenso wie §§ 4, 5 SGB IV auch für die Leistungsseite. Die Notwendigkeit hierzu ergibt sich aus der sozialversicherungsrechtlichen Verschränkung von Versicherungspflicht, Versicherungsberechtigung und Versicherungsleistungen.[22] 3

Das Territorialitätsprinzip verbietet indessen nicht Rechtsfolgen im Inland an Auslandssachverhalte anzuknüpfen.[23] Beispielsweise ist bei der Feststellung des Gesamteinkommens, das bei der 4

19 EuGH 15.7.1964, Rs. 6/64 (Costa/ENEL), EU:C:1964:66.
20 Gobbers S. 6f.
21 Eichenhofer, Internationales Sozialrecht, Rn. 110.
22 Ebenso SRH/Steinmeyer § 32 Rn. 101.
23 BeckOGK/Zieglmeier, SGB IV, § 3 Rn. 8.

Familienversicherung von Kindern relevant wird (§ 10 Abs. 3 SGB V), auch ausländisches Einkommen anzurechnen.[24]

3. Ausstrahlung/Einstrahlung

5 §§ 4, 5 SGB IV regeln die sog. Ausstrahlung bzw. Einstrahlung. Die dahinterstehende Problematik verdeutlicht die folgende Fallgestaltung.

Beispiel:
Der in Frankfurt bei einer dort ansässigen Firma beschäftigte Arbeitnehmer A muss zwei Monate in Paris für seine Firma tätig sein, um eine dorthin gelieferte Maschine zu installieren. Das Beispiel kann man sich umgekehrt für eine französische Arbeitnehmerin in Paris denken, die in Frankfurt kurzzeitig tätig wird.

---

6 Für das Sozialversicherungsrecht stellt sich die Frage, ob bei den jeweiligen Aufenthalten des deutschen bzw. französischen Arbeitnehmers im Ausland die Zugehörigkeit zur Sozialversicherungsordnung Deutschlands bzw. Frankreichs enden soll. Diese Frage beantwortet § 4 SGB IV im Sinne der **Ausstrahlung**. Das deutsche Sozialversicherungsrecht strahlt auf das Ausland aus, wenn die Entsendung infolge der Eigenart der Beschäftigung oder vertraglich im Voraus zeitlich begrenzt ist. Mit der Anknüpfung an die Beschäftigung hat sich das geltende Recht von der früheren Vorstellung verabschiedet, wonach es auf eine Ausstrahlung des Unternehmens oder Betriebs ankam.[25] Das Rechtsinstitut der Ausstrahlung ist von der Idee getragen, die Zugehörigkeit und die Integration in das Sozialversicherungsrecht der Bundesrepublik nicht beendet werden soll, wenn sein Geltungsbereich nur kurzfristig verlassen wird. Konsequenterweise bringt § 5 SGB IV die gleichen Gedanken zur Anwendung, wenn es sich um den umgekehrten Fall der zeitlich begrenzten Beschäftigung eines ausländischen Arbeitnehmers oder Selbständigen in der Bundesrepublik Deutschland handelt. Man spricht dann von einer **Einstrahlung** des ausländischen Sozialversicherungsrechts (vgl. das obige Beispiel).

II. Das Regelsystem der §§ 3 bis 5 SGB IV

1. Grundsatznorm des § 3 SGB IV

7 Das Territorialitätsprinzip ist in § 30 SGB verankert. Es besagt, dass staatliche Hoheitsgewalt nur im eigenen Hoheitsbereich ausgeübt wird und das Sozialstaatsgebot nur diejenigen begünstigt, für die der nationale Gesetzgeber verantwortlich ist.[26] Gleichwohl ist, insbesondere im Leistungsrecht, stets zu prüfen, ob nicht speziellere Regelungen greifen.[27] Die Vorschrift des § 3 SGB IV ergänzt für die Sozialversicherung § 30 SGB I und ist insbesondere für Grenzgänger bedeutsam. Sie **verwirklicht das Territorialitätsprinzip in der Sozialversicherung**[28], auch wenn seine Geltung bisweilen kritisiert wird.[29] Damit gelten die gemeinsamen Vorschriften des SGB IV grundsätzlich nur auf dem Gebiet der Bundesrepublik Deutschland. Das Territorialitätsprinzips bewirkt, dass als jeweils über die anderen Voraussetzungen für die Versicherungspflicht oder -berechtigung hinausgehende, zusätzliche Voraussetzung geprüft werden muss, ob die Beschäftigung im Inland ausgeübt wird.

8 Territorialer Anknüpfungspunkt kann z.B. der Ort der Erwerbstätigkeit sein. § 3 Nr. 1 SGB IV sieht daher vor, dass der Ort der Beschäftigung bzw. der selbständigen Tätigkeit die maßgeblichen

---

24 BSG 29.6.2021 NJW 2022, 2140.
25 Vgl. dazu Giesen, NZS 1996, 309 (311 m.w.N.).
26 BSG 27.8.2008 – B 11 AL 22/07 R – BSGE 101, 224
27 BSG 27.8.2008 – B 11 AL 22/07 R – BSGE 101, 224
28 BeckOGK/Zieglmeier § 3 SGB IV Rn. 1 m. Rspr.-Nachweisen.
29 In diesem Sinne Schuler S. 209.

Kriterien zur Ermittlung des anwendbaren Rechts sind. Nur soweit das Gesetz keines dieser Kriterien voraussetzt, ist auf den Wohnsitz oder gewöhnlichen Aufenthalt der betreffenden Person abzustellen, vgl. § 3 Nr. 2 SGB IV. Diesen Grundsatz bezeichnet man als **Beschäftigungsortprinzip**, das vorrangig vor dem Wohnsitzprinzip gilt. Zu den Begriffen Beschäftigung und selbständige Tätigkeit enthalten § 7 SGB IV (siehe unter § 14), zum „Beschäftigungsort" und zum „Tätigkeitsort" die §§ 9 bis 11 SGB IV weitere Angaben. § 30 Abs. 3 SGB I enthält eine Legaldefinition der Begriffe Wohnsitz und gewöhnlicher Aufenthalt.

Das Territorialitätsprinzip gilt **„für alle Personen" gleichermaßen.** Jede Person, die im Hoheitsgebiet eines Staates einer Erwerbstätigkeit nachgeht, wird von dessen sozialversicherungsrechtlichen Vorschriften erfasst. Dies gilt grundsätzlich unabhängig der Staatsangehörigkeit oder Betriebssitz. Eine Ausnahme gilt für die Gewährung von Kurzarbeitergeld (KuG, siehe dazu unter § 61 Rn. 2ff.). Hier muss der Betriebssitz bzw. der Sitz der Betriebsabteilung im Geltungsbereich des SGB III, also in den Grenzen der BRD, liegen.[30] 9

Beispiel:
Ein britischer Staatsbürger, der für einen deutschen Produzenten in Jugoslawien für Filmdreharbeiten eingestellt war, hat daher möglicherweise einen Anspruch auf Insolvenzgeld, falls er auch in Deutschland für seinen Arbeitgeber tätig werden sollte.[31]

2. Funktion der Aus- und Einstrahlung

Die grundsätzliche Anknüpfung an das Beschäftigungsverhältnis oder an die selbständige Tätigkeit 10
im Inland wird durch die Ein- und Ausstrahlungstatbestände der §§ 4, 5 SGB IV modifiziert.[32] Beide Begriffe bezeichnen **in spiegelbildlicher Weise dieselbe Sache**.[33] § 4 SGB IV regelt die Ausstrahlung des Sozialversicherungsrechts. Nach dieser Vorschrift gelten die Vorschriften über die Versicherungspflicht und Versicherungsberechtigung auch für Personen, die im Rahmen eines im Geltungsbereich dieses Gesetzes bestehenden Beschäftigungsverhältnisses in ein Gebiet außerhalb dieses Geltungsbereichs entsandt werden, wenn die Entsendung infolge der Eigenart der Beschäftigung oder vertraglich im Voraus begrenzt ist. § 5 SGB IV sieht die gleiche Regelung für Personen vor, die im Rahmen eines außerhalb dieses Gesetzes bestehenden Beschäftigungsverhältnisses in die Bundesrepublik entsandt werden.[34] Die Aus- und Einstrahlungsregelungen haben damit die Aufgabe, die sozialversicherungspflichtige Beschäftigung unabhängig vom Ort des tatsächlichen Geschehens am Platz ihres sozialen und wirtschaftlichen Erfolges zu lokalisieren.[35]

3. Ausstrahlung (§ 4 SGB IV)

a) Die Entsendung

§ 4 Abs. 1 SGB IV verlangt für den Tatbestand der Ausstrahlung, dass der Beschäftigte im Rahmen des 11
im Inland bestehenden Beschäftigungsverhältnisses in das Ausland entsandt wird. Der Begriff der Entsendung ist also durch eine Ortsänderung der Beschäftigung vom In- ins Ausland geprägt. Streitfragen ergeben sich insbesondere, wenn die Einstellung des Beschäftigten zur sofortigen Entsendung ins Ausland erfolgt. Dazu folgendes

30 LSG Bayern 4.6.2020 COVuR 2020, 381
31 BSG 23.2.1994 SozR 3-4100 § 141b Nr. 9.
32 Giesen, NZS 1996, 309ff.
33 SRH/Steinmeyer § 32 Rn. 80.
34 Steinmeyer S. 41ff.
35 Eichenhofer, Internationales Sozialrecht, Rn. 306ff.

Beispiel:
Die Ehefrau des durch einen Arbeitsunfall in Österreich ums Leben gekommenen Arbeitnehmers verlangt Hinterbliebenenansprüche von der deutschen gesetzlichen Unfallversicherung. Ihr Ehemann war von der deutschen Firma F mit Sitz in H. durch ihre österreichische Vertretung in Wien für eine Baustelle in Norwegen eingestellt worden. Der Unfall geschah auf einer Fahrt zwischen Norwegen und Wien.[36]

12 Das BSG hat hierzu ausgeführt (S. 98)

13 „Dem Begriff ‚entsenden' bzw. ‚Entsendung' ist immanent die Bewegung von einem Ort zum anderen. Deshalb erfordert auch eine Entsendung i. S. d. § 4 Abs. 1 SGB IV schon begrifflich, dass sich der Arbeitnehmer von seinem Beschäftigungsort in der Bundesrepublik Deutschland in einen anderen Staat begibt. Grundsätzlich muss also der Arbeitnehmer bereits in der Bundesrepublik Deutschland (für seinen entsendenden Arbeitgeber) gearbeitet haben (...). Zwar ist eine Entsendung nicht schon deshalb ausgeschlossen, weil das Beschäftigungsverhältnis allein im Hinblick auf die Entsendung begründet worden ist (...) eine Entsendung i. S. d. § 4 Abs. 1 SGB IV liegt jedoch nicht vor, wenn ein Arbeitnehmer in seinem ausländischen Wohnstaat von einem Unternehmen mit Sitz in der Bundesrepublik Deutschland zu einer Tätigkeit in seinem Wohnstaat oder einem anderen ausländischen Staat angeworben worden ist (...). In solchen Fällen fehlt es mangels einer für eine Entsendung notwendigen ‚Bewegung' aus der Bundesrepublik Deutschland ins Ausland an einer Entsendung. Das Beschäftigungsverhältnis, obwohl mit einem Unternehmen in der Bundesrepublik begründet, wird ausschließlich im ausländischen Wohnstaat des Arbeitnehmers oder einem anderen ausländischen Staat verwirklicht und hat keine Beziehung zur deutschen Sozialversicherung. Diese Beziehung ist erst dadurch hergestellt, dass der Arbeitnehmer vor der Entsendung ins Ausland entweder in der Bundesrepublik Deutschland beschäftigt war, oder wenigstens dort seinen Wohnsitz oder gewöhnlichen Aufenthalt gehabt hat."[37]

14 Die Entsendung muss nach dem Gesetzeswortlaut im Rahmen eines bestehenden Beschäftigungsverhältnisses geschehen. Die Frage kann nicht allein anhand formaler Kriterien entschieden werden. Vielmehr ist von dem Zweck des § 4 SGB IV auszugehen. D. h. abzustellen ist darauf, ob ein hinreichend enger Bezug zur deutschen Sozialversicherung aufgrund des Beschäftigungsverhältnisses besteht. Wenn der Beschäftigte weiterhin den Weisungen seiner deutschen Beschäftigungsfirma unterliegt und für ihn Sozialversicherungsbeiträge nach deutschem Recht abgeführt werden, ist ein Bezug zur deutschen Sozialversicherung i.R.d. § 4 SGB IV auch dann zu bejahen, wenn die Tätigkeit sofort im Ausland aufgenommen wird.

15 **Beispiel:**
Die Arbeitnehmerin A wurde von der S-AG, bei der er seit Jahren beschäftigt war, für drei Jahre zur SSI in die USA versetzt. Bei Ruhen des bisherigen Arbeitsverhältnisses sollte A nach den für die Arbeitnehmer der SSI geltenden Bedingungen beschäftigt werden, von der SSI auch ein bestimmtes Jahresgehalt in Dollar bekommen. Sie war der Geschäftsleitung der SSI unterstellt.[38]

16 Das BSG hat in dieser Entscheidung alle wesentlichen Kriterien, die in der Rspr. des BSG tatbestandlich für den Begriff der Entsendung als maßgeblich angesehen wurden, wie folgt zusammengefasst:
- Fortbestehen des Beschäftigungsverhältnisses mit dem entsendenden Arbeitgeber und Weiterführung dieses Beschäftigungsverhältnisses nach Ablauf der Entsendung
- Für die Beurteilung des Fortbestehens ist maßgebend, wo der Schwerpunkt der rechtlichen und tatsächlichen Merkmale des Beschäftigungsverhältnisses liegt.
- Das vorgenannte Kriterium ist erfüllt, wenn der Arbeitnehmer organisatorisch in den Betrieb des inländischen Arbeitgebers eingegliedert bleibt, wesentliche Elemente eines Beschäftigungs-

36 BSG 27.5.1986 2 RU 12/85 BSGE 60, 96.
37 BSG 27.5.1986 BSGE 60, 96, 98 = SozR 2100 § 4 Nr. 3.
38 BSG 5.12.2006 B 11a AL 3/06 R, SGb 2007, 736.

verhältnisses erfüllt werden und sich der Anspruch auf Arbeitsentgelt gegen den inländischen Arbeitgeber richtet.
- Für die Eingliederung in einen Betrieb ist dessen Struktur von Bedeutung. Wenn wie im vorl. Beispiel die Eingliederung in die SSI möglich erscheint, ist entscheidend, ob der ausländische Betrieb nicht nur wirtschaftlich, sondern auch rechtlich in der Weise verselbständigt ist, dass er als juristische Person besteht. In der Regel ist dann von einer Eingliederung in diesen Betrieb auszugehen. Bei einem einer Repräsentanz oder einer Zweigniederlassung ähnlichen unselbständigen Unternehmensteil ist nicht automatisch von einer Eingliederung in den bisherigen Betrieb auszugehen, es kommt auf die Umstände des Einzelfalls an (Weisungsbefugnis, Entgeltzahlung etc.).[39]

b) Zeitliche Begrenzung

Gem. § 4 Abs. 1 SGB IV muss die Entsendung infolge der Eigenart der Beschäftigung oder vertraglich 17
im Voraus zeitlich begrenzt sein. Denn nur auf diese Weise ist die Zugehörigkeit zur deutschen Sozialversicherungsordnung gegeben. Anders als Art. 12 VO 883/2004/EG enthält § 4 SGB IV keine feste **zeitliche Begrenzung**. Entscheidend ist, dass im Zeitpunkt der Entsendung die zeitliche Beendigung erkennbar ist. Typische Fälle der zeitlichen Begrenzung aufgrund der Eigenart der Beschäftigung sind Montage-, Einweisungs- und sonstige Arbeiten im Zusammenhang mit Auslandsprojekten deutscher Unternehmen.[40] Erfolgt eine zeitliche Begrenzung aufgrund Vertrages, muss diese bereits im Zeitpunkt der Entsendung vereinbart sein. Eine Verlängerung ist möglich. Die Ausstrahlung endet, wenn die zunächst zeitlich begrenzte Auslandstätigkeit in eine Dauertätigkeit im Ausland umgewandelt wird.

4. Einstrahlung (§ 5 SGB IV)

Für die **Einstrahlung** gelten im Prinzip die gleichen Grundsätze wie für die Ausstrahlung. Die Rich- 18
tung der Bewegung ist nur eine andere. Es findet eine Veränderung der Beschäftigung vom Ausland in den Geltungsbereich des SGB IV statt, wobei der Bezug zur ausländischen Sozialversicherungsordnung aufrechterhalten bleibt. Eine Entsendung liegt also vor, wenn sich ein Beschäftigter auf Weisung seines ausländischen Arbeitgebers vom Ausland in das Inland begibt, um eine Beschäftigung in der Bundesrepublik Deutschland auszuüben.

Bei **konzerninterner Entsendung** des Beschäftigten von der ausländischen Mutter zur inländi- 19
schen Tochter liegt keine Einstrahlung vor, wenn die Tochtergesellschaft eine juristische Person ist, der Arbeitnehmer in den Betrieb der Tochtergesellschaft eingegliedert ist und diese das Arbeitsentgelt bezahlt.[41] Die Entscheidung betraf den Fall einer in Frankfurt ansässigen Tochtergesellschaft eines südkoreanischen Konzerns. Das BSG verneinte die Einstrahlung im Hinblick auf zwölf aus Südkorea gekommene und in Frankfurt tätige Angestellte. Ganz wesentlich war die Tatsache, dass den Angestellten von der Tochter das Gehalt gezahlt wurde und auch Lohnsteuer abgeführt wurde. Das BSG betonte, dass der Schwerpunkt des Beschäftigungsverhältnisses sowohl bei der Ausstrahlung wie bei der Einstrahlung unabhängig davon, mit wem der Arbeitsvertrag geschlossen ist, regelmäßig bei dem Betrieb liege, bei dem über die Arbeitsleistung hinaus wesentliche Elemente des Beschäftigungsverhältnisses erfüllt würden. Für die Zuordnung eines Beschäftigungsverhältnisses zu einem bestimmten Betrieb seien dabei einerseits die Eingliederung des Beschäftigten in diesen Betrieb und andererseits die Zahlung des Arbeitsentgelts durch den Betrieb entscheidend. Da beide Vorausset-

39 Als Auslegungshilfe zur praktischen Anwendung der Vorschriften der §§ 3–6 SGB IV haben die Spitzenverbände der Sozialversicherungsträger eine Gemeinsame Verlautbarung zur versicherungsrechtlichen Beurteilung entsandter Arbeitnehmer veröffentlicht.

40 BeckOGK/Zieglmeier § 4 SGB IV Rn. 12.

41 BSG 7.11.1996 12 RK 79/94 BSGE 79, 214.

zungen im Hinblick auf den Betrieb der Tochter erfüllt waren, war ein Beschäftigungsverhältnis zwischen ihr und den Arbeitnehmern aus Korea zu bejahen und ein Fall der Einstrahlung zu verneinen. Das BSG hat diese Rechtsprechung in einer späteren Entscheidung bestätigt.[42]

§ 75 Supranationales Sozialversicherungsrecht

Literatur: DEUTSCHE RENTENVERSICHERUNG BUND, Die Reform des Europäischen koordinierenden Sozialrechts, Von der VO (EWG) Nr. 1408/71 zur VO (EG) Nr. 883/2004, DRV-Schriften Bd. 71, 2007; DEVETZI, Die Kollisionsnormen des Europäischen Sozialrechts, 2000; EICHENHOFER., Sozialrecht der Europäischen Union, 8. Aufl. 2022; FUCHS/JANDA (Hg.), Europäisches Sozialrecht, 8. Aufl. 2022.; ders., Europäisches Sozialrecht – Verordnung (EG) Nr. 883/2004, in: Knickrehm/Kreikebohm/Waltermann (Hg.), Kommentar zum Sozialrecht, 8. Aufl. 2023; ders. NZS Jahresrevue 2020: Die Rechtsprechung des Gerichtshofs der Europäischen Union zum Sozialrecht, NZS 2021, 121; HANAU/STEINMEYER/WANK, Handbuch des europäischen Arbeits- und Sozialrechts, 2002; Hauck/NOFTZ, EU-Sozialrecht, Loseblatt, 13. EL Nov. 2023; Hofmann, NZS Jahresrevue 2021: Die Rechtsprechung des Gerichtshofs der Europäischen Union zum Sozialrecht, NZS 2022, 253; dies., NZS Jahresrevue 2022, NZS 2023, 321; dies. NZS Jahresrevue 2023, NZS 2024, 281; KAHIL-WOLFF, Droit social européen, 2017; MARHOLD (Hrsg.), Das neue Sozialrecht der EU, 2005; OTTING, EU-Koordinierung der Systeme der sozialen Sicherheit, in: Ruland/Becker/Axer (Hg.), Sozialrechtshandbuch, 7. Aufl. 2022, § 35; PENNINGS, European Social Security Law, 7. Aufl. 2022; SCHLACHTER/HEINIG (Hg.), Europäisches Arbeits- und Sozialrecht, 2. Aufl. 2021; SCHREIBER, Soziales EU-Verfassungsrecht, in: Ruland/Becker/Axer (Hg.), Sozialrechtshandbuch SRH, 7. Aufl. 2022, § 34; SCHULER, Das Internationale Sozialrecht der Bundesrepublik Deutschland, 1988 SCHULTE, Die neue europäische Sozialrechtskoordinierung, ZESAR 2010, 143ff.; 202ff.; WALLRABENSTEIN, Koordinierungssozialrecht-Grundstrukturen und allgemeine Prinzipien, in: Schlachter/Heinig (Hg.), Europäisches Arbeits- und Sozialrecht, 2. Aufl. 2021, § 22.

I. Koordinierung – Anliegen und Zweck

1. Primärrechtliche Grundlagen

1 Das koordinierende Sozialrecht ist im primären Gemeinschaftsrecht verankert. Art. 48 AEUV bringt Anliegen und Zweck des koordinierenden Sozialrechts zum Ausdruck. Nach dem ausdrücklichen Wortlaut der Bestimmung geht es um die **Herstellung der Freizügigkeit** der Arbeitnehmer auf dem Gebiet der sozialen Sicherheit. Diesem Anliegen ist das koordinierende Sozialrecht verpflichtet. Art. 48 AEUV stellt die Ermächtigungsgrundlage zur Schaffung eines koordinierenden Sozialrechts dar. Als Ermächtigungsgrundlage kann Art. 48 AEUV keine direkte Wirkung entfalten.[43] Der ursprünglich auf Arbeitnehmer beschränkte Personenkreis des Koordinierungsrechts ist durch den Vertrag von Lissabon auf Selbständige und ihre Angehörigen ausgedehnt worden. Weitere im Wortlaut des Art. 48 AEUV nicht erscheinende Personengruppen, z.B. Studenten, sind hinzugekommen, weil das Koordinierungsrecht auch dem Ziel des freien Personenverkehrs dienen soll (vgl. Erwägungsgrund 3 der Präambel der VO 883/2004/EG). Nicht nur der Wortlaut, sondern auch die systematische Stellung des Art. 48 AEUV weisen auf diesen Zweck der Koordinierung hin. Denn Art. 48 AEUV ist in das Vorschriftensystem der Art. 45ff. AEUV eingebettet. Die Sicherung des Rechts der Freizügigkeit für Arbeitnehmer, Selbständige und diesen gleichgestellte Personen ist der oberste Leitgedanke der Koordinierung. Darum ist das koordinierende Sozialrecht gelegentlich auch als freizügigkeitsspezifisches Sozialrecht bezeichnet worden.[44] In diesem Sinne kann man es als die Summe aller primär- und sekundärrechtlichen Vorschriften, Regeln und Prinzipien bezeichnen, die dazu dienen, alle nationalen sozialrechtlichen Hindernisse zu beseitigen, die geeignet sind, den Einzelnen von der Wahrnehmung seines Rechts auf Freizügigkeit abzuhalten.

42 BSG 1.7.1999 B 12 KR 2/99 R BSGE 84, 136. Ebenso Kreikebohm/MARSCHNER § 5 Rn. 2; KassKom/ZIEGLMEIER § 5 SGB IV Rn. 6.

43 EuGH 10.3.2011, Rs. C-379/09 (Casteels), EU:C:2011:131.

44 SCHULER S. 274ff.

Mit dieser Charakterisierung des koordinierenden Sozialrechts sind gleichzeitig auch dessen Grenzen angedeutet. Soweit es koordinierendes Recht darstellt, lässt europäisches Sozialrecht die **Existenz nationaler Sozialrechtsordnungen unberührt**. Koordinierung zielt lediglich auf eine Ent-territorialisierung nationalen Sozialrechts, nicht aber auf eine inhaltliche Vereinheitlichung ab. Es geht also nicht um die Schaffung eines einheitlichen europäischen Sachrechts. Europäisches Sozialrecht schafft vielmehr ein einheitliches internationales Sozialrecht unter den Mitgliedstaaten, womit 2

> „die Mitgliedstaaten ihre Rechtsetzungsmacht auf jenen Teilgebieten des Sozialrechts [verlieren], die im Verhältnis der Mitgliedstaaten den internationalen Geltungsbereich nationalen Sozialrechts sowie die Sicherungen der internationalen Wirkungen nationalen Sozialrechts regeln“.[45]

Koordinierung steht somit im Gegensatz zu einer anderen Regelungstechnik, der Harmonisierung. 3
Ein harmonisierendes Sozialrecht wäre die Summe aller internationalen Vorschriften, die darauf gerichtet sind, dass die Staaten ihr nationales Sozialrecht den Erfordernissen der harmonisierenden Vorschriften anpassen.[46] Entstehungs- und entwicklungsgeschichtlich hat sich das europäische Sozialrecht fast ausschließlich als koordinierendes Sozialrecht verstanden. Eine gewisse Harmonisierung auch auf dem Gebiete der sozialen Sicherheit ist über die Bestimmung des Art. 157 AEUV erfolgt. Der in dieser Bestimmung enthaltene Grundsatz des gleichen Entgelts für Männer und Frauen hat auch auf dem Gebiet der sozialen Sicherheit zu der Notwendigkeit von Anpassungen nationaler Sozialrechtsregeln geführt.

2. Art. 48 AEUV als Auslegungsquelle

Um den in Art. 48 AEUV angelegten Zielen der Arbeitnehmerfreizügigkeit und der Förderung des Personenverkehrs Geltung zu verschaffen, ist es notwendig, dass sowohl das sekundäre Koordinierungsrecht als auch das nationale Sozialrecht sich an diesen Zielen orientieren. Damit wird diese primärrechtliche Norm zum einen zur Auslegungsgrundlage, zum anderen aber auch Prüfungsmaßstab des sekundären Koordinierungsrechts und des nationalen Sozialrechts, wenn es um die Vereinbarkeit mit der höherrangigen Norm des Art. 48 AEUV geht. 4

Die Ausrichtung des Koordinierungsrechts und des nationalen Sozialrechts am Primärrecht spielte in der Rechtsprechung des EuGH von Anfang an eine zentrale Rolle. Vorschriften des Koordinierungsrechts erfuhren einen Inhalt, der mit Blick auf die Zielsetzungen des Art. 48 AEUV (und seiner Vorgängerregelungen) im Einklang stand.[47] Auf diese Weise kam es indirekt zu einer unmittelbaren Wirkung primärrechtlicher Vorschriften. 5

Beispiel:[48]
Der zuständige griechische Träger des Rentensystems weigerte sich, Zeiten, die ein griechischer Arzt in deutschen öffentlichen Krankenhäusern zurückgelegt hatte, als rentenfähig anzuerkennen. Er stützte dabei seine Begründung auf Art. 4 Abs. 4 VO 1408/71 a. F., wodurch Sondersysteme für Beamte und ihnen Gleichgestellte vom sachlichen Geltungsbereich der VO ausgenommen wurden.

Bei seiner Prüfung zog der Gerichtshof als Maßstab Art. 51 EG (jetzt Art. 48 AEUV) heran und betonte, 6
dass sich die Bestimmung des Art. 4 Abs. 4 VO 1408/71/EWG in der Anfangszeit der europäischen Integration habe rechtfertigen lassen, technische Probleme aber nicht länger eine solche Ausschluss-

45 Oetker/Preis/Eichenhofer EAS B 1200 Rn. 52.
46 Pennings S. 7.
47 Vgl. etwa EuGH 30.3.1993, Rs. C-282/91 (A. de Wit), EU:C:1993:116; 20.9.1994, Rs. C-12/93 (Drake), EU:C:1994:336.
48 Nach EuGH 22.11.1995, Rs. C-443/93 (Vougioukas), EU:C:1995:394.

bestimmung rechtfertigen könnten. Der Gerichtshof lehnte es aber ab, Art. 4 Abs. 4 VO 1408/71/EWG für ungültig zu erklären, da der Rat einen weiten Ermessensspielraum für die Realisierung einer mit Art. 48 AEUV in Einklang stehenden Realisierung habe. Dies bedeutete aber nicht, dass der griechische Arzt nicht die Anerkennung seiner Zeiten fordern konnte. Vielmehr griff der Gerichtshof auf das schon in früheren Entscheidungen entwickelte Auslegungskonzept zu Art. 51 EG (Art. 48 AEUV) i.V.m. Art. 48 EG (jetzt Art. 45 AEUV) zurück und führte aus:

> „Der Zweck der Art. 48 bis 51 des Vertrages würde nämlich nicht erreicht, wenn Arbeitnehmer, die von ihrem Recht auf Freizügigkeit Gebrauch gemacht haben, Vergünstigungen der sozialen Sicherheit verlören, die ihnen die Rechtsvorschriften eines Mitgliedstaats sichern; ein solcher Verlust könnte Arbeitnehmer der Gemeinschaft davon abhalten, von ihrem Recht auf Freizügigkeit Gebrauch zu machen, und würde somit die Ausrichtung des sekundären Koordinierungsrechts und der nationalen Freizügigkeit beeinträchtigen".[49]

7 Auch nationales Sozialrecht kann mit den primärrechtlichen Zielen kollidieren und muss primärrechtskonform ausgelegt werden oder, wo dies nicht möglich ist, nach dem Grundsatz des Vorrangs des Primärrechts vor nationalem Recht als ungültig erklärt werden.

Beispiel:
Einem Kläger wurde der Anspruch auf eine vorzeitige Altersrente nach spanischem Recht versagt, weil eine Vorschrift des Allgemeinen Sozialversicherungsgesetzes bestimmte, dass der Betrag der zu beziehenden Rente über dem Betrag der Mindestrente liegen muss, auf die der Betroffene bei Vollendung des 65. Lebensjahres Anspruch hätte. Als zu beziehende Rente werden in Praxis und Rechtsprechung nur die nach spanischem Recht zu bezahlenden Renten angesehen, nicht aber die von einem anderen Mitgliedstaat bezogenen. Wegen dieser Nichtberücksichtigung ausländischer Renten sah der Gerichtshof einen Verstoß gegen Art. 48 AEUV, mit dem Ergebnis, dass auch Renten in anderen Mitgliedstaaten Berücksichtigung finden mussten.[50]

---

8 Der Gerichtshof betont aber auch, dass bei der Auslegung auf nationale Interessen Rücksicht zu nehmen ist. Zwar müssten europarechtliche Bestimmungen so ausgelegt werden, dass die Erreichung der mit einer Vorschrift verfolgten Ziele sichergestellt ist, sie dürften jedoch keine Auslegung erfahren, die das von den nationalen Rechtsvorschriften geschaffene System grundlegend verändern würde.[51]

9 Durch den Vertrag von Lissabon ist im Übrigen die Berücksichtigung nationaler Interessen ausdrücklich in Art. 48 S. 2 AEUV aufgenommen worden. Ein Mitglied des Rates kann im Hinblick auf den Entwurf eines Gesetzgebungsaktes, der wichtige Aspekte seines Systems der sozialen Sicherheit verletzt oder dessen finanzielles Gleichgewicht beeinträchtigt, die Befassung der Angelegenheit durch den Europäischen Rat beantragen.

3. Die Bedeutung des Art. 45 AEUV

10 Art. 45 AEUV ist die Grundnorm der Arbeitnehmerfreizügigkeit. Sie regelt sozusagen das Programm, das verwirklicht werden muss, damit grenzüberschreitend Arbeitnehmer tätig werden können, ohne insbesondere diskriminiert zu werden. Der Aspekt der sozialen Sicherheit erscheint expressis verbis in Art. 45 AEUV nicht. Seit langem wird jedoch in der Rechtsprechung des Gerichtshofs Art. 45 AEUV manchmal eigenständig, manchmal im Zusammenspiel mit Art. 48 AEUV als Auslegungs- und Prüfungsmaßstab herangezogen.[52]

---

49 EuGH 22.11.1995, Rs. C-443/93 (Vougioukas), EU:C:1995:394 Rn. 39.
50 Vgl. EuGH 5.12.2019, Rs. C-398/18 u.a. (Torrico), EU:C:2019:1015.
51 EuGH 20.6.1991, Rs. C-356/89 (Newton), EU:C:1991:265 Rn. 17.
52 Vgl. dazu ausführlich Fuchs Art. 45–48 AEUV Rn. 10ff.

Der genuine Beitrag des Art. 45 AEUV erfolgt weniger über das in dessen Abs. 2 verankerte Diskriminierungsverbot, weil insoweit bereits Art. 4 VO 883/2004/EG das Gleichbehandlungsgebot einfordert. Es ist vielmehr das in der Dogmatik des EuGH zu Art. 45 AEUV entwickelte Beschränkungs- und Benachteiligungsverbot, das als Prüfungsmaßstab zugrunde gelegt wird. Das Konzept hat im Arbeitsrecht insbesondere durch die Entscheidung in der Rs. Bosman Berühmtheit erlangt. Zeitlich früher war es aber schon in der Rechtsprechung zum Sozialrecht vom EuGH entwickelt worden, so dass in der Rs. Bosman auf die einschlägige Entscheidung Masgio verwiesen wurde.[53] 11

In der Rs. Masgio werden zwei Elemente des Beschränkungsverbotes unterstrichen:[54] 12

- Ein Arbeitnehmer, der von seinem Recht auf Freizügigkeit Gebrauch gemacht hat und in mehr als einem Mitgliedstaat beschäftigt war, darf nicht schlechter gestellt werden als ein Arbeitnehmer, der seine gesamte berufliche Laufbahn in einem einzigen Mitgliedstaat zurückgelegt hat.
- Wanderarbeitnehmer, die von ihrem Recht auf Freizügigkeit Gebrauch gemacht haben, dürfen nicht Vergünstigungen der sozialen Sicherheit verlieren, die ihnen die Rechtsvorschriften eines Mitgliedstaats sichern. Ein solcher Verlust könnte nämlich den Arbeitnehmer davon abhalten, von seinem Recht auf Freizügigkeit Gebrauch zu machen und würde so die Freizügigkeit beeinträchtigen.

Der Gerichtshof betont allerdings stets auch, dass das Primärrecht der Union einem Arbeitnehmer nicht garantieren kann, dass ein Umzug in einen anderen Mitgliedstaat als seinen Herkunftsmitgliedstaat in sozialer Hinsicht neutral ist, da ein solcher Umzug aufgrund der Unterschiede, die zwischen den Systemen und Rechtsvorschriften der Mitgliedstaaten bestehen, für die betreffende Person je nach Einzelfall Vorteile oder Nachteile in diesem Bereich haben kann.[55] Jedoch ist nach st. Rspr. eine nationale Regelung für den Fall, dass ihre Anwendung weniger vorteilhaft ist, nur mit dem Unionsrecht vereinbar, soweit unter anderem diese nationale Regelung den betreffenden Erwerbstätigen im Vergleich zu Personen, die ihre gesamten Tätigkeiten in dem Mitgliedstaat ausüben, in dem diese Regelung gilt, nicht benachteiligt.[56] 13

Liegt eine Beschränkung oder eine Behinderung oder Benachteiligung vor, so muss stets zusätzlich geprüft werden, ob es dafür eine objektive Rechtfertigung gibt. Ist dies nicht der Fall, so stellt sich als nächstes das Problem, wie die Beschränkung beseitigt werden kann. Ein gutes Beispiel, wie dies dogmatisch konstruktiv zu bewältigen ist, bietet das Urteil in der Rs. Pöpperl.[57] 14

Beispiel:
Der Kläger war als auf Lebenszeit verbeamteter Lehrer in Nordrhein-Westfalen tätig gewesen. Auf eigenen Wunsch schied er aus dieser Tätigkeit aus und nahm eine Tätigkeit als angestellter Lehrer in Österreich auf. Nach den einschlägigen Regeln des NRW-BeamtG verlor er deshalb seinen Pensionsanspruch, wurde aber gem. diesen Bestimmungen in der gesetzlichen Rentenversicherung nach § 8 SGB VI nachversichert. Im Zeitpunkt seiner Entlassung aus dem Beamtenverhältnis hatte er einen Anspruch auf Versorgungsbezüge in Höhe von monatlich 2263 Euro erworben. Der für diese Zeit im Wege der Nachversicherung erworbene Anspruch belief sich jedoch monatlich nur auf 1050 Euro.

Gestützt auf Art. 45 und 58 AEUV und all die Grundsätze, die soeben besprochen wurden, kam der Gerichtshof zu dem Ergebnis, dass eine Beschränkung der Arbeitnehmerfreizügigkeit vorlag. Im Hinblick auf die mögliche objektive Rechtfertigung prüft der EuGH die nordrhein-westfälische Regelung anhand des Proportionalitätsprinzips und kommt zu einem negativen Ergebnis, weil die Geeignetheit der Regelung zur Zielerreichung zu verneinen war. 15

53 EuGH 15.12.1995, Rs. C-415/93 (Bosman), EU:C:1995:463 Rn. 96.
54 EuGH 7.3.1991, Rs. C-10/90 (Masgio), EU:C:1991:13 Rn. 17–19.
55 Vgl. etwa EuGH 19.9.2019, Rs. C-95/18 u. a. (F. van den Berg), EU:C:2019:767 Rn. 56.
56 EuGH 21.1.2016, Rs. C-515/14 (Kommission ./. Zypern), EU:C:2016:30 Rn. 40.
57 EuGH 13.7.2016, Rs. C-187/15 (Pöpperl), EU:C:2016:550.

16 Damit stellte sich das Problem der Rechtsfolgen inkompatiblen nationalen Rechts. Hierzu verwies der Gerichtshof auf seine st. Rspr.[58] Dazu gehört primär die Auslegung des nationalen Rechts im Lichte der Art. 45 und 48 AEUV mit dem Ziel einer diesen Vorschriften gerecht werdenden Anwendung nationalen Rechts. Wenn dieses Ergebnis aber nur im Wege einer Auslegung contra legem möglich wäre, muss die EU-widrige nationale Bestimmung notfalls unangewendet bleiben und die Ungleichbehandlung gegenüber der bevorzugten Gruppe dadurch vermieden werden, dass dem Kläger die gleiche Regelung zugutekommt.

4. Art. 21 AEUV als Prüfungsmaßstab

17 Mit der Einführung der **Unionsbürgerschaft** durch den Vertrag von Maastricht hat der EUGH die Unionsbürgerschaft und das mit ihr verbundene Recht der Freizügigkeit (Art. 21 AEUV) benutzt, um den Zugang zu Ansprüchen auf Sozialleistungen nach dem Recht der Mitgliedstaaten im EU-Ausland zu eröffnen. Der dogmatische Ansatz hierzu war die Verknüpfung der Unionsbürgerschaft mit dem Verbot der Diskriminierung nach Art. 18 AEUV. Unionsbürger, die von Ihrem Recht auf Freizügigkeit Gebrauch machen, dürfen gegenüber Inländern, was den Zugang zu sozialen Leistungen anbelangt, nicht schlechter behandelt werden. Damit unterliegt die Anspruchsprüfung dem gleichen Schema des Beschränkungsverbots wie oben unter 3.

Beispiel:
Die deutsche Klägerin war seit langen Jahren in Deutschland beschäftigt und bezog danach Arbeitslosengeld. Sie lebte anschließend mit ihrem Ehemann in Belgien. In dieser Zeit wurden zwei Kinder geboren. Die Anerkennung von Kindererziehungszeiten lehnte die deutsche Rentenversicherung ab.

18 Sie berief sich dabei auf die zum fraglichen Zeitpunkt geltende Fassung des § 56 Abs. 1 S. 2 Nr. 2 SGB VI a. F., wonach die Erziehung im Gebiet der Bundesrepublik Deutschland erfolgt sein muss. Der EuGH sah darin einen Verstoß gegen Art. 21 AEUV. Zur Begründung führte er aus:[59] Trotz ihrer Befugnis zur Ausgestaltung ihrer Systeme der sozialen Sicherheit seien die Mitgliedstaaten verpflichtet, das Unionsrecht, insbesondere die Bestimmungen über die in Art. 21 AEUV gewährleistete Freizügigkeit zu beachten. Die in § 56 Abs. 1 S. 2 Nr. 2 SGB VI a. F. getroffene Regelung benachteilige Unionsbürger, die von ihrem Recht auf Freizügigkeit Gebrauch machen. Die Klägerin werde bei der Festsetzung der Rente allein deshalb benachteiligt, weil sie ihren Wohnsitz vorübergehend nach Belgien verlagert habe. Deshalb werde sie in dem Mitgliedstaat, dessen Staatsangehörigkeit sie besitzt, weniger günstig behandelt, als wenn sie von ihrem Freizügigkeitsrecht keinen Gebrauch gemacht hätte. Die darin liegende Verletzung des Art. 21 AEUV verlange, dass die in Belgien zurückgelegten Zeiten der Kindererziehung so behandelt werden, als ob sie im Inland zurückgelegt worden wären.[60]

5. EU-Marktrecht und nationales Sozialrecht

19 Die Realisierung eines Binnenmarktes ist das zentrale Ziel der EU (Art. 3 Abs. 3 EUV). Wesentliche Elemente eines diesem Ziel dienenden EU-Marktrechtes sind das Wettbewerbsrecht und das Recht der Grundfreiheiten.[61] Nationales Recht muss deshalb so gestaltet sein, dass es den EU-rechtlichen

58 EuGH 13.7.2016, Rs. C-187/15 (Pöpperl), EU:C:2016:550 Rn. 43–45.

59 EuGH 19.7.2012, Rs. C-522/10 (Reichel-Albert), EU:C:2012: 475 Rn. 38 ff.

60 Vor dem Hintergrund der Rspr. des EuGH ist § 56 SGB VI neu gefasst worden. S. ferner EuGH 7.7.2022, Rs. C-576/20 (CC) EU:C:2022:525. Die Entscheidung ist besonders bedeutsam, weil die bisherige Rspr. des EuGH als weiterhin geltend angesehen wurde, weil die Regelung des Art. 44 DVO nicht als abschließende Regelung betrachtet wurde.

61 Von daher auch als Marktfreiheiten bezeichnet, vgl. Herdegen, Europarecht, § 14.

Vorgaben entspricht. Was das nationale Sozial(versicherungs)recht betrifft, war lange die Vorstellung vorherrschend, dass dieses nicht den vorgenannten Rechtsmaterien unterworfen war, sondern eine Bereichsausnahme[62] bestand.[63] Diese Rechtsauffassung wurde jedoch von der Rspr. des EuGH abgelehnt.[64]

a) EU-Wettbewerbsrecht

Kernstreitpunkt war häufig die Frage, ob es sich bei Sozialversicherungsträgern und -einrichtungen um **Unternehmen** i. S. d. Art. 101 AEUV handelt. Leitentscheidungen sind hierzu nach wie vor die Entscheidungen in den Rechtssachen Höfer-Elsner/Macrotron[65] und Poucet und Pistre[66] Die erstgenannte Entscheidung ist grundlegend insofern, als sie zwar nicht einen Sozialversicherungsträger im engeren Sinne betraf (sondern die damals noch so bezeichnete Bundesanstalt für Arbeit (jetzt: Bundesagentur für Arbeit), aber eine richtungweisende **Definition des Unternehmens** vornahm: 20

> „Im Rahmen des Wettbewerbsrechts umfasst der Begriff des Unternehmens jede eine wirtschaftliche Tätigkeit ausübende Einheit, unabhängig von ihrer Rechtsform und der Art ihrer Finanzierung.[67]

Diese Definition, die mittlerweile auch außerhalb des Sozialrechts zugrunde gelegt wird, ist durch die Entscheidung Poucet und Pistre für den Bereich der Sozialversicherung konkretisiert worden. In dieser Entscheidung, die die Klage französischer Selbständiger gegen den Sozialversicherungszwang bei bestimmten Krankenversicherungseinrichtungen zum Gegenstand hatte, erhob der EuGH die **Ausrichtung eines Sozialversicherungssystems auf einen sozialen Zweck** und den **Grundsatz der Solidarität** zu den ausschlaggebenden, die Unternehmenseigenschaft ausschließenden Kriterien. Als Elemente der Solidarität werden die **Einkommensumverteilung** zwischen wohlhabenderen und weniger gut situierten Versicherten, das **Umlageverfahren**, die **mangelnde Proportionalität von Beiträgen und Leistungen** sowie der **Solidarausgleich** zwischen einzelnen Sozialversicherungssystemen genannt. 21

b) Grundfreiheiten

Eine weitere Fragestellung zur Kompatibilität von EU-Recht und nationalem Sozialrecht ergab sich im Hinblick auf die Inanspruchnahme von Sach- und Dienstleistungen im Rahmen des Krankenversicherungsrechts. Kann der Krankenversicherte seinen Bedarf an solchen Leistungen auch im EU-Ausland befriedigen, sich also auf die Wahrnehmung der Warenverkehrs- und Dienstleistungsfreiheit berufen? Aus den Antworten, die der EuGH in Vorlageverfahren hierzu gab,[68] ergab sich ein allgemeines Prüfungsschema, mit Hilfe dessen nationales Sozialrecht sich am Recht der Marktfreiheiten messen lassen musste. Es ist ein Kompromiss zwischen der Befürwortung einer Bereichsausnahme und der Respektierung der Marktfreiheiten: 22

– Das Gemeinschaftsrecht lässt die Zuständigkeit der Mitgliedstaaten zur Ausgestaltung ihrer Systeme der sozialen Sicherheit unberührt.

---

62 Bereichsausnahmen vom EU-Recht können dem geschriebenen Recht zu entnehmen sein (Beispiel: Art. 45 Abs. 4 AEUV) oder aus der Systematik des EU-Rechts entwickelt werden, wie es der EuGH für das Tarifvertragsrecht getan hat, vgl. EuGH 21.9.1999, Rs. C-67/96 (Albany), EU:C:1999:430.

63 S. zum Inhalt dieser Annahme Fuchs, NZS 2002, 337 ff.

64 Umfassend zu dieser Rspr. Fuchs, Ist die Pflichtmitgliedschaft in einer berufsständischen Versorgungseinrichtung mit dem EU-Binnenmarktrecht vereinbar? (Rechtsgutachten), ABV-Materialien, 2013, S. 18–43.

65 EuGH 23.4.1991, Rs. C-41/90 (Höfner-Elsner/Macrotron), EU:C:1991:161.

66 EuGH 17.2.1993, Rs. C-159/91 (Poucet et Pistre), EU:C:1993:63.

67 EuGH 23.4.1991, Rs. C-41/90 (Höfner-Elsner/Macrotron), EU:C:1991:161 Rn. 21.

68 Vgl. dazu unten V. 4.

- Gleichwohl müssen die Mitgliedstaaten bei der Ausübung dieser Befugnis das Gemeinschaftsrecht beachten.
- Eine vorherige Genehmigung für eine Auslandsbehandlung stellt eine Beschränkung des freien Waren- bzw. Dienstleistungsverkehrs dar.
- Die Beschränkung kann aber objektiv gerechtfertigt sein. In Betracht kommen zwingende Gründe des Allgemeininteresses und Gründe im Sinne der Art. 30 bzw. 55 i.V.m. Art. 46 EG. Im Sinne der ersteren diskutiert der EuGH eine mögliche erhebliche Gefährdung des finanziellen Gleichgewichts des Systems der sozialen Sicherheit, im zweiten Sinne die Frage von Gründen der öffentlichen Gesundheit. In den konkreten Fällen hat der EuGH aber das Vorliegen beider Gründe verneint.

23 Schließlich verlangte der Gerichtshof auch die Überprüfung des im Sozialversicherungsrecht gängigen Versicherungszwangs an Hand der Dienstleistungsfreiheit. Hierfür ist das Urteil in der Rs. Kattner richtungweisend geworden, dessen Gegenstand die Vereinbarkeit des Versicherungszwangs von Unternehmen bei den Berufsgenossenschaften war.[69] Der EuGH bejahte eine Beschränkung der Dienstleistungsfreiheit des klagenden Unternehmers, sah diese aber wegen der Beachtung des Verhältnismäßigkeitsgrundsatzes als gerechtfertigt an.

c) Vergaberecht

24 Zu Beginn der 90er Jahre des vergangenen Jahrhunderts wurde auf europäischer Ebene ein vergaberechtliches Instrumentarium geschaffen, mit dem Ziel der Entwicklung eines Wettbewerbs auf dem Gebiet der öffentlichen Aufträge.[70] Mit der RL 2014/24/EU über die öffentliche Auftragsvergabe[71] hat der europäische Gesetzgeber die zuvor sektoral geregelten Vergaberechtsgrundsätze zusammengefasst. Ausweislich der Präambel hat die Vergabe öffentlicher Aufträge durch oder im Namen von Behörden der Mitgliedstaaten im Einklang mit den insbesondere den Grundsätzen des freien Warenverkehrs, der Niederlassungsfreiheit und der Dienstleistungsfreiheit sowie den sich daraus ableitenden Grundsätzen wie Gleichbehandlung, Nichtdiskriminierung, gegenseitige Anerkennung, Verhältnismäßigkeit und Transparenz zu erfolgen.[72]

25 Die Frage, ob Sozialversicherungsträger als öffentliche Auftraggeber anzusehen sind, war lange Zeit sehr umstritten.[73] Mit der Entscheidung in der Rs. Oymanns,[74] in der der rechtliche Charakter der gesetzlichen Krankenkassen als öffentliche Auftraggeber im Hinblick auf die Beschaffung von Hilfsmitteln judiziert wurde, sind wichtige Beurteilungskriterien formuliert worden.[75]

II. Die VO 883/2004/EG und VO 987/2009/EG

26 Hinweis: Im Rahmen der Darstellung unter § 73 sind alle Vorschriften ohne näheren Hinweis solche der VO 883/2004/EG. Die Vorschriften der VO 987/2009/EG werden mit DVO bezeichnet.

---

69 EuGH 5.3.2009, Rs. C-350/07 (Kattner), EU:C:2009:127.

70 Vgl. dazu Giesen, Wettbewerbsrecht, Vergaberecht und soziale Dienste, in: Linzbach u.a. (Hg.), Die sozialen Dienste vor der europäischen Herausforderung, 2005, S. 424 (439f.).

71 ABl. EU Nr. L 94/65 vom 28.3.2014. Diese RL löste die VorgängerRL 2004/18/EG ab.

72 Erwägungsgrund 1 der RL 2014/24/EU.

73 Vgl. zum früheren Diskussionsstand ausführlich Fuchs/Preis (Hg.), 1. Aufl. 2005, § 63 XI 4 b.

74 EuGH 11.6.2009, Rs. C-300/07 (Oymanns), EU:C:2009:358.

75 Vgl. zu dem Urteil und der Problematik ausführlich SRH/Schreiber § 34 Rn. 73ff.

Die VO.883/2004/EG vom 29.4.2004[76] in der konsolidierten Fassung der VO 2019/1149/EU vom 31.7.2019[77] zur Koordinierung der Systeme der sozialen Sicherheit ist die **zentrale Rechtsquelle** des koordinierenden europäischen Sozialrechts.[78] Die VO hat ihre Rechtsgrundlage in Art. 42 EG (jetzt Art. 48 AEUV) und wegen ergänzender Bestimmungen in der Vertragsabrundungskompetenz des Art. 308 EG (jetzt Art. 352 AEUV). In ihrer einleitenden Begründung lässt die Verordnung unmissverständlich das oben beschriebene Anliegen der Förderung des freien Personenverkehrs erkennen. Die Beschränkung auf die Koordinierungsfunktion wird ausdrücklich betont. Die VO beinhaltet die tragenden Grundsätze und Regeln der Koordinierung. Koordinierung ist aber darüber hinaus auf die Lösung vieler technischer Einzelfragen und Details angewiesen. Deshalb ist in Art. 89 eine eigene Durchführungsverordnung vorgesehen. Vor diesem Hintergrund erklärt sich die Existenz der VO Nr. 987/2009/EG zur Festlegung der Modalitäten für die Durchführung der VO 883/2004/EG vom 16.9.2009,[79] die für die Umsetzung und Anwendung der in jener VO enthaltenen Koordinierungsregeln unentbehrlich ist. 27

Die meisten Mitgliedstaaten hatten in der Vergangenheit untereinander **bilaterale Abkommen** über soziale Sicherheit geschlossen. Es musste deshalb in der VO 883/2004/EG eine Regelung über das rechtliche Schicksal dieser Abkommen getroffen werden. Als Grundprinzip besagt hierzu Art. 8 Abs. 1 S. 1, dass die VO 883/2004/EG an die Stelle der Abkommen tritt. Allerdings sollen nach Abs. 1 S. 2 einzelne Bestimmungen von Abkommen, die vor dem Inkrafttreten der VO 883/2004/EG geschlossen wurden, Bestand haben, wenn das Günstigkeitsprinzip dafür spricht oder historische Notwendigkeiten dies erfordern und eine zeitliche Begrenzung der Geltung erfolgt. Zur Anwendung dieser Ausnahmeregelung ist die Aufnahme der Abkommensbestimmungen in Anhang II Voraussetzung. Art. 8 Abs. 2 eröffnet die Möglichkeit zum Abschluss bilateraler und multilateraler Abkommen, bei Bedarf und im Geist der VO 883/2004/EG. Die Vorschrift des Art. 8 wirft zahlreiche Anwendungsprobleme auf.[80] 28

1. Persönlicher Anwendungsbereich

Unter der Geltung der VO 1408/71/EWG war der persönliche Anwendungsbereich auf Arbeitnehmer und Selbständige beschränkt. Die Beschränkung auf (ursprünglich allein) Arbeitnehmer und Selbständige entsprach dem Wortlaut der Ermächtigungsnorm des Art. 48 EG, der ebenfalls als **Adressatenkreis des Koordinierungsrechts** Arbeitnehmer und Selbständige vorsah. Der Personenkreis, auf den die Regeln des koordinierenden Sozialrechts Anwendung finden, ist **begrenzt**. Das hat damit zu tun, dass auch das Recht der Freizügigkeit, Niederlassungs- und Dienstleistungsfreiheit nach dem Titel III des EG nicht uneingeschränkt gilt. Das Recht der Freizügigkeit nach diesem Vertrag ist kein allgemeines Grundrecht, wie dies etwa das Recht der Freizügigkeit nach Art. 11 GG ist. Das Recht der Freizügigkeit ist vielmehr eine Grundfreiheit im Sinne einer Marktfreiheit.[81] Damit wurde der funktionale Charakter dieses Rechts betont. Es sollte der Freizügigkeit der Arbeitnehmer und in gleicher Weise der Freizügigkeit der Selbständigen als Teil der Niederlassungs- und Dienstleistungsfreiheit dienen. Vor diesem Hintergrund ist auch die Bestimmung des Art. 2 über den persönlichen Geltungsbereich zu verstehen. Ursprünglich galt die Verordnung nur für Arbeitnehmer. Später wurde der Anwendungsbereich jedoch auf Selbständige und Studierende erstreckt. 29

Die Entwicklungen im Zusammenhang mit der Einführung der Unionsbürgerschaft und ihrer vom EuGH verliehenen Bedeutung für Sozialleistungsansprüche hat dazu geführt, dass Art. 2 Abs. 1 jetzt für alle Staatsangehörigen eines Mitgliedstaats gilt, für die die Rechtsvorschriften eines oder 30

76 ABl. EG Nr. L 166 vom 30.4.2004, S. 1.
77 ABl. EU Nr. L 186 vom 11.7.2019 S. 1.
78 Zur Entstehungsgeschichte der VO 883/2004/EG und der Durchführungsverordnung 987/2009 ausführlich Fuchs/Fuchs, Einführung Rn. 34ff.
79 ABl. EU Nr. L 284 vom 30.10.2009 S. 1.
80 Ausf. dazu Fuchs/Steinmeyer Art. 8 Rn. 1ff.
81 Zu diesem Begriff Herdegen § 14 Rn. 1ff.

mehrerer Mitgliedstaaten gelten oder galten, sowie für ihre Angehörigen und Hinterbliebenen. Der sozialökonomische Status der betroffenen Person ist damit bedeutungslos geworden. Art. 2 Abs. 1 hält an dem Prinzip fest, dass nur **Staatsangehörige von Mitgliedstaaten** sich auf den Schutz der VO berufen können. Von diesem Grundsatz macht Art. 2 Abs. 1 nur eine Ausnahme für Staatenlose und Flüchtlinge im Gebiet eines Mitgliedstaats. Dies ist die Folge der Einbeziehung dieses Personenkreises in die Sozialleistungssysteme der einzelnen Mitgliedstaaten.[82]

31 Nach früherem Recht konnten **Drittstaatsangehörige** nur über besondere Abkommen in die Koordinierung miteinbezogen werden. Der EuGH hatte den Ausschluss der Drittstaatsangehörigen aus dem persönlichen Anwendungsbereich der VO wegen ihres eindeutigen Wortlauts stets bestätigt.[83] Demgegenüber entschied der EGMR in der Entscheidung Gaygusuz, dass durch Beiträge finanzierte Sozialleistungen den ausländischen Beitragszahlern **nicht wegen ihrer Staatsangehörigkeit vorenthalten** werden dürften, da andernfalls das durch Art. 1 Zusatzprotokoll zur EMRK geschützte Eigentum verletzt wäre. Hierzu zählt der EGMR auch soziale Sicherungsrechte.[84]

32 Angesichts einer großen Zahl von Drittstaatsangehörigen, die sich rechtmäßig in einem Mitgliedstaat der EU aufhalten und oft dort arbeiten, wurde deren Ausschluss aus dem Koordinierungsrecht zusehends als unbefriedigend betrachtet. Mit der VO 859/2003/EG hat der europäische Gesetzgeber auf die Forderung nach Einbeziehung von Drittstaatsangehörigen reagiert. Aus der Präambel zu dieser VO geht hervor, dass die in Art. 6 EUV geforderte Respektierung der Grundrechte der EMRK und die Förderung eines hohen Maßes an sozialem Schutz und die Hebung der Lebenshaltung und der Lebensqualität wichtige Ziele der Gemeinschaft seien. Die gemeinschaftliche Koordinierung müsse daher auch auf Drittstaatsangehörige anwendbar sein, um diesen so weit wie möglich dieselben Rechte wie Bürgern der EU zuzubilligen. Diese Errungenschaft ist auch nach Inkrafttreten der VO 883/2004/EG erhalten geblieben. Die VO 1231/2010/EU[85] übernimmt das Regelungskonzept ihrer Vorläuferin.[86]

33 Die in dieser Rechtsprechung angelegte Unterscheidung zwischen eigenen und abgeleiteten Rechten von Familienangehörigen hat jedoch eine wichtige Einschränkung erfahren: Der EuGH hat seine bisherige, durch die Entscheidung Kermaschek eingeleitete Rechtsprechung in der Entscheidung Cabanis-Issarte auf Sachverhalte beschränkt, in denen sich ein Familienangehöriger eines Arbeitnehmers auf Bestimmungen der VO beruft, die ausschließlich für Arbeitnehmer, also nicht für deren Familienangehörige, gelten.[87]

2. Sachlicher Anwendungsbereich

34 Der in Art. 3 bestimmte sachliche Geltungsbereich bezieht sich auf die Frage, welche Bereiche des Rechts der sozialen Sicherheit oder welche Sozialleistungssysteme der einzelnen Mitgliedstaaten in die Koordinierung der VO einbezogen werden können. Ähnlich wie die ILO-Konvention Nr. 102 über die Mindestnormen der sozialen Sicherheit vom 28.6.1952[88] folgt Art. 4 Abs. 1 einem Regelungskonzept, in dem **zehn Zweige der sozialen Sicherung katalogmäßig und abschließend aufgezählt** werden. Nur solche Leistungen, die einem der genannten Leistungsbereiche unterfallen, werden – so die Ausführungen des EuGH in der Entscheidung Hoeckx – von den Koordinierungsregeln der VO erfasst. Die Aufzählung ist also abschließender Natur.[89]

---

82 Oetker/Preis/Eichenhofer EAS B 1200 Rn. 63.

83 EuGH 25.10.2001, Rs. C-189/00 (Ruhr), EU:C:2001:583.

84 EGMR 16.9.1996, Application no. 17371/90 (Gaygusuz).

85 ABl. EU Nr. L 344/1 vom 29.12.2010.

86 Vgl. dazu Fuchs in: KRW VO 883/2004/EG Rn. 8, dort auch zu länderspezifischen Einschränkungen. S. ferner Bokeloh, ZESAR 2016, 69 ff; Hohnerlein, ZIAS 2016, 47 ff.

87 EuGH 30.4.1996, Rs. C-308/93 (Cabanis-Issarte), EU:C:1996:169; bestätigt von EuGH 10.10.1996, Rs. C-249/94 (Hoever und Zachow), EU:C:1996:379.

88 Abzurufen unter www.ilo.org.

89 EuGH 27.3.1985, Rs. C-249/83 (Hoeckx), EU:C:1985:139.

Der EuGH hat den in Art. 3 Abs. 1 aufgezählten Leistungen einen weiten Begriffsinhalt gegeben.[90] Während er ursprünglich stärker auf die Funktion einer Leistung zur Entschädigung eines konkreten sozialen Risikos abstellte, hat später die Orientierung an Art. 48 AEUV eine Rolle gespielt mit dem Ziel, dem Gedanken der Freizügigkeit ein stärkeres Gewicht bei der Auslegung zukommen zu lassen. Für einen **weiten sachlichen Anwendungsbereich** sorgt im Übrigen Art. 3 Abs. 2, wonach die Verordnung für die allgemeinen und die besonderen, die auf Beiträgen beruhenden und die beitragsfreien Systeme der sozialen Sicherheit sowie für die Systeme, nach denen die Arbeitgeber zu Leistungen gem. Abs. 1 verpflichtet sind, gilt. 35

Nach ständiger Rspr. des EuGH hängt die Unterscheidung zwischen Leistungen, die vom Geltungsbereich der VO 883/2004/EG erfasst sind, und solchen, die von ihm ausgeschlossen sind, im Wesentlichen von den grundlegenden Merkmalen der jeweiligen Leistung ab. Insbesondere ist sie von ihrem Zweck und den Voraussetzungen ihrer Gewährung abhängig, nicht dagegen davon, ob eine Leistung von den nationalen Rechtsvorschriften als eine Leistung der sozialen Sicherheit eingestuft wird.[91] Unter den Begriff der sozialen Sicherheit im Sinne des Art. 3 Abs. 1 fallen Leistungen dann, wenn sie erstens den Empfängern ohne jede auf Ermessen beruhende individuelle Bedürftigkeitsprüfung aufgrund eines gesetzlichen Tatbestands gewährt werden und sich zweitens auf eines der in Art. 3 Abs. 1 ausdrücklich aufgezählten Risiken beziehen.[92] 36

Die einzelnen Risiken des Art. 3 Abs. 1 sollen im Folgenden kurz skizziert werden.[93] Zu beachten ist, dass Leistungen bei Krankheit auch Leistungen der medizinischen Rehabilitation[94] und Pflegeleistungen mit umfassen.[95] Bei Geldleistungen kommt es darauf an, ob sie ihrem Sinn und Zweck nach Krankheitsrisiken abdecken sollen.[96] Leistungen bei Invalidität sind solche, bei denen es um den Ausfall der Erwerbsfähigkeit vorübergehender oder dauerhafter Natur geht.[97] Leistungen bei Alter können einmal Abgrenzungsprobleme im Hinblick auf Leistungen bei Arbeitslosigkeit aufweisen.[98] Abgrenzungsprobleme gibt es auch zwischen Leistungen bei Alter und Vorruhestandsleistungen, trotz der Legaldefinition in Art. 1 lit. x). In der Rs. Czerwinski[99] betonte der Gerichtshof zur Abgrenzung, dass Vorruhestandsleistungen ein beschäftigungspolitisches Ziel verfolgen, indem sie dazu beitragen, Arbeitsplätze, die von vor dem Eintritt in den Ruhestand stehenden Arbeitnehmern besetzt sind, zugunsten von jüngeren Arbeitslosen freizumachen. Leistungen bei Arbeitslosigkeit decken das Risiko des Einkommensverlusts ab, den der Arbeitnehmer wegen des Verlusts seiner Beschäftigung erleidet, während er noch arbeitsfähig ist. Eine Leistung, die auf Grund des Eintritts dieses Risikos, d.h. des Verlusts der Beschäftigung, gewährt wird und die wegen des Wegfalls dieser Situation nicht mehr geschuldet wird, wenn der Betroffene eine entgeltliche Tätigkeit ausübt, ist als Leistung bei Arbeitslosigkeit zu betrachten.[100] Aufgrund der in vielen Ländern verfolgten aktiven 37

90 Hauck/Noftz/Otting EU-Sozialrecht, K, Art. 3 Rn. 45 mit Rspr.-Nachweisen.

91 EuGH 2.9.2021, Rs. C-350/20 (O.D. u. a.), EU:C:2021:659 Rn. 52.

92 EuGH 25.7.2018, Rs. C-679/16 (A), EU:C:2018:601.

93 Eingehend dazu Fuchs/Fuchs Art. 3 Rn. 8ff.

94 Zu Einzelheiten s. Fuchs/Fuchs, Art. 3 Rn. 10.

95 EuGH 5.3.1998, Rs. C-160/96 (Molenaar), EU:C:1998:84; 16.7.2009, Rs. C-208/07 (Chamier-Glisczinski), EU:C:2009:455; 8.7.2004, Rs. C-502/01 u. a. (Gaumain-Cerri/Barth), EU:C:2004:413.).

96 Das wurde für die Lohnfortzahlung nach dem LFZG (jetzt EFZG) bejaht, EuGH 3.6.1992, Rs. 45/90 (Paletta I), EU:C:1992:236, nicht aber für eine staatlich finanzierte Vergütung, die Arbeitnehmer für die durch die Behinderung ihres Erwerbs entstandenen Vermögensnachteile während ihrer Absonderung als an Covid-19 erkrankte, krankheitsverdächtige und ansteckungsverdächtige Personen gewährt wurde, vgl. EuGH 15.6.2023, Rs. C-411/22 (Fontana), EU:C:2023:490 Rn. 29. Rehabilitationsgeld, das vom Träger der Krankenversicherung und der Höhe nach in Anlehnung an das Krankengeld gezahlt wird und das Risiko vorübergehender Erwerbsminderung abdecken soll, ist eine Leistung bei Krankheit, EuGH 5.3.2020, Rs. C-135/19 (CW) EU:C:2020:177 Rn. 43f.

97 EuGH 21.7.2011, Rs. C-503/09 (Stewart), EU:C:2011:500.

98 Vgl. dazu EuGH 18.7.2006, Rs. C-406/04 (De Cuyper), EU:C:2006:491.

99 EuGH 30.5.2018, Rs. C-517/16 (Czerwinski), EU:C:2018:350.

100 EuGH 19.9.2013, Rs. C-216/12 und 217/12 (Hliddal und Bornand) EU:C:2013:568 Rn. 52.

Arbeitsmarktpolitik und damit verbundenen Leistungen ist ein Typus von Sozialleistungen entstanden, dessen Einordnung unter den Begriff der Leistungen bei Arbeitslosigkeit noch viele Probleme aufwirft.[101]

38 Eine bedeutende Neuerung, die auf die VO 1247/92/EWG vom 30.4.1992 zurückgeht,[102] stellen die in Abs. 3 erfassten **besonderen beitragsunabhängigen Geldleistungen** dar. Wegen ihrer komplexen Struktur hat der EU-Verordnungsgeber in Art. 70 eine umfassende Regelung geschaffen (s. dazu unten XI.)

39 Ausgeschlossen aus dem sachlichen Geltungsbereich sind gem. Art. 4 Abs. 5 die Systeme der sozialen und medizinischen Fürsorge sowie der sozialen Entschädigung. Diese Leistungsbereiche weisen einen sehr starken nationalen Bezug auf, sodass sie der Verordnungsgeber nicht in die Koordinierung einbeziehen wollte.[103]

40 Die Mitgliedstaaten haben gegenüber der EU-Kommission eine **Notifizierungspflicht** bezüglich der Rechtsvorschriften, Systeme und Regelungen i. S. d. Art. 3 gem. Art. 9.[104] Hat ein Mitgliedstaat eine Rechtsvorschrift mitgeteilt, so muss sich dieser an der Erklärung festhalten lassen, dass die in dieser Rechtsvorschrift enthaltenen Leistungen solche der sozialen Sicherheit sind. Umgekehrt gilt nicht, dass eine unterbliebene Mitteilung bedeutet, dass eine Leistung nicht in den sachlichen Geltungsbereich fällt. Vielmehr bleibt die Möglichkeit einer Überprüfung bestehen. Grundsätzlich können andere Mitgliedstaaten darauf vertrauen, dass die erfolgte Mitteilung zutreffend ist und umgekehrt bei Ausbleiben einer Erklärung eine in Frage stehende Leistung nicht unter Art. 3 fällt. Das schließt aber nicht aus, dass ein mit einer ausländischen Vorschrift befasstes Gericht jederzeit aufgerufen sein kann, eine Prüfung vorzunehmen und ggf. den EuGH anzurufen.[105]

III. Die Kollisionsnormen

1. Aufgabe und Funktion

41 Im Titel II (Bestimmung des anwendbaren Rechts) finden sich in den Artikeln 11 bis 16 die wichtigsten Kollisionsnormen des europäischen Sozialrechts. Sie tragen zur Bewältigung derjenigen Probleme bei, die sich daraus ergeben, dass eine Person Beziehungen zu mehreren Sozialrechtsordnungen unterhält. Zudem bestimmen sie unter Verdrängung der nationalen Kollisionsnormen (§§ 3 bis 6 SGB IV) und solcher nach den zwischenstaatlichen Abkommen über soziale Sicherheit, welche Rechtsordnung eines Mitgliedstaates auf grenzüberschreitende Sachverhalte anzuwenden ist. Im Ergebnis vereinheitlichen sie damit das internationale Sozialrecht der einzelnen Mitgliedstaaten und gewährleisten eine einheitliche Rechtsanwendung mit dem Ziel, dass **nur ein Sozialrecht auf den Betroffenen anwendbar** sein soll (Art. 11 Abs. 1). Gleichzeitig stellen sie so zweierlei sicher: Zunächst, dass alle Personen, die in den Anwendungsbereich der Verordnung fallen, lückenlos von einem System der sozialen Sicherheit erfasst werden, wenn sie innerhalb der Union von einem Mitgliedstaat in einen anderen zu- oder abwandern. Ferner, dass das Zusammentreffen von Leistungen mit gleicher Zielrichtung ebenso vermieden wird wie die mit einer Doppelversicherung verbundenen zusätzlichen Beitragslasten. Dieser Grundsatz bedeutet auch, dass der Verweis auf die Rechtsvorschriften eines bestimmten Mitgliedstaates für alle von der Verordnung erfassten Zweige der sozialen Sicherheit gilt. Es kann also für die Krankenversicherung keine andere anwendbare Rechtsordnung mehr geben als für die Rentenversicherung.[106] Mit anderen Worten besteht der

101 Vgl. dazu Fuchs/Fuchs, Art. 3 Rn. 24.
102 ABl. EG Nr. L 136/1 vom 22.5.2019.
103 Vgl. dazu ausführlich Fuchs/Fuchs Art. 3 Rn. 33 ff.
104 Eingehend zu Art. 9 Fuchs/Fuchs Art. 9 Rn. 1 ff.
105 Die vorgenannten Grundsätze sind kompakt zusammengefasst in EuGH 3.3.2016, Rs. C-12/14 (Kommission./.Malta), EU:C:2016:135.
106 Fuchs/Steinmeyer Art. 11 Rn. 1.

Zweck der Kollisionsnormen in der Vermeidung negativer und positiver Gesetzeskollisionen[107] im Hinblick auf:
- Lücken des sozialen Schutzes,
- doppelte Beitragszahlung und
- ungerechtfertigte Leistungskumulierung.

Die Bezeichnung **Kollisionsnorm** ist der juristische **Gegenbegriff** zur **Sachnorm**. Während die Sachnorm jede in einer Rechtsordnung enthaltene und für die Beurteilung einer Rechtsfrage maßgebende Norm bezeichnet, unter die der jeweilige Sachverhalt zu subsumieren ist, regelt die Kollisionsnorm, welcher Rechtsordnung die für einen Sachverhalt einschlägige Sachnorm zu entnehmen ist.[108] Die Kollisionsnorm ist damit der Sachnorm in der Prüfungsreihenfolge vorgeschaltet. Bei den Kollisionsnormen der VO handelt es sich zudem um sog. **allseitige Kollisionsnormen**.[109] Sie legen nämlich nicht nur einseitig – wie die §§ 3 bis 6 SGB IV – fest, ob eine nationale Rechtsordnung anwendbar ist oder nicht, sondern bestimmen vielmehr allseitig, welche nationale Rechtsordnung zur Anwendung kommt, wenn ein Sachverhalt den Anwendungsbereich mehrerer nationaler Sozialrechtsordnungen betrifft.[110] 42

Mit der dogmatischen Funktion der Kollisionsnormen im Verhältnis zu den übrigen Vorschriften der Koordinierung befasste sich der EuGH im folgenden Fall: 43

Beispiel (nach der Entscheidung Ten Holder):[111]
Eine niederländische Staatsangehörige war in ihrem Heimatland, in Belgien und zuletzt auch in Deutschland beruflich tätig gewesen. Hier bezog sie aufgrund dauernder Arbeitsunfähigkeit Krankengeld bis zur Erschöpfung des Leistungsanspruches. Der niederländische Sozialversicherungsträger verweigerte der zwischenzeitlich wieder in den Niederlanden wohnenden Betroffenen daraufhin die Gewährung von (weiteren) Invaliditätsleistungen, da sie am entsprechenden Stichtag nicht in den Niederlanden gewohnt und zuvor Leistungen in Deutschland (Krankengeld bis zum Erreichen der Höchstdauer) erhalten habe.

Der EuGH kam hier zum Ergebnis, dass die Betroffene den Rechtsvorschriften des Mitgliedstaates ihrer letzten Beschäftigung in Deutschland unterliegt. Bei Zugrundelegung allein des niederländischen Rechts hätten ihr nämlich weitere Invaliditätsleistungen nach dem Gesetz über die allgemeine Arbeitsunfähigkeitsversicherung zugestanden. Die gleichzeitige Anwendung dieser für die Klägerin günstigeren niederländischen Vorschriften – stieße allerdings auf Schwierigkeiten, da sich ein solcher Vorteil nur schwer bestimmen lasse und die Gefahr drohe, dass es wegen der Unterschiede der nationalen Rechtsvorschriften über die Voraussetzungen für den Beitritt zur Versicherung, die Versicherungszweige und die Beitragssysteme zur Verwirrung und zu einer Störung des Gleichgewichtes der Lastenverteilung zwischen den Mitgliedstaaten komme. Der Zweck der VO bestehe insoweit darin, Kumulierungen und Überschneidungen bei der Anwendung der nationalen Rechtsvorschriften zu verhindern. Die Vorschriften des Titels II der Verordnung bildeten nämlich ein **geschlossenes System von Kollisionsnormen**, das dem Gesetzgeber des einzelnen Mitgliedstaates die Befugnis nimmt, Geltungsbereich und Anwendungsvoraussetzungen seiner nationalen Rechtsvorschriften im Hinblick darauf zu bestimmen, welche Personen ihnen unterliegen und in welchem Staatsgebiet sie ihre Wirkung entfalten sollen. Das Gemeinschaftsrecht habe hier Vorrang.[112] 44

Dieses Ergebnis ändere sich auch nicht dadurch, dass nach dem sog. Petroni-Prinzip (siehe unten Rn. 169) die Anwendung der Verordnung nicht zum Verlust von Ansprüchen führen dürfe, die allein 45

107 Zu diesem Begriff Stahlberg Rn. 331.
108 Vgl. Eichenhofer, Rn. 129 ff.
109 So auch Joussen, NZS 2003, 19, 21.
110 A.A. Frank, DAngVers 1996, 132 ff., Devetzi S. 196 ff.
111 EuGH 12.6.1986, Rs. C-302/84 (Ten Holder), EU:C:1986:242.
112 Ebenso EuGH 26.2.2015, Rs. C-623/13 (de Ruyter), EU:C:2015:123 Rn. 33.

nach den Rechtsvorschriften eines Mitgliedstaates erworben worden seien.[113] Denn vorliegend ginge es (noch) nicht um die Frage des Erwerbes und der Aufrechterhaltung von Leistungsansprüchen aus verschiedenen Mitgliedstaaten i. S. d. Regelungsauftrages aus Art. 48 AEUV, die in den materiellen Koordinationsregeln erfasst sind, sondern um die Frage der auf den Betroffenen anzuwendenden nationalen Rechtsvorschrift, die zuvor im Wege des Kollisionsrechtes festzustellen sei. Somit war die Gewährung weiterer Invaliditätsleistungen in den Niederlanden ausgeschlossen.

46 Angesichts der in der Rspr. des EuGH befürworteten Konzeption des Kollisionsrechts hat folgender Fall Irritationen ausgelöst:

Beispiel:
Frau Bosmann, eine in Deutschland wohnhafte belgische Staatsangehörige, ist alleinerziehende Mutter zweier Kinder, die ebenfalls in Deutschland wohnen. Sie hat grundsätzlich nach deutschem Recht Anspruch auf Kindergeld. Nachdem Frau Bosmann eine Beschäftigung in den Niederlanden aufgenommen hatte, wurde ihr das Kindergeld mit diesem Zeitpunkt versagt, weil zuständiger Staat die Niederlande geworden waren. In den Niederlanden kann Frau Bosmann keine Familienleistungen bekommen, da die Kinder über 18 Jahre alt sind. Das für Frau Bosmann geltende Sozialrechtsstatut bestimmt sich nach Art. 11 Abs. 1 und Abs. 3 lit. a), also nach niederländischem Recht als dem Mitgliedstaat der Beschäftigung. Ob sie einen Anspruch auf Familienleistungen hat, wird allein durch niederländisches Recht ermittelt. Ein Anspruch auf das deutsche Kindergeld besteht jedenfalls nicht. Damit hätte der Fall eigentlich abgeschlossen sein können.

47 Mit einer Formulierung in dem Urteil,[114] wonach dem Wohnsitzmitgliedstaat (in diesem Fall Deutschland) nicht die Befugnis abgesprochen werden könne, den in seinem Gebiet wohnhaften Personen Familienbeihilfen zu gewähren, entstanden Zweifel, ob der Gerichtshof das kollisionsrechtliche Prinzip der Zuständigkeit nur einer Sozialrechtsordnung aufweichen wollte.[115] Der EuGH betonte indes, dass an der Eigenschaft der Zuständigkeit der niederländischen Rechtsordnung als zuständigem Staat nicht gerüttelt werde und auch kein Widerspruch zu dem Urteil Ten Holder bestehe. Der Wohnstaat solle lediglich nicht daran gehindert werden, Familienbeihilfen nach seinem Recht zu gewähren.

48 Deutliche Kritik an dem Ansatz des EuGH wurde laut, als einige Jahre später eine Entscheidung bei folgendem Sachverhalt erging:[116]

Die Kläger, polnische Staatsangehörige, waren in Polen sozialversichert. Sie arbeiteten 2006 bzw. 2007 als Arbeitnehmer in Deutschland, waren dort einkommensteuer- und sozialversicherungspflichtig. Das deutsche Kindergeld wurde den Klägern aufgrund von §§ 62 ff. EStG versagt, weil die beiden Kläger entsandte Arbeitnehmer im Sinne des Art. 12 Abs. 1 waren und deshalb für die Frage der Gewährung von Familienleistungen polnisches Recht einschlägig war.

49 Dass die Entscheidung über die Gewährung von Familienleistungen kollisionsrechtlich nach polnischem Recht zu erfolgen hat, steht für den Gerichtshof außer Zweifel, er wiederholt aber die in der Rs. Bosmann entwickelten Grundsätze, wonach dennoch Deutschland als der nicht zuständige Mitgliedstaat die Möglichkeit hat, solche Leistungen zu gewähren. Ausdrücklich wird gesagt,[117] dass der nicht zuständige Staat befugt, aber nicht verpflichtet ist, einem entsandten Arbeitnehmer Leistungen zu gewähren.

50 Insofern könnte man sagen, dass das Urteil nur eine Fortsetzung der Grundsätze der Entscheidung Bosmann darstellt. Kritik an der Entscheidung ist aber deshalb angebracht, weil der Gerichtshof im weiteren Verlauf des Urteils indirekt doch eine Verpflichtung des deutschen Trägers zur Zahlung

113 EuGH 21.10.1975, Rs. 24/75 (Petroni), EU:C:1975:129.
114 Vgl. EuGH 10.8.2006, Rs. C-352/06 (Bosmann), ECLI:EU:C:2008:290, Rn. 31 f.
115 Vgl. dazu Devetzi, Familienleistungen in der VO (EG) 883/2004, in: Eichenhofer (Hg.), 50 Jahre nach ihrem Beginn – Neue Regeln für die Koordinierung sozialer Sicherheit, 2008, S. 291 (299 ff.).
116 EuGH 12.6.2012, Rs. C-611/10 u. a. (Hudzinski und Wawrzyniak), EU:C:2012:339.
117 Vgl. EuGH 10.8.2006, Rs. C-352/06 (Bosmann), ECLI:EU:C:2008:290, Rn. 70.

von Kindergeld herbeiführt. Begründet wird dies damit, dass die deutsche Regelung im § 75 EStG, die einen völligen Ausschluss von Familienleistungen vorsieht, soweit Familienleistungen im anderen Mitgliedstaat bestehen, im Widerspruch zu Art. 45 und 48 AEUV steht.[118]

Eine weitgehende Klärung der Problematik dürfte mit einer Entscheidung in folgender Angelegenheit erfolgt sein.[119] Es ist der seltene Fall, dass ein Rechtsstreit in gleicher Besetzung und mit gleicher Problematik den EuGH ein zweites Mal erreicht:[120] 51

Beispiel:
Die Beklagten (im Revisionsverfahren ursprüngliche Kläger) sind niederländische Staatsangehörige und wohnen in den Niederlanden. Sie wehren sich dagegen, dass ihnen die niederländischen Kläger Altersrenten gekürzt bzw. Familienleistungen völlig versagt haben. Dies geschah im Hinblick darauf, dass die Beklagten im fraglichen Zeitraum geringfügig beschäftigt (§ 8 SGB IV) waren. Zuständiger Staat sei deshalb nach Art. 11 Abs. 3 lit. a) die Bundesrepublik Deutschland gewesen. Die Erschwernis liegt für die Beklagten darin, dass sie keine Leistungen nach deutschem Recht bekommen können, da sie wegen geringfügiger Beschäftigung nicht versicherungspflichtig waren.

Bei strikter Anwendung der kollisionsrechtlichen Vorschriften ist für den fraglichen Zeitraum allein 52
das deutsche Sozialrecht maßgeblich. Die Niederlande sind demnach nicht zuständiger Staat, weil Deutschland auch bei nur geringfügiger Beschäftigung Beschäftigungsstaat ist. Die Anwendung der Grundsätze der Entscheidung Bosmann war für die Beklagten nicht zielführend, da das niederländische Recht für den fraglichen Zeitraum keine Leistungen gewähren kann. Das vorlegende Gericht hatte deshalb den EuGH gefragt, ob nicht eine Korrektur dieses Ergebnisses unter Berufung auf Art. 48 und 45 AEUV vorgenommen werden kann. Der Gerichtshof verneint diese Möglichkeit, weil die Art. 48 und 45 AEUV mit ihrem dezidierten Anliegen der Förderung der Freizügigkeit nur eine Koordinierung und nicht eine Harmonisierung der sozialen Sicherheit bezwecken, so dass der Grundsatz der Anwendbarkeit nur eines Rechts (Art. 11 Abs. 1) nicht in Frage gestellt werden könne. Der Gerichtshof sieht die Möglichkeit einer Korrektur nur über den Abschluss einer bilateralen Vereinbarung gem. Art. 16, die auch rückwirkend erfolgen könne. Damit sollten die Zweifel ausgeräumt sein, die ursprünglich mit der Entscheidung in der Rs. Bosmann entstanden waren. Der Grundsatz der Anwendbarkeit nur eines Rechts steht nicht zur Disposition.

2. Regelungsinhalt

a) Prinzip des Beschäftigungsstaates

Art. 11 Abs. 1 trifft die erste sehr bedeutende Grundaussage der VO. Vorbehaltlich der Art. 12 bis 16f 53
unterliegen danach die von der Verordnung erfassten Personen nur den **Rechtsvorschriften eines Mitgliedstaates (Prinzip der Einheitlichkeit des Sozialrechtsstatuts)**.

b) Berufsgruppenorientierte Anknüpfung

– Die Regelungen in Art. 11 Abs. 3 bis 5 zeigen, dass die Bestimmung des Sozialversicherungsstatuts 54
berufsgruppenorientiert erfolgt.[121] Beschäftigte (Art. 1 lit. a) und selbständig Erwerbstätige (Art. 1 lit. b) unterliegen dem Recht des Mitgliedstaats ihrer **Beschäftigung** bzw. **selbständigen Tätigkeit** (Art. 11 Abs. 3 lit. a).[122]

118 Abl. zu diesem Urteil s. Fuchs, Das Recht der Arbeit (Österreich), 2013, 225 ff.

119 EuGH 19.9.2019, Rs. C-95/18 und C-96/18 (Giesen u. a.), EU:C:2019:767.

120 Zur ersten Entscheidung s. EuGH 23.4.2015, Rs. C-382/13 u. a. (Franzen u. a.), EU:C:2015:261.

121 Vgl. dazu auch Eichenhofer, Sozialrecht der EU, Rn. 142.

122 Ein Leiharbeitnehmer, der in einem Mitgliedstaat wohnt und in einem anderen als Leiharbeitnehmer tätig ist, unterliegt während der Zeiträume zwischen den Überlassungen nicht mehr nach nach Abs. 3 lit. a) dem Beschäftigungsstaat,

- Seeleute unterliegen dem **Flaggenstaatsprinzip** (Art. 11 Abs. 4).
- Beamte unterliegen den Rechtsvorschriften des Mitgliedstaates, dem die sie beschäftigende Verwaltungseinheit angehört (**Dienstsitz der Behörde**) gem. Art. 11 Abs. 3 lit. b).
- Die Tätigkeit von Flugpersonal gilt als im Mitgliedstaat der Heimatbasis ausgeübt (Art. 11 Abs. 5).[123]
- Zum Wehr- oder Zivildienst eines Mitgliedstaates einberufene Personen fallen gem. Art. 11 Abs. 3 lit. d) unter die Rechtsvorschriften dieses Staates (**Staat der Dienstpflicht**).
- Nichterwerbstätige unterliegen dem Recht des Wohnmitgliedstaats (Art. 11 Abs. 3 lit. e).

c) Entsendung

55 Eine der wichtigsten Regelungen, die Art. 11 Abs. 3 mit einem Vorbehalt gegenüber den dort aufgelisteten Tatbeständen versieht, ist die Fallgestaltung der **Entsendung** in Art. 12. Die Regelung in Art. 12 ist gewissermaßen die sozialrechtliche Komplettierung der Entsendetatbestände im Internationalen Privatrecht und im Europäischen Arbeitsrecht. Für ersteres enthält Art. 8 Abs. 2 Rom I-VO eine Bestimmung darüber, welche Arbeitsrechtsordnung auf das Arbeitsverhältnis bei Entsendung Anwendung findet. Und die Entsenderichtlinie 96/71 ordnet für bestimmte Bereiche des Arbeitsvertrages die Geltung des Rechts des Aufnahmestaates an.[124]

56 Art. 12 Abs. 1 regelt die Fälle der **Entsendung** von abhängig beschäftigten Personen, die durch die Tatsache gekennzeichnet ist, dass der Beschäftigte nicht an seinem gewöhnlichen Arbeitsplatz tätig wird, sondern an einem Ort eines anderen Mitgliedstaates, wenngleich nur vorübergehender Natur. Bei dieser Fallgestaltung verbleibt es entgegen dem in Art. 11 Abs. 3 lit. a) verankerten Prinzip der lex loci laboris bei der Zugehörigkeit zur Sozialrechtsordnung des Entsendestaates und nicht des Aufnahmestaates. Nach Auffassung des EuGH soll die Regelung dazu dienen, Hindernisse für die Freizügigkeit der Arbeitnehmer zu überwinden, die gegenseitige wirtschaftliche Durchdringung zu fördern und dabei administrative Schwierigkeiten für die Arbeitnehmer, die Unternehmen und die Sozialversicherungsträger zu vermeiden.[125] Denn ohne diese Regelung müsste das betroffene Unternehmen seine Mitarbeiter bei einer nur zeitlich begrenzten Tätigkeit im System der sozialen Sicherheit eines anderen Mitgliedstaates veranlagen, was ein unverhältnismäßiger Mehraufwand gegenüber der Fortgeltung der Vorschriften des Entsendestaates wäre. Der Zweck der Entsendung liegt also in der **Vereinfachung**.[126]

57 Der Entsendetatbestand des Art. 12 Abs. 1 setzt folgende Elemente voraus:

(1) Arbeitgeber gewöhnlich im Entsendestaat tätig
(2) Ausführung der Arbeit des entsandten Arbeitnehmers für Rechnung des Arbeitgebers
(3) Fortbestehen des Beschäftigungsverhältnisses
(4) Zeitliche Begrenzung: 24 Monate
(5) Keine Ablösung einer entsandten Person

58 Zu 1) Dieses Merkmal war ursprünglich nicht im Entsendetatbestand enthalten. Es ist erst aufgrund der Rspr. des EuGH aufgenommen worden. Richtungsweisend hierfür war die Entscheidung des EuGH in der Rs. Fitzwilliam.

---

sondern nach Abs. 3 lit. e) dem Recht des Wohnmitgliedstaats, wenn das Arbeitsverhältnis gemäß dem Leiharbeitsvertrag während der Zwischenräume endet, EuGH 13.10.2022, Rs. C-713/20 (X,Y), EU:C:2022:782.

123 Zur Auslegung dieser Bestimmung s. EuGH 19.5.2022, Rs. 33/21 (INAIL/INPS) EU:C:2022:402. In dieser Entscheidung ist auch die Rechtslage vor dem Inkrafttreten der VO 883/2004 (1.5.2004) dargestellt.

124 Zu beiden Materien s. Fuchs/Marhold, Europäisches Arbeitsrecht, 6. Aufl. 2020, Dritter Teil.

125 EuGH 17.12.1970, Rs. 35/70 (Manpower), EU:C:1970:120.

126 Cornelissen, RdA 1996, 329, 332.

Beispiel:
Sie betraf einen Rechtsstreit zwischen der irischen Zeitarbeitsfirma Fitzwilliam mit Sitz in Dublin und dem niederländischen Sozialversicherungsträger über Sozialversicherungsbeiträge, die letzterer nach niederländischem Recht für die von Fitzwilliam in die Niederlande entsandten Arbeitnehmer verlangte.[127] Da Fitzwilliam in den Niederlanden höhere Umsätze als in Irland erzielte, stand der niederländische Träger auf dem Standpunkt, dass die Voraussetzungen des Art. 12 Abs. 1 nicht gegeben waren. Demgegenüber vertrat die in dem Verfahren beteiligte irische Regierung die Auffassung, dass es für den Tatbestand der Entsendevorschrift genüge, dass ein Unternehmen eine wirtschaftliche Tätigkeit im Entsendestaat ausübe und die Vorschrift lediglich Briefkastenfirmen verhindern wolle. Vor diesem Hintergrund wollte das vorlegende niederländische Gericht wissen, ob der in Art. 12 Abs. 1 verwendete Begriff „Unternehmen, dem sie gewöhnlich angehört" so ausgelegt werden müsse, dass engere, in dieser Bestimmung nicht ausdrücklich genannte Erfordernisse oder Voraussetzungen aufgestellt werden müssen.

In seiner Antwort betont der Gerichtshof, dass sich aus Sinn und Zweck der Entsendevorschrift ergebe, dass nur ein Unternehmen, das im Mitgliedstaat seiner Betriebsstätte gewöhnlich eine nennenswerte Geschäftstätigkeit ausübt, unter diese Bestimmung fällt. Um festzustellen, ob gewöhnlich eine nennenswerte Tätigkeit im Mitgliedstaat der Betriebsstätte ausgeübt werde, sind in einer Gesamtschau sämtliche Tätigkeiten des Unternehmens zu würdigen. Dabei sind unter anderem der Ort, an dem das Unternehmen seinen Sitz und seine Verwaltung hat, die Zahl der im Mitgliedstaat seiner Betriebsstätte bzw. in dem anderen Mitgliedstaat in der Verwaltung Beschäftigten, der Ort, an dem die entsandten Arbeitnehmer eingestellt werden, der Ort, an dem der Großteil der Verträge mit den Kunden geschlossen wird, das Recht, dem die Verträge unterliegen, die das Unternehmen mit seinen Arbeitnehmern bzw. mit seinen Kunden schließt, sowie der während eines hinreichend charakteristischen Zeitraums im jeweiligen Mitgliedstaat erzielte Umsatz zu berücksichtigen. Diese Auflistung sei nicht erschöpfend, da vom jeweiligen Einzelfall abhängt, welche Kriterien zu berücksichtigen seien.[128] Die Rechtsprechung des EuGH hat Aufnahme in die Koordinierungsverordnungen gefunden. Sie taucht in Art. 12 Abs. 1 VO 883/2004/EG in dem Merkmal „eines Arbeitgebers, der gewöhnlich dort tätig ist" und in Art. 14 Abs. 2 VO 987/2009/EG auf. Den Grundgedanken dieser Rspr., Leiharbeitsunternehmen kein „forum shopping" zu erlauben, hat der EuGH bei der Auslegung des Art. 14 Abs. 2 DVO unterstrichen. Deshalb reichen die von einem Leiharbeitsunternehmen ausgeübten Tätigkeiten der Auswahl und der Einstellung von Leiharbeitnehmern in dem Mitgliedstaat, in dem es ansässig ist, nicht aus, selbst wenn die Tätigkeiten nennenswert sind.[129] 59

Zu 2) Dieses Tatbestandsmerkmal setzt eine grenzüberschreitende Veränderung des Arbeitsortes voraus. Eine Tätigkeit für Rechnung des entsendenden Arbeitgebers zu verrichten, geschieht typischerweise zur Erfüllung eines Auftrags des Arbeitgebers. Alle Entsendetatbestände i. S. d. Art. 1 Abs. 3 RL 1996/71/EG erfüllen auch dieses Tatbestandsmerkmal. Eine Einstellung „zum Zwecke der Entsendung" ist zulässig, da der betreffende Arbeitnehmer auch in diesen Fällen ein legitimes Interesse daran hat, bei einem zeitlich befristeten Aufenthalt in einem anderen Mitgliedstaat in seinem bisherigen System der sozialen Sicherheit zu verbleiben.[130] Allerdings verlangt Art. 14 Abs. 1 DVO für diesen Fall, dass der Beschäftigte unmittelbar vor Beginn der Beschäftigung bereits den Rechtsvorschriften des Mitgliedstaats, in dem der Arbeitgeber ihn eingestellt hat, unterlag. 60

Zu 3) Das **Fortbestehen des Beschäftigungsverhältnisses** ist ein sehr zentrales Kriterium, weil nur dann der Verbleib in der bisherigen Sozialversicherungsordnung gerechtfertigt ist. Die Aufrechterhaltung des Beschäftigungsverhältnisses kann in den Fällen zweifelhaft sein, in denen ein Arbeitnehmer in ein Tochterunternehmen oder eine Repräsentanz entsandt wird. Er kann dort in einer 61

127 EuGH 10.2.2000, Rs. C-202/97 (Fitzwilliam), EU:C:2000:75.

128 Vgl. EuGH 10.2.2000, Rs. C-202/97 (Fitzwilliam), EU:C:2000:75 Rn. 40–43. Die Grundsätze wurden wenig später in der Entscheidung EuGH 9.11.2000, Rs. C-404/98 (Plum), EU:C:2000:607 bestätigt, wo auch hervorgehoben wird, dass eine bloß interne Verwaltungstätigkeit nicht ausreicht.

129 EuGH 3.6.2021, Rs. C-784/19 (Team Power)), EU:C:2021:427.

130 EuGH 5.12.1967, Rs. 19/67 (Van der Vecht), EU:C:1967:49.

Weise eingegliedert sein, die gegen eine fortbestehende Verknüpfung zum bisherigen mitgliedstaatlichen System spricht. Dies ist im Einzelfall schwierig zu prüfen.[131]

62 Zu 4) Dass die Verrichtung der Auslandsarbeit 24 Monate nicht überschreiten darf, ist ein Kompromiss, der einerseits das Interesse des entsendenden Arbeitgebers und des entsandten Beschäftigten an der Zugehörigkeit zur bisherigen Sozialversicherung befriedigt, aber im Hinblick auf das Interesse des Mitgliedstaates, in dem die Tätigkeit verrichtet wird, auch zeitliche Grenzen gesetzt werden.

63 Zu 5) Dieses Tatbestandsmerkmal trägt dem Anliegen Rechnung, dass das Grundprinzip der Veranlagung im Beschäftigungsstaat gewahrt werden und eine missbräuchliche Verwendung der Entsenderegelung vermieden werden muss. Deshalb scheidet eine Entsendung nach Art. 12 Abs. 1 aus, wenn der Beschäftigte einen entsandten Beschäftigten ablöst (Verbot der sog. Kettenentsendung). Eine Ablösung eines entsandten Beschäftigten liegt nach Auffassung des EuGH auch vor, wenn dieser einen von einem Arbeitgeber zur Ausführung einer Arbeit in einen anderen Mitgliedstaat entsandten Beschäftigten ablöst.[132]

64 Der Nachweis über die Fortgeltung der Sozialvorschriften des Entsendestaates erfolgt dabei nach Art. 19 Abs. 2 DVO auf Antrag des Arbeitgebers oder Beschäftigten durch eine Bescheinigung des zuständigen Trägers des Mitgliedstaates, dessen Rechtsvorschriften weiter gelten (**Bescheinigung A 1**, früher E-101).

65 Zur **Reichweite der Bescheinigung A 1** / E-101 stellte der EuGH in der Entscheidung Fitzwilliam fest, dass diese gegenüber dem Träger der sozialen Sicherheit im Aufnahmemitgliedstaat Bindungswirkung entfaltet. Der ausstellende Träger erklärt mit ihrem Vorliegen also verbindlich, sein eigenes System der sozialen Sicherheit bleibe während der Entsendung anwendbar.[133] Der Grundsatz der vertrauensvollen Zusammenarbeit zwischen den Mitgliedstaaten, Ausfluss der Gemeinschaftstreue gem. Art. 4 Abs. 3 EUV, soll dabei den ausstellenden Träger verpflichten, den betreffenden Sachverhalt ordnungsgemäß zu beurteilen und damit die Richtigkeit seiner in der Bescheinigung aufgeführten Angaben zu gewährleisten. Hierdurch entsteht eine positive Vermutung für ihre Rechtmäßigkeit. Positivrechtlich ist die Bindungswirkung und das Verfahren bei Zweifeln zwischen den Trägern an der Richtigkeit der ausgestellten Bescheinigung in Art. 5 Abs. 1 DVO geregelt. Für diese Fallgestaltung sieht Art. 6 DVO eine Regelung zur vorläufigen Anwendung der Rechtsvorschriften nach einer bestimmten Rangfolge vor. Zu beachten ist, dass der ausstellende Träger, der in einer von Amts wegen durchgeführten Überprüfung die Unrichtigkeit der Angaben festgestellt hat und deshalb die Bescheinigung widerrufen möchte, nicht an die vorherige Durchführung des in Art. 5 DVO geregelte Dialogverfahrens gebunden ist.[134]

66 Für den Fall, dass der Träger des Aufnahmestaates Zweifel an der Rechtmäßigkeit der A1-Bescheinigung hat, können diese nur im Rahmen eines vom Gerichtshof in der Rs. Fitzwilliam beschriebenen Verfahrens geklärt werden,[135] das mittlerweile in Art. 5 DVO kodifiziert wurde. Dieses Verfahren wird wegen seiner Schwerfälligkeit kaum betrieben.[136] Das Unbehagen an dieser Rechtslage ist bei etlichen Mitgliedstaaten deutlich gewachsen, da die Überzeugung besteht, dass eine Vielzahl von Bescheinigungen unrichtig ist. Die Mitgliedstaaten haben deshalb immer wieder ganz unterschiedliche Versuche unternommen, um die Bindungswirkung zu vermeiden. Das hat zu zahlreichen Vorlageverfahren geführt, in denen der EuGH aber grundsätzlich an seiner Rechtsprechung zur Bindungswirkung festgehalten hat. Nur so sieht der Gerichtshof die Voraussehbarkeit des anwendbaren Systems der sozialen Sicherheit und damit die Rechtssicherheit gewährleistet. Denn wenn jeder Staat sein nationales Recht für anwendbar erklären könnte, bestünde die Gefahr einer Doppelversiche-

131 Fuchs/Steinmeyer Art. 12 Rn. 8ff.

132 EuGH 6.9.2018, Rs. C-527/16 (Alpenrind), EU:C:2018:607.

133 EuGH 10.2.2000, Rs. C-202/97, (Fitzwilliam), EU:C:2000:75.

134 EuGH 16.11.2023, Rs. C-422/22 (TE), EU:C:2023:869).

135 EuGH 10.2.2000, Rs. C-202/97 (Fitzwilliam), EU:C:2000:75 Rn. 56ff.

136 Zu Recht bemerkt Deinert, dass es sich um ein zur Klärung eines Einzelfalls denkbar ungeeignetes Verfahren handle. Vgl. Deinert, Sozial- und arbeitsrechtliche Fragen der Entsendung, SDSRV 68 (2018), S. 75 (95).

rung. Auch bei offensichtlicher Unrichtigkeit der Bescheinigung ist das Verfahren durchzuführen.[137] Die Bindung entfällt auch nicht, wenn zuvor ein ergebnisloses Verfahren vor der Verwaltungskommission durchgeführt wurde, ebenso nicht, wenn die Bescheinigung erst ausgestellt wird, nachdem der Aufnahmemitgliedstaat formell die Pflichtversicherung nach seinen Rechtsvorschriften festgestellt hat.[138] Die Bindungswirkung gilt nicht nur für die Sozialleistungsträger, sondern auch für Gerichte.[139] Nur in Fällen betrügerischen Verhaltens lässt der Gerichtshof die Bindungswirkung entfallen, wobei aber bestimmte Kautelen zu beachten sind.[140] In den verb. Rechtssachen FU, DRV, PN[141] ist die Frage aufgetaucht, ob die Erklärung des die Bescheinigung ausstellenden Trägers, die Bindungswirkung vorläufig auszusetzen, bis auf Grund des von der Behörde des Aufnahmemitgliedstaats vorgelegten Materialien eine endgültige Entscheidung über die Gültigkeit der Bescheinigung möglich ist, zu einem Fortfall der Bindungswirkung und damit zu einer Außerachtlassung der Bescheinigung in einem Strafverfahren wegen Hinterziehung von Sozialversicherungsbeiträgen berechtigt. Dies verneinte der Gerichtshof. Die gegenteilige Auffassung stehe im Widerspruch zur Bestimmung des Art. 5 DVO, die so auszulegen sei, dass das in ihr geregelte Dialog- und Ermittlungsverfahren zwingend durchzuführen ist. Jedoch kann ein Gericht des Mitgliedstaats, in dem die Arbeit verrichtet wird, die betrügerische Erlangung der A 1-Bescheinigung selbst feststellen und sie im Rahmen eines Strafverfahrens außer Acht lassen, wenn der ausstellende Träger innerhalb einer angemessenen Frist die Gültigkeit der Bescheinigung nicht anhand der ihm von dem Gericht zur Verfügung gestellten konkreten Anhaltspunkte für eine betrügerische Erlangung der Bescheinigung überprüft hat. Hierbei müssen die mit dem Recht auf ein faires Verfahren verbundenen Garantien für die Betroffenen beachtet werden. Wie sehr der EuGH die strikte Beachtung des in Art. 5 DVO verankerten Verfahrens Prinzipien einfordert, zeigt die Rs. Vueling.[142] Französische Strafgerichte hatten die spanische Fluggesellschaft Vueling verurteilt, obwohl das vom EuGH bei Differenzen zwischen den beteiligten Sozialversicherungsträgern nicht durchgeführt worden war, wobei diese Urteile vom Kassationsgerichtshof bestätigt und dadurch rechtskräftig geworden waren. Nach französischem Recht wären Zivilgerichte wegen der eingetretenen Rechtskraft an diese Urteile gebunden gewesen. Der EuGH hat jedoch trotz Eintritts der Rechtskraft die Bindungswirkung der vom spanischen Träger ausgestellten Bescheinigungen für das vorlegende französische Zivilgericht bejaht, solange das Verfahren iSd Art. 5 VO 987/2009/EG nicht durchgeführt wurde.

Auch nach verspäteter Ausstellung ist die Bescheinigung noch zu berücksichtigen.[143] Sie kann 67
also **Rückwirkung** entfalten, da keine Frist für ihre Ausstellung existiert und sie nur zeitlich begrenzte Wirkung auf dem Territorium eines anderen Mitgliedstaates hat.[144] Die Bescheinigung entfaltet nach einer Grundsatzentscheidung des BGH auch strafrechtliche Bindungswirkung.[145]

Art. 12 Abs. 2 enthält eine zu Art. 12 Abs. 1 im Wesentlichen inhaltsgleiche Regelung für **Selb-** 68
ständige: Eine Person, die eine selbständige Tätigkeit gewöhnlich im Gebiet eines Mitgliedstaates ausübt, und die eine Arbeit im Gebiet eines anderen Mitgliedstaates ausführt, unterliegt demgemäß weiterhin den Rechtsvorschriften des ersten Mitgliedstaates, sofern die voraussichtliche Dauer dieser Arbeit 24 Monate nicht überschreitet. Zwangsläufig entbehrlich ist allein das Kriterium der Entsendung, da ein Selbständiger seine Tätigkeit in einem anderen Mitgliedstaat gerade aufgrund eigener Initiative aufnimmt.[146]

---

137 EuGH 11.7.2018, Rs. C-356/15 (Kommission ./. Belgien), EU:C:2018:555 Rn. 93; s. auch 23.1.2025, Rs. C-421/23 (EX), EU:C:2025:36 bei Verwendung eines der A1-Bescheinigung ähnlichen Dokuments.

138 EuGH 6.9.2018, Rs. C-527/16 (Alpenrind), EU:C:2018:669 Rn. 81ff.

139 EuGH 27.4.2017, Rs. C-620/15 (A-Rosa Flussschiff), EU:C:2017:309.

140 Vgl. dazu die eingehende Begründung in EuGH 6.2.2018, Rs. C-359/16 (Altun), EU:C:2018:63.

141 EuGH 2.3.2023, Rs. C-410/21 und 661/21, EU:C:2023:138.

142 EuGH 2.4.2020, Rs. C-370/17 und C-27/18 (CAE ./. Vueling), EU:C:2020:260.

143 EuGH 30.3.2000, Rs. C-178/97 (Banks), EU:C:2000:169.

144 Zu den Schwierigkeiten bei rückwirkender Anwendung der Rechtsvorschriften s. Lach, ZESAR 2023, 158ff.

145 BGH 24.10.2006, NZS 2007, 197ff. Vgl. dazu Horn, ZESAR 2007, 505f.

146 Eichenhofer, Internationales Sozialrecht, Rn. 322.

d) Mehrfachtätigkeiten

69 Dass Personen Mehrfachtätigkeiten ausüben, sei es zwei oder mehr Beschäftigungen oder selbständige Tätigkeiten oder eine Beschäftigung und eine selbständige Erwerbstätigkeit, ist in der heutigen Berufswelt keine Seltenheit. Diesen Fallgestaltungen, wenn sie grenzübergreifend auftreten, tragen die Regelungen des Art. 13 Abs. 1 bis 5 Rechnung.

70 Art. 13 Abs. 1 lit. a) unterwirft eine gewöhnlich **in zwei oder mehreren Mitgliedstaaten** abhängig **beschäftigte Person** im Hinblick auf sämtliche ihrer Erwerbstätigkeiten den Rechtsvorschriften ihres Wohnsitzstaates. Voraussetzung ist, dass sie dort einen wesentlichen Teil ihrer Tätigkeit ausübt oder, wenn sie bei mehreren Arbeitgebern (Unternehmen) beschäftigt ist, dass sie ihren Sitz oder Wohnsitz in verschiedenen Mitgliedstaaten haben. Die Regelung erklärt sich damit, dass für Personen, die in mehreren Mitgliedstaaten tätig sind, der Wohnsitzstaat häufig der Schwerpunkt ihrer Lebensumstände ist. So entschied der EuGH, dass ein dänischer Arbeitnehmer, der bei einem deutschen Arbeitgeber beschäftigt war, gleichwohl aber für einen zwölf Monate überschreitenden Zeitraum regelmäßig mehrere Stunden pro Woche in Dänemark arbeitete und hier auch wohnte, der dänischen Sozialversicherung zu unterwerfen sei.[147] Wenn die betreffende Person keinen wesentlichen Teil ihrer Tätigkeit im Wohnmitgliedstaat ausübt, kommt die differenzierende Regelung des Art. 13 Abs. 1 lit. b) zur Anwendung, die vier Konstellationen unterscheidet. Die Vorschrift wirft namentlich im Güterkraftverkehr im Hinblick auf die Bestimmung der Tatbestandsmerkmale Arbeitgeber und Sitz des Unternehmens Probleme auf. Zur Erreichung vorteilhafter Lohnkosten beim Einsatz von LKW-Fahrern werden häufig zweifelhafte Arrangements getroffen. Ein formaler Arbeitsvertrag mit einem Fahrer, bei dem das Unternehmen als Arbeitgeber angegeben ist, reicht nicht zur Begründung der Arbeitgebereigenschaft. Arbeitgeber ist nur das Unternehmen, das dem Fahrer gegenüber tatsächlich weisungsbefugt ist, die Lohnkosten trägt und befugt ist, den Fahrer zu entlassen.[148] Die von den zuständigen Behörden eines Mitgliedstaates ausgestellte Gemeinschaftslizenz für den Kraftverkehr gilt iVmi. V. m. Art. 13 Abs. 1 lit. a) und Art. 11 Abs. 1 VO Nr. 1071/2009/EG nicht als unwiderlegbarer Beweis, dass eine Gesellschaft, die im Besitz einer solchen Lizenz ist, ihren Sitz iSd Art. 13 Abs. 1 lit. b) Z. i) in diesem Mitgliedstaat hat.[149] Für Beamte, die zusätzlich einer Beschäftigung und/oder einer selbständigen Tätigkeit nachgehen, bleibt es gem. Art. 13 Abs. 4 beim Statut des Mitgliedstaats der beschäftigenden Verwaltungseinheit. Zur Konkretisierung des Art. 13 Abs. 1 ist Art. 14 Abs. 5 und Abs. 7 und 8 DVO heranzuziehen. Ferner ist Art. 16 DVO zu beachten.

71 Art. 13 Abs. 2 betrifft die **Ausübung zweier oder mehrerer selbständiger Tätigkeiten** im Gebiet von zwei oder mehr Mitgliedstaaten. Dann kommen die Rechtsvorschriften desjenigen Mitgliedstaates zur Anwendung, in dessen Gebiet sie wohnt, wenn sie dort einen wesentlichen Teil ihrer Tätigkeit ausübt. Ist dies nicht der Fall, so kommen die Rechtsvorschriften des Mitgliedstaates zum Zug, in dessen Gebiet sich der Mittelpunkt der Tätigkeiten befindet.

72 Art. 13 Abs. 3 betrifft den Fall des Zusammentreffens von **Beschäftigung und selbständiger Tätigkeit**. Hier gebührt der Vorrang grundsätzlich den Rechtsvorschriften des Mitgliedstaats der Beschäftigung. Dabei sind die Bestimmungen der Art. 14 Abs. 5b und Art. 16 DVO zu beachten.[150] Bei Ausübung von zwei oder mehr Beschäftigungen greift Abs. 1.

73 Nach dem Regelungskonzept des Art. 13 kommt trotz mehrfacher Erwerbstätigkeiten immer nur das Sozialversicherungsrecht eines Mitgliedstaats zur Anwendung. Die Frage, wie die einzelnen erzielten Einkünfte für Leistungs- und Beitragsberechnungen zu behandeln sind, entscheidet Art. 13 Abs. 5 dahingehend, dass die gesamten Einkünfte als in dem zuständigen Mitgliedstaat erzielt anzusehen sind.

---

147 EuGH 16.2.1995 Rs. C-425/93 (Calle Grenzshop), EU:C:1995:37.

148 EuGH 16.7.2020, Rs. C-610/18 (AFMB)), EU:C:2020:565 Rn. 80.

149 So EuGH 2.3.2023, Rs. C-410/21 und 661/21 (FU/DRV Intertrans), EU:C:2023:138 Rn. 69ff. Zur Begründung verweist der Gerichtshof auf die Definition in Art. 14 Abs. 5a DVO, in dem auf andere Kriterien als jene in der VO Nr. 1071/2009 verwiesen wird.

150 EuGH 13.7.2017, Rs. C-89/16 (Szoja), EU:C:2017:538.

Im Einzelfall ist nicht immer ganz leicht feststellbar, wann eine Person für die Ausführung einer Arbeit in einen anderen Mitgliedstaat entsandt wird bzw. wann sie gewöhnlich in mehreren Mitgliedstaaten tätig ist.[151] Zum früheren Art. 14 VO 1408/71/EWG hat der EuGH in der Rs. Football Club d'Andlau entschieden, dass fünf deutsche Musiker, die in Deutschland wohnten und im Jahre 1970 bei drei Bällen in Frankreich tätig waren, als gewöhnlich in mehreren Mitgliedstaaten beschäftigt gelten, obgleich dies ebenso als Entsendung hätte angesehen werden können.[152] Zu einer Auslegungshilfe s. Art. 14 Abs. 7 DVO. 74

Die Sozialversicherungssysteme der Mitgliedstaaten lassen in der Regel neben der Pflichtversicherung auch eine **freiwillige (Weiter-)Versicherung** zu. Möglich ist aber ebenso, dass es für einen bestimmten Zweig der sozialen Sicherheit in einem Mitgliedstaat nur ein System der freiwilligen (Weiter-)Versicherung gibt. Die freiwillige Versicherung gehört grundsätzlich nicht zum sachlichen Anwendungsbereich der Verordnung. Die **Koordinierung** betrifft regelmäßig **nur die obligatorischen Pflichtversicherungen**. Nach Art. 14 Abs. 1 gelten die Art. 11 bis 13 im Falle der freiwilligen Versicherung daher nicht, es sei denn, dass es für einen der in Art. 3 Abs. 1 genannten Zweige der sozialen Sicherheit nur ein System freiwilliger Versicherung gibt. Das Zusammentreffen einer Pflichtversicherung eines Mitgliedstaates und einer freiwilligen (Weiter-)Versicherung in einem anderen Mitgliedstaat wird insoweit in Art. 14 Abs. 2 und Abs. 3 geregelt. Folgende Fälle sind denkbar: 75

Variante 1: Beim Zusammentreffen einer Pflichtversicherung und einer freiwilligen (Weiter-) Versicherung ist eine zusätzliche freiwillige (Weiter-)Versicherung verboten, also die Anwendung der Rechtsordnung (nur) der Pflichtversicherung vorgeschrieben, vgl. Art. 15 Abs. 2 S. 1. 76

Variante 2: Soweit eine Wahlmöglichkeit für einen bestimmten Zweig der sozialen Sicherheit zwischen mehreren freiwilligen Systemen der (Weiter-)Versicherung besteht, darf die Person nur dem System beitreten, für das sie sich bereits entschieden hat bzw. entscheiden wird, vgl. Art. 14 Abs. 2 S. 2. 77

Variante 3: Für Leistungen in den Zweigen Invalidität, Alter und Hinterbliebene kann die betreffende Person jedoch der freiwilligen (Weiter-)Versicherung eines Mitgliedstaates auch dann beitreten, wenn sie nach den Rechtsvorschriften eines anderen Mitgliedstaates pflichtversichert ist, sofern ein solches Zusammentreffen im ersten Mitgliedstaat – also dem Mitgliedstaat der freiwilligen Versicherung – ausdrücklich oder stillschweigend zuge-lassen ist, s.a. Art. 14 Abs. 3. Für die deutsche Rentenversicherung gilt daher das Verbot der Doppelversicherung nicht, weil die deutschen Rechtsvorschriften unter bestimmten Voraussetzungen die Zahlung freiwilliger Beiträge i.R.d. § 7 SGB VI (siehe unter § 44 V) zur deutschen Rentenversicherung neben einer Pflichtversicherung in einem anderen Staat nicht ausschließen bzw. stillschweigend zulassen.[153] 78

Gegenüber dem früheren Recht neu ist die Bestimmung in Art. 14 Abs. 4.[154] Wenn das Recht auf freiwillige Versicherung vom Wohnort oder Erwerbstätigkeit in einem Mitgliedstaat abhängt, ist im Hinblick auf Einkünfte, Sachverhalte etc. i. S. d. Art. 5 die Bestimmung des Art. 5 lit. b) ausschließlich auf Personen anzuwenden, die in der Vergangenheit aufgrund einer Erwerbstätigkeit den Rechtsvorschriften des Mitgliedstaates unterlagen. Der Wohnortsvorbehalt wird also aufgehoben.[155] 79

Art. 15 enthält **Sonderregelungen** für das **Geschäftspersonal der diplomatischen Vertretungen** und konsularischen Dienststellen sowie für Hilfskräfte der EG (nicht die EG-Beamten). 80

Art. 16 Abs. 1 erlaubt **Ausnahmen** zu den manchmal etwas starren und grundsätzlich abschließenden Regelungen der Art. 11 bis 15, um sachgerechte Ergebnisse im Einzelfall erzielen zu können. Zwei oder mehr Mitgliedstaaten dürfen hiernach Ausnahmen von den in den Artikeln 11 bis 15 niedergelegten Grundsätzen vereinbaren, sofern diese im Interesse bestimmter Personen oder Personengruppen stehen. Schon aus dem Gesichtspunkt der Gemeinschaftstreue (Art. 4 Abs. 3 AEUV) 81

151 S. dazu Fuchs/Steinmeyer Art. 13 Rn. 17.

152 EuGH 24.6.1975, Rs. 8/75, EU:C:1975:87; ebenso Devetzi S. 77; Edler, ZESAR 2003, 156, 162.

153 Zu einer EU-rechtlich konformen Auslegung des § 7 SGB VI s. Fuchs/Steinmeyer Art. 14 Rn. 6f.

154 S. dazu Fuchs, SGb 2008, 201 (204f.).

155 Fuchs/Steinmeyer Art. 14 Rn. 8.

darf dies aber nur im Geiste der Verordnung und nur in gegenseitigem Einvernehmen geschehen. Vereinbart wurde etwa die rückwirkende Anwendung der Rechtsvorschriften eines Mitgliedstaates.[156] Weiterhin wurde in der Praxis häufig von einer solchen Vereinbarung i.R.d. Entsenderegelungen Gebrauch gemacht, soweit die dort vorgesehenen Entsendefristen von den betroffenen Arbeitgebern bzw. Arbeitnehmern im Einzelfall als zu kurz erachtet wurden. Die Dauer der maximal zulässigen Entsendezeiträume variiert je nach Einzelfall. So sind viele Mitgliedstaaten bereit, die Höchstdauer der Entsendung flexibel zu handhaben, andere beschränken eine Freistellung von ihren nationalen Sozialrechtsvorschriften auf maximal fünf bzw. acht Jahre. Neuere Entwicklungen weisen auf zwei grundlegende Probleme der Anwendung des Art. 16 hin.[157] Die Fragen gehen dahin, ob Art. 16 dem Betroffenen ein Recht auf Abschluss einer Vereinbarung einräumt und ob eine Klagemöglichkeit gegen die Verweigerung des Abschlusses einer Vereinbarung besteht. Das BSG hat in einem Verfahren die Klagemöglichkeit bejaht, folgt aber der allgemeinen Meinung, dass den zuständigen Behörden bei der Entscheidung ein weiter Ermessensspielraum zukommt.[158]

82 Art. 16 Abs. 2a enthält schließlich eine weitere Sondervorschrift für Rentner: Wohnt ein Rentenbezieher in einem anderen Mitgliedstaat als dem, von dem er seine Rentenleistung bezieht, so kann er auf Antrag von den Rechtsvorschriften des Wohnsitzstaates befreit werden, sofern er hier keinerlei Erwerbstätigkeit unterliegt.

IV. Aufgaben und Grundprinzipien der Sozialrechtskoordinierung

83 Die mit dem Instrumentarium der Koordinierung zu erledigenden Aufgaben lassen sich in vier Fragestellungen zusammenfassen:[159]

1. Welches nationale Sozialrecht findet auf die betreffende Person Anwendung? Damit wird die Frage nach dem einschlägigen Sozialrechtsstatut thematisiert; angesprochen ist die Rolle des europäischen Sozialrechts als Kollisionsrecht (s. oben III).
2. Wie werden Staatsangehörige eines Mitgliedstaates sozialrechtlich in einem anderen Mitgliedstaat behandelt? Dürfen sie abweichend von den Inländern behandelt werden oder muss eine Gleichstellung erfolgen?
3. Kann ein sozialrechtlicher Anspruch, der in einem bestimmten Mitgliedstaat erworben wurde, auch zur Erfüllung in einem Mitgliedstaat des Wohnsitzes oder des Aufenthalts verlangt werden, oder ist der Anspruch bzw. die Leistung territorial gebunden?
4. Sollen sozialrechtlich relevante Zeiten, Anwartschaften oder Rechtspositionen, die in einem bestimmten Mitgliedstaat zurückgelegt bzw. erworben wurden, Relevanz bei der Ermittlung oder Berechnung von Leistungen auch nach dem Sozialrecht eines anderen Mitgliedstaates haben?

1. Das Verbot der sozialrechtlichen Diskriminierung von EU-Ausländern

84 Art. 18 AEUV verbietet jede Diskriminierung aus Gründen der Staatsangehörigkeit. Für den Bereich der Sozialrechtskoordinierung wird das **Diskriminierungsverbot** in Art. 4 verankert. Personen, die im Gebiet eines Mitgliedstaats wohnen und für die diese Verordnung gilt, haben die gleichen Rechte und Pflichten aufgrund der Rechtsvorschriften eines Mitgliedstaats wie die Staatsangehörigen dieses Staates. Das in Art. 4 statuierte Verbot der Diskriminierung wegen der Staatsangehörigkeit soll jede Vorzugsstellung der Angehörigen des leistungspflichtigen Staates gegenüber den Angehörigen an-

156 EuGH 17.5.1984, Rs. C-101/83 (Busse), EU:C:1984:187.
157 S. dazu Fuchs, NZS 2018, 371ff. (Urteilsanmerkung).
158 BSG 16.8.2017-B 12 KR 19/16 RD, NZS 2018, 366ff.
159 Pennings S. 8.

derer Mitgliedstaaten unterbinden.[160] Das Diskriminierungsverbot des Art. 4 erfasst **alle Elemente eines Sozialrechtsverhältnisses**, also den Zugang zu einem bestimmten Zweig der sozialen Sicherheit, das Beitragswesen und die Leistungen. Art. 4 verbietet nicht nur unmittelbare Diskriminierungen, also Vorschriften, die an die Staatsangehörigkeit unterschiedliche Rechtsfolgen knüpfen. Auch die sogenannte mittelbare oder indirekte Diskriminierung ist verboten. Als mittelbar diskriminierend sind Voraussetzungen anzusehen, die zwar unabhängig von der Staatsangehörigkeit gelten, aber im Wesentlichen oder ganz überwiegend Wanderarbeitnehmer betreffen sowie unterschiedslos geltende Voraussetzungen, die von Inländern leichter zu erfüllen sind.[161] Das Verbot der mittelbaren Diskriminierung ist nicht nur auf das Merkmal der Staatsangehörigkeit bezogen, sondern auf alle Elemente, deren Erfüllung für Nicht-Staatsangehörige nicht oder nur erschwert möglich ist.[162]

Beispiel (nach der Entscheidung Toia):[163]
Die Versagung einer Familienleistung für Frauen, deren Kinder nicht die Nationalität des gewährenden Staates besitzen, wurde vom EuGH als mittelbare Diskriminierung angesehen.

Neben Art. 4 spielt das Gleichbehandlungsgebot von Männern und Frauen im Bereich der sozialen **85**
Sicherheit, wie es in der RL 1979/7/EWG verankert ist, eine wichtige Rolle.[164] Für Drittstaatsangehörige sind Gleichbehandlungsgebote in Art. 11 RL 2003/109/EG[165] und in Art. 12 Abs. 1 RL 2011/98/EU[166] verankert.

2. Tatbestandsgleichstellung

Das nationale Sozialleistungsrecht enthält Tatbestandsmerkmale, deren Erfüllung den Leistungs- **86**
anspruch auslöst. Das können sehr unterschiedliche Elemente sein, Vorgänge, Ereignisse, auch Rechtsverhältnisse. Typisch ist für alle diese Merkmale, dass sie vom Leistungsrecht her gedacht territorial bestimmt sind. Für das Koordinierungsrecht erwächst daraus eine spezifische Aufgabe. Wenn es sich mit der territorialen Beschränkung zufrieden geben müsste, könnten daraus erhebliche Nachteile für diejenigen resultieren, die grenzüberschreitend aktiv geworden sind. Dies zu verhindern, war und ist immer schon eine Aufgabe internationalen Sozialrechts gewesen. Es musste gewährleistet werden, dass parallele, im Ausland gegebene Tatbestandsmerkmale als gleichwertig angesehen werden mussten. Deshalb hat man auch von Äquivalenzregeln gesprochen.[167] Einige Koordinierungsvorschriften erfüllten diese Aufgabe unter ganz spezifischen Aspekten. Dazu zählt etwa das in Art. 7 verankerte Exportprinzip, dem zufolge der Erwerb und die Leistung nicht vom Wohnort abhängig sein soll.[168] Aber bestehende Vorschriften des Koordinierungsrechts mit einem spezifischen Auftrag deckten nicht den Bedarf an Tatbestandsgleichstellung. Deshalb musste häufig der EuGH im Wege der Auslegung bestehender Vorschriften eine Berücksichtigung im Ausland anzutreffender Merkmale möglich machen. Dies zeigt beispielsweise nachstehender, unter der Geltung der VO 1408/71/EWG entschiedener Fall:

160 Oetker/Preis/Eichenhofer EAS B 1200 Rn. 108.
161 EuGH 23.5.1996, Rs. C-237/94 (O'Flynn), EU:C:1996:206 Rn. 18. Zu Beispielsfällen s. Fuchs/Fuchs/Kahil-Wolff Art. 4 Rn. 2.
162 Haverkate/Huster Rn. 144.
163 EuGH 12.7.1979, Rs. 237/78 (Toia), EU:C:1979:197.
164 ABl. EG Nr. L 6 vom 10.1.1979 S. 24. Vgl. dazu die ausführliche Kommentierung in Fuchs/Bieback/Kahil-Wolff S. 833 ff.
165 EuGH 25.11.2020, Rs. C-303/19 (INPS) EU:C:2020:958.
166 S. dazu EuGH 25.11.2020, Rs. C-302/19 (INPS) EU:C:2020:957; 2.9.2021, Rs. C-305/20 (GK)), EU:C:2021:659.
167 So Eichenhofer, Internationales Sozialrecht, Rn. 28 ff.
168 S. dazu unter 4.

Beispiel (nach EuGH C-523/13 (Larcher)):[169]
Der Kläger, österreichischer Staatangehöriger, hatte lange Jahre in Deutschland, danach in Österreich in Altersteilzeit bei einer Ermäßigung der Arbeitszeit auf 40 Prozent seiner bisherigen wöchentlichen Normalarbeitszeit gearbeitet. Er beantragte bei der Deutschen Rentenversicherung eine Altersrente nach Altersteilzeitarbeit gem. § 237 Abs. 1 Nr. 3b) SGB VI. Diese wurde ihm mit der Begründung verweigert, dass die Altersteilzeit nicht nach den deutschen Rechtsvorschriften ausgeübt worden sei, die eine Reduzierung der Arbeitszeit auf die Hälfte der bisherigen wöchentlichen Arbeitszeit vorsieht (§ 2 Abs. 1 Nr. 2 AltTZG).

87 Der Gerichtshof sieht in der Auslegung des § 237 Abs. 1 Nr. 3 lit. b) SGB VI, wonach allein die deutschen Rechtsvorschriften über die Altersteilzeit maßgeblich sein sollen, eine mittelbare Diskriminierung, weil dadurch ein wesentlich größerer Anteil der Wanderarbeitnehmer betroffen sei.[170] Die objektive Rechtfertigung hierfür verneint der Gerichtshof, da diese Regelung nicht verhältnismäßig sei. Die deutsche Regierung habe selbst einräumen müssen, dass die österreichische Regelung der Altersteilzeitarbeit möglicherweise die gleichen oder ähnliche Ziele verfolge und den gleichen oder ähnlichen Modalitäten wie den im deutschen Recht vorgesehenen unterliege.[171] Mangels objektiver Rechtfertigung verstoße die Auslegung der deutschen Vorschrift über Altersteilzeitarbeit gegen Art. 3 Abs. 1 VO 1408/71/EWG (den jetzigen Art. 4 VO 883/2004/EG).

88 Die VO 883/2004/EG hat auf der Basis der Rspr. des EuGH mit Art. 5 eine ausdrückliche Vorschrift geschaffen, die das Prinzip der Tatbestandgleichstellung festschreibt.[172] Lit. a) betrifft die Gleichstellung ausländischer Leistungen und Einkünfte mit solchen nach dem Recht des für den Bezug zuständigen Mitgliedstaats. Das führt dazu, dass die Leistungen bzw. Einkünfte von diesem berücksichtigt werden können.

Beispiel:
Bezieht ein Versicherter eine Altersrente nach deutschem Recht und bezieht er gleichzeitig eine ausländische Unfallrente, so wird diese nach Maßgabe des § 311 SGB VI auf die Altersrente angerechnet.

89 Bei Art. 5 lit. b) geht es um die Berücksichtigung von ausländischen Sachverhalten und Ereignissen. Hierher gehört der Fall Larcher, wenn er nach geltendem Recht zu lösen wäre. Die Verrichtung von Teilzeitarbeit nach österreichischen Vorgaben wird der Teilzeitarbeit nach dem AltTzG gleichgestellt.

3. Prinzip der Zusammenrechnung von Versicherungszeiten

90 Das Prinzip der **Zusammenrechnung von Versicherungszeiten**, auch **Totalisierung** genannt, ist eine der ältesten Errungenschaften des internationalen Sozialrechts. Mit diesem Prinzip sollen Nachteile für die Betroffenen überwunden werden, die daraus resultieren, dass sie im Laufe ihres Lebens mehreren Sozialrechtsordnungen angehört haben, jedes einzelne Sozialrechtssystem aber für den Erwerb und die Begründung von Leistungen eine Zugehörigkeit von bestimmter Dauer zu einem Zweig der sozialen Sicherheit verlangt. Lässt ein nationales Sozialrechtssystem dabei nur Zeiten gelten, die in seinem Geltungsbereich zurückgelegt wurden, gelangt dies allen zum Nachteil, die Zeiten in verschiedenen Ländern vorzuweisen haben. Ziel des Prinzips der Zusammenrechnung ist es deshalb, die Betroffenen so zu stellen, als hätten sie ihre gesamte sozialrechtlich relevante Biografie in jeder Sozialrechtsordnung vorzuweisen, von der sie Leistungen fordern.[173] Das Prinzip war bereits im ILO-Übereinkommen Nr. 48 aus dem Jahre 1935 enthalten (abzurufen unter www.ilo.org). Art. 48

169 EuGH 18.12.2014, C-523/13 (Larcher), EU:C:2014:2458.
170 EuGH 18.12.2014, C-523/13 (Larcher), EU:C:2014:2458 Rn. 32f.
171 EuGH 18.12.2014, C-523/13 (Larcher), EU:C:2014:2458 Rn. 38–42.
172 Zum gesamten Spektrum der Vorschrift Eichenhofer, ZESAR 2018, 3ff.
173 Gobbers, S. 75.

lit. a) AEUV verlangt ausdrücklich für die Koordinierung der sozialen Sicherheit in Europa die Zusammenrechnung aller nach den verschiedenen innerstaatlichen Rechtsvorschriften berücksichtigten Zeiten für den Erwerb und die Aufrechterhaltung des Leistungsanspruchs sowie für die Berechnung der Leistungen.

Das frühere Koordinierungsrecht kannte keine spezifische Regelung des Prinzips, vielmehr war 91
es in einzelnen Vorschriften der jeweiligen Materie enthalten. In der VO 883/2004/EG wurde mit Art. 6 eine Spezialnorm geschaffen. Auf Vorruhestandsleistungen findet Art. 6 keine Anwendung (Art. 66). Gegenstand der Zusammenrechnung sind Versicherungszeiten (Art. 1 lit. t), Beschäftigungszeiten und Zeiten einer selbständigen Erwerbstätigkeit (Art. 1 lit. u). Das Prinzip verlangt, dass auch allein in einem anderen Mitgliedstaat zurückgelegte Versicherungszeiten zu berücksichtigen sind, wenn die Leistung nach dem Recht des zuständigen Staates von der Zurücklegung von Versicherungszeiten abhängig ist.[174] Ein Wahlrecht des Antragstellers, Versicherungszeiten unberücksichtigt zu lassen, verneint der Gerichtshof.[175] Bei der Ermittlung relevanter Zeiten sind Art. 12 und 13 DVO zu beachten.

Das Korrelat zum Prinzip der Totalisierung ist das **Prinzip der Proratisierung**. Danach hat 92
jeder Leistungsträger nur den anteiligen Betrag der Leistung zu zahlen, der dem Anteil an sozialrechtlich relevanten Zeiten entspricht, die im Geltungsbereich einer nationalen Sozialrechtsordnung zurückgelegt wurden. Innerhalb der VO spielt dieses Prinzip vor allem im Bereich der Rentenversicherung eine Rolle.[176]

Das **Prinzip der Zusammenrechnung** muss schließlich dort einer **Korrektur** oder **Modifika-** 93
tion unterworfen werden, wo es genau das Gegenteil von dem erreicht, was es eigentlich bezweckt. Wenn ohne Berücksichtigung der Vorschriften der VO die einzelne Person bei bloßer Anwendung der Vorschriften des Sozialrechts eines bestimmten Mitgliedstaates besser gestellt wäre, darf ihr diese günstige Rechtsposition nicht durch das Prinzip der Zusammenrechnung entzogen werden. Dies hatte der EuGH bereits in der Entscheidung De Moor unter der Geltung der VO 3/EWG judiziert.[177] Im Hinblick auf die Entscheidung des EuGH in der Rs. Petroni wird in diesem Zusammenhang vom sog. Petroni-Prinzip gesprochen. In dieser Entscheidung hatte der Gerichtshof es mit Art. 48 AEUV unvereinbar angesehen, wenn die Anwendung von Kumulierungsvorschriften es mit sich brächte, dass Rentenansprüche reduziert würden, die der Person allein aufgrund innerstaatlicher Vorschriften des Mitgliedstaats zustehen.

4. Prinzip des Leistungsexports

Das Prinzip des **Leistungsexports** ist bereits primärrechtlich in Art. 48 lit. b) AEUV verankert. Sekun- 94
därrechtlich ist das Prinzip in Art. 7 umgesetzt. Es besagt, dass Geldleistungen nicht deshalb gekürzt, geändert, zum Ruhen gebracht, entzogen oder beschlagnahmt werden können, weil der Berechtigte im Gebiet eines anderen Mitgliedstaates als des Staates wohnt, in dessen Gebiet der zur Zahlung verpflichtete Träger seinen Sitz hat. Art. 7 enthält eine Vorbehaltsklausel, die in der VO enthaltene Einschränkungen zulässt. Eine bedeutsame Einschränkung erfährt das Prinzip des Leistungsexports bei den in Art. 3 Abs. 3 i.V.m. Art. 70 geregelten besonderen beitragsunabhängigen Geldleistungen (Art. 70 Abs. 4). Eine weitere Ausnahme findet sich bei Geldleistungen bei Arbeitslosigkeit, wenn sich der Berechtigte zur Arbeitssuche ins Ausland begibt (Art. 63 und 64).

---

174 EuGH 15.12.2011, Rs. C-257/10 (Bergström), EU:C:2011:839.
175 EuGH 5.11.2017, Rs. C-103/13 (Somova), EU:C:2014:2334.
176 Fuchs/Janda Art. 46 Rn. 5.
177 EuGH 5.7.1967, Rs. 2/67 (de Moor), EU:C:1967:28.

5. Zusammentreffen von Leistungen

95 Ähnlich wie im nationalen Recht muss auch im Koordinierungsrecht das Problem der Anspruchskonkurrenz geklärt werden.[178] Die **Antikumulierungsvorschrift** des Art. 10 schließt einen Anspruch auf mehrere Leistungen aus, wenn diese gleichartig sind und aus derselben Pflichtversicherungszeit herrühren. Nach der Rspr. des EuGH ist die Gleichartigkeit der Leistungen an Hand von Gegenstand, Sinn und Zweck, Berechnungsgrundlage und die Voraussetzungen der Gewährung dieser Leistungen übereinstimmen, wobei bloß formale Unterschiede und nationale Besonderheiten außer Betracht bleiben.[179] Für bestimmte Konkurrenzsituationen, bei denen ein Ausschluss aller Ansprüche aufgrund der strikten Anwendung des Art. 10 besteht, schreibt Art. 10 DVO eine bestimmte Berechnungsmethode vor.

V. Krankenversicherung

1. Aufgabenstellung

96 Grundsätzlich gilt das Krankenversicherungsrecht der meisten Mitgliedstaaten der EU nur territorial, d.h. es findet ausschließlich im Hoheitsgebiet desjenigen Mitgliedstaates Anwendung, in dem man versichert ist. So bestimmt etwa § 16 Abs. 1 Nr. 1 SGB V, dass der Anspruch auf Leistungen aus der gesetzlichen Krankenversicherung ruht, solange sich der Versicherte im Ausland aufhält. Dem Wunsch eines Unionsbürgers, im Rahmen des einheitlichen Binnenmarktes seine Freizügigkeit zu nutzen und medizinische Dienstleistungen auch grenzüberschreitend in Anspruch zu nehmen, folgt das Koordinierungsrecht dadurch, dass es diese territoriale Beschränkung punktuell aufhebt und auch dann Ansprüche auf Leistungen gestattet, wenn sich die betreffende Person außerhalb ihres Versicherungsstaates befindet. Leistungspflichtig bleibt aber immer der Staat, in dem die Versicherung besteht („zuständiger Mitgliedstaat"), in der Regel gem. Art. 11 Abs. 3 lit. a) der Beschäftigungsstaat oder der Staat selbständiger Tätigkeit. Der Terminologie der VO folgend ist daher zwischen dem **zuständigen Träger**, in dem die betreffende Person versichert ist, und dem **Träger des Wohn- und Aufenthaltsorts** zu unterscheiden.

97 Das Koordinierungsrecht regelt das Auseinanderfallen von zuständigem Staat (Versicherungsstaat) und Wohnsitz- bzw. Aufenthaltsstaat und regelt vier Fallgestaltungen:

Beispiele:
Der deutsche Staatsangehörige A wohnt in Trier, arbeitet jedoch in Luxemburg. Welches Recht kommt zur Anwendung? Von welchem Krankenversicherungsträger erhält er welche Leistungen?

Der deutsche Staatsangehörige A lebt in München. Er verbringt seinen Urlaub in Rom und wird dort krank. Welche Leistungen werden in seinem Urlaubsland erbracht?

Der deutsche Staatsangehörige A arbeitet in München, wird aber von seiner Firma kurzzeitig zur Erledigung eines Auftrags in Italien eingesetzt, wo er erkrankt.

Der deutsche Staatsangehörige A lebt in Trier. Er begibt sich zum Zwecke der Behandlung nach Luxemburg, um sich dort ein neues Brillengestell anfertigen zu lassen. Bedarf er hierfür einer Genehmigung seines zuständigen Krankenversicherungsträgers?

---

98 Das Koordinierungsrecht ist aber nicht die einzige Materie, welche grenzübergreifende Gesundheitsversorgung regelt. Vielmehr ist durch die Rspr. des EuGH ein weiteres Anspruchssystem entstanden, das auf dem **Recht der Dienstleistungsfreiheit** (Art. 56 AEUV) fußt (s. dazu unten 3.d). Im Zuge dieser Rspr. und zu ihrer Konkretisierung ist eine weitere Rechtsquelle entstanden. Mit der RL 2011/24/EU

178 Als Beispiel für eine nationale Regelung sei auf § 49 Abs. 1 Nr. 1 SGB V verwiesen, wo das Ruhen des Krankengeldes insoweit angeordnet ist, als Arbeitseinkommen bezogen wird.

179 Vgl. Nachweise und Inhalt der EuGH-Rspr. bei Fuchs/Schuler Art. 10 Rn. 6.

über die Ausübung der Patientenrechte in der grenzüberschreitenden Gesundheitsversorgung ist sozusagen im Verbund mit dem direkten Leistungsanspruch aus Art. 56 AEUV ein zweiter Strang von Rechten grenzüberschreitender Gesundheitsversorgung angesprochen.[180]

2. Anknüpfungspunkte im Koordinierungsrecht der Leistungen bei Krankheit

Die Tatbestände der Art. 17–20 knüpfen an die zentralen Elemente zuständiger Mitgliedstaat, Wohn- und Aufenthaltsort an. Der Tatbestand des zuständigen Mitgliedstaats ist kollisionsrechtlich zu bestimmen (Art. 11–16). Die Begriffe Wohnort und Aufenthalt sind in Art. 1 lit. j) und k) legal definiert. Allerdings sind diese Definitionen nicht wirklich abschließend, bedürfen zu ihrer Konkretisierung vielmehr weiterer Auslegungsmerkmale. 99

Beispiel:
Der Engländer F. arbeitete in der Tourismusbranche in Frankreich, zahlte aber weiterhin Beiträge im Vereinigten Königreich zur nationalen Sozialversicherung. Er hatte häufig Termine in Frankreich wahrzunehmen, und nach England reiste er jeweils nur gelegentlich. Als er 1994 arbeitslos wurde, kehrte er nach England zurück, wo er mit seinem Bruder lebte. Er erklärte, nicht länger eine Arbeit zu wünschen, die längere Zeiten im Ausland vorsah und beantragte *income support*. Gem. den *Income Support Regulations* wurde dieser Anspruch abgelehnt, weil er nicht die Voraussetzung eines gewöhnlichen Wohnsitzes erfüllte, welche nur erfüllt ist, wenn der Antragsteller die Absicht hat, dauerhaft in England zu leben und wenn er dort schon eine beträchtliche (*appreciable*) Zeit gewohnt hatte.

Dieses Beispiel, das einer EuGH-Entscheidung nachgebildet ist,[181] zeigt, dass die Legaldefinition keine 100
ausreichende Orientierung bietet. In der Entscheidung betont der Gerichtshof die Notwendigkeit einer gemeinschaftsrechtlichen Bedeutung der Begriffe Wohnort und Aufenthalt und bezeichnet als Wohnmitgliedstaat den Staat, „in dem die Betroffenen gewöhnlich wohnen und in dem sich auch der gewöhnliche Mittelpunkt ihrer Interessen befindet; dabei sind insbesondere die Familiensituation des Arbeitnehmers, die Gründe, die ihn zum Wandern veranlasst haben, die Dauer des Wohnens, ggf. das Innehaben einer festen Anstellung und die Absicht des Arbeitnehmers zu berücksichtigen, wie sie sich aus einer Gesamtbetrachtung ergibt. Im Rahmen dieser Würdigung gehört jedoch die Dauer des Wohnens in dem Staat, in dem die streitige Leistung beantragt ist, nicht zum Begriff des Wohnorts“.

Aus dieser Passage des Urteils wird ersichtlich, dass der Gerichtshof den Begriff des Wohnorts 101
aus objektiven und subjektiven Elementen bestehend betrachtet. Auf der Basis der Rspr. des EuGH sind in Art. 11 DVO die verschiedenen objektiven und subjektiven Elemente des Wohnortbegriffes aufgelistet. Dabei ist in Abs. 2 der Bestimmung festgelegt, dass in Streitfällen, in denen zwischen den beteiligten Trägern keine Einigung erzielt werden kann, der Wille der Person, wie er sich aus den Fakten und Umständen erkennen lässt, unter Einbeziehung insbesondere der Gründe, die die Person zu einem Wohnortwechsel veranlasst haben, bei der Bestimmung des tatsächlichen Wohnorts dieser Person als ausschlaggebend anzusehen ist. Nach nationalem Recht ist es denkbar, dass eine Person mehrere Wohnsitze hat. Im Rahmen des Koordinierungsrechts kann es jedoch nur einen Wohnort geben. Dies leitet der EuGH insbesondere aus dem Grundsatz der Anwendbarkeit nur eines Sozialrechts (Art. 11 Abs. 1) her.[182]

---

180 Vgl. etwa Fuchs/Bieback Vorbem. zu Art. 17 Rn. 41.
181 EuGH 25.2.1999, Rs. C-90/97 (Swaddling), EU:C:1999:96.
182 EuGH 16.5.2013, Rs. C-589/10 (Wencel), EU:C:2013:303 Rn. 48f.; 5.6.2014, Rs. C-255/13 (Health Service), EU:C:2014:1291 Rn. 47.

3. Leistungserbringung

a) Auseinanderfallen von Wohnsitz- und Aufenthaltsstaat

102 Art. 17 regelt die Fallgestaltung, bei der der Versicherte bzw. seine Familienangehörigen ihren Wohnort in einem anderen Staat als dem zuständigen Mitgliedstaat haben. Eine häufige Fallgestaltung dieser Art betrifft Grenzgänger (Art. 1 lit. f). Als Rechtsfolge dieser Konstellation ergibt sich, dass der Versicherte oder seine Familienangehörigen Sachleistungen in dem Wohnmitgliedstaat erhalten, die vom Träger des Wohnorts nach den für ihn geltenden Rechtsvorschriften für Rechnung des zuständigen Trägers erbracht werden, als ob sie nach diesen Rechtsvorschriften versichert wären (sog. **Sachleistungsaushilfe**).

103 Der Versicherungsschutz erstreckt sich auf die jeweiligen Familienangehörigen des Versicherten. Soweit diese einen eigenen Leistungsanspruch haben, hat dieser Vorrang (Art. 32). Der Begriff des Familienangehörigen bestimmt sich nach Art. 1 lit. i) und bezeichnet jede Person, die in den Rechtsvorschriften des Mitgliedstaates, in dem sie wohnt, als Familienangehöriger bestimmt oder anerkannt wird.

104 Bei der aushelfenden Leistungsgewährung bestimmt sich allerdings die Voraussetzung, ob überhaupt eine Versicherung und damit auch dem Grunde nach ein Leistungsanspruch besteht, weiterhin nach dem **Recht des zuständigen Trägers** („Ob" der Leistungsgewährung).[183] Nur die Bestimmung des Typus der Leistung, der Art und Weise sowie der Modalitäten der Leistungserbringung sind nach den Rechtsvorschriften des Trägers des Wohnortes zu beurteilen („Wie" der Leistungsgewährung).

105 Ist eine Leistung im Krankenversicherungsrecht des zuständigen Trägers vorgesehen, nicht aber im Recht des aushelfenden Leistungsträgers, können daher **Lücken im Versicherungsschutz** entstehen. Das Prinzip der aushelfenden Sachleistungserbringung kann weiterhin dazu führen, dass sich die Sachleistung im Ausland erheblich von derjenigen des zuständigen Trägers unterscheidet. Deutsche Versicherte erhalten z.B. in Frankreich Leistungen nur im Wege der Kostenerstattung und mit erheblicher Selbstbeteiligung. Gerade in den Fällen der Entsendung kann dies zu erheblichen Sicherungslücken führen.[184]

b) Aufenthalt im zuständigen Mitgliedstaat

106 Der Tatbestand des Art. 18 ist im Kern identisch mit dem in Art. 17, nämlich gekennzeichnet durch das Auseinanderfallen von Wohnort und zuständigem Mitgliedstaat, allerdings mit der Besonderheit, dass sich der Versicherte bzw. seine Familienangehörigen im Zeitpunkt der Erkrankung im zuständigen Mitgliedstaat aufhalten. Dann besteht ein Anspruch auf Sachleistungen gegenüber dem zuständigen Träger für dessen Rechnung nach den für ihn geltenden Rechtsvorschriften, als ob die betreffenden Personen in diesem Mitgliedstaat wohnen würden. Bei dieser Fallgestaltung können sich die Betroffenen aber auch in ihrem Wohnortmitgliedstaat nach dem dortigen Recht behandeln lassen.[185]

107 Bezüglich des Anspruchs von Familienangehörigen von Grenzgängern auf Sachleistungen sind gem. Art. 18 Abs. 2 Besonderheiten zu beachten. Wenn nämlich der zuständige Mitgliedstaat im Anhang III aufgeführt ist, haben die Familienangehörigen von Grenzgängern, die im selben Mitgliedstaat wie der Grenzgänger wohnen, im zuständigen Mitgliedstaat Anspruch auf Sachleistungen nur unter den Voraussetzungen des Art. 19 Abs. 1 (vgl. dazu unten c).

---

183 Vgl. EuGH 19.3.1964, Rs. 75/63 (Unger), EU:C:1964:19 für die Frage nachgehenden Versicherungsschutzes beim Ausscheiden aus der Versicherung; 8.6.1995, Rs. C-451/93 (Delavant), EU:C:1995:176 betreffend (kostenlose) Mitversicherung von Familienangehörigen.

184 Fuchs/Bieback Art. 17 Rn. 18 f.

185 Vgl. zu diesem Wahlrecht Fuchs/Bieback Art. 18 Rn. 1.

c) Aufenthalt außerhalb des zuständigen Mitgliedstaats

Art. 19 Abs. 1 regelt den Fall, dass sich ein Versicherter und seine Familienangehörigen in einem anderen als dem zuständigen Mitgliedstaat aufhalten. Ein wichtiger Anwendungsfall ist die Entsendung von Arbeitnehmern und Selbständigen (Art. 12). Die Leistungen werden vom Träger des Aufenthaltsorts nach den für ihn geltenden Rechtsvorschriften für Rechnung des zuständigen Trägers erbracht, als ob die betreffenden Personen nach diesen Rechtsvorschriften versichert wären. Nach dem Wortlaut der Bestimmung beinhaltet der Anspruch auf die Sachleistungen aber nur solche, die sich während des Aufenthalts als medizinisch notwendig erweisen, wobei die Art der Leistungen und die voraussichtliche Dauer des Aufenthalts zu berücksichtigen sind. Dieses Tatbestandsmerkmal sorgt in der Praxis immer wieder für Streit. Der alte Text der Vorläufervorschrift des Art. 22 VO 1408/71/EWG enthielt die Voraussetzung, dass der Zustand der betroffenen Person unverzügliche Leistungen erfordert. Der EuGH hatte in einer Entscheidung zu Art. 31 VO 1408/71/EWG, die einen vergleichbaren Tatbestand speziell für Rentner regelte, eine Auslegung abgelehnt, wonach der Anspruch auf Sachleistungen nur solchen Rentnern vorbehalten wäre, deren Zustand unverzüglich Leistungen während ihres Aufenthalts in einem anderen Mitgliedstaat erfordert, d.h. auf die Leistungen beschränkt wäre, deren unverzügliche medizinische Notwendigkeit festgestellt worden ist und die somit nicht bis zur Rückkehr des Versicherten in seinen Wohnstaat aufgeschoben werden konnten. Ebenso hatte er abgelehnt, dass die gewährte Behandlung durch eine plötzliche Erkrankung erforderlich sein müsse.[186] Art. 19 stellt deshalb im Wortlaut auf Sachleistungen ab, die sich während des Aufenthalts als medizinisch notwendig erweisen. Flankiert wird diese Bestimmung durch Art. 25 Abs. 3 DVO, wonach Sachleistungen im Sinne von Art. 19 Abs. 1 diejenigen sind, die im Aufenthaltsmitgliedstaat nach dessen Rechtsvorschriften erbracht werden und sich als medizinisch notwendig erweisen, damit der Versicherte nicht vorzeitig in den zuständigen Mitgliedstaat zurückkehren muss, um die erforderlichen medizinischen Leistungen zu erhalten. 108

Zu beachten ist Art. 19 Abs. 2, wonach die Verwaltungskommission eine **Liste der Sachleistungen** zu erstellen hat, für die aus praktischen Gründen eine vorherige Vereinbarung zwischen der betreffenden Person und dem die medizinische Leistung erbringenden Träger erforderlich ist, damit sie während eines Aufenthalts in einem anderen Mitgliedstaat erbracht werden kann. Diese Bestimmung will nicht ein zusätzliches Anspruchserfordernis statuieren, sondern dafür sorgen, dass die Leistung effektiv erbracht werden kann. Die Kommission ist dieser Verpflichtung nachgekommen, und es sind fünf Krankheiten in einem Anhang zum Beschluss der Verwaltungskommission S3 aufgelistet. 109

Zu vermerken ist an dieser Stelle, dass die Regelung des Art. 19 nur nicht geplante Behandlungen erfasst. Wenn der Versicherte oder die Familienangehörigen ihren Aufenthalt in einem anderen Mitgliedstaat mit der Absicht geplant haben, sich dort behandeln zu lassen, ist dieser Fall ausschließlich anhand der im Folgenden zu besprechenden Vorschrift des Art. 20 zu beurteilen. 110

Um die Inanspruchnahme der Leistungen bei Krankheit vor allem bei kurzzeitigem Aufenthalt zu erleichtern, erhalten europäische Bürger, die innerhalb des Europäischen Wirtschaftsraums (Europäische Union, Norwegen, Island, Liechtenstein) und der Schweiz beruflich oder privat unterwegs sind, die **europäische Krankenversicherungskarte.**[187] 111

d) Geplante Behandlung in einem anderen Mitgliedstaat

Wie schon zuvor angedeutet, erfasst Art. 20 die Fallgestaltung, dass ein Versicherter sich bewusst in einen anderen Mitgliedstaat begibt, um dort Sachleistungen in Anspruch zu nehmen.[188] Der Grundgedanke, der in Art. 20 verwirklicht ist, besagt, dass Versicherte grundsätzlich für Behandlungen ihrem nationalen Krankenversicherungssystem unterworfen sind. Für den Ausnahmefall einer be- 112

---

186 EuGH 25.2.2003, Rs. C-326/00 (IKA), EU:C:2003:101 Rn. 40f.

187 Zu Einzelheiten s. Fuchs/Cornelissen Art. 72 Rn. 49; vgl. dazu KOM (2003) 73 endg.

188 Im Englischen wird deshalb hierfür häufig der Ausdruck *„scheduled disease"* benutzt.

wusst im Ausland erwünschten Behandlung verlangt Art. 20 Abs. 1 deshalb die Genehmigung des zuständigen Trägers. Wenn eine solche erfolgt, erhält der Versicherte Sachleistungen, die vom Träger des Aufenthaltsorts nach den für ihn geltenden Rechtsvorschriften für Rechnung des zuständigen Trägers erbracht werden, als ob er nach diesen Rechtsvorschriften versichert wäre.

113 Auf die Erteilung der Genehmigung besteht ein Rechtsanspruch. Voraussetzung ist, dass die betreffende Behandlung Teil der Leistungen ist, die nach den Rechtsvorschriften des Wohnmitgliedstaats der betreffenden Person vorgesehen sind, und diese Behandlung nicht innerhalb eines in Anbetracht des derzeitigen Gesundheitszustands und des voraussichtlichen Verlaufs der Krankheit medizinisch vertretbaren Zeitraums gewährt werden kann (Art. 20 Abs. 2 S. 2). Die Auslegung und praktische Anwendung dieser Bestimmung führt immer wieder zu Rechtsstreitigkeiten.

Beispiel:
I, ein bulgarischer Staatsangehöriger, leidet an einer schweren Erkrankung. Wegen dieser Krankheit beantragte er am 9. März 2007 bei der zuständigen Kasse die Ausstellung des Formulars E 112,[189] um in einer Spezialklinik in Deutschland eine Spitzenbehandlung zu erhalten. Noch bevor I eine Antwort erhielt, begab er sich am 15. März 2007 in die Klinik in Deutschland und wurde dort behandelt. Wenig später wurde, nach Einholung der Stellungnahme des Gesundheitsministeriums von der Kasse, die beantragte Genehmigung versagt, da die Behandlung nicht zu den in den bulgarischen Rechtsvorschriften vorgesehenen Leistungen gehöre. Aus den Akten ergibt sich, dass die in Deutschland vorgenommene Behandlung in Bulgarien nicht durchgeführt wird.

---

114 Der Sachverhalt ist der Entscheidung des EuGH in der Rs. Elchinov entnommen.[190] Er wirft zahlreiche Fragen auf.[191] Eine erste Frage geht dahin, ob eine Gewährung der Kostenerstattung schon deshalb ausscheidet, weil eine Bestimmung des bulgarischen Rechts eine Vorabgenehmigung verlangt. Der Gerichtshof verweist auf seine bisherige Rspr. zur Zulässigkeit von Genehmigungen unter dem Aspekt der Dienstleistungsfreiheit, wonach unter bestimmten Voraussetzungen diese zuständig sind. Jedoch stelle ein völliger Ausschluss der Kostenübernahme eine Beschränkung der Dienstleistungsfreiheit (Art. 56 AEUV) dar.[192] Eine weitere Problematik betrifft die erste Voraussetzung des Genehmigungserfordernisses, wonach die begehrte Leistung in den Rechtsvorschriften des zuständigen Mitgliedstaats vorgesehen sein muss. Dazu wollte das Gericht wissen, ob man aus der Tatsache, dass die Behandlung in Bulgarien nicht durchgeführt werden könne, vermuten könne, dass diese Behandlung nicht zum Leistungskanon nach bulgarischem Recht gehört.

115 Hinsichtlich des zweiten Genehmigungserfordernisses präzisiert der Gerichtshof die Kriterien, die bei der Prüfung der Erreichbarkeit der Behandlung im Inland zu beachten sind:

> „Der Gerichtshof hat festgestellt, dass der zuständige Träger bei der Beurteilung der Frage, ob eine für den Patienten ebenso wirksame Behandlung im Wohnsitzmitgliedstaat rechtzeitig verfügbar ist, sämtliche Umstände des konkreten Falls zu beachten hat und dabei nicht nur den Gesundheitszustand des Patienten zum Zeitpunkt des Genehmigungsantrags und ggf. das Ausmaß seiner Schmerzen oder die Art seiner Behinderung, die z.B. die Ausübung einer Berufstätigkeit unmöglich machen oder außerordentlich erschweren könnte, sondern auch die Vorgeschichte des Patienten berücksichtigen muss. Kann die betreffende Behandlung nicht in dem Mitgliedstaat, in dessen Gebiet der Sozialversicherte wohnt, erbracht werden und ergeben sich die in den Rechtsvorschriften dieses Mitgliedstaats vorgesehenen Leistungen nicht aus einer genauen Aufzählung der Behandlungen oder Behandlungsmethoden, sondern aus einer allgemeinen Definition der Kategorien oder Typen der Behandlung oder Behandlungsmethoden, so muss, sofern die in einem anderen Mitgliedstaat vorgesehene Behandlung in eine dieser Kategorien fällt oder einem dieser Behandlungstypen entspricht, der zuständige Träger dem Sozialversicherten … die für

---

189 Nach gegenwärtigem Recht geht es um das Formular F 2.
190 EuGH 5.10.2010, Rs. C-173/09 (Elchinow), EU:C:2010:581.
191 Das vorlegende bulgarische Gericht hatte sieben Vorlagefragen formuliert.
192 Vgl. EuGH 5.10.2010, Rs. C-173/09 (Elchinow), EU:C:2010:581 Rn. 36–45.

die Kostenübernahme dieser Behandlung erforderliche Genehmigung erteilen, wenn die Alternativbehandlung, die in seinem Wohnsitzmitgliedstaat rechtzeitig erbracht werden kann, ... nicht ebenso wirksam ist."[193]

Art. 20 Abs. 1 ist im Licht des Art. 21 Abs. 1 GrCH auszulegen. Der Gerichtshof sieht es als zulässig an, die Genehmigung zu verweigern, wenn eine Krankenhausbehandlung zur Verfügung steht, deren medizinische Wirksamkeit außer Frage steht, der Versicherte aber auf Grund seiner religiösen Überzeugungen angewandte Behandlungsmöglichkeit ablehnt.[194] Es kann sich jedoch eine Verpflichtung zur Erteilung der Genehmigung aus Art. 8 RL 2011/24/EU ergeben.[195] Neben den in Art. 20 Abs. 2 S. 2 enthaltenen Kriterien verlangt der Gerichtshof in verfahrensrechtlicher Hinsicht, dass sich das System der vorherigen Genehmigung insbesondere auf eine leicht zugängliche Verfahrensregelung stützen und geeignet sein muss, den Betroffenen zu garantieren, dass ihr Antrag innerhalb angemessener Frist sowie objektiv und unparteiisch behandelt wird. Dabei muss eine etwaige Versagung der Genehmigung im Rahmen eines gerichtlichen Verfahrens anfechtbar sein.[196] Zu weiteren Einzelheiten des Verfahrens siehe auch Art. 26 DVO. 116

Für den Normalfall ist der Betroffene mit keinerlei Kosten belastet. Denn er erhält die Behandlung vom Aufenthaltsstaat und die dabei anfallenden **Kosten** werden gem. Art. 26 B. Abs. 6 i.V.m. Art. 25 Abs. 4 und 5 DVO vom Träger des zuständigen Staates an den aushelfenden Träger **erstattet**. 117

Ist einem Versicherten zu Unrecht die Genehmigung versagt worden und hat er sich die Behandlung im Ausland auf eigene Kosten verschafft, so erfordert die Auslegung des Art. 56 AEUV, dass der zuständige Staat dem Versicherten die Differenz zu ersetzen hat, die dadurch entsteht, dass die Kosten, die durch in einem Aufenthaltsmitgliedstaat erbrachte Krankenhausdienstleistungen veranlasst worden sind, niedriger sind als diejenigen, die sich aus der Anwendung der im Mitgliedstaat der Versicherungszugehörigkeit geltenden Rechtsvorschriften im Falle einer Krankenhauspflege in diesem Staat ergeben würden.[197] 118

Eine besondere Kostenerstattungsproblematik taucht auf, wenn die Genehmigung zu Unrecht verweigert wurde, der Betroffene auf eigene Kosten die Behandlung im Ausland bezahlt hat, er aber aus einem Mitgliedstaat kommt, in dem ein Leistungen kostenlos zur Verfügung stellender nationaler Gesundheitsdienst existiert. Für diesen Fall hat der EuGH in der Rs. Watts aus Art. 56 AEUV abgeleitet, dass einem Patienten, der Anspruch auf Leistungen dieses Dienstes hat, eine Krankenhausbehandlung auf Kosten dieses Dienstes genehmigt wurde oder hätte genehmigt werden müssen, eine Erstattung zu gewähren ist. Der Erstattungsbetrag ergibt sich aus der etwaigen Differenz zwischen dem Betrag der objektiv bezifferten Kosten einer gleichwertigen Behandlung in einer Einrichtung des fraglichen Dienstes, ggf. nach oben begrenzt durch den für die Behandlung im Aufenthaltsmitgliedstaat in Rechnung gestellten Gesamtbetrag, und dem Betrag, mit dem sich der Träger des letztgenannten Mitgliedstaats nach den Rechtsvorschriften dieses Mitgliedstaats für Rechnung des zuständigen Trägers beteiligen muss.[198] 119

e) Anspruch auf Geldleistungen

Für **Geldleistungen** bei Krankheit bestimmt Art. 21 Abs. 1 die Leistungserbringung durch den zuständigen Träger nach den für ihn geltenden Rechtsvorschriften. Allerdings ermöglicht Art. 21 Abs. 1 S. 2 eine Vereinbarung zwischen dem zuständigen Träger und dem Träger des Wohn- oder Aufenthaltsorts dergestalt, dass letzterer nach den Rechtsvorschriften des zuständigen Mitgliedstaats und für dessen Rechnung die Geldleistung erbringt. Für den Berechnungsmodus enthalten Art. 21 Abs. 2 120

193 Vgl. EuGH 23.10.2003, Rs. C-56/01 (Inizan), EU:C:2003:578 Rn. 46; 16.5.2006, Rs. C-372/04 (Watts), EU:C:2006:325 Rn. 62.
194 EuGH 29.10.2020, Rs. C-243/19 (A)), EU:C:2020:872.
195 S. dazu unten Rn. 135.
196 EuGH 9.10.2014, Rs. C-268/13 (Elena Petrou), EU:C:2014:227 Rn. 48.
197 EuGH 12.7.2001, Rs. C-368/98 (Vanbraekel), EU:C:2001:400; 5.10.2010, Rs. C-173/09 (Elchinov), EU:C:2010:581.
198 EuGH 16.5.2006, Rs. C-372/04 (Watts), EU:C:2006:325 Rn. 143.

bis 4 Sonderregelungen. Außerdem sind im Anhang XI Sondervorschriften vorgesehen. Beim Zusammentreffen mit Geldleistungen bei Pflegebedürftigkeit ist gemäß Art. 34 das allgemeine Verbot des Zusammentreffens von Leistungen nach Art. 10 zu beachten.

4. Ansprüche auf Krankenbehandlung aus dem Recht der Grundfreiheiten

121 Eine geplante Krankenbehandlung im Ausland war bis zum Jahr 1998 ausschließlich anhand von Art. 20 zu beurteilen. Zwei Urteile des EuGH dieses Jahres haben zu einer bedeutsamen Rechtsänderung geführt:

Herr Decker, ein luxemburgischer Staatsangehöriger, hatte bei einem Optiker in Arlon (Belgien) auf Verschreibung eines in Luxemburg niedergelassenen Augenarztes eine Brille erworben. In Anwendung von Vorschriften des *Code des Assurances Sociales* lehnte der luxemburgische Träger eine Erstattung der Kosten für die Brille ab, weil sie ohne vorherige Genehmigung im Ausland erworben worden sei.

Herr Kohll, ein luxemburgischer Staatsangehöriger, wollte sich von seiner Krankenkasse auf Antrag eines in Luxemburg niedergelassenen Arztes eine Zahnregulierung seiner minderjährigen Tochter bei einem Zahnarzt in Trier genehmigen lassen. Der Antrag auf Genehmigung der Krankenbehandlung im Ausland wurde mit der Begründung abgelehnt, dass nach den Vorschriften des *Code des Assurances Sociales* kein dringender Behandlungsbedarf bestehe und außerdem die Zahnbehandlung auch in Luxemburg erfolgen könne.

122 Der Kläger Decker berief sich im Hinblick auf das Genehmigungserfordernis auf eine Verletzung der Warenverkehrsfreiheit (Art. 34 AEUV).[199] Bei Prüfung dieser Frage musste sich der Gerichtshof zunächst mit der Frage auseinandersetzen, ob diese Grundfreiheit überhaupt zur Anwendung gelangen könne, da – wie von den beteiligten Regierungen vorgetragen – die Streitfrage in den Bereich der sozialen Sicherheit falle und diese allein Domäne der Mitgliedstaaten sei. Hierzu führte das Urteil aus, dass nach st. Rspr. das Gemeinschaftsrecht die Zuständigkeit der Mitgliedstaaten zur Ausgestaltung ihrer Systeme der sozialen Sicherheit unberührt lasse. Gleichwohl müssten jedoch die Mitgliedstaaten bei der Ausübung dieser Befugnis das Gemeinschaftsrecht beachten. Damit war der Weg frei für die Prüfung einer Verletzung der Warenverkehrsfreiheit.

123 Der Gerichtshof bejahte eine Verletzung, da das Erfordernis einer vorherigen Genehmigung die Sozialversicherung dazu veranlasst, Erzeugnisse in Luxemburg und nicht in anderen Mitgliedstaaten zu erwerben und daher geeignet ist, die Einfuhr angepasster Brillen in diese Staaten zu hemmen. Ein solcher Eingriff in die Warenverkehrsfreiheit konnte aber gerechtfertigt sein, etwa unter dem Aspekt der notwendigen Kontrolle der verbindlich zu erstattenden Gesundheitskosten. Im Urteil wird betont, dass eine erhebliche Gefährdung des finanziellen Gleichgewichts des Systems der sozialen Sicherheit einen zwingenden Grund des Allgemeininteresses darstellen könne, sodass eine Beschränkung gerechtfertigt sei. Da jedoch für die in Frage stehende Brille nur eine Pauschalerstattung nach luxemburgischem Recht in Betracht kam, war eine solche Belastung des finanziellen Gleichgewichts ausgeschlossen. Damit musste der Gerichtshof einen Verstoß gegen Art. 34 AEUV bejahen.

124 Die Entscheidung in der Rs. Kohll[200] folgte dem Duktus der Begründung in der Rs. Decker, nur mit dem Unterschied, dass es bei einer Zahnbehandlung um die Frage einer Verletzung der Dienstleistungsfreiheit (Art. 56ff. AEUV) ging. Eine Zahnbehandlung stelle eine Dienstleistung dar (Art. 57 AEUV), die durch ein Genehmigungserfordernis beschränkt werde. Für diese Beschränkung gebe es keine objektive Rechtfertigung, da keine erhebliche Gefährdung des finanziellen Gleichgewichts des Systems der sozialen Sicherheit damit verbunden sei. Somit judizierte der Gerichtshof auch hier den Verstoß gegen die Dienstleistungsfreiheit, eine Verletzung der Art. 56 und 57 AEUV.

199 EuGH 28.4.1998, Rs. C-120/95 (Decker), EU:C:1998:167.

200 EuGH 28.4.1998, Rs. C-158/96 (Kohll), EU:C:1998:171.

In den Mitgliedstaaten wurde diese Rechtsprechung weitgehend skeptisch bis ablehnend aufgenommen. Zunächst gab es auch Vorstellungen, dass die Rechtsprechung nur auf Krankenversicherungssysteme anzuwenden sei, die dem Kostenerstattungsprinzip folgten, nicht jedoch bei Geltung des Sachleistungsprinzips. Diese Auffassung wurde aber vom EuGH in der Entscheidung Smits und Peerbooms zurückgewiesen.[201] Die niederländischen Kläger Smits und Peerbooms hatten sich ohne vorherige Genehmigung in Krankenhäusern in Deutschland bzw. Österreich behandeln lassen und verlangten hinterher die Erstattung der Kosten. Dies wurde von den zuständigen Trägern abgelehnt, da eine angemessene Behandlung ohne weiteres in den Niederlanden hätte durchgeführt werden können. In dem Verfahren war von verschiedenen Regierungen vorgetragen worden, dass medizinische Dienstleistungen dann keine wirtschaftliche Betätigung darstellen würden, wenn sie aufgrund des anwendbaren Krankenversicherungssystems kostenlos erbracht würden. Insbesondere liege dann kein Entgelt im Sinne von Art. 57 AEUV vor. Dieser Rechtsauffassung ist der Gerichtshof mit eingehender Begründung entgegengetreten.[202] 125

Das Urteil hat jedoch unter einem anderen Aspekt eine bedeutsame Einschränkung der in den Rs. Decker und Kohll entwickelten Grundsätze gebracht. Zwar wird auch in dieser Entscheidung eine Behinderung des freien Dienstleistungsverkehrs aufgrund des Genehmigungserfordernisses bejaht. Bei der Prüfung der objektiven Rechtfertigung dieser Einschränkung wird aber anerkannt, dass im Gegensatz zu ambulanten Behandlungen ein besonderes Bedürfnis der Planbarkeit bei Krankenanstalten besteht, insbesondere im Hinblick auf deren Zahl, die geografische Verteilung, den Ausbau und die Einrichtungen, über die sie verfügen und auch die Art der medizinischen Leistungen, die sie anbieten können. Unter diesem Blickwinkel wird das Genehmigungserfordernis als notwendig und angemessen anerkannt. Allerdings ist stets dem Grundsatz der Verhältnismäßigkeit Rechnung zu tragen. Das wirkt sich auf den Inhalt der Genehmigungsentscheidung aus. Diese kann wegen fehlender medizinischer Notwendigkeit nur dann versagt werden, wenn die gleiche oder eine für den Patienten ebenso wirksame Behandlung rechtzeitig in einer Einrichtung erlangt werden kann, die eine vertragliche Vereinbarung mit der Krankenkasse geschlossen hat, der der Versicherte angehört. Damit ist im Prinzip inhaltlich das gemeint, was im Koordinierungsrecht in Art. 20 angelegt ist. 126

Die vorbesprochenen Urteile sind trotz ursprünglich erfolgter Kritik[203] mehrfach bestätigt worden,[204] sodass von einer st. Rspr. des EuGH gesprochen werden kann. Mit dieser Rspr. gelangen wir dadurch zu einer Zweispurigkeit des Anspruchssystems bei geplanter Auslandskrankenbehandlung. Der Anspruch aus Art. 20 und Ansprüche aus den Grundfreiheiten schließen sich nicht aus, sondern stehen nebeneinander. Es handelt sich um zwei verschiedene Rechte, die unterschiedliche Vor- und Nachteile haben können.[205] 127

5. Ansprüche aus der Patientenrichtlinie

a) Zielsetzung und Konzeption der RL

Die RL 2011/24/EU ist auf die Ermächtigungsgrundlagen des Art. 114 AEUV und Art. 168 AEUV gestützt. Art. 114 AEUV wurde als geeignete Rechtsgrundlage angesehen, da die Mehrheit der Bestimmungen der Richtlinie auf die Verbesserung der Funktionsweise des Binnenmarktes und der Freizügigkeit von Personen sowie des freien Verkehrs von Waren oder Dienstleistungen abzielt.[206] Art. 168 Abs. 1 AEUV verlangt die Sicherstellung eines hohen Gesundheitsschutzniveaus. Die Wahl dieser Bestimmungen als Rechtsgrundlagen und die Entstehungsgeschichte der RL zeigen, dass der europäische Gesetzgeber das Ziel verfolgte, die Rechtsprechung des EuGH zum Anspruch auf grenzüberschrei- 128

201 EuGH 12.7.2001, Rs. C-157/99 (Smits und Peerbooms), EU:C:2001:404.
202 Vgl. dazu EuGH 12.7.2001, Rs. C-157/99 (Smits und Peerbooms), EU:C:2001:404 Rn. 55.
203 Vgl. z. B. FUCHS, NZS 2004, 225 ff.
204 Vgl. dazu FUCHS in: KRW VO 883/2004/EG Rn. 99.
205 Vgl. dazu LANGER, NZS 1999, 537; FUCHS in: KRW VO 883/2004/EG Rn. 100; Fuchs/BIEBACK Vorbem. Art. 17 ff. Rn. 43 ff.
206 Vgl. Erwägungsgrund Nr. 2.

tende Inanspruchnahme von Gesundheitsdienstleistungen aus Art. 56 AEUV in einem gesetzlichen Instrument der EU zusammenzufassen.[207]

129 Damit existieren zwei Rechtsakte, die sich mit grenzüberschreitender Gesundheitsversorgung beschäftigen. Zum einen die Vorschriften betreffend die Leistungen bei Krankheit in der VO 883/2004/EG und zum anderen die RL 2011/24/EU. Art. 1 Abs. 1 S. 2 RL 2011/24/EU bringt zum Ausdruck, dass die Richtlinie darauf zielt, ihr Verhältnis zum bestehenden Rechtsrahmen der VO 883/2004/EG im Hinblick auf die Ausübung der Patientenrechte zu klären. Ausweislich der Präambel sollen die beiden Systeme kohärent sein: „Entweder die vorliegende Richtlinie oder aber die Verordnungen der Union zur Koordinierung der Sozialversicherungssysteme gelangen zur Anwendung."[208] Folgerichtig bestimmt Art. 2 lit. m), dass die RL 2011/24/EU die Koordinierungsverordnungen unberührt lässt.

b) Sachlicher Anwendungsbereich

130 Gem. Art. 1 Abs. 2 RL 2011/24/EU erfasst die RL jegliche Gesundheitsversorgung, unabhängig davon, wie diese organisiert, erbracht oder finanziert wird. Abs. 3 dieser Vorschrift schließt aber eine Vielzahl vor allem intensiver Behandlungsformen aus dem Anwendungsbereich der Vorschrift aus. Vielfach wird die Auffassung vertreten, dass die RL 2011/24/EU nur geplante Auslandsbehandlungen erfasst.[209]

131 Es wird dagegen auch die Meinung vertreten, dass die RL 2011/24/EU sowohl geplante als auch ungeplante Auslandskrankenbehandlungen umfasst.[210] Ein wesentliches Argument wird für diese Meinung darin gesehen, dass Art. 1 Abs. 2 RL 2011/24/EU die Geltung der RL für jegliche Gesundheitsversorgung von Patienten anordnet „unabhängig davon, wie diese organisiert, erbracht oder finanziert wird". Diese Rechtsauffassung begegnet erheblichen Bedenken. Der Wortlaut von Art. 1 Abs. 2 RL 2011/24/EU liefert kein Indiz für die Unterscheidung zwischen geplant und ungeplant.[211] Er bezieht sich ausschließlich auf die Art der Gesundheitsversorgung. Noch bedeutsamer ist jedoch die Tatsache, dass die Art. 17 bis 19 VO 883/2004/EG von den Versicherten weitestgehend ignoriert werden könnten, wenn sie jederzeit bei einem Aufenthalt im Ausland von den Möglichkeiten der RL 2011/24/EU Gebrauch machen könnten.

c) Persönlicher Anwendungsbereich

132 Adressaten der RL sind nach Art. 1 Abs. 2 RL Patienten. Als Patient wird nach der Legaldefinition in Art. 3 lit. h) jede natürliche Person betrachtet, die Gesundheitsleistungen in einem Mitgliedstaat in Anspruch nehmen möchte oder in Anspruch nimmt. Damit wird ein weitreichender Personenkreis erfasst. Zu beachten ist allerdings, dass nicht alle Vorschriften der RL 2011/24/EU für alle Patienten gelten. Gelegentlich erfolgt eine Einschränkung auf Versicherte, die in Art. 3 lit. b) RL 2011/24/EU definiert werden.[212]

---

207 So zutreffend Fuchs/Bieback Vorbem. RL 2011/24/EU Rn. 5 unter Bezugnahme auf die Erwägungsgründe Nr. 6ff. der Präambel.

208 Vgl. Erwägungsgrund Nr. 30.

209 Hernekamp/Jäger-Lindemann, ZESAR 2011, 403, 404 unter Hinweis auf Erwägungsgrund Nr. 11 der Präambel; Fuchs/Bieback Vorbem. RL 2011/24/EU Rn. 1.

210 S. Guidance Note AC 246/12, Annex Point 2.

211 Vgl. in diesem Sinne die Leitlinie der Verwaltungskommission über das Verhältnis der Koordinierungsverordnungen und der Richtlinie vom 21.5.2012, AC 246/12.

212 Vgl. z.B. Art. 7 Abs. 1 RL 2011/24/EU.

d) Zuständigkeiten der Mitgliedstaaten

Art. 4 und 5 RL 2011/24/EU beinhalten Vorschriften über die inhaltliche Ausgestaltung der Gesundheitsversorgung, wobei die Zuständigkeiten zwischen Behandlungsmitgliedstaat und Versicherungsmitgliedstaat aufgeteilt werden. Die eigentliche Behandlung erfolgt nach den Rechtsvorschriften und Standards des Behandlungsmitgliedstaats (Art. 4 RL 2011/24/EU). Für die an Patienten zur Wahrnehmung ihrer Rechte auf grenzüberschreitende Gesundheitsversorgung zu richtenden Informationen, sind die nationalen Kontaktstellen für die grenzüberschreitende Gesundheitsversorgung von großer Bedeutung (Art. 6 RL 2011/24/EU). 133

e) Regelungen über Kostenerstattung

In die besondere Verantwortung des Versicherungsmitgliedstaats fällt die Kostenerstattung. Art. 7 beinhaltet eine von der Rechtsprechung des EuGH ausgehende, sehr detaillierte Regelung. Dabei wird an dem Grundsatz festgehalten, dass der Versicherungsmitgliedstaat nur die Kosten der grenzüberschreitenden Gesundheitsversorgung bis zu den Höchstbeträgen übernimmt, die er übernommen hätte, wenn die betreffende Gesundheitsleistung in seinem Hoheitsgebiet erbracht worden wäre (Art. 7 Abs. 4 RL 2011/24/EU). 134

f) Genehmigung von Auslandskrankenbehandlungen

Art. 8 Abs. 1 und 2 RL 2011/24/EU fixieren abschließend die Voraussetzungen des Tatbestands, bei dessen Vorliegen eine vorherige Genehmigung der Auslandskrankenbehandlung zulässig ist. Die Kostenerstattung für andere als die in Abs. 2 genannten Fälle dürfen nicht von einer Vorabgenehmigung abhängig gemacht werden.[213] Im Einklang mit der Rechtsprechung des EuGH geht es dabei vornehmlich um stationäre Behandlungen und solche, die mit dem Einsatz einer hochspezialisierten und kostenintensiven medizinischen Infrastruktur oder medizinischen Ausrüstung einhergehen (Abs. 2 lit. a). Art. 8 Abs. 1 RL 2011/24/EU verlangt ein System der Vorabgenehmigung, das die Kriterien und Einzelentscheidungen bei Verweigerung der Genehmigung auf das im Hinblick auf das zu erreichende Ziel notwendige und angemessene Maß begrenzt und willkürliche Diskriminierungen und ungerechtfertigte Behinderungen der Freizügigkeit der Patienten vermieden werden. Der EuGH erklärt die Grundsätze seiner Rspr. zu Art. 56 AEUV und Art. 20 VO 883/2004/EG bei Fehlen einer Vorabgenehmigung für übertragbar. Eine nationale Regelung, die bei Fehlen der Genehmigung – selbst wenn die Voraussetzungen für eine Kostenübernahme im Übrigen erfüllt wären – die Kostenübernahme ausschließt, einschließlich in den besonderen Fällen, in denen der Versicherte aus gesundheitlichen Gründen oder wegen der Dringlichkeit einer solchen Behandlung außerstande war, eine solche Genehmigung zu beantragen oder die Entscheidung abzuwarten, nicht dem Erfordernis der Verhältnismäßigkeit genügt und deshalb nicht im Einklang mit Art. 8 Abs. 1 RL 2011/24 steht.[214] Die Verweigerung der Genehmigung, wenn eine vorhandene angemessene Behandlung möglich ist, diese aber vom Versicherten aus religiösen Gründen abgelehnt wird, stellt eine mittelbare Diskriminierung dar, die aber objektiv durch das legitime Ziel gerechtfertigt sein kann, einen bestimmten Umfang der medizinischen und pflegerischen Versorgung oder ein bestimmtes Niveau der Heilkunde zu erhalten, und stellt ein geeignetes und erforderliches Mittel dar, mit dem dieses Ziel erreicht werden kann.[215] Ergänzend präzisiert Art. 9 RL 2011/24/EU die Anforderungen an das bei grenzüberschreitender Gesundheitsversorgung einzuhaltende Verwaltungsverfahren. Dabei ist hervorzuheben, dass die Mitgliedstaaten angemessene Fristen festlegen müssen, innerhalb derer Anträge auf eine Leis- 135

213 EuGH 23.9.2020, Rs. C-777/18 (WO) EU:C:2020:745, wo die Genehmigungsfreiheit ärztlicher Beratung und ambulanter ärztlicher Behandlung betont wird.

214 EuGH 23.9.2020, Rs. C-778/18 (WO), EU:C:2020:745 Rn. 84f.

215 EuGH 29.10.2020, Rs. C-243/19 (A), EU:C:2020:872. Der Gerichtshof leitet das Ergebnis aus der Auslegung der Bestimmungen des Art. 8 Abs. 5 und 6 lit. d) im Licht des Art. 21 Abs. 1 GRCh ab.

tung der grenzüberschreitenden Gesundheitsversorgung bearbeitet werden müssen (Art. 9 Abs. 3 RL 2011/24/EU).[216]

6. Besonderheiten bei Rentnern

136 Die Vorschriften der Art. 23 bis 30 enthalten spezielle Regelungen für Rentner und ihre Familienangehörigen. Sie gelten nicht für solche Rentner und Familienangehörigen, die Leistungsansprüche aufgrund einer Erwerbstätigkeit haben. Bei ihnen bleibt es bei der Geltung der Vorschriften der Art. 17 bis 21 (Art. 31), Die Art. 23ff. bestimmen den primär leistungszuständigen Träger und benennen den aushelfenden Träger. Die Regelungen haben die übergreifende **Zielsetzung einer meistbegünstigenden Absicherung** der Rentenbezieher für den Fall der Krankheit, wenn auch nur in einem der in Betracht kommenden Mitgliedstaaten eine solche Absicherung besteht. Inhaltlich knüpfen die Regelungen dabei an die Koordinierungstechnik der aushilfsweisen Sachleistungserbringung an.[217]

Beispiele:
Erhält der Versicherte mehrere Renten aus verschiedenen Mitgliedstaaten, bekommt er Sachleistungen in seinem Wohnstaat, wenn er nach dessen Recht einen Anspruch auf Sachleistungen hat (Art. 23). Der Wohnstaat ist damit der maßgebliche sozialrechtliche Anknüpfungspunkt und Schwerpunkt des Versicherungsverhältnisses des Rentners. Ist ein Anspruch auf Sachleistungen im Wohnstaat nicht gegeben, erhält der Rentner dennoch Leistungen von diesem Mitgliedstaat, wenn zumindest in einem der für Rentenzahlungen zuständigen Mitgliedstaaten ein Anspruch auf Sachleistungen bestünde, wenn er dort wohnte (Art. 24 Abs. 1). Der Träger des Wohnorts erbringt die Sachleistung für Rechnung und auf Kosten des nach Abs. 2 zu bestimmenden Trägers.

137 Die Vorschrift des Art. 25 ist durch den Beitritt von Dänemark, dem Vereinigten Königreich und Irland notwendig geworden, die über steuerfinanzierte nationale Gesundheitsdienste verfügen. Die Kosten der Behandlung von Rentnern, die in einem solchen Mitgliedstaat wohnen und Sachleistungen bekommen, werden nach dem Schlüssel des Art. 24 Abs. 2 von dem Träger eines der für die Rentenzahlung zuständigen Mitgliedstaaten übernommen.

138 Wenn Familienangehörige getrennt vom Rentner in einem anderen Mitgliedstaat wohnen, bekommen sie Sachleistungen vom Träger des Wohnorts, sofern der Rentner nach den Rechtsvorschriften eines Mitgliedstaats Anspruch auf Sachleistungen hat. Die Kosten übernimmt der zuständige Träger, der auch die Kosten für die ihm im Wohnmitgliedstaat gewährten Sachleistungen zu tragen hat (Art. 26).

139 Rentner, die einen Anspruch auf Sachleistungen gegenüber einem oder mehreren Mitgliedstaaten, von dem oder denen sie Rente beziehen, haben und sich in einem anderen als ihrem zuständigen Wohnmitgliedstaat aufhalten, erhalten Sachleistungen für sich und ihre Familienangehörigen nach Maßgabe von Art. 19 (Art. 27 Abs. 1). Bei Aufenthalt im zuständigen Mitgliedstaat und bei geplanten Auslandsbehandlungen gelten die Vorschriften der Art. 18 Abs. 1[218] und Art. 20 entsprechend. Die Kostentragung für die in Art. 27 geregelten Fallgestaltungen ergibt sich aus den Abs. 4 und 5.

140 Eine spezifische Regelung für **Grenzgänger** findet sich in Art. 28. Sie haben während der Zeit ihrer Beschäftigung sowohl Behandlungsansprüche nach Art. 17als auch nach Art. 18. Art. 28 Abs. 1 will erreichen, dass der Alters- oder Invaliditätsrentner eine im Beschäftigungsstaat oder Staat der selbständigen Tätigkeit begonnene Behandlung fortsetzen kann. Für ehemalige Grenzgänger sieht

216 Eine Frist von 31 Tagen für die Erteilung einer Vorabgenehmigung und von 23 Tagen für die Versagung der Genehmigung sieht der EuGH als im Einklang mit Abs. 3 stehend an, wenn dem zuständigen Träger die Berücksichtigung der Besonderheiten und der Dringlichkeit des Einzelfalls erlaubt ist, EuGH 23.9.2020 , Rs. C-777/18 (WO) EU:C:2020:745, Rn. 87ff.

217 Fuchs/Janda/Janda, vor Art. 23ff. Rn. 4.

218 Aber nur, wenn dieser Mitgliedstaat sich für eine solche Lösung entschieden hat und im Anhang IV aufgeführt ist. Dies trifft für Deutschland zu.

Art. 28 Abs. 2 bei Erfüllung genau definierter zeitlicher Kriterien einen Anspruch auf Sachleistungen gegen diesen Mitgliedstaat vor, wenn sich dieser Mitgliedstaat durch Aufnahme in Anhang V für dieses Modell entschieden hat. Die Regelung des Abs. 2 dehnt Abs. 3 auf Familienangehörige aus.

Für Geldleistungen stellt Art. 29 eine Kombination von Leistungs- und Kostenzuständigkeit 141
des rentengewährenden Mitgliedstaates her, der nach den Art. 23–25 die Kosten der Behandlung des Rentners in dessen Wohnmitgliedstaat zu zahlen hat.

Art. 30 betrifft die Krankenversicherung der Rentner. Sie dient vor allem der Vermeidung einer 142
doppelten Beitragsbelastung der Rentner. Zu diesem Zweck ordnet Abs. 1 an, dass der Träger eines Mitgliedstaats nach seinem Recht nur Beiträge verlangen darf, wenn er die Kosten für Leistungen nach Art. 23 bis 26 zu tragen hat. Damit wird eine Kongruenz von Kostentragung für Sachleistungen und Beitragserhebungszuständigkeit herbeigeführt. Abs. 2 dehnt das Beitragserhebungsprinzip auch auf die Fallgestaltung des Art. 25 aus.

VI. Unfallversicherung

1. Aufgabenstellung

Das Unfallversicherungsrecht gewährt Schutz gegen das Risiko von Arbeitsunfällen und Berufs- 143
krankheiten. Das Koordinationsrecht hierzu hat es im Wesentlichen mit drei Fragenkomplexen zu tun:

a) Auseinanderfallen von Versicherungsstaat und Wohnstaat bzw. Aufenthaltsstaat

Ähnlich wie im Bereich des Krankenversicherungsrechts (s. oben V.) ist auch im Bereich des Unfall- 144
versicherungsrechts die Situation zu bewältigen, dass der Mitgliedstaat, nach dessen Recht eine Person unfallversichert ist und der Mitgliedstaat, in dem der Betreffende wohnt oder sich aufhält, nicht identisch sind. Dann müssen Vorschriften existieren, die sicherstellen, dass der Verletzte oder Erkrankte an Ort und Stelle die nötige Hilfe erhält.

Beispiele:
Arbeitet etwa der Versicherte im Mitgliedstaat A und wohnt er im Mitgliedstaat B, so stellt sich die Frage, nach welchem Recht er Leistungen erhält, wenn er einen Arbeitsunfall erleidet. Eine ähnliche Problematik taucht auf, wenn der Versicherte im Staat A wohnt und arbeitet, er aber einen Unfall erleidet, während er im Auftrag seines Arbeitgebers eine Arbeit in einem anderen Mitgliedstaat verrichtet. Und schließlich spielt die Fallgestaltung ähnlich wie im Krankenversicherungsrecht eine Rolle, wenn sich nämlich das Opfer eines Arbeitsunfalls oder einer Berufskrankheit zur Behandlung ins EU-Ausland begibt.

b) Gleichstellung von Auslandssachverhalten

Das Entstehen oder die Realisierung von Ansprüchen nach dem jeweiligen nationalen Recht, dem der 145
Einzelne unfallversicherungsrechtlich unterworfen ist, kann deshalb gehindert sein, weil anspruchsrelevante Vorgänge außerhalb des Geltungsbereichs der zuständigen Rechtsordnung stattgefunden haben. Z. B. sieht § 56 Abs. 1 SGB VII einen Anspruch auf Unfallrente vor, wenn die Minderung der Erwerbsfähigkeit wenigstens 20 Prozent erreicht, wobei einzelne Arbeitsunfälle zusammengerechnet werden, wenn die Erwerbsfähigkeit im Einzelfall um wenigstens zehn Prozent gemindert ist. Man stelle sich vor, dass ein nach deutschem Unfallversicherungsrecht versicherter Arbeitnehmer einen Arbeitsunfall mit der Folge einer Erwerbsfähigkeitsminderung um zehn Prozent erleidet, einen ähnlichen Unfall aber schon früher in Frankreich hatte. Kann dann auch der in Frankreich erlittene Arbeitsunfall Berücksichtigung finden?

c) Besonderheiten der Entschädigung von Berufskrankheiten

146 Das Koordinierungsrecht muss eine Antwort auf die mit zunehmender Arbeitsmigration immer häufiger anzutreffende Fallgestaltung geben, die dadurch gekennzeichnet ist, dass sich die **Berufskrankheit als Ergebnis von krankheitsauslösenden Tätigkeiten** darstellt, die in verschiedenen Mitgliedstaaten ausgeübt wurden. Wenn also ein Versicherter einige Jahre in einem Bergwerk in Österreich und sodann einige Jahre in Deutschland gearbeitet hat und dabei an einer Pneumokoniose erkrankt, stellt sich die Frage, welcher Träger nach welchem Recht über die Entschädigung zu befinden hat. Vor allem das Problem der Lastenteilung wird dann aufgeworfen.

2. Zuständiges Recht

147 Die Zuständigkeit des Trägers und das anzuwendende Recht ergeben sich aus Art. 36 Abs. 1, soweit Sachleistungen betroffen sind. Dabei wird auf die Art. 17–20, jeweils Abs. 1 verwiesen, sodass die gleichen Regelungen wie im Krankenversicherungsrecht gelten. Zuständiger Träger ist gem. Art. 1 lit. q) i) derjenige Träger, bei dem die betreffende Person zum Zeitpunkt der Stellung des Antrags auf Leistungen unfallversichert ist. Die Antwort hierauf ist dem allgemeinen Kollisionsrecht des Art. 11 Abs. 3 lit. a). zu entnehmen. In der Regel ist es der Träger des Staates der Beschäftigung oder Ausübung der selbständigen Erwerbstätigkeit. Eine besondere Zuständigkeit ergibt sich für Berufskrankheiten gem. Art. 38. Für Geldleistungen verweist Art. 36 Abs. 3 auf die krankenversicherungsrechtliche Bestimmung des Art. 21 und damit auf den zuständigen Träger.

a) Sachleistungen

148 Bei den Sachleistungen ist zwischen vier Varianten zu differenzieren:

- Bei Auseinanderfallen von Versicherungsstaat und Wohnmitgliedstaat erbringt der Träger des Wohnorts nach den für ihn geltenden Rechtsvorschriften, aber für Rechnung des zuständigen Trägers, Sachleistungen, vgl. Art. 36 Abs. 1 i. V. m. Art. 17.
- Die Ausgangslage ist wie oben, nur hält sich der Versicherte dieses Mal im zuständigen Mitgliedstaat auf. Dann werden die Sachleistungen vom zuständigen Träger für dessen Rechnung nach den für ihn geltenden Rechtsvorschriften erbracht, vgl. Art. 36 Abs. 1 i. V. m. Art. 18 Abs. 1.
- Der Versicherte hält sich in einem anderen als dem zuständigen Mitgliedstaat auf, weil er bspw. dorthin entsandt wurde (Art. 12). In diesem Falle erbringt der Träger des Aufenthaltsorts nach den für ihn geltenden Rechtsvorschriften, aber für Rechnung des zuständigen Trägers, Sachleistungen, vgl. Art. 36 Abs. 1 i. V. m. Art. 19 Abs. 1 lit. i).
- Der Versicherte nimmt Sachleistungen in einem anderen Mitgliedstaat als dem Versicherungsstaat gezielt in Anspruch. Hier begibt sich das Unfallopfer bzw. der an einer Berufskrankheit Leidende bewusst in einen anderen Mitgliedstaat, um dort Sachleistungen in Anspruch zu nehmen. Ein möglicher Anspruch ist von der Erfüllung der Voraussetzungen des durch Verweisung anzuwendenden Art. 20 abhängig (Art. 36 Abs. 1). Ebenso wie im Krankenversicherungsrecht kann sich der Betreffende auch auf das Recht der Dienstleistungsfreiheit sowie die Patientenrichtlinie stützen.[219]

b) Geldleistungen

149 Abweichend von den Regelungen über Sachleistungen bestimmt Art. 36 Abs. 3 i. V. m. Art. 21, dass **Geldleistungen** stets **vom zuständigen Träger nach den für ihn geltenden Rechtsvorschriften** zu erbringen sind. Allerdings kann eine einvernehmliche Regelung zwischen dem zuständigen Träger und dem Träger des Wohn- oder Aufenthaltsorts dahingehend herbeigeführt werden, dass Letzterer die Leistungen erbringt, allerdings nur nach den Rechtsvorschriften des zuständigen Mitgliedstaats

219 Zu Einzelheiten s. Fuchs/Janda/Fuchs Art. 36 Rn. 16 ff.

und für dessen Rechnung (S. 2). Die Berechnung der Geldleistungen hat nach den Bestimmungen des Art. 21 Abs. 2–4 zu erfolgen. Eine Korrektur der Berechnung nach einem Durchschnittseinkommen kann u.U. im Hinblick auf Art. 48 AEUV notwendig werden, wenn der Arbeitnehmer in dem nicht zuständigen Staat ein höheres Einkommen erzielt hatte.[220] Die Kosten für den Transport des Verunglückten oder an einer Berufskrankheit Leidenden regelt Art. 37. Diese Bestimmung betrifft die Kostentragung für den Transport bis zum Wohnort und dem Krankenhaus in das Gebiet des Staates, in dem der Betroffene tatsächlich wohnt. Zur Kostentragung verpflichtet ist der zuständige Träger, d.h. der Träger des Mitgliedstaats nach dessen Recht der Verletzte versichert ist. Voraussetzung ist, dass das Recht des Versicherungsstaates den Transport des Verletzten zu seinem Wohnort oder Krankenhaus vorsieht.[221] Ist dies der Fall, dann verlangt Abs. 1 auch die Übernahme der Transportkosten in den Wohnortstaat. Diese Verpflichtung entsteht aber nur, wenn der zuständige Träger vorher den Transport genehmigt hat (Ausnahme: Grenzgänger, vgl. S. 2). Eine ähnliche Bestimmung in Art. 37 Abs. 2 sieht die Übernahme der Kosten für die Überführung der Leiche bis zur Begräbnisstätte vor. Die nach innerstaatlichem Recht bestehende Verpflichtung wird dabei auf die Überführung der Leiche an die Begräbnisstätte in dem Land erweitert, in dem der Verstorbene im Unfallzeitpunkt gewohnt hat.

c) Fehlen eines Arbeitsunfallsystems

Nicht alle Mitgliedstaaten verfügen über spezielle Schutzsysteme gegen das Risiko von Arbeits- 150
unfällen und Berufskrankheiten. Bei Fehlen eines solchen Systems am Wohn- oder Aufenthaltsort des Unfallopfers liegt die Zuständigkeit für die Erbringung von Sachleistungen bei dem für die Leistungen bei Krankheit zuständigen Träger (Art. 40 Abs. 1). Bei Fehlen eines Schutzsystems im zuständigen Mitgliedstaat hat der Arbeitnehmer, der einen Arbeitsunfall oder eine Berufskrankheit im Wohn- oder Aufenthaltsstaat erleidet, einen Anspruch gegen den dortigen Träger auf die Leistungen aus der Arbeitsunfallversicherung (Art. 40 Abs. 2).

3. Äquivalenzregeln

Wie bereits oben ausgeführt wurde, ist es Aufgabe des supranationalen Unfallversicherungsrechts, 151
die **territoriale Orientierung nationaler Entschädigungsregelungen zu überwinden**. Soweit diese den Eintritt oder das Vorhandensein bestimmter Umstände im nationalen Geltungsbereich voraussetzen, muss das europäische Sozialrecht dafür sorgen, dass internationale Sachverhalte den nationalen gleichgestellt werden. Die wichtigsten Bestimmungen dieser Art sind:

- Wegeunfälle, die sich im Gebiet eines anderen Mitgliedstaates als des zuständigen Staates ereignet haben, gelten als im Gebiet des zuständigen Staates eingetreten. Diese Rechtsfolge ergibt sich aus Art. 5 lit. b).
- Die Berücksichtigung von Familienangehörigen, die außerhalb des Gebietes des zuständigen Staates wohnen, bei Geldleistungen, deren Höhe von der Zahl der Familienangehörigen abhängt, verlangt ebenfalls Art. 5 lit. b).
- Berücksichtigung von (früheren oder späteren) Arbeitsunfällen oder Berufskrankheiten im Ausland, wenn nationales Recht bei der Bemessung des Grades der Erwerbsminderung oder der Begründung des Leistungsanspruchs die Berücksichtigung früherer oder später eingetretener oder festgestellter Arbeitsunfälle oder Berufskrankheiten verlangt, ist gem. Art. 40 Abs. 3 in entsprechender Anwendung des Art. 5 geboten. Für das deutsche Unfallversicherungsrecht erlangt diese Bestimmung besondere Bedeutung im Hinblick auf die Vorschrift des § 56 Abs. 2 SGB VII.

---

220 Vgl. dazu EuGH 9.11.2006, Rs. C-205/05 (Nemec), EU:C:2006:705.
221 Vgl. für das deutsche Recht § 43 SGB VII.

4. Besonderheiten bei Berufskrankheiten

152 Im Gegensatz zum Arbeitsunfall als einem zeitlich oder örtlich bestimmten Vorgang ist die Berufskrankheit gerade durch einen sich über längere Zeiträume erstreckenden Entwicklungsprozess gekennzeichnet. Jedes nationale Recht hat schon Schwierigkeiten, **Expositionszeiten**, die im eigenen Anwendungsbereich liegen, adäquat zu erfassen. Ungleich schwieriger liegen die Dinge, wenn die Expositionszeiten in verschiedenen Mitgliedstaaten zurückgelegt wurden. Das Urteil über die Güte einer international-sozialrechtlichen Regelung, die den Anspruch erhebt, Grenzen abbauen zu helfen, hängt im Bereich der Berufskrankheiten davon ab, ob es gelingt Expositionszeiten, die in verschiedenen Mitgliedstaaten zurückgelegt wurden, bei der Prüfung des Vorliegens der Voraussetzungen einer Berufskrankheit als Einheit zu erfassen. Art. 38 ordnet für die Entscheidung über den Berufskrankheitenanspruch die **ausschließliche Zuständigkeit** desjenigen Trägers an, in dessen Gebiet die letzte gefährliche Tätigkeit ausgeübt wurde. Bei der Entscheidung über den Anspruch sind auch die früheren Expositionszeiten, die in anderen Mitgliedstaaten zurückgelegt wurden, zu berücksichtigen. Art. 38 löst nicht nur das Konkurrenzproblem zwischen möglicherweise verschiedenen zuständigen Trägern. Die Vorschrift ist gleichzeitig auch Antikumulierungsbestimmung, d.h., Doppelleistungen sollen vermieden werden.

153 Mit der Entscheidung für die Zuständigkeit des Rechts des Trägers, in dem zuletzt eine Exposition erfolgt ist, ist aber noch nicht die Frage entschieden, ob möglicherweise eine **Teilung der Kostenlast** vorzunehmen ist, wenn Expositionszeiten in mehreren Mitgliedstaaten zurückgelegt wurden. Über das frühere Recht[222] noch hinausgehend ist die volle Kostenlast dem Träger der letzten Expositionstätigkeit aufgebürdet.[223]

154 Art. 39 regelt den **Sonderfall der Verschlimmerung einer Berufskrankheit**. Danach gilt:

- Hat sich der Zustand des Betroffenen verschlimmert und hat er keine Berufstätigkeit nach den Rechtsvorschriften eines anderen Mitgliedstaates ausgeübt, die einen Einfluss auf die Entstehung oder Verschlimmerung der Krankheit hätte haben können, so bleibt es nach lit. a) dieser Vorschrift bei der Zuständigkeit desjenigen Trägers, der für die erstmalige Gewährung der Leistung zuständig war. Er hat **auch die durch die Verschlimmerung bedingten Leistungen** zu gewähren.
- Anders ist es dagegen nach Art. 39 lit. b), wenn der Betreffende nach Eintritt der Leistungsgewährung in einem anderen Mitgliedstaat eine Tätigkeit aufgenommen hat, die geeignet war, eine solche Krankheit bzw. deren Verschlimmerung zu verursachen. In diesen Fällen berücksichtigt der bisherige Leistungsträger die Verschlimmerung nicht. Er erbringt vielmehr die Leistung im bisherigen Umfang. Der Träger des Mitgliedstaats der neuen Beschäftigung ist im Hinblick auf die Verschlimmerung zur Zahlung einer Zulage verpflichtet. Lit. c) stellt klar, dass nationale Antikumulierungsregelungen in Fällen von lit. b) nicht anzuwenden sind.

VII. Leistungen bei Invalidität, Alter und Tod

1. Leistungen bei Invalidität

155 Die Art. 44ff. tragen den Besonderheiten der nationalen Regelungen zum Schutz gegen das Risiko der Invalidität Rechnung. Diese sind sehr vielgestaltig, weshalb Art. 44 Abs. 1 eine Differenzierung der Systeme in einen **Typ A** und einen **Typ B** vornimmt. Typ A meint Systeme, bei denen die Höhe der Leistungen von der Dauer der Versicherungs- und Wohnzeiten unabhängig und eine Aufnahme in Anhang VI erfolgt ist, Typ B alle anderen Systeme.

156 Gem. Art. 44 Abs. 2 ist bei ausschließlicher Zurücklegung von Versicherungs- und Wohnzeiten in Mitgliedstaaten mit Rechtsvorschriften des **Typs A** derjenige Mitgliedstaat zur Erbringung der Leistung zuständig, dessen Rechtsvorschriften bei Eintritt der Arbeitsunfähigkeit mit anschließender Invalidität anzuwenden waren. Das setzt allerdings voraus, dass die Leistungsvoraussetzungen nach dem

222 Vgl. Art. 57 Abs. 5 VO 1408/71.
223 Kritisch zu dieser Regelung Fuchs, Arbeitsunfälle und Berufskrankheiten, S. 217ff.

Recht dieses Mitgliedstaats erfüllt sind. Anspruchsbegründende Zeiten, die in anderen Mitgliedstaaten zurückgelegt wurden, werden nach Art. 6 berücksichtigt. Zusätzlich kommt gegebenenfalls die Vorschrift des Art. 45 über die Zusammenrechnung von Zeiten in Betracht. Wenn sich dennoch danach kein Anspruch ergibt, gelangt subsidiär ein bestehender Leistungsanspruch zur Anwendung (Abs. 3).

Wenn ein Versicherter auch nur in einem von mehreren Mitgliedstaaten Zeiten nach Rechts- 157
vorschriften des **Typs B** zurückgelegt hat oder nur solche, erfolgt die Leistungserbringung nach den Vorschriften der Art. 50 ff. betreffend Alters- und Hinterbliebenenrenten (Art. 46 Abs. 1). Bei der Fallgestaltung von Art. 46 Abs. 2 greift aber Art. 44. Im Falle der Verschlimmerung des Invaliditätszustands kommen grundsätzlich ebenfalls die Vorschriften über Alters- und Hinterbliebenenrenten zur Anwendung (Art. 47), ebenso wenn es um die Umwandlung in Leistungen bei Alter geht (Art. 48).

2. Leistungen bei Alter und Tod

Aufgrund der Komplexität der nationalen Systeme betreffend die sozialen Risiken Alter und Tod weist 158
auch die Koordinierung dieser Systeme eine hohe Komplexität auf. Dabei ist der Grundtatbestand der Altersrenten durchaus einfach. Das Erreichen einer festgesetzten Altersgrenze löst den Rentenanspruch aus, wenn eine bestimmte ebenfalls festgesetzte Versicherungszeit zurückgelegt wurde (so etwa die Regelaltersrente nach § 35 SGB VI). Aber die Altersrenten können weitere Tatbestandsvoraussetzungen normieren, wie etwa Schwerbehinderung oder langjährige Beschäftigung unter Tage. Die Altersrenten können mit anderen Renten konkurrieren, sodass das Problem der Doppelleistungen bewältigt werden muss. Hinterbliebenenrenten können einer Einkommensanrechnung unterliegen. Ergibt sich bereits hieraus im nationalen Anwendungsbereich ein komplexes Raster, so nimmt die Komplexität enorm zu, wenn die Biographie des Rentners zu Rentenansprüchen nach dem Recht anderer Mitgliedstaaten führt. Die dort bestehenden Regelungen können ähnliche, aber ebenso auch andere Anspruchskriterien aufweisen. Diesen Gegebenheiten muss das Koordinierungsrecht Rechnung tragen, was eine Vielzahl sehr detaillierter Vorschriften notwendig macht. Die folgende Darstellung muss sich auf die Erörterung der zentralen Strukturmerkmale dieses Koordinierungsgebietes beschränken. Der sog. Tatbestandsgleichstellung kommt im Rentenversicherungsrecht besondere Bedeutung zu. Aufgabe des supranationalen Rentenversicherungsrechts ist es dabei, zur Vermeidung von Nachteilen aufgrund der wahrgenommenen Freizügigkeit den auf das jeweilige Territorium oder das jeweilige nationale Recht bezogenen Leistungsvoraussetzungen vergleichbare Sachverhalte, die in dem Gebiet oder nach den Rechtsvorschriften anderer Mitgliedstaaten zurückgelegt wurden, gleichzustellen. Die im Folgenden zu behandelnden Äquivalenz- oder **Gleichstellungsregelungen** werden ergänzt durch das vom EuGH in ständiger Rechtsprechung postulierte grundsätzliche Verbot der (auch nur) mittelbaren oder indirekten Diskriminierung. Hiernach verstoßen alle Beschränkungen des nationalen Rechts gegen europäisches Primärrecht (gegen das **Diskriminierungsverbot wegen der Staatsangehörigkeit** bzw. gegen die Gewährleistung der Arbeitnehmerfreizügigkeit und die Unionsbürgerschaft), die geeignet sind, diese Rechte indirekt bzw. mittelbar zu beeinträchtigen oder zu verletzen.

a) Gleichstellung fremder Versicherungs- und Wohnzeiten im Rahmen anspruchsbegründender und anspruchserhaltender Vorschriften

Da Alters- und Hinterbliebenenrenten fast immer von der Zurücklegung von Versicherungs- und 159
Wohnzeiten abhängig sind, muss gewährleistet sein, dass solche Zeiten auch dann Berücksichtigung finden, wenn diese in einem anderen Mitgliedstaat zurückgelegt wurden. Andernfalls würde die Wahrnehmung des Rechts auf Freizügigkeit möglicherweise zu Nachteilen führen. Um dem entgegenzuwirken ist in Art. 6 ein generelles Prinzip der **Zusammenrechnung von Zeiten** normiert.[224] Zeiten in Sondersystemen für beschäftigte oder selbständig Erwerbstätige werden nach Maßgabe von Art. 51 zusammengerechnet.

224 Für das deutsche Recht spielt dieses Prinzip vor allem für die von §§ 50 ff. SGB VI erfassten Zeiten eine Rolle.

b) Gleichstellung von Tatbestandsmerkmalen

160 Wenn Tatbestände von Alters- oder Hinterbliebenenrenten neben Alter/Tod und relevanten Zeiten an weitere Merkmale anknüpfen, stellt sich die Frage, inwieweit solche in einem anderen Mitgliedstaat vorliegende Merkmale dem Anspruch nach nationalem Recht zugrunde zu legen sind. Da es in der Vergangenheit an einer positiv-rechtlichen Vorschrift fehlte, musste über verschiedene dogmatische Konstruktionen dem erkennbaren Bedürfnis nach Berücksichtigung von Auslandssachverhalten und -ereignissen etc. entsprochen werden.[225] Nunmehr ist der Grundsatz der Tatbestandsgleichstellung in Art. 5 verankert.[226] Das oben erläuterte Beispiel des Tatbestandsmerkmals Altersteilzeitarbeit, das der Rs. Larcher[227] entnommen ist, zeigt die Praxis des alten und neuen Rechts. Auch bei den übrigen rentenversicherungsrechtlichen Leistungsvoraussetzungen sind entsprechende Sachverhalte und Ereignisse in anderen Mitgliedstaaten ausdrücklich oder aus dem Gesichtspunkt der mittelbaren Diskriminierung gleichgestellt. Ausdrücklich normiert ist dies beispielsweise für einen Teil der Sachverhalte, die den Rahmenzeitraum von fünf Jahren für das Erfordernis der Zuletztbeschäftigung nach § 43 Abs. 1 und 4 SGB VI für Renten wegen Erwerbsminderung verlängern. Gem. Art. 5 lit. a) sind insoweit fremde Leistungsbezugszeiten und Zeiten der Kindererziehung im Gebiet eines anderen Mitgliedstaates gleichgestellt. Auch ohne ausdrückliche Normierung sind jedoch auch die weiteren in § 43 Abs. 4 SGB VI genannten Aufschubzeiten (z.B. Zeiten einer schulischen Ausbildung nach Vollendung des 17. Lebensjahres) um entsprechende in anderen Mitgliedstaaten zurückgelegte Zeiten zu erweitern. Dies gilt auch für sonstige anspruchsbegründende Tatbestandsmerkmale wie das der (nach inländischem Recht anerkannten) Schwerbehinderung für die Altersrente wegen Schwerbehinderung, vgl. § 37 SGB VI.

161 Lange Zeit umstritten war die Frage, ob **Arbeitslosigkeit im Ausland** Berücksichtigung finden konnte, was vom BSG lange Zeit verneint wurde.[228] Der EuGH hat die Gleichstellung in der Entscheidung Öztürk ganz selbstverständlich als geboten erachtet: Das Verbot der versteckten bzw. verschleierten Diskriminierung aus Gründen der Staatsangehörigkeit steht hiernach der Anwendung von Rechtsvorschriften eines Mitgliedstaates entgegen, nach denen ein Anspruch auf vorgezogene Altersrente wegen Arbeitslosigkeit nur besteht, wenn der Arbeitnehmer während eines bestimmten Zeitraums vor der Stellung des Rentenantrags Leistungen aus der Arbeitslosenversicherung nur dieses Mitgliedstaates erhalten hat.[229]

162 Für Altersrenten wesentlich ist eine Sonderregelung in § 33a SGB I zur Änderung des Geburtsdatums. Angesichts häufiger Änderungsurteile zum Geburtsdatum insbesondere in der Türkei (aber auch in Marokko und Griechenland) und den dabei bestehenden inhaltlichen und verfahrensrechtlichen Schwierigkeiten hat der deutsche Gesetzgeber dasjenige Geburtsdatum als sozialrechtlich maßgeblich bestimmt, das sich aus der **ersten Angabe des Berechtigten** gegenüber einem Sozialleistungsträger oder dem Arbeitgeber ergibt. Hiervon darf nur abgewichen werden, wenn ein Schreibfehler vorliegt oder sich aus einer Urkunde, deren Original vor dem Zeitpunkt dieser vorgenannten Angabe ausgestellt worden ist, ein anderes Geburtsdatum ergibt. Obwohl diese Regelung erkennbar die Verbindlichkeit entsprechender Entscheidungen ausländischer Gerichte und Sozialleistungsträger einschränkt, qualifizierte der EuGH in der Entscheidung Kocak und Örs diese Regelung nicht als mittelbare Diskriminierung wegen der Staatsangehörigkeit, sondern als staatsangehörigkeitsrechtlich neutral.[230]

---

225 Vgl. zu einem Überblick über die zahlreiche Rspr. des EuGH Fuchs/Janda/Schuler Art. 5 Rn. 2.

226 S. dazu oben Rn. 80.

227 S. dazu oben Rn. 81.

228 BSG 28.7.1992 5 RJ 62/91 NZS 1992, 144.

229 EuGH 28.4.2004, Rs. C-373/02 (Öztürk), EU:C:2004:232.

230 EuGH 14.3.2000, Rs. C-102/98 (Kocak), EU:C:2000:119. S. auch EuGH 2.12.1997, Rs. C-336/94 (Dafeki), EU:C:1997:579.

3. Koordinierte Rentenberechnung

a) Die Rentenberechnung pro-rata-temporis

Das Koordinationsrecht lässt die renten(versicherungs)rechtlichen Leistungsverpflichtungen der einzelnen Mitgliedstaaten grundsätzlich unberührt. Berechtigte, die in mehreren Mitgliedstaaten Rentenansprüche erworben haben, erhalten daher im Leistungsfall mehrere (Teil-)Renten. Um hierdurch mögliche Nachteile für diese Personen zu vermeiden, schreibt das Koordinierungsrecht in Art. 52 ein **Verfahren zur Feststellung der Renten** vor. Dabei sind zwei Fallgestaltungen zu unterscheiden. 163

Der zuständige Träger jedes betroffenen Mitgliedstaats ermittelt in einem ersten Schritt gem. Art. 52 Abs. 1 lit. a) den Rentenbetrag allein nach den für ihn geltenden Rechtsvorschriften, wenn die Voraussetzungen für den Leistungsanspruch ausschließlich nach nationalem Recht erfüllt wurden. Das ist die sog. **autonome Leistung**.[231] 164

Ein zweiter Schritt, niedergelegt in Art. 52 Abs. 1 lit. b), beinhaltet zwei Rechenoperationen, die zunächst zum sog. **theoretischen Betrag** der Leistung führen (lit. i). Dies geschieht, indem alle nach den Rechtsvorschriften der anderen Mitgliedstaaten zurückgelegten Versicherungs- und Wohnzeiten vom zuständigen Träger so behandelt werden, als ob sie nach seinen Rechtsvorschriften zurückgelegt worden wären.[232] Es wird also fingiert, dass der Betroffene sein gesamtes Versicherungsleben nach dem Recht des zuständigen Trägers gestaltet hat. 165

Gem. Art. 52 Abs. 1 lit. b) ii) muss sodann auf der Grundlage des theoretischen Betrags der tatsächliche Betrag der anteiligen Leistung bestimmt werden. Dies hat in der Weise zu geschehen, dass ein Quotient gebildet wird, der sich aus dem Verhältnis zwischen den vor dem Versicherungsfall nach den Rechtsvorschriften des zuständigen Trägers zurückgelegten Zeiten und den gesamten nach den Rechtsvorschriften aller Mitgliedstaaten zurückgelegten Zeiten ergibt. Damit wird das sog. **Pro-rata-temporis-Prinzip** verwirklicht. Sowohl bei der Ermittlung der autonomen Leistung wie bei der anteiligen Leistung müssen Doppelleistungsvorschriften (Art. 53 bis 55) beachtet werden (Art. 52 Abs. 2). 166

Ein dritter Schritt ist schließlich nach Art. 52 Abs. 3 notwendig, der einen Vergleich zwischen der autonomen Leistung und der anteiligen Leistung erfordert. Der Anspruchsberechtigte kann den höheren von beiden Beträgen verlangen (Günstigkeitsprinzip).[233] 167

Art. 56 enthält zahlreiche Berechnungsmodi des theoretischen und anteiligen Betrags, mit denen Besonderheiten der nationalen Systeme Rechnung getragen werden soll.[234] Die **Minizeitenregelung** des Art. 57 besagt, dass der Träger eines Mitgliedstaats von seiner Leistungspflicht insoweit befreit ist, als nach den für ihn geltenden Rechtsvorschriften Versicherungs- und Wohnzeiten von weniger als einem Jahr zurückgelegt wurden, die keinen eigenständigen Leistungsanspruch begründen. Diese Zeiten werden gem. Art. 57 Abs. 2 von anderen leistungspflichtigen Mitgliedstaaten berücksichtigt. 168

b) Verfahrensrechtliche Koordinierung

Die gemeinschaftsrechtliche Leistungsberechnung wird ergänzt durch eine verfahrensrechtliche Regelung. Art. 50 Abs. 1 **erstreckt die rechtswirksame Antragstellung** in einem Mitgliedstaat **auf alle anderen Mitgliedstaaten**, deren Rentenrecht für den Antragsteller gegolten hat. Diese Träger müssen den Leistungsanspruch feststellen.[235] Zusätzlich sind die Art. 45–48 DVO zu beachten. 169

---

231 Im Englischen *independent benefit*.

232 Zur Berechnung bei Vorliegen auch beitragsfreier Zeiten s. EuGH 21.10.2021, Rs. C-866/19 (SC) EU:C:2021:865.

233 Zur Entbehrlichkeit der Ermittlung anteiliger Leistungen nach Art. 52 Abs. 4 und 5 s. Fuchs/Janda Art. 52 Rn. 42 ff.

234 Bezüglich der Einzelheiten und zur Vertiefung sei auf die Kommentarliteratur verwiesen.

235 Man hat in diesem Zusammenhang von einer Europäisierung der Antragstellung gesprochen, vgl. Fuchs/Janda/Janda Art. 50 Rn. 6.

4. Leistungen an Berechtigte mit gewöhnlichem Aufenthalt im Ausland

170 Der gewöhnliche Aufenthalt im Ausland ist für viele Rentensysteme Anlass, Leistungen zu versagen oder zu kürzen, zumindest für Ausländer. Auch das deutsche Rentenversicherungsrecht differenziert im Auslandsrentenrecht.[236] Solche allgemein als **Wohnortklauseln** bezeichnete Regelungen **hemmen die Freizügigkeit** und stehen im Widerspruch zu Art. 48 lit. b) AEUV, soweit sie EU-Ausländer betreffen. Deshalb greift hier Art. 7, wonach Geldleistungen nicht deshalb gekürzt, geändert, zum Ruhen gebracht, entzogen oder beschlagnahmt werden dürfen, weil der Berechtigte im Gebiet eines anderen Mitgliedstaats als des Staates wohnt, in dessen Gebiet der zur Zahlung verpflichtete Träger seinen Sitz hat. In dieser weiten Formulierung kommt die klare Intention des Verordnungsgebers zum Ausdruck, möglichst alle Einschränkungsmöglichkeiten auszuschalten, die an den Wohnsitz anknüpfen.[237]

VIII. Pflegeversicherung

1. Aufgabenstellung

171 Bei der Pflegeversicherung ergeben sich ähnliche Fallgestaltungen wie bei der Krankenversicherung. Denn auch hier sind Antworten auf das Auseinanderfallen von (zuständigem) Versicherungsstaat und Wohn- bzw. Aufenthaltsstaat notwendig. Folgende Fallgestaltungen stellen einen wichtigen Ausschnitt aus der möglichen Vielzahl von Konstellationen dar:

Beispiel:
A ist als Rentner in der gesetzlichen Krankenversicherung pflichtversichert und damit auch pflegeversichert. Er ist pflegebedürftig und wird von seiner Frau gepflegt. A bezieht Pflegegeld. Als seine Frau stirbt, zieht A zu seiner Tochter nach Italien, die bereit ist, ihn zu pflegen. Kann A weiterhin das Pflegegeld vom deutschen Träger beanspruchen?
Abwandlung: A begibt sich nach Italien, um sich in einem dortigen Pflegeheim betreuen zu lassen. Muss die deutsche Pflegeversicherung die Kosten für die stationäre Unterbringung zahlen?

2. Leistungserbringung

172 In der vielzitierten Entscheidung Molenaar hatte der EuGH zwei sehr grundsätzliche Feststellungen hinsichtlich der Einordnung von Leistungen der Pflegeversicherung getroffen.[238] Zunächst war die Frage zu entscheiden, ob Leistungen der Pflegeversicherung überhaupt in den sachlichen Anwendungsbereich der Wanderarbeitnehmerverordnung fallen. Denn ausdrücklich sind Leistungen der Pflegeversicherung in der Vorschrift über den sachlichen Geltungsbereich (Art. 3) nicht erwähnt. Zur Beantwortung der Frage verwies der EuGH auf die schon in der früheren Entscheidung Hughes getroffene Festlegung, wonach die Unterscheidung zwischen Leistungen, die unter den Geltungsbereich der VO fallen und Leistungen, die davon ausgeschlossen sind, in erster Linie von den Wesensmerkmalen der jeweiligen Leistung, insbesondere von ihrem Zweck und den Voraussetzungen ihrer Gewährung, **nicht** dagegen davon abhängt, ob eine Leistung **nach nationalen Rechtsvorschriften eine Leistung der sozialen Sicherheit** darstellt.[239] Vor diesem Hintergrund ermittelte der EuGH anhand der Vorschriften des SGB XI folgende Zwecksetzung:[240]

236 S. §§ 111ff. SGB VI.
237 Einzelheiten und Nachweise zur Rspr. des EuGH bei Fuchs/Janda/Schuler Art. 7 Rn. 6ff.
238 EuGH 5.3.1998, Rs. C-160/96 (Molenaar), EU:C:1998:84.
239 EuGH 16.7.1992, Rs. C-78/91 (Hughes), EU:C:1992:331.
240 EuGH 5.3.1998, Rs. C-160/96 (Molenaar), EU:C:1998:84 Rn. 22–24.

„(...) dass die Leistungen der Pflegeversicherung die Selbständigkeit der Pflegebedürftigen, namentlich in finanzieller Hinsicht, fördern sollen. Die Pflegeversicherung soll insbesondere Vorbeugung und Rehabilitation gegenüber der Pflege fördern und der häuslichen Pflege den Vorzug vor der Pflege im Heim geben. Die Pflegeversicherung eröffnet Anspruch auf Übernahme sämtlicher oder eines Teils bestimmter durch die Pflegebedürftigkeit des Versicherten verursachter Kosten, etwa für die häusliche und stationäre Pflege, für den Kauf von Pflegehilfsmitteln, für Maßnahmen zur Verbesserung des Wohnumfeldes sowie auf Zahlung eines monatlichen Pflegegeldes, mit dem der Versicherte die Pflege in der von ihm selbstgewählten Weise sicherstellen, beispielsweise Pflegepersonen entlohnen kann. Die Pflegeversicherung gewährleistet ferner unter bestimmten Umständen den Pflegepersonen eine Absicherung der Risiken von Unfall, Alter und Invalidität. Leistungen dieser Art bezwecken somit im Wesentlichen eine Ergänzung der Leistungen der Krankenversicherung, mit der sie auch organisatorisch verknüpft sind, um den Gesundheitszustand und die Lebensbedingungen der Pflegebedürftigen zu verbessern. Sie sind daher ungeachtet gewisser Besonderheiten ‚Leistungen bei Krankheit'"[241] 173

Der EuGH hat deshalb für die Erbringung der Leistungen der Pflegeversicherung die Rechtsgrundlage in Art. 17 gesehen. Daher werden Sachleistungen vom Träger des Wohnorts nach den für ihn geltenden Rechtsvorschriften für Rechnung des zuständigen Trägers erbracht, als ob der Leistungsempfänger nach dessen Rechtsvorschriften versichert wäre. Voraussetzung dafür ist, dass auch der Wohnmitgliedstaat in seinem Sozialleistungssystem entsprechende Leistungen kennt. **Geldleistungen** werden demgegenüber vom zuständigen Träger nach den für ihn geltenden Rechtsvorschriften erbracht (Art. 21 Abs. 1). Für sie findet also ein **Leistungsexport** statt. Diese Auffassung hat der EuGH in der Entscheidung Jauch bestätigt.[242] 174

Da für die Leistungserbringung die **Unterscheidung** zwischen Sach- und Geldleistungen grundlegend ist, kam es in dem Rechtsstreit Molenaar für den EuGH weiter darauf an, die Leistungen der deutschen Pflegeversicherung gem. §§ 36ff. SGB XI zu qualifizieren. Hierzu hat das Gericht auf die ältere Entscheidung Vaassen-Göbbels zurückgegriffen, die noch zur VO 3/EWG ergangen war.[243] Danach schließt der Begriff Sachleistungen auch solche Leistungen ein, die durch Zahlung des verpflichteten Trägers, insbesondere in der Form der Kostenübernahme oder -erstattung, erbracht werden, und dass der Begriff Geldleistungen im Wesentlichen die Leistungen deckt, die dazu bestimmt sind, den Verdienstausfall des kranken Arbeitnehmers auszugleichen. Hiervon ausgehend hat der Gerichtshof das Leistungssystem der deutschen Pflegeversicherung analysiert. Er hat dazu ausgeführt, die Leistungen der Pflegeversicherung bestünden zum Teil in der Übernahme oder Erstattung der durch die Pflegebedürftigkeit des Betroffenen entstandenen Kosten, insbesondere der durch diesen Zustand verursachten Kosten für ärztliche Behandlung. Solche Leistungen, die die häusliche und stationäre Pflege des Versicherten, den Kauf von Pflegehilfsmitteln und bestimmte Maßnahmen decken sollen, fielen unbestreitbar unter den Begriff Sachleistungen im Sinne der koordinationsrechtlichen Vorschriften betreffend **Leistungen bei Krankheit**.[244] 175

Hinsichtlich des Pflegegeldes übersieht der EuGH nicht, dass mit ihm bestimmte Kosten gedeckt werden sollen, die durch die Pflegebedürftigkeit verursacht worden sind, insbesondere Aufwendungen für eine Pflegeperson, und damit nicht ein Verdienstausfall des Begünstigten ausgeglichen werden soll. Dennoch entdeckt das Gericht entscheidende Merkmale, die das Pflegegeld von den Sachleistungen der Krankenversicherung unterscheiden. Als solches Merkmal hebt der Gerichtshof die **periodische Zahlung** des Pflegegeldes hervor, die weder davon abhängt, dass zuvor bestimmte Auslagen für die Pflege entstanden sind noch, dass ein Nachweis über solche entstandenen Auslagen erbracht werden müsste. Das Pflegegeld ist betragsmäßig von solchen Ausgaben unabhängig. Und der Begünstigte ist bei der **Verwendung** des Pflegegeldes **frei**. Aus Sicht des EuGH stellt sich im Ergebnis das Pflegegeld als eine finanzielle Unterstützung dar, die es ermöglicht, den Lebensstan- 176

241 Zu weiteren Entscheidungen betreffend Pflegeleistungen s. EuGH 16.7.2009, C-208/07 (Chamier-Glisczinski), EU:C:2009:455; 30.6.2011, C-388/09 (da Silva Martins), EU:C:2011:439; 25.7.2018, C-679/16 (A), EU:C:2018:601.

242 EuGH 8.3.2001, Rs. C-215/99 (Jauch), EU:C:2001:139.

243 EuGH 30.6.1966, Rs. C- 61/15 (Vaassen-Göbbels), EU:C:1966:39.

244 EuGH 5.3.1998, Rs. C-160/96 (Molenaar), EU:C:1998:84 Rn. 33–36.

dard der Pflegebedürftigen insgesamt durch einen Ausgleich der durch ihren Zustand verursachten Mehrkosten zu verbessern. Damit kann es als **Geldleistung** i. S. d. koordinationsrechtlichen Bestimmungen angesehen werden.

177 Daher muss das Pflegegeld in Anwendung des Art. 21 Abs. 1 vom zuständigen Träger in den Wohnmitgliedstaat gezahlt werden. Dabei macht der EuGH in der Entscheidung Molenaar zu Recht darauf aufmerksam, dass die Zahlung des Pflegegeldes in den Wohnmitgliedstaat selbst dann erfolgen muss, wenn dessen Recht derartige Leistungen nicht vorsieht.[245] Aufgrund der Geldleistung des zuständigen Trägers an den Wohnort kann es zu einer Doppelleistung kommen, wenn im Wohnortstaat ein Anspruch auch Sachleistungen mit ähnlicher Zweckrichtung gegeben ist. Bei dieser Konstellation verlangt Art. 34 eine einschränkende Anwendung des Art. 10 dergestalt, dass eine Minderung der Geldleistung um den Erstattungsbetrag der Sachleistung erfolgt. Der EuGH hat auch die Rentenversicherungsbeiträge, welche die Pflegekassen und die privaten Versicherungsunternehmen gem. § 44 SGB XI an die Rentenversicherungsträger zahlen, als Leistungen bei Krankheit angesehen.[246] Der Gerichtshof hat die Tragung der **Rentenversicherungsbeiträge** als **Geldleistung der Krankenversicherung** qualifiziert, da sie in dem Sinne zum eigentlichen Pflegegeld akzessorisch seien, als sie dieses unmittelbar für eine seiner möglichen Verwendungen vervollständigen, nämlich die Inanspruchnahme der von einem Dritten geleisteten häuslichen Pflege, die sie erleichtern soll.[247] In den vorbezeichneten Verfahren hatten deutsche Pflegekassen die Zahlung der Rentenversicherungsbeiträge verweigert, weil im einen Falle der nach deutschem Pflegeversicherungsrecht Pflegeversicherte sowie die Pflegepersonen in Frankreich wohnten, im anderen Falle zwar der Pflegebedürftige in Deutschland wohnte, die Pflegeperson aber in Belgien. Hiergegen verweist der EuGH auf Art. 21 Abs. 1, wonach Versicherte und Familienangehörige, die im Gebiet eines anderen als des zuständigen Mitgliedstaats wohnen, in ihrem Wohnsitzstaat Geldleistungen der Krankenversicherung in Anspruch nehmen können, die sie vom zuständigen Träger des anderen Mitgliedstaats nach den für diesen geltenden Rechtsvorschriften erhalten.

178 Damit tauchte die Frage auf, ob bei Anwendung deutschen Rechts die Zahlung der Beiträge verweigert werden kann, weil dieses für den Leistungsbezug voraussetzt, dass die betreffende Person im Inland wohnt. Diese Position haben offensichtlich die deutschen Pflegekassen eingenommen, die der EuGH aber im Widerspruch zu Art. 21 AEUV sieht. Der **Unionsbürgerstatus** gebe denjenigen Staatsangehörigen der Mitgliedstaaten, die sich in der gleichen Situation befinden, im Geltungsbereich des EG vorbehaltlich der hiervon ausdrücklich vorgesehenen Ausnahmen, **Anspruch auf gleiche rechtliche Behandlung**. Die unterschiedliche Behandlung von Personen, die in Deutschland die Pflege vornehmen und solchen, die dies im Ausland tun oder zwar in der Bundesrepublik pflegen, aber im Ausland wohnen, hält der EuGH für unzulässig. Unter Berücksichtigung des Zweckes der von Dritten ausgeübten Pflegetätigkeit sei das Kriterium des Wohnsitzes dieser Dritten nämlich nicht eine Gegebenheit, die objektiv eine unterschiedliche Situation begründet und eine unterschiedliche Behandlung rechtfertigt, sondern eine Ungleichbehandlung vergleichbarer Situationen, welche damit eine vom Gemeinschaftsrecht verbotene Diskriminierung darstelle.

IX. Arbeitslosenversicherung

179 Das Ziel der europäischen Integration ist die Schaffung eines Binnenmarktes, vgl. Art. 3 Abs. 3 EUV. Dazu gehört auch die Konstituierung eines gemeinsamen europäischen Arbeitsmarktes. Der Verwirklichung dieses Gedankens dienen vor allem die Regeln über die Freizügigkeit gem. Art. 45ff. AEUV. Das Recht der Freizügigkeit sieht in Art. 45 Abs. 3 AEUV das Recht vor, sich um tatsächlich

245 EuGH 5.3.1998, Rs. C-160/96 (Molenaar), EU:C:1998:84 Rn. 38; vgl. auch die Legaldefinition der Sachleistungen bei Krankheit in Art. 1 lit. a) i), die auch für Sachleistungen bei Pflegebedürftigkeit gilt.

246 EuGH 8.7.2004, Rs. C-502/01 (Gaumain-Cerri), EU:C:2004:413.

247 EuGH 8.7.2004, Rs. C-502/01 (Gaumain-Cerri), EU:C:2004:413 Rn. 27.

angebotene Stellen im Ausland zu bewerben und sich dort aufzuhalten, um dort eine Beschäftigung auszuüben. Wenn diese Rechte tatsächlich von dem Betroffenen wahrgenommen werden sollen, muss auch der Bereich der Arbeitslosenversicherung, die in der einen oder anderen Form in allen Mitgliedstaaten besteht[248], so koordiniert werden, dass das Ziel einer Durchlässigkeit der Grenzen zur Aufnahme von Beschäftigung erreicht wird. Die folgenden Fallgestaltungen stellen einen Ausschnitt aus einer Vielzahl von Problemfeldern dar, die im Zusammenhang mit der Koordinierung der Systeme der Arbeitslosenversicherung bewältigt werden müssen:

Beispiele:
Der deutsche Staatsangehörige A hat etliche Jahre in Frankreich gearbeitet, zuletzt vier Monate in Deutschland, als er arbeitslos wurde. Welcher Träger entscheidet und welches Recht kommt zur Anwendung?

A hat immer in Deutschland gearbeitet. Er wird arbeitslos. Da er nicht sofort einen neuen Arbeitsplatz findet, begibt er sich nach Belgien, um dort Arbeit zu suchen. Angenommen A ist Bezieher von Arbeitslosengeld. Wird er das Arbeitslosengeld trotz seines Umzugs nach Belgien weiterhin bekommen?

A wohnt in Aachen, ist aber in einem belgischen Grenzort beschäftigt, wohin er jeden Tag zur Arbeit fährt. Er wird arbeitslos. Welches Recht entscheidet über seinen Anspruch auf Leistungen wegen Arbeitslosigkeit?

1. Maßgebliches Recht (Arbeitslosigkeitsstatut)

a) Zuständiger Träger

Bei Eintritt von Arbeitslosigkeit ist zunächst zu entscheiden, welcher Träger für die Entscheidung 180
über die Leistungsgewährung zuständig ist. Zuständiger Träger ist nach der Definition des Art. 1 lit. k) i) der Träger, bei dem die betreffende Person zum Zeitpunkt der Stellung des Antrags auf Leistungen versichert ist. Diese Frage entscheidet sich anhand der allgemeinen kollisionsrechtlichen Bestimmungen der Art. 11ff. Danach gilt gem. Art. 11 Abs. 3 lit. a), dass der für Leistungen bei Arbeitslosigkeit zuständige Staat derjenige Staat ist, in dem zuletzt eine Beschäftigung bzw. selbständige Tätigkeit ausgeübt worden ist.[249] Nach Art. 11 Abs. 3 lit. e) ist jedoch der Wohnmitgliedstaat zuständiger Staat, wenn das Beschäftigungsverhältnis nicht mehr besteht.[250]

b) Anzuwendendes Recht

Der zuständige Träger wendet sein Recht der Leistungen bei Arbeitslosigkeit an. Dieses bestimmt 181
deshalb die Leistungsvoraussetzungen, den Leistungsumfang und die Dauer der Leistung. Auch im Bereich der Arbeitslosenversicherung muss aber der Auftrag des Art. 48 AEUV erfüllt werden. Das darin festgeschriebene **Prinzip der Zusammenrechnung** aller nach den verschiedenen innerstaatlichen Rechtsvorschriften berücksichtigten Zeiten für den Erwerb und die Aufrechterhaltung des Leistungsanspruchs gilt demnach auch hier. Es wird in Art. 61 Abs. 1 dadurch umgesetzt, dass diese Bestimmung dem zuständigen Träger aufgibt, bei der Anwendung seiner Rechtsvorschriften über Erwerb und Umfang des Leistungsanspruchs auch Versicherungs- und Beschäftigungszeiten in einem anderen Mitgliedstaat zu berücksichtigen. Die Unterscheidung zwischen Versicherungs- und Beschäftigungszeiten trägt der Tatsache Rechnung, dass die mitgliedstaatlichen Systeme zum Teil die Leistungen durch ein Versicherungsmodell, zum Teil durch ein Leistungsgesetz gewährleisten.[251] Die **Unterscheidung zwischen Versicherungs- und Beschäftigungszeiten** ist von Bedeutung, weil Versicherungszeiten, die in einem anderen Mitgliedstaat zurückgelegt wurden, gem. Art. 61 Abs. 1 1. Hs.

248 Warnecke S. 29ff.
249 EuGH 13.3.1997, Rs. C-131/95 (Huijbrechts), EU:C:1997:147.
250 EuGH 11.11.2004, Rs. C-372/02 (Adanez-Vega), EU:C:2004:705. In diesem Fall war das Beschäftigungsverhältnis durch die Ableistung eines Pflichtwehrdienstes unterbrochen worden.
251 Eichenhofer, Sozialrecht der EU, Rn. 248.

stets zu berücksichtigen sind. Beschäftigungszeiten sind hingegen nur zugrunde zu legen, wenn sie gem. Art. 61 Abs. 1 2. Hs. bei Zurücklegung im Bereich des zuständigen Staates als Versicherungszeiten gegolten hätten. Nicht erforderlich ist aber, dass die Beschäftigungszeiten, die in dem anderen Mitgliedstaat zurückgelegt wurden, dort als Versicherungszeiten für die Arbeitslosenversicherung angesehen werden. Dies hat der EuGH mit der – allerdings – äußerst fragwürdigen Entscheidung Warmerdam-Steggerda deutlich gemacht.[252]

182 Art. 61 Abs. 2 verlangt für die Anwendung des Zusammenrechnungsmodus, dass der Antragsteller unmittelbar zuvor nach den Rechtsvorschriften des Mitgliedstaats, in dem er die Leistungen beantragt, Versicherungszeiten oder Beschäftigungszeiten bzw. eine selbständige Erwerbstätigkeit zurückgelegt bzw. ausgeübt hat. Relevante Zeiten sind dann als „unmittelbar zuvor" in einem Mitgliedstaat zurückgelegt anzusehen, wenn unabhängig von der zwischen der Beendigung der letzten Versicherungszeit und dem Antrag auf Leistungen verstrichenen Zeit in der Zwischenzeit keine weitere Versicherungszeit in einem anderen Mitgliedstaat zurückgelegt wurde.[253] In der Praxis gilt bereits ein Tag zurückgelegter Versicherungs- oder Beschäftigungszeit, um die Voraussetzung zu erfüllen.[254]

2. Leistungsberechnung/Berücksichtigung von Familienangehörigen

183 In Art. 62 Abs. 1 ist das Prinzip verankert, dass bei der Bemessung der Leistungen wegen Arbeitslosigkeit ausschließlich das im **Geltungsbereich des zuständigen Staates erzielte Einkommen** zu berücksichtigen ist. An diesem Prinzip wurde immer wieder Kritik geübt, weil die Anrechnungsvorschrift dem Arbeitslosen mit einem internationalen Versicherungsverlauf zum Nachteil gereichen kann,[255] insbesondere wenn im Ausland ein höheres Einkommen erzielt wurde.[256] Gem. Abs. 2 gilt dies auch, wenn nach der nationalen Regelung Einkommen in einem bestimmten Bezugszeitraum zu berücksichtigen ist (wie nach § 150 SGB III). Von den Grundsätzen der Absätze 1 und 2 kann nationales Recht nicht abweichen.[257]

184 Abweichend von Abs. 1 und 2 bestimmt Abs. 3, dass für **Grenzgänger** i. S. d. Art. 65 Abs. 5 lit. a) das Einkommen zu berücksichtigen ist, das der Arbeitslose in dem Mitgliedstaat der letzten Beschäftigung oder selbständigen Erwerbstätigkeit erzielt hat. Die Ermittlung dieses Einkommens hat gem. Art. 54 Abs. 2 und 3 DVO zu erfolgen.

185 Häufig ist die Höhe der Leistungen wegen Arbeitslosigkeit von der Existenz von **Familienangehörigen** des Leistungsberechtigten abhängig (vgl. für das deutsche Recht § 149 SGB III). Die Frage, ob auch Familienangehörige des Leistungsberechtigten, die im Gebiet eines anderen als des zuständigen Mitgliedstaats wohnten, zu berücksichtigen sind, bejaht Art. 54 Abs. 3 S. 1 DVO. Dies gilt nach S. 2 dieser Bestimmung nicht, wenn in dem Mitgliedstaat, in dem die Familienangehörigen wohnen, eine andere Person Anspruch auf Leistungen bei Arbeitslosigkeit hat, bei deren Berechnung die Familienangehörigen berücksichtigt werden.

3. Leistungsexport

186 Eine konsequente Anwendung des **Prinzips des Leistungsexports** gem. Art. 7 im Bereich der Arbeitslosenversicherung würde bedeuten, dass sich der Inhaber des Anspruchs auf eine Leistung

252 EuGH 12.5.1989, Rs. C-388/87 (Warmerdam-Steggarda), EU:C:1989:196 = EuZW 1990, 190.

253 EuGH 11.11.2004, Rs. C-372/02 (Adanez-Vega), EU:C:2004:705 Rn 82.

254 Spiegel/Felten, Zwischenstaatliches Sozialversicherungsrecht, Art. 61 Rn. 13.

255 Fuchs/Fuchs Art. 62 Rn. 2.

256 Preis/Oetker/Waltermann EAS B 9140 Rn. 24,

257 Der EuGH erklärte deshalb die Praxis der Bundesagentur für Arbeit, wonach bei kurzen Bemessungszeiträumen eine fiktive Bemessung nach § 152 SGB III vorgenommen wurde, als mit Art. 62 unvereinbar, vgl. EuGH 23.1.2020, C-29/19 (ZP), EU:C:2020:36.

wegen Arbeitslosigkeit auch in einen anderen Mitgliedstaat zur Arbeitssuche begeben kann, ohne die Leistung zu verlieren. Im Hinblick darauf, dass sich das Leistungsverhältnis bei Leistungen wegen Arbeitslosigkeit nicht in der Zahlung einer Geldleistung erschöpft, sondern **gleichzeitig Vermittlungsbemühungen** unternommen werden müssen, die eine auch örtlich gebundene Präsenz des Leistungsempfängers verlangen, hat das europäische Koordinationsrecht von Anfang an das **Prinzip des Leistungsexports nur eingeschränkt** verwirklicht.

Der Verordnungsgeber hat einen **Kompromiss** gewählt zwischen den Extremen eines völligen Verlustes des Anspruchs bei Wohnsitz oder Aufenthalt im Ausland und einem unbegrenzten Export der Geldleistung.[258] Art. 63 i.V.m. Art. 64 knüpft den Erhalt des Anspruchs bei Wohnsitznahme oder Aufenthalt im Ausland an **zwei Voraussetzungen**: 187

- Vor der Abreise muss der Arbeitslose gem. Art. 64 Abs. 1 lit. a) während mindestens **vier Wochen** nach Beginn der Arbeitslosigkeit bei der Arbeitsverwaltung **als Arbeitssuchender gemeldet** gewesen sein und ihr zur Verfügung gestanden haben. Die Beurteilung dieser tatbestandlichen Voraussetzungen erfolgt nach nationalem Recht, vgl. hierzu die Entscheidung Rydergård.[259] In diesem Urteil hatte der EuGH auch festgestellt, dass Art. 64 Abs. 1 lit. a) keine ununterbrochene Verfügungsbereitschaft verlange. Im Übrigen eröffnet S. 2 der Bestimmung die Möglichkeit, dass die zuständige Arbeitsverwaltung oder der zuständige Träger schon vor Ablauf dieser Frist die Abreise genehmigt.
- Der Arbeitslose muss sich gem. Art. 64 Abs. 1 lit. b) bei der Arbeitsverwaltung des Mitgliedstaats, in den er sich begibt, als Arbeitssuchender melden und sich der dortigen Kontrolle unterwerfen. Für die Meldung hat er sieben Tage Zeit, gerechnet von dem Zeitpunkt an, in dem er der Arbeitsverwaltung, die die Leistung gewährt, nicht mehr zur Verfügung gestanden hat, soweit nicht eine Ausnahmegenehmigung erteilt wird.

Bei kumulativer Erfüllung dieser Voraussetzungen behält der Arbeitslose seinen **Leistungsanspruch für drei Monate**. Gerechnet wird von dem Zeitpunkt an, ab dem der Arbeitslose der Arbeitsverwaltung des Mitgliedstaats, der die Leistung gewährt, nicht mehr zur Verfügung gestanden hat, vorausgesetzt die Gesamtdauer der Leistungsgewährung überschreitet nicht den nach nationalem Recht für den Bezug der Leistung bestehenden Gesamtzeitraum, vgl. Art. 64 Abs. 1 lit. c). Die Leistungen sind vom Träger des zuständigen Staates für seine Rechnung zu gewähren. 188

Die Frist nach Abs. 1 lit. c) markiert gem. Art. 64 Abs. 2 gleichzeitig den Zeitraum, bei dessen Ende der Arbeitslose spätestens wieder in sein Ursprungsland zurückkehren muss, wenn er den nach diesem Recht bestehenden Anspruch auf Leistungen wegen Arbeitslosigkeit nicht verlieren will. Zu Recht ist gesagt worden, dass diese Regelung eine Abweichung vom sogenannten **Petroni-Prinzip** darstellt,[260] wonach das europäische Recht Leistungen, die bereits allein nach nationalem Recht begründet sind, nicht kürzen darf.[261] Diese Bestimmung ist deshalb häufig auf Kritik gestoßen.[262] Der Vorschlag der Kommission, die Frist auf sechs Monate zu verlängern,[263] hat bei den Mitgliedstaaten bislang keinen Anklang gefunden. Der EuGH hat in den Entscheidungen Testa u.a. und Gray die Bedenken, die im Hinblick auf die Freizügigkeitsbestimmung des Art. 42 EG geäußert wurden, stets zerstreut.[264] 189

258 Art. 64 gilt nur für Geldleistungen. Zur rechtlichen Behandlung von Leistungen der aktiven Arbeitsförderung s, Atanassov, Die Mitnahme von Leistungen der aktiven Arbeitsförderung, ZESAR 2019, 461ff.

259 EuGH 21.2.2002, Rs. C-215/00 (Rydergård), EU:C:2002:111.

260 S. oben Rn. 87.

261 Haverkate/Huster Rn. 307.

262 Eichenhofer, Arbeitsförderung in: Eichenhofer (Hrsg.), Reform, S. 101, 103ff.

263 Vgl. KOM [1998] 779 endg.

264 EuGH 19.6.1980, Rs. C-41/79 u.a. (Testa u.a.), EU:C:1980:163; 8.4.1992, Rs. C-62/51 (Gray), EU:C:1992:177.

190 Die Frist kann auch nach ihrem Ablauf nachträglich verlängert werden. Darauf erkannte der EuGH in der Entscheidung Coccioli.[265] Der Gerichtshof räumt dem Träger dabei einen **weiten Ermessenspielraum** ein. Allerdings betont er auch, dass der Grundsatz der Verhältnismäßigkeit zu beachten ist. Dessen korrekte Anwendung verlangt deshalb in jedem Einzelfall die Prüfung der Dauer der Fristüberschreitung, den Grund für die verspätete Rückkehr sowie die Schwere der an die verspätete Rückkehr geknüpften Rechtsfolgen.[266] Um dem Arbeitslosen die für die **Durchsetzung** seiner Ansprüche nötige Legitimation zu verschaffen, sieht Art. 55 DVO die Ausstellung der **Bescheinigung U 2 (früher: E 303)** vor.

4. Besonderheiten bei Grenzgängern

191 Vor allem in grenznahen Gebieten kommt es nicht selten vor, dass Menschen im einen Staat wohnen und im anderen arbeiten. Dieses Auseinanderfallen von Beschäftigungs- und Wohnstaat bringt besondere Probleme mit sich, wenn der Betreffende arbeitslos wird. Denn es stellt sich die Frage, ob es im Falle der Arbeitslosigkeit sinnvoller ist, den Arbeitslosen der Arbeitsverwaltung des Wohnstaates oder des (bisherigen) Beschäftigungsstaates zu unterstellen. Vor diesem Hintergrund hat Art. 65 eine Sonderregelung für Grenzgänger getroffen. Herkömmlicherweise wird in Praxis und Literatur zwischen dem echten Grenzgänger und dem sog. unechten Grenzgänger unterschieden.[267] Die Definition des echten Grenzgängers findet sich in Art. 1 lit. f). Danach ist Grenzgänger eine Person, für die das Auseinanderfallen von Wohn- und Arbeitsstaat kennzeichnend ist, wobei entscheidend ist, dass die betreffende Person täglich, mindestens jedoch einmal wöchentlich vom Arbeitsplatz an den Wohnort zurückkehrt. Ist dies nicht der Fall, weil etwa nur eine einmalige Rückkehr pro Monat erfolgt, sprechen wir von einem unechten Grenzgänger. Der echte Grenzgänger muss sich der Arbeitsverwaltung des Wohnmitgliedstaats zur Verfügung stellen (Art. 65 Abs. 2 S. 1). Kennzeichnend für die Bestimmung von Abs. 2 S. 1 ist das Auseinanderfallen von letzter Beschäftigung und Wohnort.[268] Allerdings gibt ihm das neue Recht die Möglichkeit, sich zusätzlich der Arbeitsverwaltung des Mitgliedstaats zur Verfügung zu stellen, in dem er zuletzt eine Beschäftigung oder eine selbständige Erwerbstätigkeit ausgeübt hat (Art. 65 Abs. 2 S. 2). Er erhält Leistungen nach den Rechtsvorschriften des Wohnmitgliedstaats und vom Träger des Wohnorts (Art. 65 Abs. 5 lit. a).

192 Der unechte Grenzgänger kann sich der Arbeitsverwaltung des Wohnmitgliedstaats zur Verfügung stellen und erhält dann Leistungen vom Träger dieses Wohnstaates (Art. 65 Abs. 2 S. 1, Abs. 5 lit. a). Er kann sich aber auch an den Staat der letzten Beschäftigung wenden und sich dort aufhalten. Er erhält dann Leistungen von diesem Mitgliedstaat. Als dritte Möglichkeit steht dem unechten Grenzgänger die Alternative offen, zunächst im Mitgliedstaat der letzten Beschäftigung Arbeit zu suchen und dann in den Wohnstaat zurückzukehren. In diesem Falle erhält er zunächst für drei Monate Leistungen nach Art. 64 (Art. 65 Abs. 5 lit. b). Für die Auslegung des Art. 65 Abs. 5 bietet der Beschluss U 2 der Verwaltungskommission vom 12.6.2009 wichtige Auslegungshilfen.[269]

193 Aufgrund des Urteils des EuGH in der Rs. Miethe[270] wurde noch eine weitere Kategorie, oft als **atypischer Grenzgänger** bezeichnet, unterschieden. Darin hatte der Gerichtshof das für unechte Grenzgänger bestehende Wahlrecht auch solchen echten Grenzgängern eingeräumt, die im Staat der letzten Beschäftigung persönliche und berufliche Bindungen solcher Art unterhielten, dass sie in

---

265 EuGH 20.3.1979, Rs. C-139/78 (Coccioli), EU:C:1979.

266 EuGH 19.6.1980, Rs. C-41/79 (Testa u. a.), EU:C:1980:163.

267 S. Fuchs/Janda/Fuchs Art. 65 Rn. 7ff.

268 Hat der Betroffene keine Beschäftigung tatsächlich ausgeübt, sondern wegen Krankheit nicht gearbeitet und daher vom zuständigen Mitgliedstaat Leistungen bei Krankheit bezogen, so ist Abs. 2 S. 1 anwendbar, vorausgesetzt, der Bezug der Leistungen bei Krankheit einer Beschäftigung gleichgestellt ist, vgl. EuGH 30.9.2021, Rs. C-285/20 (K) EU:C:2021:785. Ob nach deutschem Recht eine solche Gleichstellung zu bejahen ist, ist klärungsbedürftig, s. dazu Klocke, ZESAR 2022, 340f.).

269 ABl. 2010 C 106, 43.

270 EuGH 12.6.1986, Rs. C-1/85 (Miethe), EU:C:1986:243.

diesem Staat die besten Aussichten auf berufliche Wiedereingliederung haben. Dieser Auffassung ist der EuGH in der Rs. Jeltes[271] entgegengetreten und hat betont, dass unter der Geltung der VO. 883/2004/EG eine Fortsetzung der Rspr. Miethe ausgeschlossen sei.

Die **Teilarbeitslosigkeit** wird in Art. 65 Abs. 1 geregelt. Sie führt zur Zuständigkeit des Trägers des zuständigen Mitgliedstaats. Teilzeitarbeitslosigkeit liegt nach der grundlegenden Entscheidung in der Rs. De Laat auch vor, wenn der Arbeitnehmer bei demselben Arbeitgeber auf einen Teilzeitarbeitsvertrag wechselt.[272] Der Gerichtshof wurde erneut mit dem Tatbestand der Teilarbeitslosigkeit in einem Fall befasst, in dem im Unterschied zu de Laat der Betroffene zu einer anderen Firma gewechselt hatte.[273] Der EuGH sah hierin keinen essentiellen Unterschied zum Sachverhalt de Laat. Entscheidender Aspekt für die Anwendbarkeit des Art. 65 Abs. 1 bleibe, ob der betroffene Arbeitnehmer ganz aufgehört habe zu arbeiten. Nur in diesem Fall liege Vollarbeitslosigkeit vor. 194

X. Vorruhestandsleistungen

Erstmals mit der VO 883/2004/EG wurden Vorruhestandsleistungen in das Koordinierungsrecht aufgenommen. Der VO-Geber betonte die Notwendigkeit hierzu mit der Gleichbehandlung und der Möglichkeit des Exports von Vorruhestandsleistungen sowie der Feststellung von Familien- und Gesundheitsleistungen für die betreffende Person.[274] In Art. 66 sind keine besonderen Koordinierungsregelungen für diesen Leistungstyp enthalten, sondern es wird nur die Nichtanwendung des Prinzips der Zusammenrechnung von Zeiten angeordnet, was auf die geringe Zahl von Vorruhestandsleistungen in den Mitgliedstaaten zurückzuführen ist. Die begriffliche Klärung von Vorruhestandsleistungen wirft erhebliche Probleme auf, weshalb die Legaldefinition in Art. 1 lit. x) insbesondere um die Abgrenzung zu Leistungen bei Arbeitslosigkeit und vorgezogene Leistungen wegen Alters bemüht ist.[275] 195

XI. Besondere beitragsunabhängige Geldleistungen (Art. 70)

1. Die Entstehung der Leistungsart

Die Rechtsfigur der besonderen beitragsunabhängigen Geldleistungen ist kein Novum der VO 883/2004/EG. Sie ist ein Produkt der Rspr. des EuGH, die schrittweise über die VO 1247/92/EWG und die VO 647/2005/EG Eingang in Art. 4 Abs. 2a VO 1408/71/EWG gefunden hatte. Die Entstehung der Leistungsart hat wesentlich damit zu tun, dass der sachliche Anwendungsbereich der Koordinierung eine klare Qualifizierung einer nationalen Leistung entweder als solche der sozialen Sicherheit oder der sozialen Fürsorge verlangt, um eine Entscheidung über die Anwendung des Koordinierungsrechts treffen zu können. Da aber die Entwicklung der Sozialleistungssysteme immer häufiger zu Leistungen führte, in denen Elemente sowohl der sozialen Sicherheit wie der sozialen Fürsorge enthalten waren,[276] musste der EuGH eine dogmatische Lösung finden, die diesen Abgrenzungsschwierigkeiten Rechnung trug. 196

Im Zuge zahlreicher Entscheidungen des Gerichtshofs haben sich immer mehr Elemente gefunden, die für den Typus der besonderen beitragsunabhängigen Geldleistungen konstitutiv waren.[277] Diese haben Eingang in den Wortlaut von Art. 70 Abs. 1 und Abs. 2 gefunden. Ein sehr anschauliches 197

271 EuGH 11.4.2013, Rs. C-443/11 (Jeltes), EU:C:2013:224.
272 EuGH 15.3.2001, Rs. C-444/98 (De Laat), EU:C:2001:165.
273 EuGH 5.2.2015, Rs. C-655/13 (Mertens), EU:C: 2015:62.
274 Vgl. Erwägungsgrund 33 der Präambel.
275 Zu einem Grenzfall s. EuGH 30.5.2018, Rs. C-517/16 (Czerwinski), EU:C:2018:350.
276 Daher wurden sie auch als hybride Leistungen bezeichnet, vgl. Pennings European Social Security Law,, S. 62 ff.
277 Vgl. zu dieser Rspr. Fuchs/FUCHS, Art. 70 Rn. 3.

Beispiel für den Stand der Rspr., der sich in diesen Be-stimmungen wiederfindet, bildet die Entscheidung in der Rs. Skalka.[278]

Der Kläger Skalka, österreichischer Staatsbürger, bezieht von der Sozialversicherungsanstalt seit 1990 eine Erwerbsunfähigkeitspension. Seit 1999 hat er seinen gewöhnlichen Aufenthalt auf Teneriffa. Er beantragte bei der Sozialversicherungsanstalt eine Ausgleichszulage. Dabei handelt es sich um eine zusätzliche Leistung zur Pension, die gewährt wird, wenn der Empfänger bedürftig ist, also eine bestimmte Einkommensschwelle nicht überschreitet und seinen Aufenthalt in Österreich hat. Wegen dieses Erfordernisses wurde dem Kläger die Leistung versagt.

---

198 Der EuGH bejahte das Vorliegen einer besonderen beitragsunabhängigen Geldleistung, wobei er – vornehmlich unter Berufung auf das Urteil in der Rs. Lenoir[279]– die einzelnen tatbestandlichen Elemente wie folgt auflistete:[280] Es handelt sich um eine Sonderleistung im Sinne einer Mischleistung, die zum einen der sozialen Sicherheit zuzuordnen ist, weil sie jeder erhalte, der die Voraussetzungen der Gewährung erfülle, zum anderen aber der Sozialhilfe, weil sie ohne auf Beitrags- oder Beschäftigungszeiten abzustellen, das Ziel habe, einen Zustand offensichtlicher Bedürftigkeit zu lindern. Die finanziellen Mittel werden dem leistenden sozialen Träger vom jeweiligen Bundesland erstattet. Die Ausgleichsabgabe ergänzt eine Leistung der sozialen Sicherheit, wobei nach objektiven Kriterien unter Berücksichtigung einer gesetzlich festgelegten Einkommensgrenze entschieden wird. Mit der Funktion, den Rentnern ein Existenzminimum zu sichern, habe die Leistung Sozialhilfecharakter. Eine solche Leistung sei immer eng mit der wirtschaftlichen und sozialen Situation des Landes verbunden, dessen Lebensstandard sie berücksichtige. Sie verlöre ihre Bedeutung, wenn sie außerhalb des Wohnsitzstaates gewährt werden müsste. Somit konnte der Kläger keinen Erfolg haben.

2. Der Tatbestand des Art. 70

199 Betrachtet man die tatbestandliche Ausgestaltung der besonderen beitragsunabhängigen Geldleistungen in Art. 70, so könnte man sagen, dass das corpus an Elementen der Entscheidung Skalka das Gerüst der Regelung in Art. 70 bildet. Abs. 1 verlangt, dass nach den nationalen Rechtsvorschriften die Leistung Merkmale sowohl der sozialen Sicherheit wie der Sozialhilfe aufweist.

200 Abs. 2 lit. a) bringt den Sonderleistungscharakter zum Ausdruck. Das kann nach der Alternative i) durch einen zusätzlichen, ersatzweisen oder ergänzenden Schutz gegen eines der in Art. 3 genannten Risiken durch Gewährleistung eines Mindesteinkommens geschehen, das in Beziehung zu dem wirtschaftlichen und sozialen Umfeld in dem betreffenden Mitgliedstaat steht. Die Alternative ii) zielt auf den besonderen Schutz von behinderten Menschen, der eng mit dem sozialen Umfeld des Anspruchstellers in dem betreffenden Mitgliedstaat verbunden ist.

201 Abs. 2 lit. b) bringt den beitragsunabhängigen Charakter der Leistung zum Ausdruck, indem die Finanzierung ausschließlich durch obligatorische Steuern zur Deckung der allgemeinen öffentlichen Ausgaben gefordert wird.

202 Abs. 2 lit. c) statuiert als weitere Voraussetzung die Aufnahme der Leistung in den Anhang X. Damit wird ein der Klarstellung des Charakters der Leistung dienendes Tatbestandsmerkmal normiert, das schon in Art. 10a VO 1408/71/EWG enthalten war. Für Deutschland sind hierzu im Anhang X lit. a) die Grundsicherung im Alter und bei Erwerbsminderung und die Grundsicherung für Arbeitslose eingetragen.

---

278 EuGH 29.4.2004, Rs. C-160/02 (Skalka), EU:C:2004:269 Rn. 19 ff.

279 EuGH 27.9.1988, Rs. 313/86 (Lenoir), EU:C:1988:452.

280 EuGH 29.4.2004, Rs. C-160/02 (Skalka), EU:C:2004:269 Rn. 22–30.

3. Grundsätze der Leistungserbringung

Abs. 3 setzt die Anwendung des Exportprinzips (Art. 7) sowie der sämtlichen anderen Kapitel des Titels III für die besonderen beitragsunabhängigen Geldleistungen außer Kraft. Stattdessen bestimmt Abs. 4, dass diese ausschließlich in dem Mitgliedstaat erbracht werden, in dem die betreffenden Personen wohnen und nach dessen Rechtsvorschriften. Zuständig ist der Träger des Wohnorts. 203

Die jüngste Entwicklung hat gezeigt, dass der Schwerpunkt der rechtlichen Bewältigung auf der dogmatischen Behandlung von Art. 70 Abs. 4 lag und liegt. Auf der Grundlage von vier Entscheidungen des EuGH lässt sich aber sagen, dass die rechtlichen Kontroversen zu einem – zumindest vorläufigen – Abschluss gekommen sind. Gewissermaßen als Auslöser des Meinungsstreits kann das Urteil des Gerichtshofs in der Rs. Brey angesehen werden.[281] 204

Der Kläger Brey und seine Gattin, beide deutsche Staatsbürger, übersiedelten im März 2011 von Deutschland nach Österreich. Herr Brey bezieht in Deutschland eine Rente wegen Erwerbsunfähigkeit in Höhe von 862,74 Euro brutto monatlich sowie ein Pflegegeld in Höhe von 225 Euro monatlich. Das Paar verfügt über keine sonstigen Einkünfte oder Vermögen. Die Gattin von Herrn Brey bezog in Deutschland eine Grundleistung, welche allerdings aufgrund ihrer Übersiedelung nach Österreich seit dem 1. April 2011 nicht mehr ausbezahlt wird. Das Paar wohnt in einer Mietwohnung, für die sie 532,29 Euro Miete zu zahlen haben. Mit Bescheid vom 2. März 2011 lehnte die Pensionsversicherungsanstalt den Antrag von Herrn Brey auf Gewährung der Ausgleichszulage ab dem 1. April 2011 mit der Begründung ab, dass Herr Brey aufgrund seiner geringen Rentenhöhe nicht über ausreichende Existenzmittel verfüge, um einen rechtmäßigen Aufenthalt in Österreich zu begründen.

Bei nüchterner Betrachtung hätte es eine einfache Lösung geben müssen. Da es sich bei der Ausgleichszulage um eine besondere beitragsunabhängige Geldleistung handelt, hätte der Kläger aufgrund seines Wohnsitzes in Österreich nach Art. 70 Abs. 4 die Leistung beanspruchen können. Diese Auffassung hatte auch die Kommission vorgetragen und argumentiert, dass die österreichische Regelung, nach der ein rechtmäßiger Aufenthalt gefordert wird, eine mittelbare Diskriminierung darstelle, weil sie nur Unionsbürger betreffe, die nicht die österreichische Staatsangehörigkeit besitzen und damit gegen den Gleichbehandlungsgrundsatz des Art. 4 verstoße. 205

Die österreichische Regierung hatte sich für seine Versagung des Anspruchs auf Art. 7 Abs. 1 lit. b) RL 2004/38/EG berufen.[282] Danach müssen Unionsbürger, die keine wirtschaftliche Tätigkeit ausüben, bei einem mehr als dreimonatigen Aufenthalt über einen ausreichenden Krankenversicherungsschutz und über ausreichende Existenzmittel verfügen, sodass sie keine Sozialhilfeleistungen des Aufnahmemitgliedstaates in Anspruch nehmen müssen. 206

Diese Auffassung wird vom Gerichtshof abgelehnt: „Es ist festzustellen, dass Art. 70 Abs. 4 der Verordnung Nr. 883/2004/EG, auf den sich die Kommission stützt, eine „Kollisionsnorm“ enthält, mit der die auf besondere beitragsunabhängige Geldleistungen anzuwendenden Rechtsvorschriften und die für die Zahlung der darin bezeichneten Leistungen zuständigen Träger bestimmt werden sollen. Somit sollen mit dieser Vorschrift nicht nur die gleichzeitige Anwendung von Rechtsvorschriften mehrerer Mitgliedstaaten und die Schwierigkeiten, die sich daraus ergeben können, vermieden werden, sondern sie soll auch verhindern, dass Personen, die in den Geltungsbereich der Verordnung Nr. 883/2004/EG fallen, der Schutz im Bereich der sozialen Sicherheit vorenthalten wird, weil keine Rechtsvorschriften auf sie anwendbar sind. Dagegen soll diese Bestimmung als solche nicht die inhaltlichen Voraussetzungen für das Vorliegen eines Anspruchs auf besondere beitragsunabhängige Geldleistungen festlegen. Es ist grundsätzlich Sache der Rechtsvorschriften jedes Mitgliedstaats, diese Voraussetzungen festzulegen. Es kann daher aus Art. 70 Abs. 4 in Verbindung mit Art. 1 lit. j) der Ver- 207

281 EuGH 19.9.2013, Rs. C-140/12 (Brey), EU:C:2013:565.

282 Die Bestimmung des Art. 11 Abs. 3 lit. e), die den Wohnmitgliedstaat als zuständig für nicht aktive Staatsbürger erklärt, muss gegebenenfalls im Lichte des Art. 7 Abs. 1 lit. b) RL 2004/38/EG ausgelegt werden, s. dazu EuGH 15.7.2021, Rs. C-535/19 (A), EU:C:2021:595 (Beitritt zum Krankenversicherungssystem des Aufnahmemitgliedstaats), s. dazu Oppermann, ZESAR 2022, 44 ff.

ordnung Nr. 883/2004/EG nicht geschlossen werden, dass das Unionsrecht einer nationalen Bestimmung wie der im Ausgangsverfahren streitigen entgegensteht, die den Anspruch auf eine besondere beitragsunabhängige Geldleistung davon abhängig macht, dass die Voraussetzungen für einen rechtmäßigen Aufenthalt in dem betreffenden Mitgliedstaat erfüllt sind. Aus der Rechtsprechung des Gerichtshofs geht aber hervor, dass grundsätzlich nichts dem entgegensteht, dass die Gewährung von Sozialleistungen an Unionsbürger, die wirtschaftlich nicht aktiv sind, von dem Erfordernis abhängig gemacht wird, dass diese die Voraussetzungen für einen rechtmäßigen Aufenthalt im Aufnahmemitgliedstaat erfüllen."

208 Die Kommission vertrat jedoch die Auffassung, dass die Ausgleichszulage wegen ihrer koordinierungsfähigen Eigenschaft (Art. 3 Abs. 3 iVm Art. 70 Abs. 1 und 2) nicht als Sozialhilfeleistung iSd Art. 7 Abs. lit. b) RL 2004/38/EG angesehen werden kann, da Sozialhilfeleistungen nur solche iSd Art. 3 Abs. 5 seien.

209 Dieser Rechtsauffassung tritt der Gerichtshof mit ausführlicher Begründung entgegen.[283] Die koordinationsrechtliche Zugehörigkeit der Ausgleichsabgabe determiniere nicht die Auslegung der RL 2004/38/EG. Jede unionsrechtliche Bestimmung müsse im Hinblick auf die mit ihr verfolgte Zielsetzung und ihren Kontext ausgelegt werden. Deshalb sei eine Reduzierung des Begriffs der Sozialhilfeleistungen auf solche der sozialen Fürsorge i. S. d. Art. 3 Abs. 5 nicht zulässig. Vielmehr gilt: „Wie mehrere Regierungen, die Erklärungen eingereicht haben, ausgeführt haben, würde die gegenteilige Auslegung bewirken, dass die Mitgliedstaaten je nach der Organisationsweise ihrer nationalen Systeme der sozialen Sicherheit ungerechtfertigt unterschiedlich behandelt würden, weil die Qualifizierung einer Leistung wie der des Ausgangsverfahrens als eine „besondere" – und demnach ihre Einbeziehung in den Anwendungsbereich der VO 883/2004/EG – insbesondere davon abhängt, ob die Gewährung dieser Leistung im nationalen Recht auf objektiven Kriterien oder ausschließlich auf der Bedürftigkeit des Betroffenen beruht. Daraus folgt, dass der Begriff der „Sozialhilfeleistungen" im Sinne von Art. 7 Abs. 1 Buchst. b der Richtlinie 2004/38 nicht anhand von formalen Kriterien, sondern anhand des mit dieser Bestimmung verfolgten Ziels zu bestimmen ist. Folglich ist dieser Begriff so zu verstehen, dass er sich auf sämtliche von öffentlichen Stellen eingerichteten Hilfssysteme bezieht, die auf nationaler, regionaler oder örtlicher Ebene bestehen und die ein Einzelner in Anspruch nimmt, der nicht über ausreichende Existenzmittel zur Bestreitung seiner Grundbedürfnisse und derjenigen seiner Familie verfügt und deshalb während seines Aufenthalts möglicherweise die öffentlichen Finanzen des Aufnahmemitgliedstaats belasten muss, was Auswirkungen auf das gesamte Niveau der Beihilfe haben kann, die dieser Staat gewähren kann."[284] Folglich ist die Ausgleichsabgabe eine solche Sozialhilfeleistung, weil sie ohne Beitragszahlung ausschließlich durch die öffentliche Hand finanziert wird.

210 Dieses dogmatische Konzept wird in drei Folgeentscheidungen aufrechterhalten. Dabei ging es stets um die Verweigerung der Grundsicherung für arbeitslose Unionsbürger (AloG II). § 7 Abs. 1 S. 2 Nr. 2 b SGB II versagt diese, wenn das Aufenthaltsrecht sich allein aus dem Zweck der Arbeitssuche ergibt.

211 Die Klägerin Dano, die diese besondere beitragsunabhängige Geldleistung beantragte, hatte keinen Erfolg, weil die Vorschrift des Art. 7 Abs. 1 lit. b) RL 2004/38/EG nicht erwerbstätige Unionsbürger daran hindern soll, das System der sozialen Sicherheit des Aufnahmemitgliedstaats zur Bestreitung des Lebensunterhalts in Anspruch zu nehmen.[285]

212 In der Rs. Alimanovic ging es ebenfalls um die Ausschlussklausel des § 7 Abs. 1 S. 2 Nr. 2 SGB II.[286] Abweichend von der Rs. Dano konnte sich hier der Kläger auf ein Aufenthaltsrecht zur Arbeitssuche nach Art. 14 Abs. 4 lit. b) berufen. Das AloG II konnte aber gem. Art. 24 Abs. 2 RL 2004/38/EG versagt werden: „Aus der in Art. 24 Abs. 2 der Richtlinie 2004/38/EG vorgenommenen Verweisung auf deren

283 EuGH 19.9.2013, Rs. C-140/12 (Brey), EU:C:2013:565 Rn. 49–62.

284 Verwiesen wird auf Bidar, Rn. 56, Eind., Rn. 29, und Förster, Rn. 48, sowie entsprechend Urteile vom 4. März 2010, Chakroun, C-578/08, Slg. 2010, I-1839, Rn. 46, und Kamberaj, Rn. 91.

285 EuGH 11.11.2014, Rs. C-333/13 (Dano), EU:C:2014:2358 Rn. 56 ff.

286 EuGH 15.9.2015, Rs. C-67/14 (Alimanovic), EU:C:2015:597.

Art. 14 Abs. 4 lit. b) ergibt sich nämlich ausdrücklich, dass der Aufnahmemitgliedstaat einem Unionsbürger, dem ein Aufenthaltsrecht allein aufgrund der letztgenannten Vorschrift zusteht, jegliche Sozialhilfeleistung verweigern darf."

Auf der gleichen Argumentationslinie wurde die Rs. García-Nieto entschieden.[287] Ausländer haben in all diesen Fällen auch keinen Anspruch auf Sozialhilfe. Dies wird in § 23 Abs. 3 SGB XII klargestellt.[288] 213

XII. Reform des Koordinierungsrechts

Am 13.12.2016 hat die EU-Kommission ein umfangreiches Reformpaket für die beiden Koordinierungsverordnungen vorgelegt. Der Vorschlag, der Bestandteil des Pakets für die Mobilität der Arbeitskräfte 2016 ist, will die mit den VOen 883/2004 und 987/2009 eingeleitete Modernisierung der EU-Rechtsvorschriften zur Koordinierung der Systeme der sozialen Sicherheit fortsetzen und eine Erleichterung der Ausübung der Rechte der Betroffenen bei gleichzeitiger Gewährleistung von Rechtsklarheit erreichen. Schwerpunktmäßig zielt der Vorschlag auf vier Bereiche der Koordinierung, von denen hier drei im Hinblick auf ihre sozialversicherungsrechtliche Relevanz herausgegriffen werden sollen:[289] 214

(1) Sozialleistungen für nicht erwerbstätige Bürgerinnen und Bürger
(2) Leistungen bei Pflegebedürftigkeit
(3) Leistungen bei Arbeitslosigkeit

Zu 1) In diesem Bereich soll der Judikatur des EuGH Rechnung getragen werden.[290] Hierzu soll in Art. 4 ein zweiter Abs. eingefügt werden. Danach soll ein Mitgliedstaat den Zugang einer in seinem Hoheitsgebiet wohnhaften und nicht erwerbstätigen Person zu seinen Leistungen der sozialen Sicherheit von der Rechtmäßigkeit des Aufenthalts gem. RL 2004/38/EG abhängig machen können.[291] 215

Zu 2) Die Koordinierung der Leistungen bei Pflegebedürftigkeit geschieht bislang in Gleichstellung mit den Leistungen bei Krankheit.[292] Erstmals soll eine Definition der Leistung bei Pflegebedürftigkeit in Art. 1 aufgenommen werden.[293] Ferner soll nach Art. 35 ein zusätzliches Kap. 1a mit den Vorschriften Art. 35a–35c eingefügt werden, wodurch die Koordinierung im Wesentlichen an das Recht der Leistungen bei Krankheit angeglichen werden soll.[294] 216

Zu 3) Bei den Leistungen bei Arbeitslosigkeit ist seit langem die Praxis des Prinzips der Zusammenrechnung umstritten. Im Hinblick auf das Erfordernis in Art. 61 Abs. 2, wonach das Prinzip der Zusammenrechnung nur zur Anwendung gelangt, wenn die maßgeblichen Zeiten unmittelbar zuvor in dem Mitgliedstaat der beantragten Leistung zurückgelegt wurden, wird ein Tag Versicherungs-/Beschäftigungszeit als ausreichend angesehen.[295] Im Hinblick auf möglichen Missbrauch dieser Praxis wird ein anspruchsbegründender Mindestversicherungszeitraum von drei Monaten im Mitgliedstaat der letzten Erwerbstätigkeit vorgeschlagen. Bezüglich des Exports der Leistungen bei Arbeitslosigkeit wird eine schon in der Vergangenheit immer wieder postulierte Verlängerung der Leistungsdauer bei Arbeitssuche im Ausland von drei auf sechs Monate in Art. 64 befürwortet. Eben- 217

287 EuGH 25.2.2016, Rs. C-299/14 (García-Nieto), EU:C:2016:114 Rn. 114 ff.

288 Die Bestimmung geht auf das Gesetz zur Regelung von Ansprüchen ausländischer Personen in der Grundsicherung für Arbeitslose vom 22.12.2016 zurück (BGBl. I S. 3155). Zur verfassungsrechtlichen und europarechtlichen Bedenklichkeit dieser Regelung Devetzi/Janda, ZESAR 2017, 197 ff.

289 Der vierte Bereich betrifft Familienleistungen.

290 S. dazu oben XI.

291 Näheres zu dieser Neuregelung Felten, ZESAR 2017, 151 ff.

292 S. dazu oben VIII.

293 Vgl. dazu Art. 1 (d) vb) des Vorschlags.

294 Vgl. dazu im Einzelnen Eichenhofer, ZESAR 2017, 371 ff.

295 S. dazu oben IX.1.b).

falls Gegenstand fortlaufender Kritik ist die in Art. 65 getroffene Regelung für Grenzgänger, der zufolge grundsätzlich die Zuständigkeit des Wohnmitgliedstaats besteht und eine (partielle) Erstattung der Kosten des Leistungsträgers vorgesehen ist. Kern der vorgeschlagenen Neuregelung ist die Leistungszuständigkeit des Staates der letzten Beschäftigung/selbständigen Erwerbstätigkeit, wenn der Arbeitslose dort eine mindestens 12-monatige Versicherungszeit nach den Rechtsvorschriften dieses Staates zurückgelegt hat.[296] Das Kostenerstattungsverfahren entfällt.

218 Obwohl das Entsenderecht – auch in der Begründung – nicht als Schwerpunkt des Vorschlags zu betrachten ist, soll im Hinblick auf seine sozialversicherungsrechtliche Relevanz ein kurzer Hinweis erfolgen. Das Entsenderecht gehört wegen des vielfachen Missbrauchs seiner Regelungen zu den umstrittensten Materien des Koordinierungsrechts.[297] Zwei Punkte einer möglichen Neuregelung sind deshalb bemerkenswert.[298] Der Entsendetatbestand in Art. 12 soll dadurch präzisiert werden, dass er in Anlehnung an die Definition in Art. 1 Abs. 3 EntsendeRL 1996/71/EG formuliert wird. Angesichts der großen Probleme und dem eklatanten Missbrauch der A1-Bescheinigung[299] ist die angedachte Neuregelung hinsichtlich der Bindungswirkung von Dokumenten in Art. 5 DVO noch bedeutsamer. Der ausstellende Träger muss innerhalb von 25 Arbeitstagen nach Anfrage des ersuchenden Trägers eine mit Belegen verbundene Antwort liefern und in dieser Zeit auch, falls veranlasst, das Dokument widerrufen oder berichtigen. Neben dieser der Beschleunigung des Verfahrens dienenden Bestimmung werden Dokumente nur dann als gültig angesehen, wenn sämtliche als obligatorisch gekennzeichneten Abschnitte ausgefüllt sind.

219 Die EU Kommission hat stets an ihrem Reformvorschlag festgehalten und nahezu alle Ratspräsidentschaften haben die Reform des Koordinierungsrechts auf ihre Agenden gesetzt. Aber auch die jüngsten Bemühungen der belgischen Ratspräsidentschaft, wenigstens Teilfragen einer Lösung zuzuführen[300], sind gescheitert. Deshalb kann jedenfalls in der laufenden Legislaturperiode der EU nicht mehr mit einer Lösung gerechnet werden und manche Stimmen sprechen gar schon von einem Aus der Reform.

XIII. Assoziationsrecht

Literatur: ANDREOLI, Drittstaatsangehörige in der Europäischen Union, Assoziationsrechtliche Grundlagen, 1999; COTTIER u. a. (Hg.), Die Rechtsbeziehungen der Schweiz und der Europäischen Union, 2014; EICHENHOFER, Überformung des deutsch-türkischen Abkommens über soziale Sicherheit durch das Assoziationsrecht EG-Türkei, ZESAR 2006, 5ff.; EICHENHOFER, EuGH in Sachen Öztürk: Etüde über Ungleichzeitigkeiten der Rechtsentwicklung im Europäischen koordinierenden Sozialrecht, ZESAR 2005, 164; IMHOF, Das Freizügigkeitsabkommen EG-Schweiz und seine Auslegungsmethode, ZESAR 2007, 155ff. (Teil 1), 217ff. (Teil 2); HUMMER, Das Sozialrecht in den Assoziierungsabkommen der EU, in: Fuchs (Hg.), Europäisches Sozialrecht, 8. Aufl. 2022, Teil 9; SLEZAK, Rechtliche Grundlagen und Entwicklung der Assoziation EWR-Türkei, ZESAR 2013, 33ff.

220 Die EU und ihre Mitgliedstaaten haben, gestützt auf Art. 217 AEUV, eine Reihe von sogenannten **Assoziierungsabkommen mit Drittstaaten** geschlossen. Dabei handelt es sich um völkerrechtliche Abkommen, die auf Dauer angelegt besondere Beziehungen im Bereich der wirtschaftlichen Zusammenarbeit begründen und eine eigenständige Willensbildung in hierfür vorgesehenen Institutionen ermöglichen.[301] Die Inhalte dieser Abkommen sind vielfältig, da sie sich sachlich auf alle im EG-Vertrag geregelten Bereiche erstrecken können. Für das Sozialrecht sind hier **zwei Arten von Abkommen von besonderer Bedeutung**: das Assoziationsabkommen mit der Türkei und die Kooperations-

296 Zu den Einzelheiten des Vorschlags s. FUCHS, ZESAR 2017, 375ff.
297 Ausführlich hierzu FUCHS, ZESAR 2019, 105ff.
298 Zu weiteren Details s. Lhernould, ZESAR 2017, 367ff.
299 S. dazu oben III. 2. c).
300 Vgl. dazu Hofmann, NZS-Jahresrevue 2023, NZS 2024, 281.
301 Groeben/Schwarze/WEBER Art. 310 EG Rn. 11.

und Europa-Mittelmeerabkommen mit den drei Maghrebstaaten Marokko, Tunesien und Algerien. Etliche dieser Assoziierungsabkommen beinhalten auch Regelungen auf dem Gebiet der sozialen Sicherheit. Im Folgenden sollen die auch quantitativ, d.h. Im Hinblick auf die Zahl der betroffenen Personen, wichtigsten Abkommen behandelt werden. Die historisch frühesten Abkommen wurden mit der Türkei (1964/1980) und den Maghrebstaaten (1978) geschlossen. 1992 kam das Abkommen mit dem EWR hinzu und 1999 folgte das Freizügigkeitsabkommen mit der Schweiz. Diese Abkommen sind aufgrund der Einbeziehung von Drittstaatsangehörigen in das Koordinierungsrecht[302] nicht überflüssig geworden. Unter Nr. 15 der Präambel der VO 1231/2010/EU wird darauf hingewiesen, dass diese VO nicht die Rechte und Pflichten aus den Abkommen mit Drittstaaten berührt, in denen Leistungen der sozialen Sicherheit vorgesehen sind. Die Abkommen behalten insbesondere auch deshalb weiterhin ihre Bedeutung, weil die VO dann nicht zur Anwendung kommt, wenn ein Sachverhalt mit keinem Element über die Grenze eines einzigen Mitgliedstaats hinausweist. Dies gilt insbesondere dann, wenn die Situation eines Drittstaatsangehörigen ausschließlich Verbindungen zu einem Drittstaat und einem einzigen Mitgliedstaat aufweist.[303]

1. Assoziationsabkommen mit der Türkei

Das Assoziierungsabkommen mit der Türkei[304] sieht in Art. 12 vor, dass sich die Vertragsparteien von den gemeinschaftsrechtlichen Regelungen leiten lassen sollen, um untereinander die Freizügigkeit herzustellen. Zu diesem Zweck wurden vom Assoziationsrat, einem durch das Abkommen errichteten Organ, zum einen ein Beschluss betreffend den Zugang türkischer Arbeitnehmer zum Arbeitsmarkt der Mitgliedstaaten (Assoziationsratsbeschluss Nr. 1/80 zur Entwicklung der Assoziation) und ein Beschluss hinsichtlich der sozialrechtlichen Stellung türkischer Arbeitnehmer und ihrer Familienangehörigen (Assoziationsratsbeschluss Nr. 3/80)[305] erlassen. Der Assoziationsratsbeschluss (ARB) Nr. 3/80 folgt nach seinem Aufbau und Inhalt dem Vorbild der VO, d.h. er ist in einen allgemeinen Teil, in dem u.a. der Anwendungsbereich und die Gleichbehandlung geregelt werden und einen besonderen Teil mit Regelungen im Hinblick auf einzelne Sozialleistungen gegliedert. Nach Auffassung des EuGH in der Entscheidung Taflan-Met sind diese besonderen Koordinierungsbestimmungen mangels entsprechender Durchführungsvorschriften nicht unmittelbar anwendbar.[306] 221

In der Rs. Sürül hatte der EuGH darüber zu befinden, ob sich türkische Staatsangehörige vor nationalen Gerichten unmittelbar auf das in Art. 3 ARB Nr. 3/80 geregelte Diskriminierungsverbot berufen können. In Anwendung der Grundsätze der Rspr. des Gerichtshofs zur unmittelbaren Anwendbarkeit von Abkommensvorschriften, die dann anzunehmen ist, wenn sie klar, eindeutig und unbedingt sind und es für ihre Anwendung keiner weiteren Maßnahme der Gemeinschaftsorgane oder der Mitgliedstaaten bedarf, wird die unmittelbare Anwendung von. Art. 3 ARB Nr. 3/80 bejaht.[307] Dieser bestimmt, dass die Personen, die im Gebiet eines Mitgliedstaats wohnen und für die der Beschluss gilt, **die gleichen Rechte und Pflichten** aufgrund der Rechtsvorschriften eines Mitgliedstaats haben, **wie die Staatsangehörigen dieses Staates**, soweit der Beschluss nichts anderes bestimmt.[308] Die Vorschrift verbietet den Mitgliedstaaten die Gewährung eines Anspruchs an einen türkischen Staatsangehörigen von zusätzlichen oder strengeren Voraussetzungen abhängig zu machen, als sie für die Staatsangehörigen der Mitgliedstaaten gelten. Bei einer Rente (Pension) wegen Arbeitslosigkeit muss deshalb der zuständige Träger Zeiten des Bezugs von Arbeitslosenleistungen berücksichtigen, die in einem anderen Mitgliedstaat erbracht wurden. 222

---

302 S. oben II.1. Rn. 29ff.

303 Vgl. Begründungserwägung Nr. 12 der VO (EU) Nr. 1231/2010.

304 ABl. EWG Nr. P 217 vom 29.12.1964 S. 3687ff.

305 ABl. EWG Nr. C 110 vom 25.4.1983 S. 1ff.

306 EuGH 10.9.1996, Rs. C-277/94 (Teflan-Met), EU:C:1996:315.

307 EuGH 4.5.1999, Rs. C-262/96 (Sürül), EU:C:1999:228.

308 EuGH 4.5.1999, Rs. C-262/96 (Sürül), EU:C:1999:228.

223 Der ARB Nr. 3/80 enthält ein weiteres **Gleichbehandlungsgebot** in Art. 6. Danach dürfen die türkischen Arbeitnehmer und ihre Familienangehörigen bei Geldleistungen keine Nachteile dadurch erleiden, dass sie in der Türkei oder im Gebiet eines anderen Mitgliedstaates wohnen als des Staates, in dessen Gebiet der zur Zahlung verpflichtete Träger seinen Sitz hat. Art. 6 Abs. 1 UAbs. 1 hat unmittelbare Wirkung.[309] Zu beachten ist dabei aber auch, dass Art. 59 des Zusatzprotokolls in Titel IV bestimmt, dass der Türkei in den von diesen Protokollen erfassten Bereichen keine günstigere Behandlung gewährt werden darf als diejenige, die sich die Mitgliedstaaten untereinander aufgrund des AEUV einräumen. Diese Bestimmung kann insbesondere im Zusammenhang mit der Gewährung besonderer beitragsunabhängiger Geldleistungen, die gem. Art. 70 Abs. 4 nur vom Träger des Wohnorts erbracht werden, eine Rolle spielen.[310]

2. Abkommen mit den Maghrebstaaten

224 1976 wurden Kooperationsabkommen mit den drei Maghrebstaaten Algerien, Marokko und Tunesien geschlossen.[311] Die Abkommen mit Tunesien und Marokko wurden zwischenzeitlich durch sogenannte Europa-Mittelmeerabkommen abgelöst.[312] Die Abkommen **zielen nicht auf einen späteren Beitritt dieser Staaten** zur Europäischen Union. Sie bezwecken vielmehr eine globale Zusammenarbeit zwischen den Vertragsparteien mit dem Ziel einer Förderung der wirtschaftlichen und sozialen Entwicklung dieser Staaten.[313]

225 Die Abkommen enthalten ein **sozialrechtliches Diskriminierungsverbot** (in den Kooperationsabkommen in Art. 39 (Algerien), Art. 40 (Tunesien) bzw. 41 (Marokko); in den Europa-Mittelmeerabkommen Art. 65). Danach wird, vorbehaltlich der übrigen Absätze der jeweiligen Artikel, den Arbeitnehmern dieser Staaten und den mit ihnen zusammenlebenden Familienangehörigen auf dem Gebiet der sozialen Sicherheit eine Behandlung gewährt, die keine auf der Staatsangehörigkeit beruhende Benachteiligung gegenüber den Staatsangehörigen der Mitgliedstaaten, in denen sie beschäftigt sind, bewirkt. Die weiteren Absätze betreffen die Zusammenrechnung von in den einzelnen Mitgliedstaaten zurückgelegten Versicherungs-, Beschäftigungs- und Aufenthaltszeiten, die Gewährung von Familienzulagen für innerhalb der Gemeinschaft wohnende Familienangehörige und den Transfer von Rentenleistungen. Ebenso wie das Diskriminierungsverbot in ARB Nr. 3/80 EG/Türkei erfüllt das Diskriminierungsverbot in den Abkommen mit den Maghrebstaaten alle Anforderungen, die das Gemeinschaftsrecht in Bezug auf Klarheit und Eindeutigkeit an eine Bestimmung stellt, damit diese unmittelbar anwendbar ist. Allerdings ist der Sinn und Zweck der Abkommen mit den Maghrebstaaten ein anderer. Der EuGH hatte in der Rs. Kziber über den Fall der Tochter eines marokkanischen Arbeitnehmers zu befinden, der nach Beendigung seiner Erwerbstätigkeit in Belgien dort im Ruhestand lebte.[314] Der Gerichtshof antwortete iS einer unmittelbaren Anwendbarkeit des sozialrechtlichen Diskriminierungsverbotes.[315]

226 Anders als im ARB Nr. 3/80 EG/Türkei gibt es für die Diskriminierungsverbote in den Abkommen mit den Maghrebstaaten keine Definition des Arbeitnehmerbegriffs, auf die Bezug genommen werden könnte. Nach der Rechtsprechung des EuGHs in den Entscheidungen Kziber und Krid ist der Begriff so zu verstehen, dass er nicht nur aktive Arbeitnehmererfasst sind. Erfasst sind auch Arbeitnehmer, die aus dem Arbeitsmarkt ausgeschieden sind, nachdem sie das für die Gewährung einer Altersrente erforderliche Alter erreicht haben oder nachdem bei ihnen eines der Risiken eingetreten ist, das einen Anspruch auf Leistungen im Rahmen anderer Zweige der sozialen Sicherheit eröffnet.

309 EuGH 26.5.2011, Rs. C-485/07 (Akdas), EU:C:2011:346.

310 Vgl. EuGH 14.1.2015, Rs. C-171/13 (Demirci), EU:C:2015:8; 15.5.2019, Rs. C-677/17 (Çoban), EU:C:2019:408.

311 ABl. EG Nr. L 263, 264 und 265 vom 27.9.1978, S. 1ff.

312 ABl. EG Nr. L 97 vom 30.3.1998 S. 2 Tunesien; ABl. EG Nr. L 70 vom 18.3.2000 S. 2 Marokko.

313 Hedemann-Robinson, 2001 [38] CMLRev 525, 558ff.

314 EuGH 31.1.1991, Rs. C-18/90 (Kziber), EU:C:1991:36.

315 Ebenso für den Fall eines algerischen Klägers EuGH 5.4.1995, Rs. C-103/94 (Krid), EU:C:1995:97.

Damit konnte sich also auch die Tochter eines marokkanischen Arbeitnehmers, der sich in Belgien zur Ruhe gesetzt hatte, als dessen Familienangehörige auf das Diskriminierungsverbot berufen. Auf die Staatsangehörigkeit der Familienangehörigen kommt es nicht an. Das Diskriminierungsverbot wirkt ferner zugunsten der Hinterbliebenen.[316]

3. Das Abkommen über den Europäischen Wirtschaftsraum (EWR)

Das am 1.1.1994 in Kraft getretene Abkommen mit den **EFTA-Staaten** (ohne Schweiz) setzt sich zum 227
Ziel, die nach dem AEUV bestehenden Grundfreiheiten im Verhältnis zueinander zu verwirklichen. Durch Art. 29 EWR-Abkommen ist sichergestellt, dass die Koordinierung der sozialen Sicherheit weitestgehend i.S.d. Art. 48 AEUV und der Koordinierungsverordnungen 883/2004/EG und 987/2009/EG verläuft.[317] Aufgrund des Beitritts zahlreicher EFTA-Staaten zur EU gilt das EWR-Abkommen nur noch für Norwegen, Liechtenstein und Island.

4. Das Abkommen über die Freizügigkeit mit der Schweiz

Ein Volksentscheid in der Schweiz verhinderte den Beitritt zum EWR-Abkommen. Deshalb konnte 228
erst 1999, in Kraft getreten am 1.6.2002, das Abkommen über die Freizügigkeit erreicht werden.[318] Für den hier interessierenden Bereich der sozialen Sicherheit ist von Bedeutung, dass Art. 8 des Abkommens i.V.m. Anhang II des Abkommens die weitreichende Anwendung des Koordinierungsrechts und seiner Prinzipien vorschreibt. Es ist deshalb zu Recht gesagt worden, dass die Schweiz im Bereich der sozialen Sicherheit wie ein Mitgliedstaat der EU zu behandeln ist.[319]

5. Die Abkommen zwischen der EU und dem Vereinigten Königreich (VK) über dessen Austritt aus der EU (Brexit)

a) Das Austrittsabkommen (AA)[320]

Das AA, geschlossen auf der Grundlage des Art. 50 Abs. 2 EUV, legte für das Koordinierungsrecht 229
einen Übergangszeitraum bis zum 31.12.2020 fest. Hierfür enthalten die in Teil 2 aufgenommenen Vorschriften der Art. 30–36 AA die für das Koordinierungsrecht maßgeblichen Festlegungen. Grundlegend ist die in Art. 31 Abs. 1 AA normierte Fortgeltung der VO 883/2004/EG und der DVO bis zum Ende des Übergangszeitraums. Der persönliche Anwendungsbereich dieser Vorschrift erstreckt sich auf alle Staatsangehörigen des VK und alle EU-Bürger, die sich am Ende des Übergangszeitraums in einer grenzüberschreitenden Situation befanden (Art. 30 AA).

316 EuGH 5.4.1995, Rs. C-103/94 (Krid), EU:C:1995:97.

317 Zu Einzelheiten, auch zur Rspr. des EFTA-Gerichtshofs s. Fuchs/Kahil-Wolff Teil 9 Rn. 5ff.

318 ABl. Nr. L 114 vom 30.4.2002, S. 6. Durch Beschluss Nr. 1/2012 vom 31.3.2012 sind auch die neuen VOen 883/2004 und 987/2009 zum Inhalt des Abkommens geworden.

319 So Fuchs/Kahil-Wolff Teil 9 Rn. 8 unter Hinweis auf zahlreiche Entscheidungen des EuGH; zur Bedeutung der Judikatur des EuGH für das Schweizer Bundesgericht und zu den zahlreichen Auslegungsfragen des Abkommens und des EU-Rechts s. ausführlich Kahil-Wolff, Droit social européen, S. 539ff.

320 Abkommen über den Austritt des VK Großbritannien und Nordirland aus der EU und der EURATOM, ABl vom 31.1.2020 L 29/7. Ausführlich dazu SPIEGEL, ZAS 2021, 179ff.

b) Das Abkommen über Handel und Zusammenarbeit (HZA)[321]

230 Das HZA ist die Rechtsgrundlage für alle Fälle ab dem 1.1.2021[322]. Es handelt sich um ein auf Art. 217 iVm Art. 218 Abs. 6 AEUV gestütztes Assoziationsabkommen. Rechtstechnisch sind die für die Koordinierung der Systeme der sozialen Sicherheit maßgeblichen Normen in zwei getrennten Texten niedergelegt. Teilbereich Vier, Titel I (Art. 488–490 HZA) verankern die Koordinierung der sozialen Sicherheit dem Grunde nach, überlassen die Gestaltung im Einzelnen dem Protokoll über die Koordinierung der sozialen Sicherheit (Art. 488 HZA). Dessen Anwendungsbereich wird in Art. 489 Abs. 1 HZA auf Personen beschränkt, die rechtmäßig in einem Mitgliedstaat oder im VK einen Wohnsitz haben. Darüber hinaus gilt das Protokoll gemäß Art. 490 HZA nur für grenzüberschreitende Situationen.

231 Das Protokoll ist in seinen 71 Vorschriften inhaltlich und strukturell den Regelungen der VO 883/2004/EG nachgebildet (Art. KSS. 1–Art. KSS. 71). Ergänzt werden diese Vorschriften durch sechs Anhänge (KSS-1 bis KSS-6), in denen länderspezifische Einzelheiten bezüglich verschiedener Leistungsbereiche eingetragen sind. Der abschließende Anhang KSS-7 entspricht mit seinen Durchführungsvorschriften vielfach der DVO.

232 Bedeutsame Abweichungen in den vorgenannten Rechtsnormen betreffen insbesondere Begriffsbestimmungen (Art. KSS. 1) und den sachlichen Anwendungsbereich (Art. KSS. 3 KSS). Gemäß Art. KSS. 3 Abs. 4 lit. a) KSS gilt das Protokoll nicht für besondere beitragsunabhängige Geldleistungen, die in Teil 1 des Anhangs KSS-1 aufgeführt sind. Ferner sind alle Leistungen ausgeschlossen, die auch nach Art. 3 Abs. 5 VO 882/2004/EG von der Koordinierung ausgenommen sind (Art. KSS. 3 Abs. 4 lit. b) und c) KSS). Leistungen bei Pflegebedürftigkeit, die in Teil 2 des Anhangs KSS-1 aufgelistet sind, sind ebenfalls ausgeschlossen (Art. KSS. 3 Abs. 4 lit. d) KSS). Bedeutsame Änderungen sind auch bei Begriffsbestimmungen zu verzeichnen (Art. 1 KSS. 1). Generell ist für die Anwendung der koordinierungsrechtlichen Regelungen des HZA stets die Übereinstimmung bzw. Abweichung von den Bestimmungen der VO 883/2004/EG und der DVO zu prüfen. Bezüglich des Rechtsschutzes ist auf Art. 67 KSS. 67 des Protokolls zu verweisen.

§ 76 Zwischenstaatliches Sozialversicherungsrecht

Literatur: Petersen, Sozialversicherungsabkommen, in: Ruland/Becker/Axer (Hg.), Sozialrechtshandbuch SRH, 7 Aufl. 2022, § 33.

I. Allgemeines

1 Ebenso wie das in der VO 883/2004/EG enthaltene supranationale Sozialversicherungsrecht versucht das zwischenstaatliche Sozialversicherungsrecht, eine Koordinierung der Sozialversicherung zweier oder mehrerer Mitgliedstaaten vorzunehmen. Das rechtliche Instrument hierzu ist das Abkommen im Sinne eines völkerrechtlichen Vertrages. Je nachdem, ob das Abkommen mit einem oder mehreren Ländern geschlossen wird, spricht man von **bilateralen** oder **multilateralen Sozialversicherungsabkommen**.

2 Soweit für Sozialversicherungsfälle die VO 883/2004/EG Anwendung findet, taucht das Problem auf, was gilt, wenn für den konkreten Fall gleichzeitig ein bi- oder multilaterales Sozialversicherungsabkommen einschlägig ist. Dieses Rangverhältnis zwischen den bi- und multilateralen Abkom-

321 Abkommen über Handel und Zusammenarbeit zwischen der EU/EURATOM und dem VK Großbritannien und Nordirland, ABl. vom 30.4.2021 L 149/10. S. dazu ausführlich Fuchs/Hummer Teil 9 IV. S. ferner die umfassende Kommentierung sowohl des AA wie des HZA von Spiegel/SPIEGEL, Zwischenstaatliches Sozialversicherungsrecht, Loseblatt, 94. EL 2021, VK. Einen Überblick verschafft Leopold, Das koordinierende Sozialrecht nach dem „Brexit", ZESAR 2021, 320 ff.

322 Soweit nicht partiell Sonderregelungen die Fortgeltung über den 31.12.2020 hinaus vorsehen.

men und der VO wird durch Art. 8 VO 883/2004/EG gelöst. Darin ist entsprechend dem supranationalen Charakter des koordinierenden europäischen Sozialrechts der Grundsatz festgelegt, dass die **VO Vorrang vor den Abkommen** hinsichtlich ihres persönlichen und sachlichen Geltungsbereichs hat.[323]

Die Bundesrepublik Deutschland hat eine Vielzahl von Sozialversicherungsabkommen geschlos- 3
sen.[324] Üblicherweise bestehen die Sozialversicherungsabkommen aus drei verschiedenen Urkunden, nämlich dem **Hauptabkommen**, dem **Schlussprotokoll** und der **Vereinbarung** zur Durchführung des Abkommens.[325] Im Hauptabkommen sind die eigentlichen Koordinierungsregeln enthalten. Die beiden letztgenannten Bestandteile haben flankierende Funktion, indem sie das Hauptabkommen von technischen Details entlasten und so die Regelungen des Kernabkommens administrativ durchführbar machen.[326]

Das elementare Strukturprinzip der Sozialversicherungsabkommen ist das **Prinzip der Gegen-** 4
seitigkeit oder Reziprozität.[327] Daraus resultiert, dass Gegenstand der Sozialversicherungskoordinierung nur funktional vergleichbare Systeme in den Abkommensstaaten sein können. Es können demnach nur solche Zweige der Sozialversicherung Bestandteil des sachlichen Geltungsbereichs von Sozialversicherungsabkommen werden, die in den beiden Vertragsstaaten zumindest von ihrer Funktion her vorhanden sind.[328]

II. Sachlicher Geltungsbereich

Üblicherweise werden so genannte **vollständige und unvollständige Abkommen** über soziale Si- 5
cherheit unterschieden. Die erste Gruppe meint Sozialversicherungsabkommen, die alle Zweige der Sozialversicherung einschließen. Die meisten Sozialversicherungsabkommen beziehen sich aber nur auf einzelne Versicherungszweige, oft nur ausschließlich auf die Rentenversicherung.

III. Persönlicher Geltungsbereich

Alle Sozialversicherungsabkommen legen den Geltungsbereich in personaler Hinsicht fest. Es ist for- 6
muliert worden, dass der persönliche Geltungsbereich den Personenkreis definiere, „für den die Staaten international-sozialpolitisch agieren und dessen international-sozialrechtliche Absicherung bei Wahrnehmung internationaler Freizügigkeit dadurch vervollständigt wird"[329]. Im Hinblick auf die tatsächliche Abkommenspraxis werden so genannte **offene und geschlossene Abkommen** unterschieden.[330] Erstere beziehen sich auf Abkommen, die alle Personen erfassen, die dem Sozialversicherungsrecht der Vertragsstaaten unterstehen oder unterstanden. Demgegenüber werden von geschlossenen Abkommen nur die Staatsangehörigen der jeweiligen Vertragsstaaten erfasst. In der Praxis erfahren beide Abkommenstypen Modifizierungen, indem etwa bei geschlossenen Abkommen auch Flüchtlinge miteinbezogen werden.

---

323 Zu Einzelheiten der Bestimmung des Verhältnisses zwischen der VO 883/2004 und einzelnen Sozialversicherungsabkommen s. Fuchs/Steinmeyer Art. 8 Rn. 1ff.

324 Zu einem vollständigen Abdruck s. die Loseblattsammlung von Plöger/Wortmann; zu einer kurzen Charakterisierungvon Aufbau und Inhalt der Abkommen vgl. SRH/Petersen § 3, S. 1733ff.

325 SRH/Petersen § 33 Rn. 31.

326 Schuler, S. 318.

327 Schuler, S. 314f.

328 Gobbers, S. 23.

329 Schuler, S. 323.

330 SRH/Petersen § 33 Rn. 35ff.

IV. Kollisionsrechtliche Bestimmungen

7 Zum Verständnis dieses Vorschriftenkomplexes kann auf das verwiesen werden, was im Rahmen der VO zu den dortigen kollisionsrechtlichen Bestimmungen, aber auch zu den §§ 3ff. SGB IV gesagt wurde (siehe § 73 III.), die eine gleiche Zielrichtung verfolgen. Für die Sozialversicherungsabkommen stellt sich die gleiche Aufgabe, nämlich die Sozialversicherungssysteme zweier oder mehrerer Staaten so zu koordinieren, dass Doppelversicherungen ebenso wie das Entstehen von Versicherungslücken verhindert werden.

V. Grundsatz der Gleichbehandlung

8 Historisch gesehen bedeutet das Prinzip der Gleichbehandlung zunächst einmal, dass ausländische Staatsangehörige mit den gleichen Rechten und Pflichten zu bedenken sind wie Inländer.[331] Darüber hinaus sorgen aber so genannte allgemeine Gleichbehandlungsbestimmungen für eine Gleichbehandlung unabhängig von Wohn- oder Aufenthaltsort, wenn sich die Betroffenen nur in einem der Vertragsstaaten aufhalten.[332]

VI. Leistungsexport

9 Häufig wird im Zusammenhang mit dem Gleichbehandlungsgrundsatz der Begriff der **Gebietsgleichstellung** benutzt.[333] Zutreffender Weise sollte man aber den Begriff des Leistungsexports benutzen.[334] Mit Bestimmungen des Leistungsexports soll festgelegt werden, unter welchen Voraussetzungen Leistungen auch im anderen Mitgliedstaat als dem Versicherungsstaat bezogen werden können.

VII. Prinzip der Zusammenrechnung (Totalisierung)

10 Auch zu diesem Prinzip kann wieder auf die parallelen Regelungen in der VO verwiesen werden (siehe § 73 IV.3.). Häufig hängen sozialversicherungsrechtliche Ansprüche von der Zurücklegung bestimmter Versicherungszeiten ab. Wenn sich grenzüberschreitende Beschäftigungen oder selbständige Tätigkeiten nicht nachteilig auswirken sollen, müssen auch Versicherungszeiten in anderen Mitgliedstaaten Berücksichtigung finden. Dies soll mit Vorschriften über die Zusammenrechnung erreicht werden.

VIII. Anhang

11 In diesem Anhang soll exemplarisch das **Abkommen** zwischen der Bundesrepublik **Deutschland** und **Japan** über soziale Sicherheit mit dem dazugehörigen Protokoll und der Durchführungsvereinbarung **auszugsweise** abgedruckt und mit Erläuterungen versehen werden. Auf diese Weise ist es möglich, die vorbesprochenen Grundsätze anhand eines konkreten Abkommens zu erläutern.

---

331 Gobbers, S. 41.
332 SRH/Petersen § 33 Rn. 40.
333 SRH/Petersen § 33 Rn. 51ff.
334 Ebenso Gobbers, S. 45.

Auszug aus dem Abkommen zwischen der Bundesrepublik Deutschland und Japan über soziale Sicherheit vom 20.4.1998:[335]

Art. 1
(1) In diesem Abkommen bedeuten die Begriffe:
a) „Hoheitsgebiet"
das Hoheitsgebiet von Japan
in Bezug auf die Bundesrepublik Deutschland
das Hoheitsgebiet der Bundesrepublik Deutschland;
b) „Rechtsvorschriften"
die Gesetze und sonstigen Vorschriften eines Vertragsstaats, die sich auf die in Art. 2 Absatz 1 bezeichneten Systeme der Rentenversicherung beziehen.

Art. 2
(1) Dieses Abkommen bezieht sich auf die folgenden Systeme der Rentenversicherung
a) in Bezug auf Japan
   1. die Volksrente,
   2. die Arbeitnehmerrentenversicherung
b) in Bezug auf die Bundesrepublik Deutschland
   1. die gesetzliche Rentenversicherung,
   2. die hüttenknappschaftliche Zusatzversicherung.

Art. 3
Dieses Abkommen gilt für folgende Personen:
a) Staatsangehörige eines Vertragsstaats,
b) Flüchtlinge i. S. d. Artikels 1 des Abkommens vom 28. Juli 1951 und des Protokolls vom 31. Januar 1967 über die Rechtsstellung der Flüchtlinge,
c) andere Personen.

Art. 4
(1) Die in Art. 3 Buchstaben a und b bezeichneten Personen, die sich im Hoheitsgebiet eines Vertragsstaats gewöhnlich aufhalten, stehen bei Anwendung der Rechtsvorschriften eines Vertragsstaats dessen Staatsangehörigen gleich. Dies gilt auch für die in Art. 3 Buchstabe c bezeichneten Personen, die sich im Hoheitsgebiet eines Vertragsstaats gewöhnlich aufhalten, hinsichtlich der Rechte, die sie von einer in Art. 3 Buchstabe a oder b bezeichneten Person ableiten.

(2) Leistungen nach den Rechtsvorschriften des einen Vertragsstaats werden den Staatsangehörigen des anderen Vertragsstaats, die sich in einem Gebiet außerhalb der Hoheitsgebiete beider Vertragsstaaten gewöhnlich aufhalten, unter denselben Voraussetzungen erbracht wie den sich dort gewöhnlich aufhaltenden Staatsangehörigen des ersten Vertragsstaats.

Art. 5
Die Rechtsvorschriften eines Vertragsstaats, nach denen der gewöhnliche Aufenthalt im Hoheitsgebiet dieses Vertragsstaats Voraussetzung für die Entstehung von Ansprüchen auf Leistungen oder die Zahlung von Leistungen ist, gelten weder für die in Art. 3 Buchstaben a und b bezeichneten Personen, die sich im Hoheitsgebiet des anderen Vertragsstaats gewöhnlich aufhalten, noch für die in Art. 3 Buchstabe c bezeichneten Personen, die sich im Hoheitsgebiet des anderen Vertragsstaats gewöhnlich aufhalten, hinsichtlich der Rechte, die sie von einer in Art. 3 Buchstabe a oder b bezeichneten Person ableiten.

335 BGBl. 1999 II S. 876.

Art. 6
In Bezug auf die Versicherungspflicht nach den in Art. 2 Absatz 1 bezeichneten Systemen der Rentenversicherung unterliegt eine Person, die als Arbeitnehmer oder Selbständiger im Hoheitsgebiet eines Vertragsstaats tätig ist, allein den Rechtsvorschriften dieses Vertragsstaats über die Versicherungspflicht, sofern dieses Abkommen nichts anderes bestimmt.

Art. 7
(1) In Bezug auf die Versicherungspflicht gelten in Fällen, in denen eine Person, die im Hoheitsgebiet eines Vertragsstaats als Arbeitnehmer beschäftigt ist, im Rahmen dieses Beschäftigungsverhältnisses vom Arbeitgeber in das Hoheitsgebiet des anderen Vertragsstaats entsandt wird und dort eine Arbeit für diesen Arbeitgeber ausführt, für diesen Arbeitnehmer bis zum Ende des sechzigsten Kalendermonats nach Beginn der Entsendung in den anderen Vertragsstaat nur die Rechtsvorschriften des ersten Vertragsstaats über die Versicherungspflicht, als wäre er noch in dessen Hoheitsgebiet tätig. Überschreitet die Dauer der Entsendung den oben genannten Zeitraum, so kann auf gemeinsamen Antrag des Arbeitnehmers und des Arbeitgebers die zuständige Behörde des anderen Vertragsstaats oder die von ihr bezeichnete Stelle diesen Arbeitnehmer von den Rechtsvorschriften dieses Vertragsstaats über die Versicherungspflicht weiterhin befreien, wenn für den Arbeitnehmer die Rechtsvorschriften des ersten Vertragsstaats über die Versicherungspflicht weiterhin gelten. Vor der Entscheidung über die weitere Befreiung ist der zuständigen Behörde des ersten Vertragsstaats oder der von ihr bezeichneten Stelle Gelegenheit zur Erklärung zu geben, ob für den Arbeitnehmer weiterhin die Rechtsvorschriften des ersten Vertragsstaats über die Versicherungspflicht gelten.
(2)
a) Absatz 1 gilt entsprechend für einen Selbständigen, der gewöhnlich im Hoheitsgebiet der Bundesrepublik Deutschland tätig ist, wenn er vorübergehend im Hoheitsgebiet von Japan tätig ist.
b) Ist ein Selbständiger, der gewöhnlich im Hoheitsgebiet von Japan tätig ist, im Rahmen der selbständigen Tätigkeit vorübergehend im Hoheitsgebiet der Bundesrepublik Deutschland tätig, so gelten bis zum Ende des sechzigsten Kalendermonats nach Aufnahme der Tätigkeit im Hoheitsgebiet der Bundesrepublik Deutschland die deutschen Rechtsvorschriften über die Versicherungspflicht nicht für diesen Selbständigen, wenn die japanischen Rechtsvorschriften über das Volksrentensystem auf diesen Selbständigen anwendbar sind. Wird diese Tätigkeit über den oben genannten Zeitraum hinaus fortgesetzt, so kann auf Antrag dieses Selbständigen die zuständige Behörde der Bundesrepublik Deutschland oder die von ihr bezeichnete Stelle diesen Selbständigen von den deutschen Rechtsvorschriften über die Versicherungspflicht weiterhin befreien, wenn auf diesen Selbständigen die japanischen Rechtsvorschriften über das Volksrentensystem anwendbar sind. Vor der Entscheidung über die weitere Befreiung ist der zuständigen Behörde von Japan oder der von ihr bezeichneten Stelle Gelegenheit zur Erklärung zu geben, ob die japanischen Rechtsvorschriften über das Volksrentensystem auf diesen Selbständigen anwendbar sind.

Art. 14
Bei der Durchführung dieses Abkommens und der Rechtsvorschriften der Vertragsstaaten leisten die Träger, Verbände von Trägern und Verwaltungsbehörden der Vertragsstaaten einander in der gleichen Weise Hilfe, wie sie sich untereinander in ihrem jeweils eigenen Staat Hilfe leisten. Diese Hilfe ist kostenlos. Für die Erbringung dieser Hilfe notwendige zusätzliche Auslagen sind jedoch mit Ausnahme der Auslagen für Kommunikation von der Stelle zu tragen, die um Hilfe ersucht hat.

Art. 19
(1) Die Regierungen der Vertragsstaaten werden die zur Durchführung dieses Abkommens notwendigen Vereinbarungen schließen.

(2) Die zuständigen Behörden der Vertragsstaaten können die für die Durchführung dieses Abkommens notwendigen Verwaltungsmaßnahmen vereinbaren.

(3) Die Regierungen der Vertragsstaaten bestimmen in einer Vereinbarung nach Absatz 1 Verbindungsstellen zur Durchführung dieses Abkommens.

(4) Die zuständigen Behörden der Vertragsstaaten unterrichten einander über Änderungen und Ergänzungen der für sie geltenden Rechtsvorschriften.

Art. 23
Das diesem Abkommen beiliegende Protokoll ist Bestandteil des Abkommens.

Protokoll
1. Zu Art. 1 Absatz 1 des Abkommens:
   a) In Bezug auf die Bundesrepublik Deutschland umfasst der Begriff „Rechtsvorschriften" auch die Satzungen der Träger und Verbände von Trägern.

10. Zu den Artikeln 7, 8 und 10 des Abkommens:
   a) Gelten aufgrund der Art. 7, 8 und 10 für eine Person im Hoheitsgebiet von Japan die deutschen Rechtsvorschriften über die Versicherungspflicht, so finden in gleicher Weise auf sie und ihren Arbeitgeber auch die deutschen Gesetze und sonstigen Vorschriften über die Versicherungspflicht in der Arbeitslosenversicherung Anwendung.

Vereinbarung zur Durchführung des Abkommens zwischen der Bundesrepublik Deutschland und Japan über soziale Sicherheit vom 20.4.1998 (BGBl. 1999 II S. 896):

Art. 1
In dieser Vereinbarung werden die Begriffe des Abkommens in der dort festgelegten Bedeutung verwendet.

Art. 2
(1) Die Verbindungsstellen, auf die in Art. 19 Absatz 3 des Abkommens verwiesen wird, sind folgende:
a) in Japan
b) in der Bundesrepublik Deutschland
   für die Rentenversicherung der Arbeiter
   die Landesversicherungsanstalt Braunschweig, Braunschweig,
für die Rentenversicherung der Angestellten
die Bundesversicherungsanstalt für Angestellte, Berlin.

Erläuterungen:
Das Abkommen besteht aus den **drei gängigen Bestandteilen** Hauptabkommen, Schlussprotokoll und Vereinbarung zur Durchführung des Abkommens. Es handelt sich um ein sogenanntes **unvollständiges Abkommen**, denn der sachliche Geltungsbereich bezieht sich ausschließlich auf die Systeme der Rentenversicherung, vgl. Art. 2. Für sie lässt sich Gegenseitigkeit, **Reziprozität**, bejahen, weil beide Länder über jedenfalls funktional vergleichbare Systeme verfügen. Eine Identität ist selbstverständlich nicht erforderlich. Im Prinzip ist das Abkommen ein **geschlossenes Abkommen**, weil sich der persönliche Geltungsbereich im Wesentlichen nur auf Staatsangehörige eines Vertragsstaats bezieht, s. a. Art. 3 lit. a). Allerdings enthält Art. 3 eine gewisse Öffnung in lit. b) und c). Art. 6 und 7 sind kollisionsrechtlicher Natur. Zur Vermeidung von Doppelversicherungen folgt Art. 6 dem **Beschäftigungsortprinzip** für Arbeitnehmer und Selbständige. Mit dem Tatbestand der **Entsendung** sowohl für Arbeitnehmer als auch Selbständige befasst sich Art. 7. In sehr großzügiger Weise wird der Tatbestand der Entsendung (Ausstrahlung!) bis zu 60 Kalendermonaten angenommen. In Art. 5 ist das **Prinzip der Gleichbehandlung** verankert. Es setzt alle Wohnsitz- oder Aufenthaltsklauseln außer Kraft, an die das jeweils nationale Recht das Entstehen von Ansprüchen oder die Erbringung von Leistungen knüpft. Im Hinblick auf Letztere enthält also Art. 5 auch eine Vorschrift über den notwendigen Leistungsexport. Renten müssen also sowohl von Japan nach Deutschland wie umgekehrt geleistet werden. Die Art. 14 ff., von denen lediglich Art. 14 und 19 abgedruckt wurden, regeln die Amtshilfe und viele andere administrative Fragen. Art. 23 verweist bereits auf das für die meisten Sozialversicherungsabkommen typische **Protokoll** als Bestandteil des Abkommens.

Wie oben ausgeführt wurde, hat das Protokoll **Entlastungsfunktion**. Detailfragen sollen in ihm zur Klärung kommen. Das zeigt sich anhand der einzigen hier abgedruckten Vorschriften der Nr. 1 lit. a) und 10 lit. a). Nr. 1a ist klarstellender Natur und bringt zum Ausdruck, dass zu den Rechtsvorschriften auch die im Rahmen des Sozialversicherungsrechts der Bundesrepublik Deutschland besonders wichtigen Satzungen der Träger und Verbände von Trägern gehören. Nr. 10 lit. a) will bei Entsendungsfällen die Fortgeltung der deutschen Gesetze und insbesondere auch die Vorschriften über die Versicherungspflicht in der Arbeitslosenversicherung sicherstellen. Die Funktion der **Durchführungsvereinbarung** kann aus Art. 1 und dem auszugsweise abgedruckten Art. 2 abgelesen werden. Sozialversicherungsabkommen können nicht reibungslos durchgeführt werden, wenn nicht eine spezielle Zuständigkeit für ihre Durchführung begründet ist. Deshalb sieht auch Art. 19 Abs. 3 des deutsch-japanischen Sozialversicherungsabkommens so genannte Verbindungsstellen vor. Welche Stellen Verbindungsstellen in Japan und in der Bundesrepublik Deutschland sind, ergibt sich aus Art. 2 der Vereinbarung zur Durchführung des Abkommens.

Stichwortverzeichnis

https://doi.org/10.1515/9783111337883-011

www.ingramcontent.com/pod-product-compliance
Lightning Source LLC
LaVergne TN
LVHW082341011026
849160LV00025B/1483
* 9 7 8 3 1 1 1 3 3 7 1 0 4 *